Vocabulario De La Lengua Tagala: Compuesto Por Varios Religiosos Doctos Y Graves, Y Coordinado - Primary Source Edition

Juan José De Noceda

VOCABULARIO

DE LA

LENGUA TAGALA,

COMPUESTO

POR VARIOS RELIGIOSOS DOCTOS Y GRAVES,

Y COORDINADO

POR EL P. JUAN DE NOCEDA Y EL P. PEDRO DE SANLUCAR.

ULTIMAMENTE AUMENTADO Y CORREGIDO

por varios religiosos de la Orden de Agustinos calzados.

REIMPRESO EN MANILA.

IMPRENTA DE RAMIREZ Y GIRAUDIER.

1860.

APROBACION DEL M. R. P. FR. JUAN SERRANO, del Sagrado Orden de N. P. S. Agustin, Visitador actual de la Provincia del Santísimo Nombre de Jesus de estas Islas, y su Procurador general.

Muy Ilustre Señor.

Dos atractivos impulsos compelen à mi voluntad para que sobre este Vocabulario esplique mi parecer. El uno procede de respeto, el otro dimana de cariño; y uno y otro tienen tanta cabida en mi corazon, que con admirable simpatía concuerdan, y conformes me obligan à decir lo que en este libro no puedo sino alabar. Al primero le motiva el superior mandato ú órden de V. S., siéndome tan grata la obediencia en este punto, que percibo el mayor gusto en obedecer órdenes de tal Gefe y Superior. El segundo confieso ingénuamente se origina del afecto que al Autor de esta tan deseada como plausible obra profeso: de aqui nace que con temor y recelo paso à espresar mi dictàmen, pues el respeto me obliga à censurar lo que el cariño y realidad à alabar me precisan.

Mas suponiendo que siendo, como es, quién da à luz esta obra una familia tan ilustre, una tan sublime Religion como la Sagrada Compañía de Jesus, no cabe ni se puede comprender en los términos de mi pigmea censura. *Neque fas erat* (que dijo Casiodoro) *ut quem familia tanta produxerat sententia nostra in eo corrigendum aliquid inveniret,* he discurrido un medio con que satisfaciendo al cargo à que me obliga el respeto, cumpla con las rúbricas y reglas que me prescribe el cariño. Remítese esta obra à mi *Censura,* y esta misma voz da adecuada solucion à la propuesta. Esta voz *Censura* suena y significa lo mismo que pena: *Censura est pœna,* y esta voz *pœna,* con sola la diferencia de una letra, significa en el idioma latino *sentimiento* y *ala:* asentado, pues, que no tiene lugar en esta obra la *Censura* como *pena,* me deberà servir en solo el significado de *ala,* para remontarme en los elogios tan merecidos que al Autor de esta obra se le deben, como lo ejecutó el censor, de quien dijo Hugo Laudun. *Laudem pro censura detulit.*

Ep. 22.

Los primeros pintores atribuian la hermosura de las obras mas à sus nombres con que las suscribian, que à la disposicion de colores y sutileza de pinceles con que las pintaban, pues con decir Apeles la hizo, sellaban en la pintura su mayor aplauso. Es el Autor de esta obra el M. R. P. Mtro. Pedro de Sanlucar, à quien ha dado tantas aprobaciones la fama, que trayendo por sobrescrito su nombre, solo deja lugar para decir con Casiodoro, que es obra del mejor maestro: *Ut omnia quæ gesseris Magister esse videaris.* Es esta obra un vivo retrato del ingenio de su Autor: *Sapiens in verbis producit se ipsum;* y si por la imàgen que miramos en la moneda, venimos en conocimiento del dueño de quien es tributo, *cujus est imago* la elegancia de las locuciones de este Vocabulario publican que solo del entendimiento del Autor son parto: *loquella tua manifestum te facit.* Son términos muy limitados los de una aprobacion para aplaudir tanto ingenio, y temo ofender su bien notoria modestia: *plura dicerem si aut pudor ejus sineret* (digo con Aurelio Simaco) *aut prolixa laudatio Epistolæ;* por lo que me ceñiré solo à lo que pertenece à mi censura, que aunque en todo le tributa la fama nombre de primero, se le debe en particular este título al Autor por el esceso en el idioma Tagalog; y lo diré mejor con el mismo Aurelio: *Nobis cura fuit eloquentiæ tuæ fluenta perquirere quam licet singulariter diligamus::: hic tantum lingua laudatur, sed in te valde decorum, quia utrumque nosceris habere sociatum.*

Variar. lib. 6.

Cap. 6. Eccl. 20. 29.

Math. 22.

Suficiente prueba de esta eminencia me da aquel principio asentado de Séneca: *neminem nasci sapientem, sed fieri;* y siendo escepcion de esta regla el Autor de esta tan útil obra, porque aun en sus primeros años era perfecto en este idioma, habiéndose acrisolado con la aplicacion y estudio de tantos años, se evidencia que à todos hace ventaja. Entre aquellos alados misteriosos animales que tiraban la carroza de Ezequiel, se escedia y remontaba sobre todos su vuelo el àguila; *desuper ipsorum quatuor:* la causal la da mi gran Padre S. Agustin: *Aquilæ dantur alæ* (dice la Aguila de la Iglesia) *ab incunabulis non homini,*

Ezequiel, 1. 10.

non vobi, non leoni. Solo la àguila nace con alas; y como desde la cuna aprendió à volar, à todos hace ventaja en sus vuelos: *desuper ipsorum quatuor.* La aplicacion es clara. Digo, pues, que el Autor en el idioma Tagalog es lo que la àguila en el vuelo, ó lo que el Sol en su lucimiento, que no reconoce segundo: *luminare majus.* Y se duplica el elogio de esta exelencia con saber que el Autor es tan diestro y elegante en la pluma como en la lengua. El Profeta Rey decia, que su lengua tenia las calidades de la pluma de un diestro y perfecto escribano: *Lingua mea calamus scribæ velociter scribentis,* frase propia para esplicar su agudeza y elocuencia; y esta gracia resplandece en el Autor de esta obra, pues habla con tanta elegancia como escribe, y escribe con tanto primor y descricion como habla. Puedo atestiguar esto de oido y vista, diciendo: *quod audivimus, et vidimus, hoc testamur;* porque no solo he visto y leido estos ingeniosos escritos, sí tambien he oido su retórica elocuente en repetidas ocasiones que para mi enseñanza se me han ofrecido. Esta es su gracia en general; falta lo singular de su gracia.

Psal. 44.

Véase el estilo tan peregrino con que escribió esta obra, con que adorna y aumenta los quilates de su esplendor, caracter propio de sàbios: *Lingua sapientum ornat scientiam.* El órden y abundancia de raices Tagalas, hasta ahora entre los mas peritos en este idioma no conocidas; la significacion tan genuina y ajustada à sus conjugaciones; la multitud de verbos y nombres de que estaban muy escasos otros Vocabularios; la preciosidad de frases; el primor de anivelar à las reglas y doctrinas del arte sus significados; la claridad de su esplicacion junta con lo conciso; pero mejor lo diré con Séneca en la Epístola 59, porque mejor que al de Lucio le vienen al libro de nuestro Autor sus palabras: *Audi quid me in libro tuo delectaverit; habes verba in potestate: non effert te oratio, ne longius quam destinasti, trahit. Multi sunt qui ad id quod non proposueran scribere alicujus verbi decore placentis vocentur, quod tibi non evenit, pressa sunt omnia, et rei aptata.* Ahora lo mas sublime y peculiar del Autor de esta obra: *Hoc majoris rei indicium est* (prosigue nuestro grande Español) *apparet animum quoque, nihil habere supervacui, nihil tumidi. Invenio translationes verborum non temerarias, &c.*

Proverb. 15. 2.

Cesen ya los bien fundados lamentos y quejas que en repetidas ocasiones he oido à diferentes celosos Ministros Tagalos sobre la falta de un Vocabulario, pues el Autor nos le da à costa de su sudor, tan copioso, que cada uno podrà decir que en el idioma Tagalog queda con él enriquecido; y yo con Plinio, lib. 1. *Est enim opus pulchrum, sublime, spaciosum, et cum magna laude difusum;* y prosiguiendo con el mismo: *Unum illud addam omnia mihi laudabiliora visa, quanto jucundiora, et tanto jucundiora, quanto laudabiliora erant.* Solo me resta decir, que si el trabajo de una obra merece de justicia retribucion, como afirma S. Gregorio, sup. 5. Joob, c. 9. *laborem boni operis, gloriam sequitur retributionis,* siendo la obra tan escelente, y tanto el trabajo que al Autor le ha causado, sin que por él cesasen ní se mitigasen los cuidados y penosas tareas de la Administracion del pueblo de Cavite el Viejo, en que se hallaba y halla empleado, le debemos dar todos los Ministros Tagalos repetidísimas gracias; y ahora permítaseme decir en alabanza del Autor y de esta obra:

Late Nilus adit septenis fontibus arva
plus tua, quam Nilus, pignore dextra fluit.
In terra glabra luscescit frugifer iste
sic opus authorem prædicat, Author opus.
Ingenij numen Regnis dominetur in istis
vertitur in clarum lux tenebrosa diem.

Y para hablar mas conforme à la obra, diré lo mismo en su idioma.

Malayo ang nasasapit
nang sa ilog Nilong tubig,
at maraming nadirilig
mañga hirang piling buquid.
Nguni,t, con aquing pagmasdan
Vocabulario mong lalang
Nilo ay linalaloan
catha mong cababalaghan.

Sa Cauit na pauang lati
tubo,t, laqui itong binhi
gayon ma,i, ang bonga,i, biri
ualang piping cabalaqui.
Nagpupuring magyralan
ang libro ay sa nagpagal,
at siya,i, sa libro naman
capoua nagdarangalan.

Di matalos di malirip
malinao mong pagiisip
sa sanditoha,i, masambit
puhunan mong pagod, saquit.

Liuag lamang pagaralan
uicang ito,t, cariliman
ngayon ay naliuanagan
nitong librong bagong silang.

Y porque no contiene este Vocabulario cosa alguna que contradiga à los dogmas de nuestra Santa Fé, ni à las regalías de S. M., soy de parecer que de justicia se debe imprimir; y concluyo con Alcuino: *Hæc consideravimus diligentius, et desideravimus ardentius, legimus sepius, et eligimus semper, et lætificati laudavimus Dominum, quia te lumen nostris concepit temporibus*. Asi lo siento, salvo meliori, en este Convento de S. Pablo de Manila en 19 de Enero de 1754 años.

Fr. Juan Serrano.

LICENCIA DEL GOBIERNO.

El muy Ilustre Señor Don Francisco José de Obando y Solis, Marques de Obando, Gefe de Escuadra de las Reales armadas, Mariscal de Campo de los Ejércitos de S. M., y de su Consejo, Gobernador y Capitan general de estas Islas Filipinas, Presidente de su Audiencia y Real Chancillería, Superintendente general y privativo de todos los ramos de Real Hacienda, del comercio y navegacion con la Nueva España de ellas, del de la Santa Cruzada, y de la Real Junta del de los Alcaldes mayores y demás Justicias, &c., concedió su licencia para la impresion del Vocabulario Tagalo, compuesto por el R. P. Mtro. Pedro de Sanlucar, de la Sagrada Compañía de Jesus, vista la aprobacion del M. R. P. Fr. Juan Serrano, del Orden del P. San Agustin, Visitador actual de su Provincia del Santísimo Nombre de Jesus de estas Islas, y su Procurador general, como consta por su decreto de 6 de Noviembre de 1753.

CENSURA DEL M. R. P. L. FR. BLAS DE PLASENCIA, Difinidor actual de la Santa Provincia de San Gregorio de Religiosos descalzos de N. P. San Francisco, Presidente absoluto y Ministro de Doctrina del Convento de San Martin Obispo del pueblo de Bocaue.

Illmo. y Rmo. Señor.

El Vocabulario en lengua Tagalog que compuso el M. R. P. Pedro Sanlucar, maestro de la Sagrada compañía, y actual Ministro de indios en el pueblo de Cavite el Viejo, manda V. S. I. en su decreto, que pase por mi censura primero para que pueda imprimirse; y aunque decreto condicionado, para mí es de condicion muy dura, porque aunque se encuentran discípulos que aprobaron las obras de sus maestros, al contrario de los de Aristóteles, que con audàcia y mordacidad las censuraron, yo que lo fuí muy poco tiempo del Autor, precisamente me sirviera de sonrojo el decreto si no me animàra la obediencia que à V. S. I. profeso.

Es el R. P. Maestro Pedro Sanlucar en el idioma Tagalog, Señor Ilustrísimo, el ave fenix de la Arabia por único, y un San Gerónimo de Stridon por lo singular; à este imitó en traficar provincias, penetrar montes, navegar mares, y limarse los dientes para aprender lengua que habia de servir para mejor esplicar, y con sólido fundamento persuadir las verdades de nuestra católica religion. Al primero imitó en ser único en el Tagalog, elegante, claro, abundante, inteligible para todos, y para los doctos enigmàtico, metafórico, sin olvidarse del aliciente de la poesía, que es bocado de buen gusto para los perítos en esta lengua, cuya ignorancia de algunos en los acentos nace de la que se tiene del verso ó *Tula*, que asi llaman, y casi todo Tagalog tiene númen poético. No se limó los dientes como otro San Gerónimo para aprenderla, mas se le cayeron casi todos de terribles fluxiones por estudiarla. Supo su pràctica con poca dificultad, porque ademàs de la vivacidad de su ingénio, y mucha aplicacion, les es menos difícil el hablarla à los que nacen en estas tierras: empero la especulativa le llevó toda la atencion, sin que se le oculte à su comprension la mas escondida reglita de arte por mínima ó poco usada del Tagalog.

Los àsperos y empinados montes de la Mision de San Isidro fueron muchos años su universidad, aula ó general, sirviéndole de maestros los indios cimarrones, infieles, bozales en sumo grado, tan desnudos de entendimiento como de vestido. A estos dominó de tal suerte el amor, suavidad, virtud y santa vida del R. P. Pedro Sanlucar, que los redujo à poblado, bajàndolos del monte al lugar campestre del pueblo nuevo de Bosoboso, donde varias veces me sucedió pararme en el camino, y contemplar, mirando las casas de los aetas ó indios cimarrones, un belen ó nacimiento bien pintado y dibujado; y mirando al Autor de nuestro Vocabulario, se me ofrecia à la memoria aquel *Descendens Jesus de monte, &c.*

Y si es dicho comun y verdadero, que para saber la lengua Tagala es casi necesario *un año de arte, y tres de Bahaque*, esto es un año de especulativa, y tres de pràctica en los montes con los indios; por aquí se podrà colegir cual serà la instruccion de dicho R. P. en el idioma, cuando tantos años estuvo con los indios en las misiones de los montes, sino en Bahaque ó desnudo, que es lo mismo, à lo menos con la sotana tan pobre, rota y lodosa, con la camisa tan negra como la sotana, con los pies descalzos por haberse quedado los zapatos entre el lodo, que siempre que lograba la dicha que me visitase dicho R. P. en el pueblo de Bar-as, donde me hallaba de Ministro, consideraba en este varon Apostólico un San Francisco Javier en el fervor de sus misiones, y un San Francisco de Asis en el despego à las cosas de este mundo; usando Dios de tanta piedad con este operario evangélico, que le conservó la vida algunas veces milagrosamente en peligros que dicho R. P. ignora, y à mí no se me ocultaron.

No es obra nueva en el nombre lo que da à luz el Autor, pues hay sobrados vocabularios para la lengua Tagala: mas es cierto que si por un caràcter nuevo se señalan grandes premios al descubridor por el emperador de la Gran China, ¿cuàntos se le señalaràn à nuestro Autor, que no uno, dos, ni tres términos encontró nuevos para la lengua Tagala, sino es mas de tres mil términos ó voces que hasta ahora no se hallan en vocabularios que tratan de este idioma? ¿Cuàntas frases, modillos y curiosidades apunta, que solo ahora las notó el mas docto? No consiste en la abundancia de libros lo bueno, ni en que se escriba como quiera, solo por aspirar los Autores à la càtedra de maestros sin haber sido en la pràctica discípulos, que reprueba la Clementina 2. de *Magistris*. No solo prohiben las leyes Reales en los libros que se imprimen lo que se opone à la piedad, à las buenas costumbres y cristiana honestidad de las gentes; prohiben tambien lo infructuoso, à imitacion de Cristo con la higuera, cometiendo su encargo al primer Senado, como los atenienses le tenian para el exàmen de sus escritos, sin admitir la escusa de algunos que dicen, que aunque los escritos no tengan especial doctrina, sirven para divertir el ócio, porque es ociosidad el gastar el tiempo en ellas decia San Bernardo: *Pro vitando otio, otia sectari ridiculum est.*

Clement. 2. de Magistris.

Ley 23 y 24, tít. 7, lib. 4.

Ley 48, tít. 4, lib. 2. de la nueva Recopil.

Simancas de Catholic. Institut. cap. 34.

Es el Vocabulario del R. P. Sanlucar libro muy contra el ócio, y libro de oro para los Ministros y Curas de nuestros indios tagalos; libro, no para entretener el ócio, sino es necesarísimo para hacerse maestro en el idioma; libro finalmente de un Jesuita, que su instituto santo le obliga à trabajar *usque ad defatigationem* en la salvacion de las almas por su cuarto voto en la conversion de los infieles en sus Misiones, *Quarto addito Missionum voto;* y por ejemplo de su esclarecido P. y Patriarca San Ignacio, *ad majorem Dei gloriam.* El mismo libro indica los tres motivos; el trabajo en buscar tantas voces nuevas para los mas maestros en el idioma; el deseo que todos se aprovechen de ellos con la impresion para no tropezar en la esplicacion de los misterios mas principales, y la mayor honra y gloria de Dios en la salvacion de las almas redimidas con la preciosa sangre del Cordero. El mismo libro servirá de retrato à su Autor, porque como otro Agesilao deja en lo escrito de sus hojas estampado su espíritu.

Plutarco in Agesilao.

El elogio que Ricardo dà à los libros en comun, le doy yo con los demàs ministros de indios tagalos al Vocabulario del R. P. Sanlucar en particular: *¿Thesaurus desiderabilis sappientiæ, et scientiæ ubi habitat? ¿Et ubi reperient animæ sitibundæ Ministrorum Indorum Tagalorum?* Y es la respuesta: *In libro Rmi. Patris Petri de Sanlucar posuit tabernaculum suum, in quo omnis, qui petit, accipit; et qui quærit, invenit; in hoc incomprensibilis Deus, aprehensibilis continetur, et colitur. Propter quod cum sapientia non habeat condignum, liber nullo pretio potest comparari.* En este libro està sin duda la sabiduría, como en tabernàculo de su preciosidad; en él recibe el que llega à pedir, halla el que se dedica à buscar, y el sumo incomprensible Dios se venera y conoce por su mismo nombre (en el modo posible) por su medio; y asi como no hay precio bastante para la sabiduría, no le hay condigno à la estimacion de este libro. Que siendo en la realidad tal como se pinta, es cierto no contener cosa opuesta à nuestra santa Fé, buenas costumbres, Reales pragmàticas y regalías del Real Patronato, antes sí serà para todo lo dicho de grandísima utilidad. Así lo siento en este Convento de San Martin de Bocaue en 19 de Octubre de 1753 años.

Ricardo in Sophologio.

B. L. M. de V. S. I. su menor Capellan y Herm.,

Fr. Blas de Plasencia.

LICENCIA DEL ORDINARIO.

NOS D. FR. PEDRO DE LA SANTISIMA TRINIDAD MARTINEZ Y ARIZALA por la gracia de Dios y de la Santa Sede Apostólica, Arzobispo Metropolitano de estas Islas, y Gobernador Apostólico de los Obispados sufragáneos vacantes del Santísimo Nombre de Jesus de Cebú, Nueva Segovia y Nueva Cáceres, del Consejo de su Magestad, y del Real y Supremo de las Indias, &c.

Por la presente, y por lo que á Nos toca, damos y concedemos nuestra licencia para que en cualquiera de las imprentas de esta ciudad se pueda imprimir el Vocabulario en lengua Tagala, compuesto por el R. P. maestro Pedro de Sanlucar, de la Sagrada Compañía de Jesus, atento á que de nuestra órden se ha reconocido y no contiene cosa que se oponga á nuestra Santa Fé y buenas costumbres. Dado en este Palacio Arzobispal de Manila, firmado de Nos, sellado con el sello de nuestras armas, y refrendado de nuestro infrascripto Secretario en primero de Enero de mil setecientos cincuenta y cuatro.

Fr. Pedro Arzobispo de Manila.

Por mandado del Arzobispo mi Señor:

Doct. Mateo Joaquin Rubio de Arévalo,
Secretario.

PRÓLOGO
Á ESTE VOCABULARIO.

Las ánsias con que han deseado varios celosos Ministros de las almas el que saliese á luz cuanto antes este Vocabulario, al paso que me edificaban sus caritativos deseos conociendo el fin de ellos, me causaba tambien no pequeño rubor, temiendo no corresponderia la obra á tan grandes ánsias, y muchas veces, llevado de este temor, verdaderamente humano, habia determinado suplicar á mi Superior me eximiese de esta carga. Pero viendo que el motivo no podia de ningun modo subsanar la ciega obediencia que como Jesuita debia tener, junto con el conocimiento de ser mi propuesta mas hija del amor propio que de humildad, me determiné á proseguirla, aunque siempre con una total desconfianza, esperando ser el blanco de las quejas de muchos; pero tambien con el consuelo que no dejarán de perdonar mis yerros, particularmente aquellos que conocen lo árduo de semejante obra.

El motivo de darla á luz es bien notorio á todos los que con alguna inteligencia de esta lengua manejan los otros Vocabularios, que aunque todos están con acierto notable dispuestos, y en que se vé en cada uno de ellos el celo de sus Autores, principalmente en los Rmos. PP. de San Francisco y de San Agustin, que no contentos con ser de los primeros que dispusieron artes para esta lengua, la han enriquecido y la están enriqueciendo con tantos Vocabulários y otras obras impresas que en ellas se nos muestran, y los admiramos solícitas abejas, no solo por el incesante trabajo de componerlas y practicarlas, sino tambien por la dulzura y utilidad que se vé, se lee y se esperimenta en ellas, sirviéndonos de incentivo para que á su ejemplo no nos desmaye ni lo árduo del asunto, ni lo pesado de la materia, teniendo por adalid tantos varones ilustres.

Pero es pension casi necesaria el que se dispongan nuevos diccionarios en cada lengua, como vemos en la latina y otras, despues de tanto curso y tiempo, y mucho mas debe ser en esta, solo cultivada de sus naturales y de los Ministros, que la aprenden con solo el fin de emplearse en el bien de estos desdichados indios, con que es preciso que con el tiempo y trato con ellos se vayan descubriendo mas términos, mas voces y mas frases, que fiadas ó de la memoria, ó de un manuscrito, se pierden, se olvidan y se confunden.

El método en que vá, fuera de ser disposicion del V. P. Fr. Francisco de San José, de la sagrada Religion de Santo Domingo, es tan necesario, quizá por el mismo fin asi dispuesto, que sin él parece imposible el no cometer mil yerros con solo el beneficio del arte de esta lengua, pues con este, aun despues de muchos años de estudio, lo mas que se puede conseguir, como lo aseguran los que con empeño lo han estudiado, es saber declinar los nombres y conjugar los verbos, y dar tal cual juego á las raices, porque sus reglas tienen tales escepciones y contraescepciones, que casi ninguna viene á ser general en órden á los juegos de las raices; y aunque están muy bien notadas las partículas que hacen variar las significaciones de cada una (y puedo asegurar que no están notadas todas las que hay y las que puede haber) y á que nombran conjugaciones, éstas entre sí varían tanto, que no hay paciencia para notar, ya las trascendentes, ya los anómalos y defectivos, ya los que varían la partícula, ó con la partícula el sentido ó significado que debian tener; y aunque se pudiera notar esto, no bastará para el recto uso de ellas, por ser casi infinitas sus combinaciones. Esto por lo que hace al uso propio y peculiar de las activas, que no es lo mas difícil respecto del uso de las pasivas. Estas despues de asentar las reglas comunes de usar la de *An* para lugar ó como lugar, persona ó como persona, la de *In* para cosa ó como cosa, la de *Y* para instrumento, causa, tiempo, ocasion, ó como tal: en el uso de esto mismo se hallan tantas veces tan invertidas estas reglas, que se pudiera dar por regla en muchos ejemplos lo contrario.

Vencida esta dificultad (si es posible vencerla) queda el laberinto de las partículas de estas pasivas, que aunque parece que enterado de cada una de sus activas se infiere la partícula de su pasiva correspondiente, puede quedar en un parece, como lo habrá advertido el que con alguna reflexion haya compuesto algo con cuidado, ó hablado mucho con los indios observando. No sé si el haber especulado tanto sobre esto, es la causa de haberlo dejado tan escabroso, que el mucho sutilizar, y mas en materias tan áridas como esta, suele dejarlas tan sutiles, que solo se consigue el que por tan delgadas mas fácilmente se quiebren. ¿Luego de nada podrán servir todos los artes? No es esa la que sale. Muy bien sabrá ilar de las propuestas premisas, y sacar la consecuencia que infieren ellas los que estuvieren con la masa en las manos y calaren algun tanto el frasismo Tagalog.

Esta es la causa á mi ver porque se hallan en esta lengua tantos artes, que ella sola escede en el número (siendo tan corta su estension) al número de artes que habrá para las lenguas vivas y muertas de toda Europa. Treinta y siete he leido; los once de mi sagrada Religion, y los demás de las otras sagradas Religiones, entrando en el mismo número tres de otros tantos Señores celosos Clérigos. No dudo habrá muchos mas que no hayan llegado á mis manos ni á mi noticia, quedando á salvo el arte de todos los artes, ó el único que debe tener este nombre por primero, que es el del V. P. Fr. Francisco de San José, Demóstenes de esta lengua, á quien despues de tantos años y especulativas no sé que se le haya añadido un ápice en la sustancia de sus reglas, y en que se vén en ellas las reglas tambien de su prudencia, pues parece que desconfia el llamarlo arte cuando suplica que alguno se dedique á formarlo, valiéndose de las que con tanto cuidado, aplicacion y advertencia puso en él.

Por todas estas razones, junto con la falta que se ha notado de tantos vocablos en los Vocabularios impresos, se determinó mi Superior á encomendarme este Diccionario, en que poniendo á cada raiz los juegos mas comunes, obvios y ciertos, se facilitase la composicion en esta lengua, asegurando en algun modo el uso propio y seguro de cada raiz sabiendo el juego de ella. No ha sido posible poner todos los juegos, asi porque sería interminable la obra, como por evitar la confusion que causaría aun solo leerlo. Pero como vá, basta para que junto con el arte se confunda uno menos y componga mejor.

Habia determinado poner una ú otra regla general para el uso de muchas raices, que aunque notadas en algunos artes, pero, ó por la concision de los mas, ó por la relacion de otras reglas, están tan oscuras que apenas se puede percibir su generalidad; pero temo no conseguir mi deseo, siendo preciso dilatarme algo mas de lo que permite un prólogo; mas espero que esto se logre teniendo presente la raiz conjugada por entero en este Vocabulario. Pondré no obstante en tal cual raiz la regla que sirva de reclamo á su semejante. Pero antes de hacer esto, es preciso dar al César lo que es del César, y á Dios lo que es de Dios; porque siendo el trabajo de esta obra tan grande, y se puede decir y asegurar tambien tan útil, no será razon que se me atribuya la mayor parte de ella, no teniendo mas parte que una gota respecto de todo un Occéano. Por lo que es necesario que sepan todos los que esto leyeren, cómo, qué Autores y con qué trabajo dispusieron este libro, ya para edificacion nuestra y de los venideros, ya tambien para que no se sepulten en el olvido unos hombres tan acreedores de nuestro recuerdo, por su celo, por su caridad y por el indecible trabajo que padecieron por el bien de las almas de los indios y utilidad de los que gozamos con menos afan de tan nobles y meritorios sudores.

El primero que ideó este método ó modo de Tesauro fué el que ha sido y es el primero en todo en esta lengua, el ya nombrado V. P. Fr. Francisco de San José; y aunque comenzó á practicarlo, por varios embarazos, ocasionados acaso de varios empleos ó precisas ocupaciones de su Religion, no lo pudo proseguir; pero en lo que trabajó dejó abierto el camino y facilitado en mucha parte este trabajo. Siguióse á continuarlo el M. R. P. Fr. Miguel Ruiz, de la misma sagrada Religion de Predicadores, que trabajó en las letras A, B, C, D, y por las mismas razones no prosiguió. Quiso perfeccionarlo el M. R. P. Fr. Tomás de los Reyes, de la misma sagrada Orden, y de hecho lo llegó á poner en perfeccion hasta las letras M, N, Ng, O.

En este estado habia quedado cuando lo tomaron á su cargo los PP. Pablo Clain, Francisco Jansens y José Hernandez, todos de mi sagrada Religion, quienes no solo concluyeron toda la obra, sino que añadieron cerca de cuatro mil raices con sus juegos respectivos y necesarios. Dispuesta asi la obra, dice el P. Juan José de Noceda, de nuestra Compañía, en un tomo de sus Opúsculos tagalos manuscrito, la dieron á censurar á nuestros Revisores, que sin comunicarse convinieron en que dicha obra no estaba aun en sazon ni digna de darse á luz, asi por lo crecido de la obra, como porque se deseaba mas certeza en la propiedad del significado de cada raiz, y se prosiguió en este cuidado, no cesando de inquirir y preguntar á los naturales siempre que habia oportunidad y tiempo, disponiéndose asi la cosa para que la lográsemos como se deseaba del cuidado, teson, estudio y empeño del P. Juan José de Noceda, cuya pericia en esta lengua es tan conocida en mi Religion, que dudo haya llegado otro alguno á competirle el concepto que todos tenemos de ella, aunque de parte del Padre era tan bajo y despreciado, que habiendo trabajado tantos y tan buenos libros en esta lengua, que hoy son el ornamento de nuestros estantes y encanto de los que gozan alguna amplitud en este idioma, viviendo el Padre apenas se sabia de una ú otra obra suya, que por instancias de algun especial confidente la logramos; y viendo él mismo la estimacion con que la leíamos y nos aprovechábamos de ella solía decir que se habia arrepentido en comunicarla sin haberla antes limado mas, siendo asi que aun como corren parece que cada una, siendo tantas, es lo último á que uno puede llegar en la materia.

Á manos, pues, de tan diestro Maestro llegó este Vocabulario, y de cuyas manos no salió hasta que la Parca nos cortó en su vida el oráculo de nuestras dudas y singular maestro de esta lengua. Treinta años estuvo averiguando palabra por palabra, con tal empeño y teson, que se habia propuesto por regla infalible el que no pasaría de una á otra sin que conviniesen doce indios ladinos en este idioma en la pronunciacion, acento y significacion de cada raiz; y vez hubo en que teniendo ya nueve, y pasándose mucho tiempo sin hallar ó poder cumplir con el número prescripto, no se determinaba aun á notarla y apuntarla; é instado para que lo hiciese, proponiéndole la opinion tan bien fundada en el convenio de nueve contestes, respondía: Si estas cosas no se hacen con algun empeño singular, contentándome hoy con nueve, mañana me contentaré con siete, otro dia con cuatro, y daremos en el inconveniente de contentarnos con cualquiera cosa, apuntando lo que con el tiempo conoceremos que no nos puede servir.

Con este cuidado trabajó en tantos años el libro que tengo en mi poder, y por donde me he guiado para el que ahora sale á luz, sin haber variado sustancialmente la significacion de todas las raices apuntadas, añadiendo solamente los juegos á las que dicho Padre ha añadido al Vocabulario del Padre Clain, porque el del Padre Noceda no tiene ningun juego, sino la pura raiz con su propio significado.

Podrá ser que alguno note una ú otra voz y no halle en muchos indios su significacion correspondiente á la que se pone aquí, sin que por eso se pueda decir que dicha voz no es ya usada de ellos, porque esto puede nacer, ó de que no se acierta á preguntar, ó no acierte el indio á responder, pues ninguno ignora la ciencia que es necesaria para saber preguntar é inquirir una cosa, cuando el que ha de responder á ella carece de aquella prudencia, juicio discrecion que se requiere y pretende en la respuesta; ó tambien, porque no todas estas palabras se usan en todos los pueblos. En unos se usarán unas y en otros otras; y qué mucho se hallen variadas las voces cuando se notan variados aun los mismos juegos de ellas en muchos pueblos. Fuera de que la nacion tagala se compone ya del *Comintang*, ya de los tingues, ya de los tagalos de Corte, y no es posible concordar las voces de los montes con las de los valles, discordando tanto los indios de los valles de los indios de los montes. Y para hacer juicio de todo el complexo es necesario muchos años de vida, de estudio, de genio, de capacidad, de paciencia y trato familiar con ellos. Feliz el que lograre todo esto por motivo tan soberano, como es glorificar á Dios en la conversion de las almas.

Si se lee este Vocabulario con aquella lectura que suelen usar los que no leen devorando los libros, sino advirtiendo y notando lo que deben aprender de él con el auxilio de las reglas del arte, podrán facilitarse en dar los juegos propios á cada raiz con facilidad sabiendo la propia significacion de ella, en especial en las significaciones genéricas. Llamo genéricas las que significan in genere la cosa, como por ejemplo: Caminar, *Lacar*, que respecto de *Lacbay*, significa mas generalmente, porque *Lacbay*, es caminar á pié camino largo. *Potol*, cortar, que respecto de *Tabas*, es mas general, pues *Tabas* no es cortar como quiera, sino cortar como el sastre. Ahora, puesta la conjugacion de *Potol* como está en este Vocabulario, con poca ó ninguna variacion conjugará todas las raices que significan de algun modo cortar: dije con poca ó ninguna variacion, porque no tienen igual mudanza de letras, en que solo pueden variar, guardan la uniformidad en los juegos, pues siempre guardará las mismas composiciones. Hecha esta advertencia, puede ir combinando cuantas raices se ofrecieren, llamando de una á otra conjugacion, sabido el significado, v. g. Raices de maderas, árboles, vea una y su juego y servirá para todas. Raices de yerbas, frutas, hortalizas, &c. De animales, aves, peces, ostras, &c. Vaya esta raiz: *Isda*, pc. Pez. Su principal juego es este: *Ugmiisda* pc. *su Ilog*, tener peces el rio. *Mag*, venderlo, pescarlo. *Maniisda*, ir á cogerlo. *Maquiisda*, pedirlo. *Casili*, cuervo marino. *Magcasili ca*, cria cuervos marinos. *Mañgasili ca*, cázalos, cógelos. *Magcasili*, pc. l. *Mañgasili*, pc. perro que los caza; y vaya despues recorriendo por los otros peces y aves ó raices que significan estos, ó en general ó en particular. *Magibon*, pc. *Magbabaliuis*, *Magbabacao* y sus semejantes. No por esto dejará de haber alguna raiz singular con la composicion anómala ó defectiva. Y esto, ¿en qué lengua no se hallará? O mejor diré, que ninguna habrá en que no se halle esto.

Aqui habia pensado poner algunos fragmentos mas del arte de esta lengua; pero temo que sucederá con otros lo que me ha sucedido á mí, que despues de advertir y notar sus reglas, al practicarlas me he hallado con la noticia de muchas raices que ni convenian ni podian convenir sin una violenta aplicacion á fuerza de discursos, y de aqui juzgo que nace la mayor falta en las composiciones que se ven; pues siendo esta una lengua tan distinta y tan opuesta á la nuestra, quieren algunos á fuerza de reglas reducirla á nuestro modo de perifrasear y entender, debiendo antes formar un arte en que nuestro modo de esplicar se adapte á su modo de entender; pues asentado por todos, que para hablar como indios nos hemos de hacer indios, es preciso confesar que para darnos á entender al indio es necesario esplicarnos como el indio. Sucediendo lo mismo aun en nuestra misma lengua, y quizás en todas, para con los rústicos y rudos, para quienes seria una notable falta el especular un modo distinto del que tienen de hablar para hacernos entender de ellos, sino antes bien nos procuramos acomodar á su rusticidad y rudeza, formando reglas para acomodarnos á su modo de esplicar, á su modo de entender, y á su modo de discurrir. Y el que mejor calare su modo, ese será el que mejor hablará su lengua.

De lo contrario sucede que se vén y se oyen composiciones tagalas que solo se distinguen de las castellanas en las voces, siendo todo el frasismo castellano neto, y estas suelen ser muy aplaudidas y celebradas de estilo claro y corriente, especialmente de los que no pueden hacer otro juicio. Y otras obras, á la verdad elegantes por propias, pasan la plaza de ser oscuras, no siendo otra la razon que estar dispuestas con voces propias y frasismo tagalog. Lo que se puede comprobar con varias obras del ya nombrado Padre Juan José de Noceda, y en particular con los tres tomos de su Psalterio de ejemplos á nuestra Señora, que al leerlos algunos suelen decir, y les he oido yo, que es estilo alto, tagalog oscuro y frases recónditas; y no pocas veces tambien se oye que semejante modo ni los indios lo usan, cuando lo están contradiciendo, asi el gusto con que los leen y oyen, como con las cartas de los mismos indios cuando escriben entre sí ó á otros que juzgan les han de entender, ó cuando se les encarga alguna descripcion, simil ó fábula de sus antepasados, como no sea traducion. Parece que para prólogo vá esto muy largo; pero la misma materia me escusará lo prolijo, y la intencion que he tenido en esplicarme así me eximirá de la nota de atrevido.

ALGUNAS ADVERTENCIAS

PARA EL USO DE ESTE VOCABULARIO.

Antes de poner las advertencias para la inteligencia de las voces y juegos como estàn en este Vocabulario, me parece que no desagradarà à nadie el que se pongan algunas reglas generales sobre los acentos, punto tan necesario y tan obstruso, que lo supone muy àrduo nuestro Maestro el V. P. Fr. Francisco de San José, como se puede ver en su Arte, cap. 20, y regla 4.

Lo mejor y mas claro que he hallado en esta materia es un tratado del P. Noceda, en que juntó lo que està repartido en otros à lo que añadió de suyo, y està con la claridad, concision y método que suele estar todo en todas las obras de este autor. Pondré solamente lo que conduce à esta obra, dejando todo lo demàs, que es ciertamente muy bueno, para que sirva con las demas reglas que tiene de materiales para un buen Arte.

De los acentos en general.

La cosa mas àrdua en esta lengua es dar reglas fijas acerca de los acentos, y siendo tan difícil, la dificultan mas muchos autores con sus esplicaciones, y con la variedad en numerarlos y notarlos. Unos ponen solos dos acentos principales penúltima producta pp. y penúltima correpta pc. El P. Bobadilla, de nuestra compañía, pone tres; otros ponen hasta siete, que son estos: Breve grave, como *Dalà*. Breve agudo, como *Gab-i*. Breve pausal, como *Nagdarala*. Breve gutural, como *Duc-hâ*. Largo grave, como *Dàla*. Producto agudo, como *Caloloua*. Producto pausal, como *Mà holog ca*.

Los PP. Fr. Domingo de los Santos, franciscano, y Pedro Lope, que son los que han hablado mas sucintamente en esta materia, y creo con mucha claridad, ponen cuatro, à quienes sigo, y he seguido en este Vocabulario acerca de sus acentos, y les seguiré en su esplicacion, y muchas veces sus mismos términos.

Los acentos principales à lo menos son cuatro, y estos son los que van apuntados en este Vocabulario de este modo. Penúltima producta grave que se esplica con esta nota: (pp.) Penúltima producta pausal: (pp.ª) Penúltima correpta grave: (pc.) Penúltima correcta gutural: (pc.ª)

La raíz de penúltima producta grave se pronuncia largo y espacioso, sin herir à la última, v. g. *Sulat, sabi, canin*, que se pronuncian como nosotros pronunciamos malus, bonus, amo, mesa, campana. La de acento penúltima producta pausal se pronuncia despacio con mucha sutileza, de suerte que se aparte y pronuncie cada sílaba por sí, deteniéndose algun tanto en la penúltima, v. g. *Lotò, uicà, Lipà, sariuâ*, que todos son de (pp.ª)

El vocablo de ecento penúltima correpta se pronuncia como hiriendo à la última sílaba, v. g. *Tapat*, pc. *Lipat*, pc. *Damó*, pc. *Bohol*, pc, *Bucal*, pc. como nosotros pronunciamos los pretéritos amó, corrió, paró. La raiz cuyo acento es penúltima correpta gutural se ha de pronunciar recalcadamente hàcia la garganta, ó de modo que parezca va la pronunciacion aceleradamente à la final, y antes de llegar à ella detener con sutileza el aliento, y luego proseguir, v. g. *Gauâ*, pc. *Ualâ*, pc. *Louâ*, pc. *Capsâ*, pc. *Cathâ*, pc. &c.

Asi como en nuestra lengua, y en otras, una misma voz tiene diversos acentos, los cuales mudados muda la significacion segun los modos de pronunciarse, como en esta voz *ay*, que se pronuncia de cuatro modos, *ay de mí! Hay gente en casa? Ay qué lindo! Ahí está en la puerta*, asi en esta lengua hay algunas palabras que tienen los cuatro acentos, que mudados, se mudan tambien los significados.

Vaya por ejemplo, *Baga*, que tiene tantos acentos como letras, y tantas significaciones como acentos. *Baga*, pp. Brasa. *Baga*, pp. Bofes. *Baga*, pc. Por ventura. *Bagâ*, pc. Postema. *Bobo*, pp. Red. *Bobo*, pp. Fundir. *Bobó*, pc. Espantar. *Bobo*. pc. Derramar. *Sala*, pp. Pecar, *Salâ*. pp. Colar. *Sala*, pc. Cañizo. *Salâ*, pc. Lisiado. Fuera de estos hay otras seis con estos cuatro acentos, que son, *Baba, Tala, Sila, Papa, Gaga. Lala*, y quizàs habrà otras mas.

Se ponen aquí solamente cuatro acentos comunes, por ir con lá comun; pero hay otro que llamamos penúltima correpta aguda, y se pronuncia alzando casi imperceptiblemente la voz y parando en la penúltima sílaba como apartàndola de la última: y si à la penúltima siguen dos consonantes parando en la penúltima, y apartando de esta la última, con su última vocal, v. g. *Gab i, Bot o, Bog oc, Bal on, Bay ong, Bol o, Dag is, Pig i, Sig ic, Ot do, Muc ha, Duc ha.* Y à este modo de pronunciacion se vienen à reducir la de lás síncopas, v. g. *Tub sin, Buc in, Tag in, Buc san.* Y este acento no siempre es gutural, porque el gutural solo se halla en raices acabadas en vocal, v. g. *Sumpâ. Bantâ.* y este no guarda esta precision, como se ve en *Bal on, Dag is*, &c.

De los acentos radicales.

Acentos radicales llamo aquellos que tiene la raiz secumdum se, prescindiendo de composiciones. Para saber qué raices piden el acento gutural, ó el penúltima producta pausal, no hay regla. Para conocer las que tienen acento penúltima producta, ó penúltima correpta, se dan las reglas siguientes, casi generales; si fallaren, serà rara vez.

Regla primera. Tienen acento pc. todas las raices que se componen de dos sílabas semejantes, con tal que acaben en consonante, v. g. *Ab ab, Ac ac, Bac bac, Bit bit, Cam cam, Pil pil, Quib quib, Sal sal, Sol sol, Dis dis, Tas tas, Uas uas, Lar lar, Lap lap.* Digo con tal que acaben en consonante; porque si acaban en vocal, no siguen esta regla. *Co co, Mo mo, La la, Ca ca, Ti ti, Pi pi,* son penúltima producta; y tambien hay otras de este modo que son penúltima correpta, pero son las menos.

Regla segunda. El mismo acento penúltima correpta tienen las palabras de tres sílabas, cuyas dos últimas, ó son del todo semejantes, ó solo se diferencian en variar alguna consonante que hiera à la última sílaba v. g. *Buhag hag, Bulac lac, Buhal hal, Bulas las, Guitap tap, Himay may, Balay lay, Dayoc doc, Calis quis, Cayang cang, Dagong dong, Halag hag.* No se sacan *Calig lig, Dagas das, Palic pic,* ni *Palig pig;* sàcanse empero de esta generalidad los trisílabos, cuyas últimas no acaban en consonante, v. g. *Pato to, Buti ti, Sapo po, Hali li,* y otras que son pp.

Regla tercera. Tambien son de acento penúltima correpta todas las raices, aunque sean de cuatro sílabas, que acaben en consonante, v. g. *Balitac tac, Halotac tac, Halimot mot, Haloquip quip, Halobay bay, Alimog mog, Alimay may, Alihan han.* No se esceptuan *Aloning ning, Alitap tap, Aliuay uay,* ni *Malicas cas,* pero sí *Aligaga,* pp.

Regla cuarta. Tienen asimismo acento penúltima correpta todas las palabras de diptongos de *Ao,* ó *Ay,* que los repiten v. g. *Nay nay, Say say, Bay bay, Tay tay, Lay lay, Tao tao, Sao sao, Dao dao, May may, Subay bay, Talay tay.*

Regla quinta. Todo vocablo, nombre ó verbo simple ó compuesto que antes de la última vocal tuviere dos consonantes, es de acento penúltima correpta, v. g. *Sondol, sindac, Tambac, Tampal, Baloctoc, Banlat, Labnot, &c.* y de esta suerte pronuncian ellos nuestros vocablos, que se escriben como los suyos ya dichos, v. g. Apostól, Flandes, Santo, Màrtir, &c.

Regla sesta. Todo vocablo compuesto ó simple nombre ó verbo, que parte la palabra y la penúltima sílaba acabada en consonante de la última vocal, es de acento penúltima correpta final agudo, v. g. *Big at, Bot o, Tab a, Dag is, Dat ir, Tag is, Tag an, Sil ic, Sig an, Sac ua, Sang or.* Demos ahora reglas para las raices que tienen acento penúltima producta.

Regla primera. Las raices compuestas de dos dicciones disílabas semejantes, y acabadas en consonante, son de acento penúltima producta, v. g. *Biling biling, Layang layang, Talang talang, Buling buling, Alang alang, Lin̄gon lin̄gon, Siban siban, Caual caual, Cobong cobong, Gonam gonam, Goyong goyong, Galang galan,* &c. Sàcanse *Ayon ayon, Gatol gatol,* y algunos otros muy pocos, que son penúltima correpta.

Dije aquí tambien acabadas en consonante, porque aunque de las acabadas en vocal, como *Bini bini, abo abo, Ala ala, N̄gala n̄gala, N̄gali n̄gali, Gala gala, Dili dili, Palo palo, Haso haso, Hasa hasa,* y otras doscientas, sean del acento penúltima producta, pero *Bari bari, Lambi lambi, Dilâ dilâ, N̄gani n̄gani, Maya maya, Paró paró, Balo balo, Tan̄ga tan̄ga, Quiti quiti, Gamó gamó, bala bala,* y otros ciento son del acento penúltima correpta: asi para estos no hay regla general.

Regla segunda. Las raices de cuatro sílabas que en medio tienen dos vocales semejantes y seguidas, son de acento penúltima producta, v. g. *Daan, Saar, Saat, Soot, Soob, Taar, Taas, Toos, Dool, Pooc, Poon, Poot, Boo,* &c., pero no *Toor,* ni *Oom:* sàcanse *Saan, Siit, Siil, Toos, Tiin, Tiis, Boog, Bool, Biin, Doon, Diin, Diing, Ooc, Oong, Oop, Oot.* He puesto aqui tantas excepciones, para que se vea que no solo se sacan *Doon, Saan, Diin,* y tal cual, como he leido en un tratadito impreso sobre esta materia.

Acabaré esto con una breve advertencia, que sirva para que oida y entendida cada voz ó raiz de esta lengua, pueda dàrsele de algun modo su verdadero acento. Ordinariamente todas las voces que significan celeridad y presteza son del acento penúltima correpta. Y al contrario, las que significan tardanza, detencion, y como pereza en lo que ellas significan, son de acento penúltima producta, v. g. esta raiz *Lacad,* significa de suyo andar à paso ordinario, y por eso tiene el acento penúltima producta; mas si con ella significamos andar con aceleracion y presteza, se harà de penúltima correpta; y con esto se advertirà la razon porque muchas veces las raices de penúltima producta se convierten en penúltima correpta.

Esto me parece que basta para el uso de las raices de este Vocabulario, cuyas notas ó abreviaturas esplicaré brevemente. Los acentos, segun la doctrina propuesta, van notados de este modo. *Bitang,* pp. *Bala,* pc. *Buyà,* pp. *Gauà,* pc. El primero que es *Bitàng,* pp. quiere decir que es de acento penúltima producta grave. El segundo, *Bala,* pc. penúltima correpta aguda, ó de corrida. El tercero, que es *Buya,* pp. penúltima producta pausal. El cuarto, que es *Gauà,* pc. penúltima correpta gutural. Las virgulillas en este libro unas son asi.', otras asi': esto ha nacido de los impresores, que jamàs atinaron con esta diferencia; pero està corregida esta falta con decir que ninguna diferiencia hay en dichas notas, regulàndose cada uno por las reglas dadas de los acentos. Ojalà que hallàra modo de suplir la otra falta de los mismos en la colocacion de muchas palabras que se hallan invertidas. Pension del que corrige estando lejos, y de los que trabajan en lo que es tan fácil este yerro.

En el juego de las raices, por no hacer interminable esta obra, se pusieron abreviados los juegos, v. g. en esta raiz, *Gamao*, pc. Revolver ó mezclar, cuyo juego està así: *Gamao*, pc. Mezclar *Vm*, l. *Mag*. Quiere decir que en activa se ha de conjugar por la de *Vm*, ó *Mag*. *Gungmagamao*, l. *Naggagamao*. Lo que, *In*. Quiere decir que la cosa mezclada se ha de conjugar por la pasiva de *In*. *Gamauin mo ito*. Lugar, *An*. Quiere decir que el lugar donde se mezcla se ha de conjugar por la pasiva de *An*. *Gamauan*. Con que, *Y*. Quiere decir que el instrumento con que se mezcla, como la cuchara, &c., pide la pasiva de *Y*. *Igamao*. *Mapan*, frecuent. Quiere decir que el modo de explicar la frecuente accion, ó frecuencia de mezclar, se explica *Mapangamao*, como si dijéramos mezclador. *Ma*, estarlo. Quiere decir que si queremos explicar la accion cumplida y perfecta de la mezcla, hemos de conjugar asi: *Nagagamao*. *Magcaca*, muchas. Quiere decir que para explicar ó decir que estan muchas cosas mezcladas, se ha de conjugar así: *Nagcacagamao*. Lo mismo se dice de *Pagin*, que quiere decir *Paggamauin*. *Pag-an*. *Paggamauan*. *Ipag*. *Ipaggamao*. Y si en alguna raiz se encontrare que en lugar de *In*, ó *Pag-in*, *An*, ó *Pag-an*, dice *Hin*, l. *Pag-hin*, *Han*, l. *Pag-han*, quiere decir que la tal raiz tiene *H* en las dos pasivas.

En algunos juegos despues de apuntar la de *Vm*, ó la de *Mag*, se hallaràn estas cifras. Si mucho, *Mag*, pc. Quiere decir que aunque la raiz sea de suyo pp. si se explicare pluralidad de agentes, ó de cosas, ó de acciones, el acento serà pc. con *Mag*, en activa, y con el mismo acento en pasiva, si admite su partícula correspondiente. *Maqui*, quiere decir que aquella raiz se ha de conjugar con esta activa sin partícula, que cuando la trae se pone *Maquipag*. Donde dice *Paqui-an*, quiere decir que en pasiva el *Maqui* se conjugarà por de *An*, v. g. *Maquibati*, *Paquibatian;* y si fuere *Maquipagbati*, dirà en pasiva *Paquipagbatian*. *Na*, l. *Ma*, quiere decir que se conjuga la raiz por la de *Na*, v. g. *Nalologor*, tener alegría. De que *Ca-an*, quiere decir que la causa ó motivo se explica en pasiva asi: *Calogoran*, vel *Quinalologoran*. *Ica*, la causa, quiere decir que la causa se esplica con la pasiva de *Y*, con esta partícula *Ica*, ó *Ca*, *Ang iquinalologor* l. *Icalologor* co. *Naca*, es la misma causa en activa ó potencia. v. g. *Ang nacalologor ay ang Lan̄git*. *Na-an* quiere decir que tiene esta activa el verbo ó raiz v. g. *Dati*, *nadatihan*. Lo mismo se entienda de *Man*, *Magpa*, *Magpaca*, *Maguin*, *Magsi*, *Man̄gagsi*, donde se encontraren con sus partículas correspondientes. Algunos verbos estàn conjugados por el facere facere, y el facere fieri, y estàn como para ejemplares de los demas, de modo que sirven de reglas generales, como se tenga cuidado con la raiz y su juego. Todas las que sincopan en pasiva, van con esta nota sincop y en muchas raices estàn sus síncopas en sus mismas pasivas, ó de *In*, ó de *An*.

No se han puesto por raices los abstractos, ya porque no son raices, sino sus compuestos, ya por no multiplicar raices, sin necesidad. Muchos frecuentativos estàn puestos como raices, que aunque son compuestos de ellas, suelen equivocarse con los futuros. Los adjetivos no van todos, sino tal cual, cuya raiz parece dificil adjetivarla. Las demas apenas es necesaria regla alguna, pues cada una està mostrando su adjetivo, ó lo es de suyo en su significado.

VOCABULARIO

DE LA

LENGUA TAGALA.

DE LA LETRA A.

A antes de A.

AAB. pc. Muesca en madera: *Vm.* l. *Mag,* Hacerla. *An,* donde. *Y,* Con que. *Naaaban mo iyan: Nalubhaanan nang pagaab mo:* Salió grande la muesca.

AAC. pc. Rajarse cosa pequeña: *Mag,* Lo que, *In.* Por donde, *An.* Lo rajado, *Ma.*

AAPIN. pc. Comprar frutos de sementera. *Vm.* lo que, *In.* Con lo que, *Y.* El lugar, *Pinag-an.*

A antes de B.

AB AB. pc. Vide *Aab,* con sus juegos.

ABA. pc. Pues qué hay?

ABA. pc. *Aba,* ó ya.

ABA YARI. pc. Ea esta. Tambien es brindar: *Aba yari po.*

ABA MO NG̃ANI. pc. Ay de tí!

ABA. pc. Compasion. *Vm.* Compadecerse. *Man,* Darle algo de compasion, l. *Mag.* Lo que le dà, *Ipag.* De aqui, *Hing̃aba: Hing̃abin mo ang nasiraan,* Dàle el pésame.

ABACÁ. pc. Càñamo, de que se hace mecate, *Mag.* Con que, *Ipag.*

ABALA. pp. Ocupacion. *Vm,* ocupar à otro. *In,* el ocupado. Tambien, *Maca.* Estar ocupado: *Naaabala. Abalahin,* l. *Maabalahin,* hombre ocupado.

ABALA. pp. Prestar, Concertarse. *Vm,* Pedir prestado. *In,* el dinero por pagar. *Napagabalahan,* la persona à quien se presta, ó à quien se pide prestado.

ABALA. pp. Censo, Usura, *Paabala,* l. *Napaaabala.*

ABAL ABAL. pp. Ocupar. *Maca* l. *Vm.* Estarlo, *Na.* Ocupar à otro, *In. Pinag-an,* en qué. *Houag mo acong abal abalin.*

ABANG. pp. Alquilar embarcacion para lejos. *Vm.* Si muchos, *Mag.* El dueño, *An.* Lo que se dà por ella, *Y.*

ABANG. pc. Aguardar para pedir algo *Vm.* Y si muchos, *Mag.* Lo que, *An.* La persona, *Pinag-an.*

ABANG ABANG. pp. Salpullido. *In,* Tenerlo.

ABAR. pp. Acabarse: *Naabaran nang tigas ilong cahoy: Inabar ang buhay nang tauo.* Se va consumiendo.

ABAR. pc. Responder, *Vm.* A quien *In.* Frecuent. *Maabarin,* l. *Mapagabad.*

ABAS. pc. Avisar, *Vm.* A quien, *In.* Lo que, por, con, ó causa, *Y. Paabasan mo siya,* lo mismo que *babalin.*

ABAS. pc. Desechar, dar de mano. *Vm.* A quien, *In.*

ABAS. pc. Concluir pleitos ó concierto. *Vm,* el uno. Los dos, *Mag.* El concierto, *In.*

ABAT. pp. Salir al camino. *Vm,* el que sale. *In,* al que sale. Frecuent. *Manaabat,* Salteador.

ABAT. pp. Hablar interrumpiendo. *Vm.* Lo que, *In.* A quien, *An.*

ABAT. pc. Atajar, Saltear. Con las composiciones de *Abat.* pp.

ABAT. pp. Vide *Alabat,* con sus juegos.

ABAY. pp. Compañero de respeto. *Inabay,* Ser llevado. *Abay aco nang Maguinoo.* Acompañar. *Vm.* El acompañado, *An.* Amigo de tales acompañamientos, *Mapagabay.*

ABAY. pc. Ir juntos, hombro à hombro, ó mano à mano. *Vm,* el que, l. *Na.* Los dos *Mag.* Con quien, *An,* l. *Na-an.*

ABAY. pc. Porfiar sobre algo, como correr &c. *Abya* vide *saclob Mag.* Sobre que, *Pag-an.*

ABIL. pc. Persona inquieta, sin asiento: *Aabil abil.*

ABIL. pp. Repetir sus cosas en todas las ocasiones, *Vm.* A quien *In, l, Aabil abil.*

ABIL ABIL. pp. Vagamundo. *Vm,* l. *Mag,* Andar asi. *An,* Donde.

ABILIN pp. Una frutilla silvestre.

ABIT. pp. Ir siguiendo à alguno sin poderlo alcanzar, *Vm. inaabitan,* haberlo alcanzado, *Aco,i, aabitabit, ay dina aco lining̃on,* asi se suelen quejar.

ABO. pc. Ceniza, Pabesa. Hacerla, *Mag.* A donde, *An.* El fogon, *Abohan.* Color de ceniza *Abohin.* Metaf. *Nung̃ang̃abo ang olo mo,* estàs entre cano.

ABO AB. pp. Veneno que se pone en la flecha.

ABO ABO. pp. Llovizna con neblina: *Aco,i, nababasa nang abó abong olan.*

ABO ABO. pc. *Napagabo aboan. Napaguicauicaan.*

ABOBÓT. pc. Cesto tejido de vejuco, con su tapadera: *Mag,* Hacerla. *In,* De lo que.

ABOCANIN. pp. Pobre que no tiene tras que parar.

ABOT. pe. [illegible]
ABOAT. pe. Un genero de [illegible]
ABOBONG. pp. [illegible] amargo.
ABOLOS. pp. [illegible] de [illegible] Cosa por ar- [illegible] de [illegible]
ABOLOG. pp. [illegible] en casa por estar. Mag. La casa. In.
ABOLOY. pp. Acompañar al [illegible] Um. A quien. In. [illegible] Sinonom.
ABONG. pp. [illegible] humano. Desear. Um. El viento. In. [illegible] ang [illegible] ni [illegible]. [illegible] ang [illegible].
ABONG. pp. Seguir el rumbo al viento. Um. A quien [illegible] In.
ABONG. pp. [illegible] Um [illegible] A quien. [illegible]
ABONGAO. pp. [illegible] del Caiman. En otras partes a [illegible]
ABOR ABOR. pe. Podrirse el pescado en [illegible] [illegible] ang [illegible] Se [illegible] dentro el tiempo. Metafora.
ABOR. pp. La podrido del [illegible] del arbol. In. Podrirse. Ma. De mucho meollo. [illegible]. El hueco podrido. [illegible]
ABOYAR. pp. Loma de [illegible] o [illegible]
ABOYAR. pp. El corazon de la madera. [illegible] andarlo quitando [illegible] La causa. [illegible] tenerlo.
ABRAY. pe. Tinaja grande.
ABSAY. pe. Amontonar. Mag. El Lugar. An. Con que. Y. Tambien. Um.
ABSIC. pe. Cazar atronando a otros. Um. A quien. In. Es metafora, porque significa tambien [illegible] guanos, y donde los hay, los ahuyentan a gritos.
ABSIC. pe. Dar golpe a [illegible]. Um. A quien. In.
ABSIC. pp. Unas hormigas blancas.
ABSING. pe. Pulgas de perros, y gatos. [illegible] In. tenerlas.
ABUL. pp. Cosa por acabar. [illegible] pa.
ABUT. pp. Alcanzar. Um. Lo que. In. A quien. An. La obra. [illegible]
ABUT. pp. Alcanzar dando algo a otro. Mag. Lo que. [illegible] A quien. [illegible] La obra. [illegible] Frecuent. [illegible]
ABUT. pp. Coger. [illegible] A quien. [illegible]
ABUT. pp. Alcanzar la Musa, de lo corto a lo largo. Um. La Musa. An.
ABUT. pp. Alcanzar el entendimiento. [illegible] Lo que. [illegible]
ABUT. pp. Alcanzar de mano en mano. [illegible] Lo que. [illegible] El lugar. [illegible]. La obra. [illegible]
ABUT [illegible]. pp. Un abrir, y cerrar de ojos. Mag. Lo que. Y. A quien. An.
ABUT [illegible]. pp. Venir la regla la primera vez a la muger. Mag. Ella. [illegible]
ABUTIA. pe. Un genero de guitarra antigua. Um. [illegible] Mag. tocarla. Ella. In.
ABUTIL. pp. Un genero de yerva. Vide [illegible]
ABUY. pe. Ojear animales, ó aves. Mag. Lo que. Y. A donde. An. [illegible] ang [illegible] Arrea a la gente como si fueran cabritos.
ABYYO. pp. Murmurar. Vide [illegible] con sus juegos.

ABUGAN. pe. Lo mismo que [illegible] Ta- [illegible]
ABUYOS. pe. [illegible] la [illegible] en [illegible] de la [illegible]

A antes de C.

ACA. pp. Lo mismo que [illegible] Con sus composiciones.
ACAA. pe. La mayor de [illegible] en donde teniendo a sus [illegible] de los otros peces.
ACAB. pp. Mueslo en el [illegible] del [illegible] Um. el navio. In. Estar. [illegible]
ACAB. pp. Desmoronarse, como [illegible] Um. [illegible]
ACAB. pp. Ventosa. Mag. [illegible] In. A quien.
ACAB. pp. [illegible] con tierra a [illegible] Um. La [illegible] In. De donde se [illegible] In.
ACA ACA. pe. Ganancia de [illegible] Mag. [illegible] quien [illegible] In.
ACA ACA. pp. [illegible] en estar en sazon. Mag. La que. In.
ACA ACA. pp. Hendidura grande en palos &c. Um. [illegible] In. a lo que. [illegible] tenerla.
ACALA. pp. Tantear cualquiera cosa, hacer juicio. Mag. Lo que. In. A quien. In.
ACALA. pp. Desmoronarse a tierra. Mag. De proposito. In. Donde se desmorona. [illegible]
ACAL. pp. Impertinente. [illegible]
ACAL. pp. Remolino del agua. [illegible] remolinear.
ACAN. pp. Tantear. [illegible] lo mismo que [illegible] Vide [illegible] con sus juegos.
ACAB. pp. Espantar de noche al [illegible] sin [illegible] Um. La que. In. De [illegible] Frecuent. [illegible]
ACAS. pp. Esforzarse, continuar. Um. [illegible] a [illegible]
ACAY. pp. Trasplantar algo. Um. I. Mag. Lo que. In. A donde. [illegible]
ACAY. pp. Llevarse la avenida algo de sus lados. [illegible] En el Comintang.
ACAY. pp. Adestrar como al niño. Um. Al que. In. Frecuent. [illegible] Los muchos. [illegible]
ACAY. pp. Criar las aves sus pollos. Mag. Ellos. [illegible] Enseñarlos a volar. [illegible] Ellos. [illegible]
ACBAB. pe. Un pajaro azul con pico azul, y cresta colorada. [illegible]
ACBAG. pe. El que cubre la cabeza, dejando descubierto lo demas del cuerpo.
ACBAY. pe. Ir dos a la par. Mag. El uno al otro. Um. [illegible] ang [illegible] Se- [illegible]
ACBOT. pe. Bestiola grande de hombre [illegible] fuerte. [illegible] La causa. [illegible] pe. [illegible]
ACQUIBAT. pp. Lo que se echa debajo del brazo como banda. Mag. Llevarlo asi, o ponerlo a otro. La que. In. A quien. [illegible]
ACQUIBAT. pp. Adquirir hacienda para si. Um. Lo que. In. Con la que. Y. [illegible] Busca vida.

AQUIN. pp. Genitivo del pronombre. *Aco* siempre se antepone: *Acquing buhay.*

ACQUIP. pc. Igualar la cosa mayor con la menor. *Vm.* l. *Maqui.* A quien, *An. Nagaaquip sa racong paahon.*

ACQUIT. pp. Llamar para alguna obra convidando. *Vm.* Si muchos, *Mag:* Los que, *In.* La causa, *Y.* Donde, *Pag-an,* l. *An.* Sinónom. *Yaya, Yacag.*

ACLAHA. pc. Gritar el mono pidiendo algo, *Vm.* A quien, *Han.*

ACLAHA. pc. Gritar uno hasta mas no poder, quejàndose de agraviado, *Vm.* De quien ó à quien, *Han.*

ACLAB. pc. Volver las hojas del libro muchas de golpe, *Mag.* Lo que, *In.*

ACLAB. pc. Tomar mas de lo que le dicen, vg. Tomar dos cosas cuando le mandan tomar una sola, *Mag.* Lo que, *In.*

ACLAB. pc. Ensanchar la cortadura del palo para facilitar el golpe. *Na,* estarlo. *Vm,* ensancharlo. *An,* El palo, ó lugar. *Y,* Con que. Sinónomo. *Tapiyas.*

ACLAP. pc. Cubrir algo debajo de la mano, echàndose como para cogerlo. *Vm.* Lo que, *Y.* El lugar, *An.*

ACLAP. pc. Levantarse con lo ageno. *Vm.* Lo que, *An. Inaaclapan niya ang ganang aquin.*

ACLAT. pc. Volver la hoja del libro. *Vm.* La hoja, *In.* El libro, *An.*

ACLI. pc. Madera, asi llamada.

ACLIS. pc. Refunfuñar. Vide *Palagpalag,* con sus juegos.

ACO. pc. Yo. *Vm.* l. *Napaaaco,* Decir yo.

ACO. pp. Fiar. *Vm.* Lo fiado, *In.* Fiador, *Mapagaco.* La obra, *Pagaco.*

ACO. pp. Fianza, que tira à promesa. *Nanĝananĝaco.* Lo que, *Ipinanĝa.* A quien, *Pinanĝacoan.* Promesa, *Panĝaco.* Obligacion, *Caacoan,* pc. *Acong tapon,* Promesa que no dura.

ACOM. pp. Abarcar entre las manos, ó mucho à su cargo. *Vm.* Lo que, *In.* De donde, *An. Acoman mo itong bacol nang saguing:* Abarca todos los que hay en este cesto.

ACOP. pp. Vide *Sacob,* con sus juegos.

ACPANG. pp. Encaje. Encajar. *Vm.* Lo que *In.* Las dos cosas encajadas. *Pinag caca.* Estarlo dos cosas tambien, *Mag.*

ACQUIP. pc. Desafiar, *Vm.* A quien, *In.*

ACQUIBAT. pc. Mirar por algo guardàndolo mucho, *Mag.* Lo que, *In.*

ACRAL. pc. Empujar arrimàndose. *Vm.* Lo que, *In.* Lo que està fuera de su lugar, *Na. Hindi aco paaacdal saiyo mayaman ca man:* No me dejaré sopetear de tí.

ACSAB. pc. Fruta desabrida: *Maacsab na bonĝa.*

ACSAM. pc. Amontonar basura. Vide *Absam.*

ACSAP. pc. Instrumento que llaman pié de cabra de palo; por otro nombre *Tactac na cahoy.*

ACSAYA. pc. Desperdiciar, disipar. *Mag.* Lo que, *In.* Frecuent. *Mapagacsaya.* A quien se gasta la hacienda, *Ipag.* Perdulario, *Acsayang tauo.*

ACSIP. pc. Gusano que come el arroz. *In,* ser comido de él.

ACSIP. pc. Igualar dos cosas: *Ungmaacsip ca sa malacas, con di macayanan.* *Y,* Lo que.

ACSIU. pc. Llevar acuestas algo con palanca. *Mag.* Lo que, *In.* La palanca, *Acsiuan.*

ACSIU. pc. Ayudar à otro à cargar. *Vm.* Lo que, *In.* La persona, *An.*

ACRAS. pc. Atajar el camino, ó ir por atajo. *Vm.* El camino, *An.*

ACYAT. pc. Subir. *Vm.* Lo que, *In.* Adon, *An.* La causa, *Y.* Tambien, *Nanacyat.*

ADHICA. Diligencia, cuidado, solicitud, deseo, Vide *Adhica.*

ADIYA. pc. Defender de algun peligro. *Mag.* El Librado, *Y.* Con que, *Ipag.* De quien, *An.* Frecuent. *Mapagadya.*

ADYO. pc. Subir à casa, arbol ó monte.

ADYOP. pc. Zaumar. *Vm.* Acercar el humo hàcia à alguna parte: *Pagdyopan,* l. *Magpa.* A quien, *Inaadyopan.* Acaso, *Naadyopan.* Donde, *Pinagpaadyopan.*

A antes de D.

ADTO. pc. Pescar cercando algun pedazo de rio con corral. *Vm,* pescar así. *In,* lo que. *An,* el rio ó estero cercado.

A antes de G.

AGA. pp. Alborear, madrugar, comer por la mañana. *Vm.* Y si muchos *Mag.* pc. Lo comido. *An.*

AGA. pp. Venir temprano. *Paaga,* l. *Naaaga.* Lo que se ha de hacer temprano, *Ipaaga.*

AGAAS. pp. Ruido pequeño, *Vm.* A quien, *An.*

AGAC. pc. Graznido de ave, *Vm.* A quien, *An.*

AGAC. pc. Traer à uno à mal traer, *Vm.* A quien, *In.*

AG-AG. pc. Cerner. *Vm.* l. *Mag.* Lo cernido, *In.* La cernidura, *Inagagan,* l. *Pinagagagan.* El cedazo, *Agagan.* pp.

AGAHAS. pp. Ruido del pecho del asmàtico. *Vm.* l. *Aagaagahas.*

AGALAGAL. pp. La raiz del Bayno. Tambien lo duro de cualquier raiz

AGAM. pp. Memoria. *Mag.* Lo que, *In.* Sinónomo. *Agamagam. Andam andam.*

AGAN AGAN. pp. Ir estando alerta para que no caiga el que peligra, *Vm.* Lo que, *In. Mag,* asegurar à alguno. Lo que, *In.*

AGANG AGANG. pp. Lo mismo que el antecedente.

ÀGAO. pp. Arrebatar algo. *Vm.* Lo que, *In.* A quien, *An.*

AGAO. pp. Andar à la rebatiña. *Mag,* l. *Manĝa.* Lo que, *Pinag,* l. *Pinanĝag.* A quien, *Pinagagauan,* l. *Pinanĝagauan.* Frecuent. *Manĝanĝagao.* Entremeterse à arrebatar con otros, *Naqui.*

AGAO. pp. Librar algo del peligro en que estaba. *Vm.* Lo que, ó à quien *In. Agao nang tam-is, inagao nang asim:* Se dice de una cosa entre dulce y àgria.

AGAO. pp. Ganar tomando algo por fuerza. *Maraming bayan ang naagao nang Hari: Caagao soso.* Hermano de leche.

AGAO. pp. Competir ó porfiar. *Mag.* Sobre qué, *Pinag-an: Agao na uica,* coger palabras para defenderse con ellas.

AGAO. pp. Arremeterse mútuamente. *Nagaaga-uan*. La causa, *Ipinag*. El lugar, *Pinagaagauanan*.
AGAO. pp. Arrebatar defendiendo à otros: *Nagpapanĝagao*. Si mútuo, *Nagpapanĝagauan*. Del medio dormido, medio despierto, se dice *Inaagao tolog*. pc.
AGAO. pp. *Nagaagao Banĝananan*. El espinazo. *Di maabot agauin*. Lo que no se alcanza con las manos por la espalda.
AGAO. pp. Ceniza envuelta en trapos, que ponen à las paridas para atraer la sangre, *Mag*. A donde *An*.
AGAP. pp. Cuidado, Prevencion. Adelantàndose à otros. *Vm*. l. *Mag*: *Agapan mong paratihin siya*: *Maagap na tauo*, Hombre prevenido.
AGAP. pp. Adelantar. v. g. El precio para que otro no se lo compre. *Mag*. Lo que *An*. *Agapan mong bilhin*.
AGAPAY. pp. Ir dos, ó mas à las parejas. Vide *Abay*.
AGAPAY. pc. Unir, juntar: *Pagca agapayan itong sahig nang calap*, l. *Pagca agapayanan mo*.
AGAR. pc. Luego al punto: *Agarin mong gau-in*: Hazlo luego.
AGAR. pc. Acabar consumiendo, *Vm*. Lo que, *In*. Lo consumido, *Na*.
AGAR CAIN. pc. El que come lo que trabaja. *Mag*. Lo que *In*. A quien *An*.
AGAS. pp. Abortar, Flujo de sangre, *Vm*. La persona, *An*. La sangre, *In*.
AGAS. pc. Ruido pequeño de culebra, raton, &c. *Vm*. Ante quien, *An*. Si muchas veces, *Man*. Sinónom. *Agaas*. pp. *Ayaas*.
AGAAS. pc. Viento suave, y manso. *Vm*, soplar así.
AGASAS. pc. Lo mismo que *Agaas*.
AGAT-AT. pc. Señalar algo con sierra ó cuchillo para que vaya igual el golpe. *Vm*, *l*. *Mag*. Lo que, *In*. El lugar, *An*.
AGAY-AY. pc. Aire suave. *Mag*, soplar. *An*, A quien.
AGAYAY. pc. Corriente de avenida. *Vm*, el rio.
AGABAY. pp. Los dos à la par, *Mag*. El uno al otro, *Vm*. *Naaagabay ang aso co sa caballo*. *Acbay*, Sinónomo.
AGCAT. pc. Llamar para alguna obra. *Vm*. A quienes *In*. Para don. *Pinag-an*.
AGCAY. pc. La cinta que pone en el salacob. *Mag*. Ponerla en el salacob, *An*. Con que, *Y*. Itt. Un género de vejuco.
AGDA. pc. Hacer algo à cuenta de lo que debe. *Mag*. Lo que, *Y*. A quien, *Han*.
AGDON. pc. Acompañar un rato à alguno, *Vm*. A quien *Yagdon mo siya*.
AGHAM. pc. Conocer à otro por lo que es. *Naaag-haman*. El conocido. *Nanagham ang Capitan nang asal nang manĝa binata*.
AGHOY. pc. Lo mismo, que *Achoy*, con sus composiciones.
AGIHAP. pp. Unos granos como sarna. *Inagihap*, el que los padece de continuo. *Aygihapin*. pc.
AGIMAT. pp. Económico. *Maagimat na tauo*, Hombre cuidadoso.
AGINĜAY. pp. Una yerva como maiz.
AGING-ING. pc. Gargantear de tiple, retintin de la voz. *Mag*. A quien, *An*.
AGINIT. pp. Congoja: *Inaaginit nang saquit nang hapdi*.
AGIO. pp. Ollin. *Naagiohan*, El que se mancha con él.
AGIOT. pp. Animar à otro. *Vm*. A quien, *In*. *Magpaca*, A sí mismo. Tambien agujero de tinaja, ó tibór.
AGIPO. pc. Tizon. *Homampas nang Agipo*. A quien, *In*.
AGLÁ. pc. Vide *Cohilá*, con sus juegos.
AGLAHI. pp. Provocar, Incitar. *Vm*. *Mag*. A quien, *In*. Frecuent. *Mapag aglahi*.
Aglahi si cabiri.
baquit maiag ang dili.
Dice que no con la boca, y sí con el corazon. Sinónomo. *Oloc*. *Alac*. *Mongcahi*.
AGLOS. pc. Anegarse los sembrados. Vide *Baja*, con sus juegos.
AGNAS. pp. Llevar el rio lo que està en la orilla. *Mag*, Lo llevado. La orilla, *An*. La corriente, *Y*.
AGOL. pc. Seguir como el hijo à la madre, *Vm*. A quien, *An*.
AGOLO. pp. Acto deshonesto. Fornicar. El que, *Vm*. con la que, *Hin*. Los dos, y tambien cada uno, *Mag*. El que busca, *Napaagolo*. Frecuentativo. *Mapagagolo*. *Palaagolo*. pc. *Babaying agolohin*. *Puta*. Mejor, *Hilad*.
AGNOS. pp. Lo mismo que *Agnas*, con sus composiciones.
AGOL-OL. pc. Correr con vehemencia la sangre de la nariz, ó del ruido que hace el agua de la gorgoreta. *Mag*. l. *Aagol-ol ang dugó*.
AGOM. pp. Arroz quemado. *Maagom na canim*. *Hagom*.
AGOM. pp. Hediondez de pescado. *Maagom na isdá*.
AGONG. pp. Campana de Sangley, voz gruesa. *Vm*. *Maagong na voces*. Sinónom. *Hagong Lagong*.
AGOOT. pp. Pescado Robalo.
AGOR. pp. Débil. *Aagor agor ang mahina*.
AGOS. pp. Corriente de la mar, ó rio. *Vm*. Correr el agua así: *Caagosan*, el raudal de la corriente; *Ipina*, Lo que es echado: *Na*, Lo llevado. *Maagos*, mucha corriente.
AGOSIP. pp. Una raiz con que se tiñe de colorado. Lo que, *An*, l. *In*.
AGOY. pp. Menearse la casa con el viento. *Vm*. l. *Na*. El lugar, *An*. La casa, *In*. Metaf. *Aagoy-agoy ang may saquit*.
AGOYOR. pc. Amistad de muchachos jugando juntos. *Vm*. La persona, *An*. Si muchos *Magcaca*.
AGOY-OY. pc. Aire Galerno. *Mag*. Soplar. A quien, *An*. Vide *Lumanay*.
AGPANG. pc. Encajar dos cosas como cruz. *Vm*. Una à otra, *In*. Lo que. Los dos, *Mag*. Lo que, *Pinag*. Estarlo, *Nagcacaagpang*.
AGPANG. pc. Una caña con que tejen la red, Metaf. *Agpang ang loob*, compuesto.
AGPIS. pc. Prensar. Vide *Hapit*. *Agpisan*. pp. Prensa.
AGSAM. pc. Acarrear basura. Vide *Acsam*, con sus composiciones.
AGSAYA. pc. Lo mismo que *Acsaya*, con sus composiciones desperdiciar disipar.

AGSIC. pc. Enfadarse, haciendo algun movimiento, porque no gusta de lo que le dicen. *Vm.* A quien, *An*, l. *Aagsicagsic.*

AGTA. pc. Negro, Aeta, *Pugot.*

AGTAS. pc. Abrir. Lo mismo que *Actas*, y sus composiciones.

AGUAR. pc. Hurtar el cuerpo al acreedor. Vide *Lito*, *Liua*, con sus juegos.

AGUAS. pp. Lisas de la mar; cuando grandes, *Malabanac.*

AGUAT. pc. Apartarse Vide. *Auat*, con sus juegos. *Nagcaaaguat ang dating nagcacaibigan*, estàn reñidos los amantes. Metàfora.

AGUINGING. pc. Afeminado en hechos, y en hablar. *Vm*, hacerse tal. *Tauong aguinging*, hombre tal.

AGYOT. pc. Animar à otro. *Vm.* A quien, *In.* Animarse, *Magpaca.*

A antes de H.

AHA. pp. Imaginacion, Intento, Propósito, *Mag.* Sobre que, *Pinagahaan.* La accion, *Pagaaha.* Tengo intencion de oir misa. *May aha acong mag simba.*

AHA. pp. Interjeccion. Ha que te cogí, *Aha na abutan ca ta.*

AHANG. pc. Jactarse de lo malo para informar à otro, *Mag.* A quien, *In. Maahang tauo*, jactancioso.

AHAS. pp. Culebra.

AHAT. pp. Vedar, Prohibir. *Vm.* A quien, *An.* Lo que, *Y.*

AHIT. pp. Afeitar. *Vm.* A otro. *Mag*, el mismo. *An*, el afeitado. *Panahit*, La navaja. *Manaahit*, el Barbero. *Pagahit*, la accion de afeitar. *Pagaahit*, de afeitarse. El lugar, *Pinagaahitan.*

AHON. pp. Subir cuestas. Desembarcar. *Vm.* Lo que, *In.* A donde, *Pagahonan.* Desembarcar algo consigo, *Mag.* Lo que, *Ipinag.*

AHON. pp. *Bigay ahon.* Dar el flete. *Mag.* Lo que, *Y.*

AHON. pp. Sacar del fuego la olla. *Mag.* Lo que, *In*, l. *Y.* A donde, *Ahonan: cong may paahon, may patugpa:* Si me dàs te daré.

AHOR. pp. Refregarse, ó rasgarse, arrimàndose. *Mag*, l. *Maqui.* A donde, *An.*

AHOR. pp. La cicatriz ó rasguño de la mordedura del perro al venado.

AHOT. pc. Trecho de navio ó banco como de galera. Los que lo tienen: *Nagca ahot na sila.* Sentarse en él, *Magahot ca sa holi. Saan ang ahot mo.*

A antes de L.

ALA. pc. Rancio. *Nagpapaala.* Dejar en ranciar. *Pina*, Lo que. *Maca*, Causarlo. *Vm*, Irse poniendo. *Pagala*, la obra.

ALÁ. pp. Moler cañas dulces. *Vm.* Ellas, *Hin.* El lugar, *Han. Alahan*, el molino.

ALA. pp. Desdecir. *Mag.* A quien, *An.* Lo que. *In.* l. *Y.*

ALAALA. pc. Dudar, *Mag.* De aqui, *Alaalang tubig.* l. *Alanĝaang tubig*, dos mareas pequeñas.

ALA ALA. pp. Memoria. *Mag.* Acordarse. De lo que, *Hin*, l. *Hanin: A alahin*, l. *Alaalahanin.*

ALA ALA. pc. Volver sobre si, acordarse. *Na. Naalaalaco na.* Activa, *Nacaalaala.*

ALA-AL. pp. Creciente, y menguante de la marea. *Vm.* l. *Mag.*

ALAAT. pp. Una cosa como carcomida que suelen criar las cañas en sus nudos. *Magca*, tenerla. *Maalaat*, tener muchas.

AL-AL pc. Limar los dientes. *Vm.* Y si mucho, *Mag.* Los dientes, *In.* La persona, *An.* Con que, *Y.*

ALAB. pp. Llamarada grande: *Ungmaalabalab ang ninĝas:* el fuego, *Na.* A quien dà, *An. Houag mong paalabalabin ang ninĝas.*

ALABAS. pp. Cuchillo con que cortan el *Talahib.* Vide *Halabas.*

ALABAS. pp. Dar saltos y brincos. *Aalaalabas nang toua si couan*, da saltos de placer.

ALABAT. pc. Poner unas cañas como banderillas en sus fiestas. *Mag.* Lo que, *In.* La casa, *An.*

ALABOAB. pp. Tierra arenisca: *Maalaboab na lupa.*

ALABO. pp. Un cesto largo, y angosto. *Mag*, Hacerlo. De lo que, *In.* Con lo que, *Y.*

ALABO. pc. Un género de madera.

ALABOC. pc. Polvo. *Vm*, Hacerle. *Maalaboc.* haber mucho. *Naalabocan*, Lo polvoreado.

ALABOS. pc. Polvo. Vide *Alaboc.*

ALAC. pp. Vino, ó licor sacado por alquitara. *Mag*, Sacarlo. *In*, lo que. *Alacan*, el alambique. *Magaalac*, el Vinotero. *Naaalacan*, estar algo borracho. *Alacan*, tambien se dice de la banca que lo carga.

ALAC. pp. Atizar con hojarascas el fuego. *Mag.* El fuego *An*, l. *In.*

ALAC. pp. Un vejuco grande y fuerte para atar.

ALAC. pc. Gritos grandes. *Mag*, l. *Vm*, duplicando la raiz.

ALAC ALACAN. pc. Las corbas.

ALACAAC. pp. Una yerva de que se hace jabon. Unos pescaditos muy conocidos. Coger uno y otro, *Nanĝanĝalacaac.*

ALACBAT. pc. Lo mismo que *Acquibat*, con sus composiciones.

ALACBAY. pc. Traer algo atravesado al hombro. Con los juegos de *Acquibat.*

ALACBO. pc. *Ilacbo.* pc. *Hacbo.*

ALACOM. pc. Coger lo que abarca el puño, con los juegos de *Acom.*

ALACOP. pp. Lo mismo que *Alacom.*

ALACOS. pp. Apatusco, trastos, ó aparejos. *Ungmaalacos nang pagbibili nang lupa.* Comprar. *In*, la tierra. *Mag*, Vender. *Ipag*, La tierra.

ALACTIA. pp. Incitar con palabras à reñir. *Vm*, l. *Mag.* A quien, *In*, l. *An.*

ALACUS. pp. Comprar de una vez por junto, *Vm.* Vide *Alacos*, con sus juegos.

ALAGA. pp. Cuidar cosas animadas. *Mag.* Lo que, *An. Ualang di inaalagaan.*

ALAG-AG. pc. Haragan.

ALAGAO. pc. Un Arbol. *Mag*, Cortarlo. *In*, Lo que. *Manĝa.* Coger sus hojas.

ALAGAR. pp. Sacerdote de sus Anitos. *Mag.* Ofrecer. *An,* el Anito, Lo que, *In.*

ALAGAR. pp. Discípulo. *Vm.* Tenerlo por tal, *Inaalagdan* sincop.

ALAGAR pc. Criado. *Mag,* Tomarlo por tal. *In,* el tomado.

ALAGAR. pc. Lo mismo que *Sonor: Ang lahat na otos ay inaalagar co: alagdin mong sundin.*

ALAGATLI. pc. Fruta como aceituna.

ALAGBAY. pc. Mirar por donde va alguno, y seguirle. Vide *Agbay,* con sus composiciones. Tambien *Magcacaalagbay na tauon.*

ALAGIAG. pp. Estar perplexo, dudoso. Vide *Salauahan.*

ALAGOUAC. pp. Rugir la barriga. *Vm.* Á quien *An,* l. *Ma,* duplicando la raiz.

ALAGOUAC. pp. Ruido del pié en el lodo.

ALAGOUAC. pp. Estar medio crecida la marea. *Mag,* l. *Ma.*

ALAHAN. pc. Estar agonizando el que se muere, no de muerte natural. *Vm,* l. *Na,* duplicando la raiz.

ALALAONG. pc. Hablàra yo para mañana: como si digéramos, esto es.

ALALAY. pp. Sostener para que no se caiga algo. *Vm.* Á quien, *An,* l. *In.*

ALALAY. pp. Servir como à la mesa. *Mag.* Lo que, *In.* Á quien, *An.* La causa, *Y.*

ALAM. pp. Ciencia, buena condicion, liberal. *Vm,* Hacerse tal. *Maca,* saber algo. *Naalaman,* lo sabido. *Caalaman,* benignidad, &c. *Y,* la causa de serlo. *Pinagmamaalam,* el beneficiado. *Nagmamaalam,* fingirse. *Pinagcaalaman,* lugar donde se sabe algo.

ALAM. pc. Ávisar, dar parte, despedirse. *Vm.* Á quien, *In. Alamin mo.* Enterarse, *Maquialam.* De lo que, *Ipaqui.* De quien, *Paquialaman.*

ALAM. pc. Conocerse los interiores. *Nagcacaalam,* sabedor. *Caalúm,* Amigo íntimo, ó tercero. *Cainalam.* pc. l. pp. *Houag mo acong caalaman, at dili quita quina alaman.* No te metas conmigo, &c.

ALAMANG. pc. Camaroncillos pequeños. *Man,* Cogerlos.

ALAMAAM. pp. Poca luz, ó nublado. *Alamaam na panahon.*

ALAMAT. pp. Tradicion de viejos. Itt. Dicen tambien. *Alamat na masama itong pagca,* &c. *Alamat mo: Gaua mo.*

ALAMIR. pc. Gato montés. *Mararayaan mo ang Alamir?* Puedes engañar al gato?

ALAMIS. pc. Hablar, y dar algo à escondidas. *Vm. Mag* Lo que, *Y. An: Houag mo acong alamisam nang gay-ong osap.* Sinónomo. *Imis.*

ALAMPAY. pc. Traer el paño al hombro. *Mag.* Traerlo asi. *Y,* Ser puesto. *In,* Ser traido. *An,* el hombro.

ALANG ALANG. pp. Respeto, cortesía. *Ma,* tenerla à otro. *Quinaaalang alanĝanan,* Á quien.

ALANGALANG. pp. Estar en el aire. *Alang alang sa lanĝit, Alang alang sa lupa.* Ponerse asi, *Mag.* pa.

ALANG ALANG. pp. Dudar, vacilar, *Vm,* el corazon que duda. Lo que hace dudar *Maca,* en *Ica.*

ALANĜAANG. pp. Creciente grande, y menguante pequeña de rio. ó mar.

ALANĜAN. pc. Cosa insuficiente que no basta, ó no viene justo. *In,* parecerle poco. *Alanĝan aco. Alanĝang oras ang pag dating. Alanĝan pa itong batá.* Esta muchacha no tiene edad para casarse.

ALANĜAN. pc. Coco chiquito, muy chiquito.

ALANĜAS. pp. Presumido, engreido. *Mag,* andar asi. La causa, *Ipag.* Ante quien, *Pag-an. Caalanĝasan,* abstracto. Vide *Palanĝas, Panĝahas.*

ALANĜAS. pp. Atreverse al enemigo, ú otra cosa, *Vm.* Á lo que, *An.*

ALANĜAY. pp. Cebar el fuego con poca leña. *Mag.* Lo que se cuece, *In.* El fuego, *An.*

ALANĜILAN. pp. Un àrbol de flores olorosas,

ALANĜOLAN. pp. Atun, ó taraquitoc grande.

ALANĜOANG. pp. Evaporarse el licor. *Vm.* l. *Ma.*

ALAO. pc. Pelear desde lejos, tirar de donde diere. *Vm.* el que. *Vm.* l. *Mag.* los dos.

ALAO. pc. Hacer algo à poco mas ó menos. *Aalaoalao ang paggauá niya.*

ALAP. pp. Rozar yerva *Vm.* La yerva, *In.* Donde, *An, Alapan.*

ALAP. pc. La vez que à uno le cabe. *Vm,* Acudir à su vez: *Mag,* Andar à veces *Alap co ito.* Esta es mi vez, *alapan mo si coan:* de aqui, *alapan co po ang maguinoó,* Brindar.

ALAPAAP. pp. Neblina, ó cualquiera nube. *Ungmaalapaap ang lanĝit,* l. *Mag.* A quien, *An.*

ALAPAP. pp. Temor con espanto: *Naaalapap siya: Quinaaalapapan ang lindol.* Teme al temblor.

ALAPAO. pp. Vide *Salapao,* con sus juegos.

ALAPOT. pp. Bolsa. *Mag.* Hacerla, ó meter algo en ella. *In,* Lo que. *Alapotan,* Bolsa.

ALAS. pp. Igualar cortando, cercenar emparejando. *Vm.* l. *Mag.* Lo cortado, *In.* Lo igualado, *An.* Dos cosas iguales, *Nagcaalas:* cada una, *Caalas:* Igualar las dos, *Pagaalasin.*

ALAS. pp. El lindero de la sementera por los lados. *Mag.* Hacerlo. *An.* Donde, *In.* El lindero. El lugar *Pinag-an.*

ALAS. pc. Cosa cabal, que no tiene que quitar, ni poner. *Santahil na alas.*

ALAS-AS. pc. Pandan de que hacen petates. *Man,* cogerlo.

ALASOUAS. pp. Calma, calor grande. *Naalasouas,* estar así. *Caalasouasan* l. *Pagca alasouas,* Bochorno. *Maca,* Causarlo. *Umaalasouas ang Bayan,* Estar abochornado por estar entre mucha gente.

ALASIP. pp. Brujo. *Mag,* Hacerse.

ALAT. pp. Salado. *Maalat.* Muy salado. *Vm,* Ponerse tal. *Alatalatan mo ang canin,* échale alguna sal. *Pacaalatin,* mucho. *Caalatan,* salado. *Inaalat ang bolobor,* l. *Naalatan.* Llegó el mar el bolobor, ó al almàcigo. *Alat ang nacasira,* El que causó el daño.

ALAT. pc. Cesto angosto, y largo. *Mag.* Hacerla, *In,* de lo que, *l.* lo que en él se mete.

ALAT-AT. pp. Hendidura del oro al labrarlo, *Naalat-at,* Se hendió.

ALATI-Y. pp. *Ipanĝalatiy mo aco.* Vide *Alatiit.*

ALATIIT. pp. Rechinar la puerta. *Vm. Houag*

mong paalatiitin ang pinto. Tambien *Mag. Calit. Calairil.* Sinónomo.

ALATOAT. pp. Eco de la voz: *Nanĝanĝalatoat,* à quien. *Pinanĝalatoatan.*

ALAUAC. pc. Echar de golpe el agua. Vide *Bolouac,* con sus juegos.

ALAUAS. pp. Llevar la carga mal puesta. Se usa repitiendo la raiz: *Aalaalauas ang dala.*

ALAUAS. pc. Llevar algo que embaraza por mal puesto. *Vm.* l. *Maca,* La causa, ó instrumento. *Y. Houag mong ialauas ang saguan:* no estorbes con tu remo. *Alauas sumulat,* no atina à escribir por embarazado.

ALAUAS. pc. Cosa angosta, ó que le falta alguna cosa.

ALAY. pc. El primer hijo que se muere à la madre: *Naalayan,* La madre. Itt. El niño que se muere en el vientre.

ALAY. pp. Dedicar, ofrecer. *Vm.* l. *Mag. In,* lo que. *An,* à quien.

ALAY. pp. Sus comidillas como *Calamay. Madhoya, Vm. Y. Mag.* Servirlas. *Y,* la cosa: *An,* la persona.

ALAY AY. pc. Hilera, espantajos. *Mag.* De que, *In.* El lugar *An.* Sinónomo, *Ayay.*

ALBAY. pc. Sustentar al que se va à caer. Vide *Alalay,* con sus juegos.

ALBO. pc. Caerse la flor del *Talahib, Vm,* l. *Manĝa.* Vide *Galvo.*

ALGA. pc. Engañar. *Naalgaan, narayaan.*

ALI. pp. Tia, Madrastra.

ALI. pp. Suceder, competir, *Naca.* Lo que, *Na.*

ALI. pp. Echar à alguno de su lugar. *Vm.* Á quien, *An: Nagpapalihan,* se dice cuando dos compiten cantando.

ALI. pc. Enfermedad de los niños por haber mamado leche de preñada: *Inali,* estarlo.

ALI. pp. Participar del trabajo de otro. Vide *Damay,* con sus juegos.

ALIALBO. pc. Lo mismo que *Alicaboc.* pc. *Aliabo.*

ALIASAR. pp. Atravesar sin respeto, ó meterse donde no le llaman, *Vm.* Entremeterse, *Mag.* Lo que *In.* El entremetido asi, *Y. Mapagaliasaran,* A quien no se tiene respeto.

ALIASOR. pp. Vide *Aliasar,* con sus juegos.

ALIBANGBANG. pc. Un género de àrbol, de cuyas hojas hacen vinagre.

ALIBARBAR. pc. Revolverse el estómago. *Vm.* l. *Mag.* La causa. *Y,* l. *Ipinag aalialibarbar ang tiyan.*

ALIBAY. pp. Trocar por amistad: si tomando, *Vm.* Lo que *In;* si dando, *Mag.* Lo que *Ipag. Alibayan co itong cuentas co nang iba:* es trocar sin transferir el dominio.

ALIBOYBOY. pc. Ir remolineando acercàndose à otro, como inquietàndole, *Vm.* Si mucho, *Mag,* l. *Aalialiboyboy.*

ALIBOYBOY. pc. Hacer compañía à otro en el juego, ó en otra cosa, *Vm,* l. *Maqui.* Á quien, *An.* Si mucho, *Magaaliboyboy.* Á quien, *Pag-an.*

ALIBOB. pp. Andar acalenturado, como con tercianas: *Inaalibob,* l. *Na.*

ALIBOCAY. pc. Lo mismo que *Suca,* con sus juegos.

ALIBUGHÁ. pc. Desperdiciador. Pródigo. *Mag.* Lo que *Ipag.* por *Vm.* Desperdiciar la hacienda de otro: lo que, *In. Alibughang loob· masamang asal.*

ALIBUTOR. pp. Estítico.

ALICABO. pc. Polvo, lo mismo que *Alicaboc.*

ALICABOC. pc. Lo mismo que *Alicalbo. Alicabo.*

ALICALBO. pp. Llevarse algo el viento. *Ongmaalicalbo ang poot:* echa chispas.

ALICBOBO. pp. Entremeterse en algo sin ser llamado. *Maqui.* Lo que, *Ipaqui.* El lugar, *Paquihan.*

ALICMATA. pc. Niñeta de los ojos.

ALICTIYA. pp. Lo mismo que *Alactiya,* con sus juegos.

ALICOT. pc. Esconderse cuando hay que trabajar. Vide. *Ansicot.*

ALICUAT. pc. Sacar de lo hondo. *Vm.* La cosa *Y,* l. *Mag:* la cosa. *Pagalicuatin.*

ALIG. pp. Irse del pueblo por huir de él. *Alag. Mag.* Como *Alicot.*

ALIGAGA. pp. Andariego, haragan. *Vm.* l. *Na.* Serlo, *In. Mapanĝaligaga,* l. *Manĝanĝaligaga. Aligagang tauo.* Sin perseverancia.

ALIGAMGAM. pc. Hurtar cosas pequeñas. *Vm.* Lo que, *In.* A quien, *An.* Lo hurtado. *Naaligamgam.*

ALIGASIN. pc. Lisas pequeñas. Del que cuando habla se turba, se dice: *Nalalabo ang aligasin.*

ALIGBANĜON. pp. Una yerva medicinal.

ALIGI. pc. Gordura de cangrejo, ó camaron. *Mag,* criarla: las que crian, *Aligian.*

ALIGIR. pp. El que no se atreve à llegar al descubierto, y se anda medio escondiendo. *Aalialigir na tauo. Vm,* Andar asi. *An,* donde desea llegar. La causa, *Maca.* En pasiva, *Ica.* Frecuent. *Mag. aligir, caaligiran.*

ALIG-IG. pc. No atreverse à llegar por miedo. *Vm.* l. *Aalialig-ig.*

ALIGOR. pp. Arrastrar algo poco à poco, escabullirse, con las composiciones de *Aligir.*

ALIGOTGOT. pc. De mala condicion. *Vm,* Hacerse. *In,* Serlo. *Na,* estarlo.

ALIGOTGOT NA TAUO. Hombre de muchos dobleces. Sinónomo. *Saligot, saligotgot.*

ALIGUIG. pp. Mirar como el ladron cuando quiere hurtar algo, *Vm.* Lo que mira, *In.*

ALILA. pp. Cuidado, criar, guisar de comer, *Mag.* De quien, *In. Aco,i, ipagalila mo bucas,* Mañana me guisaràs de comer. Nótese que si las cosas de que se cuida no son vivientes, no cuadra el *alila,* sino *alaga.*

ALILAR. pp. Lo mismo que *Patoto; Mag,* Hacerlo, ó ponerlo. *An,* la casa. *In.* De lo que, l. *Y.* El *In,* como materia, el *Y,* como instrumento.

ALILIS. pp. Moler cañas dulces. *Vm.* l. *Mag.* La caña, *In.* La prensa, *Alilisan.* El compañero no es *Caalilis,* sino *Casamang ungmaalilis.*

ALILIS. pp. Miel por cocer *Inalilis.*

ALIMA. pp. El cuarto delantero del animal: *Ang alimang saicapat siya mong borohin.*

ALIM. pp. Quemar el oro, ponerse negro con el fuego. *Naaalim:* Admite *Mag.*

ALIMAGMAG. pc. Relucir. *Mag.* Lo que *In.*

ALIMAGMAG. pc. Curar los camarones al sol, *Mag.* Ellos, *In.*

ALIMANĜO. pp. Cangrejo grande. *Alimanĝo ang Bouan:* cuando està mas de la mitad.

ALIMANGMANG. pc. Lo mismo que, *Alimagmag.*

ALIMANGMANG. pc. Tonto. *Ualang bait ualang loob.* Sin juicio ni voluntad.

ALIMASAG. pp. Cangrejo pequeño con pintas azules, y blancas.

ALIMAYMAY. pc. Cuarta parte del cuartillo.

ALIMAYMAY. pc. Entre oir. Vide. *Alingaynġay.*

ALIMBATOC. pc. Cosas desiguales, como hilos, ramales. Vide *Limatic.*

ALIMBAYAO. pp. Seguir con la vista al amigo que se va, *Mag.* A quien, *Maalimbayauan.*

ALIMBAYAO. pp. Compararse con otros en riqueza, &c. *Maqui.*

ALIMBAYAO. pp. Inquietud, desasosiego, distraimiento. *Vm.* Inquietarse, *Maca.* La causa, *Mapag, Alimbayao.* Frecuent.

ALIMBUCÁY. pp. Levantar con fuerza el agua el que rema. *Vm. Mag.* El agua. *In.* El remo, *Y.* El embarcado por cuyo respeto se da la banca, *An.*

ALIMBUCAY. pc. Revolverse las tripas. El padecerlo, *Mag.* La causa, *Y.*

ALIMBOBO. pc. Lo mismo, que *Alicbobo.* pp. con sus juegos.

ALIMBOYOGUIN. pp. Gallo colorado con piés prietos, y alas manchadas de negro.

ALIMIM. pc. Pronunciar mal. *Alimim ang pañgonġosap.*

ALIM-IM. pc. No pronunciar claro. *Alim-im ang pangonġosap.*

ALIMIS. pc. Hacer algo à escondidas, ó à hurtadillas. *Omalimis iyang nanao.* Se fué sin avisar. *Lalimis mo yaring ipanaog.* Baja esto sin que te vean.

ALIMOLON. pc. Palo que empieza grueso, y acaba en punta. *In,* ser hecho asi. Su contrario es *Dolohan.* pc.

ALIMONMON. pc. Rollizo. *Maalimonmong catauan,* cuerpo rollizo, *Mataba.*

ALIMOOM. pp. Lugar obscuro que causa afliccion. *Maalimoom.* Estar en tal lugar: tambien se dice de un corazon acongojado. *Vm,* ponerse tal: *Alimoomin mo itong saguing.* Enciérralos para que se maduren.

ALIMORA. pp. Lo mismo que *Mora, duahagui,* con sus composiciones.

ALIMORANIN. pp. Culebra grande. *Mag,* tenerla. *Mag,* pc. Imitarla.

ALIMOSOM. pp. Fragrancia de cosa que huele. *Nanġanġalimosom siya nang banġo.* Echa de sí gran fragrancia.

ALIMOSOR. pc. El grueso del palo que se disminuye poco à poco, hasta la punta como candela, ó árbol de navío. *In,* ser hecho asi.

ALIMOT. pc. Hacer alguna cosa à hurtadillas, con los juegos de *Alimis.*

ALIMPAPAYAO. pc. Vuelo de ave, ir volando. *Mag,* volar. *Naguin alimpapayao nang pagtacbo.*

ALIMPONĠAT. pp. Despertar,(estar amodorrado, medio dormido. *Vm,* el que. *In,* serlo: el que muchas veces, *Maalimponġatin.* El que està medio dormido. *Naalimpunġatan.*

ALIMPOSO. pp. Manzana de madera labrada.

ALIMPOYO. pc. Remolino del agua. *Vm,* l. *Mag,* reduplicando la raiz.

ALIMPOYOC. pp. Humear la morisqueta cuando se quema. *Vm. In,* lo que.

ALIMPUYOC. pp. Aquel olor de la morisqueta quemada. *Vm,* l. *Mag,* reduplicando la raiz.

ALINAGNAG. pc. Claridad que sale de la candela que està encerrada, como en làmpara. *Vm, Mag.* Á quien, *an,* ó *na an. Maalinagnag,* reluciente.

ALIN. pp. Secarse el cuerpo, *Na.* Causa, *Ica.*

ALIN ALIN. pc. Mudarse muchos vestidos. *Mag.* Lo que, *Pinag.*

ALINANGNANG. pc. Relucir, como ropa bruñida, *Mag.* Persona, *An.* Mucho, *Aalialinangnang.*

ALINDOG. pp. Regalo ó caricia de la madre al niño. *Vm.* La que. El niño, *In.* Frecuent. *Mapanġalindog. Nanġanġalindog,* Andar regalando.

ALING ALING. pp. Mudable, inconstante, dudoso. *Vm.* En que, *An.*

ALINĠANĠA. pc. Enfadar, molestar, *Vm.* Á quien, *An,* l. *In.*

ALINĠANĠA. pc. Retumbar la voz. Ella *In.* Lugar, *Han,* l. Pinaghan.

ALINĠAONĠAO. pc. Eco de voz ó campana de lejos, *Vm. Maalinġaonġao.* Voz grande. *Naalinġaonġauan ang simbahan.*

ALINĠAR. pc. Escapar algo de la presa que hizo el perro, caiman, &c. *Alinġar ito sa baboy,* se escapó esto, &c.

ALINĠASAO. pc. Sonido grande de voz ó campana. *Tauong alinġasao manġusap.* Persona vocinglera. *Naalinġasao,* el que se divertió con voces. Hablar metiéndolo à voces: *Vm. Bahagya man manġusap ay umaalinġasao na. Naalinġasauan,* el lugar ó persona.

ALINĠASNĠAS. pc. Vide *Inġay,* con sus juegos.

ALISAMBAY. pc. Vide *Sabay.*

ALINĠAYNĠAY. pc. Entreoir. *Vm,* entreoir escuchando. Lo que. *An. Alinġamay uala acong alinġaynġay.* No he entreoido cosa alguna.

ALINĠAYNĠAY. pc. Retumbo de voz ó eco: *Mag,* retumbar.

ALINLANĠAN. pp. Divertirse en muchas cosas. *Vm,* l. *Mag,* divertir à otro. *Na,* divertirse. *Maca,* lo que divierte. *In,* ser divertido de propósito. *Ma,* acaso: frecuentativo. *Mapagalinlanġan,* el que divierte à otro muchas veces.

ALINLANĠAN. pp. Estar dudoso, indeciso. *Vm.* Sobre que, *iquina.*

ALINOGNOG. pc. Dar vueltas como el trompo *Vm,* l. *Mag.* Ante quien, *An.*

ALINSANAY. pp. Plàtanos silvestres.

ALINSANĠAN. pp. Bochorno, llegarse el tiempo del bochorno ó calma *Mag,* la persona que padece el bochorno. *Vm. Inaalinsanġan ang palay.*

ALINSONOR. pp. Ir en seguimiento de alguno. *Vm. In,* à quien. *Mag,* Si dos ó muchos. Si acaso, *Nagcaca.*

ALINSOAG. pp. Volver à tras la avenida ó corriente.

ALINTANA. pp. Dejemos eso à parte.

ALINTANA. pp. Esceptuar. Lo que, *Hin,* ó *Han.* Con. *Pag. Pinagalintanahan co siya;* pero mejor, *Aalintanahin co siya. Inalintana co, hinamac co. Naaalintana napapahamac. Alintana na.* pc. *Intana.*

ALINTANA NA. pc. Lo mismo que *Alintana.*

ALIO. pp. Cotejar una medida con otra. *Mag:* lo medido, *In. Magcaalio,* dos de una medida. *Y,* La vasija con que; Por *Vm* y *Man,* es medir una vasija. Ella, *In:* por la de *Mag,* cotejar entre si. *Caalio.* Una igual con otra.

ALIO. pc. Consolar, animarse. *Vm*, el que. *In*, serlo. *Pagalio*, la obra. *Di paaalio*, el que no recibe consuelo. *Maca*, causarlo. Frecuent. *Mapanĝalio*. *Mag*, consolarse, animarse. *Pagaalio*, la obra: *Mapagalio*. Frecuent.

ALIPAGPAG. pc. ó *Alipaepac*. Irse poniendo el rostro encendido por calor, *Vm*.

ALIPANGYAN. pc. Un género de culebra, por otro nombre *Bibitonan*.

ALIPALA. pp. Una por una. *Alipala, at alipala uquing cunin*, cojeré una por una.

ALIPALA. pp. Luego al punto: *Alipala nagalit*.

ALIPALO. pp. Vide *Antipolo*.

ALIPANA. pp. Muchedumbre de gente que ocupa mucho lugar, *Mag*. Lugar. *An*.

ALIPAPA. pc. Techo chato, Vide *Papa*.

ALIPAOPAO. pc. Muy alto, encumbrado. *Napaaalipaopao nang pagtacbo*, y de aqui *napaaalipaopao nang bait*.

ALIPAT. pp. Ceguedad de entendimiento. *Na-an*, el que.

ALIPATO. pp. Centella, chispa. *Mag*, echarlas. *Na-han*, el que. *Papagalipatohin*, hacer saltar la chispa.

ALIPAYO. pp. Una yerva de hojas anchas.

ALIPIN. pp. Esclavo. *Mag*, hacer al que no lo es. El hecho, *In*. *Alipnin*. *Caalipnan*, esclavitud. La accion de hacer esclavo, *Pagaalipin*. *Nagpapacaalipin*, el que de su voluntad se hace esclavo. *Naquiqui*, el que se entromete con ellos. *Nanĝanĝalipin*, andar haciendo esclavos: el lugar, *quinaalipnan*.

ALIP-IP. Estar con gran solicitud hasta saber algo *Na*. Estar asi, *quinaalip ipan ang osap*.

ALIPIS. pc. Cortar con cuchillo para que salgan delgadas las revanadas. *Mag*. *Pinag*, lo que. *Pinag-an*, el lugar.

ALIPIS. pc. Cortar algo de lado para que salga delgada la revanada, *Vm*. Lo que, *In*.

ALIRANG. pp. Muy flaco. *Nanĝanĝalirang*, ponerse asi. La causa, *Ipinanĝa*.

ALIPONIYA. pc. Lo mismo que *alila*, con sus composiciones.

ALIPONĜÁ. pc. Sabañones. *Inaalipunĝa*, tenerlos. *Alipunĝahin*, l. *Alipunghin*, la persona que los padece muchas veces.

ALIPOSTA. pc. Certificarse de algo; con los juegos de *Alositha*, l. *Siasat*.

Alipusta cayoró
con sino ang casonó
nang aso,i, di casondò
aco.i, iyong ituró.

ALIPOYO. pc. Humo, remolinear el humo. *Vm*, l. *Mag*: Sinónom. *Alimpoyoc*.

ALIPURAY. pc. Un género de *Baguing*.

ALIPURAY. pp. Vide, *dug-an*, l. *dogoan*.

ALIRANG. pp. Muy flaco. *Nanĝanĝalirang nang cayayatan*.

ALIS. pc. Quitar, partir, apartarse, apartar. *Vm*, l. *nananalis*: *Caalisan co nĝayon*. Insta mi partida. Por quitar algo de alguna parte, *Mag*. Lo que es quitado, *Y*, l. *In*. El lugar, *Pinagaalisan*. La accion, *Pagaalis*: *Capagaalis co nito nĝay-on*, acabo de quitar esto. *Alsan* síncopa de *alisan*.

ALISAGÁ. pc. Desobediente, haragan, que hace la cosa de mala gana. *Mag*, l. *Vm*. Lo que *In*, l. *Y*. Sinónom. *Anyaya*. pp.

ALISAGSÁG. Lo mismo, y algo mas que haragan. *Mag*, l. *Vm*. La persona, *An*.

ALIS-IS. pc. Calor, ó calma: lo mismo que *Alisouas*, l. *Alasoas*, con sus juegos.

ALISON. pp. Juntar cosas desparramadas poniéndolas en órden. *Mag*. Lo que, *In*.

ALISOÁS. pp. Calma; lo que, *Alasoas*.

ALISUÁG. pc. inquieto, desasosegado. *Vm*. l. *Mag*. Á quien, *An*.

ALISUÁG. pc. Crecer el agua hasta cubrir la tierra. *Vm*, l. *Mag*. la tierra, *An*. Sinónom. *Alinsouag*. pc.

ALISUÁG. pc Mudarse dos en iguales asientos. *Mag*, cuando los dos *Vm*, cuando el uno al otro, ó duplicando solo la raiz. El lugar, *An*.

ALIT. pp. Segar. *Vm*, l. *Mag*. La cosa *In*. Frecuent. *Manaalit*.

ALIT. pc. Cosa desigual en sus encajes. Salir asi, *Vm*. Hacerlo, *Mag*. Lo que, *Ma*. *Batà bagang macarinĝig, at di macaalam nang alit nang uica*. Es algun muchacho que no sabe lo que dice?

ALITAPTÁP. pc. Luciérnaga, que relumbra de de noche: *Nagaalitaptap ang mata co*. Tambien dicen del inconstante, *Alitaptap ca mandin*.

ALITAO. pp. Parada que hacen los que reman, *Vm*. Si muchos *Mag*. Mirar por una y otra parte.

ALITAO. pp. Caminar poco à poco en noche oscura, ó por lugar oscuro por hurtar algo, *Vm*. Lo que, *An*. *Mag*, buscar algo asi. Lo que, *Y*. Á quien, *An*.

ALITAUO. pp. Buscar alguno sin preguntar por él, *Vm*. Lo que, *An*. Por *Mag*. Buscar. Lo que, *In*. Á quien, *An*.

ALITIT. pc. Lo negro, como quemadura que se suele hallar en las cañas.

ALITIIT. pp. Lo mismo que *Alatiit*, con sus juegos. Sinónomo. *Calit*. pp. *Calairit*. rechinar.

ALITUBTUB. pc. Cercar el fuego por todas partes. *Mag*. Á quien, *Pinag-an*, *Pinagalitubtuban aco nang hirap*, estoy cercado de trabajos. Metàf.

ALITOUAT. pp. Lo mismo que *Alatouat*, con sus juegos.

ALIT PALA. pp. Lo mismo que *Alipala*, luego al punto con sus juegos.

ALIUALAS. pp. Claridad con desembarazo de todo impedimento. *Aliualas ang silid caaliualasan*. Claridad: *Vm*, ponerse tal. *Paaliualasin*, hacer que lo esté. Estar, *Na*. Á quien, *Naan*: *Magpaaliualas*, dejemos que aclare.

ALIUAS. pp. Mono. Lo mismo que *Amo*. Itt. hombre de mala condicion, *Aliuas na tauo*.

ALIUAYUAY. pc. Convalecer. Lo mismo que *Galing*, con sus juegos.

ALIYABO. pp. Echar pavesas el fuego hàcia arriba, *Mag*. Lo que, *An*. Echar pavesas el fuego, *Vm*. Echa chispas. Lo mismo que *Alipato*.

ALIYAMAS. pc. Barniz. Reluciente como oropel, *Mag*. Con lo que, *Ipag*. El lugar, *Pag-an*.

ALIYAVO. pp. Voz ó sonido de campana, con los juegos y composiciones de *Alinĝaonĝao*.

ALIYO. pp. Estar inquieto: cuando tiene que hacer y le dà cuidado, se usa reduplicando la raiz. *Aaliyo aliyo*.

ALÓ. pp. Acallar al niño, *Vm. In.* Con que, *Y.* Frecuent. *Mapanḡalo.*

ALÓ. pp. Dar satisfaccion: con que, *Ica.* El Juez, *nagpapa.* El agraviador, *Vm.* El agraviado, *In.*

ALÓB. pp. Renovar la herramienta, aderezar bolo, hacha, &c. *Mag, In.* El panday que la mete en la fragua, *Vm,* Ella, *In.* El dueño, *Mag, pa.* Metàf. *Itac uari,t, Alobin, catao-an nagmamalio:* cómo es posible remozarse un viejo?

ALOBANGBÁNG. pc. Vide *Alibangbang.*

ALÓG ALÓG. pp. Hablar à persona grave sobre algun negocio, *Vm.* Á quien. *In.*

ALOBOHÁN. pp. Cestillo para traer el pescado, y tambien lo mismo que *Boslò.*

ALOBO. pp. Hijada.

ALÓC. pc. Dar de comer al enfermo. *Vm,* l. *Mag. In.*

ALÓC. pc. Redoblar la punta del anzuelo &c.

ALOCABCAB. pc. Apartarse la càscara: *Ang magaling na cacao nanḡanḡalocabcab.*

ALOCTIA. pp. Lo mismo que *Alactia,* con sus juegos y composiciones.

ALOCALOC. pp. Incitar para que se cumpla su gusto, importunar, *Vm,* Á quien, *In.* Con que, *Y.*

ALÒG. pp. Vadear, *Vm.* El rio, *An,* con *Mag,* significa revolver.

ALÓG ALÓG. pp. Revolucion de estómago, *Vm.* Estar asi, *Na.*

ALÓG ALÓG. pc. Aumentàrsele à uno el mal por andar revolviéndose *Naaalog alog ang may saquit.*

ALOLONG. pp. Ladrido de perro, *Vm.* Ladrar. Á quien, *An.*

ALOLÓD. pc. Caño ó canal de agua, *Mag.* Hacerla, *An.* El agua.

ALOLOS. pp. Dejarse llevar de la corriente del agua. *Napaalolos sa dilang pita nang catao-an.*

ALOMIHIT. pp. Emberrenchinarse el muchacho cuando llora Vide *Ihit,* con sus juegos.

ALOM-OM. pc. Comer ó mascar con disimulo, hablar entre dientes. *Mag.* Lo que, *In.* Lo mismo que *Alomon.*

ÁLON. pp. Olas del mar. Haber muchas, *maalon.* Hacerlas, *Vm.* Lo batido de ellas, *An.* La causa, *Maca.* Andar sobre las olas, *Nanḡanḡalon: Inaalon mandin aco nang gotom.* Estoy mareado de hambre.

ALÓN-ALÓN. pc. Sangre derramada entre cuero y carne, *Mag.* Lo que, *In.* El lugar, *An.*

ALÓN ALÓN. pc. Mal trasquilado, *Mag.* Los caballos, *In.* Sinónom. *Asatasat.*

ALONḠA. pp. *Di maalonḡa nang boloc, Di maamoy, Alonḡait.* Del insufrible.

ALONḠAING. pp. Abol ó yerba.

ALONGAINḠÁY. pc. Percibir no del todo. *Naan. Naalonḡaynḡayan co.* Vide, *Olinḡig.*

ALONG. pp. Lo mismo que *Tolong,* con sus juegos.

ALONG-ONG. pc. Asomar de parte estrecha, *Vm,* l. *Na.*

ALONIGNIG. pc. Eco, voz que retumba su sonido, ó de la campana, que se va acabando, *Vm.* Lo que, *Nanḡanḡalonignig: pinanḡanḡalonignig.* Á quien, *Pinanḡanḡalonignigan.*

ALONING-NING. pc Relampaguear los ojos, *Mag.* Por resplandecer, *Vm.* Sinónomos. *Níng-níng, quidlap. Tindag.*

ALON-ALON. pc. Lo mismo que *Lonlon.* pc. Con sus juegos.

ALOPACAYÁ. pp. Lo mismo que *Lupacaya.*

ALOPAY. pp. Una yerva, una fruta silvestre dulce.

ALOPIHAN. pp. Cien piés. Sinónom. *Olopihan, Olapihan.* pp.

ALOR. pp. Esterillo. Vide *Salog.*

ALOS pp. Llevarlo todo à abarrisco, ó à roso y belloso como la corriente, *Vm.* Lo que, *In.* La avenida por *Mag. Mapaalos,* dejarse llevar.

ALÓS. pp. Acabar consumiéndolo todo, *Mag.* Lo que, *In. Naalos na ang cagubatan nang apuy.* Se consumió el monte, &c.

ALOSICSIC. pc. Averiguar. *Maalosicsic: maosisa.* Vide *Osisa.*

ALOSITHA. pc. Certificarse de algo, *Vm. Y,* l. *In.*

ALOS-ÓS. pc. Acabar desde el principio hasta el fin alguna cosa, *Vm,* y *Mag.* Lo que, *In.* Á quien, *An,* l. *Na-an.*

ALOT. pc. *Maalot:* Muy hediondo, *Vm.* Estar asi, *Na.*

ALOYAN. pp. Cuna de niños. Estar el niño en ella, *Mag.* Ponerlo, *Y.* El niño, *In.* La causa, *Ipinag.* Sinónomos. *Indayonan, Doyan.*

ALOUAN. pc. Descanso, lo mismo que *Guinhaua,* con sus juegos. *Caalauauanan, caguinhauahan.*

ALOYO. pc. Alborotarse el mar sin viento, *Vm.*

ALPÁ. pp. Acompañar. Vide *Sama,* con sus juegos.

ALPAS. pc. Soltar lo que tiene vivo en la mano, ó atado, ó encerrado. *Mag,* l. *Vm.* Lo que, *An,* l. *In.* Soltarse, *Nagca,* l. *Ma.*

ALPÁY. pc. Fruta dulce y de estima: andarla cogiendo, *Nanḡanḡalpay.*

ALPÓG. pc. Prorumpir en malas palabras. *Pagcagalit, ay naalpog na ang tunḡayao. Nagaalpogan sila nang pananan̄gis.*

A antes de M.

AMA. pc. Padre natural. *Inaama.* Padrino, ó padre adoptivo. *Maguma.* Padre é hijo: *maginaama.* Padre hijo adoptivo tomarlo, ó tenerlo por padre, *Vm.* É tomado, *In. Nagpapaama,* el que afrenta à otro nombrando à su padre. El afrentado, *Pinaaamahan,* l. *Pinagpapaamahan.*

AMAC. pp. Regalar, amansar. *Vm.* Amansarse. *Mag,* à otro.

AMAC. pp. Choza en el bosque, ó en el monte, ó en las breñas. *Mag,* hacerla, *In,* de lo que.

AMACAN. pp. Cierto caracol. *Nanḡanḡamacan,* cogerlos.

ÁMAG. pp. Moho de ropa, ó pan &c. *Naaamagan,* lo que està asi. *Pinagaamagan,* dejarlo enmohecer *Inaamag,* ó *inaamagan,* lo que. *Maamag,* mohoso: tiene tambien, *Mag.*

AMAÍN. pc. Tio, padrastro. *Vm,* tomarlo por tal. *In,* à quien. *Mag,* portarse como tal.

AMALAM. pc. l. *Amlang.* pc. concurrir dos ó mas à llevarse una cosa única, como cuando hay que comprar un diamante, &c. ó quieren llevar alguna muger, &c, *Naamlam*, l. *Naamalam*, el uno de los competidores que se queda sin la cosa. *Mag*, los dos que compiten. El uno, *Ipag*. Sobre que, *Pag-an*.

AMALAM. pp. *Amalam Hianta*, Padre de Hianta.

AM-AM. pc. Sisar, *Vm*. Lo que, *In*. Á quien, *An*. Sinónom. *Omit*.

AMANICABLE. pp. Ídolo de los cazadores.

AMANSINAYA. pp. Ídolo de los pescadores.

AMAS. pc. La décima sexta parte de un tahil de oro: *Sang amas*, una parte de estas. La piedra y granos con que pesan. *Amasan*. Los granos.

AMAT. pp. l. *Amat amat*. Precio moderado. *Inaamat amat ang pagcoha nang ating lucbam*. Sinónom. *Omit*, mejor *Inot*.

AMATONG. pp. Granero, trox. *Tambobong*. El arroz guardado. *In*. Hacerlo, *Mag*.

AMAT. pp. Hacer algo poco à poco, y se le junta el infinitivo de lo que hace *Vm*, duplicando la raiz.

AMAY. pp. Hacer despacio con *Mag*.

AMBÁ. pc. Agüelo.

AMBÁG. pc. Derrama, contribuir con algo. *Vm*, l. *Maqui*. Los que, *Mag*. Lo que. *Y*. Para que, *An*. Echar derrama, *Mag*. Darla, *Vm*. La contribucion. *Ambagan*. Para que, *Pagaambagan*. pc. l. *Pagambaganan*. pp. Sinónom. *Tapong*. pc.

AMBAN. pc. l. *Angbang*. pc. Emular, competir con otro. *Napaamban*, el que quiere competir. *Pina-an*, con quien. *Magpaaambanan*, mútuo.

AMBAY. pc. Asir dos fuertes al flaco por los brazos. *Vm*, uno. *Mag*, dos ó mas. Á quien, *Y*. Que, *In*. *Napaaambay*. Dejarse llevar asi.

AMBÍL. pc. Repetir una cosa mucho, *Vm*. *Mag*, *Ipag*. La causa, *Pag*. *An*, Á quien. *In*, lo que. *Houag mo acong ambil ambilin*, *Houag sabisabihin*.

AMBIN. pc. Idem, ac eodem modo.

AMBING. pp. Idem, ac eodem modo.

AMBIUAN. pp. Murmuracion del que poco ha se ausentó.

AMBIYANG. pp. Llevar uno entre dos. *Vm*, l. *Mag*, *In*, lo que.

AMBIYANG. pp. Levantar con la mano algo llevàndolo à otra parte, con los mismos juegos que el antecedente.

AMBLAY. pc. *Amblain ang gulay;* cocido sin mas que agua.

AMBOBOYOG. pp. Abejon grande. Sinónom. *Inboboyog*.

AMBOL. pp. Bogar de cuando en cuando el que gobierna la banca con saguan, *Vm*. La banca, *An*.

AMBOL. pc. Salpicar con el agua, ó rociar, *Mag*. Á quien, *An*. El agua, *In*.

AMBOL. pc. Ayudar, *Aco,i, ambolan mo sa pagtotol*.

AMBOL. pp. Acometer muchos à uno solo, *Mag*. Á quien, *Pinag-an:* en donde, *Pinaganan*.

AMBOLOG. pp. Remontarse el ave en su vuelo. *Mapa*, volar. Lo que, *Ipa*. Tambien es vocear, *Vm*. con quien, *An*.

AMBOLOG. pc. Sagú de Borneo, *Mag*. Venderlo.

AMBOLONG. pp. Lo mismo que *Casongdo*, *Camboambolong*, *Caosaposap*.

AMBÓN. pc. Lluvia menuda, *Vm*. Á quien dà, *An*.

AMBOUANG. pc. Gritería, llorar à grandes voces, *Vm*. Y si muchos, *Mag*.

AÁMBOUANG. pc. *Omouang*. Lo mismo que el antecedente.

AMBOUAT. pp. Alzar con palanca algo pesado. *Mag*. Lo que, *In*.

AMBOY. pc. Lo mismo que *bigay*, con sus juegos.

AMBOYOG. pp. Menearse la casa. Se usa duplicando la raiz. *Aamboamboyog ang bahay*.

AMIHAN. pp. Viento brisa, *Vm*. Correr, *Na*. *Han, cami*, Diónos, ó nos corrió la brisa. No sea que, *Maamihanan cayo*. Ventear mucho, *Mag*.

AMIL. pc. Tartamudo. Se usa duplicando la raiz. *Aamil amil*. El que està asi, *Na*.

AMIN. pp. Nuestro. *Vm*, decirlo. *Mag*, hacerlo, ó tenerlo por nuestro. *In*, lo que.

AMIN. pc. Oir, ó hacer caso de lo que se dice, creerlo, *Vm*. Lo que, *In*.

AMIN. pp. Lo mismo que *tangap*, con sus composiciones. *Ualang ongmaamin sa caniya*. Ninguno le quiere, ó està mal quisto.

AMIS. pp. Ojeriza. *Vm*. el que la tiene. *In*, à quien. *Caamisan*, la ojeriza.

AMO. pp. Mansedumbre, domar, amansar, *Vm*. Amansar à otro, *Nagpa*. Lo que, *Pinaamo*. Lo manso ya, *Naamo*. *Caamoan*, l. *Pagca amo*, la accion. Rogar, *Magamo-amo*. El que, *In: Aco,i, ipagamo-amo sa Dios*, aplàcame à Dios. *Pagamo-amo*, la obra de aplacar.

AMO. pc. Mono.

AMÓ CA. pc. Lo mismo que *aglahi* con sus juegos.

AMOG. pc. Sucio, puerco, que no repara en ensuciarse. Estar asi, *Ma*.

AMOG AMOG. pp. Dar de comer la ave à sus hijos. *Mag*. El pollo, *In*. Sinónom. *Anduca*.

AMOGUIS. pp. Arbol de buena madera. *Mag*. Venderla. Ir à cortarla, *mañgamoguis*.

AMOLON. pp. Un àrbol.

AMONG. pp. Acompañar, entrar en la parte de la casa ó ventana. *Vm*. l. *Maqui*. Á quien, *An*. Esto es, cuando el uno al otro; cuando los dos *Mag*. Lo que, *Naan*.

AMONG. pp. Arrebatar quitando algo de otro. *Mag*. Lo que, *In*. Á quien *An*. Lo mismo que *Agao*, con sus composiciones.

AMOS. pc. Suciedad de la cara; úsase con *Vm*. La cosa, *An*. Criarse en la cara ó cuerpo, *Mag*. *Amos amosan ang moc-ha mo*. Està sucia tu cara.

AMOT. pp. Comprar entre muchos una cosa: Los que, *Nagaamotan*. El que, *Vm*. *Paamotin*, permitir que compre algo de lo que compraron otros.

AMOY. pc. Olor. *Vm*, oler. *In*, lo olido. De donde sale el olor, *An*. El que percibe, *Naca*. Acaso, *Na*. El sentido, *Y ca*. La rosa que se da à oler, *pinaamoyan*. La persona *pinaamoy*. El olor que se dà à sentir, *ipinaamoy*. *Amoyin mo ito*. *Amoyan mo si Pedro*. Huele esto, huele à Pedro.

AMOYONG. pc. Una frutilla silvestre medicinal *Mag*, ponerla en la muñeca, v. g.

AMOYOR. pp. Llegar al puerto destrozado, sin àrbol ni vela. *Mag*. Haber aportado, *Na*. Á donde, *pinagamoyoran*.

AMOYOR. pp. Enlabiar. *Vm*. Á quien, *In*.

AMPAL. pp. Estar apretados. *Vm*. l. *Mag*, el que, ó los que.

AMPALAYÁ. pc. Balsamina: *Mag*, sembrarla, echarla en guisados. *Han*, donde.

AMPANG. pc. Empezar à andar el niño, *Vm:* duplicando siempre la raiz.

AMPAT. pc. Estancar la sangre, ó cualquier licor que corre, *Vm.* l. *Mag*, *In*, Serlo. *Y*, con que. *Na*, estancado ya. *Paampat*, el instrumento: *Naampatan siya nang dugó.* Se le estancó la sangre.

AMPAT. pc. Detener el resuello. *Vm.* El resuello, *In.*

AMPIGOLÓ. pc. El que cuidaba à las catalonas en el *pagaanito.*

AMPIL. pc. Atajar, *Vm. Mag.* Á quien, *In.* Lugar, *An.*

AMPILAO. pc. Deslumbramiento de ojos *Mag.* La persona, *An.*

AMPING. pc. Flaquear, caminar con pereza. *Vm*, reduplicando la raiz.

AMPIPIIS. pp. Una culebrita galana que suelen poner en la cabeza por adorno los Aetas.

AMPIT. pc. Rempujar à uno de su asiento. *Vm.* Á quien, *In.* Y de aqui, *Inampit ang capoua tauo, dili pahintolot ang mahalal.* No permite el que sea conocido. Frequent. *Ampitan.*

AMPIYAS. pp. El agua que mete el viento debajo de tejado. Lo mojado, *An*, *Naampiyasan.* Sinónom. *Angi.*

AMPIYAS. pp. Enfadarse con el que viene à pedir por otro. *Naaampiyasan aco nang uica.* Me enfado con su dicho.

AMPÓ. pc. Sujecion, humillacion. *Vm*, duplicando la raiz. *An*, Á quien.

AMPOC. pc. Lo mismo que *Ompoc*, con sus juegos. Tambien es resaca de mar.

AMPON. pc. Amparo, proteccion, favor. *Vm*, l. *Mag.* Ser amparado, *In.* Pedirlo, *Napaampon.* Frequent. *Mapagampon.*

AMPOUAS. pp. Medio despierto. *Ma*, estarlo.

AMPOUAS. pp. Mojar un poco algo, *Vm.* Lo que, *An. Ampouasan mo ito nang tubig*, moja esto un poco con agua.

A antes de N.

Á NA. pp. Tener cuidado de muchas cosas sin faltar à ellas. *Maca.* De que, *Naaana-an.*

ANABO. pc. Cáñamo silvestre. Cogerlo ó venderlo, *Mag.* Andarlo cogiendo, *Man.*

ANAC. pc. Hijo ó hija, *Vm.* l. *Mag.* La muger en quien. *Pinaganacan*, los engendrados. *Maanac.* Padre ó madre de muchos hijos. *Maganac*, hijo y padre, ó madre é hijos; si muchos, *Magaanac. Pagaanac*, la obra. *Caanacan*, l. *Pagaanac*, generacion. *Palaanac*, parendera.

ANAC. pc. Adoptar, prohijar. *Mag.* El que, *In.* El adoptado, *Inaanac.*

ANAC. pc. Parentela. *Camaganacan* pp Costumbre de toda ella.

ANAC. pc. Parir, *Nanğanğanac.* El parido, *Ipanğanac.* Empreñar. *Naca.* Ella, *Naanacan. Camaganacan.* Todos de una parentela.

ANAC. pc. Cuando el arroz cocido por mucha agua se rebienta, se dice *nanğanğanac ang canin*, *Papanğanaquin mo ang paglulugao.* La suciedad de sangre &c. que deja la parida, *Pinanğanacan*, l. *Pinaganacan.*

ANACAN. pc. Puerca parida.

ANAC ANAC. Baras con que afirman la nipa, ó cogon, ó sauali, en sus casas. *Mag*, ponerlas. *An*, en donde *In*, ser hechas. *Y*, ser puestas.

ANACALA. pp. Tantear, pensar. Lo mismo que *Acala*, con sus juegos y composiciones.

ANÁCURA. pp. Patron de navío, ó mayordomo, *Mag.* La persona, *In.* Solo se usa en sus poesías.

ANAC HILIG. pp. Cañuela que ponen en el hilo para tejer. *Mag*, ponerla: La tela, *An.*

ANAC PACPAC. pc. Varas para tundir el algodon.

ANACPALAS. pc. Hijo que nace de muger de poca edad, como de diez años, *Mag.*

ANAC PIPIS. pc. Torno con que quitan las pepitas al algodon. *Mag*, hacerlo. De que, *In.*

ANAC TICTIC. pc. Medias cañas con que urden la tela. *Mag-an*, el urdidero. Las cañas *In.*

ANAC TILIG. pp. *Caaanac tilig* Vide.

ANAGAG. pp. Rayo del sol ó estrella. *Vm*, echarla, dar luz: La cosa, *An. Naaanagagan co: Natan-ao co man, hindi naquilala, at silim na.* Lo columbré, pero no lo conocí, porque estaba oscuro.

ANAHAO. pp. Palma silvestre: *Mag*, venderla ó ponerla. La cosa *An.*

ÁNAY. pp. Hormigas bien perversas. *Inanay*, lo destruido. En algunos pueblos se usa por hijo primogénito, *Panğanay.* Tambien dicen *aba anay hali anay.* Que es palabra de cariño à los niños.

ANALAONG. pc. Lo mismo que *Alalaong.*

ANAMAN. pc. Palo sobre que asientan las tigeras. *Mag*, ponerlo. Lo que, *Y.* Donde, *An.*

AN-AN. pc. Pecas blancas que salen en la cara. ó en el cuerpo, *Magca.* Tenerlas, *In*, *Naaanan.* Darle, ó el que los tiene: siempre, *Ananin.* pp.

ANANAPLA. pc. Un àrbol.

ANAPOLI. pp. Con que atan el *tocor bobong.* Ponerlo, *Mag:* el lugar, *An.*

ANAQUI. pp. Parece. *Anaqui tauo.* Parece hombre.

ANAR. pc. Imponer poco à poco como al niño, ó al nuevo cristiano, *Vm.* Á quien, *In.*

ANAS. pp. Destruccion total de frutas ó sembrados, *Vm*, l. *Mag.* Lo que, *In.* Donde, *An.*

ANAS. pc. Hablar quedito, *Vm*, l. *Mag*, *Y. An. Yanas mo.*

ANAT. pp. Medio acalenturado. *Naaanat*, *Nagmamaanatanat aco touing omaga.* Todas las mañanas estoy acalenturado. *Nagcaca*, l. *Nanğagcaca*, si muchos.

ANA TALA. pp. Nombre propio de su primer anito.

ANAYAN. pp. Acostumbrarse à hacer alguna cosa poco à poco, *Mag.* Lo que, *In.*

ANAYO. pp. Una enfermedad que causa comezon. *Na*, el padecerla. Tambien cursos.

ANCA. pc. Apropiar para sí, con los juegos de *Tiyn.*

ANCAN. pc. Manada. *Isang ancan*, una manada.

ANCAT. pc. Atravesar, mercaduría, *Vm*, l. *Mag*. Lo que, *In*. *Ancatin co ang palay mo*. Mercadea con tu *palay*.

ANCQUI. pc. Ganar, *Mag*. Á quien, *In*.

ANCQUIN. pc. Ayudar à otro en sus necesidades. *Vm*, *Mag*. Á quien, *In*.

ANCQUIT. pc. Interés *Mag*. Lo que. *In*. Frecuentativo. *Mapagancquit*.

ANDAL. pc. Rempujar, *Vm*, l. *Mag*. Á quien, *In*. El empujado, el lugar ó persona, *An*.

ANDAM. pc. Pensar mucho una cosa trayéndola à la memoria; con los juegos de *Agam*.

ANDAP. pc. Echar llamaradas el candil cuando se muere. *Aandap andap ang ilao sa sombohan*. La luz del farol se va acabando.

ANDAP. pc. Pestañar los ojos, *Vm*. A quien, *An*. *Inaandapandapan aco niya*. Me hace arremuecos con los ojos. Siempre se reduplica la raiz. Sinónom. *Curap ondap*.

ANDIRA. pc. Incitar à reñir, *Mag*. A quien, *In*. Sinónom. *Arira*.

ANDOL. pc. Vide *Andot*. pc. Con sus juegos, tener el hijo así.

ANDOT. pp. Poner un gallo à vista de otro para cogerlo: probar. *Inaandot*, el probado. *An*, contra quien: en activa si es uno el que prueba, *Vm*, l. *Mag*. Los gallos. *Pagandotin ta*. Probémoslo.

ANDOY. pc. Bambalear lo que està colgado. *Vm*. menearlo, *Mag*. Lo que, *In:* jamaqueando, *Mag*. *Aandoyandoy ca nang paglacad mo*. Te jamaqueas cuando caminas.

ANDOYAN. pc. Lo mismo que, *Aloyan*. *Indayonan*, *Duyan*.

ANDUCA. pc. Dar de comer el ave à sus hijos, *Mag*. El pollo, *In*.

Ang sisiu nang ibong tica
yayang iyong inanduca
aalilai,t, nang tumaba
di maronong manhinoca.

ANDULAN. pc. Sacudir el algodon apretàndole en un cesto: *Mag*, hacerlo. *In*, De que.

ANG. pc. Nominativo. Tambien porque. *Di mo aco liniñgon ang aco,i, duc-ha*. No hiciste caso de mí porque soy pobre.

ANGAC. pc. Vide *Tongac*.

ANG̃A. pc. Admiracion grande que deja como fuera de si. *Vm*, tambien *Aang̃aang̃a aco: Sino caya ang di ongmang̃a-ang̃a sa malaquing pagcaibig nang Dios sa tauo*. Quién no se admira del grande amor de Dios al hombre!

ANG̃AL. pp. Ronquido, como queja de enfermo. *Vm*. l. *Mag: Maang̃alin*. pc. Roncador.

ANG̃AL. pp. Hablar entre dientes el que duerme, como el antecedente.

AGAM. pp. Lo mismo que *Agam agam*.

ANGAN. pp. Lo mismo que el antecedente.

ANG ANG. pc. Recapacitar, pensar, *Vm*. *In*, lo que: si mucho, *Mag:* pasiva, *Pinag*. Sobre que, *Pinag-an*.

ANG-ANG. pc. Tinaja de grande boca que viene de China.

ANG̃AO. pc. Riña, *Vm*. Á Otro, *Mag*. Los dos por lo que, *An*.

ANG̃AO ANG̃AO. pp. Uncuento: numeral, *Sangang̃ao-ang̃ao*, 1000000.

ANG̃AS. pp. Soberbio en el andar. *Vm*, El que. *In*, Á quien.

ANG̃AT. pc. Apartar, abrir algo con fuerza tirando hàcia arriba. *Vm*, *Mag*. *In*, lo que. Estar abierto, *Naang̃at*. Tambien se dice del pasmado, *Hindi maang̃at ang bibig*. No puede abrir la boca.

ANG̃AT. pc. Abrir algo, como anillo ó zarcillo por las junturas. *Vm*, l. *Mag*, abrirlo asi. *In*, lo que *Ma*, estarlo. *Di maang̃at ang bibig*, se dice del pasmado que no puede abrir la boca.

ANG̃AT. pc. Tomar al peso algo para probarlo, *Mag*. Lo que, *In*. Con que, *Y*, l. *Panang̃at*. Vide *Togoiá*. pc.

ANG̃AY. pc. Lucir mal el fuego ó candela. *Aang̃ayang̃ay*.

ANG̃AY. pc. Sacar del fuego algo, ó disminuir el fuego, *Mag*. Lo que se saca. *Ang̃ain ang sinigang*. Sacar del fuego lo que se està cociendo. El lugar, *An*.

ANGCA. pc. Atravesar mercadurías. *Vm*. l. *Mag*. Lo que, *Han*. Y de aqui la muger con quien dos quieren casarse. *Pinagaangcahan*.

ANGCA. pc. Usurpar lo ageno, *Vm*, *Han*. *Houag mong angcahan ang di mo masasacopan*. No abarques mucho no sea que no puedas salir con ello. Tambien es defender à la doncella de la injuria.

ANGCAC. pc. Hinchado del vientre, *Vm*. Hincharse, *Mag*.

ANGCAM. pc. Cuna para niños, *Mag*. Tenerla. *Ipag*, ser metido en ella, Itt. Traza que uno hace consigo, *Mag:* Lo que, *In*.

ANGCAN. pc. Manada.

ANGCAT. pc. Comprar al fiado. *Vm*, tomarlo. Lo que, *In*. Á quien, *An*. Darlo, *Magpa*. Lo que, *Ipa*.

ANGQUI. pc. Regalo, ó caricia de corazon, *Mag*. Á quien, *In*.

ANGQUIL. pc. Rempujar con el hombro. El que, *Vm*. A quien, *In*. Si los dos, *Mag*, ó *Mag-an*.

ANGQUIN. pc. Vide *Ancqui*, con sus juegos.

ANGQUIT. pc. Vide *Ancquit*, con sus juegos.

ANGCOM. pc. Lo mismo que *Acom*, con sus juegos.

ANGCOP. pc. Apretar, *Angcópin malacas pa, sa pangcol*. Engastar, *Mag*. Lo que, *In*.

ANGCOP. pc. Favorecer. *Angcop aco niya*, es mi favorecedor.

ANGCOP. pc. Como los marcos que se añaden à las mesas. Vide *Tangco*.

ANGCOP. pc. Hacerlo de su banda, *Vm*, l. *Mag*. Lo que, *In*. *Angcopin mo siya*, hàzlo de tu banda. *Angcop co si Pedro*, Pedro es de mi banda.

ANGPA. pc. Lo mismo que *Angam*, y *Andam*.

ANGÍT. pc. Hedor de sobaquina, *maangit*. El que, *Vm*.

ANGGUI. pc. Llovizna que se entra por la casa, con las composiciones de *Ampiyas*.

ANG̃I. pc. Olor de morisqueta quemada. *Mag*, quemarla. Irse quemando, *Vm*. La persona, *Han*.

ANG̃IL. pc. Gruñir el perro. *Vm*. Á quien, *An*.

ANG̃IN. pp. Animar à otro, *Vm*. Á quien, *In*. Animarse. *Mag*, l. *Magpaca*.

ANG̃IN. pp. Empalagarse por el olor de la comida. La comida. *Naca*.

ANGÍS. pp. Hedor de estiercol humano. Dar mal olor, *Naca*. El lugar, *An*, ó persona. Incorporarse el mal olor en el hombre, *Vm*.

ANGIT. pp. Mandar con ira. *Vm*. A quien, *An*.

ANGLAS. pc. Cuesta grande y derecha, y de aquí. *Ungmaanglas ang tiyan nang buntis*. Està la barriga como un monte.

ANGLAS. pp. Quitarse la muger el vello, ella, *Mag*. Otro à ella, *Vm*.

ANGLAS. pc. Sobresalir los àrboles mayores entre los menores, *Vm*. El escedido, *An*.

ANGLAS. pc. Cuesta larga, grande y derecha, *Baquit mataas itong bondoc, ay anglas pa*.

ANGLAS pc. Quitarse las mugeres el vello de la frente. *Mag*, asi. *Vm*, à otro.

ANGLAS. pc. Entradas en la frente.

ANGLAO. pc. Alumbrar como page de hacha, *Mag*. Con que, *Y*. A quien, *An*. *Maca*, causar luz. *Ma*, estar claro.

ANGLAY. pc. Olor asqueroso.

ANGLIT. pc. Olla pequeña. *Mag*, hacerla ó venderla. *In*, meter dentro de ella.

ANGLOS. pc. Cuesta grande y derecha. *Mangonglos*, ir por ella.

ANGLOS. pc. Venir con las manos vacías, *Mag*.

ANGLOS. pc. Chamusquina de pelo, pluma ó cuerno, *Vm*.

ANGÓ. pc. Hedor de carne ó pescado, *Vm*. Tener tal olor, *Hin*, como el carnicero.

ANGONG. pc. Cargar entre dos algo con caña, con los juegos y composiciones de *Acsiu*.

ANGON. pc. *Palayao*. Palabra de cariño.

ANGOT. pc. Gruñir, *Vm*. Á quien, *An*. Sinónomo. *Gasa*.

ÀNGOT. pc. Lo mismo que *Ango*.

ANGOUAT. pc. Cargar algo entre dos, como al muchacho que no quiere ir à la escuela, *Vm*, l. *Mag*, llevarle. *In*, la carga *An*, la persona à quien se le pone la carga. *Ipag*, la causa. Sinónomo. *Anbiyang*.

ANGOY. pc. Pedir algo los muy pobres, *Vm*. Le persona y cosa, *In*. Tambien *Nagaangoyangoy nasasama*.

ANGPAL. pc. Lo mismo que *Ampal*, con sus juegos. Sinónom. *Palpal*.

ANGSOL. pc. Vedar, prohibir, con los juegos de *Sauay*.

ANGSANG. pc. l. *Agsa*. pc. Alternar con otro, ir à medias, *Vm*, l. *Mag*. En que, *An*. Vide *Halili, Hati, Otang*.

ANHIN. pc. Qué se me da à mí? *Di co anhin*.

ANHIN. pc. *Di anhin*, porque: *Paanhin*. l. *di pa anhin*.

ÀNI. pp. Unas almejas con que cortaban el arroz. *Nangangani*, cogerlas.

ANI. pp. Segar ó cortar arroz. *Mag*. El arroz, *Hin*. *Naani*, lo cogido. *Pinaganihan*, lugar. *Pagaani*, cosecha: *Ang isang binhi napaganihan co nang sangdaan*, cogí ciento por uno.

ANI ANI. pc. Respeto, cortesía. *Vm*, hacer cortesía. *Na*, tener respeto. Á quien, *Quina aanianihan*. Tener vergüenza por respeto de otro, *Mag*. La causa, *Ica*.

ANIB. pp. Manto de la muger. *Mag*, ponérsele. *An*, lo que se cubre. *Ipa*, prestarlo. Sinónomo. *Inouac*.

ANIBIYONG. pc. Un àrbol.

ANIBONG. pp. Un género de palma.

ANII. pc. Árbol.

ANILA. pp. Panal de miel. Vide *Panilan*.

ANILAO. pp. Árbol.

ÁNIM. pp. Seis: *Icanim*, sexto en orden. *Sa icanim*, sexta parte. *Tiganim*, à cada uno seis. *Inanim*, hacer seis. *Pinagaanim*, lo partido en seis. *Macaaanim*, ó *maquianim*, seis veces. *Magtiganim*, llevar à cada uno seis. *Magcacatiganim*, cada uno seis. *Papagtiganim*, hacer queden à cada uno seis. *Papagtiganimin*, ayudar à cada uno con seis, ó tomar seis à cada uno. *Pagmacaaanimin mong ipanhic*, súbelo en seis veces, l. *Pacaanimin*. *Nagaanim*, l. *Nagcaanim*, l. *Nagcacaanim*, hacer entre seis. *Di umanim*, no llega à seis.

ANINAG. pp. Traslucirse. *Nanganganinag*, por donde. *Pinanganganinagan*, lo hecho. *Pinapanganganinag*. *Naaninag*, ser trasparente.

ANINAO. pp. Mirar muchas cosas notàndolas y consideràndolas, *Vm*. Si muchos, *Mag*. Lo que, *In*. *Paganinao*, la obra. *Nanganganinao*, lo que se està divisando.

ÀNINO. pp. Sombra, mirarse al espejo, *Nangangaanino*. *Pinanganganinohan*, el espejo, ó donde se mira. Frec. *Mapanganinohin*.

ANINO. pp. Quién lo dice? Compuesto de *Á* y *nino*.

ANÍS. pc. Vide *Inis*.

ANIT. pp. Desollar. *Vm*. *An*, el animal. *In*, el pellejo. Si muchos, *Mag*. pc. *Inanitan ca*, desollado te vea.

ANITO. pp. Idolo. *Mag*, hacerlo. *Ipag*, por quien. *Paganitohan*, el lugar. *Palaanito*, idólatra.

ANIYO. pp. Tú dices.

ANLALAUA. pp. Telaraña. *Gagamba, Laua-laua*.

ANLIG. pc. Empujar. *Vm*. Á quien, *In*.

ANLOUAGUI. pp. Carpintero. *Mag*. Serlo: la arte, *Caanlouaguihan*. La cosa labrada, *Pinagaanlouaguihan*.

ANO APÁ. pc. No sea que. *Magsadiya cayo nang cacanin*. *Ano apá may domating na tauo*. Prevenid la comida no sea que llegue visita.

ANO. pc. Qué? *Aano ca rito*. Á qué vienes?

ANO. pc. Pues qué? Claro està. *Ano, pagcacastilaan quita?* Pues hemos de hablar en español? *Ay ano*. Claro està.

ANO. pc. *Anhin baga*. Que tenemos con eso?

ANOBING. pc. Madera.

ANOBLING. pc. Lo mismo.

ANOBIING. pc. Madera conocida.

ANONANG. pp. Un àrbol.

ANOMA. pc. Abejitas que hacen buena miel.

ANOMANA. pp. Hacer caso, *Mag*. De qué ó de quién. *Hin*. *Hindi inaanomana nang maguinoo ang tauong duc-ha*. *Anomanahin co ito*, No hace caso el rico del pobre; haré caso de esto. *O alumana*.

ANOD. pp. Correr el agua por su corriente *Vm*. Lo llevado, *Ma*. Hacer que corra, *Magpa*. Lo que, *ipa*. Corriente, *Caanoran*. La corriente que lleva algo, *Nacaanod*. La canal, *Pinagpapaanoran*. El rio por donde corre, *Quinaanoran*.

ANOS. pp. Un género de caña delgada.

ANOS. pc. Hedor de comida ahumada. *Ma*, estar. *Mag*. muy ahumada.

ANOT. pc. Á qué?
ANOT DI. pc. Por qué no?
AN RÁ. pc. Lo mismo que *Amba*.
ANSICÓT. pc. Esconderse para no acudir à lo que le toca de trabajo. *Vm*. Si muchos, *Mag*.
ANTÁ. pc. Olor de aceite viejo y ràncio. *Vm*, enranciarse. *Magpa*, dejar enranciar. *Maca*, la causa. *Maanta*, cosa rància.
ANTABAY. pc. Aguardar de dia en dia, *Vm*. Al que, *An*. *Mag*, esperar con algo. *In*, à quien. *Antabay*, l. *Antabayanan mo siya*.
ANTAC. pc. Dolor interno de cualquier parte del cuerpo, *Vm*. Y si muchos, *Mag*. La parte dolorida, *Maantac*. Estar con dolor, *Naantac*. La causa, *Maca*. Dolor, *Caantacan*. Á quien, *Naantacan*. La parte, *In*.
ANTAL. pc. Importuno. *Maantal na tauo*, hombre importuno.
ANTALA. pp. Ocupar. *Maca*, estar. *Houag mo acong antalahin*, no me estorbes. *Pinagcaantalahan*, en que.
ANTANG. pc. l. *Antong*. Aturdirse por la comida envenenada. *Aantangantang*, estar asi.
ANTAS. pc. *Isang antas nang gracia*, un grado de gracia.
ANTAY. pc. Esperar. Ama, Chichiua, *Nagaantay*.
ANTIG. pc. Topeton, coscorron, &c. *Vm*. Por si acaso, *Mag*, l. *Mag-an*. Entre dos. Sinónomo. *Ontoc*.
ANTILO. pp. Lo mismo que *Talastas*. *Di co maantilo*, *Di co malalastas*.
ANTIPALO. pp. Cienpiés, que relumbra de noche.
ANTIPOLO. pp. Arbol.
ANTITILAO. pp. Centellear los ojos, *Nagaantilao ang mata*. *Nagaalitaptap*, centellea los ojos.
ANTÓC. pc. Vaivenes del embarcado ó del soñoliento. *Vm*, *Mag*, ó *Na*, menearse. *Naantoc ca*.
ANTÓL. pc. Lo mismo que *libog*. Ramera. *Maantol na babaye*, l. *Lalaqui*.
ANTUTULÍ. pc. Cera del oido, tenerla. *Magcahig ca nang tutulí*, l. *Ang tutulí*. Se dice al divertido que no oye.
ANTOTAY. pc. Lluvia mediana que dura. *Vm*, durar. Si muchas veces ó mucho, *Mag*. Dejar que dure, *paantotain*.
ANTOTAY. pp. El que se està en casa sin salir à trabajar, *Maantotay na tauo*.
ANTOTOBIG. pc. Un pàjaro.
ANUANG. pc. Carabao. *Nangangamuang*, andar à caza de ellos. La lanza. *Panganuang*.
ANYAYA. pp. Perezoso. *Anyayang tauo*, flojo. *Caanyayaan*, flojedad. *Vm*, hacerse perezoso. *Mag*, pc. Hacer algo y con pereza.
ANYAYA. pp. Dañar à otro haciéndole mal: *Nangangganyaya*. La persona dañada, *Ipinanganyaya*. *Mapanganyaya*, l. *Panganyayang tauo*, hombre que destruye la hacienda de otro.
ANYAYA. pc. Comedirse à convidar à otro, *Vm*, *Mag*. *Han*, à quien. Con lo que, *Ipag*.
ANIING. pc. Cosa desmedrada: se usa duplicando la raiz, *Aanianiing na lamang*.
ANYATAM. pp. Arbol.
ANIYO. pc. Costumbre, modo, traza, talle, *Magandang aniyo nang catao-an*. Buen talle de cuerpo, *Mag*. El que, *Ipinag*. Aquello por quien muestra buen talle, *Nagpapaaniyo*.
ANIYOC. pc. Menearse como la punta de la caña, *Aaniyoc aniyoc*. Sinónom. *Hobog*.
ANIYOS. pc. Meneos afectados. *Vm*. Hacerse, *Mag*, Obrar ante quien, *An*. *O ayus*.
AO-AO. pc. Menear la ropa en el agua sin esprimirla, *Mag*. *Y*, la ropa. El lugar, *An*. *Iao-ao mo ang damit sa tubig*.

A antes de P.

APÁ. pc. Andar à oscuras tentando ó arrimàndose à algo. Sincop. *Vm*. Lo que, *In*. *Ap-in*, *Aapaapa*. Acaso, *naapaapa*. *Umapaapa ca*, *opan maapa mo*: Registra à tientas, quizà daràs con ello.
APA. pc. Hurtar, *Vm*. Lo que, *In*. La persona, *An*, El lugar, *Pinag-an*. *Ap-in*. Sincop.
APA. pc. Tocamientos de la muger, *Vm*. Si mucho ó muchos, *Mag*. La parte, *In*. La persona, *An*.
APAHAP. pp. Corbina. *Magaapahap*, pescador de corbina. pc. Pescarlas con fisga ó red, *Nangangapahap*. La fisga, *Pangapahap*.
APAL. pc. Disparejo, como cuando se parte una calabaza, que queda una parte desigual à la otra, *Naanpal ang pagbiac*. *Vm*, cortar asi. Lo que, *In*. *Mag*, repartir cortando asi. Lo que, *Pinag*. La parte mayor, *Naapalan*.
APALIYA. pc. Lo mismo que *Ampalaya*, *Apalaya*.
APALIT. Sàndalo de la tierra.
APAN. pc. Quizàs. *Nagpapaapan*, dudar diciendo quizàs. *Houag cang magpaapanapan*, *tapatin mo*, dílo claro sin quizas. Sinónomo. *Opan*.
APAO. pp. Anegarse, cubrirse. *Vm*, crecer el agua. *An*, lo cubierto de ella. *Naapauan ang bayan*, se cubrió el pueblo de agua.
APAO. pp. Espigar el arroz, *Vm*. *An*, el lugar. Estarlo, *Na*. Sinónom. *Sapao*.
APAR. pp. La Hijada.
APAR. pp. Estension de mucha gente ó animales, *Vm*. En donde, *An*. *Nacaaapar sa bayan ang tauo*, lo cubren.
APAS. pp. Cortar lo tierno de palo, yerva, &c. *Vm*. Lo que, *In*. Donde, *An*. *Minapas ca*, maldicion. *Apas na ito*, rapaz.
APAT. pp. Cuatro. *Sa icapat*, la cuarta parte, con los juegos de *Anim*.
APAYÀ. pp. La niebla de los panes. *In*, darles.
APAY. pc. Cortar muchos àrboles ó ramas, *Vm*. *In*, lo que. Donde, *An*. ó *pag-an*.
APDO. pc. Hiel.
APÍ. pp. Lo que se lleva la corriente. *Naaapí ang lupa*, se lleva la tierra la corriente. *Maapí cayo*, no sea que os lleve la corriente. Itt. Desgajarse las ramas, *Vm*. La rama, *In*.
APÍ. pc. Agraviar, tratando desigualmente. *Vm*. *Mag*. *In*, l. *Pinagaapi*, él, ó los asi tratados. Frecuent. *Mapagapi*: *Apihin*.
APÍ. pc. Partir en desiguales partes, *Vm*. *Y*, *Mag*, repartir asi. *Pagapihin*, lo que. *Apiapi*, cosa que tiene menos parte que otra. Sinónom. *Imbi*, *Iling*.
APIAP. pp. Muchedumbre de gente. *Vm*, haberla.
APIAPI. pp. Arbol de que se hace carbon.

APIL. pc. Cuajarse la sangre por golpe, &c. *Vm;* y si mucho, *Mag.*

APIN. pp. Vender y comprar sembrados, *Vm.* Lo que, *In.* Vide *Aapin.*

APIR. pc. Junta carnal, dormir con otro. *Mag,* los dos. El que, *Vm.* l. *Maqui.* Con quien, *An.*

APIRAN. pc. Tàlamo. *Caapir bahay,* vecinos. *Magcaapir bahay,* somos vecinos, con *Mag,* juntar dos casas.

APIRA. pp. Un pàjaro nocturno. Sinónom. *Lapira. Tictic. Pirapira.*

APIS. pc. Género de bejuco. *Mag,* venderlo. *Manga,* cortarlo.

APIYAC. pc. Yema de huevo, y de aqui, *Mey apiyac pa sa olo,* de poco juicio.

APYOS. pc. Rastro que deja lo que se tira. El lugar, *Naan.*

APLA. pc. Un género de carne blanca que tiene el candole, y sirve de cola fuerte. *Mag,* guisar con ella. *An,* el pescado guisado.

APO. pp. Regalar, acariciar con amor, *Vm.* Á quien, *In.*

APÒ. pc. Nieto. *Apó, sa taguiliran. Apó, sa sinapopònan. Apó, sa tuhod. Apó, sa sacong. Apó, sa talapacan,* son los nietos primero, segundo, hasta el quinto.

APOC. pc. Esparcirse por el viento cosas menudas, como polvo, aristas, &c., *Mag,* Lo que *Y.*

APOG. pp. Cal. *Mag,* hacerla. Materia ex qua in calera. *Pagaapogan,* calero. *Magaapog.* pc. La buyera que prepara de continuo la cal para el buyo, *Tagaapog,* l. *Nanğanğapog.* Donde lo guardan, si es metal, *Panğapolan.* Si es de palo, *Tagtagan.* El buyo con cal, *Inapogan. Vm,* hacer buyos.

APOG. pp. *Naapog ang bayan,* humea aun: se dice despues de una quema.

APOHAP. pp. Tentar buscando como el ciego, *Vm.* Lo que, *In.* Lo que se halla, *Na.* El que anda asi, *Aapoapohap.* Sinónomo. *Apà.*

APOLA. pp. Aderezar, remendar embarcacion, quitar gotera. *Hindi maapola itong tubig. Apolain mo ang tubig.* No se puede quitar esta gotera, quita esa gotera.

APSANG. pc. Ponerse de buena postura ó talle, *Vm.* Á quien, *An.*

APSIC. pc. Desden con enfado. *Vm,* desdeñarse. *An,* à quien. Vide *Absic, Tamsic.*

APSING. pc. Piojo de perro. *In,* tenerlos. *Maapsing,* piojoso.

APTÁS. pc. Salir à matar à otro: cuando se le muere alguna persona querida, *Vm,* y *Mag.* La persona, *In.*

APUY. pc. Fuego. *Mag,* hacerlo. Darle el fuego, *An.* Sacar fuego. *Vm,* l. *Man,* guisar al fuego. *Mag,* Atizarlo. En Manila no se usa el *Vm* y *Man;* pero si *Magsaapuy ca nang canin,* pon al fuego la morisqueta.

AQUIT. pp. Convidar.

A antes de R.

ARA. pp. apenas, poquito, bajito, *Con, Magpa.* Pagar por otro el tributo para que despues le sirva à quien lo da, *Paan.* Otros dicen que es *Paara,* que es fiar à otro para rescatarse.

ARAG. pc. Sobrestante de la obra, *Vm.* Lo guardado, *An.*

ARAGARAG. pp. Angarillas. *Mag,* hacerlas ó llevar algo en ellas. *In,* lo llevado. *Y,* lo metido. *Iaragarag ang bangcay. Inaaragarag mandin siya nang manğa capatid,* lo llevan como en angarillas.

ARAHAN. pc. Bagre ó candole, pescado conocido.

ARAL. pp. Enseñar. *Vm.* Lo que, *Y.* Á quien, *An.* La obra, *Pagaral.*

ARAL. pp. Aprender. *Mag,* lo que. *Pagan,* de quien. La obra, *Pagaaral.* Maestro, *Manaaral.*

ARÁL. pp. Predicar, *Nanğanğaral.* Lo que, *Ipinanğa.* En que ó à quien, *Pinanğanğaralan.* Púlpito ó iglesia en que se predica, *Pinanğanğaralan.* pc. Predicador, *Manğanğaral.*

ARÀO. pp. Sol, *Vm.* Hacer ó salir sol, *Mag.* Si mucho, *Magarao,* pc. *Naarauan,* lo asoleado. Si mucho, *Pinagan. Nasasangarauan aco nang arao.* Esto es, *Napapalaran co nğay-ong arao na ito ang pagaauayan nila. Nagpapa,* el que se pone al sol, ó pone algo. Lo que, *Ipa.* Lo puesto, *Pinaaarauan.* El lugar, *Pinagpapaarauan.*

ARAO. pp. Dia, *Vm.* Ser de dia, *Mag,* pc. Andar à dias en algo. *Pinagarauan.* pc. Sobre qué?

ARAO. pp. Tiempo. *Magaling na arao,* Buen tiempo. *Arao na ipagsasaca,* tiempo de labrar. *Panagàrao,* tiempo de secas. *Nagpapanagarao,* Serlo. *Caarauan co nğayen,* hoy me toca. *Magpanig arao,* hacer de dia algo.

ARAP. pp. Soñar, *Manğanğarap.* Lo que, *Pinğanğarapan.* La causa, *ipinanğa,* l. *iquinapapanğarap.* Sueño,. *Panğarap.*

AR-AR. pc. Cortar el pezon de la palma por donde sale la tuba. *Vm,* l. *Mag.* La palma, *An. Sucang arar,* vinagre poco fuerte. Tambien la tuba de nipa que no se vuelve vinagre. *Tubang sasang di umasim.*

ARAT. pc. Una yerva con que hacian gayuma *An.* Á quien. *Vm,* el que. *In,* lo que.

ARAUAY. pp. Un àrbol.

ARAY. pc. Quejido, *Vm.* Y si muchos, *Mag* l. *Napaaaray.* Sinónom. *Arόy.*

ARHICA. pc. Traza, invencion. Puede tener, *Vm,* l. *Mag.* Lo que, *In.*

ARI. pc. Tener algo, poseer hacienda propia. *Maari,* hacendado. *Mag,* poseer. *In,* lo poseido. *Ariarian,* ajuar, haciendilla.

ARI. pp. Tener algo por tal. *Inari cong tauo: Inari cong magaling,* lo tengo por hombre; lo tengo por bueno.

ARI. pp. Apropiarse algo ageno, *Mag.* Lo que, *In.* Pars verenda hominis, vel mulieris.

ARI. pc. Palabra de admiracion. *Ariariang bata,* mire, mire el muchacho. *Paari,* decir asi.

ARI. pc. Lo mismo que *Iari.*

ARI ARI. pp. Palabra de admiracion.

ARIHAN. pc. Querer competir con otro en vestido, sabiduría, riquezas, *Mag.* En que, *An.*

ARIMOHAN. pp. Ahorrar, añadir algo al trabajo. *Mag.* Ser añadido, *Pag-an. Arimohanin itong monting pilac,* ahorra este poco dinero.

ARIMUTÁ. pc. Lo mismo que *Arimuhan,* con sus juegos.

ARIRA. pp. Criar ó guardar algo, *Mag*. Lo que, *In*.

ARIOC. pc. Lo mismo que *Aroc*, con sus composiciones.

ARIRA. pc. Inquietar à otro jugando con él, *Vm*, l. *Mag*. Á quien, *In*, l. *Pinag*. Con que, *Y*. Donde ó sobre que, *Pag-an*.

ARISÓ. pp. Admiracion. *Napa*, decir.

ARIYA. pp. Lo mismo que *Ariso*.

ARÓ. pc. *Pagtauag na palayao sa manĝa batà*, llamar con cariño al muchacho.

ARO. pp. Probar, *Vm*. Si muchos, *Mag*. Lo que, *Hin*.

ARO. pp. Probar las fuerzas. *Mag*, sobre que, *Pag-an*. La cosa, *Hin*. *Pagarohin mo itong dalauang sasabonĝin*, prueba estos dos gallos. Si uno solo, *Arohin mo*. *Iaro mo itong damit sa capatid mo*, aplica esta ropa à tu hermano.

ARÓC. pc. Sondar, *Vm*. *An*, el lugar. El cordel, *Y*. Por transicion, *Mag*. *Nagaaróc nang lalim*. Sinónomo. *Taróc*, *Tairoc*, *Loroc*, *Iroc*, *Boroc*.

ARÓC. pp. Incitar al bien ó mal, *Vm*. Á quien, *An*.

ARÓC. pp. Enseñar. Vide *Aral*, con sus juegos.

AROS. pc. Qué menos? *Icao aros hindi naparito, di ca hampasin?* Si no has venido, qué menos podia hacer que azotarte?

AROG. pp. Incitar à que riña con otro, *Vm*. Á quien, *An*.

AROGÁ. pc. Persuadir con blandura, *Mag*. La persona, *In*.

ARÓY. pc. Lo mismo que *Aray*. Quejido.

ARUA. pc. Arcadas del estómago. *Naaarua*, *Mapaaruang lubha*, cuando sobrepuja mucho en la medida lo que se mide.

ARUAS. pc. Un àrbol.

ARYA. pc. Defender, vedar, *Mag*. Á quien, *An*. El defendido, *Y*. Con que, *Ipag*.

ARYOGA. pp. Lo mismo que *Abiaga*.

ARYAP. pc. Sahumar. *Vm*, estar ahumado. *Mag-pa*, sahumar. *Paariapan mo aco*, haz que venga à mí el humo. *Inaryapan aco*, me viene el humo. Sinónom. *Dapyo*, *Taip*.

A antes de S.

ASA. pp. Esperar, confiar, *Vm*. Lo que, *An*. De quien lo esperaba, *Pinaaasan*.

ASAC. pp. Dar voces como loco, *Vm*. *Y*. *Mag*, vocear. *An*, à quien. *Maasac na tauo*, hombre de voz gruesa.

ASAC ÀSAC. pp. Voz con confusion. *Vm*, darlas. l. *Nag*, si muchos, duplicando. Á quien, *An*. Si muchos, *Pag-an*.

ASAL. pp. Costumbre, rito, uso, *Mag*. Lo que, *In*. El que acostumbra à otro, *Nagpapaasal*. Á lo que, *Ipa*. *Caasalan*, l. *Pagcaasal*, la obra.

ASAL. pp. Condicion maternal. *Asal*, *Ina:* Tenerla, *Mag*.

ASANÁ. pc. Palo oloroso. *Mag*, Venderlo. *Manĝa*, cortarlo.

ASANG. pp. Lo mismo que *Asac*, con sus composiciones.

ASAP. pp. Lo mismo que *Loob*.

ASAR. pp. Teñir el vino. *Quilang: Asaran ang Quilang nang Tanĝal*, Poner palos para cocerlo. *Mag*, ponerlos. *An*, el *Quilang*.

ASAR. pp. Tablitas que ponen en la banca para poner encima la carga, *Mag*, ponerla. Lo que, *Y*. Banca, *Á*. l. an.

AS AS. pc. Rozarse algo con el uso. *Ma*, lo rozado. Lo que roza, *Maca*. Las dos cosas, *Nagcacaas-as*. Una, *Naaas-asan*. Tiene, *Vm*, *Y*, *Mag*.

ASAUA. pp. Marido y muger. *Vm*, el que se casa. *In*, la muger con quien. *Napaasaua*, la que se entrega. La recibida por tal, *Naasaua*. La obra de casarse uno, *Pagasaua*. Casarse los dos, *Mag*. La obra, *Pagaasaua*.

ASAUA. pc. El que trata de casarse, *Nanĝanĝasaua*. La pretendida, *Pinanĝanĝasaua*. La obra, *Panĝanĝasaua*. *Nagpapanĝasaua*, andar de amores, ó previniéndose para casarse.

ASBANG. pc. Brujo, *Asuang*.

ASBOC. pc. Vide *Silacbo*.

ASCAD. pc. Picante. *Maascad sa bibig*, pica.

ASGA pc. Echar fuego al monte, ú otra cosa, *Vm*. Lo que, *In*. *Mapagasga*, frecuent.

ASLAC. pc. Decir à uno por afrenta borracho. *Naaaslacan ca yata*, parece que estàs borracho.

ASIC. pp. Habla acelerado del que se enoja, *Vm*. l. *Mag*. Pero duplicando la raiz, ó la raiz sola reduplicada, *Aasicasic*.

ASICA pp. Lo mismo que *Asacasac*.

ASIM. pp. Agrio, ponerse tal, *Vm*. Lo que lo pone. *Maca*. Agrio, *Caasiman*.

ASIN. pc. Sal. *Mag*, hacerla ó salar. Lo salado, *Inasnan*. *Nagaasin*, el que come morisqueta con sal. Salero, *Palaasinan*.

ASIR. pc. El aguijon de abeja ó abispà. *Vm*, picar con él. *Naasiran*, à quien.

AS-IS. pc. Lo mismo que *Isis*.

ASNAC. pc. Un àrbol grande.

ASNĜAL pc. Paladar, *nĝalanĝala nĝalanĝalahan*.

ASNĜAO. pc. Hedor del que ha bebido vino. *Na*, tener tal hedor.

ASO. pp. El perro. Cazar con él. *Nanĝanĝaso*. El perro, *Ipinanĝanĝaso*. El monte ó lugar, *Pinanĝanĝasohan*.

ASÓ. pc. Humo. *Pinaaasohán*. Hacer mucho humo. *Asohán*, chimenea. *Mag*, hacerla. El hogar, *Inaasohánan*. *Maasong pamamahay*, todo es reñir en esta casa.

ASOC. pp. Tantear ó medir, lo mismo que *Acala*, con sus juegos.

ASOBI. pc. Pescadillos espinosos. *Mag*, venderlos. *Manĝa*, cogerlos. En otras partes *Asogui*.

ASOG. pp. Hermafrodito. *Vm*, irse volviendo tal.

ASOG. pp. Machorra, planta estéril. *Vm*, esterilizarse.

ASOHOS. pp. Pescado blanco muy sano, con los juegos de *Asobi*.

ASONGA. pp. Trascender el olor ó hedor, *Vm*. l. *Aasoasonĝa*, l. *Nagaasonĝa*, *Paasonĝahin mo aco nang boloc*. Haz que me huela lo que hiede.

ASOR. pc. Sucesion en los golpes con que baten el hierro ó pilan el arroz, *Mag*, La obra, *Pi-*

nagaaasdan, ó *pinagausor*. El compañero, *Inaasoran*. El mazo, *Pangasor*. El que ayuda, *Vm*. l. *Maqui*. Á quien, *An*, l. *Paqui-an*. Los dos ó mas, *Mag*. *Caaasdin aco niño*, déjame pilar con vosotros.

ASTA. pc. Medida desde el dedo mayor hasta el codo, ó medida de estatura humana. *Nagcaca sing astâ*, dos de un tamaño.

ASTA. pp. Probar y medir si es bastante, *Vm*, l. *Mag*. Lo que, *In*. Á quien, *An*.

ASTACA pp. Molde para fundir los plomos de la atarraya: *Bobouan nang baton dala*.

ASTACA. pc. Camino trillado por las corrientes del agua. *Astaca ang lupa*, tierra asi.

ASTACONA. pp. Un género de anillo con piedra. *Mag*. hacerlo ó traerlo hecho.

ASTANGI. pc. Un género de sahumerio. *Mag*, hacerlo ó venderlo. *An*, à donde se echa.

ASTINGAL. pc. Arcabuz. *Vm*. y *Mag*, tirar. *In*, à quien. *Y*, por quien.

ASURA. pp. *Maasura*, quiere decir *maliuag*.

ASUUANG. pc. Brujo, *Vm*. y *Mag*, serlo ó hacerlo. *In*, l. *Pag-an*, à quien hace mal. Sinónomo. *Osuang*.

A antes de T.

AT. pc. Adverbio: porque, conjuncion. *Ito, at yaon, at dili*; pues no? *At di ca naparito?* Por qué no has venido?

ATA. pp. Nuestro, de los dos.

ATA ATA. pp. Atreverse, *Mag*. La persona ó cosa, *An*, lo mismo que *Uicauica*. *Nagataata*, *Naguiuicauica*.

ATAB. pc. Ojas de palma para tapar, *Mag*.

ATAC. pp. Picar ó calentar mucho el sol: *Aatac atac*. No tiene mas composicion.

ATACATAC. pp. Vide *Uatacuatac*, con sus juegos.

ATAG. pp. Obra de comunidad. *Mag*, hacerla. *Ipag*, lo que. El lugar, *Pagaatagan*.

ATANG. pp. Contratar, *Mag*. En que, *Ipag*. *Bibili aco nang bulac na ipagaatang: Ipagcacalacal*, compraré algodon para contratar con él.

ATANG. pp. Ayudar à cargar. El que ayuda à otro, *Vm*. El ayudado, *An*. Ayudar entre sí, *Mag*, *atangan*. El lugar, *Pinagatangañan*.

ATANG-ATANG. pp. Alacran.

ATANG-YA. pc. Unos animalillos que destruyen los arroces. *Magca*, Haberlos. *In*, Lo destruido.

ATAO. pc. No querer. *Vm*, l. *Mag*. Tambien es palabra con que animan al perro que va tras la caza. *Nagatao*. Sinón. *Hatao*.

ATAS. pp. Dignidad, honra, mandamiento. *Vm*, mandar. *An*, à quien *Y*, lo que. *Mag*, tener el oficio.

ATAS. pc. Hacer partes algo; v. g. Una para baro, otra para calzon. *Mag*, partir. *In*, lo que. *Ipag*, lo partido. *An*, à quien.

ATAS. pc. Partir la tierra entre los herederos, con las mismas conjugaciones.

ATAT. pc. Rozarse por ludir. *Nangangatat*, aflojarse por estar gastado con el ludir, v. g. La asta del azadon, *Mag*. La cosa, *An*. *Nacaaatat ang lupa nang haligui*, *Naatatan ang haligui nang lupa*. *Vm*, comenzar à comerse el arigue.

AT AT. pc. Imprimir, *Mag*. Lo que, *An*. Es metàfora.

AT AT. pc. Señalar algo con alguna señal particular, *Mag*. Lo que, *An*.

AT-AT. pc. Rozarse, ó estar ludido, *Mag*. La cosa, *An*, *Naaatatan*, lo ludido.

ATÁY. pc. El hígado. *Nagmamayatay*, el que se ensoberbece.

ATAYATAY. pp. Boquear el que se està muriendo, *Vm*, l. *Ma*. Siempre duplicando la raiz, l. *Aatayatay*.

ATAYATAY. pp. El enfermo que cae y levanta. Con los mismos juegos.

ATBA. pc. Juntarse para tratar algo, *Mag*. Con quien, *Han*. Sinónom. Vide *Atip*.

ATBANG. pc. Corto de razones, que teme hablar por empacho, &c. *Atbang tauo*, Hombre corto.

ATBING. pc. Cosa corta, como cadena al cuello, *Maatbing*. No cuadra à lo que tapa los piés, como manto ó tapiz. Tiene, *Vm*, y *Mag*. La cortedad, *Caatbingan*.

ATIBANGAO. pc. Eco de voz grande, como trueno, campana, pieza, &c. Á quien, *An*. l. *Na-an*. Estar asi, *Naatibangao aco nang* &c. *Inaatibangauan*, l. *Naatibangauan aco*. Me ha aturdido el eco de la campana.

ATICABO pp. Volar por el viento polvo ó aristas, *Vm*.

ATI. pc. *Hali ca:* asi dicen los aetas cuando llaman à otro.

ATIG. pc. Encender. *Vm*, *Mag*. Lo que, *An*. Con que, *Y*. Sinónom. *Susu*.

ATIG. pc. Sobajar el baliente al flaco, *Vm*, y *Mag*. Á quien, *In*, El que anda asi, *Nangangatig*.

ATIG. pc. Incitar à que se enojen y riñan otros. *Vm*, y *Mag*. *In*, à quien *Manga*, Andar incitando.

ATIG. pc. Convidar, *Vm*, l. *Mag*. *In*, à quien.

ATILMA. pp. Un àrbol.

ATÍM. pc. Sufrir, soportar, esforzarse contra otro, *Vm*. Poder, *Maca*. Lo que *Na*, l. *Na-an*.

ATIN. pc. Nuestro. *Houag tayong umatin*, l. *Magatin nang di atin*. Lo que, *In*. Adviértase que asi se juegan ó se componen los otros pronombres capaces de este sentido.

ATIP. pc. Juntarse con otro para tratar algo. Con los juegos de *Atba*.

ATIP. pp. Un instrumento para tejer, que son dos palos que aprietan lo que se teje: de aqui *Pagatipin ta ang ating loob:* Hagàmonos de un sentir.

ATITAO. pp. Lo mismo que *Masid*, con sus juegos.

ATLO. pc. Tres, *Tatlo*.

ATO. pp. Probar. *Vm*. el que. *Mag*. si muchos. *Hin*, lo que. El lugar donde, *Pag-an*.

ATO-ATO. pp. Tantear ó probar à alguno, *Vm* Si muchos, *Mag*. La persona, *Hin*.

ATOBANG. pp. Beber à la par, *Vm*. *Mag*. Lo que, *In*. La persona, *An*. El uno *Caatobang*. Los dos, *Magcacaatobang*.

ATOL. pp. Provecho: úsase con la negativa. *ualang atolatol iyang gaua mo*, obra sin provecho.

ATUBANG. pp. Encender el tabaco con otro, con los mismos juegos.
ATOBILI. pc. Estar como atontado, *Vm. Maca*, la causa. *Han*, la persona. *Aatoatobili lamang*, Està atontado.
ATOP. pp. Consumado en alguna cosa, *Vm*. Lo que, *An*. *Inaatopan ang dilang gaua sa Simbahan*, Sabe todo lo que toca à la Iglesia.
ATUBANG. pp. Carearse. *Mag*. Es Bisaya.
ATUHANG. pp. Encender el tabaco.

A antes de U.

AUA. pp. Compasion, làstima, piedad, misericordia. *Ma*, tenerla. *An*, à quien. *Quinaauaan*. lo que. *Iquina*, causa, l. *Maca*. El acto de misericordia, *Pagca aua*. La misericordia, *Caauaan*. Lo que la mueve, *Caauaaua*.
AUA. pc. Pedir, mendigar. *Nagmamacaaua*. La causa porque se mueve, *Ipinagmamacaaua*. *Mapagcaaua*, l. *Maauain*, misericordioso.
AUA AO. pp. Lo mismo que *Ao-ao*, con sus juegos.
AUAC. pc. Gran cantidad de agua junta, como la del mar: *Aauac auac ang tubig*. *Aauac auac nang sabao lamang*, mucho caldo, poca carne.
AUÁC. pp. Desembarazar para aliviar la banca, ó descargarla, *Mag*. Lo que, *An*. ó la banca.
AUAC. pc. Perder de vista algo por muy lejos. *Aauacauac ang sasacyan*, no se ve por muy lejos. Vide *Lauac*, con sus juegos.
AUAG. pp. Afrentar à otro levantando mucho la voz, *Mag*. La persona, *Ipinag*.
AUAL. pp. Carga mal puesta *Aaual aual ang dala mo*. *Pinaaualaual mo*, y de aqui. *Houag mo acong aualaualan*, no te me eches encima. Echarse asi, *Mag*, l. *Vm*.
AUAN. pc. No sé. *Ayauan: Houag mong pagauanauanin ang loob mo sa pananampalataya sa Dios*. No dude tu corazon en lo que nos manda creer Dios.
AUAN-AUAN. pp. Detenerse, volverse sobre sí. *Nagaauanauan*, l. *Nagpapaauan auan: magalit ma,i, dili mona itoloy, at inaalaala pa sa loob*. Aunque està enfadado no lo demuestra aun.
AUANG. pc. Ajustar mal las tablas. Si una à otra, *Vm*. Si muchas ó dos, *Mag*. Las tablas, *Pinagauanğan*.
AUANTA. pc. Estorvar, *Vm. Mag*. Á quien, *Hin*. Estarlo, *Na*.
AUAS. pc. Mengua de alguna cosa, *Naan*. La causa, *Ica*. Rebajar descontar.
AUAS. pp. Llevar algo con trabajo. *Aauasauas*, estar asi. *Ano,t, aauas auas ca rian*. Qué haces ahí atravesado?
AUAS. pp. Rebosar la vasija. *Houag mong dagdagan, at ungmaaauas na*. *Ualang auas*. No sobra nada. *Paauas*, las sobras.
AUAT. pp. Desencajar, apartar, destetar, quitar. *Ma*, apartarse. *Magcaauat*, estar dos cosas apartadas. *Pinagcaauatan*, por do se apartaron. *Vm*, el que se aparta. *In*, lo que. *Maca*, la causa. *Ica* en pasiva. *Naauat na sa susu ang batà*, se destetó. *Inauat*, le destetaron. *Auatan ang apuy*, apartar la leña del fuego.

AUAY. pp. Riña, enemistad. *Vm*, uno à otro. *An*, el reñido. Si muchos entre sí, y de propósito, *Mag*. Si acaso, *Magca*. La causa, *Ipinag*. Sobre lo que, *Pinagauayan*. Frecuent. *Maauayin*, l. *Mapagauay*. El contrario, *Caauay*.
AUIAUI. pp. Desmedrado, àrbol que al parecer da la fruta de mala gana: de aqui *auiaui ang pag gaua*, lo que se hace de mala gana.
AUIAUI. pp. Lo mismo que *Auoyauoy*.
AUI-AUI. pp. No acertar à hacer lo que pretende. Si uno, *Vm*. Si muchos. *Mag*. *Inaauiauihan mo ang manğa anac mo*.
AUIS. pc. Blandear la punta de la vara larga y delgada. *Vm*, si es uno el que la blandea. *Mag*, si muchos. *An*, à quien: tambien *Aauisauis*. Sinónom. *Ayuc*.
AUIL. pp. Desvariar como loco: otros dicen que es continuar, repetir. *Inaauilauil*, lo mismo que *inoolitolit*. Á quien, *An*.
AUIL. pp. Desviar. Vide *Layo*, con sus juegos.
AUING pp. Flojedad, pereza, *Vm. Mag*, duplicando la raiz. La persona, *An*.
AUIS. pp. Llevar mal puesta la carga, *Vm*. Si muchos, *Mag*. La carga, *In*: reduplicando siempre la raiz.
AUIUIS. pp. Menearse lo que va colgado de cuerpo, ó lo que va cargado. *Naauisuis ang dala mo*. Va colgado lo que llevas.
AUIT. pp. Canto, cancion, *Mag*. Lo cantado, *In*. Porque, *Ipag*. Á quien, *Pinagauitan*. Cantador. *Mapagauit*. El instrumento, *Auitan*. Sus canciones son: *Diona*. pp. *Talindao*, pc. *Auit*. pp. Estos se cantan en casa. *Indolanin*, pp. l. *Dolayinin*, en la calle. *Hila, Soliranin, Manigpasin*, Los remeros. *Holohorlo*. *Oyayi*, arrullos al niño. *Umbay, i*. Triste, *Umiguing*. Suave. *Tagumpay*. De triunfo, *Dopaynin*. pp. *Halirau*. pp. *Balicongcong*.
AUON. pp. Señor: modo de responder con respeto.
AUOY. pp. Comida que no sea arroz ni pescado, sino verduras, &c. *Vm*, y *Mag*. Trocar, comprar por fruta: *Inaauoy ang pagbili nang isda*. *Houag cang paauoy, at salapi ang coconin mo*. No lo trueques por fruta, sino véndelo por dinero.

A antes de Y.

AY. pc. Proposicion de vocativo.
AY. pc. Sum est fui, *Aco,i, duc-ha*, soy pobre.
AYA. pp. Lo mismo que *ligaya*. *Caayaayang tingnan*, *Calogodlogod*. *Caligaligaya*.
AYA. pc. Aya ó ama que cria à los niños si es esclava.
AYA-A. pp. Admiracion *Buti aya a*.
AYÁ AS. pp. Ruido no muy recio, como del que va arrastrando. Vide *Agaas*.
AYAAS. pp. El año. Itt. Una yerba.
AYABÁ. pc. Pues, y bien? y de aqui sale *Abotdan*. pc. Arroz mal cocido.
AYAC. pp. Suficiente, *hindi ca macaaayac sa marami*. No bastas para muchos.
AYAC. pc. Atravesar mercaduría. *Inaayacan*, lo que. *Na-an*, estarlo.

AYAC. pc. Carestía. *In*, ser encarecido. *Naanyac*, estarlo.

AYAC. pc. Palabra de admiracion en los montes de Antipolo, Bosoboso. *Ayac namatay na.* Ay que se murió.

AYAG. pc. Cantar la victoria, *Vm, Mag, ipinag.*

AYAM. pp. Perro que no sirve para cazar.

AYAM. pp. Juntarse para algun juego, *Mag.*

AYAM. pc. Avisar. Vide *Alam*, con sus juegos.

AYAMA. pc. l. *Agama*. pc. Cangrejillos de riachuelo.

AYAMIN. pc. Tener tactos impúdicos, *Mag.*

AYAMIN. pp. Juguete de niños. *In*, lo que es hecho, tenido ó tratado como tal. *Mag*, tenerlo. ó hacerlo, *Vm*, tratar à uno como niño, *In*, à quien. *Houag mo acong ayaminin*, no me trates como à niño.

AYAMOT. pc. Enfado, *Na. Caayaayamot.* La causa, *Ica: Ang cabanḡauan mo siyang icaaayamot niya*, tu tontera le enfada.

AYAMOT. pc. Rastro de lo mal rozado, *Mag.* El lugar, *An.*

AYANAS. pp. Caer y levantar por lo pesado de la carga. *Napapaayanas si Jesucristong Panḡinoon natin nang pagpapasan nang Cruz.* Andaba cayendo y levantando Jesus con la Cruz.

AYANG. pc. Amagar levantando el brazo, *Vm, Mag.* Á quien, *An.* El instrumento, *Y.*

AYANG. pp. Alto. *Maayang na ang arao: Mataas na.*

AYANÓ. pc. Pues Qué? Bien està?

AYAO. pp. La parte de cada uno. *Mag*, tomar su parte. *Vm*, dar ó repartirlo, *An*, l. *Pag-an*, à quien.

AYAO. pc. No querer, *Aayao aco:* No quiero. *Napaaayao*, el que lo dice redondo. *Ipinaaayao*, lo dicho. *Vm*, l. *Nanayao*, el que no quiere. *Inaayauan*, lo rehusado, ó no querido. *Caayauan*, el no querer. *Pagayao*, el acto.

AYAP. pp. Frijoles. Sinónom. *Paayap.*

AYAR. pp. Hacer con sosiego, *Aayar-ayar nang pag gaua.*

AY AC. pc. Á qué? Á qué veniste?

AY-AY. pc. Espantajo que ponen en las sementeras. *Mag*, ponerlo ó hacerlo. *An*, para lo que. *Pag-an*, el lugar. Con lo que, *Y.*

AYI. pc. Palabra que usan cuando à otro le sucede algo. *Ayi tinamaan:* Ay que le acertó.

AYIBUTOR. pp. Centro, ó lo interior de los àrboles; *Ayibutor*. pc. Árbol que tiene el meollo blando. Sàcale el meollo, *Ayiburan*. pp. Por activa, *Mag. Caibuturan nang loob*, lo íntimo del corazon.

AYIQUIR. pp. Ovillo, enroscar. *Vm*, el que. *In*, lo que. *An*, en que. Un rollo, *isang ayiquir.* Una vuelta, *Caayiquir.*

AYING. pc. Irse secando y perdiendo los sembrados, *Vm*. Duplicando la raiz, ó con la raiz sola duplicada.

AYING. pc. Flaco, *Aaingaing na tauo.*

AYIP-IP. pp. Cuarto delantero, espaldilla de animal. *Mag*, escoger la parte para sí.

AYIPO. pp. Quemarse, tizon. *Nayipo*, se quemó.

AYIONG. pp. Caña delgada de largos cañutos.

AYNÁ. pc. Almàcigo, *Mag.* Lo que se siembra, *Y.* De lo que hace, *Hin.*

AYNAS. pp. Irse de cursos el enfermo. *Mag.*

AYNAT. pc. El convaleciente que se cansa de andar, *Na.* La causa, *Naca.* En pasiva, *Ica.* Donde, *Naan.*

AYO. pc. Conceder lo que le piden, *Napapaayo.* Lo que, *Ipinaaayo.*

AYO. pp. Favor, amparo. *Vm*, l. *Mag.* Lo apoyado, *Y.* Contra quien, *An. Ayiouan*, parcial, l. *Cabig-at Ayouan.*

AYO. pp. Yerba, tambien un *Baguing* para atar.

AYO. pp. Otro género de yerva ó *baguing.*

AYOAYO. pp. Poco à poco. *Magayoayo cang lomacad*, camina poco à poco.

AYOB. pp. Poner algo al fuego, para que se sazone ó se caliente, *Mag.* Lo que, *Y.*

AYOBO. pc. Labor en lazo de vejuco, *Mag.* La cosa, *Han.*

AYÓC. pc. Menearse ó blandearse, con los juegos de *Abiyoc.*

AYOG. pc. Lo mismo que el antecedente.

AYON. pp. Á la larga, *Mag-pa. Mapapa*, estar. *Ipa*, ser puesto.

AYON. pp. Igualdad, proporcion, conformar, convenir, contestar. *Mag*, concordar algo. Lo que, *Ipag.* Tener igualdad una cosa con otra, *Na.* Las dos, *Nagcaca.*

AYONḠIN. pc. Unos pescadillos de la Laguna. *Mag*, venderlos. *Manḡa*, cogerlos. *Panayonḡin*, la red.

AYOP. pp. Abatir à otro, *Vm.* Á quien, *In. Magpaca*, asi mismo. *Na*, estarlo.

AYOPINPIN. pc. Arrimarse à algo. *Vm, Umayopingping ca sa dingding. Mag*, juntar una cosa à otra. Lo que *Y. Iayopingping mo ang bangca mo sa tabi.* Arrima tu banca à la orilla.

AYOS. pp. Aguzar. *Damios*, con sus juegos.

AYRO. pc. Subir, con los juegos de *Ac-yat.*

AYTA. pc. Negro de monte.

AYUAN. pc. Ser dejado. *Inaayuan*, de propósito. *Naayuan*, acaso.

DE LA LETRA B.

B antes de A.

BAAC. pp. Hendidura. Hender. Como coco ó caña *B, in M*, hender: *Magbaac cayo nang niog.* Si muchos, *Mag.* Estarlo, *Ma.* Hacerse pedazos, *Magca.* Uno de ellos, *Cabaac.* Pedir un pedazo. *Maqui.* Á quien, *Pa-an.* La partidura, *Cabaacan. Baac na niog.* pc. Coco quebrado.

BAANG. pp. El pelo de la barba. *Baanḡin*, barbado. *Magcaca*, tenerlo.

BAAR. pp. Lo mismo que *Toclas*, *Songdo*, mas usados con sus juegos.

BAAS. pc. Atadura. *Mag.* atar. *In*, l. *An*, lo que. *Man*, continuacion.

BAAS. pp. Atadura. *Mag*, atar càntaro ó vasija quebrada. Lo que *In*, l. *An. Man*, frecuent.

BAAT. pp. Atar, embejucar cosa quebrada. *Baatan mo yaring tapayang nabasag.* Por embejucar. *Mag.* Tambien es el circulo con que atan los sombreros para encajar bien en la cabeza.

BABA. pp. Llevar à otro en banca, *B. In M. Mamaba.* Hacerse llevar, *Napabababa. Babahan,* el asiento.

BABA. pp. La barba.

BABA. pc. Cargar acuestas, *Mag.* Lo que *Hin.* Á quien, *Han. Cababá.* pc. Una carga. *Babhin.* Síncop. *Maba ca,* sube acuestas. *Nanaba* ó *Napa,* el que. *Palababahan,* el pasamano de que se vale el que lleva algo acuestas.

BABÁ. pc. Humillarse *B. In. N. Nananaba.* Lo que se baja, *An.* Humildad, *Cababaan.* Tierra baja, *Cababaan. Mababa,* humilde, bajo. *Magbaba.* pc. *Magpacababa,* hacer humillar.

BABAC. pp. Barreta, aserrar el madero sacàndolo cuadrado. Ser hecho, *In.* Una barreta, *Cababac. B. In. M. Mabacca niyang bacal.* Si muchos, *Mag.*

BABAC. pc. Banca sin proa ni popa. Vide *Balibol.*

BABAG. pc. Riña, pendencia, *B. In. M. Namamabag,* Si mucho. *In,* serlo. Los dos, *Mag: Mapagbabag,* el que muchas veces con otros. *Mapamabag,* el que mucho: *Babaguin.* pc. El aporreado. *Pagbabag,* acto.

BABAGAN. pp. Nanca, que no crece y luego se seca en el àrbol. *Babagan pa.*

BABAHÁN. pp. Antepecho ó barandilla de navío. *Mag,* hacerla. *An,* el lugar. *In,* de lo que.

BABALAG. pp. Espanto, lo mismo que *Himala, Mamanghan.*

BABALAGIIT. pp. Furia de viento con agua, truenos. &c. *Babalagiit ang bayan nang hangin, Namamalagiit itong hangin,* aturdido està el pueblo con el viento, tremendo està el viento.

BABANGCATAN. pc. Talaquitoc.

BABANGAN. pc. Cantarillo sin asa.

BABAO. pp. Poner algo sobre otra cosa, *Mag. Y,* lo que. *An;* sobre que. *Pagbababao,* el acto. *Nagcababababao,* cosas puestas unas sobre otra. Cuando mucho, *Nagbababaobabao.* Las que, *Pagbabaobabauin.*

BABAO. pp. Somero. *B. In. M.*

BABAO. pc. Mucho ha: tambien sirve para decir mas de media noche, *babao sa hating gab-i.*

BABAO. pc. Cerca. *Babao baga ang Tondo sa atin?* Por ventura està cerca Tondo de nosotros?

BABAR. pp. Remojar en agua, *Mag.* Lo que, *Y.* La vasija ó agua, *An.* Estar remojado, *Ma;* el acto *pagbabar.* Acaso, *Nagca. Babar.* pc. Mojado.

BABASÓ. pc. l. *Basò.* pc. Probar si puede con algo, *Mag.* Lo que, ó en quien, *Binabasoan.*

BABAT. pc. Hombre atrevido que no repara en nada, *Babat nang magaauay. Magnanacao.* No tiene mas juegos que estos.

BABAT. pc. Benda para tapar los ojos. *Mag.* atar con ella, ó traerla. *In,* lo atado. *An,* à quien. *Pamabat,* la faja. No tiene *Vm.* Y asi para ceñirse se dice tambien con *Mag.*

BABATNGAN. pc. De *Bating,* lugar donde ponen la red para cojer al venado. Síncop. de *bating.*

BABAYAGUIN. pc. Potroso, el que tiene hinchada aquella parte. Tambien caballo, toro, &c. entero.

BABAYAGUIN. pc. El *Quilang.* No sazonado, *Babayaguin pa,* l. *Na.*

BABAYAN. pc. Lo mismo que *losongan,* pilon.

BABAYE. pp. Muger, hembra. *Mag.* pc. Vestirse, portarse como tal. *Binababaye.* pc. Ser tenido. *Binabaye,* pc. Llaman al gallo que parece gallina. Tambien *Binabay,e,* el eunuco.

BABAININ. pc. Varon amugerado; con *Man,* darse à ellas. *Ipan,* lo que se gasta con ellas. *Mapan,* frecuent. *Cababayhan,* costumbre de muger. *Quinababayhan,* l. *Quinababaynan,* natura mulieris. *Babaynin.* pp. Afeminado.

BABAYSOT. pc. Mugerota y de poco entendimiento

BABUY. pp. Puerco. *In,* ser tenido, *Mag,* Ó *mambababuy,* pc. *Naaso,* perro cazador. *Mamabuy,* cazar puercos. *Binababuy,* puerco seguido del perro.

BABUY. pc. Caer los que luchan à un lado y otro. *Nagcacababuy,* ambos cayeron. *Ipagca,* la causa. *Pagcaan,* el lugar. *Pagcaca,* el acto.

BABUY. pc. Un caracolillo sigai asi nombrado.

BABUYAN. pp. Un género de vejuco.

BACA. pp. Pelea, guerra con armas, tirar con piedra, &c. *B. In. M. Nanaca,* el que tira. *Namamaca* el que de continuo. *Hin,* ser tirado *Mag,* mucho. *Ipag,* la causa. *Paghan,* el lugar. *Pamaca,* instrumento. *Pagbabaca,* acto. *Magbabaca.* pp. *Ó mapagbaca.* pp. Guerrero. *Cabaca,* el contrario. *Magca,* los dos. *Magcaca,* si muchos.

BACABAN. pc. Vide *Bacaran.*

BACAD. pp. Quitar la madeja de la devanadera, *Mag,* Lo que *In.*

BACAL. pp. Hierro. *Mag,* vender ó tratar en él. *Pag-an,* l. *Mapag-an,* lo ganado. *In,* ser hecho, *An,* mezclado. *Bacalan mo iyang tumbaga,* pónle fierro à esa tumbaga.

BACAL. pc. Palo puntiagudo con que siembran el arroz, *B. In. M. Mag.* Mejor, *Mamacal.* Ser hechos, *In.* La tierra, *An,* El arroz, ó el mismo palo, *Y.* El acto, *Pagbabacal. Manbabacal.* Frecuent.

BACAM. pc. Muesca ó encage que se pone à alguna tabla para unirla, y que no se raje mas. *An,* la tabla. *Mag,* encajarla.

BACAM. pp. Ventosa. *B. In. M,* echarla. *An,* à quien. *Y,* la ventosa. El acto, *Pagbacam.* hechàrsela, *Mag.*

BACAO. pc. Pàjaro asi llamado.

BACANG BACANG. pp. Tierra ó camino con grandes grietas.

BACAR. pp. Soleras del suelo de la casa, ó tahilan. *Mag,* ponerlas. *An,* la casa. *In,* el palo.

BACARAN. pp. Perro de color blanco y prieto, asi llamado *Binacaran.*

BACAS. pc. Rastro, señal, huella. *Bacas usa, Bacas hampas.* rastro de &c. *B. In. M. Namamacas,* buscar por el rastro. *Mag,* buscar mucho ó muchos. *In,* ser seguido asi. *Bacasin mo, at naitò ang yapac,* síguelo que aqui està la huella. *Ma,* ser alcanzado asi. *Nabacas co ang paginom mo,* infiero que has bebido. Metàfor.

BACAS. pc. Dejar huella ó señal de algo, *Namamacas.*

BACAS. pc. *Nababacasan.* Se dice del medio borracho.

BACAS. pc. De aqui. *Himacas,* guardar algo en memoria del ausente. Lo dado, *Pahimacas. Vm,* el traerlo ó guardar la cosa. *In*, la que. *An*, por quien. *Man*, andarlo trayendo. *Panhimacas*, la misma causa dejada. *Maqui*, pedirla.

BACAS. pc. Cicatriz de la herida, l. *Palabacas*, l. *Palbacas*. *Nagpapalabacas*, tenerla *An*, la persona.

BACAT. pp. Cicatriz. *Mag*, ó *magca*, tener cicatriz. *Babacat bacat*. pc. *Ang muc-ha*, tener la cara llena de ellas. *Bacatin mo*, dejar señal Sinónom. *Pilat*.

BACAUAN. pp. Un àrbol, y un pàjaro, ó el lugar donde hay muchos.

BACAY. pp. Acechar. *B. In. M.* andar acechando. Acechar, ut sic, *Mag*. A quien, *An*. *Pagbabacay*, actv. *Tuyubucay*, l. *Palabacay*, acechador.

BACAY. pc. Cesto ancho de arriba y angosto de abajo.

BACAYAO. pc. Un género de arroz.

BACBAC. pc. Descortezar àrboles ó fruta. *B. In. M.* l. *Mag*. El àrbol, *An*. *Nabachac*, descortezado. *In*, la corteza.

BACBAC TAHONG. pc. El que trabaja mucho y sin fruto, *Mag*. Lo que, *An*.

BACBAC. pc. Hendidura. *Nababacbac itong batea*, se hendió esta batea.

BACBAC. pc. Despegar lo pegado en la llaga, *B. In. M.* Lo que *In*. La llaga, *An*.

BACLA. pc. Enlabiar, engañar con lustre ó hermosura. *Ma-ca*, lo que lo causa. *Ma*, el engañado. *Han*, el objeto. *Mag*, sanar con palabras fingidas. *Hin*, el engañado.

BACLA. pc. Alteracion, espanto de cosa nueva. *Vm*, à otro. *Na*, estarlo.

BACLA. pc. Moverse por algun interes ó provecho, *Ma*, Causa, *Ica*.

BACLA. pc. Desollarse por rascarse. Lo desollado, *Nabaclahan*.

BACLAO. pc. Manilla. *Mag*, traerla. Lo que, *In*. Sinónom. *Bagsa*.

BACLAY. pc. Caminar por senda larga y escabrosa, y por cuestas. *B. In. M*, andar asi. Si mucho. *Mag*, El lugar, *Pag-an*. La cosa por lo cual va, *In*. Á quien lleva consigo, *Ipag*. *Ualang di quinababaclayan*, tiene el corazon distante de lo que hace, sin atender à nada. Es metàf. Vide *Lacbay: houag mong ibaclay, ang loob mo sa gaua mo*, no alejes tu corazon de la obra.

BACLAR. pc. Corrales de pescar, *B. In. M.* Pescar asi. *Namamaclar*, andar pescando asi. El lugar, *Baclàran*, *Pinamaclaran*. *Ma*, lo cogido asi. *May pinamamaclaran ca?* Cogiste algo? El lugar ordinario donde arman estos corrales, *Baclarin*. pc. Hacerlos, *Mag*.

BACLAS. pc. Desmoronarse, menguar, tomar. *B. In. M.* Desmoronar, *Ma*, desmoronarse. *Maan*, la orilla del rio.

BACLAS. pc. Desollarse alguna parte del cuerpo. *Acoy nababaclasan sa raan*. *Nabaclao ang camay co*, me desollé en el camino: me desollé la mano. Sinónom. *Baclis*.

BACLAS. pc. Desmoronarse, menguar, tomar, *B. In. M.* Desmoronarse, *Nababaclasan*.

BACLASAN. pc. Envejecerse un libro, ú otra cosa cuando se deslustra. *Nababaclas sa ruting cagalingan itong larauan*, se deslustró esta imàgen.

BACLI. pc. Tronchar caña ó palo. *B. In M.* Quebrar *In*, lo que. *Ma*, estarlo. *Mag*, tronchar. El lugar, *Pag-an*. Lo mismo es *bacli* que *bali*, sino que en algunas partes usan del uno, y en otras del otro.

BACLID. pc. Atar las manos atràs, ó las alas al pollo, pàjaro, &c., *Vm*, l. *Mag*. Á quien, *In*. Donde, *An*. Con que, *Y*.

BACLIS. pc. Lo mismo que *Baclas*, con sus juegos.

BACLIS. pc. Mudarse en algo de costumbres. *Nababaclis baclis na siya*, l. *Naan*, se mudó.

BACOBACO. pc. Camino de muchas vueltas. *Bacó bacong daan ito*. *Bacobacong loob*, de varios pareceres. Metàf.

BACQUI. pp. Decir algo para sacar de otro lo que pretende, *Vm*, *Mag*. Á quien, *Hin*.

BACQUI. pp. Hablar por rodeos, *Vm*. l. *Mag*. Á quien, *Hin*.

BAQUI BAQUI. pc. Lo mismo que *Ato*. pc. Con sus juegos.

BAQUI. pp. Lengua tosca distinta de la ordinaria. *Uicang bacqui*.

BAQUI. pc. Tierra ó camino de altos y bajos. *Daang mabacqui*.

BACQUIN. pp. Por qué? Pues cómo?

BACQUIR. pp. Un género de cesto.

BACQUIS. pp. La atadura que ponen à algo para poderlo arrancar. *Mag*, ponerla. Lo que, *In*. Con lo que, *Ipag*. Lugar, *Pag-an*.

BACQUIT. pp. Y aùn por eso, *Bacquit siya n̄ga*.

BACQUIT. pp. Mono viejo que tiene colmillos.

BACO. pp. Aspereza de camino. Lo mismo que *bacqui* pc.

BACO. pc. Adivinar cuantos tengo en la mano. *Mag*. ó *Mag-an*. La cosa sobre que, *Pagan*. *Pagbacoan ta ang saga*. *Y pagbaco ta, ó cabacoan ta si Pedro*. Pedro sea nuestro compañero en el juego. *Gabin baco*, Gabe blanco.

BACOCO. pp. Un género de pescado.

BACOCO. pp. *Salang bacoco*, cedacito nuevo: *Gabang bacoco*.

BACOLAO. pp. Mono grande.*

BACOCOL. pc. Choza ó cubo. *Mag*, hacerla. De lo que, *In*. Lo que *Ipag*.

BACOLÍ. pc. *Ang dalag cong monti*. El dalag chico.

BACOLÍ. pc. Entendimiento, juicio leal.

BACONG. pp. Una planta que da flores como azucena, buena para curar enpeines. *Namamacong*, cogerlas. *In*, ellas. *An*, el lugar.

BACONG̃IN. pp. Un gallo del color de dicha flor.

BACONGBACONG. pp. Cargar al niño sobre las espaldillas, hasiéndose él de la garganta. *Mag*, cargar asi. *In*, el cargado. *An*, el lugar. *Mapag*, l. *Manbababacong bacong*. Frecuent.

BACONOT. pp. Andar agoviado con la carga. *Babacobaconot*, l. *Na*, andar asi.

BACOR. pp. Cerca. *Mag*, cercar. *In*, la cosa. *An*, el lugar donde se hace. *Maca*, lo que cerca, *Bacor na cahoy*, *Bacor na bato*, cerca de palo, cerca de piedra.

BACOT. pc. El que es algo corcobado. *Mag*, andar asi.

BACOOR. pp. Pedazo de tierra alta.

Lonsar na sa bacoor
yayamang pa sa bondoc
baquit mararagosgos
ualang cocong icamot.

Se dice del que pretende cosa grande, y para, por falta de quien le ayude.

BACSA. pc. Destruir la fruta cogiéndola sin sazon, *Mag*. Lo que, *In*. Si mucho, *Pinag*.

BACSA. pc. Cualquiera cosa que se trae al cuello. *Mag*, traer. *Hin*, lo que. *Han*, el lugar ó persona. *Namamacsa*, de ordinario, *Mapagbacsa*. Frecuentativo.

BACSAY. pc. Vide *Bagsay*, flecha ó fisga. *Namamacsay*, pescar asi. *Pinamamacsayan*, donde.

BACTAL. pc. Quebrarse la sortija. Vide *Pacang*. pp. Con sus juegos.

BACTAS. pc. Atajar atrevesando derecho el camino, *Mag*. El camino, *Binabactasan ang daan*. El atajo, *Pagbabactasan*. Sinónom. *Bagtas*.

BACTOL. pc. Hoyo. *Bactol bactol na raan*, camino lleno de ellos. *Ma*, caer en ellos. *Ca-an*, el lugar. *Mag*, hacer los hoyos. *In*, en donde se hace. *Pagbactol bactolin ninyo ang manga tabla*. Sinónom. *Baco*. *Bacocò*.

BAC-UIT. pc. Miembro lisiado. *Ma*, estarlo. *Cabacuitan*, lisiadura: de aqui *Bacuit na loob* de corazon doble.

BACUIT. pc. Tachador. *Mamamacuit*, *Houag mong bacuitin ang lahat*. No lo taches todo.

BACYÁ. pc. Poner dos palos atravesados à modo de cruz imperfecta, para poner en ellos el venado ó puerco para chamuscar, *Mag*. El venado, *Y*. Los palos ó cañas, *An*.

BAGA. pp. Brasa, ascua. *Mag*, hacerla. *Hin*, lo hecho. *An*, donde. *Ma*, estarlo. *Pagbabagahan*, brasero.

BÁGA. pp. Bofes.

BÁGA. pc. Postema grande, *Namamagà*, y tal vez, *B. In. M*. Apostemarse. *In*, à quien. *Bagain*, postemoso. *Bagang dapa*. pc. Postema solapada.

BAGA. pc. Por ventura. Es advervio que tiene algo de scilicet.

BAGABAG. pp. Fatigado, trabajado, inquieto. *Ma*, tener asi el corazon. *Maca*, causarlo. *Pag-an*, en que. *Mabagabag na tauo*, hombre de muchos cuidados. *Cabagabagan*, inquietud.

BAGABAG. pc. Fatigado.

BAGABAG. pp. Escandalizar con el mal ejemplo, *Maca*. *Nabagabag ang loob*, tomar escàndalo.

BAGAC. pp. Palo ó fruta que se parte cayendo. Acaso, *Ma*. De propósito, *B. in M*. Lo que, *In*. *Cabagacan*, hendidura.

BAG-AC. pc. Tonto, *Bag-ac na tauo*.

BAGACBAC. pc. Gotear à menudo, *B. In. M*. l. *Mag*. *In*, la lluvia ó gotera. *An*, El lugar.

BAGÁCBAC. pc. Estar impedido por mucha corriente ó grande viento, que no deja pasar la banca. *Ma*, atravesarse. *Maca*, atravesar. Pasiva, *Ica*. El lugar, *ca-an*.

BAGACAY. pp. Alisadera de box. *Nanagacay*, el que alisa. *Mag*, el que la hace. Es nombre de caña que comprende à las que son aptas para tejidos y dardos. *B. in M*, tirar con ella.

BAGAL. pp. Abultado, grueso, tosco, *Mag*. *Bagalan mo pa*, hazlo mas abultado. *Bagalin*, hombre carnoso.

BAG-ANG. pc. Muela, *Mag*. Ir naciendo, *Magca*. Tenerlas, *Cabag-ang*. Una, *Bogtong*.

Guilingan sa linoob
pinucsa ang nanasoc.

Tambien significa no estar bien encajadas dos cosas: *Hindi nababag-ang*.

BAGAT. pc. Recibir al que viene por mar, *Mag*. El que, *In*.

BAGAT. pc. Ordenar ó dar poder à la catalona, *Mag*.

BAGAT. pc. Tardar. *Nababagat nalalauon*. *Houag mo acong bagatin dito*, no me hagas perder tiempo aquí.

BAGAT. pp. Buscar buen camino para arrastrar algun palo. *Mag*, buscarlo. *In*, el lugar por donde.

BAGAT. pp. Buscar camino para coger à alguno, con las mismas composiciones.

BAGAT. pc. Reconocer, como la centinela, *Manbabagat*.

BAGAUAC. pp. Un àrbol que da hermosas flores.

BAGAY. pp. Diferentes cosas, proporcion. *Magbagay nang manga batang magsasayao*, ó *pagbagain sila*, dispon esos muchachos para el baile. *Cabagay*, una de ellas. *Nagcacabagay*, muchas de una especie. *Bagay sa aquin*, lo proporcionado à mí.

BAGAY. pp. *B. In. M*. l. *Mag*. pc. Acomodarse dos en el trage y costumbre. *Ibagay ito doon*, haz esto como lo otro. *Pagbabagay*, obra.

BAGAY. pp. Talle, casta. *Anong bagay niya? Castila, con Tagalog?* Qué casta es la suya? Español ó *Tagalog? Cabagayan nang casalanan*, circunstancia.

BAGAY. pp. Proporcionar una cosa con otra, *Mag*, ó *Mag-paqui*. Lo que, *Ipag*. Si es una, *ibagay*, l. *Ipaqui*. Si dos, *pagbagain ang gaua niya*. *Dili nababagay sa caniyang lagay*. *Anong pagcabagay nito doon*, que tiene que ver esto con aquello.

BAGAY. pp. Conformar una cosa con otra, *Mag*. La conformada, *Y*. Con quien ó à que, *An*. *Nababagayan nang hirap ang laqui nang casalanan:* Tan grande serà el tormento como la gravedad del pecado.

BAGAY BAGAY. pp. Cosas de diferentes especies. *Mag*, hacerlas. *Nagcababagay bagay sila sa pagdaramit*, se diferencian en el trage.

BAGAYBAY. pc. Racimos de cocos, bongas. *Mag*, ó *Magca*, tenerlos. Por, *An*. Cortar la fruta, *Bagaybayan mo*.

BAGAYBAY. pc. Sobrecarga; à la carga de espigas ú otra cosa. *Mag*. llevarla, *Magpa*. Ponerla à otro, *Bagaybayan mo ang dala mo*. Sinónom. *Bagaobao*. *Balaobao*.

BAGBAG. pc. Romper tierra, *Mag*. *In*, lo que. *Bagbaguin mo muna ang lupang bubuquirin:* Romper la tierra de que ha de hacer sementera. *Lupang bagbaguin*, pp. Tierra por abrir, metaf. *Nababagbag ang pigsa*. Reventó la postema. *Ipahilis mo ang nanà maca bagbagan ca:* Déjate esprimir, no sea que se ahonde la llaga.

BAGBAG. pc. Destrozo de tormenta, dar à la

costa. *Nabagbag cami sa ragat. Quina*, l. *Pinagbagbagan*, donde. *Cababagbagan*, peligro en la mar.

BAGCAT. pc. Melcocha, ó miel muy recocida. *Mag*, hacerla. *In*, lo hecho. *Pabagcatin mo itong polot*, súbelo de punto.

BAGCAT. pc. Partir de un golpe en dos partes el coco, *Vm*. Lo que, *In*.

BAGCLUS. pc Priesa en caminar, remar, &c. *Nagbabagclus nang paglacar*, caminar sin cesar.

BAGLUS. pc. Senda que queda en el zacatal despues de haber pasado hombre ó animal. Vide. *Bolaos*, con sus juegos.

BAGLÍ. pc. Quebrar algo velozmente. Vide *Bacli*. pc.

BAGNAS. pc. Amolar con fuerza gastando el filo, *Vm*, l. *Mag*. Lo que, *Y*.

BAGNAT. pc. Teñir las redes, *Mag*. Lo que, *In*. Estarlo, *Na*. Vide *Dampol*.

BAGCUS. pc. Immo potius: *Dili gumaling, bagcus sumamà:* No solo no es bueno, antes bien malo.

BAGUIBIG. pp. Alboroto. *Nababaguibig sa bayan:* Hay alboroto en el pueblo.

BAGUIBANG. pc. Lo mismo que *Balibag*.

BAGUIMBING. pc. Dar à la costa, *Ma*, l. *Mapa*. El lugar, *Ca an*.

BAGUIBAY. pc. Lo mismo que *Balibay*.

BAGUING. pp. Yedra como bejuco con que atan. *Namamaguing*, el que los busca. *Mamaguiñgan*, el lugar.

Baguing acong calatcat
caya aco nataas
sa Baliti cungmalat
naquinabang nang taas.

BAGUINGBING. pc. Lo que *Baguimbing*.

BAGUING. pp. Camote silvestre.

BAGUIR. pc. Apretar los dientes, *Mag*. Ellos, *In*. Vide *Ñgalit*.

BAGUISBIS. pc. Gotear aprisa el licor. *Nababaguisbis ang olan, ay lalacad ca*, gotea la lluvia, y caminas?

BAGUISBIS. pc. Metàf. Correr las lágrimas por la cara. *Nababaguisbis ang luhà*.

BAGUISBIS. pc. Llevarse el viento con violencia la embarcacion. *Binaguisbis nang hañgin*, se lo llevó el viento.

BAGUIT. pp. Informar los testigos delante del Juez. *Vm*, l. *Mag*, si muchos. Tambien *B*, *In*. *M*.

BAGLAOS. pc. Dar gritos para que le oigan. *Mag*, darlos. *An*, por quien. *Babaglaos baglaos acong tomauag sa iyo, ay dimo nariñgig:* Te doy gritos, y no oyes?

BAGNA. pc. Teñir para que no se quiebre fàcilmente, *Mag*. Lo que, *In*. Sinón. *Dampol*.

BAGNAS. pc. Grueso como de hilo, ropa, &c. *Pacabagnasin mo ang paghabi*. Téjelo que tenga cuerpo. Metàf. *Bagnas nang bagnas ang catauan mo*. Gordo.

BAGNIS. pc. Sazonar el Namí. *Mag*. El Namí, *In*. *Bagnis na*, sazonado.

BAGNIT. pc. Despegar, *Vm*. Lo que, *In*. Las manos, *Y*. Donde. *An*. Sinónom. *Pacnit*, y *Pagnit*.

BAGNÚS. pc. Amolar con fuerza gastando el hierro, *Mag* Á quien, *An*. El que muchas veces, *B*. *In*. *M*.

BAGO. pp. Cosa nueva, renovar, *Mag*. Lo que, *In*.

BAGO. pp. Hacer alguna cosa de nuevo. *B*. *In*. *M*. *Namamago*. *Pinamamago*. *Ipinamamago*.

BAGO. pp. Estrenar. *Aco, ang pamamagohan nitong salaual*, en mí se estrenarà este calzon.

BAGO. pp. Primicias. *Mag*, darlas. *Papamagohin*, la persona à quien se dà. Lo que, *Ipinamamago*. Tambien, *Nagpapamago*. Comer de las primicias. *Maquipamago*.

BAGONG TAUO. pp. Mozo soltero, *Mag*, pc. El que se va haciendo. *Cabagongtauohan*, mocedad.

BAGO. pp. Luego, antes, despues, con todo eso, como sea que. Adverbio.

BAGO. pc. Un àrbol de cuya càscara hacen càñamo.

BAGAOBAO. pc. Alto donde estàn amontonadas algunas cosas. *Mag*, estarlo. *In*, las cosas, *An*, el lugar.

BAG-OC. pc. Ruido del golpe del que cae. *Mag*, arrojar algo de alto. Lo que, *Y*. Á quien, *An*. Arrojarse. *Magpati*.

BAGOCAN. pc. Gallo con barbas. Vide *Boocan*.

BAGOL. pc. Flojo, pesado. *Mag*, hacerse tal. *Mabagol na tauo*, hombre pesado. Sinónomo. *Macuyar*.

BAGOL BAGOL. pc. Cosa llena de turumbones, sea, madera. &c.

BAG-ONG. pp. Sonar la voz en bajo. Lo mismo *Hagong*. *Mag*. pc. Á quien, *An*.

BAGONGBONG. pc. Un animal como el gorgojo. *Binabagongbong ang cahoy*, la madera comida.

BAGONG GOLÁ. pp. Una caja de madera de una pieza, que usaban antiguamente. *Mag*, tenerla ó venderla. Á quien, *An*. La madera de que se hace, *In*.

BAGOOC. pp. Enterrarse en parte lo que cae de lo alto, como un coco sobre algun lodazal, *Nabagooc*, se enterró. Algunos dicen que es lo mismo que *Dagooc*.

BAGOONG. pp. Pescado en salmuera. *Mag*, hacerla *In*, lo hecho. *Pag-an*, el lugar donde se hace. *Nababagoong pa*, se dice cuando estàn detenidas sus mercadurías.

BAGÓT. pc. Enfado que recibe uno. *Ma*, estar asi. *Maca*, causar à otro. *Ica*, la causa. *Cabagotbagot na uica*, palabra enfadosa.

BAGÓT. pc. *Nababagot aco nang iñgay*, me enfado con tanta bulla.

BAGÓT. pc. Deshacerse ó consumirse algo gastàndolo. *Caalam-alam nabagot ang alac*, en un instante se consumió. La causa, *Maca*.

BAGSA. pc. Lo mismo que *Bagsa*.

BAGSAC. pc. Hincar alguna estaca à golpes. *Mag*, golpear asi. *In*, lo que. *An*, sobre que. *Nabagsacan ang paa, Ipabagsac mo nang matigtig*. Golpéalo recio para que hinque bien. *Pagbabacsaquin mo ang hocay nang haligui, at nang lumalim*. Golpea ese harigue para que profundice.

BAGSANG. pc. Corazon de la palma que llaman *Pogahan*, y se sirven de él para pan. *Mag*, beneficiarlo. Itt. Mazorca de maiz mal granada.

BAGSAY. pc. Pesca con fisga. *B*. *In*. *M*. *Nà-*

mamagtay, pescar asi. *Pinamagtayan*, el lugar.

BAGSAYA. pc. l. *Bagsa*. pc. Un género de fisga.

BAGSIC. pc. Potencia, tiranía, hacerse tirano ó mostrar poder. *B. In. M. Magsic, Nanagsic, Mag*. La causa, *Ipag*. Lo tiranizado, *Pag-an*. Dar à otro poder, *Magpa*. El poder que se da, *Ipa*. Á quien se da, *Paan*. *Himagsic*, mostrar poder y valor, cobrar ànimo. Contra quien se reveló, *Pinaghimagsican*. La persona ó cosa por que muestra poder, *Ipa*. La obra, *Panhihimagsic*. *Cabagsican*, pp. Poder. *Cabagsican*, pc. Atrevimiento.

BAGTAC. pc. Clavarle la espina y los dientes del perro, caimàn, &c. *Na*, estar asi.

BAGTÁL. pc. Deshollarse el pellejo, quitarse parte de la carne haciéndose fuerza, deshollarse, *Na*. La causa, *Naca*. En pasiva, *Ica*. Itt. Cuero ancho como el de los machines. Itt. Aforrar con tablillas pié ó mano quebrada. Sinónom. *Bitag, Bangcat*.

BAGTANG. pc. Atajar, salir al camino que perdió. *Vm*. Á donde *An*. El camino, *In*. Itt. Camino de altibajos, *Bagtang-bagtang ang daan*.

BAGTAO. pc. Espinazo del pescado. Vide *Palicpic*.

BAGTAO. pc. Mirar de lejos. Vide *Alitao*, con sus juegos.

BAGTAS. pc. Abrir camino, *Mag*. El camino, *An*. El atajo, *Pagbabagtasan*.

BAGTAS. pc. Descoser vestidos ó ropa, *Mag*, Lo que, *In*. Lo descosido *Ma*.

BAGTING. pc. Campana. *B. In. M*, l. *Mag*. tocarla. *In*, ser tocado. *Bagtiñgan mo aco*, tócala por mí. *Bagtiñgan*. pp. Campanario. *Mag*, hacerlo.

BAGTOL. pc. Tener tirria, *Mag*. Á quien, *An*. Porque, *Pinag-an*.

BAGTOL. pc. Camino lleno de hoyos. *Mag*, hacer tales hoyos. *Ma*, caer en ellos. *Cababagtolan*, donde.

BAGTOT. pc. Cargar al niño al hombro, ó acuestas. *Mag*. El, *In*. Donde, *An*.

BAGUAN. pc. Anzuelo para pescado grande, *B. In. M*. Pescar asi, *Namamaguan*. Ser cogido, *In*.

BAGUAY. pc. El círculo del *Salacab*, en donde se afirman las barandillas para que estén fuertes. *Mag*, ponerlo. *An*, el *Salacab*. *In*, de lo que se hace.

BAG-UIS. pc. Cañones del encuentro del ala del ave.

BAG-UIS. pc. La punta del ala de cualquier ave.

BAG-YO. pc. Tempestad, uracan, *B. In. M*, l. *Mag*, correr tal tiempo. *Binag-yohan*, l. *Napagbag-yohan*, à quien dió tal tempestad. *Magpa*, dejar que pase. *Pabag-yohin natin*, dejémoslo pasar. *Pagbag-yo*, l. *Pagbabagyo*. *Magbabag-yo bag-yo*, l. *Babag-yo bag-yo na*. Parece que ya quiere correr la tempestad. *Balibag-yo, Malabag-yo, Tila bag-yo: Di magsohay condi bagyohin:* No se previene si no le acometen.

BAHÁ. pc. Corriente, avenida del rio. *Mag*, traerla el rio. Ser llevado. *Ma*. Ser detenido, *An*. *Bohos bahá*, salir de madre. *Nonohos ang bahá*, va menguando.

BAHAG. pc. Bajaque, faja como braguero con que cubren las partes verendas. *Mag*, traerlo. *In*, la faja. *An*, el cuerpo. *Manbabahag*, traerlo de ordinario.

BAHAG-HARI. pp. Arco del cielo. *Mag*. l. *Magca*, haberlo. El arco iris.

Manhahabing oalicam
tubig ang hilig anay.

BAHAG-SUBAY. pp. El arco iris: es poco usado.

BAHAGUI. pp. Repartir entre si ó dando à otros, *Mag*. Lo que, *In*. El plato, *Ipinag*. Los que entran en la particion, *Binabahaguinan*. Una parte, *Cabahagui*. El que reparte sin tener parte, *Namamahagui*. Lo que, *Ipinamahagui*. Á quien, *Pinamahaguinan*. Cosas repartidas, *Nagcabahagui*. Muchas veces sumitur pro parte verenda, *Bahagui*.

BAHAG-YA. pc. Apenas. *Bahag-yana somiya: Diñga bahag-ya*, sea en orabuena. Apenas basta. *Binabahag-ya lamang ang isang haligui*, se dice por exagerar las fuerzas.

BAHALA. pp. Cuidado, *Mag*. l. *Man*. Cuidar de algo. *Ipinag*, l. *Ipina*, la persona que le da el cuidado. *Pinag-an*, l. *Pinamaan*, lo que le da cuidado. *Ma*, estar cuidadoso. *Ica*, la causa. l. *Pinagcacabahalaan co*. Causar cuidado, *Maca*. Dejar el cuidado à otro, *Magpa*. Lo que, *Ipa*. Á quien, *Pinababahalaan*. *Con Nagca*, estar con disgusto. *Aco na ang bahala*, yo cuidado.

BAHALA. pp. *Ayao aco magcabahala sa anoman*. No quiero encargarme de nada. *Bahala*. pp. *Di aco maygauay icao ang naguaualang bahala*. Paga el justo por el pecador.

BAHALA. pp. *Sang bahala*, cien millones.

BAHAN. pc. Llave ó viga. Sinónomo, *Bosolan, sicang*. *Mag*, hacer ó ponerlo. *An*, donde. *In*, la madera.

BAHANDA. pc. Como *Bahala*, y sus juejos.

BAHAO. pp. Cosa guardada de la noche antes para almorzar. *Mag*, guardarla. *An*, à quien. *In*, l. *Y*, la comida. *Namamahao*, comer de mañana. *Pamahao*, con que. *Magpa*, dar de almorzar. Lo que, *Ipinapapa*.

BAHAO. pc. Un pàjaro. *Pamahiin sa una*, supersticion.

BAHAO. pp. Sanar la herida. *B. In. M. Mahao ca nitong sugat*, l. *Bahauin mo*, sànale. *Bahao*. pc. *Bahao na*, ya està sana.

BAHAS. pp. Vide *Baas*.

BAHAR. pc. Lunar grande y negro, que se cuaja en los cuerpos de los niños: estar como pintado de ellos. *Nagbabaharbahar ang catauan:* Tiene el cuerpo lleno de lunares.

BAHIR. pp. Resquebrajado, *Bahirbahir iyang tabla*.

BAHIR. pc. La tez del quemado con sol, rostro desfigurado con golpes. *Nagbabahir ang mucha ni Jesucristong Pañginoon natin, nang siya,i, tampalin*.

BAHAY. pp. Casa, *B. In. M*. Con *Na*, vivir en casa. Con *Mag*, hacer casa. Tiene todas las pasivas. *Naquiquipa*, vivir en casa de asiento. Sin *pa*, estar de paso. *Naquiquipamahay ca baga cay Pedro? Ay hindi; cundi naquiquibahay lamang aco:* Vives de asiento en casa de Pedro como su familia? No, sino estoy de paso en en su casa.

BALAQUI. pp. Variedad de cosas juntas. *Mag*, mezclarlas. *Pagbalaquiin*, mezclar esto con el otro. *Pagbalaquian*, el lugar. Sin *Pag: Ang gaua mong magaling ay houag balaquian nang masama. Magca*, entreverar cosas diferentes. *Ipaquibalaqui co na yaring sasabihin cong cataga:* Haré primero una breve digresion.

BAHAY ASIM. pp. Tripa de venado ó vaca, donde està el àgrio que ha comido.

BAHI. pp. Raya de la mano; otros dicen *Barhi*, que es el propio. *Magca*, tenerlas, *Man*, verlas. *Panhimahian*, à quien.

BAHIN. pp. Estornudo, estornudar, *An*, à quien. *Nabahinan*, acaso. De propósito, *Binabahinan*. Estornudar acaso, *Nabahin*. pc. De propósito, *Nabahin*. pp. *Maca, Ica*, causa. pc. El que frecuentemente, *Palabahin*. pc. Ó *Mapagbahin*. *Condi solotin di mabahin*, si no le urgan no se mueve. Metàf.

BAHIN BAHIN. pp. Con negativa es no tener dificultad. *Ualang bahin-bahin, ualang liuagliuag.*

BAHIR. pp. Variedad de colores en el vestido. *Mag*, l. *Magca*, tenerlos. *Namamahir*, teñir de ellos.

BAHO. pp. Heder. *B. In M.* Hacerse hediendo. *Mag*, hacer algo. La persona, *Nababahoan*, l. *Quinababahoan*. *Mabajo*, cosa hedionda. *Cabahoan*, hediondez. *Bahong isda; Bahong castoli*, olor de pescado, olor de amizcle.

BAHOAN. pc. Berga entena. *Mag*, ponerla. *An*, el navío. *In*, la madera de que se hace. *Namamahoan*, llevar el viento fresco la vela hasta la entena. *Bogtong*, de la vela.

Sinantanan sa holó
bangin ang tinalarò
tinitimbang ang magaan
nang di maralang timbangan.

BAHOC. pc. Sobrepujar, *Mag*, ó *Maca*.

BAHOC. pc. Comer la morisqueta con caldo, *Nagbabahoc*.

BAHOL. pc. Luego despues.

BAYCAN. pc. Mono grande y viejo. Sinón. *Mananid*.

BAIR. pp. Bruñir oro con una piedra, *Mag*, Lo que, *In*.

BAIR. pc. Un género de gusano.

BAIR. pc. Machete. *Mag*, usar de él. *Mam*, comprarlo.

BAIS. pp. Descomedido. *Mag*, descomedirse. La persona con quien, *An*. *Baisang tauo*, hombre descomedido.

BAISA. pc. Trox ó granero. *Mag*, hacerlo. *Hin*, ser hecho. *Han*, el lugar dondo.

BAIT. pc. Entendimiento, juicio, prudencia, *Mabait na tauo*. Hombre juicioso, &c. *Magcaca*, tenerlo. *Papagcabaitin ca naua nang Dios:* Dios te dé entendimiento. *Mag-pa*, hacer que tenga. *Mag*, engañar con bachillería. *Aco,i, pinagbaitan niya*, l. *aco napagbaitan*, me engañó; aunque esto tambien significa lo que ganó por su entendimiento. *Magmabait*, agudeza de entendimiento, *Nanait*, mudarse de entendimiento.

BAITANG. pp. Escalon, banco de la escala.

BAITO. pc. Véislo aqui. *Baito ca nang baito, ay uala acong maquita:* Dices véislo, véislo, y no parece.

BAITOS. pp. Un palo muy fuerte.

BALA. pp. Comprar al fiado. *B. in M*, Tomar al fiado. Si frecuentemente, *Namamala*. Lo que se toma, *Hin*. De quien, *Han*. *Mag-pa*, dar fiado: *Pabalahin mo nang isang cabolos*, ó *ipalamo sa aquin*. Adviértase que esta raiz en Bulacan es gutural, y la no gutural significa allà lo mismo que *tompoc*.

BALÁ. pc. Fingir hacer algo. *Nagbabalang comain*, finge que come. *Ipag*, la causa.

BALÁ. pp. Amenazar, *Mag*. Á quien, *Pag-an*. Con que ó' por que, *Ipag*.

BALA. pc. Hablar, decir. *Nababala*, el que dice asi. *Mabala ca*, dí algo: adviértase que en las pasivas se añade un *ba* mas. *In*, à quien se dice. *Bababalin mo ang manḡa tauo nito*. Notificales esto. Itt. Acusar, denunciar, notificar con *Mag*.

BALAAT. pp. Envejucar el tibór. Lo que, *An*. Con que, *Y*. Activa, *Mag*.

BALABÁ. pp. Gajo del racimo de la bonga *Mag*, ó *Magcaca*, tener gajos el racimo. Lo mismo *Namamalaba*.

BALABÀ. pp. Pencas de plàtano, gabe. Sinónomo. *Palapa*.

BALABÁ. pp. Desmontar matorrales de àrboles pequeños, *B. in M.* Los matorrales, *In*. Sinónomo. *Gasac*.

BALABAG. pc. Tirar palo ó caña tomàndolo por la punta, de manera que va dando vueltas, *B. in. M.* l. *Mag. Y*, lo que arroja. *In*, à lo que. *Ipag*, la persona por quien. *Ipagbalabag mo aco nang balingbing*.

BALÁBAG. pc. Lo mismo que *Balibas*, con sus juegos.

BÁLABAG. pc. Una serpiente de dos cabezas. *Magca*, haberlas. *Ma*, ser picado de ella. *Maca*, picar ella. El lugar, *Pinagcababalagan*. Cogerlas, *Namamalabag*.

BALABALÁ. pc. Fingimiento, *Mag*. Á quien, *In*. Con que, *Ipag*.

BALABALAQUI. pc. Mezclado, entreverado.

BALABAL. pp. Manta con que se arrebujan. *Mag*, arrebujarse con ella. *In*, ser traida.

BALABAR. pp. *Nagpapatanao nang apuy sa dagat*, dejarse ver, ó ver de lejos el fuego en la mar.

BALABATO. pc. La trigésima segunda parte del tahil, que es *Calahating*, *Amas*.

BALABIGÁ. pp. Hablar mucho, hablador: se compone de *Bala*, hablar, y *Biga*, que es una yerva que causa comezon, con *Nag*.

BALAC. pp. Probar, estudiar, *Mag*. Lo que, *In*. *Balacbalaquin*. En Manila es lo mismo que *Talinhaga*, pero ha de ser con *Auit*. *Pinagbabalacan*, à quien. En Bulacan significa dividir ó repartir en montoncillos.

BALAC. pc. Trompo, flecha. *Mag*, hacerla. *In*, l. *Ipag*, arrojarla. *Bogtong*.

Quinalag ang balacas
Sumayao nang ilagpac. Trompo.

DAL-AO. pc. Vide *Buguo*. pc. *Buac*. pp.

BALACANG. pc. Cadera.

BALACBAC. pc. Un género de palo ó corteza de àrbol.

BALACAS. pc. Atadura en falso miéntras se ata mejor. *Pinagbalacas mo lamang*. Tambien *Balcas*.

BALACAS. pc. Liar el cuerpo del difunto con unas madejas de algodon sobre la mortaja. *Mag*, atar. *An*, l. *In*, el cadàver. *Maguinbalacas sa catauan mo iyang pinagnacao mo*, maldicion. Sinónomo. *Balangcas*.

BALACOBAC. pc. Caspa de la cabeza. *Mag*, tenerla. *Magca*, criar y tenerla. *Bogtong*.
Di matiñgalang bondoc
darac ang nacacamot.

BALACQUI. pp. Variedad de cosas juntas. *Mag*, mezclarlas. *Pagbalaquiin mo ito noon*. Lugar, *Pag-an*, y sin *Pag*: *Ang gaua mong magaling ay houag mong balaquian nang masama*. *Balabalaquing tauo*. De diferentes castas.

BALACQUIL. pp. Atadura. *B*. *in*. *M*, l. *Mag*, atar. *Y*, con que. *An*, en que: *Nababalaquilanan na ang bahay? R. Uala pa ang sucat ibalacquilan*. Para atar el corral de las sementeras, usan mas de *Pangcol*.

BALACQUILAN. pp. Atravesaños debajo de las baras.

BALACQUIR. pc. Enredarse el pie en cordel &c. *B*. *In*. *M*. Enredar. *In*, ló enredado. *Ma*, el que lo està. *Cababalaquiran*, lugar donde se enreda.

BALACQUIOT. pc. Duro de condicion, hombre sin palabra. *Tauong balaquiot*. *Vm*, Irse haciendo tal. La causa *In*. Con quien, *An*.

BALACQUIOT. pp. Lo mismo.

BALACQUIA. pc. Término usado de los cantores de la corte, ó salamadores. *Helamonanaquia*. *R*. *Saquia*. Saloma, *Ang aquing balaquia*. *R*. *Saquia*. Saloma, *Di natin masaquia*. *R*. *Saquia*.

BALACSILÁ. pp. Vide *Abala*, *Ligalig*. pp. *Cabalacsilaan*, abstracto.

BALACTAS. pc. Atajo de camino. Vide *Bagtas*, con sus juegos.

BALACTAS. pc. Atajo. Vide *Bagtas*.

BALAG. pp. Enramada *Mag*, hacerla. *In*, ser hecha. *An*, el lugar.

BALAG. pp. Enramada, por donde trepan las calabazas, &c. *May bahay ca na?* Tienes casa? Suelen responder, *Nagbabalagbalag pa*.

BALAG. pc. Una sierpe que vuela. Sinónom. *Lay-an*, *layagan*.

BALAGA. pc. Espantar à otro con la misma palabra, escondiéndose en alguna parte para espantar à otro diciendo de repente esta palabra. *Balaga*. *B*. *In*. *M*. l. *Mag*. Espantar así. *Balaghin*, l. *Balaghan*, el espantado. *Cababalaghang gaua* l. *Cabalabalaga itong gauang ito*, obra maravillosa.

BALAGAT. pp. Huesos junto al gaznate. Agallas. *Balagat nang pagca yayat*: Muy flaco estàs. *Nabalagatan co yaring candoli*: Cogí este candoli por el pescuezo: *Aco,i. nabalagat*, l. *Nabalagatan nang candoli*: Me hirió el candole con sus espinas. *Aba maghimalagat ca*, l. *Panhimalagatan mo siya*: pues quitàselas.

BALAGAT. pp. *Pinagabut ang balagat*, el juego del gaznate, que llaman *hocay tagocan*.

BALAGAT. pp. Sarta ó cadena que traen.

BALAGATAC. pp. Un pàjaro que grita mucho, hablar mucho. *B*. *In*. *M*. l. *Mag*. Á quien, *An*.

BALAGBAG. pc. No hablar à propósito. *Nagbabalagbag na lamang*. Habla solamente al aire. *In*. l. *An*, à quien.

BALAGBAG. pc. Destilar à menudo el licor, *B*. *In*. *M*. Lo que, *In*. El lugar, *An*.

BALAGBAG. pc. Atravesaño del suelo de la casa. *Mag*, estar atravesado. *Y*. Ser puesto, l. *An*.

BALAGHAN. pc. Lo mismo que *Guicla*.

BALAGUIIT. pc. Fuerza de viento. *Babalaguiit ang hañgin*: Està fuerte el viento.

BALAGUIIT. pp. Romper por medio de la gente: *Babalaguiit itong tauong ito*.

BALAGUIIT. pp. Llorar, remar, recio, *Mag*. Lo que, *Ipag*.

BALAGUING. pc. Responder, ú obedecer à quien le habla, *B*. *In*. *M*. Solo se usa con la negativa. *Di ca mamalaguing anaqui icao ay mayang paquing*. No te das por entendido como si fueras *Mayang paquing*, que no huye aunque le espanten.

BALAGOBANG. pp. Abejarucos.

BALAGTAS. pc. Atajar camino sin rodear. *Babalagtasin co*, *nang tocoin*. Metàfora.

BALAHAC. pp. Mezcla de naciones, metales, joyas, &c. *B*. *In*. *M*. l. *Mag*. Lo que, *An*, l. *In*.

BALAHASI. pp. Hendidura ó quebradura de la vasija. *Na*, estarlo. *In*, quebrarla.

BALAHASI. pp. Hablar sin tiento ni atencion, *Houag cang balahasing mañgusap*. Lo que, *Ipinagbala*.

BALAHIBO. pp. Pelo de ave ó animal. *Balahibohang tauo*, pilosus. *Mag*, criarlo. *Binalahibohan*: tener pluma ó pelo postizo. *Mabalahibohanan*, cotejar un gallo con otro, para ver las fuerzas por la pluma. *Magcacabalahibo*, igual en el pelo. *Namamalahibo ang damit*, tiene hilarachas el vestido. *Mabalahibo*, hombre ó animal belloso. *Di pa maquita ang balahibo nang camay*: Se dice cuando aun no es dia claro.

BALAHIGUIT. pp. Estar emberrenchinado de melancolía. Hacer la cosa de mala gana, *Mag*: la causa, *Ipag*. Á quien, *Pag-an*.

BALAHÓ. pp. Cieno ó lodazal. *Ma*, atollarse. *Maca*, cogerlo asi, *B*. *In*. *M*, de propósito. *In*, el cogido.

BALAYLO. pp. *Balailong loob*: *Dili mapag-isa ang isip*. *Masamang loob*. De corazon inconstante.

BALAIRIR. pc. Voltear al niño que carga la madre ya atràs, ya adelante. *B*. *In* *M*. l. *Mag*. La madre, *An*. El niño. *In*.

BALAIS. pp. Balleston para cazar. *Mag*, armarlo. *An*, à los que. *In*, de lo que. *B*. *In* *M*. El que anda poniéndolo. *Ma*, ser cogido. *Balaisan*, l. *Pinagbalaisan*, donde se arma: *Houag mo acong pagbalaisan*, l. *Houag mong balaisin ang magandang pagoosap ta*: No eches à voces nuestro pleito.

BALAIS. pp. Las tres estrellas que llaman marineras.

BALAITIL. pc. Atravesarse algo en la garganta. *Nabalatitan*, à quien. *Na*, acaso. *In*, de propósito.

BALALAO. pp. *Ó balalat*. pp. Medir cosas largas y redondas. *B*. *In*. *M*. l. *Mag*. Medir lo grueso. *In*, ser medido. *Y*, con que v. g. El cordel. *Magca*, ser de una medida: *Ilang dipa ang balalat*, l. *Balalao nito*: Cuantas brazas tiene esto de grueso. *Nagcacabalalao sila*: Son de un mismo natural, costumbre ó partícipes de algo. *Cabalalao niya*, lo mismo que *Casongdo*.

BALAM. pp. Tardanza, ó espacio de tiempo. *Ma*, detenerse. *Magpaca*, detenerse mucho. *Maca*, causar detencion. *Ica*, pasiva. *Ca an*, l. *Pagca an*, en qué, ó porque se tardó. *Cabalaman*, detencion, tardanza. *Balamin*, l. *Pabalamin*, el hombre detenido de propósito. *Tauong balam*, l. *Mabalam*, hombre espacioso.

BALAM ARAO. pp. Retardar ó dilatar. Se compone de *Balam* y *Arao*, y se conjuga con *Mag*. En pasiva *In: Houag mong balam arauin itong osap:* No retardes este pleito.

BALANÁ. pp. Renovar algun calor dàndole de nuevo. *B. In. M.* l. *Mag.* renovar. *In*, lo que. Metàfor. *Balanain ang osap*, *Balanain ang asal:* Renovar el pleito, la costumbre.

BALANÁ. pc. Gulay mal cocido, pescado, &c. *Balana lamang itong gulay. Mag*, cocerlo así. *In*, lo que.

BALANÁ. pc. Un género de *Baguing* ó enredadera.

BALANAC. pp. Lisas pequeñas del mar.

BALANACAN. pp. Calzoncillo. Cuando recien nacido es *Pilpil*. Algo crecido, *Hinauin*. Mayor, *Balanacan*. Mas grande, *Bilingbiling*. Tiboron grande, *Pating*.

BALANAN. pp. Cesto pequeño para el pescado. En Manila, *Boslo*.

BALANAYO. pp. Sospechar. *B. In. M.* Y si muchos, *Mag*. Lo que, *In*. De quien, *An*. La causa, Y. Y si muchos, *Ipag*, tambien *Pag-an*.

BALANG. pp. Cualquiera, ó cualquier cosa.

BALANG NA. pp. Alguna cosa cualquier cosa.

BALANG MANA. pc. Algo, sea lo que fuere.

BALANG ARAO. pp. Algun dia.

BALANG. pp. Langosta, *In*, ser comido de ella. *Magca*, haberla. *Ipinagca*, la causa. *An*, el lugar. *Matang balang*, se dice del hombre que nota algun desastre. *Itlog balang*, género de arroz. *Bogtong:*
Apat capapang comot
di natacpan ang tohod. Langosta.

BALANGA. Dien doon.

BALAN̄GA. pc. Olla de grande boca. *Mag.* hacer ó venderlas. *B. In. M.* comer pescado, yervas, &c. en la misma olla. *In*, la yerva ó pescado. *An*, el lugar donde se pone la olla.

BALANG AMAS. pc. Oro hilado sobre algodon. *Mag*, poner el oro ó plata. *An*, sobre que *In*, de lo que se hace.

BALAN̄GAN. pc. Animal pintado.

BALAN̄GAO. pc. Arco celeste ó terrestre. *Mag*, hacerle. *In* de que *An*, à quien.

BALAN̄GAUAN. pc. El arroz que por estar acinado, ó haberse mojado, està algo negro: *Balan̄gauang palay*.

BALAN̄GAUAN. pc. Cuando el cielo tiene muchos arcos.

BALAN̄GAY. pc. Nadar boca arriba, *Mag*.

BALAN̄GAY. pp. Navio grande de doce hasta diez y seis hombres. *Mag*, hacerlo. *Namamalan̄gay*. pc. Usarlo. *Nagbabalan̄gay*; l. *Nanamalan̄gay*, andar con él.

BALAN̄GAY pc. Complejo, ó junta de varios. *Maqui*, vivir con ellos en su barrio. *Balabalan̄gay*, cada barrio por sí. *Magbabalan̄gay* pc. Maestro del complejo, ó junta para abogar ó trabajar. *Cabalan̄gay*. pp. l. *Carolohan*, vecino de un mismo barrio. *Magca*, dos.

BALAN̄GAY. pc. *Cabalan̄gay*, era uno que tenia un género de esclavitud para ser obligado. *Aco baga,i, cabalan̄gay mo, at aco,i, pipilitin mo?* Soy tu obligado para que à mí me compelas?

BALANGBALANG. pc. *Napaguicauicaan*. Vide *Aboabo*.

BALANGBALANG. pc. Estar pintado con muchos colores. *Nagbabalangbalang ang lan̄git*. Arreboles del cielo.

BALANGBANG. pc. Dar de palos à troche y moche.

BALANGBANG. pc. Cercas mal hechas. *Bacodbacoran. Bacod na hamac.*

BALANGCAS. pc. El techo de la casa cuando aun no tiene pajas, sino solo el *Panigas*, *Balaquilan* y *salauag*.

BALANGCAT. pc. Liar cosa quebrada, ó hueso quebrado, desconcertado. *Mag*, lo que, *In*. La persona, *An. B. In. M.* Tener ese oficio.

BALANGDAYA. pc. Tratar mal de palabra con desprecio. *B. In. M.* La persona, *In*. El lugar. *Pag-an*.

BALANGQUINITAN. pp. Flaco, desmedrado, mustio ó enojado. *Ma*, andar así. *In*, ser fatigado. Tambien. *Mag*.

BALANGQUINITAN. pp. Cuando los que cantan no se conciertan, y va caido el canto, *Mag*.

BALANGTAY. pc. Estar revueltas unas cosas encima de otras. *Nagcacabalabalangtay*, estarlo. *Ipagca*, la causa. *Pagca-an*, donde. *Mag*, de propósito. Las cosas, *Pag-in*. Donde, *Pag-an*.

BALAN̄GOBANG. pp. Avejarucos. Vide *Balagobang*.

BALANG OLAN. pp. Arreboles del cielo, y plato grande.

BALAN̄GOLA. pp. Vide *Ban̄gon̄gola*. Unas como canastas de madera.

BALAN̄GON. pp. Cierta yerva como la del camote.

BALAN̄GOT. pc. Juncia con que enraman las iglesias, y las esparcen por el suelo. *Mag*. La iglesia, *An. Bogtong.*
Ang latian sa bondoc,
tinohoang balan̄got.
para decir que traigan los postres en la mesa como dicen. *Mag, balan̄got na*, l. *Balan̄gotana*, y eso es lo que significa el *Bogtong*.

BALANOY. pp. Yerva como torongil.

BALANOY. pp. *Binabalanoyan mandin ang tin̄ig:* La voz es como torongil. Metàfora.

BALAN OLAM. pc. Plato grande.

BALANSANG. pc. Cosas mal compuestas, y sin órden, como la carga en el navío, ó trastos de la casa. *Mag*, estar las cosas mal compuestas. *An*, adonde. Las cosas, *In. Pagbabalansan̄gin mo ang man̄ga casangcapan sa bahay.* Trastocar las alhajas ó trastos de la casa.

BALANTING. pc. Amarrar ó estirar la cuerda. *Mag.* Lo que, *In*. Adonde, *An*. Tambien *B. In. M.*

BALAN TIQUIS. pp. Un pàjaro sobre que agoraban.

BALANTOC. pc. Arcos de caña que ponen cuando hay fiesta. *B. In. M.* l. *Mag. In*, lo que. *Pag-an*, el lugar.

BALANTONG. pc. Divertirse en lo que dice. Vide *Lingling*, con sus juegos.

BALANTOGUI. pp. Pena del talion. *Baquit siya,i, namongcahi, ay siyang nabalantogui.* Fue por lana, y volvió trasquilado. *Ma*, padecer la pena.

Ipag, l. *Pagca-anan*, la causa. Castigar con tal pena, *B. In. M*, y si mucho, *Mag*. pc. El que, *In*. *Balantoguin mo*, dale tal pena.
BALANTOGUI. pp. Morisqueta seca al sol, que la vuelven à cocer: *Binalantogui*.
BALAN-YÁ. pc. Hurtar. *B. In. M.* l. *Mag*. Á quien ó de quien, *An*. La cosa, *In*. Frecuentativo. *Mapagbalanya*, l. *mamalanya*.
BALAO. pp. Alumbrar à alguna persona, *Mag*. Con que, *Ipag*. Á quien. *An*, l. *In*.
BALAOBALAO. pp. Salado. *Bagoong na hipong ulamang*.
BALAOBAO. pc. Vide *Bagaybay*, *bagobao*, con sus juegos.
BALA OGUI. pp. Parace impertinente. *Mag*, decirla. *In*, l. *Mag*, à quien.
BALAON. pp. Hoyo para que caiga el animal. *Namamalaon*, hacerlo. Donde. *Pag-an*, *Na*, ser cogido.
BALAONG. pp. Un cesto de vejuco tejido muy espeso.
BALAOT. pc. Atravesarse entre palos. *Na*, atravesarse.
BALAP. pc. Seña que se hace para hacer algo. Dar tal seña, *Nag*, l. *Napa*.
BALAQUI. Vide *balacqui*.
BALAQUIOT. pc. Hombre mudable, que no guarda su palabra. *Balaquiot na tauo*.
BALAR. pp. Lo mismo que *Bilar*.
BALARIN. pp. Un género de ubi: turumbones en la tierra.
BALAS. pp. Atar los dos palos en sus techos, que llaman *Balasan*, *Mag*.
BALAS. pc. Viento nordeste. Sinón. *Sabalas*.
BALAS. pc. Miel recocida con azúcar. *Mag*. *In*, la miel.
BALAS. pc. Tolondrones de arina mal molida. *Mabalas itong bibingca:* Esta bibinca tiene muchos tolondrones.
BALASAO. pp. Revolver, confundir algo. *Houag mong balasauin ang gaua co*, es lo mismo que *Houag mong golohin*.
BALASBAS. pc. Renovar la herramienta, martillar à menudo. *Mag*, si frecuentemente. *B. In. M.*
BALASBAS. pc. Atravesarse el navío llevado de la corriente. *Ma*, l. *P. In. M.*
BALASBAS. pc. Hablar mal la lengua. *Nababa lasbas mandin ang pangongosap*. Parece que habla mal.
BALASIC. pp. Irascible, iracundo.
BALASINA. pp. Hendidura muy sutil en el plato. *Ma*, estar hendido. *Magca*, tenerla. El lugar, *Pagcabalastinaan*. *In*, ser hendido.
BALASINA. pp. Claro como un espejo.
BALASING. pp. Medio borracho. *Ma*, estar, y tambien, *In*. *Nagbabalabalasingan*, fingir.
BALASING pc. Un género de yerva con que emborrachan el pescado, y lo aplican para matar las gulas.
BALASO. pc. Embarazo en la banca por estar mal puesta la carga. *Nagbabалaso*.
BALAT. pp. Lunar grande, blanco ó colorado.
BALAT. pc. Cuero de animal, corteza, càscara en general. *Mag*, ó *Magcaca*. Tener cuero.
BALAT. pc. Oro bajo falso, que tiene vista buena. *Binalatan*.
BALAT. pc. Peso del oro: *Magcano cayang balat niyong manga hiyas*? Cuànto peso tiene de oro?
BALATÁ. pp. Collar de cuero que ponen à los perros cazadores. *Mag*, ponerle. *Binabalataan*, el venado: *Binalataan niya ang liig*. Le puso al cuello el cuero. La cosa *In*. La causa *Ipag*. *Hangan namatay ang ganir co,i, binalata co ang usa*. Desde que mi perro murió, no he comido venado.
BALATÁ. pp. Promesa, abstinencia de algo en memoria de alguno. *Mag*, hacerla. Por quien, *Pag-an*.
BALATAC. pc. l. *Baltac*. Arrear llamando à los perros para ir à caza. *B. In. M.* Los perros, *In*.
BALATAC. pc. Castañetear con la lengua con admiracion ó sin ella, animando à los perros para la caza. *Baltaquin mo*, l. *Balataquin mo*.
BALATAS. pc. Abrir camino para poder pasar. *B. In. M.* l. *Mag*. El lugar, *Pinag*. El camino, *In*. *Balatasin ang daan*.
BALATAS. pp. *Uala acong namamalayan*, l. *Nababalatasan diyan sa uica mo*. Nada entiendó de lo que dices.
BALATAS. pc. *Napagbabalatas co na ang dasal:* quiere decir, *may nalilisan man, ay naaalaman ang iba*. Aunque yerra algo, sabe lo demas.
BALATAS. pc. Embarcacion que tiene los bordos bajos. *Mabalatas na bangca*.
BALATAY. pp. Asentar igualmente unas cosas sobre otras, como pié, brazo. *B. In. M.* l. *Mag*. Lo que *Y*. Donde, *An*. Si mútuo, *Mag-an*. Estar asi, *Nagcaca*.
BALATBAT. pp. Cerca hecha à poco mas ó menos. Itt. Vide *Batbat*.
BALAT BOAYA. pp. Nubes pequeñas esparcidas.
BALAT CAYO. pc. Transformarse ó disfrazarse, *Mag*. Á quien, *Pag-han*. *Si Eva,i, pinagbalatcayohang ajas nang Demonio:* El demonio se le apareció à Eva en figura de culebra.
BALAT DOHAT. pp. Una especie de tibores parecida al duhat; tambien *Maladuhat*.
BALATIC. pp. Balleston, las estrellas llamadas tres Marías. Nótese que con *Mag*, y pc. es cópula carnalis situ abominabili.
BALATICTIC. pc. Vide *Balatirtir*.
BALATING. pp. Asomado del vino, algo borracho. *Ma*, estarlo. Sinónom. *Balasing*.
BALATITI. pc. Un pàjaro que tienen por agüero. *B. In. M.* Cogerlos. *Pa-an*, l. *Balatitian*, lugar donde. *Balatitiin*, à quien siempre canta.
BALATO. pp. Gala ó recompensa.
BALATOC. pp. Señal, golpes recios con el martillo del herrero, *Mag*. La cosa *In*. La madera *An*. *Balactoquin mona*, *at sacá biyaquin*, l. *Balatocan mo mona ang calap*. En activa *B. In. M.*
BALATONG. pp. Frijoles ó mongos. *Mag*, sembrarlos ó cogerlos. *An*, donde. Tambien *B. In. M.* *Papamalatongin mo mona bago mo sabauan:* Tuéstalo bien, antes que le eches caldo.
BALATONG. pc. Interrumpir la plàtica. Canto desórdenado. *Ma*, estar interrumpido. *Maca*, interrumpir. De propósito, *In*. *Balatongin mong paquiosapan ang Capitan*. *Balatong ang compás nang Maestro:* Habla con interrupciones; el compàs del maestro no va seguido.
BALATONG. pc. Una tela de diferentes colores.
BALATONG. pc. Desvariar el enfermo calenturiento sin dolor de cabeza. *Mag*. Pero si es con dolor de cabeza, es *Libon*.

BALAUANG. pp. El agujero ó hoyo, que hacen para sembrar. *B. In. M.* l. *Mag.* Hacerlos, *In.* *Binabalauang ang paghasic.* La tierra, *An.* Un hoyo, *Cabalauang.*

BALAUBAU. pc. Lo mismo que *Bagumbau.*

BALAUIS. pc. Colérico, amigo de su parecer: *Dili mo macasundong causapin, B. In. M.* l. *Mag.* Oponerse à otros. La causa, *Y,* l. *Ipag.* *Houag cang malauis,* l. *Magbalauis,* no te hagas intratable. *Cabalauisan,* de tal condicion. Sinónomo. *Sauail.*

BALAY. pp. Ostra del mar, delgada y ancha. *B. In. M.* Buscarlas. *Mag,* venderlas.

BALAY. pp. Juzgar el pleito por convenio de las partes entre sí. *Magbalay* l. *Masabalay.*

BALAY. pc. Banderilla de niños puesta en caña. La *a* del *ba* ha de ser con pausa. *Mag,* ponerla. *Y,* lo que. *An,* el palo.

BALAY. pc. Caña con liga en la punta para coger pàjaros, con los mismos juegos que el antecedente.

BALAYAN. pc. *Nagbabalayan ang nagaani: May dalauang sisirlan, at ang isa,i, munti, ang munti ang dinadaladala, at cun mapono yaon, ay sacà isinasalin doon sa malaqui:* Andar pasando el palay de un cesto à otro.

BALAYAG. pc. Preguntar, inquirir. *Mag. Pagbalabalayagan mo con domating na.* Pregunta si ha vuelto.

BALAYBAY. pp. Cenador, mentidero en que se juntan para pasar el tiempo. Itt. Casilla, corredor con barandillas sin dindin.

BALAYBALAY. pp. Racimo, como no sea de plàtano. *Magca,* tenerlo.

BALAYBAY. pp. Detenerse en alguna parte para aguardar algo, *Ma.* Ser detenido, *In.* Detener, *Maca.*

BALAYANG. pp. *Cahoy.* Una madera.

BALAYI. pp. Parentesco de afinidad. *Mag,* hacer ó tener tal parentesco. *Balayhin,* l. *Binabalayi,* ser hecho. Los consuegros, son *Magbalayi,* l. *Magcabalayi.* El uno es *Balayi,* l. *Cabalayi. Magbabalayhin.* pc. Tratar de ello. *Maquibalayi,* pretenderlo.

BALAYI. pp. Hacer bodas de desposorio, *Mag.*

BALAYI. pp. Dividir los parientes propincuos la hacienda del que murió sin herederos forzosos. *Pagbalayihin.* Quiere decir, una parte para los deudos del padre, y la otra para los de la madre.

BALAYOBAY. pp. Caspa de cabeza. Sinónomo. *Balacobac.*

BALAYON. pp. Arbol de cañafistula, y su fruta.

BALAYONG. pp. Madera colorada de mucha dura.

BALAIRIR. pc. Atravesarse en la garganta espina, &c. Tambien vide *Balaitit.*

BALBAG. pc. Culebra de dos cabezas.

BALBAG. pc. Tirar pedazo de madera, *Mag.* l. *B. In. M.* Á quien. *In.*

BALBAT. pc. Lo mismo que el antecedente.

BALBAT. pc. Una lazada de vejuco que ponen en el techo por la parte de adentro atravesada al salauag. *Balbatan ninyo ang Simbahan.*

BALBOL. pc. Lo mismo que *Bolbol,* pestaña, *Balbol nang mata.*

BALCAS. pc. Vide *Balacas,* con sus juegos.

BALHAG. pc. Temor, espanto. *Maca.* causarlo. *Ica,* pasiva. *In,* ser espantado. *Ma. Ca-an,* lo en que ó de que.

BALHAG. pc. Medio moler el arroz. *Um. In.* vel *An,* el arroz. Sinónom. *Hubhub.*

BALHAG. pc. Obra imperfecta no acabada, *Balhag na gaua. Ibalhag mo lamang ang gaua,* lo haces sin cuidado.

BALHAG. pc. Caer la madera que se corta cruzando sobre otra sin llegar al suelo. *Nabalhag.* Á donde, *An.* Sinónom. *Buslag.*

BALHO. pc. Primero. *Balho cayong cumain, bago lomacar.* Comer primero antes de caminar.

BALÍ. pp. Quebrar palo, caña, hueso, candela. *B. In. M,* l. *Mag.* El que anda quebrando, *In.* Lo que, *Baliin mo iyang cahoy.*

BALÍ. pp. Quebrar la palabra dada. *Nagbali siya nang tipan,* faltó al concierto.

BALI. pp. Torcerse el pie por algun accidente. *Naca,* el que lo quebró ó torció. *Na,* estar quebrado ó torcido. *An,* à quien se le torció. *Nababalian.* pc. *Mabalian ca,* no te lastimes. *Cabalian,* quebradura. *Cabali,* un pedazo. *Magca,* los dos. *Magcaca,* muchos. *Baliin mo iyang tubo mo, at aco,i, balian nang munti,* troncha esa caña dulce y dame un pedazo.

BALÍ. pp. Enclavijar las manos: *Namamalimali nang camay ang sinira.*

BALI. pp. Granero que hacen de savales para guardar el palay. *Mag,* guardar el palay en él. *In,* de lo que se hace el granero. Sinónom. *Boclor.*

BALI. pc. Partícula de semejanza, como tener traza de algo, v. g. *Balibagyo,* traza de bagyo, *Balihanda, Balicotcot.*

BALIBALIAN. pp. Pequeño.

BALIBALI. pp. Viento que ya sopla de una parte, ya de otra.

BALIAN. pc. Espantajo de petate. *Mag,* hacerlo. *Pag-an,* en donde. *Ipag,* la causa. *In,* lo que.

BALIAR-AR. pc. Palo en que ponen cebo para coger los caimanes.

BALIAR-AR. pc. Doblar el cuerpo hàcia atràs, como que le duelen los lomos ó riñones. *Mag,* torcer el cuerpo así. *B. In. M,* con frecuencia.

BALIBABAT. Vide *Balibat.*

BALIBAGO. pp. Un àrbol de cuya corteza se hacen mecates. *B. In. M,* cortarlo. *Pamahin,* à donde. *Balibagohin mo ang lubid,* haz cordel de balibago. *Mag,* vender ó tratar en ello. *Pinaghanan,* l. *Napaghan,* lo ganado por él.

BALIBAG. pp. Abeja. *Namamalibag,* el que va à coger panal. *Polot balibag,* miel de abejas.

BALIBANG. pp. Arrojar palo ó caña. Vide *Balbat,* con sus juegos.

BALIBAR. pp. Disculparse con rodeos, equivocarse, *Mag,* l. *Magon.* Lo en que, *Caan.*

BALIBAR. pp. Andar orillando por el camino, *B. in. M.* Donde, *An.*

BALIBAR. pc. Disculparse con frívolas escusas, *Mag.* Lo que, *Ipag,* l. *Y. Houag mong ipagbalibalibar ang pagsasalita mo,* no escuses tu cuento.

BALIBAR. pc. Bordear con la embarcacion. *Nagbabalibar nang paglayag.*

BALIBAS. pp. Arrojar hàcia arriba, *B. in. M.* Á quien, *In. Balibasin mo siya,* arrójalo.

BALIBAT. pp. Tirar con palo ó caña tomàndolo por la punta, *B. in. M.* Á quien, *In. Balibat mangusap si cuan*, habla con tropezones.

BALIBIR. pc. Lo mismo que *Balibit.*

BALIBIT. pc. Un género de almejas.

BALIBOL. pp. El bonotè con que se galafatea, *Mag.* Galafatear, *An*, l. *In.* La banca, *B. in. M.*

BALIBOL. pp. Ahujero de las tablas por donde cosen las bancas. Metàf. *Binabalibolan mo baga ang tainga sa aral na magaling?* Coses tus orejas à lo bueno?

BALIBOT. pp. Rebuscar ó volver despues à buscar, *Vm.* Lo que, *In.*

BALIC. pc. Vuelta, ó volver la hoja del libro, ó lo de arriba abajo, ó de acà allà, *Mag*, l. *B. in. M. In*, lo que.

BALIC. pc. Retratar, convertirse, *Mag.* Lo que, *In. Baliquin mo ang loob mo. Balic na uica*, palabra trocada.

BALICHARAP. pc. Una yerva. *B. in. M*, cogerla.

BALICASCAS. pc. Quitar blandamente la càscara, *B. in. M.* l. *Mag. In*, lo que. *Y*, con que. *Namamalicascas ang balat nang bunihin*, està quitando las càscaras.

BALICAO. pp. Cosa retorcida como cordel, ó enroscada como culebra. *Mag*, enroscar asi. *In*, lo que. *Ma*, lo que lo està.

BALICAOCAO. pc. Lo mismo que el antecedente. *Damit na binalicaocauan*, verdugado.

BALICAT. pp. Los hombros. *Isabalicat mo iyang paño*, échalo en tus hombros. *Nagsasabalicat*, echarse al hombro. *Balicatin mo iyang cauayan*, llévalo en tus hombros. *Balicatan mo siya*, cójele por los hombros.

BALICATAN. pc. Hombrudo.

BALICÓ. pc. Torcido. *Mag*, torcer. *Binabalico*, lo que se tuerce. *Namamalico*, lo que se va torciendo. *Nababalico*, lo que lo està. Metàf. *Balicong ilog*, l. *daan*, camino ó rio torcido.

BALICOCÓ. pp. Cierto canto muy garganteado, *Mag. Balicoco nang balicoco cun magauit*, gargantea cuando canta.

BALICOCÓ. pc. Doblar punta de clavo ó anzuelo. Vide *Balico*, con sus juegos.

BALICONGCONG. pp. Modo de cantar en las bancas.

BALICOSCOS. pc. Vide *Balicascas*, con sus juegos.

BALICOTCOT. pc. Escudriñar, revolverlo todo para saber algo, *mag.* La cosa ó la persona. *In.*

BALICOCOT. pc. Avisarse unos à otros, con los juegos del antecedente.

BALICSOUA. pc. Asirse de un palo y dar vuelta por encima. *mag*, hacer esto. *Papagbalicsouahin mo siya*, màndale dar tal vuelta.

BALIGTAD. pc. Volver lo de dentro à fuera, dar vuelta al revés. *B. in. M. Baligtad ca niyan*, l. *Baligtarin mo iyan*, dà vuelta à eso. *Mag*, l. *B. in. M*, revolverse, ó volverse boca arriba. *Babalibaligtad*, el enfermo. *Ma*, estar vuelto. *Nacapag*, de repente se revolvió. *Nagcaca*, volverse atràs del concierto. *Babibaligtad ang loob*, inconstante.

BALICUAS. pc. Levantarse de la cama de presto y como asustado el que duerme, *Mag. In*, la cosa que asi se coge y levanta, v. g. el enfermo. *An*, lugar de donde.

BALICUAS. pc. Dar golpes el que està acostado y se vuelve del otro lado, *Mag.*

BALICUSCUS. pc. Bailar un son de este nombre, *Mag.*

BALIDYÁ. pc. Contratar por lejas tierras. *Mag.* l. *B. in. M.* Lo que, *In.* El lugar. *An.*

BALIDYÁ. pc. Tirar à uno con alguna arma con enojo, *Mag.* Á quien, *Pinag.* La causa, *Ipag.*

BALIG. pp. Unas hojas de buyo del monte mejor que *litlit.*

BALIGA. pp. Cuento, contar, chismear, *Mag. Anong binabalibaliga mo diyan?* Qué andas alli revolviendo? *May baligang bago sa bayan?* Hay alguna noticia en el pueblo? *Mabaligang tauo*, hombre que cuenta cuanto sabe.

BALINGASAG. pc. Un àrbol.

BALINGASAN. pc. Un àrbol como *putat.*

BALINGAYO. pp. Un género de helecho.

BALIGYA. pc. Lo mismo que *Baliuas.*

BALIGUAS. pc. Lo mismo que *Balicuas*, con sus juegos.

BALIHANDÁ. pp. Solicitud, cuidado. *B. In. M.* l. *Mag.*

BALIHANTOT. pc. Muger ramera. *B. In. M.* Andar asi. *In*, l. *An*, la persona.

BALILA. pp. Un género de pescado de la mar. *Maca*, coger el pescado. *B. In. M.* andar à pescarlo, *Mag*, venderlo. *Pinaghan*, l. *Napaghan.* Lo que gana en pescar balila ó utilidad que saca. *Ma*, ser picado. *Nabalila si cuan.* Le picó.

BALILA. pp. Una tablilla muy delgada con que tejen; es Metàf. por ser de la figura del balila.

BALILING. pc. Trastornado de cabeza, ó collituerto. *Mag*, poner la cabeza asi. *In*, la cabeza. *An*, delante de quien. *Ma*, el que es asi.

BALILING. pc. Mirar à otro torciendo la cabeza. *Ma.* Á quien, *An.*

BALILIS. pc. Volver la espalda à uno con enojo *Vm*, y si mucho, *B. In. M.*

BALIMBI. pc. Dar vueltas à un trozo. *Mag*, l. *B. In. M.* El trozo, *In.* El lugar, *An.* Metàf. *Nagcabalimbi ang osap.* Està equivocado el discurso.

BALINDANG. pc. Manta de Ilocos gruesa.

BALING. pp. Vuelta à una y otra parte. *Mag.* Volver asi, *Y.* Lo que tambien, *Babalingbaling.*

BALING. pp. Andar como desatinado buscando algo, ó estar en la cama. *Nagbabalingbaling aco*, l. *Babalingbaling aco.* Ando desatinado.

BALING. pp. Desatinar à otro, ó hacer que ande asi. *Magpa: Aco,i, pinapagbabalingbaling mo nang paghanap sa iyo.* Me haces dar vueltas por buscarte. Tambien se dice: *Maronong magbalingbaling nang osap: Houag mong pabalingbalingin ang uica mo.* No desatines en tu dicho.

BALING. pp. Ladearse la banca cuando le quitan el timon: *Houag mong alisin ang oguit, at nalingnaling ang banca.*

BALING BALING. pp. Medida en la sementera de una braza en cuadro: diez balingbaling hacen un loang.

BALING BALING. pp. Mover el pàjaro la cola cuando vuela, *Mag*, La cola, *Y.*

BALING BALING. pp. Desatinar à otro, *Magpa.* Á quien, *In.*

BALING BALING. pp. Encaminar pleitos, *Mag.*

BALINGCAHOR. pp. Esforzarse à hacer algo. *Namamalingcahor nang pagsonod, pag-gaua,* &c.

BALINGDOUÁ. pp. Vide *Talindouà.*

BALINGBING. pc. La barba que corre por las mejillas hasta las sienes. *Balingbingin.* pp. El que asi las tiene.

BALINGBING. pc. Fruta ochavada con cuatro esquinas, y de aqui cualquiera cosa cuadrada ochavada.

BALINGBINĞIN. pp. Palo asi.

BALINĞANĞA. pp. Ahogar torciendo el pescuezo. *B. in. M. In,* lo que. *An,* à quien.

BALINGASAY. pc. Un género de madera.

BALINĞOSAN. pp. El orígen de la nariz abajo del entrecejo.

BALINĞOSNĞOS. pc. Sacar el hocico, *Mag.* El hocico, *In. Anong ipinagbabalinğosnğos mo,* por qué te pones rostrituerto?

BALINĞOT. pc. l. *Balinğit.* pc. Medio sordo, *Balinğot cun tauaguin.*

BALINĞOYNĞOY. pc. Flujo de sangre por las narices. *Na,* tenerlo, l. *Binabalinğoynğoy.*

BALINGUAY. pc. Un género de vejuco.

BALINGUAY. pc. Palo puntiagudo para sembrar el ubi. *Mag,* sembrar asi.

BALINÓ. pc. Mudar fàcilmente de propósito, *Ma.* La causa, *Ica.*

BALINO. pc. Engañar con palabras fingidas, *Mag.* Á quien, *In.*

BALINOGNOG. pc. Tener cualquiera cosa hàcia adelante, poniéndola à modo de arco, *Mag.* La corteza, *In.* El àrbol, *An.*

BALINSOSÓ. pc. El nudo del cabello de la muger, ó alcatraz de buyo donde meten cal y bonga. *B. in. M,* l. *Mag.*

BALINTATAO. pc. La niñeta del ojo.

BALINTONÁ. pp. Fingirse otro de lo que es, trapacear, *Mag.* Á quien, *An.* Con que ó en que, *Ipag.* Fingimiento, *cabalintonaan.* Frecuentativo, *Mapagbalintona.*

BALINTONÁ. pp. Restriccion mental, *Mag.* Á quien, *An.*

BALINTONA. pp. Escusarse con mentiras, *Magan.* Con quien, *In.*

BALINTUANG. pc. Llevar el palo cargando en las manos, *Mag. In,* la cosa. *An,* el lugar.

BALINTUAR. pc. Dar vuelta poniendo la cabeza en tierra. *Mag,* Voltear asi. *Napapabalintuar,* esta asi. *Magbubalintuar,* l. *Mapagbalintuar.* Frecuent.

BALIU. pp. Loco natural. *Na,* estarlo. *In,* volver à otro loco ó tenerle por tal. *Cabaliuan,* locura ó necedad. *Cabayong babaliuin,* caballo desbocado. Item iracundo irrascible.

BALIU. pc. Estera.

BALIR. pc. Cierta especie de arroz.

BALIR. pc. Hoja del buyo silvestre.

BALIRBIR. pc. Lo mismo que *Birbir,* con sus juegos.

BALIDYÁ. pc. Trato ó mercancía sobre falso, *Mag.* Lo que trata, *Ipag.* Lo ganado con el trato, *Pag-an,* ó *Napag-an.*

BALIS. pp. Procurar vencer en lucha ó pleito à quien fué vencido alguna vez, *Naca.* El que ganó, *B. in. M.* El que procura, *Balisbalis na pagoosap.*

BALIS. pp. Jugar por recobrar lo perdido, con los mismos juegos.

BALIS. pp. Dolor de barriga por el mal olor de otro: es medio hechizo. Vide *Himalit.*

BALIS. pc. El pelo del perro, ó el encuentro de los pelos de la barriga de él. *Mabuti ang manğa balis. Magcaca,* tenerlos.

BALIS. pp. El miembro del perro macho.

BALISA. pp. Priesa. Festinacion con inquietud de ànimo. *Mag.* l. *B. in. M,* dar priesa à otro, ó estar en sí mismo inquieto. Lo que causa congoja, *Maca.* En pasiva *Ka.* Estar con congoja, *Pagcabalisa. Cabalisahan,* l. *Cabalisanhan,* inquietud. *Quinababalisanhan,* lo en que. *Balisang loob,* corazon inquieto. *Mabalisahing tauo,* persona inquieta, escrupulosa. *Mag,* hacerse tal, pero ha de ser con la última sílaba larga. Por *Vm,* es solicitar ó congojar à alguna persona.

BALISACANG. pc. Cuadril, cadera. Sinónom. *Balacang.*

BALISACSAC. pc. Fuerte, colérico, *Balisacsacang tauo.* Ó del calor de medio dia, *Cabalisacsacang arao.*

BALISACSACAN. pp. Lo mismo que *Balisacsac: Tauong ualang catimtiman,* hombre sin reposo.

BALISANÁ. pp. Hendidura sutil. *B. in. M,* hender *In,* lo que. *An,* en lugar. Vide *Balasina.*

BALISASÁ. pp. Hender cosa larga, con los juegos del antecedente.

BALISAO. pp. Donde el sol dà de lleno. *Na sacabalisao ang arao. Cabalisauan.*

BALISAOSAO. pc. Mal de orina. *Binabalisaosao,* el que lo padece. Si muchas veces, *pinagbababalisaosao. Balisaosauin ca.*

BALISBALIS. pp. Vueltas del rio. *Nagcababalisbalis.* El rio que, *Pagcaca.* Tambien *B. in. M.*

BALISBIS. pc. Vertiente del tejado. *Mag,* hacerlo. *In,* lo que. *An,* el tejado. *B. in. M,* correr las canales, y de aqui. Metàf. *Namamalisbis ang luhà sa mata,* corren las làgrimas como el agua.

BALISBISAN. pp. Las vertientes de tejado.

BALISONGSONG. pc. Embudo, ó alguna hoja doblada como embudo, *B. in. M.* l. *Mag,* Hacerlo, *In,* de lo que. *Ibalisongsong mo itong dahon diyan sa itmong guinagaua mo.*

BALIT. pc. Gato de diversas colores, ó cualquier animal manchado. *Mag-an,* volverse de este color.

BALITÁ. pp. Noticia, nueva, fama, runrun. *Mag,* l. *B. in. M.* pc. El que cuenta cosas nuevas. *Ipa ma,* l. *Ipag ba,* lo que se cuenta. Tambien *Ma* ó *Ibina. Naquima,* l. *Maquiba,* ir à preguntar nuevas. *Magbabalibalitang tauo,* novelero. *Cabalitaang tauo,* afamado. *Anong balità sa bayan?* Qué nuevas corren por el pueblo? *Bogtong.*

Na sa malayo,i, narito,
ang may pacpac na ri tauo.

BALITACTAC. pc. Decir una nueva por otra. *Nagcababalitactac,* l. *Nagcababalitactacan ang iyong pagsasalità.* Os equivocais en vuestras nuevas. *Mag,* echar fama falsa. Lo que, *Ipag.* Frecuent. *Mapag.*

BALITACTACAN. pp. Lo mismo, *Balitactac*, con sus juegos.

BALITANG. pp. Medida de tierra. Diez brazas de ancho, y ciento de largo es un *Balitang*, y se cuenta hasta nueve, porque en llegando à diez hace un quiñon. *Mag*, medir la tierra así. *In*, lo medido. *An*, à quien.

BALITANG. pp. *Casangcapan sa bobo nang isdâ*, es un instrumento para coger pescado.

BALITANGTANG. pc. Un pedazo de palo ó caña atravesada en la boca de la tinaja para llevarla. *Mag*, ponerla. *An*, la tinaja.

BALITAUAR. pp. Lo mismo que *Balintuar*, con sus juegos.

BALITBIT. pc. Enroscamiento de cordel. *Na*, estar enroscado, ó enroscarse en él. *In*, de propósito. *An*, à quien.

BALITI. pp. Árbol grande sin fruto, inútil.

BALITI. pp. Atar las manos atràs. *B. in. M.* Atar. A quien, *In*. Con que, *Y*.

BALITOC. pc. Oro natural. *B. in. M.* Buscarlo. *Magcaca*, tener mucho. *Houag mo acong balitoctoquin*, se dice del que lo busca para usurparlo.

BALITOC. pc. Hechicera.

BALITONA. pp. Vide *Balintona*, con sus juegos.

BALITONG. pp. Un género de sàndalo blanco.

BALIUAG. pc. Hondo, profundo. *Mabaliuag na dagat*. *Cabaliuagan*. pc. Profundidad, hondura.

BALIUAS. pp. Compra y venta de regatones. *Mag*. l. *B. in. M.* Lo en que, *Ipag*. El dinero que gasta para comprar, *In*. El lugar, *An*. La medida, ó precio corriente, *Baliuasang salop ito*. *Itong guinto ang napagbaliuasan co*. Este oro gané en este trato. *Magbabaliuas*, regaton. Y de aqui, Metàf. *Baliuas na uicâ*, palabra que pasa de boca en boca.

BALIUASNAN. pc. l. *Baliuasan*. pc. Caña de pescar. *B. in. M.* Buscarlas. *In*, lo buscado. *Pinamaliuasnanan*. El lugar.

BALIUAY. pp. Palo con que hacen hoyo para sembrar camote, &c. *Mag*, cabar con él. *In*, la tierra, ó de lo que se hace el instrumento.

BALIUAY. pp. Labrar lo primero que hacen en Silangan en sementera de regadío. *Mag*, labrar asi. *Binabalinayan*, la sementera. *Pabonton, baliuay na ang arao:* Ya es tiempo de alzar la obra.

BALIUBALIU. pc. La yerva espadilla.

BALIUIS. pp. Pato de agua pequeño.

BALIYAN. pc. Espantajo, ó bandera de petate, que ponen en la sementera, palo ó caña, en cuya punta ponen un trapo, para ojear ó alcanzar algo. *Baliyanan mo ang buquid*, *Mag*. El trapo, *An*. De lo que se hace, *In*.

BALIYAN. pc. Palo ó trapo con que se lleva la olla caliente, para que no se queme el que la lleva. *Mag*, llevarlo asi. *An*, lo que. *Di co marala, condi co baliyanan:* No lo puedo llevar sino le curo.

BALIYO. pc. Trocar los asientos, *Mag*. El asiento, *Pinag*.

BALIONG. pc. Azadon de punta redonda.

BALO. pp. Engañarse en pensar uno por otro, *Mag*. Engañar de propósito. *In*, à quien *Nacabalo*, engañar à otro sin pensarlo. *Na*, el que està espantado ó engañado. *Man*, espantar ó burlar à muchos. *Balobalong toua*, alegría fingida.

BALÓ. pp. Atadura de bejuco curiosa. *Mag*. Atar. *An*, la cosa. *In*, el mismo atar. *Baloin mo ang tali:* De aqui sale Himalo. pc.

BALÓ. pp. Nada. Qué es eso? suelen preguntar, y responde *Balo*, nada.

BALO. pc. Espantar à los niños con los duendes: con los juegos del antecedente.

BALO. pp. Viudo. Vide *Bao*.

BALO. pp. *Nabalohan nang lacas*. Perdió las fuerzas.

BALOBALO. pc. Hipócrita, cosa fingida. *Nagbabalobalong banal*. *Cabalobaloan*. Fingimiento.

BALOAGUI. pp. Unas como andas que tienen muchas diferencias y lazos. *Ualang caraming baloagui*. De innumerables lazadas.

BALOUAT. pp. Atravesado, atravesar algun palo. *Mag-an*, el lugar en que se atraviesa.

BALOUAT. pp. *Nanaluoat, ang alipin sa Panġinoon*. Se levantó el esclavo à mayores.

BALOUAT. pc. Tener enojo con alguno.

BALOBAR. pp. Una frutilla con el hueso por de fuera, por otro nombre *Casoy*.

BALOBATA. pc. El de treinta años arriba.

BALOBI. pp. Coco tierro hasta la càscara. *Mag*, hacerse ya tal el coco. *Han*, la palma. Por descascararlo, *Mag*. El coco *Hin*.

BALOBIR. pp. Lagarto ó iguana que siempre anda en el agua.

BALOBO. pc. Una fruta como *Cagyos*.

BALOC. pp. Ollejo ó tela del huevo, ó fruta. *Baloc nang itlog, nang Lucban*, &c. *B. In. M.* Quitarlo. *An*, à quien. *In*, el ollejo.

BALOC. pp. Una como lana que sacan de palos silvestres, y llamamos baro. *Mag*, tenerla el àrbol. *B. In. M.* cogerla.

BALOC. pp. Estopa que se pone en la embarcacion. *Mag*. Lo que, *Ipag*.

BALOCAG. pp. Erizarse el cabello, azorarse los perros. *B. In. M.* *Pinapamamalucag*, l. *Pinamamalucag*, los pelos se erizan. Contra quien, *Pinamamalucagan*. *Namamalucag ang bohoc co, nang maquita co si cuan:* Cuando veo à fulana, se me erizan los pelos.

BALOCANAG. pc. Arbol de cuya fruta se saca aceite. *B. in. M.* Cogerla. *Mag*, venderla. *Ma*, atosigarse con ella.

BALOCAS. pp. Escaparse de la cadena, ó del cepo, &c. *B. in. M.* l. *Mag*. Escapar. *An*, el lugar. *In*, la cosa y persona.

BALOCAY, pp. Enroscar. *Mag*. Ser enroscado, *In*. Estarlo, *Ma*. *Cabalocay na tinapay*, una rosca de pan. *Balocayan mo iyang salacab*. Pon círculo à este. *Salacab: Uala acong babalocayin*, no tengo de que.

BALOCAYCAY. pc. Enroscar bejucos desigualmente, *Mag*. Lo que, *In*. Estar asi, *Na*.

BABALOCAT. pc. Lo mismo que *Balongcat*. *Halungcat*, *Halicuat*.

BALOCBALOC. pc. Un àrbol.

BALOCBALOCAN. pc. Fruta medio mondada: *Balocbalocan pa ang pag talop nitong lucban*.

BALOQUI. pc. Doblar punta cuando navegan. *Mag*. Lo que, *Ipa*. *Balocquing loob na tauo*, hombre de corazon doblado. *Cabalacquian*, doblez.

BALOQUI. pc. Doblar punta de clavo, &c. *M.* l. *B. in. M. In*, lo que. *An*, à lo que.

BACLOQUIQUI. pc. Lo mismo que el antecedente, aunque con él se significa lo menos doblado.

BALOQUISQUIS. pc. Espeluzarse el cabello de temor, ó por frio. *B. in. M.* La causa, *Ipag.* Sinónomo, *Saguisag.*

BALOCQUITQUIT. pc. Escudriñar, inquirir. *B. In. M.* l. *Mag.* Lo que, *In.* La persona y el lugar, *An.* Frecuent. *Mapag*, l. *Maba.*

BALOCOL. pp. Apretar al *dalág* la cabeza para matarlo. *Vm.* À quien, *In.* estar con la cabeza asi, *Ma.*

BALOCTOT. pc. Redoblar algo, como punta de cuchillo. *B. in. M.* Encorbar. *In*, lo que. *Mag*, doblar el cuerpo. Por vejez, *B. in. M.* l. *Nagca*, y mejor *Nacapapabaloctot nang gotom.* El lugar, *Pag-an. Cabaloctotan*, dobladura. *Sang baloctot:* Es menos que un geme porque se dobla el dedo índice.

BALOGA. pp. Mestizo negro, mezclado, chapurrado. *Balugang tubig*, *Balugang alat*, *Balugang babuy*, *Baluga sa Ita*, *Baluga sa Sapon*, chapurrado.

BALOGBOG. pc. Lomo, espinazo de animal. *B. in. M.* Herir à otro con la espina del espinazo. *Balogboguin*, el herido.

BALOGO. pc. Manilla de oro sin labor. *Mag*, traerla ó ponérsela. *In*, la manilla. *An*, La persona humana, *Cabalogohan.*

BALOGOHAN. pc. Un instrumento de platero.

BALOGOT. pp. Plumages de sombrero, borlas de lanza. *Mag*, hacerlas ó traerlas. *In*, de lo que. *An*, à quien se pone.

BALOIT. pp. Espesura de muchos palillos atravesados. *Mag*, atravesarlos. *Y*, lo que. *An*, donde. *Mabaloit na tauo*, hombre de muchos enredos. *Nananaloit*, Metàf. entrometerse.

BALOL. pp. Eslabon de cadena de hierro. *Mag*, l. *B. In. M.* Hacer eslabones. *In*, de lo que. *An*, la cadena donde se pone. *Cabalolan*, un eslabon.

BALOL. pp. Pedazos de carne seca, ensartados. *Mag*, ensartar. *Pagbalolin*, lo ensartado. *Cabalolan*, un tasajo. *Cabalol*, compañero en comercio. *Sapipiñgan pauan balol:* Mientras dura el tasajo, dura la amistad.

BALOLANG. pp. Remate de las orillas del cayan, cesto, &c. *Balolañgan mo itong bugsoc.* El bejuco, *In.*

BALOLANG. pc. Cesto para guardar platos.

BALONBALONAN. pp. Molleja.

BALOMBON. pc. Amontonar. *Nagbabalombon ang damo.* Y de aqui, *Pinagbalombonan nang mañga judio si Jesucristo.* Le atropellaron al Señor.

BALOMBON. pc. Salir la gente atropellàndose, *Magca.*

BALONAC. pp. Acometer. *Vm*, à quien, l. *B. In. M.* La persona. *In.*

BAL-ON. pc. Pozo ú hoyo en que cogen agua, *Mag.* Ser cogida, *In. Maca*, coger algo en el pozo. *Ma*, caer él. *B. In. M.* El que lo hace para coger algo en él.

BAL-ON. pp. Mezclar el acero con el hierro. *Mag. In*, lo que.

BALONG. pp. Empuñar. *Mag.*

BALONĞAN. pp. Alcancia, caña en que llevan agua para el camino. *Mag*, hacerlo. *In*, de lo que. *B. In. M.* Guardar algo en ella. *Y.* la cosa guardada.

BALONGBALONG. pc. Cualquiera choza para defenderse de sol ó agua. *Mag*, hacerla. De que, *In.* Donde, *An.*

BALONGBONG. pc. Recaton de la lanza. *Mag.* De lo que, *In.* Donde, *An. B. in. M.* El herrero.

BALONGBONG. pc. El hierro que abraza la reja del arado, y el palo donde encaja.

BALONGCALING. pp. Dar razon de algo, ó recibir à alguno, y despedirle sin oirle. *Namamalongcaling sa aquin.* Tratóme asi. *Pama-an*, à quien. *Ipinama*, la causa.

BALONGCAUIT. pc. Cosa torcida. *Mag*, l. *B. In. M.* Torcer algo asi. Sinónom. *Salungcauit.*

BALONGQUIT. pc. Cosa torcida en la punta. Como el antecedente con sus juegos.

BALONGLOGOR. pc. Vanagloria. *Mag*, tenerla.

BALONĞOS. pp. Hocico de pescado. Sinónomo. *Ñgoso.*

BALONĞOT. pc. Plumage ó borlas. *Mag*, hacer ó ponerlas. *In*, de lo que. *An*, la lanza.

BALONGIUA. pp. Puñal con puño de oro. *Mag*, hacerlo. *In*, de lo que.

BALOS. pp. Cosa atravesada de parte à parte como con puñal, *Mag.* Ser atravesado, *In.* La persona, *An.* Atravesado. *Nagcababalos.* Sinónomo. *Tauos.*

BALOS. pc. Seguir à alguno aporreàndole. *Pinagbabalosbalos siyang pinaghampas.* Lo mismo que *Pinapagmamaralì.* Por activa, *Nanalosnalos*, l. *Babalosbalos.*

BALOSBOS. pc. Derramar metiendo cosa de granos dentro de algun bolson. *Mag.* Lo que, *Y.* Donde, *An. Ibalosbos.*

BALOSBOS. pc. Camino que abre el agua de la lluvia. Tambien ruido del agua que cae. *Babalobalosbos ang tubig.*

BALOT. pp. Envolver. *B. in. M.* l. *Mag.* Lo que, *In.* Con que, *Y.* En que, *An. Mag*, pc. Envolver muchas cosas, ó arrebujarse con la manta. *Ma*, estarlo. Sinónomos. *Tongcos. Bogong.*

BALOT. pc. Campo ó grama donde pacen los animales. *B. in. M*, hacerse el campo asi. *In*, ser hecho.

BALOT. pc. Igualar: *Ang cayamanan mo hindi macabalot sa cayamanan ni Pedro.* Tu riqueza no iguala, &c. *Nagcababalot ang ating tacbo.* Somos iguales en nuestra carrera.

BALOTAC. pp. Morcilla, ó cosas de carne y pescado envueltas en hojas, *Mag.* Lo que, *In.*

BALOTACTAC. pc. Caña partida con que sacan la tierra del hoyo. Vide *Hulutuctac.*

BALOTBOT. pc. Calafatear las costuras de sus embarcaciones. *Mag* l. *B. in. M.* El navio, *In.* El lugar donde, *An.*

BALOTBOT. pc. Escudriñar ó buscar algo que està debajo, ó examinar la conciencia, *Balotbotin mo ang mañga casalanan.* Es metafórica.

BALOTI. pp. Peto. *Mag*, armarse. *In*, la cosa de que se hace. *An*, la persona. Metàf. *Si Santa Maria ang baloti co.*

BALOTO. pp. Poner à secar al viento. *Mag*. Lo que, *Hin*. El lugar, *Pag-han*.

BALOTONG. pp. Lo mismo que *Bolotong*.

BALOYBOY. pc. Rebosar. *Mag*. La cosa, *In*. El lugar, *An*.

BALOYOT. pp. Un cestillo de juncia en que echan arroz.

BALTAC. pc. Llamar à los perros para ir à caza. *Mag*, l. *B. in. M*. Los perros, *In*. La causa, *Ipag*, l. *Ipina ma*.

BALOCAS. pp. Destaparse algo. *Nacabalocas ang ibon sa pagca taquip*: Se destapó el pàjaro.

BALIÓNG. pc. Un hierro con que caban.

BAMBAQUI. pp. Una tela delgada de la caña, telas del corazon. *B. in. M*, quitarlas. *An*, de donde. Metàf. *Parang bambacqui ang buhay nang tauo*, la vida del hombre es como tela delgada.

BAMBAN. pc. Cierto género de yerba.

BAMBAN. pc. La tela con que nace envuelto el niño.

BANA. pc. Empezar algo de repente. *Mag*, hablar asi. Lo que, *Ipag*. Á quien, *Pinagbanabana*.

BANAAG. pp. Claridad. *Cabanaagan*, la luz. *B. in. M*. l. *Maca*, lo que la causa. *Ma an*, lo esclarecido. *Mabanaag*, cosa muy clara. Sinónomos, *Ningning*, *quirlas*, *quintab*, *quirlap*, *tindag*.

BANAAG. pp. Rayos de diadema. *Mag*, ponerla, *An*, la persona. *In*, de lo que se hace. Itt. Una tinajuela pequeña.

BANABA. pc. Arbol conocido con este nombre. *Mag*, venderlo. *B. in. M*, cortarlo. *In*, hacer algo de banaba: *Banabahin mo ang lahat na bahay mo*, haz de banaba toda la casa.

BANAC. pp. Lisa, pescado. *Pamanao*, la red con que se coge. *Nagcabanac mandin*: se dice de algun ruido ó caso repentino.

BANACAL. pp. La corteza ó càscara de la madera. *Mag*, quitarla. *Binabacalan*, el àrbol. *Banacalin*, lo quitado. *Magcaca*, tenerla. Metàf. *Uala nang banacal*, *at gasgas na*: Se dice del viejo decrépito.

BANACALAN. pc. Madera que tiene mucho *Banacal*.

BANAG. pc. Una yerba medicinal. *B. in. M*. cogerla.

BANÁG. pp. Lo mismo que *Banaag*, con sus juegos.

BANAGAN. pc. Perro.

BANAL. pc. Justo, virtuoso. *Mag*, hacerse tal. *Magpaca*, lo mismo. *Magcabanalan*, hacer obras de virtud. *Maca*, l. *Macapag*, l. *Nagpapaguin*, hacer que lo sea, como Dios al hombre. *Nagmamabanal*, fingirse, ó tener à otro por tal. *Nagbabanalbanalan*, hipócrita, fingir virtudes. *Pag-an*, à quien, *Ipag*, porque. *Cabanalan*, rectitud. *Cabanalang gaua*, obra buena. *Cabanalbanalang tauo*, justísimo.

BANAL. pp. Desconcertarse el hueso. *Na*, estarlo. *In*, de propósito. *Cabanalan*. pc. l. *Pagca banal*. pp. Desconcertamiento.

BANAL. pp. Peso de cinco onzas.

BANALATA. pc. Concierto que hacen los que se aman, de no comer esto ó aquello, no chupar, no salir de casa, &c. hasta que se vuelvan à ver, *B. in. M*, hacer el concierto. En qué, ó con qué. *An*. Los dos, *Mag*. Por que, *Ipag*. Sobre que, *Pag-an*.

BANBAN. pc. Vide *Bambaqui*.

BANAO. pc. Mezclar castoli en el aceite, pimienta en la comida. *B. in. M*. l. *Mag*, *Pag-in*, ambos. *Ipag*, lo que. *Pag-an*, donde.

BAN-AO. pc. Ver de alto, ó de lejos. *B. in. M*. *In*, lo que. *An*, lo visto. Tambien: *Banauin mo iyang baca,t, cambing*. *Banauan mo con baga mababanauan*. Míralo si puede ser. Frecuent. *Mamamanao*. Torre ó mirador, *Banauan*. *Mag*, hacerlo. *Ban-auanin*, de que. *Ban-auanan*, donde.

BANAS. pc. Abotargado. *Namamanas si cuan*.

BANAS. pp. Congoja de calor, ó por muy arropado, ó por grande calma. *B. in. M*, estarlo. *Maca*, lo que lo causa. *Ma*, estarlo.

BANAT. pp. Estirar, tirar para estender. *B. in. M. Mag*. *In*, lo que. *Mag*. pc. Estender muchas cosas. *Pag-in*, las cosas. *An*, el lugar. *Banat na damit*, vestido ajustado.

BANATAN. pc. Un armazon de caña para pescar. *Isa dalaua*, *cabanatan*. Uno ó dos armazones.

BANATA. pp. Hacer divisiones del *Pocot*, ó *Baclad*. *Mag*. El lugar, *Pinag-an*. La causa, *Ipag*.

BANAUANG. pc. Monton de leña. *Mag*, hacerlo. *In*, ser hecho. *Tauong banauang*. Hombre descuidado, Metáf.

BANAYAR. pp. Paz, reposo, sosiego, afable, modesto, viento blando. *Banayar na loob*, *Hangin*, *Agos*, *Lupa*, *Bondoc*, &c. *Mag*, hacer ó hablar con sosiego. *Banayarin mo*, ó *pacabanayarin ang pag gaua mo*, haz con sosiego lo que haces. La persona à quien, ó para quien, *Pag-an*. *Banayar ang dagat*, està llana y sin olas. *Banayarin mo ang pagsisimbahanan*. Allànalo para formar la iglesia.

BAMBACQUI. pp. La telilla que tiene la caña cerca del hueso; tambien la con que nace la criatura, cuando la pare su madre. *Mag*, tenerla. *An*, el lugar, ó como lugar. Tambien quitarla. *Bambaquian mo iyang batà*. Quita la telilla à ese muchacho. De lo que se cria, *In*. Metàfora.

BANAYABAN. pp. Mirador.

BANCORO. pp. Un àrbol.

BANCOROHAN. pc. Manta teñida con la raiz del *Bancoro*.

BANCOTA. pp. *Parang batò sa dagat*, arrecife, ó piedra dentro del mar.

BANQUILING. pp. Un àrbol.

PANQUIUI. pc. Ficcion de palabras. *Mag*. Á quien, *Pag-an*.

BANDAHALI. pp. Mayordomo ó despensero. *Mag*, tenerlo, hacerlo. *Pag-an*, el señor de quien lo es. *Bandahaliin*, ser hecho. *B. in. M*. el que sirve de mayordomo. *Pinag*, l. *Napag-an*, lo ganado con este oficio.

BANDALA. pp. Derramar ó sacar con fuerza algo. *Mag*, ó *Magpa*, echarla. *In*, l. *Y*, l. *Ipag*, l. *Ipa*, lo que. *An*, l. *Pag-an*, l. *Paan*, à quien se becha.

BANDAY. pc. Necio *Mag*, ó *Magcaan*. hacer ó decir necedades. *Magpa*, hacerse tal. *Cabandayan*. l. *Pagcabanday*, necedad, yerro. Vide *Himanday*.

BANDI. pc. Tierra emprestada por ganancia. *B. in. M.* El que toma la tierra, *Binabandihan*. Darla, *Magpa*. La persona, *Pahin*. La tierra, *Pahan*.

BANGA. pc. Combate por mar, encontrar con la barca. *Mag*, pelear. *B. in. M*, muchas veces. *In*, ser combatido. *Y*, con que. *Mag-an*, los dos. *Pagbabanga*, acto de pelear. *Quinabangaan*, lugar donde acaso se encontraron las embarcaciones. *Na*, toparse acaso.

BANGA. pc. Andar desatinado como el que se levanta medio dormido. *Namamanga* l. *Naguiguinmanga*.

BANGAC. pc. Tonto, modorro, *Mag*, andar asi, l. *Babangacbangac*. Ser tenido como tal. *In*. *Houag mo acong bangacan*, no me atontes.

BANGAL. pc. Desgajar rama. *B. in. M.* Muchas ramas, *Mag*, el àrbol, *An*. La rama, *In*. Tambien con *Mag*, rascarse.

BANĜAL. pp. Meter à otros grandes bocados. *Mag*, comer asi. *In*, ser comido de un bocado. *An*, à quien se dan grandes bocados. *Nanbabanĝal*, ó *Namamanĝal*, el que tiene de oficio. *Mabanĝalin*, ó *Mapagbanĝal*. Frecuent.

BANĜAL. pp. Bobo, tonto. *Namamanĝal*, l. *Naguiguinmanĝal*, irse haciendo.

BANG-AO. pc. Tonto, necio, bestia. *Magcabangauan*, hacer locuras. *Nababang-ao*, tenido por tonto. *Bang-auin*, atontado. Sinónomos. *Hunghang*, *banday*, *tacsil*, *tungac*.

BANGAR. pc. Una frutilla que dicen que untando los dientes del perro con ella, lo hace cazador, y al hombre le hace de mala condicion, *Nacababangar*.

BANGAR. pc. Enseñar las costumbres propias à cada animal. *Nananangar*, el que. *In*, à quien. *Y*, lo que.

BANĜA. pp. Palma del monte.

BANĜA. pc. Càntaro con que van por agua ordinariamente. *Mag*, venderlo. *In*, de lo que se hace. *An*, donde. *Magbabanĝa*, vendedor.

BANĜALAN. pc. Un género de plàtanos mas chicos que el *Bunĝulan*.

BANĜAN. pp. Admirarse. *Nagcaca*. De lo que, *Ipagca*.

BANĜAN. pp. Cañas agudas en el *Salacab*. *Nabanĝanan ang Isdâ*. Dió en ellas el pescado.

BANĜANBANĜAN. pp. Grietas de los pies.

BANĜANAN. pp. Madera ó caña para sacar fuego. *Mag*. *In*, el madero. *Nabanĝanan ang apuy, at yaong mainit na nagmulá sa puyusan*.

BANĜANAN. pp. *Yaong cahoy na pinagpupuyusan cun magaapuy*, palo ó caña donde prende el fuego cuando hacen el *Puyus*. *Banĝananin*, l. *Binabanĝanan*, el palo para eso.

BANĜAO. pp. Moscon ó moscardon.

BANĜAS. pc. Descalabrar. *B. in. M.* La cabeza, *In*. Á quien, *An*. Si muchos, *Mag*. Estarlo, *Nagcaca*. *Houag cang mainĝay diyan, maca banĝasin co ang olo mo*. No alborotes, no sea que te rompa la cabeza.

BANĜAT. pp. Atontado. *Mag*, hacerse tal. *In*, tenido. *Maca*, hacer à otro. *Banĝatin*, atontado.

BANĜAY. pp. Riña de perros, gatos, &c. *B. in. M*, acometer à otro. *Alin ang nanĝay?* quién mordió? *Alin ang binanĝay?* Quién es el mordido? Si muchos, *Mag*. Si mútuo, *Mag-an*. Porque, *Ipag*. Sobre que, *Pag-an*. *Cabanĝay*, uno de ellos.

BANĜAY. pc. Vide *Banĝal*, con sus juegos.

BANĜAYNĜAY. pc. Un pescadillo asi llamado. *Mam*, cogerlos. *Ipam*, con que. *Paman*, donde.

BAMBANG. pc. Rio, zanja, acequia. *Mag*, l. *B. in. M*, hacerla. *In*, l. *An*, donde. *Pagbabangbang*, acto. *Pamambang*, instrumento. *Nagcabambang ang tubig*, gran menguante. *Nababangbang*, l. *Nagca*, l. *Nagcapa*, se dice para exagerar lo que se gasta, hurta, &c. *Bago pang babangbanĝin*. Se dice de la sementera que se comienza à cortar.

BANGCA. pc. Todo género de embarcacion *B. in. M.* el que anda en él. *Pa-an*, lugar por donde. *Ipa*, lo que lleva. *Pamamangca*, el acto de ir. *Macapa*, poder. *Mag*, embarcarse de continuo. Tambien. *Mag*, hacer y vender bancas. *In*, de lo que. El mismo *In*, significa el término que se ha de alcanzar con ir en banca. *Ilang arao bangcain hangan dito hangan Maynila?* *Maghapon cayang bangcain*. *Magbangca bangcaan*, jugar con ella los muchachos. *Nagbibinabangcaan*. pp. *Dili nagcasongdo sila*.

BANGCA. pc. *Balic ang bangca, ang loob*. Es una *Veleta*.

BANGCAAC. pp. Hincharse la barriga del animal muerto. Vide *Angcac*, con sus juegos.

BANGCAL. pc. Madera amarilla.

BANCALAN. pp. Unas como lagartijas.

BANCALASAN. pc. Medio cocido. *Mag*, cocer asi. *In*, lo que. *An*, el lugar. Sinónomos. *Bantilauan*. *Banlogan*. pp. *Banbogo*.

BANGCALASAN. pc. Un género de camarones no comestibles.

BANGCAS. pc. Gallo de varios colores. *Mag*, hacerse tal. *In*, ser tenido. *Bangcasan*, lo mismo que *Bangcas*.

BANGCASO. pc. Sobre que cargan las *Bigas*.

BANGCAT. pc. Cesto de cañas como gallinero. *In*, ser llevado en él.

BANGCAT. pc. Un género de red para pescar, *B. in. M. In*, el pescado *Mag*, venderlo, hacer pagar con él.

BANGCAT. pc. Garlito que ponen en las canales. *Bangcat mandin*, l. *Binabangcat mandin: di macaquilos*, estoy en el vestido como pez en garlito.

BANGCATAN. pc. Cesto con que cogen pescado, con los juegos de *Bangcat*, y las pasivas *Bangcatanan*, *Bangcatanin*.

BANGCAY. pc. Cadàver. *B. in. M*, l. *Mag*, cuerpos muertos, detenidos por algun tiempo. *In*, tenido por cadàver. *An*, donde està puesto. *Houag niyong bangcain, ibaon na*, no lo tengais en casa; entiérralo.

BANGCAY. pc. Ya lo sabes, míralo tú, es cosa notoria; ordinariamente se junta con *nĝa*, l. *nanĝa bangcay ca nĝa*, l. *Bangcay cayo nĝa*.

BANGCQUIAU. pc. Bandera de petate con que espantan pàjaros, *Mag*. De lo que. *In*. Con lo que, *Ipag*. El lugar, *Pag-an*.

BANGQUIQUI. pc. Ficcion, engaño de palabras. *Mag, In,* l. *An,* la persona engañada.

BANGQUILAS. pp. Balso.

BANGQUIT. pc. Incitar ó inducir à mal, *Mag. In,* à quien. *B. in. M,* andar incitando.

BANGCOCANG. pp. Unos como mosquitos. *Magcaca,* haberlos.

BANGCOLONG. pc. Chiquitillo.

BANGCOUANG. pc. Un género de petates.

BANGCOUAS. pp. Embarazo de carga pesada, la misma carga. *Babangcobangcouas,* estar embarazado. *In,* serlo. *An,* la persona. *Mag.* embarazarse muchos asi.

BANGCULIS. pc. Atún.

BANG̃I. pc. Asar como camotes. *Mag. In,* el camote, l. *Y. Han,* el lugar.

BANGGUI. pc. Hambre. Vide *Gotom*.

BANGGUIT. pc. Tirar con su trompo al otro trompo, *Vm.* El trompo que se tira, *In.* Con que, *Y.*

BANG-YI. pp. Mal olor de estiercol ó ventosidad, *B. in. M. An,* à quien da. *Nabang yian. Mabang yi,* cosa hedionda.

BANGYAO. pc. Mosca pequeña.

BANGYAO. pp. Moscardones grandes.

BANG̃IBANG. pp. Plumage. *Mag,* traerlo. *In,* las plumas. *Y,* ser puesto. *An,* la persona.

BANG̃IBANG. pp. Cargado de diversas cosas. *Ma,* ir asi cargado. *Mag,* cargar. *Pinapagbabang̃ibang,* lo que.

BANG̃IL. pp. Todo aquello que no està bien puesto. *Mag. In,* las cosas. *An,* el lugar. *Ma;* estarlo, l. *Magcaca.*

BANG̃ILAN. pc. Nombre de perro por los encuentros de sus pelos. *Bang̃ilanin mo itong aso.* Llamarse asi.

BANG̃IN. pc. Cuesta alta, barranca àgria, àspera, *Mabang̃in itong daan, cun Mag,* arrojar de alto en lo profundo. *Y,* l. *In,* lo que. *An,* donde. *Na,* caer acaso. *Quinabang̃inan,* donde.

BANG̃ING̃AY. pp. Pescadillos que se cogen con red muy espesa. Vide *Bang̃ayng̃ay.*

BANG̃IR. pc. Entumecerse los pies, *Ma, In.* entumecerlos à otro.

BANG̃IS. pc. Bravo, cruel, riguroso, àspero, *B. In. M,* embravecerse. Porque, *Y.* Contra quien, *An,* ó lo que se toma tirànicamente. *Houag mong bang̃isan ang di iyo. Mag,* hacerse ó portarse con crueldad. *Houag cang magbang̃is sa mang̃a binata.* Contra quien, *Pag-an. Mabang̃is,* hombre cruel. *Cabang̃isan,* crueldad, braveza, &c.

BANG̃IT. pp. Barbon.

BANG̃IT. pp. Enojo ó amotinarse. *B. in. M,* el que amotina. *Mag,* andar enojados, l. *Magca,* ó *Ma,* estar amotinado. *Mag,* ódio que dura. *Nagbabang̃it si Pedro cay Juan,* tiene ódio Pedro à Juan.

BANGLAY. pc. Justo. *Cabanglay, catapat,* ajustado. Tambien agengibre colorado.

BANGLAO. pc. Recibir claridad, ó alumbrar como page de hacha, *Mag.* Con que, *Y.* Á quien, *An. Nananganglao,* andar alumbrando. *Maca,* causar luz. *Maan,* estar claro. *Magbanglao ca:* levanta la luz; con las demas composiciones de *Anglao.*

BANGLIN. pc. Trox de arroz. *Mag,* hacerlo. *Banglinin ang palay,* poner el arroz en él. Tambien. *Uala acong banglinin,* no tengo palos de que hacer trox. *An,* l. *Pag-an,* lugar donde suelen hacerse. *B. in. M,* vivir en él.

BANGLIS. pc. Un género de aceite de cocos hecho al sol. *Magca,* hacerse asi.

BANGLOT. pc. Amarradura del techo.

BANG GOL. pc. *Maicli, at malaquing catauan.* Vide *Bagol,* con sus juegos.

BANG̃O. pc. Olor bueno, perfumes, cosas aromàticas. *Mabang̃o,* oloroso. *Mag,* poner ó ponerse cosas olorosas, ó dar olor por donde pasa. *B. in, M,* echarlo bueno de si. *An,* à quien se dà el buen olor. *Maca,* causar. Lo mismo *Magpa. Magca,* cosas que echan de sí mucho olor. *Nagmamabang̃o,* el que pone cosas olorosas, ó personas que las traen. *Minamabang̃o,* ser tenido. *Pinagmamabang̃ohan,* el lugar de perfumes, ó persona por quien se perfuma. *Pagcabang̃o,* l. *Cabang̃ohan,* olor. *Nabang̃ohan ca ng̃a,* estàs olorosa, ó con olores.

BANG̃OBANG. pp. Ir con muchas cosas cargado, unas en la cabeza, otras en las manos, &c. *Ma,* ir asi, l. *Mag.* Vide *Bang̃ibang,* con sus juegos.

BANG̃OL. pp. l. *Bang̃or.* pp. Disculpar echar la culpa à otro, *B. in. M.* l. *Mag.* Lo que achaca à otro, *Y.* Á quien, *An.*

BANG̃OL. pp. El muchacho que refunfuña y se enoja cuando le llaman, *Babang̃olbang̃ol cun tauaguin.*

BANG̃ON. pp. Levantar. *B. in. M.* l. *Magpa,* l. *Mag,* pc. si son muchos. Lo que, *In,* l. *Y,* l. *Ipag.*

BANGON. pp. Levantarse llevando consigo, como la madre al niño. *Namamang̃on.*

BANG̃ON. pp. Levantar ó poner de nuevo los harigues. *Nanbabang̃on.*

BANG̃ON. pp. Levantarse, *Mag. Magbang̃on ca,* levàntate. *Hindi aco macapagbang̃on,* no me puedo levantar. *Hindi aco macabang̃on nang tapayan,* No puedo levantar la tinaja. *An,* la cosa ó persona para quien.

BANG̃ON. pp. Renovar y armar pleitos. *Nanang̃on si coan nang osap Y.* l. *In,* la cosa por que. *An,* contra quien. *Capalabang̃onan,* los harigues necesarios para toda una casa.

BANG̃OT. pc. Quitar las puntas malas de cualquiera cosa, *Mag.* Lo que, *An. Bang̃otan mo itong sinulir,* quita las puntas à ese hilo.

BANG̃ONG̃OT. pp. Pesadilla. *Ma,* l. *In,* tenerla.

BANG̃ONG̃OT. pp. Atadura del quilo sobre el pancol, para apretar el bicohan. *Mag.* atar. *In,* la atadura *An,* el quilo. Metàf. *Nanang̃ong̃ot ang demonio sa aquin. Binang̃ong̃ot nang demonio ang asaua ni Pilatos. Nababang̃ong̃otan aco mandin nang pagsonod co saiyo,* estoy como atado, &c.

BANGÓS. pc. Sàbalo.

BANGSÍ. pc. Flauta. *B. in. M.* l. *Mag,* tocarla. *In,* el son. *An,* l. *Ipag,* porque ó por quien. *Pagbabangsi,* la obra. *Magbabangsi.* el que la hace y la toca.

BANGYAN. pc. Montaraz: mas que *Aeta.* Otros dicen *Mangyan.*

[illegible] pc. Vide *Banĝlau*, *Anĝlau*, con sus juegos.

BANGHAY. pc. Obra comenzada, forjada, imperfecta. *B. in. M.* l. *Mag*, el que lo hace de oficio. *Binabanghay pa*, està comenzada. *Nabanghay na*, ya se empezó, Aplicase solo à madera, hierro, barro, piedra.

BANI. pc. Persuadir mal, falsamente á alguno, *Mag*, Á quien, *Pag-han*. *Namamani*, l. *Naababani*, andar engañando. *Mabaning tauo*, engañador.

BANI. pp. Un àrbol.

BANYAS. pc. Sauá grande, culebra.

BANIBANI. pc. Fingimiento, falsedad, como *Bani*, con sus juegos.

BANIG. pc. Petate ó estera. *Mag*, usar de él. *In*, ser tomado ó usado. *Baniguin mo yari*, acuéstate en este. *An*, à quien se da, ó lugar en que se ponen. *B. in. M*, el que se sienta en petate. *Pinamamanigan*, el lugar. *Mag*, venderlo. *Bogtong*.

Bongbong cong liuanag.
Con gab-i ay dagat. Petate.

BANIG. pp. Compañía de hacienda, *Mag*. *Pag-an*, lo en que. *Cabanig*, el compañero.

BANIG. pp. Apacible, manso, afable. *Manig na loob*, manso de corazon. Mansedumbre, *Cabanigan*.

BANIL. pp. Lomo que hacen los àrboles en el pié à manera de tablon. *Mag*, criarlos. *Namamanil*, cortarlos.

BANIL. pp. Sarna pequeña. *Mag*, criarse en el cuerpo. *Nagbabanilbanil ang licod*, se dice del muy azotado.

BANILAR. pp. Árbol asi llamado.

BANITAN. pp. Un àrbol grande con hojas como manga.

BANLAC. pc. Proveido abundante. *Ang baya,i, nabanlac nang bigas*, *nang isda*, &c. Vide *Banlic*.

BANLAC. pc. Regar echando el agua de golpe. *Houag mong banlacan*. Vide *Bagsac*. Tambien *Banlin*.

BANLAG. pc. Ir atravesando por las olas ó por el viento. *Namamanlag*, l. *Napapabanlag*, ponerse de lado al sol, viento, &c. *Ibanlag*. *Ipabanlag*, ponerlo asi. *Na*, estar puesto asi. *Pabanlag ca sa asó*, ponte de lado al humo.

BANLAG. pc. Batalan donde se recogen las gallinas para dormir, tasajos ó pescado para secar.

BANLAO. pc. Enjuagar ropa, plato, &c. ya lavado. *B. in. M.* l. *Mag*, enjuagar. Lo que, *An*. Con que, *Y*. Agua en que, *In*. *Houag mong banlauin yaring tubig na pinaligó nang baboy*, no enjuagues con esta agua; con la que se bañó el puerco.

BANLAT. pc. Zahurda, pocilga de puercos. *B. in. M*, l. *Mag*, hacerla. *In*, los puercos metidos en ella. *An*, donde se hace.

BANLAT. pc. Corralito pequeño en los rios para coger pescado. *Mag*, hacerlo. *In*, de que *Y*, persona, causa, instrumento. Donde, *An*. *Maca*, coger pescado. *Na*, ser cogido.

BANLAT. pc. Chocilla mal hecha.

BANLI. pc. Escaldal ó mojar con agua caliente, *B. in. M*, *Y*, *Mag*. *An*, al que, *Namamanli*, la muger parida, si mucho: *Nananli*, si una vez. *Y*, l. *Ipag*, l. *Pamanli*, la agua. *Mamamanli*, tenerlo por oficio.

BANLIC. pc. Lo que amontona ó deja la corriente. *Nababanlic*, la tierra traida. *Nababanlican*, la tierra que creció á la orilla. *Banlic na lupa*, tierra fértil. *Bogtong*.

Ang dagsa ang sinonong
Nang may bayang nagaampon.

BANLILING. pc. Estar cabizbajo ó cabizcaido à un lado. *Mag*, poner la cabeza asi. *In*, la cabeza. *An*, delante de quien. *Ma*, estarlo.

BANLIS. pc. Desquitarse. *Hindi aco nacabanlis*. Vide *Baui*.

BANLILIS. pc. Alzar ó arremangarse el petate las ataduras por haber topado en ellas el pie, y haberse roto. *Nabanlilis ang banig, ó ang sahig*.

BANLILIS. pc. Torcer el rostro á quien le manda algo. *Anong ibinabanlibanlilis con icao ay inotosan?* Por qué tuerces la cabeza cuando te mandan algo? Vide *Talilis*.

BANLIOC. pc. Enfriar agua caliente con fria, *Mag*. Lo que, *Pag-in*. El lugar donde, *Pag-an*.

BANLOAC. pp. Enjuagar. Vide *Banlao*, con sus juegos.

BANLOGAN. pp. Un género de tuguí malo, que nunca se ablanda cociéndolo;

Con ga cauayo,i, tonglan.
Con ga tuguí banlogan.

BANLOGO. pc. Lo mismo que *Guicla*, y sus juegos.

BANLONG pc. Hileras no bien derechas *Mag*, l. *B. in. M.*

BANLONG. pc. Arroz sembrado que rodea los lindes para distinguir una sementera de otra. *Mag*. Sembrar el arroz asi. *In*, l. *Y*, el arroz. *B. in. M*, poner linde á lo largo. *Namamanlong*, segar ó cortar tal arroz. *Dili nababanlong ang uica*, l. *gaua sa matoir*, habla ú obra fuera de los límites de la razon. Metáf.

BANLONG. pc. Vencer á otro en habilidad, fuerza, &c. *Nabanlonĝan ca nang caniyang lacas*.

BANLONG. pc. Hacer sombra el àrbol à los otros sembrados, por lo cual no pueden crecer bien, *Maca*. Los sembrados cubiertos, *Na-an*.

BANLOS. pc. Quitar la telilla que està encima de algo, *Mag*. Lo que, *In*. À que, *An*. En Manila es *Bacnos*.

BANOCALÁG. pc. Árbol de que se saca aceite, y de él hacen jabon.

BANOGLAUIN. pp. Veleta para conocer los vientos. *Mag*, ponerla. *In*, de que se hace. *An*, donde se pone.

BANOS. pc. Pasar de un razonamiento à otro. *Banosin co muna ang aquing sabi*, es lo mismo que *Ilipat co muna sa ibang salita*.

BANOS. pp. Derechura de casas, jarigues, mojones. *B. in. M.* l. *Maquibanos*, ponerse en derecho de otro. *In*, ser algo apuntado. *An*, à quien. *Mamamanos*, nivelador. *Mag*, poner derecho los jarigues, &c. *Banos na uica*, l. *Gaua*, dicho ó hecho conforme á razon. *Dili mabanos cong manĝusap*, no se pone en razon. Metáf.

BANOT. pp. Un género de *baguing* con que atan.

BANOUA. pp. *Ang lan̄git*, el tiempo; palabra antigua.

BANOY. pp. Águila.

BANSAG. Jactancia, alabar. *Magbansag ca sa man̄ga tauo con sino ca*, dáte á conocer á los hombres. *Nagbabansag maguinoo*, se jacta de noble. *Y*, l. *Ipag*, lo que da á conocer. *An*, l. *Pagan*, á quien. Tambien *B. in. M.* Lo que, *Ipa*. Á quien, *Paan*. *Magpa*, mandar que diga su nombre ó su grandeza. *Ang Pan̄ginoong Dios ay nagpapabansag sa atin nang carunun̄gan niya*. *Himansag*, *sabihin ang caual-an*, decir la falta.

BANSANÁ. pc. Madeja de cuatro que llaman *tohol*; al de diez *cabig*. Cada *cabig* tiene cuatro *caugat*: cada *caugat* tiene cuatro hilos, que llaman Bansaná.

BANSIAR. pc. Una fruta, como piñones.

BAÑSIU. pc. Hediondo, *Mabansiu na tubig malantot*.

BANTÁ. pc. Traza, invencion, ardid, cautela. *Mag*, trazar. *In*, lo trazado. *Pag-an*, sobre que. *Ma*, lo trazado. *Mapagbantaan ca*, guárdate no te armen alguna.

BANTÁ. pp. Fingir, inventar, trazar. *Marunong magbantabantà*. *Uala acong mabanta*, no sé por donde remediarme.

BANTÁ. pp. Tener intento. *Nagbabanta acong paroon*. *Ang banta co,i, Domingo n̄gayon*, entendí que hoy es domingo. *Pagbabantà*, obra. *Cabantàan*, invencion. *Mabantang tauo*, ingenioso. *Mapagbanta*, l. *Penong banta*, tracista. *Mabantaing tauo*, hombre de grandes trazas.

BANTAC. pc. Estirar la cuerda del arco para flechar. Itt. Lo mismo que. *Batac*, con sus juegos. Este es el usado.

BANTAG. pc. Menearse ó blandearse, como cuando se pasea alguno en casa, *Na*. El que lo blandea, *Mag*. Metàf. *Houag cang magbantag, at maca mabinat ca*, no te menees, no sea que te caigas.

BANTAL. pc. Liar ropa. *B. in. M.* l. *Mag*. Hacer lio, *Namamantal*; si muchos, *nagsisipamantal*. El fardo, *binantal*.

BANTAR. pc. Empapado, tirar, desarrugar. *Ma*, estarlo *Y*, ser empapado. *Mag*, empapar. Por estirar, *B. in. M. In*, lo que. Sinónom. *Banat Babar*.

BANTASAN. pp. Las comas ó puntos en lo que se escribe. *Sinong nagbantas dito?* Quién puso coma aqui? *Bantasan mo*, l. *Bantasanan mo*, ponlo.

BANTAY. pc. Centinela, atalaya, guarda. *Mag*, atalayar. *An*, lo que. *Pag-an*, el lugar. El hombre hecho, *Binabantay*, y mejor *Pinapagbabantay*. *Pagbabantay*, acto. Sinónom. *Tanor*.

BANTAY. pc. Lazo con una cañita, que se dispara para coger pàjaros. *Mag*, hacerlo. *Namamantay*, cazar con él. *Ma*, lo cogido.

BANTAYAN. pp. Los brazos del pesador, y tambien el fiel de la balanza.

BANTAYAN. pp. Lugar donde se hace centinela. Sinónomo, *Sayopang*.

BANTAYAN. pp. Un *papag* tejido de cañas en que ponen los enfermos, y debajo lumbre. *Mag*, hacerlo. *In*, de que. *An*, el lugar.

BANTIN̄GÍ. pc. Un àrbol pequeño de muchísimas hojas.

BANTIL. pc. Poner debajo de camarin la embarcacion. *Mag*. Ella, *Y*. El lugar, *An*.

BANTIL. pc. Jugar apostando, de modo que el que pierde ha de llevar en los brazos unos golpes con los dedos. *Nag-an*, los que juegan. *Pinag-an*, el azotado. Con qué, ó porque. *Ipag*.

BANTILAN. pp. Toldo ó camarin para guardar navíos. *Mag*, hacerlo. *Han*, el navío para que se hace. *Bantilanin*, lo de que. *Pagbabantilan*, obra. *B. in. M.* Vivir en ellos. *Bogtong* del camarin.

Di man sa ragat mamangca
nacahuhuli nang isdá.

BANTILAO. pc. Tuguí ó gabi, que nunca se ablanda como el banlogan.

BANTING. pc. Rizo. *Mag*, ponerle en la vela. *In*, de lo que. *An*, la vela.

BANTING. pc. Amarrar, estirar, tirar. *Mag*, el que estira. *In*, lo que. *An*, á donde. Tambien *Manting*. *Bantin̄gin mo ang dilis nang bosog*, l. *Bantin̄gan mo ang bosog nang dilis*. *Na*, lo tirante.

BANTITI. pc. Comedia, palabra sangleya ya tagalizada. *Mag*, representarla. *In*, lo que. *An*, á donde.

BANTÓ. pc. Echar agua fria en la caliente. *Mag*, mezclar. *Y*, con que. *An*, á lo que. *B. in. M.* El que mezcla en muchos vasos. *Bantoan*, el vaso en que.

BANTÓ. pc. Templar el vino cuando es fuerte, con los juegos del antecedente.

BANTOC. pc. Alto de popa y proa. *Ma*, estarlo. *Mag*, hacerlo asi. *An*, ponerle el alto, y de aqui. *Mabantoc*. *Ang halaman ay cun naliliar ang pagtubo*.

BANTOD. pc. Tierra tiesa, seca por el sol. *Mag*, ponerse tiesa asi. *Naca*, l. *Icapag*, la causa que la endurece.

BANTOD. pc. Diámetro, grosor de algun cuerpo tendido à lo largo. *Magcano ang bantod niyong haligui?*

BANGQUILAS pp. La claridad que deja el sol al ponerse hácia el ocaso, con la cual se ilumina el mar.

BANTOQUI. pc. Batuquear cosa líquida, palabra antigua, que no se usa sino en sus versos.

Parang tingang di lotó
Cun binantoqui,t, ibobó
parang lana,i, masauó.

BANTOCAN LAUI. pc. El gallo á quien empieza á nacer plumas en el cuello.

BANTOG. pc. Fama buena, afamado. *B. in. M.* l. *Mag*, afamar. *Y*, lo que. *Ibantog mo ang capoua mo*. *Ipinag*, el afamado. *Pa-maan*, l. *An*, à quienes. *Maca*, causar fama. *Magpa*, hacer que sea célebre. *Ang Pan̄ginoong Dios, ay nagpapabantog sa man̄ga Santos*. *Na*, el que la tiene. *Cabantogan*, l. *Pagcabantog*, fama. *Mabantog na tauo*, famoso. *Nagmamabantog*, preciarse.

BANTOT. pc. Agua, ó cualquiera licor, que echa mal olor por haber estado mucho tiempo en la tinaja. *B. in. M.* l. *Mag*, oler mal en ella. *In*, la cosa. *An*, el lugar. Itt. Estar enfermo el árbol, *Na*. La causa, *Ica*.

BANYAGA. pp. El que anda de pueblo en pueblo como estrangero, ó con su banquilla vendiendo cosillas. *Mag*, l. *Mamanyaga*. *Ipag*, lo que vende *Pag-an*, el lugar. *Pag-an*, pc. Á quien va. *Mag*. pc. Andar espiando.

BANYAGA. pp. Casa que no tiene quilos, como camarin, llaman *binanyaga*. *In*, de que. Cuando convidan á otro estando comiendo y se escusa, dicen: *Diyata cami po,i, maguin banyaga sa maguinoo?* Somos como los banyagas que comen en sus bancas sin convidar?

BANYOGAN. pp. Un tuguí malo, tambien *banyogan*. pp. Caña de pescar. Sinónom. *Biguasan*.

BAO. pp. Medio coco sin cáscara ni carne. *Mag*, pc. Jugar con ellos: *Namolos sa matang bao*, se dice del hijo vivo, despues de muertos sus hermanos, porque toda la yerva que se cubre con el *Bao*, se muere, menos la que sale por el agugero que tiene. *Bao nang olo*, casco de cabeza. *Cacabao*, uno solo.

BAOCAN. pc. Gallo. Sinónom. *Bagocan*.

BAOG. pp. Muger estéril, árbol que no dà fruto, como los otros de su especie. *Pagcabaog*, *Cabaogan*, esterilidad, impotencia. *Maca*, la causa. *Mag-pa*, como Dios á Raquel.

BAOG. pp. Muger miserable y mezquina. Itt. Cebar puercos para engordar, *Mag*. El puerco, *In*.

BAOG. pp. Camotes, gaves, &c. partidos y puestos al sol. *Mag*, ponerlo al sol. *In*, lo que. *An*, el lugar.

BAOG. pp. Perder la fuerza ó sabor, como la canela, anís, &c. *Baog na ang anis*. *Nababaogbaog na*, va perdiendo la fuerza.

BAOL BAOL. pc. Moverse de su asiento: siempre se usa con la negativa. *Di mababaolbaol sa licmo niya*, no se mueve de su asiento.

BAÓN. pc. Sepultura, hundir, enterrar, *Mag*. Lo que, *Y*. Á donde, *Pag-an* Acto. *Pagbabaon*. *Baon co ito*, es mi sepultura. *Papagbabaonan*, cementerio. *Ma*, lo que se hundió. *Nabaon ang paa co sa load*. Ataud, *Cabaon*.

BAOS. pc. Lo mismo que *Balos*, con sus juegos.

BAOY. pp. Motejar dando en rostro, zaherir. *B. in. M.* Si mucho, *Mag*, pc. *In*, à quien. *Y*, con que, porque. *Pagbabaoy*, acto. *Pamaoy*, espantajo.

BAOY. pp. La mitad de *Cagoyor*, que son quince bejucos, y se dice *Cabaoy*.

BAPA. pp. Padre, hablando el menor con el mayor. *Houag mong icaabala yaon bapa*, no te dé cuidado esto, amado mio. *Napubabapa*, el que asi llama. *Bapahin mo*, tenle por *Bapa*, *B. in. M*, l. *Nanbabapa*. *Si Bapa*, se dice por término regalado. Pero si habla con ironía, significa *si Bapa mo*, el bellaco de tu padre. *Magpa*, afrentar asi. *Pinagbabapahan*, al que. *Nagpabapahan sila*, afrentarse.

BAPÁ, pc. Interjeccion del que se admira de algo bueno. *Buti bapang panoorin*. Qué bueno para visto! Las mugeres usan del aya.

BARAC. pc. Raiz de yerva amarilla con que se afeitan las mugeres. *Mag*, untarse con ella. *Y*, con que. *An*, lo que. *B. in. M*, cogerla, y tambien tener la cara amarilla, l. *Naguinbarac*.

BARBAR. pc. Un género de collar de oro muy curioso. *Mag*, ser traida. *In*, ser hecha. *Barbarin mo iyang guinto*, haz de él, &c. *An*, donde la trae.

BARBAR. pc. Destejer sacando hebra por hebra. *Namamarbar*, deshilachado. *Mag*, deshilacharlo. *In*, lo que.

BARHA. pc. Almagre con que barnizan la madera. *Mag*, embarnizar. *Y*, con que. *In*. l. *An*, lo que. *B. in. M. Mamarha*, el maestro. *Pamarha*, el instrumento.

BARHA, pc. Rayas de la mano. *Magca*, tenerlas. *Man*, verlas como las gitanas. *Panghimarhian*, á quien.

BARI. pc. Remedar al que habla. *B. in. M.* El que anda remedando. *Hin*, á quien. *Mag*, á muchos. *Pagbabari*, el acto. Sinónomos. *Badya*, *Oyog*.

BARIBARI. pc. Fingir que cumplió lo que le mandaron, diciendo algo para que lo crean, con los juegos del antecedente.

BARIC. pp. Taza con vino, bebida de convite, ó de borrachera. *B. in. M*, beber asi. *Mag*, beber con los convites. *In*, el vino. *An*, la taza. *Namamaric*, l. *Nagbabaric*, pc. Ir bebiendo. *Palabaric*. pc. Bebedor. *Cabaric*, uno de la junta. Sinónomos. *Toayo*, *Tagay*.

BARIANG. pc. Apostar á quien salta mas, *Mag*.

BARLAC. pc. Derramar de golpe algun licor ó cosa de grano, *Vm*, l. *Mag*. Lo que, *Y*. *Houag mong ibarlac ang tubig*.

BARIL. pc. Mosquete, verso, pieza. *Mag*, dispararlo. *Y*, el mosquete. *In*, á quien. *In*, *An*, serle puesto, arcabuz, pieza, &c. Como en las murallas. *B. in. M*. Andar tirando. *Na*, caer del tiro.

BARLIS. pc. Raya de tinta, cuchillo, &c, *B. in. M.* l. *Mag*, el hacer la raya. *An*, lo rayado. *In*, tenido por raya. *Dili pababarlisin si Pedro ni Juan*, Juan no aventaja á Pedro, l. *Maca*. *Pinagbabarlis aco lamang*. Dice el jornalero cuando no le pagan, como quien dice todo va en rayas.

BARLIT. pc. Vide *Laguit*, con sus juegos.

BARIHAN. pc. Mantas ralas pintadas. *Mag*, traerla.

BARIHAN. pp. Ralo. *Damit na barihan*.

BARIT. pp. Yerva. *B. in. M.* Rozarla. En donde crece, *In*. Á quien punza, que son agudas, *Na*. *Bogtong*.

Nagpanig nang umaga
nang tanghali wala na.

Porque lastima solamente por la mañana con la fresca del que lastima con algun dicho, se dice: *Barit nang barit ang bibig*.

BARLAYÁ. pp. Una arenilla, ó piedra de relumbrones. Sinónom. *Guilaguila*.

BARÓ. pp. Ropilla que traen de ordinario, ya se entiende por camisa. *B. in. M.* Ponerle á otro. *An*, á quien. *Baroan mo itong bata*. *Mag*, traerle. *In*, ser traido, ó hecho. *Magpa*, darla á otro, *Pa-an*, á quien. *Ipa*, lo que. *Cabaroan*. pc. Lo bastante para hacer una.

BAROC. pc. Una como pelota de *Baro*, que ponen en la muñeca para disparar el arco, *Mag*. El paño, *In*. La mano, *An*.

BARYA. pc. Hablar, citar, notificar. *Mag*. Lo que, *Ipag*. Á quien, *Pag-an*. Mandarlo, *Napapag*, l. *Nagpa*. *Pagbabarya*, acto.

BARYA. pc. Remedar. Vide *Bari*, con sus juegos.

BARIYANG. pc. Apostar á saltar mas. *Vm*, l. *Mag*.

BASA. pp. Leer *B. in. M.* Si mucho, *Mag.* pc. *Hin*, lo leido. *Han*, á quien. *Mababasa*, cosa legible. *Basahán*, cátedra, pc. *Pagbasa*, obra. *Mabasahin* pc. *Mamamasa*. pp. *Palabasa*. pc. Lector. *Tagabasa*, de oficio.

BASA. pp. Piedra ó losa de sepulcro. Donde se pone, *Han*.

BASÁ. pc. Mojar. *In*, lo que á otro. *B. in. M.* Asi mismo, *Mag*. El mismo, *In*. Tambien el agua en que se ha de mojar ó labar. *Moha ca nang tubig nababasin*. *Na*, l. *Nagca*, lo mojado.

BASÁ. pc. Limpiar al niño despues de la necesidad hecha. *B. in. M.* Así mismo, *Nanbabasà*.

BASACAN. pc. Bellota que comen los puercos.

BASAG. pp. Quebrar como losa, ó barro, ó la cabeza. *B. in. M.* Lo que, *In*. Á quien, *An*. *Mag*. pc. Mucho. *Namamasag*, andar quebrando. *Naca*, acaso. *Na*, lo quebrado. *Nagcaca*, lo muy. *Basag*. pc. Quebrado. *Mey cabasagan*. pc. Tiene hendidura. *Babasaguin*. pc. Cosa quebradiza. *Cabasagbasag*, *Pagbasag*, *Pagcabasag*, quebradura. *Mapamasag*, quebrador. Metáf. *Namamasag ang arao*, rompe el alba. *Basag hiñgao*, beber vino. Á quien duele la cabeza por haberlo bebido el dia antecedente. *Mag*, el que. *Binabasagang hiñgao*. El vino, *Pagbabasagang hiñgao*. Lo mismo es *Basag lañgo*. Que es beber otra vez vino el dia siguiente,. por el mal olor del vino vomitado.

BASAG. pp. Brotar la espiga. *Namamasag*, es metáfora.

BASAÑGAL. pp. l. *Basañgag*, hablar desatinado como el borracho. *Nagbabasañgag lamang siya*, todo se le va en hablar y reir sin tino.

BASANGLOT. pc. Ropa rota; mas que *Basahan*. *Mag*. l. *Mamasanglot*, traerla. *In*, la traida.

BASAHAN. pp. Vestidura vieja. *Mag*, andar vestido de ella. *Basanghin*, l. *Basahanin*. Ser traida. *Pagbabasahan*, acto. *Namamasahan*, el que la trae de ordinario.

BASAL. pp. Tierra de pajonales no labrada, ó dejada. *Mag*, dejar de labrar. *Nabasalan si Pedro nang buquir*, se le hizo erizaa la sementera. *Basal na gaua*. pc. Obra recien comenzada.

BASAL. pc. Golpe de campana, tambor, instrumento con palillo. *B. in. M.* l. *Mag*, tocarla. *In*, ser tocada. *An*, á quien. *Panbasal*, instrumento con que. *Tagabasal*, l. *Manbabasal*, tocador.

BASAL. pc. *Capitan*.

BASANGBASANG. pc. Lo mismo que *hamac*.

BASAY. pp. Á poco mas ó menos.

BASAY. pc. Tañer muchos juntos campanas ó tambores, *Mag*. Las campanas, *In*. El canto, ó el que danza, ó el que oye, *An*. *Tagabasay*, el de oficio. *Palabasay*. pc. *Mapagbasay*. pp. Frecuent.

BASAY. pp. Pasar de una sementera à otra. *Bagong basay aco dito*, acabo de pasar aqui.

BASAYSAY. pc. Casa mal compuesta. *Itong bahay co,i, hindi pala bahay, condi basaysay na lamang*. *B. in. M.* l. *Mag*. Vivir en ella. *Y*, de que se hace. *An*, donde.

BASBAS. pc. Bendicion, absolver. *Ma-an*, á quien, l. *B. in. M. Mag-an*, mútuo. *Cabasbasan*, uno de ellos. Mejor *Cabasbas*.

BASCAG. pc. Poner en bastidor. *Vm*. *Y*. *Mag*.

BASCAGAN. pp. Bastidor.

BASCALANAN. pc. Fruta ó morisqueta dura. *Auatan mo nang cahoy ang cañin, maca magbascalan*.

BASI. pp. Escoria del hierro. Vide *Taghasi*.

BASI. pp. Hojas que echan en el quilang. *Mag*. La bebida, *An*.

BASYAN. pc. Aljava de madera, ó tinaja de boca ancha.

BASYAR. pc. Almendras pequeñas. *Mam*, cogerlas.

BASIBAS. pp. Dar con palo ó caña de un lado cuando encuentra á otro. *B. in. M.* Con que, *Ipa*. Á quien, *Pa-an*. Verbal, *Pagbabasibas*.

BASIG. pp. Puerco capado. *Mag*, criarlo ó venderlo. *Papaguinbasiguin mo*, cástralo y engórdalo. *Pinacain co nang pinacain hindi rin naguiguinbasig*. Por mas que le doy de comer, no engorda.

BASIL. pp. Gusano con pelos.

BASILOD. pp. Lo mismo que si lo es del cómintan.

BASISIC. pc. Lisiado. *Na*, estarlo. La causa, *Ica*. Á quien, *An*.

BASLAY. pc. El arroz cuando comienza á brotar ó salir la espiga. *Baslay na ang palay*, ya está en espiga. *Mag*, brotar. l. *B. in. M.* *Pinamaslayan*, el palay, ó el dueño.

BASLAY. pc. *Uala pang baslay itong gaua*, aun no se ha puesto mano à esta obra. *Malacas tomacbo na parang baslay si Pedro*, muy ligero.

BASÓ. pp. Ensayo para acertar á dar en el blanco. *Pabaso ca mona*, quiere decir prueba primero.

BASO. pp. Probar cualquiera cosa, v. g. si puede remar. *Mag*. Lo que, *An*. Con que, *Ipag*.

BASOUAS. pc. Desobediente, *Mag*. Aunque es poco usado.

BASOL. pp. Palo puntiagudo con que hacen hoyos. *B. in. M.* Con que, *Ipa*. Donde, *Pa-an*. Sinónom. *Tolos*.

BASONGBASONG. pp. Plumage de oro, ó presea de él, en que guardaban el anito. *Mag*, traerla consigo. *In*, el anito traido. *Mag*, hacerla. *In*, la materia de que. *An*, á quien se ponia. *Ano,t, aco,i, pinagbabasongbasoñgan mo? Nagbabasong basong*, tambien *nagmamarunong*.

BASTÁ. pc. Fardo de ropa. *Mag*, hacerlo. *In*, el fardo. *Pag-an*, lugar, ó para quien. *Magbabastà*, Fardelero. *Napagbastaan*, lo ganado.

BASTAGAN. pp. Bastidor.

BASTAC. Palabra de enojo de las madres, como quien dice, rapaz.

BATA. pp. Muchacho ó muchacha. Si muy niño, *Batang soso*. Si mayorcito, *Batang maghobo*, l. *maglapis*. *Mañga cabataan*, l. *Binata*. Gente moza, juventud. *Cabataan*, pp. Niñería. *Magpaca*, portarse como tal. Tambien, *Mag*. pc. *Batain*. pp. l. *Binata*. pp. Tenido por tal. *Magloob bata*, amancebarse. *Pagloobang bata*, con quien. *Magcabataan*, hacer muchachadas. *Anaqui,i, di nagcabata itong matanda*. Parece que no ha pasado por muchacho. *Batang guinto, colang*, oro bajo.

BATA. pc. Sufrir, disimular, tener paciencia. *Mag. Batahin*, l. *Bathin*, lo que. *Paghan*, donde. *Ipag*, porque. *Maca*, poder. *Ma*, sufrible; tambien. *Mabatang tauo*. sufrido. *Batang di parito?* Sufrirás el no venir?

Bata bapang magsayi
sa olang marayiri,
baquit damdaming burhi,i,
ualan pandonĝin moui.

Es escusa humilde del que convidan á algun oficio, y no tiene con que. *Pagbabata*, acto de sufrir. *Pagcabata*, *Cabathan*, l. *Cabatahan*. Sinónomos, *Atim*. pc. *Dalita* pc *Tiir*. pp. *Handuca*. pp. *Cauasâ tagal*.

BATABATAAN. pp. Muñeca de trapos, ó figurillas. Itt. La niñeta del ojo.

BATAC. pp. Estirar oro ó plata. *B. in. M.* l. *Mag*. *In*, lo que. *An*, el hierro por donde lo tiran. *Pamatac*, con que lo tiran.

BATAC. pp. Tirar ó sacar la mecha del candil hácia arriba, con los mismos juegos del antecedente. *Batac*. pc. El hilo tirado.

BATAG. pp. En el comintan. Lo mismo que *Batac*.

BATAG. pp. Semilla.

BATALAN. pc. Descanso antes de entrar en la casa. *Mag*, hacerlo. *In*, de que. La casa, *Batalanán*.

BATALAY. pp. Pescado aguja, *B. in. M.* l. *Mag*. pc. Ir á cogerlo. *Mag*. pp. Venderlo.

BATANG. pp. Cualquiera palo ó madera que boya. sobre el agua. *B. in. M.* Cogerlo.

BATANG. pp. Lindero ó valladar con que cercan para detener el agua. *Mag*, hacerle. *Pabongcal batang*, aguas vivas.

BATANĜAN. pp. Palo de la embarcacion donde cuelgan alguna cosa. *Mag*, ponerlo. *Binabatanĝanan*. pp. La embarcacion. *Y*, el palo. *In*, de lo que.

BATAU. pp. Estar el navío boyante con la carga. *B. in. M.* Ir asi. *Magpa*, ponerle tal, ó alijar. *Ma*, estarlo. Cuando está vacío, *Batau napananacay*.

BATAU. pp. Cuando se hacen enjambre las avejas. *B. in. M.* En donde, *Pinamamatauan*.

BATAR. pp. Remojar. Vide *Babar*, con sus juegos.

BATAR. pp. Un grano de espiga poco menos que garbanzos, y se come.

BATARIN. pc. Gallo del color del *Batar*.

BATAS. pp. Atajar camino por agua, ó navegar por estero. *Mag*, pc. l. *B. in. M.* El estero por donde, *Pinamamatasan*. pp. l. *Binatasan*. pc. *Mag*. pc. Abrir camino nuevo. *Pagbabatas*. pc. l. *Pamamatas*, acto de navegar. *Batasan*, el estero.

BATAS. pp. Descoser la ropa por la costura. Vide *Bagtas*, con sus juegos.

BATAY. pp. Alentar unas cosas sobre otras igualmente. *B. in. M.* l. *Mag*. Lo que, *Y*. Donde, *An*. *Nababatay sila nang camay*, l. *Paa*, se ponen las manos ó pies unos sobre otros. *Nagbabatayan*. *Pagbatay*, l. *Pagbabatay*, l. *Pamamatay*, acto. *Nagca*, estas. *Nambà*, el que va asentando así.

BATAYO. pp. Lo mismo que *Abatayo*.

BATBAT. pc. Batir oro ó plata, &c. adelgazándolo. *B. in. M.* l. *Mag*. Lo que, *In*. El lugar, *An*. *Mapamatbat*, de oficio.

BATI. pp. Saludar. *B. in. M. Mag*. Á quien, *In*. Con que, *Y*. *Pagbati*, acto. *Magbatian*, saludarse, hablarse amigablemente.

BATI. pp. Reconciliarse el enemistado, *Maqui*, l. *Mag*. Reconciliarlos á ellos, *Magpa*. El reconciliado, *Pinapag*. La causa, *Ipinapag*. Acto de pacificar á otros, *Pagpapabati*. *Cabati*, amigo. *Quinacabati*, le tengo por tal. *Nagcaca*, amigos, de estar en paz. *Maquipag*, tratar de reconciliarse. *Papaquipagbatiin mo si Pedro cay Juan*. Haz que Pedro, &c.

BATI. pp. Reparar en algo. *B. in. M.* Lo que, *In*. *Mamati*, l. *Mapagbati*, l. *Mapamati*, reparador. *Ualang sucat batiin*, l. *Icabati*. No hay que reparar.

BATI. pp. Despedirse dos en amistad. *Nagbatian sila mona, bago nagsialis*.

BATI. pp. Abojar. *Ang anac co,i, may saquit nabati yata*, parece que abojaron á mi hijo.

BATIN TAUO. pp. Hechizo. *Na*, el hechizado. *Mamamating tauo*, el hechicero.

BATIAO. pc. Malsin, espía, acechador. *B. in. M.* l. *Mag*. Á quien, *An*. l. *Pag-an*. Ser tenido por tal, *In*.

BATIAO. pc. Buscar algo que se ha perdido, *Mag*. Lo que, *In*. Donde, *An*.

BATIBAT. pp. Tirar al soslayo con piedra, palo, &c. Con los juegos de *Balibat*.

BATIBOT. pp. Destripar, como aves, &c. *Mag*. Las tripas, *In*. El ave, *An*. El cuchillo, *Y*. *Nababatibotan ang bulic*, el gallo bulío se destripó.

BATIBOT. pp. Embutir algun agujero, *Mag*. Donde se embute, *An*. Con que, *Y*.

BATIBOT. pc. Un tiborcillo de asiento agudo donde echan aceite de ajonjolí.

BATIC. pp. Pinturas del cuerpo, tambien de la pared. Telas, sedas pintadas, y aun animales. *B. in. M.* Pintarse así, *Mag*. Lo que, *An*. *Batican*, pintado. Sinónom. *Lipon*.

BATICOS. pp. Rejalgar. *B. in. M.* l. *Mag*, *Namamaticos*. Á quien, *In*. Venderlo, *Mag*. Rejalgado, *Na*.

BATILAO. pp. Estar medio seco lo que se pone á secar. *Mag*, ponerse tal la semilla. *In*, secarla asi. *An*, la olla. *Batilauan mo itong palayoc*. *Y*, la persona para quien, *Ma*, estarlo. *B. in. M.* l. *Mag*.

BATING. pp. Capar. *B. in. M.* l. *Mag*. Á quien, *An*. Con que, *Y*. El lugar, *Pag-an*. *Nabatinĝan*. l. *Nabating*. pc. El capado. *Pamating*, el instrumento.

BATING. pc. Red de caza de monte. *B. in. M.* l. *Mag*. Lo que, *In*. Donde, *An*. Lo cogido, *Ma*. Tambien el lugar es *In*: *Binating co ang gubat*; y es general esto en caza, pesca. *Pagbabatinĝan*. pc. Donde arman la red. Puede sincoparse, *Batnĝan*.

BATINĜAO. pp. Un género de espantajo de caña, que con su ruido ahuyentan los pájaros. *Mag*, hacerla, ponerla. *In*, de que. *An*, á quien. *Bantinĝao na bibig*, hablador.

BATIR. pc. Lo mismo que *Tanto*, *nabatir co na*, *batdin mo*, lo mismo que *Tantoin*. Entender, percibir, comprender.

BATIS. pp. Riachuelo de poca agua. *Mag*, hacerse tal. *Namamatis*, el que camina por él. *Batisbatis*. pc. Rio ya hondo, ya bajo.

BATHALÁ. pp. Dios el mayor de sus anitos. *Magpa*, dejar á Dios la venganza. *In*, ser tenido por Dios.

BATLAG. pc. Carretoncillo sobre que rueda la madera. El usado es *parales*.

BATNĞIN. pp. Toston: el usado ahora es *Salapi*.

BATO. pc. Piedra. *B. in. M.* El que camina por ellas: tambien *Namamato*, tirarlas. *Batohin mo si Pedro.*

BATO. pc. Arroz tostado que no se abre. *Bato nang bulaclac*, l. *Bato nang binosa*. pc. *Na*, arroz que no revienta. *B. in. M.* El que come lo no reventado. *Pamatohin*, los comidos. *Pamatohan*, el *bilao*, donde se echan. *Ipamato*, la persona para quien.

BATO. pc. Vender piedra, cortarla. *Mag*. La cantera, *Batohan*. pp.

BATO. pc. Empedrar, *Mag*. Lo que, *Han*. Lo que está, *Na*.

BATO. pc. Poner mojon de piedra, con los juegos del antecedente.

BATO. pc. Endurecerse algo como piedra. *Mag*. Á quien, *Pinag Han*.

BATO. pc. Hacer algo de piedra. *Nagbabato si Pedro nang caniyang bahay*. Pedro hace su casa de piedra. *Cabatohan*, lugar de mucha piedra. *Mabatong buquid*, sementera de muchas.

BATÓ. pc. Riñon.

BATOG. pp. Estar como insensible. *Anaqui binabatogan siya.*

BATOGAN. pp. Flojo. Vide *Anyaya*.

BATOL. pp. Responder enojado con palabras altivas. *Tinatauag siya nang malubay na pagtauag ang batol pa niya,i, gayari?* Le están llamando con mimos, y responder tan altivo?

BATONG DALA. pp. El plomo que se pone á la raya. *Mag*, ponerlas. Las pasivas se juegan asi. *Batohan mong dala*, ella. *Batohin mong dala*, l. *Ibato mong dala*, de lo que.

BATONG DALIG. pc. Piedra ancha y delgada. *B. in. M*, caminar por encima de ella. *Mag*, enlosar con ella. *An*, el lugar. *Binatohang dalig*, l. *Pinag*.

BATONG SINANTANAN. pp. La pesa de la romana. *Mag*, pesar con ella.

BATONG SORLAN. pc. Piedra del uso.

BATO. pc. Riñon de animal.

BATOBALANI. pp. Piedra imán. *Mag*, tenerla.

BATOBATO. pp. Pesga ó colgajo. *Mag*, ponerla. *In*, lo que. *An*, á lo que.

BATOBATO. pc. Paloma del monte. *Mag*, cocerla ó venderla. *B. in. M*, l. *Nanbabato*, el que las caza. *Binabatobato ang palay*, ser comido de ellas. *Binabatobatohanan*, donde.

BATOCALIN. pc. Un árbol bueno para banca.

BATOC. pp. Cerviz, pescuezo. *B. in. M*, dar pescozones, ó asirlo por el celebro. *An*, á quien. Si mucho. *B. in. M*, tomar para sí el pescuezo. *In*, á quien se da el pescuezo. *Aco,i, binatoc lamang*. *An*, donde pone el pescuezo. *Batocan*, pp. Ser cogido por el pescuezo. *Batocan*, pc. De grande pescuezo.

BATOC. pp. Cobardía ó temor que tiene el que está en parte peligrosa. *Nanatoc*, acobardar á otro. *Na*, tener asi respeto. *Quinabatocan*, de quien.

BATOC. pc. Ladrar el perro abullando al venado, &c. yendo tras él. *B. in. M*. l. *Mag*. *An*, lo que. *Na*, lo alcanzado.

BATOLANG. pc. Cordeles con que llevan algo con palanca, ó un cesto ó espuerta. *Mag*, llevar algo asi. *In*, lo que. *Pagbabatolang*, acto. *Magbabatolang*, cargador. *Batolanğan*. pp. Palanca. *Batolanğan*. pc. El lugar donde se lleva la carga.

BATOG. pp. Revestirse el demonio en la catolona. *B. in. M*, él. *An*, ella. Flojo.

BATONĞO. pp. Apolillarse la ropa, *Ma*. Haber polilla, *Magca*. Ser comido, *Hin*. El lugar, *Han*.

BATYAG. pc. Oir, atender. *B. in. M*. Lo que se oye, *In*. El que empieza á oir como el sordo, *Naca*. Lo que se oye, *Na*. Serle atendido, *Na-an*. Acercarse para oir, *Maquiquimatyag*. Á quien, *Paqui-an*, ó lo que.

BAUA. pp. Entiviarse. *Mag*, l. *Binabauahan ang loob nang paggaua*. *Magpa*, ir á la mano. *Papagbauahin mo ang loob nang anac mo*, ablanda el corazon de tu hijo.

BAUA. pp. Vide *Bauat*.

BAUAL. pp. Vedar, *Mag*. Lo que, *Y*. Á quien, *An*. *Pagbabaual*, acto. *Bonğang baual*, fruta vedada.

BAUANG. pp. Ajos. *Mag*, venderlos. *B. in. M*, cogerlos. *Houag mong bauanğan ang canin*. *Isang bauang*, una cabeza. *Caliha nang bauang*, un diente. *Cabauanğan*, sementera de ellos.

BAUANG. pc. Monte cerrado y áspero. *Mag*, l. *B. in. M*, caminar por él. *In*, la aspereza. *An*, el monte. Un pueblo en Batangas.

BAUAY. pp. Caña alta de pescar dalag, en cuyo remate cuelga el cordel.

BAUAYBAUAY. pp. Una frutilla medicinal.

BAUAT. pp. Es *Bauaat*. Significa como amenaza. *Baua at paroon ca, ay hahampasin quita*, si vas, llevarás.

BAUAT. pp. Cualquiera, lo mismo que *balang*, al paso que. *Baua,t, mayama,i, honghang*, al paso que es rico, es tonto.

BAUAS. pp. Reformar, quitar lo superfluo, menguar. *B. in. M*, quitar tomando. *Mag*, quitar dando. *An*, para quien ó de quien. *Bauasan mo ang ducha nang palay*, quita de tu arroz para el pobre. Tambien por la de Vm. *Bauasan mo iyang manğa tapayan*, quita algo de las tinajas. *In*, lo que. *An*, de donde. *Na*, lo quitado.

BAUAS. pp. Aflojar como el viento, calentura, &c. *Nabauasa na*. Lo que causa, *Maca*. Pasiva, *Ica*. El que manda, *Magpa*. *Magbauas ca nang halaga*, baja el precio. *Hindi mabauasan sa lima*, no puedo menos de cinco.

BAUAS. pp. Amigo íntimo. Si *Bauas*, el que come de un pan.

BAUAS. pp. Irónicamente es echar mas en el vaso. *Bauas Calumpit*, quita como los de Calumpit, que lo hacen echando mas.

BAUI. pp. Quitar lo ya dado, desquitarse, desdecirse. *B. in. M*, quitar lo dado. *In*, lo que. *An*, á quien. Si muchos, *Mag*. pc. Desdecir la palabra, deshacer el contrato, *Mag*. pp.

Mabaui quita nang canitang pagtotoñgo, deshagamos nuestro contrato. Los dos, *Mag-an*.

BAUI. pp. Desquitar en el juego. Si los dos, *Mag*. El uno, *Naca*. De quien, *An*. Desquitado, *Na*. *Pagbaui*, acto de quitar lo dado. *Pagbabaui*, acto de desquitarse.

BAUIG. pp. Alzaprima. *Mag*, hacerla. *In*, de que. *An*, lo levantado con ella.

BAUIG. pp. Caña con que se pesca, y con que arman los lazos para coger pájaros. *B. in. M*, cortarla. *Mag*, tenerla.

BAUIGAN. pc. La caña que se pone para que esté tirante el lazo. *Mag*, ponerla. *An*, el lugar. In, el lazo.

BAUIT. pp Torcimiento ó lisiamiento de los dedos. *Ma*, estarlo. *An*, el que.

BAUO. pp. Viudo, ó viuda. *Ma*, estarlo. *Quinauohan*, de quien. *Pagca bauo*. Viudez. *Babauohin*, pp. l. *Mabauohin*, el que enviuda muchas veces.

BAUO. pc. Traer luto, *Mag*. *Pinagbabauohan*. pc. Por quien. *Bauong balio*, se dice de quien se le murió el *catipan* antes de casarse.

BAUCAN. pc. Gallo ó gallina con barbas. *Mag*, hacerse tal.

BAUOBO. pp. Habas silvestres de color castaño con que juegan los muchachos. *Mag*, jugar con ellas.

BAUOL. pp. Cosa comenzada como en diseño. *B. in. M*, hacer algo asi. Solo cuadra á cosas de madera.

BAUON. pp. Matalotage para el camino. *Mag*, prevenirlo, llevarlo. *In*, lo que. *An*, ó *Pag-an*, en que. *Magpa*, darlo á otro. *Ipa*, lo que. *Pa-an*, á quien. *Pagpapaan*, en que. *Pabauon*, dinero que dá uno fuera de su salario.

BAUOTO. pp. Banca grande.

BAYA. pp. Espacio, sosiego, *mabayang loob*. Espacioso, manso, *mabayang gomaua*. *Mag*, hacer con sosiego. Lo que, *Y*. Lo hecho despacio, *In*.

BAYABA. pp. Negritos de los montes de Casasay. *Mag*. pc. Imitarlos.

BAYABAG. pp. Puntal que ponen mientras mudan el arigüe, *Mag*. Lo que, *In*. El lugar, *An*.

BAYABAS. pp. Árbol y fruta de guayabas. *B. in. M*, cogerlas. *Pamaan*, donde. Tenido por tal, *In*. *Bayabasan*, lugar donde siempre van á cogerlas. *Mag*, venderlas.

BAYABAY. pp. Andar vagamundo por los pueblos, *Mag*. Los pueblos andados, *In*. Con que ó por que, *Ipag*. Los mismos pueblos, *An*, l. *Pag-an*.

BAYAC. pp. Certificarse, *B. in. M*. Lo que, *In*.

BAYACAN. pc. Murciélago grande. *B. in. M*, cogerlo. *Binabayacan*, lo echado á perder por él, tenido por tal. *An*, el lugar. *Mag*, venderlo.

BAYACQUIR. Lo mismo que *Tisor*, con sus juegos.

BAYAQUIS. pc. La punta de la manta que se pone el hombre delante prendiéndola en la cintura. *Mag*, prenderla, *Y*, l. *In*, punta prendida. *B. in. M*. l. *Mag*, andar asi.

BAYAG. pc. Turmas. *Bayaguin*, l. *Bababayaguin*, de grandes.

BAYAG. pc. El buche del amizcle. *Cabayag*, uno.

BAYAGBAG. pc. Un animal como la iguana.

BAYAGCAMBING. pc. Una frutilla de una yerva medicinal.

BAYAIS. pc. Hombre ruin y de malas costumbres. *Magpaca*, hacerse tal. *Cabayaisan*, ruindad.

BAYAIS. pc. Desconcertarse, reñir, *Mag*. la causa. *Y*, l. *Ipag*.

BAYAIS. pc. Estar sentado con congoja por la estrechura del lugar. *Bayais napaglocloc*, sentado con congoja, congoja de la estrechura. *Dili mapalagay, at nanayais ang loob*, *Nagbabayais*, l. *Nagcacabayaisan*, tenerse antipatía.

BAYAN. pp. Pueblo, espacio que hay de aqui al cielo. *Mag*, hacerlo. *In*, la tierra de que. *Pag-an*, lugar donde se funda. *Mag*, pc. buscar lugar donde se pueda hacer. Tambien *Mag*, repartir segun los pueblos y no la gente. *Maquipag*, ayudar á fundarlo. *Maqui*, vivir en el pueblo fundado.

BAYAN. pp. Vivir en el pueblo, *B. in. M*. *Pamaan*, el pueblo en que vive. *Pinapamamayan*, dejarle vivir en el pueblo. *Hindi ca papamamayanin dito*, no te dejarán vivir aqui. *Namamayan*, pc. estrañar la vivienda.

BAYAN pp. Morar en pueblo, ser vecino, *Maqui*. Ser de un pueblo, *Cababayan*.

BAYAN. pp. Peregrinar, ó desterrado. *Nañgiñgibang Bayan*, el que anda asi. *Pa-gan*, donde. *Sangbayanan*, pc. todo el pueblo.

BAYAN. pc. Dia. *Malalim ang Bayan*, dia grande, ó medio dia.

BAYAN. pp. Tiempo. *Masamang Bayan*, mal tiempo.

BAYANG. pp. Sahumar jarros ó cántaros, *Mag*. El jarro, *Y*, l. *An*.

BAYAÑGAO. pc. Mosca de caballo, vaca, &c. *B. in. M*, cogerlas. *Magcaca*, haberlas. *In*, ser molestado de ellas, ser tenido por tal. *Mag*, imitarla.

BAYANGBANG. pc. Una yerva como bledos.

BAYAÑGOT. pc. Unos como hongos, pegados á los árboles.

BAYANI. pp. Valiente, animoso. *Mag*, pc. Hacerse, fingirse. *Pag-han*, pc. Contra quien. *Ipa*, po. La causa.

BAYANI. pp. Obra comun. *Mag*, los que se juntan para ella. *Han*, ser juntado para la obra. *Pag-han*, tal obra, ó los que van á hacerla.

BAYANING TIPI. pp. Muy valeroso.

BAYAO. pp. Quieto, sosegado, *Mabayao na loob*, de corazon sosegado.

BAYAO. pc. Cuñado entre varones: en las mugeres es *Hipag*. *Mag*, dos cuñados. *Magbayauoin*, los que tratan de serlo.

BAYAR. pp. Recompensar una cosa por otra, pagar deuda. *Mag*, pagarla. *Y*, con que. *An*, la deuda. *Maca*, poder. *Magcà*, pagar una deuda por otra. *Mabayaran*, lo que se puede pagar. *Maybayar*, con lo que se puede.

BAYAR. pp. Tapar agujero, añadir á lo que falta. *Pabayaran*, l. *Bayaran ang cacolañgan*, tapar falta.

BAYAR. pp. Comprar y vender esclavos *B. in. M*. *Bayaran mo ang alipin*, cómprale. *Ibayar mo aco nang alipin*, cómprame uno. *Mag*, venderlo. *Ipagbayar mo ang alipin*, véndelo. *Ipagbayar mo aco*, vendémelo. *Pinagbayaran*, á quien lo vendió. *Nabayaran*, vendido acaso. *Napagbayaran*, comprado acaso. *Magca*, los dos, comprador y vendedor. *Magca-an*, mútuo. Frecuent. *Mamamayar*.

BAYAR HIPA. pc. Gasto que se hace en comer, con los juegos del primero.

BAYAT. pp. Cachaza, flojo. *Houag mong bayatan ang paggaua*, no obres con cachaza. *Magpaca*, hacerse cachazudo.

BAYATI. pc. Ó mejor *baiyti*, una yerva como *baguing* con que emborrachan á los peces.

BAYAUAC. pp. Iguana.

BAYAUANG. pc. Cintura, lomos. *B. in. M*, poner las manos en la cintura. *Bayauangan mo*, cógele por la cintura.

BAYAUIS. pc. Vide *Balauis*, hombre intratable, de mala condicion.

BAYAVIS. pc. Ceñirse. *Magbayavis ca*, lo mismo que *Magpamigquis ca*.

BAIGOR. pc. Pasar ave, piedra ó persona casi rozando contra piedra, navío, &c. *Vm*. Contra que, *An*. Acaso, *Ma*. Cerca de que, *Na-an*, l. *Ca-an*. Causa, *Ica*.

BAYBAY. pc. Orilla del mar. *Mag*, *l. Mamaybay*, caminar por ella ó navegar. *Ipinamaybay ang bangca*, llevarle la banca por la orilla. *Pabaybay ca*, arrímate á ella. *Binaybay*, mirar por ella si hay algun daño.

BAYBAY. pc. Muñir gente, apercibirla, *Namamaybay*. La gente, *In*. *Mamaybay*, el muñidor. *Cabaybay nang maguinoo*, está en hilera con el principal.

BAYBAYIN. pp. La ribera.

BAYBAYIN. pp. El A B C Tagalo. *Mag*, deletrearlo.

BAYI. pp. Madre ó abuela. *Halica rini bayi*, ven acá vida mia. Pero si otro lo dice, es afrenta. *Aco,i, pinababayihan niya*, me afrenta con mi madre.

BAYI. pp. Interjeccion. *Ay ay Bayi aco*. *Ay bayi aco sa anac co*, pobre de mí.

BAYCQUI. pp. Una como papera, que causa calentura. *Bayquiin*, tenerla. *Pagbayquiin*, muchas.

BAYMBYI. pc. Cascabel. *Mag*, traerlo. *An*, l. *Pag-an*, serle puesto *In*, puestos y traidos.

BAYINO. pp. Flores encarnadas comestibles. *Bulac bayino*, color encarnado.

BAYTANG. pp. Gradas de escalera. *Namama*, l. *Nagbaba*, hacerlas. *In*, los palos de que. *An*, la escalera.

BAYIONGAN. pp. La caña en que atan el anzuelo.

BAYNAT. pc. Recaida del enfermo. *Namama*, l. *Nababa*, el que recae. *Binaba*, l. *Pinama*, el que es hecho recaer. *Naca*, causa. *Quinababaynatan*, el lugar en que. Tambien en pasiva, *Ica*. *Panghimaynat*. pc. Medicina que se aplica al convaleciente. *Nanghihimaynat*, el que la toma.

BAYNGAO. pc. Moscardones grandes que pican.

BAYNOS. pc. Coger el algodon. *Namama*, l. *Nagbaba*, cogerlo. *In*, ser cogido. *Pag-an*, la tierra donde.

BAYO. pp. Estaca ó arrimo de árbol. *Mag*, ponerla. *Y*, el palo. *Han*, el árbol á que.

BAYO. pc. Moler arroz, trigo, mijo. *Nababayo*, el que muele. Si mucho, *Mag*. Muchos juntos, *Mag-han*, l. *Nagpapanbayo*. *Namamayo*, l. *Nanbaba*, muchas veces. *Bayin*, lo que. *Bayohan*, donde. *Pambayo*, con que. *Mabayohin*, pp. El que pocas veces. *Mabayohin*, pc. El que muchas.

BAYO. pc. Apretar la tierra con pison. *Ma*. La tierra, *In*.

BAYOBAY. pp. Cosa colgada, como cabeza cortada, para que la vea el enemigo, *Mag*. Lo que, *Y*. La obra, *An*.

BAYOG. pc. Un género de árbol.

BAYOBO. pp. Aporcar, como cardos, escarola, lechugas. *Mag*. Lo que, *An*.

BAYOGUIN. pp. Hombre cobarde que anda en trage de muger. *Bayoguin ca, con di mo gauin ito*, no eres hombre, sino hicieres esto. *Mag*, hacerse tal.

BAYOGUIN. pp. Arroz ó maiz desmedrado que no da bien el fruto, *Namamayoguin ang palay*.

BAYOGO. pp. Vide *Baogo*.

BAY-ONG. pc. Cesto. *Mag*, tenerlo. *In*, de que se hace. *An*, donde. *Manlalala nang Bay-ong*, tejedor.

BAYORBOR. pc. Hojas, y palos cubiertos de tierra, que se hace como sobrehaz de la tierra. *Bayorboran mo*. *In*, la tierra hecha asi. Itt. Mullir, ó moler como tierra. *Na*, estarlo. *In*, serlo. *Mag*, mullir. *An*, donde.

BAYSA. pc. Trox, granero.

BAYSAC. pc. Estar muy mojado el suelo, derramar mucha agua. *Na*, mas. *Nagcaca*. *Bayasaquin mo*, empápalo. *Mag*, empapar, tambien empaparse. *In*, lo que. *Paan*, el lugar. *Ipag*, la causa. Sinónomos. *Bisac*.

BAYSAN. pp. Consuegros. *Mag*, hacerse tales casando los hijos. *In*, los hijos. *Magbabaysanin*, cuando todavía no está hecho el casamiento. *Ipinag*, los dos desposados. Sinónom. *Balayi*.

BAYSÍ. pc. Canícula, *Tagbaysi*, tiempo de canícula. *Babaysi na*, ya están cerca las aguas.

BAYSOC. pc. Un género de Venecía. *Nanaysoc*, sacar vino con ella. *In*, lo que, ó de que. *An*, la vasija. *Mag*, tenerla, hacerla. *Pag-an*, donde. *Pababaysoc*, acto.

BAYSONG. pc. Un pájaro asi llamado.

BAYTO. pc. *Baytona*: Ea, que ya está aqui.

B antes de I.

BIA. pp. Un género de pescado blanco, delicado, de la Laguna: otros dicen *Biya*.

BIAC. pc. Hendidura. Hender, cosa pequeña. *B. in. M*. l. *Mag*. *In*. lo que. *An*, mejor. *Pag-an*, l. *Pagca-an*, por donde se rajó. *Mag*, lo que se rajó. Con *Mag*, es repartir lo rajado. *Dili magbibiac nang tubo ang maramot*, dice el muchacho del otro que no le quiere dar una raja de caña dulce. *Pagbiac*, l. *Pabibiac*, acto. *Cabiac*, una raja. Sinónomos, *Aab*, *Baac*, *Tipac*. pc. *Pisang*, *Guitang*.

BIAC. pc. Metafóricamente, se dice del que se está riendo. *Nabibiac mandin con tumaua*. Parece palo rajado cuando se rie.

BIAC. pc. Concertarse lo que juegan à gallos à partir el gallo vencido. Vide *Piac.*

BIANAN. pc. Suegro ó suegra. *Namimianan*, pretender tomarle por tal. *In*, el tomado. *Mag*, tener suegro ó suegra, ó los dos. Ó los dos, suegro y yerno. *Marunong magbianan si Pedro.* Sabe portarse como yerno. *Marunong magmanugang si Juan.* Sabe cuidar del yerno.

BIAS. pp. Cañuto de caña. *Cabias*, uno. *B. in. M*, nacer. *Magca*, tenerlo. *In*, ser cortado.

BIAS. pp. Canilla de brazo ó pierna, no la espinilla.

BIASBIAS. pp. Un género de enredadera. Sinónomos, *Culiat, Taualan.* En otras partes es lo mismo que *Ticasticas.*

BIASBIASAN. pp. Enredadera cuyo interior sirve para cordeles.

BIAYA. pp. Vide *Biyaya.*

BIBAY. pp. Vide *Baybay*, con sus juegos.

BIBI. pp. Llamar á los patos. *Hin*, ser llamado. *Han*, á donde. Los patos pequeños se llaman *Bibi.*

BIBI. pp. *Pamibi.* Esclamacion para qué á él ó á otro le suceda bien ó mal. *Anong di pamibing sumpa sa caniyang catauan!* ¡Qué maldiciones no se ha echado así mismo!

BIBGI. pc. Boca de animal, hombre, ó cualquiera otra cosa á quien le cuadre. *Mag*, hablar mucho. *Pag-an*, contra quien. *Ualang di binibibig*, todo lo dice; y para exagerar mas. *Magbibibibig.*

BIBIG. pc. Hablar por boca de otro. *Aco po,i, bibiguin mo sa Padre*, habla por mí, ó sé mi boca para con el padre.

BIBIGAN. pc. Hablador, deslenguado. *Mag*, hacerse tal. *Pinagbibigan aco*, me atropelló con su boca deslenguada.

BIBIHIRA. pp. Diferencia. *Nagcaca.*

BIBINGA. pp. Tiestos pequeños.

BIBINGCA. pc. Una comidilla de harina al horno que hacen los Tagalos.

BIBIRANGIN. pp. Especie de culebra, lo mismo que *Ampipiis.*

BIBIT. pp. Fantasmas, *Anito.*

BICA. pc. Partir cosas no muy grandes, *B. in. M. In*, lo que. *Y*, con que. *Mag*, si muchas. *Pinag*, l. *Ipag*, lo que. *Pamica*, el instrumento.

BICA. pp. Parras silvestres.

BICACÁ. pp. Abrir las piernas. *Mag.* Las piernas, *Y*, l. *In.* En presencia de quien, *An*; pero *Bicacaing babaye* sumitur in malam partem. *Ma*, estar asi. *Mag*, andar asi Sinónomo, *Bisaclat.*

BICANGCANG. pc. Abrirse las almejas ó semilla. *Vm*, irse abriendo. *In*, lo que. Tambien irse abriendo las piernas de la muger dormida.

BICALOT. pp. Sin vergüenza. *Ualang bicalot.* Siempre se usa con negativa, sin vergüenza.

BICAS. pc. Disparar la flecha. *B. in. M.* l. *Mag.* Ser soltada la flecha, *In.* Á quien, *An.* Soltarse, *Ma.* *Capagca bigcas nang bibig, ay sumpa.* Abriendo la boca luego maldice. *Nabigcas na, ay magsasaolí pa?* Palabra suelta, no tiene vuelta. *Nabicas*, l. *binicas ang hatol.* Ya se dió la sentencia.

BICAS. pc. Talle ó maña, *Mag.*

BICAT. pp. Lamparones. *Mag*, l. *Magca*, tenerlos. *In*, el que los tiene. *Bicain*, pp. Padecer mucho de lamparones.

BICAT. pp. Cáncer.

BICATOT. pc. Un género de red para pescar, ó *Bucatot.*

BICHÓ. pc. Por poco.

BICHA. pc. Vide *Bigha*, con sus juegos.

BICLANG. pc. Encojer las piernas. *Mag*, l. *B. in. M.* Encojerse. *An*, á quien. *In*, la misma postura *Biclangin mo ang pagtindig.* Frecuent. *Mabiclangin.* pc. l. *Magpagbiclang.*

BICLANG. pc. Poner unos palos atravesados en la banca, con los mismos juegos del antecedente.

BICLAR. pc. Descoger, desdoblar. *B. in. M.* Si mucho, *Mag.* Lo que, *In.* El lugar ó la persona, *An.* Lo desdoblado, *Na.*

BICLAS. pc. Hacer presto algo, *Mag.* Lo que, *In.*

BICLAS. pc. Romper con ambas manos, desgarrar algo. Vide *Viclas, Vilas*, con sus composiciones.

BICLAT. pc. Apartarse la tabla de los corbatenes de la banca, *Mag.* Estar desencajada, *Na.*

BICLAT. pc. Despegar hojas, corteza del plátano. *B. in. M.* La corteza, *In.* Á lo que, *An.*

BICO. pc. El que no acierta á lo que tira. *Nabibicong maná*, erró el tiro de la flecha.

BICOHAN. pp. Vide *Balaquilan.*

BICOL. pp. Árbol duro. *Aco,i, namimicol*, parece que estoy cortando al bicol.

BICQUI. pp. Lobanillo debajo de la barba ó papera. *In*, estar enfermo de ella, ó tenerla. *An*, l. *Pag-an*, el lugar.

BICQUIG. pc. Atravesarse una espina en la garganta, *Mag.* La garganta, *In.* El lugar, *An.* Estar atravesada, *Na.*

BIQUIL. pp. Bulto que se tienta en el vientre del enfermo, ó se vé en los carrillos. *B. in. M.* Aparecerse bulto, *Mag.* Doblando la raiz estar asi. *Nagbibiquilbicquil sa tian.* El lugar, *An.* Si muchos, *Pag-an.*

BICSÁ. pc. Aunque. *Bicsa at masamang pagdaramit, ay mayaman din.* Aunque se viste mal, es rico.

BICSO. Vide *Bitso.*

BICTAS. pc. Vide *Bigtas.*

BICTI. pc. Ahogar, como quien da garrote. *B. in. M.* Á otro, *Hin.* Á quien, *Pinagbibictihan. Mag*, ahorcarse. *Ipag*, porque. *Paghan*, donde. *Mamictimicti nang paghanap: Nagcacasaquit.*

BICTI. pc. Comer hasta reventar. *Nagbibictin buya.*

BIDYA. pc. Los trastes de la guitarra. *Codyapi.*

BIGA. pp. Yerva de hojas anchas.

BIGA. pp. Vivir lujuriosamente. *Bigain*, el que. *Mag*, andar amancebado. *Palabigang tauo*, hablador.

BIGA. pp. Un hablador.

BIGAAN. pp. Un pueblo asi llamado en la Laguna y en Ilocos.

BIGAL. pc. Flaco, y medio consumido por mucho trabajar. *Vm*, ponerse tal. *Ma*, estarlo. *Ica*, la causa. En activa, *Maca.*

BIGAL. pc. Estar muy apiñada la fruta en el racimo. *Mabigal na bunga.*

BIGANG. pc. Apartarse la tabla de los corbatones. *Mag*, apartarla. *Ma*, apartarse. Sinónomo. *Bichang*.

BIGAO. pc. Atronar con voces. *B. in. M.* Á quien, *In*. Si muchos, *Mag*. Á quienes, *Paghin*. Lo que causa, *Maca*. Estar atronado. *Ma, aco,i, nabibigao sa iyo*. Me tienes atronado.

BIGAS. pc. Arroz limpio, sin cáscara. *Mag*, limpiarlo. *In*, el arroz. *An*, pc. Donde se limpia. *An*, pp. Donde se guarda. *Cabigasan*. pc. Un grano.

BIG-AT. pc. Peso, pesar. *B. in. M*, hacerse pesado. *Ninig-at*, lengua torpe y pesada. *Mag*, cargar de mas peso á otro. *Binibig-atan*, á quien. *Maca*, lo que causa. *Ica*, en pasiva, *Na-an*, el cargado. *Nabig-at*, cosa pesada. *Mabigat na loob*, estar con pesadumbre. Con *Vm*, arreciar la enfermedad. *Macabigat*, venado pequeño, á quien apuntan ya los pitones.

BIGAY. pc. Dádiva, dar. *Mag*. Lo que, *Y*. Á quien. *An*. Acto, *Pagbibigay*. Dadivoso, *mapagbigay*. *Namimigay*, el que distribuye y dá de continuo. *Ipa*, lo que. *Pamaan*, á quienes. *Mapamigay*, dadivoso. *Namimigay*, tambien es dar lo ageno.

BIGAY AHON. pc. Portazgo. *Mag*. Lo que, *Ipinag*. Á quien, *Paghin*.

BIGAY CAYA. pp. Dote, con los juegos del antecedente.

BIGAY TOUA. pp. Complacer á otro, con los juegos del antecedente.

BIGAY BAHALA. pp. Perturbar al que está sosegado, con los juegos del antecedente.

BIGCANG. pc. Lo mismo que *Tigcang*.

BIGCAS. pc. Lo mismo que *Bicas*, con sus juegos.

BIGCQUIS. pc. Atado, manojo, Liar, *Mag In*, l. *Pag-in*, los manojos. *Y*, con que. *Bigcquisin mo yaong cogon*.

BIGCQUIS. pc. Ceñir ó ceñirse. *Na*, lo ceñido. *B. in. M*, andar ciñendo. Lo mismo es *Nagpapa*. *Pamigcquis*, ceñidor.

BIG-HÁ. pc. Nube que se pone delante del sol ó luna. *Namimig-haan ang arao*, l. *Nabibighaan*. *Mag*, estar oscurecido. *In*, oscurecido. *An*, serlo. *Maca*, la causa. *Nabig-há*, oscurecióse.

BIG-HANI. pp. Pacífico de corazon con el *di*, antes. *Di mabig-hani muntic man*. Sin el *di*, lo contrario. *Big-haning tauo*, hombre enojadizo. *Mag*, pc. Hacerse. *Y*, porque, *Pag-han*. pc. Contra quien. *Palabig-hani*. pc. Frecuent.

BIGTAL. pc. Quebrar, como anillo. *B. in. M*. Lo que, *In*. Vide *Bactal*, l. *Bagtal*.

BIGSAC. pc. Dar. *Ibinigsac na pinaminsanan*, lo dió de un golpe todo.

BIGTING. pc. Cuando convidan al que acabó de comer su porcion sin darle otra, dice, *Bigtingnanḡa po, at cumain nang pingan*.

BIGUIL. pp. Tolondron, ronchas. *Biguil biguil*, lobanillos. *Binibiguil*, tenerlos.

BIGLAO. pp. Fruta medio madura. *Ma*, irse poniendo. *An*, el árbol cuya fruta se vá poniendo medio madura. *Biglao pa: Hilao pa*.

BIGLÁ. pc. Presteza. *Mag*, darse prisa. *In*, lo que se hace con ella. *Biglain mong bucsan*, l. *Biglabiglain*, abre presto. *An*, el lugar ó persona. *Y*, cosa que. *Pagbibigla*, acto. *Mapagbigla* hombre apresurado. *Cabiglaan*, apresuramiento.

BIGLÁ. pc. Abreviar. *Biglain mo ang tolol mo*, abrevia tu informe. *Biglang saquit*. *Biglang camatayan*. *Biglabiglang loob*, precipitado.

BIGLAY. pc. Cachaza. *Mag*, irse haciendo tal. *Cabiglayan*, abstracto. *Mabiglay*, cachazudo.

BIGLAY. pc. relajamiento del cuerpo, como medio acalenturado. *Mabiglay ang cataoan co, diua,i, aco,i, magcacasaquit*. Estoy desmadejado, parece que estoy enfermo. Sinónomo. *Tamlay*.

BIGNAY. pc. Cierta fruta colorada.

BIGO. pp. palma silvestre.

BIGO. pc. El que no acierta cuando tira, ó juega. *Bigong tauo*. *Nabigo ca,t, hindi mo tinamaan*. Erraste el tiro.

BIGO. pc. Acertar el tiro; pero se ha de conjugar asi. *Naninigo*. Tambien sale de él *Çanigoan*, que es como blanco ó terrero.

BIGSÁ. pc. Lo mismo que *Bista*.

BIGSAC. pc. Labores particulares. *B. in. M*. l. *Mag*. Estampar la tal labor. *Y*, con que. *An*, la manta. *Mamimigsac*, el oficial.

BIGSAC. pc. Ser uno arrojado sin reparar en lo que dice. Su contrario es *Tipi*, y se conjura como él.

BIGTAS. pc. Descoser, desgarrarse, quebrarse el hilo ó cordel. *Mag*, desgarrar, l. *Maca*. *In*, lo que. *An*, de donde. *Na*, estarlo. *Na-an*, lo de que se desgajó. Son sus hermanos. *Liglas*, y *Lagtas*.

BIGTING. pc. Tenazas como alicate. *Mag*, venderlas ó traerlas. *Bigtinḡin ang pagtanḡan*, hazlo como con tenazas.

BIGUAS. pc. Tirar el anzuelo. *B. in. M*. tirar la caña. *In*, la misma tirada. *An*, pp. El lugar, l. *Pamiguasan*. pp. Si frecuentemente. pc. Tambien. *Mag*. *Pamiguas*, pc. l. *Biguasan*. pp. El instrumento. *Pagbiguas*, l. *Pagbibi*, l. *Pamimi*, actos. *Biguas biguas cun manḡusap*, habla sin concierto.

BIHAG. pp. Cautivo, cautivar. *B. in. M. In*, á quien. *An*, á donde. *Mag*, tenerlo en su poder. *Mag*. pc. Cautivar á muchos. *Pag, In*. pc. Á quienes. *Pag-an*, pc. Á donde. *Quinabibihagan*, el lugar donde está cautivo. *Naca*, cautivar. *Na*, estarlo. *Pagbihag*, l. *Pagca*, l. *Cabihagan*, cautiverio. *Mapagbihag*, l. *Mamimihag*. Frecuent. *Napa*, dejarse.

BIHAG. pp. Retoñar las plantas. *Mag*. *Bihag na pananim*. Planta que revive. Metáf. *Ang pinagcacabihagan ni Pedro, ay ang canin na ipinahatid sa caniya*, revivió con la comida que le enviaron.

BIHASA. pc. Costumbre, maña. *Namimihasa*, el que se acostumbra. *Pinamimisanhan*, á que. *Napapamisanhan cong ito*, estoy acostumbrado á esto. *Quinamimisanhan*, l. *Quinabibihasaan*, en que. *Nagpapamihasa*, el acostumbrar á otro. *Houag papamisanhin ang catao-an sa masamá*, no acostumbres el cuerpo á cosas malas. *Nacapapamihasa*, causa de acostumbrarse. *Ica*, pasiva.

BIHASA. pp. Ensayarse para algo. *Mag*, duplicando la raiz. Lo que, *Pinagbibihasanan*. *Cabihasa*, amigo. *Magca*, dos. *Magcaca*, muchos.

BIHASA. pp. Amancebarse. *Nagcacabihasa. Cabihasahin*, la manceba. *Pagcabihasa*, acto de tenerla. *Pamimihasa*, acto de acostumbrarse. Tambien tener práctica ó esperiencia. *Bihasang gomaua. Bihasang tomacbo*, &c. Acostumbrado á trabajar, á correr.

BIHAY. pp. Rasgar como quien hace venda, es mas que *punit. B. in. M.* Lo que, *In.* Para quien, *An. Mag*, rasgar para darlo. *Mag.* pc. Rasgar mucho. *Na*, estar rasgado, l. *Bihay na.* pc. *Y*, metafóricamente, se dice de la muger corrupta.

BIHIRA. pp. Apenas. *Binibihira co na ang nagsiparito*, tengo por pocos los que han venido. *Bihirang arao na di ipinarito*, raro es el dia que no viene. *Bihirang di naparon*, casi todos fueron. *Mahina pa, ay bihirang macalacad*, está flojo, apenas puede andar.

BIHIRA. pp. Diferenciar. *Mag, pagbihirain mo ang canin*, pon diferente comida. *Nagcacabihira sila nang pagdaramit*, se diferencian en el vestido.

BIHIS. pp. Mudarse el vestido. *Mag*, el vestido que se pone en lugar del que traia. *Pag-an*, el que deja. *Binihis*, l. *Pinagbihisan*, l. *Pinagbisan. Mihis ca nang bata*, mudar al muchacho. *An*, el muchacho.

BIHIS. pp. Retribuir, recompensar. *B. in. M*, l. *Mag.* Lo que dá, *Y.* Á quien, *In. Pagbibihis*, acto. *Mapagbihis*, frecuentativo. *Nagcacabihisan*, recompensarse mútuo.

BIYC. pc. Lechon. Sinónom. *Buyic.*

BIYNG. pc. Ladeado ó torcido, ó al soslayo, como dosel. *Mag*, ladearse. *In*, l. *Y*, ladearlo. *An*, donde se ladea. *Na*, l. *Napapa*, l. *Nagcaca*, estar ladeado.

BILA. pc. Desportillar, *Maca.* Lo que; *In.* Estar, *Ma.* Sinónomo. *Pila.* pc. l. *Pingal.*

BILÁ. pp. Las cañas que se ponen en las cercas atravesadas para afirmarlas, *Mag.* La cerca, *An.* Las cañas, *Y.*

BILAG. pc. Deshacerse la junta de mucha gente en bodas, &c. *B. in. M.* l. *Mag*, deshacerla. *In*, la gente. *Y*, la causa. *An*, el lugar. *Nang dumating aco, ay nagbibilag na.* Al llegar yo, se esparcieron.

BILAHI. pp. Pescado, ó carne á modo de tasajo medio seco. *Namilahi pa*, l. *Nabibilahi*, está todavía medio seco. *In*, ser hecho así. *An*, el lugar. De la tierra medio mojada dicen, *Pinamimilahian.*

BILANG. pp. Contar, numerar. *B. in. M.* Si mucho, *Mag.* pc. *In*, l. *Pag-in*, lo que. *An*, á quien, ó de quien. *Di mabilang*, innumerable. *Mag*, pp. celebrar algun concierto, como venta, dote, &c. *Pagbilang*, l. *Pagbibilang*, pc. l. *Pamimi*, acto de contar. *Mamimilang*, l. *Mapagbilang*, contador.

BILANG. pp. Meter en la cuenta, *Maquiqui.* Lo que, *Ipaqui.*

BILANG. pp. Echar en la cuenta para que crezca el número, *Nagsasabinilangan*, Lo que, *Pagsasabinilangan.* Lo metido, *Ipinaquiquisabinilangan.*

BILANG. pp. Adverbio, como en lugar. *Bilang capatid, bilang Ama co*, es como. *Cabilang, casingbilang, singbilang*, el que entra en la cuenta. *Bilangin mo aco capatid niya*, tenme como hermano.

BILANGAN. pc. Lista de los contados.

BILANGÓ. pc. Alguacil. *Mag*, hacer oficio de tal. *In*, á quien. *An*, á donde. *Mag*, tambien hacer *Bilango. In*, ser hecho.

BILANGÓ. pc. Encarcelar. *B. in. M. Mag. In*, á quien. *An*, á donde. *Na*, estarlo. *Bilangoan*, pp. Cárcel. *Mag*, hacerla ó tenerla. *Bilangoanin*, ser hecha. *Bilangoanan*, donde se hace.

BILAONG. pc. Hoyo de carabao.

BILAO. pc. Espantar. *B. in. M.* l. *Mag. In*, á quien. *An*, el lugar, l. *Pag-an.* Con que, *Y.* Estarlo, *Na.*

BILAOS. pp. Pantanal. Vide *Bulaos*, con sus juegos.

BILAR. pp. Banda ó collar. *Mag*, ponerla. *In*, de que se hace. *An*, á quien.

BILAR. pc. Cosa puesta al sol para secarla. *Mag*, ponerla. *Y*, lo que. *An*, donde. *Bilaran.* pp. Cordel donde se pone la ropa al sol. *Na*, estar puesto.

BILAR. pc. Ponerse al sol como el viejo ó el que tiene frio. *Mag.*

BILAR. pc. Rozar la sementera para que se muera la yerva, *Mag.* La yerva, *Y.*

BILAS. pc. Concuños. *Magbilas*, dos casados con hermanos. *Bibilasin*, el que se ha de tomar por *Bilas. Pinagbibilasan*, las hermanas respecto de los hombres, ó los hombres respecto de las mugeres.

BILASA. pp. Carne ó pescado medio podrido. *Mag*, ponerlo á medio podrir. *In*, lo que. *An*, donde. *Bilasaan mo iyang pingan. Naca*, la causa. *Ica*, pasiva. Metáf. *Nabibilasa na ang cataoan co nang pagaalila sa iyo*, estoy medio podrido de cuidarte.

BILAVO. pp. Harnero, ó criba. *Mag*, hacerlo, tenerlo. *Hin*, de que. *Han*, á donde.

BILAVO. pp. Enviar muchos llenos de comidas, dulces, y el vino á la novia y sus padres el dia antes de dar el dote, *Mag.* Las cosas enviadas, *Hin.* Á quien, *Paghan.*

BILAVO. pp. Una supersticion que hacen poniendo en un harnero unas tigeras para descubrir el ladron, *Mag.* La persona por quien, *Ipag.* El lugar, *Paghan.*

BILAY. pp. Es mas que *Bihay.* Vide *Bihay, Tilas, Pilas, Guisi*, con sus juegos.

BILI. pc. Comprar, vender como no sea esclavo, *B. in. M.* l. *Vm*, comprar. *Hin*, lo que. *Y*, con que. *Han*, de quien. *Pagbili*, acto. Tambien, *Ibili mo aco.* Compra para mí. *Na*, lo comprado. *Nahan*, de quien. *Naca*, el que en efecto compró. *Namimili*, el que anda. *Ipina*, con qué precio, causa, tiempo. *Pinahan*, de quienes. *Pamimili*, acto.

BILI. pc. Vender. *Ipag*, lo que. *Pag-han*, lugar, ó á quien. Tambien el precio en que. *Naipag*, lo vendido, acaso. *Napagbilhan*, se vendió. *Cabili*, el con quien concierta la compra. *Cabilihan*, comprador ó vendedor. *Magcabilihan*, los dos. *Pagcabilhan*, lo que cuesta. *Pagcabilhan co man nang buhay, ay paroroon aco.* Iré aunque me cueste la vida. *Mura ang bilihan.* Está barato. *Mahal ang napagbilhan.*

BILI. pc. Comprar por arancel. *Bilin Hari. Man*, comprar. *Mag*, vender.

BILIBIR. pp. Enroscarse, enroscamiento. *B. in. M.* l. *Man*, enroscar en sí. *In*, lo que. *Mag*, enroscarlo á otra cosa. *Y*, lo que. *An*, el palo. Tambien *Mag*, enroscarse la culebra.

BILIC. pp. Ala, ó caida de casa. *Mag*, hacerla. *In*, de que. *Y*, con que. *An*, el lugar. *Pagbibilic*, acto.

BILIC. pc. Torcer el instrumento con que se tuerce algo, como la rueda, ó cosa semejante, *Mag*, l. *Ninilic*. Lo que, *In*.

BILIG. pp. Mudamiento de lo interior. Se usa con la negativa. *Di mabiligan*, hombre que por nada se muda.

BILIG. pc. La nube de los ojos, *Mag*. *Binibilig*, l. *Pinagbibibiligan ang mata*, tiene nube en el ojo. *Nagca*, criarse de nuevo.

BILIN. pp. Mandato, ó mandar á otro, ó por otro. *Mag*, encomendar. *Ipag*, lo que. *Pag-an*, á quien.

BILIN. pp. Hacer testamento. *Mag*, con los juegos del antecedente, y de aqui sale el *tagobilin*.

BILING. pc. Vuelta alrededor. *B. in. M.* l. *Mag*. *In*, lo que. *An*, l. *Pag-an*, lugar. *Con Mag*. Dar vueltas como la veleta, ó enfermo en la cama. *Na*, estar vuelto á una parte. *Bibilingbiling ang loob co*. Estoy con dudas. *Bilingbilingan mandin aco*, á todas partes me vuelvo.

BILING. pc. Echar la raya, *Mag*. La raya, *Y*.

BILING. pc. Equivocarse. *Nabibiling aco*, me equivoqué.

BILINGBILING. pc. Cazon. Vide *Balanacan*. *Bilingbilingan*. pp. Molinete.

BILIS. pc. Mudarse el viento, ó arreciarse. *Na*, se mudó. *Ninilis*, va arreciando. *Mabilis*, recio.

BILIT. pc. Atar entre las cañas. *Mag*. *An*, La petaca.

BILIT. pc. Estar muy cargado el árbol de fruta, *namimilit nang bunga ang cahoy*.

BILO. pp. Ovillo, borujon como cera, pellas como de manteca, &c. *B. in. M.* l. *Mag*. Revolver, emborujar. Lo que, *hin*. Lo rebujado, *paghan*. *Na*, estarlo. *Nagcaca*, mucho.

BILO. pc. *Nagcacahalobilo*, estar revueltos unos con otros.

BILOBILO. pc. Escota de la vela. Ahora ya se usa la escota.

BILOC. pp. Marear la vela á la volina. *B. in. M. Niniloc sila nang Habagat*, cogen el Oeste. *In*, el viento. *Mag*, á la volina. *Namimiloc*, pc. *Ang sundan*, tiene torcidas las puntas. *Nagbibiloc*, pc. Encoger las velas. *Namimiloc ang budhi*, de corazon torcido.

BILOCAO. pp. Un árbol de fruta muy ágria.

BILOCAS. pp. Safarse, escaparse. *Nagcabilocas*. *B. in. M.* l. *Mag*, escapar por medio. *An*, el lugar. *In*, la cosa. *Y*, la persona.

BILOG. pp. Redondear. *B. in. M. In*; l. *An*, lo hecho redondo. *Namimilog*, andar redondeando. *Mag*, pc. Mucho. *Pag-in*. pc. Lo que. *Pag-an*. pc. Á lo que. *Na*, estarlo. *Mabilog*, redondo, *Nagmamabilog*, hacerse tal. *Pagcabilog*, l. *Cabilogan*, redondez.

BILOG. pc. Banca pequeña.

BILOGAN. pp. Muy grueso. *Namimilogan*, irse poniendo tal. Abstracto, *cabiloganan*. *Bilogan tauo*, redondo.

BILOLO. pp. Un árbol.

BILOSOC. pc. l. *Bolosoc* pc. l. *Bolosol*. pp. Divieso. Á quien le sale, *In*.

BILOT. pp. Enmarañar. *B. in. M.* Lo que, *In*. El lugar, *An*. Si muchos, *Mag*, pc. *Na*, estarlo. *Naan*, acaso. *Binilotan*, de propósito.

BILOT. pc. Cachorrillo. *Mag*, criarlo. *In*, ser tenido. *An*, el lugar. Sinónom. *Tota*.

BILOY. pp. *Pili*. Tambien cualquier fruta recien caida la flor. *Biloybiloy na bonga*.

BINABAGSICAN. pp. Cuando dos ó mas compiten por ser mas. *Mag*. La causa, *Ipag*. Por lo que, *pag-an*.

BINABAGSICQUI. pp. Lo mismo que el antecedente, con sus juegos.

BINABAYI. pc. Gallo como gallina, hermafrodita.

BINACLANGAN. pc. Cabo de cuchillo.

BINALALAC. pc. Martillo.

BINALANGCAT. pc. Manilla de oro. *Mag*, traerlas. *In*, lo hecho. *An*, la mano.

BINALATAN. pc. Oro falso. *Binalatan ang loob mo con baga sa guinto*, bueno por de fuera, como oro falso.

BINALINGBING. Ochavado, cuadrado. *Cahuy na binalingbing*.

BINALINGBING. pc. Vide *Balingbing*. pc.

BINALIVIS. pp. Un género de arroz.

BINALOGO. pp. Ahorca de oro ó plata.

BINALON. pp. Acero batido. *Mag*, batirlo. *In*, el acero. *An*, donde.

BINALONGBONG. pc. Camarones ó pescadillos cogidos en cañutos de caña.

BINALONGBONG pc. Lanza sin casquillo ni rodaja.

BINALOTAC. pp. Morcilla, ó como ella.

BINANCAL. pc. Manta de ilocos, que tira á colorado.

BINANTAL. pc. Un envoltorio liado.

BINANLOC. pc. La muger que tiene cubierta la cara con alguna cosa que se trasluce. Vide los juegos de *colobong*.

BINANTOC. pc. Arracadas de plomo. *Mag*, traerlas. *In*, ser hechas. *An*, las orejas.

BINAOG. pp. *Bauog*.

BINATOC. pp. Argollas de oro, *paquisap*.

BINAT. pp. Vide *Baynat*, recaer. *Nanghihiminat*, curar la recaida.

BINAYOYO. pp. Un género de arroz: tambien un árbol.

BINAYSOC. pc. Gargantilla. *Mag*, traerla. *In*, ella. *An*, la persona.

BINGA. pc. Caracol de nácar. *Namiminga*, cogerlas. *Bingahan*, donde. *Pinamingahan*. pc. Donde muchas veces. *Mag*, tratar en ellos.

BINGABING. pc. *Cahoy na mey dagtang malagquit*, pelo de resina pegajosa.

BINGAL. pc. Vide *Pingal*.

BINGAL. pc. Quebrarse algo por pesar mucho la punta. *Na*, quebrarse. *Ca-an*, donde. *B. in. M.* Y si mucho, *Mag*. *In*, lo que. *An*, donde.

BINGAO. pp. Mella en herramienta, *malaqui ang bingao nitong sundang*. Si es adjetivo, *bingao*, pc. *B. in. M.* Mellar. *Mag*, mucho. *In*, lo que.

BINGAS. pc. Plato ó vaso desportillado. *B. in. M*, quebrarlos. *Mag*, pc. Muchos. *In*, lo que. *An*, donde. *Sino ang nacabingas nitong banga*. *Na*, estarlo. *Cabingasan*, quebradura. *Cacabingas*, un pedacito. *Bingas ang labi*, se dice del que no guarda secreto.

BINGBING. pc. Estar aislado por mal tiempo. *Na*, estarlo. *Ca-an*, el lugar. *Naca*, la causa. Pasiva, *Ica*. No tiene *Mag*, pero se dice *binibingbing tayo nang amihan*.

BINGBING. pc. Llevar algo colgado de la mano. *B. in. M.* l. *Mag*. *Bingbingin mo itong gosi*, y aun *bingbingin mo ang tainga*, llévalo por la oreja.

BINGBING. pc. Poner la embarcacion en alguna ensenada.

BINGCAG. pc. Descerrajar, *Mag*. Lo que, *In*. Sinónomo. *Lincag*.

BINCANG. pc. Piernas arqueadas. Sinónomo. *Timpang*. *Ma*, tenerlas asi.

BINGCAS. pc. Desbaratar ó destejer, como cesto, petate, &c. *B. in. M.* Si mucho, *Mag*. Lo que, *In*, l. *Pag-in*. El lugar, *An*, l. *Pag-an*. *Ma*, estarlo. *Nabingcas ang bogsoc*, se deshizo. *Sinong nacabingcas*. De aqui *Nabingcas ang osap*, desbaratóse el pleito. Metáf.

BINCAY. pc. Jugar con conchas ó tiestos, dándolos con el pié. *Namimingcay ang manga bata*.

BINGCONGAN. pp. Tiburon, que tiene una cosa atravesada en la boca.

BINDONG. pc. *Nagcacabindongbindong*, *Nagcacahiguithiguit*, sobra.

BINDONG. pc. Vide *Duyog*.

BINGI. pc. Sordo. *Na*, estarlo, ó hacerse acaso. *In*, de propósito. *Mabingi*, ir ensordeciendo. *Maca*, lo que causa. *Ica*. Pasiva. *Pagcabingi*, l. *Cabingihan*, sordera.

BINGI. pc. El que siente sordera, *namimingi*.

BINGI. pc. Fingirse sordo, *nagbibingibingihan*. *Bingingbingi*, sordo rematado. *Cabingibingi ca*, aturdes con tus voces. *Binibingi co nang binibingi, ay hindi macatanda*, por mas que le riña, no se hace capaz. Metáf.

BING-IL. pc. Estar el árbol cargado de fruta. *Namiming-il*, l. *Nagcacamingil nang bonga ang duhat*, está cargado de fruta.

BINGIT. pp. La orilla de algo. Vide *Piling*.

BINGIT. pp. La orilla del párpado donde están los pelos. *Bingit nang mata*.

BINGOT. pp. Desgarrarse la oreja. *B. in. M*, l. *Maca*, á otro. *Mag*. pc. Á muchos. *Na*. rasgarse, l. *Na-an*. *Bingot*. pc. Rasgado. *Bingot*. pc. *na babaye*, es palabra afrentosa.

BINGSAL. pc. Poner acero á la herramienta, *Mag*. Á lo que, *An*. Con que, *Y*.

BINGHI. pc. Todo género de semilla. *Mag*, guardarlas. *In*, lo que. *Pinagbinhian*, el lugar ó fruto que se coge. *Pabinhi*, lo que se dá para semilla al conlabrador. *Aco,i, pinabinhian niya*, dióme de mas la semilla.

BINI. pp. Sosiego, reposo, modesto. *Mabining tauo*, hombre modesto. *Magpaca*, obrar con reposo. *Ipaca*, lo que, ó con que. *Nagmamabini*. pp. Fingirse, l. *Nagbibinibinian*.

BINICQUÍ. pc. Lo mismo que *vingqui*, desconcertar, &c.

BINIGSA. pc. Collar.

BINIGSAYAN. pc. Lo mismo.

BINIRAY. pp. Navío, como panga grande.

BINISA. pc. Espantar. *Binisa co*, l. *Bibinisain*, le espanté.

BINIT. pp. Estirar, poner en el arco la flecha. *B. in. M*, l. *Mag*. El ó ella, *In*. Contra quien, *An*. *Binitan mo siya nang palasò*, tírale con flecha. *Binitan mo ang bosog nang dilis*, estira la cuerda del arco. *Na*, estar muy tirante. *Cabinitan*, dureza.

BINIYOAS. pp. Anillo.

BINLAT. pc. Vide *Biclat*.

BINLIR. pc. Granos de arroz que quedan muy pequeños despues de pilado. *B. in. M.* l. *Mag*, hacer el arroz asi. *In*, el arroz. *Cabinliran*, l. *Cacabinliran na bigas*, un solo granito.

BINOBÓ. pp. Arracadas. *Mag*, traerlas. *An*, lugar ó persona.

BINOBONG. pc. Tripa grande, buche, estómago, morcon.

BINOBONG. pc. Casas del pueblo. *Ilang binobong?* Cuántas casas?

BINOCAN. pp. Es lo mismo que *aroy*. *Binocan aco sa anac co*, sale de *booc ó pamooc*, que es coger el enemigo al contrario en casa sin armas.

BINOCBOC. pc. Harina. *Mag*, hacer, tener, vender. *In*, hecho, tenido. *An*, lugar. *Pag-an*, lo ganado.

BINOLACAN. pp. Plato todo blanco; tambien *binobolacan*.

BINOLACLAC. pc. Arroz tostado. Sinónomo, *binosá*.

BINOS. pp. Vide *Baynos*.

BINOYO. pp. Copo de algodon.

BINSÁ. pc. Torpe. *Binsang magsaca: Houag cang magbinsabinsaan*. No te hagas de nuevo, l. *Houag mo acong pagbinsabinsaan*. Porque, *Ipag*. *Cabinsaan*, torpeza.

BINSAL. pc. Calzar la herramienta con acero. *Mag*. La herramienta, *In*. Darla á calzar, *Magpa*. Lo que, *Ipa*. *Con, pa*. Solo se dice, *alin ang pabinsal mo?* Cuál de estos mandaste calzar?

BINTAG. pc. Alzar en alto como los salambaos la red, *Vm*. Lo que, *In*.

BINTANG. pc. Testimonio falso. *Mag*, levantarlo. *Ipag*, lo que. *An*, ó *pag-an*, á quien, contra quien. *Pagbibintang*, acto. *Mapagbintang*, l. *Mabintangin*, l. *Bintangan*. Frecuent.

BINTANG. pc. Cargar al deudor. *Mag*. Á quien, *pag-an*. *Aco,i, pinagbintangan nang pisos pa*.

BINTAR. pc. Estender ropa, desarrugarla. *B. in. M.* l. *Mag*. *In*, lo que. *An*, el lugar.

BINTAU. pc. Levantar algo suspendiéndolo de la tierra, *Vm*. Lo que, *In*. Donde, *An*. *Hindi mabintau*. Vide *Atang*. pc.

BINTAY. pc. Menear la carga para ver si es pesada, *B. in. M.* l. *Mag*. *In*, ella. *An*, lugar.

BINTAY. pc. Recaer en enfermedad por haber caminado mucho ó trabajado, *Na*. La causa, *Ica*. Lugar ó causa tambien, *Ca-an*.

BINTÍ. pc. Pantorrilla. *Mag*, ponerlas como á los pastores, estátuas, &c. *Bintian mo*, ó *pagbintian mo sila*, ponles. *Bintian*. pc. Pantorrilludo. *Mabinti*, de grande fuerza.

BINTOG. pc. Lo mismo que *lintog*, ampolla.

BINTOG. pc. Cualquiera semilla ó fruta bien granada y gruesa, *mabintog na bunḡa*. *B. in. M*, l. *Vm*, ponerse tal. *Naca*, l. *Ica*, la causa. *An*, la tierra donde. De aqui *mabintog na tauo*, grueso. Metáf.

BINTOL. pc. Redecilla para coger cangrejos. *Mag*, tenerla. *In*, de que. *Y*, los cangrejos. *An*, donde. *Namimintol*, pescarlos. *Na*, ser cogido.

BINTOCOHOL. pc. Un género de plátanos. *Namimintocohol*, cogerlos. *Mag*, el que trata en ellos. *Bogtong*.

Nonḡanang cohol, at binti
cahoy, na cucupicupi.

Cupi, es doblar como hojas de libro, asi crece el plátano.

BINUIT. pc. Anzuelo pequeño. *Namiminuit*, andar pescando. *Pinamiminuitan*, banca ó donde pescan. *Mamiminuit*. pc. Pescador. *Na*, l. *Binuit*, cogido. *Aloquitbinuit*, solo lo deseas y ya te lo dan.

BINOCALA. pp. *May buhat na tapis*.

BINUYO. pp. Vide *Binoyo*.

BINYAG. pc. Bautizar. *B. in. M*. Con que, *Y*. El bautizado, *An*. *Pagbinyag*, acto. *Pabibinyagan*. pc. l. *Binyagan*. pp. Bautisterio. *Naminyag*, andar bautizando. *Mag*, el que trata de bautizar, como el padre al hijo. *Napag*, pedir serlo. *Pabinyag ca*, pide bautismo: *Ang manḡa di bininyagan*, gentiles. *Magbinyagan ca*. pc. l. *Binyaganin mo ang asal mo*.

Adviértase que esta palabra *binyag* es de Borney, y significa echar agua de alto: para esto venia de allá acá un ministro de Mahoma á enseñar á estos su perversa ley, haciendo esta ceremonia echando el agua de alto. Ahora lo han aplicado á la Sagrada ceremonia del Bautismo.

BIVAS. pp. Un árbol de manglar, cuya fruta la comen cocida.

BIRÁ. pp. Lo mismo que *dirá*.

BIRANG. pp. Paño ó toquilla para la cabeza. *Mag*, l. *Namimirang*, andar con ella. *In*, el paño. *An*, la cabeza.

BIRAY. pp. Navío pequeño. *Mag*, hacer ó servirse de él. *Namimiray*, andar en él. *In*, de que. *An*, donde. El navío, *Pinamirayan*.

BIRAY. pc. Sacudir con algun paño que tiene en la mano, *Mag*. Con lo que, *Ipag*. Á quien, *In*, l. *An*.

BIRBIR. pc. Revoltura, devanar, enroscar, *Mag*. Lo que, *Y*. Á que, *An*. Estarlo, *na*. Y mas, *nagca*. *Cabirbir*, un rollo.

BIRBIR. pc. Devanar, *namimirbir*. Lo que, *Y*.

BIRBIR. pc. Enroscar, *Vm*. l. *Man*. Lo que *In*.

BIRHANI. pp. Inquietud, desasosiego. Vide *Bighani*.

BIDHO. pc. Vide *Bicho*.

BIRI. pp. Semilla de cachumba. *Mag*, sembrarla, guardar. *In*, tenerla por tal, ó pagar con ella. *An*, donde.

BIRLA ANAC. pc. *Birla anac na ang tolog*, *gaby*, media noche.

BIRÓ. pp. Burla. *B. in. M*, á otro. *In*, l. *An*, el burlado. *Y*, con que. *Na*, burlado. *Naca*, burlar. *Pagbiro*, acto. *Namimiro*, andar burlando á muchos.

BIRÓ. pp. Burlarse como el gracioso callobre en el teatro, *Mag*.

BIRO. pp. Mofar de otro. *Magbirobiro*, pc. Aquel, ó aquello de que, *Ipag*. Sobre que, *pag-an*. *Pagbibiro*, la obra. *Magbiroan*, burlarse mutuo. *Maquipag*, entrometerse, ó burlarse con otros. *Pinaquiquipagbiroan*, la persona con quien. *Maquibiro*, tratar burlas con otro. *Mapagbirò*, *birobirò*, pc. Burlon. Esta palabra *palabiro* se hace verbo, y se conjuga por *Mag*. *Nagpapalabiroan cami*, *saca nagagalit*, nos burlamos, y sin mas ni mas se enoja. *Cabiroan*, burla, ó uno de los dos que se burlan entre sí. *Mageaca*, los dos. *Tauong birò*, hombre inconsiderado. *Houag mong iraan sa biro*, no lo eches á burlas.

BIRÓ. pp. Lo aplican á acto carnal. *Aco,i*, *biniro nang lalaqui*, quiere decir tuvo que ver. *Biniro co*, *napabiro siya*.

BIROBIRO. pc. Un pájaro.

BIROC. pc. Navío pequeño. *Namimiroc*, andar traginando en él. *Mag*, tratar en él.

BIRSO. pc. Vide *Bichò*. Casi por poco *birso nang di tamaan*, casi le dió.

BISA. pp. Veneno de culebra. *Mabisang camandag*.

BISA. pp. Hombre aplicado, trabajador. Metáfora. *Mabisang tauo*, *bisaca palang tauo*.

BISA. pp. Palabra de admiracion. *Binisacong di namatay*, espántome como no murió.

BISAC. pp. Vide *Baysac*.

BISACLAT. pc. Abrir las piernas. *Mag*, ponerse asi. *Y*, lo que. *An*, ante quien. *Pagan*, donde. *In*, abierto por otro. *Pagbibisaclat*, acto. *Cabisaclatan*, desparrancamiento. *Nagcapa*, ponerse así de improviso. *Nagpapa*, mandar que se ponga, y tambien abrirlas. *Bisaclatin*, l. *Mapagbisaclat*. Frecuent.

BISACLAT. pc. Árbol de navío hecho de dos cañas ó palos.

BISAIN. pp. Vide *bisá*.

BISAL. pc. Lo mismo que *bingsal*.

BISANLONG. pc. Lazo para coger pájaros. *Namimisanlong*, cazarlos. *Ipinami*, el lazo. *Y*, la persona para quien. El lugar y el pájaro, *pinamimisanlonḡan*. *Mag*, armarlo. *Pag-an*, el lugar. *Na*, cogido. *Mamimisanlong*, cazador.

BISANGSANG. pc. Vide *Busangsang*.

BISAOG. pp. Coger pescado con las manos, *Mag*. l. *Namimisaog*. *In*, lo que. *An*, el lugar. El pescado cogido, *pinamisaogan*. Sinónom. *Salogsog*.

BISAYÁ. pc. Gente de pintados. *Namimisayà*, ir á tratar allá. *Pina-an*, l. *Na*, *paan*, lo ganado allá. *In*, ser tenido.

BISAYÁ. pc. Un género de pescado pintado.

BISÍ. pp. Tiempo de canícula ó grandes calores. *Magtatagbisi na*, se acercan los calores. *Aco pinanḡanḡagbisian*, l. *Bisa-an*, me cogió grande calor. Sinónom. *Baysi*.

BISIL. pp. Dolor de ojos cuando están malos, *ninisil ang mata co*, me escuecen los ojos, l. *Na*. *Y*, la causa. *An*, la persona. *Binibisilan aco nang sinta*, me acomete con vehemencia el pensamiento. Metáfora. Sumitur in malam partem.

BISILAN. pp. Vide *bisil*.

BISIN. pp. *Gantihin bisin mo siya.* Vide *ganti.*

BISIRHA. pp. Obedecer. *Namimisirhá.* Á quien, *In.* Con que ó por que, *Y,* l. *Ipa.*

BISIRSI. pp. Una florecilla.

BISLIG. pc. Oro de ocho quilates.

BISLIG. pc. Duro de corazon. *Tatacang bislig ang ilong*, l. *Liig*, puede servir de yunque por lo estirado. Metáf.

BISLIG. pc. Ponerse algo duro, *namimislig.* Lo mismo que *naninigas.*

BISÓ. pc. Corto, que no acierta á hablar. *Bisong tauo, bisong manğusap. Mag,* tener á uno por corto. *In,* á quien.

BISÓ. pc. El que tiene la oreja sin agujerar. *Nabibiso pa,* no está agujerado. *Nagbibiso ca pa,* todavía las traes enteras.

BISOL. pc. *Di mabisol, di mabisolan.* Lo mismo que *di mapilis.* Vide *pilis.*

BISOOL. pp. Pua que se encaja en el pie. *Namimisool*, ponerlas en el camino. *Binisoolan ang daan*, tiene puas el camino. *Na,* l. *Naan,* ser clavado de ellas. *Cabisoolan.* pp. l. *Pagcabisool,* enclavamiento: tambien el lugar. Pero *cabisoolan.* pc. Es una sola. Metáf. *Ang uica mo,i, bisool mandin sa loob co*, tu dicho es una pua en mi corazon.

BISTÁ. pc. Adverbio, aunque es de mas respeto que, *Cahimat,* y *sucdan. Bistat napopoot sa aquin, ay bibigyan din aco.* Aunque está enojado contra mí, me lo ha de dar.

BITA. pc. Señalar con raya, ó tarjando. *Mag.* Lo que. *In.* Sinónomo. *Tanda.*

BITAC. pc. Hendidura en tabla, madera, tierra, por calor. *B. in. M,* hender. *In,* lo que. *Mag,* henderse. *Papagbitaquin*, dejar que se abra asi. *Na,* estar hendida. *Nagcaca,* l. *Bitacbitac,* tierra llena de aberturas. *Pamitac.* pc. Grietas. *Magbibitac ang arao:* saldrá el Sol.

BITAG. pp. Trampa ó lazo para pájaros. *Namimitag.* Cazarlos. *Na,* el pájaro cogido. *In,* l. *An,* el pájaro á quien se pone lazo. *Pamitag,* lazo, *Ipamitag mo ang bitag co,* caza con mi lazo.

BITANA. pp. Red larga á manera de chinchorro. *Namimitana*, pescar con ella. *Ipa*, la red, ó la persona para quien. *Caan,* el lugar. *Na,* el pez cogido. Tambien *In.* El mismo *In, binibitana,* significa la materia de que se hace la red, ó el rio en que pescan. *Bitanain ang Ilog sa holo,* pesca en el rio del jolo. *Mamimitana,* pescador.

BITANG. pp. Labor de oro ó soldar. *Mag.* El oro, *An. Magbibitang,* l. *Mamimi,* oficial. *Pamitang,* instrumento. *Marunong cang magbitang nang uica,* sabes hermosear lo que dices.

BITANG. pc. Descargarse de lo que trae parando en algun lugar. *Mag.* Lo que, *Y.* Á quien, *An.* Á otro. *B. in. M.* Á muchos, *namimitang.*

BITANG. pc. Trasplantar el bolobor. *Namimitang: Dalangdalanğan mo ang pamimitang.*

BITANG. pc. Pasar en otro el hurto, ó deuda, v. g. La del padre al hijo, *Mag.* Imputar al hijo. La deuda, *Y.* El hijo. *An. nabitang ang otang nang ama sa anac*, l. *Nabitanğan ang anac nang otang*, en él pasó la deuda.

BITANG. pc. Sementera heredada ó poseida hasta repartirla. *B. in. M,* poseerla, l. *Mag.* Dar algo al logro, *Magpa. Paan,* el deudor. *Ipa,* lo que. Tomarla asi, *ninitang.* Á quien, *An.* Lo que, *In. Bitang mo sa aquin*, lo que me diste.

BITANGHOL. pc. Un árbol y su fruta.

BITAR. pp. Estirar la ropa, *Mag.* Lo que, *In.* Sinónomo, *banat.*

BITAR. pc. Abrir el candole para secarlo al sol. Hacer pedazos, *B. in. M,* mejor *Mag.* Abrirlo, *In, Bitar na babaye,* es como decir *Hitar.*

BITAS. pp. Romperse la ropa, estero corto. *Namimitas,* l. *Mag*, ir por él. *Pinamitasan, pinagbitasan,* el lugar.

BITAS. pp. Amor sin ficcion, *Mag.* Á quien, *pag-an. Naca,* l. *Nacapag,* romper por cualquier dificultad. *Nacabigtas ding noui,* l. *Nag,* hacerse fuerte para volver.

BITAS. pc. Lo mismo que *Bigtas.*

BITAY. pp. Ahorcar. *B. in. M,* á otro, l. *Vm.* Á quien, *In.* El lugar, *An. Namimitay*, de oficio. *Ipina,* el sentenciado. *Pinabitay,* el verdugo mandado. *Mag,* ahorcarse, aunque será bien añadir el *siyang magisa,* porque tambien *Mag,* significa ahorcar á otro. *Mamimitay,* verdugo. *Bitayan.* pc. Horca. *Pagbibitayan,* lugar donde se hace justicia. *Ang binitay,* el ajusticiado.

BITAYBITAY. pp. Zarcillos como los de las españolas. *Mag,* traerlas. *In,* de que se hacen. *Bitaybitayanan,* las orejas. Sinónom. *Bitinbitin.*

BITBIT. pc. Llevar algo colgando de la mano, como el acetre de la asa, *B. in. M.* l. *Mag.* Lo que, *In,* La asa, *An.* La mano, *Y. Pag In,* muchas cosas. *Bilbitan,* asa. *Mag*, hacerlas. *Magbitbitan ca.*

BITBIT. pc. Manojillo ó cesped, como del bolobor cuando lo arrancan. *Cabitbit,* un cesped.

BITHAY. pc. Cedazo para cerner. Lo que, *In.* Sinónomo. *Igig, Agag.*

BITHI. pc. Vengarse. *Nagbibithi, nagpaparalita.*

BITIC. pc. Galas que se ponian en las pantorrillas. *Mag,* ponérselas. *In*, ser puestas. *An,* donde.

BITIC. pc. Ataduras ó costuras de la banca. *Mag,* coser. *In,* ser cosido. *An,* la banca. Los bejucos, *bitic. Sira na ang manğa bitic.*

BITIC. pp. Madera que en algunas partes se llama guijo.

BITICULIN. pc. Madera de que suelen hacer arcas ó escritorios. *Baticulin.*

BITIG. pp. Encogerse los nervios. *Namimitig.*

BITIN. pp. Borlas de la gineta.

BITIN. pp. Colgarse, ó colgar algo con cordel en el aire, *Mag.* Lo que, *Y.* Donde se cuelga, *An. Mag,* tambien ponerse colgando, l. *Vm.* En donde, *pag-an.*

BITIN. pp. Cargar alguna cosa pesada. *Magbitin ca nang isda. Na,* colgado. *Ca-an,* donde. *Pamitin,* colgajo. *Bitin tagay,* taza de vino, que no para hasta que se emborrachen. *Aba ya i pong bitin.*

BITIN. pp. Confiar en otro. *Mag,* la causa, *Ipag.* De quien, *pag-an.*

BITING. pc. Algodon desmajado de su mazorca. *Cabitin,* un gajo. *B. in. M.* l. *Mag.*

BITING. pc. Culebras grandes que se cuelgan de los árboles.

BITINBITIN. pp. Enredadera.

BITLAG. pc. Asiento pequeño de la banca. *Namimitlag*, hacerlo. *In*, la caña de que. *An*, la banca. *Na*, estar hecho. *Mag*, tenerlo y hacerlo.

BITLING. pc. Anillo de hierro del bolo. *Mag*, ponerlo. *In*, el hierro de que se hace. *Y*, lo que.

BITO. pp. Acotar. *Mag. In*, lo que. Sinónomo, *tangpa*.

BITOCA. pp. Las tripas. *Nabibitocahan*, el pez cogido por las tripas. Tambien intestinos, entrañas.

BITOCOLIN. pc. Lo mismo que *Biticolin*.

BITOIN. pp. Estrellas. *Bitoing may sombol*, cometa. *Mag*, hacer estrellas. *In*, de que. *Y*, las estrellas. *An*, donde. *Magpabitoin*, aguardar que salgan. *Bogtong*.
Nang matacpa,i, naquita
nang mabuesa,i, uala na.
Nombres particulares de estrellas: *Bulansaguan, tanglao daga, macapanis, balais, balatic, mapolon, tala, may carang*.

BITONGOL. pc. Una frutilla asi llamada.

BITOO. pp. Son caracoles negros pegados al quiapo.

BITSÓ. pc. Palabra que dicen cuando yerran el tiro. *Bitso co nang maraquip condangan aco,i, narulas*. Por poco le cojo, sino me resvalara. *Pinagbitsoanan si Pedro sa pagca Cabeza*. Poco le faltó de los votos para ser cabeza.

BIVAS. pp. Pescar con anzuelo pequeño. *Namimivas. Ipa*, con que. *Ipinamivas co ang bivas niya*, pesqué con su anzuelo. *In*, lo cogido. *Pinamivasan*, rio, banca, tambien el pescado cogido.

BIVAS. pp. Levantar el anzuelo con la caña *Vm*. El anzuelo, *In*. La mano, *Y. Mag*, pc. Levantar con frecuencia. *Mag*, pp. Tener anzuelo. *Bivasan*. pp. Caña de anzuelo. *Mag*, tenerla. *In*, de que se hace. *Bivasanan mo*, pc. *Ang binuit*, pon caña á tu anzuelo.

BIYA. pp. Pescado asi llamado.

BIYAYA. pp. Dádiva, merced. *Mag*. Lo que, *Y*. Á quien, *An*. Mejor lo que, *Ipag*. Á quien, *pag-an*. *Pagbibiyaya*, la obra. *Mabiyayang tauo*, liberal. *Namimiyaya*, andar haciendo mercedes. *Nagbibiyayaan*, regalarse mútuo. *Cabiyayaan*, uno de los dos. *Magca-an*, los dos. *Napagan*, el obligado con regalos. Refran. *Obusobus biyaya bucas nama,i, tungangа*, se dice del desperdiciador.

BIIC. pp. La barriga de la pantorrilla. *Niniic ang binti*, tenerla. *Naca*, la causa. *Ica*, pasiva. *Mag*, hacer que tenga barriga, ó ponerla. *Magbiyic ca*, l. *Biyican mo ang larauan*.

BIYIC. pp. Buche de la gallina.

BIYIC. pc. Lechon pequeño.

BIYO. pp. Espantar puercos, *Mag*. Ellos, *In*. Con que, *Y*.

BIYOAS. pp. Unas como bainillas, á modo de cañafístola.

BIYOCO. pc. Caracol grande de tierra. Refran. *Mabait ca sa Biyoco*. sale de este caracol, que siente la tempestad de antemano.

BIYONG. pp. Alzar con fuerza cosa pesada, *B. in. M.* l. *Mag*. Lo que, *In*, l. *Pag-in*. *Di mabiyong nang bigat*, no se puede mover de pesado.

B antes de O.

BOAC pc. Un pueblo en la Isla de Marinduque, llamado asi: en Bisaya es lo mismo que *Biac*.

BOAG. pp. Arrancar de raiz el árbol. *B. in. M.* l. *Mag*. El árbol, *In*. El lugar, *An*. *Naboag ang maganac*. pp. *Sa pamamayan*. Salió del pueblo la parentela de grado, ó por fuerza. *In*, ser desterrado. *Y*, la causa. Metáfora. *Mamomoag*. Frecuent.

BOAL. pp. Terroncillo de sal, harina, tierra, &c. *Mag*, hacerlo. *In*, lo que. *Y*, l. *Ipag*, la cuchara con que se come, ó el para quien se hace asi la morisqueta. *An*, para quien, ó el lugar. *Boalboal mangosap*, farfullar. *Baquit momoalmoal ca*, l. *Baquit namomoalan ang bibig mo,i, nangungusap ca pa:* tienes la boca llena, y aun hablas. *Ibinoboal*, meter bocado grande.

BOANG. pc. Tonto, necio. *In*, tenido. *Y*, l. *Ipag*, la causa. *Caboangan*, necedad.

BOAY. pp. Vide *bouay*.

BOBÓ. pp. Fundir metales. *Mag*. Lo fundido, *Y*. Donde, *An*. *Cabobong guinto*, una barreta. *Boboan*, molde. Tambien hasta donde se encaja el hierro de la saeta. *Mag*, ponerla. *Boboanan*, ser puesta.

BOBO. pp. *Nasa*, en que cogen pescado. *Namomobo*, pescar con ella. *In*, l. *Na*, cogido. *Bobohan*, lugar de nasas. Sinónom. *Bangcat oras nang i-omang nang bobo:* Al ponerse el sol.

BOBO. pc. Derramar agua, ú otra cosa. *Mag*. *Y*, lo derramado. En que, *boban*. *Na*, estar derramado. *Mabobo*, no se derrame. *Maibobo*, no sea que le derrame. *Nabobo ang loob ni cuan*, se desconcertó.

BOBO. pc. espantarse las gallinas ó animales. *Mobo ca nang manoc, babohin mo ang inahin*. *Mamobo*, l. *Manbobo*. *Na*, alborotarse. *Sinong nacabobo*, quién las espantó?

BOBOCOT. pp. Pájaro como el papagayo.

BABOCSIT. pc. Tiborcillo pequeño.

BOBOG. pp. Cristal ó vidrio. *Mag*, venderlo. *In*, de que se hace. *An*, el lugar donde se hace. *Pinag-an*, l. *Napag-an*, lo ganado. *Con*, venderlo, *Magbobobog*, oficial. *Naquibobog nang linao*. l, *nang puti*, encarecer lo blanco, ó lo claro.

BOBOG, l. **BOBOGBOBOGAN.** pp. Aguas malas blancas de la mar.

BOBOHAN. pp. Cañal donde ponen sus nasas.

BOBOLOSAN. pp. Fuelles.

BOBON. pc. Pozo donde recogen agua. *Mag*, hacerle. *Bobonin mo ang tubig*, hacer pozo al agua. *Pag-an*, la tierra.

BOBONG. pc. Techo de la casa. *Mag*, techar. *Y*, con que. *An*, el techo. *Pagbobobong*, acto *Ypag*, con lo que atan el pitpitan, ó el dueño de la casa por quien se hace el techo de ella.

BOBONG. pc. Párpado. *Bobong nang mata*.

BOBONG. pc. Empeine del pie. *Bobong nang paa.*

BOBONGAN. pc. Techo. *Anaqui sa bobongan siya.* No cabe de sobervia. Metáfora.

BOBOR. pp. Borbolletear el agua. *B. in. M.* Sinónomo. *Bolobor.*

BOBOT. pp. Lo que tiene de herencia. *Con may ipinagbobot siya sa aquin, ay at di co bobotin?* Si me deja herencia, por qué no la he de tomar?

BOBOT. pp. Dimanar de un tronco. *Nabobot sa manga maguinoo*, desciende de principales. *Magca*, descender dos de un tronco. *Cabobot*, cada uno.

BOBOT. pp. Imitar los dichos y hechos agenos, y es palabra galana. *Nonobot sa maguinoo*, le imita. *Mag*, procurar imitar. *Nabobobot ang pangungusap niya sa uicang castila*, ha tomado el modillo del español.

BOBOT. pp. Cotejar. *Bobotin mo itong timbangan*, coteja esta pesa. Activa, *nonobot.*

BOBOTAN. pp. *Casangcapan sa sasacyan.* Solo sirve para preguntar: *Anong bobotan, anong bobotin.* Qué llevas? Qué trastos?

BOBOTOC. pp. Un pájaro del color del colasisi, pero mayor.

BOBOYOC. pp. ó *Boboyog*, abejon.

BOCAVI. pp. *Bocavi.*

BOCACQUI. pp. La flor del Dapdap.

BOCALCAL. pc. Trabucar, revolver. *B. in. M.* l. *Mag. In*, lo que, l. *Pag-in, An.* l. *Pag-an*, el lugar ó persona. *Ipag*, instrumento ó causa. *Mamomocalcal*, l. *Mapagbucalcal.* Frecuent. *Cabocalcalan*, trabucamiento.

BOCAOCAO. pp. Género de lepra muy mala. *In*, l. *Naan*, tenerla. *Na*, estar con ella.

BOCATOT. pc. Instrumento para coger dalag.

BOCBOC. pc. Carcoma, gorgojo. *In*, lo comido. *Bocboquing tauo*, hombre buboso. *Magbocboquin*, criar gorgojo. *Maca*, causa de carcomerse. *Ica*, pasiva. *Magpa*, dejar que se coma. *Ipa*, lo que. *Nabocbocan*, sobre que cae polvo de carcoma.

BOCBOC. pc. Gusano que se come por contrayerva, *Mag*, tomarla. Tambien es gusano que come las plantas. *Bocboc nang ngipin*, aguijon.

BOCAN. pp. Vide *Bucan.*

BOCQUINGQUING. pc. Un género de flor. Sinónomo. *Buquingan.*

BOCLING. pc. Dalag pequeño.

BOCLOR. pc. Sortija de bejuco ó hierro. *Mam*, hacerla. En donde se pone, *An. Bocloran*, cerco ó sortija con que aprietan bainas de cuchillos, &c. *Mag*, ponerlo. De que, *In.* Á lo que, *An.* Ser puesto él, *Y.*

BOCLOT. pc. Cesto grande. *Mag*, tenerlo ó hacerlo. *In*, echar algo dentro. *Boclotin mo ang palay.* Tambien *In*, de lo que se hace. *An*, l. *Pag-an*, el lugar.

BOCLOY. pc. Poca cantidad de comida guardada. *Caboclóy na canin*, quiere decir un poco de comida guardada.

BOCNOS. pc. Un pescado llamado *Dalag*, cuando grande, y cuando mediano *Bocnos.*

BOCÓ. pc. *Naboco siya*, topó con duro, no vencerá.

BOCO. pp. Trazar, tantear discurriendo. *B. in. M. Namomoco*, l. *Mag*, andar trazando. *In.* l. *Pinag*, lo que. *Moco ca*, piénsalo. *Mag*, intentar algun casamiento sin saberlo ella. *Pag-an*, ella. *Ipag*, él.

BOCO. pp. Coco tierno. *Boco na*, ya está cuajado. *Namomoco*, cogerlos. *Bocohin*, ser tenido por coco. *Han*, el lugar donde se pone. *Mag*, venderlo. *Bogtong*, del *Boco.*

> *Nang bata,i, ponong isip*
> *tomanda,i, colang bait.*

El entendimiento se toma por la agua del coco, que la tiene cuando chico, y cuando viejo se seca. Las edades del coco: *Bocobocohan, boco, alangan, cacaloin, macasipolbonot, lolocarin, gomaan, comalog, malahipon, gango.*

BOCO. pp. Capullo ó boton de la fruta, ó de la flor. *Namomoco*, tener el boton la flor. *Nagsisipamuco*, muchos. *Magcaca*, ir brotando. *Bogtong* de la flor.

> *Nang umaga,i, ticum pa,*
> *nang mahapo,i, nabuca.*
> Otro.
> *Nagcocomot nang puyat,*
> *sacà na nahalachac.*

BOCO. pc. Nudo de caña ó bejuco, artejo ó coyuntura de mano ó pie. *Nonoco*, echar ó cortar por el nudo. *Bocohin mo itong cauayan: Himocohan mo*, córtale por el nudo. *Mag*, tenerlos. *Han*, ser cortado por él. *Hin*, lo que. Tambien *hin*, serle dado nudo. *Han*, ser cortado por encima del nudo. Itt. *Bocohan. Sangbocohan*, una ganta.

BOCO. pc. Limpiar cortando los nudos. *Nanghihimoco.* Con las pasivas respectivas del antecedente.

BOCO. pc. Metafóricamente significa el hilo con tolondrones, la cabeza con chichones, y se conjuga por *Mag. Bogtong* del *Boco.*

> *Ang galang cong hinobo*
> *hoso,yi, di mahoso.*

BOCOL. pp. Chichon, lobanillo ó tolondron. *B. in. M.* Lo que se levanta asi. *Nonocol ang pasac*, se levanta el tarugo. *Mag*, hacerse chichon. *Si Juan ang nocol sa aquin.* Á quien *In. Pinaan*, l. *Pag-an.* pc. Donde hay tolondrones. Metáf. *Pinamomocolan na nang soso ang bata.* Ya le abultan las tetas. *Bocolin*, tiene muchos bultos. *Na*, estar con ellos.

BOCOLBOCOL. pp. Altibajos como de camino. *Bocolbocol na daan.*

BOCOL. pp. *Pamocolan.* pp. Cervatillo.

BOCONG. pp. Anito. *Babuy sa ramo colang pang sangtaon.*

BOCONG BOCONG. pp. Tovillo.

BOCOR. pc. Solamente, particularmente, apartar, escoger. Esta palabra se juega de este modo. *Bocor acong natauag*, he sido especialmente llamado. *Marami man ang guinoo,i, bocor mayaman si cuan.* Este *bocor* está bien dicho si los demas no son ricos, pero no está bien, si él es mas rico que los otros ricos.

BOCOR. pc. Apartar, escoger. *Nonocor*, apartarse de los demas. *Mag*, apartarse, y apartar algo. *Ibocod mo ang masa*, l. *Bocdin mo. Bocdan mo aco nang dalaua*, aparta para mí dos. *Nagcaca*, cosas apartadas. *Pagcabocor*, singularidad. *Bocor cang pinagpala*, singularmente bendita.

BOCOT. pp. Encerramiento como de monja. *Mag*,

encerrar á otro. *B. in. M.* Encerrarse así, l. *Magpaca.* Á quien, *In.* Donde, *An*, l. *Pag-an. Magpa*, mandar. *Ipa*, ser hecho encerrar.

BOCOT. pc. Un cesto tegido de palma. *Mag*, venderle. tenerle. *In*, lo que se mete en él, ó materia de que se hace. *An*, l. *Pag-an*, donde se pone. *Bocotan*, un cesto. *Sangbocot*, un cesto.

BOQUING. pc. Vide *Bocong.*

BOQUINĜA. pp. Una yerva medicinal.

BOCSOC. pc. Vide *Bogsoc.*

BOCSI. pc. Caracol.

BOCNOS. pc. Dalag pequeño.

BOCSIA. pp. Saltar ó caminar en un pie. Vide *hinlalay*, l. *Taquindi*, con sus juegos.

BOCSO. pc. Un género de sementera. *Mag*, hacerla. *Pinag-an*, la que fue hecha, ya no lo es. *Bocsohan*, su centro. *In*, la tierra.

BOCTÓ. pc. Vide *Bogto, patir.*

BOCTOT. pc. Corcobado. *B. in. M.* Hacer tal *In*, lo que. Si muchos, *mag.* Pasiva, *pag-in. Nag*, ponerse encorbado. *Na*, estarlo. *Napa*, encorbarse. *Maca*, la causa. *Ica*, *pagca boctot. Caboctotan*, corcoba. *Boctot na loob*, corazon torcido. Metáfora.

BONĜA. pp. Piedra pomes.

BOGABOC. pc. Buscar alguna cosa por el rastro, *mag.*

BOGAO. pc. Espantar, ojear. *B. in. M.* l. *Mag. In*, lo que. *Pag-an*, donde. *Mag.* pc. Ojear animales, pájaros. *In*, ellos. *An*, donde. *Na*, estar espantado. *Bogao co*, el venado cogido por haberlo ojeado. *Pamogao*, el perro: tambien cualquier espantajo. *Namomogao*, andar espantando. *Bogauan*, pc. Casilla, desde donde.

BOGANG. pc. Vide *Tacap*, con sus juegos.

BOGASOC. pc. Un cesto grande.

BOGAY. pp. Meneamiento de ropa poco á poco, *mag. Ma*, lo meneado.

BOGBOG. pp. Moler, machucar, magullar, *Mag.* Lo que, *In.* Si mucho, *pag-in. Namomogbog*, andar asi moliendo *Bogbogan.* pp. El palo ó piedra sobre que machacan. *Pamamogbog*, con que. *Nabobogbog na halos ang cataoan co nang paglacad cong ito.* Estoy molido de esta caminata.

BOGHAO. pc. Color azul claro. *B. in. M.* l. *Mag.* Teñir de este color. *In*, lo que. *Ipag*, con que, y para quien. *Mag*, vestirse de este color. *In*, la persona. *Namomoghao ang tayom*, el negro se pone azul.

BOGUING. pc. *Boguing na gaua*, *ualang cabolohan.*

BOGLAOS. pc. Vide *Baclaos.*

BOGNOS. pc. Izar la vela, el cordel con que la tiran. *B. in. M.* l. *Mag. In*, la vela, tambien *An.*

BOGNOT. pc. Hombre serrano, y del monte. *Bognot na tauo, nasahol ang bognot nang bagsic.* Parece negrito del monte por la fiereza.

BOGNOY. pc. Coco caido de la palma, sin derribarlo, *na.* El lugar ó la palma, *pinamognoyan.* Tambien *Mag*, el viento. *In*, el coco.

BOGOC. pc. Huevo güero. *Namomogoc*, l. *Nagbogoquin.* pp. Se dice del que anda melancólico. *Bogtong* del huevo güero.

Nang magcolang ang caray
sa apoy na aalaman.

Porque á la luz se vé si está güero el huevo.

BOG-ONG. pc. Envoltorio atado con cuerdas. *B. in. M.* l. *Mag*, envolver *In*, lo que. *An*, en lo que. *Na*, estarlo. *Cabog-ong*, un envoltorio. Sinónom. *Balot.* pp. *Tongcos.* pc.

BOGOS. pc. Puñal antiguo, ó su cabo. *Mag*, traerlo. *In*, ser traido. *Y*, ser puesto á alguno, *An*, á quien.

BOGOS. pp. Un árbol de que hacen carbon. *Oling bogos.*

BOG-OY. pc. Descubrir tesoro. *B. in. M.* l. *Mag. In*, ser descubierto. *An*, el lugar. l. *Pag-an*, l. *Caan. Na*, lo que se halló. *Naca*, el que lo halló. *Ang pagpapalitan ni Pedro nang guinto,i, pinagbogoyan niya nang salapi.* Por trocar oro, ganó Pedro todo aquel dinero *Ang panulat ni Juan ay nagbobogoyan nang maraming ari.* La pluma ha sido su tesoro.

BOGOY. pc. Menearse un poquito como la rama cuando se levanta de ella la ave. *B. in. M.* l. *Mag.* Ser meneado, *In.* Estarlo, *Na. Nabogoy ang may saquit, caya nabaynat*, l. *Nabinat.* Por un pequeño movimiento recayó. *Tauong di mabogoybogoy ang loob.* Hombre constante. *Di nabobogoy ang pagca dalaga.* No es tocada. *Di mabogoy*, no se puede tocar como al enfermo.

BOGSO. pc. Descargar las nubes con fuerza la lluvia. *B. in. M.* l. *Mag.* Sobre quien, *An. Magpa*, dejarla pasar, aguardar que pase. *Pabogsoin mo mona ang olan, bago ca lomacar*; déjala pasar antes que camines. *Nabogsó ang poot*, descargó con fuerza el enojo. Metáf.

BOGSOC. pc. Cesto grande. *Mag*, tenerlo, venderlo, medir con el cesto. *Bogsocquin mo ang paglacal. Bogsoc manding babaye.* Muger muy gorda. *Bobogsocquin.* pp. Caña apta para hacer de ella el cesto. Género de cestos. *Tohog.* pp. *Bacol* pp. *Bosló*, pc. *Quinabà.* pc. *Bacay*, pp. *Bogsoctipas*, pc. *Bugasoc.* pp. *Calatobog*, pp. *Calacalatohogan.* pp. *Boclor.*

BOGSOCTIPÁS. pc. Cesto grande en que caben cien gantas.

BOGSOC. pc. Dejar caer de golpe. *B. in. M.* Lo que, Y.

BOGSOC. pc. Estar cargado el navío por la proa. *Houag ninyong bogsoquin ang dauong*, no cargues el navío. *Na*, estarlo.

BOGTÁ. pc. Caerse uno de borracho, y quedar dormido en el suelo. *Sabobogta nang pagca lanĝo*, se cae de borracho.

BOGTÁ. pc. Luchar dos cayendo el uno en el suelo. *Na*, el caido. *Naca*, el que hace caer.

BOGTÓ. pc. Quebrarse como cordel. *B. in. M.* l. *Mag. In*, el cordel. *An*, á quien ó lugar. *Naa*, acaso. *Magcaca*, en muchas partes. *Cabogtong bitoca*, hermanos de un vientre, pro *carogtong bitoca.*

BOGTONG. pc. Hijo unigénito. *Ang bogtong na Anac nang Dios*, el Hijo unigénito de Dios.

BOGTOC. pc. Picar una abeja.

BOGTONG. pc. Adivinanza ó cosi cosa. *B. in. M.* l. *Mag*, adivinar y dar á adivinar asi. *Y*, el *bogtong.* Á quien, *pag-an.* El que acertó, *nacaturing.* Lo que, *na. Nagbobogtonĝan*, se dice de dos que se entienden, pero no se dan por entendidos. *Bogtong* del *Bogtong.*

Naiysa isang anac,
Ama,t, Ina,i, ualang olal.

Porque al proponer la adivinanza dicen *Bogtong co.*

Otro.

Isang bogtong na bata,
di mabilang ang diua.

Porque siendo una la palabra, tiene muchas significaciones.

BOGTONGAN. pp. Adivinanza, tambien una cadena de oro.

BOGUAC. pc. Derramarse de golpe cualquiera licor, *na.* Á quien, *an. Naboguacan aco nang dilang caab-an.* Me cayó toda la miseria. Metáf.

BOHACAG. pp. La ballena. Sinónom. *Dambohala.* Metáfora. *Tonto.*

BOHAG. pp. Catar las colmenas. Mejor *Puhag,* con sus juegos.

BOHAGHAG. pc. Cosa fofa, desapretada, como bizcocho en tinaja. Manojo flojo de yerva, su contrario *masinsin. B. in. M,* ponerse asi la cosa. Lo que, *In.* Si muchos, *Mag.* Estar asi, *Ma. Bohaghag na ramit,* ropa mal doblada.

BOHAGHAG. pc. Mullir cualquiera cosa. *B. in. M.* Lo que, *In.* Sinónomo. *Boyagyag, halaghag.*

BOHALHAL. pc. Necio.

BOHANGHANG. pc. Sobre necio desvergonzado.

BOHANGIN. pp. Arena.

BOHAUI. pp. Remolino grande de viento que se pasa presto.

BOHI. pc. Escaparse de la prision, ó soltarlo. *Um,* l. *Mag,* soltarlo. *An,* á quien. *Y,* el modo, ó como. *Ma* estar suelto. *Naca,* soltarse. Donde, *Ca-an.*

BOHI. pc. Soltar la escota. La escota, *An.* Tambien, *bohian ang cacolangan: con may nagbabahagui, at colang ang sa isa binobohian niyong lomalabing bahagui,* se repartió á uno de lo que antes habia sobrado.

BOHÓ. pp. Atollamiento. *B. in. M.* l. *Mag,* atollar. *In,* l. *Y,* lo que. *Na,* lo atollado. *Ca-an,* el lugar. *Bohong tapang,* atolladero que detiene al valiente. *Con may bohong tapang ca, dili ca mangangahas gomaua nito. Macabohong langit na lalaqui, ay bago ualang bait: Nacasosocó sa langit. Nacatotoon,* l. *Nacatotocor langit.*

BOHOC. pc. Cabello generalmente de la cabeza. *Mag,* criarlos ó ponerlos á alguna estatua. *Mabohoc,* l. *Bohocan,* cabelludo. *Mag,* hacerse tal. *Cabohocan,* un solo cabello. *Bohocbohocan,* cabellera ó peluca. Pero *Bohocbohocan,* pc. Lleno de pelos. *Bohol mo aco sa bohoc mo,* quiere decir anúdame en tus cabellos, para que no me olvides. *Nananali.* l. *Nangongolag,* l. *Nangalisag ang bohoc,* se erizan los cabellos.

BOHOCAN. pp. Camarones con muchas barbas.

BOHOL. pc. Nudo. *B. in. M,* l. *Mag,* dar nudo. *In,* lo que. *Y,* lo que se anuda en algo. *An,* serle hecho. Tambien *Mag,* dar nudo. *Pagboholin mo ang dalauang dolo nang lubir,* anuda los dos cabos. *Pag-an,* donde. *Na,* estarlo. *Nagcabobohol bohol,* están con nudos.

BOHOL. pc. Plazo, concierto de dia, *Mag.* El dia, *pinag-an.* La persona, *An.* Sin, *Pag. Binohalan co siya nang arao. Cabohol nang arao.* uno de los dos. Esto se dice metafóricamente, porque ellos contaban por nudos los dias.

BOHOL. pc. Nudo corredizo con el *taguilabso,* y se conjuga: *Magbohol nang taguilabso. Boholan mo nang taguilapso,* haz un nudo corredizo.

BOHOL. pc. Parte del dote que dá el varon á la muger para firmar el contrato, y se juega añadiendo esta palabra *tali* antes, con *Mag. Magtaling bohol,* darlo. *Pinapag,* el novio á quien el padre de la novia pide que la dé. *Pinagtaliang bohol,* la novia. Metáfora. *Taling bohol nang mata co,* es objeto de mi amor.

BOHOL. pc. Alistarse, empadronarse. *Y,* estarlo, l, *Na Nabobohol ca na sa dolohan co,* estás escrito en mi padron. *Nagcabobohol bohol,* palabras confusas.

BOHOLAN. pp. Cualquiera punta del *tapis.*

BOHONG. pc. Desvergonzado, descomedido. *Mag,* portarse asi. *In,* l. *Pag-an,* contra quien. *Pagbobohong,* acto. *Mapagbohong,* frecuentativo. *Cabohongan,* desvergüenza.

BOHON TAPANG. pp. *Ualang bohong tapang, ualang pinasasangtabian,* á nadie respeta.

BOHOS. pp. Derramar agua ó cosa de licor. *B. in. M.* Cuando se esparce. v. g. la avenida ó el camino, *saan nonohos itong daan?* Responden: *Nonohos sa ragat,* va al mar. *Nagcabohos ang dalauang daan,* se encuentran y se hacen uno.

BOHOS. pp. Avenida grande de rio. *Nonohosang baha,* l. *Nagbobohos bana,* l. *Nagbobohos bahà. Bohosan bahà,* donde carga la corriente.

BOHOS. pp. Derramar como regando ó bautizando. *Mag,* lo que. *Y,* sobre quien. *Bohosan,* l. *Bosan. Pagbohos,* acto. *Namomohos,* andar derramando. *Na,* lo derramado. Metáfora. *Nabohos ang loob co sa Panginoong Dios,* l. *ualang quinabobosan condi ang Dios,* á Dios solo doy mi corazon. *Cabohos dogo,* hermanos de un vientre. *Bohos nang bohos si Pedro con may salapi,* gran gastador. *Pagbosan man sa licmo si coua,i, dili magcaiba,* gran bebedor.

BOHOS OTANG. pp. Parientes del mismo linage. *Magca,* dos. *Nabohos otang doon ang dogò niya,* nacido de tal parte.

BOHOY. pc. Olla ó vasija de boca angosta.

BOIL. pp. Estar desigual el asiento. *Boilin,* l. *Maboil: houag cang bomoilboil,* se dice al muchacho inquieto.

BOLÁ. pp. Cuervo, ó espantarle, *Mag.* Á quien, *An,* l. *In.* De donde. *Pag-an.*

BOLÁ. pc. Espuma.

BOLABOG. pc. Vide *Bolbog,* con sus juegos.

BOLACSIT. pc. Un género de caracol.

BOLACQUIT. pc. Lo mismo, con puntas largas.

BOLAGCOS. pc. *Nabobolagcos ang socbitan,* l, *ang sopot. Vide Bugcos,* con sus juegos.

BOLAGTA. pc. Caerse uno tendido amodorrado. *Mag,* empujarle para que caiga. *Ipa,* lo caido asi. *An,* el lugar. *Na,* estarlo asi. De un dormido dijo un poeta tagalo: *Sa bobolagta. ualang quirlot nang sangmga.*

BOLALO. pp. Vide *Bool.*

BOLALO. pp. Choquezuela de la rodilla, y tambien un caracol con que bruñen el barro. *Mag,* bruñir con él. Lo que, *In.*

BOLALÓS. pc. Vide *Bolalás. Acsaya,* con sus juegos.

BOLANDONG. pc. Tetas muy largas. *Bolandoñgin*, la que las tiene. *Sosong bolandong*, tetas largas.

BOLANG. pc. Yerva que se cria en los manglares, larga y estrecha.

BOLANG, pp. Ensartar ó enhebrar el hilo. *Mag.* El hilo, *In.* La persona por quien, *An.* La aguja, *Y.*

BOLAÑGIT. pc. Soplar diversidad de vientos. *Bolañgit ang hañgin.*

BOLAÓS. pc. Senda de animales ó de aetas. *Namomolaos*, andar por ella. *Mag.* hacerla. *In*, ser hecha. *An*, donde.

BOLAS. pp. Saltar el agua represada, *Ma.* Tambien alborotarse ó irse de sobresalto. *Nabolas ang lahat na tauo*, se alborotaron las gentes.

BOLATITI. pc. Un pájaro que tienen por agüero. *Namomolatiti*, cogerlos. *Bolatitian*, á quien canta. *Bolatitiin, bolatitiing tauo*, hombre sin secreto.

BOLBOC. pc. Vide *Bolbog.*

BOLBOG. pc. Magullar, moler, machucar. *B. in. M*, l. *Mag. In*, lo que. *An*, donde. Es síncopa de *Bolabog*, l. *Bolobog*. De una muger mala se dice. *Babaying bolbog sa mañga lalaqui*, l. *Napagbolbog na nang mañga lalaqui*, corrupta.

BOLBOL. pc. Vello; de ordinario se entiende por él, partis verendæ. *Mag*, l. *Magcaca*, criarlo. *Bolbolin*, velludo. *Magbolbolin*, hacerse.

BOLBOL. pc. Desplumar, y se conjuga con *Hi. Nanhimolmol*. La ave, *An.* La pluma, *In. Nagpapabolbol*, emplumar. *Pina-an*, el emplumado.

BOLHOC. pc. Vide *Bogbog.*

BOLIAS. pc. Lechoncillo bermejo. *Namomolias ang silañgan*, se dice metafóricamente cuando esclarece el dia.

BOLIANG. pc. *Alipin nang alipin.*

BOLIYAVÓ. pp. Llamar el cazador á sus compañeros. *Namomoliyavo*, l. *Nag. In*, ser llamado. *Y*, á quien. *An*, donde.

BOLILÍ. pp. La punta del miembro.

BOLIC. pp. Gallo ó gallina de color blanco y negro.

BOLIC. pc. Un dalag pequeño.

BOLIG. pp. Revivir la planta amortecida, *Mag.* La causa, *Ipag.* El lugar. *Pag-an.*

BOLIG. pp. Convalecer. *Dili pa nagbobolig hangan nagcasaquit*, no ha convalecido desde que enfermó. *Anong ipagbobolig nang ualang canin?* Cómo ha de vivir sin comida?

BOLIGÁ. pp. Cesped ó terron de tierra. *Namomoliga*, el que caba asi. *Mag*, pc. Sacar muchos céspedes. La tierra, *Pinag.* El lugar, *pag-an.* Instrumento, *pamuliga.*

BOLIGÁ. pp. Tener ojos. *Uala cang boliga*, no tienes ojos. *Uala cang naboboligaan*, no ves nada.

BOLIGLIG. pc. Vide *buliglig.*

BOLIHALA. pp. Gallo ó gallina colorada, y blancas las alas. *Mag*, pararse tal. *Mabobobolibolihala.* pc. Tira á este color.

BOLINYA. pc. Hacer algo á mas ó menos. *B. in. M*, l. *Mag. In*, lo que. *Bolinya co lamang tinolac, ay napahiga*, apenas le empujé, cayó. Sinónom. *Bauat, bihira, ara, datha, bolibolihala. Halos*, con el *di.*

BOLING. pc. Tiznamiento. *B. in. M.* Tiznar á otro. *Mag*, así mismo. *Namomoling*, andar tiznando. *An*, á quien, *Na-an*, acaso. *Caboling*, compañero.

BOLINGBOLING. pp. Carnestolendas. *Mag, Magbolingboling*, l. *Magboling.* pc. l. *Magbolingan.*

BOLIYANG. pc. Vide *Boliang.*

BOLO. pp. Vello de la fruta, cañas, &c. Y no de cuerpo humano. *B. in. M*, l. *Mag*, ponerlo á otro. *Hin*, lo puesto. *Han*, la persona. *Na*, serle pegado. *Mabolo*, fruta velluda. *Ualang cabolohan*, l. *Cabocabolohan*, no vale un pelo. *Bogtong* del vello.

Ualang halaga con turan,
paaaroyan con hotan.

Porque hace decir *aroy* entocando el vello, que los hay que pican.

BOLO. pc. Novillo de carabao, ó cria. *Mag*, tener ó criarlo. *In*, ser tenido por tal, ó ser comida la sementera de él. *An*, el lugar.

BOLOBOC. pc. Borbollamiento de la fuente. *Mag*, l. *Namomoloboc*. El lugar, *pinamoan*. Tambien, *namomoloboc ang Buaya sa ilalim nang tubig, ó ang dugo sa loob nang sugat:* Pero no al hervir del agua.

BOLOBOG. pc. Machucar. Vide *bolabog*, l. *Bolbog*, con sus juegos.

BOLOBOLO. pp. Bugeta de cuerno en que echan oro molido, ó cosa semejante. *In*, ser usada ó hecha.

BOLOBOLO. pp. Venado recien nacido el cuerno.

BOLOBONDOQUIN. pp. Hombre zafio, silvestre, tosco. *Mag*, hacerse tal. *Ipag*, la causa.

BOLOBOR. pp. Arroz en verza. *Mag*, ponerlo en alguna parte. *An*, el lugar. *In*, ser tenido. *Naboloboran*, á quien nació. *Mag*, pc. Irse espesando el arroz. *An*, pc. La sementera. *Ipag*, pc. La causa.

BOLOBORYONG. pc. Flauta, ó *bansi* de los aetas. *Mag*, l. *Mamomoloboryong*, tañerla. *Y*, lo que se canta. *Pag, an*, á quien.

BOLOBOT. pc. Salir muchos á porfia. *Nagbolobolot ang tauo nang pagparoon sa Parian. Nagcabobolobolobot*, salen atropellándose. *Bolobotin mandin nang paglabas*, y no tiene otro juego.

BOLOCABOC. pp. Vide *Bolboc.*

BOLOCALA. pp. Vide *Monocala, anacala*, con sus juegos.

BOLOC. pc. Hedor de carne ó pescado podrido. *Mag*, podrir ó dañar. *In*, lo que. *Ipag*, por quien. *An*, para quien. *Mag-pa*, dejar que se pudra. *Pa-in*, lo que. *Maca*, la causa. *Ica*, pasiva. *Na*, estarlo. *Boloc na*, podrido. *Maboloc*, hediondo.

BOLOC. pc. Desigual.

BOLOCAT. pc. Descubrimiento, ó destapar al que está arropado. *B. in. M.* l. *Mag. In*, lo que. *An*, lugar. *Saan mo iyang nabolocat*, donde descubrirse eso.

BOLOCLAT. pc. Jugar. Vide *Buclatan*, con sus juegos.

BOLOG. pp. Hombre que no está castrado, ó circuncidado. *Bolog pa, sopot*, pc. Palabra afrentosa.

BOLOGAN. pp. Berraco, garañon. *Namomologan*, andar tal. *Pinamomologanan*, la muger. *Ipag*, l. *Ipamo*, la causa.

BOLOHANI. pc. Mozeton poderoso. Vide *bayani*, con sus juegos.

BOLOLONG. pc. Pellejo de cualquier cangrejo. Tambien *napabobololong con magauit*. Hace gorgoritos cuando canta.

BOL-ON. pc. Atravesársele algo en la garganta. *Na*, lo que. *Na-an*, á quien. Lo que atraviesa, *naca*. Sinónomo. *Hirin*, *samir*. pc.

DOLONG. pc. Hablar entre dientes. *B. in. M.* l. *Mag*. Lo que, *Y*. *May ibobolong aco sa iyo*, tengo que decirte al oido. *Mapagbolong mapagbolongbolong*, *mabolonğin*, murmurador.

BOLONG. pc. Runrun, decir mal en ausencia, con los juegos del antecedente.

BOLONG. pc. Ya se toma por las palabras de la consagracion. *Nagbobolong ang Padre nang mahal na Hostias*. *Con mabolonğan na ang alac, ay cagyat napapaui ang pagca alac*. Al decir las palabras en el cáliz, se vá el ser de vino.

BOLONG AETA. pc. Árbol duro. Tenerlo, ó venderlo, *Mag*. Tener por él, *in*. *Pinag*, l. *Napagbolonğan aeta*, lo ganado con él. *Mamolong aeta*, cortarlo.

BOLOR. pp. Lomo de espada ó puñal. Vide *Bovor*.

BOLORAN. pc. La puente en las Caracoas para andar y pelear por ella. *Mag*, hacerla. *Namomoloran*, el que se alienta, ó pelea. *Boloranin*, las tablas de que. *Boloranan*, el navío á que. Vide *Bolor*. pc.

BOLOS. pp. Fisga de pescado. *Mag*, tenerla. *Mag*, pc. Fisgar á muchos. *Namomolos*, andar pescando. *Pamolos*, instrmento. *Pamolosan*, lugar donde.

BOLOS. pp. Soplar con fuelles. *Mag*, derretir con ellos. *Molos ca*, sopla. *Namomolos*, mover los fuelles. *Bobolosan*, fuelles.

BOLOS. pp. Seguir su voluntad, ó alcanzar lo que desea, *nonolos*. Propiamente parece que significa aprovecharse del tiempo ú ocasion. *Sinasamantala ang fiesta, at nang manolos manalanğin sa Panğinoong Dios*. Vide *Panibolos*. Logra el tiempo para aprovecharse, orando á Dios.

BOLOS. pp. Perfecto. *Bolos, ó na guinoo, bolos na hunghang*. Perfecto, noble ó tonto.

BOLOS. pp. Camino real. *Bolos na daan*, *cabolosang daan*, *mamolos*. pc. Ir por él. *Nacabolos*, pc. *Sa raan*, salió del camino.

BOLOS. pc. Lanzadera del tegedor. *Namomolos*, el que la echa tegiendo. *Bolosan*, *pamolosan*, lugar por donde pasa el hilo cuando se echa la lanzadera. *Cabolos*, cada hilo que de nuevo se añade. *Nagbobolos ang balita*, cunde la noticia. Metáfora..

BOLOS. pc. Pieza de ropa. *Cabolos na sinamay*, una pieza de sinamay.

BOLOS. pc. transparentarse como la luz por el vidrio, ó penetrar, ó como el aire por el cesto agujereado. *Nonolos*, l. *Namomolos ang palay*. El cesto, *pinamolosan*. La causa, *ipina*, l. *Iquina*. El arroz que se hace salir, *pinapa*.

BOLOS. pc. Atravesar el cuerpo con la lanza. *Bolosan*, l. *Pinagbolosan*, l. *Pabolosin mong itoloy*, atraviésalo de parte á parte.

BOLOS. pc. Enfermedad de cámaras. *Mag*, reduplicando la primera sílaba tenerlas. *Ipinagbobolos*, lo que echa por ellas. *Y*, tambien la causa.

BOLOS. pc. Salir al camino real yendo por vereda. *Na*, salir así, *nagcabolos*, dos caminos que se juntan.

BOLOS. pc. sobresalir en la voz. *Namomolos ang tiple sa lahat nang pagcacanta*, sobresale el tiple á todos los que cantan.

BOLOS. pc. *Baquin ang sasalain, ay may mamomolos din*. Un yerro cualquiera lo hace.

BOLOS. pc. Por camino ó calle real. Se dice metafóricamente de una mala muger. *Nagcacabolosan ca sa dilang casalanan*. *Cabolosan ca mandin sa dilang malilibog*, eres camino real de la maldad.

BOLOSOC. pp. Echar de golpe, *Mag*. Lo que, *Y*. Donde, *pag-an*. *Bolosocan mo*, l. *Pabolosocan mo nang sibat*, arrójale una lanza. *Na*, l. *Napa*, caerse acaso. *Houag cang paronğao, at mamabolosoc ca*. *Nagpa*, l. *Nagpaca*, l. *Nagpati*, arrojarse de propósito. *Nagcapa*, de repente. *Pinagpapabolosocan*, lugar donde de propósito. *Quinabolosocan*, donde acaso. *Nabolosocan*, á quien, ó sobre quien cayó algo, ó se le cayó.

BOLOSOC. pp. Hundirse el pie en el lodo, ó algo de alto á bajo. *Nabolosoc aco*. Me hundí.

BOLOS TAGAC. pc. Leche de coco muy cocida con sal. *Mag*, hacer ó cocerla. *In*, lo que. *Ipag*, por quien. *An*, el lugar ó persona.

BOLOSUAC. pc. Vide *Boguac*.

BOLOT. pc. Flecha que tiene garfio. *Namomolot*, flechar con ella. *In*, de lo que se hace; ó á quien se tira. *An*, el lugar.

BOLOTONG. pp. Viruelas. *Binobolotong*, el que las tiene: *Binolotong*, el que las tuvo. *Bobolotonğin*, el que las tendrá. *Bolotonğin*, pc. Señalado de ellas. *Magcaca*, correr esta enfermedad. *Mag*, hacerse pecoso. *Bolotonğin tacao canin macaitlong ipagsaing:* Es cantinela de los muchachos.

BOLOAC. pc. cosa que sale de golpe como agua represada. *Mag*. *Nonolovat*, l. *Namomolovac*, la corriente del agua que rompe. *Magpa*, hacer que rompa. *Pinabo*, l. *Pinapamo*, la cosa. *An*, á donde. *Na*, l. *Nagcapa*, lo que salió con ímpetu.

BOLOUAG. pc. Derribarse el edificio, con las composiciones del antecedente.

BOLOUANG. pc. Vide *Timbouang*.

BOLUAG. pc. Lo mismo que *Bolouac*.

BOLOUANG. pc. l. *Boluang*. pc. Romper presa, estanque, tinaja llena de algo. *Na*, romperse. *Bolouanğin mo iyang tapayan*; rompe esa tinaja,

DONAS. pp. Lo que se come de lo que está pegado al hueso de alguna fruta.

BOMBON. pc. Monton de ramas y palos en donde se esconde el pescado. *Mag*, hacer ó ponerlo. *Y*, l. *In*, las ramas. *An*, los pescados, ó el lugar donde lo ponen. *Bonbonan mo itong ilog*, pon ramas á este rio.

BONBON. pc. Cisterna hecha naturalmente, que conserva agua clara.
BONCALOT. pc. Unas como cidras muy ágrias.
BONGCAL. pp. Desenterrar piedra, ó otra cosa. *B. in. M*, l. *Mag*, si mucho. *In*, lo que. *An*, donde.
BONGCAHI. pp. Exhortar, incitar, comenzar á hablar. *Mongcahi*, comienza tú á hablar. *Ualang namomongcahi sa amin*, no tenemos quien entable la peticion. *Ipa*, causa. *Mamomongcahi*, el que de continuo.
BONCOLAN. pp. Nudo. Vide *Boncol*.
BONDALAG. pc. Dalag pequeño, mayor que *bulig*, menor que *bocnos*.
BONDOC. pc. Cerro, sierra, monte. *Namomondoc*, el que anda por él, ó el que vive en él, ó el que trata en él. *Pinamomondocan*, l. *Napamondocan*, lo ganado en su trato. *Mag*, tomar algun monte. *In*, el monte. *Houag mong bondoquin ang di iyo*. No tengas por tu monte lo que no es tuyo. *In*, tener alguno por montaraz. *Taga bondoc*, *bolobondoquin*, silvestre, rústico. *Mamomondoc*, l. *Mapamondoc*, el que vá de contínuo. *Taling bondoc*, empinado. *Namomondoc*, en Manila significa hablar alguno como hombre del monte. Refran.

Somalonĝa sa bondoc,
bagcos mararaos-os,
at ualang cocong icamot.

El que pretende algun puesto sin tener prendas para ello. *Bondoc-bondocan*, monte fingido.
BONDOL. pc. Tirar á algo con algo, soltándolo de la mano. Vide *Borlong*, *bagsay*, con sus juegos.
BONDOY. pc. Idropesía. Vide *Bontoy*.
BONDOY. pc. Una especie de arroz abultado.
BONĜA. pp. Fruto de cualquier árbol ó planta. *Nag*, y mejor *namomonĝa*, dar fruto. *Y*, lo dado, ó con que. *Nagpapa*, l. *Nagpapapa*, hacer que lo dé el árbol. *Papamonĝahin naua nang Panĝinoong Dios yaring halaman*: Haga Dios que dé fruto, &c. *Bonĝahan*, se dice de la planta que por vieja ya no dá fruta.
BONĜA. pp. Bellota que echan en el buyo, ó la misma palma de la bellota. *Han*, el buyo, *Manhimonĝa*. Vide *Himonĝa*.
BONĜA. pc. Boca. *B. in. M*, l. *Mag*, hablar, *An*, á quien. *In*, ser hablado. *Bonĝain*, hablador.
BONĜANG ARAO. pp. Sarpullido. *Mag*, criarse. *In*, el que lo tiene. *Bonĝahin arao*, el que de ordinario lo tiene.
BONĜANĜA. pp. Charlatan, boca grande, por hablador. *Bonĝanĝa cang di sapala*, eres muy hablador. *Mag*, pc. Hablar mucho. *Pag-an*, pc. Á quien. *Dami bapang pagbobonĝanĝa*. pc. *Tomahan ca na*: Basta ya, que me tienes aturdido. *Bonĝanĝaan*. pc. De grande boca, hablador. *Cabonĝanĝaan*, charlatanería.
BONĜALNĜAL. pc. Lo mismo que *Bonĝanĝa*.
BONĜAN BATO. pc. Coral negro.
BONĜANG CAUALI. pp. Fruta de sarten.
BONĜAN DAMO. pc. Semilla de yervas zacates. *Mag*, sustentarse con ella. De aqui *himonĝang damo*. Vide *Himonĝa*.
BONĜA SA PALAS. pc. Arroz que en poco grana: de aqui *Anac palas*, se dice del muchacho que nació de muger de pocos años, ó antes de los años regulares. *Mag*, tener asi hijo.
BONĜANG TIBATIB. pp. Salpullido. Vide *Abang abang*.
BONĜANG TOLOG. pp. Sueño, soñar. *Mag*. Lo soñado, *ma*. La causa, *macapag*, pasiva, *Ipag*, l. *Icapag*. *Magpa*, hacer que sueñe. *Pinapag*, á quien.
BONĜALONG. pp. Vaso en que beben el vino en sus bodas. Vide *Sinĝabong*, *simbalong*.
BONĜAO. pp. Gritar. *Bobonĝaobonĝao*.
BONĜAR. pp. Boca ó borde de la caña por donde se cortó derecho ó al soslayo, *Mag*. *Nabonĝaran*, l. *Binonĝaran aco niya*, dióme con el canto de la caña.
BONĜAR. pp. Hacer alguna cosa para que la estrene otro primero, *namomonĝar*. Lo que *pinamomonĝaran*.
BONGBONG. pc. Caña gruesa que sirve de cántaro. *Mag*, hacerla, tenerla. *In*, la caña. *An*, donde. *Nabongbong ang haligui* se dice cuando cae de canto, hincando un cabo en el suelo. *Binobongbong ang camay*, se dice cuando las mangas son estrechas en la mano. *Sa bobongbong*, l. *Sa sa bongbong*, se dice del que no entiende lo que se le manda.
BONGCACOC. pc. Desaliñado.
BONGCAL. pp. Metafóricamente se toma por revolver ó buscar pleitos. *Mag*, l. *B. in. M*, andar en eso. *Namomongcal*. *Nabobongcalan si Pedro nang sulat*, hallaron á Pedro con carta. *Mapagbongcal*, escudriñador, revolvedor. *Bongcalin mo ang loob*, escudriña tu conciencia. *Bongcalin sa loob*, l. *Pagbongcalin*, pensar.
BONGCALO. pp. Madera ó sobre que cargan las vigas. *Mag*, tenerlo la casa. *In*, de lo que se hace, ó harigue á quien se pone.
BONGCALÓ. pc. Fruta del baino. *Bogtong*.

Ang holog con tomandà,
maronĝauin nang bata.

Porque maduras se caen, y verdes parece están asomadas.
BONGCOC. pc. Vide *boloc*.
BONGCOL. pc. Vide *bohol*, con sus juegos.
BONGCOLAN. pp. Una fruta comestible, *bolsa*.
BONGANG. pc. *Isdang palay litao sa tubig*: *Nagca bonggan, nang magmulang magbagyo*. Se llenó de pescados muertos el rio despues del *baguio*.
BONĜI. pc. Boquituerto, desnarigado.
BONĜIL. pp. Lo mismo que *bonĝi*.
BONGLÓ. pc. El que anda amarillo de enfermo, *namomonglò*. *Ipa*, la causa.
BONGLÓ. pc. Rama ó cogollo tronchado. *B. in. M*. *In*, lo que. *Ma*, acaso.
BONĜO. pc. Calabera, casco de la cabeza. *In*, tenerlo por tal. *Mag*, hacer calaberas. *An*, lo que. *Tabanĝonĝo*, el vagre, de cabeza grande.
BONĜOL. pc. Flechas sin hierro con boton en la punta. *B. in*. l. *Mag*, tirar con ellas. *In*, á lo que tiran.
BONĜOL. pc. Medida de aceite de ajonjolí. *Monĝol*, comprar. *In*, el aceite. *An*, de quien. *Mag*, venderlo. *Ipag*, lo que. *Pag-an*, á quien.
BONG-OL. pc. Mudar las astas el venado, *namomong-ol*; tambien cuadra á las plumas de las aves.

BONĞOLAN. pp. Un género de plátanos olorosos.

BONĞON. pc. Pescado medio podrido.

BONĞOT. pp. Barbas ó pelos de ella en hombre, animal ó peje. *Ma*, estar con dichos pelos.

BONĞOY. pp. Ofrenda al anito por los enfermos, ó colgar boca abajo la gallina ú otro animal en algun palo, *B. in. M.* l. *Mag.* Lo colgado, *Y.* Donde, *An. Pabonğoy ca*, maldicion: quiere decir, ofrecido seas al demonio.

BONĞOY. pp. Los medios cocos con que juegan los muchachos.

BONGO. pc. Topar un palo con otro cuando los llevan acuestas, ó bancas entre sí. *Mag*, topar de propósito. *Y*, l. *In*, lo que. Si muchos, *pag-in. Na*, acaso. *Ca-an*, el lugar.

BONGSO. pc. Hijo ó hermano menor, el benjamin. *Mag*, tenerlo. *Mamongso*, llamar á muchos así. *Bongsobonsohin cata,i, di ca somonod*, te regalo con el nombre *bongso*, y no obedeces? *Bongsong gata*, es la leche del coco esprimida á la postre.

BONGSOL. pc. Hechizar para enfurecer, *B. in. M.* Y si muchas veces. *Mag. Namomongsol*, el que hechiza. *Y*, la yerva. *An*, á donde. *Iquina*, la causa. *Na*, estarlo. *Pamongsol*, instrumento. *Mamomongsol*, pc. Hechicero.

BONGSOL. pc. Vergajo de toro ó puerco.

BONGSOR. pc. Echar el navío al agua, poner la escalera, B. *in. M.* l. *Mag.* El navío, *Y.* El lugar ó á quien, *An. Bongsoran mo aco nang hagdan*, ponme la escalera. *Namomongsor*, el que echa al agua muchos navíos. *Na*, estar echado.

BONGSORAN. pp. Lugar destinado para eso. *Cabongsoran hagdan*, un vecino. *Magca*, dos.

BONGSOR. pc. Acometer de improviso, *mongsor cayo sa caauay: Camí binongsoran nang manğayao*, acometiéronnos de improviso los salteadores. *Naca*, la causa de tomar resolucion. *Ang nacabóngsor sa loob, ay ang*, &c.

BONGTON. pc. Monton de tierra ú otra cosa. *Mag*, amontonar algo. *In*, l. *Y*, lo que. *An*, donde ó serle amontonado. *Magca*, muchos montones. *Binongton*, valladar ó calzada. *Namomongton*, el que anda por ellas. *Nanghihimongton*, el que las limpia. *Hinihimongtonan*, ellas. Vide *Timbon.*

BONGTOR. pc. *Nagbobongtoran.*

BONLAC. pc. Escurrir, rodar de alto á bajo algun monton, *nabonlac ang torre ni Membrot. Ca-an* el lugar donde empezó á caerse. *B. in. M.* l. *Mag*, hacerlo caer. *In*, lo que. *An*, por donde.

BONLOT. pc. Arrancar, *Mag.* Lo que, *In.* Vide *bonot.*

BONLOT. pc. Repelar, *B. in. M.* El cabello, *In.* Á quien, *An.* Con *Mag*, pelar las aves.

BONÓ. pc. Luchar. *B. in. M. Bon-in mo siya*, derribale. *Mag*, los dos. *Pagbon-an*, l. *Pagbonoan*, lugar de lucha, ó lo que se gana por ella. *Pagbobonò*, acto. *Maca*, poder derribar luchando. *Maqui*, luchar con otro. *Cabonò*, uno de los dos. *Magca*, los dos *magbobonò*, l. *Mapag*, l. *mamomono*, luchador.

BONOHAN. pp. Corral en que cogen pescado. *Mag*, hacerlo. *Mamonohan*, pescar con él. *Ma*, ser cogido. *Pinamomonohanan*, l. *Napa.* lo que gana con ello. *Mapagbonohan.* Frecuent.

BONONG. pp. Cuchillo á manera de bolo con la punta roma. *Mag*, tenerlo. *In*, lo de que, ó á quien se hiere con él.

BONOT. pp. Arrancar como pelo, clavo, yerva, *B. in. M.* Lo que, *In.* Con que, *Y.* Á quien, *An*, ó donde. *Mag.* pc. Arrancar mucho. *Pag-in*, lo que. *Pag-an*, por lugar. *Di mabonot*, no se puede arrancar. *Cabonotbonot*, fácil de arrancarse. *Namomonot*, el que anda arrancando. *Mambobonot*, arrancador.

BONOT. pc. Cáscara del coco. *Mag*, venderla. *In*, lo que se limpia con ella. *An*, el lugar. *Namomonot*, l. *Nanhihimonot*, arrancarla del coco. *Himonotan*, el coco. *Bonotan*, pc. Coco que tiene la cáscara mas gruesa que el casco.

BONTOY. pc. Lo mismo que céspedes.

BONTO. pc. Arrojar algo dando de golpe, *Mag.* Lo que, *Y.* Donde, *Han.*

BONTO. pc. Soplar el viento con pausa y furia. *Nononto ang hanğin*, y mejor *bontobonto ang paghiip.*

BONTO. pc. Resaca. *Namomonto ang dagat. Pinamontohan*, la playa.

BONTO. pc. Echar las suertes sobre los competidores, *namomonto.* Ellos, *ipina.* Las partes divididas, *pinamomontohan.*

BONTOHAN. pp. Lugar donde se descarga ó echa la cosa. *Y*, lo que contribuye uno para algun pleito ó gasto comun. *Mag*, contribuir. *Ipag*, la causa.

BONTÓ. pc. Caer de su estado, desmayado, ó de algun oficio. *Nabonto*, mejor *napabonto siya. Bontobonto.* pc. Turbonadas de viento. *Houag tayong magsacay, at itong hanğin ay bontobonto: Binobontobontohan cami*, nos salteó el viento. Sinónomo. *Losonglosong.* pc.

BONTOC. pc. Puñete, mas usado es *sontoc.*

BONTONGHININĞA. pc. Suspiro. *Mag*, suspirar. *Ipag*, por que. *Pagbontohang hininğa*, lo á que ó por que. *Pagbobontong hininğa*, acto. *Mapagbontohin.* Frecuent.

BONTOT. pc. Cola de cualquier animal. *B. in. M.* Ir detras de otro como la cola, *houag cang montot sa aquin. Y*, la causa. *An*, á quien sigue ó coge por la cola. *Binontot co na,i, nacauala pa*, andábale á los alcances, y se me escapó. *Maqui*, lo mismo que *nonontot. Pabontot na uica*, última palabra.

BONTOT. pc. Hacer cola, *Mag. An*, á quien se pone. *In*, de lo que se hace. *Magcaca*, tener cola. *Na-an*, ser asido por ella.

BONTOT MAYA. pc. Una yerva.

BONTOT PUSA. pp. Un género de arroz que tiene pelo.

BONTOY. pc. Hidropesía. *Mag*, l. *Magcaca*, tener la tal enfermedad. *Bontoyin.* pp. Hidrópico.

DONIYOC. pc. Vide *buyoc*, con sus juegos.

BONYOC. pc. Un modo de cocer la morisqueta en el *boo*, distinto del *binobo. Mag.*

BOÓ. pp. Cosa entera: *Boong misa, boong tinapay. B in. M.* Hacer entero. *Moo ca niyan. In*, lo que. *Mag*, hacer, llevar, gozar, tomar algo entero, alzarse con todo. *Nagboboo aco nang cayo*, l. *Pinagbobooan co ang cayo*, llevó para mí solo el lienzo. *Binobooan co si Pedro nang salapi*, le dí todo el dinero. *Binooan ni Pedro ang pinggan nang tinapay*, pusieron un pan entero en su plato. *In*, ser hecho entero. *Y*, con que. *Uala acong iboo*, l. *Icaboo*, l. *Ipagboo*, l. *Icapagboo*, no tengo dinero para comprarlo todo por entero. Lo mismo es *nacaboo*. *Naboo pa*, está entero. *Namomoo ang polot*, está helada la miel, ó la flor antes de abrirse. Con esta palabra *naboboo pa*, metafóricamente, intelligitur integritas puellæ. *Magpa*, dar algo por entero. *Caboong lalaqui*, de edad perfecta.

BOOBOO. pc. Tolondrones.

BOOC. pc. Matar á uno quitándole la cabeza. *Binoo'an si Pedro sa caniyang buquir*. Vide *pamooc*.

BOOC. pc. Cortar la punta del coco y sacarle el *laman*.

BOOCAN. pp. Gallo con barbas, *bagocan*, *bauocan*. Sinónomo, *gomihin*.

BOOG. pp. Podrirse la fruta por golpe ó por cojida sin sazon. *Mag*, podrirse. *B. in. M*, podrirla. *In*, la yerva ó fruta. *An*, la sementera. *Mag*. pc. Muchas. *Pagbooguin mo*. *Pagan*, los árboles. *Boog*. pc. *Naramo*, yerva podrida. *Minaboog ca*, podrido seas: maldicion.

BOOL. pc. Tobillo del pie. *Naboolan co*, le acerté en el tobillo. *Aco,i, pinagboolan niya*, me dió en el tobillo.

BOOLBOOLAN. pp. Un género de cajuela ó petaquilla con chalan, en que meten sahumerio. *Mag*, tenerla. *In*, de que se hace.

BOONG. pp. Quebradura de cosa de barro ó loza. Vide *basag*.

BOONGSINA. pp. Caña de china como la de los payos ó quitasoles.

BOOT. pp. El conejo. *Mag*, tener ó criarlo. *In*, tenido por tal. *An*, donde le crian. Vide *paloot*.

BORA. pc. Andar escupiendo sin tener que echar, *B. in. M*. l. *Mag*, Lo que, *Y*. Á quien ó en cuya presencia, *borahan*, l. *Pagborahan: Boborabora ang nalalanĝo*.

BORAC. pp. Lustre de ropa. *Namomorac*, l. *Nag*, l. *Boboracborac*.

BORAC. pp. Cenagal. *Ma*, atollarse.

BORAL. pp. Cosa relevada como el ombligo, y de aqui *tolos sa pagtatali nang hayop*.

BORALANG. pc. El que tiene el ombligo grande.

BORAL. pp. *Ibinoboral ang sasacyan*. *Ibinibitin nang di maquiling*. *Naboboral*, lo que está como en el aire.

BORALI. pp. Mal salado, *Mag*. Lo que, *In*. *Boraboralìin mo lamang*. *Gauang boraborali*, obra hecha á poco mas ó menos. Metáfora.

BORANG. pp. *Boborangborang ang panĝunĝusap*. *Binoranĝan aco niya*. Y mejor reduplicado: lo mismo que *gasà*.

BORAY. pp. Bondad, *maboray*, *mabuti*.

BORBOR. pp. Polvorear como con la pimienta ó sal en la comida, ó como con la arena en la salvadera. *B. in. M*. l. *Mag*. Lo que, *Y*. Sobre que, *An*. *Namomorbor*, el que anda echando. *Pamorbor*, salvadera, l. *Borboran*.

BORBOR. pp. Dar cada uno un tanto como contribucion para gasto comun, *Mag*. *Borboran*.

BORLÁ. pc. Compañía de muchos para alguna compra, como cuando compran fruta, &c. entre cuatro ó seis. *Tayo magborlaan*, *pinagboborlaanan*, lo comprado asi. *Pinagboborlaanan mandin ang caniyang laco*. Tambien significa lo vendió brevemente. *Borlaan*. pp. El dinero de compañía.

BORLÁ. pc. Tambien significa cosa comun de muchos por indiviso, como cañaverales, tierra, &c. *Borlaan*, l. *borlaanan ito*, lo mismo que *calahatan*, *caramihan*. *Malis ca riyan borlaanan*, se dice de una muger por comun ramera.

BORLAN. pc. Lo mismo que *borla*, con todos sus juegos.

BORLAANAN. pp. Muger comun. *Malis ca rian borlaanan*, quítate de ahí, ramera.

BORLIT. pc. Reventar el cesto por muy lleno; *naburlit ang tohog*.

BORLONG. pc. Dar con la lanza arrojándola al contrario. *B. in. M*. l. *Mag*. Lo que, *In*. *Borlonĝin mo siya*. *An*, lugar y persona. *Namomorlong*, el que anda tirando. Sinónomo. *Sarlac*.

BORO. pp. Cosa salada ó salpresa. *B. in. M*. l. *Mag*, salar. *Hin*, lo que. *Han*, l. *Pag-an*, vasija en que. *Ipag*, la sal ó persona para quien. *Pagboboro*, acto. *Namomoro*, el que frecuentemente. *Aco baga ang ipaboboro mo sa padre? nang gaua mong ito? Iparorouahagui baga, at nang mapacasamà?*

BORO. pp. Un gusano blanco que se cria en llagas y pescado.

BORÓ. pc. Lo mismo que *bongsò*. Palabra del padre ó la madre al hijo. *Namomorò*, el que llama asi. *Mag*, á muchos. *In*, el chiquillo.

BOROBOTONES. pp. Yerva de la golondrina. Sinónomo, *gatasgatas*.

BOROC. pp. Yema del huevo. *B. in. M*. l. *Mag*, untar algo con ella. *May boroc pa sa olo*, *boroc ca pa*, aun no tienes juicio. Metáfora.

BOROG. pp. Una como lepra ó bubas. *Boroguin*. pp. Leproso. Vide *bonong*, con sus juegos.

BOROL. pp. Difunto amortajado. *Mag*, ponerlo en medio de la casa. *Y*, el difunto. *An*, la mesa en que. *Na*, ser dejado asi puesto. *Paborol ca*, podrido seas.

BOROL. pc. Peñascos, collados. *Sa ibabao nang manĝa borol na matataas*, estaba sobre unas peñas muy altas.

BOROLAN. pp. Casilla mal hecha, donde en medio y en alto ponen el difunto: *iguiba pa itong borolan ninyo!* Qué linda casa! Ironía.

BOROLBOROL. pc. Vide *Tagortor*.

BORORÓ. pc. Lo mismo que *bongsó*.

BOSÁ. pp. Enojarse uno delante de muchos por algun dicho satírico, *Mag*. Por lo que, *Ipag*. Contra quien, *Pag-an*.

BOSÁ. pp. Arroz tostado que revienta, y se hace como flor, ú otro grano. *Mag*, tostar el arroz. *Y*, lo tostado. *Ipag*, por quien. *Han*, el lugar ó persona. *Mabosá*, pc. Arroz que tostado luego se revienta. *Namomosá*, irse tostando. Adviértase que se diferencia del antecedente, porque este no es gutural como aquel.

BORQUI. pc. Pasion. Vide *burhi*, que es el mejor

BOSAL. pc. Vide *bosil*, pp. *Tigas*.

BOSBOS. pc. Ahujerear, como no sea en cosas de tabla. *B. in. M.* l. *Mag. In.* lo que. *Naca*, el que lo abrió. l. *Nonosbos*. *Na*, ahujereado. *Bosbos na dalaga*, mulier corrupta.

BOSIL. pp. El corazon de la madera, sea duro ó blando. Vide *tigas*.

BOSLO. pc. Cesto pequeño y ralo. *Mag tatangnan. ga boslo man.*

BOSLOG. pc. Descubrirse la punta de la fruta entre la corteza, y de aqui el prepucio. *Bosloguin*, el circunciso. *Na*, circuncidado. *B. in. M.* l. *Mag*, sacar asi la fruta. *In*, la fruta. *Boslog na*, dicitur de primo acto carnali hominis et mulieris.

BOSLOG. pc. Vide *Honghong*.

BOSLOGUIN. pp. Mal ceñido. *Bosloguin ca*, eres un perdido.

BOSLOT. pc. Lo mismo que *bosbos*, con sus juegos.

BOSNĜOUAN. pc. Hablador.

BOSÓ. pc. Lo mismo que *boró*. pc.

BOS-OC. pc. Reventar entre las palmas de las manos huevo, fruta, &c. *B. in. M.* l. *Mag*. Lo que, *In*. Las manos con que, *Y*. Estarlo. *Na*.

BOSOC. pp. Hundirse el pie en tierra, *Na*. La causa, *Ica*. Donde, *Ca-an*.

BOSOC. pp. Desaparecer, ó tomar algo á escondidas. *Vm*, tomarlo. *Mag*, esconderlo. Lo que, *In*.

BOSOC. pc. No correr bien el agua por alguna canal. *Bosocbosoc ang tubig*.

BOSOD. pp. Retortijones de tripas: *Bobosodbosod*, l. *Nagbobosodbosod ang tiyan*.

BOSOG. pp. Arco de flechas. *B. in. M*, tirar. *Y*, tirar con él. *Ibosog mo ang bosog*. *In*, ser hecho arco, ó golpeado con él. *Namomosog*, andar armado con él. *Mag*, traerlo. *Magpabosog*. Frecuent. *Na*, el golpeado con el arco.

BOSOG SORLAN. pc. El uso con que hilan.

BOSOG. pc. Hartarse. *B. in. M*, á otro. *In*, á quien. *Pagbosog*, acto. *Magpacabosog*, el que así ó á otro. *Mapagpacabosog*, el destemplado. *Maca*, causar hartura. *Ica*, pasiva. *Magbosogan*, convidarse á hartarse. *Na*, estar harto. *Cabosogan*, pc. Hartura. *Bosog ang bayan*, abundante. *Nabosog manding limatic*. Se dice del desagradecido. *Bosóg, ay maasó*. Refran. Pan con dolor.

BOSOGAN. pp. Género de plátanos.

BOSOLAN. pp. *Biga* ó llave. *Mag*, ponerla. *Y*, la llave. *An*, la causa.

BOSONG. pp. Ingrato: pagar el ingrato su merecido. *Na*, el ingrato, ó castigado. *Naca*, la causa. *Ica*, pasiva. *B. in. M*, castigar. *In*, á quien. *Cabosonĝan*, ingratitud. *Bosong*, el ingrato.

BOSONGBOSONG. pp. Fray Francisco dice *basongbasong*. pp. Corona de oro que usaba la cutolonan.

BOSOSO. pc. Vide *bororó*.

BOSUANG. pc. Clavo del pie. *In*, tenerle. *Magca*, tenerlo de nuevo. *Bosuanĝin*, el que á menudo.

BOSUANG. pc. Abrirse la postema, *na*. Á quien, *An*.

BOTA. pc. Hablar mucho: *Bobotabotang manĝusap*.

BOTÁ. pp. Árbol que tiene leche dañosa. Vide *dita*. pp.

BOTABOTA. pp. Árbol.

BOTACAY. pp. Mono viejo. *Mananid*, el usado.

BOTAT. pp. Árbol cuya fruta es á modo de bilinbin. No es comestible.

BOTBOT. pc. Descubrir, desenterrar. *Mag*, l. *B. in. M. In*, lo que. *An*, de donde. *Namomotbot*, andar sacando ó renovando. *Na*, lo sacado.

BOTBOT. pc. Desenterrar. *Botbotin ang binaon*. Desentierra al enterrado.

BOTBOT. pc. Canto de la lechuza. *Mag*. Donde, *An*.

BOTBOT. pc. Esparcir el *bolobor*, *Mag*. Lo que, *In*. Á donde, *Pag-an*.

BOTBOT. pc. Andar muy de prisa; pero se usa con la negativa de este modo. *Anong di niya icabotbot*: como no ha de andar aprisa?

BOTBOT pc. Descubrir secretos. Vide *bungcal*, con sus juegos.

BOTHOAN. pp. plátanos con pepita, ó cualquiera otra fruta que tenga muchas. *Lalaquing bothoan*, hombre fornido: *Bothoan ang pagsasaing nang canin*. Mal cocido, *bothoan*. Metáf.

BOTICTIC. pc. Estar repleto. *Namomotictic*, l. *Nagbobotiboticttic*. Está muy repleto.

BOTIL. pp. Grano *Cabotil na bauang*. Un grano ó diente de ajo.

BOTOCAN. pc. Tiendecilla ó lugar donde se recoge en el campo.

BOTOLBOTOL. pc. Vide *Gatolgatol*.

BOTOLAN. pp. Fruta de un árbol llamado *Suyac Dagá*.

BOT-O. pc. Hueso, pepita ó cuesco. *B. in. M.* tirar con él. *Hin*, á quien. *Mag*, tenerlo ó criarse. *Namomot-o*, l. *sumasabot-o ang saquit*, le tiene en los huesos la enfermedad. *Manhimot-o*, quitar el hueso. *Himotohan*, deshuésalo. *Mabot-o*, de muchos huesos.

BOT-O pp. *Ang pinagbabatayan nang tahilan;* tarugo de palo que se pone en el tahilan.

BOTOR. pp. Una sortija que hacen para correr la ventana.

BOTOTO. pc. *Palayao*. Vide *bongso*.

BOTOHAN. pp. Vide *botohan*.

BOTOHAN. pc. Morisqueta cruda, no sazonada.

BOTNĜO. pc. Lazada corrediza. Vide *taguilabsó*.

BOUA. pp. Natura mulieris, cuando es disformis. *Man*, l. *Mag*. pc. Afrentar á otro con esta palabra, l. *Magpa*. Á quien. *Pinagbouaan*: Vide *himoua*, *bouain*. pp. Mulier cum hac deformitate.

BOUAL. pc. Arrancarse los árboles por fuerza de viento. *B. in. M.* l. *Mag. In*, lo que. *Y*, para quien. *An*, donde. *Namomoual*, andar arrancando. *Na*, lo que se arrancó. *Pamoual*, el instrumento. *Boboualboual itong canin*, morisqueta hecha trozos.

BOUAN. pp. La luna ó el mes. *Mag*, pc. duplicando la raiz: Hacer algo una vez al mes, *In*. *Bouanbouanin natin ang pagbabantay*. *Ipag*, por quien. *Man*, l. *Ma*, tocarle á cada uno un mes. *Cabouanan co nĝay-on*, este mes me toca. *Magpa*, aguardar á que salga la luna. *Nabouanan*, á quien dá y daña la luz de la luna, ó lo tardado un mes. *Binobouan*, la muger á quien viene la regla. *Bouanbouan*, cada mes. Las edades de la luna: *Bagong bouan, nagpapalabá, bagong somilang malacarit, malasoclay, palabang bouan, bilog na*. Despues: *Mulang dilim piñgas na, nagcolang na, matotonao na, marororog na. Bogtong.*

Cacabaac na niyog,
magdamag inilipot.
Otro.
Quinain na,t, naobos
naboboo pang lobos.

Se puede aplicar al eclipse.

BOUAN-BOUAN. pp. Sábalo, semejante al *Bañgos:* cuando pequeño, *catcat.*

BOUANG. pc. Trastornamiento como de banca, olla al fuego, &c. *Mag*, derribarlo. *Y*, lo que. *An*, donde, ó sobre quien. *Na*, trastornarse. *Itong osap na ito ang quinaboanğan nang lahat na ari co*, en este pleito gasté toda mi hacienda.

BOUANG. pp. Tonto. Vide *boang.*

BOUAT. pc. Adverbio como asi: *Nğay-on dili boua,t, nang sa ona*. Ahora no es asi como antes.

BOUAY. pp. Banca celosa. *Na*, ser asi. *Mabouay na bangca*, banca celosa.

BOUIG. pp. Racimo de fruta. *Mag*, nacer ó criarse. *Pag-an*, el árbol.

BOUIG. pp. Echarse á dormir junto sobre una almohada. *Mag*, tambien juntarse ó pegarse á otro. *Magca*, estar asi juntos. *Magcabouig nang bouan nang paglilihi*. Concebir dos mugeres en un mismo mes. *Cabouig*, un racimo.

BOUIS. pc. Tributo. *B. in. M.* l. *Mag*, pagarlo. *Y*, lo que. *An*, á quien. *Magpa*, cobrarlo. *Pag-in*, de quien. *Ipa*, lo que. *Pag-an*, para quien. *Mag*, tambien es el tiempo que se cobra y se paga. *Nagbobouis nğay-on sa Maynila.*

BOUIS. pc. Pagar terrazgo. *Nonouis*, el que paga: *Binobouisan*, á quien, *Y*, la tierra por que. *Magpa*, el dueño que dá la tierra. *Pa-an*, la tierra dada. *Pinabobouisan ni Juan ang caniyang buquir*. Dá Juan su tierra, para que por ella le paguen terrazgo. *Guintong bouisan*. Oro bajo, con que pagaban el tributo. *May pabouisan ca mandin:* gastas como si tuvieras encomienda.

BOUÓ. pp. Un género de cañas delgadas: *Namomouo*, cortarla, *Mag*, cocer en ella. Itt. *Mag*. Traer tal caña, venderla. *Magbouo*, l. *Binouo*. Carne ó pescado cocido en el *bouo.*

BOUON SINA. pp. Vide *bouong sina*, un género de caña.

BOUOR. pp. Lomo de daga ó puñal. Vide *bolor.*

BOYBOY. pc. Contar algo desde el principio hasta el fin, como el linage. *Namomoyboy: Yaon nang yaon ang ipinamomoyboy mo*. Á quien, *pamoyboyan.*

BOYBOY. pp. Juntarse mucha gente. *Nanğaboboyboy ang manğa tauo sa Bayan.*

BOYIC. pc. Lechon pequeño. Vide *buic.*

BOYOC. pp. Juntarse las abejas. *Mag*. Donde, *An: Naguin caboyocan nang balang ang dami nitong manğa tauo*. Parece junta de langostas, &c. *Boyoc*. pc. l. *Boboyocboyoc*, l. *sa boboyoc ang pisnği*. Que gordos tiene los carrillos.

BOYOC. pp. Ensenada pequeña en la mar. *Caboyocan.*

BOYOG. pc. Vide *buyog.*

BOYON. pp. Barriga abultada. *Mag*, l. *Magca*, tenerla asi. *Boyonin*, hombre de tal barriga. *Magbóyonin*, hacerse tal.

B antes de U.

BUAG. pp. Despoblarse la gente de guerra, ó de quemar y cortar los árboles de un monte entero. *B. in. M.* l. *Mag*. *In*, el pueblo. *An*, el lugar.

BUAYA. pp. Caiman ó cocodrilo. *B. in. M. Namumuaya*, pescarlo. *Hin*, ser tenido por tal. *Mag*, criarlo. *Mag*, pc. Imitarlo. *Paghan*, á quien se representa. Nombres y edades del *Buaya*. *Mala colooban*, como baina. *Mala sapin*, palo de tegedor. *Mala tinibá*, tan grande como el pié del plátano. *Cabagong tauohan, buayang totoo. Buayabuayahan*, fingido.

BUAYA. pp. Atar á uno á un palo de espaldas, y á lanzadas pasarle la barriga por algun delito atroz, *Mag*. El que, *Hin:* de aqui por algun delito grave suelen decir al delincuente: *Nagpapacabuaya*, l. *Pabububuaya ca?* Quieres que te alanceen? *Con di cayo somonod, buayahin cayo nang Hocom.*

BUBULI. pp. Lagartijas grandes.

BUBULIGA. pp. Cesto grande para grano.

BUBUYOG. pp. Abejon. Vide *Imboboyog.*

BUBUY. pp. Un árbol. Y por concurrir y juntarse mucha gente. Vide *boyboy.*

BUCA. pc. Abrir arca, tinaja, libro. *B. in. M.* l. *Mag*, abrir. *In*, *buquin*, ser abierto. *Y*, con que, ó para quien. *Namumuca*, andar abriendo, ó abrirse como la flor. *Na*, estar abierto. *Naca*, poder abrir. *Napapamuca*, lo que puede hacer que se abra. *Nabuc-an*, l. *Nabucahan si Pedro nang sulat*. Dicen que hallaron á Pedro con carta de los enemigos. *Magbucahan*, contribuir. *Magcanong buca mo*, cuanto contribuiste. *Ipagbuca mo aco nang isang salapi*. Paga por mí un toston.

BUCABUCA. pp. Una madera á manera de *soclob.*

BUCALÁ. pp. Manilla de marfil.

BUCAL. pc. Manantial de agua. *B. in. M.* l. *Namumucal*, manar. *Binobucalan*, á quien. *Nag*, traer algo sobre sí el manantial. *Nunucal ang cati sa cataoan*, yerve la picazon. *Bucal nang caronunğan*, tiene mucha sabiduría. *Bucal na sa loob yaong caronunğan*. De él sale, y no de otro.

BUCAL. pc. Hervir la olla al fuego. *Nagbubucal*. Tambien, *ibinubucal nang ouor yaong boro*, están bullendo los gusanos. *Bagong bucal na pagdaramit*, uso nuevo.

BUCALCA. pc. l. *Bucalcal*. Vide *bucarcar.*

BUCALCAL. pc. Trabucar, revolver cuanto hay, buscando algo, *Mag*. Lo que. *In*. Con que, *Y*. Por quien, *Ipag*. *Mabucalcal*, l. *Mapag*, revolvedor.

BUCAN. pp. Matar á uno sin mas ni mas, sin preceder causa. *B. in. M.* Lo mas usado es, *binucan co sa anac co.* Me hallé de repente con mi hijo muerto. Tambien encolerizarse. *Binubucan*, l. *Binubucan mo aco,* te encolerizaste conmigo.

BUCANG BIBIG. pc. Palabra ociosa, murmuracion. *Mag*, hablar asi. *Pinagbubucang bibig*, á quien. *Cabucahang bibig*, abstracto.

BUCANGCANG. pc. Abrirse como almejas, flor, llaga, despernancarse. *B. in. M.* l. *Mag.* Las cosas que, *In*. Hacer que estén abiertas, *Ipa.* Ante quien, *An*.

BUCANG LIUANAG. pc. Esclarecer, *Mag.*

BUCANG LIUAYUAY. pc. Crepúzculo matutino, *Mag.*

BUCAOCAO. pc. Un género de lepra ó bubas. *In*, el lisiado de ellas.

BUCAR. pp. Auyentar á hombres de improviso. *B. in. M.* Á quien, *An*, *Mamumucad*, auyentador.

BUCARCAR. pc. Abrirse la flor. *Namumucarcar*, se abre. *Na*, estar abierta. *Nagpa*, el que la abre como el sol. *B. in. M.* l. *Mag*, descoger, desplegar. *In*, lo que. *Y*, con que, ó para quien.

BUCAS. pp. Mañana. *Magbucasbucas*, l. *Magpabucasbucas*, diferir algo de dia en dia. Lo que. *Ipag.* l. *Ipag pa.* Á quien, *pag-an. Magpanibucas.* pc. Renovar todos los dias. *Pinagpanibucasan.* pc. *Nang lagnat*, el que la tiene. *Bucasin*, haz que llegue á mañana: *Ualang bubucasin*, no cuida de mañana: *mabucasan ma,i, anhin*? Aunque llegue á mañana, no importa. *Cabucasan.* pc. Dia siguiente.

Obos obos biyayà,
bucas nama,i, tuñgañga.

Toda la carne en un asador. *Arao na quinabucasan.* El segundo dia, respecto del primero.

BUCAS. pc. Abrir, descubrir lo tapado. *B. in. M*, l. *Mag. In*, lo que. *Y*, l. *Ipag*, con qué. *Bucasan*, lo tapado, ó á quien. *Bucsan*, l. *Bucsi*, ábrelo. *Pabucsan*, l. *Pabucasan mo aco*, di que me abran. *Pabucsan mo ang mahal na Virgen sa mañga sacristanes*, dí á los sacristanes que descúbran la Virgen. *Mag*, destaparse. *Naan*, estarlo. *Mabucasan ca*, no sea que te destapes feamente. *Mamumucas*, portero. *Nagbucas mandin nang muc-ha*, se dice del que salió de alguna enfermedad.

BUCAS-BUCAS. pp. Yerva de golondrina.

BUCAUI. pp. *Bouo.* Mas sólido que lo ordinario.

BUCATOT. pc. Vide *bicatot.*

BUCHAYÓ. pp. Conserva de coco, y miel. *B. in. M.*, l. *Mag*, hacerlo. *In*, lo que. *Ipag*, para quien. *An*, lugar ó persona. *Binobuchayo co na ang loob co,i, masamà rin aco sa caniya.* Me hago de miel, y aun no le agrada. *Buchayoan mo man ang loob, dili ca rin totolongan.* Por mas que hagas, no te ayudará. *Buchayong niyog, buchayong santor.* Conserva de &c.

BUCLAS. pc. Hallar en otro lo perdido. *Naan*, donde se halló. *Quinabuclasan*, el que lo tenia, ó donde estaba.

BUCLAT. pc. Descubrir, destapar. *B. in. M*, l. *Mag.* Lo que, *in*. Para quien, *ipag*. *Na*, lo que se descubrió. *Naca*, el que lo halló. *Na-an*, donde lo halló. *Nabuclatan si Pedro nang lason*, se le descubrió á Pedró veneno. *Namumuclat*, andar trasteando.

BUCLAO. pc. Tumor grande en la cerviz, entre el cuero y la áspera arteria.

BUCLATAN. pp. Juego de pares ó nones debajo de medio coco. *Mag*, jugar asi. *In*, hacer *buclatan* del coco. *Pag-an*, las piedrecillas que ponen debajo.

BUCLING. pc. Lobanillos ó hinchazones, como *butlig*, con sus juegos.

BUCLING. pc. Apartarse lo encajado, *Na*. La causa. *Naca*, l. *Ica*. Lugar, *ca-an*.

BUCQUIR. pp. Heredad, sementera. *Mag*, hacerla. *In*, la tierra. *Pag-an*, donde. Con que, *ipag*. *Magbubuquir*, l. *Mapag*. Frecuent. *Pinag-an*, l. *Napag-an*. Lo ganado con ella. *Namumuquir*, estar y vivir en la sementera. *Naquiquipamuquir*, vivir con otro en ella. *Mapamuquir, palabuquir taga buquir, palabuquirin*, frecuent. de vivir y tratar en el *buquir*. *Magpa*, darla á otro.

BUCQUITBUQUIT. pp. La cadera de la pierna ó choquezuela de la rodilla.

BUCO. pp. Trazar discurriendo. *B. in. M*, l. *Mag. Namumuco*, andar pensando. *In*, lo que. *Pinagbucobuco co*, lo he pensado bien. Tambien *mocó ca.* Discúrrelo.

BUCÓ. pp. Intentar algun casamiento sin que lo sepa ella. *Mag.* Ella, *pag-an*. El, *ipag*.

BUCOR. pc. Vide *bucor.*

BUCSI. pc. Caracol con que bruñen la ropa.

BUCSIYA. pp. Juego de muchachos saltando en un pié. *Mag.* Sinónom. *Hinlalay.*

BUCUIT. pc. Lisiamiento de los dedos. *Ma*, estarlo. *Minamabucuit ang camay mo*, maldicion.

BUGÁ. pp. Piedra pomez. *B. in. M.* Estregar con ella. *In*, l. *An*, lo que. *Pamugà*, la piedra. *Binugà mandin nang puti*, blanco con especialidad. *Nagbubugà ang mata mo*, l. *Nanhihimugá nang pagpaligo.* Tienes los ojos encarnizados de tanto bañarte.

BUGÁ. pc. Rociar con la boca. *B. in. M.* l. *Mag.* Y, lo que rocía. *Han*, l. *Bughan*, sobre que. *Bubugabugà ang nalalañgo: mapamugà*, l. *Mamumugà*, frecuentemente. *Mag*, rociar á otra cosa. *Bughan natin iyang bago mong damit:* Quiere decir: convidanos por tu nuevo vestido.

BUGÁ. pc. Hablar recio, bufar del animal. *Numuga*, l. *Namumugà*, el que. *Binughan*, contra quien. *Pagbubuga*, acto. *Bogtong.*

Nacayiyipo ang bibig
sa loob ay ualang tubig.

Viento recio en la boca sin agua que rocíe.

BUGAO. pp. Sobresaltarse por temor de enemigos. *nabugao ang loob.*

BUGAO. pc. Vagamundo. *Tauong bugao.* pc. Hombre asi. *Bugao na loob*, inconstante, divertido.

BUGAU. pp. Vide *bugau. Pamugau.* Espantajo.

BUGASOC. pp. Vide *bogasoc.*

BUGAT. pc. Vide *Big-at.*

BUGAT. pc. Cierto marisco comestible.

BUGAY. pc. Vide *bogay.*

BUGAYGAY. pc. Esparcir el cabello ó ropa. *B. in. M.* l. *Mag. In*, la persona. *An*, el lugar. *Namumugaygay*, como el plumage que está esparcido.

BUGAYGAY. pc. Vide *buyagyag*.

BUGCOS. pc. Desatar el nudo en la esquina del pañuelo, ó tapiz. *B. in. M*, l. *Mag*. *In*, el pañuelo. *An*, persona ó lugar. *Na*, es desanudarse.

BUGHAO. pc. Color de azul claro. *B. in. M*, l. *Mag*, teñir de este color. *In*, lo que. *Ipag*, con que, para quien. *Mag*, vestirse de este color. *In*, la persona. *Namumughao ang tayum*. El añil tiñe de azul.

BUGUIL. pp. l. *Buguilio*. Vide *boil*. Itt. *Buguil*. pp. Vide *buua*.

BUGUING. pc. Especie de lisas.

BUGUING. pc. Inquietarse por malas nuevas: se usa con la negativa. *Di na buging*.

BUGNITBUGNIT. pc. Las caderas. Sinónomos. *Balisacang*. pc. *Balacang*. pc. *Sinili*. pc. *Singli*.

BUGTAC. pc. Un juego. *Mag*, jugar. *Man*, jugar uno cuando le viene su vez.

BUGTAC. pc. Arrojar, descargar del hombro la carga pesada. *Mag*. Lo que, *Y*. Donde, *An*.

BUGTOC. pc. Vide el antecedente con sus juegos.

BUGTOS. pc. Vide *bugcos*.

BUGUAS. pc. Desbastar madera. *B. in. M*. l. *Mag*. *In*, lo que se quita. *An*, donde. *Buguasbuguasan mo pa*, desbástale mas. *Binuguasan*, las astillas. *Mamumuguas*. Frecuent. en el hierro *banhay*.

BUHACAG. pp. Desatinado, tonto. Vide *bohacag*.

BUHAGHAG. pc. Fofo, desmoronar, desmenuzar. *B. in. M*. l. *Mag*. *In*, lo que. *An*, para quien, ó donde. *Namumuhaghag*, frecuencia. *Na*, estar desmoronado. *Pamuhaghag*, instrumento. *Buhaghag din ang dilang gaua mo*. Desaliñado, descompuesto.

BUHAHA. pc. Desperdiciar. *Mag*. Lo que, *In*, l. *Y*. Á quien, *An*. *Buhahang tumaua*, reirse sin recato ni modestia.

BUHALHAL. pc. Desatinado, tonto.

BUHANGHANG. pc. Lo mismo que el antecedente.

BUHAN̄GIN. pp. Arena. *Mag*, echarla en alguna parte. *An*, donde. *Na-an*, estar lleno de ella. *Nabuhan̄ginan*. *Mabuhan̄gin*, arenoso. *Cabuhan̄ginan*, arenal. *Maybuhabuhan̄gin may conin, at ang matambing sa bibig, ay siya ring magaling*, Quiere decir: mas vale lo poco presente, que lo mucho fiado.

BUHAT. pp. Levantar ó alzar del suelo. *B. in. M*. *In*, lo que. *Y*, con que, si es empujando. Si es probando, *pagbuhat*. *Buhat*, engrandecer honrando. *Ang Hari nunuhat sa man̄ga soldados*. *In*, á quien.

BUHAT. pp. Levantar testimonio. *Nanhic aco sa bahay niya, ay binuhat, na di anhi,i, aco,i, magnanacao*, subí á su casa y me levantó que era ladron.

BUHAT. pp. Tomar para el comun algo al que no acudió á la obra. *Namumuhat*, andar tomando la paga. *Nunuhat*, el que la pide. *Binubuhatan*, de quien.

BUHAT. pp. Levantarse, ponerse en pié, *magbuhat ca*. *Papagbuhatin mo sila*, haz que se levanten.

BUHAT. pp. Partirse de alguna parte. *Saan ca nagbuhat?* De dónde vienes?

BUHAT. pp. Descender, como el que desciende de Reyes, Príncipes, &c. *Nagbuhat sa man̄ga Hari*, desciende de Reyes.

BUHAT. pp. Comenzar una cosa, como Iglesia, y entonces se conjuga asi. *Nagpapanibuhat, pinapagpanibuhat, ipinapapanibuhat, pinapapanibuhatan*. Cosa, persona, ó lugar instrumento.

BUHAUI. pp. Viento, huracan, *Na*, y mejor *nabuhauian ang dauong*, le cogió el huracan. *Magcaca*, haberlo. *Mabuhaui*, con frecuencia. *Buhaui ca manding dumaan*, caminas con presteza.

BUHAY. pp. *B. in. M*. Dar vida. *In*, á quien. *An*, lugar ó persona. *Mag*. pc. Dar vida á muchos muertos. *Pag-in*, ellos. *Mag*. pp. Recobrar la vida. *Maca*, lo que causa vida. *Ica*, pasiva. *Magpa*, hacer que viva. *Pina*, lo hecho vivir. *Na*, lo que vive. *Binuhay*, resucitado. *Pagcabuhay na magoli*, resurreccion. *Buhay*, pc. Adjetivo, cosa viva. *Nagcacabuhay*, vivir dos ó mas. *Tauong mabuhay*, hombre de larga vida. *Cabuhayan*, abstracto. *Pinagcacabuhayan*, causa, origen de la vida. *Napapabuhay*, pedir la vida. *Buhaybuhayan lamang itong pagcabuhay natin dito sa lupa*, vida fingida ó trabajosa es, &c.

BUHI. pc. Parte que se vuelve al compañero, para que tengan ambos partes iguales, *B. in. M*, l. *Mag*, volver. *Y*, lo que. *An*, á quien. *Mag-an*, mútuo.

BUIG. pp. Racimo.

BULÁ. pp. Palabra con que espantan los cuervos: en otras partes. *Ouac*. *Mag*, espantarlos. *In*, ellos. *Namumula*, cogerlos. Itt. *Mag*, tenerlos, venderlos, criarlos, &c.

BULÁBULÁ. pp. Dícenlo cuando el que bebió no deja nada, habiendo dicho antes que no echara tanto.

BULÁ. pc. Espuma de la boca. *Mag*, hacerla. *Nanumula*, l. *Nanhihimula*, espumar la olla. *An*, la olla. *Nagbubulabula ang bibig*. l. *Bula mandin nang cabacab ang bibig mo*. Se dice del que habla mucho.

BULANG TUBIG. pc. Color que tira á pardo.

BULANG SAGUAN. pc. Remar con fuerza. *Mag*. *Mabula*, espumosa.

BULAAN. pp. Mentiroso, mentir, mas que *sinon̄galing*. *Mag*, mentir. *Bulaanin*, tenido por mentiroso. *Pagbulaanan*, ser engañado, ó serle dicho con mentira. *Y*, l. *Ipag*, la cosa en que se miente, ó persona á quien se levanta testimonio. *Mabubulaanan na iyang salita mo*, mucho encareces lo que cuentas.

BULABOC. pc. Vide *bolboc*.

BULABOR. pp. Vide *borbor*.

BULAC. pp. Algodon, echar flores el árbol, *B. in. M*. Y si muchos, *namumulac*, Las flores, *ibinu*, l. *Ipinamu*. Donde, *pinamumulacan*.

BULAC. pp. Algodon *Mag*, tratar en él. *Namumulac*, comprar ó cogerlo. *Bulacan*, donde se coge. *Binulacan*, plato blanco. *Namumulac ang dagat*, cuando hace cabrillas. *Naguinbulac nang tacot*, se puso descolorido.

BULAC. pc. Hervir, *Mag*. La olla, *An*.

BULAC BAYNO. pp. Color encarnado claro.

BULAC CANGCONG. pc. Color violado.

BULACAN. pp. Como camotes, una yerva comestible.

BULACAN. pc. Un género de arroz que tarda siete meses. *Bulacanan*, pc. La tierra donde una vez se siembra. *Bulacanan*, pc. Donde muchas.

BULACLAC. pc. Flor. *Namumulaclac*, el que vá á cogerlas. *Nag*, el que las tiene ó las esparce. *An*, lugar. Itt. *Namumulaclac*, el árbol que las echa. *Nagmamata*, l. *Namumuco ang bulaclac*, echar boton la flor. *Namumuca*, l. *Namumusag ang bulaclac*, comienza á abrirse la flor.

BULACLAC. pc. Arroz tostado que revienta y queda como flor. *Mag*, tostar. *In*, el arroz. *Ipag*, por quien. *An*, donde *Namumulaclac*, reventarse; tambien el arroz que revienta, y el hombre que le recoge. *Cabulaclacan*, floresta. *Bogtong* del arroz que revienta.

Maputing dalaga.
nagtatalic sa lila.
Otro.
Sinolot ni mapula,
siya,i, tomarátará.

BULAC BAÑABA. pc. Color colorado con mezcla de morado.

BULAC TALAHIB. pp. La flor de talahib. Sinónomo, *sivo*. *Bogtong*.

Bulac talahip ang sonong,
ang ayami,i, calatondong.

Quiere decir: Viejo verde que anda en mocedades.

BULAGTA. pc. Caerse uno tendido por algun accidente. *Mag*, hacer que caiga empujándole. *Ipa*, estar asi caido. De un dormido dijo un buen poeta. *Tagalog: Sa bubulagta, ualang quislot nang sangsaga.*

BULAG. pc. Ciego, tuerto, cegar. *B. in. M*, l. *Mag*. El ojo, *In*. El hombre, *An*. *Manbubulag*, cegador. *Cabulagan*, ceguera. *Tauong bulag*, hombre ciego. *Bulag na loob*. *Bulag na isip*, de voluntad ciega, de juicio al trote.

BULAGAO. pc. Color bermejo ó rojo. *Bulagauin*, hombre de este color.

BULAGSAC. pc. Esparcir. Vide *bulacsac*, *Mag*, l. *Mamumulagsac*, esparcir. *In*, l. *Y*, lo que. *An*, á quien. *Magpa*, hacer esparcir.

BULAGSAC. pc. Brotar el enojo. *Nabubulagsac na ang galit*. Lo que, *Y*.

BULAGLAG. pc. Lo mismo que *Bulaan*, *Bulastig*.

BULAHAU. pc. Vocinglero, que todo lo mete á voces. *Nacabubulahau*, l. *Sa bubulahau nang pag-iyac*. l. *Bubulabulahau na umiyac*, anda dando gritos. *Bulahauan*, aturdido de gritos. La causa, Y. *Nacabubulahau ca sa mañga caapid bahay mo*, aturdes á tus vecinos con tus voces.

BULAHÓ. pp. Atolladero. *Mag*, hacerse tal el camino. *Numulaho*, andar por él, ó atollar á otros. *Na*, caer en él. *Y*, l. *In*, el metido por otro. Donde, *An*.

BULAIR. pp. Almorrana. *Nabubulairan aco*, l. *Pinamumulairan aco*, me duele. *Nagbubulair*, el que se hace deshonesto. *Pagan*, á quien: es metáfora.

BULALACAO. pp. Cometa, exhalacion encendida. *Nagbubulalacao cagabi,i, ang lañgit*, anoche hubo exhalacion. Tambien por metáfora llaman á los cohetes *bulalacao*.

BULALAY. pp. Nariz ó trompa de elefante. *Nabubulayan*, el elefante cogido por la trompa.

BULALAS. pc. Desperdiciador. *B. in. M*, l. *Mag*, desperdiciar. *In*, l. *Y*, el dinero. *An*, la persona. *Na*, lo desperdiciado. *Pagbubulalas*, acto. *Pagca*, l. *Cabulalasan*, desperdiciamiento. *Bulalas na tauo*, hombre gastador.

BULALOS. pc. Vide *bulalas*.

BULALO. pc. Atravesarse algo en las tripas, que no deja á uno proveerse. Vide *caniya*.

BULALO. pp. Vide *Balalao*, l. *Balalat*.

BULANDAL. pc. Muger grande, ó *bagong tauo*, que nunca se casa. Tambien muger casada, á quien se le escapó el marido. *Namumulandal*, vivir asi. *Ipinamumu*, l. *Pinamumulandalan*, él ó ella.

BULANDONG. pc. Tetas muy largas. Vide *Landong*.

BULANDIT. pc. Salpicar el agua como cuando caban boyo. *Nabubulanditan sila nang paghocay ni Pedro*, al cabar Pedro, salpicó á ellos con la tierra. Tambien lodo del camino, *mabulandit ang daan*.

BULANGLANG. pc. Guisado de yerva con sola agua y sal. *Mag*, guisar asi. *In*, ser hecho. *Y*, el pescado guisado. *Ipag*, la persona, *An*, donde.

BULANGLANG. pc. Obra desgraciada mal hecha. *Binubulanglang mo lamang iyang gaua mo*, lo haces á mal hacer.

BULALANGUAN. pc. Sanguijuela que se vá á los ojos ú orejas á modo de *limatic*.

BULAO. pc. Bermejo, lechon pequeño.

BULAOG. pc. Lodazal, atolladero, cimarron, bagamundo, *namumulaog*. La causa, *ipinamumulaog*. Donde, *pamulaogan*. Frecuent. *Mapamolaog*.

BULAOS. pp. Veredilla, atolladero. Vide *bolaos*.

BULAR. pp. Dar vueltas en la cama con inquietud, *Mag*.

BULAR. pp. Estarse ocioso muy repantigado. *Mag*, l. *Sa bubularbular ca rian*, estás repantigado.

BULAR. pp. Estar con el cabello muy tieso.

BULAS. pp. Saltar el *buaya*. *Mag*, la causa. *Ipag*, donde. *Pag-an*. *Nagbulas si Juan*, se enojó; metáf.

BULAS. pp. Soltarse de represa, *Ma*.

BULAS. pp. Alborotarse porque sobreviene ministro de justicia. *Nabulas ang lahat na tauo*, se alborotaron todos.

BULAS. pc. Tolondrones de la harina. Vide *balas*.

BULAS. pp. Sacudir el cuerpo con cólera, *Mag*.

BULASO. pp. Unas piedras como cristales que se hallan dentro de la caña, *bouo*.

BULASLAS. pc. Mentiroso, tambien desperdiciador.

BULASTIG. pc. Lo mismo que *bulaslas*. Mas que *bulaan*.

BULAT. pp. Cosa manifiesta. *Virgen bulat, tunay na Virgen*.

BULAT. pp. Esparcir, *B. in. M*. Lo que, *Y*. Si mucho, *Mag*. Lo que, *Ipag*. *An*, donde. *Bulatan mo ang Altar nang mañga bulaclac*, esparce flores en el altar.

BULAT. pp. Tener una cosa por otra: *Binubulat cong tauo,i, aso pala*, le tengo por hombre, y es perro.

BULAT. pp. Aderezar el aceite de ajonjolí con cosas olorosas.

BULATI. pp. Lombriz. *Hin*, el que las tiene en las tripas. *Magcaca*, haberlas muchas.

BULALATITI. pc. Vide *balatiti*.

BULATLAT. pc. *Nabubulatlat sa Bayan*, es lo mismo que *nababantog*, hacerse célebre, manifiesto.

BULAUIS. pp. Listas que tiran á colorado, y tienen los puerquecillos del monte. *May bulauis pa itong buic*, l. *Bulauisan pa*.

BULAUISAN. pp. Puerquecillo del monte, pequeño, mayor que *bulao*.

BULAY. pp. Rasgar las hojas, haciéndolas tiras con el *campit*; pero con las hojas de las palmas. *B. in. M. In*, la hoja.

BULAY. pp. Hacer cuenta discurriendo. *Mag*. Lo que, *pag-in*, l. *Pagbulaybulain. Pagbubulay*, acto.

BULAY. pp. Uno como cuatro, v. g. *Isa mang tauo yao,i, bulay apat*, es uno que vale por cuatro.

BULAY. pc. Unos frijoles grandes. *Mag*, sembrar ó venderlos. *In*, ser tenido por tal: *Binulay cata lamang, magpatauad ca*, perdóname que te convide con solos frijoles.

BULAY PATANI. pp. Unas como habas.

BULCAT. pc. Vide *bulocat*.

BULHAO. pc. Bermejo. Vide *bulagao*.

BULI. pc. Palma silvestre.

BULI. pp. Bruñir. *B. in. M. Hin*, lo que. *Han*, bruñidero. *Mag*, pc. Mucho. *Y*, con que. *Na*, lo que está bruñido. *Namumuli*, el que anda bruñendo. *Pamuli*, instrumento, *pinamulihan. Binulihan, napamulihan, napagbulihan*, dinero ganado con esto. *Mamumuli*, bruñidor. *Magbinuli*, el que anda vestido siempre de bruñido.

BULIAS. pc. Vide *bolias*.

BULICBULIC. pp. Lo mismo que *bulaybulay*, meditar ó pensar.

BULICBULIC. pp. Meditar, pensar. Vide *Bulaybulay*, con sus juegos. Ambos son metafóricos.

BULICLIC. pc. Vide *buliglig*.

BULIQUIT. pp. Acto de aparecerse algo manifiestamente, como el brillo de la estrella ó diamante. *Mag. Sa bubuliquit ang manḡa mata,i, ang uica mo,i, natotolog*, dices que duerme y le centellean los ojos.

BULIQUITI. pc. Cosquillas. *B. in, M*, hacerlas á otro. *In*, á quien. *Buliquitiin*, cosquilloso. *Mamumuliquiti*, andar cosquillando.

BULIG. pc. Dalag muy pequeño.

BULIG. pp. Vide *bolig*.

BULIHAO. pp. Vide *bigao*.

BULIGA. pp. Vide *boliga*.

BULIGLIG. pc. Hinchazon de ojos de gallina ú otra ave. *Na*, estar con ella. *Y*, la causa. *Buligliguing manoc*, gallina tal.

BULIGLIG. pc. Acto impúdico, pollutio propriis manibus: *binubuliglig ang catao-an*. Vide *butingting*.

BULILI. pc. Mentiroso y necio, *Mag. In*, ser tenido por mentiroso. *Pag-an*, á quien se miente. *Ipag*, en que. *Mapag*, frecuent.

BULILIT. pp. Ratoncillo pequeño. *Namumulilit*, cogerlos ó buscarlos. Sinónomos, *buyiyit, buyityit*, mas pequeño.

BULINAO. pp. Unos pescadillos blancos, un género de gaves.

BULINGLING. pc. Vide *buliglig*.

BULING. pc. Tiznar. Vide *boling*, con sus juegos.

BULINYA. pc. Apenas Vide *bolinya*.

BULIR. pc. Rodar cayendo cuesta abajo. *Mag*, echar á rodar. *Y*, lo que. *An*, donde. *Magpa*, hacerlo rodar. *Ipa*, lo que. *Na*, lo que rueda asi. *Magpati*, dejarse rodar. *Ipagpati*, el cuerpo. *Pagpatibuliran*, el lugar donde viene á parar rodando. *Magca*, muchos. *Bubulirbulir nang tabà*, se dice del muy gordo.

BULIR. pc. Llenar el número de un barangay, tomando de otro para igualar á ambos: *Buliran mo aco nang sampouo, nang quita,i, macatupar*, dice un cabeza á otro: Echame diez para que pueda cumplir. Lo mismo se aplica al dinero.

BULIR. pc. Llenar hasta que se derrame por la boca. *Mamumulir*, derramarse asi. *Papamulirin mo*, haz que se derrame.

BULISIC. pc. Vil, despreciado, esclavo de otro esclavo. *B. in. M*, hacer á uno tal. *Mag*, pc. tenerlo ó comprarle. *Namumulisic*, l. *Nanbubulisic*, hacer esclavos á muchos tiránicamente. *An*, á quien. *Y*, donde. *Na*, venir á esta miseria. *Magpaca*, l. *Pa*, hacerse asi: *Houag cang pabulisic*, no te hagas esclavo. *Cabulisican*, abstracto, esclavitud.

BULISICSIC. pc. Esclavo, aun peor que el antecedente, con sus conjugaciones.

BULISLIS. pc. Vide *bulisic*. Lo mismo que el antecedente.

BULITLIT. pc. Vide *bulilit*.

BULITIC. pp. Flor olorosa. *Namumulitic*, cogerla. *Nag*, traerla ó adornar con ella.

BULITICTIC. pc. Estar muy relleno. *Namuliticttic*, l. *Nabubulitictic ang tiyan*, como la preñada de nueve meses. *Houag mo acong bulibuliticttican*, no andes delante de mí con esa barriga. *Mag*, andar asi.

BULIYAO. pc. Modo de llamar el cazador á sus compañeros. *Namumuliyao*, l. *Nag*, el que llama asi. *In*, ser llamado. *An*, donde.

BULOUAC. pc. Derramar el agua de golpe, *Mag*. el agua, *Y*. Donde, *An*. *Nabulouacan nang calachang dagat ang manḡa pogolong ni Faraon*.

BULUSAN. pc. Charcos ó caminos con ellos por grande lluvia. *Nagcacabulusan sa daquilang olan*.

BULUUAS. pc. Levantar un instrumento que ponen para pescar, por ver si ha cogido pescado. *Nanḡonḡolouas nang bobo*.

BUNḠANḠA. pp. Vide *bonḡanḡa*, con sus juegos.

BUNḠALNḠAL. pc. Lo mismo que el antecedente.

BUNGCACOC. pc. Desaliñado.

BUNGCOC. pc. Podrido, como muerto, pescado, carne, llaga, &c. *Na*, estar asi. Causa, *naca*, l. *Ica*. Donde, *ca-an*.

BUNGCAL. pc. Vide *bongcal*.

BUNI. pp. Empeine, enfermedad. *Bunihin*, cascado. *Binubuni*, lisiado de empeines. *Mag*, l.

Magcaca, tenerlos. *Gumagapang manding buni*, se dice de todo lo que vá poco á poco creciendo.

BUNING BANAC. pc. Género de empeine muy asqueroso.

BUNLAG. pc. Vide *bulir*.

BUNLAY. pc. Un género de arroz muy temprano, *binunlay*.

BUNTAL. pc. Golpear, batanear, *Mag*. Lo que, *In*. Con que, *Ipag*. *Namumuntal*, andar golpeando.

BUNTIAC. pc. *Mutya sa aso, at nang gomanır*. Un adorno al perro para embravecerlo, *bonḡa*.

BUNTIS. pc. Preñada. *B. in. M*, l. *Maca*, l. *Magpa*, empreñar á la muger. *In*, l. *Pinapagbuntis*, serlo ella. *Binubuntisan*, no es la muger preñada, sino el lugar donde, ó tambien el padre ó madre cuya hija se empreñó. *Mag*, empreñarse. *Ipag*, la criatura de quien. *Cabuntisan*, preñez. Tambien *cabuntisan co si Pedro, nang magcaguerra*, estaba preñada de Pedro cuando la guerra. *Quinabubuntisan*, lugar ó casa donde. Nota: *Buntis si Maria*, quiere decir está preñada de su marido; pero *nabuntis*, es estar preñada de otro.

BUNYÍ. pc. Fama, alabanza, Vide *bantog* con sus juegos. *Bantog*, es indiferente á buena ó mala. *Bunyi*, es siempre buena. *Mag*, con sus ordinarias pasivas.

BUNYOG. pc. Vide *buyog*.

BURAL. Vide *boral*, con sus juegos.

BURANG. pp. Hablar fanfarronamente á poco mas ó menos. *Buburangburang nang panḡunḡusap*.

BURAY. pp. Bondad. Vide *boray*.

BURHI. pc. Traicion, *Mag*. Á quien, *An*. *Namumurhi*, el que anda haciendo traicion. *Pagan*, si muchos.

BURHÍ. pc. Voluntad, *maiguing burhi, maiguing loob, caburhian co, caibigan co, calooban co*.

BURHI. pc. Buscar, rebelar, *Mag*. Contra quien, *An*.

Ang tubig ma,i, malalim,
malilirip cun libdin.
itong burhing magaling
maliuag paghanapin.

BURI. pp. Vide *buli*.

BURIL. pc. Vide *puril*.

BURLAY. pc. Acto de contribuir algo. *B. in. M*, l. *Mag*. Lo que, *Y*, l. *Ipag*. Á quien, *An*.

BURLIT. pc. Reventar el cesto por muy repleto, *naburlit ang tohog*.

BURLIT. pc. Llevar algo dos con palanca, *Mag*. Lo que, *In*.

BUSA. pp. Vide *bosa*.

BUSA. pc. Tostar arroz. Vide *bosa*.

BUSABUS. pp. Subido en su ser, *busabusabus na alipin*, l. *Maguinoo*. *Cabusabusan*, abstracto. Sinónomos, *tunay, lubus, tibubus, pusacal*.

BUSAC. pp. Blancura grande. *Ang binusacbusac nang calis niya, ay nacasisilao sa aquin*, me deslumbra lo reluciente de su espada.

BUSAC. pc. Regaño de muchachos batiendo los pies de enojo. *bubusacbusac*.

BUSACAL. pc. Lo mismo que *pusacal*. pc.

BUSACSAC. pc. Estar el árbol cargado de fruta. *Namumusacsac itong ponong lucban*, este pié de naranjas está cargado de fruta.

BUSACSAC. pc. Cargado de sarna ó viruela. Como el antecedente.

BUSAG. pp. Hablar recio con grande enojo, *bubusagbusag*. *Y*, la causa. *An*, contra quien.

BUSANGSANG. pc. Brotar salpullido ó sarna. *Namumusangsang, pinamumusangsanḡan*, el cuerpo. *Naca*, el frio que lo causa.

BUSBUS. pc. Agujero de caña ó tabla. Vidē *bosbos*.

BUSICSIC. pc. Repleto, embutido; lo mismo que *butictic*, con sus juegos.

BUSILAC. pp. Blanco, blanquísimo. *Busilac manding caputi*.

BUSILAG. pp. Lo mismo que *busilac*.

BUSILIG. pp. Niñeta de los ojos, *imulat mo ang manḡa busilig mo. Nabubusiligan mo, itatanong mo pa?* Lo ves, y aun dudas?

BUSING. pc. Prepucio del niño. *Mag*, descubrir el capullo.

BUSISING. pc. Es lo mismo, aunque algo mas subido.

BUSISÍ. pp. Prepucio. *Mag*, descubrirlo. *In*, ser descubierto el capullo. *An*, á quien. *Namumusisi*, el que anda haciendo esto. *Na*, estar descubierto.

BUSUANG. pc. Clavo en el pie. *B. in. M*, l. *Mag*, brotar. *An*, á quien.

BUTAO. pc. Soltar, parar la obra, *Mag*. Lo que, *An*. La causa, instrumento, *Y*. *Butaoan mo iyang manḡa hayop na natatali*, suelta esos animales que están atados. *Magbubutau*. Frecuent.

BUTAR. pc. Barrigudo. *Butarin*, de grande barriga.

BUTAU. pc. Desposeerse de algo, *Mag*. *Sinong tauong mabait, ang sucat magbutau nang gayong ari, cun di si Pedro?* Qué hombre de juicio dejara eso sino Pedro?

BUTAS. pp. Agugero. *B. in. M*, l. *Mag*, agugerear, taladrar. *An*, lo que. *Y*, con que. *Nabutasan*, está agugereado. *Nagcacabutas*, lleno de aguqeros. *Pumutas*, instrumento. *Butas*, pc. Adjetivo de *butas*. pp. *Mag*, pc. Agugerear mucho. *Pag-in*, la cosa que. *Pag-an*, cosa y lugar. *Pagbutasin ang manḡa soloc nang tapis*, l. *Pagbutasan ang tapis sa manḡa soloc*. *Magbutas ca na nang ating layon*. Dí sin empacho á lo que venimos. *Ualang mabutasan sa atin?* No hay quien hable? Metáf.

BUTAUAN. pp. Contribucion para comprar. *Mag*. Lo contribuido, *binubutauanan*. La persona por quien, *Ipag*.

BUTAUIN. pp. Costear, desembolsar. *Magcanong butauin mo?* Cuánto te costó? *Magpa*, prestar dinero yendo á la parte de la ganancia. *Pinagbubutauinan*, el que recibe el dinero.

BUTAUIN. pp. El que parte de algun lugar. *Nacapamumutauin*, l. *Namumutauin*, *pinamumutauinan*, el lugar de donde.

BUTAUIN. pp. Pasar por parte estrecha, *Mag*. Por donde, *pag-an*.

BUTAUIN. pp. Llevar los cántaros en la cabeza, *Mag*. Lo que, *In*.

BUTAUIN. pp. Traspasar la deuda. v. g. Juan que debe á Pedro, pasa á Pedro la deuda que tiene de Francisco, *Mag*. Pagar Francisco, *pinabubutauinan Pedro*.

BUTI. pp. Bubas, lepra en los tinguianes; en otras partes, *cati*. pc.

BUTI. pp. Hermosura, lindeza, adorno. *B. in. M.* Hermosear á otro. v. g., engalanando al que ha de danzar. *Butihin*, á quien.

BUTI. pp. Irse poniendo hermoso. *Nunuti ang catao-an nitong bata. Mag*, pc. l. *Magpaca*, engalanarse para parecer bien. *Ipag*, la causa. *Pag-han*, á quien pretende para parecer bien.

BUTI. pp. Engalanar con adornos, como con joyas, &c. *Magpamuti. Pamutihan*, lo que. *Ipa*, con que. *Mabuting anyó*, hermoso talle.

BUTIC. pp. La pantorrilla de la pierna. *Cabutican*, la pantorrilla. Sinónom. *Biqui*, *binti*. Tambien significa lo mismo que *batic*.

BUTIC. pc. Ave de varios colores. *Nagbubuticbutic*, l. *Nagcaca*, estar asi.

BUTICAS. pp. Arroz yerva, para brotar ya. *Buticas na*, ya vá á espigar. *Namumuticas*, saca la espiga. *Mag*. pp. Tendrá espiga. *Mag*. pc. Ya está para espigar. *Nagpapabuticas*, tiempo ya de espigar.

BUTICAN. pc. Gallina de varios colores. Vide *batican*.

BUTIC BUTIC. pc. Mezcla de varios colores.

BUTIQUI. pc. Lagartija pequeña.

BUTICTIC. pc. Vide *botictic*.

BUTIG. pc. Unas berrugillas pardas, berruga, grano. *Mag*, tenerle, nacerle. *An*, la persona. Lo usado es *butlig*.

BUTIL. pp. Hijo ó cogollo del gabi.

BUTIL. pp. Grano. *Cabutil na bauang*, *dalaua cabutil*; un grano ó diente de ajos, ó dos. De los granos del maiz se dice *cabag-ang*.

BUTILAO. pp. Botete cuando grande. *Naguiguin butilao ang tiyan mo*, parece un botete. *Tauong butilao ca nang butilao*. Se dice de una muger que con frecuencia está en cinta.

BUTING. pc. Una visita de *Pasig* donde trabajan el barro.

BUTINGTING. pc. Tocar alguna cosa como quien juega, como el niño que manosea la teta de la madre. *B. in. M. Mag*, l. *In*, lo que se toca asi. *An*, á quien. *Mapag*. De aqui se aplica á tocamientos impúdicos. Frecuentat.

BUTINGTING. pc. Hacer alguna cosa como jugando superficialmente. *Buting*, l. *Tumpic*.

BUTIT. pp. Pantorrilla. *Cabutitan*, barriga de la pantorrilla.

BUTITI. pp. Pescado ponzoñoso. *Nabubutiti*, estar emponzoñado de él. *Gabubutiti na ang tiyan mo*, hombre barrigudo.

BUTUCAN. pc. Casa ó tienda. *Namumutucan*, usar de ella.

BUTUNG. pc. Árbol conocido, que se cria á la orilla de la mar, y siempre nada, porque lleva unos botenillos. *Butung ca mandin*, se dice de un buen nadador.

BUTUUÁ. pp. Recurrir, visitar nasas ó lazos. *Namumutuá. Pa-an*, las nasas ó lazos. Vide *pandao*.

BUUAT. pc. Como, ó asi como. Vide *bouat*.

BUUAL. pc. Vide *boual*.

BUUANG. pc. Vide *bouang*.

BUAY. pp. Banca celosa, opuesto al *matatag*. pc. *B. in. M.* l. *Mag*. Hacerse ó andarse la banca celosa. *Ica*, la causa. Metáf. *Bubuaybuay*, el que anda cayéndose de devanecido.

BUUIG. pp. Vide *bouig*.

BUUIS. pp. Vide *bouis*.

BUUO. pp. Vide *bouo*.

BUYÁ. pp. Comer hasta reventar, hartar. *B. in. M*, á otro. *In*, á quien. *Y*, con que. *Mag*, pc. Á muchos. *Magpaca*, hartarse. *Magbuyaan*. mútuo. *Na*, el que lo está. *Cabuyaan*, hartura.

BUYABUS. pp. Vide *busabus*.

BUYAC. pp. Todo, tomarlo, decirlo, comprarlo. *B. in. M*, l. *Namumuyac. In*, lo que. *An*, de quien, ó quien. *Binuya cong binilhan*, comprólo todo *Y*. la cosa, ó la palabra que dijo. *Buyac na alipin*, de todos costados.

BUYAG. pp. Árbol parecido al limon.

BUYAGYAG. pc. Vide *buhaghag*.

BUYAGYAG. pc. Mostrar. *Buyagyaguin mo ito, ipagpahayag mo*, muestra esto.

BUYANYAN. pc. Barriga abultada. *B. in. M*, l. *Mag*. Rellenar la barriga. *Buyanyanin*. pp. Persona que la tiene asi.

BUYASING. pc. Género de abejas pequeñas.

BUYBUY. pc. Árbol grande. *Buybuy na lalaqui*, hombre de grande cuerpo. Metáf.

BUYBUY. pc. Contar la genealogía.

BUYIC. pc. Lechon pequeño. *Mag*, criarle, traerle. *In*, el. *An*, á quien, ó para quien.

BUYIYIT. pp. Vide *bulilit*.

BUYÓ. pc. Yerro, errar, hacer errar á otro, *mag*. *Y*. aquel á quien hizo errar. *Han*, contra quien. *Magpa*, errar de propósito, para que otros le imiten.

BUYO. pc. Quedar burlado, por haberle otro faltado al concierto. *Maca mabuyó aco*, l. *Maca magcabuyo aco lamang*, no faltes á lo prometido, no quede yo burlado. *Aco,i, ibinuyó niya*, me dejó burlado.

BUYO. pc. Revolver con chismes. Vide *dool*, *orol*.

BUYON. pp. Vide *boyon*.

BUYO. pp. La hoja que se masca. Sinónomo. *Itmo*.

BUYO BUNTO. pc. Soplar el viento recio interpolado. *Nabuyobuntohan*. pc. l. *Binuyobontohan*, l. *Pinag-an*, el navío. *Buyobuntong hangin*.

BUYOG. pp. *Capisanan*, enjambre de abejas.

BUYOG. pp. Apartar, ó echar de sí algo. *B. in. M.* l. *Mag*. Lo que, *Y*. Lugar ó persona, *An*, l. *Pag-an*. *Ibuyog mo ito cay Pedro*, apártalo para Pedro. *Aco,i, ibinuyog niya sa Capitan*. Me remitió al Capitan, no me quiso oir.

BUYOG. pc. Dar. *Magcanong buyog niya sa iyo?* cuánto te dió? *Iisa lamang ang ibinuyog niya sa aquin*. *Buyogan mo aco nang sampouo*. Échame diez.

BUYOG. pc. Desviar dos cosas, como casas, &c. *Mag*. La una, *Y*. Las dos, *pag-in*.

BUYONG. pc. Desatinar. *Mag*, de propósito. *Ma*, sin querer. Á quien, *In*. No es usado.

DE LA LETRA C.

C antes de A.

CA. pc. Tú; pero se pospone siempre á verbos y nombres. *Magaling ca; gomaua ca.*

CAAGAO SOSO. pc. Hermano de leche. Vide *labot.*

CAALAMALAM. pp. De improviso.

CAANAC TILIC. pp. Hermano, hijos de dos viudos. *Magca*, los dos, *Vm*, el uno que se hace hermano del otro. *Quinacaanac tilic*, el hecho.

CAAGOYOR. pp. Vide *calaguyo.*

CAANG. pp. Estender las manos amenazando, *Vm*. Las manos, *Y*. Á quien, *An*.

CAANG. pp. Estender las piernas como quien pasa por lodo. *At di ca lomapag, at sa cacaang ca. Caang malocloc*, l. *Napalocloc*, no bien asentado.

CAANG. pp. Media tinaja de boca ancha sin cuello. pp. *Caáng nang caáng ang bibig*, l. *Tiyan*, se dice del hablador, ó del que tiene la barriga grande.

CAASAUA. pc. Concubina.

CAASAUA. pc. Cosa que se parece á otra. *Ang Buaya caasaua nang Bayauac.*

CAAUAY. pp. Enemigo. Vide *auay.*

CAAYAAYA. pp. Vide *aya.*

CAAYO. pp. Amigo con parcialidad. Vide *Ayó.*

CAAIRIC. pp. Árbol.

CABABANĞAN. pc. Espanto. Vide *banğan.*

CABABANG. pc. El llano bajo en que siembran los de Pasig.

CABABAT. pc. Haz de leña, ú otra cosa.

CABACABA. pc. Pulso, ó salto de corazon. *Vm*. Si mucho, *Mag*. La causa, *Ica*. La persona, *han*. *Cungmabacaba ang loob niya.* Dá salto su corazon.

CABACAB. pp. Rana, escuerzo. *Cabacab mandin ang tauong yaon, na datha maná mapatacan nang ulan, ay di marinğig nang inğay.* Hombre vocinglero.

CABA. pc. Cesto grande.

CABA. pc. Quebrar algo entre las manos, como fruta, coco ó huevo, *Vm*. El huevo, *Hin*. La mano, ó para quien, *Y*. *Hindi macaba itong santol.* No se puede partir asi este santor. *Manğanğaba*, l. *Magcacacaba*, el que frecuentemente.

CABAG. pc. Murciélago pequeño. Vide *cabagcabag.*

CABAG. pc. Golpe en vaso vacío. *Vm*, dar tal golpe, ó sonar la cosa golpeada. *Y*, con que, l, la persona por quien. *Icabag mo aco niyong nangcà*, golpea por mí esa nanca, á ver si está de sazon; de aqui al coco viejo dicen, *macabag.*

CABAG. pp. Bullirse, dar latidos el corazon. *Cacabugcabag ang dibdib co*, l. *Nagcacabag.* El pecho está dando latidos.

CABAG. pc. Zarpar el navío ó ancla, *Vm*. Hacerlo zarpar, *Magpa*. El navío, *Ipa*. *Ipinacacabag ang dauong nang malaquing alon*, asi el Padre Roa.

CABAGCABAG. pc. Murciélago pequeño. *Manğabagnğabag ca.* Cázalos. *Panğabagnğabagan*, lugar donde. *Cabagcabagan*. *Vm*, tirar á otro con murciélago. *In*, á quien. *Mag*, venderlo. *Napag*, l. *Pinagcabagcabagan*, lo ganado.

CABAL. pc. Cólera ó mal humor que hace temblar, ó el temblar las rodillas cuando habla en público. *Cacabalcabal ang loob co nang pagcainguit co sa iyo.* Hasme revuelto la cólera con el enojo.

CABAL. pp. Hinchazon de tripas por frio, ó por indigestion. *Vm*, hincharse. *Comacabal ang bitoca co.* Se me hinchan las tripas. Causa, *naca*. En pasiva, *Ica*. La persona, *An*.

CABAL. pc. Encantamiento, hechicería. *Vm*, hechizar asi. *In*, á quien. *Mag*, tener la yerva. *Icabal*, l. *Ipagcabal mo aco nang isang sasabonğin, at bibilhin co. May cabal iyang tauo*, tiene tal piedra ó yerva.

CABAL. pp. Frijoles grandes, colorados.

CABALCABAL. pp. sobresaltarse el corazon de temor. Vide *cabal.* pc.

CABALAN. pp. Hombre que se le hincha la barriga por haber comido cosas indigestas.

CABALAN. pc. Hombre que usa de hechizos.

CABALIAN. pp. Frente de la nariz, donde se dividen las dos ventanas.

CABAN. pc. Arca, caja, cajon. *Mag*, tener ó hacerla. *In*, de que: tambien *In*, ser guardado algo en ella. *Cabanan mo ang silid mo.* Pon arcas en tu aposento.

CABAN. pc. Medida de veinte y cuatro ó veinte y cinco gantas. *Sangcabang palay*, un cavan de palay. *Manğabang cayong lahat.* Tomad, ó dad á cada uno media anega.

CABAN. pp. Manada de todo género de animales. *Cabang ibon, cabang usa. Mag*, ir en manada: y mejor. *Nagcacabancaban ang manğa maya. Anong pinagcacabanan ninyo doon?* Por qué estais juntos?

CABANG. pc. Animal de varios colores, *Magcaca;* y se aplica á la sábana ó collado medio quemado.

CABANG. pp. Pecas blancas. Vide *An-an*, con sus juegos.

CABANAN. pc. Un cesto en que cabe un cavan.

CABANATA. pp. Un armazon de pescar. *Mag*, hacerlo. *Han*, donde. *Hin*, lo que.

CABANATA. pp. Capítulo de algun libro. *Mag*, hacerlo. *Hin*, lo que. *Han*, donde.

CABAO. pp. Nervio de búfalo.

CABAO. pp. Ruido del que vá andando por el agua, cuando no es honda. *Vm*, hacer tal ruido. *Cacabaocabao*, lo que anda asi. La causa, *Ica*.

CABAONG. pp. Ataud. *Mag*, poner en ataud. *An*, ser puesto. *Nagcacabaonğan*, el que está en ataud. *Quinacabaong*, ser puesto y guardado en ataud.

CABASI. pp. Una especie de pescado espinoso.

CABAT. pc. Prohibir, como el que tiene mucho de algo, por avaricia prohibe que no tome nada. *Vm*, l. *Mag*. Lo que, *Y*. Á quien, *An*. *Quinacabatan sa pagcain ang may saquit; sinasauay*. Lo prohibe al enfermo el comer.

CABATO. pc. Yerva comestible.

CABATO. pc. *Cacabacabato*. *Iisaisa lamang*, uno solo, una sola cosa.

CABAY. pp. Hicamas silvestres.

CABAYAG. pc. Buche del amizcle.

CABAYIYAN. pp. Caravalla.

CABAYO. pc. Una fruta pequeña.

CABAYOCAN. pp. Enjambre de abejas.

CABAIYOAN. pc. Novio ó novia, es palabra del comintan. En Manila es *bagong nag asaua*, l. *Bagong quinasal*.

CABCAB. pc. Comer, morder el puerco á la gente, *Vm*. Lo que, *In*. Donde, *An*. Si mucho, *Mag*. Lo que, *Pag-in*. Donde. *Pag-an*.

CABIAS. pp. Canilla del brazo, l. *Cabiyasan*. pc.

CABIASAN. pc. Vide *cabiyas*. pp.

CABIYÁ. pc. Dicen que es estar muchos juntos en un lugar. *Nan̄gan̄gabiyà*, irse juntando, ó estarlo. *Cabya na ang tauo sa Simbahan*, ya están juntos en la Iglesia.

CABIG. pp. Atraer algo hácia á sí. *Vm*, l. *Man*. Lo que, *In*. Con que ó para quien, *Y*. Á lo que se allega, *An*. *Cabiguin mo iyang pinto*. Tírala hácia ti.

CABIG. pp. Ser parcial, apasionarse por otro. *Vm*, l. *Man*. *Quinabig nang Hocom ang caosap co*, apasionóse por mi contrario. *Cabigan*, aceptador de personas.

CABIG. pp. Igualar. *Magcabig ca niyang man̄ga balagbag, may maloang, may malimit*. Iguala esos atravesaños, que unos estan apartados, y otros juntos.

CABIGA,T, AYOAN. pc. Parcial.

CABIG-AT. pc. Cervatillo. *Macabig-at*, venadillo.

CABIGUIN. pp. Cornerina, piedra de borney. *Mag*, tenerla. *In*, ella. *An*, la persona. *Mapagcabiguin*, frecuentemente.

CABICAB. pp. Lo mismo que *cabacab*.

CABIL. pp. Papada. *Mag*, l. *Sacacabilcabil ang pis-g̃i*, tiene papada, natural por gordura.

CABILÁ. pp. Una parte sola. *Vm*, ponerse uno de la otra parte. *Mag*, ponerse dos, uno á una, y otro á otra. *Pinagcacabil-an*, l. *Pinagcacabil-anan*, ser hecho algo, tantos de cada parte. *Nagcacabilaan sila nang pagcacanta*, cantan á coros. *Sa magcabilá*, de ambas partes. *Sa magcabicabilà*, de todos lados. *Sa cabila nang bangco*, estar un poco detrás del banco. *Sa cabilang dagat*, de la otra parte del mar. *Sa cabila co*, de mi parte. *Itong canin ay cabil-an*, está medio cocida medio cruda, esta morisqueta. Este modo de hablar solo se usa en la morisqueta, porque si se hablára de otra cosa que no está bien asada ó cocida, se dirá de este modo, v. g. de un pollo, *itong sisiu, ang cabila,i, loto, at ang cabila,i, hindi*.

CABIL-AN. pc. El que tiene gran papera.

CABILANG. pp. Compañero, lo mismo que *casama*. *Cabilang tauo*, contado entre gentes. *Cabilang guinoo*, entre nobles.

CABILONG. pp. Una pella de manjar blanco.

CABISA. pp. Decorar. *Vm*, l. *Mag*. Lo que, *In*. Si muchos, *Mag*. pc.

CABISIRHI. pc. Yerva.

CABIT. pc. Amarrar cordel por el cabo, ú otra cosa. *Vm*, l. *Mag*. El cordel, *Y*. Á quien, ó á do, *An*. *Icabit iyang cabayo dian sa haligui*, amarra ese caballo á ese harigue.

CABIYA. pp. Vide *pan̄gabiya*, con sus juegos.

CABIYICAN. pp. Pantorrilla. *Cabiyican nang paa*: otros pronuncian *Cabuyican*.

CABLAO. pc. *In*, hincharse la barriga. *Vm*, la barriga. La causa, *Maca*. Pasiva, *Ica*. *Macablauin*. Frecuent.

CABLING. pc. Yerva olorosa. *Man̄gabling*, cogerla. *Mag*, tenerla, venderla.

CABLIT. pc. Una yerva medicinal.

CABÓ. pp. Llevar algo el viento, como papel. *Ipinánìnicabo nang han̄gin ang uica mo*, tus palabras se las llevó el viento. Vide *alicabò*.

CABO. pc. Salto que dá el pez. *Vm*, el pez. *Naca*, el agua. Si mucho, *mag*. *Pinagcacaboan*, el lugar.

CABO. pc. Bullicio de gente cuando se levantan. *Nagcacabocabo na ang man̄ga tauo*. Vide *Quisi*.

CABOCABO. pp. Una especie de tela que sacan de una raiz, y sirve para rellenar las almohadas.

CABOG. pc. Golpe que suena en hueco, *Vm*. La cosa golpeada, *In*. El lugar, *An*. Si muchos, *mag*.

CABOG. pc. Género de arroz.

CABOLOHAN. pc. Provecho. *Ualang cabolohan iyang gaua mo*. De nada sirve lo que haces.

CABOLONG ANAS. pc. Confidente, amigo, parcial.

CABONGLO. pc. Género de plátanos.

CABOS. pc. Vide *capus*.

CABULAY. pp. Una tira de *buli* rasgada.

CABUSAO. pp. Vide *Lagusao*, con sus juegos.

CABUYAO. pp. Naranjas silvestres. *Nagcacabuyao*, comer los aetas del pellejo de la cabeza.

CABUTI. pc. Hongos. *Cabuti mandin ang man̄ga labi*. Tiene los lábios como hongos.

CABUTIL. pc. Lo mismo que el antecedente.

CABUTIL. pc. Granillo de *Butil*, que por ser redondo, de cualquiera cosa gorda se dice *cabutil mandin cataba*.

CABIYAUAN. pp. *Alilisan nang tubó*. Molino de azúcar.

CABYAO. pc. Bomba.

CACA. pc. Tio, ó tia mayor de su padre ó madre.

CÁCA. pc. Asi nombran los menores al hermano mayor. *Vm*, llamar asi. *In*, l. *Pagcacaan*, á quien.

CACA. pc. La letra C.

CACABAG. pc. Murciélago. Lo mismo que *cabag*.

CACABIG. pp. Parte de la madeja, que consta de diez y seis hilos, ó cuatro caugat. Vide la raiz *Ogat*.

CACAC. pp. Cacarear la gallina, *Vm*. Si mucho, *nan̄gan̄gacac*. La causa, *ipinan̄gan̄gacac*. *Pinan̄gan̄gacacan*, lugar.

CACALOS. pp. Género de grillos que cantan de noche.

CACALOY. pp. Lo mismo.

CACALOIYN. pp. Coco tierno. Vide *boco*.

CACALSAN. pp. Género de bejuco.

CACAMAN̄GAN. pp. Alhaja de la casa. *Mag*, tenerla *In*, tenerla por suya. *Ica*, con que se alhaja una casa. *Pagcacamanĝanan*, lugar donde se guardan las alhajas.

CACAÑÁ. pc. Conseja, cuento. *Mag*, contar algo. *Ipag*, lo que. *Paghan*, á quien.

CACANÁN. pp. Plato grande.

CACANAN. pc. Comedero de animal, lugar deputado para comer.

CACAOT. pc. *Houag mong cacaotin: Houag itanim sa loob.* No guardes rencor.

CACAP. pc. Un pájaro que siempre está muy flaco. Del enfermo consumido y flaco se dice *Naguiguincacap nang cayayatan.*

CACAR. pp. Vide *calarcar*.

CACAS. pc. Acto de quitarse la superficie de algo con el tiempo. *Nacacacasan na. Vm*, l. *Mag*, quitarla. *In*, ella. *An*, la cosa.

CACAS. pp. Lo mismo que *calis*, con sus composiciones.

CACQUI. pp. Juego de pie como haciendo compás, *Vm*.

CADIYAMA. pp. Vide *catoto*, con sus juegos.

CAGA. pp. Magro, mas es bisaya que tagalo.

CAGACA. pp. Traza ó invencion. *Mag*, trazar. Lo que, *In*. Contra quien, *pag-han*. Mejor es, *hacá*.

CAGAGAR. pc. Conversar, remedar. Vide *gagar*.

CAGAMPAN. pc. Muger cercana al parto. *Mag*, llegarse el parto. *In*, tener á la muger por tal. *Pag-an*, el término en que se cumple el noveno mes. Sale de *ganap*, y es síncopa, *cagampan*.

CAGANG. pp. Seca de tierra en tiempo de verano. *Itong canin naguiguing cagang catigas.* Esta morisqueta está dura como un terron seco.

CAGANG. pp. Cangrejos que se crian en los manglares, y suben por los árboles.

CAGANGCANG. pc. Retumbar, *Vm*. La causa, *ica*. Lugar, *An*. *Magcagacagangcang*, dar muchos golpes *Y*, con que. *Pag-an*, donde. Sale de *cangcang*. De una mala voz cuando canta se dice *cacagacagangcang*.

CAGAO. pp. Arador de la mano, gusanillo imperceptible. *Magca*, haberlos. *Ipagca*, la causa. *Magcagao*, tener muchos. *Gagacagao*, chiquillo.

CAGASCAS. pc. Ruido de arena cuando la pisan. *Vm*, la arena. *Y*, con que. *An*, lugar ó persona. *Magcacagacagascas*, haber mucho ruido. Del rábano que entre los dientes hace ruido, ó el vestido nuevo, ó el dinero en la la bolsa, se dice: *Cungmacagascas*.

CAGASCAS. pc. Pimienta larga. Itt. Un árbol medicinal.

CAGAT. pc. Morder. *Vm*. Lo que, *In*. *Pagcagat*, acto. *Nanĝanĝagat*, andar mordiendo. *Nacacagat*, el perro que mordió. *Cagatan*, l. *Cagtan*, lugar donde ha de morder ó mordió.

CAGAT. pc. Encajar una cosa con otra. *Mag*. Lo que ó por quien, *ipag*. Donde ó en que, *pag-an*. *Cagtin ang hintotoro,i, magcacasaquit?* mejor es morder esto que un dedo.

CAGAYCAY. pc. Gusanos grandes como grillos.

CAGAYCAY. pc. Género de arroz, *quinagaycay*.

CAGUINGQUING. pc. Cantar suavemente, sonar bien la campana. *Vm*. La voz, *Y*. Á quien, *An*. *Magcacaquingquing*, cantar mucho así. La voz, *ipagca*. Á quien, *pag-an*.

CAGUINSAGUINSA. pc. De improviso, de repente.

CAGUIP. pp. Animar á otro, *Vm*. Á quien, *In*. Porque, *Y*. Á muchos, *Mag*. Cosa ó persona, *ipag*. Á quienes, *pag-in*. Por lo que se anima, *pag-an*. Sinónomo, *anĝin*.

CAGUISQUIS. pc. Ruido ó sonido de espadas, ó del hierro, cuando lo liman, *Vm*. La cosa, *In*. A quien, *An*. Con que, *Y*.

CAGUIT. pc. Papagayo verde menor que el *quiloquil*.

CAGUIT. pc. El palillo que sirve á los pandais de pluma para señalar.

CAGUITNA. pc. Media ganta. Sinónomo, *pitis*. pp.

CAGUITNAAN. pp. Medida de media ganta.

CAGÓ. pc. *Ualang cago*, pobre, muy pobre. No tiene mas juegos.

CAGON. pp. Alcahuete. *Mag*, serlo. *In*, ser hecho. *Pag-an*, á quien es enviado. *Napa*, el que lo es de su voluntad. Vide *solohan*, que es el usado.

CAGONCAGON. pp. *Polopolotong*, juntas.

CAGONGCONG. pc. Golpe que retumba; es bisaya mas que tagalo.

CAGORGOR. pc. Sonido, que hace como el del raspar el coco, *na*.

CAGOS. pp. Grietas en pies y manos á modo de lepra. Su juego es solamente asi. *Magcagos*, *maraming cagos*, *cagoscagosan*, *nagcacagosan*.

CAGOS. pp. Rascar. *Cacagoscagos*, andar rascándose.

CAGOSCAGOS. pp. Rascar. *Cacagoscagos*.

CAGOSCOS. pc. Sonido del que rasca. *Vm*, hacer el ruido. *In*, cosa que. *An*, lugar ó persona. *Y*, con que. *Magcaca*, mucho. *Pag-in*, lo que. *pag-an*, persona ó lugar. *Cagosgosin*, pp. Frecuent.

CAGOYOR. pp. Ataduras de bejucos, ó un atado de ellos.

CAGYAT. pc. Al mismo punto, sin pensar. *Cagyat nagtaguibulag sa aquing mata*, en un punto se desapareció de mis ojos.

CAGYOS. pc. Frijoles pequeños. *Manĝagyos*, cogerlos. *Mag*, venderlos.

CAGYOT. pc. Vide *caryot*. pc. Tirar hácia si, ó barar cosa pesada con ímpetu y golpe, *Vm*. Lo que, *In*. Lugar, *An*. Si mucho, *Mag*. *Nagpapacagyot*, animarse. *Vm*, á otro. Metáf.

CAHABAG PALAY. pp. Un género de arroz.

CAHALILI. pp. Sustituto, Vicario, lugar teniente. *Mag*, sustituir. *Cahalinlin mo si cuan*, sustituye en lugar de fulano.

CAHAMYA. pp. Un género de arroz. *Mag*, sembrarlo. *In*, el palay. *Pag-an*, el lugar.

CAHANG. pp. l. *Cahong*. pc. Alarido del perro; en Manila *cangcang*.

CAHANG. pc. Conchas ó almejas pequeñas

CAHAPON. pp. Ayer.

CAHÍ. pp. Cuando, por mas que, siendo asi. *Cahit aco,i, hampasin uala acong sasabihin*, aunque me azoten no tengo que decir nada.

CAHATI. pp. La mitad de un toston, dos reales.

CAHIG. pp. Raer tierra, sacar motas de los ojos, escarbar de la gallina, *Vm*, l. *Mag*. Lo que,

In. A donde, *An.* Si mucho, *Mag.* pc. *Cahig niya,i, toca niya*, come de lo que gana.
CAHIMAT. pp. Aunque. *Cahima,t, di mayag, paroroon din*, he de ir aunque no quiera.
CAHINYÁ. pc. Aunque.
CAHINYAMAN. pp. Lo mismo.
CAHIT. pp. Idem. Redarguyendo.
CAHOL. pp. Agil, espedito, *Macahol.*
CAHOLOGAN. pc. Significacion; lo mismo que *catotoran.*
CAHONG. pc. Vide *tahol.*
CAHOR. pc. Significa ocupado. *Aco,i, nagcacacahor, nang pagsasaca co*, estoy bastante ocupado en mi labranza.
CAHOR. pc. Acto de rascarse la *gatà;* es término deshonesto, *Vm.* La parte, *In.* Por quien, ó el lugar, *An. Cahor*, pc. Salida.
CAHOT. pp. Resvalarse. *Cacahotcahot con lumacad*, camina como quien se resvala.
CAHOYAN. pc. l. *Cahoyao*, una caña ó *Bacacay*, que empieza á amarillar cuando se sazona. *Cahoyao na*, ya está sazonado.
CAHUY. pp. Madera, leña, árbol. *Mangahoy*, cortarla. *Pinangangahoyan*, donde. *Cacahoyan*, arboleda.
CAHOYAN. pc. l. *Cahoyao, cahoyao, na*, l. *Cahoyan na*, ya está sazonada la caña.
CAILÁ. pc. Encubrir, ocultar, *mag.* Lo que, *Ipag.* Á quien, *pag-an.* Frecuent. *Mapagcailá: Hindi mapagcail-an ang Dios*, no se puede encubrir nada á Dios.
CAILAN. pc. Cuando. *Cailan ca naparito?* Cuándo veniste? R. *Camacailan*, los dias pasados. *Macailan, nacailan.* Cuántas veces, en pretérito. *Sa caicailan mang arao. Magpacailan man*, l. *Magpasacailan mang arao*, siempre; con negacion nunca.
CAIMOTAN. pp. El celebre, colodrillo ó cogote del animal.
CAIN. pp. Comer, *Vm.* Lo que, *In.* Donde, *An. Mag*, pc. mucho ó muchos. *Magpa*, dar de comer á otro. *Pacanin*, á quien. *Ipa*, lo que. *Pa-an*, en que lugar. *Ipapacain mo sa cocinero itong bata*, dí al cocinero que le dé de comer. *Maqui*, pedir de comer, ó comer con otros. *Nacaca*, el que ya ha comido. *Na*, lo ya comido. *Mangain*, comer contínuamente. *Magquinain.* pc. Comer de lo suyo. *Nanginginain*, comer como por apetito. *Canin*, morisqueta. *Cacanin*, pc. Diferentes comidas. *Mapagcain*, comedor. *Cacanan*, comedero, ó comedor.
CAINAG. pp. Lo que trasluce por alguna cosa no muy trasparente, como por las conchas. *Cainaginag.* Vide *Inag, Aninag.*
CAING. pc. Irse cayendo de flaco, *Vm.* El, *In.*
CAING. Lo mismo que *caying.* Tener á otro por flojo. *Vm.* El asi tenido, *In.*
CAINGIN. pp. Labranza de montes para sementeras. *Mag*, l. *Vm*, desmontar para sembrar. *In*, la tierra. *An*, l. *Pag-an*, lugar. *Ipag*, con que. *Caingìnin*, pp. Tierra que se labra asi. *Caingìnin.* pc. La que continuamente. *Cun baga cacaingin, aco po,i, naliliping*, se dice del que se hace enfermo para no trabajar.
CAIT. pc. Garfios ó anzuelos que ponen en un cordel para coger pescados grandes; de aqui sale el significar lacéria, mezquindad *Mag*, escasear. *Ipag*, la cosa en que. *Pag-an*, á quien. *Tauong mapagcait*, hombre mezquino. Tambien *Nagcacait sumulat*, l. *Nang pagsulat*, andar dilatando el escribir.
CALA. pp. Concha de tortuga. *Mag*, venderla. *Manga*, cogerla. *Mangangala*, pescador de ella. *Calahin*, ser tenido por tal, ó hacer de ella algo. *Calahin mo ung manga haligui nitong andas*, haz de concha los harigues, &c.
CALÁ. pc. El ruido que hace el agua en una vasija de cuello angosto. *Vm*, l. *Mag*, reduplicando la raiz: *Pacalacalain mo*, haz que haga ese ruido. *Pa-an*, lugar y persona.
CALAANAN. pp. Tierra ó huerta dejada. *Na.* estar dejada. *Quinacalaanan*, ser dejada. *Nangangalaanan*, el árbol que por viejo no dá fruta. *Vm*, l. *Mag*, labrarla de nuevo. *In*, la tierra. *Ipag*, con que. Si toda la sementera ha de ser de tal tierra, se dice *calaananin;* pero si una parte, *calaananan.* Tambien, *calaanan* se toma por tierra que continuamente se labra; y asi para diferenciarse, digase *buquir na caluanan.*
CALABA. pp. Panal de miel.
CALABA. pp. La parte baja del panal donde crian las abejas sus hijos, *magca.* La causa, *ipagca.* El lugar, *han*, l. *Pagca han.*
CALABANGA. pp. Una flor grande colorada acuátil.
CALABCAB. pc. Saltos del corazon, *Vm*, añadiendo *loob.* *In*, el corazon. *An*, á quien.
CALABCABAN. pp. Indeterminado, perplejo. *Vm*, l. *Mag*, estarlo. *Y*, la causa. El corazon, *In. An*, la persona ó el corazon.
CALABAY. pp. Asa del tibor.
CALABÓ. pp. Vide *Lilang*, con sus juegos.
CALABOCAB. pp. Dudar, *Vm*, l. *Nanganga. Y*, por lo que. *An*, en que.
CALABOCAB. pp. Culebra de agua. Vide *dohol.*
CALABIT. pc. Dar de codo, *Vm.* Lo que. *In.* Con que, *Y.*
CALABIT. pc. Tocar cuerdas como las de la guitarra, *Mag. Pag-in*, lo que. *Ipag*, con que. *Pangalabit*, instrumento.
CALABIT. pc. Comenzar la creciente á menguar ó bajar, con los juegos del primero.
CALABOCOB. pp. Retumbar como el tambor, *Vm.* Si mucho, *Mag*, pc.
CALABOGSOC. pc. Canasta ó cesto.
CALABOUÁ. pp. Yerva que se cria en agua á modo de lechugas.
CALABYANG. pc. Murciélago grande.
CALACAD. pp. Un árbol.
CALACAL. pp. Trato de mercadería en cosas de valor. *Mag*, tratar. *Ipag*, lo que *Pag-an*, la tierra. *Vm*, pc. ocuparse en su obra solamente. *Quinacalacal mo ang caiqo-an mo sa Ama mo*, ayudas á tu padre por interés. *Calacalin*, pc. la cosa en que se suele contratar. *Calacalan*, pc. lugar donde. *Nangangalacal*, tener lástima del tiempo que se pierde, en no ocuparse en algo. *Mapagcalacal*, mercader.
CALACAL. pc. Palillos de contar.

CALACAL. pc. Obra de oficial hecha á poco mas ó menos. *Quinacalacal ang gaua: Hinahamac.*
CALACATI. pp. Instrumento como tigeras para cortar bongas. *Vm*, cortar con ellas. *In*, lo que, ó materia de que. *An*, lugar y persona. *Mangañgalacati*. Frecuent.

Talacquin man nang quiya,
calacatiin sina,
magcaiba pa caya,
dalaua,i, nagca sing-uica,

Quiere decir que no hay instrumento con que separar las voluntades unidas.
CALACOBAC. pp. Caspa. Vide *balacobac.*
CALAQUIYAN. pp. Carabao grande.
CALACOM. pp. Un puñado, ó lo que se abarca con un puño. Vide *calangcom.*
CALACPAN. pc. Arquilla para buyos.
CALAG. pc. Desatar, soltar, *Vm*. Lo que, *In*. Á quien, *An*. *Mag*, l. *Manga*, desatarse. *Na*, lo que se desata. *Naan*, la persona desatada de algo. *Tauong mapagcalag nang dilang isip*, inconstante, metáf. *Cumalag nang tipan*, deshacer el concierto.
CALAGPANGAO. pc. Lo que se paga por salir de la cárcel, ó carcelage.
CALAGCAG. pc. Rechinar, ó ruido semejante, *Vm* Lo que, *In*. Lugar. *An*. *Macalagcag ang tingig*, tiene la voz muy ronca. *Calagcaguin*, voz tal.
CALAGCAG. pc. Hacer gargarismos, *nagpapacalagcag.*
CALAGDAN. pc. Un género de bejuco.
CALAGHALÁ. pc. Gargajo grueso, mejor *Canaghalá*, l. *Dahac*. *In*, el gargajo. *An*, lugar, ó á quien.
CALAGUITNÁ. pp. Mitad como de camino. *Calaguitnaan.*
CALAGUIMAY. pp. Hojas para hacer petates, mas largas que el sabutan.
CALAGUMA. pp. Amigo. *Naglalaguma*, l. *Nagcacalaguma. Caramayan sa anomang gaua*, participante.
CALAGUYO. pp. Amigo, compañero.

Isda acong gaga sapsap,
gagatalìptip calapad,
caya naquiquipagpusag,
ang calagoyo,i, apahap.

Quiere decir que teniendo la sombra y ayuda de un poderoso, se puede animar el pequeño á cosas grandes.
CALAGYO. pc. De un nombre. En algunos pueblos dicen *tangay.*
CALAHAN. pp. Concha. Arroz sucio medio podrido. *Calahan ang paa*, gallo de muchos colores, por metáf. del arroz podrido ó su color.
CALAHABAN. pc. Sencillez, óra en lo físico, como ropa, &c. ora en lo moral, como en el ánimo, &c. Vidé *Labar.*
CALAHATI. pp. Mitad. *calahatian.*
CALAHAY. pc. Deseo vehemente de una cosa hasta conseguirla, *Mag*. La cosa, *pag-an.*
CALAHAY. pc. Vocear mucho de alegría ó temor, voz ronca, con los mismos juegos que el antecedente.
CALALANG. pp. Vide *galong.*
CALALAUAGAN. pp. Mucha tierra para sementeras.
CALAM. pc. Bullir algo como piojo en la cabeza, *Vm*. Persona ó lugar, *An*. Con que, *Y*. *Cungmacalam ang loob co*, me remuerde la conciencia. Metáf. *Calaman tauo*, madera.
CALAYCAS. pp. *Maingay, lagaslas, colos, coloscos, cosot*, ruido.
CALAMBATÓ. pp. La pesilla del nivel ó sondalesa.
CALAMAAN. pp. Cosa comun de muchos que sobró en la reparticion. *Mag*, hacerla. *In*, l. *Pag-an*, la cosa. *Isaan natin itong calamaan? Ang calamaan ay sa Capitan.*
CALAMAC. pc. Brea ó resina. *Pilauay.*
CALAMACAM. pp. *Magalao.*
CALAMANAN. pc. *Olang. Calamnan*, condumio.
CALAMANSALAY, pp. Arbol fuerte.
CALAMANSANAY. pp. Madera buena para tijeras del techo.
CALAMAY. pp. Género de comida en conserva. *Mag*, hacerla. *In*, ser hecha. *Ipag*, con que. *An*, lugar y persona. *Calamayan*, l. *Pagcacalamayan*, el perol donde se hace. *Magcacalamay*, conservera. *Calamain co man*, l. *Pagcacalamain co man, ang loob mo,i, maggagahasa rin*, aunque te haga calamay, has de refunfuñar.
CALAMAY HATI. pc. Lo mismo que *calamay*, aunque se hace esta de arroz. *Malagquit.*
CALAMAYO. pp. Hinchado, hidropesía. *Mag-ca*, parar en eso. *Quinacalamayo*, estar con el mal. *Calamayohin*, frecuent.
CALAMBA. pc. Banga grande. *Mag*, hacer, venderla. *In*, de que. *An*, lugar y para quien.
CALAMBA. pc. *Quinalamba*, cañas que tienen como rayas y pinturas.
CALAMBIGAS. pc. Ahorca de tres hilos de oro. *Mag*, traerla. *Y*, ponerla. *In*, de que se hace. *An*, á quien ó donde se pone.
CALAMBIGUI. pp. Género de borracheras. Ahorca ó manilla.
CALAMBACOR. pp. Choza.
CALAMCAM. pc. Cosquillas. *Vm*, hacerlas. *In*, á quien. *An*, sentirlas. *Nacacalamcaman siya. Macalamcam*, cosa cosquillosa. *Macalamcamin*, hombre que siente fácilmente cosquillas. *Mangañgalamcam*, l. *Mapanga*. cosquillador. Sinónomo *guilaugau. Yaong maquiquiramdam, sa uicang malalayao, mayroong macalamcam, iniimpit na culang.*
CALAMISMIS. pc. Semilla que dá la hícama silvestre.
CALAMYAS. pc. Lo mismo que *camyas*. Unos como bilimbines sin gajos.
CALAMPAC. pc. Una yerva.
CALAMQUIPAY. pp. Ostiones. Vide *calantipay.*
CALAN. pc. Brasero ó fogon. *Mag*, tener, hacer, vender. *In*, de que. *An*, l *Pag-an*, lugar.
CALAN. pc. Hacer divisiones como un barangay, repartirse de cuatro en cuatro, v. g. *Mag*, por *Vm*, entrar así en compañía.
CALANBANYAGA. pp. Resguardo, cerca ó pared que hacen para evitar el fuego.
CALANDA. pp. Andas para muertos. *Mag*, hacerlas. *In*, ser puesto el muerto en ellas. *An*, lugar ó para quien. *Magsa*, poner el muerto en ellas. *Isa*, el muerto.

CALANDONG. pp. Enramada. *Mag*, hacerla ó ponerse debajo de ella. *In*, de que. *Ipag*, por quien. *Pag-an*, lugar. *Caslag*, pc.

CALANG. pp. Cuña ó cualquiera cosa que se pone debajo de algo, *Mag*. Lo que, *Y*. Á que, *An*. *Pan̄galan*, cuña.

CALANG. pp. Buscar sustento. *Humahanap aco nang calang tiyan*. *Ualang icalang aco sa tiyan*, me falta cuña para la barriga; es metáf.

CALAN̄GAY. pp. Papagayo blanco.

CALANGBAHALA. pp. Ayudar á otro en su pleito, salir por fiador, *Mag*. El que es fiado, *In*. El lugar y la misma persona, *An*.

CALANGCALAN̄GAN. pp. Género de arroz.

CALANGCANG. pc. Guisar camotes, tuguis, *Mag*, *Y*, l. *In*, la cosa. *An*, l. *Pag-an*, las ollas. ó para quien.

CALAN̄GI. pp. Ramillete de diferentes flores. *Mag*, hacerlo. *In*, de que. *An*, á quien. *Pag-an*, si muchos.

CALAN̄GIT. pp. Concertarse dos, cediendo ambos algo. *Magcacalan̄gitan*, sobre que. *Pagcacalan̄gitanan: Papagcalan̄gitanin sila, pinapagcalan̄gitan ang hatol, houag mahinguil sa cabila,t, sa cabila, cun di sumaguitna*. Conciértalos á los dos, ó concierta la sentencia para que no se ladee.

CALANSAC. pc. Hijo prohijado, que entra en parte con los hijos ó hermanos del difunto. *At di ninyo aco ipagcalansac, ay aco,i, calansac ninyo naman*, por qué no me dais la herencia, si yo soy heredero con vosotros?

CALANSAG. pc. Ruido que causa el golpe de plato ó armas. *Vm*, l. *Mag*, hacer el ruido. *Y*, l. *In*, con que. *An*, l. *Pag-an*, lugar y persona. *Nagcacalansag ang man̄ga calasag*, l. *Pingan*, hacen ruido los platos, las rodelas.

CALANSING. pc. Lo mismo que el antecedente.

CALANTAS. pc. Madera como cedro.

CALANTIPAS. pp. Unas hostias blancas y delgadas.

CALANTIPAY. pp. Idem. Tambien una yerva.

CALANTIS. pc. Ruido muy pequeño, como de un grano de arroz, que cae en la tabla. *Vm*, sonar asi. *In*, la cosa. *An*, lugar y persona. *Mag*, reduplicando la primera sílaba, hacer que suene mucho.

CALANTOG. pc. Ruido de lo que cae de golpe. Vide *calansag*, con sus juegos.

CALAO. pc. Vide *sangcalao*, l. *Sangcayao*.

CALAO. pc. Cosa floja. *Macalao na singsing*, l. *Calao na daliri*. *Cacalaocalao ang catao-an mo*. Está floja la sortija; tu cuerpo anda flojo. Metáf.

CALAO. pp. Un pájaro, el palaspas algo crecido, que ya está algo moreno. *Nagmamalamalacalao*, tira á color moreno. *Namamalamalacalao*, negro ya de aquel color.

CALAOCAO. pp. Revolver el agua ó vino con otro licor dentro de la vasija. *Nan̄gan̄galaocao*. Donde, *pag-an*.

CALAP. pp. Madera cortada. *Mag*, tratar en ella, traerla ó enmaderar la casa. *Pag-in*, distinguir el precio de una y otra madera. *Pag-an*, lugar donde se trae, trata, &c. *Calapin*, l. *Icacalap*, madera que suelen cortar, que sirve para maderajes. *Mag*. pc. Cortar muchas. *Pag-in*, las que. *Pag-an*, donde. *Nan̄gan̄galap*, el que frecuentemente. *Cumacalapcalap na, bago ualang uasto*, se vá poniendo como madera, pero sin provecho.

CALAPÁ. pc. Vide *calapang*.

CALAPANG. pc. Un gajo de cualquiera cosa.

CALAPAY. pc. Unas borlas. Goteras de lo alto, aletas del pescado.

CALAPATI. pp. Paloma.

CALAPINAY. pp. Un género de árbol.

CALAPY. pc. Fruta de bejuco que se llama *palasdang pula, y labnit*.

CALAPNIT. pc. Murciélago pequeño.

CALARA. pc. Interceder por el culpado, *Vm*. Si mucho, *Mag*. *Hin*, por quien, l. *Ipag*, l. *Paghin*. Á quien, *An*. *Nacalara na*, consiguió la intercesion. *Pagcalara*, verbal, librar, defender á otro.

CALARA. pc. Rogar por otro. *Nagpapacalara*, el que concede. *Ipacalara*, lo concedido, ó persona á quien concede, dejándose vencer.

CALARAT. pp. Gritos grandes. *Vm*, l. *Mag*. La voz, *Y*, l. *In*. Á quien, *An*, l. *Pag-an*. *Nagcalacalarat*, muchos dando voces.

CALARCAR. pc. Rastrillo con que recogen la basura, deshaciendo con sus puntas los terrones. *Vm*, l. *Mag*. Ella, *In*. Lo que, con, ó para quien, *Y*, l. *Ipag*. Donde, *An*. *Nan̄gan̄galarcar*, arrastrar de todas partes la basura. *Pan̄galarcar*, l. *Calarcar*, instrumento. *Cungmacalarcar sa loob co ang gayong gaua*, anda no sé que en mi corazon.

CALARYÁ. pc. Cuidar de algo. *Vm*, l. *Mag*. *In*, de lo que. *An*, l. *Pag-an*, lugar *Ipag*, la causa.

CALAS. pp. Teñir con cachumba, *Vm*. *In*, lo que. *Y*, con que. *An*, donde. *Man̄gan̄galas*, teñidor. *Mapagcalas*, l. *Mapagquinalasan*, el que se viste de esto.

CALAS. pp. Una arquilla, que usaban para el buyo, y sus adherentes.

CALAS. pc. Descoger, desatar, quebrantar la promesa, desteger, *Vm*. Lo que, *In*. Donde, *An*. Si mucho, *mag*. Lo que, *pag*, *in*. Con que. *Y*, l. *Ipag*. Lugar y persona, *pag-an*. Tiene este verbo muchas significaciones, que las pondré con sus juegos, dejando al inteligente el que infiera el modo de usarlos. *Quinalas ni Juan ang osap co*, me destruyó el pleito fulano, tambien lo revolvió, lo renovó. *Cumalas ang Capitan nang osap*, dió por nulo lo ya sentenciado. *Calas na pagoosap*, pleito sin instrumentos ni testigos, *cacalasan*. pc. Testigos que faltan, ó el vecino que falta á misa. *N̄gan̄galas*, el que anda deshaciendo, &c.

CALAS. pc. El ruido que hace el dinero, ó llaves en la faltriquera. *Vm*, l. *Cacalascalas*, l. *Nagcalascalas ang salapi nila*.

CALAS. pc. Soltar la palabra. *Vm*, el uno. *Mag*, los dos.

CALASAG. pp. Rodela, adarga. *Maghauac nang calasag*, embrazarla. *Vm*, asirla para defender á otro. *In*, de que. *An*, la persona defendida. *Calasaguin*, pc. El enemigo resistido. *Mag*, tenerla, venderla, danzar con ella, *con*, pc. *Ipag*, causa ó persona para quien danzan. *Pag-in*, materia de que. *Nanĝanĝalasag*, escudarse, embestir con ella. *Pinanĝanĝalasagan*, contra quien. *Ipinag*, la cosa con que.

CALASAG. pp. No tener vergüenza en lo que hace ó dice, *quinacalasag ang hiyà*.

CALASIN. pc. Vide *calarcar*, *calmot*.

CALAT. pp. Estender, esparcir. *Vm*. Donde. *An*. *Mag*, estender asi cualquiera cosa. *Y*, lo que. *An*, donde. *Cacalatcalat*, l. *Nag*, muy desparramado. *Na*, lo que está estendido como cordel. *Nanĝanĝalat*, estiende mucho. *Nagcacalat si cuan nang uicang nacasasamà sa capoua tauo*, difama á su prógimo. *Calatcalat ang dila*, persona habladora.

CALAT. pc. Cundir como la calabaza. *Cun baga magcalat ang apuy, ay malis ca na:* cuando ya esté encendido el fuego, te puedes ir.

CALAT. pc. Cordel con que miden sus tierras, *Mag*. La tierra, *An*. El cordel, *Y*.

CALATANG. pp. Empezar á arder bien el fuego, como el antecedente.

CALATAO. pc. Hacer el hilo de tres hebras. *Quinacalatao nang humihiguit nang lambat, at nang tumibay*, lo estoy torciendo, para hacer con él la red fuerte.

CALATAS. pc. Sale de cartas; nombre español, y ellos pronunciando la última larga, lo toman por papel blanco.

CALATAY. pp. Género de cañas.

CALATCAT. pc. Trepar como planta, como yedra. *Vm*, trepar. *Mag*, hacer que trepe. *Y*, l. *In*, la planta. *An*, lugar. *Manĝalatcat*, de contínuo. *Pinanĝanĝalatcatan*, donde.

CALATIS. pc. Nudo de ropa nueva de seda, ó cosa semejante.

CALATOUAT. pp. Vide *alatouat*.

CALATOBOG. pp. Cesto de chancaca.

CALATONG. pp. Una especie de tambor pequeño.

CALATONDONG. pc. Un arbolillo de hojas olorosas.

Bulac talahib ang sonong,
ang ayami, y calatondong.

Quiere decir viejo verde.

CALAUACAO. pp. Sobrepujanza en altura, como el vaso por no estar lleno. *Cacalacauacao, sa sisirlan*. *Nanĝanĝalauacao*, ruido como cuando se revuelve el estómago. *Aco,i, quinacalauacauan niya nang isang daliri*, me sobrepuja un dedo. Itt. *Vm*, l. *Nanĝa*, perplexidad de quien duda. *Y*, la causa. *An*, sobre que.

CALAUANG. pp. Orin de yerro; herrumbre. *Nacacalauanĝan*, l. *Quinacalauanĝan*, lo tomado. *Macalauang*, tener mucho orin. *Calauanĝin*, pc. Fácil de tomarse.

CALAUANG. pp. Rodillo que ponen debajo de lo que arrastran. *Mag*, ponerlo. *Y*, lo que. *An*, á que. *Manĝalauang*, usar de él. *Vm*, l. *Napacalauang*, lo que se pone por rodillo.

CALAUANG. pc. *Calauang sa pagcalocloc*, lo mismo que *cauang*.

CALAUARÁ. pp. Manosear, *mag*. Á quien. *In*. Á donde, *An*. *Macalauaran*. Síncopa, mútuo.

CALAUAS. pc. Embejucar basijas, &c. *Vm*. Y mas usado, *mag*. *Y*, el bejuco. *An*, la vasija. *In*, lo que se pone á modo de cosa con que se embejuca. *Calauasin mo ang tali*. *Calauas mandin*, l. *Dami bapang calacalauas*, se dice para exagerar lo muy atado.

CALAUAT. pp. Estenderse las raices del árbol. *Vm*, l. *Mag*. *Manĝalauat*, estender asi. *Y*, la cosa. *An*, lugar ó persona. *Nanĝanĝalauat ang voces*, suena en todas partes.

CALAUCAU. pc. Vide *calaocao*.

CALAUILI. pp. Uniformidad de voluntades. *Nagcacalauili sila*. *Ipag*, la causa. *Calauilihin mo*, hazlos de una voluntad. Sinón. *Tagpó sondò*.

CALAUINĜI. pp. Cuidar de otro como *iui*. *Vm*, l. *Mag*, cuidar. *Hin*, de quien. *Ipag*, por quien. *Ipagcalauinĝi mó aco nang isang anac*, cuida por mí de un hijo mio. Metáf. *Hindi co quinacalauinĝi ano mang bintang sa aquin*, no hago caso de &c.

CALAUIT. pc. Lanza con una ó dos lengüetas. *Vm*, tirar con ella. *In*, lo que. *Y*, la misma lanza, ó por quien tira. *An*, lugar y persona. *Manĝalauit*, cazar con ella. *Mag*, traerla ó venderla. *Mag*, pc. Tirar mucho. *Na*, l. *Na-an*, á quien acaso hirió.

CALAUOA. pp. Un género de planta como el gabe.

CALAY. pc. Un árbol.

CALAYCAY. pc. Un cesto en que guardan los instrumentos de cocina. *Mag*, l. *Manĝa*. *Y*, l. *Pag-in*, lo que. *An*, l. *Pag-an*. donde. *Y*, l. *Ipanĝa*, con que.

CALAYCAY. pc. Alhava en que llevan las flechas. *Mag*, hacerla, traerla, venderla. *In*, de que. *An*, lugar.

CALBO. pp. Llevar el viento, *nanĝanĝalbo*. *In*, lo que. *An*, donde.

CALAINĜIN. pc. Biguetas del suelo de la casa.

CALABONDO. pp. Género de plátanos.

CABONGOLO. pc. Lo mismo.

CALCAL. pc. Cabadura, cabar. *Vm*. Si mucho, *mag*. *In*, lo que se saca cabando. *Quinacalcalan*, l. *Nacacalcalan*, la tierra. *Maca*, la corriente. Y, con que. *Panĝalcal*, instrumento. *Macalcal*, *mapagcalcal*, frecuent.

CALMAC. pc. Brea. Vide *calamac*.

CALDA. pc. Interceder: sale de *calarà*. Sincopado. Vide sus juegos.

CALI. pp. Acto de cabar. *Vm*, la tierra. *Hin*, el lugar. *Han*, lo que está cabado. *Guinto ang cacalihin, guinto ang icacali:* quien oro busca, oro gasta.

CALI. pc. Movimiento interior ó exterior: se usa solo con la negativa. *Di macali sa inoopan*, no se mueve de su asiento.

CALI. pc. Dolor de huesos. *Manĝanĝali*, l. *Magpa*, l. *Magsisipanĝali ang but-o*, le duelen los huesos.

CALI. pc. Obra que apenas está comenzada. *Nagcali na ang gaua*, *yariin mong marali,t, madatnan cali*. Hazlo presto, no sea que quede la obra comenzada.

CALI. pp. Ampararse de otro, ser favorecido. *Vm*, favorecer. *Napapa*, pedir favor.

CALIAGA. pc. Jugar con el niño, *Mag*. El niño, *pinag*. Con que, *Ipag*.

CALIANGCANG. pc. El ruido que hacen muchos pájaros juntos.

CALIANTAN. pc. Árbol de flores coloradas.

CALIBAGAN. pc. Dalag pequeño.

CALIBANGBANG. pc. Mariposa. *Alibangbang.*

CALIBAYIUAN. pp. Árbol que dá frutilla con una corona larga.

CALIBQUIB. pc. Lo que queda en el coco despues de rallado. *Mag*, dejar asi algo en el coco. *In*, el coco. *An*, para quien. *Mañgalibquib*. sacar con cuchara la raspadura.

CALIBIR. pp. Cadena de oro delgada. *Mag*, traer. *In*, el oro de que. *An*, la persona á quien se pone.

CALIBOCOB. pp. Retumbido ó retumbo. *Vm*, con los demas juegos de *calabocob*.

CALICAM. pp. Manta fina de algodon de Borney. *Mag*, vestirla. *In*, de que se hace. *An*, lugar y persona.

CALICAO. pp. Hurgar.

CALICAR. pp. Socabar ó cabar la tierra. *Vm*, lo que quita. *In*, de donde. *An*, con que. *Pañgalicar*, instrumento.

CALICOL. pc. El ojo del azadon, armilla de cerrojo, clavo en que se pone el timon, popa del *barañgay*. *Mañgalicol*, el que rema ó boga.

CALICOL. pc. Sacar algo de un agugero con el dedo ó palito. *Vm*. Lo que, *In*. Donde, *An*. *Cungmalicalicol*, l. *Nagcacalicalicol*, se dice de uno que se menea mucho para sentarse bien, por metáfora del clavo del timon.

CALICOT. pp. Una faja de seda de Borney. *Mag*, traerla. *In*, de que. *Y*, la manta con que se tapa algo. Es palabra de Borney.

CALICOT. pp. En tagalo es lo mismo que *calicol*, con sus juegos.

CALICOT PATANÍ. pp. Una faja de patani.

CALIGAN. pp. Casa.

CALIGAY. pp. Caracolillo. *Nañgañgaligay*, buscarlos. *Pañgaligayan*, donde.

CALIG. pp. Arrear la gente para alguna cosa, *Vm*. La gente, *In*.

CALIG. pp. Alborotar con su mal ejemplo. *Vm*, l. *Naca*. Á quien, *In*. *Quinalig niya ang bayan*. *Na*, estarlo.

CALIGQUIG. pc. Temblar ó tiritar de frio. *Vm*, l. *Mañgaligquig*. *Y*, l. *Ipañga*, la causa. *Caligquiguin*, friolero.

CALIGQUIG. pc. Gargantear con la voz. *Magpacaligquig nang tiñgig*. *An*, lugar ó persona á quien.

CALIYT. pp. Vide *calairit*, con sus juegos.

CALIMAGMAG. pc. Lo mismo que *capara*.

CALIM. pp. Ponerse negro lo blanco, *Vm*. La causa, *Y*. Lugar y cosa, *An*. *Mag*, pararse tal. *Ipagca*, causa. Lugar y persona, *pagcaan*, *muc-hang macalim*, moreno.

CALIMBAHIN. pc. Coco medio amarillo, medio colorado. *Mag*, coger y guardarlo hasta que tenga tal color. *In*, el coco cogido, ó lo tenido por tal. *An*, lugar y persona.

CALING. pc. Caña del timon, *Vm*. pp. Echarlo á un lado, y á otro. El timon, *In*. pp.

CALING. pc. Antiguamente el que estaba de duelo se escondia en un rincon, y le tapaban con un petate ó cortina, y del cubierto se decia. *Quinacaling*, l. *Nasacaling*.

CALIÑGA. pp. Guarda ó cuidado, *mag*. Lo que, *In*. *Pagcacaliñga*, la obra: mas que, *alila*.

CALIÑGAG. pp. Un género de hojas de buyo *litlit*.

CALING. pp. Trampa de la puerta, pestillo, tranca. *Vm*, l. *Mag*, echarla. *An*, la puerta ó ventana. *Y*, con que. *Mag*, pc. Arrancarse fuertemente. *Pag-an*, las puertas. *Pañgaling*, pp. Instrumento.

CALING. pc. Aposentillo para trastos. *Quinacaling si Maria*, l. *Nasacaling*: Está María en el aposento.

CALINGCALING. pp. Pescado seco cortado en postas, *guilitguilit*. *Vm*, l. *Mag*, cortarlo asi. *In*, el pescado. *An*, lugar ó persona.

CALINQUIÑGAN. pp Dedo meñique. *Vm*, tomar algo con el dedo. *In*, lo que. *Gagacalingquiñgan calaqui*, se dice del enano.

CALISQUIS. pc. Escama, escamar. *Vm*, l. *Mag*. *An*, el pescado. *Nañgañgalisquis ang catao-an*, se dice del *bunihin*.

CALIS. pp. Espada. *Vm*, herir con ella. *In*, á quien.

CALIS. pc. Rasgar, quitando lo superfino de algo, *Vm*. Ser rasgado, *In*. Al que se rasga, *An*.

CALIS. pc. Pies de animal. *Naguiguincalis sa bot-o ang caramotan*: miserable hasta los huesos. Metáfora.

CALISAG. pp. Vide *saquisag*, con sus juegos. *Nañgañgalisag ang bohoc*, está suelto el pelo.

CALITAS. pc. Dar una piedra con otra. *Nang mamatay si Jesus, nagcacalitas ang mañga bato*, al morir Jesus, se dieron las piedras unas contra otras.

CALITIS. pc. Vide *calitas*, y *calantis*.

CALITCALIT. pc. Una yerva.

CALIUÁ. pc. Mano izquierda. *Vm*, l. *Mag*, hacer algo con la mano izquierda. *Caliuain*, l. *Caliu-in*, lo que se hace, ó se deja á mano izquierda. *Uala tayong caliu-in*, no tenemos vino. *Caliuaan mo aco nang opa,t, aco,i, gagaua*. *Magcaliuaan*, comprar y pagar luego. *Napapacaliuà*, el que vá á la izquierda acaso. *Napacacaliuà*, el que de propósito. *Nañgañgaliuà*, el que hace algo de prisa. *Pag-in*, l. *Pag-an*, lo que. *Ang magaling napagtotoñgo,i, magcaliuaan*, dinero en mano, y chivato en tierra.

CALIANTAN. pc. Árbol que echa flores coloradas. Sinónomo. *Taliantan*. *Malimalir*, *abangabang*, pp.

CALIYOS. pp. Un árbol.

CALMÁ. pc. Fortuna ó dicha. *Palad na magaling*, buena ventura. *Mapapacalma ang palad mo*, parará en bien. Es palabra Pampanga, pero la usan los tagalos.

CALMAC. pc. Resina. Vide *calamac*.

CALÓ. pc. Polea ó carrillo con que suben vigas. *Mag*, tenerla, hacerla, ponerla. *In*, ser usada, ó de que se hace. *Icaló mo rian yaring caló*, pon ahi esta polea. *An*, lugar.

CALÓ. pp. Sombrero. *Mag*, ponérselo. *In*, el. *An*, lugar. *Y*, persona. *Mañgalo*, andar trayéndolo. Un pájaro grande con pico como una caja.

CALÓ. pp. Una escudilla pequeña. *Mag*, beber en ella. *In*, lo que.

CALOUAS. pc. Embejucar. Vide *calauas*.

CALOBAG. pp. Un corbaton torcido. Sale de *lobag*, palabra visaya.

CALOBAN. pp. Baina, caja de escopeta. *Mag*, hacer ó ponerla. *In*, ser hecho baina. *Y*, la baina puesta á la espada. *An*, la espada á que se pone. Metáf. *Dili aco marunong magcaloban nang uica*, hablo claro. *Bogtong.*

Ang comot nang bayiniy
sinasacbi sacbibiy.

La espada en la cinta.

CALOBCOB. pc. Una fruta semejante al tampoy, con que hacen el *quilang*, y por eso al *quilang* llaman *quinalobcoban*.

CALOBCOB. pc. Casco. *Calobcob na bacal.*

CALOCABCAB. pc. Despegarse la cal ó yeso en la pared, raerse la tierra. Vide *cahig*, con sus juegos.

CALOG. pc. Sonar en hueco como cascabel, ó cosa semejante. *Vm*, si mucho. *Cacalogcalog*, l. *Mag*, lo que. *Pag-in*, lugar y persona. *Pag-an*, hacer que se batuquee. *Magpa*, instrumento *pacalog*, como sonajas.

CALOGCOG. pc. Ruido de sillas, ventanas que se menean con el viento. *Vm*, él. Á quien inquieta, *In*, *pag-in*, l. *Pagcalogcalogcoguin*. Vide *cogcog*.

CALOGÓ. pc. Berruga grande.

CALOGOR. pc. Lanuca. Vide *batoc*.

CALOGORAN. pp. Amigo en buena ó mala parte. *Mag*, amistarse asi. *In*, el que es hecho amigo. *Nagcacalogoran cami nang paghaharap*, nos holgamos.

CALOLA. pp. Los que descienden de esclavos de un Señor, y son sus vasallos. *Mag*, tener ó hacerlos. *Hin*, el que. *Han*, lugar y persona para quien. *Calolahin*, pc. El tenido por tal frecuentemente. *Baquit calola,i, mangangalola pa*, es criado, y quiere mandar.

CALOLON. pc. Rollo, *isa calolon*, un rollo. *De ca, y lolon.*

CALOLOT. pp. Frutas que se pudren de maduras, *mag*.

CALOLOUA. pc. Alma racional. No admite *Vm*, ni *mag*, sino es fingiéndose alma como en la comedia. *Nagcacalooloua, may caloloua ca, nang gaua mong ito?* Dónde estaba tu juicio cuando hiciste esto?

CALOMANAY. pp. Un árbol como hojas de lagundi.

CALOMBIGAS. pc. Galas de oro que usan los hombres en las muñecas. Vide *calambigas*.

CALONG. pp. Traer en brazos, *Vm*. El niño, *In*. Hablando á la madre, *An*. Y para quitar dudas, *magcalong*.

CALONG. pp. La secundina en que está el niño en el vientre de su madre. Vide *inonan*, con sus juegos.

CALONG. pc. Casco de la nanca.

CALONGCONG. pp. Llevar algo entre dos en brazos. *Vm*. El llevado, *In*. Sinónom. *Cayongcong*.

CALONGCOT. pc. Temblar de frio, encoger los hombros. *Nangalolongcot*, *pangalongcotin*, los hombros.

CALONORAN. pp. Occidente. *Vm*, ponerse al occidente, l. *Sumacalonoran ca. Calonoranin mo iyang bondoc*, ponte de modo que este monte te caiga al occidente. *Pacalonoran ca*, vé asi al occidente. *Ipasacalonoran*, lo que se lleva al occidente. *Mag*, hacer algo á la parte del occidente, tener alguna parte por tal.

CALON OUAC. Un género de gabi.

CALOOB. pp. Dádiva, merced. *Mag*, dar. *Ipag*, lo que. *Pag-an*, á quien. *Mapagcaloob*, dadivoso.

CALOPCOP. pc. Guarnecer, engastar, *mag*. La cuenta, *An*. El oro, *Y*. La persona por quien, ó el mismo oro, *ipag*. El oficial, *magcacalopcop*.

CALOPCOP. pc. Sonido de algun golpe de carpintero sobre madera. Vide *calogcog*, en el comintan.

CALOS. pp. Raspar, rasar la medida, *Vm*. Lo que se quita, *In*. La medida, *An*. *Mangalos*, ocuparse en eso, *Pangalos*, instrumento.

CALOS. pp. Beber vino á taza llena. *Magcalosan tayo*. El vino, *ipag*. *Pacalosanan*, la taza.

CALOS. pp. Desgranar la espiga, *Vm*. La espiga, *In*.

CALOSCOS. pc. Raspar la caña para hacer arcos, enramadas, *Vm*. Lo que se rae, *In*. La cosa, *An*. *Mag*, poner. *Pag-in*, de que. *Pag-an*, lugar. *Mangaloscos*, andar haciendo ó rayendo. *Magcacaloscos*, oficial.

CALOT. pp. Lo que queda del mani despues de sacar el aceite.

CALOT. pc. Desnudo. *Nagcacalot*, está desnudo.

CALOTANG. pc. Dos palos con que tañen en los tingües. *Mag*, tañer. *In*, la cosa de que. *Ipag*, l. *Pag-an*, para quien. *Nangangalotang*, de continuo.

CALOTCOT. pc. Ruido de escarbar con uña ó palillo, *Vm*. El agugero, *In*. Lugar y persona, *An*. *Mangalotcot*, andar escarbando. *Mag*, mucho, *doquit*.

CALOY. pp. Sacar la carne del coco cuando blando, *Vm*. Lo que, *In*. Lo de que, *An*.

CALOYIN. pp. Lo mismo que *cacaloyin*.

CALUAS. pc. Vide *calauas*.

CALUBAN. pp. Vide *caloban*.

CALUGAY. pp. Barranca profunda, como cueva.

CALUMANGYO. pc. Compañero, compinche. *Calumangyo co*, lo mismo que *casama co, caaliuan co*.

CALUMATAO. pp. l. *Calomantao*. Árbol asi llamado.

CALUMBAN. pp. Un árbol de cuya fruta sacan aceite.

CALUMPAGUI. pp. Cuchillo con que afeitan. *Mag*, traerlo ó hacerlo. *Hin*, de que. *Han*, lugar. *Manga*, herir con él.

CALUMPANG. pc. Árbol bien conocido.

CALUMPIT. pc. Árbol tambien conocido asi.

CALUNIYÁ. pp. Amiga in malam partem. *Mag*, tenerla. *Vm*, el varon. *In*, la tenida. *An*, la misma. *Mag*, los dos. *Ipag*, la causa ó instrumento. *Pinag*. l. *Napagcaluniyaan*, precio ganado por esto.

CALUPI. pp. Frutilla ó cuentecillas pequeñas.

CALUTANG. pc. Vide *calotang*.

CAMA. pc. Añadir dos cordeles uno con otro, *mag*. Lo que, *hin*, ó *cunanin*. Con que se añade, *Y*. Persona por quien, *ipag*. Á lo que, *han*, ó *nan*.

CAMA. pc. Quebrar algo entre las manos, como huevo, nuez, &c., reventarlo, *Vm*. Lo que, *hin*.

CAMA. pc. Palpar, coger algo con las manos, *quinacamahan co siya*.

CAMA. pc. Cuidar, *siya,i, pinapagcama.*

CAMÁ. pc. Aunarse dos en un pleito, yendo á una. *Nagcamá sila nang uica.* Contra quien, *paghan.*

CAMABSI. pc. Un pájaro asi llamado.

CAMACA. pc. Partícula que se añade á tiempo pasado. *Camacalaua*, *camacatlo*, *camacalima*, *camacapouo*, ahora dos, tres, cinco dias. *Camacailan*, pc. Los dias pasados.

CAMAG. pc. Partícula que se antepone á algunos nombres para hacerlos de compañía, como *camaganac*, *camaganacan.*

CAMABUY. pp. Garza prieta con cuello blanco.

CAMAGANAC. pp. Cualquiera de los parientes de un tronco. *Magcaca*, dos ó mas. *Mag*, tener por pariente. *In*, á quien.

CAMAGAO. pp. Ronco. *Mag*, enronquecer. *Ipag*, la causa.

CAMAGUI. pp. Cadena de oro grande. *Mag*, traerla. *Hin*, ser puesta. *Han*, á quien.

CAMAGUI. pp. Arrendamiento. *Camagui nang alac*, estanque de vino.

CAMAL. pc. Amasar algo en las manos, *Mag.* Lo que, *In.* La mano, *Y*, l. *Ipag.* Cuadra á tocamientos impúdicos, y entonces. *An*, persona á quien.

CAMAL-AN. pc. Sale de *camalian*, y este de *mali.*

CAMALAY. pp. Es lo mismo que *malay;* se usa asi: *Ualang camalay domating*, no hay rastro de que venga.

CAMAG SATAQUILES. pp. La enredadera llamada palo santo.

CAMALIG. pp. Choza, casilla con toldo, baja y larga. *Mag*, hacerla. *In*, de que. *Y*, con que. *Ipag*, por quien. *Mag*, l. *Mangamalig*, vivir en tal vivienda.

CAMALIG. pc. La nacion Camarina. *Mag*, hacerse tal. *Mangamalig*, tratar en Camarines. *Ipanga*, la mercaduría. Las tierras ó pueblos, *pangan.*

CAMALIYNG. pc. Las estrellas del crucero.

CAMAGALINGA. pp. Un género de calabaza. Sinónomos, *sicoy*, *malinga.*

CAMANGHAN. Vide *camamanghan* ó su raiz.

CAMANDALIAN. pp. Una yerva.

CAMANGA. pc. Piedra para amolar.

CAMANGA. pc. Muela ó piedra de amolar.

CAMANDALIHAN. pp. Yerva.

CAMANGSI. pc. Fruta asi llamada.

CAMANGYIAN. pc. Incienso, estoraque.

CAMANDAG. pc. Ponzoña. *Vm*, emponzoñar á alguno. *In*, á quien, ó lo tenido por tal. *Y*, con que ó la ponzoña. *Mag*, usarla. *In*, l. *Pag-in*, lo que. *An*, l. *Pag-an*, lugar. *Naca*, potencial. *Na*, emponzoñado acaso. *Mangamandag*, ocuparse en eso.

CAMANTIGUI. pp. Una yerva que echa flores, ya coloradas, ya blancas.

CAMANTO. pc. Despues, como de aqui á un rato, *camanto ca paroon.* *Mag*, dejar de hacer algo para despues. *Hin*, lo que. *Ipag*, causa ó persona. *Nagpapacamanto*, diferir para despues. *Tayo muna,i, humalon, magpacamantong hapon*, paremos hasta despues.

CAMAOO. pp. El envés de la mano.

CAMAS. pc. Andar acelerado como que le falta tiempo, *Vm. I*, lo que. *An*, donde.

CAMASAHAN. pp. Fuerza de cosecha ó temporal, vigor del tiempo, v. g. de sembrar, coger, &c. *Magcacamasahan na nang pagaani*, *nang pagsasaca*, *nang tagarao*, ya llega presto el vigor del tiempo, &c. *Papagcamasahin mo muna ang pagaani*, espera que esté en su fuerza la siega: en otras partes usan *camasan*, pc. lo mismo que *casagsagan.*

CAMATAYAN. pp. Muerte.

CAMATOG. pc. Un árbol.

CAMAY. pc. Mano. *Vm*, hacer algo con la mano. *In*, tocado, cogido, hecho con la mano. *Mag*, tener manos, ó ponerla á alguna figura. *In*, lo que. *An*, donde. *Magcamayan.* pp. Pelear mano á mano sin armas. *Ipag-an*, causa y persona. *Magcamaycamayan*, l. *Magcamaycamay*, trabajar en alguna obra con priesa. *Y*, *pag-an*, la obra.

CAMAY. pc. Pasar de mano en mano, *Magcamaycamayan. Ipag*, las tejas. *Nacacamayan yaring sundang*, *gaua*, &c. este cuchillo es de mi mano.

CAMAY. pc. Dolor de las manos por trabajar con ellas, *nangangamay.* La causa, *ipinanga.* La persona, *pinangangamayan. Pangamay*, defensa de la mano, manopla. *Magalao*, l. *Mahabang camay*, se dice del ladron. Un principal dijo á su bogador que asegurase las amarras de la banca. *Mapatir camay*, *mapatir tali,i,?* Quiere decir, si las amarras se quiebran, las manos no.

CAMAY. pc. *Cacamay* son diez palillos de tabaco.

CAMAY. pc. Hacer algo á dos manos, *nagdaralauang camay.* Lo que, *pagdaralauahang.*

CAMAY PUSA. pp. Palo del brasil, uña de gato. Sinónomo, *sapang.*

CAMAISA. pc. Árbol con que se emborracha al pescado, ó su fruta. Vide *macaisa.*

CAMBA. pc. Batir las manos como el que pretende andar, *Vm.* Las manos, *Y.* El lugar, *han.* Si mucho, *mag.* Reduplicando la primera sílaba. Las manos, *ipag.*

CAMBA. pc. Recelo, como si le estuviesen batiendo las alas del corazon, *nangangamba.* De lo que, *ipanga.* Lugar y persona, *pangambahan.*

CAMBAL. pc. Mellizo. *Magcacambal*, los dos. *Cacambal*, uno. *Pisang cambal ang ipinanganganac niya*, siempre pare mellizos. *Nagcacambal ang loob*, doble y malvado. *Ipag*, la causa. *Pag-an*, la persona.

CAMBANG. pc. Abrir como las alas del ave, *Vm.* Lo que, *Y.* Ante quien, *An.* *Magpa*, hacer que otro estienda. *Nangangambang*, lo que se abre asi, v. g. algodon, vestido, &c.

CAMBANG. pc. Bulto de ropa. Vide *cambong*, con sus juegos.

CAMBIL. pc. Vide *bidbid*, con sus juegos.

CAMBING. pc. Cabra. *Mag*, tener, criarlas. *Quinambing*, cuenta ó grano mitad negra, mitad blanca.

CAMBOG. pc. Batir cosa líquida, como huevos para broas, *Vm.* Lo que, *In.* Donde, *An.*

CAMBOL. pc. Gordura ó corpulencia. *Vm*, ponerse tal. *An*, cosa ó el cuerpo; no se usa con *mag*.

CAMBONG. pc. Abultar, bulto de ropa. *Vm*, abultar. *Ica*, la causa. *Magpa*, hacer que haga bulto. *Macambong*, cosa muy abultada.

CAMCAM. pc. Arrebatar, *Vm*. Lo tomado, *In*. Á quien, *An*.

CAMCAM. pc. Tomar por fuerza, arrancar la yerva pequeña, tirándola hácia sí, *Camcamin*, pp. Aquello que se arranca. *Quinacamcam co na sa loob co yaon*, no tengo dificultad en eso. *Nanğanğamcam*, andar arrebatando.

CAMI. pc. Nosotros, escluyendo á aquellos quienes habla, ó al que.

CAMICAM. pp. Palpar con las manos, menear el gato la cola, *Vm*. Lo que, *in*. *Cacamicamicam*, andar palpando.

CAMIL. pc. Amasar pellas, *Vm*. Lo que, *In*. Con que, *Y*, l. *Ipag*. Para quien, *An*. *Mag*, hacer pellas de morisqueta. *Pag-in*, la morisqueta. *Ipag*, para quien. *Pag-an*, lugar.

CAMIL. pc. La pella. *Cacamil*, una.

CAMIS. pp. Hacer algo apriesa. Vide *camos*, con sus juegos.

CAMIS. pc. Salar un poco de carne ó pescado. Vide *gamis*, mas usado.

CAMIT. pc. Tener, poseer, alcanzar. *Magcanong camit mo sa sandaang salapi*. Cuanto te tocó de &c. Alcanzar, gozar, poseer la muger, *mag*. No tiene *Vm*, aunque tiene su pasiva, *camitin (no camtin)* tiene *camtan*. *Dili co macamtan*, no lo puedo alcanzar. *Maraling sabihin, maliuag camtan*, presto se dice, tarde se aprende.

CAMOMO. pp. Género de abejas pequeñas.

CAMO. pc. Vosotros. Vide *cayó*.

CAMO. pp. Naranjas ágrias silvestres.

CAMONIN. pp. Árbol como el box.

CAMONTAY. pc. Naranjas silvestres.

CAMOR. pp. Manchado, sucio. *Nacacamor*, lo que ensucia. *Nagcacacamor*, tener cosa sucia. *Nacacamoran*, el ensuciado.

CAMOS. pp. Hacer algo de prisa, *Vm*. La obra, *in*. La causa, *ica*. Lugar y persona, *An*. *Cacamoscamos*, hacer algo asi. *Nag*, si muchos.

CAMOT. pp. Rascar, arañar, *Vm*. Lo que, *In*. Si mucho, *mag*, pc. *Nanğanğamot*, andar arañando. *Pagcamot*, pp. *Pagcacamot*, pc. *Panğanğamot*, acto. *Panğamot*, instrumento. *Magcamotan*, rascarse mútuo. *Cacamotcamot*, l. *Nagcacatmotcamot nang hiya*, se está rascando, y no se atreve á hablar. *Houag mo acong camotin*, no me irrites. *Ualang macacamot*, no hay de que echar mano. *Nagcacamotan manding pusa*, están retozando de manos.

CAMOT PUSA. pp. Almejas.

CAMOTAIN. pp. Un árbol.

CAMOS CABAG. pc. Zarza, yerva que araña con sus espinas. Vide *supinit*.

CAMOTI. pp. Camotes colorados. *Nanğanğamoti*, sacarlos. *Mag*, sembrarlos. *Hin*, la tierra ó el camote. *Han*, el lugar.

CAMPAL. pc. Hacer pellas. Vide, *quipil, capal, campil*.

CAMPAN. pc. Abarcar, y comprenderlo todo. *Ang. P. Dios ang nacacacampan sa lahat*. Lo que, *nacacampanan*.

CAMPAPALIS. pc. La golondrina. Sinónomo. *Lanğaylanğayan, layanglayanğan*.

CAMPAY. pc. Bracear poco á poco, *Vm*, l. *Mag*: en Bulacan lo usan por lisiado de pies ó manos. Vide, *quimpay*.

CAMPI. pc. Parcial, amparo, *Vm*, l. *Man*, ampararse, ó agregarse á uno de los partidos. *Mag*, amparar. *Hin*, ser amparado. *Han*, de quien se ampara. *Y*, ser juntado con otros, ó ser defendido. *Icampi mo aco cay coan*. *Mag*, hacerse compañeros en comprar algo. *Paghin*, ser hecho tales. *Ipag*, la persona que se recibe. *Paghan*, lo sobre que.

CAMPIL. pc. Hacer pellas, ó ellas envueltas en hojas. *Vm*, hacerlas. *Y*, l. *Ipag*, con que. *An*, las hojas.

CAMPILAN. pp. El alfange. *Mag*, traerlo. *In*, de que se hace, ó el traido. *Y*, ponerle á otro. *An*, lugar y persona. *Ipag*, causa. *Nanğanğampilan*, herir con él.

CAMPING. pc. Blandearse el enfermo de flaqueza, desmadejado. *Campingcamping*, pc. *Mag*, andar asi. *Ipag*, cuerpo, pies ó manos. *Pag-an*, lugar. Tambien blandearse las candelas.

CAMPIT. pc. Cuchillo pequeño de mugeres. *Mag*, usarlo. *In*, ser hecho, usado, herido con él. *An*, lugar ó persona. *Nanğanğampit*, herir con él. *Campit nang campit ang bibig niya*, se dice de una mala boca.

CAMPONG. pc. Vide *campon*.

CAMPUN. pc. Parcialidad. *Vm*, l. *Maqui*, hacerse de un bando. *Mag*, acaudillar á alguno. *In*, el recibido. *Quinacamponan*. *Pinaquiquicamponan*, l. *Pinagcacamponan*, á quien se agrega. *Na*, el que ya está de un bando.

CAMPUPUOC. pp. La yerva llamada cinco llagas.

CAMPUPOT. pp. Yerva de hojas blancas con flores á modo de jazmin. Sus hojas sirven para echar las pares, aplicadas naturæ mullieris.

CAMIYAS. pc. Fruta ágria comestible. Vide *calamiyas*.

CANÁ. pp. Engaño ó falsedad del peso de la balanza, &c. *Mag*, poner algo para que falsee. *An*, el peso. *Pag-an*, el engañado. Itt. *Mag*, el peso que se vá haciendo falso. *Magpa*, el que manda poner algo para que falsee. *Pa-an*, el peso. *Ipa*, lo metido. *Sinantang may caná*, romana falsa. *Quinacanaan*, pagar lo que falta. *Mey caná iyang tauo*, hombre falso.

CANA. pp. Costumbre de muger la primera vez. *Mey caná na itong bata*. Vide *inabot tubo* en su raiz.

CANA. pc. Venir la cosa bien encajada, ó ponerla bien, *mag*. Lo que, *Y*. Con que, *ipag*. Donde, *An*. *Na*, lo que está bien puesto. *Nacanà na*, ya se arma. *Cumana na ang uica co*, se cumplió.

CANÁ. pc. Señalar pena, salario, paga, *mag*. Lo que, *Y*. Á quien, *An*. *Can-an mo nang dusa ang tampalasan*, señala pena al desvergonzado.

CANA. pc. Tenerlo por verdadero. *Mey pacanà iyan*, es verdadero: y de aqui, *ualang capapacan-an*, l. *quinapapacanan*, no sirve de nada.

CANA. pc. Dativo, y acusativo de plural: su uso conjugado es asi: *Sumacana Pedro ca*, vive con Pedro y sus compañeros. *Icana Pedro*, l. *Isa cana Pedro*, l. *Magsaca na Pedro*, llévalo á Pedro, y á los suyos. *Pacana Pedro cana*, vete á Pedro, y sus compañeros.

CANAB. pp. Labar ó enjugar el arroz en cáscara, metiéndolo dentro de un cesto, para que nade la paja ó cáscara. *Vm*, l. *Mag*. El arroz, *Y*, l. *An*. *Canaban*, el cesto, ó lugar. Vide, *onab*.

CANACANA. pc. Cuento de viejas. Vide, *cacana*.

CANAGHALÁ. pc. Gargajo grueso. Vide *calaghalá*.

CANAIS. pp. Medroso. Vide, *canauay*.

CANALI. pp. Refrigerio, ó descanso, que recibe de comer, beber ó vestir. *Nacanali na*, está aliviado. *Di nacanali nang gamotin*, no puedo descansar con la medicina.

CANAN. pp. Mano derecha. *Mag*, usar de ella, ó poner algo asi á la derecha, l. *Magsacanan*. *Nacacanan*, lo que está á mano derecha. *Pacanan*, ir á ella. *Ipa*, lo que se lleva. *Canancanan*, un poquito á mano derecha. *Ipa*, enderezarlo un poquito hácia allá. *Canancananin*, seguir algo por la derecha. *Napacanang palad:* Se inclinó á la derecha la fortuna.

CANAO. pc. Batir huevos. *Vm*, l. *Mag*, batir con la mano; si con otra cosa se ha de nombrar v. g. *Magcanao ca nang patpat*. Lo que, *In*. Con que, *Y*.

CANAUANG. pc. Descuidado. Vide *panauang*, pc.

CANAS. pc. Cierto modo de salar pescado. *Mag*. hacerlo remojar, comer la morisqueta en él, Los ingredientes, *In*. El pescado ó morisqueta que echan, *An*. De aqui *quinanasan*, pescado seco, cortado para comerlo luego.

CANAUAY. pp. Pájaro bobo, *Vm*. Llamar á uno asi. *In*, á quien. *Canauay ca*, eres una bestia.

CANAUAIN. pc. Gallo de color de pájaro bobo.

CANAYIC. pp. Pueblo cercano de otro.

CANAYNAYAN. pc. Extension de cosa larga como tripa, hilo de ovillo, &c. *Mag*. Lo que, *In*.

CANAYON. pc. Confinante. Vide, *nayon*. De aqui *nagcacanayon ang quilay mo*, están muy juntas tus cejas, *nagcasosorlong*.

CANCAG. pc. Estender el ave las alas. Vide *candan*.

CANDA. pc. Flor amarilla olorosa.

CANDO. pc. Adalid. Tambien lo que, *canoló*.

CANDOG. pc. El ruido del agua de bonbon. Vide *calog canlog*.

CANGCANG. pc. Gruñir ó ladrar el perro encerrado. Vide *tahol*, con sus juegos.

CANGCONG. pc. Yerva de que se hace ensalada. *Bulac cangcong*, violado claro.

CANDAQUI. Pieza de manta negra. *Nanḡanḡandaqui*, vestirse de ellas. *Panḡin*, la manta de que. *Panḡan*, lugar y persona. *Pinanḡandaquian mo aco*, te pones delante de mí con ese vestido.

CANDANG. pc. Estender las alas la ave. La muger, las manos para bailar, *Vm*. Las alas, *Y*. El lugar, *An*.

CANDANG. pc. Forjar en tierra el techo para despues levantarlo, *mag*. Ser forjado, *Y*.

CANDI. pc. Garrafa ó gorgoreta.

CANDI. pc. Reñir los gatos. *Vm*, el uno, *mag*, dos ó mas. *Nanḡanḡandi ang manḡa pusa*, están riñendo los gatos. *Nanḡanḡandí*, tambien es andar salidas las gatas.

CANDILI. pp. Apropiarse algo. Vide *sarili*.

CANDILI. pp. Cuidar ó criar como hijo. *Maghin*, el muchacho. *Ipag*, por quien. *Pag-han*, lugar.

CANDILI. pp. Amparar, pc. *Aco,i, candilihin mo*. Vide *ampon*, con sus juegos.

CANDIT. pc. Pegar un pedazo, ó unir un vestido con otro, *mag*. El pedazo descosido, *Y*. Á donde, *An*. Vide *cabit*.

CANDOLI. pp. Pescado. Bagre mediano.

CANDONG. pc. Llevar algo en la falda, *Mag*. Lo que, *In*. Lo puesto en ella, *Y*. La falda, *An*. pp. La persona, *An*, pc. *Mey candong na*, se dice de la preñada. La muger que llora á su hijo muerto suele decir, *sa aba co: Binocan aco sa quinandong co*. Ay de mí, que me salteó la muerte, me quitó el hijo. *Candonḡan*, l. *Palauit*, pc. l. *Hogotan*, pc. La cola del tapis.

CANDOS. pc. Vide *cacana*. *Cacandos candos na lamang*, se dice de la vieja que no hace mas que contar cuentos.

CANDOT. pc. Dar saltillos como la cola del tapis cuando bailan. *Cacandotcandot ang damit*.

CANGA. pc. Género de carro ó carreta.

CANGAN. pc. Manta azul.

CANḠAY. pp. Convidado para alguna fiesta ó boda, *Vm*. Convidar, *Y*. *In*, á quien. *An*, ser puesto ó asentado en su lugar el convidado. *Icanḡay mo aco*, convídale por mi respeto. *Mag*. pp. Ser del convite, ó ir á él. *Pag-an*, el dueño de la boda. *Magcanḡayan*, convidarse recíprocamente. *Canḡay ca caya rini?* Acaso eres de los convidados? *Tagacanḡay*, el que llama. *Manḡanḡay*, l. *Mapanḡaynḡay*. Frecuentativo.

CANḠINA. pp. Endenantes. *Canḡinang omaga*, *canḡinang tanghali*, *Canḡicanḡina pa*, Ya un rato. *Balanain mo yaong sinabi canḡina*, vuelve el hilo á tu discurso.

CANILA. pc. De ellos, ó de ellas. *Mag*, hacer de ellos lo que no es. *Hin*, lo que. *Han*, la persona. Hoc nomine modeste nominatur pars verenda.

CANIN. pp. Comida ó morisqueta. *Mag*, tenerla, echarla en algo. *An*, donde. *Maquicanin*, pedir morisqueta.

CANINA. pp. Vide *canḡina*.

CANINO. pp. Para quien, cuyo.

CANIS. pp. Enfado por esperar. Se usa asi: *Pinagcanisan nang laon ang comedia*, causó enfado comedia tan larga.

CANIT. pp. Vide *bigla*, con sus juegos.

CANITA. pc. Nuestro.

CANIYA. pc. De él, ó de ella. *Mag*, hacer que sea suyo. *Hin*, lo que. *Mapacaniya yaong guinto*, en el parará. Vide *canila* in ordine ad nominandam partem verendam.

CANLANG. pc. Á tambor grande. *Mag*, tañerlo, hacerlo. *In*, ser tañido. *An*, lugar ó persona: *Nanḡanḡanlang*, tocarlo mucho.

CANLING. pp. Alfóndiga ó despensa.

CANLONG. pc. Sombra de árbol. *Vm*, l. *Mañganlong*, abrigarse. *Y*, l. *Ipaña*, lo puesto al abrigo. *An*, l. *Pangan*, lugar en que se abriga. *Mag*, poner algo al abrigo. *Y*, lo que. *Pag-an*, donde. *Maca*, lo que abriga.

CANOGON. pp. Recelar de lo que ha dicho. *Nanganogon aco sa loob co niyong uica co*, tengo recelo de lo que dije. *An*, la persona de quien. *Ualang pangañganogon*, no tiene recelo.

CANUMAY. pc. Árbol. Vide *canomi*.

CANOGTOG. pc. Una ave como gallina, pero mas sabrosa.

CANOLÓ. pc. Adalid, entregar, terciar con traicion, dando noticia de lo que hay. *Magcanoló*, *ipinag*, la persona, ó la cosa que se dijo de él. *Nagcanolo si Pedro sa caniyang maestro*, Pedro entregó á su maestro. *Ipinag*, lo que. Itt. *Mag*, guiar, ser adalid. *In*, á quien.

CANOT. pc. Corcobado. *Hocong, canot lomacad*, camina corcobado.

CANOT. pp. *Cacanotcanot gomaua,i, ualang mayari*, afanarse sin provecho.

CANOY. pc. Temblar la carne del hombre gordo. *Cacanoycanoy*, l. *Nagcacanoycanoy*.

CANDOS. pc. Calabaza, y tambien de la muger que se menea mucho caminando, se dice: *Cacandoscandos nang lumacad*.

CANDOS. pc. Vide *talab*, con sus juegos.

CANDOY. pc. Calabaza blanca, cordel.

CANSAU. pc. Enturbiar el agua en la vasija meneándola, ó saltando en el rio el que se baña, *Vm*. El agua, *In*. El lugar, *An*. *Cacansaocansao ang isdá*.

CANSOG. pc. Ruido que hace el agua de la banga cuando se menea.

CANSING. pc. Broche de oro que usan las mugeres: tambien del sonido de cascabel se dice, *cacansingcansing*.

CANSOT. pc. Menearse algun clavo, ú otra cosa mal clavada, *Vm*. La causa, *Y*. Donde, *An*. *Cacansotcansot ang damit*. *Lolouaglouag*, *cacandotcandot*.

CANSORA. pp. Un género de plátano muy oloroso.

CANTÁ. pc. Cuenta, hacerla, *mag*. *In*, ser hecha. Itt. Atado como de carne, camote, &c. Mas usado y mejor es *catay*.

CANTOT. pc. Palabra de burla, contonearse *Vm*, l. *Cacantotcantot*, l. *Mag*. *Naca*, *ica*, en pasiva, la causa.

CANTOT. pc. Vide *cansog*.

CANTOTAN. pp. Una yerva. *Mañgantotan*, cogerla. *Mag*, sembrarla.

CANTOG. pc. *Cacantogcantog mabayo mahina*, flojo.

CANTOY. pc. Menear algo dándole con la mano. Sumitur pro voluntaria efusione seminis, *Vm*. Lo que, *In*. Lugar y persona, *An*. *Mañgan*, frecuentemente: *Houag mo acong cantoiyn nang pagoosap*, no me alteres con tus palabras.

CANYA. pc. La regla de la muger. *Mey canya na*, ya le viene. *Nacanyaan*, lo manchado con ella.

CANYÁ. pc. Amañar.

CANYA. pc. Por eso. Vide *caya*.

CANYAG. pc. Patada. *Vm*, l. *Mag Nacanyagan*, el lugar ó persona.

CANYANG. pc. Contonearse, *Vm*. El cuerpo ó el andar, *Y*. El lugar y persona, *An*. Mejor y mas usado es *guinyong*.

CANYAO. pc. Bullimiento de agua, *Vm*. *In*, el agua. *An*, el lugar.

CANYOR. pc. *Ang asong namamali*. Vide *canyang*.

CAOCAO. pc. Zambullir la mano en el agua, *Vm*. La mano, *Y*. El agua, *An*. Con *mag*, en algunas partes se toma por hurtar.

CAOCAUAN. pp. Una porcelana grande.

CAUGAT. pc. Madeja de cuatro hilos. *Apat ca sinoliran*.

CAON. pc. Llamar, traer, llevar algo. *Vm*, l. *Maon*. *In*, lo que. *Y*, lo que lleva, ó persona para quien lo trae. *An*, donde. *Ipacaon*, él, ó lo por quien se envia. *Mag*, reduplicando, llamar á muchos, ó á menudo. *Pag-in*, los que. *Pag-an*, lugar y persona. *Nañgañgaon*, llamar de casa en casa. *Pañgin*, los que. *Pañgan*, casas ó barrios. *Mañgañgaon*, l. *Tagapañgaon*, oficio de llamar. *Mapañgaon*, frecuent. *Taga caon*, alcahuete. *Caonan*, pp. Lugar donde se suele traer ó llevar.

CAON. pc. Ida y venida, ó persona llamada. *Saan ang caon mo? Saan ca cacaon? Iya,i, saan mo icacaon?* Adónde vas con eso? *Anong caon mo rito?* R. *Icao ang caon co.*

Pacacaon sa tomanda,i,
maguinguin bata pa.

Quiere decir el hombre camina á ser viejo, y no á ser mozo.

CAOSAP. pp. Competidor en pleito, ó amigo de conversacion. *Mag*, tener pleito, ó tener á otro por amigo. *In*, el que. *Mag*, *magca*, *magcaca*, dos, ó mas.

CAOT. pp. Crédito. Vide *cauot*.

CAOT. pp. Resistir en lo interior, aunque obedezca en lo esterior. *Nagcacaot nang pagtauag*, está refunfuñando. Tambien, *houag mo acong caotan*, lo mismo que *houag mo acong labanan*.

CAPA. pp. Nata que nada sobre la leche ó caldo. *Mag*, tenerla, ponerla, &c. *Hin*, tenerla por tal. *Han*, la leche cubierta. Vide *linab*.

CAPÁ. pc. Andar á tientas, á oscuras hurtando. *Vm*. Lo que, *In*, l. *Cap-in*. *An*, donde. *Mañgapa*, ir atentando, et sumitur pro tactu impudico.

CAPAG. pc. En, luego que; pero adviértase, que cuando lo que se dice al comenzar, se pone la raiz sola, v. g. *Capagcain*, en comenzando á comer. Pero por luego que, se pone en imperativo, v. g. *Capagnahampas siya ay magbabait*. Tambien dicen: *Capag castila,i, magalitin; capag Padre ay marunong; capag Sanglay ay maraya:* Si es español, es regañon: si es Padre, es docto; si es Sangley, es droguero.

CAPAGCA. pc. Despues que: *Capagcacain mo,i, parito ca*. Cuando acabares de comer, ven acá. El órden con que se significa el tiempo, usando de estas dos partículas. *Capag*, *capagca*, es asi: 1. *Capaghampas*, en comenzando. 2. *Nang*, l. *Niyong hampasin*, cuando lo estaban azotando. 3. *Capagca hampas*, en acabando. 4. *Capagca hampas na*, es mas perfecto. Las cosas que no tienen advertencia, no tienen *capag*, sino solamente *capagca*, como *capagca quita*.

CAPAGCARACA. pp. Al mismo punto. *Nang dumating, capagcaraca,i, hinampas*. De ordinario rige pretérito, pero añadiéndole presente ó futuro, significa que lo que dice la raiz, sucedió de suyo. *Capagdaca,i, nasira*, l. *Masisira*.

CAPAGCARACA. pp. Con esta palabra se puede esplicar algo el ser de Dios ab æterno. De este modo, *capagcaraca na,i, nang uala pang malaymalay nang ano-anomang naquiquita, ay may Dios nang may Dios*. Tambien su omnipotencia. *Siyang nacapangyayari na capagcaraca na*.

CAPAGCARACA. pp. Lo mismo, con los mismos juegos.

CAPAGCOUAN. pc. Idem.

CAPAL. pc. Grosor como de tabla, lámina, libro, &c. *Vm*, hacerse tal. *Mag*, hacerlo á otra cosa. *In*, lo que. *An*, lugar. *Macapal*, cosa gruesa.

CAPAL. pc. Plasmar, *Vm*. *In*, lo que. *Y*, con que.

CAPAL. pc. Un abuso para descubrir el hurto. *Nagcacapal*.

CAPAL. pp. *Dahon nang isang cahoy*, hoja de un árbol.

CAPALÁ. pp. Vino sin mezcla. Vide *dalisay*.

CAPALÁGAY. pc. Montecillo de arroz. Vide *sinipoc*, pp.

CAPALANG. pp. Lo que no ajusta por corto, ó por largo. *Vm*, l. *Mag*. La cosa que no ajusta. Ser hecho que no ajuste, *in*.

CAPALANG. pp. El peso no justo por faltarle, ó por sobrarle. *Capalang ang pagtitimbang*.

CAPALANG. pp. Los casados desiguales en edad ó linage. *Capalang ang pagaasaua*.

CAPÁLAPA. pp. Claro está. Es palabra que sola consiente á lo que el otro dice; pero sino está sola, y prosigue la razon afirmando, se ha de añadir, *di*. Si negando, se le ha de quitar el *di*, v. g. Irás á la comedia, claro está que iré. *Capala pa,i, di paroroon*, Claro está que no. *Capala pa,i, paroroon*; porque aquel *di*, es una pregunta que niega afirmando.

CAPALAPA. pp. Anteponiendo. *Ang* significa: Bueno es eso, v. g. *Paririto si Pedro?* R. *Ang capala pa,i, parito, tauaguin ma,i, di parito, ay ang magcusa pa. Paririto con tauaguin?* R. *Di man tauagui,i, naparirito. Ang capala pa,i, tauaguin?* Qué bueno, no llamado viene, si le llaman no vendrá?

Capála pa sa pastel,
sapipinga,i, di camin.

Se aplica á la muger poco recatada.

CAPALCAPAL. pc. Una yerba que nace en los troncos de los árboles ó cañas.

CAPANATOLOT. pp. Una mata, cuyas hojas sirven para la cabeza, cuando se calienta con el sol.

CAPANITOLOT. pp. Amigo de un querer. *Mag*, tenerle por tal. *In*, á quien. *An*, el mismo, como lugar, donde para su afecto.

CAPÁNGCAT. pc. Vide *pangcat*, con sus juegos.

CAPAO. pp. Tomar ó quitar, como la nata de la leche, la gordura del caldo, *Vm*. Lo que, *in*.

CAPATIR. pc. Hermano ó hermana. *Mag*, hacerse hermano. *Pag-in*, los que. *Pag-an*, cosa en que, ó porque. *Manga capatir*, buscar, reconocerlos por hermanos. *Magcacapatir*, los dos.

CAPAY. pp. Bracear con los remos, ó con las manos á falta de ellos, *mag*. El remo, *Y*. Por quien van, ó lo que van á traer, *in*.

CAPAY. pc. Llamar con la mano ó paño, *Vm*. Con que, *Y*. Á quien, *An*.

CAPAY. pc. Flojo.

CAPAY. pp. Menear la bestia las orejas, *mag*. Meneársele, *ma*.

CAPCAP. pc. Vide *aapa*, *capa*, con sus juegos.

CAPINDOPINDOAN. pp. *Ilan bagang capindopindoan ang laan? Sa sang ano bagaybagay.*

CAPIR. pp. Medicina. *Hindi capir sa gayong saquit, ualang capir ang gayong saquit*. No hay medicina para, &c.

CAPIR. pp. Allegado ó pariente. *Vm*, allegarse, hacerse pariente. *Mag*, tomarlo por tal. *In*, el que. *An*, á quien.

CAPIS. pc. Nacar, hostra, concha. *Nangangapis*, pescarlas. *Mag*, ponerlas ó venderlas. *In*, ellas. *An*, la ventana. *Magcacapis*, oficial.

CAPINGOLAN. pp. La parte inferior de la oreja donde cuelgan los zarcillos.

CAPIT. pp. Asir, agarrar para no caer. *Vm*. Lo que, *in*, l. *An*. *Mangapit*, andar asiéndose. *Pacapitin mo iyang mag saquit*, llévalo. *Icapit mo iyang bata sa bangca*, haz que se asga ese muchacho á la banca. Si muchos, *ipag*, pc. *Nagcacapit sila nang loob*, se juntaron para hacer algo en secreto.

CAPÍT. pc. Manojillo de cinco hojas de buyo, y cinco de estos *capit*, es un *tangcas*. *Vm*, l. *Mag*. Ellas, *in*. La que se añade ó junta, *Y*. con la que, *An*.

CAPITOLON. pc. Correspondiente, agente por otro. Vide *pitolon*.

CAPÓ. pc. Ajustar y venir bien. *Quinacapo mandin*, viene justo. *Quinacapo mandin ang loob na ualang balisbalisa*, sosegado y quieto de corazon.

CAPOOT. pp. Esposas de las manos de madera. *An*, serle puestas. Es poco usado.

CAPOS. pc. Cortedad, cosa corta. *Vm*, venir corto. *Mag*, hacerlo corto. *In*, lo que. *An*, el lugar. *Icapos mo iyan*, pon eso que venga corto. *Capos na banta, isip, bait, palar*. *cacaposan*, cortedad de entendimiento, fortuna.

CAPOPOT. pc. Una flor como jazmin. Vide *campopot*.

CAPOUA. pc. Ambos á dos igualmente. *Sauain mo capoua silang dalaua:* prohíbeles á los dos igualmente. *Capoua co tauo*, hombre como yo. *Ipagcapoua mo aco*, ténme por tu igual.

CAPSÁ. pc. Botijuela pequeña en que echan aceite para untar. *Capsang sa mulá*. Botija heredada.

CAPUL. pp. Betun. *Vm*, l. *Mag*, embetunar. *In*, l. *An*, lo que. *Nacacapulan*, estar embetunada.

CAPUL. pp. Tapar embarrando; *mag*. La cosa, *An*. El barro, *Y*.

CAPUY. pp. Macilento, debilitado: *Vm*, l. *Mag*, debilitar asi. *In*, á quien. *Na*, estarlo.

CAQUI. pc. Juego del pie haciendo compás con él. *Cun nagcaranta ang maestrong ang qui, ay cungmacaqui.*

CARA. pc. Saltar del trompo por mal puesto el clavo, *Vm.* La causa, *ica.* Lugar y persona, *An. Houag mo acong caracarahan*, no andes delante de mi pateando.

CARACARACA. pp. Diciendo y haciendo, de repente, al punto, mas que *capagcaraca.*

CARAG. pp. Patada dada en el suelo. *Vm.* El pie, *Y.* Á donde dá, *An. Mangarag*, andar dando.

CARAG. pp. Ruido que hace el que camina recio. *Vm*, l. *Cacaragcarag iyang tauong lumalacad.* Ese hombre caminando hace ruido.

CARAL. pc. Idem. Vide *corol.*

CARALANRALANAN. pp. Donde acuden todos como calle pública, ó cosa usada: mejor es *caraniuan.*

CARALI. pp. Tornear como barandas. *Vm.* La labor, *in.* La cosa, *An. Mangangarali*, torneador.

CARAMPATAN. pp. Vide *casiyahan.*

CARANG. pp. Toldo de embarcacion. *Mag*, llevarlo. *In*, ser hecho. *An*, la banca en que se pone. *Icarang*, ponerlo. *Palacarangan.* pp. El armazon con sus adherentes. *Bogtong.*

Paolana,t, arauan,
Banig sacá toctocan.

Porque el *carang* cubre la cabeza del que vá en la banca.

CARANG. pc. Patalear, *Vm.* Lugar y persona ante quien, *An.* Los pies, *Y.*

CARANG-AN. pc. *Sabouat*, compañero en esclavitud. *Magca*, *magcaca*, *mangagcaca*, dos ó muchos. *Vm*, hacerse tal. *In*, el hecho. *An*, á quien se añade otro compañero. Vide *bouat.*

CARANGCANG. pc. Un género de grama.

CARAO. pp. Contonearse el ave cuando viene la hembra. Itt. Sapo.

CARATÓ. pp. Arroz temprano de tres meses. *Mag*, sembrarlo. *In*, la tierra ó el arroz. *An*, lugar ó por quien.

CARASIAO. pp. Vide *calasiao.*

CARAY. pc. Zurron ó saco en que lleva el *panday* sus instrumentos. *Mag*, llevarlo. *In*, ser hecho.

CARAYA. pp. Lo mismo que *haraya*, *daya.*

CARAYOM. pp. Aguja de coser. *Nangangarayom*, coser con ella. *Bogtong.*

Butong sosorotsorol.
Nagbaroulan pangarol.

Es la aguja que prende por do pasa.

Otro.

Sa dauong nanonolos,
Bubi nang gagapos.

Valang dorooang carayom, no hay donde clavar una aguja. *Carayomin mo*, préndelo.

CARCAR. pc. Estender lo encogido ó doblado, como cordel, hilo, bejuco, *Vm.* Si mucho, *mag.* Lo que, *in*, l. *Pag-in.* Persona para quien, *Y*, l. *Ipag.* Lugar, *An*, l. *Pag-an.*

CARCAR. pc. Llevar, comer la corriente la arena. *Nacarcar ang buhangin.*

CARIC. pp. Arbol espinoso.

CARIG. pp. Patada recia. *Vm*, darla. *An*, lugar. *Y*, los pies. *Mag*, pc. Si mucho.

CARIG. pc. Los saltillos ó meneos del que vá á caballo. *Vm*, l. *Cacarigcarig*, darlos.

CARIGAL. pp. Género de arroz. *Nangangarigal itong palay*, ser de aquel género.

CARIL. pc. Vide *garil.*

CARINÁ. pp. Cámara de la pieza de batir. *Mag*, tenerla, hacerla, ponerla.

CARINGALDINGAL. pp. Hermosísimo. Vide *dingal.*

CARINGATDINGAT. pp. De improviso.

CARIT. pp. Cuchillo con que cultivan las palmas. *Vm*, cortar. *In*, l. *An*, el pezon de la palma. *Y*, el cuchillo. *Nangangarit*, andar cultivando *Mapangarit*, frecuentativo. *Napangaritan*, lo ganado con cultivar.

CARLING. pc. Una yerva olorosa.

CARLING. pc. Una yerva. Sinónomo *cabling.*

CARLIS. pc. Resistencia ó resorte, como cuando pellizcan nervio, *nangangarlis*, l. *Vm. Pangarlis*, instrumento.

CARLIT. pc. Sajadura. *Vm*, sajar. *An*, á quien. *Y*, con que. *Mag*, sajarse, ó sajar á muchos. *Mangarlit*, andar sajando. *Pangarlit*, lanceta. *Mangangarlit*, oficial.

CARLITAN. pp. Manta de seda y algodon. *Mag*, traerla. *In*, ella. *An*, lugar y persona.

CARLO. pc. Sacar algo con algun vaso, *Vm*, l. *Man.* Lo que, *in.* Con que ó para que, *Y.* En lo que se echa, *An.* Es propiamente sacar con cuidado el licor.

CAROCARO. pc. Vide *latò*, pc.

CAROGTONG BITOCA. pp. Hermano de padre ó madre. *Quinarogtong bitoca.*

CARONGSOLAN. pp. Lugar que continuamente se frecuenta. Vide *dongsol.*

CAROROCAN. pp. Sitial, estrado. *Mag*, tenerlo. *Y*, l. *Ipa*, ponerle por estrado á alguno. *An*, á quienes. *Carorocanan mo itong manga maguinoo. Bogtong* del estrado, que es el *banig.*

Dagat con nagoompoc
bongbong con macatolog.

Se dice del *banig*, ya estendido, ya arrollado.

CAROS. pc. Cortar mal el cuchillo. *Vm*, *cacaroscaros na itac.*

CAROT. pp. Cuchillo con que cortan la bonga. *Carotcarot. campil. Macarot na tauo. Maymot.*

CAROUAGAN. pp. *Dalag na dili malaqui.*

CAROY. pp. Acelerar, atropellar. *Vm*, darse priesa, obrar sin reposo. Lo que, *in. Magpa*, hacer que obre otro así. *Pinacaroycaroy*, á quien. *Ica*, la causa. *Caroy*, *macaroy*, *macaroin*, pp. Vide *gagaholgahol*, ó su raiz.

CARYOS. pc. Un género de frijoles. Vide *cagyos.*

CARYOT. pc. Priesa. *Vm*, l. *Mag. Cumaryot ca rion sa panday.* Itt. Lo mismo que *cagyot.* Moverse con violencia.

CASÂ. pp. Manilla de piedra verde y azul. *Mag*, ponerla. *In*, de que se hace. *Y*, ser puesta. *An*, persona.

CASA. pc. Saltar de contento. *Vm.* La causa, *Ica.* Lugar, *An. Cacasacasa nang pagcatouà*, salta de contento.

CASAB. pc. Hablar alborotando. *Cacasabcasab cun mangusap.*

CASAB. pc. El que anda en el agua dando grandes golpes, haciendo mucho ruido. *cacasabcasab.*

CASAB. pc. Pescado que salta en la red, *Vm*.

CASAG. pp. Paso ó pisada recia. *Vm*, l. *Mag*, pc. Si mucho. *Y*, l. *Ipag*, pc. Los pies. *An*, l. *Pag-an*, lugar y persona. *Cacasagcasag*, se dice del sobervio. De aqui, *casagsagan*, es lo mismo que *casamahan*, *casalocoyan*.

CASAL. pc. Nombre castellano, que lo usan ya con su acento particular para el acto de casar. *Vm*, el Ministro. *In*, ellos. *Nagcacasal*, el que está. *Napa*, el que lo pide.

CASALANAN. pp. Pecado. Vide *sala*.

CASALAG OYN. pc. *Uala cang casalag oyn*, no traes nada. Siempre con la negativa. Vide *salag oy*.

CASALAY. pc. Una parte de un racimo de bonga. *Mag*, los dos. *Casalain mo ang iparala mo sa aquing bonğa*, enviame parte de un racimo.

CASALAY. pc. Generalmente se toma por única cosa. *Casalayman lamang na rahon sucat macaguiguinhaua sa marami*.

CASALO. pc. Ayudante de herrero ó platero. *Mag*, l. *Magcaca*, los dos, ó mas. *Hin*. el recibido.

CASALOCOYAN. pp. Vigor, fuerza del tiempo, como v. g. El tiempo de vendimia. Vide *camasahan*, *casagsagan*. Vide tambien *salocoy*.

CASAMAHAN. pc. Hacienda en comun de dos, compañero en la sementera.

CASAMAHAN. pc. Vide *calamaan*.

CASANAAN. pp. Muchedumbre, abundancia de cosas: *Saan ang casanaan nang salapi, di sa Castila? Casanaan nang hirap*, el infierno. *Casanaan nang toua*, el cielo. Vide *sanà*.

CASANGBAHAY. pp. Criado ó de la familia. *Mag*, tenerlos. *In*, ser tomado. *Vm*, l. *Maqui*, hacerse tal. *An*, lugar ó de quien.

CASANGCAPAN. pp. Alhajas de casa, aperos, apatusco, aparejos. *Casangcapanan*, todo el aparejo cabal. *Casangcapanin*, hacerlo, tenerlo por tal.

CASANGHIR. pc. Dos joyas de oro de iguales quilates. *Magcasanghir na guinto*. Vide *sanghir*.

CASAU. pc. Vide *casao*.

CASAY. pp. Nombre de un pueblo.

CASAY. pp. Bañarse mucho tiempo en el agua, *mag*. Donde, *pag-an*. Porque, *ipag*. Frecuent. *Mapag*.

CASAYCASAY. pp. Un pájaro asi llamado.

CASBANG. pc. Las ventanas de las narices, que se ensanchan para recibir ó despedir mal olor, *Vm*. *Y*, l. *Pacasbanğin*, las narices. *An*, l. *Pa-an*, cosa á que. *Macasbang ang damit mo*, tienes la ropa muy ensanchada.

CASBY. pc. Gemir despues de llorar, *Vm*. *Y*, l. *In*, la boca. Lugar y persona, *An*. *Nanğanğasbi rin ang bibig mo*, anda siempre como lloron. Vide *nğisbi*.

CASCAS. pc. Repilar, quitar la corteza, rozar. *Vm*. Con que *Y*. Á que, *An*. *Mag*, quitar la cáscara, ó repilar. *Ipag*, con que. *Pag-an*, cosa y lugar. *Nacascasan na nang dumaraan*, se quitó la superficie por los que pasaron, y de aqui. *Malicascas*, resquebrajarse la tierra con el sol. *Namamalicascas ang lupà*.

CASI. pp. Ó dar ó tomar dádiva, que no se vé. *Vm*, tomar. *Han*, la persona de quien se toma. *Mag*, dar. *Han*, á quien se dá.

CASI. pp. Revestirse de algun espíritu. *Vm*. En quien, *han*.

CASI. pp. Amigo ó amiga de intimidad: *Cami nagcacasi nang Hari*, somos amigos. *Quinacasi siya*. *Mag*, trabar la amistad. *Hin*, el amigo.

CASI. pp. Entrar en lo interior. *Vm*. Á donde, *han*. *Ang Dios Espíritu Santo ang cumasi sa caloloua ninyo*.

CASI. pc. Parece. *Naparoon casí*, parece que fué. Es invariable.

CASI. pc. *Di co naquilala casí*, no lo conozco parece.

CASI. pc. Asi es. *Casi nğa*, asi es.

CASIL. pc. Lo mismo que *casilsil*, cosa poca en cosas menudas, como polvos; *cacasilcasil ang bigay sa aquin*, me dió poco.

CASILI. pp. Cuervo marino.

CASILSIL. pc. Cosa poca en cosas menudas. Vide *casil*.

CASILONAUAN. pc. Unas ceremonias antiguas.

CASING. pc. Sonido como de cascabel. *Vm*, sonar asi. *In*, lo que. *Magpa*, hacer, que suene. *Y*, con que. *An*, donde, ó á quien.

CASINGAY. pp. Pieza de yerro con las puntas dobladas hácia abajo en lugar de clavo para abrazar un palo con otro. *Mag*, usarlo. *In*, el, *Y*, con que. *Pag-an*, lugar.

CASINGCASING. pc. Cosa que agría un poco.

CASINDIT. pc. La flor del dapdap colorada.

CASLAG. pc. Ruido que hace uno trastornando algo. *Vm*. Lo que, *in*. Lugar, *An*. *Nagcacaslagcaslag mandin sila*, los que dan voces riñendo.

CASLAG. pc. Enramada. *Mag*, hacerla. *In*, de que. *Ipag*, la causa. *Pag-an*, donde.

CASLANG. pc. Aspereza, como de vestido. *Vm*, estar áspero. *In*, la ropa. *Y*, con que, lugar. *Macaslang*, áspero.

CASLONG. pc. Ayudar á moler arroz. Vide *asor*, *casong*.

CASLOG. pc. Revolvimiento ó ruido de vientre. *Vm*. Causa *Naca*, Pasiva, *ica*.

CASMOR. pc. Olerse los animales, *Vm*. *Y*, el hocico. *An*, lugar. Itt. Gestos que hacen las mugeres cuando no gustan de algo.

CASMORÁ. pp. Vide *sicmorà*.

CASÓ. pc. Descoyuntarse. *Vm*. Lo que, *in*. Con que, *Y*. Donde, *An*. *Cacasocaso ang manğa bot-o*.

CASOCASOAN. pc. Artejos de los dedos ó coyunturas. *Casocasoanin mo ang manğa casocasoan nang manğa camay mo*, retuérzelos.

CASONG. pp. Vide *caslong*, *asor*.

CASONG. pp. Lo que cabe en el pilon de una vez para pilar. Tambien, *isang casong*, *sang silid*.

CASONÓ. pp. Criado ó compañero que vive en casa. Vide *sono*.

CASOPANĞIL. pp. La yerba de las paridas.

CASTABÁ. pc. Vide *casabi*.

CASTIOGAN. pp. Una mata que dá flores, q' se abren de dia, y se cierran de noche

:

CASTOLÍ. pp. Amizcle.

CASUBHÁ. pc. Azafran de la tierra.

CASUNDIRIT. pc. Chiflar con hojas tiernas del plátano. *Mag*, jugar asi. *Ipag*, con que. *pag-an*, lugar y persona.

CASUNDIT. pc. La flor del dapdap. Vide *casindit.*

CASUY. pc. Una fruta que tiene el hueso, ó pepita á fuera.

CATA. pc. Tú, de mí, *patalacbohin cata*, serás corrido de mí. Tambien *quita.*

CATÁ. pp. Cuenta hecha sobre el gasto. *Mag.* El gasto, *in. Houag mong catain ito*, no lo metas en cuenta.

CATÁ. pp. Acto de fingir. *Mag*. Lo que, *in*. Á quien, *An*, l. *Pag-an. Cacataan*, fingimiento.

CATÁ. pc. Hervir mal la morisqueta. *Vm. Pa-in*, hacer que yerva. *An*, la olla. *Ipa*, la causa.

CATAB. pc. Dar dentelladas de frio. *Vm*. Si mucho, *mag*, l. *Mangatab*. La causa, *ica. Icapag*, l. *Icapanĝa.*

CATABÁ. pp. Pescado que siempre está meneando la boca. *Manĝataba*, cogerlo. *Bibig cataba*, hablador.

CATABAR. pc. Yerba que corta como navaja. Vide *arat.*

CABAY. pp. Cesto para medir arroz, *Vm*. El arroz, *In*. Lugar, *An*. *Catabayan*, el cesto.

CATAGPÓ. pc. Una yerba, que parece botoncillo.

CATAGÁ. pc. Palabra, decir una palabra. *Magcatagang uica.*

CATACATÁ. pp. Fingir. Vide *catà.*

CATAL. pc. Temblar de frio ó enojo. *Vm*, l. *Manĝa. Y*, l. *Ipanĝa*, la causa. *An*, l. *Panĝan*, cosa ó persona. *Mag*, doblando toda la raiz. *Ipag*, la causa. *Pag-an*, persona ante quien.

CATALA. pc. Una yerba.

CATALAPAC. pc. Cada uno de los amancebados. Es palabra deshonesta. *Mag*, los dos. *Magcatalapa ca nang capoua mo*, amancébate con uno como tú. *In*, el tomado.

CATAM. pc. Cepillo. *Vm*, l. *Mag*, acepillar. *In*, lo que. *Y*, con que. *An*, donde. Tambien *mag*, tenerlo, ó hacerlo. *Manĝanĝatam*, acepillador.

CATAÑAPAN. pp. Un género de cañas.

CATANCATAN. pc. La yerba que se llama pié de cabra. Sinónomo. *Lampayong.*

CATANDÁ. pc. Una yerba.

CATANG. pp. Navío que boga por mal cargado. *Vm*, l. *Cacatangcatang*. Vide *lotang*, pp.

CATANGCATANG. pp. Una yerba.

CATÁN. pp. Circuncidado. Vide *toli.*

CATAPANG. pp. Una fruta ágria.

CATAR. pp. Pellejo de animal seco sin curar. *Manĝatar*, buscarlos, recogerlos. *Quinatar sa Cruz ang Catao-an ni Jesus.*

CATAR. pc. Sobresaltarse. *Vm*. La causa, *Y*. Lugar y persona, *An*. Hacer sobresaltar á otro, *magpa.*

CATAS. pc. Ruido como del que anda por zacate. *Vm*, l. *Cacatascatas. In*, la cosa en que. *An*, lugar y persona á quien. *Ica*, la causa.

CATAS. pc. Zumo. Vide *gatàs*, ó *gatà*. p. c.

CATAS. pc. Consumirse, ó disminuirse algo. *Vm*, de propósito. Lo que. *in*. *Ma*, acaso.

CATAS. pc. Tragar. Úsase con la negativa *hindi co macatas nang asim, itong bunĝa.*

CATAUAN. pc. Entregar su negocio á otro, como á su propia persona. *Vm*. El hecho, *in*. Lugar, *An*. *Quinacatao-an aco niya. Catao-anan mo si Pedro.*

CATAO-AN. pc. Tomar cuerpo humano. *Nagcatao-an tauo. Ipag*, la causa. *Pagcacatao-an tauohan*, lugar como el vientre purísimo de la Vírgen.

CATAO-AN. pc. Engalanarse. *Nanĝanĝatao-an, ualang ibang isip cun di ang panĝanĝatao-an, panĝanĝatao-an*, figura exterior del cuerpo. *Ponong catao-an*, natura.

CATAO-AN. pc. Natura. *Nanĝanĝatao-an ang saquit*, está metido en los huesos. *Hindi magcatao-ang magaling itong bata*, está flaco, desmedrado.

CATAY. pp. Atado de carne ó pescado. *Vm*, l. *Mag*, hacer ó venderlo. *In*, lo que. *Y*, l. *Ipag*, con que. *An*, lugar, y persona.

CATAY. pp. Echar la cuenta. *Catay ca nang paghahain mo*. echa la cuenta, si bastará, ó no lo que has de ofrecer.

CATAY. pp. Lo mismo que *cata*. *Acola. Tangca. Sangcatay*, un atado.

CATBING. pc. Acortar el cordel con que se amarra algo. *Catbing*, el tal cordel.

CATCAT. pc. Estender cordel ó red. *Vm*. La red, *Y*. Donde, *An*. *Icatcat mo iyang barong iyan*, estiende esa camisa, tambien significa fregar, ó raspar.

CATCAT. pc. Un género de pescado. *Manĝatcat*, cogerlo.

CATCAT. pc. Salir muchos de través para atajar alguno, *Vm*. Donde, ó á quien, *An*. Porque, *Y*.

CAT-HA. pc. Componer, idear. *Vm*, l. *Mag*. Lo que, *in*. Con que, *Y*. *Ipag*, persona á quien, *pag-an*. *Manĝat-ha*, andar componiendo. *Cat-hang uica*, falso testimonio. *Sinong may cat-ha nitong tulà?* quien compuso, &c. *Poneng cumat-ha*, fundador.

CATHO. pc. Dejar de comer por no haber, ó por otra causa. *Hindi aco nagcat-ho cagab-i*, no comí á noche por &c, Vide *paloc.*

CATI. pp. Menguante del mar. *Vm*, l. *Mag*, menguar. *Quinatihan*, lo que queda menguado. *Nacatihan*, lo que queda en seco. *Y*, l. *Ipag*, la hora, ó causa. *Cati na ang dagat.*

CATI. pp. La tierra respecto de lo que está en agua. *Na sa cati*, l. *Sumasacati*, estar en tierra. *Magsa*, l. *Magpaca*, poner ó llegar á tierra. *Isa*, l. *Ipasa*, lo que. *Mapag*. Frecuent. *Lamang cati*, cosa ó carne de tierra.

CATI. pp. Libra de veinte y dos onzas. *Sangcati*, una libra. *Vm*, l. *Mag*, pesar hacerlas. *In*, lo que. *An*, el peso de una libra.

CATI. pp. Tambien es diez millones, *sangcati.*

CATI. pc. Comezon. *Vm*, causar comezon. *An*, á quien. *Aco*, *i*, *nacacat-han*, l. *Quinat-han nitong alicaboc*, me causan comezon estos polvos. *Macati*, *cacat-han*, *cacati-han*, lo que tiene comezon. *Macati ang bibig*, se dice del que no guarda secreto.

CATI. pc. Bubas, lepra, roña. *Catihin*, el tal llagado. No tiene *Vm*, ni *mag*, sino cuando queremos significar pegarla, ó untarla á otro. Entonces *mag*. Ella, *Y*. Á quien, *An*. *Nañgañgati*, criarse de suyo.

CATÌ. pc. Sonido de vaso de metal, ó loza, campana, &c. *Vm*, l. *Mag*, sonar así. *Y*, l. *Ipag*, con que. *In*, lo que. *Pag-an*, lugar.

CATI. pc. El lazo con que cogen pájaros, ó un pájaro que sirve de reclamo. *Vm*, l. *Mañgati*. Las aves, *in*. La ave con, *Y*. El lugar, *An*. *Pinañgañgatian*. El cogido, *na*. Vide *pañgati*. De aqui *nagcacaticati*, hacer trampas y embustes.

CATICAT. pp. Menguarse el agua de charco ó lagunilla. Vide *cabo*, con sus juegos.

CATICOT. pp. Juntarse los pescados en un lugar. *Mag*. La causa, *Ipag*. Lugar, *pinagcaticotan*.

CATICOT. pc. Hoja para el buyo.

CATICYA. pc. Lo mismo que *catipan*, *catactac*.

CATIG. pp. Contrapeso del navío. *Mag*, ponerlo. *Y*, l. *In*, el contrapeso. *An*, la banca. *Ipag*, con que. *Vm*, l. *Mañgatig*, asirse de él. *An*, l. *Pañgan*, el bordo.

CATIL. pc. Un granito que dá grande comezon. *May catil aco*, l. *Quinacatil aco*. Tengo comezon de semejantes granos.

CATIM. pp. Suciedad que queda en el cuerpo. *Magca*, ensuciarse. *Ipag*, la causa. *Pag-an*, el cuerpo ó ropa. *Catimtiman*, pc. Muy sucio. Tambien del requemado en el sol se dice *Nagcacatim*, l. *Catimcatiman ang muc-ha mo*.

CATIM. pc. Comezon. *Nagcacatim ang loob*, lo mismo que *nababalisa*. Metáf.

CATIM. pc. Lo mismo que *lalim*. En el camintan *catimcatiman*, profundísimo.

CATIMON. pp. Pepino de la tierra.

CATING-AN. pc. Olla grande. *Capagcaquita sa amin ni Pedro, ay alipala,i, ipinagbañgen nang cating-an*, luego que nos vió mandó cocer la olla grande.

CATIN PUTACTI. pp. Un género de lepra.

CATIS. pc. Vide *catas*.

CATIPAO. pc. *Pegang monti*. Vide *catipao*.

CATMON. pp. Fruta conocida con este nombre. *Balat catmon ang loob*, *suoab na loob*, fingido, hipócrita. Alude á las cáscaras y dobleces de ellas en el catmon *Bogtong*.

Manoc cong lumboylumboy,
sa ilalim nagbulbul.

Se dice por unos cabellitos que tiene el catmon.

CATNIG. pc. Juntar. *Mag*. *Pag-in*, los juntados. *Pag-an*, lugar donde. Itt. *Vm*, l. *Maqui*, dormir junto á otro. Vide *siping*.

CATO. pc. La garrapata del carabao. *Magcaca*, tenerla. *Ipagca*, la causa. *Mankiñgato*, cogerla ó meterla. *Panhicatoin*, ella. *Ipan*, con que. *An*, donde.

CATOC. pp. l. *Catog*. Alteratio partis verendæ. *Vm*, alterarse. *Mag*, l. *Ma*, estarlo. *Pag-in*, serlo. Sinónomo, *otog*, pp. *Bihag talandac*.

CATOG. pc. Golpe. *Vm*. La puerta, *in*. *Mañgatog*, ir dando golpes. Tambien del batir de las olas se dice *cumatog*, l. *Nañgañgatog*, l. *Nananatog ang dagat*.

CATOG. pp. l. *Catoc*. Alteratio membri. *Vm*, alterarse. *Mag*, l. *Ma*, estarlo. ser alterado, *pag-in*, l. *Pa-in*, pc. Sinónomo *bihag*, *talandac*.

CATOHOR. pc. Yerba comestible.

CATALONAN. pp. Sacerdotisa.

CATONA. pp. Un género de arroz menudo.

CATOÑGAL. pc. Raiz purgativa.

CATONG. pp. Cosa mal asentada. *Vm*, reduplicando la raiz, bambalearse el navío por mal sentado. *Ica*, la causa. *An*, lugar. *Mag*, hacer que se bambalee.

CATOR. pp. Sucio de sudor seco en el cuerpo, con los juegos de *libag*.

CATORO. pc. El arroz cuando está como el dedo índice.

CATOTO. pp. Amigo *Catotohin mo siya*.

CATOTOBÓ. pp. De una edad. *Magcatotobo*, l. *Mañgag*.

CATOTOBO. pp. Como ángel de guarda, por que en su infidelidad decian que su *badhala* daba á cualquiera otro Dios que le guardase, y á este llamaban *badhalang catotobo*.

CATOUÁ. pp. Juguete como pájaro, &c. *Vm*, jugar con él. *In*, el juguete. *Catoua*, l. *Catouatoua*, cosa que dá placer.

CATOY. pp. Irse cayendo el enfermo. *Cacatoycatoy ang paglacar*.

CAUA. pp. Cazo grande de acero. *Sangcaua*: *Cava mandin ang bibig niya*, hombre de grande boca.

CAUA. pc. Corteza de un árbol. *Mag*, hacer faja de ella, para asegurar la carga en la cabeza, *mag*. Ser hecha, *in*. *Cauahan mo iyang dala mo*, pon corteza á eso que llevas. *Mangaua*, l. *Magcaua*, sacar la corteza del árbol.

CAUA. pp. Enjambre de abejas.

CAUAG. pc. Eco de la voz *Vm*, y si muchos, *magcacauang*, pc. Á donde, *An*, l. *Pag-an*. *Magpa*, hacerla retumbar. Á donde, *pagpaan*. La voz, *ipa*.

CAUAL. pp. Compañero que ayuda á otro. *Vm*, pedir amparo. *An*, á quien. *In*, el amparado. *Y*, causa. *Mag*, á otros. *In*, ellos. *Ipag*, causa. *Mañgaual*, ir á buscarlos convidando. *Pag-in*, ellos. *Pag-an*, lugar. *Ipaña*, causa. *Mapañgaual*, frecuent.

CAUAL. pp. Lo que impide hacer manojo, ó lio para carga. *May nacacaual sa loob*, *caya di mabigquis*.

CAUAL. pp. Indeciso, perplejo *Vm*, dudar así. *Ica*, la causa. *An*, á quien dá tal perplexidad. *Caual*, pc. *Na loob*, hombre perplejo.

CAUALI. pp. Cazo pequeño de acero.

CAUAN. pp. Manada de animales. *Mag*, tener, ir en manada. *Mañgauan*, cazar donde hay manada. *Pañgin*, los animales ó instrumento. *Pañgan*, lugar. *Mapañgauan*, frecuentativo. Vide *caban*.

CAUANG. pp. Cosa mal asentada, mal encajada. *Vm*, estar algo así. *Quinacauanğan*, lugar. Causa, *ica*. *Mag*, l. *Mañgauang*, ajustar mal. *Ipaña*, causa. *Pañgan*, lugar.

CAUAR. pc. Hilo de alambre. *Vm*, l. *Mag*, hacerle. *In*, de que. *Mag*, ponerlo al instrumento. Donde, *An*.

CAUAS. pp. Alisar. *Vm*, l. *Mag*. La carga, *in*. El navío, *An*.

[illegible] que se lava [illegible] llama-[illegible]

[illegible] pc. Un juego de muchachos.

COHA. pp. Tomar para llevar ó para usar. Vm. l. Mag. lo que toma. In, lo que. An, de quien ó de donde. Pagcoha, el tomar. Mangcoha. [illegible] Pagcoha. lo que. Mangcoha. [illegible] Na, no tomado. Di [illegible] lo que no se puede tomar. Macocoha. lo que se puede.

COHA. pp. [illegible] por [illegible] *mag*[illegible] [illegible]. La que. An.

COHA. pp. [illegible]. *Mag*[illegible] *nang* [illegible] *nang* [illegible]. Y, con que. [illegible].

COHA. pp. [illegible] ejemplo, ó [illegible]. *Mahacang* [illegible], [illegible] ejemplo.

COHA. pp. Tomar costum, moliendo, &c. *Mo-hang* [illegible] *ang* [illegible], &c.

COHA. pc. Competir sobre lo que juegan, apostar. *Magcocohanan*, sale de *coman*. La causa, *ipag*. *Magcano ang conanan ninyo*, cuánto habeis apostado?

COHALA. pp. Choza donde se abrigan de noche. *Mag*, hacerla. *In*, de que. *An*, donde.

COHI. pp. Dar á otro ocasion en palabras para que se enoje. *Vm*, l. *Mag*. Á quien, *in*, l. *An*. Las palabras, *ipag*.

COHILA. pc. Incitar, ocasionar la pérdida de otro. *Mag*. Con que, *ipag*. Á quien. *Pag-an*. *Mangohilá*, l. *Magcohilá*, muchos. *Macohilang tauo*, l. *Cohilang*, l. *Manĝonĝohilang*, l. *Mapanĝohilang*, hombre de tal genio.

COHIT. pp. Cortar yerba que nace entre el arroz. *Vm*. Ella, *in*. La sementera, *An*. Metáf. Con *Vm*, sisar.

COHOL. pc. Caracol negro pequeño. *Nanĝonĝohol*, cogerlos. *Bogtong*.

Pasuan ma,t, pasuan man,
daladala rin ang bahay.

Está tan claro, que no necesita de esplicacion.

COLAB. pp. Una como goma que crian los camotes, y los pudre. *Quinolab*, el camote que la tiene. *Magca*, irse criando. *Ipag*, la causa.

COLABA. pp. Heces de vinagre. *Mag*, tenerlas. *In*, l. *An*, el vinagre. Itt. *Mag*, ponerlas, ó untar algo con ellas, y de aqui *quinocolaba na ang mata*, l. *Quinocolabahan*, los ojos. *Mag*, el moribundo.

COLAHIT. pp. Zancadilla. Vide *colauit*.

COLABÓ. pc. *Colabong damit*. *Maliú*, l. *Copas*. Ropa deteriorada, y que ha perdido el color.

COLABIR. pc. Andar hecho un pícaro, *mag*. La causa, *ipag*.

COLACBANG. pc. *Mahabang laodang*.

COLACLING. pc. Tordo. *Nanĝonĝolacling*, cogerlos. *Ipanĝa*, con que. *Panĝan*, donde.

COLAGYA. pc. Camarones pequeños.

COLAGYÁ. pc. La raya que se hace en el cuchillo que divide el hierro del acero. *Nacocolagya ang sondang*. Está rayado el cuchillo. Vide *gisa*.

COLAIT. pp. Un árbol de este nombre.

COLALAIYNG. pc. Asi llamaban á la luna, ó á una doncella en la luna, segun sus consejas.

COLALAIYNG. pc. La sombra de la luna.

COLALAIYNG. pc. Trompa que hacen sonar entre los dientes. *Mag*, tocarla, hacerla. *In*, l. *An*, donde ó á quien. *Manĝ*[illegible] l. *Ma*-[illegible] *nang* [illegible] frecuencia.

COLAM. pc. Hechizar á brujo. *Mag*. [illegible] y mejor *nanpapanĝolaman*, el hechizar. *Ipag*, con que ó para quien. *Vm*. hechizar á otro. *In*, á quien. *An*, donde.

COLAMBO. pc. Pabellon. Vide *colamboong*, con sus juegos.

COLAMOS. pp. Araños de la cara. *Vm*. arañar. *In*, la cara. *An*, á quien. *Mag*. pc. Arañar muchos á otro. *Pag-an*, la cara. *Ipag*. por que, ó con que. *Pag-an*. persona. *Mang*. l. *Manco*, ir arañando á muchos. *Pag-an*, las caras. *Pa*-[illegible] personas.

COLAMOS. pp. Es palabra afrentosa, como rapaz. *Colamos na ito nala nang capapacanan*, quiere decir, quítate de ahí rapaz. *Mag*, decirla. *In*, á quien.

COLAMOT. pp. Repelar á otro. Vide *colamos*, con sus juegos.

COLANDING. pc. Un género de enfermedad de los pies. *Mag*, tenerla. *Ipag*, la causa. *Colandiñgin*, hombre que tiene este mal.

COLANG. pp. Falta, mengua, merma. *Vm*, faltar ó menguarse. *An*, lo que. *Mag*, irse menoscabando. Tambien menguar de propósito. *Pag-an*, la falta en la mengua, ó deuda. *Y*, l. *Ipag*, causa. *Magpa*, hacer que se mengue. *Pacolanĝin mo sa apuy*, haz que se mengue en el fuego. *Maca*, *ica*, causa de faltar. *Colang na banta*, idea que no llega. *Colangcolang*, falta algo. *Cacolanĝan*, falta.

COLANĜOT. pp. Mocos secos. *Mag*, tenerlos. *An*, la nariz. Itt. *Mag*, untar á otro. *An*, á quien. *Macolanĝot*, mocoso, y mas *colanĝotin*, pc. *Ualang colanĝot*, no tiene una barzilla. Metáf.

COLANI. pp. Incordio, postema en la ingle. *Mag*, criarse. *Pinag-an*, á quien. *Colanin*, de ordinario, pp.

COLANI. pp. La carne entre pierna, y dienta del animal. *Magcacolani*, dos que comieron de ella.

COLANTÁ. pc. Una yerba con que se ponen negros los dientes. *Mababa pa*, *sa colanta*, se dice del humilde. Metáf.

COLAO. pc. Mona.

COLAP. pp. Cubrirse la tierra con alguna nube. Vide *olap*, con sus juegos.

COLAPAY. pp. *Hindi macacolapay*, es lo mismo que *hindi macayanan*.

COLAPNIT. pc. Murciélago pequeño.

COLAPYAO. pc. Cosa pequeña y despreciable.

COLAS. pp. Vide *ganzal*, ó *gangsal*.

COLASIMAN. pp. Acedo, medio ágrio. Vide *olasiman*.

COLASIMAN. pp. Verdolagas. *Saican* ó *Sayican*.

COLASIM. pc. Irse engriendo, *mag*.

COLASISÍ. pp. Pájaro verde como el papagayo, pero muy pequeño.

COLATCOLAT. pp. Hongos.

COLATAY. pp. Una caña recia: llaman *pisig*.

COLATING. pc. Trompa de caña.

COLAU. pc. Hurtar cosas pequeñas, *Vm*. Lo que, *in*. Lugar y persona, *An*. Causa, instrumento, *Y*. *Macolauin*, *manĝolau*, *mapanĝolau*, *mapagcolau*, *magcalao*. Frecuent.

COLAUIT. pp. Zancadilla, traspie. *Vm*, darle. Á quien, *in*. El pie, *Y*. *Macolauitin*. Frecuent.

COLAUIT. pc. El cuchillo, que de otro modo se llama *carit*, ó con que rozan zacate.

COLAUO. pp. Un guisado usado en Batangas, en que se mezclan los sesos del animal. Vide *bulanglang*.

COLAY. pp. Raya en el cuchillo *mag*, hacerla. *An*, el cuchillo.

COLAY. pp. Rayas de diferentes colores en piedras ó ropa.

COLAY. pp. Dividirse el hierro del acero.

COLAYING. pc. Trompa. *Subing*, pc.

COLAYLAY. pc. Las ramas muy caidas. *Vm*, l. *Mag*, hacer que lo estén. *Y*, l. *In*, ellas. *An*, el lugar. *Y*, l. *Ipag*, causa. *Macolaylay itong Manğa sanğa*, están muy caidas estas ramas.

COLCOL. pc. Escarbar. *Vm*. Lo que, *in*. Con que, ó por quien, *Y*. *Manğonğolcol*, escarbador.

COLI. pp. Pedir que le añadan algo al concierto hecho, regatear, *mag*. Porque, *ipag*. Á quien, *pag-an*. Frecuent. *Mapag*.

COLIAT. pc. El borujo ó broza del ajonjolí.

COLIAT. pc. Fruta de un género de bejuco.

COLIG. pc. Puerquecillo, lechoncillo, *bolias*.

COLIGLIG. pc. Chicharra, grillo.

COLIN MANOC. pc. Madera buena para bancas.

COLILING. pp. La atadura del *gaor* en el *gargaran*.

COLIMBA. pc. Embustes, *Vm*. Lo que, *in*. Con que, *Y*. Á quien, *han*. *Nanğonğolimba ang aquing loob*. Me miente el corazon.

COLIMLIM. pc. Anublarse el sol, cubrirse de nubes. *Vm*, l. *Mag*. Lugar ó á quien, *An*, l. *Pag-an*. Causa, *Y*, l. *Ipag*. *Nagcocolimlim ang arao*, está obscuro.

COLING. pc. Un pájaro pequeño, negro y calvo.

COLIS. pc. Un género de madera.

COLISAO. pp. Junta de muchachos, *nacocolisao ang manğa bata*.

COLISAP. pp. Muchos piojos, ó animales pequeños.

COLIT. pp. Un árbol con cuya corteza tiñen colorado. *Nagmamatandang colit, nagmumurang Calumpit*, quiere decir: El mozo se hace viejo, y el viejo se hace mozo.

COLÍT. pp. Morder con fuerza algo duro, *Vm*. Lo que, *in*. En que, *An*. Con que, *Y*. *Manğo*, l. *Mangco*, de continuo.

COLIT. pc. Regatear en la venta. *Mag*, la cosa. *Ipag*, á quien. *Pinagcocolitan, macolit, magtonğo*, regaton.

COLIT. pc. Vírgula, coma.

COLIT. pp. Una yerba.

COLITAU. pp. El ruido de muchos pollos que van en pos de la madre. *Vm*, los pollos. *An*, la madre ó lugar.

COLITIO. pc. Escorzuelo, enfermedad de ojos, *Nanğonğolitio*, padecerla.

COLITIM. pp. Vide el antecedente.

COLIUAS. pc. Hurtar el cuerpo á otro: úsase con negativa. *Di macacocoliuas nang gaua*, no se puede menear de la obra que tiene entre manos.

COLIANGCANG. pc. Ruido de muchos animales juntos, bacas, perros, aves, &c. *Coliangcang mandin ang manğa Aso nang inğay*, no tiene mas uso.

COLIANĞA. pp. Vide *inğay*.

COLIAUO. pp. Escota de la vela.

COLIAUAN. pp. Un pájaro amarillo y negro, oropéndola.

COLIAT. pc. Ébano. Vide *coliat, coluhayang*.

COLO. pc. Hervir. *Vm*, l. *Cocolócoló*, está hirviendo. *Magpa*, hacer hervir. *Pacoloin*, lo que.

COLOB. pp. Tomar sudor, ó la yerba de que se hace. *Vm*, darle. *In*, á quien. *Y*, con que. *An*, donde. *Macolohin*. Frecuent. *Mag*, tomar ó sudar. *Ipag*, con que. *Pag-an*, la yerba ó el lugar. *Manğo*, l. *Manco*, andar dando.

COLOB. pp. Cocer pescado ó carne al bao del agua caliente. *In*, lo que. La olla, *pag-an*.

COLOB. pp. La yerba con que se dá sudor.

COLOBÓNG. pc. Manto. Vide *cobong*.

COLOCAUOC. pp. Pescaditos de sementeras. *Manğo*. cogerlos.

COLOCOLO. pc. Una tortolilla sobre que agoraban.

COLOBCOB. pc. Un árbol que dá fruta como el tampoy.

COLOCOB. pp. Lazo para coger pájaros

COLOCOTOC. pc. Cacarear la gallina clueca, *Vm*. Los pollos, *An*.

COLOCOTON. pc. *Colot, coton*.

COLCOL. pc. Cabar con las uñas como gato, perro, &c. *Vm*. Lo que, *in*. Á quien, *An*. La causa, *Y*. *Manğo*, con frecuencia.

COLOG. pc. Trueno, *Vm*. Si mucho, *mag*. Causa, *Y*, l. *Ipag*. lugar, *An*, l. *Pag-an*.

COLOG. pc. Rugir las tripas. *Vm*. Si mucho, *mag*, reduplicando. Causa. *Y*, l. *Ipag*. *Macologuin*, de ordinario.

COLOGHOY. pc. Frio. *Nanğonğologhoy*, estar encogido, triste, melancólico por frio. *Manğo*. La causa, *magcapanğo*. Pasiva, *ipinanğo*.

COLOGO. pc. Verruga. *Magcaca*, tenerlas. *Ipagca*, causa. *Macologo*, l. *Cologohin*. pc. De muchas verrugas.

COLOGO. pc. plumas de la ave con sangre en el cañon. *Magcaca*, tenerlas. *Cologohan*, pc. l. *Cologohin*, la ave que las tiene.

COLOGOHAN. pc. Un pollito de tales plumas. *Cologohan pa*, se dice del muchacho que aun no tiene juicio.

COLOGOT. pc. Vide *yayat*, con sus juegos.

COLOGTING. pc. Tiritar de frio. Vide *cologhoy*.

COLOHAYANG. pp. Ébano verdadero. *Nanğonğolohayang si Pedro*, Pedro es grueso y prieto.

COLOLA. pp. Vide *calola*.

COLOM. pp. Recoger las puntas de paño, *Vm*. El paño, *in*. Las puntas, ó con que, *Y*. Lugar, *An*. Juntar puntas de muchos paños, *mag*. pc. Los paños. *pag-in*. Las puntas, *ipag*. Lugar, *pag-an*. Frecuent. *Mapag*. *Mag*, envolver algo en el paño. *Nanğonğolon*, se encoge el paño por seco.

COLOMAT. pc. Cubierta para tapar lo que lleva la embarcacion. *Mag-an*, lo que se cubre.

COLOMOS. pc. Arrebujar la ropa, papel, &c. *Vm*. Lo que, *in*. Con que *Y*. Si mucho, *mag*. Lo que, *pag-in*. Con que *ipag*. Lugar, *pag-an*. Frecuent. *Mapag*. *Manğo*, l. *Mancolomos*, andar arrebujando el pleito: tambien *cocolocolomos*. *Nanğonğolomos ang bulaclac*, se er... metáfora.

COLOMOT. pp. Acercarse la gente, apiñándose. *Vm.* Mejor *mag.* Á quien, *pag-an. Mangolomot.* Á quien, *pinangongolomotan.*

COLOMPIS. pc. Vide *coyompis.*

COLONG. pc. Enjaular. *Vm*, l. *Mag.* Lo que, *in.* La jaula, *An.* *Mag*, encerrarse. *Mag*, pc. l. *Magcocolong*, enjaular muchos. *Pag-in*, las aves. *Ipag*, causa. *Pag-an*, jaula. *Na*, l. *Quinocolong ang tubig sa buquid*, l. *Nacocolong ang hangin*, está encerrado ó lo encierran. *Colongan*, jaula: *Pagtibay ang colongan, isoot ang talonan*, dice el vencedor al vencido.

COLONGCOLONG. pp. Naranjas silvestres.

COLONGCOLONG. pp. Un género de red para pescar.

COLONGCOT. pc. Estar encogido por miedo, vergüenza ó enfermedad. *Nangongolongcot nang tacot.* La causa, *ipango.* Ante quien *pangan.*

COLONGO. pc. Acosar los perros á otro. Menear al niño entre los brazos, *hin.*

COLONTOY. pc. Nudos que se hacen en lo muy torcido. Vide *palotpot.*

COLOS. pc. Ruido de cualquier animal *Vm*, l. *Mag.* La causa, *Y*, l. *Ipag.* Donde, *An*, l. *Pag-an.* *Maquinolos*, l. *Macolos sa bahay nang Capitan.* Mucho ruido se hace en casa del Capitan. *Macolos ang gaua mo*, no tienes recato en tus obras.

COLOS. pp. Vide *doglong.*

COLOT. pc. Cabello encrespado. *Vm*, l. *Mag*, encresparlos. *In*, l. *Pag-in*, los cabellos. *An*, l. *Pag-an*, á quienes. *Y*, l. *Ipag*, con que. *Nacocolot ang bohoc*, encresparse de suyo. *Nangongolot ang sinolid*, está muy torcido. Vide *ical.*

COLOTAN. pp. Malvas. *Nasoot sa colotan*, se dice del que se halla enredado en algun pleito.

COLOTCOLOTAN. pp. Lo mismo que *colotan.*

COLOTBING. pc. Vide *coton, conot.*

COLOTON. pc. Vide, *colot*, con sus juegos.

COLOUONG. pc. El brocal del pozo, el hueco de algun árbol, el hueco debajo del pecho del hombre, el tambor sin los parches. *Vm*, l. *Mag*, hacer el hueco. *In*, á lo que. *Y*, con que.

COLOUONG. pp. El hermano del medio.

COMAG. pp. Granitos, ó polvos, que se crian en el arroz. *Mag*, l. *Magcaca*, criarse. *Ipag*, l. *Ipagcaca*, causa. *Macomag itong palay*, tiene muchos, &c.

COMAG. pp. Del muy pobre dicen *ualang comag*, ni un polvillo tiene. *Magca*, haber, ó hallarse un poquito de dinero.

COMBABA. pc. Humillarse. Vide *pacumbaba.*

COMBALA. pp. Fingir, engañar, *mag.* Á quien. *An.* *Uicang pacombacombala*, palabra engañosa. *Dili mo sucat mapagcumbalaan ang P. Dios*, no puedes engañar á Dios.

COMBAR. pc. Yesca que llaman baro. *Mag*, tener, hacerla. *In*, de que. *Ipag*, Con que. *Pag-an*, lugar. *Mapag*. Frecuent.

COMBO. pc. Fruta de sarten, *Mag*, hacerla. *In*, ser hecha. *Ipag*, para quien ó con que. *Pag-an*, lugar. *Mapag*, frecuent.

COMCOM. pc. Abarcar, apartar algo al pecho, ó dentro de la mano. *Vm*, l. *Mag. In*, lo que. *Y*, l. *Ipag*, la mano. Vide *saquim, lacom.*

COMIL. pp. Machorra por no poder concebir.

COMINOY. pc. Vide *lati*, que significa un terreno pantanoso, *lupang cominoy.*

COMO. pc. La palma que se hace como cuchara. *Mag*, hacerla. *Hin*, la palma. *Ipag*, con que. *Han*, l. *Pag-han*, lugar.

COMOCOMO. pp. Encarrujado ó hacerlo. *Vm*, l. *Mag. Hin*, de que. *Ipag*, con que. *Han*, l. *Pag-han*, lugar. *Mapag*, frecuent.

COMON. pp. Enrollar papel, cama, ropa, &c. *Vm*, l. *Mag.* Lo que, *in.* Con que *Y*, l. *Ipag.* Donde, *An*, l. *Pag-an.* *Na*, l. *Nagcacacomon*, estar muy enrollado. *Nangongomon*, andar enrollando. *Pang In*, lo que. *Ipango* con que. *Pangomoan*, lugar *mapango.* Frecuent.

COMOS. pp. Arrebujar entre las manos. *Vm*, l. *Mag. In.* lo que. *Na*, estarlo. *Cocomoscomos*, el que anda asi. *Cocomoscomos ang isdá* andar de aquí de allí.

COMOS. pc. Punta de la ropa alzada. *Comos ang panyó, comos ang tapis.*

COMOT. pp. Manta con que se cubren, ó cubrirse con ella. *Mag*, cubrirse. *Y*, la manta. *Ipag*, la causa. *An*, ser cubierto. *Nangongomot*, andar enmantado. *Magca*, darla para que se cubra otro. *Pa-an* á quien. *Pacomot*, l. *Ipa*, lo que se dá. *Pinacomotan siya nang caauay.* Le cercaron los enemigos.

COMOT USA. pc. La yerba grama ó *cogon*, porque se echa en él el venado.

COMPA. pc. Tapar los ojos con las manos para espantar al niño, diciéndole, *balagá, mag.* El niño *pag-an.* Causa, *ipag.* Frecuent. *Mapag.*

COMPAY. pc. Alcacer para caballos.

COMPIS. pc. Quitarse la hinchazon. *Vm*, l. *Nangongompis.* Vide, *hipá.* *Nangongompis* tambien es encogerse como la caña verde con el sol, ó el hombre en la vejez. Vide *cayompis.*

COMPITIO. pp. Grama llamada botoncillo. Sinónomo, *malaboton.*

COMPOL. pc. Apeñuscar con la mano. *Vm.* Lo que, *in.* Con que, *Y.* Persona, ó lugar, *An.* *Macompolin* frecuent. *Mag*, mucho. *Pag-in* lo que. *Ipag*, con que. Lugar, *pag-an.* *Mapag.* Frecuent. *Cacompol*, un puñado. *Nacompolcompol*, l. *Nangompolngompol ang langam*, enjambre de hormigas.

COMPOL. pc. Un género de arroz.

CONANAN. pc. Apuesta. *Mag*, los dos *ipag*, la condicion ó causa sobre que. *Conanan* el dinero que ponen. *Magcano ang conanan? Naquiconanán*, l. *Naquipagconanan ca?* apostaste?

CONAT. pp. Correoso. *Vm*, hacerse tal. *Mag*, hacer algo correoso. *In*, l. *Pina*, lo que. *Magpaconat*, decir palabras suaves. *Pagan* á quien. *Mapag*, frecuent. *Tauo na maconat*, hombre duro de corazon.

CONDAT. pc. Las mieses desmedradas. *Macondat na palay.* Vide *gondil* ó *gundit.*

CONDING. pc. Octava parte de un real. *Vm*, hacerlo ó tomar lo que vale. *In*, lo hecho ó tomado. *Mag*, estimar en un condin. *In*, la cosa. *An*, donde. *Nangongonding*, tomar ó dar á cada uno un condin. *Mangonding ca sa manga tauo, papagmangondingin mo sila. Ipag*, la causa. *Mangonding itong santol*, vale un condin cada uno.

CONDIT. pc. Hablar con puntillos. *Macondit manĝosap, mey pabontot. Pinacocondatan*, á quien, el palo que.

CONDOL. pc. Calabaza blanca.

CONDOT. pc. Encogerse de miedo. *Nanĝonĝonĝondot nang tacot*. Se encoge de miedo.

CONGCONG. pc. Ruido de muchas campanas. *Congconĝan mandin nang inĝay*, hacen ruido las campanas.

CONO. pc. Dicen. *Namatay na cono*, dicen que murió. *Nalisnalis uari nagpacono*, se fué sin decir agua vá.

CONCONO. pc. Vide *dao*.

CONO RAO. pc. Se dice, se suena que.

CONOUA. pc. Idem.

CONOUARI. pp. Como si, hacerse de nuevas. *Magbaras ca con tayo,i, masoc sa bayan, at conouari bilango ca. Magpa*, hacerse de nuevas. *Pinag-an*, á quien. *Ipinagpapa*, sobre que. *Mapagpa*, pc. Frecuent. *Nagpapaconouari siya, bago siyang ibig niya*.

CONOT. pc. Plegar balones, calzones, &c. *Vm*, l. *Mag*, hacer pliegues. *In*, la vestidura. *Y*, l. *Ipa*, con que. *An*, donde.

CONOT. pp. Andar encorbado. *Coconotconot*. Vide *daconot*.

CONSI. pc. Cerrojo ó candado *mag*, echar ó cerrar con él. *An*, á que.

CONSING. pc. Un género de plátano.

CONSIUA. pp. Negociar, ó hacer diligencia por algo. *Nanĝonĝonsiua*. Porque, *ipanĝonĝosiua*. Con quien, *pinanĝonĝosiuaan*. *Pinagtibay nanĝa ang manĝa panĝonĝosiua*, apretó las negociaciones.

CONTIL. pc. Gallillo del garguero. *Maraming contil*, l. *Cocontilcontil con manĝusap*, se dice del que habla con puntillos. *Contil nang Ina mo*, como si dijera: *Boua nang Ina mo*.

CONTÓ. pc. Manilla de oro, ó ahorca de metal. *Mag*, traerla ó hacerla. *In*, ella. *An*, Donde. *Mapag*. Frecuent.

CONTOLCONTOL. pc. Unos pájaros de la laguna.

COOC. pp. Abejarruco. Vide *pooc*, l. *Ooc*.

COONG. pc. Vide *coyong*, l. *Colong*.

COOT. pp. Arrugarse las sienes de enfadado. *Mag*, ponerse asi. *Ipag*, la causa. *Pag-an*, contra quien.

COPÁ. pp. Se usa con negativa. *Di nagcopa nang pagparoon*, no tardó un credo. Tambien con *mag*. se dice de dos cosas en todo iguales, como quien junta las dos manos, palmas con palmas, y dedos con dedos.

COPAL. pp. [illegible] membri. *Magpa*, afrentar a otro [illegible] esto.

COPALIS. pc. [illegible]. *Mag*. tenerlo. *In*. lo que.

COPANG. pp. Un árbol. Vide *cupang*.

COPAR. pp. [illegible], flojo. *Vm*, hacerse tal. *Y*, la causa. *An*. ante quien: *Coroparcopar*. andar asi.

COPAS. pp. Pasarse el color de la ropa. *Nanĝonĝopas*. [illegible] *popas*.

COPCOP. pc. Abrigar la gallina los pollos debajo de sus alas, ó apretar algo al pecho como la [illegible] asi [illegible]. *Vm*. Los pollos. *in*. Las alas. *Y*. Si muchos. *mag*. Los pollos. *pag-an*. Las alas *ipag*. Lugar, *pag-an*. *Manĝopcop*, andar abrigando. *Mapanĝo*. Frecuent.

Aba ayá casampaga,
nang ponay na olila,
con umambo,i, pagsiap na,
ualang magcopcop na Ina.

El pollo ó la tórtola, que cuando llueve, aunque pie, no tiene madre que la abrigue.

COPI. pc. Doblar hoja del libro ó punta de algo. *Vm*, l. *Mag*. La hoja, *Y*. *An*, donde.

COPI. pc. Liendre. *Macopi* de muchas liendres.

COPI. pc. Andar cayéndose y levantándose. *Cocopicoping lumacad*, y si muchos, *Nagcopicopi silang gomaua*.

COPI. pc. Abollar. *Copi ang ilong*, nariz aplastada: *Ualang nagpapacopihan sa lahat: Pisang matitigas na loob na di somonor*. Vide *yupi*.

COPING. pp. Adular por saber algo. *Mag*, así se usa en algunas partes.

COPIS. pp. Deshincharse. *Vm*, l. *Mag*. La causa. *Y*, l. *Ipag*. Á quien. *An*, l. *Pag-an*: *Nanĝonĝopis* de suyo.

COPIT. pp. Plegar, unoir *Vm*, l. *Mag*. Lo que, *in*. Con que, *Y*. La causa, *ipag*. *Nagcopit na ang sugat*, vá cerrando. Metáfora.

COPIT. pc. Banca grande.

COPÓ. pp. Taparse cuando se bañan las vergüenzas. *Manĝopo* los dos. *Comopo*, cada uno. *Copoin mo*, l. *Panĝopoin ninyo*, l. *Ipanĝo*. Las manos ó la causa. *Panĝan*, lugar.

COPYÁ. pc. Casco de yerro. *Nanĝonĝopya*, traerlo. *Mag*, hacerlo, venderlo. *Mapanĝopya*, frecuent.

COPUY. pp. De esta palabra se usa, cuando sacan de la tierra una raiz que los Aetas llaman *obag*, pc. Si no queda nada de ella dentro de la tierra, se dice *nacopuy*.

CORACORÁ. pp. Horqueta de arcabuz. *Mag*, traerla, usarla. *Y*, l. *Isa*, poner en ella.

CORAG. pp. Redecilla para coger aves. *Vm*, cogerla. *In*, el ave. *Y*, la red. *An*, lugar. *Manĝorag*, cazar con ella: *Manĝonĝorag*, cazador.

CORAP. pc. Guiñar las pestañas de los ojos. *Vm*. Los ojos, *Y*. Persona ó lugar *An*.

CORARAP. pp. Buscar algo dentro del agua, ó en lugar oscuro tanteando. *Vm*. Lo que, *in*. Los ojos, ó por quien. *Y*. *Hindi na corarap, hindi naquita*.

CORCOR. pc. Rallar como coco. *Vm*. Lo que, *in*. Con que, *Y*. Para quien, *An*. Si mucho, *mag*. Con las mismas pasivas, con sus partículas respectivas. *Corcoran*. pp. Rallo. *Coun curayoran*.

CORLAS. pc. Raya hecha con cosa que corta *Vm*, rayar asi. *An*, á quien. *Y*, con que Vide *carlit*.

CORLIM. pc. Vide *cubling*.

CORLIT. pc. Virgulillas que ponen á sus caracteres. *Mag*, ponerlas. *An*, á que. *Inabauan*, *coluit*, pc.

CORLIT. pc. Rasguño pequeño, *nacorlitan*. Vide *galos*, con sus juegos.

CORLONG. pc. Una guitarra de caña.

COROC. pc. Llamar á las gallinas. Vide *corruquan*.

CORO. pc. Un juego de los muchachos. *mag* Con que. *ipag*. Lugar, *pag-an*. *Cararo*, *mapaheero*. Vide *sactor*.

COBO. pp. Puñado de algo. Vm. tomar un puñado de. Vm. l. *Mag*, repartir á puñados. *In*. l. *Pag-in*. lo que. *Y*. l. *Ipag*. con que. *Pag-an*. lugar. *Mapag*, frecuent. *Nañgoro*. l. *Magcoro*. ir dando á cada uno un puñado. *Ipañgo*, lo que. *Pañgoroan*. á quienes. *Pañgoroin*. lo que. *Mapañgo*. Frecuent.

COBOL. pc. Herramienta que corta mal. Vide *porol*, con sus juegos, que es mas usado.

COBONG. pc. Un árbol de fruta comestible.

COBONG. pc. Cortar el pelo como hacian antiguamente, dejándolo hasta las orejas no mas. *Vm*. El cabello. *in*. La persona. *An*.

COBOT. pp. Lo mismo que *coma*.

COBOT. pc. Pellisco. *Vm*. pellizcar. *Cotiin*. l. *Corotin*, á quien. *Pagcorot*. acto.

COBOT. pc. *Houag cang cumorot nang iola co*. no te adelantes á comer.

COBOTCOBOT. pc. Los repulgos que hacen en los jarros, vasos, empanadas. *Corotcorotin mo iyang manga banga*. *Pagcorotcorotan mo ang manga empanada*.

COBBUCSAN. pp. Acto de llamar al viento en calma. *Corrucsang amihan*. *corrucsang habagat*. Sople brisa, sople bendaval. *Vm*. l. *Pacorrucsun*. *An*. l. *Ipacorrucsan*, la causa. *In*. el viento.

COBBUGUIA. pc. Palabra con que llaman las gallinas á los pollos. *Mag*. llamarlos. *Mango*. decir la palabra.

COBYAPI. pp. Guitarra suya. *Mag*. tocarla. *In*. ser tocada. *An*, para quien. *Mañgoryapiin*. tocador.

COBYATAN. pp. Señas que se hacen dos hablándose. *Mag*. Vide *koryat*, que es mas usado.

COSA. pp. Acto voluntario. *Uala cang cosacosang gumaua nang ano man*. *Ma*, hacer algo así. Las pasivas serán segun las pasivas de los verbos á quien se juntare. *Cosaui mong tamaquin*, *icosa mong itapon*, *pagcosaan mong bigyan*.

COSAB. pp. Morder. Vide *cotab*, y *losab*.

COSAB. pp. Morder el caiman, jabalí, &c. *Vm*. A quien, *in*. Con que, *Y*. Lugar, *An*. *Macosabin*. Frecuent.

COSCOS. pc. Fregar, limpiar, estregar, *Vm*. Lo que, *in*, l. *An*. Con que, *Y*. Si mucho, *mag*. Con sus pasivas. *Pagcoscoscos*, l. *Pagcocoscos*, l. *Pañgoñgoscos*, verbales. *Pañgoscos*, instrumento. *Coscosan*, lugar donde de ordinario se estriega. *Macoscosin*, *mapagcoscos*, *mapañgoscos*. Frecuent.

COSIM. pc. Hechizo contra los niños. Vide *gauay*.

COSINGSING. pc. *Quinalalaquinan nang manga bata*. *Palayao nang manga Ina*. Membrum virile puerorum.

COSINTANG. pp. Vide *Panambil*.

COSISAP. pp. Migajas de morisqueta con que cehan los pescados. *Mag*, cocerlas *in*, lo que. *Ipag*, instrumento. *Pag-an*, la olla. *Mapag*, frecuent. *Mañgosisap*, comerlas.

COSI. pc. Vide *cusi*.

COSO. pc. Refregar como quien desgrana ó quita lodo de la ropa. *Vm*, l. *Mag*. Lo que, *hin*. De lo que, *han*. Con que, *Y*, l. *Ipag*. *Macosohin*, *mapagcoso*, *mapañgoso*. Frecuent.

COSO. pc. El rabo de algun animal. *Cosocosoo*, *cosocosoin*.

COSOL. pc. Menearse el que está echado como la culebra. *Vm*. *Pacosolin*, ser hecho menear. *An*. el lugar.

COSOP. pc. Vestido angosto. *Igcinosop ang camison*.

COSOP. pc. Encoger las alas de miedo. Vide *pora*.

COSOT. pc. Estrujar algo como ropa, como cuando la lavan. Vide *cosos*, con sus juegos.

COTA. pp. Muro, fortaleza. *Mag*. hacerla. *In*, de que. *An*, el lugar cercado de ella. *Nañgongota*, ponerse en ella.

COTAB. pp. Cortar al barr como media luna, ú otra cualquiera cosa. Vide *losab*.

COTAC. pc. Cacarear la gallina. *Vm*, l. *Mag*. La causa, *Y*. l. *Ipag*. Lugar. *Pag-an*. Frecuentativo. *Magcag*. *Papagcotacin*. hacer que cacaree.

COTALAY. pp. Desunion, negligencia. *Vm*, obrar así. *In*. lo que. *Mancotalay na tauo*, hombre que hace por cumplimiento. *Houag cang magcotalay sa pagca Cristiano*. l. *Houag ipagcotalay ang pagca Cristiano*.

COTANG. pp. Vide *utang*.

COTAR. pp. Tierra esteril. *Vm*. l. *Mag*, hacer que lo sea. *In*. la tierra. *Y*. con que. *Macotar na lupà*. tierra tal. *Vm*. l. *Mag*. Con la raiz reduplicada, es irse poniendo tal la tierra. Lo mismo *mangcongcotar*. *Y*. l. *Ipag*, la causa. *Pag-an*, lugar.

COTCOT. pc. Zanja hecha á manos. *Mag*, hacerla. *In*. lo que se saca. *Y*. con que. *An*, donde. *Pañgotcot*. instrumento.

COTCOT. pc. Escarbar la tierra con manos ó uñas, *Vm*. La tierra, *in*. Con que, *Y*. Lugar, *An*. *Di macotcot nang ligas*, se dice del muy mezquino.

COTITAP. pp. Unas hormigas pequeñas.

COTI. pp. Lo mismo que *gauang uica*: *Nagcocoticoti*, *naggagauang uica*.

COTING. pc. Gatillo.

COTIPAU. pc. *Monting pogo*. Tambien hombre desaliñado y sucio.

COTLO. pc. Cortar con la uña del dedo pulgar la espiga, ó cosa semejante, *Vm*. Lo que, *in*. Vide *cutil*, con sus juegos.

COTLÓ. pc. Reventar con la uña granillos que salen en el cuerpo, *Vm*. Lo que, *in*. Mejor, *An*. Vide *gotli*, *gotlo*.

COTLÓ. pc. Cortar con la uña del dedo la espiga del arroz, ú otra cosa, *Vm*. Lo que, *in*. Vide *quiquil*, *lañgot*.

COTO. pp. Piojo que se cria en la cabeza. *Magcaca*, tener muchos. *Cotohin*, piojoso. *Macoto*, tener muchos. *Manhiñgoto*, espulgar. Vide *hiñgoto*. *Saan gagapang ang coto*, *cundi sa olo*, dice el pobre al rico.

COTO. pc. Ruido de tripas, ó de la morisqueta que se cuece, *Vm*. La causa, *Y*. Vientre ú olla, *An*. Si mucho, *mag*. Causa, *ipag*. Lugar, *pag-an*.

COTON ASO. pp. Pulgas.

COTON TUBIG. pp. Arañas que andan sobre el agua.

COTON LUPÁ. pp. Tambien la pulga.
COTOB. pc. Ruido que hace uno dando vueltas en parte estrecha. *Vm*, hacer el tal ruido. *Y*, la causa. Si mucho, *mag*.
COTOB. pc. Crugir de las tripas. *Cocotobcotob ang tiyan*.
COTOB. pc. Estar como perplejo, tímido, remorderle la conciencia. *Vm*, l. *Cocotobcotob ang loob*, l. *Sa loob*.
COTÓCOTO. pc. Lo mismo que *coton tubig*.
COTON. pc. Pliegues ó arrugas. *Vm*, l. *Mag*, hacerlas. *In*, lo que. *An*, á que. *Nagcocoton*, l. *Nanĝonĝoton ang muc-ha*. Está con ceño de enojado, ó con arrugas de viejo. *Ualang cotón sa loob*, se dice del hombre sin doblez.
COTOS. pc. Ruido de ratones en las hojas de nipas, *Vm*. Lo que, *in*. Lugar, *An*. Con que, *Y*.
COTYÁ. pc. Vergüenza respetosa á diferencia del *hiya*. *Vm*, avergonzar á otro. *In*, ser avergonzado. La causa, *Y*. *Quinocotyaan*, la persona respetada. *Nacocotya*, el que tiene vergüenza. *Cacotyacotya*, causa vergüenza. *Macotyain*, pp. *Mapagcotya*. Frecuent. *Macotyain*, pc. Vergonzoso.
COTYATAN. pp. Vide *coryatan*, *horyatan*, *tipanan*.
COUAG. pp. *anyaya*, con sus juegos.
COUAGO. pp. Lechuza. *Matang couago*, ojos de lechuza.
COUALA. pp. Casa pequeña de prestado, en otras partes *cohala*. *Vm*, l *Mag*, hacerla. *In*, de que. *An*, l. *Pag-an*, donde.
COUASA. pp. Ayunar, abstenerse, *mag*. Porque, *ipag*. Lugar, *pag-an*. *Arao na ipagcocouasa*, dia de ayuno. *Nancocouasa*, ayunar una ú otra vez. *Magcouasa cang magcasala*, abstente de pecar.
COUAN. pc. Vide *coan*.
COUALÍ. pp. Muralla antigua, ó como tal de los viejos.
COUIS. pc. Hacer algo de priesa, como embarazado. *Vm*, obrar así. *Y*, con que. *An*, lugar.
COUIS. pc. Egecutar la justicia sin admitir escusa. *Di magpacouis ang hocom*, l. *Di pinacouis ang mey osap*, no le deja alegar.
COYAB. pc. Tirante flojo. Aflojar ó aflojarse, *Vm*. Lo mismo *in*. Mejor *pa-in*. Á quien, *An*. *Macoyab na tauo*, hombre flojo. Metáf.
COYACOR. pp. Refregarse en pared ó barigue. *Mag*. La parte del cuerpo que, *Y*. Donde, *pag-an*. Sinónomo. *Quiacos*.
COYACOS. pp. Lo mismo que *coyacor*.
COYAMUS. pc. Eficacia con que obra uno alguna cosa. *Mag*, hacerla asi. *An*, l. *Pag-an*, la obra. *Y*, l. *Ipag*, la causa. *Cocoyacoyamos nang pagsulat*. *Mapag*. Frecuent.
COYAO. pc. Infinidad de gentes ó animales.
COYAP. pc. Opaco, obscuro.
COYAR. pp. Flojo, y pesado por estar gordo, contrario de *malacas*. *Vm*, hacerse tal. *Y*, causa. *An*, ante quien. *Mag*, tener por tal.
COYCOY. pc. Escarbar como la gallina, arañar como el gato. *Vm*. La tierra, *in*. Las uñas, *Y*. Lugar, *An*. *Panĝoycoy*, instrumento.
COYING. pp. Lo mismo que *piquit*: *Cocoyingcoying ang mata*, *pipiquitpiquit*, *cocorapcorap*.
COYITIB. pp. Hormigas coloradas.
COYIO. pc. Refregarse el rostro y cabeza despues de dormir. Vide *hilapo*, con sus juegos.
COYIÓ. pp. *Capsang monti*, botija pequeña.
COYOCOT. pc. La punta del espinazo, la rabadilla. *Coyocotan*, pc. El que la tiene disforme. *Bucor cang macoyocot*, l. *Nagmameycoyocot ca rian*, se dice del que presume ser entendido.
COYOB. pp. Todos los hijos, ó puros varones, ó puras hembras. *Magcoyob nang panĝanĝanac*, parirlos así. Causa, *ipag*. La que, ó el lugar, *pag-an*.
COYOG. pp. Lo mismo.
COYOB. pp. Hacer muchos á una. *Pinagcocoyobang binabag yaong bata*.
COYOM. pp. Encoger las puntas del paño. *Vm*, l. *Mag*. Ella, *in*. Con que, *Y*, l. *Ipag*.
COYOM. pc. Es adjetivo de *coyom*, pp.
COYOMAR. pc. Piojillos pequeños.
COYOMOS. pc. Arrebujar, ajar algo entre las manos. *Vm*, l. *Mag*. Lo que, *In*, l. *Pag-in*. Con que, *Y*, l. *Ipag*. Lugar, *An*, l. *Pag-an*.
COYOMPIS. pc. Encoger, arrugarse. *Vm*, l. *Nanĝonĝoyompis*. *Y*, l. *Ipanĝo*, causa. *An*, l. *Panĝan*, lugar.
COYOPÍ. pc. Liendres muertas pegadas al cabello. *In*, tenerlas. *Coyopin tauo*, hombre cuitado.

C antes de U.

CUBAO. pc. Un género de plátanos. *Calbonglo*.
CUBILI. pp. Una fruta comestible, como castaña, como bellota.
CUDYIAPI. pp. Vide *coryapi*.
CUYATAN. pp. Vide *coryatan*, ó *cotyatan*.
CUGCUG. pc. Vide *cogcog*.
CULABAT. pc. Poderse ya poner en pie el niño. *Nanĝunĝulabat na ang bata, natitindigtindig na, cun may cacaptan*.
CULAMBO. pc. Vide *colambo*. Pabellon.
CULAM. pp. Hechizar. Vide *colam*.
CULAPA. pp. Una yerba de la mar.
CULATAY. pp. Vide *colatay*.
CULAY. pp. Vide *colay*.
CULÍ. pp. Pedir que le añadan algo al concierto ya hecho, y si no, retroceder de él. *Mag*. Porque, *ipag*. Á quien, *Pag-an*, frecuent. *Mapag*.
CULIAB. pp. Un género de fruta silvestre.
CULIG. pc. Cochinillo, *bigc*, ó *buic*.
CULIGLIG. pc. Chicharra, *nagcocoliglig siya mandin*, se dice de una muger habladora. *Houag mo acong pagculigligan*.
CULIGLIG. pc. Apretar al ave por el pescuezo, *mag*, l. *Vm*. *In*, l. *An*, lo que.
CULILÍ. pp. Morisqueta quemada y pegada á la olla. *Nanĝonĝolili*, limpiar la olla sacando la morisqueta. *Pang-in*, ella. *Ipang*, con que. *Pang-an*, la olla. *Mapang*. Frecuent. Sinónomo. *Sonog*, *totong*. pc.
CULINGLING. pc. Estorbo. Vide *lingling*, l. *Linglang*.
CULIN MANOC. pc. Madera fuerte de que hacen bancas.

CULIPAY. pp. Gavilan.

CULILIS. pp. Vide *culiglig*.

CULIT. pp. Vide *colit*.

CULITÍ. pc. Cosquilla debajo del sobaco. *Vm*. Á quien, *in*. Con que, *Y*.

CULITIU. pp. Un granillo que nace en las pestañas de los ojos. *In*, tenerle. En Manila se dice *culitim*.

CULIYAS. pc. Unos granillos duros que hay en los mongos. *Mey culiyas itong balatong*.

CULIYAO. pc. Escota de vela. *Mag*, ponerla. *An*, donde. *Nanḡonḡoliyao*, ir con ella en la mano.

CULIYAUAN. pp. Vide *coliauan*.

CUMAG. pp. Un género de arroz. Vide *comag*.

CUMALANSIC. pc. Un cuchillo con cascabel.

CUMALANSING. pc. Una cortina de Borney pintada.

CUMALOG. pc. Coco en que suena el agua dentro.

CUMALONG. pp. Un nombre de perro.

CUMBABA. pc. Humillarse. Vide *pacumbaba*.

CUMBALÁ. pc. Vide *combala*.

CUMBANG. pc. Manto de muger. *Mag*, tenerlo, ó ponérselo. *In*, de lo que es hecho. *Mag*, ponérselo á otro. Á quien, *An*. Sinónomo. *Cambong*, *cambang*.

CUMPA. pc. Tapar los ojos con las palmas de la mano, *mag*.

CUN. pc. Cuando *Cun macacain ca na, matolog ca na*.

CUN. pc. Al punto. *Ang usa cun yaong pinana siya, ay naglatacbo capagdaca*.

CUN. pc. Si. *Cun auayan ca niya, houag cang magalit*.

CUN. pc. Vel *paroroon ca,t, cun sino icao, cun siya*, tú, ó él.

CUN. pc. Suele denotar duda: *Cun ano,t, quimuha niya, di co ibinigay*.

CUNDAHAN. pc. Lo mismo que *cun danḡan, cun danḡan siya, hinampas quita*.

CUNDI. pc. Sino. *Cun di ca hampasin*, *hindi ca mararala*. Tambien lo que: hazlo y verás, *galauin mo iyan, cun di cata paloin*.

CUNDI. pc. Añadido el *nḡa*, de modo que diga: *cun di nḡa*, es mas que *cun danḡan*.

CUN DI MAN. pp. Aunque no sea, quién puede ser sino él? *Si Godgod yata nagnacao? Cun di man*, responde.

CUNDING. pc. Vide *conding*.

CUNDIT. pc. Vide *condit*.

CUNTIL. pc. Almorrana. Vide *butlig*, berruga grande.

CUPANG. pp. Una frutilla que sirve de peso.

CUPAY. pp. Flojo, enfermizo, *cupay na catauan*.

CUPI. pc. Torcimiento de orejas. *Cucupicupi*, andar ellas torcidas.

CUPING. pc. Vide *luping*, caimiento de orejas.

CUPIS. pc. Vide *copis*.

CUPIT. pp. Vide *copit*.

CUSÁ. pp. Vide *cosa*

CURLIT. pc. Herida pequeña. Vide *gurlit*.

CUTI. pc. Vide *coti*.

CUTIL. pc. Galillo de la garganta. Vide *cotil*.

CUTCUT. pc. Vide *cotcot*.

CUTING. pc. Vide *coting*.

CUTIPAO. pc. Pogo chico. *Tauong cutipao*, hombre desaliñado.

CUTITAB. pp. Lo mismo que *cotitab*, hormiga.

CUYA. pp. Esforzarse á hacer algo trabajoso. *Aba tayo magcuya pang mabayo*.

CUTYABI. pp. Andar colgado, como por andarivel. *Mag*, l. *Manḡoyabi*.

CUYAB. pp. Lo hueco del petate por estar algo debajo *Vm*, l. *Na*, estar asi. La causa, *naca*. Pasiva, *ica*. Donde, *caan*.

CUYACOS. pp. Rapacillo. *Naguiguincuyacos na munti*.

CUYAMOS. pp. Vide *coyamos*.

CUYAPIT. pp. Asirse á algo con manos y pies. *Vm*, asir. *Y*, con que. *Manḡuyapit*, tambien es asir. *Panḡuyapitan*, el árbol. *Panḡuyapit*, asidero.

CUYLI. pp. Vide *pasimondot*.

COYING. pc. Cuando á uno le duelen los ojos, y no los puede abrir bien. *Cucuyingcuying*.

CUYUMPIS. pc. Vide *coyompis*.

CUYUPI. pc. Vide *coyopi*.

DE LA LETRA D.

D antes de A.

DAAN. pp. Camino. *Vm*, pasar. *An*, por donde. *Itong daan aming dinanan*. *Daran-an*, pc. Camino trillado.

DAAN. pp. Pasar para tomar algo. *Dumaan ca nang sulat sa Capitan*. Pasiva, *danan mo ang sulat sa Capitan*: pero si digera, *danan mo ang Capitan nang sulat*, quiere decir, llevá-selo. Si muchos, ó muchas veces, *mag*. Con sus pasivas respectivas.

DAAN. pp. Dejar pasar. *Magpa*, á quien. *Paranin*, lo dejado pasar. *Iparaan*, *pagparanan mo ang mata*, dale una ojeada. *Magparaan ca sa aquin*, déjame hablar.

DAAN. pp. Pasar y mas pasar galanteando, ó buscando pendencia. *Magparaanraan*. Cosa, persona, ó ante quien, *An*. Causa, *icapagpa*. Lo que. *ipagpa*. *Maca*, poder pasar. *Ma*, poder ser pasado. *Magcaca*, pasar muchos juntos. Tambien, *magsipag*, *mandaan*. Frecuentemente.

DAAN. pp. Pasar pidiendo algo. *Maquiraan ca nang suca*, l. *Ipaquiraan mo ang suca*, pide de paso vinagre. *Daan cabolosan*, l. *Boloz daan*, l. *Caraniuang daan*, l. *Daang dalang dalanan*, muy trillado. *Bogtong* del camino.

Mahabang mababa.
tinolonghan bata.

Magparaan nang osap, *nang paglacad*, *nang pamamahay*, disponer, guiar, dirigir estas cosas.

DAAN. pp. Ciento. *Sandaan*, un ciento. *Sasandaan*, un solo ciento. *In*, tenido por ciento. *Mag*, dividir en ciento. *Pagsandaanin*, lo partido. *Manaan*, ciento á cada uno. *Magmanaan*, tomar cada uno ciento. *Papagmanaanin sila*, hacer que tomen á ciento. *Macaraan*, l. *Macararaan*, cien veces. *Nacaraang guinaua co na iyan*, cien veces lo hice. *Icaraan*, centésimo. *Mey caraang isa*, nonagésimo primo. *Labi saraan isa*, ciento y un diez, ó ciento y uno. *Sandasandaan*, de ciento en ciento.

DAANDAAN. pc. Lienzo mal tegido. *Mag*, tegerlo. *In*, la pieza. *Ipag*, para quien. *Napag*, l. *Pinagdaandaanan*, lo ganado.

DAAT. pp. Yerba que araña las piernas. *Mandaat*, cogerla. *Pandaatin*, lo que. *Pandaatan*, donde. *Ipandaat*, con que. *Na*, herido con ella. *Caan*, lugar.

DABA. pp. Olla grande. *Sandabang canin*, una olla llena de morisqueta.

DABDAB. pc. Estar luciente como un retablo dorado. *Nagdarabdab ang Altar*, ó *ang damit nang pula*, luce con lo colorado.

DACAY. pp. Vide *bacay*.

DACLAP. pc. Vide *dilap*.

DAQUILA. pp. Cosa grande. *Daquilang casalanan, daquilang Princesa*. *Mag*, portarse, ó tener á otro por grande. *Daquilain mo siya*, ténle por grande.

DAQUIP. pc. Prender, *Vm*. El que, *in*. La obra, *pagdaquip*. Si mucho, *mag*. Los que, *pag-in*. La obra, *pagdaraquip*. *Man*, andar cogiendo. *Na*, estar cogido. *Napa*, dejarse coger. *Nagdaraquip aso mandin*, se dice del vanaglorioso.

DACO. pp. De esta, ó de aquella parte, *Dacong silañgan, dacong calonoran*, hácia el oriente, hácia el poniente.

DACO. pp. Ser bastante una cosa para otra. *Nandaraco ang salapi co sa sandaang cayo*, basta mi dinero para cien piezas. *Mandaraco caya ang cabanalan mo cun ihalimbaua sa mañga Santos*, pueden compararse tus virtudes, &c. *Nacacaracohan*, lo que ajusta á alguna parte. *Ualang caracohan*, inútil.

DACO. pp. Echar por alguna parte. *Napaparaco*, lugar. *Caparacohan, ualang caparacohan, itong duc-ha* no tiene donde arrimarse.

DACOL. pp. Puñado grande de comida. *Vm*, tomarlo. *In*, lo que. *Y*, con que. *An*, lugar. *Mag*, pc. Si mucho. *Pag-in*, lo que. *Ipag*, con que. *Pag-an*, plato.

DACOL. pc. embarazado por embobado. *Vm*, hacerse tal. *Y*, la causa. Itt. *Vm*, embarazar á otro. *In*, á quien. *Y*, con que. *Man*, de continuo. *Maca*, causa. *Ma*, estarlo. *Caracolan*, abstracto. *Daracoldacol ca rian*, qué haces ahí atontado?

DACONOT. pp. Corcobado, ó agoviado por la carga. *Vm*, andar así. *Y*, lo que lo causa, y tambien el mismo cuerpo. *Mag*, dice mas. *Daracodaconot si Jesucristo; nang pagpasan nang Cruz*. Iba Jesus N. B. agoviado con la carga de la Cruz.

DACOT. pc. Coger con la mano, ó con el puño. *Vm*. Lo que, *in*. Donde, *An*. *Na*, lo que está tomado. *Mag*, si mucho, ó con dos manos. *Pag-in*, lo que. *Pag-an*, el cesto. *Ipag*, con que. *Man*, andar arrebatando. *Magdacotan*, tomar á porfia. *Pagdacotanan*, sobre que. *Maqui*, pedir un puño. *Paqui-in*, lo pedido. *Paracotan mo cay Pedro itong salanta nang bigas*, dí á Pedro que dé un puñado de arroz á este pobre.

DACDAC. pc. Juntarse mucha gente como para jugar gallos, *Vm*. Ante quien, *An*. La casa, *pag-an*. La causa, *Y*.

DACSA. pc. Vide *dagsa*.

DAGÁ. pp. Velar. *Vm*. En que, *An*. Causa, *Y*. Frecuent. *Madagain*.

DAGA. pp. Tia, madrastra. *Mag*, tia, y sobrino. *Vm*, llamarla con el nombre de tia. *Hin*, ella. Mejor *nararaga, pinagdaragahan*, ella. *Mag-pa*, pedir que la llamen asi. *Padagahin*, ella. *Magpa*, llamarla con afrenta. *Pinagparagahan aco niya*, me afrentó. *Mag*, tener por tia á la que no lo es. *Hin*, á quien.

DAGÁ. pc. Raton. *Dinagà*, lo destruido de ellos. *Magca*, haberlos. *Man*, cogerlos. *Pan-in*, ellos. *Pan-an*, donde. *Mapan*, frecuent. *Mandaragà*, cazador. *Maca*, causa que los haya. *Maqui*, parecerse al raton. *Bogtong*.

Balang agar ang ñgalan,
Dagà rin hangang buhay.

Agar es *raga*, retrógrado.

DAGA. pp. Género de *paganito*.

DAGABAS. pc. Una yerba como el pacó Vide *tagabas*.

DAGABDAB. pc. Llamarada grande. Vide *alab*. *lagablab*, el mas usado.

DAGADAGAAN. pp. Lagarto del brazo.

DAGAIS. pc. Vide *dag-is*.

DAGALAC. pc. Llamarada de fuego, ruido de ella. *Vm*, l. *Mag*, dar llamarada el fuego. *Maca*, causarlas. *Ica*, pasiva. *Maragalac na apuy*, fuego de muchas llamas.

DAGALDAL. pc. Mandar con fuerza, como rempujando, ó tirando con fuerza de alguna cosa pesada, *mag*. Lo que, *pag-in*. Lugar, *pag-an*.

DAGALUAC. pc. Ruido de agua. *Vm*, hacerlo la vasija. *Mag*, derramar mucha agua. *An*, sobre que cae. *Ca-an*, acaso. *Na*, la que cae por peñas. *Maragaluac ang paghohogas*.

DAG-AN. pc. cargar ó prensar. *Vm*, l. *Mag*. *Y*, lo puesto encima. *An*, l. *Pag-an*, sobre que. *Narag-anan*, estar prensado. *Nagcadaragandag-an*, estar unas sobre otras prensadas. *Mandag-an*, poner prensa. *Pan-an*, ellos. *Pandag-an*, prensa.

DAGANAS. pp. Hacer ruido andando de priesa. *Vm*, el. Á quien, *in*. Palabras con que, *Y*.

DAGANAS. pp. Llevar algo arrastrando. *Mag*, l. *Vm*. *Pinaghihilang ipinagdaraganas si Jesucristo nang mañga judios*, llevaban á Jesus arrastrando los judíos.

DAGANG. pp. Contratar en cosas gruesas, *Vm*. Si de continuo, *mag*. Lo que, *Y*. *Ipag*, *dagañgan*, mercaderías. Tambien es tratar comprando, y entonces vide los jueges de *bili*.

DANGANDAN. pc. Llevar por fuerza. *Vm*, l. *Mag*. *In*, lo que.

DAG-AÑGAN. pp. Mercadería. Vide *laco*.

DAGARAG. pp. Ruido de los que se pelean. *Mag*. La causa, *ipag*. Sobre que, *pag-an*.

DAG-AS. pc. Llamar de priesa, avisar de priesa. *Vm*, mejor, *mag*. *In*, el que. *Ipa*, la persona que se ha de llamar. *Iparag-as aco ninyo cun malubha na.*

DAGASA. pc. Refriega de lluvia, viento. Grandes risadas, *Vm*. La persona á quien coge, *han*. *Magpa*, hacer que sea recio.

DAGASRAS. pc. Hacer algo con mucha priesa, pero atropellado. *Vm*, hacer algo asi. Lo que, *in*. *Houag mong dagasdasin ang gaua mo*, no atropelles lo que haces.

DAGAT. pp. Mar, laguna grande. *Vm*, l. *Mag*. Cubrir la mar, las tierras. *An*, lo cubierto. *Nagdagat ang dugó ni Jesus sa pono nang Cruz.* Hizo un mar de sangre. *Man*, l. *Mag*, pc. Viajar por la mar. *Tauong domagat*, l. *Tagaragat*, hombre de mar. *Sandagatan*, lo contenido en la mar. *Caragatan*, lo principal del mar, su costumbre. *Malaragat*, agua tibia. *Malaragatin mo*, haz la tal.

DAGAUAC. pc. Vide *dagal-uac*.

DAGAYRAY. pc. Cosa hecha apresuradamente. Vide *daguiray*.

DAGDAG. pc. Añadir. *Mag*. Lo á que, *An*. Lo que, *Y*. *Mandaragdag*, añadidor.

DAGHÁ. pc. Abaratar. *Vm*, abaratarse. *Y*, la causa. *An*, lugar, y persona. *Nagca*, lo mismo.

DAGUIIS. pp. Fatiga del que se lleva gran carga. *Vm*, l. *Mag*. *Y*, l. *Ipag*, causa, carga. *Daguiis ca na diyan*, *bago hamac ang dala mo*, estás fatigado siendo tan poca la carga.

DAGUIL. pp. Echar á otro de su lugar, ganándole lugar, *Vm*. Á quien. *in*. Con que, *Y*. *Naraguil sa pagtotoñgo*, se dice del que acertó en la venta.

DAGUILAP. pc. Lucimiento. *Vm*, l. *Mag*, lucir. Con lo que, *Y*. *Magpa*, hacer ostentacion de lo que, ó porque. *Ipagpa*, ante quien. *Pagpa-an*, ó persona. *Caparaguilapan*, vana ostentacion, *caraguilapan*, lucimiento.

DAGINGDING. pc. l. *Dagindin*, atropellar. *Naragindin ang mañga bata nang mañga tauo.*

DAGUINGDING. pc. Ruido de mucha gente ó aguacero. *Vm*, hacerle. *Nariñig mo iyang dinaguiraguingding nang tauo?* Oiste aquel ruido de los hombres?

DAGUIRAY. pp. Acto de cantar los que van remando con fuerza.

DAGUISIC. pc. Apretado, apeñuscado. *Vm*, *magca*, estarlo. Mas usado es, *daimpit*.

DAGIS. pc. Pujo, ó pujar, *Vm*, l. *Mag*. *Y*, la criatura. *Dara-gisdag-is*, estar pujando, *Narag-is na*, l. *Nairag-is na*, la criatura. *Magpa*, animar á que puje. *Nacapa*, de repente la criatura. *Man*, pujar mucho. *Carag-isan*, pp. La hora del parto.

DAG-IS. pp. Vide *daui*. Picar el pez.

DAGISDIS. pc. Fuerza de viento sin cesar. *Vm*, soplar asi. *Mag*, arreciar. *Idinaguisdis cami*, l. *Dinaguisdis*, l. *Naraguisdis*. *Magpa*, dejarse llevar del viento, ó dejar soplar asi. *Quinadaguisdisan*, l. *Pinagdaguisdisan*, costa ó peña en que dieron.

DAGITAB. pp. Lucimiento de fuego, ó retablo dorado. Vide *dagilab*.

DAGILAB. pc. Vana ostentacion. *Magpa*, hacer ostentacion. De lo que, *ipagpa*. Ante quien, *pagpa-an*. Frecuent. *Mapagpa* y *caparagilaban*, abstracto. Vide *gilab*, *parangia*.

DAGUISON. pp. Recoger ropa tendida ó colgada, *mag*. Lo que, *in*. Lo que, se añade, *Y*. Los dos *pag-in*. Con que *ipag*. Lugar *pag-an*. *Man*, juntar muchas cosas. *Mapan*. Frecuent.

DAGUISON. pp. Juntarse uno con los otros para seguirlos. *Vm*. *Domaguison ca sa marami*, júntate con muchos.

DAGUIT. pp. Cojer al vuelo como el milano, *Vm*. Lo que, *in*. Donde, *An*. Muchos, *mag*, pc. Andar de continuo cogiendo, *man*. Lo que, *pan-in*. Lugar, *pan-an*. *Magpa*, dejarlo coger. *Ipa*, lo que. *Mapandaguit*, ave de rapiña.

DAGUITDIT. pc. *Dulidaliin ang pagbayó*, pilar apriesa el arroz.

DAGLÍ. pc. Presto: es adjetivo. Mejor es *dalidali*, *bigla*.

DAGOBDOB. pc. Llama grande de grande ruido. *Vm*, arrojarla el fuego. *An*, á lo que prende. *Caragobdoban*, llamarada.

DAGLÍ. pp. Puñada, golpe con el puño cerrado, *Vm*, l. *Mag*. *An*, l. *Pag-an*, á quien. Tambien *Vm*, el uno al otro. *Mag*, l. *Magdagocan*, entrambos.

DAGOLDOL. pc. *Tonog nang paa nang lumacar*, ruido de los pies del que camina.

DAGONGDONG. pc. Ruido de aguacero, de mar, de árbol que cae, &c. *Vm*, hacerlo. *Daragodagongdong*, el que lo está haciendo.

DAGONOT. pp. Inclinarse el peso de la carga. *Vm*, hacerlo inclinar. *In*, á quien. *Na*, el que lo está. *Mag*, pc. Ir asi cargado, ó cargar á otro. *Pag-in*, á quien *ipag*, con que. *Maca*, la causa.

DAGOOC. pp. Ruido que hace el puñete. *Vm*. Si mucho, *mag*, pc. l. *Nagdagodagooc nang pagdagoc.*

DAGOS. pp. Forcejar como el peje por escaparse del anzuelo. *Vm*, si mucho. *Mag*, pc. Á lo que está asido, *pag-an*. *Na*, lo que vá llevado del que lo tira. *Magpa*, el que tira. *Ipa*, lo arrastrado. *Paragos*, un carreton que anda en tierra llana.

DAG-OS. pc. Vide *daut*.

DAGOSDOS. pc. Resvalar. *Mag*, l. *Mapa*. Donde, *caan*, Causa, *maca*.

DAGOYON. pp. Acompañar, *Vm*. Á quien, *An*. Si muchos, *mag*. pc. Á quienes, *pag-an*. *Caragoyon*, compañero.

DAGOYDOY. pc. Correr el agua mansamente. Vide *agoy-oy*.

DAGDAG. pc. Añadir, aumentar, *mag*. Lo que, *Y*. Á que, *An*. *Vm*, l. *Maqui*, añadirse con otros. *Caragdag*, compañero. *Dagdag na tauo*, hombre advenedizo. *Man*, mucho. *Ipan*, lo que. *Pang-an*, á que. *Pandagdag*, añadidura. *Mapan*, frecuent. *Mandaragdag*, oficio. *Maca*, causa. *Mapa*, pedir añadidura.

DAGSÁ. pc. Dar á la costa. *Vm*, de propósito. *Mag*, el viento al navio. *Y*, el navio. *An*, l. *Pag-an*, la costa. *Man*, l. *Mag*, si muchos. *Ma*, acaso. *Caan*, donde. *Magpa*, dejarse llevar á la costa. *Pinadagsa*, el navio. *Maragsain*, el que de contínuo.

DAGSÁ. pc. Estrangero. *Dagsang tauo. Vm*, vagamundear. Recien llegado.

DAGTÁ. pc. Leche de árbol, ó fruta. *Mey dagtà*, l. *Maragtà*, tenerla. *Maragtaan*, ser pegado de ella.

DAGOSGOS. pc. Vide *dalosdos*.

DAGHÁ. pp. Apocado, duro de còrazon. *Vm*, hacerse tal. *Nagcacarahaan sa aquin*.

DAHÁ. pp. Lo mismo que *dangan*. Con sus juegos.

DAHÁ. pp. Detener la mercaderia para venderla mas cara, *mag*. Lo que, *ipag*. Á quien, *pag-an*.

DAHAC. pp. Gargajo. *Vm*, gargagear. *Mag*, si mucho. *Y*, l. *Ipag*, el gargajo. *An*, l. *Pag-an*, á quien. *Marahac*, donde los hay. *Marahaquin*, gargageador. *Darahacdahac*, andar gargageando.

DAHAY. pp. Liviandad en costumbres. *Marahay na babaye*, muger liviana. Vide *dahil*, pp. con sus juegos.

DAHACA. pp. Muesca que se hace cuando la tabla comienza á rajarse, para que no prosiga. *Vm*, l. *Mag*, hacer los encages. *In*, lo que se éncaja. *Y*, lo que se pone en la otra tabla. *Pag-in*, las dos. *Pag-an*, lugar. Tambien *mag*, meter la cuña. *Y*, lo que. *An*, donde.

DAHAMBÁ. pc. Estar con pesadumbre interior de lo que se siente. *Vm*, l. *Mag*, portarse asi. *Carahambaan*, abstracto.

DAHAN. pp. D. Espacio, sosiego, reposo. *Vm*, irse poco á poco. *An*, en donde, ú obra asi hecha. *Dahanan mo iyang gaua mo*, haz con sosiego eso. *Mag*, ir despacio, y mas subido. *Magpaca, magpacarahan cang lumacad. Pacarahanin mo ang paghila. Napacarahan na*. ya se aplacó. *Marahan ang loob*, corazon magnánimo.

DAAN. pp. No vedando. Vide *houag*.

DAHAN. pp. Si no fuera que. Vide *dangan*.

DAHAT ACO. pc. *Houag mona,t, aco*, no, primero seré yo.

DAHANG. pc. Lo mismo que *marahan*.

DAHAS. pc. Bravo. *Vm*, irse haciendo. *Mag*, manifestar braveza. *Ipag*, porque. *Pag-an*, contra quien.

DAHAS. pc. Quitar por fuerza. *In*, lo que. *An*, l. *Pag-an*, de quien. *Man*, muchos con sus pasivas. *Maca*, poder quitar por fuerza, ó causar braveza. *Napa*, el que se deja quitar. *Marahas na tauo*, hombre tirano. *Carahasan*, abstracto.

DAHATDAHAT. pp. Encogimiento. *Houag cang domahatdahat domolog sa Hocom*, no te acortes en llegarte al Alcalde.

DAHAT. pp. *Ualang carahatan, ualang quinapapacan-an*, inútil, de ningun provecho.

DAHIC. pc. Barar la embarcacion, *mag*. Lo que, *Y*. Donde, *An*.

DAHIC. pc. Alzar la escalera, *mag*. Ella, *in*. Á quien, *An*. De propósito, *pag-an*. *Vm*, desde arriba. *Mag*, desde abajo, como *abut*.

DAHIC. pc. *Dungmahic ang buaya sa pangpang*, se ha echado el caiman á dormir.

DAHIL. pp. Contínue en una cosa, importuno, travieso. *Vm*, *marahil na babaye*, *sa manga lalaqui*, muger de poca vergüenza. *Maquirahil ca*, l. *Paquirahilan mo aco nang pagbubuquid*, déjame continuar con otro la sementera.

DAHILAN. pc. Causa, achaque, escusa, ócasion, motivo, impedimento. *Mag*, ponér ó decir escusas. *In*, l. *Ipag*, la escusa. *An*, l. *Pag-an*, á quien. *Magpa*, hacer que diga. *Pinapag*, el que. *Macapag*, escapar con escusas. *Carahilanan*, escusa, causa. *Marahilanin*, l. *Mapagdahilan*, hombre lleno de ellas.

DAHILAS. pp. Ludir uno con otro. *Vm*, l. *Mag*. Lo que, *An*. Causa, *ipag*. *Narahilasan*, lo ludido. *Napagdarahilasan*, pc. Si mucho. Vide *dahilos*.

DAHILIG. pp. Cuesta larga y no ágria. *Dahilig na bondoc*. *Vm*, l. *Mag*, inclinar ó ladeár otra cosa. La que, *Y*. Donde, *An*. *Mag*, pc. Recostarse. *Man*, subir tal cuesta. *Napa*, pedir que le recuesten. *Magcapagdahilig*, de repente. *Sa darahilig?* ó qué recostado?

DAHIT. pp. Tabla de navio: *Man*, ir á cortarlas.

DAHITAN. pc. Embarcacion, poner falcas.

DAHIT. pp. *Magdarahit*, galafate.

DAHIYO. pp. Resbalar, deslizar. *Ma*, l. *Mapa*, resbalar. *Caan*, donde *Mag*, resbalar á otro. *Sino ang nagdahiyo sa bulag?* Quién hizo resbalar al tuerto? *Darahidahiyo*, andar resbalando. *Pagdarahiyo*, verbal de *mag*. *Pacacadahiyó* de *ma*.

DAHON. pp. Hoja de árbol. *Mag*, echarlas el árbol. Tambien *mag*, sacar de comer en ellas. *Narahonana*, ya está en la mesa la comida. *D. in M.* servir á la mesa, aparejar la comida. *Tagapagdahon*, cocinero. *Dahonan*, lugár.

DAHONG MALILONG. pp. Con negativa, el enfermo que no arriba de su enfermedad. *Dinadarahong malilong*. *Ang di iquin a*, la causa.

DAHON PALAY. pp. Culebra que tiene el mismo color que la hoja del palay. *Na*, ser picado de ella.

DAHOP. pp. Proporcionar muchas cosas, juntarlas para ver si falta alguna. Ellas, *pag-in*. La causa, *ipag*.

DAHOP. pp. Ropa remendada. *Damit na rahòprahop*, lo mismo qua *tagpitagpi*. Tambien *dahopin na ang manga cantores*, ya son los cantores de malas voces.

DAHOYHOY. pc. *Nadahoyhoy ang loob mo*, *nabigla*, se apresuró tu corazon. *Hindi iniisip ang uiuicain*, no pensó lo que diria.

DAIG. pp. Cubrir el fuego con ceniza para que no se apague. *Mag*, estar preso el fuego, ó aplicar con que conservarlo. *An*, el calan. *Magpa*, auyentar el animal con fuego. *Magdaigan*, poner tizon al fuego. *Idaigan*, lo que. *Ipag-an*, con que. *Dongmaraig na aco sa dilang otos mo sa aquin*, estoy siempre pronto á tus órdenes. Metáf.

DAIG. pp. Zahumar, *Mag*. El jarro, *Y*. Lo que, *in*. Causa, *ipag*. Para quien, *pag-an*.

DAIG. pc. Vencer ó superar. *Man*, el que vence. *Ma*, el vencido. *Vm*, afligir. *In*, á quien. *Y*, con que. *An*. lo que se vence. *Pandaig* instrumento. *Maqui*, porfiar para vencer. *Magpa*, coger con balleston. *Napa*, ser cogido algo con el balleston.

DAIGAN. pp. Tizon, *aguipo*. Vide *daig*.

DAIL. pc. Apretar. Vide *dailil*.

DAILAS. pp. Apretado, por estar mucho en lugar angosto. *Mag*, l. *Magca*, ludir una cosa con otra, l. *maqui*. *Pagca-an*, lugar. *Magpa*, hacer que luda. *Magca*, estar apretados.

DAILAS. pp. Juntar una cosa con otra, *mag*. Lo que, *Y*.

DAILIL. pc. Apretarse la gente, ó empujarse, *Vm*. Á quien, *An*. *Mag*, arrimárselos. *Y*, lo que. *An*, l. *Paquianan*, la persona. *Houag mong paquidaililanan iyang mey saquit*, no me empujes ese enfermo.

DAILÓS. pp. Limpiarse las asentaderas arrastrándolas, *man*. Con que, *ipan*. Lugar, *pan-an*.

DAIMPIT. pc. Vide *dailil*.

DAING OUAC. pc. Lo mismo que *silisilihan sa laua*.

DAIS. pc. Llevar que comer al necesitado. *Vm*. *Mag*, llevar que comer á las bodas. La persona á que, *An*.

DAIS. pc. Allegar una cosa á otra, *Vm*. Lo que, *Y*. A quien. *An*. Los dos, *pag-in*.

DAIT. pp. Vide *danit*.

DAITI. pp. Asentarse juntos, ó hacer que una se una con otra. *Vm*, lo que se junta. *Y*, lo que es juntado. *Han*, al que. *Mag*, juntarse. *Pag-in*, las dos cosas. *Maca*, poder llegarse. *Caraitihan*, llegamiento. *Maraitihin*, el que siempre se junta.

DALA. pp. Atarraya. *Vm*, pescar con ella. Si mucho, *man*. Donde, *han*. Lo que se pesca, *hin*. *Mag*. pp. Usar de ella. *Maca*, coger. *Na*, ser cogido. *Maqui pan*, acompañar á otro. *Malimit ang dala ni coan*, se dice de un ladroncillo ratero. *Nasoot sa gaid ang dala ni coan*, fué por lana, &c. *Bogtong*.

Ang marahang bayani,
nagsasaua nang huli.

DALA. pc. Carga, llevar y traer. *Mag*, llevar *Hin*, lo que. *Han*, á quien. *Man*, muchas cosas. *Paghan*, á quien. *Na*, lo llevado. *Di madala*, lo que no se puede llevar. *Magpa*, mandar traer. *Padalhin mo siya*, mandar que lo lleve. Tambien enviar. *Ipa*, la carta ó lo que. *Paralhan* á quien. *Nagpapadalhan*, l. *Nagpapadalahan*, enviarse mútuo. *Padala*, lo que se envia. *Padala cong sulat*. *Caralhan*, una carga. *Daralhin*, hato ó carga. *Mapagdaladala*. Frecuentemente. *Dalahan*, contribucion. *Mag*, contribuir. Con esta palabra, *dala*, se componen otras muchas, como se puede advertir.

DALÁ. pc. Escarmentar, *ma*. La causa *ica*. Cabeza en que, *caan*. *Sucat ninyong cadal-an ang iquinapopoot nang manĝa banal*, el enojo de los justos basta para escarmentar, &c. *Vm*, l. *Magpa*, escarmentar á otro. *In*, l. *Padal-in*, l. *Paralain*. *Nanghihirala aco*, escarmiento yo. *Panghiral-an*, de quien. *Cararal-an*, cabeza en que.

DALANHIYA. pc. Tener vergüenza, *mag*. La causa, *ipag*.

DALANG POOT. pc. Tener ódio, *mag*. La causa, *ipag*.

DALANG TAUO. pc. Muger preñada, *mag*. La causa, *ipag*.

DALABASA. pp. Intérprete, lo mismo que *dalobasa*, *dalibasa*.

DALABAN. pp. *Yaong salaping ibinigay sa nagbabalay,e*, lo que se envian los concuñados. *Aquing ipadarala rin sa iyo yaong salaping yaong, cun mey mapagpadalhang mabait*, en habiendo persona de confianza, enviaré aquel dinero.

DALAC. pp. Un género de hoyas. *Mag*, traerlas.

DALAC. pc. Llamarada. *Vm*, l. *Mag*, subir.

DALACDAC. pc. Sembrar arroz para trasplantar. solo tiene este uso *ibang dalacdac nang limit*.

DALADAY. pp. Una yerba espinosa.

DALAG. pp. Lustre de oro muy fino. *Vm*, ponerse lustroso. *Man*, l. *Magpa*, dárselo. *Pandalag*, instrumento.

DALAG. pc. Un pescado negro y feo. *Man*, pescarlos. *Mapandalag*, pescar solo este pescado, *Pandalag*, red con que se coge. *Nagpapalo mandin nang dalag*, dá palos sin tiento, porque este pescado se coge tambien á palos en la sementera.

DALAGA. pp. Moza casadera. *Mag*, hacerse tal. *In*, ser tenida. *Mag*, pc. Conservar la virginidad, y profesar eso como beata. *Ipag*, la causa. *Cadalagahan siya*, aun es moza. *Madalaga itong bayan*, hay muchas dalagas.

DALAGSOT. pc. Dalagota grande, es palabra afrentosa. *Vm*, llamar asi. *In*, á quien.

DALAHAY. pp. Arrojar la ola algun palo, ó embarcacion. *Dinalahay*, lo arrojado.

DALAHIC. pp. Olas bobas. *Vm*, l. *Magca*, haberlas. *An*, á quien dá.

DALAHIRÁ. pp. Muger desenvuelta, retozona. *Vm*, retozar. *In*, á quien. *Vm*, l. *Man*, hacerse tal. *Mapa*, hacer que retocen con ella. *Mag*, pc. Incitar á deshonestidad. *Cadalahiraan*, l. *Magcadalahiran ca*, muy desenvuelta eres.

DALAM. pp. Casa de mucha gente, criados, esclavos. *Mag*, estar en ella. *Pag-an*, la causa. *Dalam mandin ang bahay mo*, tu casa está llena de gente.

DALAMBÁ. pc. Arrojar. *Vm*, l. *Mag*. Lo que, *Y*, *ipag*.

DALAMBAAN. pp. Donde se sientan los que reman. *Mag*, hacerlo. *In*, de que.

DALAMHATÍ. pp. Tristeza, afliccion, fatiga. *Vm*, l. *Mag*, estar, ó tenerla. *Pag-an*, por lo que. *Ica*, la causa. *Cadalamhatian*, tristeza. *Cadalaralamhati*, lo que la causa.

DALAMPANG. pc. Banca grande. *Man*, ir en ella.

DALAMPASIG. pp. Orilla de mar, ó rio, playa. *Man*, andar por ella.

DALAN. pp. Sembrar pepitas, *Vm*. Lo que, *Y*. Lugar, *dalanan*. Si mucho, *mag*. Lo que, *ipinag*.

DALANDALAN. pp. Macetas. Vide *dalan*.

DALANDAN. pc. Cajel.

DALANG. pp. Ralo. *Vm*, hacerse. Lo mismo *man*. *Mag*, hacer ralo. *An*, l. *Pan-in*, l. *Pagdalangdalanĝin*, l. *Paca*, lo que. *Madalang ang ganga icao ay nanapapasalanĝil*: pocos como tú suben al cielo.

DALANGDALANG. pp. Rejas de barandillas. *Mag*, hacerlas. *An*, donde se ponen.

DALANĞAT. pc. Abrir dos cosas unidas, como abanico ó compás, quedando junto por el otro cabo. *Vm*, l. *Mag*. Abrir asi. *In*, l. *Y*, lo que. *Man*, irse abriendo *Y*, *pan*, l. *Pan-in*, lo abierto. *D. in N. Nananalangcat*, abrir una cosa sola.

DALANĞAT. pc. Erizarse el cabello ó pelo de animales, *Vm*. Erizarlo, *mag*. El cabello ó pelo, *Y*. *Irinalanğat nang isdà ang tinic*. Erizáronsele al peje las espinas ó puas.

DALANĞIN. pp. Pedir de gracia, *Vm*. Lo que, *in*. Á quien, *An*. *Man*, l. *Mag*, pc. Muchas veces. *Pag-in*, l. *Pan-in*, lo que. *Pag-an*, l. *Pan-an*, á quien: tambien *D. in N. Naca*, alcanzar lo pedido. *Na*, lo alcanzado. *Nadalanğinin*, de quien. *Magpa*, hacer, decir, mandar que pida. *Panalanğinin mo ang duc-ha*, déjate rogar del pobre. *Magpag*, pc. Orar mucho. *Magdalanğinan*, pedirse mútuo. *Cadalanğinan*, uno de ellos, á quien se recurre en la necesidad. *Magcadalanğinanan*, los dos. *Capanalanğinanan*, uno. *Magca*, uno ó dos, que mútuo se encomiendan á Dios. *Mapandalanğin*, l. *Dalanğinin*, el que pide mucho, ó muchas veces. *Tauag dalanğin*, pedir muchas veces. *Vm*, lo que. *Itauagdalanğin*, á quien. *Tauagdandalanğin*, frecuent. *Mapagtauagdalanğin*.

DALANĞORONG. pp. Ruido de los que corren de tropel.

DALAO. pp. Visitar, *Vm*. Á quien, *in*. Verbal, *pagdalao*. *Mag*. pc. Mucho, ó muchas veces. *Pag-in*, á quienes. *Ipag*, con que. *Man*, visitar frecuentemente, como á la sementera. *Pan-in*, ella. *Pan-an*, el distrito de ella. *Pandaralao*, acto. *Madalauin*, *Mapandalao*, Frecuentemente *Mandaralao*, *tagapan*, de oficio. Vide *sayat*.

DALAPAC. pc. Caer de golpe. *Vm*, derribar. *Y*, lo que. *Pag-an*, donde. *Ang banğa nacadalapac sa aquin*, l. *Nadalapacan co ang banğa*, tropecé con la banga, y dí entierra con todo mi cuerpo. *Magcapa*, de repente. *Pagcaan*, donde. *Mapagdalapac*. Frecuent.

DALAPDAP. pc. Tez del cuerpo ó rostro. *Maigui pala ang cadalapdapan nang muc-ha*. *Padalapdap*, l, ó *Paladapdap*.

DALARAY. pp. Vide *dalayday*.

DALAS. pc. Presteza, repetir, menudear, continuar, *Vm*. Lo que, *in*. Á quien, *An*. *Mag*, l. *Magpaca*, hacer ó decir algo de priesa, ó á menudo. *Magdalasan cayong magdasal*, rezar de contínuo, mútuo ó á porfia. *Pinagdadalasanan*, lo que. *Pandalasan*, apriesa. *Vm*, correr apriesa el rio, la fama, &c. *Dumadalas ang bantog*. *Dalasin na ang pagtogtog*, remata el toque de la campana. *Madalas*, á menudo. Este se hace verbo, y se conjuga. *Magmaralas cang cumain*, *ipagmaralas mo ang pagcain*, come de priesa, haz que coman de priesa.

DALASAÁ. pp. Despedazar, *mag*. Lo que, *in*. El lugar, *pag-an*.

DALAT. pp. Detener. Úsase siempre con negativa. *Di magdalat*, sin detenerse.

DALATAN. pp. Tierras altas de labor, que no son *tubigan*.

DALAU. pp. Vide *dalao*, con sus juegos.

DALAUA. pc. Dos. *Vm*, dar de dos en dos, ó ser dos contra uno. *Mag*, ir dos juntos, ó hacer una obra juntos, ó tener dos amigos. *Paghan*, lo tenido. Itt. *Mag*, repartir en dos partes. *Pag-hin*, lo que. Itt. *Mag*, hacer que lleguen á ser dos. *Dinalaua co na*.

DALAUA. pc. Hacer brindis de dos en dos tazas. *Man*, l. *Magca*, estar dos ó tener dos. *Di magcadalaua ang uica*, se dice del hombre constante. *Nadalaua*, pc. l. *Nadalauahan aco*, ganóme de dos arriba. *Macadalaua*, dos veces. *Naca*, pretérito. *Nagmamacalaua ang pagcain nang tagalog*, dos veces come el tagalo. *Pinagmamacalauahan mo aco nang pagcoha*, por una vez que tómo, tómas tu dos. *Pinamacalauahan*, á quien se dá dos veces: tambien la misma cosa dada.

DALAUAN. pp. Goma que se cria en los árboles.

DALAUAT. pp. Vide *dauat*.

DALAUIT. pp. Aliviar ó soliviar con espeque ú otro palo. *Mag*. Lo que, *in*. Vide *soal*.

DALAUIT. pc. *Dalauit na tauo*. *Tauong maliuag causapin*. Lo mismo que *bacuit na tauo*.

DALAY. pp. Yerba espinosa.

DALAYDAY. pc. Deslizar, caminar ó correr con presteza, *mag*. Donde *An*. Causa, *ipag*.

DALAYRAY. pc. Poner las cosas en órden de modo, que una no esté sobre otra, *mag*. Lo que, *Y*. Donde, *An*.

DALARAYAN. pp. Escalera de tres cañas por donde suben el *balangcas*. *Mag*, hacerla. *In*, de que.

DALAYDAYAN. pp. Pasadizo, ó armazon para subir á alguna obra.

DALAYRAYAN. pp. Escalera de dos ó tres cañas con que suben el *balangcas* de la casa nueva. *Mag*, hacerla. *In*, de que.

DALAYRAYAN. pp. Pasadizo ó puente, que hacen para echar agua en alguna vasija.

DALAYRAYAN. pp. Rueda para aventar la paja del arroz, ó canal por donde pasa el arroz aventado.

DALAYRAYAN. pp. Escalerilla para subir las calabazas.

DALDAL. pc. Topar con todo el cuerpo. *Mag*. En donde ó á quien, *An*. *Madaldal manğusap*. Metáf. Habla con todo el cuerpo.

DALHAC. pc. Cuesta abajo. *Vm*, ir por ella. *In*, ella misma. *Y*, lo que se baja. *Mag*, inclinar algo.

DALIAMAS. pc. Hilo de oro. Vide *balangamas*, *balayamas*.

DALÍ. pp. Medir con los dedos. *Vm*. Lo que, *in*. *Sangdali*, un dedo.

DALI. pp. Dedo. *Sangdali*, un dedo.

DALI. pp. Pedir prestado, *Vm*.

DALI. pc. Presteza, *Vm*. Lo que, *in*. Itt. *Vm*, irse haciendo algo con facilidad. *Mag*, hacer algo con priesa; pero juntando al *dali*, *ma*, de modo que diga *madali*, y entonces se conjuga asi. *Magmadali*, date priesa. *Ipagma*, lo que. *Pinagmaralian*, en que. *Magpa*, mandar que se dé priesa. *Papagmadalin*, l. *Papagmadaliin*, á quien. *Ipapagma*, en que. *Mapagma*, apresurado. Tambien *D. in M. Maraling arao*, al alba. *Mag*, romper el dia.

DALI. pc. *Padumali*, cosa mas presto que otras. *Mag*, hacer asi. *Ipag*, causa.

DALI. pp. *Magdumali* es verbo anómalo: significa darse un poco de priesa. *Magdumaling arao*, un poco de tiempo.

DALI. pc. *Dumali*. Arroz temprano. *Mag*, sembrarlo. *dumalian*, sementera.

DALIDALI. pp. Aunque sale de *dali*. pc. Pero es mas subido. *Vm*. La cosa hecha, *in*. La persona á quien dá priesa, *Y*. *Maca*, lo mismo que *sandali*, pedir prestado por poco tiempo. *An*, á quien se pide.

DALIDALI. pp. Pescado lenguado.

DALIC. pc. Cortar camote al sesgo, *mag*. Los camotes, *pag-in*. Instrumento, *ipag*.

DALIC. pc. Bolsilla en que trae la araña los huevos.

DALIG. pc. Tabla. *Vm*, l. *Mag*, entablar. *Dalin̄gin mo ang sahig*: pon al sahig tabla. Tambien *daliguin mo itong cahoy*, haz tabla de este palo.

DALIG. pc. *Batong-lagas*. Vide *dahit*.

DALIMOMOT. pp. Atufarse. Vide *yamot*, con sus juegos.

DALIN. pp. Atar varas unas con otras en sus cercos ó vacores. *Mag*, *pag-in*, las cañas. *Y*, el bejuco.

DALING. pp. Vide *dalin*.

DALINGDINḠAN. pp. Madera fuerte y buena.

DALINGSIL. pc. Apartarse del camino. *Nadalingsil*, erró. *Paan*, donde. *Pag-an*, donde llegó descaminado.

DALINGSIL. pc. Apartarse lo mal asentado. *Naralingsil ang bot-o*, se desconcertó.

DALINA. pp. Presto. *Dalina cayo*, daos priesa.

DALIPAY. pp. Lo mismo que *dalip* con sus juegos, y es mejor y mas usado.

DALIRI. pp. Cualquier dedo. *Hinlalaqui*, pulgar. *Hintotoro*, índice. *Dato*, mayor. *Daliri*, l. *Galamay*, anular. *Calingquingan*, meñique. *Mag*, hacer con un dedo. Lo que, *in*: *Daliriin co lamang ang pagbuhat nito*, con un dedo lo levantaré.

DALIROT. pp. Vide *dolarit*, con sus juegos.

DALISAY. pc. Oro fino, subido, acendrado. *Mag*, afinarlo. Metafóricamente. *Sintang dalisay*, *dalisay na alac*, amor fino, vino excelente.

DALISDIS. pc. Cuesta ó ladera. *Vm*, bajar por ella. *Ma*, caer de ella.

DALIT. pp. Cortar en rebanadas. *Vm*. Si mucho, *mag*. Lo que, *in*. Con que, *Y*. Lugar, *An*. Si muchos en pasiva, *pag-in*. Los que, *Y*. Con que, *ipag*. *Pag-an*, lugar.

DALIT. pp. Yerba de que se hace ponzoña. *May dalit iyan*. *Dinalitan ang pana*. *Madalit si Pedro*, se emponzoñó.

DALIT. pc. Copla, ó apodo con ella. *Vm*, hacerla. *In*, ser hecha. *An*, á quien. *Man*, muchos. *Pan-in*, lo metido en copla. *Paan*, á quienes se canta. *Mag-an*, mútuo. *Pag-anan*, sobre que. *Mapagdalit*. *Mapan*, frecuent. *Mandaralit*, l. *Tagapag*, l. *Paladalit*, coplero. *Boglong*.

Ang dalit ay masarap,
con ang basa,i, di tilar.

Quiere decir que pica la copla como un pasquin.

DALITÁ. pc. Sufrir, padecer, *Vm*. Lo que, *in*. *Maca*, poder llevar en paciencia. Su pasiva, *ma*. *Di co maralita*. *Mag*, sufrir, padecer. *Pag-an*, lo que se sufre. *Maquipag*, padecer con otro. *Magcaca*, tener trabajos. *Magpa*, dar que padecer. *Papagin*, á quien. *Ipa*, lo que. *Ipagpa*, causa. *Magpaca*, sufrir de propia voluntad. *Napa*, pedir á otro lleve bien sus necesidades. *Cadalitaan*, trabajo. *Mapagdalita*, sufridor. *Madalitang tauo*, lleno de cruces. *Pagdalita ito nang Dios sa aquin*, cruz que me envia Dios.

DALITÁ. pp. Tener por bien, dignarse, perdonar. *Magdalita ang Pan̄ginoong co, at damotin ito*. *Cadalidalitang tingnan*, no se puede ver, &c. *Ang tauong mapagdalita sasapit sa madlang touà*: camina á gozar quien sufre el padecer.

DALIUARIU. pp. Un género de arroz.

DALO. pp. Visitar y alegrar á la reciemparida, comiendo y bebiendo con ella. *Vm*. Á donde, ó á quien, *han*. La causa, *Y*. *Nagpaparalo*, lo mismo que *nagpapaguibic*.

DALÓ. pc. Componer el corazon del desafortunado, *Vm*. Las razones ó medio, *Y*. La persona, *An*. *Magpa*, hacerlo con muchos. *Pagpadalohan mo sila*. *Ipagpa*, las razones.

DALOBASÁ. pp. Vide *dulubasa*. Intérprete.

DALOC. pc. Cosa hecha en vinagre, ó achara. *Mag*. Lo que, *in*. De continuo, *man*. Pedir un poco de eso, *maqui*.

DALOGDOG. pc. Tocar atabales. *Vm*, l. *Mag*. *In*, el atabal. *Nagdalodalogdog mandin sa bayan*. *Dalogdogan mandin ang dibdib*, se dice del sobresaltado.

DALOHONG. pp. Acometer. *Mag*. Á quien, *pag-an*. Con que, *ipag*. La causa, *ica*.

DALOM. pc. Queja dada al Juez con lástima. *Man*. De que, *ipan*. Á quien, *Pan-an*. *Magpa*, acusar. *Ipinagpa*, de que. *Pagpa-an*, el Juez.

DALOMA. pp. Vide *diloma*.

DALOMAT. pp. Aderezar, componer cosa destruida. *Mag*. Lo que, *in*. Para quien, *ipag*.

DALOMAT. pp. Sufrir, *mag*, l. *Man*. Lo que. *Y*, l. *In*. *Di maralomat*, *di maralita*.

DALOMOG. pc. Arremeter con furia. *Mag*. Á quien, *pag-an*. Con que ó porque, *ipag*.

DALOMOS. pp. Concurrir muchos á hacer daño, ó á recibir algo. *Vm*, l. *Mag*, *Dinalomosan aco nang matatabang Toro*, me recibió un toro gordo.

DALOMOY. pc. Nubes negras bajas. *An*, los montes ó donde se asientan.

DANOLAP. pp. Vide *Apola*: *Maralonap nauà ang nasisira*. O! Si se remediára lo destruido.

DALONAT. pp. *Madalomat co nauà*: es lo mismo que *marating*, l. *Mayari co nauà*. Vide *dalonap*.

DALONGDONG. pc. Choza, ó enramada. *Mag*, hacerla. *In*, de que. *An*, para quien. *Cami nadadalongdongan sa gubat*, estuvimos cubiertos de una choza. *Dinadalongdongan cami*, por nosotros se hizo.

DALONGSOL. pc. Resbalar. *Na*, resbalarse. *Maca*, hacer resbalar. *Ma-an*, pasiva. *Magpa*, hacer de propósito. *Ipa*, á quien, se hace resbalar. *Pa-an*, lugar donde.

DALONGSOL. pc. Raudal.
DALONGYIAN. pc. Un árbol como nanca.
DALOPANA. pp. Una yerba.
DALOPAPAC. pc. Lo mismo, que *dayopapac.*
DALOPÍ. pp. Nipa tegida que se pone á las bancas, para que estén mas altas. *Mag,* ponerlas. *Ipag,* la nipa. *Pag-han,* la banca.
DALODALO. pp. Hormigas con alas. *Bogtong,* que se acomoda al soberbio.

Nang magtala.t, lumayag,
nalapit sa bibihag?
Otro.
Caya ipinacataastaas
nang domagongdong ang lagpac.

Es lo de Claudiano: Tolluntur in altum ut lapsu graviore ruant.
DALORÓ. pp. Raices del árbol *pagatpat.*
DALOROC. pc. Descaecido de hambre. Vide *dayocdoc,* con sus juegos.
DALOS. pp. Acelerarse en el camino, dando de aqui por alli. No tiene mas juegos que, *dadalosdalos cang lumacar.* Andas dándote de golpes cuando caminas.
DALOSONG. pp. Arremeter. Vide *handolong,* con sus juegos.
DALOSDOS. pc. Resbalarse cuesta abajo. *Vm.* Deslizarse, *mag.* Dejarse deslizar, *magpadalosdos ca;* échate abajo. Es el Mitte te deorsum.
DALOTDOT. pc. Cabar un poco. Vide *dotdot.*
DALOUAC. pc. Verter ó derramar, ó correr el agua con velocidad. *Vm.*
DALOY. pp. Corriente pequeña de agua como de caño. *Vm,* correr asi. *Pinag,* ser hecha correr. *An,* donde. *Dadaloydaloy ang luha, paraloy.* En el comintan es el cuchillo debajo del brazo.
DALOYAN LUHÁ. pp. Lagrimales.
DALOYIAN OHOG. pp. Por donde corren los mocos.
DALOYION. pp. Ola del mar. *Vm,* el mar. *In,* el navío. *Magpa* y *maca,* el viento. *Ma,* el mar cuando tiene muchas.
DALOYROY. pc. Correr lo líquido, *Vm.* Donde, *An.*
DALUA. pc. Dos. Vide *dalaua.*
DAMA. pc. Tocar con la mano, *Vm.* Si mucho, *mag,* l. *Man.* Lo que, *pag-in,* l. *Panhin. Y,* con que. *Pagdama, pagdarama, pandarama,* verbal. *Magdamahan,* mútuo. *Magpa,* dejarse tocar. *Ma,* acaso. *Daramhin nang manĝa babaye, ay ang tahi,* es obra propia de mugeres el coser. Tiene las dos pasivas de *hin,* y de *in.* La de *in,* es síncopa.
DAMAC. pc. La mano abierta, ó medir con ella, *Vm.* Lo que, *in. Sandamac,* una mano.
DAMAC. pc. Dar algo como de barato. *Mag,* l. *Man.* Lo que dá, *Y.* Á quien, *pan-an. Pandamacan natin ang manĝa duc-ha nang manĝa tira sa atin.*
DAMAG. pp. Enseñado, acostumbrado. Vide *bihasa,* con sus juegos. Vide *diyama.*
DAMAG. pp. Llevar el pescado grande cogido tras sí al que lo cogió, *mag.* Á quien, *Y.*
DAMAG. pp. Acostumbrado. *Ma,* l. *Magca,* estarlo. *Ica,* causa. *Vm,* enseñar costumbres. *In,* á quien.
DAMAG. pc. Toda la noche. *Magdamag acong natolog,* dormí toda la noche. Mudado en *Nag,* es pretérito. *Nagdamag acong nandala,* toda la noche estuve pescando. *Damagan,* casa de difuntos.
DAMANG. pp. Yerbas que ponen debajo del venado ó puerco para cortarlo. *Mag,* ponerlas. *Y,* lo puesto. *An,* el animal.
DAMAY. pp. Participar del trabajo. *Vm,* el que participa. *Y,* lo que se lleva. *An,* el acompañado en el trabajo. Lo mismo *maqui, mag,* llevar á otro tras sí, y tras su fortuna. *Magdamayan,* aliarse mútuo para trabajos. *Na,* el que acaso participó del trabajo. *Nagca,* los que se acompañaron en ellos. *Maramain,* compasivo. *Pagcamaramain,* acto de serlo. *Cohan damay,* l. *Manhinamay,* es lo mismo que *magdamay. Nonohan damay,* l. *Nanhihiramay sa capatir co,* llevé tras de mí á mí hermano. Pasiva *ipinanhiramay,* l. *Quinonan damay: Cun damay ang bacol nang santol, ay bibilhin co. Damay na quitang damay sa pagsusugal,* siempre estamos juntos en el juego. Tambien se entiende el *damay* por complicidad en una accion pecaminosa.
DAMOY PUSA. pp. Mezquindad grande, porque el gato con nadie parte su hato. Vide *baog.* Sinón. *Quingquig, tipir,* pc. *Imot,* pp. Vide *saquim,* pc.
DAMBÁ. pc. Movimiento del que boga ya adelante. ya hácia atras. *Vm.* De aqui *dambaan,* las alas que añaden al navío donde bogan.
DAMBÁ. pc. Salto violento del que tropieza. *Vm,* l. *Ma,* l. *Mapa.* Tambien *dadambadamba ang cabayo,* corcobea este caballo.
DAMBA. pc. Arrojar. *Vm,* l. *Mag.*
DAMBA. pc. Hablar con descortesía, y atropellado, *mag.* La persona á quien, *in,* l. *An,* l. *Pag-an.*
DAMBANA. pc. Altar á su modo. *Mag,* hacerlo. *In,* de que. *An,* donde. *Ipag,* porque.
DAMBANĜAN. pp. Barreñon. Vide *labanĝan.*
DAMBÓ. pc. Una fruta colorada.
DAMBO. pc. Saltar á pies juntillos, *Vm.* Donde, *An.* Si muchos, *mag. Madamboin,* frecuent.
DAMBOHALA. pp. La ballena.
DAMBOHALA. pp. Un género de madera.
DAMBOLAT. pp. *Nadambolat ang lahat, nagsitacbo.* Corrieron todos, se esparramaron.
DAMBONG. pp. Muñidor que llama la gente.
DAMI. pp. Mucho. *Vm,* hacerse mucho. *Magpa,* multiplicar. *Pahin,* lo que. *Mag,* anadir. *Han,* lo multiplicado. *Magpaca,* multiplicar mucho. *Pagcahin,* lo que. *Maca, ica,* lo que causa multiplicidad. *Singdami,* igual en número *Magsindami ca nang duhat, nang bayabas,* mejor. *Pagsingdamihin mo nang duhat nang bayabas. Caramihan, maramingmaraming tauo,* muchedumbre, muchísimos hombres.
DAMIL. pc. Blandura. *Vm,* l. *Man.* Hacerse suave. Vide *lamlam.*
DAMIRÁ. pp. Blandura. *Vm,* l. *Man,* irse ablandando. *Na,* estarlo.
DAMIS. pp. Un pescado asi llamado.
DAMIT. pc. Vestido. *Mag,* vestirse. *In,* lo que. *An,* al que. *Mag,* á otro. *Y,* con qué. *Magpa,* mandar ó dar con que se vista. *Ipa,* lo que. *Padamtan,* la persona. *Pinapararamit,* á quien

se manda que se vista. *Mapa*, pedir vestido. *Padamit co ito sa Santa*, doy esto para vestir á la Santa. *Mapagparamit*. Frecuent. de dar. *Pagpapadamit*, obra de dar. *Pagdaramit*, obra de vestirse. *Daramtin*, vestidos.

DAMIT. pp. Coser, hilvanar. *Mag*. Las cosas, *pag-in*. Lugar, *pag-an*.

DAMLAS. pc. Camino que se hace con el andar, ó de puro andar. *Nadaramlas ang daan*.

DAMO. pc. Yerba. *Mag*, criarse. *Magca*, haberla. *Damohan*, lugar en que se pone la yerba. *Madamo*, donde hay mucha. *Damohin*, pp. Mejor *damohan*, pc. Sementera que tiene mucha. *Tauong damo*, l. *Tauo sa damo*, hombre del monte. *Parang gulay na natin iyan, ating padamoha na*, se dice del machaca.

DAMORAC. pc. *Damorac na ualang husayhusay*, cosa confusa, sin órden.

DAMOL. pc. Desmenuzar, *mag*. Lo que, *pag-in*. Duplicando la raiz. Tambien, *Vm*. *Damolin mo ang tinapay*, desmenuza ese pan.

DAMOLAG. pp. *Anuang*, *carabao*.

DAMOLAS. pc. Un barco grande.

DAMORÓ. pp. Anis de la tierra.

DAMOS. pp. Suciedad de la cara. Vide *amos*, *dun̄gis*, *dumi*.

DAMOY. pp. Dar á alguno de la parte algo *magpa*. Lo que, *ipa*. Á quien, *pa-an*.

DAMOT. pp. Laceria, miseria. *Mag*, hacerse mezquino. *In*, lo que. *An*, l. *Pag-an*, en órden á quien. *Magpaca*, serlo en sumo grado. *Man*, l. *Vm*, cuando ofrecen ó regalan algo. *Dumamot ang Pan̄ginoong co nitong dala co*, l. *Damotin*, reciba mi amo esto que le traigo. *Magcaramotan*, se aplica al poco dote ó regalo de ambas partes en sus casamientos. *Ipag-an*, la causa. *Caramotan*, uno de los dos. *Cun may macaramot sa anac co, ay dili co pagcunan nang marami:* si hay quien quiera á mi hija, no le pediré mucho. *Damot aco nang salapi*, me falta. *Damutin*, pc. Cosa poca. *Damotin pa*, queda todavía un poco. *Caramotan*, avaricia. *Maramot*, hombre tal. *Damot pusa*, mezquindad grande. Sinónomos. *Quingquing*. *Tipid*. pc. *Imot*. pp. *Saquim*. pc.

DAMPALIT. pc. Hinojo marino.

DAMPANG. pc. Andar trastrabillando con los pies, como el borracho. *Darampangdampang*, l. *Vm*. Á quien, *in*.

DAMPAT. pc. Medianía. Solo se usa *carampatan*, lo mismo que *cabonasan*, *casiyahan*, *cabanghan*.

DAMPÍ. pc. Medicina de paños calientes, ú hojas. *Vm*, l. *Mag*. *Y*, lo que. *An*, á quien. *Man*, andar aplicando. *Aco,i. nahintacotan*, *caya hindi co naalaala ang idarampi:* con el miedo repentino, no supe que hacerme.

DAMPIN BANAL. pc. Una yerba para dislocaduras.

DAMPOL. pc. Corteza de árbol para teñir redes, *mag*. *In*, la red. Itt. *Vm*, l. *Mag*, ponerse del color del *dampol*. *Dumarampol ang mata*, l. *Naguiguindampol nang galit*, se ponen colorados los ojos de cólera.

DAMPOT. pc. Coger con la punta de los dedos, ó con tenazas, *Vm*. Lo que, *in*. Con que, *Y*. *mag*, dar lo que se coge asi. *Y*, lo que. *An*, á quien.

DAMPOTAN. pp. Plato de hojas de palmas.

DAMDAM. pc. Sentimiento de cuerpo ó alma. *Maca*, sentir. *Naramdaman*, lo que. *May damdam*, l. *Nagdaramdam*, la muger preñada que siente dolores. *Ipag*, la criatura. *Pag-an*, lugar. *Paquidamdam*, padecer, sentir, saber. De aqui *napapaquiramdam*, *sa mangagamot*, el que pide le tome el pulso el médico. *Magpadamdam*, quejarse, dar á entender. *Pinagpa-an*, de quien. *Ipagpa*, las cosas. *Damdamin*, se diferencia de *damdaman*, como *quitain* de *tingnan*, *amoin* de *amoyian*. *Maramdamin*, sensible. *Maradamdan*, cosa tal.

DAMSAC. pp. Lugar que siempre tiene alguna agua. *Madamsac na lupá*, tierra aguosa.

DAMULAG. pp. Carabao grande del monte.

DAMYOS. pc. Aguzado, puntiagudo. *Vm*, hacerse tal. *Mag*, sacar punta. *In*, el mismo hacer. *An*, lo que. En el comintan significa dar un poco, y sus juegos son en activa, *mag*. Pasiva, lo que, *ipag*. Á quien, *pag-an*.

DANAC. pp. Derramar ó cundir. *Nagdaranac ang pauis sa catao-an*. Tambien *nagdaranac ang catao-an nang pauis*. Está el cuerpo penetrado de sudor. *Mag-pa*, hacer que cunda. *Padanacdanaquin mo ang sabao sa canin*, l. *Padacdanacan mo ang canin nang sabao*, haz que penetre el caldo á la morisqueta. *Ilayo mo yaong bata, maca madanacan ca nang ihì*, aparta ese muchacho, no sea que te veas cundido de orines.

DANAO. pp. Remanso de agua, ó charco. *Padanauan mo aco nang gracia mo*, anégame en tu gracia. *Nagdanao sa lupà ang luhà ni Santa Maria Magdalena*, se hizo un charco con las lágrimas de la Magdalena.

DANAY. pp. Comarca, continuar, *mag*. Lo que, *in*. *Man*, caminar por ella. *Caranay bayan*, comarcano. *Magcaca*, una comarca entera. Vide *dani*, *carani*, *canayon*.

DAN̄GÁ. pp. Miramiento. *Ualang dangan*, *ualang galang*. *Dan̄ganan mo ang Ama mo*, ten miramiento de tu padre.

DANGAL. pc. Puñete cerrado. *Mag*, dar. *An*, á quien. *Man*, de continuo.

DAN̄GA. pc. Lo mismo que *locso*. *Dadan̄gadan̄ga*, *lolocsolocso*.

DAN̄GAL. pc. Oficio, dignidad, fama. *Vm*, l. *Mag*, l. *Maca*, causar honra. *Y*, l. *Ipag*, causa. *Na*, el afamado. *Caran̄galan*, jactancia.

DAN̄GAN. pp. Si no fuera. Vide *dahan*, con sus juegos.

DAN̄GAT. pp. Herir con punta, *Vm*. Á quien, *An*. Con que, *Y*. *Man*, de costumbre.

DAN̄GAY. pp. Provecho. Se usa con la negativa. *Ualang dan̄gay*, l. *Ualang caran̄gayian*, sin provecho.

DAN̄GOS. pp. Vide *damos*, *amos*.

DANGCÁ. pc. Menear las alas el ave volando. Se usa metafóricamente de esta raiz de este modo. *Naconan aco nang dangca ni Pedro*. Es lo mismo que *naonahan aco nang bait*, me escedió en el juicio.

DANGCAL. pc. Un palmo, *sandangcal*. *Vm*, Medir *In*, lo que. *An*, á quien, ó para quien.

DANGCANHAUOC. pp. Garza ó grulla parda.

DANGCAU. pp. Zancas largas ó cuello largo. *Marangcao*, hombre tal.

DANGCAT. pc. Andar como la sanguijuela. *Vm*, l. *Mag*. *Dinadangcat ang pua co*. *Nananangcat ang bohoc co*, se me eriza el pelo.

DANGLAY. pc. Golpe del tiro al soslayo. *Vm*. Lo que, *in*.

DANGLAY. pc. Cañas partidas que sirven de alfiler, y por la semejanza con las cejas forman la adivinanza del ojo así. *Bogtong*.

Munting dagatdagatan,
binabacor nang danglay.

DANGLOS. pc. Lo mismo.

DANGOY. pc. Lo mismo.

DANGPA. pc. Choza en la sementera. *Mag*, hacerla. *An*, donde ó para quien.

DANGPI. pc. Vide *dampi*, *tapal*.

DANGPIL. pc. Arrojar el viento la embarcacion en la playa. *Nadarangpil*, lo mismo que *nabagasbas*.

DANGDANG. pp. Calentar al fuego. *Vm*, calentar con el paño la cara. *In*, la cara. Calentar el paño. *mag*. El paño, *Y*.

DANGDANG. pp. Trasplantar el arroz. *Mag*. El bolobor, *Y*. Lugar, *pag-an*.

DANGSAY. pc. Vide *posong*.

DANGTAY. pc. Poner pie ó pierna sobre el muslo ó pierna de otro. *Vm*. La pierna, *Y*. Á quien se pone, *An*. *Magcaca*, estar así las piernas puestas. *Mag-an*, mútuo.

DANHAY. pc. Vide *banghay*, que significa obra comenzada.

DANÍ. pc. Dormir dos en un petate, *mag*. *Y*, el que. *An*, la persona. *Pag-an*, el aposento. *Maqui*, holgarse en casa del amigo, y dormir allá.

DANÍ. pc. Llegar primero y hacer noche en algun puesto para llegar presto á donde vá. *Houag cang domani nang pagparoon*, no hagas noche cuando vayas.

DANIT. pp. Estar junto, como *dani*. *Nacaranit*, pegarse el mal á otro. Á quien, *na-an*.

DANYO. pp. Continuar, ó costumbre, *caraniuang uica*. Palabra usada.

DANTIC. pc. Tocar breve y levemente cualquier parte del cuerpo. *Vm*. Á quien, *An*.

DAO. pc. Un árbol de frutilla ágria.

DAO. pc. Dicen que. *Marunong dao*, dicen que es sabio.

DAODAO. pc. Vide *daudau*.

DAOLAT. pp. Lo mismo que *palar*, ventura, dicha; palabra de poesía: *ito n̄ga ang cacolàn̄gan, daolat co,t, capalaran*.

DAOP. pc. Dar palmadas una mano con otra. *Vm*, l. *Mag*. La mano, *Y*. Á quien, *An*. La causa, *ipag*. *Mag-an*, mútuo. *Nagcaparaop nang mabalita ang daong sa castila*, saltó de repente al oir la noticia, &c. *Madaopin*, el que dá muchas palmadas.

DAUDAU. pc. Meter la mano en el agua. Vide *caocao*.

DAOS. pp. Cumplir, acabar, concluir. *Vm*. Lo que, *in*. Á quien, *An*. *Nagcacadaos na ang nan̄gagcocompisal*, vanse ya despachando. *Magpadaosan tayo nitong gaua*, vamos concluyendo: *Caraosraos baga ang maliuag na osap*, tan presto se acaba un pleito enredado?

DAOS-OS. pc. Deslizarse. *Vm*, l. *Mag*. *Y*, lo que. Itt. *Mag*, deslizar á otro. *Ma*, l. *Mapa*, caer deslizándose. *Magcapa*, de repente. *Magpa*, dejarse deslizar de otro. *Maraososin*, el que fácilmente. *Mapag*. Frecuent.

DAOY. pc. Ojear algo para hurtar. *Vm*, l. *Mag*, y mejor doblar la raiz.

DAPÁ. pc. Echarse de bruces ó boca abajo. *Vm*, l. *Mag*, l. *Magpa*, echarse. *Y*, lo que, l. *Ipa*. *Dap-an*, l. *Parap-an*, sobre que. *Vm*, postrarse. *Dumapa ca sa Hari*. *Dapa-an*, l. *Darap-an*, l. *Pagdarap-an*, humilladero. *Maca*, causar que caiga de hocico. *Ma*, l. *Mapa*, l. *Magcapa*, caer de repente de hocico. *Marapain*, el que de ordinario se postra. *Mapagdapa*, frecuent.

DAPAC. pc. Pisar, patear. *Vm*. Los pies, ó el suelo, *An*. Vide *yapac*.

DAPAL. pp. *Sandapal*. Lo mismo que *sandamac*.

DAPANG. pc. Caminar, cayendo y levantando. *Vm*, l. *Darapangdapang*, el mejor y mas usado es el *duhapang*.

DAPAT. pp. Merece, conviene, justo, digno. *Dapat igalang* (el *sucat* sirve para pena ó tormento, &c. *Sucat auayan sucat hampasin*.) *Vm*, l. *Man*, igualar, ponerse con otro hombro á hombro. *Dungmarapat*, l. *Mandarapat ca baga sa isang estudiante nang dunong*, puedes hombre-arte con un estudiante en la ciencia? Itt. *Vm*, dignaré. *Papaguindapatin mo aco*, hazme digno. *Icapaguin*, con que. *Nadarapat ca caya sa pagcocomedia*, puedes hacer tu papel. *Carapatan*, mérito. *Marapat na gauà*, obra meritoria. *Pagdapatihan aco nang munting polvos, pagcalooban aco*, &c. Hazme digno de tomar tus polvos.

DAPAUA. pc. Otros dicen *dampaua*, maldicion que echan al muchacho travieso en correr. *Marapaua iyong magalao na bata*, ojalá caiga de hocicos, &c. Compónese de dos palabras, *dapà-ua*.

DAPI. pc. Piedra que no se puede labrar de dura. *Para ca pong nan̄gun̄gusap sa batong daping matigas*, parece que hablas con una piedra mármol.

DAPIL. pp. Chato. *Vm*, hacerlo. *In*, lo que. *Dapil*. pc. Lo mismo que *dapil*. pp.

DAPILOS. pp. Resbalar un poco. Vide *dahiyo*.

DAPILAG. pp. Carnudo, gordazo. *Dapilag na lub-ha ang catao-an mo*, es tu cuerpo de mucha carne.

DAPIT. pp. Traer lo llevado, ó ir por ello. *Vm*. El traido, *in*. En que, *An*. *Y*, por quien vá. *Mandarapit*, oficial que junta y llama gente. *Magpa*, enviar sus potages cuando tienen boda. *Ipa*, lo que. *Pa-an*, á quien. *Mag-an*, mútuo. *Ipag-an*, lo que. *Parapit, dapitan, parapitan*, regalillos que envian. Metáf. *Magparapit nang osap*, buscar pendencia.

DAPIT. pc. Allende. Vide *daco*.

DAPLAS. pc. Trepar ó subir por poste. Mas usado es *dapiyas*.

DAPO. pp. Asentarse el ave en el árbol, *Vm*. Donde, *An*. *Mag*, poner al ave algo donde se asienta. *Y*, lo que. *Mag*, pc. Sentarse muchas veces. *Na*, estar sentado. *Narapoan aco nang buni*, se me pegó la sarna. Metáf.

DAPOG. pp. Poner la semilla ó arroz nacido sobre cañizos, *mag*. El arroz, *Y*. El cañizo, *An*.

DAPOG. pc. l. *Dapogan*. pc. Fogon. *Mag*, hacerlo. *Dapoganan ang cosina*, *dapoganin ang bato*, l. *Calap*, haz de piedra ó palo el fogon.

DAPOLAN. pp. *Aguipong malaquí*. *Daygan*, *dapong̃an*, tizon grande.

DAPDAP. pp. Árbol espinoso.

DAPDAPIN. pp. Aguaceros menudos que caen cuando florece el *dapdap*.

DAPOUÁ. pc. Vide *datapoua*.

DAPUYOG. pp. Inclinarse ó ladearse algo. *Vm*, comenzar á ello. *Maca*, el que lo causa. *Narapoyog ang bahay nang humang̃in*, se inclinó la casa con el viento.

DAPYO. pc. Olor bueno ó malo que viene con el aire, *Vm*. Á quien, *han*, *Maca*, poder. *Dapyohan*, lugar donde dá tal olor.

DARÁ. pp. Riña de palabras, contender, *mag*. *Pag-an*, sobre que. *Ipag*, porque. *Maqui*, el uno. *Pa-an*, contra quien. *Magcadara*, los dos acaso. *Cadara*, uno. *Mapag*, *mapagpa*, *paladara*, *magpapaladara*. Frecuent.

DARÁ. pc. Dar voces, *Vm*. Á quien, *han*. *Darahan mo nang maguising*, dale voces para que despierte.

DARA. pc. Hablar mucho. *Vm*, l. *Man*.

DARA. pp. Dar priesa á alguno voceándole, *Vm*. Á quien, *darahan*.

DARAC. pc. Salvado menudito del arroz. *Vm*, apartarlo de la ipa. *In*, ellos. *Mag*, hacerlos. *Pag-in*, ellos. *Pag-an*, el bilao. *Padarac*, lo que dá, ó el que trueca, ó vende arroz palay. *Ualang capadaracan*, no vale nada.

DARAG. pp. Patada en el suelo, *Vm*. Donde, *An*. *Man*, andar dándolas.

DARAG-IS. pc. Pujos. *Mag*, tenerlos. *Ipag*, la causa. *Dinadag-is ang tauo*, tiene pujos.

DARAL. pc. Ajuar de casa. Ponerlas en órden, *mag*. Lo que, *Y*. Donde, *An*. *Madaral na pamamahay*, casa bien compuesta.

DARANG. pc. Calentarse al fuego, *Vm*. *Mag*, calentar algo. *Y*, lo que.

DARANG. pc. Aplicar cosas calientes. *Mag*, asi mismo. *Vm*, á otro. *In*, lo que. *Y*, con que.

DARANG. pc. Bagre, pescado secado al humo.

DARANG. pc. Dar avilantez. *Nadararang nang cayamanan*, le dá avilantez para ensoberbecerse con la riqueza.

DARAOLAN. pp. Ajuar ó baratijas de casa.

DARAPOUA. pc. Pero, empero. Vide *datapoua*.

DARAS. pc. Azuela, *Vm*, l. *Mag*. *An*, lo que labran quitando algo. *In*. aquel algo. *Pandaras*, azuela. *Mandararas*, oficial. *Darasin mo ang damo sa asarol*, quita la yerba del azadon. *Dinarasan*, l. *Pinagdarasan*, las astillas quitadas.

DARAOTAN. pp. Trastos de banca ú otra cosa. Lo mismo que *casangcapan*.

DARIANG̃AO. pc. Brea blanca, *ayang̃ao*.

DASAG. pp. Dar patadas, ó pisar firme, *Vm*. Á quien ó donde, *An*. La causa, *Y*. *Mapag mapan*. Frecuent.

DASDAS. pc. Hacer algo con priesa, sin atencion Vide *tapiyas*, con sus juegos.

DASCOL. pc. Hacer apriesa sin parar. *Dascolin mo*, *dalidaliin mo,t*, *houag itahan*, hazlo presto, sin parar.

DASÍ. pc. Sembrar el arroz para trasplantarlo, *Vm*. El arroz, *Y*. La tierra, *An*.

DASIC. pc. Ajustar cosas. Lo mismo que *malimit*. *Vm*, hacerse tal. *Mag*, espesar. *Pag-in*, lo que.

DASIG. pp. Allegarse ó pegarse uno á otro. *Vm*, l. *Mag*. Lo que, *Y*. Á que, *An*.

DASIG. pp. Engañar en el trato, haciendo creer lo que no es *Vm*, l. *Maca*. *Narasigan*, á quien. *Marasig na tauo*, engañador.

DASON. pc. No alcanzarse un mandato á otro. *Nagdarasondason ang otos nang Hocom*.

DASON. pc. *Dasonan ninyong caonin ang Padre*, *at malub-ha na itong may saquit*. Vide *sagonson*, no paren de llamar al Padre, que se muere el enfermo.

DATÁ. pp. Suciedad de cualquier parte del cuerpo. *Mag*, l. *Magca*, comenzar á tenerla. *Ipag*, l. *Ipagca*, la causa. *Nararataan ca*, estás sucio. *Marata cang tauo*, *datadataan*. pp. l. *Datain*. pc. Muy sucio.

DATAL. pp. Conformarse, *Vm*. Lo mismo que *umaayon ungmoogali*.

DATANG. pp. Reñir á uno, para que otro lo entienda, *mag*. La causa, *ipag*. Á quien, *pag-an*.

DATAPOUÁ. pc. Empero.

DATAPOUA. pc. Si no: Di tus pecados solos, y no cuentes cosas impertinentes, *Houag mong sabihin ang mang̃a hamac na sabi cun nagcocompisal ca*, *datapouat ang sala mo lamang ang turan*.

DATAPOUAT. pc. l. *Dapouat* Sirve para decir que uno no tiene la realidad, sino la apariencia. *Si Pedro ualang bait*, *datapoua,t*, *tauo*. *Sino mang nagmamagaling may roong datapoaut rin*. Con *mag*, hacer caso de algo. Pasiva. *in*.

DATAY. pp. Asentar algo en el suelo tocando por todas partes, *Vm*. Lo que, *Y*. *Mag*, l. *Ma*, estarlo. *Dala na loob*, humilde.

DATAY. pp. Enfermedad larga en la cama, *Vm*. La enfermedad, *mag*. El hombre, *ipag*. La causa, *Y*, l. *Ica*.

DATHA. pc. Apenas. *Dagha cong inabutan*, apenas lo alcanzé.

DATDAT. pc. Aguzar, puntiagudo. *Vm*, aguzar. *In*, lo que. Vide *damyos*, *dayat*.

DATNA. pc. Guardar, tener cuenta con algo. Vide *ing̃at*, con sus juegos.

DATI. pp. Permanecer, perseverar. *Vm*, lo que. *Hin*, lo que se hace perseverar. *Datihan*, en lo que. *Nadatihan*, *niya itong asal*. *Caratihan*, natural. *Datihan*, ejercitado como perro viejo.

DATI. pp. Conjugado. *Maghihirati*, l. *Manhihirati*, pensar que no se ha de mudar su estado.

DATIG. pp. Juntarse, acercarse, *Vm*. Á quien, *An*. *Datigan mo aco nang pagsisimba*. *Mag*, ponerse uno junto á otro. *Magdatig ca sa aquin nang pagcain*, ponte junto á mí para comer.

DATIG. pp. Poner las cosas en órden como sembrar, ó las casas en hilera. *Iratig ninyo ang pagbabahay, ang pagtatanim*, &c. un *datig* es una hilera. Una casa es *cadatig*.

DATIG. pp. Conocerse dos por parientes. *Magan*, l. *Maquian*.

DATIG. pp. Coger el paso. *Nacadatig cami sa manga cauay*, l. *Nadatigan namin ang aming hinabol*, le cogí los pasos al que perseguia. *Madatig*, l. *Madatiguin*, aficionado.

DATING. pc. Llegar á la hora señalada. *Vm*. Lo que trajo, ó lo que llevó, ó el tiempo en que llega, *Y*. Tambien *Y*, lo que se hace que llegue. *Irating mo ang salaual sa sacong*, haz que llegue el calzon, &c. *Datnin*, l. *Datngin*, l. *Datnan*, l. *Datngan*. El *An*, es término que se alcanza. El *in* es término que se procura. *Dinating aco nang saquit*, l. *Dinatnan aco*. *Di co dinatnan ang Misa*, no alcanzé la Misa.

DATING. pc. Tener cópula. *Mag*, el varon. *Nacarating*, ella. *Pagdarating*, acto consumado. *Naratnan*, y mas honesto *pinaquiquidatnan*, la muger.

DATING. pc. Alcanzar, *maca*. Pasiva, *ma*. *Di co nadating*, *narating co na*, lo alcanzé. *Nadatnan nang asaua*, le cogió su marido en mal hecho.

DATING. pc. La primera vez que viene á la muger la regla. *D. in N. Nananating, magpa*, dejar que venga. *Magpadating saan*, l. *Magparating man saan*, dejar que llegue donde llegare. *Cararatnan*, paradero.

DATING. pc. Aguardar al huesped, ó al que ha de llegar. *Nagpapadumating*, al que. *Padumatingin mo siya*.

DATÓ. pp. Principal ó cabeza del barrio. *Mag*, l. *Magpa*, hacerle. *In*, l. *Papag-in*. á quien. *Mag*, regir y serlo.

DATÓ. pp. Dedo mayor. *Datong daliri*.

DATO. pc. Teniente del *dato*, pp.

DAU. pc. Se dice. *Icao dau*, *ang nagbalita* ó *nagsabi*, tú, parece ó se dice que diste la noticia.

DAUA. pp. Mijo. *Dauahan*, sementera de mijo. *Carauahan*, un granito.

DAUÁ. pc. Sacar algo de la cueva, *Vm*. Lo que, *in*. *Dungmaua aco nang pulot*, saqué de la cueva miel.

DAUAC. pc. Anchura del mar. *Carauacan*, *caluangan nang dagat*.

DAUAG. pc. *Tinic nang palasan*, espinas del bejuco.

DAUAL. pc. Malo, feo, indigno. *Vm*, hacerse tal. *In*, el tratado como tal. *Nagmama*, l. *Nanmama*, portarse como tal, ó tener á otro por tal. Pasiva. *Minamaraual*, el tenido. *Magpaca*, por humildad. *Maquimaraual*, hacerse indigno como los siervos de Dios. *Napacaraual*, estar en sumo mal.

DAUAL. pp. Herir á otro con heridas grandes y no penetrantes, *Vm*. Á quien, *in*. Con que, *Y*.

DAUADAUA. pp. Filigrana con que labran el oro. *Mag*, labrar con ella. *Han*, á quien ponen la filigrana. *Dauadauahanin*, el oro. *Pinagdarauadauahanan*, el molde. *Pandauadaua*, instrumento.

Ang ligaya co ngani,
quintong ualang balaqui,
baquit mabuting ori
ang dauaraua,i, pili.

DAUAT. pp. Yo te prometo, amenazando. *Dauat paroon ca,t, di quita aauayan*. Vide *bauat*, vé, y verás si te riño.

DAUAT. pp. Alcanzar con palo lo que no se puede con la mano, *mag*. Lo que, *in*.

DAUAY. pp. El hilo de alambre que atan al anzuelo.

DAUAY. pc. Blasfemar, deshonrar, afrentar, despreciar. *Magpa*, l. *Magpan*. Á quien, *pinanauay*.

DAUI. pp. Picar el pez en el anzuelo, *Vm*. El cebo, *hin*. *Marauihin*, pescado goloso. *Dauihin*. pc. Pescador en cuyo cebo pican mucho los pejes.

DAUIL. pp. Sacar sangre ó sajar con fuerza. *Vm*. La llaga, *in*. La persona, *An*. *Nagcadauildauil ang baro*, se hizo pedazos.

DAUIS. pp. Forcejar para hacer algo dificultoso. *Darauisdauis aco nitong dala*, voy forcejando con esta carga.

DAUIS. pp. Estar acongojado. *Houag cang domauisdauis, at aco ang gagaua*, No te acongojes que yo lo haré. *Magpa*, dar que entender.

DAUIT. pp. Apartar una cosa de otra. *Nandarauit*. *Vm*, apartar. *In*, lo que. *Y*, con que. *Nadauit*, asirse.

DAUIT. pp. Agarrar, *Vm*. Lo que, *An*. Con que, *Y*. *Ang paa ang idinarauit sa sahig*, me cogió el pie el sahig. *Nadauit aco*, l. *Nadauitan aco, sa usap*, me enredaron en el pleito. Metáfora.

DAURAU. pc. Meter la mano en el agua, como probándola, ó cogiendo agua bendita. *Vm*, l. *Mag*. La mano ó los dedos, *Y*. El agua, *An*. *Pinadaurauan*, la agua en que. *Ma*, estar metidos los dedos.

DAUÓ. pc. Un árbol grande. *Himbabao*.

DAUOL. pc. Dar ó dádiva. *Houag mo acong ipagdauol sa Padre*, no digas al Padre lo que de mí sabes. *Darauolan*, vasija en que enviaban sus dones.

DAUONG. pc. Navío grande.

DAUONGDAUONGAN. pc. Ursa mayor. *Bogtong del navío*.

Lungmilipadlipad pa,
pinatay nang lauo na.

DAUOTAN. pp. Varias comidillas, como calamay, &c.

DAYÁ. pc. Fraude ó engaño. *Vm*, hacerse. *Mag*, engañar. *Pag-an*, á quien. *Ipag*, porque. *Pagdaraya*, acto. *Na*, lo defraudado. *Nadayaan*, á quien. *Nadayaan aco nang loob co*, me engañó el corazon. *Nacadaya*, el que engaña acaso, *magca*. pc. Engañarse uno á otro. *Magdayadaya*, l. *Macadayaraya*, engañar, fingiendo. *Magpa*, dejarse engañar ó ceder de su derecho, *Magpa*, mandar engañar. *Padaya*, con que se engaña. *Padaya*, se toma por castigo, ó pena. *Mag*, penar. *Pinagpa*, el que. *Ipa*, lo que se dá por pena. *Madaya*, *mapagdaya*, *tagapgdaya*, engañador: *haraya coy*, pensaba que, &c.

DAYACDAC. pc. Sembrar haciendo hoyos. Vide *bacal.*

DAYACQUIT. pp. *Nadarayacquitan ang lahat nang casalanan ni Adan.* Vide *daiti*, y sus juegos. Todos participaron del pecado de Adan.

DAYAG. pp. Ponerse en alto, *Vm.* Poner algo, *mag.* Lo que, *ipa. Ma*, el ya puesto. *Dayag*, pc. Lo descubierto.

DAYAG. pc. La haz del paño. *Cadayagan.*

DAYAG. pc. Limpiar la casa ó aposento para los huéspedes, *mag.* La casa, *in.* Vide *ligpit*, con sus juegos. Es Tinguiano.

DAYAMI. pp. Caña de arroz que queda despues de segado ó rastrojo. *Dayamihan*, lugar donde hay. *Tagdayami*, tiempo de cosecha en el comintan.

DAYAMI. pp. Enfermar por haber comido arroz nuevo. *Nandarayami ang manḡa tauo*, se enferma la gente. *Bogtong* del *dayami*, que es juntamente moral para el humilde, y soberbio.

Nang ualang biring guintó,
doon nagpapalaló:
nang magcaguintó guintó,
doon nanḡa songmocó.

DAYAN. pc. Adornarse para alguna fiesta, *mag.* Lo que, *pinag-an.* Con que, *ipag.*

DAYANG. pc. Es el Don ó Doña de la muger, como el *Gat* del Varon. *Mag*, ponerla. *Nagcadayang na ang hamac na tauo*, aun la vil muger tiene Doña.

DAYANGDANG. pc. Reverberar, *Vm. In*, á quien. *Nadayangdang aco dini.*

DAYANDAYAN pp. Paseo de una parte á otra. *Mag.* Porque *ipag.* Á quien galantea, *pag-an.*

DAYAO. pp. Cierto canto de un pájaro.

DAYAP. pp. Limon. *Mag*, echarlo en la comida. *An*, la comida.

DAYAPÁ. pc. Recostarse el arroz ó el zacate. *Vm*, l. *Mag.* Tambien *mag*, y *maca*, es acostarlo como el viento, v. g. que lo hace recostar. *Bogtong.*

Baquit aapaapâ,
ay sosoot sa dayapâ,

Es el Balila con que tejen.

DAYAPA. pc. Tener corriente el techo: *dayapang bobonḡan.*

DAYAPAS. pc. Labrar las sementeras por las orillas, *mag.* Lugar, *pinag-an.* Con que, *ipag.*

DAYAPÓ. pp. Vide *dapó.*

DAYARAY. pc. Afrenta en público. *Mag*, l. *Vm.* Á quien, *in.* Tambien viento galeno. *Vm*, l. *Mag*, soplar. Es comintan.

DAYAT. pp. Aguzamiento como de caña. Vide *datdat.*

DAYCOT. pc. Ruin, mezquino.

DAYAO. pp. Ostentacion en cualquier género de vestidos. *Magpa.* De que, *ipagpa.* Á quien, *An. Capadayaouan*, mejor *capagpadayaouan*, ostentacion. *Mapagpa*, frecuent.

DAYAU. pc. Cantar victoria, llevando presos ó despojos, *mag.* La victoria, *ipag.* La calle, *pag-an.*

DAYRAY. pc. Vide *dagaday.*

DAYHAG. pc. Subir por cuesta con trabajo, por rio la banca.

DAYICDIC. pc. *Bonḡan arao*, salpullido.

DAYGDIG. pc. Trueno pequeño, redondez del mundo. *Sandaigdigan*, lo mismo que *sanglibutan*, el mundo.

DAYING. pc. Manifestar el trabajo, por mover á piedad, quejarse, *Vm.* De que, *Y.* Á quien, *An. Mag*, para otros. *Manhinaing*, quejas de otro. *Pahinainḡan*, delante de quien. *Ipanghi* de quien. *Manhidaing*, alcanzar. *Maquidaing*, pedir con ruegos. *Paqui-an*, á quien. *Ipaqui*, lo que. *Madaing, madainḡin*, quejoso.

DAYING. pc. Cierto canto con agüero.

DAYING. pp. Pescado abierto para secar.

DAYIRI. pp. Llover récio y continuado, *Vm.* La persona á quien coge, *An.*

DAYISDIS. pc. Ruido de aguacero, *Vm.* Á quien, *An. Madayisdis na olan*, aguacero récio.

DAYO. pp. Acometer, *Vm.* Á quien, *hin. Maghan*, mútuo.

DAYO. pp. Ir á fiestas, ó á jugar gallos. *Vm*, l. *Man. Magdayohan*, andar de unos pueblos á otros para ver, &c. *Pinagdarayohanan*, sobre que. *Nadayo namin sila*, les vencimos. *Pauang dayo ang cadolohan niya*, todos son estrangeros los de su *balanḡay.*

DAYO. pp. Estrangero. *Pauang dayo ang manḡa caroiohan niya*, todos son estrangeros los de su barangay.

DAYOCDOC. pc. Descaecimiento de hambre. *Ma*, estar con ella. *Magcaca*, si muchos. *Vm*, mejor. *Magpa*, hacerla padecer. *Nagpaca*, padecerla voluntariamente. *Aco nadayocdoc sa iyo*, l. *Quinadarayocdocan*, tengo lástima de tu hambre, y por ella la padezco yo.

DAYOMACA. pc. Un género de palma.

DAYONOT. pc. Un árbol.

DAYOPA. pp. Vide *dayopapa.*

DAYOPAPA. pc. Recostarse el *cogon*, ó la yerba con la lluvia. Vide *dayapa.* De este *dayopapa* sale *nanḡanḡayopapa*, humillarse.

DAYOPAPAC. pc. Tibor chato.

DAYOPAY. pp. Langosta pequeña cuando empieza á volar.

DAYORAY. pp. Se hace de que no quiere, *mag*

DAYORAYO. pp. Padrastro de los dedos.

DAYRAY. pc. Hilera de cosas. *Vm*, l. *Maqui*, ponerse en hilera. *An*, l. *Paqui-an*, ante quien. *Y* l. *Ipaqui*, lo que se mete. *Carayday*, linderos

DAYUPAPA. pp. Una yerba.

D antes de I.

DI. pc. No. Pero antepónese. *Mapadiri*, de de no. *Pinadiririan*, á quien. *Magpa*, muck veces. *Pinag-an*, á quien. El imperativo ó n gativo, v. g. Intollerabilis, se dice *Cundi. masabi*, *di ano pa*, como puede ser. *Cu ca pagamot di ano pang, pag galing. Di lamang.* es superlativo. *Nagagalit ang Pan nuong Dios sa manḡa macasalanan nang di lamang.*

DI. pc. Sirve para afirmar lo que se explic con este ejemplo. *Di sino ang dainḡan cundi ang Padre?* Á quién he de acudir al Padre?

DI. pc. *Di indi*, es no.

DI ANHIN. pp. Que importa.

DI ANHIN DAO. pp. Porque dice que. &c.

DI ANOT. pc. Porque.

DI PA. pp. Aun no.

DI MAN. pp. Aunque no.

DI MAN NAUÁ. pc. Frase muy usada: no solo no es eso, pero ni &c.

DI NĞA SALAMAT. pp. Sea enhorabuena.

DINĞA QUINABAHAGYA. pp. *Di nğa aco ang ina mo, aco ang hinihing-an*. Como si yo fuera tu madre asi me pides.

DIBDIB. pc. El pecho. *Dibdiban*, de grande pecho, *mag*. *An*, hacerse.

DICHAL. pc. Regoldar, *Vm*. Ante quien, *An*. Mejor es *dighal*, l. *Dilhay*.

DICHAL. pc. Vide *dilhay*.

DICAY. pc. Un bejuco ágrio.

DICAY. pc. Un arbolillo.

DICLAP. pc. Vide *daclap*, pc.

DICLIN. pc. Turbio. Vide *dilim*.

DICQUIN. pc. Rodete ó rodillo en que se pone algun vaso. *Mag*, poner. *An*, lo que. *Dicnan mo iyang palayoc*. *Na*, estar puesto.

DICQUIN. pp. Vide *hicquin*. *Sabitan*. *Dicquin ang salita*, palabras torcidas y falsas.

DICQUIT. pc. Pegar. *Vm*, pegarse. *Mag*, pegar. *Y*, lo que. *Pag-in*, los dos. *Dictan*, donde.

DICQUIT. pc. Encender fuego, *mag*. El lugar, *pagdictan*. *Na*, lo que está pegado. *Magpa*, dejarse pegar. *Papaninictan ca nang Pangi-noong Dios nang cati*, Dios te dará bubas. *Pariquit*, es el testimonio mientras no se publica. *Ipa*, lo que. *Pa-an*, á quien.

DICQUIT. pc. Pegar con engrudo, *mag*. Lo que. *Y*. A quien, *An*.

DIQUIT. pc. Hermoso. *Vm*, ponerse tal. *Mag*, hermosearse, ó hacerse del hermoso. *Magpaca*, mas subido. *Dicquit*, *caririctan*. pc. *Cariquitan*, gracia, donaire, *Carictang uica*, palabra graciosa. Este *carictan*, con *ma*, se hace verbo. *Aco,i, nagcacarictan nang hinanaquil*, se queja de mí. Con *mag*, es hacer algo por galantería.

DICDIC. pc. Moler, majar, *Vm*. Lo que, *in*. El mortero, *An*. *Pandicdic*, instrumento. *Na*, estar molido.

DITA pc. Aguas malas que se hallan en las orillas del mar. *Madya itong dalampasig*, tiene manchas.

DIGA-GA. pc. Refinar haciendo algo, v. g. El oro. *Pag-in*. Vide *lubos*, *uagas*, con sus composiciones.

DIGAL. pc. Degollar. Vide *pogot*, pp. Con sus juegos.

DIGAL. pc. Negrillo del monte. Vide *pogot*.

DIGALA. pp. Penitenciar la muger al que la habla con recato, entre las cuales esta virtud se castigaba, *Vm*. Á quien, *in*.

DIGAS. pc. Blanquear, ó volver á pilar el arroz ya pilado. *Vm*, l. *Mag*. El arroz, *An*, l. *In*. Ayudar, *maquipag*.

DIGCAL. pc. Barreta de hierro, cabar con ella, *Vm*. Lo que se arranca, *in*. Donde, *An*. *D. in N.* Andar cabando. *Panigcal*, barreta. *Nagcadigcal*, arrancarse algo de repente.

DIGMÁ. pc. Asolar un pueblo con guerra. *Vm*, ir á asolarlo. *In*, el pueblo. *Ma*. estarlo. *Mag*, muchas veces. *Man*, de oficio. *Mag-an*, mútuo. *Maca*, conquistarlo sencillamente. *Ma-an*, pueblo que se conquista. *Nagpacadigma ang Panğinoong Dios sa manğa caauay niya*. *Pinapandigma si Cortés nang ating Hari nang manğa taga Mégico*. Mandó nuestro Rey á Cortés que conquistase á los de Mégico. *Digma*, despojos. *Digma-in*, pueblo continuamente asolado. *Madigmain*. Frecuent. *Digmaan*, navío, ó cosa para conquistarlo.

DIGMAN. pc. Obas que se crian en las aguas dulces.

DIGMAY POGO. pc. Una fruta ágria.

DIGDIG. pc. *Digdigan nang hagdan: Inang hagdan*, las madres de la escalera.

DIGTA. pc. Vide *dagta*.

DIHAN. pc. Échalo acá. Pro *dinihan*, l. *Dinghan*, es imperativo de *dini* conjugado.

DIIG. pp. Lo mismo que *niig*, *nadidiig na aco nang manğa uiuicain mo*, ya estoy harto de tus palabras.

DIIM. pp. Comer arroz crudo ó tostado. *Mey diriimin cayo*, teneis algo tostado que comer? *Diniriim mandin ang salapi*, se dice cuando se vá el dinero en gastillos. Metáf.

DIIM. pc. Empapar, resumirse, *naninim*. Lo que, *An*.

DIIM. pc. Apretar hácia bajo con la mano, *Vm*. Lo que, *in*. *Mag*, l. *Man*, si mucho. *Y*. l. *Ipag*, con que. *Magdiim nang galit*, disimular el enojo. Metáf. *Na*, lo que está apretado. *D. in N.* afirmar con el brazo. *Ipa*, el brazo. *Maquipag*, ayudar á apretar. *Napa*, pedir que le aprieten. *Mariim*, cosa apretada: asi llaman el acento gutural. *Ang aral ni San Pablo, ay pauang mariin*. Metáf. con la que tambien se significa encarecer.

DIIS. pp. Juntar ó apretar dos cosas inmediatamente, *mag*. Lo que, *An*. Con que. *Y*. *Pandiis*, instrumento.

DIIS. pp. Se dice *mariis na balita*, cuando hay alguna noticia que se vá calentando.

DIIT. pp. Tocamiento mansamente con la mano. Tambien apretar ó cerrar cartas, *mag*. Lo que, *An*. *Y*, con que. *Pandiit*, sello, lacre, oblea.

DILÁ. pp. Lengua. *Vm*, lamer. *In*, lo que. *An*, lugar en que. *Maca*, poder. *Magpa*, dejar lamer, l. *Padila*. *Maquidila nang asin*, lo mismo que *maquiasin*. *Paquidilaan*, á quien. *Laman dila*, bordoncillo. *Quilong dila*, hablar tuerto. *Dilang bayauac*, de dos lenguas, embustero. *Bogtong*.

Isdá sa quilaoquilao,
di mahuli,t, may patao.

Es la lengua. *Madilang tauo*, lenguaraz *Dilaan*, deslenguado.

DILADILA. pc. Gestos, sacando la lengua, *Mag*. *Y*, la lengua.

DILACQUIT. pp. Pegarse el fuego al que está cerca. *Vm*, l. *Maca*. *An*, l. *Maan*, á quien. *Ma*, pegarse de suyo. *Magcadiludilacquit*, irse trabando un fuego con otro.

DILAG. pc. Los blancos que hace la concha de

la tortuga. *Vm*, l. *Mag*, parecerse á ellos. *Maca*, la causa. *Madilag*, la tortuga que tiene muchos blancos.

DILAG. pp. Lucido ilustre, *Vm*. *Principeng marilag*, Príncipe ilustre.

DILAMÓ. pp. Una yerba que causa comezon.

DILAN. pc. Todos ó todo. La diferencia de este al de *tanan* y *lahat*, es que *dilan* es toda suerte, ó todo género: el *tanan* y *lahat*, todos los individuos.

DILA NA. pp. *Diladila na*, *Marlang bagaybagay*, diversidad de cosas.

DILAO. pc. Una raiz con que tiñen de amarillo, *Marilao na damit*, ropa amarilla.

DILAP. pp. Hacer algo con presteza, como el rayo: se usa asi. *Di nagdilap ang liuanag, ay sacà naualà*, se fué en un abrir de ojos. *Nagdilap*, duró un relámpago. *Magpa*, dar una vuelta con los ojos enojado. *Pinadilapdilap ang mata*. *Pa-an*, á quien.

DILARILÁ. pp. Un árbol.

DILAT. pp. Abrir los ojos, *Vm*. *Y*, ellos. *An*, á quien. *Ma*, l. *Mapa*, estar asi abiertos. *Magcapa*, de repente. *Sa dirilat*, estar embobado abiertos los ojos.

DIL-AT. pc. Desencajar. *Vm*, l. *Mag*. *In*, lo que. *Y*, l. *Ipag*, con que. *Dili co dinilat, at dating nadirilat*, no lo desencajé, que ya lo estaba.

DILI. pp. No, negando. *Parili*, decir que no. *Ipa*, lo que se niega.

DILI. pp. Duda interior. *Sabihin dili, paroon dili*, dudo si diré ó iré.

DILI. pp. Voluntad, imaginacion. *Natapon ang dili*, helósele la sangre. *Ang caniyang dili, ang caniyang loob*, lo que piensa, es lo que quiere.

DILIDILI. pp. Duda, indeterminacion. *Nagdidilirili*, l. *Vm*. *Hin*, sobre que.

DILIG. pc. Regar, *Vm*. Lo que, *in*. Á quien, *An*. *Ang luha ni David nacadilig sa hihigan niya*, las lágrimas de David regaron su lecho. *Narilig tayo nang dugo ni Jesus*, Jesus nos regó con su sangre. *Mapag*, frecuent. *Mapan*, ó *tagapag*, el que lo tiene de oficio.

DILIHAN. pc. Aquellas cañas delgadas del *baclar*.

DILIM. pc. Obscuridad. *Vm*, obscurecerse. Si mucho, *mag*. *An*, lo obscurecido. *Pagdidilim nang arao*, eclipse. *Nadiliman cami sa daan*, nos cogió la noche. *Man*, caminar en la obscuridad. *Houag ipandilim iyang bata*, no le lleves mientras hay obscuridad. *Maca*, obscurecerse. *Magpa*, aguardar que oscurezca. *Maqui*, parecerse á lo obscuro, *madilim pa*, no ha amanecido. *Madilim na*, ya es de noche. *Tagdilim*, tiempo de tinieblas. *Cariliman*, obscuridad. *Mulan dilim*, cuando empieza á menguar.

DILIMAN. pc. Un género de mimbres con que se teje el *baclar*.

DILIS. pc. Cuerda de vihuela ó de arco.

DILIS. pp. Pescadillo blanco. *Dulis*.

DILIS. pc. Arreciar el viento. *Vm*, l. *Mag*.

DILIUARIO. pp. Una yerba.

DILOMA. pp. Mudarse uno, y resfriarse en lo que queria. *Vm*, hacer errar. *In*, á quien. *Ma*, estar corto, bozal nuevo. *Di loma pa ang Padre sa pangungusap*, aun no está ladino. *Nagcacadiluma aco*, erré. *Ipag*, en lo que.

DILOMA. pp. Equivocarse, resfriarse en el propósito. *Ano baga,t, dongmiriloma ca ngay-on sa paquiquinyig nang Misa!* Cómo te has resfriado ahora en oir Misa! *Laqui bagang pagcariloma*, grande equivocacion.

DILOS. pp. Refregar, *Vm*. Lo que, *An*. Asimismo *mag*, banca pequeña.

DIMAN. pp. Aunque no, y se enlaza solo con el *ca*, *co*, *mo*, *dicaman paroon, di mo man gau-in*, &c.

DI MAN NAUA. pc. De ningun modo.

DI MAN DI MAN. pp. Meditar, pensar mucho una cosa, *mag*. *Ipag*, l. *Pag-an*, de lo que. Vide *himanhiman*.

DIMARIM. pp. Asqueroso. *Vm*, dar asco á otro. *In*, á quien. *Nandimarim aco sa pagcain mo*, me dá asco tu modo de comer.

DIMDIM. pc. Vide *panimdim*.

DIMIG. pc. Húmedo, humedad de la leña. Vide *himig*, l. *hamig*.

DIMOG. pp. Desleir, *Vm*, l. *Mag*. *In*, lo que, l. *Y*. *Pandimog*, instrumento.

DIMOHAN. pc. Adverbio ahorrar. Vide *arimohan*.

DIMOL. pp. Lamer con la punta de la lengua, *Vm*. Lo que, *in*. Ante quien, *An*. *Magpa*, dar de comer. *Ipa*, lo que. *Pa-in*, á quien.

DIMON. pc. Monton de yerbas que juntan las puercas para parir. *Mag*, hacerlo. *Y*, con que. *An*, donde. *Man*, cogerlos en su *dimon*. *Ipag*, con que. *Houag cang magdimon sa casalanan*, no te revuelques en el pecado.

DIMORAC. pp. Vide *damorac*.

DINAT. pc. Lodo blando.

DINGA. pp. Como si yo. *Dinga aco,i, alipin niya, aco,i, pinagmumura*, me desprecia, como si yo fuera su esclavo.

DINGA BAHAGYA. pc. *Dinga quinabahagya, dinga quinabolinyà*. Vide al Capitan de todos, *dinga salamat*.

DINGAL. pp. Hermoso. Vide *diquit*.

DINGALI. pp. Un género de *pagaanito*.

DINGDING. pc. Pared. Se añade de que, v. g. *Dingding na bato, dingding na lapat*. *Mag*, hacerla. *An*, la casa. *In*, de que.

DINGIG. pc. El sentido de oir. *Vm*, oir de propósito. *In*, lo que. *Ica*, sentido de oir. *An*, lo que. *Dingan*, á quien. *Y*, la oreja. *Maca*, oir, y poder oir. *Na*, lo que se oye. *Quinadiringan*, de quien. *Nagcadiringan* equivocarse en oir. *Pagcacadiringan*, acto. *Magpa*, dar á oir como el predicador. *Pinag*, l. *Pa-an*, á quien. *Ipa*, lo que. Itt. *Magpa*, hacer que oigan. *Salang maringig*, lo que no se puede oir. *Salang macaringig nang mahalay*, no se puede oir sin ofender á Dios cosa torpe. *Ualà acong dingig*, no oí nada. *Dingigdigigan*, cosa oida sin fundamento.

DINGIN. pp. Vide *catmon*.

DINGINDINGIN. pp. Un árbol.

DINGLAS. pc. Resbalar, deslizarse, dar de soslayo. *Vm*, el pié, l. *Nadinglas ang pagpana*.

Nagcapa, de repente. *Madinglasin.* ŷ p. Resbalador.

DINGSOL. pc. Tinta prieta ó espuma de leña quemada. Teñir los dientes de negro. *Vm*, á otro. *Mag*, asi. *An*, la persona. *Man*, de oficio. *Naguin dingsol.* Se dice del cuerpo negro.

DIN. pc. Sin duda muy.

DINHAN. pc. Vide *dihan*, *parinhan iyang camay mo.*

DINI. pp. Aqui, mas cerca que *dito*. *Vm*, estar aqui. Si de Manila escribo á Cainta, que vive Pedro aqui, en Cavite el Viejo diré: *dumirini si Pedro.* Si digo que vendrá de Cainta diré. *Paririto*, y no *paririni.*

DINOLANG. pp. Plato grande. Vide *dolang.*

DINOMERO. pp. Un género de arroz de grano muy delgado.

DIPÁ. pp. Aun no.

DIPA. pc. Braza, estar puestos los brazos en Cruz, ó medir con ellos, *Vm*. Lo medido, *diphin.* Ante quien, *diphan*, l. *Dipahan. Mag*, abrir los brazos. *Y*, ellos. *Mag-han*, medirselos mútuo. *Paripa*, brazos de la Cruz. *Mag*, ponerlos. *Hin*, de lo que. *Mita ca nang paparipahin. Paghan*, donde se ponen. *Napaparipa*, permitir dejarse clavar manos abiertas. *Napariripa*, estar asi clavado. *Magpa*, crucificar. *Ipa*, á quien. *Pagpahan*, la Cruz. *Mandipa*, cada uno una braza. *Magmandipa*, tomar cada uno una braza. *Pandipa*, con que miden. *Sangdipa*, una braza.

DIPALAC. pp. Vide *palac.*

DIPLAS. pc. Vide *dinglas.*

DIPOL. pc. Vide *lipol.*

DIRÁ. pp. Lagaña gruesa. *Mag*, estar con ella. *Maca*, lo que la causa. *Dirain, madira, madirain*, lagañoso ó sugeto á tal mal.

DIRI. pp. Asco, *Man*, tenerlo. *Man*, pc. Asqueroso por leproso ú otro mal. *Ipan*, la causa. *Pan-han*, de que. *Magpapandiri*, mandar que tenga asco. *Pinapan*, á quien. *Cadiridiri*, que causa. *Caricarihan*, pc. Lleno de suciedad.

DIRI. pc. Suciedad como *dumi*. En el comintan, *madiri*, pc. Sucio.

DIRIS. pp. Agalla. *Vm*, sacarla. *Mag*, untar con ella. *Y*, con que. *An*, lo que. *Napa*, permitir que la saquen.

DI SAPALA. pp. En gran manera.

DISLOT. pc. Pues qué tenemos con eso? *Dislot lamang yaon.*

DISDIS. pc. Estrujar, esprimir las tripas. *Vm*, l. *Mag*. *In*, lo que. *An*, las tripas. *Pinagdisdisan ca*, maldicion.

DISDIS. pc. Limpiar el cuerpo despues del baño, con los juegos del antecedente.

DISIN. pc. Habia de ser. *Icao disin ang hahampasin cun dan͠gan ang Ama mo.* Si no fuera por tu padre habias de ser azotado.

DITA. pp. Vide *aboab.*

DITÁ. pp. Un árbol: equivale á la quina.

DITAC. pc. Lo mismo que *munti*, cosa pequeña.

DITAN. pp. Especie de bejucos venenosos.

DITDIT. pc. Rasgar en pedacitos, v. g. de papel, *mag*. Lo que *in*. *Ano itong gagaditdit na ibinigay mo sa aquin.* Qué cosa es esta á modo de papelito rasgado?

DITO. pp. Aqui. Vide los juegos de *dini.*

DITORIN. pc. Un pájaro que cuando canta parece que dice esta palabra.

DIUÁ. pp. Creo que, parece que: *Diua siya*, creo que es él.

DIUÁ. pp. Espíritu, aliento.

DIUÁ. pp. Carne fresca. Vide *sariua.*

DIUALAS. pp. En gran manera.

DIUANG. pc. Un canto en sus anitos, *mag*. El enfermo porque, *Y*. El anito y el enfermo. *An*. Regocijo.

DIUARÁ. pc. Prolijo, importuno, impertinente. *Vm*, hacerse tal. *Mag*, importunar. *Ipag*, lo en que. *Pag-an*, á quien. *Cariuaraan*, importunacion.

DIUASA. pp. Acabar lo que dá cuidado. *Nariuasaan na aco nang osap. Mariuasaan*, tambien *maual-an abala*, ya estoy fuera del cuidado de mi pleito.

DIUATA. pp. muy distante.

DIYAMA. pp. Esperimentado, egercitado. *Vm*, egecutar á otro para que aprenda. *In*, á quien. *Mag*, ensayarse para salir bien. Con quien, *pag-an.*

DIYAN. pc. Ahí. Vide *dito, dini*, con sus juegos.

DIYATA. pp. Por ventura, segun eso. Ergo Igitur.

DIONA. pp. Canto en sus casamientos y borracheras, *mag*. El vino, *Y*, l. *Ica*. *Pag-an*; los compañeros. Suele ser de tres versos como este.

Mayag aco sa masiguing.
ang malubay na ang aquin.
malayo ang madarating.

Pues tengo de ir tan lejos, quiero paz, no quiero pleitos.

D antes de O.

DOAC. pc. Arcadas. Vide *doal* con sus juegos.

DOAG. pc. No, vedando. *Doag cang paroon*, no vayas allá, l. *Houag.*

DOAL. pp. Dar arcadas el que quiere vomitar. *Vm*, l. *Mag*. Si muchas veces, *mag*. pc. Muchos juntos, *man*. *Ipag*, l. *Ipan*, la causa. *An*, ante quien. *Nadoroal aco nitong canin*, me dá ó causa arcadas esta comida.

DOBDOB. pc. Atizar fuego, ó hacer gran fuego. *Vm*, meterse en él. *Mag*, atizarlo. *Ipag*, con que. *Pag-an*, l. *Pag-in*, el fuego. *Magpa*, mandar.

DOCA. pp. Revolvimiento de estómago. *Nadoroca ang tian co. Ca-an*, por lo que.

DOCA. pp. Tratar á otro con palabras pesadas. *Vm*, decirlas. *In*, lo que. *Magpa*, enviarlas á decir. *Ipa*, las que. *Pagpaan*, á quien. *Cadocadoca*, cosa abominable.

DOCDOC. pc. Vide *digdig.*

DOCHA. pc. Pobre. *Vm*, empobrecerse. *In*, á quien. *Man*, irse haciendo. *Na*, estarlo. *Magpa*, hacer á otro. *Magpaca*, hacerse pobre de voluntad. *Maqui*, parecerse. *Cadochaan*, pobreza.

DOCLAP. pc. Un árbol espinoso.

DOCLAY. pc. Estender la mano para alcanzar algo. *Vm*, l. *Mag*. Lo que, *in*. Á quien, *An*. *Magpa*, el que de propósito tuerce el cuello, brazo ó cuerpo. *Padoclain ang liig*.

DOCLAY. pc. Inclinarse la rama sobre el rio, *Vm*. Si lo está, *ma*, l. *Magca*. El rio, *quinadoclayan*.

DOCQUIT. pp. Agugero hecho con el dedo. *Vm*, hurgar ó sacar algo del agugero. *In*, lo que se saca. *An*, á quien.

DOCQUIT. pp. Tocamiento deshonesto de la muger. *Mag*. pc. Consigo misma. *Pinag*. pc. Lo que. *Man*, de ordinario. *Maquidocquitan*, accion deshonesta consigo. *Paquianan*, persona. *Nagcadocquitdocquit*, mal trasquilado. *Nagpalaqui nang Ouac nang docquitan siya nang mata*, criar cuervos para que le arranquen los ojos.

DOCTOYAN. pp. Un árbol.

DOCUANG. pc. Alcanzar algo alargando el brazo, *Vm*. La mano, *Y*. Si mucho, *mag*. Si muchos, *man*. *Mapag*, *mapan*. Frecuent.

DOCUIT. pc. Vide *songquit*, con sus juegos.

DOCCO. pc. Torpe, que no acierta á hacer ó hablar. *Docco ca sa gaua*. *Maca*, *ica*, en pasiva.

DOCCÓ. pc. Vide *doñgo*, pc. con sus juegos.

DOCPONG. pc. Añadir lo corto. Vide *dogtong*.

DOCCOL. pp. Meter el cuchillo de abajo arriba, *Vm*. Á quien, *in*. Con que, *Y*. Lugar, *An*. Si muchos, *mag*. pc. Con las mismas pasivas, y las partículas de *mag*.

DOCCOT. pp. Sacar algo de agugero, ó meter la mano aunque no saque algo. *Vm*, l. *Mag*. Lo que saca, ó en lo que mete la mano, *in*. Con que, *Y*. Donde, *An*. *Pandocot*, instrumento. *Na*, lo hallado asi. *Nacadocot siya sa aquin nang salapi*, me sacó de la bolsa el dinero. *Nagdocot mandin sa palayoc*, se dice del que tiene las manos tiznadas. *Magaling din ang may salapi, at cadocotdocot na*, bueno es tener dinero, que no hay mas que sacar y mas sacar. *Nacarocot ca nang longa nang olopong*, vino por lana y salió trasquilado. *Dorocotdocot nang pagsaguan*, el que no sabe bogar.

DOCDOC. pc. Moler como pimienta, *Vm*. Lo que, *in*. Donde, *An*. Si mucho, *mag*. *Docdoc na salapi*, menudo. *Pandocdoc*, con que muelen.

DOGÁ. pp. Sondar, convencer cogiendo en mentira. *Mag*, sondar. *Y*, con que. *An*, el agua. *Pandoga*, sonda. *Magpan*, echarla. *Pag-an*, donde. *Mag*, convencer cogiendo en mentira. *An*, á quien. *Magpa*, darse á conocer. *Nadogaan*, el asi convencido.

DOGAN. pp. Añadir. *Doga na lamang, hindi totoong camaganac*, no es verdadero pariente, sino añadido.

DOGAL. pp. Cosa muy sangrienta. *Mag*, ponerse tal, duplicando la raiz. *Man*, lo mismo. *Pag-an*, l. *Pan-an*, con que, l. *Nacapag*.

DOGAY. pp. Género de pescado.

DOGCAL. pc. Cabar algo de la tierra. *In*, lo sacado. *An*, donde.

DOGOL. pp. Apurar á otro enfadándolo. *Vm*. Á quien, *in*. Si mucho, *mag*. pc.

DOGON. pp. Caerse los cabellos, *Vm*. Á quien, *An*. Estar caidos, *ma*. Á quien, *na-an*. *Dag-on*, pc, Pelado.

DOGDOG. pc. Vide *dicdic*.

DOGSON. pc. Añadidura. Vide *dogtong*.

DOGTONG. pc. Añadir á lo largo. *Vm*, l. *Maqui*, juntarse una persona á los que están en hilera. *Mag*, añadir. *Pag-in*, las dos cosas. *Y*, lo que se junta. *An*, á que. *Mag*, doblando la raiz, levantar testimonio. *Y*, l. *Ipag*, lo que. *Padogtong*, testimonio levantado. *Cadogtong*, una cosa que se añade.

DOGUA. pc. Arcadas para vomitar. *Vm*, l. *Mag*. Lo que, *Y*. Donde. *An*. *Ma*, tener asco. *Ca-an*, lo que causa. *Napa*, el vómito. *Capadoguaan*. donde.

DOGYON. pc. Enfermedad somera. *Dogyong saquit*. *Babao na saquit*. *Narogyoñgan*, lo mismo que *naragdagan*.

DOHAPA. pp. Vide *duhapang*.

DOHAPANG. pp. Caer ó tropezar inclinándose por delante. *Vm*, inclinarlo asi. *In*, lo que se inclina. *Mag*, echar á otro asi. *Y*, á quien. *Man*, inclinarse con ansia, como para beber. *Magcapa*, caer asi de repente. *Dohadohapang*. el niño que hace pinitos.

DOHAT. pp. Fruta. *Dohat anuang*, grande.

DOHAT NASI. pp. Sin hueso.

DOHIT. pp. Un género de grillos que cantan.

DOHOL. pc. Culebra de agua.

DOHOL. pp. Chismear, *mag*. Á quien, *ipag*.

DOHOLDOHOL. pp. Remate de navío, en forma de cola. *Mag*, hacerlo. *In*, de que. *An*, el navío.

DOHONG. pp. Andarse cayendo como el borracho. *Vm*, duplicando la raiz. *An*, ante quien. *Mag*, duplicando, caerse de hambre. *Dohongdohong cun lumacad, dohongdohong mañgusap: Biglabigla na ri iniisip ang uiniuica*. Camina apresurado, habla sin pensar en lo que habla.

DOUIT. pp. Echar algo metiéndolo en la tierra, *Vm*. *An*, la tierra. *Man*, gobernar con remo sin remar. *Mandorouit*, piloto asi. *Mag*, arrancar. *An*, lo que. *Y*, con que. *Magpa*, mandar. *Nagdouit ang loob nang poot*, l. *Ang lañgit nang dilim*, se metió dentro del corazon el enfado. Se cubre el cielo de nieblas ú obscuridad.

DOLÁ. pp. Huelga de muchos en alguna parte, *mag*.

DOLAC. pp. Lo mismo que *dilat*. *Pinadodolacdolac ang mata, pinadirilatdilat*, están los ojos sobresaltados.

DOLANG. pc. Sacar metal de las minas, *Vm*. El metal, *in*. *Man*, *magsi*, muchos. *Mapa*. pedir que se saque. *Mapapag*, pedir mandando. *Magdorolang*, minero. *Dolañgan*, la mina.

DOLANG. pp. Mesa baja en que comen. *Mag*, hacerla, ponerla. *An*, á quien. *In*, de que. *Mag*, l. *Maqui*, comer juntos. *Ma*, l. *Mapa*, estar asentado. *Capa-an*, l. *Ca-an*, con quien. *Magca*, sentarse acaso. *Cadolang*, compañero.

DOLAP. pp. Echarse de bruces. *Ma*, l. *Mapa*, caer. *Magpa*, echar. *Ipa*, lo que.

DOLAP. pp. Buscar ó coger lo que se le escapó. *Vm*, l. *Mag*. *In*, lo que. *Y*, por quien. *Maca*, hallarlo.

DOLARIT. pp. Urgar, escudriñar, buscar. *Vm*, l. *Mag*. *In*, lo que. *Maca*, hallar. Por *mag*. tambien se aplica á cosas deshonestas.

DOLAROT. pp. Vide *dolarit*.

DOLAS. pc. Cosa resvaladiza, como *marolas ang dilà, marolas ang palos*. *Vm*, hacerse resvaladizo. *Mag*, hacer que lo sea, v. g. el camino. *Man*, hacerse resvaloso por otra cosa. *Ma*, resvalar. *Ca-an*, donde. *Mapa*, caer resvalando. *Capa-an*, donde. *Madolasin*, pp. Hombre que de ordinario resvala.

DOLAUIT. pp. Sacar algo de agugero, ú hoyo. Vide *ducal*, con sus juegos.

DOLAY. pp. Andar por las ramas cogiendo nidos ó frutas, *Vm*. Lo que, *in*. Las ramas, *An*. *Mapa*, encaramarse en las ramas mas altas.

DOLAY. pp. Hablar como por las ramas. *Ipinagpapadolaydolay ang pangungusap*. Activa, *magpa*. Es metáf. *Madolay pa sa manga Serafines*, mas excelso que los Serafines.

DOLAYANIN. pp. Canto cuando reman, *mag*. Por quien, *ipag*. La banca, *pag-an*.

DOLDOL. pc. Mojar pluma en tintero, *mag*. La pluma, *Y*. El tintero, *An*.

DOLHOC. pc. Mercadería, y trastos en cosas de comer. *Mag*, llevar. *Ipag*, lo que.

DOLÍ. pp. Lo mismo que *coliglig*, chicharra. *Dolidoli, sa paghanap, oolicolic*, anda buscando de aqui por allí.

DOLING. pc. Vizco, ó turnio.

DOLING. pc. Cansarse los ojos como de leer. *Nagcacadoling na ang mata cong masa nang sulat*.

DOLINGAS. pc. Travieso, atronado, inquieto. *Vm*, hacerse tal. *Mag*, frecuencia. *Man*, l. *Mag*, si muchos. *Ipan*, la causa.

DOLIS. pp. Vide *golis, bahir nang calao-an*, raya en el cuerpo.

DOLIS. pp. Lo mismo que *dilis*, un pescadillo pequeño.

DOLIT. pp. Tirar con piedra, es comintan. Vide *pocol*, con sus juegos.

DOLO. pp. Punta, cabo, canto, orilla. *Vm*, hacerlo, ó cortarlo. *Dolohin mong potlin*, córtalo desde la punta. *Mag*, poner punta, fin, acabar. *Han*, l. *Paghan*, lo que, ó lo á que. Itt. *Mag*, poner algo punta con punta, *Pagdolohin mo iyang manga cauayan*. *Man*, andar por las puntas. *Mapa*, ir á la punta.

DOLOHAN. pc. Barrio.

DOLOC. pp. Quemar los palos que sobran del *caingin*. *Mag*. Los palos, *An*. *Pandoloc na*, tiempo de eso.

DOLOG pc. Allegarse, *Vm*. Á quien, *in*. Á quien se llega para dar, *An*. *Mag*, allegar algo, presentar testigos. *Y*, lo que. *An*, á quien. *Cadolog*, compañero en eso. *Cadologan*, pc. Tiempo de presentar testigos, &c. *Dologuin*, á quien se llega con facilidad. *Maqui*, llegarse con otros, comprar con ruegos.

DOLOHACA. pp. Glosar las palabras que uno dice, *mag*. Cosa y persona, *pag-an*.

DOLOHAN. pp. Parcialidad, barrio sugeto á un cabeza. *Vm*, l. *Maqui*, agregarse. *An*, l. *Paqui-an*, á que. *Mag*, meter á otro de nuevo. *Y*, á quien. *Mag-an*, andar en faena meses ó semanas los barrios. *Man*, irse muchos á otro barrio. *Pan-an*, al que pasan. *Isa silang dolohang magunac*, muchos de un tronco. *Madolohan*, de muchos barrios.

DOLONG. pc. Unos pececitos muy pequeños.

DOLONG. pp. Armar el arco, *ma*. La cuerda. *Y*. El arco, *An*. *Na*, estarlo.

DOLONGAN. pc. Pescados grandes como lisas.

DOLONTAS. pp. La yerba manzanilla. Vide *silisilihan*.

DOLODOLO. pc. *Dili matibay*, débil. *Dolodolong cauayan*, caña tierna.

DOLOS. pc. Un machetillo con que limpian la yerba rozándola.

DOLOT. pc. Cosa que se dá en la mesa, *Vm*. *Y*, lo que. *An*, á quien. *Mag*, servir algo á la mesa. *Y*, lo que. *An*, á quien. *Pag-an*, lugar en donde viene el regalo. *Magpa*, enviarlo, mandar que lo pongan en la mesa. *Pa-in*, el que lo trae. *Ipa*, el regalo. *Pa-an*, á quien. *Napa*, el que lo pide. *Magca*, dar regalo. *Pandolot*, lo bueno para dar. *Madolot*, el que regala mucho.

DOLROL. pp. Vide *doldol*.

DOMAL. pp. *Nadoromal, nalulupit: Cadomaldomal sabihin, caromiroming sabihin*, abominable dictu.

DOMAT. pp. Muchas cosas superfluas que uno cuenta.

DOMOG. pp. Vide *lomog, gomoc, dopoc*.

DONA. pp. Parlero, charlatan. *Vm*, hacerse tal. *Maca, ica*, la causa. *Madonain*, de ordinario.

DOLDOL. pc. Mojar la pluma en el tintero, meter la comida por fuerza en la boca, *Vm*. Á quien, *An*. *Salang madoldolan nang ano mang canin*, se dice del muy enfermo.

DONDON. pc. *Napadondon*, desear que la llamen Don.

DONGAO. pp. Asomar por la ventana, *Vm*. Lo que mira, *in*. Si muchos, *Man*. Asomarse acaso, *maca*. *Ma-an*, su pasiva. *D. in N. Nanonongao*, el que se está en la ventana. *Ipina*, lo que asoma. *Pina-an*, los que mira. *Maqui*, con otro. *Paqui-an*, el con quien. *Napa*, pedir que se asome. *Magpa*, mandar asomar. *Magcapa*, de repente. *Dongauin mo ang loob*, examínate. Metáfora.

DONGAT. pp. l. *Dingat*. Es lo mismo que *caalamalam, dongat nang domating*.

DORONGAUAN. pp. Ventana, l. *Dongauan*.

DONGHAL. pc. Asomarse: como el antecedente y sus juegos.

DONGHAP. pc. Lo mismo que *donghal*.

DONGHOL. pc. Aficion. Vide *dongsol*.

DONGIL. pp. Tocar con algo por los lábios. Vide *dongol*.

DONG GUIL. pc. Dar con un dedo por el rostro. *Vm*. Á quien, *in*. Si mucho, *mag*, duplicando.

DONGIS. pp. Tizne en la cara. *Vm*, l. *Mag*, tiznar. *Y*, con que. *An*, á quien. *Man*. Frecuentemente.

DONGUIT. pc. l. *Donglit*. Punta como de cuchillo. *Padonglit na uica*. Palabra preñada.

DONGO. pc. Dar con la proa en algo. *Vm*, llegarse el navío. *In*, á donde.

DONGO. pc. Torpe que no acierta. *Vm*, hacerse tal. *Na*, estarlo. *Nadorongo aco mangusap nang uicang castila*.

DONGOL. pc. Golpe con punta de cualquiera cosa, dar cerrado el puño, *Vm*. Á quien, *in*. *Mag-an*, mútuo.

DONGSOL. pc. El objeto de la vista. *Cadongsolan nang mata*, donde acuden los ojos.

DONGOL. pc. Ladrar el perro, gritar el animal, *Vm*. Á quien, *An*. Si mucho, *mag*. Hacer ahullar, *magpa*.

DONGON. pp. Un árbol.

DONGOS. pp. Lo que sobresale de la carne. *Dongosin*, parte del cuerpo donde suele haber crecido algo de la carne.

DONGOT. pc. Vide *donguit*.

DONGOT. pp. Punta. *Vm*, despuntar. *In*, lo que. *Mag*, poner punta. *An*, á que. *Nacadongot ca sa aquin*, l. *Nadongot mo aco*, herísteme con la punta. *Dongot nang bondoc*, cumbre. *Carongotdongotan*, cima. *Madongot*, de muchas puntas. *Padongot na uica*, encarecimiento. *Mapadongot*, el que habla así.

DONGOT. pc. Estar como dicen en la punta de una lanza esperando alguna pena. *Sa dorongot mandin aco*.

DONGDONG. pc. Multiplicidad de veces. *Vm*, irse haciendo á la continuacion. *In*, lo hecho. *Y*, lo que frecuentemente se hace en él. *Madongdong*, muchas veces. *Cadongdongan*, frecuencia.

DONGSOL. pc. Aficion, frecuencia de acudir en alguna parte. Es raiz sustantiva. *Madongsol na ang pagsosogal niya*. *Cadongsolan*, lugar ó persona donde muchos acuden. *Pinagcacadongsolanan*, á quien tiene aficion.

DONONG. pp. Saber. *Vm*, irse haciendo sabio. *An*, lo que se sabe. *Dinodononongan*, l. *Nadorononongan*. *Magpaca*, enseñar con perfeccion, y ser sabio. *Magmadonong*, hacer del sabio. *In*, el tenido por tal. *Donong*, *cadononongan*, sabiduría.

DONPILAS. pc. *Isda*. Un pescado. Vide *dopilas*, *dolas*, *dompilas*. pp.

DOOL. pp. Chismear, *Vm*. *In*, á quien. *Magpa*, avergonzar á otro. *Ipa*, á quien. *Dool ca sa lahat*, *mora ca sa lahat*, eres un despreciable.

DOOL. pp. Desigualdad. *Madool na manga bondoc*, montes desiguales.

DOOL. pp. No cumplir el concierto. *Irinool co Padre*, quiere decir *tipan co sa Padre, ay sasama aco, hindi aco somama*.

DOON. pc. Acullá, allá. Vide *dini*.

DOON. pc. Entonces. *Con cumain ca*, *doon maaalaman mo*, *cun ano ang hain*, cuando comas, entonces conocerás lo que está prevenido.

DOON. pc. Tener hacienda, *magcadoon*. La causa, *ipagca*. *Madoroon*, el que tiene mucho.

DOON. pc. Tomar una cosa de lo que hay en el cesto, *Mandoon*, *bigyan mo sila nang mandoon*. *Sangdoon*, es una cosa de las muchas que están allí. *Sandoong lamitang suca*, una limeta de vinagre.

DOON. pc. Qué mas hiciera? *Doon pa? Bata pa,i, gumagaua nang ganito, doon pa cun lumaqui?* Si siendo muchacho hace eso, qué mas hará cuando viejo?

DOONG. pp. Aportar el navio, *Vm*. Donde, *An*. *Mag*, llevar ó hacer llegar el navio. *Y*, el navio. *Ipag*, instrumento, causa. Traer mercadería, *magpa*. Mandar dejar que llegue el navio. Itt. *Magpa*, mandar dejar que llegue para tomar algo. *Magpadoong ca nang canin: Padoongan mo ang Padre sa manga tauo*. Díles que aporten el navio para el Padre. *Maqui*, aportar juntos. *Pa-an*, con quien. *Magca*, lo mismo que. *Mag*. *Ma*, estar aportado. *Ca-an*, donde. *Magcapa*, de repente.

DOONGAN. pp. Puerto, desembarcadero.

DOOP. pp. Poner leña al fuego, *mag*. La leña, *Y*. El fuego, *An*. *Maquipag*, ayudar á echar leña. *Paquipag-an*, á quien.

DOOT. pp. Estar el Cielo anublado. *Vm*, cerrarse. *Nadorootan*, estarlo. *Maca*, *ica*, causa. *Magcapa*, de repente. *Madootin*, frecuent. *Dodootdoot ang Padre*, está enojado.

DOPAL. pp. Vide *copal*.

DOPAYANIN. pp. Género de canto en las bancas, *mag*.

DOPILAS. pp. Deslizarse los pies. Vide *dolas*.

DOPIL. pp. Ave muy inquieta, y bulliciosa, *pipit*.

DOPILPIL. pc. Vide *pilpil*, con sus juegos. Tambien un género de pescado.

DOPOC. pc. Pudrirse la madera. *Vm*, irse pudriendo. *Man*, l. *Magsi*, si muchas ó mucho. *Ipan*, la causa. *Pan-an*, lugar. *Na*, estar podrido. *Nagmamadopoc*, se vá haciendo delicado.

DOPONG. pp. Enterrar el tizon en la ceniza para conservar el fuego, *Vm*, l. *Mag*. El palo que se mete en la ceniza, *Y*. El fuego, *An*. Itt. *Vm*, llegarse la persona al fuego, ir á consolar al que hace el duelo. *Pag-an*, á quien. *Mag*, juntarse en cuadrillas. *Houag cayong magdopongdopong*, *magpa*, mandar juntar tizones.

DORO. pp. Picadura, sartas. *Ilang doro?* cuántas sartas? *Vm*, punzar, ensartar. *Y*, con que. *In*, lo que punzan. *An*, donde. *Magpa*, *man*, *magsi*, muchos.

DORO. pp. Llamar para que le compren sus mercaderías, pregonarlas, *mag*. Lo que, *ipag*. *Han*, á quien. *Mag*, pc. Pregonar. *Magpa*, mandar que. *Pinapag*, el mandado, *Ipapag*, lo mandado pregonar. *Papaghan*, á quien. *Tagapagdoro*, pregonero.

DOROC. pp. Buscar algo en el agua con palo ó tiquin. *Vm*, l. *Mag*. *In*, lo que. Vide *loroc*. *Aroc*. *Iroc*.

DOROG. pp. Podrirse, deshacerse, desterronar. *Vm*, l. *Mag*, desmenuzar, deshaciendo. *In*, lo que. *Doroguin mo siya nang hampas*. *Maca*, *ica*, la causa de podrirse. *Na*, lo que está podrido. *Magpa*, dejar podrirse. *Pa-in*, lo dejado. *Mapa*, dejarse podrir. *Cadorogan*, putrefaccion. *Dorog*. pc. podrido. *Madorog*, juramento. *Pandorog*, instrumento.

DOROL. pp. Plantar arroz, ó trasponerlo, *Vm*. El arroz, *Y*. La tierra, *An*.

DOROL. pp. Señalar con punta ó rayar como el carpintero, para cortar, *Vm*. *In*, lo que. *An*, la madera. *Pandorol*, instrumento. *Madorolin*. Frecuent.

DOROOT. pp. Anublarse mucho el Cielo. Vide *doot.*

DOROOT. pp. El hombre que es ceñudo. Vide el mismo *doot.*

DOROT. pc. Faltar tiempo para algo. *Nadorot aco nang arao*, me faltó el dia.

DOSO. pc. Yerba medicinal, *dahon doso mandin ang caniyang loob*, humilde.

DOSONG. pp. Corto, encogido. *Vm*, hacerse tal. En el *comintang*, es cobarde.

DOSDOS. pc. Sarna. *Dosdosin*, sarnoso. *Nagca*, tenerla. *Madosdos*. mucha. *Tagdosdos*, tiempo de sarna.

DOTÍ. pp. Cortesía. *Ualang dotidoti, ualang pasintabi.*

DOTDOT. pc. Hurgar con el dedo. *Vm*, l. *Mag*. Lo que, *in*, l. *Pag-in*. *Maca*, hallar algo hurgando. Itt. Tactus impudicus mulieris secum ipsa.

DOUÁ. pc. *Minsan doua, minsa,t, maculaua: Houag marulas*, despacio.

DOUAG. pp. Cobarde, acobardarse. *Vm*, hacerse tal, á acobardar á otro. *An*, á quien. *In*, ser acobardado. *Magpa*, tambien acobardar á otro. *Cadouagan*, l. *Pagcadouag*, cobardia.

DOUAG. pc. No, vedando. *Douagan mo*, déjalo. Es *comintang*.

DOUAHAGUI. pp. Molestado, perseguido. *Vm*, l. *Mag*, perseguir. *Douahaguinin*, á quien. *Nagpaca*, pedir ser perseguido ó dejarse afligir. *Magpa*, dejar, mandar perseguir. Con pc. Hacer del agraviado. *Pinagpapa-an*, persona á quien se queja. *Ipagpa*, por lo que ó con que. *Na*, el que está acosado. *Madouahaguinin*, pc. Frecuent. de ser perseguido. *Cadorouahagui*. cosa que aflige. *Cadouahaguinan*, persecucion.

DOUAROL. pp. Dar importunado, *mag*. Á quien, *An*. Con que, *Y*.

DOUAY. pp. Asco. Vide *domal, soclam.*

DOUÍ. pc. Vide *cayroy, quiroy.*

DOUAROY. pp. Rogar uno á otro para que le venda, ó que le compre. Vide *doro.*

DOUONG. pp. Proa del navío. *Vm*, ir en la proa. *Man*, estar en ella de oficio. *Mag*, ir dos solos embarcados. *Pag-an*, la banca en que van. Itt. *Mag*, hacer proa. *An*, el navío. *Magpa*, mandar que vayan dos en una banca. *Papapag-in*, ellos. *Papapag-an*, la banca. Itt. llevar algo en la proa. *Maqui*, juntarse con otro en la embarcacion.

DOUNGAN. pp. Embarcacion de mala proa.

DOYAP. pp. Mirar de mal ojo, *Vm*, l. *Mag*. *An*, á quien. Mejor es, *irap*.

DOYO. pp. Cabeza de la casa ó el altar mayor de la Iglesia. *Padoyo ca, houag cang paguilir.*

D antes de U.

DUCA. pc. Abominable. *Carocaroca itong tauong ito.*

DUCAL. pc. Desembuchar, cabar, *Vm*. Lo que, *in*. Con que, *Y*. Lugar, *An*. *Ma*, hallar algo asi. *Maducalin*. pp. *Mapag mapan*. Frecuent.

DUCLAP. pc. Un arbolillo.

DUCLAY. pc. Estender la mano alcanzando algo. Vide *docuan.*

DUC-UA. pc. Conocer, convencer, sondar. Vide *doga.*

DUCU-AN. pc. Estender el brazo para coger algo del suelo, *Vm*. La mano, *Y*. *Mag*, l. *Man*, si muchas ó muchos. *Mapag*, *mapan*, Frecuent.

DUGAL. pp. Regueldo, *Vm*, l. *Mag*. *An*, ante quien. *Madugalin*, l. *Mapag*. Frecuent.

DUGAY. pp. Vide *lauig.*

DUGÓ. pc. Sangre. *Vm*, l. *Mag*, salir sangre. *Dinodogo*, á quien viene la regla. *Man*, l. *Magpan*, correr la sangre. *Ipinagpapan*, la causa. *Mag*, ensangrentar. *An*, á que. *Maca*, manchar con sangre. *Na-an*, el que. *Nagcacan*, sale sangre. *Madugo*, de mucha sangre. *Casingdugo*, de una complexion. *Hindurugo*, l. *Dinugo*, especie de plátanos. *Dugan*, un género de *baguing.*

DUGUAN. pc. Lo mismo.

DUHAY. pp. Pescado como *besugo.*

DUAPANG. pp. Vide *dokapang.*

DUHAPA. pp. Vide *sugapa.*

DUHONG. pp. Vide *duhapang.*

DUMA. pc. Apalear. *Dumahin mo siya*, es lo mismo que *paloin mo siya.*

DUMAGAT. pp. Hombre diestro en la mar.

DUMAL. pp. Feo, asqueroso, *carumaldumal.*

DUMALAGA. pp. Polla. *Mag*, hacerse. *Hin*, ser tenido. *Maladumalaga*, como.

DUMALÍ. pc. Arroz de cuatro meses. *Mag*, sembrarlo. El arroz, *in*. *An*, donde. *Tagdumali*, tiempo de él. *Padumali*, hacer algo brevemente. *Magpadumali ca nang &c.*

DUMATDUMAT. pp. El que razona con cosas superfluas. *Tauong maraming padumaldumat.*

DUMAY. pp. Pereza. Vide *tamar.*

DUMI. pc. Suciedad. *Vm*, l. *Man*, ir separando tal. *Ipan*, causa. *Pan-an*, donde. *Man*, manchar. *Han*, lo que. *Nadurumihan*, estar sucio. *Maca*, *ica*, causa. *Magcaca*, tener. *Na*, tener asco. Lo que, *quinadurumihan*. *Cadumidumi*, cosa asquerosa. *Carumhan*, sincop.

DUMPI. pc. Escaparse. *Nacadumpi*, lo mismo que *nacauala, nacaalis.*

DUPIL. pp. Tapadera, ó con que se remienda algo. *Dupil nang dorongauan*, lo mismo que, *taquip*, lo mismo que *tagpi.*

DUPILAS. pp. Resvalarse sin caer. Vide *dapilas, dapilos, dupilas.* pc.

DUN-GAT. pp. *Mapagdungat, mapagsalobong.*

DUNGHAC. pc. Vide *dunghal.*

DUNGHAL. pp. Asomarse á la ventana. Vide *donghal.*

DUNGHAO. pc. Estender el cuello como el ganso, *Vm*. *Y*, l. *In*, lo que. *An*, lo que mira.

DUNGHAP. pc. Vide *donghap.*

DUNGDUNG. pc. Vide *dongdong.*

DUPA-AN. pp. Braserillo.

DUPIT. pc. Vide *guipit*, que es el mejor.

DUPIT. pp. Vide *dopit.*

DUPLIS. pc. Rasguño muy pequeño. *Vm*, hacerlo. *An*, á quien. *Panduplis*, instrumento. *Si Guinoong Santa Maria ay duplis ma,i, dili na duplisan.*

DURI. pp. Hablar mucho y bien. *Maduring mangusap.*

DUSA. pp. Pena por culpa. *Vm*, vengarse ó penitenciar. *In*, de quien. *Mag*, satisfacer. *Ipag*, l. *Pag-an*, la culpa, el porque, lugar ó persona á quien se paga. *Magpa*, castigar. *Pinapag*, el penitenciado. *Ipinapag*, la causa.

DUSA. pp. *Padusa*, pena, penitencia, castigo. *Mag*, castigar. *Ipa*, la pena que se dá. *Pahan*, la persona castigada. *Pagpapahan*, lugar donde se padece. *Magcaca*, incurrir en pena. *Dusa co ito*, lo que toma por pena. *Durusahin cata hangan ñgay-on*, te tendré desde ahora por enemigo.

DUSONG. pp. Vide *dusong*.

DUSTÁ. pc. Maldecir, *Vm*. Á quien, *in*. La causa, *Y*. *Mag*, si muchos. *Pag-in*, ellos. *Madusta ca*, maldicion.

DUTI. pc. Vide *doti*.

DUYAC. pp. Engañar á otro. Vide *buyo*, con sus juegos.

DUYAN. pc. Hamaca. *Mag*, llevar en ella. *In*, á quien. *Y*, ser puesto. *An*, l. *Pag-an*, la hamaca en que. Itt. *Mag*, estar en ella, dormir en ella, *Magpa*, mandar. *Papag-in*, el mandado. *Papag-an*, la hamaca. *Maquipag*, estar con otro echado: tambien ayudar á llevarla. *Mapa*, pedir que le lleven en ella.

DUYO. pp. Vide *doyo*.

DUYOG. pc. Vide *doyog*, tuerto.

DUYONG. pp. Peje mulier.

G antes de A.

GA. pc. Semejanza, ó ser como: *Gabuaya*, como caiman. *Ganagbibili*, como que vende. De ordinario se junta con *na*, y si sigue adjetivo, se pospone *ca*. *Gaaling na ganito camuti*. Rige genitivo *ganito*, l. *Gasaaquin calaqui*.

GAGA. pp. Lo mismo, como tambien *ganga*.

GAALIN. pc. De que tamaño. *Gaalin ca buti*, *gaalin calayo*, *magdamag saguanin*, una noche de camino, remando con zaguan. *Magaling na di gaaling*, no está como se requiere.

GAANO. pc. Como que, de que manera. Es lo mismo que *gaalin*, sino que *gaalin* pregunta la calidad ó grandor.

GAYAON. pp. l. *Gay-on*, como aquel.

GAYIAN. pc. Como eso, l. *Ganiyan*.

GAAN. pc. Ligero, liviano. *Magaan itong cahoy*, este palo es ligero. *Vm*, l. *Man*, hacerse ligero. *Maca*, *ica*, la causa. *Mag*, aligerar. *An*, lo que. *Ipag*, con que. *Magpa*, convalecer la muger parida. *Pinagagaan pa ang catao-an*, aun convalece. *Magpaca*, hacer que de suyo estén livianas las cosas. *Pacagaanin mo itong dala co*. *Magca*, lo que está muy ligero. *Magaan*, ligero. *Magmagaan*, fingirse. *Cagaanan*, ligereza.

GAANG. pp. Agugero en vasijas. *Nagaanğan ang tapayan*, se agugeró la tinaja.

GABAC. pc. Bordo de navío roto ó podrido. *Vm*, dar con el bordo á otro. *In*, á quien.

GABAN. pc. Coito de animales. *Vm*, el macho. *In*, la hembra. *Mag*, los dos. *Ipag*, tiempo, ú ocasion, &c. *Pag-an*, lugar. *Man*, andar entre las hembras. *Magpa*, echar la hembra al macho. *Ipina*, ella. *Pa-an*, el macho. *Mapa*, disponerse la hembra. *Tagapaggaban*, garañon.

GABANG. pp. Vide *gahol*, *gagaholgahol*, *gagabanggabang*, obrar acelerado.

GABAY. pc. Barandas. Vide *quinsiquinsi*.

GABI. pp. Gabe, género de camote. *Gabihan*, camotal. *Mag*, hacerle. *Guinabihanan*, tierra. *Ang natotonğo mo,i, macati, pa sa gabi*, no es todo oro lo que reluce.

GAB-Y. pc. Noche. *Vm*, ir ó hacer algo de noche, ó hacerse ya noche. *In*, l. *Hin*, á quien coge la noche. ó *An*, l. *Han*. *Maca*, cogerle la noche. Pasiva, *na-an*: *Nagab-ihan cami sa daan*, nos cogió la noche. *Mag*, hacerse de noche. *Man*, hacer algo de noche por costumbre. *Pinan*, lo que. *Ipinan*, la causa. *Magpa*, dejar anochecer. *Pagab-ihin bago tumugpa*. *Ipagpa*, la causa. *Magpaca*, el que de propósito hace algo hasta la noche.

GABO. pp. Vide *galbo*.

GABOC. pc. Polvo de la ropa. *Mag*, criarle. *Ginagabocan*, el ensuciado. *Na-an*, el que lo está.

GABOG. pp. *Malabo*, *magayot*, turbio.

GABOL. pp. Ponzoña. Vide *camandag*.

GABON. pp. Ponzoña que mata comiéndola. Vide *camandag*.

GABON. pp. Volver á nacer la yerba que se cortó, *Vm*. Donde, *An*. estar crecida, *na*. Donde, *na-an*.

GABON. pp. Ponzoña en la comida. Tambien lo mismo que *tabon*.

GABON. pp. Volver á crecer la maleza en la sementera, *Vm*. Donde, *An*. Estar crecida, *Na*. Donde, *Na-an*.

GABOT. pp. Arrancar yerba, *Vm*. Lo que. *in*. Con que, *Y*. Donde, *An*. *Magabotin*. pp. Frecuent. *Hindi macagabot aco*, dice el que no puede salir del lodo. *Gomabot ca*, l. *Gabotin mo ang lalamonan mo*, dice el maestro al que canta bajo.

GABOC. pc. Polvo de palo podrido, ó de arroz molido.

GACGAC. pc. Lo mismo que *gayac*, con sus juegos.

GACGAC. pc. Entremeterse á hablar donde otros hablan, *Maqui*. Con quienes, *paqui-an*.

GACLA. pc. Espantar. Vide *guicla*, *bacla*.

GACOT. pp. Atar, tapar, *Vm*. *Y*, con que. *An*, lo que. *In*, el mismo atar.

GADYÁ. pc. Elefante.

GAGA. pc. Vedar, defendiendo que no se haga, *Vm*, Lo que se veda, *hin*. Á quien, *han*.

GAGA. pc. Usurpar y tomar por fuerza, *Vm*. l. *Man*. *Ipan*, lo que. *Panghan*, á quien ó lugar. *Capangagahan*, tiranía. *Mapan*, l. *Mangagaga*, usurpador.

GAGA. pc. Inquietud, travesura. *Vm*, l. *Mag*, l. *Man*, travesar. Á quien, *An*. *Pag-an*, *pan-an*, *cagagaan*, inquietud *Magagang taue*, hombre inquieto, travieso.

GAGÁ. pp. Un género de hortigas.

GAGAMBA. pc. Araña. *Bahay gagamba*, la tela. *Magbahay*, hacerla la araña.

GAGAMI. pc. Irse uno tras aquello que tiene costumbre, *Man*. *Ipan*, la causa.

GAGAP. pp. Vide *isip*, *bungcal* con sus juegos.

GAGAR. pc. Imitar, *Vm*. Lo que, *In*. Á quien, *An*. *Mag*, muchos. *Man*, mucho. *Maca*, poder. *Magpa*, dar que imitar. *Ipa*, lo que. *Pa-an*, la cosa que. *Maqui*, l. *Maquipag*, imitar. *Paqui*, l. *Paquipag-an*, á quienes. *Gagaran*, ejemplar. *Magagarin*, *mapag*, *mapan*. Frecuent.

GAGARING. pc. Corbatones.

GAHANG. pc. Randa, labor. *Mag*, hacerla. *In*, lo de que. *An*, á que se pone. *Magpa*, pedir que le hagan. *Magahañgin*, l. *Mapag*. Frecuent.

GAHASA. pp. Acelerado, mal acondicionado, *Vm*. Lo hecho asi, *in*. Á quien, *An*. *Mag*, pc. Reduplicando las dos primeras sílabas, mas subido. *Cagahasaan*, natural tal. *Gahasang pagcoha*, toma con orgullo.

Galitguitang máalam,
Gahasang mapalayao:
Sabe dar del pan y del palo.

GAHÍ. pp. Lacio, marchito, menos que *lanta*. *Vm*, l. *Magpa*, secar al sol cosa verde para aplicar al enfermo. *In*, l. *Pain*, la cosa. *Y*, l. *Ipagpa*, causa. *Cagahianan*, lugar.

GAHÍ. pp. Una raiz muy olorosa como *tugui*.

GAHIN. pc. l. *Gahiñgan*, la cuarta parte de una ganta. *Vm*, medir. *In*, el arroz. *Y*, por quien. *Gahinan*, la medida.

GAHINANAN. pc. Vasija con cuarta parte de una ganta.

GAHIS. pc. Resistir, *Vm*. *In*, á quien. *Y*, con que. *Man*, vencer. *Pan-in*, á quien. *Pan-an*, donde. *Mapa*, rendirse. *Maca*, poder. *Magahisin*, pc. Frecuent. de resistir. *Mangagahis*, de vencer.

GAHIT. pp. Rozar yerba ó zacate en la sementera. *In*, la yerba. *An*, la sementera. Si mucho, *mag*. pc. *Pag-in*, lo que. *Pag-an*, lugar.

GAHIT. pp. Agotar la bebida. *Maca*, *ica*, pasiva. *Na*, estarlo. *Naan*, á quien.

GAHOC. pc. Juntar tierra al pié del árbol, *Vm*. La tierra, *Y*. El árbol, *An*.

GAHOL. pp. Obrar acelerado y fogoso, *Vm*. Lo que, *in*. *Mag*, hacer que otro obre asi. *Pinagagaholgahol*, á quien. *Ica*, la causa. *Magahol*, l. *Gahol na tauo*, hombre tal. *Pagcagahol*, obra.

GAHOR. pp. *Bagong naglalaman ang niyog parang ohoc*. *Magahor na babaye*. *Malibog*, comenzar á tener carne el coco.

GAHIR. pp. Asirse la red con algo debajo del agua. *Ma*, estar asida. *Ca-an*, donde. *Nasool sa gaid*: fué por lana, &c.

GALÁ. pp. Andar valdío, buscar inquieto. *Vm*, andar ó buscar la cosa en un mismo pueblo. *In*, la cosa. *Y*, el lugar en que se anda.

GALA. pc. Vagamundo. *Galàng tauo*.

GALAAC. pp. Reir mucho á carcajadas, *Vm*. *An*, ante quien. Vide *halachac*.

GALAB. pp. Quemadura, ó chamuscadura. Vide *salab*.

GALABAY. pc. Vide *gabay*.

GALABOC. pc. Vide *gaboc*, *galboc*.

GALAGALA. pp. Betun.

GALAC. pc. Alegrarse mucho. *Vm*, á otro. *In*, á quien. *Magalaquin*, frecuent. *Maca*, causar. *Magpa*, dar contento. *Pa-in*, á quien. *Ma*, estar alegre.

GALAC. pc. Venir al loco su locura. *Baquit magalao siya*, *guinagalac mo pa*.

GALADGAD. pp. Rastrear ó inferir algo, *Vm*.

GALAGAD. pp. Bracear. Vide *galauad*, *gulauad*.

GALAL. pc. Ofrenda á la catolona.

GALAL. pc. Camote. *Man*, ir á cogerlos. *Pan-an*. donde. *Mag*, tenerlos, sembrarlos, &c.

GALALAN. pp. Cesto. *Bacol*, *calabogsoc*.

GALARGAR. pp. Hablar bajo, obscuro y con dificultad, por romadizo. *Vm*, y por metáf. rastrear, ó inferir algo. *Nagalargar aco*, lo rastree.

GALAGAR. pp. Bracear. Vide *galauar*.

GALAMAY. pc. Dedos de las manos ó pies.

GALMAY AMÓ. pc. Yerba para curar, *taguilabon*.

GALAMGAM. pc. Perro, blancas las manos.

GALAMGAM. pc. Cosquillas. *Vm*, l. *Mag*, hacerlas. *In*, á quien. *Maca*, *ica*, causarlas. *Magpa*, mandarlas dar. *Pa-in*, el á quien. *Magalamgam*, cosquilloso. *Mapag*, *mapan*, cosquillador.

GALOMOS. pc. Rozar mal la sementera, *Vm*. *In*, lo rozado. *An*, la sementera. *Galamos ang iyong paggamas*.

GALANG. pp. Reverenciar, respetar, honra, respeto. *Vm*, hacer reverencia. *Y*, á quien. *Mapa*, pedir que le honren. *Magpaca*, respetar muy de corazon. *Magalang*, hombre de buenos respetos. *Cagalanggalang*, digno de mucha reverencia. *Magalañgin*. Frecuent. *Cagalañgan*, honra.

GALANG. pc. Manilla de oro ó cosa semejante. *Mag*, traerla. *In*, ser traida ó de que se hace. *An*, donde. Itt. *Mag*, ponerla otro. *Y*, lo que. *An*, á quien. *Magpa*, mandar que se traiga. *Pinapag*, el á quien. *Mapa*, ponerse acaso.

GALAÑGAN. pp. Joyas.

GALANGGALAÑGAN. pp. Muñeca de la mano.

GALAÑGAN. pc. Dar grandes voces de temor. *Mag*, darlas. *Ipag*, la causa. *An*, á quien.

GALANTANG. pc. Asustarse. *Ma*. De que, *ica*. Donde, *ca-an*.

GALAO. pp. Guardias del candado ó puerta. *Mag*, ponerlas. *Ipag*, por quien ó con que. *Man*, salirse el pescado por allí. *Pan-an*, la guardia.

GALAO. pc. Juguete, travesear. *Vm*. Lo que, *in*. Á quien, *An*. *Mag*, andar asi. *Cagalauan*, travesura. *Magalao ang camay*, se dice del ladron ratero.

GALAP. pp. Acudir la parentela á algo, v. g. á algun pariente herido. *Mag*. El que hirió, *in*. El herido, *pag-an*. La causa, *ipag*. Lo mismo es *magpa*.

GALAPONG. pc. Harina de arroz. *Vm*, l. *Mag*, hacerla. *In*, lo que. *An*, á quien ó para quien. *Mag*, hacerla en algo. *An*, en que. *Maca*, poderla hacer. *Nagalapoñgan*, lo manchado con ella. *Mapa*, dejarse hacer harina. *Ma*. estar hecha. *Gagalapoñgin*, pc. Trigo aprópósito. *Mapag*. Frecuent. *Guinalapong ang catao-an niya nang palo*, le molieron á palos.

GALAR. pp. Tocamientos impúdicos. Vide *duquit*, con sus juegos.

GALARGAR. pc. Peine de cañas para quitar las yerbas. Vide *calarcar*.

GALAGAR. pc. Rechinar. *Vm*. Con que *Y*. *Maca*, causar. *Ica*, pasiva. *Ca-an*, lugar. *Magpa*, hacer rechinar. *Pa-in*, lo que.

GALAS. pc. Asientos de azúcar ó miel, ó terroncillos. De aqui *magalas*, cosa áspera.

GALAS. pp. Darle mas recio la locura, enfervorizarse vide *galac*.

GALATANG. pc. Vide *gatolgatol*.

GALAUAN. pp. Cesto con tapadera. Vide *Balolang*.

GALAUAN. pp. Tierra donde siembran diferentes cosas.

GALAUANG. pc. Vide *galouan*.

GALAUANG. pp. Bracear. *Vm*. Con que, *Y*. Á quien, *An*. *Magalauarin*. Frecuent.

GALAUIR. pc. Cualquier asidero. *Mag*, ponerlo. *An*, á que. *Houag mo acong gaalauarin niyang osap na iyan*, no me metas á mí en ese pleito.

GALAUIT. pp. No poder herir, ú otra cualquiera cosa. *Sangdaan man cayo,i, di pa macagalauit sa aquin*: *Dili maca sugat*, l. *Macacaya*. Ciento de vosotros no me podrán herir.

GALAUI. pp. Vide *daui*.

GALAYAN. pc. Plátanos asi nombrados. *Man*, buscarlos *pan-an*, donde.

GALBO. pc. Llevar el viento ligeramente algo como papel. *Naninigalbo*. *Ipinagalbo mo*, lo dejaste llevar. Vide *galabo*, *salacbo*.

GALGAL. pc. Aparejar lo necesario para fiesta, jornada, &c. *Vm*, l. *Mag*. *Y*, lo que. *An*, á quien. *Magalgalin*, pp. Hombre prevenido. *Mapag*, frecuent.

GALI. pc. Consuelo, alborozo, alivio. *Vm*, aliviar. De quien toma el consuelo, *An*. *Ang langit ang guinagalian nang loob co*, con el cielo me consuelo. *Maca*, causarlo. *Ica*, la causa. *Ca-an*, de que. *Magpa*, *magpaca*, procurar consolarle. *Ipagpa*, l. *Ipagpaca*, causa por quien. *Maqui*, consolar á otro. *Ma*, el que ya se consoló. *Cagalian*. pc. *Ang gomali ang bauo*, *ang damay ang nagloloto*, la viuda anda de fiesta, y el que la consuela se viste de luto. *Bigyan ca nang P. Dios nang magandang gali*. Dios te dé consuelo.

GALIAG. pc. Reirse con voz delgada, *Vm*. *Nang paglaua*. Contra quien, *An*. *galiaquin*. pp. Frecuent. Sinón. *Laguiac*.

GÁLIGIR. pc. Orilla. *Tabi nang bondoc*, *ilog*, *bahay*, &c.

GALIMGUIM. pc. Pena, afliccion, *Vm*. Y si mucho, *man*, *Y*. l, *Ipan*, la cosa. *Maca*, causar. *Ica*, pasiva. *Ma*, estarlo. *Ca-an*, sobre que. *Magca*, tener afliccion.

GALIMHIM. pc. Lo mismo. Vide *golimlim*.

GALIMHIM: pc. l *galimhom*, recelo ó temor. Vide *panganib*, con sus juegos.

GALIRGUIR. pc. Vide *galiguir*.

GALILI. pc. Barranca. *Man*, ir por ella. *Y*, por que. *An*, por donde. *Mapan*, frecuentativo. Itt. Lo mismo. *Balirbir*, *galirguir*.

GALING. pp. Origen, venir, descender, proceder, *man*. Lugar de donde sale, *Pinan-an*. *Galing sa arao*, salió del sol.

GALING. pp. Atronamiento, locura, tonto. Vide *hangal*.

GALING. pc. Bien, hermoso, vistoso, salud, sanar. *Vm*, mejorar. *Man*, si mucho. *Mag*, aderezar. *In*, lo que. *Magpaca*, mejor, *maca*, lo que causa bondad. *Ica*, pasiva. *Magpa*, prosperar. *Cagalingan*, bondad. *Magaling*, cosa buena.

GALIS. pc. Sarna. *Guinagalis*, nacerle. *Magalis*, sarnoso. *Galisin*. pc. Lo mismo.

GALIS NA TIMAC. pc. Sarna de perro.

GALIT. pc. Gargantilla de oro, y *cuentas*.

GALIT. pp. Ira, enojo. *Vm*, enojar á otro. *In*, á quien. *Mag-an*, doblando la raiz hacer del enojado. *Pinaggalitgalitanan*, contra quien. *Maca*, *ica*, causa. *Ma*, enojarse. *Caan*, contra quien. Tambien, *Magpaca*. *Magca*. pc. Andar disgustados como los mal casados. *Ipagca*, l. *Ipagcaan*, causa. *Macapagcagalitan*, enojar á otro de repente. *Macagalitan*, hacer algo acaso enojado. *Cagalitan*, enojo, ira. *Cagalitgalit*, cosa que se enoja.

GALITGUIT. pc. Enojo impetuoso que pasa fácilmente. *Vm*, l. *Mag*, hacerse tal. *Ica*, l. *Ipag*, la causa. *Galitguit ang loob*, *matanim*. *Cagalitguitanan*, vicio de enojarse.

GALITGUITAN. pp. El asi colérico. *Galitguitang maalam*, *gahasang mapalayao*, del pan y del palo.

GALIYAC. pc. Dar carcajadas de risa con voz delgada, *Vm*. Contra quien, *An*. *Galiyaquin*, frecuentativo. Sinónomo, *laguiac*.

GALO. pc. Árbol. *Guinalo*, un género de arroz y camote.

GALÓ. pp. Lo redondo del baro ó el cabello de la frente. *Vm*, redondear. *In*, lo que. *An*, á quien. *Mag*. pc. Si mucho: *Man*, de oficio. *Magca*, tenerlo. *Ma*, lo que se corta. *Ca-an*, donde. *Pangalo*, instrumento.

GALOCGOC. pc. Temblar de frio ó enojo, *Vm*. *An*, á quien. *Mag*, l. *Man*, si muchos. *Magolocgoquin*, *mapag*, *mapan*, *mangaga*. Frecuentativo.

GALODGOD. pc. Arrastrar el petate en el *sahig*, de suerte que haga algun ruido, *Vm*. l. *Galogalodgod*.

GALOANG. pc. Menear de aqui para alli los brazos, *Vm*, l. *Gagaloanggaloang*. Los brazos, *Y*.

GALOLA. pp. Un género de embarcacion.

GALOMBANG. Un género de árbol, olas.

GALOMBONG. pc. Árbol de que se hace aceite para calafatear.

GALONG. pp. Un cántaro chato. *Magsa*, meter algo en él. *Isa*, lo que. *Magpa*, dar.

GALONGAN. pc. Arpa, un cantarillo, un palillo donde se devana. *Mag*, hacerle. *Ipag*, con que. *Mapag*. Frecuent.

GALORGOR. pc. Cordilleras de monte en lo alto. Vide *golor*.

GALOS. pp. Señal de la rascadura. *Na-an*, el señalado. *Vm*, arañar á otro. *Y*, con que. *An*, á quien. *Mag*, pc. asi mismo. *Pag-an*, la cara. *Man*, á muchos. *Pan-an*, á quienes. *Ipan*, con que. *Pangalos*, instrumento. *Maca*, poder. *Na-an*, el que. *Magca*, tener. *Ipagca*, porque. *Pagca-an*, lugar. *Galosgalos ca*, l. *Galosgalosan ca*, l. *Magalos ca*, lleno de rasguños. *Magalosin*. pc. Frecuent.

Ang sugat ay cun tinangap,
di daramdamin ang antac,
Ang aayao, at di mayag
galos lamang magnanacnac.

GALOS. pp. Apresurado, acelerado. *Vm*, ir con priesa. De ordinario se dobla la raiz. *Magpa*, llamar con priesa á otro. *Pa-in*, el llamado. *Cagalosgalosan*, abstracto. *Guinalosgalos*, el que obra así en todo. *Ang pagca guinalosgalos mo.*

GALOSGOS. pc. Rasguño. Vide *galos*, con sus juegos.

GALOT. pc. Mal trasquilado, *Vm*. El pelo, *in*. Á quien, *An*. *Mag*, así mismo. *Pag-an*, lugar. *Magpa*, mandar. *Papaggalotin*, el que. *Pagalot*, pedir que le trasquilen. *Galotgalot*, mal trasquilado.

GALOT. pc. Ropa hecha pedazos de puro vieja. *Galot na damit*. Vide *bihay*.

GALOYGOY. pc. Temblar de frio. Vide *galocgoc*, con sus juegos.

GALOMPANG. pc. Una canilla de la devanadera.

GALUGAR. pp. Buscar con cuidado algo por todas partes, *ualang di nagagalugar*, lo mismo que *nasoot, at na tibot ang lahat*. Lo que, *In*.

GAMA. pc. Un solo plátano. *Cagama, capiling, casipi*.

GAMÁ. pc. Andar palpando de pura priesa. *Vm*, l. *Gagamagama*.

GAMÁ. pp. Poner cuidado, ó mirar por alguno despues de haberse perdido, *Vm*. l. *Ma*. Lo que, *in*. Tambien *gamahin mo ang saguing*, lo mismo que *pilingin*.

GAMAC. pp. Hacer la cosa con priesa. *Vm*, l. *Mag*. *In*, la obra. *Gagamacgamac, dadalidali*.

GAMAL. pp. Vide *gama*.

GAM-AN. pc. Sucio. *Ma*, estar asi. *Gamang ca bagaa!* O qué sucio que eres!

GAGAMAGAMA. pp. Apresurado. *Vm*, apresurado en obrar. *Man*, lo que obra. *Magpa*, hacer que otro obre así. *Pa-in*, á quien. *Pagpahan*, en que. *Cagamagamahan*, abstracto.

GAMALAO. pc. Entremeterse. *Houag cang maquigamalao*, con quien. *Paqui-an* se pronuncia sincopando.

GAMAO. pc. Revolver, mezclar, *Vm*. Lo que, *in*. *An*, donde. *Y*, lo que añade. *Mag*, las dos cosas. *Pag-in*, ellas. *Pag-an*, lugar. *Man*, de oficio. *Pan-in*, lo que. *Pan-an*, lugar. *Ipan*, con que. *Pangamao*, instrumento. *Mapang*. Frecuent. *Man*, tambien andar revueltos. *Ma*, estarlo. *Magca*, dos cosas. *Magcaca*, muchas. *Gagamauan*. pc. Lugar de mezcla.

GAMAO. pc. Manco. *Ma*, estarlo: *Maca*, *ica*, causa. *Macagagamao*. Frecuent.

GAMAS. pp. Rozar, *Vm*. La yerba, *in*. La sementera, *An*. *Mag*, pc. l. *Man*, muchos; *pag-in*, l. *Pa-nin*, lo que. *Pan-an*, l. *Pag-in*, la sementera. *Magpa*, mandar. *Pa-in*, á quien. *Ipa*, lo que. *Pa-an*, el lugar. *Maqui*, con otros. *Gamasin*, yerbas por rozar. *Gamasan*, sementera. *Tagagamas*, oficio. *Gamas na*, está limpio.

GAMAT. pp. Atar como cosiendo. v. g. una batea quebrada, coser los dos pedazos *Vm*. Lo que, *in*. Con que, *Y*. Tambien. Atar, v. g. frasco.

GAMAT. pp. Una yerba espinosa.

GAMAY. pc. Oya antigua.

GAMBA. pc. Temor. *Nangangamba*, temer. Vide *tacot*, con sus juegos.

GAGAMBA. pc. Araña.

GAMBAGAMBA. pc. Araña grande.

GAMBALÁ. pp. Ocioso, roncero, vaguear. *Vm*. l. *Man*, hacerse tal. *Ica, ipan*, la causa. *Mag*, andar así. *Na*, estar ocioso.

GAMBALÁ. pp. Estorvar á otro. *In*, á quien. *Gagambagambala*, que causa estorvo. *Cagambalaan*, abstracto. *Magambalain*. pc. Fácil de ser estorvado. *Mapag, mapan, mangagam*. Frecuentativo.

GAMBALA. pp. Almejas grandes.

GAMBANG. pc. Tesoro *cayamanan*. *Mag*, l. *Magca*, tenerlo. *In*, lo tenido. *Maca*, hallarlo. *Magpa*, darlo. *Magca*, tenerlo.

GAMBI. pc. Mentar, citar, *Vm*. Á quien. *In*. *Mag*, repitiendo la primera silaba, frecuencia. *Magambiin, mapag*, frecuent.

GAMBIL. pc. Tener muy en la memoria lo que le han encomendado. Vide *gambi*, con sus juegos.

GAMBILA. pp. Idem.

GAMBOL. pc. Abotagado, medio podrido. *Ma*, estarlo. *Vm*, hacer podrir. *In*, lo que. *Man*, podrirse *Ipan*, la causa. *Pan-an*, lugar. *Maca*, causar. *Ica*, pasiva. *Na-an*, lo que se pudrió. *Magpa*, dejar mandar podrir. *Naguingambol na ang catao-an co nang pagal*, tengo el cuerpo medio podrido del cansancio.

GAMGAM. pc. Tomar, urtar, sisar, *man*. Lo que, *pan-in*. Con que, *ipan*. Donde, *pan-an* *Maca*, se usa con negativa.

GAMGAMAN. pp. Pena que se pone entre dos por que faltan al concierto. *Gamgamin*, diminutivo.

GAMLANG. pc. Dar con los dedos como arañando. Tambien *di maca gamlang: Di macagaua,t, may saquit*. No pude hacer, porque estuve enfermo.

GAMIL. pp. Vide *gambil*.

GAMIS. pc. Salar pescado, *mag*. Carne ó pescado, *in*. Sinónomo *camis*. pc.

GAMIT. pp. Echar mano, tomar, hurtar, tambien significa usar, como ropa ó instrumento, *Vm*. Lo que, *in*. De quien. *An*. *Nagagalit sa asaua, ay gumamit sa anac*. Enojóse con su muger y pasó al hijo.

GAMIT. pp. Comprar algo. *Gungmamit cami nang langis, ang iguinamit ay tabaco*. Compramos aceite con tabaco.

GAMIT. pp. *Gungmamit loob*, l. *Nagcagamit loob*, sumitar pro actu carnali.

GAMIT. pp. Desmoronarse la orilla del rio por el agua. *Ma*, estarlo. *Maca*, causar.

GAMIT. pp. *Ualang magagamit sa bahay*, no tengo de que echar mano.

GAMO. pc. Arrancar las yerbas chiquitas, *Vm*. La yerba, *in*. Lugar, *An*. Con que, *Y*. *Magamoin*, frecuent.

GAMOGAM. pp. Vide *gamgam*.

GAMOGAMO. pc. Mosquitos de vino ó vinagre, tambien un género de hormigas que vuelan al principio de las aguas.

GAMOL. pc. Vide *amol*, suciedad en la cara.

GAMOS. pp. Forzar. *Houag mong gamosin ang loob*, no fuerces tu corazon.

GAMOS. pc. Vide *gamo*. *Gamosgamos na gaua*. Falso.

GAMOT. pc. Medicina, curar curarse. *Vm*, á otro. *In*, á quien. *Mag*, así ó estar en ello. *Man*, de oficio. *Pan-in*, á quien. *Pan-an*, lugar. *Ipan*, con que. *Mapang*. Frecuent. *Mangagamot*, médico. *Na, pan-an*, l. *Pinan-an*, lo ganado. *Magpa*, mandar. *Pinagagamot*, el médico. *Pinapangagamot*, el enfermo que se cure. *Maqui*, meterse á médico. *Maquipag*, con otro. *Paquipag-an*, con el que. *Mapa*, curarse. *Magca*, tener medicinas. *Pagca-an*, donde. *Na*, estarlo. *Gamotan*, el que tiene yerba para echizar. *Cagamotan*, medicina. *Magamot*, tener muchas medicinas. *Gamot olo, paà*, &c. Medicina para cabeza, pies, &c. *Ualang gamot ang limot*, el olvido no tiene cura.

GAMPON. pc. Tronchar, *Vm*. l. *Mag*. *In*, lo que. *Pag-an*, lugar.

GAMUGAM. pc. Lo mismo que *gamgam*.

GANÁ. pp. Desencajar el cabo ó el hueco de la lanaza, *Vm*, l. *Mag*, *in*. *An*, el ástil. *Ma*, estarlo. Tambien lo mismo que *tibag*, con sus juegos.

GANAGANA. pc. Falta en la madeja de algodon. Una madeja que se llama *sanglabay*, tiene cinco *tohol*, diez *cacabig:* cada *cacabig* cuatro *caugat*. Cada *caugat* cuatro *casinoliran*. Si falta algo en esto, es *naggaganagana*. Si está lleno, es *ganap*. pc.

GANAL. pp. Cuchillo embotado. *Vm*, hacerse tal. *Man*, si muchos.

GANAL. pp. Y mejor. *Ganan*, pc. *Ganan aquin, ganan iyo, ganan caniya, ganan iyo, ganan amin, ganan canita*. Y de ninguna manera con él, *co, mo, niya, iyo, amin, ta*. Lo que nos toca, lo que te toca.

GANAN. pc. Lo que basta. *Moha ca nang ganan ibig mo*. *Ganan sucat baroin*, &c. Toma lo que basta para una camisa.

GANAN. pc. Esto es solo para mí. *Ganan aquin yari*. *Mag*, tomar para sí su parte. *Naggaganan inyo cayo, nang ganan sa aquin*, tomais para vosotros lo mio. *Gagananaquinin co yari*. Y en todo caso no se diga *gang;* porque la *N* sola es ligazon allí.

GANAP. pc. Cumplimiento, igualdad. *Vm*, cumplir. *In*, lo que. *Ganapin mo ang utos nang Dios*, cumple con los mandamientos de Dios. *Mag*, muchos conciertos ó dias. *Pag-in*, lo que. *Man*, muchos que conciertan. *Mapa*, pedir que cumpla. *Isang sinulid lamang ang guinaganapan nang labay*, con una hebra se ajustó la madeja. *Naca*, estar cumplido. *Caganapan*, l. *Cuyanapan*, cumplimiento. *Cagampa na*, l. *Caganapa na*, se dice á la muger cercana al parto.

GANAY. pp. Dalaga grande, que mas parece vieja que moza. *Vm*, irse envejeciendo. *An*, padre ó madre, cuyo hijo ó hija es. *Mag*, l. *Man*, si hay muchos. *Pag-an*, l. *Pan-an*, donde. *Magpa*, criarle así. *Pa-in*, el hijo ó hija. *Naganayan nang anac, at ang malaqui ang bigay*, se le envejeció el hijo porque le pedia mucha dote.

GANDA. pc. Lindeza, hermosura, logro. *Vm*, hacerse tal. *Y*, con que. *Han*, donde, ó con quien. *Man*, irse haciendo muchos. *Ipan*, l. *Pan-han*, causa. *Mag*, aderezar. *Pag-hin*, lo que. *Ipag*, con que. *Nahan*, ser engañado. *Nagandahan siya nang uica*, se engañó con tus palabras. Metáf. *Magpa*, hacer que algo tenga hermosura. *Pahin*, lo que. *Magmaganda*, tener á otro por hermoso, ó hacerse del hermoso. *Ipagma*, la causa. *Pagmahan*, ante quien. *Maqui*, entrometerse con los nobles. *Ipaquima*, con que. *Paquimahan*, con los que. *Mapaca*, salir muy hermoso. *Cagandahan*, lindeza.

GANDA. pc. Logro. *Gongmaganda yaong alac sa aquin*, este vino me dió logro. *Man*, ganar mucho, ó muchos; pero adviértase que la persona que hace siempre es la mercadería. *Magpa*, el que dá ó pide á logro. *Ipagpa*, causa. *Magpapaganda*, usurero.

GANDA. pc. Una planta semejante al *tagbac*.

GANDANG pc. Tocar tambor, *Vm*. El, *in*. Á quien, *An*.

GANDANG USA. pc. Escorzonera.

GANG GANG. pc. Temor. *Vm*, l. *Mag*, atemorizar. *In*, á quien. *Ma*, el que lo está.

GANG GANG. pc. Juntarse muchos para ver algo particular, *Man*. Lo que, *in*.

GANG GANG. pp. Amenaza. Vide *bala*, con sus juegos.

GANGO. pp. Cosa seca ó marchita. *Vm*, secarse. *Mag*, secar. *Hin*, lo que. *Paghan*, lugar. pc. *Maca, ica*, causa. *Ma*, estarlo. *Gango*, cosa marchita.

GANGSA. pc. Ganso.

GANGSAL. pc. Lo que no tiene compañero, ó nones. *Tupar, con gangsal ca?* Pares ó nones? *Vm*, hacer nones. *In*, lo hecho. *Mag*, hacerse nones, tambien hacer. *Ma*, estarlo.

GANHAO. pc. Tufo de la nipa ó tuba. *Vm*, ir echando el tufo. *Mag*, ponerlo en otra cosa, *An*, en donde. *Man*, oler así.

GANIB. pp. Peligrar. Vide *panganib*.

GANIR. pp. Perro ó gato cazador. *Vm*, hacerse tal. *An*, lo que cogen. *Mag*, tenerlo, ó poseerlo. *Magpa*, criarlo. *Mapapag*, pedir que lo crie. *Magca*, haberlos. *Caganiran*, braveza. *Mag*, tratar de serlo.

GANIT. pc. Duro como piel, opuesto á *lambot*. *Vm*, hacerse tal. *Caganitan*, dureza. *Mag*, hacerse duro. *Maganit*, cosa tal. *Maganit na loob*, duro de corazon.

GANOT. pp. Arrancar. *Cogon*, con raiz. *Vm*, l. *Mag*. *In*, lo que. *Na-an*, la persona á quien. *Napagganotan*, lo ganado. *Pinagganotan*, lugar do se arranca.

GANOR. pp. Lo mismo que el antecedente.

GANTA. pc. Dividir y cortar en muchas partes menudas. Vide *guntay*.

GANTALA. pc. Rueda para hilar. *Mag*, armarla, ó torcer. *In*, lo torcido.

GANTI. pc. Retribucion, galardon, premio, *Vm*. *Hin*, á quien. *Y*, con que. *Paganti*, la obra.

GANTI. pc. Mudar el vestido, *mag*. El que se pone, *paghan*. El que se quita, *napaghan*.

GANTI. pc. Vengar la injuria que se hizo á otro. *Hin*, el vengado que hizo la injuria. *Y*, el que la padeció. *Maghan*, vengarse, ó premiarse mútuo. *Man* con *han*, ganar la comida trabajando.

GANTI. pc. Vide *higanti*.

GANTING. pc. Peso de largos brazos. *Talarong ganting*, balanza de brazos largos.

GANTONG. pc. Colgar ropa, ó guardar la colgada. *Magpa*, estarse así, y no moverse. *Gantong co yaring cahoy*, le guardo. *Mag*, guardar ó poner algo asi. *Y*, lo que. *Nagagantong ang dalaga*, no hay quien la pida por muger. *Gumagantong sa oficio*, no lo quiere aunque lo puede tener.

GANYAC. pc. Estar uno interiormente saltando con deseo de jugar con otros. *Vm*, incitar á otro para que tenga gana de eso. *In*, l. *An*, á quien. *Y*, con que. *Mag*, si muchos. *Pag-in*, á quienes. *Ma*, estar con el deseo. *Guinaganyac ang alaala co*, me anima mi memoria.

GAOL. pp. *Di magagaol nang big-at*. Vide *guiol*.

GAOR. pp. Remo, remar. *Vm*. *An*, el navío. *Mag*, llevar á remolque. *Y*, lo que. *Mag*. pc. Mucho. *Pag-an*, navío. *Nan*, remar todos. *Ipan*, porque. *Mangagaor*, bogador. *Napang*, l. *Pinangaoran*, lo ganado. *Magpa*, mandar. *Paan*, á quien. *Papag-in*, el mandado que reme, ó de remo. *Gaoran*, pc. l. *Palagaoran*, pp. Lugar donde se rema.

GAONG. pc. Tropezar con algo debajo del agua la embarcacion. *Mey quinagaoñgan, mey quinasasangahan sa ilalim nang tubig, nagagaong ang bangca*, tropezó.

GAOT. pc. Atadura de cestos por los lados. Por arriba es *gacot*. De aqui se aplica á atar el puñal por la cabeza. *Vm*, l. *Mag*. *Y*, l. *An*, el puñal. *Ma*, estarlo. *Ca-an*, la baina.

GAOT. pc. Atar, *mag*. Lo que, *An*. Con que, *Y*.

GAPAC. pp. Desgajar rama, *Vm*, l. *Mag*. *In*, lo que. *An*, árbol. *Mag*. pc. Mucho. *Pag-in*, lo que. *Pag-an*, árbol. *Ipag*, con que. *Man*, lo mismo. *Ma*, estar. *Ca-an*, donde. *Magca*, de repente.

GAPAC. pc. Dalag hecho tapa, ó barbacoa.

GAPANG. pp. Andar á gatas ó arrastrando, *Vm*. Con que, *Y*. Lo que quiere alcanzar gateando, *in*. Donde, *An*, *Mag*, llevar algo gateando. *Y*, lo que. *Ipag*, con que. *Pag-an*, donde. *Pagapang*, cogon del caballete, pasamanos del baro. *Panggapang*, instrumento. *Gapang*. pc. Adjetivo.

GAPANGSOSO. pc. Obrar poco á poco. *mag*. Lo que, *in*. *Gapanĝin*, *mo soso ang pagsosolir*, obra poco á poco en hilar.

GAPAS. pp. Segar, cortar arroz, *Vm*. Lo que, *in* Donde, *An*. La paja que queda, *guinapasan*. *Mag*, pc. Si mucho. *Ipag*, con que. *Man*, muchos. *Magpa*, mandar. *Mapa*, pedir que lo corten. *Gapasin*. pc. Lo dispuesto para segar. *Gapasan*, pc. Donde de ordinario.

GAPAS. pc. Adjetivo de *gapas*. pp. Trasquilar, cortar el cabello. *Vm*, á otro. *In*, á quien. *Mag*. asi. *Pag-an*, lugar. Itt. *Gapas*. pc. Zacatal, respecto del monte. *Man*, ir por allí. *Y*, lo llevado. *Mangagapas*, que siempre anda por alli. Es *comintang*.

GAPI. pc. Desgajar ramas, *Vm*. *In*, lo que. *An*, el árbol de que. *Ma*, estarlo. Vide *gapac*.

GAPIT. pc. Imitar. *Vm*, lo que hace. *Y*, á quien lo asemeja. Vide *tolar*, para.

GAPOC. pc. Pudrimiento de la madera hecha harina. *Ma*. pudrirse. *Ca-an*, por donde. *Maca*, *ica*, la causa.

GAPONG. pc. Tronchar, *Vm*. Lo que, *in*. *Ma*, estarlo. *Gapong*, palo tronchado. *Mapag*, *gapong*, tronchador.

GAPOL. pp. Ponzoña con que matan. Vide *gahol*.

GAPOS. pp. Atar, ligar las manos atrás ó adelante. *Vm*, atar así. *In*, á quien. *Y*, con que. *Mag*, atar algo al poste. *Y*, á quien. *Pag-an*, el poste. *Ipag*, con que.

GARÁ. pp. Contonearse el gallo: su contrario es *cosop*. pc. *Vm*, l. *Mag*. *An*, delante de quien. *Nanĝaggaragara ang manĝa mey baras*, graves andan los oficiales.

GARAY. pp. Prenda prestada y para dote. *Vm*, dar la prenda. *Y*, l. *In*. lo que. *An*, á quien. *Mag*, dar al novio para que lo dé al suegro, mientras paga el dote. Mas claro es *magpa*. Lo que se le dá al novio, *ipa*. *Pa-han*, el novio.

GARGAR. pc. Cortar á raiz, ó emparejando con otro, *Vm*. *Gungmagargar ang pagcasonog nang cahoy*. *Mag*, transitive.

GARGAR. pc. Fin ó consumacion de algo, como el antecedente.

GARGARAN. pp. El eje en que pone el remo, ó el eje en que anda la rueda de debanar. Tambien un instrumento para traer tirando las cañas, &c.

GARÍ. pp. Alegría. *Ma*, estarlo. *Ca-an*. de que.

GARIL. pc. Gangoso, tartamudo. *Ma*, tartamudear. *In*, lo que. *Mag*, hablar asi.

GARING. pp. Marfil. *Panday garing*. oficial de marfil.

GAROL. pp. Presas del candado, garavato de navaja de gallo. *Mag*, ponerlas. *An*, la navaja.

GARONG. pc. Encerramiento como de monja. *Mag*, l. *Vm*. *In*, ella. *Garonĝan*. pp. l. *Gagaronĝan*, lugar determinado para eso.

GARONG. pc. Palillos para contar. Vide *olat*.

GA-RI NA SIYA. pp. Parece que ya está. Son cuatro palabras, *ga-ri na siya*.

GARYÁ. pp. Elefante. *Man*, cazarlo.

GASA. pc. El ruido del metal cuando lo baten, *mag*.

GASA. pc. Bordo de navío. *Mag*, hacerlo. *Ilan*, el navío. *Man*, caminar por el bordo. *Ang tubig sa gasa, ay saan ooui cundi sa calonasan*, el agua del bordo dónde ha de ir sino al fondo?

GASÁ. pp. Reñir, reprender con voz alta, *Vm*, l. *Mag*. *An*, á quien, *mag*. pc. Si mucho. *Pag-an*, á quienes, ó lugar. *Ipag*, porque. *Man*, costumbre. *Maca*, poder. pasiva. *Na-an*. *Magpa*, mandar. *Pan-in*, el que es mandado. *Pa-an*, á quien. *Pa-quian*, el uno al otro. *Magasain*. pp. *Mapag*, *mapan*. Frecuentativos. Nota: que esta palabra es sustantivo, y asi se dice bien *gasang tauo*.

GASAC. pc. Rozar, talar yerba. *Vm*, l. *Mag*. *In*, la yerba. *An*, la tierra. *Man*, si muchos. Itt. Hablar libremente, *Vm*. *In*, á quien. *Gasaquin*, pp. Á quien se puede hablar asi.

GASANG. pc. Cascajo de piedrecillas. *Gasang na bato*.

GASANG. pc. Resaca de la mar. *Vm*, resacar la mar. *Pag-an*, donde.

GASANG. pp. Quebrar huesos haciendo ruido á modo del cascajo. *Vm*, los huesos. *Pag-an*, lugar. *Gasanggasangan ca*, se dice del viejo que ya le suenan los huesos.

GASGAS. pc. Corazon, ó lo duro del madero. *Vm*, irse haciendo tal. *Nagasgasan*, el que se llega al hueso. *Mag*, desvastar hasta el corazon. *Y*, el palo. *Man*, quedar asi. *Ipan*, causa. *Pangasgas*, instrumento. *Gasgas na*, se dice del que no tiene mas que huesos.

GASLAO. pc. Inquieto. *Magaslao na tauo*.

GASO. pc. Travieso, bullicioso. *Vm*, hacerse tal. Itt. *Vm*, *man*, inquietar á otro. *Han*, á quien. *Gagasogaso*, andar inquieto. *Gagasohan*, abstracto.

GASOL. pp. Vide *gahol*, con sus juegos.

GASPANG. pc. *Magaspang na canin*, desabrida comida. Sinónomo. *Yapa*.

GAT. pc. Don. *Gat Polintan*, *gat dola*. Don Polintan, &c.

GATÁ. pc. Leche de coco, zumo de fruta. *Vm*, esprimir. *In*, la fruta. *Y*, con que. *Mag*, echarla en algo. *An*, en lo que. *Magca*, tenerlo. *Guinat-an*, cosa cocida con leche.

GATÁ. pc. Suavizar con palabras, *mag*. Á quien, *An*. *Pangata*, con que.

GATAS. pc. Senda ó vereda. *Vm*, l. *Mag*, abrirla. *An*, donde. *Man*, ir por ella. *Ipan*, lo que se lleva. *Mangagatas*, el oficial.

GATAS. pp. Leche, ordeñar, *Vm*. La leche, *in*. Muger ó animal, *An*. *Mag*, echarla en algo. *Y*, la leche. *Pag-an*, en que. *Mangagatas*, oficial. *Magpa*, dar leche. Á quien, *pinaan*. Y mejor, *pinapagcagatas*. *Maqui*, pedirla. *Paquiin*, la leche. *Paquian*, á quien. *Mapa*, dar leche la hembra. *Napagagatas*, pedir que le ordeñen. *Nagcacan*, salir de repente. *Gatasan*. pc. Lechera. *Magatas*, de mucha. *Bahon gatas*, recien parida.

GATASGATAS. pp. La yerba golondrina.

GATAL. pc. Camote. *Man*, cogerlos. *Pan-an*, donde. *Mag*, tenerlos. *Gatalan*. pc. Camotal.

GATANG. pp. Medida de arroz: chupa. *Vm*, comprar arroz con chupa, ó con esa medida. *In*, con lo que. *An*, persona. *Magpa*, vender arroz. *Ipag*, el arroz. *Pa-in*, á quien. *Napag*, l. *Pinag-an*, lo ganado. *Mangatang*, á cada uno una chupa. *Bogtong* de la chupa.

Gagaunting lalaqui,
marunong magbahagui.

De *gatang* sale *higatang*, que significa medir el arroz por su trabajo. Volver uno contra otro. Traer rencor por haberle negado algo, *man*. Causa, *ipan*. Contra quien, *panhigatangan*.

GATANG GATANG. pc. *Tocor sa canga*, ó carreta. El puntal de la carreta.

GATAO. pc. Un género de camote.

GATAO. pp. Mejor es *batao*.

GATIC. pc. Remordimiento. *Gungmagatic sa loob ang casalanang na tatago*, metáfora.

GATIL. pp. El nervio grande de animal ú hombre. *Vm*, tirar con él. *In*, á quien. Nota. No se usa imperativo ni futuro, por su fea significacion.

GATIL. pc. Vide *ganit*, con sus juegos.

GATIL. pp. *Ang masamang laman sa carne*.

GATILAN. pc. Nervudo.

GATIR. pc. Espina atravesada en el pié que por pequeña no se vé, pero tocando se siente: eso es *gumagatil ang tinic*. Metáfora. *Gungmagatil sa loob ang casalanang natatago*, remuerde la conciencia.

GATLA. pc. Muesca. *Vm*, hacerla. *Y*, con que. *An*, en que. Vide *guilling*.

GATLANG. pc. Idem.

GATLIG. pc. Idem.

GATÓ. pc. Podrimiento como de bejuco, caña, &c. *Vm*, podrir ó hacer podrir. *In*, lo que. *Man*, irse pudriendo mucho. *Ma*, estarlo. *Ca-an*, donde.

GATOL. pc. Aspero, desigual, tolondron, nudo. *Vm*, dupliendo la raiz. *In*, lo que se hace. *Mag*, irse haciendo. *Ipag*, la causa. *Magca*, estar las cosas asi. Vide *bocol*.

GATOLGATOL. pc. Pecoso, como de viruelas.

GATONG. pp. Leña que tiene fuego. *Vm*, echarlo en él. *Y*, causa. *An*, lugar. *Mag*, quemar. Lo que, *in*. Itt. *Mag*, atizar el fuego. *Y*, lo que. *Mapa*, pedir que lo echen al fuego. *Maqui*, pedir leña.

GATOR. pp. Adornarse la muger para mal, ó el hombre. *Vm*, l. *Mag*. El cuerpo, *in*. La persona, *ipag*, l. *Pa-an*. *Magator na babaye*, *maliboy*.

GATOR. pc. Vide *gologor*. *Balogbog*.

GATOS. pc. Millon. *Sangatos*, un millon.

GAUA. pc. Hacer obra, trabajo. *Vm*, hacer. *In*, lo que. *Y*, con que. *An*, para que, ó á quien. *Mag*, hacer cosas de comer. *Pag-in*, lo que. *Pag-an*, la olla. *Man*, egercitar oficio. *Pan-in*, lo que. *Ipan*, con que. *Magpa*, mandar hacer. *Ipa*, lo que. *Pa-in*, á quien. *Pa-an*, donde. Tómase tambien por criar, edificar, atribuir, con sus partículas correspondientes.

GAUAN LOOB. pc. Esforzarse, *Mag*. Causa, *Ipag*.

GAUAN UICA. pc. Falso testimonio. *Vm*, l. *Mag*, levantarlo. *In*, la palabra. *Maca*, salir con el intento.

GAUAN ATAG. pc. Trabajar por cumplimiento, *mag*. La causa, *ipag*.

GAUAC. pc. Romper cuero y carne, ropa, &c. *Vm*, l. *Mag*. Lo que, *in*. Con que, ó porque, *Y*. Á quien, *An*. *Na*, estarlo. *Tasac*, *punit*. Sinónomo.

GAUANG. pc. Alargar el brazo como quien quiere coger algo, *Vm*, l. *Mag*. El brazo, *in*. *Man*, andarlos meneando.

GAUANGAN. pp. Lluvia pequeña.

GAUAR. pp. Dádiva. *Mag*, dar. *Y*, lo que. *An*, á quien. *Mag-an*, de mano en mano. *Ipagan*, lo que. *Maqui*, pedir. *Ipaqui*, lo que. *Paquian*, á quien. *Magauar*, dadivoso.

GAUAR. pp. *Cagauaran nang uica*, *catiuala*, *capahayagan*, confidente.

GAUAR. pp. Estender el brazo para alcanzar. *Vm*, tomando. *Mag*, dando. *In*, lo que tomando. *Y*, dando, ó con que, ó porque. *An*, persona. *Mapa*, pedir que le dé.

GAUAY. pp. Hechizo, hechizar. *Vm*, hacerlos. *In*, á quien. *Mangagauay*, hechicero.

GAUGAU. pc. Revolver alguna cosa con los dedos, *Vm*. Lo que, *in*. Si muchas cosas, *mag*. Las que, *pag-in*. Con que, *ipag*. Lugar, *pag-an*.

GAUGAU. pc. Mezclarse, y desmoronarse algo como el antecedente.

GAUÍ. pc. Amañarse á hacer algo. *Cagauian niya ang pagsusugal*, es maña suya jugar.

GAUI. pp. Vez que le cabe á cada uno; es adjetivo y sustantivo, y asi está bien dicho. *Aco ang gaui*, l. *Gaui co*.. *Vm*, acudir á su vez. *Y*, porque, ó por quien. *An*, á lo que. *Mag*, trocarse dos á semanas. *Magpa*, mandar que acuda, que haga su vez. *Pa-in*, el mandado. *Ipa*, lo que manda.

GAUIR. pc. Meter á otro en pleito. *Vm*, l. *Mag*. *In*, á quien. *An*, en que.

GAUIS. pp. El vacío ó blando que hay en los costados, mas abajo de las costillas.

GAUOT. pp. Vide *gavor*.

GAYA. pp. Imitar, seguir, pegarse el mal. *Vm*, imitar. *An*, á quien. Itt. *Vm*, hacer algo para quitar la vergüenza. Parecerse el hijo á la madre. *Mag*, estar juntos haciendo algo. *Ipag*, con que. *Pag-han*, lo que. *Maca*, pegársele el mal. *Ma*, á quien. *Maqui*, asemejar, imitar. *Gayahan*, ejemplar.

GAYÁ. pp. Ojear, dañar con la vista. *Maca*, el ojo que daña. *Ica*, causa. *Cahan*, lugar. *Mahan*, ser dañado.

GAYAC. pc. Apercibimiento, aparejarse. *Vm*, apercibirse. *Y*, lo que. *An*, para quien. Tambien *mag*, y *man*, con sus pasivas.

GAYAGÁ. pp. Incitar, *Vm*. Á quien, *in*. Con que, *Y*. *Magayagain*, *mapag*. Frecuent.

GAYAGAY. pp. *Nacagagayagay*, *nacapupucao*, esforzar, animar.

GAYAM. pp. Garavato, *Vm*. Lo hecho, *in*. *Houag mong, gayamgayamin ang pagsulat*, no hagas garavatos escribiendo.

GAYANG. pc. Lanza. *Vm*, tirarla. *In*, á quien. *Mag*, traerla. *Pangayang*, la lanza. *Maca*, acertar acaso. *Magpa*, mandar tirar. *Ipa*, la lanza dada. *An*, á quien. *Pa-in*, el mandado. *Ipa*, al que mandó tirar.

GAYANG GAYANG. pc. *Pinaglolotoan nang linalañgis*, donde hacen el aceite, ó lo cuecen.

GAYAR. pp. Arrastrar la ropa haciendo cola, *Vm*. *Y*, lo que. *An*, ante quien. *Mag*, alargar lo corto. *An*, lo que. *Man*, irse haciendo largo. *Ipan*, la causa. *Magpa*, vestirse lo que arrastra mucho. *Magca*, tener falda.

GAYAS. pp. Encajes de la camisa, balona. *Mag*, ponerlos. Lo que, *Y*. Donde ó á que, *An*. *Magayas*, de muchos.

GAYAS. pc. Tierra arenisca con piedrecitas. *Gayas na lupá*, l. *Magayas*.

GAYASGAS. pc. Vide *gayas*.

GAYAT. pp. Tajada delgada, rebanada. *Vm*, cortar asi. *In*, lo que. *Y*, la misma rebanada. *An*, para quien, ó de que se corta. *Mag*, cortar dos. *Pag-in*, el melon. *Ipag*, con que. *Pa-an*, de donde, en donde, para quien. *Magpa*, dar una rebanada. *Pa-an*, á quien. *Maqui*, pedir una. *Paqui-in*, la rebanada. *Paqui-an*, á quien. *Ipaqui*, para quien, ó por quien. *Cagayat*, compañero en comerla. *Pangayat*, instrumento.

GAYATGAT. pc. Lo mismo, pero mas delgadas.

GÁYOGAYO. pc. Lo mismo que *dalidali*.

GAYGAY. pc. Adjetivo, roto por muchas partes. *Vm*, romper asi. *In*, lo que. *Ma*, estar hecho andrajos.

GAYOMA. pp. Filtro amatorio, hechizo, hechizar, *Vm*. *Hin*, á quien. *Y*, con que. *Man*, hechizar á muchos, ó de oficio. *Pangayoma*, instrumento. *Maqui*, pedir hechizos. *Paquihin*, el hechizo. *Paquihan*, á quien. *Napa*, permitir. *Ang sinta,i, parang gamot, parang gayoma ang loob*, no hay hechizo como el querer.

GAYON. pc. Advervio demostrativo de *gayaon*. *Vm*, hacerse así. *In*, lo que. *Y*, con que. *An*, lugar. *Mag*, sumitur in malam partem. *Naggayon sila*. *Magpa*, ir asi á tal parte. *Magpa*, l. *Magpati*, estarse mano sobre mano. *Magpa*, mandar que esté así. pp. *Halica,t*, *quita,i*, *magguinagayonan*, *cumain mumunti man*. Et sic de alijs.

GAYONG. pp. Remo de galera. *Vm*, l. *Mag*, remar. *An*, el navío. Vide *saguan*, con sus juegos.

GAY-ON. pc. Así: *Gagayon din*, siempre de una misma manera.

GAYOS. pc. Lo mismo que *nami*.

GAYOSGOS. pc. Vide *galosgos*, *cayor*.

GAYOT. pc. El gabe que no se sazona por malo y duro, *banlogan*.

GAYOT. pc. Vide *yagaga*.

GAYOT. pc. Correoso, como gabi duro. *Vm*, l. *Man*, irse parando tal. *Maca*, *ica*, causa. *Cagayotan*. pc. Dureza tal.

GAYOT. pc. *Magayot na babaye*, *malibog*, lasciva.

G antes de I.

GIA. pc. Las voces que dá el que siente ladrones. *Vm*, l. *Mag*. *In*, l. *Pinag*, lo que. *An*, l. *Pag-an*, á quienes.

GIAIS. pc. Enfadamiento. *Vm*, enfadar. *In*, á quien. *Ma*, estarlo. Vide *giagis*.

GIAM. pp. Hacer como cosquillas. *Vm*. *Di ca mapalagi sa licmo para cang ginigiam*.

GIAM. pp. Maltratar ó destrozar la hortaliza. *Vm*, l. *Man*, l. *Mag*. *In*, lo que. *An*, la huerta.

GIAM. pc. Andar ladeándose. *Vm*, la banca. Doblando la raiz, andar como derrengado. *An*, ante quien. *Y*, porque.

GIAT. pp. Entrarse por agugero pequeño, *Vm*, La barandilla, *in*. La angostura ó lugar, *An*. *Mag*, meter algo dentro. *Y*, lo que. *An*, por donde.

GIAY. pc. *Polar nang tonor*, las plumas que ponen en la flecha.

GIBA. pc. Derribarse ó cosa derribada, *Vm*. *Gib-*

in, lo que. ***An***, sobre quien. ***Mag***, derribar muchas cosas. ***Pag-in***, lo que. ***Pag-an***, lugar. ***Ipag***, con que ó porque. ***Man***, irse cayendo. ***Maca***, el viento, v. g. *Na*, la casa. *Na-an*, sobre lo que. ***Mapa***, pedir se derribe. ***Magca***, mucha ruina. *Nagcapagiba ang catauan*, se vá derribando ó cayendo el cuerpo.

GIBANG. pp. Torcido como tabla ó madero, *Vm*. Si mucho, *mag*. *Y*, lo que. *Man*, menearse así. *Ipan*, la causa.

GIBANG. pp. Andar como el navío celoso, con los mismos juegos que el antecedente.

GIBAO. pc. Yerba alta que nace en los rios.

GIBIC. pc. Socorro, acudir á favorecer, *Vm*. Si muchos, *mag*, l. *Man*. La casa á que acuden ó á quienes socorren, *guib-an*. *Pag-an*, *pan-an*. Metáf. *Gungmigibic ang gatas*, acude la leche á la muger. *Ginigicban ang sangol*. *Ica*, la causa. *Nagpapagibic*, el niño que atrae la leche.

GIBING. pc. Lo mismo, que *quiling*.

GIBONG. pp. El andar de los cortos y gordos, bambolear, contonearse la muger. *Vm*, andar así, duplicando la raiz. *An*, á quien. Si mucho, *mag*, l. *Magpa*. *Magpagibonggibong ang taga rito*, son bamboleadoras las de aqui.

GIBOY. pp. Menearse lo mal puesto. *Vm*, menearlo. *In*, l. *Pa-in*, lo que. *Ma*, menearse por mal asentado.

GICHAN. pc. Espantarse. Vide *gicla*.

GICGIC. pc. Gruñir los lechoncillos. *Igic*. pc. *Ogoc*. *Gocgoc*.

GICLA. pc. Espanto, asombro, temor, estremecerse. *Vm*. asombrar. *In*, á quien. *Man*, á muchos. *Pan-in*, á quienes. *Ipan*, con que. *Maca*, causar. *Ica*, la causa. *Nagiclahanan*, á quienes. *Magpa*, hacer que espanten. *Ma*, espantarse. *Magcapa*, de repente. *Giclahin*, espantadizo.

GICGUIC. pc. Gruñir de los lechoncillos. Vide *gocgoc*.

GICQUIN. pc. Rodillo sobre que asientan las ollas. *Mag*, poner la olla en él. *Gicnan mo*, la olla. *Ipag*, causa. Vide *dicquin*.

GICOS. pp. Cordeles con que atan la tela. *Mag*, atarlos á la tela que se teje. Lo mismo, *Vm*. Tambien cordel que meten en el harigue para arrastrarlo. El harigue, *An*.

GIGUI. pp. Lo mismo que *hangal*. Vide.

GIGUIL. pp. Rabia con grande enojo con gestos de boca y dientes, *Vm*, l. *Man*. Á quien, *An*, ó *pan-an*.

GIGIS. pp. Bramido del caiman cuando quiere embestir, con los juegos del antecedente. *Gigis*. pc. *Gigisin*, *balisahin*, *ginigigis*. *Pinapagmamarali*, darle priesa.

GIHÁ. pc. Pedazos de gabe para sembrar. *Vm*, cortarlo. *In*, el. *Y*, el cuchillo. *An*, el lugar, v. g. *Gihaan mo iyang banig*, córtalos en ese petate.

GIHÁ. pc. Vide *liha*.

GIHALHAL. pc. Lavarse poco quedando aun sucio, *Vm*. *Ma*, estar así. *Magihalhal*, como la herida que aun no se ha curado.

GIHATOL. pp. Idem *ac gihalhal*.

GIHAY. pp. Rasgar en tiras largas, *Vm*. Lo que, *in*. Con qué, *Y*.

GIHOR. pc. *Nagihor*, *nasactan*, se hirió.

GIYC. pp. Trillar, *Vm*. Lo que, *in*. *An*, donde. Itt. *Vm*, aplicar á que haga algo. *In*, á quien. *Mag*, pc. Trillar mucho. *Man*, muchos. *Pag-in*, lo que. *Pag-an*, lugar. *Ipag*, con que. *Napag*, l. *Pinag-an*, lo ganado. *Pangiyc*, instrumento. *Naca*, *ang paa ang naca*. *Giniycan*, l. *Ginican*, paja.

GIING. pp. Callar cuando le enseñan ó riñen, volver el rostro para ver lo que le mandan. *Vm*. *In*, á quien. *Y*, el rostro.

GIIT. pp. Meterse por parte angosta ó entre muchos, *Vm*. En donde, *An*. *Uala acong giitan*, no tengo donde encajarme. *Mag*, meter otra cosa. *Y*, lo que. *An*, donde. *Maca*, poder. *Ma*, pasiva. *Di co magiit, at ang ualang magiitan*. *Ma*, estarlo. *Ca-an*, donde. *Ualang cagiitang carayom*, no hay donde quepa una aguja. *Ualang pagcagiitan ang loob: masucal ang loob*, no sabe donde meterse, tiene el corazon oprimido.

GILA. pc. Mecerse, menearse. *Vm*, hacerse celosa la banca. *Vm*, duplicando la raiz, mecerse continuamente. *Mag*, mecerlo. *Y*, lo que. *Pag-an*, lugar. *Nagila cami nang hangin*. *Nagilaan cami nang banca*, se nos trastornó. *Magpa*, hacer que zozobre. *Pa-in*, el que. *Pagpa-an*, donde. *Ipagpa*, causa. *Mag*, zozobrarse. *Magcapa*, de repente. *Pagcapaan*, donde. *Cagigilaan*, donde muchas veces. *Magilain*, pp. Banca celosa.

GILAP. pp. Lucimiento de retablo dorado. Vide *dagilab*, con sus juegos.

GILAGILA. pp. Relumbrones de piedrecitas como oro, que á muchos han engañado.

GILAGIR. pp. Atar las cañas del suelo de la casa. *Vm*, l. *Mag*, atar. *In*, lo que. *Y*, l. *Ipag*, con que.

GILAGIR. pp. La misma atadura.

GILAGIR. pp. Encías.

GILAGIRAN. pp. La vara en que van atando las cañas del suelo. *Mag*, hacerla. *In*, de que. *Ipag*, porque.

GILAIR. pp. Vide *gilagir*.

GILALAS. pc. Admiracion, espanto. *Vm* tener este afecto, y mejor, *man*. La causa, *ipan*. Tambien *Vm*, *Y*. *Man*. espantar á otro. *Macapan*, causar tal miedo. *Icapan*, pasiva. *Napangilalas aco niya*, espantome. *Magilalasin*, pp. Y mas subido. pc. *Cagilagilalas*, admirable.

GILAMLAM. pc. Cosquilla. Vide *gilaogao*.

GILAM. pp. Contonearse. *Vm*, menearlo. *In*, lo que. *Ma*, estar asi.

GILANTANG. pc. Espantarse. *Naguiguilantang siya, naguiclahan*.

GILALAT. pc. Vide *gilalas*.

GILAOGAO. pc. Cosquillas. *Vm*, hcerlas. *In*, á quien. *Man*, de continuo. *Maca*, causarlas. Pasiva *nagigilaogauan aco*. *Magilaogao*. l. *Guilaogauin*, cosquilloso.

GILATHO. pc. Vide *gilalas*.

GILAT. pp. Comezon. *Vm*, dar comezon. *An*, la persona, et sumitur pro pruritu carnis.

HILAY. pp. Rasgar ó quebrar hojas. Vide *gihay*. *Hindi lamang nagisi at nagilay*, no solo se rasgó como la ropa, sino como la rama.

GILAY. pc. Género de yerbas comestibles.

GILGIL. pc. Cortar como quien asierra, *Vm.* Lo que, *in.* *Gilgilin man ang liig co, ay hindi co maypahayag,* aunque me corten el cuello, no lo descubriré.

GILIB. pp. Rebanar al soslayo. Vide *hilib.*

GILIC. pp. Polvos de arroz que causa comezon, áspero como vestido, sayal. *Vm,* irse haciendo. *An,* á quien se le hace.

GILIGUINTO. pc. l. *Guinto guinto.* Aquellos como ojos dorados, que se hacen en la manteca ó en el caldo.

GILILAN. pp. Llave en que se asienta el *dingding. Mag,* hacerla. *In,* de que. *An,* la casa. *Man,* buscar en el monte la madera para ella.

GILIMHIM. pp. Pensar lo que se ha de hacer con cuidado y pena. Vide *galimgim,* con sus juegos.

GILING. pp. Moler en molino. *Vm.* Lo que, *in.* Donde, *An. Maggigiling,* moledor. *Man,* de oficio. *Pangiling,* instrumento. *Gilingan,* donde se muele.

GILING. pc. Cortar en trozos como en madero. *Vm,* l. *Mag. In,* lo que. *Y,* con que. *An,* donde. *Mangigiling,* oficial.

GILIO. pp. Amor, aficion, memoria amorosa. *Vm,* tener tal afecto. *In,* á quien. *Y,* porque. *Mag-an,* mútuo. *Pag-an,* causa.

GILIR. pp. Orilla de cualquier cosa. *Vm,* irse acercando á la orilla. *An,* donde. Itt. *Vm.* quitar las orillas de las hojas. *In,* lo que. *An,* á que.

GILIR. pp. Entrada de la casa. *Sa gilir nang bahay.*

GILIT. pc. Cortar el pescado ó carne en ruedas, señalándolo no mas. Es adjetivo. *Ilang gilit itong isda, mey ualo cagilit. Vm,* cortar asi. *In,* lo que. *Mag,* muchas veces. *Man,* muchos.

GILO. pc. Menear algo la cosa hincada, *Vm. In,* la cosa. *Ualang gilo ang dagat,* no se mueve.

GILOPHÍ. pc. Alterarse. Vide *golophi.*

GILONG. pp. Contonearse quebrando el cuerpo la muger cuando baila, *Vm. An,* el compañero con quien baila.

GILUAC. pc. Vide *giuac.*

GIMASMAS. pc. Volver en sí de parasismo, extasis, &c. *Nagimasmasan na,* ya volvió.

GIMAY. pp. *Di magimay: di maquibo,* no se puede mover.

GIMAY. pp. Mudarse los buenos vestidos, y ponerse los viejos. *Nan,* vestirse asi.

GIMBAL. pc. Atambor. *Vm,* tocarlo. *In,* él. *An,* á quien. *Y,* con que. *Man,* de oficio.

GIMBOLO. pp. Embidia ó celos. *Man,* tenerlos. *Ipan,* de que.

GIMOAT. pp. Estar descumbrados que no se puede pasar por allí. Estar muy obscuro el tiempo. *Ualang pinacagigimoatan ang langit,* no se descubre el cielo.

GIMON. pp. Ensuciarse asi, *Vm.* Con que, *Y. Mag,* poner la cosa donde se ensucia. *Ma,* estar sucio.

GIMPAS. pc. Perder el color la ropa, *Vm. Y,* con que. *Pangimpas,* instrumento. Tambien es adjetivo. *Gimpas na itong damit,* ropa descolorida.

GIMAYMAY. pc. Lo mismo que *gimasmas,* pero en el juego: aqui es *nagimaymay na.*

GINÁ. pp. Mecerse la banca, *giginagina.* Vide *quibang.*

Ang palar cong nasaconá,
ipinagtatanong co ngá,
cun sinong cahalimbauá,
nasa cati nagiginá.

GINAO. pc. Frio. *Vm,* irse resfriando el tiempo. La causa, *Y.* Itt. *Vm,* enfriar á otro. *Ma,* estarlo. *Maginauin.* pc. l. *Magiginauin,* pp. Friolero: *nagiginao aco,* me yelo.

GINDAY. pc. Contonearse, meneos lascivos. *Vm.* l. *Mag.* Á quien provoca, *An.* La causa, *Y,* ó los meneos. *Magpa,* andar asi. *Pagpapaan.* ante quien. *Ipagpa,* causa. *Magindayginday.* frecuentemente. *Magindain.* pp. Guapo, bizarro.

GINGA. pp. *Cagingagingá.* En un instante. Vide *dingat.*

GINGAT. pp. *Caguingatguingat,* lo mismo que *caringatringat.*

GINGIN. pp. En comintan es lo mismo que *giing.*

GINGOLO. pp. Vide *hingolo,* con sus juegos.

GINHAUA. pp. Alivio, mejorar, descanso. Es raiz adjetiva: *Ginhaua cayong lahat. Vm,* mejorar aliviarse. *Y,* la causa. *Magpa,* dar salud. *Magpa.* pc. Descansar tomar alivio. *Ipinagpapa,* la causa. *Pinagpapaginhauahan,* en que, ó porque. *Caginhauahan,* descanso. *Caginhaginhaua,* cosa que dá salud.

GINICAN. pp. Paja.

GINILONG. pp. Masa con aceite. *Mag,* hacerla. *In,* lo que. *An,* á quien ó para quien. *Ma,* estar hecha.

GINILONG. pp. Género de masa de harina. *Mag,* hacerla. Lo que, *In.* Á quien ó para quien, *An. Ma,* estar hecha tal masa.

GINLA. pc. Trastornarse la embarcacion. Vide *gila, giua.*

GINLA. pc. Trastornar la embarcacion. Vide *guila, guiua.*

GINIP. pp. Soñar. *Nananaginip, ipinana,* la causa. *Napanagimpan,* lo soñado. *Panagimpan,* sueño.

GINOGOLAN. pp. Oro de mas de veinte quilates.

GINSA. pc. Incontinenti, *cahinsahinsa. Naginsahanan siya,* súbito.

GINOO. pp. Principal señora: á las mugeres en su lengua llaman *ginoo.* Á los varones *maginoo.* En el comintan á ambos *ginoo.* En realidad *maginoo,* es comun á hombres y mugeres, pero si habla con un hombre *maginoo,* si es una muger *ginoo. Vm,* llamar asi. *In,* á quien. *Mag,* portarse como tal. *Hin,* ante quien. *Maqui,* meterse con los principales. *Paquihan,* ellos. *Ipaqui,* causa. *Magmaginoo,* hacerse del *maginoo. Layagin ginoo,* viento galeno. *Caginoohan,* principalía.

GINTAB. pc. Relucir como grasa sobre el caldo, *ma.*

GINTAY. pc. Tajada ó pedazo. *Vm,* hacerlo. Lo que, *in.* Si mucho, *mag.* Lo que, *pag-in.* Con que, *ipag.* Duplicando siempre la raiz.

GINTAY. pc. La ama que cria al niño, pero no le dá leche. *Guiningtayan co siya,* yo le crié.

GINTING. pc. Estar desigual lo hilado. *Vm*, hilar asi. *In*, lo que. *Y*, con que, ó porque. *Mag*, hacerlo asi. *Pag-in*, lo que. *Man*, desigualarse de suyo. *Ginting ginting ang sinulid*, hilos desiguales.

GINTO. pc. Oro en general. *Vm*, ganar con la muger ó hija torpemente. *In*, ellas. *Mapa*, la que se deja vender. *Mag*, tener por oro otra cosa, adquirirlo, hacer pagar deuda con él, ponerlo á otra cosa. *Giniginloan*, dorado. *Manhiginto*, robar solapadamente. *Pan-hiin*, lo buscado. *Pan-hian*, á quien. *Naginto co ito sa pagsasaca*, gané oro con mi trabajo. *Nagintoan co yaong arado nito*, *Ma*. Venderse algo. *Magcaca*, tenerlo. *Maginto*, el que tiene mucho.

GINTOBO. pp. Esclavo nacido en casa. *Mag*, hacerlo asi, tenerlo por tal. *In*, á quien. *Ma*, estarlo.

GIOL. pc. Encorbar el cuerpo por los dolores del vientre. *Gigiolgiol*. Vide *pihol*.

GION. pc. Vide *piong*. pc.

GIPAS. pc. Cortaduras ó retazos. Es palabra de la Laguna. Vide *tinabas*, en su raiz.

GIPIT. pp. Recelo de vergüenza. *Vm*, estar asi. *An*, á quien, ó de quien. *Ginigipitgipitan, mo ang bahay nang Capitan, ang Simbahan pa ang di mo gipitgipitanan?* Respetas la casa del Capitan, y no respetas la Iglesia? *Mag*, no tiene mas que *maggipit*, es invariable.

GIPÓ. pp. Podrirse el harigue por el pié, *Vm*. El árbol, *in*. Es adjetivo. *Haliginggipó*. pp. Harigue podrido.

GIPOS. pp. Apagarse la candela ó tizon, consumirse. *Vm*, irse consumiendo. *Y*, la causa. Vide *panagipos*.

GIPOSPOS. pc. Consumirse la candela, ó la hacienda, *nangipospos na nḡa*. Vide el antecedente.

GIPONGIPONAN. pp. Anillo.

GIRAY. pp. Meneos lascivos. Vide *ginday*.

GIRI. pp. Provocar el gallo á acometer, *Vm*. El gallo, *An*.

GIRI. pp. Llamar á la hembra para llegarse á ella, *Vm*. El llamado, *An*. *Mag-an*, mútuo. *Ipag-an*, causa ó persona. *Pag-anan*, lugar de la mutualidad.

GIRI. pp. Galantear, contonearse la muger. *Ipagpapa*, con que ó porque. *Pagpapa-an*, ante quien. *Maqui*; provocar. *Magiring babaye*, desenvuelta.

GIRGIR. pc. Vide *birbir*.

GISA. pc. Menearse apriesa, como el pescado en el agua. Vide *posag*, con sus juegos.

GISA. pc. Comezon, inquietud del cuerpo por alguna pasion, *Vm*. *Han*, á quien.

GISAP. pp. Espeluzarse el cabello. *Vm*, comenzarse á espeluzar. *Ma*, estarlo, l. *Nananagisap*.

GISAO. pc. Llaga en la boca por calentura. *Magca*, tenerlas. *Ipagca*, la causa. *Magisao*, muchas.

GISÁO. pc. Aflojar la calentura, *Vm*. La persona. *An*.

GISAO. pp. Despertar al que está con modorra, *Ma*. *Paguisauin mo*, despiértalo. Vide *guising*.

GISGIS. pc. Desenmarañar, *Vm*, l. *Mag*. *In*, lo que. *Man*. l. *Ma*, estarlo.

GISÍ. pp. Rasgar. *Vm*. La ropa, *in*. Á quien, *An*. *Mag*, repartir entre sí rasgando. *Pag-in*, la ropa. *Pag-an*, á quienes reparten. *Ma*, estar roto. *Cagisi*, un pedazo.

GISI. pc. Adjetivo de *gisi*. *Gisigising salaual*, de aqui *cagisian*, calzon roto, rotura.

GISIHAN. pp. Un árbol de palo colorado y duro.

GISIL. pp. Cuidar de lo que está á su cargo: siempre con negativa. *Di macagisil*, estar ocupado.

GISING. pp. Despertar, *Vm*. Á quien, *in*. Porque, *Y*. *Magising*, vigilante. *Mag*. pc. Velar. *Ipinag*, la causa. *Maca*, coger á uno despertando. Pasiva *nagisnan*. *Nagisnan co ang lindol cagab-i*, fuí despertado del temblor. Tambien *ginisnan co na capagsaona ang asal na yaon*, siempre he conocido tal costumbre.

GISLOT. pc. Inquietud. Vide *quilos*.

GISUA. pc. Romper, rasgar, hacer pedazos. Vide *guisi*, *vislac*, *uindang*.

GITANG. pc. Hendedura en metal, *Vm*. La causa, *Y*. Lugar, *An*. *Mag*, hacerlas. *An*, en lo que.

Galing nang magandang ginto,
ualang tumbagang cahalo,
macaitlo mang ibobo
di gumitang nang pagpalo.

GITAO. pp. Rastrear cosa profunda, escondida. *Di magitaogitao ang isip nang Dios*, son inescrutables los juicios de Dios.

GITAPTAP. pc. Tener noticia de algo. *Uala cang gitaptapan nang asal nang Cristiano: ualang gitaptap*, no tiene luz de algo.

GITAS. pc. Desmayo, desfallecimiento. *Nagitas aco, nang maalaman co ang saquit mo*. *Ipinag*, la causa. *Cagitasgitas itong sabi*, causa desmayo este dicho.

GITAS. pc. Sentimiento vehemente; pasion de tristeza. *Ginigitasan aco*, padezco sentimiento.

GITAS. pc. *Caguitas dingguin*, l. *Tingnan*. Stupendum auditu, l. visu.

GITATÁ. pp. Suciedad del cuerpo como sudor, &c. *Man*, estar sucio. *Ipan*, la causa. *Pan-an*, donde. Vide *dumi*.

GITATÁ. pp. Suciedad, ó porquería de cuerpo ó plato, &c. *Man*, estar puerco ó sucio. *Ipan*, la causa ó con que. *Pan-an*, donde.

GITAY. pc. Tajada. *Vm*, l. *Mag*, hacerlas. *In*, *Pag-in*, lo que. *Y*. l. *Ipag*, con que. *Pag-an*, donde. *Magcaca*, estar acribillado de heridas. *Ipagca* l. *Pagcacaan*, causa. Otros quieren que sea sinónomo de *sumbali*.

GITGIT. pc. Muesca ó mella en el árbol para que se seque, *Vm*. El árbol, *An*. Porque, con que, *Y*. *Nagitgit ang lubir, caya napatir*, está gastada la cuerda, por eso se rompió.

GITÍ. pc. Semilla que comienza á brotar raices. *Vm*, brotar. *An*, la semilla.

GIPIT. pc. Parece. *Itic*.

GITIL. pp. Tomar algo con los dedos, *Vm*. Lo tomado, *An*.

GITING. pc. Vide *gitgit*.

GITING. pc. Trozo de palo. *Vm*, cortarlo. *In*, el palo. *Y*, con que.

GITIS. pp. Caminar por buen atajo, *Vm*, l. *Man*. *An*. l. *Pan-an*, el atajo.

GITIS. pp. Consumirse la hacienda poco á poco,

acabarse la obra, con los juegos del antecedente.

GITLAY. pc. Vide *Guitay.*

GITLI. pc. Muezca como la labor en la reja.

GITLING. pc. Lo mismo.

GITNA. pc. El medio de alguna cosa. *Napapagitna,* ponerse en medio. *Isagitna,* lo que se pone. *Cagitnaan,* medio. *Git, nang gab-i,* media noche.

GITONG. pc. Vide *Bovay.*

GIUA. pp. Anegarse la embarcacion, trastornarse. *Mag,* trastornarla. *Ipag,* la banca ó causa. *Ma,* trastornarse. *An,* á quien.

GIUAC. pc. Cosa rasgada. *Vm,* rasgar. *In,* lo que. *Ma,* romperse. *Maan,* á quien.

GIUASÁ. pc. Acabar pleito ó cosa que da cuidado. Vide *diuasá.*

GIYA. pc. Dar voces el que pide socorro, *Vm.* La gente que llama, *In. Magpa,* llamar la gente. *Ipagpa,* porque. *Pagpahan,* á quienes. *Mag,* la gente que se alborota, Itt. *Vm,* acudir. *Han,* á quien.

GIYAGIS. pp. Lo mismo, que *Giyais.*

GIYAMÓ. pp. Tener comezon. *Ginigiamo ang catauan,* padece comezon el cuerpo.

GIUASUAS. pc. Volver en sí el que estuvo sin sentido. *Nagiuasuasan na.*

GIYAISAP. Inquietud, desasosiego. *Vm,* á otro. *In,* á quien. *Mag,* alborotarse. *Ipag,* porque.

GIYANG. pp. Destrozar, *Vm.* Lo que, *In. Nagcacagiyanggiyang, Pinagigiyanggiyang:* lo que hacian los judíos á nuestro Señor Jesucristo.

G antes de O.

GOANG. pp. Hueco que hace el árbol ú otra cosa. *Vm,* tenerlo. *Mag,* irse haciendo hueco. *Ipag,* la causa. *Magpa,* hacer. *Pa-an,* l. *Pa-in,* lo que. *Magca,* comenzar á estarlo. *Ipagca,* causa. *Cagoanĝan nang loob mo,* sin sustancia. *Magoang,* cosa hueca.

GOANĜAN. pp. Adjetivo: *Goanĝan itong haligui,* harigue con *goan.*

GOBIL. pc. Tocar livianamente con castigo leve. *Salang gobilin,* no hay que tocarle. *Icao ang nacagobil sa aquin,* tú me diste disgusto.

GOBING. pp. Mecer al niño su madre como jugando. *Vm,* duplicando la raiz. *In,* á quien.

GOCGOC. pc. Ave acorrucada por estar en jáula. *Vm,* encerrarla. *In,* ella.

GOCGOC. pc. Gruñir el puerco, *Vm.* Los hijuelos, *An. Magocgoquin,* gruñidor.

GOGO. pp. Es una raiz que machacada en agua, sirve ella de jabon. *Vm,* labar la cabeza á otro. *In,* á quien. *Y,* con que. *Mag,* así mismo. *Ipag,* causa, instrumento. *Pag-an,* lugar. *Mangogogo,* enjabonador. *Maqui,* pedirlo. *Paquiin,* el gogo. *Paquian,* á quien. *Magca,* tenerlo. *Mapa,* pedir le laben con él.

GOGONG BAUOGO. pp. *Gogong totoo.*

GOGOL. pp. Gastar cualquiera cosa, *Vm.* Lo que, *in. Mag,* gastar por otro. *Pag-an.* por quien. *Mag.* pc. Gastar mucho. *Mapag.* pc. Pródigo. *Magogol,* muchos gastos. *Palagogol,* prodigó. *Capalagogolan,* prodigalidad.

GOGOLIN. pp. Un tiborcillo redondo y colorado.

GOGOYONAN. pc. Cañuela de que cuelgan el hilo de la tela. *Mag,* hacerla. Vide *Gayon.*

GOHAM. pc. Ampollas á manera de fuego, que nacen en el cuerpo. *In,* tenerlas. *Gohamin.* Frecuent.

GOHIT. pp. Labor, pintura, *Vm,* l. *Mag.* Pintar, rayar, señalar. *Y,* con que, ó para quien. *An,* á quien.

GOHITGOHIT. pc. l. *Gohitan,* lo señalado con rayas.

GOHO. pp. Sumirse el pie en cosa blanda, *Vm. Mag,* hundir á otro. *Y,* lo que. *Pa-an,* donde. *Gaho,* hundido.

GOHOL. pp. Hacer honras por los difuntos. *Nagpapagohol.*

GOLAMAN. pp. Una yerba de que se hace conserva á modo de jalea: nace en la mar. *Guinolaman,* lo hecho comida.

GOLAMI. pc. Vide *birhani.*

GOLOMOS. pc. Arañar, *Vm. In,* á quien. *Pangulamos,* instrumento. *Ma,* estarlo. *Nagogolamosan,* tactos impúdicos entre dos mútuamente.

GOLAMYOT. pc Diminutivo de *gamit.*

GOLANG GOLANG. pp. Casilla que hacen al lado de sus casas.

GOLANIT. pc. Ropa vieja, trapos. *Man,* andar vestido así. *Ipan,* la causa. *Pan-an,* lugar. *Ma,* irse envejeciendo. *Ca-an,* la causa. *Magpa,* dar tal vestido. *Pa-an,* á quien. *Ipa,* lo que. *Maqui,* pedirlo. *Paquiin,* lo que. *Paquian,* á quien. *Ipaqui,* por quien.

GOLAP. pp. Vide *gahol.*

GOLAPAY. pp. Moverse el que apenas puede, *mag.* pc. Andar flojamente. Mejor es con negacion. *Cacasacasa ay di nacagogolapay,* está dando buelcos y voces y no puede menearse.

GOLGOL. pc. Inclinarse. Vide *iocor.*

GOLGOL. pc. Pedacitos del buyo. *Manĝa golgol nang itmo.* Es comintang.

GOLIB. pp. Cortar no mas que la orilla del paño ó tabla. Vide *hilib,* con sus juegos.

GOLILAT. pc. Inquietud de cuerpo, pies, ó manos. *Nagogolilat,* espantado, asombrado.

GOLIMLIM. pc. Memoria. Vide *guilimhim.*

GOLINDA. pc. Amolar, *mag.* Lo que, *in.* La piedra, *An. Golindaan,* piedra de amolar.

GOLITA. pp. Repetir algo para enterarse. *Vm,* venirse á la memoria. *Maca,* traerlo. *Ma,* pasiva. *Magpa,* representarlo en la memoria. *Ipa,* lo que. *Pain,* á quien. Sinónomos. *Saguimsim, salamisim, salimsim, sompong, sigla.*

GOLO. pc. Enredar, enmarañar, *Vm.* Lo que, *in.* Con que, *Y. Ma,* estarlo. *Quinagulohan,* causa. *Magca,* mucho. *Cagolohan,* confusion. *Ualang golo,* sin ella.

GOLÓ. pc. Hechizo de amores. *Vm,* hechizar. *In,* á quien. *Y,* con que. *Pangolo,* instrumento. *Mangogolo,* hechicero. *Maqui,* pedir hechizo. *Paqui-in,* lo pedido. *Paqui-an,* á quien. *Ipaqui,* causa. *Mapa,* pedir que le hechicen.

GOLOBHI. pc. Moverse, alterarse con la negativa. *Ualang golobhi,* no se altera. Con *Vm,* darle á otro sobresalto. *In,* á quien. *Ma,* estar con él.

GOLOC. pp. Cuchillo ó machete. *Mag,* traerlo.

GOLOGOR. pc. Espinazo. Vide *balogbog. Man,* andar por la loma que parece *gologor. Ipan,* lo que lleva por ella.

GOLOGORAN. pc. El de espinazo grande.

GOLOGOT. pc. Enredarse mucho, v. g. el hilo. Es mas que el *Golo*. Cuadra al cantar sin compás. *Nagogologot sila nang pagcacanta.*

GOLOMIHAN. pp. Estar como espantado. *Nagogolomihanan*, estarlo, vel, *Man*.

GOLOMOS. pc. Rasguñar. Vide *galamos*.

GOLONG. pp. Rodar. *Vm*, hacer rodar á otra cosa. Mejor, *Mag*. Lo que, *Y*. Por donde, *An*. *Mag*. pc. Revolcarse. *Pag-an*, donde. *Ipag*, porque.

GOLONG. pp. Olas bobas que no revientan.

GOLONG GOLONG̃AN. pp. Gaznate, la nuez de él.

GOLONG LAPAS. pc. Grama. *Camot pusa.*

GOLOT. pc. Cordillera de montes ó sierras. *Man*, andar por ellas. *Ipan*, lo que lleva.

GOLORGI. pc. Lo mismo que *golobhi*.

GOLOT. pc. Cosa podrida. *Maca*, podrirse. *Ma*, estarlo. *Pa-an*, donde. *Na-an*, á quien.

GOLOTGOLOT. pc. *Bihaybihay ang damit*, ropa de andrajos.

GOLOTONG. pc. l. *Gologotong*, pc. *Dahong cobotcobot, hindi malinis*, hoja áspera con berrugas.

GOMAMILA. pp. Una flor colorada.

Nuli ang gumamila,
nula ang sampaga.

El ruin sube y el bueno cae.

GOMBAC. pc. Es como *hombac*. Lo aplican á trasquilar. Vide *gapas*.

GOMBIL. pc. Tocar con la negativa. Vide *gamil*, y *gobil*.

GOMLIT. pc. Participar algo de alguna cosa. *Nagomlitan aco nang auay*, alcanzóme algo de la riña.

GOMOC. pp. Rèvolver sin órden. *Nagcacagomocgomoc ang damit. Pinaggomoc ang palay nang babuy*, revolvió el palay el puerco.

GOMOC. pp. Allegarse. Vide *losob*.

GOMON. pp. Revolver sin órden. Revolcarse en el lodo. *Vm*, revolcar ó revolcarse. *An*, lugar. *In*, lo que. Con que, *Y*. *Ma*, estarlo. Sinónomo. *Lolog*.

GOMOS. pp. Lo mismo.

GONA. pp. Mordedura de perro ó puerco, *Vm*. Morder. Á quien, *In*. Con que. *Y*. *Pangona*, instrumento.

GONAGONA. pc. Mientras, entre tanto.

GONAMGONAM. pp. Memoria, imaginacion. *Vm*, estarse acordando del deleite, ó amorosamente. *In*, lo que.

GONAO. pp. Asolarse la tierra anegándose. *Vm*, asolar. *In*, lo que. *Maca*, lo que asola. *Nagonao*, estar asolada.

GONAS. pp. Alguna parte de la casa. *Vm*, tomar la que le cabe, ó tomar la de otro. *In*, ló que. *Mag*, repartir la caza. *In*, lo que. *Pag-an*, lugar.

GONGON. pc. Motin que hacen. Vide *guiya*.

GONITÁ. pc. Repetir en sreños lo que antes hizo, ó dijo. Vide *golità*, [illegible].

GONTAY. pc. Vide *guintay*.

GONTING. pc. Tijeras. *Vm*, cortar con ellas. *In*, lo que. *An*, de que. *Mag*, cortarse los cabellos. *In*, *An*, la cabeza.

GOMO. pc. Consumirse el pescado del rio por la tuba. *Ma*, estarlo.

GOMO. pc. El pescado sobre aguado y muerto.

GONO. pc. Un género de pescadillo de muchas escamas.

GONOT. pp. Estopa negra.

GOONG. pp. Andar con dificultad el hombre gordo y corpulento. *Vm*, duplicando la raiz. *An*, ante quien.

GOOP. pp. Abajar tapando algo. *Vm*, l. *Magan*, lo que. *Ipag*, porque. *Ma*, estarlo. Tambien se dice *goopan mo ang tapayan*.

GOOT. pp. Nube prieta de agua. *Mag*, duplicando la primera sílaba, estar muy cerrado. *Ipag*, causa. *Magoot ang lang̃it*, encapotado y por metáfora. *Goot na muc-ha, loob*, &c.

GOPANG. pp. Correr como viejo, que se vá cayendo. *Gogopanggopang nang paglacar*. Vide *gupay*.

GOPILPIL. pc. Aprensar para que se adelgaze. *Vm*, l. *Mag*. *In*, lo que. *Pag-an*, lugar.

GOPILING. pp. Dormitar muy brevemente, *Vm*. Si muchos, *Man*. *Ipan*, causa. *Pan-an*, lugar.

GOPIT. pc. Cortar con tijeras de platero. *Vm*, cortar con ellas. *In*, lo que. Itt. *Vm*, afeitar á otro. *In*, á quien. *Mag*, así mismo. *Ma*, estarlo.

GOPÓ. pp. Viejo chocho. *Magusgus, gogopogopo ca nang catandaan*, estás chocho de viejo.

GORAY. pc. Dar graciosamente, *Mag*. Lo que, *Y*. Á quien, *An*. Vide *gauar*, *bigay*.

GOROGORO. pc. Cosa no lisa. *Gogorogoro cun mang̃usap*, habla que no se le entiende.

GOSAB. pp. Do se cortó algo. *Guinosaban, guinosab*, lo que.

GOSAR. pp. Rozar. *Vm*, l. *Mag*. *An*, la sementera. *Y*, lo sembrado. *Pangosar*, instrumento.

GOSO. pp. Una planta ó marisco comestible.

GOSO. pc. Como escarceo del mar cuando se revuelven las olas unas con otras. *Nagogosogoso ang hang̃in*, l. *ang alon*. *Vm*, revolver el cabello con la mano, *hin*, cabello. *Han*, persona ó cabeza.

GOSO. pc. Rozar el zacate del *caing̃in*. *Vm*. El zacate, *In*.

GOTAY. pp. Hacer algo despacio, *mag*. Lo que, *pinagogotaygotay ang paggaua*.

GOTAY. pc. Partir en pedacitos. Vide *Gotlay*, con sus juegos.

GOTOL. pp. Cortar con las uñas los pimpopollos tiernos. Vide *quitil*, con sus juegos.

GOTOL. pc. Cosa asi quebrada.

GOTOL. pp. Cortar el arroz espiga, por espiga, *Vm*. El arroz, *in*. Con que. *Y*. Donde, *pag-an*. De aqui, *gotolgtol*. pc. Cosa mal hecha. Tambien del que habla sin pies ni cabeza se dice. *Ano iyang pang̃ong̃osap mong gotolgotol*. Lo mismo es *botolbotol*.

GOTINGTING. pc. Tocar ligeramente, ó jugando. Lo mismo que *butingting*.

GUTOM. pp. Hambre. *Vm*, hacer que otro la padezca. *In*, á quien. *Magpa*, mandar que no le den de comer. *Ipina*, el que. *Ma*, estar con hambre. *Nagcaca*, pc. Padecerla el pueblo. *Magsisicagotom*, tenerla todos. *Cagotoman*, estar en su punto la hambre. *Oout rin cun magotom*, el parecerá.

GOTOS. pp. Anegarse, hundirse. *Vm*, sumirse. *Ma*, estarlo.

GOTOS. pp. Romper el animal la red, *Vm*. *An*, lo que. Es metafórica.

GOTOY. pc. Faltar tiempo. *Gotoy na ang pagparito mo*, ya no habia tiempo cuando llegaste.

GOTGOT. pc. Enmarañar, *Vm*. Lo que, *In*. *Ma*, estarlo.

GOTGOT. pc. Rebuscar, *Vm*, l. *Mag*. *In*, l. *Pag-in*, lo que.

GOTGOT. pc. Entresacar las espigas malas, *Vm*, l. *Mag*. Lo que, *In*. *Na*, estar asi. *Pinagan*, el cesto en que se echa.

GOTLAY. pc. Tira de papel. *Vm*, hacerla. *In*, lo que. *Maca*, rasgar. *Na*, lo que. *Na-an*, á quien. *Ma*, estarlo. *Cagotlay*, una tira.

GOTLO. pc. Lo mismo *cotlo*, y *gotli*.

GOTLÓ. pc. Vide *cotlo*. pc. *Cotli*, y sus juegos.

GOUA. pc. Arrojar algo en el agua. Arrojar de golpe en la mar, *Vm*. *Y*, causa. *Mag*, derramar. *Y*, lo que. *Ma*, estarlo.

GOYABIN. pc. Asirse de algo para no caer. *Mañgoyabin*, asirse. *Ipañgo*, la causa. *Pañgoyabinan*, arrimo.

GOYAM. pp. Género de hormigas. *Guinoyam*, lo comido de ellas. *Magoyam*, el que las tiene.

GOYON. pc. Hilos que se ponen en la tela que se teje, y en ellos una varilla que llaman *Goyonan*.

Ang aba co capatir,
nagiisa ang sinulir,
cun sa goyon napatir
sa papan malilibir.

Asi canta el desamparado.

GOYONG GOYONG. pp. Género de madera.

GOYOR. pp. Tropel de gente, chusma, ó manada de animales. *Goyor mandin ang tauong naparirito*, parece manada la gente que viene.

GOYOR. pp. Salir todos juntos á unirse para defender á otro. *Cami guinogoyoran nang mañga Angeles*.

GOYORAN. pp. Bejuco grande con que arrastran maderas.

GOYORAN. pp. Un género de arroz.

GOYORAN. pp. Un género de plátano.

G antes de U.

GUBAT. pp. Bosque. *Vm*, irse haciendo. *An*, la tierra. *Man*, andar por el bosque. *Ipan*, causa, ó lo llevado. *Pan-an*, lugar. *Maca*, lo que cubre de monte. *Ma-an*, lo hecho monte. *Cagobatan*, monte, ó muchos.

GUBAT. pc. Asolar. *Man* l. *Vm*. *In*, lo que. *Maca*, vencer. *Na*, vencido. *Gubatin*. pc. Pueblo robado, ó que falta todavía por conquistar.

GUGUNTING. pc. Un animalillo como langosta.

GUHAT. pc. Robar, *Vm*. Lo que, *In*. *Maca*, quitar por fuerza. *Ma*, lo quitado.

GUHAM. pc. Vide *goham*.

GUHIT. pp. Vide *gohit*. Raya.

GUITÍ. pp. Encajarse con otros que están muy apretados, *Vm*. Ellos, *An*. Asi el Padre Roa.

GULAHIR. pc. Vestido roto. Vide *golanit*.

GULABAT. pc. Hacer pinitos el niño, *Nañguñgulabat ang bata*. Lo mismo que *natitindigtindig na*.

GULAMAN. pp. Vide *golaman*.

GULANG. pp. Envejecer, *Vm*. *In*, lo que. *Magulang*, cosa vieja. Familia.

GULANG. pp. Descendencia. *Cagulañgan*, *magulang*, toda una parentela.

GULANG. pp. Para siempre, *magcagulang*.

GULAÑGIN. pp. Gallo viejo.

GULANIT. pc. Vide *golanit*.

GULAO. pc. Bullicioso, inquieto. *Magugulao*, estarlo.

GULAP. pp. Vide *golap*.

GULAPAY. pp. Vide *golapay*.

GULAUAR. pp. Bracear. *Maca*, tocar con la mano algo.

GULAUIR. pc. Vide *gauir*.

GULAY. pc. Yerbas para comer. *Mag*, cogerlas. Tambien *Man*. *Pag-in*, lo que. *Ipag*, la causa. *Pag-an*, á quien.

GULAY. pp. *Guinulay*, color azul claro.

GULAYLAY. pc. *Di magulaylay*. *Di matahan*, inquieto.

GULILAT. pc. Vide *golilat*.

GULILAY. pp. *Di magulilay ang camay: Maquimot na babaye*, muger bulliciosa, ó que se menea mucho.

GULIMLIM. pc. Vide *golimlim*.

GULINDA. pc. Vide *golinda*.

GULISA. pp. Como *golisa*. *Ualang tacot na sangulisa*.

GULIS. pp. Raya, rayar, *Vm*, l. *Mag*. Lo que, *An*. Con que, *Y*. *Mangugulis*, rayador. *Pangulis*, instrumento.

GULITA. pc. Vide *golita*.

GULIP. pc. Vide *punit*.

GULITIU. pc. Berruga que nace en los ojos. *In*, tenerla. Vide *culitiu*.

GULOMI. pc. Vide *golomihan*.

GUMA. pp. Vide *loma*.

GUMBAC. pc. Trasquilar mal. Vide *gapas*. Tambien lo mismo que *humbac*.

GUMBAN. pc. Hoyo ó abertura de tierra.

GUMBIL. pc. Juego de muchachos. *Nagguguimbilan*, lo mismo que *naglalaro,t*, *naghihilahan*.

GUMI. pp. Barba. *Guming pusa*, barba de gato. *Vm*, asirle de la barba. *Hin*, y mejor *han*, á quien. Itt. *In*, tenerlas. *Maca*, hacer crecer. *Magca*, tenerlas.

GUMI. pp. Vide *higumi*.

GUMIT. pp. Hurtar cosas pequeñas.

GUMI. pc. Yerba que nace en la sementera. *Guinuhumi*, l. *Nagcagumi*, *ang buquir*, tiene yerba la sementera.

GUMI. pc. Mejora que dan cuando reparten algo, como por respeto de las barbas, y asi dicen *mey sagumi*. *Isaoli mo ang sagumi*. *Aco,i, bigyan nang sagumi*, dáme la parte que me toca por mis barbas.

GUMÍL. pc. Tocar algo con la mano al desden. Vide *gombil*.

GUMPAC. pc. Vide *gumbac*.

GUNDIT. pc. Desmedrado el *bolobor*.

GUNITÁ. pc. Vide *gonitá*, *golitá*.

GUNTIL. pc. l. *Cuntil*, grano grandecillo que sale

en la cara ó en la oreja. Vide *Butlig*, con sus juegos.

GUPANG. pp. Vide *gopang*.

GUPAY. pp. Moverse: de ordinario con la negativa. *Hindi macagupay, gugupaygupay*.

GURARAP. pc. Vide *curarap*.

GUSAP. pp. Vide *cusap, lusab*.

GUSALI. pp. Casa grande. *Mag*, hacerla.

GUSÍ. pp. Tibor.

GUSILAO. pp. Poner la mano sobre los ojos del que se deslumbra. Vide *panagosilao*.

GUSGUS. pc. Refregar la cabeza con gogo, *Mag*. La cabeza, *In*. Con que, *ipag*. La persona, *pag-an*.

GUSGUS. pc. Viejo ruin. *Magusgus na*, ya está chocho.

GUSLANG. pc. Viejo ya chocho. *Maguslang*, lo mismo que *Magusgus*.

GUTA. pp. Vide *Pavor*, con sus juegos.

GUTAPTAP. pc. Vide *gurarap, curarap*.

GUTAR. pp. *Damo*.

GUTGUT. pc. Vide *gotgot*.

GUTIL. pp. La campanilla del gaznate. Vide *cutil*.

GUTLAY. pc. Vide *gotlay*.

GUTILAP. pp. Vide *curarap, gurarap*.

GUTLI. pc. Muezca que se saca del palo. *Gutlian mo iyang cahoy*. *Vm*, el que la hace.

GUYA. pp. *Di co maguguya ang catauan co mabig-at*, no puedo moverme de pesado.

GUYABIN. pc. Vide *goyabin*.

GUYAM. pp. Vide *goyam*.

GUYOC. pp. Parece que es *Goyor*.

GUYOR. pp. Un atado de treinta bejucos.

H antes de A.

HA. pc. Interjeccion del que se alegra del mal de otro. *Naholog ca ha?*

HA. pc. Entiendes? *Bucas gagao-in mo ha?*

HABA. pc. Largura. *Vm*, hacerse largo. *In*, ser hecho. Si muchos, *pacahabain*, l. *Pahabain*. *Mag*, alargar, añadiendo pasiva. Lo que, *An*. *Ipahahaba*, poner á lo largo.

HABA. pp. Dilatar, alargar el plazo, *Mag*. *Houag mong ihabang arao ang pagcoconfesar*. *Cahabaan*, largura. *Cahab-an*, viga en que se asientan. *Mahabang pagoosap*, cuento largo. *Ang cahabaan nang pagdating nang Hocom, ay sang bouan*, tardará un mes, &c. *Mahabang tauo si San Cristobal*, era un gigante.

HABAG. pc. Lástima, compasion. *Ma*, compadecerse. De quien, *ca-an*. Causa, *ica*. *Mahabaguin*, compasivo. *Nagmamacahabag*, el que mueve á compasion. *Maca*, el que la causa. Vide *aua*.

HABAG. pc. Desconsuelo por afrentado. *Ma*, estar con él. La causa, *ica*.

HABAGAT. pp. Bendaval. *Vm*, soplar. *An*, á quien. *Mag*, querer soplar. *Habagatan*. pp. Oeste Vide *hañgin*.

HABAGAT. pp. De la persona ó animal, que dándole el viento luego enferma, se dice *Tauong habagatin*. pc.

HABAN. pc. Coito de animales. Vide *gaban*.

HÁBANG. pc. Desigualdad en el corte. *Vm*, estar desigual, ó cortar asi. *In*, lo que. *Y*, la causa. *Ma*, quedar asi. *Cahabañgan*, lo arqueado. Vide *guibing*.

HABAN UBI. pp. Color morado fino. *Vm*, ponerse tal. *Hin*, ser tenido. *Mag*, vestirse de él. *Vm*, tambien teñirse de ese color. *Hin*, lo que.

HABAS. pp. Sementera grande y larga. *Mag*. hacer de muchas una. *In*, ser hecha.

HABAS. pp. Bullirse el agua, ó escarceo, *Vm*.

HABAS. pp. Deshojar las yerbas ó ramas dándolas con un palo. *Vm*, l. *Mag*. Lo que, *In*. Á donde, *An*. Con que, *Y*. Es palabra anticuada.

HABHAB. pc. Arroz medio pilado. *Vm*, pilar asi. Si mucho *Mag*, duplicando. El arroz, *An*. y si mucho *Pag-han*. *Habhab pa ito*, está por repilar. *Hinabhab nang baboy*. Metáf. Lo comen engullendo, revolviéndolo.

HABLA. pc. Queja, acusar, denunciar, *mag*. Á quien, *ipag*. Ante quien, *pag-an*.

HABLOS. pc. Salcochar camarones, *mag*. Lo que, *Y*. En que, *pag-an*. Vide *Halvos*.

HABI. pp. Tejer, *Vm*. Lo que, *hin*. Donde, *han*. *Manghahabi*, tejedor. *Habihan*, telar. *Habing*. pc. Tela. *Mag*, armarla.

HABILIN. pp. Dejar, quedarse, *Vm*. Donde ó con quien, *An*. *Mag*, dejar algo. *Y*, lo que. *Pa-an*, donde. *Ipag*, por quien se deja. *Ica*, por quien se queda. *Ma*, quedarse.

HABILIN. pp. Señal que se deja por cuenta del dote. *Mag*, dar. *Y*, lo que. *Ipag*, por quien. *Pag-an*, á quien.

HABIN. pc. Tela del telar. *Mag*, armarla. *In*, de que, v. g. las madejas de algodon.

HABING. pc. Torcido. Vide *hibing*.

HABIR. pc. Enredarse, asirse, *Maca*, la causa. *Ica*, pasiva. *Vm*, el trompo. *An*, el hilo. *Habirhabir, nagcahahabirhabir*, cosas enredadas, eslabonadas, &c. Vide *polopot*.

HABIRHABIR. pc. Cosas sin atar, enredadas entre si, como eslabones. *Nagcacahabirhabir*, lo mismo que *Sabirsabir*.

HABIT. pc. Atar ó coser mal. *Mag*, añadirle. *Nang pagtali*: Lo que, *In*. *Ma*, estar asi.

HABOHOB. pp. Zahumar, zahumarse. Vide *Tagohob, Loop*.

HABOL. pp. Correr tras de otro para alcanzarlo, *Vm*. Ser seguido, *In*. Para darle algo, *An*. Ser cogido el seguido, *Na*. Haberle alcanzado, *naca*. *Mag*, llevar algo para dárselo. *Y*, lo que. *An*, á quien.

HABOL. pc. Asma cuando comienza. *In*, darle. *Habolin*. pc. Asmático.

HABOBOS. pp. Grande y fuerte. *Habobos manding lalaqui*. Vide *bogos*.

HABONG. pc. Enramada para defensa del sol. *Mag*, hacerla. *Ipag*, á quien. *Pag-an*, donde, *Man*, vivir en ella.

HABOT. pc. Hacer algo apriesa y mal hecho. *Houag mong paghabuthabutin ang pagsulat*.

HABSO. pc. Escurrirse lo atado, v. g. el animal, *maca*. *Na*, el mecate. *Nahabsó ang lubir*. Vide *hosó, labsó*.

HACÁ. pc. Imaginar, discurrir, pensar, *Mag.* Lo que, *In.* Y mejor *pag-in.* Sobre que, ó contra quien, *paghan.*

HACAO. pc. Palabra con que animan al perro para que siga la caza, *Vm.* l. *Mag.*

HACAHACA. pp. Lo mismo que el antecedente.

HACAB. pp. Chupar con la boca ó cañuto, *Vm.* Lo que, *In.* Donde, *An.*

HACAB. pp. Pegar bien la piedra en argamasa. *Vm,* la piedra. *In,* la argamasa.

HACAB. pc. Vadear. *Mag.* Vide *hagac.*

HACAT. pp. Cañuto para sacar agua ó vino. *Vm,* sacarlo. Lo que, *In.*

HACBANG. pc. Paso. *Vm,* lo que alcanza asi. *In,* donde. *An,* Vide *lacdang.*

HACDANG. pc. Lo mismo: tómase tambien por la escalera.

HACHAC. pc. Chupar el agua hácia dentro, *Vm.* El agua, *In.* Donde, *An.* Vide *hacab.*

HACHAC. pc. Empaparse la tierra con agua, y hundirse, *Vm,* l. *Mag.* La causa, *ica.* *Ma,* estar hundida.

HACHAC. pc. Comer aprisa el puerco, ó perro, *Vm.* Lo que, *In.* Donde, *An.*

HACHACAN. pp. Cañas dulces viciosas de mucho jugo, y poco dulces. *Mey hachacan sa mañga tubo.*

HACOM. pp. Abarcar. Vide *saclao.*

HACOSAN. pp. Manzanillas de oro ó marfil, ó sus colgajos. *Mag,* traerlas. *In,* de lo que se hace.

HACOT. pp. Acarrear, *Vm.* Lo que, *In.* De donde ó á donde, *An.*

HAGACHAC. pc. Roncar. Vide *añgal,* con sus juegos.

HAGAC. pc. Graznido de la gallina. Vide *Acac,* con sus juegos.

HAGAHAS. pp. Ruido del pecho del asmático. *Vm.* La causa, *ica.*

HAGAHAL. pc. Reirse á carcajadas, hablar sin vergüenza ni respeto, *Vm.* La causa, *Y.* Ante quien, *An* Vide *Halalhal,* con sus juegos.

HAGALHAL. pc. Ruido que hace el agua cuando cae de alto. *Vm.* La causa, *Y.* Donde, *An.*

HAGAR. pp. Correr en seguimiento de otro, *Vm.* Á quien, *In.* Con los demás juegos de *habol.*

HAGAR. pp. Añadir algo á lo que se mide, *magpa.* Lo que, *ipina.* Á quien, *pinaan.*

HAGAP. pp. Sospecha. *Mag,* sospechar. Lo que, *In.* De quien, *pag-an.* Lo que se alcanza de la sospecha, *Ma.* Vide *hinagap,* con las demás composiciones.

HAGAY. pp. Contonearse, *hahagayhagay.* Vide *higay.*

HAGAYHAY. pc. Ruido de viento suave. Vide *Agay ay,* con sus juegos.

HAGAYHAY. pc. Estender el arroz, ó cosa semejante para secarlo, *Mag.* y, *Ihalayhay ninyo iyang casubha.*

HAGNAYA. pp. Un género de yedra.

HAGOM. pp. Empezar á quemarse el arroz cuando lo tuestan para hacer *Pinipig, Vm.*

HAGDAN. pc. Escalera. *Mag,* hacer ó ponerla. *In,* de que. *An,* donde. *Balic ang hagdan.* El mundo al revés.

HAGUIBAS. pc. Dar con poco tiento, con palo largo como quien dá palos, *Vm.* Á quien, ó lo que, *In.*

HAGUIBIS. pp. Bufido de carabao, puerco, ú otro animal. *Vm.* Á quien, *An.* Vide *Ac ac.*

HAGUIC. pc. Sonar el resuello, zumbar. *Vm.*

HAGUIHAR. pp. Pasar de paso, *Vm.* Donde, *An.* *Mag,* llevar algo de paso. Lo que, *Y.* Donde, *pag-an.* Vide *saguila.*

HAGUILAP. pp. Sacar algo debajo del agua. *Vm.* Lo que, *In.* Donde, *An.*

HAGUING. pp. Zumbido de golpe. *Vm,* l. *Ma.* *Hungmahaguing ang taiñga nang gotom.*

HAGUINGHING. pp. Zumbido como de bala. *Vm.* Al que, *An.*

HAGUIRHIR. pp. Sorber, *Vm.*

HAGUIS. pp. Tirar con palo, piedra ó caña. *Vm.* Á quien, *In.* Lo que, *Y.* Si muchas veces, *Man.* *Mag,* sirve para decir con lo que se tira: *Naghahaguis nang cahoy, naghahaguis nang bato. Haguis manding lulaqui. Malacás.*

HAGOBAY. pc. Andar bamboleando como el borracho. *Mag,* andar asi. *Ipag,* la causa. *Pag-an,* donde.

HAGOBHOB. pc. Enfermizo. Vide *alibob.*

HAGOC. pp. Gruñir el puerco, *Vm.* Contra quien, *An.* Porque, *Y.*

HAGOCHOC. pc. Hacer mucho ruido el que ronca ó tose, *Vm,* l. *Hahagohagochoc nang pagoobo, &c.*

HAGOHAP. pp. Atentar á oscuras. Vide *Apohap.*

HAGOHOB. pp. Zaumarse así mismo, *Vm.* No cuadra para otro.

HAGOHAC. pp. Ruido del que vomita recio, ó cuando vacian algo, *Vm.*

HAGOL. pp. Presteza, aceleracion, *hahagolhagol na paggaua.* Vide *Gahol.*

HAGOLHOL. pc. Llanto grande, *hungmahagolhol nang paglañgis.*

HAGONG. pp. Voz gruesa. *Vm,* sonar asi.

HAGONHON. pc. Deslizarse el nudo. Vide *Bulir, Lison,* con sus juegos.

HAGONGHONG. pc. Ruido del rio ó murmullo de gente que habla: con el juego del antecedente.

HAGONOY. pp. Una yerba.

HAGOR. pp. Sobar. *Mag,* así mismo. *Vm,* á otro. *In,* lo que. *An,* á quien.

HAGORHOR. pc. Acabar de una vez todo, *Nahagorhor na ang lahat.* Vide *Calos, Sair.*

HAGOT. pp. Aderezar, escarmentar con el cuchillo. *Vm.* Lo que, *In.* Con que, *Y,* Donde, *An.*

HAGOT. pc. Helar cosa pesada: con los juegos del antecedente.

HAGOTAC. pc. Ruido que hace el que boga ó camina recio. *Hahagotac ang pagsaguan. Matonog, malacas.*

HAGOTHOT. pc. Sorber algo poco á poco, *Vm.* Lo que, *In.*

HAGOTSOT. pc. Vide *Sagotsot,* con sus juegos.

HAGUAY. pc. Largo, alto de cuerpo. *Vm,* ponerse tal. *Mahaguay,* serlo.

HAGPIS. pc. Lo mismo que *hapis.*

HAGPIT. pc. Apretar, arreciar, *Vm.* Á quien, *In.* *Hagpitin mo siyang hampasin,* azótale recio.

HAGPOS. pc. Escurrirse de la mano algo. Vide *Lagpos,* con sus juegos.

HAGOR. pc. Una enredadera espinosa contra veneno.
HAHÁ. pc. Asi pronuncian la *Ha*.
HAYTI. pp. espantajo. Vide *Ayay*, con sus juegos.
HALÁ. pp. Echar las cosas á lo que le parece, pero añadiendo lo que, v. g. *Nahala sa biro. Ihinahala sa biro ang totoo.*
HALAAN. pp. Un género de almejas.
HALAB. pp. Morder el tiburon, *Vm.* Lo que, *In. An*, donde.
HALABAS. pp. Cortar zacate abarrisco, *Vm.* Lo que, *Y.* Instrumento, *Panhalabas.*
HALAHAB. pc. Chamuscar. Lo mismo que *Salab*, con sus juegos.
HALABHABAN. pp. Asado. Vide *Salabsaban.*
HALABIR. pc. *Halabir nang hampas. Vm*, dar.
HALABOC. pc. Hacer polvo. *Vm*, hervir el agua á borbollones. *Hungmahalaboc ang dagat.*
HALABOC. pc. Trascender el olor. *Vm*, l. *Ma.*
HALABOS. pc. Abarcar de una vez lo que tiene delante, *Vm.* Lo que, *In.* Para quien, *An.*
HALABOS. pc. salcochar camarones, cangrejos, carne, &c., *Mag.* Lo que, *Y.* En que, *Pag-an.* Sinónomo *Labon.*
HALAC. pc. Alabar, exagerar, encarecer, *Vm*, l. *Mag.* Lo que, *An. Cahalachalac*, digno de admiracion, de alabanza.
HALACHAC. pc. Caquino, *Vm*, y si mucho *Mag*, con redupl. Á quien, *An.* Sobre que, *Pag-an.*
HALAGA. pc. Precio, valor, estima, *Mag.* Lo que, *han.* Tambien *hin*, tenerlo en tal precio. *Halagahin mong sampong pisos. Magcano ang halaga nito? Ualang halaga*, cosa vil. *Mahalaga*, cosa de estima.
HALAGAN. pc. Espacio, término. *Halagang sang buan. Halagang sucat maloto ang sangpalayoc na canin. Nagcasisinghalaga*, de igual precio.
HALAGAP. pp. Palpar á oscuras buscando algo, *Vm.* Lo que, *In.* Vide *hicap.*
HALAGBAS. pc. Vide *haligbas, halabas.*
HALAGHAG. pc. Cosa grande esponjada, de poco peso. *Halaghag na damit.*
Mey malaquing halaghag.
mey munting di mabuhat.
No es todo oro lo que reluce, y metáfora, sumitur in malam partem.
HALAHALA. pp. Pepinillo de San Gregorio.
HALALANG. pp. Atravesar algo en alguna parte para que no pasen por alli. Vide *halang.*
HALAL. pc. Oficio, elegir, constituir, señalar. *Mag*, ser electo. *Y*, el electo. Tambien *halal na Capitan*, Capitan electo. *Vm*, *Man*, estar preparado á alguna cosa grave. *Ang ating Pañginoong Jesucristo, ay humalal sa caniyang Pasion.*
HALAL. pc. *Anong cahalalan.* es, lo mismo que *Anong Cahologan.*
HALANG. pc. Rancio como pescado. *Vm.* hacerse tal. Asi el Padre Pimentel.
HALALHAL. pc. Vide *halachac.*
HALAMAN. pp. Cualquiera cosa que se siembra, que no sea arroz. *Mag*, sembrar ó tenerlo. *In*, lo que. Donde, *An.*
HALAMANAN. pp. Huerta ó jardin.
HALAMBAN. pp. Vide *Balambang.*
HALAMBAT. pc. Cercar con palos á la larga sin hincarlos, *Vm*, l. *Mag.* La sementera, *An.* Con que, *Y.*
HALANG. pp. Cosa atravesada en el paso. *Vm*, atravesarse asi, l. *Magpa*, pc. Atravesar otra cosa, *Mag.* pp. ó *Magpa.* pp. *Ipa*, lo que. *An*, á quien. *Ma*, estar, l. *Mapa. Tauong di mapahalangan nang uica*, intratable. Metáfora. *Pahalang*, cosa atravesada.
HALANG. pp. Cosa que pica. Vide *hanghang.*
HALANG. pc. Tela tejida de diferentes colores. *Mag*, tejer asi. *An*, ser tejida.
HALANGHALANG. pc. Rehusar el pelear por miedo ó temor, *Vm.* De quien, *An.*
HALAO. pc. Entresacar las espigas, *Vm.* Las espigas, *In.* De aqui *halauan.* pc. El hombre que tiene la cabeza medio cana. *Halauan ang oban.*
HALAOHAO. pc. Buscar con cuidado. Vide *halihao.*
HALAP. pc. Señal, todos á una, á la par. *Mag*, decir esta palabra. *Y*, porque. *An*, á quien.
HALAP. pc. Esperar, confiar que será asi, *Vm.* Lo que, *An.*
HALAPOT. pp. Trapos, andrajos. *In*, ser vestido de ellos. *Mag*, vestirlos á otro. *An*, á quien.
HALAS. pp. Rasguño de zacate. *Naca*, el zacate. *Na-an*, rozado del zacate.
HALASAN. pc. Fístula para chupar la bebida. Vide *Baysoc.*
HALAT. pc. Interrumpir la obra acudiendo un dia por otro, *Vm*, *ang gaua. Mag*, interrumpirla. *In.* la obra.
HALATÁ. pc. Barruntar, sospechar. *Vm*, procurarlo. Lo que, *In.* Lo que echa de ver, *Na. Hindi mahalatâ*, no se puede echar de ver. *Halat-in*, síncopa.
HALAY. pp. Torpeza, deshonestidad. *Vm*, ponerse tal. *Mahalay*, cosa tal. *Mahahalay*, aborrecer lo feo. Lo que, *Ca-an. Magpa*, afear ponderando. Lo que, *Ipa. Cahalayan*, torpeza. *Cahalayhalay*, muy torpe.
HALAYHAY. pp. Poner al aire ropa mojada, *Mag.* Lo que, *In.*
HALAYI. pp. Aborrecer alguna persona. Vide *Paghalayi*, con sus juegos.
HALBOC. pc. Vide *halaboc.*
HALBOS. pc. Coger cogollos de camote, *Mag.* La olla y los cogollos, *An*, l. *Pag-an.*
HALBOS. pc. Salcochar. Vide *halabos.*
HALBOT. pc. Cualquiera cosa ú obra mal hecha. *Mag*, hacer asi. Lo que, *In. Halbot na arado. Damit na &c.*
HALHAL. pc. Bobo, necio, atontado, *Ma*, l. *Sa hahalhal.* En que, *Ca-an.*
HALI. pc. Ven, llega. *Hali ca*, l. *Hica*, ven acá. *Hali na*, con cariño. *Hali ca na*, con enojo. De aqui *houag tangnan mo ang bagsic, cundi ang catamisan nang panhalina nang cariquitan mo*, no sea con rigor, sino con el dulce atractivo de la hermosura: asi decia Don Juan de los Santos, indio muy capaz.
HALYAS. pc. Tronco del plátano.
HALIBAS. pp. Dar ó tirar con cosa larga. *Vm.* Á quien, *In.* Con que. *Y.* Mucho, *Man*, con sus pasivas.

HALIBAYO. pp. Arrimar un árbol á algun palo para que crezca y no caiga, *Mag*. El árbol, *han*. El palo, *Y*. Vide *Bayo*.
HALIBI. pp. Cercenar, *Vm*. Lo cercenado, *In*. De donde, *An*.
HALIBHIB. pc. Mondar algo quitando sútilmente el ollejo, *Vm*, El ollejo, *In*.
HALIBUYAC. pc. Trascender el olor, hedor, *Vm*. *Ang bangō*. De donde sale, *An*. *Mahalibuyac*, oloroso.
HALIBUCAY. pc. Revolver una cosa, *Vm*, l. *Ma*. Lo que, *In*, l. *Pinag*. De aqui *Dili co mabata ang humalibucay sa loob co*, no puedo sufrir lo que me revuelve las entrañas.
HALIBIYONG. pc. Errarse poniendo una cosa por otra, *Ma*. En lo que, *Na-an*.
HALIC. pc. Besar, *Vm*. Lo que, *An*. Los dos, *Mag*, l. *Man*. Tambien *Mag*, uno muchas veces. *Pinaghagcan*, lo que. *Nag-an*, mútuo, no al mismo tiempo.
HALICHIC. pc. Carcajada. Vide *halachac*, con sus juegos.
HALICUAT. pc. Revolver sacando algo, trastornar, *Vm*, l. *Mag*. La ropa, *In*, Si mucho, *Pinag*. La mano, *Y*.
HALIGAYOT. pc. Cañas que no son duras.
HALIGBAS. pc. Cortar llevando á habarrisco. Vide *Tibas*.
HALIG. pp. Trocar ó suceder. Vide *Palit*, *Halili*.
HALIGHIG. pc. Temblar de frio, que no es de enfermedad. *Vm*, l. *Nangangalighig*. Vide *Caligquig*.
HALIGUI. pp. Columna ó poste. *Vm*, l. *Man*, ir por ellos. La materia de que, *hin*. *Mag*, ponerlo á la casa. *An*, la casa.
HALIGUI. pc. Vide *aligui*. Harigue ó puntal.
HALIGHIG. pc. Descubrir y revolver lo guardado. Vide *haloghog*.
HALIHAO. pc. Andar al rededor dando vueltas buscando algo, *Vm*. Si mucho, *Mag*. pc. Lo que, *In*, l. *Pinag*.
HALIHAO. pp. Tomar algo robando delante del dueño, *Mag*. Lo que, *In*. Vide *Salaosao*.
HALIHAO. pp. Buscar revolviendo algo. Vide *Salaosao*. l, *Halaohao*. *Naghahalihao*. pc. *cang parang baliu*, andas como tonto.
HALIHAO. pp. El que padece mucha hambre, ó ruido de tripas *Ang bituca co,i, parang hinahalihao*.
HALILAGYÓ. pc. Asemejarse á otro, *Vm*. Á quien, *An*.
HALIYO. pp. Ponerse en lugar de otro.
HALILAYA. pp. Un género de ayuno.
HALILI. pp. Sucesor, suplir, suceder á otro, *Vm*. Á quien, *han*. Sucederse como las centinelas, *Mag*. Á quien, *Y*. Sucesor, *Cahalili*. Vicario. Itt. *Cahalinhan co na ngayong sumulat*, hoy es mi vez de escribir.
HALIMAO. pp. Leon. *Naguinhalimao cabangis*, l. *Nangbangis itong tauo*, es bravo como un leon: *Mey sa halimao yata*.
HALIMBAUÁ. pp. Ejemplo, simil, comparacion, *Vm*. *Man*, imitar á otro. *Halimbauaan*, á quien. *Na*, lo que está semejante. *Na*, l. *Nag*, representar como figura lo figurado. *Na-an*, l. *Ipinag*, lo representado. *Cahalimbauaan*, semejanza. *Cahalimbaua*, semejante.
HALIMBUCAY. pc. Vide *halibucay*.
HALIMOGMOG. pc. Un árbol.
HALIMHIM. pc. Echarse á empollar los huevos la gallina, *Vm*. Los huevos, *An*. *Magpa*, ponerla, ó ponerle los huevos.
HALIMOTMOT. pc. Echar mucho olor, trascender, sea bueno ó malo: en ambas significaciones, *Vm*. Á quien dá, *An*.
HALIMOLA. pc. El muerto, *Nahalimola*.
HALIMORA. pc. Buena disposicion, salud, fuerzas, *halimorang catauan*.
HALIMONMON. pc. Olor, fragancia, *Vm*. Á quien dá, *An*. *Manhahalimonmon ang damit niya nang bangō*, l. *baho*.
HALIMOYMOY. pc. Vide *halimotmot*.
HALIMOYAC. pc. Idem.
HALINDOUANG. pc. Revolver buscando algo, *Vm*, l. *Mag*. Lo que, *In*. En donde, *Pag-an*.
HALING. pc. Atronado, echar el ojo para hurtar, *Vm*. Si mucho, *Mag*. pc. *Caya nga hahalinghaling*, *ay mey pinaghahaling*, zorrilla que mucho tarda, algo aguarda.
HALING. pc. Llegarse para coger algo como el milano. De aqui el dicho *Caya nga hahalinghaling*, *ay mey ipinaghahaling*, zorrilla que mucho tarda, caza aguarda.
HALINGHING. pc. quejarse el enfermo. *Vm*. Á quien, *An*. La causa, *Y*. En comintang lo mismo que *haloyhoy*.
HALINTOLAB. pc. Vide *halimbaua*.
HALINTOUANG. pc. Llevar algo en un palo entre dos, *Mag*. Lo que, *In*.
HALIPAO. pp. Poco mas ó menos, por encima, por alto. *Halipa nao gaua, hamac na gaua*.
HALIPAOPAO. pc. Idem. *Hapao*. pc.
HALIPIS. pp. Escoger á alguno para hacerlo trabajar sobajándole, *Vm*. Á quien, *In*. *Bocor mo acong hinalipis sa mata mo, at ang aco,i, inaapi mo*.
HALIRYO. pc. Arrojar alguna cosa algo ladeada, *Mag*. Lo que, *Y*. Donde, *An*.
HALIRYONG. pc. Llevar algo en algunas veces, por no poderlo de una, *Mag*. Lo que, *In*.
HALIT. pp. Desollar, como cuando se dá un golpe. *Nahalitan*, el desollado. *Na*, el cutis. *Nagcacahalithalit*, estar del todo desollado.
HALIYAMAS. pp. Oro para dorar.
HALIYO. pc. Trocarse uno en lugar de otro, *Vm*. *Hinahaliyoan*, el otro.
HALO. pp. Mano de mortero, de pilon. *Cun magdarahon ang halo*, cuando las ranas crien pelos.
HALO. pp. Revolver mezclando, *Vm*, Lo que, *In*. Donde, *An*. *Mag*, mezclarle algo á otra cosa. Lo que, *Y*. Á donde, *An*. Mezclar unas cosas con otras, *Mag*. Las cosas, *Paghaloin*. *Magca*, estar revueltas. *Cahalo*, mezcla. *Mey cahalo iyang alac*, tiene mezcla ese vino.
HALOBANGSÁ. pc. Gallina de pies amarillos.
HALOBANSI. pc. Idem.
HALOBAYBAY. pc. Sardina pequeña. *Man*, cogerlas. *Ipan*, con que. *Pan-an*, donde.
HALOBILO. pp. Revolucion de gente. *Nagcahahalobilo*, estar revueltos. *Mag*, confundir unas

cosas con otras. *Hin*, lo que, l. *Pinag*, si es mucho.
HALOBITBIT. pc. Una yerba asi llamada.
HALOBOS. pc. Vide *Halahas*.
HALOC. pc. Vide *Aloc*.
HALOCCAY. pc. Revolver lo de arriba abajo, *Vm*. Lo que, *In*. Do, *An*. Con que, *Y*.
HALOQUIPQUIP. pc. Cruzar los brazos al pecho. *Mag*, cruzarlos. *In*, los brazos. *Man*, tenerlos asi.
HALOCQUIYA. pp. Vide *Balaquiya*.
HALOGAMIT. pp. Ceder de su derecho, *Mag*. Sobre que, *Pinag-an*. *Mapaghalogamit*, persona convenible.
HALOGHOGAN. pp. Vide *Boslo*, *Alobohan*. pc.
HALOGHOG. pc. Vide *Bungcal*.
HALOM. pp. Bledos ó quilites. *Man*. cogerlos. Vide *Halon*, *Libato*.
HALOMIGMIG. pc. Cosa húmeda. *Vm*, l. *Na*, estar asi. *Pina*, lo que.
HALON. pp. Vide *Halom*.
HALON. pp. Mansion, parada de los que caminan. *Vm*, hacer alto. *An*, donde. *Mag*, parar algo. *Maghalon sa lilom*, hacer parada en la sombra.
HALON. pp. Rancho. *Halonan*, pc. Ranchería.
HALONGCAL. pc. Revolver lo de arriba abajo. Vide *Halocay*.
HALONGCAY. pc. Vide Idem.
HALONG TIANG. pc. Color verde. *Vm*, irse poniendo tal. *Mag*, teñir. *In*, lo que. *Mag*, verdeguear.
HALORHOR. pc. Hacer algo con todas las cosas que están en una hilera. *Halorhorin mo nang pagcan̄gay*, ó *pagtauag*. *Halorhorin mong hampasin ang lahat*, azótalos á todos los de esa hilera, ó azótalos en hilera.
HALOS. pp. Casi, ó por poco. *Halos namatay*. *Papatayin halos nang paghampas*, por poco le mata á azotes.
HALOS. pp. Cosa fina. *Halos na damit*, ropa fina.
HALOS. pp. Acabar de consumir del todo una cosa, *Vm*. Lo que, *In*. Quedar asi, *Na*. *Hahalosin co rin ang dilang pita nang catauan co*, cumpliré en todo mi voluntad. De aqui *Nahalos sa tapayan*, acabar con la tinaja. Su contrario *Alan̄gan*.
HALOSAN. pp. Unos canutillos con que beben el pangasi. Vide *Atubang*.
HANOSIN. pc. Cosa ordinaria. *Halosing damit*. *Tauong halosin*, *Hamac*.
HALOTACTAC. pc. La contera de la lanza. *Mag*, ponerla. La lanza, *An*. De lo que se hace, *In*.
HALOTHALOT. pp. Dejar claros en lo que se hace, *Vm*. En el comintang lo usan por mondar muy por encima, *Mag*. Lo que, *In*. *Halothalot ang pagtalop*. *Hapaohapao*. pc.
HALOTHALOT. pc. l. *Halothot*. *Halothalot ang pananahi*, tiene muchos claros la costura.
HALOTHALOT. pc. En el comintang es lo mismo que mondar por encima.
HALOTHOT. pc. Idem.
HALOTICTIC. pc. Canto de la lagartija. *Vm*. cantar. Á quien, *An*.
HALOYHOY. pc. Quejarse como el enfermo. Vide *Halinghing*.
HALPOC. pc. Podrido. *Isdang halpoc*. *Isdang tambolocan na*.
HALOBIR. pc. Lo mismo que *Hampasin*.
HALYAS. pc. Tronco del plátano.
HAMAC. pp. Cosa vil. *Vm*, tener por vil, ó en poco, algo. *In*, ser tenido. *Hamac na tauo*, hombre bajo. *Vm*, hacerse vil. *Mag*, dar á poco mas ó menos. *Naghahamac nagbibigay*, dá sin tino.
HAMAC. pp. Tener en poco, *Magpa*. Á quien, *Pina-an*.
HAMAC. pp. Imputar algo á otro, ó sospechar de él sin fundamento, *Magpa*. Á quien, *Pina-an*. *Pahamac*, cosa que está por demas.
HAMAC. pp. Decir ó hacer algo sin consideracion. *Napapahamac*, malograrse.
HAMAC. pp. Echar por allí algo á poco mas ó menos, *Magpa*. Lo que, *Ipa*. *Cahamacan*, vileza. *Cahamacan*. pc. Cosas de poca monta.
HAMAG. pp. Atontado. *Hamag na uica*, palabra desvariada.
HAMAG. pc. Delirar, desvariar. *Hamag na uica*, palabra de desvarío.
HAMAHAN. pp. Esparcir. Vide *Sabog*, *Sambolat*.
HAMAL. pc. Gangoso. *Hahamalhamal man̄gusap*. Vide *Humal*.
HAMAN. pp. Pues que, ya que, puesto que.
HAMANG. pp. Idem.
HAMAN̄GAN. pc. Hombre que no respeta á nadie, sin tiento. Úsase con la negativa. *Ualang hamangan man̄gusap*. *Ualang hamangang magbigay*, pródigo. *Mag*, tener respeto. Á quien, *Pag-an*. *Hindi naghahaman̄gan nang pagpapaalis cay Pedro sa bahay*, sin respetarlo, echó á Pedro de casa.
HAMAS. pp. Vide *Hamang*.
HAMAT. pc. Guardar al que se quiere huir. *Vm*, detenerlo. Á quien, *An*.
HAMAT. pc. Vide *Sauay*.
HAMAT. pp. Lo mismo que *Haman*, *Hamang*.
HAMAY. pp. Idem.
HAMBAL. pc. Tristeza ó afliccion de ver á otro padecer: no admite la de *Vm*. *Na*, compadecerse. *Ca-an*, la causa. *Ica*, l. *Naca*.
HAMBALANG. pp. Cosa atravesada respecto del lugar en que está puesta. *Magpa*, ponerla. Lo que, *Y*, ó *Pina*. Donde, *Pag-an*.
HAMBALANG. pp. Entremeterse para ver ú oir lo que se hace ó dice, *Vm*. Ante quien, *An*. La causa, *Y*. Frecuent. *Nahambahambalang*.
HAMBALANG. pp. Estarse atravesado como un tonto. *Vm*, l. *Hahambahambalang*.
HAMBALOS. pp. Tirar con caña ó palo á una muchedumbre, *Vm*. Á quien, *In*. Con que, *Y*. *Mag*, espresando con lo que tira. *Y*, lo que tira. Á quien, *Pag-an*.
HAMBALOS. pp. Desperdiciar, *Mag*. Lo que, *Y*.
HAMBAN. pc. Obra mal hecha por acabar. *Hinahamban lamang ang pag gaua*. *Hambanhambang pagtatali*, mal atado.
HAMBAO. pc. Cosa somera. *Vm*, tomar, hacer ó decir algo someramente. *In*, lo que. *An*, De á donde.
HAMBILING. pp. Vide *Hambilong*.
HAMBILONG. pp. Volver el cuerpo ó cara de repente. *Vm*, á otro. *In*, á quien. *Mag*, de propósito. *Ma*, acaso.

HAMBING. pc. Semejanza, equivalencia. *Vm*, asemejar. Lo que, *In*. Á lo que, *An*. *Hambing na uica*, palabra obscura. *Mag*, dar razones para que se apliquen á otra cosa. *Y*, lo que dá á entender. *An*, á quien. *Mag*, tambien relativo. *Naghahambing sila*, procuran imitarse. En que, *Pinag-an*. Porque, *Ipag*. *Nagca*, ser equivalentes. Vide *Uangis*, *Sanghir*.

HAMBÓ. pc. Naturaleza. Ansiar, desear algo con conato, *Mag*. Lo que, *In*.

HAMBO. pc. Bañar. *Vm*, así mismo. Donde, *han*. *Mag*, á otro. *Han*, l. *Hin*, á quien. *Y*, la causa. *Hambohan*, pc. Bañadero.

HAMBOLA. pp. Incorporarse, mezclarse. Vide *halo*.

HAMBOLIQUITI. pc. Hacer cosquillas. Vide *Quiliti*.

HAMBOLOS. pp. Continuar haciendo. *Mag*, obrar así. *In*. lo que. *Ipag*, causa.

HAMBOT. pc. Arrebatar, *Vm*. Á quien, *An*. Lo que, *In*. *Mag*, andar á la rebatiña. *Pag-an*, de quien.

HAMHAM. pc. Esparcir. Vide *hamaham*.

HAMÍ. pc. Vide *Saua*, *Ngibi*. Tartamudear por borracho. *Hahamihami nang pagcalasing*, tartamudea de borracho.

HAMIG. pp. Revolver algun licor con otra cosa, como agua, cal y arena, *Mag*. El licor, *Y*, La cosa, *In*. El lugar, *An*, l. *Pag-an*.

HAMIHAN. pp. Atentar á oscuras. *Hahamihamiham*, andar así. *Hinahamihamihanan*, la parte, ó lo que busca.

HAMIL. pp. Humedecimiento. *Vm*, irse humedeciendo. Donde, *An*. La causa, *Ica*. *Ma*, l. *Magpa*, humedecerlo. Lo que, *An*, l. *Papa-an*. *Cahamilan*, pc. Humedad.

HAMIL. pc. Hacer algo al desgaire. *Vm*, l. *Mag*, l. *Hahamilhamil cun mey gauin*. Lo que, *In*.

HAMISLAN. pc. *Tagasiyang*, *uicang bondoc*.

HAMIT. pp. Juntar dos cosas haciéndolas una, *Mag*. Las dos, *Pag-in*. La una, *Y*. Á la que, *An*.

HAMIT. pp. Convidar ó llamar para alguna cosa, *Vm*. Á quien, *In*. Á donde, *An*.

HAMLANG. pc. Vide *hambal*, *hamblang*, con sus juegos.

HAMO. pp. Hacer el buz á otro. *Vm*, l. *Hamohamo*. *In*, á quien. *Mahamohamo co cayang dologuin yaon? Masamosamo co caya yaon?* Lo podré mover algo con blandas razones ó dádivas?

HAMOHAMO. pp. Dar algo para mover ó engañar á otro, *Mag*. Lo que, *Y*. *Paquitongohan mo yaon, at mahahamohamo mo ang halaga*, id est, *Matatauar mo*, dale algo, y lo comprarás barato.

HAMO. pp. Anda. Vide *hayo*.

HAMO. pp. Vide *irog*, con sus juegos. *Hamohin ang bata*, lo mismo que *iroguin mo*.

HAMOC. pp. Revolver sobre el contrario. Acometer con mas fuerza: no tiene *Vm*, ni *Maqui*, sino *Mag*, y entonces significa desafiarse los dos. *Pag-an*, sobre que.

HAMOG. pc. El rocío de la mañana. *Vm*, caer. *An*, á quien. *Na-an*, tenerlo. De aquí. *Man*, ungirse demasiado con su aceite.

HAMOHAMO. pp. Goloso. Vide *yamo*, con sus juegos.

HAMOHAN. pp. Esparcir. Vide *hamham*, *lamlam*, con sus juegos.

HAMON. pp. Incitar, desafiar á reñir, provocar, *Vm*. Á quien. *In*. Llevando á otro, *Mag*. Á quien, *Y*.

HAMOS. pc. Vide *Gamos*.

HAMOY. pp. Menospreciar, aplacarse el viento. *Vm*, el viento. *Y*, la causa.

HAMPANG. pc. Estar esperando á alguno, *Vm*. Á quien, *An*.

HAMPAS. pc. Azotar, *Vm*. Á quien, *In*. Con que, *Y*. *Mag*, azotarse así mismo. *Ipag*, con que. Donde, *Pag-an*.

HAMPASAM. pp. Espantar algo dando golpes. *Ipinaghahampasan ang palay nang hangin*, traquetea el palay, y lo desgrana.

HAMPIL. pc. Resistero de sol, viento, &c. Vide *tampil*, con sus juegos.

HAMPILAY. pp. Descansar un rato, *Vm*. Donde, *An*. Vide *higahir*, *halong*, *hingalay*. pc.

HAMPICOT. pc. Andar como cogeando. *Vm*, l. *Hahampihampicot nang paglacar*.

HAMPILOS. pp. Resbalar, deslizarse, *Mag*, Lo que, *In*. Vide *Dapilos*.

HAMPIGAY. pp. Pasar de paso sin parar, *Vm*. Donde, *An*. Vide *hampilay*.

HAMPIGAYA. pp. Pasar de paso por alguna parte, *Vm*. Donde, *An*. *Hinahampigayang danan ang dating ibinabaual: Sinasaguila nang danan*, anduvo de paso por donde le habian prohibido.

HAMPIL. pc. Estrellarse las olas. Vide *Tampil*.

HAMPOL. pc. Vide *Tahan*, *hintay*, *balam*, con sus juegos.

HAMPOLAN. pp. Lugar donde rebientan las olas. *Hampolan nang alon*.

HAMYÁ. pc. El arroz estendido para ponerle en el *bali*. *Vm*, l. *Na*, estar junto. *Mag*. juntarlo. Lo que, *Y*.

HAMYA. pc. Pena que se dá al que faltó á la obra de comunidad. *Vm*, dar la pena. Á quien, *An*. *Hamyaan ca namin*, venimos á egercitarte, se dice burlando.

HAMYÁ. pc. Cuando van algunos á comer en casa de otro, suelen decir por chanza. *Hamyaan ca namin*, venimos á ejecutarte.

HANÁ. pc. Desmayado de hambre. *Nahahanaan*, estar así. *Mag*, hacer algo poco á poco. *Pinag*, lo que.

HANAHANÁ. pc. Idem. Sospecha, parecer. *Mag*, Sospechar. Lo que, *In*. De quien, ó sobre que, *Pinaghan*.

HANAA. pc. Digo algo? Has entendido? Vide *hania*.

HANAG. pp. Hacer algo poco á poco: úsase con negacion. *Y*, interrogacion.

HANAG. pp. Vide *Alam*, *nahagan co*, *naalaman co*.

HANAG. pc. Vide *Halal*, con sus juegos. *Cahanagan*, dignidad.

HANAP. pp. Buscar, pedir, hallar, hacer cargo. *Vm*, l. *Man*, buscar lo que quiere yendo á alguna parte por ello. *In*, lo que. Por la de *Mag*, es buscar espresando lo que busca y en donde. *Pag-an*, donde.

HANAP. pp. Buscar la vida con ganancia. *Naghahanap*, *Pag-an*, lugar. Buscar medio, ó con grande solicitud, *Maghanap*. pc. Ser hallado, *Na*

Haberlo hallado, *Nacahanap*. *Paghanap*, la accion de buscar. *Paghahanap*, accion de buscar la vida.

HANAP. pp. Pedir cuenta de algo á otro, ó hacerle cargo, *Mag*, l. *Vm*. Lo que, *In*. Á quien, *An*, l. *Pag-an*. *Saiyo co hahanapin ang caniyang dugo*, á ti te pediré cuenta de su sangre. Vide *Aclay*.

HANAY. pp. Urdir la tela, *Vm*, l. *Mag*. La tela, *In*. Estar urdida, *Na*. Para quien, *An*.

HANDÁ. pc. Aparejar, prevenir. *Vm*, prevenirse. *Mag*, aparejar algo. Lo que, *Y*. Lo que está á mano, *Na*. *Magpa*, mandar prevenir. *Ipa*, lo que. El mandado apercibirse, *pinahahanda*. El mandado aparejar algo, *pinapaghahanda*.

HANDAHANDA. pc. Muger viciosa, que se convida.

HANDAC. pc. Parar brevemente el que anda. *Vm*, l. *Napa*. Tambien dicen *houag cang homahandachandac*, no seas presumido.

HANDAGAO. pp. Alocado, bobo. *Na*, estarlo.

HANDAL. pc. Asomarse á menudo. Vide *Donghal*.

HANDALAPAC. pc. Palabra de afrenta; mala muger.

HANDI. pc. Juego de muchachos en el agua. *Naghahandian sa paliligo*.

HANDOG. pc. Tributo anual. *Vm*, pedirlo. Lo que, *In*. Á quien, *An*. *Magpa*, darlo. *Pa-in*, á quien lo dan.

HANDOG. pc. Pagar anclage, *Vm*. Á quien, *An*. Asi lo dice el P. Fr. Francisco.

HANDOG. pc. Regalar, ofrecer. *Mag*, algo. *An*, á quien. *Ipag*, lo que.

HANDOLAN. pc. Andas para los muertos. *Mag*, hacerlas, ó poner el difunto en ellas. *In*, de que se hacen. *Y*, el difunto que es puesto.

HANDOLOGON. pc. Arremeter, coger á otro, *Vm*. Á quien, *In*. Donde, *An*.

HANDOLONG. pp. Arremeter, acometer con furia á otro, *Vm*. Á quien, *In*. *Mag*, unos contra otros. Y de aqui *handolong lumacad*. pc. Hombre que anda apriesa dando de hocicos.

HANDOSAY. pc. Tendidos los pies acostado. Vide *hindosay*.

HANDOTDOT. pc. Presteza, aceleramiento, que no le alcanza el resuello, *Vm*. Es palabra ridícula y graciosa para entre iguales.

HANDUCÁ. pp. Sufrimiento de algo. *Vm*, sufrir. Lo que, *In*. Lo ordinario es con negativa. *Di co mahanduca*, no lo puedo sufrir.

HANGA. pc. Mojon, término, lindero. *Mag*, ponerlo. Donde, *han*. *May hanga*, l. *Cahanganan*, tiene fin. *Vm*, ponerse en el fin. *Y*, lo que.

HANGAC. pc. Bobo. Vide *Bangac*. *Bang-ao*.

HAÑGAG. pc. Lo mismo.

HAÑGAL. pc. Tonto, boquiabierto. *Na*, l. *Hahañgalhañgal*, estar asi. *Cahañgalan*, bobería.

HANGAN. pc. Hasta donde llega. *Darating aco hangan sa Lañgit*. *Mag*, señalar término. Lo que, *Y*. *Magca*, tener los términos juntos.

HANGANAN. pp. Plazo: lugar donde se suele parar. *Ito ang hanganan nang mañgá tauo*.

HANGOR. pp. Yerba, estar dañado ó echado á perder, *Ma*. *In*, lo que.

HANGOR. pc. Una yerba que se pega al vestido y á la carne. *Vm*, pegar la yerba á la carne. *In*, á quien. *Mag-an*, mútuo.

HAÑGÁ. pp. Exagerar, engrandecer, admiracion. *Cahañgahañga*, admirable. *Na*, la causa. *Ica*, pasiva.

HAÑGAR. pc. Ofrecer para que le manden, *Vm*. Á quien, *An*. Y si muchos, *Mag*, pc. Reduplicando. *Pag-an*, á quien. *Ang aba nauauala sa caniyang pagcacamit hañgar, sa pagca di macapasoc*: No halla puerta el desvalido, &c.

HAÑGAS. pp. Aceleramiento, ó adear de alegría por ir á recibir algo. *Hahañgashañgas siyang naparito*. Vide *hañgos*.

HAÑGAT pc. Algo mayor, como harigue, arca, ganta, &c. *Mey hañgat ito doon sa isa*.

HANGQUIT. pc. Llamar convidando á comer, *Vm*. Á quien, *In*.

HANHAN. pc. *Di mahanhan*, *di matahan*, sin parar.

HANGHANG. pc. Cosa que pica como pimiento. *Vm*, irse poniendo asi. *Mahanghang*, picante.

HAÑGIG. pp. Oir, entreoir, *Naca*. Lo que, *Ma*, l. *Na-an*. *Nahahañgigan*, cosa entreoida.

HAÑGIN. pp. Viento en general. *Vm*, soplar. Á quien ó en donde, *An*. *Mag*, de continuo. *Magpa*, poner algo al viento. *Pa-an*, ser puesto á que le dé el viento. *Y*, *pahañgin*, ser puesto ó echado al viento para que lo lleve. *Magpa*. pc. Ponerse al viento. *Magpa*, duplicando tomar el fresco. *Pagpapahañginan*. pp. Donde se toma el viento.

HAÑGIS. pp. Embotarse el cuchillo. *Vm*, de propósito. *An*, donde. *Na*, estarlo.

HANGLAY. pc. El olor que echan los fréjoles verdes. *Mahanglay*.

HANGLAY. pc. Desabrido al gusto, y algo acedo y ágrio. *Mahanglay itong bonña*.

HAÑGO. pp. Sacar, *Vm*. Lo que, *In*. De donde, *An*. *Ma*, sacarse asi mismo de la esclavitud. *Ipinag*, el dinero con que. *Pinag-an*, de quien. *Vm*, sacar á otro. *In*, á quien. *An*, de donde. Y de aqui *hañgong Maynila*, el que tiene parte de Manila.

HAÑGO. pp. Sacar fruto ó provecho de algo, *Vm*. Lo que, *In*. De que, *An*.

HAÑGOL. pp. Tener necesidad de algo. *Ma*, estar asi. Causa, *Maca*. Pasiva, *Ica*. De que necesita, *Ca-an*. *Cahañgolan*, l. *Cahanglan*, abstracto. Vide *Salat*. *Nahañgolan aco nang pesos*, necesito un peso.

HAÑGOR. pp. Vide *hangor*.

HAÑGOS. pp. Venir resollando, como que falta la respiracion, *Vm*. Si mucho, *Mag*. pc. l. *Hahañgoshañgos*. pc.

HANGYOR. pc. El mal olor del cuerpo por no limpiarse. *Mahangyor*, hediondo asi.

HANÍ. pc. Entiendes?

HANIA. pc. Lo mismo.

HANIP. pp. Piojo de gallina. *Magca*, tenerlos. Pasiva, *In*.

HANRA. pc. Vide *handa*.

HANDOY. pc. Menospreciar, *Vm*. Á quien, *An*.

HANTAC. pc. Género de fréjoles.

HANTAL. pc. Aderezar, aparejar de comer. *Vm*, l. *Man*, esperar ó aguardar. Lo que, *In*. *Mag*, con algo. *Naghahantal nang ibibigay*. Lo que, *Y*. *Mag*, aparejar la comida. Lo que, *Y*. Á quien. *An*.

HANTAR. pc. Lo mismo que el antecedente con sus juegos.

HANTAY. pc. *Hantayan ninyo aco*, lo mismo que *hintinhintin aco*.

HANTIC. pc. Hormigas grandes que pican mucho.

HANTOL. pc. Este es el nombre del Santor, corrompido por los españoles.

HANTONG. pc. Parar la obra, *Vm*. Lo que, *Y*. Estarlo, *Ma*. *Ihantong ta ang atang gaua*. Sinónomo *Tingal*, *tahan*.

HANYÁ. pc. Vide *Cayà*, *ham-ya*.

HANYONG. pc. Vide *hantong*.

HANYOR. pc. *Hangyor*. *Vm*, echar de sí mal olor. *Na-an*, á quien dá.

HAO. pc. Interjeccion de quien se queja.

HAOHAO. pc. l. *Hahao*. Dar gracias, *Napapahaohao*. Á quien, *An*.

HAOHAO. pc. Enjugar la ropa, pié ó mano. Vide *haohao*, con sus juegos.

HAPAC. pp. Caer, derribar. *Hahapachapac*.

HAPAC. pc. Caminar un hombre forzado á pasos grandes. *Hahapachapac cun lumacar*. Tambien *Panhapac*, un género de machete estrecho cerca del cabo, y ancho al remate.

HAPAG. pc. Mesa, batea, género de estera.

HAPAHAP. pp. Corbina. Vide *Apahap*.

HAPAO. pc. Sobrehaz de la morisqueta. *Vm*, quitarla. Lo que, *In*. De donde. *An*. *Hinapao*, la superficie. *Hapao na canin*, la morisqueta que está en lo somero de la olla. *Aco baga comacain nang hapao mo?* Soy acaso tu esclavo? *Hampao*, decir algo someramente.

HAPAO. pc. Sacar algo de un monton, *Vm*. Lo que, *In*. De donde, *An*.

HAPAO. pc. Hacer ó decir algo someramente, con los juegos del antecedente.

HAPAY. pp. Derribar, caerse, abatirse. *Vm*, cortando. *Mag*, derrocar de cualquiera manera. *Hapain*, lo que, si es cortando. *Ihapay*, si es de otra manera. *Vm*, estar caido. *Na*, caer de su estado. *Hahapayhapay*, andarse cayendo. *Na-an*, cogerle algo debajo. *Hapay*, pc. caido. *Nagcaca*, que se van cayendo poco á poco.

HAPDÍ. pc. Escozor. *Vm*, escocer. Á quien, *Na-an*. *Humahapdi ang sugat*, *mahapdi*, cosa que escuece. *Nahahapdian din aco nang hapdi niyan*, siento como propios sus trabajos.

HAPILA. pp. Falca de nipa para la banca. *Mag*, ponerla. *An*, la banca.

HAPILA. pp. Poner algo para que no se derrame el palay, &c. Vide *Sapin*.

HAPIN. pc. Cuerda de arco, de vihuela, de anzuelo, &c. *Mag*, ponerla. *Y*, el cordel. Donde, *An*. *Hapnan mo nang manğa cuerdas ang alpa*, pon cuerdas al arpa.

HAPIS. pp. Tristeza, congoja con lágrimas. *Ma*, entristecerse. *Ica*, la causa. *Ca-an*, el objeto. *Cahapishapis*, cosa que mueve tristeza. *Dili macapucnat linga*, *nang hapis*, está muy triste.

HAPIT. pp. Prensar entre dos palos, *Vm*. Lo que, *In*. Donde, *An*.

HAPITAN. pp. Prensa. *Hinapit mandin ang catauan co*, tengo el cuerpo medio molido.

HAPIT. pc. Llevar ó traer algo al que está impedido. *Vm*, traer. Lo que, *In*. Donde. *An*. *Mag*, llevar. Lo que, *Y*. Á donde, *Pinag-an*.

HAPLAS. pc. Aceite compuesto de varios contravenenos.

HAPLAS. pc. Cosa hecha en falso, como mal amarrado, &c. *Haplas na lamang yaong pagtatali*, está falsa esta amarradura.

HAPO. pp. Desmayarse de cansado, *Na*. La causa, *Naca*, l. *Ica*.

HAPOHAP. pp. Andar á tientas buscando algo, *Vm*. Lo que, *In*. Donde, *An*. Si es dando, *Mag*. Lo que, *Y*. Á quien, *Pag-an*.

HAPOLÁ. pp. Lo mismo que *Apolá*: este es el usado.

HAPON. pp. Tarde. *Vm*, hacerse tarde, l. *Ma*. *Cahapon*, ayer. *Cahapon nang hapon*, ayer tarde. *Nang omaga*, por la mañana. *Sa gabi*, anoche. *Maghapon*, todo el dia. *Mamayang hapon*, luego á la tarde.

HAPON. pp. Hacer noche la gallina ó ave, *Vm*. Donde, *An*.

HAPON. pp. Cenar, *Na*. Donde, *Ca-an*. *Haponan*, lugar.

HAPON. pp. Cultivar las palmas por la tarde, *Nan*, l. *Naninighapon*. Lo que, *Pinan*, l. *Pinag-an*.

HAPONAN. pp. Cena.

HAPON. pp. Lo mismo que *hinguil houag mong ihapon sa masama*, no lo eches á mal.

HARA. pp. Ponerse para que le vean. *Vm*, l. *Mag*. Á quien, *An*. *Mapagharahara*, entremetido.

HARANG. pp. Atajar á otro en el camino, *Vm*. Á quien, *In*, como para guiarle para otro mejor, ú otra causa. *An*, no dejándole pasar en manera alguna. *Mag*, sacar algo al camino. Lo que, *Y*, l. *Ipag*. Á quien ó á quienes, *An*, l. *Pag-an*. pc. *Harang*. pc. *Lumacar*, llevar los pies tuertos cuando camina.

HARAP. pc. Presencia, estar presente, *Vm*. Á quien, *In*. *Mag*, poner algo en frente. Lo que, *Y*. Ante quien, *Pag-an*. Itt. *Mag*, encararse dos, ó estar presentes.

HARAPAN. pc. Delantera, plaza ó patio de la casa. *Caharap*. pc. Estar presente á algo.

HARAS. pp. Hinojo, yerba.

HARAYA. pp. Imaginacion ó pensamiento. *Ang haraya mo aco.i, olol? Ang haraya co,i, tauo, demonio pala*, imaginé que era hombre y es el diablo.

HARÍ. pp. Rey. *Haring babaye*, Reina. *Mag*, reinar. *Pinag-an*, donde ó á quienes. *Pagca Hari*, ser de Rey. *Caharian*. pp. Reino ó reinado. *Maqui*, l. *Maquipag*, competir sobre el reino. *Magpapaguinhari*, permitir, hacerle ó darle el reino. Á quien, *Pinapaguiguinhari*. *Maguin Hari*, ser elegido por Rey. *Ipina*, la causa. *Maquiquihari* hacerse como Rey.

HARIMOHAN. pc. Guardar, ahorrar. Vide *Arimohan*.

HARINĞA. pc. Si acaso, si no fuera. *Harinğat maalaala nang Padre, ay ibahala mo sa aquin*, si no fuera porque ya lo sabe el padre, me lo dijeras á mí?

HARHAR. pc. Cortar á lo largo mondando la cáscara de la caña dulce, *Mag*. Ella, *An*.

HARHAR. pc. Despellejarse. *Naharharan ang paá*. l. *Nanharhar ang balat*, se despellejó la pierna ó el pellejo.

HARHAR. pc. Derribar por el pié los árboles. Talar, cortar. *Vm*. Lo que. *In*. Donde, *An*. Con que, *Y*.

HARLANG. pc. Impedir, atajar, atravesar. *Vm*, atravesarse en el camino. Á quien, *harlangan*. Con que, *Y*. *Mag*, atravesar algo en el camino. Lo que, *Y*. *Hinarlangan si Pedro ni Juan*, atajóle los intentos.

HARO. pc. Hacer con el cuerpo muchos meneos, *Vm*. l. *Haharoharo*.

HAROS. pc. Desproveido. *Haros nang haros ca sa dilang gagau-in*, desproveido en todo. *Haros nang haros ang loob*, falto de consejo.

HAROGABÍ. pc. *Hamac na gaua*. Vide *halipaopao*, *Talobalí*.

HASÁ. pp. Amolar, *Vm*. Lo que, *Y*. Donde, *An*.

HASA. pp. Amolar los dientes. Si á otro, *Vm*. Asi, *Mag*. Los dientes, *In*, *Hasaan*, piedra de amolar. *Hasá*. pc. Dientes limados.

HASAHASÁ. pp. Caballas, pescado conocido.

HASANG. pp. Agallas del pescado. *Vm*, asirle por ellas. *An*, ser asido

HASANG. pp. Presas de candado ó de flauta. *Mag*, ponerlas.

HASAP. pp. Dar humo á las narices. *Vm*, darlo á otro. *In*, á quien. *Y*, con que. *Mapa*, recibirlo de otro. *Mag*, de sí voluntariamente.

HASIC. pc. Sembrar arroz esparcir y no otra cosa. *Vm*, sembrar. Si mucho ó muchos, *Man*. Lo que, *Y*. Donde, *An*. Si se esplica lo que siembra, *Mag*. v. g. *Naghahasic nang Palay*. *Y*, lo que. Donde, *An*. *Hascan*. Sincopa. *Sang hasic*, el pedazo de tierra de labor.

HASÓ. pc. Desatarse la atadura de algo, *Nahasó ang tali*. *Nacalag*, se desató.

HASOHASÓ. pc. Atar el perro por el pescuezo con un bejuco y caña, *Mag*.

HASTAIN. pp. Vide *Astain*.

HATÁ. pc. Roer los ratones la caña del arroz ó cosa semejante. *Mag*, destruir royendo. Lo que, *In*. El dueño y lugar, *An*. *Gagadolo nang lisa hindi co nahatà*, no lo he echado á perder, ni como el tamaño de un alfiler.

HATA. pc. Provecho que se saca de algo. Vide *hita*, que es mas usado, con sus juegos.

HATAR. pp. Estender, *Mag*. Lo que, *Y*. Vide *Calat*, con sus juegos.

HATAG. pp. Dar, ofrecer. *Vm*, ó darse asi mismo, ó dar de su mano algo. *Mag*, ofrecer algo poniéndolo en alguna parte. Lo que, *Y*. Á quien, *An*.

HATI. pp. Medio, mitad, partir. *Hati cami ni Juan nang buquir*, por mitad partimos. *Mag*, partir por medio. *Pag-in*, lo que. *Cahati*, la mitad. *Magca*, las dos mitades. *Calahatian*, la mitad. *Naquiqui*, tomar ó pedir su parte. *Nuñgañgahati*, andar á medias con otro. *Nañgañgalahatian*, lo mismo que *Naghahati*.

HATIR. pc. Cosa llevada. *Vm*, llevar ó acompañar al convidado. *Y*, á quien. *Mag*, llevar otra cosa ó algo á otra parte, menos ir acompañando por cortesía. *Hatdan*. Síncopa.

HATIR. pc. Embarazarse, chismear. *Naghahatir dumapit*, chismear, embarazar.

HATO. pp. Percibir, entender. *Nahato co na*, lo mismo que *Natalo co na*.

HATOL. pp. Sentencia, consejo. *Vm*. l. *Man*. aconsejar. *An*. la persona. *Mag*. aconsejar lo que ha de hacer, espresándolo. *Y*. lo que aconseja que se haga. *Ipag*. la persona á quien.

HATOL. pp. Alcahuetear, *Mag*. La concertada. *Ipag*. *Mapaghatol na babaye*, *sa lalaqui*, alcahueta.

HAU. pc. Palabra que dicen despues de subir una cuesta ágria, á modo del que despues de algun trabajo dice *salamat sa Pañginoong Dios*.

HAUA. pp. Pegarse la enfermedad, contagio, &c. Participar el bien ó el mal. *Nahaua aco cay Pedro nang lagnat*. *Maca*, lo que se pega. *Pinagcahauahan*, de quien. *Ipag-a*, la causa.

HAUA. pp. En los tinguianes es lo mismo que *sama*. pp. Acompañar.

HAUAC. pp. Tener en general ó asirse. *Vm*. l. *Man*, asirse de algo para no caer, ó á otro para que no riña. Al que, *hauacan*, l. *Haucan*. pc. La mano, *Y*. *Mag*, tener algo en la mano. Lo que, *An*.

HAUAC. pp. Asirse dos. v. g. de las manos. *Mag*. De que, *Pinag-an*. De aqui *may hauac aco ñgayon*, tengo oficio. *Ang may hauac nitong Simbahan ay si San Ignacio*. *Maghauac nang loob*, tener paciencia, reprimirse. Pasiva, *hauacan ang loob*. *Maca*, impedir. *Nacahauac sa aquin*.

HAUACAN. pc. Asidero.

HAUAL. pp. Detener la embarcacion con los remos, *Mag*. La embarcacion, *Y*.

HAUAL. pp. Blandearse la punta de cosa larga: tambien menearse la cola de la *Sauá*, *Vm*. *Magpa*, hacer blandear. *Ipa*, lo que. Sumitur etiam pro motu carnali. *Hahaualhaual ang loob*, siente latidos en el corazon. Tambien estar suspenso, sin saber que hacer.

HAUALHAUAL. pc. Blandearse como punta de cosa larga, *Vm*. Hacerla blandear, *Magpa*. Lo que, *Ipa*. *Hahaualhaual ang loob nang tacot*.

HAUIL. pp. Asirse, enredarse. Vide *hauir*, *sauir*, con sus juegos.

HAUAN. pp. Descumbrar, limpiar, desembarazar, *Mag*. Lo que, *An*, *Hauanan mo ang loob mo nang casalanan*, Metáf. *Vm*, irse descumbrando. *Mahauang lupa*, descumbrada. *Nagcacahauan ang dulang cun cumain si cuan*, deja limpio el plato.

HAUAS. pc. Bien dispuesto, de buen talle. *Mahauas*, *magandang pañgañgalaoan*. *Vm*, irse poniendo asi. Sinónomos. *Langhal*, *Talangcas*.

HAUAY. pp. Buscar algo con garfio debajo del agua. *Vm*, l. *Hahauayhauay*, dar vueltas con garfio.

HAUAY. pp. Estar levantado del suelo ó colgado, como nube, lámpara, &c. *Vm*, elevarse asi. *Mag-pa*, levantar á otra cosa. Lo que, *Ipa*. En este sentido es Visaya.

HAU. pc. Vide *hao*.

HAUIG. pp. Vide *hauay*. *Hañgig*.

HAUIL. pp. Embarazos y detenciones. *Vm*, embarazar. Á quien, *An*. *Mahauil*, embarazado.

Cabanilan, embarazo. *Mahanilin*. pp. Á quien no faltan negocios.

HACIL. pp. Detener alguno convidándole, con los juegos del antecedente.

HACIL. pc. Un género de lanza con que pescan las tortugas. *Vm*, tirarla. *In*, á quien. *Mag*, traerla.

HACILI. pp. Un palo asi llamado.

HACIR. pc. Vide *hamil*.

HACIRHACIR. pp. Vide *habirhabir*, *sabirsabir*.

HACO. pp. Sospecha, imaginacion, *haso co lamang iyan*. Vide *Ahà*, *hanâ*, que son mas usados.

HACOL. pc. Tener ó no tener provecho. *Mey*, l. *Calang hasol itong buquid*, tiene ó no tiene provecho esta sementera.

HACOLHACOL. pp. Un género de sardinas pequeñas. Sinónomo. *Tamban*.

HACONG. pc. Escudilla grande, ó borcelana.

HACOT. pc. Lo mismo que *Sandali*. Úsase solo en pasiva. *Cun di mo hasotan, di mo paquinabangjon*, si no te das priesa, no lo lograrás.

HAYÁ. pp. Levantar el brazo, amagar. *Vm*, l. *Man*, estar amagando. *Mag*, cuando se espresa con lo que se amaga. *Hayaan*, á quien. *Y*, con que.

HAYA. pp. Desenvoltura, libertad, desempacho. *Hahayahaya*, andarse asi. *Nagpapa*, ponerse á ello. *Nahaya aco sa pagopó*. Quiere decir, *Lumaualhati aco sa pagopó*, me he repantigado.

HAYAC. pp. Andar sobre aguado. *Ma*, estar asi. Mejor es *Litao*, ó *Lotang*.

HAYAG. pp. Descubrir, publicar, manifestar. *Ma*, estar descubierto. *Maca*, *Ica*, la causa. *Magpa*, manifestar, descubrir. Lo que, *Ipa*. Á quien, *Pa-an*. *Capahayagan*. pp. l. *Pagcapahayag*, quedar manifiesto. *Ca pahayagan*, apartando un poco el *Ca*, significa amigo íntimo á quien se fia el secreto. *Pagpapahayag*, manifestacion. *Nagpapahayagan*, manifestarse mútuo.

HAYAG. pc. Cosa pública. *Hayag na uica, hayag na sabi*, &c.

HAYAO. pp. Verse desde lejos: tiene casi los mismos juegos de *hayag*.

HAYAOHAYAO. pc. Andar públicamente sin recelo el que tiene por que tenerlo, *Magpa*. Donde, *Pagpa-an*. La causa, *Ipinagpapa*.

HAYAP. pp. Lo mismo que *hauas*.

HAYAMAN. pc. Lo mismo *hayamang*. pc. l. *Haya*, pues que.

HAYANG. pc. Tener ó esparcir semilla ó ropa para que se seque. *Vm*, l. *Nagpapa*, ponerse. Donde, *An*. *Mag*, secarla. Lo que, *Y*. Donde, *Pinag-an*.

HAY. pc. Espantar perros, *Mag*. Los perros, *In*. Tambien es palabra que se dice despues de subir alguna cuesta ágria.

HAYHAY. pc. Cosa en alto, descumbrada. *Magpa*, poner algo en lo descumbrado. *Ipa*, lo que. *Mahayhay*, cosa descumbrada.

HAYHAY. pc. *Hapin sa dala*. Cuerda de la red.

HAYNG̃A. pc. Espantar perros. Vide *hing̃a*. pc.

HAYIN. pc. Ofrecer á Dios, dar el dote para casarse, *Mag*. Lo que, *Y*. Á quien, *An*. Ofrecerse uno, ó lo que dá dándolo en las manos del otro, *Vm*. Lo que, *Y*.

HAYIN. pc. Sacar de comer, *Mag*. Lo que. *Y*. Á quien, *An*.

HAYIN. pc. Entregar el dote á los padres de la desposada, *Vm*, l. *Mag*. Lo que, *Y*. Á quien, *An*.

HAYIN. pc. Ofrecerse á padecer por otro, *humain dusa*. Á quien, *An*. Lo que, *Ihayin dusa*,

HAYO. pp. Anda, vé, *hayo ca na*, l. *Humayo na cayo*, l. *Hayo ca na rian*.

HAYO. pc. Espantar á los perros ó gatos, *Magpa*. Al que, *hin*. Con que, *Ipa*.

HAYO. pp. Descaecido de hambre. *Nahayo aco nang gutom*, estoy descaecida de hambre.

HAYOHAY. pp. Bambalearse la planta ó árbol cuando está demasiadamente crecido, *Vm*, l. *Hahayohay*. Itt. *Mahayohay*, lo mismo que *mapolay*. *Masamang pamumubo*.

HAYOMA. pp. Una fruta. Vide *Bitong̃ol*.

HAYOMA. pp. Remendar la red, *Vm*, l. *Mag*. La red, *In*. *Di baquin ang lambat ay hahayomahin*, así como la red se ha de remendar.

HAYOM-PILÍ. pp. Hacer alguna parte en daño de los otros, *Mag*. Contra quien, *An*.

HAYON. pp. Llegar el tiro al blanco alcanzar. *Hindi humayon ang tauo sa Misa*. *Bahagya na humayon ang paghing̃a*, *Mahayon na*, l. *Humahayo na ang paghing̃a*.

HAYONGHAYONG. pc. Algo verde, aun no seco.

HAYOP. pp. Animal, bestia. *Mag*, tratar, vender, criarlo. *Cahayopan*, l. *Pagca hayop*, bestialidad.

HAYOPAN. pp. Corral de animales.

HAYOPAG. pp. Bellota que hay en los montes de *Gumaca*. *Y*. *Mayoboc*.

HAYOR. pp. Desbastar un poco el palo, *Vm* Lo que, *In*.

HAYOS. pp. Encarecimiento de *husay*, que es desenmarañar, *Vm*, l. *Mag*. Lo que, *In*. En que, *An*.

HAYTI. pc. Espantajo en la sementera. Vide *Ay ay*.

H antes de I.

HI, l. **HIY**. pp. Adverbio: asi, respondiendo. *Bibigyan ca rao nang Capitan nang opa*: respondo *Hiy*, así, bueno, como si no supiera yo eso. Tambien cuando no gustan de algo, dicen sonriéndose *Hiy*, l. *Hihi*.

HIB. pc. Ea, animando á hacer algo, v. g. *Hib lalaqui*, l. *Hib sa lalaqui ca a*, ea, varon fuerte. *Napahihihib*, decir el que dice esta palabra. *Ipa*, la causa. A quien, *Pa-an*.

HIBANG. pc. Torcerse la tabla. *Na*, estar torcida. *Vm*, irse torciendo ó torcer. Lo que. *In*. *Hibang*. pc. *Na isip*. Discurso errado. *Nahihibang*, desvariar.

HIBANGBANG. pc. Rebuscar camotes ó gabes, *Man*. Los camotes, *In*, l. *Pan-in*.

HIHANGBANG. pc. Ensanchar por un lado la zanja, *Mag*. La zanja, *An*.

HIBAS. pc. Baja de mar, *Vm*. Donde, *An*. *Hungmihibas ang lagnat*, menguarse la calentura. *Nahihibasan*, librarse de ella. *Minihibasan*, irse

declinando. *Hibas na loob*, el que fácilmente se desenoja. Metáfora.
HIBAT. pc. Probervio. Vide *Talinhaga: houag mo acong paringan nang hibat*, no me hables en enigmas.
HIBAT. pp. Estirar. Lo que, *In*. Causa, ó por que, *Y*. Lugar, *An*.
HIBAY. pp. Contonearse. *Vm*, l. *Hihibayhibay*, andar asi. *Mag*, menear asi alguna parte del cuerpo. Ella, *Y*. Ante quien, *Pag-han*. *Ano,t, hihibayhibay ca lamang na uala cang caralarala*, que, á qué vienes ahí manos sobre manos sin traer nada?
HIBAYBAY. pc. Comarca ó provincia, *Cahibaybayan*. Lo mismo *Nagcacahibaybay*, l. *Nagcacahibaybayan*, estar los pueblos en una costa. *Man*, andar por la comarca.
HIBHIB. pc. Muesca de la palma que se hace para subir por ella. *Vm*, l. *Mag*, hacerla. *An*, donde. *Y*, con que. Sinón. *Palang, tiab*. pp. *Tibaba*. pp. *Ticma, gatlâ*.
HIBI. pc. Comenzar á llorar con gestos, *Vm*, l. *Hihibihibi*. Á quien, *An*. La causa, *Y*, l. *Ica*.
HIBI. pp. Camaroncillos pequeños secos.
HIBIC. pc. Sollozar. *Vm*, l. *Hihibichibic*. Á quien, *An*. La causa, *Y*, l. *Ica*. Vide *himbic*.
HIBING. pc. Torcido, desigual como tabla. *Na*, irse torciendo. *Vm*, estar torcida, ó torcer. Lo que, *In*. *Cahibingan*, torcimiento.
HIBÓ. pp. Embarnizar, *Vm*. Lo que, *An*. Con que, *Y*.
HIBO. pp. Pintar, untar, *Mag*. Lo que, *Y*. Donde, *An*. Nota: cuando no se declara el betun ó color, *Vm*. Cuando se espresa, *Mag*. v. g. *Hungmihibo nang tabla*. *Naghihibo nang tabla nang tinta*.
HIBO. pp. Enlabiar, adular, cohechar, *Mag*. Á quien, *An*, l. *Pag-an*. Con que, *Y*, l. *Ipag*.
HIBOC. pc. Lo mismo, lisonjear, con los juegos del antecedente en este sentido.
HIBOT. pc. Jugar los muchachos á quien tira mas largo, *Naghihibotan*. *Vm*, el que tira. *Naca*, el que gana. *Naan*, el que pierde. *Cahibot*, el compañero. *Nagcacahibot sila nang dunong*, sabio uno como otro. Metáfora. *Casinghibot sa pagtacbo*, corre tanto, &c.
HICÁ pp. Asma. *In*, darle. *Hicain*, asmático. *Nagcacahica nang pagtaua*, reir á carcajadas.
HICA. pp. Lo mismo que *halica, palayao*.
HICAB. pc. Bostezar, roncar. *Naghihicab ang macacatolog*. *Hihicabhicab*, levantarse el pecho del que se está muriendo.
HICAHOS. pp. Refregarse el animal rascándose en la pared, ó restregarse alguna parte del cuerpo, *Vm*. Lo que, *Y*. Donde, *An*. *Nagcahihicahos*, dos entre sí.
HICAHOS. pc. Abrumado con muchas obras ó negocios. Vide *ligalig*, con sus juegos.
HICAN. pp. Palabra con que llaman á los puercos.
HICANG. pp. Jadear de cansado. *Vm*, l. *Hihicanghicang nang pagal*.
HICAO. pp. Arillos para las orejas de las mugeres.
HICAP. pp. Hechizo que mata de repente, *Vm*. Á quien, *In*. *Manhihicap*, hechicero.
HICAP. pp. Tentar ó palpar á obscuras, *Vm*. Lo que, *In*, l. *Pinag*, l. *Hihicaphicap*.
HICAYAT. pp. Enlabiar con buenas palabras, *Vm*. Á quien, *In*. *Man*, andar enlabiando.
HICAYAT. pp. Culpa que uno participa de otro. *Si Eva mandin ang nacahicayat cay Adan, at tayong lahat nahicayat nila nang canilang casalanan*. Metáfora.
HICLAB. pc. Pedazo grande de carne ó pescado. *Vm*, cortar así. *In*, ella. *An*, de donde. Vide *Ticlap, limpac*.
HICLAS. pc. Romper ó desgarrar alguna cosa. *Maca*, y si mucho, *Mag*. Lo que, *In*, l. *Pag-in*. *Ma*, desgarrarse.
HICPÁ. pc. Pasarse, ranchear. *Nanhihicpa*.
HICQUI. pc. Reirse demasiado. *Vm*, l. *Hihicquihicqui*.
HICQUIT. pc. Estirar fuertemente lo que se ata. *Vm*, l. *Man*, estirar, ut sic. *Mag*, estirar mucho. *In*, el cordel.
HICQUIT. pc. Hacer la red. *Vm*, tegerla. La red, *In*. *Mag*, el hilo con que la tege. *Maghicquit ca nitong hilo doon sa rala mong sinulid*. El hilo, *Y*. La red, *An*.
HICPIT. pc. Apretar lo que se ata, *Mag*. Lo que, *In*. *Ualang hicpithicpit*, cosa desaliñada.
HICÓ. pp. Hacer mofa del que yerra. *Vm*. De quien, *In*. Vide *Yico*.
HICOM. pp. Cerrar la boca. Vide *Ticom*.
HIGÁ. pp. Echarse, acostarse. *Vm*, l. *Ma*. Donde se echa, ó la cama, *An*. La parte que echa, v. g. Espaldas, *Y*. *Mag*, estarse echado sin dormir, acostar á otro. Á quien, *Ipa*. *Naghihigaan*, l. *Naghihigahigaan*, estar acostados juntos. *Napapa*, caer de su estado.
HIHIG-AN. pc. Lecho, cama.
HIGAB. pc. Bostezar. Vide *hicab*.
HIGAHIR. pc. Pasar de paso sin parar nada, *Vm*. Donde, *An*. Llevar algo asi de paso, *Mag*. Lo que, *Y*. Donde, *Pag-an*. Vide *Saguila*.
HIGAHIS. pp. Forcejar para levantar algo pesado, *Mag*.
HIGAHOR. pp. Vide *higahir*.
HIGAMIT. pp. Ir tomando poco á poco cosas pocas. *Man*, l. *Maca*.
HIGAMOT. pc. Quitar las raices al gabe, *Vm*, l. *Man*. El gabe, *An*. Las raices, *In*. El cuchillo, *Y*, l. *Ipan*.
HIGANTI. pc. Tomar venganza, *Man*. De quien, *Pan-an*. Nace de *Ganti*.
HIGAR. pp. Yerbas ó colmillos de animales fieros, ó semejantes remedios que se dan á los perros para embrabecerlos. *Vm*, aplicar al perro estas cosas. El perro, *In*. Las cosas. *Y*.
HIGAR pp. Un género de gusano.
HIGAY. pp. Contonearse. *Vm*, l. *Hihigayhigay*.
HIGDÓ. pc. Repararse el que habla por falta de resuello. *Mag*, estarse así. La causa, *Ica*. Donde, *Ca-an*.
HIGNAO. pc. Serenidad despues del báguio ó *sigua*. *Hignao na ang panahon*, tiempo sereno, *Na*, serenarse el tiempo.
HIGNOY. pc. Tomar, *Vm*. Lo que, *In*. De quien, *An*.
HIGPA. pc. Vide *hicpa*.

HIGPIT. pc. Vide *hicpit.*

HIGPIT. pc. Cosa ajustada como cintura. *Mahigpit,* Præcinctus.

HIGPÓ. pc. Rancho para poco tiempo.

HIGUING. pp. Zumbido de algo, *Vm.*

HIGUIT. pc. Tirar hácia sí algo, *Vm.* Lo que, *In.* *Ma,* estar tirado, ó tirando.

HIGUIT. pc. Sobra de peso, sobrar algo. *Mahiguit ito doon.*

HIGUIT. pc. Enojarse estando quejoso de otro. *Mag.* Porque, *Ipag.* *Magpa*, hacer rabiar á otro. Á quien, *Pinapag.* Con que, *Ipinagpa. Palahiguit,* mal acondicionado.

HIGUIT. pc. Cargar mas á una parte que á otra en el peso, *Vm.* *Ualang cahihiglan.*

HIGUIT. pc. Crecer lo que se presta, *Vm.* Lo que, *Pina.* *Nagpa*, llevar mas del concierto. *Pahiglan,* la deuda. *Mahiguit, ang uica niya,* palabras pesadas. Metáfora.

HIGOHOB. pp. Zahumarse así mismo, *Vm.* Vide *hagohob.*

HIGOP. pp. Sorber como caldo, *Vm.* Lo que, *In.* De donde, ó en que, *An.* Si mucho, *Mag.* pc. Lo que. *Ipinag.* Donde, *Pag-an.* Con que, *Ipag.*

HIGOPAN. pc. Escudilla. Refran. *Cailan hihigopan yaring si Aro*, cuándo será de provecho este inútil?

HIGOR. pp. Traer la mano blandamente por el cuerpo. *Mag,* así mismo. *Ipag,* con que. *Vm,* á otro. *In,* á quien. *An,* donde. *Y,* con que. Tambien, *Mag.* Si se espresa con que se unta así, ó á otro. *Naghihigor nang lana.*

HIGUMI. pp. Quitar, ó quitarse las barbas con almejas. Vide *gumi.*

HILA. pp. Tirar, jelar por fuerza. *Vm,* l. *Man.* Á quien, *hin.* Donde, *han.* Con que, *Y.* Llevar ó arrastrar por fuerza. Lo que, *hin.* Donde, *Pag-an.*

HILA. pp. Menguar la avenida del rio. *Nahila na ang uaua,* ya menguó.

HILA. pp. Prender, *Vm.* Á quien, *Hin.*

HILA. pp. Coger gente para alguna parte, *Mag.* La gente, *In,* l. *Na.* Para donde, *Ipag.*

HILA. pp. Un género de canto en las bancas.

HILÁ. pp. Un género de lepra. Darle, *In.* Leproso, *hilain.*

HILAHAN. pc. El bejuco con que tiran: tambien trenzas del vestido.

HILAB. pp. Crecer, ó hincharse como el pan en el horno, *Vm.* La causa, *Ica.*

HILAB. pp. Menearse la criatura en el vientre de la madre. *Vm,* l. *Hihilabhilab.* La madre, *An.*

HILAB. pp. Ahitarse, *Vm.* Quien, *Nahihilaban.*

HILABI. pc. Sisar como Judas, *Man.* Lo que, *Pinan.* De quien, *Panhan.* Á quien, ó por quien, *Ipan.*

HILABO. pc. Apalear como á perro que ladra mucho, *Vm.* Á quien, *hin.*

HILABOS. pc. Asar ó tostar camarones en alguna olla ó tiesto, *Mag.* Los camarones, *Y.*

HILABOS. pc. Morirse ó acabarse todo. *Nahilabos ang lahat, namatay,* es metáf.

HILABOT. pp. Llamar apriesa con negacion antepuesta. *Di nagpahilabot nang paglauag. Dili aco isa man pagpahilabotan.*

HILACBOT. pc. Sobresaltarse. *Man,* añadiéndole *loob.* Tambien tiene la significacion de *Guilalas.*

HILACÓ. pc. Lo que se vende bueno solo á la vista. *Mag*, vender. Lo que, *Y.* Á quien, *Pag-an.*

HILAG. pc. Fruta que ya está cerca de madurar. *Hilag na.* l. *Mahihilag na, ang bonga. Ica,* la causa. *Cahilagan,* el estado de la fruta.

HILAGÁ. pp. Norte, viento. *Vm,* soplar. *An,* á donde. *Hilagaan,* playa del norte. *Mag,* acercarse su tiempo. *Hilaga na,* ya llegó el tiempo. *Hilagang mababalaclaot,* nordeste.

HILAGARYA. pc. Levantar testimonio, *Mag.* Á quien, *Hin.*

HILAGLAG. pc. Sisar, *Man.* Lo que, *In.* De quien, *Pinan-an.* *Mapanhilaglag.*

HILAGPUS. pc. Pasar la mano como sobando recio y apriesa, *Vm.* El brazo ó pierna, *An.* La mano con que, *Y.*

HILAGPUS. pc. Tirar la cuerda haciéndola deslizar, *Vm.* La cuerda, *In.* De donde se desliza, *An.* Vide *Lagpus.*

HILALAGYÓ. pc. Asemejarse. *Maqui,* uno á otro. *Nagcaca,* los dos. Parece que nace de *Lagyo.*

HILAHIL. pp. Enfado por muchos negocios. *Nahihilahil,* l. *Hilahil siya,* estar así. *Vm,* enfadar á otro. *In,* á quien. *Y,* con que. Sobre, ó en que, *Pinaghihilahilan. Cahilahilahil,* cosa enfadosa. *Mahilahil*, enfadadizo. *Houag mo acong hilahilin,* no me enfades. Vide *Bagot.*

HILAHIR. pc. Pegarse á uno los que llaman amores secos ó sanguijuelas. *Ma.* A quien, *Na-an.*

HILAHIS. pp. Lo mismo que *hilahir.* Y tambien lo mismo que *Datipay.*

HILAHOR. pp. Refregarse rascando como el gato, *Mag.* Donde, *An*, l. *Hihilahilahor*, sale de ahor.

HILAHOR. pp. Lo mismo que *mahina. Hilahor gumaor,* boga con pereza.

HILAM. pp. Mancha en el cuerpo, como lunar.

HILAMAN. pc. Aceite. Vide *Hingalas.*

HILAMAN. pc. Enturbiarse. *Nahilaman ang mata co nang lagnat,* se me enturbió la vista con la calentura.

HILAMBOT. pc. Comprar á quien mas puede llevar en cosas de ropa, *Mag.* Lo que. *Pinagan.* Comprar así, *maquipag,* entrometiéndose. *Pinaquipag-an,* con quienes.

HILAMON. pc. Entresacar la yerba que está la hortaliza, *Vm.* La yerba, *In.* Lugar, *An.* Si muchos, *Mag.* Redup. Lo que, *Pinag.* Donde, *Pag-an.*

HILAMOS. pp. Labarse la cara. *Man,* así mismo. *Ipan,* con que. *Pan-an,* en que. *Vm,* l. *Mag,* á otro. A quien, *An.* *Tubig na hihilamosin,* agua para labarse.

HILAMUSMUS. pc. *Matay cundi aco,i, naghihilamusmus nang pagaalaala nang aquing cahunghangan,* sale de *musmus.* Que me maten sino soy un niño en pensar, &c.

HILANG. pp. Gallina de color negro poco oscuro.

HILANGTAR. pc. Acostarse sin *comot,* y sin *banig.* Vide *bulagta.*

HILAO. pc. Crudo, fruta verde, *Vm.* Irse haciendo, ó estar verde, *Vm.* La causa. *Ica. Hilao pa*, aun está crudo, ó verde.

HILAO. pc. Encrudecerse la llaga. *Hungmihilao ang sugat. Mag*, comer cosas crudas. Lo que, *Y. Houag mong pahilauin yaong osap*, no refresques el pleito.

HILAO GATANG. pp. *Ualang hilao gatang*, no tiene tras que parar.

HILAPAS. pc. Arroz mal molido, *Vm.* Lo que, *In.* Lugar, *An.*

HILAP. pp. Cortar al soslayo, *Vm.* Lo que, *In.* De donde, *An.*

HILAPO. pp. Refregar, estregarse el rostro. *Vm*, á otro. *Han*, á quien. *Hin*, lo que. *Mag*, l. *Man*, así mismo. El rostro, *Hin.*

HILAPO. pc. Oro de veinte quilates.

HILAR. pp. Andar encorvado por dolor de barriga, *Vm*, l. *Hihilarhilar.* Tambien *Hihilarhilar*, rellenado y tendido con poca honestidad.

HILAT. pp. Abrir los ojos, ó lo que está arrugado, *Vm.* Lo que, *In.* Con que, *Y. Hilat na-coton*, sin pliegues.

HILATMATA. pc. Hacer gestos abriendo los ojos con los dedos, *Mag.* A quien, *An*, l. *Pinagan mata.*

HILATÁ. pp. Echarse descompuestamente, *Vm*, l. *Hilahilata.* Vide *hilar.*

HILAYING. pp. Quitar á las plantas las hojas secas. Las hojas, *In.* Las plantas, *An.*

HILÍ. pp. Envidia y deseo de lo ageno. Vide *Pangaghili*, con sus juegos.

HILÍ. pp. Emulacion. *Nagcacahilian sila nang cabanalan:* Emulamini charismata meliora.

HILI. pc. Canto de la banca.

HILIB. pp. Vide *Gulib.*

HILIGUI. pc. Cercenar. Vide *Gulib, halibi.*

HILIC. pc. Roncar el que duerme, *Vm*, l. *Mag. Paghilic*, l. *Hilic*, el ronquido. *Macabubun baboy*, gran ronquido.

HILIG. pp. Recostarse, reclinarse, *Vm.* La parte del cuerpo, *Y.* Donde, *An. Mag*, recostarse á otro. Lo que, *Y.* A donde, *Pag-an.* Mútuo, *Mag-an.*

HILIG. pc. Trama de la tela. *Vm*, tramar. La tela, *In.* En que, ó donde, *An.*

HILIHID. pp. Los antiguos lo tomaban por una provincia entera, ó por todo el hemisferio. *Sanghilihid nang comintang:* raras veces añaden. *An. Sanghilihiran, cahilihid nang comintang ang Indang*, es uno de los pueblos del comintan Indan.

HILIHID. pp. Tambien dicen *sa isang hilihid nang mata ay naquiquita ang lahat*, con una vista de ojos lo vé todo.

HILIHIR. pp. La redondez del mundo. *Sanghilihir*, suelen añadir. *An.* Tambien *sanghilihiran.*

HILIM. pp. Modorra. *Na*, estar con ella.

HILIMAHIM. pp. Buscar de aqui por alli la comida el gato ó perro hambriento, *Vm*, l. *Hihimahimahim.*

HILI NA. pp. Un canto que empieza así: *Hili ca na, hilii na, hili ca na bata ca, matolog ca na bira, ang Ina mo,i, uala pa, mupul pa nang sampaga, isasabog sa alta.*

HILING. pc. Desear, suplicar con encarecimiento, *Vm.* Lo que, *In.* Á quien, *An. Naca*, conseguir lo que desea.

HILIRAO. pp. Canto en la borrachera. *Mag.* Lo que, *In.*

HILIS. pp. Rebanar, cortar en rebanadas, *Vm.* Lo que, *In.* De donde, *An.* A quien, *Y*, l. *An. Cahilis*, una rebanada. Y si mucho, *Mag.* pc. con las mismas pasivas de *Vm*, con sus respectivas partículas.

HILIS CALAMAY. pp. Tapiz labrado con hilo de oro.

HILISPISAN. pp. Labor.

HILIS. pp. Estrujar la postema, *Vm.* La podre, *In.* La postema, *An.*

HILISÁ. Pc. Quitar las liendres, *Man.* Las liendres, *In.* La persona, *An.* Sale de *Lisà.*

HILO. pp. Estar como atronada la cabeza, tener bascas, *Ma.* La causa, *Ica.* Causar. *Maca. Vm*, l. *Mag*, atolondrar á otro. A quien, *In.* Con que, *Y.* Tambien *Nahihilo*, desmayarse.

HILOC. pc. Amansarse, remitir el enojo, *Ma.* A otro, *Vm.* Á quien, *In.* Con que, *Y.*

HILOCÁ. pp. Estar descolorido, con ojeras, traspasado de hambre. *Man*, irse poniendo así. *Ipan*, la causa.

HILOM. pp. Soldarse la herida. *Ma*, l. *Magca. Magcahilum na*, está soldada.

HILOM. pp. Suplir la pobreza dando algo, *Mag.* A quien, *Pag-an.* Con que, *Ipag. Paghiloman mo ang capatid mong duc-ha, napaghiloman co na*, ya le remedié.

HILONGBO. pc. Avejon. Vide *Inlolombo.*

HILOR. pp. Refregarse el que se laba ó baña. *Mag*, l. *Man*, así mismo. Lo que, *In.* El cuerpo, *An.* Con que, *Y. Vm*, á otro. Al que, *An.* Lo que, *In.* Con que, *Y. Panhilor*, paño con que.

HILOT. pp. Partera, comadron, sobar, untar. *Vm*, á otro. A quien, *In.* Y, con que; pero si se soba una sola parte, esta es *In.* La persona, *An. Hilot*, l. *Manhihilot*, partera. *Ang banta mo,i, hihilotin cata*, l. *Paghihilothilotin ca ta?* Piensas que te he de pasar la mano?

HIMA. pp. Escocerse del sudor. *In*, padecer el escozor. *Hinihima ang soloc nang bibig nang pagpapangusap*, se dice de un hablador.

HIMACAS. pc. Prenda para memoria de otro. *Vm*, guardarla. Si mucho, *Mag.* Lo que se dá, *Y.* Lo que se trae, *In. Man*, andar buscando para acordarse. *An*, por quien. *Pahimacas*, lo que se dá. *Panhimacas*, lo que se trae.

HIMAGAS. pp. Comer algo de postre, como de frutas para quitar el mal sabor, *Man.* Lo que, *Pa-in.*

HIMAGAL. pc. Paga por el trabajo, *Man.* A quien, *An.*

HIMAGAL. pc. Dejarlo descansar, tomando otro el trabajo, *Man.*

HIMAGSIC. pc. Rebelarse, gobernar con rigor, *Man.* Contra quien, *Pinan-an.*

HIMAHIR. pp. Vide *Pahir, pahimahir.*

HIMALA. pc. Admirable, ó que causa admiracion. *Mag*, hacer cosas milagrosas, ó verse algunas señales tales, como si la luna ó sol las mostrasen. *Pinaghihimalaan*, aquel á quien. *Ipinag*, la causa. *Cahimahimala*, cosa admirable.

HIMALA. pc. Milagro. *Himalang gaua*, obra milagrosa.

HIMALA. pc. Admirarse con espanto, *Mag*. De que, *Ipinag*. No tiene mas: viene de Bala.

HIMALÍ. pc. Darse priesa, *Mag*. Lo que, *Ipinag*. En que, *Pinag-an*. Sale de *Dali*.

HIMALIT. pp. Una abusion, que por sentarse donde estuvo otro le dolia la barriga, *Na*. *Nahihimalit*, estarlo. *Naca*, la causa.

HIMALIT. pc. Andar trocando moneda grande por menuda. *Vm*, tomar. Lo que, *In*. De quien, *An*. *Mag*, dar. Lo que, *Y*. Á quien. *Pag-an*. Sale de *Palit*.

HIMALING. pp. Dejar una cosa por hacer otra, *Man*. La causa. *Ipan*. En que, *Pan-an*. *Magpa*, echar á bien ó mal lo que hace otro. Lo que, *Ipa*.

HIMALÓ. pp. Burlarse de otros espantándolos con engaño. Vide *Balo*.

HIMAMAT. pp. Escardar el arroz, *Man*. Sale de *mamat*.

HIMAN. pp. Atender á la obra. *Hinihimanhiman co ang pag gaua co: Pinacaiiguiigui pinacamahalmahal.*

HIMAN. pp. Hacer algo despacio para que salga bien, *Vm*. Lo que, *In*, l. *Pacahimanin*. *Mag*, traer la mano por el cuerpo acariciando á otro. Á quien, *In*.

HIMALAY. pp. Rebuscar, entresacar, *Man*. Lo que, *In*. Donde, *An*. *Himalain*, el rastrojo. En otras partes *manhimalay* es coger segunda vez el palay.

HIMALAR. pp. Decir la buenaventura por las rayas de mano. *Man*, decir. Por donde, *Ipan*. Á quien, *Pan-an*.

HIMANDAY. pc. Adormecerse las manos, pies, &c. *Man*. Sale de *Panday*.

HIMANIT. pp. Quitar la carne que queda pegada al cuero. *Vm*, l. *Man*. El animal, *An*, l. *Pan-an*. Lo que, *In*, ó *Pinan*. Con que, Y, l. *Ipan*.

HIMANGLAU. pc. Andar triste. Por solo, *Man*. La causa, *Ipan*. Sale de *Panglau*.

HIMANMAN. pc. Aprender, comprender lo que enseñan, *Mag*. Lo que, *In*.

HIMANG-IT. pc. Roer. Vide *Pang-it*.

HIMANHIMAN. pp. Aliviarse el que está fatigado, *Mag*. Tambien Vide *Himanman*.

HIMANTOC. pc. Remontarse, *Man*. Vide *Pantoc*.

HIMANTON. pc. Enderezar, gobernar, imponer á otro en algo, enseñarlo, *Mag*. Lo que, *Y*. Á quien, *An*.

HIMAO. pp. Apresurarse en lo que hace, *Mag*. Lo que, *In*.

HIMARA. pp. Cotejar el bien ó mal suyo con el ageno, *Man*. Lo que, *Ipan*. Sale de *Para*.

HIMASAN. pp. Afrentar á otro con malas palabras, *Mag*. Á quien, *Pinag*. Sale de *Pasang*.

HIMAS. pp. Lo mismo que *Himan*, con sus juegos.

HIMASOC. pp. Ampararse de otro, ó ir tomando entrada para quedar de asiento. *Man*. La iglesia, *An*. Sale de *Pasoc*.

HIMAT. pp. Hacer con mucho cuidado alguna cosa. Vide *Himas*, y *Himan*.

HIMATAY. pc. Amortecerse, desmayarse, *Man*. La causa, *Ipan*. Donde, *Pan-an*. *Hinihimatay*, muerto de heridas.

HIMATAY. pp. Paga que se dá al que guarda algo por el peligro de que se lo hurten. *Mag*, darla. Á quien, *An*. Lo que, *Y*. Tomar el cuidado, *Man*. Sale de *Batay*. pp.

HIMATI. pp. Ser muy mirado y atento en lo que se dice, como si dijéramos reparador, *Man*. Sale de *Bati*.

HIMATID. pc. Pagar el tributo el primer año, el que mudó de pueblo, al cabeza del pueblo de donde salió. *Nanhihimatid*. El tributo, *Ipan*. Á quien. *Pan-an*, *pahimatdan*.

HIMATIR. pc. Quebrar bejucos, cortar hilachas, *Man*. Los bejucos, *In*. Tambien los nudos que salen del petate. *Hinihimatdan*, el petate.

HIMATON. pc. Acompañar para mostrar el camino, *Man*. Lo que, *In*. Sale de *Baton*.

HIMAUIS. pp. Darle algo por el trabajo, *Man*. Lo que, *Pinan*. Á quien, *Pinan-an*.

HIMAY. pp. Sosiego, descanso, quietud. *Vm*, hacer algo asi. Lo que, *In*, l. *Paca*. *Hinimay nang hinihimay ang caniyang catao-an nang panhampas*, le desollaron. Metáf.

HIMAY. pp. Lo mismo que *Hang̃o*. Vide.

HIMAY. pp. Descarnar el hueso, quitar la carne al cangrejo, la espina al pescado, *Vm*. La espina, *In*. De quien. *An*. Para quien. *Ipag*. Con que, *Y*.

HIMAY. pp. Quitar las tripas. Vide *Himitoca*.

HIMAYMAY. pc. Vide *Himay*. pp.

HIMAYNAT. pp. Vide *Binat*.

HIMBIC. pc. Sollozar el niño cuando acaba de llorar. *Vm*, l. *Hihimbichimbic*.

HIMBING. pc. Descanso, refrigerio. *Ma*, estar asi, *mahimbing*, lugar abrigado. *Cahimbing̃an*, sosiego. *Vm*, irse sosegando. La causa, *Ica*, l. *Naca*.

HIMBOYOG. pp. Igualar cosas desiguales, *Mag*. Las cosas, *Pag-in*.

HIMIG. pp. Resumirse el licor de la vasija, ó el agua que asoma, cuando caban algun pozo. *Vm*, asomar. *Bahagya na humihimig ang baet*. Vide *Hinab*. *Hinas*.

HIMIL. pc. Manosear, tocar con los dedos mirando lo que toca, *Vm*. Lo que, *In*. La parte ó el todo, ó á quien, ó á donde, *An*. La mano, *Y*. *Itong dalaga hindi nahihimil nang lalaqui*. *Itong lalaqui hindi nacahihimil*. *Houag mong himiliin ang damit sa Simbahan*.

HIMILING. pp. Andar por la orilla *Vm*, l. *Man*. El camino que deja, *Pan-an*. El que toma. *In*. *Vm*, cortar el papel por la orilla. La orilla, *In*. El papel, *Himilingan*.

HIMILING. pp. Tomar algo de la orilla, *Vm*, l. *Man*. *In*, lo que. *An*, de donde. De aqui, *Himilingin mo ang duc-hà*, pélalo.

HIMILIT. pp. Estar alguna cosa cargada, como agoviada de mucho olor ó hedor. *Nanhihimilit nang bang̃o*, ó *nang bahò*. La causa, *Ipan*.

HIMIS. pc. Un género de superticion. *Mag*, usarla. En que, *Pinag-an*.

HIMISAY. pp. Componer los vigotes, quitando lo superfluo, *Man*. Sale de *misay*.

HIMLAY. pc. Cesar un poco la enfermedad, descansar. *Vm*, l. *Napapa*. *Papanghimlain mo siya*, haz que descanse.

HIMOC. pc. Enlabiar, acariciar, *Vm*, l. *Mag*. Á quien, *In*. Con que, *Y*.

HIMÓ. pp. Untar con aceite. *Vm*, á otro. Á quien, *An*. El aceite, *Y*. *Mag*, así mismo. Con las pasivas correspondientes.

HIMOCAS. pp. Sacar lo que está en la red. *Vm*, safarse de ella. *Mag*, safar á otro. Á quien, *An*.

HIMOCO. pc. Podar quitando las ramas secas, *Vm*, l. *Man*. La rama, *Hin*. El árbol, *Han*. El instrumento, *Panhimoco*.

HIMOCTO. pc. Vide *Himatid*. Ya se muere.

HIMOCTO. pc. Lavar los ojos enfermos con agua caliente, *Vm*, mejor *Man*. Los ojos, *Hin*. Sale de *Pocto*, hincharse los ojos.

HIMOGTÓ. pc. Cortar ó quebrar como el *Diliman*, cortándola abajo, y cobrándola poco á poco á estirones, para que quede entera y sirva para amarrar. Sale de *Pogto*.

HIMOHA. pp. Tomar para sí lo que se dice á otro, *Man*. Lo que, *Himohanin*. El dicho de que, *Himohanan*. Sale de *Coha*.

HIMOGTONG. pc. Rebuscar fruta, *Man*. Lo que, *In*. La huerta. *An*.

HIMOHOC. pc. Ir quitando á trechos el cabello, *Man*. Lo que se quita, *In*. De donde, *An*.

HIMOLARIN. pc. Lama ó lodo que se hace en los caminos, *Na*. Ser enlodado, *In*.

HIMOLORIN. pc. Idem.

HIMOLA. pc. Ponerse colorado el rostro. Sale de *Pula*.

HIMOL. pp. Salpresar para el dia siguiente, *Mag*. Lo que, *An*. *Himol*. pc. *Na*, *isdà*, pescado salpreso.

HIMOLORIN. pp. Los huesos de los lomos.

HIMOYAT. pp. Lo que dá el novio á su suegra por el desvelo en criar á la novia, que hasta esto hacen pagar. *Man*, el que dá. Á quien, *In*. *Panhimoyat*, la dádiva.

HIMOLOS. pp. Recoger las sobras del oro, *Man*. Ellas, *In*. Donde, *An*. Sale de *Polos*. pp.

HIMOLMOL. pc. Pelar ave, desplumar, *Mag*. La pluma, *In*. El ave, *An*. Andar pelando, *Man*. Sale de *Bolbol*.

HIMONOT. pc. Quitar el bonot al coco. *Man*. El coco, *An*. El bonot, *In*.

HIMONGA. pp. Limpiar la red de lo que se le pega debajo del agua, *Man*. La red, *Han*. El zacate, *Hin*. Y si no se nombra lo que se quita de la red, *Hin*. *Himongahin mo ang dala*, pero cuando se nombra, *Himongahan nang damo ang dala*. Sale de *Bonga*.

HIMONO. pp. Cortar el tronco de los árboles arrancándolo, *Man*. Los troncos, *In*. La tierra, *An*. Sale de *Pono*.

HIMOTO,T. BALAT. pc. Quedarse en huesos y pellejo, *Man*. Sale de *Bot-o,t*, *balat*.

HIMPAC. pc. Sumido como vientre sin sustancia. *Na*, estarlo. *Vm*, sumirlo atrayendo el resuello. *Nakimpac ang bolsa*, cuando se le saca mucho dinero. *Himpachimpacan*. pc. Los vacíos del cuerpo, los hijares.

HIMPOT. pc. Vide *Quipot*. Tambien *Orlot*, con sus juegos.

HIMPOT. pc. Parar. *Hindi aco nahihimpot*, lo mismo que *hindi aco natatahan*. *Pahimpothimpotin*, *patahantahanin*.

HIMPOT. pc. En algunas partes lo mismo que *hindot*.

HIMOR. pp. Lamerse los labios ó dedos, *Vm*. Lo que, *In*. Los labios, *An*.

HIMOSONG. pc. Desvergonzarse con otro. *Man*. Contra quien, *An*. Con que, *Ipan*.

HIMOTA. pp. Limpiar las lagañas, *Man*. Los ojos, *An*. Sale de *mota*.

HIMOTONG. pp. Limpiar la sementera de los montones de yerbas ó zacates, *Man*. La yerba, *In*. La sementera. *An*.

HIMOTI. pc. Ir poco á poco perdiendo el color, *Man*. La causa, *Ipan*. Sale de *Puti*. pc.

HIMOTI. pp. Ir rebuscando la fruta que quedó en el árbol, *Man*. La fruta, *Hin*. El árbol ó huerta, *Han*. Sale de *Puti*. pp.

HIMOTOL. pp. Cortar palos, cogon. &c. *Man*. Lo que. *In*. De donde, *An*. Con que, *Y*. Sale de *Potol*.

HIMOTOR. pp. Rebusca de pesca ú otra cosa, *Vm*. Lo que, *In*. Donde, *An*. Con frecuencia, *Man*. Sale de *Botor*.

HIMOTLA. pc. Ponerse descolorido de miedo, *Man*. Sale de *Potla*.

HIMOTMOT. pc. Escarmenar lana ó algodon, sacar hilas de paño viejo, *Man*. El algodon ó hilas, *In*. De donde, *An*. Con que, *Y*.

HIMOÁ. pp. Afrentar á la muger nombrándole las partes verendas, *Vm*. La muger, *In*. *Houag mong himouain*. Sale de *boua*.

HINÁ. pp. Enflaquecer, flojo. *Vm*, enflaquecer, desmayar. *Maca*, la causa. *Ica*, pasiva. *Cahinaan*, flaqueza. *Mahinang loob*, pusilánime.

HINA. pp. Aflojar, aplacar, reprimirse, ir poco á poco. *Hungmihina ang hañgin*. *Hinaan mo ang paglacar*, *ihina mo ang gaua mo*.

HINAB. pp. Color que sale. *Vm*, salir el color. *Bahagya na huminab ang bait*, apenas le asoma el juicio. Vide *Hinas*, *himig*.

HINABAR. pp. Palabras de cumplimiento. *Magpa*, decirlas. *Cahinabaran*, á quien. Sale de *Abar*.

HINABAS. pp. Recoger los retazos, *Man*. Retazos, *In*. Sale de *Tabas*.

HINACOT. pp. Temer, escarmentar, *Man*. *Nanhinacotan*, l. *Nahintacotan aco*, escarmenté. *Man*, escarmentar. *Pan-an*, de lo que. Viene de *tacot*.

HINABUYAN. pp. Medio viejo. *Malahinabuyan*, ropa usada.

HINACAY. pc. Embarcarse con otro. *Vm*, l. *Maqui*, para una vez. *Paqui-an*. con quien. *Ipaqui*, lo que. Con frecuencia, *Man*. Lo que, *Ipan*. Con quien, *Pan-an*.

HINACDAL. pc. Acogerse, *Man*. Sale de *Sacdal*.

HINAIN. pp. Destripar el pescado. *Vm*, l. *Mag*. El pescado, *In*, l. *An*. Sale de *Cain*.

HINAGAP. pp. Ir cogiendo pecesillos ó camarones en el agua, *Man*. Lo que, *In*. Donde, *An*.

HINAGAP. pp. Correrse de algun dicho ó hecho, *Man*. Lo que, *In*. Sobre que, *Hinahagapan*. Sale de *Sagap*.

HINAGONOY. pp. Anillo.

HINAGORAN. pp. Espiga ó caña del arroz desgranado.

HINAIN. pp. Abrir el pescado ó cosa semejante por la barriga, *Mag*. El pescado, *hinay-an*, l. *Pag-an*. l. *Hinay-in*. De aqui Fr. Francisco: *Hinay-an aco nang paghampas sa aquin*. Lo mismo. *Nararog ang calao-an co nang paghampas*. *Mahinay-an pa ang isdâ, cun ualang sancalan*, á ti te lo digo mi nuera, entiéndelo tú, mi suegra.

HINALVAS. pp. *Hauan*. Vide.

HINALA. pp. Sospechar ó barruntar, *Mag*. Lo que, *In*. De quien, *Pag-an*. Lo que achaca, *Ipag*. *Mahinalan*, sospechador.

HINAGPIS. pc. Tristeza, pesar, *Vm*, l. *Man*. Entristecerse. *Pan-an*, por quien. La causa, *Ipan*. *Mag*, á otro. Con que, *Y*.

HINAMAR. pc. Esperezarse. Sale de *Tamar*. Vide sus juegos.

HINANAPLA. pc. Un árbol.

HINAMO. pc. Provecho que saca uno de sus cosas. *Man*, sacar algun provecho. Sale de *Tamo*.

HINAHON. pp. Reportarse en los afectos desordenados, *Vm*. *Mag*, *Man*. *Ang loob*, *In*. *Mahinahon*, reportado. *Maghinahon ca*, repórtate, l. *Vm*, l. *Man*. Ante quien, por quien, *paghinahonan*.

HINALAP. pp. Andar cogiendo pescadillos con el *Salap*. *Man*. Los peces, *In*.

HINALIG. pp. Confiar en otro, *Man*. Ellos, *Pan-an*. Las necesidades, *Ipan*. *Masaquit ang manhinalig*, trabajo es necesitar de otro.

HINANAQUIT. pc. Quejarse de amigos, *Mag*. De que, *Ipag*. De quien, *pinaghihinanactan*, Sale de *Saquit*.

HINAMPO. pc. Enojarse, enfadarse, *Vm*, l. *Man*. De quien, *Ipan*. Contra quien, *Pan-an*. Sale de *Tampo*.

HINANAO. pp. Apaciguar, *Magpa*. Sale de *Sanao*.

HINANĜAY. pc. Arrebatar ó llevar algo tras sí, cogiéndolo al vuelo, *Man*. Lo que, *In*. Sale de *Tanĝay*.

HINANG. pp. Soldar. *Vm*, soldarse. *Mag*, soldarlo. *Y*, con que. Á donde, *An*. *Paghinanĝin*. los dos. *Pinaghinanĝan*, por donde se soldaron. *Nahinang*, l. *Napaghinang*, l. *Nagcahinang na*, ya está soldado.

HINANGPIT. pc. Tirar á la costa ó al puerto, *Man*. Á donde, *Pan-an*. *Manghinanpit tayo sa mabuting lalauigan*, acojámonos á buen puerto.

HINAO. pc. Lavarse los pies ó manos. *Man*, asi mismo. *Vm*, l. *Mag*, á otro. Lo que se lava, *An*. Con que, *Y*. El plato en que, *paghihinauan*. *Magpa*, dar aguamanos, mandar á otro que se lave. *Pinaghinauan*, las lavaduras.

HINAUAN. pp. Vasija.

HINAUAR. pp. Regatear. *Mag*, l. *Vm*. Lo que, *Y*. Á quien, *An*. Con frecuencia, *Man*. Lo que, *Y*. Á quien, *Pan-an*.

HINAOM. pp. Utilidad de poca monta. *Uala acong mahihinaom*, l. *Hinaom*, l. *Hinaomin*, no tiene mas juegos.

HINAP. pp. Mancha que recibe la ropa del color que tiene. *Homihinap ang puti sa itim*, se mancha. *Nahinapan*, estarlo. *Mahinap*, manchado. *Nahinapan ca na yala niyong sinosondansondan mo*, se te ha pegado la costumbre de aquel con quien andas.

HINAPANG. pp. Esforzarse, animarse. *Man*. tomar ánimo. *Vm*. l. *Mag*, darlo á otros. *Hinihinapanĝan*, ser esforzado. *Nagpupaca*, esforzarse, mucho.

HINAPAO. pc. Lo mismo que *ibabao*. *hapao*.

HINAS. pp. Lustre de oro ó ropa. *Vm*, irlo tomando. *Anong pagcahinas?* Valiente lustre. Vide *Haua*, *lalin*.

HINATI. pp. Persuadirse que la cosa sucederia como antes, y de repente es lo contrario. *Hungmihinati siya sa dating saquit*, *hinihinati niya ang dating saquit, nang may saquit, ay caalamalam na matay*. Sale de *Dati*.

HINATING. pc. Ir sucediendo algo, ir llegando poco á poco, *Man*. *Cahihinatnan*, paradero.

HINAYO. pp. Descaecerse, *Man*. Sale de *Hayo*. pp.

HINAYOM. pp. Coger la yerba, *Tayom*. *Man*. Ser cogida, *In*. Donde, *An*.

HINAY. pp. Despacio en obra ó palabra. *Mag*, l. *Magpaca*. Lo que, *Paca*. l. *Pag-in*. *Mahinay*, espacioso. *Vm*, irse quitando el enojo. *Napacahinay na*, se quitó.

HINAYANG. pp. Lástima, lastimarse, *Na*. l. *Nan*. De que, de quien, ó sobre que, *Quina-an*. l. *Pan-an*. *Nagpapa*, lastimarse de cualquiera pérdida. Sale de *Sayang*.

HINAONAO. pp. Comenzar á prender lo sembrado, empezar la amistad. *Vm*. ir empezando, l. *Man*. *Magpa*, hacer que prenda, apaciguar.

HINAUA. pp. Enfado que recibe de ser importunado, *Man*. La causa, *Ipan*. De quien, *Pan-an*. Sale de *Saua*.

HINGQUIN. pc. Cazon. Vide *Paling*.

HINDÍ. pc. No, negando algo, *hindi co naquiquilala*.

HINDIC. pc. Hipo de muerte, resuello continuo, *Vm*, l. *Na*. Si muchos, *Mag*, l. *Hihindichindic*.

HINDIRICQUI. pc. Cosquillas, jugar con el niño en los brazos, *Vm*. El niño, *In*.

HINDANG. pc. Medio acalenturado por el calor del camino. *Nahihindang*. *Uicang bondoc*.

HINDO. pc. Descarnar marisco cocido, apartar, sacarlo de sus conchas, *Vm*. La carne ó meollo, *In*. Las conchas, *An*.

HINDOLOS. pc. Estender las piernas estando sentado en el suelo, *Vm*, l. *Mag*. Los pies, *Y*. Estarlo, *Na*. *Nagcapa*, resbalarse y quedarse asi. La causa, *Ipag*. Donde, *pagca*, *pa-an*.

HINDOSAY. pc. Estar tendido á la larga boca arriba. Cuadra tambien á palo, &c. *Na*, l. *Napapa*, ponerse uno así. Asi mismo, *Mag*. Lo que, *Y*. Á otro, *Magpa*. Lo que, *Y*, l. *Ipa*. *Napapa*, estar así. Vide *Handosay*.

HINDOT. pc. Arquear el cuerpo. Sumitur etiam pro actu carnali. Vir. *Vm*. Mulier, *In*, l. *Napa*. Est verbum immundum.

HINĜA. pc. Aliento, resollar, *Vm*. El aliento, *Hin*. Á quien lo echa, *Han*. *Hihinĝahinĝa*, acezar.

HINĜA. pc. Hendedura en el plato.

HINĜÁ. pc. Espantar perros.

HINĜABA. pc. Compadecerse, *Vm*. De quien, *In*. *Mag*, darle algo. *Y*, lo que. *Pag-an*, á quien. Sale de *Abà*. pc.

HINĜAHAN. pp. Aire ó ambiente, que resollando atraen los animales.

HINĜAL. pp. Acezar mucho resollando, *Vm.* Si mucho, *Mag*, l. *Hihinĝalhinĝal.*
HINĜALAY. pc. Descansar del camino, *Magpa. Papagpa*, ser hecho descansar. *Hinĝalain*, ser detenido para que descanse.
HINĜALAS. pc. Descarnar el hueso, *Vm.* La carne, *In.* El hueso, *An.* Desollarse así. *Na.* Descarnarse de suyo, *Man.* Hacer que se descarne, *Magpapan. Nanhihinĝalas ang hininĝa*, vá faltando. Metáfora.
HINĜALIS. pc. Lo mismo. Sale de *Calis.* pc.
HINĜALÓ. pc. Agonizar, *Mag.* No tiene mas. Sale de *Nĝalo.*
HINĜANĜAY. pp. Ir para que le conviden á la boda, *Man.* Sale de *Canĝay.*
HINĜAO. pc. Acalenturado, *Na. Mahinĝauin*, achacoso.
HINĜAP. pc. Buscar con ansia. Vide *Hanĝar.*
HINĜAPI. pc. Ladearse como el Juez. Vide *Api.* pc.
HINĜAPIT. pc. Ampararse de otro, *Man.* Á quien, *Pan-an.* La causa, *Ipan.* Sale de *Capit.*
HINĜAPO. pc. Visitar los nietos, *Man.*
HINĜAS. pp. Hablar de priesa, que no le alcanza el resuello, *Na*, l. *Vm*, l. *Hihinĝashinĝas.* Vide *inĝal, hanĝos.*
HINĜASA. pp. Andar, ó estar en prosecucion de lo que espera, tentar el vado, *Vm.* Lo que, *In.* De quien, *han.* Porque, *Y.*
HINĜASING. pp. Acezar con las narices, *Vm*, l. *Na*, l. *Hihinĝahinĝasing.*
HINĜAUAS. pp. Salvarse saliendo de un peligro á otro, *Man.*
HINĜAUOT. pp. Correrse por lo que se dice á otro, *Man.* Ante quien, *pinaghinĝauotan.* La causa, *Ipan.* Frecuent. *Mapan.*
HINGCOR. pc. Cojo de un pie mas largo que otro. *Na*, cogear sin querer. *Vm*, de propósito. *Hihincorhincor*, andar así.
HINĜÍ. pc. Pedir graciosamente, *Vm.* Lo que, *In.* Á quien, *An. Nahinĝí*, lo que alcanzó pidiendo.
HINĜIBIS. pc. Cargar descargando á otro, *Man.* Lo que, *In.* De quien, *An.* Sale de *Ibis.*
HINĜIL. pp. Pedir como el niño, ó el enfermo, *Vm.* Lo que, *In.* Á quien, *An.*
HINĜILAY. pp. Componerse las cejas. *Man*, l. *Mag*, así mismo. Con que, *Ipag*, l. *Ipan.* Á otro, *Vm.* Á quien, *An.* Con que, *Y.*
HINGGUIL. pc. Allegar á otra parte, pegarse á otro, *Vm.* Á donde, *An.* Lo que, *Y. Na*, inclinarse á algun sentir. Á donde, *An*, l. *Napapahinggμil.*
HINGGUIL. pc. Aplicar ó inclinar algo á otra parte, *Magpa.* Lo que, *Ipa.* Á donde, *Pa-an.*
HINGGUIL. pc. Echar la culpa á otro, *Mag.* Lo que. *Y.* Á quien, *Pag-an. Ihinguil sa iba ang sala.*
HINĜOBAN. pp. Quitar las canas. *Man*, así mismo. *Vm*, á otro. Las canas, *In*, La persona, *An.* Sale de *Oban.*
HINĜOCO. pc. Cortarse las uñas, *Man.* Á otro, *Vm.* Lo que, *hin.* Á quien, *han.* Sale de *Cocó.*
HINĜOHA. pp. Tomar para sí, lo que se dice por otro, picarse ó correrse de eso. Vide *hinĝauot.* Las pasivas de *In* y *An*, son *hinĝonin, hinĝonan.*
HINĜOLI. pc. Volver á alguna parte para ver si ha quedado algo que hacer ó que coger de lo que hizo ó cogió, *Vm*, l. *Man.* Á lo que, *In*, l. *Pan-in.* Sale de *Oli.*
HINĜONĜOTO. pp. Panadizo, uñero. *In*, tenerlos.
HINĜOS. pp. Vide *Hanĝos.*
HINĜOTO. pp. Espulgar á otros, *Vm.* Á quien, *An*, l. *Han, hinĝotohan*, l. *Hinĝot-an*, los piojos. *In*, l. *Hin.*
HINĜOTYÁ. pc. Irse poco á poco avergonzando de sus cosas. *Man.* De que, ó causa. *Ipan.* Ante quien, *Pan-an.*
HINGQUILITÍ. pc. Cosquillas. *Mag*, hacerlas. Á quien, *In.*
HINGUIU. pc. Un género de baguing mas fuerte, y de mas dura que el bejuco.
HINQUIQUILÍ. pc. Lo mismo, con los mismos juegos.
HINHIN. pp. Sosiego personal, mesura, modestia. *Vm*, irse haciendo tal. *Ica*, la causa. *Mag.* decir ó hacer algo con modestia. *Maghinhin nang panĝonĝosap*, lo que. *In*, l. *Pacahinhinin, mahinhin*, modesto. *Magpaca*, componerse modestamente. *Pacahinhinin mo ang loob mo*, sosiégate. Metáf. *Mahinhin*, callado y sosegado en la obra. En el hablar *mabini, matining.* En el andar, *marahan.* En el dormir, *matiguil.* En el comer, *matintin*, En el reñir, *malovay.* En el jugar, *mabini.* En el mirar, *mamasid.* En el corazon, *mahinhin, mahinahon, mabanayar.*
HINIGPIS. pc. Tristeza grande. *Vm*, entristecerse. *Mag*, á otro. *Man*, andar así. Por quien, *Pan-an.* La causa, *Ipan.*
HININĜÁ. pc. Hacer noche, *Mag.* Donde, *Pag-an.* Porque, *Ipa*, segun Don Juan de los Santos en la traduccion del año Virginio, en la cuarta parte, exortacion de siete de diciembre.
HININĜÁ. pc. Resuello, mondadientes.
HININGTING. pc. *Tahan ang inĝay, payapa, tahimic.*
HINICSIC. pc. espulgarse así mismo con una mano, á diferencia de *hingoto*, que es á otro con dos, *Man.* El piojo, *In.* La cabeza, *An.* Sale de *Sicsic.*
HINIRAP. pp. Fisgar zahiriendo, *Magpa.* De quien, *pinagpapahinirapan.* Fisgador, *mapagpahinirap.* Sale de *Irap.* Tambien holgarse del mal ageno, con los mismos juegos.
HINIS. pp. Lustre de oro, ropa, &c. Vide *Hinas, quinis, quinas.*
HINLI. pc. Canto de madre meciendo al hijo en la cuna, *Mag.* Lo que, *Hin.* El chiquillo, *Y*, l. *Ipag.* Tambien *Ang pinaghihinlihan ay ang bata.*
HINLIC. pc. Lo mismo que *Hilic*, roncar. Vide *Hilic*, con sus juegos.
HINODO. pp. *Patubo.*
HINOCÁ. pc. Comer las gallinas, *Man.* Lo que, *Pinan.*
HINOCÓ. pp. Vaciar lo recogido en los pliegues ó dobleces de la red, *Man.* Vide *Cocó*, pp.
HINOCOR. pp. De buena traza, de buen talle. *Mabuting hinocod na cabayo*, caballo de buena

traza. *Magandang hinocol na babaye*, muger compuesta.

HINOG. pc. Cosa madura, como fruta. *Hinog na*, ya lo está. *Mahihinog na*, ya lo estará. *Vm*, ir madurando. *Mag*, madurar. Lo que, *In*. Donde, *Paghihinogan*. *Magpa*. dejarla madurar en el árbol. *Pa-in*, la fruta. *Pa-an*, el árbol. *Cahinogan*. pc. Madurez. *Pahinog*, lo que hace madurar.

HINOGAY. pp. Aplacar á los reñidos, *Mag*. Ellos, *In*. l. *Pag-in*. Con que, *Ipag*.

HINOHOR. pc. Dejar á uno que haga su voluntad, ceder de su derecho por evitar ruidos, *Magpa*. Lo que, *Ipa*.

HINOHOS. pc. Poner algo á la larga. *Vm*, ponerse asi. Lo que, *Y*. *Magpa*. á otro. Lo que, *Ipa*.

HINOLOS. pc. Estarse sin hacer nada como una estaca. *Mag*, estender la pierna. *Y*. lo que. Sobre quien, *An*. *Magpa*, ponerse asi. Sale de *Tolos*.

HINOLA. pp. Cardenal ó señal que queda de golpe. *Man*, tenerla. *Mag*, estar acardenalado. *Magpa*. acardenalar á otro. Á quien, *Pinapag*.

HINOSO. pp. Pedir el pecho, observarlo, *Man*. Las tetas, *Pinan-an*.

HINOTOL. pp. Recorrer, recapacitar bien lo que ha de informar. *Mag*. certificarse. Lo que inquiere. *In*. Lo que trae á la memoria, *Ipag*. Sale de *Totol*. Vide. *Onaua*.

HINOUIR. pp. Enderezar tirando. *Vm*, asi mismo. *Mag*, á otra cosa. *In*, lo que. *Man*, andarse enderezando. *Hinouiran*. blanco á que apuntan. Sale de *Touir*.

HINOMA. pp. Coger piojos de la ropa, *Man*. Los piojos. *Hin*. El vestido. *Han*.

HINOTOLI. pc. Quitar la cerilla de la oreja, *Man*. Ella, *Hin*. El oido, *Han*. Sale de *Totoli*.

HINOUÁ. pp. Andar buscando con quien consolarse. *Man*. Lo que motiva consuelo, *In*. De donde, ó en que, *An*.

HINLALATO. pp. El dedo del medio, l. *Dato*.

HINLALAQUI. pc. Dedo pulgar.

HINLALABIO. pp. Una yerba que nace en la orilla del mar.

HINLALAY. pc. Andar saltando en un pie, *taquindi, bocsiya, hindaray*. *Man*, andar asi.

HINLALAYON. pc. Un gusano peludo de muchos pies.

HINLALAYONG. pc. Una yerba llamada asi.

HINLI. pc. Canto de banca, ó la madre al hijo meciendo en la hamaca. *Mag*, la madre. *Hin*, el canto, ó lo que canta. *Y*, l. *Ipag*, el chiquillo. *Pinaghihiulihan*, donde.

HINLOG. pc. Pariente en cualquier grado.

HINDANG. pc. Vide *Landang*.

HINBIC. pc. *Masamang paghinĝa*, resuello cansado.

HINTAD. pc. l. *Hantad*. Desarrugar lo arrugado, desdoblar estendiéndolo bien con la mano, *Vm*. Lo que, *In*.

HINTAD. pc. Vide *Bantad*, con sus juegos.

HINTAL. pc. Esperar. Vide *Hintay*.

HINTAY. pc. Esperar, aguardar. *Vm*. l. *Man*, á quien. *Hintin*. sincopado, *Mag*. guardar algo para otro esperándole con ello. Lo que *Y*. Tambien *Mag*. esperar, como á quien le dicen que lo aguarde. Á quien, *In*.

HINTAY. pc. Dilatar, *Mag*. Lo que, *Y*. *Houag mong ahintay sa bucas ang pagparoon mo*, no dejes para mañana tu ida.

HINTO. pc. Descanso ó paradillas en el camino, *hihintohinto*, l. *Mag*. Lo que *Y*. *Ipag*, la causa. *Vm*. de propósito. *Ica*, la causa. *Ualang hinto*, no tiene reposo. *Macailang hinto?* Cuántas veces? *Macalauang hinto?* dos veces, ó dos paradas.

HINTOR. pc. Dar barrigada hácia delante como el cojo, *Vm*. Vide *hindot*.

HINTOTOBI. pc. Mariposa. Vide *Totobi*.

HINTOTORO. pp. Dedo índice.

HINOCA. pc. Picar de aqui allí la gallina, *Vm*. l. *Man*. Lo que. *In*. Donde. *An*.

HINUYO. pp. Dar gusto á otro, ó complacerle, *Man*, Á quien, *In*. Sale de *Suyò*.

HINYAYANĜO. pp. Culebra ponzoñosa.

HIPA. pc. Vide *Hopa*.

HIPAC. pc. Abajarse la tierra, deshincharse la barriga, *Vm*. Á quien, *An*. Active, *Mag*. Lo que, *In*. Es mas que el antecedente.

HIPAG. pp. Cuñada ó cuñado. *Mag*. concuñados. *Ang paghihipag namin*. el ser cuñados. *Hindi niya aco hinihipag*, no me tiene por tal. *Vm*, l. *Man*, hacerse tal, ó llamarse no siéndolo. *Ang hihipaguin*. el que ha de ser cuñado.

HIPAHIP. pp. Lo mismo que *Hipihip*.

HIPAHIP. pp. Parar algun tanto, como para oir alguna palabra. Vide *Hipihip*, con sus juegos.

HIPHIP. pc. Sobornar, *Vm*. *Nagpa*, el que lo admite ó pide soborno.

HIPHIP. pc. Tirar con fuerza la respiracion, beber con cañutillo, *Vm*. Lo que. *In*. Con que, *Y*. Instrumento, *Panghiphip*. Sinónomo *Hophop*.

HIPIC. pc. Tocar ligeramente á uno, *Vm*. Á quien. *An*. *Tauong di mahipican, di mangyaring caosapin*. hombre intratable.

HIPIC. pc. Pararse algun tanto para oir alguna palabra, *Vm*.

HIPIC. pc. Levantarse el estómago ó la barriga, como cuando se resuella, *Vm*, l. *Hihipichipic*.

HIPICHIPICAN. pp. Los hijares.

HIPIHIP. pp. Parar ó descansar un poco de lo que hace. *Di mahipihip, di matahan*, no puede parar.

HIPIT. pp. Vide *Hipic*.

HIPIT. pc. *Hinihipitan*. Vide *Higpit*. l. *Piit*.

HIPNO. pc. Acogerse, acomodarse. *Napapahipno*. pedir amparo. *Vm*, amparar̃se. *An*. de quien.

HIPNO. pc. Trasladar de un libro en otro. *Vm*, mirando al original. *Mag*, la copia. *In*, lo que en el original. *Y*, lo que en la copia. *An*, de donde y mejor. *Pag-an*. Vide *Salin*.

HIPÓ. pp. Atentar como á la llaga blandamente, ó manosearse, probando si está áspero, *Vm*. Lo que, *In*. Á quien, *An*. Si mucho, *Mag*. pc. Lo que, *Pinag*. Á quien. *Pag-an*, pc. *Ualang mahihipo sa caniyang bahay*, pobre que no tiene sobre que caer.

HIPON. pp. Camarones pequeños: *Baquit nanĝa ang hipon, ganĝo,i, macasosonĝol pa:* por ruin que sea, no es malo para enemigo.

HIRA. pc. Inquieto. Vide *Dalahira*.

HIRAL. pp. Revolucion de estómago. Vide. *Hirol.*

HIRALÁ. pc. Escarmentar, *Man*. Vide *Dala*.

HIRAM. pc. Pedir prestado. *Vm*, tomar prestado. *Hibnin*, lo que. *Hibnan* de quien: síncopa: *Magpa*, emprestar ó dar prestado. Lo que, *Ipa*. Á quien, *Pahiramin*, l. *Pahibnin*. *Naca*, alcanzarlo. *Na*, lo que. *Hiram co ito*, l. *Pahiram sa aquin*, lo tomé, ó me lo dieron prestado. Vide *Tarahan*.

HIRAMAY. pp. Encartar, *Man*. Á quien, *In*. Donde ó en que, *An*.

HIRANG. pp. Escoger, entresacar, *Vm*. Lo que, *In*. Lo dejado *An*. *Houag manhirang ang bigyan*, á quien dan no escoge.

HIRAO. pp. Gallo de pelo blanco que tira á verde.

HIRAOLINGA. pc. Gallo de otro color.

HIRAP. pp. Enfermedad larga, trabajo, miseria. *Mag*, padecerla. *Pinag-an*, sobre ó en que. *Ipag*, porque, ó el trabajo. *Nagcaca*, tenerlos. *Mahirap*, cosa trabajosa. *Mahirap na tauo*, persona de muchos trabajos. *Cahirapan*, trabajo. *Anong hirap mo?* Qué te duele? *Pahinirap*, contento que uno tiene de mal ageno. *Magpa, pinagpapahinirapan*, á quien.

HIRAT. pp. *Pahinirap*, l. *Hilat*.

HIRATI. pp. Perpetuar ó proseguir. *Hinihirati*. lo que vá continuando. *Naan*, cosa en que está acostumbrado. Tambien *Hinihirati ang saquit*, enfermedad ordinaria, pero en fin le mató.

HIRHIR. pc. Mojar como en salsa ó miel, *Mag*. Lo que, *Y*. Donde *An*. *Hirhiran* Salsa.

HIRIN. pp. Atravesarse el bocado en la garganta. *Nahirinan*, á quien. Causa, *Naca*. Estar así, *Na*. *Hihirinhirin na aco, papagmamaraliin pa*, no me deja tragar bocado con su priesa.

HIROL. pc. Vide *Hiral*, l. *Pirol*.

HISO. pc. Enjuagarse, fregarse, como los dientes con los dedos, *Mag*, l. *Man*. Los dientes ó boca, *In*. Vide *Caso*.

HITÁ. pp. Muslo.

HITÁ. pc. Provecho que saca de algo. *Anong mahihita mo sa aquin*, l. *Mapapala*, l. *Mapapaquinabang?* Qué provecho sacarás de mí?

HITAM. pp. Plomo negro, malo. *Tingahitam*.

HITAR. pp. Repantigarse, *Vm*. Las piernas, *In*. Si mucho, *Mag*, pc. l. *Sahihitar*, estar así.

HITAR. pc. Puta. *Hitar na babaye*. *Mag*, andar disoluta. *Hihitarhitar*, andarse convidando. *Cahituran*, lujuria de muger.

HITHIT. pc. Chupar hácia sí, *Vm*. Lo que, *In*. De donde, ó á quien, *An*. Tambien atraer el aliento ó lo que queda en el bazo. *Pahithit nanó*, yerba que trae la materia.

HITÍ. pp. Hacer centinela sin ausentarse. *Hitian ang buquir*.

HITIC. pp. Arbol cargado de fruta. *Hungmihitic nang bunga ang dalandan* Vide *Ningil*, *hitip*, pp. *Hotoc*.

HITIR. pp. Cosa que en breve se consume. *Mahitir ang lana*, que se gasta mucho. Su contrario *Tipir*, pc.

HITO. pp. Género de pescado.

HITOD. pp. Sabroso. Vide *Itod*.

HITOR. pp. Relleno, contonearse. *Sahihitor*, l. *Vm*, estar así. *Hihitorhitor*, andar así.

HIUÁ. pp. Cortar en pequeñas partes, *Vm*. Lo que, *In*. Á quien, *An*. *Na*, herirse. *Hihiuahiuang*, pc. *Catao-an*, acuchillado. *Cahiua*, una tajada. Si mucho, *Mag*. pc. Lo que, *Pag-in*.

HIUA. pp. Voz con que ahuyentan puercos.

HIUAGA. pp. Diferencia de sentidos y significaciones. *Mag*, dar muchos sentidos á algo. *Pinag*, el dicho. *Nagcahihiuaga ang loob*, vacilar.

HIUALA. pc. Huirse, *Man*. De quien, *An*. Dos ó mas, *Mag*.

HIUALAN. pp. Amistad estrecha. *Magcaca*, tenerla. *Pagcaca-in*, sobre que. Nace de *Uala*.

HIUALANG. pp. Vide *Hiualay*.

HIUALAY. pc. Separarse dos que estaban juntos. *Vm*, el uno del otro. De quien, *An*. Dos ó mas, *Mag*. Itt. *Mag*, apartar una cosa de otra. Lo que, *Y*. De donde, *Pag-an*. Las cosas, *Pinag*. Sinónomo *Tiualag*. pc. *Uatac*. pc.

HIUANGSAY. pc. Vide *Saysay*.

HIUAS. pc. Estar atravesado ó al soslayo. *Mag*, poner ó hacer algo así. *In*, ser puesto ó hecho. *Hiuas ang loob niya, sa loob co*, no convenimos.

HIUAS. pc. Enladrillar, *Mag*. Los ladrillos, *Pag-in*. Itt. De dos echados pies con cabeza se dice: *Naghihiuas sila nang paghiga*, están acostados pies con cabeza, ó como ladrillos dispuestos.

HIUAT. pp. Zarpar, sacar el ancla, *Vm*. Lo que. *In*.

HIUATI. pp. *Paghiuatiin*. Lo mismo que *paghatiin*. Vide *molaing*.

HIUATIC. pp. Cualquiera obrilla que se entremete en otra mayor, y diferente para tener algun provecho, como v. g. Hará uno un poquito, y lo deja para remendar algo. Lleva cantidad para vender, y añaden unos pollos ó un poco de buyo para tener tambien esa poca ganancia, *Mag*. Lo que, *Y*. Tambien concertarse. *Nacahiuatic na*, ya está concertado.

HIUIR. pp. Torcerse como la punta del clavo. *Vm*, estarlo. *Na*, torcerse. *Sahihivir ang paglacar*, caminar derrengado.

HIUIS. pc. Estar al soslayo, como escalera ó viga. *Na*, estar. *Mag*, poner algo así. Lo que, *Y*.

HIYÁ. pc. Vergüenza. *Na*. estar avergonzado. *Maca*, l. *Ica*, la causa. Ante quien, *Nahihiyan*. *Hiin*, l. *Panhiin*, ser avergonzado de otro. *Vm*, avergonzar. Con que, *Y*. *Man*. l. *Magbibigay hiya*, causa ó dar vergüenza. Á quien, *Binibigyang hiya*. Con que, *Ipag*. *Naquiquinahiya*, l. *Naquiquicahiya*, tener vergüenza con otro que la tiene. *Nagcaca*, los dos. *Nagcacahiyaan*, mútuo. *Ipinagcacahiya*, de que. *Ipinagcacahiyaan*, de que, mútuo. *Nagmamacahiya*, avergonzarse de algo. De que, *Ipinagmamacahiya*. Á quien, *Pinagmamacahiyan*. *Magpahiya*, l. *Magpacahiya*, motivar á otro á tener vergüenza. *Pahiyn*, á quien. *Ipinagpapahiya*, con que. *Cahiyahiya*, cosa vergonzosa. *Ualang hiya*, sin vergüenza. *Mahihiin*, vergonzoso.

HIYAHIS. pp. Nudo de cordel.

HIYANG. pp. Confrontar los genios, *Na*. Con quien. *Ca-an*. En que, *Ica*, l. *Maca*. *Magcaca*, los dos. *Hindi hiyang sa aquin, hindi co casongdo, hiyang sa saquit yaring gamot*, á propósito.

HIYAO. pc. Alaracas ó voces de victoria, clamor. *Vm*, l. *Mag*, clamar. *Ipinag*, la causa. *Pag-an*, á quien. *Hinihiyauan mandin nang pagca hinog*, como los pájaros que espantados vuelan de golpe, asi la fruta se cae de golpe.

HIYAR. pp. Recostarse hácia atras como la preñada. *Vm*, l. *Mag*. l. *Hihiyarhiyar nang bosog ang aso*, de puro repleto se acuesta el perro.

HIYAS. pc. Todo género de joyas. *Mag*, traerlas. Donde, *Pag-an*. Lo que, *Ipag*. *Hinihiyas*, lo que se hace joya, ó lo que se trae por tal. *An*, persona á quien se pone. *Magpa*, adornar algo, ó dar joyas á otro. *Pa-an*, á quien. *Mapaghiyas*, el que las trae de continuo.

HIYAUÓ. pp. Voces de mucha gente, gritar, *Mag*. A quien, *An*, l. *Pag-an*. Porque, *Ipag*.

HIYAYÁ. pp. Vide *Tihaya*.

HIYIP. pc. Soplar, cañuto con que soplan, *Vm*. El fuego, *An*. Con que, *Y*. Lo que sirve de cañuto, *In*. *Vm*, soplar el viento. A donde, *An*. Y si mucho, *Mag*. A donde, *Pinaghihipan*.

HIYO. pc. Cazon, tollo pequeño. Vide *Pating*.

H antes de O.

HOAG. pc. Vide *houag douag*.

HOAT. pc. Tenerse ó asirse. Lo que, *Hotan*, Asidero, *Hohotan*.

HOAC. pp. Cañuto de caña de nudo á nudo, ó de pie de árbol, ó de espiga de arroz.

HOBAC. pc. Ir remitiéndose la llama del fuego. Vide *Hopac*.

HOBACHOBACAN. pc. Los hijares. Vide *Hiuachiuacan*.

HOBAHOB. pp. Zahumerio de todo el cuerpo. *Mag*, zahumarse así. Con que, *Ipag*.

HOBAR. pc. Desnudarse el vestido. *Mag*, así mismo, aunque por mano agena. *Vm*, á otro. Lo que, *In*. El que, ó la parte que se desnuda, *An*. *Hobdan*, *hobdin*, síncopas.

HOBLI. pc. Paga que se dá de contado entre los que compran y venden. *Vm*, darla. A quien, *An*. Lo que, *Y*. Tambien, *An*. Vide *Sucli*.

HOBÓ. pp. Desnudarse de toda la ropa, con los juegos de *Hobar*. *Hobò*. pc. Desnudo.

HOBOG. pp. Blandearse como la viga, *Vm*. Ella, *In*. Acaso, *Ma*. La causa, *Ica*, l. *Maca*. Vide *Hotoc*.

HOBOHOB. pc. Vide *Hagohob*.

HOBNIT. pc. Arrebatar. Vide *Agao*.

HOCÁ. pp. Sacar tripas á algun animal, *Vm*. Las tripas, *In*. El animal, *An*. Vide *Houac*. pc.

HOCAB. pp. Dar bocado grande, *Vm*. Lo que, *In*. De quien, *An*. Vide *Ocab*.

HOCAG. pc. Blandearse el cesto que no está lleno. *Hohocaghocag*. Vide *Huncag*.

HOCAG. pc. Estar vacío el estómago de comida, ó la bolsa de dinero. *Hohocaghocag cang naparito*, vienes sin nada.

HOCANG. pp. Vide *Hocong*. pc.

HOCAP. pp. Chupar con paja, *Vm*. Lo que, *In*. De donde ó á quien, *An*. *Panghocap*, instrumento. Si mucho, *Mag*. pc. Lo que, *Pinag*: pc. De donde, *Pag-an*. pc.

HOCAS. pc. Desnudarse la camisa, *Mag*. Ella, *In*. El cuerpo, *An*. Á otro, *Vm*. Ella, *In*. Á quien, *An*.

HOCASIN. pc. Deshacer el telar, *Vm*. El telar, *An*, l. *Hocas*. pc.

HOCAY. pp. Hoya, ó cabar. *Vm*, l. *Man*. sacando algo. Lo que, *In*. De donde, *An*. *Mag*, cabar enterrando. Lo que, *Y*. Fr. Francisco dice que por *Vm*, es ya metiendo, ya sacando. *Nahocay na*, ya está abierto el hoyo.

HOCBO. pc. Escuadra, ejército, emboscada *Vm*, dar sobre los enemigos. Ellos, *An*. *Dalauang hocbo*, dos ejércitos.

HOCHOC. pc. Abrir para sacar la espina, *Vm*. La espina, *In*. De donde, *An*.

HOCLAY. pc. estar inclinadas las ramas del árbol hácia un lado meneándose. *Nahohoclay na tauo*, hombre que se vá cayendo de un lado á otro. Vide *Doclay*.

HOCLOB. pc. Encanto, encantar, *Vm*. Á quien, *In*. Con que, *Y*. Donde, *An*. *Nahoclob*, el hechizado.

HOCLOBAN. pp. Hechicero, brujo.

HOCOM. pc. Alcalde mayor, sentenciar, juzgar, *Vm*. Á quien, *An*. Lo que, *Y*. *Mag*, estar en tribunal, ser juez, *Pinaghohocoman*, el pleito ó el sentenciado. *Hocoman*. pp. El tribunal, l. *Cahocoman*. *Pinaghohocoman*. Tambien es donde está sentado, ó hace oficio de juez. *Ualang hocom*, no hay alcalde, juez, &c.

HOCONG. pc. Corcobado. *Na*, estar asi.

HOCOS. pp. Tirar cortina que tiene sortijas, *Vm*. La cortina, *In*. La cinta, *Y*.

HOCOSAN. pp. El boton del ceñidor para el dinero.

HOCOT. pp. Corcobado de hombro. Vide *Boctot*.

HOCSOY. pc. Compuesto como cabello. *Hocsoy na bohoc*, lo mismo que *mahosay na ualang cacolotan*.

HOCTOT. pc. Encorbar el cuerpo, *Vm*. Sin querer, *Na*.

HOGÁ. pp. Rugir las tripas. *Hohogahoga ang bitoca*. Vide *Tobac*, *louag*.

HOGAC. pc. Idem, et eodem modo.

HOGAS. pp. Lavar fregando lo que no fuere ropa, *Vm*. Lo que, *An*. Con que, *Y*. Lo que quito, *In*. *Mag*, así mismo. *Naghohogas nang paa*, los suyos. *Vm*, los agenos. *Hinogas*, las lavaduras, l. *Pinaghogasan*.

HOGAY. pp. Pasar por el agua la ropa para quitar lo sucio, *Mag*. La ropa, *Y*. Vide *Ao ao*. *Hao hao*, pc. Que son los mejores.

HOGAY. pp. Enjuagar la ropa, petate, &c. para quitar la suciedad, *Mag*. La ropa, *Y*. Sinónomos *Hauhau*, *Auau*.

HOGHOG. pc. Apartarse la carne del hueso, *Na*. De donde, *An*. *Nahoghog ang salaual*, se vá cayendo el calzon de puro viejo.

HOGHOGUIN. pp. El que anda mal ceñido.

HOGNÁ. pc. Accion del que boga arrimando la pala hácia si para darle fuerza, *Vm*. La pala,

Y. Miminsang nacahogna nang gaor, ay nabali, de un tiron rompió la boga.
HOGONG. pc. Vide *Ogong*.
HOGOS. pp. Tirar del cordel de la lámpara, *Vm*, l. *Man*. Lo que, *In*. *Mag*, descolgándola. Ella, *Y*. Á quien se descuelga, *An*. *Napa*, el que pide que se descuelgue. *Hogosan*, polea, motort ó palanquin.
HOGPONG. pc. Añadir algo á lo ancho (*Dogtong* es á lo largo.) *Mag*. Lo que, *Y*. A quien, *An*. Los dos, *Mag*. Pasiva, *Pinag*. *Hongmohogpong sa ibang dolohan*, se agrega á otro barangay.
HOGOT. pp. Entresacar una cosa de entre otra, como el anillo del dedo, *Vm*. l. *Mag*. Lo que, *In*.
HOGOC. pp. Aflojar la atadura muy apretada, *Mag*. Lo atado, *An*.
HOGOT. pp. Soltarse ó aflojarse alguna cosa tirante. *Vm*, aflojarla. El cordel, *Y*. *Naghohogot ang loob*, aplacarse el enojo. Metáfora.
HOGOTAN. pc. Tabla con agugeros para apuntar colores como las tablillas de las sacristías. *Mag*, hacer suertes.
HOGOTAN. pp. La punta que hace la manta ó cola del tapiz que tiran por un lado de la cintura, á diferencia del *Bonotan*, que es la punta de atrás.
HOGYAT. pc. Concierto de hacer una cosa, tal ó tal dia, al dar la señal con un tiro. La señal, *hogyatan*. *Mag*, pagar la pena cuando se apartan del concierto, Lo que, *In*. Sobre que, *Pag an*.
HOHÓ. pc. Derramar ó vaciar de golpe cosa que no sea agua, como grano ó fruta, *Mag*. Lo que, *Y*. A donde, *An*. *Vm*, ir de un pueblo á otro. *Ihohohoco ang lahat cong mañga casalanan*, los diré todos.
HOHOM. pp. Vide *Homhom*.
HOHOT. pc. Vide *Tañgan*. *Hauale Holan*, *botiuan*, cedacito nuevo.
HOLÁ. pp. Adivinar, *Vm*. Lo que, *In*. A quien, *An*. Si mucho, *Man*. *Manhohola*, adivino.
HOLAC. pc. Parar. Vide *Tahan*.
HOLAC. pc. Palabra que se dice con poca cortesía, para decir que tiene hambre.
HOLAG. pc. Idem.
HOLAG. pp. Luchar con la muerte, *Vm*. Y si mucho, *Mag*. La causa, *Y*.
HOLANG. pp. Engrandecer el hoyo, *Mag*. El hoyo, *An*.
HOLÁNG. pp. Recrearse, ó aliviarse, desnudándose el que está caloroso, *Vm*. Lo que se quita, como la ropa, *In*.
HOLALAY. pc. Estar uno repantigado. *Napapaholalay*, estar asi.
HOLAO. pp. Escampar la lluvia aunque no del todo, *Vm*.
HOLAS. pp. Derretirse como sal, azúcar, *Vm*.
HOLASAY. pp. Estar tendido á la larga boca arriba, *Na*, l. *Napapa*, Vide *Hindosay*.
HOLAY. pp. Blandearse la rama con el viento, *Vm*, l. *Hoholayholay*.
HOLHOL. pc. Ladrar, *Mag*. A quien, *An*. *Maholholin*, ladrador.
HOLI. pp. Vide *Huli*.
HOLILIP. pp. *Ualang caholilip*, *ualang cahalimbaua*, *ualang catalamitan*.
HOLIMBAR. pp. Juego de esconde la piedra.
HOLIP. pp. Poner una cosa en lugar de otra que se perdió, *Mag*. Lo que, *Y*. Lo perdido, *An*. *Mapagholip*, el que sabe remediar asi.
HOLIP. pp. Cerrar el agugero del *bobonğan*. Con nipa, *Vm*. El agugero, *An*. La nipa, *Y*.
HOLIPAS. pc. Vide *Hilapus*, con sus juegos.
HOLÓ. pp. Principio ó nacimiento del rio. *Vm*, anteponerse en el agua, ó fuera de ella, poniéndose mas arriba que el otro. A quien, *An*. *Napa*, subir rio arriba. *Magpa*, llevar algo rio arriba. *Ipa*, lo que. *Maholo*, rio que tiene muy arriba el nacimiento. *Pasaholo*, ir allá. *Maholong tauo*, hombre para mucho.
HOLOG. pp. Arrojar, derribar. *Mag*, derribar algo, ó echar de lo alto. *Y*, lo que. A donde, *An*. *Man*, dar ó herir con lo que arroja. Con que, *Ipan*. A quien, *Pan-an*. *Nagpapatiholog*, arrojarse de alto á bajo. *Na*, l. *Napapa*, caer. A donde, *Ca-an*. Caida, *pagcaholog*. *Hologan nauà nang gracia nang Dios*, Dios te dé su gracia. *Vm*, caer. *Hongmoholog ang saquit sa catao-an*. Dar de si. *hongmoholog ang damit*.
HOLOG. pp. Mezcla de un metal con otro, ó añadir algo al peso, *Mag*. Lo que, *Y*. A donde, *An*.
HOLOG. pp. Echar algo á algun sentido malo ó bueno, *Mag*. Lo que, *Y*. A donde, *An*. Mejor, *Pag-an*: *Nahoholog*, *nahihinguil*.
HOLOM. pp. Remojar, *Mag*. Lo que, *An*.
HOLON. pp. Parada, mansion. Vide *Halon*, que es el usado.
HOLONA. pp. Vide *Hilina*.
HOLOP. pc. Se dice y se juega asi esta palabra: *Yisa man siya,i, holop apat*, aunque es uno solo, vale por cuatro.
HOMA. pc. Hablar muy quedo, entre dientes. *Di hongmoma*, no abrió la boca.
HOMAL. pc. Gangoso. *Hokomalhomal*, *nahohomalhomal*, hablar asi.
HOMBAC. pc. Concavidad como la que se forma entre ola y ola del mar. *Hungmohombac ang alon*, *inihombac ang dauong nang alon*, lo echó abajo. *Nahombacan ang dauong*, lo cubrió una ola. *Cahombacan nang bondoc*, quebradas de montes.
HOMHOM. pc. Medio mudo, que no habla claro. *Na*, irse haciendo tal. *Hohomhomhomhom*, l. *Nahohomhom cun mañgusap*.
HOMOG. pp. Sereno, fresco de la noche, no el rocío. *Magpa*, ponerse al sereno. *Ipa*, lo que.
HONÁ. pc. Blandearse la vara. *Vm*, hacerse blando. *Ica*, la causa. *Mag*, hacer algo blando adelgazándolo. El palo, *An*. Con que, *Y*. *Mahinang loob*, humilde. *Honahonaan mo ang galit*, aplaca tu enojo.
HONAT. pp. Hacer algo con mucha flojera. Úsase con la negativa: *Di mahonat ang camay*, *ang siya,i*, *mayaman ñgay-on*. Vide *Onat*.
HONDÓ. pc. Encorvarse el cuerpo al andar por tener el un pie corto. *Vm*, de propósito. *Hohondohondo*, sin querer.
HONDOL. pc. Poner al difunto en las andas.

HONGCAG. pc. Despedir el viento de la barriga hinchada, *Na.* De propósito, *Nahongcagan ang tian*, despidió mucho viento. Tambien significa vacío.

HONGCOY. pc. Una rueda con que apartan la paja del arroz.

HONHON. pc. Tragar la comida sin mascarla, *Vm*, La comida, *In.* De donde, *An.* *Nahonhon ang quinain*, lo digirió. *Siya pang mahohonhon*, se le puede tragar.

HONG̃OT. pc. Coco que sirve de jarro. *Cabiac na bao, hohong̃othong̃ot.* pc. Una yerba. *Taquip cohol, taquip soso.*

HONG̃OTHONG̃OT. pc. Sacar algo poco á poco con el casco del coco, *Mag.* Lo que, *In.* Con que, *Y.*

HONOS. pp. Entresacar una cosa que está metida entre otras, *Vm.* Lo que. *In.* De donde. *An.* *Nahonosan nang hininĝa*, murió. Si mucho, *Mag.* Lo que, *Pinag.* De donde, *An.*

HONOS. pp. Echar suertes, *Mag.* La causa, *Ipinag.* Sobre que, *Pag-an.*

HONOS. pc. Diezmos. *Vm*, el que lo pide, l. *Na.* Lo que, *In.* De quien ó de donde, *An.* *Magpa* darlo. *Pahonosin*, á quien. *Pahonosan*, de que. Tambien *Magpa*, el que los cobra.

HONOSAN. pc. Papeles ó palillos con que echan suertes, con los mismos juegos que el antecedente.

HONOS DILÍ. pp. Ofrecimiento en contra de lo que uno intenta hacer, *Mag.* Lo que, *Pinag.*

HOPÁ. pp. Aplacarse la llama del fuego, *Vm.* La causa, *Ica.* *Mag*, aplacar la llama. *In*, ella. *Nagpa*, poner paz entre los discordes.

HOPIL. pp. Pisar lo sembrado ó yerba, *Vm.* Lo que, *In.* El dueño, *An.* *Nahopil, natalo.* *Napahopil, napatalo.*

HOPAC. pc. Irse aplacando la llama del fuego algo mas remisamente que *Hopa*, con sus juegos.

HOPHOP. pc. Vide *Hiphip.* pc. Con sus juegos.

HOPLAC. pc. Remitirse la llama. Vide *Hopac*, con sus juegos.

HOPIR. pp. Ser reducido con razones, ú otros modos. Úsase solo con la negativa. *Di mahopir, dili matanguihan.* Vide *Supil.*

HOPÓ. pc. Desechar lo que se escoge, como malo entre lo bueno. *Ualang mahohopo*, no habia que desechar.

HORHOR. pc. Limpiar refregando la suciedad del cuerpo. *Mag*, asi mismo. *Vm*, á otro. Lo que, *In.* De donde, *An.* La mano, *Y.*

HORLO. pc. Un género de canto, *Mag.* El canto, *In.*

HOROC. pc. El juego de los muchachos en el baño. *Naghohorocan, nagsisisiran nang paglalaro.*

HORONG. pc. Navegar solo en una banca, *Mag.*

HOROS. pc. Falto, desproveido. *Horos nang horos ca sa dilang gaua mo.* Tambien, *Horos nang horos ang loob*, falto de consejo, Vide *Haros.* pc.

HOSÓ. pc. Sacar como el anillo del dedo. *Vm*, á otro. *Na-an*, á quien. *Mag*, así mismo. El anillo, *In.*

HOTHOT. pc. Sorber como yemas de huevo en el plato, ó los mocos, ó el niño el pezon de la teta, *Vm.* Lo que, *In.* De quien, *An.*

HOTAC. pc. El ruido que hace el pie cuando lo sacan del lodo, *Vm.* Vide *Hagotac.*

HOTAN. pp. Asir. *Hohotan*, asidero. Vide *Hohot.*

HOTI. pp. Asir, es de *Hotan*, impersonal.

HOTOC. pp. Doblegarse la rama por muy cargada, *Vm.* La rama, *In.*

HOTOC. pp. Enarcar el arco ó las cejas, *Vm.* Lo que, *In.* *Hotoc na quilay.* *Di pa holoc.* *Di pa aral.*

HOUAC. pc. Abrir al animal para sacarle las tripas, *Vm*, l. *Mag.* El animal, *An.*

HOUACHOUACAN. pc. Los hijares.

HOUAG. pc. No, vedando. *Houagan mo*, no lo hagas, déjalo. *Houagan mong cunin*, no lo tomes. *Houag mong tingnan, houag mong itapon*, hace con todas las pasivas.

HOUAL. pc. Tener algo en la mano, tener la embarcacion con los remos, *Vm*, l. *Man.* Lo que, *An.* La mano. *Y.*

HOUAR. pp. Imitar, sacar copia. *Vm.* Lo que saca, *In.* De donde, *An.* *Hinouar co sa isip co*, lo saqué de mi cabeza, lo ideé. *Houaran*, dechado.

HOUAT. pc. Faltar, no acudir á algo, *Vm*, l. *Na: Houag cang homouat sa Misa.*

HOUAT. pc. Tener algo en la mano, asir Vide *Hohot.*

HOUAY. pp. Llamar á alguno de lejos, como en español ola, *Vm.* Á quien, *An.*

HOUIT. pc. Vide *Souit.*

HOYAG. pc. Destacar como el arroz en cesto para que evapore, *Vm.* La atadura, *In.* Lo destapado, *An.*

HOYAG. pc. Cortar la carne haciendo atados de ella, *Mag.* Lo que, *In.* Vide *Catay.*

HOYAHOY. pp. Descansar del trabajo respirando, *Aco,i, napapahoyahoy nang pagal*, lo mismo que *Nagpapahinĝa.*

HOYANG. pp. Orear ropa ó semilla, sacándola al aire. *Vm*, orearse. *Mag*, orear. Lo que, *Y.* Donde, *An.* Vide *Hiyang.*

HOYANG. pp. Se usa con negativa. *Ualang hoyang, ualang tahan: Dili isa man hinohoyanĝan nang caauay na demonio ang tauo.*

HOYOC. pp. Doblegar cosa delgada, *Vm*, l. *Na.* Ella de propósito, *In.* Vide *Hitic.*

HOYONG. pp. Lo mismo que *Gotom.*

H antes de U.

HUBAR. pc. Vide *Hobar.* Desnudez.

HUBNIT. pc. Vide *Hobnit.*

HUCLAY. pc. Desabrido, desmacelado, *mahuclay na tauo.*

HUGMIT. pc. Vide *Hobnit.*

HUGNA. pc. aflojar, *houag ihugna ang gaor*, lo mismo que *houag lubayan*, l. *Houag ihina ang pag gaor.*

HULÁG. pc. Estar muy postrado el enfermo. *Nahuhulag ang mey saquit*, ya está agonizando.

HULI. pc. Atrás, postrero ó último. *Na*, quedar atrás acaso. *Nagpa*, l. *Vm*, de propósito. *Napahuhuli*, ponerse á la postre. *Magpa*, tambien poner otra cosa al último. *Cahulihan*, postrero. *Huling arao*, dia postrero. *Cahulihulihan*, el último. *Nahuli sa Misa*, llegó tarde. *Pamahuli*, fruta tardía, pies de cualquier animal.

HULI. pc. Popa del navío, gobernar su timon. *Humuli sa nagsasacay*, l. *Ma*, l. *Mag*. *Vm*, *Y*, *Man*, en cuanto se pone al último lugar. *Mag*, en cuanto gobierna la banca con el timon.

HULINGUINTO. pc. Oro bajo.

HULI. pp. Coger despojo, cazar, prender. *Vm*, l. *Mag*. pc. Pretender, coger, *In*. pp. Á quien, *An*, donde. *Nan*, andar cogiendo. *Naca*, haber cogido. *Na*, ser cogido. *Pinanhuhulihan*, donde cazan. *Ipan*, con que. *Pa-an*, á quien, *Huli*. pc. Cogido, ó despojos.

HULIP. pp. Poner en lugar de cualquiera, hortaliza ó árbol perdido, otro. *Vm*, lo nuevo que sucede ó se pone. *Na-an*, á quien. *May holip*, poner lo nuevo en lugar de lo perdido. Lo que, *Y*. *Nahulipan ang nanḡamatay, nang bagong nagasaua.*

HUMAYMAY. pc. Aliento, sosiego. *Magpa*, aquietar, active. Descansar: *Napahumaymay na ang saquit.*

HUMANḠAR. pc. Plato mediano.

HUMHUM. pc. Vide *Homhom*.

HUMPAY. pc. Cesar, eternidad, fin, *Vm*. *Ualang humpay*, sin fin.

HUMPAY. pc. Aflojar el viento, la lluvia, *Vm*.

HUNGHANG. pc. Necio, tonto, bellaco, malicioso. *Vm*, hacerse tal. *Mag*, ofender á otro con alguna necedad. *In*, á quien. *Maca*, querer á otro tonto.

HUNḠÓ pc. Acudir muchos á algo. *Hinohonḡo nang tauo ang palay ni Juan*, acuden muchos al tambobong de Juan.

HUNI. pp. Cantar el pájaro, ó chirriar de los otros animalejos, *Vm*. Ante quien, *Han*. El mismo sonidillo, *Hin*.

HUPIL. pp. Abollar. Vide *Yupi*, *yupit*.

HUSAY. pp. Desenmarañar, órden, concierto. *Husay na bohoc*, l. *Osap*, desenredado. *Musay*, *mey husay*, haber órden. *Na*, compuesto. Irse desenmarañando, *Vm*. La causa, *Naca*, l. *Ica*. Desenmarañar. *Mag*. Lo que, *In*, l. *Pinag*. Donde, *An*, l. *Pag-an*. *Ualang husay*, sin órden. *Nagcaca*, estar las cosas con él. La causa, *Ipagca*.

HUSI. pp. Seda cruda. *Mag*, hacerla servir, ó vestirse de ella.

HUSÓ. pc. Sacar el anillo ó manilla de la mano. *Mag*, así mismo, aunque sea por otra mano. *Vm*, á otro. Lo que, *In*. Mano ó persona, *An*.

HUYANG. pp. Lo mismo que *Tahan*, *ualang huyang*. *Ualang tahan*.

HUUIT. pc. Soliviar algo pesado con instrumento largo, *Vm*, l. *Man*. Lo que, *In*. Con que, *Y*. *Mag*, aplicar el instrumento para soliviar. Lo que, *Y*. La cosa soliviada, *An*.

DE LA LETRA I.

I antes de B.

I. Pronunciada con fuerza como si fueran dos ii, significa no: así lo he advertido entre los aetas de San Isidro.

IBA. pc. Otro. *Vm*, l. *Mag*, mudarse ó hacerse otro de lo que era. Tambien *Mag*, mudar algo de como estaba. *Ibhin*, l. *Pagibhin*, lo que se muda. *Nanḡinḡiba*, estrañarse como el que viene de tierra caliente á fria, ó al contrario. *Nagcaca*, diferenciarse, ó estar diferente de lo que antes. *Magca pagca*, ó *Ipagca*, la causa. *Pinagcacaibhan*, en que se diferencian. *Caiba*, diferente. *Ualang caibhan*, l. *Pinagcacaibhan*, no tiene en qué diferenciarse. *Houag cang magibang loob*, no mudes tu corazon.

IBA. pc. Desconocer algo. *Iniiba*, lo desconocido. *Pagcacaiba*, mudanza. *Naquiqui*, singularizarse. *Ipinaquiqui*, lo singularizado.

IBA. pc. Peregrino, estrangero. *Tauong ibang bayan*, *nanḡingibang bayan*, peregrinar. *Pinanḡinḡibang bayanan*, donde. *Iba sa aquin*, no es mi pariente. *Iba sa biro*, fuera de burlas.

IBÁ. pp. Una frutilla ágria que llaman banquilines. *Iniibaan*, donde se echa el zumo de ella.

IBABA. pc. La parte baja del pueblo. *Napa*, ir allá. *Nagpapa*, poner algo abajo, ó irse mas abajo. *Ipa*, ser puesto en lo bajo. Pero *Ipá* (haciendo fuerza en el *pa*) es ponerlo muy abajo. *Vm*, bajarse. *Y*, lo que. *Mag*, bajar algo. *Y*, lo que.

IBABAO. pp. Encima de una cosa, sobre, sobrehaz. *Napa*, l. *Sa ibabao*, estar encima. *Ibabauin mo ang hinahasa mo*, amuélalo por encima. *Mag*, poner encima. *Magpa*, pc. Desde abajo hasta encima. *Ipa*, ser puesto. *Sa ibabao*, encima. *Caybabauan*, l. *Pagca ibabao*, sobre-haz. *Paybabao*, l. *Napa*, subir encima. Lo que, *Ipa*. *Nacapaybabao na ang palay*, ya está igualmente espigado.

IBAG. pp. Vide *Aybag*. *Saquit sa tian.*

IBAYO. pp. El doble del principal que se paga en el empréstito. *Nagibayo ang salapi co*, se multiplicó otro tanto. *Nagibayo aco sa caniya nang otang co*, le doy otro tanto por lo que me prestó. *Magpapa*, el que lleva el logro, ó dá prestado. *Pinaiibayohan*, el dinero. *Papaqibayohin*, ó quien se lleva ó dá prestado. *Vm*. volver por otro respondiendo. *In*, defenderlo.

IBAY. pp. Desvanecerse la cabeza por haber comido buyo. *Naybay*, estar así. *Vm*. á otro. *In*, á quien. *Y*, la causa. *Naca*, activo: *May bayin*, el que padece esto con facilidad: *Malaynibay*, l. *Nagmamalaynibay*, medio borracho.

IBIG. pp. Querer, amar, gusto, antojo, apetecer. *Vm*, ex intentione, de propósito, cobrando amor. Si muchos, *Man*. *Maca*, naturalmente y sin refleja. *In*, ser querido de propósito. *Na*, ser querido casualiter. *Ca-an*, á quien ó en quien ama algo. *Mag*, antojársele algo. *Pinag-an*, aquello de que, ó en que, ó sobre que es el antojo. *Caibigan*. pc. Amor de algo. *Caibigan*. pp. l. *Quinaiibigan*, lo amado. *Caibigibig*, cosa amable. *Ualang mapagibigan*, no hay cosa que apetecer pueda. *Nagsasaibigan*, hacer su gusto. *Nañgiñgibig*, antojársele ya esto, ya aquello. *Pañgiñgibig*. semejante apetito. *Maibiguin*. pc. Antojadizo. *Maibig*, tener voluntad. *Pagcaibig*, amor, codicia, &c. *Naca*, enamorar. *Na*, l. *Ca-an*, el enamorado. *Nagiibig*, l. *Nagcacaibigan*, los tales mútuo. *Naiibig*, l. *Quinaiibigan*, gustar ó tener gana de algo.

IBIS. pc. Descargar la carga, ó ayudar á descargarla. *Mag*. descargarse de su carga por sí ó por otro. *Vm*, á otro. *Isban*, á quien. Lo que, *Isbin*.

IBIS. pp. Un género de pescado blanco, y bueno.

IB IB. pc. Chupar un poco como el tabaco. *Vm*. Lo que, *In*. *Paibibin mo aco* déjame chupar un poco.

IB IB. pc. Quitar ó menguar como con el escoplo. *Malacas macaibib sa calap*. El madero, *Na-an*. *Tauong hindi maibiban*, miserable.

IBO. pc. Vide *Quibò*. *Galao*. pc.

IBOC. pc. Cuidado de la criatura, ó animales. Vide *Alila*, con sus juegos.

IBOL. pp. Caminar despacio. *Ibolibol*, *iiponipon*.

IBON. pp. Pájaro en general. *Nañgiñgibon*, cogerlos.

IBON DALAG. pc. Dalag pequeño.

IBOY. pp. Menearse el licor cuando yerve. *Vm*, acaso. *Ma*, con causa.

IBOS. pp. Hoja de nipa aun en caña.

IBOS. pp. Acabar ó consumirse algo. Vide *Obos*, con sus juegos.

IBOT. pp. Arrancar planta, clavo, espina, &c. Vide *Gabot*.

IBOT. pc. Cesar, interrumpir. Vide *Licat*, *tahan*.

IBOTOR. pp. Mitad *Napapa*, ponerse en medio de una y otra cosa. *Ipa*, ser puesto. *Pa-an*, á quien. *Caiboturan*, el centro. Vide *Aybutor*.

I antes de C.

ICA. pc. Causa, razon, motivo, antepuesta á raices simples ó compuestas. Se distingue de la partícula *Y*. en que la *Y*. no dice estado perfecto en los verbos de mudanza, y el *Ica* sí, v. g. *Ang iguinagaling*, causa de mejorar. *Ang iquinagaling*, causa de estar perfectamente bueno.

ICA. pc. Con esta partícula se forman los numerales cardinales, excepto el primero que se dice *na ona*. *Ang icalaua*. *ang icatlo*. *icaulan*.

ICÀ. pc. Cojear un poco. *Vm*. l. *Icaica*. *Cacaan*. cogera.

ICABO. pc. Llevar el viento como papel. Vide *Alicabo*.

ICAL. pp. Cabello algo crespo. *Vm*, ir encrespándose, *Mag*, encrespar. El cabello, *In*. Á quien, *An*. *Icalin*.

ICAN. pp. Palabra con que llaman á los puercos diciendo *Icanican*.

ICANG. pp. Abertura que hace la juntura. Vide *Bicong*.

ICANG. pc. Abrir con violencia algo como conchas pegadas, *Vm*. Lo que, *In*. A quien *An*.

ICAO. pc. Tú. *Sinong ungmiicao sa iyo?* Quién te llama de tú? Siempre se antepone.

ICAP. pp. Irse de miedo, *Mag*. *Nagicap*, *nalis*, *natacot*.

ICAS. pc. Soltar el lazo, *Vm*, l. *Man*. Contra quien, *In*. *Mag*, expresando. *Magicas nang silo*. Lo que, *Y*. Vide *Bicas*.

ICAT. pp. Flecos, prensa, pasamanos. *Mag*, ponerlos ó usarlos. *An*, donde. *Vm*, tegerlos. *In*, ser tegidos.

ICDIL. pc. Codazo que uno dá cuando no gusta de lo que oye, *Vm*. Á quien, *In*.

ICLI. pc. Cosa corta. *Vm*, irse acortando, si está hecho de antemano. *Iclian*, si está por hacer, l. *Pacaicliin*. *Mag*, acortarlo. La causa, *Naca*, l. *Ica*. *Magpapa*, mandar. Lo que, *Pina-an*. El mandado, *pinapag*. *Napa*, quedar corto. *Maicling buhay*. *Bantá*, &c. Corta vida, entendimiento &c. Vide *Icsi*.

ICQUÍ. pp. Brujo. *Mag*, serlo. *Ipag*, causa.

ICQUÍ. pp. Contonearse, *Vm*, l. *Y*. *Icqui*, *iqui*. Ante quien, *An*.

ICQUIL. pp. Inmudable. Úsase con negativa. *Di maicquilan*, lo mismo que *di mabiligan*, *di mabisolan*, *di mapilis ang loob*, incontrastable.

ICQUILICQUIL. pc. Procurar juntarse con quien no gusta de él. *Vm*. Á quien, *An*.

ICQUIT. pp. Cabriolas, bailar como el trompo, *Vm*. Y si mucho, *Mag*. pc. *An*, donde ó en que. Cuadra tambien al andársele la casa. *Nagiicquit mandin ang bahay*. *In*, ser traido al rededor.

ICQUIT. pc. Lo mismo que *Diquit*. pc. *Si icquit aya nang paguiuica*· qué bien que habla? *Icquit na sabi*, dicho hermoso.

ICNAT. pc. Madera de venas tuertas. *Maluntic*, l. *Lubiac*, l. *Lubac*.

ICSI. pc. Cosa corta. Vide *Icli*, con sus juegos.

ICO. pp. Mostrar estima de otro llamándolo y hablando con él muchas veces &c. *Icohin mo siya*, mejor es usar de la negativa. *Dili na icoico si Juan ni Francisco*, ya le tiene arrinconado sin hacer caso de él.

ICOG. pp. Cabo de cuchillo ó bolo. *Mag*. ponerlo.

ICOL. pp. Menear una cosa pesada que uno no puede alzar, ó por detrás ó por delante. *Yicol mo*, lo mismo que *Isolong mo*. Vide *quibo*, *solong*. Y de aquí *Yicolicol siya*, camina como el pato.

ICOM. pp. Cerrar la boca con el dedo, *Vm*, l. *Mag*. La boca, *In*. No tiene *An*. *Na*, estar así. Frecuent. *Nimicom*. *Panicomin*, lo que. *Pan-an*, á quien.

ICOM. pp. Recoger la muger los cabellos enmarañados, *Vm*. Los cabellos, *In*.

ICOR. pc. Andar cogeando con un pie, *Vm*. El pie, *Y*.

:

ICOT. pc. Sisar, hurtillos, *Vm.* Lo que, *In.* Á quien, *An. Maicot,* sisador. Vide *Umil.*

ICOY. pp. Poco á poco, despacio, esforzarse, *Vm. Mag*, hacer algo asi. *Nagiicoy lumacar,* se esfuerza á caminar. Lo que, *In.* Á quien, *An. Iicoyicoy,* poco á poco.

ICPIC. pc. Apretar. Vide *Higpit.*

ICTI. pc. Quejarse un poco recio con la voz, *ictiicti,* l. *Vm.* Lo que, *Y.* Vide *Inti,* l. *Hig-ic.*

ICUAL. pc. Irse contoneando y meneando como la culebra, *Vm,* l. *Iicualicual.* Vide *Quiual,* l. *Igual,* pc.

ICUAT. pc. Menear ó llevar algo con espeque, *Vm.* Lo que, *In.* El espeque, *Y.*

ICYIAN. pc. Atribuir todos algo á otro. *Nagpapaicyian,* atribuir asi. *Pinaiicyianan nang di-lang catiuala,* al que.

I antes de D.

IDIYÁ. pc. El que procurando despertar se le cierran otra vez los ojos, *Na. Ang nagpipilit gumising na di maalamalamang mataquip ang matang magdarali, yaong na Idiya.*

I antes de G.

IGA. pc. Enjugar, enjuto, seco, sequedad. *Vm,* irse secando. *Mag,* secar otra cosa sin ponerla al sol, sino como manoseándola. Lo que, *Igahin,* l. *Ighin. Na,* estarlo. *Pinagyigahan,* donde lo secan. *Magpa,* ponerlo al sol, ó á la lumbre para eso, Lo que, *Ipa. Pinagpapaigahan,* donde.

IGAHIR. pp. Vide *Higahir.*

IGAIG. pp. Acribar, *Mag.* Lo que, *In.* Vide *Igig.*

IGANG. pc. Cosa muy seca. *Paigang.*

IGAT. pp. Anguila pequeña. *Man,* ir á cogerlas.

IGAYA. pp. Contento, ó gusto de alguna cosa con codicia, gozo. *Na,* tenerlo. De que, *Cahan.* La causa, *Ica,* l. *Naca. Caigaygayang tingnan,* cosa gustosa de ver.

IGBA. pc. Género de supersticion. *Vm,* usarla.

IGCAL. pc. Robusto, fuerte, tieso. *Maigcal ang catao-an,* de cuerpo robusto. *Maigcal na lalaqui,* hombre fuerte. *Sa igcal ang paglacar,* qué tieso que anda. *Vm,* hacerse tal.

IGCAS. pc. Disparar, ó soltar lo que está armado, como ballesta ó flecha, *Vm,* l. *Man.* Soltarlo sin nombrar lo que, sino contra quien, v. g. *Umigcas sa babuy.* Contra quien, *In. Mag,* nombrándolo, v. g. *Magigcas nang dilis.* El *dilis, Y.* Contra quien, *Pag-an.*

IGCAS. pc. Fuerte. *Maigcas, Malucus. Vm,* andar asi.

IGDIL. pc. Vide *Icdil.*

IGUI. pp. Bien, bondad, aderezar. *Vm,* hacerse bueno. *Magigui,* cosa buena. *Caiguihan,* bondad. *Mag,* hacer bueno, aderezar. Lo que, *Pacaiguihin.*

IGUIB. pc. Ir por agua. *Vm.* l. *Niguip, Igbin,* el agua que trae. *Igban,* de donde ó en que. Pero ha de ser en cántaro ó banga, porque en banca, es *Nanunubig.*

IGUIC. pc. Gruñir el puerco, gritar el que es herido. *Vm.* Á quien, *An.*

IGIG. pc. Cerner como harina, *Vm.* Lo que. *In.* Donde, *An. Igigan,* sedazo. Vide *Ag ag.*

IGUING. pp. Gargantear, *Vm.* Lo que, *In.* El canto, *An.*

IGNAR. pp. Estar cargado el navío mas á la popa que á la proa. *Ignar na paglololan,* cargado de popa.

IGO. pp. Acertar tirando. Vide *Tama, Nigo.*

IGOR. pp. Vide *Higor, Hugor.*

IGOS. pp. Vide *Obos.* Rara vez se usa.

IGOT. pp. Mezquindad, laceria. Es palabra de los Tinguianes. Vide *Imot.*

IGOZO. pp. Un género de mata colorada.

IGPIT. pc. Gastar con moderacion, *Vm.* Lo que, *In.* Á quien, *An.* Con quien, *Y.*

IGPIC. pp. Vide *Higpic, Higpit.*

IGPOY. pc. Género de bejuco.

IGSI. pc. Vide *Icsi, Icli,* con sus juegos.

IGUAL. pc. Ladearse hácia un lado alguna cosa, *Vm.* Ladear á otra, *Mag.* Lo que, *Y.* Á donde, *An. Iigualigual, Quiquilingquiling.*

IGUAS. pc. Vide *Biguas,* l. *Biuas.*

I antes de H.

IHA. pp. Intergecion del que se huelga de haber acertado, ó de que otro cayese. *Ihat nahulog,* qué bien cayó.

IHAO. pp. Asar carne ó pescado, *Mag.* Lo que, *Y.*

IHAP. pc. Notar, echar de ver, sospechar, *Vm.* Lo que, *In. Iilan lamang ang sasabihin co sa inyo, nang mayhap ang cagalingan ni Jesus,* diré algunas cosas á vosotros, para que echeis de ver la bondad de Jesus.

IHÍ. pp. Orines, originar. *Vm,* l. *Mihi,* lo que.

IHI. pp. Palabra de que usa el que sale con la suya, *In.* Á donde ó sobre que, *An. Iniihan,* pp. orinal. *Nagcacan,* de risa ó sin sentir. Tambien, *Na.*

IHIN QUIRLAT. pp. Rayo. *Inihan nang quirlat,* ser herido del rayo.

IHIN LANGAM. pc. Lloviznar, *Mag.*

IHIM. pc. Vide *Tighim.*

IHIMAN. pp. Un gusano. Un género de cancion. Vide *Auit,* con sus juegos.

IHIT. pc. Emberrenchinarse como el muchacho cuando llora, *Mag.* La causa, *Ipag.* Contra quien, *Pag-an. Nagihit nang paglalangis,* está emberrenchinado de llorar.

I antes de I.

I, l. pc. *Cun patain ang sangol, ay ang uica nang Ina oy, yi,* palabra de sentimiento.

IIM. pp. Un género de pescadillos. Vide *Taghilao.*

IIT. pc. Enojarse contra uno como enfadado. Vide *Hili, hica.*

I antes de L.

ILAC. pp. Derrama, pidiendo un tanto de casa en casa. *Vm*, l. *Man*, sacar ó dar. *Nañgiñgilac*, andar cobrando. *In*, lo que. *An*, de quien. *Mañgiñgilac*. mandar cobrar. *Pinañgiñgilacan*. donde se hecha lo que se cobra.

ILACBO. pc. Irse el tiro por alto, *Vm*. Vide *Pailacbo. Mapagilacbo cun muñgusap*, jactancioso.

ILAG. pp. Huir el cuerpo, *Vm*. *Mag*. salvar á otro, apartándolo de donde viene el tiro. *Y*. á quien. *An*, el golpe. Tambien apartarse del camino por donde pasa otro, *Mag*. Á otro, *Vm*. El apartado, *An*.

ILAG. pp. Apartarse de sus compañeros, apartarse de pleitos, &c. *Vm*. De quien, *An*. Á otro, *Mag*. Á quien, *Y*. De que, *Pag-an*. *Mailag na tauo*, hombre retirado. *Nañgiñgilag*. con frecuencia, con sus pasivas.

ILAGUIN. pp. Evacuar el vientre. *Vm*, hacerlo actualmente. Lo que, *Y*. Donde, *Iniilaguinan*, l. *Ilaguinan*. pc. Tener cámaras, *Mag*. pc. Lo que, *Y*. pc. Donde, *Pag-an*. pc. *Mailaguin aco*, quiero ir á hacerlo. Es lo mismo que el juego de *aco,i, may papanauin*.

ILAIR. pp. Rallar, *Vm*. *Mag*. l. *Ma*. Lo que, *In*. Donde, *An*. *Ilairan*, con que rallan.

ILALAMBO. pp. Borbolleta que hace el agua cuando cae de alto. *Vm*, l. *Iilailambo*, hacerlas.

ILANGBO. pc. Lo mismo que el antecedente.

ILALIM. pp. El hondo ó suelo de alguna cosa ó debajo. *Calaliman nang tubig*, la hondura, *Nagpapa*, poner algo debajo. *Nagpaga*. pc. ponerse así en lo mas abajo. *Ipa*. pp. Poner algo debajo. *Ipa*. pc. Ser puesto debajo de todo.

ILAM. pc. Mas negro que *cayumangui*. *Vm*, hacerse tal.

ILAM. pc. Mirar de lado como enojado, poco usado, mejor es *Ilag*.

ILAM. pc. Deslustrarse, *Vm*.

ILAMBANG. pc. Saltar. Vide *Tilandang*.

ILAMBONG. pc. Pasar el tiro por encima del blanco. *Magpa*, errarlo adrede. El tiro, *Ipa*. Acaso, *Napapa*. *Magpailambong nang uica*. Metáfora. Hombre hinchado que desprecia á otro.

ILAN. pc. Cuanto ó cuantos. *Ilan arao, ilan catauo*.

ILAN. pc. Menoscabarse algo, *Vm*. Menoscabar, *Mag*. Lo que, *In*.

ILANG. pc. Deslustrar el oro que tiene mezcla, cayendo en agua salada. *Vm*, estar así. Cuadra al arroz que se pone negro, por haberse mojado.

ILANG. pc. Yermo, desierto, estorvar, detener. *Cailañgan*. Abstract. *Vm*, ausentarse por poco tiempo, y retirarse á la soledad. *Mag*, por mucho. *Sumailang*, habitar en él. *Pasailang*. ir allá. *Naca* estorvar á otro. *Na*, estar divertido.

ILANDANG. pc. Borbollear el agua que crece ó nace de la fuente, *Vm*.

ILANGDANG. pc. Saltar pedazo de metal, ó otra cosa cuando lo cortan. *Vm*, l. *Iilailandang*. Á donde saltó, *Quinailandañgan*.

ILAO. pp. Luz con que alumbran. *Vm*, alumbrar buscando algo. Á quien ó lo que, *An*. *Mag*. alumbrarse y llevarse luz. Con que ó la persona por quien, *Ipag*. *Nañgiñgilao*. pescar con luz. *Pinañgiñgilauan*, donde.

ILAO DAGA. pc. El lucero de la noche.

ILAP. pp. Volver el rostro y ojos, *Vm*. Contra quien. *An*. Vide *Irap*.

ILAP. pc. Esquivez. *Mailap na tauo*, hombre esquivo. *Vm*, irse haciendo tal. *Nagpapa*, hacer que otro se esquive, ó que se haga bravo. *In*. ser hecho. *An*. de quien se esquiva. Y si mucho, *Pinañgiñgilapan*. *Naca*, l. *Ica*. causa de esquivarse. *Cailapan*, esquivez.

ILAR. pp. Señalar el camino para no errarle, *Mag*. La señal, *Y*. Donde, *An*.

ILAYA. pp. La parte superior del pueblo. *Napa*, irse allá. *Mapa*. pc. Ponerse en lo mas alto del pueblo. *Ipailaya*. pp. Llevar ó poner algo allí. *Ipa*, haciendo fuerza en el *pa*. poner lo que está en alto aun mas alto. *Pasailaya*, ir allá. *Cailaylayahan*. lo último de hácia arriba.

ILAS. pc. Un género de maiz silvestre.

ILAT. pp. Arroyo que solo tiene mucha agua en avenida.

ILIC. pc. Fundir el oro en carbon. *Ilican*, instrumento, y en donde se funde. *Ilic*, granillo de oro fundido.

ILIG. pc. Menear la medida para que se llene bien, *Vm*. La medida *In*.

ILIG. pc. Menear al que duerme para que despierte, arrollar al niño en los brazos, *Vm*. Á quien, *In*. Vide *Olog*.

ILIG. pp. Vide *Ipil*.

ILIHAN. pc. Retirada en el monte, defensa contra el viento ó lluvia.

ILIN. pp. Estimar y juzgar igualmente. Úsase con la negativa. *Dili co na pinagiilin*. Vide *Imbi, Api*.

ILIN. pc. Agravio que uno recibe por no ser tratado como los demas. Vide *Api*.

ILIN. pp. Abuso de los labradores.

ILING. pc. Menear la cabeza. Mas usado es *Liing*. Vide sus juegos.

ILING. pp. Acompañar en el camino. *Vm*, á otro. Á quien, *An*. *Mag*, los dos. Es usado en los Tinguianes.

ILIOYLIO. pc. Codorniz.

ILIT. pp. Embargar prenda sacada por fuerza. *Vm*. l. *Man*, tomarla. Lo que, *In*. *Mag*. guardarla y no darla. *An*. á quien se saca. *Pag-an*, á quien se la detiene.

ILO. pp. Rebullirse, *Vm*. l. *Iloilo*.

ILO. pc. Embarcacion metida de popa. *Na*, ir así. *Cailohan*, la falta. Tambien significa moler caña dulce.

ILOG. pp. Rio. *Cailogan*, canal de rio ó lo mas ancho de él. *Mag*, hacer rio.

ILOLONGBO. pc. Unas arañas que andan sobre el agua, ó borbollotas ó campanillas. *Mag*, hacerlas el agua. *Paghan*, donde.

ILONG. pc. Las narices. *Ilongan*. pc. Narigudo. *Di ca magpailong sa capoua mo hihinga*, no tienes respeto.

ILONGILONG. pp. Lo mismo que *Casangcapan*.

ILOS. pp. Rebullirse ó menearse el que está sentado, *Vm*, l. *Ilos ilos*. *Mag*, á otro. *Y*, lo que. *An*, de donde ó á donde. *Maca*, poder.

ILOS. pp. Limpiarse despues de proveido. *Mag*, así mismo, aunque por mano agena. *Vm*, á otro. *An*, á quien. *In*, lo que.

I antes de M.

IMAIM. pp. Lo mismo que *Itait*. llevar adelante alguna obra. *Iniimaim ang gaua*, lo mismo que *di maualayan ang gaua*, no la deja de la mano.

IMANG. pc. Errarse en la cuenta, *Na*. Vide *Limang*. pp.

IMAYIO. pp. El olor bueno ó malo, que procede de lo que trae entre manos. *Nanginginmayio ang langis*, huele el aceite. *Nagingimayio pa ang manga asal mo sa ona*, aun tienes resabios de hombre antiguo.

IMBABAO. pc. Sobre-haz, cosa que está solo encima. *Napaimbabao*, el que cayó encima. *An*, el de abajo.

IMBABAO. pc. Oro falso ó cosa fingida ó fingirse, *Nagpapa*. *Paimbabao na lamang ang loob mo*, no tienes mas que la exterioridad.

IMBAC. pc. Guardar alguna cosa de comer para que se sazone bien, *Mag*. Lo que, *In*. La causa, *Y*.

IMBAG. pc. Lo mismo que *masamá*. Es palabra Iloca.

IMBAO. pc. *Nacaimbao na: nacasalonga sa cataasan*, subió la cuesta. En el comintan atajar, *Vm*. Á quien, *An*.

IMBAY. pc. Bracear cuando vá andando. *Vm*, l. *Nag*, l. *Iimbayimbay*, sobre paso.

IMBÍ. pc. Agraviar, posponer. Vide *Api* con sus juegos.

IMBO. pc. Vide *Ilin*, *imbot*.

IMBOBOYOG. pp. Abejon.

IMBOLOG. pp. Encumbrarse y remontarse. *Nagpapa*, l. *Napapa*. Donde ó sobre que, *An*, l. *Pinagpapaimbologan*.

IMBOS. pc. Un juego de muchachos con cocos partidos, *Vm*. El que no sale, *iniimbosan*. La causa, *Ipag*. *Imbos aco*, yo entro en su lugar.

IMBOT. pc. Escatimar, codiciar. *Mag*. Lo que *In*. De quien *An*, l. *Pag-an*.

IMBOY. pc. Mecer la criatura en la jamaca, *Mag*. Ella, *In*. La jamaca, *Y*. Así mismo, *Vm*.

IMBOYO. pc. Vide buyo, con sus juegos.

IMBOYOG. pc. Tirar piedra; al contrario de *imbolog*, que es remontando, éste abajando, *Mag*. La piedra, *Y*. Á quien, *An*. Acaso *Napa*.

IMÍ. pc. Acortarse de vergüenza, *Vm*, l. *Iimiimi*. La causa, *Y*. La persona delante de quien, *An*. Vide *Omi*.

IMIC. pc. Habla mansa cuanto se puede oir. *Vm*. Úsase solamente con negativa. *Ualang imic*, l. *Ualang imicimic*, *ualang nacaiimic*, grande silencio. *At di ca omimic?* Por qué no abre la boca? Vide *Tahimic*.

IMIM. pc. Cerrar la boca, tener el buyo mascado entre los dientes para teñirlos, *Vm*. El zumo, *In*. El buyo, *An*. Cerrar la boca, *In*.

IMIR. pc. Mirar de medio lado al desgaire, mofando, *Vm*, l. *Mag*. Á quien, *An*. l. *Pag-an*.

IMIS. pc. Vide *Lihim*.

IIMIS. pp. Ir con tiento para no hacer ruido, *Vm*, l. *Mag*. Lo que, *In*, l. *Y*. *Marunong magimis nang*, &c. sabe guardar secreto.

IIMON. pp. Chupar el zumo, como del azúcar piedra, *Vm*, l. *Mag*. El zumo, *In*.

IMÓ. pp. Pasar ó sobrepujar el un tiro al otro. *Si Pedro nacaimo sa iyo*, l. *Pinagimoan ca ni Pedro*, mas largo fué el tiro de Pedro. *Mag-an*, tirar á porfia así.

IMOC. pp. Procurar persuadir á alguno que haga lo que no queria hacer, insistir con teson y porfia en hacer ó decir algo. Vide *Ilimoc*.

IIMOT. pp. Mezquino. *Vm*, hacerse tal. *Mag*, dar algo así. Lo que hace, *In*. Lo que dá, *Y*. Con quien se porta así, *pinagiimotan*. *Caymotan*, escasez. Vide *damot*.

IMOS. pp. Puntiagudo. *Vm*, labrar algo así. La punta, *In*. El palo, *An*.

IMOS. pp. Punta de tierra, entre dos rios que se juntan con casi igual arco. *Caymosan*, donde se juntan.

IMPANG. pc. Vide *Timpang*, l. *Ompang*.

IMPAPARO. pc. Vide *Aliparo*.

IMPAPAYAO. pc. Género de nube muy ligera. *Impapayao nang pagtacbo*, *matulin*, corre como la nube.

IMPAPAYIR. pc. Nube, nublado. Vide *Panganoring*. Llevar el viento.

IMPIS. pc. Delgadez, apretamiento, cosa bien tegida, apretada, &c. *Maimpis*. *Vm*, irse apretando *Mag*, apretar. Lo que, *In*. Y si mucho, *pacain*. *Nagcaca*, estar las cosas así. *Maimpis na catao-an*, espigado, delgadillo. *Pagcaimpis*, l. *Caimpisan*, apretamiento.

IMPIT. pc. Apretar como entre palos ó gente, *Vm*, l. *Mag*. Lo que, *In*. *Ma*, estarlo. *Nagcaca*, cosas asi apretadas. *Panimpit*, prensa.

IMPOC. pc. Regalo que hace el padre al hijo cuando le trae en las manos. *Pinacaimpocimpoc*, *ang anac niya*, regala mucho á su hijo.

IMPOC. pc. Vide *Damot*. *Maimpoc*, *maramot*.

IMPON. pc. Juntar. Vide *ipon*, *tipon*, con sus juegos.

I antes de N.

INA. pc. Madre. *Iniina*, madrina. *Mag*, madre é hijo. *Vm*, llamar ó tomar por madre. *Hin*, ser tomada. *Magpa*, afrentar á otro nombrando su madre. *Pinagpapainahan*, l. *Pinaginahan*, el afrentado. Itt. *Vm*, hacerse madre no siéndolo. *Mag*, prohijar. *Man*, buscar madre. *Marunong magina*, sabe ser buen hijo.

INA. pc. Sembrar tupelo para trasplantar como el almacigo. *Mag.* Donde. *An.*

INAAMA. pc. Padrino. Vide *Ama.*

INABAY. pp. Rastro de navio, banca, ó pescado que deja en el agua.

INACAY. pc. Los pajaros chiquitos que ya salen a volar. *Mag.* Ellos. *In.*

INAG. pp. Traslucarse, trasparente. Vide *Aninag.*

INAPO. pc. Descendiente. *Caynapoinan.* pc. Descendencia. *Sangcaynapoinan.* toda. Vide *Apo.*

INAHIN. pc. Gallina ponedera, ú otro animal que sea madre.

INALAAN. pp. La cisera de las cañas dulces.

INALAY. pp. Unas hojitas muy menudas redondas, que se crian en el agua dulce. Sinonomo. *Sulangquipot.*

INAM. pp. Sabor, gusto, ironia, deleite. *Vm.* irse haciendo sabroso. *Mag.* darle sabor. Lo que. *Pacaynamin.* *Mayanam,* sabroso, gustoso, deleitoso. *Nayanaman.* sentir aquel sabor. *Caynaman.* sabroso. *Naca.* causar. Itt. *Vm.* gustar algo probandolo, ó deleitarse en ello. *In.* ser gustado. *Na.* ser percibido aquel gusto. *Nayanaman.* la persona que percibe el gusto. *Ualang inam.* sin sabor. *Caynaminam.* sabroso. *Caynaminanaman.* sabrosisimo. *Nagpapa.* dar á gustar algo. *Pinainam.* à quien. *Ipina.* lo que. *Naynaman nang pagsugat.* l. *Nang pagtisiia.* nang pagsusugal, &c. encarnizado. *Naginaman nang hirap.* lastar con trabajos los contentos pasados. Los contentos, *Ipag* Los trabajos. *pinagpainaman quita nitong supliua.* te haré gustar bien esta disciplina.

INAMBAC. pc. Genero de platanos colorados.

INANGPALAN. pp. Infinidad de gentes o animales. *Mag.* concurrir, juntarse. Vide *Tinap. tinapalac.*

INAN HAGDAN. pc. Las dos cañas largas de la escalera en que se encajan los escalones.

INAPOGAN. pp. El buyo ya compuesto. *Loging muding inapogan si Pedro.* no hacen caso de el, como un buyo tirado.

INAS. pp. Allegarse mucho, poner la aficion en uno mas que en otro, sin que lo merezca. *Vm.* Lo que. *In.*

INAT. pp. Desperezarse. *Mag.* desperezarse cuando quiere venir la calentura. *Vm.* por temor que no sea lo que el piensa. *Mayinatin,* el que se despereza mucho. *Di macapaginat.* se dice del que está en lugar estrecho. Vide *Onat.*

INATÁ. pc. Esforzarse el convaleciente o vergonzoso. *Mag.* En que, o lo que hace. *Pinag-an.* Tambien significa hacer ó decir proporcionadamente. *Mag.* Lo que. *Pag-an.*

INATAS. pp. l. *Inatas.* pp. Enfermedad que da á los perros, por la cual comen un género de zacate. *Inatas itong aso.* está enfermo.

INATAS. pp. El niño flaco y consumido por no tener leche la madre. *Inatas itong bata sa pagca ualang ipasoso itong Ina.* esta flaco este niño porque no tiene leche la madre.

INAY. pp. Interjeccion del que se espanta Vide *Oy.* l. *Ay.*

INAYIQUIR. pp. Ovillo de hilo, seda, &c.

INAYAR. pp. Imponer a alguno poco á poco en algo. *Mag.* Á quien. *In.* Lo que. *Y.*

INAYAR. pp. Hacer o hablar despacio. *Mag.* Lo que. *In.* *Inayarin mong gauin.* hazlo despacio.

INCAT. pc. Abrir alguna cosa de encaje, como anillo. *Vm.* Lo que. *In.*

INCANG. pp. Andar desparrancado. Vide *Bisaclat.*

INDA. pc. Madre, nombre regalado que no admite las composiciones de los nombres de parentesco.

INDA. pc. Sentir el trabajo ó cansancio, *Vm.* l. *Mag.* El trabajo *In.*

INDAAN. pp. Vide *init.*

INDARA. pc. Vide *indaray.*

INDAYAN. pp. Lo mismo que *indayon.*

INDAYON. pp. Hamaca ó cuna de niño. *Mag.* ponerse en ella, ó á otro. *Y.* el metido ó mecido. No admite la de *Vm.*

INDAC. pc. Bailar. *Vm.* Ante quien, *An.*

INDACONA. pp. Un género de baile.

INDARAY. pc. Saltar, caminando sobre un pie, *Vm.* El pie sobre que. *Y.* Donde. *An.* *Mag.* bailar los muchachos saltando asi.

INDI. pc. No, nunca, aun no. *Indi.* *indi pa.* *indi na.*

Nota, que cuando se junta á algun verbo este *indi pa.* se duplica la primera silaba de la raiz del verbo v. g. *Indi pa dumarating.* y no *indi pa dumating.* y no hay que buscar el por que.

INDO. pc. Abuela paterna y materna.

INDOLANIN. pp. Canto de grave, y diferente tono. *Mag.* cantar. Lo que *In.*

INDONG. pc. Niña, *nirang palayao.* *Vm.* llamarla asi.

INGAY. pp. Voces, gritos, estruendo. *Vm.* gritar á alguno. Á quien, *An.* Lo que *Y.* Dar voces, gritos, *Mag.* Á quien *An.* l. *Pag-an.* *Ingayan ang ualang ingay.* quiere decir *bigyan ang di magbigay.* dar al que no dá.

INGAL. pc. Hablar aceleradamente el que viene apriesa. *Vm.* l. *Iingalingal.*

INGALO. pp. Vide *Hingalo.*

INGANGA. pp. Lo mismo que *Angañga.*

INGAO. pc. Maullar del gato, *Vm.* Ante quien. *An.* *Maingauin.* maullador.

INGAT. pp. Guardar, vigilar. *Vm.* l. *Man.* guardarse asi con el temor del tiro que vé venir sobre si, estar con recelo. *Mag.* andar con recelo armándose para algo, en defensa propia. Tambien guardar algo. *Ipag.* con que. *An.* lo que. *Pag-an.* de lo que se guarda. Tambien *Ingat* es vigilar, y cuadra á guardar los mandamientos, leyes, &c. *Maingat sa pagdaramit.* aliñado en el vestir.

INGAT. pc. Apercibir la gente que ha de hacer faena. *Vm.* á otro. *Mag.* los dos. *In.* el apercibido. Si muchos. *Pag-in.*

INGCAG. pc. Vide *Incat.*

INGCAY. pc. Cogear, *Vm.*

INGQUI. pc. Cuidar de alguno con diligencia y amor. *Mag.* De quien *In.*

INGQUIL. pc. Tropezon, encontron. *Mag.* ellos. *Pinag.* el uno contra el otro.

INGQUIT. pc. Vide *Igquit.*

INGQUIN. pc. Vide *Talo*, l. *Daig*, con sus juegos.

INḠIL. pp Gruñir, regañar, *Vm*. Á quien, *An*.

INḠING. pc. Pedir con importunacion. *Vm*, l. *Mag*. Lo que *In*. Á quien *An*.

INḠIT. pc. Llorar ó gruñir el niño, *Vm*, l. *Iiñgitiñgit*.

INGUIT. pc. Enojo. *Vm*, l. *Man*, enojar á otro. Á quien, *In*. Contra quien, *Ca-an*. *Nagcacainguitan*, mútuo.

INGGO. pc. Una resina medicinal de mal olor, palabra morisca.

INGOC. pc. Vide *Pingoc*, *pongoc*.

INGOLOT. pp. Enfado con envidia. *Ma*, enfadarse. Contra quien, *An*. *Vm*, á otro. *In*, á quien.

INGOR. pp. Vide *Iñgos*.

INḠOS. pp. Bufido ú hocico que pone el que no gusta de lo que le mandan, *Vm*, l. *Iiñgosiñgos*. Contra quien, *An*. *Iniiñgosiñgosan co ang Ina co*, me muestra hocico mi madre.

INIBÁ. pp. Un género de plátanos.

IN-IN pc. Darle su punto á lo que se guisa. *Vm*, irse sazonando la comida. *Mag*, l. *Magca*, sazonar. *In*, l. *Paininin*, ser sazonada. Vide *Ling-in*.

INIP. pc. Enfado ó hastio. *Na*, estar así. *Pa-an*, de que, ó de quien. *Maca*, l. *Ica*. la causa. *Cainipan*, enfado. *Mainipin*, enfadadizo. *Cainipinip*, cosa enfadosa.

INIS. pc. Ahogarse el que no puede resollar, *Ma*. La causa, *Naca*, l. *Ica*. Á otro, *Vm*. Á quien, *In*.

INIT. pp. Caliente, calor. *Mainit ang arao*, el sol caliente. *Vm*, irse poniendo caliente. *Mag*, calentar algo. Lo que, *Y*. Tambien *Mag*. poner algo al sol. Lo que, *Painitan*. *Cainitan*, calor. *Nagcaca*, haberlo. *Pinagiinitan*, lugar donde se calienta. *Painit*, cosa que calienta.

INLÁ. pc. La niñeta del ojo. *Batabataan*, palabra de los tinguianes. *Inla nang dagat*, *nang gubat*, el medio. Metáf.

INLAAN. pp. *Bahay balintatao*. Cerquillo de la niñeta de los ojos. El latino lo llama Iris pupillæ.

INLOG. pc. Reverencia de las mugeres con meneos. *Vm*, l. *Iinloginlog*. *Mag*, bailar así. *An*, ante quien.

INLOLONGBO. pc. Abejon.

INO. pc. Notar á otro quien es, ó qué hace, *Vm*. Á quien, *In*. Itt. Reparar, *Vm*. Lo que, *In*. *Nainó co ñga,t, nagcaiba ang anyo*, ya lo noté que se ha mudado.

INOG. pp. Dar vueltas como trompo, y si mucho, *Mag*. pc. Vide *Igquit*, *ominog*.

INOGONG. pp. Vide *Hinogong*, *iñgay*.

INOG-OG. pc. Labar algo meciéndolo, *Vm*. Lo que, *An*. Vide *Ogog*.

INOGNOG. pc. Vide *Inigquit*.

INOLAS. pp. Arroz tostado para poderlo moler.

INOLI. pp. Cántaro pequeño. Sinónomo. *Dabuñgan*. *Macabuhat inoli*, muchacho de cinco ó seis años.

INONAN. pp. Los pares de la muger.

INOPAS. pp. Hoja de la caña dulce marchita.

INORA. pc. Bebida, beber. Vide *Inom*, con sus juegos.

INOT. pc. Poco á poco. *Mag*, hacerlo algo asi. *In*, lo así hecho. *Naintolang nasira*, vino á destruirse poco á poco. *Naginot sumira*, de propósito. *Inot na gaua*. pc. Obra hecha poco á poco.

INOTÁ. pc. Vide *Inatà*.

INOUAC. pc. Manto, cobija. *Mag*, traerla, ponérsela, ponérsela á otro. *In*, lo que es hecho manto. *An*, á quien se pone.

INOUAY. pc. Un género de cañas dulces largas.

INOUIR. pp. Apuntar al blanco. Vide *Tugla*. con sus juegos.

INOUOR. pp. Un género de arroz.

INOY. pp. Vide *Quinoy*.

INOYINOY. pp. Hacer algo poco á poco. Vide *Icoyicoy*, con sus juegos.

INDAC. pc. Un género de baile.

INRANG. pc. Un árbol.

INRO. pc. Lo mismo que *Inda Nunú*.

INRIC. pc. Vide *Hindic*.

INSO. pc. Hermoso, Vide *Buti ualang cainso*. Idem ac *ualang cabuti*. sin igual en lo hermoso.

INTAM. pc. Sabroso. Vide *Inam*, con sus juegos.

INTANA. pp. Vide *Alintana*.

INTAY. pc. Vide *Hintay*.

INTAY. pc. Criar como el ayo ó ama, *Nag*. Á quien, *An*. La causa, *Ipag*.

INTI. pc. Caminar inclinados hombros y cabeza por el peso, *Vm*. Los hombros, *In*. La causa, *Y*. Vide *Icti*.

INTIG. pc. Vide *Ontog*, *pantig*.

INTOR. pc. Resaltar lo que dá en duro. Vide *Ontol*, *orlot*, con sus juegos.

INTOC. pc. Vide *Inam*, con sus juegos.

INOM. pc. Beber, *Vm*. Lo que, *In*. Donde, *An*. Si muchos, *Mag*. Dar de beber á animales, *Magpa*. Á quien, *Pina*. Lo que, *Ipa*. *Palainum*, pc. Bebedor. *Inoman*, bebedero, ó taza en que se bebe.

INYO. pc. Vuestro. *Mag*, hacer algo vuestro. Lo que, *In*.

I antes de P.

IPA. pc. El arroz vano, que no es grano, afrecho. *Vm*, salir el arroz así. *Maca*, la causa, l. *Ica*. *Houag mong ipahan ang palay*, no mezcles el afrecho con el arroz.

IPA. pp. Metáf. Junta de mucha gente. *Umiipa ang tauo sa lansañgan*, parece afrecho en la muchedumbre la gente.

IPAIP. pc. Juntarse gran muchedumbre de gentes, &c. como niebla espesa. *Umiipaip ang tauo*, juntarse así.

IPAS. pc. Cucaracha.

IPIL. pp. Rehuir el cuerpo de miedo, *Vm*. El cuerpo. *Y*. De que, *An*.

IPIL. pp. Un árbol asi llamado.

IPIP. pc. Chupar como el tabaco, *Vm*. Lo que, *In*. De donde, *An*. *Aco.i, paipipin mo niyang tabaco mo*, déjame chupar de ese tu tabaco.

IPIR. pc. Escatimar. Vide *Tipir*, con sus juegos.

IPIR. pc. Esconderse de vergüenza.

IPIS. pp. Cucaracha. *Iniipis*, lo comido de ella.

IPIT. pp. Apretar entre dos palos, ó en prensa, *Vm*, l. *Mag*. Lo que, *In*. Donde, *An*. Dar tormento. *Vm*. Á quien, *In*. *Panipit*, el instrumento con que.

IPOL. pc. Defender, amparar. Vide *Ampon*, con sus juegos.

IPON. pp. Allegar alguna cosa, ó juntar, *Vm*. Si mucho, *Mag*. pc. Lo que, *In*. Si mucho, *Pinag*. pc. Con que, *Y*. Si mucho, *Ipag*. pc.

IPOR. pp. Arrastrar. *Vm*, l. *Iiporipor*, andar así. *Di macaipor*, no poder andar así. *Magpa*, hacer que otro ande así. Á quien, *Pina*. *Iniporan nang inidoran ang quimot*, no lo suelta de la mano.

IPOT. pp. Suciedad de gallina, ave, &c.

IPUS. pp. Cocer ó guisar la comida. Vide *Saing*, con sus juegos.

IPOY. pc. Fuego. Vide *Apoy*.

ICQUI. pp. Contonearse, *Vm*. l. *Iicquiicqui*. Delante de quien, *An*.

I antes de R.

IRAL. pp. Vez ó pertenencia. *Vm*, acudir á su vez. Y si muchas personas, *Mag*. La obra á que, *Pinag-an*. *Di co iral ito*, no es mi vez. Tambien *Iral sa aquin itong damit*, me asienta este vestido.

IRANG. pp. Lo mismo que *Hirang*, con sus juegos.

IRAP. pp. Mirar con enojo, *Vm*. Á quien, *An*. Metáf. *Iirapirap ang candela*, se dice cuando se vá acabando, se vá apagando ó luce mal.

IRAYIRAY. pc. Andar de aquí por allí en el pueblo, *Mag*. Vide *Dayaray*.

IRI. pc. Vide *Yari*.

IRI. pc. Gemido del que vá con alguna carga pesada, *Vm*. l. *Mag*, l. *Yiriiri*. La causa, *Y*, l. *Ica*.

IRÍ. pc. Irritar para que se regañe el niño, *Mag*. El niño, *In*.

IRÍ. pc. Procurar á cosas torpes, *Magpa*. Lo que, *Ipinagpapa*.

IRING. pc. Gruñir, refunfuñar. *Vm*. Á quien, *An*.

IR IR. pc. Cortar cañas dulces en ruedecitas, *Vm*. Lo que, *In* *Cairir*, un pedazo. Vide *Ar ar*.

IRIS. pc. Tratar algo en secreto, *Nangagiirisan sila*. *Ipinagiirisan si Pedro*. No tiene mas juegos en este sentido. Por gemir tiene *Mag*.

IRIT. pc. Chillido de raton, silvo de culebra. *Vm*, silvar. Á quien, *An*.

IRLAS. pc. Errar á lo que se tira ó busca, *Naca*. Lo que, *Nairlasan*. Vide *Sala*.

IRLIP. pc. Dormitar. *Vm*, estar dormitando. *Na*, ir dormitando. Vide *Hipig*.

IROS. pp. Vide *Piro*, sufrir ó poder con lo trabajoso, *Vm*, l. *Maca*.

IROC. pp. Vide *Loroc*, *doroc*, *aroc*. Buscar algo en el agua con tiquin, *Vm*. Lo que, *In*.

IROC. pc. Criar aves, *Mag*. Ellas, *In*.

IROG. pc. Regalar, acariciar, alagar. *Vm*, l. *Mag*. Á quien, *In*. Con que, *Y*. *Nangingirog*, andar acariciando.

I antes de S.

IS. Dicen cuando no gustan de lo que oyen, que es lo mismo que: *Si por cierto:*

ISA. pc. Uno, l. Una. *Iisaisa*, uno tan solo. *Mag*, estar solo, ó hacer solo. *Napapagisa*, quedar solo. *Iniisa*, de uno en uno. *Nanginğisa*, uno ú otro, tal y cual. *Ualang pinanğinğisahang tahanan*, no tiene lugar determinado. *Hindi nagcaisa ang totol*, no están contestes. *Isa man di pahampas*, nunca se deja azotar.

ISA. pc. Lo mismo que *Pica*.

ISAC. pp. Sabroso.

ISAIN. pp. Antiguamente contaban así. *Isain*, uno. *Duuain*, dos. *Mampat*, tres. *Agyo*. pp. Cuatro. *Tondong*. pc. Cinco. *Cala*, pp. Seis. *Manapit*. pc. Siete. *Saga*. pp. Ocho. *Bulair*. pp. Nueve. *Toro*. pc. Diez.

ISALAT. pp. Hechizar, maleficiar, *Vm*. El hechizado, *In*. El que lo anda dando, *Man*. Estar hechizado, *Ma*.

ISAMAN. pc. Nunca, de ninguna manera.

ISAM. pp. Gusto, sabor. Vide *Inam*, con sus juegos.

ISAO. pp. La tripa grande: otros dicen la tripa pequeña. Vide *Talitis*.

ISAY. pp. Una fruta, ó un género de zacate que nace dentro del mar, con hojas largas y estrechas.

ISDÁ. pc. Pescado en general. *Vm*, haberlo donde no lo habia. *Umiisda nğay-on sa ilog*. *Mag*, pescar ó venderlo. *Man*, ir á cogerlo. *Maqui*, pedirlo.

ISIG. pp. Fuerza, valentía. *Maisig*, *malacas*.

ISIL. pp. Es lo mismo que *Icdil*, dar de codo. Vide *Pisil*, *siquil*.

ISI. pc. Ocupacion. Vide *Quimot*, l. *Gaua*. *Maising tauo*, lo mismo que *maraming gaua*, hombre ocupado.

ISÍ. pp. Quitar del arroz sembrado para que sirva de *Bolobor*. El arroz que quita, *In*. De donde, *An*. Con que, *Y*.

ISING. pp. Manta negra de China. *Mag*, vestirla.

ISIP. pp. Cuenta, considerar, comprender, *Mag*. Lo que, *In* *Di maisip*, incomprensible. *Maisip na tauo*, profundo. *Anong isip*, l. *Naisip*, l. *Naisipan mo*, qué has pensado? qué te parece? *Pucaisipisipin mo*, considéralo muy bien. *Caisipan*, l. *Pagcaisip*, parecer, opinion. *Pagiisip*. consideracion.

ISIPAN. pc. Palillos de contar. Vide *Olat*.

IS IS. pc. Alisar raspando, *Vm*. Lo que, *In*. Sale de *Is is*, hoja áspera de una higuera silvestre. Restregar.

ISLAM. pc. Una supersticion suya.

ISMIR. pc. Hacer gestos cuando escarnecen, ó no gustan de lo que les dicen, *Vm*. Á quien, *An*.

ISMOR. pc. Lo mismo que *Ismir*.

ISNAN. pp. Supersticion.

ISO. pp. Una especie de pescado bueno y gordo.

ISÓ. pc. Mirar la atadura si está fuerte meneándola con la mano, *Vm*. La atadura, *In*. Donde, *An*.

ISOL. pp. Lo mismo. Tambien apartarse un poco. Apartar de sí á otro, *Mag*. Lo que, *Y*. Vide *Ilos*.

ISON. pp. Mudarse de su lugar, *Mag*. Lo que, *Y*.

ISOR. pp. Lo mismo que *Ipor*.

ISUAR. pp. Andar como derrengado y corcobado, *Vm*, l. *Yisuarisuar*. Derrengar, *Magpa*. Á quien, *Pina*.

I antes de T.

ITA. pp. Negro del monte. Vide *Aita*. *Malaita*, noche algo oscura.

ITAAS. pp. Lo que está encima de lo bajo. *Napapaitaas*, subir arriba como el humo. Si es viviente, *Nagpapaitas*.

ITAC. pc. Machete, cuchillo grande, bolo. *Mag*, usar de él. *Man*, comprarlo. *Houag mo acong pagpaitacan*, no digas que yo te lo dige, pues no te lo dige, refran.

ITAIT. pp. Señalar lo que se ha de cortar aserrando, *Vm*. La señal, *In*. Donde, *An*.

ITAIT. pp. Ludir. Vide *Tan̄gos*, con sus juegos.

ITAOITAO. pp. l. *Itayitay*. Estar por sí en el aire, sin poder subir ni bajar como glogo de la tierra. *Vm*, l. *Ma*, estar así. Vide *Litao*.

ITIB. pp. Chupar algun licor con fistola, *Vm*. El licor, *In*. Donde. *An*.

ITIC. pp. Pato criado en casa.

ITI. pc. Bajar la marea, ó el licor en la vasija. *Naiti*, la agua que baja. *Naitihan*, la orilla de donde.

ITIM. pc. Negro, prieto, ennegrecerse. *Vm*, ponerse negro. *Mag*, ennegrecer. Lo que, *In*. Con que, *Y*. *Nan̄gin̄gitim*, ponerse algo negro. *Caitiman*, negrura.

ITING. pp. Apretar y hacer fuerza como mordiendo, *Vm*. Lo que ó con que, *Y*. Lugar, *An*.

ITLO. pc. Lo mismo que *Tatlo;* pero solo así se usa. *Macaitlo*, tres veces. *Icaitlo*, la tercera vez. *Sa icatlong pagparoon co, ay naquita co*, á la tercera vez que fuí, le hallé.

ITLOG. pc. Huevo. *Vm*, l. *Man*, ponerlos. *Nan̄gin̄gitlog*, por la de *Mag*, tratar en ellos, ó echarlos en la comida. *Itlogan*, pp. en donde.

ITLOG BALANG. pp. Un género de arroz.

ITLOG BUAYA. pp. Una taza pequeña como huevo de caiman.

ITLOGAN. pp. Lisas con huevas.

ITMO. pc. Unas hojas que llaman buyo. *Itmohan*, lugar donde nacen.

ITO. pc. Aquesto, este, esta. *Gaito* de esta manera. *Nagagaito*, hacerlo de esta manera. *Gaitohin*, lo que. *Igaito*, lo que pone. *Naito*, el, ó aquí.

ITO. pc. Error ó equivocarse en alguna cosa. Vide *Lingling*, con sus juegos.

ITOR. pp. Gusto, sabroso. Vide *Inam*, con sus juegos.

I antes de U.

IUÁ. pp. Daga, puñal. *Vm*, l. *Man*, herir con él. Á quien, *An*. El que está herido, *Nayuaan*. *Nagpapan̄giua*, pc. herirse unos á otros con puñales. *Nan̄gin̄giua*, herirse así mismo.

IUAC. pp. Cuña de cualquiera cosa. *Mag*, hacerla. *In*, de que. Itt. *Mag*, ponerla. *Y*, ella. El harigue, *An*.

IUAL. pp. Cualquier meneo que hace el que está sentado, cuando tiene llaga, *Vm*, l. *Yiualiual*, l. *Nagiualiual*. Vide *Balingbaling*.

IUAN. pp. Dar de mano, dejarlo. *Iuan mo*. Vide *Ayuan*.

IUANG. pp. Limpiarse cuando se provee. &c. *Vm*. *Mag*, á otro. *In*, lo que. *An*, á quien, *Y*, con que. *Paniuang*, el papel, hoja &c.

IUANG. pp. Desrrengado.

IUAR. pp. Lo mismo que *Isuar*, con sus juegos.

IUAS. pp. Cualquier movimiento que hace el que está sentado. *Yiuasiuas ang mey saquit*. *Vm*, l. *Mag*.

IUI. pp. Criar el hijo de otro, y tenerlo por suyo, *Mag*. El criado, *Hin*.

IUI. pp. Dar á tomar ó criar á medias como ganado, *Mag*. Lo que, *Hin*. *Magpa*, dar á criar. *Pinagiuihan nang buquir*, ó *nang hayop*, el dueño á quien se cria.

IUIR. pp. Embustero que sabe engañar.

I antes de Y.

IYA. pc. Es. *Vm*, decirlo. *Iyahin*, á quien. *Ipaiya mo sa aso, iyang usa*, haz que los siga.

IYAB. pp. Lo mismo *Dig-as*, *liyiab*, *yabyiab*, y sus juegos.

IYABAN. pp. Braserito. Lo mismo que *Dupaan*.

IYAC. pc. Grito, voces, clamor. *Vm*, l. *Mag*, clamar. Lo que, *Y*. Á quien, *An*. *Paiyac*, pc. Un género de campanas de Sangley.

IYAG. pp. Lujuria, sensualidad. *Caiyagan*. *Maiyaguin*. pc. Carnar. *Na*, estar en algun acto torpe. *An*, estar con actual lujuria. *Quinaiyagan*, el objeto.

IYA IS. pp. Ludir una cosa con otra. *Ma*, estar ludida. *Nagca*, ludirse entre sí. *Pinapagca*, l. *Pinapagcaca*, hacerlas ludir entre sí. *Mag*, ludirlas. *Magpa*, hacer que ludan. *Papagiyaisin*. lo que.

IYAIT. pp. Lo mismo que el antecedente con sus juegos.

IYAMA. pp. Coito de animales. *Mag*, los dos. *Vm*, el uno al otro. *Hin*, l. *Napagiyama*, el ó ella. *Maqui*, coito de una especie con otra distinta. *Nan̄ga*, andar en zelos.

IYAMO. pp. Aplacar con algo á otro: con la pasiva de *Y*, dice con lo que se aplaca la ira á alguno, *Tinapay ang Iiyamo mo sa mun̄ga tauo*.

[illegible]

LABAG. pc. Desafiar, incitar á pelear, atrevido. *Um*, el que desafía. *An*, el desafiado.

LABAG. pc. Tomar con atrevimiento lo ajeno. *Labag na tauo*, atrevido. Vide *Lapastangan*.

LABAGAN. pc. Desafío.

[illegible]

Á quien, *Labhan*, l. *Labihan*. *Calalabhan*, sobra. *Nanhihi*, sisar como Judas.

LABI. pc. Añadir. *Calabilabihang pagtubus*, copiosa redencion.

LABIHAN ISA. pc. Medida de once gantas.

LABÍ. pc. Partícula que se usa despues de diez hasta doscientos. *Labing isa, labing dalaua*, &c. *Labi sa raan isa, labi sa raan sampouo*, &c.

LABÍ. pp. Lábio, bordo, boca. *Malaqui ang labi mo*, tienes grande lábio.

LABIAN. pc. De grandes lábios.

LABIG. pp. Voz baja, que suena poco. *Malauig ang voces niya*. Itt. Un género de zacate.

LABIG pp. Yerba que se cria en el palay. *Nalalabigan ang palay*, l. *Buquid, tinubuan nang cogon*.

LABILAB. pp. Cundir el fuego llevándose lo que encuentra, *Vm*. Y si mucho, *Mag*. Lo que toca, *An*.

LABING. pc. Subidas y bajadas muy ágrias, *malabing na bondoc*. Vide *Bangin*, *layon*. pc.

LABING. pp. Bosque. *Parian ca sa labing, at manguha ca nang cahoy na igagatong*.

LABILABI. pc. Escuerzo, tortuga pequeña.

LABIS. pp. Rebosar, sobrar, derramarse, mas encarecido que *Labi*. *Man*, andar rebosando algo. *An*, l. *Pinan-an*, la vasija. *Lumalabis ang asal mo sa ugali*, pasa de lo ordinario. *Palabis na uica*, añadir mas de lo que dijo. *Magpa*, sobrellenar la vasija para que rebose. Lo que, *Pina*. La vasija, *Pa-an*. *Linabisan ang otos co sa iyo*, hiciste mas de lo que te mandé.

LABIT. pp. Colgar de la mano algo. *Vm*, tomarlo para llevarlo así. Lo que, *In*. *Mag*, llevarlo. En lo que, *Y*. *Na*, estar asi colgado. *Ca-an*, de donde. *Vm*, colgarse el niño de su padre. *Mag*, colgarlo. *In*, el niño. *An*, la mano. *Labitan*. pc. Asa, ó asidero.

LABIU. pc. La yerba que sale despues de quemado ó cortado el zacate.

LABLAB. pc. Atolladero, cenagal. *Vm*, hacerse. *Na*, atollarse. *Nag*, reduplicando rebolcarse en él.

LABLAB. pc. Asar el pescado antes de cocerlo, *Mag*. El pescado, *Y*. El fuego, *An*.

LABLAB. pc. Comer apriesa y atragantándose. *Mag*. Lo que, *In*. *Malablabin*, tragon.

LABNAC. pc. Vide *Lapsac*, l. *Lamiac*.

LABNAO. pc. Cosa rala como papas ó puches. *Vm*, hacerse asi. *Labnauan*, ser hecho asi. *Nag*, estar asi. *Magpa*, liquidar lo que está espeso. Su contrario es *Lapot*.

LABNI. pc. Un género de higuera silvestre.

LABNIT. pc. Un bejuco que dá una fruta agridulce. Vide *Picopic*, l. *Calapi*.

LABNIT. pc. Tirar como el cutis, *Vm*. El cutis, *In*.

LABNOG. pc. Cosa turbia, enturbiarse, enturbiar, *Vm*. El agua, *In*. Donde, *An*. *Malabnog*, agua turbia.

LABNOS. pc. Sacar el puñal con aceleracion, *Vm*, l. *Man*. El puñal, *In*. La baina donde, *An*. *Mag*, traer puesto el puñal. El puñal, *In*. *Labnosin mo ang puñal mo*.

LABNOS. pc. Deshollarse ó mudar de pellejo violentamente, *Vm*. El pellejo, *In*. El animal, *An*. Vide *Baclis*, *Lala*, con sus juegos. Tambien Vide *Lapnos*.

LABNOT. pc. Arrancar como cabellos, *Vm*, l. *Mag*. Lo que, *In*. De donde, *An*.

LABNÓT. pc. Tomar algo por fuerza quitándolo de la mano de otro, *Vm*. Lo que, *In*. Á quien, *An*.

LABO. pc. Blando. *Malabong gabi*. Vide *Gaboc*, *Lata*, con sus juegos. *Malabong gauin*, marali, metáfora.

LABO. pp. Un género de plátanos.

LABÓ. pp. Turbio. Enturbiarse, *Vm*. La causa, *Ica*, l. *Naca*. *Mag*, enturbiar. Lo que, *An*. Con que, *Ipag*.

LABO. pp. Quedar destruido. *Na*, quedar por puertas. *Linabo siya ni Juan*, le hizo gastar cuanto tenia *Mag*, hacer andar á otro en miseria. Al que, *Ipinag*.

LABOCLABOC. pc. Aguas muertas del mar. Vide *Liquia*, su sinónomo.

LABOG. pc. Ensuciarse como el agua, *Mag*. *Linalabog ang ilog*, revolver el rio para coger el pescado. *Mag*, pescar en agua turbia.

LABOG. pp. Estar como medio deshecho por muy cocido. *Nalabog ang carne, at malubhang pagca luto*, se deshizo la carne de puro cocida.

LABOL. pc. Yerro encendido. *Vm*, l. *Mag*, encenderlo ó hacerlo ascua. El hierro, *In*. Donde, *An*. *Labolan*. pc. Fragua. *Na*, hacerse tal.

LABOLAN. pp. Oro que sobra cuando labran algo.

LABON. pp. Cocer camotes en agua. Vide *Laga*, con sus juegos.

LABON. pc. Lodo cuando es poco y aguado. *Malabon*, cosa que tiene lodo.

LABONG. pc. Cogollo de las cañas cuando empiezan á brotar. *Vm*, l. *Man*, echarlo. *Mag*, criar ó tenerlo. *Tumubo manding labong*, hombre de buen cuerpo.

LABOS. pp. Desollar el pellejo. *Nalabos*, *napocsa*, *naubos namatay ang lahat*, murieron todos, todos acabaron.

LABOT. pp. Vide *Agao*, con sus juegos.

LABOT. pc. Cuajo, panza de animal.

LABOT. pp. Apartar, destetar. *Vm*. El niño, *In*. *Na*, estar destetado. *Bagong linabot sa suso*, recien destetado. *Calabot suso*, hermano de leche.

LABOY. pp. Lo flojo en la hamaca ó en el cuerpo, como papada, tetas. *Nanlalaboylaboy*, l. *Lalaboylaboy*. Pasearse á lo flojo, l. *Vm*.

LABOY. pp. Vagamundo. *Vm*, l. *Lalaboylaboy*, andar asi.

LABSAC. pc. El amontonar cosas sucias, arrojar, esparcir. *Vm*, caerse lo sucio. *Mag*, arrojarlo. Lo que, *Y*. Donde, *An*. Esparcir algo, *Vm*, l. *Mag*. Lo que, *Y*.

LABSAO. pc. Vide *Lasao*. pc. l. *Tunao*, con sus juegos.

LABSÓ. pc. Desembainar, *Vm*. Lo que, *In*.

LABSOY. pc. Andar con la barriga al aire. *Vm*, l. *Lalabsoylabsoy*. Sinón. *Libtoy*.

LABTIC. pc. Azotar con cosa larga, como zurriago, *Mag*. Á quien, *An*. Con que, *Ipag*.

LABUS. pp. Acabar la bebida agotando, *Vm*. La bebida, *In*. La taza, *An*.

LABUS. pp. Pasar con punta de parte á parte como agugerando, *Mag*. Lo que, *In*.

LABUS. pp. Lo que tiene el animal en la panza ó tripa, el *quinain* se dice *linalbus*. *Labusan ang usa*, quitale lo que tiene en la panza.

LABUSAC. pc. Gastador.

LABUSAQUIT. pp. Poner teson en alguna negocio. *Mag*. En que, *Ipag*, l. *Pag-an*.

LABUSAO. pp. Liberal, franco. *Vm*, hacerse liberal. La hacienda, *In*. En lo que gasta. *An*.

LABUSAO. pp. Descomedido. *Vm*, irse haciendo tal. *Lumalabusao sa humaharap*, no tener atencion á los circunstantes. *Labusauin mo ang tubig*, *gaugauin*, revuelve esa agua.

LABUYAO. pp. Hacerse cimarron el que era manso. *Vm*, hacerse tal. *In*, hacerle. *Ma*, hacerse de repente. Causa, *Na*, l. *Ica*.

LABUYÓ. pp. Gallo ó gallina de monte.

LABYAO. pc. Espantar los animales de la sementera, *Mag*. Los animales, *In*. Lugar, *An*. Metáfora. Presuncion ó fantasía. *Mag*, portarse asi. *Malabyao*, presumido.

LACAL. pp. El manojo de palillos para contar. Vide *Calacal*.

LACAN. pc. Don *Lacandola*, *Don Dola*, *lacanhianta*, *Don Hianta*.

LACANBINI. pp. Un anito.

LACANDAYTAN. pp. Lo mismo.

LACANSOLAN. pp. Nombre de un principal.

LACAO. pc. Vaguear. Vide *Gala*, con sus juegos.

LACAPATI. pp. Un ídolo que tenian por abogado de las sementeras.

LACAR. pp. Caminar á pie, *Vm*. Por lo que se camina, para cogerlo ó traerlo, *In*. Á donde, *An*, ó á quien se lleva algo. *Mag*, llevar algo andando. Lo que, *Y*. Á quien, *An*. Por donde, *Pag-an*. pc. *Mag*, duplicando la raiz, caminar por recreacion. *Pag-an*. pc. Donde. *Maca*, poder. *Maglalacad*, caminante.

LACAS. pc. Fuerza, atropellar. *Malacas na tauo*, hombre fuerte. *Malacas cumain*, *tumacbo*, &c. Fuerte comedor, &c. *Malacas na hangin*, viento recio. *Vm*, ir cobrando fuerzas. *Magpaca*, poner fuerza en algo. *Ipinaca*, en que. *Linalacasan*, lo hecho así, l. *Pinalalacasan*. *Calalacas cayong lumacad*, andad con brio. *Houag mo acong lacasan nang pangungusap*, no me hables recio. *Linalacasan*, l. *Na*, rendido por fuerza.

LACAYA. pp. Pescar, *Ma*. Lo que, *In*, l. *Pinahan*. *Man*, tambien. *Malalacaya*, pescador.

LACBA. pc. Despegar algo, *Vm*. Lo que, *Hin*. De donde, *Han*. *Lacbahin*, despegadizo. Vide *Patnit*, *pucnat*.

LACBANG. pc. Vide *Lacdang*.

LACBAO. pc. Vide *Lactao*, l. *Lacao*, l. *Lacpao*.

LACBAY. pc. Caminar por tierra á pie camino largo, *Vm*. Donde, *An*. *Mag*, llevar algo. Lo que, *Y*. Á donde, *Pag-an*.

LACDANG. pc. Paso grande, tranco, ó trancar. *Vm*, alcanzando ó tomando algo. Lo que, *In*. *Mag*, llevar algo. En lo que, *Y*.

LACDIP. pc. Asiento de vinagre ó tuba. Vide *Tining*.

LACHÁ. pc. Manera de goma ó sangre para teñir. *Mag*, teñir. *Mag*, teñir con ella. Lo que, *In*.

LACHAN BACOR. pp. Idolo.

LACLIP. pc. Desollarse, *Vm*. Lo cortado, *In*. De donde, *An*.

LACLAC. pc. Beber el gato ó perro sacando la lengua, *Vm*, l. *Mag*. Lo que, *In*. De donde, *An*. Se puede aplicar al que se emborracha muchas veces. *Saan ca baga naglaclac?* Dónde bebiste.

LACMAY. pc. Dividir la yerba ó arroz cuando se mete por él, *Vm*. El arroz, *An*.

LACNIT. pc. Despegar algo que está pegado Vide *Pocnat*, con sus juegos.

LACMOS. pc. Desollarse el pellejo por rascadura ó quemadura. Vide *Lapnos*.

LACO. pp. Mercadería ó cosa de venta. *Mag*. pp. Vender desde la banca. *Mag*, pc. Trayéndola de pueblo en pueblo. *Y*, l. *Ipag*. lo que. *An*, l. *Pag-an*, á quien. *Lacolacoan*, menudencias, y de aqui *Hilaco*, vender á buen ojo. *Anong laco ni Puri*. *hipong gangang muy tibi*, mire con que nos viene.

LACOB. pc. Vide *Obos*.

LACOM. pp. Abarcar ó recoger todo, *Vm*. Lo que, *In*. Á quien ó donde, *An*. Llevar algo abarcado, *Vm*, l. *Mag*. Lo que, *In*.

LACQUI. pc. Agrandar, crecer, hondo, grueso. *Malaquing guinoo*. *Vm*, crecer. La causa, *Ica*, l. *Naca*. Agrandar, *Mag*. Lo que, *An*, si está hecho. *Pacalacquihin*, si está por hacer. *Calachan*, grandor. *Magpa*, educar. Á quien, *Pina*. *Caloquilaquihan*. lo sumo, ó muy grande.

LACQUIP. pp. Doblez ó pliegues, una cosa sobre otra, como manta ó petate, *Mag*. Lo que pone, *Y*. Á donde ó á que, *An*. *Mag*, doblar ó aforrar. Lo que, *In*, l. *Pag-in*. *Lumgmalaquip ang douag sa licod nang matapang*, se vale del valiente: metáfora.

LAQUILAQUI. pp. Tomar uno la voz ó causa de muchos, *Man*. *Ipan*, la causa. Porque, *Han*. *Manlalaquilaqui*. *Naganayo*.

LACQUIT. pp. Vide *Lacquip*.

LACQUIYAN. pc. Antepasado, como abuelo de su muger.

LACQUIYAN. pc. *Anuang calaquiyan*, carabao macho.

LACSÁ. pc. Diez mil.

LACSÁ. pc. Fideos.

LACSA. pc. Un género de camote, ó ubi.

LACTA. pc. Dejar un número pequeño para pasar á otro, *Vm*. El número, *In*. *Mag*, llevando algo. *In*, el número á que llega. *An*, el que se salva ó se deja. *Y*, lo que lleva.

LACTA. pc. Romper sementeras talándolas, *Vm*.

LACTA. pc. Vide *Lipta*, *Licta*.

LACTAN. pc. Rastro que deja el que se metió por el zacatal. *Nalalactan ang cogon*, tiene rastro el zacatal.

LACTAO. pc. Dejar un número grande, y pasar á otro. *Vm*, caminando, saltar ó salvar asi. *In*, el número á que llega. *An*, el que se salva ó deja. *Mag*, llevar algo asi. *Y*, lo que.

LACTAO. pc. Langostas que se anticipan como mensageras. Tambien *lactao na dauong*, aviso ó noticia.

LACTAS. pc. Vide *lagtas* l. *Ligtas*.

LADYÁ. pc. Un principal antiguo llamado asi.

LAGÁ. pp. Cocer camotes. *Labon.* &c. *Mag.* Lo que, *Y*, Donde, *An*, l. *Pag-an.*

LAGAAC. pc. Reir récio, *Vm.* De quien, ante quien, *An.*

LAGABLAB. pc. Llamarada grande. *Lalagalagablab*, l. *Vm*, hacer llamarada. Á quien dá, *An.* Sinónomo. *Alab.*

LAGAC. pp. Quedar uno en alguna parte, ó dejar alguna cosa por señal. *Vm*, quedarse uno. Donde, *An.* *Mag*, dejar algo. Lo que, *Y.* Á quien ó donde, *An*, l. *Pag-an.* *Nan*, quedar algo como el mal olor &c. *Nanlalagac ang bango*, l. *bahò.*

LAGACLAC. pc. Charco, ó golpe de agua que cae de alto, como canal. *Vm*, l. *Lalagalagaclac*, caer el agua.

LAGADYÁ. pc. Infamar con mentira, *Mag.* Á quien, *In.*

LAGAL. pc. Ablandar cosa dura. Vide *Lambot*, con sus juegos.

LAGALAG. pc. Apartarse del pueblo por alguna cosa ó causa, *Vm.* De donde, *An.* *Mag*, llevar consigo algo. *Y*, lo que. *An*, á donde.

LAGALÁG. pc. Vagamundo.

LAGANAP. pp. Cundir, estenderse, y alcanzar á todos, *Vm.* Por donde, *An.* Y de aqui abarcar muchas cosas, cuidados, obras, oficios. *Nalalaganapan nang isang bantay ang di mamagcanong cabayo, baca*, &c. Un solo pastor cuida de todos. *Laganap.* pc. *na loob*, l. *Banta.* Entendimiento de grande comprension. *Ualang di mo linalaganapan*, no hay cosa en que no te metas. *Laganap*, pc. *Na babaye*, que á nadie desecha. *Laganap na tauo*, es un perdido.

LAGANAS. pp. El ruido ó crugimiento del árbol cuando cae, ó del que corre por espesura, *Vm.* Si muchos, *Mag.*

LAGAN. pc. Un caracol marino grande.

LAGANGAN. pc. Crisol.

LAGAP. pc. Vide *Laganap.*

LAGAP. pc. Cosa comun á todos, v. g. *Lagap na babaye.*

LAGAPAC. pc. Sonido grande de algun golpe. *Vm*, hacerle. Y por metáfora, reirse á grandes carcajadas. *Lagapac ang pag tuua mo*, haces ruido con tu risa.

LAGARÍ. pp. Sierra, aserrar, *Vm.* Lo que, *In.* El todo de donde, *An.* Aserraduras. *Pinaglagarian.*

LAGABLAR. pc. Movimiento de alguna cosa llevada del agua poco á poco, *Na.*

LAGAS. pp. Caerse las hojas ó la fruta de madura, *Vm.* El árbol, *An.* *Lumalagas ang dahon nang dapdap.* Deshojar los árboles quitando las hojas, *Vm.* *Lagas*, pc., *na dahon*, hoja caida. Puédese aplicar á los mártires despedazados. *Nagcacalagas ang laman nang catuo-an*, dejaron la piel y la carne.

LAGASLAS. pc. Ruido de agua que corre por peñas, ó de navío cuando lo baran, *Vm*, l. *Lalagalagaslas.*

LAGAT. pp. Cocer el pescado, chamuscar, *Mag.* Lo que, *Y.* La olla, *An.* Vide *Salab.*

LAGATAC. pp. Entrar el agua por el tejado, *Nalalagatac ang olan sa bubungan.*

LAGATAP. pp. Vide *Latag, laganap.*

LAGAY. pc. Sosiego, sosegarse el inquieto, talle de la persona, estado, oficio. *Anong lagay mo?* Qué oficio tienes? &c. *Vm*, estar tendido. *An*, donde. *Na*, estar puesto en alguna parte. Donde, *quinalalagyan.* *Magpa*, poner algo. Lo que, *Ipa.* *Lagay na nigang dati yaon, cupagcabata niya*, es costumbre suya desde niño. *Mag*, poner algo. *Y*, lo que. *Napapa*, estar puesto; tambien estar quieto, descansado, sosegado. *Lagay na loob*, corazon sosegado.

LAGAY. pc. Desamparar los soldados la fuerza, *Magpa.* Lo que, *In.* *Pinalalagaylagay nang manga sundalo ang bayan.*

LAGAYAC. pp. Arrastrar, *Vm*, l. *Mag.* Lo que, *In*, l. *Y.*

LAGAYLAY. pc. Estar inclinadas las ramas, *Na*, l. *Vm.* Á donde, *An*, l. *Ca-an.* La causa, *Naca*, l. *Ica.* *Nalalagaylay ang loob*, lo mismo que *Nalalagay.* De corazon reposado.

LAGIBAS. pp. Lo mismo que *Panis.* *Lagibas na ang maiz, matabang na parang panis na.*

LACQUIT. pc. Pegar, correoso, pegajoso. *Vm*, hacerse tal. *Lumalagquit ang pulot*, se vá poniendo pegajosa la miel. La causa, *Naca*, l. *Ica.* *Mag*, hacer algo pegajoso cociéndolo. Lo que, *In.* Con que, *Ipag.* Tambien *Magpa.* *Malagquit*, pegajoso.

LAGQUITAN. pp. Arroz pegajoso.

LACDA. pc. Muestra, señal, dibujo. *Vm*, l. *Mag*, hacerlo. Adonde, *An.* Con que, *Y.* La figura dibujada, *In.*

LAGDANG. pp *Lacdan.*

LAGUI. pp. Cosa antigua, estable, permanecer, *Vm.* *Lungmalagui siya sa tubig*, tarda en el agua. Donde, *An.* *Ang saquit sa infierno ay lagui*, el tormento del infierno es permanente. *Mag*, continuar en algo. *Palaguian mo iyang gaua*, haz que permanezca esa obra. *Magpa*, perseverar. En que, *Pinalaguian.* *Ang devocion cay Guinoong Santa Maria palagui na sa loob mo*, la devocion de María Santísima es constante en tu corazon. *Lumagui siya sa casalanan*, persevera en él. Metáfora.

LAGUIAB. pp. Vide *Alab*, con sus juegos.

LAGUIAC. pp. Vide *Laguiyuc, ingay, caliyas, calaac.*

LAGUICUAY. pc. Zacate.

LAGUIHAY. pp. Fréjoles verdes cuando están en baina. *Moha ca nang malaguihay na ayap, na isasahog sa palayoc*, coge fréjoles ó judías para mezclar en la olla.

LAGUILANG. pp. Caerse las hojas del plátano ó árbol. *Vm*, irse haciendo medio maduras para caerse. *Na*, caerse. *Naca*, la causa. *Laguilang na palapa*, en Silang es hoja medio seca.

LAGUILAY. pp. Hojas secas.

LAGUIM. pc. Miedo, temor del que está en alto. *Na*, tenerlo. De quien. *Ca-an.* *Ualang quinalalaguiman*, no teme á nadie. *Calaguimlaguim*, cosa temible.

LAGUIMLIM. pc. Idem.

LAGUINLIN. pc. Apeñuscarse gente ó animales, *Na.* La causa, *Naca*, l. *Ica.* Donde, *Ca-an.* Sinónomo, *Lagonlon.*

LAGUISLIS. pc. Ruido grande de árbol cuando cae. *Vm*, hacerlo. *Naca*, destruir al caer los árboles que encuentra. *Na*, los destruidos. *Ca-an*, el lugar. Vide *Laguitlit.*

LAGUIT. pp. Afilar cuchillo ó navaja, *Vm*. El cuchillo, *Y*. La piedra, *An*.

LAGUIT. pp. Cosa pegada como barro en la vasija.

LAGUITIC. pc. El sonido que hacen las ataduras, que se van quebrando, ó la disciplina cuando azotan, *Vm*, l. *Lalaguilaguitic*.

LAGUITLIT. pc. Vide *Lillit*.

LAGUITLIT. pc. Ruido de cosa que se rompe, *Vm*, l. *Lalaguitlaguitlit*. *Palaguitlitin*, lo que.

LAGUIUAY. pp. Ciertas hojas comestibles.

LAGUIYAB. pp. Levantar grande llama el fuego. Vide *Alab*, con sus juegos.

LAGUIYAC. pp. Vide *Galiyac*.

LAGUIYO. pp. Vide *Laro*, con sus juegos. Tambien un género de juego, y se conjuga. *Naglalaguiyohan*, porque se hace entre muchos, y mútuo.

LAGLAG. pc. Dejar caer cosa que se cae, *Vm*, l. *Na*, acaso. Donde, *Ca-an*. La causa, *Ica*. *Mag*, de propósito. Lo que, *Y*. Donde ó á quien, *An*.

LALAG. pc. Destruirse la parentela ó pueblo, *Na*. La causa, *Naca*. Tambien *Nagcacanlalaglag ang manḡa sicang nang palopo*, &c. Se van deshaciendo poco á poco.

LAGMAC. pc. Tender, echar ó arrojar por el suelo, *Mag*. Lo que, *Y*. *Lungmalagmac ang ibon sa lupa*, se estienden por el suelo. Donde, *An*. *Pinalagmac ni Jesus sa cogon yaong limang libong tauo*, *at pinacain*, mandó Jesus que se estendiesen sobre la yerba aquellos cinco mil hombres, y les mandó dar de comer.

LAGMAG. pc. Un árbol como el santor.

LAGMI. pc. Es síncopa de *Lagumi*, rama del árbol que se cae sin quebrarse de su tronco. *Nalalagmi*.

LAGNAT. pc. Calentura. *Na*, estar con ella, *Malalagnatin*, calenturiento. *Nagmamalalagnatin*, el que se vá haciendo tal. *Nagpapanibucas ang pagcalagnat*, la cotidiana, aunque se quite por alguna parte del dia. *Nagmamacaluua ang lagnat*, terciana. *Nagmamacaitlo*, cuartana. *Atayatay na lagnat*, de mucho tiempo. *Nacacalagnat*, tenerla muchas veces.

LAGNO. pc. Vide *Lagnot*.

LAGNOT. pc. Vide *Labnot*, con sus juegos.

LAGÓ. pc. Crecer ó medrar las palmas ó plantas, *Vm*. La causa, *Ica*, l. *Naca*. *Malagò*, lozano. Vide *Lagon*.

LAGÓ. pc. Las hojas del azafran de la tierra, que se nombra cachumba.

LAGOBLOB. pc. Ser acometido de mucha gente, *Vm*. Á quien, *In*. Donde, *An*.

LAGOBLOB. pc. Vide *Lagablab*, llamarada.

LAGOC. pc. Trago, tragar cosa liquida, *Vm*. Lo que, *In*. *Calagoc*, l. *Calagocan*, un trago. *Cacalagoc*, l. *Cacalagocan*. un solo trago.

LAGOC. pc. El ruido que hace la bebida al tragarla, *Vm*.

LAGOCAN. pp. l. *Lalagocan*. la nuez del gaznate.

LAGOCTOC. pc. El ruido que hacen grandes cuando los sorben. *Vm*. l. *Lalagolagoctoc*.

LAGOLÓ. pp. Yerba hedionda, pero medicinal.

LAGOM. pp. Juntar una cosa con otra, ó juntarse el varon con dos hermanas ó primas, ó ella con ellos, *Mag*. Ella, *In*, l. *Pag-in*.

LAGOMÁ. pp. Vide *Sondo*, *lagoyo*.

LAGOMA. pp. Entremeterse en cosas de alegría con otros, *Maqui*. Con quien, *Paquian*. Con lo que, como canto, &c. *Ipaqui*. Vide *Salamoha*.

LAGOMÍ. pc. Vide *Lagmi*.

LAGOMOC. pc. Ruido que hacen muchos animales, destrozando sementeras, *Vm*. Lo que, *In*.

LAGOMPIT. pc. Peerse, *Vm*. Y si muchos, *Lalagolagompit*.

LAGONDAC. pc. Grita grande con confusion, como cuando ladran muchos perros, *Mag*. La causa, *Ipag*. Donde, *Pag-an*.

LAGONDÍ. pc. Un arbolillo: hay uno de la playa con hojas de tres en tres, otro con las hojas de una en una.

LAGONG. pp. Sonar gruesa la voz. Vide *Hagong*, *agong*.

LAGONGLONG. pc. Ruido grande que hace el agua que cae de alto, *Vm*, l. *Lalagolagonglong*.

LAGONLON. pc. Apeñuscarse mucha gente, huyendo de quien les persigue, *Vm*, l. *Mag*. Ellos, *In*. Con que, *Y*. Donde, *An*. *Na*, estar asi. Donde, *Na-an*, l. *Ca-an*. Sinónomo, *Laguinlin*.

LAGONOT. pc. Crugir los huesos por lo pesado de la carga, *Vm*. Si muchos, *Lalagolagonot*. La causa, *Naca*, l. *Ica*. Significa mas que, *Dagonot*.

LAGOPLOP. pc. Alzarse con la parte que no le toca, *Vm*. Á quien se la quitan, *In*.

LAGOS. pc. Apresurarse el que camina sin detenerse con nadie, ni con nada. *Naglalag-os nang paglacad*, se apresura en el caminar.

LAGOSAO. pp. Ruido del pescado cuando salta jugando, *Vm*. La causa, *Naca*, l. *Ica*. La agua, *Na*. *Longmalagosao ang talicalà*, el ruido que hace la cadena.

LAGOSLOS. pc. El ruido que hace el agua que cae de los árboles, ó la fruta, ó el ruido de la orina, *Vm*, l. *Lalagolagoslos*. Tambien *Longmalagoslos ang luha*, se dice del que llora.

LAGOT. pc. Rasgar yerba como repelando, romperse el cordel tirando de golpe, *Vm*. El cordel, *In*. Acaso, *Na*. Rasgar, *Vm*. La yerba, *In*.

LAGOTOC. pc. Estallido de tabla ó palo que se raja, ó del fuego cuando quema cosa hueca, *Vm*, l. *Lalagolagotoc*.

LAGOUAC. pp. Vide *Alagoac*.

LAGOYO. pp. Amigo. *Mag*, andar de camaradas. En que, *Pag-an*. *Nagcalagoyo*, andar muy de amistad.

LAGPAC. pc. Caer los que luchan, arrojar, derribar, *Mag*. Lo que, *Y*. Caer los dos, *Mag*. Si acaso uno. *Ma*, Donde, *Ca-an*, l. *Na-an*. Los dos acaso, *Magcaca*. Donde, *Pinagcaca*: y de aqui por el ruido que hace lo que cae de lo alto en lodo ó mar, *Vm*.

LAGPAG. pc. Vide *Pamalapag*.

[illegible]AS. pc. *Napotol na bigla*, *langpao* el usado s.

LAGPÍ. pc. *Sipiin ang sanḡa*, desgajar la rama, *Vm*. La rama, *In*. Acaso, *Na*. Vide *Sipi*.

LAGPOS. pc. Deslizarse, escaparse de los enemigos, aflojar la atadura, *Vm*. Ella, *In*. Á quien, *An*. *Nalagposan nang tali Naca*. escaparse, l. *Vm*. *Nacalagpos sa usap*, se escapó del pleito pagando.

LAGPOT. pc. Idem.

LACSAC pc. Amontonar cosas sucias, *Vm*. Caerse la suciedad en las secretas. *Mag*, juntarla ó arrojarla. Lo que, *Y*. Donde, *An*. *Item*. Dañarse la fruta, *Na*.

LACSAC. pc. Deshacerse algo de puro cocido, *Na*. Á quien, *Nalagsacan*.

LAGSANG. pc. Deshacerse en menudas partes. *Ang manḡa boto,i, nanḡalalagsang naroroog*, l. *Nalamoog*, mis huesos se me han hecho pedazos.

LAGTA. pc. Cundir, quedarse algo por olvido, *Nalagtaan yaring*, &c. Vide *Licta*, l. *Lipta*.

LAGTA. pc. Cundir por todas partes, como el agua, *Vm*. Por donde, *Han*. La causa. *Ica*, l. *Naca*.

LAGTA. pc. Dejar algo, como la langosta el *locton*. *Lacta nang balang ang locton*.

LAGTANG. pc. Atajar por zacatal para salir al camino, *Vm*. El camino, *In*. Donde, *An*.

LAGTAO. pc. Vide *Lactao*.

LAGTAS. pc. Vide *Bagtas*, con sus juegos.

LAGUÁ. pc. Salirse la olla por mucho fuego, rebosar, *Vm*. La olla, *An*. La causa, *Naca*, l. *Ica*. *Magpa*, hacer rebosar. Lo que, *Ipa*. La olla, *Pagpa-an*, l. *Pa-an*: *Calaguaan*. Abst. *May calaguaan*, *may calaloan*: *Nagpapalagua nang uica*, fanfarron. *Uicang palagua*, fanfarronada.

LAGUAT. pc. Hilvanar para coser. *Laguatan mo iyang tatahiin*. *may laguat na*, ya tiene hilvan.

LAGUSAO. pp. Ruido de pescado cuando salta.

LAGYÓ. pc. Alma, espíritu, hombre interior. *Calagyò*, de su mismo nombre. *Nagcaca*, de un mismo nombre. *Mag*, ponerse dos un nombre. *Naqui*, l. *Vm*, tomar el nombre de otro.

LAGYO. pc. Un género de pescado.

LAHAB. pp. Señal que queda del golpe. *Mag*, aporrear algunos á otro. Á quien, *Pinaglalahaban*. *Nalalahaban nang paghampas*, quedó señal de los azotes. *Naca*, l. *Ica*, causarlos.

LAHAC. pp. Muñir ó llamar, *Mag*. Á quienes, *Pinag*. Muñidor, *Malahacan*. Sinónomos. *Yácag*, *yaya*.

LAHANG. pp. Abrirse la herida ó llaga por varias partes encontradas, *Nagcaca*. La causa, *Ipagca*. *Ma*, estar así.

LAHANG. pp. Estar la herida muy penetrante. *Ma*, estar así. Donde, *Na-an*. La causa, *Ica*, l. *Naca*. *Lahanḡin*, el herido así de propósito. *Palahanḡin*, la arma hecha penetrar. *Nagcacalahanglahang ang sugat*, está muy herido, y en muchas partes.

LAHAR. pp. Estender ó desenvolver lo que está envuelto, *Mag*. Lo que, *Y*. *Vm*. lo que está escondido.

LAHAR. pp. Estar la ropa tendida sin cuidado y tirada. *Nalalahar ang damit*. *Nalalahar ang camay*, estar con las palmas hácia arriba.

LAHAT. pc. Todo, ó todos. *Mag*, hacer todos juntos alguna cosa. Lo que, *Pinaglahatan*. *Calahatan*, comun de todos. *Lahatin mo ang panḡunḡusap*, l. *Lahatin mong panḡusapan*, habla en comun á todos. *Naglalahatan*, aunarse los de un bando con otro. *Naquiqui*, entremeterse con el conjunto.

LAHI. pp. Incitar á mal, holgarse con otro en alguna fiesta, *Vm*. Á quien, *In*. *Lahiin natin ang bagong nacapagbahay*, vamos á holgar con los &c. *Nag*, holgarse. *Vm*. holgarse unos con otros.

LAHÍ. pp. Adjetivo, cosa marchita. *Na*, irse marchitando. Vide *Caki*, *canḡo*.

LAHIN. pp. Unas hojas guisadas á su modo.

LAHIR. pc. Untar, lardear, pegar, *Mag*. Lo que, *Y*, l. *Ilahir sa asin*, *bago isubo*. Donde, *An*. *Naglahir mandin nang pagparoon*, no se detuvo.

LAHIR. pp. Coco.

LAHITHIT. pc. Ruido de la ropa cuando se rompe. *Vm*, hacer el tal ruido.

LAHÓ. pp. Eclipse de luna. *Linamon*, l. *Quinain nang lahò ang buan*: *linamon mandin nang lahò*, se dice cuando desaparece algo de repente.

LAHOC. pc. Mezclar, revolver. *Vm*, confundir muchas cosas. *Vm*, juntarse con otros. *Longmalahoc siya sa amin*. Á quien, *An*. *Mag*, mezclar muchas cosas entre sí, ó mezclar algo en lo que se pone al fuego, ó fuera de él. Lo que, *Y*. Donde, *An*. *Mag*, juntarse unos con otros entre sí. *Naglalahoc sila*, uno con otros, *Vm*. Con quien, *An*. *Maquilahoc*, meterse de gorra. Metáfora.

LAHOG. pp. Horadar los nudos de la caña. *Lahog na bocò*.

LAHOR. pp. Lo mismo que *Lamor* ó *lahir parang ohog*, en los cocos pequeñitos viene á ser aquella telilla ó carne blanda que tienen encima algunas pepitas.

LAHOY. pp. Chorrear la materia, sangraza, ó podre de la llaga, *Vm*. Por donde, *An*. Y si mucho, *Mag*. pc.

LAIB. pp. Calentar hojas al fuego, *Mag*. Las hojas, *Y*. El fuego, *An*. De la luna despues de tres ó cuatro dias de llena, se dice, *Laib na ang buan*.

LAIGUIN. pc. Un género de gusano. *Na*. Á quien dañó. *Nalalaiguin siya*.

LAIN. pp. Hoja de *Gabi*.

LAIN. pp. Cualquiera hoja que por grande sirve de plato.

LAINLAIN. pp. Otra cosa es eso. *Lainlain po iyan*. eso es otra cosa.

LAYLAY. pc. Tender algo, como cabello, vestido, &c. *Mag*, desmelenarse la muger, *Magpa*. *Nagpalaylay nang bohoc*. Lo que, *Y*. Estar colgando brazos, pies, &c. *Vm*, l. *Nanḡalaylay*.

LAYLAY. pc. Unas cañuelas labradas que sirven de nasas para pescar. Labrarlas, *Vm*. Lo que, *In*. *Nagcalalaylay ang manḡa boto niya*, se dividió en muchos pedazos.

LAYLAYAN. pp. Orillas del vestido que van colgando.

LAIT. pp. Empeorar, cosa mala, malearse. *Lupang malait*, *malait na tauo*, hombre desdichado, á quien dicen palabras injuriosas. *Vm*, decirlas, l. *Mag*. Á quien, *Pag-an*. *Mag*, aborrecer muchos á uno. *Naglalait sila cay Pedro*. Á quien, *Pinag*.

LAIT. pp. Empeorar en salud, costumbre, &c. *Vm*. Á quien, *In*.

LAIT. pp. Confundir á otro, *Vm*, l. *Mag*. Á quien, *In*.

LAITPALÁ. pp. Vide *Alitpala*.

LALA. pp. Teger como el petate: tambien medias, *Vm*. Lo que, *Hin*.

LALA. pp. Aparejar premio ó pena, *Mag*. Á quienes, *An*.

LALÁ. pp. Vinagre muy fuerte. *Malalang suca*. *Vm*, hacerse tal.

LALÁ. pc. *Lala na ang bahay*, *sira na*, destruida.

LALA. pc. Desollarse el pellejo por caida, ó quemadura. *Nalalala*. Á quien, *Nalalalahan*. La causa, *Naca*. De propósito, *Vm*. Ella, *Hin*, l. *Han*. *Malalang sugat*. llaga muy pestilencial.

LALAB. pp. Paño con que cubrian los difuntos. *Nagmula sa tocà nang alab*, *ay nacaaabut sa lalab*, de la toca pasó á la cortina. Así D. Juan de los Santos.

LALAC. pc. Desollarse. Vide *Lala*.

LALACQUI. pp. Varon, macho.

LALACQUI. pp. *Quinalalaquinan*, membrum virile.

LALACQUI. pp. *Nalalaquinan*. pp. *Natalo nang malacas sa caniya*.

LALACQUININ. pp. Marimacho.

LALAG. pp. Andarse á la flor del berro. *Mag*, andar asi. Vide *Lagalag*. pc. que es lo mismo.

LALAG. pc. Deshecho, hecho pedazos. *Nalalag na ang isda*, l. *Baboy*, quiere decir. *Napaghiua na*, ya está en postas ó pedazos.

LALAMONAN. pp. Gaznate, tragadero.

LALAN. pc. Comer sin *Olam*, *Vm*. Lo que, *In*.

LALANG. pc. Traza, invencion, industria. *Vm*, irse haciendo ingenioso. La causa, *Ica*, l. *Naca*. *Mag*, trazar. Lo que, *In*. Sobre que, *Pag-an*.

LALAÑGAN. pp. Heredad de campo ó hacienda: *Lalañgan co iyan*, *lalañgan mo*, &c. esa es mi heredad.

LALANGHOTAN. pc. Ajuar de cocina.

LALANGHOTAN. pc. Lo mismo que *Cacamañgan*, *casangcapan*.

LALANGYIAN. pc. Tinaja ó barreñon. Vide *Dambañgan*.

LALAR. pc. Romper la corriente por debajo de cerca, *Naca*. La cerca, *Na*.

LALAR. pc. Irse destruyendo un pueblo por irse á otro la gente, *Vm*. La causa, *Ica*.

LALAR. pp. Una familia de muchos que descienden de uno. *Mag*, el padre, ó tronco de donde descienden. *Cami magcaanacan*, *ay lalar nang isang malaquing guinoo*, nosotros somos descendientes de un grande principal.

LALAR. pp. Vide *Lagarlar*.

LALAS. pc. Desollarse el cuerpo. *Na*, el pellejo. Á quien. *Na-an*. De propósito, *Vm*. Á quien, *An*. El pellejo, *In*.

LALAS. pc. Deshacer el techo de la casa, quitando en lo que estriva, para dar con todo en tierra, *Vm*. La causa, *In*.

LALAS. pc. Deshojar rama ó penca de palma para hacer *pauir*, *Vm*. Lo quitado, *In*. De donde, *An*.

LALAUA. pp. La araña, ó su tela.

LALAUAGAN. pp. Campo grande para hacer sementera, *Calalauagan*. Vide *Lauag*.

LALAUIGAN. pp. Puerto, ó donde se anclan las naves.

LÁLAY. pc. Cuando las hojas estan inclinadas ya para caerse. *Vm*. Y si muchos, *Man*. Y de aqui *Longmalalay ang may saquit*, *hahapayhapay na*. Vide *Touali*.

LALAYAN. pp. El pasamano de la escalera. Vide *Alalayan*.

LALAYAN. pc. Un género de serpiente. Sinónomo. *Balag*.

LALI. pp. Peje, llamado dorado.

LALIC. pp. Tornear como barandillas, *Vm*. Lo que, *In*. *Lalican*. pc. Torno. Tambien, *may lali ang cuentas mo*, está labrado tu rosario.

LALIM. pp. Hondura, abismo, ahondar. *Malalim*, hondo. *Calaliman*, profundidad. *Cailaliman*, lo de abajo mira como contrario á lo que está encima, aunque sea en tierra, pero *Calaliman*, siempre en el agua. *Vm*, hacerse hondo. *Ica*, l. *Naca*, la causa. *Mag*, ahondar. Lo que, (si está hecho) *An*. Si por hacer, *Pacalalimin*. *Malalim na poot*, *galit*. Metáfora. Enojo. entrañado.

LALIN. pp. Pegar, como enfermedad, ó malas costumbres. *Nalalin ang caniyang saquit sa iyo*, se te pegó. *Nalalinan sila*, se les pegó. *Macalalalin siya sa inyo*, os pegará.

LALIP. pp. Quitar la médula ó carne de la corteza, l. cortar al soslayo, *Vm*. La carne, *In*. De donde, *An*.

LALIT. pp. Vide *Lanit*.

LALIS. pc. Llevarlo por un rasero, ó abarrisco. *Ang Capitan lungmalis na humampas sa mañga tauo*, l. *Linalis na hinampas*. *Ang apuy nacalalalis nang pagca sunog sa mañga bahay*, l. *Nalalis nang pagca sunog ang mañga bahay*, el fuego llevó abarrisco todas las casas.

LALIT. pc. Cosa desigual. Vide *Alit*.

LALÓ. pp. Mas, ventaja, pasar, añadir, aumentar. *Lalo aco sa iyo*: soy mas que tú. *May lalo*, *at may lalo*, hay mas, y menos. *Lalong bait sa iyo*. *Lalong banal cay Juan*. *Calaloan*, esceso.

LALO. pp. Adelantarse, ó pasar en el camino, *Vm*. Á quien, *An*. Adelantar algo, ó adelantar á otro lo que lleva, *Mag*. Lo que, l. *Ipa*.

LALO. pp. Esceder á otro en cualquiera cosa física ó moral. *Lungmalalo ang pagcarunong niya*. Á quien, *An*.

LALO. pp. Adelantarse sobre otros en lo que hace, *Magpa*. Lo que, *Pina*. Sobre quien, *Pa-an*. De aqui *palalo* el soberbio que se estima sobre todos, *Nagpapalalo*. De que se ensoberbece, *Ipinagpapa*. Sobre quien, *Pinagpapalaloan*.

LALÓ. pp. Añadir, aumentar lo que se pesa, *Mag*. Lo que, *Y*. Donde, *An*.

LALÓ. pp. Hay mas qué? *Lumalo sa quitain, lumalo sa paroron-an*, hay mas que ir?

LALOB. pp. Meter algo debajo de la cinta, *Mag.* Lo que, *Y.* Á donde, *An.*

LALOB. pp. Desollado por haberse quemado. *Na.* estar así. *Ica*, La causa.

LALOB. pp. En Indan lo usan por quemar campos, *Mag.* Los campos, *In.* Vide *Liyab, liob, loon, subsub.*

LALORAN. pp. Brocal del pozo. *Mag*, hacerlo, ó tenerlo. *In*, la materia de que. *Linalaloranan*, el pozo á que.

LALOS. pc. Vide *Lalis.*

LALOS. pp. Pasar de presto sin tomar puerto, ni entrar en el pueblo, *Vm*, l. *Mag.* La causa, *Ipinag.* La parte por do pasa así, *Linalalosan.*

LALOS. pp. Proseguir basta el fin, *Vm.* Lo que, *In.*

LAMÁ. pp. Hacer traicion al amigo ó enemigo, *Vm.* Á quien, *In.* Si mucho, *Mag.* pc. Vide *Daya.*

LAMA. pp. Sobra, ó resto. *Isasaan co yaring calamaan?* donde pondré esto que sobra? *Mag*, hacer comun el resto, ó lo que sobra por indivisible. Para quien, *An*, ó *Ipag.* La cosa, *In.*

LAMAC. pc. Esparcir, estender por el suelo, como yerbas en las fiestas, *Mag.* Lo que, *Y.* Donde, *An.* Estar esparcido, ó esparcirse, *Vm.*

LAMAC. pp. Los platitos que se ponen en los convites de los mortuorios. *Mag*, ponerlos. *Linalamacan*, á quien.

LAMAC. pc. Repartir la comida en platos, con las composiciones del antecedente; metafóricamente se toma por abundancia. *Nalalamac ang buc-hayo*, por los suelos anda el bocayo.

LAMAN. pc. Carne, pulpa, médula, sustancia, lo interior ó lo que está dentro. *Lamang bahay*, todo el ajuar de casa. *Lamang bayan, lamang cati, lamang dagat. Laman sa hati.* pp. Natura mulieris, término sucio. *Mag*, criar carne, tener hijo, irse hinchando como la vela. *Naglalaman ang camote, naglalaman ang layag. Naglalaman ang tiyan malaman*, tiene mucha carne, de tomo y lomo. *Malamang uica*, palabra preñada. *Calamanan*, lo interior; no. *Calalamnan*, porque es lo mismo que *Cararatnan.*

LAMAN. pc. De aqui. *Palaman*, lo metido dentro, referido ó relatado en algun papel. *Palaman sa sulat. Mag*, referir, relatar, &c. *Na*, estar escrito ó impreso en algun libro. Lo que, *Ipa.* De aqui, *Ipalaman mo sa loob ang otos nang Dios*, escribe en tu corazon los mandamientos de Dios.

LAMAN. pc. Empuñar la daga, espada. *Naglalaman nang iua*, mejor la pasiva *Linalamnan ang iua.* Metáfora. *Linalaman dila aco ni Pedro*, habla de mí muchas veces mal. En activa, *Mag.*

LAMANG. pp. Solamente. *Yaon lamang*, aquello, y no mas.

LAMANG. pp. Acaso, de por sí, sin diligencia. *Maca, lamang bucas ay naguisnan na natin ang parusa*, no sea que á caso amanezcamos, &c. Sin cuidado, sin mas ni mas. *Lamang nang tumubo diyan*, ahí nació de por sí. *Lamang nang quinuha co*, sin mas ni mas lo tomé. *Vm*, hacer algo así, sin mas ni mas. *In*, Lo que.

LAMANG. pp. De valde, sin provecho. *Nagpapacalamang paroon. gomaua*, de valde fué, hizo.

LAMANG. pc. Mejora, ó lo que uno lleve mejor que los otros en herencia, particion, &c. *Mag*, llevar mejora. Lo que, *In.* Los demas, *Pinaglalamanğan*, ó *linalamanğan. Magpa*, el que dá. *Pinalala*, á quien, l. *Pinagpapalamanğan.* Lo que, *Ipa.*

LAMANG LAMANG NA. pp. *Hamac hamac na.*

LAMAR. pp. La babaza ó espuma cuando desuellan algo. *Malamar*, adjetivo. *Mag.* tenerla.

LAMAS. pc. Charco asqueroso, sucio. *Vm*, hacerse asi cenagal. *Mag*, estar hecho. *Man*, cuando mucho.

LAMAS. pp. Amasar, sobar, manosear, palpar, *Vm.* Lo que, *In.* Á quien, *An.* Si mucho, *Mag.* pc. Lo que, *Pinag.* pc. Á quien, *Pag-an.* pc. *Man*, frecuent. *Nagca*, estar unas cosas mezcladas con otras. Tambien *Vm*, acometer al contrario. *In*, el contrario. *Sinolonğanat linamas niya ang manğa caauay*, envistió á sus enemigos.

LAMAT. pp. Hendidura pequeña. *Mag*, tenerla la vasija. La causa, *Ica*, l. *Naca. May lamat.* está rajado. *Dating may lamat ca sa aquin, mag ingat ca*, mira que te la tengo guardada. *Lamat na niyang dati*, era enfermedad antigua. *May lamat ang osap mo, mapapahayag din balang arao*, algo se oculta en tu pleito, ello se sabrá todo. Metáfora.

LAMAY. pp. Velar, hacer algo de noche. *Vm*, caminar de noche. *In*, por lo que. *Mag*, velar haciendo algo. Lo que, *Pinaglalamayan. Lamay pa*, cuanto há. *Lamay na di lamay*, de muy lejos. *Ano mo si Juan?* Qué parentesco tienes con Juan? R. *Lamay na di lamay sa aquin*, está muy lejos de mí.

LAMBA. pc. *Lamba lamba ang loob*, l. *Lamba lambahan*, cosas que no salen de corazon. *Lambalambahang gaua. Magpalamba, magpahamac. Ipa*, lo que. *Palambahan*, á quien, l. *Pagpalambahan. Houag palambalambahanin*, quiere decir *Totohanin*, no lo hagas á poco mas ó menos, hazle de veras.

LAMBAC. pc. Hoya, valle, quebrada. *Mag*, hacer asi la tierra. *Man*, andar por la quebrada. *Lambaclambac*, tierra asi.

LAMBAC. pc. La canal que hace la esquina en el tejado. *Napapalambac*, ir el valle á bajo, como deslizándose.

LAMBAL. pc. Hilo doblado, mecha, pábilo, enhilar. *Mag*, hacer hebras para coser. *In*, Lo que. *Ilang lambal iyang dala mo? Apat na lambal*, l. *Calambal.* Hacer mecha, pábilo, hilar: todo se hace con *Mag.* Lo que, *In.*

LAMBANA. pc. Adoratorios de ídolos. Vide *Dambana.* Tambien se toma en el significado que *Larauan*, y lo usan en sus poesías.

LAMBANG. pc. Vide *Balang lambang arao.*

LAMBANG. pc. En vano. *Mag*, l. *Magpa*, hacer á Dios y á ventura. Lo que, *Ipinagpapa.* Donde, *Pinagpapalambanğan.*

LAMBANG. pc. *Palambang*, lo mismo que *Pahamac*, este para el dicho, aquel para el hecho. Vide *Hamac*, con sus juegos.

LAMBANG. pc. Pescar con anzuelo, *Man*. Lo que, *Pinan*. Donde, *Pinaglalambangan*.

LAMBANG. pc. Viga donde asientan las varas del techo, á donde cosen, y atan la nipa: asi Fr. Francisco de San José.

LAMBANOG. pc. Honda, tirar con ella, *Mag*. Á quien, *In*.

LAMBAROC. pc. Lo mismo.

LAMBAT. pc. Red de pescar. *Man*, pescar con ella. La red, *Ipinan*. *Ang salita mo lambat mandin, uala cang quinamomoslacan*. Id est. *Ualang naaalaman*, hablar sin saber lo que. Es metáf.

LAMBAY. pc. Orilla de rio, ó mar. *Man*, ir por ella. *Ipinan*, lo que se lleva por ella, ó se allega á ella, l. *Linalambay*. *Vm*, andar por ella una vez. *Mag*. llevar algo. Lo que, *Y*. Á quien, *Pag-an*.

LAMBAY. pc. Las ramas que cuelgan sobre el agua en alto. *Vm*, l. *Na*, estar colgado. *Mag*, inclinarlas de propósito. Ellas, *Y*.

LAMBAYAN. pp. Cabron.

LAMBI. pc. Chiquearse con impertinencia, pidiendo lo que no hay, ó lo que por entonces no se le puede dar, como pedir de comer á media noche. *Mag*, chiquearse asi. *An*, ante quien. *Y*, l. *Ipa*, porque, ó lo que pide.

LAMBILAMBI. pp. Barbas de gallo, papada del buey.

LAMBING. pc. Oreja desgarrada. *Vm*, irse poniendo asi. La causa, *Ica*, l. *Naca*. *Mag*, de propósito. Ella, *In*. Con que, *Y*. De aqui, *malambing naman iyan*, demasiado es eso. *Malambing na bata, maola*.

LAMBIS. pc. Añadir, aumentar, *Mag*. Lo que, *Y*. Á que, *An*. *Na*, estar añadido. Y de aqui *maglambis nang uica*, añadir palabras impertinentes. Vide *Tambis*.

LAMBIT. pc. Pedir con instancia algo la muger al marido, *Mag*. La causa, *Y*, l. Lo que pide. Á quien se lo pide, *An*.

LAMBITÁ. pc. Hacer la obra con flogedad, mirando solo á que se acabe el dia. *Vm*, hacerse tal. *Mag*, hacer algo así. *Naglalambitang magtanim*. Lo que, *In*, l. *Pinag*. Vide *Lantotay*.

LAMBITIN. pp. Colgarse con pies y manos, como murciélago. *Na*, estar colgado asi, ó colgarse de propósito.

LAMBITIN. pp. Mecer ó bambalearse el que está colgado, *Mag*. Lo que *In*.

LAMBIYONG. pp. Andarse desmacelado, caidos los pies, meneando los brazos solo por chiqueo. *Lalambilambiyong*, l. *Vm*, andar asi. Ante quien ó á donde, *An*. La causa. *Y*.

LAMBO. pc. Borlas, flecos, hacer hilachas lo tegido, *Mag*. De que, *Hin*. Á que, *Han*. Aplicarlas, *Mag*. Ellas, *Y*. Donde, *An*. Hacer hilachas, *Mag*. Lo que, *In*. *Ualang liuag malambo, ualang liuag masira*, fácilmente se deshace.

LAMBON. pc. Vestido largo.

LAMBONG. pc. Arrastrar, colgar el sayo, *Vm*. *Ica*, l. *Naca*, la causa. *Mag*. l. *Magpa*, arrastrarlo de propósito. *Y*. l. *Pina*, lo que. *Mapaglambong*. Frecuent. Vestirse, ó vestir con él á otro, *Mag*, Lo que, *In* Á quien la pone. *An*.

LAMBOR. pc. Tierno, como cogollo. *Malambor yaring talbos*. Vide *Langbor*.

LAMBOT pc. Blandura, aternura, ablandarse. *Malambot na bigas*. *Vm*, ablandarse. *Mag*, ablandar. Lo que, (si está hecho) *An*. Si por hacer, *Pacalambotin*. *Maglambot nang loob*. El corazon, *In*. Con quien, *An*.

LAMBOY. pp. Orilla de rio ó mar. Vide *Lambay*.

LAMCOM. pp. Coger con la mano, como basura, arroz, &c. *Vm*. Lo que, *In*. *Calamcom*, un puñado. Vide *Dacot*.

LAMICMIC. pc. Sosiego reposo. *Tauong ualang lamicmic*, hombre sin él. Vide *Sauili*.

LAMIG. pc. Frialdad de comida ó bebida. *Vm*, enfriarse. La causa, *Ica*, l. *Naca*. *Malamig*, frio. *Malamig na loob*, l. *Banta*. *Naan*, el que quedó frio, ó se le fué el calor. *Mag*, enfriar otra cosa. Lo que, *Lamigan*. Si es por hacer, *Pacalamiguin*, serenar ó enfriar alguna cosa poniéndola al fresco. *Magpa*, lo que, mirando la accion de poner al fresco, *Ipa*, l. *Palamigan*, mirando á que le dé el fresco, *Pinagpapalamigan*, donde. Tambien ponerse al fresco, *Magpa*.

LAMIR. pp. Vide *Himor*.

LAMIR. pp. Lamer el plato despues de haber acabado la comida, *Vm*. Lo que, *In*. El plato. *An*.

LAMIR. pp. Lamerse los lábios despues de haber comido cosa sabrosa, *Vm*. Lo que, *In*. Los lábios, *An*.

LAMIR. pp. Tragar engullendo, *Vm*. *In*, lo que. La boca, *Y*.

LAMIRA. pp. Vide *Lata*, *halomigmig*, *Damira*. pp.

LAMIYO. pp. Un árbol grande.

LAMLAM. pc. Blandura ó suavidad, como seda ú hoja. *Vm*, hacerse tal. La causa, *Ica*, l. *Naca*. *Mag*, ablandar algo asi. Lo que, *An*, si está hecho. Si por hacer, *pacalamlamin mo*: *Malamlam na loob*, de buena condicion. *Lamlam ca*, eres tierno, y para poco. Vide *Damil*.

LAMLAM. pc. Vide *Calat*, con sus juegos.

LAMÓ. pp. Balsa. *Mag*, hacerla, servirse de ella, embalsar ó ir en ella. *Y*, lo que embarca en ella. *An*, para que la hace. *In*, las cañas de que. *Lamong di maguibá*, embarcacion segura. *Naglalamo nang bigat*, pasado como una balsa.

LAMOC. pc. Pedacitos de oro ó plata, moneda menuda. *Vm*, l. *Man*. trocar la moneda en menudos. *Lumamoc ca niyang saicapat*. Lo que trueca, *Lamocquin*. *Mag*. hacer pedacitos. *In*. ser hecho. *Nagcaca*, hacer pedazos, como el espejo. *Na*, estar hecho.

LAMOCOT. pp. Ternilla pepita.

LAMOHAYA. pp. Vide *Lohaya*.

LAMON. pp. Trago, tragar, *Vm*. Lo que. *In*. *Lalamonan*. pp. Tragadero, gaznate. *Calamonan*. pp. Un bocado de comida. *Lamonin nang bipa*, *Sumpa*. *Siya pang malalamon yaon?* Id est. *Siya pang madaralita yaon ang nacalalamon nang ano mang cacanin*, el que tragó algo de comida,

Si mucho, *Mag*. pc. Lo que. *Pinag*. pc. *Man*. Frecuent. *Hindi na malalamon dahac*, id est *salang maquita*.

LAMONIN. pp. Membrum virile, l. membrum mulieris. Es término de mugeres.

LAMOR. pc. Aquellos como mocos del gabi, ó lo que está pegado á la pepita del santor, et sumitur etiam pro semine.

LAMOS. pp. Borron, mancha. *Naguinlamos*, se hizo todo una mancha. Vide *Damos*. Tambien *Golamos*. pp.

LAMOYMOY. pc. Hilachas de la ropa, ó cosa semejante que cuelga, como una ó dos hebras de cabello. *Vm*, l. *Ma*, colgar así. *Mag*, estar deshilachada la ropa. De aqui hacer poco caso. *Linalamoymoyan mo ang pan͠gon͠gosap mo, con totoo con dili*, no haces caso de decir, ó no verdad. *Mapaglamoymoy ca palang tauo nang dilang sala*, eres un desalmado que nada reparas.

LAMOYMOY. pc. Rayos del sol, estrella ó luna.

LAMOYÓ. pc. Enlabiar, rogar. *Vm*, l. *Man*. Á quien, *In*. *Mag*, dar algo para mover. Lo que, *Y*. Á quien, *An*.

LAMOYOT. pp. Lo mismo que el antecedente con sus juegos. Vide tambien *Amo amo*.

LAMOGA. pc. Amigo, camarada. Vide *Salamohá*. *Mag*, los dos. *Maqui*, uno á otro. *Pinaquiquilamogaan*, á quien.

LAMPA. pc. Torpe por haber estado enfermo, ó impedido por algun trabajo, como preso. *Na*, estar así. *Lampang tauo*, l. *Malampang tauo, malampang gomaua, malampa ang pag lacar, mahina*, torpe, perezoso.

LAMPAHAN. pp. Cocer el pescado con algun condimento, *Mag*. El pescado, *Y*.

LAMPAO. pc. Alto. *Lumalampao nang haba sa iba*. Sobrepujar, *Vm*. Sobre quien, *An*.

LAMPASOT. pc. Tonina ó delfin. *Anaqui lampasot*, se dice del que sin decir nada, se vá de una conversacion.

LAMPAYONG. pp. Yerba llamada pie de cabra.

LAMPÍ. pp. Juntar los lábios, *Mag*. Vide *Lampi*. *Tayo maglampi nang ating pagdoon*, juntemos las proas.

LAMPI. pc. Desafiar, *Vm*. Á quien, *Linalampihan*.

LAMPI. pc. Poner juntas las proas cuando desembarcan, *tayo maglampi nang ating pagdoong*.

LAMPIN. pc. Pañal ó mantilla del niño. *Mag*, usar de ellos, ponerlos al niño, ó así mismo. Lo que, *In*. Á quien se pone, *An*.

LAMPING. pc. Menearse con el viento el vestido. *Vm*, l. *Ma*, *Lalampinglamping*.

LAMPISACÁ. pp. Tullido, ó el que no puede estar sino echado. Tambien significa *mahina*. Vide *Lampa*.

LAMPONG. pc. Gato, ó perro montés.

LAMPOYAN. pp. Raiz de una yerba medicinal.

LAMUYOT. pp. Vide *Lamoyot*.

LAMYAC. pc. Cualquiera cosa que sale mayor de lo que se acostumbra. *Vm*, salir así. *Mag*, y mejor *Magpa*, hacer que salga así, Lo que, *Pina*.

LAMYAC. pc. Segun Fr. Francisco, ropa descosida y mal compuesta, echada por el suelo. *Na*, estar asi echada.

LAMYONG. pc. Meter en cuenta una cosa con otra. *Maqui*, meterse. *Magpaqui*, meterla. Lo que, *Ipaqui*. Con que, *Pagpaquian*. Vide *Halosangcap*.

LANA. pp. Aceite de ajonjolí. *Mag*, untar á otro. Á quien, *Han*. Con que, *Y*. *Panlalanahan*, pp. La aceitera. Sinónomo. *Souic* pp. *Tingalong*. pp.

LANA. pp. Un género de plátanos pequeños.

LAÑAB. pc. Nata ó gordura que nada en la leche ó caldo. Sinónomo *Capa*, *linab*.

LANAB. pc. Comenzar la avenida, enturviarse con ella el agua, *Vm*. *Ma*, estar así.

LANAG. pc. Hacer charco la sangre, *Vm*. Y mejor, *Mag*. *Ang dugo*, Donde, *An*.

LANANG. pc. Cosa lisa y llana, sin labores. *Vm*, hacer algo así. Lo que, *In*.

LANAN͠GAN. pp. Sementera de gabes, que por no tener agua se riega. *Mag*, hacer la tal sementera. Vide *Lalan͠gan*.

LANAO. pc. Vide *Labnao*.

LANAO. pc. Reconocer, esplorar la tierra, *Mag*. Lo que, *In*, l. *Pinag*. Donde. *An*. Vide *Nanao*.

LANAÓ. pp. Lo ralo del barro, atole mal cocido. *Vm*, hacerse tal. *Ica*, *Naca*, la causa. *Mag*, hacerlo, v. g. echándole agua. Si está por hacer, *Pacalanauin mo*, cociéndolo muy poco.

LANAS. pp. Deshacerse, *Vm*, l. *Mag*. Lo que, *In*, Estar deshecha, *Na*. Vide *Dorog*.

LANAS. pp. Fruta pasada ó podrida. *Na*, estar asi. *Vm*, poniendo tal.

LANAT. pp. El que no puede andar por flaco y débil, y se esfuerza. *Naglalanatlanat lumacar*.

LANAY. pp. Cundir como aceite ó tinta, *Vm*, l. *Lalanaylanay*. *Naglalanay ang sugat*, vá cundiendo la llaga. *Lalanaylanay ang sugat*, está muy cundida. *Malanay na bahá*, avenida que cunde mucho.

LANAY. pc. Brea muy blanda.

LANCAYAN. pp. Andas, adunar, *Mag*.

LANÇAG. pc. Vide *Basag*.

LANDA. pc. Astil ó cabo de hacha. *Mag*, hacer ó ponerlo. La hacha, *An*. Lo que, *Y*. Vide *Paldá*.

LANDAC. pc. Llover gotas gordas, *Vm*. Á quien, *An*. Alcanzarle tal aguacero, *Landaquin*. Se usa pocas veces.

LANDAG. pc. Esperar al contrario, incitándole á que salga, *Vm*. Á quien, *An*.

LANDAG. pc. Hojas marchitas de plátanos. *Na*, estar. *Nagcaca*, muchas.

LANDÁNG. pc. Desperezos del que le viene la calentura. *Na*, estar asi. Vide *Hindang*.

LANDAS. pc, Resvaloso por muy cursado. *Landas na raan*, camino así: pero ha de ser angosto, porque el ancho es *palarac*. *Vm*. hacerse tal. La causa, *Ica* l. *Naca* *Mag*, estar asi. Senda.

LANDAS. pc. Caminar rompiendo por mucha gente, *Vm*. Donde, *An*. Tambien la gente, *An*. *Lumalandas cang lumacar*, asi Fr. Pedro: camina rompiendo, ó haciéndose lugar.

LANDAY. pc. Llanura de plato, ó cosa semejante, como plato chato. *Landay na pingan*, l.

Malanday. *Vm*, irse haciendo. *Ica*, l. *Naca*, la causa. *Mag*, hacer algo asi. Lo que, *An*, si está hecho; y si está por hacer, *Pacalandain*.

LANDAY. pc. Choza para una noche. Para quien, *An*.

LANDAY. pc. *Nibnib*.

LANDIT. pc. Chiqueos, y gestos impertinentes de muger. *Mag*, chiquearse asi. *Pag-an*, ante quien. Los gestos, *Ipag*, l. *Y*.

LANDOC. pc. Barreta de hierro por batir. *Mag*, hacerla. *In*, ser hecha. *Calandoc*, una barreta.

LANDONG. pc. Colgajo como de velo, de cama ó pabellon. *Vm*, colgar asi. La causa, *Ica*, l. *Naca*. *Mag*, colgar de propósito. Lo que, *Y*. Donde, *An*. Y de aqui, *malandong na suso*, tetas largas. *Vm*, irse haciendo tales.

LANDOS. pc. Quitar la gala, ó buenos vestidos. *Vm*, l. *Nagpapalandos na lamang ang bagong nag asaua*, se quitan las galas los recien casados.

LANDOY. pc. Colgamiento de algo largo, como calabaza, ó faltriquera cargada de dinero. *Vm*, colgar asi. *Malandoy*, l. *Landoy na suso*, teta asi colgada. *Mag*, colgar de propósito. Lo que, *Y*. *Vm*, l. *Landoylandoy*, el movimiento de las tetas de la muger cuando camina.

LANĞA. pc. Bausan, tonto, abobado. Vide *Hanğal*.

LANĞA. pc. No acertar el ave casera á volver á casa. *Maglanğalanğa*, quedarse asi.

LANĞA. pc. Meter el animal la cabeza en la vasija para comer ó beber, *Vm*, l. *Mag*. Vide *Tongà*.

LANGAANG. pc. *Malangaang na lolan*, *buhaghag*.

LANĞAB. pp. Hacer encaje el palo, *Mag*. Lo que, *Y*. El palo á que, *An*.

LANĞAB. pp. Estar continuamente la puerta descubierta, ó destapada la boca de la vasija, *Vm*, l. *Lanğablanğab*.

LANĞAB. pp. Coger agua llovediza, poniendo unas canales de cañas desde el techo á la boca del cántaro. *Vm*, l. *Mag*, coger agua asi. *In*, ser cogida. *Lanğabin mo ang olan*.

LANĞAL. pp. Ojos hundidos. *Lungmalanğal ang mata*.

LANĞAL. pp. Salir fuera lo que estaba escondido, como vacas en guayaval, *Vm*. Á donde sale, *An*. Y metáf. Del olvidado que pretende de nuevo se dice, *Lungmalanğal si cuan*.

LANGAM. pc. Hormigas zancudas. *In*, lo comido de ellas, ó donde están. *Malangam*, l. *Nagcacalamgam mandin nang dami*, muchos, como un hormiguero.

LANĞAN. pc. Enseñar á cazar al perro. Vide *Langang*.

LANGANG. pc. Lo mismo. *Vm*, enseñar. *Y*, la cosa con que. *Mag*, aprender. *Ang Amà ang nalangang sa caniyang anac*.

LANĞANĞAN. pc. Asta, ó palo de lanzas. *Mag*, ponerla. *Y*, lo que. *In*, de que. *An*, á donde, ó á que.

LANĞAO. pp. Mosca. *In*, lo comido de ellas, ó donde se juntan. *Magca*, haber muchas. *Naguin lanğao mandin sungmugba sa pulot*, buscaba la mosca la miel, y quedó ahogada.

LANĞALANĞAA. pp. Yerba con que se embravece al perro mezclándola en la comida.

LANĞAUAN. pc. Gallo ó gallina de color blanco y negro, mucho negro y poco blanco.

LANG-AP. pc. Beber á pechos, ó tragar bebida apresuradamente, *Vm*. Lo que, *In*. Donde, *An*.

LANG-AP. pc. Tomar humo como por medicina, *Vm*. El humo, *In*.

LANGAS. pc. El limpiar llaga ó herida, *Mag*. La herida, *An*.

LANĞASNĞAS. pc. Rechinar los dientes, como cuando masca tierra ó arena, *Vm*.

LANĞAT. pp. Cosa muy rala, como la toca. *Mag*, hacerla ó vestirla. Lo que, *In*. Á donde, *An*. Teger algo asi, *Vm*. Lo que, *In*.

LANGATI. pp. Vide *Longati*, y su construccion.

LANĞAY. pc. Cortar ó quebrar á algun árbol las ramillas, al plátano sus hojas, á la palma sus ramas, *Vm*. Á quien, *An*.

LANGAYAC. pc. Holgazan, flojo. Vide *Alisaga*, con sus juegos.

LANĞAYLANĞAYAN. pp. Golondrina. En algunas partes del monte dicen *Layanglayanğan*, l. *Palayanglayanğan*, *sibarsibar*, *campapalis*. pc.

LANGBA. pc. Crecer ó medrar los árboles, ó plantas, *Vm*. La causa, *Ica* l. *Naca*.

Mataas man ang paho
malangba ang pagtobo
ang doso rin ang lalo,t,
hanğini di maobo.

LANGBON. pc. Lo mismo que *Lambon*.

LAMBOR. pc. Blando como el cogollo. *Malambot pa*, está tierno aun. Sinónomo *Langor*, *lambor*.

LANGCAG. pc. Escoger lo mas ligero de la carga que se ha de llevar. *Magpili ca nang malangcag na dala*.

LANGCAO. pc. Vide *Dangcao*.

LANGCAP. pc. Juntar ó aparejar cordeles para teger uno con otro, ó para atar un palo con otro, *Mag*. Lo que, *In*. *Langcapin mo ang pag lubid mo*. *Mag*, juntarse dos asi para cualquiera cosa. *Maglangcap cayo*.

LANGCAP. pc. Juntar una cosa con otra, *Mag*. Lo que, *Y*. Á la que, *An*. Las dos, ó todas, *Paglangcapin*.

LANGCAP. pc. Juntar dos, cada uno lo suyo con lo de otro, *Mag*. Lo que, *Paglangcapin*.

LANGCAP. pc. Meter á otro en su compañía para hacer algo, *Mag*. Á quien, *Ipag*. *Ihalangcap co rito ang casalanan co*, *capagcabata co*, acompaño á esto los pecados de mi mocedad. *Vm*, el que se junta ó añade á otro.

LANGCAL. pc. Fofo, desapretado. Vide *Langang*.

LANGCAO. pc. Vide *Dangcao*.

LANGCAS. pc. Loco, ó medio tonto. *Calangcas*, tan loco como otro.

LANGCAY. pc. Adunar, injerir, tomar sin tiento ni medida, *Vm*. Lo que, *In*. Por juntar, *Mag*. Lo que, *In*. Por injerir, *Mag*. Lo que, *In*, cuando se espresa lo que se infiere; pero la accion sola de injerir, *Vm*, l. *Man*. Lo que, *Y*.

LANGCAYAN. pp. Unas como andas en que llevan al herido, enfermo, ó muerto para enterrarlo. *Mag*, hacerlas. De que, *In*. Lo que se pone en ellas, *Y*.

LANGCOL. pc. Abarcar de una vez mucho, *Vm*. Lo que, *In*. Donde lo lleva, *An*. Y si mucho, *Mag*. Lo que, *Pinag*. Donde, *Pag-an*. Siempre con reduplicacion. Vide *Licao*.

LAMCOM. pp. Vide *Lacom*, con sus juegos.

LANGCOM. pp. Lo mismo que el antecedente con sus juegos.

LANGCOSIP. pc. Esconderse para no ir á los trabajos del pueblo, *Mag*. Vide *Ansicot*.

LANDAC. pc. El suelo de la casa sucio, por haber llovido, ó por haber mucha gente. *Landac ang silong nang bahay mo*. *Vm*, hacerse tal. *Ica*, l. *Naca*, la causa.

LANGDAS. pc. Camino limpio, ó andado. Vide *Damlas*.

LANGDAY. pc. Hombre criado en monte, Aeta. *Vm*, hacerse tal. *Ica*, l. *Naca*, la causa.

LANGHAL. pc. Campear alguna cosa mas de lo que es, como una persona chica con vestidos grandes. *Vm*, hacerse tal, campear asi. *Nang lumanghal ang sinta mong pagcaibig sa aquin*, para que campee tu amor, &c. *Magpa*, adornarse con tales vestidos. Sinónomo *Talangcas*, *hauas*.

LANCOSIT. pc. Vide *Ansicot*, con sus juegos.

LANG̃I. pc. Estar las ramas secas. *Lang̃ing sang̃a*. *Minalang̃i*, maldicion. Sécate como la rama.

LANG̃I. pc. Quebrar lo tierno de las hortalizas, *Vm*. Lo que se quiebra, *In*. De donde, *An*.

LANG̃I. pc. Segun Fr. Pedro desaparecerse de repente. *Caalamalam malang̃i ca*, maldicion.

LANGCOUAS. pc. Ajengibre silvestre.

LANG̃IB. pc. Costra de la llaga. *Mag*, criarla, ó costra de la herida que vá sanando.

LANG̃IL. pp. Árbol cuya corteza sirve como el gogo.

LANG̃IL. pp. Árbol cuya corteza les sirve de jabon para lavarse la cabeza, como el gogo.

LANG̃IN. pc. El animal que tiene las tetas nones, ó no iguales. *Minalang̃in ca*, maldicion, lo mismo que *Lang̃i*.

LANG̃IN. pp. Medio asar el venado, *Mag*. El venado, *Y*.

LANG̃IN. pc. Irse de cursos. *Naglalang̃in sa baniq, nararatay*.

LANG̃IS. pc. Aceite de coco. *Mag*, echarlo, hacerlo ó venderlo. *Nalalang̃isan*, cosa manchada con él. *Man*, ir á buscarlo. *Lang̃isin*, lo que se trueca dado por aceite. *Lang̃isin mo itong palay*, lo que se gana por él *Napaglang̃isan*. *Houag mo acong lang̃isan*, se toma, ó por no me irrites mas, ó por no es menester que me untes.

LANG̃IT. pp. El cielo. *Vm*, estar en él. *Sa lalang̃it*, se dice del que está muy alegre. *Nagcacalang̃itan*, estar en medio sin ladearse á una ni á otra parte.

LANG̃ITLANG̃IT. pp. Cielo de altar, palio, bóbeda, media naranja.

LANGUIT. pc. Labor en la reja que comienza por grueso, y acaba delgado, hasta el *guitling*. *Vm*, hacer. *In*, ser hecha. Á donde, *An*.

LANGLANG. pc. Corsario por mar: así llamaban los tagalos antiguos á los Sangleyes.

LANGLAS. pc. Romper corriendo por entre la gente, montes ó cuesta, *Vm*. Por donde, *An*.

LANGLOS. pc. Vide *Anglos*.

LANG̃O. pc. Embriagar. *Na*, estarlo. *Nagpapaca*, emborracharse de propósito. *Vm*. á otro. Á quien, *In*. Con que, *Y*. *Pagca lang̃o*, l. *Calang̃ohan*, embriaguez. *Malalang̃ohin*, frecuent.

LANG-O. pc. Hediondez de agua medio corrompida. Vide *Dangpa*.

LANGOC. pc. Sobrepujar, ó pasar de lo justo. *Vm*.

LANG̃OC. pc. Tetas del perro cuando esceden el número ordinario.

LANGOL. pc. Vide *Tangol*, que es el usado.

LANG̃OLANG̃O. pc. Un género de armazon de cañas que sirve como de mirador. *Mag*, hacerlo. *Pag-an*, donde. *Ipag*, con que. Sinónomo, *Bayao*.

LANGOR. pc. Hedor de agua corrompida. *Malangor*. *May calangoram*, tiene algo de corrompido. *Magpa*, el que lo hace corromper.

LANGOT. pc. Coger algo con violencia, como repelando, *Vm*. Lo que, *In*. Á quien, ó adonde, *An*. *Langotin mo ang bohoc*, repélalo.

LANGOT. pc. Arrancar, coger ó comer á dos manos, *Mag*. Lo que se hace ó come, *Pinag*. *Houag ninyong paglangotin iyang gauang iyan*.

LANG̃OTNG̃OT. pc. El sonido en la boca de lo que se come. *Malang̃otng̃ot ito cun canin*.

LANG̃OY. pc. Nadar, *Vm*. Por donde, *An*. *Lang̃oyan*, pp. Boya. *Mag*, llevar algo nadando. Lo que, *Y*. Donde, *Pag-an*. Vide *Timbolan*.

LANG̃OUAY. pc. La vasija en que traen sus buyos.

LANGPA. pc. Torpe, pesado, Vide *Lampa*.

LANGPAO. pc. l. *Lampao*. Pasar por alto el tiro, *Vm*, v. g. *Ang pagbabaril*. *An*, á quien.

LANGPAS. pc. Pasar, ó atravesar de una parte á otra, como con la espada, *Vm*. Á quien, *An*. Así mismo, *Mag*. Con que, *Y*. Á quien, *An*. Tambien lo mismo que *Langpas*, con sus juegos.

LANGPOS. pc. Escaparse, *Vm*. De donde, *An*. La causa, *Y*. Escapar algo, *Mag*. Lo que, *Y*. Donde, *Pag-an*. *Naca*, *langpos na ang tagulan*, ya pasó el invierno, ó tiempo de aguas.

LANGQUI. pc. Lo mismo que *Longqui*.

LANGSA. pp. Hedor de pescado fresco, ó carne de caiman. *Vm*, tener y dar de sí tal hedor. *Ica*, l. *Naca*, la causa. *Magpa*, hacer que dé el mal olor, ó aguardar que lo dé. Á quien dió, *Nalangsahan*. *Nalagsahan lamang ang camay co*, dice el que no saca provecho de pescar.

LANGSI. pc. Doblegarse la rama, cosa blanda, delicada, tierna. *Vm*, estar. *Ma*, irse doblegando. De propósito, *Vm*. La rama, *In*. El árbol, *An*. *Nang̃alalangsi mandin ang boto co nang habag co sa palad cong masama*.

LANGSOT. pc. *Malangsot na isda*, como que huele mal. Vide *Langtot*.

LANGTAR. pc. Vide *Ilanda*, *hantar*. *Tomatahao*, *langyag*.

LANGTOT. pc. Hedor de agua detenida. *Vm*, dar aquel olor, ó irse corrompiendo. Á quien, *Nalangtotan*. *Malanglot na tubig*.

LANGYAT. pc. Muesca. *Vm*, hacerla. La muesca ó señal, *In*. Donde, ó el palo en que, *An*. Tambien es palabra inhonesta.

LANÍ. pp. Lo mismo que *Pisi.*

LANIB. pp. Vide *Socob, dayti, sanib.*

LANIC. pc. Apretado, tupido. *Malanic ang pagca yari. Vm,* tupirse. *Ica,* l. *Na,* la causa. *Mag,* tupir. Donde, *Pag-an.* Vide *Sinsin, linsic, impis.*

LANIM. pc. Hedor de cieno. *Vm,* dar de sí aquel olor. La causa, *Ica,* l. *Naca. Magpa,* hacer ó aguardar que lo dé. *Nalaniman,* á quien le dá.

LANIP. pp. Avenida grande por muchas lluvias, *Vm,* l. *Na.* La causa, *Ica,* l. *Naca.* Por donde, *Nalanipan.* Vide *Sanip.*

LANIP. pp. Mondar la fruta, quitarle la cáscara, *Vm,* l. *Mag.* La cáscara, *In.* La fruta, *An.*

LANIS. pc. Hedor de escremento humano, ó de puerco, *malanis ito.* Vide *Lanim.* Otros dicen que no es *Lanis,* sino *Laris.*

LANIT. pp. Pegarse el mal, *Vm,* l. *Naca.* Á quien, *An,* l. *Nalalanitan.*

LANIT. pp. Pegarse el fuego de una en otra parte, *Vm.* Á que. *Na-an.* La causa, *Ica,* l. *Naca.*

LANIT. pp. Cundir ó estenderse el aceite, ú otro licor, *Vm,* l. *Na.*

LANITI. pp. Un árbol de cuya madera hacen sillas y bancos.

LANYAN. pp. Culebra.

LANO. pp. Durar una cosa. Se usa con la negativa. *Di malanohan, cundi mo palanḡanan itong damit.*

LANOG. pp. Voz gruesa, que tira á ronca. *Nagpapacalanoglanog siya nang pananang̃is. Malanog ang campana,* voces, &c.

LANONAB. pp. Banquilla hecha juguete de las aguas, *Vm,* l. *Lalanolanonab.*

LANOT. pp. Deshilachar la ropa vieja, *Vm.* La ropa, *In.*

LANOT. pp. Ablandar, *Vm.* Lo que, *In.*

LANOT. pp. Tirar la cuerda ó harigue poco á poco, *Mag.* Lo que ó la accion dé tirar, *In. Lanotin ninyong hilahin,* tiradlo poco á poco.

LANOTAN. pp. Árbol.

LANRAC. pc. Lluvia grande, de grandes gotas.

LANRAG. pc. Hojas marchitas, *malanrag na dahon.*

LANSAC. pc. Concierto ó compañía entre dos, *Man.* Lo que, *Pinag.*

LANSAC. pc. Acomodamiento en el repartir con igualdad. *Mag,* repartir con igualdad. Lo que, *Pinag,* mirando la accion; pero dando, *Ipag.*

LANSAC. pc. Revolver mezclando, *Mag.* Lo que, *In.* Uno con otro, *Ipa.* Estar revuelto, *Nagcaca.*

LANSAG. pc. Hacer algo añicos, *Vm.* Lo que, *In.* Á quien, *An.*

LANSANḠAN. pp. Calle. *Mag,* hacerla. *Vm,* ponerse bien en hilera.

LANSOR. pc. Vide *Lantor.*

LANSOT. pc. Un no quiero de rústico enfadado.

LANTA. pc. Lacio, secarse las hojas, *Vm,* l. *Na.* La causa, *Ica,* l. *Naca.*

LANTAC. pc. Cosa que se daña ó quiebra. *Nalalantac,* dañarse así. *Mag,* arrojar algo echándolo á perder. Lo que. *Y.* Sinónomo. *Yantac.*

LANTAC. pc. Contribuir para algo. *Maglantac layo nang salaping ibibili nang alac,* contribuyamos con algo para comprar vino. Lo que. *Y.*

LANTAG. pc. Vide *Lansag,* que es el usado.

LANTAGÁ. pc. Teger trenza, *Vm.* La trenza, *In.* Á que, *An.*

LANTAGA. pc. Una culebrilla de varios colores, segun el Padre Roa.

LANTANG. pc. Vide *Lutang.*

LANTANG. pc. Esperar la gente lo que les mandan, *Vm.* Vide *Landa.* Y en esta significacion, *Mag.* Lo que, *Y.*

LANTANG. pc. Hacer algo con interrupciones. *Houag mong lantanglantang̃in iyang gaua,* quiere decir, *houag botiua,t, hauacan ipatotoy.*

LANTAO. pc. Dar baivenes la embarcacion por vacía, *Vm.* l. *Lalantaolantao.*

LANTAR. pc. Lugar descubierto, patente, como campo sin arboledas. *Ma,* estarlo. *Malantaran ang bahay,* el patio de la casa.

LANTAY. pc. Oro batido, ó cobre. *Vm,* batirlo. *In,* serlo. Donde, *An. Lantay na guinto,* oro batido.

LANTIC. pc. Doblar violentamente, como la mano hácia fuera. *Vm,* irse doblando así. *Ica,* l. *Naca,* la causa. *Mag,* de propósito. Lo que, *In.*

LANTICAN. pp. El vuelo ó ala del tejado. *Mag,* hacerlo. *An,* el techo. Vide *Palantican.*

LANTING. pc. Una yerba medicinal, como lechuga: tambien *Hilahan sa pagaarado.*

LANTOG. pc. *Lintog.* Una especie de bejuco.

LANTONG. pc. Carne ó pescado algo podrido. *Tacpan man ang bagoong, sising̃ao rin ang lantong.*

LANTOR. pc. Callegear medio desnudo, *Vm,* l. *Lalantorlantor na lamang.*

LANTOTAY. pc. Haragan, tibio. *Naglalantòtay nang pamamangca.* Vide *Anyaya.*

LANTOTAY. pc. Lo mismo que *Ticatic.*

LANTOY. pc. Lo mismo que el antecedente.

LANOUANG. pc. Descuidado, ingrato, *Vm,* hacerse. *Ica,* l. *Naca,* la causa. *Mag,* obrar así. Lo que, *Ipa, Ipag.* Con quien, *Pag-an. Calanouagan ang iba,t, houag calanouagan, ang hagdan,* descuidéte, pero no de la escalera.

LANUBÓ. pp. Crecer las plantas ó sembrados: es lo mismo que *Lagó.*

LAOB. pp. Calentar hojas al fuego, *Mag.* Las hojas, *Y.* El fuego, *An.* Vide *Laib.*

LAOG. pc. Gato montés. Vide *Lampong.*

LAOLAO. pc. Colgar, sobrepujando á otra cosa. *Vm,* colgar así. *Ica,* l. *Naca,* la causa. *Mag,* de propósito. Lo que, *Y.* Á donde, *An. Nagpapacalaolao.* vestir largo. Vide *Larlar,* con sus juegos.

LAON. pc. Viejo, añejo, como arroz, vino, tabaco, *Mag,* guardarlo así. *In,* lo que. *Mag,* tambien dejar descansar la sementera.

LAONG. pc. Mofar, ó decir mal del ausente. *Pinaglaong honghang, pinagpapang̃anlang honghang.*

LAOP. pp. Aliarse dos para algo. *Vm,* uno á otro. *An,* á quien. *Mag,* los dos. La una cosa, *Y.* Á que, *An.* Las dos ó mas, *Paglaopin.* Donde, *Pag-an.*

LAOS. pp. Cumplir con lo de mas obligacion, *Vm,* l. *Mag.* Lo que, *In.* Vide *Daos.*

LAOS. pc. Atravesar de parte á parte. Vide *Labos*, *taos*.

LAOT. pp. Golfo, mar alta, muy adentro del mar. *Palaot*, meterse en él muy adentro. *Magpalaot*, llevar algo mar adentro. Lo que, *Ipa*. aunque sea la banca. *Ipalaot ang sasaquian*. *Magpapalaot ang osap*, irá á la larga, &c. Metáfora.

LAOY. pp. Boyante como el navío, *Nalalaoy*.

LAOY. pp. Andar de acá para allá sin hacer nada, *Vm*. Por donde, *An*. La causa, *Y*. *Ualang gaua*, l. *lumaoylaoy na lamang*, l. *Lalaoylahoy na lamang*.

LAOY. pp. Herir á otro á traicion, *Mag*. Á quien, *Pag-an*, l. *Pinaglalaoy*.

LAPÁ. pp. Descuartizar, partir, cortar, *Vm*. Lo que, *In*. Donde, *An*. Si mucho, *Mag*. Todo, *Pinag*. pc.

LAPAC. pp. Desgajar las ramas, *Vm*. Lo que, *In*. Si mucho, *Mag*. *Ipinag*, causa.

LAPAC. pc. Ocioso, holgazan, *Lalapaclapac ca lamang* estás hecho un haragan. *Pinalalapaclapac mo*, lo haces estar ocioso. *Salalapac*, estar así.

LAPAG. pc. Cosa asentada igual en el suelo. *Vm*, irse asentando. *Ica*, l. *Naca*, la causa. El suelo ó donde, *An*. *Mag*, asentar algo así. Lo que, *Y*. Donde, *An*. *Ilapag mo ang loob mo*, sosiégate. *Ang Dios ñgani ang quinalalapagan nang manĝa caloloua natin*, en Dios descansa, &c.

LAPAL. pp. Aumentarse el número de animales en concursos grandes. *Vm*, irse aumentando. *Y*, la causa.

LAPAL. pp. Estenderse como mancha de aceite, *Vm*. Donde. *Na-an*.

LAPANG. pc. Pedazo, ó partir alguna cosa en pedazos, como fruta. *Mag*, partir asi. Lo que, *In*. Si en muchos pedazos, *Pinag*. Con que, *Ipag*. El lugar sobre que, *Pag-an*. *Calapang na luya*, *cabaling luya*, un pedazo de ajengibre.

LAPAO. pp Estenderse algun licor por algo con fuerza cubriéndolo, *Vm*. Lo que, cubre, *An*. Y si mucho, *Mag*. pc. Por donde, *Pag-an*, *Naglalapao ang dugo*. Brotar; activé algun licor asi. *Mag*. El licor, *Y*. Donde, *Pag-an*. Vide *Apao*, *sapao*.

LAPAR. pp. Ancho, ensanchar en longitud y latitud; porque *Laag*, es en cosas hondas. *Malapar*, cosa ancha. *Calaparan*, anchura. *Vm*; hacerse ancho. La causa, *Ica*, l. *Naca*. *Mag*, ensanchar. Lo que, si está hecho, *Laparan*. Si por hacer. *Pacalaparin*. *Malapad na isip*, de asentado juicio. Metáfora.

LAPAR. pc. Dar con la espada de plano, como cintarazo, *Vm*. Á quien, *In*.

LAPAS. pc. Concluir negocio. *Lapás na aco sa iyo*, no corres mas por mi cuenta. *Mag*, concluir asi, ó concluir los dos. *Naca*, librarse de algun negocio, por haber pagado la deuda.

LAPAS. pc. Agraviar á otro, tomándole algo sin saberlo él, *Mag*. El agraviado, *In*. *Lapás na tauo*, l. *Mapaglapas*, agraviador.

LAPAS. pc. Herirse con el cordel asido en la mano, tirándolo otro. *Nalapas ang camay co niyang patpat*.

LAPASTAÑGAN. pp. Atrevido. *Mag*, serlo, ó hacer algo en que lo parezca. En que, *Y*. Con quien se porta asi, *Pag-an*. l. *In*. Vide *Labag*. pc.

LAPAT. pc. Las cañas hendidas para hacer esteras, ó atar con ellas algo. *Vm*, l. *Mag*. rajarlas, henderlas, atar con ellas. Ellas, *In*. Para quien, *An*.

LAPAT. pp. Juntar encajando como encajes de tablas. *Vm*, venir justo lo que se ha de encajar *Mag*, ajustar. Lo que, *Y*. Á que, *An*. Y de aqui *Lungmalapat ang loob sa caniya* se confronta. *Sintang lapat*, amor grande.

LAPAY. pp. La casa mediana, *Lapay na bahay*.

LAPAY. pc. El bazo, paso que no está igual. *Malapay*, ó *may calapayan*, *magaan sa timbañgan*.

LAPÍ. pp Desgajar. *Laping palapa*, rama de coco desgajada. *Vm*, desgajar la rama, *In*. El árbol, *An*.

LAPÍ. pp. Cuarto de ave. *Vm*, hacer cuartos, quitar un cuarto. Lo que, *In*. *Lapiin mo iyang isang lapi*, quita un cuarto. *Palapilapiin*, hazlo cuartos. *Calapi*, un cuarto.

LAPIC. pc. Vide *Tapic*.

LAPIG. pp. Vide *Lapir*. Un género de embarcacion como *Biray*.

LAPINAO. pp. Crecer el lodo. *Lungmalapinao*, estar revalsado. *Nag*. andar por mucho lodo. La causa, *Ica*, l. *Naca*.

LAPIHIT. pc. Vide *Latihi*.

LAPING. pc. Pellejo del pescuezo del toro, á modo de piltrafa.

LAPIRA. pp. Ave nocturna, á modo de lechuza.

LAPIS. pp. Losa ó tabla delgada, labrar cuadrado, *Vm*, l. *Mag*. Lo que quita, *In*. Donde se quita, *An*. Con que, *Y*.

LAPIS. pc. Lo mismo *Tag-is*.

LAPISAC. pp. Quebrarse lo que cae de alto, como huevo, plato, fruta, *Nalapisac*. Sinónomo, *Pisac*. *Vm*, amasar. Lo que, *In*. Con que, *Y*. Pisar el lodo, *Vm*, *In*. *Y*.

LAPISAC. pc. Quebrar ó aplastar cosa blanda, como huevos, masa, fruta, *Nalapisac ang mata*. *Vm*, amasar asi. Lo que, *In*. Con que, Y.

LAPISAC. pc. Pisar lodo, *Vm*. Lo que, *In*. Con que, *Y*.

LAPIT. pp. Acercarse, acercar: se diferencia de *Dolog*, porque este es á lo muy desviado. De *Dayĝ*, porque es muy junto. *Malapit*, lo que está cerca. *Na*, estar cerca. *Vm*, acercarse. Á quien, *An*. Con que, *Y*. La accion que hace de cerca, *In*. *Lapitin mo ang pagcuha mo*. *Mag*, juntarse dos, ó juntar sus cosas. Lo que, *Paglapitin*. La una á otra, *Y*. Á que, *An*, *Mag* pc. Acercarse en la vivienda, *Palapit ca pa*, l. *Galalapit ca*. *Nagcaca*, estar asi las cosas, ó acercarse por acaso. *Malapit sa aquin*, es mi pariente.

LAPIYAC. pp. Reirse con voz delgada. Vide *Galiyac*, *lagiyac tumana*.

LAPLAP. pc. Mondar caña dulce con cuchillo, *Vm*. Lo que quita, *In*. La fruta ó caña, *An*. De aqui desollar quitando el cuero, *In*, l. *Na*. Lo desollado, *An*, l. *Na-an*.

LAPNAG. pc. Amontonado. Vide *Labnac*, *lupsac*.

LAPNIS. pc. La corteza del plátano, árbol, &c. seca.

LAPNIT. pc. Descortezar, despedazar, despegar, mondar, *Vm*. Lo que quita, *In*. De donde, *An*. Vide *Lacnit*.

LAPNOS. pc. Desollado, mudar el pellejo el que se escaldó. *Vm*, irse quitando el pellejo. *Nalalapnosan*, el desollado. *Nalapnos*, el pellejo.

LAPOC. pc. Palo, ó caña podrida. *Lapoc na cahoy*. *Na*, irse pudriendo. *Ica*, l. *Naca*, la causa. Y de aqui *maglapocan cayo nang biyaya:* quiere decir. *Houag ninyong isipin ang pagbibiyayaan ninyo,t, inyong sirain, at lapoquin*.

LAPORIT. pp. Estender alguna cosa inmunda ensuciándola en alguna parte. *Nanlalaporit ang dumi nang bata sa camay*, se estiende, &c.

LAPOT. pp. Espesura de licor, espesar. *Vm*, irse espesando. *Ica*, l. *Naca*, la causa. *Mag*, espesar. Lo que, *An*. Con que, *Y*. *Magpa*, hacer que se vaya espesando. Lo que, *Pina*. Tambien *Nag*, estar asi espeso: su contrario es *Labnao*.

LAPSAC. pc. Vide *Labsac*.

LAPSÓ. pc. Desembainar. Vide *Labsò*. *Honos*, *hogot*, *labnos*.

LAPSOY. pc. Vide *Labsoy:* persona sin vergüenza.

LAPYÁ. pc. Chato, *malapyà*. Cuadra á los platos que no son hondos. Vide *Landay*. *Vm*, irse haciendo tal. *Ica*, l. *Naca*, la causa. *Mag*, hacerlo. Lo que, *Pacalapyain mo*.

LAPYAR. pc. Nariz chata. Vide *Lapyà*.

LARÁ. pp. Chile ó pimiento. *Mag*, echarlo en la comida. *An*, la comida.

LARANG. pp. Sementera grande y ancha, *malarang na buquid*. Y metáf. se dice del calzon ó camisa ancha. Sinónomo *Lorang*.

LARAUAN. pp. Horma, imágen, dechado, pintura. por *Vm*, *Y*. *Man*, sacar del dechado. Lo que imita, *Larauanan*. Lo que saca ó hace, *Y*. *Mag*, dar dechado. Lo que se dá, *Ipag*. *Ma*, estar espresado en pintura. Donde, ó en que, *Na-an*.

LARAY. pp. Hablar con voz atiplada. *Lalaraylaray con mangusap;* y de aqui *malaray na babaye*, melindrosa.

LARIS. pp. Malo, hablador. *Malupit*, *malaris*, *palauica*. *Na*, ser tal. *Vm*, irse haciendo. *Y*, la causa. Ante quien, *An*.

LARIS. pp. Porfiar, resistir, repugnar, *Vm*. Á quien, *In*. La causa, *Y*. *Maqui*, uno con otros. Á quien, *Paquian*. Mútuo, *Magca*. La causa, *Ipagca*. Sobre que, *Pagca-an*.

LARIS. pp. Hedor de escremento. Vide *Langis*, *banyi*.

LARLAR. pc. Estender ropa, descoger, *malarlar na tapis*. *Vm*, irse cayendo el vestido hácia abajo. *Mag*, bajarlo cuando está alto. El vestido, *Y*. *Mag*, descoger. Lo que, *Y*. *Maglarlar ca nang sampouo*, multiplica añadiendo diez mas.

LARLARAN. pp. Lo mismo que *bilan*.

LARÓ. pc. Juego, jugar, *Vm*. Con quien, *In*, l. *Maqui*. Con quien, *Paquilaroan*. *Mag*, los dos. Si muchos, *Mag*, reduplicando. *Laro*, l. *Calaroan*, juguete; puédese tomar este verbo en buena ó mala parte.

LARO. pc. Heces del aceite. *Malaro itong langis*, asi Fr. Francisco.

LAROC. pc. Vide *Taroc*.

LAROT. pc. Roto. Vide *Bihay*, *galot*. *Mag*, ponerlo asi. *Pinag*, la ropa. Tambien por *Mag*, dejar hechos pedazos la ropa por no saber cortarla. La ropa, *In*.

LASA. pp. Deleite, sensualidad, sabor, gustar, retozar. *Mag*, dar placer al cuerpo. *Vm*, irse haciendo sabroso, ó deleitarse. *Nanlalasa*, andarse deleitando. *Nalalasahan*, sentir el deleite. *Linasa*, de lo que toma gusto. Tambien *Pinanlalasahan*, en que se deleita.

LASA. pp. Espejos de acero; y otros dicen que es el plomo ó estaño que ponen detras del espejo.

LASÁ. pc. Despedazar como cuando el caiman lo hace con algun hombre, *Mag*. Lo que, *Pinag*. Con que, *Ipag*. *Paglasain ca*, maldicion.

LASAC. pp. Podrirse la fruta. La causa, *Ica*, l. *Naca*. *Na*, irse pudriendo.

LASAC. pc. Destruir algo, descomponer, *Vm*. Lo que, *In*.

LASAC. pp. Gallo blanco y colorado.

LASANG. pc. Cortar cosa dura. Vide *Potol*.

LASAO. pp. Raleza ó ralo. *Vm*, irse haciendo tal. La causa, *Ica*, l. *Naca*. *Mag*, hacerlo. Lo que, *In*. Con que, *Ipag*.

LASAO. pp. Derretir segun Fr. Francisco, y en este sentido se puede usar el juego del antecedente.

LASAP. pc. Gusto, saborearse acordándose de algo. *Vm*, deleitarse asi. *In*, de que, *Naca*, causar gusto. *Nalalasapan*, acordarse del gusto que recibió.

LASAY. pc. Vide *Lasa*. pc.

LASAY. pp. Cortar las ramas de árbol grande despues de caido, *Vm*. Las ramas, *In*. El árbol, *An*. Si mucho, *Mag*. *Pinag Pag-an*. pc. Y de aqui *Pinaglasayan nang paghampas* le despedazaron á azotes.

LASGAS. pc. El corazon, ó lo duro del madero. *Lasgas na cahoy*, árbol con solo el corazon. *Na*, irse gastando. *Vm*, gastar asi de propósito. *An*, l. *Na-an*, estarlo asi, acaso, ó no.

LASÍ. pp. Hender palo ó madera, *Vm*. El árbol, *An*. La rama, *In*. *Na*, estarlo. *Panlasi*. cuña.

LASI. pc. Un género de *Cabibi*.

LASI. pp. Vide *Lagyo*, *calasi*, *calagyo*.

LASIGUI. pp. Candil con aceite y mecha. *Mag*, servirse de él. El aceite, *Lasiguiin*. El vaso, *Lasiguian*. pc. La mecha, *Lasigui*.

LASING. pc. Beodo, emborrachar. *Magpaca*, de propósito. *Vm*, á otro. *In*, á quien. *Na*, estar asomado.

LASLAS. pc. Desollarse, ó rasguñarse. *Nalalaslas ang balat*, *nalalaslasan ang catao-an*. La causa, *Ica*, l. *Naca*.

LASLAS. pc. Desojar, deshacer, destechar, *Vm*. Lo que, *In*. De lo que, *An*. Por deshacer, *Vm*, l. *Mag*. Lo que quita ó deshace, *In*. Lo que queda, *An*. Deshacerse de suyo, *Na*.

LASO. pp. Llagas que nacen á los niños en la boca. Vide *Talu*.

LASOG. pp. Desnudo del todo. mas que *Hubar*.

LASOG. pc. Género de curar las llagas en la boca, *Vm*. Las llagas, *In*. Con que, *Y*.

LASON. pp. Ponzoña, veneno que mata. *Vm*, dárselo á alguno. *In*, á quien.

LASON. pc. Cruzarse como se dice, los mandatos, *Mag*. *Pinaglasonlason ang otos*, se cruzan.

LASONÁ. pc. Cebolla. *Mag*, haberlas, echarlas en la comida. En que se echan, *Han*.

LASOTSOT. pc. Cualquiera cosa blanda y mojada, como lodo, masa, morisqueta mojada. *Man*, meterse por entre los dedos; tambien dicen *Nanlalasotsot ang damit*, cuando está mojada la ropa; porque apretándola entonces sale agua por entre los dedos. La causa, *Nacapan*, l. *Icapan*.

LASOY. pc. Los gabes, ó cosa semejante, que por muy blandos no se pueden comer. *Malasoy na gabi*. *Vm*, ponerse asi. La causa, *Ica*, l. *Naca*. *Mag*, hacerlos asi. Ellos, *In*.

LASTOG. pc. Vide *Ola*.

LATÁ. pc. Ternura, blandura, fineza de oro. *Malatang guinto*. *Vm*, irse haciendo. La causa, *Ica*, l. *Naca*. *Magpa*. hacerlo. Lo que, *In*, l. *Pinaca*, l. *Pina*. *Nanlalata ang catao-an*, está descaecido el hombre. Metáfora.

LATAC. pp. Heces, ó asiento de algo. *Nag* (carece de *Vm*,) criarlas ó tenerlas. *Latac sa suca*, asiento de vinagre. *Naglatac iyang bibig mo nang madlang uica mo*, con tanto hablar, tienes la boca como heces.

LATAC. pp. Cosa llana, como tierra. Vide *Latag*.

LATAG. pc. Lo mismo que el antecedente. *Latag na isda*, desparramado, que no se puede pescar.

LATAG. pp. Estender como cama ó tierra, ó cosa llana. *Vm*, estenderse. La causa, *Ica*, l. *Naca*. *Mag*, estender. Lo que, *Y*. Donde ó á quien, *An*. *Latag na banta*, divulgado.

LATAGAN. pp. Cal de buyo que estienden sobre la hoja.

LATANG. pp. El fuego que comienza á echar llamas. *Nalalatang*, echarlas. *Ica*, l. *Naca*, la causa.

LATAUAN. pp. Lindero ó valladar con que cercan la sementera para detener el agua. *Mag*, hacerlo. *An*, á donde, ó á que.

LATAY. pp. Hendidura de vasija penetrada (á diferencia de *lamat*, que es aunque no penetre). *Mag*, tenerla. Irse hendiendo.

LATAY. pp. Cardenales, ó señales de los azotes. *Nagcaca*, tenerlos.

LATAY. pp. Un género de lazo para coger pájaros. *Mag*, hacerlo. *In*, ser procurado coger. *An*, serle puesto lazo. *Na*, ser cogido. *Naca*, haberlo cogido.

LATAY. pp. Vide *Datay*, con sus juegos.

LATHALÁ. pp. Poner en el rio algun palo cuando no se puede vadear por la avenida, aunque sea bejuco. *Mag*, pasar asi el rio teniéndose. Lo que vá á traer, *Ipag*. El rio, *Pag-an*.

LATHALA. pp. Cualquiera cosa atravesada que estorva el camino, como una petaca en medio de la casa.

LATHÍ. pc. Sementera que no la dejan descansar.

LATHI. pc. Morisqueta muy blanda, porque tiene mucha agua. *Vm*, l. *Man*, irse poniendo tal. La causa, *Y*. La olla, *An*. *Lathi*, cienaza, ó manglar. *Mag*, hacerse tal. *Lathilathing* lupa, tierra tal.

LATIC. pc. Sonido que hace el azote.

LATIC. pc. Lo que queda de la leche del coco cuando de ella hacen el aceite.

LATIHI. pc. Recio, continuado. *Nagpapamlatihi ang olan*. Itt. Lo mismo que *Lathi*.

LATIHIC. pp. Quebranto del cuerpo, por haber forcejado en hacer algo, como pujar, &c. *Naglalatihi*.

LATLAT. pp. Descubrir ó divulgar el secreto. *Mag*. Lo que, *Y*. Á quienes, *An*.

LATLAT. pc. Roer. Vide *Ngatngat*, que es el usado.

LATOC. pp. Mesa baja. Vide *Dolang*.

LATOR. pp. Gusto ó sabor. *Malator*, sabroso. *Nalalatoran*, l. *Pinag-an aco sa guinaua mong canin*. Asi Fr. Pedro, aunque Fr. Miguel Ruiz dice que ha de ser pc.; pero à mi me parece lo contrario, y la razon es por la raiz que se sigue, y su significado.

LATOR. pc. La suciedad que está pegada en algo porque no la lavan. *Latorlatoran itong pingan, ay hugasan mo*. *Nagcaca*, tenerla. *Malator*, estar sucio.

LATONGLATONG. pc. Dar con un tiro á dos sucesivamente, *Mag*. Á quien, *In*. Si muchos, *Pinag*.

LATOY. pc. *Ualang latoylatoy*, *ualang sarapsarap*, *ualang galinggaling*, *ualang latoylatoy na bahay*, casa de hombre perezoso.

LAUA. pp. Telaraña. Lo mismo que *Laualaua*.

LAUÁ. pp. Lagunajo, ó charco. *Na*, juntarse asi el agua, *Nagca*, hacer lagunilla.

LAUAAN. pp. Árbol grande. Sinónomo *Bayocan*.

LAUAC. pp. Se dice del mar ancho y descumbrado. *Malauac ang dagat*, y de aqui *Malauac na lubha ang banta mo*, tienes despejado el discurso.

LAUAG. pp. Buscar ó hallar tierra para sementera, *Vm*, l. *Mag*. Lo que, *In*. *Linalauagan ang lupang bubuquirin*.

LAUAG. pp. Desmontar para sembrar, *Mag*. Lo que, *In*. La causa, *Ipag*. El lugar, *Pag-an*. *Ipinagpapalauag ang pagusap*, es lo mismo que *Ipinaririnĝig*. decir á uno para que lo entienda otro.

LAUALAUA. pp. La araña ó su tela.

LAUALAUA. pp. Un género de canto.

LAUALAUA. pp. Un género de lluvia menuda, poco mas que rocío.

LAUAN. pp. Pena que paga el que cogen in acto impudico. *Nalalauan ang lalaqui*. *Ang quinalalauanan niyong maguinoo, ay si cuan*. *Magpa*, penarlos. *Maca*, la causa.

LAUANG. pp. Navegar por medio, *Na*, l. *Napa*. *Dili nalauanĝan*, l. *Dili nalalauanĝan*, es lo mismo que *dili nauaual-an*.

LAUAS. pp. Una yerba.

LAUAS. pp. Los dientes del *Salapang* ó tridente:

y de aqui *Lauas nang* [illegible], los celajes del aire.

LAUAY. pp. Saliva. *Linalauayan*, ser untado algo con ella. *Mag*. pp. Untar. pc. Hacérselo echar en la boca. *Vm*, escupir la saliva. Á quien, *An*. *Napsin lauay lauay co lamang ang asuan mo*. *Lauay mari t. lumonin ang uicang naro-*[illegible], la saliva se puede volver á tragar, la palabra no.

LAUAYAN. pp. El cordel en que ponen las pesas de la tarraya. *Mag*. ponerlas. Lo que, *Y*. La red. *An*.

LAUI. pc. Cola ó plumas del gallo. *Mag*, criarlas. *Malauing uica*, *uicang may bontot*, palabra con cola.

LAUAR. pp. Largo como cordel. *Malauar ualang calauar*. *Minamalauar*, ser tenido por tal.

LAUIG. pp. Largo, tardarse. *Vm*, irse alargando. La causa, *Ica*. l. *Naca*. Lo que alarga, *In*. *Malauig na taon*, largos años. *Nagpapaca*, pc. Tardarse de propósito.

LAUIG. pp. Alargar algo estirándolo, *Vm*. Lo que, *In*. Ser puesto á la larga, *Ipina*. Ponerlo, *Magpa*.

LAUIG. pc. Tomar puerto, echar el ancla. *Vm*. La causa, *Ica*, l. *Naca*. *Mag*, meter la embarcacion en él. Ella, *Y*. Donde, *An*. *Lalauigan*. el puerto. *Taglauig*, el que guia en la proa. *Lauiguin*, pc. Cables con que dan fondo.

LAUIHAN. pc. El taraquito grande.

LAUILAUI. pc. Perseguir. *Mag*. Á quien. *Han*. *Aco,i, pinaglauilauihan mo*, me persigues.

LAUIN. pp. Ave de rapiña.

LAUINLAUIN. pp. Volador. *Mag*, llevar algo al pie atado, como cordel. *Y*, lo que. *An*, á quien.

LAUINGLAUING. pc. Colgar cosa larga como las mangas, *Vm*, l. *Lalauinglauing*. *Mag*. de propósito. Lo que, *Y*.

LALAUING. pc. Bambalearse lo colgado, *Vm*, l. *Lalauinglauing*. Bambalear, *Mag*. Lo que, *Y*.

LAUIS. pp. Lo mismo que *Carit*.

LAUIS. pc. Palabras de mugeres melindrosas en lugar de *Ualis*.

LAUIS. pc. Colgar. Vide *Lauit*.

LAUIT. pc. Colgar, estar colgada una cosa. *Vm*, estar colgando algo. *Mag*, dejar colgar algo. Lo que, *Y*. *Palauit*, la punta que cuelga detrás, ó del tapiz. *Lalauitlauit*, l. *Pinalalauitlauit ang gaua*, *anyayang gomaua*, perezoso.

LAUIT. pc. Un género de plátanos de poca carne.

LAULAU. pc. Vide *Loolao*.

LAUÓ. pp. Ramo ó caña que se seca en el tronco. *Na*, estar seca. *Nagcaca*, estar todas casi secas.

LAUOG. pc. Hombre desatento, de malos términos. *Vm*, hacerse tal.

LAUOLAUO. pp. Cañas viejas y secas que se van cayendo. *Man*, cortarlas. *Pan-an*, donde.

LAUON. pp. Antiguo, tardar, añejo. *Na*, durar algo mucho tiempo. *Lauonà*, mucho ha. *Houag cang malauon*, pp. l. *Maglauon*. pc. *Lumauon man*. pp. *Màglauon man*. pc. *Ay darating din*, aunque tarda, llegará.

LAUON. pp. Dilatar, *Mag*. Lo que, *An*.

LAUOS. pc. Vide *Paos*.

LAUOT. pc. Cerca de sementera ó casa. *Mag*, hacerla. En donde. *An*. Con que, ó los materiales, *Y*.

LAUOT. pp. Cubrir la casa de nipa. *Mag*. Los materiales, ó con que, *Y*. La casa, *An*. Fray Francisco dice que ha de ser pc.

LAYÀ. pc. Vide *Tayà*, *Lanta*.

LAYA. pc. Lo mismo que *Layac*, *yaguit*, vasura de la casa, debajo de ella.

LAYA. pp. Estender el brazo poco á poco como quien hila. *Vm*. El brazo, ó lo hilado, *Y*.

LAYAC. pp. Cosa que cuadra y viene justo como nacido. *Nalalayac sa aquin*, *layac sa aquin ito*. *Itong damit ay layac sa aquin*. *Hindi layac magbaras*, no es para ello.

LAYAC. pp. Querer, amar, *Na*. Á quien, *In*. Se usa poco.

LAYAC. pc. Hojarascas secas que caen del árbol. *Itong ilog ay ualang layac*, está este rio sin hojarascas.

LAYAD. pp. Llevar arrastrando la saya. *Vm*, l. *Lalayadlayad*.

LAYAG. pc. La muger á quien falta la regla cada mes. *Linalayag*.

LAYAG. pp. Vela del navio. *Vm*. l. *Mag*. pc. Navegar á la vela, ó alzarla. *Mag*. pp. Hacerla, ó embarcarse para ir lejos. *Ilang dauong ang maglalayag ñgay-on*, cuantos navios saldrán. Tambien pp. Navegar mucho. *In*, el lugar á do va. El viento con que, *Y*. Lo que se lleva navegando, *An*. La embarcacion, *Pinag-an*. Por donde, *In*. El viento que lleva, ó el pueblo donde vá, *Layagan*. *Layaguin guinoo*. pc. Viento galerno. *Lalayaguin masamang tauo*, viento malo.

LAYAGAN. pp. Lo mismo que *Lalay-an*.

LAYANG. pp. El pezon seco de la palma donde está la bonga.

LAYANG. pc. Cortar las hojas al árbol para que no lo derribe el viento, *Vm*. Las hojas, *In*. El árbol, *An*. *Layañgin mo ang pacpac nang capalaloan mo nang dica hapain nang Dios*, humíllate no te castigue Dios.

LAYAÑGAN. pc. Podar. Vide *Layang*, pc.

LAYANGLAYAÑGAN. pp. La golondrina. Vide *Lañgaylañgayan*.

LAYANGLAYANG. pp. Vencejo, ave.

LAYAO. pp. Regalo del cuerpo. *Vm*, regalarlo. El cuerpo, *In*. Tambien acudir á alguno en sus necesidades, *Vm*. Á quien, *In*. *Mag*, apartarse de la compañía de otros para recrearse. Donde, *Pag-an*. De aqui, *Palayao*. Regalar á otro dándole lo que pide, *magpalayao*. Á quien, *Pinalalayao*. *Malayauin*, el que se regala á costa de otro. *Calayauan*, contento, regalo.

LAYAP. pp. *Hindi co ibig*, *hindi co layap*, no quiero.

LAYAS. pp. Vaguear, *Vm*. Por donde, *An*. La causa, *Ica*, l. *Naca*.

LAYAS. pc. Fugitivo, vagamundo.

LAIYNG. pp. Hojas secas de los plátanos. *Man*, ir á cogerlas. *Mag*, usar de ellas. *Malaiyng*, adjetivo.

LAING. pp. *Hilaiyng*. Quitar al plátano las tales hojas.

LAYIU. pc. Tristeza por la soledad. *Na*, estar asi. *Ica*, l. *Naca*, la causa. *Calayiulayiu*, soledad que causa tristeza. *Caliyiuan*, tristeza. De aqui viene *Taguilayiu*, una enfermedad de soledad que en despertando se pone medio loco. *Tinalaguilayiu*, estar tocado de ella.

LAYLAY. pc. Lo que cuelga hácia abajo, como las ramas.

LAYLAY. pc. Vide *Uagay*.

LAYÓ. pp. Lejos, *Lungmalayo*. pc. *Aco sa iyo*, me aparto de tí. De quien, *Linalay-an*, pc. La causa, *Y*. Pero si yo quedo lejos, porque el otro se aparta, es *Longmalayo*. pp. *Malayo*, pc. *Ang loob sa Padre*, no le tiene voluntad. *Malayo*. pp. *Ang bayan* está ó queda lejos. *Mag*. pp. Apartarse dos, ó apartar una cosa de otra. Lo que, *ilayo*. pc. De donde, *Pinaglay-an*. pc. Dos cosas entre sí, *Pinag*. pc. *Cun malayo,i, cabiguin, cun malapit ay cutdin. Asal nang masasamang babaye*.

LAYOB. pp. Calentar algo por breve tiempo. *Mag*. Lo que, *Y*. Donde, *An*. Tambien medio crudo, *Layob pa*. Vide *Laib*.

LAYOG. pp. Altura de cruz, palma, &c. *Vm*, irse haciendo tal. *Malayog*, alto.

LAYON. pp. Vide *Saryà*, *panao*, *pacsa*.

LAYON. pp. Llamar, allegarse, *Vm*, acercarse, tambien acercar. Á quien, *In*. Donde, *An*,

LAYON. pc. Un género de cadena de oro para el cuello. *Mag*, ponérsela. *In*, ser puesta. *An*, á quien.

LAYON. pc. Poza grande que hacen los rios.

LAYOT. pc. Secarse sin madurar, caerse el plátano sin madurar. *Naloyot na*, lo mismo que *Natoyo di natoloy ang pagca hinog*. Vide *Looy*.

LAYUAN. pc. Un género de abejas. Vide *Piguan*.

LAYUAN. pp. Lugar triste, melancólico, solitario. Vide *Layu*; y por metáfora nominatur hoc modo natura mulieris.

L antes de I.

LIAB. pp. Llamarada grande. *Vm*, ir creciendo. La causa, *Ica*, l. *Naca*. *Magpa*, hacer que el fuego eche llama. La llama, *Pina*. Vide *Liib*.

LIAG. pc. Amor grande al que le ama, *naliliag co siya*. Los dos, *Nagcaca*. Vide *Liyag*.

LIANGLIANĜAN. pp. Unas cigarras.

LIYAO. pc. Espiar, acechar. Vide *Batyao*, con sus juegos.

LIAR. pp. Doblar el cuerpo hácia atras. *Vm*, doblarse asi. *Mag*, echar algo hácia atras. Lo que, *Y*. *Liar*. pc. *na tauo*, el que está asi. Tambien *Saliliar ca oy!* Qué repantigado que estás!

LIAS. pp. Un género de mongos que no se ablandan.

LIAS. pc. Lechoncillo ó pollito desmedrado entre sus hermanos.

LIAT. pp. Mella, hendedura. *Mag*, irse mellando. La causa, *Ica*, l. *Naca*.

LIAT. pp. *Lungmiliat ang manoc*, un dia pone y otro no. Vide *Licat*.

LIAY. pp. Menearse, contonearse. *Vm*, l. *Liliayliay*.

LIAY. pc. Caer hácia atras por írsele el pie, ó echar asi de propósito. *Na*, acaso. *Vm*, de propósito. *Ica*, l. *Naca*, la causa de acaso. La de á propósito, *Y*. *Ang may guyabin, dili maliay*, quien á buen árbol se arrima, buena sombra le acobija.

LIBAC. pc. Mofar, burlar, escarnecer. *Vm*, l. *Man*. De lo que, ó de quien, *In*. *Libacan*, mofador. Sinónomo *Tiyao*, *oyam*. pc. *Oroy*, *oyao*.

LIBAG. pc. Porquería, suciedad. *Vm*, irse haciendo sucio. *Ica*, l. *Naca*, la causa. *Mag*, ensuciar. Lo que, *An*, l. *Pag-an*. *May isang tauo na pinaglibagan nang loob co*, pecó con él. *Na-an*, ensuciado. *Nagcaca*, lo que tiene suciedad.

LIBAG. pc. Un género de zacate de que se hace mecate de poca dura.

LIBAG. pp. Crecer hirviendo como la morisqueta, *Vm*. El fuego que es la causa, *Y*.

LIBAN. pp. Faltar en el tiempo, dilatar. *Na*, faltar acaso. *Quinalilibanan*, por quien. *Vm*, faltar en algo, ó no venir al tiempo prometido, acudir á una cosa dejando otra. *Vm*. pc. *Sa tipang arao*, faltar en el concierto. *Naliban ang arao*, ya pasó el tiempo. *Nacaliban na ang arao sa tanghali*, ya pasó el sol de medio dia. *Cun malibang arao*, cuando se pasan algunos dias.

LIBAN. pp. Dilatar para otro tiempo, *Mag*. Lo que, *Y*. *Vm*, detenerse difiriendo el tiempo.

LIBAN. pc. Sino es. *Liban sa icao ang moha, ay dili co ibibigay*, sino es que tú lo tomes, no lo daré.

LIBAN. pc. Desaparecerse algo de los ojos. *Nalibanan co nang aco,i, tauaguin mo*, se me desapareció, &c.

LIBANG. pc. Estorvo, estorvar, como ocupacion. *May libang*, l. *Calibanĝan siya*. *Vm*, estorvar á otro. Á quien, *In*. Con que, *Y*. *Na*. estar ocupado. Tambien *Nalilibang*, es estar divertido. Tambien *libanĝin mo ang loob mo*. divertir el pensamiento. Con que, *Y*. *Ualang di quinalilibanĝan*, muy divertido. *Mag*, dos que andan como en casamiento ó fiesta.

LIBAR. pp. Roncear como mal pagador. *Mag*. Lo que, *Y*. Á quien, *An*.

LIBAR. pp. Andar de aqui para alli en alguna faena. *Lilibarlibar lamang nang paggaua*. Metáfora.

LIBAT. pc. Volver el dolor ó enfermedad á tiempos, *Vm*. Á quien, *An*. *Nalilibatan siya nang pio*, le volvió la gota.

LIBAT. pp. Danzar el varon con la muger dando vueltas, *Vm*. Ella, *An*.

LIBATÓ. pp. Yerba como acelgas. *Man*, ir á cogerla.

LIBAUÁ. pp. Conseguir con disimulo ó arte cosa que pretendo, v. g. Poder hurtar, *Vm*. Lo pretendido, *In*. Á quien engaña, *An*. *Manlilibaua*, frecuent.

LIBAUA. pp. Coger de improviso, *Vm*. Á quien, *An*.

LIBAUA. pp. Acometer de improviso el perro al

venado, ó el gato al raton, *Vm.* El acometido, *An. Liniuan.*

LIBAY. pp. La cierva.

LIBHO. pc. Sementera que está sola sin colinderos.

LIBING. pc. La huesa ú hoya de muertos. *Mag*, enterrar. Á quien, *Y.* Donde, *Pag-an.*

LIBING. pp. Ocupacion. Vide *Libang.*

LIBIR. pp. Dar vuelta rodeando, rodear con cordel ó cadena. *Vm*, rodear. La causa, *Y.* Lo rodeado, *An. Mag*, llevar algo al rededor. Lo que, *Y.* Donde, *Pag-an. Mag*, rodear ó dar vuelta al cordel. *Y*, el cordel. *Pag-an*, el cuello.

LIBIR. pc. Lazo que echan á la gallina para cogerla. *Mag*, hacerlo. Lo que, *Y.* La gallina, *An. Vm*, l. *Man*, pretender coger con él. La gallina, *In. Na*, ser cogida. *Naca*, haberla cogido.

LIBIS. pc. Descanso de la casa ó lugar bajo, *libis nang bahay. Mag*, hacerlo. *In*, ser hecho. Á que ó á donde, *An.*

LIBIS. pc. Bajar el que está en alto, *Vm. Mag*, llevar ó bajar algo asi. Lo que, *Y.* Generalmente por *Vm* y *Man*, es quitarse del lugar alto y ponerse abajo. *Palibis*, ir cuesta abajo. *Napalilibis*; pero *Napapalibis*, es irse deslizando abajo sin querer.

LIBIS. pc. Es todo aquello que está mas bajo respecto de otro, como pie, ladera ó falda del monte.

LIBLIB. pc. Revolcarse en lodazal, *Vm.* Donde. *An. Na*, estarlo. *Mag*, meter en él otra cosa. Lo que, *Y.* Donde, *Pag-an.* Meterse revolcándose mucho. *Mag*, redup. Donde, *Pag-an.*

LIBOAN. pp. Cajuela donde guardan el hilo.

LIBO. pp. Mil, un millar, *Sanglibo.* Milésimo, *Icalibo.* Mil y ciento, *Labi sa libo,t, isa. Sanglibonglibo*, un millon. *Libolibo*, de mil en mil. *Sasanglibo*, mil no mas. *Paglibohan ninyo si Pedro* mil contra él solo. *Libohin mo sila*, de uno contra mil. *Manlibo*, l. *Tumbas sanglibo*, á cada uno mil. *Macalilibo*, mil veces. *Mamacalibo*, mil veces no mas. *Pinagmamacalibohan si Juan ni Pedro nang dunong*, mil veces es mas sabio Pedro que Juan. *Tigmanlibo*, cada uno mil. *Nagmamanlibo*, cada uno lleva mil. *Nagcamamanlibo*, cada uno tiene mil. *Papagmanlibohin*, que den á cada uno mil. *Papagmanlibohan*, tomar cada uno mil. *Papagmacalibohin*, en mil veces. *Naglilibo sila*, hacer entre mil. *Paglibohin*, partir en mil partes. *Libohin*, multiplicarlo mil veces. *Libohan*, pp. Medida de mil gantas.

LIBOC. pc. Hoyas ó barrancas pequeñas *Mag*, hacerlas. Donde, *An. Nagcaca*, tenerlas, l. *Liboeliboc na ilog.*

LIBOG. pp. Lujurioso, carnal. *Malibog*, deshonesto. *Vm*, irse haciendo tal. La causa, *Ica*, l. *Naca. Calibugan*, deshonestidad. *Mag*, hacer obras tales, ó que conduzcan á eso, como afeitarse, &c. *Magcalibogan*, hacer deshonestidades. *Pinagcacalibogan*, con quien ó en quien. *Pahintay malibog ang buan*, dos ó tres dias despues de la conjuncion.

LIBOIN. pc. Verga de la segunda cruz de la vela.

LIBONLIBON. pp. Ir desvariando y perdiendo el juicio el que está muy al cabo. *Nalilibonlibon.*

LIBONLIBON. pp. Segun Fr. Francisco Gordo *Liborlibor.* pp. Volver á donde salió, dar vueltas. *Vm*, dar vuelta asi. *Mag*, llevar ó hablar alguno por rodeos. Lo que, *Y.* Á quien le hablan asi, *Pinag.* Donde, ó por donde, *Pag-an.* Y de aqui *Liborlibor na tauo*, hombre de laberinto y confusiones.

LIBORLIBOR. pp. Dar guiñadas el navío, *Mag.*

LIBOT. pp. Rodear, dar vueltas, *Vm.* Lo que rodean, *In.* Donde, *An. Y*, lo paseado por las calles. *Mag.* dar vueltas. *Sanglibotan.* pc. La redondez de la tierra. *Sanglibotang bayan*, todo el mundo. *Sanglibotang langit*, todo el cielo, *Sanglibotang lupa*, toda la tierra. *Sangcalibotan*, el universo.

LIBOT. pc. *Libót na tauo*, hombre que no pára.

LIBOYAN. pp. l. *Liboiin. Casangcapan sa pag habi.*

LIBOY. pp. Temblar la gordura, ondear el agua por haber echado alguna piedra, *Vm*, l. *Liliboyliboy.* Hacerla ondear, *Pina.*

LIBSANG. pc. Dejar una cosa y pasar á otra, *Vm.* Lo dejado, *An.* Entresacar una entre otras, *Mag.* Lo dejado, *An. Libsang na loob*, *ualang loob.*

LIBTONG. pc. Pozas ondas de los rios. *Vm*, entrar en ellas. *Ica*, l. *Naca*, la causa. *Na*, entrar acaso, *Mag*, meter algo en ellas. Lo que, *Y.* Tambien hacerlas.

LIBTOY. pc. Andar con la barriga al aire, *Vm*, l. *Lilibtoylibtoy.*

LIBTOY. pc. Cualquiera cosa que nace en el cuerpo.

LIBYOC. pc. Torcer el rio ó mar haciendo como media luna. *Vm*, ir embarcado por él. *Y*, la causa. *Mag*, llevar la embarcacion por ahi. *Y*, ser llevada. *Calibyocan nang daan*, rodeo.

LICA. pp. Se usa con la negativa *Ualang licalica ang dagat*, no se menea. *Ualang licalica*, es tambien. *Ualang bantabanta.*

LICANDI. pc. Hacer algo muy apriesa. *Naglilicandi nang pag gaua.* Lo que hace, *In. Licandiin.*

LICAO. pp. Enroscar cadena ó cordel, *Mag.* El cordel ó cadena, *Y*, l. *In.* Sobre que, *An. Ilang licao iyang talicala*, cuantas vueltas tiene, &c. *Lungmilicao.* l. *Nag nang pagdaan*, rodear. Metáfora.

LICAP. pp. Buscar tentando á oscuras, *Vm.* Lo que, *In.* Y si mucho, *Pinag.* Frecuent. *Lilicaplicap.* Si mucho, *Mag.* pc. Donde, *An.* Y si mucho, *Pag-an.*

LICAR. pp. Barrenar, *Mag.* Lo que, *In.* Donde, *An.* l. *Pag-an.*

LICAR. pc. Vide *Carcar.*

LICAS. pc. Vuelta de jornada larga, ó de algun negocio por mar. Partirse con mercadería para otra parte, *Vm.* De donde, *An. Mag*, llevar algo.

LICAS. pc. Mostrar el oro lo que es labrándolo con fuego. *Nalilicas*, l. *Nalilicasan*, mostró lo que era: *Lungmilicaslicas ang muc-ha niya nang macapaligo*, se dió á conocer por la cara despues que se bañó.

LICAS. pp. Vide *Olac.*

LICAT. pc. Falta, ó no acudir á alguna parte, *Vm*, l. *Na*. *Nalicatan nang Misa*. *Ualang licat*, sin faltar, perfectamente.

LIC-HA. pc. Estátua, ídolo. *Nag*, tenerla. *Linic-ha ang catao-an sa tubig*. Metáfora.

LICLIC. pc. Ganar por la mano, rodear. *Mag*. Por cuya causa, *Pag-an*. Ganar á otro por la mano, *Vm*. Á quien, *An*. *Linilíclican ang pag oosap*, l. *Nag*. desviarlo del intento buscando rodeos.

LICMO. pc. Asentarse. Donde, *An*. *Licmoan*. pp. Asiento. *Mag*, sentarse con la carga, sin quitársela. *Ilicmo*, *íyang dala mo*, siéntate con esa carga.

LICMIC. pc. Torpeza, suciedad: Vide *Lupit*.

LICMIC. pc. Tener asco de algo, *Na*. De que, *Quinalilicmican aco nila*, tienen asco de mí.

LICO. pc. Encorvado, camino, rio, ó tabla: *Licólicong daan*, camino de muchas vueltas. *Palico*, ir por él. *Magpa*, llevar algo por él. *Minsan pang lumico*, otra vuelta. *Licong loob*, hombre doblado, *Naglilico nang pan̄gun̄gusap*, habla por rodeos. *Y*, *Ang pan̄gun̄gusap*. Á quien, *Pag-an*.

LICOP. pp. Barrena, barrenar, *Vm*. Lo que, *In*. Donde, *An*. Con que, *Y*: *Aayao aco nang licop, ang aqui ang pait*, háblame claro.

LICOP. pp. Cercar entre algunos la parte de otros, *Mag*. *In*.

LICOD. pc. La espalda, vuelta del cuchillo. *Napapa*, tener vueltas las espaldas. *Napalilicod*, proveerse. *Magpa*, tener muchas cámaras. *Vm*, hacer espalda. Á lo que, *An*. *Taong tinalicoran*, el año pasado. *Palicod*. pc. Ir detrás de algo. *Naglilin̄gong licod*:

Houag cang mag-lin̄gong licod,
dito sa bayang maropoc
parang paloso, at tonod
sa lupa rin mahoholog.

LICOD. pc. El embés, lo de atras.

LICOT. pc. Trabajar, obrar de manos. *Malicot na tauo*, hombre trabajador. *Vm*. hacer algo asi. Lo que, *In*.

LICQUIAR. pc. *Licquiarin mo ang camote*, lo mismo *Hilis hilisin mo*, hacer revanadas.

LICQUIR. pc. Quitar la escalera poniéndola á un lado, *Mag*. La escalera, *Y*. La pared á donde, *An*.

LICQUIS. pp. Rodear con cordel para saber el grosor que tiene algo. *Lungmilicquis nang haligui*. El harigue, *In*. *Mag*, cuando se expresa con lo que se rodea, v. g. *Naglilicquis nang ouay*. Con que, *Y*. *Liquis*, el grosor.

LICQUIT. pc. *Capisanang tauo, hayop, &c. Sicsic*. Vide *Poctopocto*.

LICQUIT. pc. Vide *Pocto*.

LICSA. pc. Sobre apuesta, probar. *Magpalicsa quitang tumacbo*. Mútuo, *Nagpapaligsahan*.

LICSI. pc. Ligereza. *Malicsi*, ligero en correr. *Vm*, hacerse tal. La causa, *Ica*, l *Naca*. *Mag*, acelerar. Lo que, *Pacalicsihin mo*. *Calicsihan*, agilidad. Sinónomo. *Tulin*, *talicsi*. Vide *Daig*. pc. *Sandali*, pc. *Quisap*, pc. *Saclit*, pc. *Dali*, pc.

LICTA. pc. Dejar una cosa y pasar á otra, como dejar una hoja cuando se escribe, *Vm*. Lo que, *An*. La causa, *Y*. *Nacalicta*, *nalictaan*, lo que acaso. *Malictang tauo*, descuidado. *Mag*, descuidarse. De que, *An*. *Houag mong lictaan*. *Malictain*. Frec.

LICTAS. pc. Vide *Licta*.

LICTAS. pc. Romper tirando lo que no se puede desatar, *Vm*. Lo que, *In*. De donde, *An*.

LICTAS. pc. Romper por los zacatales, *Vm*. Por donde, *An*, Lo que vá á traer, *In*. *Mag*, tomar otro camino.

LICQUAR. pc. Dificultad ó aspereza de condicion; *Vm*, hacerse tal. *Mag*. obrar asi. Lo que reusa, *Y*.

LICQUAR. pc. Poner la escalera de lado, *Mag*. La escalera, *Y*. *Houag cang maglicuar nang uica*, escusarse mintiendo.

LICQUAT. pc. Vide *Ticcuas*, con sus juegos. Tambien *Baliccuat*.

LICYAO. pc. Algazara: Vide *Hiyao lin̄gao*.

LIGAL. pc. Vide *Tibag*.

LIGALIG. pp. Estorvo, ocupacion, alboroto. *Maligalig*, haberlo. *Vm*, estorvar á otro. Á quien, *In*. *Naca*, estorvar lo que se habia de hacer. *Na*, estar embarazado. *Mag*, embarazarse.

LIGALIG. pp. Alboroto. *Ligalig itong bayan*, pueblo de mucho alboroto. *Naca*, alborotarlo asi. *Na*, andar alborotado. *Mag*, alborotarse.

LIGALIG. pp. Apartar de sí su hacienda, como empleándola, *Mag*. Ella, *Y*.

LIGALIG. pc. Vagamundo. *Nagliligalig*. pc. Andar vagamundo.

LIGAMGAM. pc. Hurtar cosas pequeñas, *Vm*. Lo que, *In*. Á quien, *An*. Lo hurtado, *Na*.

LIGAMGAM. pc. Vide *Guilamlam*, l. *Galamgam*.

LIGAMGAM. pc. Estorvar, ó embarazar á otro. Vide *Ligalig* con sus juegos.

LIGAMGAM. pc. Bullir algo en la cabeza, como piojos. *Lumiligamgam ang coto sa ulo*. La cabeza, *In*.

LIGAMGAM. pc. Travesear con otro inquietándolo, *Vm*, l. *Naca*. el inquietado, *In*, l. *An*. Vide *Calam*.

LIG-ANG. pc. Trastornar la vasija. *Na*, verterse. *Mag*, trastornar derramando. Lo que, *Y*. *Na*, estarlo.

LIGAO. pp. Pasear, andar entreteniendo el tiempo, *Vm*. Donde, *An*. *Mag*, llevar algo asi, como al niño en brazos. El niño, *Y*. *Mag*. pc. Pasearse mucho. Donde, *Pag-an*. pc. *Magpa*, pasear al caballo arreándolo. El caballo, *Pina*. Pero si es llevándolo del diestro es *Mag* ó *Magpa*. El caballo, *Y*, l *Pina*. *Man*, rondar la calle á alguna muger, ó ir á verla en alguna mala parte. Ella, *In*, l. *An*. *Ligao na babaye*, ramera, *Vm*, procurarla sin saberlo ella. *Quinaliligauan*, ella. *Anac sa quinaligauan*, ilegítimo. *Ligauan*. pc. Casa rondada. *Nagliligaoligao* es pasearse.

LIGAO. pc. Fugitivo, vagamundo. *Vm*, hacerse tal, ó andar asi, l. *Liligaoligao*, l. *Mag*. pc. *Nuliligao ang loob*, l. *Vm*, divertirse de lo que hace. Donde ó en que, *Ca-an*. La causa, *Ica*, l. *Naca*.

LIGAO. pc. Perderse uno en el camino. *Na*. Donde, *Ca-an*. *Naligao nang pagbabanta*, se equivocó.

LIGAS. pc. Árbol, que causa comezon. *Naligas siya*, estar asi. *Naligasan*. hincharse con ella.

[illegible] pc. Hebra.

[illegible] pc. Inquietud por travieso, *maligaso*: *Vm*. [illegible]rse haciendo tal: es mas que *Gaso*.

[illegible] pp. [illegible]osa correosa, ó algo pegajosa. *Ma*-[illegible]. *Vm*. hacerse tal. La causa, *Ica*, l. *Naca*. *Mag* [illegible] tal. Lo que, *Pacaligatin*. De [illegible] *[illegible] na canin*, morisqueta sazonada. *[illegible] canin*. *ang magandong pagsasaing*.

[illegible] pp. Ronchas que causan comezon. *Li*-[illegible] el que las tiene.

[illegible] pp. Contento, ó gusto interior. *Na*, [illegible] De que. *Caligayahan*. La causa *Ica*, [illegible] *Naca*.

[illegible] pc. Fuerte, y bueno: *Liliguiligui [illegible] [illegible]-on, ay namatay*.

[illegible]N. pc. Hacerse reacio. *Na*. Vide *Ligonligon*, [illegible].

[illegible]NG. pc. Sazonar lo que se cuece, ó asa, *Mag* Lo que. *Y*. El fuego, *An*.

[illegible]NG. pc. En los Tinguianes significa des-[illegible]mbrar casa ó aposento, *Vm*, l. *Mag*. Lo [illegible]. *In*.

[illegible]S. pc. Adelgazar cosa de masa, como tor-[illegible]las. *Vm*. La masa, *In*. Con que, *Y*.

L[illegible]T. pp. Bajar la mar cuando baja la marea: es termino de poesia que quiere decir, se [illegible]nde la mar, lo mismo que *Tago, ligpit*.

L[illegible]LIG. pc. Moler arroz haciéndolo harina. *Vm*. Los granos, *In*. Y de aqui *Pollnere se Mag*. El cuerpo, *Pinag*. Tambien se puede aplicar al batir el chocolate con molinillo. Vide *Liquis*.

LIGMIT. pc. Torpeza, ó suciedad. *Vm*, irse haciendo tal. La causa, *Ica*, l, *Naca*. *Na*, tener asco de algo. *Quinaliligmitan*, de que. La causa, *Ica*, l. *Naca*.

LIGO. pc. Siempre con la negativa. *Ang pagca walang ligoligo ni Abel*, no se menea. *Maliming na loob*, constante.

LIGÓ. pp. Bañarse, *Na*. El agua en que, *Pinaliligoan*. *Mag*, bañar á otro. *Paligoan*, pc. Bañadero. Sinónomo, *Pambo*.

LIGOIN. pp. l. *Paligoin*, agua para bañarse. *Tubig na liligoin*, l. *Paligoin*, como *Hiinanin*, *hihilamosin*: esto mas es juego, que significa la materia ex qua, que raiz: véase el arte.

LIGOM. pp. Gallo ó gallina negra con algunas plumas coloradas.

LIGON. pp. Roncear, ó andarse escondiendo por no pagar, ó trabajar, *Mag*. Lo que escusa ó procura, *Ipag*. Á quien se esconde, *Pag-an*. Vide *Liualiua*, pp.

LIGONLIGON. pp. Lo mismo que el antecedente con sus juegos.

LIGOS. pp. Labor hecha con plomo en la asta embutido. *Mag*, embutir. En que, *An*. Lo que se embute, *Y*. De aqui metáfora por prendas relevantes, ó talentos grandes:

> *Diyata ang ligos niya, at liuanag,*
> *ay ang lahat na Artes nang sa mundong ciencia*
> *talos niyang parara.*

Tambien por lustre, realce, elegancia.

> *Con sa ligos mo malonghan,*
> *ang madla cong cabisoan,*
> *sa aua mo pinopon-an*
> *nang ang luma,i, maralisay.*

LIGOS. pp. Los rayos del sol in genere. Los de la mañana, *Balaas*. Vide *Bolias*.

LIGOY. pp. Aire, garbo, dulzura de voz que canta: *Ang ligoy ay caaliu-aliu*.

LIGPIG. pc. Sacudirse el perro ó gato. *Namamaligpig*. El sacudido, *namamaligpigan*. Vide *Paligpig*.

LIGPIT. pc. Desembarazar, poner á recaudo las cosas de casa, *Mag*. Lo quitado, *In*. De donde, *An*. *Ligpit na bahay*, casa desembarazada. *Ligpit na tauo*, que no se deja ver. *Vm*, esconderse el que teme. La causa, *Y*. Lo que está guardado, *Na*.

LIGSA. pc. Probar si podrá vencer. *Magpa*. los dos. *Magpaligsahan*, en obras ó palabras.

LIGTA. pc. Vide *Licta*, *lactao*.

LIGTAS. pc. Cortar lo cosido ó atado metiendo el cuchillo por debajo *Vm*. Lo que, *In*. Donde, *An*. Tambien arrancar, ó despedazar ó romper tirando alguna cosa, *Vm*. Lo que, *In*. De donde, *An*.

LIGTAS. pc. Dejar el mal camino, y tomar el bueno, *Vm*.

LIGTAS. pc. Romper por donde no hay camino. Vide *Laglas*.

LIGTAS. pc. Atajar por estero, ó rio, *Ma*. Á donde quiere salir, *In*.

LIGUAC. pc. Rebosar, verterse la vasija, *Na*. Verterla, *Mag*. La vasija, *Y*. Andarse vertiendo, *Man*.

LIGUAN. pc. Abejas que hacen buena miel.

LIGUAY. pc. Hacer paradillas. *Liguayliguay*. Lo mismo *Hintohinto*.

LIGUIN. pc. Esconder algo para que otro no lo halle, *Naliliguin*. Vide *Ligpit*, *tago*, *caila*. Su sinónomo son *Uaglit*, *uagnit*.

LIGUIN. pc. Úsase con la negativa. *Houag mong iliguin*, lo mismo que *Houag mong tuala*.

LIHA. pp. Raya. *Vm*, rayar; mejor *Mag*. Lo que se raya, *Lihaan*. *Liha nang palad*, raya de la mano. *Liha nang lucban*, gajo de naranja.

LIHI. pc. Concebir antojos de la muger que concibe. *Anong lihi*, l. *Nalilihi niya* que se le antojó. *Mag*, sentirse preñada por tener antojo, *Ipinag*, ser concebido, ó la causa de tener antojo. *Man*, andar con antojos.

LIHIB. pp. Muesca, agujero que no pasa al otro lado. *Mag*, agujerar así. *An*, lo que.

LIHIM. pp. Secreto, esconder, encubrir. *Vm*, encubrirse. La causa, *Y*. Donde, *An*. *Mag*, hacer algo en secreto. Lo que. *Y*. Donde, *Pag-an*. Tambien *Mag*, hacer algo entre dos así. *Pinag-an*, de quien se guarda. *Lihim na gaua*, obra secreta. *Na*, estar secreto. Tambien *Mag*, guardar secreto, ocultarse así, ó á otro.

LIHING. pc. Disminuirse la calentura ó enfermedad, *Vm*. La causa, *Ica*, l. *Naca*. *Lihinglihing nang munti*, está un poco mejor. Y de aqui, *Bahagya na lumihinglihing rito*, apenas le falta nada para llegar á eso.

LIHING. pp. En valde, de qué provecho. *Lihing ca ring paroroon*, en valde irás.

LIHIS. pp. Desviarse, apartar, faltar en algo. *Vm*, faltar como á Misa, l. *Na*. De que, *Linisan*, l. *Quinalisan*. *Mag*, desviar ó apartar otra cosa. Lo que, *Y*. De que, *Pag-an*. Y de aqui. *Lihis na loob*, que se aparta de lo recto. *Calihisang loob*. Ignorancia. Itt. Cuando hace mucho calor que la gente se vé obligada á apartarse del camino, se dice *palihis daan*.

LIHÓ. pc. Vide *Lactao, locto, logdo, libsan. Nalihoan, nalactauan*.

LIHÓ. pp. Engañar, *Vm*. Á quien, *In*.

LIHÓ. pp. Dejar una cosa y pasar á otra, como el que escribe dejando un vocablo pasando á otro, ó faltando un diente en el peine de la sementera. Vide *Lactao, locto, logdo, libsang*.

LIIG. pp. Pescuezo, cuello, garganta. *Liigan mo ang baro co*, hazle cuello á mi camisa: activa *Mag*.

LIIN. pp. Esconderse detras de algo para que no le vean. *Vm*. Estarlo, *Ma*. *An*, de quien. Donde, *Ca-an*.

LIIN. pp. Tierra baja que de lejos no se vé. *Maliin na lupa*. Estar asi. *Na*. *Vm*, cubrirse el cielo de nubes.

LIING. pp. Mirar como dicen con el rabo del ojo, *Vm*. Á quien, *In*. De aqui *Camaliing* crucero hácia al polo Antártico.

LIIR. pp. Vide *Singsay, nagpapaliirliir, nagpapaquiloquilo, nagpapaliualiua An*.

LIIS. pp. Al que se le dobla el cutis de puro gordo. *Vm*, doblarse el cutis. La causa, *Y*, l. *Naca*. Vide *Linoc*.

LIIS. pc. Fruta llena y medrada. *Vm*, medrar. La causa, *Y*, l. *Naca*.

LIIT. pp. Una vuelta de cosa que se pone al cuello. *Ilang caliit iyang cuentas mo*, cuantas vueltas tiene ese rosario.

LILA. pp. Crisol, pedazos de barro.

LILAC. pp. Un género de hojas grandes.

LILANG. pp. Mirar al desgaire como remedando á algun ciego, *Mag*, l. *Lililanglilang*.

LILANG. pp. Divertirse ó suspenderse por alguna nueva triste, ó alegre, *Na*. En que, *quinalililangan*. La causa, *Ica*, l. *Naca*.

LILANG. pp. Deslustrado. *Malilang na damit*, ropa sin lustre. Vide *Colabo*.

LILAP. pp. Centellar los ojos del borracho, *Vm*, l. *Lililaplilap*. Vide *Linganap*.

LILÍ. pp. Abrir para sacar espina. *Vm*. La llaga, *An*. De aqui, *maliling mangusap*, el que añade razones mas de las necesarias.

LILI. pp. Úsase con la negativa: *Houag cang palili*, l. *Lomili sa raan*, lo mismo que *houag cang sumingsay*.

LILI. pp. Vide *Cutub*, con sus juegos.

LILIB. pp. Coser la ropa. Vide *Lilip*. con sus juegos.

LILIC. pp. Un hierro que sirve para cortar arroz.

LILIGNAN. pc. La corva de la pierna, *Alacalacan*.

LILIM. pp. Sombra del árbol. *Malilim*, cosa sombría. *Vm*, meterse en ella. *Nagpapa*, poner á la sombra. *Naca*, causarla. *Nalilinan*, á quien dá. *Oumulilim*, estar en ella. Sinónomo. *Lilom*.

LILING. pp. Mirar al soslayo, *Vm*. Á quien, *In*.

LILIO. pc. Un pájaro, y con este nombre tienen un pueblo los Padres de San Francisco en la Laguna.

LILIP. pp. Repulgo de la ropa. *Vm*, repulgar. La orilla, *In*. *Lilipnan*. pc. Corva del muslo junto á las nalgas.

LILIR. pp. Cesto.

LILIS. pc. Alzar las faldas, doblar un poco el *Sahig*, petate, &c. *Mag*. asi. *Vm*, á otro. Lo que, *In*. La persona ó parte del cuerpo, *An*. *Mag*. doblar un poco el *Sahig*. Lo que, *In*. Á quien, *An*.

LILIT. pc. Ropa gastada por la orilla.

LILITAN. pc. Una cañuela del telar.

LILO. pp. Cruel, sin conciencia. *Vm*, irse haciendo tal. La causa. *Ica*, l. *Naca*.

LILO. pp. Hacer traicion, ser ingrato, *Mag*. Á quien, *Pinag*. En que, *Ipag*. *Pinaglililohan ang inaampon*, es ingrato á su bienhechor.

LILO. pp. Equivocarse dando una cosa por otra, *Mag*. En que, *Cahan*, l. *Nahan*. La causa. *Naca*, l. *Ica*. *Nalilo ang mata nang paglingin*. Vide *Litong*. que es el mas usado.

LILOC. pp. Labor de entalladura, esculpir. *Vm*. La figura, *In*. Tabla en que, *An*.

LILOM. pp. Sombra. Vide *Lilim*, con sus juegos.

LILONG. pp. Vide *Lilom*. con sus juegos.

LILONG. pp. Una piedra de la fragua por donde sale el viento.

LIMA. pc. Cinco. *Labing lima*, quince. *Limang pouo*, cincuenta. *Macalimang isa* cuarenta y uno. *May calimang dalaua*, &c. *Limalima* de cinco en cinco. *Lilima*, cinco no mas. *Paglimahan ninyo si Pedro*, cinco contra uno. *Linima ni Pedro*, uno contra cinco *Tiglima*, l. *Tiglilima*, l. *Tumbas lima*, á cada uno cinco. *Macalilima* cinco veces, *Mamacalima*, cinco veces mayor. *Pinagmamacalimahan si Juan ni Pedro nang dunong*, cinco veces mas sabio Pedro que Juan. Para los demas juegos vide *Libo*. Cum grano *Salis*.

LIMAC. pc. Apartar ó hacerse á un lado de camino, *Limac cayo sa raan*. Es término Bisaya.

LIMAC. pp. Hablar fuera de propósito. *Magpan*, hablar asi. *Ipagpan*, la causa. Tambien es Bisaya, aunque alguna vez usado del tagalo.

LIMAGMAG. pc. Lo mismo que *Magmag*.

LIMAHIR. pp. Cardenal del cuerpo ó señal de azote. *Na*, l. *Nanlilimahid ang suplina sa catao-an*, ó *ang catao-an sa suplina*. El que, *Nalilimahiran*. El azote, *Naca*.

LIMALIMÁ. pp. Criadillas de tierra.

LIMANG. pp. Yerro de cuenta, *malimang*. *Vm*, engañar á otro. Á quien, *In*. *Limangan*, engañarle, tomarle algo. *Naca*, haberle engañado.

LIMANGMANG. pc. Lo mismo que *Mangmang*.

LIMAS. pc. Instrumento con que se achica el agua en la embarcacion. *Vm*, desaguar. El agua, *In*. El navío, *An*. *Nalimas ang pilac sa talaro*, l. *Palay sa bilao*, se derramó.

LIMASAN. pp. La misma vasija con que se achica, ó la parte donde se desagua la banca.

LIMATIC. pp. Sanguijuela

LIMATIC. pc. l. *Limatimatic*, cuerdas desiguales por mal torcidas.

LIMAUON. pc. Puerca que no pare.

LIMAY. pc. Enflaquecerse el cuerpo. Vide *Hina*.

LIMBAG. pc. Estampar, *Vm.* Lo que, *In*, l. *Y.* Donde, *An.* *Limbagan*, pp. Molde. *Maglimbagan*, hacer algo en el molde. Lo que, *Y.* *Lungmilimbag ang dumi nang mabusa*, se pegó. Metáfora.

LIMBAG. pc. Cosa destruida como sementera &c. *Linimbag ang buquid*, no se usa en activa.

LIMBAGÁ. pp. *Vm.* *Lungmilimbaga.*

LIMBAGAN. pp. Desafio, incitar á pelear, *Vm.* Á quien, *In.* Con que, *Y.*

LIMBAGAY. pp. Lo mismo que *Hinguil.* *Nalimbagay cay coan, nahinguil.*

LIMBANG. pc. Pasar de una parte á otra, *Nalilimbang.*

LIMBANG. pc. Pasar de una muger á otra por aficion, *Vm.* Á quien pasa, *An.* *Magpa*, hacer en otro esta mudanza. *Pina*, en quien. *Pina-an*, respecto de quien. *Mag*, pasar lo uno por lo otro.

LIMBANG. pc. Mudar temple para convalecer, *Vm.* En donde, *An.* *Dili isa man malimbang siya sa mata co*, no se aparta un punto de mi vista.

LIMBAN. pc. Vide *Pindan* de *Linib.*

LIMBANOG. pc. Lo mismo *Lambanog.*

LIMBAS. pc. Pájaro de ligero vuelo, ave de rapiña. *Vm*, echarse sobre algo arrebatándolo al vuelo. Lo que, *In.* De donde, *An.* Vide *Daguit.*

LIMBAY. pc. Volar braceando como el milano, *Vm*, l. *Mag.* *Linilimbayan*, l. *Linilimbayan*, la cosa que pretende coger el milano. Las alas, *Y.*

LIMBAY. pc. Menear el hombre el brazo como quien tira la honda. *Inililimbay ang camay*, l. *Maglimbay nang lambanog palacol*, &c.

LIMBAY. pc. Arrimar á la pared lo que estaba en medio, *Vm*, arrimarse. La causa, *Y.* La pared, *An.* *Mag*, otra cosa. Lo que, *Y.* Donde, *Pag-an.*

LIMBIT. pc. Descuidado, espacioso en lo que hace. *Vm*, irse haciendo tal. *Ica*, l. *Naca*, la causa.

LIMBO. pc. Lo que uno usa para mejorar partido contra otro, *maraming paglilimboan sa pagbabaca.*

LIMBOC. pc. Vide *Liblong.*

LIMBOL. pc. Encontrarse unos con otros por muchos: *Naglilimbolan ang tauo nang paroo,t, parito.*

LIMBON. pc. Pabellon, *Mag.* Usar de él, ponérselo á otro. Lo que, *In.* Á quien, *An.*

LIMBON. pc. Lugar abrigado del viento. *Vm*, acogerse al tal. Donde, *An.* La causa, *Y.* *Mag*, meter algo en tal lugar.

LIMBON. pc. Un género de pasamanos suyos.

LIMBON. pc. El cerco que se estiende como tres ó cuatro brazas mas que la luna. Y de aqui tomaron la significacion del pabellon.

LIMBONLIMBON. pc. Rayas.

LIMBONG. pc. Engañar. *Mapaglimbong na tauo, mapagdaya.* *Vm*, á otro. Á quien, *In.* En que, *An.*

LIMBOTONG. pp. Obligarse á pagar al doble por no pagar luego, *Mag.* *Y*, lo que dá. *In*, lo que es comprado.

LIMBOTOR. pc. Vide *Butig bocol na mumti.*

LIMBOTOR. pc. Estar patente y visible cualquiera cosa menuda que antes estaba cubierta, *Mag.*

LIMHONG. pc. Avisar con presteza y de secreto á quien importa, *Mag.* Lo que, *Ipag.* Á quien, *Pag-an.* *Totol na ipaglilimhong.*

LIMI. pp. Lo mismo que *Omi*, *imi.* *Di calimilimi si Juan ni Pedro.* *Di nagca papara.*

LIMI. pc. Zumo de flores.

LIMIR. pp. Goloso, disimulado, secreto, comer á escondidas. *Nan*, l. *Vm.* Lo que, *Pan-an.* Tambien de quien se guarda: *Pinaglilimiran acong binabag*, me aporreó en secreto.

LIMIS. pp. Hacer algo en secreto, *Vm.* *Lungmimis siyang nanao*, se fué á escondidas. Lo qué hace, *Y.* *Ilimis mong ipahayag*, dilo en secreto. *Palimisin mo iyang manğa tauong malis*, que se vayan en secreto. Vide *Alimis.*

LIMIT. pp. Espesura, espeso, junto, *malimit na damit.* *Vm*, irse espesando. La causa, *Ica*, l. *Naca.* *Mag*, espesar. Lo que, si está hecho, *An.* Si por hacer, *Pacalimitin.* De aqui un cesto de bejuco que se hace en los montes de San Isidro y Bosoboso, *malimit.*

LIMLIM. pc. Encluecarse la gallina. *Vm*, estar clueca. *Linilimlıman*, los huevos. *Magpa*, echar huevos para empollarlos la gallina.

LIMLIM. pc. Estar el dia pardo, sombra, anublarse. *Nalilimlim ang bayan*, l. *Arao*, estarlo. *Vm*, irse haciendo. *Ica*, l. *Naca*, la causa.

LIMÓ. pp. Divertir la plática, engañar tomando lo que es de otro, *Vm.* Á quien, *In.* Con que *Y.*

LIMOC. pc. Lo mismo que *Himoc*, *imoc.*

LIMONMON. pc. De cuerpo rollizo: *Malimonmong catao-an.* *Vm*, hacerse tal. La causa, *Ica*, l. *Naca.*

LIMOON. pp. Vide *Alimoon.*

LIMORANG. pp. Bejucos grandes y gruesos. *Man*, ir á cogerlos.

LIMOT. pp. Olvido, descuido. *Vm*, de propósito. Lo que, *In.* *Naca*, l. *Na*, acaso. Lo que, *Nalimotan.* *Malilimotin.* pc. Olvidadizo.

LIMOT. pc. Coger la vasura, *Vm*, l. *Mag.* Lo que, *In.* Donde, *An.*

LIMOT. pc. Limpiar la sementera de yerbas, *Vm.* La sementera, *An.* Haber que quitar mucho, *Madlang limotin.* pc. Vide *Simot.*

LIMOTAN. pc. Cesto en que se echan las yerb.sa

LIMPA. pc. Pajarilla, ó bazo del hombre ó animal.

LIMPAC. pc. Tajadas gruesas de carne ó pescado. *Vm*, tajar asi, Lo que, *In.*

LIMPAC. pc. Cesped de tierra. *Calimpac na lupang may damo*, un cesped. Es Metáf. de *Limpac.*

LIMPAL. pc. Vide *Timpal.* pc.

LIMPAL. pc. Hacer rebanadas ó tajadas. Vide *Gayat.*

LIMPAS. pc. Atravesar cualquiera arma de parte á parte, *Vm.* Á quien, *An.* *Mag*, espresando la flecha, *maglimpas nang paná.* *Y*, la flecha. *An*, á quien con ella, l. *Magpa.* La flecha. *Pina.* Á quien con ella, *Pa-an.* Donde, *Pagpapa-an.*

LIMPAS. pc. Cuando declina el sol despues de medio dia. *Limpas na ang arao*, mas de medio dia, declinó el sol.

LIMPAY. pc. Bambanear cosa colgada en el aire. *Vm*, l. *Lilimpaylimpay*, bambanearlo, *Mag*, l. *Magpa.* Lo que, *In*, l. *Pina.*

LIMPI. pc. Vallado hecho de piedras falsamente, *Mag.* Lo que, *Y.* Donde, *An.*

LIMPIC. pc. Barreñon ó banga muy grande con asas.

LIMPIT. pc. Banga de boca grande.

LIMPOOC. pc. Vide *Limpoyoc.*

LIMPOYOC. pc. Rancherías. *Nagcacalimpoyoc ang manğa bahay*, estan en una ranchería. Si en muchas *Nagcacalimpolimpoyoc.*

LIMPOYOC. pc. Dicen algunos que es lo mismo que *Alimpoyoc.*

LINA. pc. Estender, esparcir, *Mag.* Lo que, *Y.* Donde ó para quien, *An.* Vide *Latag.*

LINA. pp. Pasar de cortar arroz en una sementera á otra, *Vm. Sa ibang buquid. Han*, á donde.

LINAB. pc. Gordura, grasa, nata, *Vm*, tenerla. *Linilinaban*, ser cubierto de ella.

LINABOS. pp. La salsa verde que está dentro de la panza del venado, y la comen ellos.

LINAC. pc. Deshacer algun todo poco á poco, ó deshacerse como un pilon de azúcar, *Nagsisilinac ang manğa timbon* ó *nanğalinac*. En donde, *Na-an.* Vide *Lagsac.*

LINAG. pc. Lustre de ropa, oro, &c. Vide *Quinab.*

LINAGANGATA. pc. Un cocimiento de leche de coco con sal. Sinónomo *Bolostagac.*

LINAGSAC. pc. Vide *Linac.*

LINAMNAM. pc. Gusto ó sabor. Lo mismo que *Namnam.*

LINANG. pc. Cualquiera cosa lisa y resplandeciente, como empavonado, y lo toman por sementera limpia. *Vm*, irse volviendo tal. La causa, *Ica*, l. *Naca. Mag*, l. *Vm*, limpiar la sementera.

LINANTAY. pc. Anillo. *Mag*, traerlo. Donde se pone, *An.*

LINAO. pp. Claro, bonanza, aclararse el tiempo, *Malinao. Vm*, ir aclarando. La causa, *Ica*, l. *Naca. Vm*, ponerse sereno el tiempo. La causa, *Ica*, l. *Naca. Palinauin*, aguardar que aclare ó se serene. *Magpa*, hacer que se aclare. Lo que, *Pina:* de aqui *malinao na loob*, de buen asiento.

LINAO. pp. Hurtar cosas de comer, *Mag.*

LINAS. pc. Esprimir el limon ó naranja, *Vm.* Lo que, *In.* Para quien, *An.*

LINAY. pp. Aclarar, pleito, negocio, *Mag.* El pleito, *Pinag*, reduplicando. Con que, *Ipag.*

LINAY. pc. Sosegarse el viento despues del báguio *Vm*, irse sosegando. *Ma*, estarlo. *Ica*, l. *Naca*, la causa.

LINAY. pc. Cosa blanda, pegajosa, como resina.

LINAYANĞAN. pc. Tronco de racimo de plátanos, coles, &c.

LINCA. Vide *Lingca.*

LINDAYAG. pp. Estar ya sosegado el que tuvo algun sobresalto. *Na*, estarlo. *Nagpapa*, procurar descansar un poco.

LINDI. pc. Contonearse, *Vm*, l. *Lilindilindi.* Vide *Guiray.*

LINDIG. pc. Empinarse para que no le cubra el agua. *Vm*, l. *Mag.* Donde, *An.* Tambien *Mag*, levantar algo consigo. Lo que, *Y.*

LINDÓ. pc. Poner la escalera de lado, *Mag.* ella *Y.* Donde, *An.*

LINDO. pc. Menearse ó mecerse algo, *Vm*, l. *Na.* l. *Lilindolindo.* Menearlo, *Vm.* Lo que, *In.*

LINDOL. pc. Temblor ó terremoto. *Mag*, temblar.

LINDONG. pc. La sombra con que se abriga con la tierra amparándose con ella del viento. Vide *Canlong*, con sus juegos.

LINĞA. pp. Desarrimar algo, *Mag.* Lo que, *Y.*

LINĞA. pc. Desviarse á un lado, *Vm.* De donde, *An.*

LINĞA. pc. Vide *Lingatong*, con sus juegos.

LINĞA. pc. Ajonjolí.

LINĞA. Un género de ídolo.

LINĞA. pc. Olvidadizo. *Ma*, estarlo. La causa, *Ica*, l. *Naca.*

LINĞA. pc. Medio sordo.

LINĞA. pc. Ladear la cabeza, *Vm*, l. *Lilinğalinğa:* se ha de pronunciar haciendo alguna fuerza en el *nğa. Di malinğa ang muc-ha*, no poderla ladear. *Malinğain.* pc. El que suele andar asi. Pero se ha de detener algo en el *Li.*

LINGAC. pc. Trasverterse el licor, mecerse el navío con las olas. *Na*, derramarse acaso. *Lilinğaclinğac*, moverse el navío. *Mag*, ladear la vasija. Ella, *Y.* Á donde ó en que, *An. Mag*, agotar la agua meciendo la banca. *In*, ser sacada la agua; tambien la banca mecida. De aqui metáf. *Lilingaclingac ang loob mo*, instable.

LINĞAIN. pp. Olvidadizo, medio sordo.

LINĞALINĞABAN. pp. Tártago, yerba.

LINĞAL. pp. Inquietud, alboroto del pueblo por alguna novedad. *Vm*, l. *Lilinğal-linğal*, alborotarse. *In*, ser. *Naca*, el que lo causa. *Na*, haber rumor Fr. Pedro dice que ha de ser *Linğal.* pc., pero parece que eso es del que se sigue.

LINĞAL. pc. Pasar de una cosa á otra. Vide *Limbang*, con sus juegos, aunque otros dicen que se ha de pronunciar *Lingal.*

LINĞAN. pc. Verterse lo que está en la vasija, *Na ang tubig. Vm*, l. *Lilinğanlinğan.* De propósito, *Mag.* La vasija, *Y.* Y de aqui *Luminğan sa ibang dolohan*, pasar á otro barangay.

LINĞANSINA. pc. Una mata llamada higuerilla del Infierno.

LINGATONG. pp. Andar alborotando por alguna queja ó sentimiento, *Vm. Lilingalingatong.* Confundir.

LINGATONG. pp. Menear algo á un lado y á otro, *Mag.* Lo que, *Ipag.* Donde, *Pag-an.* Sinónomos *Linğa quiling.*

LINGAUAN. pc. *Lingao.* Vide *Donğao.*

LINĞAP. pp. Volver los ojos de una parte á otra. Dar una ojeada, *Vm.* Á quien ó á que, *In.* Los ojos, *Y.* Donde, *An. Puminsanan mong linğapin*, dar una ojeada á todo. Andar desatinado, *Vm*, l. *Lilinğaplinğap.* Á quien mira, *An.*

LINĞAR. pp. Perder el color de miedo, desmayarse, *Vm.* Estar asi, *Ma.*

LINĞAS. pp. Jactancia, preciarse de algo, *Nagpapa.* De que, *Ipinagpapa*, l. *Lilinğaslinğas.*

LINĞAS. pp. Lustre del vestido, desvanecerse la cabeza, *Na*, irse desvaneciendo. La causa, *Ica*, l. *Na. Calinğaslinğas na damit. Vm*, irse poniendo lustroso. La causa, *Ica*, l. *Na.*

LINĞASNĞAS. pc. Olvidarse de lo que trataba, *Na.* La causa, *Ica*, l. *Naca.* Ser divertido, *In.* En que se divierte, *Quina-an.*

LINĞAT. pp. Un género de acederas que suplen por vinagre.

LINĞAT. pc. Interrumpir la obra sin causa para

ello. *Vm*, quedarse la obra parada. La causa, *Ica*, l. *Naca*. *Mag*, Interrumpirla. Lo que, *Y*. De aqui, *Nalingatan co ang uco,i, malibang*, cuando se le pasó de la vista por divertido. *Dili siya isa man nacalilingat*, no falta. *Dili niya quinalilingatan ang gaua*, no lo deja de las manos.

LINGAT. pc. Apartar los ojos para no verlo que no gusta. *Salang malingat sa mata nang Ina, ang manga anac*, ni por breve espacio puede dejar de ver á sus hijos.

LINGAU. pp. Vocería, estruendo, atronar. *Vm*, hacerse ruidoso, sonar el ruido. Donde, *An*. *Mag*, vocear, aturdir. Con que, *Y*. Á quien, *An*. Si mucho, *Mag*. *Ipag*. *Pag-an*, pc. Es término de los Tinguianes.

LINGAU. pc. Hueco de la puerta. *Lingauan mo yaring manga dingding*, haz puerta de &c. *Dini ang lingauan*, aqui la puerta. Vide *Dongao*.

LINGAUNGAU. pc. Murmullo de gente. *Vm*, haberlo. *An*, á quien enfada.

LINGAY. pc. Falda de monte. *Nalilingay*, l. *Nasalingay ang bahay sa cabila, caya di matanao*, está en la falda del monte, &c. *Nalilingay sa pagsusugal*, inclinado al juego.

LINGAY. pp. Estar inclinado, como á jugar, rezar, &c. *Nalilingay sa paglalaro*.

LINGCA. pc. Es un género de labor sobre la cabeza del *salacot* á modo de encadenado, *Mag*. Hacerlos el bejuco, *In*. El *salacot*, *An*.

LINGCA. pc. Unos bejucos en que encajan y guardan los platos.

LINGCAG. pc. Abrir por desencajar rompiendo, *Vm*, l. *Mag*. Lo arrancado, *In*. De donde, *An*. *Ma*, estarlo. Sinónomo *Tingcag*.

LINGCAL. pc. Enroscar, encogerse, *Mag*. Lo que, *Y*.

LINGCAO. pc. Cosa torcida, instrumentos para segar el arroz.

LINGCAT. pc. Desencajar rompiendo, *Mag*. *In*, lo que. Vide *Lingcag*.

LINGCQUIS. pc. Enroscarse como culebra, abrazar apretando, *Vm*, l. *Mag*. Lo que, *In*. Tambien *Mag*, cercar algo con cordel. *Ilingcquis ang lubid*. *Lingcquisin ang haligui*.

LINGCOR. pc. Servir como criado, como discípulo al maestro. *Mag*, servir asi. *Pag-an*, la deuda. *Y*, la persona por quien sirve asi. *Ang maraual na lingcod*. Asi firman los ladinos.

LINGGAL. pc. Lo que no se halla tan presto en el lugar donde se guarda, *Na*. Vide *Uaglit*.

LINGUI. pc. Las muescas hondas que hacen las canales. *Y*, lo que. *An*, donde.

LINGIG. pp. Doblegar con fuerza, *Vm*, l. *Mag*. Lo que, *In*. Con que, *Y*.

LINGNGIG. pc. Mirar á una y otra parte el que se vé en alguna afliccion por oir ruido, *Vm*, l. *Lilingiglingig*. La causa, *Ica*, l. *Naca*: *Lungminingiglingig ang ating Panginoong Jesucristo nang paghihiyao nang manga Judios*.

LINGIL. pc. No poder atender á lo que tiene que hacer por estar en otra ocupacion urgente. Tambien *Hindi nalilingilan: Hindi, naaaalaala*. *Nalilimotan*.

LINGIL. pp. Freir huevos, y no otra cosa, *Mag*. Lo que, *Pag-in*. Asi el Padre Roa.

LINGNGIN. pc. Lo mismo que *Lingig*.

LINGIN DAYAT. pp. Un género de yerba.

LINGIN. pc. Mirar á unos y á otros como atontado, sin hablar palabra, *Vm*, l. *Lilinginlingin*. Á quien, *An*. La causa, ó con que, *Y*.

LINGIN. pc. Esférico, redondo, circular, &c. *Ma*, estar asi. *Mag*, dar esta figura. Cuadra á plato, hostia, broquel, argolla, cerco de sol, viril, &c.

LINGIN. pc. Mirar del borracho, *Ma*. La causa, *Ica*, l. *Naca*. *Mag*, á otro. *In*, á quien.

LING-IN. pc. Vide *Inin*.

LINGUINGIN BATA. pp. Oro de diez ó doce quilates.

LING-IR. pc. Esconder, negar, encubrir. *Vm*, encubrirse alguno escondiéndose. La causa, *Y*. Á quien, *An*. *Mag*, encubrir. *Ipag*, encubrir negando. *Pinaglilingdan*, á quien.

LING-IT. pc. Moldura ó muesca. *Vm*, hacerla. *An*, ser hechas.

LING-IT. pc. Esconderse en parte estrecha, *Vm*. Donde, *An*. La causa, *Y*. *Mag*, esconder. Lo que, *Y*. Donde, *Pag-an*.

LINGLANG. pc. Divertimiento estando haciendo ó diciendo algo. *Vm*, á otro. Á quien, *In*. Con que, *Y*. En que, *An*. *Na*, divertirse. *Houag cang palinglang sa demonio*, no te dejes divertir.

LINGLING. pc. Lo mismo que *Linglang*, con sus juegos.

LINGO. pp. Matar á traicion, saltear por los caminos, *Mag*. Á quien, *Pinag*. Frecuentemente, *Man*. *Maglilingo*. pp. Salteador.

LINGO. pc. Divertirse en la plática, *Na*. Divertir á otro, *Vm*. Á quien, *In*.

LINGOL. pc. Errar, errarse en dar mas ó menos por haberse divertido en algo. *Ma*. La causa, *Naca*, l. *Ica*. En que, *Ca-an*. Á otro, *Vm*, l. *Man*. Á quien, *In*, l. *Pinan*. En que, *An*, l. *Pan-an*.

LINGON. pc. Volver la cara, *Vm*. Lo que, *In*. Donde, *An*. Los ojos, *Y*, ó cabeza. Hacer que otro vuelva la cara, *Magpa*. La cara, *Ipa*. Á quien, *Pa-an*. Á quien ha de mirar, *Ipa*.

LINGON LICOD. pc. Mirar hácia atras, con los mismos juegos que el antecedente.

LINGOS. pp. Mirar de acá para allá como atronado, *Vm*, l. *Lilingoslingos*. Á quien, *An*. Los ojos ó cabeza, *Y*.

LINGPAS. pc. Vide *Limpas*. *Langpas*, *langpos*. *Lingpas ca na*, estás ya viejo.

LINGSAR. pc. Deslizarse algo de donde estaba, salirse de su lugar alguna cosa. *Vm*, irse deslizando. *Na*, estar. La causa, *Ica*, l. *Naca*. De donde ó á donde, *An*. Hacer que otro deslice, *Magpa*. Á quien, *Pina*. De donde ó donde, *Pina-an*. *Lingsar na banta*, intento siniestro.

LINGSAR. pc. Errar en poner algo. Asentar el pie en vacío. *Na*, estar el pie mal asentado. *Quinalingsaran*, el lugar donde se hundió el pie. *Nalingsar sa catouiran*.

LINGSIL. pc. Desviarse de suyo como los harigues. *Vm*, irse desviando. De donde, *An*. *Na*, estarlo. La causa, *Ica*, l. *Naca*. Donde, *Ca-an*. Desviarse de propósito, *Vm*. La causa, *Y*. De donde, *An*. Desviar algo, *Mag*, l. *Magpa*. Lo que, *Y*, l. *Pina*. De donde, *Pag-an*, l. *Pinaan*. Estar muchos desviados, *Nagcaca*.

LINGSONG. pc. El batuquearse el agua en la vasija, *Na*. La causa, *Ica*, l. *Naca*. *Mag*, active. Ella, *Y*, l. *In*.

LINGSOR. pc. Vide *Lingsar*, con sus juegos. Tambien *Tisor*, *longsor*.

LINTANG BAGUING. pc. Una enredadera.

LINIB. pc. Ventana, ó cerrar con ella, *Mag*. Lo que, *Y*. La tapadera ó hueco, *An*. *Limban mo iyang manĝa doronĝauan*.

LINING. pp. Asentarse, Vide *Tining*, con sus juegos.

LINIS. pp. Cosa lisa, alisar, limpiar. *Malinis*, limpio. *Malinis na loob*. Metáfora. *Calinisan*, limpieza. *Vm*, irse haciendo limpio. La causa, *Ica*, l. *Naca*. *Mag*, limpiar. Lo hecho, *An*. Por hacer, *Pacalinisin*. *Y*, con que.

LINLANG. pp. Vide *Linglang*.

LINLIN. pc. Montecillos de cogon. *Mag*, hacerlos. *In*, el cogon.

LINO. pc. Hacer revino para beber, como echar agua á la vasija que tuvo vino ó miel. *Mag*, hacerlo. *In*, de que.

LINOAB. pp. Redaño del puerco.

LINOUAC. pp. La pella grande del animal, como del puerco que nace en la barriga: *Matabang linouac*.

LINOAP. pp. Lo mismo que *linoab*.

LINOC. pc. l. *Linoclinoc*, doblarse el cutis por estar muy gordo, *Vm*. La causa, *Y*. Vide *Hinoc*.

LINOC. pc. Las heces del coco rallado despues de sacado el aceite. Vide *Latic*.

LINOCNOC. pc. Vide *Linoc*.

LINOCNOC. pc. De buen cuerpo. *Linocnoc na catao-an, ay caguinguinsa,i, namatay*.

LINOMOT. pp. Un género de arroz.

LINOOB. pp. El aposento ó recámara. Vide los juegos de *loob*, y aplícalos á este.

LINSIC. pc. Apretar, embutir, tupir. *Malinsic na pagpapalagay*. *Vm*, irse tupiendo. *Ica*, l. *Naca*, la causa. Donde, *An*. *Mag*, tupir otra cosa. Lo que, si hecho, *An*. Si por hacer, *Pacalinsiquin*.

LINSOC. pc. Escarceos de la mar. Mecerse el agua, ladeándose la vasija, *Vm*, l. *Lilinsoclinsoc*, l. *Mag*, haberlo. *Ipuglinsoclinsoc mo ang tubig sa tapayan*, menea esa agua de la tinaja para derramarla. Vide *Cambog*.

LINSONG. pc. Turbar, engañar, *Mag*. Con que ó en que, *Ipag*. De quien, *An*, l. *Pag-an*.

LINSONG. pc. Argumentar, porfiar, *Vm*, l. *Maqui*. Con quien, *In*.

LINTÁ. pc. Sanguijuela grande, *Malinta*, donde hay muchas. *Linintá*, ser picado.

LINTAG. pc. Empellon ó envion del viento. *In*, á quien dá. Y de aqui *salang malintag si cuan*, delicado, que por cualquiera cosa se causa.

LINTAL. pc. Falta que se hace en el tiempo. *Dili malintal*, no ha faltado á su hora. *Na*, acaso. *Vm*, de propósito. En, ó á que, *Nalintalan*. La causa de acaso, *Ica*. De propósito. *Y*. Vide *Halat*.

LINTAUANIN. pp. Corsario por la mar.

LINTI. pc. Torniscon sin alcanzar del todo la mano al rostro. *Vm*, darlo. Á quien, *In*. La mano, *Y*. Vide *Yaquis*. pc.

LINTIC. pc. Rayo del cielo, trueno muy grande. *Vm*, l. *Lilinticlintic*. Si mucho, *naglilintic*. Á quien, *An*, l. *Pag-an*. *Pinaglilintican nang pag aauay*, le riñe con demasía.

LINTOG. pc. Ampollas que nacen en el cuerpo. *Vm*, irse haciendo tales, v. g. las viruelas. *Mag*, tenerlas. *Naglilintog*.

LIPÁ. pc. Hortigas. *Vm*, azotar con ellas. Á quien, *Lipahin*. Herirse de ellas, *Na*. Donde, *cahan*.

LIPAN ASO. pc. Un árbol cuyas hojas pican como *Lipa*.

LIPÁ. pp. Desvanecerse en el andar, como el enfermo, ó muy embarazado. Untar al enfermo, embrear, *Mag*. Á quien untan, *An*. Lo que, *Y*. Embrear, *Naglilipaan*, l. *Linilipaan*.

LIPAC. pc. Callos. *Linilipacan ang aquing camay*, l. *Na*.

LIPANÁ. pp. Estenderse mucho una cosa, y llenar algun puesto. *Naca*, la cosa que se estiende. *Nalilipanaan*, la tierra en que, ó sobre que. *Nalilipanaan nang palay ang banig*, está estendido el palay en el petate.

LIPANG. pp. Andar de acá para allá sin hacer nada, *Vm*, l. *Lilipanglipang*.

LIPAR. pc. Volar el ave, *Vm*. De acá para allá, *Mag*. Lo que vá á alcanzar volando, *In*. Á donde, *An*. Las alas, *Y*. Enseñar á volar ó hacer volar, *Magpa*. Á quien, *Pina*. Lo echado á volar, *Ipa*.

LIPAS. pp. Pasarse el tiempo de algo, como de frutas, pasarse el vino, polvo, &c. *Lungmipas na ang alac, lungmipas na ang cabataan*, ya se pasó el tiempo de la mocedad. *Lipas na ang panahon*. *Nalipasan*, á quien. *Nalipas na*, ya pasó. La causa, *Ica*, l. *Naca*. *Naglilipaslipas*, escabullirse ya de aqui, ya de alli, *Vm*, l. *Na*. Dejar pasar la embriaguez, *Palipasin ang lanĝo*. El borracho, *Pinalilipasan nang lanĝo*. *Nalipasan*, l. *Linipasan nang lanĝo*, habérsele pasado.

LIPAS. pc. Cosa pasada. *Lipas na*, perder la fuerza ó sabor la fruta, *Vm*. La fruta, *An*. *Lungmipas*, l. *Na*, *ang magandang pagcapaanyo*, pasóse la buena coyuntura.

LIPAT. pp. Mudarse de una casa á otra, *Vm*. La causa, *Y*. Donde, ó de donde, *An*.

LIPAY. pp. Bazo del vientre. Vide *Lapay*. pc.

LIPAY. pp. Un género de hortiga, hicamas silvestres.

LIPILIPI. pp. Lo que ponen á los lados de la banca para que no entre agua: manojos de zacate con que tapan las orillas de la caida de la casa para que no entre agua. *Mag*, hacerlo ó ponerlo. *Lipilipihin*, de que. *Lipilipihan*, á donde.

LIPING. pp. Desbanecerse la cabeza, ó doler, *Ma*. Si es apuntando solamente, *Sinasalang*, *liping*.

LIPIT. pp. Cinta, orilla de cesto, apretar entreatando. *Vm*. Lo que, *In*.

LIPOCPOC. pc. Mostrarse con rostro airado. *Man*, estar asi. *Ipan*, la causa. *Lilipolipocpoc*, gordo; fornido, á diferencia de *Lipoto*.

LIPOG. pp. Cosa corta que no tiene proporcion. Vide *Palipog*.

LIPOL. pp. Destruir, acabar la generacion, *Vm*. Lo que, *In*. Irse acabando, *Na*. Y de aqui. *Nalipol ang aquing pagcain*, se me pasó el dia sin comer.

LIPON. pc. Juntarse mucha gente, *Nag*. Uno con los otros, *Vm*, l. *Maqui*. Con quienes, *An*. *Mag*, juntar á unos con otros. Á quienes, *Y*, Con quienes, *An*, l. *Pag-an*. Á todos entre sí, *Pinag*. *Mag*, tambien juntarse recíprocamente. Ellos, *Ipag*. Sinónomos *Polong*. pp. *Tipon*. pp. *Polon*. pp.

LIPONPON. pc. Vide *Limpoyoc, poyoc*.

LIPONG. pc. Hombre pintado, como los Bisayas. *Mag*, pintarse asi.

LIPONGPONG. pc. Estar mucha gente ó animales juntos, *Magca*. Vide *Puyoc, lipong, pisan*.

LIPONRAY. pc. De bajo cuerpo, pero proporcionado, *Maliponray*.

LIPOS. pc. Llenarse ó cundirse de agua. *Mag*, crecer asi (no tiene *Vm*.) *Pinaglipusan ang bayan*, donde ó lo llevado. *Nalipos nang cati ang catao-an*, se llenó de lepra. *Linipos nang gotom*, desmayarse de hambre.

LIPOS. pp. Caminar haciendo algun rodeo. Vide *Libir*, con sus juegos.

LIPOT. pc. Mudar, ó pasarse de una parte á otra, *Vm*. Donde, ó á donde, *An*. La causa, *Y*. Traspasar algo asi, *Mag*. Lo que, *Y*. De dó, ó á dó, *Pag-an*. De aqui *Hindi macalilipot sa coco, ang camatayan*, no tardará en venir la muerte.

LIPOTO. pc. Rehecho, corto, pequeño de cuerpo. *Malipotong bangca*. *Malipotong isda, tauo*, &c.

LIPSANG. pc. Entresacar, *Vm*. La causa, *Ica*. Lo dejado *An*. *Mag*, entresacar y una cosa entre otras. Lo que saca. *In*. Lo que deja, *An*. Vide *Libsang, yocto, logdo*.

LIPTÁ. pc. Quedarse algo por olvido en la cuenta, *Vm*. Lo dejado, *An*. La causa, *Ica*. *Naliptaan*, lo olvidado.

LIPTÓ. pc. Muger preciada y estimada. *Babayng malipto*, es término de coplas.

LIPTONG. pc. Charco, agua de lluvia detenida. *Na*, juntarse asi. *Nagcaca*, hacer y charco.

LIPUYO. pp. Casco de coco. *Niog na lipuyo*.

LIRAIN. pp. El que tiene los párpados colorados como llagados.

LIRIP. pc. Bucear algo zambulléndose debajo del agua, ó zambullirse, *Vm*. Donde, *An*. Lo que busca, *In*. Sondar el agua, *In*. Y de aqui *Di co malirip ang uica*, no entiendo lo que dices.

Ang tubig ma,i, malalim,
malilirip cun lipdin
itong budhing magaling
maliuag paghanapin.

LIRIS. pc. Lo mismo que *Libis*, con sus juegos.

LIRLIR. pc. Llevar abarrisco, como epidemia, peste, &c. Úsase siempre posponiéndole infinitivo: de lo que hace, *Vm*. Lo que, *In*.

LIRLIR. pc. Lo mismo que *Hipihip* con la negativa *Di* antepuesta. Sinónomo *Halorhor*.

LIRONG. pc. Cualquiera sombra. *Nalilirongan siya*, le cogió la sombra: asi el Padre Roa. Se usa en los Tinguianes.

LIROY. pc. Carne ó pescado muy blando, por no estar de sazon. *Maliroy pa itong isdà*.

LIRYO. pc. Pelotear con algo, v. g. naranjas, *Nagliriolirìohan*.

LISÁ. pc. Liendre. *Gaga rolo nang lisà*, poquitico. Espulgar las liendres, *Man*. Registrar los cabellos en ellos, *Nag*, l. *Vm*. Lo que, *In*, l. *Pinag*. Á quien, *Pinaglisaan*.

LISAN. pp. Dejar, ú olvidar algo, *Vm*, l. *Mag*. El dejado, *In*. Donde, *An*.

LISAT. pc. Vide *Silat*.

LISAO. pp. Inquietud de los ojos del enojado. *Lilisaolisao ang mata nang galit, masilao na mata*, ojos inquietos.

LISAY. pc. Volver á pilar el arroz, *Vm*. Lo que, *In*. *Cundi cata lilisain nang lilisain*, si no, te muelo á palos.

LISDING. pc. Estar sin el aderezo necesario.

LISIC. pp. Clavar los ojos en alguno, mostrando enojo, *Man*. *Nanlilisic ang mata nang poot, narilat*. Vide *Osli*, con sus juegos.

LISIC. pp. Saltar como pepita ó hueso al apretarla, *Vm*, l. *Ma*. Á quien dá, *An*.

LISIP. pp. Vide *Losob*.

LISIYA. pc. Desviar, ó desviarse del camino, *Vm*. De dó, ó á dó, *An*. Causa, ó por quien, *Y*. *Mag*, desviar algo. Lo que, *Y*. Donde, *Pag-an*.

LISLIS. pc. Vide *Lilis*, con sus juegos.

LISO. pp. Vide *Suguir*.

LISÓ. pc. Travieso, inquieto. *Vm*, hacerse. *Lilisolisò*, andar asi. La causa, *Ica*, l. *Naca*. *Malisong tauo*, travieso. *Calisohan*, inquietud. No es muy usado.

LÍSO. pp. Entalladura con punta de cuchillo. *Vm*, entallar asi. La figura, *Hin*. En que, *Han*. Si mucho, *Mag, pinag, paghan*.

LISOR. pc. Puntillazo, ó golpe con punta del pie. Tropezar acaso, *Na*. Donde. *Ca-an*. La causa, *Ica*, l. *Naca*. Dar puntillazo *Vm*. Á quien, *In*. La causa, *Y*. Vide *Sicar*. pp. *Taquir*. pp. Su sinónomo *Tisor*.

LISTÁ. pc. Tener en poco á los demas, presumir, *Mag*. Á quien *Linilistaan*. Presuntuoso, *mapanlista*. Sinónomo *Pistà*.

LITAC. pc. Grietas, henderse, *Mag*. La causa, *Icapag*, l. *Macapag*. *Vm*, irse hendiendo. La causa, *Ica*, l. *Naca*. *Na*, estarlo. *Nagcaca*, lleno de hendeduras.

LITAL. pc. Vide *Lintal*.

LITANG. pc. Salirse el escalon de su lugar. *Na*, la escalera, ó el hombre que cayó de ella. La causa, *Ica*, l. *Naca*. Irse desencajando, *Vm*. La causa, *Ica*, l. *Naca*. De propósito, *Mag*. El escalon, *Y*.

LITAO. pp. Corsario por mar, marinero. *Mag*, tener tal oficio.

LITAO. pc. Cosa sobre-aguada, brotar, salir. Descubrirse, *Vm*. La causa, *Ica*, l. *Naca*. Si de propósito, *Y*. De dó, ó á dó, *An*. *Vm*, lo que sale á la luz, ó á la superficie, ó en el cutis, como sarna, calentura, &c. *An*, en donde. *Mag*, sacar lo escondido. Lo que, *Y*. De á dó, *Pag-an*. *Vm*, descubrirse alguna cosa escondida. Donde, *An*. Descubrirlo, *Mag*, ó *Magpa*. Lo que, *Y*, l. *Pina*.

LITAS. pp. Vide *Punit*.

LITIC. pc. Latido como del pulso, *Vm. Latir*, estallido como de palo que quiebran, *Vm.*

LITID. pp. Nervio. *Litiran*, pc. Nervudo. *Man*, crecer como hinchándose. *Pinalilitiran*, á quien hacen crecer. La causa, *Ipan.*

LITING. pc. Cesar el viento, *Vm. Lungmiliting*, estar que revienta la barriga del que comió mucho.

LITIS. pc. Vide *Puril.*

LITLIT. pc. Buyo del monte. Vide *Saog.*

LITMO. pc. Asentar. Vide *Licmo.*

LITO. pp. Hurtar el cuerpo á algo, *Nag. Pinaglilitolitohan ang pinagcacaotanğan*, á quien ó de quien se esconde. Vide *Liua.*

LITON. pp. Divertir, divertirse en la cuenta, *Na.* La causa, *Ica*, l. *Naca.* En que, *Ca-an.* Á otro, *Vm.* Á quien, *In.* En que, *An.*

LIUÁ. pp. l. *Liualiua.* Reacio. Vide *Linğonlinğon*, con sus juegos; y tambien *Lito.*

LIUAG. pp. Dificultad, intrincado. *Maliuag*, dificultoso. *Vm*, irse haciendo tal. *Nag.* pp. Poner dificultad. *In*, lo que. *An*, á quien. *Mag*, pc. No querer venir en algo. *Nagcaca*, pc. Andar en diferencias. *Maliuag na loob*, de mala condicion. *Maliuag na gao-in*, duro de labrar. *Maliuag caosapin*, dura condicion. *Caliuagan*, dificultad. *Naca*, estorvar. El estorvado, *An*, l. *Naan. Maliuag mag aral*, rudo. *Maliuag mamonğa*, tardío.

LIUALIO. pp. Animar al que se amorteció de pasmo ó de espanto, *Mag. Liualiualiuin mo ang loob mo*, l. *Liniliualio ang loob*, lo que. *Vm*, el corazon, ó descumbrarse el cielo.

LIUALIUÁ. pp. Vide *Liuá.*

LIUAN. pp. Pagar la deuda, reponer la hortaliza, suplir por otro, *Vm.* Por quien, *An*, l. *Na-an. Mag*, pagar la deuda. *Y*, porque. En cuyo lugar, *An. Mag*, trasplantar ó suplir lo arrancado. *Y*, lo perdido. *An*, el lugar.

LIUANAG. pp. Claridad, luz. *Maliuanag*, cosa clara, airosa, descumbrada. *Caliuanagan*, claridad *Vm*, resplandecer, aclarar. *Liuanag nang arao*, rayo ó resplandor del sol. *Naca*, alumbrar algo. Lo que, *Na-an.* Y cuadra á la luz del alma. *Maliuag na muc-ha*, alegre serena. *Di macaquitang liuanag*, se dice del que está ciego de cólera.

LIUAR. pp. Su propia significacion es, bejuco que enroscan para tejer el canasto.

LIUAR. pp. Esconder, segun Fr. Francisco. Vide los juegos de *Linğir, tago.*

LIUAR. pp. Vide *Licquar*, con sus juegos.

LIUARUAR. pc. Lo mismo que *Alibarbar*, revolverse el estómago. *Vm*, l. *Ma.* La causa, *Ica*, l. *Naca.* El estómago ó la persona, *In.*

LIUAS. pc. No encontrarse dos que se buscan. *Nagca*, desencontrarse, desviarse, apartarse, *Vm*, apartar ó desviarse el uno. De quien, *An. Mag*, los dos ó algo, para que no le encuentre el otro: *Y*, lo que. De quien *Pag-an.* Tambien desviarse para que otro pase. *Vm.* De donde, *Ca-an.* Sinónom. *Salisi.* De aqui *Liuas.* pc. *Na panahon*, tiempo que falta á su costumbre. Itt. Metáf. *Caliuasan nang loob nila.* Antipatía de corazones. Vide *Hiuas*, con sus juegos.

LIUAS. pp. Desencajarse dos ó mas tablas, *Nagca*, l. *Nanğagca.* De donde, *Ca-an.*

LIUAS. pp. atravesarse en el camino ó puerta, *Vm.* Atravesar algo, *Magpa.* Lo que, *Ipa.*

LIUAT. pp. Trastornar una cosa en otra, trasverter, *Vm.* Lo que, *In. Mag*, echarlo en otra vasija. Lo que, *Y*, *Magliuat ca nang tubig sa tapayan*, échala en la tinaja. *Lumiuat ca nang tubig sa tapayan*, saca agua de la tinaja. Otros dicen que *Liuat* es llenar la vasija, *Vm.* Ser llena, *Pina.*

LIUAYUAY. pc. Alba esclarecer, *Vm*, l. *Nagbubucang liuayuay*, ya rie el alba, ya alborea, esclarece, &c. *Lumiliuayuay na ang loob*, por desempalagarse.

LIUIR. pp. Torcerse. *Bahagya na maliuir.* Id est *Magcaiba ang catao-an*, l. *Maquiling, ang pagopo.* Vide *Hiuid.*

LIUIS. pc. Vide *Libis, lauis.*

LIYA. pp. Contonearse, *Vm*, l. *Liliyaliya.* Otros lo ponen pc. Y gutural, que me parece mejor. *Catauang liliyaliya.* pc.

LIYÁ. pp. Estar desvanecido como mareado. *Vm*, l. *Liliyaliya.*

LIYÁ. pp. Una hiervecilla que causa comezon.

LIYAB. pp. Llamarada grande. *Vm*, ir creciendo. La causa, *Ica*, l. *Naca.* Encenderla ó hacer llamarada, *Magpa.* El fuego, *Pina.*

LIYAG. pp. Amor ó aficion. *In*, ser amado asi. *Naliliyag co siya*, los dos, *Nagcaca.* Tambien *Na*, estar aficionado asi. De quien, *In. Liyaguin mo aco, hamang liyag quita naman.* Ámame, pues que tambien te amo.

LIYANG. pp. La haz de la ropa. *Ang caliyanğan ang iparapit loual mo.* Pon hácia fuera la haz de la ropa. *Vm*, tener buen lustre la haz de la ropa.

LIYANG. pc. Vide *Liang.*

LIYAS. pp. Lo mismo que *Lias.* Vide.

LIYIS. pp. Apartarse del camino para que otro pase, *Vm.* De donde ó á quien, *An.* Vide *Lihis. Linsar.*

LIYIT. pp. Desmenuzar, menudo, moler, *Vm.* Lo que, *In*, l. *Pacalayitin. Malayit na bohanğin*, menuda arena.

LIYO. pp. Desvanecerse la cabeza, *Na*, l. *Liliyoliyo.*

LIYOP. pp. Desollado por haberse quemado. *Na*, estar. La causa, *Naca.*

LIYOT. pp. Andarse bobeando sin hacer nada, *Vm*, l. *Na*, l. *Liliyotliyot.*

LIIM. pp. Esconderse detras de algo el que no quiere que lo vean, *Vm. Ma*, estarlo, *An*, de quien se esconde. Donde, *Caan.*

LIIM. pp. Cerrarse de nubes el cielo ó el tiempo, *Vm. Ma*, estarlo.

LIIM. pp. Propiamente es tierra baja que de lejos no se vé, *maliim na lupa. Ma*, estar asi la tierra.

LIIR. pp. Vide *Ilag*, con sus juegos.

L antes de O.

LOA. pc. Lo mismo que *Louá.* Lo que se echó de la boca. *Vm*, l. *Mag*, echarlo. Lo que, *Y.* Donde ó á quien, *An.* Tambien es palabra con que hacen parar al carabao.

LOUAC. pp. Vide *Linouac.*

LOAG. pc. Ensanchar. *Maloag*, holgado. *Vm*, venir asi. La causa, *Ica*, l. *Naca*. *Mag*, aflojar como estirando; lo que, si hecho, *Loagan*. Si por hacer, *Pacaloaguin*. *Vm*, dar de sí. *Magpa*, hacer que algo venga flojo. Lo que, *Pina*. *Caloagan*. Abstr. Tambien aplacar al enojado, *Mag*. Á quien *An*. Tambien *Nag*, irse aplacando. *Pinapag*, aguardar que se aplaque. *Papaglouaguin mo ang loob niya: Malouag na loob*, magnánimo.

LOANG pp. Lugar ancho. *Maloang ang Simbahan*, metáf. *Maloang na isip*, de despejado entendimiento. *Vm*, hacerse ancho. La causa, *Ica*, l. *Naca*. *Mag*, ensanchar. Lo que, si hecho, *Loangan*. Si por hacer, *Pacaloangin*. Es anchura como de casa, boca, camino.

LOAR. pp. Lodo, cieno, atolladero. *Maloar*, lodoso. *Vm*, irse haciendo. La causa, *Ica*, l. *Naca*. *Mag*. pp. Enlodar algo. Lo que, *An*. *Mag*. pc. Revolcarse en él. Donde, *Pag-an*. pc. La causa, *Ipag*. pc.

LOAT. pc. Ojeras por enfermo, ó no dormir: *Nanloloat ang mata*.

LOAY. pp. Menearse las ramas de los árboles, hojas, ó plumage con el viento, *Vm*, l. *Loloayloay*.

LOAY. pp. Menearse el hombre cuando anda, *Vm*, l. *Loloayloay*. *Mag*, desvanecido.

LOBA. pp. Arroz limpio, ó limpiarlo moliéndolo, *Vm*. Lo que, *Lobahin*.

LOBAC. pc. Tierra con hoyos de altibajos. *Vm*. *Ang lupá*, l. *Nagcacalubaclubac*, estar con ellos. *Mag*, hacerlos. La tierra ú otra cosa, *In*, l. *An*. Donde, *An*. Con que, *Y*.

LOBAC. pp. Bonete de coco.

LOBAG. pp. Amainar la vela. *Vm*, amainarla. Ella, *In*. *Mag*, soltar de la mano el cordel. La vela, *Y*. *Na lobag na*, ya está amainada.

LOBALOB. pp. Revolcarse el cuerpo en el lodo, *Vm*. Donde, *An*. La causa, *Y*. *Mag*, revolcar á otro. Lo que, *Y*. Donde, *Pag-an*. *Ang nacalolobalob sa caniya, ay ang caposongan niya*, lo que le ha atraido la miseria es su soberbia. *Mag*. pc. Revolcarse mucho. *Pag-an*. pc. Donde. *Ipag*, pc. La causa. *Lolobalobalob*, andar revolcándose. Sinónomos *Gomon*. Vide *Golong*, *tampisao*.

LOBANG. pc. Altibajos. *Lobanglobang ang lupá*.

LOBANG. pp. Sembrar camotes, en particular el ubi. *Mag*. Lo que, *In*.

LOBLOB. pc. Revolcarse. Vide *Lobalob*. *Lobloban* pp. Donde se revuelca.

LOBLOB. pc. Corral para pescar. *Vm*, l. *Mag*, pescar con él. Lo que, *In naglolobloб*, hacerlo ó ponerlo. *Lobloban*. pp. El mismo corralillo.

LOBÓ. pc. Hoyo. *Ma*, donde hay muchos. *Lobolobo ang lupá*, tierra llena de ellos.

LOBOG. pp. Sumirse, irse á fondo, zambullirse, *Vm*. La causa, *Ica*, l. *Naca*. Donde. *An*. *Mag*, meter algo debajo del agua. Lo que, *Y*. Donde, *Pag-an*. *Vm*, zambullirse, y de aqui *Lomobog ang arao*, se puso el sol.

LOBOS. pc. Vide *Lubos*.

LOBOT. pp. Grietas de pies ó manos.

LOCAG. pp. Espeluzarse el cabello, *Namamalocag*. La causa, *Ica*, l. *Nacapamamalocag*. Á quien, *Pinamamalocagan*.

LOCAN. pc. Almejas grandes. *Man*, andar á pescarlas.

LOCANOT. pc. Poner grande esfuerzo en hacer algo, *Mag*. Lo que, *Pag-an*. Sinónomos *Pilit*. pp. *Saquit*. pp.

LOCAOC. pc. Unos pescadillos como *Ayungin*.

LOCAR. pp. Descarnar el coco, *Vm*. Lo que quita, *In*. Lo que queda, *An*. *Panlucar*. pp. Instrumento. *Lolocarin*. pp. El coco que ya tiene la carne dura.

LOCAR. pp. Arrebañar lo que hay en el plato con cuchara, ó la carne del coco tierno, *Vm*. Lo que, *In*. De donde, *An*. *Na*. No haber nada, por haberlo otro cogido.

LÓCAS. pc. Destapar lo cubierto con paño, petate, &c. *Vm*. El paño, *In*. *Locasin mo ang comot co*, l. *Ilocas mo ang comot mo*. *An*, á quien.

LOCAS. pp. Amainar el toldo del navío, *Vm*, l. *Man*. Encoger algo, como vela, payon. Lo que, *In*. *Mag*, mudar el vestido, dejar el luto. *In*, lo que. *An*, lugar ó persona.

LOCAT. pp. Arrancar la raiz socabándola debajo, ó corta de raiz, *Vm*. La raiz, *In*. De donde, *An*.

LOCAT. pp. Bejucos duros, que hendidos sirven para atar harigues.

LOCAY. pp. Cabar, ó el mismo hoyo. *Vm*, l. *Man*, cabar sacando algo. Lo que, *In*. *Locain mo ang camote*. *Mag*, meter enterrando. Lo que, *Y*. Es palabra de los Tinguianes. Vide *Hocay*, *halocay*.

LOCAY. pp. Revolver lo de abajo arriba, como cuando se cuece, con la cuchara. Vide *Halocay*, *halongcay*, *halongcat*.

LOCAYLOCAYAN. pp. Un género de cadena de oro.

LOCBÁ pc. Lo mismo que *Locma*.

LOCBOTAN. pp. Bolsa pequeña ordinaria para dinero.

LOCLAC. pc. un pájaro asi llamado.

LOCLAP. pc. Lo mismo que *Doclap*, un árbol con espinas.

LOCLAT. pc. Lo mismo que *Loclac*, pájaro solitario.

LOCLAY. pc. Lo mismo que *Doclay*.

LOCLOC. pc. Asentarse, *Vm*, l. *Ma*. La causa, *Y*. Donde, *An*. *Loclocan*. pp. Banco: *Na*, estar sentado. *Mag*, sentarse muchos, sentarse con la carga sin descargarla. La carga, *Y*. *Magloclocan*, tomar asiento algo alto.

LOCLOC. pc. hojas de gabi.

LOCMÁ. pc. Vide cecina de carne aprensada y seca al sol. *Mag*, hacerla. *In*. la carne.

LOCMAT. pc. Despegar, tirar con los dedos, *Vm*. Lo que, *In*. de Donde, *An*.

LOCNAP. pc. Quitar la costra á la herida ó llaga, *Vm*. Lo que, *In*. De donde *An*. De por sí, *Na*. La causa, *Ica*. Vide *Tocnap*.

LOCNAP. pc. Despegar cosa delgada pegada sobre otra, como la oblea, con los juegos del antecedente.

LOCO. pp. Taparse el rostro hasta la frente, la mitad y las orejas. *Mag*, tapar, y taparse. Á quien, *An*. Con que, *In*. *Ang lupa,i, nalolocohan nang langit*, la tierra está cercada del cielo,

LOCÓ. pp. Luto ó tristeza funeral. *Mag.* Ponerse por quien. *Ipag*, ó *pag-han.*

LOCO. pc. Charco. *Locolocohan.* pc. Charquillo.

LOCO. pc. Un género de camotes. Tambien un género de cesto. Vide *Balaong.*

LOCOB. pp. Echarse de bruces, y la gallina sobre los huevos para empollarlos, *Vm.* Los huevos, *An.* Echarse de bruces, *Vm.* Donde, *An.* El cuerpo, Y. Si á otro, *Mag.* Á quien, *Y.*

LOCOB. pp. Amotinarse contra otro: es metáf. *Mag.* Contra quien, *Pag-an.*

LOCOB. pc. Escoplo, gubia.

LOCOB. pc. Enlabiar para pedir algo, *Vm*, l. *Mag.* Á quien, *In.* Con que, *Y.*

LOCOB. pc. Tapa de la puerta. *Mag*, cerrarla. El hueco, *An.*

LOCOB. pp Echarse el gallo ó gallina sobre el pecho abiertas las alas, *Vm* el lugar, *An.*

LOCOL. pp. Lo mismo que *Balocol.*

LOCOLÓC. pp. Andar triste y enlutado. Vide *Loco*, con sus juegos.

LOCOLOC. pc. Estarse en casa triste y melancólico de duelo, *Mag.* La causa, *Ipag. Paghan*, lugar.

LOCOLOCO. pp. Albahaca silvestre.

LOCONG. pc. Cóncabo acucharado. *Malocong na pingan*, plato hondo. *Vm*, ahondarlo ó irse haciendo tal. Lo que, *In.* La causa, *Ica*, l. *Naca.* Tambien *Magpa*, ahondar. Lo que, *Pina.*

LOCOP. pp. Poder sustentar con algo, como la madre á los hijos. La tal obra, *Nalocopan. Anong pagloleeop co sa inyo*, cómo he de sustentaros, ó con qué?

LOCOT. pp. Recoger la cama ó muchos petates, *Vm*, l. *Man.* Lo que, *In. Mag*, meter algo dentro de lo que coge. De lo que, *Y.*

LOCOT. pp. Doblar el metal para echar el acero, *Vm.* Lo que, *In. Mag*, echar el acero. El, *Y.*

LOCOT. pp. Un género de abejas pequeñas que no pican y hacen miel ágria.

LOCOTAN. pp. Panal de estas abejas.

LOCOT. pp. Cuerpo delicado. *Malocot na catauan. Vm*, irse haciendo. La causa, *Ica*, l. *Naca.*

LOCOT. pp. Perderse el zumo, *Vm.*

LOCOY. pc. Flojedad ó descaecimiento por flaqueza ó vejez. *Naglolocoylocoyan*, andar asi.

LOCOY. pc. Sosiego y blandura en el pedir, como hablar, andar, *Vm.* l. *Mag.* La causa, *Ipag.*

LOCSA. pc. Luto, estar muy triste, *Nan.* Por quien, *Ipinan*, l. *Pinanlolocsaan.*

LOCSO. pc. Saltar, *Vm.* Donde, *An.* Lo que quiere alcanzar saltando, *Locsohin.* Tambien *Vm*, transitivo. *Lomocso ca nang bigay sa iyo*, salta por ello. Si es dando, *Mag.* Á quien ó lugar, *Pag-an.* Lo que dá, *Y. Magpa*, hacer saltar á otro. Á quien, *Pina.* Donde, *Pinagpahan.* Metáfora. *Nalolocso*, l. *Lolocsolocso ang loob co*, saltar de contento.

LOCSO. pc. Deshacer la cosa para volverla á hacer de nuevo, *Mag.* Lo que, *Y.* Destruir lo hecho, hacerlo de nuevo, *Locsohin.*

LOCTA. pc. Cosa podrida. Vide *Logta.*

LOCTA. pc. Romperse la ropa por usarla mucho, ponérsela cada dia, *Vm*, l. *Mag.* El vestido, *In.* Haberse destruido, *Na.* En otras partes es lo mismo *Lopla* y *Lontay.*

LOCTO. pc. Errar en la cuenta, ó en lo que recita. *Vm*, dejar algo caminando. Lo que, *An.* La causa, *Y. Mag*, pasar algo adelante propasando. Lo que. *Y.* Donde lo habia de dejar, *An. Vm*, errar en la cuenta. *An*, lo errado.

LOCTON. pc. Langosta pequeña antes que vuele. *In*, ser algo destruido de ella. *Caya nğa locto,i, balang din*, es mala cuca.

LOGÁ. pp. La cera del oido ó materia que purga. *Vm*, pc. Purgar. Á quien muchas veces, *Logain.* pp. Sinónomo *Toloc.* pc.

LOGAMI. pp. Flaqueza notable por hambre ó enfermedad. *Na*, estar asi. *Lologalogami*, caerse las alas del corazon. *Nanlologami*, l. *Na*, andar asi.

LOGAMOC. pp. Estar sentado en tierra sin poner petate debajo, *Vm.* La tierra, *An.* Él por qué, *Y.*

LOGAMOC. pp. Caerse de repente, como por mal viento, *Napa. Napapa*, estar asi. La causa, *Icapa.*

LOG-ANG. pc. hoyo pequeño en tierra. *Log-ang log-ang ang lupa*, lugar de muchos hoyos.

LOGANGGANG. pc. Hueco grande como cueva. Vide *Ganggang.*

LOGANDA. pc. Darse á malos entretenimientos. *Mag*, los dos *Maquipag*, el uno. Con quien, *In*, l. *Pinaquiquilogandahan.*

LOGAO. pp. Guisar arroz, hacer atole, *Mag.* Lo que, *Y.* La olla en que, *An. Liuogao*, el atole. *Bogtong.*

Ilogao, bago bay-in:

El hierro cuando se funde.

LOGAS. pc. Desgranar, caerse, *Vm.* Lo que, *In.* De donde, *An. Na*, caerse de suyo.

LOGASA. pp. Darse á malos entretenimientos y á buenos. Vide *Loganda*, con sus juegos.

LOGAY. pp. Quitar el sombrero. *Mag*, quitarse el sombrero por cortesía á otros. Á quien, *Pag-an.* El sombrero, *In.* Quitarlo de la cabeza á otro, *Vm.* Á quien, *An.* El sombrero, *In.*

LOGAY. pc. Estar caido algo, *Logay ang pag bonğa nang palay.* Tambien *Lologaylogay ang bohoc*, cabellos sueltos. *Cahoy na malogay*, alto y copado.

LOGBO. pc. Zambullirse en el agua, *Vm.* Á donde, *Logbohan* La causa *Y.* Echar á otro, *Mag.* Á quien, *Y.* Donde, *Pag-an.* Vide *Sogbo.*

LOGDO. pc. Dejar una cosa y pasar á otra. *Vm.* pasarse asi. *An*, lo propasado. *In*, á quien se pasó. *Mag*, llevar algo ó dar asi. Lo que *Y.* Á quien deja, *Pag-an.*

LOGUÍ. pp. Descaecimiento ó de su natural, ó por vejez, *Vm*, l. *Lologuilogui.*

LOGUI. pp. Redondear vestido, tabla, &c. Vide *Galó.* pp., con sus juegos. Es sinónomo.

LOGUIT. pp. *Maloguit na tauo*, prolijo, impertinente.

LOGUIT. pp. Plazo de tiempo. *Paloguitan mo nang arao ang pagsinğil mo*, pon plazo á tu cobranza. *Magpa*, dar plazo. La causa, *Ipagpa.*

LOGUIT. pp. Pasar adelante el que anda ó corre, *Vm.* Á quien, *An. Mag*, dejarlo pasar. Á quien. *Pa-an.*

LOGLOG. pc. Remecer alguna cosa, como cuando lavan la vasija con agua. Y de aqui, por *Vm* y *Man*, mecer el árbol para coger la fruta. El árbol *In:* cuando lo mecen puramente, pero cuando se pretende que se le caiga la fruta, la fruta, *In*. *Mag*, mecer la vasija. El agua, *Y*. La vasija, *An*. Y de aqui por trotar el caballo, *Vm*. El caballero, *In*. Itt. del haragan se dice *nagpapatiloglog na*. La causa, *Ipag*.

LOGMOC. pc. Asentarse en tierra ó lodo, *Vm*. Donde, *An*. La causa, *Y*. *Mag*, revolcarse.

LOGMOC. pc. Esconderse entre la yerba, agacharse, *Vm*. Donde *An*. La causa, *Y*. *Mag*, esconder á otro. Lo que, *Y*. Donde, *Pag-an*.

LOGMOCAN. pp. Cueva de animales.

LOGMOY. pc. Un enredadera.

LOGNAS. pc. Desgranar la fruta meneando el árbol, *Vm*. La fruta, *In*. La rama, *An*. *Lognas na*, desgranarse de suyo. Sinónomo *Lotlot*.

LOGÓ. pp. Caerse el cabello, ó las hojas del árbol, *Ma*, l. *Vm*, l. *Lologologo*, l. *Nalogoan*. Sinónomo *Totog*.

LOGO. pc. El gallo peleador que anda para morirse, *Vm*.

LOGOM. pp. Remojar algo en agua, *Mag*. Lo que, *Y*. Donde, *Pag-an*. Se usa poco.

LOGON. pp. Pelarse la cabeza *Na*, irsele cayendo. Á quien, *Nalogonan*. *Logon*, pc. Pelado.

LOGOD. pc. Alegría, gusto, recreacion. *Na*, tenerlo. De que, *Ca-an*. La causa, *Ica*, l. *Naca*. Alegrar á otro, *Vm*, l. *Man*. Á quien, *In*, l. *Pan-in*. *Calogoran*, pp. Amigo, amiga. *Nagcacalogoran*, tener asi amistad. *Mag*, hacer porque se alegren como fiesta. *Calogodlogod*, cosa de mucho gusto. *Naquiquinalogod sa may iquinalologod*, alegrarse con quien tiene por qué. *Naqui pag*, holgarse con otro. *Nagcaca*, estar alegres. *Nagcaca-an*, alegre con alegre. *Nagmamacalogod*, mover á alegría. *Nagpapa*, hacer por donde gusten de él.

LOGOS. pp. Deshojar, *Vm*. La hoja, *In*. La rama, *An*. Estarlo, *Na*.

LOGOS. pc. Adjetivo.

LOGOT. pp. Vide *Logas*. pp.

LOGPO. pc. El enfermo de cama, *Nalologpo*. pc. Es lo mismo que *Nararatay*.

LOGSO. pc. Deshacer alguna cosa para volverla á hacer, *Mag*. Lo que, *Ilogso*, *iguiba*, *sirain*, *iualat*, *logsoin*, hacerlo de nuevo.

LOGSO. pc. Amainar la vela. Ella, *In*. *Mag*, soltar el cordel. El cordel, *Y*. *Nalogso na*, estar amainada.

LOGTÁ. pc. Podrirse el cordel ó atadura, por estar al sol y agua. *Na*, irse pudriendo. La causa, *Ica*, l. *Naca*. Metáf. *Nalogta ang catao-an co*, estoy molido.

LOGTO. pc. Vide *Locto*.

LOGUIT. pp. Sacarle á alguno los ojos con algun palo, arma, &c. *Mag*. Á quien *An*.

LOHÁ. pp. Lágrimas, llorar, *Vm*. Los ojos, *Nagloloha ang tauo nang*. Lo que, *Y*. Á quien, *Linolohaan*. *Patdin campit ang loha*, llorar á rios. *Namamana*, *nanatac*, *nanguiguilid ang loha*, hilo á hilo. *Nagcacanloloha*, llorar sin pensarlo. *Longmalagosgos ang loha*, llorar con silencio.

LOHAB. pc. Entrar agua en la embarcacion, *Vm*. *Ang tubig*. *Linolohaban ang bangca*.

LOHAR. pp. Término poético, lo mismo que *Lohod*: *Loloharin quita, at papanginoonin*, asi está en una comedia.

LOHAYA. pc. Pedir con grande ahinco alguna cosa, *Mag*.

LOHO. pp. Enterrarse el pie en algun hoyo.

LOHÓ. pc. Hoyo ó pozo.

LOHOG. pp. Llanto grande, *Mag*, l. *Lolohoglohog*. La causa, *Ica*, l. *Naca*. Por quien, *Ipag*.

LOHOG. pp. Hipo del que llora.

LOHONG. pp. Lo mismo que *Lolong*. Metáf. *Napalohong na uica*, palabra descaminada.

LOHOR. pc. Arrodillarse, *Vm*. *Maniclohod*, sentado sobre las calzas. *Napa*, l. *Napati*, quedar arrodillado, como el que tropezó. *Linolohoran*, donde ó á quien, *Pinaniniclohoran*, á quien, en genuflexion. *Lohoran*, pp. Cobín. *Mag*, arrodillarse con algo. Con que, *Y*.

LOIL. pc. Difícil, trabajoso. *Loil na gaua*, *Malinag na gaua*.

LOLA. pp. Agrandarse la rajadura ó cortadura. *Nalolahan ang pingan*, &c.

LOLÁ. pp. Marearse, *Na*. La causa, *Ica*, l. *Naca*.

LOLAN. pp. Cargar el navío la misma carga. *Vm*, embarcarse alguno. Donde, *An*. La causa *Y*. *Mag*, embarcar algo. Lo que, *Y*. Donde, *Pag-an*, Vide *Sacay togpa*.

LOLO pp. Templar el hierro al fuego, *Vm*. El fuego, *An*. *Na*, destemplarse.

LOLO. pp. Hoyo para hincar harigue. *Na*, caer en él.

LOLÓ. pp. Tomar la delantera en el camino, *Vm*. Á quien, *An*. La causa, *Y*. *Ma*, haberse adelantado. *Lolohan mo*, vé adelante ó adelántate á él.

LOLOBONGAN. pp. Tolete de la banca.

LOLOCARIN. pp. Coco verde que ya lo pueden rallar.

LOLOG. pp. El baro para las almohadas. *Ualang lolog ngay-on sa manga pugahan*, no hay baro en los árboles.

LOLON. pc. Arrollar, *Vm*, l. *Mag*. Lo que, *In*. Donde ó en que, *An*.

LOLONG. pp. Salir de órden cuando van en hilera, *Vm*. La causa, *Y*. Los que quedan. *An*. *Na*, acaso. *Mag*, sacar algo de la hilera. Lo que, *Y*. Los que quedan, *Pag-an*.

LOLONG. pp. Un pescado bobo, que se coge en los Tinguianes. Tambien *lolong*, adelantarse *Na*.

LOLOR. pc. Espinilla de la pierna. *Naloloran*, haberse herido en ella.

LOLOS. pp. Un árbol derecho sin nudos. *Vm*, irse haciendo asi. La causa, *Ica*, l. *Naca*.

LOLOS. pp. Pasar de largo sin detenerse, *Vm*. La causa, *Y*. Por donde *An*, l. *Nagpa*. *Mag*, llevar algo asi pasándolo. Lo que, *Y*. Por donde, *Pag-an*.

LOLOT. pc. Madurarse la fruta. *Nagcacalolot*, se vá madurando.

LOLOY. pp. Vide *Loyloy*.

LOMÁ. pp. Vejez de ropa ó de otra cosa. *Vm*, envejecer de propósito. Lo que, *In*. Envejecerse, *Na*. *Sintang luma*, amor envejecido.

LOMA. pp. Apocarse, menoscabarse, *Vm*. La causa, *Ica*, l. *Naca*. *Nagcacaloma na*, *nagcacaonti*, á quien. *Nalomahan*. *Nagpapacaloma*, quedarse cada vez menos.

LOMAG. pp. Un género de echizo. *Vm*, estarlo.

LOMANAY. pp. Hacer algo despacio para que salga bien, *Mag*. Lo que, *In*.

LOMANAY. pp. Hablar despacio con palabras blandas para persuadir, con los mismos juegos que el antecedente.
LOMAY. pc. Hechizos para enamorados. *Vm*, hechizar. Á quien, *In*. con que, *Y*. *Na*, dejarse asi vencer.
LOMAY. pc. Vide *Gayoma*.
LOMBAC. pc. Vide *Lombang*. *ilumbac*.
LOMBÓ. pc. Coco grande en que beben. Vide *Longbo*.
LOMBOY. pc. Cerezas pequeñas.
LOMÍ. pp. Ablandarse las hojas de plátanos, tabaco, &c. *Vm*. La causa, *Y*. Donde, *An*. *Mag*, ablandarlas. Ellas, *Pina*.
LOMÍ. pp. Lo mismo *Omi*. *Di lomomi, di comibo*, no se menea.
LOMIS. pp. Perderse ó cabarse la hacienda, *Na*. Á quien, *Nalomisan*.
LOMO. pc. Ternura de corazon. *Nanlolomo*, enternecerse. *Ipinan*, de lo que. *Nanlolomo mandin ang catao-an co*, me caigo á pedazos de sueño. Metáf.
LOMOG. pp. Entrarse de golpe y de repente como el enemigo, *Vm*. Donde, *An*. El enemigo, *In*.
LOMON. pp. Fruta muy madura. *Vm*, madurarse. La causa, *Ica*, l. *Naca*. Donde, *An*. *Palomonin*, guardarla para que madure. Es mas que *Hinog*.
LOMOT. pp. La lama que se cria en piedras ó madera. Donde se cria, *An*. *Nagcaca*, haberla. *Malomot*, tenerla.
LOMOT. pp. Ovillas delgadas que se crian en los árboles.

Catitibay ca tolos
sacaling datnang agos
aco,i, momonting lomot
sa iyo,i, popolopot.

LOMOTLOMOTAN. pp. El que se cria en algunos árboles por la humedad, culantrillo de pozo.
LOMPAT. pc. Dejar ó salvar alguna cosa ó persona, interrumpiendo la órden, *Vm*. El dejado, *nalompatan*.
LOMPO. pc. Tullido. *Na*, estarlo. La causa, *Ica*, l. *Naca*.
LOMPOC. pc. Monton grande de arroz por trillar. *Mag*, hacer el monton. El arroz, *Y*.
LOMPOC. pc. Vide *Ompoc*, con sus juegos.
LOMPONG. pc. Acometer. Vide *Handolong*, con sus juegos. *Salang, dalomog, dalosong, sungab*.
LONÁ. pp. Almejas grandes. *Man*, ir á cogerlas.
LONÁ. pc. Cosa blanda. *Calonaan*, blandura. *Vm*, irse haciendo. La causa, *Ica*, l. *Naca*. Tambien significa lo que *Hona* pc.
LONAC. pp. Madurar la fruta en el árbol, *Vm*. La causa, *Ica*. l. *Naca*. *Magpa*, hacerla madurar. *Pina*, ser hecha.
LONAO. pp. Ablandarse la tierra en el agua haciéndose lodo, derretirse. *Vm*, derretirla. Ella, *In*. La causa, *Y*. Donde, *An*. *Na*, de suyo. La causa, *Ica*, l. *Naca*. *Lonao na lupa*. Itt. Lo mismo que *Tunao*, con sus juegos.
LONAS. pp. Contra-yerba para ponzoña. *Mag*, curarse asi mismo. Á otro, *Vm*. Á quien, *In*, *Man*, andar curando á otros. Metáfora. *Ang Confesion siyang totoong lunas sa casalanan.*
LONAS. pp. La quilla del navío. Vide *Gasa*.
LONAY. pp. Resina ó trementina.
LONCOC. pc. Vide *Lamon*, con sus juegos.
LONCOT. pc. l. *Longcot*, estar mustio, y apretados los brazos por haberse mojado, ó por otra cosa, *Na*. Y de aqui al flojo se dice *Baquin nalolongcot ca: Nang̃ong̃olongcot*, estar con frio, mustio, como gallina clueca. Vide *Ng̃ologhoy*.
LONDAS. pc. Vide *Landas*.
LONDAY. pc. Embarcacion pequeña. *Mag*, hacerla, usarla. *In*, de que se hace. *An*, donde. *Man*, andar en ella.

Londay cong aanodanod,
pinihao nang balaclaot,
caya lamang napanolot,
nang hongmiip yaring timog.

Dice el desvalido de quien le ampara.
LONDAYAG. pp. Vide *Lindayag*.
LONGA. pc. Cueva, hueco. *Mag*, minar la tierra. La tierra, *In*. Donde, *An*.
LONG̃AB. pp. Cueva. Vide *Long̃ib*, cuenca del ojo.
LONGATI. pc. Teson y perseverancia en algo. *Mag*, tener teson. En que, *Pinaglongatian*. Lo que hace asi, *In*.
LONGAYI. pp. Inclinar la cabeza en la almohada, ó en otra parte mas baja, para descansar, *Vm*, l. *Mag*. La cabeza, *Y*. Donde, *An*. *Ma*, estar asi.
LONGAYI. pp. Ponerse boca arriba con la cabeza caida atras, *Vm*. La cabeza, *Y*. Donde, *An*.
LONG̃AYI. pp. Vide *Long̃ay, long̃ayng̃ay, long̃ing̃ay*.
LONGUIT. pc. Muesca. *Vm*, hacerla. *Lung̃itan*, serle hecha.
LONG̃AR. pc. La leche que rebosa el niño. *Na*, vomitar asi.
LONG̃AS. pp. Desdentado, sacarle los dientes á alguno por fuerza. Á quien, *An*. Estarlo, *Na*.
LONG̃AUAN. pc. El hueco de la ventana.
LONG̃AY. pc. Las ramas del árbol que miran hácia bajo. *Lolong̃aylong̃ay*, l. *Vm*.
LONG̃AYNG̃AY. pc. l. *Long̃ing̃ay*. Vide *Long̃ay*, con sus juegos.
LONGBO. pc. Medio coco en que beben. *Gagalongbo ang lang̃it sa galit niya*, le parece medio coco el cielo por su cólera.
LONGBOS. pc. Cierto canto sobre que tenian agüeros.
LONGCAG. pc. poco peso, y mucho bulto. *Mag*, meter algo en el arca asi. Lo que, *In*. Donde, *An*. *Malongcag na pagsisilid*.
LONGCAS. pc. Amainar el toldo del navío, *Vm*, l. *Man*. Encoger algo como vela, payon. Lo que, *In*. *Mag*, dejar el luto. Lo que, *In*. Tambien lo mismo que *Longcag*.
LONGCAT. pc. Moldura hecha en tabla. Vide *Langiat*.
LONGQUI. pc. Adarga, pavés. *Mag*, ponérselo, ó ponerlo. Á quien, *An*. Lo que, *Y*.
LONGCOT. pc. Vide *Loncot*.
LONG-IT. pc. Vide *Ling-it*. *Ling̃ir*.
LONGDO. pc. La bolsa que hace alguna cosa, como el *Salambao*, atarraya, chinchorro: y de aqui lo aplican á lo interior del corazon. *Nagbuhat mandin sa longdo nang puso nang catauan*, lo sacó de los senos de su corazon.
LONG̃I. pc. Pescado aguja. Sinónomo *Susoui*. Vide *Silio*. pc.
LONG̃IB. pp. Vide *Langa*. Cueva.

LONĞIG. pp. Impertinente en pedir. *Malongnğig na bata.*

LONGNĞINĞAY. pc. Vide *Lonğaynğay.*

LONGGUIT. pc. Vide *Linggui t.*

LONGLONG. pc. Casilla á modo de cubo.

LONGLONG pc. Llanto despacio. *Vm*, l. *Lolonglonglonglong.* La causa, *Y.*

LONGLONG. pc. Aullar los perros, *Vm.* Á quien, *An.*

LONGLONG. pc. Meter el perro la cabeza en algo para sacar lo que está dentro, *Vm.*

LONGNĞO. pc. Humillarse, abatirse, *Vm*, l. *Nagpapaca*, l. *Lolonğolonğo.* Á quien, *An*, l. *Pinagpapacalongnğohan.* La causa, *Y*, l. *Ipagpapaca.*

LONGNĞO. pc. Agonizar el que se está ahogando en el agua. *Vm*, l. *Lolongnğolonğo*, l. *Na. Hindi siya mapapalonghang maquitalo nang gay-ong manğa camalian*, no se arrojará á decir tales desatinos. Así Don Juan de los Santos.

LONGOC. pc. Bajarse la cola del gallo por miedo ó enfermedad, *Mag.* La cola, *Y.*

LONĞOS. pp. Ensenada, punta de tierra. *Vm*, ir por ella. La causa, *Y. Mag*, llevar la banca por allá. Por donde, *Pag-an*. La banca, *Y.* Tambien *Magpa*, l. *Palonğos*, ir por allá.

LONĞOY. pp. Humillacion. *Vm*, l. *Lolonğoylonğoy.* La causa, *Y.*

LONGSAR. pc. Apearse de hamaca, de caballo, &c. *Vm.* La causa, *Y.* Donde, *An. Mag*, apear á otro. Lo que, *Y.* Á donde, *Pag-an.*

LONGSAY. pc. Vestirse arrebujado y al desgaire, *Magpa.* La causa *Ipagpapa.*

LONGSO. pc. amontonar yerba, arroz, levantándolo en buena proporcion, *Vm. Longmolongso*, está junto. Donde, *An. Mag*, amontonarlo. Lo que, *Y.*

LONGTAR. pc. Disposicion buena del cuerpo, y así para cualquier cosa. *Vm*, irse haciendo tal. La causa, *Ica*, l. *Naca. Malongtar na catao-an.* de buena disposicion.

LONLON pc. Tragar. Vide *Lamon*, còn sus juegos.

LONO. pc. Mudar el cuero como la culebra, cangrejo, camarones, *Mag. Pinaglonohan*, el pellejo ó lugar.

LON-OC. pc. Tragar hueso de fruta sin mascarlo, *Vm.* Lo que, *In.*

LONOR. pp. Ahogarse en el agua, *Vm.* La causa, *Naca*, l. *Ica.* Donde, *An. Na*, acaso. Donde, *Ca-an. Mag*, á otro. Á quien, *Y.* Donde, *Pag-an.* De aquí *Lolonod na ang arao*, está cerca de ponerse. *Calonoran*, el occidente.

LONOS. pp. Consumirse interiormente de amor ó pena. *Nalolonosan.* La causa, *Naca. Calonoslonos*, lo que causa este sentimiento. *Nalolonosan acong manğaral*, cansado estoy de predicar.

LONOS. pp. Tizon que no quiere arder.

LONOS. pc. Irse sin lo que vean, *Vm.* La causa, *Y.* Donde, *An. Magpa*, hacer que otro vaya así. A quien, *Pina.*

LONOS. pc. Descomedirse, hacer algo sin licencia, como el antecedente.

LONOT. pp. Madurar la fruta con algun remedio, *Vm.* la fruta, *In.* Donde, *An.*

LONOY. pp. Pasar el rio á la garganta. *Vm*, ir así por algo. Lo que va á traer, *In.* Donde, *An. Mag*, llevar algo. Lo que, *Y.* Donde, *Pag-an.*

LONTAY. pc. Vide *Lomá*, *lotay.*

LONTO. pc. Caer de lugar poco alto, como de *Pilapil. Na*, l. *Napa.* De propósito, *Vm.* A otra cosa, *Mag.* Lo que, *Y.*

LONTON. pc. Lo mismo que *Lonto.*

LOOB. pp. Adentro, voluntad, querer, entrar al aposento, *Linoob. Vm*, l. *Man*, entrar en alguna parte. Donde ó á quien, *Linooban. Mag*, querer algo, ó permitirlo. Lo que, *In. Magpa*, meter algo dentro. Lo que, *Ipa.* Donde, *Pa-an. Caloob*, merced. *Magca*, hacerla. Lo que, *Ipagca. Nag. Linolooban sila*, tener cada uno su querer. *Calooban*, gusto. *Balang calooban mo. Ualang loob*, necio, cobarde. *Napapa*, pasando en él. *Na*, entrar acaso. *Napaloloob*, de propósito. *Napa*, pedir que le metan dentro.

LOOB. pp. Hacer algo voluntariamente. *Magloob cang gumaua: Cundi mo loob, houag cang paroon. Magloob bata*, amancebarse. *Looban*, recámara ó aposentillo. *Magsasalooban*, concierto de voluntades. *Papagsaloobanin*, ser hechos. *Sinalooban co*, guarda rencor. *Magsingloob*, concertar voluntades. *Sa tanang loob*, de todo corazon. *Cun loob*, aunque. *Anong loob mo?* Qué quieres? *Magloob*, determinar, resolver. Lo que, *In.*

LOOC. pp. Quebrada, ensenada. *Vm*, l. *Magpa.* pc. Meterse dentro. La causa, *Y*, l. *Ipinagpa. Mag*, andar por ensenadas. *Magpa*, meter la embarcacion dentro. Ella, *Ipa.* De aquí *Looc mata*, ojos hundidos. *Manlooc*, pescar atajando rinconada.

LOOG. pp. Atorarse con alguna espina. *Naloloogan siya. Nahihirinan.*

LOOP. pp. Tomar sahumerio tapado, como para sudar. *Mag*, sahumarse, ó sahumar. A quien, *An.*

LOOM. pp. Abajar, asar algo metiéndolo en la ceniza, *Mag.* Lo que, *Y.* Donde, *An. Palooman*, la ceniza.

LOOM. pp. Remendar. *Loomin mo ang bibig, tacpan.*

LOON. pp. Meter la fruta en alguna parte, como en arroz para que se madure, *Mag. Loonin*, madurarla. *Y*, meterla. Donde, *An.*

LOON. pp. Asar fruta ú otra cosa en rescoldo, *Mag.* La fruta, *Y.* El rescoldo, *An.*

LOONG. pp. Tierra baja al fin de la cuesta, socabon que cubren armando trampa. *Mag*, armarla. *In*, á quien. *An*, donde. *Man*, coger así animales. *Pinan*, ellos. *Pan-an*, donde.

LOOY. pp. Caerse los cocos ó fruta por podrida, ó quebrarse el pezon, *Na.* La causa, *Ica*, l. *Naca.* Y de aquí caerse las uñas.

LOOY. pc. Adjetivo. *Looy na bunğa* se dice del que murió niño tierno.

LOPAC. pp. Deshojar las cañas dulces, quitarles la cáscara, *Mag.* La cáscara, *In.* La caña *An.*

LOPAC. pp. Moler el arroz en la primera vez, *Mag.* El arroz, *An.*

LOPACAYA. pp. Flojo, aragan. *Lopacayang tauo. Vm*, irse haciendo. Lo que, *In. Mag.* pc. Ser tal en el obrar. *Calopacayaan*, flojedad. Sinónomos *Anyaya.* pp. *Alisaga.* pc. *Tayog.* Vide *Tayo.* pc.

LOPAGUI. pp. Flojo, que no hace mas que sentarse sin mirar en donde, *Vm*, l. *Mag.* Donde, *An. Lopaguing tauo. Na*, estar así.

LOPAS. pp. Descáscarar cañas ó cocos, *Vm*, l. *Mag*. La cáscara, *In*. El coco, *An*.

LOPAYÁ. pp. Teson, aguante. Vide *Tagal*, con sus juegos.

LOPAYPAY. pc. Flaco en el andar, desmayarse de ánimo. *Sa lolopaypay*, estar asi, *Na*. Desconfiar, *Ang loob*.

LOPING. pc. El de orejas grandes y caidas. *Tauong loping*, l. *Maloping*, hombre de orejas grandes.

LOPING. pc. Camote. Vide *Lopingloping*.

LOPIPAY. pc. Lo mismo que *Lopaypay*. *Lopipaing tauo*, l. *tauong*, *lapipain*, hombre caido de ánimo.

LOPLOP. pc. Ponerse de rodillas las manos en el suelo, y sobre las rodillas la cabeza. *Salolop-lop*, l. *Vm*. Estar asi, *Naloloplopan nang pagal*.

LOPLOP. pc. Perfumar con mal olor á la recien-parida, ó al enfermo. Vide *Himaynat*, con sus juegos.

LOPLOPAN. pp. Fogon. *Nasaloplopan ang pusa*, el gato está en el fogon.

LOPÓ. pc. Juramento á su modo. Hacian este juramento sacando zacate de la ala del tejado, plomo, huevo y ceniza, y sobre todo juraban echándose mil maldiciones. *Mag*, jurar. *Linolopohan*, ser juramentado. *Minalopong ito*, maldicion: que te podrás.

LOPO. pc. Pescado asi llamado. *Nalopo*, ser picado de él.

LOPOC. pc. Abollar ó sumirse, bajarse, como la llaga ó postema cuando está blanda y la tocan. Vasija de metal ó barro cuando está aun fresca. *Vm*, hundirse. *Ma*, estarlo. *Ica*, l. *Naca*, la causa. *Pina*, hacer que lo esté: lo mismo que *Lompoc*.

LOPOC. pc. hinchazon de abervenado, cosa podrida, como madera ó caña. Vide *Lapoc*, *gapoc*, *dopoc*.

LOPOG. pp. Podrirse el palay por mucha agua. *Nalolopog ang palay nang tubig*, *natutunao*.

LOPONG. pp. Lo mismo que *Lipon*, y este es mas usado.

LOPOT. pp. Gastar la hacienda del todo, *Vm*. La hacienda, *In*. En que ó á donde, *An*. *Na*, andar por puertas. El que, *Na-an*.

LOPOY. pp. Vide *Locoy*, que es lo mismo.

LOPSAC. pc. Caerse la casa por estar podridas las ataduras, *Na*. *Mag*, arrasarla asi de golpe, cortando las ataduras. La casa, *Y*. A quien, *An*.

LORA. pc. Escupir, mofar, *Vm*. Lo que, *Y*. A quien, *An*. *Lod-an*. Sincop. Menospreciar escupiendo, *Man*. A quien, *Ipan*. Donde *Pan-an*.

LORANG. pp. Cóncabo. *Malorang*. Tambien *Malorang*. Lo mismo que *malambot*.

LORAY. pp. Vestigios de la calentura. A quien, *An*. Es Bisaya.

LORAY. pc. Lo mismo que *Dorog*, *molay*, *losay*.

LORAY. pp. Vide *Quiling*.

LORIT. pp. Leche de fruta pegajosa. *Malorit*, haberla: y se aplica comunmente al bayo. *Malorit na bunğa*, de buena sazon.

LORLOR. pc. Charco de agua en lo bajo, que cuando llueve se llena, y despues se seca. *Ang bòlobor sa lorlor*, *cun ulanin malonor*, *cun arauin*, *maloyo*.

LOROC. pp. Buscar algo en el agua con el *Tiquin*. *Vm*. Lo que busca, *In*. Vide *Iroc*, *aroc*.

LOSAB. pp. Morder algo con rabia, *Vm*. Lo que, *In*. Si mucho, *Mag*. *Pinag*. pc.

LOSAC. pp. Lodo, cieno. *Vm*, ir haciéndose *Mag*. pp. Enlodar. Al que, *An*. *Mag*. pc. Revolcarse en él. Donde, *Pag-an*. pc.

LOSAO. pp. Cosa derretida, como la sal en el agua, *Na*. La causa, *Ica*, l. *Naca*. *Malosao ang daan*, camino con lodo ralo. *Mag*, derretir, ó amasar pisoteando. Lo que, *In*, l. *Pinag*.

LOSAY. pp. Desmelenar, esparcir los cabellos, *Nagpapa*. Ellos, *Ipa*. De aqui *Longmolosay lamang nang pagparito*, venir como llovido, esto es venir sin traer nada. Vide *Saliro*, *losay*. pc.

LOSLOS. pc. Bajada de cordel ó cuesta. *Mag*, bajarlo. Lo que, *Y*. De aqui *Longmoloslos ang dugo sa paa*, bajar la sangre. *Napatiloslos*, resbalar cayendo. *Nagpapati*, deslizarse algo que no sea persona. *Vm*, bajar por cuesta. Por donde, *An*. La causa, *Y*. *Mag*, bajar otra cosa. Lo que, *Y*. Donde, *Pag-an*.

LOSOB. pp. Arremeter á otro, *Vm*. A quien, *In*. Vide *Songab*.

LOSOC. pc. Hundirse el pie en la tierra, *Na*. La causa, *Ica*. Donde, *Ca-an*. *Linosoc ang quinoha*, se desapareció. *Man*, quitar la cáscara á los patanes, habas, &c. Lo que, *In*. A quien se quita, *An*. Sinónomo. *Labnos*.

LOSOC. pc. *Losoc ang canang sunğay*, lo mismo que. *Polpol ang sunğay*.

LOSOD. Hundirse plomo, suelo de casa, &c. Vide *Losot* con sus juegos.

LOSOG. pc. Lozano, lo mismo que *Lagó*. *Malosog ang catao-an*. *Malacas*, de cuerpo fuerte y lozano.

LOSONG. pp. Saltar de alto á bajo. *Vm*, l. *Mag*, bajar, abalanzarse ó saltar. Por lo que va á coger, *In*. Donde, *An*. *Mag*, abajar algo llevándolo tras sí, ó empujando. Lo que, *Y*. A donde, *Pag-an*. *Ilolosong manoc*, á las cinco de la mañana. *Losong na palad*, sin ventura.

LOSONG. pp. Abaratar la mercadería, como comprarlo en cuatro, y venderlo en tres. *Nalosonglosong mura*. *Linosong mura ang laco co*. *Nalosong na ang halaga*, bajó el precio.

LOSONG. pp. Trabajar el esclavo el dia que le toca á su amo. *Vm*, acudir á eso. *In*, el dia. *An*, el amo *Magpa*, cobrar su dia. *Ipa*, dia. *Pina*, el esclavo. *Pinagpapalosong arao*.

LOSONG. pc. Pilon de arroz. *Losong manding napatayo*, parado como un pilon. *Losonglosonğan*. pp. Almirez.

LOSONG. pp. Sacar prenda por fuerza, *Mag*. Lo que, *In*. A quien, *An*.

LOSONGLOSONG. pp. *Maraming lonlon*, de muchas vueltas.

LOSOT. pc. Hundirse el pie en la tierra. *Na*, acaso. *Vm*, irse hundiendo. La causa, *Ica*. Donde, *An*. *Mag*, meterlo de propósito. Lo que, *Y*. Donde, *Pag-an*.

LOSOT. pc. Entrar por agujero de cerca, *Vm*. Donde, *An*. La causa, *Y*.

LOTAB. pp. Bocado que se dá á alguno, *Vm*. En que, *An*. Lo que, *In*.

LOTAC. pp. Irse pasando de sazon alguna fruta,

ó cosa semejante. *Vm*, irse propasando. Ser propasada, *In*. La causa, *Y*. Estar pasada, *Ma*. La causa, *Naca*, l. *Ica*. Donde, *Ca-an*.

LOTANG. pp. Boya, sobre-aguado, *Vm*, l. *Lolotanglotang*. La causa, *Ica*. *Magpa*, echar al agua la embarcacion para que se apriete. Ella, *Ipa*. Tambien cargarla bien para que boye. Ella, *In*. *Palotangin*.

LOTANHI. pc. Hacer algo con flema, *Mag*. Lo que, *Ipag*. *Naglolotanhi*, *nagpapacalaon*, tardon.

LOTAP. pp. Caspa como flema salada. *Nan*, tenerla. *Lotapin*. pc. El que la tiene.

LOTAR. pp. Ablandarse con el uso como el cuero, *Vm*. La causa, *Ica*, l. *Naca*. *Mag*, ablandarla. Lo que, *An*. Con que, *Y*. Vide *Lobsac*.

LOTAS. pc. Acabar, concluir pleito ó negocio. *Mag*, concluir. Los dos, *Nagca*. Estarlo, *Na*, l. *Nagca*. *Nacapagcaca*, el que dió órden para que se concluyese. *Pagcacalotas*, conclusion. *Anong calotasan ninyo*, en qué paró? Metáf. *Nagcalotas na cami*, ya nos apartamos.

LOTAY. pp. Ropa hecha pedazos. *Lotoy na ramit*. Vide tambien *Lotoy*.

LOTHÓ. pc. Salir de alguna parte, como rincon, entresacar, *Mag*. Lo que se deja, *An*, *Lot-hoan*. Lo que toma, *In*. Salir del escondrijo, *Vm*. *Nonotho*, l. *Nan*, andar entrando y saliendo receloso.

LOTLOT. pc. Desgranarse el arroz por muy seco. *Na*, l. *Nagcacalotlot*. Sinónomo *Lognas*. Vide tambien *Lathi*.

LOTÓ. pp. Cocido, guisado. *Mag*, cocer. Lo que, *Y*. Pero cocer bien, *Lotoin*. Todo lo que se guisa para llevar en el camino, *maloto*, *magmamaloto*, llevarlo; tambien *maloto ang pula*, color fino. *Nalololo*, irse cociendo al fuego. *Ualang macaloto nang quinacain co*, no tengo calor para digerir la comida.

LOTO. pc. Comprar la tuba con dinero ó con oro, *Vm*. Lo que, *In*. Venderla, *Mag*. Lo que, *Ipag*.

LOTOC. pc. Estallido de caña ó rama cuando se quiebra, y todo lo demas que asi se quiebra, como huevos, &c. *Vm*, el estallido, ó el hacerlo. La causa, *Ica*, l. *Naca*. *Na*, secarse mucho con el sol.

LOTOC. pc. Secarse el arroz con el sol. *Ang arao nacalolotoc sa palay*, lo mismo que *Nacalolotlot*.

LOTOCAN. pp. Bejucos que no se pueden hender ni labrar. *Lotoquin*, que fácilmente se quiebran.

LOTONG. pc. Cosa quebradiza á manera de vidrio, ú otra cosa por estar bien tostada, *Malotong*. *Vm*, irse haciendo como el *Totong*. La causa, *Ica*, l. *Naca*. *Mag*, hacerlo tal. Lo que, *In*, l. *Pinaca*. *Malotong na catao-an*, cuerpo delicado. Metáfora.

LOTONG. pc. Machin chiquito.

LOTOS. pp. Broma del navío: ser comido el navío de ella, *Linolotos*.

LOTOS. pp. Hundirse de repente debajo de la tierra, *Vm*. Donde, *An*. Hundirlo ó echarlo á pique, *Magpa*. Lo que, *Pina*. Donde, *Pagpa-an*. Á quien, *Pa-an*.

LOTOY. pc. Desmacelarse, quedar sin fuerzas ni aliento, como el borracho con el vino, el enfermo con la enfermedad. *Vm*, l. *Man*, ponerse asi. La causa, *Ica*, l. *Naca*, l. *Ipan*. Vide *Lata*.

LOTOY. pp. Ampolla qué causa el fuego. Vide *Lotay*, *lintog*.

LOTOY. pc. *Ualang lotoy rian*, lo mismo que *Ualang naalaman*.

LOUÁ. pc. Echar de la boca la comida no tragada, *Vm*, l. *Mag*. Lo que, *Y*. Donde ó á quien, *Louan*. Síncopa.

LOUA. pc. Palabra con que hacen parar al carabao. *Ang pagpapatahan sa anuang*.

LOUAC. pc. Empinarse el que se asoma para ver algo, ó irse trasponiendo de la otra parte del monte el que estando en la cumbre empezó á bajar, *Vm*. Llevar algo de la cumbre, *Mag*. Estar empinado, *Ma*. Donde, *Ca-an*.

LOUAC. pp. Gordura. Vide *Linouac*.

LOUAL. pc. Fuera, sacar, descubrir. *Saloual*, fuera. *Vm*. estar de asiento como el que vive fuera. *Magpapa*, sacar algo fuera, ó espender algo por otro. Por quien, *Ipinagpapa*. Á quien, *Pinalooualan*. Lo que, *Ipa*. *Loualan*. pp. El dinero que queda fuera para el gasto. *Nagpapaloual nang loob*, descubrir lo que tiene en el pecho, exponer el cuerpo al golpe. Lo que, *Ipa*. *Magpa*, suplir por otro la paga. Lo que, *Ipa*. Á quien, *Paan*, l. *Pagpaan*. *Napaloloual*, salir fuera del pueblo. *Napapaloual*, lo descubierto.

LOUALHATI. pp. Gloria, descanso, tener por bien. *Vm*, ir deseando ó gozando el descanso. La causa, *Ica*, l. *Naca*. *Maloualhati*, descansado. *Caloualhatian*, bienaventuranza. *Mag*, animarse, tener buen ánimo. Con que, *Ipag*. Tambien *Mag*, lo mismo que *magdalita*. *Magpa*. pp. Glorificar, hacer bienaventurado. *Ipagpa*, con que. Á quien, *Pina*. *Magpa*, pc. Recrearse como el que se tiende en una cama buena.

LOUALÓ. pc. Pescado martinico. Tambien *Itac na matalim ang dolo*, bolo agudo.

LOUALOY. pc. Impertinente en pedir ó alabar, *Maloualoy nang paghingi*. Lo que, *Ipag*. Á quien, *Pag-an*.

LOUALOY. pp. Culebra grande de agua.

LOUAN. pp. Una yerba gruesa que se cria en el mar, y tapa á los rios cuando hay viento grande.

LOUANG. pp. Dejar vacía la casa saliéndose todos los que están en ella, *Vm*. La casa dejada, *An*.

LOUANG. pp. Término señalado de sementera, que son diez brazas en cuadro. *Mag*, hacerlo.

LOUAS. pp. Lo mismo que *Loual*. Es comintang.

LOUAS. pc. Hacer jornada rio abajo. *Vm*. salir asi fuera. Lo que vá á traer, *In*. *Mag*, llevar. Lo que, *Y*.

LOUAT. pc. Perseverancia, teson, tardar en el camino. *Vm*, tardar asi. La causa, *Ica*, l. *Naca*. *Mag*, hacer algo despacio. Lo que, *In*. Tambien *Mag*, durar algo. *Malouat na cahoy*, durable.

LOUAY. pp. Irse despacio en lo que hace, *Vm*. Hacer algo asi, *Mag*. *Louaylouay*, poco á poco: se dice á las bestias.

LOYLOY. pc. Colgar, como papada, ó los pechos en muger vieja. Vide *Laylay*.

LOYOC. pp. Encarcar el arco, ó la rama arqueada por mucha fruta, *Vm*. La rama, *In*. Vide *Luyoc*.

LOYONG. pp. Ébano.

LOYONG. pp. Una palma de que hacen arcos para sus flechas.

L antes de U.

LUAY. pp. Vide *Louay.*
LUAY. pc. Vide *Louay.*
LUBAC. pc. El hueco que queda donde quita algo. *Mag*, hacer el hueco. Donde, *An*. *Na*, abollarse algo. De aqui *Lubac na ang manḡa pisnḡi*, mejillas consumidas.
LUBAY. pc. Cosa floja por no apretada. *Vm*, ir aflojando. La causa, *Ica*, l. *Naca*. *Mag*, aflojarlo. Lo que, si hecho, *An*. Si por hacer, *Pacalubain*. De aqui, *malobay na loob*, manso.
LUBAY. pc. Aplacar, ó irse aplacando el enojado, *Vm*. *Malubay*, oro bajo.
LUBAYAN. pp. Los cordeles en que se forma la red.
LUBHÁ. pc. Mucho, demasiado, empeorar. Es palabra de superlativo. *Lubhà cang masipag*, eres muy diligente. Con el *Ma*, se exagera mas. *Malubhà na*, estar á la muerte. *Vm*, crecer, aventajarse, &c. *Lungmolubhà ang may saquit*. Y si mucho *Mag*. *Nalulubhaanan si cuan nang saquit, lagnat, lanḡo, payal*, &c, está muy enfermo fulano, muy malo de calentura, de trabajo, de borrachera, &c. La causa, *Ica*, l. *Naca*. *Naglulubhà ca sa aquin, ang di cata hampasin*, te demasías conmigo, porque no te azoto. Lo que, si hecho, *An*, l. *An-an:* tiene estas dos pasivas. *An*, l. *An-an*. Si por hacer, *Pacalubhain*, pero no *Lubhanin*.
LUBIGAN. pc. Una yerba hedionda.
LUBILUBI. pc. La escorzonera, planta.
LUBIR. pp. Mecate, cordel, maroma, soga, hebra. *Vm*, l. *Man*, hacerlo. Lo que, *Lubirin*. *Mag*, ensartar la aguja. La aguja, *An*. *Lubiran*.
LUBO. pc. Hoyo en la barba, ó en las mejillas. *Mey caloboan sa pisnḡi*, tiene hoyos en los carrillos.
LUBOG. pc. Hundir. Vide *Lobog*.
LUBSAC. pc. Podrirse la fruta ó la ropa por vieja, *Na*, La causa, *Ica*, l. *Naca*. Vide *Luma*.
LUBOS. pc. Todo, todos, acabar del todo, *Mag*. Ser acabado, *In*. *Na*, estarlo. *Lubus na puti, tampalasang lubos*, fino, acendrado. Vide *Tunay*. pp. *Pusacal*, pc. *Tibubos*. Tambien *Dalisay*. pp. *Mistolà*. pp. *Busabus*. pp. *Sacdal*. pp. *Cabod*.
LUBYAC. pc. aflojarse lo tirante hácia al medio. La causa, *Ica*, l. *Naca*.
LUCBA. pc. Vide *Lucma*. pc.
LUCBAN. pc. Naranjas. *Vm*, haberlas, no habiendo habido antes. *Mag*, venderlas. *Lucbanan*, naranjal.
LUCUÁ. pc. Rebosar lo que hubiere con el calor, *Vm*. La causa, *Ica*, l. *Naca*. La olla, *An*. *Magpa*, hacer rebosar. Lo que, *In*.
LUGANDA. pc. Vide *Lugaslas*.
LUGASLAS. pc. Jugar dándose pellizcos, tirándose de las manos. *Naglulugaslas sila*, lo mismo que. *Nagbibiroan, nagcocorotan, nagcacalabitan*.
LUGAY. pp. Vide *Logay, pugay*.
LUGAYAC. pp. Desmacelamiento de flojo. *Na*. andar asi. *Malugayac na bolobor, malangha*.
LUGAYAC. pp. Inclinarse la hoja del árbol hácia la tierra, *Mag*. Vide *Tonḡo*, con sus juegos.
LUGBAS. pc. Dejar en cueros. *Nalugbasan aco*, me dejaron en cueros.
LUGBO. pc. Zambullirse en el agua. Vide *Logbo*.
LUGUI. pp. Lo mismo que *Panḡologui*.
LOGTA. pc. Vide *Patid*, con sus juegos.
LUGUÁ. pc. Vide *Logua*.
LUMAHAN. pp. Pescado llamado caballas.
LUMAY. pc. Hechizos para enamorar. *Mag*, hechizar asi.
LUMANAY. pp. Un arbolillo, por otro nombre *Agoyoy*.
LUMAON. pc. Machora, que no pare: asi Fr. Francisco.
LUMBA. pc. Apostar á quien acaba mas presto. *Mag*, en cosa sin término señalado. Con término señalado, *maglumbaan*. Sobre qué sin término, *Pinag-an*. Con él, *Pinag-anan*.
LUMBALUMBA. pc. Un pescado.
LUMBABA. pc. Arrimar la mano á la mejilla, como el que está triste, *Nanḡanḡalumbaba*.
LUMBAC. pc. Salto á pie puntillas. *Vm*, saltar asi. Donde, *An*. La causa, *Y*. *Lumbaclumbac*, andar saltando asi.
LUMBANG. pc. Un árbol cuya fruta del mismo nombre sirbe para aceite.
LUMBAY. pc. Tristeza, afliccion. *Na*. estar triste. La causa, *Ica*, l. *Naca*. Sobre qué, *Ca-an*. *Vm*, l. *Man*, causarla otro. Á quien. *In*. *Calumbayan*, tristeza. *Naquiquinalulumbay sa nagpipighati*, estar triste con el triste. *Nagcaca*, estar tristes. *Nagcacalumbayan*, entristecerse con otro que no está como él, l. é contra. *Nagmamacalumbaylumbay*, mover á tristeza, *Magpapa*, hacer por donde se entristezcan con él. *Malumbain*, triston. pp. *Malulumbain*, pc. El que una ú otra vez. *Nagmamalumbay*, andar triste.
LUMBAT. pc Martavana con barniz: es reluciente.
LUMBI. pc. Vide *Lumpi*.
LUMI. pp. Delicada. Vide *Lambing*. *Caugalian nang babaye ang nalumig*, lo mismo *Malambing*.
LUMIS. pp. Acabarse la hacienda, *Na*. Á quien, *Nalulumisan*.
LUMOOB. pp. *Sanglumoob*, vara y media. Asi el Padre Ros.
LUMPAT. pc. Vide *Lompat, ona*.
LUMPAY. pc. Bazo del hombre ó animal.
LUMPI. pc. Lábios colorados con el buyo. *Mag*, relamerse con el buyo para poner los lábios colorados. *In*, ser relamido, ó el lábio colorado con el buyo.
LUMPOT. pc. Echar paño sobre la cabeza como las mugeres, *Mag*. El paño, *In*. Ser echado así ú á otro, *An*.
LUNÁ. pp. Vide *Lona*, almejas.
LUNAC. pc. Estar madura, en sazon la fruta, *Vm*. La causa, *Ica*, l. *Naca*. *Magpa*, madurarla. *Pina*, ser madurada.
LUNAC. pc. *Lunac na catao-an: Magandang catao-an*. *Vm*, ponerse asi, l. *Magpapa*, darle todo el regalo. El cuerpo, *Pinalulunac*.
LUNAS. Vide *Lonas*. Contraveneno.
LUNAY. pp. Vide *Lonay*.
LUNIYÁ. pc. Amancebarse. Vide *Calunyà*.
LUNGAL. pc. El niño que se muere ó en el vien-

tre, ó por nacer antes del tiempo, *Nalungal ang laman sa tian. Nalungalan ang babaye.* La causa, *Ica*, l. *Naca.*

LUNGHÁ. pc. Asomar el medio cuerpo. El que, *Vm.* Lo que, *Y.*

LUPA. pp. Tierra, barro. *Mag*, poseer tierra, acarrearla, echarla en alguna parte. *Lumupa.* pc. Conocer la tierra. *Linulupa.* pc. Ser conocida. *Linulupa.* pp. Ser poseida. *Mag.* pc. Reconocer la tierra, si hay madera, &c. *Marunong mag lupa*, sabe. Vide *Lamac.*

LUPAC. pc. Vide *Lopac.*

LUPAC. pc. Vide *Opac.*

LUPACAYA. pp. Vide *Lopacaya.*

LUPALOP. pp. Lugar donde suele estar uno de asiento, como sementera: *Yaon ang lupalop mo. Nag*, vivir como de asiento alli. Vide Tambien *Lubalob.*

LUPALOP. pp. El enfermo que todavía anda inclinado y flaco. *Lulupalupalop.*

LUPANIT. pp. Cruel. *Vm*, hacer crueldades.

LUPAO. pp. Un cesto hondo y angosto.

LUPÍ. pc. Doblar la orilla del paño ó manto, ó la hoja de papel, *Vm.* Lo que, *In.* La vestidura, ó á quien, *Lup-an.* Síncop. *Pacalup-in mo nang banig. Luping*, sombrero doblado.

LUPI. pc. Orejas caidas como las del perro. *Vm*, tenerlas asi. *Y*, ser bajadas.

LUPIG. pp. Robar, hacer esclavo al libre, *Vm.* Lo que quita, *In.* Á quien, *An. Manlulupig*, robador.

LUPING. pc. Caimiento de orejas, *Lupingluping ang taiñga*, de orejas caidas.

LUPINGPING. pc. Vide *Luping.*

LUPIT. pp. Concluir pleitos por via de concierto.

LUPIT. pc. Feo, vil, afear, suciedad, asco de cosa sucia. *Na*, tener asco, abominar de algo. De que, *Quinalulupitan.* La causa, *Ica*, l. *Naca. Malupit*, pc. Cosa fea, abominable, &c. *Calupitlupit*, en estremo. *Vm*, irse poniendo tal. La causa, *Ica*, l. *Naca. Maluluptin*, Síncop. El que fácilmente tiene asco. *Nagcaca*, tener mucho asco. *Nagcacalupitan*, abominarse mútuo. *Nagmamacalupit*, mover á asco. *Nagpapa*, hacer por donde á él tengan asco. *Nacalulupit*, afear algo con pecados. Lo que, *An.* l. *Na-an. Houag mong lupitan nang sala ang Caloloua mo*, no afees tu alma con las culpas.

LUPONG. pp. Vide *Lopong.*

LUSOB. pp. Vide *Losab*, *songab.*

LUSOC. pp. Vide *Losot.*

LUTAP. pp. Vide *Lotap.*

LUUIT. pc. Cordel Vide *Lubir.*

LUYA. pp. Agengibre.

LUYALUYA. pc. Yerba.

LUYANUSIU. pp Agengibre silvestre muy picante. *Naluluya mandin ang mata*, se dice del áspero y sacudido.

LUYO. pc. Engaño con palabras para cosa mala. *Vm*, engañar. Á quien, *In.* Vide *Dagil.*

LUYOC. pp. Un pedazo de bejuco de los muy gruesos, machucado por la punta con que limpian los cañutos en que echan la tuba. *Nan*, limpiar asi. Lo que se limpia, *Linoloyocan.*

LUYONG. pp. *Loyong*, ébano.

LUYOS. pp. Palma, bellota.

DE LA LETRA M.

M antes de A.

MA. pc. Chiton.

MAANG. pp. Divertido, abobado. *Mamaangmaang* andar asi. Sinónomos *Tanga*, *manĝa*, *tunĝag*, *mangmang*, *timang*, *hanĝal*, *manĝal*, Vide *honghang* y *baliu.*

MAAPON. pp. Hongos negros, medianos.

MABOLO. pp. Una fruta colorada por afuera, blanca por adentro.

MABOHANĜIN. pp. Una yerba.

MACABIG-AT. pp. Cerbatillo algo grande.

MACABUHAY. pp. Una especie de bejuco medicinal. Yerba.

MACABUHAY AETA. pp. Un árbol.

MACABIYÁ. pp. La planta llamada vergonzosa.

MACAYSA. pc. Un árbol cuya fruta se echa como tuba al pescado: sirve tambien de purga. Sinón. *Camaysa.*

MACALALANDANG SUSO. pp. Vide *Dapa.*

MACALALANDONG SUSU. pp. El lenguado, pescado que dicen hace crecer las tetas. Vide *Dapá.*

MACALALAUANG. pp. Yerba de paridas. Sinónomo. *Casupanĝil.*

MACALAUA. pc. Pasado mañana. *Quinamamacalauahan*, el tercer dia respecto del primero.

MACALAUA. pc. Dos veces, doblado, ó dos tantos mas. *Macalauang lalong magaling*, dos tantos mas bueno.

MACALPI. pc. Un género de naranjo que sirbe de jabon.

MACAPANIS. pp. El bohotes, estrella arcturus.

MACAPAT. pp. Arroz que dá en cuatro meses. *Macapatan*, sementera en donde.

MACASAL. pp. Género de arroz estimado.

MACASAMPALOC. pp. Lo mismo que *Sampaloc.*

MACASIPOL BONOT. pp. Coco que tiene ya un poco de carne.

MACMAC. pc. Vide *Magmag* sinónomo.

MACMAC. pc. Úsase con la negativa. *Uala acong macmac niyan*, lo mismo que *Uala acong malaymalay.*

MACTOL. pc. Vide *Tampo*, con sus juegos.

MACUPA. pp. Árbol que dá una fruta colorada por de fuera, por dentro blanca.

MAQUILIG. pc. Una mata que echa hojas como terciopelo.

MACQUIN. pp. Pues cómo? Vide *Baquin*, l. *Baquit.*

MACYAT. pc. Subir. Vide *Aquiat.*

MAGA. pc. Vide *Baga.*

MAGACPAC. pc. Alear el ave, Vide *Pagacpac.*

MAGASANG. pc. Un género de arroz.

MAGCAGULANG. pc. *Man saan*, para siempre.

MAGCANO. pp. Cuanto, qué tanto. *Nagmagcacano*, en cuanto está apreciado. *Minamagcano*, en cuanto se aprecia. *Mamagcanohin mo caya ito*, en cuanto apreciarás esto. *Magcanocano man*, por mas que sea tal, v. g. feo, bueno ó malo, &c. *Magcanohan*, de cuantas gantas es esta medida, ó á como se vende este vino.

MAGHÁ. pc. Nubes.

MAGUINOO. pp. Noble, principal, señor. *Mag*, hacerse no siéndolo. *Ipag*, la causa. *Pag-han*, ante quien. *Pagca guinoo*, ó *caguinoohan*, principalía.

MAGLINSI. pc. Albaca de rio.

MAGMAG. pc. Tonto, necio, juicio, sentido, entender algo. *Namamagmagan*, entender algo. *Quinamamagmagan*, no sabe lo que hace.

MAGOSGOS. pc. Chocho.

MAGPALAYLAY. pc. *Bathala*. Vide.

MAGSUHAY. pp. Género de arroz.

MAHAL. pc. Caro, de mucho valor, precioso, noble. *Mag*, hacerse de estimar. *In*, lo que es estimado. *Camahalan*. l. *Camahanlan*. pc. Abstracto. *Nananahal*, l. *Namamahal ang laco*, encarecerse. *Magpaca*, ensalzar á otro. *Pinagpapaca*, lo que. *Pinapaguiguingmahal co siya*, lo levanté á noble.

MAHANG. pc. Pensar algo con cuidado, *Mag*. Lo que, *In*. Si mucho, *Pinag*. *Mahangmahang nang tumangap aco nang biyaya mo sa aquin*, tan fácil es que yo admita tu oferta.

MAHANG̃A. pp. Mas vale, mas valiera que. *Mahang̃a,i, houag naguing tauo*, mejor fuera no haber sido hombre.

MAHARLICA. pc. El libre. *In*, ser libertado. *Mag*, el esclavo que se trata como libre.

MAHINHIN. pp. Vide *Macahiya*, yerba llamada vergonzosa.

MA-Y. pc. Palabra preñada. *May maing uica*.

MAIS. pp. Ojeriza. *Mag*, tenerla. Á quien se tiene, *Pinagmamaisan*. *Mapagmais*. Frecuent.

MALA. pc. Enjugar algo, *Magpapa*. Lo que, *Ipinamama*. *Namamala*.

MALAYTA. pc. Irse oscureciendo el dia, *Mag*. Vide *Silim*.

MALABACAY. pp. Un género de bejuco.

MALABANOS. pp. Un género de anguila muy espinosa.

MALABANAC. pp. Pescado como lisas.

MALABANAG. pp. Una enredadera.

MALABATO. pc. La espiga del arroz cuando está colorada.

MALABAYAUAC. pp. Caimancillo chiquito. Itt. Santores medio verdes.

MALABIBI. pp. Tinajuela pequeña y lustrosa.

MALABIGA. pp. Vide *Balabiga*.

MALABOHOC. pc. Una yerba como cabellos.

MALABUGUI. pc. Macupa silvestre.

MALAC. pc. Noticia, ciencia. *Dili co namamalacan*, no le conozco, no tengo ciencia de él. *Camalacmalac iyang tauong iyan*, es hombre conocido.

MALACABUYAO. pp. Un género de árbol parecido al naranjo.

MALACALING̃AG. pp. Árbol como la canela.

MALACALAO. pc. Vide *Calao*.

MALACALUMPANG. pc. Un árbol parecido al calumpan.

MALACANDOLI. pp. Un género de botete venenoso.

MALACAPAS. pp. Un género de pescado.

MALACAPIS. pc. Un arbolillo como buyo.

MALACATMON. pc. Un género de árbol que destila agua muy medicinal para calenturas.

MALACAUAYAN. pp. Un género de zacate que tiene virtudes como la grama.

MALACOCO. pp. Cosa tibia *Mag*, ponerse tal. Es algo mas que *malahining̃a*.

MALACUTCURAN. pp. Una yerba. Es la vetónica.

MALADAGABAS. pc. Lo mismo que *Malapaco*.

MALARAYAP. pp. Un género semejante á la alcaparra, cuyas hojas curan las postemas.

MALARUHAT. pp. Un árbol como el lomboy.

MALAGA. pc. Descaecido de hambre. *Namamalaga cun cumain, at ang ualang olam*.

MALAGAMAO. pc. Un género de botete.

MALAGATAS. pc. El arroz cuando está en leche.

MALAGATAUIN. pp. Un árbol.

MALAGOD. pp. Muy flaco. *Namamalagod nang cayayatan*, lo mismo que *Halos mamatay nang cayayatan*.

MALAGUIHAY. pp. Verde y en baina como frijoles.

MALAGUING. pc. *Di namamalaguing sa aquin*, no hace caso de mí. Vide *Malbing*.

MALAGUING. pc. Hacerse sordo no oir. *Hindi siya namalaguing nang uica*, lo mismo que *Hindi naquiquinig*.

MALAGMAT. pc. Madera buena para bancas.

MALAGQUIT. pc. Un género de arroz.

MALAHACAN. pp. Muñidor, caporal. *Mag*, muñir. Sinónomo *Dambong*.

MALAHANIP. pp. Una enredadera.

MALAHÍ. pp. Vide *Lahi*.

MALAHINABUYAN. pp. Ropa que por usada se vá rompiendo.

MALAHINHIN. pc. Agua tibia. *Mag*, ponerse tal.

MALAHINING̃A. pc. Tibio. Vide *Malacoco*.

MALAHIPON. pp. Coco que vá ya madurando.

MALAITMO. pc. Una enredadera ó mata como lagundi.

MALALANG̃IT. pp. Una enredadera. Sinónomo *Colocanting*.

MALALAUAS. pp. Una yerba pequeña que nace debajo del agua.

MALAYNIBAY. pp. El que está medio borracho, *Mag*. La causa, *Ica*, l. *Naca*. Frecuent. *Mapag*.

MALAIS. pp. Agua edionda, *malangtot*. *Tubig na namamalais*. pp. *Malabo, at mey colaba sa ibabao*.

MALAMA. pc. Vide *Mitht*.

MALAMAYA. pp. Gallina muy colorada que tira á negra.

MALANASÍ. pp. Plátano, pepita verde. Es palabra pampanga, pero muy usada.

MALANG̃OTNG̃OT. pc. Vide *Mang̃otng̃ot*.

MALANMAN. pc. Comprender, retener lo que sabe ú oye, *Mag*. Lo que, *Na-an*.

MALANTONG̃AN. pp. Vide *Mantong̃an*.

MALAUBI. pp. Una enredadera.

MALAPACO. pc. Una yerba.

MALAPANGDAN. pc. Polipodio espinoso. Un árbol.

MALAPINANGOSAN. pc. Vide *Yomi*.

MALAPOGÓ. pp. Pollo muy pequeño.
MALAPUTAT. pp. Un género de madera fuerte.
MARONRON. pc. Un árbol blanco.
MALAS. pp. Enterarse bien con la vista. *Naca*, haberse enterado. *Na-an*, ser enterado de algo. De propósito, *Mag*. Lo que, *In*.
MALASAGUING. pp. Un género de pescado de sementera, por otro nombre *Bocnos*. Tambien un árbol.
MALASAUA. pc. Enredadera, cuyo palo cura las heridas.
MALASIAY. pp. Bejuco que sirve para el arco.
MALASMAS. pc. Entender, penetrar, percibir, *Mag*. Lo que, *In*. Si mucho, *Pacamalasmasin*. Frecuent. *Mapagmalasmas*.
MALASTIGUI. pc. Muy enojado.
MALAT. pc. Carraspera, ronquera. *Namamalat*, el que está ronco. *Magpapaca*, el que mucho. *Camalatan*, ronquera. Verbal, *Pagcamalat*, l. *Pamamalat*. Sinónomos *Paos*, l. *Payaos*.
MALAON. pc. Puerca de monte que ya pare.
MALATAMBAN. pc. Olas pequeñas del mar.
MALATANDOC. pc. Cuerno de carabao pequeño, ó ciervo.
MALATOCO. pc. Árbol cuya corteza sirve de jabon.
MALATUBA. pc. Gallo cuyo pelo tira á colorado.
MALATUBIG. pc. Una madera asi llamada.
MALAUAY. pp. Un género de pescado.
MALAUICA. pp. Hablador. *Mag*, serlo.
MALAUIUAS. pp. Grama de tejado.
MALAY. pp. Entender, sentido, vislumbre. *Mey malay na aco*, tengo vislumbres.
MALAIBA. pp. Un género de árbol muy pequeño, medicina para preserbar de viruelas.
MALAYMAY. pc. Vide *Malay*.
MALBING. pc. Vide *Palbing*. pc. *Malaguing*.
MALIPTO. pc. Vide *Libton*.
MALIANA. pp. Una yerba como el torongil.
MALÍ. pc. Yerro. *Magca*, errar algo. En que, *Pagcamalian*, l. *Pagcamal-an*, Síncopa. *Nagmamalimalian*, fingir, errar, ó equivocarse.
MALICASCAS. pc. Resquebrajamiento de tierra por mucho calor. *Mag*, estar asi la tierra. La causa. *Ipag*.
MALICMATÁ. pp. Juego de manos. *Mag*, hacer este juego. Á quien, *Pinagmamalicmataan*. Con que, *Ipag*. Sinónom. *Taguibulag*.
MALIGOY. pc. Vide *Cobol*.
MALILANG. pp. Pólvora, piedra azufre.
MALIM. pp. Piloto. *Mag*, pilotear. En que, *Pag-an*.
MALIMACAN. pp Caracol en que tenian superstticion.
MALIMALI. pp. Hacer ostentacion. Vide *Parangalan*.
MALIMANGO. pp. Un género de pescado, como atun.
MALIMIT. pp. Un cesto de bejuco.
MALINGA. pp. Una como calabaza de que se hace dulce.
MALINA. pp. *Malina ang babaye*, como una ninfa.
MALINGMING. pc. Aturdir, atronar. *Namalingmingan*, á quien sucedió. *Nagmamalingmalingmingan*, el que se finge.
MALINGMINGAN. pc. Aturdir á otro con golpe, *Naca*. *Na*, l. *Na-an*, estarlo.
MALIO. pp. Engaño de ojo ó vista, perderse el color, *Mag*. En que, *Ipinag*. El que es visto, *Pinagmamaliuan*. *Mapagmaliu*, frecuentat. *Nagmamaliu ang tingin co*, voy perdiendo la vista.
MALIPOTO. pc. Hombre bajo de cuerpo y redondo, *Malipotong tauo*.
MALISA. pp. La planta de la pimienta.
MALIT. pp. Una yerba que nace en las sementeras.
MALITMIT. pc. Un género de árbol de que hácen bancas.
MALMÁ. pp. Crecer la enfermedad al cabo. *Namamalma*, *naglulub-ha ang saquit*.
MALÓ. pc. Género de navío grande. *Nag*, tratar y vivir en él.
MALOBAY. pc. Un oro de bajos quilátes asi llamado: ya no se usa.
MALOCAG. pp. Erizarse el cuero de animales ó pescado. *Ma*, azorarse. *Papamalocaguin*, hacer que esté.
MALOMA. pp. Cosa que ha quedado de otra cantidad mayor que se fué gastando, *Malomang palay*.
MALOMPAYAC. pp. Un género de banga chata. Vide *Malimpayac*.
MALONG. pp. Andar manando el agüa. *Namamalong*. Vide *Balong*, *palong*,
MALONG. pp. Mostrar valentía como amenazando. Es metáfora de *Palong*.
MALOPIT. pc. Vide *Lupit*.
MALOQUÍ. pc. Doblar la punta de algo. Vide *Lantic*.
MAMÁ. pp. Tio, menor que el padre ó madre: cualquier pariente de padre ó madre, padrastro.
MAMÁ. pc. *Namama*, comer buyo, ó hacerlo. *Minamama*, lo que. *Mam-in*, el buyo. *Mamhinan*. pp. Cajuela de buyo. *Magmam-in*, vender buyo. *Man*, ir á buscarlo,
MAMABOY. pp. Abutarda. Mejor *Camaboy*.
MAMAC. pp. Las migajuelas que se pegan fuera de la boca, como á los niños.
MAMALI. pp. Pescado bocadulce.
MAMAD. pc. Amarillo: tambien *Mahina*.
MAMANGCAL. pc. Vide *Manobalang*.
MAMALIS. pc. El árbol escobilla.
MAMANHAN. pc. Maravillarse ó espantarse, *Magca*; De lo que, *Ipinagcaca*. *Gauang ipinagcacamamanghan*, obra maravillosa, *Camanghan*, síncopa, espanto.
MAMARANG. pp. Hongos blancos medianos.
MAMAYA. pc. Despues de aqui á un rato: es un medio entre *Tambing*, y *saca*. *Mayamaya*, de aqui á un rato. *Mamayamaya*, una ú otra vez. *Mag*, irse poco á poco en el trabajo. *Nagpapamayamaya*, dilatar para de aqui á un rato.
MAMBAN. pc. Lo mismo que *Banban*.
MAMBI. pc. Vide *Gambi*, *palauica*, hablador.
MAMBO. pc. Vide *Pambo*.
MAMBOG. pc. Un árbol cuyas hojas son medicina para hinchazones.
MAM-IN. pc. El buyo con sus ingredientes. *Mag*, tratar en buyos. *Minamam-in niya aco*, *arao arao*, murmura de mí de ordinario, ó me trae entre dientes.
MAMIPIS. pc. *Pipis*. Vide.
MAMIS. pp. Unos cocos dulces.
MAM-IS. pc. *Mapanispanis na*, revenido.
MAMITOIN. pp. Un génere de pato.

MAMONG-OL. pc. Venado que muda los cuernos.

MANAA. pc. Ecce he aqui.

MANA. pp. Herencia. *Mag*, heredar. Lo que, *Hin*. *Magpa*, dejar herencia. *Ipa*, lo que. *Pagmamanahan*, á quien. *Pamana*, verbal. *Camanahan*. pc. La parte.

MANACANACA. pc. Despues de mucho tiempo. *Tauong manacanacang magconfesar*, de tarde en tarde se confiesa. *Mag*, hacer ó venir de tarde en tarde. Á quien, ó á que, *Pag-an*.

MANACTAC. pc. Hablar sin pies ni cabeza. *Mananactac*, el que habla asi. *Pinagmamanactacan aco niya*, me habla sin ton ni son.

MANAG. pp. Echar claridad como el sol. Sale de *Banag*; pero el usado es *banaag*.

MANAMANA. pc. mofar, escarnecer, *Mag*. De quien, *Hin*.

MANANAGUISAMA. pc. Hechicera. Vide *Taguisama*.

MANANAMPAL. pc. Un género de camarones.

MANANAYOM. pp. Pájaro solitario.

MANANIG. pp. Mono grande.

MANANIR. pp. Lo mismo.

MANAO. pp. Vide *Panao*.

MANAPAT. pc. Peso igual sin engaño.

MANAS. pc. Vide *Pamanas*, l. *Banas*.

MANAY. pp. Lo mismo que *Munay*.

MANCOC. pc. Taza ó escudilla grande.

MANCOCOTOR. pp. Ídolo suyo.

MANCQUIT. pc. Cardillo como amores secos.

MANDA. pc. Lo mismo que *Manaa*.

MANDALA. pc. Monton de arroz por trillar. *Mag*, hacerlo. Nombre, *Mapagmandala*. Tambien es trox.

MANDARALAG. pc. Culebra larga de color pardo.

MANDARANGCAL. pc. Un género de gusano.

MANDIN. pc. Parece, sin duda. *Tauo mandin*, parece. Sinónomo *Anaqui*; pero si se le junta adverbio, que significa realmente, entonces significa lo mismo que el adverbio, como *Siya n̄ga mandin*, él es en realidad.

MANDOROGOL. pc. Un pájaro negro.

MANDOROGO. pc. Un género de arroz.

MAN̄GA. pc. Partícula de plural. Tambien tonto, mentecato. *Nagmamanḡamanḡahan*, fingirse tal. Sinónomos. *Maang, tanḡa, tunḡag, mangmang, timang, hanḡal, manḡal*. Vide estos, con sus juegos.

MAN̄GAL. pp. Tonto, embobarse. *Ma*, hacerse tal. Vide *Manḡa*. pp.

MAN̄GAL. pc. Ceño con enojo.

MAN̄GANON̄GANO. pc. Significa cuanto, qué tanto, *Di manḡanonḡanong hirap*. Mudando la *M* en *N*, *Nanḡanonḡano cayo rian sa manḡa bata?* Qué haceis á esos muchachos? Vide *Ano*.

MAN̄GAYAO. pc. Salteador. *Nanḡanḡayao*, saltear. Á quien, *In*, l. *Pinanḡa*.

MANGCAL. pc. Vide *Manḡal*. pc.

MANGHÁ. pc. Exasperar, reñir á otro teniéndolo por culpado no teniendo culpa.

MANHA. pc. Crecer ó hacer algo con facilidad. *Nagaaamangha siyang magalit*.

MANGHAN. pc. Admirarse, *Magcaca*. La causa ó de que, *ipinagcaca*.

MANGHOR. pc. Haragan, que vive de mogollon, *Mag*.

MANGLIT. pc. Vide *Iua*.

MANGLOY. pc. Llamar de lejos al perro cuando cazan, *Mag*, Á quien, *An*.

MANGMANG. pc. Tonto, necio, falto de memoria.

MAN̄GON̄GOBOR. pp. Un pájaro.

MANGUILIR. pp. *Aco,i, manananguilir*: es palabra cortés para decir *aco,i, may ilaguin*, voy á escretar, á hacer del cuerpo.

MANGSA. pc. Vide *Bansag*, y sus juegos.

MANGYIAN. pc. Negrillo de monte. Vide *Banguian*.

MANGYARI. pp. Poder hacer sin inconveniente. *Mangyaring gumaua*, se le puede anteponer *Maca*. Tiene el presente *mangyayari*.

MANGHAO. pc. Abundar de alguna cosa. Vide *Panghao*.

MANHIHILAGA. pp. Un gavilan blanco llamado asi en el comintang. *Dinaguit nang manhihilagà ang sisiu. co.* En la Laguna lo llaman *Pira*.

MANHIR. pc. Calambre. Vide *Pamamanhid*. pc.

MANI. pc. Una frutilla que nace debajo de la tierra, y es el cacauate de Nueva España: es palabra de las islas de Barlovento ya tagalizada; y asi dicen *manihan*, el lugar donde se siembran.

MANIBOLNIBOL. pp. Vide *Sibol*.

MANIC. pp. Aljofar, cuentas de vidrio.

MANICAN. pp. Un género de mata ó arbolillo.

MANILONG. pp. Mes, luna, *Sangbuan*, ó *sangmanilong*, anticuado, pero que alguna vez lo usan.

MANIN̄GAS. pp. Lo mismo que *Manilong*.

MANIMOG. pp. *Timog*.

MANIT. pp. Lo mismo que *Panit* ó *Himanit*.

MANIN̄GALANG PUGAD. pp. Gallina que ya pone huevos.

MANLILIPA. pc. Un género de hormigas que tiran á negro, que pican solo al pasar por la carne.

MANMAN. pc. Comprender, *Mag*. Lo que, *In*. Vide *Himanman*.

MANOBALANG. pc. Fruta que se vá ya madurando: no admite *Vm*; solo tiene *Mag*.

MANOC. pc. Agüero. *Mag*, atender á los agüeros. En que, *Pinagmamanucan*.

MANOC. pc. Ave, gallina, macho ó hembra, grande ó chico. *Mag*, criarlas, tenerlas, buscarlas ó tratar en ellas. *Napag-an*, lo buscado con ellas. *Pinapagmanoc*, á quien obligan á pagar con ellas su tributo.

MANOCMANOC. pp. Figuras de aves en pinturas ó labor.

MANUSIA. pc. *Pagaanito*.

MANSALAY. pp. Árbol.

MANSINAYA. pp. *Pagaanito*.

MANSIGUIT. pp. Iglesia.

MANSONG. pc. Hablar irónicamente, fingir, *Mag*. Lo que, *Ipag*: Donde, *An*.

MANTAL. pc. Un poco hinchado. Vide *Pamantal*.

MANTALA. pc. Palabras á manera de conjuros ó ensalmos. *Mag*, decirlas. *Pinagmamantalahaan*, en qué, ó sobre qué. *Magpa*, mandarlo. *Papagmantalahin*, á quien. *Han*, en que. *Mapagmantala*, nombre.

MANTO. pc. Despues, al anochecer. *Manto mo gauin*. *Camanto*, ayer tarde ó anoche.

MANOGANG. pp. Yerno.

MANOHAG. pp. Vide *Pohag*.

MANUTUB. pc. Cualquier polluelo ó ave que empieza á volar, menos el pato de monte, que es *Malatogui*.

MANUYO. pp. Vide *Soyo.*

MANYA. pc. Aseo en el trage ó vestido. *Mag*, asearse. *Ipag*, con que ó porque. Ante quien, *Pag-han*. Es palabra española.

MANYAYANGO. pp. Asi llaman en *Silangan* á una sierpe que vuela: en Manila, *Hinyayangò:* en Batan, *Galacgac.*

MAPOLONG. pp. Las siete cabrillas, las rayas de la romana.

MARALAG. pp. Oro el mas bajo de todos.

MARALI. pc. Fácil, apriesa. Vide *Dali.*

MARAMOT. pp. Avariento. Vide *Damot.*

MARAPON. pc. Manta de dos colores.

MARHOYA. pp. Fruta de sarten. *Mag*, hacerla. *Ipag*, la causa. *In*, la harina. *Pagmadhoyaan*, lugar. Sinónomo *Badhoya.* Vide *Sinanday.*

MARINTIC. pc. Género de arroz.

MARLA. pc. Mucho, muchas cosas, muchas veces. Se distingue de *marami*; porque éste es muchedumbre numerable y junta. *Marla*, es muchedumbre esparcida, que no se puede numerar.

MARMAR. pc. Una enfermedad que pone pálido y pesado al hombre. Vide *Mamar.*

MARMAR. pp. Desmoronarse la cal de la pared salitrosa, *Na.*

MARO. pp. Competir, ó encasarse, ó en amoríos. *Mag*, tener así la muger que pretende.

MASA. pp. Tiempo, *Masang tag-olan. Camasahan nang santol*, estos dos juegos solos tiene.

MASAN. pp. Un género de abejitas pequeñas.

MASAQUIT. pp. Vide *Saquit.*

MASIASIP. pp. Prudente. Vide *Siyasip.*

MASIR. pc. Notar, advertir, experimentar *Mag.* Lo que se notó ó experimentó, *Pagmasdan*, l. *Minamasdan*, l. *Namasid. Magpa*, á quien se manda. *Papagmasdin*, la cosa mandada notar. *Papagmasdan*, á quien. Nombre, *Mapagmasid.*

MATÁ. pc. Ojo. *Mag*, poner ojos como á la estátua. *Pagmamatahan*, solo se dice del que no tiene ojo, y de nuevo lo adquiere.

MATÁ. pc. Poner cuidado en la guarda de algo, *Mamata. Magpacamata*, l. *Camamata ca*, pon mucho cuidado. *Namamataan*, haber sido visto en algun pecado. *Namamataan co na*, lo vi con mis ojos.

MATAMATA. pp. Las cabecillas del arroz ya limpio. Vide *Binlir.*

MATAMATA. pc. Saber ó entender algo el que aprende, *Mag.* No tiene ninguna pasiva.

MATANG BAUO. pp. El agugerito del coco.

MATANG BUCAO. pp. Sarta de oro ó de piedras.

MATANG BALANG. pp. Hombre sufrido.

MATANG BALANG. pp. Ojos sacados hácia á fuera, como los ojos de la langosta.

MATANG BAYANI. pp. Valiente de borracho, por los ojos colorados.

MATANG DOLONG. pc. Una yerba asi llamada.

MATANG HITO. pp. El que guiña mucho los ojos por enfermedad. *Nag mamatang hito*, lo mismo que *Matang cucurapcurap.*

MATANG MANOC. pc. El que no vé bien en anocheciendo. *Nagmamatang manoc*, l. *Minamatang manoc siya*, l. *Tinitigmatan manoc*, padecer de ese defecto.

MATANG OLANG. pc. Otra yerba.

MATANG PUSA. pp. Ojos zarcos. Una piedrecilla verde redonda que se halla en las playas.

MATANG PILAQUIN. pp. El ciego á quien le falta la niñeta de los ojos.

MATANDA. pc. Hombre que ya tiene uso de razon, anciano, viejo. Vide *Tanda.* Refran.

Nagmamatandang culit.
Nagmomorang tibatib.

Viejo, mozo que en lugar de enseñar, es enseñado, ó debe ser enseñado.

MATAY. pc. Morir. Verbal, *Pagcamatay. Camamatay rin niya*, acaba de morirse. La causa, *Ica*, l. Tiempo. *Ma-an*, á quien se le muere alguno. *Ca-an*, donde y cuando. *Camatayan*, muerte. *Camamatayan*, todo seguido, estar para morir. *Camatayan.* pc. l. *Quinamatayan*, lugar en donde. *Camataymatay dinguin*, causa muerte el oirlos. *Pinaquiquimatayan*, el dejado morir, ó desear que se muera, ó afligido con azotes, &c. *Pinaquiquimatayan aco nang hirap. Minatay*, difunto contado entre muertos. *Himamataing tauo*, cátalo vivo, cátalo muerto. *Nagmamataymatayan*, fingirse mortecino. En los montes sincopan *matian* pro *matayan.*

MATAY. pc. Juramento. *Matay, cun di totoo*, muérame si no es verdad.

MATINIC. pc. Un pescado, una caña con muchas espinas. Vide *Tinic.*

MATIPONO. pp. Fornido, rehecho. Vide *Lipoto.* pc. Sinónomo.

MATÓ. pp. Pesadumbre ó mohina. *Mag*, tenerla. Solo se usa por via de mofa.

MATYAG. pc. Escuchar. *Maqui*, oir. *Paquimatyagan*, á quien *Namatyag*, lo que, ó lo visto. Vide *Batyag.*

MATYO. pc. Arroz puesto al sol para secar.

MAUI. pp. Bracear cuando bailan, *Namamaui*, Vide *Baui.*

MAY, l. MEY. pc. Tener, poseer. *Mey ari, mey tauo sa bahay*, &c., hay gente en casa.

MAYA. pp. Gorrion. *Magca*, haberlos. *Minamaya*, tenerlos la sementera, ó ser destruida de ellos.

MAYAC. pc. Vide *Pamayac.*

MAYAG. pp. Vide *Payag.*

MAYAHIN. pc. Gallo de color de maya, hombre pequeñito.

MAYAMAYA. pc. De aqui á un rato: menos que *mamaya. Pamayamaya*, lo mismo. Con *Mag*, muda de acento, hacer algo poco á poco. Lo que, *In. May-in may-in mong gauin*, hazlo poco á poco.

MAYAMAT. pp. *Mayamat si Pedro,t, dili co sinabi*, ahí está Pedro, que no he dicho tal.

MAYAMÓ. pc. Codicioso. Vide *Yamo.* pc.

MAYANG. pc. El racimo donde cuelgan los cocos.

MAYANGMAYANG. pc. Vide *Payangpagang.*

MAYAO. pp. Concertarse unos con otros, *Magca.*

MAYAO. pp. Confusion de voces sin órden ni concierto, *Pagcacamayao.*

MAYAPÁ. pp. l. *Mayapat.* Qué, por qué, ó pues por qué? *Mayapat aco,i, naparito, ay magpapahampas na?* Qué, por que he venido he de mandar azotar?

MAYATBANG. pc. Una raiz que se come.

MAYBONGO. pc. Candolo grande.

MAYIC. pp. Hacer algo despacio, *Mag.* Lo que, *In*, l. *Pinag*. *Pagmayicmayquin mo iyang gaua mo*, haz despacio lo que haces.

MAYIN. pp. Desaparecerse sin ser sentido. *Capagcaquita co nagmayi na*, al verlo se me escapó ó desapareció.

MAYMAY. pc. Flojo, y perezoso en trabajar, *Ma.* Nombre, *mapagmaymay*. Flojedad, *Camaymayan*, pc.

MAYMAY. pc. Medio podrido. *Maymay na itong papel*, está medio podrido este papel.

MAY MOTA. pc. El arroz en cierne.

MAYOCMOC. pc. Estarse mucho tiempo la cabeza baja aguardando. Vide *Yamocmoc*.

MAYOCMOC. pc. Para el flojo y descuidado que deja lo que le encomiendan, y se pone á jugar ó parlar, si es uno dicen *Nagmamayocmoc ca lamang*. Si dos ó mas, *Nagmamayocmocan*. Vide *Yongyong*.

M antes de I.

MI. pc. Lo mismo que *Mey*, l. *May*.

MICMIC. pc. Úsase con la negativa. *Di mamicmic cun tauaguin*, no tiene resistencia: no se escusará si le llaman.

MICMIC. pc. Poquito, poca cantidad. *Mag*, irse apocando. Lo que, *In*. *Camicmican*, poquedad. *Gagamicmic na lalaqui*, hombrecillo.

MIGHÁ. pc. *Alapap*. Vide *Bigha*.

MIHASA. pp. Acostumbrarse. Vide *Bihasa*.

MIHING. pc. Grave, entonado. *Mag*, entonarse: se usa poco.

MIHIT. pp. Atufarse de lo que no gusta. Vide *Pihit*.

MIING. pc. Vide *Dalamhati*.

MILIT. pc. Árbol cargado de fruta, *Namilit*. *Nagcaca*, estar así. Vide *Mingil*.

MILOC. pc. Embotarse el filo del cuchillo, *Namimiloc*.

MIMIS. pp. Cogon que nace. Vide *Tobacbi*.

MINA. pp. Pronunciar recio las sílabas, *Mag*. El acento, *minain mo*, l. *Pinaminaminaan*. Vide *Niya*.

MINALON. pc. Una manta de pintados.

MINALONG. pc. Un género de manta colorada de Visayas.

MINANGON. pp. Tierra alta. Sinónomo *Bacouor*.

MINANIC. pp. Manilla.

MINAYOC. pc. Género de embarcacion grande.

MINGCAL. pp. Estar los pechos de la muger cargados de leche.

MINGMING. pc. Asir á uno por los cabezones. Á quien *Mingmingan*.

MINGQUIL. pc. *Pinamimingquilan*. Vide *Pingquil*: tiene la significacion tambien de *Pingqui*, *pangcol*, y *Panquil*.

MINGUIL. pc. Vide *Milit*.

MINSAN. pc. Una vez. Mas exagerado, *Miminsan*. Algunas veces, *Maminsanminsan*. Para cosas pasadas se muda la *M* en *N*, *Minsan*, *nininsan*. *Paminsan*, ser hecho de una vez. *Paminsanan*, de acento largo, apostar á hacer una vez, *Mag*. Lo apostado, *Ipa*.

MISANDOUÁ. pc Pocas ó raras veces. *Minsan doá lamang ang pagparito mo*, pocas ó raras veces vienes.

MISAN. pp. Vide *Pisan*.

MISANG. pp. Vide *Pisang*.

MISAY. pc. Bigote. *Misain*, bigotudo, *Mag*, criarlos. Vide *Himisay*.

MISLA. pc. Abundancia repentina de bien ó mal. *Na*, haberla. Á quien, *Namimislaan*.

MISMIS. pc. Migaja. *Mamismis*, haber muchas. *Houag cang mag pacamismis*, no esparzas muchas migajas.

MISMIS. pc. Limpiar la boca y pecho del niño sin echar agua, *Mag*. La suciedad, *In*. La boca ó pecho, *An*.

MISMIS. pp. El cogon cuando nace, y es tan pequeño como aguja. Vide *Tobacbi*.

MISTOLÁ. pp. Fino, puro, verdadero. *Mistolang guinoo*. *Mayamang mistolà*; pero no es lo mismo que *Tunay*, y asi no se diga *Vírgeng mistolá*, sino *Vírgeng tunay*.

MITAY. pp. El colchon, un género de arroz.

MITHÍ. pc. Callar por enfado. *Nagmimithi*, *nagagalit, ay di cumiquibo*. Vide *Malama*.

MITIG. pp. *Namimitig ang paa co, at ang nalauo nang nagtindig*. *Ngimay*, me duelen los pies de estar tanto tiempo parado.

MIYA. pp. Hacer algo con gravedad y mesura. Úsase reduplicando. *Nagpapacamiyamiya*. En lo que, *Pinamimiyamiyaan*.

MIYA. pp. Dar con fuerza, v. g. un bofeton. *Capagcoua,i, tinampal nang pinamiyamiyaan ang muc-ha ni Jesus*. Vide *Mina*. pp. Al punto dieron á Jesus una cruel bofetada.

M antes de O.

MO. pp. Tú, ó tuyo. *Iyo*. l. *Mo*, este antepuesto, en el otro pospuesto. *Iyong bahay*, l. *Bahay mo*.

MOAL. pp. Hablar con la boca llena, *Momoalmoal*. *Mag*, meter el bocado en el gaznate. *Namomoalan*, atascarse en el gaznate. *Moalan*, meterlo á otro de propósito.

MUC-HÁ. pc Rostro, cara, semblante, dechado. *Camuc-há*, semejante á otro, *Nagca*, l. *Nagcaca*. En que, *Ipinagca*. *Pinagmumuc-há*, tenerlos por iguales. Tambien hacer dos un vestido, v. g. de una forma. *Na*, asemejarse ó conocer algo por el rostro. *Muc-hang magnanacao*, cara de ladron. Tambien *Nag*, asemejarse, como la copia al original. *Y*, lo que se asemeja. *Pagmochain*, hacer dos cosas semejantes, ó cotejarlas. *Nacamoc-ha*, ser uno semejante á otro. Sinónomos *Para*. pp. *Tolar*. pp. *Gaya*. pp. *Gapit*. pc. Vide *Uangis*. pp. *Gayon*. pc. tambien *Namomoc-ha*, temer no le echen la culpa. *Pinamomoc-haan*, lo de que. *Mey pinamomoc-haan ca*, tienes de que temer, ó de que tener vergüenza.

MOCMOC. pc. Hablar como en secreto muy á menudo. *Nag*, l. *Nagmomocmocan*. *Anong pinagmomocmocan*, l. *Pinagmomocmocanan ninyo?* Qué estais hablando á escondidas?

MOCTA. pc. *Ualang namomoctaan*, lo mismo que *Ualang namomozlacan*.

MOCTO. pc. Ojos hinchados de llorar, de dormir, humo, &c. *Na.* estar asi. Nombre, *Mapamocto*, l. *Mapamoctohin.*

MOGA. pp. Lo mismo que *Mocto.*

MOGMOG. pp. Aporreado. *Ma*, estarlo. *In*, á quien. pp. *Mogmoguin.* pc. l. *Pagmogmoguin cata*, te aporrearé.

MOGOC. pc. Debilitado, flaco, descolorido. *Bogoquin* el tal. Sale de *Bogoc. Anong iquinamomogoc mo?* De qué estás tan flaco?

MOHÁ. pp. Pesadumbre que recibe de que otro haga algo en su presencia. *Na*, estar asi. *Pinamomohaan*, con quien se enoja. La causa, *Ipina.*

MOHI. pc. Enfado de oir lo que no gusta. *Ma*, tenerlo. *Quinamomohian*, de lo que, *Ica*, la causa. Sinónomo *Yit.*

MOHON. pc. Pedir licencia despidiéndose, *Ma.* La causa, *Ipa.* No es usado. Vide *Pohon.*

MOLÁ. pc. Comienzo ó principio. *Mag*, empezar. *Mol-an mo*, dar principio, venir ó salir de alguna parte. Se usa solo el pretérito. Proceder: aqui se usa pretérito y presente. *Pagmol-an*, el principio de donde procede. Sinónomo *Buhat, galing.*

MOLANBOUAT. pc. Principio ó fundamento de algo, mas elegante que *Pono.*

MOLAN DANAO. pp. Los primeros aguaceros. Vide *Danao. Magmomolan danao na*, ya es tiempo. Solo se usa de este futuro.

MOLABAN. pp. La labor, ó hojas que se ven en los encajes.

MOLAUIN. pp. Molave, madera incorruptible.

MOLAYING. pp. Pegujar de tierra ó bienes que se dan al esclavo sirviente para que los goce. *Mag*, gozarlos. *Nagpapa*, darlos. Á quien, *Pinamomolaingan.* El principio de donde viene, *Pinagmolaingan.*

MOLI. pp. Traer algo á la memoria, *Mag.* Lo que, *Pinag.*

Con aco maguariuari,
at sa loob co magmuli
ang aua mong sarisari,
sinta co,i, nananaghili.

Decia uno á Dios hablando de sus beneficios.

MOLI. pp. Mirar algo bien para enterarse de ello, *Mag.* Lo que, *In. Pagmolimoliin*, l. *Paca.*

MOLI. pc. No gutural, asemejarse á otro, *Na.* Á quien, *Pinamomolihan.* Vide *Puli*, su propia raiz.

MOLING. pp. Atontado. *Momolingmoling*, el que anda asi. Vide *Toling.*

MOLILAT. pp. *Momolimolilat.* Vide *Moling.*

MOLMOL. pc. Deshilacharse el vestido, *Na.* Y de aqui sale *Himolmol*, pelar la gallina: otros dicen que de *Bolbol.*

MOLOS. pc. Vide *Bolos.*

MOMO. pp. Migajas. Vide *Mismis. Camomohan*, una migaja.

MOMOG. pp. Enjuagarse la boca, *Mag. Momogan*, l. *Pagmomogan*, el lugar donde se echa el agua.

MONA. pp. Adelantarse. *Mona cayo, mona ca na*, andad adelante, anda tú adelante. Siempre se antepone esta palabra, y rige nominativo.

MONACALÁ. pp. Vide *Acala*, con sus juegos.

MONACAYA. pc. Adverbio. Ea pues. *Monacaya gonaua*, ea pues, hacer.

MONAY. pp. Confeccion echa de olores. *Mag*, hacerla. *Pagmomonayan*, el lugar.

MONDANG. pc. Vide *Monyang.*

MONDIS. pc. Cosa que de muy llena revienta, *Na.* Verbal, *Pagcamundis*, l. *Camondisan*, l. *Pamomondis.* Vide *Motictic.*

MONG̃AL. pp. Atontado, tonto. *Na*, estarlo.

MONG̃AR. pc. El que primero llega á hacer alguna cosa, ó probarla. *Na*, dar la delantera á otro. *Pinapamomong̃ar*, al que. La cosa que es hecha, *Pinamong̃aran. Namong̃ar acong comain*, soy el primero. Vide *Bong̃ar*, l. *Pong̃ar.*

MONCAHÍ. pp. Provocar, incitar, *Mag.* Á quien, *In.* Con que, *Ipag.* En donde, *Pag-an.*

MONGHÍ. pc. Poquito. *Mag*, reducirse á poco. Vide *Montic.*

MONGLAY. pc. Desmenuzar, despedazar. *Nagcacamonglaymonglay*, estar asi. *Monglain*, y mejor *Pagmonglaymonglain*, lo despedazado. *Mapagmonglay*, nombre.

MONGLO. pc. Ojeras de no dormir. Vide *Moga.*

MONGMONG̃AN. pp. Campana de China. *Mag*, tocarla. *Pagmomongmong̃anan*, l. *Ipag*, la causa. *Papagmongmong̃anin*, la persona á quien se manda tocar. *Papagmongmong̃anan mo*, por quien ó para quien. *Magsipag*, cuando muchos.

MONG̃OL. pp. *Mong̃ol nang mong̃ol nang taba*; redondo de puro gordo. En rigor es lo que, *Pong̃ol.*

MONG-OL. pc. Mudar de cuerno los animales, *Ma. Pinamongolan*, el animal que se ha, como lugar de donde cayeron, ó el lugar.

MONGLÓ. pc. Amarillo de enfermedad. Vide *Bongló.*

MONG̃OT. pp. Ceño de mala cara. *Mag*, reduplicando el *Mo.* Vide *Song̃ot*, su sinónomo.

MONICNIC. pc. Repleto. *Na*, estarlo. No es palabra política.

MONOCALA. pp. Vide *Monacala.*

MONSIC. pc. *Montic.*

MONTAY. pc. Un género de naranjas.

MONTI. pc. Poquito, chico, adelgazar. *Momonti*, pocos. *Pagmontimontiin*, lo partido en pequeñas partes. Vide *Onti.*

MONTIC. pc. Menos que *Monti.*

MONONGAL. pc. Vide *Manongal.*

MONYAC. pc. Vide *Montic.*

MONYAGUIT. pp. Mala condicion. *Ma*, tenerla.

MONYANG. pc. Vide *Montic.*

MOOC. pc. Reñir con intencion de matar al contrario. La verdadera raiz es *Pamooc*, y asi se ha de conjugar *Nagpapamooc.*

MOOG. pp. Torre, castillo fundado en alto. *Mag*, hacerlo. *Man*, vivir en él.

MOOL. pc. El venado á quien se le han caido los cuernos Vide *Mong-ol.*

MOOT. pp. Ceño, coraje, nublado. *Nag*, tenerlo. Contra quien, *Pinagmomootan. Mamootin*, ceñudo.

MOOY. pp. Lisas que ya desovaron.

MORA. pp. Barato, menoscavo, abaratar, deshonra, afrenta. *Mag*, deshonrar, l. *Nonora. Morahin*, l. *Namora*, el afrentado. *Na*, abaratarse. *Camorahan, pagmora Na*, afrenta activa. *Pagcamora*, afrenta pasiva.

MORÁ. pp. Fruta verde. *Nagcaca*, la fruta así. Verbal, *Pagcamorà.* Abstracto, *Camoraan. Mora pa ang catao-an niya*, de buena edad. Metáf.

MOSANG. pc. El gato de Algalia.

MOSIM. pp. Temporal. *Magaling ang mosim*, bueno es el viento para navegar.

MOSING. pp. Mirar con semblante ceñudo. *Momosingmosing*, cuando es á uno. *Nagmomosingmosing*, á muchos. *Na*, estarlo. *Mosingmosiñgan*, suciedad que se pega al rostro.

MOSLAC. pc. Saber algo. *Namomoslacan co na yaon*, ya sé eso. Úsase en el comintang.

MOSMOS. pc. Niño. *Mosmos mo ito?* Es hijo tuyo este niño?

MOSO. pp. Corsario del mar. *Mag*, coger á alguno. Á quien cogió, *Namomosohan*, l. *Napagmosohan*.

MOTÁ. pp. Lagaña. *Mag*, criarlas. *Motain*, lagañoso. Vide *Himotá*.

MOTHÁ. pc. Una yerba á modo de grama, ó el botoncillo, bueno para viruelas, calenturas, &c.

MOTHALÁ. pp. Nube. *In*, nacerle. Úsase en Manila.

MOTICTIC. pc. Vide *Monicnic*.

MOTOC. pc. Árbol cargado de frutas. Vide *Milit*, *miñgil*.

MOUAC. pp. Vide *Moslac*.

MOUANG. pp. Aprender, entender, percibir. *Uala acong mouang niyan*, no entiendo de eso, l. *Di co namomouañgan iyan*. *Hindi macamomouang*, no puede aprender. *Uala cang quinamomouañgan*, no aprendes palabra.

MOYAG. pc. Vide *Bohaghag*, *buyagyag*.

M antes de U.

MUC-HA. pc. Vide *Muc-ha*, con sus juegos.

MUC-HÁ. pp. Vide *Moha*.

MUHAG. pp. Castrar las colmenas, *Ma*. La miel, *In*.

MULÁ. pc. *Sa mulà*, al principio, antiguamente. *Pasimulā*. pc. Dar principio á lo que se hace. *Magpapa*, l. *Mag*, dar principio á lo que se hace. Lo que, *Pinagpapasimul-an*. Tambien *Nagpapatongtong mula*, dar principio alguna ley, pleito, &c. Lo que, *An*. *Pinagtotongtoñgan mula ang gayong halimbaua*.

MULAGÁ. pp. Estar con los ojos abiertos. *Samumuluga ca lamang*, estás con los ojos abiertos. Vide *Mato*.

MULARAN. pp. Vide *Opac*. Vide *Saha*.

MULAT. pp. Abrir los ojos; y cuadra al volver sobre sí abriéndolos, *Ma*. Los ojos, *Y*. Lo que es visto, *Namumulatan*. Vide *Dilat*.

MULAUIN. pp. Vide *Molauin*.

MULAY. pc. Desmenuzar, *Mag*. Lo que, *Pinag*. *Pinagmumulaymulay nilang magcacapatid*. Lo reparten haciendo pedazos. Metáf. Considerar algo despacio.

MULIMULI. pp. Considerar. Vide *Isip*, con sus juegos.

MULI. pp. Abrir los ojos. *Mag*. Lo que, *In*, l. *Pag-in*.

MULÍ. pp. Engañar pensando lo que no es, *Mag*. Lo que, *Ipag*. En que, *Pag-an*.

MULI. pp. Vide *Mulimuli*.

MULIAS. pp. Crepúsculos. *Namumulias na*, comienza á blanquear el oriente.

MUMA. pc. Mojicon recio en la boca.

MULING. pp. Vide *Moling*.

MUNACALAO. pp. Tiempo templado que ni hace calor, ni hace frio. *Munacalao ang panahon*.

MUNDAY. pc. Hacer añicos, *Mag*. Lo que, *In*. Duplicando la raiz, *Pagmundaymundain mo*.

MUNGLO. pc. Ojeras. Vide *Moga*.

MUNINI. pp. Vide *Municnic*. Vide *Mundis*.

MUNTIG. pc. Pequeño, chico. Vide *Montic*.

MUNYAÑGIT. pp. Vide *Monyañgin*.

MUSANG. pp. Vide *Mosang*.

MUSANGSANG. pc. Abrirse como la flor, ó llaga. Mas que *Bucarcar na*. Lo que es hecho abrir, *Pina*.

MUSIM. pp. Vide *Mosim*.

MUSING. pp. *Mosing*. Vide.

MUSMUS. pp. Vide *Mosmos*.

MUSO. pp. Conocer lo que le han hurtado, coger á alguno en el hurto. *Namosohan co ang magnanacao*, lo cogí en el hurto.

MUTICA. pp. Lo mismo que *Mut-ya*.

MUTLAY. pc. Lo mismo que *Mulay*, con sus juegos.

MUYABUS. pp. Vide *Buyabus*, *busabus*, con sus juegos.

MUYAG. pc. Desmoronar algo, como terrones *Mag*. *Ang muyag na bizcocho ang ibigay*, el vizcocho pilado es lo que dieron.

MUYAÑGIT. pp. La miel que queda pegada en el perol hácia los lábios. *Na*, quitar la miel. *Papamoyañgitin*, dejar pegar la miel. Tambien *Namumuyañgit*, andar con rostro espantoso.

MUYAS. pp. *Uala acong muyas na mana aco sa aquing Ama*, no tengo yo oro heredado.

DE LA LETRA N.

N antes de A.

NACAO. pp. Hurtar, hurtado, *Mag*. Lo que, *Pinag*. Á quien, *Pag-an*.

NACNAC. pc. Apostemarse, encancerarse, *Mag*. *Papagnacnaquin*, ser dejada encancerar. La causa, *Ipinag*, ó *icapag*. Por *Vm*, tener mucha materia:

Ang sugat ay cong linangap,
di daramdamin ang antac,
ang aayao at di mayag,
galos lamang magnanacnac.

NAGA. pp. Figuras que ponen en las proas de la embarcacion; un género de arroz; un árbol asi llamado, por otro nombre *Asanà*.

NAGBITOIN. pp. Tapiz colorado con estrellas de oro.

NAGDOLO. pp. Tapiz ó manta de cabos colorados.

NAGPARATING. pc. Añadiéndoles *An*, l. *Man saan*, significa in æternum. *Magparating saan*. l. *Magparating man saan*.

NAGPOTONG. pp. El arroz mas comun.

NAGSICSIC. pc. Un género de manilla de oro maciso.

NAGSUHAY. pp. Un género de arroz.

NAGTORONG. pc. Una tinajuela. Vide *Sosopoo.*

NAHAT. pp. *Ualang canahalan, ualang taros,* sin provecho: úsase siempre con *uala.*

NAHAAN. pp. Palabra con que se pregunta. *Nahaan si Pedro,* donde está.

NAIT. pc. Empalagarse uno de mucho comer, *Na.* La causa, *Naca,* l. *Ica.* El lugar, *Ca-an.*

NAGHOY. pc. Tomar aliento. Vide *Taghoy.*

NAGUISAG. pp. Espeluzarse los cabellos.

NAHOT. pc. Hacer algo, ni despacio, ni de priesa. *Nahotin mong gauin,* hazlo asi, asi.

NAHOT. pc. Tirar metal para hacerlo alambre, *Mag.* Lo que, *In.*

NAYNAY. pc. Liso. *Naynay na muc-ha. Mag,* alisar. Lo que, *Ninanaynay.*

NAYNAY. pc. *Nanay,* l. *Nini,* podrirse la ropa por estar mucho tiempo al agua, l. *Mag.* La ropa, *In.* Con que. *Y,* l. *Ipag.*

NALAG. pc. Revolotear. Vide *Palag.*

NALAG. pc. Dar vueltas el ave cuando la matan. *Nalagnalag.* Vide *Palag,* que es su raiz, con sus juegos.

NALANG. pc. Calentarse al fuego, *Na.* Vide *Panalang.*

NALATAC. pc. Dar castañetas con la boca, *Na.* La boca, *Ipa.*

NALI. pp. Espeluzar los cabellos. Vide *Tali.*

NALIIT. pp. Vide *Yiac.*

NAMAN. pp. Adverbio que significa tambien: siempre se pospone.

NAMI. pc. Género de camotes silvestres, que para comerlos los benefician antes, y si no, padecen bahidos de cabeza los que los comen.

NAMINAMI. pp. Asco por la aprension de que le ha de hacer mal la comida, *Mag.* De lo que, *Pinag-an.*

NAMIN. pp. Genitivo de *Cami* que siempre se pospone.

NAMNAM. pc. Gusto, sabor. *Vm,* gustar lo que le dá aquel gusto. *In,* el manjar. *Y,* la boca.

NAMOC. pc. Mosquito. *In,* lo comido de ellos, *Nagcaca,* haberlos, no habiéndolos habido.

NANA. pc. Su letra *N.*

NANÁ. pp. Materia ó podre. *Mag,* criarla. Y tambien cuando comienza á descubrirse se dice *Pinagnananaana.* Y de aqui del vestido viejo y podrido se dice *Naguiguing naná nang dopoc.*

NANAG. pc. Asar fruta en el rescoldo, *Mag.* Lo que, *Y.* Mandar asar, *Magpa.* Á quien, *Papagnanaguin.* En donde *Papagnanagan.*

NAONAO. pp. Lo mismo que *Naunau.*

NANAO. pc. Reconocer ó esplorar algo, *Vm,* l. *Mag.* Lo que, *In.* Con que, *Y,* ó *Ipag.*

NANG. pc. Cuando. *Nang cumacain,* cuando comí ó comia.

NANGA. pc. Por ventura. *Hahampasin nanga ang ualang sala?* Tambien se ha de azotar al que no tiene culpa? Es partícula de pluralidad. *Nanga roon,* estan allá.

NANGCÁ. pc. Una fruta. *Canangcaan,* donde hay mucha nanca. *Bogtong* de la nanca.

Malapagui ang catauan,
malaoastoli ang laman:
Otro.
Magalas si cabalat,
si calamay malonat.

NANHAO. pc. Lo mismo que *Salamat:* no tiene mas uso que *Nanhao, at namatay ang caauay co,* alégrome por que murió mi rival.

NAONAO. pc. Prender en la tierra la hortaliza, *Mag.* Donde *An,* l. *Pag-an.* La causa *Ipag.*

NAONAO. pc. Vivir las plantas. Tambien conservar el pescado vivo en agua, *Nagpapanaonao.*

NAPNAP. pc. Perfeccionar cualquiera obra: es mas que *Nahot: Manapnap na gaua.* No tiene mas juego que *Pacanapnapin,* perfecciónalo.

NARIMOHAN. pc. Vide *Arimohan.*

NARIT. pp. Frustra taliter qualiter. *Narit tinaht, narit tauo,* hombre y no mas; tal cual es hombre.

NASA. pp. Deseo, desear, *Mag.* Lo que, *Pagnasaan.* La causa, *Ica,* l. *Ipag.*

NASA. pp. Está en &c. Se compone de *Na* y *Sa, Nasa bahay,* está en casa.

NASILÁ. pp. *Panasila,* cierto modo de sentarse.

NASNAS. pc. Raida como ropa. *Vm,* l. *Mag,* raerla. *In,* lo que. *An,* en donde. *Nanasnasan ang damit,* se rayó la ropa. La causa, *Ica,* l. *Naca.* Vide *Nisnis, laslas.*

NASNAS. pc. Vide *Nitnit tangos.*

NATIN. pp. Genitivo de *Tayo,* que siempre se pospone.

NAUA. pc. Corresponde á *dali.* El juego es con *Ca. Dili canauanauang maquiquita ang pilac, dili cadalidali,* no se halla tan aina la plata.

NAUÁ. pc. Adverbio. Ojalá. Siempre se pospone. *Domating nauá, siya naua,* tambien, ya que, si es que. *Cun siya nauang darating ay dumating na;* de aqui metáf. *Yayanauang gouang, ay houag mabobotasan,* ya que está socabado, no se acabe de agujerar.

NAUANG. pc. Dificultad ó embarazo en hacer algo. *Ualang nauangnauang,* l. *Ualang canauangan,* lo mismo que *Ualang tangcotangco.*

NAUARI. pp. Lo mismo que *Naua.*

NAUAS. pp. Vide *Bauas.*

NAYI. pp. Hacer algo despacio, *Vm,* l. *Mag.* Lo que, *In,* l. *Pinag.* Con que, *Y,* l. *Ipag.* Donde. *Pag-an.* Con *Maqui,* conformarse con otro. Lo que, *Ipaqui.* Con quien, *Paquian.*

NAYIC. pp. Lo mismo que el antecedente.

NAYIR. pp. Vide *Yir.*

NAYON. pp. Comarca, circunvecino. *Naca,* l. *Nagcaca,* estar vecinos. *Pagnayonin,* hacerlos estar. *Canayon,* vecino.

NAYON. pp. Lo mismo que *Danay.*

NAYOP. pp. Cosas estendidas, pegadas unas con otras. *Nagcocanayopnayop,* estar asi las cosas. El lugar, *Pinagcacanayopnayopan.*

NAYUAN. pc. Lo mismo que *Layuan.*

N antes de I.

NI. Preposicion de genitivo para nombres propios. *ni Pedro,* de Pedro.

NIAN. pp. Bramar los animales, *Na.* Á quien, como á los hijos que llaman, *Pinaninianan.* La causa, *Ipina.*

NIBNIB. pc. Embarcacion baja de bordos junto al agua. *Manibnib na bangca. Vm,* l. *Mag,* labrarla. La banca, *An.* Con que, *Y,* l. *Ipag.*

NIBOY. pp. Vide *Labi*. pc. l. *Labis*. pp.

NICNIC. pc. Mosquitos pequeños. *Manicnic*, donde hay muchos, l. *Canicnicican*. Lo que es comido de ellos, *Nininicnic*.

NIGAS. pc. Vide *Ligas*.

NIGUIB. pc. Vide *Iguib*.

NIGUI. pp. Un árbol que nace junto al mar, de que se hacen harigues.

NIGÓ. pp. Acertar á lo que se tira. *Vm*, irse haciendo certero. En que, *Naninigoan*. *Nagpapanigo*, probar ventura. *Canigoan*, abstracto. La causa de acertar, *Y*, l. *Ica*.

NIHANG. pp. Vide *Yayat*.

NIIG. pp. Hacer alguna obra con reposo, *Ma*. La obra, *Quinaniniigan*. Verbal, *Paniniig*. Si dos, *Magca*, Si mas, *Nagcaca*.

NIIG. pp. Empalagarse. *Na*, estarlo. *Quinainigan*, de que. *Naca*, La causa.

NIIM. pp. Empaparse, *Na*, l. *Na-an*. La causa, *Naca*, l. *Ica*.

NIIS. pc. Andar sufriendo con firméza, *Na*. La causa, *Ipa*. Donde ó ante quien, *Pan-an*. Vide *Tiis*.

NIIS. pc. Cosa secreta, que publicada la procuran encubrir. *Nag*, l. *Nan̄agniniisan*. La cosa. *Ipinag*.

NILA. pp. Un árbol.

NILA. pc. Genitivo de *Sila*, que siempre se pospone.

NILAGSAC. pc. Lo muy cocido.

NILAR. pp. Un árbol que nace junto á la mar.

NILAR. pc. Vide *Tilar*, *gayat*.

NILAY. pp. Considerar algo en lo interior, *Mag*. Lo que, *In*, l. *Pinag*. La causa, *Ipag*; pero siempre se duplica. *Pinagninilaynilay*. *Mapilay na tauo*, hombre considerado.

NILAY. pp. Pescar. *Paninilayan*, banca para pescar.

NILING. pp. Asemejarse la criatura á alguna cosa que vió la madre al concebir.

NIMPOHÓ. pc. Sentarse sobre las piernas. Vide *Timpohó*.

NINA. pc. Preposicion de genitivo. *Nina Pedro*, de Pedro y sus compañeros.

NINCAYAR. pc. Sentar en cuclillas. *Na*, estar. Las cuclillas, *Y*.

NIN̄GAS. pp. Llama, arder. *Vm*, l. *Mag*, arder asi. *Nin̄gasin*, l. *Panin̄gasin*, l. *Papagnin̄gasin ang apuy*, hacer que arda. *Y*, l. *Ipag*, la causa. *Canin̄gasan*, la llamarada. *Houag mo acong pagnin̄gasan nang mata*, *at aco,i*, *ualang ano ano sa iyo*, no me mires con enfado, que no te he ofendido. *Nin̄gas cogon*, llamarada de petate, fervor que poco dura. En los Tinguianes llaman á los meses, *Manin̄gas*. *Tatlong manin̄gas*.

NINGNING. pc. Brillar ó lucir como el oro ó las estrellas, *Vm*, l. *Mag*. Á donde, *An*, l. *Pag-an*. Con que, *Y*, l. *Ipag*. *Nagniningning ang mata*, centellea de enojo. Vide *Aloningning*.

NINI. pp. Podrirse la ropa Vide *Naynay*.

NINIB. pc. Lo mismo que *Nibnib*.

NINIM. pc. Se usa con la negativa. *Di nacaninim*, no pudo chistar. *Ualang macaninim*, se llama la media noche por su gran silencio. Sinónomos *Tulin̄gao*, *imic*.

NIÓN. pc. l. *Noon*. pc. Adverbio para lo pretérito; tambien significa entonces, cuando.

NIPÁ. pc. Un género de palma. Sinónomo *Sasa* pc.

NIPAT. pc. Vide *Sipat*.

NIP-AY. pc. Unos gusanillos que, comidos, matan á las gallinas. *Magca*, haberlos. *Ipagca*, la causa. *Pagca-an*, el lugar.

NIPAY. pp. Un árbol cuya fruta seca se parece al *Talahib* Vide *Tagnipay*.

NIPIS. pc. Adelgazar. *Vm*, adelgazarse. *Mag*, adelgazar otra cosa. Es poco usada la activa; mejor es la pasiva. *Nipsan*, síncopa. *Manipis*, cosa delgada. *Pacanipsin*, lo que se manda adelgazar. *Papagnipisin*, la persona. *Pacanipsan*, el lugar. *Canipsan*, abstracto. *Manipis na catao-an*, delgado de cuerpo.

NIPOL. pp. Silvo con que llaman. *Naninipol*, llamar asi. *Pinaninipolan*, á quien. Se usa poco, y en Manila no le entienden.

NIRI. pc. Genitivo del nombre demostrativo *Yari*.

NISNIS. pc. Gastarse la ropa haciéndose hilachas, *Ma*. La causa, *Maca*. *Vm*, de propósito. *Ninisnisnis*, deshilachado: menos que *Notnot*. *Nisnis na ramit*, ropa asi. *Vm*, l. *Mag*, deshilachar con el uso. *In*, l. *Pinag*, la ropa. *Pag-an*, el lugar. *Nisnisan*, ropa que fácilmente se deshilacha. *Na*, estarlo. La causa, *Ica*.

NISNIS. pc. Narigueta.

NITNIT. pc. Hacer hilas. Vide *Notnot*.

NITO. pp. Un género de bejuco con que se hacen sombreros.

NIYA. pc. Genitivo del pronombre *Siya*.

NIYA. pc. Henchir sin dejar vacío, *Naniniya ang tubig*. De aqui *Songmisiya*, l. *Naniniya na ang catao-an*, crecer hasta regular estatura. *Nagpa*, el que le hace crecer sustentándole. *Naniniya ang uica mo,i*, *culang sa gaua*, hablas mucho y obras poco.

NIYM. pc. Resumarse la vasija. Vide *Niym*.

NIYOG. pc. Coco, palma. *Caniyogan*, lugar de muchos. *Caponong niyog*, una palma. *Caboong niyog*, una fruta. *Vm*, tirar con el coco á otro. *In*, á quien. *Y*, el coco. *Magniyogan*. pp. Jugar con ellos.

N antes de O.

NOCOR. pc. Vide *Bocor*.

NOCSA. pc. Vide *Pocsa*.

NOGNOG. pc. Cosa que inmediatamente se sigue á otra. *Canognog*, *caroglong*, *Caratig*. Vide *Datig*, *doglong*.

NOGONOGO. pc. Sale de *Pogo*. Cuando los mayores hacen daño á los menores, se dice, *Nonogonogo sila sa man̄ga duc-hâ*. De los pobres se dice *Pinogopogo sila*. El pretérito de este verbo es *Nonogo*.

NOGTON̄GAN. pp. Cadena de una vuelta. Vide *Bogton̄gan*.

NOLONG. pp. Ayudar á coger arroz. *Manolong*. Vide *Tolong*.

NOLONG. pc. Vide *Bolong*.

NOLOS. pp. Hacer algo á su voluntad sin inquietud, *Ma*. Verbal, *Pagnolos*. La causa, *Ica*. *Napanolosin mo ang loob mo*, l. *Ipanolos*, dice mas que *Panibulos*. *Nanonolos cang matulog*, duermes á todo gusto. *Ica*, la causa. *Caan*, en que. *Magpanolos*. pc. Haz tu voluntad. *Napanolos ca na*, l. *Napapanolos ang banta mo*, ya se cumplió tu voluntad. *Nolos na tauo*, hombre que concibe cuanto quiere.

NONAO. pc. Vide *Naonao*. pc.

NONO. pp. Abuelo, bisabuelo. *Mag*, tener por tal al que no lo es. Lo mismo *In*. *Canonoan*, muchos abuelos, l. *Canononoan*, primer tronco de quien desciende, &c.

NONOS. pp. Lo mismo que *Nolos*.

NONOT. pc. Aflojar lo tirante. *Vm*, aflojarse. *Mag*, aflojar la cuerda. *Y*, lo que. *An*, á lo que. De aqui sale *Panontan*, sincop. *N* es la persona á quien se concede que tenga alguna dicha, v. g. *Panontan mo aco P. cong Dios, nang magandang palad*, l. *Pinanontan*, l. *Papanontanan*, concédeme Dios mio buena ventura. Que equivale al *Napahintolotan*.

NOO. pp. La frente. *Canoonoohan*, en medio de la frente.

NOOHAN. pc. De grande frente.

NOON. pc. Lo mismo que *Noong*, l. *Niyong*.

NOOR. pp. Mirar lo que dá contento y recrea, *manoor*. *Nanonoor*, y si mucho, *Magpa*. pc. Lo que, *Pina*. La causa, *Ipa*, l. *Ipagpa*. El lugar, *Pa-an*, l. *Pagpaan*.

NOPANG. pp. Comer de mogollon. *Manonopang*, comedor así. Solo se usa en la Laguna.

NOTNOT. pc. Deshilachar, escarmenar el lienzo. *Mag*, l. *Vm*. *In*, lo que. *Naca*, l. *Ica*, la causa.

NOYNOY. pc. Especificar relatando por menudo lo que ha pasado, *Mag*. Lo que, *In*. Es significacion metáf.; por que propiamente *Noynoy*, es recorrer cordel, sin dejar cosa alguna de él.

Nĝa.

NĜA. pc. Adverbio de aseveracion que siempre se pospone, *Oo nĝa*. *Siya nĝa lalacad*, *nĝa*.

NĜABNĜAB. pc. Comer, como el perro los huesos, *Vm*. Lo que, *In*. Lugar, *An*. Mucho, *Mag*. Lo que, *pinag*. El lugar, *pag-an*.

NĜACNĜAC. pc. Ir siguiendo los hijos á la madre llorando, *Nanĝanacnĝac*.

NĜAGCQUIT. pp. Hombre ó muger que ampara á los de malas costumbres para que sean malos como él, *Na*. *Mapanĝagquit*, él, ó la tal.

NĜARIAN. pc. *Nanĝanĝarian*, está en los huesos.

NĜANĜAC. pc. Gritar. Vide *Siac*, y sus juegos.

NĜALAN. pp. Nombre. *Mag*, nombrarse, llamarse. *In*, lo que es tomado por nombre. Vide *panĝalan*.

NĜALANĜALA. pc. El paladar. Es del comintang. Quijada.

NĜALANDACAN. pp. Decir la verdad.

NĜALATOUAT. pp. Voz sonora, retintin. *Nanĝanĝalatouat*, sonar asi la voz. *Papanĝalatouatin mo ang voces mo*, aclara tu voz.

NĜALAY. pp. Cansado por estar de pie ó en otra posicion incomoda. Vide *Ilinĝalay*, pc.

NĜALI. pc. Dolor de huesos procedido de golpe. *Nanĝanĝali ang bot-o*, dolerle. Á quien, *pinanĝanĝalihan*. *Nanĝanĝali ang lahat na bot-o co, cun maquita co ang asal mo*, me dá pena ver tus costumbres.

NĜALIGQUIG. pc. Encogerse el cuerpo de frio, como en tiempo de nortes, á distincion de *panĝiqui* que es frio de calentura. *Mag*, padecerlo.

NĜALINĜALI. pp. Adverbio: estoy, l. estaba, ó quisiera ó por poco no te mato. *Nĝalinĝali cong patain*, l. *Pinatay*, no tiene mas que *nĝalinĝalihin*.

NĜALIMA. pp. Salir uno fuera de la fianza, *Na*. La causa, *Ipina*.

NĜALIRANG. pp. Flaqueza, estar en los huesos, *Na*. La causa, *Ipina*. Donde, *pa-an*. *Houag mo acong panĝaliranĝan*, se dice del que se pone muy tieso por enojado. La raiz es *panĝalirang*. Vide.

NĜALIS. pp. Quijada. *Manĝalis*, coger á otro por la quijada. Á quien, *panĝalisan*. Con que, *Ipa*.

NĜALISAG. pp. Erizarse los cabellos como el puerco montés, *Na*. Contra quien, *Pa-an*. La causa, *Ipa*, l. *Nacapanĝalisag*.

NĜALIT. pp. Cólera, enojo demasiado apretando los dientes, *Vm*. Si mucho, *Mag*. Contra quien, *Nĝinanĝalitan*, l. *Pinagnĝanĝalitan*. La causa, *Ipag*. *Vm*, l. *Nagnĝanĝalitan ang cauayan*, ruido de las cañas.

NĜALITNĜIT. pc. Rechinar la comida entre los dientes, *Vm*, l. *Nĝanĝalinĝalitnĝit*. Los dientes, *Y*. Ante quien, *An*. Si muchos, *Mag*. Lo que, *pinag*. La causa, *Ipag*. Lugar ó persona, *pag-an*. *Nagnĝanĝalitnĝit ang manĝa nĝipin*, crujen los dientes.

NĜALNĜAL. pc. Hablar entre dientes rezongando, *Mag*. La causa, *Ipag*. La persona, *pag-in*, l. *Pag-an*. *Dami bagang nĝalnĝal nang tauong ito*, hombre impertinente, *Vm*. *Nang bato*, comer piedras. Ellas, *In*. Los dientes ó la boca, *Y*. Donde, *An*.

NĜALO. pp. Dolor de todo el cuerpo ó huesos por cansancio. *Ma*, estar asi. Nombre, *manĝanĝalohin*. *Vm*, causar á otro cansancio. Á quien, *Hin*. Con que, *Y*. Si muchos, *Mag*. Á quien, *Pinag*, l. *Pag-an*. Causa, *Maca*. Vide *panĝalo*. *Pamitig*. Sinónomo *Nĝalay*. *Nĝimi*. *Tauong canĝalaynĝalay*, hombre cansado y enfadoso.

NĜALOBACBAC. pc. Descortezarse de suyo la corteza, *Na*. El lugar, *pinanĝanĝalobacbacan*. La razon, *Ipinanĝa*. La causa, *Naca*.

NĜALOBNĜOB. pc. El ruido que hace el vizcocho entre los dientes. *Vm*, l. *Mag*, crugir. *Y*, los lábios. *In*, lo que. *An*, donde. Es mas que *Nĝalotnĝot*.

NĜALOCABCAB. pc. Irse cayendo el yeso ó la cal de la pared, *Na*. Con que se despega, *Ipa*. Donde, *panĝan*. *Nanĝalocabcab ang loob*, se apartó. Metáf.

NĜALOCTING. pc. Centelladas, crugir. *Nanĝanĝalocting ang na sa Infierno nang guinao*, en el infierno se dan diente con diente de frio. La causa, *Ipa*. Á donde, *Panĝaan*. Si mucho, *Magpa*.

NĜALOQUIPQUIP. pc. Vide *Haloquipquip*.

NĜALONGCONG. pc. Vide *Nĝolongcot*.

NĜALUMBABA. pp. Poner la barba sobre la palma de la mano, *Ma*. La causa, *Ipa*. Donde, *Pa-an*.

AĜALOT. pc. Quebrar con los dientes algo duro, como vizcocho, *Vm*. Si mucho, *Mag*. Lo que, *In*, l. *Pinag*. La causa, *Y*.

NĜALOTNĜOT. pc. Vide *Nĝalitnĝit*, l. *Nĝalobnĝob*.

NG̃AMBA. pc. Recelarse temiendo, *Na*. La causa, *Ipa*. La persona, *Pang̃ambahan*. Recelo, *Pang̃amba*.

NG̃AMIL. pp. Lo mismo que *Ng̃auil*.

NG̃ANG̃A. pc. Abrir la boca, *Vm*. La boca, *Y*, l. *Ng̃ang̃ahin*, l. *Ng̃ang̃ahan*. *Ng̃ang̃ahan*, l. *Ng̃ang̃-han*, á lo que. *Ng̃inang̃ang̃ahan mo ang mamanahin mo*, esperas con la boca abierta, &c.

NG̃ANG̃Á. pp. Mascar buyo, *Vm* Si muchos, *Mag*. Lo que, *In*, l. *Pag-in*. Nombre, *Mapagng̃ang̃a*, l. *Palang̃ang̃a*. *Cang̃ang̃a-an*, l. *Cang̃inang̃aan*, un solo buyo, ó lo que basta para un buyo. *Sangng̃inang̃aan*, el tiempo que se gasta en comer un buyo.

NG̃ANAY. pp. Primeriza de parto, *Na*. El hijo primero, *Pang̃anay*, l. *Pinang̃anayan*.

NG̃ANDI. pc. Andar en celos los gatos, *Na*. La causa. *Ipa*. Donde, ó el gato. *Pang̃andihan*. De una muger deshonesta se dice *nang̃ang̃andi*.

NG̃ANIB. pp. Temor, ó recelo, ó recato. *Ma*, tenerlo. *Ipina*, la causa. *Pang̃aniban*, lo que se teme. Vide *Pang̃anib*.

NG̃ANIT. pp. Vide *Ng̃unit*.

NG̃ANIT. pp. Adverbio de aseveracion. Vide *Ng̃a*.

NG̃ANINGANI. pc. Cortesía. Vide *Aniani*.

NG̃APA. pp. Buscar algo con mucha priesa esperando hallarlo, *Vm*. La razon, *Y*. El lugar, *An*. *Ng̃ang̃apang̃apa, ay uala na*, busca con diligencia, y no halla.

NG̃APNG̃AP. pc. Oscuro. Vide *Ng̃uitng̃it*.

NG̃ARIANG. pc. Vide *Ng̃alirang*.

NG̃ASAB. pc. Lo que suena en la boca, cuando uno come, *Vm*. Lo que, *In*. Donde, *An*. La boca, *Y*. Si mucho, *Mag*. Redup. la primera sílaba. *Pinag*. *Ipag*. *Pag-an*. *Ng̃ang̃asabng̃asab cang mang̃usap*, eres un hablador.

NG̃ASANG. pp. Un género de yerba que nace debajo del agua, como coral.

NG̃ASING. pp. Bufido del gato. Vide *Sing̃asing*.

NG̃ASING. pc. Sentimiento que recibe otro junto á él, *Na*.

NG̃ASO. pp. Vide *Aso*, *pang̃aso*.

NG̃ASNG̃AS. pc. Morder algo que hace ruido, como rábanos, *Vm*. Lo que, *In*. La boca ó dientes, *Y*. Donde, *An*. Si mucho, *Mag*. *Pinag*. *Ipag*. *Pag-an*.

NG̃ASOL. pp. Gestos. *Ng̃ang̃asolng̃asol*, hacerlos. La causa, *Y*. Lugar ó ante quien, *An*.

NG̃ATÁ. pc. Cortar con los dientes, como hilo, *Vm*, l. *Mag*. Lo que, *Ng̃atain*. Con que, *Y*. Si mucho, *Mag*. *Pinag*. *Ipag*. *Pag-an*.

NG̃ATI. pc. Vide *Pang̃ati*.

NG̃ATNG̃AT. pc. Roer como el raton, *Vm*, l. *Mag*. Lo que, *In*. Los dientes, *Y*. Sinónomo *Ng̃at:* este para el hombre. *Ng̃atng̃at*, para el raton.

NG̃AUA. pc. Voces ó gritos grandes, *Vm*, l. *Mag*. *Papagng̃aung̃auin*, la persona.

NG̃AUI. pc. Nombre adjetivo, cosa colgada que con el viento se mueve, como la rama v. g. *Vm*, estar cargada. Lo que, *In*, l. *Y*. Donde, *An*. *Mag*, hacerla caer. Lo que, *Pinag*, l. *Ipag*. Lugar, *Pag-an*. De aqui *Nang̃ang̃auing̃aui ang bahay*, casa medio caida.

NG̃AUIL. pp. Torcer la boca cuando habla, *Vm*. La boca, *Y*. *Ng̃ang̃auilng̃auil cun mang̃usap*, tuerce la boca cuando habla.

NG̃AUIL. pc. Vide *Cauil*. pc.

NG̃AUIT. pp. Yerto, como difunto. *Ma*, estar asi. La causa, *Ipa*. Donde, ante quien, *Pa-an*.

NG̃AUNG̃AU. pc. Lo mismo que *Aling̃ang̃au*.

NG̃AUOT. pp. Tomar para sí lo que se dice á otro, *Na*, La causa, *Ipa*. Á quien, *Pang̃auotan*.

NG̃AYA. pc. Atreverse, *Ma*. Á quien, *Pinang̃ayahan*. Vide *Pang̃ahas*.

NG̃AYABNG̃AB. pc. Ruido en la boca cuando se come cosa dura, como pepita, *Na*. La pepita, *In*.

NG̃AYAS. pp. Vide *Cayas*.

NG̃AYASNG̃AS. pc. Crugir los dientes causando dentera, *Ng̃ang̃ayang̃ayasng̃as*. La persona que de oirlo padece dentera, *Nang̃ayasng̃asan*.

NG̃AYATNG̃AT. pc. Ruido que hace entre los dientes alguna arenilla, *Vm*. La causa, *Y*. Lo que, *In*. Lugar, *An*. Si mucho, *Mag*, con sus tres pasivas.

NG̃AYNG̃AY. pc. Entreoir, *Maca*. Lo que, *Na-an*. La causa, *Ica*. Vide *Aling̃ayng̃ay*.

NG̃AYISNG̃IS. pc. Lo mismo que *Ng̃ayiasng̃as*.

NG̃AYITNG̃IT. pc. Lo mismo que *Ng̃ayiatng̃at*.

NG̃AYON. pc. Adverbio: significa ahora. *Nagpang̃ayon*, l. *Nagpacang̃ayon*, hasta ahora. *Magpang̃ayon*, en adelante. *Maguin ng̃ayona*, sea ahora.

NG̃AYOMBABÁ. pp. Vide *Ng̃alumbaba*.

NG̃AYOPAPA. pp. Humillarse á alguna persona grave, *Na*. Ante quien, *Pang̃ayopapaan*. La causa, *Ica*. *Pang̃ang̃ayopapa*, humillacion.

Ng̃i.

NG̃IBANG BAYAN. pp. Andar de pueblo en pueblo, *Na*. La causa, *Ipa*.

NG̃IBÍ. pp. Hacer pucheros los niños, *Vm*, l. *Na*, l. *Nag*. La boca y persona, ó lugar, *An*. *Mang̃ibiin*, que los hace á menudo.

NG̃IBI. pp. Astío de la comida ordinaria, apetito á porquerías. *Na*. La causa, *Ipa*. La cosa que apetece, *Pinang̃ing̃ibihan*.

NG̃IBNG̃IB. pc. Roer. Lo que, *In*. De á dó, *An*. Vide *Quibquib*.

NG̃IBO. pc. Hacer pucheros. Vide *Ng̃ibi*, con sus juegos.

NG̃IBOGHO. pc. Celos. Vide *Pang̃ibogho*.

NG̃ICQUI. pp. Frio, temblar por el frio de calentura. *Na*, tenerlo. La causa, *Ipa*, l. *Nacapa*. El lugar, *Pang̃icquihan*. Verbal, *Pang̃ing̃icqui*. *Magpa*, tenerlo mucho. *Ipagpa*, la causa. *Pagpang̃icquihan*, lugar ó persona.

NG̃ILA. pc. Vergüenza, cortedad, empacho ó miedo. *Ma*, acortarse. *Ica*, la causa. *Pang̃ing̃ilahan*, á quien. Sinónomo *Alang-alang*.

NG̃ILAG. pp. Vide *Ilag*, con sus juegos.

NG̃ILAO. pp. Pescar con lumbre. Vide *Ilao*.

NG̃ILING. pp. Celebrar fiesta, guardar domingo ó vigilia, *Na*. Lo que, *pang̃ilingan*.

NG̃ILNG̃IL. pc. Gruñir, rabiar, *Vm*. La causa, *Y*. Á quien, *An*. Si mucho, *Mag*. La causa, *Ipag*. Á quien. *pag-an*. Nombre, *Mapagng̃ilng̃il*, l. *Mang̃ilng̃ilin*, l. *Palang̃ilng̃il*.

NG̃ILO. pc. Dentera. *Ma*, tenerla. La causa, *Naca*, l. *Nacapa*, l. *Iquina*. Abstracto, *Cang̃ilohan*.

Nombre, *mapang̃ilo*, l. *Mang̃ing̃ilohin*. *Vm*, hacer que otro tenga dentera. Lo que, *Y*. Á quien, *Hin*. Donde, *Han*. Si á muchos, *pinag*. *Ipag*. *Pag-an*. *Uala acong pinang̃ing̃ilohan*. Metáf. *Uala acong quinatatacotan, uala acong pinasisingtabian*, á nadie temo, ni respeto.

NG̃ILUÁ. pc. Pucheros del niño, *Vm*, l. *Na*. Ante quien, *pang̃iluahan*.

NG̃IMA. pc. Rumiar sin abrir la boca, *Vm*. Lo que, *In*, Los dientes, *Y*. Donde, *An*. Si mucho, *Mag*, con sus tres pasivas. *Tauong mang̃imain*, gloton.

NG̃IMA. pp. Migajas que se quedan entre los dientes como no sea carne. *Vm*, l. *Mag*, dar con ellas á otro. Á quien, *Ng̃imahan*. Ellas, *Y*. Si mucho, *Mag*. pc. *Ipag*, *paghan*.

NG̃IMAY. pp. Cansancio, como del brazo por escribir. *Vm*, cansar á otro. *In*, la mano. *Na*, estar cansado. La causa, *Naca*, l. *Ica*.

NG̃IMANG̃IMA. pp. Hongos blancos pequeñitos.

NG̃IMAYO. pc. Fragancia de olor. *Na*, darlo de sí. *Ipa*, ser olido. Vide *imayo*.

NG̃IMBOLO. pp. Celo con envidia. *Na*, tenerlo. *Ipa*, de que. Á quien, *pang̃inbolohan*. Vide *pang̃inbolo*.

NG̃IMI. pp. Calambre, adormecerse el brazo ó pie. Vide *Ng̃alo*. Á quien dá calambre, *pinang̃ing̃imihan*. La causa, *Ipa*. Frecuent. *Mapang̃imi*, l. *Ng̃imihin*.

NG̃IMON. pp. Chupar, lo que se trae en la boca como el azúcar ó saliva, *Mag*. Lo que, *pag-in*. De donde, *pag-an*. Sale de *imon*.

NG̃IMORLOT. pc. Vide *Pang̃imorlot*, l. *Orlot*.

NG̃ING̃I. pp. Desvarío del enfermo, *Na*. Es poco usado.

NG̃ING̃I. pp. El medio entre dos dedos, piernas, &c. Aplícase á hendidura pequeña. Vide *Butas* y su construccion.

NG̃INIG. pc. Temblar. *Na*, estarlo. La causa, *Ipa*. Ante quien, donde, *pa-an*. *Nang̃ing̃inig nang galit*, tiembla de enojo.

NG̃INO. pp. Servir el esclavo á su Señor cuando vive aparte, dándole el reconocimiento señalado. *Na*, acudir asi. *Ipa*, con que. *Pang̃inohan*, el señor. Vide *Pang̃ino*.

NG̃IPIN. pc. El diente. *Mag*, ponerlo. *Mag*, tenerlo. *Pang̃ipinan*, serle puesto, como á la sierra, v. g. *Ng̃ipinan*. pc. De grandes dientes. Este se conjuga con *Mag*, y es de hacerse grandes dientes. *Ipag*, la causa. *Pagng̃ipinanan*, donde.

NG̃IRI. pp. No tocar alguna cosa por asco, ó melindre. Vide *Diri*.

NG̃IRNG̃IR. pc. Encía, con los juegos de *ng̃ipin*.

NG̃ISBÍ. pc. Resuello que queda despues de llorar el muchacho. *Na*, l. *Vm*, l. *Ng̃ing̃isbing̃isbi*. La boca, ó causa, *Y*. Ante quien, *An*. Tambien *Mag*. La causa. *Ipag*. Ante quien, *Pag-an*.

NG̃ISI. pp. Mostrar los dientes. *Vm*, l. *Mag*, l. *Ng̃ing̃ising̃isi*. La causa, boca, ó diente, *Y*, l. *Ipa*. Con quien, *Ng̃ining̃isihan*. Sinónomo *Ng̃isng̃is*.

NG̃ISI. pp. Puerco del monte, cuando le empiezan á salir los colmillos.

NG̃ISLAO. pc. Risa sin vergüenza inquietándolo todo. *Vm*, l. *Ng̃ing̃islaong̃islao*. Sinónomo *Gaslao*.

NG̃ISNG̃IS. pc. Vide *Ng̃isi*, con sus juegos.

NG̃ITANG̃ITA. pc. Vide *Pang̃ita*.

NG̃ITI. pc. Risa encubierta por rubor. *Vm*. La boca, ó la risa, *Y*. De quien, *An*. Vide *Ng̃isi*, con sus juegos.

NG̃ITNG̃IT. pc. Oscuridad grande. *Mag*, oscurecerse. *Pinagng̃ing̃itng̃itan tayo nitong dilim*, nos encubre esta oscuridad: *Ng̃itng̃it*, l. *Mang̃itng̃it na gab-i*. Noche oscura. *Cang̃itng̃itan*, abstracto *Mang̃itng̃it na loob*, corazon anublado Metáfora.

NG̃ITÓ. pp. Vide *Nito*.

NG̃IUAL. pp. Pucheros del niño cuando quiere llorar. *Vm*, hacerlos. La causa, *Y*. El lugar ó ante quien, *An*. *Mang̃iualin*, frecuent. *Ng̃ing̃iualng̃iual*, l. *Mag*, hacerlos mucho. *Ng̃iual* pc. *na bata*.

NG̃IUI. pc. Hacer gestos con la boca, *Vm*, l. *Ma*. Á quien, *Ng̃ining̃iuian*. La boca, *Y*. *Cang̃iuian*, el gesto. *Papagng̃iuing̃iuiin*, la persona á quien se manda hacer.

NG̃IUIL. pp. Vide *Quiuil*. Aunque no es muy usado para gestos, mejor con la significacion de *cauil*.

NG̃IYAO. pc. Maullido de gato, *Na*, l. *Vm*. La causa, *Y*. En donde, ó á quien, *An*. *Pang̃iyiauin*, hacerle maullar.

Ng̃o.

NG̃OBNG̃OB. pc. Desdentado de todos los dientes. *Na*, l. *Mag*, irse poniendo tal. La causa, *Ica*, l. *Ipag*. El lugar, *Pag-an*, l. *Ca-an*. *Vm*, á otro. *In*, á quien. Si mucho, *Mag*. Á quienes, *Pinag*.

NG̃OLAG. pp. Espeluzarse los cabellos ó plumas, *Na*. La causa, *Ipa*. Á donde, *Paan*.

NG̃OLAG. pp. Cañas verdes. *Na*, estar asi. *Cun mang̃olag ang mang̃a cauayan, ay tumaga ca, nacapang̃olag na*, cortan las cañas cuando están verdes: ya estan verdes.

NG̃OLAUIT. pp. Vide *Colauit*.

NG̃OLING. pp. Volverse atras de lo prometido. Vide *Pang̃oling*. Sinónomo *Olioli*. Vide *Tibari*: sale de *Oling*. Metáf. Porque la promesa del ruin se borra presto como el carbon.

NG̃OLNG̃OL. pc. Chupar como azúcar, ó el dedo. *Vm*, l. *Mag*. Lo que, *In*, l. *Pinag*. Donde, *Pag-an*. Nombre, *Mapang̃olng̃ol*, l. *Palang̃olng̃ol*.

NG̃OLO. pp. Encajar la una mano en otra poniéndola sobre la cabeza. *Na*. Sale de *Olo*. Tambien *Mang̃olo*. pp. Coger á otro por la cabeza. Á quien, *Pang̃olohan*. Las manos ó causa, *Ipa*. *Nang̃ong̃olong noui*. Volvió con las manos en la cabeza. *Nang̃olo sa lahat*, escedió á todos.

NG̃OLOB. pc. Secarse la caña verde, ó cosa hueca. *Na*, encogerse. *Pang̃olobin*, hacer que lo esté. *Ipa*, la causa. *Pa-an*, donde. *Pang̃ong̃olob*, verbal. Vide *Pang̃olob*.

NG̃OLOGHOY. pc. Frio. *Nang̃ong̃ologhoy*, se dice de la gallina que tiene las plumas medio mojadas. Vide *Cologhoy*.

NG̃OLOGUI. pp. Menoscabo en la mercadería *Na*, padecerlo. *Pang̃ologuihan*, en que. *Ipa*, La causa. Vide *Pang̃ologui*.

NG̃OLONGCOT. pc. Vide *Ng̃ologhoy*.

NĜOLOT. pc. Ensortijarse cordel ó hilo. Vide *Colot*. pc.
NĜONĜO. pp. Mascar la comida para el niño, *Vm*. Lo que, *In*. Los dientes, *Y*. La persona, *Nĝinonĝonĝoan*.
NĜONĜOB. pc. Vide *Nĝobnĝob*.
NĜONI. pp. Empero.
NĜOBNĜA. pc. Chupar la abeja el zumo de las flores, *Vm*. El zumo, *In*. La boca, *Y*. Las flores, *An*.
NĜORLO. pc. Encogerse el miembro genital de mucho frio, *Na*. La causa, *Ipa*. Donde, *Panĝorlohan*.
NĜORYONG. pc. Vide *Oryong*.
NĜOSÓ. pp. Hocico. *Nĝonĝosonĝoso*, hacer gestos con él. *In*, á quien, l. *An*.
NĜOSNĜOS. pc. Hocico de cualquier animal. *Vm*, dar con él á otro. Á quien, *In*. El hocico con que dá, *Y*.
NĜOTNĜOT. pc. Llorar muy quedo, *Mag*. La causa, *Ipag*. Sobre que, *Pag-an*.
NĜOTNĜOT. pc. Reprender. *Mag*. La causa, *Ipag*. Á quien, *Pag-an*. Vide *Nĝoynĝoy*.
NĜOYA. pc. Mascar, *Vm*. Lo que, *In*. Con que, *Y*. Si mucho, *Mag*. Lo que, *Pinag*. Con que, *Ipag*.
NĜOYNĜOY. pc. Llanto largo entre dientes, *Mag*. Donde ó ante quien, *Pinagnĝonĝoynĝoyan*.
NĜOMI. pp. Hacer gestos con la boca. Vide. *Nĝiui*.
NĜOYABIN. pc. Asirse de algo para no caer, ó para pasar á otra parte, *Na*. El palo por donde. *Nĝoyabnan*. pc. Síncopa.

Ngu.

NĜUNIT. pp. Empero. Es cuando vuelve la razon.
NĜUYAPIT. pp. Vide *Cuyapit*.
NĜUYIUAM. pc. Vide *Coyum*. pc.
NĜUYIUMPIS. pc. Encogerse la caña verde, *Na*. La causa, *Ipa*. Donde, *Pa-an*. *Nanĝunĝuyumpis ang catauan*, se vá secando el cuerpo. Metáf.
NĜUYNĜUY. pc. Vide *Nĝoynĝoy*. Vide *Nĝot-nĝot*.

O antes de A y B.

O. Pronunciada con fuerza significa téngase, quién está ahí? Quién es?
OA. pp. Toma ya.
OANG. pp. Un abejaruco que come las palmas: tiene cuernos. *Inouang*, lo comido de él. Vide *Ouang*, que es lo mismo.
OAR. pp. Sobra del arroz comido de ratones. *Ouarouar nang daga*. *Inouar nang daga*, la sobra que comieron. Y si muchos, *pinag*.
OBÁ. pp. Hozar el puerco. *Vm*, l. *Mag*. Lo que, *In*. Con que, *Y*. Donde, *An*. Si mucho, *Mag*. pc. *Pinag*. *Ipag*. *Pag-an*, cosa, instrumento, persona ó lugar.
OBAC. pp. Descascarar. *Vm*, l. *Mag*. La cáscara, *In*. De donde, *An*. Con que, *Y*. Sinónomo *Opac*. Vide *Talib*, *talip*.
OBACAN. pp. Bejuco con corteza.
OBAG. pc. Un género de ubi del monte, que se coge á veces á tres varas á bajo de tierra. Sinónomo *Quiroui*. Vide *Copuy*.
OBAHOB. pp. Sahumarse con un brasero entre las piernas, cubriéndose todo, *Vm*, l. *Mag*. La manta, *Y*.
OBAN. pp. Las canas *Mag*, l. *Magca*, encanecer de nuevo. La causa, *Ipinagca*. Nombre, *Obanin*.
OBAR. pp. Lo que dá el padre á la hija cuando se casa: se llama tambien *Pasonor*.
OBAS. pp. Sobras del gogo despues de su uso. *Ma*, sobrar.
OBAS. pc. Bañarse la muger la primera vez que la vino la regla. *Mag*. l. *Manĝonĝobas*. *Aco,i, obas na, cun baga sa gogo*, dice un viejo, que ya no tiene fuerzas.
OBAC. pp. Pólvora, palo de China. *Mag*, curarse con él. *Vm*, á otro. Á quien, *In*.
OBATICOS. pp. Piedra que viene de China, y sirve de rejalgar. *Na*, el que se envenenó. *In*, á quien se dá. *An*, donde se hecha.
OBAYA. pp. Respetar á otro dejándole decir su razon. *Mapaobayang tauo*, l. *Mapagpa*. *Mag*, responder en duda.
OBAYI. pc. Interjecion, *Napaobayi nang masactan*.
OBI. pp. Camote grande. *Magobihan*, hacer huerta de camotes. La tierra, *Pinagobihanan*. Es semejante al dago de Marianas.
OBIOBIHAN. pp. Lo mismo que *Malaubi*.
OBLAG. pc. Tonto, necio. Vide *Hanĝal*, *hoplac*.
OBO. pc. Tos recia. *Mag*, tenerla. La causa, *Ipinag*, l. *Ipinapag*. Donde, *Pagobohan*. *Mapagobo*, l. *Obohin*, tosedor.
OBÓ. pp. Trasplantar lo sembrado, como no sea arroz, *Vm*. Y si muchos, *Mag*. Lo que, *In*. De donde, *An*. *Naobo sa pamamahay*, se dice del viudo.
OBOR. pp. Palmito, ó cogollo de cualquiera palma. *Vm*, sacarlo. Lo que *In*. La palma, *An*. Con que, *Y*. Si mucho, *Mag*. pc. *Pinag*. *Ipag*. *Pag-an*. *Na*, estar sin palmito. Y de aqui *Obor pa,i, inaobor na nang pagatag*, aunque es niño, le hacen trabajar. Tambien se aplica al niño despierto en maldades.
OBOS. pp. Acabarse del todo. *Vm*, l. *Maca*, acabarlo todo tomándolo. *In*, lo acabado. *Mag*, acabarse. Este verbo tiene la misma pasiva que el verbo á quien se junta, v. g. *Obosang conan*, *obosing conin*, *y obos ibigay;* pero si el verbo á quien se junta es de los que no admiten mas que una pasiva, sin expresar cosa que se hecha fuera, no sigue la pasiva, como son *Sobo*, *salin*, *abot*, *lapit*. Los sinónomos de *Obos* son *Taclas*, *otas*, *tapus*.
OBOS. pc. Adjetivo. *Mag*, enviar, ó acabarlos todos. *Pinag*, ellos. La causa, *Ipag*. El lugar, *Pag-an*. Refran.

> *Obosobos biyaya,*
> *bucas nama,i, tunĝanĝa.*

O antes de C.

OCA. pp. Deshojar, abrir la barriga del animal para sacarle las tripas, descabar, *Vm*. Lo que,

In. La herida, carne ó madero, *An*. Con que, *Y*. Si mucho, *Mag*. pc. *Pinag*. *Ipag*. *Pag-an*.

OCAB. pp. Dar bocados. *Vm*, l. *Mag*. Los dientes, *Y*. Lo mordido, *In*. De donde, *An*. Si muchos bocados, *Mag*. pc. *Pag-in*. *Ipag*. *Pag-an*.

OCANG. pp. Movimiento tarde del viejo, *Vm*, l. *Oocangocang*. La causa, *Y*. Donde, *An*. Si muchos, *Mag*. pc. La causa, *Ipag*. *Ocang na tauo*, hombre flojo.

OCAY. pc. Dar vueltas como culebra. *Vm*, l. *Mag*. Redup. La causa, *Y*. El lugar, *An*.

OCBIT. pc. Lo mismo que *Ombit*. Ceñidor hecho piezas de oro labradas. *Mag*, traerlo. *In*, él. La causa, *Ipag*. Donde, *Pag-an*.

OCBOT. pc. Estar sentado ó parado sin hacer nada, ó sentarse mucho, *Vm*. El cuerpo ó causa, *Y*. Donde, *An*. *Sa oocbot lamang, omoopo lamang na ualang gaua*, está sentado solamente.

OCDO. pc. Brinco ó salto con el cuerpo. Vide *Ondoc*, con sus juegos.

OCLIT. pc. Quitar alguna parte pequeña de algo, como el cuervo en la carne, *Vm*. Lo que, *In*. El pico, *Y*. De donde, *An*.

OCLÓ. pc. Tronchar de repente árboles, &c. *Ma*, troncharse. *Vm*, tronchar, l. *Maca*. Lo tronchado, *In*. Con que, *Y*. Donde, *An*. Si mucho, *Mag*. *Pinag*. *Ipag*. *Pag-an*.

OGNON. pc. Una enredadera como bejuco.

OCO. pp. Bajar la cabeza el viejo por decrépito, encorvado, &c. *Vm*, redup. andar así. La cabeza, *Y*. Donde, *An*. *Sa ooco si coan*, anda muy inclinado. Vide *Ocang*.

OCOC. pc. Soloparse la llaga ó postema penetrando lo interior. *Vm*, l. *Mag*. La llaga, hoyo ó tierra, *An*. Itt. Socavar, ó cavar. *Vm*, l. *Mag*. Y de aqui. *Nagcaococ*, l. *Nagcapaococ ang dalampasig*, está muy comida la orilla. Verso antiguo.

Magdalita ang niyog,
houag magpapacalayog,
cun ang ouang ang omoc-oc,
maoobos pati obod.

La sobervia come hasta las entrañas.

OCOL. pp. Medir ó ajustar una cosa á otra, *Vm*. Lo que, *In*. Á quien, *An*. Si muchos, *Mag*. *Pag-in*, l. *Pag-an*.

OCOL. pp. Ajustar con el entendimiento, como el sastre que tantea lo que ha de hacer, con los mismos juegos del antecedente, y en este sentido. Vide *Acala*, con sus juegos.

OCOL. pp. Pertenecer una cosa á otra; como el hábito al religioso, la oracion á Dios. *Naocol sa Dios*, pertenece á Dios.

OCOL. pp. El tamaño. *Nagcasasangocol itong dalauang salop*, son de un tamaño.

OCOL. pp. Cosa proporcionada ó justa á otra, *Naocolocol*. Y las dos entre sí, *Nagcaoocol*. Una á otra, *Yocol*. Las dos entre si; *Papagcaocolin*.

OCOL. pp. Dicha ó ventura. *Tauo hapa aceng culang na ocol*, desgraciado de mí. *Magocol cayong dalaua*, sois de un genio.

OCOL. pp. Tomar la medida de algo, ó tentearla, *Vm*. La cosa tanteada, *Y*, ó la persona á quien se tantea. *Yocol mo sa caniya, itong lienzong babaroin*, tantea este lienzo de que quiere hacer camisa.

OCOL. pp. Cotejar. Si dos cosas, *Mag*. pp. Si muchas. *Mag*. pc. Lo uno y otro, *Pinag*. Con que, *Ipag*. Donde, de quien, ó á quien. Vide *Socol*.

OCOL. pp. Cuadrar una cosa á otra, ó ser apropósito para ello. *Ocol cay Pedro, ang magcapitan*, es apropósito Pedro para capitan.

OCOL. pp. Conformarse uno con la voluntad agena, *Vm*. Con el que, *An*. Lo que. *Y*. *Ongmoocol siya sa cagandahan niya*. *Inoocolan co ang loob nang Dios*, l. *Inoocol co ang loob co sa calooban nang Dios:* me conformo con la voluntad de Dios.

OCOP. pp. Venir justo, como el dinero para la deuda, el hilo para la costura. *Vm*, l. *Ocopan ang pagbabayad*, ajustar el que debe la paga. *Naca*, haberla ajustado. Ella, *Na-an*. *Hindi macaocop sa dalauang baro*, l. *Ang dalauang baro,i, hindi maoocopan nitong lienzo*, l. *quitang dalaua,i, hindi maocopan nitong lienzo sa dalauang baro*. No nos viene justo este lienzo para camisas.

OCOR. pp. Encorvar ó inclinarse, *Vm*, y si mucho, *Mag*. *Na*, estarlo. *Pina*, ser hecho. *Oocorocor*, andar así. *Sa oocor*, estar así.

OCRO. pc. Ponerse en puntillas para alcanzar algo. *Vm*, l. *Mag*. Lo que, *In*, l. *Pinag*. Lugar, *An*, l. *Pag-an*, Con que, *Y*. l. *Ipag*.

OCTAYAO. pp. Bambalearse como caña, *Vm*, l. *Ooctaooctayao*, palabra de poesía. Vide *Iuay*.

OCTAYAO. pp. Sombra. *Vm*, ponerse á la sombra. Lugar, *An*.

OCYABIT. pc. Trepar forcejando con las manos. *Vm*. l. *Mag*. *In*, por lo que se trepa, ó las manos. *An*, por donde se trepa. Vide *Acyat*.

OCYABIT. pc. Abalanzar el cuerpo hácia arriba, levantando las manos para asirse de algo, como para librarse del toro, *Vm*. Lo que hace, *In*. Las manos, *Y*. El lugar, *An*. Si mucho, *Mag*. pc. *Ipag*. *Pinag pag-an*. *Nagoocyaocyabit ang manga anac*, los niños se agarran de él.

O antes de G.

OGÁ. pc. Menearse los dientes, ó lo mal encajado. *Vm*, si de propósito. *Mag*, si mucho. *Ma*, menearse acaso. *Naogà*, lo que es meneado de otro. Si de muchos, ó de uno muchas veces, *Pinagoogà*. Con que, *Y*, l. *Ipag*. Sinónomos. *Ogoy, togoy, omi*. De aqui metáf. *Oogain nang oogain*, ay among di icabalino. Tanto le muelen, que mudará de intento.

OGAC. pp. Ruido del mar alborotado. *Vm*, l. *Oogacogac*. Con que, *Y*, Donde, *An*. De aqui. *Oogacogac ang dugô*, salir la sangre á borbollones.

OGAGA. pp. Movimiento tardo y pesado del cuerpo por enfermedad. *Di macaogaga*, no puede moverse. *Di mayogaga ang catao-an*, y de aqui. *Inoogaga nang Diablo ang loob nang tauo*, atormenta el diablo el corazon del hombre. Metáf. Viide *Abiyoga*.

OGALÍ. pp. Costumbre, usanza. *Vm*, seguirla, l. *Maqui*. *In*, ser seguida. *Mag*, tener por costumbre. Lo que, *In*. *Magpa*, introducir uso. Lo que, *Ipina*. Á quien, *Pina*. Quien es seguido, *Inoogalian*. Tambien *Mag*, acomodarse á la costumbre. En que, *Y*. Abstracto, *Caogalian*. Ejemplar, *Caogali*. *Magcano ito?* R. *Ogali*, á como suele.

OGALI. pp. Inclinacion., *Ogali*, l. *Caogalian niyang dati*, es costumbre antigua.

OGALI. pp. Lo ordinario. *Ogali nang nagiinom ang magaauay*. De ordinario pelean los que beben.

OGALI. pp. El ordinario, regla de las mugeres: *Inoogali*, l. *dinarating nang ogali*, l. *Nang caogalian*, le viene la regla.

OGALI. pp Imitar en costumbres, *Vm*. Á quien, *An*. Las costumbres, *Y*. *Mag*, igualar uno con otro. *Magogali cay Francisco ni Pedro*, *iogali mo si Francisco cay Pedro*. *Ogalian mo si Pedro*, *cay Francisco*. Igualarlos entre sí, *Mag*. Ellos, *Pinag*. La causa, *IPag*. El lugar, *Pag-an*. *Magca*, dos iguales. *Mey caogali ca?* Tienes igual? Con verbos de comprar, vender, dar ó tomar sigue á ellos: *Ogaliin mong bilhin*. *Ipagogali mong ipagbili*.

OGAL. pp. Vide *Sucat*, con sus juegos, y su significado.

OGAO. pc. Un pájaro.

OGAOG. pp. Vide *Ogoy*.

OGAT. pc. Raiz, vena. *Mag*, l. *Magca*, tenerlas. *Pag-an*, la planta á quien le salen. *Papagogatin*, dejar que eche raices. *Caogat*, cualquiera de los cuatro hilos de la madeja de algodon. Metáf. *Nañgongogat ang saquit*, entrar el mal en las venas. *Ang ogat nang osap*, origen del pleito.

OGAU. pc. Mono grande. *Vm*, llamar á otro mono. Á quien, *In*. *Mag*, criarle ó tenerle.

OGAY. pp. Andar bambaleando por desangrado, *Vm*, l. *Oogayogay*. *Y*, la causa. *An*, donde. Si mucho, *Mag*, reduplic. *Ipag*. *Pag-an*.

OGBOS. pc. Cogollo ó yema que brota en la cepa, renuevo. *Vm*, l. *Mag*, tenerlo ó ir saliendo. *Magca*, muchos. *Magsipag*, l. *Mañgagsipag*, todos ó muchos. Se diferencia de *Solol*, porque este al pie, y *Ogbos*, el que sale á la cabeza ó remate de la planta. *Inogbosan*, planta que se le quitó el renuevo.

OGCÁ. pc. Lo mismo que *Oca*.

OGCAL. pc. Menearse alguna cosa por estar debajo alguna sabandija, *Vm*. Si mucho, *Oogcalogcal*. El lugar, *An*. La causa, *Y*. Sinón. *Quibot*.

OGDAY. pc. Andar flojo, como que se cae, *Oogdayogday*. La causa, *Y*.

OGHI. pc. Llamar como quien dice, *Hoy*. *Mag*, llamar así.

OGHOY. pc. Lo mismo que *Oghi*.

OGUIHAP. pp. Vide *Aguihap*, que es lo mismo.

OGUIS. pp. Un género de pescado.

OGUIT. pp. Timon, *Vm*, l. *Mag*, gobernar con él. *Oguitan*, la embarcacion á quien se pone. *Paoguitin*, á quien se manda gobernar. *Manooguit*, l. *Tagaoguit*, timonero. De aqui metáfora. *Inooguitan si cuan*, guiarle. *Coguitoguit siya cay cuan*, siempre le acompaña. *Boglong*.

Pacana,t, pacaliua,
ang bontot ang bahala.

La embarcacion.

OGLO. pc. Tronchar algo. Vide *Poclo*, con sus juegos.

OGMA. pc. Vide *Oma*.

OGNA. pc. Idem.

OGNAY. pc. Añadir, pegar mangas ó faldillas al vestido. *Mag*, dos cosas que se añaden. Las dos, *Pugognain*. El que, *Y*. Al que, *Han*.

OGNAY. pc. Continuar. *Caognayognay na lubid*, sin añadidura. *Mag*, unir los cabos. *Pinag*, ellos. *Y*, el uno el otro. *Pag-an*, donde.

OGNAY. pc. *Caognay*, eslabon. *Nagcaca*, eslabonado. *Magpa*, eslabonar.

OGOC. pp. Rugir las tripas, *Vm*. Si mucho, *Mag*, *Oogocogoc*. La causa, *Ipag*.

OGOC. pc. Gritar la gallina ó los gallos cuando les cogen, *Vm*, La causa, *Y*. Donde, *An*. Si mucho, *Mag* reduplicando. La causa, *Ipag*. Donde, *Pag-an*.

OGOG. pc. Mecer al niño, ú otra cosa que está en cesto, para que caiga el polvo. *Vm*, l. *Mag*, menear. *Ogogan*, l. *Y*; todo lo que se limpia, meneándolo en algun licor. *Ogoguin*, lo que se menea, ó se mece, que no sea licor. Vide *Agag*. Vide *Hogas*.

OGONG. pp. Ruido como de resaca ó de aguacero recio, ó de mucha gente que pasa, ó zumbido de las abejas, &c. *Vm*. Si mucho, *Mag*. *An*, el que es molestado de tal ruido. La causa, *Y*. Vide *Dagongdong*.

OGONGOGONGAN. pc. La cañuela del arroz tierno.

OGOR. pp. Flaqueza grande, *Vm*, l. *Oogorogor;* y si muchos, *Mag*. *Oogorogor*. *Paogorogorin*, hacerle padecer. La causa, *Y*.

OGOY. pc. Menearse, bambalearse. *Vm*, l. *Mag*, tambien menear. Lo que, *In*. Sinónomo, *Oga*. Vide *Togoy*.

OGRA. pc. Comerse la llaga la carne por estar podrida, podrirse el madero haciendo alguna concavidad. Vide *Ovang*.

OGTONG. pc. Fino, desabrido. *Ogtong na tabaco*, *manipis at matabang; tabacong ligao*.

OGUÁ. pc. Rebosar lo que hierve, *Vm*. Si mucho, *Mag*, redupl. *An*, l. *Na*, l. *Quinaooguáan*, el lugar.

O antes de H.

OHÁ. pc. Llorar el niño recien-nacido. *Vm*, l. *Oohàoha*, l. *Mag*, si mucho. La causa, *Y*. Donde, *An*. *Paohain*, l. *Papagohain*, hacerlo llorar mucho. *Oohaoha ca pa*, aun eres niño. Metáfora.

OHAO. pp. Sed. *Na*, tenerla. *Caohauan*, la sed. *Ica*, la causa. *Quinaohauan*, de que. *Maohauin*, sediento. *Vm*, causarle á otro. *Y*, con que, ó la causa. *In*, á quien. *An*, donde. Si á muchos, *Mag*. pc. *Ipag*. *Pinag*. *Pag-an*. *Quinaoohauan guitang masaquit*, mucho deseo el verte. Metáfora.

OHAY. pp. Espiga de trigo ó arroz, ó cosa semejante. *Maohay*, muy espigado. *Magca*, espigar. *Caohay*, l. *Caohayan*, una espiga. Vide *Salay inohayan*, quitar el arroz á la espiga, *Vm*. *Y*, con que. *An*, el arroz. Si muchas, *Mag*. pc. *Ipag*. *Pag-an*. *Magpa*, esperar que espigue. *Pinapag*, el arroz. *Pagpa-an*, donde.

OHO. pc. Vide *Ohi*, que es lo mismo.

OHOG. pp. Mocos. *Mag*, moquear mucho. La causa, *Ipinag*, l. *Ipinagca*. *Ohoguin*, el mocoso. *Ohog-ohog*. pc. Flemas que salen por la cámara.

OHONGAIN. pp. Una yerba.

OHOY. pc. Palabra de cariño con que se llaman entre sí los iguales: corresponde al ola español. *Vm*, llamar asi. *In*, ser llamado. Es palabra usada en la Laguna y en los Tinguianes; en Manila es *Oyà*; pero ni una ni otra se usa entre los principales, sino *maguinoong*. *Capitan*, &c.

O antes de L.

OLA. pp. Pedir llorando como el niño regalon. *Maolang bata*, l. *Maolahin*. pc. *Vm*, irse haciendo tal. *Mag*, serlo, ó pedir asi. Á quien, *Han*, l. *Pinag-han*. Vide *Tompic*.

OLA. pp. Regalar mucho á su cuerpo. *Mag*, regalarse. El cuerpo, *In*, l. *Pinapag*.

OLA. pp. Mudar de un lugar á otro, ó una cosa en otra, ó el nombre, *Vm*. Lo que, *In*. De donde, *An*. *Na*, estarlo. *Olahan*. pp. Sementera en que trasplantan el bolobor: asi se llama en la Laguna. *Magola nang loob, bait*, &c. Mudar de intento. Y de la Santísima Vírgen se dice: *Di naola ang pagca Virgen*; siempre estuvo intacta.

OLA. pc. Mejor *Oolaola*, gusto que tiene uno de haber visto algo. *Mag*, l. *Oolaola*. La causa, *Ipag*. *Vm*, estar asi contento.

OLABAT. pp. Hacer pinitos. *Bago pang nagoolaolabat ang bata*, lo mismo que *Bago pang nagtitindigtindig*.

OLABISÁ. pp. Una culebra ponzoñosa.

OLAC. pc. Devanar, *Vm*. l. *Mañgolac*. *In*, lo devanado. *Olacan*. pc. El lugar en que se devana. *Mañgoñgolac*, l. *Manoolac*, nombre. Sinónomo, *Quirquir*.

OLAC. pp. Temblar todo el cuerpo cuando se reviste la catalona del diablo, *Vm*. La hechicera, *An*.

OOLACOLAC. pp. Un cañuto semejante á la devanadera.

OLAG. pp. Estremecerse, y erizársele las plumas al gallo de temor, *Nañgoñgolag*. La causa, *Ipa*. Al que teme, *Pañgolagan*.

OLAGÁ. pc. Atraer, provocar á otro á lo malo ó á lo bueno, *Vm*, l. *Maca*. *In*, el inquietado. *Caolaga*, el compañero. Si ambos mútuo, *Mag*.

OLAGBANG. pc. Llegarse el niño á la madre gateando. Vide *Olapang*.

OLALO. pp. Oruga que come los arroces y plantas. Lo comido, *Olalohin*.

OLALO. pp. Moverse. Úsase con la negativa, *Di maolalo nang bigat*. Es metáfora de *Olalo*, no se mueve de pesado.

OLAHAN. pp. Tierra de regadío. *Mag*, labrarla para trasplantar el bolobor. *Ipag*, porque. *Pag-an*, la sementera.

OLAHIPAN. pp. Cien pies. l. *Olopihan*.

OLAM. pp. Condumio, ó cosa que se come con la morisqueta. *Mag*, comerla. *Y*, l. *In*, ella. La cosa á que se junta, *An*. *Inoolaman, nang isda ang canin*, l. *Nang canin ang isda*. Cuando se expresan las dos cosas juntas, ó como mezcladas, *Pinag*. La causa, *Ipag*. Donde, *Pag-an*. Pero serle dado algo para vianda, *Pinaolaman*. De aqui *Ungmoolam*, l. *Naqui sa aquin: nagmomora*.

OLAN. pc. Lluvia. *Vm*, l. *Nonolan*, llover. Si mucho, *Mag*. Lo mojado, *In*. *Tagolán*, tiempo de lluvias. *Mag*, hacer tal tiempo. De aqui *Panagolan*, tierra que se siembra en tiempo de aguas. *Mag*, sembrar al dicho tiempo. *Maolan*, haber muchas lluvias.

OLAN BAGA. pp. Lo mismo que *Olahipan*.

OLAN BANAC. pc. Lluvia de gotas gordas, con la cual salen las lisas.

OLAN GUINOO. pp. Autoridad, lluvia pequeña.

OLANG. pp. Camaron como langosta. *Mañgolang*, cogerlos *Pañgolang*, con que. *Maolang, caolañgan pinagcacaolañgan*, lugar de muchos. Vide *Ilair, labang*. *Olang*, color colorado.

OLAO. pp. Revolverse el estómago por marea ó mal tiempo. Vide *Liyo, liping*.

OLAOL. pp. Género de plátanos.

OLAOL. pp. Vide *Olos*, y sus juegos.

OLAOR. pp. Paladear mandando, *Vm*. La lengua, *Y*. El pecho, *In*. La madre, *An*. Si mucho, *Mag*. pc. *Pinag*. *Ipag*. *Pag-an*.

OLAOT. pp. Lo mismo *Olaor*. Vide *Otot*.

OLAP. pp. Nube. *Magca*, haberla. *Pinag-an*, lo que se cubre con ella. *Pinagcaca-an*, el lugar donde se asienta. *Vm*, l. *Mag*, anublarse el cielo. La causa, *Ipag*. El cielo, *Pag-an*. *Maolap*, haberla. *Nagoolap ang lañgit, ay houag magsacay*, no hay que hablarle. Metáf.

OLAPANG. pp. Arrimarse el niño que gatea á la madre, asiéndola para levantarse, *Vm*. La madre, *In*. La mano, *Y*. Vide *Gapang*.

OLAPOT. pp. Bolsa, guante. *Mag*, meter algo en ella. *In*, l. *An*, la cosa que es metida ó cubierta: solo se usa en cosas de ropa. Vide *Sopot*.

OLAR. pp. Crecer las plantas. Vide *Onglar*.

OLAS. pp. Tostar, enjugar el arroz cuando está húmedo, *Mag*. *Y*, l. *In*, el arroz. *Papagolasin*, la persona á quien se manda hacer esto. *Inolas*, arroz asi secado. *Olasan*, l. *Pagoolasan*, lugar destinado para secar. Mucho, *Mag*. pc. *Ipag*, el arroz, l. *Pinag*. Donde, *Pag-an*.

OLASIMAN. pp. Vide *Colasiman*.

OLAT. pp. Cuenta. Palillos con que cuentan. *Mag*, contar. *Y*, l. *An*, la cosa sobre que hace la cuenta. *Papagolatin*, la persona á quien se manda contar. *Inolat*, l. *Iniolat*, los palillos, l. *Panolat*.

OLATAN. pp. *Ysipan, calacal*.

OLATOLAT. pp. Las ataduras del *Carang*, para tenerlo tieso. *Mag*, ponerlas. *Y*, lo que. *In*, de lo que. *Olatolatan*, l. *Olatolatanan*, el cayan á que.

OLAY. pp. Lombriz que se cria en el cuerpo.

Inolay, criarlas. *Maolay*, haber muchas. No tiene mas juego.

OLAY. pp. Fruta del *talahib*. *Magca*, tenerla. *Caolayan*, lugar de mucha.

OLAY. pc. Estender la semilla del arroz ya mojada, tapándola para que se caliente y crezca. *Mag*, estenderlá. *Y*, Ella. *Ipag*, Con que. *Pag-an*, donde.

OLAYAN. pp. Un árbol.

OLAYAO. pp. Entretenimiento, desenfado. En Manila es *Olayaò*. pc. *Maqui*, entretenerse. *Mag*, uno solo. *Ipag*, con que. *Pag-an*, en donde. *Maquipag*, con otros. *Ipaquipag*, la causa. *Paquipag-an*, con quien. *Caolayao*, uno de ellos. *Caolaolayao*, lo que causa gusto.

OLBIT. pc. Una cajuela grande donde guardan el buyo.

OLBO. pc. Corral pequeño para los puercos. *Mag*, hacerlo. Los puercos, *An*. Ser encerrados, *In*. Vide *Banlat*.

OLIANÍN. pp. Viejo choche.

OLIAÓ. pp. Dar voces en el campo para que se junten los compañeros. Vide *Buliyao*.

OLÍ. pp. Un árbol.

OLÍ. pp. Vender á otro la cosa comprada, por el mismo precio. *Vm*, pedirla por el tanto. *Y*. el dinero. *An*, la cosa. *Olian mo aco nang tintero*.

OLI. pc. Repetir ó volver á hacer, *Vm*, l. *Nonoli*, l. *Mag*. Volver, &c. *Ol-in*. Sincopa. Lo vuelto á hacer en si. *Y*, en otro. *An*, el lugar. *Ol-an sidlan ang soliyao nang álac*. *Nagoolian*, se dice del viejo choche.

OLIC. pp. Andar de aqui por alli dando vueltas. *Oolicolic*, l. *Vm*, l. *Mag*, siempre reduplicando. andar asi. *Papagolic-oliquin*, l. *Papagolicolicanin*, la persona quien, &c. *Magpa*, desatinar á otro. *Pina*, á quien.

OLICAN. pc. Lugar en donde está una de las tetas del perro cazador.

OLICBA. pc. Gallina de carne ó piel negra.

OLIGUI. pc. Vide *Aligui*.

OLIGUI. pc. Parar repantigado. *Sa ooligui ca rin*. *Salalayo*. *Mag*, estar asi.

OLILA. pp. Huérfano. *Na*, quedar huérfano. *Hin*, el habido como tal. *Nangongolila*, andar como huérfano, sentir la falta de su padre. *Olila sa Ama*, l. *sa Ina*. Si de entrambos, *Olilang tibobos*. *Vm*, quitarle el padre. *Hin*, el hijo *Y*, la causa. *Han*, dende. Cuadra á animales y plantas, *Olilang cauayan*.

OLILIP. pp. Alivio. *Vm*, ir aliviándose. *Naca*, l. *Ica*, la causa.

OLING. pp. Carbon, tiznar, *Mag*. Lo que, *In*. Lo tiznado, *An*. *Mag*, tiznarse. *Olingan*, l. *Pinagoolingan*, donde se hace carbon. *Magooling*, l. *Manooling*, carbonero. Vide *Mangoling*.

OLING. pp. Un árbol que dá resina. Vide *Cayangcang*, que se halla en los montes de Bosoboso.

OLINGIG. pp. Entreoir, noticia. *Ma*, l. *Naoolinigigan*, lo asi oido. *Naca*, oir asi. *Mey olingig sa bayan*, corre la noticia.

OLIOLI. pp. Remolino de agua, vueltas del rio. *Mag*, dar asi la vuelta. *Pinagoolioliananan*, donde topa y vuelve atras el agua. *Nagoolioli ang loob*, se vá templando el enojo. *Magpaolioling loob*, estar de varios pareceres. Sobre que, *Pag-an*. La causa, *Ipag*.

OLIPAS. pc. Soslayo. *Ma*, lo que acaso se cortó asi. De propósito, *In*. *Aco,i, olipas na yantoc*, hombre desechado. Metáf.

OLIR. pc. Imitar. *Oliran*, ejemplar. Vide *Ilir*, *talar*.

OLIRAN. pc. El oro que se tiene para prueba.

OLIRAN. pc. Conformarse. *Olirannin mo si Pedro*, confórmate con las costumbres de &c.

OLIT. pp. Replicar, porfiar, *Vm*. Si mucho, *Mag*. pc. Á quien, *In*, l. *Pag-an*. *Maolit*, el importuno. *Caolitan*, l. *Pagoolit*, l. *Pamamaolit*, porfia activa. *Pagcaolit*, ser molesto. *Mey caolitan*, lo mismo que *Mey cabinigihan*.

OLIAVIR. pp. Lombriz que se cria en el cuerpo. *In*, tenerla.

OLIAUO. pp. El eco ó voz que se oye sin saber de donde.

OLO. pp. Cabeza. *Olohan*, pc. De gran cabeza. *Paolohan*, ponerla á quien no la tiene. *Magpaolo*, colmar la medida. *Napapa*, estar colmada. *Paolohan*, ser colmada. *Olo nang isa*, puño de puñal. *Olohan*, pc. Cabecera de la cama. *Olonan*, de almohada. *Ongmoolò*, pc. Dormir uno cabeza con cabeza con otro. *Mag*. pc. Los dos. Tambien *Mag*, hacer cabeza. *Ipag*, con que. *Pag-an*, la figura en que. *Omolo ca rini*, pon aqui tu cabeza. *Olohin mo yari*, ponlo por este lado. *Olohan mo ito*, ponlo sobre esto.

OLO. pp. Andar con las manos sobre la cabeza, *Mongolo*. *Nangongolong nowi*, volvió con ellas en la cabeza.

OLOB. pp. Llamarada que sube muy alto. *Vm*, echarla. *Y*, la causa. *An*, donde. *Oolobolob*, mucho. *Mag*, á menudo. La causa, *Ipag*. Donde, *Pag-an*. Vide *Alab*.

OLOBO. pp. Troge.

OLOBOC. pc. Borbollotear. Vide *Boloboc*. pc. con sus juegos.

OLOC. pp. *Sucat bagang icabosog ang ilang camote, cun walang yoloc na camin?* bastarán solo camotes sin otra cosa para hartarme? *Olocan mo iyang apoy*. *Paronan mo nang cahoy*.

OLOC. pc. Irritar á otro, incitarlo para que se vengue, *Vm*, l. *Mag*. El incitado, *An*, l. *In*. Con que, *Y*. Tambien palabra añadida falsamente. *Pinag-an*, la persona á quien se dijo. Sinónomo *Opat*, *orali*.

OLOC. pc. Una ave, un pájaro acuatil. *Naglagomanding Oloc*, se dice del que se esconde y se descubre, porque este pájaro esconde la cabeza y descubre el cuerpo.

OLOG. pc. Menear el cesto ó genta para que quepa mas, *Vm*. Lo meneado, *In*. Si mucho, *Pinag*. *Ipag*. *Pag-an*.

OLOG. pc. Lo mismo. *Lalo ó pono*, *Olog nang caronongan*, *pono nang carunungan*, lleno de ciencia.

OLOG. pp. Despoblar como la peste ó guerra, *Naolog ang bayan*. *Quinoologan*, el. Lugar donde habia gente, y se vé despoblado.

OLOG. pp. Pasarse de un pueblo á otro, *Vm*. El mudado, *Y*. *Naolog sa pamamahay*, salió por viudo. *Inolog ang sang bayanan*, lo asolaron.

OLOHIPAN. pp. Vide *Olopihan, olapihan, alopihan.*

OLOHAN. pc. Camarones de cabeza grande. *Mango*, cogerlos. *Mag*, comerlos.

OLOHATI. pp. Lo mismo que *Alaala*, palabra de poetas.

Pagi sa olohati mo
panininlang dili loto,t,
dili ca lalagac dito,t,
sa Cecilia casama co.

OLOL. pp. Añadir. Vide *Dagdag.*

OL-OL. pp. Loco, lunático. *Ma*, volverse, *Ol-olin*, vuelto por otro. *Vm*, á otro. Con que, *Y.* La causa, *Ica*, l. *Naca. Caololan.* pc. Locura.

OLOMOY. pc. *Sa oolomoy, sa sisipot.* Vide *Olpot. olmoy, olopot.*

OLON. pc. La cabeza de la cama. *Vm*, juntarse uno á otro con la cabeza ó cabecera. Los dos, *Mag*, y si mas, *Nagcaca. Nagoolonan*, l. *Nagcacaolonan*, l. *Nagoolonanan*, el lugar donde se juntan.

OLON. pc. Charquillo.

OLON BOBONG. pc. La viga del caballete. *Inalongbobong*, la viga. *Inoolohang bobong*, la casa. *Na-an*, tenerla puesta. Este *Olon* en pasiva se le quita la *N*, y se le añade *Hin*, l. *Han. Olohin bobong*, la viga. *Olohan bobong*, la casa. Tambien *Olon bobonganin, olon bobonganan.* Vide *Toctoc, bobong, palopo.*

OLONG. pp. Lazada para coger pájaros, *Mag.* El pájaro cogido, *In. Na*, estarlo. Vide *Silo*, con sus juegos.

OLONG. pc. Llegar al oido á hablar, *Vm.* Lo que se dice, ó la causa, *Y.* Á quien, *An* Si dos, *Mag.* Si mas, *Nagooolong*, l. *Nangag.* La causa, *Ipinag*, l. *Pinag-an.* Vide *Ompoc. Mag*, llegarse á uno llevando consigo alguna cosa para dejarlo junto á él. La cosa, *Y.* La causa, *Ipag.* Á quien, *An.* Donde, ó en que, *Pag-an. Mag.* pc. Cotejar dos cosas. Las cotejadas, *Pag-in.* La causa, *Ipag.* El lugar, *Pag-an.*

OLONGAING. pp. Una yerba de mal olor.

OLONG PALOPO. pp. Vide *Olon bobong*, con sus juegos.

OLOOLO. pp. Plumage de navío. *Mag*, llevarlo, hacerlo, ponerlo. *Oloolohan*, el navío. Tambien lo que, *Quitiquiti.*

OLOOLO. pc. Renacuajo. Vide *Olalo*, y sus juegos.

OLOP. pp. Llamarada grande con humo, neblina espesa. Vide *Olob* y sus juegos.

OLOPANGYAN. pc. Culebra. Vide *Caniya.*

OLOPIHAN. pp. Vide *Olohipan, alopihan*, &c.

OLOPISLA. pc. Tomar cuenta á otro, *Vm*, l. *Mag.* Vide *Aliposta, olosithà, osisa*, con sus juegos.

OLOPISTA. pc. Tambien lo mismo que *Pistas.*

OLOPONG. pc. Culebra ponzoñosa. *Caolopongan*, lugar de ellas. Vide *Ajas*, con sus juegos.

OLOPONG. pp. Corrillo de gente. *Mag*, juntarse. *Maquipag*, entremeterse. *Pinag-an*, el lugar, ó sobre que. La causa, *Ipinag.* Sinónomos *Lopong, polong, lipon, tipon.*

OLOPOT. pp. Vide *Olomoy, sipot, olpot, olmoy.*

OLOS. pp. Meter palo ó caña hurgando con él, *Vm*; y si mucho, *Mag.* Lo hurgado, *In.* La causa, *Ipag.* Á quien, *An.* Sinónomos *Sondol, solot.* Y de aqui se toma por tactus impudicus de la muger.

OLOS. pc. Estar muy metida en el agua la proa ó popa de la banca. *Olos sa roong, olos, sa holi*, metido de popa, metido de proa.

OLOSITHÁ. pc. Inquirir, certificarse, *Vm*, l. *Mag.* Lo que, *In. Na*, estar averiguado. Vide *Alosithà*, con sus juegos.

OLOT. pc. Poner un gallo á vista de otro para que polee. *Vm*, si uno. *Mag*, si dos. *Pinag*, los dos. *An*, el provocado. *Pag-an*, donde. *Y.* con que. Causa, *Ipag.* De aqui *manolot ca dini niyan*, allega esto aqui. Lo que, *Y.* Donde, *An.* Vide *Olong.* pc.

OLPOT. pc. Subir arriba lo que se echa al hondo del agua. Sinónomos *Litao.* Vide *Sipot*, con sus juegos.

O antes de M.

OMA. pp. Encajar un palo con otro por las puntas, *Mag.* Lo que, *Y.* Á donde, *An.* Las dos, *Pinag.* Con que, *Ipag. Na*, estar la una. *Magcaca*, las dos.

OMÁ. pp. Besar á niños, *Vm.* Á quien, *An.* La boca, *Y.* Se usa en los montes de Antipolo.

OMACMAC. pc. Dar golpe con cosa dura para que se raje, *Mag.* El golpe, *Y.* Sobre que, *An.*

OMAGA. pp. La mañana. *Vm*, l. *Mag*, amanecer. *Quinaomagahan*, l. *Ma*, al salir del sol. *Capagomaga*, luego que acaba de amanecer. *Mag.* pp. hacer de mañana la cosa. Ella, *Pag-an. Pagomagahan mo ang pagcain*, come de mañana. *Omagahin ta na*, dejémosle para la mañana. *Magpa*, esperar que amanezca. *Ipagpa*, la causa. *Pagpahan*, donde. *Magmula rito, Magpaomaga*, l. *Hangan sa omaga*, de aqui á la mañana. *Naguing omaga na*, se hizo mañana.

OMAL. pc. Hablar sin que se le entienda, por no abrir bien la boca. *Oomalomal*, hablar asi, si uno; si muchos, *Mag*, duplicando. Á quien, *Pinag-an.* La causa, *Ipag.* Vide *Hemal.*

OMANG. pp. Armar lazos. *Vm*, l. *Mag.* Lo que, *Y.* Á dó, ó á que, *An.* *Omangan*, donde de ordinario. *Paomangin*, l. *Papag*, persona á quien se manda. *Omangan nang icararabiyo*, armar con que puede mover el corazon.

OMANG. pp. Un cangrejillo, á quien metiéndole algun palito, hace de él y lo aprieta, hasta que lo sacan fuera; por eso al hombre sin juicio se dice *Omang na tauo.*

OMANG. pp. Pasar la arma al cuerpo quedándose adentro. Vide *Omang*, armar lazos.

OMANOMAN. pp. Confederarse. Vide *Sapacat*, con sus juegos.

OMAOM. pp. Osculo de madre á hijo. Vide *Imaim.*

OMBA. pc. Idem.

OMBANG. pc. Hozar el puerco, *Vm*, l. *Mag.* Lo que, *In.* El hocico, *Y. Nagcaoombangombang*, muchas hozaduras.

OMBAY. pc. Compañero. Vide *Sama*, con sus juegos.

OMBAYÍ. pc. Canto lúgubre. *Mag*, cantar asi. La causa, *Ipag.* Á quien se canta, *Pagombayhan.*

OMBAYIHAN. pc. Lo mismo.

OMBIT. pc. Pretina, cincho ancho de oro Vide *Macaidiyao*.

OMBOC. pc. Tolondron. *Vm*, sobrepujar. *Maomboc*, lo asi levantado. *Caombocan*, abstracto. *Ombocomboc*, muchos tolondrones. *Nagpapa*, ensoberbecerse de sus cosas.

OMBOL. pc. Cosa quebrada hecha como polvo. Vide *Omog*. pc.

OMBONG. pc. Colmado. *Paolo*, *paombong*.

OMÍ. pc. No atreverse á hablar de vergüenza: no se usa mas que *Oomiomi*. *Oomiomi ca*. De aqui *Di maoming tauo*, hombre grave.

OMIGUING. pp. Canto garganteando la voz, *Mag*. Lo que, *Ipag*. Á quien, *Pinagoomiguingan*. Vide *Iguing*. pp.

OMIL. pp. Hombre de pocas palabras. *Ma*, ser asi. La causa, *Ica*. Vide *Omir*.

OMIR. pp. Melindroso, corto, vergonzoso. *Vm*, l. *Na*, estar y hacer melindres. *Inoomiran*, á quien. Sinónomo *Imir*. Mejor se usa reduplicando la raiz, y entonces significa cortedad en hablar, y los juegos son *Vm*, l. *Oomiromir*, y si dos ó mas, *Mag*. La causa, *Ipag*. Ante quien, *An*, l. *Pag-an*. Con *muqui* ó *maca* no se reduplica la raiz.

OMIS. pp. Vide *Amis*, con sus juegos. Tambien sonreirse.

OMIT. pc. Hurtar, sisar, *Vm*, l. *Mag*. Lo sisado, *In*. Á quien se sisa, *An*, l. *Pinagoomitan*. *Ipag*, la causa. *Paomitin*, l. *Papag*, persona á quien se manda. *Mapagomit*, l. *Maomitin*, nombre. De aqui *Omit na uica*, palabra en ausencia de otro. *Omit na bigay*, dádiva en secreto.

OMOC. pp. Gusano que se cria en arroz, pan ó vizcocho. *Inoomocan*, lo comido de él. *Nagcaoa*, haberlo de nuevo. *Maomoc*, haber muchos. Vide *Ubo*, *olalo*.

OMOG. pc. Desmenuzar, moler, *Naomog*. El que quebró, *Nacaomog*. No tiene mas activa. *In*, l. *Pinag*, lo quebrado. Sinónomo, *Mogmog*. Vide *Lamog*.

OMOL. pc. Lo mismo que *Omog*.

OMOM. pc. Cerrar la boca apretando los lábios, *Vm*. La boca, *In*. Vide *Oom*, y sus juegos.

OMON. pc. Lo mismo que *Oom*. Itt. las hojas secas del plátano.

OMPÁ. pc. Tapar los ojos con las palmas de las manos. Vide *Compa*.

OMPAL. pc. Vide *Sompal*, con sus juegos.

OMPANG. pc. Forzar á la muger, cogiéndola dormida, *Vm*. La muger, *In*. Donde, *An*. Frecuent. *Manğompang*, l. *Manoompang*. Nombre, *Mapanompang*. Adviértase que en el juego de esta palabra, aunque no se esprese la muger, se entiende.

OMPIT. pc. Coger con la punta de los dedos, *Vm*. Lo que, *In*. Donde, *An*. Vide *Impit*.

OMPOC. pc. Estar en corrillo con otros. *Vm*, el uno. *Mag*, dos ó mas. *Y*, la causa. *An*, lugar, persona y cosa. *Muqui*, entremeterse. *Caompoc*, uno de ellos. *Pupaquiompoquin*, si á dos. *Papagompocompoquin mo*, *nagoompocan*, l. *Nagsisipagompocan*. pp. Los que estan en conversacion unos con otros. *Ompocompoc ang pagopo*, sentarse en corrillos.

O antes de N.

ONA. pp. Primero, delante, ante, comenzar, principio. *Caonahan*, prioridad. *Caonaonahon*, muy primero, al principio, adelante. *Vm*, l. *Mag*, l. *Na*, adelantarse. *Y*, lo que es llevado en primer lugar; pero si se le junta verbo, se usa del *Hin*: *onahing dalhin*. La persona á quien se adelanta ó en andar ó en obrar, *Han*. *Onahan mo si Pedro, nang paglacad;* tambien cuando se debe mucho y no se puede pagar sino alguna parte, se dice *Onahan quita mona nang pesos*. La activa de este sentido es *Mag*. *Nagpapa*, adelantarse á todos en andar y obra; tambien mandar. *Paonahin*, l. *Papagonahin*, persona á quien se manda. *Ipa*, lo que se manda llevar adelante. *Houag cang mona*, no vayas por delante. *Onahan*. pc. La delantera.

ONA. pp. *Magona*, hacer lo mas preciso. Lo que, *Y*. El lugar, *An*. *Manğona*, guiar yendo delante. *Pinanğonahan*, los guiados. *Ipanğona*, la causa. *Papağonahin mo ang loob nang Dios sa loob mo*, antepone, &c. *Magpaona*, con acento en el *pa*. procurar adelantarse: sin èl, mandar. Vide *Pusimona*.

ONAB. pp. Lavar el arroz, metiéndolo en el cesto para que nade sobre él la paja, *Vm*, l. *Mag*. El arroz, *Y*, l. *An*. El cesto para eso, *Onaban*.

ONANAR. pp. Soñar lo que antes habia pensado. Vide *Gonita*. pc.

ONAN. pp. Almohada, cojin. *Vm*, usar de almohada, sea de palo ó lo que fuere. Siempre rige *Sa*, nunca *Nang*. *Omonan sa cahoy*. *Mag*, acostarse sobre almohada verdadera. *Papagonanin*, l. *Paonanan bigyan nang onan*. *Mag*, usar de almohada. Donde, *Pag-an*. *Magpa*, dar almohada. Á quien, *Pina*, ó *pinapag*. La causa, *Ipagpa*, l. *Ipapag*. Donde, *Pagpa-an*, l. *Papag-an*.

ONANG. pc. Repetir lo que ya dijo, *Vm*. Lo que, *In*. Por quien, *Y*. La persona, *An*. Es término muy cortés. Sinónomo *Ongcat*. Si mucho, *Mag*. Lo que, *Pinag*. La causa, *Ipag*. Á quien, *Pag-an*. Vide *Ombang*.

ONAT. pp. Estirar, enderezar lo que está encogido, *Vm*. Si muchas, *Mag*. Enderezarse, *Mag*. Lo que, *In*. Si mucho, *Pag-in*. *Na*, estarlo. *Onat*. pc. *na catao-an*, muy tieso. *Paonatin*, persona á quien se manda que estienda algo. Si mucho ó muchas, *Papag-in*. Adviértase que *Vm* es transitivo. Para estenderse á sí mismo, ó cuerpo, brazos ó pies, *Mag*. La causa, *Ipag*. Donde, *Pag-an*. *Houag mong onatin ang camay mo sa magulang mo*, no levantes la mano, &c. *Nagoonat manding saua*, se dice del perezoso.

UNAUÁ. pp. Advertir, considerar lo que ha de decir. *Vm*, averiguar asi. *Y*, l. *In*, lo que. *An*, á quien. *Mag*, considerar lo que ha de decir. *Pinag*, lo que. *Ipag*, porque, ó la vista. *Pag-an*, lugar ó persona. De aqui *ang maonaua,i, dili sumala*, el que pregunta no yerra. Vide *Onang*. pc. *Ombang*, y sus juegos.

ONAY. pp. Unir y continuar alguna cosa, *Mag.* Lo unido, *In.*

ONAY. pp. Matar piojos en la misma cabeza sin quitarlos, *Vm.* Á quien, *An.* Si muchos piojos, *Pag-an.*

ONAY. pp. Fabricar casa sobre harigues nacidos sin cortarlos. *Na,* el árbol metido por harigue. *Inoonay,* ser metido en la casa.

ONAY. pp. Poner el puñal en los pechos amenazando, *Vm,* l. *Mag.* Á quien, *An.* Si á muchos, *Pinag-an.*

ONAY. pc. Concurrir los de una banda ó nacion á alguna cosa, *Magca. Nagcaonay na nagaauay nang manḡa Tagalog. Nagcaonay na nagpatayan ang manḡa Aeta,* l. *Nanḡagca.*

ONCAT. pc. Vide *Ongcat.*

ONDÁ. pc. Llevar á remolque, *Vm,* l. *Mag.* Lo llevado, *Ondain.* Con que, *Y,* l. *Ipag.* En que, *An,* l. *Pag-an. Ondaan.*

ONDÁ. pc. Llevar madera al hombro, *Vm,* l. *Mag.* Lo que, *In.*

ONDANG. pc. Levantarse de la mesa por algun accidente, *Na.* La mesa, *Na-an.*

ONDAP. pc. Nacer mal el arroz. *Oongdapongdap ang palay co, mahina ang pagsibol.* Vide *Salopanit.*

ONDAT. pc. No querer hacer algo por estar enfadado de hacerlo, *Vm. Houag mong paondatin ang loob,* no dejes que salga con la suya. Vide *Onab,* con sus juegos.

ONDAYON. pp. Menear algo, como monacillos el incensario, *Vm.* Lo que, *In.* Reduplic.

ONDIRIC. pc. Nadar con el pie, levantando el pecho, *Mag.* El pecho, *Y.* La causa, *Ipag.* Donde, *An,* l. *Pag-an Oondiondiric na lamang,* se dice del que pelea con la muerte estando ya al cabo.

ONDOC. pc. Vide *Oclo, yocbo.* Vide *Onab.*

ONḠA. pc. Tonto. Lo mismo que *Onḡal.*

ONḠA. pp. Empalagado. *Na,* estarlo. La causa, *Naca,* l. *Ica.*

ONGAC. pc. Lo mismo que *Onḡal.*

ONGAGA. pc. Divertirse el padre ó la madre con su chico cuando empieza á hablar, *Vm,* l. *Mag.* El chiquillo, *In.* La causa, *Y.* Donde, *Pag-an.* Con muchos, *Man.* Los chicos, *Pinan.* La causa, *Ipan.* Donde, *Pan-an.* Vide *Ambang.*

ONḠAL. pc. Llorar el niño. *Vm,* hacerse lloron. La causa, *Y.* Lugar, *An. Maongal,* l. *Maongalin na bata,* lloron. Vide tambien *Olá.*

ONḠAL. pp. Aullar como los perros de noche, *Vm.* Á quien, *An.* Si mucho, *Mag.* pc. Con que ó porque. *Ipag.* Lugar ó persona, *Pag-an. Onḡalin,* aullador.

ONGÁS. pc. Vide *Ongac,* l. *Ongal.*

ONGCAT. pc. Hurgar, revolver pleito, *Mag.* Lo que, *In,* l. *Y.* Vide *Onang.*

ONGCAY. pc. Sentarse sobre la tierra el árbol porque se pudrieron sus raices. *Vm,* l. *Na.*

ONGCOY. pc. Sentarse sobre la tierra, *Vm,* l. *Na.*

ONGCO. pc. Palabra que pronuncia el niño. *Mag,* decirla. La madre. *In.*

ONGCOT. pc. Lo mismo que *Ompoc.*

ONGCOL. pc. Calabazadas, topeton. *Vm,* topar en algo. Si acaso, *Ma.* Dos mútuo, *Magca.* Á quien. *An,* ó á donde. Acaso, *quinaan.* Si dos de propósito, *Mag,* ó *Mag-an.* Sinónomo *Ontog.* Tambien tener dos arrimadas las cabezas, *Mag.*

ONḠI. pp. Menearse lo mal encajado, siempre se reduplica la raiz, *Vm,* l. *Oonḡionḡi. Y,* con que. *An,* donde. Si muchos, *Mag. Ipag. Pag-an.* Sinónomo *Oga.*

ONḠIS. pp. Suciedad de la cara. *Vm,* l. *Mag,* untarla en sí, ó en otro. *Y,* l. *Ipag,* porque ó con que. *An,* la cara. *Pag-an,* donde. *Maonḡis,* cara sucia. Vide *Donḡis.*

ONGLAC. pc. Volver á hacer lo que antes estaba haciendo, *Vm.* Lo que, *In. Onglacquin nating hilahin,* volvamos á tirarlo.

ONGLAR. pc. Ensancharse las hojas de los árboles, *Vm.* Con que, *Y,* ó porque. *An,* donde. *Mag,* ensancharlas. Ellas, *In,* l. *Y.* Donde, *Pag-an.* Vide *Olar.*

ONḠOL. pp. Deshojar el árbol, *Vm.* Y si mucho, *Mag.* Lo que, *In.* Si mucho, *Pag-in.* Con que, *Y.* Si mucho, *Ipag.* El árbol ó árboles, *An,* l. *Pag-an. Ma,* estar deshojado. Vide *Quiquil.*

ONḠOL. pp. Desmocharse la mano ó dedos por alguna herida ó llaga, con los mismos juegos que el antecedente. La causa, *Maca, Ica.* Á donde, *Na-an, Ca-an.*

ONḠOL. pp. Rezongar, refunfuñar, *Vm.* Si mucho, *Mag.* pc. l. *Oonḡolonḡol,* Á quien, *An.* Es propio del gato, y se aplica al hombre.

ONGONG. pc. Beber en la misma vasija, *Vm.* Si mucho, *Mag.* La vasija, *An.* Si mucho, *Pag-an.* Lo que, *In.* Si mucho, *Pag-in.*

ONGÓNG. pp. Ruido grande de corriente ó aguacero, Vide *Ogong, Hogong.*

ONḠOS. pp. Cortar por la estremidad. *Talian mo sa onḡos,* l. *Sa pinagca onḡosan,* por donde está cortado.

ONḠOS. pp. Lábio de arriba, hocico. *Matilos ang onḡos nitong aso mo,* tiene tu perro agudo el hocico.

ONGGOT. pc. Rozar zacatales despuntándolos, *Vm,* l. *Mag.* Lo que, *An.* Lo cortado, *In.* Con que ó porque, *Y.*

ONḠOT. pc. Hablar muy en secreto al oido, *Vm,* l. *Oonḡotonḡot,* l. *Mag.* Lo que, *Inioonḡot.* Á quien, *An.*

ONGSOL. pc. *Ongmoongsol ang maraming tauo.* Sinónomo *Sondol, Solot.*

ONGSOR. pc. Desigual, tuerto. *Nagcacaongsor itong manḡa candelero,* estos candeleros estan desiguales. *In,* ser puesto asi.

ONIAP. pp. Vide *Oyinap.*

ONIGIG. pp. Vide *Olinḡig.*

ONIOC. pc. Caminar meciendo el cuerpo hácia arriba y abajo, *Vm.* l. *Oonioconioc.* Tambien *Omonioconioc ang banca nang alon.*

ONLAC. pc. Vide *Onglac.*

ONLOT. pc. Vide *Olot.*

ONO. pc. Hablar tartamudeando. *Oonoono con manḡusap,* tartamudea cuando habla.

ONOG. pc. Camino ó rastro que hacen los animales. *Mag,* hacerlo. El rastro, *In.* Con que, *Y,* l. *Ipag.* Donde, *Pag-an. Manḡonog,* cazar siguiendo el rastro.

ONOR. pc. Remedar al que habla, *Vm,* l. *Na.*

Á quien, *In*. *Cauicaang naoonor*, palabra que sirve de regla.

ONOS. pp. Carcoma. *In*, ser comido. Sinónomos *Lotos*, *Bocboc*, con sus juegos.

ONOS. pc. Turbion de agua y viento. *Mag*, haberlo. *Ipag*, la causa. *Pag-an*, donde. Tambien calor que causa la grande calma: *Maonos na panahon*, tiempo de bochorno.

ONOT. pp. Cuerpo encorbado por vejez ó carga.

ONDAP. pp. Vide *Andap*.

ONRA. pc. Llevar ó tirar de alguna cosa que está colgada en navío ó balsa.

ONROL. pc. Empujar por detras á otro, *Vm*, l. *Mag*. El empujado, *Y*. Contra quien, *An*. Con que ó porque, *Ipag*. Donde, *Pag-an* Vide *Ombang*.

ONDOT. pc. Vide *Anrot*. De aqui *nanĝonĝondot nang sasabonĝin*.

ONSIC. pc. Sinónomo *montic*.

ONTAY. pc. Torcimiento de cordel. *Vm*, l. *Mag*, torcer. Ser torcido, *In*. *Ontayan*, los garabatos en donde.

ONTI. pc. Pequeño, poquedad. *Monting tubig*. *Saan nagmumula ang malagui, cundi sa munti*, poco á poco hila la vieja, &c. *Vm*, irse minorando. *Mag*, achicar algo á lo que se quita. *Ontian*. Abstracto, *Caontian*. Vide *Monti*, con sus juegos.

ONTIAN. pp. Una yerba llamada asi.

ONTIC. pc. Sinónomos *Onti*, *montic*. Vide.

ONTOG. pc. Calabazada, coscorron. Vide *Pingquil*. Sinónomo *Ongcol*.

ONTOL. pc. Vide *Orlot*.

ONTON. pc. Cinto, ó ceñidor. *Mag*, usarlo. Lo que, *In*.

ONTONG. pc. Dicha, ventura. *Magpa*, darla. Ella, *Ipina*. *Panan*, á quien. *Magca*, tenerla. *Ipagca*, con que ó porque. *Pagcaan*, donde ó en que. *Naguingontong co*, mi dicha. Palabra del comintang.

ONTOS. pc. Aflojar, bajar, remitir, *Vm*. Lo que, *An*, l. *Y*.

ONIYANG. pc. Vide *Ontic*, su sinónomo.

ONYOC. pc. Incitar á reñir, *Vm*. Á quien, *In*.

ONYOC. pc. Mofar, *Mag*. De quien, *In*. Vide *Oryoc*, *Oroy*.

ONYOG. pc. Vide *Onyoc*, y sus juegos.

O antes de O.

OO. pp. Sí, concediendo. *Paoo*, conceder, decir. Sí. *Ipaoo*, lo dicho. *Pinaoohan*, á quien. Vide *Tanĝo*.

OO NĜA. pc. Es verdad.

OO NĜANI. pp. Idem.

OOPÓ. pc. Sí señor.

OOC. pc. Unos gusanos que comen las palmas. *In*, lo destruido por ellos.

OOM. pc. Tapar la boca con la mano, *Vm*. Lo tapado, *In*.

OOM. pc. Pesadilla. *Inoom*, darle.

OOM. pc. Encerrar algo donde no le dé el aire, ó no respire, *Vm*. Lo que, *In*. *Na*, estarlo.

OONG. pc. Vide *Ongong*.

OOP. pc. Pesadilla. Vide *Oom*, con sus juegos. Vide *Goop*.

OOT. pc. Agugerito que hace el raton, *inoot*. Chupar el niño las manos, *Vm*, l. *Mag*. Lo que, *In*. Causa ó con que, *Y*. Donde, *An*. Si mucho, *Pinag*. *Ipag*. *Pag-an*. *Oot ca mandin bata*, pareces niño de teta.

O antes de P.

OPA. pp. Paga ó salario. *Vm*, pagar. *Han*, á quien ó lo alquilado. *Y*, lo que. *Napa*, l. *Nagpapa*, andar á jornal. *Nag*, pagar á muchos, ó muchas veces. *Ipinag*, la causa. *Naopahan*, el ya pagado. *Nayopa*, lo gastado en pagar. *Opahan*, jornalero. *Magopa*, pagar de contado. *An*, el pagado. *Ipag*, el dia. *Pag-an*, el lugar. Pero á muchos, *Mag*. pc. *Magcanong pagoopahan sa Cauit?* l. *Opahan*, á como se paga en Cavite?

OPANG BULAC. pp. Pagar con proporcion: el rico como rico, el pobre como pobre, *Mag*.

OPAC. pp. Cáscara de árbol, corteza, descortezar. *Vm*. Si muchos, *Mag*. *Y*, con que, ó por quien. Si mucho, *Ipag*. El árbol, *An*, l. *Pag-an*. La cáscara, *In*. Si mucho, *Pag-in*. Vide *Bacbac*.

OPACAN. pp. Bejuco. Vide *Obacan*.

OPA LAMANG. pp. Provar ventura, *Mag*. Lo que, *Ipag*. Algunas veces, *Pinagopalamanĝan*, l. *Pinagopalamanĝanan*. Sinónomo *Pasumala*. Vide *Panagano*. Se compone de *Opan* y *lamang*.

OPAN. pc. Quizas por ventura. Nunca se pospone.

OPAO. pp. Calva. *Opauin*, calvo. *Magopauin*, irse haciendo. *Ipag*, la causa.

OPAR. pp. Andar como á gatas ó arrastrando por flaqueza. *Ooparopar*, l. *Vm*. Vide *Copar*, con sus juegos.

OPAR. pp. Lo mismo que *Lamlam*. *Opar na catau-an*, *malamlam*, l. *Malampa*.

OPAS. pc. Cosa pasada de su vigor natural, como el tabaco ó vino. *Opas na*, pasado. *Ma*, pasarse. Es propio para el tabaco. Vide *Obas*.

OPAS. pp. Deshojar, limpiar las hojas de caña dulce, *Mag*. La caña, *An*. *Na-an*, estar mondada. *Naca*, quitarlas el viento. *Nagcaca*, caerse las hojas por viejas.

OPASALA. pp. Aleve, lisongero, murmurar, *Mag*. De quien, *Pinag-an*. La causa ó lo que, *Ipag*. *Opasalaan*, l. *Opasalain*, l. *Mapagopasala*, l. *Opasalang tauo*, murmurador. *Opasalang uica*, palabra de murmuracion. *Nanĝonĝopasala*, todo lo que dice ó hace de bien para evitar el daño á otro.

OPASALA. pp. Heces del aceite. *Opasala na yata iyang lanĝis, caya di magninĝas, at pipiticpitic*, ese aceite parece ya heces, que no alumbra.

OPASALA. pp. Tres codos en medida. *Ang ca yong nabili co meicalimang opasala*. Asi orejita.

OPAT. pp. Estancar la sangre. *In*, la sangre. *Na*, estarlo.

OPAT. pp. Destetar al niño, *Vm*. El niño, *In*.

OPAT. pp. Hacer que no vaya adelante el pleito, *Vm*. Á quien, *In*. En lo que, *An*. *Inoopalan ni cuan ang osap co*, fulano divertió mi pleito.

OPAT. pc. Chismes, ó palabra para incitar á alguno, ó propiamente embaucar, *Vm*, l. *Mag*. Á quien, *An*. La palabra, *Y*. *Nang̃ong̃opat*, andar embaucando. *Mapang̃opat*, embaucador.

OPICSA. pc. Impedir lo que uno hace: úsase con la negativa. Vide *Sangsala*, *sauay*, con sus juegos.

OPLAC. pc. Grande hambre. *Na*, tenerla. *Inoplac*, ser acosado de ella.

OPLI. pc. Unas hojas muy ásperas. Vide *Asis*, l. *Isis*.

OPÓ. pc. Sentarse. *Vm*, si uno: si mas, *Mag*. El lugar, *Oop-an*. Se diferencia de *licmo*, porque este es sentarse de paso: *Opo* de asiento: y así de uno que vive en pueblo, no se dice bien *doon nalilicmo*; pero muy bien *doon*, *omoopo*.

OPO. pp. La calabaza blanca y larga.

OPOAN. pp. Paradero ó lugar donde van todos á parar. *Opoan nang mang̃a sondalo*, *opoan nang manhahatol sa Real Audiencia*.

OPONG. pc. poner la madera seca al fuego para cebarlo, *Mag*. Lo que, *Y*. El fuego, *An*.

OPONG. pc. Estar cerca el ganado del que lo compra. *Naopong ang mang̃a baca sa nabili*.

OPOP. pc. Chupar hácia adentro, *Vm*. Lo que, *In*. Con que, *Y*, l. *Ipag*.

OPOP. pc. Pesadilla. *Na*, darle. Á quien, *In*.

OPOS. pc. Cabo de candela. *Naopos*, lo gastado. De propósito, *Opsin*. Síncopa. *Aco,i*, *opsan mo*, dame ese *Opus*.

OPOS. pc. Sumirse, atollarse del todo. *Ma*, acaso, ó de propósito; pero si uno quiere meterse ó hundirse en el agua dirá: *Aco,i*, *magpapaopos sa tubig*, l. *Ooposin co ang catao-an co*. Donde, *Caan*, l. *Naan*.

OQUILQUIL. pc. Vide *Iquilquil*.

O antes de R.

ORALI. pp. Persuadir, sonsacar, enlabiar, *Vm*. Frecuent. *Nang̃ong̃orali*. *Inooralian*, á quien. *Mag*, trastornar con palabras. Á quien, *Pinag-an*. *Vm*, enlabiar. *In*, l. *An*, enlabiado. *Y*, con que ó porque. *Naoralian*, estarlo. Si mucho, *Mag*. pc. *Ipag*. *Pinag*. *Pag-an*.

ORALI. pp. Imbuir á otro en algo, para retirarlo de otro, *Mag*. Lo que le propone, *Y*. Á quien, *An*. Lo que busca ó pretende, *In*. Vide tambien *Oloc*, *opat*.

ORANG. pp. Cañas delgadas y largas, estacas. *Caorang̃an*, lugar de muchas. *Naguiguinorang ang binti*, pies como palillos.

ORAÓ. pc. Llorar gritando, *Mag*.

ORAY. pp. Quilites silvestres. *Vm*, darlos á comer. *In*, á quien. *Y*, los quilites.

ORAY. pc. Mofar públicamente, *Vm*. De quien, *In*.

ORAY. pc. Ahuyentar perros. *Vm*, l. *Mag*, decir la tal palabra. Es mas manso que *Hay*, l. *Hay na*.

ORAYO. pp. Mofar públicamente á otro de alguna falta, *Vm*. De quien, *In*. Asi orejita.

ORI. pp. Tocar el oro para saber sus quilates, *Vm*, l. *Mag*. Y si mucho, *Mag*. pc. *Y*, lo que se toca. Y si mucho, *Ipinag*. *Pinapagoori*, persona á quien se manda. *Orian*, l. *Pinagoorian*, piedra de toque. Tambien *Mag*. pp. Tocar dos piezas de oro para saber sus quilates. Ellas, *Pinag*. La causa, *Ipag*. La piedra, *Pag-an*. Dos de un mismo quilate, *Magca*, l. *Magcasing*. Cada uno, *Caori*, l. *Magcasing-ori*. De aqui *dili magcamali*, *at mey orian siya*, tiene con quien aconsejarse: *Boglong*.

Itim aco itim aco,
ibig aco nang guinoo:

Otro

Ang ligaya co g̃ani,
quintong ualang balaqui;
baquit mabuting uri
ang dauadaua,i, pili.

ORIAN. pc. Piedra del toque.

ORILAT. pp. La pajarilla del animal. *Natapon ang orilat*, helósele la pajarilla, como suelen decir. Solo se aplica á miedo ó sobresalto de trueno, &c.

ORIN BOUO. pp. Oro de diez y seis á diez y ocho quilates; el mas fino es *uagas*, despues *Dalisay*, despues *orin bouo*, y el mas bajo *Panica*.

ORIRA. pc. Importuno, prolijo, hablador. *Mag*, l. *Maquipag*, hablar mucho *Pinagoorirann*, á quien enfada este modo de hablar, ó sobre lo que es importuno.

ORIT. pc. Palabra deshonesta, para verenda mulieris, es *tung̃ayao*. *Orit nang Ina mo*, l. *Nang ibaye mo*.

ORLAYAGAN. pp. Un género de manta pintada. Vide *Cayompata*, con sus juegos.

ORLOT. pc. Resorte, rebotar, rebatir, como la pelota en la pared, *Vm*. Si muchas veces, *Mag*. Lugar ó á quien, *Orlotan*. *Na*, resurtir. *Nagpapaorlotan*, jugar rebatiendo mútuo. *Magpa*, echar bravatas. *Dili cata oorlotan*, no te tendré miedo.

OROL. pp. Revolver á dos con chismes. *Mag*, enredarlos. *Ipag*, la causa. *Pag-an*, donde. Vide *Dool*.

ORONG. pp. Volver atras, *Vm*, l. *Mag*. El lugar á donde, *An*. Lo que se lleva hácia atras, *Y*. *Naorong*, se hizo atrás. *Mag*, l. *Mang̃orong*, quitar el recaudo que sirvió en la mesa para comer, como platos, &c. *Y*, lo quitado. *Napapaorong*, volver atras sin querer. *Nang̃ong̃orong*, irse encogiendo los nervios.

ORONG SOLONG. pc. Dudar, estar indeciso, *Vm*, l. *Mag*. La causa, *Y*, l. *Ica*. *Caorong solong̃an*, abstracto. Sinónomo, *Salauahan*.

OR OR. pc. Chupar la criatura la leche de la madre, *Vm*. La leche, *In*. La boca, *Y*. La teta y la madre, *An*. Si mucho, *Mag*. *Pinag*. *Ipag*. *Pag-an*.

OROY. pc. Mofar, burlar á otro, *Vm*. Si mucho, *Mag*. El mofado, *In*. Si mucho, *Pinag*. Y si de muchos, *Pinag*, duplicando la raiz.

ORYOC. pc. Incitar á reñir, burlar, *Vm*, l. *Mag*. El que, *In*. Con que, *Y*. Nombre, *Mapagoryoc*. *Oryocan*, incitador.

ORYONG. pc. Grande de barriga. *Vm*, andar con ella espetado. La barriga, *Y*. Donde y ante quien, *An*. *Sa ooryong ang taong yaon*, que tieso que vá.

O antes de S.

OSA. pc. Venado, nombre específico de ciervo ó cierva, *Caosahan*, l. *Maosa*. Lugar de muchos, *Vm*. Comerse los sembrados, *Umoosa ang osa*. Lo comido, *Hin*. Por que, *Y*. *Osang tauo*, hombre atontado.

OSAHA. pc. Hacer algo poco á poco, *Magosahan nang pag gaua*. Sinónomo *Icoy*. Vide tambien *Arimohan*.

OSANG. pp. El moco del candil, *Vm*, l. *Mag*. Vide *Onab*.

OSAP. pp. Pleito, trato, habla, platicar. *Vm*, principiar algun pleito. *In*, contra quien. *Y*, sobre que. *An*, donde. *Mag*, pleitear ó conversar dos ó mas. *Ipag*, por que. *Maqui*, l. *Maquipag*, entremeterse á pleito ó conversacion. *Pinag-an*, acerca de que. *Osapin*, contra quien. *Caosap*, el compañero en la conversacion ó pleito. *Nañgoñgosap*, si mucho. *Nagpapañgosap*. pc. Si muchas palabras. Lo que, *Ipañgo*, l. *Ipagpañgo*. Á quien, *Pan-gan*, l. *Pagpan-gan*. *Manosap*, armar muchos pleitos. *Pinan*, contra quienes. *Ipan*, con que. *Pan-an*, sobre que. *Magca*, tenerlos. *Pagca*, la causa. *Pagca-an*, sobre que.

OSAP. pp. Hablar mucho con otro, divirtiéndolo, para salir con lo que pretende, *Vm*. pc. *Osapin*. pc. *mo siya, hangan, di co nacocoha ang libro*, diviértele parlando mientras cojo el libro. Lo mismo que *Libañgin siya*.

OSAP. pc. Solicitar al bien ó al mal, *Maqui*. Á quien, *Paquian*. Por que, *Ipagpaqui*. *Maquipag*, entremeterse á eso. Lo que, *Ipaquipag*. Con quien, *Paquipag-an*. Por que, *Ipagpaquipag*. *Nagsasangosapan*, conferir entre sí. Lo que, ó en lugar, *Pinag-an*. La causa, *Ipag-an*. *Tagapaquiosap*, l. *Tagapagosap*, medianero, interlocutor. *Palaosap*, l. *Bahay osap*, pp. Pleitista. *Osap osap*, pc. Hablar consigo sin pies ni cabeza. Lo que, *In*. Ante quien, *An*.

OSAP. pp. Inquirir algun negocio. Pero *Vm*. pc. Prevenir el Juez al reo, *inoosap* pc. *siya nang Capitan*. *Napapagosapan*, pp. Permitir que otros juzguen su pleito. *Ipinapag*, la causa. *Pinapag-an*, lo que. De aqui, *di mapagosap na tauo*, hombre intratable. *Maguiguingcaosap ang ari mo*, tu alhaja parará en pleito.

OSAP. pp. *Palaosapan*, lugar donde se sentencian los pleitos.

OSAR. pp. Saltar á tierra los animales acuátiles, *Vm*, l. *Oosarosar*. Si muchos, *Mag*. pc. *Y*, la causa. *An*, donde. Si muchos, *Ipag*. *Pag-an*, persona ó lugar. De aqui, *Oosarosar na nang bigat*, muger cercana al parto.

OSBONG. pc. El boton ó pimpollo, retoño, tallo. *Vm*, ir brotando. *Mag*, tenerlo. *Vm*, l. *Mañgagsipag*, muchos ó todos. *Osboñgan*, cogollo. *Paosboñgin ang tian*, l. *Ang ilong*, hinchar la barriga, &c. Sinónomo. *Osbos* Vide.

OSIG. pp. Seguir, arremeter, perseguir, *Vm*. Si mucho, *Mag*, l. *Magsi*. El seguido, *In*. Si mucho, *Pag-in*. La causa, *Y*. Á donde ó de donde, *An*. *Maqui*, l. *Maquipag*, entremeterse á eso. *Mag*. pp. Correr tras alguno llevándole algo. Lo que, *Y*. De donde, *Pag-an*. Sinónom. *Sonor*. Vide *Habol*. *Alinsonor*.

O antes de S.

OSIGUA. pc. Pedir cosas menudas, *Mag*. Á quien, *Maosiguahan*.

OSIL. pp. Regatear comprando, *Vm*. Lo que. *In*. Por que, *Y*. Donde, *An*. Si mucho, *Mag*. pc. *Pinag*. *IPag*. *Pag-an Magcano ang naosil mo*, cuánto regateaste.

OSISA. pp. Inquirir, informar, averiguar, considerar, especular, *Vm*. l. *Mag*. Lo pensado, *In*. Si mucho, *Pag-in*. La causa, Y, l. *Ipag*. *Pa*, l. *Papagosisain*, la persona. *Mapag*, nombre. *Tauong ualang osisa*, hombre descuidado. Sinónomo *Talastas*. Vide *Olarit-ha*.

OSIU. pp. Un género de caña de que hacen cerbatana. *Man*, l. *Mañgo*, ir acortarla. *Pinan*, l. *Pinañgo*, ella. *Ipan*, l. *Ipañgo*, con que. *Pan-an*, l. *Pang-an*, donde.

OSLAC. pc. Lenguaraz, charlatan, lerdo, mentecato. Vide *Mañga*, *mañgal*, *hañgal*. *Oslaquin*, que siempre se hace tonterias. Vide *Asla*.

OSLAG. pc. Lo mismo que *Oslac*.

OSLI. pc. Cosa que de suyo es oculta y se descubre, como en el herido las tripas. *Vm*, l. *Ma*, hacerse patente. Vide *Poslit*, su sinónomo.

OSLÓ. pc. Brotar ó sobrepujar algo, *Vm*, l. *Ma*. La causa, *Y*, l. *Ipina*. Lugar, *An*. *Nañgoñgoslo ang mata*, ojos que sobresaltan, l. *Vm*. Á quien, *An*. l. *Pang-an*. La causa, *Y*, l. *Ipang*.

OSÑGA. pc. Bufar el gato. Á quien, *inoosñgahan*. *Nagoosñgahan*, mútuo. Es palabra de la Laguna. Vide *Onab*, con sus juegos.

OSÑGAL. pc. Lo mismo que *Osñga*. Itt. Boca de dientes grandes. *Vm*, tenerla por eso. *Y*, el lábio de arriba. *An*, persona ó lugar. *Osñgalin*, de dientes grandes, boquiabierto.

OSMANI. pp. Género de manta.

OSOC. pp. Mudar el harigue, *Mag*. Á donde, *An*. Si mucho, *Pag-an*. *Y*, el harigue nuevo. Si muchos, *Ipag*.

OSOC. pp. Lo mismo que *Olop*, *opat*.

OSOC. pp. Vapor de la tierra, ó humo que no se deshace, *Vm*, l. *Oosocosoc*. La causa, *Y*. Donde, *An*. Sinónomo *Alipoyo*.

OSOC. pp. Venirse á la boca lo que quieren tocar, *Ongmoosoc ang uinicain*.

OSOG. pc. Dolor de barriga que causa una yerba de este nombre, *Na*. La causa, *Naca*.

OSON. pp. Lo mismo que *Langcap*, con sus juegos.

OSONG. pp. Cargar entre dos, como con palanca, *Mag*. Lo cargado, *Pinag-an*, *Caosong*, el compañero. *Caosoñgin*, el hecho compañero. *Vm*, cargar uno. Lo que, *In*. La palanca, *An*. La causa, *Y*. *Oosongosong itong bata*, anda siempre en hombros.

OSOR. pp. Venir al pueblo, y quedarse para hacer algo el dia siguiente, como quedarse el sábado para oir misa el domingo. *Omosor po siya, t, bucas lingo*, quédese usted ahora, que mañana es domingo.

OS-OS. pc. Bajar de rio ó cuesta, deslizarse, *Vm*. El lugar, *An*. La causa, *Y*. Si mucho, *Mag*. *Pag-an*. *Ipag*. *Na*, cualquiera cosa inanimada;

tambien el hombre si por dormido, &c. El lugar, *An. Paososin*, la persona.

OSUANG. pc. La bruja, que dice el vulgo, que vuela de noche. *Mag*, hacerse. *Na*, l. *In*, l. *Pinag-an*, el embrujado. Vide *Colam, gauay, hoclob.*

O antes de T.

OTAB. pp. Lo mismo que *Cotab. Lotab.*

OTAC. pp. Sesos, tuétano. *Mabtac*, haber mucho. *Mangotac*, sacarlos. *Pinango*, ellos. *Ipango*, por que ó con que. *Pung-an*, de donde. *Magpa*, criarlos. *Ipagpa*, la causa. *Magca*, tenerlos.

OTAL. pc. Tartamudo. *Na*, pronunciar mal. *Naotalan*, lo que. *Caotalan*, abstracto. Vide *Tagori*, su sinónomo.

OTANG. pp. Deuda. *Nagcaca*, tenerla. *Pinagcacaotangan*, á quien se debe. *Ipagca*, la causa. *Vm*, pedir prestado. *In*, lo que. *An*, de quien. *Y*, la causa. Si mucho, *Mag*. pc. *Pinag, Ipag. Pag-an. Na*, estar pidiendo ó lo tomado prestado. *Mangotang*, con frecuencia. Lo que, *Pinango*. De que, *Pang-an*. La causa, *Ipang. Magpa*, dar prestado. *Paotangin*, á quien. *Ipa*, lo que. *Pinaootangan*, á quien se impone deuda sin tenerla. *Nagootang nang di otang*. Lo que, *Iniootang nang di otang*. La causa, *Y. Caotangan*, deuda.

OTANG. pp. Hacer cargo, *Magpa*. De que, *Ipa*. Á quien, *paotangin*.

OTANG LOOB. pp. Obligacion, *Nagcaca*. Á quien, *Pinagcaca-an*. La causa, *Ipagca*. *Hindi nagpapaotang loob siya sa aquin*, no se me dá por obligado.

OTAS. pc. Acabar de cortar, acabar algo, *Vm*, l. *Mag*. *Na*, acabarse. *In*, lo acabado. *Na-an*, la persona. *Paotasin*, á quien se manda que acabe. Vide *Lotas*. pc.

OTAY. pc. Vender y comprar por menudo, *Mag*. reduplic. *Ipag*, lo vendido. Á quien, *Pag-an*. *Vm*, recibir ó comprar. Lo que, *In*. De quien, *An*. *Otayan*, la medida, l. *Pagootayan*. pc. Como *Bilhan, pagbilhan*. De aqui *Pagotayotayan mong gauin*, hacer algo asi.

OTIGUIL. pc. Estarse sentado sin hacer nada.

OTIN. pp. Membrum virile, verbum inhonestum, *Otinan*, l. *Quisalaquinan*, grandes.

OTDO. pc. Escorpion. En la Laguna lo mismo es *Maotdo*, que *Maicli*.

OTITÁ. pp. Vide *Orirá*.

OTITAP. pp. Araña pequeña.

OTITAB. pp. Lagaña lo mismo que *Dira*. Vide sus juegos.

OTITING. pp. Asirse el muchacho de la madre por no apartarse de ella. *Ootiotiting ang bata sa Ina, Cacapitcapit.*

OTNGAL. pc. Punta de algo, como bolo. *Caotngalan*, mucho.

OTO. pc. Dar poco á poco en muchas veces una cosa, *Mag*. Lo que, *Ipag*.

OTOG. pp. Alteracion del miembro viril. *Vm*, alterarse. *Paotoguin*, hacer que. *Y*, la causa. *An*, á quien se altera. *Na*, estarlo.

OTOG. pc. Trabajó de perezoso. *Ootogotog*, l. *Mag*, reduplic. en activa y pasiva. La causa. *Y*.

OTONG. pc. El pezon del pecho. *Nangongotong*, tocarlo con la punta de los dedos. Tambien significa la hoja del buyo, pero siempre con *Ca* antes. *Isa caotong, dalaua caotong*, Tambien *Nangongotong*, apuntar el pezon.

OTONGAN. pc. Género de plátanos.

OOP. pp. Consumado. Vide *Pantas, tapar*. Vide *Atop*.

OTOR. pp. Consumir la hacienda, cortar los cogollos de la hortaliza para que se seque, *Vm*. Lo que, *In*. Donde, *An*. Por consumirse la hacienda, *Vm*, l. *Mag. In*, l. *Pinag*, ser consumida. *Caotor*, hermano mayor, palabra de donaire.

OTOS. pp. Mandamiento. *Vm*, l. *Mag*, mandar. *Y*, lo que. *An*, á quien. *Otosan*. pc. El mandadero, *Paotos*, pedir que le manden. *Magpa*, mandar que mande. *Pa-an*, l. *Papag-an*, la persona.

OTOS. pp. Mandar con autoridad, *Mag*. Lo que, *Y*. Á quien, *An*.

OT-OT. pc. Chuparse el dedo, ó cosa semejante, *Vm*. Mejor *Mag. In*, lo chupado. *Nag-an*, los que se chupan mútuamente. Sinónomo *Sipsip*.

OTOT. pc. Pedo, peer. *Vm*, l. *Omotot*, peerse. Si mucho, *Mag*. Acaso, *Ma*. Delante de quien, *An*. *Ototin*, l. *Maototin*, nombre. *Para cang otot lamang sa coniya*, no te estima mas que un cuesco.

O antes de U.

OUA. pc. Criatura recien parida. *Maboting oua*, lindo niño.

OUA. pc. Menguar en el precio. *Bahagya na naouahan sa halaga*, apenas pude regatear. *Di magpaoua*, no quiere rebajar. *Paouahin*, á quien se rebaja. *Paouahan*, el precio que se quiere rebajar. Vide *Colang*, con sus juegos.

OUAC. pc. Cuervo. *Inoouac*, l. *Pinagoouacan*, el por que se juntan muchos. *In*. pc. Lo destruido por ellos. *Ouaquin*, gallo como cuervo, *Mag*, criar, tenerlos. Lo tenido por cuervo, *In*. De aqui *Naligo manding ouac*, el que salió sucio del baño, ó no se harta de beber vino.

OUAL. pp. Estar muy ocupado ó cargado, como la muger enlutada. *Vm*, duplicando, estar asi. *Y*, con que, l. por que. *An*, la persona ó lugar, Si mucho, *Mag, Ipag, Pag-an*. Tiene las activas de *Magpa, Maqui*, con las pasivas de *Y, An*.

OUANG. pp. Llorar los muchachos, *Vm*. Si muchos, *Mag*. Porque llora, *An*. Causa, *Y*. Si mucho, *Pag-an*. La causa, *Ipag*. Nombre, *Maouangin*.

OUANG. pc. Bramar los animales, aullar los perros, con los mismos juegos que el antecedente.

OUAS. pp. Es lo mismo que *Iuas*. Vide sus juegos.

OUAS. pp. Vide *Paouas*: palabra del comintang.

OUAS. pp. Menguar el agua del rio, ó *Pilapil*, *Vm*, l. *Mag*. La causa, *Y*, l. *Ipag*. Donde,

An, l. *Pag-an*. Tambien *Magca, Ipagca, Pagca-an*. *Ongmoouas*, l. *Nagouas ang lagnat*, se mitigó. *An*, á quien.

OUASAN. pp. Vide *Iuas*, con sus juegos.

OUAY. pp. Palabra con que se llama al que no sabe, ó está muy lejos. *Vm*, l. *Pa*, l. *Magpa*. Á quien, *Inoouayan*.

OUAY. pc. Bejuco en comun. *Mango*, ir á buscarlo. *Ipango*, la causa. *Pango-an*, lugar. *Caouayan*, donde los hay.

OUAY. pp. Halar la embarcacion, ó algo, tirando con guia. *Mag*, llevarla asi. *Y*, l. *Ipag*, lo que. *In*, l. *Pinag-an*, por donde.

OUAY OUAY. pp. Palabra con que llaman á otro, *Vm*, l. *Oouay ouay*. Á quien, *An*.

OUAO. pp. Vide *Auau*, con sus juegos.

OUÍ. pp. Volver de donde salió. *Vm*. l. *Nonoui*, irse á vivir á alguna parte. *Mag*, llevar algo como lo que se trae de vuelta. *Iniooui*, lo que es traido de vuelta. Si mucho, *Ipag*. *Inoouian*, á dó vuelve, ó á dó va á vivir; ó á quien lleva algo de vuelta. Si muchas, *Pinag-an*.

OUÍ. pp. Volver á juntarse los casados apartados, *Mag*. Ser hechos volver, *Pinapag*.

OUÍ. pp. Costumbre de la muger. *In*, tenerla.

OUI. pp. Reducir ó recopilar, *Mag*. Lo que, *Y*. En que, *An*. *Yiang sandaan youi mo sa sampouo*, esos ciento redúceles á diez.

OUI. pp. Ganancia. *Malaqui ang oui nila*, *malaquing tubó: maouing lupa*, tierra fértil. *Maouing isaing*, arroz que crece mucho al cocerlo.

OUOR. pp. Gusano. *In*, lo comido de él. *Maouor*, de muchos gusanos, *Vm*, destruir algo. Lo que, *In*. Si muchos, *Nan*, l. *Nangongouor*. Lo que, *Pinan*, l *Pinango*.

OUOR OUORAN. pp. Una yerba. Sinón. *Hinlalayong*,

O antes de Y.

OY. pc. Adverbio para llamar á los hombres: á las mugeres, *Ay*. *Vm*, llamar asi. Á quien, *In*. Donde, *An*.

OYA. pc. Palabra de cariño con que se llama al amigo. *Macoya ang bianán*, llamar asi á la suegra por quererla.

OYABIT. pc. Vide *Ngoyabit*.

OYAC. pc. *Munti, Gagaoyac*, pequito. Es nombre genérico.

OYAM. pc. Mofa, escarnio. *Vm*, l. *Mag*, mofar. *In*, el mofado. *Y*, con que ó porque. Donde, *An*. Nombre, *Mapanoyam*, l. *Maoyamin*. l. *Ooyaman*. pp. Sinónomo *Oyao, tiyao, libac*. *Mangoyam*. Frecuent. *Pinango*, á quien. *Ipango*, con que, ó porque. *Pango-an*, donde. Vide *Oroy, libac*, con sus juegos.

OYAMBIT. pp. Volver á decir lo que está dicho, ó encargar lo que ya está encargado. *Oyambitin mong sabihin*, vuelve á decir.

OYAN. pp. Desquitarse, recobrar, recompensar, restaurar, *Vm*. Lo que, *An*. *Oyanan mo ngayon, ang di mo pagsulat cahapon. Bayaran mo*, &c. Es palabra de los Tinguianes. Desquita ahora lo que no escribiste ayer.

OYAR. pp. Ensancharse el vientre, *Vm*. La causa, el vientre, *Y*. El lugar y á quien, *An*. *Mag*. pc. De propósito: *Ipag, pag-an*. *Ooyaroyar na si María*, ya está en dias de parir.

OYAU. pc. Escarnecer. Vide *Oyam*, con sus juegos. Tiene ambos acentos de dos pp. y pc.

OYAYÍ. pp. Canto del rorro niño. *Mag*, cantar el rorro. El niño, *In*. Tiene tambien ambos acentos.

OYI. pp. Lo mismo que *Oui*.

OYNAP. pp. Multitud de animales, &c. *Vm*, l. *Magca*, haberla. Donde, *Pinagooyiboyinapan*. *Ipag*. la causa. De aquí *Ongmooyinap ang maganac*, grande parentela.

OYO. pc. Meter rencillas, azorar el perro, *Vm*, l. *Mag*. Á quien, *Y*, l. *Ipag*. Nombre, *Mapa*, l. *Maoyohin*.

OYO. pc. Comer mucho arroz las mayas. *Naoyò*, l. *Naoyohan*, lo comido. *Pinag-an*, lo dejado.

OYO. pc. Mareá no muy grande, *Vm*. Si muchas veces, *Mag*. pc.

OYO. pc. Hervir á borbollones, *Vm*, l. *Mag*. La causa, *Y*. El lugar, *An*.

OYOG. pc. Incitar á reñir, remedar con escarnio, *Vm*. De quien, *In*. Con que, *Y*. Donde, *An*. Y si mucho, *Mag*. *Pinag, ipag, pag-an*.

OYOM. pp. Un género de buyo comestible.

OYON. pp. Poner en órden algunas cosas, como libros, papeles, &c. *Mag*. Lo que, *In*, l. *Paoyonoyonin*. Con que, *Ipag*, l. *Y*. Donde, *An*, l. *Pag-an*. Tambien lo que, *Ayon*. Vide sus juegos. Metáfora. *Nagcaooyon*, bien avenidos.

OYOT. pp. Engañarse cayendo en algun hoyo ó parte falsa, pensando estar buena, *Ma*. Á donde, *Quinaoyotan*. Active, *Vm*, l. *Nagpa, Naoyot ang mata ni Eva, nang cabutihan nang bunga*, se engañó la vista de Eva con la hermosura de la manzana.

OYOT. pp. Dar buenas palabras como los letrados, procuradores, &c. *Mag*. pc. *Pinag*. *Ipag*. *Pag-an*, con frecuencia. *Man*, l. *mangopihan*, l. *Pinan*. *Ipan*, l. *Ipango*, *pan-an*, l. *Pang-an*. *Oyotan*, *mapagoyot, mapangoyot*, engañador. *Napa* dejarse engañar, con sus pasivas.

OY OY. pc. Azuzar á los perros, *Mag*. los perros, *An*, l. *Pag-an*. Tambien *Y*, l. *Ipag*.

OYRO. pc. Subir ó trepar, *Vm*. Lo que, *In*. La causa, *Y*. Donde, *An*. *Mag*, subir llevando algo. Lo que, *Y*. Á quien, ó á donde, *Pag-an*. Con que ó porque, *Ipag*. Vide *Ayre, acquiat*.

DE LA LETRA P.

P antes de A.

PA. aun. Es de dos maneras: una interrogativa, otra simple. La interrogativa es de dos maneras, interrogativa simple, é interrogativa reprobativa. Los ejemplos lo aclararán todo. *Cangina pa*, desde endenantes. *Isa pa*, uno mas, otro aun. *Mey rian pa?* Aun hay allí? Esta es interrogativa simple. *Aco pa ang paroroon?* Yo habia de volver allá? No haré tal.

Son muchos los usos de esta partícula, cuyo juego en diversos compuestos se puede ver en el arte, pero no por eso dejaré de poner en este vocabulario los mas obvios.

Primero, decir ó nombrar: *Pa Jesus ca*. Di, ó nombra á Jesus. Segundo, insinuar pidiendo para si alguna accion, v. g. *Paaral ca*. Pide que te enseñe, l. Déjate enseñar. Tercero, consentir, pedir, ceder, ó dejarse hacer lo que dice la raiz. *Pahampas ca*. Cuarto, ir ó venir á algun lugar, *Pabuquir ca:* y con este *Pa*, y en este sentido se conjugan los cinco adverbios locales, *Saan, dini, dito, dian, doon;* con la advertencia que el *Sa*, se conjuga de dos modos. *Pasimbahan*, l. *Pasasimbahan*. El primero quiere decir vete á la iglesia. El segundo vete allá á la iglesia.

PAA. pp. Pierna. *Mag*, poner. *Paahan*, á lo que. *Papaahan*, donde se manda poner. *Papagpaahin*, la persona mandada. *Paahan*. pc. Pies de la cama.

PAABALA. pp. Vide *Abala*.

PAAN BALIUIS. pp. La yerba llamada betónica. Sinónomos, *Malacorcoran, pugad manoc*.

PAABAS. pp. Detraccion con malas palabras. *Mag*, desacreditar. *An*, á quien. *Ipag*, la palabra con que. *Capaabasán*. pc. Abstracto. Sinónomo, *Paronglit, sip-hayo, tìmpal*.

PAABONG. pp. Vide *Abong*.

PAAC. pp. Partir en pedazos el ubi. Vide *Baac*, con sus juegos y su significacion.

PAAGA. pp. Madrugar. *P. in M.* Y si mucho, *Mag*. pc. Pero *Mag*. pp. Dar de comer por la mañana. *Paagahan*. pp. Sobre que se madruga. Vide *Aga*.

PAAGA. pp. Prevenir algo temprano, avisando alguno con tiempo, *Mag*. Lo que, *Y*. Á quien, *Han*. *Ipinaaga co nang ipinangosap sa caniya*, bien temprano le previne, ó se lo dije.

PAALAM. pp. Licencia. *Napaaalam*, presente. *Napaalam*, pret. *Paalam*, fut. *Pinaalaman*, á quien. *Ipinagpa*, la causa. Sinónomo, *Pasangtabi, tarahangalang*.

PAANHIN. pc. l. *Paano baga*. pc. Cómo, ó de qué manera. *Paano ang pagparoon co?* Cómo he de ir? *Magcapaano man aco,l. di aco paroroon*, venga lo que viniere, no he de ir allá. De pret. *Nagcapaano*. Vide *Ano*.

PAANHINANHIN. pc. Idem.

PAARÁ. pp. Prestar por otro, *Mag*. Lo que, Y. Á quien, *An*.

PAASIMASIM. pp. Lo mismo que, *Pamuti*. *Maraming paasimasim, maraming pamuti*.

PAASO. pc. Un género de arroz.

PAAYAP. pp. Cierto género de fréjoles ó judías.

PAATAU. pp. Vide *Atau*.

PABACAS. pc. Vide *Samay*, su sinónomo.

PABALA. pp. Cosa fiada. Vide *Bala*.

PABALAT. pc. Lustre que se dá á algo, *Mag*. Con que, *Ipag*. Á lo que, *An*.

PABAYA. pp. Dejar ó descuidarse, *Mag*. Lo que, *An*. Vide su sinónomo, *Baya*.

PABAYA. pp. permitir, *Mag*. Lo que, *Y*, l. *An*. Á quien, *An*.

PABAYA. pp. Renunciar, *Mag*. Lo que, *An*. A quien, *An*.

PABILING. pc. Veleta. *Pabiling ang loob mo*, eres como la veleta. Metáf.

PABINÍ. pp. Estrivillo que cantan respondiendo á muchos, *Mag*. Los que responden, *Ipa*. A quien, *Pabinian*.

PABIYA,I, pp. Criar peces en algun estanque ó vasija, *Mag*. El pez, *In*, l. *Y*. Donde, *Pinagpapabiyayan*.

PABOLOUANG pp. Caño. *Mag*, ponerlo, á donde *An*.

PABONGOY pp. Rapaz. Vide *Bungoy, paslit*.

PABOROL. pp Maldicion, Vide *Borol*.

PABOCANGBINHI. pc. Anguilas grandes, sabrosas.

PABONGCAL BATANG. pp. Aguas vivas, marea grande. *Mag*, haberla, ó ser tiempo. Vide *Suag, laqui*.

PABUSUANG. pc. Vide *Busuang*.

PACA. pp. Quebrar cosa de metal, anillo, argolla. *P. in M. Namamaca*, de propósito. *Napaca*, acaso. Lo que de propósito, *Hin. Paca*. pc. Quebrado.

PACACAC. pp. Trompeta. *Mag*, hacer tañer ó tocarla. Ella, *In*. A quien, *An*, l. *Pag-an*. *Magpapacacac*, trompetero.

PACACAS. pp. Los apatuscos del navío, del oficial del herrero, &c. *Mag*, tener ó hacerlos. *In*, de que.

PACAIN. pp. Lo que dá de sustento cada uno como de obligacion. Vide *Pasilà*, con sus guegos.

PACALANG. pp. Vide *Calang*.

PACALANSING. pc. Vide *Calansing*.

PACALOG. pc. Sonajas. Vide *Calog*.

PACAMAYAU. pp. Decir algo con reposo, *Mag*. Vide *Bayao*. pp.

PACAN. pc. Úsase con la negativa. *Ualang capapacan-an*, l. *Quinapapacan-an*, inútil.

PACANÁ. pc. Provecho, utilidad. *Pacanan*, utilidad. *Mey pacanà*, l. *Ualang pacanà*, l. *Capacan-an*, l. *Quinapacan-an, ualang pacanang tauo*, hombre valdío. Sale de *Cana*.

PACANG. pc. Grande cansancio. *Ma*, estar asi. Sinónomo *Pagor*.

PACANG. pp. Mella en herramienta. *Ma*, mellado. *In*, serlo. Vide *Paca*, con sus juegos.

PACANLOG. pc. Matraca. Lo mismo que *Pacalog*. pc. *Pagopac*, *palacpac*. pc. *Mag*, ponerla en la sementera, hacerla. *Pag-in*, de que. *Pa-an*, donde.

PACAO. pp. Asidero de tinaja, sarten, &c. *Mag*, hacerlo ó ponerlo. De que. *In*. Á donde, *An*.

PACAO. pc. Juego de pares y nones. *Mag*, jugar. *Ipag*, porque. *Pag-an*, sobre que.

PACASAM. pp. Salpreso con sal y morisqueta. *Mag*, aderezarlo. Lo que, *In*. *Papag-in*, la persona. *Ipa*, lo que. *Ipagpa*, con que ó causa.

PACASCAS. pc. Chancaca. Vide *bagcat*.

PACASING. pc. Cascabel, ó cosa semejante que suena asi. *Mag*, tocar. Lo que. *In*. Vide *Cansing*, *calansing*.

PACAUAY. pc. Las cañas que ponen á los paraos en cuadro. *Mag*, ponerlas. *Y*, las cañas. Donde. *An*. Vide *Catig*. *Pacauay cong tunay*, *ang asaua co*, mi marido me guarda mucho.

PACAY. pp. De propósito. *Mag*, hacer algo asi. Lo que, *In*. La causa, *Ipag*. Sinónomos *Pacsa*, *sadya*, *tiquis*, *tayon*, aunque en el uso se diferencian.

PACAYA. pc. Vide *Lupacaya*, *Alupacaya*. *Palacanĝanbahala*. pp. La quilla del navío.

PACAYAN. pc. Las flámulas y gallardetes de las embarcaciones: ya no se usa.

PACAYAN. pp. Mina de oro. *Parang pacayan ang bibig niya*, se dice de un hombre discreto.

PACAYAN. pp. Segun Fr. Francisco, abundar en todo lo necesario, *Mag*. *Tauong mapayacan*. Abstracto, *Capacayanan*, l. *Pagcapacayan*.

PACBONG. pc. Papirotes. *P. in M*, dar papirotes. Los dos, *Mag*.

PACHANG. pc. Sigueyes que no están lisos. *Patsang*, *cohop*.

PACLÁ. pc. Sabor áspero. *Mapaclà*, desabrido, áspero. *Napaclahan*, á quien quedó la boca áspera. *Vm*, irse volviendo áspero. *Ica*, la causa. Sinónomo, *Saclap*. *Napaclahan ca?* Bien te supo. Metáfora.

PACLI. pc. Porfiar como quien vence á otro. *P. in M*. l. *Maquipag*, si uno. Si dos, *Magca*. La causa de uno, *Ipinaqui*. De dos, *Ipag*. *Paquipagpaclihin*, á una persona. Si dos, *Papagpaclihin*. Sinónomo, *Pali*. Vide.

PACLI. pc. Irse lo uno por lo otro. *Nagcapapacli yaong uicang yaong nito*. *Paclihan mo iyang uica*, l. *gaua*, vaya ese dicho por este otro.

PACLÍ. pc. Parear cosas desiguales con otras equivalentes, v. g. Dos candelas chicas con una grande, *Mag*. Las igualadas, *Pag-hin*. Esta con aquella, *Y*. Aquella con quien, *Han*. Vide, *Pali*.

PACLONG. pc. Unos como grillos que cantan de noche. *Namamaclong*, ir á cogerlos. *Pamaclonĝan*, donde.

PACLONG. pc. Vide *Pacbon*, con sus juegos.

PACNÁ. pc. Porfiar, *Maquipag*, uno á otro. *Mag*, dos. *Y*, l. *Ipinaqui*, l. *Ipaquipag*, lo que. *Pag-an*, sobre que.

PACNAT. pc. Vide *Pucnat*, que es mas usado.

PACNIT. pc. Vide *Pagnit*, *pucnat*, con sus juegos. Lo mismo que el siguiente.

PACNOS. pc. Desollarse, *Ma*. Desollar, *P. in M*. Lo que, *An*. Con que, *Y*. La parte ó persona acaso, *Na-an*.

PACNOT. pc. Lo mismo que *Pacnos*.

PACO. pp. Clavo, clavar, *Mag*. Si mucho, *Mag*, pc. Á dó, *An*. Si mucho, *Pag-an*. pc. El clavo, *Y*. Si mucho, *Mag*. pc. Lo que se enclava, *Ipaco*. pp.

PACÓ. pc. Una yerba comestible, un gusano que se cria en el pescado seco.

PACOMBABA. pc. Humillarse, *Mag*. Á quien, *Pag-an*. Abstracto, *Capacombabaan*. Vide *Combaba*.

PACONO. pc. Saberlo ciertamente. *Ualang pacono*, sin duda.

PACONAT. pp. Decir palabras suaves para alegrar á otro, *Mag*. A quien, *An*.

PACONAT. pp. Dar á otro algo para que calle, *Mag*. A quien, *An*.

PACONDANĜAN. pp. Por respeto ó reverencia. *Mag*, hacer algo por respeto. *Pinagpapacondanĝanan*, á quien. La causa, *Ipag*. Vide *Alangalang*.

PACONDIT. pc. Hacer algo al soslayo: carece de activa. Sus pasivas son *Naan*, acaso. De propósito, *An*. *Napaconditan nang hampas*, le cogió al soslayo el azote.

PACONDIT. pc. Multiplicar palabras para tapar mentiras. *Magpapacondit nang uica*, l. *Maraming pacondit na uica*, muchas palabras falsas. En este sentido su sinónomo es *Pamitpit*.

PACONUARÍ. pp. Hacerse de rogar, fingiendo no querer lo que desea, *Mag*. Acerca de que, *Pinagpapaconuarian*. Sinónomo. *Balabala*, *balobalo*.

PACONG PARANG. pc. Un árbol grande.

PACOPACO. pp. Las dos asillas de los fuelles con que hacen viento. *Mag*. ponerlas. *Y*, ellas. *An*, los fuelles. Adviértase que esta significacion es algo dudosa. La propia y verdadera de *Pacopaco*, es un gusano prieto, que se cria en pescado seco.

PACOPACOAN. pp. La yerba *Paco* en otras partes.

PACOS. pp. Hacer algo aceleradamente, *Papacospacos*. Si muchos, *Mag*, duplicando. Vide *Dauis*. pp. *Baconot*. pc.

PACOT. pp. Cangrejillos llamados *Talangca*.

PACPAC. pc. Ala de ave. *Mag*, criarlas. *Pamacpac*, ala de casa ó iglesia por ambas partes, porque por una sola es *siui*: *Cailan ca magcacapacpac?* Cuándo has de tener algo Metáf.

PACPAC. pc. Golpear el algodon para limpiarle. *P. in M*. l. *Vm*, l. *Namamacpac*. El algodon, *Pina*. *Papacpaquin*, el mandado. *Ipa*. lo que. *Pacpacan*, sobre que se golpea.

PACQUI. pc. *Taling*, lunar.

PAGQUIBAUAS. pp. Pedir á otro de lo que tiene, *Maqui*. A quien, *An*. Lo que ó porque, *Y*. Vide *Sangdali*.

PACQUILING. pp. Hojas de un árbol con que sazonan la morisqueta.

PACQUIMATYAG. pc. Escuchar lo que se dice, *P. in M*. Lo que, *An*. *Papacquimatyaguin*, la persona.

PACQUINABANG. pp. Provecho, utilidad, *P. in M*, recibir ó participarla. *In*, l. *Na*, lo que se recibe. *An*, de quien de que, de dó. *Y*, la causa. *Napapaquinabang*, lo que se está recibiendo. *Capapacquinabangan*, el donde. *Mag*, pc. l. *Magpacquinabangan*, participar mutuam. Verbal, *Pacquiquinabang*, l. *Pagpacquinabang*. *Magpa*, dar á otro provecho. Á quien, *Pinapaqui*. Tómase por comulgar. Á quien, *Papacquinabangin*.

PACQUING. pc. Gorrion ó maya, que es algo sordo, y asi se dice. *Di ca mamalaguing para cang mayang paquing*, parece que estás sordo, que no haces, &c.

PACQUINIYG. pc. Escuchar con atencion, *P. in M*. Y si mucho. *Mag* A quien, *Paquingan*. Síncopa.

PACQUIPOC. pp. Dos palos á modo de barandillas, que se ponen en la popa de la banca.

PACQUIPOT. pc. Calzones cerrados.

PACQUIPQUIP. pc. Asegurar la atadura *Paquipquipan mo iyang haligui, at mahina*, asegura ese barigue, que se falsea.

PACQUISQUIS. pc. Un pajarillo á modo de maya.

PACQUISQUISAN. pp. Género de grama.

PACQUIT. pp. Una raiz pegajosa.

PACQUIUANI. pc. Pedir que haga por él alguna cosa, *P. in M*. Lo que, *Y*. A quien, *Pacquiuanhan*. Los dos mútuo, *Maguanghan*, l. *Uanihan*.

PACSA. pc. Adrede, de industria. *Mag*, hacer algo asi. Lo que, *In*. La causa. *Ipag*. La persona á quien se manda, *Papagpacsain*.

PACSING. pc. Golpear en la cabeza de otro, *P. in M*. A quien, *In*. Sinónomo *Panting*.

PACSIU. pc. Escabechar el pescado, *Mag*. El *In*. *Papagpacsiuin*, la persona. El pescado, *Ipa*.

PACUAS. pc. Chupar mucho tabaco echando mucho humo. *Nagpapacuas nang tabaco*.

PACQUAN. pp. l. *Pacquan*. pc. *Capacquanan*, abundancia, sandía.

PACQUIR. pc. Zambo de pies. *Ma*, estar asi. *Ica*, la causa.

PACQUIANG. pc Flaqueza natural. De aqui *Pacquiangin*. pp. Flaco de suyo.

PACQUIAU. pc. Jugar á pares y nones· *Mag*.

PACQUIAU. pc. Injuriar, agraviar con palabras ó obras, *P. in M*. l. *Mag*. Añadiendo *Nang uica*, l. *Nang gaua*. A quien, *In*. La causa, *Ipag*. Con que, *Y*.

PACQUIAO. pc. Concertar alguna cosa á destajo, *Mag*, los dos. *In*, lo que.

PAQUIAR. pc. Atravesarse la espina en la garganta, *Ma*.

PAQUIAR. pc. Rapaz. *Ang paquiar na ito,i, ualang hiya sa aquin*, no tiene vergüenza este rapaz. *In*, tenerlo por tal.

PADURUT. pp. Malvas silvestres.

PAIN. pp. Cebo de anzuelos. *Mag*, ponerlo. *Y*. lo que. *An*, á donde.

PAIT. pp. Amargo, *Mapait*. *Napaitan ca*, te amargó.

PAIT. pc. El escoplo. *Mag*, trabajar con él. *In*, l. *An*, lo que. *Y*, el escoplo. *Papagpaitin*, la persona. *Papaitan*, la cosa.

PAITAN. pc. Un pez grande sin escamas.

PAITAN. pp. Una enredadera como verdolagas.

PAGA. pp. Zarzo, carrizo. *Mag*, poner, ó hacerlo. Donde, *Han*. De que, *Hin*. Sinónomo, *Pamingalan*.

PAGA. pp. Gran sed. Vide *Pagahan*.

PAGAC. pc. Enronquecer: mas que *Paos*, por desvelo. Vide *Pagau*, y sus juegos.

PAGACPAC. pc. Ruido que hace el ave con sus alas, *Nanagacpac*. Si mucho, *Mag*. redup. l. *Papagapagacpac*. Las alas ó causa, *Ipinag*.

PAGAHAN. pp. Grande sed. *Napapagahan*, trasijado de ella. Si muchos, *Nangapapagahan*.

PAGAL. pc. Cansancio, fatiga. *Vm*, l. *Man*, cansar á otro. *In*, ser cansado de otro. *Quinapagalan*, en que. *Capagalan*, abstract. *Na*, estarlo. Vide *Himagal*.

PAGALA. pp. Alcatraz, ave.

PAGALAY. pp. Pescar con caña grande, *Namamagalay*. Con que, *Ipinama*. Donde, *Pinamamagalayan*.

PAGALAIN. pc. Gallo de color de pagala.

PAGALPAL. pc. Ruido como de azote, ó del que pila arroz. Vide *Palpal*. *Tagupac*, *tunog nang hampas*, *bayo*.

PAGALPAL. pc. Cerrarse la boca del rio con la broza, *Mag*. Vide *Palpal*.

PAGAO. pp. Enronquecerse. *Namamagao*, irse enronqueciendo. *Iquinama*, la causa. *Pagao*. pc. *Ronco*.

PAGAS. pp. Menguar, *P. in M*. Vide *Cati*, *tagas*, con sus juegos.

PAGAS. pp. Volver á labar la ropa con agua limpia despues de enjabonada, *Nagpapapagas*. Lo que, *Pinapagasan*.

PAGASPAS. pc. Lo mismo, que *Pagacpac*. Tambien lo que *Pagaypay*.

PAGATPAT. pc. Una fruta como higos. Tambien un género de pájaro.

PAGAUAY. pp. Aperos, apatusco, *Pagauay sa pagsulat*, recaudo.

PAGAYPAY. pc. Batir el ave las alas. Vide *Pagacpac*

PAGAYPAY. pc. Menearse cosas ligeras con el viento, como hojas, &c. De aqui hacer señas, *Mag*. Á quien, *In*, l. *An*. Con que, *Y*. Frecuent. *Mapag*.

PAGBA. pc. Cocer ollas, *Magpa*. *Pagbahin*, lo cocido. *Ipagba*, con que. *Pinagpapagbahan*, el lugar. *Papapagbahin*, la persona. *Ipa*, la cosa.

PAGBILOGAN. pp. Quedarse en el cuerpo de la parida la sangre. *Napagbilogan*, l. *Pinag*, la muger.

PAGBO. pc. Tigera del techo. *Mag*, ponerlas, hacerlas. Donde, *An*. Se usa en Antipolo y en comintang.

PAGLA. pc. Una frutilla.

PAGNAN. pp. Un género de cestos pequeños.

PAGI. pp. La raya, pescado. *P. in M*, raspar con su pellejo. *Hin*, lo raspado. Vide *Cascas*.

PAGI. pp. Limpio. *Tauong mapagi*, hombre limpio. *Nananagi*, l. *Nagpapagi*, irse haciendo limpio.

PAGICPIC. pc. Palmaditas. *P. in M*, l. *Managicpic*. Si muchas palmaditas, *Nagpapagicpic*. *In*, á quien. *Y*, la mano.

PAGHIPIT. pc. Tierra muy tupida. Vide *Payicpic*, que es mas usado.

PAG-IL. pc. Javalí. *Mam*, ir á cazarlos. *Pinamamaguil*, ellos. *Ipama*, con que.

PAGILAS. pp. Hacer demostraciones de valiente, *Mag*. La causa. *Ipag*. Ante quien, *Pag-an*.

PAGISPIS. pc. Ruido de las olas cuando se estrellan. *Namagispis ang hang̃in*, tambien el ruido de las hojas cuando con ellas se limpia algo.

PAGITAN. pp. El medio entre dos cosas. *Mag*, coger algo, ó alguno en medio. *P. in M*, ponerse en medio de dos, *In*, el medio. *Y*, la cosa. *Pinapagitanan*, los dos estremos. *Namamagitan*, tener dos cosas á otra en medio, ó ponerse uno á un lado, y otro á otro. *Mag*, poner ó coger á otro en medio. *Pinagpapagitan*, al que. *Napapagitan*, ponerse uno en medio, ó pedir que le pongan. *Napapgitan*, estar en medio de dos; pero en este segundo, el acento del *pa* primero es largo; en el primero ambos *pa* tienen acento largo.

PAGITAN. pp. Distancia ó espacio. *Tatlong buan ang pagitan*, tres meses de intermedio.

PAGLING̃O. pp. Vide *Ling̃o*. l. *Maglilingo*.

PAGNIT. pc. Vide *Pacnit*, que es el usado.

PAGOCPOC. pc. Porrazo que suena, ó ruido de golpe, *Mag*, l. *Vm*. Lo que suena, *Y*. Sinónomo, *Tagoctoc*.

PAGOLONG. pp. Carreta, rueda. *Mag*, arrastrarla. *An*, donde. La carreta, *Y*.

PAGOLPOL. pc. Vide *Polpol*.

PAGOLPOL. pc. Hacer algo á porfia. *Nagpagolpolan sila nang pagsusugal*. Lo que, *Ipinag-an*. Donde, *Pinagpagolpolanan*.

PAGONGPONG. pc. Golpe que suena en cosa blanda. Vide los juegos de *Lagpac*.

PAG-ONG. pc. Galápago. *Mam*, ir á cogerlos.

PAGOPAG. pc. Ruido con caña quebrada. *Mag*, hacer. *An*, Donde. *In*, la caña. Vide *Palogso*.

PAGOR. pp. Estar muy cansado. *Ma*, estar asi. La causa, *Ica*. Sinónomo, *Pacang*. pc. Vide *Ogor*.

PAGPAG. pc. Sacudir algo, como ropa, *P. in M*. Y si mucho, *Mag*, redup. La ropa, *Ipagpag*. Si mucho. *Ipagpapagpag*. Sinónomo, *Uaguag*.

PAGQUIT. pc. Cera, encerar. *Mag*, tratar en ella. *Pagquitan*, lo encerado. *Y*, lo que se pega con cera.

PAGSAHING̃IN. pp. Un árbol muy grande.

PAGSAHING̃AN. pp. El árbol de la brea.

PAHALANG. pp. Cosa atravesada. *Na*, estar asi. *Y*, lo que. *Na-an*, á donde.

PAHAM. pc. Hombre consumado, excelente, &c. *Paham na tauo*. Itt. Fortaleza de licor, *Mapahan na alac*.

PAHAMAC. pp. Hacer algo á poco mas ó menos, *Mag*. *Y*, l. *An*, lo que. *Capahamacan*, abstracto. Sinónomos, *Pailang*, *dohong*, *lolong*, *pasibalang*, *pasumala*.

PAHAN. pc. Lo que está á los pies de la cama. *P. in M*, poner los pies hácia alguna parte. *Mag*, acostarse dos, pies con pies. *In*. lo topado con el pie del acostado. *Papahanin*, la persona á quien se manda poner pies con pies.

PAHANG. pp. Fortaleza de licores ó yerbas. *Mapahang na alac*. Vide *Bisa*.

PAHANG. pc. Vide *Sahang*.

PAHAS. pc. Tortuga, menor que el *Pauican*.

PAHAT. pp. Racion ó parte que se dá á cada uno. *Maqui*, pedir. *P. in M*. l. *Mag*, dar. *Nananahat siya*, está dando. Lo que, *Ipa*.

PAHAT. pp. Rapaz. Vide *Palacao*.

PAHAT. pp. Llevar lejos, á parte incierta: *cun saan napahat*, donde fué llevado. *Mag*, irse de propósito. *Ipag*, lo llevado asi. Sinónomo, *Tambar*, *tala*, *Uacauac*. De aqui, *Ipagpahatpahat ca nang Buaya*, maldicion. El caiman te lleve.

PAHAYAG. pp. Claridad, descubrimiento. *Mag*, manifestar. Lo que, *Y*. Á quien, *An*. *Capahayagan* abstracto. Dos confidentes. Vide *Hayag*.

PAHAYHAY. pc. Vide *Yangyang*, con sus juegos.

PAHIBAT. pc. Decir enigmas ó probervios, *Mag*. Lo que, *Y*. Á quien, *An*. Vide *Hibat*.

PAHIGUIT. pc. Vide *Higuit*.

PAHIMIS. pc. Beber cuando se acaba la red, ó la primera presa del cazador, *Mag*. El nuevo corral ó presa, *Pinahihimisan*. Sinónomo, *Lai*.

PAHINABAR. pp. Palabras de cumplimiento. Vide *Hinabar*.

PAHINAS. pp. Untar algo en alguna parte, *Mag*. Lo untado, *An*. *Pahinasan mo aco niyang alac*, úntame siquiera en los lábios con ese vino.

PAHINIRAP. pp. Holgarse del mal ageno, y darlo á entender con palabras, *Mag*. Á quien le sucedió el mal, *Pinagpapahinirapan*. Abstracto, *Capahinirapan*.

PAHINOHOR. pp. Dejarse llevar, ó entregarse á todo lo que que apetece la voluntad, *Mag*. Lo que, *Ipag*. Sinónom. *Pasinocor*.

PAHINOHOS. pc. Enderezar estendiendo á lo largo lo que no está derecho. *Mag*, enderezarse. *Y*, lo que.

PAHINTOLOT. pp. Entregarse á voluntad agena, permitir ó conceder, *Mag*. Lo que, *Y*. l. *Napapahintolot*. Á quien, *An*. Vide *Tolot*.

PAHIR. pp. Refregar, limpiar, untar, *Vm*, l. *P. in M*. Á quien, *An*. Lo que, *In*. Tambien, *An*. *Mag*, untar algo en otra cosa. Lo que, *Y*. *An*, á donde. *Pamahir*, paño para limpiar.

PAHIR LUHÁ. pp. Las mandas graciosas del testador. *P. in M*, dar algo asi. *Y*, lo que. *An*, á quien. *Magpa*, mandar que se dé. *Mag*, recibirlo.

PAHIMAHIR. pp. Vide el antecedente con sus juegos.

PAHIT. pc. Acabar de beber la taza, *Mag*. Lo que, *In*. Acabarse, *Ma*. La causa, *Ica*. Donde, *Ca-an*. *Ang pinang̃osan nang tauo*, *pinapahit pa nang babuy*, á buen hambre no hay mal pan.

PAHIHITNANA. pp. Una yerba que atrae la materia.

PAHIYM. pp. Vide *Pamahiin*.

PAHIYIP. pp. Vide *Hiyip*.

PAHÓ. pp. Una fruta de este nombre. *Mag*, tratar en él. *Namamahó*, ir á cogerlas. *Mampaho*, comprar.

PAHICPIC. pc. Apretar, prensar. Vide *Payicpic*.

PAIG. pp. Dejar sin poner á enjugar la ropa mojada. *Ma*, ella dejada. *P. in M*, l. *Mag*, dejarla. Ella, *In*. Donde, *An*, l. *Pag-an*.

PAIGANG. pc. Cosa muy tostada ó seca. *Mag*, secar ó tostar. Lo que, *In*. Con que, *Y*. Donde, *pag-an*. Sinón. *Pigang*.

PAIL. pp. Engrosarse la suciedad de ropa, cuerpo. &c. *Namamailmail ang libag pailpailan ang baro*, *Nagpapail nang totoli ang tainga*, esta casi tapada la oreja con la cerilla. La causa, *Ipinag*. No tiene mas juego.

PAILACBO. pc. Vide *pailacbong*.

PAILAMBO. pc. Llevar el viento, como papel ó cosa semejante, *Napa*.

PAILANBONG. pc. Palabras al viento, encarecimiento de hablador. *Mag*, decirlas. Las palabras, *In*. A quien. *An*.

PAILANDANG. pc. Salpicar el agua hácia un lado, *Napapailandang*.

PAIM. pp. Vide *pain*, cebo. *Painpain mo pala sa aquin yaong lahat mong gaua*, quieres cebarme.

PAIMBABAO. pc. Sobre-haz, ó plata sobre el hierro, ó sobre el oro, &c. *Mag*. ponerla. *Y*, lo que. *An*, á lo que. *Nagpapaimbabao*, fingirse otro de lo que es.

PAIMBOLOG. pc. Vide *paimboyoc*.

PAINAS. pc. Poste nacido. *Mag*, estar puesto por poste.

PAIS. pp. Tostar, tortilla de arroz ó maiz. *Mag*, tostar. Lo que, *Y*. Tambien de la cosa machacada, ó arroz que se acostó por el viento ó agua, se dice *napais*, l. *Naguinpinais*.

PAIT. pp. Las tripas gruesas del animal.

PAIT. pc. Vide *paet*.

PAIYAC. pc. Un género de campana de Sangley.

PALA. pp. Sublimar, mejorar, adelantar, *Mag*. Á quien, *pinag*. *Aco,i, nagpala cay Juan, siya ang pinagpala co*.

PALA. pp. Casco en que está envuelto el algodon.

PALA. pp. Sublimar, ensalzar. *Pinag*, al que. *Pag-an*. á que. *Pagpalain ca nang Dios*, Dios te ensalce.

PALA. pp. Mejora, aprovechamiento ó paga que se saca de algo. *Nagpapala siya ngay-on sa caniyang carunungan*, ó *sa caniyang bahay*, *palaan mo itong aquing bangca*. *Ipala mo sa mey bangca itong isda*. Tambien *guinaua co lamang ito,i, mapala,t, maibig*, aunque yo haya hecho esto, quien sabe si lo querrá?

PALA. pc. Oiga aquil Ciertamente, sin duda, *Naito pala*. *Oo pala nalilimotan co*. *Icao nga pala yaong tauong cabalituan*.

PALAAC. pp. Un género de vaso puntiagudo. Vide *Gayang*, con sus juegos.

PALABA. pc. Crecimiento de la luna. *Mag*, crecer. La causa, *Nacapag*, *Ipag*. Crecer las uñas ú ojos del gato con la luna, *Maqui*.

PALABA. pp. Usura, logro, ganancia Vide *Bala*, l. *Pabala*.

PALABABAHAN. pp. El asiento en la banca. *Mag*, hacerlo ó ponerlo. *In*, de que. *Y*, lo que. *An*, donde.

PALABACAS. pc. Vide *Bacas*.

PALABIGASAN. pp. Una vasija de boca ancha en que hechan arroz.

PALABOC. pc. Un género de comidilla. Vide *Sacsic*, *tampooc*.

PALABOL. pp. Dar racion. *Mag*, l. *Namamalabol*, darla. *An*, á quien. Si mucho, *pagpaan*. Lo que, *Y*. Si mucho, *Ipag mapagpalabol*, racionador.

PALABOR. pc. Cortar zacate con cuchillo, *Mag*. El zacate, *In*, Donde, *pag-an*. El cuchillo *Ipag*.

PALABUSAQUIT. pp. Trabajar con conato. *P. in M*. l. *Mag*. En que, *pag-an*.

PALAC. pc. Lejos, l. *Di palac*. *Palac pa yaon*, antiquísimo. *Di palac nang dunong si Pedro cay Juan*, escede Pedro en sabiduría á Juan. *Malayong di palacpalac*, lejísimo.

PALACA. pc. Rana, sinónomo, *Cabacab*, *Cabcab*.

PALACANG LANGIT. pp. Sapos que nacen cón las primeras lluvias.

PALACARANGAN. pp. Armazon sobre que se tiende el carang. *Mag*, hacerla, ponerla. *In*, de que. Lo que, en donde, *An*.

PALACAO. pc. Vide *pahat*.

PALACAO. pc. Lazo que ponen en varas largas para coger gatos ó gallinas.

PALACAT. pc. Voces ó gritos del que padece fuerza. *Mag*, darlas. Sinón. *Paliit*.

PALACAT. pc. Goma de árboles. *Mag*, pegar con ella algo. Lo que, *An*. con que, *Y*, l. *Ipag*.

PALACAYA. pp. Cualquier instrumento para pescar, *P. in M*. pescar. Lo que, *Hin*. Donde, *An*. Con que, *Y*, l. *Ipag*. Estar pescando, *Na*.

PALACOL. pc. Hacha de cortar. *Mag*, tenerla. *P. in M*. cortar con ella. *In*, lo cortado. *Y*, l. *Ipag*, la hacha. *Pag-an*, el lugar.

PALACPAC. pc. Matraca. *Mag*, hacerla. *In*, de que. *Namamalacpac*, tocarla. *Paman*, ella.

PALADUSDUS. pc. Vide *palarosdos*.

PALAG. pc. Dar vuelcos. *Mag*, darlos l. *Papalagpalag*, l. *Nanalagnalag*. *An*, donde. Vide *posag*.

PALAGARAN. pp. Cierto género de arroz.

PALAGAY. pc. Asentar, poner las viguetas de la casa. *Mag*. Lo que, *Y*. Donde, *pinagpapalagayan*, l. *Palagyan*, síncop. Vide *Salalay*. De aqui *napapalagay ang loob*, estar quieto. *Houag mong palaguinlaguin ang loob mo*, no te descuides.

PALAGUA. pc. Exagerar, hablar mucho, *Mag*. Lo que, *Ipag*. Ante quien, *An*. *Capalaguaan*, lo mismo que *palalo*.

PALAHAO. pc. Vide *palacat*.

PALAING. pp. Vide *palaan*.

PALALO. pp. Altivo, sobervio, arrogante. *Mag*, engreirse. *Pag-an*, sobre, ó contra quien. *Ipag*, la causa. Abstracto, *Capalaloan*.

PALALOS. pp. Pasar de largo, *Mag*. Causa, *Ipag*. Á quienes, *pag-an*. Sinónomo, *patoloy*.

PAL-AM. pc. Muesca en árbol de coco. *Tiab*, *ticma*, *gatla*. Sinónomos.

PALAMAN. pc. Imprimir en papel, ó asentar en el corazon, *Mag*. Lo que, *Ipinalalaman*. Donde, *pinagpapalamnan*. La causa, *Ipag*.

PALAMAM-AN. pc. El lugar en que traen el buyo, como la cajuela.

PALAMARA. pp. Ingrato, descuidado, que hace poco caso del beneficio recibido, *Mag*. La cosa de que, ó el que se descuida, *palamarahan*, l. *Palamarahanan*. La causa, *Ipag*. Abstracto. *Capalamarahan*, l. *Capalamarahanan*. *Palamarang tauo*, desagredecido.

PALAMATA. pp. Pulseras de vidrio *in M.* l. *Mag*, hacerlas. *Hin*, de que. Tambien *Mag*, usar de ellas. *Hin*, ellas. *Pag-han*, donde. *Mapag*, frecuent.

PALAMBANG. pc. Cosa de poco mas ó menos. Vide *Lambang*. *Pahamac*.

PALAMBO. pc. Llevar el viento. Vide *Ilambo*, con sus juegos.

PALANA. pc. *Napapalanaan*. *Natatamaan sa icamamatay*. Tambien *toloo,t*, *maminsanminsang*. *manğusap*, *ay palana cun manğusap*.

PALAN. pc. Poner el arroz sobre cañizos despues de mojado para que eche raiz. *Mag*, sembrar. *Y*, lo que. Donde, *An*. *Palanan*, lugar diputado para eso.

PALANAS. pp. La orilla baja del rio. Tambien *Palanas na bato malapar na bato*. *Palanas na cogon*, *pauang cogon*.

PALANDOS. pc. Quitar las galas, y andarse sin ellas. *Mag*. Á quien, *Pag-an*. La causa, *Ipag*.

PALANG. pc. Lanza ó cuchillo romo. *In*, ser hecho romo. Vide *pilang*.

PALANĞA. pc. Vide *palacao*.

PALANĞAN. pp. Cosa estimada y guardada, que no se usa. *Mag*, estimarla asi. *Pinalanğanan*, lo que. *Ipag*, la causa. Vide *palayao*. *Hinayang*.

PALANĞAPANG. pc. Hablar palabras feas sin vergüenza, *Mag*. Á quien. *In*, l. *An*.

PALANĞAS. pc. Bravatas. *Mag*, jactarse ó atreverse. *Puglanğasan*, á quien *Ipag*, la causa. *Capalanğasan*, abstract. Sinónomo, *panğahas*, *palanghas*. Vide *Palinğas*.

PALANĞAT. pp. Moscardon grande.

PALANGHAG. pc. Hombre osado, atrevido. No tiene mas juegos que *palanghag na tauo*.

PALANGHAS. pc. Lo mismo que *palanğas*.

PALANĞIY. pp. Maldicion. Zacate como rama de árbol. Vide *Lanği*, y sus juegos.

PALANĞIY. pp. Palabra de cariño que dice la madre á su chiquillo, porque dicen que los tagalos tuvieron un rey llamado *palanğiyi*, y asi *palanğiy co* querrá decir mi rey.

PALANĞO. pc. Matraca que hacen de cañas, y sirve para espantajo. *Mag*, tocarla.

PALANĞOYA. pp. Boraz, comedor. *Mag*, irse haciendo. *Ipag*, la causa. Metáfora. *Palanğoyiang babayi*, l. *Mapalanğoya*, ramera.

PALANĞOY. pc. Boya. Vide *pacauay*.

PALANGBO. pc. Matraca para espantar los pájaros. *Mag*, tocarla.

PALANGPANG. pc. Golpear recio y continuado, *Nananalangpang*. Lo que, *In*. Con que, *Y*, Metáf. *Pinagpapalangpang nang uica*, le aturde á gritos. Vide *Balungbung*.

PALANTAYAN. pp. Los palos que atraviesan en la embarcacion, sobre que ponen el *papag*. Sinónomo, *Asar*. Vide sus juegos.

PALANTI. pc. El mecate con que aprietan el palo que sirve de molino para sacar el aceite de ajonjolí. *P. in M.*

PALANTICAN. pp. El ala del tejado. *Mag*, hacerla, ponerla. De que, *In*. Lo que, *Y*. Á que, *An*.

PALAPA. pp. Penca de hoja de plátano ó palma. Vide *pintal*. *Namamalapa*, ir por ellas como el *manunuba*; tambien cogerlas.

PALAPAC. pc. Hender algo al soslayo ó desgajarse. *P. in M.* Lo que, *In*. Con que, *Y*. *Na*, estarlo.

PALAPAG. pc. Cañizo, mentidero debajo de las casas de los principales. *Mag*, hacerlo. *In*, de que. Donde, *An*.

PALAPALA. pp. Andamios. *Mag*, hacer, ponerlos. La causa ó de que, *Ipag*. El lugar, *palapalahan*, l. *Palapalahanan*, l. *Pagpalahan*. Á quien se manda poner, *papagpalapalahin*. Si muchos. *papagpalapalahanin*.

PAPAPANĞITA. pc. Adivinar por lo que vé en el cielo. Vide *palasinta*, con sus juegos.

PALAPAS. pc. Allanar la sementera del *Cainğin*, *Mag*. Lo que, *In*. Lugar, *An*.

PALAPAT. pc. Lo mismo que *pagatpat*. Tambien especie de higos.

PALAPATI. pp. Paloma. *Namamalapati*, ir en busca de ellas. Donde. *Pinapalapatihan*. Paloma, *palapatihan*. pp.

PALAPATIR. pc. Hilo podrido que fácilmente se quiebra. *Habin palapatir*, l. *Palapatdin*, síncopa.

PALAR. pc. Ventura, dicha. *Mapalar na tauo*. *Magca*, tenerla. La causa ó porque, *Ipagca*. *Mag*, tener ventura de escapar de algun peligro. *Nacapalar*, l. *Nacacapalaran*, lo que por dicha se alcanzó. Abstracto, *Capalaran*. *Papagcapalarin aco nauà nang Dios*. Ojalá Dios me dé ventura. *Magsapalaran*. pp. Aventurar ponerse á contingencia. *Manhimalar*. adivinar la ventura por las rayas de la mano. Á quien, *pan-an*. Las rayas, *Ipan*. (Las pasivas de *Magsapalaran* son). Lo que, *Ipag*. Donde, *pagsapalaranan*.

PALAR. pc. Carne de pescado sin espina.

PALAR. pc. Abrir, quitándole la espina grande al pescado, *Mag*. El pescado, *An*. con que, *Ipag*.

PALAR. pc. Un género de pescado de la mar.

PALARA. pp. Oropel de China. *Mag*, adornar con él algo. *An*, lo adornado.

PALARA. pc. El cabo de la hacha de hierro. Vide *palda*.

PALARAC. pc. La yerba que está pisada por mucha gente. Tambien el camino asi. *P. in M*, estar la yerba asi. Lo que, *In*. Con que. *Y*.

PALARAPRAP. pc. Techo muy delgado por falta de cogon, *Mag*. Lo que se estiende para hacer el cogon, *Ipa*. *Palaraprap, na gaua*, obra superficial.

PALAROSDOS. pc. Un género de comidilla. Sinónomo, *paladusdus*.

PALAS. pp. Cortar cercenando. *P. in M.* l. *Magpalasan*, Lo que, *In*. Con que, *Y*. Sinónomo, *Alas*. De aqui *Manğa palaspalas na taloqui*, retazos de seda. *Mag*, cortar en retazos. *In*, lo que.

PALAS. pp. Desmayarse por haberse desangrado. *Napalas si cuan*. Metáf. *Namamalas ang palay*, se marchita.

PALAS. pc. Un género de tugui.

PALASAN. pp. Bejuco grande, grueso. *Capalasanan*, lugar de muchos. Vide *Ibir*.

PALASGASAN. pp. Madera que sirve de ortera á los viejos.

PALASINTA. pc. Amar con vehemencia, *Nalalasinta*. Lo que, *Hin*. El acto de amar, *palalasinta*.

PALASIUI pp. Sentarse cruzando los pies, pero bajas y llanas las rodillas. *P. in M.* Vide *panasila*.

PALASO. pc. Flecha grande con hierro. *Mag*, hacer ó usarla. *Man*, tirar con ella. Lo flechado, *In*. Vide *posor*.

PALASPAS. pc. Las hojas de la palma. *Mag*, adornar con ellas. *Pag-an*, donde.

PALATAC. pc. Remachar. Vide *paltac*.

PALATAC. pc Agugerear el dedo para sacar la sangre cuajada con una aguja envuelta toda de hilo hasta la punta, con la cual agugeran, *Mag*. Lo que, *An*. Con que, *Y*. Vide *Torlis*.

PALATAC. pc. Sembrar á trechos y sin órden, *P. in M.* l. *Mag*. La cosa, *Y*. Donde, *An*. l. *Pag-an*. Vide *patac*.

PALATIMPO. pc. Sentarse encima de los carcañales, como suelen las mugeres. *P. in M.* Sinónomo, *panimpoho*.

PALATHAO. pc. Bolo delgado.

PALATOC. pc. Un género de comidilla, que se compone de harina, camotes y leche de coco. *Mag*, hacerla. *Ipag*, por quien.

PALATOCAN. pp. Un juego de niños, *Mag*. Donde, *pag-an*. Lo ganado asi, *Napaypalatocanan*.

PALATOHAC. pc. Montoncillo de arroz hasta la cintura. *Palatohaquin mo iyang palay. Palatohaquin mo ang palay*.

PALATOHAT. pc. Unos palos de telar en donde estienden la madeja de seda ó algodon; y de aqui por metáf. dicen del muchacho obediente. *Palatohat na bata*, porque los dichos palos, ya se acercan, ya se alejan, segun el uso de los tegedores.

PALATOL. pp. Estirar la ropa. *Palatolan mo iyang damit*, lo mismo que, *Laolauan, pahigtan*. Vide *higit, laolao*.

PALATPAT. pc. Unas cañas largas que ponen sobre las baratejas. *Mag*, ponerlas. *An*, donde. *Y*, lo que.

PALATPAT. pc. Un árbol.

PALAUACYA. pc. Afrenta de palabras. *Mag*, decirlas. A quien, *In*. Con que ó causa, *Y*, l. *Ipag*.

PALAUACYAO. pc. Lo mismo.

PALAUANG. pc. Lo mismo que *panauang*, descuidado.

PALAUINGUING. pc. Lo que cuelga de la ropa para adorno.

PALAUIS. pp. Una como banderilla que ponen en las bancas. *Mag*, ponerlas. *Y*, ella. *Pag-an*, donde. *Ipag*, porque. Tambien espantajo de sementera.

PALAYAT. pc. La broza ó bagazo que queda del ajonjolí despues de esprimido.

PALAY. pp. Arroz en cáscara. *Mag*, venderlo, pagar algo con él. *Magpa*, cobrar el tributo en él *Magca*, tener mucho arroz. La causa, *Ipinagcaca*, l. *Pinagcacapalayan*. *Mapalay*, el que tiene mucho. *Capalayan*. pc. Un solo grano. *Ang pinagcacapalayan nitong mandala*, lo que rendirá, &c. *Ang napalay co sa hasic co*, lo que saqué de lo que sembré, &c. *Himalay*, rebuscar. *Nag*, l. *Nan*. Lo que, *pinag*, l. *Pinan*. En donde, *pinag-an*, l. *Pinan-an*. *Palayan*, la sementera. Tambien, *Napalaya na, naisipan na*, activa. *Nagpalay*, metáfora.

PALAYANGLAYANGAN. pp. Golondrina.

PALAYLAYA. pc. Un género de arroz.

PALAYPALAYAN. pp. Los granillos de la mazorca de los cocos. Tambien una yerba.

PALAYPALAY. pc. Idem. Tambien, *palaypalay na hangin*, viento suave.

PALAYPAY. pc. Las alillas del pez. Tambien lo mismo que *pamalaypay*.

PALAYAO. pp. Regalo, cariño. *Mag*. acariñar. A quien. *In*. Con que, *Y*, l. *Ipag*. Sinónomo, *Aroga*. pc. Vide *Palangan. aruca*.

PALAYI. pp. Vide *Mongmongan* su sinónomo.

PALAYLAY. pc. Sentarse colgándole los pies, *Mag*. El lugar, *pag-an*. Sinónomo, *Patilaylay*.

PALAYOC. pc. Olla mediana. Vide *Anglit*. *Cating-an*. *Isapalayoc man ang salapi, macabobosog na nga*, no se come la plata.

PALBING. pc. Responder al que le llama, obedecer. Úsase siempre con negativa. *Di nanalbing*, l. *Mamalbing sa tomatauag*, l. *Di pinapalbing*, l. *Pinamamalbing ang tomauag*, no responde, no obedece.

PALBOG. pc Tierra cansada por labrada muchas veces. *Napapalbog na itong lupa*.

PALDA. pc. Cabo de hacha en los Tinguianes. Vide *Landa*, su sinónomo.

PALDAC. pc. Dar patadas pisando algo. *P. in M.* Si mucho. *Magpapapaldac*. El lugar, *paldacan*. Vide *Parac, parong*. Itt. Lo mismo que *Palarac*.

PALDAS. pc. Ropa de color negro, mal teñida, que vá perdiendo el color, *paldas na ramit*. *Namamaldas*, irse poniendo tal. Vide *popas*, que es mas genérico.

PALGAS. pc. Ir de priesa á alguna parte. *Palgas ang paglacad co*, voy de priesa.

PALI. pc. El bazo. Vide *Condilat, orilat*.

PALI. pp. Lo mismo que *pacli*. Vide sus juegos.

PALI. pp. Retrueque, retorno en el canto. *P. in M.* Retornar asi. Con que, *Y*. A quien, *An*. Frecuent. *Mapalihin*. Mútuo, *Nagpapalihan*.

PALÍ. pc. Presto. Es de los Tinguianes. Vide *Dali*.

PALIB-HASÁ. pp. Lo mismo que *Caya nga*, l. *Caya nga yata*, l. *Caya pala*, l. *Caya nga pala:* tambien por cuanto que mucho siendo. *Nacapangyayari sa lahat. palib-hasa,i, Dios*, siendo Dios, lo podrá todo.

PALIB-HASÁ. pp. Ironía. *Mag*, hablar asi. Si de muchos, *Namamalibhasa*. *Pag-an*, ser fisgado. *Y*, á quien. Frecuentat. *Mapaypalibhasa*.

PALIBOT. pp. Al rededor. Vide *Libot*. pc.

PALICOR. pc. Cámaras. *Mag*. tenerlas. La causa, *Ipag*. Cuando se vá á dicha necesidad, por cortesía se añade un *Pa*, diciendo *Papalicor aco*.

PALICPIC. pc. El lomo del pescado, ó la espina en él. *An*, quitárselas.

PALICSA. pc. Vide *Paligsa*. Probar las fuerzas.

PALIGO. pp. Bañarse. *P. in. M.* Si mucho, *Mag.* pc. A otro, *Mag.* pp. *Paligoan.* pp. El bañado por otro. *In*, l. *Y*, la agua con que uno se baña asi ó á otro. *Paligoan.* pc. Baño donde. Vide *pambo*.

PALIGPIG. pc. El que anda muy estirado, fanfarron. *Namamaligpig*, si sobre eso añade brabatas. *Namamaligpigan*.

PALIGPIG. pc. Sacudirse el perro ó ave cuando está mojada, ó con mucho polvo. *Namamaligpig*. Lo que, *Ipinama*. *Napaligpigan aco nang aso*, me roció el perro al sacudirse.

PALIGSA. pc. Incitar á reñir para probar las fuerzas, *Mag*. Si los dos, *Mag-an*. Lo que, *Hin*. Con que, *Y*.

PALIHAN. pc. El yunque. *Mag*, hacerlo. *Y*, ponerlo.

PALIHISDAAN. pp Calma. *Pagpalihisandaan*, la hora, el dia, el mes ó tiempo de tal calor. Es palabra metáf. que quiere decir, apártase del camino real, por caminar por la yerba que es mas fresca.

PALIÍ. pc. Lo mismo que *paliit*.

PALIIT. pc. Poner fuerza en llamar, gritar. Vide *palacat*, *calarat*, *palahao*.

PALIMANOC. pp. Una especie de raya de carne algo negra.

PALIMPIN. pc. Lo mismo que *Paimpin*. Tambien cualquiera cosa que se pone atravesada por señal en el camino ó rio. *Mag*, ponerla. Lo que, *Y*. Donde, *An*.

PALINA. pp. Cáscara de palo con que se zahuman. *Namamalina*.

PALINDAYAG. pc. Vide *Lindayag*, *Palundayag*,

PALING. pp. Apagar el fuego ó candela. *Mag*. Lo que, *In*. Estarlo, *Na*.

PALING. pp. Bambalearse. *Napapaling*, l. *Papalingpaling*. *Ipa*, lo que. *Di mapaling*, l. *Di maipaling ang oguit*. Itt. *Ipaling mo iyang muc-ha mo*, vuelve á un lado tu cara. *Mag*. activa.

PALING. pc. Cabeza tuerta. *Paling ang olo*. Conjugado el acento, es pp. *Napapaling*. La causa. *Ica*.

PALING. pc. Labrar popa ó proa de la banca, *Nag*. pc. Lo que, *An*. pp. El lugar, *Pag-an*. pc. Sinónomo *Saping*. pp.

PALINGAS. pp. Jactarse de lo que no es, *Mag*. La causa, *Ipag*. Abstracto, *Capalingasan*. pp.

PALINPIN. pc. Vide *Palimpin*, l. *Paimpin*.

PALINTÁ. pc. La reja del arado. Vide *Dahacá*.

PALIPALI. pc. *Dalidali*, presto. *Palipali ca na rian*, date priesa.

PALIPAO. pp. Un género de lazo para coger patos. *Namamalipao*, armarlos. *In*, l. *Ma*. l. *Napamalipauan*, ser cogido. *Pinamamalipauan*, donde. *Y*, l. *Ipa*, el lazo. Vide *Sanlong silò*.

PALIPAR. Espantajo de sementera. *Mag*. hacerlo é ponerlo. *In*, de que. *An*, donde.

PALIPATI. pp. *Calapati*, *Palapati*.

PALIPI pp. Vide *Salansan*. pc.

PALIPIS. pp. Dar vuelta el palo que se labra en cuadro. Es poco usada la activa. La pasiva, *An*, l. *Palipisanan*, el palo vuelto.

PALIPISAN. pp. Sienes. Megilla, carrillo. Vide *Pisngi*.

PALIPIT. pp. Torcer. *P. in. M.* redup. La primera sílaba. Si mucho, *Mag*. pc. *Napapalipit*, lo que está torcido ó envuelto. Si muchos, *Nagca*, l. *Nacapapalipalipit*. Sinónomo *Pilipit*. Vide *Caliquir*.

PALIPOC. pp. Palma pequeña y desmedrada. *Na*, l. *Namamalipoc*, desmedrarse. Si mucho. *Mag*. pc. La causa, *Ipag*. Donde *Pag-an*.

PALIPOG. pp. Vide *Palipoc*.

PALIPOR. pp. Remolino de cabellos ó agua. *Mag*, remolinear los cabellos. *May palipor cang dalaua*, tienes dos remolinos. Vide *Poyó*.

PALIRONG. pc. tapa luz. *Palirongan mo ang ilao*, tápalo.

PALIRPIR. pc. Lo mismo que *Pairpir*.

PALIS. pc. Barrer ó limpiar la mesa ú otra cosa de polvo, *P. in M.* l. *Mag*. Lo que se quita, *In*. Donde, *An*, *Palis na ang parang*, se dice cuando se ha quemado el cogon de la sábana.

PALIS. pc. Llano con pequeña yerba. *Mag*, limpiarlo. Lo que, *In*. Donde, *An*.

PALIS. pc. Un género de malvas silvestres.

PALISAN pc. La caraballa.

PALISAY. pp. Un género de arma como broquel, que se usa en las danzas. *P. in M.* l. *Mag*, hacerlo, *In*, de que. *Mag*, traerlo. El, *In*.

PALISPALISIN. pc. Malva silvestre. Itt. Lo mismo que *palisualisin*.

PALISPIS. pc. Acabarse ó destruirse todo, como casas, gente del pueblo, sembrados: mas que *Obus*. *Napalispis*, *Nabual*, se cayó todo. *Pinalispis na quinain*, fué comido todo.

PALISPIS. pc. Limpiar la sementera para sembrar, *Mag*. La sementera, *An*.

PALISUCAT. pc. Vide *parisucat*.

PALIT. pc. Trocar *Um*, trocar dando. *Mag*, tomar trocando. Lo que, *pinalit*, l. *Napalit*. Tomando, lo que, *Y*. Á que, *An*. El dinero, *pag-an*. dos cosas, *pinag*, l. *Pag-an*. De propósito, *Mag*. Acaso, *Nagca*.

PALITAO. pc. Un género de comidilla. Vide *palutang*.

PALIUAS. pp. Estraviarse el agua de su antigua corriente, *Mag*, estraviarla. El agua. *In*. De aqui *paliuas na loob*, l. *Mapag*, corazon doblado. *Mag*, serlo. *Pinagpapaliuasan*, á quien. *Capaliuasan*, pp. La traicion.

PALIYOC. pc. Lo mismo que *palayoc*.

PALLA. pc. Lo mismo que *Ampalayá*.

PALO. pp. Apalear, martillo, golpe, perrazo, azote. *P. in M.* Si mucho, *Mag*, pc. El apaleado, *In*. Si con muchos golpes, *pag-in*. Si muchos los golpeados, *pamaloin*. La cosa golpeada, *paloan*. Si mucho, *pag-an*. pc. Con que, *Y*, l. *Ipag*, l. *Ipama*. Vide *pitpit*. *Pamalo*, garrote.

PALO. pp. De dos hermanos casados con dos hermanas, ó de padre y hijo con madre é hija, dice *Nagcapapalopalo sila*.

PALOPALO. pc. Mazo pequeño con que golpean la ropa cuando lavan.

PALAC. pc. Hacer algo [illegible] *Mag.* [illegible] *An.*

PALOQUIN. [illegible] la causa. Sinónomo. [illegible] pp. *Tamos.* [illegible]

PALOC. p. Abatimiento por muerte de pariente. *Mag.* [illegible] *Inag.* la causa.

PALOCLOC. pc. Seña que deja el varon en la casa de la que pretende, en señal de que le admite para casarse con ella. [illegible] *Potr.*

PALOCO. pc. [illegible] *M.* [illegible] *An.* [illegible] *In.* [illegible]

PALOCOT. pp. [illegible] con [illegible] como almohadas, &c. *P.* [illegible] *M.* [illegible] *In.* Con que. [illegible] Frecuen. *Mang* [illegible] pc. Si con mucha frecuencia. [illegible]

PALOCPOC. pc. Cosa como [illegible] que no crece. *P.* [illegible] *M.* [illegible] *Ma.* La causa. *Inamaucpoc.*

PALOCSO. pc. Tratarla para comer puercos vendidos, &c. *Mag.* [illegible] la causa. [illegible] pc. [illegible]

PALOGSO. pc. [illegible] sementeras. *Mag.* [illegible]

PALONLANLANG. pc. La [illegible] de boca estrecha.

PALOMATLOMAT. pc. [illegible] con variedad de cosas, como [illegible] &c. *M.* [illegible] adornar así. *Ina.* con que. [illegible] De aqui *Maramot* [illegible] pasa mucha [illegible]

PALUMPALAN. pc. Sentarse sobre cosa alta y angosta. *P.* [illegible] *M.* La causa. [illegible] *An.* Vide *Tumal* [illegible]

PALOMPON. pc. [illegible]

PALONAS. pc. Las cañas que sirven [illegible] a sarambia. [illegible] las cañas [illegible] sarambia. [illegible] lugar [illegible] frecuen.

PALONAS. pc. La [illegible]

PALONBALAN. pc. [illegible]

PALONDANGAN. pc. [illegible] ngan. [illegible] Vide *Pasandangan*.

PALONDAYAG. pc. [illegible] das las manos. *M.*

PALONG. pc. [illegible]

PALONG. pc. [illegible] por parte [illegible] *P.* [illegible] *M.* [illegible] *Mapanaic* [illegible] hombres.

PALONGHO. pc. [illegible]

PALONGPONG. pc. [illegible]

PALONGPONG. pc. [illegible] árbol cortado por [illegible] *longpong*, echar [illegible]

PALONGPONG. pc. [illegible] árboles. *P.* [illegible] *M.* [illegible] *An.* Tambien [illegible] medrado.

PALONGPONG. pc. La [illegible]

PALOOT. pc. Mondar como pepino, [illegible] &c. *Mag.* [illegible] cascara. *In.* [illegible] *An.* [illegible] Vide *Tacop.* [illegible] entre dos tazalas.

PALOPI. pc. [illegible] *Ma.* [illegible] *Ina.* [illegible]

PALOPPOL. pc. Cortar las [illegible] de arroz [illegible] *P.* [illegible] *M.* [illegible]

PALOS. pc. [illegible] *Mapa* [illegible] *Lau* [illegible] frecuen.

PALOSOT. pc. [illegible] *P.* [illegible] *M.* *Ma.* [illegible] Frecuentativo. [illegible]

PALOS. pc. Las varas con que arman el [illegible] *Ma.* [illegible] *Ina.* [illegible] *Pinapalosan.* [illegible] las varas.

PALOT. pc. [illegible] *P.* [illegible] *M.* *Ma.* [illegible] *In.* [illegible] *An.* [illegible] *Nanapanolo* [illegible] *Palot* [illegible]

PALOT. pc. [illegible] *Mapa* [illegible] *Na* [illegible]

PALOTAN. pc. Lo mismo que [illegible]

PALOTPOT. pc. [illegible] Vide *Coloa*, con su [illegible] de aqui [illegible]

PALOTPOT. [illegible] pequeño, que parece [illegible] animales.

PALPAL. pc. Lo mismo que [illegible]

PALPAL. pc. Apretar [illegible] *P.* [illegible] *M.* [illegible] *Ma.* [illegible] *Pinapalpal* [illegible] Vide [illegible]

PALPAL. pc. [illegible] *Pal* [illegible]

PALPAL. pc. Lo mismo que [illegible]

PALPAL. pc. Lo mismo que [illegible]

PALPAL. pc. [illegible]

PALPAL. pc. [illegible] con *P.* [illegible] *M.* [illegible] *A.* [illegible]

PALPAL. pc. [illegible]

PALPAL. pc. Lo mismo [illegible]

PALPAL. pc. Lo mismo que [illegible]

PALPAL. pc. [illegible]

PALPAL. pc. [illegible]

PALPAL. pc. Lo mismo que [illegible]

PALYOC. pc. Lo mismo que *palayoc.*

PAMABAT. pc. Cincho ó pretina como faja. *Mag*, traerla. Ella, *In*. l. *Y*. Á quien se le pone, *An*.

PAMABUY. pp. De *babuy*, instrumento para cazarlo.

PAMACA. pp. Honda con que se arroja la piedra. Vide *Lumbanog*.

PAMACA. pp. Fisga.

PAMACPAC. pc. Instrumento con que cotunden el algodon. *Mamacpac*. Tundir. Vide *pacpac*.

PAMAGÁ. pc. Hinchazon. *P. in M*. Hincharse, ó estarlo. Si una en el cuerpo, *pinamamag-an aco*. Si muchas, *pinagpapapamagan*. Si muchos, *Nagsisipamaga*. *Maca*, l. *Ica*. La causa, *Nagsisipamaga*. Vide *Bagà*.

PAMAGAT. pc. Sobrenombre en un tiempo.

PAMANSAG. pc. Llamar á alguno sin nombrarlo. Itt. Nombrar al padre y madre con el nombre del primogénito ó primogénita.

PAMAGAO. pp. Vide *pamaos*, con sus juegos.

PAMAGO. pp. Primicias, oferta, ofrecer los primeros frutos. *Mag*, darlos, ofrecerlos. *Pamagohin*, á quien. Lo que se ofrece, *Ipapamago*. Á quien, *papapamagohin*. Vide *Bago*.

PAMAGO. pp. Estrenar vestido, arroz nuevo, &c. *Namamago*. Lo que, *Ipamago*. Mejor, *pamagohin*. En que ó en quien, *pahan*. Vide *Bago*.

PAMAHAO. pp. Almuerzo ó merienda. *P. in M*, almorzar. Lo que, *In*. Con que, ó causa, *Y*. Donde, *An*. Frecuent. *Mapamahauin*, l. *Mapamahao*.

PAMAHAY. pp. La hacienda con que mantiene un casado su casa. *Ang ipinamamahay*. Vide *Bahay*. *Aliping pamahay*, criado de casa.

PAMAHAY. pp. Vivir en alguna casa. La casa, *pamahayan*. *Ito ang pamahayan co*, esta es la casa en que vivo. *Capamahay*, compañero en ella.

PAMAHID. pp. Paño de manos. *P. in M*. limpiarse. *In*, lo que. *Y*, con que. *An*, la parte que. Frecuent. *Mapamahir*, l. *Mapamahirin*.

PAMAHIIN. pp. Ritos supersticiosos. Vide *pamayinan*.

PAMAHOLI. pc. Cuarto trasero del animal. Su contrario, *pamaona*.

PAMAHOLIHAN. pc. Pierna trasera del animal.

PAMALA. pc. Irse secando la llaga. *Naca*, lo que la seca.

PAMALA. pc. Secar al sol arroz mojado, trigo, &c. *Mag*. Lo que, *Y*, l. *Hin*. Porque, *Ipag*. Donde, *pag-an*.

PAMALAGÁ. pc. Refunfuñar el enfadado, *Namamalagà*. La causa, *Ipama*. A quien, *paman*. *Namamalaga ang bata con cumain, at ang ualang olam:* Refunfuña el muchacho porque come sin condumio ó vianda.

PAMALAGPAG. pc. Vide *paligpig*, con su significacion y sus juegos.

PAMALANGMALANG. pp. Decir algo á Dios y á ventura, *Mag*. Lo que, *Ipag*. Persona y lugar, *pag-an*. Vide *Balang* de donde viene.

PAMALAT. pc. Estar ronco, *Namamalat*. Vide *paos*.

PAMALAT. pc. Sobre-haz de oro, ó voluntad fingida. *Nagpapamalat nang magaling ang loob mong masama*, por de fuera es buena tu voluntad, porque la finges tal. *Guintong mey pamalat*, oro con sobre-haz. *Ipinagpa*, serle puesto sobre-haz á algo.

PAMALATAC. pc. Estallar con la lengua. Vide *pan̄galatac*.

PAMALAYPAY. pc. Las espinas que tiene el pez á los lados como alas. *Magca*, salir de nuevo. Vide *palicpic*.

PAMALIC. pc. Caña del timon.

PAMALILA. pp. Unas cañas partidas que ponen al dindin, que sirven de marco. *Mag*, ponerlas. *Y*, ellas. *Han*, donde. Itt. *Mag*, hacerlas. *Hin*, de que. *Y*, con que.

PAMALIPAY. pc. La paja que ponen sobre la caida del techo para que no entre la llovizna. *Mag*, poner atando el manojo. *Y*, el manojo. *An*, los estremos del techo.

PAMALIS. pc. Malvas silvestres.

PAMALÓ. pp. Instrumento para golpear. Vide *palo*.

PAMALOCAG. pp. Erizarse los pelos, plumas de animales, como cabellos de persona ú otra cosa, *Namamalocag*. La causa, ó á quien teme, *pinamumalocagan*. Sinónomo *panaguisag*.

PAMALONG. pp. Vide *palong*.

PAMALONG. pp. Espantajo en sementera. *P. in M*, ponerle. *An*, Donde. *Y*, lo que. Sinónom. *Hayti*.

PAMANÁ. pp. Alza-prima. *Mag*, hacerla. *In*, de que. Vide *panà*. Tambien vide *palicpic*.

PAMAMAHAY. pc. Pars verenda mulieris.

PAMANAC. pp. Instrumento para pescar lisas.

PAMANDÁ. pc. Padron ó minuta de gente. *Gumaua ca nang pamanda*, haz padron de la gente. Vide *Tanda*.

PAMANAS. pc. Amarillez del rostro por hinchado. *P. in M*. Estarlo. *Y*, l. *Ica*, la causa. *Capamanasan*. pc. Abstracto. Sinónomo *manas*. pc.

PAMANAY. pp. Bandera de petate colgada de una vara larga. *Mag*, ponerla. Donde, *An*.

PAMANGCOL. pc. Unas cañas partidas con que aprietan la paja del techo. *Mag*, hacerlas y ponerlas. *In*, de que. Ellas y con que, *Y*. *Namamangcol*, el que las pone atándolas.

PAMANHIC. pc. Subir á la casa por cosa de importancia. Vide *panhic*.

PAMANGQUIN. pc. El sobrino ó entenado. *In*, ser tenido por tal. *Pinamangquin*, dice tambien muchedumbre de sobrinos. *Pamana co ito sa aquin man̄ga pinamangquin*, esto dejo de herencia á mis sobrinos.

PAMANGSA. pc. Jactarse. *P. in M*. Ante quien, *An*. *Y*, De lo que, ó causa.

PAMANGSOL. pc. Obedecer haciendo lo que otro le aconseja, *P. in M*. Á quien, *An*. Sinónomo *parol*.

PAMANGHIR. pc. Entumecerse alguna parte del cuerpo, como que hormiguea, *P. in M*. *Ica*, la causa. *Aco,i, nagcacamanghir nang pagaantay*, se me ha entumecido el cuerpo de esperar.

PAMANGSAC. pc. Vide *pamuyut*, con sus juegos. Itt. Vide *Bansag*, con sus juegos.

PAMANTAL. pc. Hinchazon, como la cara del que se levanta de dormir. *P. in M*. estar asi. *Y*. l. *Ica*, la causa. Sinónomo *mantal*.

PAMANTING. pc. Eslabon para sacar fuego. Sale de *panting*. Vide *pingqui*.

PAMANTOCAN LAUI. pc. Gallo que no tiene espolon: llámanle asi porque comienzan á levantársele las plumas de la cola. *Manga pamantocan laui*, se dice de los bagontaos que comienzan á engreirse.

PAMA-O. pp. Medio coco para sacar agua en la cocina. Es de tres sílabas.

PAMAOG. pp. La yerba llamada cola del monte. Sinónomo *Dosodosohan*, *tuguituguian*.

PAMAONA. pc. Cuarto delantero.

PAMAOY. pp. Espantajos de sementera. *Mag*, ponerlo. *An*, el lugar. *Y*, lo que. *Papagpamaoyin*, á quien se manda poner. *Ipagpaoy*, la cosa.

PAMARÍ. pp. Cuña para hender. Sale de *Parí*. pp. *Mag*, hacerlas ó ponerlas, *In*, de que. *Y*, ellas. *An*, l. *Pag-an*, donde. *Naquin pamarí sa aquin si cuan*, fulano es buena cuña para mí.

PAMASO. pp. Un género de sarna grande. *Pamashin*, el que lo tiene.

PAMATBAT. pc. Lo que cantan en sus embarcaciones á manera de historia, ó cuando beben. *Mag*, cantar. Lo que, *In*. *Anong pinamamatbat ninyo?*

PAMATOC. pp. El yugo. Sale de *Batoc*. Vide *Saclay*.

PAMAUI. pp. Bailar la muger braceando, *Namamaui*. Sinónomo *Talic*.

PAMAUO. pp. Probarle la tierra, *Ma*. Donde, *Quinapamauanan*. *Mag*, caer por eso enfermo. Sinónomo *Osog*.

PAMAYAC. pc. Cuajarse la sangre ó leche. *Namamayac*, estar cuajada. *Mamamayac na*, irse cuajando. *Papamayaquin*, dejarla cuajar. *Pamamayac*, verbal. Vide *payac*.

PAMAYÁMAYÁ. pc. De aqui á un rato: dice mas brevedad que el *Mamayà*. *Mag*, hacer algo presto, ó dilatar alguna cosa. *Nagpapamayamaya si cuan nang pagparito*, fulano está difiriendo su venida.

PAMAYAUAC. pp. Manojo de zacate que ponen sobre el caballete, y parece iguana. *Paminoyo*. Vide, sinónomo.

PAMAYNAN. pp. piedrecillias ó brugerías, como nóminas. *Mag*, observarlas. l. *P. in M. Pinamamainan*, en que *pamahiin*. pp.

PAMAYPOY. pp. Menear la cola el perro, *Mag*. Á quien, *Pag-an*. La cola, *Ipinama*, l. *P. in M.*

PAMBO. pc. Bañarse. *P. in M.* Y si muchas veces, *Mag*. Tambien *Mag*, bañar á otro. La persona bañada, *pambohin*. Con que, *Y*. *Pambohan*, el bañadero. *Magpambohan*, bañarse muchos juntos. Sinónomo *paligo*, mejor y mas usado.

PAMIHÍ. pp. La bendicion que echaban los viejos. *P. in M.* Las palabras, *In*. Por quien, *An*. Sale de *Bibi*. pp.

PAMIGTI. pc. Gargantilla, cadena de oro labrado. *Mag*, traerla. Vide *Barbar*.

PAMIGQUIS. pc. Ceñidor *Mag*, traerlo. *In*, él. *An*, á quien se le pone.

PAMIHÁ. pc. Una piedra con que alisan.

PAMINANGAN. pp. Vacínica en que tienen los buyos.

PAMINGALAN. pp. Vasera ó aparador donde ponen los cántaros.

PAMINGQUÍ. pc. Eslabon para sacar fuego: sale de *pingqui*. Sinónomo *pamanting*.

PAMINOYO. pp. Vide *Binoyo* y *pamayauac*.

PAMINGQUIT. pc. Cardillos de los caminos. *Na*, tenerlos la ropa ó el andante.

PAMINIR. pc. Cualquiera cosa con que se defiende de viento ó agua. *Mag*, taparse. *Y*, l. *Paminir*, con que. *An*, lo tapado. Sale de *pinir*.

PAMINUYO. pp. Manojo de zacate que ponen en el techo. *Mag*. ponerlo. *Y*, el manojo. *Han*, el caballete.

PAMIOL. pp. Dolor de huesos del que padece gálico. *P. in M*, l. *Mag*. Á quien, *An*. l. *Pag-an*.

PAMISPIS. pc. Vide *pispis*, con sus juegos.

PAMITAC. pp. Instrumento con que se dá forma á alguna cosa, repartiéndola en sus divisiones, v. g. el azadon con que se hacen los pilapiles de la sementera.

PAMITAC. pc. Grietas. *In*, tenerlas.

PAMITIC. pc. La cuerda que atan al *Taguicao* de la vaca ó carabao. Sale de *pitic*.

PAMITIG. pp. Encogimiento de nervios, que parece le bincan puas. *P. in M. An*, donde. *Y*, la causa. Menos que *policat*.

PAMITIN. pp. Todo adorno ó pendiente que hermosea algo, como borlas, higas, campanillas, &c. *Mag*, ponerlas. *Y*, ella. *An*, donde. *Itong bata,i, maraming pamipamitin*, este muchacho está adornado de muchos pendientes.

PAMITIN. pp. Anzuelo para coger pescadillos. *P. in M*, pescar con él. *In*, el pescado. *Y*, con que. *An*, donde, ó banca en que. Frecuentativo, *Mapamitinin*, ó *mapamitin*. Adviértase que todo lo cogido con este instrumento es *pinamitinan*, y asi de los demas instrumentos, como todo lo cogido, con *Dala*, *dinalahan*. con *Bobo*, *binobohan*. Tambien significa esto mismo paga de aquello que se cogió, v. g. *Bigyan mo aco nang pinamitinan co sa iyo*, quiere decir, págame lo que pesqué por ti con él *pamitin*; y asi tambien de *Dinalahan*, *binobohan*, *inahitan*, *sinulatan*, y todo acto que causa á uno trabajo.

PAMITPIT. pc. Fingir razones para embaucar á otro, *Mag*. El embaucado, *pinamimitpitan*, l. *Pinagpapamitmitan*. *Y*, con lo que. Sinónomo, *paronglit*.

PAMITPIT. pc. Especias para guisado. *Mag*, ponerlas. El guisado, *An*. Las especias, *Y*, *Maraming pamitpit cun mangusap*, cuando habla, gasta mucha retórica.

PAMITPIT. pc. Varas en el caballete para apretar el cogon. Vide *pitpit*.

PAMOCLAN. pc. Hinchazon de la teta cuando empieza á nacer ó crecer. *Pamoclanin*, hinchársele. *Pinamamoclan aco*, á quien. *Pinasipamoclan*, muchos ó todos. Vide *Bocol*.

PAMOCO. pc. Bolsico de la punta del ceñidor. *Pinapamoco*, ser traido.

PAMOCOLAN. pp. Animal á quien empiezan á salir los cuernos.

PAMOCTO. pc. Hinchazon de los párpados de los ojos por haberse desvelado ó llorado. *P. in M*, hincharse. *Han*, los ojos. *Y*, l. *Ica*, la causa. Sinónomo *pamogto*. pc.

PAMOGÁ. pp. Lanza que tiene lengüeta como fisga, y se ata con un cordel á la asta. *Mag*, traerla en la mano. *In*, l. *Ma*, ser herido con ella. Sinónomo, *Balabag*. pp.

PAMOGA. pp. Vide *pamocto*, con su significacion y juegos. Sinónomo, *pamonglo*.

PAMOGAN. pp. Bastoncillo del taco de la tela.

PAMOGTÓ. pc. Vide *pamocto*.

PAMUGAO. pp. Instrumento para ojear animales. Vide *Bugao*.

PAMOGSÓ. pc. Estrivillo con que responden al canto de uno en la boda ó en la banca, v. g. *Biling co, magtambiling*. *P. in M*. Responder asi. Lo que, *Y*. Á quien, *An*. *Pamogsoan natin*, respondámosle. Vide *pabini*. pp.

PAMOHON. pc. Vide *pohon*. pc. de donde sale, y significa lo mismo que *paalam*.

PAMOLAPOL. pp. Embadurnarse por de fuera la vasija, v. g. como cuando se embrea. *P. in M*. quedar asi. *Y*, con que. *An*. donde. *Namomolapol ang tian*, revienta de puro harto. *Namomolapol nang langao*, cuajado de moscas. Sale de *Capol*.

PAMOLOS. pc. Clavo que nace en la planta del pie. *In*, nacerle. *Pamolosin*, frecuentemente.

PAMONGAR. pp. El que está delante, y aparejado para cualquiera faena. Sale de *Bongar*, que es la punta del trozo que arrastra el carabao.

PAMONGCAHI. pp. Incitar ó provocar, haciéndose cabeza de pleitos. *P. in M*. Con que, *Y*. Á quien, *An*. *Pinamomongcahian tayo nang Capitan, sa masamang gaua*, nos incita el Capitan á cosas malas. *Siyang namomongcahi, bago siyang nabalantogui*, fue por lana, y volvió trasquilado.

PAMONGLÓ. pc. Vide *pamocto*. Tambien ojeras. Vide *pamoga*.

PAMONG-OLAN. pp. El ciervo á quien empiezan á salir nuevos cuernos despues de mudados los que tenia antes.

PAMONINÍ. pp. Repleto, *Namomonini*. Vide *Monini*.

PAMONO. pp. Comenzar cualquiera cosa. *P. in M*. Lo comenzado, *An*. *Nagpapapamono*, mandar comenzar. Á quien, *pinapagpapamono*. Lo que, *pinapapamonoan*. La vuelta del *Biniyoas*. Sale de *pono*, que es el primero que ponen en el dedo pulgar.

PAMONOAN. pp. Atabal ó tamboril cerrado por un lado. *Pamonoin*. Sale de *pono*.

PAMOOC. pp. Acuchillar peleando. Uno á otro, ó á muchos uno, *P. in M*. Acuchillarse dos ó mas, *Mag*, l. *Mag-an*, l. *Mangang-an*. La causa de uno, *Ipinamooc*. De dos ó mas, *Ipinagpa*, l. *Ipinagpamoocan*, l. *Pag-an*. *Papamooquin*, á quien. Si dos, *papagpamooquin*. Si muchos, *papangagpapamoocanin*.

PAMOONG. pp. Vide *pamayauac*, l. *Maminoyo*. Sale de *moong*.

PAMOPOT. pc. El anillo pequeño del dedo pulgar que cierra los otros mayores para que no caigan.

PAMÓPOY. pp. Estaca de cercado. Vide *palitic*.

PAMODBOD. pc. Salvadera.

PAMORAN. pp. Las cañuelas con que ensartan el *pauid* con que cubren las casas.

PAMORO. pc. Lo mismo. Tambien significa persuadir.

PAMORO. pc. Vide *pamitic*.

PAMOROLAN. pp. Ciervo.

PÁMOS-ON. pc. Mal de orina. *P. in M*, tenerla. Quien, *pinamomos-onan*.

PAMOSPOS. pp. Vide *pospos*.

PAMÓTAS. pp. Instrumento para agugerar. Itt. Clavo que nace en el pie, *pamolos*. Vide.

PAMUTAUIN. pc. Vide *butao*.

PAMOTNGO. pc. Una yerba que causa dolor de huesos dando con ella.

PAMOUAT. pc. El esclavo que reconoce la libertad que le dió el amo, y su obligacion á trabajarle la sementera sin paga. *P. in M*. pagar el reconocimiento. *Mag*, el amo que hace el concierto. *Papamouatin mo ang alipin mo*, haz que pague tu esclavo.

PAMOYBOY. pc. Contar algo desde el principio. *P. in M*. Lo que, *Ipina*, Á quien, *pam-an*.

PAMOYOC. pp. Cortar la cabeza. *P. in M*, á otro. *Pamoyocan*, ser degollado. *Y*. con que. Sinónomo *poyoc*. pp *Tong-ol*.

PAMOYPOY. pc. Vide *palitic*, con sus juegos.

PAMPAN. pc. Cubrir algo con hojas. *P. in M*. Las hojas, *Y*. Lo que, *An*. Cubrirse, ó cubrir á otro la desnudez, *Mag*. Las hojas, *Y*. Á quien, *An*. Porque, *Ipag*. Donde, *pag-an*.

PAMOGAY. pp. Instrumento para raer medida de granos. Sinónomos *Calos pangalos*.

PAMUTI. pp. Adorno, adornar, *Mag*. *Y*. Con que. *Han*, á quien. *Namumuti siya sa babaye*, la engalana para mal fin.

PAMUNDIS. pc. Reventar el plátano maduro, reventar lo muy atestado. Vide *Mundis*, con sus juegos.

PAN. Partícula que junta á las raices que admiten instrumento: hace el tal instrumento, como de *Hampas*, azotar, *panhampas*, &c.

PAN. Padre. *Pan Miguel*, *pan Maria*, padre de Miguel padre de María. Es pampango. El tagalo dice, *A Miguel*, ó *Ama ni Miguel*.

PANÁ. pp. Flecha. *P. in M*, flechar. Si muchos, *Mag*. pc. Traerla consigo, *Mag*. pp. *Magpanaan*, flecharse ó tirar muchos á un blanco. *In*, lo flechado. Si muchos, *pagpanain*. Frecuent. *Mamanà*.

PANA. pp. Un género de lazos para pájaros. Vide *Bisanlong*.

PANA-AN. pp. Cosa diputada para dar. Mejor y mas usado es *Talaga*. pc.

PANA-ANAN. pp. Huerta ó tierra donde se ha sembrado. *Mag*, hacerla ó tenerla. *In*, la tierra de que se hace. *Pag-an*, donde.

PANABI. pp. Faja ó paño en que ponen la mano lastimada. *Panadihan mo ang camay mo*.

PANABO. pc. Coco hecho jarro. *Mag*, sacar agua con él. *In*, ser hecho. Vide *Tabo*. pp.

PANABYABAN. pp. Coco como taza, menor que *lombo*, mayor que *hongot*.

PANAC. pc. Un género de lazos para cazar pájaros. *Namamanac*, cazarlos. *In*. los pájaros. *An*, donde. *Nananac*, hacer el lazo. *In*, de que. *Y*, con que.

PANACLAYAN. pp. Un pedazo de cuerno ó palo agugerado, que traen en la cintura á las espaldas, en donde meten el bolo ó *Goloc*.

PANACLIT. pc. Una red de cañas para matar mayas. *P. in M*, usar de ella. Las mayas, *pinanaclit*.

PANACLIT. pc. Paño que se atan las mugeres en la cabeza. *Mag*, atársele. *Panaclitin*, el paño. Vide *saclit*.

PANACOT. pp. Cualquier espantajo para poner miedo.

PANAGAL. pc. Trabajo grande, navegar con viento en contra. *P. in M*, navegar asi. *Y*, la causa. Sinónomo *sogor*. Vide *tagal*. pc.

PANAGANAP SAHOL. pp. Estar á la obediencia. Sale de *ganap* y *sahol*. *Aco,i, nanaganap sahol sa caniya*. Estoy á su obediencia, ó aguardando sus órdenes. Vide *sahol*.

PANAGANO. pp. Dedicar, ofrecer, prevenir, *P. in M. Mag. Y*, lo que. *Han*, á quien.

PANAGANO. pp. Decir algo á Dios y á ventura. *Panagano co lamang*, hícelo á Dios y aventura. Vide *opan lamang*, *pasumala*. pc. Con sus. juegos.

PANAG-ARAO. pp. Tiempo en que se hace algo. *Nananagarao, na ipagsasaca, ipagtatanim*, &c. Tiempo de labrar, de sembrar &c. Lo que, *Ipinanag*. Donde, *pananagarauan*.

PANAGANAS. pp. Marea alta ó baja con fuerza. *P. in M*, crecer ó menguar. *Papanagasin mo na*, esperar que pase. *Ipananaganas*, la causa.

PANAGCO. pc. Buscar ocasion para vengarse. No tiene activa. *Ipinananagco*, de quien se venga. Sinónomo *pañganyaya*. Es pampango, pero usado en tagalo.

PANAGHILÍ. pp. Envidiar. *P. in M*, á otro. *An*, á quien. *Y*, lo que ó causa. Abstracto. pp. *Capanaghilian*. Sinónomo *pañgimbolo*.

PANAGHOY. pc. Suspirar. *P. in M*. Si mucho, reduplicar tres veces el *pa*. *Y*, la causa, l. *Pag-an*, si mucho, *ipagpupa*.

PANAGHOY. pc. Silvar con la boca ó con pito, con los juegos del antecedente.

PANAGUIMPAN. pc. Sueño. Vide *panaguinip*, *pañgarap*.

PANAGUINIP. pp. Sueño. *P. in M*, soñar. Si mucho, *Mag*. Lo soñado, *In*, l. *Ma*, l. *Napanaguimpan*. *Mapanaguinip*, l. *Mapagpanaguinip*, nombre. Sinónomo, *Bongantolog*.

PANAGOLAN. pc. Tiempo de limpiar la sementera, que es el tiempo de aguas. Vide los juegos de *panagarao*.

PANAGUIPUS. pc. Quemar palo podrido sin hacer brasa, y se le soplan se apaga. *P. in M*. quemarse. Sinónomo *doop*. Vide *taguipus*.

PANAGUIPUS. pp. Consumirse la candela, hacienda, vida, &c. *P. in M*. La causa, *Y*.

PANAGUIPUSPUS. pc. Idem.

PANAGUISAG. pp. Erizarse los cabellos, *nananaguisag*. La causa, *Ipa*, l, *Icapa*. Ante quien, *pinananaguisagan*.

PANAGUISUYÓ. pp. Sujetarse al dominio de otro, *P. in M*. En que, *pinanaguisuyoan*. Sinónomo *suyo*.

PANAGOSILAO. pp. Antiparras, poner la mano sobre los ojos pera mirar al sol. *P. in M*. Si mucho, *Mag*. pc. Lo visto, *An*. La causa, *Y*. Vide *silao*.

PANAGSILA. pp. Vide *panasilà*.

PANAGTAGAN. pc. Cañuto para la cal de los buyos.

PANAGULOT. pp. Una bolilla de piedra blanca.

PANAHA. pp. Vide *laan*.

PANAHON. pc. Tiempo de cualquiera cosa. *Mag*, lograr, usar de él. *Ipag*, la causa. *Capanahonan*. pc. Abstracto. Sinónomo *mosin*. *Nang mapanahon na*, cuando fué tiempo, cuando llegó la hora.

PANAHON. pc. Cultivar palmas en tierra agena. *P. in M*. Donde, *pinanahonan*. pc. *Nananahon*, el que sirve asi á su costa. Sale de *dahon*.

PANAHON. pp. Hospedarse en casa de otro con toda su hacienda, para que le ampare. *P. in M*. Donde, *An*. Hospedar, *Magpa*. Á quien, *papanahonin*.

PANAHOT. pc. Martillo pequeño. Sale de *nahot*. pc.

PANAHOT. pc. Cosa que se promete para conseguir algo. Sale de *sahot*. pc.

PANALÁ. pc. Sello. Vide *talá*. pc.

PANALÁ. pp. Colador. Vide *salà*. pp.

PANALACTAC. pc. Vide *pañgalatac*.

PANALANDAC. pc. Espeluzarse los cabellos. *P. in M*. La causa, *icapa*. Vide *pamalocag*.

PANALANG. pc. Calentarse persona ó animal al fuego. Si muchos, *Mag*. pc. Á donde, *An*. La causa, *Y*. *Papanalañgin*, á quien se manda.

PANALAÑGIN. pp. Oracion. *P. in M*, orar. Si mucho, *Mag*. pc. reduplicando el *pa*. *Y*, lo pedido. *In*, lo rezado. *An*, á quien. *An*. pc. Donde.

PANALATAC. pc. Arrear castañeteando con la lengua.

PANALÍ. pp. Cordon con que se ata. *Mag*, atar. *An*, lo que. *Y*, con que. Vide *tali*.

PANALIG. pp. Esperar, confiar. *P. in M*. Si mucho, *Mag*. pc. En quien, *An*. Si mucho, *pag-an*. pc. *Y*, la causa. En quien, *pinananaligan*, l. *Pinapanaligan*, l. *Panaliganin mo ang Dios*, espera en Dios.

PANALIMA. pp. Obedecer poniendo gran cuidado en lo que se manda. *P. in M*. No tiene pasiva. es mas que *pintoho*.

PANALIP. pp. Cuchillo para cortar bonga. *Panalip buñga* Vide *campit*.

PANALOC. pp. Pala para coger tierra, ó trasegar algo. Sale de *Saloc*.

PANALOP. pp. Vide *panalip*.

PANALTAC. pc. Vide *panalactac*.

PANAMAO. pp. Atarraya grande. *Mag*, pescar con ella. Vide *dala*.

PANAMBIL. pc. Cubierta al lado de la embarcacion. *Mag*, ponerla. *An*, donde. *Y*, l. *In*, lo que. Sinónomo *Cosintang*. Vide *Carang* pp. *Samil*. pp.

PANAMBITAN. pp. Endechas llorar á los muertos. *P. in M*. Si mucho, *Mag*. pc. La causa, *Y*, l. *Ipag*. Á quien, *An*. Vide *sambitan*.

PANAMBLAY. pc. Fingir cansancio sin trabajar, *Mag*. Sale de *tamlay*.

PANAMIT. pp. Lanza como fisga. Sinón. *Pamoga*.

PANANAC. pc. Cocinera de los principales.

PANANALO. pp. Victoria, vencimiento. *P. in M*, vencer. *Y*, con que ó causa. *Nanalo*, vencedor una vez. Si muchas veces, *mananalo*, l. *Mapanalo*. Vide *Talo*.

PANANAMIT. pc. Trage. *Pananamit castila*, trage español.
PANANĜAHAN. pc. Ciervo en cuyo cuerno sale rama. Vide *sanĝa*.
PANANĜAHAN. pp. Cajuela de buyo. Sinónomo *langgouay*.
PANANĜAHAN. pp. Plato, menor que *Dinulang*. Sinónomo *Humanĝar*.
PANANGBÓ. pc. Oro de veinte quilates. Sinónomo *Hilapong bata*.
PANANGCALAO. pc. Recostarse el cuerpo sobre el marco de la ventana. *P. in M.* Si mucho, *Mag*, redup. *Y*, causa ó las manos. *An*, donde.
PANANGCALAUAN. pp. El antepecho de la ventana.
PANANGAL PAGAL. pc. Tener teson en lo que hace sin enfadarse. *Hindi nananagal pagal*, no se enfada.
PANANGHAN. pc. Ciervo. Vide *pananĝahan*.
PANANGCAS. pc. Atadero de lo que siegan. *In*, de lo que se hace. *Y*, con que atan. Vide *Tangcas*.
PANANGA. pc. Broquel. Vide *Sanga*. pc.
PANANIM. pp. Plantel, sembrados.
PAN-AO. pc. Un árbol grande sin provecho.
PANAO. pp. Irse, partirse. *P. in M. An*, de donde. *Y*, porque. *Mag*, llevarse algo yéndose. Lo que, *Y*. Á donde, *Pag-an*. *Anong panao mo rito?* Á qué vienes? *Aco,i, mey papanauin*, voy á hacer del cuerpo. *Magpa*, desterrar. Sinónomo *Alis Ilag*.
PANAO. pp. Dejar á otro desamparado. *Houag mo acong panauan*, no me desampares.
PANAOG. pp. Bajar por escalera, *P. in M.* Si mucho, *Mag*. pc. *In*, lo que quiere alcanzar bajando. Por lo que baja, *panaogan*. Por donde, ó por quien lleva algo bajando, *panaogan aco nang tubig*. Si mucho, *pag-an*.
PANAOG. pp. Abajar algo que está en alto, *Mag*. Lo que, *Y*. Si mucho, *Ipag*. La hacienda que se gasta, *Ma*. *Ang napanaog sa aquin ay pisos*. l. *Napapanaogan aco nang pisos*, he gastado un peso. *Nagpapanaog nang ari ang naruruc-hà*, gasta la herencia por la pobreza. *Palapanaogan*, lugar de donde ordinariamente se baja.
PANAPAT. pc. Dar palmadas cuando beben con regocijo. *Mag*, darlas. *Ipinag*, la causa. *Pinagpapanapatan*, á quien.
PANAPÍN. pc. Paños menores, ó aforro. *Mag*, ponerlo, traerlo. *Panapnan*, síncopa, la ropa de encima. *Ipanapin*, l. *Panapnin*, que es mas propio, la cosa de abajo.
PAN-AROC. pc. Sonda Vide *taroc*.
PANAS. pc. Cansancio, hambre, ó sed del mucho trabajo. *Ma*, estar asi. *Napanas nang gotom, ohao, pagal*, &c. Es mas que *Dayocdoc*, cuanto á la hambre y sed.
PANASILÁ. pp. Sentarse cruzando los pies, y abiertas las rodillas. *P. in. M.* Ante quien, *Pinananasilaan*, ó en donde. Las piernas, *Ipana*.
PANASOR. pc. Vide *Pangasor*.
PANASTAN. pc. Bacínica. *Mag*, tocarla. *Panastanin*, lo que es tocado. *Pagpanastanan*, á quien, ó por quien.
PANAT. pp. Lazo para cojer pájaros. *Namamanat*, ir á cojerlos. Otros dicen *panac*.
PANATA. pp. Promesa, prometer. *P. in M*, Lo que, *Hin*. Á quien, *Han*. *Mag*, prometer. Si mucho, *Mag*. pc. Lo que, *Y*. Si mucho, *Ipag*. Á quien, *Han*. Si mucho, *Pag-han* Sinónomo *Tandang, panĝaco*. Vide *Talaga, pana-an*.
PANATÁ. pp. Cuchillo con que señalan en un palo lo cortado. El palo, *Pinananataan*. Con que, *Ipinagpa*. Vide *Catá*. pp.
PANATILI. pp. Continuar, perseverar, durar. *P. in. M.* Si mucho, *Mag*. pc. *Han*, en lo que. Si mucho, *pag-han*. pc. *Hin*, lo que. Sinónomo *Paloc*. pc. *Dungdung*. pp. *Louat*. pc.
PANATING. pc. Cierto abuso de dalagas. *Nananating*, encerrarse para eso. *Pinapanating*, hacerlo, á ella.
PANATOL. pp. Vide *pataan*, *palatol*.
PANATOLAC. pp. Salir de algun lugar cuando se parte del pueblo. *P. in. M. Aling bayan ang iyong pinanatolacan*. *Y*, la causa. Es propio de navegantes. Sinónomo *Tolac*. Vide *Alis*.
PANAUAN. pp. Manada. *Sangpanauang tauo*, una tropa de gente.
PANAUANG. pc. Descuidado, ingrato. *Mag*, descuidar. De lo que, *Ipag*. Contra quien ó á quien, *Pag-an*. *Ipinagpapanauang ang caniyang caloloua*, descuida de su alma. Vide *patang, palamara*.
PANAY. pc. Cosa llana. *Ma*, estar. *In*, ser hecha. Sinónomos *Patag, parapara, pantay*. Contrarios, *Gotolgotol*. pc. *Hombac, banĝin*.
PANAY. pc. Un género de melcocha subida de punto. *In*, ser hecha. *Ma*, estar acaso. No tiene activa.
PANAYAM. pc. Conversacion, llegarse á ella. *Nanayam*, dos. *Maqui*, meterse en ella. Si muchos, *Mag*, pc. l. *Manĝag*. Sobre que ó lugar, *Pinagpapanayaman*. pc. Causa, *Ipinagpa*. Vide *Polong, osap, sabi*.
PANAYAMAN. pc. Lugar de la conversacion.
PANAYIMTIM. pc. Penetrar, empapar. *P. in M.* Meterse alguna cosa en el corazon, ó en el entendimiento. *Pinananaimtiman*. pc. Donde. *Y*, lo que penetra. *Mapanaimtim sa loob, ang masamang asal*, la mala costumbre penetra el corazon.
PANAINĜA. pp. Arrillos. Vide *tainĝa*.
PANCALÁ. pp. Lo mismo que *panicalà*.
PANCAT. pc. Repleto, cosa muy llena. Vide *Bosog*.
PANDAC. pc. Enano, de bajo cuerpo.
PANDAC. pc. Instrumento de palo con que siembran. *Mag*. traerlo. *Pandaquin*, lo que se siembra. Tambien lo mismo que, *pandacan*.
PANDACAN. pp. Cosa corta que no llega á los otros sus semejantes, sea persona, sea sembrado. *Namamandacan ang tanim*, l. *Halaman*.
PANDACAQUÍ. pp. Una yerba. Sinónomo, *Campopot*.
PANDALAG. pc. Atarraya para el *Dalag*.
PANDALAT. pp. Mecate con que aseguran banca ó balsa. *In*, lo que es hecho. *Y*, con que se asegura.
PANDALOM. pc. Vide *dalom*.
PANDAN. pc. Ó *pangdang*, hojas de que hacen petates gruesos.
PANDANG. pc. Vide *dati*.

PANDA PATI. pp. Dar. *Papandapatihan mo cami, bigyan.*

PANDARAS. pc. Azuela.

PANDASAN. pc. Síncopa de *dalas:* significa el palo atravesado en que aseguran el remo. Sinónomo *gargaran.*

PANDAT. pc. Atestar, recalcar, apretar, *Mag.* Lo que, *Y.* Donde, *An,* l. *Pag-an.* Sinónomo *sicsic, palpal.*

PANDAU. pc. Recorrer lazos, corrales, nasas. *P. in M.* Si muchos corrales, *Mag.* Si muchas personas, *Mangag.* *In,* el corral. El pescado cogido, *napandao,* l. *Napandauan,* l. *Napamandauan,* l. *Pinamandauan. Napandauang patay,* el enfermo que por descuido le hallaron muerto. *Napandauan quita,* te pillé en el hurto.

PANDAY. pc. Oficial en comun. *Mag,* ejercitarlo. *In,* en que. *Pag-an,* la cosa hecha, ó dinero que ganó. *Pandayan,* pp. l. *Palapandayan,* lugar ó apatusco del oficio. *Capandayan,* abstracto. *Panday uica,* hablador.

PANDAYAN. pp. Herrería.

PANDAYTI. pc. La cuarta sílaba. Membrum virile.

PANDICDIC. pc. Mano de almirez.

PANDIPA. pc. Medida de una braza.

PANDIPANDI. pc. Banderilla. *Mag,* ponerla. *Y,* lo que.

PANDOCDOC. pc. Mano de almirez.

PANDOG. pc. Cubierta que ampara del sol, agua, &c. *Mag,* taparse asi. *In,* lo que se pone. *An,* la parte que se tapa. *Pandong nang tainga,* ternilla de la oreja.

PANDONG AJAS. pp. Hongos silvestres.

PANDORÓ. pp. Punzon: sale de *doro.*

PANDOSAN. pp. Síncopa de *pandolosan,* arreciar ó salir con fuerza.

PANDOT. pc. Sacrificio solemne olim. *Pinagpapandotan,* el lugar. *Mamandot,* ministro. *Ipinagpapandot,* por quien. *Mag,* hacerlo.

PANGÁ. pc. Quijada.

PANGAAC. pp. Grito grande que dá uno. *Mag,* gritar. La causa, *Ipag.*

PANGAAN. pp. Grito grande. *Mag,* gritar. Donde, *pinagpangaanan.*

PANGACÓ. pp. Voto ó promesa. *P. in M,* prometer. Y si muchos, *Mag.* pc. *Y,* lo que. *Pag-an,* á quien, l. *Pangaan.* Sinónomos *panata, tandang.*

PANGADYI. pc. Rezar. *P. in M. An,* l. *In,* lo que. *Y,* por quien.

PANGAHAS. pc. Atrevimiento, osadía, arrogancia. *P. in M,* atreverse. Mútuo, *Mag-an. Y,* la causa. *An,* á lo que se atreve, ó contra quien. *Capangahasan,* abstracto. *Mapangahas,* nombre.

PANGAHIT. pp. Navaja para afeitar.

PANGAL. pp. Herramienta vieja sin filo. *Pangal na,* l. *Napangal na,* estar asi. *In,* ser hecha. Sinónomo. *Dolos.* Vide *porol, tumal.*

PANG-AL. pc. Tener algo en la boca como el enfermo para poderlo tragar. *P. in M.* l. *Mag.* Lo que, *pinapang-al. Y,* la causa.

PANG-AL. pp. Bocado dado en fruta. *Mag,* darlo. *In,* ser dado. *Mapagpang-al,* el que come á grandes bocados. *Pang-alin mong canin,* cómelo á grandes bocados.

PANGALAMAYO. pp. Una enredadera buena para erisipelas.

PANGALAN. pp. Nombre ó sobrenombre. *Mag,* dar ó ponerle. *Y,* el nombre. *Pangalan,* l. *Pangalanan,* á quien. Nota que *ngalan* rige genitivo; pero *pangalan* acusativo, porque propiamente significa imposicion de nombre.

PANGALATAC. pc. Castañetear con la lengua, *P. in M.* Á quien, *An.*

PANGALATIIT. pp. Rechinar. Vide *ngalatiit.*

PANGALATOAT. pp. Retumbar, *P. in M.* Donde, *An.*

PANGALAUA. pc. Lo que está en segundo lugar, ó el segundo corral mas adentro. El primero se llama *patangin.* pc. El tercero, *pangatlo.* El del cañizo circular, *palicò.* pc. El derecho, *patouid.* pp. l. *Pasabil.*

PANGALAUA. pc. Suplir faltas. *Ipangalaua mo na lamang itong damit,* recibe este vestido por otro mejor.

PANGALAUA. pc. Hacer traicion el casado, *Mag. Ipag,* á quien hace traicion.

PANG-ANG. pc. Lo muy seco al fuego ó al sol.

PANGALAOCAO. pp. Lo mismo que *pangalatouat.*

PANGALAY. pp. Vide *ngalay.*

PANGALIGQUIG. pp. Vide *ngaligquig.*

PANGALINA. pp. Las ataduras de la carga que van por los hombros hasta debajo de los brazos. *P. in M,* ponerlas. Lo que, *hin.* Donde, *han. Mag,* ponerlas á la carga. *Pag-han,* la carga. Ellas, *Y.* Vide *alima,* de donde sale.

PANGALINGALI. pp. Dolor de huesos del gálico.

PANGALING. pp. Vide *caling.*

PANGALING. pp. Orígen, descendencia. Vide *galing.* pp.

PANGALINGAONGAO. pc. Lo mismo que *pangalatouat.*

PANGALIRANG. pp. Trasijamiento, flaqueza grande, *P. in M.* Y si muchos, *Mag,* estar asi. *Pinapanga,* el que se puso asi. *Y,* l. *An,* la causa: es mas que *yayat.* pc. Sinónomo *pangatigang.*

PANGALIS. pp. Colmillo de hombre ó animal.

PANGALIAUO. pp. Lo mismo que *pangalatouat.*

PANGALO. pp. Entumecimiento de alguna parte del cuerpo por estar mucho tiempo parado, *P. in M.* Sinónomos *ngalay, ngimi.*

PANGALOCABCAB. pc. Despegarse alguna cosa, *P. in M.* Sinónomos *pacnit, bacbac.*

PANGALOBAYBAY. pc. Navegar tierra á tierra, *P. in M.* Vide *baybay.*

PANGALOGTING. pc. Crujir los dientes de frio, *P. in M.* La causa, *Y.* Donde, *An.* Y si mucho, *Mag. Ipag, pag-an.*

PANGALOMBABÁ. pp. Asentar el codo poniendo la mano debajo de la barba. *An,* l. *Y,* la causa de estar asi. Ante quien, *An. Tauong mapangalumbaba.* pp. Melancólico.

PANGALONIGNIG. pc. Vide *pangalatouat.*

PANGALONTING. pc. Vide *pangalogting,* con sus juegos.

PANGALOQUIPQUIP. pp. Cruzar los brazos arrimándolos al pecho, *P. in M.* Ante quien, *An.* Sinónomo. *Panhaloquipquip.*

PANGALOS. pp. Instrumento para raer. Sale de *calos.*

PANG̃AMBA. pp. Recelo, temor. *P. in M*, tenerlo. *Han*, de que ó donde. *Y*, la causa. Es menos que *tacot*, *pang̃anib*, *higa*. Algo se le parece *alang alang*.

PANG̃ANAC. pc. Parir, *P. in M. Y*, el hijo. *An*, el lugar.

PANG̃ANAY. pp. Hijo primogénito. *P, in M*, estar preñada de él. (No es parirlo, que esto es *pang̃ang̃anac*.) *Ipinang̃a*, el hijo.

PANG̃ANDÍ. pc. Inquietud de los gatos para cubrirse. *P. in M*, andar así. *An*, con quien. *Mag-an*, mútuo.

PANG̃ANG̃ATAUAN. pc. Talle bueno ó malo.

PANG̃ANINO. pc. Mirarse en espejo ó en cosa semejante, *P. in M. Han*, en qué. *Y*, la causa.

PANG̃ANORIN. pp. Nube no muy densa.

PANG̃ANTIYA. pp. Patear el enojado, *nang̃ang̃antiya*. Por que, *Y*. Ante ó contra quien, *An*. Frecuent. *Mapang̃atiya*.

PANG̃ANTIHI. pc. Lo mismo.

PANG̃ANUANG. pc. Lanza. Sinónomo. *Pan-anuang*.

PANG̃ANYAYA. pp. Hacer daño á otro, hablando mal de él sin que lo oiga, reprender, avergonzarle, *P. in M*. Si muchas veces, *Mag*. pc. Persona ó causa, *Y*. Si mucho, *Mag*. pp.

PANG̃AO. pc. Cepo. *Ma*, estar preso. *Mag*, poner en él. Á quien, *In*. *Pang-auan*, pp. El cepo. Sinónom. *Bilangoan*. Vide *calagpang-ao*.

PANG̃AO. pc. Poner estacas de una y otra parte, como el valladar de sementera, *Mag*. Lo que, *pag-in*. Con que, *Y*.

PANG̃AO. pc. Pedazos de carne ensartados, secos. *Isa capang̃ao na usa*, lo mismo que *isa cabalolan*. Vide *balol*.

PANG̃AO. pc. Esposas, grillos, corma. *Mag*, ponerlas. *In*, á quien. *Y*, con que. *Ma*, estar con ellas.

PANG̃APIT. pp. Asir, agarrarse. Vide *ng̃apit ó capit*.

PANG̃APOL. pp. La galagala. Vide *capol*.

PANG̃APOL. pp. Manceba, concubina. *Mag*, tenerla. Ella, *In*. Donde, *Pag-an*.

PANG̃APOLAN. pp. Salsereta para cal de buyos. *In*, ser hecha. Vide *tatagan*. pc.

PANG̃ARAP. Soñar, *P. in M*. Si mucho, *Mag*. Lo soñado, *Ma*, l. *Pinapang̃arap*. La causa, *Y*. Sinónomo *panaguinip*.

PANG̃ARLIT. pc. Lanceta.

PANG̃ARLÓ. pc. Instrumento como cuchara.

PANG̃ARIANG. pc. Vide *pang̃alirang*.

PANG̃ARION. pc. Estar en los huesos de pura hambre. Vide *pang̃alirang*.

PANGAS. pc. Engañarse con la vista. *Naguinpang̃as ang mata co*, me engañé.

PANG̃ASI. pp. Vino hecho de arroz cocido. *Mag*, hacerlo. *Pag-an*, el lugar. Itt. Una comidilla en caldo que hacen y venden los Sangleyes. Vide *tapay*.

PANG̃ASO. pp. Cazar. Vide *Aso*.

PANGASOR. pp. Mazo. Vide *Asor*.

PANG̃ASOG. pp. Palabras deshonestas dichas por burlas, *P. in M*. Á quien, *An*. Las palabras, *Y*.

PANG̃AT. pc. Cosa cocida con vinagre y sal no mas, *Mag*. Lo que, *Y*.

PANG̃ATÍ. pc. Añagaza, cazar aves con otra ave, *Mag*, l. *Mang̃a*. *Pinang̃ang̃atian*, el ave por coger. *Y*, la añagaza. Las cogidas, *In*. Estar, *Na*. Lugar, *An*. Si muchas veces, *Mag*. *Pag-in pag-an*.

PANG̃ATI. pc. La lepra. *Hin*, leproso. *Pang̃atihin*. l. *Pang̃atihin*.

PANG̃ATINGAN. pp. Gallo de plumas diversas.

PANG̃ATIGANG. pp. Vide *pang̃alirang*, con sus juegos.

PANG̃AUIT. pp. Garfio de *cauit*. De aqui *nang̃ang̃auit ang camay mo nang guinao*, estás gafo.

PANG̃ATAHOAN. pp. Supersticion, lo mismo que *pamahiin*.

PANG̃AYAO. pp. Buscar al enemigo para matarlo. *P. in M*, uno á muchos. *In*, el buscado. *Y*, la causa. *An*, el lugar. Vide *Cayao*.

PANG̃AYAO. pp. Andar repartiendo algo, saltear, *P. in M*. Lo que, *Y*. Á quienes, *An*. *Mang̃ang̃ayao*, salteador. Vide *agao*.

PANG̃AYIRANG. pp. Vide *pang̃alirang*.

PANG̃AUOL. pc. Cogote.

PANG̃AYOPAPÁ. pp. Humillarse, abatirse. *P. in M*, andar asi. Si muchas veces, *Mag*. *Pinang̃ang̃ayopapaan*, á quien. *Y*, la causa. Es mas que *panoyo*.

PANG̃AYTA. pc. Atar algo de prestado para despues volverlo á atar. *Mag*. Lo que, *Han*.

PANG̃AYOMBABÁ. pc. Vide *pang̃alombaba*. De aqui por estar triste, *P. in M*. La causa, *Y*. Ante quien, *An*.

PANG̃AUARHÍ. pc. El que tiene vicio de hablar mal, y censurar á los otros.

PANGCAL. pc. De cuerpo grande y sin juicio.

PANGCAT. pc. Hacer divisiones. *Mag*, dividir. Lo dividido, *In*.

PANGCAT PANGCAT. pc. Entreteger, *Mag*. Lo que, *pag-in*. *Nagcacapangcatpangcat*, estarlo.

PANGCO. pc. Tomar en brazos. *Mag*, cargar asi. *Hin*, lo que. *Y*, la causa ó manos. Vide *candong*, *P. in M*. hacerse llevar asi por otro.

PANGCOC. pc. Corcobado. Vide *pingcoc*.

PANGCOL. pc apretar una cosa con otra, particularmente el suelo de cañas de la casa, *Mag*. Á lo que, *pangcolin*. *Y*, el palo ó caña. Tambien *pamangcol*.

PANGDAPAT. pp. Vide *dapat*.

PANGDAN. pc. Unas como piñas silvestres. *Capangdanan*, muchedumbre. Sinónomo *purac*. Sus hojas dan un cierto olor.

PANGA. pc. Un género de embarcacion *Mag*, hacer y usar de ella. *In*, de que.

PANGAAO. pp. Ruido, mormullo. *Mag*, hacerlo. La causa, *Ipag*. Sinónomo *mayao*, *palacat*. pc. Vide *Auau*.

PANGGANG. pc. Tostar bien carne ó pescado para conservarlo, *Mag*. Lo que, *In*. *Panggang na isdá*, pescado bien tostado.

PANGGAP. pc. Fingir, *Mag*. *Nagpapangap di ibig, bayo*, l. *ibig niya*. Sinónomos *Conouari*. pp. *Bala*. pc. *Nagpapangap tauo ang demonio, sa panonocso*, se fingió hombre el demonio para tentar.

PANGGAS. pc. Almidonar el algodon para tejerlo, *P. in M*. El algodon, *An*. pc. El torno, *An*. pp. Con que, *Ipinama*.

PANGHAL. pc. Morisqueta que se deja enfriar en la misma olla. *Ma*, enfriarse asi.

PANGHALAYI. pp. Afrentar á alguno con sus defectos, *P. in M.* Y si muchos. *Mag.* pc. Á quien, *An.* Y si mucho, *pagpanghalayian.* Vide *mura.*

PANGHARAHARÁ. pc. Darse á ver á otro para bien ó mal, *P. in M.* Ante quien, *An.* La causa, *Y.* Vide *harahara: caya aco nangharahara, at ang aco,i, mey iraraing*, me atreví á ponerme delante de tí, porque tenia que suplicarte.

PANGHI. pp. Olor de orines. *Mapanghi*, apesta á orines. *Napapanghihan*, l. *Napapang̃ihan*, el que los huele.

PANGHIR. pc. Entumecerse los nervios, *P. in M.* Vide *panhir*, ó *pamanghir.*

PANG̃IBANGBAYAN. pp. Peregrinar, *P. in M.*

PANG̃IBAN LOOB. pp. Rebelarse. Vide *Iba*, con sus juegos.

PANG̃IBI. pp. Vide *ng̃ibi.*

PANG̃IBOGHÓ. pc. Celos entre casados. *P. in M*, tenerlos. Si muchas veces, *Mag.* De quien, ó á quien tienen celos, *Y. Pinang̃ing̃iboghoan*, l. *Pinagpapang̃iboghoanan*, sobre quien los dos tienen celos entre sí. Nombre, *mapang̃ibughò*, l. *Pang̃iboghoin.*

PANGUICLÁ. pc. Instrumento para espantar.

PANG̃ILALAS. pc. Vide *guilalas.*

PANG̃IL. pp. Colmillo de puerco y otros animales. *Mag*, irles saliendo.

PANG̃ILA. pp. No resistir á otro ni en obras ni en palabras, por respeto ó miedo. *Hindi co siya pang̃ing̃ilahan.*

PANG̃ILAN. pp. Colmilludo. Sinón. *Pasuic.*

PANG̃ILAP. pp. Esquivez. *P. in M*, hacerse esquivo. *An*, de quien. *Ica*, la causa.

PANG̃ILABOT. pp. Temblar. Vide *guilabot.*

PANG̃ILIM. pc. Retorcer, retorcerse algo enroscándose, *P. in M.* Lo que está asi, *Mag.* Mejor *Maca.* Enredar de propósito, *Vm.* Lo que, *Y.* Mejor, *In.* Causa, *Y*, l. *Ica.* Vide *pang̃it.*

PANG̃ILIN. pp. Cosa vedada por via de culto, abstenerse de lo vedado. *P. in M*, guardar. Y si mucho, *Mag.* pc. *An*, lo guardado ó vedado. Si mucho, *An.* pc. *Y*, la causa. Tambien vedando algo dicen *pang̃ilinan mong panhiquin*, l. *Panhican*, guárdate no subas.

PANG̃ILO. pc. Dentera. *Pang̃ing̃ilo*, tenerla. *Ipang̃i*, la causa. *Dili aco nang̃ing̃ilo sa iyo*, no te temo.

PAG̃IMBOLO. pp. Envidia del bien que se hace ó dá á otro. *P. in M*, tenerla. Si mucho, *Mag.* Á quien, ó la cosa de que, *Han.* Sobre que, *pahin.* Nombre, *mapang̃imbolo.*

PANG̃IMAIYO. pp. Resabios. *Pinang̃ing̃imayuan capa nang asal na masama*, tienes resabios de malo. Activa, *Nang̃ing̃imaiyo.*

PANG̃IMI. pp. Adormecerse el cuerpo ó alguna parte de él. *P. in M*, estar asi. *Ica*, la causa. *Han*, el cuerpo. Sinónom. *Ng̃alay, ng̃alo.*

PANG̃IMORLOT. pc. Rebote, como de pelota, *P. in M. Nang̃ing̃imorlot ang loob*, rehusa el corazon. *An*, donde rebatió, ó cosa rehusada. Vide *orlot.*

PANG̃IMOT. pp. Esconderse en el zacatal por miedo: es propio de animales, y se aplica á la gente, *P. in M.* Si muchos, *Magsi.* Á donde, *An.* La causa, *Y.*

PANG̃INIG. pc. Vide *quinig.*

PANG̃INLAP. pc. Ó *pang̃ilag.* pp. Guardarse, defenderse, recelarse, huir del peligro, *P. in M.* Si mucho, *Mag* con pc. ó reduplicar el *pa. Y*, lo defendido, ó causa. *An*, de quien.

PANG̃INA. pc. Vide *pang̃ahas.*

PANG̃INA. pc. *Pang̃inahan mo ang bocod.* Lo mismo *panigasan.*

PANG̃INAS. pp. Aguardar la hora de comer. *Aco,i, nang̃inas na sa Padre*, yo me quedé en casa del Padre hasta la hora de comer, y hallá comí.

PANG̃INO. pc. Reconocimiento al amo ó al Rey. *P. in M*, dar reconocimiento. *Han*, á quien. *Y*, con que.

PANG̃INO. pp. Un sigay muy lustroso, *sigay na malinao.*

PANG̃INOON. pp. Señor, amo. *Mamang̃inoon*, servir tomándole por amo. *Pinapang̃inoon*, el tal. *Mag*, pp. Dejar al amo que tiene y tomar á otro. *In*, el tenido por tal. *Ipinamamang̃inoon*, la causa. *Napapapang̃inoon, sa di niya alipin*, querer ser tomado por señor. *Magpang̃inoon*, amo y esclavo. *Mag*, tambien nombrar por amo á quien no lo es, por ampararse de él.

PANG̃IQUI. pp. Temblor del cuerpo por frio ó enfermedad, á diferencia de *guinao. P. in M*, padecerlo. Y si mucho, *Mag.* pc. La causa, *Y.*

PANG̃IQUIG. pp. Escarbador de orejas. *Mag*, hacerlo pelando una pluma.

PANG̃IRYANG. pc. Vide *pang̃alirang.*

PANG-IT. pc. Comer algo, como caña dulce, estrujándolo con los dientes, *Vm.* El zumo, *In.* La caña de donde, *An. Uala acong pang-it diyan sa calacal mong iyan*, de ese tu trato no saco provecho.

PANG̃ISI. pp. Puerco que le comienzan á salir los colmillos.

PANG̃ISIG. pp. Acometimiento del enfurecido. *P. in M.* Á quien, *An.* La causa, *Y.* Nombre, *Mapang̃isig.*

PANG̃IT. pc. Torcer mucho un hilo. *Mapang̃it itong lubid*, está muy torcido este mecate. *Ma*, estar bien torcido. *In*, torcerlo bien. Si mucho, *paca. Mapang̃it na loob*, pecho doblado. Metáfora.

PANG̃ITA. pp. Los anteojos. *P, in M.* Andar buscando algo. Lo que, *In.* Donde, *An.* La causa ó porque, *Y.* Vide *quita.*

PANG̃IUACYO. pc. Menear los pies ó las piernas estando hablando. *P. in M.* Si mucho, *Mag.* pc. *Y*, la causa.

PANGLAHAO. pc. Lo mismo que *palacat.* pc.

PANGLALAYAN. pp. El árbol de cualquier embarcacion.

PANGLOY. pc. Llamar el cazador á los perros. *Nanangloy*, l. *Namamangloy*, llamarlos. Los perros, *pangloin.* Vide *tangloy.*

PANGLAO. pc. Tristeza, miedo, temor causado de soledad. *Mapanglao na bahay.* casa asi. *Ma*, estar alguno asi. l. *Manghimanglao. Quinapapanglauan*, donde. *Ica*, la causa. *Capanglauan*, abstracto. Sinónomo *pulao.* pp. Vide *himanglao.*

PANGLAUAS. pc. Atrevido, que dice cuanto se

le viene á la boca, *Mag.* Ante quien, *pinagpanglauasan.* La causa, *Ipag.* Sinónomo *palambang, pasilambang.*

PANGLOT. pc. Hedor de orines, ó de ropa mojada en ellos. Vide *palot.* pp. con sus juegos. Sinónomo *pangsot.*

PANGNAN. pc. Un género de cesto pequeño.

PANG̃OLAG. pp. Azorarse cualquier animal. *P. in M.* La causa, *Ica,* l. *Y.* Donde, *Ca-an.*

PANG̃OLANG. pc. Red para pescar camarones.

PANG̃OLING. pp. Volverse atrás de lo prometido. *P. in M.* La promesa, *ipinanĝonĝo.* Á quien, *pinanĝonĝolinĝan.*

PANG̃OLO. pp. Poner las manos sobre la cabeza, *P. in M.* La causa, *Y.*

PANG̃OLOGHOY. pc. Vide *Cologhoy.* pc.

PANG̃OLOGUI. pp. Tener menoscavo en lo que administra ó trata, *P. in M.* Lo que, *Ipinanĝo.* Esto es el principal que menoscavó, *Napagpanĝologuihan.*

PANG̃OLOGUI. pp. Perder el principal del trato. *Nanĝologui,* l. *Napotlan nang pohonan.*

PANGOLOS. pp. Instrumento para hurgar en agugeros. Sale de *Olos.*

PANG̃OLOT. pc. Ensortijarse el hilo ó cordel, encogerse la ropa muy lavada, *Nanĝonĝolot. Houag mong papanĝolotin iyang lubid.* no dejes que se ensortije ese hilo.

PANG̃OMAN. pc. Vide *Anac tilic.*

PANG̃OMORLOT. pc. Lo mismo que *panĝimorlot.*

PANG̃ONA. pp. Ir delante como enseñando el camino, comenzar algo, *P. in M.* La obra en que es primero, *Han.*

PANG̃ONA. pp. Punzon con que hacen agugero para meter el hilo. *Mag,* agugerar asi. *Han,* donde. *Y,* con que.

PANG̃ONAC. pp. Llegar sin recelo ni temor. Úsase con la negativa. *Houag cayong manĝonacnĝonac dumolog sa Padre,* lo mismo que *Houag cayong manĝaninĝaning dumolog.*

PANG̃ONAY. pp. Amarrar el perro con cadena de bejuco. *Pinapanĝonayan,* ser encadenado.

PANG̃OSAP. pp. Hablar, *P. in M.* Si mucho, *magpanĝusap.* pc. *Y,* lo que. *An,* á quien. Y si mucho, *pag-an.* pc.

PANG̃OYAPIT. pp. Asirse de algo, *P. in M.* De lo que, *An.* Vide *Tayoncor, paniin.*

PANGPANG. pc. Orilla de rio ó mar. *Namamangpang,* ir por ella. La causa, *Ipa.* Donde, *Pam-an.*

PANGQUIL. pc. Lo mismo que *Pingquil,* con sus juegos.

PANGSOL. pc. Caño de agua que cae de alto. *Pangsol na tumbaga. Pangsolan,* á que se pone caño. *Y,* el caño.

PANGSOL. pc. Obedecer á lo que le mandan. *Nananangsol,* l. *Namamangsol. Pinapangsol,* obedecido.

PANG̃ORONG. pp. Encogerse nervio ó ropa, *Nanĝonĝorong.* Vide *Orong.*

PANG-OS. pc. Chupar caña dulce. *P. in M.* l. *Mamamang-os.* Y si mucho, *Mag.* Lo chupado, *In.* Si mucho, *Pagpapang-osin.* El bagozo, *An. Ang pinang-osan nang tauo, pinapahit pa nang babuy,* á buen hambre no hay pan malo. Vide *pahit.* pc. *Panĝit.* pc.

PANG̃OSCOS. pc. Estropajo.

PANG-OSIN. pc. Coco que se come con cáscara y todo. Lo mismo es que *Pang-osing.*

PANGSOT. pc. Vide *Panglot.* pc. *i, Palot.* Con sus juegos.

PANG̃OTANA. pp. Lo mismo que *Isip ahà.*

PANGTI. pc. Una red larga de pescado. *Mamangti,* echar la red. *Pangtihin.* pc. El pescado. Sinónomo *quitid.* Vide *pocot,* con sus juegos.

PANGTOT. pc. Vide *boloc.*

PANGYARI. pp. Poder hacer algo licité, *P. in M. Capangyarihan.* pp. Potencia, *macapangyayari. Capangyapangyarihan,* suma potencia. Solo tiene la pasiva de *Y,* y tal cual vez la de *han. Ang pinangyayarihan cong maglaro, ang bahay co lamang,* en sola mi casa puedo lícitamente jugar. *Ica,* con que. *Nangyayari,* cumplir in actu carnali. *Hindi siya nangyari,* no cumplió en &c. *Ualang capangyarihan,* no tiene poder.

PANHAHACOTAN. pc. Espuerta para basura.

PANHALOQUIPQUIP. pc. Vide *panĝaloquipquip.*

PANGHAO. pc. Conseguir algun gusto, *P. in M.* Lo que, *In,* l. *Na.* La causa, *Y. Nanhao ca nang pita mo,* conseguiste tu gusto.

PANHIC. pc. Subir á la casa por escalera, *P. in M.* La casa ó escalera, *panhican.* pp. La casa que se registra para sacar algo de ella, *panhiquin.* pp. La persona que hallan haciendo algo, *napanhican.* Id est *dinatnan,* le cogió.

PANHIC. pc. Venirle algo de nuevo estando él en su casa. *Aco,i, napanhican nang ari. Y,* la cosa. Vide *panaog. Mag,* subir alguna cosa *Y,* lo que. Vide *acyat, ayro, iro.*

PANHIHIGANTI. pc. Vide *higanti.* pc.

PANHIHIMAGSIC. pc. Vide *himagsic.* Rebelion.

PANHIHINAUAN. pp. Agua-manil.

PANHINANĜAY. pc. Piedra Iman.

PANHINAUA. pp. Vide *hinaua.*

PANGHINĜOHA. pp. Picarse tomando para si lo que se dice á otro, *P. in M.* La causa, *Y.* Frecuent. *Mapanhinĝoha.* Vide *hinĝoha.*

PANHINĜOTONG. pc. Jugar el niño con la teta de la madre. *Nanghihinĝotong ang bata sa Ina.*

PANHININĜA. pc. Mondadientes. *P. in M.* mondar. No tiene mas pasiva que la de *Y.* Sale de *tinĝa.* pc. Vide *sipan.*

PANHIQUIT. pc. Vide *hiquit.*

PANHID. pc. Vide *pamanhid.*

PANYHIIP. pc. Soplador.

PANHOCAY. pp. Azada.

PANHOGAS. pp. Estropajo.

PANHOHOGASAN. pp. Vacía para fregar.

PANHODHOD. pc. Estropajo.

PANI. pc. Esta palabra arrimada á algunas raices que admiten frecuentacion, dice un cierto modo de frecuencia en lo que dice la misma raiz. Se conjuga por *Mag,* reduplicando el *pa. Nagpapanihucas,* andar de mañana en mañana. *Nagpapanihala,* andar barruntando.

PANIYAN. pp. Bramido de animales. *Naniniyan,* bramar. *Pinaniniyanan,* á quien, ó causa.

PANIANIYÓ. pc. Adornar. Lo adornado, *Mag.*

PANIASAL. pp. Lo mismo que *panianiyo.*

PANIBAG. pc. Mazo con que sacan piedras.

PANIBAGO. pp. Volver á hacer algo de nuevo, *Mag.* Lo que, *paghan,* l. *Ipag,* l. *Y. P. in*

M, aparecer de nuevo. *Nanibago cang naparito*, ahora te apareces. *Mapagpanibagong ahà*, mudable.

PANIBAHAGYA. pc. Descuidarse y no hacer bien algo, *Magpapa*.

PANHIBAHALÁ. pp. Cuidar bien, confiar, *Magpa*.

PANIBOLON. pp. Grama, ó lo que llaman *timsin*. Sinónomo *Compay*.

PANIBOLOS. pp. Cumplir su voluntad en todo, *Mag*. La obra, *quinapapanibolosan*, l. *Napapanibolos*. La causa, *Ipag*. *Capanibolosan*, abstracto. Vide *nolos*.

PANIBUCAS. pp. Hacer algo cada dia, *Magpa*. Lo que, *Ipag*.

PANICA. pc. Prender mal el arroz por mal sembrado, *P. in M*. La causa, *Y*.

PANICA. pp. Oro de mas de diez y ocho quilates.

PANICALÁ. pp. Poner las cosas en órden, *Mag*, l. *P. in M*. Lo que, *Ma*. Es muy usado en Manila. Sinónomo *acala*.

PANICALÁ. pp. Hablar ironicé. *P. in M*. l. *Mag*. Á quien, *An*. Sinónomo *parirala*.

PANICALA. pp. Empresa. *Ang panicala nang Hari*.

PANICLOHOR. pc. Arrodillarse, *P. in M*. Donde ó á quien, *An*. Con que ó causa, *Y*. Vide *lohor*, *ticlohor*.

PANICSIC. pc. Dolor de muelas. *Pinapanicsic*, tenerlo.

PANIG. pp. Convidar, convite, *Mag*. Si mucho, *Mag*. pc. Á quien, *In*. Si mucho, *pagpapaniguin*. Con que, *Y*, l. *Ipag*. Si mucho, *Ipagpa*. Sinónomo *piguing*. pc. Vide *tauo*. pp.

PANIGAHO. pc. Vide *panigalbo*.

PANIGAS. pc. Poste que sustenta la casa ó tigeras del tejado.

PANIGAY-ON. pc Estarse manos sobre manos.

PANIGBI. pc. Colmillo de hombre. Sale de *tigbi*. Vide *pangalas*.

PANIHALA. pp. Sospechar, atribuir, armar, cuidar, *Mag*. Lo que, *pag-an*. Vide *bahala*.

PANIIG. pp. Pagarse de la razon. *P. in M*. Vide *Uili*.

PANIIN. pc. Estrivar con la mano, *P. in M*. La mano, *ipinaniin*. Donde, *pinaniniinan*. Vide *tayongcor*.

PANILAN. pp. Panal. Solo se usa *polot panilan*, miel de abejas, como *polot pocyotan*.

PANINILAYAN. pp. Barquillo.

PANILING. pp. Asemejarse la criatura al concebirla, por algo que vió la madre, *P. in M*. Á que, *An*. La causa, *Y*. Sinónomos *muc-ha*, *niling*.

PANILÓS. pp. Cortaplumas. Vide *tilos*.

PANIMBOS. pc. Arma de respeto. *Panimbos co itong sibat*, esta lanza llevo por si se me quiebra la otra. *Mag*, traerla. Ella, *In*. Contra quien, *An*. La causa, *Y*.

PANIMDIM. pc. Pensamiento. *P. in M*. pensar. Si muchas veces, *Magpapa*. Lo que, *panimdimin*. Si muchas veces, *pagpa*. *Y*, la causa.

PANIMPOHÓ. pc. Sentarse con las rodillas en el suelo, y los pies en las asentaderas, *P. in M*. Donde, *pinaninimpohoan*. Los pies, *Y*. Sinónomo *timpoho*.

PANINDI. pc. La escota. *Mag*, cuidar de ella. *Panindihan*, donde la ponen.

PANINGAAN. pp. Instrumento con que hacen el *batong dala*.

PANINGAR. pc. Red, atarraya para de noche, aunque sirve tambien de dia. Sale de *tingar*, relumbrar de noche el agua del mar.

PANINGASING. pp. Bufar el gato. *Naniningasing*. Á quien, *pinaniningasingan*.

PANINGCAL. pc. Cuña para hender maderas. *Nagpapa*, ponerlas. *Pinapaningcalan*, en donde.

PANINGCAR. pc. Vide *singcar*.

PANINGCAYAR. pc. Sentarse en cuclillas, *P. in M*. Ante quien, *An*. La causa, *Y*. Vide *tingcayar*.

PANINGIN. pc. Anteojos.

PANINGQUIT. pc. Cardillos que se pegan á la ropa. *Napapaningquit*, llenarse de ellos. Sinónomo *Mangquit*.

PANIPAT. pp. Regla para maderas. Sale de *sipat*.

PANIPIT. pp. Mordaza, tenazas. *Panipitan mo ang dila niyong tauo*, pon mordaza á la lengua de ese hombre. Vide *pansipit*.

PANIPOL. pp. Silvar, *naninipol*. Á quien, *pinaninipolan*. Silvido, *paninipol*.

PANIQUI. pp. Murciélago grande. Vide *Cabagcabag*.

PANIQUIT. pc. Vide *Diquit*.

PANIS. pp. Cosa aceda, como el arroz de un dia cocido. *Ma*, estar asi. *Ica*, la causa. *Papanisin mo mona*, deja que se acede.

PANIT. pp. Cuero crudo, no tiene composicion.

PANIUANG. pp. Con que se limpia en las secretas. Sale de *Iuang*.

PANIUALA. pp. Confianza, *P. in M*. Si mucho, *Mag*. pc. De quien, *An*. Si mucho, *pag-an*. pc. La causa, *Y*. Vide *Tiuala*. *Magpa*, dar fé, hacer creible algo. De lo que, *Ipinagpapa*. Testimonio de verdad, *papaniuala*. *Nagbibigay papaniuala*, darlo.

PANIIM. pp. Rezumarse ó rezumar. *P. in M*, penetrar el agua. *An*, el cántaro donde. *Y*, la causa. Vide *Tiim*.

PANIING. pp. Caerse de puro flaco ó flojo. *Ma*, l. *Papaniyngpaniyng*, andar asi. *Y*, la causa. Sinónomo *Quiling*.

PANIYÓ. pc. Tortuga. Es poco usado.

PANLALANAHAN. pc. Un piquillo ó lobanillo agudo, que tiene la gallina encima de la cola, en que suele estregar la cabeza.

PANLASÍ. pp. Cuña con que hienden algo. *Mag*, hender con ella. Vide *Lasi*. pp.

PANLIGUIT. pc. Una boya.

PANLIIG. pp. La cuerda con que atan los cabos del yugo por debajo del cuello del carabao.

PANLOLOMO. pc. Vide *Lomo*.

PANLOOB. pp. Rallador como cuchara sin dientes.

PANLOOB. pp. Corral que hacen á las orillas del rio. *Mag*, hacerlo. *Namamanloob*, pescar con él.

PANLOOB. pp. Un género de ratonera. *Yomang mo ang panloob*, arma la ratonera.

PANLOOC. pp. Ojeras del enfermo.

PANOBOLIN. pp. Una yerba medicinal, que en Marinduque llaman *Malacbac*.

PANOCOL. pc. Cincel para labrador. Sale de *Tocol*.

PANOCORAN. pp. Vide *patocoran*.

PANOGOT. pp. Adalid. *P. in M*, guiar. *Mag*. Llevar guia. *In*, la guia. *An*, el guiado. *Y*, la causa. *Napapa* dejarse ir en compañía de otros. *Nanonogot*, el que guia. *Si Guinooong Santa María, ang panogot nang lahat na manğa Vírgines*. La Vírgen Santísima es el adalid de las vírgenes.

PANOGTOG. pc. Instrumento para tocar.

PANOLAT. pp. Palillos con que cuentan.

PANOLIR. pp. Linde de palos ó estacas por no tener pilapil: los dos estremos se llaman *Tolos*, los del medio, *panolir*. *Mag*, ponerlos. *An*, donde. *Y*, lo que. Vide *Uatauat*, que es mas propio *tagalog*.

PANOLOC. pp. El rincon ó esquina de la casa. *Panolocan nang bahay*, poner esquina á la casa. *Ipanoloc*, el harigue.

PANOLONG. pp. Ayudar á otro á coger arroz, *P. in M*. Á quien, *An*. *Maquipa*, meterse con otros. Vide *Tolong*.

PANOLOS. pp. Vide *panğolos*.

PANOLOS. pp. Cumplimiento cabal de la voluntad de uno, *P. in M*. En que, *An*. *Hindi aco manolos cumain, at ang nasasaquitan aco nang lagnat*, no puedo comer, porque me atormenta la calentura.

PANOLOT. pp. Viento en popa. *Ma*, navegar con él. *Y*, la embarcacion puesta. *Mag*, soplar asi.

PANOLOYAN. pp. Hospedage, *P. in M*. Posar. *An*, donde. *Y*, la causa ó persona para quien se busca posada. *Papanoloyanin*, á quien se dá posada. Sinónomo *Toloy*.

PANONDOL. pc. Punzon de caña tostada. Usan de él para techar.

PANONDONĞAN. pp. Horqueta. Sale de *Sondong*.

PANONTAN. pc. Tener buen suceso. *Panontan ca nauà nang palad na magaling*. Ojalá tengas buena ventura. *Mapanontan*, á quien le llega.

PANONGYANG. pc. Una fruta colorada.

PANOOR. pp. Mirar como comedia, *P. in M*. Si mucho, *Mag*. pc. *In*, lo que. Si mucho, *pag-in*. pc. *Panooran*, el lugar. *Panoorin*, ó *capapanooran*, espectáculo.

PANORO. pp. Puntero. Vide *Torò*.

PANOTO. pc. Nadar boca arriba, *Mag*. Donde, *pag-an*. La causa, *Ipag*. *Papagpanotohin*, á quien se manda nadar.

PANOTOG. pp. Despaviladera. Vide *Totog*. Sinónomo *pangupit*.

PANOTSOT. pc. Pito, pitar. *P. in M*.

PANOUAL. pc. Espeque. Vide *Soal*.

PANOYÓ. pp. Servir al gusto de otro, *P. in M*. Á quien, *An*. *Y*, la causa. Vide *Soyó*.

PANOYONG. pp. Harigues entre dos *panoloc*. Tambien bambalearse. Vide *pan-ogoy*. Sinónomo.

PANSIN. pc. Hacer caso, procurar enmienda. Solo se usa en pasiva. *Hindi co pinapansin*, no lo he notado.

PANSIN. pc. Pensar si será ó no será. *Nanansin siya*. Lo pensado ó entendido, *Napapansin*. *Pacapansinin mo*, entiéndelo bien. En Manila es *pansing*.

PANSIPANSI. pc. Una yerba para curar llagas podridas, unas hojas que huelen á anis.

PANSIPIT. pp. Tenazas ó su semejante.

PANSIPIT. pc. Trampa para ratones. *Mag*, hacer ó ponerla. Vide *paraig*. pc.

PANSOC. pc. Ropa que viene muy ancha ó larga á alguno. *Mapansoc na ramit*, ropa asi.

PANTAO. pc. Tomar ó dar fiado. Vide *Otang*, y sus juegos. Es palabra sangleya tagalizada.

PANTAS. pc. Cosumado, sabio, hábil y que se entera bien. *Pantas na tauo*, hombre asi. Abstracto, *Capantasan*. *P. in M*, l. *Vm*, irse haciendo. *Ma*, nombre. *Nanananta*s, irse enterando. *Pinapantas*, lo que procura saber. *Napapantas*, lo sabido y entendido. *Mapapantas*, saber lo que se puede. Sinónomo *Talos*.

PANTAT. pc. El pescado bito cuando chico.

PANTAY. pc. Llano, igual, parejo. *Vm*, irse emparejando. *Maqui*, pretender ser igual. *Mag*, igualarse dos. Itt. *Mag*, emparejar, allanar. *In*, lo que. *Y*, lo que es igualado á otro. *An*, á quien. *Pag-in*, dos cosas ó mas. *Magca*, estar dos cosas iguales. *Capantay*, igual á otro.

PANTIG. pc. golpe en cosa sonora. *P. in M*, darlo. *In*, lo que. *Y*, con que. Sinónomo *panting*.

PANTING. pc. Sacar fuego con pedernal. Vide *pingquì*, con sus juegos. Itt. Lo mismo que *pantig*.

PANTING. pc. Rozar carrizales despues de quemados. *Nanananting*, andar rozando lo que quemaron. *Pinapantinğan ang sinigang*, lo mismo.

PANTINĞAN. pp. La piedra para sacar fuego. *Pamanting*. pc. El eslabon.

PANTOC. pc. Lo mismo que *pontog*.

PANTOCOS. pp. Zuecos. Sinónomo *Bacya*.

PANTOG. pc. Vejiga. De aqui *Ualang pantog na tauo*, hombre sin juicio. *Cailan ca magcacapantog*. *Nagpapantog*, el vanaglorioso. Metáf. *Parang pantog, con iriin omolpot*, se dice del que siempre se está en sus trece.

PANTOGUIS. pp. Lo mismo que *panoguis*, Vide *Toguis*. pp.

PANTONG. pc. Planta mal nacida por no tener muy profunda la raiz.

PANOBIGUIN. pc. La vejiga que dicen tienen las preñadas, ó la bolsa en que está el niño.

PANUCAT. pp. Instrumento para medir.

PANUGUIS. pp. Lanceta con que degollaban al gallo ó gallina, segun ley de Mahoma. Lo mismo es *pantoguis*. Vide *Toguis*.

PANULAT. pp. Pluma.

PANULIR. pp. Estacas. Es poco usado.

PANUNGCAL. pc. Vide *Sungcal*.

PANUNGQUIT. pc. Garavato que se hace en la punta de una caña larga para coger algo de alto. Vide *Sungquit*.

PANUMPA. pc. Jurar. Vide *Sumpa*.

PANUISIC. pc. Hisopo.

PANYAPAC. pp. Lo mismo que *Talapacan*.

PANYAPAC. pc. Suela de cuero que atan al pie para no espinarse.

PANYAPAC. pc. Un género de lazo para cazar animales. *Mag*, hacer ó armarlo. *Ma*, caer ó ser cogido.

PANYAQUIT. pp. Bubas grandes y asquerosas. *In*, darle.

PAOAS. pp. Vide *Pauuas*, l. *Paoyas*, l. *Pauas*.

PAOBAYA. pp. Disimular, descuidarse. Vide *pahaya*, tambien *Obaya*, *Mag*. Lo que, *pag-an*.

PAOBAYA. pp. Tener respeto á otro, dejándole hablar, &c. *Mag*. Á quien, *An*. *Dili mo aco pinabayaan*, no me dejas hablar, no me respetas.

PAOLO. pp. Colmar la medida. *Paolohan*, la medida colmada. Vide *Olo*. De aqui *Nagpapaolo con mangusap*, exagerar. Metáf. *Mag*, colmar. *Namamaolo*, irse colmando por sí.

PAOMANHIN. pc. No hacer caso, disimular, *Mag*. Lo que, *Ipag*. Vide *Ano*.

PA-ONA. pp. Vide *Ona*.

PA-ONA. pp. Prevenir. Vide *paaga*, con sus juegos.

PAOPAO. pc. De dos sílabas, cortar el madero para formar de él la banca, *P. in M*, l. *Mag*. El madero de donde se quita, *An*. Lo quitado, *In*. Con que, *Y*.

PAOPAO. pc. Quitar algo del colmo para rasarlo con el calos. *Mag*, arrasar asi. *Ma*, lo quitado. *In*, de propósito. *An*, de donde. *Y*, con que.

PAOPAO. pc. Lo mismo que *patag*. Vide *Hapao*. pc.

PAOPAUIN. pp. Un género de pajos.

PAOR. pc. Un instrumento del Auriferario.

PAOR. pp. Yugo que ponen á los bueyes ó bacas por el pescuezo. *Mag*, ponerlo. *An*, el animal. *Y*, el yugo. Sinónomo *Singcao*.

PA-OS. pc. Enronquecerse. *Namamaos*, está ronco. La causa, *Ipinamama*. *Napapa*, l. *Papaospaos*, hablar ronco.

PA-OS. pc. El buho, ave.

PAOUAS. pp. Sacar fuego con un palo seco. *Mag*. Vide *Ouas*.

PAOUAS. pc. *Nagpapaouas iyang bata*, quiere decir: ya chupa, y aun no tiene juicio.

PAPÁ. pc. Tejado bajo y de poca corriente. *Mapapang bobongan*, tejado bajo. *Han*, ser hecho asi. Sus contrarios, *Tibong*, *taybong*.

PAPA. pp. Pierna de sábana ó manta. *Vm*, l. *Man*, dividir la una pierna de la otra. *Mag*, unirla. Itt. *Mag*, cortarla. *Han*, la ropa á que añaden pierna por lo ancho, si se corta en muchas piernas. Sinónomo *patas*. Y de aqui *Ang capapa co,i, ang asaua co*, mi muger es un pedazo mio. Metáfor. Vide *Tagni, lanyit, tayp*.

PAPÁ. pp. Rasgar la hoja del gabe hasta la corteza. *Mag*, quitarlas así. *In*, la hoja. *An*, el gabe. Es poco usado.

PAPAC. pc. Comer carne ó pescado sin pan, *Mag*. Lo comido, *In*. *Di mapapac nang asin*, no se puede comer con sal. *Di mapapac na camurahan, di mapapac na camahalan nitong laco, dili co mapapac itong tauo*, no puedo sufrir á este hombre. No puedo sufrir lo barato, lo caro de esta mercadería. Cuando comen la morisqueta sin sal ni otra vianda, dicen *Magpapapac tayo nang canin*.

PAPAC. pc. Llevar algo con paciencia, tolerar. *Di mapapac na camurahan, Di mapapac na camahalan nitong laco*. *Maca*, poder sufrir. No tiene mas composiciones.

PAPAG. pp. Asiento que ponen en las bancas ó en sus casas, hecho de cañas. *Mag*, ponerlo. *In*, el puesto. *An*, la banca. Vide *Bitlag, pamingalan, paga*.

PAPAID. pp. Lo mismo que *papauirin ó papairin*.

PAPAIR. pc. Nube, espantajo de pájaros.

PAPALID, pc. Espantajo. Sinónomo *palipar*. pc.

PAPAN. pp. Un palo con unos dientes en la punta para tejer. *Mag*, labrar la madera haciéndola cuatro esquinas. Lo que, *In*.

PAPAN. pp. Pato real no manso. *Mag*, criarlo, venderlo. El, *In*. Donde, *pag-an*.

PAPANG-AUIN. pc. Cangrejo grande.

PAPANG-OSIN. pc. Un género de cocos, que se comen con cáscara. Vide *pangosin*.

PAPARÓ. pc. Mariposa. Sinónomo *Aliparo, paroparo*.

PAPAS. pc. Quitar el techo de la casa, *Mag*. El techo, *In*. La casa, *An*. Con que, *Y*.

PAPAYA. pp. Una fruta: *parang papayang hilao*, inútil Vide *paco*.

PAPAY ASO. pp. Una yerba como verdolaga.

PAPAIRIN. pc. Nube del cielo. Sinónomo *Alapaap*.

PAPILAY. pp. Jugar á encojar los gallos. Vide las composiciones del siguiente.

PAPISAN. pp. Jugar á matar gallos, atando la navaja en el pie, apuntando al contrario en parte mortal, *Mag*. La navaja, *Y*. El gallo, *In*. El gallo contrario, *An*. *Magpapisan*, los dos jugadores concertados. Vide *pisan*.

PAPO. pc. Adiestrar al niño que aun no sabe andar, *P. in M*. El niño *Hin*. Con que, *Y*. Lugar, *Han*. Frecuent. *Mapapohin, dili na aco sucat papohin*, no necesito de guia.

PAQUIUAS. pp. Un género de espantajo.

PARA. pp. Como adverbio siempre rige genitivo de nombre sustantivo ó pronombre: *para ni Pedro, para mo*. Con los del lugar, *para nang sa buquid*, l. *Paran sa buquid*. Con los adjetivos se liga con *N*. *Parang mabuti*, como bueno. *Paran tumacbo*, como que corre. Cuando hace comparacion no tiene ligazon, pero los adjetivos tienen *Ca: Paran ito caputi, para niyong manga tauo, cabubuti*. Puede ser su sinónomo *Ga*.

PARA. pp. Asemejar ó igualarse, *P. in M. Vm*, l. *Maqui*. *Mag*, igualar una cosa á otra. Lo que, *Y*. Á quien, *Han*. *Nagcapapara*, estar iguales. *Mag*, asemejarse dos en costumbre, vestido, &c. *Paghin*, ser igualadas las cosas. *Nagcaparahan ang tubig*. pc. La marea creciente, que el dia siguiente ha de ser menor. *Maghan*, imitarse dos. Vide *parapara*. Sinónomos *Muc-hâ, gaya*. pp. *Gapit*. pc. *Tolar*. pp. *Uangis*. pp. *Gay-on*. pc. Vide *Himara*. *Pinapara cong catao-an siya*, téngolo por mi persona. *Parahin ninyong catao-an co*, tenedlo en mi lugar. En activa, *magparang catao-an*.

PARA. pc. Ganta de cuatro chupas. *Sangpara*, Una ganta de cuatro chupas.

PARAC. pc. Patear como el niño, *P. in M. Nagpapaparac, pinagpapaparacan*, pc. Lo que causa, lugar. Sinónomo *Tarang*. pc. Vide *palag*. pc. *Piring*. pc.

PARACA. pp. Una como talega de petate. Vide *Bayong galalan*.

PARAGUILAB. pp. Vana ostentacion. Vide *Daguilab*, y sus juegos.

PARAG-IS. pc. Yerba.

PARAGOS. pp. Un género de carreta sin ruedas. Vide *Dagos*. Un instrumento de labor.

PARAIG. pc. Balleston ó trampa pora coger animales. *Mag*, armarla. *An*, ser cogido. *Na*, estarlo. Vide *Balais*.

PARAIS. pp. Angustia por la dificultad de lo que hace. *Mag*, tenerla. En lo que, *In*, ó lo hecho asi, l. *Pinagpaparaisan*. *Uala mang liuag, ay daraisdais ca*, no hay dificultad, y te angustias.

PARAIT. pp. Todo lo que pertenece á un Rey ó Reino para confederarse con otro. Sale de *Dait*. pp. Palabra visaya, que significa aliado.

PARALA. pp. Mandar en obras y repartimientos, y trabajar con ellos, *Mag*. Ellos, *pag-hin*. El lugar, *pag-han*.

PARALA. pc. Llevar en confianza. Vide *Dala*. pc.

PARALANAN. pp. Arcaduz en el pilapil. Vide *Tagoling, patobig*.

PARALANG̃AG. pc. Un género de quilauin de carne ó pescado. *Mag*, hacerlo. *Y*, lo que. Vide *Quilao, sanglay*.

PARALAPDAP. pc. Hacer algo superficialmente, *Mag*. Lo hecho asi, *An*. Con que, *Y*.

PARALI. pp. Querella, denunciacion, demanda. *Mag*, ponerla. *Pag-han*, á quien. *Ipag*, de quien, de lo que, ó lo que.

PARALIS. pp. Palos que ponen debajo de las maderas que arrastran. *Mag*, ponerlos. *Y*, el palo. *An*, la madera.

PARALÓ. pc. Concertar alguna diferencia ó contienda, *Mag*. Con que ó porque, *Ipag*. La persona ó diferencia, *pag-an*. Frecuent. *Mapag*. Sale de *Dalo*. pc. Tambien lo mismo que *paguíbic*, pero entonces el paralo no es gutural.

PARALUMAN. pp. Aguja de marear. *Ang mey paraloma,i, masingsay pa*, no errará quien tuviere guia.

PARALUSDOS. pc. Migas de harina de arroz cocida con leche de coco y miel. *Mag*, hacerlas. *In*, la harina. *Ipag*, para quien.

PARAM. pp. Malograrse el intento ó trabajo, &c. *P. in M*, l. *Mag*. Lo que, *In*. La causa, *Y*. Persona ó lugar, *An*. *Dili maparam ang mang̃a daying mo*, no se frustrarán tus ruegos.

PARAM. pp. Deshacer lo establecido ó usado, *Mag*. Lo que, *In*. Vide *paui*, con sus juegos.

PARAMDAM. pc. Demandar en juicio, *Mag*. Lo que, *Y*. Con quien, *Ipag*.

PARAMDAM. pc. Palabra preñada que se dice para que la sienta quien la oye, *Mag*, añadiendo *nang uica*. Á quien, *In*. La palabra, *Y*. La causa, *Ipag*. Lugar, *pag-an*. *Mapag*, frecuent.

PARANG. pp. Quitar lo establecido, *Mag*. Lo que, *In*. Vide *paiy*.

PARANG. pp. Sabana, dehesa. *Namamarang*, andar por ella. *Caparang̃an*, campiña.

PARANG. pp. Lo mismo que *Cogon*.

PARANG̃ALAN. pp. Jactancia, vanagloria. *Mag*, jactarse. *Ipag*, de que. *Pag-an*, ante quien. *Caparang̃alanan*, abstracto. Sinónomo *parangya*.

PARANG̃ALAN. pp. Ostentar algo mostrándolo. con los juegos del antecedente.

PARANGYIA. pc. Vana ostentacion. *Mag*, hacerla. De que ó porque, *Ipag*. Ante quien, *pag-han-an*. *Caparangyahanan niya yaon*, es sobervia suya. Sinónomos *paraguila*, l. *Parang̃alan*. Vide *Daguilab*.

PARAO. pc. Una embarcacion pequeña con cañas que la mantienen del viento.

PARAPARA. pp. Todos igualmente *Houag mong paraparahin*, l. *Pagparaparahin*, no los hagas todos iguales. *Magparapara cayong sumulat*, trabajad por igual. *Nagcaparapara*, estar iguales las cosas. Vide *Pasipara*. *Ualang guinoo,t, ualang masamang tauo, at paraparang nagsisiinom*, no hay noble ni plebeyo que no beba igualmente.

PARARAC. pp. *Ualang capararacan*, no puede correr, como cordel atascado: no tiene hechura. Sale de *Dararac*. pp. l. *Dalac*. pp.

PARASAN. pp. Guardar para otro año porque no falte, *Mag*, añadiendo *nang pagcain*. Lo que, *Ipag*. Frecuent. *Mapag*.

PARASINIC. pc. Encorbar el cuerpo por la carga. *Na*, estarlo.

PARATANG. pp. Decir á uno para que lo entienda otro, *Mag*, añadiendo *nang uica*. La palabra, *Y*. Á quien, *An*. Frecuent. *Mapag*. De aqui *magparatang nang tagay*, brindar á otro.

PARATANG. pp. Lo mismo que *pariquit*. pc. *Pinaratang̃an si Jesucristo nang mang̃a Judios, nang mang̃a calampalasanan*, le cargaron los judios de oprobios á Jesucristo.

PARATI. pp. Perseverar, *Mag*. *Hin*, l. *Y*, l. *Pagparatihin*, lo que es llevado con perseverancia. Itt. Petate siempre puesto, hecho de *pandananuang*.

PARAUIS. pp. Trabajo y dificultad en hacer algo. *Nagpaparauis mandin ang Capitan nang pagpapag̃ayac nang tauo*, está afanado el Capitan en prevenir la gente. Sale de *Dauis*, forcejar. Pero siempre se le ha de añadir el *mandin*. *Nagpaparauis mandin nang pagsasaca, nang pagbuhat*.

PARAYÁ. pp. Vide *Daya*.

PARAYAO. pp. Vide *parang̃alan*. *Caparayauan*, abstracto.

PARAYLAC. pp. Vide *Dulas*.

PARÍ. pc. Hender la madera con cuñas, *P. in M*. *In*, ella. *Y*, la cuña. *An*, donde. *Pamari*, tambien la cuña.

PARIAN. pc. Con tres sílabas. Plaza ó mercado donde compran y venden. *Namamarian*, ir allá.

PARICALA. pp. Hablar ironicé, picar á otro, *Mag*. Á quien, *pag-an*.

PARIL. pc. Madero chapado por mal labrado. *Naparil itong calap*, quedó asi. *Caparilan*. pc. Abstracto. Sinónomos *Dapil*. pc. *Dipil*. pc.

PARINAYON. pc. Pantorrillas sin carne que van iguales á modo de bombon hasta la rodilla.

PARINGDING. pc. Todo aquello que se pone como *dingding* *Mag*, ponerlo. Lugar, *An*.

PARING̃ALOT. pp. Vide *Hibat, pasaquit na uica*.

PARING̃IG. pc. Vide *Ding̃ig, pasaring̃ig*.

PARINGLOT. pc. Vide *paronglit*.

PARIPA. pc. Crucificar, *Mag, sa Cruz*. Serlo, *Ipinapariipa*, l. *Ipinapariripa*. *Pagparipahan*, la cruz. *Napapa*, estarlo. *Napapa*, estar los brazos en cruz. *Paripa ca*, ponte en cruz. *Paripa*, los brazos de la cruz. *Mag*, ponerlos. *Y*, ellos. *Han*, á donde. *Naparipa si Jesus sa Cruz*, dejóse poner en cruz. Vide *Dipa*.

PARIQUIT. pc. Testimonio falso. *Mag, nang uica*,

levantarlo. *Y*, con que. *Pinariricℓan*, á quien. *Mapag*, frecuent.

PARIRALA. pp. Concordar los discordes, *Mag*. Los discordes, *pinagpapariralahan*. Las razones con que, *Ipag*.

PARIRALA. pp. Aconsejarse ó consolarse con otro, *Mag*. Con quien. *pag-han*. Sinónomo *parali*.

PARIRALA. pp. Esforzar á otro con el ejemplo, *Mag*. Á quien, *pinagpapariralahan*.

PARISUCAT. pc. Cosa cuadrada, cuadro. *Mag*, hacerlo. Lo que, *In*.

PARITAAN. pc. Candil ó lámpara. Sinónomo *Sombohan* de *Sombo* vide.

PARITOLOT. pp. Vide *panitolot*.

PAROCÁ. pc. Zuecos, zapatos. *Mag*, andar con ellos.

PAROL. pc. Respetar á otro siguiendo su parecer, *Mamarol*. Á quien, *An*. Sinónomo *pamangsol*.

PAROLANG. pp. Lo mismo que *pagolong*.

PAROLI. pp. Provecho. Úsase con la negativa. *Ualang parolihan*, no es de provecho.

PAROLI. pp. Poner paz entre los reñidos. Vide *parirala*, y sus juegos.

PARONRON. pc. Añadir algo mas á la medida, *Mag*. Lo que, *Y*. Al que, *An*.

PARONRON. pc. Tocar á rebato, *Mag*. La causa, *Ipag*.

PARONG̃IT. pc. Lo mismo que *paronglit*.

PARONGLIT. pc. Hablar ironicé, *Mag*. Á quien, *Pag-an*. *Houag mo acong paparonglitan nang uica*, no me hables por cifras.

PARONGLIT. pc. Detraccion. *Mag*, decirla. Á quien, *An*, l. *Pag-an*. Sinónomo *paabas*. pc.

PARONI. pp. Peso de diez maices de oro. Si pasa de diez se dice: *Paroning labin isa*, once. *Paroning labin dalaua*, doce hasta quince. Diez y seis ya es un tabil. Cuando es menos de diez dicen: *May caparonin*, *balabato*, l. *Copang*; pero no *amas* pc. l. *Dalauang balabato*, porque con un *amas*, ó *dalauang balahato*, ya los nueve serian diez, y entonces ya es un *paroni*.

PAROPARO. pc. Mariposa. Vide *paparo*, *aliparo*.

PAROS. pp. Almejas grandes. *Mamaros*, cogerlas.

PAROT. pc. Vide *ponsing*. *Parotan mo aco* es lo mismo que *Bigyan mo aco nang monting olam*.

PARPAR. pc. Nasa para coger pescaditos.

PARPAR. pc. Estraviarse navegando por viento recio ó corriente. *Ma*, ser llevado. *Ca-an*, donde. *Ica*, la causa. Sinónomo *pauir*.

PARPAR. pc. Cortar cercenando, ó emparejar alguna cosa, *P. in M.* l. *Mag*. Y si mucho, *Magpaparpar*. Lo que, *An*. Si mucho, *pag-an*. Sinónomo *palay*, *potol*, *tipongol*.

PAROGÓ. pc. Rapaz. Sinónomo *pahat*. Vide *pabong̃oy*.

PAROGÓ. pc. Pelear hasta ensangrentar las armas. *Magparogó nang sandata*, l. *Parogan ang sandata*.

PARUAS. pc. Caña de boo mas larga que *Paling̃asan*. *Mamaruas*, cortarlas. *In*, ellas. *Y*, con que.

PASÁ. pc. Cardenal. *Mag*, tenerlo. *Ipag*, l. *Icapag*, la causa.

PASA. pc. Sangraza de golpe entre cuero y carne. *Mag*, tenerla. La causa, *Icapag*. Á quien, *papagpasain*.

PASAC. pp. Lindero. Vide *panolir*.

PASAC. pp. Tarugo ó cuña. *Napasac sa loob niya ang isip*, se le encajó en el corazon.

PASAC. pp. Un árbol.

PASACAY. pc. Levantar á uno para arrojarlo de golpe en tierra, *Mag*. Á quien, *Y*. Sinónomo *Sambouang*, *sungcal*. Vide *Lagpac*.

PASAL. pc. Enterrar, *Mag*. Á quien, *Y*. Donde, *pag-an*. Sinónomo *Baon*, *libing*.

PASAL. pc. Vide *pasac*.

PASAL. pp. Meter el difunto en un cañizo como ataud, *Mag*. El difunto, *Y*. El cañizo, *Pag-an*.

PASAL. pp. Debilitado, desmayado, muerto de hambre ó sed. *Napapasal*, l. *Pinapasal nang gotom*, l. *Ohao*.

PASAL. pp. Monton de leña. *Pasal na cahoy*. *Mag*, amontonar. *In*, l. *Y*, la leña.

PASALAP. pp. Lo que se dá á los parientes de la muger.

PASALO. pc. Pelotear echando por alto, v. g. la naranja, para ver quien la coge, *Mag*. La naranja, *Y*. Á quien, *In*. Sale de *Saló*. Sinónomo *Talang*. pp.

PASAMBAHAN. pp. Lugar donde tomaban juramento delante de una figura de un animal muy feo. De aqui *pasambahan nang pasambahan*, se dice de uno que hace malos gestos.

PAS-AN. pc. Llevar carga al hombro, *P. in M*, l. *Mag*. La carga, *In*. *Pas-anan*, á quien se le pone. *Ipag*, la causa.

PASANG. pp. Cuña ajustada. *Ma*, estarlo. Mas usado es *pasac*.

PASANG. pc. Poner el arcabuz sobre la horquilla apuntando, *Mag*. El arcabuz, *Y*. La horquilla, y á quien apunta, *An*.

PASANG. pp. Entrarse por parte estrecha, *P. in M.* Donde, *An*. *Mag*, meter algo por ella. *Y*, lo que. *Pag-an*, donde.

PASANG. pp. Un palo que se pone para destilar por el vino. *Mag*, armarle. *Y*, el instrumento. *An*, el carajay.

PASANG. pc. Palma que dá muy poca tuba.

PASANG̃IT. pp. Áncora de dos dientes. Se usa poco. Vide *Sauo*.

PASANGTABÍ. pp. Palabra con que se despiden para irse. *Napasasangtabi*, despedirse. *Pasangtabian*, de quien. *Y*, la causa. Sinónomo *paalam*.

PASANGTABI. pp. Catar respeto, *Mag*. *Pasangtabian*, á quien. Vide *Tabi*.

PASAO. pc. Menearse en el agua lo que está en ella haciendo ruido. *Nanasao ang isda sa tubig*. El cuerpo, *In*. Con que, *Y*. Donde, *An*. Si mucho, *Mag*. *Ipag*, *pag-an*.

PASAO. pp. Una yerba amarga.

PASAO. pp. Un árbol muy alto. Tambien un arbolillo como la escobilla.

PASARÍ. pp. Decir algo á uno para que lo entienda otro, *Mag*. Á quien, *pinag-an*, l. *Pinasasarian*. *Y*, l. *Ipag*, la causa.

PASARING. pp. Lo mismo.

PASARING̃IG. pc. Decir algo, *Mag*. Lo que, *Y*. Á quien, *An*.

PASARLAC. pp. Matraca para espantar los pájaros.

PASAYSAY. pc. Vide *Basaysay*.

PASDÁ. pc. Dar parte de lo que se coge en pesca. Es síncopa de *paisda*. *Mag*, ó *mamasda*, darla. *Pasdain*, á quien. *Pinaquipasdaan*, á quien. *Magcano ang ipinasda mo sa caniya?* cuánto le diste? *Papasda sa aquin ito*, esto me dieron.

PASDA. pc. Lo mismo que *palacao*. Vide *pabongoy*.

PASIBALANG. pp. Lo mismo que *pahamac*. Sinónomo *pasumalá*. Vide *Balang*.

PASIBAN. pp. Dilatar ó diferir. *Mag*, duplicando. *Pasibansibanin*, lo dilatado. *Ipag*, la causa. Sinónomo *Liban*.

PASIBAN. pp. Molestar. Á quien, *An*.

PASIC. pp. Podrirse la caña del arroz. *Pinapasic*, se vá pudriendo.

PASICAR. pp. Quilo, ó tijeras del tejado. *Mag*, hacer ó ponerlas. Ellas, *In*. Á que, *An*.

PASICAR. pp. Palo atravesado en la banca para armar en él el asiento.

PASICAR. pp. Lo mismo que *panigas*.

PASICAR. pp. Puntal para asegurar el techo. *Mag*, ponerlo. El techo, *An*.

PASIG. pp. Playuela ú orilla del rio, menos que *Dalampasig*. *Nanpapasig*, andar por ella. *Pasapasig*, ir allá. *Capasigan*, lo alto junto al rio.

PASIGAYON. pc. Vide *pasigomayon*.

PASIGUMAYON. pc. Disimular, hacerse del que no sabe, *Mag*. Lo disimulado, *pinagpapasigumay-onan*.

PASIL. pp. Jugar dando un trompo contra otro, *Mag*. El golpeado, *In*. *Mag-an*, unos con otros.

PASIL. pp. El crucero del cielo, que en el Sur corresponde al carro del norte.

PASILA. pp. Respeto que tiene á alguno, por cuya causa no molesta á otro, *Mag*. Á quien, *pinagpapasilahan*.

PASILA. pc. Aves ó pescado que se dá para comer. *Mag*, darlo. *Y*, lo que. *In*, á quien. *Ipag*, por que. *Pag-an*, lugar. Frecuent. *Mapag*.

PASILAMBANG. pc. Vide *palambang*.

PASIMBALO. pc. Voltear con el cuerpo, echar algo á rodar de abajo arriba, *Mag*. Su cuerpo. *In*. Á otro, *Y*.

PASIMULA. pc. Dar principio ó comenzar alguna cosa, *Mag*. La obra en que, *pinagpapasimul-an*. La causa, *Ipag*.

PASIMUNA. pp. Lo mismo. Tiene *Han*.

PASIMUNA. pp. Mandar con imperio como Señor, *Mag*. Á quien, *Han*. Lo que, *Ipag*.

PASIMONDOT. pc. Raton pequeño: huele á almizcle. Vide *Uili*.

PASINAUANG. pp. Gozar de la ocasion acaso, *Mag*. Vide *panauang*.

PASING. pc. Cerviguillo grande como el del toro ó carabao.

PASINOCOR. pc. Lo mismo que *pasinauang*.

PASIPARA. pp. Hacer á poco mas ó menos con descuido algo, *Mag*. Lo que, *Hin*. La causa, *Ipag*.

PASIUALAN LOOB. pp. Ser ingrato, *Mag*. Á quien, *pag-an*. La causa, *Ipag*.

PASIPIT. pc. Ratonera de dos cañutos. *Mag*, armarla. Á quienes, *An*. *Na*, ser cogido. Lo mismo es *pansipit*.

PASITLAY. pc. Juego de muchachos con medios cocos.

PASIUALAN BAHALA. pp. Encubrir con artificio lo ganado, *Mag*. Lo que, *In*. La causa, *Ipag*.

PASIUAL. pp. Lo mismo.

PASIUATSIUAT. pp. Buscar achaques para no pagar. Vide *Sibansiban*.

PASIYA. pp. No mudarse de su voluntad, *Mag*. *Pasiyang loob*, amigo de su voluntad.

PASIYAP. pc. Un juego de muchachos.

PASIYOC. pp. Flauta, silvido. *Mag*, silvar. *In*, lo silvado. *Pag-an*, á quien. *Ipag*, la causa. Vide *pasoit*. *Patotot*.

PASLA. pc. Lo mismo que *Basa*. *Paslaan mo ang mata nang gatas nang casub-hà*. Lo mismo que *Basin*.

PASLANG. pc. Atrevido, desvergonzado. *Mag*, serlo. Lo que, *In*. Á quien, *pag-an*. La causa, *Ipag*. *Capaslangan*. pc. Abstracto. *Mamaslang*, andar asi.

PASLANG. pc. Centinela. *Mag*, hacerla. *An*, á lo que está guardando. Sinónom. *Tanor*, *bantay*.

PASLANG. pc. Palabra picante. *Paslang na uica*, *pasaquit na uica*.

PASLIT. pc. Pescadillos comidos de los grandes. *Ang paslit na ito*, maldicion.

PASLIT. pc. Rapaz. Vide *parogo*.

PASNAO. pc. con la negativa. *Di mapasnao ang uica co nang malaquing pamamaos co*, no puedo pronunciar claramente las palabras por mi ronquera. *Mag*, manifestar lo que uno tiene en el corazon. Lo que, *Y*. Á quien, *An*. La causa, *Ipag*. Donde, *pag-an*. Frecuent. *Mapag*. Vide *pahayag*. *Pasngao*.

PASNGAO. pc. Romper, descubrir lo que estaba solapado. *Napasngao ang galit*, se descubrió el enojo. *Naca*, l. *Ica*, la causa.

PASÓ. pp. Quemarse ó escaldarse con fuego, agua caliente, con bayo la boca. *Mag*, quemar de propósito. *In*, lo que. Si mucho, *pag-in*. pc. Acaso, *Ma*. La causa, *Y*. Frecuent. *Mamaso*. *Pinagpasó nang uica*, lo quemó.

PASO. pc. Perol de barro. Sinónom. *Sinalà*.

PASO. pc. Lo muy teñido.

PASOC. pp. Entrar á dentro, *P*. *in M*. Si mucho, *Mag*. pc. *Mag*. pp. Meter algo á dentro. *Y*, lo que. Si muchas veces, *Ipag*. pc. *Pasocan*. pp. La puerta ó casa por dó se entra. *In*, la causa á dó se entra para buscar ó sacar algo. Si mucho *pag-in*. pc.

PASOL. pp. Palabra de maldicion: perdido te veas en una playa.

PASOLO. pp. Balleston para coger animales. *Mag*, armarlo. *Pagpapasolohan*, donde. Si mucho, pc. Itt. *Pag-an*, los animales á quienes se arma. Si es uno, *An*, sin *pag*. *Namamasolo*, pretender coger. Lo que, *pinamama*.

PASOLOHIN. pc. Animal con remolino en el pecho.

PASOLOT. pc. *Pasolot mandin ang paglacad*, dicen del que camina muy ligero. Vide *patocpatoc*.

PASOMBAL. pc. Vide *Sombal*.

PASONOD. pc. Guiar á otros, *Mag*. Á quienes, *pag-in*.

PASONOD. pc. Lo que dan los padres á los hijos cuando se casan. *Mag*, dar. *Pasondan*, á quien. *Y*, lo que, que es el *pasonod*.

PASONOD. pc. Sembrar arroz en tierra que estaba anegada, *Mag*. El arroz, *Y*. El agua, *An*. La tierra, *pag-an*.

PASOUIT. pp. Pito, pitar, *Mag*. El pito tocado, *In*. Por quien, *An*. Vide *Sotsot*.

PASPAS. pc. Golpear sacudiendo algo: no tiene activa. *Aco,i, pinagpaspas*, me azotó. *Paspasin*, á quien. Vide *Hampas, palo*.

PASPAS. pc. Medir tierra con palo de una braza, *Mag*. La tierra, *An*. Con que, *Y*.

PASPAS. pc. Mútua herencia de tierras en dos distintas sementeras. *Magpaspasan quita*, los dos herederos. *Pinagpaspasanan*, las sementeras. Vide *palit*.

PASUBALI. pp. Adverbio, fuera, ó escepto, ó menos que. *Pasubali sa di co naquita*, escepto lo que no ví. *Pasubali sa aco,i, magcasaquit*, menos que yo enfermé.

PASUBALI. pp. Por respeto. *Pasubali sa Padre*, por respeto del padre. *Mag*, respetar. *Pinasusubalihan*, á quien. *Ipag*, la causa. Sinónomo. *Alangalang, subali*.

PASUBALI. pp. Exentarse del trabajo. *Mag*, ser exento. *Pinagpapasubalihan*, la persona. *Magpagpasubaling tauo*, el que siempre procura exentarse. *Mag*, tambien esceptuar, dando á cada uno lo que es suyo, con los mismos juegos.

PASUIT. pc. El colmillo. Sinónomo, *pangil*.

PASUMALA. pc. Aventura por sí ó por no. *Mag*, aventurar. Lo que ó porque, *Ipinag*. Al que, de quien se confia, ó lo que se aventura, *pinagpapasumanlan*, l. *Sumalahan*. pc. Sinónomo, *Opa lamang*. Vide *panagano*.

PATÁ. pp. Entumecerse alguna parte del cuerpo por haber estado atada, *Ma*. La causa, *Ica*. Sinónomos, *Ngalo*.

PATA. pc. Hacerse fuerza por dejar alguna mala inclinacion. No tiene mas juegos que *patain*, l. *Pacapatapatain ang asal*, l. *Pataan*, l. *Dili co mapataan ang masamang asal*, no puedo dejar la mala costumbre.

PATA. pp. Jugar al tejo, *Mag*. Con que, *Y*. Lo hecho tejo, *Hin*. Donde, *pag-han*.

PATAAN. pp. Cosa que se echa de mas porque no falte. *Pataanan*. pp. Aquello á que se echa. *Y*, lo que. Vide *Dagdag*.

PATAAN. pp. Discreto en el hablar, *Mag*. Á quien, *pinatataanan*. La causa, *Ipag*. Vide *Obaya, pitagan*.

PATABÁ. pc. Cosa con que engordan algo, como el estiercol á la tierra.

PATABLAO. pc. Dormir al sereno, *Mag*. Donde, *pag-an*. La causa, *Ipag*. Tambien ponerse al resistero del sol, luna, &c. *Mag*. Á donde, *pag-an*.

PÁTAC. pc. Gota de cosa líquida. *P. in M*, gotear. Si mucho, *Mag*. El lugar á do, *An*. *Tolo*, es pasar por agugero la gota. *Mag*, echar el licor gota á gota. Lo que, *Y*. Á do, *patacan*. *Napatacan*, l. *Napalatacan*.

PÁTACARAN. pp. Base de columna. *Patacaran quilo*, viga con que se asientan quilos.

PATACDAAN. pp. Vide *Tacdaan*.

PATAG. pp. Vide *pantay, banayar*.

PATALAYTAY. pc. Correr la sangre, *Ma*. Á quien, *Na-an*.

PATALBOG. pc. Nadar dando golpe con los pies, *Mag*. Donde, *Pag-an*. Mútuo, *Mag-an*.

PATALI. pp. Estar una cosa empinada y levantada. *Ma*, estar. *Mag*, poner. *Y*, lo puesto. Es pampango.

PATALI. pp. Sacar el principal sin ganancia, *Mag*. El principal sacado, *Hin*. Sinónomo *Sulit*. Vide *pangologui*.

PATALI. pp. Desquitarse. *Napatali ang natalo*, l. *Ang nauala*, cogí lo perdido. *Y*, l. *Hin*, lo adquirido.

PATALIM. pc. Acero. *Mag*, ponerlo. *An*, á lo que. *Y*, el acero. Vide *Binalon*.

PATANG. pp. Faltar á su obligacion, *Mag*. Por que, *Ipag*. El tiempo, *pag-an*. *Patang*. pc. Descuidado, negligente. *Vm*, irse haciendo tal. La causa, *Naca*, l. *Ica*. En que, *Ca-an*.

PATANGIN. pc. Poner cualquiera cosa sobre algo para cortarla, *Mag*. Lo que, *Y*. Donde ó sobre que, *An*. Si mucho, *pinagpapatanginan*, l. *Tangnan*. Sinónomo, *Sangcalan*. *Napatangin ang paa*, le cogió el madero la pierna. Vide *Dag-an*.

PATANGAN. pp. Tálamo de novios. *Mag*, estar en él.

PATANGNAN. pc. Tajon, *Sangcalan*.

PATANGUA. pc. Vide *Tangua*.

PATANGUA. pc. Balcon. *Mag*, ponerlo. *Y*, lo que. *Han*, la casa. De aqui *patang-uahin*, l. *Ipatangua*, hacer que sobresalga.

PATANI. pp. Unas habas. Vide *Bulay patani*.

PATAO. pp. Palo ó caña que se ata la una punta del cordel, y la otra al cuerpo del hombre ó animal. *Mag*, ponerlo. *An*, á lo que.

PATAO. pp. Boya como la del ancla. *Tauong patao ang loob*, hombre honesto.

PATAO. pc. Unos cañutos con anzuelos colgados, que se ponen en el rio ó mar. *Namamatao*, pescar así. Lo cogido, *In*. *Mag*, poner los cañutos ó hacerlos. De aqui. *Cahima,t, mataomatao ca sa caniya,i, dili mo siya maaalagaan*, aunque nunca lo dejes de la mano, no la podrás guardar.

PATAO. pp. Dos presos en una cadena. *Nagcapapatao, capataopatao*, lo mismo que *Casamasama, casonodsonod*.

PATAS. pp. Vide *patol*. Itt. Vide *papa*, y sus juegos.

PATAS. pc. Concierto fijo y permanente, *patas na tipan*, l. *Patas ang pag oosap*. Sinónomo *Tabas*.

PATAS. pc. Treguas. *Mag*, hacerlas. *Ipag*, por que. *An*, la guerra. *Pag-an*, lugar. *Patasan mo ang pagcacasala mo*, pon treguas en pecar.

PATAS pp. *Pinatas na cauayan*, l. *Calap*, son las cañas ó palos prevenidos para la obra.

PATAT. pc. Vide *patol*.

PATAUAD. pp. Perdon. *Mag*, perdonar. *In*, á quien. *Y*, lo que. *Ipag*, por que. *Pag-an*, lugar. *Mapag*, frecuent. *Mag-an*, mútuo. Vide *Tauad*.

PATAY. pc. Matar, *P. in M*, l. *Vm*. *Magpatay*,

mandar matar por mano agena. Si uno á uno, con muchos golpes, ó uno á muchos, *Magpapatay*. Si muchos á muchos, ó muchos á uno, *Mangag*, l. *Magsi*. El muerto, *In*. Con que, ó por que, *Y*. *Patayan*, pc. Á quien toca el muerto, como al padre el hijo. *Patayan*, l. *Pagpatayan*, el lugar *Mag-an*, ad imvicem. Si muchos, *Mangagan*. La causa, *Ipagpa-an*. *Capapatay corin*, acabo de matarlo. *Sa papatay mandin*, está como un muerto por otro.

PATAY. pc. De este verbo *patay*, ó su infinitivo *matay*, se usa por morir; y para saber ó esplicar estarse muriendo, se ha de valer del *Ma* neutro, con acento pausado para distinguir del frecuent. *Mamatay*, sin pausa, estar matando; pero *mamatay*, pausado, estarse muriendo. *Camamatay rin niya*, ahora acaba de morirse. Sus pasivas son *Ica* y *Na-an*, no pausado. Tambien se síncopa, particularmente en los montes, en lugar de *Namatayan*, *namatyian*. *Natayian*. pc. Casa de mortuorio, todo el tiempo que duran sus pésames. *Camatayan*, muerte. Este mismo, con *Ma* pausado, significa el cuando. *Camatayan na niya*, llegó su hora. Donde, con acento final, *Camatayan niya ang Simbahan*, muere en la iglesia. Tambien se usa para decir que se muere de afecto, *Quinamamamatayan quita Dios co*, *nang sinta*: muérome, Dios mio, por tí. Tambien de hambre, sed, &c. *Camataymatay dinguin*, mortale auditu. *Minatay*, contado entre los muertos. Este *minatay* se vuelve á conjugar por pasiva de este modo: *Houag mo acong minatayin*, no me tengas por muerto. Adviértase que en el Ave María, para decir en la hora de nuestra muerte, no está bien dicho con *mamamatay*, pues que le falta el *Na* para espresar aquel tiempo. Creo estuviera bien dicho *at saca na naman, con yaong camatayan na namin*.

PATAY. pc. Con esta palabra se hace juramento execratorio, muérame yo. *Napamamatay*, decir este juramento. *Matay mo mang hampasin ang posong, ay di isa man, magcacaiba*, por mas que te mates en azotar al malvado, no ha de mudarse.

PATAY. pc. De aqui sale *Himatay*, amortecerse, y se conjuga por *Man* con pc. *Hinihimatay*. pc. Tenido por muerto, desmayado. *Himatay*. pp. Paga que se dá al que le guarda algo por el peligro en que se pone. *Manhimatay*. pp. Ir tomando sobre sí el peligro.

PATAY. pc. De este verbo usan para varias metáforas, v. g. apagar fuego, candela, color apagado, brazo pasmado. Matar dia, *patay arao*. Matar la comida, *patay canin*. *Patay canin ca*, eres inútil.

PATAY. pc. Lo que se mete de nuevo al tejido para añadirlo, ensancharlo, ó hacer alguna labor, *Mag*, añadir, &c. Á dó, *An*. No sirve para el *Dala*.

PATDA. pc. Liga ó resina de cualquier árbol. *Mag*, sacarla. *Mamatda*, armarla. Donde, *Han*. El pájaro, *Han*, l. *Hin*.

PATDÁ LABUYÓ. pp. Una enredadera.

PATI. pc. Adverbio, juntamente: *Calaloua pati catao-an*. Pero si es regido de artículo suele regir tambien genitivo. *Ang guinto pati nang pilac*. Tambien puede ser genitivo ó nominativo (escepto *Aco, icao*) que siempre son nominativos. *Cayo pati niya*. *Aco pati icao*. *siya pati aco*.

PATI. pp. Acierto en adivinar. *Pagcapatipati nang uica*, acierta verdaderamente. No tiene mas juegos.

Alitaptap ca ngani,
ang buti di mapayi,
con maola,i, maputi,
dungmirilag din ngani
cun marilim ay pati.

Quiere decir que en la oscuridad sobre-sale y luce mas.

PATI. pp. En poesía profunda se toma por consejo. *Pati co sa iyo*, lo mismo que *Bilin co sa iyo*. *Mag*, avisar. *Y*, lo que. *An*, á quien. Tambien *Pating loob*, constante. *Patiin mo sa loob ang uica*, tente firme en lo que dices.

PATI. pc. Con esta partícula, con raices de movimiento, significa hacer con vehemencia aquello que dice la raiz v. g. *Holog*, *magpatiholog*, arrojarse con vehemencia.

PATÍ. pp. Constante y firme en propósito, ó palabra. *Pating loob*, constante. *Patiin mo sa loob ang gayong uica*, está firme en lo que dice.

PATIAC. pc. Dar en el punto, ó en parte donde muera, *patiacan mong turan*. Vide *Tiac*.

PATIANAC. pp. Trasgo ó duende. Sinónomo *Tianac*. *tomanor*. Vide *Tigbalang*.

PATIBONG. pc. Ratonera. *Mag*, usar ó tenerla. Ella, *In*. *Mag*, l. *P. in M*, armarla *An*, á quien. *Na*, ser cogido.

PATIC. pp. Hilas para postemas. *P. in M*, hacerlas. *In*, de que. *Y*, por que. *Ma-in*, frecuent. *Mag*, ponerla. *Y*, ella. *An*, la postema. *Mapag*, frecuent. De aqui la maldicion *Ang patic nang boho mo*, nomen torpissimum.

PATICDAAN. pp. Lo mismo que *Tacdaan*.

PATICDALAN. pp. Lo mismo.

PATICTIC. pc. Beber algo sin hacer pausa, *Mag*. Lo que, *Ipag*. Donde, *pag-an*. Frecuent. *Mapag*, añadiendo siempre *minom*.

PATICYA, l. **PATICYAN.** pc. Echar todos la culpa á alguno, *Mag*. *Pinatiticyaan*, l. *Yanan*. No tiene mas uso.

PATIHAYÁ. pc. Poner boca arriba, *Mag*. *Y*, lo que. *Ma*, caer asi acaso. Sinónomo *Tihayà*.

PATILAYLAY. pc. Ponerse á la ventana con los brazos caidos, *Mag*. *Pag-an*, á dó. *Ma*, estar asi. Tambien tener colgados los pies.

PATILAYLAY. pc. Publicar faltas agenas; es metáf. *Mag*. Los defectos *Ipag*. Donde, *pag-an*. Vide *Ualual*, *tilalay*.

PATIMPOHO. pc. Vide *Timpohò*.

PATINDIG. pc. poner algo en pie, *Mag*. Lo que, *Y*. Estarlo, *Na*. Erizarse los cabellos, *Naninindig ang bohoc*. La causa, *Ipina*. Ante quien, *pan-an*.

PATING. pc. Tiburon.

PATINGA. pc. Prenda que deja el que se quiere casar. *Mag*, darla. *Han*, á quien. *Y*, lo que. Vide *Tacdahan*. pp.

PATINGAL. pc. Vide *Tingal*.

PATIPATI. pp. Paloma. Es pampango.

PATIR. pp. Juego de muchachos, dándose en las pantorrillas. *P. in M*, dar golpe. *In*, á quien. *Y*, con que. *Pag-an*, donde. *Mag*, dos ó mas.

PATIR. pc. Cortar cordel, hilo, &c. *P. in M.* Si mucho, *Mag*. Lo que de propósito, *patdin*. Si mucho, *pagpapatdin*. Acaso, *Ma*. *Patdan*, la costumbre mala. *Patdan mo ang asal mong masama*, corta esa costumbre mala. *Mamatir*. pc. Cortar la nipa para sacar tuba. *Patdan*, lo cortado. *Papamatdin*, el mandado. Y de aqui sale *Capatir*, hermano. *Napapatir ang hininga*, se acaba la vida.

PATIRA. pc. Penacho de cabellos que se dejaban por promesa. Vide *Tira*.

PATIS. pc. Caldo de salmuera. *Mag*, usar de él. *An*, la comida á que lo juntan. *Y*, el caldo. *Papagpatisin*, hacer que le sea dado. *Ipa*, el caldo. Sinónomo *Canas*. pc. *Sabao*. pc.

PATITIS. pc. Nivel, plomada. *Mag*, echarla. *An*, á que. *Y*, lo que se echa. Vide *Talarò*.

PATIUACAL. pc. Irse desesperado, aburrido de su mala suerte, *Mag*. Á donde, *pinagpapatiuacalan*, pc. La causa, *Ipag*. Sinónomos *Patiuaguag, tiuacal*. pc. *Nagpapatiuacal sa osap*, perdió la esperanza del pleito.

PATIUAGUAG. pc. Lo mismo, con los mismos juegos.

PATLAC. pc. Vide *pocto*. pc.

PATLANG. pc. Lo mismo que *patlac*. *Nagcacapatlang ang loob*, están desavenidos.

PATLAY. pc. Un pescadillo muy pequeño. En Antipolo llaman *Sosoui*. *Tauong patlain*, pp. Hombre flaco. *Patlayan*, lugar donde se coge.

PATLÍ. pc. Dar menos de lo que le mandan. Á quien, *pinatlian*: es poco usado.

PATNAO. pc. Apostar, *Mag* Dos entre sí, *Mag-an*. Con mas eficacia *Magpaca*. *Pag-an*, sobre que. *Mapag*, entremeterse. Sinónomo *Lumba*. Vide *Salam*. pc.

PATNIG. pc. Lo mismo que *pacna*.

PATNO. pc. Retribuir, *P. in M*, l. *Maqui*, l. *Maquipag*. Á quien, *Han*. Con que, *Y*. Se usa poco.

PATNO. pc. Salir á recibir al que viene cansado para aliviarle, *Mag*. Á quien, *Han*.

PATNOBAY. pp. Aguardar, salir acompañando á otro, *P. in M*. Si mucho, *Mag*. pc. *Y*, lo que lleva. Á quien, *An*. Dos, mútuo, *Mag-an*. El acompañado, *Y*, l. *An*. *Pinapatnobayan si Jesus, nang manga Apóstoles, nang umacquiat sa langit*, acompañaron á Jesus los Apóstoles al subir á los cielos. Por esperar, vide *Antay*.

PATNOBAY. pp. Dar lugar, plazo ó camino. *Ang carahasan nang manga caauay, dili maca patnobag nang gayon*. El ímpetu de los enemigos no daba lugar á eso.

PATNOGOT. pp. Acompañar despidiendo al que se vá, *P. in M*. *Y*, si muchos. *Mag*, pc. Mirando al acompañamiento. *Mag*. pp. Mirando al acompañado. *Mág-an*, mútuo. *Y*, el despedido. Sinónomo *Patnobay, dalolong*. *Patnogotan ang matandang tauo*, esperar que acabe de comer el superior.

PATNOGOT. pp. Adalid. *Namamatnogot*, guiar. *Pinamamatnogotan*, el guiado.

PATOBANGÁ. pc. Vide *Dolingas*.

PATOBILING. pc. Veleta. Sinónomo *pabiling*.

PATOBINGI. pc. Fingirse sordo, *Mag*.

PATOC. pp. Pasar ó saltar de una parte á otra, *P. in M*, l. *Vm*. Otra cosa, *Mag*. Lo que, *Y*.

PATOCORAN. pp. Viga del suelo de la casa.

PATÓCPATOC. pp. Vide *Patoc, pasolot*. pc. *Locsolocso*. pc. *Ualang patocpatoc*, no vale nada.

PATOGO. pp. Una yerba.

PATOL. pp. Enojarse porque le riñe el que debe hacerlo, *P. in M*. Á quien, *An*. Las razones con que, *Y*. Sinón. *Tongo*. pc. *Patas*. *Conbahi*. pc.

PATOL. pp. Un género de fréjoles con que hacian sus cuentas.

PATOLA. pp. Un género de calabazas.

PATOLA. pp. Dejar que otro haga lo que quisiere, *Mag*. Lo que, *Y*. Á quien, *pa-an*.

PATOLOY. pp. Lo mismo que *patoto*.

PATOMANGA. pp. Miramiento, reparo, lo mismo que *Dangan, galang*. Siempre se usa con *Uala*. *Ualang patomangan*, no tiene miramiento. Vide *patobanga*.

PATUMANGA. pc. Hablar recio. *Nagpapatumangang mag uicà, matigas mag uicà*.

PATUMAPAT. pc. Hipocresía. *Mag*, serlo. La causa, *Ipag*. Á quien, *pag-an*. Frecuent. *Mapag*.

PATOMBAC. pc. Un género de son.

PATOMBAT. pc. Idem.

PATOMBALIC. pc. Volver atrás, ó al lugar de donde salió, *Mag*. Lo que, *Y*. El lugar, *An*, l. *Pag-an*. La causa, *Ipag*. *Patumbalic na cahoy*, palo vuelto al revés. *Ipatumbalic ang isip*, muda de intento. *Aco,i, pinatutumbalican*, se vuelve contra mí.

PATONA. pc. Un pez. Sinónom. *Sombilang*.

PATONG. pp. Poner una cosa sobre otra, *Mag*. Estarlo, *Ma*. Dos, *Magca*. Mas de dos, *Nagcacapatongpatong*. *Ca-an*, sobre que. Juntarse dos animales el mayor sobre el menor, *P. in M*. Traer sobre la cabeza algo. Uno sobre otro, *Mag*. pp. *Pag-in*, ser puestos. *Capatong*. pp. Cualquiera de los dos. Sinónomos *Babao, tumpang*. Vide *Sonong, talan*. pc. *Tumpac*.

PATONG. pp. Série sucesiva *Patongpatong na camaganacan*. Itt. Peana ó palo sobre que cargan algo. *Mag*, poner encima. *Y*, lo que. *An*, el palo.

PATONG. pp. *Ilan ang patong ang nagmula sa lacandola?* Cuántas sucesiones ha habido desde *Lacandola?*

PATONG. pc. Tambor de palo ó caña larga. *P. in M*, l. *Mag*, tocarlo. *In*, ser tocado. *Pag-an*, por quien. *Y*, con que. Sinónomo *Timpi*. *Carlang, guimbal*.

PATONGO. pp. Vide *Banac*.

PATOPAT. pp. Un género de tamales. *Mag*, hacerlos. *In*, el arroz de que. *Pag-an*, la hoja en que. Vide *Suman*.

PATOPAT. pp. Cajuela de buyo.

PATOT. pc. Provecho. Se usa con la negativa, *Ualang patot*. *Ualang cabolohan*. Sinónomos *Taros, uasto*.

PATOTO. pp. Vigueta en que se juntan las cañas del suelo. *Mag*, hacerla ó ponerla. *Han*, á dó. *Y*, lo que. *Mamatoto*, andar por ella.

PATOTO. pp. Un juego de muchachos. Vide *Salibong*. pc. *Sambobong*.

PATOTOCAN. pp. Vide *patomanĝa*.

PATOUARIC. pp. Vide *patumbalic*.

PATPAT. pc. Pedazo de caña hendida. *Mapatpat na catao-an*, hombre delgado y bien dispuesto.

PATUBIG. pp. El agua que pasa á la sementera por la canal. *Mag*, encaminar el agua. *An*, á dó. Vide *paralanan*.

PATUBÓ. pp. Vide *Tubó*. pp. *Patubó pa ang catao-an*, hombre ó muger de veinte á veinte y cinco años. En Bulacan dicen *Lanobo na casulocoyung catao-an*.

PATUMALMAL. pc. Cosa empedernida y dura. *Bagang patumalmal*, postema tal. Sinónomo *Dapá*.

PAUÁ. pp. Todo, ó todos. *Pauang magaling*, todo bueno. *Magagaling*, buenos. *P. in M*, escoger asi. *Nanaua*, irse juntando. *Napapaua*, ser todo sin mezcla. *Mag*, ser todos unos, de una nacion, estado, &c. *Houag mong pauaing tauaguin*, no los llames á todos. *Maua ca niyang bigas*, l. *Pauain mo iyang bigas*, junta en el bilao el arroz, apartándolo del palay. De aqui sale *pinaua*, *Nagcacapaua ang paua*, y mejor *Napapapaua ang paua*, están juntos todos los buenos. De aqui el dicho.

Sinisilisili co nĝa
Anhin co ang di mapaua.

Quiere decir: Por mas que trabaje en predicar ó enseñar al vicioso nunca lo pondré bueno.

PAUAS. pp. Vide *poyos*, con sus juegos.

PAUI. pp. Lo mismo que *Payi*. *Mag*, borrar: mejor, *P. in M*. *In*, lo que. Donde, *An*.

PAUICAN. pp. Tortuga grande de la mar.

PAUIR. pp. Zacate ó nipa para techar cosiéndola. *Mamauir*, coserla. *In*, ser cosida. *Mag*. pp. Hacer, tratar, vender. Ponerla en alguna parte, *P. in M*. *Man*, tambien ir por ella. *Mag*. pc. Tratante de ella.

PAUIS. pp. Sudor. *Magca*, sudar: *Pausan*, l. *Pusan*, l. *Pauisan*, l. *Pag-an*, el sudado. *Ipagca*, la causa. *Nagcacampauis*, trasudor de susto. *Magpa*, hacer sudar, ó tomar algo para que sude. *Ipagpa*, con que ó porque. *Pagpa-an*, en donde. *Mapagpa*, frecuent. *Papauis*, la paga que se dá por el trabajo. *Papauisan*, á quien se dá. Metáf.

PAUISÁ. pc. Ocupar á uno, ó impedirle para otro oficio, *Mag*. Lo que, *Y*. Á quien, *An*. Frecuent. *Mapag*. *Pinauisaan aco nang Padre, nang aral*, me impidió el padre con su plática.

PAUOL. pc. Un pescado como la raya, de color negro.

PAUOR. pc. El yugo. *Mag*, ponerlo. *An*, el animal. *Y*, el yugo. Sinónomo *Singcao*.

PAYA. pc. Agotar la vasija sin resollar, *Mag*. Lo que, *Hin*.

PAYABAT. pp. Desovadero del pescado. *Mag*, hacerlo. Con que, *Ipag*. Donde, *pag-an*. *Mamayabat*, recojerse allí.

PAYAC. pc. Tejo, cualquiera peso de oro en bruto. *Namamayac*, hacerse tejo. Tambien juntarse las cosas de un género. *Namamayac ang tubig, palay*, &c. Vide *paua*.

PAYAG. pp. Conceder, consentir, *P. in M*. Á quien, *An*. Si mucho, *pag-an*. pc. *Y*, lo que causa. Sinónomos *Tonĝo*, *ibig*. Vide *Tangap*. De aqui.

Ang sugat ay con tinanĝap,
di daramdamin, ang antac;
ang aayao, at di mayag,
galos lamang, magnanacnac.

Quiere decir: Mejor es aguantar que resistir.

PAYAGPAG. pc. Sacudir el ave sus plumas mojadas, *Namamayagpag*, las plumas ó causa, *Ipama*. Donde, ó á quien toca lo sacudido, *pinamayagpagan*, l. *Pinayagpagan*.

PAYAGPAG. pc. Carrizal que ya de suyo despidió la flor. *Payagpag na talahib*.

PAYAGYAG. pc. Viento grande y recio. *Magpayayagyag na*, ya está cerca. *Nacapag*, ya acabó.

PAYANG. pc tirar algo á lo alto, *P. in M*. Si por apuesta dos, *Mag*, l. *Mag-an*. pp. *In*, á lo que. *Y*, la flecha. *Pag-an*. pc. Á dó.

PAYANĜITAN. pp. Ánguila brava, mayor que *palos*.

PAYANG PAYANG. pc. Un arbolillo, una yerba. Sinónomo *Mayangmayang*.

PAYAOS. pc. De tres sílabas. Ronquera de haber gritado mucho. *Mag*, tenerla. *Ica*, la causa. Sinónomos *paos*. pp. *Malàt*. pc.

PAYAPA. pp. Paz, sosiego. *Magca*, tenerlo. *Ipagca*, la causa. *Capayapaan*, abstracto.

PAYAPA. pp. Apartar á los que riñen, *Mag*. Ser apartados, *pinapayapa*. Estar ya apartados, *Nagcaca*. Sinónomos *Tahimic*, *tahan*. *Mapayapang loob*, corazon manso.

PAYAPAS. pp. Destruir. *Ma*, estarlo del viento ó corriente. La causa, *Maca*. *Capayapasang lupa*, tierra espuesta á eso.

PAYAPAY. pp. Lo mismo que *Canauay*. pp. *Pulanĝa*.

PAYAPAY. pp. Llamar haciendo señas con paño ó mano, *P. in M*, l. *Mag*. Á quien, *An*. Vide *Capay*. De aqui la maldicion *payapay ca*. Seas colgado, &c.

PAYAT. pc. Estar desmedrado, *Ma*. La causa, *Maca*, l. *Ica*. *Payat na tauo*, desmedrado, flaco. *Capayatan*, abstracto. Vide *Panĝalirang*, *yayat*. Por *Vm*, irse desmedrando los sembrados, *pinapayat siya nang Ama*, l. *Napapa*: cuanto gana el hijo, lo consume el padre.

PAYI. pp. Borrar, *P. in M*, l. *Mag*. *In*, lo que. *An*, donde ó de quien. Cuadra á todo lo que es borrar, á un metáf. *Napayi nang hanĝin*, calmó. *Napayi si cuan*, quedó sin hijos, &c. *Pinayi co na sa loob, ang dilang caopasalaan mo*, ya lo borré en mi corazon, &c. *Payiin mo ang casalanan mo*. *Payin*. pc. *Dahilan*, dispensar. En lo que, *pinayin dahilan*. Á quien, *pinayian*. *Dahilan*, el dicho. *Ang cumita nang icabubuhay ay mapayi ang camahalan*, honra y provecho no caben en un saco.

PAYIC. pp. Amasar algo, como quien hace figura, *P. in M*. l. *Mag*. Lo que, *In*. Con que, *Y*. Donde, *An*. Frecuentat. *Mapag*.

PAYICPIC. pc. Apretar para que quepa mas, *P. in M*, l. *Mag*. Lo que, *In*. Con que, *Y*. Estar asi, *Ma*. Sinónomo *Sinsin*.

PAYICPIC. pc. Vide *pais*. Sinónomo *payitpit*.

PAYICPIC. pc. Matorral muy espeso. *Payicpic na damo*.

PAYICPIC. pc. La rabadilla del pescado.

PAYIGUIC. pc. Ir inclinado con la carga. *Mag*, l. *Papayipayiguic*.

PAYIMPIN. pc. Enrejadillo largo en los corrales que se hacen en la mar para coger el pescado. *Mag*, hacerle. *An*, el corral. Sinónomo *palimpin*.

PAYIMPIN. pc. Atajo al rededor de la tierra, para que no salga lo que está en él. *Mag*, ponerlo. *Y*, lo que. *An*, la cosa ó lugar.

PAYING. pp. Encogerse pierna, nervio, dedo, quedando gafo. *Vm*, encogerse. *Ma*, estarlo. La causa, *Ica*, l. *Naca*. *Paing*. pc. El contrahecho.

PAYIPOY. pp. Colear el perro ó pez, *Namamayipoy*. Á quien. *pinamamayipoyan*. La cola, *Ipinamama*. *Dating pinamamayipoyan siya ni cuan*, siempre le reconoce por su mayor. Metáf.

PAYIR. pp. Llevar algo el viento con fuerza. *Ma*, ser llevado. *Y*, l. *Ica*, l. *Naca*, el viento. *Capayiran*, á dó es llevado. *Papayirpair*, cosa muy meneada del viento. Vide *parpar*, *pairpir*, *uagay*. *Pair na tauo*, que no se sabe de donde lo ha traido el viento.

PAYIRAP. pp. Las estremidades del tejado. Vide *Balisbisan*, su sinónomo.

PAYIRPIR. pc. Arrimar blandamente el viento ó corriente algo á la orilla, ó á un lado. *Ma*, ser llevado. *Ca-an*, á dó. *Ica*, l. *Naca*, la causa. Sinón. *Hampil*.

PAYISPIS. pc. Vide *palispis*, con sus juegos.

PAYITPIT. pc. Vide *payicpic*, con sus juegos. Mudada la *P*, en *M*. no reduplica la segunda, sinola primera sílaba.

PAYIO. pp. Concordar á los pleiteantes, *Mag*. Á ellos, *Paghan*, *hin*, l. *pag-hin*. Con que ó causa, *Ipag*. Sinónomos *pagitan*, *parirala*.

PAYIONG. pp. Quitasol. *P. in M*, l. *Mamamayong*, quitar el sol á otro *Mag*, asi. *An*, á quien se le quita. Si muchos, *pag an*. pc. Sinónomos *Pandong*, *tocbong*. *Payoñgan silang lahat*, todos traen quitasoles. *Bogtong*.

Maguin bongbong isimpan,
saca maguing mongmonğan.

Porque doblado parece *bongbong*, y abierto parece *mongmonğan*.

PAIYONG. pc. Vide *Bongbong*.

PAYIONGPAYIONG. pc. Hongos á modo de quitasol. *In*, la tierra ó madera que los cria.

PAYIONGPONG. pc. Abanico, aventador. *Namamayiongpong*, se dice de los arbolillos cortados en el *Caingin*, que ván renaciendo.

PAYIOPAYO. pc. Tener en poco á otro, como cuando el grande empuja al chico, *P. in M*, l. *Mag*. Á quien, *Han*. porque, *Ipag*. Lugar, *pag-han*. Frecuent. *Mapag*.

PAYIOUAY. pp. Un género de pescar con anzuelo grande y cordel, *Mag*. Lo que, *In*. Con que, *Y*. El rio, *An*. La causa, *Ipag*. Donde, *pag-an*. *Magpapa*, pescador. *Mapag*. Frecuent.

PAYPAY. pc. Abanico. *P. in M*, hacer aire á otro. *Mag*, asi. *Mamaypay*, asi ó á otro. *Paypayan*. pc. Á quien. *In*, l. *Y*, el abanico.

PAYPAY. pc. La espaldilla del brazo que parece abanico.

PAYTAG. pc. De tres sílabas, provocar á la pelea. *Mag*, enseñar á provocar. *An*, á quien. *Y*. con que.

PAYTANG. pc. Vide *Liho*. pc.

P antes de I.

PIAC. pc. Lo mismo que *Biac*. *Magsapiacan*, jugar á los gallos, á partir el muerto.

PIAC. pc. Astilla ó pedazo de algo. *Mag*, sacar una parte. *In*, l. *An*, lo partido. *Ma*, estarlo. *Capiac*, pedazo ó parte.

PIANG. pc. Desparrancado. *Mag*, l. *Pipiyang piang*, andar asi. *Na*, estarlo. *Ica*, la causa. Vide *Siyang*.

PIAPI. pp. Vide *Apiapi*.

PICA. pp. Palabra de mofa haciendo ascos y escupiendo, *Mag*. De quien, *pag-an*. *Napipica*, decirla; suelen pronunciar como *phica*.

PICAPIC. pp. Un género de bejuco. Tambien la fruta del palasan. *Mamimicapic*, cogerla. *Pamicapiquin*, ella. *Pamicapican*, el lugar.

PICAT. pp. Mal, como de San Lázaro. *Picatin*, pp. El que lo tiene.

PICAT. pp. Vide *payiaquit*.

PICAU. pp. Vide *picà*, con sus juegos.

PICLAT. pc. Vide *pilat*, con sus juegos.

PICLAT. pc. Lo que se desmorona en cosas de barro, dejando señal en él. *P. in M*, desmoronar. *An*, el vaso. *Y*, con que. *Mapiclatin*. Frecuent. Tambien el vaso que fácilmente se desmorona. *Mag*, desmoronarse. *Ipag*, la causa.

PICNAT. pc. Lo mismo.

PICÓ. pc. Alforza, plegar, doblar cosa ancha ó larga de clavo, biovo, &c. *Mag*, doblar asi. *In*, lo que. *Na-an*, la parte. Es visaya usado en tagalos.

PICPIC. pc. Palmaditas de cariño. *P. in M*, l. *Mamicpic*, darlas. Si no es persona á quien dá, *Mag*. Sinónomo *Tapic*.

PIQUIT. pc. Cerrar los ojos. *P. in M*, de propósito. *Y*, los ojos. Vide *Quisap*. *Ano,t, pipiquitpiquit ca?* qué estás ahí dormitando? *Mapiquit na loob*, de corazon duro.

PICSA. pc. Vide *pigsa*.

PICSI. pc. Saltillos pequeños. *P. in M*, darles. Si muchos, *Magpicsipicsi*. Á dó, *Han*. La causa, *Y*.

PICSI. pc. Forcejar como cuando le agarran la mano, *Mag* Lo que, *Y*. Vide *Locso*.

PICSI. pc. Apelar, reclamar de la sentencia, *Mag*, l. *Ninicsi*.

PICTÁ. pc. l. *Pigtà*. pc. Estar empapado en agua, *Magca*, l. *Ma*. La causa, *Ica*. Lugar, *Ca-an*. De aqui, *Nagcacapicta nang dugó*, l. *Ihi*, está empapado en sangre, &c. Y del borracho se dice: *Nagcacapicta nang alac*.

PICUAL. pc. Lo mismo que *Quibit*.

PIGÁ. pc. Esprimir como limon. *P. in M*. Frecuent. *Mamiga*. *Pig-in*, lo esprimido. *Pig-an*, á dó. Si muchas veces, *Pag-in*, l. *Pag-an*, con dos *pi*. La mano, *Y*. *Pisil*, *pindoc*. *Ualang mapiga sa dila mong asal*, no hay en ti cosa buena, aunque te destilen por alquitara.

PIGANG. pc. Secar pescado ó carne al sol, *P. in M*. Si mucho, *Mag*. Lo que, *In*. Con que, porque, ó en que, *An*, l. *Pag-an*. Frecuent. *Mapigangin*, l. *Mapagpigang*. Sinónomo *paigang*. pc. Vide *Iga*. pc.

PIGHATI. pc. Vide *Dalamhati*, con sus juegos.

PIGHATI. pc. Tristeza, melancolia, afliccion. *Mag*, tenerla. *Pag-an*, sobre que. *Ipag*, la causa. Abstracto, *Capighatian*.

PIGHIT. pc. Lo mismo que *pihit*.

PIG-YÍ. pc. Nalga. *Pig-yian*. pc. De grande.

PIG-IC. pc. Camino estrecho y angosto. Lo mismo que *pihit*.

PIG-IS. pc. Apretar algo con la mano para sacarle jugo, *P. in M*. Lo apretado, *In*.

PIG-IT. pc. l. *Pig-it*. Vide *piit*. *Mapig-it ang loob*, de corazon afligido. *Capig-itan*, abstracto. Vide *Tibay*, *siquip*.

PIGIT. pc. Lo mismo que *pig-it*, pero este se aplica al mecate torcido y duro. Sinónomo *pangit*. pc. *Siguing*.

PIGIT. pc. Llevar interés, *Mag*. De quien, *pag-an*.

PIGIT. pc. Regatear, *Mag*. Lo regateado, *In*.

PIGIT. pc. Guardar la mercadería para venderla mas cara, *Mag*. Ser detenida, *Ipag*. *Mapig-it na tauo*, hombre ejecutivo.

PIGLAS. pc. Forcejar el preso para escaparse, *P. in M*. La parte asida, *Y*. De quien, *An*. Desasirse, *Naca*. De aqui *pipiglaspiglas con otosan*, escusarse. *Niniglas*, l. *Nagpipiglas sa hatol*, no admitir la sentencia.

PIGSA. pc. Divieso. *Hin*. pc. Tenerlo. Vide *Bagà*. pc. *Tiris*.

PIGSANG DAGÁ. pc. Postemilla. *In*, l. *Pipigsahing dagá*, tenerla.

PIGTA. pc. Vide *picta*.

PIGUIL. pc. Vide *Piit*, con sus juegos.

PIGUING. pc. Convidar, *P. in M*, l. *Mag*. El convidado, *In*. Si muchos, *pag-in*, con dos *Pi*. Con que ó causa, *Y*, l. *Ipag*. Sinónomo *panig*. Vide *Anyaya*. pp. *Tauo*. pp.

PIHÁ. pp. Un caracol reluciente. *P. in M*, bruñir con él. *In*, lo que. Don Juan de Arriola, tagalo, dijo.

Bouang pinipihà,
toloyan ang gauà,
nang cami magsauà,
larong aming ahà.

Luna reluciente. *Parang pinipiha ang muc-ha*, de rostro hermoso.

PIHAC. pc. Vide *piac*.

PIHALA. pp. Salsereta pequeña en que echan aceite oloroso, con que se untan.

PIHAU. pc. Vide *payir*. pp.

PIHIC. pp. Vide *piic*. *Pipihicpihic nang galit*, hace gestos de enfadado.

PIHICAN. pp. Melindroso en el comer ó vestir. *Mag*, irse haciendo. *Capihicanan*. pp. Abstracto. *Tauong pihican*, hombre melindroso.

PIHING. pc. Desigual, de cara torcida.

PIHIT. pp. Retorcer alguna cosa, como hilo, *P. in M*, l. *Mag*. Si mucho, *Mag*. pc. Lo torcido, *In*. Con que, *Y*. En donde, *pihitan*. *Pihitin*, l. *Pacapihitin*, tuércelo bien. *Pipihit nang saquit* se dice del que se menea mucho, apretándose la barriga por algun dolor. Sinónomo *Pili*. pc. *Pirol*. pp. Vide *pilipit*. pp. *Magpihitpihitan*, dar vueltas al rededor.

PIHOC. pc. Lo mismo que *piyoc*.

PIHOL. pp. Ladeado, trastornado, lisiado: mas que *pilay*. *Ma*, estar así. De propósito, *In*. La causa, *Ica*.

PIHOL. pp. Menearse la casa en redondo, *Ma*. La causa, *Ica*.

PIHOL. pp. Ladear algo mucho, *Mag*. Ladearse de suyo, *Na*. Lo que, *Y*. *Pihol na bahay*, ladeada.

PIIC. pp. Poner algo sobre ceniza, arena, &c. *Mag*. *Y*, lo que. *An*, donde. De aqui *pipiicpiic ang olo*, tuerce la cabeza. Sinónomo *piyic*. pp.

PIING. pp. Cosa ladeada, como mesa ó casa. *Ma*, estar así. *Ica*, la causa. *Mag*, ladearlo. *Y*, lo que. *An*, á donde. *Capiingan*, abstracto. Sinónomo *Quiling*. pc. Vide *Ngiui*. pc.

PIIT. pp. Estar violento y como impedido ó afligido de alguna necesidad. *P. in M*, l. *Mag*, detener. Si mucho, *Mag*. pc. El detenido, ó los, *In*, l. *Pag-in*. pc. El lugar, como cárcel, *pag-an*, l. *Piitan*. pc. La causa. *Y*, l. *Ipag*. Estar así, *Ma*. *Ca-an*. pp. Donde. Sinónomo *Socol*. pp. *Piguil*. pp.

PIIT. pp. Detener la salida de cosa animada ó inanimada, *P. in M*, l. *Mag*. Lo detenido, *In*. Lugar, *An*, l. *Pag-an*. La causa, *Y*, l. *Ipag*. Estarlo, *Ma*. Donde, *Ca-an*. La causa. *Ica*. Abstracto, *Capiitan*. Sinónomo, *Socol*, *piguil*, *piit*. *Con aco,i, magcapiit, ay doon aco paootangin*, cuando me viere apretado, entonces me prestarás. *Piit na raan*, camino estrecho. *Nagpipiit ang aguacil*, le embargó, *Piniit*, l. *Napiit si cuan*, quedó como preso.

PILA. pc. Desportillar. *Na*, estarlo. *Naca*, desportillar. Vide *Bila*, con sus juegos.

PILA. pp. Tierra de que hacen jarros. *Ca-an*, donde la hay.

PILAC. pp. La plata ó moneda. *In*, ser trocado algo por ella. *Mag*, platear. *An*, ser plateado.

PILACQUIN. pp. Tuerto. *Matang pilacquin*, niñeta chica ó con nube.

PILANG. pc. Un bolo chiquito.

PILANTIC. pc. Chispa de fuego. *Mamilantic*. pc. Chispear. *An*, á dó. Acaso, *Ma*. *P. in M*, golpear con el dedo, caña ó palo, teniendo los dos estremos apretados, soltando uno. *In*. el golpeado. *Y*, con que. Vide *Tilamsic*, *pitic*. *Namimilantic ang tingig*, retumba la voz. Metáfora.

PILAPIL. pp. Un árbol muy alto.

PILAPIL. pp. Linde para los términos de la sementera, ó calzadilla para detener la agua, *Mag*, hacerla. *Mamilapil*, limpiarlo del zacate. *An*, á dó, *Ipinapipi*, la tierra con que. *Ipinamimi*, el instrumento. Vide *Minangon*. pp. *Bacoor*.

PILAPIL. pc. Calzadilla para caminar, *Mag*. Serle puesta tierra, *Y*. Ser la tierra hecha calzada, *pilapilin*. *Vm*, l. *Man*. Cortar lo mas alto de la sementera para igualarlo, *Ninilapil*. Lo que iguala cortando de ello, *pilapilan*. *Namimilapil ang damo sa tabi nang pilapil*, juntarse la yerba en el *pilapil*.

PILAPIS. pp. Destruir. Vide *palispis*.

PILAPIS. pp. Sacudir con vara algo, *Mag*. Lo

que ó á quien, *In*. *Namimilapis*, andar sacudiendo. *Naca*, destruir el viento los sembrados. Lo que, *Na*.

PILAS. pp. Rasgar. *P. in M*. Si mucho, *Mag*, pc. *In*, lo que. Si muchos, *Pag-an*. pc. Sinónomos *punit*, pp. *Guisi*. pp.

PILAT. pp. Cicatriz. *Pinilatan*, l. *Na*, l. *Pinag*, la parte en que hay. *Ipag*, la causa. Sinón. *Piclat*. Vide *Bacas*.

PILAU. pp. Dolor, escozor de ojos, por haberles tocado algo. *Na*, estarlo. *Naca*, l. *Ica*, la causa.

PILAU. pp. Agua enturbiada con un género de fruta con que matan los pescados. *Pinipilan ang tubig lamang*, no sirve para otra cosa. Ni tiene otro juego.

PILAUAY. pp. Brea blanca, tambien lo mismo que *pilaui*.

PILAUI. pp. Un género de almendras. Vide *pili*. *Namimilaui*, ir á cogerlas.

PILAY. pc. Cogear, lesion de alguna parte, *Vm*, l. *Ma*, estar lisiado. Á quien, *In*. Porque, *Y*. *Maca*, causar. *An*, á quien, de propósito. Si mucho, *Pag-an*. pc. Acaso, *Ma*. La causa, *Ica*. Abstracto, *Capilayan*. pc. Nombre, *pilay*. pc. *Pilay ang paa*, cojo; *ang camay*, manco. Vide *pihol*, *sala*. pc.

PILÍ. pp. Un género de almendras. *Mag*, tener, usar de ellas. *Mamili*, cogerlas. *Manpili*, comprarlas.

PILI. pc. Retorcer seda ó algodon, *P. in M*, l. *Mamili*. pc. En Manila, *Pomili*. pc. l. *Pinili*. pc. Lo retorcido, *Hin*. Si muchos, *pag-hin*. pc. Con dos, *Pi*. Con que, *Y*. El huso, *Han*. Sinónomo *Pihit*. *Pilihan*, el huso.

PILÍ. pp. Escoger entre lo bueno y malo, á diferencia de *Hirang*, que es escoger entre lo escogido, *P. in M*, l. *Mamili*. En Manila, *Vm*. Si mucho, *Mag*. pc. Lo escogido, *In*. Si mucho, *Pag-in*. pc. Por quien ó para quien, *Y*. Si mucho, *Ipag*. pc. *Pilian*, lo deshechado.

PILIC. pp. Vide *piyic*. pp.

PILIC. pc. Bibrar ó blandear, *Mag*. Lo que, *In*.

PILIC MATA. pc. Las pestañas. Sinónomo, *Irap*.

PILIC MATA. pc. Un género de arroz del monte muy bueno.

PILIG. pc. Sacudir de sí el animal que tiene plumas el agua del cuerpo, dar con la mano cuando se quema, *P. in M*. Si mucho, *Mag*. El cuerpo ó el agua, *Y*. El lugar á donde, ó á quien, *pinagpipiligan*. Vide *payagpag*, para las aves. *Pagpag*, para los cabellos.

PILIG. pc. Lo mismo que, *piling*. pc. Con sus juegos.

PILIHAN. pc. Huso para torcer.

PILING. pp. Orilla de mar, ó rio, bordo de cualquiera cosa. *Ma*, estar arrimado á ella. *Mamiling*, andar por ella. *Y*, l. *Ipa*, lo arrimado. *Pilingan*, á quien se quita la orilla. Sinonomo *Tabi*. pc. Vide *Guilir*. *Houag mo acong pamilingmilingan*, no me hables por rodeos. Nota, que el que está en tierra, y quiere ir por la orilla del agua, dice *Mamiling quita*; el que está en el agua dice: *Pagilir quita*.

PILING. pc. Menear la cabeza mostrando enojo, *P. in M*. Y si mucho, *Mag*. Á quien, *pilingan*. Si mucho con *Pag*. Sinón. *Taling*, pc. *Iling*. pc. Vide *pilig*. pc.

PILING. pc. Gajo de cualquiera fruta. *P. in M*, l. *Mag*, desgajar fruta del racimo. La fruta, *In*. El racimo, *An*, *capiling*, un gajo.

PILIPIG. pp. Arroz verde, tostado. Sinónomo, *pinipig*.

PILIPIGUIN. pc. El mismo arroz dispuesto para eso.

PILIPISAN. pp. Sienes ó mejillas. *Pilipisan ng̃ bahay*, delantera de la casa. Metáf.

PILIPIT. pp. Lo mismo, que *palipit*, con sus juegos, significa retorcer. *Pilipit*. pc. Retorcido.

PILIPIT. pc. Caracol retorcido, figura sobre que tomaban juramento. *Namimilipit ang agos*, gran corriente. Metáf.

PILIPOT. pc. Cogote. *Tapil ang pilipot mo*, tiene chato el cogote.

PILIS. pp. Torcer al rededor, *P. in M*, l. *Mag*. Si muchos, *Mag*. pc. Lo que, *In*. Si muchos, *Pag-in*. pc. *Y*, con que. Si mucho, *Ipag*. pc. Acaso, *Ma*. Sinónomo, *Biling*. pc. *Pihit*. pp. *Napipilis ang banta*, muda de parecer. *Pilisin*. pp. Cerradura con llave. *Pamilis*, pinzote del timon.

PILIT. pp. Constreñir, forzar, obligar, compeler, *P. in M*, l. *Mag*. En Manila, *Vm*. Si mucho, *Mag*. pc. Frecuent. *Mamilit*. *In*, el forzado. Si mucho, *Pag-in*. *Mag*. pp. Esforzarse. *Pag-an*, en que. *Ipag*, la causa. *Pilit na aco,i, paroon*, es fuerza que yo vaya.

PILIT. pc. Untar la cabeza con aceite de ajonjolí. No tiene activa. *Ma*, untarse acaso. *In*, de propósito. *An*, el cabello. *Y*, el aceite. Su contrario, *pahinas*. Vide *Lana*, *pahir*.

PILIUAC. pc. Tuerto, desconcertado. Vide *pincol*, *pincao*, *sincol*, y sus juegos.

PILIYAGAN. pp. Árbol del navío. *Panlalayanan*.

PILOC. pc. Torcerse el filo del cuchillo, *Ma*, l. *Mamiloc*. Vide *Bing̃ao*. pp. *Tomal*. pp.

PILPIL. pc. Amontonamiento de ramas que deja el viento ó corriente en la orilla, *P. in M*, l. *Mag*. La broza, *In*. Donde, *An*, l. *Pag-an*. *Ma*, estar asi. Sinónomos, *palpal*, *sicsic*.

PILPIL. pc. *Tollo*. Vide *Pating*.

PILPIL. pc. Aplastar. *Ma*, aplastarse. *Ica*, la causa. Sinónomo. *Pais*. Vide *Pisa*. pc.

PILUAC. pc. Vide *piliuac*. *Piluacpiluac*, cosas desiguales. *Piluacpiluac ang daan*, camino de altibajos. Vide *pingsol*.

PINAC. pc. Huellas de las pisadas del carabao.

PINACA. pc. Partícula con que una cosa se reputa por otra, y se suple con ella. *Ito ang pinacaopan co*, esto tengo por asiento.

PINACATI. pp. Vino que llaman *quilang*. *Mag*, recocerlo. *Hin*, lo que. *Ipag*, la leña. *Pag-han*, lugar. *Mapag*, frecuent. Sale de *Cati*, que es menguar, y la partícula. *Pina*, que es hacer.

PINAG. pc. Partícula de pasiva de *In*, del verbo, *Mag*, que sirve para pluralidad.

PINAGLASÁ. pc. Maldicion. Seas hecho pedazos.

PINAGUALOHAN. pc. Lanza de ocho lengüetas.

PINAHO. pp. Arca de Borney de hechura de paho. *Tilapinaho*, se dice del carilargo. Metáfora.

PINAIS. pp. Tortilla, torta. *Mag*, hacerla. Lo que, *In*. *Napipinais ang mañga tauo*, están apeñuscados.

PINALAGAR. pp. Sementeras que hacen en tiempo de secas. *Mag*, hacerla. Ella, *In*, l. *An*.

PINALAM. pc. Un género de adobo de venado con vinagre, y el *linabus* del *labot*. Vide *Chinalan*.

PINALATOC. pc. Tortillitas de harina de arroz, como panecillos.

PINALINA. pp. Un género de arroz oloroso.

PINAROGTONG. pc. Arroz negro.

PINAÑGAT. pc. Lo mismo.

PINATA. pp. Techo hecho de medias cañas.

PINAUÁ. pp. Arroz sin cáscara no blanqueado. *Mag*, hacerlo. *Y*, quitarle la cáscara. *In*, lo hecho.

PINAO. pp. Quitar del sol lo que está puesto á secar, *Ma*. Lo que, *pinag*. Donde, *pag-an*.

PINAYIC. pp. Gente apeñuscada. Vide *pinais*.

PINAYOSAN. pp. Ropa de visayas. Vide *Sinamay*. pc.

PINCAY. pc. Tejo. *Mag*, jugarlo. *Y*, con que.

PIÑA. pp. Fruta conocida.

PINDÁ. pc. Palabra con que espantan al gato. *Minda ca niyang pusa*. Vide *Sica*.

PINDAL. pc. Pellizco. *P. in M*, darle. Á quien. *In*. Sinónomo *piral*. pp.

PINDAN. pc. Un género de petate tegido de caña, que sirve de pantalla para pescar de noche.

PINDANG. pc. Tasajo. *Mag*, hacerlos. *In*, de que. *Y*, con que. Vide *Balol*, *binoclol*.

PINDAN. pc. Barra pequeña.

PINDOL. pc. Pellizco con dos dedos.

PINDOL. pc. Estandarte.

PINDOT. pc. Pellizco con los dedos torciendo la carne, *P. in M*, pellizcar. *In*, á quien. Si muchos, *pagpipindotin*. *Y*, con que. *Mamindot*, frecuent. Sinónomo *pirol*.

PIÑGA. pc. Lo mismo que *puiñga*, una nacion belicosa.

PIÑGACAY. pc. Lo mismo que *Inacay*. pc.

PIÑGAL. pc. Vide *piñgas*. *Niniñgal*, mellar de suyo con solo tocarlo.

PIÑGAN. pc. Plato. *Mag*, meter algo en él, hacer, usar de él. Lo que, *In*. *Mamingan*, ir por él. Tener cada uno uno.

PIÑGAS. pp. Mella como de plato ó escudilla. *Maca*, causarla. *Ma*, mellado acaso. *Hin*, de propósito. Si mucho, *pag-in*. pc. *An*, l. *Pagan*, á lo que. *Y*, con que. *Piñgas*, mellado. *Piñgas na ang buan*, menguante, y se conjuga con *Mag*. Metáf.

PIÑGAS. pp. Cortar la oreja, con las composiciones de *piñga*, mella.

PING-AS. pc. Orilla del agua. Vide *Talangpas*.

PIÑGAUA. pc. Comidilla hecha de arroz.

PINGCAO. pc. Contrahecho. *Ma*, estarlo. *Ica*, la causa. Sinónomo *Singcol*, *quimao*.

PINGCAU. pc. Patituerto *Ma*, estarlo. *Pipingcaopingcao con lumacad*, anda así. *Pingcaupingcao ang manña tabla*, las tablas están unas derechas, y otras tuertas.

PINGCAY. Tejo de metal. Vide *payac*.

PINCOC. pc. Gafe. *Ma*, estarlo. *Ica*, la causa. Vide *pingcau*, *singcol*.

PINGCOC. pc. Niño de teta.

PINGCOG. pc. Vide *Pingcoc*.

PINGCOL. pp. Niño recien-nacido. Vide *Sangol*.

PINGCOL. pc. Lo mismo.

PINGQUÍ. pc. Sacar fuego con estabon, *P. in M*, l. *Mag*. *Y*, con que.

PINGQUIAN. pc. La piedra. *Pingquian*. pp. Todos los ingredientes. Sinónomo *panting*. Tambien *Mag*, prepararlos para sacar fuego. *Pamingqui*, eslabon.

PINGQUIL. pc. Darse unas cosas con otras. *Ma*, topar acaso. *Pinag*, de propósito. No tiene mas juegos. Vide *pongcol*, *ontog*.

PIÑGÍ. pc. Descantillar algo, ó desmocharlo. Vide *Tapiñgi*.

PIÑGÍ. pc. Paño con que las mugeres atan la cabeza. *Mag*, atarse con él la cabeza. *Pinipinghan*. El paño, *pinghin*, l. *Piñgihin*, l. *Y*. Vide *panaclit*, *birang*.

PIÑGÍ. pc. Ponerse dos al igual para remar.

PING-IL. pc. Estar el árbol muy cargado de fruta, *Ma*, l. *Ma-an*.

PIN-GIT. pc. El bordo de la banca. Sinónomo, *Gasa*. *Piling*. Es de Bataan.

PIGLAS. pc. Resvalar el pie, errar el tiro. Vide *Dinglas*. *Napapinglas*, l. *Napinglasan ang pinapana*.

PINGOL. pc. Lo mismo.

PINGOLPINGOL. pc. Un pescadillo como *sapsap*.

PIÑGOL. pp. El que no tiene agugerada la oreja. *Capiñgolan*, donde agugeran. Contrarios, *Lambing*, *tosoc*.

PIÑGOL. pp. Por donde comienzan á teger la red redonda. *Mag*, dar vuelta á la red tegiéndola. *Y*, con que.

PINGSAD. pc. Lo mismo que *pinglas*.

PINGSOL. pc. Cosa tuerta, como palo ó brazo. Vide *Sincol*.

PINILI. pc. Torzal.

PINILIÑGAN. pc. Tronco del racimo.

PINILIPIT. pp. Argolla de oro de dos hilos, como corchete. *Mag*, traerla.

PINIPIG. pp. Vide *pilipig*.

PINIR. pc. Tapar, cerrar como puerta ó ventana, *Mag*. Si mucho, *Magpipi*. Lo cerrado, *pindan*. Si mucho, *pagpipindan*. *Mamimir*, atajar rio para pescar. *Ipaminir*, el corral con que. *Vm*, l. *Minir*, cerrar el hueco con su propio cuerpo. Lo que, *An*. *Paminir*. pc. Tabla de los lados del navío.

PINIT. pc. Hacer canal en el rio para coger pescado. El usado es *Baclar*. Vide sus juegos.

PINLAC. pc. Tomar á destajo obra. *Mag*, dar ó tomar del todo. *Pinlacquin mo ang pagbili*, compra por junto. Con que, *Y*. Lo comprado, *Ma*. Sinónomo *pisan*. pp. *Boó*.

PINLAC. pc. *Hindi aco macapagpinlac nang paglacad*, lo mismo que. *Hindi aco macapagbibiglaan*, l. *Hindi aco macalalacad nang toloy*, *cundi hintohinto*.

PINLIR. pc. Cortar en partes iguales, principalmente caña dulce, *P. in M*. Si mucho, *Mag*. Lo cortado, *In*. Si mucho, *pag-in*. Con que, *Y*.

PINLIR. pc. Granillos de arroz que quedan deshechos. Es del comintang. Sinónomo *Binlir*. pc.

PINO. pp. Fino, limpio. *Pinohin mo*, limpialo.

PINOCNOTAN. pc. Las bainas de los fréjoles ya sacados. Vide *pocnat*.

PINOLO. pc. Cañutillos de oro. *Mag*, traerlos. *In*, lo que.

PINORAC. pp. Unas como florecillas de oro. Sale de *porac*.

PINPIN. pc. Tabla que se pone para tapar puerta, camino ó rio. *Mag*, ponerla. *An*, á donde. *Y*, lo que.

PINPIN. pc. Valladar, ó cualquiera cosa para taparse, ó para tapar viento, agua ó sol, con los mismos juegos.

PINPIN. pc. Apatusco del arado.

PINRANG. pc. Vide *Locma*, *locba*.

PINROL. pc. Vide *pindol*.

PINSALÁ. pc. Lo que decimos: muerto de hambre, sed, cansancio. *Napipinsalaan aco nang gotom, pagal*, &c. No tiene mas juegos. Vide *Maliming*.

PINSAN. pc. Primo. *Pinsang boo*, primo hermano. *Macalaua, macaitlo*, segundo, tercero. *Mag*, los dos. Si mas, *Magpipinsan*.

PINTACASI. pp. Procurador, intercesor, abogado. *Ninintacasi*, l. *Mamintacasi*, poner por abogado. *In*, ser puesto, l. *Pamintacasinan*.

PINTACASI. pp. Ayudar á otro en la sementera, de gracia. *Mamintacasi*, pedir dicha ayuda. *In*, á quien. *Ipamintacasi*, la obra en que. *Mag-an*, mútuo. *Mag*, tener, buscar intercesor. Á quien, *Pag-in*. La causa, *Ipag*. Lugar, *Pag-an*. *Man*, buscar muchos. Con las pasivas de *Mag*, con la partícula *pan*.

PINTAL. pc. Vide *palapa*.

PINTAL. pc. Cosa torcida, como tabla, bejuco, &c. Vide *Pilipit*.

PINTAS. pc. Tachar, *P. in M. Mamintas*. Lo tachado, *An*. Si mucho, *pagpipintasan*. *Pintasan*. pp. l. *Mapamintas*, l. *Pintasin*, tachador. Sinónomo *polá*. Vide *Libac*.

PINTIG. pc. Dar algo uno con otro. Vide *pantig*, que es mas usado.

PINTING. pc. Lo mismo que *pintig*.

PINTÓ. pc. Hueco de la puerta por donde se entra. *Mag*, poner puerta. *Pintoan*, á donde.

PINTOG. pc. Ampolla. *Mag*, añadiendo *ang camay*, &c. Sinónomo *Lintog*.

PINTOHÓ. pc. Obedecer, *Mamintoho*. Si dos entre sí, *Magpintohoan*. *In*, ser obedecido, l. *Pamintohoan ang mey otos*. La causa, *Y*, l. *Ipamintoho*. Sinónomo *Sonod*.

PINTON. pc. Cesto largo en que echan arroz. *Mamingtong cayo*, tomar cada uno un cesto. *Mag*, hacer, usar, meter algo en él. Lo que, *In*. Tambien *Maminton*, ir por él.

PINTONG. pc. Igualdad en cualquiera cosa que se echa en cesto ó vasija. Tambien ser igual á otro en asiento, ciencia, &c. *Nagcaca, nang bait, nang pag locloc, nang pagsisilid*.

PINUGAYAN. pp. l. *Pinogay*, lo que se rae de la medida.

PINUGOT. pp. Un arroz negro. Sale de *pugot*.

PINYA. pc. Lo mismo que *piña*, *pinyahan*, el piñal.

PIPAY. pc. Vide *paypay*.

PIPÍ. pp. Labar ropa, *Mag*. Si mucho, *Mag*. pc. *An*, lo que. Si mucho, *Pag-an*. pc. El agua, ó persona para quien, *Ipag*. *Na*, l. *Nangapipi cami nang manga sugat*, estámos heridos de muchas heridas. Itt. *Nagcapipi aco*, l. *Cami nang tubig*, estamos mojados. Sinónomo *Tigmac*.

PIPI. pp. El mudo. *Ma*, estar así. *Ica*, la causa. Abstracto, *Capipihan*. pp. l. pc.

PIPI. pp. Esterilidad en la muger, fruta desmedrada y vana. *Ma*, estar así. *Ica*, la causa.

PIPI. pp. Un árbol de hoja grande como el *Talisay*.

PIPÍ. pp. Pan de jabon. *Capipi*, un pan. Vide *Tipi*.

PIPÍ. pp. Labrar barro, *Namimipi*. La tierra labrada, *pinipipi*. Donde, *pinamimipian*.

PIPIC. pp. Vide *picpic*. pc.

PIPICAT. pp. Talaquitoc pequeño.

PIPIG. pp. Arroz verde tostado y majado. *Mag*, hacerlo. *In*, l. *Y*, el arroz. Sinónomo *Doman*.

PIPIL. pp. Estar detenido por falta de viento. *Napipilan tayo nang hangin*. *Napipilan nang caniyang pilac*, le faltó.

PIPIS. pc. Sacar las pepitas del algodon por prensa. *Mamipis*. El algodon, *In*. Á donde, *An*. Con que, *Y*. *Pipisan*, l. *Pamipis*, l. *Anac pipis*, instrumento.

PIPIS. pc. Lo mismo que *Liguis*, con los juegos del antecedente. Es metáf.

PIPISIC. pc. Un árbol de este nombre.

PIPIT. pc. Un pájaro muy pequeño. *Gagapipit ca*, eres como un pajarillo.

PIRA. pc. Dicen *Ibang pinira ang saquit*, sanó en un momento.

PIRA. pc. Parece que es lo mismo que *piral*, suelda ó liga.

PIRAL. pp. Pellizcar, *P. in M*, l. *Mag*. Si mucho, *Mag*. pc. Andar pellizcando, *Mamiral*. *In*, el pellizcado. Si mucho, *Pag-in*. pc. Con que, *Y*. Vide *Corot*. pc. *Pindot*. pc.

PIRAL. pc. Una mezcla de plata con que forjan el oro. *Mag*, soldar. *An*, lo que. *Y*, con que.

PIRALÍ. pc. Cal.

PIRAT. pp. Adelgazar el algodon para ventosa, *P. in M*, l. *Mag*. Lo que, *In*; l. *Pinag*.

PIRAT. pp. Lo mismo que *Piral*, *Corot*. pc.

PIRING. pc. La toquilla que ponen en la cabeza. *Mag*, atarlo así ó á otro. El paño, *In*. La cabeza, *An*.

PIRING. pc. Menear todo el cuerpo como los niños cuando lloran y estan enojados. *Pipiringpiring*, l. *Mag-an*. Á quien, *Piringpiringan*. Con que ó causa, *Ipag*. Sinónomo *Tamsic*. pc. *Parac*. pc. Vide *Palag*. pc.

PIRIS. pp. Un género de fruta agridulce. Sinónomo *Bilucao*.

PIRIT. pc. Vide *Pipit*.

PIRLIS. pc. Apretar con los dedos retorciendo. *P. in M*. Si mucho, *Mag*. *In*, lo estrujado. Si mucho, *pag-in*, reduplicando. Sinónomo *pindot*. *Piral*. Vide *pitpit*.

PIRO. pp. Desgranar con los dedos, *P. in M*. Si mucho, *Mag*. Lo que, *Hin*. Si mucho, *pag-in*. pc. con que, *Y*. Sinónomo *pihit*, *pirol*.

PIROL. pp. Menear el cuerpo, como cuando las mugeres se enojan ó chiquean, *pipirolpirol*.

An, á quien, redup. La causa, *Y*, redup. la raiz. Vide *Taquilid*.

PIROL. pp. Encorvarse hácia adelante, poniendo las manos en la barriga, *Vm*, l. *Mag*. Redupl.

PIRONĜOT. pc. Alcanzar parte en lo que se reparte. *Napipironĝot sa aquin*, l. *Napironĝot aco*, me alcanzó parte.

PIROROTONG. pp. Un género de arroz, *Malagquit*.

PIROT. pp. Lo mismo que *piro*.

PIROT. pp. Pellizcar con los dedos recio, ó con las uñas, *P. in M*, l. *Mag*. *In*, á quien.

PIRPIR. pc. Cortar palos ó cañas en trozos. Vide *pinlir*.

PIRPIR. pc. Un cesto de diez á catorce cavanes. Sinónomo *Sasag*.

PIRPIR. pc. Cortar á lo largo, *Vm*. Á quien, *In*. Con quien, *Y*. Á donde, *An*.

PISÁ. pc. Quebrar, como nuez, huevo, &c. *Ma*. Si acaso, *P. in M*, l. *Maca*. Si mucho, *Magpipisa*. Lo quebrado, *pisin*. Á donde, ó á quien, *pis-an*. *Y*, con que. Sinónomo *Omog*.

PISÁ. pc. Reventar la postema, sacar la gallina los pollos, batir las olas á la playa, *Ma*. Los huevos, *Y*. De donde, *pinamisan*. *Pinipisà ang matigas na loob*, quebrantar malas costumbres.

PISA. pp. Almendras silvestres. *Mamisa*, ir á cogerlas.

PISAC. pc. Cegar de ambos ojos. *Ma*, estarlo. *Ica*, la causa. *Capisacan*, abstracto. Propiamente es cegar por haberse quebrado el ojo, *Vm*, l. *Mag*. Los ojos, *In*. Á quien se los quebró, *An*. Sinónom. *Lapisac*.

PISAN. pp. Todo, ó todos generalmente. Adunarse ó juntarse, *Mag*, l. *Magca*. *In* l. *Pag-in*, lo que. *Pinagcacapisanan*, á donde. *Ipag*, la causa. *Y*, lo que se junta á otro. *An*, á donde. *Napipisanan nang hirap*, se juntaron en él todos los trabajos. Sinónomo *Tipon*. Tambien lo que decimos meras ó puras. *Pisang rosas, pisang bulaclac*, meras rosas, puras, &c.

PISAN. pp. Muerte repentina. *Maca*, matar asi. *An*, ser muerto, ó morir. *Pinisanan*, maldicion muy grande.

PISAN. pc. Marea, creciente muy grande. *Mag*, crecer asi.

PISANG. pp. Partir algo, como pan, con la mano, *P. in M*. *Magpisang quita*, partamos. *An*, á quien se dá repartiendo. *In*, la cosa partida.

PISANG. pp. Quebrar losa. Vide *Tipac, biac, pinĝas*. pc.

PISAO. pc. Un cuchillo pequeño para limpiar bejuco. Sinónomo *Bacoco*.

PISCAL. pc. El fiscal. *P. in M*, coger en pecado. Á quien *In*, l. *Na*. *Namimiscal*, rondar para coger.

PISÍ. pp. El hilo de acarreto. Vide *pita*.

PISÍ. pp. Mecha de arcabuz. *Mag*, hacerla, *In*, ella.

PISIG. pp. Un género de cañas fornidas y fuertes. Sinónomo *Batibot*. De aqui, *pisig*. pc. *na tauo*, l. *Cuhuy*, hombre fornido, palo fuerte.

PISIGAN. pp. Membrudo, macizo.

PISIL. pc. Ablandar con la mano, apretar con ella, *P. in M*. Si muchas veces, *Magpipisil*. Lo apretado, *pislin*. Si mucho, *pagpipislin*. La cosa, *pislan*. *Di mapisil ang ilong*. no hay que tocarle los vigotes.

PISNĜI. pc. Mejilla. *Pisnĝihan*. pp. De grande.

PISNI. pc. Vide *pisnĝi*.

PISONG. pc. Tierra desigual. *Pisongpisong na lupá bocolbocol, pingsolpingsol*.

PISOS. pp. Un real de á ocho. *Mamisos*, á cada uno un peso, ó cosa que lo vale. *Nagmamamisos*, dar á tomar á peso. *Pinipiso*, apreciado en un peso.

PISOT. pc. Fruta ya formada sin carne ni jugo, como no sea plátano ó fruta de palmas.

PISOT. pc. Lo mismo que *Pitic* en el comintang.

PISOYOC. pp. Pito de palmas. *Mag*, silvar. Á quien, *An*.

PISPIS. pc. Limpiar alguna cosa con mano, trapo ó escoba, &c. *P. in M*. l. *Mag* Si mucho, *Magpipispis*. *In*, lo limpiado, Si mucho, *pagpispisin*. De donde, *pispisan*. Si mucho, *pagpipispisan*. Con que, *Y*. Si mucho, *Ipagpi*. Sinónomo *Pahir*. Vide *Ualis*, *pagpag*.

PISPIS. pc. Agotar algo sin dejar rastro de ello, con los mismos juegos. Sinónomos *Simot*, *obos*.

PISPIS. pc. Pollo de la paloma ó de otra ave.

PISTÁ. pc. Menospreciar, no hacer caso, *Mag*. Á quien, *An*. Lo que, ó con que. *Y*. Vide *Pulà*, con sus juegos.

PISTA. pc. Fiesta. *Mag*, celebrarla. *Ipag*, porque, ó por quien. *Pag-han*, el santo. *Panpista*, vestido para las fiestas.

PITA. pp. Apetecer algo, gustar, *Mag*. Si mucho, *Mag*. pc. Lo apetecido, *Hin*, l. *Pag-hin*, l. *Pag-han*. La causa, *Ipag*. *Vm*, ir apeteciendo. *Hin*, lo que. *Mamimita*, frecuent. De aqui *Magpita ca sa aquin nang ano mang ibig mo*, pídeme todo cuanto quisieres. *Ang pita nang loob co*, mi deseo. *Arao na capitapita*, dia apetecible.

PITÁ. pc. Tierra baja, aguanosa. *Mapitang lupá*. Sinónomo *Timac*.

PITA. pc. Estar cosa de ropa muy empapada en agua, *Ma*. Vide *Pigta* y sus juegos.

PITA. pc. Estar sentida la pierna ó el brazo por la coyuntura. *Mag*, concertar huesos. Lo que, *Hin*. *Pitahin mo ang camay co, at nauual yata*.

PITAC. pp. Cajon de sementera, division. *Mag*, l. *Magca*, estar dos cosas divididas. *Ninitac*, tomar su parte. Ella, *In*. *Mag*, repartirla entre sí. *Pag-in*, las cosas. *Y*, por que. *Pitacpitac*, cajoncillos.

PITAGAN. pp. Honra, respeto, *Mag*, comedirse. *Pagpipitaganan*, á quien. En que, ó causa. *Ipag*. Vide *Sagap, alangalang, Nĝilanĝila*. Nombre, *Ma*, l. *Mapag*.

PITAHÁ. pp. Sospecha que ha de ser asi, *Mag*. De quien, *pag-an*. Lo sospechado, *In*. La causa, *Ipag*. Sinónomo *Hinalà*, *sapantaha*.

PITANDAAN. pc. Concierto, concertar, *Mag*. Por que, *Ipag*. Lugar, *pag-an* Sinónomos. *Tipanan*, *palatandaan*, *tacdà*.

PITAO. pc. *Napitao*, quiere decir *Napunĝi*.

PITAS. pc. Dividir una cosa de otra, como la fruta del racimo, *P. in M*, l. *Mag*. Si mucho, *Magpipitas*. Lo dividido, *In*. Si mucho, *pagpipitasin*. De donde, *An*. Si mucho, *pagpipitasan*. pc. La causa, *Y*, l. *Ipag*. Sinónomo para la fruta, *puti*. Para los demás, *Siuang*.

PITAYÁ. pp. Concierto entre dos. *Mag*, concertar, l. *Magpitayan*.

PITHÍ. pc. Lo mismo que *pitho*.

PITHI. pc. Un género de cajuela como hostiario.

PITHO. pc. Un nombre de un antiguo que le tenian por profeta. Sinónom. *Pithi*.

PITI. pc. Fruta sin carne por muy tupida.

PITIC. pc. Papirote. *P. in M*, darlos. *Pictin*, l. *Pitiquin*, Á quien. Si mucho, redupl.

PITIC. pc. Chispear el fuego, *Mamitic*. Si mucho, *Magpipi*. Á quien, *Na-an*. Vide *pilantic*, *litic*. *Namimitic ang loob niya nang galit*, echa chispas de enojo.

PITIPIT. pp. Dar tormento para que confiese. *Mag*, l. *Ninitipit*, atormentar. Si mucho, *Magpa*. El Juez, *nagpapapitipit*. El atormentado, *In*, l. *Pag-in* pc. Causa, ó con que, *Y*, l. *Ipag*. Sinónomo *Alipit*.

PITIPIT. pp. Tambien lo mismo que *pilipit*.

PITIS. pp. Apretar enrollando, *Mag*. Lo apretado, *In*. Si mucho, *paca*.

PITIS. pp. Delgadez de cintura, *Mapitis na bayauang*.

PITIS. pp. Media ganta. *Sangpitis*, una. Sinónomo *Caguitnaan*.

PITIS. pp. Chapas de bronce, que servian de moneda, con un agugero en medio. *Mag*, jugar á las chapas. *Ipag*, por lo que. *Pag-an*, lugar ó el dinero sobre que. *Magpa*, frecuent.

PITO. pc. Siete. *Pitohin*, lo ajustado á siete. *Paghin*. pc. Dividido en siete. Vide *Anim*, con sus juegos.

PITOGO. pp. Un arbolillo que dá piñones.

PITOHAN. pc. Medida de siete gantas.

PITOLON. pc. Encomendar, suplicar, *Mag*. Lo que, *Ipag*. Á quien, *Pag-an*. Sinónomo *Bilin*. Vide *paquiuani*.

PÍTOS. pp. Vide *Tampal*.

PITPIT. pc. Coger la mano ó el pie entre dos palos, machucar, moler, *P. in M*. Si mucho, *Mag*. Lo que, *In*. Si mucho, *Pag-in*. El lugar, *An*, l. *Pag-an*. Con que, *pamitpit*. *Pitpitan*, sobre que. *Na*, lo que es cogido entre dos palos.

PITPITAN. pp. Sobre que machacan algo.

PITAYAAN. pp. Pena señalada para ejecutarla luego en el que falta en lo concertado. *Mag*, señalarla entre los del concierto.

PIYAIS. pp. Lo mismo que *piyapis*.

PIYAIT. pp. Desmedrado por trabajar. *Namimiyait*, estarlo. *Napipi*, haber quedado. *Niniyait ang Panginoon sa alipin*, lo consume haciéndole trabajar.

PIYAOS. pp. Serraduras de la sierra.

PIYANGCÁ. pc. Vide *Saclang*.

PIYAPIS. pp. Vide *Pilapis*, *palispis*, *hapay*, y sus juegos.

PIYIC. pp. Estrujar con los carcañales algo, *P. in M*. Lo que, *In*.

PIYING. pc. Nudo ciego. *Mag*, atar así. *Y*, l. *An*, lo que. *An*, á quien. *Pag-an*, á donde.

PIYING. pp. Orilla de monte ó camino. *Namimiying*, ir por ella. Vide *piling* y sus juegos.

PIYING. pc. Cerrar el agugero de la oreja ó herida honda, *Namimiying*. l. *Mag*. *Houag mong papagpiingin*, no lo dejes cerrar.

PIYIPOY. pp. Colear el animal. Vide *payipoy*.

PIYO. pp. Gota. *Piyohin*. pp. Gotoso.

PIYO. pc. Tronchar, *Mag*. Lo que, *Hin*: se usa poco.

PIYO. pc. Torcer bejuco para hacer cuerda, *P. in M*. Lo que, *Hin*. Con que, *Y*.

PIYO. pc. Enredar el viento las ramas del árbol, *Naca*. Ellas, *Na*.

PIYOC. pc. vuelta de la vela, ó cambiarse ella. *Ma*, l. *In*, ser cambiada. *Pinipiyoc ang layag nang amihan*, el Este cambió la vela.

P antes de O.

PO. Palabra que denota respeto y reverencia, y corresponde á Señor. *Papopò*, decirla. *Pinopopó*, l. *Pinopopoan*, á quien. Frecuent. *Mapag*. Si muchas veces, *Mamopo*. Á quien, *Pamopoin*. La boca, *Ipamopo*. Donde, *Pamopoan*. Frecuent. *Mapamopo*, l. *Mapopoin*. Adviértase que pospuesto es de una sola sílaba, pero nombrándolo es de dos; y quede advertido para las otras partículas de una sílaba. *Ang popo ang marami, cun magusap*, cuando habla dice muchas veces *Po*.

POAG. pp. Lo mismo que *polac*.

POAS. pp. Estregarse las piernas con el zumo de este árbol ó corteza para que no le muerdan las sanguijuelas. *Mag*, untarse con ella. *An*, las piernas. *Mamoas*, cogerla. *In*, ella. *An*, donde.

POAU. pc. Lo mismo que *polau*. Tambien el renuevo en el pie del *Gabi*.

POCÁ. pp. El tronco del harigue que está podrido. *Pocang bangca*, podrida.

POCÁ. pp. Lo mismo que *Guipó*, pc.

POCAN. pp. Cortar árboles grandes. Vide *Popol*.

POCÁS. pc. Librarse ó eximirse de algun mal, *Naca*, l. *Na-an*. *Ica*, la causa.

POCÁS. pc. Esceptuar algo, ó dejar unos, sacando otros. *Mag*, dejar así. *An*, á quien. *Ipag*, porque, *Pag-an*, donde. *Mapag*, frecuent. *Si Pedro lamang, ang napocasan nang salot*, solo Pedro se escapó de la peste.

POCAS. pc. Úsase con la negativa. *Ualang pocas ang langit nang dilim*, quiere decir que el cielo está de lluvia.

POCAT. pp. *Popocatpocat*, lo mismo que *Totocatoca*.

POCLAY. pc. Flojo. Vide *Tugday*.

POC-LO. pc. Lo último de la barriga inmediate ad partem verendam.

POC-LÓ. pc. Tronchar. Vide *Ocló* pc. *Oglo*, *bali* pc.

POCNAT. pc. Despegar. Vide *pacnit*.

POCO. pc. Dicen las mugeres como los hombres *Po*, y se juega como él.

POCOL. pc. Tirar ó arrojar, como piedra ó con piedra, *P. in M*. Y si mucho, *Mag*, redupl. *Poclin*, lo apedreado. Si mucho, *pag-in*, redupl. *Y*, con que, l. *Ipag*. Reduplicando *Poc-lan*, *pocolan*, á quien ó á donde.

POCOL. pc. Quebrar una cosa contra otra, *Mag.* El uno, *In.* Los dos, *pinag.* De aqui jugar con los cocos quebrándolos, con los mismos juegos del antecedente.

POCOL. pc. Golpe en la cabeza. *Mag*, darse. *Na*, acaso. *In*, serle dado. *Nagcaca*, topetear acaso.

POCOS. pc. Forzar, *Mag.* Á quien, *In. Ma*, estar asi violentado. La causa, *Ica*, l. *Naca.* Es Visaya, pero usada.

POCOT. pp. Chinchorro. *Mamocot*, pescar con él. *Ma*, l. *In*, lo cogido. *Pamocotan.* pc. Á do. *Ipamocot*, la red con que. Tambien *pinamocotan*, lo pescado. *Pinocot nang manġa cauay*, le cercaron.

POCOTPOCOT. pc. Pepinillo de San Gregorio. Sinónomo *Taboboc.*

POCOY. pp. Lo mismo que *Suboc.*

POCTO. pc. Tronchar el pescuezo, *P. in M.* Si mucho, *Magpopocto.* A quien, *Hin.* Si mucho, *pagpopoctohin.* Con que, *Y.* Vide *Potol, Songlo.*

POCTO. pc. Hincharse los ojos ó párpados, *Namomocto.* La causa, *Ipamo.* A quien. *Pamoctohan.* Frecuent. *Mapamocto. Pamoctohin*, el que los tiene asi de contiauo.

POCTO POCTO. pc. Hacer algo á pedazos. *Pocto pocto ang pagualis mo*, barres á retazos.

POCYOT. pc. Un género de zacate.

POCYOTAN. pp. Abejas que sacan miel. *Polot pocyotan*, miel de ellas. Vide *panilan.*

POGA. pp. Vide *pamoga.*

POGA. pc. Viga que sirve sin partirla con la sierra. *Pinopoga co. Pogahin mo iyang cahoy*, haz viga de ese palo: asi lo dicen en Antipolo.

POGAHAN. pp. Palma silvestre.

POYAPOS. pc. Vide *pilipit.*

POGUITÁ. pp. Pulpo. Sinónomo *Bangcota.* pp.

POGLAY. pc. Vide *poclay.*

POGLO. pc. Vide *poc-lo.*

POGO. pp. Codorniz de la tierra. *Mamogo*, cogerlas. *Capogoan*, donde hay muchas.

POGO. pp. Arrancar las plumas de la cola del gallo, *P. in M.* Las plumas, *In.* El gallo, *An.* De aqui sale el nombre *pogo*, porque la codorniz no la tiene. Y el gallo sin cola se llama *pogo.*

POGONG. pp. Atar la boca de la bolsa ó costal plegándola, *Mag*, l. *P. in M.* Si mucho, *Mag.* pc. *In*, lo plegado. Si mucho, *pag-in*, pc. *Y*, con que. *Mag*, meter algo en el cesto, atar los cabellos por las puntas, tapar la boca con la mano, con los mismos juegos.

POGONGUBAT. pp. Pogo del monte.

POGOPOGÓ. pc. Vide *Nogonogo.*

POGOR. pp. Un palo con que tiñen el *quilang*, que es su vino.

POGOS. pp. Esprimir la ropa mojada, quitar alguna mancha de ella, *P. in M*, l. *Mag.* Lo que, *An.* Con que, *Y*, Lugar, *pag-an.*

POGOS. pp. Raiz de una yerba á modo de juncia. Sinónomo *Apulir*

POGOT. pp. Degollar, quitar la cabeza, *P. in M.* Si mucho, *Mag.* Frecuent. *Mamogot.* pp. La cabeza, *In.* A quien, *An.* Con que, *Y.* Sinónomos *puyoc*, *tongol. Mag*, degollarse así mismo.

POGOT. pc. Negro, malabar, matizado. *Uicang pogot*, habla de negros.

POGPOG. pc. Podrirse las maderas por la punta, *Namomogpog.*

POGTÓ. pc. Quebrar ó cortar el cordel ó atadura, *Maca.* Lo cortado, *In.* Acaso, *Ma.*

POGTÓ. pc. Desencajarse alguna cosa de su lugar, *Napogto ang isa cong tadyang*, se me desencajó una costilla.

POGTOPOGTO. pc. Vide *poctopocto.*

POHON. pp. Pedir licencia con sumision. *Namomohon*, el que. *Ipinamomohon*, por lo que. *pam-an*, á quien. Otros quieren que se pronuncie, *pohon.* pc.

POHONAN. pp. El principal con que se emplea. *Mag*, ponerlo á ganancia. *In*, el principal. *Na*, habérsele menoscavado. *Magpa*, dar ó prestar algun principal. *Dalauang pouo ang pinohonan co, bago aco,i, napohonan sa inyo, at itlan lamang ang natira*, veinte os dí de principal, y apenas me ha quedado de él. *Papohonanan*, á quien. *Mamomohonan*, participar, valerse del principal de otro. *Pinamomohonanan*, de quien.

POHONAN. pp. Castigo, cayendo en desgracia de otro. *Napopohonan aco sa Panġinoong Dios, sa casalanan co*, recibí de Dios la merecida pena por mi pecado. *Mag*, castigar asi. Sinónomo. *Bosong.* pp.

POIL. pp. Vide *Tulatod.*

POYPOY. pc. Úsase con la negativa. *Hindi mapoypoy alaalahin, ang pagca Dios nang Dios*, es incomprensible Dios.

POIS. pp. Tronchar. Vide *piyo.*

POIS. pp. Afan por lo estrecho del lugar, por lo pesado de la carga. *Popois pois nang big-al*, anda afligido con lo pesado de su carga.

POLÁ. pp. Desacreditar tachando á otro, *P. in M.* Si mucho, *Mag.* pc. *An*, á quien. Si mucho, *pag-an.* pc. Causa ó tachas, *Y.* Si mucho, *Ipag.* pc. *Mamomola*, frecuent. Tambien tachador, l. *Mapamo.* Sinónomos, *Pintas, Libac.*

POLÁ. pc. Colorado, *P. in M*, l. *Mamola*, irse poniendo. En Manila, *Vm. Mag*, hacer tal color, vestirse de él. *Hin*, lo teñido. *Han*, aquello que se unta. Vide *Himola.*

Nola ang sampaga
noti ang gumamela.

Medra el ruin y padece el bueno.

POLAHAN. pc. Unas mantas de varios colores.

POLAC. pp. Desmochar árboles grandes, *Mag*, l. *Mamolac*, l. *Molac.* Lo cortado, *In.* Lugar, *An*, l. *Pinamumulacan.* Tambien es desmontar, con los mismos juegos.

POLAC. pp. Camino cerrado de árboles y ramas. *Napopolacan itong daan.*

POLALANĠÁ. pc. Un pájaro.

POLANĠÁ. pc. Lo mismo.

POLANĠAN. pp. Division, tropa, ó escuadra. *Dalauang polanġan. Tatlong polanġan*, &c. Vide *Tampil.* pc.

POLANĠITAN. pp. Corage, enojo grande, *Mam.* La causa, *Ipam.* Contra quien, *pam-an.* Sale de *pola* y de *Inġit.* Vide *Muyanġit.*

POLANĠOS. pc. Deslizarse, resvalarse, *Maca*, l. *Ma.* De á dó, *Ca-an.* La causa, *Ica.* Vide *Botao.*

POLAO. pp. Estarse en vela toda la noche cuidando al enfermo. *Mag*, desvelarse. *Pag-an*, el enfermo. La causa, *Ipag*. *Ma*, estarlo. *Polauin mo ang bangcay*, vela al difunto.

POLAPOL. pp. Vide *polapot*, manchar.

POLAR. pc. Los cañoncillos tiernos que nacen al ave. *Namomolar*, salirle. *Mag*, poner plumas en las flechas. *An*, la flecha. *Y*, las plumas.

POLAS. pc. Volver á la parte de donde salió, *P. in M.* Si mucho, *Magsi*. De á dó, *An*. La causa, *Y*. *Nacapolàs na si cuan*, se escapó.

POLAS. pc. Irse como la enfermedad. *Nolas na*, l. *Nagpalas na ang saquit*. *Lagnat*, ya se fué. *Napolasan siya sa saquit*, l. *Nacapolas*, se escapó. Vide *pocas*.

POLAY. pc. Nombre adjetivo de cualquiera cosa alta sin proporcion. *P. in M*, ponerse tal. *Y*, la causa. *Mag*, poner algo asi. *In*, lo que. *Capolayan*, la desproporcion.

POLAYAGAN. pp. Un árbol grande.

POLHOC. pc. Lo mismo que, *pisan*. *Sangpolhoc na lupa*, por desprecio como pequeña.

POLIAGAN. pp. Mastil, trinquete.

POLIHAN. pp. La laguna de Bay. *Mam*, ir á ella. *Ipam*, lo que llevan para contratar. *An*, donde. *Na*, *pam-an*, lo ganado.

POLILAN. pp. Lo mismo que *polihan*. Tambien todo lo que cae á la izquierda del Oriente en la Laguna, como Pila, Lomban. Á los que están al Oriente, como Paete, Pangil, llaman *Silanĝan*. Salir á Pila y Lumban es *Namomolihan*; á Paete, y Pangil, *Naninilanĝan*.

POLIN. pp. Lo mismo que *puli*.

POLINTAN. pc. Nombre de un principal antiguo.

POLO. pc. Pedir cosillas, menudencias, *Mag*. Lo que, *Hin*. Á quien, *Han*. Si mucho, ó á muchos, *pag-hin*, *pag-han*. *Vm*, l. *Man*, buscar lo que se le perdió.

POLÓ. pp. Isla. *Magca*, haberla de nuevo. *Mapoló*. pc. Estar aislado. *Mag*. pc. Vivir apartado. *Popolopolo*, apartadijos.

POLÓ. pc. Diez. *Tigmomolò*, l. *Mamolò*, á cada uno diez. *Magtigmomolò*, l. *Magmamolò*, tocar á diez. *Icapolo*, el décimo. Vide *Anim*, con sus juegos.

POLÓC. pc. Plumas ó garzotas del pescuezo del gallo. *Namomoloc*, erizarse. *Mag*, l. *Mag-an*, pelear uno con otro.

POL-OC. pc. Vide *polhoc* y sus juegos.

POLOHAN. pp. Cabo de cuchillo.

POLON. pp. Junta de personas ó cosas. *Mag*, juntarlas ó juntarse. *Ma*, estar asi. Y si muchos montones, *Nagcapopolonpolon*. *In*, lo juntado. Sinónomos *Tipon*, *lipon*.

POLON. pp. Devanar *P. in M*, l. *Mag*. Lo que, *In*. Con que, *Y*. En que, *An*. Lugar, *pag-an*. Frecuent. *Mapolonin*, l. *Mapag*. Devanador, *Polonan*. pp.

POLONAN. pp. Devanador.

POLONG. pp. Cabildo, junta ó consejo. *Mag*, juntarse. *Ipag*. l. *Pag-an*, el negocio sobre que. *In*, ser convocado. Si muchos, *Pag-in*. pc. *Capolonĝan*, abstracto. Sinónomos *Tipon*, *sangosapan*, *sanguni*.

POLONG. pp. Obra de comunidad. *Mag*, acudir á ella. *In*, ser llamado. *Ipag*, la persona ó con que. *Magpopolong*, nombre. *Vm*, l. *Man*, andar avisando á cada uno lo que ha de hacer.

POLONPOLON. pp. Las señales de la chinanta ó romana. *Mapolon*, las estrellas que llaman Cabrillas ó Pleyades.

POLOPOLÓ. pc. Lo mismo que *poctopocto*.

POLOPOT. pp. Asirse algo á los pies, *Namomolopot*. Á quien, *Pinamomolopotan*.

POLOPOT. pp. Rodear, enroscar, sea lo que se fuere, animado ó inanimado. *Vm*. l. *Man*, enroscarse asi algo. *Namomolopot*, el que cerca asi. *Napopolopotan*, l. *Pinamolopotan*, á quien ó á donde.

Catitibay ca tolos
sacaling datnan agos
aco,i, momonting lomot
sa iyo,i, popolopot.

Es pedir constancia y firmeza á su patrono, de quien depende.

POLOPOT. pp. Juntarse el enjambre, *Namomolopot*. Á quien cercan, *Pinamomolopotan*. *Polopot*. pc. *Na baguing*, enredado.

POLOPOT. pp. Devanar hilo, algodon, &c. *Mag*. Lo que, *In*. *Na*, estarlo. Vide *Polong* y sus juegos.

POLOS. pp. Sobras de alguna obra. *Mag*, hacer que sobre. Si mucho, *Mag*. pc. *In*, lo sobrado. Si mucho, *Pag-in*. Á quien quitó dicha sobra, *Pag-an*, l. *An*. Acaso, *Na*. La causa, *Ipag*. *Polospolosan*. pp. Sobrillas. Por la de *Vm* y *Man*, buscarlas.

POLOS. pc. De un solo color. *Itim na polos*, negro del todo.

POLOSAQUIT. pp. Lo mismo que *Labesaquit*. pp. Vide sus juegos.

POLOT. pp. Coger del suelo lo que se cae. Pedir poco, *P. in M*, l. *Mamolot*. Si muchos, *Mag*. pc. Lo levantado, *In*. Si mucho, *Pag-in*. pc. Donde, *pamolotan*.

POLOT. pp. Hallarse alguna cosa perdida, *Maca*. Lo que, *Y*. El lugar, *Maca-an*. La causa, *Ica*.

POLOT. pc. Cualquiera miel. *Mag*, hacerla, tratar en ella. *In*, lo hecho. *An*, en donde se hace. *Y*, con que. *Mamolot*, buscarla. *Manpolot*, comprarla. *Houag mo acong polotan*, no me lisonjees.

POLOTAN. pp. Un género de comidilla que comen cuando beben vino. *Mag*, hacerla ó darla. *An*, á quien. *In*, ella. *Mamolotan*, comerla. *In*, ser comida. *Ipamolotan*, á quien se ofrece. Vide *Olam*.

POLOT GATÁ. pc. Leche de coco con miel. *Mag*, hacerla. *In*, los materiales. *Ipag*, la causa.

POLOTONG. pc. Escuadron ó tropa. *Mag*, andar asi. Si muchas veces, *Nagpopolopoloton*. *Capolotonĝan*, abstracto. *Polon*, *lopong*.

POLOTONG. pc. Estar divididos por trechos, *Polopolotong na ramo*. *Ang lahat na manĝa polopolotong na manĝa Angeles*, todas las gerarquías.

POLOTPOT. pc. Arrugado, desmedrado. *Polotpoting palay*. Vide *Palotpot*, *palongpong*.

POLOUAC. pc. Vide *Bolouac*, con sus jueg

POLPOL. pc. El renuevo de la caña dulce, que sale despues de cortada. Chato.

POLBOS. pc. Un género de agenjos.

PONA. pc. Notar cosa nueva, ó la falta de alguno, *P. in M.* Á quien, *Hin.* Porque, *Y.* Donde, *Han.* Frecuent. *Maponahin.*

PONAO. pp. Frio de haberse mojado. *Na,* tenerlo. Es muy usado en el comintang.

PONAS. pp. Barrer, limpiar la olla con trapo y agua. *P. in M. Y,* con que. *An,* lo que. *Maponasin.* Frecuent. *Pamonas,* instrumento para limpiar, como trapo.

PONAY. pp. Una paloma del monte con mancha colorada en el pecho. *Man,* ir á cazarla.

PONCOL. pc. Manco.

PONGAPONG. pp. Una yerba. Sinónomos *Tocorlangit.*

PONGAR. pc. Vide *Mongar.*

PONGAY. pp. Candela ó lámpara que no alumbra bien, ojos como del que se está muriendo. Abstracto, *Capongayan.* pc. Vide *Andap. Namomongay ang mata,* se van cerrando los ojos.

PONGCÁ. pc. Incita á reñir, *P. in M,* l. *Mag.* Á quien, *In.* Porque, *Y.* Donde, *An,* l. *pag-an.* Frecuent. *Mapongcáin,* l. *Mapag.* Es palabra sangleya tagalizada.

PONGCAHÍ. pp. Lo mismo que el antecedente, con los mismos juegos. Tambien *Namomongcahi sa lalaqui,* le incitó ad actus inhonestos.

PONGCÓ. pc. Chichon en la frente, ú otra parte. *Mamongco,* tenerlo. *Ipam,* la causa. *Mag,* hacerle. Á quien, *Pinag. Pongcain cang tauo,* de muchos. Es muy usado en el comintang.

PONGCOC. pc. Ave sin cola. *P. in M,* cortarla. Vide *Parpar, pongos.* pp.

PONGCOL. pc. Toparse como dos cántaros, ó dar á otro con algo en la mano. *Mag,* dar asi. *In,* á quien. *Vm,* topar en otra cosa. *Ma,* acaso. *Magca,* dos cosas. Sinónomo *Ongcol.*

PONGCOL. pc. Vide *Poncol.*

PONGI. pc. Despuntar. *Maca,* acaso. *Na,* lo despuntado. *Vm,* de propósito. *In,* lo quitado.

PONGI. pc. Lo mismo que *Bali. Sundang pungi,* cuchillo sin punta.

PONGIT. pc. Ser derribado de temblor ó viento. *Ma,* l. *In,* ser ó caer. *Ica,* la causa.

PONG-LO. pc. Bala. *Mag,* cargar con ella. *An,* el arcabuz. *Uala nang pong-lo,* se acabó el vino.

PONGLOPONGLOAN. pp. Un arbolillo llamado *Pasao,* una yerba cuya raiz y fruta es medicinal.

PONGOL. pc. Despuntar, tronchar, *Vm.* Las ramas, *In.* Con que, *Y.* El árbol, *An. Na,* caerse los renuevos del árbol. *Naca,* el viento que los derriba.

PONGOL. pc. Quitar la punta á algo. Vide *Pong-ol.*

PONGOS. pc. Cortar orejas, nariz, &c. Pero no manos ni pies. Emparejar cortando las puntas de algo, *P. in M.* Si mucho, *Mag.* pc. Lo cortado, *In.* Si mucho, *pag-in.* pc. De á do, *An,* l. *Pag-an.* pc. Con que, *Y,* l. *Ipag.* pc. *Pongos,* adjetivo. *Pongos na tainga,* cercenada.

PONGOT. pc. Vide *Pongos,* con sus juegos.

PONGPONG. pc. Un atado de palay en espiga. Vide *Guimpal. Namomongpong,* arroz mal granado.

PONGSO. pc. Monton de tierra donde anidan las hormigas. *Nonongso ang lupa,* l. *Namomongso,* amontonarse algo. *Mag,* amontonarse por algo.

PONGTOR. pc. Bajos ó bancos de arena. *Magca.* tenerlos. Sinónomo *Bocol.*

PONLÁ. pc. Almácigo. *Mag,* hacerlo. *Y,* lo que. *Pag-an,* á dó, se pone el semillero.

PONÓ. pp. Principio de donde sale algo, *Mag.* pp. Comenzar á hacer algo. *Pinonoan,* lo que. *Y,* con que, l. *Ipamono. Mamono ca,* comienza.

PONO. pp. Mayoral, principal, cabeza de linage. *Namomono,* irse disponiendo para serlo.

PONO. pp. Superior que gobierna. *Mag,* gobernar. *Pag-an,* á quien. Sinónomo *Alaga.*

PONO. pp. Pie ó tronco de árbol. *P. in M,* l. *Man,* criar pie ó tronco. *Himono,* cortar pie de árbol ó caña. Vide.

PONO. pp. De esta palabra salen varias compuestas, como *ponong cauayan,* tronco de caña. *Ponong catao-an,* membrum virili, natura mulieris. *Ponong banta,* autor de trazas. *Ponong bayan,* cabeza del pueblo.

PONO. pc. Llenar. *Mag,* l. *Maca,* y algunas veces *P. in M.* Lo que, *pon-in.* Á lo que se añade, *pon-an. Capopon-an,* lo que se añade para que se ajuste. *Mag,* cumplir la cosa que faltaba. *Magponó ca nang sangpouo.*

PONOCALA. pp. Vide *monocala.*

PONONG BANTÁ. pc. Autor que dá principio á algo.

POMPON. pc. Vide *pongpong,* con sus juegos.

PONSAC. pc. Monton de zacate.

PONTOC. pc. Cosa alta, puntiaguda, loma ó montecillo. *Nagpapapontoc itong tauo,* se ensoberbece. *Napapa,* estar en lugar eminente.

PONTOG. pc. Vide *Onteg,* con sus juegos.

POOC. pc. Un gusano. Vide *Ooc.*

POOC. pp. Rancherias apartadas. *Ma,* estar. *Ca-an.* pc. Á dó, *Capoocan.* pc. Abstracto: es relativo.

POON. pp. Señor, asi dice el esclavo al amo. *In,* ser llamado asi. Tambien por agasajo. Si está vivo, con el artículo *Si, poong Don Pedro.* Si está muerto, con el artículo *Ang: ang poong si San Ignacio.*

POOT. pp. Enojo. *Ma,* enojarse. *Ca-an,* con quien. *Ica,* la causa. *Mapootin.* pc. El *poot,* es para el hijo, como el *Galit* para el enemigo. *P. in M,* enojar á otro. Á quien, *In.*

POOT. pc. Un género de plátanos.

POPAS. pp. Pasarse la color. *Namomopas.*

POPAS. pp. Desdecir. *Napopopas,* la causa, *Naca,* l. *Ica.* Por *Mag,* deslustrar. Lo que, *In.*

POPAS. pc. Descolorido.

POPÓ. pp. Cortar el árbol por el pie. *P. in M.* Si mucho, *Mag.* pc. *In,* lo cortado, l. *Pag-in.* pc. *Y,* con que, l. *Ipag.* pc. Sinónomos *Hapay, potol.*

POPÓ. pc. Vide *Himay,* con sus juegos.

POPÓ. pc. Vide *Pò.*

POPOC. pc. Antiguamente significaba un ensalmo de la *Catolonan;* ahora es celebrar el parto y nacimiento. *Mamopoc,* celebrarlo. *Pinamopocan,* la recien parida, ó recien nacido.

POPOG. pp. Picar el gallo á su contrario. *Mamopog*. *Y*, ser picado. Tambien las espumas que echan los peces resollando debajo del agua.

POPOL. pp. Albayalde, afeitarse con él la muger. *Mag*, l. *Mamopol*. *An*, el rostro. *In*, l. *Y*, el albayalde. Vide *pahinas*.

POPOL. pp. Coger rosas ó flores, *P. in M*, l. *Mamopol*. Las flores, *In*. Sinónomos *Quitil*, *puti*.

POPOL. pp. Chicharrones. Vide *popor*.

POPONG. pc. Vasija descabezada. *Ma*, estar asi. *Maca*, hacerla. *In*, á lo que. *Capoponĝan*, abstracto. Sinónomo *ponĝi*.

POPONG. pp. Arroz mal granado y desmedrado. *Namomopong ang palay*, estar asi. *Pinopong nang hanĝin*. *Popong*. pc. *na palay*.

POPOR. pc. Chicharron. Vide *popol*.

POPOS. pp. Las hojas del *Gabi*, que aun están plegadas. *Mam*, cogerlas. *Pam-in*, ellas. *Pam-an*, lugar. *Mag*, ponerlas en la olla. *Y*, ella. *An*, la olla. *Mag*, venderlas. *Ipag*, ellas. *Pag-an*, donde. *Mapag*, vendedor.

POPOT. pc. Tapar la boca con la punta de los dedos, *P. in M*. La boca, *In*. Los dedos, *Y*. Persona, *An*. Frecuent. *Mapopotin*. *Mag*, á otros. Con las tres pasivas, con *pag*.

POPOTAN. pp. Una yerba y flor amarilla.

PORAC. pp. La flor del *pangdan*, ó *Sabutan*.

PORAS. pc. Azahar. *Namomoras*, andar buscándole.

PORO. pc. La fruta del buyo. De aqui sale el *pamoro*. Vide supra.

PORO. pc. Los ramales de la disciplina, por parecerse la disciplina al *poro*.

POROL. pc. Embotarse lo agudo. *Maporol*, embotado. *P. in M*, irse embotando. *In*, ser embotado. Vide *Tomal*.

PORONG ANITO. pp. Pimienta larga.

POROT. pc. Vide *pingcas*.

PORPOR. pc. Despuntar cosa aguda, *P. in M*, l. *Maca*. *In*, la punta. *An*, la cosa despuntada. Sinónomo *parpar*. *Namorpor ang tilos*, irse gastando la punta.

POSAC. pc. Brotar mucha sarna, viruelas en el cuerpo, *mamosac*. La causa, *Ipam*. La persona, *pam an*. *Pinuposac nang galis ang catao-an*, l. *Pinuposacan*, l. *Ipinuposac siya nang maraming sugat*, está hecho un Lázaro.

POSAG. pp. Revolverse el pescado en el agua. *P. in M*, l. *Mamosag*. *Mag*, menearse dentro del agua. *Pag-an*, á do, l. *Pinamosagan*. La causa, *Y*, l. *Ipag*. Vide *Sibar*. De aqui *poposagposag*, cuando patea el niño, dá vuelcos el enfermo, y habla el sobervio.

POSING. pp. Vide *Musing*. Vide *poying*.

POSIQUIT. pp. Un pajarillo muy pequeño. *Gagaposiquit*, chiquillo. Vide *poslit*.

POSIQUIT. pc. Lugar embarazado, como matorral. *Sino ang macararaan dito sa posiquit?* quién podrá andar por este matorral?

POSIU. pc. Monton de tierra que dentro está lleno de hormigas.

POSLIT. pc. Salirse de repente lo que está dentro de algo, como las tripas de la barriga. *Ma*, acaso, l. *P. in M*, l. *Mamoslit*. *Y*, la cosa, *ipamoslit*, la causa. *An*, l. *Pinamoslitan*, de á do. *P. in M*, meterse por alguna parte haciendo agugero.

POSÓ. pp. El corazon, la mazorca de plátano. *Mamosó*, salir. *Vm*, ir saliendo. *Mag*, brotarla.

POSOC. pp. Arder algo con llamas dificiles de apagar. *Maposoc na loob*, quien con dificultad se desenoja. *Nagpopoposoc ang loob*, estar asi. *Ipag*, la causa. *pag-an*, contra quien.

POS-ON. pc. El intermedio del ombligo, y lo que se llama, *poc-lo*. *Mamos-on*, orinar.

POS-ONAN. pc. El que lo tiene muy levantado.

POSONG. pc. Altivo, descarado, desaforado. *Mag*, serlo. Con quien, *pag-an*. Abstracto, *Caposònĝan*. Sinónomo, *Bohòng*.

POSONG. pp. El bufon de la comedia. *Mag*, serlo. *Pag-an*, á quien. *Ipag*, sus dichos y meneos.

POSOPOSO. pp. Un árbol.

POSÓR. pc. El hierro de la flecha á manera de punzon. Vide *palasó*. *Vm*, agugerar con él. Lo que, *In*.

POSOR. pc. El moño de las mugeres. *Mag*, hacerlo. *Posdín*, el cabello. *Posdan*. pc. Á quien. *Pamosór*, la cinta con que se ata.

POSOR. pp. El ombligo.

POSOR. pp. El pezon de la atarraya. *Mag*, hacerlo. *An*, la atarraya. *Ipag*, el hilo.

POTÁ. pp. Escaparse de tempestad, ó el pájaro. Vide *pigta*.

POTÁ. pp. Irse los que hacen alguna cosa muy prolongada, como juego, conversacion, &c. *Bahagyana sila nagcapotà*.

POTAC. pc. Cacarear la gallina ó gallo, *P. in M*, *Mag*. Si muchos, *Manĝag*, l. *Magsipag*. La causa, *Ipag*. Vide *Cotac*, *cocooc*.

POTACTI. pc. Abispa.

POTAL. pc. Cortar la punta de algun gran madero, *P. in M*, l. *Mag*. La punta, *In*. Con que, *Y*, l. *Ipag*; pero ha de ser despues de derribado.

POTAL. pc. Sine mora. *Ualang potal*, *ualang licat*.

POTAR. pp. Dar el navío en piedra, *Napopotar ang bangca sa bato*.

POTAR. pp. Un árbol. Sinónomo, *Balinĝasay*.

POTAT. pp. Un árbol de hojas comestibles. *Mag*, comerlas. *An*, la vianda. *Y*, l. *In*, las hojas.

POTAY. pp. La bellota para el buyo. *Mag*, ponerla. *An*, donde.

POTHO POTHO. pc. Vide *Poctopocto*, *polopolo*.

POTO. pp. Plátano.

POTOC. pp. Juncia ó zacate. Sinónomo *Balanĝot*.

POTOC. pc. Estallido, sonido. *P. in M*, l. *Mag*, darlo ó reventar. Si muchas veces, *Manĝag*, l. *Manĝagsipag*. *In*, lo que. Si mucho, *pagpopotoquin*. *Magpa*, hacerlo dar. *Papagpotoquin*, lo que. La causa, *Y*, l. *Ipag*. Por donde reventó, *pinotocan*. Á quien le vino daño, *Mapotocan*. Lugar, *pagpotocan*. *Namomotoc*, torcer los dedos para que suenen, *Manghihimotoc*, sonar asi los dedos. *Hinihimotoc*, ser asi estirados. *Hinimotocan*, á quien.

POTOCAN. pp. l. *Potocpotocan*, una yerba.

POTOL. pp. Cortar, *P. in M.* Si mucho, *Mag.* pc. Frecuent. *Mamomotol.* Lo cortado, *In*, l. *Potlin.* Y si mucho, *Mag*, redup. De á do, *Potlan*, ó la persona para quien se corta. *Potlan mo aco nang sandipang damit*, córtame una braza de ropa. *Pinagpotlan*, por do se cortó algo, ó cortaduras, ó persona con quien partió algo. *Y*, l. *Ipag*, instrumento. *Ilan ang potol*, cuántos pedazos se le quitaron al todo; pero *Ilan capotol*, en cuántos pedazos está dividido? *Ilan capotolan?* pc. Cuántos golpes tiene?

POTOL. pc. Manco. Adjetivo.

POTONG. pp. Corona, guirnalda ó paño. *Mag*, traerlo, l. *Mamotong.* La cabeza, *An. Pag-an.* pc. Si mucho. *Y*, l. *In*, el paño. *Ipamotong*, l. *Ipag*, el paño ó la causa. *Mag*, ponérselo á otro. *Y*, lo que. *An*, á quien. Si mucho, *Ipag, pag-an.*

POTONG AETA. pp. Una culebra pintada.

POTONGMANGAYAU. pp. Vide *posag*, con sus juegos.

POTOS. pc. Llenarse de lepra, calor, &c. Cubrirse con la manta pies y cabeza. *Ma*, estar cubierto. *In*, ser cubierto de lepra. *Nagpapacapotospotos*, arrebujarse.

POTOSAN. pc. La cáscara de caña, árbol, &c. en que envuelven el copo de algodon para hilar. *In*, ser aplicado á esto.

POTOT. pp. Quebrar el pescuezo, *P. in M.* Lo que, *Ipag.*

POTOTAN. pp. Un árbol.

POTPOT. pc. Quitar la cáscara del algodon. *P. in M*, l. *Mamotpot*, l. *Mag.* Lo que. *In*, l. *Potpotan.* Con que, *Y.*

POUA. pp. Vide *Lagsac. Pouahin mo*, lo mismo que *Lagsaquin mo.*

POUANG. pp. Vacío, espacio. *Magca*, haberlo de nuevo, l. *Ma.* Hacerlo, *Mag.* Á que. *pouangan.* Sinónomo *Siuang.*

POUAS. pp. Sacar fuego con cañas. Vide *poyos.*

POUAT. pp. Desvanecimiento, caerse lo mal asentado. *Napouat ang tapayan*, se cayó la tinaja por mal puesta. *Popouatpouat si cuan nang pagca lango*, se vá cayendo de borracho. Metáf.

POUAU. pc. Vide *poau.*

POUO. pp. Diez. *icapouo*, el décimo. *Sa icapouo*, el diezmo. *Sangpouo*, un diez. *Sa icapouoan mo aco*, tráeme algo, &c. Sinónomo *polò.*

POYAIS. pp. Refregar un palo con otro, trabajar con teson. *Mag, nang pag gaua.* Con que, *Ipag.* La obra, *pag-an.* Los palos, *In*, l. *Pinag.*

POYAIT. pp. Lo mismo que *poyais.*

POYANGIANG. pc. Vide *Lacdang.*

POYAO. pp. Zumo de caña dulce.

POYAPOG. pc. Estar muy cansado de puro trabajo. *Na*, estarlo, l. *P. in M.*

POYAT. pp. Desvelarse, trasnochar. *Ma*, estar desvelado. *Mag*, estar en vela guardando algo. *Ma*, estarse durmiendo. *Maca*, causar. *In*, á quien. *Quinapuyatan*, l. *Ica*, la causa. *P. in M*, desvelar á otro. Á quien, *In.* Vide *Tuca, lamay.*

POYING. pp. Mota que cae en los ojos. *Ma*, los ojos ó persona á quien. *Maca*, la mota. *Ica*, la causa. Sinónomo *Sorot.* pp.

POIL. pp. Lo mismo que *Sonod. Hindi co napopoilan siya*, lo mismo que *Hindi co sinosondansondan. Capoilpoil co siya*, lo mismo que *Casonodsonod.*

POYO. pc. Remolino en los cabellos. *Poyohan.* pc. Ser conocida la bondad por ellos. Vide *Toctoc.*

POYO. pc. Remolino de viento *P. in M*, l. *Popoyopoyong hangin.*

POYO. pc. Refregar algo entre las manos, como ajándolo. Sinónomo *Coso*, y es mas usado.

POYO. pp. Alforja ó bolsa grande en que meten la ropa. *Mag*, meter algo en ella. *Y*, lo que. *An*, la bolsa en donde.

POYOPOYO. pc. Vide *Poyo.*

POYOPOYO. pc. Una cajuela ó cañuto de coco, en que echan pedacitos de oro ó plata. Tambien alforja ó bolsa grande.

POYOC, pp. Degollar. Vide *Pogot*, con sus juegos.

POYOC. pc. Estar la gente ó animales en corrillos. *Magca*, l. *Napoyocpoyoc sila. Pinopoyoc*, ser juntados. Sinónomos *Lipongpong, Limpoyoc.* pc.

POYOC. pp. Comer el perro animales muertos. *Namomoyoc.* Lo que, *Pinopoyocan*, l. *Pinamomoyocan. Namomoyoc sa Bayan*, anda en malos tratos. Metáf.

POYOC. pp. Picar el gallo vencedor al vencido, morder el perro. *Mag.* pc. l. *Namomoyoc.* Á quien, *pag-an.* pc. l. *Pam-an.* pp.

POYOPOY. pp. Estaca de la cerca. Vide *Tolos*, y aplicarle sus juegos.

POYOR. pc. Lazada de los cabellos. *Vm*, l. *Mag*, hacerla. *In*, el cabello. *Mag*, poner en él algo, como sampaga, peine, &c.

POYOS. pc. Sacar fuego, *Mag.* En donde, *pag-an.* Con que, *Ipag.* Vide *Paouas.*

POYPOY. pc. Vide *Boyboy.*

P antes de U.

PUCAU. pp. Despertar. *P. in M*, á otro. Si mucho, *Mag.* pc. *In*, ser despertado. Si mucho, *pag-in.* pc. *Mag.* pp. Despertar muchos por sí. Sinónomo *Guising.*

PUCAU. pp. Inspirar, avisar, exitar, con los mismos juegos.

PUCLAT. pc. lo mismo que *Pucnac. Puclat*, y sus juegos.

PUCPUC. pc. Dar golpes, *P. in M.* l. *Mag.* Lo golpeado, *In.* Si dos, *pag-in.* Con que, *Y.* Lo que, *An. Mamucpuc*, frecuent.

PUCPUC. pc. Molerle á uno los huesos apaleándolo, con los mismos juegos.

PUCSÁ. pc. Consumirse alguna cosa, *P. in M.* l. *Ma. Nocsang nangamatay ang taga Sodoma*, se consumieron muriendo todos los de Sodoma. *In*, lo consumido por otro. Sinónomo *Obus. Sair. Mucsa caming maganac*, maldicion.

PUGAHAN. pp. Palma de donde sacan los cables negros. Sinónomo *Cauong.*

PUGAL. pp. Atar al animal en algun posto, *Mag.* Él, ó con que, *Y.* Donde, *An.* Vide *Tali*, y sus juegos.

PUGAU. pp. Un género de pescado.

PUGAR. pp. Nido de aves. *Mag*, hacerlo ó anidar en él. *An*, el ave á que se pone. *Pag-an*, el nido donde anidan, ó lugar donde se pone. *Y*, el nido. *Mamugar*, andar en busca de ellos. Sinón. *Salay*.

PUGAY. pp. Quitar el sombrero. *Mag*, el mismo haciendo cortesía á otro. Quitándolo á otro de la cabeza, *P. in M.* Á quien, *An.* Á quien le fué hecha cortesía, *pag-an.* pp.

PUGAY. pp. Rasar la medida, *In*, l. *Ma*, lo quitado. *Y*, con que. No tiene activa. Sinónomo *Calos*.

PUGAY. pp. Despumar la olla. La espuma, *In.* La olla, *An.* No se usa en activa.

PUGÍ. pc. Comenzar á tejer alguna cosa, *Mag*, l. *Manugui*. El tejido á que, *Pag-an.* Con que, *Y. Ugui* es la caña que se pone al principio de la tela.

PUGIC. pc. Bufar el carabao, peerse con la mano, *P. in M.* Si mucho, *Mag.* Á quien, *An.*

PUGNAU. pc. Apagarse la brasa con la ceniza, *Ma.* Y, de aquí.

PUGNAU. pc. Consumir algo el fuego. *Pinugnau nang apuy ang boong Bayan*, consumió el fuego á todo el pueblo. Vide *Tupuc.* pp.

PUGNAU. pc. Deshacerse como la sal en el agua, *P. in M. In*, lo que. *Y*, con que. *Ipag*, por que, *An*, lugar en que.

PUHAG. pp. Castrar colmenas, *Namumuhag.* Ellas, *pam-an.* Con que, *Ipam.* La miel, *pinupuhag.* Castrador, *Mamumuhag.*

PULAG. pp. Vide *Silao*, con sus juegos.

PULAHAU. pp. Un género de *Gabi*.

PULAU. pp. Tristeza causada de la soledad. *Ma* estar así. *Maca*, l. *Ica*, la causa. *Capulauan.* pp. Abstracto. *Capulaupulau*, cosa solitaria.

PULAU. pp. Un género de gabi. Sinónomo *Tucal*.

PULI. pp. Entrar en lugar del que cayó ó faltó. *P. in M*, l. *Mag.* El vencido ó vencedor en cuyo lugar entra, *Han*, l. *Nan.* El que es puesto, *Y*, l. *Papulinin*, l. *Papulihin. Mag.* pp. Renovar algo. Lo que, *In Pulihin ang banta.*

PULI. pc. Imitar las costumbres, *P. in M*, l. *Mamuli.* pc. Á quien, *Pulihan*, l. *Pamulihan.* La causa, *pamuli. Capulihan.* pp. Abstracto.

PULI. pc. Heredar de los padres las costumbres; con los mismos juegos.

PULICAT. pp. Calambre. *Mamulicat*, dolor de nérvios. *In*, l. *Pamulicatan*, á quien. *Ipamulicat*, la causa. Nombre, *pulicatin.*

PULICAT. pp. Renovar cosas pasadas, *Mag.* Ellas *In* l. *Y.* Á quien, *An.*

PULICAT. pp. preguntar buscando, *Mag.* Á quien, *In. Ano ang pinopolicat mo?* Por quien preguntas?

PULINTAPANG. pp. Si sale de *puli.* pc. Heredar costumbres. Vide *puli.* pc. Si sale de *puli.* pp. ó *pulin.* pp. Significa tomar nuevas fuerzas contra los enemigos, *Mag. Y*, l. *In, ang loob.*

PULIPULI. pc. Mejorarse algo las plantas, hortalizas, &c. Y por metáfora, la fortuna al pobre.

PULIRPULIR. pp. Ostiones pequeños. *Mamu*, cogerlos. *Ipamu*, con que, ó la persona para quien. *Pamulirpuliran*, el lugar á donde. Sinónomo *Talaba.* pc.

PUNG̃AS. pp. Despertar medio dormido, *Mag*, l. *Pupung̃aspung̃as.* La causa, *Ica:* no tiene mas. Sinónomo *Alimpung̃al.* pc.

PUNG̃AT. pc. Menear los párpados como cuando se levanta de dormir. *Pupung̃atpung̃at ang mata*, lo mismo que, *pipiquitpiquit.*

PUNIT. pp. Rasgar alguna cosa. Sinónomo *Pilas, Gisi.* Vide sus juegos. *Punit na ramit.* pc. Ropa rota. *Punitpunit.* pc. Hecha andrajos.

PUNOT. pp. Cáscara de árbol de coco.

PUQUI. pp. Pars værenda mullieris, verbum turpissimum.

PUQUIQUI. pp. Pars værenda puellæ.

PUQUINGQUING. pc. Lo mismo. Aplicado á las criaturas, *Palayau.*

PURI. pp. Alabanza, honra, fama. *P. in M*, l. *Mag*, alabar. Si mucho, *Mag.* pc. Y si mas, *Mang̃ag*, l. *Magsipag.* Ser alabado, *Hin.* Y si mucho, *pag-hin.* pc. Á donde, *pag-an.* La causa. *Ipag.* Abstracto, *Capurihan.* Sinónomo *Bunyi.*

PURIL. pc. Revejido. *Namumuril*, irse haciendo. *Na*, estarlo.

PURIT. pp. Vide *Pisa*, con sus juegos.

PUSÁ. pp. El gato.

PUSA. pc. Afrentar, *Mag.* Á quien, *Pagpusain.*

PUSAC. pc. Muchedumbre de una especie. *Nagpupusacpusacan ang isda*, juntáronse. *Y*, la causa. Vide *Ocay.*

PUSACAL. pc. Vide *Buyabus, busabus, tagarao na pusacal*, lo mismo que *Casagsagan. Capusacalan nang bondoc*, lo ágrio de su cima.

PUSAL. pc. Embutir, como en las escribanías, *Mag.* Lo que se embute, *Ipag.* En donde, *pag-an. Mag*, dorar los dientes. *An*, los dientes.

PUSALÍ. pp. El cieno debajo de las casas. *Mag.* pp. Hacerse. *Mag.* pc. Hacerlo. El lugar, *pag-an. Capusalian.* pp. Nombre. *Pusalian.* pp. Cieno.

PUSANGTAPANG. pp. Hombre cruel en la guerra.

PUSAU. pp. Pescar. *Mag*, l. *P. in M. In*, l. *Pag-an*, el rio. *Y*, con que. Sinónomo *Sosog.* pp.

PUSIYAU. pp. Vide *Posiyao.*

PUSING. pp. Vide *posing.*

PUSPUS. pc. Cumplimiento de toda una cosa. *Napuspus ang galit*, se cumplió el enojo. *In*, lo que. *Di mapuspus*, no se puede acabar. *Puspusing tahiin*, acaba de coser. *Puspus na baet*, consumado en entendimiento. *Namuspus ang lagnat sa catauan*, se está abrazando con la calentura todo el cuerpo.

PUSPUS. pc. En la Laguna es perder el color. *Namumuspos yaring*, tafetan, se vá perdiendo el color.

PUSYAU. pc. Color amortiguado. *P. in M*, amortiguarse. *In*, ser hecho. No sirve ni para blanco, ni para negro.

PUSYÓ. pc. Monton de tierra, dentro lleno de hormigas.

PUTA. pp. Acabar alguna faena. *Nacaputa tayo*, ya se acabó nuestra fiesta, boda, &

PUTI. pc. Blancura. *Maputi*, blanco. *P. in M*; y en Manila. *Vm*, irse poniendo. *Mag*, blanquear, ó vestirse de él. *In*, l. *Put-in*, ser blanqueado. Si mucho, *pagcaput-in*. La cosa á que, *putian*. Con que, *Y*. *Caputian nang itlog*, la clara del huevo.

PUTI. pp. Cortar con la mano flor ó fruta, *P. in M*. En Manila, *Vm*. Si mucho, *Mag*. pc. Si muchas personas, *manḡag*. Lo cortado, *Hin*, l. *Pag-hin*. pc. La rama, *pag-an*.

PUTIC. pp. Lodazal, atolladero. *Ma*, atollarse en él. *Caputican*, á donde. *Ica*, la causa. *Maputic*, el lugar. *Mey putic*, hay lodo.

PUTIC. pc. Agugeros muy pequeños de la vasija. Tapar algun agugero con hilo, tejiéndolo, *Mag*. Lo que, *An*. Con que, *Y*.

PUTIPUTI. pp. Esperma ó simiente.

PUTLA. pc. Descolorido. *P. in M*, irse poniendo. *Mamutla*, está descolorido. *Maputla*, el que suele estarlo. *Putlain*, el que siempre. *Caputlaan*. pc. Abstracto. *Maca*, causarlo.

PUTPUT. pc. Vide *potpot*.

PUTLI. pc. Unos como huevos de lisas.

PUTLIAN. pp. La lisa con ellos.

PUYING. pc. Cegar el rio echándole tierra, para que no corra, *Vm*, l. *Mag*. El rio, *In*. Con que, *Y*. Tambien *aco,i, puinḡan mo niyan*, dame un poquito Vide *poying*.

PUUIT. pc. Trasero. *Mag*, cometer el pecado nefando. *In*, con quien. *Y*, con que; y se aplica al asiento de cualquiera cosa.

PUIYT. pp. Vide *puuit*.

PUINḠA. pp. Una nacion belicosa hácia los Zambales.

PUYIU. pp. Limaduras de oro. *Puyiuan*, ellas.

PUYUSAPIS. pp. Un género de árbol muy grande. Sinónomo, *Apisapis*.

DE LA LETRA Q.

Q antes de I.

QIAQIÁ. pp. Andar bizarro. *Vm*, l. *Quiquiaquià*.

QIACOR. pp. Vide *Quiyacor*.

QIAG. pp. Vide *Quiang*. pc.

QIANG. pc. Andar desparrancado. *Vm*, andar ási. Frecuent. *Quiquiangquiang*. Causa, *Y*. Donde, ó ante quien, *An*. Vide *Giang*.

QIAPÓ. pp. Vide *Quiapó*. Refran. *Ilubug man ang quiapo, ay lilitao din*. Nil est occultum, quod non reveletur. Una yerba de la Laguna.

QIAQIO. pp. Vide *Quiyaquio*.

QIAY. pp. Cogear, *Vm*. l. *Quiquiayquiay*.

QIAY. pp. Cantonearse, *Vm*. Ante quien, *An*. Con que, *Y*, l. *Quiquiayquiay*.

QIBAL. pp. Encogerse la tabla por darla el sol. *Vm*, l. *In*, encogerse ó torcerse. *Y*, la causa. *Paquibalin*. pp. Ser hecho de propósito.

QIBAL. pp. Torcerse la herramienta; con los mismos juegos que el primero.

QIBAL. pp. Hinchazon de barriga por haber comido mucha fruta. *Vm*. hincharse. *An*, á quien. Sinónomo, *Cabal*.

QIBAL. pp. Fréjoles en baina. Vide *Cagyos*, y sus juegos.

QIBANG. pp. Bambalearse, *Ma*. *Magpa*, hacer bambalear. Ser mecido, *pina*, duplicando la raiz. Sinónomo *Gibang*.

QIBANG. pp. Cantonearse, *Quiquibangquibang*. Ante quien, *An*. El cuerpo, *Y*.

QIBANG. pp. Pajos pequeños. Vide *Cagyos*, y sus juegos.

QIBANG. pc. Ladeado. *Quibang na bangca*, banca ladeada.

QIBAT. pp. Banda. *Mag*, traerla. Lo que, *In*. Sinónomo, *Salacbat*. pc. *Sacbat*. pc. *Aquibat*. pp.

QIBIT. pc. Morder con los dientes delanteros, *Vm*. Lo mordido, *Quibitin*. l. *Quibtin*. Donde, *An*, l. *Quibtan*; y mejor *quitban*. *Caquibit*, un bocado.

QIBIT. pc. Picar el pez en el anzuelo; con los juegos del antecedente.

QIBIT. pc. Regatear sobre cosa poca, *Vm*. Lo que, *In*. Á quien, *An*.

QIBO. pc. Menearse. *Vm*, menear. Si mucho, *magquiboquibo*. *In*, ser meneado. *Y*, con que. Causa, *Maca*, l. *Ica*. *Quiboquibo*, andar meneándose. *Ualang quiboquibo*, hombre quieto. Sinónomo, *Quislot*.

QIBOL. pc. Vide el que se sigue.

QIBOT. pc. Latido, como del pulso. *Vm*, latir ó menearse. Si mucho, *Magquiquibot*. *Paquibotin*. pc. Lo hecho menear. *Quibotan*, donde se siente el latido. *Quibotquibotan*, sienes.

QIBOY. pc. Lo mismo que, *quibó*.

QIBQIB. pc. Roer la carne del coco estando en la cáscara. *Vm*. Si mucho, *Magquibquib*. Si muchas personas, *Manḡag*, l. *Magsipag*. *In*, el coco. Si mucho, *pag-in*. *An*, lo que quedó. *Y*, los dientes. Vide *Quibit*. pc.

QIBQIB. pc. Raiz comestible.

QIDUUÍ. pc. Raiz comestible á modo de gabi. Sinónomo, *Obag*. pc. Otros dicen *Cay roui*. pc.

QIIM. pc. Tenaza de hierro. *Vm*, l. *Mag*, estirar con ella algo. *In*, lo que. *Y*, las tenazas. *Quiquiimquiim ang asong yari*, este perro anda apretando los dientes.

QIING. pc. Corcovado por tener la cabeza metida en los hombros. *Quiing na tauo*, hombre asi. *Na*, estar asi, l. *Napapa*.

QIING. pc. Cervigon.

QIIT. pc. Apretar con algo, *Vm*. Si mucho, *Mag*. Lo que, *In*. Si mucho, *pag-in*. Causa, ó con que, *Y*. Donde, *An*. Si mucho, *pag-an*. *Maquiit na tauo*, hombre escaso.

QILA. pc. Duda. *Vm*, l. *Mag*, l. *Manḡinḡilanḡila ang loob*, dudar, estar perplejo. *Pag-han*, l. *Pinanḡinḡilanḡilahan*, acerca de que. Sinónomo, *Quilahan*.

QILAB. pp. Lustroso, resplandeciente. *Vm*, resplandecer. *Maca*, l. *Ica*, causa. Sinónomo,

Quilab, quinab, quinang.

QILABOT. pp. Granillos que salen en el cuerpo y se quitan con el calor. *Mañgilabot*, salir. *Pagquilabotan*, á quien. De aqui el que se sigue.

QILABOT. pp. Estremecerse, espeluzarse de miedo. *Nañgiñgilabot aco nang tacot*, l. *Pinagquiquilabutan*, l. *Pinañgilabotan*. pp. *Aco nang tacot*, me estremeces de miedo. *Caquilaquilabot*, cosa temerosa.

QILABOT. pp. Goma de los camotes. *Quinilabotan itong mañga togi*, se han llenado de goma.

QILACQILA. pc. Relucir, relumbrar, *Vm*, l. *Quiquiclaquila.*

QILACQILA. pc. Intentar hacer algo, *Mag.* Lo hecho, *In.*

QILAG. pc. Desatar. Vide *Calag.* Asi dicen las mestizas *quilagin*, en lugar de *calagin*, y los del monte, *Calgin.*

QILAHAN. pp. Vide *Quila.* Los juegos aqui son *Mag.* Lo que, *pag-in. Ipag*, sobre que ó causa.

QILALA. pp. Conocer, *Maca. Na*, ser conocido. *Pagcaquilala*, conocimiento. *Caquilala*, conocido. *Magca*, los dos. *Pagcaca*, el conocimiento de los dos. *Di maquilala*, incognoscible. De propósito, reconociendo algo, *Vm*, l. *Mañgilala.* Si mucho, *Mag.* pc. Serlo, *nin*, l. *Quilanlin.* Si mucho, *pagquilalanin.* pc. l. *Hin. Quiniquilalanan*, en quien se reconoció algo que se buscaba. Lo que se reconoció, *Na.* El cogido en alguna deslealtad, *Naquilalanan nang loob.* Reconocerse el bien, *Maca.* Serlo, *Ma. Magquilala*, reconocerse dos activé.

QILAMO. pp. Vel *Quilaymo.* pp. Árbol asi llamado.

QILANG. pp. Vino de caña dulce. *Mag*, hacerlo, tratar en él. *In*, la caña de que se hace. *Mag*, echarlo en algun guisado, usar de él. Donde lo echa, *An.*

QILAO. pc. Carne ó pescado en vinagre. *Mag*, hacerlo. *Vm*, comerlo. *In*, lo hecho. *Ipag*, el vinagre en que, ó causa, ó por que. *Pag-an*, lo que quedó de lo que se hizo, ó el vinagre que sobró despues de comido. *Quilauin.* pc. La dicha comida.

Cun ang quilaui,i, masair,
at ang toytoy ay matiti
tapus ang pagcacaibig.

La comida acabada, la amistad deshecha.

QILAO. pp. Edad juvenil. *Cungmiquilao pa ang catauan, matatamarin na*, aun eres jóven, y ya te portas como viejo.

QILAO. pp. Hervir la morisqueta, pero poco á poco, *Vm. Paquilauin*, hacerla hervir.

QILAO pp. Retortijones de tripas. *Cungmiquilaoquilao ang tiyan ni Pedro*, se le revuelven las tripas. Ante quien, *An.* Causa, *Ica.*

QILAP. pc. Lo mismo que, *Quilab.* pp. *Caquilapan.* pc. Abstracto. Sinónomo *Ningning, sinag, tindag.* Tambien *Quilab*, l. *Quilap.* pc. Llaman á un género con que se cubren, y llaman cubija; tambien el *Lambong*, de este género.

QILAQIL. pp. Loro blanco, *Papagayo.*

QILAS. pc. Lo mismo que *Quilap.* pc.

QILAS. pc. Travieso. *Maquilas.* pc. *na bata*, muchacho inquieto. Sinónomo *Gaslao, galao, gilas.* pc.

QILAS. pc. Aquel movimiento del agua antes de llegar la avenida. *Quilas na tubig.*

QILAT. pc. Rayo. *Vm*, haberlo. *Pag-an*, ser herido de él. *Y*, causa. Sinónomo. *Quirlat.*

QILAY. pp. Ceja. *Nagcararating ang quilay*, cejijunto. *Nañgiñgilay*, estar con vergüenza. *Pinañgiñgilayan*, ante quien.

QILAY. pp. Raya de diferente color que hay en la herramienta, ropa ó piedras. *Mey quilay na pula itong bato.* Vide *Colay.*

QILIB. pc. Esparcir yerba. *Mag*, esparcir. *Ma*, esparcida. *An*, á donde. *Y*, la yerba. *Naquiquiliban ang lansañgan*, la calle está esparcida de yerbas.

QILIC. pp. Cargar debajo del brazo, *Vm*, mejor, *Mag.* Llevar tambien. Si mucho, pc. *In*, lo llevado. Si mucho, *pag-in.* pc. Con que, *Y.* Causa, *Ipag.*

QILIC. pp. Asirse el niño con sus piernas, *Vm.* Ser puesto asi, *In.*

QILICAN. pp. *Aling bata iyang na sa quilican mo?* Qué muchacho es ese que llevas debajo de tus brazos?

QILIG. pc. Temblar el cuerpo por picado de culebra. *In*, darle. *Y*, persona ó causa.

QILING. pc. Andar con la cabeza de un lado. *Vm*, l. *Mag*, andar asi. *Ma*, tenerla inclinada. *Isa pa, at maca magquiling*, dice el que pide otra taza de vino para que no caiga la cabeza de un solo lado, y tenga contrapeso.

QILING. pc. Árbol de camias.

QILING. pp. Recostarse la madre para dar de mamar al hijo, *Vm.* El niño, *An.* El cuerpo, *Y.*

QILING. pp. Ladear algo. *Ma*, ladearse, ó estarlo. *Quiquilingquiling*, andar ladeándose. *Mag*, ladear. *Y*, serlo. Si mucho, *Ipag.* pc.

QILINGCAUAYAN. pp. Cañas grandes sin espinas.

QILIQILI. pp. Sobaco. *Mag*, poner en asador para asar el *Dalag. Hin*, lo ensartado. *Vm*, cargar ó meterse en el sobaco. *Han*, á quien. *Mag*, cargar asi al niño. *Mag*, hacer cosquillas por el sobaco. Á quien, *In.*

QILIQILIHAN. pc. Arroz asi llamado.

QILIQIR. pp. Enroscar, devanar. *Ma*, estar asi. *Vm*, l. *Mag*, enroscarse. *Ca-an.* pp. l. *pag-an.* pc. El palo en que. *Magca*, estar dos cosas enroscadas. Enroscar una cosa con otra de propósito, *pag-in.* Del que ama mucho á otro se dice *Nañgiñgiliquir sa quinalologdan.*

QILIQITÍ. pc. l. *Quiliti*, hacer cosquillas. *Vm*, á otro. *In*, á quien. *Y*, con que. *Mañgiliquiti*, andar haciendo. Á quien, *pang-in.* Con que, *Ipang.*

QILIT. pc. Vizco. *Ma*, irse poniendo. *Ica*, causa. *Caquilitan.* pc. Abstracto.

QILMOS. pc. Almorranas. *In*, tenerlas. Causa, *Y.* De ordinario. *Quilimosin.* pp.

QILO. pp. Tijera del techo. *Mag*, ponerla. *Han*, la casa. *Y*, la tijera. *Hin*, el palo de que se hace.

QILÓ. pc. Tuerto, torcido. *Quilong cahuy*, palo tuerto. *Quilong loob*, corazon torcido. *Caqiloan.* pc. Tortura. Sinónomo. *Boctot.*

QILOG. pc. pc. Clavar mal. *Naquiquilog*, está mal clavado.

QILONGQILONG. pp. Pescado asi llamado.

QILOS. pp. Menearse. *Vm*, l. *Mag*. Si mucho, *Mag*. pc. *An*, l. *pag-an*, en que. *Y*, la causa ó cuerpo.

QIMA. pc. Apretar entre las manos, *Vm*. Lo que, *Hin*. Las manos, *Y*.

QIMÁ. pp. Concha grande.

QIMAO. pc. Manço de la mano. *Ma*, estar asi. *Ica*, causa. *Caquimauan*. pc. Manquera.

QIMBOL. pc. Lo mismo que *Quibot*.

QIMBOT. pc. Saltar. *Cungmiquimbot ang catauan* dicen cuando sienten tentaciones.

QIMÍ. pp. Avergonzarse. *Quiquimiquimi*, estar asi.

QIMÍ. pp. Trabajar con poca gana. *Quiming sumulat, quiming magsaca nang itac nang iba.*

QIMI. pc. Vide *Imi*.

QIMIS. pc. Apretar con el puño, *Vm*, l. *Mag*. Dos mútuo, *Mag-an*. *In*, lo asido. *Y*, con que.

QIMON. pc. Bata, vestidura talar. *Mag*, traerla. Frecuent. *Manĝinĝimon*. Ella, *Pinag*, l. *Pinyang*.

QIMOT. pc. Trabajar de manos, *Vm*. Si mucho, *Mag*, redupl. *An*, l. *Pag-an*, lugar. *Y*, con que.

QIMOT. pc. Buscar alguna obra, *Mag*. Causa, *Ipag*. Donde, *pag-an*. *Comimot ca, at nang di ca macagotom*, trabaja para comer.

QIMOT. pc. Menear el que está sentado pies ó manos, *Vm*. Lo que, *In*. Á quien, *An*.

QIMOT. pc. Latidos del pulso. Vide *Quibot*. pc.

QIMOTQIMOTAN. pc. Sienes. Sinónomo, *Quibotquibotan*. pc.

QIMPAL. pc. Manojillo de arroz.

QIMPAL. pc. Enredarse el cabello. Vide *Goló*. pc.

QIMPANG. pc. Vide *Timpang*.

QIMPAY. pc. Lisiado de pies ó manos. *Ma*, irse lisiando, estarlo. *Ica*, la causa. *Qimpayin*, hombre asi. *Caquimpayan*, abstracto. En Bulacan dicen *Campay*.

QIMPOT. pc. Latido de cosa que se abre y cierra, como el trasero de la gallina, *Vm*, l. *Mag*. *Y*, lo que. *Ma*, acaso.

QIMPOT. pc. Nasa para coger camarones. *Manĝimpot*, armarla. *Panĝimpotan*, donde ó á quien, ó lo cogido.

QIMPOT. pc. Tibor de boca angosta.

QIMQIM. pc. Cerrar el puño de la mano, *Vm*, l. *Mag*. Lo abercado, *In*. La mano, *Y*. *Quiniquimquim ang otot*, mezquino hasta no mas.

QINAB. pc. Resplandeciente. *Vm*, relucir. Si mucho, *Mag*. *Maquinab*, cosa lustrosa. *Y*, la causa. *Caquinaban*. pc. Abstracto. Sinónomo, *Quilab*.

QINABA. pc. Canastillo para frutas.

QINABANG. pp. Vide *Paquinabang*, que es la raiz verdadera.

QINABABAYINAN. pp. Natura mulieris. Nomen impudicum, adhuc illis

QINABIBI. pp. Arroz asi llamado.

QINAL. pc. Sobresaltar, dar latidos algo, *Vm*, l. *Quiquinalquinal*. Es término del comintang.

QINALALAQINAN. pp. Natura hominis, solum sumitur in ore, impudicé loquendo.

QINALAO. pp. Arracadas de niñas. *Mag*, traerlas ó hacerlas. *In*, ser hechas. Sale de *Calao*, que es un pájaro.

QINALAS. pp. Arroz en cáscara.

QINALI. pc. Doncella encerrada. Vide *Binocot*, y sus juegos.

QUINALI. pp. El harigue que arrancaron para poner otro. *Haliguing quinali*. Vide *Ali*.

QINAMBUSA. pp. Arroz malagquit.

QINANG. pc. Relucir, *Vm*. Si mucho, *Mag*. Causa, *Y*. *Maquinang*, cosa asi. Abstract. *Caquinanĝan*. pc. Vide *Quintab*, *quinab*.

QINANDA. pc. Arroz asi llamado.

QINANDAY. pc. Arroz de este nombre.

QINAO. pp. Lo mismo que *Quinalao*.

QINAO. pp. Menearse el agua, ó menearla, *Vm*.

QINARAYOM. Arroz como aguja.

QINAS. pp. Lo mismo que *Quinis*.

QINASTOLÍ. pp. Arroz que huele á almizcle.

QUINAT. pc. Latidos grandes en cualquiera parte del cuerpo. Vide *Cabacaba*.

QINATIGAN. pp. Banca con cates.

QINATÓ. pc. Arroz grueso rayado.

QINAYASAN. pp. Mondaduras de bejuco.

QINDAT. pc. Hacer señas con las cejas ó guiñar, *Vm*. Si mucho, *Magquiquindat*, l. *Manĝindat*. Á quien, *An*. Sobre que, *pag-an*. *Mag-an*. dos mútuo. Sobre que, *pagquindatanan*. El ojo, *Y*.

QINDAY. pc. Chiquear cantonearse, *Vm*. Si mucho, *Quiquindayquinday*. *An*, por quien ó á quien. Causa, ó con que, *Y*, l. *Ipag*. Sinónomo *Ginday*, *quiling*.

QINDAYOHAN. pp. Flor colorada, ancha y delgada.

QINDAYONAN. pp. Lo mismo.

QINDOT. pc. Vide *Quinyor*.

QIÍNG. pc. Sonar la campana asi: es palabra de niños. *Vm*, sonar asi. *Quingquinĝan*, á quien. Si mucho, *Mag*, *pag-an*, *Pinag*.

QINĜA. pp. Tú eres: es término que se pospone á nombres propios de mugeres. *Doña Francisca Qinĝa*, quiere decir: Doña Francisca eres tú.

QINGQING. pc. Apretado, estrecho. *Vm*, estrecharse. *Y*, la causa. Sinónomo *Capus*. pc *Tauong maquingquing*, miserable.

QINIG. pc. Temblar de miedo ó frio, *Vm*. Si mucho, *Mag*. Causa, *Y*. Frecuent. *Manĝinig*. *Pinanĝinĝinigan*, el temido.

QINIS. pp. Lustre, como cosa bruñida, no cuadra á las estrellas. *Vm*, echar el lustre. Si mucho, *Mag*. *Maquinis nang pagcatabo*, lúcio de gordo. Sinónomos *Quilap*.

QINIT. pp. Estirado como pellejo. *Vm*, ponerse tal. *Y*, causa. *Maquinit na loob*, lacerado.

QINLAHOR. pc. Poner conato en lo que dice ó hace, *Ma*, l. *Mag*. *Nang paggaua*, l. *pagtauo*, &c. En lo que, *pag-an*.

QINOY. pc. Menearse cosa blanda, como lo gordo, el manjar blanco, &c. *Vm*. Si mucho, *Mag*. Causa, *Y*. *Quiquinoyquinoy ang laman*, se menea la carne.

QINSIQINSI. pc. Barandilla, *Mag*, hacerla ó ponerla. *Y*, l. *Hin*, el palo de que. *Han*, á donde se pone.

QINSIQINSI. pp. Palo que sirve á las ruedas del carro. *Mag*, ponerlo. *Hin*, el palo de que se hace. *Han*, á lo que se pone.

QINSOL. pc. Encojerse el miembro viril, *Vm*. Causa, *Y*. De repente, *Nagcapa*. Vide su sinónomo, que es mas usado. *Quislot*.

QINSOR. pc. Lo mismo que *Quinday*, con sus juegos.

QINSOT. pc. Lo mismo.

QINTAB. pc. Relucir algo, como grosura, aceite sobre agua, ó como las estrellas, *Vm*. Si mucho, *Mag*. Causa, *Y*. Si mucho, *Ipag*. Donde, *An*. Si mucho, *Pag-an*.

QINTAB. pc. Lanza reluciente.

QINTAL. pc. Marca. *Vm*, l. *Mag*, ponerla. *An*, á quien. Si mucho, *pag-an*, reduplicando. Con que, *Y*. *Pan̄gintal*, instrumento. Sinónomo *Batic*.

QINTAY. pc. Cuajarse la sangre, *Mag*. Causá, *Ipag*.

QINTOG. pc. *Cantot*. Vide.

QINTONG. pc Cantonearse. Vide *Quinday*.

QINYÁ. pc. Vide *Caniya*.

QINIG. pc. Oir, *Ma*, l. *Mag*. Lo que, *Pinaquingan*. Los oidos, *Ipag*. Suelen embeber la *G* del *Mag* en la *Q*, diciendo: *Nagquiquinig*, en lugar de *Nagquiquinyig*.

QIÑONG. pc. Medida de tierra que hace cien brazas de largo, y ciento de ancho.

QINIOR. pc. Barriga hácia adelante. *Mag*, reduplicando. *In*, á quien. *Y*, la causa. *Ipag*, reduplicando, con que. *An*, el paciente. Sinónomo *Hindot*, *hintor*, *yiot*, et hoc ultimum nomen est inhonestissimum.

QIPANGQIPANG. pp. Pinitos. *Quiquipangquipang*, hacer pinitos.

QIPIL. pp. Hacer pellas de la morisqueta. Vide su sinónomo *Capal*. pc.

QIPING. pp. Ojuelas. *Mag*, hacerlas. *In*, de que. *Ipag*, causa.

QIPOT. pp. Angosto, estrecho, como calle, agugero, ó puerta. *Vm*, l. *Mag*, irse estrechando. *Mag*, estrechar algo active. *An*, lo estrechado. Si mucho, *Pacaquipotin*. Estrechar dos cosas, *Pagquipotin*. *Caquipotan*, abstracto. *Maquipot na isip*, de corto alcance. *Nagmamaquipot*, se dice de la melindrosa que se hace grave, como vaso de boca angosta. *Pagmamaquipotan*, ante quien. *Ipag*, causa.

QIPQIP. pc. Echar un brazo ó una pierna sobre algo, *Vm*. Dos entre sí, *Mag*, l. *Mag-an*. *In*, el abrazado. De aquí *Paquipquip*, lo que se arrima á otra cosa.

QIPQIP. pc. *Gabi*. Vide.

QIQI. pc. Natura puellæ. *Ang quiqui mo*, dice una á otra.

QÍQI. pc. Lo mismo que *Quiliti*.

QIQIC. pc. Zancos. *Mag*, andar con ellos. *In*, los zancos. *Ipag*, *pag-an*. La fiesta por la cual se anda con ellos.

QIQIG. pp. Paletilla con que escarban la oreja. *Vm*, escarbar á otro. *Mag*, l. *Maniquig*, así mismo. Si mucho á otro, *Mag*. pc. *In*, la oreja. *Pag-an*, la persona. Aplicase á limpiar la boca.

QIQIL. pp. Lima. *Vm*, limar. Si mucho, *Mag*. pc. *Mag*, traer ó limar con ella. *In*, lo limado. Si mucho, *pag-an*. pc. *Y*, la lima con que. *Pinagquiquilan*, limaduras.

QIQIYÓ pp. Desasosegado, inquieto. *Quiquioy ang loob*, l. *Quiquiyoquiyò*. Sinónomo *Aliyò*.

QIRANG. pc. Lo mismo que *Quibang*: *Maquirang*, *quirang na babayi*, muger desenvuelta. Metáfora.

QIRI. pc. Dar con el dedo á otro burlándose, *Vm*. Á quien, *Han*.

QIRLAP. pc. Centellear, *Vm*. Si mucho, *Mag*. pc. Redupl. *An*, el lugar á do ó persona. *Y*, causa. *Paquirlapin*, lo hecho centellar. *Cungmiquirlap ang caniyang damit*, hace visos su ropa.

QIRLAS. pc. Ostentarse guapo, caminar tieso, *Nagpapaquirlas*. Ante quien, *Pinagpapaquirlasan*. *Nagpapa*, *An*, dos ó mas á porfia. Causa, *Ipag-pa*. Donde, *Pagpa-an*.

QIRLAS. pc. Lo mismo que *Quirlàp*, *quintab*.

QIRLAT. pc. Relámpago. *Vm*, relampaguear. Si mucho, *Mag*, redupl. *An*, á do da. *Yhi nang quirlat*, rayo. Sinónomo *Quilat*.

QIRLAY. pc. Vide *Sirlap*. pc.

QIRLING. pc. Cantonearse con meneos lascivos, *Vm*. Si mucho, *Mag*, redupl. l. *Quiquirling nang quiquirling*. *Mag-an*, dos á competencia. Causa ó porque, *Y*, l. *Ipag*. Sinónomo *Guinday quinday*.

QIRONG. pp. Menear el niño la cabeza dando patadas. *Vm*, l. *Quiquirongquirong*. Causa, *Y*. Ante quien, *An*. Si mucho, *Mag*. pc. *Ipag*. pc. *Pag-an*. pc.

QIRQIR. pc. Devanar, *Vm*, l. *Mag*. Si mucho, *Mag*, redupl. *Y*, l. *In*, lo que. *An*. pc. Sobre qué ó en qué. *Caquirquiran*, pc. Donde de ordinario, como el uso.

QIRAUI. pc. Vide *Quiruui*.

QISÁ. pp. Mezclar con el arroz otros granos, como maiz, fréjoles, tambien camote, ó cosa semejante. *Mag*, mezclar asi. Si mucho, *Mag*. pc. Lo que, *Y*. Si mucho, *Ipag*. *An*, el arroz. Si mucho, *pag-an*. pc.

QISÁ. pp. Mezclarse dos linages desiguales por casamiento.

QISA. pc. Comenzar á hervir lo que se cuece, *Vm*. Lo que, *pina*. Donde, *pahan*.

QISAL. pp. Dolor de vientre, *Vm*. *Ang tian*. Á quien, *An*. Causa, *Naca*, l. *Ica*, l. *Y*. Si mucho, *Mag*. pc. Causa, *Ipag*. Á quien, *pag-an*. *Quiquisalquisal ang bitoca*, estan revueltas las tripas.

QISAO. pp. Rugir las tripas por mucha agua. *Vm*, l. *Mag*, l. *Quiquisaoquisao ang tian*. Si mucho, *Mag*. pc. *An*, á quien, Si mucho, *pag-an*. pc. Causa, *Y*.

QISAP. pc. Pestañar, *Vm*. Si mucho, *Mag*, reduplicando. Causa ó con que, *Y*. *Di magabot quisap*, en un instante, ó en un abrir y cerrar de ojos. Aplícase á cualquiera luz cuando ya hace amagos de quererse apagar. De aqui *paquisap*, gargantilla. *Mag*, ponérsela, ó ponerla á otro. *An*, á quien.

QISAQISA. pp. Pelear con la muerte, *Vm*. *Quisaquisacang tauo*, hombre de buena salud.

QISAY. pc. Herir con pies y manos, como el que padece el mal de corazon, *Vm*. Si mucho. *Mag*, reduplicando. Causa, ó el mis *Y*. *Cumisay ma,i*, *di cumisay*, ni

QISÍ. pc. Vide *Quibó*, con sus juegos.
QISIG. pp. Esforzado, valiente. *Vm*, hacer ademanes de tal. Y si mucho, *Mang̃ag quiquisigquisig*. *Pinang̃ing̃isigan*, á quien. Causa, ó con que, *Y*. Mejor, *Ipang̃isig*. *Tauong quisig*. pc. Valeroso, l. *Maquisig na tauo*. *Nang̃ing̃isig na yaring bangcay*, ya está yerto.
QISIG. pc. Mal de brazo. *In*, tenerlo.
QISLIG. pc. Ponerse yerto de cólera. *Vm*, l. *Nang̃ing̃islig*. Acaso, *Ma*. Con que, *Y*. Á quien, *An*.
QISLOT. pc. Menearse, *Vm*. Si mucho, *Magsi*. *Ualang quislot*, estar todo quieto.
QISMOD. pc. Gesto de la muger con la boca cuando no le gusta algo. *Vm*, hacerlo, ó *Quiquismodquismod*.
QISO. pc. Lo mismo que *Quilog*. pc. Tambien lo que *Quibot*.
QISOQISO. pc. Menear el cuerpo sin encorvarlo, *Vm*, l. *Quiquisoquiso*. El cuerpo, *In*. Causa, *Y*.
QISOL. pc. Vide *Quislot*, su sinónomo.
QISQIS. pc. Desgranar espiga con caña, como no sea con los dedos. *Vm*, l. *Mag*, desgranar. Si mucho, *Mag*, redupl. *In*, la espiga desgranada. *Y*, con que, y se llama *pang̃isquis*.
QISQISAN. pp. Jugar las bolas con paleta, *Mag*.
QITA. pc. Tú, y yo. Y en otras partes tú de mí. *Hampasin quita*. Serás azotado. *Quita,i, cumain*, comamos tú y yo.
QITA. pp. Buscar mirando, *Vm*. Si mucho, *Mag*. pc. *In*, lo que. Si mucho, *pag-in*. *paquita*, dejarse ver. *Mang̃ita*, andar buscando. Nombre, *Mapagquita*. pc. l. *Mang̃ing̃ita*, buscador. *Quiniquitaan*, donde, ó persona. Si mucho, *pag-an*. *Naan*, acaso.
QITA. pp. Ver ó mirar, *Maca*. Ser visto, *Na*. *Mag*, verse dos ó mas. De aqui *palang̃ita*, adivino. *Maquipagquita*, ir á visitar al recien llegado. *Pinaquiquipagan*, á quien. *Di maquita*, no se puede ver. *Manyaring maquita*. l. *Sucat maquita*, visible. *Magpa*, mostrar algo. Lo que, *Ipa*. Á quien, *pa-an*. *Caquitaquita co,i, uala na*, al buscarlo faltó luego. *Nmita*, buscar algo mirando. Ser visto al parecer, *Naquiquiniquita*. Lo que, *Y*. *Magquiniquitaan*. pc. El que. *Magquiniquitaan*. pp. Verse dos por especie representativas. *Nagcacaquiniquitaan*, engañarse en la vista. En lo que, *pagcaca-an*. Tambien dicen *Di magquitang quitain*, no hallar tras que parar.
QITANG. pp. Pescado de este nombre.
QITANG. pc. Cordel largo de que penden muchos anzuelos. *Nang̃ing̃itang*, pescar asi. *Pang̃itang̃an*, l. *Maquitang*, l. *Qitang̃in*, ser cogido. *Ipang̃itang*, instrumento, ó para quien ó porque. *Pang̃itang̃an*, lugar.
QITAP. pc. Menearse el pez dentro del agua. Vide su sinónomo *Ticap*.
QITÍ. pc. Comenzar á moverse lo que se cuece, *Vm*. Causa, *Y*.
QITID. pc. Morder como el pez al cebo, *Vm*. Lo que, *In*. Si mucho, *Mag*. Lo que, *pinag*. Sinónomo *Quibit*, *quibquib*.
QITIG. pc. Latidos.
QITIG. pc. Red para pescar entre dos. *Nang̃ing̃itig*, pescar con él. Ella, *Ipang*. Lugar, *pang-an*.
QITIL. pc. Cortar con los dedos como á la flor, *Vm*. Si mucho, *Mag*. *Quitlin*, lo cortado. *Quitlan*, el árbol. Si mucho, *Pagquiquitlan*, *Y*, con que ó para quien. Si mucho, *Ipagquiquitil*. *Mang̃itil nang mam-in*, deshojar. Sin. *Puti*, *potol*.
QITIQITI. pc. Renacuajos que se crian en el agua.
QITIR. pp. Estrecho. *Vm*, irse estrechando. *Mag*, estrechar otra cosa. *An*, ser estrechada. *Y*, con que. *Caquitiran*, abstracto. *Maquitir*, cosa estrecha. *Maquitir na tauo*, el que tiene lo que basta tasadamente.
QITIR. pc. Chinchoro para los rios. *Mang̃itir*, pescar con él. Vide los juegos de *Quitang*.
QITQIT. pc. Entrañarse algo en el corazon, *Vm*, l. *Mag*. *Ma*, estarlo. *Pag-an*, en donde. *Nang̃itquit ang saquit*, se mete la enfermedad en los huesos.
QITQIT. pc. Macizo. *Nagquiquitquit ang dugó*, se le cuaja la sangre.
QITQIT. pc. Apretado. *Nagquiquitquit ang tali*, amarradura apretada, ó que está apretada. *Pang̃itquit*, cosa ajustada, y este *pang̃itquit*, mutata *P. in M*, es ponerse vestidura asi. *Maquitquit na tauo*, hombre terrible, l. *Maquitquit na loob*.
QIUA. pp. Anzuelo para caimanes. *Vm*, l. *Mang̃iua*. pescar. Si mucho, *Mag*. pc. *Hin*, el caiman cogido. *Y*, con que. *Pinang̃ing̃iuahan*, donde. *Di paquiua ang buaya*, no se allega, no se deja pescar.
QIUÂ. pc. Embarazado. *Ma*, obrar asi. *Ica*, la causa. Sinónomo *Siqui*. pc. *Imí*. pc. *Quimi*. pp.
QIUÁ. pc. Torpe en el obrar. *Quiuang tauo*, hombre asi. *Quiuang sumaguan*, torpe en remar. *Quiuang sumulat*, en escribir, &c.
QIUÁ. pc. Torcido. *Vm*, l. *Napapa*, irse torciendo. *Ma*, estarlo.
QIUÁL. pp. Andar culebreando, *Vm*. Si mucho, *Mag*. pc. *An*, lugar ó persona. *Y*, con que ó causa.
QIUAL. pc. Cosa tuerta, adjetivo de *Quiual*. pp. *Vm*, irse torciendo. *Y*, la causa.
QIUANG. pp. Lo mismo que *Quibang*.
QIUAS. pp. Lo mismo que *Quiual*.
QIUÍ. pc. Lo mismo que *Quiua*.
QIUIL. pc. Anzuelo: el usado es *Cauil*.
QIUIT. pc. Tuerto ó torcido. *Napapa*, se vá torciendo, l. *Vm*. *Quiuit*. pc. *Na cahoy*, madera torcida. *Vm*, l. *Mag*, torcer algo. Lo que, *In*, l. *Pinag*. Con que, *Y*. l. *Ipag*. Persona ó lugar, *An*, l. *Pag-an*. *Quiuit na loob*, de corazon torcido.
QIYA. pp. Cantonearse, *Vm*, si mucho, *Mag*. *An*, ante quien. *Ica*, la causa. Sinónomo *Quirling*.
QUIYA. pp. Amagar levantando el brazo. Vide *Haya*, que es mas usado.
QIYACOR. pp. Dar vueltas el perro, *Vm*. Si mucho, *Mag*. Á quien, *An*. Si mucho, *pag-an*.
QIYACOS. pp. Rascarse contra la pared, ó cosa semejante, *Vm*. Si mucho, *Mag*. pc. *An*, á dó *Y*, el cuerpo. Sinónomo *Quiyaquis*.
QIYAM. pc. Menearse los gusanos, ó menearlos, *Vm*, l. *Ma*.

QIYANG. pc. Andar con los pies abiertos, *Vm*. La causa, *Y*.
QIYAO. pc. Comenzar á hervir lo que se calienta, *Vm*. Es menos que *Colò*.
QIYAO. pp. Menearse como piojos en la cabeza, *Vm*, l. *Mag*. *Quiquiyaoquiyao ang ouod sa sugat*, se bullen los gusanos en la llaga.
QIYAPÓ. pp. Yerba asi llamada. *Magca*, haberla.
QIYAQUIN. pc. Juego de los niños. Vide *Tagantan*.
QIYAQIO. pp. Menear los pies el que tiene vergüenza al hablar, *Vm*. Ante quien, *An*. Tambien los pies, *An*. Vide *Quiyaquia*.
QIYAQIS. pp. Vide *Quiyacos*.
QIYAS. pp. Traza ó disposicion. *Magandang quiyas*, buen talle. Sinónomo *Ticas*.
QIYAY. pc. Derrengado. *Vm*, l. *Quiquiyay, quiyay*, cogear así.
QIYÓ. pp. Muger lasciva é inquieta. *Quiniquiyo, siya*, es decir la salida.
QIYOG. pc. Lo mismo que *Quiyag*. l. *Quiya*.

DE LA LETRA S.

S antes de A.

SAAC. pp. Hender, partir leña, *Vm*. Lo que, *In*. Vide *Baac*.
SAAN. pc. Á donde, de donde, por donde. *Vm*, estar de asiento. *Na*, estar, prescindiendo si de asiento ó no.
SAANGCON. pc. Vide *Arimohan*.
SAANMAN. pc. Adverbio. Á dó quiera, ó por dó quiera. Y reduplicando la primera sílaba. encarece mas y entonces *Saansaan man* significa este á dó quiera que estuviere.
SAAN PA. pc. Adverbio, sea interrogativo ó no, siempre es negativo. *Saan pa, aco cocoha ay uala na?* pero si se le junta el *Di* interrogativo, significa lo que. *Capalapa, Saan pa di totoo*.
SAAQUIN. pp. Para mí, por mí, en mí, conmigo.
SAAR. pp. Vedar el que no diga lo que oyó ó vió, *Vm*. Si mucho, *Mag*. pc. Á quien, *In*. Si mucho, *pag-in*. Lo que, *Y*. Si mucho, *Ipag*. pc. Mútuo, *Mag-an*. pp. l. pc.
SAAR. pp. Avisar, encomendar algo, con los mismos juegos que el antecedente.
SAAT. pp. Vide *sauay*. *Hindi masauatan*, lo mismo que *Hindi masauay*.
SAATIN. pp. Para nosotros, por, en, con nosotros.
SABA. pc. Un género de plátanos.
SABAC. pp. La muezca que hacen en el harigue para poner sobre él la viga, *Vm*. Mejor, *Mag*. *An*, el madero. Si mucho, *pag-an*. pc. El instrumento, *Y*.
SABAC. pp. La muezca de la flecha para asentar en la cuerda.
SABAL. pp. Atajar el agua para que se encamine, y vaya á otra parte. *Magpa*, hacer que no pase el agua. *Sabalan*, l. *Pasabalan*, lo atajado. *Ipa*, con que. Sinónomos *Saplar, salag, sabat, salabat*.
SABAL. pc. Vide *Sauay*, con sus juegos.
SABALAS. pc. Nordeste.
SABANG. pp. Explorar al enemigo, *Vm*. Si mucho, *Mag*. pc. Si con frecuencia, *Manabang*. pp. El explorado, *In*. Sinónomo *Saya*. pp.
SABANG. pp. Cosa expuesta á todo. *Vm*, exponerse. Si muchos, *Mag*. pc. Con otro. *Maqui*. Ir á la parte de aquello á que se expone, *Maquipag*. pc. Á lo que, *In*. *Sabangin mo ang hangin*.
SABANG. pp. Encuentro de caminos ó rios. *Sabang nang Ilog*. *Mag*, l. *Magca*, encontrarse. *Pag-an*, l. *Pagca-an*, donde. *Napapasabang*, ir á encontrarse con el otro. *Sabangan*. pp. El encuentro. Lo mismo que *Uauà*.
SABANG. pp. Dividirse el rio en dos brazos. *Vm*, l. *Mag*. Navegar por el un brazo, *Man*.
SABAO. pc. Caldo.-*Masabao*, Mucho caldo. *Vm*, ir teniendo. *Mag*, comerlo con arroz. *Sabauan*, aquello á que se echa. Sinónomos *Labay, bahoc*. pc.
SABAT. pp. Labores de petates, ó tegidos. *Mag*, hacerlos. Si mucho, *Mangag*, l. *Magsipag*. Donde, *An*, l. *pag-an*. pc. *Y*, con que. *Magca*, tener muchos. *Sinabatan*. pp. Petate labrado.
SABAT. pc. Atajar á alguno, *Vm*. Si mucho, *Mag*. pc. Si muchas personas, *Magsi*, l. *Mangag*. pc. Con frecuencia, *Manabat*. *Y*, el instrumento. *Sabatan*. pp. El lugar. pc. *Magsabatanan*, entre muchos á uno.
SABAT. pc. Traer banda atravesada, *Mag*. Lo que, *In*.
SABAY. pp. Rebosar el vino, &c. *Vm*. Si mucho, *Mag*, pc. *Sa Bayan*, el lugar. *Pasabayan mo aco nang munti*, haz que rebose un poco. *Pasabain mo iyang pinagtatacalan*, haz que rebose esa medida. Sinónomo *Sanao*.
SABAY. pc. Á la par, juntos á una. *Vm*, el que dice algo al tiempo que otro. *Mag*, dos que lo dicen á un tiempo. Si mas, *Mangag*. Lo que, *Y*. Las cosas dichas ó hechas, *Pagsabain*. pc. *Magcaca*, ó mas que acaso.
SABI. pp. Dicho, decir, *Vm*. Si mucho, *Mag*. pc. Conversar dos, *Mag*. pp. Si mas, *Nagsasasabi*, *Hin*. Lo dicho ó el ausente nombrado. *Pinagsasabihan* pp. El lugar ó la persona. *Ipag*, la causa. *Sabihan*. pp. El cuento ó historia.
SABI. pp. Traer colgado el niño al hombro, *Mag*. El niño, *Hin*. El paño con que, *Y*. Se llama *Panabi*. Sinónomo *Sacbibi*.
SABIC. pc. Desear comer carne ó pescado. *Ma*, desearlo. *Quinasasabican*. pc. Aquello de que. *Ica*, la causa. *Casabican*, abstracto. pc. Sinónomo *Salat*. pc.
SABIR. pc. Asirse lo que vá arrastrando. *Ma*. Donde, *Quinasasabiran*. *Sabirin*. *ang hayop*,

echarle el cordel. *Mag*, dar vuelta al cuello ó muñeca con alguna joya. Ella, *An*. *Ilan casabir*, cuantas vueltas.

SABIRSABIR. pc. Vide *Habirhabir*.

SABIT. pp. Colgar alguna cosa de algo, *Mag*. Si mucho, *Mag*. pc. *Ma*, estar colgado. *Y*, lo que se cuelga. Si muchos, *Ipag*. pc. El lugar, *An*, l. *Pag-an*. pp. Si muchos, *pag an*. pc. *Sabitan*. pp. Lo que es colgado para hacer pesado. Vide *Saclay*.

SABIYAC. pc. Sobresalir como la rosa ó flor. Árbol que tiene ramas hermosas con proporcion, *Masabiyac na pono*. *Bulaclac*, *bontot* &c.

SABLAAC. Vide *Sagaac*.

SABLAAG. pp. Vide *Habalang*.

SABLAY. pc. Dar al soslayo, Vm, l. *Ma*. l. *Mapa*. Á quien, *An*. *Pasablay na uicà*, palabra que se dice á uno para que la entienda otro. *Pina-an, nang uicà*, á quien. En activa, *Magpa*.

SABLAY. pc. Ligereza de la banca. *Masablay na lunday*, ligera.

SABLANG. pc. Darle á uno de repente algun mal. Tener vómitos y cámaras, *Ma*. La causa, *Ica*.

SABLO. pc. Pasar la flecha al soslayo. *Vm*. Vide *Sablay*.

SABNIT. pc. Vide *Lan̄got*. pc. *Lapnit*. pc. Vide tambien *Hobnit*, y sus juegos.

SABO. pp. Vide *Dapo*; pero *Dupo* es para uno ú otro. *Sabo*, para multitud.

SABSAB. pc. Pacer el animal, *Vm*, l. *Nananabsab*. El lugar, *An*. *Sabsaban*. pp. Sábana ó prado en donde.

SABOCAY. pc. Revolver el cabello hácia atras, *Mag*. Lo que, *In*.

SABOCOT. pc. Un género de pájaro.

SABOG. pp. Sembrar como trigo, arroz &c. *Vm*, l. *Mag*, esparcir. Si mucho, *Mag*. pc. Si muchas personas, *Man̄gag*. Lo esparcido, *Y*. Si mucho, *Ipag*. El lugar, *An*. Si mucho, *pag-an*. pc. Sinónomo *Calat*, *ualat*, *sambolat*.

SABOG. pp. Desperdiciar la hacienda con los mismos juegos. Metáf.

SABOG. pp. Esparcirse la gente, *Vm*. Es tambien metáf.

SABOG. pc. Calzones anchos. *Mag*, traerlos. *In*, lo que. Sinónomos *salaual*, *salauilis*.

SABOLSABOL. pp. Un género de joya de oro.

SABONG. pp. Pelea de gallos. *Vm*, pelear uno con otro. *Mag*, entre sí. Tambien *Mag*, l. *Maquiquipag*, jugar ó apostar á los gallos. El embestido de otro, *sinasabong*. El gallo que es peleado con otro, *Y*, l. *Ipag*. Jugador de gallos, *Palasabong*. pc. Nombre, *sasabon̄gin*.

SABONGOL. pc. Repelar los cabellos, mesarlos, *Vm*. Si mucho, *Mag*. pc. La causa ó mano, *Y*. Si mucho, *Ipag*. pc. Sinónomo *Sabonot*.

SABONOT. pp. Arrancar los cabellos. *Vm*, asir de ellos. *Mag*. pc. Arrancárselos. *An*, el cabello ó persona. Si mucho, *pag-an*. pc. Tambien *In*, el cabello. La causa ó mano, *Y*. Dos mútuo, *Mag-an*. Mas de dos, *Man̄gag-an*.

SABONOTAN. pp. Un género de bejuco.

SABOR. pc. Poner huevos dos gallinas en un nido. *Vm*, l. *Maqui*, poner la segunda despues de haber puesto su huevo la primera. *Mag*, las dos en un nido.

SABOTAN. pc. Unas hojas para hacer petates.

SABOUAT. pp. Esclavo, compañero en servir. *Papagsabouatin ta ang canitang alipin*, juntemos nuestros esclavos.

SABOY. pp. Hechar agua con la mano á otro. *Vm*, l. *Mag*. Si mucho, *Mag*. pc. Á quien ó á lo que, *An*. Si mucho, *pag-an*. pc. Con que, *Y*. Si mucho, *Ipag*. pc. Dos mútuo, *Mag-an*. Echarse asi, *Mag*. Vide *simboyo*.

SABONGCAY. pc. Lo mismo, que *Sabocay*.

SABUTAN. pc. Vide *sabotan*.

SABYIA. pc. Una yerba.

SACA. pp. Labrar sementera, *Mag*. Si muchos, *Man̄gag*. Con que, *Ipag*. El sitio ó parage, *Pagsacahan*, l. *Mapagsacahan*.

SACA. pp. Moler ó pilar alguna cosa, levantando la mano del pilon como cuando pilan, *Vm*. Si mucho, *Mag*. pc. Lo pilado. *Hin*. Si mucho, *pag-hin*. pc. Con que, *Y*.

SACÁ. pc. Adverbio. Luego, despues de mas tiempo que, *mamaya*. *Guinaua nang Pan̄ginonng Dios ang Lan̄git*, *saca ang lupa*. *Sacari,t*, *saca*, despues y mas despues. *Nagsasacasaca*, se dice del que anda dilatando algo.

SACAG. pc. Red pequeña entre dos palos. *Vm*, pescar con ella. Si mucho, *Nagsasasacag*.

SACAHATI. pp. Vide *salac-hati*.

SACAL. pc. Apretar á otro el pescuezo con las manos, *Vm*. Si mucho, *Mag*. Lo apretado, *In*. Si mucho, *pag-in*. Con que, *Y*. Frecuent. *Manacal*. *Mag-an*, dos mútuo.

SACALÍ. pp. Adverbio: si acaso. *Sacaling maquita mo*, si acaso lo vieres. *Mag*, hacer algo á Dios, y aventura Lo que. *Ipag*. En algunas partes dicen, *Nagpapasacali*, l. *Nagpapasumacali*. Sinónomos *opan pasumalà*.

SACAM. pc. Cojer de la mano. *Sacamin mo siya*, *hauacan sa camay*.

SACANG. pc. Zambo. *Mag*, estarlo. *Ica*, la causa. Abstracto, *Casacan̄gan*. Vide *Timpang*. *Pacuir*. *Biclang*. *Saclang*.

SACANTAN. pc. Penar en dinero á los que no acuden al *Atag*, *Vm*. Á quien, *An*. El que paga, *Mag*. Lo que, *Y*. Se usa en Lucban, Tayabas y sus costas.

SACAP. pc. Vide *Sapac*.

SACAT. pp. La cáscara del Calumpit.

SACAY. pc. Subir cuesta ágria ó empinada, embarcarse, montar á caballo, *Vm*. Subir á otro. *Mag*, y tambien los dos. *Maquinacay*. l. *Magpaquinacay*, l. *Maquisacay*, embarcarse en compañia de otros. En que, *Sacyan*. Lo que, *Ipag*.

SACAY. pp. Llegar á alguna parte, como subiendo, y cuadra á llegar el frio ó calentura al enfermo, *Vm*. Á quien, ó á donde, *An*. Vide *Ahon*.

SACAY. pp. Los remeros, ó todos los que van en la banca, *Ang man̄ga sacay*.

SACAYAN. pc. Embarcacion.

SACBALI. pp. Tener respeto, comedirse, agradecer, *Mapa*. Á quien, *Pahan*. Vide *Subali*.

SACBANG. pc. Vide *Sagbang*.

SACBAT. pc. La banda, ú otra cosa á modo de

talí. *Mag*, traerla. *Y*, l. *In*, ella. Á quien se pone, *An*. Sinónomo *Balabal*, *saclay*. *Salacbat*.

SACBAY. pc. Poner el brazo sobre otra persona, *Vm*. Vide *Dangtay*.

SACBIBI. pp. Traer al niño en las caderas, ó como el sangrado las manos, *Mag*. *Hin*, la mano. *Han*, el paño de que. Vide *Sabit*.

SACBOT. pc. Vide *Sambot*.

SACBOT. pc. Detener al que va á caer, *Vm*. Á quien, *In*. Con que, *Y*. Donde, *An*.

SACDAL. pc. Llegar al término donde para alguna cosa. *Vm*, l. *Ma*, parar algo por topar en otra cosa. *Quinasacdalan*, aquello en que. *Ica*, la causa. Sinónomo *Sagar*, *sompong*.

SACDAL. pc. Lo puro y perfecto de una cosa. *Sacdal na guinoo, casacdalan nang carunungan*.

SACDAL. pc. Arrimarse, *Mag*, l. *Vm*. Lo que, *Y*. donde, *An*.

SACDO. pc. Golpe debajo de la barba para que muerda la lengua. *Vm*, darlo. *Sacdohin*, el golpeado. Si mucho, *pag-hin*. *Ma*, acaso. *Y*, con que. Si mucho, *Ipag*. Sinónomo *Tancap*, *sumbi*.

SACLÁ. pc. Anillo, rodaja que ponen en el cuchillo. *Mag*, ponerla. Lo que, *In*. Á lo que, *An*.

SACLAB. pc. Zahumar alguna cosa, como banga, *Mag*. Tambien zahumarse como la parida. *In*, lo zahumado. No sirve para cosas olorosas, por que para eso es *Soob*. Vide *Hasap*.

SACLANG. pc. Una aspa de dos palos que se pone sobre el tejado para que no se levante la nipa. *Mag*, ponerla. *An*, el lugar. *Y*, con que. Instrumento, *Pasaclang*.

SACLANG. pc. Ir en los hombros de otro, como á caballo. *An*, sobre quien. *Mag*, llevar á otro. *In*, á quien.

SACLAO. pc. Atajar, *Vm*. El atajado, *An*.

SACLAO. pc. Ponerse el niño entre las piernas, *Vm*. Donde, *An*. *Napa*, pedir que le pongan.

SACLAO. pc. Estar alguna cosa comprendida en otra, *Na*. En que ó en donde, *Quinasasaclauan*. *Ang manḡa otos nang Dios ang quinasasaclauan nang caniyang cabagsican*, en los mandamientos de Dios está comprendido su poder.

SACLAP. pc. Sabor de fruta verde. *Masaclap*, la que lo tiene. *Nasaclapan*, el que lo padece Sinónomo *Pacla*.

SACLAY. pc. Vide *Sacbac*, *salacbat*.

SACLIT. pc. Enredarse en algun mecate estendido, coger á alguno con los dos cabos del mecate, *Vm*, l. *Monaclit*. Enredarse, *Ma*. En donde, *Quinasaclitan*. Lo enredado, *In*.

SACLIT. pc. Embarazar al acreedor con otra deuda, *Mag*. Á quien *In*, l. *pag-an*. Dos mútuo, *Mag-an*. Las dos deudas, *Pinagsasaclitan*. pp.

SACLIT. pc. Hacer algo presto. *Sumaclit cang gumaua*. *Saclitin mong habolin*, síguele presto.

SACLOB. pc. Poner una cosa encima de otra para taparla, *Mag*. Lo que, *An*. Dos cosas, *Magca*. *Na*, estarlo. *Y*, lo que está debajo. l. *An*. *Sacloban mo yari nang batea*, pónlo debajo de la batea. Es de los Tinguianes. Vide *Soclob*, *taclob*.

SACLOLO. pp. Llevar en brazos, *Vm*, l. *Mag*. Á quien, *Hin*. Con que, *Y*.

SACLOLO. pp. Ayudar, amparar á alguno, *Vm*, l. *Mag*. Si mucho, *Mag*. pc. *Hin*, á quien. Si mucho, *Paghin*. pc. Con que ó causa, *Y*, l. *Ipag*. Pedir ayuda, *Pasaclolo*. Sinónomo *Tolong*, *ampon*, *sacop*. Rara vez se usa en Manila.

SACLONG. pc. Vide *Sacnong*, y sus juegos.

SACMAL. pc. Arrebatar algo con toda la mano, *Vm*. Si mucho, *Mag*. Lo tomado, *In*. Si mucho, *pag-in*. La mano con que, *Y*, l. *Ipag*. Sinónomo *Sungab*.

SACMAL. pc. Abarcar brazo ó pierna, con los mismos juegos que el antecedente.

SACMAN. pc. Turbarse, callar, *Na*. La causa, *Ica*.

SACMATÁ. pc. Lo mismo que *Acsaya*, con sus juegos.

SACMORA. pp. Vide *Sicmora*, *casmora*.

SACNIB. pc. Coser añadiendo una cosa á otra, ó juntar las orillas de los petates una á otra. *Vm*, una á otra. *Mag*, los dos. *Magca*, estarlo.

SACNONG. pc. La parte que le cabe á uno en la sementera. *Vm*, tomar su parte, ó trabajar en ella. *Mag*, darle á uno su parte, ó tenerla los dos. *Y*, l. *Ipaqui*, lo dado ó cabido en tarea.

SACOB. pp. Poner algo boca abajo. Sinónomo *Taob*. Vide sus juegos.

SACOL. pp. Bocado grande. *Vm*, comer asi. Lo que, *In*.

SACOL. pc. Bocado grande, idem.

SACOM. pp. Abarcar, *Vm*. Lo que, *In*. Con que, *Y*. *Hindi co masacoman ito*, no puedo abarcar esto.

SACOM. pp. Asir algo con fuerza para que no se escape. No tiene activa. *Ma*, l. *Masacoman*, lo asido. *Y*, con que.

SACONÁ. pc. Palabra preñada, espina atravesada en el corazon. *Mey saconang loob*. Abstracto. *Casaconaan*.

SACONG. pp. Zancajo. *Vm*, dar con él. *In*, á quien. Acaso, *Ma*.

SACOP. pp. Redimir ó salir por otro, tomando su pena, *Vm*. Si mucho, *Mag*. pc. *In*, el redimido. Si mucho, *pag-in*. Con que, *Y*. Frecuent. *Mananacop*.

SACOP. pp. Lo que está debajo del poder de otro. *Naca*, el dominante. *Nasacopan*, el dominado. *Sacop*. pc. l. *Sacop*. pp. Súbdito ó vasallo. *Nasasacopan co ang. Bayan*, está debajo de mi poder el pueblo Sinónomo *Socob*.

SACPAC. pc. Mascar el puerco, *Vm*. Y si mucho, *sasacpacsacpac*.

SACPANG. pc. l. *Sagpang*. Coger algo el animal con la boca, *Vm*. La cosa, *In*.

SACSÁ. pc. Romper por peligros, *Vm*. El peligro, *In*. Á donde, *An*. *Casasaan*.

SACSA. pc. Lo mismo que *Tapus*, y *Obus*.

SACSAC. pc. Atestar, apretar, hincar, embutir, *Vm*. Si mucho, *Mag*. Lo que, *In*. Si mucho, *Pinagsasasacsac*. Sinónomo *Salacsac*. *Saca*.

SACSAC. pc. Dar como lanzada á uno con palo, caña, &c. *Vm*. Á quien, *In*. Con que, *Y*. *Panacsac*, pison.

SACSAC. pc. Descamar el pescado pequeño, *Mag*: Serlo, *In*.

SACSAC. pc. Hincar palo con las manos á golpes, fijándolo, *Mag*. Lo que, *Y*.

SACSÁC. pc. Acometer de repente, *Vm*. Ocasion repentina, *Casacsacan*.

SACSI. pc. Testigo. *Vm*, poner á alguno por tal. *In*, á quien. *Mag*, atestiguar ó presentar testigo. *Pasacsi*, ser testigo. *Sacsihin*, el puesto por tal. *Ipag*, la causa. *Pinagsacsihan*, pleito ó escritura en que presentó testigos. *Maghan*, presentarlos ambas partes.

SACSIC. pc. Un género de plátanos.

SACUA. pc. El pié del plátano, de donde salen las raices. *Casacuahan*, lugar de muchos.

SACUAT. pc. Lo mismo que *Buhat*, con sus juegos.

SACUIL. pc. Dar de mano echando de sí, *Vm*, l. *Aag*. Aquello á que, *Y*. Á donde paró. *Sacuilan*. Sinónomo *Uacsi*.

SASIAR. pp. Llevar el bolo ó machete en la cintura, *Mag*. Lo que, *Y*. Donde, *An*. Sinónomo *Salocsoc*, que es el usado.

SACYOR. pc. Coger langosta ó pajarillos con una red, *Vm*, l. *Mananaquior*. Lo que, *In*. Á donde, *An*, l. *Pinaan*. Con que, *Y*, l. *Ipana*.

SADYA. pc. Prevenir, aparejar, *Mag*. Si mucho, *Magsasasadya*. *Y*, lo que. Si mucho, *Ipinagsasasadya*. La causa, *Ipag*. Para quien, *Sadyahan*. Si muchos, *Paghan*. Sinónomo *Handa*, *laan*, *gayac*, *tangcab*.

SAGÁ. pp. Unos como frejolillos colorados con una pinta negra, con que pesan el oro ó plata. *Ualang timbang sangsaga*, á penas pesa. *Ualang bait na sangsaga*, de poco juicio. *Casagaan*, lugar de abundancia.

SAGA. pp. Comprar cositas como pedacitos de plata. *Mag*, el que los dá. *Y*, ellos. *Vm*, el que los recibe. Ellos, *In*.

SAGAAC. pp. Ruido de risa grande, *Vm*, l. *Sasagasägaac*. La causa, *Y*. Vide *Halac-hac*.

SAGAAC. pp. Ruido de leña ó caña verde cuando la parten, el oro, el ubi crudo, *Vm*.

SAGABAL. pp. Embarcacion porrona. *Vm*, estar asi. *Y*, la causa. *Pasagabalan*, lo que es hecho asi. Vide *Salauay*.

SAGACAN. pc. Rodillo de cordeles para llevar la olla caliente. Tambien el pie de los cocos en que beben, cántaro embejucado. Las cañas que ponen en las ollas, sobre que cuece algo en seco, *Mag*. Lo que, *Y*. En donde, *An*. Vide *Diquin*.

SAGACAN. pc. Cañas cortadas que sirven de escudilla para el vino.

SAGACSAC. pc. Ruido que hace el agua cayendo de alto. Vide los juegos de *Sagaac*.

SAGALA. pp. Vide *Isip*. *Napagsagalaan co*. Lo mismo que *Napagisipan co na*.

SAGALSAL. pc. La embarcacion que por ligera abre con fuerza el agua con la proa. *Vm*, caminar asi. *Y*, la causa.

SAGAM. pc. Un juego con palillos. *Mag*, jugar Vide *Salam*. pc.

SAGAM. pp. Dado, alicates.

SAGAMANIN. pc. Orozus silvestre.

SAGAMAY BOLO. pp. Lo mismo.

SAGANÁ. pp. Abundar en algo, *Vm*, l. *Sagana sa pagcain*, &c. *Casaganaan*, abstracto. Sinónomo *Sauà*.

SAGANÁ. pp. Salir al encuentro. Si muchos, *Magsi*. Dos, *Magca*. Si mas, *Mangagca*. *An*, l. *In*, el encontrado.

SAGANG. pc. Caer algo de suerte que quede asentado, *Vm*. El palo en que, *Quinasagangan*. La causa, *Ica*.

SAGANO. pc. Adverbio. Si acaso. Solo sirve para acciones futuras. *Saganong lumub-ha ang saquit*, *paquiquialaman mo aco*. Si acaso le apretare la enfermedad, me avisarás.

SAGANO. pc. Encontrar acaso con alguno. *Naca*, el que encuentra. *Napagsagano*, el encontrado. *Magca*, los que se encuentran acaso. *Nasaganohan*, la cosa encontrada. Sinónomo *Taon*. pc. *Songao*.

SAGANSAN. pc. Vide *Sagonson*.

SAGAP. pp. Cuchara grande de cañas entretegidas para sacar de algun licor alguna cosa encima ó en el fondo. *Vm*, sacar con ella. Si mucho, *Mag*. pp. Si muchas personas, *Mañgag*, l. *Magsi*. Frecuent. *Managap*. Lo cogido, *In*. Si mucho, *pag-in*. pc. El lugar, *Panagapan*, l. *An*. Con que, *Y*.

SAGAP. pp. Coger con la mano pescadillos del agua ó con ropa. Sinónomo *Sacag*. Vide *Saloc*. y sus juegos.

SAGAP. pp. Respetar, hacer algo por respeto, *Vm*, l. *Mag*. Á quien, *An*, l. *Pag-an*, l. *In*. Hombre comedido, *Masagapin*. pc.

SAGAP. pp. Sospecha, Vide *Hagap*, con sus juegos.

SAGAP. pp. De aqui. *Hinagap*. pp. Tomar por sí lo que se dice á otro. *Sagapin mo*, tómalo por tí.

SAGAPAC. pc. Sonido de golpe en cosa mojada, *Vm*. Si mucho, *Sasagasagapac*. La causa. *Y*.

SAGAPAC. pc. Vide *Sapac*, con sus juegos.

SAGAPSAP. pc. No tener gusto ó sabor. *Sumasagapsap*, se hace desabrido. *Uicang ualang sagapsap*, palabra sin sal. Metáfora.

SAGAPSAP. pc. Un pescadillo negro muy gustoso.

SAGAR. pc. Vide *Sacdal*, con sus juegos.

SAGAR. pc. Lazo para cazar pájaro. *Mag*, hacerlo, cazar pájaros. *Vm*, l. *Man*, cazar con él. *In*, el pájaro.

SAGAR. pc. Cortar de raiz, *Vm*. El árbol, *In*.

SAGARSAR. pc. Cansancio de haber corrido mucho. Barar el navío, *Vm*. Ser barado, *Y*.

SAGARSAR. pc. Dar la persona con todo el cuerpo contra algo. *Aco,i, 'isinagadsad niya sa ringring*.

SAGASÁ. pp. Vide *Parpar*, con sus juegos.

SAGASAG. pc. La comida ya desabrida por haber mucho tiempo que está cocida. *Mag*, hacer la comida así.

SAGÁSAGÁ. pp. Lo mismo, que *Sagá*.

SAGÁSAGÁ. pp. Unos cangregillos con una mancha colorada.

SAGAT. pp. Pescar con anzuelo en alta mar. *Nananagat*, el que pesca asi.

SAGAY. pp. Pasearse poco á poco, *E*, *Sumasagay ca?* Á que te estás paseando? Es palabra burlesca.

SAGAY LALAQUI. pp. Coral negro.

SAGAY BABAYI. pp. Una mata que se convierte en coral.

SAGAYAR. pp. Arrastrar faldas largas, *Vm*, l. *Ma*. El lugar, *An*, l. *Quinasasagayaran*. Lo que se arrastra, *Y*, l. *Pasagayarin*. La causa, *Ica*, l. *Y*. Sinónomo *Sayar*.

SAGBANG. pc. Lo mismo, que *Sacbang*.

SAGBAT. pc. Vide *Sangbat, salabat*.

SAGBIBI. pp. Vide *Sacbibi*. pp. Sostener con la mano.

SAGI. pp. Escaparse alguno haciendo agugero en la casa ó cerca, *Vm*, l. *Mag*. El agugero, *An*. La causa ó cuerpo que por alli metió, *Y*. Vide tambien *Tahac, talas*. Atropellar.

SAGI. pp. Coger el gabilan al pollo al vuelo, *Vm*. El pollo, *In*. Donde, *An*.

SAGILA. pp. Pasar arrimándose ó rozándose en la pared. *Vm*, l. *Maqui*, rezarse. Si mucho, *Mag*. pc. En donde, *Han*. El cuerpo ó causa, *Y*, l. *Ica*. Dos mútuo, *Magsagilahan*, l. *Maquipaghan*.

SAGILA. pp. Pasar la vista sin detenerla, *Vm*. Por lo que, *Han*. Tambien se aplica al que pasa de paso y sin detenerse por alguna casa. *Sagilala*. pp. Un arbusto con cuyas hojas adornan la Iglesia.

SAGILA. pp. Ofrecerse algo de paso al pensamiento. *Sungmasagila lamang sa loob co*, se me ofrece de paso. *Sagilalang guhat*, otro arbusto.

SAGILAP. pp. Sacar algo debajo del agua. Vide *Hagilap*.

SAGILAP. pp. En la Laguna es espumar la olla ó algun otro licor, *Mag*. Dar espuma, *In*. La olla, *An*.

SAGILOT. pc. Lazada que de un tiron se suelta. *Vm*, l. *Mag*, atar asi. *In*, lo que. *Y*, con que. Sinónomos *sigalot, taguilabso*.

SAGIMOYMOY. pc. No es cosa. *Ualang casaguimoymoyan*.

SAGIMPOT. pc. Velocidad del ave que vuela. *Vm*, pasar asi. Si muchas cosas, *Nasasaguisaguimpot*. *An*, el lugar ó persona.

SAGIMSIM. pc. Pensamiento que no dura mucho. *Vm*, l. *Nanaguimsim*, ofrecerse. *Saguimsiman*, aquello de que se acuerda. La causa, *Y*. Sinónomos *Gunita, sompong, salamisim, salimsim*.

SAGING. pp. Nombre genérico de plátano, así árbol como fruta. *Casaguiñgan*, lugar de muchos.

SAGINGSAGING. pp. Una enredadera con fruta, como plátanos.

SAGINGSAGINAN. pp. Un árbol asi llamado. Sinónomo *Pipisic*.

SAGIP. pc. Coger alguna cosa que anda en el agua, *Vm*. Si mucho, *Nagsasaguip*. Lo cogido, *In*. Si mucho, *pag-in*.

SAGIP. pc. Tomar á su cuenta la crianza de otro, *Vm*. Lo tomado, *In*.

SAGIP. pc. Detener en rehenes, *Vm*. Á quien, *In*.

SAGISAG. pp. Erizarse el cabello, plumas, &c. *Managisag*. Aquello por que, *Pinanagisagan*, l. *Ipana*.

SAGISAP. pp. Plumage, divisa. *Mag*, traerla, hacerla, &c. Lo que, *Ipag*. Persona, *pag-an*.

SAGITSIT. pc. Ruido ó estallido, como al freir la manteca. *Vm*, hacer tal ruido. Si muchos, *Nagsasagitsit*. La causa, *Y*.

SAGITSOT. pc. Sorber ó chupar recio, *Vm*. Lo que, *In*.

SAGIUAYUAY. pc. Vide *Sagila*, aunque este dice menos. Vide *Iligahir*.

SAGLAO. pc. Mezclar pescado con yerbas, echándolas á coser, *Mag*. Lo que se echa, *Y*. Á que, *An*.

SAGLAO. pc. Echar agua en el afrecho para que lo coman los puercos, *Vm*. Lo que se le echa, Y. Á que, *An*.

SAGMIT. pc. Coger algo con la mano ó boca apresuradamente, *Vm*. Si muchos, *Nagsasasagmit*. Lo cogido, *In*. Con que, *Y*. Lugar, *An*. Acaso, *Ma*. En donde, *Quinasagmitan*.

SABNIC. pc. Zarzaparrilla.

SAGNAY. pc. Romper el agua con el cuerpo, como cuando llevan arrastrando la banca. *Mag*. La banca ó causa, *Ipag*. El agua, *In*. El cuerpo, *Y*.

SAGNAY. pc. Andar por algun camino topando, y apartando el zacate mojado, *Mag*. El zacate, *In*. El cuerpo, *Y*.

SAGO. pp. Sangraza de herida, llaga, carne, pescado ó cosa muerta. *Vm*, salir. Si mucho, *Mag*. pc. De donde, *Han*. Si mucho, *paghan*. pc. La causa, *Y*. *Pasagohin mo iyang sugat*, haz que destile esa llaga.

SAGO. pp. Zumo, en el comintan.

SAGOUAC. pc. El ruido que hace la madera blanda cuando la abren á lo largo. *Vm*, sonar así. *Y*, la causa.

SAGOAC. pp. Vide *Alagoac*, con sus juegos.

SAGONSON. pc. Las hojas del árbol muy juntas, iguales y con órden. *Ma*, estar así. Si mucho, *Nagcasasagosagonson*.

SAGOP. pc. Aliarse dos para hacer algo bueno ó malo, *Magca*. Vide *Tag-op*.

SAGOPSOP. pc. Vide *Sagotsot*, con sus juegos.

SAGOR. pp. Asirse de alguna rama el que cae de alto. Vide *Sañgat, sang-it, sang-or*.

SAGOR. pp. Enredarse el mecate que tiene la flecha ó lanza á modo de fisga, *Vm*, l. *Ma*. En donde se enreda, *An*, l. *Quinasagoran*. Sinónomo *Sabit*.

SAGOSAY. pp. Orden, concierto de algo. Vide sinónomos *Sayosay, hosay, saysay*.

SAGOT. pc. Respuesta. *Vm*, responder. Si mucho, *Mag*. pc. Á quien, *In*. Si mucho, *pag-in*. La causa, ó con que, ó lo que dá por respuesta, *Y*. Si muchas cosas, *Ipinagsasasagot*.

SAGOTSOT. pc. Sorber ó chupar recio haciendo ruido, *Vm*. Si mucho, *Mag*. pc. Lo que, *In*. La causa, *Y*.

SAGOY. pc. Rozarse en el zacate cuando está algo largo, *Vm*. Si mucho, *Nagsasagoy*. Lo rozado, *In*. La parte con que, *Y*. Sinónomos *Saguila, salagoy*.

SAGOY. pc. Tocar de prisa con la mano algo, *Vm*. Lo que, *Vm*. Lo que, *In*. Darse encontron con otro, *Ma*. Á quien, *In*. Los dos, *Mag-an*. *Aba mo con sagoin mo:* vé tibi si tetigeris.

SAGPAC. pc. Arrojarse de bruces en el agua, *Vm*. Donde, *An*. El cuerpo, *Y*. Arrojar á otro, *Mag*. Lo que, *Y*. Donde, *An*.

SAGPAC. pc. Dejarse caer, ó echarse las olas en la playa, *Ca-an*.

SAGPANG. pc. El ruido que hacen los peces mordiendo lo que está sobre el agua, *Vm*, l. *Managpang*. Si muchos, *Nagsasasagpang*. Lo que, *In*. Si mucho, *pag-in*. El lugar, *pag-an*, l. *Pananagpangan*. La boca, *Y*. Sinónomos *Sicmat, sibar*.

SAGSAG. pc. Partir algun viviente de arriba abajo, hacerlo cuartos, *Vm*, l. *Mag*. Si muchos, *Magsasagsag*. Lo que, *In*. Si mucho, *pag-in*. Lugar, *pag-an*. La causa, *Y*. Si mucho, *Ipag*.

SAGSAG. pc. Cortar cañas á lo largo muy delgadas, con los mismos juegos del antecedente. Sinónomos *Biac, tasac, salasá*.

SAGSAG. pc. Estar remachado algo puntiagudo, *Ma*.

SAGSAG. pc. Fuerza ó rigor de algo. *Casagsagan nang pagaani*, fuerza de la cosecha. *Casalocoyan, camasahan*. Sinónomos.

SAGO. pc. Un género de planta.

SAGUAC. pc. Entrar gran golpe de agua en la embarcacion, como una ola, *Ma*. Si de propósito, *Mag*. Lo que, *Y*. El lugar, *Pag-an*. Sinónomos *Bobò, salauac*.

SAGUAC. pc. l. *Sacuac*, l. *Sanuac, salauac*. Vide *Saluac*, con sus juegos.

SAGUAN. pc. Remo pequeño á modo de pala, de una pieza. *Vm*, bogar uno. *Mag*, bogar uno ó muchos con fuerza. Si mas, *Mag-an*. Traer el remo en la mano, *Mag*. Frecuent. *Managuan*. La persona ó remo con que, *Y*. Para donde van, ó el espacio por donde van, *In*. *Saguanin ang Maynila*, l. *Saguanin ang ilog*. *Saguanan*. pp. La tarea ó tiempo en que le toca á uno bogar.

SAGUAY. pc. Cosa embarazada con muchas cosas que están colgadas. Sinónomos, *Salauay, sag-oy, salag-oy*. Vide.

SAGUBANG. pc. Casilla en la sementera. *Mag*, hacerla. *An*, la sementera.

SAGYAT. pc. l. *Sagyad*. Las primeras hojas de tabaco, lechuga, col y otras semejantes, que arrastran por el suelo; y de aqui por arrastrar la vestidura, *Mag* Ella, *Y*, l. *Pina*. El suelo, *An*. Vide *Sayar*.

SAHÁ. pp. El tronco del plátano. *Mag*, cortar para guisarlo. *Vm*, l. *Man*, ir por ellos. Lo que, *panahain*.

SAHAB. pp. Sudor ó baho tomado. *Mag*, el que lo toma, ó dárselo á otro. *An*, ser ahumado por otro. *Y*, l. *Pag-in*, ser puesto para recibir el baho. Vide *Sangab*.

SAHAG. pc. Lo mismo que el antecedente.

SAHANG. pc. Fortaleza de vino. *Vm*, irse poniendo tal. *Y*, la causa. Vide *Sirhi*. pc. *Sanghir*. pc.

SAHAT. pp. Vedar ó defender algo, *Vm*. Lo que *Y*, l. *An*. Á quien, *An*.

SAHIG. pc. Suelo de casa de cañas. *Mag*, hacerlo. *In*, l. *Y*, de que. *An*, donde se pone. Si muchos, *Magsipag*.

SAHING. pp. Brea, resina. *Mag*, untar alguna cosa con ella. *An*, á lo que. Si mucho, *pagan*. pc. *Y*, la brea.

SAHÓ. pc. De un invencible se dice, *matapang na ri pasahò*, l. *Di masahó*.

SAHOG. pc. Mezcla. *Ma-an*, aquello á que se mezcló otra cosa. *Y*, lo que despues de mezclado se añadiere. Las cosas mezcladas, *Pagsahoguin*. En donde, *pagsahogan*. Muchas cosas mezcladas, *Nagcasasahog*.

SAHOL. pp. Venta barata por voluntad del dueño de la hacienda. *Aco,i, nasahol*, l. *Nasaholan*, l. *Nagpasahol*, lo vendí barato por deshacerme de ello.

SAHOL. pp. Desistir del pleito perdiéndolo por su voluntad. *Nagpasahol na aco*. Es lo mismo que *Nagpatalo*. pc. De aqui sale un modo, aunque escabroso, curioso para decir como, o parece, y rige dos nominativos. El ejemplo sirva de regla. *Nasahol ang honghang, yaring si Pedro*, parece tonto ó necio. *Ang Padre, nasahol ang Sangley, sa pagpangusap*, parece Sangley en el hablar.

SAHOR. pp. Aparar lo que cae de alto. *Vm*, l. *Man*, recoger lo que cae de alto. *In*, lo que. *Mag*, aparar algo para recoger, como las manos, ropa. &c. *Y*, lo que. *An*, lo que es aparado. Vide *Sambot*.

SAHOR. pp. Sustentar algo para que no se caiga, *Mag*. Lo que, *pag-in*. Á quien, *pagan*. Con que, *Ipag*.

SAHOR. pp. Tomar para sí lo que otro dice. *Houag mey magsahor*. pc. *nang uica*, nadie tome para sí lo que oyere. *Sungmasahor*. pc. *nang dinadalalangin*, aun no le dan, y ya alarga la mano.

SAHOT. pc. Promesa ó voto. *Mag*, prometer. *Y*, l. *Ipag*, la causa. Á quien, *An*. Lo que, *Y*. Cuando se mira solo la persona que promete ó la accion, es *Vm*. Cuando se mira lo que promete, es *Mag*. Tambien *Mag*, es hacer promesa por otro.

SAING. pp. Cocer arroz, *Mag*. Si mucho, *Mag*. pc. El arroz, *Y*. Si mucho, *Ipag*. pc. En que, *pag-an*. La persona para quien, *Ipag*. *Saingan*. pc. Olla, hogar. *Casaingan*, arroz para cocer una sola vez. *Casaing*, el que tiene parte en lo que se cuece.

SAIR. pc. Acabar ó consumir alguna cosa. *Vm*, l. *Mag*, acabar. *In*, lo acabado. *Ma*, acaso. *Ica*, la causa. *Nasair na nagcasaquit*, todos enfermaron. *Sairin mo nang canin*, acábalo de comer. *Bayang quinasairan nang tauo*, pueblo en que se acabó la gente. *Di masair, masaysay, ang camahalan nang Dios*, no se puede acabar de esplicar la grandeza de Dios. Sinónomos, *Obus, pucsò*.

SAIT. pp. Entreverar, mezclar. *Mag-an*, lo principal á que se mezcla algo. Si mucho, *pag-an*. Lo mezclado, *Y*. Las dos cosas, *pag-in*. *Vm*. l. *Maqui-an*, mezclarse á vivir con otros de otra nacion.

SAITSAIT. pp. Diferencia, champurro. Vide *sal-it*.

SA IYO. pp. Dativo, acusativo y ablativo del pronombre *icao*.

SALA. pp. Culpa. *Magca*, pecar. La causa ó aquello en que pecó, *Ipagca*. *Casalanan*, pecado. *Macasalanan*, l. *Salarin*, pecador. Adviértase que de dos modos se conjuga este verbo. El primero reduplicando la primera sílaba de la raiz cuando significa frecuencia, pronunciando cada palabra de por si: v. g. *Magcasala* significa estar pecando, ó pecar de presente: el segundo es, reduplicando el *Ca* cuando significa que es de paso y sin frecuencia: v. g. *Nagcacasala*.

SALA. pp. Vedar, prohibir; con los mismos juegos del antecedente. Y porque es fácil de equivocarse este con el primero, como se vé en estas dos oraciones, *sala ni Adan sa Dios. Sala nang Dios cay Adan*, que solo se conocerá la diferencia de lo antecedente ó subsecuente, por eso es preciso tener cuidado con ambos. *Sala cong maquita*, no lo puedo ver.

SALA. pp. Reprobar algo siendo interior, *Vm*. Lo que, *In*. Si adextra, *Mag*. Lo que, *pag-in*. De aqui sale *salang palad*. pp. Desgraciado.

SALA. pp. Faltar ó errar cuando se tira al blanco, v. g. *Vm*. Aquello á que, *sanlan*. De aqui sale tambien *Pasumala*. pc. Adviértase que *sala* por pecar, dobla el *Sa*. Por prohibir, dobla el *Ca*. Pero en los verbales de entrambos se dobla igualmente el *Ca*.

SALÁ. pp. Represa de rio, colar como por cedazo. *Vm*, l. *Mag*, colar. Si mucho, *Mag*. pc. Lo colado, *In*. Si mucho, *pag-in*. pc. En que, *Y*, l. *Salaan*. *Pinagsalaan*, las heces.

SALA. pc. Parrilla, enrejado. *Vm*, l. *Mag*, hacerlo. Las cañas de que, *Y*. Si mucho, *Ipag*. pc. Lugar, *pagsasalahan*. pc.

SALA. pc. Tachar, *Vm*. Si mucho, *Mag*. pc. Frecuent. *Manala*. La persona ó cosa que. *Hin*. *Salahin mo siya nang caniyang guinagauà*, díle que no vá bueno. Nombres, *Masalahin, mapanala, mapansala*.

SALÁ. pp. Presa de rio. *Mag*, hacerla. *In*, l. *An*, el rio apresado. *Nasira ang salà*, reventó la presa.

SALA. pc. Volver la mano los que juegan por quitar contienda. *Quita,i, magsala*. pc. No tiene mas juegos.

SALÁ. pc. Desconcertarse algun hueso ó parte del cuerpo. *Mag-ca*, estar asi. *Ica*, la causa. Abstracto, *Casalaan*. pc. Se puede tambien aplicar á cosas inanimadas. *Tauong ualang casalaan*, hombre sin lesion. Puédese aplicar á significaciones metáf., y entonces *Vm*, salirle algo mal, no acertar. *Sumala n̄ga,t, di yumaman*. Si de propósito, *Mag*. *Nagsalà sa pagsulat*, erró &c. Lo que, *Pag-in*. Porqué, *Ipag*. Si mucho, dobla toda la raiz. *Pinagcacasalansalan niya ang pagyapac sa raan*.

SALASALA. pc. Hacer de propósito mal las cosas, con los juegos del antecedente.

SALAB. pp. Chamuscar, *Vm*. Mejor, *Mag*. Si mucho, *Mag*. pc. Lo chamuscado, *Y*. l. *An*. Si mucho, *Ipag*. pc. *Pag-an*, pc. El lugar. *Pagsalaban*. pp. Con que, *Y*. l. *Ipag*.

SALAB. pp. La hoja ó rama seca del coco.

SALABAT. pc. Mezcla de agua y miel, ó azúcar y agengibre, cuyo cocimiento beben cuando tienen tos. *Mag*, cocerlo. *Y*, de que. *An*, el agua, ó donde se echa la bebida.

SALABAT. pp. Banda que se trae debajo del brazo, ó en el hombro. Vide *Babat*. pp. *Mag*, ponérselo á otro. Lo que asi mismo. *In*. Á otro, *Y*. Tambien la causa, *Y*. Donde, *An*. Vide *Salampay*, con sus juegos.

SALABABAT. pc. Lo mismo que *Salabat*. pc.

SALABAY. pp. Aguas muertas. *Ma*, topar en ellas.

SALABAY. pp. Cruzar las manos cuando beben, *Mag*. Las manos, *In*. La causa, *Ipag*.

SALABAY. pc. Una cosa á manera de pescado.

SALOBILO. pc. Vide *Halobilo*, con sus juegos.

SALABIR. pc. Vide *Sabir*. pc. con sus juegos.

SALABSAB. pc. Vide *Salab*. pp. Con sus juegos.

SALABSABAN. pp. Mal asado, medio crudo. *Ma*, quedar asi. *Mag*. medio asar. *Pasalabsabanin mo ang pagiihao*, soásalo. No sirve para lo que se cuece. Sinónomo *Halabhaban*. pp.

SALAC. pc. Rajar leña, *Vm*. Lo que, *In*. Con que, *Y*. Instrumento, *panalac*. Sinónomos *Sibac, ba-ac*.

SALAC. pc. La primera cria de yegua, vaca, carabao, &c.

SALAC. pp. Presa de rio con zacate ú otra cosa poco firme. *Vm*, l. *Mag*, atajar el agua. *In*, lo atajado. *Y*, con que. Si mucho, *Ipag*. pc. El lugar, *pagsalacan*. Es término Pampango, usado en algunos pueblos tagalos.

SALAC. pp. En los Tinguianes es apartar á los casados por alguna causa, *Mag*. Ellos, *In*, l. *Pag-in*. Estar apartados, *Ma*.

SALAC. pp. Mezcla de diferentes quilates de oro. Vide *Balahac*. pp. *Samot*. pp. *Samoc*. pp.

SALACAB. pc. Un instrumento de cañas, como cesto para pescar dalag. *Mag*, y mejor *Vm*, *In*, l. *Na*, lo pescado. *Y*, l. *Ipag*, el instrumento. Frecuent. *Nananalacab*. Vide *Sima*. pc. *Ala*. pp, y sus juegos.

SALCAT. pc. Poner zancadilla. *In*, á quien se le hace.

SALACATÁ. pc. Persona alegre que siempre se rie. Vide los juegos de *Talaghay, sangalaya*.

SALACAY. pp. Escalar, subir alguna sierra alta, camino áspero y cuesta arriba. *Vm*, escalar. Si mucho, *Magsi*. *An*, el lugar por donde, ó á donde. *In*, subir para coger algo arriba. *Y*, la causa, ó lo que es llevado. *Mag*, subir algo por el dicho camino.

SALACBAT. pc. Banda. Vide *Sacbat*, con sus juegos.

SALACBO. pc. Saltar hácia arriba como el agua que hierve, ó como la que sale de fuente, ó como la que arroja la ballena. *Vm*, l. *Ma*, saltar asi. *Maca*, arrojarla como la ballena. *Y*, lo que es arrojado, l. Causa. *Salacbohan*, l. *Quinasalacbohan*, á donde llegó lo arrojado, ó á quien topó.

SALACBO. pc. Correr ó huir por algun susto que sobreviene. *Nagsalacbo ang man̄ga tauo nang pagcaguicla*. Sinónomos *Sigabo, salicbobo, tilabo, tilambo, silacbo*.

SALACHATI. pp. Lo mismo que *Dalamhati*. Vide con sus juegos.

SALACOBAN. pp. Cañuto con su tapadera. *Mag*. traerlo colgado en la cintura. *In*, lo traido, *Ipag*, la causa. *Mapag*, frecuent. Sinónomo. *Balon̄gan*. *socloban*. Sale de *Saclob*.

SALACOP. pc. Cerca hecha de hombres para coger á alguno en medio. *Vm*, l. *Mag*, cercar. *In*, ser cercado. *Nasalácop*, l. *Nasalacopan*, l. *Pinagsalacopan na*, el cogido en medio. Vide *Cobcob, loblob, libot, bacor*.

SALACOT. pc. Sombrero de paja, caña, ú hojas de nipa. *Mag*, traerlo puesto. *In*, el sombrero. *Mag*, tambien ponérselo á otro. *Y*, el sombrero. *An*, lo cubierto con él.

SALACSAC. pc. Una caña hendida con que sacan tierra. *Vm*, l. *Man*, sacarla. *In*, la tierra. *Salacsaquin ang lupa*. *Mag*, hacer dicho instrumento. *In*, de que.

SALACSAC. pc. Mudable, y de diversos pareceres. *Tauong masalacsac*. *Ma*, estarlo. *Naca*. l. *Ica*, la causa.

SALACSAC. pc. Un pájaro de sus agüeros.

SALAG. pp. Hacer oficio de comadron. *Vm*, tener á la que pare. *In*, á ella. *Y*, con que ó causa.

SALAG. pp. Lo mismo que *Salac*.

SALAG. pc. Huir el cuerpo *Hindi masalag ang baril*, lo mismo que *Hindi masanga*.

SALAGBO. pc. Vide *Salacbo*.

SALAGIP. pp. Vide *Sagip*. pc.

SALAGIP. pp. Vide *Cauit*.

SALAGUMÁ. pp. Adunarse, convenirse, &c. Vide su sinónomo *Salamoha*, con sus juegos.

SALAG-OY. pc. Rozarse en el zacate. Vide *Sagoy*, con sus juegos.

SALAG-OY. pc. Hombre que no tiene tras que parar. *Ualang salasasag-oy*, l. *Ualang casalag-oy:* no tiene mas juegos.

SALAGSAG. pc. Reprender, *Vm*. Á quien, *In*. Lo que, *Y*. *Salagsaguing loob*, l. *Salagsaguing tauo*, hombre insufrible.

SALAGSAY. pc. Impedir á alguno lo que quiere hacer, *Vm*. Á quien, *In*. Lo que, *Y*. Vide *Sauay, sangsala*.

SALAGUAY. pc. Vide *Saguay*.

SALAHILO. pp. Hombre terco. *Salahilong tauo*, hombre asi. *Casalahiloan*, abstracto. Vide *Lilo, saligotgot*.

SALALAC. pp. Tigeras de dos cañas para enarbolar barigues. *Vm*, l. *Mag*, ayudar asi. *In*, el harigue levantado. *Y*, con que.

SALALAY. pc. Un género de acedera. Sinónomo *Ingat*.

SALALAY. pp. Lo que se pone debajo de otra cosa para sostenerla. *Vm*, l. *Mag*, ponerse asi. Tambien *Mag*, poner una cosa sobre otra. *An*, l. *Quinasasalalayan*, aquello en que. *Y*, lo puesto sobre otra cosa, ó aquello sobre que se pone. *Isalalay mo ang tagayan sa pingan*, pon la taza sobre el plato. *Isalalay mo itong pingan sa tagayan*, pon el plato debajo de la taza. Del mismo modo se ha de entender en estas dos oraciones. *Salalayan ang tagayan nang pingan*. *Salalayan ang pingan nang tagayan*. Sinónomo *Bubao*.

SALAM. pc. Apostar á estar debajo del agua sin resollar, *Mag*. El agua, *Pagsalaman*. La causa, *Ipag*. Esto solian usar para reconocer al culpado.

SALAM. pc. Un juego con palillos. *Mag*, jugar. Vide *sagam*.

SALAMAT. pp. Palabra con que significan accion de gracias, bien venida, pláceme, enhorabuena.

SALAMAT. pp. Dar gracias. *Pasalamat*, *Mag*. Si mucho, *Magpapasalamat*. pc. Si muchos, *Magsipa*. pp. Si muchos mucho, *Magsipa*. pc. Á quien, *pasalamatan*. Si mucho, *pagpapaan*. pc. Si muchos, *pangagpa*. *Sinasalamat*, ser agradecido. Aquello porque, *Y*. Si mucho, *Ipag*. pc.

SALAMAT. pp. Saludar, dar la bien venida. *Salamat sa pagdating mo*, sea enhorabuena de tu llegada.

SALAMAT. pp. Alegría que se recibe del bien ageno ó propio *Cun magaling ca, ay salamat, aco nama,i, magaling*. Si vales, bene est, ego quidem valeo.

SALAMATIN. pc. Venturoso, afortunado, dichoso.

SALAMBAO. pc. Una red grande que se arma sobre una balsa de cañas. *Mag*, l. *Vm*, pescar asi. *Pasalambauan*, el lugar donde. Vide *Dala*, con sus juegos.

SALAMBAY. pc. Aplacar al enojado tomándole las manos con familiaridad, *Mag*. A quien, *In*.

SALAMBAY. pc. Lo mismo que *Salabay*.

SALAMIN. pc. Espejo, anteojos. *Mag*, l. *Man*, mirarse en él. *In*, el espejo. *An*, el rostro mirado en el espejo. Tambien *Mag*, traer anteojos.

SALAMISIM. pp. Retentar la enfermedad que se habia quitado, mal olor &c. *Vm*.

SALAMISIM. pp. Ofrecerse á la imaginacion de paso algo, *Vm*. Vide sus sinónomos. *Saguimsim, gunitâ, sompong*.

SALAMISIM. pp. El agua que se escurre de la tierra húmeda cuando es pisada, *Vm*. Ser mojado, *An*.

SALAMOHÁ. pp. Adunarse, concertarse, *Mag*. Entrar alguno de nuevo al concierto, *Vm*, l. *Maqui*. En que, *Pagsalamohaan*. El trato á que entre uno de nuevo, *Paquisalamohaan*. Lo metido en el concierto, *Y*, l. *Ipaqui*. La causa, *Y*. Las cosas adunadas, *Pagsalamohain*.

SALAMPAY. pc. Manta ó paño echado al hombro. *Mag*, traer algo asi. *Y*, lo colgado. *An*, el hombro. *Ma*, estar colgado.

SALANG. pp. Armero, ó cosa larga tendida, ó enhastar alguna cosa, ó poner brea sobre unas cañas partidas para luminarias. *Ma*, estar algo asi puesto. *Mag*, ponerlo. *Y*, lo puesto asi. *An*, l. *Pinag-an*, el lugar á do.

SALANG. pp. Poner una cosa sobre otra, como olla sobre trévedes, hamaca sobre dos palos, *Mag*. Lo que, *Y*. Donde, *An*. Mejor, *pag-an*. De ordinario se reduplica la raiz asi en activa como en pasiva.

SALANG. pp. Poner carga sobre los hombros. *Isalang ninyo sa balicat ang duyan*, poned en vuestros hombros la hamaca. *Sungmasalang ang bata sa balicat nang Ama*, anda sentado sobre los hombros de su padre.

SALANG. pp. Asentar el cántaro en algun agugero, ó la olla en las trévedes, *Mag*. Lo que, *Y*.

SALANG. pc. Topar ligeramente una cosa en otra. *Vm*, de propósito. *Ma*, acaso. *Y*, la parte con que se topa. *In*, lo topado de propósito. Sinónomos *Tangco, tangquil, quibo*.

SALANG. pc. Hallar acaso lo que no se busca. *Maca*, l. *Nasalanĝan co na ang hinahanap co.*

SALANG. pc. Topar el cazador con la caza, ó la caza con la red, *Vm.* Lo topado, caza, ó red, *An.*

SALANG. pc. Acometer, *Vm.* Á quien, *In.* Los dos, *Mag.* Sinónomo *Lompong.*

SALANG. pc. Renovar enojo, pleito, &c. *Nasalang ang manĝa sugat ni Jesucristo, nang paglabnot nang damit*, le renovaron á Jesus las llagas al quitarle la vestidura.

SALANĜAT. pc. Arroz de grano áspero con vello. *Parang salanĝat ca rito*, eres como el malo entre buenos.

SALANG BACAL. pp. Enrejado de hierro.

SALANG BACOCO. pp. Por acometer, Vide *Salam.*

SALANG BACULI. pc. Trabajar con flojedad. Por acometer, vide *Salam.*

SALANG GAPANG. pc. Brioso, diligente. *Vm*, l. *Mag*, irse haciendo tal. En que, *pagsalang gapanan.* La causa, *Ipag. Casalang gapanan*, abstracto. *Magsalanggapang cang cumain*, haz por la vida comiendo.

SALANG LIPING. pp. Desvanecimiento de cabeza. *Na*, l. *In*, tenerlo.

SALANG PALAD. pp. Desgraciado, desventurado. *Casalaang palad*, abstracto. Sale de *Sala* y *Palad.*

SALANGPAR. pc. Llaneza, llegar á otro sin cortesía á sentarse junto á él. *Vm*, obrar asi. Si mucho, duplicar la primerá sílaba. A quien ó delante de quien, *Salangparan.* Con que, *Y.*

SALANG QUIPOT. pc. Un género de yerba. *Magca*, haberla de nuevo. *Casalangquipotan*, lugar de mucho. Sinónomo *Inalay.*

SALANGSALANG. pp. Lo mismo que *Salang.* Amontonar madera, poniendo debajo otra para que no se pudra, *Mag.* La madera, *Y.* Lugar, *An*, l. *Pag-an.*

SALANGSALANG. pp. Caña hendida para sacar tierra del hoyo. *Mag*, sacarla. *In*, la tierra. Sinónomo *Salacsac.*

SALANGSALANG. pp. Lo mismo que *Salalac.*

SALANGSANG. pc. Resistir, oponerse, arrojarse, á algun peligro, *Vm*, l. *Mag.* La causa, *Ipag.* Abstracto, *Casalangsanĝan.*

SALANGSANG. pc. Navegar contra el viento, *Vm*, l. *Mag.* La embarcacion ó el cuerpo que opone al peligro, *Ipag.*

SALANGSANG. pc. Lo mismo que *Sayi.*

SALANGSANG. pc. Donde ponen la brea para luminarias.

SALANGLIPING. pp. Vahido de cabeza. *In*, darlo á uno ó desvanecérsele la cabeza. *Y*, l. *Ica*, la causa. No tiene mas que presente y pretérito de pasiva. Sinónomo *Liping.*

SALANSAN. pc. Poner en órden las cosas que no están, *Vm*, l. *Mag*, Si mucho, *Nagsasalasalansan.* Las cosas compuestas, *In.* Si muchas, *pagsalasalansanin.* Sinónomo. *Oyon.*

SALANSAN. pc. Acomodarse con otros á dormir, comer &c. *Sungmasalansan sa paghiga*, se acomoda para dormir.

SALANTÁ. pc. Pobre, necesitado, ciego. *Naguinsalantá*, se dice del que cegó. *Nasalanta na*, pobre de solemnidad. *Ica*, la causa. *Magsasalasalantaan*, fingirse.

SALAO. pc. Goloso en comer. Vide *Magaslao* ó *Gaslao.*

SALA Ó. pc. Yerro de cuenta. Vide *Mali.*

SALA Ó. pc. Tomar algo por fuerza, Vide *Pilit.* Es de los Tinguianes.

SALAO. pc. Una vasija para lavar los pies á los que entran en casa.

SALAO. pc. Poco respeto á los mayores *Masalao*, hombre asi.

SALAOSAO. pc. andar rodeando. No es muy usado; mejor es *Halaohao.*

SALAP. pp. Derecho, paga. *Mag*, recibirlo. *Magpa*, darlo. *Pinag-an*, aquel que lo dió ó de quien se recibió. *Pinasalapan*, aquel á quien se dió. *Ipa*, lo que se dió. *Magcanong ipinasalap sa iyo?* Cuánto te dieron? *Magcanong ipinagpasalap mo sa caniya?* Cuánto le diste? *Salap co sa caniya*, derecho que recibí de él. *Salapin co na saiyo itong salapi*, partícipe yo de tí este dinero.

SALAP. pp. Red pequeña para pescar. *Manalap*, andar pescando. *Pinanalapan*, la banca en que. Sinónomo *Tulaga.* pp. Vide *Dala.* pp, con sus juegos.

SALAP. pc. Dar el golpe al soslayo. *Napasalap ang iua caya di namatay*, le dió al soslayo, por eso no murió. *Nasalapan siya*, el á quien se dió.

SALAPANG. pc. Fisga de pescar, tridente. *Mag*, traerla en la mano. *Vm*, tirar con ella. *In*, á quien. *Y*, la fisga con que. *Salapang na uica*, palabra picante. Metáfora.

SALAPAO. pp. Subir la flecha por encima de la cabeza, *Vm.* Sobre quien, *An. Cami pinasalapauan nang manĝa palasò*, nos tiraron flechas por encima.

SALAPAO. pp. Subir á caballo sin poner los pies en el estribo, *Vm.* Lo que, *Y.* A otro, *Mag.* Lo que, *Ipag.* Sinónomo *Alapao.*

SALAPÍ. pc. Toston, y todo género de moneda. *Magca*, haberlo. *Magsalapian*, apostar dinero contra dinero. *Nananalapi*, buscar dinero. *Pinagcasalapian*, obra ó trato en que se ganó el dinero. *Mag*, hacer dinero trocando algo. *In*, lo hecho. *Pinapagcacasalapi*, aquel á quien se hace que adquiera dinero injustamente.

SALAPÍ. pp. *Masinalapi*, un género de palay.

SALAPIR. pp. Enrejado, entretejido, hacer trenzas, *Mag.* Vide *Sala* con sus juegos. *Salapirin mo ang buhoc*, haz trenza de tu cabello.

SALAPIR. pc. Mudanzas en el baile. *Mag*, hacerlas. Vide *Sayao.*

SALAPONG. pp. Junta de cosas inmediatas, como rios, caminos, &c. *Nagcaca*, juntarse. Si muchos, *Nagcacasalasalapong.* El lugar, *Salaponĝan*, cuando son dos; si más de dos, *Pinagsasalaponĝan*, l. *Pinagcaca-an.* Uno con los otros, *Nasasalapong.* Salir al encuentro uno á otro, *Vm.* Aquien, *In.* La causa, *Y.* Sinónomos *Sambal, sagana, salobong.*

SALAPSAP. pc. Renovar labor de sementera labrado. *Vn*, l. *Mag*, cortar el zacate de ella. *Salapsapin*, lo cortado. *Salapsapan*, la sementera. *Y*, con que.

SALAR. pc. Interpolar, champurrar. Vide *Sal-it* con sus juegos.

SALASÁ. pp. Abrir de arriba abajo algun viviente, *Vm*. Si mucho, *Mag*. pc. *In*, lo abierto, l. *Pag-in*. El lugar, *Pinagsalasaan*. Con que, *Y*. La causa, *Ipag*.

SALASAD. pc. Un canasto de bejuco para guardar algo.

SALASAL. pc. Dar prisa, instar, *Vm*. Á quien. *In*. *Salasain mo iyang tauo*, da prisa á ese hombre.

SALAT. pc. Carencia de algo. *Masalatan*, á quien falta. Tambien *sumalat na*, l. *Nagcasalat na*, ya faltó. *Salat aco*, l. *Masalat aco, nang salapi*, estoy falto de dinero. *Casalatan*, abstracto.

SALAT. pc. Lo áspero al acto. *Vm*, irse poniendo tal. *Masalat*, lo que está así. *An*, á quien le es áspero. *Y*, la causa. Sinónomo *Galas*.

SALATAN. pp. El viento sudoeste, opuesto al nordeste.

SALAUA. pc. Tomar muchas cosas á cargo, y no hacer ninguna, empezar y no acabar, *Mag*. Lo que, *Pag-han*. Causa, *Ipag*.

SALAUAC. pc. Derramamiento de licor porque se trastornó el vaso. *Vm*, derramarlo. *Ma*, acaso. *Y*, lo derramado. Tambien la causa, *An*, l. *Quinasalauacan*.

SALAUAG. pp. Las varas del techo á que atan la nipa. *Mag*, ponerlas. *An*, serle puesto. *Y*, las varas.

SALAUAHAN pp. Bacilar con inquietud de pensamientos, *Vm*, l. *Mag Y*, la causa. Sinónom. *Orongsolong*. *Salauahang loob*, l. *Tauo*. *Vm*, l. *Magsalauahan cang tauo*, hombre perplejo.

SALAUAY. pp. Sacar alguna cosa del fondo del agua con algun palo, *Vm*. l. *Mag*. Lo que, *In*. Con que, *Y*. El agua á do, *Pagsalauayan*.

SALAUAY. pp. Sacar el gargajo de la boca con los dedos, *Mag*, El gargajo, *In*. *Magsalauay ca nang ohog sa ilong niyong bata*, saca con los dedos los mocos de la nariz de ese muchacho.

SALAUAY. pc. Banca embarazada. *Maca*. l. *Ica*, lo que causa el embarazo.

SALAUAY. pc. Embarazarse con la carga ó cosa colgada. *Nasasalauayan*, el que está así. *Maca*, l. *Ica*, lo que le embaraza. Sinónomo *Sangcot*. Tambien se aplica al camino, con los mismos juegos.

SALAUILIS. pp. Calzones. *Mag*, traerlos, ó ponérselos. *In*, ellos. *An*, l. *Pasalauilisan*, á quien.

SALAUIR. pp. Coger lo que se cayó al agua, *Vm*. Lo que, *In*. Con que, *Y*. *Sumasalauid nang dila*, se relame con la lengua. Metáf.

SALAUID. pp. Espumar la olla, *Mag*. La espuma, *In*.

SALAUIT. pp. Garabato ó garfio. *Mag*, traerlo en la mano. *Vm*, gelar algo con él. *In*, lo que. *Y*, con que. Sinónomos *Solauit*. pp. *Colauit*, *pangauit*.

SALAUOLÁ. pp. Pródigo, desperdiciador. *Mag*, desperdiciar. Lo que, *Ipag*. Sinónomo *Acsaya*, *hambalos*. pc.

SALAUOLÁ. pp. Persona desaliñada y puerca *Vm*, irse haciendo. *Y*, la causa. *Casalauolaan*, abstracto.

SALAY. pp. Nido de pájaros ó ratones. *Mag*, hacerlo. *In*, l. *Ipag*, de que. *Pag-an*, el lugar. *Ipag*, la causa. *Manalay*, andar en busca de nidos. *Pinana-an*, el lugar.

SALAY. pc. Espiga con muchas ramas. *In*, ser cortada. *Ma*, acaso. *Ica*, la causa.

SALAYÁ. pp. Salir muy derechas las ramas del árbol, *Vm*. *Ang sanga*.

SALAY BATANG. pp. Una especie de peces á modo de *Salaysalay*.

SALAYO. pc. Forastero, vagamundo. *Salayong tauo*, hombre asi. Abstracto, *Casalayohan*.

SALAYOSAY. pp. Soplar el viento con suavidad, *Vm*. Á quien dá, *An*. Es metáf. Vide *Sayosay*.

SALAYSALAY. pc. Una especie de pez pequeño.

SALAYSALAY. pc. Una yerba.

SALAYSAY. pc. Declarar. Vide su sinónomo *Saysay*, con sus juegos, menos el de desenmarañar.

SALÍ. pp. Zumo de lo que se esprime.

SALI. pp. La color que dá el buyo, legía de colada. *Pipian mo yaring damit*, *nang sali nang* colada, lava esa ropa con legía, &c.

SALIAB. pp. Vide *Niñgas*, con sus juegos.

SALIANGANG. pp. Division de un camino en muchos, de un árbol en muchas ramas. *Nagcaca*, y mejor *Nagcasasa*. El lugar, *Pinagcacasalianganĝan*.

SALIANGAN. pp. Ir la muger á caballo como el hombre, *Mag*. La causa, *Ipag*.

SALIAT. pc. Entremeter una cosa en otra, *Vm*, l. *Maqui*. Lo que, *Y*, l. *Ipaqui*.

SALIBAT. pp. Interrumpir interiormente con algo que le viene á la cabeza, y esteriormente con algun dicho impertinente, *Mag*.

SALIBASIB. pp. *Solobasib*, con sus juegos.

SALIBAT. pc. Vide *Salabat*.

SALIBAT. pc. Interrumpir á los que hablan, *Mag*. Á quien, *In*. *Vm*, l. *Man*, ocurrir á la memoria algo, sin poder olvidarse de ello.

SALIBONGBONG. pc. Juego de muchachos. Sinónomo *Sambobong*.

SALIBUTBUT. pc. *Pandacaqui*, yerba.

SALICBOBO. pp. Saltar hácia arriba. Vide su sinónomo *Salacbo*, con sus juegos. Tiene la pasiva de *An*, breve. *Salicbobohan*. pc.

SALICSI. pc. Ligero, pronto. *Salicsing tomacbo*, *salicsing sumunod*, ligero en correr, pronto en obedecer. Vide *Licsi* su sinónomo.

SALICSIC. pc. Buscar por todos los rincones. *Salicsiquin mong hanapin*, buscar por todos, &c.

SALIG. pp. Inclinarse como rescostándose, *Vm*. El lugar, *An*, l. *Quinasaligan*. La cosa inclinada de otro, *Y*. La causa, *Ica*. *Ma*, estar así.

SALIG. pp. Confianza, estrivar en otro, *Vm*. A quien, *An*. *Siyang sinasaligan co*, *caya aco matapang*, en él confio, por eso soy valiente. De aqui viene *Panalig*.

SALIGAUSAU. pc. Bulla, inquietud, murmullo. *Ang mundo,i, pauang casaligaosauan*, el mundo todo es bulla.

SALIGOTGOT. pc. Hombre de mala condicion. *Saligotgot na tauo*, hombre asi. *Casaligotgotan*, abstracto. Sinónomo *Salimoot*.

SALIGSIG. pc. El *Totong* de la morisqueta, ó lo que se queda pegado á la olla.

SALIGUAY. pc. Pasar á vista de otro algo lejos, *Vm*. Si son dos que se conciertan para eso, *Magca*. El lugar, *pinagcaan*. La causa, *Ipagca*.

SALILONG. pp. Ponerse á la sombra. Sinónomo *Silong*. Vide sus juegos.

SALIMACMAC. pc. Entremeterse á dar su parecer. Es Visaya: rarísima vez usada en tagalos.

SALIMAO. pp. De cuatro sílabas. Colmillo de un animal. *Salimaohin ang aso*, refregar al perro con él, para que cobre rábia.

SALIMBAY. pc. El vuelo del gavilan cuando coge algun pollo, *Vm*. Lo cogido, *In*. Si mucho, *pinag*. El lugar, *An*. La causa, *Y*. Tambien se puede aplicar al vuelo de las aves cuando vuelan. *Ay at sasalisalimbay ca, sa lansangan*, porque andas hecho milano, &c. Metáfora.

SALIMOHA. pp. Lo mismo que *Salamoha*.

SALIMOL. pp. Relamerse, *Vm*. Lo que, *In*. Vide sus sinónomos *Salisol, satisor*.

SALIMOOT. pp. Palo lleno de nudos. *Casalimootan*, abstracto. *Calanangan*, su contrario. Tambien se aplica á hombre de doble y áspera condicion.

SALIMOT. pp. Rebuscar, *Vm*. Lo que, *In*.

SALIMSIM. pc. Vide su sinónomo *Saguimsim*.

SALIMOYMOY. pc. persona ó animal que estorva á otra, jugando cerca de él, *Vm*. l. *Sasalisalimoymoy*.

SALIN. pp. Trasladar *Vm*, sacando. *Mag*, trasladando en otra parte. Si mucho, *Mag*. pc. Lo que, *Y*, l. *In*. Si mucho, *Pag-in*, l. *Ipag*. pc.

SALIN. pp. Trasplantar, *Mag*, Si mucho, *Mag*. pc. *Y*. lo que. Si mucho, *Ipag*. pc.

SALIN. pp. Pasar de una vasija en otra. *Vm*, sacando ó tomando *Mag*, trasponiendo. *Y*, l. *In*, lo que. *An*, l. *Pag-an*, los dos lugares de donde se saca, y á donde se pone. Sinónomo *Liuat*.

SALIN. pp. Metáf. trocar los oficios. *Mag*, entregar el oficio al sucesor. *Y*, el oficio. *An*, el sucesor.

SALINDAYAO. pp. El venado macho cuando empieza á echar ramas el cuerno. Vide *Toròc*. pc.

SALIN͠GUSU. pc. El que enfadado muestra hocico.

SALINGA. pc. Lo mismo que *Salimoot*.

SALINOC. pc. Resorte del viento, *Vm*. La causa, *Y*.

SALIN͠GIT. pp. Un género de arroz.

SALIN͠GIT. pc. Meterse y esconderse en lugar estrecho; *Mag*. La causa, *Ipag*. *Ma*. estar metido.

SALIN͠GOT. pp. Vide *Salimot*.

SALINGSING. pc. *Na tauo*. Vide *Sig-ing*, l. *Masig-ing na tauo*.

SALIU. pp. Tocar á tambor, *Mag*.

SALIPANYÁ. pp. Razon impertinente. *Casalipanyaan iyang dilang uica mo*, todo lo que dices es pura impertinencia.

SALIPARPAR. pc. Flecha ó jara que arrojada por no tener plumas, ó tener tuerta la hasta, vá meneándose, ó revoletea como papel ó pluma en el aire, *Vm*. La causa, *Y*. *Mag*, echarla á revoletear. Lo que, *Y*. *Houag mong saliparparin ang anac mo*, no consientas á tu hijo que ande de aquí para allí.

SALIPIT. pp. Vide *Alipit, ipit*.

SALIPIT. pp. Hondura ó estrechura, como de riachuelo que corre entre peñas. *Salisalipit*, l. *Maraming salipit*, l. *Masalipit na ilog*, que tiene muchas. Es metáfora del primer *Salipit*.

SALIPOT. pp. Revolver algo para embozarse, *Mag*. El capote, *pinag*.

SALIPSIP. pc. Meterse algo entre cuero y carne, *Vm*. Donde, *An*. Sinónomo *Salisig, saligsig*.

SALIRANGRANG. pc. Hoja de palma tegida. *Vm*, l. *Mag*, entreteger. *Salirangran͠gin*, serlo.

SALIRANGRANG. pc. Ralo, cosa rala.

SALIRO. pc. Madeja de algodon de una braza. *Mag*, hacerla. *Hin*, el algodon que es hecho.

SALIRSIR. pc. Vide *Sair*.

SALISALITÁ. pc. Chismear, *Mag*. De que ó de quien, *Ipag*. Á quein cuentan, ó delante de quien, *pinagsasalisalitaan*.

SALISI. pp. No encontrarse, hurtar el cuerpo uno á otro. *Vm*, l. *Maqui*, el que de propósito. *Mag*, dos mútuo; aunque no es muy usado. *Napasalisi*, dar vuelta por no encontrarse. *Magca*, dos acaso. *Hin*, la persona de quien se oculta. *Pag-han*, l. *Pagca-han*, lugar.

SALISI. pp. Vide *Liuas*. pc. *Coliuas. tagoliuas*.

SALISIG. pp. Lo mismo que *Saligsig*, l. *Salipsip*.

SALISIR. pc. Cosa cóncava que encima del agua no vá al fondo. *Ma*, estar asi. *Mag*, arrojarla para que ande asi. *Y*, lo que. *Pag-an*, donde.

SALISOL. pp. Limpiar la boca del niño luego que nace con algodones untados de aceite, *Vm*. El niño, *In*. Los dedos con que, *Y*.

SALISOL. pp. Relamerse, *Vm*. Con los demas juegos del antecedente.

SALISOL. pc. Hilvanar, *Vm*. Lo que, *In*. Con que, *Y*.

SALISOL. pp. La primera costura en la ropa, *Vm*. l. *Man*.

SALISOR. pp. Refregarse con la mano ó el pie, limpiándose blandamente, *Vm*. Lo que, *In*. Con que, *Y*. Vide su sinónomo *Lisor*. pc. que es mas usado.

SAL-IT. pc. Champurro ó mezcla, entreteger cosas de diferentes géneros, buenas razones con malas. Vide *Sait*, su sinónomo.

SAL-IT. pc. Hombre de otro pueblo, *Sal-it cang tauo*.

SALITA. pc. Historia, cuento, suceso. *Mag*, l. *Manalita*, referir, contar, &c. *Salitin*, l. *Ipag*, l. *Ipanalita*, lo contado. *Pagsalitaan*, l. *Panalitaan*, á quien. *Mag-an*. dos mútuo. *Casalitaan*, compañero en el cuento.

SALITA. pc. Avisar á alguno de alguna cosa, *Mag*. De lo que, *Ipag*. Á quien, *papagsalitaan*. Sinónomo *Bala, badya*.

SALIUÁ. pc. Revés. *Vm*, darlo. *In*, á quien. *Y*, con que.

SALHA. pc. No [illegible] *Nag[illegible]* [illegible]. Vide Sa[illegible].

SALHAY pc. [illegible] las manos [illegible] llevar [illegible] algo con [illegible]. *Mag.* Vide [illegible] con sus juegos.

SAL[illegible]. pc. Avec[illegible]se en la [illegible] en que es [illegible]. *Mag.* [illegible].

SALO. pp. Comer [illegible] en la [illegible]. *Vm.* [illegible] *Mag.* [illegible] a comer en la misma [illegible]. *Mag.* [illegible] mas en la [illegible]. A [illegible] se [illegible]. *Loua[illegible]* *Pag[illegible]*. [illegible] en la [illegible]. *Ca[illegible]*, su compañero.

SALO. pc. [illegible]. *Vm.* [illegible] con sus manos. *Ha[illegible]*, lo que. *Mag.* [illegible] con [illegible]. *Ma[illegible]* [illegible] las manos. Lo que, [illegible]. *Mag[illegible]*, arrojar por alto [illegible] para [illegible], a recibir. *Ina*, lo que.

SALO. pc. Reparar [illegible] de [illegible]. *Vm.* Lo que. *Y.* [illegible] *In.*

SALO. pc. Ayudar el aprendiz [illegible]. A quien. *Han* [illegible]. [illegible] *Mag—an*, ayudarse los dos.

SALO. pc. Bomba de [illegible].

SALO. pp. La [illegible] que se pone en la [illegible]. *Mag.* La herramienta. *In.* Lo que. *Y.* Vide *Sac[illegible]*, es el mas usado.

SALON BA[illegible]AN. pc. Un [illegible] que sostiene la casa.

SALOAY. pp. Llevar [illegible] cargar algo en los hombros [illegible] de algun palo. *Mag.* Lo que. *In.* El palo. *Y.* Este tambien se llama *Sa[illegible]in*.

SALOAY. pp. Cruzar las manos [illegible] beu. *Mag.* Las manos. [illegible].

SALOBITBIT. pc. [illegible] cosa [illegible] como de regalo, o para vender. Vide *Pa[illegible]*, su sinonomo con sus juegos. [illegible]

SALOBONG. pp. Recibir [illegible] al encuentro. *Vm.* Si muchos, *Magsi.* A quien, *In.* Si muchos, *pag—in.* pc. *Y.* La causa. *Ma[illegible]*, encontrarse acaso. Si muchos, *Ma[illegible]*. El lugar. *Pagca[illegible]an.* *Mag.* encontrarse de proposito. Si muchos, *Manğ[illegible]*. El encontrado acaso, *Na*, l. *Napagsa[illegible]ong*. Vide *Sa[illegible]*.

SALOBSOB. pc. Espinarse, punzarse. *Na.* La parte del cuerpo donde se metio la espina. *Quina[illegible]an*, lugar a do se lastimo. *Ica*, la causa. *Maca*, lastimar. Refran. *Sa[illegible] [illegible]*, algun dia te pesara.

SALOC. pp. Una como cuchara para sacar el pescado. *Vm.* cogerlo asi. *In.* el pescado. *An.* el lugar a do. *Y.* La red con que.

SALOC. pp. Tomar algo con la vasija o con las manos, o cosa semejante, sea arroz, grano, &c. *Vm.* sacandolo de la vasija. *In.* lo que. *Mag.* echandolo en otra. Lo que, *Y.*

SALOC. pp. Tomar algo con la mano vuelta hacia arriba. *Vm.* Lo que. *In.* Un [illegible]. Cuadr[illegible].

SALOC. pp. Entrar agua en la [illegible]. *Vm.* el agua que entra. *Na—an*, la embarcacion a donde entra el agua.

SALOCA[illegible]. pc. En otras partes, *Sa[illegible]*. [illegible] lo [illegible] de [illegible].

SA[illegible]. pc. [illegible]. Su sinonimo de *Sa[illegible]* y *Ca[illegible]*.

SALOLAP. pc. Vide *Taucap*.

SALOLOT. pc. Atar las lanzas en [illegible]. *Mag.* Lo que. *In.* La mano con que [illegible] se [illegible] *Sa[illegible]*.

SAL[illegible]. pc. Vide *Sa[illegible]*.

SAL[illegible]. pc. Vide *Sa[illegible]*.

SAL[illegible]. pp. Tierra a [illegible] de [illegible] alguna tierra, como [illegible] trillar, [illegible] donde mas [illegible] para [illegible]; [illegible] y se [illegible] asi. *Na*, [illegible]. [illegible] *Tul[illegible] [illegible]ang [illegible]*. [illegible] *Vide Sa[illegible]*, su sinonimo.

SAL[illegible]SOL. pc. Meter algo en la [illegible]. *Mag.* Lo que. *Y.* Donde. *An.* *S[illegible]*. [illegible]. Prenda o [illegible].

SAL[illegible]. pp. Charco grande de agua. *Ma[illegible]*. [illegible] *Sa[illegible]*, [illegible]. *Mag.* [illegible] tierra de muchos charcos. *Mag.* [illegible] tierra. *An.* donde.

SAL[illegible]. pc. Vide *S[illegible]*.

SAL[illegible]. pc. Entremeterse [illegible] sin ser [illegible]. *Vm.* [illegible] *Ma[illegible]*. *Sa[illegible]*, para [illegible] con quien se entremete. Sinonomos *L[illegible]*, [illegible], *tama*, *sugo*[illegible].

SAL[illegible]. pc. Clavarse alguna espina en [illegible] con la mano. Vide *Salobsob*, y sus [illegible].

SAL[illegible]. pc. Tapar las costuras de la [illegible]. *Ma[illegible].* *An.* la banca. *Y.* las [illegible].

SAL[illegible]. pc. Remendar mal el vestido. *Vm.* [illegible] *Ma[illegible]*. Lo que. *In.* Sinonomo *Totos*.

SAL[illegible]. pc. Meter algo en el seno. *Mag.* Lo que. *Y.* [illegible] *In.*

SAL[illegible]. pc. Lanat. *Mag.* haceria. *In.* de que [illegible] por ella. *An.* ser encañon[illegible]. Vide [illegible]. *Nasasalotoan nya ang* [illegible] tiene atravesado el genero. Metafora.

SALOMPONG. pc. Encontron de dos, corriendo con [illegible] fuerza. *Nagcasasalompong ang manğ* [illegible], se encuentran. *Nagcasalompong* [illegible] estan punta con punta. *Nasalompong*, lo mismo que *Nasompong*.

SALONG. pp. Envainar la espada. *Mag.* El [illegible]. *Y.* A donde. *An.* *Nasasalong siya nğay[illegible]* esta reformado. Metafora.

SALONG. pc. Chocilla. *Mag.* haceria. *In.* de que. [illegible] para quien. *Pag—an*, donde. Sinonomo *Sa[illegible]*.

SALONGA. pp. Subir cuesta. *Vm.* subir. Si muchos, *Ma[illegible]*. pc. Si muchos, *Magsi*. *H[illegible]*, la cuesta. Si mucho. *Pag—hin*. pc. *Mag.* subir algo a la cuesta. *Y.* la carga subida, o el precio del que sube, o la causa.

SALONGAN. pc. Agiba de caña. *Mag.* hacerla. De que, *In.*

SALONGAT. pc. Cortar al redopelo, como la [illegible] o cuchillo. Abrir de alto á bajo palo [illegible], cortar por la parte contraria alguna [illegible]. *Vm.* Lo que. *In.* Estar asi. *Ma.*

SAL[illegible]T. pc. Cosa tuerta. Vide su sinonomo *Sa[illegible]*. Tambien lo mismo que *Sa[illegible]*.

SAL[illegible]AY. pc. Un genero de arroz.

SAL[illegible]NG A[illegible]. pc. Revolver lo de arriba [illegible] [illegible]. Lo que, *In.* Si mucho, *Pag—in.* Con que, *Y.* Lugar, *[illegible]ğyan*. Sinonomo *Ha[illegible]*.

SALONGQUIT. pc. Cargar algo al hombro puesto en la punta de un palo. *Vm*, tomarlo para llevar. *Mag*, llevarlo. *Salongquitin*, lo que. *Y*, l. *Pagsalongquitan*, la vara en que.

SALONGQUIT. pc. Juego de muchachos con almejas. *Mag*, jugar asi. *Pag-an*, á donde.

SALONGSONG. pc. Ir en busca del que fué enviado, y tarda en llegar, *Vm*. El buscado *In*. Sinónomo *Songdo*.

SALONGSONG. pc. Navegar contra viento ó corriente, *Vm*. El viento ó corriente, *In*. Mas usado es *Songsong* su sinónomo.

SALONGSONG. pc. Salir á recibir alguno, para enseñarle el camino, ó para darle prisa, *Vm*. A quien, *In*.

SALONGSONG. pc. Vide *Balisongsong*.

SALONGSONG. pc. Doblar el buyo cuando ya tiene cal, *Mag*. l. *Vm*. La hoja, *In*. La mano con que, *Y*.

SALONGSONG. pc. La tabla que ponen ajustada en la proa de la embarcacion para andar sobre ella. *Mag*, ponerla. *An*, la embarcacion. *Y*. La tabla.

SALONO. pp. Acechar para prender á alguno y asegurarlo. *Salonoan mo siya*, lo mismo que *Sobocan*.

SALONSON. pc. Vide *Salobong, songdo*.

SALOOBAN. pp. Concertar voluntades, *Mag*, l. *Magca*. La causa, *Ipag*. Ser hechos, *Papagsoloobanin*.

SALOONG. pc. Choza. Vide *Salong*.

SALOONG. pc. Leña, juntas las puntas para quemar.

SALOP. pc. La ganta. *Vm*, medir á gantas recibiendo. *In*, lo que. *Mag*, entregando. Lo que, *pag-in*. A quien se mide por gantas, *Salopan*. La ganta por donde, *pagsalopan*. A cada uno una ganta, *Manalop*. Una ganta, *sangsalop*.
Natotoua con pasalop,
con siñgili,i, napopoot.

SALOPA. pc. l. pp. Ingerir un palo en otro. *Vm*, el palo que encaja. Lo que, *In*. *Mag*, encajar los dos. *Pinag*, ellos. *Y*, el uno. *An*, donde.

SALOPACANA. pc. l. *Salopanaca*. pc. Hombre de mala boca.

SALOPANIT. pc. Vide *Salopinit*.

SALOPIL. pp. Añadir, agrandando el cesto para que quepa mas, *Mag*. Lo que, *In*, l. *Ipag*, Donde, *An*.

SALOPIL. pp. Petate ó tabla con que se aforra el tambobo, para que no se esparzan los granos. *Mag*, ponerla. *An*, l. *Pag-an*, el lugar. *Y*, l. *In*, lo que.

SALOPINIT. pc. Vide *Saplit*. Salir el tiro ó golpe al soslayo. *Vm*, salir asi. *Mag*, tirar asi.

SALOPINIT. pc. Hombre cruel, de mala digestion. *Vm*, hacerse.

SALOPINIT. pc. Nudo de tabla ó árbol. *Masalopinit itong puno*, está lleno de nudos.

SALOPINIT. pc. Desmedrado *Salopinit na tauo, halaman, &c.*

SALORAPÁ. pp. Lo que no se hace de veras ni de corazon: úsase con la negativa. *Hindi rin salorapa, ualang casalorapaan*, no lo hace de veras.

SALOQUIGUI. pp. Un árbol cuya corteza sirve de jabon, que llaman gogo.

SALORSOR. pc. Cortar zacate con la punta del cuchillo, *Vm*. La yerba, *In*. El cuchillo, *Y*.

SALORSOR. pc. Hilvanar. Vide *Salisol*.

SALOSOG. pc. Andar por algun rio de cabo á rabo buscando algo, aunque sea embarcado, *Vn*, l. *Mag*, l. *Manalosog*. *In*, el rio. *Y*, la causa, banca ó parte del cuerpo con que.

SALOSOL. pc. Quitar con la uña vuelta hácia abajo, como cera, &c. Otros pronuncian *Salosor*.

SALOT. pp. Peste, mortandad. *Magcaca*, haberla. *Ipagca*, la causa. Sinónomos *Gonĝo, taping*.

SALOT. pp. Enfermedad prolija, arraigada, connaturalizada. *Ma*. pc. El que muchas veces está ó recae. *Nasasalot*. pp. El que está asi. *Ica*, la causa. *Salot*. pc. El tal enfermo. Sinónomo *Datay*.

SALOT. pp. La rodaja de hierro del cabo de cuchillo. *Mag*, ponerla. *Y*, de que. *Salotan*, el cabo.

SALOUAL. pc. Calzon. Vide *Salauilis*, con sus juegos, su sinónomo.

SALOY. pp. Manar la sangre sin esprimirla. Vide *Daloy*. pp. con sus juegos.

SALOYSOY. pc. Arroyuelo.

SALSAL. pc. Remachar, tupir, apretar el entretejido, rempujando con uno como escoplo de caña, golpeándolo, *Mag*, y mejor *Vm*. Lo que, *In*. Con que, *Y*. *Panalsal*, el instrumento.

SALSAL. pc. Lo mismo que *Salocoyan, sagsag*.

SALUA. pc. Cosa sucia. *Na-an*, estar asqueroso. *An*, ser ensuciado. *Vm*, irse haciendo sucio. *Casaluaan*, suciedad.

SALUAC. pc. Derramarse cosa de grano ó licor, por menear el vaso, *Na*. Derramar, *Maca*, l. *Mag*. Lo que, *Y*. Vide sus sinónomos *Saguac, salauac*.

SALUNAY. pp. Nombre de una Principala antigua.

SALUBLUB. pc. Vide *Salogsog*.

SALUNGQUIPOT. pc. Tierra cércada de dos rios. *Salungquipot na lupà*.

SAMA. pp. Acompañar. *Vm*, á otro. *Mag*, acompañarse dos ó mas, ó llevar á otro en su compañía. *Han*, á quien se acompaña. *Y*, el que ó lo qué se acompaña. *Ipag*, el que se lleva en compañia. *Pag-hin*, hacer dos ó mas cosas compañeras.

SAMA. pp. Compañero, como el criado. *Casama*, compañero que se convida, ó vá por otro respeto, *Casamahin*, el tomado por tal. *Maqui*, entremeterse en compañía de otro. *Ipàqui*, el que ó lo que. *Paquisamahan*, aquel á quien.

SAMA. pc. Compañía en algun trato. *Vm*, l. *Maqui*, entrar de nuevo en él. *Mag*, tenerlo dos. *Pagsámahan*. pc. En lo que es dicho trato. *Casamahin*. pc. Ser tomado por tal. *Ipag*, l. *Ipaquisama*, lo que es metido á dicho trato. *Casamahan*. pc. Aquello que es de compañía.

SAMÁ. pc. Maldad. *Masamà*, cosa mala. *Vm*, hacerse malo. *Y*, l. *Ica*, la causa. Abstracto *Casam-an*.

SAMÁ. pc. Aborrecer. *Pinasasam-an*, de propósito. *Quinasasam-an*, acaso. *Pacasam-in*, el destruido, deshonrado, condenado.

SAMÁ. pc. Condenarse, *Nagpapacasama*, l. *Nagcapacasama*. Condenacion, *Capapacasam-an*. pc.

SAMÁ. pc. Lo mismo que *Baga*. Scilicet.

SAMACO. pp. Aderezar, componer la banca, *Mag*. La banca. *An*. Con que, *Ipag*.

SAMAL. pp. Acometer con osadía, *Vm*; mejor *Mag*. En que, *An*. Con que, *Y*.

SAMALÁ. pc. Un género de zahumerio como incienso.

SAMAN. pp. Trastejar el techo de nipa, *Mag*. El tejado, *An*. La nipa, *Y*. *Samanan ninyo iyang bobong*, trastejad ese techo.

SAMANSAMAN. pc. Unos como sarpullidos, que salen á los niños.

SAMANTALA. pp. Mientras que, entre tanto. Sinónomo. *Hamanga*, *yamang*, l. *Yayamang*. pp.

SAMANTALA. pp. Lograr la buena ocasion, *Mag*. Lo que, *Hin*. *Samantalahin mo ang buhay, caloob nang Dios sa iyo, nacan, macapagsisisi*, aprovéchate de la vida que te dá Dios, para que te puedas arrepentir. *Ipag*, con que se aprovecha de la ocasion. *Casamantalahan*, oportunidad, buena ocasion, &c.

SAMARAL. pp. Un género de pescado.

SAMASAM. pp. Unos granillos pequeños en el rostro. Vide *Taguihauat*.

SAMAT. pc. Hojas de palmas tejidas que sirven de platos. *Vm*, l. *Mag*, hacerlos, tejerlos. *In*, las hojas. *Y*, con que. *Pag-an*, lugar. *Sinamat*, las hojas hechas plato.

SAMAT. pc. La hoja del buyo.

SAMAYÁ. pc. Ir á la parte, ó ser cómplice, *Maqui*. Provocar á que otro coopere, *Vm*. Cooperar dos, ó concertarse, *Mag*. El provocado, *In*. La obra buena ó mala á que cooperan, *pagsamayan*. La persona que es inquietada, *paquisamayan*. La obra para que, *Ipaqui*.

SAMAYNACÁ. pp. Regalon, goloso. *Vm*, irse haciendo. *Mag*, serlo en la ocasion. *Pagsamaynacaan*, en que. *Ipag*, la causa. *Casamaynacaan*, abstracto, *Mapag*, nombre. Sinónomo *Simor, sibá, tacao*.

SAMBA. pc. Adorar, puestas las manos, *Vm*. Lo que, *Hin*. Las manos con que, *Y*.

SAMBA. pc. En algunas partes parece que significa jurar, porque se oye este refran: *Sambang panday*, juramento de oficial.

SAMBAL. pc. Encuentro de caminos ó rios. *Magca*, juntarse dos, ó salir de un principio. Si mas, duplicar la raiz. El lugar, *pag-an* El un brazo, *Casambal*. Sinónomo *Salapong, sabang*. *Madlang sambalsambal itong osap mo*, tu pleito tiene muchas divisiones.

SAMBAL. pc. Tambien significa dividirse el rio en brazos, ó juntarse dos para hacer un rio, con los mismos juegos.

SAMBALI. pp. Una nacion asi llamada. *Mag*, fingirse, trazarse ó tenerse por tal, hablar su lengua, usar su trage, *pag-han*, á quien se habla en su lengua. *Ipag*, la causa. *Casambalihan*, lugar de ellos. Vide *Baloga*.

SAMBANTOOR. pp. No dejar piedra por mover por conseguir algo. *Halos aco macasambantoor*, casi me arrodilló á los troncos.

SAMBASAMBA. pc. Una yerba amarga. Tambien una fruta silvestre.

SAMBAT. pc. Llorar al difunto, *Mag*. Á quien, *pag-an*. De aqui *Panambitan*.

SAMBICOT. pp. Hacer algo de presto, como á hurtadillas, *Vm* l. *Mag*. *In*, lo que. *Sambicoting sulatin*.

SAMBIGÁ. pp. Puñal con figura en el puño. *Mag*, traerlo. El, *In*.

SAMBIL. pc. Vide *Sama, casambil, casama*.

SAMBILAT. pp. Coger al vuelo, echar la garra, *Vm*. Lo que, *In*. Con que, *Y*. Sinónomos *Sungab, samit*.

SAMBIT. pc. Nombrar algo á menudo, *Vm*. l. *Mag*. Lo que, *Ma*, l. *In*. La causa, ó con que, *Y*. Sinónomos *Sambitla, sabi, turan*.

SAMBIT. pc. Cantar llorando al difunto, *Mag*. A quien, *pinagsasambitan*. De aqui.

SAMBITAN. pp. El mismo canto. *In*, lo cantado. De aqui sale *Panambitan*.

SAMBITIN. pp. Colgarse de las manos con el cuerpo al aire, *Mag*. La cosa de á donde, *Pagsambitinan*. Con que, *Y*.

SAMBITLÁ. pc. Lo mismo, y con los mismos juegos de *Sambit*. Invocar.

SAMBIYÁ. pp. Bambalearse, columpiárse, *Mag*. El columpio, hamaca ó lugar. *Sagsambiyaan*. La cosa, *In*. Lo columpiado, *Y*.

SAMBOBONG. pp. Un juego de muchachos. Vide su sinónomo *Salibonbong*.

SAMBOCOT. pp. Lo mismo que *Sambicot*.

SAMBOLANAY. pc. Lo mismo que *Mutyâ*.

SAMBONG. pc. Yerba medicinal olorosa, *Casambongan*, lugar donde hay muchas.

SAMBOT. pc. Aparar lo que cae de alto, ó coger al que se está ahogando. *Vm*. Lo aparado ó cogido, *In*, l. *Ma*. Con que, *Y*. *Magsambotanan*, dos que arrojan algo, como pelota, para volverlo á coger.

SAMBOT. pc. Librar á alguno del peligro. *Sinambot nang Dios ang Guinoong Santa Maria, nang di maramay sa casalanan ni Adan*, libró Dios á la Vírgen Santísima del pecado de Adan.

SAMBOT. pc. Remudarse en el canto. *Sinambot niya ang auit co*.

SAMBÓTANI. pp. Canto con palmadas, bebiendo hasta mas no poder. *Mag*, cantar asi. *Pagsambotanian*, á quien, ó delante. *Ipag*, la causa ó por que.

SAMBOTANIN. pp. Lo mismo que el antecedente, con los mismos juegos.

SAMBOUANG. pp. Levantar á alguno para arrojarle de golpe, *Vm*. Á quien, *In*. El lugar, *Pagsambouangan*. *Y*, la causa. Sinónomo *Pasacay*.

SAMBOHAT. pp. Palabra con que exortan ó animan á levantar cosa pesada: no tiene mas juegos que decir el que anima *Sambohat*, y responder todos lo mismo.

SAMBOLAT. pp. Esparcir por el aire, como grano, *Mag*. Si mucho, *Mag*. pc. Lo que, *Y*. Si mucho, *Ipag*. pc. El lugar á donde, *Pagsambolatan*, pc. Sinónomos *Ualat, sabog, calat*.

SAMBOLAT. pp. Esparcirse los que estaban antes congregados, *Vm*, l. *Manambolat*, l. *Na-*

ngasambolat, l. *Nagcasambosambolat*. La causa, *Y*, l. *Ica*.

SAMBOLAT. pp. Lo mismo que *Acsaya*, *bulalos*, *gogol*. Sinónomo.

SAMBOUAT. pp. Compañero en viaje. *Casambouat co si Juan*, Juan es mi compañero.

SAMIL. pp. Tapadera de cargà tejida de hojas de nipa.

SAMILING. pp. Cáscara de un árbol parecida á la canela en hechura y olor. Sinónomo *Calingag*.

SAMIR. pc. Ahogarse con comida, bebida ó humo, *Ma*. La causa, *Maca*. *Ang nacasamir sa aquin, ay ang tubig*, la agua me causó tósigo. *Ica*, en pasiva. Sinónomo *Hirin*, *bolon*. *Nasamir ang palay*, se dice del arroz que quedó vano por haber estado cubierto de agua.

SAMINACÁ. pc. Goloso, tragon. Vide *Samainacá*, con sus juegos.

SAMIRLÁ. pc. Parece lugar deleitoso.

SAMLANG. pc. Hombre de poco aseo, órden, concierto, puerco. *Vm*, irse haciendo tal.

SAMNO. pc. Aderezar la embarcacion renovándola, *Vm*. Ella, *Hin*.

SAMÓ. pc. Lisonjear, enlabiar. *Vm*, l. *Manamo*, hacerlo con palabras, buenas ó promesas. *Mag*, dando algo para engañar asi. *In*, á quien. *Y*, la causa, palabras ó dádiva con que. Sinónomos *Hibo*, *amó*, *aró*, *yarò*, *loyo*.

SAMOAL. pp. Bocado grande, ó comer atragantándose. *Mag*, comer asi. *Ipag*, lo que. *Samoalan mo iyang bata*, méte en la boca á ese muchacho un gran bocado. Sinónomo *Tàmoal*, *moal*.

SAMOC. pp. Entremeterse con otros á hablar ó comer, *Maqui*, l. *Vm*. Con quien ó á quien *An*, l. *Paquisamocan*.

SAMOC. pp. Vide *Samoal*, con sus juegos.

SAMOD. pc. Vide *Sabod*.

SAMOLA. pc. Cualquiera cosa heredada de sus viejos. *Mag*, observar algunos ritos ó ceremonias de sus antepasados. *Ipag*, el rito ó ceremonia. Sinónomo, para el primer significado *Sa ona*; para el segundo, *Pamahiin*.

SAMOT. pp. Mezclar cosas diversas sin órden. *Mag*, mezclarse dos. *Magca*, estar mezcladas. *Vm*, l. *Maqui*, mezclarse los de una á otra nacion. *Y*, l. *Ipaqui*, lo mezclado, ó causa. *Paquisamotan*, á que. *Samotsamot na tauo*, de diversas naciones. *Samot na tauo*. estrangero.

SAMPA. pc. Subir. *Sumampa ca muna dito*, sube un poquito aqui. *Sumampa ca dito sa parao*, ponte aqui en el parao. *Nag sasampa ang manoc sa bobongan*, lo mismo que *Lomolocso ang manoc sa bobongan*.

SAMPAC. pc. Estender la vela de la embarcacion para que coja mucho viento, *Mag*, La vela, *In*.

SAMPAC. pc. Meter la espada ó puñal hasta el puño. *Mag*. El cuchillo, *Y*. Á quien, *An*.

SAMPAGA. pp. Flor como el jazmin. *Mag*, adornarse con ella. *Han*, la parte ó el cuerpo. La flor, *Y*. Causa, ó con que. *Casampagahan*, lugar de muchas. *Casampaga*, compañero con quien partió de alguna *Sampaga*. *Magcaca*, llamarse asi dos mútuo, ó tener esta flor de nuevo algun jardin.

SAMPAL. pc. Desmochar árboles grandes, ó quitarles algun gran pedazo, *Vm*, l. *Mag*. Ser desmochado, *In*. *Y*, l. *Ipag*, el instrumento. *Pag-an*, lugar, ó el árbol de que se quitó algo.

SAMPAL. pc. Cuchillada por medio del cuerpo. *Vm*, darla. Á quien, *In*. El brazo ó cara, *An*.

SAMPALOC. pp. Tamarindo.

SAMPAN. pc. Champan.

SAMPANGAN. pp. Retrueque en el canto. En donde, *Pinagsampanganan*.

SAMPAY. pc. Colgar, tender la ropa en cordel ó vara, *Mag*. Si muchó, duplicar la primera sílaba. *Y*, lo que. Si mucho, *Ipinag*, reduplicando la primera sílaba. *Sampayan*, el cordel ó vara. Si muchos, *Pag-an*. *Ma*, estar algo colgado, tendido.

SAMPILONG. pp. Lo mismo con los mismos juegos.

SAMPILONG. pc. Dar puñetes en la boca, *Mag*, l. *Vm*. Á quien, *In*, l. *Pag-in*. Con que, *Ipag*.

SAMPON. pc. Juntamente. Sigue los casos que su sinónomo *Pati*. Adviértase que cuando se le sigue el genetivo *Nang*, ó cualquiera de los demostrativos, ó el adverbio *Naman*, porque estos comienzan con *N*, suele perder el *Sampon* su *N*, final.

SAMPOT. pc. Tomar algun animal sin saber quien es el dueño, *Mag*. Lo que, *In*. Lugar, *An*.

SAMSAM. pc. Saquear, despojar al enemigo, *Vm*. Si mucho, *Nagsasasamsam*. Lo tomado ó saqueado, *Samsamin*. Si mucho, *Pinagsasasamsam*. La causa ó con que, *Y*. *Manamsam*, andar en eso. Si mucho, *Magsipanamsam*. Entremeterse, *Maqui*, l. *Maquipanamsam*. Nombre, *Manamsam*.

SAMYO. pc. Fragancia. *Vm*, echarla. *Y*, la causa. *Samyohan*, á quien. *Magpa*, hacer que eche. *Pasamyohin*, hacer que eche aquel olor. *Pasamyohan*, la cosa ó persona zahumada.

SAMYO. pc. Vide *Samno*, con sus juegos.

SANÁ. pp. Adverbio. Habia de ser. Mejor lo explicarán los dós ejemplos siguientes. *Si Juan sana,i, dumating, cun dangan nagcasaquit*, Juan hubiera venido, si no hubiera enfermado. *Cun guinamot sana, ay hindi namatay*, si lo hubieran curado, no hubiera muerto.

SAÑÁ. pp. Consumirse ó acabarse algo, *Mag*. Lo que, *In*. A quien, *Pinagsasanaan*. *Pinagsanaan ang buquid nang palay*, quedó la sementera destruida. *Casanaan nang cacanin ang Parian*, el Parian es lugar de muchas golosinas.

SANÁ. pp. Propiamente significa el lugar donde paran los aetas á comer el venado que cogieron, que ordinariamente no salen de allí hasta consumirlo.

SANÁ. pp. Una especie de gabe oloroso.

SANA. pp. l. *Sanan*. Adverbio, como si dijésemos añadiendo *cun*. *Matigas sa bato*, *cun sana sa bato*, mas duro que una piedra, como si dijésemos.

SANAC. pp. Rebosar. Vide *Danac*.

SANAG. pp. Vide *Sinag*, que es mas usado.

SANAGA. pp. *Palayao*, id est *Dalaga*.

SANANG. pc. Lo mismo que *Quinang* pc.

SANAQUI. pp. *Palayao*, *Lalaqui*.

SANAO. pp. Rebosar cosa líquida, y por eso derramarse, *Vm*, l. *Nasasanao*. *An*, l. *Nasasanauan*, donde se derramó. *Pasanauin*, lo hecho que se vierta. *Y*, la causa.

SAÑAO. pp. Charquillos de agua de lluvia, ó del que riega. *Magpa*, hacerlos. *Sanaosanao na tubig*, los charquillos.

SANAP. pp. Cundir por todas partes el agua, *Vm*, l. *Maca*. La tierra, *Pasanapan*.

SANAT. pp. Acalenturado. *Ma*, estarlo. *Ica*, la causa. Sinónomos *Saynat*, l. *Sinat*.

SAÑAY. pp. La canal que tiene en medio la espada ó daga: ya no es usado.

SANAY. pp. Amolar herramienta. *Sanayan*, la piedra en que.

SAMBOHAT. pp. Elevar á alguno, ó engrandecerlo. *Yang pagcahari mo, ay sinasambohat co*, esa grandeza de Rey, me lo debes á mí.

SANCAL. pc. Los curvatones de la banca que sirven de asiento.

SANÇAL. pc. Un palo del telar.

SANDACATI. pp. Caja labrada.

SANDAL. pc. Arrimar. *Vm*, arrimarse. *Mag*, arrimar algo. *Y*, lo que. *An*, á donde. Nombre, *Sandalan*.

SANDALI. pp. Pedir prestado, prestar. *Vm*, pedir. *Magpa*, dar. *Ipa*, lo que. *Pasandaliin*, á quien.

SANDALÍ. pc. Presto. *Vm*, hacer algo asi. *In*, lo hecho.

SANDALÍ. pc. Instante. *Houag cang mabalam doon, sumandali man lamang*, no te detengas allí ni un instante.

SANDANÁ. pc. un palo para zahumerio.

SANDAT. pc. Embutir: no tiene activa. *Sandatin*, lo embutido. *Y*, con que.

SANDAT. pc. Llenar la barriga de comida. De aqui *Nasasandat nang pagcain*.

SANDATA. pp. Armas ofensivas ó defensivas. *Mag*, l. *Manandata*, armarse ó traerlas. *Hin*, lo hecho ó tomado por arma. Si mucho, *Paghin*. pc. El enemigo, ó porque se arma, *Pughan*. pc. La causa, *Ipag*. Nombre, *Mapag*. Si muchos, *Sandatahan*.

SANDIG. pc. Arrimar la escalera, *Vm*, y mejor *Mag*. Ella, *Y*. A donde, *An*. El lugar á donde, *Pag-an*.

SANDIG. pc. Tambien se aplica á cualquiera cosa á modo de escalera. *Sumandig ca doon sa puno, at muti ca nang bunga*, arrímate á ese pono, y corta fruta.

SANDOC. pc. Cuchara de cocina. *Vm*, l. *Mag*, sacar con ella. *In*, lo sacado. *Y*, la cuchara *An*, la persona á quien se dá, ó el plato á donde se echa. *Casandoc*, una cucharada.

SANDOCSANDOCAN. pp. Lo mismo.

SANDOPICÁ. pp. No he hallado mas significacion que al azotar á uno: seguidamente dicen *Sinasandopica*, con que parece que el significado es aceleracion en azotar, ó cosa semejante.

SANDOYONG. pp. Un género de cañas dulces.

SANDUGÓ. pc. Hacerse amigos, bebiéndose mútuamente la sangre. *Mag*, dos. Si mas, *Mangag*, l. *Magsipag*. La causa ó amistad, *Ipag*, l. *Pagsandogoan*. El compañero, el *Casangdugo*.

SANGA. pc. Rama de árbol, *Vm*, l. *Man*, l. *Mag*, l. *Magca*, echar ramas. *Vm*, enredarse un árbol en otro. *Mag*, tener ramas. *Sanghan*, mejor. *Sangahan*, aquello á que se pone rama. *Sanghin*, mejor *Sangahin*, lo hecho ó tenido por tal.

SANGAB. pp. Sudor que se toma en el rostro puesto de frente en el brasero. *Vm*, tomarlo. *Vm*, l. *Mag*, darlo. *In*, ser zahumado. *Y*, con que. *Pagsangahan*, el brasero.

SANGAB. pp. Ponerse al sol ó al aire para que le dé de lleno, *Sumangab ca sa arao*. *Mag*, poner á otra cosa. Lo que, *Y*. *Nagpacasangab*, ponerse de propósito.

SANGAB. pp. Beber de bruces. *Vm*, l. *Mag*.

SANGAB. pp. Señal que ponen en la sementera, para decir que es suya. *Mag*, ponerla. La tierra, *An*. Las estacas, *Y*.

SANGAG. pc. Tostar granos, como arroz, maiz, &c. *Mag*. Lo que, *In*, l. *Y*.

SANGAG. pc. Purificar, acrisolar el oro, *Vm*, l. *Mag*. El oro, *Y*, l. *In*. *Sangagan*, con pausa el *Sa*, el crisol. *Sangagan*. pp. *nang manga caloloua*, se puede decir del Purgatorio.

SANGAG. pc. Arroz tostado, y se hace nombre, conjugándolo con *Mag*, y sus pasivas.

SANGAG. pc. Reducirse á poco una cosa, con los juegos de purificar, &c.

SANGAG. pc. Calentar la comida fria, *Mag*, con sus tres pasivas.

SANGAL. pc. Presa de gato ó perro. *Na*, estar preso. La causa, *Maca*, l. *Ica*.

SANGAL. pc. Desmochar el árbol grande. *Vm*, l. *Mag*, cortar las ramas. *In*, ser cortadas. *An*, el árbol. *Y*, con que.

SANGAL. pc. Lo mismo que *Pang-al*.

SANGALI. pc. Cortar yerba, arrancarla á repelones, *Vm*. Lo que, *Y*.

SANG-ANO. pc. *Di sasang-ano*. Lo mismo que *Di mamagcano*.

SANGANGAOANGAO. pp. Un millon: otros dicen infinito. Vide *Angaoangao*.

SANGAP. pc. Beber deleitándose, *Vm*. Lo bebido, *In*. Con que, *Y*.

SANGAP. pc. Recibir algun zahumerio, abriendo boca y narices, *Vm*. El humo, *In*. Sinónomo *Langap*.

SANGAP. pc. Ajustar bien algun madero en la muesca hecha en el harigue, *Vm*, l. *Ma*. La madera, *Y*, l. *Ipa*. Sinónomo *Lapat*.

SANGAT. pp. Trabarse ó encajar palo ó caña, ó algo que muerda en cosa redonda, *Mag*. Donde, *An*. *Sangatan*, el madero. *Ipag*, el instrumento. *Y*, lo que es puesto en la muesca. *Ma*, quedarse alguna cosa asida ó detenida en alguna muesca.

SANGAT. pp. Asirse para no caer, *Ma*. De propósito, *Vm*. Poner algo en dos ganchos, *Mag*. Lo que, *Y*. Vide *Sabit*.

SANGAY. pc. Tocayo. Vide *Lagyo*, *Lagoyo*.

SANGBAY. pc. Atajo de camino, *Vm*. El camino, *In*, ó el lugar á donde van. *Y*, la causa. *An*, senda. *Mag*, abrir nuevo camino. *Magca*, dos caminos atravesados. Sinónomos *Sabat*. pc. *Salabat* pp.

SANGBIT. pc. Divertirse en el camino. *Macasangbit na tauo*, hombre que se detiene muchas veces. *Casangbitan*, detencion.

SANGBOUANG. pp. Vide *Sambouang.*

SANGCAL. pc. La teta endurecida con mucha leche. *Vm*, endurecerse. A quien, *An*. La causa, *Y*.

SANGCAL. pc. Curvatones que sirven de banco en que reman. Y de aquí *Sangcalan*. pp. Tajo de palo ó tabla sobre que cortan algo. *Mag*, cortar sobre él. *In*, el tajo. *Y*. l. *An*, lo cortado. *Sinasangcalan acong auayan*, me riñe para que lo entienda otro.

SANGCALAN. pp. Escusarse uno con otro, *Vm*. Con quien, *In*. La causa, *Y*.

SANGCALAN. pp. Travesaños que ponen en las bancas para fortalecerlas. *Mag*, ponerlos. Ellos, *Y*. La banca, *An*.

SANGCAP. pc. Alhajas de casa, partes de algun todo, lo necesario para alguna accion, menesteres para alguna empresa. *Mag*, prevenirlos. Lo que, *In*. l. *Y*. A quien, *An*.

SANGCAP. pc. Acompañarse dos mútuo en hacer algo, *Mag*. En lo que, *Pinag-an*. Causa, *Ipag*.

SANGCAP. pc. Componer algun potage, echándole especias, *Mag*. El potage, *An*. Lo que se echa, *Y*.

SANGCAP. pc. Instrumento con que se hace algo, v. g. Las potencias del cuerpo, *Ang manḡa sangcap nang catao-an*.

SANGCAYAO. pp. Un armazon de cañas á modo de mesa. *Mag*, poner algo sobre ella. Si mucho, *Mag*. pc. Lo que, *Y*. Si mucho, *Ipag*. pc.

SANGCAYAO. pp. Arrimar la carga á algo para descansar, *Mag*. La carga, *Y*. Con *Vm* es ponerse de suerte que descanse, como si se sentase en una silla, poniendo los piés en otra.

SANCOT. pc. Obrillas imperfectas. *Masangcot 'na tauo*, el que así trabaja. *Nagcasasangcotsangcot*, muchas que están así.

SANGCOT. pc. Embarazado con carga de diversos géneros. *Maraming sangcotsangcot ang dala mo*, l. *Pinagsasangcotsangcot ang dala mo*, vienes muy embarazado con tu carga.

SANGCOT. pc. Asirse, *Ma*. Donde, *Quinasasangcotan*.

SANGDAY. pc. Freir hojuelas, *Mag*. Lo que, *In*. Las hojuelas fritas, *Sinangday*. Vide *Sanglar*.

SANGDAIGDIGAN. pp. El mundo. Vide *Daigdig*.

SANGA. pc. Resistir, alargar, reparar, estorbar, detener el golpe, *Vm*. Lo estorbado, *Hin*. Donde topó, *Quinasangahan*. *Ma*, topar acaso, *Nasanga sa haligui*, topó en el harigue. *Pananga*, rodela. *Nananganga*, escudarse con ella.

SANGALANG. pc. Favorecer, amparar, defender, *Mag*. De quien, ó contra quien, *Pag-an*. Ser defendido ó causa, *Ipag*. Nombre, *Mapag*.

SANGALAYÁ. pc. Dilatar, desahogar el corazon. Vide *Talaghay*, con sus juegos.

SANGAUALI. pc. Cosa á modo de piédra preciosa.

SANGAYAR. pc. Arrastrar la ropa. Vide *Sayar*, con sus juegos.

SANGOL. pc. Niño, mientras mama. *Mag*, tratarlo así. *In*, á quien.

SANGUNI. pp. Consultar. *Vm*, á otro. *In*, á quien. *Y*, lo que. *Mag*, dos ó mas. Si mas, *Magsangonian*. Andar consultando, *Manangoni*. Tomar, pedir consejo de otro, *Maqui*, l. *Maquipag*. A quien, *Paquian*. Lo consultado, *Ipaqui*. Lo consultado de dos ó mas, *Pag-an*. El compañero, *Casanguni*. La consulta, *Sanguni*. Sinónomos *Sang usapan*, *Polong*, *Sanghi*.

SANGUNI. pp. Razonamiento persuadiendo algo. *Piniguil nang Padre, nang magandang sanguni*, le detuvo el Padre con buenas razones.

SANGUMAY. pp. Una yerba amarilla con que labran las petacas.

SANGOYÓ. pc. Pasarse de un bando á otro. *Maqui*. A quien se pasa, *An*, l. *Paquian*. Sinónomos *Campi*. *Nagcasasanguyo sila nang loob*, se han hecho de un corazon. Metáf.

SANGHAP. pc. Vide *Sahap*.

SANGHÍ. pc. Vide *Sanhi*.

SANGHIL. pc. Afilar. Vide *Tag-is*.

SANGHIR. pc. Semejanza de nombres. Vide *Uanḡis*. pp.

SANGHIR. pc. Olor de sobaquina. *Masanghir na babayi*, l. *Lalaqui*, hedionda.

SANGHIT. pc. Fortaleza de mal olor. *Masanghit na amoy*, olor así. *Nasasanghitan*, á quien le dá el olor. *Maca*, causarlo.

SANGHOR. pc. Olor levantando el bocico, como gato, perro, &c. *Vm*. Lo que, *In*. Con que, *Y*. Frecuent. *Mananghor*.

SANḠÍ. pp. Brecha en medio de la cabeza. *Vm*, hacerla. Y si mucho, *Mag*. Lo dividido, *Sanḡiin*. Si mucho, *Pag-in*. pc. Con que, *Y*. El lugar donde se abre, *An*, l. *Pasanḡian*. Sinónomo *Uahi*.

SANḠIG. pc. Albahaca.

SANḠIL. pc. Vide *Sanghil*.

SANḠILO. pp. Un género de buyo.

SANḠIT. pc. Calma, bochorno. *Masanḡit na uica*, palabra con brio y enojo. Metáf.

SANḠIT. pc. Asirse el que cae de alto, quedando colgado, *Na*. Donde, *An*. Ponerse así el que vá á caer, *Vm*. La rama en que, *An*. El cuerpo, *Y*. Sinónomo *Sanḡat*.

SANGLAL. pc. Guisado en aceite ó manteca, ó con sangre. *Mag*, componerlo así. *Y*, l. *In*, lo que. *Pag-an*, en donde.

SANGLAR. pc. Inclinamiento de alguna cosa, como árbol caido. Tambien la banca, que al bararla, parte queda en agua, parte en tierrra. *Ma*, estar así. *Mag*, bararla así. Donde, *Quinasanglaran*. Vide *Sarsar*, *Dahic*.

SANGLAY. pc. Freir algo en manteca ó aceite, *Mag*. Lo que, *Y*. Donde, *Pag-an*. *Sinanglay*, lo frito. Vide *Sanglal*.

SANGLIBUTAN. pc. El mundo. Vide *Libutan*.

SANGMUCTI. pc. Lunar de la luna llena, ó mancha. Sinónomo *Colalaying*.

SANGNAYON. pp. Junta ó circunvecindad. *Nagcaca*, estar en juntas. *Pag-in*, juntarles. *Casangnayon*, el vecino. Sinónomo *Nayon*.

SANGNAYON. pp. Pasarse ó acercarse de un barrio á otro, ó de un pueblo á otro, *Vm*, l. *Maqui*. A do, *An*. La causa, *Y*.

SANG-OR. pc. Enredarse, detenerse, como lo que cuelga, *Vm*, l. *Ma*. En que, *Quinasasangoran*. La causa, *Ica*. Sinónomo *Sabit*, *Sanga*. *Ualan di quinasasungoran sa raan*, se dice del que se detiene en el camino.

SANGOSAPAN. pp. Tratar algun negocio entre dos ó mas. *Mag*. Entremeterse á ello, *Maquipag*. El negocio que, *Pagsangosapanan*. La causa, *Ipag*. Sinónomos *Sanguni*, *Polong*.

SANGOIO. pp. Vide *Songdo, Tiyap*.

SANGPA. pc. Poner algo en alto, *Mag*. Si mucho, duplicar la primera sílaba. *Y*, lo que. Si mucho, *Ipinag*, duplic. Donde, *Sangpahan*. pc. *Vm*, subirse sobre algo. Sobre que, *Sanghapan*. Acaso, *Ma*. Sinónomos *Salang, Babao*.

SANGPALATAYA. pp. Fé, dar crédito, *Vm*, l. *Manangpalataya*. Si mucho, ó á muchas cosas, *Mag*. pc. *Sangpalatayanan*, ser creido. Si mucho, *Pag-an*. pc. Vide *Tiuala, Saniuala*.

SANGPANAUAN. pc. Junta ó division, ó tropa de gente. *Sangpanauang tauo*, una junta. Sale de *Panau*.

SANGPANG. pc. Especie de goma ó betun.

SANGPAR. pc. La frontera del tejado de la casa. *Mag*, hacerla. *An*, la casa.

SANGPIT. pc. Aportar ó allegar á alguna parte de paso ó de asiento, *Vm*, l. *Ma*. Si muchos, *Magsi*. El lugar á do, *An*. Aquello en cuya demanda vá, *In*. La causa, ó lo que pretenden allegar á algun lugar, *Y*. *Manghinangpit tayong manga cristianos*, esforcémonos. Metáf.

SANGCQUI. pc. Anís de China. *Mag*, aderezar algo con él. *An*, lo aderezado.

SANGCQUI. pc. Cosa con vueltas ó recodos. *Mag*, hacer de propósito asi. Lo que, *In*. *Sangquisangquing tabi*, l. *daan*, l. *Masangqui*, camino con muchas vueltas.

SANGSALÁ. pp. Prohibir, vedar, estorbar, *Vm*. Si mucho, *Mag*. pc. A quien, *In*. Si mucho, *Pag-in*. pc. La causa, ó con que, *Y*. Si *M*. *Ipag*. pc. Abstracto. *Casangsalaan*. Sinónomos *Suay, Tangui, Laban*, porque tambien significa resistir, con los mismos juegos.

SANGSANG. pc. Virtud, fortaleza, como del vino, vinagre, &c. *Masangsang*, cosa asi. *Casangsangan*, abstracto.

SANGSAYA. Vide *Sangsala*.

SANGTABÍ. pp. Mostrar respeto. *Sangtabi sa maguinoo*, hablando con el debido respeto á mi señor. *Pasangtabi*, l. *Napasangtabi*, mostrar respeto despidiéndose. *Pinaan*, á quien. La causa, *Ipa*. Sinónomos *Alang-alang, Paalam*.

SANGTINACPAN. pc. Lo que cubre el cielo. Sale de *Taquip*.

SANGYAUA. pp. Azufre.

SANGYOR. pc. Olor bueno ó malo. *Vm*, l. *Mag*, oler. *Ma*, l. *Masangyoran*, lo olido. Sinónomos *Samyo, Amoy*.

SANHÍ. pc. Pulso. *Vm*, tomar el pulso. *An*, á quien. Causa, ó con que, *Y*; y ahora usan del término español.

SANHÍ. pc. Inquirir de secreto, *Mag*, Lo que, *In*.

SANHÍ. pc. Vide *Colani*, con sus juegos.

SANHI. pc. Tratar algun negocio brevemente, *Maqui*. Lo que. *Ipaqui*. A quien, *Paquian*. Sinónomo *Sauguni*.

SANHOR. pc. Vide *Sanghor*.

SANIB. pp. Doblar ó estender una cosa sobre otra, como petate. Vide *Sarnib*, con sus juegos.

SANICAY. pp. Unas como verdolagas. *Mananicay*, andar cogiéndolas. *Casanicayan*, lugar de ellas. Sinónomo *Sayican*.

SANIP. pp. Cundir el agua, *Vm*. La causa, *Y*. Donde, *An*.

SANLÁ. pp. Prenda. *Mag*, dar algo en prenda, ó empeñar. *Y*, lo que. *An*, á quien. *Vm*, buscar dinero dando prenda por él. El dinero, *An*. *Sangpisos ang sanlaan co nitong singsing*, daré en prenda esta sortija para sacar prestado un peso. *Ma*, estar algo empeñado. *Quina-an*, en quien. *Mapa*, dar prestado sobre prenda. *Pa-in*, á quien se presta asi. *Pinagpa-an*, la prenda sobre que uno prestó. *Mananla*, andar buscando quien le preste sobre prenda.

SANLAG. pc. Caerse un árbol sobre otro. *Ma*, aquel sobre que. *Na-an*. l. *Mag*, arrojarlo de propósito. *Y*, ser arrojado.

SANLAO. pc. Lo mismo que *Anlao*. *Sanlauan mo*, echa acá con que mojar la taza, dice el bebedor.

SANLING. pc. Aliñar, aderezar, *Mag*. Lo que, *In*.

SANLING. pc. Dar lustre al oro. Vide *Sapó*. pc. Con sus juegos.

SANLONG. pc. Lazo con que cogen patos cimarrones. *Mananlong*, armarlo. *Ma*, l. *In*, ser cogido en él. *Pinananlongan*, lugar de lazo, y tambien ser cogido.

SANOG. pc. Cuestezuela. Vide *Saog*. pp.

SANSAN. pc. Alcanzar en el camino á otro que salió antes. *Nasansanan aco*, me alcanzó. *Vm*, l. *Maca*, alcanzar. *Y*, l. *Ica*, la causa. Sinónomo *Dais, Sacong*.

SANTAN. pc. Una comidilla de coco y miel. *Mag*, hacerla. *In*, ser hecha, ó el coco de que. *Ipag*, la causa.

SANTAR. pc. Repleto de haber comido mucho. *Nagpacasantad ca*, bien te has embutido. Solo se usa con personas viles, como esclavos.

SANTOL. pc. Fruta conocida. *Casantolan* l. *Masantol na bayan*, pueblo de muchos.

SANUAC. pc. Hartura, abundancia. Vide sus sinónomos *Saguac, Saluac*.

SANYAUA. pp. Piedra azufre. Vide *Sangyaua*.

SAUÓ. pp. Ancora, ancla. *Mag*, llevarla ó dar fondo con ella. *Han*, la embarcacion. *Y*, la ancla. *Tayo, y, magsauo* demos fondo.

SAOBAT. pc. Amigo de corazon que no encubre nada al amigo. *Mag*, tener dos dicha amistad. *Casaobat*, el amigo. *In*, tenerlo por tal. *Mag*. pc. Tomar á otro por amigo. El tenido, *Y*, l. *Ipag*. Tambien el secreto que descubre, *Ipag*. Es mas que *Catoto, Casuyo, Catiuala*.

SAOG. pp. Vide *Batis*, su sinónomo.

SAOG. pc. Buyo del monte. Vide *Litlit*.

SAOLÍ. pp. Volver á donde salió, *Mag*. El lugar á do, *Pagsaolan*. La causa, *Ipag*.

SAOLI. pp. Volver lo hurtado, restituir, *Mag*. *Y*, lo que. *An*, á quien.

SAOLI. pp. Volverse el pecador á Dios, añadiendo *Loob*. *Magsaoling loob*, convertirse. *Pagsaolang loob*, á quien. *Ipag*, la causa.

SAOLI. pc. Encuentro, *Mag*, como cuando una fruta entre muchas que van hácia abajo, sube hácia arriba.

SAOLOPONG. pc. Piedra tenida de ellos por virtuosa, con su poco de supersticion.

SAONA. pp. Adverbio antiguamente. *Saonapang sa ona, Sacagulangulangan napasaosaona, nang uala panganoano*, ab æterno.

SAOP. pc. Amistad entre dos; es palabra pampanga. El usado en tagalog es *Sago, Tagop*.

SAOSAO. pp. Mojar algo en caldo, como carne

en pebre, *Vm*, l. *Mag*. *Y*, Lo que. *Saosauan*, á donde. *Ipag*, la causa.

SAOSAO. pc. Tentar con la mano el agua, para ver si está caliente, *Vm*. El agua, *An*. La mano, *Y*.

SAUSAUAN. pc. Pebre.

SAOT. pp. Cesar de llorar. *Sumaot cang tumañgis*, l. *Saotin mo ang pagtañgis;* pero mejor es no usar de esta pasiva por su mala alusion.

SAOY. pc. Modo de limpiar el oro para que tome lustre. *Mag*, darlo. El oro, *In*. En donde, *Pinag-an*.

SAOYIN. pp. Oro deslustrado mas bajo que *Bislig*.

SAPA. pc. Buyo mascado. *Vm*, darlo á otro. *Maghan*, dos mútuo. *Saphan*, á quien se dá. *Y*, el buyo. *Casapa*, el compañero.

SAPÁ. pp. El estero. *Mag*, l. *Magca*, irse haciendo de nuevo. *Vm*, salir el pescado de sementera, y nadar por la tierra que nuevamente se llenó de agua. *An*, el lugar donde se pasea, ó donde abren de nuevo estero.

SAPA. pp. Dejarse corregir. *Di pasapa nang pagcalañgo*, no se deja corregir de ser borracho.

SAPA. pp. Curar alguna postema cuando de nuevo apunta para que se resuelva. *Nasapa di tumuloy*. *Vm*, curarla. *Y*, con que. Sinónomos *Hupa*, *Taual*.

SAPAC. pp. Desgajar, desmochar árbol ó cosa semejante. *Vm*. Lo que, *In*. Con que, *Y*. Sinónomo *Lapac*.

SAPAC. pp. Quitar la quijada, desquijarar, como hizo Sanson con el leon, *Mag*. La quijada, *In*. El leon, *An*.

SAPAC. pc. Unas hojas grandes y anchas con que cubren las casas.

SAPAC. pc. Ruido que hace la boca cuando se masca algo, *Vm*. Vide *Sagpac*.

SAPACAT. pc. Participar, cooperar, ser cómplice. Vide los juegos de *Samayá*, su sinónomo.

SAPACSATOL. pp. Un género de manta.

SAPAHÁ. pp. Peso de cuatro maices de oro.

SAPAL. pp. Civera del coco despues de esprimido. Vide *Palayat*. pc.

SAPAIT. pp. Herida en la tripa. *May sapait sa bitoca*. *Sugat sa bitoca*.

SAPALÁ. pp. Usan de este nombre cuando se humillan ó muestran alguna afliccion que padecen. *Sapalang tauo,t, acoy magtañgan nang oficio?* un hombre como yo miserable ha de obtener el oficio?

SAPALAR. pp. Aventurar, *Mag*. Lo que, *Ipag*. *Ang di nagsasapalar, dili tatauir sa ragat*, el que no se arriesga, no pasará la mar. Sinónomo *Pasomala*. *Opan lamang*.

SAPANG. pc. Madera de Brasil. *Casapañgan*, lugar donde la hay. *Mag*, teñir con ella. *In*, lo teñido. *Y*, con que. *Pagsapañgau*, el lugar ó en lo que remojan lo que se ha de teñir.

SAPANTAHA. pp. Barruntar, sospechar, *Vm*, l. *Mag;* pero mejor con la pasiva de *In*. La causa, *Y*, l. *Ipag*. Vide *Banta*, *Gonamgonam*, *Dilirili*, *Acalá*.

SAPAO. pp. Comenzar á salir la espiga del arroz, *Vm*. El tiempo, *Y*.

SAPAO. pp. Brotar la enfermedad, como cuando salen las viruelas, sarna, &c. *Vm*. A quien, *An*. *Pasapauin mo muna ang bolotong*, deja que broten las viruelas.

SAPAO. pp. Cundir el agua, sobrepujar la avenida cubriendo toda la tierra, *Vm*. Lo que, *An*. *Nasapauan ang bayan nang tubig*, cubrióse de agua, &c. De aqui *Hindi pa nasasapauan nang siya itong caballo*, aun no le han puesto silla á este caballo.

SAPAO. pp. Poner unas cosas encima de otras, como platos, cestos, *Vm*, l. *Mag*. Lo que, uno, *Y*. Si mucho, *Pinag*.

SAPAR. pp. Cuero de tambor. *Mag*, ponerlo. *An*, el tambor. *Ipa*, el cuero.

SAPAR. pp. Rama del racimo de plátano. *Casapar*, una. *In*, l. *Ma*, ser quitado del racimo. *Y*, con que. Mejor es *Piling*. pc.

SAPAT. pc. Una corteza con que tiñen de negro. *Mag*, teñir. *In*, lo que. *Y*, con que. Tambien se dice *Pasapatan*. Vide *Tina*.

SAPAT. pc. Renovar el color cuando no sale bueno, *Mag*. Lo que, *In*.

SAPAT. pc. Remojar algodon para teñirlo de azul, *Vm*. Ser teñido, *In*. Estar remojado, *Na*.

SAPAY. pc. Suplir el dinero en la compra, dando otra cosa, *Mag*. Lo suplido, *Y*. El dinero, *An*.

SAPÍ. pp. Cualquier cuero ya curado. *Mag*, ponerlo *An*, á lo que.

SAPÍ. pp. Desgajar ramas. Vide *Lapi*.

SAPÍ. pp. Comunicar entre dos sus cosas, comer en un plato, *Mag*, l. *Mag-an*. Lo que, *Ipag*. *Vm*, l. *Maqui*, hacerse su parte sin serlo.

SAPIAC. pp. Concierto que hacen los jugadores de cocos ó gallos de no llevar mas de la mitad del gallo ó coco. *Mag-an*, jugar asi. *Ipag-an*, la causa, ó con que. Tambien es *Pagsapiacan*.

SAPIN. pc. Estar alguna cosa puesta debajo y como aforro. *Mag*, aforrar. *Y*, con que. *Sapnan*, á lo que. Estar muchas cosas, aunque sean vivientes, una detras de otra como en hilera, *Nagcaca*, l. *Nagsasasapinsapin*. *Pagsapninsapnin*, muchas cosas puestas asi. *Vm*, arrimarse á otro por la espalda ó delantera. *Sapinsapin*, muchos dobleces de una cosa, como hoja de papel, libro, &c. *Casapin*, una hoja. *Ualang sapinsapin ang loob*, hombre sencillo.

SAPING. pc. Labrar la proa ó popa de la embarcacion, *Vm*. La embarcacion, *An*. Con que, *Y*. Sinónomo *Paling*.

SAPINIT. pp. Madroño ó zarzamora. *Ma*, lastimarse con sus espinas. *Casapnitan*, lugar de muchos. Es término Pampango, pero muy usado de los Tagalos.

SAPIR. pp. Vide *Tira*. pc. *Ualang nasapir sa lahat*, *Ualang natira*.

SAPIT. pp. Aportar á alguna parte, ó arribar, *Vm*, l. *Man*. Parar donde llega, *Mag*. *Nagsasapit sa aquin*, para en mi casa. Vide su sinónomo *Sangpit*.

SAPLAR. pc. Detener, represar, atajar con arbustos ó cosa semejante, *Vm;* mejor *Mag*. Lo atajado, *An*. Con que, *Y*. Sinónomo *Salag*. pp. *Sabal*. pc.

SAPLIT. pc. Golpe al soslayo. *Vm*, l. *Ma* entrar la lanza ó flecha asi. *An*, la parte en que. *Y*, la causa. *Pasaplitin mo ang pana*, haz que entre la flecha al soslayo. *Pasaplitan*, á quien.

Sinonomos *Cumit*, *Tambis*.

SAPLOT. pc. vestido en general. *Mag*. ponerselo. *In*, lo que, á si mismo. A otro. *Y*. Sinonomo *Damit*.

SAPNOT. pc. Lo mismo que el antecedente, con sus juegos.

SAPNIT. pc. Herida al soslayo: y es mas usado que *Sapit*, su sinonomo.

SAPO. pc. Almagre, dar color al oro. *Vm*. l. *Mag*. darle lustre. *Hin*. el oro. *Y*. con que.

SAPO. pc. Llevar en la mano algun cesto o vasija. *Vm*. l. *Mag*. Lo que. *Hin*.

SAPO. pc. Dar la mano al que vá a caer. *Vm*. A quien. *Hin*.

SAPO. pc. Pié de platano que queda despues de cortado. En Manila es *Saha*. Sinonomo *Saong*.

SAPO. pc. Crecer el agua por avenida. *Vm*. *Nasasapoan*. estar lleno de agua el campo.

SAPOL. pc. Cortar á raiz, destroncar. *Vm*. l. *Mag*. Ser cortado. *In*. Tambien *Sapolan nang pagpotol*. *Y*. con que. *Pag—an*. lo que quedo.

SAPOL. pc. Hallar a quien se busca, llegando á buen tiempo *Nasapolan natin ang Hari*, dimos con el Rey. *Sapolin mong tanina*. dilo sin dejar rastro, o dilo desde el principio al fin. Metaf.

SAPOL. pc. Hacer algo todos a una; lo mismo que *Nagtabag*.

SAPOLA. pp. Levantar con las palmas de las manos algo que está colgado o en el suelo. Atar la primera vez la caña dulce que esta en su tronco. Recoger la muger la saya entre las piernas al sentarse, porque no se las vean. En todas estas significaciones los juegos son unos en activa. *Vm*. l. *Mag*. Lo que. *Hin*. Con que. *Y*.

SAPOLA. pp. Remediar alguna necesidad. *Man*. l. *Ka*. La necesidad. *Ca—an*. Asi D. Juan Lucas de los Santos. *Nagpapasalamat, na wala ng gayon, nitong daquilang awa, na ipinasapola nang caab-ang dati*.

SAPONG. pc. Encontrarse dos en un lugar. *Mag*. de propósito. *Pagcasapongan*. acaso. *Vm*. atajar de proposito uno a otro. *In*. á quien *Y*. con que o causa. Sinonomo *Salobong*.

SAPOPO. pp. sentarse en las faldas ó regazo, como los niños. *Vm*. l. *Mag*. tenerlos asi. *Hin*. tenido. *Y*. las piernas ó manos con que. Sinonomo *Calong*. *Sinapopoan*, el regazo.

SAPOT. pp. Mortaja. *Mag*. amortajar. *An*. á quien. *Y*. l. *In*, con que. De aqui cubrir alguno de piés á cabeza, con los mismos juegos.

SAPOTANAN. pp. Una manta de Borney

SAPOT SAPOT. pc. Un pescadillo muy pequeño.

SAPSAP. pc. Un cierto pescado muy conocido.

SAPSAP. pc. Mondar caña dulce. *Vm*. l. *Mag*. Ser mondada, *Sapsapan*. Con que. *Y*. Se aplica a mondar cualquier arbol, con los mismos juegos.

SAPIAO. pc. Armas defensivas. *Mag*. armarse. *Sapiauin*. la arma con que. *Sapiauan*, el cuerpo. Sinonomos *Baloti*, *Calasag*, *Calasag*.

SAPYAO. pc. Una red grande para pescar.

SAQUIL. pp. Emparejar dos cosas desiguales, *Mag* Ellas, *Pag—in*.

SAQUIM. pc. Abarcarlo todo tomandolo para si. *Mag*. Lo que, *In*. De quien o lo que, *Pag—an*. La causa. *Ipag*. Persona tal, *Mapag*. l. *Masaquim na tauo*. Sinonomo *Saclao*.

SAQUIBLAT. pc. Velocidad de cosa que pasa como volando. *Vm*. pasar asi. *Saquiblapan*, por do, o persona a quien paso. *Y*. la causa. Sinónomo *Saquimpot*.

SAQUIBOT. pc. Presto, y de corrida. *Vm*, hacerlo asi. *In*, lo que. *Y*, con que, ó causa. Es término pampango. El usado es *Caryot*.

SAQUIT. pp. Trabajo. *Mag*. esforzarse, hacer algo con eficacia. *Ipagca*. la causa. Y tambien *Pinagsasaquitan*. *Vm*. hacer fuerza á otro, insistir á que ponga algo en ejecucion. *In*, á quien. Si muchos, *Pag—in*. La causa. *Y*. Nombre, *Mapagsaquit*. *Magca*. estar reventando con el trabajo. *Ipagca*. l. *Pinagcacasaquitan*, en que.

SAQUIT. pp. Tormento. *Magpa*, atormentar o ejecutar lo mandado. *Pasaquitan*. l. *Papagsaquitin*, ser atormentado. *Ipagpa*, la causa. *Ipa*, el instrumento para atormentar. *Bagaybagay na pasaquit*. diversos tormentos. Nombre, *Mapagpasaquit*. El trabajo o tormento, *Casaquitan*. Estar afligido con el trabajo ó tormento, *Nasasaquitan*. *Masaquit ang pagcalogod*, alegria intensa. *Masaquit na saquit*. pc. Grande enfermedad. *Masaquit na tauo*, hombre intolerable.

SAQUIT. pc. Enfermedad. *Magca*. enfermar. *Ipagca*. la causa. l. *Pagcasaquitan*. *Acoy may saquit*. estoy enfermo. Para preguntar si hay enfermo, se aplica el *May*. diciendo: *May may-saquit*? Nombre. *Masasactin*. l. *Mapagca*.

SAQUIT. pc. Doler. *Vm*. ir doliendo alguna parte del cuerpo. *An*. l. *Pasactan*, ser lastimado. *Papagcasactin*, a quien de propósito hacen que enferme.

SAQUIYA. pp. Un género de saloma.

SAQUIYA. pp. Acabar alguna obra, *Vm*. *Hindi masasaquiya natin itong lahat*. no podemos concluir con todo esto.

SARANG. pc. Lustre. *Masarang na damit*, vestido lustroso.

SARAP. pc. Cosa sabrosa. *Vm*, irse poniendo tal. *Man*. l. *Y*. causar el buen sabor, ó dar buen sabor á la comida. *Nasasarapan*, aquel a quien gusta del sabor. *Nasarapan ca*? Te ha sabido bien? dicen al que le han azotado, o apaleado bien.

SARAP. pc. Ave de rapiña.

SARAY. pp. Cantonearse el gallo. *Mag*, l. *Sisarayaray*.

SARAY. pp. Descanso de escalera: ya no se usa.

SARHIYA. pc. De proposito. *Vm*. l. *Man*, ir á alguna parte de proposito. *Mag*. hacer algo asi. *In*. lo hecho asi. *Pag—an*. aquello por lo que fue uno a otra parte. *Y*. l. *Ipag*. la causa. Sinonomo *Pacsa*, *Tiyaca*.

SARHIYA. pc. Negocio. *May sarhiya aco sa Padre*. tengo negocio con el padre.

SARI pp. Diversidad de cosas juntas ó mezcladas *Nagsasari*, l. *Nagsasarisari*, varios entre si, juntos o mezclados. *Pagsarisariin*, mezclarlos o juntarlos. Sinonomos *Sari*, *Halo*, *Samo*.

SARI. pp. Decir muchas palabras afrentosas. *Magpa*, decirlas. *Pa—an*. l. *Pagpa—an*, á quien. *Ipa*. las palabras, l. *Ipagpa*. Tambien causa. Nombre. *Mapagpa*. *Ang uica mo lamang ang* *pinasasari mo*, solo tus palabras quieres que prevalezcan.

SARILI. pp. Propio, apropiarse, *Vm*, l. *Mag. Hin*, l, *Paghan*, lo que. *Mag*, tener cosa propia. *Hin*, lo que. *Magca*, vivir por si, trabajar solo, sin compañia. *Magpa*, apropiar á otro. *Pasarilihan*, á quien.

SARILI. pp. Mejorar el padre al hijo, *Mag. Pinasarilihan aco ni Ama nitong lupa*, l. *Pasarili sa aquin*, esta tierra es mejora que me dejó mi padre. *Maghan*, conocer cada uno su hacienda entre los casados, teniendo cada uno su peculio. *Vm*, trabajar cuando los demás se escusan. *Ualang sarili*, no tiene nada suyo.

Mayaman ca man sa sabi,
duc-ha ca rin sa sarili.
Tienes fama de rico,
y eres en realidad un pobre.

SARIUA. pp. Cosa fresca, como carne ó pescado. *Nasasarisariua*, estar muy fresca.

SARIUA. pp. Reverdecer, como el árbol, ó como herida curada que vuelve, *Vm*, l. *Nanariua. Sariuain*, hacer volver á reverdecer. Cuadra á todo sentido metáf. de este género.

SARIUA. pp. Conservar algo fresco, *Mag*. Lo que, *In. Sariuang catauan*, gordo, bien vestido. *Sumasariua ang catauan*, se dice del enfermo que vuelve sobre si.

SARLAC. pc. Dar de golpe con algo en el suelo, *Mag*. Lo que, *Y. An*, á donde. *Ma*, caerse acaso.

SARLAC. pc. Dar culadas el que está sentado por enojo ó tristeza, *Vm*.

SARSAR. pc. Barar en tierra, zarpar, *Vm. Ma*, barar la embarcacion acaso. *Magpa*, de propósito. *Ipa*, la embarcacion. *Pagpasadsaran*, el lugar. *Quinasadsaran*, acaso. Sinónomos *Sayad*.

SARSAR. pc. Vide *Sapa*, con sus juegos. Itt. *Nananadsad nang isda*, coger el pescado que zarpa en tierra.

SARIYA. pc. Aparejar, preparar, *Mag*. Lo que, *Y. Saryiahan*, l. *Pasaryiahan*, para quien. *Ma*, estar aparejado. Sinónomo *Laan*. Adviértase que *Saryiahin*, es lo que se apercibe buscando. *Isaryia*, lo que, poniéndolo donde ha de estar.

SASA. pc. Palma de la nipa. *Casasahan*. pc. l. *Sasahan*, lugar de muchas. *Manasa*, cogerlas. *Ipanasa*, con que ó para quien. *Mag*. pc. Tenerlas sembradas. *Paghan*, donde.

SASA. pp. Hender por medio. *Vm*, mejor *Maca*. Ser hendido, *In*, l. *Ma*. Con que ó causa, *Y*. Sinónomos *Sala*, *Sagsag*.

SASA. pp. Repartir alguna tierra, *Mag*, y mejor *Pagsasain*. *Magca*, los dos que repartieron. *Casasa*. el compañero ó la parte de tierra dividida.

SASA. pp. Estar al resistero del sol, viento, &c. *Nagsasasa sa arao yaring banca*, está al resistero. *Sumasasa aco sa aho mang gaua*, estoy dispuesto á todo trabajo.

SASA. pp. Estar muy cuidadoso sobre el gobierno de su casa, compostura de su cuerpo. *Masasang tauo*, hombre que tiene muy compuestas y concertadas sus cosas.

SASA. pp. Esceder y pasar de raya, como en comer, beber, &c. Vide *Sacsa*.

SASABUNĞIN. pp. Gallo con espolon ya largo. *Sasabunğinin*, l. *Sasabunğanin co itong tandang*, quiero dejar crecer este pollo, para que se haga gallo. *Nasahol ang sasabunğin*, jóven lascivo.

SASAC. pp. Chillar de la lagartija, *Vm*. A quien, *An*. Antiguamente lo tenian por agüero: ya no es usado.

SASAC-YAN. pc. Cualquiera embarcacion.

SASAG. pc. Cañas partidas, entretegidas á modo de petate, con que hacen el dingding de la casa. *Vm*, l. *Mag*, hacerlo ó entretegerlo. *In*, las cañas. *An*, á donde se pone. *Y*, el acabado ya, ó con que. Sinónomos *Saualí*, *Sala*, *Pirpir*.

SASAL. pc. Continuacion de lo que se dice ó publica por noticia, como tradicion cierta. *Masasal na balitâ*, nueva cierta. *Vm*, irse haciendo tal. *Y*, la causa. Tambien cosa á que llega su hora ó tiempo. *Masasal ang panğanğanac*.

SASAL. pc. Vide *Salsal*, con sus juegos.

SASANĞAN. pp. Un candelero.

SASANĞAN. pp. Un género de navío. *Mag*, hacerlo ó andar en él.

SASAUANIN. pc. El que tiene mal de corazon. Vide *Sauan*. *Dinatnan siya nang pagcasasauanin*.

SATOC. pc. Martillo.

SATOL. pc. Juego de tablas ó damas: ya no es usado.

SATSAT. pc. Trasquilar ó rapar alguna parte de la cabeza, como corona. *Vm*, á otro. *Mag*, á si mismo, ó dejarse afeitar de otro. *Satsatan*, ser afeitado de otro. *Satsatin*, lo cortado. *Y*, con que.

SAUA. pc. Culebra así llamada. Refran. *Nagoonat manding saua*, se dice del perezoso.

SAUÁ. pp. Astío de algo que ya cansa, y enfada. *Vm*, l. *Mag*, astiarse. *An*, aquel ó aquello de que. *Nanghihinaua*, enfado que recibe de repetirle algo, ó pedirle muchas veces. De que, *Pan-an*.

SAUA. pp. Hartura, abundancia. *Mag*, tenerla. *Pagsauaan*, aquello en que. *Sauang tauo*, hombre abundante. *Sauasaua sa pagcain*, abunda en comida. Sinónomo *Sagana*.

SAUAG. pc. Abundancia. Vide *Saguac*.

SAUAG. pc. Revolverse el estómago, *Na*. La causa, *Naca*, l. *Ica*.

SAUAL. pp. Una especie de pescado raya.

SAUALI. pp. Un modo de tejido de cañas, bien conocido y usado. *Vm*. l. *Mag*, hacerle. *In*, la materia de que. *An*, el lugar á donde se pone. *Y*, el saualí ya tejido ó el instrumento.

SAUAN. pp. Mal de corazon. *In*, padecerle. Nombre, *Sasauanin*.

SAUAN. pp. Bañar al niño recien nacido, sobarle las manos abriéndoselas, *Vm*. Niño á quien, *An*.

SAUANG. pp. Hondo, profundo. Vide su sinónomo *Siuang*.

SAUARSAUAR. pp. Vide *Sarisari*.

SAUAT. pp. Cesar de llorar ó gritar, *Vm*, l. *Pa*. *Sauatin mo ang pagtanğis mo*, l. *Sumauat ca nang pagtanğis*. Sinónomo *Sauot*.

SAUATÁ. pc. Estorbar á otro, *Vm*. A quien, *In*. Estarlo, *Ma*.

SAUATA. pc. Impedir los intentos de otro, con los mismos juegos del antecedente.

SAUATO. pc. Concertarse, concordar, *Magcaca*,

[redacted]

y mejor *Magcasasa*. En que, *Pagcasauatoan*. La causa, *Ipagca*. Sinónomos *Mayao*, *Uasto*, *Husay*, *Saysay*.

SAUAY. pp. Llamar á voces en el monte. *Vm*, l. *Mag*, llamar asi. *Pag-an*, á quien. *Ipag*, la causa.

SAUAY. pc. Reñir vedando algo, *Vm*, l. *Mag*, A quien, *In*, l. *Pag-in*. La causa, *Y*.

SAUIG. pp. Sobra que se halla en alguna cosa que es menester. *Magcanong sauig niyang cahoy?* Cuánto es la sobra de ese palo? *Ualang sauingsauing cung manĝusap*, habla la pura verdad. Metáf. *Nagpa*, añadir mas. *Pa-an*, á lo que. *Ipa*, lo que.

SAUIL. pp. *Hindi masauil ang laco*, quiere decir se venderá. *Mabibili rin*.

SAUIL. pp. Embarazarse con algo, *Nasasauilan aco niyang laro*, estoy embarazado con ese juego. *Hindi aco nasa ilan niyon*, no me embaraza eso.

SAUING. pc. Sombrero de paja ó palma. *Mag*, ponérselo. *In*, el sombrero. *An*, el lugar. *Y*, la persona. *Manĝauing*, traerlo de contínuo.

SAUIT. pc. Hablar seguido sin parar, sin atender á otra cosa; úsase con la negativa. *Ualang sauitsauit manĝusap*, lo mismo que *Patuloy cung manĝusap*. *Ualang linĝon licod*.

SAUÓ. pp. Sucio, turbio. *Masauong damit*, ropa manchada. *Vm*, mancharse, enturbiarse, &c. *Vm*, enturbiarla, l. *Maca*. Ser, *An*. *Si Guinoong Santa Maria,i, ualang sauó*, Virgen sin mancilla. *Masauong babayi*, mulier corrupta.

SAUOC. pc. Vide *Saganà*.

SAUONG. pc. Choza en el monte. *Mag*, hacerla, habitar en ella. *Pag-an*, el lugar. *Ipag*, la causa. Sinónomos *Couala*, *Amac*, *Salong*.

SAUOT. pp. Lo mismo que *Sauat*. pp.

SAYA. pp. Parecerse como el hijo al padre. *Nagcasasaya silang magcapalid*, se parecen en costumbres. *Sumasaya sa apo*, imita al nieto. En que, *An*. *Saya nang Daga*, parecido á la tia.

SAYA. pc. Alegría interior ó exterior. *Vm*, alegrarse de nuevo el triste. *Mag*, alegrarse haciendo fiestas. *Y*, l. *Pagsayahan*, la causa porque. *Sayahan mo ang loob*, alegra tu corazon. *Masayang tauo*, hombre alegre. *Na*, estarlo. La causa. *Ica*, l. *Naca*. Sinónomos *Sigla*, *Toua*.

SAYA. pc. Pulido, aseado. *Masayang tauo*, el tal. *Mamamasaya*, preciarse de tal.

SAYAB. pc. Despedazar algo el pez grande dentro del agua, *Vm*. Lo que, *In*. Acaso, *Ma*. Lugar, *Pag-an*. Andar mordiendo, *Manayab*.

SAYAG. pc. Caerse la fruta, quedándose detenida en alguna rama, *Na*. A donde, *Ca-an*.

SAYANG. pp. Lástima de cosa que se pierde, ó gasto mal empleado, &c. *Ma*, perderse algo asi. *Sayang nang gaua mo*, obra perdida. *Sayang nang pagal co*, trabajo perdido.

SAYANG. pc. Malgastar el tiempo, ocasion, &c., *Naca*. La ocasion, *Na*. De propósito, *Vm*. La ocasion, *In*. *Sinayang niya ang arao*. Con accion adextra, *Mag*. Lo que, *Y*. *Sinayang ang pamana nang ama sa caniya*, l. *Pamana nang ama niya*, malgastó la hacienda de su padre.

SAYANĜAT. pp. Una caña larga con la punta partida para coger fruta de los árboles.

SAYAO. pc. Baile ó danza. *Vm*, l. *Mag*, bailar. Si mucho, *Manĝag*, l. *Magsipag*. Aquel en cuya presencia, ó á cuya causa, ó el lugar, *An*, y mejor *Pag-an*. Las mudanzas ó modo con que, *In*. La causa, *Y*, l. *Ipag*.

SAYAONG. pc. Desde que. *Sayaong magcatauan tauo ang ating Panĝinoong Jesucristo, guminhaua ang sanglibutan*, desde que encarnó Jesus, se mejoró el mundo. Se compone de *Sai yaong Say yaon*.

SAYAPONG. pc. Tres cañas en triángulo levantadas en alto. Vide su sinónomo *Sayopang*.

SAYAR. pp. Arrastrar la ropa, dar el navío en bajo, *Vm*. l. *Ma*. Arrastrar alguna cosa, *Mag*, y mejor *Magpa*. Lo que es arrastrado, *Y*. Lugar, *An*. *Pasayarin*, lo que es hecho que arrastre. *Quinasasayaran*, la tierra por donde. Adviértase que *Sayar* se distingue de *Sarsar* en que este es barar encallando, y *Sayar*, barar topando. *Sayaran*, bajo donde encalla el navío.

SAYAR. pp. Arrojarse el ave de rapiña tocando sin coger, *Vm*. La presa, *An*.

SAYAT. pp. Escuchar, esplorar enemigos, *Vm*. Si mucho, *Mag*. pc. Lo esplorado, *In*. Si mucho, *Pag-in*. pc. Lugar, *Pag-an*. Sinónomo *Sabong*.

SAYAUAN. pc. Vide *Labong*.

SAYÍ. pp. Andar á horas escusadas, ó con tiempo malo, como lluvia. *Mag*. El tiempo, *In*. La causa, *Ipag*. *Ay at sinasayi mo itong ulan?* Por qué caminas con esta lluvia?

SAYICAN. pp. Verdolagas pequeñas. Vide su sinónomo *Sanicay*.

SAYIMSIM. pc. Humedad. Vide *Salamisim*, con sus juegos. *Sayimsiman*, tierra que por húmeda nunca se seca.

SAYNAT. pp. Indisposicion del medio acalenturado. *Na*, estar asi. *Ica*, la causa. Sinónomos *Sinat*, *Sanat*, *Aynat*, *Anat*.

SAYIO. pp. Comprar ó vender algo, como sea con dinero. Vide las composiciones de *Bili*.

SAYOC. pp. Una presea de oro muy fino.

SAYOG. pp. Coger á uno descuidado, como el maestro al discípulo, *Na*. El cogido, *An*.

SAYOMOC. pp. Disponer el cuerpo á algo. *Isayomoc ang catauan sa init*, lo mismo que *Ihandà*.

SAYONĜOT. pp. Un género de arroz malo.

SAYOP. pp. Cualquiera tacha ó fealdad. *Vm*, tachar. *An*, á quien. *Ualang casayopan*, sin tacha. *Ualang casayopsayopan*, pc. Ni tantita.

SAYOPANG. pp. Zancos de cañas. *Mag*, andar en ellos. *In*, los zancos. *Pagsayopanĝan*, persona, lugar, ó porque. *Ipag*, la causa. Sinónomo *Quiquig*. Vide *Sayapong*.

SAYOR. pp. Convocar á todos á alguna obra, *Vm*. Si mucho, *Mag*. pc. A quien, como v. g. El pueblo, *In*. Si mucho, *Pag-in*. pc. La causa ó tiempo, *Y*.

SAYOR. pp. Aprender, certificarse, *Vm*. Lo que, *In*. Llevar algo, como libro para enterarse de él, *Mag*. *Isayor ang gagauin*, entérate de lo que has de hacer. *Sayorin ang bilin*, entérate de la encomienda. *Nasayor na*, está enterado.

SAYOSAY. pp. Orden y concierto en algo. *Mag-*

paca, poner algo así. Mejor es usar la pasiva, *Pacasayosain*. *Masayosay*, cosa concertada. Sinónomo *Husay*.

SAYOSAY. pp. Lo mismo que *Salayosay*, *Sagosay*, con sus juegos.

SAYOTSOT. pp. Lo mismo que *Salicsic*, con sus juegos.

SAYPOT. pc. Vide *Lapot*.

SAYSAY. pc. Declarar, esplicar, poner en concierto cosas materiales, como desenmarañar el cabello, &c. *Vm*, l. *Mag*. Si mucho, ó muy bien, *Magpaca*. Lo aclarado, *In*. Si mucho, *Pacain*. La causa ó con que, *Y*. Abstracto, *Casaysayan*. pp, l. pc. Sinónomo *Husay*.

S antes de I.

SI. Partícula que se antepone á los nombres propios. *Si Pedro, Si Juan*, &c. Tambien á los nombres de parentescos, cuando los mismos parientes hablan unos de otros; v. g. *Si Ama, Si Ali*. Pero no cuando no es pariente. Puede tambien el superior usar de esta partícula cuando habla de algunos nombres de parentesco, como le posponga algun genitivo de pronombre primitivo, v. g. *Indà, Cacà, Ali, Nunu, Mamà*. *Nahan si Inda mo*, l. *Si Ali mo*, &c. Pero de ningun modo con estos: *Ina, Ama, Capatid, Bilas*.

SI. Haciendo pausa, y diciendo con fuerza, significa afecto de ira, amor, admiracion, &c. *Si! Cahunghangan bapa ni cuan*, ¡ó qué locura, &c. *Si! Buti aya nang langit*, ¡ó qué hermoso es el cielo!

SIAC. pc. Sàbio ó profeta: úsase especialmente en poesía. *Casiacsiacan*, abstracto.

SIANG. pc. Caminar á saltos, obligado de alguna llaga, *Vm*, l. *Sisiangsiang*.

SIASAT. pc. Destruir los sembrados pisándolos, *Vm*. Los sembrados, *In*. Donde, *An*.

SIASAT. pp. Escudriñar. Vide *Siyasat*, con sus juegos.

SIBÁ. pp. Glotonería. *Vm*, irse haciendo. *Masibang tauo*, hombre goloso. Abstracto, *Casibaan*.

SIBÁ. pp. Comer el caiman alguna persona ó animal, *Vm*. A quien, *In*.

SIBAC. pc. Cortar, rajar leña, *Vm*. Si mucho, *Mag*. Si mas, *Magsi*. Lo partido, *In*. Si mucho, *Pag-in*. Con que, *Y*. Si mucho, *Ipag*. El lugar, *Pag-an*. *Casibac*, una raja. Sinónomo *Biac*.

SIBAL. pp. Mecate de tres hilos. *Vm*, l. *Mag*, tejerlos. Si mucho, *Mag*. A que, *An*, l. *In*. Si mucho, *Pag-in*, l. *An*. Con que, *Y*. Si mucho, *Ipag*.

SIBALANG. pc. Malograr. *Nagcasibalang*, cansarse en valde. *Magpa*, hacer á Dios y á ventura. Sinónomo *Pasumala*.

SIBANSIBAN. pp. Dilatar, diferir, *Mag*, l. *Magpa*. Lo dilatado ó causa, *Ipag*, l. *Ipagpa*. La persona, *Pagsibansibanan*. El que anda dilatando, *Mapag*, l. *Mapagpa*.

SIBAR. pp. El ruido que hacen los peces mordiendo algo en el agua, *Vm*, l. *Manibar*. Si mucho, *Mag*. *In*, lo que. Si mucho, *Pag-in*. pc. El lugar, *An*, l. *Pag-an*. pc. Con que, *Y*. Sinónomos *Sagpang, Sicmat*.

SIBAR. pp. Arrebatamiento acelerado del caiman, con los mismos juegos que el antecedente.

SIBASIB. pp. Inquietud del puerco dentellando, ó para seguir ó embestir á alguno, *Vm*, l. *Manibasib*. A quien, *In*. El lugar, *Pinaninibasiban*. Con que, *Y*, l. *Ipanibasib*. Sinónomos *Sibsib, Salibasib*.

SIBASIB. pp. Acometer el animal que tiene astas, *Vm*. A quien, *In*. Las astas, *Y*. Sinónomo *Sigapa*.

SIBAT. pc. Lanza. *Mag*, traerla. *Vm*, tirar con ella. *In*, á quien. *Y*, la lanza con que. *Pag-an*, el lugar. Sinónomo *Tandos*.

SIBAY. pp. Ir hombro á hombro. *Vm*, l. *Maqui*, ponerse así. *Mag*, estar dos así. Si mas, *Mangag*, l. *Mangagsisi*. *An*, l. *Paquian*, aquel á quien se pone así. *Y*, l. *Ipaqui*, lo puesto á parejas con otro. *Casibay*, cada uno de ellos. Vide su sinónomo *Agapay*.

SIBAYSIBAY. pc. Ir dos abrazados del pescuezo. Vide *Subaybay*, que es el usado.

SIBI. pp. Añadidura á la casa principal. *Mag*, añadirla. *Han*, la casa á que. *Y*, lo que se añade.

SIBI. pp. Balcon, pórtico, caida, &c. *Mag*, hacer. *Han*, á que. *Magca*, tener.

SIBIG. pp. Detener la banca con los remos, ú orzar, *Vm*, l. *Mag*. La banca, *In*. *Sibig mangusap*, el que se retrata.

SIBIR. pp. *Pasibir*. Vide *Pacundangan*, con sus juegos.

SIBO. pp. La flor del talahib. *Vm*, echarla.

SIBO. pp. Acometimiento del pez grande á los pequeños espantándolos, *Vm*. Si mucho, *Mag*. pc. El acometido, *Hin*. Si mucho, *Pag-hin*. pc. A donde, *Pag-han*. pp.

SIBOC. pp. Ojear animales, aves, &c. *Vm*. A quienes, *In*. Con que, *Y*, l. *Paniboc*. Sinónomo *Bugao*.

SIBOG. pc. *Di masibog ang loob, matigas*, de corazon incontrastable.

SIBOL. pp. Medida pequeña de ajonjolí. *Mag*, hacerla, traerla. *Vm*, medir con ella. *In*, lo medido. *An*, en que. Sinónomo *Tacal*.

SIBOL. pc. Brotar agua en el pozo ó fuente, *Vm*. Si por muchas partes, *Nagsisisi*. Por donde sale, ó á donde cae, *An*. La causa, *Y*. *Masibol yaring bal-on*, brota por muchas partes este pozo,

SIBOL. pc. Brotar del pimpollo, barbas, tetas. *Acoy bagong sinisibulan nang suso*, me empiezan á salir las tetas.

SIBOL. pc. Consentir, *Mag*, l. *Magpa*. Lo que, *Pain*, l. *Pinag*.

SIBOLAN. pc. Las mieses que comienzan á brotar, como el palay, fréjoles remojados, *Sibolan*, pc. Pero *Sinibolan*. pp. es lanilla de cordoncillo.

SIBOY. pp. Rebosar lo que está hirviendo, *Vm*, l. *Sinisiboysiboy*.

SIBOY. pp. Regar, *Vm*, l. *Mag*. Lo que, *An*. Con que *Y*. Vide *Saboy*.

SIBOI. pc. Echarse agua unos á otros vueltas las espaldas, á diferéncia de *Saboi*, que es cara á cara. *Nagsisiboyan ang manga bata*.

SIBSIB. pc. Ponerse el sol, *Vm*, l. *Ma*. Adviértase que no se aplica esto á la luna.

SIBSIB. pc. Lo mismo que *Sibasib*, con sus juegos, que es mas usado.

SIBUG. pc. Yerba ó raiz que sirve de vinagre. *Man*, ir á cogerla. *Pa-an*, donde. *Mag*, echar en el guisado. *An*, donde se echa.

SICÁ. pc. Palabra para espantar gatos. *Vm*, espantarlos con esta palabra. *In*, ser espantado. Sinónomos *Haya, Oray, Hayo*.

SICABO. pp. Ser llevado del viento hácia arriba. Vide *Sigalbo, Sicalbo*.

SICAL. pp. Crecer el agua hasta el canto del rio, *Vm*, *Ang tubig*. Y de aqui *Sumisical ang isda*, hierve el agua de peces.

SICAL. pp. Acometer la enfermedad. *Sumisical, sumosumpong ang saquit*.

SICAMOR. pp. Soplar con las narices el arromadizado, *Vm*, l. *Sisicasicamor*.

SICANG. pp. Llave de casa ó iglesia como viga atravesada. *Mag*, atravesarla. *Y*, lo que. *An*, á lo que. *Ma*, estar atravesada.

SICAP. pp. Habilidad, discrecion para grangear algo. *Vm*, irse haciendo hábil. *Y*, la causa. *Mag*, grangear. *Ipinagsisicap ang caniyang pamamahay*, grangea para su casa. *Pagsicapan*, la hacienda grangeada. *Sicapin mo ang icagagaling mo*, se ha grangeado de tí lo que te ha de estar bien. Abstracto, *Casicapan*. Nombre, *Mapag*, l. *Masicap*. Sinónomos *Sirhá, Sipag, Sigasig*. *Sicap mo iyan?* Acaso tú lo hiciste ó trabajaste? Metáf.

SICAP. pc. Milano, ave de rapiña, blanco y negro.

SICAR. pp. Coz. *Vm*, cocear. Si mucho, *Mag*. pc. Frecuent. *Manicar*. A quien, *An*. Si mucho, *Pag-an*. pc. Con que, *Y*. Si mucho, *Ipag*. pc. *Pagsicaran*. pp. El lugar Sinónomos *Tindac, Taryac*.

SICAR. pp. Estrivar hácia adelante con la planta del pié, *Vm*. Lo que, *An*. Con que, *Y*.

SICAR. pp. Patear, como el que tiene mal de corazon, *Mag*, l. *Sisicarsicar*.

SICAR. pp. Trabajar con fuerza y diligencia: se usa en este significado, *Magsumicar tayo*, hagamos con teson. Lo que, *Ipagsumicar*, l. *Isicar*. Nombre, *Masicar*.

SICARONG. pp. Patear el niño estando acostado, *Vm*. Si mucho, *Mag*. pc. l. *Sisicasicarong*.

SICAT. pp. Casa llena. *Sumisicat ang simbahan nang tauo*, l. *Nasisicatan nang tauo*, está llena de gente. No sirve para cosas pequeñas.

SICAT. pp. Nacer el sol, luna ó estrellas, *Vm*. A quien, *Na-an*. *Naca*, aclarar. *Sisicat na ang arao*, l. *Buan*. Vide *Silang*. *Pasicatin mo ang arao*, aguarda á que salga el sol.

SICAI. pp. Vide *Sicap, Sipag*.

SICDO. pc. Echar hácia arriba alguna cosa que está en granel, como arroz, &c. aparándolo con la mano, *Vm*. Lo que, *In*. Con que, *Y*

SICDO. pc. Dar golpe en la barba para que se muerda la lengua. Vide su sinónomo *Sacdo*.

SICLABO. pp. Lo mismo que *Sicabo*.

SICLAT. pc. Puas ó palillos delgaditos. *Vm*, hacer, partirlos así. Si mucho, *Mag*. Lo partido, *In*. Si mucho, *Pag-in*. Con que, *Y*. Lugar, *Pag-an*. Las astillas que quedan, *Pinagsisiclatan*. *Mag*, ponerlos. *Y*, ser puestos. Sinónomos *Tilar*. *Bogtong*.

Lambat sa guitnan dagat,
nababacor nang siclat.

Es el ojo cercado de pestañas como puas.

SICLING. pc. Esforzarse buscando algo. *Sinisicling nang paghanap*, lo mismo que *Pinagpipilitan*.

SICLINGSICLING. pc. Un juego de niños cogiéndose unos á otros.

SICLOT. pc. Otro juego de niños con piedrecitas ó sigueis. *Casiclot*, l. *Casiclotan*, el compañero.

SICLOT. pc. Chamuscar, *Vm*. Quien, *An*. Lo que, *In*. Acaso, *Naca*. El cabello, *Na*. A quien, *Na-an*.

SICMAT. pc. Morder el pez cosa que está sobre aguada, *Vm*, l. *Manicmat*. Lo que, *In*. La boca ó tiempo, *Y*.

SICMORÁ. pp. La boca del estómago, estómago.

SICO. pp. El codo. *Vm*, dar con él. Si mucho, *Manico*. *Magsicohan*, dos mútuo darse codazos. *Hin*, serle dado con el codo. *Y*, el mismo codo con que. *Houag mo acong pagsisicohin*, no me dés de codo.

SICOSICO. pp. Encarrujado. *Pamuti*, que va haciendo como codos. *Mag*, labrar así. *Han*, á lo que se pone. *Y*, l. *Ipag*, con que, ó materia de que.

SICOT. pp. Palabra de ironía, que se entenderá con el ejemplo: juegan dos, y dice el uno *Tatamaan cata:* responde el otro *Sicot*, como quien dice: sí, te darás como mi abuela.

SICOY. pc. Una como calabaza, buena para dulce.

SICROT. pc. Hongos comestibles. Sinónomo *Cabuti*

SICPIT. pc. Estrechura de lugar. *Na*, estar así. Vide *Siquip*.

SICSIC. pc. Embutir, atestar, *Vm*, l. *Mag*. Lo que, *Sicsican*. *Y*, aquello con que. *Panicsic*, el instrumento. Adviértase que lo es metido es *Y*. El vacío, *An*, aunque tambien se dice *Sinicsic nang guiniican ang balat*. Así Don Juan de los Santos en una obra suya. Si mucho, *Nagsisisisicsic*, l. *Manicsic*. Lo que, *Ipagsisicsic*. *Pagsisisicsican*, lugar.

SICSIC. pc. Apretarse la gente una con otra, *Vm*, l. *Mag*, l. *Maquipagsicsican*. Lugar, *Naan*. Tambien *Sumisicsic ca dian sa casolocan*, métete en ese escondrijo. Tambien *Na-an*, atascarse en parte estrecha. De aqui *Hinicsic*, espulgar á tientas.

SICUAN. pc. La aguja ó caña en que está devanado el hilo para ir tejiendo con él. *Vm*, devanar así el hilo. *Y*, l. *In*, ser devanado. *Y*, con que. *Sicuanan*. pp. Un bombon de caña en que meten la aguja, ó ella misma. Tambien *Vm*, l. *Mag*, hacer madejillas devanándolo. La madeja, *Sinicuan*. *Mag*, meterle el hilo á la aguja, l. *Manicuan*. La aguja, *An*.

SICUAT. pc. Herida del cuerno del carabao. Vide *Souag*.

SICUIT. pc. Vide *Sungquit*. *Nagsisicuit ang calabao*, lo mismo que *Nagsusungquit*.

SIGÁ. pc. Pegar fuego á los rastrojos ó basura recogida, *Mag*. A lo que, *An*. La causa, ó con que, *Ipag*. Refran.

Masig-am mo ang dagat,
at nang magsila ca nang sapsap.

Qué se me dá que te enojes.

SIGABO. pc. Vide las composiciones de *Salacbo, Tilambo, Tilabò.*

SIGALBO. pc. Vide *Sicabo.*

SIGALOT. pc. Nudo ó lazada en falso. Vide las composiciones de su sinónomo *Saguilot.*

SIGAM. pc. Etico. *In,* padecer la enfermedad.

SIG-ANG. pc. Cocer carne, guisar en trévedes. *Mag,* cocer así. *Y,* lo que. *Sig-an̄gan,* el fogon ó vasija en que. *Sinig-ang,* la carne ó pescado asi cocido; y no se aplica á otra cosa, como legumbres, &c., que es *linaga.*

SIG-AÑG. pc. Echar el arroz en el pilon para quitarle la cáscara y blanquearlo, *Vm,* l. *Mag.* El arroz, *Y.* Lo que de una vez echa, *Casig-an̄gan.*

SIGAO. pc. Confesar el delito, publicar el secreto, *Vm.* Si mucho, *Nagsisisigao.* Dos mútuo, *Mag-an.* Lo descubierto, *Y.* Si mucho, *Ipagsisigao. An,* á quien. Si muchos, *Pag-an. Magpa,* hacer confesar. *Ipa,* lo que.

Refran.

Di cata pinipilit
sumisigao ca na.

No te fuerzan, y ya confiesas.

SIGAO. pc. Gritar ó quejarse el doliente, *Vm.* Sinónomos *Palacat, Paliit.* Adviértase que por *Vm,* es confesar la verdad: por *Mag,* decir mentira.

SIGASIG. pp. Habilidad, discrecion para grangear. Vide *Sicap,* con sus juegos.

SIGASIG. pp. Hacer algo premeditando bien antes. *In,* lo que. Sinónomo *Osisà, Siyasat, Talastas.*

SIGAY. pp. Unos caracolillos conocidos con este nombre, que sirven de moneda en la costa.

SIGBO. pc. Apagar el fuego con agua, *Mag.* Con que, *Y.*

SIGUI. pc. Lo mismo que *Siguing. Sinisigui nang calupaan,* sentir movimientos impúdicos.

SIG-IC. pc. Cuellicorto. *Ma,* estar así. *Ica,* la causa. *Sig-iquin,* de propósito. *Casig-ican,* abstracto.

SIG-IC. pc. Inclinar la cabeza hácia abajo, *Mag.* La causa, *In,* l. *An. Nagcasisigic siya nang panunulat,* tiene la cabeza baja cuando escribe.

SIG-ING. pc. Brotar la pasion ó enfermedad, *Vm.* A quien, *In.* La causa ó tiempo, *Y.*

SIG-ING. pc. Renovar pleitos viejos, *Vm.* El pleito, *In.* Sinónomos *Ongcat, Bungcal, Bago.*

SIG-IN. pc. Cumplir con eficacia lo que le mandan, *Masig-ing sumunod.*

SIG-ING. pc. Soberbio, altivo, bravo, *Masig-ing na loob.* Tambien *Masig-ing,* lo mismo que *Masiquip.*

SIGUIR. pc. Picar como el mosquito, *Vm.* Ser picado, *Sigdin.* Acaso, *Ma.* La causa, *Y.* Acaso, *Ica.* Lugar, *Pagsigdan.* Solo sirve para animales con aguijon.

SIGUIRSIGUIR. pp. Un zacatillo.

SIG-IT. pc. Traslucirse por resquicio, *Na.*

SIG-IT. pc. *Sicpit.*

SIGLA. pc. Alegría, *Vm.* La fiesta ó boda en que, *Pag-an.* l. *Ipag.* Abstracto, *Casiglahan.* Nombre, *Masigla.* Sinónomos *Saya, Touà.*

SIGLA. pc. Animar para hacer algo presto, *Vm.* A quien, *Hin. Masigla cang mangusap,* hablas muy de prisa. *Siglahin mong itutol,* habla de paso. *Masiglang man̄ga sondalo,* animosos. *Sumisigla sa loob niya ang masamang panimdim,* se le ofrece con viveza, &c.

SIGLAP. pc. Ver alguna cosa muy por encima sin certificarse, *Vm. Maca,* ver imperfectamente. *Nasiglapan,* él así visto. Sinónomo *Soliap.*

SIGOC. pc. Hipo. *Vm,* Hipar, l. *Sisigocsigoc. Y,* la causa.

SIGSÁ. pc. Lo mismo que *Sigla,* animar.

SIGSIG. pc. Achotes de caña para alumbrar. Tambien partir un animal por medio. Vide *Hati.*

SIGSIG. pc. Embotar el filo. *Sigsiguin mo ang tilos,* lo mismo que *Simpoin.*

SIGUÁ. pc. Temporal recio, como colla, diferente de *Goot. Vm,* soplar así el viento. *Nagsiguahan,* á quien cogió el viento.

SIGUA. pc. Derramar el arroz cuando lo pilan, *Ma.* Donde, *Ca-an.*

SIGUAT. pc. Vide *Sicuat.*

SIG-YA. pc. Vide *Sigla.*

May lalaquing masigya,
Guinoo cun tumugpa,
Aeta con sumalun̄ga.

Quiere decir que hay hombres valientes para huir, y cobardes para acometer.

SIHÁ. pc. Gajo de naranja. Sinónomo *Lihà.*

SIHÁ. pp. Intermedio entre dedo y dedo.

SIHANG. pp. La quijada. *Manihang,* descubrirse la quijada por muy flaco. *Ipanihang,* la causa. *Papanihan̄gin mo si Pedro,* haz que se le parezca la quijada, &c. Sinónomo *N̄galirang. Vm,* desquijarar á los animales por la boca. *In,* el animal. *Y,* con que.

SIHI. pp. Una especie de pescado conocido.

SIHOLAN. pp. Vide su sinónomo *Sibolan.*

SIIL. pc. Rempujar con el codo para entrar donde no cabe, *Vm.* A quien, *In.* Si muchos, *Mag.* A quienes, *Pag-in.* Con que, *Y.*

SIIL. pc. Apretar la garganta para que no grite, ó para que muera, *Vm.* A quien, *In.*

SIING. pc. Lo mismo que *Siil.*

SIIR. pp. Un corralillo con que pescan en la sementera. *Maniir,* pescar así. *In,* ser pescado. *Y,* con que. *Paniiran,* el lugar.

SIIT. pp. Espesura, como matorrales. *Casiitan,* l. *Masiit,* lugar de matorrales. *Mag,* hacerlos. *Y,* ellos. *An,* el lugar. Sinónomo *Tinic.* De aquí.

SIIT. pp. Pescar en los rios ó playas con caña y anzuelo, *Naniniit.* Lo que, *Pinaniniit.* Donde, *Pinaniniitan.*

SILA. pc. Nominativo del pronombre primitivo ellos.

SILA. pc. Cortar el gabe en la raiz y las puntas de arriba para volverlo á sembrar, *Vm,* l. *Mag. Hin,* ser cortado. Si mucho, *Paghin.* pc. Con que, *Y.*

SILA. pc. Comer carne ó pescado, *Mag.* Si mucho, *Man̄gag,* l. *Magsipag.* Lo que, *Pag-in. Pag-an.* La causa, *Ipag.* Lo que queda, *Pinagsil-an.*

SILÁ. pp. Sentarse cruzadas las piernas, *Mag.*

SILA. pp. *Pasila,* lo mismo que *Bahala. Siyang pinasisilahan,* á él se le dió el cuidado.

SILAB. pc. Pegar fuego á monte ó sábana, *Vm,* l. *Mag. In,* lo que. *Y,* con que. Sinónomos

Sunog, *Siga*. *Asuhin*, *houag silabin*, castíguese al culpado, no á todos por él.

SILAC. pp. Convidar sin esceptuar á nadie, pero siempre con la partícula *Pa*. *Pasilacan mong tauaguin*.

SILAÇ. pp. Hacer que se siente en medio. *Silaquin mo po cami*, ponte en medio de nosotros: y no dirán *Paguitna ca sa amin*.

SILACBO. pc. Vide *Salacbo*. pc. *Nagpapasilacbo nang uica*, echa roncas. Metáf. correr saltar.

SILAG. pp. Corto de vista, ver sin distinguir, *Vm*, l. *Mag*. Lo que, *An*.

SILAR. pp. Ensancharse la banca cuando la abren de boca. *Vm*, abrirla. *Vm*, l. *Mag*, irse abriendo. Ella, *In*. Con que, *Y*.

SILAGAN. pp. Brujo.

SILAM. pp. Escocer, *Na*. Vide *Hilam*.

SILAMBANG. pc. Nada, nihil. *Anong hinahanap mo?* R. *Silambang*, nihil. Vide *Pasilambang*.

SILAMBO. pc. Vide *Salacbo*, con sus juegos.

SILAMBO. pc. Vide *Saboi*.

SILANIBONG. pc. Lo mismo que *Silambo*.

SILANG. pp. Nacer el sol, ó la luna, ó estrellas, *Vm*. Lo aclarado, *Sinilangan*. Hora ó tiempo, *Y*. *Pasilangin ta muna ang arao*, aguardemos á que salga el sol. *Silangan*, donde nace.

SILANG. pc. Pasar por entre medio de cosas altas, como entre sierras; caer en medio de palos ó piedras levantadas; pasar por entre enemigos ó ladrones, *Vm*, l. *Ma*. Lo que es metido ó pasado, *Y*. Lugar, *Silangan*.

SILANGAN. pp. El Oriente.

SILAO. pp. Deslumbrarse por fuego ó sol, *Ma*. Causarle como la luz, *Maca*. *Casilauan*. pp. Con que se deslumbra. *Ica*, la causa. Sinónomo *Pulag*.

SILAP. pp. Un género de sombreros á modo de *Salacot*.

SILAP. pp. Moldura en tablas. *Vm*, hacerla. A lo que, *An*. Sinónomos *Lang-yat*, *Longcat*.

SILAP. pp. Reñir con palabras. *Maqui*, uno á otro. *Mag*, dos. Con quien, *Paqui-an*. Los dos sobre que. *Pag-an*.

SILASILA. pp. Bejuco.

SILAT. pc. Agujero en las tablas ó cañas del suelo de la casa, *Vm*. Regir el cuerpo por entre ellos, colarse alguna cosa, meterse el pié ó el cuerpo de algun viviente, *Nasilat*. *Casilatan*, el lugar donde acaso se metió. *Isilat*, lo metido.

SILAT. pc. Tirar por entre el agujero alguna arma ofensiva, *Magpa*. A quien, *Pa-an*. Si mucho, *Pagpapa-an*. Con que, *Ipa*. Si mucho, *Ipagpapa*. *Ang mabait naninilat*, el entendido sabe escaparse.

SILAY. pc. Mirar de lado brevemente con gravedad, *Vm*. A quien, *In*. Los ojos, *Y*. Dos mútuo, *Mag-an*. Sinónomos *Tingin*, *Soliap*, *Titig*.

SILI. pc. Echar el arroz en el bilao para limpiarlo, *Vm*, mejor *Mag*. El arroz, *Silihin*, l. *Silhin*. El harnero, ú lo que se aparta en él, *Pagsilihan*, l. *Pagsilhan*. La mano ó persona para quien, *Ipag*.

SILIB. pp. Odio, enemistad causada de la mejoría del prógimo. *Nagpapasilib*, lo mismo que *Nagpaparangalan*. *Ma*, tenerla. *Quinasisilihan*.

SILIC. pc. Hombre de cortos hombres. Vide *Sig-ic*.

SILIG. pc. Una division larga de espumillas y otras suciedades del mar.

SILIG. pc. Correr el agua, *Masilig itong tubig*. Vide *Agos*, con sus juegos. Se diferencia de *Agos*, en que la corriente de *Agos* se vé; la de *Silig* no. *Masilig na loob* se dice del que se enoja muy de veras.

SILIM. pp. Anochecer, entre dos luces, *Vm*. El lugar, *Quinasiliman*. *Masilim na*, estar ya para anochecer. *Pasilimin ta muna*, *bago lumacad*, dejemos anochecer antes de caminar. Tambien *Sinilim aco nang lamig*, me traspasó el frio.

SILIU. pc. Pescado aguja. *Maniliu*, cogerlos. *In*, ser cogido. *Paniliuan*, el lugar do. *Ipaniliu*, con que, ó la persona para quien.

SILIP. pp. Acechar por agujero, *Vm*. Si mucho, *Mag*. pc. l. *Manilip*. Lo que, *In*. Si mucho, *Pag-in*. pc. El agujero, *Pag-an*. pc. El ojo, *Y*. *Mag-an*, dos mútuo. *Sisilipsilip*, el que anda acechando.

SILIP. pp. Traslucirse, como por celosía, *Na*.

SILIP. pc. Traspasamiento, como de frio á agua, *Vm*, l. *Maca*. Lo traspasado, *Ma*, *In*.

SILIP. pc. Llegar el agua á la casa, cuando hay avenida. *Vm*, l. *Maca*, llegar. *Ma*, ser llegado. *Ica*, la causa. Sinónomo *Dating*.

SILIPAN. pc. Cualquier agujero ó rendija por donde se puede acechar, *Sumilip* pp. *ca*, *sa silipan*. pp. Acecha por el agujero.

SILIR. pc. Aposento. *Vm*, entrar. *Mag*, meter algo. *Y*, lo que. *Sirlan*, en que; y si mucho, *Pagsisirlan*. *Ma*, estar metido. *Dili masisilir sa loob*, no acaba de percibir. *Sumasasilir*, estar metido en el aposento. Sinónomo *Linoob*.

SILIR. pp. Rodear á alguno, *Mag*. A quien, *Pinagan*. pp. Con que, *Ipag*.

SILISILIHAN. pp. Una yerba á modo de chile.

SILO. pp. Lazo, trampa. *Vm*, lazar arrojando el lazo con la mano. *Manilo*, armarlo. *Mag*, hacerlo. *Y*, lo que. *Pag-an*, á quien. *In*, l. *Ma*, ser lazado. Si mucho, *Pag-in*. pc. *Siloan*, aquello para que se arma. *Paniloan*, lugar á dó; tambien lo cogido en él.

SILO. pp. Deslumbrarse. Vide *Silao*, con sus juegos.

SILOC. pp. Cuchara para comer: es de hojas de palma. Tambien *Masiloc na loob*, lo mismo que *Maliuàg na loob*. *Maliuag causapin*.

SILONG. pp. El suelo debajo de la casa, ó la sombra del árbol. *Vm*, ponerse allí. *Mag*, meter algo para que no se moje, ó no le dé el sol. Si mucho, *Mag*. pc. *Y*, lo que es metido ó puesto. Si mucho, *Ipag*. pc. Lugar, *An*. Ser llamado ó escuchado desde debajo de la casa, *In*, l. *Panilongin*. Si mucho, *Sagsilongin*. pc. *Manilong*, andarse metiendo debajo de las casas. *Y*, l. *Ipanilong*, la causa. Sinónomo *Silong*.

SILONG. pc. Enconarse la herida por mojarla, *Ma*, l. *In*. La causa, *Ica*, l. *Naca*. Sinónomo *Bilip*. pc. A quien, *An*.

SILOR. pp. Quemarse el cabello ó cosa semejante, *Siniloran ang buhoc*.

SILOT. pp. Envidia con enojo, pena para culpa. Vide *Galit* para el primero, *Dusa* para el segundo.

SILSIL. pc. Atizar el hachote de brea, *Vm*. El hachote, *In*. Con que, *Y*.

SILSIL. pc. Tambien significa lo mismo que *Salsal*. Vide sus juegos.

SILSIL. pc. Machacar algo para hacerlo como hisopo, *Mag*. Lo que, *Y*. Donde, *An*.

SIMÁ. pc. Punta de flecha. Pescar con el *Salacab*. *Vm*, l. *Manimà*, y mejor *Mag*. Ser cogido, *Simain*, y mejor *Sim-in*. Si mucho, *Pagsisim-in*. El instrumento, *Y*. El lugar ó el pescado cogido, *Pagsimaan*, y mejor *Pagsim-an*. Sinónomo *Lambang*, *Pusao*, *Loblob*.

SIMÁ. pc. Redecilla para pescar camarones. *Mag*, hacerla. De que, *In*. *Naninimà*, pescar. Lo que, *In*. Donde, *Pinaninimaan*.

SIMBA. pc. Ir á la iglesia á oir misa: á esto solo se aplica ya esta palabra, *Vm*, l. *Mag*. El tiempo, causa, vestido con que, *Y*. El lugar, *Simbahan*, l. *Pagsimbahan*. pc. Nombre, *Simbahan*. pp.

SIMBALONG. pp. Vide *Sagacan*. pc. *Sapa*.

SIMBAR. pc. Arrebatar aceleradamente como el milano, *Vm*. El arrebatado, *In*. *Manimbar*, ir asi cogiendo.

SIMBAR. pc. Un pescado. Vide *Alanğolan*.

SIMBO. pc. Vide *Sombo*.

SIMBOHAN. pp. Candil ó lámpara.

SIMBOL. pc. Vide *Sombol*.

SIMBOYO. pc. Echarse agua unos á otros cuando se bañan. *Vm*, echarla uno á otro. *Han*, á quien. *Y*, con que ó el agua. *Mag*, dos entre sí. *Mag-han*, dos ó mas. *Casimbuyo*, el compañero.

SIMO. pp. Comer el perro ó gato la sobra, *Naninimo*. Lo que, *Hin*.

SIMOR. pp. Golosina. *Masimod na tauo*, *Matacao*.

SIMOT. pc. Coger, recoger, tomarlo todo á barrisco. *Vm*, l. *Mag*. Lo recogido. *In*, l. *Ma*. La causa ó con que, *Y*. El lugar de donde se recogió, ó las migajas, *An*, l. *Pagsimotan*. Tambien *Manimot*. El lugar, *Panimotan*. Con que, *Ipanimot*. Sinónomo *Pispis*.

SIMOY. pp. Viento galerno, manso, suave. *Vm*, soplar así. *An*, á quien ó á lo que. *Y*, el tiempo en que. Sinónomo *Hihyip*.

SIMPAC. pc. Un género de anillo. *Simpaquin mo yaring guintò*, haz anillo de este oro.

SIMPAN. pc. Guardar algo. Vide *Inğat*, *Tago*, con sus juegos. *May simpan capa?* Tienes aun algo guardado? *Sumisimpan*, esconderse uno.

SIMPANAN. pp. Lo mismo que *Tagoan*. pp.

SIMPIAN. pp. Vide *Sicuan*, con sus juegos.

SIMPIT. pc. Estrechura de lugar para lo que se pretende. *Masimpit na raan*, estrecho. Vide *Siquip*, *impit*.

SIMPÓ. pc. Embotar la punta de algo, *Vm*, l. *Mag*. Lo que, *In*. Acaso, *Ma*. La causa, *Naca*, l. *Ica*. *Nasimpoan ang sundang*, se embotó. Vide *Sipo*.

SIMPOC. pc. Hondearse como las olas, ó quebrarse ellas despidiendo el agua hácia arriba, *Vm*, l. *Ma*, l. *Sisimpocsimpoc*. Aquello en que se quiebran, ó á quien topa el agua, *Simpocan*. La causa, *Y*.

SIMSIM. pc. Probar poco. Vide *Ticman*.

SINA. pc. Plural de los nombres propios, genitivo *Nina*, dativo *Canà*, &c.

SINABATAN. pp. Petate de varios colores y labores. *Mag*, tejerlo. *Y*, de que.

SINABOGAN. pp. Manta de varios colores.

SINACSAC. pc. Una ave.

SINACLANG. pc. Abrir las piernas, *Mag*. Lo tenido ó puesto entre las piernas, *Pagsinaclanğan*. Ellas, *Ipag*. Sinónomo *Bisaclat*.

SINAG. pp. Rayos del sol, ó estrellas. *Masinag*, brillante. *Vm*, brillar. *An*, l. *Ma-an*, lo aclarado ó alumbrado. *Y*, la causa ó tiempo. *Casinagan*, abstracto. *Pasinaguin mo muna ang buan, bago ca cumain*, espera que aclare la luna, antes que comas. Sinónomos *Tindag*, *Banaag*, *Sicat*.

SINAG. pp. Diadema ó resplandor que se pone á los santos.

SINAGUING. pp. Un género de arroz que sabe á plátano.

SINAGDAN. pc. Un género de arma.

SINAGUITLONG. pc. Un género de mantas del Japon.

SINAING. pp. Arroz cocido, ó morisqueta.

SINALA. pp. Maceta de barro. Sinónomo *Pasò*.

SINAMAT. pc. Plato de hojas de palmas tejidas.

SINAMAY. pc. Medriñaque. *Mag*, vestirse de él. *Mapag*, hombre que siempre se viste de él.

SINALORSOR. pc. Un género de comidilla antigua.

SINASA. pc. Un género de plátanos. Vide *Cubao*.

SINANDOYONG. pp. Un género de arroz pegajoso. *Mag*, sembrarlo. *Pagsinandoyonğan*, á do.

SINANDOYONG. pp. Cañas dulces coloradas, con los juegos del antecedente. Sinónomo *Sandoyong*.

SINANCOLONG. pp. Arbol poblado de ramas y hojas. *Magsinanangcolong na cahoy*, lo mismo que *Mayabong*, *Mayabongbong*.

SINANGDAY. pc. Fruta de sarten. *Mag*, hacerla. *Ipag*, para quien ó de que. *Pagsinangdayan*, la sarten ó los adherentes.

SINANGCALAN. pp. Pretestos. *Sinasangcalan acong inauayan*, á mí me riñen para que lo entienda otro.

SINAMPACAN. pc. Lanza.

SINAMONG. pc. Un género de tibor. Vide *Gusi*.

SINAMPAGA. pp. Un género de arroz oloroso.

SINANTAN. pc. La chinanta què hace diez cates. *Vm*, l. *Mag*, pesar con ella. *In*, lo que. *Pagsinantanan*, el peso en que. *Y*, causa ó para quien. Nombre, *Sinantanan*, el peso ó chinanta.

SINAO. pp. Claridad, reluciente.

SINAP. pp. Cubrirse la tierra de agua por creciente grande. Vide su sinónomo *Sanap*, l. *Silip*, con sus juegos.

SINAPOPONAN. pp. El regazo ó faldas. Vide *Sapopo*.

SINAT. pp. Acalenturado. Vide su sinónomo *Saynat*, con sus juegos.

SINAUA. pc. Un tugui que hecha muchas raices. *Tuguing sinaua*.

SINAUALÍ. pp. Ropa tejida como *Sauali*. *Mag*, tejerla ó vestirse de ella.

SINAYÁ. pp. Convite, ó la primera presa de red nueva, corral ó perro. *Magpa*, convidar. *Mag*, asistir y comer. *Pagsinayaan*, la presa, ó instrumento con que se cogió. Es término Pampango, aunque muy usado. Sinónomo *Pahimis*.

SINBANBONO. pp. La flor del cogon.

SINCAG. pc. Vide *Saua*, *Bosog*.

SINDAC. pc. Tristeza, melancolía, espanto. *Ma*,

estar con él. Si mucho, *Magsicasindac*, l. *Mañgasindac*. La causa, *Ica*. Aquello de que tiene temor, ó el lugar, *Casindacan*. *Sindaquin mo si Pedro*, haz que Pedro tenga temor. *Casindacan*, abstracto.

SINDAL. pc. Lo mismo que *Orloi, Ontol*.

SINDAL. pc. Remolinear. *Napapasindal ang hañgin*, l. *Olan*.

SINDANG. pc. Dosel, ó algo en que arriman las imágenes.

SINDÓ. pc. Cortar por debajo de los brazos de parte á parte, *Vm*. Lo que, *In*. No es usado ya, sino en verso.

SING. pc. Partícula que hace conveniencia ó igualdad en aquello á que se junta, v. g. *Singhaba*, l. *Singputi si Pedro, ni Juan*; Pedro y Juan son igualmente largos y blancos.

SIÑGA. pc. Sonar los mocos. *Vm*, sonárselos. *Y*, los mocos. *Singhan*, á quien, ó lugar á do se echan.

SIÑGÁ. pc. Repetir la enfermedad á tiempos, como la gota, *Vm*. A quien, *An*. De aquí *Sumisiñga siya sa loob co maminsanminsan*, se me ofrece á la memoria el amigo. Tambien *May sumisiñga sa loob na masama*, &c. Lo aplican á los malos pensamientos.

SINGA. pc. Lo mismo que *Siñgasing*, con sus juegos y metáforas.

SINGALONG. pp. Vasito de caña donde beben el vino.

SINGALOT. pp. Vide *Sigal-ot*.

SINGAUALI. pc. Vide *Sangauali*.

SIÑGAO. pc. Vapor, vaho. *Vm*, salir. Si mucho, *Mag*. A quien dá, *An*, ó por donde sale. *Y*, la causa. *Pasiñgauin mo ang alac*, deja que exhale el vino.

SIÑGAP. pc. Agonizar por falta de respiracion, *Vm*, l. *Magsisi*, l. *Sisiñgapsiñgap*. La causa. *Y*. *Pasiñgapin*, y mejor *Pasiñgapsiñgapin*, á quien de propósito hacen que agonice.

SIÑGASING. pp. Bufar el gato erizándose. *Naniniñgasing ang pusa*.

SIÑGASING. pp. Jadear. *Sisiñgasiñgasing nang paghiñga*.

SIÑGASING. pp. El hocico que hace el que se sorbe los mocos, y el toro cuando huele á la vaca. Y de aquí *Sisiñgasiñgasing nang galit*, nada le gusta, á todo hace bocico.

SINGCABAN. pp. Labores en las cañas.

SANGCAG. pc. Ensancharse lo que está encogido ó plegado, *Ma*, l. *Maca*. *Singcaguin*, ser estendido. Sinónomos *Banat, Tanat, Hitat, Bantac*.

SINGCAL. pc. Hender algo con cuña, *Vm*. Lo que, *In*. Donde, *An*. De aquí *Panigcal*, cuña.

SINGCAM. pc. Un género de naranjas. *Casingcaman*, muchedumbre de árboles de ellas.

SINGCAMAS. pc. Hicamas.

SINGCANG. pc. Lo mismo que *Singcag*, tambien naranjas.

SINGCAO. pc. Cualquier palo tuerto. *Nagcacasingcaosingcao*, tener muchas torturas.

SINGCAO. pc. Un palo que ajusta al pescuezo de los trabajos para que trabajen. *Mag*, ponerlo. *Singcauan*, á quien. *Y*, el yugo. De aquí al que tiene el brazo doblado, llaman *Singcao*. Sinónomos *Pingcol, Singcol*.

SINGCAR. pc. *Sangdipang singcar*, quiere decir de una braza justa, y se usa en las medidas, números de dias, meses, años, &c.

SINGCÓ. pc. Vueltas que hacen en lo que labran. *Mag*, hacerlas. *Y*, lo que. *Singcosingcong ilog*, rio de muchas vueltas. Metáf. Y en este sentido, *Vm*, ir por las vueltas del rio.

SINGCOL. pc. Brazo tuerto. *Ma*, estar así, ó irse poniendo. *Ica*, la causa. *Nagcacasingcolsingcol*, palo de muchas torturas. Sinónomos *Pingcao. Pingcol. Minapingcol ang camay*, maldicion.

SINGHAL. pc. Regaño, morder de lado, *Vm*. A quien, *In*. Acaso, *Ma*. Causa ó con que, *Y*. Dos mútuo, *Maghan*. Por morder, *Vm*. A quien, *An*.

SINGHOT. pc. Sorberse los mocos, polvos, &c. *Vm*. Si mucho, *Nagsisisinghot*, l. *Sisinghotsinghot*. *In*, lo que. Si mucho, *Pag-in*. Las narices con que, *Y*. *Casinghotan*, una sola sorbida. *Dili macasinghot aco nang gayon*, no puedo sufrir eso. Metáf.

SIÑGÍ. pc. Desgajar la rama, ó quitar los cogollos de la raiz, *Vm*. Lo que, *In*.

SIÑGIL. pc. Cobrar, pedir la deuda, ó lo prestado, *Vm*, l. *Maniñgil*. Si mucho, *Nagsisisiñgil*. *In*, lo que. Si mucho, *Pagsisiñgilin*. *Y*, la causa. *In*, á quien. *Siñgilan*, deuda que no se ha pagado. *Nasiñgil*, l. *Pinaniñgilan*, lo que fué cobrado. *Sisiñgilin cata nang guinaua mo sa aquin*, ahora me pagarás lo que me has hecho.

SINING. pp. Pensar. *Pagsiningsiniñgin*. lo mismo que *Pagisipisipin*. Vide *isip*, con sus juegos.

SIÑGIT. pp. Resquicio ó abertura entre dos tablas ó palos, ó rincon. *Na*, estar en ella.

SIÑGIT. pp. La ingle. *Ma*, estar algo metido en ella.

SIÑGIT. pp. Pasar por lugar estrecho, esconderse alguno detrás de alguna cosa, *Vm*, l. *Ma*. *Y*, lo que es metido. Si mucho, *Ipag*. pc. El lugar, *An*. Si mucho, pc. *Pagsiñgitan*. *Isiñgit mo sa rati mong pinagsisiñgitan*. pc. Mételo en el antiguo resquicio. *Siñgitan*. pp. Resquicio diputado para meter algo.

SIÑGIT. pp. Andar escondiéndose de la justicia. *Tauong sisiñgitsiñgit*, l. *Mapag*, hombre tal.

SINGLÍ. pc. l. *Sinli*. pc. Las caderas. Sinónomo *Bugnit*.

SIÑGOT. pc. Sollozar con las narices y garganta el que llora, *Vm*, l. *Sisiñgotsiñgot*.

SINGQUIL. pc. Rempujar á otro con el codo. *Vm*. Si mucho, *Magsisingquil*. A quien, *In*. Si mucho, *Pagsisingquilin*. Con que, *Y*. *Casingquilan*, el compañero en darse de codo. *Mag-an*, mútuo. Sinónomo *Ingquil*.

SINGSAY. pc. Errar el camino, apartarse. *Vm*, de propósito. Si mucho, *Magsi*. Acaso, *Ma*. El lugar de á do se aparta, *An*, l. *Quinasingsayan*. La causa, *Y*, l. *Ica*. *Mag*, descaminar como el juez la justicia al que no la tiene. *Y*, la sentencia.

SINGSAY. pc. Pasar de paso, *Vm*. Lugar. *An*. Causa, *Y*. *Houag cang sumingsay sa utos nang Dios*, no te apartes, no te descamines de los mandamientos de Dios.

SINGSING. pc. Sortija. *Mag*, traerla ó ponerla á

otro. *An*, el dedo en que. *Y*, l. *In*, la sortija que lleva. *Y*, la que pone á otro. *An*, á quien.

SINGTABÍ. pp. Vide *Sangtabi*.

SINICQUAN. pc. Canilla de la lanzadera del tejedor. Vide *Sicuan*.

SINILI. pc. Morisqueta de arroz mal molido. *Mag*, hacerla ó comerla. Sale de *Sili*. pc. Sinónomo *Pinaua*.

SINIP. pc. Traspasado de frio. *Ma*, estarlo. *Maca*, la causa. Vide *Silip*. pc.

SINIP. pp. Cundir el agua. Vide *Sanap*, *Sanao*.

SINIPIT. pp. La ancla. *Mag*, hacerla. *In*, de que.

SINIBOLAN. pp. Manta que parece estameña.

SINIPOC. pc. Montoncillo de arroz que hacen cuando están segando para hacer de ellos el *Mandalà*. Sinónomo *Capalagay*.

SINIQUI. pc. Guardador, ahorrativo. *Masiniqui*, tal. *Siniquihim*, lo que escatima. *Han*, á quien. *Vm*, l. *Mag*, ahorrar así. *Ma*, l. *Masiniquihan*, ser tal. *Masiniquihang lubha sa cayamanang-hayan*, deseosísimo de bienes temporales: así lo tradujo Don Juan de los Santos.

SINO. pp. Pronombre interrogativo: quien. *Sinosino*, quienes. *Sinisino*, l. *Pinagsisino ninyo si Juan?* Quién pensais que es Juan?

SINOC. pc. Hipo ó sollozo. *Mag*, hipar ó sollozar.

SINOLAMAN. pp. Paño labrado con aguja.

SINOLIR. pp. El algodon hilado. Vide *Solir*.

SINO MAN. pc. Cualquiera. *Sino man siya*, sea quien se fuere. *Sinosino man*, cualesquiera. Compónese de *Sino* y *Man*.

SINOHAY. pp. Un género de arroz.

SINONĞALING. pp. Embustero, mentiroso. *Vm*, irse haciendo. *Mag*. pc. Mentir. *Pag-an*, delante de quien, ó á quien dice la mentira. Sinónomo *Sononĝaling*. *Pinagsinonĝalinĝan co*, le dije, mientes.

SINOOBAN. pp. Gargantilla de oro con perlas.

SINOSO. pp. Cuajo. *Nabobontohan sinuso ang bata*, enfermedad de los niños.

SINOYOC. pp. Cadenilla de oro muy fino, tirado. *Mag*, traerla, ponerla á otro. *In*, la traida. *Y*, la puesta. *An*, á quien.

SINSIN. pc. Apretar las cosas que se echan en alguna caja ó vasija, tupir el tejido de cañas ó seda, &c. *Vm*, irse tupiendo. *Mag*, tupir. *In*, ser tupido. Si mucho, *Pacasinsinin*. Con que, *Y*.

SINTA. pc. Amor, deseo, aficion interior. *Vm*, tenerlo, y mejor *Maninta*, l. *Malasinta* de *palasinta*. Si mucho, *Magsisinta*, l. *Magpapaninta*, l. *Magpapalasinta*. Ser amado, *Sintahin*, l. *Ma*. Si mucho, *Pagsisintahin*, l. *Palasintahin*, l. *Pagpalasintahin*. *Maghan*, l. *Magpalasintahan*, mútuo. Refran.

Sinisinta con uala,
ñang maquita,i, sinumpa.

Presente le aborrece, ausente le ama.

SINTAC. pc. Estender madeja de algodon con los dedos, golpeándola. *Vm*. *In*, lo que. *Y*, con que. Vide los juegos de *Singcag*.

SINTAC. pc. Entresacar el arroz molido del no molido, meneando el bilao, *Vm*. El arroz. *In*.

SINTAC. pc. Un juego de muchachos. Vide *Coro*.

SINTAO. pc. Vide *Tabing*.

SIPÁ. pc. Abstinencia que hacian en la muerte de algun pariente. *Vm*. Aquel por quien, *Sipan*. Si muchos, *Magsipag*.

SIPAC. pc. Hender madera. *Ma*, rajarse acaso. *Vm*, rajar. Si muchas rajaduras, *Mgsisipac*. Ser rajado, *In*. Si en muchos pedazos; *Pagsisipaquin*. Causa ó con que, *Y*. De donde fué rajado el pedazo, *Pinagsipacan*. Acaso, *Quinaan*. Causa, *Ica*. Una raja, *Casipac*.

SIPAG. pp. Cuidado, diligencia, solicitud. *Vm*, hacerse diligente el que no lo era. *Magsipag*, y mejor *Magpacasipad*, añadir nueva solicitud. *An*, y mejor *Pag-an*, pc. La obra en que. *Y*, l. *Ica*, la causa. Abstracto, *Casipag-an*. pp.

SIPAG-AC. pc. Hombre revejecido. *Sasisipagac*, estar así. *Sipag-ac na tauo*, hombre tal, *Sipog-oc*.

SIPAN. pp. Mondadientes, escobilla que hacen de la cáscara de la bonga para limpiarse los dientes. *Mag*, limpiárselos. Si mucho, *Mag*. pc. *In*, ser limpiados. Si mucho, *Pag-in*. pc. Con que, *Y*, l. *Ipag*.

SIPAT. pp. Rayar señalando con algun hilo, como el carpintero. *Vm*. l. *Mag*, estender el hilo. Si mucho, *Mag*. pc. A lo que, *An*. Si mucho, *Pag-an*. pc. Con que, *Y*.

SIPAT. pp. Apuntar, *Vm*. *In*, á que. Sinónomo *Silip*, *Torlà*.

SIPHAO. pp. Perseguir. Vide *Douahagui*, con sus juegos.

SIPHAYÓ. pp. Detraccion, desprecio ó deshonra. *Vm*, despreciar. Si mucho, *Mag*. pc. *In*, á quien. Si mucho, *Pagsiphayoin*. pc. Causa, ó con que, *Y*. Si mucho, *Ipag*. pc. Mútuo, *Magan*. Sinónomos *Paabas*, *Paronglit*, *Paringlot*.

SIPÍ. pp. Brazo pequeño de rio, *Marlang sipi nĝani*, *ang inyong usap*, muchos enredos tiene vuestro pleito.

SIPÍ. pp. Ramillete de diversas flores. *Gumaua ca nang manĝa apat na sipi*, haz cuatro ramilletes.

SIPÍ. pp. Ampararse, hacerse pariente no siéndolo, *Vm*, l. *Maqui*. Aquel de quien, *An*. La causa, *Y*. *Magcasipi silang dalaua*, son parientes.

SIPI. pp. Pajuelas del arroz. *Masipi itong palay*, tiene muchas.

SIPI. pc. Desgajar con los dedos los renuevos de algun árbol, *Vm*. Si mucho, *Mag*. Lo que, *In*. Si mucho, *Pag-in*. El árbol á que se quitó, *An*. Causa, ó con que, *Y*. *Ma*, caerse. *Quinasipian*, l. *Nasipian*, de á donde. *Ica*, la causa. *Casisipian*, rajadura que tiene la rama. Sinónomos *Gapi*, *Lapi*, *Sapac*.

SIPING. pp. Llegarse junto á otro, asentar, dormir, *Vm*, l. *Maqui*. A quien, *An*, l. *Paquisipinĝan*. Juntar ó llegar una cosa á otra, *Mag*. Lo que, *Y*, l. *Ipaqui*. A donde, *An*. Ser juntadas dos cosas una con otra, *Pag-in*. Si mas, *Pagsisipingsipinĝin*. El lugar á donde, *Pag-an*. Aquel que es allegado ó admitido á que duerma en un petate con otro, *Ipag*. Estar una cosa allegada á otra, *Ma*. Aquello á que, *Quinasisipinĝan*.

SIPING. pp. Habere copulam cum muliere. *Vm*, el varon. Si mucho, *Mag*. pc. La muger con quien, *An*. Si mucho, *Pag-an*.

SIPIT. pp. Tenazas. *Vm*, tener algo con ellas.

Si mucho, *Mag*. pc. *Mag*, tener en las manos. De aquí.

SIPIT. pp. Las presas del cangrejo, *Vm*, si frecuent. *Manipit*, andar mordiendo con ellas, ó aparejándolas para morder con ellas. *In*, lo que. Si mucho, *Pag-in*. pc. Ellas, *Y*. Lugar, *Pagsipitan*.

SIPIT. pp. Despabilar la candela. *Sumipit ca nang candila*, l. *sipitan mo ang candila*, atiza la candela. *Panipit*, despabiladera.

SIPIT. pp. Vide *Impit*.

SIPLANG. pc. Paso estrecho entre dos montes. *Vm*, pasarlos. *In*, l. *An*, el paso.

SIPLOG. pc. Lo mismo que *Sagad*. pc.

SIPÓ. pp. Buscar lo que se perdió, inquirir por los que no acuden á su obligacion, *Vm*. A quien, ó lo que, *In*. *Na*, ser hallado. Itt. *Vm*, buscar lo que antes tenia. *Mag*, buscar algo entre otras cosas. Lo que, *In*. *Naca*. haber hallado. De aquí *Nasipo co yaon*, lo eché menos.

SIPÓ. pc. Cortar las ramitas de los árboles, despuntar lo agudo, embotar, *Vm*. Lo que, *In*. Sinónomo *Simpoc*.

SIPOC. pp. Monton pequeño de arroz, ó manojo de espigas que se van segando. Sinónomos *Sinipoc*, *Pongpong*.

SIPOC. pc. Menearse el licor en la vasija, *Sipocsipoc*. Vide *Simpoc*.

SIPOC. pc. Cubrirse los sembrados con el agua. *Vm*, l. *Mag*, lo poco que sobresale.

SIPOGOC. pp. Vide su sinónomo *Sipagac*, con sus juegos.

SIPOL. pp. Remachar, embotar. *Naninipol ang tilos*, se embotó la punta. *Sipol*. pc. *na pluma*, embotada.

SIPOL. pc. Cortar, desarraigar, arrancar, *Vm*, l. *Mag*. Lo cortado, *In*. Con que, *Y*. *Pinagsipolan*, de donde se cortó.

SIPOL. pp. Vide *Sotsot*.

SIP-ON. pc. Romadizo. *Siponin*, padecerlo. *Y*, la causa. Es verbo merè pasivo.

SIPONG. pp. Raigon que queda en alguna parte del cuerpo. *Nasipongan*, habérsele quedado.

SIPOT. pc. Asomar, aparecer, brotar, descubrir, *Vm*, l. *Ma*. Y si muchas cosas, *Magsisipot*. *Mag*, descubrir algo. *Y*, ser mostrado. Si mucho, *Ipagsisipot*. Por donde, *An*. *Sinipotan nang marumi:* habuisti pollutionem. *Casipotsipot*, luego al punto que asomó. *Casisipot din niya*, acaba de asomar.

SIPOY. pp. Enredarse en algo el cordel que arrastra algun animal, *Nasisipoy*. En donde, *Quinasisipoyan*.

SIPSIP. pc. Chupar, como el hueso ó tabaco, *Vm*. Si mucho, *Magsisipsip*. Lo que, *In*. Si mucho, *Pagsisipsipin*. Con que, *Y*. *Mag-an*, mútuo, *Pinagsipsipan*, lo ya chupado. *Sipsipan*, donde se chupa. *Casipsipan*, el compañero que chupa á remudas con otro. Una sola vez, ó una chupada, *Casipsip*, l. *Cacasipsip*. *Casipsipan*, l. *Cacasipsipan*. Sinónomo *Ot ot*.

SIQUÍ. pc. Embarazamiento. *Ma*, obrar embarazado por estar estrecho. *Ica*, la causa. *Quinasisiquian*, en que. Sinónomo *Quiua*. *Quimi*.

SIQUI. pc. Aquel como codo del carabao. *Quiliquili*.

SIQUIG. pc. Una cañuela con que tienen tirante lo que se teje. *Mag*, ponerla. *An*, la tela. *Y*, la cañuela.

SIQUIL. pp. Dar de codo á otro. Vide su sinónomo *Singquil*.

SIQUIL. pp. Apartar la popa ó proa de la embarcacion para que no tope, ó para que se enderece, *Vm*. La embarcacion, *An*. Con que, *Y*.

SIQUIP. pc. Angosto, apretado, estrecho. *Vm*, irse estrechando. *Houag cung sumiquip dian*, l. *Houag mo caming sicpan*, no nos estreches.

SIQUIP. pc. Estrechura del corazon. *Vm*, estrecharse. Si mucho, *Sisiquipsiquip*. *Masiquip na loob*, de corazon cuitado. *Casicpan nang loob*, estrechura del corazon. *Houag mong sicpan ang loob*, dilata tu corazon. *Maca* l. *Ica*, la causa.

SIRÁ. pp. Destruir, deshacer, quebrar, arruinar, *Vm*, l. *Maca*. Si mucho, *Mag*. pc. Lo destruido, *In*. Si mucho, *Pag-in*. pc. La causa, *Y*. *Manira*, andar destruyendo. *Ma*, destruirse algo. *Ica*, la causa. *Sira*. pc. Lo destruido.

SIRAC. pp. Sembrar *Gabi*, *Ubi*, *Tugui*. *Vm*, l. *Mag*. Si mucho, *Mag*. pc. *Y*, lo que. Si mucho, *Ipag*. pc. *An*, el lugar. Si mucho, *Pagsiracan*.

SIRHA. pc. Buscar hacienda, *Mag*. Lo que, *In*. Lo hallado, *Na*. *Tauong masirha*, hombre diligente. Sinónomo *Sicap*.

SIRHÁ. pc. Remediar la falta que se advierte en alguna obra, *Vm*. Lo que, *In*. En que ó donde, *An*.

SIRHÁ. pc. Obedecer. Vide *Pintoho*, con sus juegos.

SIRHI. pc. Cosa perfecta en su línea. *Masirhing gamot*, perfecto médico. *Masirhing Profeta*, consumado profeta. *Vm*, irse perfeccionando. *Y*, la causa. *Casirhian*, abstracto.

SIRHI. pc. Adivino, *Masirhing tauo*.

SIRIT. pp. Silvido de serpiente. Vide *Irit*.

SIRLAP. pc. Divisar algo. A quien, *An*. *Vm*, pasar á la ligera la vista. *Y*, con que, ó causa. Sinónomos *Siglap*, *Saquirlap*.

SIROL. pc. Hurgar punzando con algo. Vide *Sondol*. pc. con sus juegos.

SISAO. pp. Ruido ó algaravia de los que hablan mucho, *Paran nagsisisao*. No tiene mas juegos.

SISAP. pp. Casco de coco, á modo de plato.

SISAP. pc. l. *Sipsip*. pc. Cuña para fortificar la muesca, *Mag*, cuñar asi. *Y*, cuña. *An*, donde la meten. *Pag-in*, ser apretado lo que acuñan.

SISAY. pp. Desenlazar, desenmarañar. Vide *Saysay*, con sus juegos.

SISI. pp. Arrepentirse, reñir dando en rostro, *Vm*. De quien ó contra quien, *Hin*. Si mucho, *Paghin*. pc. *Y*, la causa. *Mag*, arrepentirse. *Ipag*, porque, ó el tiempo en que. *Paghan*, aquello de que.

SISI. pc. Remachar la punta de algo machacándolo, *Vm*. Lo que, *In*, l. *An*. Con que, *Y*.

SISI. pc. Atizar el candil ó candela, componiendo la mecha, *Vm*. Lo que, *Han*. Con que, *Y*. Sinónomo *Silsil*.

SISIC. pp. Hincar, metiendo como aguja, espina, alfiler, &c. *Vm*, mejor *Mag*. Aquello á que, *An*. Si mucho, *Pag-an*. pc. Lo que, *Y*. Si mucho, *Ipag*. pc. Sinónomo *Holip*.

SISI MORÁ. pp. Estómago. Sinónomo *Sicmora*.

SISIG. pp. Salmuera. *Mag*, echar la fruta en

que, *Pasisigan.* Nombre, *Sinisig.* pp. El comedor de eso, *Mapag.*

SISIG. pc. Vide *Sili.* pc. *Sisiguin mo ang palay,* lo mismo que *Silihin sa bilao.*

SISIL. pc. Escobilla con que peinan el algodon hilado despues de almidonado. *Vm,* l. *Mag,* peinarlo. *In,* el algodon. Con que, *Y.*

SISIP. pp. Cuchillo de cabo largo para labrar bejucos. *Mag,* traerlo. *In,* ser traido ó herido con él.

SISIP. pc. Vide *Sisap.* pc.

SISIP. pc. El que quiere, y muestra que no quiere. *Nagpapaagao sisip siya.*

SISIR. pp. Zambullirse para buscar algo debajo del agua, *Vm.* Si mucho, *Mag.* pc. Por lo que ó lo que se quiere sacar, *In.* Si mucho, *Pag-in.* pc. Causa ó el cuerpo que es metido, *Y. Maninisir,* buzo.

SISIRLAN. pc. Vasija. Vide *Silir.*

SISIT. pc. Silvido de serpiente. Vide *Irit.* pc.

SISIU. pp. Pollo en general.

SITAN. pp. Un juego de muchachos con medios cocos que arrojan hácia arriba. El que cae boca arriba es *Sitan.*

SITAN. pp. Espíritus malos.

SITHÁ. pc. Cortadura ó pedacitos de ropa. *Mag,* hacer algo de ellos, como dosel, *In,* los pedazos. *Pag-an,* donde.

SITSIT. pc. Chupar, como huevos, *Naca.* Lo que, *In.*

SITSIT. pc. Llamar pegando la lengua con los dientes como ceceando, *Vm,* l. *Mag.* A quien, *In.*

SISIYO. pp. Higo.

SIUA. pp. Escusas, achaques para no pagar, *Mag.* Las escusas, *In,* ó *Pinagsisiua. Masiuang tauo,* hombre tal.

SIUAL. pp. Malhechor, de malas costumbres. *Masiual-na tauo,* hombre tal.

SIUALAT. pp. Vide *Pahayag. Isiualat ninyo ito. Ipahayag.*

SIUANG. pp. Hendidura de cosa mal ajustada. *Na,* estar hendida. *Naan,* lo que.

SIUANG. pp. Vide *Pocas.*

SIUAT. pp. Achaques, escusas. Vide *Sibansiban,* con sus juegos.

SIUAI. pp. Apartarse del camino derecho. *Nagpapasiuaysiuay ang nagcacautang,* se esconde el deudor.

SIUAI. pp. Disimular dando largas, *Vm,* l. *Mag.* Lo disimulado, *Pinag. Houag mong ipagsiuaysiuay ang uica mo,* no andes con circunloquios.

SIUÍ. pc. Algo mas arriba de donde se juntan los lábios. *Sa itaitaas nang siui.*

SIBOLAN. pp. Tinaja de vino que ponen en medio para sus borracheras.

SIYA. pp. Pronombre: él, ella, ello.

SIYA. pc. Así es.

SIYA. pc. Vuesa merced.

SIYA. pc. Está bueno, justo, cabal, basta ya, sea enhorabuena. *Napasisiya,* decir que es así. *Pinasisiya,* lo que. *Houag mong pasiyahin,* l. *Pasihin.* pp. l. *Ipasiya,* no asientas á ello.

SIYA. pp. Ajustar, bastar, *Nagcacasiya*; y mejor *Nagcasisiya,* ajustar, como el vestido al cuerpo. *Vm,* estar cabal en lo que debe estar, como en grandeza ó gordura. Si muy ajustado, *nagcasiyasiya. Naniniya,* ocupar todo el lugar donde está sentado. Tambien *Vm,* l. *Naniniya ang catauan,* irse llenando de carnes, ó cobrar las fuerzas que antes tenia. *Casiyahan.* pc. Ajustamiento. *Casiyahan.* pp. Medianía. Adviértase que este verbo no sirve para ajustar, como dinero &c., que para eso es *Ganap.*

SIYABA. pp. Un género de frijoles negros.

SIAC. pc. Vide *Sinat.*

SIYANA. pc. Bueno está.

SIYA NAUÁ. pc. Ojalá, amen.

SIAM. pc. Nueve. *Tigsisiam,* á cada uno nueve. *Siamsiam,* de nueve en nueve. *Macasisiam,* nueve veces. *Icasiam,* noveno. *Siamin mo,* ajústalo á nueve. *Pagsiamin mo itong salapi,* este dinero sea hecho de tí nueve partes.

SIAP. pc. Piar el pollo chico, *Vm,* l. *Mag,* l. *Sisiagsiap. An,* el lugar á do. La causa, *Y. Pasiapin mo,* haz que pie.

SIYASAC. pp. Destruir los sembrados. Vide *Yasac.*

SIYASAT. pp. Escudriñar, inquirir, *Vm,* l. *Mag.* Si mucho, *Mag.* pc. Frecuent. *Maniyasat,* andar averiguando. *In,* á quien. Si mucho, *Pag-in.* pc. La causa, *Y,* l. *Ipag.* Nombre, *Mapag,* l. *Mapaniyasat.*

SIYASIT. pp. Idem.

SIYASIG. pp. Idem.

SIYASIC. pp. Idem.

SIYOC. pc. Piar la gallina. Vide *Siap,* con sus juegos.

S antes de O.

SO. pc. Espantar gallinas. *Somoso.* pc. l. *Pasoso.* pc. *Sosohin,* l. *Pasosohan.* pc. Ella.

SO Á. pc. Echarse agua mútuamente cuando se bañan, *Mag.* A quien, *In.* El agua, *Y.* Mútuo *Mag-an:* mejor y mas usado *Saboy.*

SO Á. pp. Unas naranjas como las de Castilla.

SOAC. pp. Vide *Souag, Biac,* con sus juegos.

SOAC. pp. Asomar el medio cuerpo por la ventana, *Vm:* Colgar á otro así, *Mag.* A quien, *Y.* Caer de la ventana de cabeza, *Napasoac.*

SOAC. pp. Echar unos á otros agua cuando se bañan, *Mag.* Mejor es *Saboy.*

SOAC. pp. Cabar algo que enterró otro. *Nacasoac nang salapi. Naca hucay.* Pasiva, *An.*

SOAG. pc. Dar cornadas el toro, *Vm,* l. *Mag.* Si frecuentemente, *Manonoag.* A quien, *An.* Con que, *Y.*

SOAL. pc. Palo ó caña clavada en tierra. *Ma,* ser enclavado de ella alguno. *Maca,* lastimar. *Quinasoalan,* la caña en que, ó lugar.

SOAL. pc. Cosa que nace de todo corazon, *Cun soal,* l. *casoalan sa loob mo, ay ibigay mo na,* si nace de tu corazon, dálo ya.

SOAL. pc. Un árbol que nace en agua salobre.

SOAT. pc. Desmentir probando no ser verdad lo que dice, *Vm.* A quien, *An,* l. *Masoatan.* pc. Causa, ó con que, *Y, Mag-an,* mútuo. Sinónomo *Sorsor.*

SOAT. pc. Zaherir, dar en rostro, *Vm.* A quien, *An.* Con que, *Y. Soat na uica,* palabra satírica.

SOAY. pp. Contradecir, resistir, porfiar, *Vm.* Si

mucho, *Mag*. pc. Si muchas personas, *Magsi*. Si mútuo, *Mag-an*. Ser resistido, *In*. Si mucho, *Pag-in*. pc. La causa, *Y*. Abstracto, *Casouayan*, desobediencia.

SOBLÍ. pc. Pasear cruzando por alguna calle. *Vm*, hurtar el cuerpo á quien le quiere hablar. *Maqui*, las mudanzas de baile, ó danzar cruzando. *Magsoblian cayong sumayao*. La persona por quien, *Sinosoblian*.

SOBLI. pc. Saltar la caza fuera de la red, *Vm*.

SOBOC. pp. Acechar. *Vm*, agacharse acechando. *An*, l. *In*, á lo que. Si mucho, *Pag-in*. pc. Esconderse aguardando ocasion de coger á alguno, *Mag*. pc. El acechado, *Pag-an*. pc. La causa, *Ipag*. *Maan*, ser cogido.

SOBOC. pp. Cotejar medidas, *Vm*, l. *Mag*. Una con otra, *In*. Las dos, *Pag-in*. La igual á otra, *Casoboc*. *Magca*, estar cotejadas. Sinónomo *Alio*. pp. *Singcat*, *Soboc tauo*, l. *Casoboc tauo ang tubig*, de una medida es el agua con el hombre. *Nagcacasososoboc sila nang bait*, son de un entendimiento.

SOBOG. pp. Concertarse los reñidos, *Mag*. El uno, *Maqui*. Con quien, *Paquipag-an*. Hacer que se concierten, *Papapag-in*.

SOBONG. pc. Caer de hocico. *Ma*, l. *Mapa*, l. *Magcapa*, caer así. *Quinasobonḡan*. pc. Lugar. *Mag*. pc. l. *Magpa*. pc. Arrojar á otro así. *Y*, l. *Ipa*, ser arrojado. Sinónomos *Sonḡasong*, *Sobsob*, *Sunḡabang*, *Subasob*.

SOBONG. pp. Mezclar diferentes metales. *Mag*. El metal que se echa, *Y*, l. *Ipaqui*. A donde, *An*. Los dos, *Pinag*.

SOBONG. pp. Mezclar palabras, responder al que le riñe, *Vm*. A quien, *An*. Las palabras, *Y*. *Con pag-isipan ca nang Dios, hindi mo siya masosobonḡan*, cuando seas juzgado de Dios, no le podrás responder.

SOBSOB. pc. Postrarse de rodillas, *Mag*. Al que, *Y*. Donde, *An*.

SOCAY. pc. Dividir ó apartar con la mano, *Nanunucay*. Lo que, *In*. *Na*, estarlo. Sinónomo *Uahi*.

SOCBIT. pc. Meter algo en la cintura ó pretina. *Mag*, guardar algo. Lo que, *In*. Si mucho, *Pag-in*. La causa, *Ipag*. Nombre, *Socbitan*. Sinónomo *Sálocbot*. Nota que en semejantes raices, que significan atar ó aplicar algo al cuerpo, tienen las dos pasivas de *In* y de *Y*. La de *In*, cuando significa llevar ó cargar. La de *Y*, cuando significa meterlo ó aplicarlo al cuerpo, como se verá en estos dos juegos: *Socbitin mo ito sa ramit mo*. *Isocbit mo sa iyong tapis*.

SOCDAN. pc. Adverbio: no importa, venga lo que viniere, aunque. *Magpacabusog muna aco, sucdang magcasaquit*, hárteme yo, y aunque me enferme.

SOCLOB. pc. Tapar una cosa con otra encajando. *Mag*, tapar. *An*, ser tapado. *Y*, con que. *Magca*, estarlo dos cosas. *Pag-in*, ser tapadas las dos. *Casoclob*, cada uno. Sinónomos *Saclob*, *Taclob*.

SOCLOB. pc. Tapadera de la olla. Sinónomo *Tongtong*.

SOCLOBAN. pp. Petaquilla para buyo ó tabaco. En algunos pueblos petaquilla de cuero en que guardan la yesca para sacar fuego.

SOCO. pc. Topar con la cabeza en lo alto, *Vm*, l. *Ma*. A donde, *Quinasocohan*. pc. Lo que fué llegado, ó con que topó, *Y*. *Vm*, llegar con la cabeza al techo. *Mag*, medir lo alto de la casa. *Hin*, lo que. *Y*, con que. Sinónomos *Siya*, *Sacdal*. *Sumuco ang carunungan*, llegó á sazon, ó al término su sabiduría.

SOCÓ. pp. Sujetarse, rendirse, *Vm*. Si mucho, *Magsi*. A quien, *An*. Lo que, *Y*. Sinónomo *Sohol*.

SOCÓ. pp. Media libra. *May calauang soco*, cate y medio.

SOCÓ. pc. Dejarse ver antes que á otro. *Sa aquin muna socò, bago sa Padre*. *Sa aquin muna paquita, bago sa Padre*.

SOCOB. pp. Poner una cosa debajo de otra, dormir dos debajo de una manta. *Mag*, l. *Magca*, taparse dos con una. *Vm*, l. *Maqui*, llegarse uno á otro. *Vm*, tapar á otro con su manta. *An*, á quien. *Y*, con que. *Casocob*, compañero. *Pag-an*, la manta con que se tapan, ó el lugar. *Mag*, y mejor *Vm*, tapar alguna cosa con otra. Lo que, *An*. Con que, *Y*. Estar tapado, *Naan*. Sinónomo *Soclob*. De aquí abarcar muchas cosas tapándolas. *Nasosocoban*. *Sangsinocoban*, lo mismo que *Santinacpan*.

SOCOB. pp. Recoger la gallina los pollos, *Vm*. Los pollos, *An*.

SOCOB. pc. Medriñaque.

SOCOL. pc. Estar violento, como encerrado. *Vm*, l. *Mag*, l. *Maca*, detener á alguno. *In*. el detenido. Si mucho, *Pag-in*. El lugar, *An*, l. *Pag-an*. *Ma*, estarlo. *Quinaan*, el lugar. La causa, *Ica*. Sinónomo *Piit*, *Piguil*, *Socol na raan*, camino sin salida. Metáf.

SOCOL. pp. Medir de alto á bajo, ó vice-versa, *Vm*. Lo que, *In*. *Mag*, aplicar algo, para ver si es bastante. Lo que, *Y*. Donde, *An*.

SOCONG. pp. Manojo de bejucos. *Casocong*, uno. *Vm*, l. *Mag*, hacer manojo. *In*, ser hecho. *Pag-in*, pc. Si mucho. Con que ó causa, *Y*.

SOCOT. pp. Agacharse, *Vm*. A donde, *An*. *Sosocotsocot*, confundirse delante de otro.

SOCOT. pp. Hacer el buz á otro, *Vm*. A quien, *In*. Con que, *Y*.

SOCPÓ. pc. Vide *Sugpò*. pc.

SOCSOC. pc. Encajar, *Mag*. Lo que, *Y*. A donde, *An*.

SOCSOC. pc. Sumitur pro peccato nefando. *Vm*, actus hujus peccati.

SOGABANG. pp. Andar inclinado el cuerpo como el viejo. *Ma*, l. *Mapa*, andar así. Si mucho, *Sosogasogabang*. Vide sus sinónomos *Sonḡabang*, *Sobong*, *Sonḡasong*, *Sobsob*, *Sobasob*, *Sogapang*.

SOGAOC. pp. l. *Sogaong*. Caer de hocicos. *Na*, l. *Napa*, ser arrojado. *Ipina*, él.

SOGAONG. pp. Lo mismo que el antecedente.

SOGAPÁ. pp. Furia del borracho. *Ma*, l. *In*, padecerla. *Vm*, l. *Maca*, causarla. Con que, *Y*. A quien, *In*. *Sugapain*, borracho furioso. Vide *Sugapà*. pp.

SOGAPANG. pp. Vide *Sogabang*, con sus juegos.

SOGASOG. pp. Meter algo con fuerza en parte estrecha. *Vm*, á sí mismo. *An*, donde. *Mag*, meter otra cosa. *Y*, lo que. Donde, *Pag-an*. Sinónomo *Sogasoy*.

SOGASOY. pp. Lo mismo que el antecedente.

SOGBO. pc. Zambullirse brevemente, *Vm*. En donde, *Sogbohan*. pc. Lo que es zambullido, *Y*.

SOGUI. pp. Palabra que corresponde al Dominus tecum, que decimos al que estornuda. *Pa*, el que la dice. *In*, el saludado.

SOGUIGUÍ. pp. Refregarse los dientes, *Mag*. Los dientes, *In*. Con que, *Y*. A quien, *An*. Nombre, *Mapag*.

SOGNÓ. pc. Añadir para ensanchar lo estrecho, *Mag*. Lo que, *Y*. A que, *An*.

SOGNO. pc. Echar en la olla varias raices y hojas fáciles de cocer, como coles. *Mag*, cocer así. Lo que, *Y*. La olla, *An*.

SOG-OC. pc. Arar segunda vez lo arado. *Mag*. Lo que, *In*.

SOGOR. pp. Navegar contra el viento, *Vm*. Si mucho, *Mag*. pc. El viento contra que, ó el lugar á que pretende llegar, *In*, l. *Ma*. Si mucho, *Pag-in*. pc. Con que, *Y*. El lugar por donde, *Pag-an*. pc. Sinónomos *Salangsang*, *Sumang*, *Songsong*.

SOGOR. pp. Ensenada. *Pasogor tayo*, metámonos en ella.

SOGOT. pc. Quererse, avenirse dos ó mas, *Magca*. Causa ó razon de amarse, *Pag-an*. *Casogot nang loob*, *Catoto*.

SOGSOG. pc. Meter algo de propósito en parte estrecha, *Vm*. El agujero, *In*. Lo que, *Y*. *Ma*, atascarse la carga en el arcabuz, ó lo metido en el agujero. *Maca*, atascarlo.

SOGSOG. pc. Inquirir la verdad, *Vm*. Lo que, *In*. Donde, *An*.

SOHÁ. pc. Naranja grande. Sinónomo *Lucban*.

SOHAY. pp. Puntal. *Vm*, l. *Mag*, apuntalar. Si mucho, *Mag*. pc. Ser apuntalado, *In*, l. *An*. Si mucho, *Pag-an*. pc. Con que, *Y*. Refran. *Di magsuhay, cun di humanĝin*, dejarlo para tiempo crudo.

SOHÍ. pc. El que nace de piés. Abstracto, *Casohian*.

SOHI. pc. Postura de dos cosas opuestas, como piés con cabeza. *Mag*, l. *Magca*, estar así. *Magsohian*, ponerse dos así de propósito. *Y*, l. *In*, ser puesta una cosa. *Pag-in*, las dos.

SOHOL. pp. Cohecho. *Vm*, l. *Mag*, cohechar. Si mucho, *Mag*. pc. A quien, *An*. Si mucho, *Pag-an*. pc. Causa ó con que, *Y*. Si mucho, *Ipag*. pc. Pedir cohecho, ó dejarse cohechar, *Pasohol*.

SOHOL. pp. Pagar al alcahuete ó testigo. *Magpa*, pedir cohecho. A quien, *Pina*. Lo que, *Ipa*. A quien lo dá, *Pa-an* A quien se dá, *An*. Lo que se toma, *In*.

SOHONG. pc. Unas como langostas. Sinónomo *Camobal*. Afilar mal el cuchillo.

SOHOT. pp. Aplacar al enojado dándole algo, *Vm*. Si mucho, *Mag*. pc. *In*, á quien. Si mucho, *Pag-in*. pc. La causa, *Y*, ó dádiva con que. Si mucho, *Ipag*. pc. Sinónomo *Soco*, *Soyo*.

SOLÁ. pp. Meter el cuchillo por la garganta como á los puercos, *Vm*. A quien, *In*. Si mucho, *Pag-in*. pc. Con que, *Y*. *Manola*, andar dando estocadas. De aquí, *Hinola*. pp. La señal que queda de cualquier golpe. *Man*, quedar.

SOLÁ. pp. Piedra preciosa.

SOLÁ. pc. Empalar, *Vm*. A quien, *In*. El palo, *Y*. El oficial, *Manonola*.

SOLAC. pc. Hervir la morisqueta. *Vm*, l. *Magsosolac*, l. *Sosolacsolac*: cuadra á cualquier otro licor, sangre, &c.

SOLAM. pp. Labor de aguja. *Vm*, l. *Mano lam*, labrar, y si mucho, *Mag*, pc. *An*, la ropa. Si mucho, *Pag-an*. pc. Con que, *Y*. *Solamin*. pp. Labor imitada. Si mucho, *Pag-in*. pc.

SOLAONG. pp. Aporcar, como los camotes, amontonando la tierra, *Vm*. Ellos, *An*. La tierra, *Pag-an*.

SOLANOY. pc. Bambalear. *Mag*, l. *Sosolasolanoy ca, nang lanĝo*, bambaleas como borracho.

SOLASI. pp. Albahaca.

SOLASOLASIHAN. pp. Una yerba. Sinónomo *Pansipansi*.

SOLASOR. pp. Menear el pié refregando con él, ó quitando alguna cosa que está en el suelo, *Mag*. Lo estregado, *In*. El pié con que, *Y*. Mas usado es *Lisor*.

SOLASOR. pp. Vide *Salisor*. pp.

SOLASOR. pp. Ozar el puerco, *Vm*. Lo que, *In*. Sinónomo *Ombang*.

SOLASOR. pp. Oler como el gato cuando se quiere proveer, *Vm*, l. *Mag*. Lo olido, *In*.

SOLAUIT. pp. Garabato puesto en algun palo ó caña. Vide los juegos de su sinónomo *Salauit*.

SOLAY. pp. Bambalearse como el borracho. Vide *Solanoy*, con sus juegos.

SOLÍ. pc. Mirar con ojos airados. *Soli nang soli ang mata, ay sinong lalapit sa caniya?* Quién se le ha de arrimar, mirando con tales ojos? Sinónomo *Soliling*. pc.

SOLIB. pp. Envidia que le causa el prógimo, *Mag*. Contra quien, *Pinag*. Porque, *Ipag*. Vide *Sisib*.

SOLIB. pc. Entrar debajo de catre, silla, &c. *Vm*. Lo que, *Y*. *Napasosolib*, procurar entrar. *Mag*, meter algo debajo de silla. *An*, donde.

SOLIB. pc. Almejas. *Manolib*, cogerlas. *Panoliban*, el lugar. *Ipapanolib*, para quien ó con quien.

SOLIBANG LOOB. pc. Envidioso.

SOLICAP. pp. Pezuña de animal.

SOLILING. pc. Mirar al desgaire como el enojado. *Sosolisoliling*, mirar así. Es término de Manila.

SOLIRANIN. pp. Cantar esta palabra bogando, *Mag*. Por quien, *Ipag*.

SOLINAO. pp. Ritos antiguos. *Casolinauan*, abstracto. *Solinao si Pedro, baga man duc-hà*, hace raya aunque pobre.

SOLINDING. pc. Lo mismo que *Soliling*. pc.

SOLITAN. pc. Medio sordo. *Casolitan*, la sordera.

SOLIYAO. pc. Escudilla de caldo.

SOLIYAP. pc. Mirar al soslayo, *Vm*, l. *Mag*. A quien, *An*. Si mucho, *Pag-an*. Causa ó que, *Y*. Nombre, *Masoliyapin*. Sinónomo *Soliling*. pc.

SOLIYAP. pp. Meter el dedo en los ojos haciendo el ecce. *Vm*, l. *Mag*, l. *Manoliyap*, andar haciendo esto. A quien, *An*.

SOLIYASIR. pp. Un pájaro como pato.

SOLO. pc. Doblado ó arqueado. *Masolo ang tari*, navaja corva.

SOLÓ. pc. Hachas de cañas ó varas secas y quemadas las hojas. *Manolo*, cogerlas. *Panoloan*, lugar. *Ipanolo*, causa ó para quien. *Casoloan*, pc. Lugar de muchas.

SOLO. pc. Deslumbrarse, *Ma*. Serlo, *In*. Deslumbrar, *Maca*. Donde, *Ca-an*.

SOLO. pc. Pala de animal. Vide *Culis*. pc.

SOLOBASIB. pp. Beber con cañuto, *Vm*. Mejor, *Mag*. Lo que, *Pag-an*. La causa, *Ipag*.

SOLOBASIB. pp. Inquietud del puerco comiendo, *Manolobasib*. Lo que, *In*. A donde, *An*. Con que, *Y*. Sinónomo *Sibasib*.

SOLOC. pp. Rincon ó esquina. *Napasosoloc*, ponerse al rincon ó proveerse. *Soloc sa pilipisan*, aladares ó rincones de las sienes. *Panoloc*, barigue con que hacen esquina á la casa. *Panolocan*, á lo que se hace. *Ipanoloc*, el barigue de que.

SOLOC. pc. Vivir con otro en el rincon de su casa. *Mag*, pc, vivir dos así, ó recibir á otro así. A quien, *Ipag*. Vivir con otro así, *Maqui*. Con quien, *Paquian*.

SOLOCAN. pc. Vide *Pisao*.

SOLOCASOC. pc. Astío. *Maca*, causarlo. *Ica*, la causa. Abstracto, *Casolocasocan*, pp. *Casolosolocasoc ang asal mo*, causan astío tus costumbres.

SOLOG. pp. Colmar ó llenar la medida, *Mag*. Ella, *An*. Estar, *Ma*.

SOLOHAN. pc. Alcahuete, tercero. *Mag*, usar de él. *In*, ser tomado. *Pagsolohanan*, á quienes alcahuetea.

SOLOL. pp. Renuevo, callo, pimpollo ó cogollo. *Magca*, haberlo de nuevo. *Ipag*, la causa. *Vm*, ir saliendo. Sinónomos *Ogbos*, *Osbong*: propiamente se aplica á los pimpollos de gabes ó camotes.

SOLONG. pp. Rempujar hácia adelante, *Mag*. *Y*, lo que. Si mucho, *Ipag*. pc. *An*, hácia donde. *Vm*, ir adelante.

SOLONG. pp. Acometer al enemigo, *Vm*. El *An*. *Nasosolong sa rati ang cabanalan*, vá adelante la virtud. Metáf.

SOLONG. pc. Barranquilla, cuestecilla. *Masolong na lupa*, tierra de muchas. Sinónomos *Saog*, *Auog*, *Batis*, *Bang̃in*.

SOLONG̃ALING. pp. Lo mismo que *Sinong̃aling*.

SOLONG̃OT. pc. Ceño. *Vm*, irse haciendo ceñudo. Contra quien, *Pag-an*. *Mag*, *Nang muc-ha*, poner la cara así. *Solong̃ot na muc-ha*, de cara así.

SOLONGSOLONG. pp. Instrumento para barrer, escoba.

SOLONGSOLONG̃AN. pp. Cajoncillos.

SOLONMANG̃AYAO. pc. Exhalacion, ó vapor que pasa ligeramente encendido.

SOLOP. pp. Entrar agua en la herida, *Ma*. La herida, *In*.

SOLOP. pp. Subir la sangre al cutis. *Vm*, l. *Manolop*, asomar así. *Ma*, estar así colorado. *An*, l. *Panolopan*, ser así sonrosado.

SOLOP. pc. Penetrar lo líquido, como en vizcocho, ropa, &c. *Vm*, l. *Mag*. Lo penetrado, *In*. Estarlo, *Ma*. La causa, *Ica*, l. *Naca*. En que ó donde, *Ca-an*. *Masolop*, lo así calado.

SOLOPÁ. pc. Ingerir, *Mag*. El ingerido, *Y*. Donde, *An*.

SOLOPACAYA. pp. Hablador, murmurador. *Dibigan sa licod*.

SOLOPANAC. pp. l. *Solopanacà*. pp. Hombre de dos caras. *Vm*, irse haciendo. *Mag*, serlo. De quien, *Pag-an*. Abstracto. *Casolopanacaan*. *Solopacana*. pp. *Hatid dumapit*.

SOLOPICÁ. pc. Embustero; mas que *Sinong̃aling*. *Vm*, irse haciendo. *Mag*. serlo. *Casolopicaan*, abstracto.

SOLOSOG. pp. Vide sus sinónomos *Solsog*, *Sosog*. pp. *Salosog*.

SOLOT. pc. Llave. *Mag*, traerla. *Vm*, abrir ó cerrar con ella. Si mucho, *Mag*. *In*, la caja abierta ó cerrada. Si mucho, *Pag-in*. Con que, *Y*, l. *Ipag*.

SOLOT. pc. Hurgar con palo ó con la mano, *Vm*. Lo que, *In*. Con que, *Y*. A quien, *An*. Si mucho, *Mag*, con sus tres pasivas. *Con di solotin, di mabahin*, llevado por mal. *Solotan*. pp. La cerradura.

SOLOT. pc. Disminuido, menguado. *Solot ang pagaani*, cosecha disminuida. No tiene mas uso.

SOLOT. pc. Meter algo en cesto ó agujero. *Mag*. Lo que, hurgando, *In*. Metiendo, *Y*.

SOLOT. pc. Alzar la mesa despues de comer. *Vm*, l. *Mag*, alzarla. *In*, serlo. *Sososolotan*, lugar en que se guardan los materiales de la mesa.

SOLOT. pc. Enclavijar los dos. *Pagsolotin ang dalauang camay*.

SOLOY. pc. Vide *Solol*, con sus juegos.

SOLPÁ. pc. Cuña ó tarugo de palo. *Mag*, meterlo. *Solpaan*, en donde. *Y*, el tarugo.

SOLPA. pc. Añadir caña corta, metiendo una en otra, *Mag*. Los dos, *Pinag*. Lo que, *Y*. Sinónomo *Pasac*.

SOLPONG. pc. Flecha con caña aguda en la punta, *Balac*.

SOLSOG. pc. Vide *Solog*, con sus juegos.

SOLYAO. pc. Vide *Soliyao*. *Manolyao*, buscar, ir por ella, tomar cada uno una escudilla. *Mag*, meter algo en ella. *In*, lo que.

SOMÁ. pp. Un bejuco que se enreda. Sinónomo *Lactang*.

SOMAC. pp. Entremeterse, mezclarse, *Vm*, l. *Maqui*. *An*, l. *Paqui-an*, con quienes. *Y*, lo que, ó causa. Sinónomo *Halo*, *Sama*, *Salamoha*, *Samoc*.

SOMAC. pp. Añadir un cordel con otro, como inhiriendo los cabos, *Vm*, l. *Mag*. Lo que se añade, *Y*. A quien, *In*, l. *An*. Sinónomo *Tugda*. pc.

SOMANG. pp. Navegar contra el viento, *Vm*, l. *Mag*. El viento, *In*. Con que, *Y*. Sinónomos *Sogor*, *Songsong*, *Salangsang*.

SOMANG. pc. Ponerse al resistero del sol, lluvia, &c., *Vm*. A lo que, *In*.

SOMBAL. pc. Volverse atrás del concierto, *Vm*. La causa, *Y*. *Magpa*, hacer que otro se vuelva atrás. *Pasombalin*, á quien. *Ipag*, las razones con que.

SOMBAL. pc. Aborrecer la comida, *Vm*, l. *Ma*. A lo que, *An*, l. *Ca-an*. Frecuent. *Masombalin*.

SOMBALI. pp. Meter el cuchillo por la garganta como á los puercos, *Vm*. Si mucho, *Mag*. A quien, *Sombalihin*. Si mucho, *Pag-hin*. pc. Con que, *Y*. Lugar, *Pag-han*. *Mag*, herirse á sí mismo.

SOMBAT. pc. Mezcla de plata y oro. *Mag*, mezclar. Lo que echa, *Y*. A donde, *An*. Los dos metales, *Pag-in*. *Tauong may sombat*, hombre falso, ó de linage bajo.

SOMBÍ. pc. Aposentillo pequeño que añaden á la casa. *Mag*, hacerlo ó permitir que otro lo haga. *Vm*; l. *Man*, tener aposentillo, acomodándose en casa de otro. *Somosombi ang duc-há sa maguinoo*. *Sombian*, la casa á que se añade.

SOMBILANG. pp. Un pez de la mar sin escamas. Sinónomo *Patona*.

SOMBO. pc. Candil ó lámpara. *Mag*, encenderla. *Ipag*, l. *Sombohan*, el aceite, que se enciende, ó se echa en la lámpara. *Sombohan*, el mismo candil ó lámpara.

SOMBOL. pc. La flor del tambó. *Casombolan*, muchedumbre de ellas. De aquí.

SOMBOL. pc. Gallardete de navío. *Mag*, ponerlo. *Y*, él. *An*, donde. *Bitoing may sombol*, cometa.

SOMBONG. pc. Chisme, acusacion. *Mag*, chismear. *Ipag*, ser chismeado. *Pag-an*, á quien ó ante quien. *Mapag*, l. *Sombonğin*, l. *Sombonğan*. pp. Chismoso, soplon.

SOMPILAO. pp. Dormitar dando cabezadas, *Ma*. La obra en que, *Ca-an*. Causa, *Ica*.

SOMPIT. pc. Cerbatana ó geringa. *Mag*, traerla. *Vm*, tirar con ella ó echar geringa. Frecuent. *Manumpit*. A quien ó á donde, *Pag-an*.

SOMPONG. pc. Topar, encontrar. *Vm*, una cosa con otra. Si mucho, *Magsosompong*. Andar topando, *Sosompongsompong*. *Mag*, topar dos cosas entre sí una con otra. *In*, ser topada una. *Pag-in*, las dos. Con que, *Y*. *Nagcasosompongsompong*, encontrarse acaso. *Maquisompong ang bulisjo sa Panğinoon*, se pone el esclavo con el amo.

SOMPONG. pc. Acometer como las tentaciones, *Vm*. A quien, *In*. Sinónomo *Saguimsim*, *Salamisim*.

SONAT. pc. Circuncision. *Vm*, circuncidar á otro. *Mag*, l. *Pasonat*, á sí mismo, ó dejarse circuncidar. *In*, serlo. *Y*, con que. *Ma*, estar. El usado ahora es *Tuli*.

SONDANG. pc. Cuchillo. *Mag*, traerlo. *In*, el cuchillo. *Manondang*, andar dando con él. *In*, á quien. *Y*, con que.

SONDAY. pc. Inclinacion, ó inclinarse casa, palo, &c. *Ma*, estar así. *Mag*, inclinar de propósito. *Y*, ser inclinada. *Ica*, la causa. *Casondayan*. pc. Inclinacion ó ladeamiento. *Ang cahoy cun saan ang sunday, doon ang hapay*, ubi ceciderit. Sinónomos *Dahilig*, *Salig*.

SONDIN. pc. Hermano mayor del inmediato fuera del primogénito: sale de *Sonod*.

SONDOL. pc. Hurgar punzando con palo ó con el dedo, no derechamente, sino inclinando algun tanto, *Vm*. Si mucho, *Magsosondol*. Frecuent. *Manondol*. Ser hurgado, *In*. Si mucho, *Pag-in*. Con que, *Y*, l. *Panondol*. Donde, *An*, *Ma*. acaso. *Mag-an*, mútuo.

SONDOL. pc. Aguijon de abeja. *Vm*, herir con él. A quien, *In*. Con que, *Y*, l. *Panondol*.

SONDONG. pc. Levantar con alzaprima, *Vm*. Lo que. *In*. Con que, *Y*.

SONDONG. pc. Palo que ponen para levantar la vela ó puntal con que apuntalan. *Mag*, ponerlo. *Y*, él. Donde, ó á lo que, *An*, l. *In*.

SONDOT. pp. l. *Sondolan* pp. Rueca que se hace del *Talopac*, ó tela del racimo de *Bonga*.

SONĞA. pc. Oler. Vide *Amoy*. Es palabra usada en Antipolo, Barás y sus montes.

SONĞABANG. pp. Caer de hocicos. Vide su sinónomo *Sobong*. pc. Con sus juegos.

SONG-AL. pc. Lastimarse acaso la boca. *Maca*, el palo que lastima. *Na-an*, la boca.

SONĞAL pp. Reparar, prevenir, *Vm*. Serlo de propósito, *In*. Causa ó con que, *Y*.

SONĞAL. pp. Desatinar. *Sosonğalsonğal*, andar así.

SONĞAO. pp. Encontrar á otro. Vide *Songdo*.

SONG-AR. pp. Asirse ó enterrarse la punta de algun madero. que se va estirando, *Vm*, l. *Ma*. En que, *Quina-an*. La causa, *Naca*, l. *Ica*.

SONĞAR. pp. Oler levantando el hocico, *Vm*, l. *Sosonğarsonğar*. Seguir por el olfato, *Vm*. Lo que, *In*.

SONĞAR. pc. l. *Sonğor*, hocico, trompa, pico de ave, &c. *Mag*. pp. Hocicar. Lo que, *In*.

SONĞASONG. pp. Caer de hocicos. Vide *Sonğabang*, su sinónomo.

SONĞAY. pp. Cuerno. *Mag*, salir. *An*, al que se le pone. *Y*, el cuerno puesto *Sonğayan*. pp. Venado de cuernos grandes.

SONĞAYCAMBING. pc. Plátanos algo larguillos.

SONGCO. pc. Apercibir alguno para algo, *Vm*. Si mucho, *Magsosongco*. Frecuent. *Manongco*. *Songcoin*, ser apercibido. Si mucho, *Pag-in*. La causa, *Y*.

SONGCO. pc. Ir en seguimiento de otros que fueron enviados, *Vm*. De quienes, *In*.

SONGCO. pc. Topar con las cabezas, *Nagcasosongco*, toparse. *Vm*, topetear. *In*, á quien.

SONGCO. pc. Probar las fuerzas de otro, *Vm*. De quien, *In*.

SONGCOL. pc. Golpe ó puñada. *Vm*, darla. *In*, á quien. *Ma*, acaso. *Y*, con que. *Manongcol*, frecuent. Sinónomo *Songo*.

SONGDO. pc. Ir en busca de otro, *Vm*. Si mucho, *Magsosongdo*. A quien, *In*. Si muchas personas, *Pag-in*. La causa, *Y*, ó lo que es llevado. *Mag*, llevar algo, ó aposentarse en la casa de aquel á quien fué á buscar. *Sondoan*, á quien es llevado. *Pag-in*, ser buscado hasta ser hallado.

SONGDO. pc. Atinar con lo que antes no atinaba, *Ma*. Lo que, *Nasongdoan*, *Naca*, hallar ó toparse con algo. Lo que, *Naan*. Sinónomo *Toto*.

SONGDO. pc. Andar en busca de juegos, convites, &c. *Manongdo*. Lo que, *In*.

SONGDO. pc. Conformarse, avenirse dos, *Magca*. La causa, *Ipagca*. En que, *Pagcacasongdoan*. *Papacasongdoin mo sila*, haz que se avengan. *Casongdo*, aquel con quien se aviene.

SONGDONG. pc. Apuntalar la vela, *Vm*. La vela, *In*. *Mag*, aplicar el puntal. La caña, *Y*.

SONGGA. pc. Detener, como á la bola, *Vm*. Lo que, *In*. Vide su sinónomo *Sanga*, con sus juegos.

SONGGAB. pc. Acometer echando las garras, *Vm*. Si mucho, *Magsosongab*. A quien, *Songaban*. Si mucho, *Pagsosongaban*. Con que, *Y*. Si mucho, *Ipag*. *Mag-an*, mútuo. *Ma-an*, ser cogido. Sinónomo *Sambilat*. Frecuent. *Manongab*.

SONGGAB. pc. Caer de hocicos, *Ma*. Donde, *Na-an*.

SONGGO. pc. Puñada ó golpe. *Vm*, darla. A quien, *Songohin*. Vide su sinónomo *Songcol*.

SONĞÍ. pc. Labio partido. Abstracto, *Casonğian*.

SONĞILSONĞIL. pc. Hacer algo tuerto, como escribir, coser, &c. *Mag*. Lo que, *In*. *Songilsongil*, l. *Nagcasosongilsongil ang pananahi*, estar así. Sinónomo *Quitoquilo*. pc. *Songisongi*. pc.

SONGISONGI. pc. Lo mismo que el antecedente.

SONGILNGIL. pc. Dar con la mano en la boca á otro, ó con palo, *Vm*. A quien, *An*. La boca, *In*. Con que, *Y*, l. *Pansongilngil*.

SONGIT. pp. Regañon, mezquino, ratero. *Masongit na tauo*, hombre así. La causa, *Y*. Abstracto, *Casongitan*. pp. Sinónomos *Salimoot*. *Saligotgot*.

SONGLO. pc. Desconcierto de alguna parte del cuerpo. *Ma*, desconcertarse. *Ica*, la causa. Sinónomo *Song-ol*.

SONGLOG. pc. Preguntar tentando, *Vm*. A quien, *In*. *Manononglog*, tentador.

SONGGO. pc. Soplar fuego con eficacia. *Sosongosongo*, l. *somongosongo*, soplar así.

SONGGOL. pc. Dar algo de punta, como el pié en piedra ó palo. *Ma*, herirse. *Vm*, de propósito. A quien, *In*. Donde, *An*. Vide *Songcol*.

SONGGOL. pc. Lo mismo que *Songlo*, con sus juegos.

SONGLOY. pc. Perro flaco y hambriento que anda de aqui para allí, buscando algo que comer. *Asong sosongloysongloy*, lo mismo que *Hahalihalimod*. *Casongloyan nang cayayatan*, esta propiedad.

SONG-OR. pc. Lo mismo que *Sangor*.

SONG-OR. pc. Empalagarse con leche de cocos. Vide *Diig*, con sus juegos.

SONGOT. pp. Geño, *Nagsosososongot*, l. *Sosongotsongot*. *Ipag*, la causa. *Namomongot*, el que de ordinario.

SONGOT. pc. Arista ó punta aguda de arroz, hocico de camaron. *Ma*, ser picado de ella. *Ica*, la causa. *Maca*, en activa.

SONGPONG. pc. Vide *Sompong*, con sus juegos.

SONGQUIT. pc. Caña con garabato para alcanzar algo, como fruta de árbol. *Vm*, alcanzar. Si mucho, *Magsongquitsongquit*, l. *Magsosongquit*. Lo cogido, *In*. Si mucho, *Pag-in*. Con que, ó persona para quien, *Y*. El árbol, *An*. El mismo árbol ó lugar, *Pag-an*.

SONGQUIT. pc. Levantar algo con la punta del palo ó caña, echándolo hácia arriba, *Vm*. Lo que, *In*. Con que, *Y*.

SONGSONG. pc. Navegar contra el viento, *Vm*, l. *Manongsong*. El viento contra que, *In*. Con que ó causa, *Y*, l. *Ipanongsong*. Sinónomos *Sogor*, *salongsong*, *salangsang*, *somang*.

SONGSONG. pc. Pagar á otro la parte que tiene en alguna cosa para que se le quede toda la que queda para él, *Vm*. La cosa, *Y*. Aquel cuya parte se le paga, *An*.

SONGSONG. pc. El reino de la China.

SONGHÍ. pc. l. *Sorhi*. pc. Certificarse. Vide *Tanto*.

SONO. pp. Vivir en casa de otro, *Vm*, l. *Maqui*, l. *Manono*. Con quien, *An*, l. *Paquian*. Causa, ó con que, *Y*. *Mag*, vivir dos en compañía, ó meter otro en su casa para que viva con él. *Ipag*, el tal. *Vm*, vivir en casa agena por deuda. Con quien, *An*. La casa en que, *Pag-an*. El compañero, *Casono*. *Magca*, los dos.

SONOC. pc. Empalagarse, *Ma*. Causa, *Maca*, l. *Ica*. Aquello de que, *Quinasosonocan*.

SONOG. pp. Quemar, *Vm*, l. *Maca*. *In*, ser quemado. Si mucho, *Pag-in*. pc. *Ma*, acaso. *Quinasonogan*, á do. La causa, *Y*. *Magca*, haber fuego. Nombre, *Sonog*. pc.

SONOG. pp. Teñir el vino con arroz ó miel quemada, *Mag*. El vino, *An*. La olla en que, *Pinag-an*, ó heces que quedaron en ella.

SONOG. pc. Un pescado así llamado.

SONONG. pp. Cargar algo sobre la cabeza, *Mag*. Lo que, *In*. Si muchas cosas, *Pag-in*. pc. A quienes se ha puesto la carga, *An*. *Vm*, y mejor *Mag*, levantar la carga para ponerla en la cabeza. *Y*, l. *In*, ella. Si muchas, *Pag-in*. pc. l. *Ipag*. pc. *Sononğan*. pp. El trapo sobre que asientan la carga.

SONONGALING. pp. Vide *Sinongaling*.

SONOR. pc. Seguir en pos de otro, obedeciéndole. *Vm*, uno á otro. Si mucho, *Sosonorsonor*. Frecuent. *Manonor*. *Mag*, caminar dos uno en pos de otro; y si mas, *Mangag*. Ser obedecido ó seguido uno de otro, *Sondin*; tambien lo en que obedece. Ser seguido ó acompañado de modo que vayan casi juntos, ó el que vá delante guiando, *Sondan*. *Ang bulag ay dili mangyaring sondan nang capoua bulag*, un ciego no puede guiar á otro ciego. *Sinundan*, es el hermano á quien le siguió otro inmediatamente. *Sinundan*, l. *Sondin*, l. *casomonod*, hermano mayor. Los dos hermanos que se siguieron en el nacer, *Magsomonod*. *Sondan mo ang Padre nang candila*, acompaña al padre con la candela. *Pagsondan*, el camino por do. *Pagsondin*, ser puestas dos cosas una detrás de otra; y si mas, *Pagsondinsondin*. *Nagcacasonorsonor*, estar las cosas puestas en órden. *Casonod*, compañero en el camino. *Magca*, juntarse acaso en él, y lo mismo *nacasonor cq sa raan*. *Mag*, llevar otro en su compañía. *Ipag*, el llevado. *Y*, l. *Ica*, la causa. *Mag-an*, obedecer dos mútuo.

SONTOC. pc. Coscorron. *Vm*, darlo. Si mucho, *Magsosontoc*. *In*, el dado. Si mucho, *Pag-in*. Causa, ó con que, *Y*. Si mucho, *Ipag*. *Mag-an*, mútuo. Frecuent. *Manontoc*.

SOOR. pp. Olor, zahumerio. *Vm*, zahumar uno á otro. *Mag*, á sí mismo. Tambien cosas como ropa. *In*, ser zahumado. Si mucho, *Pag-in*. pc. Con que, *Y*. Causa ó persona para quien, *Ipag*. *Sooban*. pp. En que, l. *Pag-an*. Instrumento, *Panoob*. Dar humazo como los ladrones, *Manoob*.

SOONG. pp. Entrar el pescado en la red, *Vm*. La red, *In*. *Pasoongin mona natin ang isda*, aguardemos á que entre primero el pescado. Solo sirve para cuando hay mucho.

SOONG. pp. Probar las fuerzas con las manos. *Mag*, los dos. *Maqui*, el uno. *Paquian*, con quien. *Ipaqui*, la mano.

SOOT. pp. Entrar como en agujero, *Vm*, l. *Mag*. Si en muchas partes, *Mag*. pc. Lugar, *An*, l. *Pag-an*. Si muchos, *Pag-an*. pc. Si entra á tomar algo, *In*. Si mucho, *Pagin*. pc. Meter algo, *Y*. Lo metido, *Pag-in*. *Mag*, en activa.

SOOT. pp. Penetrar como el frio en el cuerpo, *Nanonoot*. La causa, *Ipina*.

SOOT. pp. Bordar el petate, *Manoot*. pc. Con que,

Panoot. Sinónomo *Socsoc*. *Hindi magcasoot looh ang magasaua*, no se avienen bien.

SOOT. pc. Morisqueta quemada, *Masoot na canin*. La causa, *Naca*, l. *Ica*.

SOOT-CAMAY. pc. Alzar las manos en alto como el afligido, *Mag*. La causa, *Ipag*.

SOOÍ. pp. Division, reparticion. *Vm*, l. *Mag*, repartir. Si mucho, *Mag*. pc. Lo que, *Y*, l. *In*. Si mucho, *Pagin*. pc. A quien, *An*. Si mucho, *Pag-an*. pc. Con que, *Y*.

SOPÍ. pp. Incontrastable, incorregible. *Di masopi*, lo mismo que *Di masauay*. Sinónomo *Sopil*.

SOPIL. pp. Lo mismo que el antecedente.

SOPIL. pp. Descortés. *Vm*; serlo. A quien, *In*.

SOPLING. pc. Renuevo en el tronco ó pié del árbol. *Vm*, ir saliendo. *Mag*, l. *Magca*, tenerlos. *Soplingan*, el árbol. Si muchos, *Pag-an*. Tambien se aplica á las llaguitas que salen cerca de la llaga grande que se vá cerrando.

SOPONALAT. pp. Langostas marinas.

SOPOT. pp. Alforjas, bolsa ó talega. *Mag*, hacerlas, traerlas, meter algo en ellas. *In*, ser traidas, ó lo metido. Vide *Olapot*.

SOPOT. pc. Arroz sin espiga. *Magsi*. pc. Estar asi. *Ipanopot*. pc. La causa. Sinónomo *Gondic*.

SOPOT. pp. Mezclarse con otro sin ser llamado, *Vm*, l. *Maqui*. Si mucho, *Mag*. pc. Con quien ó á quien, *An*. l. *Paquisopoian*.

SOPOY. pp. Presentarse de su voluntad, *Vm*. A quien, *An*.

SOPSOP. pc. Vide *Hithit*. *Sipsip*. pc. *Hiphip*. pc.

SOQUÍ. pp. Puntal á modo de aspa. *Mag*, apuntalar. *An*, lo que. *Y*, con que. *Maraming soqui ang loob niya*, tiene muchos escondrijos.

SOQUIB. pc. Meter la mano entre la ropa para calentarse. *Mag*. La mano, *Y*.

SORAI. pp. Bambalearse como el borracho, *Sosoraysoray*. La causa, *Y*. *Masoray na sorlan*, se dice del huso que se menea mucho.

SORI. pp. Puntero con que igualan los hilos de la tela que ván tejiendo, ó cualquiera punta muy aguda. *Vm*, picar con ella. *In*, ser picado. *Y*, con que. *Ma*, acaso. Sinónomo *Doro*.

SORHI. pc. Certificarse. Vide *Tanto*. Es de los Tagalos.

SORIP. pp. Venado de leche.

SORLAN. pc. Huso.

SORLONG. pc. Dos maderos punta con punta. *Magca*, estar asi. *Pinag-an*, las dos puntas en que se juntan. *Vm*, allegarse las puntas, carro ó embarcacion. l. *Maqui*, una á otra. *Y*, ser allegada. *An*, l. *Paquian*, á que.

SORLONG. pc. Rempujar á otro, asiéndole por el pescuezo. *Mag*. A quien. *Y*. Lugar, *An*.

SORLONG. pc. Es el palo que tiene el arado junto al *Oquil* ó timon.

SORO. pp. Cuchara pequeña. *Mag*. comer con ella. *Vm*, coger algo con ella. Si mucho, *Mag*. pc. Lo que. *In*. Si mucho, *Pag-in* pc. Con que, *Y*. A quien se le mete en la boca algo con ella, *An*. *Casoroan*. pc. Una cucharada.

SOROSORO. pp. Lo mismo que el antecedente.

SOROSORO. pp. Planta llamada lengua de perro.

SOROT. pp. Meter el dedo ó palillo en los ojos, *Vm*. Ser metido, *In*. Si mucho, *Pag-in*. pc. Con que ó causa, *Y*. Si mucho, *Ipag*. Acaso, *Ma*. La causa, *Ica*. *Sosorotin ang mata co*, me quiere meter los dedos por los ojos. Metáf. *Di magquitang sorotin*, se dice de una grande oscuridad.

SOROT. pp. Calafatear alguna abertura, *Vm*. La abertura, *In*. Con que, *Y*. *Nasorot nang sasà*, borracho.

SOROT. pp. Hablar dando con el dedo en los ojos, *Mag*. A quien, *Pag in*.

SOROT. pp. Chinche. *Masorot na bahay*, casa de muchas. *Magca*, haberlas.

SORIANG. pc. Pua de caña muy aguda. *Nasoriang*, enclavarse. Vide *Sobiang*.

SOSO. Pecho, teta, ubre. *Vm*, mamar. Si mucho, *Mag*. pc. La teta ó madre, *Han*. Y si mucho, *Pag-han*. pc. La misma teta ó leche, *Hin*. Si mucho, *Pag-hin*. pc. *Sosohan*. pc. Tetuda. *Magpa*, dar de mamar. *Pa-hin*, á quien. *Ipa*, la teta, ó leche, ó causa. Nombre. *Magpasoso*. *Masosohin*, mamon. *Manoso*, l. *Sosohan*. pp. *Ang aso*, reconocer las tetas del perro cazador.

SOSO. pp. Encender. *Vm*, tomando fuego. *Han*, la candela. *Mag*, dando fuego. El fuego, *Y*. Sinónomo *Solsol*. *An*.

SOSO. pp. Encender como el polvorin de arcabuz, verso, &c. *Vm*. l. *Manoso*. *Han*, á lo que. Con que, ó causa *Y*. *Isa ang sinosohan, ang lahat ay nagniningas*, uno es el malo, y todos lo pagan.

SOSÓ. pc. Caracolillo. *Manoso*, cogerlos. *Panosohan*, donde. *Ipanoso*, para quien ó causa.

SOSO. pc. Las hojas del cogollo del plátano, cuando aun están cerradas y tiernas. *Sosoan pa ang manga saguing*. Quiere decir, *Hindi pa nabubuca ang dahon*.

SOCOYOLI. pp. Acederas. Sinónomo *Taingang dagà*.

SOSOG. pp. seguir el rastro de otro para no errar en el camino, *Vm*. El camino, *In*.

SOSOG. pp. Caminar por rio de cabo á cabo, *Manosog*. Si mucho, *Magsipanosog*. El rio, *In*. Si mucho, *Pagsosoguin*. pc. *Pinanonosogan*, donde.

SOSOGDAPOG. pc. Esclavo.

SOSOHO. pp. Ofrecer al huesped de beber. *Vm*, l. *Mag*. A quien, *Sosohanin*.

SOSOLOTAN. pc. Canastillo.

SOSON. pc. Poner una cosa sobre otra, *Vm*, l. *Mag*. Estar dos cosas unas sobre otras, *Nagcasosonsoson*. Ser puesta una sobre otra, *In*. Si muchas, *Pagsosonsosonin*. Aquello sobre que, *An*. Sinónomo *Sapin*.

SOSON. pc. Lo mismo que *Songdo*, con sus juegos.

SOSOSONGOT. pc. Vide *Songot*.

SOSOP. pc. Cohechar, *Vm*. A quien, *An*. Lo que, *Y*. *Mag-pa*, l. *Pasosop*, pedir ó recibir el cohecho. Lo que, *In*.

SOSOP. pc. Falta de tiempo. *Sosop*. pc. *Aco nang panahon*, me falta el tiempo. Causa, *Naca*, l. *Ica*.

SOSOP. pp. *Sinosogan siya nang caniyang Ama*, lo mismo que *Inopalan nang Ama*.

SOSOPÓ. pp. Salero con tapadera.

SOSOT. pp. Ira, enojo contra otro. *Ma*. tenerlo. *Ca-an*, á quien. *Ica*, la causa. Sinónomo *Yit*.

SOSOT. pp. Hablar mal de otro, como por hacerle mal, *Vm*, l. *Mag*. De quien, *Ipag*. Ante quien, *Pag-an*.

SOSOT. pc. Bolsilla larga y estrecha. *Mag*, meter algo en ella. *Y*, lo metido. *Ma*, estar algo metido.

SOSOAN. pp. Tiborcillo pequeño.

SOSONACTA. pc. Un género de gabi.

SOSOUI. Pescado aguja.

SOSOI. pc. Algarrobas silvestres.

SOISOSOYAN. pc. Lo mismo que el antecedente.

SOTLAM. pc. Delicado. *Tauong masotlam*. Vide *Lamlam*.

SOTSOT. pc. Silvo, pito. *Vm*, pitar. Si mucho, *Magsosotsot*. *In*, á quien. Y si mucho, *Pag-in*. *An*, la persona que es llamada. Si mucho, *Pag-an*. Causa ó con que, *Y*. Nombre, *Mapanotsot*. Sinónomo *Pasouit*.

SOT-SOT. pc. Empapar, *Magpa*. Lo que, *An*. *Ma*, estarlo.

SOUÁ. pc. Palabra que decian cuando les sucedia algo, como nosotros Jesus.

SOUA. pc. Naranjas grandes.

SOUAC. pc. Partir trozo metiéndole cuñas, *Vm*. Si mucho, *Mag*. pc. *In*, lo que. Si mucho, *Pag-in*. pc. Con que, *Y*. *Pagsouacan*, lugar.

SOUAC. pc. Lo mismo que *Soac*. Asomarse de medio cuerpo. *Vm*, l. *Mag*, asomar á otro. Lo que, *Y*. *Nasouac*, l. *Napa*, caer así de cabeza.

SOUAG. pc. Cornada. *Vm*, darla. Si mucho, *Mag*. *In*, ser corneado. Si mucho, *Pag-in*. Causa ó con que, *Y*, *Mag-an*, dos mútuo. Nombre, *Mapanouag*.

SOUAGAN. pp. Pescado llamado así.

SOUAGUI. pp. Corona que se ponia la *Catolonan*. *Mag*, traerla puesta. *Han*, á quien se le ponia. *Y*, ella. Sinónomo *Potong*.

SOUAIL. pc. Inventar razones para hacer su voluntad. Vide *Balaquiot*, *Balaquibot*, pc. *Bulicauot*.

SOUAIL. pc. Atrevido, desvergonzado. Vide *Posong*. pc. *Gahasa*. pp.

SOUAL. pp. Caña para cortar zacate con ella, ó espeque. *Vm*, solibiar. Frecuent. *Manoual*. Ser solibiado, *In*. Con que, *Y*, l. *Ipanoual*. Sinónomo *Songcal*.

SOUANG. pp. Arracada. *Mag*, traerla ó ponerla otro. *An*, la oreja ó persona. *Y*, l. *In*, ella. Vide *Tinga*, *Hicao*. Refran. *Con suangan, lalambing*, se pone peor, porque le muestran amor.

SOUAT. pc. Sembrar haciendo hoyo, *Mag*. Lo que, *Y*. Si mucho, *Ipag*. La tierra, *An*, l. *Pag-an*. Sinónomo *Tanim*.

SOUI. pp. Renuevo que sale al pié del árbol. *Vm*, ir saliendo. *Mag*, l. *Magca*, tenerlos *Han*, el árbol á que se le quita, ó á quien le nace. Si muchos, *Pagsouihan*. Sinónomo *Supling*.

SOUÍC. pp. Salero redondo sin tapadera, salsereta.

SOUIT. pc. Abrir con la lanceta divieso, hinchazon, &c. Sacar con punta la espina, *Vm*. Si mucho, *Mag*. Lo que, *In*. Si mucho *Pag-in*. Con que, *Y*. Si mucho, *Ipag*.

SOUOLAN. pc. Vaso para poner vino.

SOYÁ. pp. Empalagarse. Vide *Sonoc*, con sus juegos.

SOYAC. pp. Pua. *Mag*, empuar ó poner puas. Frecuent. *Manoyac*. Donde, *An*. Si mucho, *Pag-an*. pc. La pua, *Y*. Si mucho, *Ipag*. Nombre, *Mapanoyac*. Sinónomo *Pasolo*.

SOYAC DAGÁ. pc. Un árbol lleno de puas.

SOYOR. pp. Peine. *Vm*, peinar á otro. *Mag*, á sí mismo, ó la tierra arada. *In*, ser peinado. Si mucho, *Pag-in*. pc. Con que, *Y*. Si mucho, *Ipag*. El paño donde se recogen los piojos, ó sementera peinada, *Pagsoyoran*.

SOYSOY. pc. Aplacar, amansar, *Vm*, l. *Mag*. Si mucho, *Magsosoysoy*. Ser aplacado, *In*. Si mucho, *Pagsosoysoyin*. La causa, *Y*. Sinónomo *Sohot*, *Amo*.

S antes de U.

SUAG. pp. Creciente. *Vm*, crecer. Ser tocado de ella, *In*, l. *Ma*. Dejar que entre el agua, *Mag-pa*. A donde, *Pasuagan*. pp. La causa, *Ipagpa*. *Pasuaguin ta mona ang tubig, bago quita malis*, aguardemos la creciente antes de irnos. Sinónomos *Laqui*, *Taog*.

SUAY. pp. Vide *Soay*, con sus juegos.

SUBÁ. pp. Subir rio arriba, *Mag*. pc. *In*, el lugar á do. Si con mucho esfuerzo, *Pag-in*. pc. La causa ó embarcacion que es llevada, *Y*. Por do, *An*. Todo aquello que está rio adentro se llama *Subaan*.

SUBÁ. pp. Subirse la sangre así al corazon. A quien, *Sinusubaan*.

SUBÁ. pp. Tentar, probar á otro, *Vm*. A quien, *In*. Frecuent. *Manuba*. pp. *Nagsusuba si Cuan nang tapang niya*, Fulano prueba sus fuerzas.

SUBÁLÍ. pp. l. *Subali*. pp. Adverbio: empero, sino es que: *Ibig co sanang mili nang damit, subali uala acong salapi*, quisiera comprar ropa, pero no tengo dinero. *Ipahahampas cata sana, subali naito ang Padre*, te mandára azotar, si no fuera que está aquí el padre. De aquí sale *Pasubali*. Vide con sus juegos.

SUBANSAN. pc. Lo mismo que *Subalisanan*. No es término que usan los que hablan medianamente.

SUBASOB. pp. Caer de hocicos. Vide su sinónomo *Sobong*, escepto su acento.

SUBASOB. pc. Cabizbajo. *Ma*, andar el difunto sobre agua boca abajo. *Quinasubasuban*, el agua en que. Sinónomo *Sungasong*.

SUBAYBAY. pc. Abrazar de lado, cruzando los brazos por los lados, poniéndolos cada uno en los hombros de otro. *Vm*, echar uno el brazo á otro. *Mag*, los dos. Si mas, *Magsipag*. *Subagbain*, ser abrazado así. Si muchos, *Pag-in*. El brazo, *Y*. *Casubaybay*, cada uno de los dos.

SUBLI. pc. Andar el viento de una á otra parte sin persistencia. *Napapasubli ang hangin*. *Napapacabila*.

SUBNIT. pc. Tirar al soslayo. *Napapasubnit ang pagpana*, flechó al soslayo.

SUBO. pc. Hervir, ó subir como la espuma de la olla, *Vm*. Si mucho, *Mag*. La causa, *Y*. *Pasubhin mo ang canin*, haz que hierva el arroz. *Sugmusubo ang loob*, l. *ang poot*, se altera el corazon. *Mag*, apagar el fuego con agua.

El fuego, *Subhan*. *Vm*, encontrar unas olas con otras, haciendo escarceo. *Mag*, templar el hierro. *Subhan*, el hierro. *Na-an*, estar templado.

SUBÓ. pp. Bocado. *Vm*, meterlo en su propia boca, ó en la agena. Si mucho, *Mag*, pc. Meterlo en la boca de otro solamente, ó meter la caña en el trapiche para molerla. *Mag*, l. *Manobo*, andar dando bocados. *Y*, ser metido el bocado en la boca, ó caña en trapiche. Si mucho, *Ipag*. pc. l. *Ipanobo*. *An*, la boca, ó persona á quien. Si mucho, *Pag-an*. pc. *Casuboan*, un bocado. Refran. *Sinusubo, ay di ñgañgahan?* Me lo meten en la boca, no le he de comer?

SUBÓ. pc. Lo mismo que *Bacal*, pc. Con sus juegos.

SUBÓ. pp. Una yerba, un árbol.

SUBSOB. pc. Postrarse de hinojos. Vide su sinónomo *Sobong*, *Subasob*.

SUBSOB. pc. Meter alguna cosa en cenizas, para que se ase, ó debajo de la arena, ó como cuando uno se esconde en el zacate. *Vm*. l. *Mag*. Lo que, *Y*. Si mucho, *Ipag*. El lugar, *Subsoban*. pc.

SUBUL. pp. Sentir movimiento de algo, como de cólera, *Vm*. A quien, *An*. La causa, *Y*. Metáf. de *Sibol*.

SUBUL. pp. Meterse en algun hueco con violencia. *Mag*, meter algo. *Y*, lo que. Sumitur in malam partem. *Ma*, enclavarse con alguna espina. *Ca-an*, en donde.

SUBUL. pp. Retoño.

SUBIANG. pc. Palo ó espina que se clava én los piés. *Ma*, hincársela. *Maca*, entrarse la espina. *Quinasubiañgan*, lugar. *Ica*, la causa. Sinónomo *Salobsob*.

SUBIANG. pc. Poner espinas en algo, *Mag*. Ella, *Y*. Donde, *An*.

SUBIANG DAGÁ. pc. Un árbol espinoso. Vide *Suyac dagà*.

SUCA. pp. Vómito, *Vm*, vomitar. Si mucho, *Mag*. pc. *Han*, á donde ó en que. Si mucho, *Pag-han*. pc.

SUCA. pp. Vinagre. *Mag*, comer algo con vinagre, ó echarlo en algo. *An*, lo remojado en él. *In*, de lo que se hace. Tambien *Y*, el vinagre que se gasta. *Mag*, pp. Tratar en él ó venderlo. Lo que, *Y*. Comutarlo en otra cosa, *In*. *Manuca*. pp. Buscarlo. *Mansuca*. pp. Comprarlo. Refran. *Acoy naguin sucang maasim sa loob mo*, no me puedes tragar.

SUCAB. pc. Meterse debajo de algo agachándose. *Vm*. Si mucho, *Napasusucabsucab*, l. *Nagsnsusucab*. Lo agachado, ó lo que lleva, *Y*. El lugar, *An*. Y si mucho, *Pag-an*. De aquí. *Nasusucab sa loob*, tener rencor. *Sucab na loob*, hombre así. *Vm*, tratar con doblez. *In*, ser tratado, *Manucab*, l. *Magsucab nang loob*, hacer traicion. *In*, l. *Pag-an*, á quien. *Casucaban*. pc. Traicion. *Mapag*, l. *Sucabang tauo*, hombre de mala voluntad. *Ualan para nang catotong tapat, cun magaling, at di sucab*, no hay cosa mejor que un buen amigo.

SUCAB. pc. Llegar antes de tiempo, *Vm*. A quien, *In*.

SUCAB. pc. Abrir hostiónes con cuchillo, *Vm*, l. *Mag*. Lo que, *In*. Si muchos, *Pag-in*. Con que, *Y*. *Ipag*, ó persona para quien.

SUCAL. pp. Espesura. *Masucal*, matorral. *Vm*, ponerse algo así. *An*, estar algo embarazado. Si mucho, *Pag-an*. pc. Con que, *Y*. Abstracto, *Casucalan*. pp.

SUCAL. pp. Opreśion de corazon, inquietud. *Vm*, ponerse así. *Na-an*, el corazon. *Quiñasusucalan*, persona que lo causa. *Casucalan* pp. *nang loob*, inquietud del corazon. *Masucaling loob*, hombre tal. *Magpa*, inquietar á otro. *Pa-in*, serlo. *Ipagpa*, causa ó con que.

SUCAT. pp. Ajustado, medida para lo alto, profundo ó largo. *Vm*, l. *Man*, medir. Si mucho, *Mag*. pc. Ser medido, *In*. Si mucho, *Pag-in*. pc. Con que, ó persona para quien, si no está presente, *Y*. Si mucho, *Ipag*. pc. Aquel para quien se mide algo para dárselo, aunque esté ausente, *An*. Pero si es vestido, ha de estar presente. *Mag*. pp. Tomarse la medida á sí mismo. Con que, *Ipag*. A quien, *An*. *Mag*, pc. Medir entre dos, para dividirlo. Lo que, *Pag-in*. pc.

SUCAT. pp. Comprar cosas menudas con medida. *Mag*, vender algo así. *Ipag*, ser vendido. *Pag-an*. pp. A quien se vendió. *In*, ser comprado. *Y*, con que. *An*, á quien se compró. Fuera de estas significaciones tiene este *Sucat* las siguientes. *Sucat gumaua*, puede trabajar. *Sucat maguin Capitan*, es idóneo para capitan. *Sucat cang hampasin*; mereces ser azotado. *Sucat na*, basta ya. *Dili sucat sa caniyang camahalan*, no es competente á su grandeza. Ultimamente, sirve para los gerundios. *Sucat nang lumacar*, *Sucat nang cumain*, tempus ambulandi, tempus edendi.

SUCLAM. pc. Revolverse el estómago, *Ma*. Aquello que lo causa, *Casuclaman*, pc. l. *Ica*. *Casuclamsuclam ang asal*, costumbre que dá en rostro.

SUCLAPÁ. pp. Una yerba ó arbolillo pequeño.

SUCLAY. pc. Peine de dientes ralos. *Vm*, peinar. *Mag*, peinarse. *In*, ser peinado. Si mucho, *Pag-in*. Con que, *Y*. sobre que, *Pag-an*.

SUCLI. pc. Trocar moneda entera por menuda. *Vm*, trocar el dinero, dando lo que vale mas de la deuda. *Pasucli*, pedir que le truequen.

SUCLI. pc. Pagar por entero, ó comprar algo á que tenia antes algun derecho, *Vm*. *Suclian*, l. *Pag-an*, la cosa comprada. *Mag-an*, los que hacen la compra.

SUDHIÁ. pc. Nesga. *Mag*, ponerla. *Sudhi-an*, á lo que. *Y*, l. *Ipa*, ella.

SUGÁ. pp. Color encarnado. *Mag*, teñir asi. *In*, lo teñido. *Y*, mejor *Ipag*, con que. Solo se usa ya en verso. El usado es *pula*.

SUGABANG. pp. Caer de hocicos. *Na*, l. *Napapa*. *Vm*, meterse intrépido entre los enemigos.

SUGANDA. pc. Orégano.

SUGAPÁ. pp. Red menuda. *Vm*, l. *Manugapa*, pescar. *In*, l. *Ma*, l. *Panugapaan*, lo cogido ó pescado. *Y*, l. *Ipanugapa*, con que. Persona para quien, *Panugapaan*. Porque el pesca así anda inclinado, tiene las significaciones siguientes: *Sugapaing tauo*, hombre atufado. *Vm*, acometer á la comida que vé delante. *An*, la comida. *Susugasugapa*, pinitos, caer de hocicos, andar como el borracho.

[illegible] pc. Lo mismo que *Sugapá* y sus [illegible] significaciones.

[illegible] pc. herida. *Vm*, l. *Maca* herir. Si mu[illegible] *Mag*. pc. *Maan* ser herido acaso. *Quinaan*. [illegible] la causa.

[illegible] pc. Vender en el mercado cosas me[illegible] *Mag*. Lo que lleva. *Y*. Comprar o ir [illegible] mercado. *Vm*. Lo que. *In*. *Sugatan* el mer[illegible] *Mag*. pc. Comprar y vender unos con [illegible], *Pag-an*, lo que.

[illegible] pc. Echar alguna cosa en el fuego. *Mag*. Lo que. *Y*. Si mucho, *Ipag*. El fuego. *Sug*[illegible] pp. *Ma* caerse en el. *Vm*. abalanzarse al enemigo. *Han* a quien se abalanza.

SU[illegible]B. pp. Repetir una cosa para certificarse. [illegible] l. *Mag*. si mucho, *Mag*. pc. *In*. ser repetido. Si mucho, *Pag-in*. pc. Causa. *Y*. *Suguirin mo ang manga sacsi*, vuelve á tomarles el dicho.

SUGUIT. pc. Agudo. *Tauong masuguit*, hombre tal. *Vm* hacerse. Acerca de que. *In*. *Sumusuguit ca nang sariling banta,t, loob mo*, llevas adelante tu tema. El, *An*.

SUGLÀ. pc. Romper por zacate que está inclinado. *Vm*. El zacate. *In*. El cuerpo. *Y*.

SUGO. pp. Mensagero, embajador. *Vm*, mejor *Mag*. l. *Magpa*. enviarlo. *Pagpaan*. l. *Pag-an*, a quien ó sobre que. *Ipag*. l. *Ipagpa*. causa. *In*. ser tomado por embajador.

SUGPÓ. pc. Viento. *Vm*. ventar. A quien. *In*.

SUGPO. pc. Lo mismo que *Harang*. con sus juegos.

SUGPO. pc. Camarones grandes de color negro.

SULAMBI. pc. Obras muertas. *Mag*. mejor *Magpa*, ponerlas á la casa. *An*. l. *Pa-an*, la casa. *Y*. l. *Ipa*, la obra. Sinónomo *Songqui*.

SULAT. pp. Carta, escritura. *Vm*. escribir. Si mucho, *Mag*. pc. *Mag*. pp. Hacer dos ó mas escrituras. *Y*, l. *In*. lo escrito. Si mucho, *Ipag*. pc. l. *Pag-in*. pc. El papel. *An*. Y si mucho, *Pag-an*. pc. *Y*, la pluma con que. *Manunulat*, el que lo hace de oficio. *Mapag*. pc. El que escribe mucho. Sinónomo *Titic*.

SULI. pp. Lo mismo que *Gala*. *Napapasuli sila*, *Napagala*.

SULICAP. pp. Pezuña de animal.

SULIGUI. pp. Vara larga que sirve de lanza. *Mag*, traerla en la mano. *Vm*, tirar con ella. Frecuent. *Manuligui*. *In*, ser clavado algo con ella. *Y*, con que.

SULING. pp. Andar de acá para allá como atolondrado. *Susulingsuling*, l. *Susulingsuling*, andar asi.

SULIPA. pp. Arbol muy alto, bueno para harigues.

SULIR. pp. Hilar, *Vm*. Si mucho, *Mag*. pc. *In*, ser hilado. Si mucho, *Pag-in*. pc. Con que, *Y*. Si mucho, *Ipag*. pc.

SURLAN. pp. El huso. *Susuliran*, adherentes para hilar. *Sinulir*, algodon hilado. *Sinoliran*, un hilo. *Muhan suliran*, tomar algodon para hilar. *Nañgoñgohan suliran*. *Quinunang suliran*, con quien. *Quinuhang suliran*, el algodon recibido.

SULIRAN. pc. Torno para hilar. Otros dicen *Susuliran*. pc.

SULIT. pp. Dar cuenta, examinarse. *Vm*, mejor *Mag-pa*, tomar cuenta. *In*, á quien; mejor *Papagsulitin*. *Ipag*, aquello de que dá cuenta, l. *Ipapag*. *Pag-an*. á quien es dada. *Mag*, dar cuenta. *Ipag*. de que. *Pag-an*. de quien.

SULIT. pp. Sacar el principal sin ganancia. *Nacasulit aco*, l. *Nasulit ang salapi co*, l. *Nasulitan ang pohonan* l. *Nacasusulit ang pohonan*, saque el coste. *Sulitan ang bili co*, dame lo que me costó. *Vm*, dar al vendedor lo que vale, y no mas. A quien, *An*. El precio. *Y*. *Mag*, l. *Magpa*. sacar el principal solo. De quien, o lo que. *Pa-an*.

SULIANG. pc. Un instrumento de cañas para pescar. *Manuliang*, pescar asi. *Panuliangan*, lugar. *Ma*. l. *Mapanuliangan*, ser cogido el pescado. *Ipanuliang*, con que, o persona para quien.

SUMAN. pp. Comidilla de arroz malagquit envuelta en hojas. *Mag*, hacerla. *In*, l. *Y*. de que. Para quien, *Ipag*. Las hojas en que, *Pag-an*. *Sinusuman ang catauan*, vestir ajustado.

SUMANSUMAN. pp. Mejor *samansaman*, enfermedad de la lengua en los niños.

SUMANSUMAN. pp. Nido de gusanos, hormigas, &c.

SUMASA. pp. Vara de medir. *Sangsumasa* una vara.

SUMBABAY. pc. Echar los brazos por encima de los hombros de otro, yendo como uncidos. Vide *Sunayibay*, con sus juegos, escepto el acento.

SUMBANG. pc. Hocicar como el puerco, hozar. *Vm*, l. *Mag*. Si muchos, *Mag*. pc. Lo que. *In*. Si mucho, *Pag-in*. Causa, ó con que. *Y*. Nombre. *Mapag*.

SUMBI. pc. Golpe debajo de la barba ó en la boca. *Vm*, darlo. A quien, *In*. Sinónomo *Sacdo*, *Tangcab*.

SUMIPAT. pp. Vara y cuarta. *Sangsumipat*, una.

SUMOC. pp. Mirar con cuidado, como escuchando. *Vm*, l. *Susumocsumoc*. Vide su sinónomo *Sopoy*, con sus juegos, menos el frecuentativo, que no se usa en *Sumoc*.

SUMPA. pp. Maldicion. *Vm*, maldecir. Si mucho, *Mag*. Ser maldecido, *In*. Si mucho, *Pag-in*. Causa o con que, *Y*. Si mucho, *Ipag*. *Mag-an*, dos mútuo. Tambien en algun concierto para casarse. *Casumpa*: esta palabra tiene dos singulares significaciones; la una es camarada ó amigo, á quien corresponden por gratitud: *casumpa co*, mi amigo á quien debo correspondencia. La segunda, llamar con esta palabra las mugeres su ordinario. *Manumpa*, jurar. *Ipanumpa*, lo que se jura, *Panumpaan*, delante de quien. *Panunumpa*, juramento. Nombre, *Mapanumpa*, l. *Palasumpa*. *Nalalasumpa*, maldecir de continuo. Adviértase que *Sumpa*, por la de *Vm*, es echar maldicion. Por *Mag*, vedar algo con maldicion. *Sa palasumpaing bahay*, *hindi mauauala isaman*, *ang masamang capalaran*.

SUMPA. pp. Una enredadera, cuya corteza bebida es contra veneno. Se halla en Nasugbú y Marigondon.

SUMPAL. pc. Vide *Sicsic*, con sus juegos. Tambien *Palpal*, *Pasac*. Adviértase que no se usa este verbo sino por mofa, afrenta, ó irónicamente.

SUMPING. pc. Traer algo sobre la oreja, como pluma, flor, tabaco. *Mag*. Lo que, *In*. Si mucho, *Pagsusumpingin*. La oreja ó persona á quien le es puesto, *An*. *Y*, lo puesto á otro. Al borracho que anda bambaleándose se le suele decir *Saan ca baga nagsumping?* Y suele responder, *sa infierno*.

SUNGANGA. pp. Tener á otro con la mano por la barba ó boca para levantarle la cara, *Vm*. Si mucho, *Mag*. pc. *In*, á quien. Si mucho, *Pag-in*. pc. Con que, *Y*.

SUNGAL. pp. Vide *Caladcad*.

SUNGASONG. pp. Vide *Subasub*, con sus juegos.

SUNGAY. pp. Cuerno. Tambien una enredadera á modo de cuernos.

SUNGCAL. pc. Poner espeque por debajo de algo para solibiarlo, *Vm*. l. *Manuncal*. Si mucho, *Mag*. Ser solibiado *sungcalin*. Si mucho, *Pag-in*. Con que, *Y*, l. *Ipanungcal*. Sinónomos *Soual*, *Aquil*.

SUNGCAL. pc. Hacer zancadilla para vencer al contrario, *Vm*. A quien, *In*. Sinónomo, *Pasacay*.

SUNGCAL. pc. Hozar el puerco, *Vm*. Lo que, *Pinag*.

SUNGCAR. pc. Cotejar una medida con otra. *Vm*, medir cuánto hace la vasija. *In*, ella. *Mag*, medir una vasija con otra. Cuando preguntan *Ilan ang pagsusucat?* Responden *Magsungcar*, como si se dijera, ganta por ganta, ó braza por braza. Vide *Aliu*, con sus juegos y sus sinónomos *Ocol*, *Soboc*. *Hindi masusungcaran yaring tauo*, no se le coge en mentira. Metáf.

SUNGILNGIL. pc. Vide *Salimol*. pp.

SUNGQUÍ. pc. Obra muerta de la casa. *Nagcasusungqui*, tenerla. Sinónomo *Solambi*. Aplícase á labores y esculturas de la obra.

SUNIP. pc. Mal de ojos, comezon en los párpados. *Di macapanaog, at sinusunip ang mata niya*, no puede bajar porque tiene mal de ojos.

SUNTING. pc. Yerba de Acapulco.

SUPAC. pp. *Sisidlan sa ona*.

SUPAC. pc. Vide *Hangal*.

SUPANG. pp. Cogollos de caña dulce. Vide *Ogbos*. pc. con sus juegos.

SUPÍ. pc. Tronchar. El usado es *Sipi*. pc. Vide sus juegos.

SUPLIT. pc. Acertar el tiro pasando un agujero de banda á banda, *Vm*. Donde, *An*.

SUPNIT. pc. Golpe al soslayo, ó agujero así. *Ma*, estar así el agujero. *Napasupnit ang pagtama*, le topó al soslayo.

SURÁ. pp. Carga ó trabajo. *Acoy pinasuraan ni Pedro*, me ha cargado con gran trabajo.

SURI. pc. l. *Suli*. El mirar del cegaton. *Susurisuri con tumingin*.

SURSUR. pc. Coger á otro en mentira, *Mag*. A quien, *An*. Lo que, *Y*. Vide su sinónomo *Sungcar*.

SURSUR. pc. Raspar, despegar como la cera de la tabla, *Mag*. Si mucho, *Magsusursursur*. Lo que, *In*. Con que, *Y*. Si mucho, *Ipagpapa*. Tambien *Mag*, sacar filo á la punta de la herramienta. Su contrario es *Cayor*, porque este raspa atrayendo; y *sursur*, echando fuera.

SURSUR. pc. Punta del arado.

SURSUR. pc. La guia de los peces ó langostas cuando andan en compañía.

SUSI. pp. Candado, *Mag*, cerrar con él, *An*, lo que. Si mucho, *Pag-an*, pc. Con que, *Y*. Si mucho, *Ipag*. pc.

SUSI. pp. Aseado. *Masusing tauo*, *Bahay*, &c. *Vm*, irse haciendo tal. *An*, hacerlo. Si actualmente, *Pacasusiin*. *Mag*, hacer algo con aseo.

SUSU. pc. Espantar gallinas, *Mag*. Ellas, *Han*.

SUSUHO. pp. Recibir al convidado con una taza de vino, obligándole á beber, *Vm*, l. *Manusuho*. *In*, l. *Susuhoanin*, á quien. Si mucho, *Pag-in*. pc. Con que, *Y*, l. *Ipanusuho*.

SUSUHAN. pc. Yerba de que sacan pábilos para candiles. Sinónomo *Bulang*.

SUTLÁ. pc. Seda floja. *Magsusutla*, el que trata en ella.

SUTLAM. pc. Vide *Lamlam*, con sus juegos.

SUTMONDILAO. pc. Llevar al niño antes de bautizarse, para labarle con agua tibia, y para eso ván á la parida y hay su borrachera. Todo esto es *Nagsusutmondilao sa nanganac*.

SUYÁ. pp. Astío de la comida. *Ma*, tenerlo. *Maca*, l. *Ica*, la causa. *Quinasusuyaan co itong canin*, tengo astío de esta comida. Sinónomo *Sonoc*. pc.

SUYAC DAGÁ. pc, ó *subyang dagá*, un árbol espinoso.

SUYÓ. pp. Sujetarse al dominio de otro, comedirse, servir con esperanza de premio, *Vm*, l. *Maqui*, l. *Manuyo*. A quien, *In*, l. *Panuyoan*. Y si mucho, *Pag-in*. pc. La causa, ó con que, *Y*, l. *Ipanuyo*.

SUYÓ. pp. Ayudar á otro correspondiendo, por haber sido ayudado. *Maqui*, á otro. *Paquisoyoan*, el ayudado. *Ipaqui*, la obra. *Mag*, los dos. Si mas, *Mangag*. De aquí *Hinoyo*. pp. *Napahinoyo rin aco, sa calooban niya*, hice lo que él quiso.

SUYOC. pp. Rincon; lo mismo que *Soloc*. pp. Es palabra de melindrosos.

DE LA LETRA T.

T antes de A.

TA. Genitivo del pronombre dual. *Bahay ta*, casa mia y tuya.

TAAN. pp. No consumirlo todo por algun respeto, *Mag*. *Y*, lo que. *An*, á quien ó para quien.

TAAN. pp. Estender el instrumento de pescar en el agua, *Vm*. El instrumento, *Y*. El lugar, *An*.

TAAN. pp. Respetar, dejando decir ó hacer algo á otro, *Magpa*. A quien, *Pataanan*.

TAAN. pp. Poner el anzuelo entre dos palos dentro del rio ó mar, *Vm*, l. *Mag*. *Y*, ser llevado. *An*, el lugar. Mejor *Pagtaanan*.

TAANG. pc. Apetecer algo, como cosa de comida, *Maca*. Lo que, *Na*. La causa, *Ica*.

TAAR. pp. Sembrar cañas dulces, *Vm*, l. *Mag*. *Y*, lo que. *An*, l. *Pagtaaran*, en que.

TAAR. pp. Lo mismo que *Sunday*, porque la caña dulce se siembra inclinándola, y no derecha.

TAAS. pp. Alto, arriba. *Mag*, alzar en alto algo, ó poner algo arriba. *Y*, lo que. *Vm*, levantarse algo de suyo, como el humo que se levanta, ó pájaro que se encumbra. *Magpaca*, mucho. *Matáas*, cosa alta. *Cataasan*, abstracto. *Cataastaasan*, muy alto.

TAAS. pp. Ensalzar, encumbrar alabando, *Nagpapacataastaas*. *Pacataastaasin*, l. *Ipacataastaas nang pagpupuri*, ensalza alabando.

TAAS. pp. Engreirse, *Nagmamataas nang loob*. Contra quien, *Pinagmamataasan nang loob*.

TABÁ. pp. Cortar con alfange, desmontar para hacer tierra de labor la inculta, *Vm*. Lo que, *In*. Y si mucho, *Pag-in*. pc. Con que, *Y*. Sinónomo *Tasac*, *Sagsag*, *Salasa*.

TABÁ. pc. Gordura, sebo, tocino, manteca. *Vm*, hacerse gordo. *Y*, l. *Ica*, la causa. Abstracto, *Catab-an*. pc. *Ano man cun di icasusuca, ay paraparu ring itataba*, todo lo que no mata engorda.

TABAC. pc. Tejido desigual. *Tabac na damit*, l. *Tabac ang pagtabas*, corte desigual, tejido tal. *Ica*, la causa. *Ma*, estar así. *Catabacan*. pc. Abstracto.

TABAC. pc. Alfange ó cuchillon. *Mag*, usarlo. *Vm*, cortar con él. *In*, ser cortado. *Y*, la misma arma. Sinónomo *Campilan*.

TABAG. pp. Agua que se echa en la alquitara para templar el calor, *Vm*, y mejor *Mag*. *An*, la caldera donde se echa. *Y*, el agua. Lo mismo es echar agua á lo que está hirviendo; y de aquí.

TABAG. pp. Añadir algo á otra cosa, *Vm*, l. *Mag*, Lo que, *Y*. A donde, *An*.

TABAGAN. pc. Gallinero en alto, donde se recogen las gallinas. De aquí, *Naguiguintabagan ang muc-hâ*, de cara hinchada.

TABAGHAC. pc. Llaga grande, difícil de curar. *Tabaghaquin*. pp. Quien la padece.

TABAL. pp. Viciarse las plantas, *Vm*, l. *Magsi*. *Matabal na palay*, arroz, que todo se vá en hojas. *Tinabalan*, la planta así.

TABAL. pp. Coco pequeño, que se come con câscara y todo.

TABAN. pp. Detener, aguantar alguna cosa que cae con ímpetu, *Vm*, l. *Mag*. *An*, lo que. *Y*, con que. Y si mucho, *Pag-an*. pc.

TABAN. pp. Asir ó detener á alguno para que no se escape, *Vm*, l. *Mag*. Lo que, *An*. Con que, *Y*. *Tabanan mo ang loob mo*, vete á la mano.

TABAN. pp. Huirse á los montes los amancebados, *Vm*. Llevar á la muger, *Mag*. Ella, *Y*, l. *Ipag*.

TABAN. pc. Huirse con la presa, ó lo que coge, *Mag*. Lo que, mientras lo coge, *In*. Cuando lo lleva, *Y*.

TAB-ANG. pc. Desabrido, como la comida. *Matab-ang na canin*, morisqueta tal. Pero *Matab-ang na tubig*, es agua dulce. *Vm*, quedar la comida desabrida, ó el agua dulce. *Y*, la causa. Abstracto, *Catab-angan*. pc. *Tumatab-ang ang loob ni coan*, me vá teniendo desafecto.

TABIHAN. pc. Orilla del pueblo, arrabal. *Pasatabihan*, ir á él.

TABANG. pc. Abotagado. *Ma*, estar así. *Naca*, l. *Ica*, la causa. Sinónomo *Pamantal*.

TABANGONGO. pp. Candole grande, bagre.

TABAR. pp. Aguar el vino ó la tuba. El vino ó la tuba, *An*.

TABAR. pc. Sajar alguna parte del cuerpo, para sacar la sangre mala, *Vm*. Si mucho, *Mag*. Lo que, *In*. Si mucho, *Pagtatabarin*. El instrumento, *Y*, l. *Pantabar*. *Mag*, á sí mismo.

TABAS. pp. Cortar ropa, como el sastre. *Vm*, cortar. Si mucho, *Mag*. pc. *In*, lo que. Si mucho, *Pag-in*. pc. *Y*, con que, ó la persona. Si mucho, *Ipag*. *An*, el vestido al que se quito algo. Y si mucho, *Pag-an*. pc. *Tinabasan*. pp. *Pinagtabasan*. pp. Los retazos ó lugar donde se corta.

TABAS. pc. Rozar el zacate que nace en los pilapiles de las sementeras, ó en ellas. *Manabas*. *In*, el zacate. Si mucho, *Pag-in*. *An*, el pilapil. Si mucho, *Pag-an*. *Ipanabas*, con que.

TABAS. pc. Cortar las ramas de los árboles para desembarazar el camino, *Vm*, l. *Mag*, l. *Manabas*. Lo cortado, *In*. Donde, *An*. Con que, *Y*, l. *Panabas*. Sinónomo *Talas*. pc. *Tabas ang pagoosap*, pleito vencido: *tabas ang tipan*, concierto firme.

TABASTABAS. pp. l. *Tavastavas*. pp. Una yerba purgante.

TABATABACOHAN. pp. Un género de achicoria.

TABAYAG. pp. Calabaza silvestre.

TABAYAG. pc. Dormir sin abrigo, andar en paños menores. *Mag*, dormir andar así. *Ipag*, la causa.

TABI. pc. Orilla, estremidad, cabo ó canto de alguna cosa. *Ma*, estar en él. *Napa*, ir por la orilla, ó ponerse en ella. *Houag cang tumabi*, no te pongas en la orilla. *Y*, ser puesto algo. *Patatabi ca*, ponte muy á la orilla. *Catabitabihan*, en lo último de la orilla. *Tabihan* pp. el muladar. *Aco ang catabitabihang macasalanan sa lahat*, soy el mayor pecador entre todos.

TABÍ. pp. Palabra con que muestran respeto cuando pasan por delante de alguno, ó quieren hacer algo, *tabí, aco,i, daraan*. Vide *Pasangtabí*.

TABIG. pp. Dar golpe de lado, *Vm*, l. *Mag*. A quien, *In*. Con que, *Y*. *Nanabig*, andar dando.

TABIGI. pp. Un género de nueces medicinales.

TABIL. pp. Cortina. *Mag*, ponerla: *An*, á que. Tambien un petate grande. Es visaya usado.

TABIL. pc. Hablar mucho. *Nagtatabil*, *Matabil*, *mauicâ*, taravilla.

TABING. pp. Cortina ó colgadura. *Mag*, ponerlas. ó estar dentro de ellas. Si mucho. pc. *Y*, ser puesta. Si mucho, *Ipag*, pc. *An*, el lugar ó persona á que se pone. Si mucho, *Pag-an*. pc. La causa, *Ipag*.

TABINGÍ. pc. Cosa fuera de lo comun, ó cosa estraordinaria. *Ma*, quedarse acaso así. Abstracto, *Catabingian*. pc. Sinónomo *Ngiui*.

TABIYO. pp. Recodo de rio, ó su profundidad. Vide *Uli-uli*.

TABLAO. pc. Lo mismo que *Patablao*.

TABLAUAN. pp. Resistidero de sol, agua, &c. *Na sa tablauan*, l. *Tablao nang arao*, está en el resistidero.

TABÓ. pp. Vaso con que sacan agua. *Vm*, sacar. Si mucho, *Mag*. pc. *In*, ser sacada. Si mucho, *Pag-in*. pc. *An*, de donde se saca, á donde se echa. Si mucho, *Pag-an*. pc. Con que, *Y*. Si mucho, *Ipag*. pc. *Cataboan*. pc. Lo que se saca de una vez *Mag*. pp. Echar el agua en otra vasija á tabos. En donde, *Pag-an*.

TABOAN. pc. Un género de vaso. Sinónomo *Galong*.

TABOBOC. pp. Un arbolillo ó enredadera. Sinónomo *Tabogoc*.

TABOBOG. pp. Pepinillo que llaman de San Gregorio.

TABOC. pc. Valde, ó cañuto de caña á modo de valde. Sinónomo *Timbà*. pc.

TABOC. pc. Lo mismo que *Tabog*.

TABOG. pp. Enojo, enfado esplicado con palabras y meneos. *Vm*, enojarse. Si mucho, *Mag*, pc. Aquel con quien, *An*. Si mucho, *Pag-an*. La causa, *Y*, l. *Ipag*. *Tataboglabog*, andar así. *Mag*. pp. l. *Mag-an*, mútuo. Nombre, *Taboguin*, l. *Mataboguin*.

TABOG. pp. Volverse de lado por no gustar lo que oye, *Vm*. Delante de quien, *An*, l. *Taboglabogan*, que propiamente es volver á uno el rostro.

TABOG. pp. Un género de higos silvestres.

TABOG. pp. Un género de árbol muy duro.

TABOGOC. pp. Unas calabacillas silvestres.

TABOL. pp. Crecer lo que hierve; es propio para la miel ó tuba. *Vm*, crecer. *Y*, la causa. *Patabolin ang polot*, sea dejada hervir.

TABOLI. pp. Corneta de cuerno.

TABOLOG. pp. Una concha muy delgada.

TABON. pp. Cubrir ó tapar algo con tierra. *Mag*, cubrir ó cegar. Si mucho, *Mag*. pc. *An*, ser cubierto. Si mucho, *Pag-an*. *Y*, la tierra, ó con que. Y si mucho, *Ipag*. pc. *Catabon*, compañero en terraplenar. *Mag*. pc. Tambien cubrirle con zacate, &c.

TABON. pc. Un pájaro que pone los huevos tan grandes, que uno satisface á uno: trae consigo el condimento de la sal.

TABOY. pc. Ojear, arrear. *Mag*, arrear. *Y*, lo que. Si mucho, *Ipag*. *An*, el lugar. Si mucho, *Pag-an*. *Mag-an*, dos mútuo. *Ipag-an*, lo que.

TABOY. pc. Arrimar algo con la mano á otro, *Vm*; mejor *Mag*. *Y*, lo que. *An*, á quien.

TABOY. pc. Echar algo á buena ó mala parte, con los mismos juegos.

TABSAC. pp. Salpicar. Vide *Tilabsic*, *Tilamsic*.

TABSAO. pc. Lo mismo que el antecedente.

TABSIC. pc. Vide *Tilamsic*.

TABSOC. pc. Zambullirse ó dar golpe en el agua lo que cae de alto, *Vm*. A donde, *An*.

TABSING. pc. Agua salobre. *Vm*, irse poniendo así. *Y*, la causa. Abstracto, *Catabsingan*.

TABSONG. pc. Sumirse en algun atolladero, *Na*. *Vm*, irse sumiendo. *Tumabsong ca nang bata*, trae el muchacho del atolladero. *Mag*, llévalo á la otra parte.

TABTAB. pc. Rozar sábana para sementera, *Mag*. Lo que, *In*. Con que, *Y*. Lugar, *An*, l. *Pag-an*.

TABUCAO. pc. Un género de bubas.

TABUGUI. pc. Las puntas de las nalgas, ó la rabadilla de los animales. *Tabuguian*. pc. De grandes ó disformes puntas.

TABULUG. pp. Un género de conchas relucientes. Sinónomo *Bilacong*.

TABIAC. pc. Hongos anchos.

TABYONG. pc. Mecer el niño en la cuna, ó en los brazos, *Mag*. El niño, *Y*. *Vm*. mecerse. Sinónomo *Tayon*.

TACA. pc. Admiracion, espanto de alguna cosa, ó por grande, ó por hermosa. *Vm*, l. *Mag*, admirarse. *Tac-han*, l *Pagtac-han*, de lo que. *Ipag*, la causa. *Catacataca*, cosa espantosa. Sinónomo *Guilalas*, *Balaga*.

TACÁ. pp. Imprimir algo en otra cosa para que tome su figura, como las carátulas, *Mag*. Lo que, *Y*. Donde, *An*.

TACAL. pp. Medir, sea grano, sea licor. *Vm*, recibiendo ó tomando. Si mucho, *Mag*. pc. *In*, lo que. Si mucho, *Pag-in*. pc. *Y*, la medida con que, ó la cosa que se mide para vender. Si mucho, *Ipag*. pc. *Pag-an*, la medida. *Tacalan*, la persona para quien se mide. Si mucho, *Pag-an*. pc. *Mag*. pp. Medir dando. Lo que, *Y*. A quien, *An*. *Magcatatacal*, dos medidas que hacen por igual. Nombre, *Tacalan*. pc.

TACAL. pp. Una especie de tibor distinto del que llaman *Gusi*.

TACAM. pp. Saborearse, mascando con algun ruido, *Mag*, l. *tatacamtacam*. *In*, lo que. *Y*, con que, v. g. la boca. *Ipag*, la causa, ó la misma boca.

TACAO. pp. Goloso, comilon. *Vm*. irse haciendo. *Y*, la causa. *Catacauan*. pp. Golosina. *Matacao na tauo*, hombre goloso. Este verbo ya se ha aplicado á la significacion de hurtar; *Matacao sumpa*, *ó tacao sumpa*, se dice del jurador. *Tinatacao aco*, se dice cuando se ofrece algo, retirándolo al tiempo de cogerlo; entonces dice el burlado: *Tinatacao aco*. *Houag mo acong tacauin*; no me ofrezcas, si no me lo has de dar.

TACAP. pc. Echar retos riñendo, *Vm*. *Magtatacap*, retar. *An*, á quien. Si mucho, *Pagtatacapan* pc. La causa, *Y*, l. *Ipag*. *Mag-an*, mútuo. *Catacapan*, pp. El compañero en el reto.

TACAR. pp. Renuevos en la caña dulce. *Nananacar*, brotar.

TACAR. pp. Dar golpe hácia bajo con lanza, palo, pié, &c. *Vm*. *An*, á quien ó á lo que. Si mucho, *Pag-an*. Con que, *Y*. Si mucho, *Ipag*.

TACAR. pp. Dar patadas, *Vm*. El pié, *Y*. Donde, *An*. *Tatacadtacad*, se dice del niño que dá patadas cuando aprende á andar.

TACAR. pp. Asentar el pié en tierra, asentar la columna sobre la base, bajar la escalera que estaba arriba, *Mag*. La escalera, *Y*. La tierra, *An*. De aquí, del que anda apresurado, ó del que sube por soga, se dice *tataçadtacad*, l. *tumatacad*.

TACAS. pp. Huirse ó esconderse de miedo, *Vm*, l. *Mag*. Si mucho, *Mag*. pc. l. *Tatacastacas*. *An*, de donde se huyó, ó donde se acogió. Si mucho, *Pag-an*. pc. *Y*, l. *Ipag*. La causa. Nombre. *Palatacas*, *magtatacas*, *matacasin*. *Tacasan*, lugar donde se acogen los huidos. Sinónomo *Tanan*.

TACAT. pc. l. *Tacad*. El trecho que hay desde lo tejido hasta lo que no está. Es visaya, usado algunas veces.

TACATAC. pp. Arroz nacido por haberse caido acaso, ó cualquiera otra semilla. *Vm*, nacer. Cosas así nacidas, *manḡa tacatac*.

TACBO. pc. Correr, carrera. *Vm*, correr. Si mucho, *Mag*. *Hin*, aquello porque se corre como para traerlo. *Y*, l. *Ipag*, la causa ó lo que se lleva corriendo. *Han*, aquel de quien se apartó corriendo, ó lugar á do vá, ó persona á quien lleva algo. *Mag*, llevar algo, corriendo. Lo que, *Y*. A quien, *An*. *Mag-han*, correr dos ó mas á porfia. *Catacbohan*, el compañero. *Magcatacbohan*, los dos. De aquí sale *Patacbohan*, que significa la apuesta de dos, sobre cuyo gallo huye, y ese pierde. *Magpatacbohan*, jugar así. *Tacbohin*. pp. Cobarde que siempre huye.

TACHOLONG. pp. Casa hecha de prestado. Vide *Ambolong*.

TACBO,T, LOCSO. pc. Correr á saltos, *Mag*. Donde, *Han*.

TACDÁ. pc. Determinar, concertar, señalar dia, hora, &c. *Mag*, *nang arao*. El dia, *tacdaanin*. A quien, *An*. *Tacdang arao*, dia determinado.

TACDÁ. pc. Apostar. *Mag*, l. *Mag-an*. El dinero, *In*.

TACDA. pc. Vedar, prohibir, *Mag*. Lo que, *Y*. A quien, *An*.

TACDAAN. pp. Apuesta ó concierto. *Mag*, hacer dicho concierto. *Ipag*, la causa. *Tacdaan*, l. *tacdahan*, pena que se concierta y pone.

TACDANG. pc. Ropa talar, que no llega al suelo, corta. *Tacdang iyang tapis*, *saya*, &c. Está corta esa saya, tapis, &c.

TACDANG. pc. Largo, flaco, y de zancas largas. *Matacdang ang paa*. Sinónomo *Tangcar*, *dangcao*.

TACDANG. pc. Colgar la escalera, metiendo entre las cañas dos ó tres escalones, *Mag*. Ella, *Y*.

TACDAU. pc. Las cañas que sobresalen en el suelo de la casa, *Na*. De propósito, *tinatacdau*.

TACDAUAN. pc. Arroz que ha empezado á espigar.

TACHA. pc. l. *tachan*. Admirarse mucho, *Vm*, l. *Mag*. De que, *An*, l. *Pag-han*. *Catachatacha*, digno de admiracion. *Tachana*, señalar ó prescribir.

TACLÁ. pc. Estiercol. Vide *Tayi*. Es palabra pampanga, pero usada.

TACLANG. pc. Levantar el perro una pierna para orinar. *Vm*, l. *Mag*.

TACLANG. pc. Dar zancadilla en la corba, *Mag*. A quien, *An*.

TACLAS. pc. Consumirse algun monton ó número, *Ma*, l. *Maca*. A quien, *mataclasan*. *Ica*, causa. Sinónomo *Obus*.

TACLIP. pc. Mondar fruta. Vide *Talop*, con sus juegos. Tambien sobrehaz.

TACLIR. pc. Pescar mar adentro con anzuelo, dejándolo atado en dos palos, ó en la banca. *Manaclir*, pescar así. *Napanacliran*, el pez cogido. *Ipanaclir*, instrumento.

TACLIS. pc. Afilar un cuchillo con otro, *Mag*. El cuchillo, *Y*. Donde, *An*. Sinónomo *Tag-is*, *Sanghit*.

TACLIS. pc. Atar el animal en algun palo dando unas vueltas en el mecate. *Itaclis mo ang vaca sa cahoy*.

TACLOB. pc. Tapar una cosa con otra. Vide *Saclob* su sinónomo, con sus juegos.

TACLOBÓ. pp. Caracol grande.

TACNAP. pc. Pisar alguna suciedad ó lodazal, *Na*. Donde, *Ca-an*.

TACNḠAN. pc. Un género de caña muy delgada.

TACÓ. pc. Errar, dar al tras pié, *Ma*. Sinónomos *Sala*, *Balaquir*, *Tapiyoc*.

TACOB. pp. Cubrir algo como con tabla, hojas, &c. *Mag*. Lo que, *An*. Si mucho, *Pag-an*. Y, con que. Si mucho, *Ipag*.

TACOCO. pc. Un capirote de hojas de nipa, para cubrirse de la cabeza á la cintura. *Mag*, ponérselo. *Hin*, él. *Han*, ser cubierto de él.

TACOLBONG. pc. Paño que se pone en la cabeza para librarse del sol, lluvia, &c. *Mag*, ponérselo. *In*, él. Vide *Talocbong*, que es mejor.

TACOPIS. pp. Aquello con que se cubre la flor de la bonga.

TACOT. pp. Temor ó miedo. *Ma*, temer, atemorizarse. *Catacotan*, ser temido. *Ica*, la causa. *Vm*, l. *Manacot*, l. *Magpa*, espantar, atemorizar á otro. *In*, l. *Patacotin*. ser atemorizado. *Y*, l. *Ipanacot*, con que ó causa. *Matacotin*. pc. El medroso. De aquí *manhinacot*. pp. Escarmentar. Vide *Hinacot*. *Magpatacot*, l. *nagmamacatacot*, el que se finge bravo. *Ipinag*, l. *Ipinagmamaca*, la causa.

TACUPIS. pp. La hoja con que se cubre la mazorca del maiz. Vide *Opac*.

TAYOCAN. pp. Un género de cestillo.

TACPO. pc. Un árbol llamado así.

TACSAC. pc. Gotera contínua. *Na*, podrirse la parte donde cae.

TACSAC. pc. Desembarazar, rozar, *Mag*. Lo que, *In*, l. *Pag-in*. Vide *Tagsac*.

TACSAY. pc. Chinchorro. *Nananacsay*, pescar así. *Na*, l. *In*, l. *Pinananacsayan*, ser cogido así el pez. Nombre, *Manacsay*.

TACSIL. pc. Necio, tonto. *Tacsil na tauo*, hombre tal. Abstracto, *Catacsilan*. pc. *Vm*, irse poniendo tal. Sinónomos *Bandoy*, *Siual*.

TACSONG. pc. l. *tacsaon*. Una especie de mimbres ó bejucos.

TACTAC. pp. Escardillo. Un palo con un hierro en la punta, ancho de dos ó tres dedos. *Vm*, cabar con él. Lo cabado, *In*. Si mucho, *Pag-in*. Sinónomo *Agsap*.

TACTAC. pc. Menear la vasija, para que quepa mas en ella. *Mag*, menear. *Y*, la vasija ó con que. Si mucho, *Ipag*. Sinónomo *Toctoc*.

TACTAC. pc. El hierro que se pone al bordon, *Mag*, ponerlo. *An*, el bordon.

TACUIL. pc. Dar de codo, *Vm*. Si mucho, *Mag*. Lo que, *In*. Si mucho, *Pag-in*. *Mag*, dar con su codo á otro para que calle. A quien, *In*. *Y*, con que. Si mucho, *Ipag*.

TACUIL. pc. Dar con el hocico como el puerco, *Manacuil*. *In*, lo que. *Y*, el hocico.

TACUMBÁ. pc. Saltar á piés juntillos, *Vm*. Lo saltado, *In*.

TACYAR. pc. Lo mismo que *Sacyar*. Vide sus juegos.

TACYARAN. pp. ó *Tandanḡan*. Lugar para guardar bolo ó machete.

TAG. pp. Partícula que compone los tiempos y vientos. *Tag-arao*, secas. *Tag-olan*, lluvias. *Tag-amihan*, lestes. *Tag-habagat*, tiempo de vendabales.

TAGA. pc. Partícula que, junta con nombres de pueblos, significa ser vecino de él. *Taga ano ca?* De donde eres? *Taga Tondo*, vecino de Tondo. Junta con otras raices, significa el oficio que dice la raiz. *Taga tanod nang babuy*, cuidador de puercos. *Taga cain*, comedor.

TAGÁ. pc. Cosa diputada para algo. *Tagà co itong saguing sa Padre*, este plátano lo tengo para el Padre. *Vm*, diputar. *Y*, lo que. *An*, para quien. Sinónomo *Talaga*.

TAGÁ. pc. Nombre de anzuelo en comun, sea chico ó grande.

TAGÁ. pc. Cortar con hacha de alto á bajo. *Vm*, cortar. Si mucho, *Magtatagá. Managa*. Frecuent. Lo que, *Tag-in*. Si mucho, *Pag-in*. *Na*, haberse cortado. *Y*, con que. Si mucho, *Ipag*. *Pag-an*, el lugar. *Tagan*, la deuda por la cual se manda cortar madera, y un pájaro blanco.

TAGÁ. pc. Asirse en la tierra la ancla. *Tumataga sa lupa ang pasiñgit*. De aquí *Tumataga mandin sa loob co, ang caniyang uica*, me penetra el corazon su dicho. Metáf.

TAG-ABAS. pc. Una yerba medicinal.

TAGABAS. pp. Andar de priesa aun entre matorrales por arrojado. *Vm, Nang paglacar*, andar así. Donde, *An*. La causa, *Y*. Sinónomo *Tag-ibas*.

TAG-AC. pc. Vide *Tag-oc*.

TAGAC. pp. Caerse algo de la mano, *Vm*. Si de propósito, *Mag*. Lo que, *Y*.

TAGAC. pc. Garza blanca. *Catagacan*, lugar de muchas.

TAGACTAC. pc. Lo mismo que *Poctopocto. Uatac-uatac*.

TAGACTAC. pc. Regar á charcos, rozar á trechos, *Vm*, l. *Mag*. *Tagactagactac ang paggamas mo*.

TAGACTAGACAN. pp. Una yerba.

TAGA DOONĜAN. pp. Son los de la Laguna de Bay, respecto de los Tinguianes.

TAGAL. pc. Teson en algo. *Mag*, tenerlo. *Maca*, poder. *In*, lo que. *Matagal na loob*, constante.

TAGALA ALA. pp. Palabra de placer. *Mag*, repetirla, decirla. *Ipag*, por quien ó causa.

TAGALASIC. pc. Persona libre, desenfrenada. *Catagalasican*. pc. Abst.

TAGALASIC. pc. Lo mismo que *tagilasic, tilamsic, tagalsic*.

TAGALHI. pc. Supersticion. *Mag*, hacerla.

TAGALOG. pp. Nacion Tagala, ó Tagalo. *Mag*, pc. Hablar, vestir, traducir en su lengua. La que, *In*. *Mag*. pp. Hablar del Tagalo *Pagtatagalogan*, con quien. *Ipag*, la causa. *Catagalogan*. pp. Junta ó lugar de muchos.

TAGALSIC. pc. Lo mismo que *Talagasic*.

TAGAL-UAT. pc. De tres sílabas. Una yerba.

TAGAN. pp. Vide *Hintay*. *Tagantaganan mo aco*, lo mismo que *Hintinhintin mo aco*.

TAG-AN. pc. El pez espada.

TAG-ARAO. pp. Verano, tiempo de secas. *Managarao*, hacer algo entonces. Lo que, *Ipinananagarao*. Donde ó para quien, *pinananagarauan*.

TAG-ARAO. pp. Una especie de alcaparra silvestre.

TAGASA. pc. Un árbol que nace en agua salobre.

TAGASYANG. pc. Morisqueta medio cruda *Ma*, quedar así. *Ica*, la causa.

TAGAS. pp. Menguar la corriente. Vide *Agas*, con sus juegos. *Tumatagas ang poot niya*, ya se va amansando. Metáf.

TAGAS. pp. Agotarse la fuente, estancarse la sangre, *Na*, l. *Vm*.

TAGAS. pp. Vadear el rio, *Vm*. *Patagasin ta muna*, dejemos que se vaya menguado.

TAGATOY. pp. Un género de árbol de poca dura.

TAGAY. pp. Racion de vino diputada en su medida. *Mana ang tagay mo*, esto te toca. *Vm*. l. *managay*, repartir ó dar de beber por su mano. Si mucho, *Mag*, pc. *An*, á quien. Si mucho, *Pag-an*. pc. *Y*, l. *ipanagay*, el vino. *Ipag*. pc *Mag*, dar de una mano en otra, como cuando se da á los convidados. *Tagayan* pc. La medida señalada. Sinónomos *Tudyo*, *Baric*, *Singalong*.

TAGAYAN. pc. Taza para beber.

TAGAYTAY. pc. Gotear de hilo en hilo, *Vm*. Vide *Tagactac*.

TAGAYTAY. pc. Cumbre, ó coronilla de monte pelado. *Tagaytay nang bondoc*. *Managaytay*, ir por la cumbre. *Pan-an*, por donde.

TAGBAG. pc. Un género de yerba, un género de cañas dulces olorosas.

TAGBAC. pc. Podrirse algo por darle de contínuo el agua. *Na*, irse pudriendo. Donde, *Ca-an*.

TAGBAYSI. pc. Canícula. Vide *Tagbisi*.

TAGBIC. pc. Olas pequeñas. *Vm*, hacer ó haber olas. De aquí *tinatagbic mandin ang dibdib nang tacot*, se le salta el pecho de miedo.

TAGDAN. pc. El astil de la lanza ó remo. *Mag*, ponerlo. *An*, á lo que. *In*, l. *Y*, lo que.

TAGBISI. pc. Calor grande ó canícula. *Mag*, hacer dicho tiempo.

TAGBO pc. Encontrarse de concierto en alguna parte, *Mag*. Donde, *An*.

TAGHILAO. pc. Anchovetas, ó componer en vinagre así carne ó pescado, *Mag*. *In*, ser asi compuesto. Si mucho, *Pag-in*. *Ipag*, la causa persona para quien. Nombre, *Mapag*. Sinónomos *Balaobalao*, *Barali*.

TAGHOC. pc. Toser recio, *Vm*. Si mucho, *Magtatahoc*.

TAGHOY. pc. Respirar con fuerza, jadear, *Vm*. Si mucho, *Mag*. La causa, *Ipag*. Si mucho, *Nananaghoy*. La causa, *Ipa*. A quien *Pag-an*.

TAGI. pp. Muñir, dar prisa de casa en casa, llamando para el trabajo, *Vm*. l. *Mag*. A quien, *Tagihin*. Si mucho, *Paghin*. pc. *Y*, la causa, obra, ó con que.

TAGI. pp. Entresacar gente para alguna obra, *Mag*. Los señalados, *In*.

TAGI. pp. Dividir entre sí los señalados, dividirse ellos, *Mag*. Los unos, *Vm*.

TAGIAMO. pp. Hechizo de yerbas. Vide *Tagilubay*, con sus juegos.

TAGIB. pc. Vide *Tigib*.

TAGIBANG. pc. Ladearse algo por mal asentado, *Ma*. *Ica*, la causa. Sinónomo *Quiling*.

TAGIBAS. pp. Andar á prisa de aquí para allí como ardilla, *cung matagitagibas*, l. *tatagitagibas*. Sinónomo *Tagabas*.

TAGIBOHOL. pc. Lo mismo que *Tagilabso*.

TAGIBULAG. pp. Jugar de manos trampear la

vista, *Vm*. l. *Mag*, Pero no tiene en activa el imperativo de *Vm*. Frecuent. *Managibulag*. *In*, l. *Ma*, á quien. *Y*, l. *Ipag*, la causa ó con que. Sinónomo *Malicmata*.

TAGIBULAG. pp. Desaparecerse, hacerse invisible, *Vm*, l. *Mag*, *sa mata*, l. *sa tauo*. A quien, *Pag-an*.

TAGIBULAG. pc. Una yerba con que creían hacer invisibles.

TAGIC. pp. Poner tablita ó cañuelas al dislocado, *Vm*. Los huesos, *In*.

TAGICAO. pc. Un anillo de bejuco que ponen á los carabaos y vacas en las narices para sugetarlos. *Mag*, hacerlo ó ponerlo. *An*, á quien. *Y*, l. *In*, el bejuco de que.

TAGICTIC. pc. Sonido como de disciplina. *Vm*, sonar así. Si mucho, *Magtatagictic*. *Y*, la causa.

TAGIHAUAT. pp. Granito en el rostro ó grano grande. *Nagcaca*, tenerlos de nuevo. *In*, á quien le salen. *Tagihauatin*. pc. Nombre.

TAGIHOMHOM. pc. Impedir el habla por humazo. Vide *Homhom* su sinónomo.

TAGILABSO. pc. Lazada ó corredizo sobrefalso. *Vm*, l. *Mag*, atar asi. *Y*, l. *In*, la atadura. *Ma*, estar algo atado así. Sinónomos *Sigal-ot*, *Sagilot*, *Tagilapso*.

TAGILAGPUS. pc. Lo mismo que el antecedente con sus juegos.

TAGILAR. pp. Un zacate que corta. *Ma*, cortarse con él. *Ca-an*, el lugar donde.

TAGILASIC. pc. Fácil en hacer algo.

TAGILAY-IU. pc. Soledad. Vide *Lay-iu*, con sus juegos.

TAGILIR. pp. Ponerse de lado, *Vm*, l. *Mag*. (La accion por *Vm*, el estar por *Mag*.) *Tagilirin*, á quien se vuelve. *Mag*, poner algo de lado. *Y*, l. *Ipa*, ser puesto. *Tagiliran*. pp. El costado. Nombre. *Mapag*. *Uala acong tagiliranin*, no tengo lado. Hominem non habeo.

TAGILO. pc. Piramidal.

TAGIL-UAT. pc. De tres sílabas. Lo mismo que *tagaluat*. pc.

TAGILUBAY. pc. Hechizo de ciertas yerbas con que aplacan al enojado, *Mag*. A quien, *In*. Con que, *Y*. Sinónomo *Tagiamo*.

TAGIMTIM. pc. Vide *Tiyim*, *Panaimtim*.

TAGIMTIM. pc. Sentir refrigerio en lo interior como del fresco, *Vm*. *Ang lamig sa catauan*. *Nananayimtim ang aral nang Padre*, está impresa en mi corazon la doctrina del Padre.

TAGIMTIM. pc. Resumarse la vasija nueva, *Vm*.

TAGIN. pp. Lazo grueso para coger puercos. *Mag*, armarlo. A quienes, *An*. Lugar, *Pag-an*.

TAGIN. pc. Ganar, hacer baza con el naipe, &c. *macatagin*, poder hacer baza. *Di aco patagi-nin*, no me dejan hacer baza. *Magpa*, dejarse vencer. Sinónomos *Barlis*, *Gahis*, *Tanglar*, *Taloar*.

TAGIN. pc. Juego de trompo. *Mag*, l. *Mag-an*, jugarlo. *Matagin*, trompo que vence.

TAGINGTING. pc. Zumbido del viento, ó ruido de algun palo duro al cortarlo. *Vm*. l. *Mag-tagitagingting*, si mucho. La causa, *Y*.

TAGINTING. pc. Estirar torciendo como las cuerdas de la vihuela, *Vm*. Lo que, *In*. *Ma*, lo así estirado.

TAGINIC. pc. Voz clara, sonora. *Vm*, sonar así. Si mucho, *Matagitagin-ic*. Sinónomo *Tini-is*.

TAGIOLI. pp. Lo mismo que *Tigi-oli*. pp.

TAGIPANGLAO. pp. Solitario, melancólico. *Tauong tagipanglao*, hombre tal.

TAGIPOS. pc. Leño seco ó podrido, que se consume en el fuego sin hacerse brasa.

TAG-IS. pc. Afilar como el cuchillo en otra cosa. *Vm*, mejor, *Mag*. *Y*, ser afilado. Si mucho, *Ipag*.

TAGISAMÁ. pp. Hechizo para que aborrezca á otro, y ame á él, *Mag*. A quien, *In*. Sinónomo *Tigisama*.

TAG-ISAN. pp. Piedra, ó en que se afila. Vide *Tag-is*.

TAGISOU. pp. Secar el arroz al sol. *Mag*, comerlo. *In*, el arroz que se come.

TAGIS-UAC. pp. Ruido de la ropa que se rasga. *Vm*, l. *Na*.

TAGISUYÓ. pp. Sujetarse á agena voluntad. *Pananagisoyo*, obsequios. Vide sus sinónomos *Talasuyó*, *Suyó*.

TAGISTIS. pc. Ruido como de hoja de palma al rasgarla, ó de ropa. *Vm*. Si mucho, *Nagtatagistis*.

TAGLAY. pc. Traer algo colgado en la mano. *Anong taglay mo?* qué traes ahí? *Vm*, y mejor, *Mag*, traer algo así. *Ipag*, por quien. Con los adverbios de lugar se conjuga así: *Taglain mo dito*, sea traido de tí aquí. *Taglain mo doon*, sea llevado de tí allá, &c. Sinónomos *Dala*, *Talobitbit*.

TAGLAY. pc. Tambien traer en la mano como rosario, &c. *Mag*. Lo que, *In*.

TAGNÍ. pc. Coser dos puntas de la ropa, ó unir dos pedazos cosiéndolos, *Mag*. Vide *Sacnib*, *Lanib*, *Tanip*, *Taquir*, con sus juegos.

TAGNONG. pc. Cubrir los animales, árboles, &c. á la hortaliza, que no la dejan que la dé el sol. *Natatagnuñgan ang coles nang papaya*, están cubiertas las coles de la papaya.

TAGNOS. pc. Vide *Labso*.

TAGÓ. pp. Guardar, esconder. *Vm*, l. *Mag*, esconderse. *Mag*, esconder algo. *Y*, lo que. Si mucho, *Ipag*. pc. El lugar, *Pagtagoan*. Nombre, *Tagoan*. pc. *Mag-an*, esconderse unos de otros, como los muchachos cuando juegan. *Managoan*, buscar donde esconderse.

TAGOBANÁ. pp. Hendidura, ó agujero pequeño en alguna vasija. Vide *Lamat*.

TAGOBILIN. pp. Encomendar de palabra, *Mag*. *Pag-an*, á quien. *Ipag*, causa ó lo que. Sinónomo *Bilin*.

TAGOC. pc. Ruido que hace en el gaznate lo que se traga. *Vm*, hacer ese ruido el gaznate. Vide *Lag-oc*.

TAGOCAN. pp. La nuez del gaznate ó *Tatag-ocan*.

TAGOCTOC. pc. Ruido del palo en la cabeza. *Vm*, *ang olo*, sonar así. Si mucho, *Mag*. Sinónomo *Pagocpoc*.

TAGOLALI. pp. l. *Tagolaling*. pp. Trabajar el esclavo para sí, *Magpa*. *Pa-an*, el esclavo. *Mag*, trabajar así.

TAGOLABAY. pc. Ronchas en el cuerpo como habas. Pujo de sangre. *Magca*, l. *In*, l. *Ma*, tenerlos.

TAGOLAMIN. pc. Manchitas que se hacen en la ropa por la humedad. *In*, la ropa.

TAGOLASIC. pc. Lo mismo que Tagilasic.

TAGOLIMOT. pp. Olvidadizo, olvidar. *Anaqui aco,i, mey mutya sa tagolimot*, para que tengo alguna piedra que me hace olvidar.

TAGOLINAO. pp. Una yerba como la adbicoria.

TAG-OLAN. pc. Invierno. *Mag*, ser tiempo de invierno. Vide *Tag-arào*.

TOGOLING. pc. Canal ó regadera por donde corre el agua. *Magca*, hacerse acaso. *Mag*, hacerla. *An*, la sementera. *Ipag*, la causa.

TAGOLIUAS. pp. Medicina ó virtud de cierta yerba.

TAGUMPAY. pc. Cantar la victoria, aclamar, *Mag*. *Y*, l. *In*, el canto, *Ipag*, la causa.

TAGON. pc. Salir al encuentro, ir á lugar señalado á do se juntan las partes para algun trato, *Managon*, l. *Vm*. Las dos partes, *Magca*. A lo que, *In*. Sinónomo *Tuon*.

TAGONGTONG. pc. El ruido que se oye al pilar el arroz, *Vm*. l. *Mag*. Sinónomo *Pugompong*.

TAGONTON. pc. Renglon ó hilera. *Cacatagonton*, uno solo. Vide *Talodtod*.

TAGOOT. pc. Ruido de ola que revienta en peña, &c. *Vm*.

TAG-OP. Aliarse. Vide *Sagop*.

TAG-OP. pc. Encontrarse, *Mag*. Vide *Salobong*, con sus juegos.

TAGOPAC. pp. Ruido de golpe dado en tierra, ó estallido de arcabuz, &c. *Vm*, sonar. Si muchos, *Nagtagopac*. *Y*, la causa.

TAGORÌ. pc. Promesa, prometer, dar esperanza de algo, *Mag*. *Pagtagorian*, á quien. *Ipag*, lo que: tambien la persona ó causa. Nombre, *Mapag*. Sinónomo *Otal*, *Tagoyá*.

TAGORTOR. Vide *Talodtod*.

TAGOSO. pp. Vide *Tactac*.

TAGOSTOS. pc. Dar cuerda, arriar, como cuando bajan la vela, ó la lámpara, ó la cuerda del anzuelo. *Mag*, arriar. *Y*, l. *An*, la cuerda. Sinónomos *Tostos*, *Lobay*.

TAGOSTOS. pc. Aflojar, como la pretina, para que venga bien el calzon, &c. *Mag*.

TAGOSTOS. pc. Deslizarse el cordel, *Vm*, l. *Natagostos ang tali*, ó *lubir*.

TAGOYÁ. pc. Lo mismo que *Tagorì*, con sus juegos.

TAGOYÁ. pc. Pesado, que no se puede levantar. *Di co matagoyà*: solo se usa con negativa. Sinónomos *Buhat*, *Togoy*, *Añgat*.

TAGOYOR. pp. Vide *Goyor*.

TAGPAS. pc. Cortar zacate hácia la punta, ó en medio, *Vm*. Si mucho, *Mag*, *Ipagtatagpás*, l. *tinagpasan*, l. *Pinag-an*, el lugar á do, ó lo que quedó del zacate. *Y*, el instrumento. Sinónomo *Tigpas*.

TAGPAS. pc. Coger un poco, para dar á alguno de pronto, *Vm*. Lo que, *In*. Con que, *Y*.

TAGPAS. pc. Cortar las puntas del arroz en almácigo para que brote mejor, ó no caigan en el suelo. *Tagpasan*, el arroz cortado. Sinónomo *Gapas*. Tambien cortar de un golpe, rozar de cumplimiento, con los mismos juegos que el primero.

TAGPI. pc. Remiendo, remendar, *Vm*, mejor *Mag*, l. *Managpi*. Tambien *Mag*, remendar bancá, tabla, &c. Lo remendado, *Tagpian*. Si mucho, *Pagtatagpian*. *Y*, l. *Ipanagpi*, con que. Si mucho, *Ipagtatagpi*. Nombre, *Panagpi*. Vide *Totos*, *Salogsog*.

TAGPIS. pc. Rostro afilado, enflaquecer, *Vm*. La causa, *Y*. Es mas que *Yayat*.

TAGPO. pc. Vide *Salobong*, *Sondo*.

TAGPUS. pc. Traspasar de parte á parte. Vide su sinónomo *Taos*, con sus juegos.

TAGQUING. pc. Un pajarillo pequeño y hermoso.

TAGTAG. pc. Levantar de golpe el anzuelo para arrojarlo por alto. *Ma*, ser arrojado el pescado. *Ica*, la causa. Nombre, *Tagtaguin*. pc.

TAGTAG. pc. Caer el rocío de los árboles por menearlos. *Ma*. *Ica*, la causa. Sinónomos *Logos*, *Lagas*, *Laglag*, *Holog*.

TAGTAG. pc. Dar golpecitos para que caiga algo de las manos, como cuando solemos echar sal á una tortilla, *Vm*. Lo golpeado, *In*. *Mag*, derramarlo.

TAGUBANÁ. pp. Agujero en vaso ó loza. *May tagubana*: y de un hombre que se alaba de prendado dicen, *May tagubanà din*, tiene su pero.

TAGUBANÁ. pp. Una fistula en el carrillo que mana.

TAHAC. pc. Romper por camino nuevo, atravesar por él, caminar por atajo, *Vm*, l. *Mag*. El camino por donde, *In*, l. *An*, l. *Pag-an*. La causa, *Ipag*. Lo que es llevado, *Y*. Sinónomos *Talas*, *Sagi*.

TAHAC. pc. Tirar al monton sin apuntar, *Magpa*. A quien, *Patahacan*. *Ipa*, con que. *Napatahacan*, el topado. Todo es metáfora: propiamente es atravesar el rio de parte á parte.

TAHAN. pc. Parar, cesar, *Vm*. *An*, l. *Natahanan*, lugar. *Y*, la causa ó la obra. *Ma*, estar parada la obra, ó cesar de trabajar. *Ica*, causa. Parar ó interrumpir, active, *Vm*, l. *Mag*. Lo que, *Y*. Donde, *An*. Estar dos parados en conversacion, uno enfrente de otro, *Mag*. *Pagtahanan*, el negocio, ó sobre que.

TAHAN. pc. Atajar á alguno, *Vm*, l. *Mag*. A quien, *An*. Con que, *Y*. *Napatahan co na*, ya lo atajé. Nombre, *Tahanan*. pp. llt. *Nananahan*, pararse muchas veces. *Napapa*, quedarse parado. *Ualan tahan*, continuamente.

TAHAN. pc. Tomar dinero para contratar, con condicion de pagar al dueño la mitad de la ganancia, y todo el principal; pero si se puede, solo pagará la mitad del principal. El juego es así: *Nonohan tahanan*, l. *Nananahan*. De quien, *Quinohan tahanan*, l. *Pinananahanan*. *Cohan tahanan co yari*, esta hacienda no es mia, sino tomada así.

TAHAO. pp. Lugar descumbrado. *Nasatahao yaring bahay*, esta casa está en descumbrado. Sinónomo *Langtar*.

TAHAS. pc. Animoso, término de poetas. *Tauong tahas*, hombre que á nadie teme. De aquí viene el *Mañgahas*.

TAHAS. pc. Puro, sin mezcla. *Tahas na guinto*, oro puro.

TAHAS. pp. Caminar, vivir, hacer algo por sí solo. *Mag*, obrar así. Y de aquí metafóricamente el antecedente.

TAHÌ. pp. Vide *Aglahi*, con sus juegos, y *Orirá*.

Mag, incitar. A quien, *In*, l. *Pinag*. Si mucho, dobla la raiz con *Mag*.

TAHÍ. pc. Costura, coser, *Vm*, mejor *Manahi*. Si mucho, *Magtatahi*. *In*, ser cosido. Si mucho, *Pagtatahiin*. *Y*, la aguja ó hilo. Si mucho, *Ipag*. *Ipinanahi*, la persona para quien ó con que. *Pinananahian*, lugar. Con *Mag*, coser una cosa con otra, ó el hilo con que se cose. *Y*, lo que se cose con otra cosa. De aquí *Mañgohan tahian*, las mugeres que andan en busca de costura. De quien, *Quinohan tahian*, l. *Pinangohan tahian*. *Cohan tahian*, *Pangohan tahian*, costura.

TAHIC. pp. Tierra que no se anega, no siendo monte. *Napapatahic*, ir por ella. Tambien cosa que está lejos del mar.

TAHIL. pp. Peso de oro que son diez reales, *Sangtahil*. *Manahil cami*, solo un tahil nos cupo.

TAHILAN. pp. Viga en que asientan las viguetas ó soleras. *Mag*, hacerla, ponerla. *An*, la casa. *In*, l. *Y*, el palo que es hecho.

TAHIMIC. pp. *O timic*. pp. Quietud, sosiego. *Vm*, ir sosegándose, l. *Napapa*, *Ma*, estarlo. La causa, *Naca*, l. *Ica*. Donde, *Ca-an*. Abstracto, *Catahimican*. *Itahimic ang bibig mo*, calla la boca. *Catahimican nang loob*, *Catiuasayan*, *Caguinhauahan*.

TAHIP. pc. Ahechar el arroz, *Vm*, mejor *Mag*. *An*, el arroz. *Y*, lo que se ahecha. Tambien *Tinaphan*, en lugar de *Tinahipan*, que es el arroz que se limpia. *Ipag*, la persona por quien. *Pagtaphan*, lugar. *Paua caming tahip*, todos somos escogidos. Metáf.

TAHID. pc. Espolon del gallo. *Mag*, l. *Magca*, haberlo de nuevo. *Natahiran*, á quien topó el espolon.

TAHIRAN. pp. Cualquier palo viejo al que le salen unos como espolones.

TAHIR LABUYÓ. pc. Una yerba.

TAHITAHÍ. pp. Fingirse enojado, *Mapagtahi*. Aquel con quien, *Tahitahian*. La causa, *Ipag*.

TAHIYOYO. pp. Gallo á quien no le sale espolon.

TAHÓ. pc. l. *Ható*. *Natahó co na*, lo mismo que *Natanto co na*.

TAHOC. pc. Vide *Tilhac*.

TAHOL. pc. Ladrido, ladrar el perro, *Vm*. Si mucho, *Magtatahol*. Frecuent. *manahol*. *An*, á quien. Y si mucho, *Pagtatuan*. *Y*, la causa. Y si mucho, *Ipag*. Nombre, *Mataholin*, l. *Mapanahol*. pc. Sinónomo *Holhol*, *Taquin*.

TAHONG. pc. Almejas. *Manahong*, cogerlas. *Panahongan*, lugar. *Ipanahong*, la persona por quien.

TAIB. pp. Percudirse la ropa, penetrarse la porquería en ella. *An*, l. *Mataiban*, estar ella así.

TAIB. pp. Creciente de mar. *Vm*, crecer ó estarlo ya.

TAIB. pp. Rocio de la mañana.

TAIB-A. pc. Probar el barro, cociéndolo con agua, ó echándola en él, para ver si está bien hecho, *Mag*. Lo que, *Hin*.

TAIB-ONG. pc. Techo empinado. *Vm*, estar así. *Mag*, hacerlo así. *Magpa*, sacarlo así al hacerlo.

TAIN. pc. Un garlito que ponen en el rio para pescar. *Nananain*, pescar con él.

TAIN. pp. Parar la pantorrilla, para que dén en ella, *Vm*, l. *Mag*. Lo que, *Y*.

TAIN BABASI. pp. Escoria del hierro.

TAIN BABUY. pc. Un pajarito negro.

TAIN BACAL. pp. La escoria del hierro.

TAIN ITAC. pp. Escoria del bolo.

TAINGAN BABUY. pp. Una yerba.

TAINIG. pc. Menearse, como banco ó mesa, por andar en él, *Vm*. Lo que, *In*. *Ma*, acaso.

TAIP. pc. El olor bueno ó malo que trae el viento. *Maca*, traerlo el viento. *Natataipan aco nang baho*, me trae el viento el mal olor.

TARYAC. pc. Cocear. Vide *Tadyac*.

TAIS. pp. Gastarse la herramienta por mucho uso. *Ma*, gastarse. *Vm*, l. *Mag*, amolarla. *Y*, lo que. Donde, *An*.

TAIT. pc. Por poco. *Tait na aco maholog*, por poco me caigo.

TALA. pp. Rezumarse la vasija, *Vm*. Lugar, *An*.

TALA. pp. Ea, lo mismo que *Aba tayo*.

TALÁ. pp. Lucero del alba. *Talá manding sumisilang*, dicen cuando vén algo que lo desean mucho. Metáf.

TALÁ. pp. Una yerba olorosa; tambien una flor.

TALÁ. pp. Hallar lo que no se buscaba. *Natalaan*.

TALÁ. pp. Romper por espesura, *Vm*. La tierra ó lugar, *An*. *Saan mo ipagtatala iyang bata?* á qué parte llevas á ese muchacho? Sinónomo *Tangbar*, *Pahat*, *Uacauac*.

TALÁ. pc. Marca, sello, &c. *Ma*, estar sellado. *Mag*, sellar. *An*, ser sellado. *Y*, el sello con que. Sinónomo *Quintal*.

TALÁ. pc. Imprimir en el corazon. *Italá mo itong aral sa pusó mo*, imprime en tu corazon esta doctrina.

TALAB. pc. Una raiz con que tiñen. *Mag*, teñir. Lo que, *In*. Con que, *Y*. *Nagtitinilaban*, vestirse del color de la raiz.

TALAB. pc. Penetrar, como la herida, la espada, &c. *Vm*. *Tablan*, ser penetrado. Si mucho, *Pag-an*.

TALAB. pc. Embotarse la herramienta, *Vm*. *Na*, estarlo.

TALAB. pc. Tambien en algunos pueblos es agudo, penetrante. *Matalab na itac*, bolo penetrante.

TALABA. pc. Ostiones. *Manalaba*, cogerlos. *Panalabahan*, la banca en que, ó lugar donde se cogen. *Ipanalaba*, la persona para quien. *Catalabahan*. pc. l. *Panalabahan*, lugar de muchos.

TALABIR. pc. Errar, equivocarse, *Ma*. La causa, *Ica*. *Quinatalabiran*, en que. Sinónomo *Mali*. *balatong*. *Di matalabir mañgusap*, habla sin respirar.

TALABIS. pc. Barranca quebrada: *Napapatalabis*, andar por ella. *Quinapapatalabisan*, donde. Abstracto, *Catalabisan*. Sinónomo *Bañgin*.

TALABING. pp. Atar flojamente, *Vm*, l. *Mag*. Lo que, *An*. El lazo, *Y*.

TALABNAO. pc. Vide *Tatacnao*, con sus juegos.

TALABO. pc. Salpicar. Vide *Salacbo*, *Vm*. *Manalabo*, salpicar dando á los presentes. *Na*, acaso.

TALABOG. pc. Un modo de pescar en Bulacan. Vide *Tabsac*.

TALABOS. pc. Cogollo, pimpollo.

TALABSIC. pc. Salpicar. *Ma*, acaso. *Nananalabsic*, dar al que está presente.

TALABSOC. pc. Los postecillos sobre que asientan el cayan. *Mag*, ponerlos. *Talabsocan*, la banca. *Y*, los palos.

TALAC. pc. Hablar recio, *Vm*. Si mucho, *Magtatalac*. Mútuo, *Nagtatalacan*.

TALACATAC. pp. Castañas como las de España.

TALACAY. pp. Parecer, sentencia. *Vm*, sentenciar. La sentencia, *Y*. El sentenciado, *An*. Vide *Hatol*.

TALACAY. pp. Vide *Isip*. *Napagtalacayan co na*, lo mismo que *Napag-isip*.

TALACNAO. pc. Escalofrio. *Mag*, tenerlo. *In*, á quien dá. *Magca*, empezar á tenerlo. *Talacnauin*, el que lo padece de ordinario.

TALACSIC. pc. Vide *Talamsic*.

TALACTAC. pc. Atravesar la mar, *Vm*. *Man*, andar atravesando. En que, *An*. *Mag*, atravesar llevando algo. Lo que, *Y*. Para quien, *An*. El navío, *Pag-an*.

TALACUAC. pc. Vide *Taluas*.

TALAG. pp. Batir, golpear, como hierro, &c. *Vm*. Lo que, *In*. Con que, *Y*.

TALAG. pp. Desabollar, ensanchar, *Vm*. Lo ensanchado, *In*. Instrumento, *Panalag*.

TALAGÁ. pp. Pozo ó cisterna.

TALAGA. pc. Prometer, como en señal, cosa diputada para dar, *Vm*, mejor *Mag*. *Han*, para quien. Si mucho, *Pag-an*. *Y*, lo que. Y si mucho, *Ipag*.

TALAGA. pc. Disponer, prevenir, *Vm*, l. *Mag*. *Talaga nang Dios sa aquin*, disposicion de Dios para mí.

TALAGA. pc. Resolverse á hacer algo por sí, *Vm*. Lo que, *Hin*. La causa, *Y*. Para quien ó donde, *Han*.

TALAGHAY. pc. Esforzarse el enfermo, animarse, *Vm*. *Y*, la causa. *Catalaghayan*, abstracto: Sinónomo *Sangalayá*, *salacatá*, *Sigla*.

TALAGNAO. pc. Vide *Talacnao*.

TALAGUAN. pc. Vide *Talanuang*.

TALAGTAG. pc. Arroz de pocas espigas. Tambien manadas de animales apartadas.

TALAHIB. pp. Carrizo, carrizal. *Catalahiban*. pc. Lugar de mucho. *Vm*, echar flor el carrizal. *Nananalahib*, ir á cortarlos.

TALAMÁ pc. Vide *Talamac*.

TALAMAC pc. Penetrado, ó de mucha agua ó calor, &c. *Ma*, estarlo. *Vm*, l. *Maca*, penetrar ó incorporarse. *Ica*, la causa.

TALAMAG. pc. Vide *Talamac*.

TALAMBÓ. pc. Plato grande como el *Dinolang*.

TALAMBOLO. pp. Vide *Talangbolo*.

TALAMPAC. pc. Romo, chato. *Talampaquin*, ser hecho así. *Natatalampac ang ilong*, tiene la nariz chata.

TALAMPAC. pc. Hablar claro, sin rodeos, *Vm*. A quien, *In*. Si mucho, *Pag-in*.

TALAMPACAN. pp. Planta del pié. Sinónomo *Talapacan*. pp.

TALAMPI. pc. Golpear dando mano con mano, *Mag*. Las manos, *Pag-in*.

TALAMPOCAN. pp. Manta de Borney.

TALAMPONAY. pp. Una yerba cuya raiz en el vino hace furioso al que lo bebe. *Vm*, dar á beber dicho vino. Si mucho, *Manalamponay*. *In*, á quien. *Ma*, padecer la furia. Una yerba muy especial para curar las enfermedades de las almorranas.

TALAMSIC. pc. Salpicar. Vide *Tilamsic*, *Talabsic*, sus sinónomos.

TALAN. pc. Hacer pinicos el niño, *Vm*. *Pagpatalanan*, el lugar. *Matalan na ang pagtindig*, se pone en pié sin dificultad.

TALAN. pc. Vide *Tatag*, con sus juegos.

TALAN. pc. Llevar algo sobre la cabeza sin tenerlo con las manos, *Magpa*. *Ipinagpa*, lo que es llevado. Vide *Sonong*.

TALANCAG. pc. Erigirse el miembro. *Na*, estarlo. *In*, hacerlo estar. *Vm*, comenzar á estarlo. A quien, *An*.

TALANCAG. pc. Brotar el pimpollo erguido, con los mismos juegos. El antecedente es metáfora de este.

TALANDAC. pc. l. *Talangdac*. Lo mismo que el antecedente. De aquí *Nangangalandacan*, alterarse para acometer, ó enfurecerse.

TALANDANG. pc. Saltar, como las astillas al cortar el palo, *Vm*. A quien saltó la astilla, *Natalandangan*. Vide su sinónomo *Tilandang*.

TALANDANG. pc. Saltar, como el caballo brioso, *Vm*, l. *Tatalatalandang*.

TALANDÍ. pc. Muger libre, lasciva, deshonesta. *Mag*, andar así. Ante quien, *In*, l. *An*.

TALANDIPIL. pc. Cabeza puntiaguda. Vide su sinónomo *Tandipil*.

TALANDOY. pc. Chorro ó chisguete de él. *Vm*, correr el chorro. *Talandoyan*, sobre que corre ó cae. *Patalandoyin*, déjalo que corra. *Magpa*, orinar desde lo alto. *Pagpa-an*, el lugar donde caen los orines.

TALANG. pp. Pelotear tirando uno á otro, *Mag*. Lo que, *Y*. A quien, *An*. *Ipag*, *Talangtalangan mo iyang bata*, mécelo como peloteando.

TALANG. pp. Arreboles de la mañana ó tarde. *Natatalang nang pola*, l. *Tinatalangan*, está arrebolado.

TALANGA. pp. Aljaba, carcax.

TALANGAO. pp. Lo que en el trigo se llama neguilla.

TALANGAS. pc. Engreirse. *Matalangas na tauo*, hombre engreido. Vide *Palangas*, con sus juegos.

TALANGBOLO. pp. Una yerba espinosa.

TALANGCÁ. pc. Cangrejos pequeños. *Manalangcá*, cogerlos. *Panalangcaan*, el lugar ó do. *Ipanalangca*, la persona por quien.

TALANGCÁ. pc. Silla para sentar.

TALANGCAO. pc. Palo que atraviesan debajo del caballete. *Talangcauan ang toctoc bobong*, ser atado. *Matalangcao*, *mahauas na catauan*.

TALANGCAO. pc. Una caña doblada en tres partes, con que limpian el camino antiguo que se ha tapado. *Mag*, limpiar el camino. *An*, el camino. *Y*, la caña con que.

TALANGCAS. pc. Gallardía, bizarría. *Matalangcas na catauan*, cuerpo lozano y bien dispuesto. Sinónomo *Langhal*, *Hauas*, *Talangcas*.

TALANGCAO. pc. Vide *Talandac*.

TALANGDOY. pc. Vide *Talandoy*.

TALANGÓ. pc. Zacate.

TALANGPAC. pc. Vide *Talampac*.

TALANGPAS. pc. Barranca, peña cortada. *Naguintalangpas ang dating pantay*, se ha hecho barranca lo llano. *Catalangpasan*, abstracto.

TALANGPAS. pc. Cortar de un golpe, *Vm*. Lo que, *In*. Se usa poco.

TALANGTALANG. pp. Pescado que llaman dorado.

TALANUANG. pc. Ingrato, descuidado. Vide *Panauang* y sus juegos.

TALAO. pp. Lo mismo que *Talatag*. pc. Ir en órden.

TALAO. pp. Golpe de hacha para probar antes de partir la leña. *Vm*, golpear. Lo que, *In*. Donde, *An*. Con que, *Y*.

TALAOC. pp. Canto del gallo. *Vm*, l. *Mag*, cantar. *Y*, la causa ú hora. *Mapag*, cantador. Sinónomo *Tulaoc*, *Cocooc*, *Cocaoc*.

TALAOS. pp. Atrevido, temerario. *Vm*, atreverse. A lo que, *In*.

TALAOTAO. pc. Retumbar. *Ipinatalaotao ang voces*, hace retumbar la voz.

TALAPAC. pc. Verbum impudicum, quo nominatur pars verenda mulieris. Sinónomo *Talpac*, *Talupac nang Ina mo*, la de tu madre.

TALAPACAN. pp. Planta del pié. Sinónomo *Talampacan*.

TALABSAO. pc. Travieso. Tambien lo que, *Tapsao*. Vide *Talipsao*.

TALAPYA. pc. Chato por en medio y costañero. *Vm*, labrar así. Lo que, *In*. Con que, *Y*. *Talapiang ilong*, nariz chata así. Sinónomo *Lapiá*. pc.

TALAQUITOC. pp. Un pescado así llamado.

TALAR. pc. Salir á la demanda, *Vm*. Con que, *Y*. *Patalarin mo sa aquin ang catoto mo*, haz que tu amigo te defienda de mí.

TALAR. pc. Echar piernas, retar, *Mag*.

TALAR. pc. Estar pronto para algo, *Vm*. *Natatalar aco, sa balang utos mo*, estoy pronto, &c.

TALAR. pc. Poner ó disponer la pantorrilla para que le dén en ella, *Vm*. Ella, *Y*.

TALARÓ. pp. Balanza. *In* ser pesado algo en ella.

TALARÓ. pp. Meditar. Metáf. *Tumatalaro ang maguinoo sa loob nang manĝa bata*, considera, y pesa bien sus obras. *Tinatalaro nang Punĝinoong Dios ang dilang gaua nang tauo*, pesa Dios las obras de los hombres. Act. *Mag*.

TALAROC. pp. Nivel con que miden lo hondo de la banca. Vide *Taroc*, *Aroc*.

TALAROY. pp. Chorro. Vide *Talandoy*.

TALAS. pp. Cortar ropa con tijera como el sastre. Vide su sinónomo *Tabas*, con sus juegos.

TALAS. pp. Atravesar por camino no usado, *Vm*. El camino, *In*.

TALAS. pp. Recibir prenda del que viene vencedor. *Talas co ito, sa nanalo*, esta prenda tomé del vencedor. *Vm*, l. *Maqui*, recibir. *An*, l. *Paquian*, de quien. *In*, l. *Ma*, lo que.

TALAS. pp. Sacar punta, *Vm*, l. *Mag*. A lo que, *An*. Sinónomo *Tulis*, *Tilos*.

TALAS. pp. Dádivas del novio á la novia. *Nanalas*, dar. *Anong, talas sa iyo?* qué te ha dado?

TALAS. pc. Cortar el zacate que está debajo del agua para coger pescado. *Mag*, cortarlo. *In*, ser cortado. Si mucho, *Pag-in*. Con que, *Y*. Si mucho, *Ipag*. Lugar, *Pag-an*.

TALAS. pc. Descombrar, rozando yerba ó zacate. Vide *Tabas*, con sus juegos. *Matalas na itac*, de lindo corte. *Matalas manĝusap*, de bella lengua. Metáfora.

TALASTAS. pc. Enterarse, certificarse. *Vm*, l. *Mag*. Si mucho, preguntando *Natatalastas mona?* ya lo entiendes? *Maqui*, preguntar queriendo enterarse. *In*, l. *Ma*, aquello de que. Si mucho, *Pagtatalastasin*. El negocio acerca de que, *Y*. Si mucho, *Ipag*. A quien se pregunta, *Paqui-an*. *Naca*, percibir fácilmente lo que se dice. *Matalastas*, de buena retentiva. *Mag-an*, enterarse mútuo. Sinónomo *Tanto*, *Tatap*.

TALASUYÓ. pp. Sujeto, ó rendido á agena voluntad. *Nananalasuyo*, estar así. Vide *Taguisuyo*.

TALATA. pp. Lo mismo que *Talatag*. pc. Orden de casas ó hileras. *Bumubuti ang pagcatalata nang manĝa bahay*, quedó hermoso el órden de las hileras de las casas.

TALATAG. pc. Postura de algo en órden ó hilera. *Vm*, l. *Maqui*, ponerse entre otros en órden. *Ma*, estarlo. *Y*, lo que. *Pag-an*, el lugar.

TALATAY. pc. Gotear. Vide *Talaytay*.

TALAUANG. pc. Vide *Panauang*, y sus juegos.

TALAUAS. pc. Vide *Taluas*, *Taliuacas*.

TALAUAS. pc. Huir el cuerpo á algo de trabajo. *Vm*, l. *Mag*. De donde, *An*. La causa, *Ipag*. *Mag*, irse llevando toda su casa. Lo que, *Y*.

TALAUISIC. pp. Salpicar, *Vm*. A quien, *An*. Vide *Talamsic*.

TALAY. pp. Poner en órden algo. *Vm*, ponerse. *Mag*, poner. *Y*, lo que. *Magpa*, hacer que estén en órden. *Pina*, lo que.

TALAY. pp. Columpiarse. *Vm*, l. *Mag*, l. *Talalaytalay*. Ser hecho, *Pina*.

TALAY. pp. Pasar por palo ó caña como por puente. *Nananalay*.

TALAYTAR. pc. Gotear. Vide *Talaytay*.

TALAYASÍ. pp. Perol pequeño.

TALAYTAY. pp. Correr, como la sangre por el cuerpo, *Manalaytag*.

TALBAG. pc. Engordar, engrandecer, *Vm*.

TALBAG. pc. Acto carnal. *Vm*, él. *An*, ella. Es verbum impudicum.

TALBOG. pc. Vide *Talabog*.

TALBOS. pc. Cogollo, pimpollo. Sinónomo *Ogbos*, *Osbong*.

TALBOS TUBO. pc. Culebra verde.

TALHAC. pc. Graznar la gallina. *Vm*, l. *Magtatalhac*.

TALHAC. pc. Ruido del pecho del asmático, *Vm*. A quien, *In*. La causa, *Ica*.

TALHOC. pp. Vide *Talhac*.

TALI. pp. Sacar el principal. Vide *Patali*.

TALI. pp. Levantar, empinar. *Vm*, l. *Manali*, erizarse. *Napatali*, estar empinado. *Tumatali ang bondoc*, se vá empinando. *Taling bondoc*, cabello tieso. *Mataling bondoc*, cerro empinado.

TALI. pp. Suertes. *Mag*, echarlas. *Han*, sobre que. No se usa ya.

TALI. pp. Atadura, *Vm*. Y mejor *Mag*, amarrar. Si mucho, *Mag*. pc. *In*, el nudo, mejor *An*. Si mucho, *Pag-an*. Con que, *Y*. *Pagtaliin*, ser dos cosas atadas. Itt. *Tumali*, se dice por atar uno la embarcacion. *Ang tinalia,i, gusi, gusi ang itinali*, es el borracho vencido del vino, y vencedor.

TALÍ. pc. Buche del ave.

TALIABOT. pc. Alcanzar un tanto cuanto, *Na*, l. *Na-an*, lo que. *Ipagca*, la causa. *Nagtaliabutan sila nang masamang palar*, lograron mala fortuna.

TALIALOS. pp. Descomedimiento en hablar. Vide su sinónomo *Talipandas*, con sus juegos.

TALIBA. pp. Aguardar la caza detrás de la red, *Vm*, l. *Mag*. La caza, *Han*.

TALIBAR. pc. Al revés. *Ma*, estar algo así. *Mag*, hacerlo al revés.

TALIBAR. pc. Vide *Balibadbad*, con sus juegos.

TALIBARBAR. pc. Equivocarse, *Nagca*. *Ipagca*, la causa.

TALIBARBAR. pc. Desconcordarse dos en algo, *Magca*.

TALIBAS. pc. Cortar al sesgo, *Vm*. Lo que, *In*.

TALIBATAB. pp. Bañar la boca con la saliva, *Manalibatab*. *Ipanalibitab*, la causa.

TALIBIS. pc. Vide *Talabis*.

TALIBOBO. pc. Asar algo en asador, *Mag*. Lo que, *Y*.

TALIBOTNO. pc. Lazada en cordel. *Mag*, darla. Ella, *Hin*. Donde, *Han*.

TALIC. pc. Bailar, *Vm*. Si mucho, *Magtatalic*. Muchos entre sí, *Mag-an*. *Ipag-an*, la causa. *Y*, l. *An*, aquel y por quien.

TALICACAS. pc. Esforzarse, *Vm*.

TALICALÁ. pc. Cadena. *Mag*, traerla por adorno. *An*, ser encadenado como el malhechor. Si mucho, *Pagtatalicalaan*. *In*, ser traida por adorno. *Y*, con que.

TALICBA. pc. Engaño. *Vm*, l. *Manalicba*, engañar. *Talicbahin*, ser engañado. Si mucho, *Pagtatalicbahin*. Nombre, *Mapanalicbà*. Sinónomo *Talimouang*, *Daya*.

TALICNAO. pc. l. *Talignao*. Vide *Talacnao*.

TALICOL. pp. Asiento en la embarcacion. *Manalicol*, ir en aquel asiento. Sinónomo *Toay*.

TALICOP. pp. Cercar como al enemigo. Vide *Ticop*, con sus juegos.

TALICOR. pc. Volver las espaldas, *Vm*. A quien, *An*. La causa, *Y*, ó la espalda vuelta. *Mag-an*, dos mútuo. *Catalicoran*, cada uno de los dos.

TALICOR. pc. Revelarse, reprobar, renunciar, *Vm*. A quien, *An*, ó á que.

TALICOR. pc. Ponerse detrás de otro, *Vm*. De quien, *An*. *Mag*, atar á alguno las manos atrás. Lo que, *Y*. El harigue, *An*. Tambien *Mag*. pp. Sobrecargar. Lo que, *Y*. A quien, *An*.

TALICSI. pc. Vide *Salicsi*. pc.

TALICTIC. pc. Cerca de poca fimeza. *Mag*, cercar. *An*, lo que. Si mucho, *Pag-an*. Con que, *Y*. Si mucho, *Ipag*.

TALICTIC. pc. Añadidura á algun cesto. *Mag*, añadir. El cesto, *An*. Si mucho, *Pag-an*. Con que, *Y*. Si mucho, *Ipag*.

TALICTIC. pc. Señalar lindes, *Mag*. Lo que, *Y*. Donde, *An*.

TALICTIC. pc. Voz sonora. *Talictic na voces*.

TALICUAS. pc. Levantarse despavorido ó con presteza, ó levantar asi algo pesado del suelo, *Mag*. *Vm*, volverse lo de atrás á delante con el viento, ó como la saya, ó trastornarse la embarcacion. *Talicuasin*, ser levantado. Si mucho, *Pagin*. Con que, *Y*, mejor *Ipa*. Sinónomo *Talocas*.

TALIG-ABUT. pc. Vide *Taliabut*.

TALIG. pc. Vide *Talicba*.

TALIGNAO. pc. Vide *Talagnao*.

TALIGPIS. pc. Vide *Tigpis*, *Tagpis*.

TALIGUACAS. pc. Vide *Talicuas*.

TALIHIN. pp. Levantar. Lo que, *Talihinin*. *Tauong talihinin ang bohòc*, que con el miedo se le erizan los cabellos.

TALILACAO. pp. Ir lejos de aburrido, *Mag*. Vide *Taliuacao*.

TALIHALAT. pp. Lunar. Sinónomos *Taling*, *Tanda*.

TALILIS. pp. Rostrituerto, vuelto de espaldas. *Vm*, l. *Mag*, volverlas. Si de contínuo, *Tatalitalilis*. *An*, á quien. *Y*, la causa. Tambien lo que. *Mag-an*, dos mútuo.

TALILONG. pp. Un pescado así llamado. Sinónomo *Aligasin*.

TALILONG. pp. Certificarse, *Vm*, l. *Mag*. Lo que, *Y*. Es de los Tinguianes.

TALIM. pc. Filo, corte agudo. *Vm*, irse poniendo agudo el filo. *Matalim*, cosa aguda. *Cataliman*, agudeza. Vide *Patalim*.

TALIMA. pp. Imprimir en el corazon algo, ó tener de memoria, *Vm*, l. *Manalima*. Si mucho, *Mag*. Lo que, *Hin*. Si mucho, *Pag-hin*. La causa, *Y*. Abstracto *Catalimahan*. Tambien *Tumatalima ang aral*, se le imprime.

TALIMANGMANG. pc. Engañar á otro con obra ó con palabras. *Vm*, l. *Mag*. A quien, *In*. Con que, *Y*. Porque, *Ipag*. Frecuent. *Mapag*. *Na*, haber sido engañado.

TALIMANG. pc. Vide *Limang*, *balatong*.

TALIMBOHOL. pc. Señal primera para ajustar el casamiento, luego se sigue el *Habilin*. *Vm*, darla el varon. *An*, darla la muger. *Mag*, darla los dos. *Y*, lo que. *Ipag*, causa ó por quien.

TALIMO. pp. Vide *Talilong*.

TALIMONDOS. pc. Puntiagudo.

TALIMOSOD. pc. Lo mismo.

TALIMOSAC. pc. Un pescado así llamado. *Manalimosac*, cogerlos. *Panalimosacan*, lugar. *Ipanalimosac*, con que, ó persona para quien.

TALIMOUANG. pp. Engaño. *Vm*, l. *Mag*, l. *Manalimouang*, engañar. Si mucho, *Mag*. pc. *In*, ser engañado. Si mucho, *Pag-in*. pc. *Y*, causa en que, ó con que. *Mapanalimouang*, engañador. Sinónomo *Talicba*, *Daya*.

TALIN ASO. pp. Un árbol llamado lengua de perro.

TALINDAO. pc. Canto antiguo. *Mag*, cantar. *Pagtatalindauan*, á quien ó delante de quien. *Ipag*, la causa. Aun ahora se usa.

TALINDOUÁ. pc. Comprar dos por tres, ó tres por dos, ó prestar así, *Mag*. *Ipag*, ser dado el precio ó el trato.

TALING. pp. Lunar. *Magcaca*, tenerlo. Sinónomo *Talihalat*, *Tanda*.

TALING. pp. Menear la cabeza como el que amenaza, *Vm*. Si mucho, *Mag*. pc. l. *Tatalingtaling*. A quien, *An*. *Y*, la cabeza ó causa. Sinónomo *Piling*, *Iling*.

TALINGAN. pc. Un pescadillo de rio.

TALINGASNGAS. pc. *Ualan talingasngas*, quiere decir, no tiene resistero la oreja.

TALINGA. pc. Manta de Ilocos.

TALINGHAS. pc. Vide *Tinghas*.

TALINGIR. pc. Encubrir, esconder. *Vm*, l. *Mag*, esconderse. *Mag*, esconder algo. *Y*, lo que. Si mucho, *Ipag*. *Pagtalingiran*, l. *Pagtalingdan*, lugar. *Magtalingiran*, l. *Magtalingdan*, mútuo. Vide *Lingir*.

TALINGTING. pc. Certificarse, ó poner cuidado especial. *Pacatalingtingin mo ang pagcaquilala. Pacatalingtingin ang salapi nang looб, at nang mata.*

TALINGUSNGUS. pc. Atufado, enfadado, mohino. *Talingusngusin*, el tal. Vide *Salingusu*.

TALINGHAGÁ. pp. Misterio: metáfora. *Mag*, hablar misterioso ú oscuro, ó por parábolas. *Pag-an*, á quien. *Ipag*, lo que ó causa. *Nagtatalinhaga nang uica*, habla por rodeos. *Tumatalinghaga ang pangangaral*, se vá haciendo misterioso. Lo que, *In*, l. *Y*.

TALINONG. pp. Certificarse. Vide *Tantó*. Es comintang. *Matalinong na tauo*, hombre de buena memoria. *Vm*, irse haciendo de buena memoria.

TALAP. pp. Mondar. Vide *Talop*. *Vm*, mondar. *An*, lo que. Es menos que *Talop*.

TALIPANDAS. pc. Libertad en el hablar, *Vm*. Irse haciendo tal, *Mag*. Serlo ó hablar así, *Talipandas mangusap*. *In*, á quien. Si mucho, *Pagtatalipandasin*. Abstracto, *Catalipandasan*. pc. Sinónomos *Talialos*. *Houag mo acong talipandasin*, no me respondas libertades.

TALIPOSO. pp. Lanza. Vide *Tilaposo*.

TALIPSAO. pc. Travieso. *Talipsao na bata*, l. *Tatalitalipsao na bata*, muchacho tal.

TALIPTIP. pc. Ostioncillos pequeños, que se pegan al madero. *Magca*, l. *Taliptipan*, tenerlos pegados.

TALIPUSPUS. pc. Examinar de uno en uno la verdad, *Vm*. Lo que, *In*. *Mag*, volver á ver lo visto. *In*, lo que. Sirve para la revista en los pleitos.

TALIRIC. pp. Vide *Taric*. pp.

TALIRIS. pp. Chorro con fuerza. *Vm*, chorrear; se le añade *ang tubig*. Vide *Talandoy*.

TALISAY. pp. Un árbol con cuyas hojas tiñen de negro.

TALISAY. pp. Arbol que dá piñones comestibles.

TALISOC. pc. Instrumento de caña con que pescan en las sementeras. Vide *Suliang*, con sus juegos.

TALITIS. pp. Tripas muy pequeñas que no tienen nada dentro.

TALIUACAO. pp. Distante, apartado. Vide *Talilacao*.

TALIUACAS. pc. Deshacer el concierto, *Vm*, l. *Mag*. El concierto, *An*, l. *Pag-an*. Porque, *Y*, l. *Ipag*. *Mag*, llorar lo que perdido desea hallar.

TALIUACAS. pc. Rodear ó apartarse del camino, *Mag*. El camino, *An*. La causa, *Y*.

TALIYANTAN. pc. Un arbolillo con espinas pequeñas. Sinónomos *Abangabang*, *Malimali*, *Caliantang*.

TALÓ. pc. Bolsa pequeña, nudo en el ceñidor con algo. *Y*, atarlo.

TALO. pp. Porfía, disputa, contienda. *Vm*, porfiar negando. Si mucho, *Mag*. pc. *Hin*, con quien se porfía, ó el que procura ser vencido. Si mucho, *Pag-hin*. pc. l. *Pagtalonin*. pc. La causa ó lo que es negado, *Y*. Si mucho, *Ipag*. pc. *Mag*. pp. Porfiar dos, argüir ó disputar. Si mas, *Magtatalo*. pc. La causa, *Ipag*. Aquello sobre que, *Pagtalonan*. *Maqui*, ponerse á porfiar ó disputar con otro. Si mucho, *Maquipag*. Lo que ó causa, *Ipaqui*. Aquel con quien, *Paqui*, l. *Paquipagtalonan*. Compañero en el porfiar, *Catalo*.

TALO. pp. Victoria. *Manalo*, vencer en el juego. Y si mucho, *Magpanalo*. Ser vencido, *Matalo*. Ser vencido con engaño ó fuerza, *Talohin*. pp. l. *Talonin*. *Ang talo co sa caniya*, lo que le gané. *Talonan*, el que siempre es vencido, y nunca vencedor. *Natatalonan*, á quien se le ganó algo. Nombre, *Nananalo*, l. *Manalo*, *Mapanalo*, vencedor.

TALO. pc. Trasplantar los sembrados, *Mag*. A donde, *An*. Los sembrados, *Ipag*, l. *Pinag*.

TALOAR. pp. Vide *Tacaran*.

TALOUAC. pc. Corteza de la bonga.

TALOUAC. pc. Jáula ó tangcal para llevar puercos. *In*, ser metido en ella.

TALOUAR. pc. Fatigado, trabajado, acosado. Solo se usa con negativa. *Di aco macatalouar nang gauá*, no puedo descansar de tanto trabajo. Sinónomos *Taguin*, *Gahis*, *Barlis*, *Tanglar*.

TALOB. pp. Tapadera de cosa blanda, como hoja, trapo, &c. *Vm*, mejor *Mag*, tapar, cubrir. Lo que, *An*. Si mucho, *Ipag*.

TALOBALÍ. pc. Un género de comida de morisqueta, pescado, miel, vinagre.

TALOBANAT. pp. Apretado, ajustado. *Talobanat na pananamit*, vestido ajustado.

TALOBATA. pp. Mozo de mediana edad. *Talobata ca pang tauo*, aun eres de mediana edad.

TALOBATAR. pp. Cerco ó cerquillo debajo del *salacab*.

TALOBITBIT. pc. Colgajo de regalo, ó para vender. Vide su sinónomo *Taglay*.

TALOBÓ. pp. Crecer el muchacho en buena disposicion, *Matalobo ang catauan*. Tambien se aplica á árboles sembrados. *Matalobong halaman*. *Vm*, irse haciendo tal. La causa ó tiempo, *Y*.

TALOBONG. pc. Vide *Talocbong*.

TALOC. pp. Renuevo del buyo que se siembra. Sinónomo *Solol*.

TALOC. pp. Estender el metal, *Vm*. Lo que, *In*. Con que, *Y*. Donde, *An*.

TALOC. pp. Trasplantar, *Vm*. Lo que, *Y*. Donde, *An*.

TALOCAB. pp. Tapadera que tiene el coco ó bonga.

TALOCARIT. pc. Arqueado. *Talocarit na haligui*, harigue así. *Ma*, l. *Mag*, quedar acaso así. *Ica*, *Y*, *Ipag*, la causa. De propósito, *Vm*. Serlo, *Talocaritin*.

TALOCAS. pc. Levantar algo para buscar debajo alguna cosa, teniendo la tapadera con la mano. Vide su sinónomo *Talicuas*.

TALOCBONG. pc. Taparse la cabeza como con la cobija. *Mag*, taparse. *An*, la cabeza. *Y*, l. *Talocbongin*, paño ó con que. La causa, *Ipag*. Ponérselo á otro, *Mag*. A quien, *An*. Sinónomo *Tocbong*, *Cobong*.

TALOCNASÍ. pp. Un árbol así llamado.

TALOCOR. pp. Puntal como horquilla. *Mag*, llevarlo en la mano. Apuntalar algo, tambien *Vm*. Lo que, *An*. Si mucho, *Patalocoran*. Con que, *Y*. Ser hecho puntal, ó ser apuntalado, *In*. Si con muchos, *Pag-in*. pc. *Ma*, estar puesto. *Italocor ang saguan*, deténlo con el remo. Por la de *Vm* y *Man*, rempujar la banca sin decir con que. Por la de *Mag*, espresándolo. *An*, la banca.

TALOCTOC. pc. Cumbre de sierra ó collado. *Ca-*

taloctocan. pc. La altura. *Napatatalotaloctoc nang pag-ac-yat,* sube encumbrándose.

Mataas man ang bondoc,
mantay man sa bacouor,
iyamang mapagtaloctoc,
sa pantay rin aanod.

Ninguno esta mas vecino al suelo, que el que está mas alto.

TALOG. pp. Levantar las olas la embarcacion. *Maca,* las olas. *Ma,* la embarcacion. *Tatalogtalog,* la banca.

TALOG. pp. Mondar, *Vm.* La fruta *An.*

TALOGANTI. pc. Torcido á modo de S. *Magca,* tener la punta así. Vide *Talocarit.*

TALOGANTI. pc. Reñir diciéndose las pascuas, ó como verduleras. *Maqui,* el uno al otro. *Mag,* los dos. *Mag-han,* mutuo.

TALOGUIGUI. pp. Jugueton, travieso, *Malaloguiguing tauo sa pangongosap, ó pag-gaua. Ma,* l. *Mag,* travesear, juguetear, tambien curioso, hacendoso, hábil.

TALOYRYAP. pc. Velocidad: úsase siempre con negativa, *Di nagtaloyryap ang pagcaquita co, ay uala na,* apenas le ví, cuando desapareció. Dice mas que *Saquirlap, Saguimpot.*

TALOLA. pp. Bejuco.

TALOLO. pc. Capullo en que está metida la bonga del buyo.

TALOMPANA. pp. Alzaprima. *Mag,* levantar. *Talompanain,* lo que. *Y.* l. *Ipag,* con que.

TALOMPANA. pp. Hacer agujero retorciendo con dos palos, *Vm.* Lo que, *In.* Con que, *Y.* A donde, *An.*

TALOMPATI. pp. Abatirse, atreverse á decir ó hacer algo con sumision, *Mag.* Ante quien ó en que, *An.* Causa, *Ipag.* Es término de poetas.

TALOMPATI. pp. Vide *Bilin.*

TALOMPIT. pc. Vide *Salompit.*

TALOMPOC. pc. Monton de arroz antes de trillarlo. *Mag,* hacerlo. *Pag-an,* lugar. *Y,* el arroz. *Ipag,* la persona ó con que. Sinónomo *Mandalà.* pc.

TALON. pc. Saltar de alto abajo, *Vm,* l. *Mag.* Lugar, *An,* l. *Pagtalonan.* Sinónomos *Losong.* pp. *Lilusong.*

TALONG. pc. Berengenas. *Catalongan.* pc. Lugar de muchas.

TALONGA. pc. Clamorear, *Vm,* l. *Mag.* El muerto, *An.* Sinónomo *Saliu.* pp.

TALONGATINGAN. pp. Un árbol.

TALONGCAS. pc. Arremangar, doblar el manto. Vide su sinónomo *Talucas.* pc. Con sus juegos.

TALONGCAYI. pc. Saltar con un solo pié, *Vm.* Donde, *An.* Hacer saltar, *Magpa.* A quien, *Pina.* Donde, *Pa-an.*

TALONGDOS. pc. Chato, ó medio chato. *Natalongdos na iyang hulo,* ya está chata esa mano de pilon.

TALONGHABA. pc. Largo, mas que ancho ni redondo. *Ma,* quedar acaso así. *Y,* l. *Ipa,* ser puesto á lo largo.

TALONGTONG. Troje ó granero. *Mag,* hacerlo. El, *In.* A que, *An.*

TALONGTONG. pc. Camaron negro. *Manalongtong,* ir á cogerlos.

TALONGSAPA. pp. Buyo de mal olor.

TALONTON. pc. Renglon, órden derechura. *Vm,* l. *Mag,* caminar por camino derecho. *Talontonin,* ser seguido el camino, renglon, &c. *Y,* ser llevado algo por camino derecho, renglon, &c.

TALONTON. pc. Averiguar desde el principio, desenredar el hilo, buscándole el cabo. Sinónomo *Tonton.*

TALOON. pp. Afirmar con báculo para saltar ó tenerse en pié, *Vm,* l. *Mag.* El bordon, *Y.* Lo saltado, *An.*

TALOP. pp. Mondar, descascarar, menos caña dulce (que es *Sapsap*) *Vm.* Si mucho, *Mag.* pc. *An,* lo que. Si mucho, *Pag-an.* pc. *Y,* con que. Si mucho, *Ipag.* pc. Cuadra al despellejarse *Natalop,* l. *Natalopan;* pero no al despellejar de propósito, que ese es *Anit,* y *Catad.*

TALOPAC. pp. Cáscara ó corteza en que está envuelta la bonga del buyo.

TALOPAPAC. pp. Concertarse entre muchos, para no quejarse en lo que entre sí reparten, *Mag.* Lo que, *Ipag.*

TALÓPARA. pc. Punta gruesa ó chata.

TALOPAYA. pp. Tenerse en pié sin bambalear. *Di matalopayà,* no puede tenerse en pié.

TALOQUI. pp. Ropa de seda pura. *Mag,* vestirse de ella, ó vestir á otro, ó andar vestido. Nombre, *Mapag.*

TALORANG. pp. Descanso de la escalera hácia el pié.

TALOROC. pp. Empinado, alto, agudo. *Mag,* serlo tal. *In,* lo que. Vide *Taibong, Tibong.*

TALORTOR. pc. Renglon, hilera. *Ma,* estar algo así. Sinónomos *Talonton,* esto mismo *Tonton. Nagcacatalotalórtor,* se dice de las cosas que están estendidas á lo largo. Sinónom. *Talatag.* pc.

TALOS. pc. Perfecto, consumado. *Talos sumulat, mangusap, masa,* consumado en leer, hablar, escribir. *Catalosau.* pc. Abstracto. *Vm,* irse haciendo. Tambien concluir algun negocio. *In,* ser concluido.

TALAS. pp. Lo mismo que *Talos.* ps.

TALAS. pc. Vide *Calas,* con sus juegos.

TALOSONG. pp. Saltar de alto. Vide *Losong, Talon.* pc.

TALOUAS. pc. Vide *Taluas.*

TALOYTOY. pc. Vide *Daloy,* y *Talaytay,* con sus juegos.

TALPAC. pc. Palabra afrentosa. Sumitur pro parte veranda mulieris et hominis.

TALSIC. pc. Vide *Talamsic, Talabsic.*

TALTAL. pc. Razonamiento dilatado. *Mag,* parlar así. *Ipag,* la causa. *Pagtaltalan,* á quien. *Pinag-an,* sobre que. *Mataltal,* nombre. Sinónomo *Diuarà:* no es término político.

TALTAL. pc. Golpear para ajustar, abrir, desencajar, menear para que quepa mas, *Vm.* Lo que, *In.* Con que, *Y.* Donde ó en que, *An.*

TALTAL. pc. Menear lo clavado para arrancarlo, *Vm.* Lo que, *In.*

TALUAG. pc. Vide *Tacot.*

TALUAS. pc. Desamparar algo, *Vm.* Lo desamparado, *An.* La causa, *Ipag. Nanhihinaluas,* adelantarse para llevar el premio.

TAMÁ. pp. Salpresar, *Mag.* Serlo, *In.* Si mucho, *Pag-in*. pc. La persona, ó con que, *Ipag*. La vasija, *Pag-an*.

TAMÁ. pp. Acertar tirando al blanco, *Vm*. Si muchas veces, *Mag*. pc. Ser acertado, *An*, l. *Maan*. Si mucho, *Pag-an*. pc. Causa, ó con que, *Y*. Si mucho, *Ipag*. pc. *Patamaan*, ser apuntado con cuidado para que no falte. *Patamaan mo sa ulo yaong ibon*, apúntalo bien á la cabeza.

TAMAC. pc. Vide *Timac*, *Talamac*.

TAMAC. pc. Apoderarse de algo, como el veneno del cuerpo; y por metáfora el pecado del alma, *Vm*. De quien, *An*. Con que ó porque, *Y*.

TAMAN. pc. Perseverar con teson, *Mag*. Aquello en que, *Pagtamanan*. La causa, *Ipag*. Sinónomo *Paloc*, *Louat*, *Dongdong*, *Panatili*, *Tiyaga*. pc.

TAMAN. pc. Entender, percibir algo, con los mismos juegos que el antecedente.

TAMAOLI. pc. Mudar de parecer y voluntad, *Magpa*. La causa. *Ipagpa*. *Ualan patamaoling loob*, no vuelve á trás de lo que una vez quiere.

TAMAOLI. pc. Yerba.

TAMAD. pc. Pereza, flojedad. *Vm*, ir teniéndola. La causa, *Y*. *Ma*, tenerla ó estar con ella. La causa, *Ica*. *Catamaran*. pc. Abstracto. *Nacacatamaran*. pc. Cogerle la pereza. *Matatamarin*. pc. El que á veces. *Matatamarin*. pp. El que frecuentemente. Nombre, *Mapagtamad*. pp. Sinónomos *Alisaga*, *Anyaya*.

TAMASA. pp. Deleite ó regalo en comer y beber. *Mag*, regalarse. *Pag-han*, los regalos. *Ipag*, la causa. *Catamasahan*. pp. Abstracto. *Mapag*, frecuent. Aplícase al gusto que tiene uno de castigar á otro. *Pinagtamasahang hinampas nang Hocom ang magnanacao*, saciar su apetito el alcalde en azotar al ladron. *Magpa*, regalar: active. A lo que, *Papagtamasahin*.

TAMAY. pc. Obligar de veras. *Dili co isa man tinatamaytamayan nang pagpilit co*, le obligué de veras. Solo así, y con solo este juego he oido confirmar el significado dicho de esta palabra.

TAMBAAS. pp. Hablar sin rodeos ni solapas. *Tambaasang mag-uica*. *Patuloy con mag-uica*. *Tapatan ualan licolico*.

TAMBAC. pc. Amontonar, terraplenar, *Mag*. Lo que, *An*. Si mucho, *Pag-an*. Con que, *Y*. Si mucho, *Ipag*.

TAMBAC. pc. Zanja pequeña. *Mag*, hacerla.

TAMBAC. pc. Escalones en la palma de cocos para subir. *Vm*, hacerlos. La palma, *An*.

TAMBAC. pc. Corral para coger atunes.

TAMBACAN. pp. Huerta de buyo. Lo mismo que *Itmohan*.

TAMBACOLON. pp. Blandearse la vela, *Nagtatambacolon ang layag*.

TAMBAG. pc. Vide *Tabag*, con sus juegos.

TAMBAG. pc. Acompañar á otro en juntar los manojos de arroz, *Vm*. A quien, *An*. *Mag*, acompañarse los dos. *Pinag*, las cosas juntadas. El manojo que se junta, *Y*. Al que *An*. Sinónomo *Tamtam*.

TAMBAG. pc. Presente que envía á su muger el que está en algun convite. *Mag*, enviarlo. Lo que, *Y*. A quien, *An*.

TAMBAGAN. pp. Lugar donde daban sentencias en sus pleitos, *Mag*. Los pleitos, *Ipag*. *Pag-an*, la persona.

TAMBAHI. pp. Añadir á la menor parte para igualarlo. Tambien añadir al palo delgado otro para hacerle grueso, *Mag*. Lo añadido, *Y*. A que, *An*.

TAMBAHILA. pp. Canto, cuando arrastran algun palo. Vide *Tomahila*. pp.

TAMBAL. pc. Añadir á un hierro otro para engrosarlo, *Mag*. Aquello á que, *An*. Si mucho, *Pagtatambalan*. Lo añadido, *Y*. Si mucho, *Ipag*. Tambien se aplica al madero en este sentido.

TAMBAL. pc. Un bejuco que se compone de dos pedazos unidos.

TAMBAL. pc. Testimonio falso. *Mag*, levantarlo. Los dos á quienes se levanta, *Pinagtatambal niya yaong dalaua catauo sa pagaagolo*. *Vm*, l. *Man*, cargarse á sí lo que solo se sospecha de otro. *In*, aquel cuyo cargo carga sobre sí. *Houag cang tomambal sa asaua mo,t, siya lamang ang may casalanan*. *Mag*, vedar al tal, defendiéndole ó vedándole lo que sospecha. *Y*, lo vedado.

TAMBAL. pc. Raiz medicinal.

TAMBAN. pc. Sardina. *Magca*, haberlas. Y porque cuando llegaba el tiempo de ellas, andaban á la rebatiña, quedó ya por significacion de murmullo; y así cuando hay algun alboroto suelen decir *Nagcacatamban mandin*.

TAMBANG. pc. Palos que se ponen en los dos cabos de la red para coger venados. *Mag*, hacerlos ponerlos, *In*, de que. *An*, á que.

TAMBANG. pc. Engaño: *Acoy parang natatambang*, estuve como engañado. Se usa poco.

TAMBANGALAN. pp. Sobrecarga.

TAMBANTAMBAN. pp. Olas pequeñas en el mar.

TAMBANGAN. pp. Cegar barras ó rios con piedras ó estacas. *Mag*, poner tal defensa. *An*, donde.

TAMBAO. pc. Pasar á otra cosa saltando, *Mag*. Lo dejado, *An*. *Ma*, ensancharse la llaga.

TAMBAO. pc. Cortar árbol ó caña por la mitad, no á la raiz de la tierra, *Mag*. Lo que, *In*. Tambien *Tambaotambauan mo*, lo mismo que *dagdagan*.

TAMBAO. pc. Llamar el perro á su amo cuando está lejos de él. *Tumatambao ang aso sa Pangino on*. Vide *Hiyao*.

TAMBA-O. pp. Lo mismo que *Bao*.

TAMBAI. pc. Adverbio. Despues que. *Tambay cang nalis*, despues que te fuiste, ó desde que te fuiste.

TAMBICBIC. pc. Tetas ó carrillos que de puro gordos parece que cuelgan. *Ma*, l. *Mag*, tenerlos así.

TAMBIL. pc. Echar una cosa de su lugar. *Aco,i, natatambil nang hangin*, sotaventé.

TAMBIL. pc. Resistero de sol, lluvia. Vide *Tampil* con sus juegos, de aquí *Panambil* pc. Instrumento con que se tapan para no mojarse, ó que no se moje algo.

TAMBILING. pp. Dar vueltas al rededor, ó cosa que está echada en el suelo, *Mag*. A lo que, *Y*. Tambien sirve de estrivillo en el canto cuando reman. *Biling co*, *magtambiling*, responden.

TAMBILING. pp. Arrojar de lado, *Mag*. A quien, *Y*. Caer así, *Ma*.

TAMBILOC. pp. Gusanos grandes que se crian en

las maderas podridas en el agua. *An*, donde se crian. *Manambiloc*, cogerlos. *Panambilocan*, lugar. *Ipanambiloc*, para quien ó con que.

TAMBING. pc. Adverbio. Al punto, luego al punto, inmediatamente, al instante. *Mag*, hacer luego al punto. *In*, l. *Y*, lo que. *An*, á quien. Dos mútuo, *Mag-an*. Las cosas dadas de pronto mútuo. Sigue siempre la pasiva del verbo con que se juntan, v. g. *Tambingin mong cunin, itambing mong ibigay*. Tambien puede ir solo como adverbio; pero es mucho mas elegante y eficaz cuando vá conjugado. Cuando se conjuga por sí solo, tiene la pasiva segun el significado: si de persona ó lugar, *An*: si de cosa, *Y*. v. g. *Tambingan mo si Pedro nang salapi*, l. *Ang salapi itambing mo cay Pedro*. Sinónomos *Agad*, *Capagdaca*.

TAMBIS. pc. Hablar por rodeo, apuntar solo lo que ha de hablar. *Magpa*, decir ó hacer así. *An*, l. *Pa-an*, las palabras así dichas. *Ipagpa*, la causa ó con que.

TAMBIS. pc. Apuntar al soslayo, con los mismos juegos que el antecedente. Sinónomos *Saplit*, *Cundit*.

TAMBISÍ. pp. Dar algo de mala gana, *Mag*. Lo que, *Ipag*. A quien, *An*, l. *Pag-an*.

TAMBLAY. pc. Vide *Tamlay*, que es su verdadera pronunciacion.

TAMBOBONG. pp. Troje, granero. *Mag*, hacerlo, tenerlo. *Pag-an*, lugar. *In*, de que. *Ipag*, causa. Tambien el hueco que hace la espesura de los árboles amontonados.

TAMBOC. pc. Grueso, grande, lleno como el pastel. *Matamboc*, cosa así.

TAMBOCAO. pp. El hombligo de la campana. Es visaya.

TAMBÓCO. pp. Tolondron, hombligo de la rodela, lugar en la banca para los cates ó remos.

TAMBOCOLAN. pc. Cervatillo.

TAMBOG. pc. Comida que hacen del cuero del carabao cocido en agua, sal, y morisqueta. *Mag*, hacerla. *Tamboguin*, lo hecho.

TAMBOG. pc. Echar algo al agua, *Mag*. Lo que, *Y*. El agua, *An*, l. *Pag-an*. *Ma*, caerse en el agua. *Quina-an*, el agua á donde se cayó.

TAMBOG. pc. Golpear en el agua con palo ú otra cosa para espantar los peces, *Vm*, l. *Mag*. El agua, ó lo que es espantado, *An*. Si mucho, *Pag-an*. Con que, *Y*. Si mucho, *Ipag*.

TAMBOG. pc. Recocer la carne, *Vm*. La carne, *In*. Solo sirve para carne.

TAMBOHALA. pp. Arbol frutal.

TAMBOLAN. pp. El venado á quien comienzan á salir los cuernos.

TAMBOLI. pp. Taberna ó lugar donde se hace el vino. *Pagtambolian*, dicho lugar. Sinónomo *Alacan*.

TAMBOLI. pp. Vocina de cuerno con que llaman ó convocan. *Mag*, tocarla. *An*, á quien.

TAMBOLOC. pp. Copete en la cabeza. *Mag*, criarlo. *In*, levantar así el cabello. *Mapag*, el que lo trae de ordinario.

TAMBOLOCAN. pp. Pescado ó carne medio podrida. *Ma*, podrirse. *Ica*, la causa.

TAMBOLOCAN. pc. Cervatillo. Sinónomo *Tambocolan*.

TAMBÓLOG. pp. Almejas largas. Sinónomo *Tabolog*. pp.

TAMBONG. pc. Cocer el pescado entero sin quitarle nada, *Mag*. Lo que, *In*, l. *Y*. Si mucho, *Pag-in*, l. *Ipag*. La olla en que, *Pag-an*. Sinónomo *Laga*.

TAMBUNĞALAN. pp. Vide *Buhaghag*.

TAMBOOC. pp. Humo grande ó vapor. *Vm*, humear. Si mucho, *Tatambotambooc*. Si mas, *Nagtatambotambooc*. Ser humeado, *An*. La causa, *Y*. Sinónomo *Alipoyo*, *Osoc*.

TAMBOSAN. pp. Balcon. *Mag*, hacerlo. De que, *In*. *An*, donde.

TAMBOHAT. pp. Palabra con que animan á levantar ó jelar algo, como *Tambiling*, para remar.

TAMBOYAC. pp. Arrojar algo de golpe y todo, *Mag*. Lo que, *Y*. A quien, *An*.

TAMBOYOC. pp. Corneta para llamar gente. *Mag*, tocarla. *In*, la que.

TAM-IS. pc. Dulce. *Matamis*, cosa dulce. *Catamisan*. pc. Dulzura. *Vm*, irse poniendo dulce. *Y*, la dulzura con que, ó causa. Aquello á que se echa dulce, *An*. Y si mucho, *Pacatamisin*, l. *Patamisan*. *Tinamis*, tuba del coco ó nipa dulce; y esta palabra se conjuga con *Mag*. Y las pasivas de *In*, lo hecho así. *Ipag*, para quien, ó causa. *Matamis na uica*, *Matamis mañgusap*, palabra dulce, hablar con dulzura. Metáfora.

TAM-ISAN. pp. Cocos dulces, que se comen con su cáscara. Es comintang.

TAMLAY. pc. Cansancio, fatiga, pereza. *Vm*, venirle. *Y*, la causa. *Catamlayan*, abstracto. *Na*, estar cansado. *Nanamlay*, emperezar acordándose del trabajo. *Nagpapanamlay*, descansar sin tener trabajo, á diferencia del *Nagpapanğalay*, que es del trabajo.

TAMÓ. pc. Una raiz amarilla con que se afeitan.

TAMO. pc. Utilidad, provecho. *Vm*, l. *Mag*, aprovecharse. *Hin*, lo que. *Han*, l. *Pag-han*, de que. *Naca*, l. *Nag*, sacar provecho. *Na*, lo que saca. *Pinag-han*, de que. *Nananamo*, andar buscando en que aprovecharse. *Magpatamo*, alquilar. *Pahan*, lo que se dá alquilado. Nótese que no se debe decir *Tamò sa Dios*, sino *Paquinabang sa Dios*, porque *Tamò* es provecho que saca de cosa suya, como heredad, &c. *Manhinamó*, sacar algun provecho corto.

TAMO-AL. pp. Llenar la boca de comida. Vide su sinónomo *Samoal*, con sus juegos.

TAMONCASI. pc. Una yerba.

TAMOHOLAN. pp. Lo mismo.

TAMUSAC. pc. Vide *Saua*, *Saga*.

TAMPÁ. pc. Respetar con palabras comedidas, *Mag*. A quien, *Pag-an*. Con que, *Y*, l. *Ipag*.

TAMPA. pc. Pagar adelantado, dar dinero en señal de compra, *Vm*, l. *Mag*. Lo que señala, ó persona, *Tampahan*. Si mucho, *Pag-han*. Lo que es dado en señal, *Y*. Si mucho, *Ipag*. Frecuent. *Manampa*.

TAMPAC. pc. Cosa patente, espuesta. Vide su sinónomo *Sabang*.

TAMPAC. pc. Resistero de viento, sol, agua, &c. *Vm*, ponerse alli. Donde, *An*. Poner otra cosa, *Mag*.

TAMPAL. pc. Bofetada. *Vm*, abofetear. Si mucho, *Magtatampal*. Serlo, *In*. Si mucho, *Pagtatampalin*. Causa, ó con que, *Y*. Si mucho, *Ipag*. Lugar, *Pag-an*. Frecuent. *Manampal*. Causa, ó con que, *Manampal*. *Mag-an*, dos mútuo.

TAMPAL. pc. Comer plátano pepita con naranja verde y sal, *Mag*. Ser comido, *An*.

TAMPALAC. pc. Hablar sin rodeos. *Vm*, l. *Mag*. A quien, *In*. Si mucho, *Pagtatampalaquin*. La causa, ó con que, *Y*. Abstract. *Catampalacan*. pc. Sinónomo *Tocoy*, *Tapat*.

TAMPALASAN. pp. Bellaco, descomedido. *Vm*, l. *Manampalasan*, desvergonzarse. Si mucho, *Mag*. pc. Con quien, *In*. Si mucho, *Pag-in*. pc. Causa, ó con que, *Y*, l. *Ipanampalasan*. Si mucho, *Ipag*. pc. Abstracto, *Catampalasanan*. pp. *Mapanampalasan*, de costumbre. Sinónomo *Bohong*, *Posong*.

TAMPAT. pc. Digno, justo. *Catampatan*. pp. Abstracto. No se conjuga. Sinónomos *Dapat*, *Tapat*, *Sucat*.

TAMPAUAC. pp. Escabullirse del que lo tenia asido, *Vm*, l. *Maca*, l. *Mag*. De quien *Pag-an*.

TAMPAI. pc. Serenidad de tiempo, corazon, mar, &c. *Vm*. irse serenando. *Magpa*, esperar que se serene. Lo que, *Pina*. *Ma*, estar sereno.

TAMPAIAC. pp. Vaso pequeño vidriado.

TAMPI. pc. Golpe pequeño con la palma de la mano. *Vm*, darlo. Si mucho, *Magtatampi*. A quien, *In*. Si mucho, *Pagtatatampiin*. pc. Con que, *Y*. Si mucho, *Ipagtatampi*. Sinónomo *Tampoc*.

TAMPIL. pc. Resistero de sol, viento, &c. *Napapa*, estar al resistero. *Vm*. l. *Pa*, ponerse. *Mag*, l. *Magpa*, poner á otra cosa. *Y*, l. *Ipa*, lo que. Vide *Tampac*, que es mas usado.

TAMPIL. pc. Afrontarse los dos bandos contrarios, *Mag*. Tambien *Mag*, dividirse los dos partidos *Vm*. el uno del otro. *Maqui*, arrimarse al mayor. *An*, l. *Paquian*, á quien.

TAMPILOC. pc. Torcerse el pié andado, *Na*. Causa, *Naca*. l. *Ica*. Lugar, *Ca-an*. Sinónomos *Tapiloc*, *Tapioc*.

TAMPINAMO. pp. Una yerba.

TAMPING BANAL. pc. Buyo monstruoso, inútil. Sinónomo *Tacoling*.

TAMPING. pc. Palma de que sacan tuba y el cable negro. *Catampingan*. pc. Lugar de muchas.

TAMPISAO. pp. Jugar en el agua. *Nagtatampisao*. *Naglalaro sa tubig*.

TAMPIYAS. pp. Palabra sentida. *Vm*, decirla. *An*, á quien. *Mag-an*, dos mútuo.

TAMPIYAS. pp. Lo mismo que *Ampiyas*.

TAMPO. pc. Enfado ó enojo. *Vm*, desamparar con enojo. Si mucho, *Magtatampo*. A quien, *Han*. Si mucho, *Pagtatampohan*. *Y*. porque, ó causa. Nombre, *Tampohin*. *Tampo, ang togon*.

TAMPO-A. pc. Saltar de un bordo á otro, *Vm*. A donde, *Hin* Donde, ó de donde, *Han*.

TAMPOC. pc. Piedra engastada en anillo. *Mag*, engastar. *An*, á que. Si mucho. *Pagtatampocan*. La piedra que, *Y*. Si mucho, *Ipagtatampoc*.

TAMPOC. pc. Pezon de la fruta.

TAMPOC. pc. Golpear entre dos manos la madeja de algodon, *Mag*. Ser palmeada, *An*. Si mucho, *Pagtatampocan*. Con que, *Y*. Sinónomo *Tampi*.

TAMPOC. pc. Reventar las olas en la playa. *Natatampoc ang manga alon*. *Ca-an*, donde.

TAMPOHIN. pp. Plátanos así llamados.

TAMPOL. pc. Arrojar las olas, *Na*. Donde, *Ca-an*.

TAMPOL. pc. Golpear el agua en la orilla, quebrar las maretas en la embarcacion, *Vm*. Donde, *An*. Causa, *Y*.

TAMPOLAN. pp. Lugar donde se estrellan las olas.

TAMPOLANG. pp. Arrojar alguna cosa ligera con enojo. Vide *Tapon*, con sus juegos.

TAMPOLONG. pp. *Poior nang lompoc*.

TAMPONG. pc. La punta del pezon del coco.

TAMPOOC. pp. l. *Tampoog*, vapor ó humo que se levanta sin llama. *Vm*, sobresalir así. *Ma*, estar así. *An*, de donde ó á donde. Sinónomo *Tambooc*.

TAMPOOC. pp. Comidilla de plátanos de pepita. *Mag*, hacerla. *In*, lo que.

TAMPOS. pc. Maldicion. Al punto mueras. Tambien fin de algun bosque.

TAMPOY. pc. Fruta olorosa y sabrosa.

TAMPOIOC. pp. Un pedazo de calabaza que se pone en la cabeza como payo contra el sol.

TAMSIC. pc. Bufar, sonido de la lengua, *Vm*. Si mucho, *Magtatamsic*, l. *Tatamsictamsic*. A quien, *An*. Si mucho, *Pagtatamsican*. La causa, *Y*. Si mucho *Ipagtatamsic*.

TAMTAM. pc. Juntar una cosa á otra para ajustarla, *Na*. Ser añadida, *Y*. Si mucho, *Ipagtatamtam*. Aquello á que, *Pagtatamtaman*. Abstracto, *Catamtaman*. pc. Muchos no le dan activa, aunque otros le dan el *Mag*. Lo que, *Y*. A que, *An*.

TAMTAM. pc. Lo mismo que *Tambac*, con sus juegos.

TAMYOC. pc. Huevos recien desobados.

TANA. pc. Alcojolar las cejas, *Mag*. Ellas, *An*. Con que, *Y*. Causa, *Ipag*. Nombre, *Mapag*.

TANAC. pp. Fino acendrado. *Alac tanac*, vino fino.

TANAC. pp. Barreta de fierro. *Vm*, l. *Mag*, hacerla. *In*, lo que. *Y*, con que.

TANAC. pc. Tostar arroz verde, *Mag*. El arroz, *Y*. Donde, *An*.

TANACTAC. pc. Palabras, que por supérfluas enfadan. *T*, *in M*. l. *Mag*, hablarlas. A quien, *Pag-an*. Las palabras, *Ipag*, l. *Ipan*. *Daming tanactac mo bapá*, que prolijo eres hablando.

TANAC. pc. Arbol venenoso.

TANAGÁ. pp. Vide *Talaga*.

TANAGÁ. pp. Poesía muy alta en tagalo, compuesta de siete sílabas, y cuatro versos, llena de metáforas.

TANAMAN. pp. Huerto ó huerta. *Mag*, hacerlo, ó sembrar en él. *Ipag*, la causa. Nómbre, *Mapag*. Sinónomo *Halamanan* de *Halaman*.

TANAN. pp. Huir ó huirse, *Vm*, l. *Mag*. La persona ó lugar de donde se huyó, ó á donde fué, *Pagtananan*. La causa ó lo que llevó como hurtado, *Y*, l. *Ipag*. *Tanang tauo*. pc. Sinónomo *Tacas*.

TANAN. pc. Todo, ó todos. *Tanan carunungan*, toda la sabiduría. *Tanang tauo*, todos los hombres. Sinónomo *Lahat*.

TAN-AO. pc. Mirar de lejos, *Vm*. Si mucho, *Magtatan-ao*. *Magtan-ao*, l. *Magtan-auan*, mirarse dos mútuo. Ser visto, *In*, l. *Ma*. Lugar desde á donde, *An*, *Manan-ao*, atalaya ó centinela. *Tanauan*. pp. Lugar diputado para centinela.

TANAS. pp. Gastarse con el uso ó con el fuego el fierro. *Natatanasan*.

TANAT. pp. Estirar algo desarrugándolo, *Vm*. Lo que, *In*. Si mucho, *Pag-in*. pc. Con que, *Y*. *Ma*, estarlo. *Natatanat ang tiyan*, está muy liso por lleno. Sinónomos *Bantar*, *Banat*, *Lingcag*.

TANAT. pp. Desabollar, *Vm*. Lo que, *In*. Sinónomo *Talag*.

TANAT. pp. Acuñar haciendo con el escoplo porque entre la cuña, *Mag*. Lo que, *An*. Con que, *Y*.

TANAUA. pp. Arbol grande.

TANDÁ. pc. Señal, nota, advertencia, registro. *Mag*, señalar ó notar. Ser notado, *Tandaan*. Si mucho, *Pagtatandaan*. Causa, persona, con que, *Ipag*.

TANDÁ. pc. Vejez de mas dias que otro. *Vm*, envejecerse. *Y*, la causa. Abstracto, *Catandaan*. pc. *Magmatandaan*, tener respeto al mas viejo, dándole el mejor lugar. Nótese una curiosidad en el uso de esta palabra, arrimándola esta partícula *Sa*. *Hindi nagsasatandaan ang camatayan*, l. *Hindi ipinagsasatandaan ang pagca matay*, quiere decir que no respeta la muerte á la vejez, pero el acento siempre en el segundo *Sà*.

TANDANG. pc. Pollo ya medio gallo.

TANDANG. pc. Voto, promesa. *Vm*, prometer. Si mucho, *Magtatandang*. A quien, *Tandangan*. Si mucho, *Pagtatandangan*. Causa, *Ica*. Lo que, *Y*.

TANDAPIL. pc. Lo mismo que *Tandipil*, l. *Talandipil*.

TANDAQUIL. pc. Chato de cabeza. *Tandaquil na olo*.

TANDAYAC. pc. Ropa de buen color. *Tandayac na damit*.

TANDAYAG. pp. Ballena.

TANDAYAG. pc. Tieso, derecho. *Satatandayag ca*.

TANDAYAN. pp. Armazon de la tela para tejer.

TANDIS. pc. Certificarse. *Vm*, l. *Mag*. A otro, *Magpa*. Es metáfora, porque *Tandis* significa cosa ajustada. *Vm*, venir así. *Magpa*, ajustarlo bien. *Patandisin*, lo bien ajustado. *Tandis na pagtatali*, amarradura justa.

TANDIPIL. pc. Lisas medianas.

TANDIPIL. pc. Chato de frente y cabeza puntiaguda. *Ma*, estar así. *Catandipilan* pc. Abstracto.

TANDOC. pc. Ventosa de caña ó cuerno. *Vm*, curar á otro así. *Tandocan*, el curado. Con que, *Y*.

TANDOS. pc. Dardo ó lanza con punta de hierro. *Mag*, traerla. *Vm*, alancear con ella. *In*, l. *Ma*, ser alanceado. Si mucho, *Pagtandosin*. Con que, *Y*, l. *Ipagtatandos*. *Manandos*, andar amenazando, ó dar con la lanza. Sinónomo *Tolag*.

TANĞA. pp. Estender el cuello para mirar algo, *Vm*. Lo que, *Hin*. A que, *Han*.

TANĞÁ. pp. Vedar, prohibir con pena. *Vm*, l. *Man*, vedar sin mirar la pena. *Mag*, mirándola. *Tanĝaan*, á quien. Si mucho, *Pag-an*. La causa, *Y*.

TANĞÁ. pp. Dar palabra ó cumplir algo *Vm*. A quien, *An*. La obra en que, *Y*.

TANĞÁ. pp. Concierto de retribucion ó correspondencia. *Mag*, concertarse. *Pagtanĝaan*, en que. *Ipag*, la causa.

TANĞÁ. pp. Polilla ó gorgojo de plantas. *In*, ser comidas. *Ma*, estarlo.

TANĞAB. pp. Cortar al soslayo, *Vm*, l. *Mag*. Lo que, *An*. Si mucho, *Pag-an*. pc. Con que, *Y*. Si mucho, *Ipag*. pc.

TANĞAB. pc. Labio partido.

TANĞAB. pp. Arroz pegajoso.

TANG-AC. pc. Cabeza de trompo, ó pomo de espada.

TANĞAL. pc. Un árbol de corteza colorada, con que curan el vino. *Mag*, l. *Vm*, echarla. En que, *An*. La corteza, *Y*. *Mananangal*, ponerse de este color, *Mag*, teñir. *In*, ser teñido. Si mucho, *Pagtatanĝalin*. Con que, *Y*.

TANĞAL. pc. Un pescado de color encarnado.

TANĞAL. pc. Vide *Tangal*.

TANĞAN. pp. Tener así con la mano. *Mag*, asir. Lo que, *Tanĝan*, l. *Tanĝanan*. Si mucho, *Pagtatangnan*. Con que, *Y*. Sinónomo *Hauac*.

TANĞANTANĞAN. pp. Mata, yerba.

TANĞAR. pp. Aguada que se hace en medio del rio, *Vm*. Si mucho, *Mag*. pc. *In*, la aguada que se vá á hacer. Si mucho, *Pag-in*. pc. La banca en que, *An*. Si mucho, *Pag-an*. pc. Causa, ó la vasija que se lleva para el agua, *Y*. Si mucho, *Ipag*. pc.

TANĞAR. pc. Embarcarse para ir á embarcacion grande que está en alta mar, con los mismos juegos que el antecedente.

TANĞAS. pp. Resistir á la voluntad de otro, *Vm*. A quien, *An*. *Matanĝas na tauo*, soberbio.

TANĞATANĞA. pc. Escalera larga y angosta.

TANĞAY. pc. Llevar algo colgando, como el perro ó el gato la carne en la boca, *Vm*, l. *Mag*. Si mucho, *Magtatanĝay*. Lo que, *In*. Si mucho, *Pagtatanĝain*. Causa ó con que, *Y*. Á donde es llevado, *Pag-an*. Aplícase tambien á lo que lleva el ave en el pico.

TANGBAR. pc. Irse lejos, ó llevar algo asi, *Mag*. Ser llevada una cosa lejos, *Y*, l. *Ipag*. *Pagtangbaran*, lugar á donde es llevada la cosa. *Quinatangbaran*, á donde acaso fué á parar algo. Sinónomos *Tala*, *Puhat*, *Uacauac*.

TANGBÓ. pc. Cañas delgadas y recias. *Catangboan*. pc. Lugar de muchas.

TANGCÁ. pc. Hacer cómputo, señalando ó diputando algo, *Vm*, l. *Mag*. Para quien, *Tangcaan*. Lo que, *Y*. Causa, *Y*, l. *Ipag*. Sinónomos *Talaga*, *Panaan*, *Panata*, *Tandang*, *Panĝaco*, *Tica*.

TANGCA. pc. Promesa. *Mag*, prometer. *Y*, lo que. *An*, á quien.

TANGCA. pc. Dar cuenta de lo que gastado, *Mag*. Ser dada, *In*.

TANGCAB. pc. Dar debajo de la barba, para que cerrando la boca, se muerda la lengua. *Vm*, darle. Mejor es usar la pasiva, *Tangcabin*, ser golpeado. Si mucho, *Pagtatangcabin*. Acaso, *Ma*. Con que, *Y*. Si mucho, *Ipagtatangcab*. Sinónomos *Sacdo*, *Sumbi*.

TANGCAB. pc. Dar puñetes en la boca, ó cerca de ella. *Tatangcabin co ang bibig mo*, te daré un puñete en la boca, ó junto á ella.

TANGCACAL. pp. Amparo, defensa, *Vm*, l. *Mag*, amparar, defender. *Y*, l. *Ipag*, serlo, ó causa. Sinónomos *Tangol*, *Ampon*, *Adya*, *Ayò*.

TANGCACAL. pp. Reñir por otro, tomando por suya la demanda, *Vm*, l. *Mag*. La pendencia ó lo que, *An*. *Napatatangcacal*, hacerse así de la parte de otro.

TANGCAL. pc. Gallinero portátil.

TANGCAL. pc. Labrar desbastando madera, *Vm*. Si mucho, *Magtatangcal*. Lo que se quita, *In*. Si mucho, *Pagtatangcalin*. Con que, *Y*. Si mucho, *Ipagtatangcal*. El madero desbastado *Pag-an*.

TANGCALAG. pp. Polea ó moton.

TANGCAP. pc. Vide *Handà*, con sus juegos.

TANGCAR. pc. Zancudo. Sinónomos *Tayangcar*, *Dangcao*.

TANGCAS. pc. Manojo, cuanto cabe en la mano. *Mag*, hacerlo. Y si mucho, *Nagtatangcas*. Ser hecho, *In*. Si mucho, *Pagtatangcasin*. Con que, *Y*, l. *Ipag*. Persona para quien, *Ipag*. *Catangcas*, un manojo. Nótese este modillo de hablar. *Ilan tangcas*, se usa, cuando sabe que hay gran número, y pregunta cuántos son? *Ilan catangcas?* Cuando sabe que es pequeño número, y quiere enterarse de cuantos son. A este modo: *Ilan tauo*, *Ilan catauo*, con sus semejantes.

TANGCAY. pc. Pezon de que está asida la fruta. *Mag*, cortarla en el pezon. *Tangcayan mo ang pagpotol*, lo cortado así. Cuadra al cabo de cuchara, quitasol, &c.

TANGCÓ. pc. Tocar muy á la ligera, *Vm*. Ser tocado, *In*. Si mucho, *Pagtatangcoin*. Acaso, *Ma*. Con que, *Y*. Sinónomos *Salang*, *Tangquil*.

TANGCOL. pc. Dar manotadas, *Vm*. A quien, *In*.

TANGCOLOC. pp. Sombrero grande y ancho, capacete con orejeras.

TANGCOP. pc. Vide *Angcop*.

TANG̃A. pc. Abobado. *Tatang̃atang̃a*, andar así. *Magtatang̃atang̃ahan*, fingirse tal.

TANGAL. pc. Desclavar, desencajar, *Vm*, l. *Mag*. Si mucho, *Magtatangal*. Ser desencajado, *In*. Si mucho, *Pagtatangalin*. *Ma*, desencajarse. *Quinaan*, de á donde.

TANGAL. pc. Caerse á pedazos el cuerpo colgado y podrido, *Ma*. Si mucho, *Nagcatatangal ang mang̃a bot-o*. Donde, *Ca-an*, l. *Pagca-an*.

TANGAP. pc. Recibir, aceptar, *Vm*. Si mucho, *Magtatangap*. *In*, lo que. Si mucho, *Pagtatangapin*. Causa, *Y*, l. *Ipag*. Si de muchos, *Ipagtatangap*.

TANGAP. pc. Admitir en compañía, *Vm*, l. *Mag*. *Hindi tomatangap ang catauan co*, no me aprovecha esta medicina. Metáfora.

TANGUI. pc. Resistir, negar, *Vm*. Si mucho, *Magtatangui*. Ser resistido, *Han*. Si mucho, *Pagtatanguihan*. Sinónomos *Soay*, *Laban*.

TANGUIN. pc. Resistir, con los juegos del antecedente.

TANGOL. pc. Amparar, favorecer, *Vm*, l. *Mag*. Si mucho, *Magtatangol*. Ser amparado, *Y*. Si mucho *Ipagtatangol*. Sinónomos *Tangcacal*, con los demas que están ahí.

TANGONG. pp. Estancarse la sangre, *Vm*. A quien, *An*.

TANGHAD. pp. Lo mismo que *Tanghod*.

TANGHAL. pc. Mirar de alto ó de lejos algo contemplando su hermosura, grandeza, &c. *Vm*. Si mucho, *Magtataghal*. A quien, *In*. Si mucho, *Pagtatanghalin*. Con que, ó causa, *Y*. Si mucho, *Ipagtatanghal*. *Mag-an*, mútuo. Si se conjuga con *Magpa*, entonces significará *Nagpapatanghal*, lo mismo que *Nagpapahayag*.

TANGHALI. pp. Medio dia. *Magpaca*. pc. Detenerse hasta medio dia. *Ipinagpaca*. pc. Causa de haberse detenido. *Natatanghalian*, cogerle el medio dia, *Mananghali*. pc. Comer ó trabajar á medio dia. *Mananghali*. pp. Caminar á medio dia. *Pananghalian*. pc. lo comido ú obrado á medio dia.

TANGHAS. pc. Un palo con que se zahuman.

TANGHOC. pc. Vide *Tanghod*.

TANGHOL. pc. Bausan. *Satatanghol*, está abobado como un bausan. Sinónomo *Tanghod*.

TANGHOR. pc. Esperar con confianza, *Vm*. Si mucho, *Magtatanghor*. A quien, *An*. Si mucho, *Pagtatang-an*. Causa, ó lo que, *Y*. Si mucho, *Ipagtatang*. Sinónomos *Asa*, *Pala*, *Paquinabang*.

TANGHOR. pc. Mirar embelesado, *Vm*. *In*, l. *An*, lo mirado. *Ica*, la causa. *Satatanghor siya*, está así embobado. Cuadra tambien al mirar de los animales.

TANG̃I. pp. Dividir, apartar, como el vestido de distintos pedazos, muchas cosas en un plato, *Ma*. Ser puesta una cosa de distinto género entre las demás, *Y*. Si muchos, *Ipag* pc. Aquello á que se añade algo de nuevo, *An*. Si mucho, *Pagtang̃ian*. pc. Ser puestas en un lugar dos cosas distintas, *Pagtang̃in*. pp. *Magca*, estar así las cosas. *Vm*, apartarse ó dividirse cada uno, ó su hacienda de otro.

TANG̃I. pp. Separar del plato comun la vianda que le toca. *Vm*, atraer para sí. *Mag*, apartar para otro, ó dos entre sí. Lo que, *Y*. Si mucho, *Ipag*. pc. Aquel para quien, ó hácia quien, *An*. Si mucho, *Pagtang̃ian*. pc.

TANG̃I. pp. Repartir algo poniendo las cosas divididas, *Mag*. Las cosas que, *Pag-in*. Estar así, *Nagcatatang̃i*. *Tang̃i co ito*, esta es mi parte. Escoger dando preferencia.

TANG̃I. pc. Ropa listada. *Mag*, listar la ropa tegiéndola. *Pagtatang̃itang̃iin mong habihin*, téjelo con listas.

TANG̃I. pc. Grietas en las manos ó piés. *Tinatang̃ian ang mang̃a camay co*, se me han llenado las manos de grietas.

TANG-IB. pc. Barranca, hondura de agua. socabon. *Vm*, hacerlo. *In*, el hueco. *Y*, con que. *Nagcacatang-ib ang ilog*, comienza á tener cuevas.

TANG̃ILI. pp. Arbol grande, bueno para bancas. *Catang̃ilihan*. pp. Lugar de muchos.

TANG̃ILIS. pp. Volver las espaldas rezungando, *Vm*. A quien, *An*. El lado, *Y*. Si á muchos, *Mag*. pp.

TANG̃IN. pc. Poner una cosa encima de otra para cortarla, *Mag*. Lo puesto, *Y*. Donde, *An*. *Tang̃inan*. pc. Tajon.

TANG̃IN. pc. Parar un poco los que navegan, *Vm*. La embarcacion, *Y*, l. *In*. A quien, ó por quien, *An*.

TANĜIRÓ. pp. Conceder el niño levantando y bajando la cabeza, *Vm*, l. *Tatanĝitanĝiro*.

TANĜIS. pp. Llorar, *Vm*. Si mucho, *Mag*. pc. l. *Mananĝis*. Si mas, *Magpananĝis*. pc. La causa, *Y*. Si de mucho, *Ipag*. pc. Lo llorado, por quien, ó por lo que, *An*. Si mucho, *Pag-an*. pc. *Pananĝisan*, por quien se lloró mucho, como al difunto. Y si mucho, *Pagpananĝisan*. pc. *Ipananĝis*, la causa. Si de mucho, *Ipagpananĝis*. pc. *Magtanĝisan*. pp. Dos mútuo. *Matanĝisin*. pp. l. *Mapagtanĝis*. pc. Nombre.

TANĜISAN. *Bayauac*. pp. Un árbol muy largo y derecho.

TANGLAO. pc. Alumbrar lo que está algo lejos, *Vm*. Levantar la luz, ó alumbrarse así ó á otro, *Mag*. Ser alumbrado, *Tanglauan*. Si mucho, *Pagtatanglauan*. Con que, *Y*. Si mucho, *Ipagtatanglao*. Sinónomo *Tinglao, banglao*.

TANGLAO DAGÁ. pc. Estrella de Vénus, que se vé puesto el sol.

TANGLAR. pc. Una yerba olorosa de muchas hojas. *Mag*, echarla en carne ó pescado. *Y*, ella. *An*, serle echada. Sinónomo *Salaysalay*.

TANGLAR. pc. Lo mismo que *Tonĝo* y *Laban*, con sus juegos.

TANGLIN. pc. Un árbol bueno para harigues.

TANGLO. pc. Mendigar, *Nananglo*. Á quien, *Tinatanglohan*. Si muchas veces, *Pinanananglohan*. Pedidor, *Manunanglo*, l. *Mapananglo*. *Caya comain, con mananglo*, por eso come, porque mendiga.

TANGLOY. pc. Llamar los perros para cazar, *Nananangloy*. Ser llamados, *In*.

TANGLOYAN. pp. Cantar dando ahullidos, *Mag*, l. *Manangloyan*. La causa, *Ipag*. Sinónomos *Tagumpay, uagui*.

TANGNAN. pc. Un género de caña, cuyos cogollos son purgantes.

TANĜÓ. pc. Conceder, otorgar con la cabeza, *Vm*. Si mucho, *Magtatanĝo*, l. *Tatanĝotanĝo*. Á quien, *An*. Si mucho, *Pagtatanĝoan*. Con que ó lo concedido, *Y*. Si mucho, *Ipagtatanĝo*. *Mag-an*. dos mútuo. *Catanĝo*, compañero en algun concierto, *Tumanĝo ca na mona, may boco baga ang liig*.

TANĜO. pc. Mecerse ó dar vaivenes con el cuerpo el que vá embarcado ó á caballo, *Vm*. *Mag*. *Satatanĝo ca banday*, te vas meciendo como un tonto.

TANĜOL. pc. Cabecear el navío por las olas, *Tatanĝoltanĝol ang Daong*.

TANGONG. pc. Defender. Vide *Tangol* con sus juegos.

TANGON ITIC. pc. Prometer y no cumplir, como el *Itic*, que es el pato, que cabeceando en el agua, parece que siempre dice sí, y nada cumple.

TANGOL. pc. Defender, *Vm*, l. *Mag*. Á quien, *Y*. Contra quien, *An*. *Man*, l. *Vm*, amparar á otro volviendo por él. *Mag*, ampararlo de su contrario. *Magtangol ca doon sa binababag*, con las pasivas sobredichas.

TANĜOS. pp. Puntiagudo. *Matanĝos*, cosa así. *Catanĝosan*, abstracto.

TANĜOS. pp. Mostrar hocico, *Vm*. Si mucho, *Tatanĝostanĝos*. *Houag mo acong tanĝostanĝosan con manĝusap ca*, no me andes mostrando hocico.

TANGPAS. pc. Vide *Tampo*, con sus juegos.

TANGPUS. pc. Vide *Tapus*, que es el mas usado.

TANGHOC. pc. Vide *Tanghor*.

TANGQUI. pc. Apartar, dividir, *Mag*. De aqui, *Vm*, apartarse unos de otros. Tambien *Mag*, dividir dando, apartar para cada uno algo. Lo que, *Y*. Á quien, ó de donde, *An*.

TANQUIL. pc. Tocar á la ligera. Vide *Tangco*, con sus juegos.

TANGQUIL. pc. Rempujar á otro con el codo, ó como el toro con el cuerno hácia un lado. Vide su sinónomo *Singquil*.

TANGQUIL. pc. Poner maderas á la casa, *Mag*. La casa, *In*. *Tangquilin mo ang bahay mo*, pon madera á tu casa.

TANGQUILIS. pp. Luchar con la mano dando ventaja. *Vm*, luchar asi. La mano, *Y*. Aquel con quien, *An*. La causa, *Ipag*.

TANGQUILIC. pp. Vide *Ampon, saclolo*, con sus juegos.

TANGSÓ. pc. Desclavarse, desencajarse, *Ma*. De propósito, *Vm*. Lo que, *In*. Si mucho, *Pagtatangsoin*. Con que, *Y*. De á donde *Quinatangsoan*.

TANGSONG BILANGO. pc. Vide *Panĝao, Calag pangao*.

TANGSO. pc. Cobre.

TANGTANG. pc. Lábio del miembro viril. De aqui *Tangtang*, se aplica á lo torneadó.

TANGUA. pc. Punta, cabo ó fin de alguna cosa. *Vm*, ponerse en él. *Ma*, estar puesto. *Mag*, poner algo. *Y*, ser puesto. *Patanguang uica*, palabra exagerativa.

TANGUAS. pc. Cabo de calle ó pueblo. *Tomanguas ca na, sa catanguasan*, llega al cabo.

TANGUAY. pc. Punta de isla ó ensenada. Por eso llaman asi al puerto de Cavite. *Patanguay tayo*, vamos á Cavite: no tiene mas uso. Sinónomo, *Lonĝos*.

TANGUAY. pc. Lugar donde guardan todo lo que es menester para hacer buyo.

TANHOC. pc. Vide *Tanghoc* y *Tanhor*.

TANIG. pc. Moraliter. *Natatanig ang loob*, se mueve el corazon. Sinónomo, *Oyot*. pp.

TANIGUI. pp. Pescado asi llamado, sin escamas, muy regalado.

TANIM. pc. Sembrar, plantar, como en las sementeras de regadío, *Vm*. l. *Mag*. Lo que, *Y*, l. *Ipag*. *Tamnan*, l. *Pagtamnan*, donde. Con que, ó persona por quien, *Ipag*.

TANIM. pc. Rencor, ódio, enojo. *Mag*, tenerlo. *Ipag*, á quien. *Magtaniman*, dos mútuo. *Pananim*. pc. Los sembrados. Por la de *Vm*, en la significacion de sembrar *ut sic*, mira solo la accion. Por *Mag*, lo que.

TANING. pp. Tarea. *Vm*, l. *Mag*, señalarla. *Y*, lo que. Si mucho, *Ipag*. pc. Á quien, *An*. Si mucho, *Pag-an*. pc. Dos mútuo, *Magtaninĝan*.

TANING. pp. Vide *Saar*.

TANLÁ. pc. Cañas del campo.

TANLAC. pc. Sembrar algo en tierra firme para que no se muera, y trasplantarlo despues, *Mag*. Lo que, *Y*. Si mucho, *Ipagtatanlac*. Á donde, *Pag-an*.

TANLAC. pc. Cañas de que hacen cercas. Sinónomo *Tarlac*.

TANLAC. pc. Sobresaltarse. *Ang balitang masama,i, natanlac sa loob*, la mala noticia me sobresaltó.

TANLAC. pc. Atollar, arrojar algo para que se atolle, *Mag*. Lo que, *Y*. *Natatanlac sa losac ang cabayo*, se atolló el caballo.

TANONG. pc. Pregunta. *Vm*, preguntar. Si mucho, *magtatanong*. *Mag*, averiguar preguntando, como algún negocio, casa ó morada. *Mananong*, preguntar examinando como á los muchachos la doctrina. *Y*, lo que ó causa. Si muchas cosas, *Ipagtatanong*. Si buscando algo, *Ipag*. Lo que es preguntado examinando, *Ipananong*. Á quien, *In*. Si mucho *Pagtatanonĝin*. Dos mútuo, *Mag-an*. Cada uno, *Catanonĝan*. *Siya mong catanonĝanin*, consúltalo con él. *Tatanongtanonĝin*, l. *Tunanongtanonĝin*, todos pregunten por acá y por allá. Nombre, *Mapag*, l. *Matanonĝin*. pp. *Tanonĝan*. pp. Preguntas, ó el sábio á quien de ordinario se pregunta.

TANOONG. pc. Palo aromático.

TANOR. pp. Pastor, centinela. *Vm*, guardar. Si mucho, *Mag*. pc. Lo que, *An*. Si mucho, *Pag-an*. pc. Para quien, *Pag-an*. pp. Causa, *Y*. Si mucho, *Ipag*. pc.

TANOTAC. pc. Vide *Tanactac*.

TANSAG. pc. Fisga. *Manansag*, fisgar. *In*, lo que. Si muchos, *Pagtatansaguin*. Con que, *Y*. l. *Ipanansag*.

TANTAN. pc. Sosiego, descanso. Solo se usa con negativa. *Ualang tantan*, no pára. *Di nagpapatantan nang masamang asal*, no pára en sus malas costumbres.

TANTO. pc. Cierto, ciertamente. *Vm*, certificar enterándose bien. Si mucho, *Magtatanto*. Aquello de que, ó persona de quien, *Tantoin*. Si mucho, *Patantoin*, l. *Pagtatantoin*, l. *Pacatantoin*. *Mag*, afirmar de cierto, ó concertarse dos con firmeza. *Ipag*, lo afirmado ó causa. *Pagtantoan*, á quien se afirma. Nombre, *Mapag*. Sinónomos *Talastas*, *tatap*.

TANTO. pc. Atender á lo que se dice. *Nagpapacatanto*, *Natatanto mo?* Lo has entendido? *Dili co pa natatanto*.

TANYAG. pc. Manifestar, mostrarse, descubrir. *Ma*, mostrarse. *Y*, l. *Ipa*, ser espuesto. Si muchas cosas, *Ipagtatanyag*. *Nagpapa*, andarse mostrando para que lo vean. *Patanyaguin*, haz que se manifieste. Abstracto, *Catanyagan*. Sinónomos *Tampac*, *handa*, *hayag*, *sabang*, *Bagong natatanyag siya*, comienza á mostrarse rico. Metáf.

TAOB. pc. Boca abajo, estar boca abajo. *Vm*, l. *Mag*, l. *Napapataob*, lo mismo. *Mag*. volver algo boca abajo. Lo que, *Y*, l. *Ipa*. Lo que está tapado con cosa que se vuelve boca abajo, *Taoban*. Lugar á donde se volvió boca abajo, *Quinataoban*. Lugar á donde es vuelto algo asi, *Pagtaoban*. Ser vueltas dos cosas asi, *Pagtaobin*.

TAOG. pp. Creciente, marea.

TAON. pc. Encontrarse ó toparse algunas cosas, ó venir á un punto ó sazon. *Ma*, suceder acaso asi. *Nataon sa pagbabaguio ang pagsasacay*, se ha juntado el bagyo; al embarque. *Magca*, encontrarse acaso, ó venir á un tiempo. *Pinagcataonan*, el lugar á donde se juntaron. *Naca*, llegar á buena coyuntura. *Naan*, á lo que. *Nataonan co ang magandang panahon*, logré buen tiempo. *Vm*, l. *Maqui*, hallarse á algo en compañía de otros. *Mag*, juntarse dos en un lugar en una misma hora. *Pag-an*, el lugar á donde. *Ipag*, la causa. *Y*, lo que es hecho en tál tiempo. *In*, el tiempo en que. *Taonin mo ang pagcain nang Padre*, llega á la hora de comer el Padre. *Manaon*, frecuent. Nombre, *mapagtaon*.

TAON. pc. Año. *Sangtaon*, un año. *Taontaon*, todos los años. *Manaon*, l. *Mamanaon*, cada año. *Tinaonan*. pc. Caña de un año.

TAOL. pc. Llaman en Manila tabardillo. Sinónomo *Taong*.

TAONG. pp. Paño negro, que ponen en la cabeza por luto. *Mag*, ponérselo, traerlo. *In*. l. *Y*, el paño. *An*, la cabeza. *Ipag*, la causa.

TAOS. pp. Voz clara y sonora. *Vm*, irse poniendo tal. *Y*, la causa.

TAOS. pc. Atravesar de parte á parte, *Vm*, l. *Mag* Neutraliter, l. Active. *An*, lo que. Si mucho, *Pagtataosan*. *Manaos*. pc. Penetrar el viento, agua, ó luz, por algun agujero. *Pinananaosan*, el agujero. *Y*, lo llevado á alguna parte. Si mucho, *Ipagtataos*. Lugar á do se vá ó lleva, *Taosin*. *Cun dumating ca sa Maynila taosin mo ang Palangag*, en llegando á Manila pasa de camino á Parañaque. Sinónomos *Lagpos*, *tagpos*, *laos*, *lag-os*. *Taos sa loob niya yaong uica*, palabra de corazon. *Taos na sugat*, herida penetrante. Metáfora.

TAOS. pc. Hallar lo que buscaba. *Naca*. Lo hallado, *Nataosan*, .Causa, *Ica*. Lugar, *Quinataosan*.

TAOTAO. pc. Menear la caña de pescar, *Vm*, l. *Mag*. La caña, anzuelo, *Y*. Si mucho, *Ipagtaotao*. A do. ó el pez, *Taotauan*. Si mucho, *Pagtataotauan*. Sinónomo *Lauit*.

TAOTAO. pc. Sobra, sobresalir, sobrepujar, *Vm*, *Mataotao na cahoy*, sobrado, ó demasiado para lo que se quiere.

TAOY OY. pc. Vide *Tioy oy*.

TAPA. pp. Compañía en el trato. *Mag*, gastar por igual, depositar cada uno un tanto igual. *Vm*, l. *Maqui*, entrar de nuevo en el trato. *Pagtapahin*, lo gastado, ó depositado. *Y*, l. *Ipaqui*, lo que es metido de nuevo para el gasto. *Han*, l. *Paquitapahan*, el depósito que estaba de antes, ó aquellos á quienes se junta. *Catapa*, cada uno de los dos.

TAPA. pp. Polvos que echan en el vino. *Mag*, echarlos. *Y*, los polvos. *Han*, el vino.

TAPA. pc. Barbacoa de pescado ó carne. *Vm*, l. *Mag*, hacerla. *Tinataphan*, ser hecha. *Natataphan*, estarlo. Para quien *Y*. Tambien ser hecha, *Y*.

TAPA. pc. Secar algo al fuego. *Vm*. Mejor, *Mag*. Lo que, *Hin*, l. *Y*. Si mucho, *Ipagtatapa*, l. *Pagtatapahin*. Con que ó persona, *Ipag*. Lugar, *Pagtapahan*. *Tapahan*. pp. Parrillas.

TAPAC. pp. Pisada. *An*, l. *Matapacan*, ser pisado. *Natapacan co ang ajas*, pisé la culebra. *Itapac mo ang paa*, asienta bien el pie.

Ma, estar bien asentado. No tiene mas juegos. Sinónomos *Yoyo, Yapac.*

TAPAC. pc. Embarcacion atada con bejúcos. *Mag*, andar en ella.

TAPAL. pp. Emplasto, parche. *Vm*, l. *Mag*, ponerlo á otro. *Mag*, así, ó traerlo puesto. Si mucho, *Mag.* pc. Lo que, *In.* Y mejor, *Y.* Si mucho, *Ipagtapal.* pc. A quien, *An.* Si mucho, *Pag-an.* pc. *Mananapal.* pp. Médico de emplastos. Tambien se aplica por metáfora á remiendo ó añadidura.

TAPANG. pp. Valentía, esfuerzo, ánimo *Vm*, irse haciendo. *Y.* l. *Ipag*, porque ó con que. *Tapangan*, l. *Pacatapangin mo ang loob mo*, esfuérzate. *Catapangan.* pp. Abstracto. *Matapang*, valiente. Metáfora, *Matapang na alac*, vino fuerte.

TAPAS. pp. Mondar cocos, *Vm.* Si mucho. *Mag.* pc. Lo que, *An.* Si mucho, *Pag-an.* pc. Con que, *Y.* Si mucho, *Igag.* pc. Sinónomo *Talop.*

TAPAS. pp. Aguzar lo que no está agudo, ó quitar la punta á lo que la tiene. *In*, l. *An*, ser cortado, Si mucho, *Pag-in*, l. *Pag-an.*

TAPAS. pc. Pescado de rio muy sabroso.

TAPAT. pc. Ponerse en frente, *Vm*, En frente de que, *An.* Los dos afrontados, *Nagcatatapat.* Si mas, *Nagcatatapattapat.* Dos cosas puestas en frente una de otra, *Pagtapatin.* Si mas, *Pagtapatapatin.* *Mag*, caminar derechamente á alguna parte, hablar, obrar rectamente. *Magtapat nang uica.* Lugar hácia do se endereza lo dicho, ó hecho *Tapatin ang uica*, l. *Hatol.* *Ma*, estar una cosa en frente de otra, ó pertenecer á otro. *Sa Padre lamang natatapat ang Misa*, al Padre solo pertenece la Misa.

TAPAT. pc. Justo, ajustado á la razon. *Tapat.* l. *Manapat na gaua*, obra justamente hecha. *Sa atin natatapat ang aral nang Padre*, con nosotros habla. *Natatapattapat aco sa asauang ualang bait*, me ha cabido muger tonta.

TAPAT. pc. Cumplir su palabra, *Vm.* La palabra, *In.* *Nagpapatumapat*, fingirse justo. *Ipag*, en que. *Pag-an*, ante quien. *Manapat.* pc. Medida justa.

TAPAY. pp. Pastilla de morisqueta con que hacian el *pangasi.* De aqui dicen que sale *Tinapay.*

TAPAY. pp. Amasar tortillas, *Vm.* l. *Mag.* Lo que, *In.* De oficio, *Mananapay.* Donde, *An*, l. *Pag-an.* Nombre, *Tapayan.* pc. *Tinapay*, lo hecho pan.

TAPAYAC. pc. Chato, aplanchado. *Ma*, estarlo. *In*, ser hecho.

TAPAYAC. pc. Nariz chata con ventanas muy abiertas. *Tapayac ang ilong niya.*

TAPAYAN. pp. Tinaja.

TAPÍ. pc. Aplastar, estender con las manos como masa, *Vm.* Lo que, *In.* Con que, *Y.*

TAPÍ. pc. Manta á modo de faldellin, con que se cubre el varon. *Mag*, l. *Manapi*, ponérselo, andar con él. *In*, l. *Y*, el paño. *An*, lo tapado con él.

TAPÍ. pc. Palmaditas dadas con cariño. Vide su sinónomo *Tampi, tapic.*

TAPÍ. pc. Pulmon. Sinónomo *Taypay.*

TAPÍ. pc. Tapar las veredas. Vide *Tagpi.*

TAPIC. pc. Lo mismo que *Tapi*, con sus juegos.

TAPIL. pp. Palo delgado sin punta, con que escarban la tierra. *Vm*, escarbar. *In*, la tierra. Si mucho, *Pag-in.* Con que, *Y.*

TAPIL. pp. Cuadrado. *Vm*, cuadrar el madero. Dar forma in genere. *In*, lo que. *Y*, con que. *Tapil.* pc. Cuadrado.

TAPIL. pc. Chato de frente. *Mag*, tenerla chata. *In*, ser hecha. Sinónomo *Tandipil*, con los demás juegos.

TAPILAU. pc. Fréjeles pequeños.

TAPILIC. pc. Vide *Tapiloc.*

TAPILOC. pc. Torcerse el pie, *Na.* Causa, *Ica.* Lugar, *Ca-an.* Sinónomo *Tapioc.*

TAPING. pp. Peste de animales. *Ma*, padecerla. *Ica*, la causa. Es término de Zambales. Sinónomos *Gungo, Salot.*

TAPING. pc. Sucio en la cara que se llenó de tierra. *Natataping ang muc-ha napopono nang lupa.*

TAPINGI. pc. Apachurrado. *Tapingi ang olo*, cabeza apachurrada.

TAPIS. pp. Manta que traen las mugeres y las sirve de saya. *Mag*, ponérsela, traerla. *Vm*, ponerla á otra. *An*, á quien. Si mucho, *Pag-an.* pc. La manta traida, *In.* Si mucho, *Pag-in.* pc. Ser puesta á otra persona, *Y.* Si mucho, *Ipag.* pc. *Patapisan*, el que es vestido de otro, á quien le visten por afrenta.

TAPISAO. pc. Andar por cenagal, *Mag.* Por do, *Pagtapisauan.* Causa, ó el cuerpo del que anda ó el que es metido, ó salpicado, *Ipag.*

TAPIYOC. pc. Vide *Tapiloc.* pc. *Tampiloc.*

TAPNAC. pc. Lo mismo que *Tacnap.*

TAPÓ. pp. Causar efecto la medicina, *Vm.* En quien, *An.* Causa, *Y.* Sinónomos. *Capir Talab.*

TAPÓ. pp. Permanecer algo en el corazon, que jamás se olvida. *Tumapo sa loob co ang aral ni Ama*, no se me olvidará la doctrina de mi Padre. Tambien *Tumapo ang sumpa*, se cumplió la maldicion.

TAPOC. pp. Celada, emboscada, escondrijo. *Mag*, ponerla. *Y*, ser dispuesta. Si mucho, *Ipag.* pc. Lugar, ó por quien es, *An*, l. *Pag-an.* pc.

TAPOC. pp. Esconder algo por temor de peligro. De aqui, *Tumatapoc*, hacer ladronera, ó irse á los montes toda una familia.

TAPOCAN. pc. Lo mismo.

TAPOG. pp. Pescado á modo de aguja.

TAPON. pp. Arrojar algo, *Vm*, l. *Mag.* Lo que, *Y.* Si mucho, *Ipag.* pc. Á do, ó á quien, *An.* Si mucho, *Pag-an.* pc. Arrojarse dos mútuo. *Mag-an.* De aqui sale *Taponan.* pc. l. *Cataponan*, y es el cordel del anzuelo con que pescan.

TAPON. pp. Tender la red el pescador, *Vm.* Arrojar algo, *Mag.* Lo que arroja, *Y.* *Minsang itapon naholi co yaring isda*, le cogí de un lance.

TAPONLULAN. pp. Alijar el navío en tormenta. *Magtapon quita nang lulan*, alijemos. *Itapon ta ang lulanta*, alijemos nuestra carga.

TAPONG. pc. Derrama, contribucion, *Vm.* l. *Ma-*

qui. Lo que, *Y*. Si dos ó mas, *Mag*. Las cosas que, *Pag-in*.

TAPOS. pp. Fin, acabamiento como de tiempo, plática, y cosas asi sucesivas. *Vm*, dar fin á alguna obra. Si muy al cabo, *Mag*. pc. Irse acabando, *Ma*. Ser acabada, *In*, Si mucho, *Pag-in*. pc. Causa, *Ica*. *Taposan*, aquello á que se da fin. *Catapòsan*, pp. l. *Cataposan*. pc. Fin ó término. Sinónomos *Yari*, *otas*, *lohor*.

TAPOS. pc. Topar con lo que buscaba, *Naca*: Lo topado, *Na-an*.

TAPSAC. pc. Ruido de agua que cae de alto, *Vm*.

TAPSAC. pc. Salpicar el agua que cae de alto, (este es el propio) *Maca*. El salpicado, *Natatapsacan*.

TAPSAO. pc. Señal con golpe en el árbol, *Vm*. l. *Mag*. El árbol, *An*.

TAPSAO. pc. Saltar el cuchillo de la mano, por haber dado al soslayo, ó saltar las astillas, *Na*, l. *Napa*.

TAPSONG. pc. Atollarse, *Na*. Á otro, *Mag*. Á quien, *Y*.

TAPTAP. pc. Vide *Tabtab*.

TAPTAPAN. pp. Cáscara de coco como plato.

TAPULAO. pp. Echar á perder algo, labrándolo con hacha ó bolo, *Natatapulauan*.

TAPYA. pc. Llano, chato. *Ma*, estarlo. *Matapya*, cosa chata. Sinónomo *Lapya*.

TAPYAO. pc. Vide *Tipyao*, ó el siguiente.

TAPYAS. pc. Desbastar algo, *Vm*. Si mucho, *Magtatàpyas*. Lo que, *An*. Si mucho, *Pagtatapyasan*. Lo quitado, *In*. Si mucho, *Pagtatapyasin*. Con que, *Y*. Si mucho, *Ipagtatapyas*.

TAPYASIN. pp. Cocos pequeños, que cuando tiernos tienen la cáscara dulce y blanda.

TAQUÍ. pp. Escusas ó efugios que uno hace para escaparse de lo que le piden, *Mag*. Con que ó los efugios, *Ipag*. Sobre que, *Pag-an*.

TAQUIG. pc. Culebra de agua; es palabra de Marinduque.

TAQUIL. pp. Topar una cosa que es llevada en la mano con otra. *Nataquil yaring tongcor co sa cahoy*, topó mi báculo con el palo. Vide *Tangco*, con sus juegos.

TAQUILIS. pp. Palo santo de Filipinas. Sinónomo *Camagsataquilis*.

TAQUIN. pc. Sonido de la voz del perro que ladra lejos. *Vm*, ladrar asi. Si mucho, *Magtataquin*. *An*, á que. Si mucho, *Pagtataquinan*. Causa, *Y*. Sinónomo *Tahol*, *holhol*, *alolong*.

TAQUIN. pc. Poner cada cosa por sí, *Mag*. Las cosas que, *Pagtaquintaquinnin*.

TAQUINDI. pc. Saltar en un pie. *Vm*. l. *Mag*. l. *Manaquindi*. Vide su sinónomo *Hinlalay*.

TAQUIOM. pc. Recoger el arroz que está puesto al sol para molerlo, *In*.

TAQUIP. pc. Tapadera generaliter. *Vm*, ponerse uno como pantalla. *Mag*, taparse con manta, ó tapar con tapadera á otra cosa. *Tacpan*, ser tapado. *Cataquip*, tapadera. Sinónomos *Pinir*, *limib*.

TAQUIP. pc. Encerrarse. *Nataquip sa silid*, se encerró en su aposento. *Tacpan mo ang pinto*, cierra esa puerta. *Taquip nang bulaclac*, capullo de la flor. *Taquip nang lingui*, capullo del miembro viril. *Taquip sa muc-ha* velo. *Taquip sa Altar*, cortina. *Taquip sa dao*. tapaluz, antiparra.

TAQUIP. pc. Pescar con muchas bancas para coger en medio los peces. *Mag*. pescar asi. *Pagtacpan*, ser cogido, ó el lugar.

TAQUIPCOHOL. pc. Una yerba, cuyas hojas sirven para medicina en los ojos.

TAQUIPSOSO. pp. Lo mismo que el antecedente. Sinónomo *Hongothongot*.

TAQUIR. pp. Topar en algo con el pie por el empeine, á diferencia de *Tisor*. *Ma*. En que *Quinataquiran*. Causa, *Ica*. *Vm*, de propósito. *Ia*. ser golpeado asi. Si mucho, *Pag-in*. Con que, *Y*.

TAQUIR. pc. Hierro de saeta ó jara. *Nataquir co*, le herí con la jara. *In*, ser herido con ella.

TAQUIRAY. pp. Pezon de coco.

TAQUITAQUI. pp. Pensamiento, meditacion. *Mag*. pensar, meditar, *Ipag*, lo que. Sinónomos *Bala*. *dilirili*, *gonamgonam*, *acala*.

TAQUITAQUI. pp. Hablar por rodeos, diciendo á uno para que lo entienda otro. *Mag*. Por quien se dice, *Pagtaquitaquihan*. La causa. *Ipag*.

TAQUITAQUI. pp. Trastrocar las palabras ó letras de las dicciones, *Mag*. La causa ó las palabras, *Ipag*. Á quien, *Pag-han*. Sinónomos *Caui*, *tigbohol*.

TARÁ. pp. Goloso. Es palabra con que las mugeres llaman por cariño á los niños, golosos. *Vm*. irse haciendo, *In*, en que.

TARAC. pp. Estaca clavada en agua, ó rio. *Mag*, enclavar. Si mucho, *Mag*. pc. Á donde. *An*. Si mucho, *Pag-han*. pc. La estaca, *Y*. Si mucho, *Ipag*. pc.

TARAC. pp. Clavar los ojos, mirando de hito en hito, *Vm*, l. *Mag*. Los ojos, *Y*. Á quien, ó á donde, *An*. Estar clavados, *Ma*.

TARAC. pc. Camotes grandes.

TARAC. pc. Dar golpe con los pies enojado. *Tataractarac*. Lo mismo que *Tatalictalic*. pc. *Popolacpolac*. pc.

TARACAN. pc. Coco de la altura de un hombre. *Niog na taracan*.

TARAHAN. pp. Pedir algun regalo al que tiene boda, *Vm*, pedir por sí en persona. *Patarahan*, por otro, *An*. l. *Patarahanan*, á quien se dá. *Tinatarahan*, à quien se pide. El enviado, *Pa-an*. *Patarahan sa iyo itong cacanin*, esta comida os es enviada. *Tarahan*. l. *Tinatarahan namin itong cacanin*. pc. Este regalo nos es dado. De aqui sale el siguiente. *Tarahang galang*, pedir licencia para irse. *Aco,i, tumatarahang galang*, con licencia de vmd. me iré. *Tarahanang galang*, de quien. *Y*, la causa. Sinónomos *Pualam*, *pasanqtabi*. *Tarahaning galang co muna sa iyo iyang damit*, l. *Ipatarahang galang mo muna sa aquin*, pídote prestado, ó préstame el vestido, y no tiene mas uso en este sentido.

TARAMPOLA. pp. Berengenas silvestres.

TARANG. pc. Patear como el que pisa fuego, *Magtataranq*, l. *Tumarangtarang*, l. *Tatarangtarang*. Á quien ó á donde, *Tarangtarangan*,

l. *Pagtataranĝan*. Causa, *Itarangtarang*. Sinónomo *Parac*.

TARANG. pc. Reacio, perezoso. *Vm*, hacerse, duplicando la raiz. Lo que hace, *Y*. duplicando.

TARAO. pp. Vide *Tacdao*, *Tandao*.

TARAS. pc. Desenfado en el hablar. *Mataras na tauo*, persona asi. Vide *Tatas*, *salacata*.

TARAYTARAY. pp. Meneos del que camina. *Vm*, l. *Na*, l. *Tataraytaray*. Sinónomo *Talaytalay*.

TARHANÁ. pc. Secreto de algun negocio que se trata. *Vm*, tratar ó encomendarlo. Si mucho, *Magtatarhana*. Á quien, *An*. Lo que, ó causa, *Y*. Si mucho, *Ipagtatarhanà*. *Mag-an*, dos mútuo, *Aco,i, mey itatarhana sa iyo*, tengo que decirte en secreto.

TARHANÁ. pc. Prevenir á alguno de algo en secreto. *Vm*, hablar asi sin mirar lo que, *Ma*, atendiendo á lo que. *Y*, lo que. *An*, á quien.

TARÍ. pp. Navaja del gallo *Vm*, atársela, *Mag*. jugar á los gallos. *An*, el gallo á que le es puesta. Si mucho, *Pag-an*. pc. La navaja, *Y*. Si mucho, *Ipag*. pc. *Matarian*. pp. Ser herido con navaja.

TARÍ. pp. Sajar á lo largo, como á la sardina para salarla, *Vm*. Si mucho, *Mag*. pc. El pescado, *In*. Si mucho, *Pag-in*. pc. Con que, *Y*. Si mucho, *Ipag*. pc.

TARIC. pp. l. *Taric*. pc. Empinado. *Vm*, salir asi sin querer. *Mag*, empinar algo. *Nagpapataric*, sacarlo asi desde el principio. *Cataricon*, abstracto. pp. Sinónomos *Taliric*, *tibong*, *taybong*.

TARITARÍ. pc. Hablar mucho, destruyendo honra agena, *Vm*. La honra, *In*. La persona, *An*. Lengua ó palabras, *Y*.

TARLA. pc. Holgarse del mal ageno. *Natarlahan ca*, bien te ha sabido. Es lo mismo que *Naynaman*.

TARLAC. pc. Zacate. á modo de cañas dulces.

TARLAC. pc. Lo mismo que *Tarloc*.

TARLIC. pc. Matar piojos en la cabeza, *Vm*, l. *Mag*. Ser muertos, *In*, l. *Y*.

TARLOC. pc. Sacar alguna poca cosa de licor. *Vm*, l. *Man*. Lo que, *In*. *Mag*, echarlo en otra vasija.

TARLONG. pc. Estar debajo de sombra, *Naturlonĝan*. Activo, *Nacatatarlong*.

TARO. pc. Calmar el viento; *Vm*. Á quien, *Han*. Calma, *Pagtaro*.

TARO. pc. Lo mismo que *Hayag*, pero con la negativa siempre. *Hindi taro*, quiere decir, *Hayag na*.

TAROC. pc. Sondar el agua, *Vm*. Con algo, *Mag*. Ser sondada, *An*. Si por muchas partes, *Pagtatarocan*. Con que, *Y*. Si mucho, *Ipagtataroc*. *Vm*, l. *Maca*, alcanzar al fondo la sonda.

TAROL. pp. Medir la tinaja, metiendo algun palo, *Vm*. Si mucho, *Mag*. pc. La vasija, *In*. l. *An*. Si mucho, *Pag-an*. pc. l. *Pag-in*. pc. Con que, *Y*. Si mucho. *Ipag*. pc. Por la de *Vm*, y *Man*, tomar la medida. Por la de *Mag*, mira el instrumento con que.

TAROS. pc. Provecho. Solo se usa con negativa. *Ualang taros*, sin provecho; y no tiene mas uso.

TAROS. pc. *Tarostaros*, lo mismo que *Tataboytabog*.

TAROTARO. pc. Palabra con que llamaban á las Catalonas en sus angustias; y asi en temblando, decian, *Tarotaro*, y aun no falta quien hasta ahora lo diga.

TARTAR. pc. Picar carne ó pescado, *Vm*, l. *Mag*. Lo que, *In*. *Tartaran*, pp. Tajon. *Tinartar*, picadillo. *Nagtatartar nang panĝunĝusap*, habla mucho.

TARYAC. pc. Coz ó patada. *Vm*, cocear. Si mucho, *Magtataryac*. Lo que, *Taryacan*. Si muchas veces, *Pagtataryacan*. Con que, *Y*. Si mucho, *Ipagtataryac*. Sinónomos *Tindac*, *sicad*.

TARYAC. pc. Huella, *Taryac nang paa*.

TARYANG. pc. Costilla. *Nagtataryanĝan*, quedar en puros huesos.

TARYANG ANUANG. pc. Plátanos grandes.

TARYAO. pc. Tinaja de China, ó de Borney labrada.

TARYAR. pc. Hurgar las cuebas en los rios para sacar lo que hay dentro, ó ver su hondura, *Mag*. Lo que, *In*. Con que, *Y*. Donde, *An*.

TARYOC. pc. Plumage, penacho, ó coroza.

TASAC. pc. Estocada, Puñalada ó lanzada. *Vm*, l. *Mag*, herir asi. *In*, á quien. *Ma*, l. *Magca*, estar herido. *Nagcatatasactasac*, cuando son muchas. Sinónomos *Tabà*, *sagsag*, *salasa*.

TASAC. pp. Rotura de ropa. *Natasác ang baro mo*, se rompió tu camisa. Si con muchas roturas, *Nagcatasactasac*. Ser roto, *Pagtasactasaquin*. Sinónomo *Bihay*, *gauac*, *lasi*.

TASIC. pp. Agua salada, pasada por arena para hacer sal. *Mag*, pasarla por arena. *In*, ser pasada. *Y*, ser colada asi para legía, ó para hacer sal. *Pagtasican*, donde se recoge y destila. *Ipag*, ser tomada de la mar.

TASIC. pp. Empaparse la sal en la carne, *Na*. hacer que se empape, *Magpa*. Ser hecho, *Pina*.

TASOC. pp. Cuña ó tarugo. *Mag*, ponerlo, *An*, á donde. Si mucho, *Pag-an*. pc. El tarugo, *Y*. Si mucho, *Ipag*. pc.

TASTAS. pc. Descoser, *Vm*, l. *Mag*. Lo que, *Tastasin*. De á do, *Tastasan*. Con que, *Y*. Sinónomo *Laslas*.

TATA. pc. Chillido del raton. *Vm*, chillar. Si mucho, *Magtatata*. Lugar, ó ante quien, *Han*.

TATA. pp. Partir señalando, como cuando se parte la cáscara del coco para hacer de ella vaso en que beber, *Vm*. Si mucho, *Mag*. pc. Lo que, *An*. Si mucho, *Pagtataan*. pc. Con que, *Y*. Si mucho, *Ipag*. pc.

TATA. pp Árbol muy señalado con cortaduras. *Cahoy na tinataan*.

TATAC. pc. Cortar metal, *Vm*. Lo que, *In*. De á donde, *An*. Con que, *Y*. Sobre que. *Pagtatatacan*.

TATACAN BISLIG. pc. Durísimo. Sale de *Tatac* y *Bislig*, es oro muy duro. *Tatacanbislig mandin ang loob mo*, tienes muy duro el corazon.

TATACTATAC. pc. Pedacillos de metal.

TATAG. pp. Poner en órden. *Vm*, ponerse. *Y*. lo que. Si mucho, *Ipag*. pc. *Na*, estarlo.

TATAG. pc. Cosa tiesa y derecha sin menearse

Vm, irse poniendo asi, *Magpaca*, asentar, ó ponerse uno bien. *Mag*, poner otra cosa asi. *Paca-in*, lo puesto. *Matatag na bangca*, segura, no celosa.

TATAGAN. pc. Cañuto en que guardan la cal para el buyo.

TATAG-OCAN. pc. Nuez del gaznate.

TATAL. pp. Astilla.

TATAMPAL. pc. Camarones que se crian en la orilla del agua.

TATAP. pp. Inquirir, ó buscar lo que falta, *Vm*. Lo que, *In*. Si mucho. *Pagtatapin*, pc. Nombre. *Matatap na tauo*. Sinónomos *Talastas*, *tanto*.

TATAP. pp. Paga, ó, derechos en poca cantidad. *Mag*, l. *Magpa*, darlos, *An*, l. *Pag-an*, á quien.

TATAR. pp. Gusano largo y grueso como un dedo, *Tatartataran*, una comidilla de masa en figura de gusano.

TATAS. pc. Hábil, entendido. *Matatas na tauo*, hombre tal.

TATAS. pc. Salir bien la labor, ó bordadura, *Vm*, *matatas na guhit*, *solam*, *sulat*. *matatas mangosap*, agudo en hablar.

TATAO. pc. Muñeca, idólillo. Sinónomo *Tuotauohan*.

TATI. pp. Caca de niños. Esta palabra dicen para proveerse, y la madre les dice *Tatiin mo*.

TATIYAO. pp. Gallo destinado para andar con las gallinas. *Tatatiyauin co itong sasabongin*, destinaré este gallo para las gallinas.

TATLO, l. TATLU. pc. Tres en número. *Pagtatlohin*, l. *Pagcatloin*, dividir en tres. *Catloan*, añadir uno á dos para que sean tres. *Nagcaca*, hacer entre tres. *Naymamacatlohan*, trabajar cada tercer dia mútuo, *Macatlo*, al tercer dia que vendrá. *Camacatlo*, al tercer dia que pasó. *Tigatlo*, á cada uno tres.

TATUA. pc. Negar, *Vm*, Si mucho, *Magtatatua*. Lo que, *Y*. Si mucho, *Ipagtatatua*. A quien, *Tatuan*. Si mucho, *Pagtatauaan*. *Mag-an*, dos mútuo. Nombre, *Matatuain*.

TATUA. pc. Reñir de palabra. *Maqui*, uno con otro. *Paquitatuain*, con quien. *Pagtatuaan*, sobre que. *Ipag*, la causa. *Mag*, los dos. *Catatua*, el contrario, Nombre. *Mapag*, dos que siempre riñen. *Mapaquitatua*, uno que siempre riñe con otro. Sinónomos *Auay*, *talo*, *singa*.

TAUA. pp. Risa. *Vm*, reir. Si mucho, *Tataua nang tatawa*. *Mag*, dos ó tres. Si mas, *Mangag*. Tambien *Mag*. pc. Reirse mucho. *Tauanan*, de que, ó de quien. Si de muchos, *Pagtauanan*. pc. Causa, *Y*. Si mucho, *Ipag*. pc. *Cataua*. pc. Compañero en reir. *Catauatauang maquita*, causa risa el verle. *Maca*, l. *Magpa*, causar risa Nombre, *Matauanin*. pc.

TAUAC. pc. Saludador, hechicero, de quien creen que cura con su saliva. *Vm*, sanar, ó curar. *In*, á quien. Si mucho, *Pagtatauaquin*. Con que, ó causa, *Y*. *Naca*, causar sanidad.

TAUAC. pc. Anchura del mar, pero con negativa. *Di matauac ang dagat*, ancho. Si mucho, *Di matauactauac*.

TAUAG. pp. Llamar, *Vm*. Si mucho, *Mag*, pc. *In*, ser llamado. *Pag-in*. pc. Si mucho. Nombre, con que, ó causa, *Y*. Si mucho, *Ipag*. pc. El que es llamado para darle algo, *Tauagan*. *Tauagan mo siya nang isda*, llámale para darle pescado. *Tauagan*, modo de llamar, poniéndose nombres. v. g. *Casampaga*. *Tumauagtauaguin*, llamar unos á otros convocando. *Tauaguin*. pc. El que es de ordinario llamado.

TAUAG. pp. Pregonar, amonestar, *Mag*. pp. Lo que, *Ipag*. A quienes, *Pag-an*. pp.

TAUAL. pp. Curar con ensalmos *Vm*. Si mucho, *Mag*. pc. *In*, á quien, Si mucho, *Pag-in*. pc. Con que, *Y*. Si mucho, *Ipag*. pc. Sinónomos *Hopa*, *sapa*.

TAUAL. pp. Curar con yerba la picadura de culebra, *Vm*. A quien, *In*. La yerba, *Y*. *Napa*, pedir que le curen.

TAUAL. pp. Retenida de cordel. *Itaual mo iyang cahoy*, pónle retenida.

TAUAL. pc. Paradero ó descanso. Sinónomo, *Bitangan*.

TAUAR. pp. Perdon. *Vm*, pedirlo. Si mucho, *Mag*. pc. A quien, *An*. Si mucho, *Pag-an*. pc. Aquello por que, *Y*. Si mucho, *Ipag*. pc. *Mag*, y mejor *Mag-an*. pc. Pedirse perdon dos mútuo.

TAUAR. pp. Remision. *Magpatauar*, perdonar. *Pa-in*, á quien. *Ipa*, lo que. *Magpa-an*, dos mútuo.

TAUAR. pp. Regatear. *Vm*, l. *Maqui*, uno á otro. *Mag*, concertarse los dos. *An*, lo regateado. Si mucho, *Pag-an*. pc. Sinónomo *Tongo*.

TAUAS. pp. Piedra alumbre.

TAUAS. pc. Librarse de algun mal, *Maca*. Vide *Taluas*, *talauas*, *taliuacas*, con sus juegos.

TAUAY. pc. Lejos como un tiro de arma, *Vm*, tirar de lejos. *In*, á lo que. Si mucho, *Pagtatauayin*. Con que, *Y*. Si mucho, *Ipagtatauay*. *Mag-an*, dos mútuo.

TAUIG. pc. Puntas enfrente una de otra, *Magcatauig*, palabra de la Laguna, que solo se usa allí.

TAUIL. pp. Menéarse lo que está en alto, *Vm*, Si mucho, *Tatauiltauil*.

TAUING. pp. Raiz del árbol *Bacauang*. Sinónomo *Cauat*.

TAUING. pp. Lo mismo que *Timba*.

TAUING. pp. Vacía con que sacan agua.

TAUING. pc. Bambalearse. Vide *Lauing*, *Uinguing*, con sus juegos.

TAUIR. pc. Atravesar por rio ó mar, *Vm*, Si mucho, *Magtatauir*. *Mag*, pasar algo á la otra banda. *Y*, lo que ó causa. Si mucho, *Ipagtatauid*. *An*, l. *Pag-an*. pc. La embarcacion ó rio en que. *In*, la parte del rio por donde se pasa, ó aquello porque se va, ó el mismo rio. Si mucho, *Pagtatauirin*. *Tauiran*, l. *Tatauiran*. pp. La embarcacion para eso, ó lugar por donde. Nombre, *Magtatauir*. pc.

TAUO. pp. Hombre. *Tauotauohan*, l. *Tauotauo*, l. *Tau*. pc. Figura de él. *Mey tauo aco*, tengo huesped. *Magca*, tenerlos, ó haber hombres.

TAUO. pp. Convidar, *Mag*. pc. Ser convidado,

Hin. pc. Causa ó con que, *Ipag*. pc. Lugar, *Pag-han*. pc. *Tauo tauo ang paghahain*, quiere decir que sean divididas las viandas en platos á cada uno. Lo mismo *Tauotauohin*. pc. *ang paghahain*. *Patauohan*. pp. Cosa que se manda guardar.

TAUO. pp. Gente. *Mey tauo sa Simbahan*, hay gente en la Iglesia. *Ualang tauo sa bayan*, no hay gente en el pueblo. *Hindi aco inaring tauo*, l. *Hindi aco pinapaguintauo*, no hizo caso de mí. *Catauo*, uno solo. *Sa catacatauo*. á cada persona de por sí. *Catauohan*. pp. Humanidad. *Tauo ca*, l. *Ang tauong ito*, lo dicen por desprecio, cuando riñen con otro. *Tauo sa bayan*, hombre de corte. *Tauo saramo*, silvestre, salvage. *Quinatauohan*, costumbre ó uso de algun hombre, ó de todos en comun. *Catauan*, es síncopa de *Catauohan*.

TAUO. pp. Acertar de medio á medio con algun arma, *Vm*.

TAUOL. pp. Una enfermedad de hinchazon ó tabardillo. *Tinatauol*, á quien da, l. *Ma*, padecerla.

TAUON. pp. Lo mismo que el antecedente.

TAUOTAUO. pp. Atar ó coser la nipa: solo se usa en pasiva. *Tauotauohin ang pagaatip*, sean atadas todas.

TAY. pp. Escremento. *Vm*, escretar. Si mucho, *Mag*. pc. Acaso, *Ma*. El escremento, *Y*. Si mucho, *Ipag*. pc. A donde, *An* Si mucho, *Pag-an*. pc. *Nagcacun*, ensuciarse de repente. *Magpa*, coger almejas metidas en el lodo en baja mar.

TAYA. pp. Probar tanteando el peso ó medida. *Pagtayatayahin*, ser tanteado. No tiene mas uso.

TAYA. pc. Curar el barro, cociéndolo en agua. *Mag*, cocerlo. *Tayahin*, lo que. *Han*, dondé.

TAYÁ. pc. Parar, como trompo ó pantorrilla para que den en ella, como zancadilla. *Mag*, poner alguna cosa así, para que la tiren. *Ma*, estar puesta. *Y*, ser puesta. Si mucho, *Ipagtataya*, Lugar. *Pag-an*.

TAYÁ. pc. Asentar bien algo, *Mag*. Lo que. *Y*. Estarlo, *Ma*. *Ang pinagtatay-an nang sanglibutang bayan, ay ang bagsic nang Dios*, estriba el mundo en el poder de Dios.

TAYABOTAB. pp. Tierra húmeda, blanda y fofa, *Tayabotab na' lupa*.

TAYAC. pp Gota de licor caida en el suelo. *Vm*, gotear. Si mucho, *Mag*. pc. Si mas, *Tatayactayac*. Acaso, *Ma*. De propósito, *Y*. Si mucho, *Mag*. pc. Á donde, *An*. Si mucho, *Pag-an*. pc. *Patayacan mo*, pringalo. *Catayac*, una gota. Cuadra al salírsele á uno la saliba, ó ensuciarse, *Vm*, l. *Mag*. Refran.

Ang catacatayac,
sucat macapagcati nang dagat.

Muchos pocos hacen un mucho.

TAYACAR. pc. Zancos de caña en que andan los diestros en el juego. Vide su sinónomo *Sayupang*.

TAYACAR. pp. Quitasol hecho de tres cañas ó palos. *Mag*, usar de él. *An*, lo cubierto, *Ipag*, la causa.

TAYACAO. pc. Caracol.

TAYAD. pp. Punta roma. *Vm*, l. *Mag*, sacar punta roma, aguzar así. *An*, á lo que. *Y*, con que. *Matayad*, cosa así.

TAYAG. pp. Descubrir lo que lleva para que lo compren, *Vm*. Lo que, *Y*. Á quien, *An*. Sinónomo *Tanyag*.

TAYAMOTAN. pp. Basura, mondaduras de bejuco.

TAYAMTAM. pc. Secar hojas al sol, *Ma*. El sol, *Naca*, l. *Ioa*. Donde, *Cu-an*. *Magpa*, ponerlas á secar. *Ipa*, lo que.

TAYANGCAR. pc. Zancudo. *Matayangcar na tauo*, persona tal. Sinónomos *Tangcar*, *dangcao*, *talangcar*.

TAYANGTANG. pc. Lo mismo que *Tayantam*; pero mas usado es este *Tayangtang*.

TAYANIG. pp. Ruido no muy recio del que anda, golpea ó menea algo, *Vm*. Si mucho, *Magtatayaning*, l. *Tatayatayanig*.

TAYAP. pc. Lo mismo que *Tulis* y *Tilos*. Vide.

TAYARAC. pc. Hombre muy grande. *Tayarac nang tayarac ang tauong ito*, muy grande es este hombre.

TAYBONG. pc. Empinado. *Ma*. estarlo. *Pacataibongin*, ser hecho así. Mas usado es *Tibong*. Aplícase al sombrero de copa alta.

TAYCTIC. pc. Vide *Talictic*.

TAYCTIC. pc Aturdir á uno con golpes. *Nataytic aco nang iyong paglalacar*, me aturdes con tus caminadas.

TAIGTIG. pc. Estremecerse la tierra por trueno ó artillería, *Na*. *Ang lupa tinaigtig nang colog*.

TAYIN. pp. Parar, como trompo ó pantorrilla, *Vm*, l. *Mag*. Lo que, *Y*. Vide su sinónomo *Taya*.

TAINGA. pp. Oreja ó asa. *Manainga*, aplicar el oido. *Panaingahan*, ser oido. *Houag cang magtaingahan*, no pongas atencion, no tengas grandes orejas ni creederas. *Ipanainga*, con que, ó causa. *Mey tainga ang lupa*, no te oiga alguno, que tambien oye la tierra.

TAINGA. pp. Hincharse la uña por un lado, criar materia, *Manainga*. La uña, *Panaingahan*. La causa, *Ipanainga*.

TAINGA. pp. Padrastro de las uñas. *Nananainga*, criarle. *Pinananaingahan*, lugar donde. *Ipanainga*, causa.

TAINGANG BABUY. pp. Yerba.

TAINGANG DAGÁ. pp. Yerba. Sinónomo. *Sosocoyoli*.

TAYP. pp. Costura. Vide *Tagni*, con sus juegos, escepto el acento que, *Tayp*, siempre es pp.

TAI YS. pp. Afilar cuchillo para hacer tuba. *Vm*, l. *Mag*. El cuchillo, *Y*. El palo en que, *Pagan*. Tambien se llama *Tai ysan*.

TAINIG, pc. l. *Taynag*. pc. Vide *Tayani*, con sus juegos.

TAYO. pp. Nominativo del plural del pronombre nosotros, que se usa cuando se quiere incluir aquel con quien hablamos.

TAYO. pc. Estar en hiesto y derecho. *Vm*, estar así, si es viviente. *Ma*, si no lo es. *Mag*, poner algo así. *Y*, l. *Ipa*, lo què. Si mucho, *Ipagtatayo*. *An*, l. *Pag-an*, á donde. Si mucho, *Pagtatayoan*. *Tay-an*. lugar. *Si tatayo*, estar hecho un bausan. *Mag-an*, dos parados enfrente. Nombre, *Matayoin*. pp.

TAYOAN. pc. Quicio.

TAYOBAY. pp. Vide *Tayubay*.

TAYOBAC. pc. Pájaro verde de pico amarillo.

TAYOBASI. pp. Limaduras, ó lo que salta del hierro cuando lo labran. Tambien *Tayobasing cahoy*, leña que por muy húmeda no enciende bien.

TAYOC. pc. Estarse parado mano sobre mano. *Tatayoctayoc lamang*. Mas usado es *Tayog*, vide.

TAYOCOD. pp. Horquilla. *Mag*, poner en ella lo que llevan. *An*, lo que. La horquilla, *Y*. Vide *Talocod*, que es el usado.

TAYOG. pc. Flojo en el obrar. *Vm*, parar en el trabajo. Si mucho, *Magtatayog*. En que, *An*. Si mucho, *Tinatayogtayogan*. La causa, *Y*. *Itinatayog lamang ang catauan diyan sa gaua*. no hace mas que estar en hiesto como abobado.

TAYOCTOC. pc. Enfadarse de algo. *Naca*, causar enfado. *Nagcaca*, estar asi. *Pagcacatayoctoc sa aquin ang pagsasaca*, enfadado estoy de la sementera.

TAYOCTOG. pc. Lomo ó espinazo de animal.

TAYOM. pp. Añil. *Vm*, l. *Mag*, teñir. Si mucho, *Mag*. pc. *In*, lo que. Si mucho, *Pag-in*, pc. Con que, *Y*. Si mucho, *Ipag*. pc. Lugar ó yerba con que, *Pag-an*. *Mananayong*. pp. Nombre.

TAYOMAN. pc. Tina en que tiñen con el añil. Sale de *Tayom*.

TAYOMAN. pc. Añil silvestre.

TAYOMTAYOMAN. pp. Yerba con que tiñen de negro.

TAYON. pp. Mecer. *Vm*, así mismo. *Mag*, á otro. Lo que, *Y*.

TAYON. pp. Suspender la obra, *Vm*, l. *Mag*, *sa gaua*. A quienes, *Patayonin*. Lo suspendido, *Y*. *Ma*, estar parado.

TAYONÁ. pc. Cañuto grande para guardar vino ó vinagre.

TAYONAN. pc. Cuna de bejuco colgada. *Mag*, tenerla. *Ipag*, ser echado en ella. *Mag*, columpiarse en ella, ó á otro. *Ipag*, á quien.

TAYONCOD. pc. l. *Tayongcod*. Estrivar en báculo, *Mag*, l. *Nananayoncod*. Con que, *Ipag*, l. *Ipinananayongcod*.

TAYONG. pp. Cesar en la obra. Vide *Tayon*, su sinónomo.

TAYONGO. pp. Tierra con cierto género de carrizales. *Lupang matayongo*.

TAYOP. pc. Dicen los muchachos en lugar de *Talop*, mondar.

TAYORÍ. pp. Punta, que cuelgan en el *Potong*. *Magpa*, hacer que cuelgue. *Papagtayoriin*, lo que.

TAYORTOR. pc. Lomo. Sinónomo *Gologor*.

TAYOS. pp. Vide *Tilos*.

TAYOS. pp. Alisar, *Mag*. Lo que, *An*.

TAYOTAY. pc. Canto ó verso, ó *Talinhagá*. *Si Pedro con mangosap, ay maraming tayotay*, cuando habla Pedro, ingiere muchos versos.

TAYOTÓ. pc. Podrirse la madera, *Na*. Causa, *Naca* l. *Ica*.

TAYOTO. pp. Yerba asi llamada.

TAYOCANAC. pc. Y se sincopa. *Tayunac*. caña sin espina.

TAYPO. pc. Quebrarse la punta del espolon del gallo, *Nataipoan ang tahir nang sasabongin*.

TAYRANG. pc. Tranco para pasar algo. *Mag*, dar un tranco. *In*, ser pasado de un tranco.

TAYROC. pc. Sondar, *Vm*. l. *Mag*. El agua, *An*. Vide *Taroc*.

TAYROC. pc. l. *Patayroc*. Lo mismo que *Tayori*.

TAYTAY. pp. Pasar como por puente de una caña, *Vm*. Llevar algo así, *Mag*. *Nananaytay*.

TAYOBAY. pp. Ahumar carne o pescado que no se sala, *Mag*. La carne, *In*.

T antes de I.

TIAB. pc. Muescas ó trechos en los árboles para poder subir por ellos. *Vm*, l. *Mag*. hacerlos. *An*, donde. Si mucho, *Pag-an*. pc. Con que, *Y*. Y generalmente cualquiera señal en el árbol.

TIAC. pp. Dar en el punto. *Natiacan*, l. *Napatiacan*, á quien acaso. *Tiniacan*, l. *Pinatiacan*, de propósito.

TIAC. pp. Cazar con perros, *Vm*. Lo cazado, *In*. Lo cogido ya, *Na-an*. Si mucho, *Mag*. pc. Para quien ó con que, *Y*. Donde, *An*. Ordinariamente, *Naniniac*. Con que, *Ipaniac*. Los que, *Pinaniniac*. Lugar, *Pinaniniacan*. Cazador asi, *Maniniac*. *Napatitiac sa gubat*, meterse en la espesura del monte.

TIAGÁ. pc. Vide *Tagal*, con sus juegos. *Tiagang tauo*, hombre de teson.

TIAL. pc. Vide *Tiar*.

TIAN. pp. Gritar el venado, *Naninian*. Donde, *An*.

TIANAC. pp. Trazgo ó duende. Vide *Patianac*.

TIAP. pc. Amigo. *Nagcaca*, trabar amistad. *Ipagcaca*, ser admitido á ella. *Catiap*, uno de los dos.

TIAR. pc. Andar en puntillas, *Vm*. Si mucho, *Magtitiar*, l. *Titiartiar*. Por donde, *An*. Con que ó causa, *Y*.

TIAR. pc. Cuchillo pequeño de cabo largo.

TIAY. pp. Vide *Tiar*, que es mas usado.

TIBÁ. pp. Tasar, decir á buen ojo. *Magcanong tiba mo dito sa palay na ito?* que tasa pusiste á este arroz? *Hindi co matibaan*, no lo puedo tasar.

TIBA. pc. Cortar el árbol de plátano, para coger el racimo, *Vm*. Si mucho, *Magtitiba*. Lo cortado, *Tib-in*. Si mucho, *Pagtitib-in*. Con que, *Y*. Si mucho, *ipagtitiba*.

TIBABAL. pp. Nanca que tiene hollo y no crece. *Matibabal na catao-an*, cuerpo de mucha carne.

TIBAC. pp. Hinchazon de pantorrillas. *Magca*, l. *In*, tenerla asi. *Ipagca*, la causa. Nombre, *Tibaquin*. pp.

TIBAG. pc. Desmoronarse la tierra, derribarse las piedras. *Vm*, l. *Mag*, derribar. Si mucho, *Magtitibag*. Lo que, *In*. Si mucho, *Pagtitibaguin*. Con que, *Y*. Si mucho, *Ipagtitibag*. De á donde, *An*. Si mucho, *Paglitibagan*. Frecuent. *Manibag*. *Ma*, desmoronarse. *Panibag*. pc. Mazo.

TIBALAN. pp. Vide *Tabal*.

TIBALAO. pp. Yerba con que emborrachan al pescado. *Mag*, pescar con ella. *In*, ser muerto con ella.

TIBALAY. pc. Juego de tejo.

TIBALBAL. pc. Gordinflon. *Matibalbal*, l. *Tibalbaling tauo*, hombre así.

TIBALBALIN. pp. Pesado por muy gordo. *Tibalbaling tauo*.

TIBANI. pc. Lo mismo que *Tibari*.

TIBALYAO. pc. Noticia cierta. *Tibalyao na balita*.

TIBANI. pc. Enlabiar, *Vm*, l. *Mag*. Á quien, *Hin*. *Houag mo acong tibanihin*, no me enlabies. *Matibani*, cosa dudosa. *Tibani mandin iyang uica mo*, es duduso lo que dices.

TIBANI. pc. Afirmar por cierto lo que no lo es. *Mag*. Ser hecho, *In*. *Patibani*, l. *Magpatibani*, dejarse engañar.

TIBARBAR. pc. Noticia falsa. *Tibarbar na balita*. Vide *Talibarbar*.

TIBARÍ. pc. Engañar con palabras dobladas, *Mag*. Á quien, *Pagtibarian*. Con que ó causa, *Ipag*. *Napagtibarian aco*, fuí engañado.

TIBARÍ. pp. Hablar tan apriesa, que no se entiende. *Nagtitibari*.

TIBATIB. pc. Yerba de hojas grandes, cuya raiz es á modo de *Tugui*.

TIBATIB. pp. Viruelas negras y mortales; otros dicen *Malatibatib*, por semejante á esta yerba. *Naninibatib ang lauay*, se le cae la baba. Metáfora.

TIBAY. pp. Fuerte, recio. *Vm*, irse poniendo tal. *Mag*, fortalecer. *In*, si es accion. *An*, si es cosa. Si mucho, *Pag-in*. pc. l. *Pag-an*. pc. Con que, *Ipag*. Si mucho, *Ipag*. pc. *Catibayan*. pp. Abstracto. *Matibay*, fuerte, recio.

TIBAY. pp. Estrivar, *Naninibay*. Donde, *Pinaninibayan*.

TIBI. pc. Estitiquez. *Mag*, estar estreñido. l. *Tibhin*. Si mucho, *Paglitibhin*. *Ica*, la causa.

TIBIG. pc. Fruta silvestre como higos.

TIBLAOG. pc. Lo mismo que *Tiglaob*.

TIBO. pp. Espina ó aguijon, que tiene la raya ó el candole, cuya herida suele matar. *In*, ser picado. *Ma*, acaso. Causa, *Ica*.

TIBOBOS. pp. Verdadero, puro, fino. Sinónomos *Pusacal*, *busabus*, *tunay*, *lubos*, *totoo*. De aqui *iihao mong tibobos*, l. *Iihao mong itibobos yaring isda*, ásalo entero sin quitarle nada. Donde, *An*. Activa, *Mag*.

TIBOC. pc. Respirar del agonizante, *Vm*, l. *Titiboctiboc*, tambien *itinitiboc*.

TIBOC. pc. Pulsar, pulso, *Vm*. Donde, *An*.

TIBOG. pp. Espantar, ojear, *Vm*. Á lo que, *In*. *Ma*, alterarse huyéndose. *Natibog ang manğa tauo*, se alteraron. *Naca*, l. *Ica*, la causa.

TIBOLI. pp. Lagarto. *Catibolihan*, l. *Matiboli*, lugar de muchos.

TIBOLI. pc. Limones grandes. Vide tambien *Timbolir*.

TIBONG. pp. Empinado. *Matibong na bobong*, tejado empinado. *Pacatibonğin*, ser hecho asi.

TIBOS. pc. Caña dulce.

TIBOR. pc. Esperma. Vide *Tobor*. Nunquan convenit uti hoc verbo.

TIBTIB. pc. Punta de caña dulce, que se siembra.

TIBTIB. pc. Henderse cosa de barro, *Ma*. Hendidura, *Tibtib*, l. *Catibtiban*.

TIBYAYONG. pc. Calabaza blanca ó condol. Sinónomo *Sicot*. pc.

TIBYOG. pc. Cañitas delgadas.

TIBYONG. pc. Lo mismo que el antecedente.

TIBYONG. pc. Golpear el agua para que acuda el pez. *Mag*. En donde, *An*.

TICA. pp. Propósito, intencion. *Mag*, tenerla. *Hin*, de que. *Pag-han*, lugar, ó á quien se hace, ó sobre que. *Tinitica cong maquita*, tengo intencion de verlo. *Ipag*, la causa. *Napagticahan co yaon*, túbelo en propósito.

TICA. pp. Pájaro de pies largos y pico amarillo.

TICA. pp. Hojas de unas como alcachofas. *Para cang tica*, *ticain ca*, se dice del hombre largo y flaco.

TICA. pc. Cojear Vide su sinónomo *Tiar*.

TICAL. pp. Palma silvestre. *Mag*, tapar con ellas la casa: *An*, lo tapado. Si mucho, *Pagan*. pc. Con que, *Y*. Si mucho, *Ipag*. pc. Sinónomo *Anahao*.

TICAL. pc. Cansancio de camino. *Tinicalan*, estar entumecidas las pantorrillas ó muslos de haber andado mucho. Sinónomos *Nğalay*, *Nğalo*.

TICANG. pc. Cesar, aflojar en lo que antes hacía, *Vm*. La obra en que, *An*, l. *Quinaticanğan*.

TICANG. pp. Abrirse las junturas de las tablas. *Vm*, irse abriendo. *In*, ser abierto. *Na*, estarlo. Mas usado es *Tingcang*.

TICAP. pc. Menearse el pez dentro del agua, parece que con el sol relumbra, *Vm*. Si mucho, *Nagtiticap*, l. *Nagticapticap*. La causa, *Y*. La agua á do, *An*. Sinónomo *Quitap*. *Titicapticap ang ningas*, se dice de la luz que ya se apaga. Tambien del que ya se muere boqueando.

TICAS. pp. Talle traza, ó disposicion. *Magandang ticas*, de bello talle.

TICAS. pp. Claridad del cielo. *Maganda ang ticas nang lanğit*, *malinao ang lanğit*.

TICASTICAS. pp. Yerba, cuya fruta sirve para rosarios.

TICATIC. pc. Lluvia mansa y prolija. *Mag*, llover asi. *Ipag*, la causa.

TICATIC. pc. Hacer algo sin parar, pero despacio, *Vm*, l. *Mag*. Lo que, *In*.

TICATIC. pc. Coger arroz de espiga en espiga, *Mag*. El arroz, *In*. El cesto en que se hecha, *An*.

TICAYÁ. pp. Lo mismo que *Caya*. pp. Pero es mas elegante *Ticayà*.

TICAYÁ. pc. Convalecer, hacer algo el enfermo ó flaco, *Mag*. Doblando la raiz, l. *Titicaticayà*. Lo que, *Pa-in*.

TICDAS. pc. Sarampion, *In*, tenerlo.

TICHA. pc. Lo mismo que *Pacsà*. Es muy usado de los poetas.

TICLAB. pc. Vide *Ticlac*.

TICLAOB. pc. Boca abajo. *Vm*, ponerlo asi. *Napapa*, estarlo. *Y*, l. *Pina*, lo que.

TICLAP. pc. Despellejar, *Vm*. Si mucho, *Magtiticlap*. La cáscara, *In*. Si muchos, *Pagtiticlapin*. De á do, *An*. Si mucho, *Pagtiticlapan*. Con que, *Y*. Si mucho, *Ipag*. Sinónomo *Bacbac*.

TICLAS. pc. Vide *Ticdas*.

TICLAS. pc. Consumirsè algun monton, *Vm*. Lo que, *In*. Donde, *An*. Con que, *Y*.

TICLING. pc. Pájaro asi llamado, bien conocido.

TICLIS. pc. Cesto grande de *buli*, para guardar arroz.

TICLOHOR. pc. Arrodillarse, *Vm*, l. *Maniclohor*, de propósito. Si mucho, *Magtiticlohor*, l. *Magpaniclohor*. Acaso, *Ma*, l. *Mapaticlohor*. Donde ó á quien, *An*, l. *Paniclohoran*. Si muchos, *Pagpapaniclohoran*. Con que, *Y*, l. *Ipaniclohor*. Causa de caer asi, *Icapaticlohor*. Sinónomo *Lohor*.

TICLOP. pc. Doblar como ropa, *Vm*, l. *Mag*. *In*, lo que. *Y*, con que. *Ma*, doblarse. *Magca*, estar dos cosas dobladas una con otra. *Nagcatiticlopticlop*, una cosa con muchos dobleces.

TICMA. pc. Muescas en la palma para subir por ella. *Ticmaan mo iyang niog*. De aqui *Ticmaan mo iyang melon*, cala y cata ese melon.

TICMA. pc. En la contracosta significa concluir negocio, y segun otros lo mismo que *Banta*.

TICMAC. pc. Vide *Tigmac*.

TICÓ. pc. Tuerto. *Maticong cahoy*. Si tiene muchas vueltas, *Nagcatiticotico*. Abstracto, *Caticoan*. Sinónomos *Lico*, *boctot*, *singcao*.

TICO. pc. Lo mismo que *Hincor*, *ticor*, *tica*, *tior*.

TICOM. pp. Cerrar la boca. *Y*. l. *In*, ser cerrada. Si mucho, *Panycomin*. No se usa en activa.

TICOP. pp. Rodear, cercar, *Vm*, l. *Mag*. Á quien, *An*, l. *In*, l. *Pag-in*. Lugar, *Pag-an*.

TICOR. pc. Cojear. Vide *Hincor*, con sus juegos.

TICTIC. pc. Canto de un pájaro llamado *Apirá*. *Vm*, cantar. Si mucho, *Magtitictic*. Á quien ó á do, *An*. Si mucho, *Pagtitictican*. La causa, *Y*. Si mucho, *Ipagtitictic*.

TICTIC. pc. Hincar algo en tierra. *Vm*, mirando solo la accion. *Mag*, la cosa que se hinca. Lo que, *Y*.

TICTIC. pc. Encallar el navío en el lodo ó arena, *Na*. *Mag*, active. *Y*, lo que.

TICTIC. pc. Meterse el dolor en los huesos, *Vm*. Sinónomo, *Taos*. pc. *Tictic sa loob*, clavado en el corazon.

TICUAL. pc. Vide *Ticuil*.

TICUAS. pc. Columpiarse, *Mag*. Si mucho, *Magtiticuas*. *In*, lo que. Si mucho, *Pagtiticuasin*. Con que, *Y*. *Mag-an*, dos mútuo. *Ticuas ang labi mo*, eres belfo.

TICUI. pc. Alcon, ave de rapiña.

TICUIL. pc. Dar con el codo. Vide *Siquil*, pp.

TICUIL. pc. Lo mismo que *Tac-uil*.

TICIA. pc. Concertar. *Nagcatiticià*, estar concertado: no tiene mas juego.

TICIAN. pc. Lo mismo que *Icyian*.

TIDALOSDOS. pc. Arrojarse de alto abajo, *Nagpapa*. Causa, *Ipinagpapa*. Lugar, *Pinagpapa-an*.

TIRAPA. pc. Echarse de bruces, *Nagpapa*. La causa, *Ipinagpapa*. Lugar, *Pinagpapa-an*.

TIDOLAS. pc. Dejarse ir resbalando, con los juegos del antecedente.

TIGA. l. TIG. pc. Con estas partículas juntas á los numerales, se dice á cada uno tanto. *Tig-isa*, *Tigalaua*, á cada uno uno, á cada uno dos. *Tigatigatlo*, *Tigatigapat*, lo mismo.

TIGAB. pc. Regüeldo que parece bostezo. *Vm*, l. *Mag*, regoldar. Si mucho, *Mag*. pc. La causa, *Y*. Si mucho, *Ipag*.

TIGAC. pc. Pepita que da á la gallina. *Mag*, l. *In*, tenerla. Vide tambien *Talhac*, *tilhac*.

TIGAGAL. pp. Inquietud, desasosiego interior. *Vm*, l. *Maca*, inquietar á otro. *In*, á quien. Si mucho, *Pag-in*. Con que ó causa, *Y*. *Ma*, estarlo. *Quinatitigagalan*, l. *Ica*, lo que la causa.

TIGAGAL. pp. Estorvo, impedimento. *Vm*, ponerlo. *In*, á quien. *Tigagal na loob*, embarazado.

TIGAGAL. pp. Perezoso, holgazan. *Vm*, l. *Mag*, andar asi. *Na*, estarlo. *Naca*, causar.

TIGAMA. pp. Lo mismo que *Arimohan*, pocos lo entienden.

TIGAMBALA. pc. Seis maices de oro en peso.

TIGAM. pp. Enjuto, ó seco al sol, ó al fuego. *Ma*, secarse. Si mucho, *Mag*. pc. La causa, *Ica*.

TIGAO. pp. Pars verenda mulieris. Sinónomo *Tilin*. Est nomen impudicum.

TIGAO. pp. Lo que está en la parte de arriba de la oreja. *Tigaong tainga*. Sumitur etiam pro parte inhonesta communiter.

TIGAR. pc. Cortar árboles para sacar la leche, *Vm*. El árbol, *An*. Con que, *Y*.

TIGAS. pc. Duro. *Vm*, irse endureciendo. *Maca*, endurecer como el sol al barro. Tambien *Magpa*. Con que ó porque, *Y*. *Manigas*, ponerse tieso. *Ipanigas*, la causa. *Catigasan*. pc. Dureza.

TIGAS. pc. Llevar con teson y brio algo á la egecucion, *Mag*. Lo que, *Patigasin*.

TIGAS. pc. Lo duro, ó corazon de la madera. *Magca*, tenerlo. *Nagpapanigas*, sustentar con fuerza. *Papanigasin*, haz fuerza. *Matigas na loob*, fuerte de corazon. Metáfora.

TIGASAO. pp. Hormigas.

TIGATIG. pp. Estorvo. Vide *Abal abal*, *ligalig*. pp.

TIGBABAGAO. pc. Pájaro grande á modo de lechuza.

TIGBALANG. pp. Fantasma de monte. *Tigbalang ca mandin*, eres una bestia montaraz. Es afrenta.

TIGBAS. pc. Cortar ramillas que embarazan el camino. *Vm*, l. *Mag*. Ellas, *In*. Camino ó lugar, *An*.

TIGBI. pc. Frutilla, qué vulgarmente llaman lágrimas de Moisés. De aqui *Tinigbi*, las cuentas de oro hechas á su semejanza.

TIGBIN. pc. Calman.

TIGBOBOT. pp. Pájaro como el *Tigbabagao*.

TIGBOC. pc. Bullir el pescado en el agua. *Man*, bullirse. *Naninigboc*, l. *Nagtitigboctigboc*, unos entre otros. *Pinaninigbocan*, donde.

TIGBOHOL. pc. Trastrocar letras ó palabras de

alguna diccion, *Mag*. Lo que, *Y*. Á quien, *Pag-an*. Sinónomos *Taquitaqui*, *Caui*.

TIGCAL. pc. Terron. *Nahahaloan nang maraming tigcal itong palay*, tiene este palay muchos terroncillos de tierra.

TIGCALO. pc. Avecilla nocturna.

TIGCAN. pc. Vide *Big-an*, l. *Bigcang*, con sus juegos.

TIGCAYÁ. pc. Lo mismo que *Ticaya*.

TIGDÁ. pc. Ponerse en puntillas, *Vm*.

TIGDAY. pc. Caña que clavan en la sementera para espantar los pájaros. *Mag*. ponerla. Lo que, *Y*, l. *Tigdain*. Á do, *Tigdayan*.

TIGHABOL. pc. Tardío. *Tighabol na pagsisisi*, arrepentimiento tardío.

TIGHAPON. pp. Hacer algo por la tarde. *Vm*, l. *Naninighapon*. Lo que, *In*, l. *Pag-in*. Tambien *Naninighapon*, merendar.

TIGHIM. pc. Toser no muy recio, *Vm*. Si mucho, *Magtitighim*. Causa, *Y*. Á quien, *An*. Si mucho, *Pagtitighiman*.

TIGHIMAN. pc. Gusano que comido causa carraspera.

TIGHOY. pp. Descampar un poco el viento ó la lluvia. *Tighoy na ang hanĝin, tighoy na ang olan*.

TIGUI. pc. Pescado pequeño.

TIGUÍ. pp. Meter la mano en agua caliente para probar su inocencia. *Vm*, el uno. *Mag*, muchos. *Y*, la mano. *Ipag*, la causa. *Pagtiguian*, el agua ó lo hurtado, en cuya prueba se hace esto.

TIGUIB. pc. Cargado, sobrecargado. *Ma*, estar asi. *Ica*, la causa. *Tigbin*, ser cargada asi la embarcacion. Si mucho, *Pagtitigbin*.

TIGUIBULAG. pp. Vide *Taguibulag*.

TIGUIL. pp. Mustio, embelesado. abobabo. *Vm*, estar asi. Si mucho, *Mag*. pc. l. *Titiguiltiguil*. *An*, lo que mira. Si mucho, *Pag-an*. pc. Causa, *Y*. Si mucho, *Ipag*. pc. *Titiguiltiguil ang hanĝin*, se sosiega el viento. *Matiguil sa pagcain*, reposado en el comer. *Napatiguil na muna*, se suspendió.

TIGUILUAT. pc. Yerba. Vide *Tagaluat*.

TAGUILUMAY. pc. Vide *Lumay*. pc.

TIGUIOLÍ. pp. Yerba en que agoraban, ó filtro amatorio; y lo mismo que *Taguioli*.

TIGUIS. pp. Traspasar el licor de una vasija en otra sin levantarla, *Vm*. Si mucho, *Mag*. pc. *In*, lo que. Si mucho, *Pag-in*. pc. Á do se pasa, *An*. Si mucho. *Pag-an*. pc. Persona ó con que, *Y*. Si mucho, *Ipag*. pc.

TIGUIS. pp. Echar la tuba que se ha recogido en un cañuto largo, *Vm*, l. *Maniguis*. pc. *Tiguisin*. pc. l. *Tigsin*, la tuba. Si mucho, *Pagtitigsin*, l. *Pagtititiguisin*. pc. *Paniguisan*, de donde la cogen. Por la de *Vm*, y *Man*, sacar el licor de una vasija. Por la de *Mag*, echar de una vasija en otra.

TIGISAMÁ. pc. Vide *Taguisama*.

TIGUISAN. pc. Cañuto en que echan la tuba.

TIGUITI. pc. Renacuajos. Vide *Quitiquiti*. Tambien candolitos.

TIGLAIN. pp. Vide *Nipis*.

TIGLAOB. pc. Vide *Taob*.

TIGMAC. pc. Empaparse la ropa en agua, ó en otro licor. *Ma*. Si mucho, *Magca*. La causa, *Maca*.

TIGMAMANOC. pc. Ave en que agoraban. *Tigmamanoquin*, lo que *Tigmamanoc*, al soltarla la decian: *Hayo na tigmamanoquin, Honihan mo nang halinghing*, vete ya, y cántame con compasion.

TIGMATA. pc. Mal de ojos. *In*, tenerlos.

TIGMATANG MANOC. pc. Vide *Matang manoc*. con sus juegos.

TIGNAS. pc. Derretir cosa de gordura. Vide *Tognas*. *Tinignasan*, chicharrones.

TIGPAO. pc. Redecilla á modo de cuchara con que pescan de noche. *Manigpao*, pescar asi. *Tigpauin*, lo que. Si mucho, *Pagtitigpauin*. Con que ó para quien, *Y*, l. *Ipanigpao*, *maraming tigpauin sa rogat*, mucho se puede pescar en la mar. *Na*, l. *Pinanigpauan*, lo pescado asi y lugar ó banca en que.

TIGPAO. pc. Pesadilla. *Mag*, sentir ó tenerla.

TIGPAS. pc. Cortar de un golpe cosa blanda. Vide su sinónomo *Tagpas*.

TIGPASIN. pc. Estribillo que cantas vogando. *Mag*. cantar asi. *Ipag*, por quien.

TIGPIS. pc. Enflaquecerse con enfermedad ó trabajos, *Vm*. La causa, *Y*. *Matigpis na muc-ha*, rostro flaco. *Patigpisin mo ang catao-an mo*, enflaquece tu cuerpo. Sinónomo *Tagpis*.

TIGPLAG. pc. Espantadizo, como el caballo que se espanta de algo y no quiere pasar sino por otra parte. *Cabayong tigplaguin*.

TIGPÓ. pc. Clavar la flecha para que sirva de blanco. *Mag*, apostar ó jugar dos asi. *Vm*, tirar. *In*, á que. *Y*, con que. *Itigpo iyang dila mo*, clava esa lengua.

TIGTIG. pc. Estremecerse de susto. Vide *Sindac* y sus juegos. Tambien *Ogoy*.

TIGUAY. pc. Vide *Patpat*. *Tiguay na catao-an*, quiere decir *Mapatpat na catao-an*.

TIHAC. pc. Vide *Tilhac*.

TIHANG. pc. Abrir agujero, hender, *Mag*, Lo que, *An*. Vide tambien *Bisaclat*.

TIHAYÁ. pp. Boca arriba. *Vm*, l. *Mag*. pc. Ponerse de espaldas. *Y*, ser puesto. *Ma*, estar algo asi. *Mapa*, caer asi.

TIBIL. pc. Pesadumbre. Vide *Lumbay*.

TIHOR. pc. Vide *Tinhao*. pc. Con sus juegos.

TIHOR. pp. Llorar sin cesar. *Hindi magpatihor itong batà nang pagtanĝis*, no cesa de llorar este muchacho: no tiene mas juegos.

TIHOR. pc. El que no deja hablar á otro. *Hindi nagpapatihor nang uica*. *Hindi paranin ang uica nang iba*.

TIIL. pp. Apretar las muelas. *Pati-ilin ang bag-ang*, ser apretadas unas con otras: no tiene mas juegos.

TIIN. pp. l. *Tiim*. pc. Lo mismo que el antecedente.

TIIN. pp. Tentar algo con el dedo, *Vm*. Lo que, *An*. Con que, *Y*. *Ualang tiinan daliri*, no hay donde quepa un dedo.

TIIN. pp. Estribar en manos y pies para levantarse. *Mag*, echar las manos para eso. *Naniniin sa tongcor*, estribar en él. Tambien *Mag*, imprimir algo, como sello. *Tiinan ang papel*, imprímelo en el papel.

[illegible] pc. [illegible] como horquilla para armar [illegible] de la banca.

[illegible] pc. Firmeza, teson, constancia. *Vm.*, l. *Mag*, tener paciencia. Si mucho, *Magpapa*. Lo [illegible]. Si mucho, *Pag[illegible]sin*, l. *Pa[illegible]in*. [illegible] *I[illegible]*. *C[illegible]san*, sufrimiento. Sinónomos [illegible] *Batá*.

[illegible] pc. Adverbio: parece. *T[illegible]*, parece [illegible]. *T[illegible] naparoon*, parece que fué. Sinónomo *Anaqui*.

[illegible] pp. Escampar. *Vm*, aguardar que escampe. Lo mismo *Pa-in*. *Pa[illegible] ta muna ang [illegible]*, aguardemos que escampe el aguacero.

[illegible]A. pp. Hacer pinito el niño. *Vm*, l. *Mag*. *P[illegible]in iyang sangol*, haz que haga pinitos. Es término de los tinguianes.

TILABO. pp. Saltar hacia arriba, como el arroz cuando lo pilan, chispas ó centellas del fuego. Vide *Salacbo*, con sus juegos, escepto el acento de pasiva, que el de *Tilabo* es largo.

TILACBO. pc. Lo mismo que *[illegible]*.

TILAGPAC. pc. Arrojarse de golpe en el suelo. Vide los juegos de *Tirapa*.

TILAGPOS. pp. Vide los juegos de *Tag[illegible]*, *Milagpos*.

TILAHO. pp. Vide *Tilao*. pp. que es el usado.

TILALACAL. pc. Papada de puerco.

TILALACAN. pc. Lo mismo.

TILALAY. pp. Publicar defectos agenos, *Mag*. Ellos. *Ipag*. La persona de quien. *An*.

TILALAY. pp. Llamar dando voces al que está lejos, cuidar de lo que está á su cargo, *Mag*. Aquello de que, ó á quien, *Pag-an*.

TILAM. pp. Humedecerse algo, *Ma*. Ser hecho humedecer, *Pinapag*.

TILIAM. pp. Paño que ponen para hacer su necesidad á los que están ya postrados en la cama. *An*, él. *Y*, el paño.

TILAMBO. pc. Lo mismo que *Tilabo*.

TILAMSIC. pp. Salpicar con agua. *Vm*, l. *Maca*, l. *Manilamsic*, salpicar el agua. Si mucho, *Nagtilutilamsic*, *Maca*, golpearla para que salpique. *An*, el salpicado de otro. Si mucho, *Pagtitilamsican*. Acaso, *Ma-an*. Con que, *Y*. Si mucho, *Ipagtitilamsic*. *Patilamsiquin mo ang tubig*, haz que salpique el agua. *Patilamsican mo si coan*, salpica á fulano.

TILANDANG. pc. Saltar astillas, como cuando cortan, *Ma*. Si muchas, *Nagtitilandang*, l. *Manilandang*. *An*, á donde saltó. *Mag*, hacer saltar. Lo que, *In*.

TILANDOY. pc. Vide *Talandoy*, su sinónomo, con sus juegos.

TILAÓ. pp. Galillo.

TILAOC. pp. Lo mismo.

TILAP. pp. Concurso grande de gente, como ejército. *Mag*, estar junto. *Pag-an*, donde. Mas usado es su sinónomo *Timpulac*.

TILAP. pp. Aturdirse con algun golpe, *Nagcacantitilap*. Causa, *Ipinagcantitilap*.

TIAPAG. pc. Arrojarse en tierra el ave. Vide los juegos de *Tirapá*.

TILAPOSÓ. pp. Lanza. Lo mismo que *Talaposo*. pc.

TILAR. pc. Cortar algo en partes menudas, como la bonga para el buyo, *Vm*, l. *Mag*. Si mucho, *Magtitilar*. Lo que, *In*. S[illegible] *[illegible]larin*. Con que, *Y*. S[illegible] mucho [illegible]. *Pag-an*, lugar.

TILAR. pc. Cortar rebanadas [illegible]. Con que, *Y*.

TILAS. pp. Giron. *Vm*, l. [illegible]. *In*. lo que. Si mucho, *Pag-in*. [illegible] *An*. Si mucho, *Pag-an*. pc.

TILAS. pp. Gusano pelado.

TILASITHA. pc. Figura triangular [illegible] *[illegible]sana*, piedra de figura tal.

TILASOC. pc. Cámaras muy [illegible]. S[illegible] *T[illegible]*.

TILAY. pp. Quemadura leve. *P[illegible] paso ang catao-an*, sea quemado [illegible] ligera. *Y*, el fuego.

TILAY. pp. Pescar con cordel y anzuelo: *N[illegible]*. Donde, *Pinaninilayan*. [illegible] banca en que, *Paninilayan*.

TILAY. pc. Cojear de un pie. *Vm*. [illegible] *Pa[illegible]an mo iyang baca*, encojala.

TILAYLAY. pc. Afrentar á otro a voces [illegible] su casa, *Magpa*. Á quien, *Pinagpapa[illegible]*.

TILHAC. pc. Atorarse con algun bocado. [illegible] Si mucho. *Titilhactilhac*. Causa, *Y*.

TILHAC. pc. Hipo de la gallina ó de una persona. *Mag*, l. *In*, tenerla. *Ica*, la causa.

TILI. pc. Asombro, admiracion, espanto [illegible] alguna cosa admirable. *Magtilihan*. asombrarse. *[illegible]*, de que *Catilitiling tin[illegible]* asombro el verlo. Sinónomos *Gulilat*. *[illegible]manghan*.

TILI. pc. Estrivar en algo para no caer. Lo mismo que *Manibay*, de *Tibay*.

TIL-Í. pc. Gritos del venado, *Vm*. Si mucho, *Magtitil-i*. Causa, *Y*. Á quien, *An*. Si mucho, *Pagtitil-an*.

TILIAPIS. pp. Vide *Toliapis*.

TILI. pp. Espantarse de cosa que se oye de lejos.

TILIN. pp. Clica de la muger. Nomen impudicum.

TILIN. pp *Tiling nang tainga*, aquel pedazo de carne que está en la parte baja de la oreja. Sumitur etiam pro parte verenda mulieris; curam habe de usu hujus nominis quia est impudicum.

TILIS. pp. Legía. *Mag*, gotear, *Magpa*, hacerla gotear, lavar con ella la ropa. *In*, lo que. *An*, la ropa. *Tinilis*, l. *Patilis*, legía, *Magpa*, hacer sal de la legia. *Papagtilisin mo*, hazlo sal.

TILIS. pp. Suciedades de las moscas en la carne. *Mag*. l. *Tinitilisan*, tenerlas.

TILITILI. pc. Comidilla de harina.

TILOS. pp. Agudo. *Vm*, aguzar. *In*, lo que. Sinónomo *Tulis*. El primero es término Pampango.

TILOSONG. pp. Saltar de alto á bajo, *Vm*, l. *Mag*. *Pag-an*, sobre que. *Ipag*, causa. Sinónomos *Losong*. *talon*.

TILTIL. pc. Mojar algo, como en salsa, *Vm*. l. *Mag*. Lo que, *Y*. Si mucho, *Ipagtitiltil*. *An*, en que, ó á do. Si mucho, *Pagtitiltilan*.

TILTIL. pc. Tocar delicadamente, *Mag*. Lo que. *In*. Sumitur pro tactu impudico, con los mismos juegos.

TILTIL. pc. Persona que se compone mucho. *Matitil na babaye, tinititil ang lahat na damit niya.*

TIMA. pp. Piojo de ropa. Vide *Toma.*

TIMAAN. pp. Contraseña. Vide *Tanda.*

TIMAC. pp. Piojo, ó pulgas. *In,* tenerlas, *Nagcaca,* haberlas.

TIMAC. pc. Tierra baja, que por tal siempre esta húmeda. *Timac na lupa,* tierra asi. *Catimacan,* Abstracto. Sinónomo *Pitâ.*

TIMAC. pc. Sarna perruna. Á quien le dá, *In.*

TIMAC. pp. Estar penetrado de agua. *Natimac aco nang olan,* l. *Lamig.*

TIMANG. pc. Tonto, mentecato. Sinónomos, *Mañga, maang, tunga, mangmang, hangal, mangal.*

TIMAUÁ. pp. Persona libre que fué esclava, *In,* l. *Ma.* Ser libre ó hecho, *Timaua. Mag.* pc. Poner pleito sobre su esclavitud. *Pagtimauaan,* de quien se libertó.

TIMAYOC. pp. Dejar en la boca lo que uno masca, *Vm.* Lo que, *In. Mag,* estarse gran rato en un lugar sin moverse.

TIMBA. pc. Balde con que sacan agua. *Vm,* sacar agua. Si mucho, *Magtitimba. Timbain,* el agua que. Si mucho, *Pagtitimbain.* Con que, *Y.* Si mucho, *Ipagtitimba. Timbaan.* pc. De á donde se saca, ó á donde se hecha. Si mucho, *Pagtitimbaan.* pc. Sinónomo *Tauing.*

TIMBÁ. pc. Lagartijas grandes, ranas, ó sapos.

TIMBABALAC. pc. Lagarto.

TIMBAL. pc. Contrapeso, casi es lo mismo que *Timbang.*

TIMBANAN. pc. Asiento de un pedacito de palo, ó banquillo muy bajo.

TIMBANG. pc. Peso. *Vm,* l. *Mag,* pesar. Por *Vm,* ora dando, ora recibiendo. Pesar para repartir por igual, *Mag.* Lo que, *In.* Si mucho, *Pagtitimbangin.* Á quien, ó á lo que se pone contrapeso, *An.* Si mucho, *Pagtitimbangan.* El contrapeso, *Y.* Si mucho, *Ipagtitimbang. Patimbangin,* probar de dos cual pesa mas. *Catimbang,* de igual peso. *Magca,* pesar dos cosas igualmente. Nombre, *Timbangan.*

TIMBANG. pc. Poner algo á la banda de la embarcacion, haciendo contrapeso, *Vm,* l. *Manimbang.* Á donde, *Timbangan.* pc. Su cuerpo, *Ipanimbang. Ang dilang camahalan nang taga lupa,t, nang taga langit, ay hindi nga macatimbang sa camahalan nang Dios,* las grandezas de tierra y cielo no tienen que ver con las de Dios.

TIMBANGTIMBANGAN. pp. Enredadera. Sinónomos *Malaubi, ubiubihan, bitinbitin.*

TIMBAO. pc. Añadidura á lo que está lleno para que quepa mas. *Mag,* añadirlo. *An,* á que. *Y,* lo que se añade. Tambien *Mag,* hacer aquella añadidura. *In,* de que.

TIMBOUANG. pc. Dar consigo en tierra. Vide *Dapà,* con sus juegos.

TIMBOC. pc. *Patimboc,* unas cañas en el arroz, para que se exhale el calor.

TIMBOLAN. pp. Boya. *Vm,* andar sobre el agua como ella. *Mag,* asirse. *In,* l. *Pagtitimbolanan.* la cosa de que, ó el agua por donde. *Ipag,* la causa. *Napatitimbolan,* tomar por suyo el negocio. Metáfora.

TINBOLIR. pc. Vide *Tibuli.*

TIMBON. pc. Monton de tierra, basura, &c. *Mag.* amontonar. *Y,* l. *In,* serlo. Si muchos, *Pagtitimbonin, ipagtitimbon.*

TIMIC pp. Cesar, *Vm,* l. *Mag.* Lo que, *In. Magpa,* hacer cesar á otro. Vide *Tahimic,* que es el mas usado.

TIMIC. pp. Empaparse en algun licor. *Na,* estarlo. *Vm,* empaparse. *An,* la ropa.

TIMIG. pp. Lo mismo Vide *Hamil.*

TIMÓ. pp. Asirse, ó quedar preso en los agujeros de la red. *Vm,* l. *Manimo.* Si mucho, *Magsipanimo,* l. *Magsitimo.* Á donde, *An,* l. *Panimoan.* Causa, *Ipanimo.*

TIMO. pc. Comer sin ganas, *Titimotimo nang pagcain.* La causa, *Y.*

TIMOG. pp. Sur, viento. *Vm,* soplar. *Y,* tiempo ó causa.

TIMOD. pp. Acabarse aquello donde van sacando algo, *Mag.* Lo que, *In.* Á quien, *An.*

TIMOS. pp. Sacar punta, *Vm,* l. *Mag.* Á lo que, *In.*

TIMOS. pp. Probar ó gustar algo, *Vm,* l. *Mag.* Lo que, *An.*

TIMPAC. pc. Lo mismo que *Tampac,* y *Tampil.*

TIMPAL. pc. Detraccion. *Vm,* decirla. Si mucho, *Magtitimpal.* A quien, *In.* Si mucho, *Pagtitimpalin.* Causa ó palabras con que, *Y.* Si mucho, *Ipagtitimpal.* Sinónomos *Paabas, siphayo, paringlot, paronglit.*

TIMPAL. pc. Doblarse el filo. *Vm,* dobarlo. *Ma,* estarlo. *In,* serlo. Sinónomo *Pintal.* l

TIMPALAC. pp. Concurso ó junta de muchos. *Vm,* l. *Mag,* juntarse. No es muy usado.

TIMPÍ. pc. Atabal. *Vm,* tañerlo. *Mag,* juntarse muchos á tocarlo. *Timpiin,* ser tocado. *Y,* con que. *Ipag,* causa. *Pag-an,* lugar ó ante quienes. Sinónomo *Palong.*

TIMPOHÓ. pc. Sentarse la muger sobre los carcañales. Vide su sinónomo *Punimpoho.*

TIMSIM. pc. Mecha ó pávilo de lámparas. Es palabra Sangleya, pero usada de lós Tagalos.

TIMTIM. pc. Discreto, mirado. *Timtimang loob,* de corazon sosegado.

TIMTIM. pc. Gustar licor sin tragarlo, *Vm.* Lo que, *An.*

TIMIAS. pc. Arroz en cáscara, cuando está sin la que llaman *Ipa, malimyas na palay.*

TINÁ. pp. Teñir de negro. *Vm,* l. *Mag.* Si mucho, *Mag.* pc. Lo que. *In.* Si mucho, *Pagtinain.* Con que, *Y,* l. *Ipanina.* En que, *Pagtinaan.* Nombre, *Maninina,* tintorero.

TINAG. pp. Cimbrarse ó menearse como la casa cuando andan por ella, *Ma.* Menear, *Vm,* l. *Maca.* Lo que ó á quien, *In.* Si mucho, *Pag-in.* pc. La causa, *Ica.* Sinónomos *Togoy, ogoy, oga, yogyog, yonda.*

TINAGÁ. pc. Anillos muy rayados.

TINACBAC. pc. Bollos de arroz. *In,* la masa hecha bollos.

TINAGBO. pc. Arroz largo de poco cuerpo.

TINALABAN. pc. Color leonado. *Mag,* vestirse de este color.

TINAMA. pc. Salpreso.

TINAM-IS. pc. Licor de la palma de cocos. Tambien llaman á la mistela *Tinam-is*.

TINAMPAYACAN. pp. Vide *Sacua*.

TINAO. pc. l. *Tinaon*. pc. Peste de animales. *Ma*, estar apestados. *Nagraca*, haberla. Sinónomo *Gono*. pc.

TINAO. pc. Echar la tuba en tinajas, *Mag*. Ser echada, *In*. En que, *Pagtinauan*.

TINAO. pc. Labar algo mucho, *Mag*. Lo que, *In*.

TINAPAY. pp. Pan. *Magtitinapay*. pc. Panadero.

TINAPI. pp. Muchedumbre de gente junta, pero no apiñada, *Mag*. l. *Magca*.

TINCA. pc. Buche de ave.

TINCACAL. pp. Lo mismo que *Tangcacal*.

TINCAD. pc. Hacer pié en lo hondo, ponerse tieso. Aquello en que, *An*. *Naninincar*, pisar tieso.

TINDAC. pc. Coz. *Vm*. cocear. Si mucho, *Magtitindac*. Á quien, *An*. Si mucho, *Pagtitindácan*. Con que, *Y*. Si mucho, *Ipagtitindac*. Tambien con que ó causa, *Ipanindac*. Lugar á donde, *Pag-an*.

TINDAG. pc. Brillar, *Vm*. Ser aclarado con el brillo, *An*. La causa ó tiempo, *Y*. Claridad, *Catindagan*. pc. Sinónomos *Sinag*. *tilap*, *ningning*, *banaag*.

TINDAG. pc. Ensartar pescadillos en cañas, *Vm*, l. *Mag*. El pescado, *In*. La caña, *An*. De oficio, *Manínindag*.

TINDALÓ. pc. Árbol asi llamado, de que hacen sillas y escritorios.

TINDAYAG. pp. Ballena. Es palabra Visaya.

TINDI. pc. Apesgar, cargar, *Mag*. Lo que, *Tindihan*. Si mucho, *Pagtitindihan*. La piedra ó palo que, *Y*. Y si mucho, *Ipagtitindi*. *Vm*, irse haciendo pesado. *Catindi*, contrapeso. *Matindi ang loob*, está triste. Metáfora. Recio.

TINDIG. pc. Estar en pie. *Ma*. Levantarse, *Vm*, l. *Ma*, l. *Mag*. Á donde ó delante de quien, *An*, l. *Pa-an*. *Mag-an*, estar dos en pie en frente uno de otro. *Catindigan*, uno de ellos, *Pagtindiganan*, lugar. Causa, *Ipagtindigan*. *Vm*, l. *Naninindig ang bohoc*, se levanta el cabello. *Magpatindig*, poner algo en pie, asentándolo en alguna parte. *Ipa*, lo que. *Tinindigan*. pc. Campo de guerra, *Tindig*, l. *Pagtindig*, postura.

TINDIG. pc Andar en esperanza de la muger, para casarse con ella, hecho ya el contrato, *Vm*. La muger, *Tindigan*. Los dos, *Nagtitindigan*.

TINDIG. pc. Salir á la defensa de otro, *Vm*. Contra quien, *An*. Por que, *Y*.

TINGÁ. pp. Hincar. *Vm*, hincarse sin caerse. *Han*, en que ó á donde. *Y*, ser clavado. Sinónomos *Tiric*, *tolos*, *tictic*.

TINGÁ. pp. Asirse sin poder salir, *Vm*. l. *Maninga*. Á donde, *Paningahan*. Causa, *Ipaninga*, Sinónomo *Timo*. *Tuminga sa looh co ang sabi mo*, tengo clavado en mi corazon tu dicho.

TINGÁ. pp. Quedarse pegado algo entre los dientes, *Ma*, La causa. *Ica*. De aqui sale *Panhininga*.

TINGÁ. pp. Medio tahel de oro, que es el peso de cinco reales de plata. *Maninga*, cosa que vale medio tahel. *In*, ser apreciado en eso. *Tingaan*. l. *Paningaan*. pp. *Tiningaan*. pp. El peso de medio tahel.

TINGALA. pc. Mirar hácia arriba, *Vm*. Si mucho, *Magtitingala*. *Tingalain*, mejor *Tingalin*, lo mirado. Acaso, *Ma*. Si mucho, *Pagtitingal-in*. A donde fué visto, *Pagtingalan*. Si acaso con *Pagca*. *Paroon ca roon sa pinagcatingal-an mo sa aquin*, ve allá donde acaso me viste. *Y*, ser levantado el rostro. *Napapa*, y mejor *Nagcacapatingala*, quedarse boca arriba. *Maningala*, andar como buscando algo hácia arriba.

TINGALÓ. pp. Goma olorosa.

TINGAR. pc. Cantar en las casas en tiempo de cosechas. Vide *Auit*.

TINGAY. pp. Lo mismo que *Isip*.

TINGAR. pp. Vide *Tingala*.

TINGAY. pc. Vide *Lingal*. *Nacatingayan co lamang ang isda sa pingan, ay nacain nang pusa*.

TINGCAG. pc. Descerrajar, desencajar con violencia, *Vm*. Lo que, *In*. Con que, *Y*. A donde, *Pag-an*. *Ma*, estar. Sinónomo *Lingcag*.

TINGCALÁ. pc. Inimitable, incomprensible. *Di matingcalang Dios*: no tiene mas uso.

TINGCAYAR. pc. Sentarse en cuclillas, *Vm*. Si mucho, *Magtitingcayar*. Delante de quien, ó á donde, *An*. Causa, ó el cuerpo que es asi puesto, *Y*. De aqui sale *Paningcayar*.

TINGGA. pc. Plomo ó estaño.

TINNGGA. pc. Arracadas de las mugeres. *Mag*, traerlas. Ellas, *Y*, l. *Tingain*. Oreja ó persona, *Tingaan*. Sinónomo *Hicao*.

TINGGAHITAM. pp. Plomo mas blando que *Tinggapoti*.

TINGGAL. pc. Guardar las mercaderías para venderlas á buen tiempo, *Mag*. l. *Magpa*, aguardar tiempo y sazon, guardándolas en casa. La mercaderia, *Y*. A donde, *Pagtitinggalan*. Tambien lo mismo que *Hantong*.

TINGGAL. pc. Piedra alumbre. Sinónomo *Tauas*.

TINGGALAM. pc. Palo de China oloroso.

TINGGALONG. pp. Aceite de ajonjolí preparado.

TINGGANG BAQUIS. pp. Arbol, que nace en agua salada.

TINGGANG BALA. pc. Peso de seis *amas*, ó tres reales, y tres cuartillos.

TINGGAPUTI. pp. Plomo duro.

TINGGAR. pc. Resplandor del agua salada cuando la mueven de noche. *Vm*, relumbrar. Si mucho, *Titingartinggar*. *Vm*, menearse el pez, causando dicha claridad. *Y*, el tiempo en que. *Magpatinggar*, tirar con fisga al pez, rastreándolo por dicha claridad. *Maninggar*, arrojar tarraya ó red por lo mismo. *Pinagpatinggaran*, l. *Napagpatinggaran*, lo cogido de entrambos modos.

TINGHAO. pc. Vide *Tinhao*.

TINGHAP. pc. Meter el perro el hocico en la olla. Vide *Tonghap*.

TINGHAR. pc. Levantar el rostro alargando el pescuezo. *Ma*, tenerlo asi. Aplícase tambien á la proa levantada.

TINGHAS. pc. Astillas ó raigones que estorvan al tirar la madera.

TINGHOY. pc. Candil de barro. Es palabra sangleya.

TINGÍ. pc. Comprar con moderacion. *Mag*, venderlo asi. *Ting-in*, ser comprado asi. *Y*, con que, ó para quien. *Ipag*, ser vendido *Pag-an*, á quien. *Pinagtingan*, l. *Napagting-an*, lo ganado, comprando, ó vendiendo asi.

TINGI. pc. Dar ó gastar algo moderadamente, comprar ó vender con moderacion, rata por cantidad. *Vm*, l. *Mag*. Lo que, *In*.

TINGIG. pp. Voz. *Magaling ang tingig ni couan*, fulano tiene buena voz. *Mag*, atender al ladrido del perro cazador. *Paglingiguin*, ser conocido alguno por la voz. *Maglingiugin*, cantar dos á porfia. *Ipag-an*, la causa ó voces con que compiten. *Casinglingig*, de igual voz que otro.

TINGIN. pc. Vista, *Vm*, ver *Mag*, l. *Magtingi-nan*, verse dos mútuo. *Tingnan*, lo visto. Si mucho, *Paglitingnan*. Con que, *Y*. Si mucho, *Ipaglitingin*.

TINGIR. pc. Acertar, *Vm*, l. *Magca*. El blanco ó lo que, *Tingdang*. Con que, ó causa, *Y*. Sinónomos, *Tama*. *Nagcatitingir siya sa caniyang baliuas*, saca ganancia de su trato. *Patingdin mo ang pag-oui*, determinate á tu vuelta.

TINGLO. pc. Mancornar. *Ma*, estar una cosa atada con otra, *Magca*, las dos asi. *Pagtitinglohin*, ser asi atadas.

TINGLOY. pc. Amores secos.

TINGSOR. pc. Puntillazo. *Vm*, darlo. *In*, á quien.

TINGTING. pc. Vena de la hoja de la palma llamada, *Buli*. *Manhiniingting*, sacarlas para escobas, *Hiningtingan*. Con que, *Ipanhiningting*.

TINGTING. pc. Escoba hecha de las venas de la palma. *Vm*, barrer con ella. *An*, lo barrido.

TINGTING. pc. Aechar harina. *Vm*, l. *Mag*. Lo que, *An*. Por quien, *Ipag*. En que, *Paquitingtingan*.

TINHAO. pc. Patente, descubierto. *Matinhao na bahay*, casa descubierta.

TINIC. pc. Espina. *Matinic*, cosa espinosa. *Ma*, espinarse acaso. *Quina-an*, á donde. *Maca*, punzar la espina. *Ica*, la causa. *Catinican*, lugar de muchas.

TINICAN. pc. Pescado asi llamado: en Bulacan, *Loualó*.

TINICBULI. pc. Manillas ó gargantillas de oro, que usaban, de tres esquinas ó puntas.

TINIGBI. pc. Cuentas de oro de hechura del *Tigbi*.

TINING. pp. Asentarse lo que está revuelto en algun licor, *Mag*. Lo que, *Pag-in*. *Matining na loob*, persona esforzada, de corazon sosegado.

TININGGAAN. pc. Asta de lanza labrada con plomo.

TINIP. pc. Callado, silencioso. *Matinip na loob*, de secreto. *Mag*, guardar el corazon. *In*, lo que.

TIN-IS. pc. Voz sonora. *Vm*, irse poniendo. La causa, *Y*. Abstracto, *Catinisan*. pc. *Matin-is na tingig*, voz asi. Sinónomo, *Taguinic*.

TINISAS. pp. Yerba de Santa María.

TINLAC. pc. Lomo ó la canal encima de él.

TINÓ. pc. Bondad. *Matino*, cosa buena. *Uala cang gauang matino*, no haces obra buena. Sinónomo, *Guling*.

TINOOB. pc. Boca abajo. Vide *Toob*.

TINOTONG. pc. Bebida á que echan morisqueta quemada. *Mag*, aderezarla.

TINTIN. pc. Modestia, honestidad, sosiego. *Mag*, sosegarse. *Matintin*, modesto. *Catintinan*. pp. Abstracto. Vide *Hinhin*.

TIOG. pp. Vino de miel y agua. *Mag*, hacerlo. *In*, lo que. *Ipag*, para quien. *Pag-an*, á donde.

TIOL. pp. Cosa aguda clavada en otra. Vide *Timó*, con sus juegos.

TIOL. pc. Cojear por alguna espina. *Vm*, l. *Titioltiol*.

TIONAY. pp. Pua, ó espina, que se enclavó en alguna parte del cuerpo. *Ma*, clavarse ó la parte clavada. *Quina-an*, á donde. *Maca*, punzar la espina. *Ica*, la causa. Sinónomos, *Salobsob*, *bisool*. *Mey tionay mandin ang loob co*, estoy con gran pesadumbre.

TIOR. pc. Cojear de un lado. Vide su sinónomo, *Tico*, con sus juegos.

TIOYOY. pc. Cosa larga y entera á que solamente se le ha quitado la punta. *Hagdan tioyoy natotoloy sa langit*.

TIPA. pc. Medir con la mano estendida, *Mag*. Lo que, *In*. *Sangtipa*, lo mismo que *sang damac*. Ya no se usa este modo de medir, si no es con el verbo, *Tupà*.

TIPAC. pc. Pedazos de cosa dura, como azúcar. *Vm*, partir. Si mucho, *Magtitipac*. Lo que, *In*. Si mucho, *Pagtitipaquin*, l. *Pagtitipactipaquin*. Con que, ó para quien, *Y*. Si mucho, *Ipagtitipac*. Tambien la misma persona, *An*, l. *Pagtitipacan*. Lo mismo, el lugar.

TIPACLONG. pc. Animal verde como el *Locton*.

TIPAN. pc. Concierto. *Mag*, concertarse dos. *Vm*, l. *Maqui*, uno con otro. *In*, l. *Paquitipanan*, con quien. *Pagtipanan*, trato en que se conciertan ó lugar. *Catipan*, el compañero en él. *Magcatipan*, los dos del concierto. *Manipan*. Frecuent.

TIPAS. pp. Cortar de un golpe, *Vm*. Si mucho, *Mag*. pc. Lo que, *In*, l. *Ma*. Si mucho, *Pag-in*. pc. Con que, *Y*. Si mucho, *Ipag*. pc. El lugar, ó de á donde se cortó, *An*, l. *Pag-an*, pc.

TIPAS. pc. Desmoronarse. Vide *Tibag*.

TIPAS. pp. Raer. Vide *Palis*. pp.

TIPDAS. pc. Sarampion. Sinónomos *Ticlas*, *Tigdas*.

TIPÍ. pp. Amasar estendiendo, como pan, *Vm*. Si mucho, *Mag*. pc. *In*, lo que. Si mucho, *Pagtipiin*. Con que, *Y*. Nombre, *Maninipi*. pp. Amasador.

TIPING. pc. Gustar sin tragar, *Vm*. Lo que, *An*.

TIPID. pc. Ahorrar, *Mag*. Si mucho, *Magtitipid*. Lo que, *In*; y mejor *Tipdin*. Si mucho, *Pagtitipdin*. Causa, *Ipag*. Á quien, *Pagtipiran*, l. *Tipdan*. Sinónomos *Damot*, *Quimquim*. Vide tambien *Tinip*, con sus juegos. *Catitipdan*, parsimonia. *Aco,i, patauarin mo nang tipid*, perdóname esta poquedad, dicen cuando regalan poco.

TIPO. pp. Desdentado, *Vm*, l. *Maca*, desdentar. *In*, el diente. Si mucho, *Pagtitipoin*. pc. Acaso, *Ma*. Á quien, *An*. Y si mucho, *Pag-an*. pc. Acaso, *Natipoan*. Nombre, *Tipo*, aunque sea de solo un diente, *Manipo*, l. *Maninipo*, el saca muelas ó dientes. *Ipanipo*, con que Refran. *Tipò manding buaya, di cagti,i, naquiquita*, aunque lo deseo, no tengo con que, como caiman sin dientes, que no puede morder.

TIPOCOL. pc. Montoncillos de tierra. *Tipotipocol ang lupa*, tierra asi. Aplícase á las hinchazones del cuerpo. *Ualang tipocol ang dagat*, está sereno y en calma.

TIPOL. pp. Grulla como avestruz, *Catipolan*, junta ó lugar de muchas.

TIPOLO. pp. Árbol grande, bueno para bancas. Sinónomo *Antipolo*.

TIPON. pp. Juntar, *Vm*, l. *Mag*. Si mucho, *Mag*. pc. *In*, lo que. Si mucho, *Pag-in*. pc. l. *Pagtipontiponin*. Con que, *Y*. Si mucho, *Ipag*. pc. Por quien ó para quien, *Ipag*. *Pag-an*, á donde ó en que. *Mag*, juntarse algunos, como á conversacion. *Ma*, estar juntas algunas cosas ó personas. *Nagcacatipontipon*, estar juntas algunas personas. *Pinagcacatiponan*, á donde se juntan. *Catiponan*, abstracto, *Manipon*, juntar de oficio. *An*, l. *Paniponan*, á do. Sinónom. *Polong*, *Lipon*.

TIPONGOL. pc. Palo romo. *Ma*, estar asi, *Ica*, la causa.

TIPSAO. pc. Vide *Tapsao*.

TIPYAO. pc. Cortar algo para reconocerlo, *Vm*. Si mucho, *Magtitipyao*. Lo que, *In* Si mucho, *Pagtitipyauin*. El árbol á que, *An*. Si mucho, *Pagtitipyauan*. Con que, *Y*. Si mucho, *Ipagtitipiyao*. *Natipyao ang pagtama*, se deslizó. Tambien *Titipyaotipyao con lumacad*, se dice del borracho que anda cayendo.

TIQUIM. pc. Probar, *Vm*. Si mucho, *Magtitiquim*. Lo que, *Ticman*. Si mucho, *Pagtiticman*. Con que, ó porque, *Y*. *Paticmin mo nga aco niyang alac*, déjame probar ese vino. *Paticman*, lo que se dá á probar. Itt. Esperimentarse dos mútuo, reconociéndose uno á otro. *Nagtiquim na cami*, es lo mismo que *Nagcaalam*.

TIQUIN. pc. Caña larga y delgada, ó cosa semejante, con que gobiernan la embarcacion empujándola. *Vm*. l. *Mag*, gobernar con ella. *Y*, con que. *Tiquinan*, el navío á que. *Pag-an*, el lugar. *In*, ser aplicada la caña á esto.

TIQUIO. pp. Zacate largo y alto, de que suelen hacer petates.

TIQUIS. pc. De propósito, adrede. *Vm*, ir á hacer algo adrede. Mejor por pasiva, *Ticsin*. Si mucho, *Pagtiticsin*. La causa, *Y*, *Mag*, hacer adrede algo por imitar. *In*, l. *Y*, conforme fuere la accion. Si no es ad extra, *In*. Si lo es, *Y*.

TIQUISTIQUIS. pc. Árbol como olivo.

TIQUIUTIQUIUAN. pp. Zacate con que adornan las Iglesias.

TIQUIYUA. pp. Palabra que dicen los muchachos en el juego de la gallina ciega cuando se esconden, *Tiquiyua na*.

TIRÁ. pc. Sobra ó resto. *Mag*, dejar algo de sobra, *Y*, lo que. Si mucho, *Ipagtitirá*. A quien, *Tir-an*. *Ma*, quedarse, ó quedar algo acaso.

TIRÁ. pc. Quedarse yéndose los otros, *Vm*, l. *Ma*. Con *Mag*, solo con negativa. *Ualang natira*, no ha quedado ninguno.

TIRÁ. pc. Sobra que queda en la vasija.

TIRÁ. pp. Potencia, poder. *Uala na acong tira*, no soy de provecho. *Mey tira pa*, aun tiene poder.

TIRAC. pp. Coz. *Vm*, cocear, *An*, á quien. *Y*, con que. Aplícase á las patadas del que predica.

TIRAC. pp. Vide *Barit*. *Tairac*, un género de yerba.

TIRÍ. pp. Vide *Tibi*, con sus juegos.

TIRIC. pp. Hincar, enclavar, *Vm*, l. *Mag*. Si mucho, *Mag*. pc. Lo que, *Y*. Si mucho, *Ipag*. pc. A do, *An*. Si mucho, *Pag-an*. pc. *Ma*, estar hincado. *Napapa*, quedar hincado asi.

TIRIC. pp. Voltear los ojos, ponerlos en blanco, *Ma*, l. *Y*. *Ang mata*.

TIRIC. pp. Atajar, ó cercar con corral algun rio para pescar, *Maniric*, *An*, l. *Panirican*, lo que. *Y*, l. *Ipaniric*, con que, para quien, ó tiempo. Sinónomo *Pinir*. Vide *Looc*.

TIRIS. pc. Matar piojos entre las uñas, ó con ellas, *Vm*, l. *Mag*. Si mucho, *Magtitiris*. Lo que, *Tisdin*. Si mucho, *Pagtitisdin*. A do, ó sobre que, *Tisdan*. Con que, *Y*. Si mucho, *Ipagtitiris*.

TIRO. pp. Voz con que llaman al perro. *Mag*, llamarlo asi. *In*, ser llamado.

TIRIAO. pc. Coz, Vide *Tindac, taryac, sicad*.

TISAC. pp. Hurgar los ojos. *Tinitisac ang mata*. Vide *Duquit*.

TISALA. pp. Olla de boca grande.

TISOR. pc. Tropezar con la punta del pie. *Ma*, acaso. *Catisoran*. pp. A do. *Vm*, dar puntapie. Si mucho, *Mag*. pc. *An*, á lo que. Si mucho, *Pag-an*. pc. Con que, *Y*. Si mucho, *Ipag*.

TISTIS. pc. Rasgar de alto á bajo, como cuando abren la barriga de algun animal. *Vm*. Si mucho, *Matitistis*. Lo que, *In*. Si mucho, *Pagtitistisin*. Con que, *Y*. Si mucho, *Ipgtitistis*. A lo que, *An*. Si mucho, *Pagtitistisan*. *Mag*, rasgar la hoja de la palma en tiras, para teger petates. Tambien *Vm*.

TISTIS. pc. Corteza del árbol del coco junto al palmito.

TITÍ. pp. Agotar, estancar, *Vm*. Si mucho, *Mag*. pc. El licor, *In*. Si mucho, *Pag-in*. pc. La vasija de que se escurre algo ó se agota, *An*, Si mucho, *Pag-an*. *Patitiin*. pp. Dejar que se escurra. *Patitian*, aquello de que se deja escurrir algo. Sinónomo *Pahit*. *Natiti ang ari sa pagoosap*, consumióse la hacienda en pleitos. *Titing lapang*, valentía verdadera. Tambien *Nutiti*, *Nutoyo*.

TITIC. pp. Escritura. *Vm*, l. *Mag*, escribir, *Y*, lo que. Si mucho, *Ipag*. pc. *An*, á do. Si mucho, *Pag-an*. pc.

TITIG. pp. Mirar de hito en hito, *Vm*. Si mucho, *Mag*. pc. *An*, á quien. Si mucho, *Pag-an*. pc. Con que, *Y*. Si mucho, *Ipag*. pc. *Titigan mong inomin*, bebe sin resollar.

TITIG. pc. Lo mismo que *Tig*, l. *Titiga.*
TITIL. pp. Pájaro de buen canto.
TITIM. pp. Vide *Tiquim*, Tambien *Titing*, l. *Timtim*, segun otros.
TITIS. pp. Correr, el sudor hilo á hilo, *Vm*, l. *Mag*. La causa, *Y*. Vide *Titi.*
TITIS. pp. Vide *Totog.*
TITIS. pc. Adelgazar la voz, *Mag*. La voz, *In*.
TIUA. pp. Lombriz que se cria en las tripas. *Hin*, l. *Magca*, tenerla ó padecerla. Nombre, *Tiuahin*.
TIUA. pp. Anzuelo para caimanes. El usado es *Quiua*.
TIUAC. pp. Lo mismo que *Tiuanguang*.
TIUACAL. pc. Irse lejos, como aburrido. Vide su sinónomo *Patiuacal*.
TIUACUAC. pc. Vide su sinónomo *Putiuacuac*.
TIUAL. pp. Lo mismo que *Tiua*.
TIUALÁ. pp. Parte remota, como el golfo respecto de la orilla. *Pa*, l. *Magpatiuala*. pc. Engolfarse, ó ir lejos. *Ipa*, lo que se lleva.
TIUALÁ. pp. Confianza. *Magca*, confiar de otro. *Ipagca*, lo que. *Pagcatiualaan*, de quien. *Magtiualaan*, dos mútuo. *Catiuala*, el amigo de quien se fia. *Maniuala sa lacas niya*, fiarse en sus fuerzas. *Catiualang loob*, confidente en sus secretos. *Catiuala sa pamamahay*, confidente en el gobierno de casa.
TIUALA. pp. Encargar algo á otro, *Magca*. Lo que, *Ipagca*. *Pinagçacaabalahang co itong tiuala mo*, estoy ocupado en este tu encargo.
TIUALAG. pc. Separarse, apartarse de la compañia de otros. *Vm*, de propósito. *Ma*, acaso. De á do, *Quinatiualagan*. La causa, *Ica*. Sinónomo, *Hiualay*, *uatac*.
TIUALAG. Vide *Ligao*. pc. Con sus juegos.
TIUANGUANG. pc. Caer de espaldas levantando los pies en alto, *Ma*, l. *Mapa*. l. *Magcapa*, Causa, *Icapa*, l. *Ipagca*. Lugar, *Quinapatiuanguangan*. *Mag*, l. *Maca*, rempujar á otro para que caiga. *Satitiuanguang*, estar en esta postura.
TIUARAG. pc. Vide su sinónomo *Tiualag*, con sus juegos y significados.
TIUAS. pp. Vide *Singsay*. *Napatiuas*, *napasingsay*.
TIUASAY. pc. Quietud, descanso. *Tiuasay na loob*, corazon quieto. *Vm*, descansar. Si mucho, *Magpaca*. Causa, *Y*, l. *Ica*. Abstracto, *Catiuasayan*. *Catiuasayan*, *nang loob*, seguridad de conciencia. Cuadra á la gloria de los justos.
TIUAY. pc. Alto. *Matiuay na tauo*, hombre alto.
TIYAGÁ. pc. Teson, *Mag*, perseverar. *Pagtiyagaan*, en que. *Ipag*, la causa, Vide su sinónomo *Taman*.
TIYAN. pc. Barriga, vientre. Nombre, *Titiyanin*.
TIYAO. pc. Escarnio, mofa. *Vm*, mofar. Si mucho, *Magtitiyao*. De quien, *In*. Si mucho. *Pagtitinyauin*. Con que, *Y*. Si mucho, *Ipagtitiyao*. Frecuent. *Maniyao*. Nombre, *Mapaniyao*. pc. Sinónomos *Oyao*, *oyam*, *libac*, *oroy*, *oyoc*.
TIYAP. pc. Vide su sinónomo *Samayà*, con sus juegos.
TIYAP. pc. Vide. *Sondo*, *catiyap*, *casondo*.
TIYAONG. pc. Robar con tiranía, *Vm*, l. *Mag*, Á quien, *In*.
TIYAD. pc. Estaca de cerca ó lindero.
TIYAUOC. pc. Pájaro vocinglero.
TIYAUONG. pp. Llevar el principal á la muger embarcada consigo.
TIYIM. pc. Rezumarse, empaparse. *Vm*, *Maca*, l. *Maniyim*. La vasija, lugar, ó sobre que cae, *An*, l. *Paniiman*. *Naniniim sa loob ni Santa Maria ang sinta sa Dios*, el amor á Dios está penetrado en el corazon de María.
TIYOCA. pp. Palos de un palmo atados con cordel, con que trillan.
TIYIS. pp. Labrar con legía, *Vm*, l. *Mag*. La legía, *In*. Si mucho, *Pag-in*. pc. En que, *Pag-an*. Para quien, *Ipag*.
TIYIS. pp. Suciedad de las moscas, que se convierten en gusanillos. *Magca*, l. *An*. l. *Ma-an*, ser ensuciado. Sinónomo, *Tilis*.

T antes de O.

TOUAC. pc. Aflojar. Vide á su sinónomo *Lobay*, con sus juegos.
TOUAC. pc. Amainar la vela. Vide *Lobag*, con sus juegos.
TOUAR. pp. Podar, desmochar árboles, *Vm*, Si mucho, *Mag*. pc. Lo que, *In*. Si mucho, *Pagin*. pc. Con que, *Y*. Si mucho, *Ipag*. pc. Lugar, *An*. Si mucho, *Pag-an*. pc. Sinónomos *Sangal*, *gapi*, *lapac*, *sipi*, *bangal*.
TOAY. pc. Gobernar el navio ó pueblo, *Vm*, l. *Mag*. Lo gobernado, *An*, l. *Pag-an*. Y mejor, *Pagtouayanan*, *Tomoay*, gobernador.
TOBACBI. pc. Zacate como agujas. *Na*, lastimarse con él. *Matobacbi ang parang*, campo embarazado con él. Sinónomo *Mimis*.
TOBAB. pp. Echar el hilo en aceite para teñirlo, *Mag*. Lo que, *In*.
TOBAG. pp. Necio, tonto. Sinónomo *Maang*, con los demás.
TOBAN UBI. pp. Vide *Haban ubi*.
TOBAR. pc. Aflojarse el pellejo del tambor, *Vm*, *Matobar*, cosa floja. *Matobar ang bait*. de corto entendimiento.
TOBAYAN. pc. Ubi de cáscara negra.
TOBOG. pc. Revolcarse en algo, *Vm*, La causa, *Y*. Donde, *An*. Meter algo, *Mag*. Lo que, *Y*. Donde, *Pag-an*. *Tobogan*, revolcadero.
TOBONG. pp. Atar por el pescuezo, *Vm*, Mejor, *Mag*. Lo que, *An*. Si mucho, *Pag-an*. pc. Con que, *Y*. Si mucho, *Ipag*, pc. *Panobong din nang Dios sa aquin yaring saquit co*, con esta enfermedad me tiene Dios atado. Metáfora.
TOBONG UBI. pp. Vide *Haban ubi*.
TOBOR. pp. Carne ó pescado quemado. *Ma*, quemarse. *Ica*, la causa. *Maca*, el fuego. Sinónomo *Sonog*.
TOBOR. pc. Semen. Est nomen impudicum.
TOBIAR. pc. Aflojarse lo tirante, *Vm*. Causa, *Y*. Sinónomo *Tobar*.
TOCA. pc. Pico. *Vm*, picar. Si mucho, *Magtotoca*. Ser picado. *In*, l. *Ma*. Si mucho, *Pag-*

[illegible] Con que. Y. Mejor, [illegible]. Lugar, Pa-[illegible] Y. [illegible]

TOCA. pc. Comer picando, con las composiciones del antecedente excepto el *Ma. Manhinoca*, picar lo que escarba. *Panhinoc-an*, á donde.

TOCA. pc. Dar cabezadas el que se duerme, *Ma*. Causa, *Ipag*. Sinonomo *Tocatoc*.

TOCATOCA. pc. Espolon de navio, de morrion ó celada. *Ma*. tenerlo. *An*. serle puesto.

TOCAL. pc. Yerba que se cria en agua dulce, y echa flor como azucena. *Manocal*, cogerla. [illegible] lugar de muchas.

TOCAS. pc. Descubrir ó destapar. *Natocasan*. [illegible]

TOCATOC. pp. Dar cabezadas de sueño. *Totocatocan* [illegible], causa *Y*. *Tocatocatoc nang pagtolog*, [illegible] cabezadas de sueño. *Mag*. andar cavizbajo.

TOCMONG. pp. Cubrir la cabeza con algo. Vide [illegible], su sinonomo con sus juegos.

TOCLAS. pc. Hallar algo. *Ma*. hallarse acaso. [illegible] *Ma-an*. lo que. *Ica*. la causa. Sinonomos [illegible], [illegible].

TOCLAS. pc. [illegible] Ser cogido de repente. [illegible] nang [illegible]

TOCLO. pc. Asentar como las letras encima de la pauta. [illegible] *ang papel*, escribe sobre pauta. Vide [illegible], su sinonomo, con los demas juegos.

TOCLOB. pc. Vide [illegible], su sinonomo.

TOCLONG. pc. Camarin, con altar, á iglesia provisional. Vide *Camarin*.

TOCMO. pc. Vide [illegible].

TOCMOL. pc. [illegible] de la tierra.

TOCNOB. pc. Lo mismo que [illegible].

TOCO. pc. Chacon. [illegible] quiere decir estoy muy solo.

TOCO. pc. Pez del mar así llamado.

TOCO. pc. Perder la fuerza como la medicina. *Vm*, reparar, advertir. [illegible] *Ma*. [illegible]. *Y*, causa ó con que. Sinonomo *Simbon*.

TOCO. pc. Ir á la mano. *Vm*. A quien, [illegible]. Vide *Bati*, con sus juegos.

TOCO. pc. Sobrino. [illegible]

TOCOL. pc. Arroz seco en la espiga antes de cortarlo. *Ma*. secarse. [illegible]

TOCOL. pc. Pares ó nones [illegible] Pares, ó nones? [illegible], pares. Sinonomo [illegible]. pc.

TOCOL. pc. Remunerar. *Mag*. *In*. á quien. *Y*. con que. [illegible] no tengo con que remunerarte.

TOCOL. pc. Labrar con cincel. *Vm*. Lo que, *In*. Si mucho, *Pagtotocolin*. pc. Con que. *Y*. Si mucho, *Ipagtotocol*. *Panocol*, el cincel.

TOCOL. pc. Golpear con algun palo la madera para desencajarla, con los mismos juegos.

TOCOP. pp. Empuñar, poner la mano en la cintura ó en la frente, &c. *Mag*. [illegible] *Manocop* [illegible] las partes naturales. *In*, serlo. Si mucho, *Pagtotocopin*. pc. La mano. *Y*. Si mucho, *Ipag*. pc. *Vm*, empuñar la espada. *In*, ella. *Mag*, amagar con ella.

TOCOR. pp. Puntal. *Vm*. mejor. *Mag*. ponerlo. Si mucho, *Pag-an*. pc. El puntal, *Y*. Si mucho, *Ipag*. pc.

TOCOR LANĜIT. pp. Planta que se halla en Silan, Indan.

TOCOR LANĜIT. pp. Una yerba como palo agudo.

TOCOR ILONG. Ternilla de la nariz.

TOCOY. pp. Hacer algo sin rodeos, *Vm*, Si mucho, *Mag*. pc. Lo que, *In*. Si mucho, *Pag-in*. pc. Lo que causa ó con que, *Y*. Si mucho, *Ipag*. pc. *Tocoing babal-in*, habla sin rodeos.

TOCOY. pp. Ojear la caza, *Mag*. La caza, *In*. *Na*, estar.

TOCOY. pp. Objeto señalado, propósito, cosa determinada. *Ang sucat nating, tocoing pintacasinin, ay si Guinoong Santa María*. A quien señaladamente hemos de tomar por abogada, es á María Santísima. *Uala cang tinocoy?* No has señalado á alguno?

TOCOYA. pp. Hacer sonar las mejillas como chacon. *Mag*.

TOCSO. pc. Tentacion. *Vm*, tentar. Si mucho, *Magtotocso*. *Hin*, ser tentado. Si mucho, *Pagtotocsohin*. Con que ó causa, *Y*. Si mucho, *Ipagtotocso*. Lugar, *Pag-han*. *Manocso*, frecuent. Andar tentando. Si mucho, *Magpanocso*. Con que, *Ipanocso*. Lugar, *Panocsohan*. Nombre, *Mapanocso*, tentador.

TOCSO. pc. Examinar preguntando, con las composiciones de arriba, menos *Magtotocso*. *Tocsohin*, preguntas. *Mag-han*, dos mútuo. Sinonomo *Tanong*.

TOCTOC. pc. Coronilla de la cabeza, ó remolino que hace el cabello. *Vm*, dar coscorron. *An*, donde. *Y*. con que.

TOCTOC. pc. Golpear alguna cosa sobre otra para que salga algo, como al hueso para que salga el tuétano. *Vm*; mejor *Mag*. Si mucho, *Magtotoctoc*. Lo que, *Y*. Si mucho, *Ipagtotoctoc*. Sobre que, *An*. Si mucho, *Pagtotoctocan*. Dar golpes sobre la cabeza con algo, golpear la cabeza del pescado, para sacarle la gordura ó con los mismos juegos de arriba.

TOCYASAN. pp. Camarones de agua dulce.

TODSOC. pc. Dar con punta de aguja, *Todsocin nang carayom*. Vide *Tondoc, toroc*.

TODSOC. pc. Vide *Tabsong tosoc, losoc, lobag*.

TOGAC. pc. Rana.

TOGAGAS. pp. Color muerto. *Togagas na tayom*, color azul muerto.

TOGANG. pc. Tocar cierto instrumento, *Mag*, El instrumento. *In*. A quien, *An*. Con que, *Y*.

TOGAS. pc. Enjabonar algodon para teñirlo, *Mag*, El algodon, *An*.

TOGPO. pc. Impedir el tiro ó el cordel en el moton. *Natogpo ang lampara*, quedó impedida por no correr el mecate.

TOGUITOGUIANG PAQUIT. pc. Planta que dá nabos.

TOGHAC. pc. Vide *Tohac*.

TOGLOY. pc. Triste, pensativo. *Vm*, estar asi. Vide *Tiguib*, con sus juegos.

TOGNAS. pc. Derretir gordura al fuego. Vide *Tignas, hoias*.

TODYO. pc. Brindar, *Vm*. A quien, *Todyohin*. Con que, *Y*. Unos á otros, *Maghan*. *Aço,i, pinagtotodyo mo nang uica*, me provocas con tus palabras.

TOGUI. pp. Raiz como el camote.

TOGUITOGUIAN. pp. Yerba. Sinónomo *Dosodosohan.*

TOGLO. pp. Alcanzar algo empinándose, ó saltando.

TOGNO. pc. Agua salada pásada por arena, de que se hace sal. Vide *Tasic.*

TOGNO. pc. Salmuera. *Na,* estar algo asi.

TOGON. pc. Respuesta. Vide su sinónomo *Sagot.*

TOGOT. pp. Aflojar. descansar, Vide *Tahan,* con sus juegos. Adviértase que no es bien usar de este nombre, conjugándolo sin negacion; y si alguna vez se ha de usar alguna activa, sea *Magpa.* v. g. *Di magpatogot sa aquin,* no me deja descansar. Pero con la negativa se conjuga bellamente. *Di aco togotan, houag mo siyang togotan, hangan di somonod,* no le dejes hasta que obedezca.

TOGOY. pc. Moverse ó menearse algo. *Vm,* l *Maca,* menear. *In,* lo que. Si mucho, *Pagtologoin.* Causa ó con que, *Y.* Si mucho, *Ipagtotogoy. Quinatotogoyan,* sobre que. *Ica,* la causa. Sinónomos *Ogoy, Oga.*

TOGSO. pc. Lo mismo que *Tocso.*

TOGTOG. pc. Tañer, tocar, *Vm.* Si mucho, *Mag.* Lo que, *In.* Si mucho, *Pagtotogtoguin.* Con que, *Y.* La causa, *Ipag.*

TOGTOG. pc. Calva en la coronilla.

TOGTOGUIN. pp. Calvo perfecto.

TOHAC. pc. l. *Tohad.* Garzotas. Tambien pájaro blanco sin cola.

TOHÓ. pc. Picar con aguja, ó prender con ella, *Vm.* Lo que, *In.* La aguja, *Y. Minsang pagtohog,* una puntada. Sinónomo *Toroc.*

TOHOG. pp. Ensartar, *Vm.* Si mucho, *Mag.* pc. Lo que, *An.* Y mejor, *In.* Si mucho, *Pag-in.* pc. El hilo, *Y.* Si mucho, *Ipag.*

TOHÓG. pp. Ensartar hojas de nipa en bejuco, cesto en que echan arroz, y se llama. *Tohog,* con los mismos juegos que el antecedente, quitando la pasiva de *An. Manohog,* vivir de hacer cestos. *Ipanohog,* con que. *Sangtohog,* un cesto. *Manohog,* cada uno un cesto. Cuadra tambien para el espetar como carne en bejuco, caña. Nombre, *Tohogan,* l. *Tohogan.* pc. El bejuco diputado para ensartar. Si mucho, *Pagan.* pc. *Sangtohogan.* pp. l. *Tohogan.* pc. l. *Tinohogan.* pp. Una sarta ó un ensarte.

TOHOG. pp. Hilvanar, *Vm.* Si mucho, *Mag.* Con las demás composiciones de arriba excepto el *An,* que significa ser ensartada la aguja. Sinónomo *Totos.*

TAHOG DALAG. pc. Yerba medicinal para heridas.

TOHOL. pp. Madeja de algodon hilado, que tiene noventa y seis hebras.

TOHOR. pp. Rodilla. *Ma,* topar acaso con ella. *Vm,* dar con ella. *Manohor,* dar con ella cuando juegan el *Patid. In,* á quien. Si mucho, *pagin.* Con que, *Y.*

TOHOR MANOC. pc. l. *Tohoran manoc.* Yerba medicinal para las muelas.

TOLA. pp. Granillo que nace en la boca de los niños.

TOLA. pp. Enderezar lo inclinado, *Vm,* l. *Mag.* Lo que, *Hin.* Si muchos, *pag-hin.* pc. Con que, *Ipag.* Sinónomo *Touid.*

TOLA. pp. Pepita de la gallina. *Nagtotola,* l. *Tinotola,* padecerla.

TOLÁ. pc. Poesía propia de estos naturales. *Vm,* poner en verso la prosa, dar el consonante al pie. Si mucho, *Mag.* Ser vuelta la prosa en verso, *In.* Si mucho, *pagtotolain.* Aquello que se dá por consonante, *An.* Si mucho, *pagtotolaan.* El consonante, *Y.* Si mucho, *Ipagtotola. Mag,* hacer poesía.

TOLA. pc. Poner enfrente una cosa de otra. *Mag,* ponerse dos enfrente. *Pag-in,* las cosas puestas. Tambien *Mag,* poner una cosa enfrente de otra. *Y,* lo que. *Pag-an,* contra qué.

TOLAC. pp. Rempujar, *Vm,* l. *Mag.* Lo que, *Y.* Si mucho, *Ipag.* pc. Con que, tambien *Ipag.* Hácia donde, *pagtolacan.*

TOLAC. pp. Irse el que navega. *Vm,* partirse. *Cailan cayo totolac?* Cuándo os partireis? *Y,* ser rempujada la banca. *An,* de á donde. *Catolacan.* pp. La partida. Sinónomo *Panotolac.*

TOLAC BAHALÁ. pp. Veleta.

TOLAC BAHALA. pp. Lastre. *Mag,* lastrar. *In,* la banca. Tambien *Tolacang bahalaan,* ser lastrada.

TOLAG. pp. Derretir acero, *Mag.* El acero, *In.* Donde se echa, *An.*

TOLAG. pc. Lanza grande. Vide su sinónomo *Tandos.*

TOLALI. pp. Estar uno solo. *Sa unang caonaonahan, ay tolali nang tolali ang Panĝinoong Dios,* desde ab eterno Dios es uno solo.

TOLAO. pc. Acogotar animal, *Vm.* El animal, *In.* El cuchillo, *Y.* Propiamente es meter á la gallina por el cogote una pluma.

TOLAOC. pp. Canto de gallo. Vide *Talaoc.*

TOLAS. pp. Emfermedad de cursos. *Ma,* padecerla. *Ica,* l. *Quinatolasan,* causa.

TOLAS. pp. Derretirse como azúcar, sal, &c. *Vm,* l. *Na.* Vide *Holas.* De este nace el antecedente, que es metafórico.

TOLASOC. pc. Cámaras líquidas. Vide su sinónomo *Tilasoc.*

TOLDOC. pc. Picar las morcillas, *Vm.* Ellas, *In.* Lo mismo es *Torloc.* De este sale el que se sigue.

TOLDOC. pc. Tildar, poner punto en la escritura, *Mag. Toldocan mo ang sinusulat mo,* pon punto á lo que escribes.

TOLICTOLIC. pc. Deslumbrarse por flaqueza, *Vm,* l. *Mag.* La causa, *Ipag.*

TOLIYAPIS. pp. Paja qua parece grano, ó arroz vano.

TOLÓ. pp. Gotera, y propiamente pasar por agujero. *Vm,* gotear, ó salirse el licor de la vasija. Si mucho, *Mag.* pc. De á donde, ó á donde dá, *An.* Si mucho, *Pag-an.* pc. La causa, *Y. Patoloin mo iyang tubig,* l. *Ipatolo.* pp. Haz que gotee. *Patoloan,* sobre que. *Magca,* haber de nuevo gotera. *Ipagca,* la causa. Sinónomos *Cayat. Tayac. Mey tolo ang bangca,* hace agua la banca. *Tolon azucar,* gotera de azúcar. *Tolon taba,* pringue.

TOLO. pp. Añadir el tercer hilo á dos ya torcidos, *Mag.* El añadido, *Y.* A los dos, *An.*

TOLÓ. pc. Apostar los muchachos á cual baila mas, *Mag,* l. *Mag-an.*

TOLOC. pc. Sangraza hedionda. *Magca*, haberla. *In*, padecerla. Nombre, *Toloquin*. Sinónomo, *Logá*.

TOLOCATICAN. pc. Arroz pasmado. *Mag*, pasmarse. *Ipag*, la causa. ¡Es mas que *Tolyapis*.

TOLOG. pp. Dormir. *Ma*, l. *Maca*. *Natolog*, l. *Nacatolog*, está durmiendo. Verbal, *Pagtolog*, l. *Pagcatolog*, mejor *pagcacatolog*. Causa ó tiempo, *Y*. *Mag*. pc. Dormir mucho. *Ipag*. pc. La causa. Nombre, *Mapág*. pc. l. *Matologuin*. pc. Dormilon. *Patolognin mo siyá*, déjale, ó mándale dormir. *Vm*, dormirse de propósito, ó descansar: se usa poco. *Tologan*, dormitorio. *Natotolog mandin sa casalanan*, está dormido en el mal. Metáfora.

TOLONG. pp. Ayuda. *Vm*, ayudar á otro. Si mucho. pc. *An*, á quien. Si mucho, *Pag-an*. pc.

TOLONG. pp. Ayuda. *Vm*, ayudar á otro. Si mucho, *Mag*. pc. Á quien, *An*. Si mucho, *Pag-an*. pc. Causa, ó con que, *Y*. Si mucho, *Ipag*. pc. *Mag*. pp. Dos ayudándose en algo. *Pag-an*, aquello en que. *Catolong*, compañero. *Manolong*, frecuent. Si mútuo, *Magpanolongan*, l. *Manolongan*, l. *Magtolongan*.

TOLONG. pp. Ayudarse unos á otros á sacar el pescado de la red, para echarlo en la embarcacion, *Mag*. pc. El pescado, *Pag-an*. pc. Sinónomo *Himonga*.

TOLOS. pp. Estaca hincada. *Vm*, dar fondo, hincando la estaca. *Mag*, hincarla. Si mucho, *Mag*. pc. La estaca, *Y*. Si mucho, *Ipag*. pc. Á donde, *An*. Si mucho, *Pag-an*. pc. Nombre, *Panolos*. Sinónomo *Tictic*, *tiric*. *Tauong totolostolos*, vagamundo. *Tolos na banta*. pc. Pensamiento firme.

TOLOS. pp. Agujero de cosa ensartada, como cuentas. *Mag*, agujerar. *An*, lo que. *Loagan mo yaring tolos*, ensancha ese agujero. *Hindi tinotolosan ang buhay!* Quién sabe cuánto dura la vida!

TOLOT. pp. Permision. *Vm*, mejor *Mag*, permitir, conceder. *Y*. lo que. Si mucho, *Ipag*. pc. Á quien, *An*. Si mucho, *Pag-an*. pc. Sinónomo *Pahintolot*. *Laban tolot na bigay*, dádiva por fuerza. De aqui *Panolot*, viento á popa.

TOLOY. pp. Proseguir hasta el fin, acabar de hacer de todo punto, *Vm*, l. *Mag*. *Toloy*. pc. Proseguir adelante. *Mag*. pp Proseguir llevando algo adelante. *Pinatay ding tinoloy*, matóle de todo punto. *Yinari cong tinoloy*, lo acabé de todo punto. *Patoloyin*, l. *Ipatoloy*, prosigue. *Ipatoloy ang parusa*, prosigue el castigo. *Toloyan*, por donde, ó lo que acaba. Causa, *Ipag*. pc. *Toloyin*, la casa, persona ó término á que camina. *Magpatoloy man saan*, *Magparating man saan*. *Natoloy*, dicen de la criatura que luego que nace muere. De la fruta que no llega á madurarse dicen: *Di tungmuloy*. *Nasira ding toloy*, se perdió. *Natoloyan siya nang galit*, dejóse llevar del enojo.

TOLOY. pp. Vender de todo punto algo, *Mag*. l. *Mag-an*. *Y*, lo que. Si mucho, *Ipag*. pc. *Tinoloyan co ang sanla niya*, le compré del todo su prenda. Si mucho, *Pag-an*, pc. Sinónomo *Tabas*, *Patas*.

TOLOY. pp. Hospedarse, *Vm*. Si mucho, *Mag*. pc. *An*, la casa. Si mucho, *Pag-an*. Causa, ó lo que es metido, *Y*. Si mucho, *Ipag*. pc. *Magpa*, hospedar, acoger. Á quien, *Patoloyin*. Si mucho, *Papagtoloyin*. La casa, *Patoloyan*. Si muchos, *Pinagpapatoloyan*. pc. *Toloyan*. pp. l. *Toloyan*. pc. Posada. De aqui sale *Panoloyan*.

TOLOY. pc. Adverbio: juntamente, ó de camino. *Ibigay mo ito sa Capitan, toloy*. pc. *Aco,i, icuha mo nang tubig*, dá esto al Capitan, y de paso tráeme agua. *Sampun*, *pati*, sinónomos. Adviértase que cuando en la oracion entran estos tres, el *Toloy*. pc. se pone á lo último.

TOLOYTOLOY. pp. Gargantilla de oro.

TOLSOC. pc. Lo mismo que *Todsoc*, con sus juegos.

TOLTOL. pc. Plomada, nivel. Sinónomo *Patitis*.

TOLOYAPIS. pp. Vide *Toliapis*, este es el usado.

TOMÁ. pp. Enristrar lo que se ha de meter en agujero, *Mag*, Lo que, *Y*. El agujero, *An*.

TOMA. pp. Piojo de ropa. *In*, ser comida de ellos. *Matoma*, tenerlos la ropa. *Tomahin*, piojoso. *Magcaca*, tener de nuevo. Vide *Hinoma*.

TOMAG. pp. Tonto. *Catomagan*. pc. Tontera. *Catomangtomang*, andar asi.

TOMAL. pp. Embotarse el filo de la herramienta. *Vm*, irse poniendo asi. *Y*. la causa. Abstracto, *Catomalan*. pp. *Matomal na sundang*, embotado.

TOMALOLA. pp. Bejuco delgado. *Nanonomalola*. buscarle.

TOMANÁ. pp. Terraplenar. *Lupang tomana*, tierra levantada, aterraplenada.

TOMANOR. pp. Duende. Sinónom. *Patianac*.

TOMBAHÍ. pp Sentirse de que le riñen, ó enseñen, *Vm*. l. *Maqui*. Si mucho, *Mag*, pc. De quien, *An*. Si mucho, *Pagtombahian*. pc. Sinónomos *Patol*, *patas*, *tongo*.

TOMBAHÍ. pp. Repartir por igual, *Magca*. Ser repartido, *Pagtumbahiin*.

TOMBALIC. pp. l. *Tombalic*. pc. Vuelta en redondo. *Mag*, darla. *Y*, lo que. Si mucho, *Ipagtotombalic*. pc. Sinónomos *Balintouar*, *Balic*.

TOMBOC. pc. Cañutos que ponen en el estiercol para que no se hunda.

TOMOAY. pc. Asiento en la embarcacion, entre el piloto, y el señor de la banca. *Mag*. pc. Bogar alli. Sinónomo *Talicol*.

TOMOC. pp. Espesura de zacate, *Matomoc na ramo*, zacate espeso. *Catomocan*, abstracto.

TOMOC. pp. Zacate podrido, hecho lodo. *Naguiguintomoc na*, se pudrió.

TOMORÓ. pp. Geme. *Sangtomoro*, un geme. *Tomoróin*, ser medido á gemes. Con que, *Y*. Sale de *Toro*.

TOMPIC. pc. Diges. Vide los juegos de *Damit*.

TOMPIC. pc. Mudar de costumbre, como de zafio á cortesano, *Mag*. *In*, lo que usa, como la ropa del cortesano el zafio. *An*, á quien se dá. La causa, *Ipag*.

TOMPOC. pc. Montoncillo de algo. *Mag*, hacerlo. Si mucho, *Magtotompoc*, Lo juntado, *Y*. l. *In*,

Si mucho, *Ipag*, l. *Paglotompoquin*. Lugar, *An*, l. *Pag-an*, *catompoc*, un monton.

TONÁ. pp. Hundirse. *Vm*, l. *Ma*. La causa, *Y*. *Catona-an*, abstracto.

TONAO. pp. Derretirse, *Ma*. *Tonao na tinga*, plomo derretido. *Vm*, l. *Mag*, derretir. Si mucho, *Mag*. pc. *In*, lo que. Si mucho, *Pag-in*. pc. Con que, *Ipag*. A donde, *Pag-an*. Si mucho, *pag-an*. pc. *Tonao na buan*, menguante. Metáf.

TONAS. pc. Fruta pequeña, como arena. *Quinapal ang tonas*, vende gato por liebre. Metáf.

TONAY. pp. Verdadero, acendrado, perfecto. Vide *Tibobos*, su sinónomo.

TONAYSA. pc. El año que viene.

TONDÁ. pc. Pescar con anzuelo, *Manonda*. En que ó lugar, *Panundaan*. Con que ó para quien, *Ipanunda*. *Pinanunundaan*, l. *Napanundaan*, l. *Natunda*, lo pescado.

TONDAAN. pp. Embarcacion pequeña, que llevan con la grande.

TONDAÁN. pp. Numerar como debe las cosas. *Hindi nagtotondaan*, siempre con negativa, como se vé en este verso de una comedia.

Icao rin ang magpahayag,
cay Pilat na caposoñgan
na ri na nagtoton daan
sa mañga Haring talonan.

TONDAYAG. pc. Vide *Londayag*. pc. ó *Lindayag*, y sus juegos.

TONDO. pc. Hincar la aguja, ensartar, *Mag*. *Natondo ang camay co*, se me hincó la aguja. *Binibilang mo yata ang mañga tondo*, se dice de la muger que cose despacio.

TONDOC. pc. Plátano asi llamado.

TONDOC. pc. Ensartar carne en asador *Mag*, asar asi. *In*, lo que. Si mucho, *Pagtotondoquin*. *Ipag*, para quien.

TONDOC. pc. Picar con aguja, *Mag*, Lo que, *In*. Con que, *Y*. Para quien, *An*.

TONGA. pc. Cultivar palmas de coco, quitar el bomboncillo. *Manonga*, cultivar asi. *In*, el bombon quitado. *Nagtotonga nang tuba*, hurtarla.

TOÑGÁ. pc. Uñero. *Magca*, l. *In*. tenerlo. Si mucho, *Pagtotoñgain*. *Ica*, la causa.

TONGAC. pc. Vide *Toñgag*. pc.

TOÑGAG. pc. Torpe, inhábil. Sinónomo *Maang*.

TOÑGAL. pc. Torpe de manos. *Ma*, hacerse. *Catoñgalan*, rudeza. *Satotoñgal*, estar hecho un *Bausan*.

TOÑGAÑGÁ. pp. Estar boquiabierto. *Vm*, l. *Na*, l. *Napapa*, l. *Satotoñgaña*, estar así. *Ica*, la causa. *Quinatotoñgañgaan*, lo que es visto asi.

TOÑGAO. pc. Animalito pequeño que pica, y da comezon. *In*, ser picado. Si mucho, *Pagtotoñgauin*.

TOÑGAR. pp. Perro cazador, que deja de serlo, *Na*. La causa, *Ica*.

TOÑGAYAO. pp. Palabras malas, ya indecentes, ya afrentosas, &c. *Mag*, decirlas. Si mucho, *Mag*. pc. A quien, *Pag-an*. Si mucho, *Pag-an*, pc. l. pp. La causa ó palabras, *Ipag*. pc. *Manoñgayao*, frecuent. *Panoñgayauan*, á quien. Nombre, *Mapag*, l. *Manoñgayao*.

TONGCÁ. pc. Cabecear. Vide *Tocá*. Es Tinguiano.

TONGCO. pc. Trévedes, ó piedras en que asientan la olla al fuego, *Mag*, hacerlas, ponerlas. *Tongcoin*, ellas. *Mataas ang tongco nang calan*, se aplica al que dice siempre que no tiene. Adviértase que de todo lo que se pone como trévedes, aunque sea la gente, cuando se sienta á conversar, se dice. *Nagtotongco sila*; y si son dos solamente, el tercero que llega á hacer la dicha figura, la accion es por *Vm*, l. *Maqui*. Los dos á quienes se llega, *Toñgcoan*, l. *Paquitongcoan*.

TONGCOL. pc. Pertenencia, tocar ó pertenecer algo *Sinong mey tongcol nito?* A quién le toca esto? *Natotongcol sa aquin*, esto me pertenece á mí. *Catongcolan co ito*, esta es mi obligacion, pertenencia. *Mag*, y mejor *Magpa*, repartir á cada uno lo que se le debe. *Pag-an*, á quien se dá. Y si mucho, *pagpapatongcolan*. Lo que, *Ipa*. Si mucho, á muchos, *Ipagpapatongcol*. *Aco,i, pinatongcolan nang Dios nito*. Dios me dió esto.

TONGCOL. pc. Señalar ó tomar su tarea, *Vm*. Lo señalado, *In*. *Magtinongcolan*, tomar cada uno su pertenencia.

TONGCOR. pc. Báculo, ó bordon. *Mag*, usar de él. *In*, lo que. *Ipag*, causa. *Uala acong tongcorin*, hominem non habeo.

TONGCOS. pc. Envolver como dinero en paño, *Vm*, l. *Mag*. *Tongcosan*, bolsa ó envoltorio. *In*, lo que. *Y*, l. *Tongcosan*, en que. Es término Pampango, pero usado.

TONGGÁ. pc. Beber en vasija grande. Tambien se aplica á beber de bruces, *Vm*, Si mucho, *Magtotongga*. Lo que, *Tonggain*. Si mucho, *pagtotonggain*. Con que, *Y*. Si mucho, *Ipagtotongga*. La vasija, *Tonggaan*. Y si mucho, *pagtotonggaan*.

TONGGAC. pc. Empinarse la culebra, sacar la cabeza del agua el pez. *Vm*, l. *Totonggactonggac*. Causa, *Y*. Lugar, *Tonggacan*. *Patonggaquin muna natin*, aguardemos que saque la cabeza.

TONGGAC. pc. Inhábil. *Na*, estar asi.

TONGGAL. pc. Comprar ó vender uno por uno. *Mag*, l. *Mag-an*, concertarse dos asi. *Totonggalin*, se llama lo que vale un toston. *Hampasin sila nang manunggal*, á cada uno un azote.

TONGGALI. pp. Uno á uno. v. g. como en la danza ó juego. *Magca*, estar dos, uno enfrente de otro. *Catonggali*, cada uno. *Maqui*, ponerse enfrente. *Mag*, avenirse dos para algo. *In*, ser hecho compañero, ó ser hecho algo de uno solo. *Pagtonggaliin iyang dalaua catauo*, sean puestos enfrente esos dos. *Y*, l. *Ipaqui*, lo puesto enfrente de otro. *An*, l. *Paquitonggalian*, aquel enfrente de quien. *Catonggalian*, dicha postura.

TONGGUÍ. pc. Lábio partido. Sinón. *Soñgi*. pc. *Buñgi*.

TONGLAN. pc. Caña tronchada por la punta. *Cauayang tonglan*, caña asi.

TONGDO. pc. Planta silvestre de flor blanca. Sinónomos *Haoaya*.

TOÑGO. pp. Enderezar su camino hácia alguna

parte. *Saan ang tonĝo mo?* Hácia donde te encaminas? *Vm*, encaminarse á alguna parte. *Hin*, la parte á donde. *Mag*, lo que endereza á algun término. *Y*. l. *Ipa*, lo que es enderezado. Sinónomo *Tapat*. Notése, que diciendo lugar determinado, es *Tinotonĝo*. Pero para lugar ut sic *Patonĝohan*.

TONĜO. pp. Fin, intento, ó mira que uno tiene. *Saan ca napapatonĝo niyang gaua mo?* l. *Saan itinotonĝo*, l. *Ipinatonĝo iyang gaua mo?* Qué fin mira esa tu obra? *Doon ang tonĝo*, allá mira. *Itonĝo mo ang alaala,t, loob mo sa Panĝinoong Dios*, encamina tu corazon á Dios. *Ang tonĝo niya*, l. *Ang napapatonĝohan*, l. *Ang quinapatonĝohan niya ay*, &c., la mira, el blanco, el fin, &c.: es en activa, *Magpa*.

TONĜO. pp. Vide *Tonggali*, con sus juegos, *tonĝo*, pp. Concertar. *Mag*, dos. *Pagtonĝohan*, en que. *Vm*, l. *Maqui*, regatear comprando. *Paquitonĝohan*, persona, ó lo que es regateado. *Ipaqui*, con que, ó el dinero. *Mag*, regatear vendiendo. *Paquipagtonĝohan*, con quien. *Ipaquipag*, con que, Sinónomo *Tauar*.

TONĜO. pp. Parte que le cabe de la particion de algo. *Natonĝo co*, l. *Nacatonĝohan co ito*, esto me cupo de parte. *Ipa*, ser dada. *Maghan*, dos entre sí. Sinónomos *Tongcol*, *bahagui*.

TONĜO. pp. Enojo ó sentimiento. *Vm*, l. *Maqui*, enojarse, *Han*, l. *Paquitonĝohan*, á quien. *Y*, l. *Ipaqui*, causa. Sinónomos *patas*, *patol*. *Tombahi*.

TONĜO. pc. Mirar hácia abajo, inclinar la cabeza, *Vm*, l. *Magtotonĝo*. pc. Lo mirado, *Tonghan*. Á quien se inclina la cabeza, *Tonĝohan*. Si mucho, *pagtotonĝohan*. La causa ó rostro, *Y*. Si mucho, *Ipagtotonĝo*. pc. *Ang tonĝo nang loob ay sa masama*, mal inclinado. Metáf.

TONĜO. pc. Apuntar de alto abajo. *Magpa*. Á lo que, *patonghan*. Con que, *Ipa*. Refran. *Umanot di tomonĝo*, no hay mas que bajar la cabeza.

TONG-OL. pc. Degollar, *Vm*. Si mucho, *Magtotong-ol*. pc. Lo que, esto es, la cabeza, *Tong-olin*. Si mucho, *pagtotong-olin*. Á quien, *Tong-olan*. Si mucho, *pagtotong-olan*. Con que, *Y*. Si muchos, *Ipagtotongol*. Sinónomo *Pogot*, *Puyoc*.

TONG-OL. pc. Estandarte, gallardete. *Mag*, ponerlo, *An*, donde.

TONĜOR. pc. Dar á cada uno lo que le toca. *Tinotonĝor*, aquello con que igualan al que tiene menos. *Pagtongdin silang bigyan*, ser igualados. *Magcatonĝor cayo nang banta*, sois iguales en la traza. *Catonĝor*, cada uno.

TONĜOR. pc. Pares ó nones. *Magca*, jugar asi. Admite los juegos ó composiciones relativas.

TONĜOR. pc. Hilo de la telaraña. *Mag caraling mapatir ang cacatonĝoran Laualaua!* Qué cosa mas fácil de quebrar, que un hilo de la telaraña!

TONGQUÍ. pc. Estar mal puesto algo en la punta de palo, &c. *Ma*, estar asi. *Quinatotongquian*, lugar. *Mag*, ponerlo.

TONGQUI. pc. Arrimarse el niño á la madre *Vm*, l. *Ma*. *Tongquian*, la madre.

TONGTONG. pc. Tapadera. *Mag*, tapar la olla. *An*, lo tapado. Si mucho, *Pagtotongtonĝan*. *Y*, con que. Si mucho, *Ipagtotongtong*. Sinónomo *Soclob*. *Ang solohay tongtong sa masamang gaua*, el alcahuete es tapadera de lo malo. Metáfora.

TONGTONG. pc. Poner los pies sobre algo. *Vm*, ponerse asi. *Tongtonĝan*, sobre que. *Y*, el pie. Si mucho, *Ipagtotongtong*.

TONTONG MOLÁ. pc. Orígen, principio, descendencia. *Magpa*, l. *Mag*, dar principio. *Pinagtongtonĝan*, de donde. *Si Adan ang nagtongtong mula sa atin*. En Adan comenzó nuestro linage.

TONHAC. pc. Levantar la cabeza, estender el cuello para mirar algo. Vide *Tonggac*, con sus juegos.

TONTON. pc. Dar vueltas con el cordel, ó por él, *Manonton ca sa lubir*. *Pan-an*, el cordel. *Tontonin mo ang pono*, es buscar la punta del cordel que está enredado.

TONTON. pc. decir algo por su orden como el que predica, *Vm*. Lo que, *In*.

TONIS. pp. Ahogár algò en manteca, como el recaudo para guisar, *Mag*. Lo que, *An*.

TONOB. pc. Cubrir. *Natotonoban nang tabing ang silid*, el aposento está cubierto con la cortina.

TONOG. pc. Sonido. *Matonog*, que suena bien. *Mag*, sonar. *Ipag*, causa. *Pag-an*. pc. A donde.

TONOR. pp. Flecha. *Mag*, traerla. *Ipag*, causa. Sinónomo *Panà*.

TONQUÍ. pc. Lábio partido.

Nanati si tonqui
lalong botas ang labi.

El que tuviere la ventana de vidrio, no tire piedras á su vecino.

TOO. pp. Asi es. *Ay too naparito si cuan*, asi es, ahora me acuerdo que vino fulano.

TOOB. pp. Humo antes de la llama, *Vm*, l. *Toobtoob ang aso*.

TOOC. pp. Lugar principal de la iglesia, casa, &c. *Napatooctooc sa dacong canan*, ó *caliua*. Solo tiene el uso asi, contando el lugar donde se puso, y aunque parece lo mismo que *paroyo*; pero no se usa con *tooc* el *patooc ca*, sino como está arriba solamente.

TOON. pp. Allegar algo á la medida. *Itoon mo diyan itong lubid*, allega esto á aquel mecate. *Nagcatotoon*, las dos cosas en frente, lo que se allega, y la medida á que.

TOON. pp. Estrivar ó afirmar sobre algo, *Vm*, l. *Mag*. Lo que, *In*. Con que, *Y*. Donde, *An*. Estar asi, *Ma*. Lo que, *Y*. Donde, *Naan*, l. *Caan*. *Ang cabagsican nang Panĝinoong Dios, ang quinatotoonan nang Mundo*, el mundo estriva en el poder de Dios. *Ang hagdan ni Jacob ay nagmola sa lupa, na totoon sa lanĝit*. Por la de *Vm*, estrivar poniendo las manos para no caer. Por la de *Mag*, estrivar con algo, como con báculo, &c. *Y*, con que.

TOON. pp. Orígen de algo. *Ang lupang pinagbuquiran co, siyang pinagtoonan co nang sa-*

lapi, la tierra que sembré, fue orígen de esta plata. No tiene mas uso.

TOONG. pp. Valde grande en que tiñen los tintoreros: tambien valde, con que sacan agua.

TOONG. pp. Medio caban de á veinte gantas. *Mag*, medir. *In*, lo que. *Y*. con que. *Vm*, l. *Man*, medir tomando. *Mag*, dando. *An*, á quien.

TOONG. pp. Destilar, ó alquitara. *Mag*, destilar. *In*, lo que.

TOOP. pp. Estender la mano como quien tapa, *Mag*. Lo que, *In*, l. *An*. Con que, *Y*. Sinónomo *Tocop*.

TOOR. pc. Raigon hincado en tierra, que queda de los árboles cortados. *Ma*, tropezar en él. *Catooran*. pc. En que. Sinónomo *Soal*. *Toor nang toor dito*, está aqui como un tronco.

TOOR. pc. Nombrar algo difícil de decir, *Mag*, l. *Vm*. Lo que, *Toran*. Estarlo, *Natotooran*, *Maca*, poder. *Matotooran co pa ang camahalan ni G. Santa María?* Podré decir la grandeza de María Santísima? *Patooran quita*, es lo mismo que *bogtongan quita*. *Patoor na uica*, id est *Bogtong*.

TOOR. pc. Decir lo que no vió. *Ang catotooran nang uica*, la esplicacion del dicho: diferénciase de *Casaysayan*, porque este es esplicacion circunsciada.

TOOS. pp. Buscar ó seguir al que está lejos, *Vm*, l. *Mag*. Lo que, *In*.

TOOS. pp. Informar de raiz algo, *Vm*. Lo que, *In*. *Pinasugatan siyang ualang toos*, le hirieron sin modo ni medida. Metáfora.

TOPA. pp. Carnero: llámanlo asi porque *topa*.

TOPA. pc. Alegar dos sus razones, *Mag*.

TOPAC. pp. Rodaja, que solian poner en la parte vergonzosa, ad exercendos actus impudicos. *Mag*, traerla. *An*, serle puesto. *Y*, lo que.

TOPAC. pc. Tiborcillo de China para vino.

TOPÍ. pp. Hoja del buli. *Vm*, hacer de ellas cesto. Si mucho, *Mag*. pc. *In*, las hojas. Si mucho, *pagtopiin*. pc.

TOPI. pc. Doblar el manto sobre la cabeza, *Vm*, l. *Mag*. Si mucho, *Magtotopì*. *Y*, l. *In*, lo que. Si mucho, *Ipagtotopì*, l. *Pagtotopiin*. Lugar, *pinagtopian*.

TOPÍ. pc. Remachar clavo. *Topiin mo ang dolo nang paco*, remacha la cabeza de ese clavo.

TOPOC. pp. Abrazarse. *Natopoc ang bahay* se abrazó. *Naca*, lo que causa.

TOQUIL. pp. Cañuto que ponen, para recoger la tuba. *Mag*, ponerlo. *An*, á que. Si mucho, *pag-an*. pc. *Y*, el cañuto. Si mucho, *Ipag*. pc. Tambien el cañuto con que beben vino. *Houag cang tomoquiltoquil*, no me persigas. Metáfora; porque no suele apartarse de ellos el cañuto.

TODLANG. pc. Puntal para tener abierta la ventana. *Mag*. ponerlo. *In*, lo que. *Y*, con que.

TORLIS. pc. Picar con lanceta, *Vm*. A quien, *An*. Si mucho, *pagtotorlisan*, *Y*, con que. Si mucho, *Ipagtotorlis*. De oficio, *Manorlis*. Con que, *Ipanorlis*. *Manenorlis*, sangrador.

TORLOC. pc. Hincar cosa larga, como el bordon, *Vm*. Lo que, *Y*. Vide *Toctoc* con los demás juegos, menos el *Mag*, simple.

TORLOC. pc. Punto en escritura. Sinónomo *Torloc*. pp.

TORLONG BINOCOT. pp. Plátanos como los dedos.

TORLONG. DATO. pp. Plátanos como el antecedente.

TORÓ. pp. Señalar apuntando, *Vm*, l. *Mag*. pc. *Y*, l. *In*, lo que. Si muchos, *Pag-in*. pc. *Y*, l. *Ipag*. pc. La causa. *An*, á quien. Si mucho, *Pag-an*. pc. Por *Vm*. señalar, como san Juan á Jesucristo. Por *Mag*, enseñar lo que ha de hacer, ó por donde ha de ir. De aqui *Tumorò*. pp. *Sangtomorò*. pp.

TOROC. pc. Venado de cuernos de un geme.

TOROC. pc. Picar como con aguja, ó prender como el alfiler, *Vm*. Lo que, *In*. Con que, *Y*. Tambien lo prendido, *Y*.

TOROC. pc. Picar morcillas, *Vm*. Ellas, *In*, l. *An*. Sinónomo *Torloc*.

TORONG. pc. Sombrero de nipa. Vide su sinónomo *Salacot*.

TOSAC. pp. Vide *Lasac*, con sus juegos.

TOSING. pp. Dar cabezadas, *Ma*. La causa, *Ica*.

TOSOC. pp. Agujerear nariz, ú orejas, *Vm*. Si mucho, *Mag*. pc. *Mag*, agujerearse, ó dejar que otro agujeree. *Manosoc*, de oficio. *Ipanosoc*, con que. Tambien *panosoc*, instrumento. *Y*, con que, pasiva de *Vm*. *Ipag*. pc. Pasiva de *Mag*. *An*, á quien. Si mucho, *Pag-an*. Abstr. *Catosocan*. pc. Sinónomos *Doro*, *botas*, *tosoc*. pc. Adjetivo, agujereado.

TOSOC. pc. Zambullirse en el agua. Vide *Losoc*, con sus juegos, que es su sinónomo.

TOSTOS. pc. Dar cuerda aflojando, *Vm*, l. *Mag*. Mejor por pasiva, *Y*, l. *Tostosan*. pc. El mecate. Si mucho, *Ipagtotostos*, l. *Pagtotostosan*. pc. *Na*, aflojarse. Sinónomos *Tagostos*, *lobay*, *loag*.

TOSTOS. pc. Viruelas tupidas, y muchas y negras. *Tostos na bolotong*. *Tostosin*, padecerlas. Si mucho, *Pag-in*.

TOSTOS. pc. Tostado. *Vm*, mejor *Mag*, tostar. *Y*, l. *In*, lo que. Si mucho, *Ipagtotostos*, l. *Pagtotostosin*. El fuego en que, *Tostosan*. Si mucho, *Pagtotostosan*.

TOTA. pp. Perrillo de falda. Sinónomo *Bilot*. pc.

TOTO. pp. Acertar en lo que dice ó hace, *Ma*. En que ó lo que, *Natotohan*. Con que ó causa, *Y*. *Naca*, salir con lo que pretende. Sinónomos *Alam*, *tumpac*, *songdò*.

TOTO. pp. Hallar algo, *Natoto aco nang salapi*. Lo que, *Nahan*. Sinónomos *Toclas*, *songdò*.

TOTO. pp. Seguir buscando á otro, *Vm*. Mejor, *Ma*. *Matotohan*, mejor *pagtotohin*, á quien. *Ipag*, causa.

TOTO. pp. Llevar algo á otra parte. *Magtoto nang canin sa aquin, sa buquid. Totohan mo aco nang canin. Alinsonorin mo ang panonotohang cong maquipot na raang na patotongo sa langit*, sígueme por la senda estrecha que lleva al cielo.

TOTO. pp. Averiguar el orígen ó descendencia, *Magtoto nang pagca tauo*. Lo averiguado, *pagtotohin*. A quien se pregunta, *Paghan*. Causa, *Ipag*.

TOTO. pp. Concertarse las voluntades. *Nagpapatoto aco sa canila*. *Catoto*, amigo.

TOTOB. pc. Animalejo de alas plateadas.

TOTOB. pc. Cubrir la embarcacion de popa á proa. *Ma.* estar asi. *Mag.* cubrirla. Mejor, *In.* l. *An*, la embarcacion. *Y.* con que. *Natotob nang tacot*, poseido de miedo.

TOTOHI. pc. Mariposas. Sinónomo *Hintotobi*.

TOTOC. pp. Acercarse para no errar el tiro: úsase la pasiva *Totocan*, como *lapitan*.

TOTOC. pc. Parte que le toca á alguno en la reparticion de algo. *Magpa*, repartir. *Patotocan*, á quien. *Ipa*, lo que. *Catotocan*. pc. La parte. Sinónomos *Bahagui*, *tongcol*, *tonĝo*.

TOTOC. pc. Señales que ponen para enderezar algun palo tuerto, recien derribado. *Mag*, ponerlas. *An*, á que. *Ipag*, con que. Sinónomo *Tandà*.

TOTOG. pp. Despavilar. *Ma*, caérsele á la candela la ceniza. *Vm'*, despavilar. Si muchos, *Mag*. pc. *An*, la candela. Si mucho, *Pagtotogan*. pc. *In*, la ceniza. Si mucho. *Pag-in*. pc. Persona, *Ipag*, l. *Pagtotogan*. pc. *Mag*, preparar las candelas. *Magtotog ca niyong sinulir*, quita el mechon. *An*, la candela. *In*, la ceniza.

TOTOG. pp. Secarse las puntas de lo que está en almácigo, *Ma*. *Ica*, la causa. Sinónomo *Logo*. *Totog nang candila*, pábilo.

TOTOL. pp. Informar de palabra, alegar, *Vm*. Si mucho, *Mag*. pc. *Manotol*, informar por otro, como el relator. *Y*, lo que. Si mucho, *Ipag*. pc. *An*, ante quien. Si mucho, *Pagtotolan*. pc. *Ipag*. pc. Causa. *Ipanotol*, aquel por quien se informa. *Catotol*, cada uno de los informantes. *Magpapaan totol*, l. *Magpapatotol*, dejar alegar á otro.

TOTOLI. pc. Cerilla del oido. *Nagcaca*, tenerla, l. *Matotoling tauo*.

TOTONG. pc. Morisqueta quemada pegada á la olla, hácia el suelo de ella. *Mag*, quemarse, ó hacerse así la morisqueta. *Ipag*, causa. *Papagtotonĝin mo*, *bago mo ahonin*, antes de sacarla del fuego, deja que se queme, ó se haga asi la morisqueta. *Nagtototong ang libag*, se dice del que está muy sucio. *Nagtototong ang colanĝot*, mocos secos.

TOTONGALIN. pc. Vide *Tonggal*.

TOTOO. pp. Verdad. *Patotoo*, decir de veras. *Ipa*, causa. *Ma*, l. *Maguing totoo*, salir verdadero algo. *Catotohanan*. pp. Abstracto. *Vm*, l. *Mag*, hacer algo de veras. *Totoohoanin*, l. *Totoohanin*, ser hecho. *Tinototoo ang uica*, cumplió la palabra. Causa, *Y*. *Totoo mandin*, *totoong totoo*, de veras, ciertamente.

TOTOP. pc. Poner la mano abierta en cualquiera parte del cuerpo sobre ella, excepta parte verenda, ad quam habent speciale nomen. *Vm*, ponerla asi. Si mucho, *Magtototop*. pc. *In*, sobre que. Si mucho, *Pagtotopin*. pc. *Y*, la mano. Si mucho, *Ipagtototop*. pc. Sinónomo *Tocop*, *Oop*.

TOTOP. pc. Tapar con la mano los agujeros de la flauta, *Vm*. Lo que, *In*. Los dedos, *Y*. *Tinototop ang pouit cun maootot*.

TOTOP. pc. Ribete ó cinta del tabique. *Mag*, ponerlo. *An*, á lo que. *Y*, lo que.

TOTOP. pc. Remachar, *Mag*. Lo que, *In*.

TOTOS. pc. Hilbanar, *Vm*, l. *Mag*. Si mucho, *Magtototos*. pc. *In*, lo que. Si mucho. *Pagtotosin*. pc. Con que, *Y*. Si mucho, *Ipagtotos*. pc. Sinónomo, *Tohog*.

TOTOS. pc. Remendar, *Vm*, l. *Mag*. Lo que. *In*. Sinónomo *Salogsog*.

TOUA. pp. Contento, alegría. *Ma*, alegrarse. Si mucho, *Natotoloua*. mejor *Nagcacatoua*. Si mucho. *Mag*. pc. Mejor *Nagcaca*. pc. l. *Nagsisicatoua*. *Quinatotouaan*, con qué, ó en qué, ó en quien. *Ica*, causa. *Maca*, causar alegría. *Catouatoua*, causa alegría. *Toua co bapà a'* O, cómo me alegro!

TOUALI. pc. Desigual. *Nagcacatouali*, estar así. *Catoualihan*, desigualdad.

TOUALI. pp. Lo que no se puede pesar. Vide *Timbang*.

TOUAN. pc. Ola. Palabra con que llamas con respeto á alguno. *Ay parini ca touan*, ola, buen hombre, venid acá. Al igual dicen, *Oya*, l. *Ohoy*. Al principal, *Maguinoo*. Si es muger, *Guinoo*. A los demás, *touan*.

TOUANDIC. pc. Voltear algo, poniéndolo de pies, si está de cabeza, l. Vice-versa. *Vm*, l. *Mag*, voltearse. *Y*, l. *Ica*, ser volteado. *Ma*, estar asi. *Quinatotouandican*, en que. Sinónomos *Touaric*, *Touar*.

TOUANG. pc. Cargar entre dos con palanca, *Mag*. Lo que, *In*. Nombre, *Touanĝan*. pp. Sinónomo *Osong*.

TOUAR. pc. Inclinar el cuerpo, como el que muestra el trasero, *Vm*. Si mucho, *Magtotouar*. pc. l. *Totouartouar*. *An*, á quien. Si mucho, *Pagtotouaran*. pc. *Y*, lo que se levanta ó se muestra.

TOUAR. pc. Derribar algo en tierra. *Ma*, caerse. Si con violencia, *nagcapatouar*. *Y*, ser detribado. Si mucho, *Ipagtotouar*. Sinónomo *Touandic*, *Touaric*.

TOUAR. pc. Trastornar algo, *Vm*. Serlo, *Y*. Los mismos sinónomos que el de arriba.

TOUAR. pc. Ponerse sobre cuatro pies, *Magpa*. *Y*, lo puesto asi. *Ipa*, á otro.

TOUARIC. pp. Vide *Touandic*, su sinónomo, con sus juegos. *Touaric na bantá*, descabezado.

TOUAS. pc. Levantar algo de la punta á lo largo, como un fusil por la punta, *Vm*. Lo que, *In*, l. *Y*. Vide su sinónomo *Ticuas*, con sus juegos.

TOUAS. pc. Columpiarse dos en un mocate á modo de hamaca, *Mag*, l. *Totouastouas*, l. *Nagtotouasan*. Levantarse la una parte bajando la otra, *Vm*. Ser levantada, *In*. Ser hecha levantar, *Pa-in*. Cuadra al subir y bajar las cuerdas del telar, *Totouastouas ang paghabi*. *Touas na asal*, que no guarda costumbre.

TOUASAN. pp. Columpio, ó tabla para columpiarse.

TOUATOUA. pp. Manchas blancas del cuerpo ó cara.

TOUAY. pp. Permutar, como una ganta de sal por otra de arroz, un esclavo por una embarcacion. *Vm*, el que permuta. *Y*, lo permutado. *An*, á quien. *Mag*, l. *Mag-an*, dos entre sí. *Magcatotouay*, las casas asi trocadas. *Totouayin co na iyang bangca mo*. *Ipagtotouay co sa iyo itong bigas niyang palot*.

TOUI. pp. Adverbio, Siempre. Todas las veces que, cada y cuando. No rige casos de suyo, se ata con *ng*, si no lo estorva algun otro adverbio, ó monosílabo pospuesto. *Toui cang masa nang sulat*, siempre que leyeres. *Touing sumulat ca*, siempre que escribieres. *Touingtoui*, l. *Toui nang toui*, siempre.

TOUI. pp. Mientras que. *Touing di mapaui ang pagcatauo*, mientras no se borre el ser de hombre. *Touing arao, touing taon*, cada dia, cada año.

TOUIR. pp. Derecho. *Matouir*, cosa derecha. Abst. *Catouiran*. pp. *Vm*, ponerse derecho. *Vm*, l. *Mag*, enderezar algo. Si mucho, *Mag*. pc. *In*, lo que. Si mucho, *Pag-in*. Con que, *Y*. l. *Ipag*. Frecuent. *Manouir*, ponerse tieso. *Ipanouir*, causa. *Sa macatouir*. esplícome, quiero decir. Aplícase metafóricamente á enderezar costumbres: *Tumouir ca nang asal mo*, con los mismos juegos de arriba. Tambien. *Tinouir aco nang Hocom*, sentenció por mí. *Patouirin mo ang hatol mo, at dili pa napapacatouir*, vuelve á dar la sentencia, que no está recta aun.

TOYAG. pp Enderezar madera ó caña, labrándola, *Vm*, l. *Mag*. La madera, *In*. Estarlo, *Na*, l. *Napapa*. *Matoyag*, cosa derecha. *Toyag oy! ang pagpana*, qué derecho tiro! *Tumuyag*, respondió bien. *In*, al que. Lo que dice, *In*.

TOY. pc. Árbol de cuyo tronco hacen suecos y guitarras.

TOYAT. pp. Vide *Toyot*.

TOYOT. pp. Secarse ó quemarse de mucho sol, *Ma*. Causa, *Ica*.

TOYTOY. pc. Limeta para vino. *Vm*, ir á la taberna sin mas vaso que su barriga. Si dos, *Mag*. Causa, *Ipag*. Por la de *Vm* y *Man*, dar un tanto, para que le den de comer, ó ir á algun bodegon. Por la de *Mag*, dar de comer. *Ipag*, lo que dá. Este estraordinario uso tiene esta raiz.

TOYTOY. pc. Hacer algo con flogedad, *Mag*. Lo que, *In*. *Toytoy na gaua*, obra asi. *Houag mong toytoyin ang gaua mo*, no hagas eso á poco mas ó menos.

TOYTOY. pc. Habere polutionem. *Mag, sa catao-an*, l. *Tinotoytoy ang catao-an*. Sinónomo, *Tiltil*.

T antes de U.

TUAY. pc. Vide *Toay*.

TUBA. pp. Arbolillo pequeño, cuyas hojas emborrachan al pescado. *Manuba*, echarlas. *Hin*, ser emborrachado con ellas. Si mucho, *Paghin*. pc. Con que, *Ipanuba*, l. *Y*, l. *Ipag*. pc. Lugar, *Pagtubahan*, l. *Panubahan*. Sinónomo, *Camaysa*. Generalmente á todo lo que mata ó emborracha al pescado llaman *Tuba*.

TUBÁ. pc. Licor que se destila del coco, *Manuba*, sacarlo, ó cuidar de él. *Tub-in*, el licor. *Tub-an*, la palma de donde. Si mucho, *Pagtutub-an*. Con que, *Ipanuba*. *Manunuba*. pc. Nombre, *Tubero*.

TUBA. pp. Necedad. Úsase de esta palabra de este modo: Cuenta uno que un hombre solo mató á diez: incrédulo el que lo oye, responde: *Tuba, saan magcacagayon*, gran necedad es pensar eso.

TUBAC. pp. Aflojar lo apretado. *Tutubactubac ang damit*, follon. *Ualang patubac ang loob*, de corazon duro.

TUBAD. pc. Blando como caña que nace en sombrio. *Tubad na cauayan*.

TUBAG. pp. Tonto. *Malis cana diyan, tubag ca*, quítate de ahí, tonto.

TUBAN-DALAG. pp. Arbolillo, cuyas hojas emborrachan el *dalag*.

TUBATOB. pp. Birrete, apretador. *Mag*, l. *Manubatob*, usar de él, ó taparse. *An*, la cabeza. Si mucho, *Pag-an*. pc. El tocador, *Y*. l. *In*. Si mucho, *Ipag*. pc.

TUBAYAN. pp. Camotes de cáscara negra.

TUBIG. pp. Agua. *Mag*, hacer ó tener agua, ó echar agua al arroz para cocerlo. *An*, lo que. Tambien aguar el vino ó vinagre. *Maqui*, pedir agua. *Manubig*. pc. Ir por agua en banca ó en bestia, no con cántaro (porque eso es *Iguib*.) *Maca*, regar con algun arroyo algo. *An*, lo que. Si mucho, *Pag-an*. pc. La agua, *Y*, l. *Ipag*. Si mucho, *Ipag*. pc. *Paqui-an*, á quien se pide agua. *Ipaqui*, para quien. *Patubiguin mo aco*, dáme de beber. *Panubigan*. pc. A donde se vá por agua. *Ipanubig*, para quien. *Patubigan*. pp. A lo que se echa agua. *Tubigan*. pp. Tierra que tiene agua. *Catubigan*. pp. Donde se recoge agua. Tambien dicen por política, *Aco,i, manubig muna*, voy á orinar. *Matubig*, cosa aguanosa, ó de mucha agua. *Nagcacatubig*, l. *Araoarao natutubigan ang aquing silong*, se me anega el zaguan. *Ang tabig sa ilog, saan ooui di sa caragatan?* al fin y al cabo se volverá á su querencia.

TUBIG. pc. Hablador, mentiroso. *Matubig* pc. *na tauo*, hombre tal.

TUBIGAN. pc. Juego de muchachos, *Mag*. Vide las composiciones de su sinónomo *Sambobong*.

TUBLING. pc. Vide *Tibalbalin*.

TUBO. pc. Caña dulce. *Mag*, sembrarla. *Magtubohan*, tenerla sembrada. *Mag*, tratar en ellas. *Tubohan*. pc. sementera de ella. *Magtubohan*, l. *Tubohanan*. pc. l, *Pag-anan*, tierra para hacer sementera de ellas. Sinónomo *Tarlac*.

TUBÓ. pp. Nacer, crecer plantas ó animales, *Vm*, l. *Mag*. Si mucho, *Mag*. pc. A donde, ó á lo que, *An*. Si mucho, *Pag-an*. pc. *Patuboin mo muna*, déjalo crecer. *Tuboan*, coco nacido ya. *Catutubo*, de una misma edad con otro.

TUBÓ. pp. Ganancia. *Mag*, ganar. *Pagtuboan*, en que. *Na*, lo ganado. *Papagtuboin mo lamang aco nang saicapat*, haz que yo gane un real. *Vm*, l. *Mag*, *Ang salapi*, crecer el dinero. *Mag*, sacar ganancia. *Pagan*, de que.

TUBÓ. pp. Fiar, prestar, dar á ganancia, *Magpa*. Lo que dá, *Patuboan*. Á quien, ó lo que se presta con ganancia, *Pagpatuboan*. Causa,

Ipagpatubo. Ganancia con su usura, ó sin ella, *Patubo*.

TUBONG BINABUY. pp. Un género de caña dulce grande.

TUBOS. pc. Rescate de cautivo, ó prenda empeñada. *Vm*, rescatar, Si mucho, *Magtutubos*. Lo que, *In*. Si mucho, *Pagtutubsin*. De á donde, *An*. Si mucho, *Pagtutubsan*. Con que, *Y*. Si mucho, *Ipagtutubos*. Frecuentat. *Manubos*. pc. Con que, *Ipanubos*, *Mag*, rescatarse, como el esclavo. *Ipag*, la causa.

TUBON LINUGAO. pp. Ganar mucho con poco. *Nagtubong linugao aco sa pagbabalinas*, ganó mucho.

TUBOTUBO. pc. Arbolillos que nacen junto á la mar.

TUCANG. pc. Ave sin plumas. Y por metáfora *Ma*, avergonzarse.

TUCLANG. pc. Apuntalar. Vide su sinónomo *Torlong*.

TUCONG. pp. Pájaro sin cola. *Tucong na manoc*, asi llaman al gallo sin cola.

TUGA. pp. Acertar. *Hindi ca matuga, hindi ca matuto*.

TUGATOG. pc. Rabadilla de la ave.

TUGATOG. pc. Monte pelado.

TUGDA. pc. Nesga. *Mag*, ponorla á algo. *Tugdaan*, á lo que.

TUGDA. pc. Ensanchar. *Tugdaan*, lo que.

TUGDA. pc. Enderezar con cordel ó vara, *Mag*. Lo que, *An*, l. *Pinanunugdaan*.

TUGDA. pc. Tirar con fisga, *Vm*. A quien, *In*. Haber acertado, *Na*.

TUGDAY. pc. Estaca en que atan la red para cazar animales. *Tutugdaytugday nang paglacad*, se cae al andar, como flojo: es palabra sentida.

TUGIS. pp. Cortar con punta de cuchillo á lo largo, *Vm*. Lo que, *An*. Tambien perder el hilo ó camino.

TUGUIS. pc. Animal que no se deja coger por cerril. *Na*, hacerse tal.

TUGLA. pc. Vide *Turla*.

TUGLAY. pc. Flojo. Lo mismo que *Tugday*.

TUGPA. pc. Ir al embarcadero ó al rio, *Vm*. Si mucho, *Magtutugpa*. *Mag*, llevar algo. Si mucho, *Magtutugpa*. *Y*, lo que. Si mucho, *Ipagtutugpa*. Aquello porque se vá, *Tugpahin*. Si mucho, *Pagtutugpahin*. A donde, ó á quien se lleva algo en el rio, *Tugpahan*. Si mucho, *Pagtutugpahan*. *Tugpahan*. pp. Embarcadero.

TUGPA. pc. Embarcarse; con los mismos juegos que el antecedente.

TUGPA. pc. Bajar del monte al pueblo, eodem modo.

TUGPA. pc. Ir al corte, *Vm*. Ser enviado, *Y*, l. *Ma*, Una saca, *Tugpahan*. pp. La vez que le toca, *Catugpahan*.

TUGUS. pc. Planta llamada amomo.

TUHAC. pc. Menear el cuello como los pájaros cuando comen. *Tutuhactuhac ang liig*.

TULAGÁ. pp. Redecilla. Sinónomo *Salap*.

TULALI. pc. Un juego de muchachos.

TULAR. pp. Imitar, *Vm*. Si mucho, *Mag*. pc. Lo que, ó á quien, *An*. Si mucho, *Pag-an*. pc. Causa, ó lo que se saca á imitacion de otra cosa, *Y*. Si mucho, *Ipag*. pc. Semejante. *Catulad*. *Magca*, asemejarse dos. Por *Vm*, es mirando solo la accion de imitar. Lo que, *In*. Por *Mag*, mirando lo que se saca á imitacion de otro. Lo que, *Y*.

TULATOR. pc. Rabadilla. Sinónomo, *Tugatog*.

TULAY. pc. Puente. *Vm*, pasar por él. Si mucho, *Magtutulay*. *An*, por donde, ó el rio á que se pone. Si mucho, *Pagtutulayan*. La puente, ó materiales de que se hace, *Y*. Si mucho, *Ipagtutulay*. *Manulay*. pc. Andar por él. *Panulayan*, donde. *Napagtulayanan aco*, he sido atropellado.

TULHAC. pc. l. *Tuliac*. pc. Voz desigual, ó cosa desigual. *Mag*, ir con esa desigualdad.

TULÍ. pp. Abrir el capullo del miembro viril. *Vm*, á otro. *Mag*, l. *Patuli*, cortarse así mismo, ó dejarse cortar. *In*, lo sajado. Si mucho, *Ipag*. pc. *Manuli*, de oficio.

TULÍ. pp. Circuncidar. *Vm*, á otro. *An*, á quien. *Y*, con que. *Mag*, asi mismo. *An*, el cuerpo. *Tuling*. pc. *bata*, niño circuncidado.

TUTULI. pc. Cerilla del oido. *In*, tenerla, Sinónomo *Antutuli*.

TULIC. pc. Pluma negra y blanca.

TULICAN. pc. Gallo de muchos colores, ó manta de muchos colores.

TULIG. pc. Aturdido. *Ma*, l. *Tutuligtulig*, l. *Vm*, quedar asi. *Ica*, la causa. Sinónomo *Tuling*.

TULIN. pp. Ligereza. *Vm*, irse haciendo ligero. *Mag*, ir con ligereza. *Ipag*, la causa. *Matuling tumacbo*, corre ligero. Abstracto, *Catulinan*. *Papagtulinin natin ang bangca*, hagamos que navegue ligera la banca.

TULING. pp. Aturdido. Vide *Tulig*, con sus juegos.

TOLINGAG. pc. Apresurado en el obrar de aturdido. Vide *Tulic*, con sus juegos. *Catulingagan*. pc. Abstracto.

TULINGAO. pc. Chistar. Solo tiene este juego: *Ualang macatulingao*, no hay quien chiste. Sinónomos *Ningning*, *Imic*.

TULINGHABA. pc. Ovado. *Tulinghabang opo*, calabaza de figura oval.

TULIS. pp. punta, *Vm*, irse haciendo puntiagudo. *Vm*, l. *Mag*, aguzar ó hacer punta á algo. Si mucho, *Mag*. pc. Á lo que, *An*. Si mucho, *Pag-an*. pc. Con que, *Y*. Si mucho, *Ipag*. pc. Si á una cosa muy aguda, *Patulisan*, l. *Pacatulisin*, l. *Pacatulistulisin*. Abstracto, *Catulisan*.

TULISAN. pc. Pescadillo como *Hauolhauol*.

TULIUAS. pc. Vide su sinónomo *Salisi*, l. *Liuas*. pc.

TUMAHILAM. pp. Yerba medicinal.

TUMALAMÁ. pc. Penetrar no del todo. Idem.

TUMALAMAC. pc. Penetrar hasta lo interior el veneno. Vide los juegos de *Talab*.

TUMALI. pp. Poste del dindin, ó palos parados en que se encajan los atravesaños. *Mag*, ponerlos. *Tumalihan*, á donde. Si mucho, *Paghan*. pc. El palo, *Y*, l. *In*. Si mucho, *Paghin*. pc. l. *Ipag*. pc.

TUMALOLA. pp. Bejuco delgado.

TUMANGIAO. pc. *Sama*. *Ualang catumangy*, ó *ualang casama*, *ualang caosap*.

TUMBAGA. pp. Metal propio de la tierra bien conocido. *Mag*, echarlo. *Han*, á que.

TUMBAS. pc. A cada uno tanto. *Tumbas tiguisa*, á cada uno uno. *Tumbas minsan*, á cada uno una vez. *Magtumbas munti cayo*, tomar cada uno un poco.

TUMBOC. pc. Golpear con la punta de lanza ó báculo. Vide su sinónomo *Toctoc*.

TUMBOC. pc. Cañutos que sirven de boya al cordel de pescar.

TUMBONG. pc. Sieso. Es afrenta. *Magpa*, decirla. *Pa-an*, á quien. *Ipagpa*, la causa.

TUMBONG. pc. Manzana del coco.

TUMINGGAL. pc. Embelesarse, *Mag*. De que, *Pag an*. Causa, *Ipag*.

TUMPA. pc. Vide *Cumba*.

TUMPAC. pc. Asentar algo en la punta de alguna cosa alta. *Vm*, asentarse asi. *Mag*, á otra cosa. *Y*, l. *Ipa*, ser puesto. *Pa*, l. *Tumpacan*, á donde. Sinónomo *Pamantungan*.

TUMPAC. pc. Acertar. *Natumpacan ang gaua*, acerté con la obra. No es término político.

TUMPAL. pc. Lo mismo.

TUMPALING. pp. Aturdir á otro con golpe ó mojicon, *Maca*. El aturdido, *Na-an*. Tambien lo mismo que *Baling*. *Napatumpaling ang bangca*.

TUMPANG. pc. Poner una cosa sobre otra. *Ma*, estar algo sobre algo. *Magca*, estar dos cosas asi. *Quina-an*, sobre que. *Mag*, traer sobre la cabeza ú hombros dos cosas, una sobre otra. *Pag-in*, las dos puestas asi. *Y*, lo que es puesto. *Catumpang*, cada una de las dos. Sinónomos *Babao*, *Patong*.

TUMPANG. pc. Palos inclinados de la quilla.

TUMPIC. pc. Diges, melindres. *Mag*, chiquear. *Pag-an*, con quien. Causa, *Ipag*. Nombre, *Mapag*. *Mag*, traer diges, ó ponerlos. A quien, *An*. *Tumpic na gauà*, obra de poca sustancia.

TUMPIYAC. pc. Fundillo, que ponen en los calzones entre las piernas, ó en el jubon en el sobaco. *Mag*, ponerlo. *An*, á que. *Y*, el fundillo.

TUNAS. pc. Fruta á modo de mostaza. *Quinapal mo ang tunas*, se dice del ponderativo.

TUNGA. pc. Vide *Tonga*.

TUNGBONG. pc. Lo mismo que *Tumbong*. pp.

TUNHAY. pc. Levantar el rostro, *Vm*. Si mucho, *Magtutunhay*. El rostro, ó causa, *Y*. Si mucho, *Ipagtutunhay*. A quien, *An*. Si mucho, *Pagtutunhayan*. *Na an*, lo vi.

TUNLAC. pc. Lodazal. *Ma*, atollarse. *Ica*, la causa. *Catunlacan*, pc. Atolladero. Sinónomo *Putic*.

TUPÁ. pc. (Gutural) lo mismo que *Tipa*. pc.

TUPAR. pc. Cumplir promesa ó palabra, *Vm*. Lo que, *In*. Si mucho, *Pagtutuparin*. Causa, *Y*. Si de mucho, *Ipagtutupar*.

TUPAR. pc. Igualdad, proporcion. *Magca*, tenerla. Sinónomos, *Muc-hà*, *Para*, *Tupar*. pc. *Cun gansal*, pares ó nones.

TUPÍ. pc. Doblegar cosa ancha, *Vm*. Lo que, *In*. Con que, *Y*. Sobre que, *An*. Mirando solo la accion. Pero si mira á lo doblegado, *Mag*. Lo que, *Y*.

TURAN. pp. Ser dicho algo. Si mucho, *Pag-an*. pc. Es verbo pasivo: sale de *Turing*, sincopado, y no de *Toor*, que es término camarin.

TURAY. pp. Una planta. Sinónomo, *Silisilihan*.

TURING. pp. Declarar, esponer algo, *Vm*. Si mucho, *Mag*. pc. Lo que, *Y*. A quien, *Turiñgan*, l. *Pinanunuriñgan*.

TURING. pp. Adivinar, *Vm*, l. *Mag*. Lo que, *In*. A quien, *An*. *Manunuring*, adivino.

TURLÁ. pc. Apuntar, tirar, *Vm*. Si mucho, *Magtuturla*. A que, *Turlain*. Si mucho, *Pagtuturlain*. Con que, *Y*. Si mucho, *Ipagtuturla*. *Mag-an*, dos sobre apuesta. *Pagturlaanan*, á lo que.

TURLAAN. pp. Blanco ó terrero.

TUYÁ. pp. Juego de cocos que llaman *Magbao*.

TUYO. pc. Seco. *Mag*, secarse. Si mucho, *Magtutuyo*. *Magpa*, ponerse á secar, ó poner á secar algo. *Patuyin*, l. *Tuyoin*, lo puesto. Si mucho, *Pagpapatuyin*. *Natuyo ang aquing tindahan*, se consumió mi tienda.

TUYONG. pp. Añadir, como al agua de la olla puesto al fuego, cuando ya está casi seca, *Mag*, Si mucho, *Mag*. pc. *Y*, lo que se añade. Si mucho, *Ipag*. A lo que, *An*. Si mucho, *Pag-an*. Sinónomos *Banto*, *Dagdag*.

DE LA LETRA U.

U antes de A.

UA. pc. Por ventura, ojalá. Adverbio obtativo, ó desiderativo: unas veces se liga con *N G*, v. g. *Siyauang maguin Hocon*, ojalá él sea alcalde: otras con *Y*; *Aco ua,i, maca sulat*, ojalá yo pueda escribir.

UA. pc. Espantar puercos. *Mag*, decir esta palabra, *Pinauauauahan*, á quien.

UAANG. pp. Lo mismo que *Loag*, *uaangan*, *loagan*.

UACA. pc. Señor. El esclavo llama á su amo, *Poon*. Toda la parentela del amo y del esclavo, le llaman *Uaca*.

UACAAC. pp. *Malayong pagcauacaac*, lo mismo que *Malayong quinaparonan*.

UACAS. pc. Extremidad, fin ó cabo de calle, pueblo, &c. *Cauacasan*. Abstracto. Superlat. *Cauacasuacasan*. Itt. *Aco,i, ang cauacasuacasan sa lahat, na quinaibigan mo*, soy el menor de tus queridos. *Cauacasuacasang donong*, suprema sabiduría. *Pagtiticang pagpapauacas nang pagca di na magcasasala*, última resolucion de no pecar mas.

UACAS. pc. Celebrar honras ó exequias del difunto. *Nauauacas*, l. *Nagpapa*. No conviene usar de este verbo, porque significa las supersticiones que hacian en sus honras. *Mag*, l. *Maquipag*, celebrarlas el segundo, ó tercer dia de la muerte. *Pag-an*, á quienes se consuela, ó la casa á donde. La causa, *Ipag*.

UACAUAC. pp. Irse por varias partes, apartarse, ausentarse á partes remotas. *Mag*, de propósito. *Ipag*, causa. *Quinauauacauacan*, á donde. Sinónomos *Palar, Talà. Tanghar*.

UACLI. pc. Amor grande á alguna cosa, y asi dicen: *Salang mauacli sa caniya*, l. *Di ibig ipagcauacli sa mata*, no permite perderle de vista. Sinónomo *Uiqui*.

UACSI. pc. Dar de mano, *Mag*. Si mucho, *Maguauacsi*. Lo que, *Y*. Si mucho, *Ipaguauacsi*. A donde se echó, *paguacsihan*. Cuadra á desechar del corazon el mal pensamiento.

UACSI. pc. Repartir como los herederos la herencia, *Maguacsihan*. *Cauacsi*, el compañero.

UACUAC. pc. Rotura grande, *Ma*, romperse. *Ica*, la causa. Sinónomos *Gauac, Tasac*.

UACYÁ. pc. l. *Uagquiá*. pc. Aseo, aliño. *Mag*, aliñar. *In*, lo que. *Magpacauacya ca*, ten aseo. *Uacyaan sa loob niya nagmula*, es costumbre suya.

UAGAS. pc. Oro subido, acendrado. *In*, ser tal. Y se aplica á varias cosas, como al cobre, hierro, principal. *Uagas na Guinoo*. Metáf, *Pauang cauagasan ang asal nina Jesus na mag Ina*, purísimas costumbres.

UAGAUAG. pc. Sacudir. Vide *Uaguag*.

UAGAY. pp. Menearse con el viento la fruta ó el cabello. *Ma*, l. *Uauagayuagay*. La causa, Y. Sinónomo *Pauir*, l. *Laboc*.

UAGAY. pc. Dividir, esparcir, destruir, *Mag*. Lo que, *Y*, l. *Ipag*, reduplicada la raiz *Nacauauagayuay*, estar las cosas asi esparcidas. Sinónomo *Ualat*.

UAGAYUAY. pc. Tremolar, *Mag*. Lo que, *Y*. *Magpa*, mandar tremolar. *Pag-in*, á quien. *Ipa*, lo que. Sinónomo *Uaquiuac*.

Ating iuagayuay,
ang bandilang mahal,
nang mauagayuayan,
ang sangcalupaan.

Es la Cruz la bandera de los cristiano.

UAGUI. pc. Lo mismo que *Tagumpay*, con sus juegos.

UAGLIT. pc. Perder algo, por haberse mezclado con otras cosas, *Ma*. La causa, *Ica*. A donde, *Quiuauaglitan*.

UAGLIT. pc. Esconder algo, mezclándolo en otras cosas, *Mag*. Lo que, *Y*. Donde, *An*. Sinónomos *Uagnit, Liguin*.

UAGNIT. pc. Lo mismo que *Uaglit*.

UAHIL. pc. Repartir los bienes del difunto, *Mag*. Lo qne, *In*. A quien, *An*. *Na*, estarlo.

UAGUAG. pc. Sacudir alguna cosa para buscar lo que está dentro de ella, *Mag*. Lo que, *Y*. Sobre que, *Paguaguagan*. Sinónomo *Pagpag*.

UAHÍ. pp. Vividir con la mano, ó partir el cabello ó zacate, haciendo camino, *Mag*. Si mucho, *Mag*. pc. *Uahiuahing parang*, campo dividido en trechos. *Iuinauahi co si Pedro, sa magaling*, hablo en favor de Pedro.

UAHI. pp. Remolino. *Mei uahi sa liig ang baca, mey poyo*.

UAIC. pp. Ladear algo por la punta, *Mag*. Lo que, *Y*.

UAIC. pp. l. *Uaig*. pp. Aseo de persona. *Mauaic na tauo*, hombre tal.

UAIL. pp. Lo mismo que *Uaic*, por ladeare.

UAIL. pp. Pasar por vueltas de estero. Vide *Uais*.

UAIS. pp. Ladear ó mecerse de una parte á otra. Vide *Uail*, l. *Ualing*, sus sinónomos. *Naguauais sa osap*, buscar escusas para evadir el pleito.

UALÁ. pp. Golfo, alta mar. *Pauala ca*, engólfate. *Magpa*, llevar algo mar adentro. *Napa*, ir allá. *Ipa*, lo que se lleva. Sinónomo *Tiualà*. pp.

UALÁ. pc. No hay, no está aquí, no tengo. Adviértase que en la significacion de no tener, rige los mismos casos que su contrario *Mey*. Pero con la diferencia, que *May* sirve para imperativo. *Mey moha nito*, haya quien tome esto; y *Uala*, no tiene, ó no sirve para el imperativo. Líguse con *ng*, si no es que se le siga adverbio, ó monosílabo: *Ualà cang bait*, no tienes juicio. Tambien *Uala acong salapi*, esto es, acabando en vocal; pero si acaba en consonante ó diptongo, se le pospone *Na*. *Uala rao siyang ari*, l. *Uala siya rao na ari*, dice que no tiene hacienda. Tiene tambien su síncopa, y en lugar de *uala*, dicen *Alà*.

UALÁ. pc. Huirse, ausentarse, *Mag*. Haberse huido, *Nacauauala*. No se puede huir ahora, *Hindi macauala ñgayon*. *Nauala sa camay co*, se me escapó de las manos. *Magpa*, l. *Magpaca*, soltarlo adrede de la cárcel. *Ualang di uala sa aquin*, carezco de todo. *Sinong uala?* Quien falta? *Uala ca cahapon*, ayer faltaste. *Mey iquinauauala ca naug balang na*, te falta algo.

UALÁ. pc. Disimular que no ve. *Nagpapasiuala*. *Ipag*, porque. *Pagpapasiualanan*, á quien.

UALÁ. pc. Perdonar, *Mag*. Lo que, *In*. *Ual-in mona ang otang co sa iyo*, perdóname lo que te debo.

UALÁ. pc. Sin. *Aco,i, hinampas, nang uala acong casalanan*, me azotan sin tener yo culpa.

UALÁ. pc. Perder algo. *Ma*, perderse acaso. *Mag*, de propósito ó librarse asi, ó á otro, ó huir. *Y*, ser librado.

UALÁ. pc. Perdonar, como Dios los pecados, *Magpa*. Ellos, *In*, l. *Pina*. *Maca*, borrarlos.

UALÁ. pc. Desavenirse en algun trato, apartarse los casados, *Magca*. *Papagcaual-in mo cami*, haz que nos apartemos. *Ual-in*, l. *Pacaual-in mo sa loob mo ang galit*, desecha de tu corazon el enojo. *Paual-an*, ser desatado, ó suelto el preso.

UALÁ. pp. Estar lejos, y apartado de los demas. *Nasauala siya*, está allá lejos apartado. Tambien *Baquin nauaualauala ca*.

UALACUALAC. pc. Pájaro asi llamado.

UALAG. pc. Rociar con algun licor. *An*, ser rociado *Y*, con que. Sinónomos *Palac, Uiguig*.

UALANG BAHALÁ. pp. Descuidar de algo. *Mag*. De que, *In*. Si mucho, *Paguaualing bahala*. De que ó causa, *Ipag*. *Mapagualang bahala*, descuidado. *Caualang bahala*, abstracto.

UALANG BAHALA. pp. De improviso. *Naparitong ualang bahala*, vino de improviso.

UALAS. pp. Partir herencia, *Mag*. Lo que, *Pinag*. A quien, *An*. *Mapaguaualas*, repartidor.

UALAS. pp. Sosegar el corazon, *Mag*. El corazon, *Pinag*. Causa ó porque, *Ipag*. Sinónomos *Linao*, *Liuanag*, *Aliualas*.

UALAS. pc. Mucho: palabra de exageracion; siempre se usa con negativa. *Ica licsing di ualas*, causará mucha ligereza. *Siyang iquinapaguin di ualas na Santos*, esa fue la causa de llegar á ser muy santo. Sinónomos *Tunay*, *Di hamac*, *totoo*, *di sapala*.

UALAT. pp. Esparcir algo. *Ma*, estar asi, *Quinauaualatan*, á do, *Ica*, causa. *Mag* esparcir. Si mucho, *Mag*. pc. Lo que, *Y*. Si mucho, *Ipag*. pc. A do, *Pag-an*. Si mucho, *Pag-an*. pc. *Nagcauaualatualat ang manğa tauo*, irse unos por una parte, y otros por otra. *Nauaualat ang catauan niya nang sugat*, no tiene parte sana. Sinónomo *Subog*.

UALAT. pp. Desperdiciar. Vide *Uagay*, con sus juegos.

UALAUALÁ. pp. Apaciguar á los que riñen, hablándoles con respeto, *Mag*. Ellos, *Paghan*.

UALAUAD. pp. Publicar faltas agenas, *Mag*. Ellas, *Y*, l. *Ipag*. El infamado, *An*. Sinónomo *Uad-uad*.

UALAUAD. pc. Señalar con algun tizon encendido, meneándolo, para que le sigan los que van apartados navegando, *Mag*. El tizon, *Y*. Á quienes, *An*. Y de aqui metafóricamente el antecedente.

UALAY. pp. Dejar la gallina á sus pollos, *Mag*. El pollo, *Y*. Si mucho, *Ipag*. pc. *Sondin ninyo ang otos nang Dios, at may ualay cayo niya*, cumplid los mandamientos de Dios, no sea que os aparte de sí.

UALAY. pc. Apartarse los casados ó amancebados, *Mag*. Causa, *Ipag*. *Dios co, houag mong iualay sa aquin iyang mata mong malulugdin*, Dios mio, no aparteis de mi esos tus amables ojos.

UALI. pc. Asearse, componerse, *Mag*. Por quien, *An*. *Mauali*, aseado. No se aplica á cosas deshonestas.

UALIGUIG. pc. Sacudirse el animal el polvo, agua &c. *Vm*. El polvo, *Y*. Á quien salpicó, *Na-an*. Frecuent. *Man*, l. *Ualualiguig*.

UALING. pp. Lo mismo que *Uaic*, con la diferencia que *Uaic*, es ladear la cola, y *ualing*, ladear la cabeza.

UALIDUID. pc. Correr hilo á hilo cosa líquida, *Mag*. Por donde, *An*.

UALIS. pp. Lo mismo que *Ualing*, echar por otra parte, porque no puede pasar por aqui, *Mag*. Lo que, *Y*. *Iualis mo muna doon, hamang di macaraan dian*, echa por allá, puesto que no puedes pasar por acá.

UALIS. pc. Escoba. *Mag*, barrer. *An*, lo que ó lugar. *In*, la basura. Con que, *Y*. Persona. *Ipag*.

UALISUIS. pc. Barrer el viento recio los árboles, y plantas, *Mag*. Los árboles, *An*. Las hojas, *In*.

UALISUIS. pc. Pescar con varitas de escoba. *Mag*, pescar asi.

UALISUIS. pc. Barrer cosas pequeñas, como migajas. *Mag*. Lo que, *In*. Donde, *An*.

UALISUIS. pc. Rozar yerba que empieza á salir, *Mag*. La yerba, *In*. Donde, *An*.

UALIUALI. pp. Dar señales para acertar con alguna cosa que está lejos, *Mag*. *Pagualiualihan*, á quien. *Ipag*, de que.

UALIUALI. pp. Estar en dias de parir la muger, *Mag*.

UALIUAS. pp. Sacudir cogiendo uno de los brazos como quien tremola bandera, *Mag*. Á quien, *Ipinag*.

UALIUAS. pp. Arrojar palos sin levantar los brazos sobre los hombros, *Mag*. Lo que, *Ipag*.

UALNÁ. pc. Tejido de diferentes colores. *Ma*, tejer asi. *In*, ser tejido. *Maualnang damit*, vestido tal.

UALO. pc. Ocho. *Ualong pouo*, ochenta. *Ualong daan*, ochocientos. *Ualohin*, ajústalos á ocho. *Icaualo*, el octavo. *Tiguaualo*, á cada uno ocho. *Ualohan*, medida de ocho gantas. Vide *Anim*, con sus juegos.

UALOY. pp. Noticia. *Uala acong ualoy niyan*, no tengo noticia de eso. *Maualoyan*, ser sabido como *Maalaman*. Sinónomo *Malay*.

UALOY. pp. Lo mismo que *Uanğoy*, *Uali*, *Uani*, *Uac-ya*.

UALOY. pp. Provecho. *Ualang ualoyualoy*, lo mismo que *Ualang quinapápacan-an*.

UALOY. pp. Comprender lo que se dice, *Maca*. Lo que, *Nauaualoyan*.

UALUAL. pc. Estender algo desplegándolo, *Mag*. Lo que, *In*, l. *Pag-in*. *Mag*, esparcir los trastos amontonados. *Y*, l. *Ipag*, lo que.

UALUAL. pc. Publicar las faltas de otro, *Mag*. Ellas, *Ipag*.

UANĞIS. pp. Semejanza, aunque no total. *Ma*, parecerse en algo á otro, *Quinaan*, á quien, ó á lo que. *Paguanğisin*, l. *Y*, ser asemejada una cosa á otra. Si mucho, *Ipag*. pc. *An*, á que. Si mucho, *Pag-an*. pc. *Cauanğis*, el semejante en algo. *Magca*, parecerse dos. Si mas, *Nagcacauanğisuanğis*.

UANĞIS. pp. Concierto de voluntades, asemejarse en costumbres, *Maqui*. Lo asemejado, *Y*. Á quien se asemeja, *Quina-an*.

UANĞIS. pp. Equivalencia de palabras. *Mag*, equivaler. *An*, ser dichas, *Uanğisan mo yari, nang isa pang uicang ganito*, di otra palabra equivalente á esta. Sinónomo *Hambing*.

UANĞOY. pp. Aliño. Úsase con negativa. *Ualang uanğoy*, sin aliño.

UANGSAY. pc. Lo mismo que el antecedente.

UANGUANG. pc. Ensanchar el grano con alfiler ó espina, &c. *Mag*, abrir. *Uanguanğan*, la herida. *Y*, con que.

UANGUANG. pc. Caer boca arriba, ó de cerebro. De repente, *Napati*, l. *Nagcapa*. En donde, *Quina-an*. Causa, *Ica*.

UANÍ. pc. Aseo. Lo mismo que *Uanğoy*.

UANI. pc. Pedir que hagan por él alguna cosa. Vide *Paquiuani*.

UANLA. pc. Teñir hojas de *Buli* para hacer petate, *Mag*. Lo que, *Uanlahin*. Con que, *Ipag*. De á do se sacó lo teñido, *Pinaguanlahan*.

UANTA. pc. Interrumpir. Vide *Auanta*. pc.

UAQUI. pp. Trazar, hacer cualquiera cosa. *Mag*, Vide *Bacqui*.
UAQUIA. pc. Vide *Uac-ya*.
UAQUIUAC. pp. Temblar. Vide *Uagayuay*.
UARI. pp. Dudar, sospechar. *Mag*. Lo que, *In*. De quien. *An*. l. *Pag-an*. Causa, *Ipag*.
UARI. pp. Lo mismo que *Conuari*.
UARI. pp. Lo mismo que *Naua*.
UARI. pp. Por qué. *At aco uari paroon?* Por qué he de ir? Esto es diciéndolo con denuedo: pero diciéndole afectivo con alguna negacion, significa lo contrario. *At di uari aco paroon?* Por qué no tengo de ir?
UARI. pp. Animar. *Icao na uari mona ang sumaguan*, lo mismo que *Maano, magdalita*.
UARI. pp. Humillarse concediendo el cargo. *Aco na uari ang nagnacao*, sea yo el que hurtó, ó esté yo en esa reputacion, pues tú lo dices.
UARIT. pp. Grama. Sinónomo *Tabon*.
UARUAR. pc. Infamar á alguno, *Mag*. En que, ó a quien, *Y*, l. *Ipag*. Delante de quien, *An*, l. *Pag-an*. Sinónomo *Ualual*.
UARUAR. pc. Vide *Uacauac*, con sus juegos.
UASACUASAC. pc. Esparcir. *Nagcauasacuasac ang manĝa tauo*, están esparcidas las gentes. Sinónomo *Uatacuatac*.
UASAC. pc. Esparcirse las partes de un compuesto, que se deshace como una casa, *Ma*. A do, *Quina-an*. Causa, *Ica*. *Mag*, esparcir. *Y*, lo que. Si mucho, *Ipaguauasac*. Sinónomo *Uatac*.
UASANG. pp. Revolcarse el enfermo, ó borracho en el suelo, *Ma*, l. *Uauasanguasang*. Lo que, ó causa, *Y*. *Uasanguasanĝan*, á do. Sinónomo *Baling*.
UASING. pp. Menearse de un lado á otro, *Vm*, l. *Uauasinguasing*. Vide sus sinónomos *Paling*. pp. *Soling*. pp. *Uasang*.
UASIUAS. pp. Sacudir de revés, ó esgrimir, *Mag*. Con que, *Y*. A quien, *An*, l. *Nauauasiuasan*, que tambien es lugar. Sinónomo *Uasuas*.
UASIUAS. pp. Espantajo de caña en la sementera.
UASIUAS. pp. Dar estirones, como agarrando alguno de los cabellos, ó ropa, *Mag*, Á quien, *In*, La mano, Y.
UASIUAS. pp. Ojear moscas, *Vm*. Lo que, *An*. Instrumento, *Panuasiuas*. pp.
UASTÓ. pc. Orden, concierto, *Magca*, y mejor *Mag*, tenerlo. Vide los juegos de su sinónomo *Sauato*, *Ualang uastong gaua*, obra sin concierto.
UASUAS. pc. Vide *Uasiuas* con sus juegos.
UASUAS. pc. Enjuagar la ropa, *Mag*. *Y*, la ropa. Sinónomos *Au au*, *Hau hao*.
UATAC. pc. Estar dividida una cosa en muchas partes. *Magcauatacuatac*, estar asi. *Ipagcauatacuatac*, causa. *Quina-an*, lugar. Ha de ser para muchas cosas. Sinónomo *Tiualag*.
UATACUATAC. pc. Trechos. Vide *Poctopocto*.
UATAS. pp. Comprender lo que se dice. *Nauatasan co na*, ya lo comprendí. Sinónomo *Talastas*.
UATAS. pp. Sospechar, *Nacauauatas*. Lo que, *Nauauatasan*.

UATAS. pc. Concluir algo. *Mag*. Estarlo. *Na*. Sinónomo *Lutas*.
UATAUAT. pp. Bandera que se pone por señal de ser su sementera la en que está. *Mag*. ponerla. *An*. á lo que. *Y*. la señal. Sinonomo *Tanda*.
UATIUAT. pp. Espantajo de cañas boox.
UAUA. pc. Espantar animales. *Mag*. Al que, *Han*.
UAUÁ. pp. Barra. Abstracto. *Cauauaan*. pp. Superlativo, *Cauauauauauaan*. *Manauaua*, entrar por ella.
UAUÁ. pp. Entender. *Mara*. Lo que. *Nauauaan*. Sinónomo *Ualas*.
UAUALISIN. pc. Malva yerba.
UAUANG. pp. Vide su sinónomo *Imbay*, que es el usado.
UAYUAY. pp. Largo. Sinónomo *Tioyoy*.
UAYUAY. pc. Ojear algo, como moscas. *In*, lo ojeado. *Y*, con que. Sinónomo *Bugao*.
UAYUAY. pc. Llamar con la mano, haciendo señas, *Mag*. La mano, *Y*. A quien, *An*. Sinónomo *Cauay*. pc.
UAYUAY. pc. Liso. *Manayuay*, está liso. Es de los Tinguianes.

U antes de I.

UIANG. pc. Desencajar, abrir, ensanchar, como piernas, boca, cepo, &c. *Ma*, estar asi. *Maca*, desencajar, abrir, &c. Lo que, *In*. Con que, Y.
UICÁ. pp. Palabra. *Mag*. hablar. Lo que, *In*. Si mucho, *Pag-in*. pc. Causa, *Ipag*. Á quien, *Pinag-an*. *Mapag*, l. *Mauica*, hablador. *Cauicaan*. pc. Dicho. Para determinar el lenguage, se liga con *n* y *g*. *Uicang tagalog*, *uicang castila*. Y para decir que hablan en alguna de estas lenguas, se conjuga con *Mag*. Hablar tagalo, *maguicang tagalog*. Ser hablado, *In*. *Ang uicain mong tagalog ito*. *Catagang uica*, una palabra. *Cacatagang uica*, una sola. *Cauicaan*, pp. Modo de hablar. *Mauicain*, gracioso en dichos. *Mguicauica*. pc. Lisonjear, enlabiar. *Pag-an*, á quien. *Mapag*, lisongero.
UICAUIC. pp. Hablador, *mauicauic*.
UICLAS. pp. Vide *Uilas*, que es el usado.
UIGUIG. pc. Sacudir, errar, hablar por rodeos. *Mag*. Lo que, *An*. Con que, *Y*.
UIING. pc. Vide *Piing*.
UILANG. pc. Abrir portillo para pasar, *Vm*. La cerca, *In*. Sinónomo *Uilang*.
UILAS. pp. Deshacer rompiendo, como petate, vestido, &c. *Ma*, romperse. Si mucho, *Na-cauilasuilas*. *Maca*, desgarrar. Lo que, *I*. l. *Paguilasuilasin*. pc. *Uilas*. pc. Roto.
UILI. pp. Afeccion metida en lo interior. *M.* estar afecto. *Quinauiuilihan*, á quien. *Ica*. causa. *Cauiliuili*, causa afeccion.
UILIC. pp. Topo, animal de tierra.
UILIG. pc. Sacudir algo de un lado á otro, *M* Lo sacudido, *Na*. Á quien topa, *Quinauu-gan*.
UILING. pp. Estrecho con muchas vueltas
UILUIL. pc. Detencion, flema en hacer alg-

Mauiluil sa gaua, flemático, flojo en obrar. La obra, *Pauiluilin*.

UILISUIS. pc. Arrastrar á uno, asiéndolo de los cabellos, *Mag*: A quien, *In*. Con que, *Y*. Vide *Ualisuis*.

UILIUIR. pp. Vueltas de la anguila cogida para escaparse. *Mag*, darlas. Donde, ó en que, *Pag-an*.

UINGUING. pc. Vide *Uiguig*. Tambien *Lambing*. Vide etiam *Uiluil*.

UINGQUI. pc. Desconcertar alguna cosa, *Vm*. Lo que, *In*. Acaso, *Naca*. Lo desconcertado, *Na*.

UITUIT. pc. Menear el fuego que se trae en la mano de noche, *Mag*. El tizon, *Y*.

UINDANG. pc. Rotura de ropa. *Ma*, estar rota. Si mucho, *Nagcauiuindanguindang*. Sinónomos *Tilas Punit*.

UISAC. pp. Carbon de un palo asi llamado.

UISLAC. pc. Romper de alto abajo, ó romper haciendo pedazos, *Mag*. Lo que, *In*.

UIQUI. pc. Vide *Uacli*, con sus juegos.

UISIC. pc. Rociar, como con hisopo, *Mag*. A que, *An*. Si mucho, *Paguiuisican*. Con que, *Y*. Si mucho, *Ipaguiuisic*.

DE LA LETRA Y.

Y antes de A.

YA. pc. Espantar, ojear, *Mag*. A quien, *An*, l. *Pag-an*. *Payaya*, decir esta palabra.

YAANG. pp. Amagar para herir, *Vm*. Si mucho, *Mag*. pc. A quien, *An*. Si mucho, *Pag-an*. pc. Con que, *Y*. Si mucho, *Ipag*. pc. Sinónomo. *Caang*, *Yambâ*.

YAANG. pp. Estar parado sin hacer nada, con la mano en la cintura. *Sayayaang*, estar asi.

YABAG. pp. Pisar recio en cosa blanda, *Vm*. Si mucho, *Mag*. pc. A do, *An*. Sinónomo *Casag*.

YABAG. pp. Blandearse el suelo cuando lo pisan, *Vm*. El suelo, *An*. Acaso, *Na*. Causa, *Naca*.

YABAG. pc. Ruido de pisadas. *Vm*, hacer dicho ruido. *An*, á do. Sinónomo. *Yanig*.

YABAG. pc. Vagamundo. *Mag*, andar asi, l. *Yayabagyabag*.

YABANG. pp. Fanfarron, embustero. *Mayabang na tauo*, hombre asi. *Vm*, hablar asi. Si mucho, *Mag*. pc. *An*, á quien. Si mucho, *Pag-an*. pc.

YABAT. pp. Ramas, ó palos atravesados en rio, camino, &c. *Manyabat*, cogerlos. *Panyabatan*, á do. *Ipan*, causa, ó para quien.

YABAT. pp. Juntar palos quemados en la sementera: luego se sigue el *Palispis*. *Mang̃a yabat na sang̃a*, ramas tales.

YABO. pc. Jugo. *Mayabong gabi*, l. *Lupá*, gabe, ó tierra jugosa.

YABONG. pp. Copado. *Mayabong na cahoy*, árbol asi. Es propio para árboles altos y bien dispuestos.

YABONGBONG. pc. Lo mismo que el antecedente.

YABYAB. pc. Engullir, comer como el puerco, *Vm*. Cuadra tambien al beber: *Inayabyab ang pag inom*.

YABYAB. pc. Moler, como especias, *Mag*. Lo que, *In*. Es como medio molido, *Yabyab pa*.

YACAG. pp. Llamar convidando, *Vm*, l. *Mag*, Si mucho, *Mag*. pc. A quien, *In*. Si mucho, *Pag-in*. pc. Para lo que, *Pag-an*. Causa para que, ó persona por quien, *Ipag*. Sinónomo, *Yaya*.

YACAP. pp. Abrazar. *Vm*, á otro. *In*, á quien. Si mucho, *Pag-in*. pc. *Y*, con que. *Mag*, abrazarse dos. Si mucho, *Magyayacap*. pp. l. *Mag-an*.

YACAP. pp. Amarrar al poste á alguno, *Mag*. A quien, *Y*. Si mucho, *Ipag*. pc. El poste á que, *Pag-an*, Sinónomo *Gapos*.

YACAP. pp. Abarcar con los brazos, *Vm*. Lo que, *In*. *Dili mayacap*, no se puede abarcar. *Mey tatlong yacap*, l. *Yomacap itong haligue*, este harigue tiene de grueso lo que abarcan tres hombres con los brazos.

YACAP. pc. Flemas, cólera. *Sungmuca nang yacáp*, vómito cóleras.

YACAR. pc. Llevar el que anda los pies apresurados. *Yayacaryacar*, andar asi. Vide *Tacar*.

YAGÁ. pp. Desperdiciar. *Mayayagá*, se desperdiciará. *Houag mong yayagain iyang tabaco*, no desperdicies ese tabaco.

YAGBAN. pc. Hincar el pie, *Vm*. El pie, *Y*, l. *Ipa*.

YAGBAN. pc. Paso, tranco, *Cayagban*. *Yomacban cang màcapoo*, dá diez pasos. *In*, ser pasado.

YACYA. pc. Meterse por espesura, dejando el buen camino, *Vm*, l. *Mag*. El dejado, *In*. De quien huye, *An*.

YACYAC. pc. Envidia. *Mayacyaquin*, persona envidiosa.

YACYAC. pc. Caerse la flor de los árboles, *Ma*. De donde, *Quina-an*.

YAGAGÁ. pc. Vide *Gayot*.

YAGANG. pc. Flaco de cuerpo. Mas que *Yayat*, *Ma*, estar asi. *Ica*, la causa. Abstracto, *Cayagang̃an*, flaqueza. Sinónomo *Pang̃alirang*.

YAGANGANG. pc. Vide *Buhaghag*.

YAGAS. pp. Caerse la fruta, pasarse el tiempo de ella, *Ma*. El tiempo en que, *Ipag*. *Yomayagas na ang manga*, se vá pasando el tiempo de mangas.

YAGUIT. pc. Motas que están en el agua, ramillas y palillos por el suelo. *Mayaguit itong tubig*, *marumi*.

YAGO. pc. Zumo, como de limon. *Mayago itong dalandan*, tiene mucho zumo.

YAGONG. pc. Vide su sinónomo *Yagang*.

YAGPÁ. pc. Andar zangoloteándose, *Vm*. Si mucho, *Yayagpayagpa*. Causa, *Y*.

YAGPA. pc. Romper por zacatal, *Vm.* El zacatal, *An.*

YAGPAG. pc. Vide *Payagpag*, *pagpag*, *pañgalagpag*, *paligpig*.

YAGYAG. pc. Trotar, *Vm*, l. *Mag*. *Ma*, lo meneado con los trotes. De propósito, *Mag*. Lo meneado, *Y*. De aqui.

YAGYAG. pc. Menear á la muger flaca para que pueda parir, *Mag*. La muger, *Y*. Si mucho, *Ipag*.

YAGYAG. pc. Caer la flor del *talahib*, ó fruta del árbol, *Ma*.

YAGYAG. pc. Blandearse el suelo de la casa.

YAHOR. pc. Estregarse contra alguna parte. Vide *Ahor*, *Quiyacos*, con sus juegos.

YAMÁ. pp. Palpar, tocar, tentar. Vide *Hicap*.

YAMA. pc. Revolver trastos, *Mag*. Lo que, *In*. Dobla siempre la raiz.

YAMA. pc. Vide *Gauà*. *Anong yamayama ninyo rian*. Lo mismo que *Anong gauagaua*.

YAMAN. pp. Riqueza. *Vm*, irse enriqueciendo. *Y*, causa, ó con que. *Mag*. pc. Anhelar por ella. *Maca*, *Ica*, causa de enriquecer. *Magpa*, enriquecer á otro. *Cayamanan*, riqueza.

Mayaman ca man sa sabi
duc-ha ca rin sa sarili.

YAMAN. pp. Aliñar, aderezar lo desaliñado, *Mag*. Si mucho, *Mag*. pc. Lo que, *Pagyamanin*. Si mucho, *Pag-in*. pc. Con que, *Ipag*, *Aco,i*, *napapagyaman sa Dios*, pido á Dios remedio para mí.

YAMANG. pp. Puesto que: adverbio. Sinónomos *Yayang*, *yayamang*, *hamang*, *hayamang*.

YAMBÁ. pc. Amagar de revés, como quien echa la atarraya, *Mag*. l. *Vm*. La red, *Y*. *Magyambaan*, dos á porfia.

YAMÓ. pp. Codicia de algo. *Mag*, hacerse codicioso. *Cayamoan*, codicia. *Nagcacayamoan*, tenerla. *Pinagcacayamoanan*, de que. *Mapagcayamoan*, codicioso.

YAMOAN. pp. Raeduras que sirven de yesca, para cuando sacan fuego con cañas.

YAMBO. pc. Macupa; árbol.

YAMBONG. pc. Vide *Lambong*, su sinónomo.

YAMONGMONG. pc. Vide *Yabong*, su sinónomo.

YAMONGMONG. pc. Espesura. *Vm*, irse haciendo espeso.

YAMOT. pp. Rastrojos, cosa que tiene palillos, cañuelas, pelillos, &c. *Magca*, l. *Mag*, tenerlos.

YAMOYAM. pp. Raeduras de la caña. Vide *Yamoan*.

YANCAO. pc. Ó *Yangcao*. pc. Tranco, ó paso largo. *Vm*, l. *Mag*, andar asi. *In*, lo trancado, *Yangcamin mo itong minsanin*, pásalo de una vez. *Mayancao*, zancudo. Sinónomos *Dancao*, *labay*, *haguay*, *talangcao*, *hangcao*.

YANĞA. pp. Tiesto, casco de vaso quebrado. Mas usado es *Lila*.

YANĞA. pp. Tostar en tiesto, *Mag*. Lo que, *Hin*. Estarlo, *Ma*. *Nagcacayanga ang cacanin*, sobra todo.

YANĞAHAN. pp. Medias ollas, cántaros quebrados.

YANĞASNĞAS. pc. Dentera, ó sonido que la causa. *Mayanĝasnĝas*, el ruido. *Mayanĝasnĝasan*, á quien dá dentera dicho ruido.

YÁNGCAO. pc. Vide *Yancao*. pc.

YANGAO. pc. Largo de cuerpo. *Mayangao*, hombre asi. *Vm*, irse haciendo tal.

YANGIO. pc. Nasa de cañas para pescar. *Mag*, hacerla. *An*, á donde. Si mucho, *Pagyangiuan*. Las cañas, *Y*. Si mucho, *Ipag*.

YANGISGIS. pc. Vide *Yanĝasnĝas*.

YANĞIT. pc. *Yagit*. pc. *Yanĝot*.

YANĞONĞO. pp. Mascar. Vide *Nĝonĝo*.

YANĞOS. pc. Seco, muy seco. *Yanĝos na dahon*, hoja sequisima.

YANĞOT. pc. Barbas ó cabellos espesos. *Mag*, tenerlos. *Yanĝotyanĝotan ca oy!* Qué bárbado eres! *Nagyayanĝot ang bahay na ito*, está muy súcia esta casa.

YANĞOTNĞOT. pc. Lo mismo.

YANGYANG. pc. Tender ropa al aire, *Mag*. Lo que, *Y*. Si mucho, *Ipagyayangyang*. A donde, *Pagyayangyangan*. *Vm*, ponerse al aire.

YANIG. pc. Vide los juegos en su sinónomo, *Yabag*.

YANTAC. pc. Dar culadas el que está sentado. *Nayantac ang catauan*, dió, &c.

YANTAS. pc. Consumirse de flaco ó enfermo, *Vm*. Causa, *Y*. *Mayantas*, cenceño.

YANTOC. pc. Bejuco. *Man*, cogerlo, ó ir por él. *Cayantocan*. pc. Lugar de muchos.

YAON. pc. l. *Yaon*. Aquel, aquella, ó aquello. Pronombre demostrativo.

YAON. pc. Estar ó durar ahí. *Nanĝa yaon pa yaong manĝa bato*, hasta ahora estan, ó duran alli esas piedras.

YAON. pp. Irse, partirse. *Yaon na*, ya se fué, *Nayaon na*, ya está allá. *Yungmayaon na*, haberse ido ya. De este y su contrario se forma el *Magyao,t, ito*, que significa ir y venir muchas veces, como se verá en el siguiente.

YAO,T, ITO. pc. Ir y venir de acá para allá, *Mag*. Á donde, *Pinagyao,t, itohan*. Causa, *Y*, l. *Ipagyao,t, ito*.

YAOT. pp. Paja que queda despues de trillado el arroz. *Mag*, quitarla. *An*, de á donde. Si mucho, *Pagyaotan*. pc. Sinónomo *Mamac*.

YAOY. pc. Azuzar al perro, *Mag*. El perro, *Y*.

YAOY. pc. Arrear animales, *Magpa*. Ellos, *Pa-in*. Con que, *Ipa*. Sinónomo, *Hayo*. pc.

YAOYAO. pc. Vide *Yaga*.

YAPA. pc. Comida desabrida, como no sea cosa líquida. *Mayapa*, comida asi.

YAPAC. pp. Pisar, *Vm*. Si mucho, *Mag*. pc. Lo que, *An*. Si mucho, *Pag-an*. pc. El pie, *Y*. Si mucho, *Ipag*. pc. *Manyapac*. pp. Frecuent. Sinónomos *Tapac*, *yoyo*, *sosoguin nating danan*, *ang manĝa yapac nang manĝa banal*, sigamos las pisadas de los justos. *Panyapac*, zuecos ó zapatos.

YAPAO. pc. Romper caminando por medio de sembrados, *Vm*, l. *Mag*. El sembrado, *In*, l. *An*. Si mucho, *Pagyayapauin*, l. *Pagyayapauan*. Con que, *Y*. Causa, *Ipag*. Sinónomos *Talas*, *Tahac*.

YAPOS. pc. Atar mal, *Mag*. Lo que, *In*. Con que, *Y*. Sinónomo *Yaguis*. pc.

YAPOS. pc. Abrazar por la cintura, ó abarcar, como harigue, *Vm*. Lo que, *In*.

YAPING. pc. Enfermizo, que casi no puede andar.

YAPOT. pc. Pescado chico como *Dilis*.

YAPSAO. pc. Fruta á la vista madura, pero al sabor verde. Vide *Haligayol*, *Tanauin*.

YAPYAP. pc. Camaroncillos, ó pescadillos.

YAQUIS. pc. Estallar la honda, *Vm*. Si mucho, *Mag*. *Magpa*, hacerla estallar. La honda, *Pag-in*.

YAQUIS. pc. Vide *Yapos*, con sus juegos.

YARAC. pp. Estregar algo con los pies, *Vm*. Lo que, *An*. Sinónomo *Yorac*.

YARAC. pp. Pisar sembrados, *Vm*. Lo que, *In*.

YARAC. pp. Puntillazo. *Vm*. l. *Mag*, darlo. Á quien, *Pinag*.

YARÍ. pc. Pedir licencia. *Yari na aco*, con tu licencia me voy.

YARÍ. pc. Este, esta, esto. Es pronombre demostrativo.

YARÍ. pp. Acabar la obra. *In*, l. *Ma*, ser acabada. Si mucho, *Pag-in*. pc. l. *Mangayari*, *Vm*, l. *Mag*. pc. Ir acabando, ó dando fin á la obra. *Cayarian*. pc. Fin de la obra.

YARÍ. pp. Concluir pleito ó negocio. *Yari na ang osap*, ya está concluido. *Nagcayari na sila nang osap*, l. *Nacapagyari na*. Lo concluido, *Pinagcayarian*. *Anong pinagcayarian*, l. *Pagcayari*, l. *Cayarian*. pc. *nang osap ninyo?* En qué paró vuestro negocio?

YARÍ. pp. Brotar bien el sembrado, *Vm*. *Cun yumari ang palay co, marami ang nacucuha*, si da bien mi arroz, cogeré mucho. Sinónomo *Siya*. *Mayaring lupa*, tierra fértil. *Itong lupa,i, inayarian din nang ano mang itinatanim*, todo se da bien en esta tierra.

YARIMOHAN. pc. Vide *Arimohan*.

YARÓ. pp. Alagar, *Vm*, l. *Mag*. Si mucho, *Mag*. pc. *In*, á quien. Si mucho, *Pagyarohin*. pc. Causa ó con que, *Y*. Si mucho, *Ipag*. pc. Frecuent. *Manyaro*. Causa, *Ipan*. Sinónomos, *Samo*, *loyo*, *amó*, *arò*, *hibò*.

YASA. pc. Vide *Yapao*. pc.

YASAC. pc. Hollar los sembrados pisándolos, *Vm*. Lo que, *In*. Si mucho, *Mag*. Lo que, *Pinag*. La tierra, *An*.

YASANG. pc. Aspero al tacto. *Uicang bundoc*.

YASYAS. pp. Limpiar ó alisar alguna caña, *Vm*, l. *Mag*. Lo que se le quita, *In*. A que, *An*, Con que, *Y*. Sinónomo *Calis*.

YASYAS. pp. Destruir los sembrados, *Vm*. Lo que, *In*. Donde, *An*. Con que, *Y*. *Nagyasyas mandin nang pagoosap*, concluyó brevísimamente el pleito.

YATÁ. pp. Paréceme, creo. Sinónomo, *Diua*.

YATAB. pp. Hoz pequeña con que siegan el arroz. *In*, ser segado. Si mucho, *Pag-in*. pc. *Y*, con que.

YAYA. pc. Llamar convidando á hacer algo. Vide su sinónomo *Yacag*, con sus juegos.

YAYA. pc. Ojear mayas, *Vm*. Lo que, *Han*. *Napayayaya*, estar ojeando. Sinónomos *Hiyao*, *Bugao*.

YATYAT. pc. Estender estirando, *Mag*. Lo que, *Y*. A donde, *Pag-an*. Sinónomo *Sincad*.

YATYAT. pc. (Roer) en algunas partes. Vide *Latlat*, *Ngatngat*.

YAYAMANG. pp. Pues que, supuesto. Sinónomo *Yamang*.

YAYANG. pp. Pues que. Lo mismo que el antecedente.

YAYAT. pp. Flaqueza de cuerpo. *Yayat na tauo*, flaco. *Vm*, enflaquecerse. *Y*, la causa. *Cayayatan*. pc. Abstracto. *Mag-ca*, enflaquecerse por algo. *Payayatin mo siya*, haz que se ponga flaco. *Yayat na saguing*, plátanos verdes.

YAYAUÁ. pc. Ya que, pues que, quejándose. Atáse con *ng*, y mejor fuera con *din*. *Yaya uaring di mo calooban*, ya que no es tu voluntad.

YAYONG. pp. Cargar con palanca, *Vm*. lo que, *In*.

Y antes de B.

YBAR. pp. Una tirita muy delgada de la costra de la caña que corta como cuchillo, *Parang ibar catalim*, como cuchillo agusado.

YBÓ. pc. Cosa grande que por tal sobresale en el comun de su género. *Ibong cahoy*; *Ibong tauo*, grande.

Y antes de C.

YCIC. pc. Un género de plátanos silvestres como el *Botohan*.

YCLOT. pc. Tardar. *Hindi naiclot*. *Hindi nalauon*.

YCPIC. pc. Apretar. Vide *Igpit*, *Higpit*.

Y antes de D.

YDIAP. pc. Vide *Culiap*, con sus juegos.

Y antes de G.

YGPIT. pc. Gastar con escasez, *Vm*. Lo que, *In*. Con que, *Y*.

YGUAS. pc. Pobre que no tiene sobre que caer. *Hindi aco macaiguas sa buhay co*, soy un pobre que no hallo que comer. *Nacaiguas na aco auà nang Dios sa buhay co*, ya he encontrado con que pasar.

Y antes de H.

YHIMAN. pp. Género de cancion á los desposados, difícil de pronunciar, y errando cada vez, va una taza de vino. Vide *Auit*.

Y antes de I.

YI. pc. Mofar, *Mag*. De quien, *Han*. l. *Paghan*. Sinónomo *Yico*.

YIBOC. pc. Cebar animales para comerlos despues, *Vm*. Lo que, *In*.

YICO. pp. Hablar algo, *Vm*. Lo que, *Hin*.

YICO. pp. Mofar con esta palabra, *Mag*. De quien, *Pag-han*.

YICAN. pp. Llamar al puerco asi. *In*, ser llamado. *Ipa*, el puerco. Sinónomo, *Yicyic*.

YIG-IC. pc. Vide *Sig-ic*.

YIIM. pc. Pescadillos pequeños.

YIGQUIS. pc. Atar fuertemente, *Mag*. Lo que, *In*. Con que, *Y*.

YIN-IC. pc. Hombro encogido.
YIN-IC. pc. Menear el cuerpo, como sacudiéndose cuando le pican, *Ma*. Si mucho, *Nagcapapa*.
YIPOYIPO. pp. Torvellino de viento. *Mag*. soplar. *Pag-han*, ser cogido de él. *Ipag*, causa. Tambien es remolino de agua, de cabellos, &c. *Mag*, hacerlo el agua, tenerlo en el pelo.
YIQUIS. pp. Arco de bejuco que ponen al cesto. *Mag*, ponerlo. *An*, á lo que. *Y*, el arco.
YIQUIS. pp. Medida para lo grueso de madera. *Yiquisin mo iyang haligue*, mide ese harigue. *Apat na dipa, ang yiquis*, tiene de grueso cuatro brazas.
YIQUIS. pc. Vide *Yaquis, Yiapus*.
YIRIYIRI. pp. Fingir que no sabe, *Mag*. Lo que finge no saber, *Pag-in*.
YIRI. pc. Vide *Yeri, Yari*.

Y antes de L.

YLANG. pc. Necesitada. Vide *Salat*. *Cailanĝan*. Necesidad, *Quinacailanĝan*.
YLAMBANG. pc. Lo mismo que *Hamac*. *Palambang na gauà, hamac na gauà*.

Y antes de M.

YMBAO. pc. Embudo para traspasar cosas líquidas en otras vasijas. *Magpa*, ponerlo á la vasija. *Ipa*, el embudo. La vasija sobre que, *Paimbauan*.
YMÍ. pc. Lugar estrecho y apartado para trabajar. *Hindi aco macagagauà dito, at imì*. De aqui salen las metáforas de la palabra, *Quimí*.
YMBUBULI. pc. Un animalillo como chacon.

Y antes de N.

YNCOL. pc. Brazo quebrado ó impedido. *Incol na camay*.
YNDAP. pc. Caminar con cuidado cuando se teme riesgo, *Mag*. De que se recela, *Pag-an*. Sinónomo *Intap*.
YNĜALO. pp. Estender los brazos el que está agonizando, para coger algo que le parece que vé, *In*. Donde, *An*. Los brazos con que, *Y*.
YNCÓ. pc. Cogear un poco. *Vm*, l. *Na*. Tambien zambo.
YNDA pc. Se usa con la negativa. *Hindi mo iniinda ang otos co*, no haces caso de lo que te mando.
YNGOL. pc. Planta, ú hombre revejecido. *Ma*, estar ó quedar asi.
YNGOLOT. pp. Faltar á la palabra ó concierto. *Mag*. La palabra ó concierto, *In*. Asi el Padre Roa.
YNORONG. pc Trabajar en una cosa como por entretenimiento por estar cansado de otra obra. Donde, *Pag-an*. Asi el Padre Roa.

Y antes de O.

YOBAT. pp. Estirar el arco. *Inoyobat ang bosog, itotoloy na ang tonod*, ya va tirando el arpon para arrojar la flecha.

Y antes de O.

YOBING. pp. Menear á otro cogiéndole de los brazos, *Mag*. A quien, *Pinag*, doblando la raiz.
YOBYOB. pc. Esconder algo, como entre el zacate. Vide *Subsub*, su sinónomo, con sus juegos.
YOBIOB. pc. Zahurda para puercos. *Mag*, hacerla. *Y*, ser el puerco metido en ella. El usado es *Banlat*.
YOBIOB. pc. Dar de calabazadas á otro, asiéndole de las greñas, *Mag*. A quien, *Y*.
YOCAN. pp. Andar corcobeando, *Vm*, l. *Yoyocamyocam*.
YOCAYO. pc. Idem.
YOCAYOC. pc. Cabecear. *Vm*, l. *Yoyocayocayoc*. Vide *Tocatoc*.
YOCBO. pc. Saltar hácia arriba, como los muchachos con la cáscara del coco entre los pies, *Vm*. Si mucho, *Magyoyocbo*. Lugar, *Yocbohan*. Si mucho, *Pagyoyocbohan*. Causa, *Y*. *Mag-han*, dos ó mas á porfia. Sinónomos *Yoclo, Ocao*.
YOCBO. pc. Lo mismo que *Ondoc*.
YOCBO. pc. Hacer reverencia la muger con la rodilla, *Vm*. A quien, *An*.
YOCBONG. pc. Gorgojo. *In*, ser destruido de él.
YOCDO. pc. Vide *Yocbo*, con su primer significado.
YOCO. pc. Inclinar la cabeza haciendo reverencia, *Vm*. Si mucho, *Magyoyoco*. A quien, *An*. Si mucho, *Pagyoyocoan*. Cuerpo, ó causa, *Y*. Si mucho, *Ipagyoyoco*. *Mag-an*, dos mútuo.
YOCOR. pc. Vide el antecedente, con sus juegos.
YOCOS. pp. Ajar algo, como ropa, *Vm*. Lo que, *In*. Si mucho, *Pag-in*. pc. Con que, *Y*. *Houag mong pagyoyocos-yocosin ang casulla*, no dobles la casulla de modo que se aje. *Nagcayoyocosyocos*, estar asi.
YOCOS. pp. Inclinar la rama para coger de ella la fruta. *Ma*, estar asi. *Ica*, la causa. Y de aqui, al corcobado se dice *Yocos*. pc. *Cayocosan*, corcoba.
YOCYOC. pc. Agacharse casi sentándose. Vide *Locloc*, con sus juegos.
YOGÁ. pc. Vide *Oga*. pc. Es Tinguiano.
YOGUÍ. pp. Vide *Logui*.
YOGMÍ. pc. Inclinarse la rama hácia la tierra, *Ma*.
YOGYOG. pc. Saltos, patadas en cosas que se blandean, trotar, *Vm*. Si mucho, *Magyoyogyog*. *Yogyoguin*, el trotado. Si mucho, *Pagyoyogyoguin*. Con que, *Y*. Vide *Yagyag*. Por dar patadas, Vide *Tinag, togoy, oga, yonda*.
YOIS. pp. Revolver ó confundir unas cosas con otras, *Vm*. Si mucho, *Mag*. pc. Lo que, *In*. Si mucho, *Pag-in*. pc. Con que, *Y*. Si mucho, *Ipag*. pc. *Nanĝayoyois yois itong manĝa damit*. Sinónomos *Yocos, yopi*.
YOMÍ. pp. Ablandarse lo que antes era duro, *Vm*. La causa, *Y*, *Mayoming loob*, humilde. *Mayoming catauan*, delicado de complexion.
YONDA. pc. Lo mismo que *Yogyog*.
YONĜAYONG. pp. Inclinar la cabeza, *Vm*. Si mucho, *Mag*. pc. Causa, *Y*. Si mucho, *Ipag*. pc. Á lo que mira, *An*. Si mucho, *Pag-an*. pc. *Yonĝayong*. Cabizbajo. Sinónomos *Yonĝo, Yonĝo*.

YONĞI. pp. Vide *Tayoctoc*.

YONĞIB. pp. Cueva. Sinónomos *Yoquib, Longa*.

YONĞO. pc. Inclinar la cabeza. Vide *Yonğayong*.

YONĞO. pc. Ceremonias de tristeza por el difunto. *Nagyoyonğo*, guardarlas. *Vm*, hacer asi.

YONGTO. pc. Desgranarse el palay, *Ma*. Sinónomo *Lotlot*.

YONÍ. pc. Hundirse algo blando al apretarlo con el dedo, *Vm*. *Pag-in*, lo undido. *Magpa*, hacerlo hundir.

YONÍ. pc. Lo mismo que *Yomi*.

YONÍ. Pc. Ablandarse postema, ó fruta, *Vm*, l. *Yoyoniyoni*.

YONIT. pc. Lo mismo que *Yoni*, en su primer significado, y es el mas usado.

YON-OC. pc. Reverencia de muger, *Vm*, hacerla. *An*, á quien.

YON-OC. pc. Blandearse el suelo, *Vm*. Vide *Yocboc*.

YONGYONG. pc. Vide *Mayocmoc*, con sus juegos.

YONOT. pp. Estopa que sacan de los árboles que llaman *Pugahan, cauong, tamping*. *Mayonot na damit*, ropa rota como estopa, *Yoyonotin co siya*, le haré tiras, dice el que se enoja contra otro.

YONTÓ. pc. Soplar recio el viento, *Vm*. Lo que, *In*.

YONTÓ. pc. Hacer algo de golpe, con los mismos juegos que el antecedente.

YOPAC. pp. Moler arroz la primera vez, *Mag*. El arroz, *In*. Vide *Lupac*.

YOPAR. pp. Hollar lo sembrado, *Vm*. Lo que, *In*. Estarlo, *Ma*. Sinónomos *Yopi, Yopil*.

YOPÍ. pc. Lo mismo que el antecedente, con sus juegos.

YOPÍ. pc. Abollar, mellar cosas de metal, *Vm*. Lo que, *In*.

YOPING. pc. Lo mismo que *Luping, lupingping*.

YOPIT. pc. Blandearse algo, *Vm*, l. *Yoyopityopit*. Sinónomo *Hobog*. *Yopit ang ilong*, nariz roma.

YOPIT. pc. Ablandarse la postema, ó hundirse tocándola, *Mag*.

YOPYOP. pc. Echarse como el perezoso. *Nagyoyopyop lamang sa bahay*, l. *Iniyoyopyop ang catauan*, el que se está echadazo.

YOPYOP. pc. Amparar, recoger como á los pollos la gallina, *Vm*, Á quien, *An*. Si mucho, *Mag*. Á quienes, *Pag-an*. Estar amparado. *Na-an*. *Yongmoyopyop man ang manoc sa manğa sisio, ay lalo ring inoyopyopan tayo ni G. S. Maria*. Aunque la gallina ampara á sus hijos, aun mas amparados somos de María santísima.

YOQUIB. pp. Cueva. Sinónomo *Yonğib*.

YOQUIB. pc. Agacharse para entrar por puerta baja, *Vm*. Á donde se agacha, *An*.

YORAC. pp. Pisar, estregar con los pies algo, *Vm*. Si mucho, *Mag*, pc. Lo que, *In*. Si mucho, *Pag-in*. pc. Con que, *Y*. Si mucho, *Ipag*. pc. Lugar, *An*.

YORO. pp. Harina que sacan del *Pugahan*, de que hacen su pan, *Mag*. pc. Ir al monte por el dicho, *Pugahan*. *Pag-an*. pc. El monte, *Ipag*. pc. Causa ó persona para quien.

YOSÓ. pc. Trillar poco arroz, *Vm*. Lo que, *In*. Con que, *Y*.

YOTA. pp. *Sangyota*, cien mil. *Sangpouong yota*, un millon.

YOTYOT. pc. Sobrecargar algo apretando con los pies ó como el verdugo al ahorcado, *Vm*. Si mucho, *Magyoyotyot*. *An*, lo que. Si mucho, *Pagyoyotyotan*. Con que, *Y*. Si mucho, *Ipagyoyoyotyot*.

YOUA. pp. Espantar al puerco, caiman. Vide *Uaua*. *Payoua*, decir esta palabra.

YOUAN. pc. Dolor que siente la madre cuando no han salido las parias. Este dolor se llama *Youan*.

YOYÓ. pp. Vide *Yapac*.

YOYONG. pp. Teson en alguna obra. *Vm*, tenerlo. *An*, la obra.

YOYONG. pp. Vide *Tonğo*, con sus juegos.

YOYONG. pp. Lo mismo que *Alagà*. *Yoyonğan mo iyang bata*. Quiere decir *Alagaan mong magaling iyang bata sa pag aaral*.

Y antes de R.

YRLIS. pc. Lo mismo que *Pis-il*. *Irlisin mo, Pisilin*, l. *Pislin mo*.

Y antes de S.

YSIG. pp. Fuerza ó valentía. *Maysig na tauo, malacas*.

YSON. pp. Poner en órden las cosas, como libros, petates, ó gentes que embarazan, *Mag*. Las cosas, *In*, l. *Pag-in*.

Y antes de T.

YTANG. pc. Seco. *Naytang*, estarlo.

YTANG. pc. Caerse el palay de la espiga por muy seco. *Naytang ang palay, Nalaglag ang palay nang pagcalotlot*.

YT IT. pc. Chupar, *Vm*. Lo que, *In*. Donde, *An*. Vide *Ip ip, Sipsip*.

YT IT. pc. Silvido pequeño de culebra.

YT IT. pc. Un género de albahaca.

SUPLEMENTO AL VOCABULARIO TAGALO.

DE LA LETRA A.

A. prolongado significa mofa, escarnio ó irrision que se hace á uno por haberle sucedido un percance inesperado.

Á. burla que hacen de lo que ven ú oyen pronunciando esta *A* sola al fin de lo que dicen alargando el eco de la *A*. *Donong mo, a.* Ó que sabio eres. Haciendo burla.

Á. dicha con alguna fuerza, como si fuera de aspiracion con *h*. Aunque no la ha de tener, ni en la pronunciacion, dice, como una manera de dolor, ó pesar de algo, ó disgusto de lo que ve, ó le dicen, A: *P. cong Dios.* A Dios mio, á *rundangan uala aco dito; hindi nga pala pinagnacao nang tauo ang ari co.* A, sino fuera por haber faltado yo aqui, no hubieran hurtado mi hacienda, dicen algo de que no gusta. Responde con enfado. A. *Houag cang pa a a,* no digas a, *anong ipina a a mo diyan:* porque dices, a, porque te amohinas. *¿A a ca nang a a a ca diyan,* que haces de decir, *A.* Iten: para exagerar algo en bien, ó en mal, dicen lo que en castellano es, ó *buti a.* Oh que hermoso; *baho a,* oh que hediondo. *Inam, a,* oh que sabroso.

A: *An:* puesta á nombres con una N. Propios dice Padre del significado por la palabra á que se antepone. *An Pedro,* Padre de Pedro. *An palad,* Padre de palar. Vide Pan, que es el mas ordinario y, usado para esto; Pan Pedro, Padre de Pedro.

A *An*, puesta á genetivos, asi de nombres propios como apelativos significa ser dicho de la persona significada por el genetivo. *Anang Dios,* dice, ó dijo Dios, *ani Pedro,* es dicho de Pedro, *aniya,* es dicho de él.

ABA. pc. Ves. No te lo decia. Usan de esta palabra, cuando sucede lo que á uno le habian dicho amonestándole no lo hiciera. *Aba, dico uica sa iyo na houag cang paroon?* No te lo decia yo que no fueras allá? *Aba, dili gayon nga ang uinica co sa iyo?* No te lo decia yo asi?

ABÁ, l. ABANG TAUO. pc. Miserable, necesitado.

AB-AB. pc. Muesca. Itt. Encaje como media luna, para encajar sobre algo redondo. *Ab-aban mo ang ilalapat dito.* 1. P. Has muesca al que se ha de encajar aqui. Vide *Aab*, con sus juegos.

AB-AB. pc. Ajustar como encaje de Cruz de dos palos. *Ungmaab-ab ang anloagui nang Cruz.* 1. act. el carpintero, está ajustando la Cruz, l. *Inaab-aban.* 1. P. Idem.

ABA-CA. pc. Ea los dos. *Aba, ca.* pc. Ea vamos los dos v. g. *Aba ca sa parang.* Ea vamos los dos al despoblado. *Aba cang malacaya.* Ea vamos á pescar.

ABÁ CO. pp. ¡Ay de mi! *Abà mo!* Ay de ti!

ABALA. pp. Embarazo, estorbo, ocupacion. *Inaabala mo aco.* Tu me embarazas. *Ualang di abala.* Todos son estorbos. *Cami,i, may abala.* Tenemos ocupacion.

ABAL-ABAL. pp. Estorbar á otro que está trabajando. Sinónomo, *Abala, tigagal.*

ABANGABANG. pp. Árbol asi llamado.

ABA-QUITA, l ABA-TA. pc. Ea vamos los dos, convidando *Aba quitang mangahoy sa gubat.* Ea vamos los dos por leña al bosque. *Aba tang mangasó.* Ea, vamos los dos á cazar con perros.

ABAR. pc. Interrumpimiento de plática, *Vm.* El que, *In.* Á quien, *aco,i, inabad ni cuan,* interrumpió me lo que iba yo hablando: interrumpidor, que sin son, ó sin pedirselo habla, y responde; *ma abaring tauo, mapangabad; aabadabad ca rian?* Oh que haces de interrumpir, &c. Item, ayudar á otro hablando en favor de lo que está hablando, ó proponiendo en su derecho; *aco,i, pinag aabadabaran nang manga maguinoo;* estando v. g. proponiendo mi justicia, acudieron los Principales á ayudarme hablando en mi favor, tanto, y mas se usa para contradecir: *pinag aabad abaran si Cristo nang manga Judios sa bahay ni Pilato:* Vide *Balagbag.*

ABAS. pp. Avisar. Vide *Salita.*

ABAS. pc. Desechar. Vide *uacsi.*

ABA-TA. pc. Ea los dos.

ABATAYO. pp. Brindar. Ea todos vamos exortando ó animándose unos á otros. *Aba tayong paroon.* Vamos allá. *Aba tayong moui.* Vámonos ó volvámonos.

ABA TAYO. pp. Cuando dicen, con la taza en la mano; vaya esta por todos, *Aba tayo po yaring tagay,* brindo á todos, con esta taza. Responde.

ABA TAYO PO. pp. Vaya Señor.

ABIA. pc. Tapar. Vide *Saclob.*

ABOD, l. ABOR. pp. Meollo del árbol. Vide *Obod.*

ABYOG. pc. Es tambien fluctuar.

ACAL. pc. Una yerba muy amarga como la biel por lo cual suelen decir los tagalos, cuando uno no tiene nada: *uala aco, cahima,t, isang acal.*

ACAPULCO. pp. Una especie de planta.

ACAR. pp. Acechar buscando el rastro de la caza. *Nangangacar cami.* 3. act. Andamos nosotros acechando caza. *Acrin mo,* síncop. y 1 P. *at barilin.* Acéchale, y tírale con el arcab

ACAR. pp. Entiéndese tambien por suba.

AC-BA. pc. Abrir como palo ó caña.

ACDAL. pc. Empujar á otro con el hombro arrimando. *Houag cang umacdal sa aquin* no me empujes con el hombro, *Vm.* El que, *In.* Lo que asi es empujado; *naaacdal* lo que está fuera de su lugar por &c.

ACLAP. pc. Entiéndese tambien por *ac-yat*, subir.

ACO. pc. Dame poniendo absoluta la cosa sin verbo. *Aco nang canin.* Dame comida. *Aco nang tubig.* Dame agua. *Aco aco*, á mí á mí dame dame.

ACPAN. pc. Añadir, ó acabalar, *acpan mo iyang sauali:* añade otro sauali, quiero comprar un peso de candelas, y no tengo sino cuatro reales, dicen, *acpan mo si Pedro*, de á Pedro, que anda el dinero, *Ung.*

ACSIUAN. pp. Pinga. Palanca, *Pininga aco ni Pedro.* Pedro me dió con la palanca.

ADHICA. pc. Diligencia, cuidado, solicitud deseo.

ADHICA. pc. Ahorrar, buscar, vide *arimohanan.*

ADIAUAN. Un género de palma.

ADYO. pc. Subir á casa, árbol, ó monte.

AETA. pc. Vide. Ayta negrito del monte.

AGAM, ó AGAMAGAM. pp. Indicios.

AGAS. pp. Menguar la creciente de los rios. *Ungmaagas na ang tubig.* 1. Act. Ya vá menguando el agua. *Dili isa man maagasan itong ilog.* 8. P, Ni poco ni mucho mengua este rio.

AGAS-AS. pp. Aspereza. Raiz nueva.

AGBAY. pc. Arrimarse, ó dar la mano al enfermo ó convaleciente para andar. *Ung*, *agbayan mo ang bata at ang mahina pa siya.* Tambien á la par.

AGHAM. pc. Entiéndese tambien por anhelo.

AGLAHI. pp. Entiéndese tambien por *biro*, burla, broma.

AGNAS. pc. Desmoronarse la tierra. Vide *Tibag Tipac.*

AGOHO. Árbol asi llamado.

AGOR. Especie de planta.

AGOS-OS. Género de planta.

AGOY. pp. Debilidad del cuerpo por enfermedad ó vejez, no pudiendo tenerse en pie; *aagoy agoy cana.*

AGSAMAN, l. TABIHAN. pp. Muladar lugar donde echan la basura. *Dalhin mo iyan sa agsaman.* Lleva eso al muladar.

AGSAP. pc. Azadon, ó paletilla á su modo con que caban: es todo de palo sin que tenga cosa de hierro. Vide *Tactac tapil.*

AGTAS. pc. Atajar el camino dejándole, por ir por la yerba. *Ungmaagtas aco dito.* 1. act. *At aco,i, nagmamadali.* Voy de priesa, y por eso, atajo por aqui, aunque sin camino.

AGTAS. pc. Vereda, ó senda angosta, *Umagtas cuyo sa lati.* Haced vereda, por el manglo, ó abrid senda.

AGUAT. pc. Distancia de un punto á otro, *Nag.*

AGUIHAP. pp. Ampollas ó llaguitas que salen en la boca y se llama regularmente fuego de la boca.

AGUIMAT. pp. Especie de supersticion en que creen que teniéndolo, serán invulnerables ó se librarán de varios peligros. Vide *anting-anting* y su esplicacion.

AGUINGAY. pp. Especie de planta.

AGUIU. pp. Hollin que se cria en la chimenea.

AHÁ. pp. Paréceme, adverb. Antepónese. *Ahá co,i, mamamatay.* Paréceme que morirá; *Aha co,i, Oras na.* Parece que ya es hora. *Aha co,i, hindi mangyari iyan.* Paréceme que no puedo ser eso.

ALACAN. pc. Lugar de vino. *Tatlong alacan.* Tres lagares.

ALACAN. pc. Alambique. *Pinag aalacan.* Alquitara.

ALACBAY, l. AGBAY. pp. Á la par.

ALACTIA. pp. Pena que uno dá á otro, con sus cosas, dándole pesadumbre. *Naca aalactia ca sa aquin.* 4. act. Pena me das. *Houag mo siyang alactiain.* 1. P. No le des pena.

ALAGAD. pp. Seguir á otro con la vista á ver donde vá, *Vm. An*, á quien: para esta significacion se usa de la raiz, *alinsonod*, y esta *alagbay*, es lo mismo que, *agbay.* Itt. acompañar al que corre.

AL-AL pc. Limar. *Ipaal-al mo.* Mándalo limar.

ALALAONG. pp. Ojalá, á lo menos siquiera.

ALALAY. pp. Detener con las manos. *Alalayan mo iyang bata.* 1. P. deten á ese niño, no caiga. *Ungmalalay acó sa caniya.* 1. act. Yo le detuve.

ALALAYAN. pp. Asidero ó pasamano.

ALAM. pp. Despedirse ó pedir licencia para irse. *Napa aalam aco sa Padre.* 7. act. Vengo á despedirme del Padre. *Paalam aco sa iyo.* Despídome de tí.

ALAMAG. Género de árbol.

ALAMIRAN. pp. Garduño, l. *Alamir.* pc. Zorrillo, animal que mata las gallinas, el hocico largo y el rabo muy peludo.

ALANGALANG. pp. Contrarazon: úsase absoluto. V. g. *Alang alang di auaya,t, parusahan ang may casalanan.* Es contrarazon, no reñir y castigar al que tiene culpa: *alang alang bigyan ang may doon.* Es contrarazon darle algo al que tiene.

ALANGITNGIT. Arbolito asi llamado.

ALAPAAP. pp. Puede añadirse á su significacion la siguiente. *Ang masamang gaua pinapapag alapaap ang loob*, el pecado obscurece el entendimiento.

ALCAPARRAS. pp. Especie de arbolito.

ALDONISES. Género de árbol.

ALÍ. pp. Mudar linde de la sementera y ponerla donde no es lugar. *Nag ali siya nang pilapil.* 2. act. l. *Ungmali.* 1. act. Mudó la linde. *Inalihan.* 1. P. Fué mudada.

ALIBOG. pc. Calentura de gran ardor interior, que inquieta mucho, estar con ella, *inaalibog*, l. *Na.* Pimentel lo pone. pp.

ALICBOBO. pp. Levantar llamas el fuego. Vide *alab.*

ALICTIYA. pp. Enfadar, ó dar pena, ya con palabras, *ung* el que, *In.* Á quien. Vide *alactia.*

ALIG. pp. Trasegar de un vaso á otro, *Mag.* Lo que, *In.* Itt. ir tras el enemigo sin dejarle parar, sucediendo siempre en su lugar. *Mag. In.* Itt. desechar uno á otro con aspereza y poca estima, *inaalig alig aco ni cuan*, me hechó de si con menosprecio.

ALIG. pp. Trocar dos cosas mudándolas, del sitio de la una, al de la otra. *Pagaliguin mo iyang dalauang silla*. Trueca esas dos sillas. *Sinong nagalig nitong pagpapalugay co?* Quién trocó las cosas, de como yo las habia puesto? *Y.* Metáf. *Inalig niya aco sa loclocan co*. Quitome del asiento, y sentóse él.

ALIGAGA. pp. Distraer á uno de lo que hace dejándolo, *Vm*. El que, *In*. Á quien distraidor asi, *Mapang-aligaga*.

ALIGUIR, pc. Esperar buena ocasion para vengar á su enemigo. *Ano,t, ungmaaliguir ca dito?* 1. activa. Por qué esperas aqui? *Sinong inaaliguir mo?* 1. P. Á quien esperas ahí. *Aaliailiguir*.

ALILA. pp. Entiéndese tambien por criado.

ALIMAGMAG. pc. Moho que se cria en cañas ó madera, que reluce de noche. *Alimagmag sa cauayan*. Moho que está en la caña de dia no se vé.

ALIMONGMONG. pc. Fragrancia ó fuerza de olor bueno ó malo, *Vm*. Despedir el tal olor *pagca alimonmon bapa nito* &c. ó que fuerza de olor.

ALIMOOM. pp. Vapor que sale de la tierra.

ALIMOOM. pp. Dar olor. *Ungmaalimoom ca nang magaling*. Buen olor das de ti.

ALIMOOM. pp. Baho de casa lóbrega ó sobaquina.

ALIMOSOR. pc. Entiéndese por desigual.

ALIMPOYO. pc. Humo de morisqueta ó comida cuando se quema lo mismo que, *alimpoyoc*.

ALIN. pc. Cual. *Alin sa inyo ang naparoon*. Cual de vosotros fué allá.

ALING, l. ALIN. pp. Arbolito asi llamado.

ALINGASNGAS. pc. Bulla ó bullicio.

ALINGASAO. pp. Exhalacion de mal olor.

ALIN-MAN. pc. Cualquiera. *Alin man sa amin*. Cualquiera de nosotros. *Alin mang tauo,i, patatauarin din nang Dios; cong mag sising totoo*. Cualquier hombre será perdonado de Dios; si tiene verdadero dolor.

ALIPARO. pc. Un género de árbol.

ALIPARO. pc. Mariposa.

ALIPIT. pp. Apretar amarrando el suelo de la casa, ú otra cosa entre dos cañas, ó una sola. *Alipitin mo itong sahig*. Aprieta este suelo. Sinónomo *Pangcol*.

ALIPOYO. pc. Quemarse lo que se está cociendo; por entrar la llama, dentro de la vasija. *Ungmaalimpoyo ang lamangcati sa palayoc*. La carne se está quemando en la olla; y metáfora. *Ungmaalimpoyo ang galit sa loob co*. Estoy echando llamas de enojo.

ALIPOYPOY. pc. Oruga. Vide *Olalo*.

ALIPUSTA. pc. Despreciar.

ALIS. pc. Desamparar dejar á otro ó el pueblo. *Inalisan siya nang asaua*. 1. P. Desamparóla su marido. *Houag ninyong alisan ang bayan*. No desampareis &c.

ALIT. pc. Desavenirse.

ALIU. pc. Consolar, animarse. Vide *Alio*.

ALIUALAS. pp. Sereno. Serenar el tiempo lluvioso. *Ungmaaliualas na ang panahon*. Ya vá serenando el tiempo. Vide *Linao*. Tambien cuando una casa es ancha y despejada sin muebles en medio, ni cosas que estorban la claridad se dice *maaliualas na bahay*.

ALIUAYUAY. pc. Alba, esclarecer. Vide *liuayuay*.

ALOC. pc. Convidar á uno con comida, rogándole que coma, como al enfermo, ó al triste, ó mostrándosela para ver si la quiere, y dé aqui mostrar la mercaderia ú otra cosa convidando con ella &c.

ALOLOS. pp. Ir derecho v. g. un palo por el agua, via recta. *Paalolos ca sa hangin ó sa tubig*.

ALOS. pp. Entrar el agua en la embarcacion por fuerza de las olas.

ALOTANGIA. pc. Un animal como chinche, mas tiene alas, hiede muchísimo, y destruye los arrozales. Vide *Atang-ya*.

ALUAGUI. pp. Carpintero. Antiguamente es anlouagui.

ALUYAN ó DUYAN. pp. Cuna, y *Ogoy mo*, mécelo, *patologuin mo iyang bata sa duyan*, hazle dormir á ese niño en la cuna.

AM. pp. Canje, cocimiento de morisqueta ó agua de arroz.

AMARILLO. Especie de planta.

AMAC. pp. Cuidar. *Ang maestro ang nag aamac sa inaaralan*. 2. activa. El maestro cuida del discípulo.

AMATONG. pp. Lo mismo que *Tambobong ó taclab*, granero. Itt. Canastro.

AMBA. pc. El baile de los negrillos y Zambales.

AMBA. pc. Abuelo. Tio, *Amba Poon*, abuelo.

AMBA. pc. Se entiende tambien, adorar, *maamba mo ang Dios*.

AMBALAO. pp. Estar á la mira de algo, para ver lo que sucede ó se hace de ella, *Vm*. El que, *An*. Lo asi mirado.

AMBOLA. pc. Mezclar. Vide *hambola* que es el usado.

AMBOBOYOG. pp. Moscardon abejon. Vide *Imboboyog*.

AMO. pp. Acallar al niño halagándole. *Amoin mo iyang batang ungmoouang*. 1. P. Acalla á ese niño que llora. Y de aqui sale el que se sigue, *Amo amo*. pc. Rogar á otro que venga en lo que el quiere. *Amo amoin mo,t, nang mayag*. 1. P. Ruégaselo; para que consienta. 1. activa, in. fin.

AMO AMO. pp. Persuadir halagüeñamente. *Amo amoin mo siya*. Persuádele halagüeñamente.

AMOL. pp. Suciedad del rostro. *Parati nang nagcacaamol ang manga bata*. De ordinario ó para siempre se ensucia el rostro de los niños.

AMOQUI. pc. Amansar, halagar regalando, como á los niños, *Mag-in*.

AMOT. pp. Vender en gracia de otro parte de lo que ha comprado por mayor, sin ganancia por razon de parentesco, amistad &c. en Batangas se usa, *bahagui*.

AMOT. pp. l. *Ambag*. pc. Contribuir con dinero para alguna cosa. *Nag aamot caming lahat*. 2. activa, *ay umamot ca naman*. 1. act. todos contribuimos, contribuye tu tambien.

AMOYOT. pp. Embaucar.

AMPAS. pc. Fondo del precipicio.

AMPILO. pp. Montar en pelo al caballo ú otro animal.

AMPIYAS. pp. Dar golpe, al que topa, movido de enojo. *ualang di inaampiyasan*. S. E. F. y 1. P. á todo cuanto topa vá dando golpe. Metáfora. *Naampiyasan aco niya nang uica*. 8. P. enfadóse conmigo de palabra.

AN. pc. Cosa, esta partícula pospuesta á las raices simples, dice lugar en que se ejercita lo significado por ellas. Como de *Tagay*. Dar de beber. *Tagayan*, taza en que se bebe, de *inum*, beber, *inuman*. Cosa en que se bebe de *tacal*, medir, *Tacalan*. Cosa en que se mide, de *higa higaan*, &c.

ANACGOMOLONG. pp. Cañuela con que los viejos ablandan el buyo. Vide *calicot*.

ANAC NA TOTOO. pp. Legítimo, hijo de su consorte.

ANAC SA QUINALIGAUAN. pp. Bastardo, hijo de la manceba. *Anac sa quinaligauan niya yaon*. Es su hijo bastardo aquel. Otros nombres hay de bastardos. Como *anac sa caagolo*. pp. l. *sa caluniya*. pc. Hijos de la manceba. *Anac sa inaasaua*. Hijo de aquella, que no es igual á él. Ahora se dice, *anac sa ligao*, l. *Anac sa lupa*.

ANAC SA PARANG, l. **ANAC SA PARA**. pp. Hijo de padres iguales en linage.

ANAGAP. pc. Un género de árbol.

ANAGATLI. Árbol asi llamado.

ANANAPLAS. Una especie de árbol.

ANDAL, l. **ACDAL**. pc. Llevar la corriente lo que coge por delante *Naaacdal ang pilapil nang tugig*. 3. Pas. La linde de la sementera la lleva el agua.

ANDALAN. pc. Capacho en que echan el coco, rallado para sacarle aceite en la prensa.

ANG. Lo mismo que, *A*. Vide.

ANG MANGA. Los, las.

ANGAL. pp. Llanto en alta voz generalmente de chiquillos.

ANGANANGAN. pp. Dudar, titubear.

ANGANGA. pp. Especie de lagarto pequeño parecido al camaleon.

ANGÉLICO. Especie de planta.

ANGGAM. pp. Pasar ó traer algo á la memoria brevemente, y de paso, *Mag-in*. Lo ordinario se usa repitiendo la raiz; *na aamgam anggam*, l. *Na anggam anggam co*, estoy pensando, ó pasándolo por la memoria, tanto, cuanto, *marami ang manga anggam anggam cong gagauin*, muchas veces se me ofrecen á la memoria ó vienen al pensamiento que hacer; *anggam anggamin mo sa daan ang ipinag bibilin co sa iyo*, ve trayendo á la memoria ó recapacitando por el camino lo que te encargo. *Anggam*, solo dice pasar algo muy brevemente por la memoria, pero repetido, *anggam anggam*, dice algo mas, pero todo de paso y no con el espacio, y de asiento que dice, *alaala*. Viene bien para esplicar los pensamientos malos &c.

ANGGAN. pp. Canal algo honda y suele haber entre los bajos del mar; *anggan anggan dini sa cababauan, iraan natin ang bangca roon*, por estos bajos, hay canales y partes algo hondas pasemos la embarcacion por ellos.

ANGGONG. pc. Llevar alguno entre dos con los brazos. *Ano iyang inaanggong mo?* 1. P. Que es eso que llevas entre los brazos? Sinónomo *Pangco*.

ANGLAO. pc. Enjuagar. Vide *banlao*.

ANGLÓ. pc. Un género de aro hecho de bejuco con tirantes del mismo para llevar tinajas.

ANGQUIN. pc. Apropiarse.

ANIAG. pp. Lo mismo que, *aninag*, traslucir.

ANIATAN. Un género de arbolillo.

ANINAO. pp. Columbrar ó traslucirse. *Naaaninao ang isda sa tubig*. 8. act. El pescado se columbra en el agua, pero cuando ha caido algo en el agua, *Ungmaaninao siya nang naholog*. 1. act. Anda buscando, y mirando á ver si se columbra lo que se cayó. *Inaaninao*. 1. P. Idem y metáfora. *Dili co isaman maaninao ang calooban niya*. No puedo penetrar su voluntad. *Maliuag aninauin*. Es dificil de conocer su pensamiento.

ANIS CAHOY. Árbol asi llamado.

ANIS MOSCADA. Una especie de árbol.

ANIT. pp. Cútis de la cabeza que se vé cuando está bien cortado el cabello.

ANITO. Un género de planta.

ANIYO, l. **ANYO**. pc. Aliñar, componer.

ANO ANO. pc. Sin tacha ninguna. *Ualang ano ano ang gauang yari*. No tiene ninguna tacha esta obra.

ANOMAN. pc. Cualquiera cosa *Mag dala ca nang anomang canin*. Trae cualquiera comida.

ANO BAGA. pc. Pues, preguntando. *Ano baga ito?* Pues que es esto? *Ano baga,t, namatay?* Pues como se murió?

ANONAS. pp. Un género de árbol.

ANO PA. pc. Que mas, preguntando. *Ano pang ibig mo?* Qué mas quieres? *Ano pang uiuicain mo?* Qué mas has decir.

ANTALA. pp. Masa á su modo, *Mag*. Hacerla, y la harina que se echa en el agua caliente.

ANTANA. pp. Eso si, lo mismo que, *alintana*.

ANTANA. pp. Arquear las cejas. Vide *tana*.

ANTIG, l. **ATIG**. pc. Incitar un muchacho á otro. *Ungmaantig siya sa aquin*. 1. act. El me incita. *Houag mong antiguin*. 1. P. No le incites. *Nag aantigan*. pp. *Silang dalaua*. 2. act. Recíp. Uno á otro se están incitando.

ANTING ANTING. pc. Cosa supersticiosa en que creen que con ella no recibirá ningun daño de los enemigos. Generalmente se hacen malhechores los que lo tienen en confianza de que no recibirán daño de cualquier género de armas en sus saqueos y atajamientos y cuando fuesen perseguidos de la justicia. Unas veces es la bezar, ó la que ellos llaman *mutya*. Otras veces el Evangelio escrito en un librito ó papel. Otras veces las cosas sagradas. Como un pedazo de ara la raspadura del caliz ó patena y otros por el estilo.

ANTOC. pc. Dar cabezadas el que se duerme. Sueño. Vide *tocu*.

ANTOLANGAN. Arbolito asi llamado.

ANYAYA. pp. Convidar.

APAD. pp. Hijada. *Inaapad siya*, tiene mal de hijada.

APANAS. pp. Una especie de hormigas.

APELO. pp. Apelar, no hay palabra tagala propia para apelar de un tribunal á otro, y aunque pueden decir. *Idaraan*, l. *Itataboy co sa ibang hocom, yarin osap co.* Son metáf. Y asi usan de nuestra palabra apelo, y dicen. *Nagaapelo aco sa Hari.* 2. act. Apelo al Rey, *pinagaapelohan co ang Audiencia.* 2. P. Apelo á la Audiencia. *Ang catouiran ang ipinag aapelo co*, l. *Iquinapagaapelo co.* 4. P. La justicia es la causa porque apelo.

APITON. Un género de árbol.

APO. pp. Abuelo ó abuela, diferéncianlos con las partículas. *Lalaqui*, l. *Babayé. Yari ang mana co cay apong lalaqui.* S. E. f. Esta es la herencia que heredé de mi abuelo. En los tingües á el abuelo le llaman *bapa*, y en Manila, *Nono*.

APOYAPOYAN. Una especie de planta.

APON. Un género de planta.

APOSOTIS. Un género de planta.

APULA. pp. Remediar, ó atajar algun daño sea físico ó moral.

APULIR. pp. Vide *pogos;* raiz de una yerba á modo de juncia.

AQUIN. pp. Mio, de mi. *Aquing manḡa anac.* mis hijos. *Ito,i, aquing panyo.* Este es mi pañuelo. *Ito,i, aquing baro.* Esta es mi camisa. *Aquin ito.* Este es mio. *Aquin ang pluma.* Es mia.

AQUIN NA, l. AQUIN-A. pc. Dame, alcánzame.

AQUIP. pp. Juntar ó añadir cosas unas á otras, como juntar sauales para echar trigo, ó ir juntando dinero para hacer alguna paga. *Mag aquip aquip cayo nang salapi hangang lingo;* pero este juntar si es de uno se dice. *Ipon*, y si de muchos, *aquip*.

ARÁ. pp. Usar cosa agena con frecuencia.

ARAG, l. ARAG ARAG. pp. Angarillas. *Gumaua ca nang arag na pag hahacutan.* Haz angarillas para acarrear.

ARI. pc. Ay, lo mismo como cuando tropiezan, ó se espinan. *Caya napaari ay natisod.* 7. act. Por eso dijo ay, porque tropezó. *Yaring tinic ang ipinaari co.* 7. P. Por causa de esta espina dije *ay*.

ARIA. pc. Ay, enfadándose de la burla, que le hicieron. *Caya napaaria siya ay ang biniró.* 7. act. Por eso se enfadó, diciendo ay, por que le burlaron.

ARIARIAN. pp. Ajuar, ó hacenduela del pobre.

ARIMOHANAN. pc. Lo mismo que *arimohan*.

ARINQUIN. pc. Dar vueltas de cabeza repentinamente, por golpe ó empellon que dan á uno sin que el golpeado esté prevenido; *Mag*, caer.

ARÓ. pp. Poner un gallo á vista de otro para cogerlo. Vide *andot*.

ARODAYDAY. pc. Una especie de planta.

AROG. pc. Encaminar y atraer al descaminado. *Arogan mo siya sa totoong daan sa Lanḡit.* 4. P. Encamínalo al camino verdadero del Cielo.

AROGA. pp. Escoger, *In*.

AROGANGAN. pc. Arbolito asi llamado.

ARÓMA. pp. Una especie de arbolito.

ARUA. pc. Contradecir, ó desmentir.

ASAC. pp. Abundar.

ASAG. pp. Tejido de cañas que se pone en el fondo de las ollas para que no se pegue la carne ó el pescado que se cuece.

ASALAN. pp. Asador de hierro, ó palo para asar carne ó pescado. *Yasal*, l. *Ihauo mo iyan sa asalan*, l. *Ihauan.* Asa eso én el asador. *Nabali ang ihauan.* Quebróse el asador.

ASAROL. pc. Azadon.

AS-AS. Un género de árbol.

ASIMAO. Una especie de arbolito.

ASOC. pp. Decir mentira para sacar verdad. *Ungmasac lamang aco sa iyo.* 1. act. *Inasocan.* 1. P. Solamente te dije mentira por sacarte la verdad.

ASONG IPUSONG. pp. Un pajarillo bonito.

ASOGON. pp. Picuda, pescado conocido.

ASOHAN. pc. Humero. *Isabit mo iyan sa asohan.* Cuelga eso en el humero.

ATAYATAY. Arbolito asi llamado.

ATE. pp. La hermana primogénita. Con respecto á los menores se llama asi.

ATES. pp. Un género de arbolito y su fruta.

ATIP ó BOBONG. pc. Cubrir ó techar. *Paaaptan co ang bahay co nang anahao.* Mandaré cubrir mi casa con hojas de palma. *Pabobonḡan mo nang pauid.* Manda techarla con nipa.

ATOLE. pp. Puches que hacen de harina. *Ipag atole mo iyang manḡa bata.* 2. P. Has puches para esos muchachos. *Hindi ca maalam mag atoli?* 2. act. No sabes hacer puches? *Atolohin mo iyang galapong.* 1. P. Has puches de esa harina.

ATOP. pp. Cuidar.

AUAS. pc. Rebajar ó descontar, quitar la carga á otro.

AUIL AUIL. pp. Persona inquieta, ni bien aqui ni bien allá, sin fijo asiento, como el vago.

AUING. pc. Colgar.

AVÓ. pp. Arroz algo verde secado al fuego en algun tiesto acaso, para poderlo comer.

AVOY. pp. Menudencias, que se compran, ó rescatan.

AY. Ola.

AY. pc. Quejarse, quejidos.

AY. pc. Admirarse.

AYANḠAO. Un género de árbol.

AYAMI. pp. Alimento ligero.

AYAO. pc. *Nanḡanḡayao*, á cometer, á ir á cortar cabezas sea á pueblo sea á camino. Vide *panḡayao*. Itt. Gallo que no quiere embestir.

AYAO. Dejar. Vide *iuan*.

AYAO CAMAN. pc. Aunque te pese, mejor *aayao*.

AYAPANA. Un género de planta.

AY AT. pc. Por que.

AY AT DÍ. pc. Por que no.

AY AT DÍ. pc. Pues por que no.

AYAUAN. pc. No sé. Vide *Auan*.

AYO. Una especie de planta.

AYOC. pc. l. *Payag.* pp. Conceder lo que uno pide, despues de habérselo negado. *Salamat sa Dios at napaayoc na.* 7. act. Gracias á Dios que ya concedió lo que le pedí. *Ipinayag na niya sa aquin.* 7. P. Ya me concedió, *ang dati cong hinḡi sa caniya.* Lo que antes le habia pedido.

AYON AYON. pp. Pinitos.

DE LA LETRA B.

BABÁ. pc. Bajar algo que está en alto.
BABAC. pp. Ajustar ó encajar dos tablas ó maderas haciéndolas cuadradas para encajarlas una en otra. *Nag babac aco niring dalauang dalig.* 2. act. Estoy ajustando estas dos tablas.
BABAC, l. COTAB. pp. Juntura ó encaje que se hace en el madero. *Malalim na lub-ha ang guinaua mo.* Muy honda hiciste la juntura.
BABAC. pp. Pan de hierro. *Dalauang babac na bacal.* Dos panes de hierro.
BABAG. pp. l. pc. Aporrear apuñetear, puñadas.
BABAHAN. pp. Asiento.
BABALA. pc. Acusar á otro delante del mayor. *Ibabala din quita sa Hacom:* 1. P. Te he de acusar ante el Juez.
BABALA. pc. Hablar, decir, lo mismo que, *bala.*
BABAO. pc. Lejos.
BABASAGUIN. pc. Delicado. Quebradizo.
BABHAN. pc. Y *babhin.* Cargar acuestas. Vide *baba.*
BABOY GUBAT. Un árbol asi llamado.
BABOY SA DAMO. pc. Javalí, l. *Baboy damo.*
BABUY BABUYAN. pp. Unos bichos que se crian ordinariamente debajo de las tinajas, ó cántaros. Es remedio para postema.
BACA. pc. No sea que de *Maca.*
BACAO. Un género de árbol.
BACIAO. pc. Agua que dejan las avenidas en las barrancas.
BACLA. pc. Desolladura.
BACO. pc. Desigual, camino que todos son altos y bajos. *Bacobacong daan ang pinagdaanan namin.* Adj. Camino desigual era el que andubimos. Y metáf. *Bacobacong loob* interior de varios pareceres.
BACOL. pp. Cesto tejido de cañas, en que echan arroz &c.
BACOUOD. pp. Pedazo de tierra algo alta lo mismo que, *Bacoor.*
BACOUOR. pp. Isleta.
BACUNOT. Andar agoviado con la carga.
BACYA, l. BAQUIA. pc. Zuecos ó especie de zapatos, cuya planta es de madera, y con pala de cuero.
BADBAD. pc. Aquellos pedacitos de oro que ponen entre cuentas del Rosario.
BADIA, l. BADYA. pc. Remedar. Vide *barya.*
BADIARA. Una especie de planta.
BAGA. pc. Como se dijésemos.
BAGABOYBOY. Un género de árbol.
BAGAL, l. SAGAL. pp. Pesado, lerdo.
BAGAMAN. pc. Adv. Aunque, dado caso que *Bagaman maralita si Juan, sa puri nama,i, mayaman.* Juan aunque es pobre, mucha y buena fama tiene.
BAGAOLAN. Árbol asi llamado.
BAGARILAO. Un género de árbol.
BAGASBAS. pp. Arrebatar la corriente la embarcacion, *Na.*
BAGASBAS. pp. Atravesarse el navío ó banca en el rio llevado de la gran corriente.
BAGASUA. Una especie de planta.
BAGAT. pc. Detenerse la embarcacion por tener mal tiempo, ó por falta de agua, *nacatihan cami, caya cami nabagat.*
BAGAY. pp. Cosa ó cosas in genere; sobre ó segun.
BAGO. pc. Y. V. g. *Napadito bago,i, dico naquita.* Vino aqui, y no le ví. *Tanghalina bago,i, uala pa.* Ya es medio dia; y aun no ha venido. Tambien aunque.
BAGO. pp. Revocar la sentencia ó el testamento.
BAGOT. pc. Pelado, por habérsele caido el cabello. Sale de *Bagot.* pp. *Bagot ca.* Adj. Eres pelado. *Bagot na olo.* Cabeza pelada.
BAGOTBOT. pp. Basura. *Houag cang mabagotbot at hindi ca anac nang mayamotmot,* con que se dá entender de uno que es terco en acciones y palabras.
BAGSAC. pc. Arrojar ó tirar, *hindi mo dapat ibagsac diyan iyan.* No debes arrojar eso ahí. *Si Pedro,i, binagsacan aco nang isang bato.* Pedro me tiró una piedra.
BAGSAC. pc. Dejar caer algo de golpe.
BAGSAT, l. BACSAT. pc. Especie de pulpo.
BAGSIC. pc. Virtud, poder.
BAGTAS. pc. Atajar dejando el camino ordinario, por tener rodeos, y atravesar derecho.
BAGTING. pc. El mecate con que se asegura la casa para no inclinar, ó caerse, y lo mismo de otras cosas, para no salir de su lugar.
BAGTING. pc. Estirar, ó tener tirante la cuerda.
BAGUILUMBAN. Un género de árbol.
BAGUIS. pc. Las plumas grandes que tienen las aves en las alas.
BAHAGUI. pp. Vender parte de lo que ha comprado por mayor, sin ganancia, por razon de amistad, parentesco, ú otra causa, en Manila se dice *amot.*
BAHAO. pp. Fiambre.
BAHAY. pc. Pesa. *Cupang.* l. *Palay.* pp. l. *Saga.* pp. l. *Bulay.* Los plateros saben el peso de cada una; preguntárselo.
BAHAY-BATA. pp. Madre de la muger, ó lugar donde se encierra el feto.
BAHAY-CANIN. pp. Panza, ó buche del hombre ó animal.
BAHAY-LAUALAUA. pp. Telaraña ó casa de araña. *Madlang bahay laualaua ang nadiyan sa Simbahan.* Muchas telarañas son las que hay en la Iglesia.
BAHAY POC-YOTAN. pp. Panal de abejas. *May dala cang bahay pocyotan?* Traes panal?
BAHOG. pc. Público, notorio.
BAHOG. pc. Incorporarse, mezclar una cosa con otra.
BAHOGAN. pc. Comedero de puercos, tambien la vasija ó cántaro en que se reunen las lava-

duras de carne, pescado, y platos despues de comer, para comida del puerco.
BAIONG. pp. Talega tegida de hojas de buri. Vide *buli*.
BAISOC, l. BAYSOC. pc. Hincar las estacas.
BAITANG. pp. Escalon, grada.
BALÁ. pp. Avisar ó notificar.
BALA ó BALANGA. pc. Bien ó donde.
BALABAD. Publicarse, nueva.
BALABALANOYAN. Una especie de planta.
BALABALAQUI. pc. Mezclado, entreverado.
BALABALAYAN. Un género de árbol.
BALACLAVOT. pp. Viento de entre Norte y Poniente.
BALACSILA. pp. Impedimento, estorbo, impedir, estorbar.
BALAGBAG. pp. Atravesamiento de cualquier cosa.
BALAHAC. pp. Equivocacion.
BALAIS. pc. Inquietud, por la gravedad de la enfermedad.
BALAM. pp. Mucho ha. Adv. *Balam na iyan.* Mucho ha ya eso. *Balam na ang saquit mo.* Mucho ha ya tu enfermedad.
BALANGCAT. pp. Cesto de cañas partidas y atadas ralas para la fruta como naranjas, y cosas así.
BALANG-IBANG. pp. Rivalizar, contrariar, raiz nueva.
BALANTI. Un arbolito.
BALAO. Un género de árbol.
BALAOGUI. pp. Palabras impertinentes.
BALAP. pc. La señal que seda, ó se dice para animar á los que quieren luchar ó acometer, para que acometan.
BALAQUI. pp. Variedad de cosas juntas. Vide *balacqui*.
BALAQUI. pp. *Ualang balaqui*. Sin igual.
BALAQUID. pc. Enredarse en los pies alguna cosa. *Nabalaquid ang paa co sa lubid.* Se enredó mi pie con el cordel.
BALAQUID, l. BALAQUIR. pc. Atar algo por cumplimiento, como para que no se caiga mientras lo clavan &c.
BALARAO. pc. Puñal de cierta hechura es Bisaya. Pero entiéndenle. *Mabuting balarao.* Hermoso puñal.
BALASBAS-MALOMAY. Un género de arbolito.
BALATAC. pc. Callar. *Magbalatac cayo.* Pero si es mandar á uno qué no hable. No usan de este término, sino. *Houag cang mangusap, ó mag uica. Balatac balatac balang mangusap ngusap hahampasin nang tig-apat.* Ea callar, y cualquiera que hable llevará cuatro azotes. No obstante esto, no se puede usar esta raiz para silencio, que propiamente no lo hay en tagalo: y así dicen *catahimican*, que es quietud y sosiego.
BALATAY. pp. La señal que deja el palo, cuando á uno le dan de palos. Es distinto de *Latay* que solo significa Cardenal.
BALATO. pp. Barato, ó gala que dá el que sale ganancioso en algun juego, ó vende bien su comercio.
BALATONG. pc. Errar, desvariar, aunque no está enfermo. Vide *mali*. Es pampango, adoptado en tagalo.
BALATONG-ASO. pp. Una especie de planta.
BALAY. pc. Poner palos encrucijados para cocer encima las ollas y cántaros.
BALAY. pc. Poner en la punta de palo ó caña alguna cosa. *Magbalay ca nang sundang sa dulo nang cauayan.* 2. act. *At puputlin mo yaon.* pon un cuchillo en la punta de la caña, y cortarás aquello que está alto. *Ibalay mo iyang panyo mo.* 1. P. *Sa tiquin.* Pon tu paño por bandera en la vara.
BALAYAN. pc. Llevar ó alcanzar cualquiera cosa con la punta de algun varal.
BALAYBAY. pc. Pezon, penca.
BALDA. pc. Fallar, faltar, dejar de concurrir á donde tiene obligacion, ó costumbre.
BALIAD-AD. pc. Hurtar el cuerpo en la carrera como hace la liebre con el galgo.
BALIBAT, l. BALABAG. pc. Culebra de dos cabezas. Fabuloso.
BALIBOL. pp. Barrena cualquiera, ó lesna.
BALIBOL. pp. Especie de brocha fina para hurgar suavemente el oido.
BALIC LOOB. pp. Vuelta ó conversion de la razon al bien, ó al mal. En el dia se entiende solo para el bien.
BALICASCAS. pc. Resquebrajarse ó abrirse grietas la tierra, que antes estaba mojada, por haberle dado el sol. *Namamalicascas ang lupa.* La tierra se vá resquebrajando. *Balicascas na lupa*, tierra resquebrajada. *Ang arao ang nacababalicascas*, l. *Iquinababalicascas nang lupa.* El sol es la causa. *Namamalicascas ang buni mo:* los empeines se te van resquebrajando.
BALICAUT. pp. Duro de condicion, que á nadie sigue, sino en lo que quiere.
BALICBALIC. Una especie de árbol.
BALICOTCHA. pc. Melcocha.
BALIGTARIN. pp. Género de arbolito.
BALICUAT. pc. Ladear, revolver ó dar vuelta, lo mismo que, *Ticuas*.
BALIGA. pp. Buscar, ó averiguar vidas agenas. *Ay at namamaliga ca nang gaua nang iba.* 3. act. Porque andas buscando lo que hacen los demás, averiguando su modo de vivir?
BALINGASO. pc. Cosa torcida. Raiz nueva.
BALINGOTNGOT. pp. Sueño con pesadilla.
BALINGTAMAD. pc. Gota, enfermedad. Vide *Piyo*.
BALIHANDA. pc. Ramera, muger de mala vida, que se dá á quien la quiere. *Balihanda cang babaye.* Eres una ramera.
BALITBITAN. Un género de árbol.
BALIYONG. pc. Cavar con azadon como barreta.
BALOCAG. pp. Cerdas del cuello de puerco &c. *Ang balocag nitong baboy, ay catacot tacot*, la cerda de este puerco es cosa temerosa.
BALOD. Árbol asi llamado.
BALONG. pp. Manar, ó brotar agua.
BALOR, l. BALER. pp. Una especie de paloma montes, doble ó triple mayor que el *Batobato*.
BALOSBOS. pc. Agranel.
BALOT. pp. Diez tancas de buyo, cada tancas consta de 25 hojas.
BALOT. pc. Nombre que dan al huevo de pato que ya contiene pollo; con vello.

BALUGA. pp. En algunos pueblos de Batangas se llama asi el agua salobre que en Manila se llama *matabsing.*

BANABANALO. Un género de árbol.

BANAGO. Una de especie de árbol.

BANALBANALAN. pp. Hipócrita.

BANAYAR. pp. Acento breve.

BANAYBANAY. Un género de árbol.

BANDALA. pp. Compra. *Nagpapabandala ang Hari.* 5. act. El Rey pide compra de arroz &c.

BANG̃AL. Un género de arbusto.

BANG̃AO. pc. Tonto ó necio.

BANG̃ATI. Una especie de planta.

BANGCOCANG. pp. Cucaracha. Sinónomo *Ipis.*

BANGCOLON. Una especie de planta.

BANGCOTA. pp. Xibia pescado.

BANG̃INBANG̃IN ITONG DAAN. pc. Fragoso es este camino.

BANGQUILAS. pp. Amarrar dos, ó mas bancas pareadas.

BANIG. pc. Pliego de papel. Metáfora de *banig,* que es petate. *Isang banig na papel,* l. *Cabanig ña papel,* l. *Cabanigan,* abstracto. Un pliego de papel; ya suelen decir; *capliegong papel.*

BANILAD. Árbol asi llamado.

BANLAG. pc. Sobreponer cualquiera cosa en parte, algo alta como la banca.

BANLAT. pc. Cerco de palos, algo gruesos para coger caimanes, y para detener y amansar bestias bravas.

BANLI. pc. Arrendar la tierra de otro y despues partir el fruto. *Namamauli aco nitong buquid.* 3. act. Tengo arrendada esta sementera.

BANLOAG. pp. Aguar el vino. *Banloagan mo itong alac, at matapang.* 1. Pasiva; agua este vino que es fuerte.

BANLOAG. pc. Templar un licor caliente con el frio. *Banloagan mo iyang tubig na mainit nang malamig.* Templa esa agua caliente con fria. Vide *Banto.*

BANQUILIN. Una especie de arbolito.

BANSAG. pc. Apellido sobre nombre, manifestarse quien es, declarar su nombre.

BANSIO. pc. AGUA medio corrompida, su bedor.

BANTILAN. pp. Descanso de la escalera. Viene del descanso, que se hace en la orilla del rio algunas veces.

BANTOC. pc. Cuerda de arco muy tirante.

BAO. pp. Viudo, lo mismo que *balo.*

BAON. pp. Avio, provision, prevencion, apresto de cosas de comer.

BAPA. pc. Á la raiz. *Bapa* puede añadirse *gayari bapa,* es como esto.

BAPAA. pc. Oh. Adv. de admiracion v. g. *Taas bapa a!* Oh que alto es! *Galing bapa nito a!* Oh que lindo es esto! *Tamis bapa a!* Oh que dulce es! Cuando se pospone esta admiracion, y en ella se hace fin, se ponen siempre las dos á es; pero cuando hay alguna razon ó palabra despues del *bapaa.* Se le quita la última *A,* y se pone despues á lo último. V. g. *Haba bapa nito a!* ó que largo!

BAQUID. pp. Especie de cesto lo mismo que, *bacquir.*

BAQUIT. pp. Porque. Compuesto de *baquin* y de *at* suprimida la *N.* y la *T* lo mismo que el siguiente.

BAQUIT. pp. Pues. Como *baquit icao tampalasan.* Pues como tu tambien eres bellaco? *Ay baquin guinagaua mo?* Pues como tu lo haces?

BARA. pp. Medir cualquiera casa con vara de Castilla. *Maalam cang mara?* 1. Sabes medir con vara? *Nagbabara nang lienzo,* 2. act. Están midiendo lienzo.

BARAC. pc. Descolorido, ya por miedo, ya por enfermedad *namarac* el que se pone asi.

BARAS HARI. Un género de arbusto.

BARAS NI JOSÉ. Un arbusto asi llamado.

BARAS. pp. Vara de justicia, &c. *Mag baras ca.* Trae ó usa de vara, *Ay at binabaras mo iyan?* Porque traes esa vara? *Anong baras iyan.* ¿Qué vara es esa? Esto es de que oficio. *Pinapagbabaras aco.* Mándanme que use vara.

BARAS. pp. Argolla de jugar á las bolas: *conin mo ang baras at quita,i, mag bola.* Trae la argolla y juguemos á las bólas.

BARAUMARAN. Un género de arbolito.

BARIA. l. **BARIYA.** pp. Ochavo, ó monedas menudas de cobre.

BARONGBARONG. pp. Choza, cobacha. Vide *balong balong.*

BARYA. pc. Reclamo.

BARYAHAN. pp. Remedador que á todos remeda. *Baryahan ca,* remedador eres.

BASANBALAGBAG. pp. El convite que hace por haber levantado casa nueva; *marami ang manĝa lanĝo, nang pag bubasanbalagbag ni couan, Mag.* Convidar.

BASCALANAN. pc. Cosa á medio cocer, ó medio azar; no se conjuga.

BASANG̃AL. pp. Competencia, competir, rivalizar.

BASLAY. pc. Exagerar. Es invariable. *Matulin na parang baslay.* Es ligero como un viento. Y de aqui dicen, *uala pang baslay yaring gaua.* Aun no se ha puesto mano en esta obra.

BATAD. Una especie de planta.

BATALAN. pc. Azotea de caña.

BATAS. pc. Notificar la órden ó mandato.

BATAR. pc. Paja de que hacen en alguna parte escobas para barrer, son largas y muy derechas. *Ualis na batar.* Escoba de paja.

BATAVIA. Una especie de plátanos.

BATHA. pc. Remedar. Vide *barya.* pc.

BATHALA. pp. El principal de los anitos ó dioses, de quien decian que crió todas las cosas.

BATIBOT. pp. Tronco de caña que apenas tiene agujero, y es fuerte, por cuyo motivo toda cosa fuerte en especie, llaman *batibot.*

BATICULIN. Un género de árbol.

BATIL. pc. Cardenal ó señal morada que queda en el cuerpo de algun golpe. Vide *pasa, latay.*

BATINO. Un género de árbol.

BATIS. pp. Vadear.

BATIYA, l. **BATIA.** pp. Batea, artesa, barreña.

BATOBATO. Árbol asi llamado.

BATOBATO. Una especie de planta.

BATABATONIS. Un género de planta.

BATONG LAPIS. pp. l. *Lapis na bato.* pc. l. *Batong ipagmimisa.* Ara, y este es el mas claro;

aunque ya todos dicen: arra pro ara. *Icanà mo sa altar ang batong ipagmimisa*. Pon en el altar el ara.
BAUAL. pp. Embargar.
BAUAT. pp. Adv. Porque es, l. Por el mismo caso que es; *baua,t, mayaman siya,i, nag mumura sa tauo*, porque es rico, ó por el mismo caso que es rico, afrenta á cualquiera; *baua at* id quod *bauat*.
BAYA. pp. Dejar desamparar, desconfiar, descuidar.
BAYAGUIBOC. Una especie de planta.
BAYAG-USA. Un árbol de buena madera.
BAYAN. pp. Tiempo. *Masama ang bayan*. Mal tiempo hay. *Malinao na bayan*. Tiempo claro. *Sungmasama ang bayan*. El tiempo se vá alborotando: en Manila no lo entienden; y asi dicen. *Masamang panahon*.
BAYAQUIS. pc. arremangar; y de aqui lo aplican á recoger las faldas de la ropilla, calzones &c. para luchar. *Con mag bobono ca bayaquisin mo ang salaual mo*. Si has de luchar recoge los calzones prendiéndolos bien.
BAYBAY. pc. Recorrer, una cosa, ó mejor un lugar.
BAYI. pp. Tia, nombre de que usan para llamar á cualquiera muger anciana. *Padini ca bayi* ven acá tia.
BAYIMBIN. pp. Cascabel de danzantes. *Nagbabayimbin*, 2 act. hacerlos y usar de ellos.
BAYNOS. pc. Corrupcion del término baños que se hacen en los pies y manos.
BAYOGO. pp. Yedra, ó varas que trepan, y se enredan en los árboles; sirve de gogo ó jabon para labarse.
BAYOGUIN. pp. Un género de caña gruesa y de poco hueco en su interior, sin espinas.
BAYOGUIN. pp. Ruin seas, como solemos decir, sino haces ó cumples. &c. *Bayoguin ca, cundi ca paroon*. Ruin seas sino fueres alla. *Bayoguin ang di maligo*. Ruin sea el que no se bañare.
BAY-ONG. Vide *Baiong*.
BAYSAN l. BAYSANAN. pc. Boda, Casamiento. *Nagbabaysan sila* 2 act. está festejando la boda. *Balayi-id*.
BETIS. Un género de árbol.
BIAS-BIAS. Árbol asi llamado.
BIAS-POGO. Una especie de planta.
BITSA l. BITSABITSA. pc. palabra con que llaman á los puercos. Dudase si es término de los Chinos.
BICSAT. pc. l. *Bistat*. pc. Aunque. *bistat napoot siya sa aquin, ay marali acong patauarin*. Aunque esta enojado conmigo, presto me perdonará. *Bicsat munti, ay magaling din*. Aunque es poco es bueno. Sinónomo *bicsa*.
BIGA. pp. Las bubas que el hombre padece por deshonestidades: *binibiga caṇa;* ya tienes podridas tus partes: toman esta voz de lo que sucede al perro.
BIGHANI l. BICHANI. pp. Ser impelido, verse obligado.
BIGNAY POGO. Un Arbolito.
BIGTI. pc. Ahorcarse uno asi mismo. *Si Judas ang nag bigting mag-isa at napacasama*. Judas se ahorcó asi mismo, y se condenó.
BIGTI. pc. Ahogar alguno á otro, apretandole la garganta.
BIHAG. pp. Alteratio membri, metáf. de este, que es vivir las plantas. *Nag bibihag*. 2. act. Alguna vez. *Namimihag* 3. act. Muchas veces. *Pinabibihag mo ang punong catauan mo?* 7 P. Haces de propósito que se altere.
BILACONG. pc. Un género de conchas, que usan para botones.
BILANGO. pc. Encarcelado, preso.
BILAUO. pp. Harnero.
BILAY. pp. Significa tambien rascar.
BILBIL. pc. Hidropesía.
BILING. pp. Desorientarse, ó desorientar.
BILING PANAOG. pp. Gratificacion que de costumbre se dá al médico, la 1.ª vez que visita al enfermo.
BILIN. pp. Recado, encargo, encargar.
BILOGO. Un género de arbolito.
BILOY. pp. Hoyo en la cara.
BINAG-ANG Vide *badbad*.
BINAMBANG. Una especie de arroz.
BINATAC. pp. Collar de oro de hilo tirado.
BINDITAHAN. pc. Pila de agua bendita.
BING-AL. pc. Calzar las herramientas poniendolas acero. *Nag*, el que. *An*. La herramienta asi compuesta.
BINGCOṄGAN. pp. La cola del tapis. Sinón. *hogotan, bontotan*.
BINGLIU. Un género de árbol de buena madera.
BINGTICOHOL. Una especie de platanos.
BINIBINI. pp. Muger grave y principal. *Ang maṇga binibini* las mugeres graves. *Isang binibini ang na salobong co*. Encontré una muger grave y modesta.
BINIBINI. pp. Palabra mas cortes que *babayi*, para nombrar las mugeres.
BINIGUASAN. Un género de planta.
BINIYOAS. pp. Un género de bejuquillo, de oro, que se ponen las mugeres en el cuello sale de *biyoas*, cuya figura tiene.
BINLIT. pc. Desarrugar tirando de un cabo, *B*. En *M: In, baalat*, es el que se usa, y mas *banat*.
BINLO. pp. Atar. No se usa.
BINONDOC. pp. Una especie de arroz de Tubigan.
BINOṄGA. pp. Un género de fruta que se dá en la raiz de un arbolillo, la cual tiene dentro una cosa pegajosa como cola, que ellos lo sirven de tal.
BINOYOC. Una especie de planta.
BINTAY. pc. Acostumbrarse al trabajo; *Ma*. El acostumbrado.
BINUCAO. Un género de árbol.
BINIYAG. pc. Apodo, mote. Sinónomo, *pamagat*.
BINIYAGAN. pp. Bautizado.
BIQUI. pp. Lobanillo, ó papera que nace debajo de la barba. *Anong biqui iyan?* Qué lobanillo es ese? Pero si nace en la cabeza ó en otra parte, es *bocol*. *Binobocol ca*. Tienes lobanillo véase *Bayiqui*, l. *Bicqui*.
BIQUI. pp. Carrillo lleno de comida, como hace el mono. *Bibiquibiqui ang pag cain mong parang amò*. Comes á dos carrillos como machin ó mono. Itt. Comen á dos carrillos sin cortesía

ni politica. *Nagbibiqui ang ualang bait.* 2. act. Come á dos carrillos, el que no tiene entendimiento.

BIQUI. Vease *baycqui.*

BIQUIG. pc. Atravesarse la espina en la garganta; *na biquig*, la persona á quien se le atravesó; *naca biquig.* La espina, que se le atravesó; *baca mabiquig ca*, no seá que se te atraviese espina.

BIRA. pp. Palabra que usan para tratar con cariño á los muchachos; *hali ca bira?* ven acá vida mia.

BIRHANI, l. BIGHANI. pp. Menear con pereza y de mala gana. *Nabirhani.* 8. act. Ya se meneó. *Dañgan na baga mabiirhani ang tinatauag.* ¡Ojalá se meneará el que es llamado! *Saan mabibirhani ang gayong tauo?* Qué se ha de menear semejante hombre? Esto lo dicen, cuando riñen al que es perezoso.

BIRLAG. Un género de árbol.

BIRIÑGÍ. Una especie de planta.

BISA. pp. Actividad ó eficacia de cualquier veneno; *ualang casing bisang camandag, para nang sa hinyayañgo.* No hay veneno tan activo, como este, puede aplicarse, aunque con impropiedad á la eficacia de otras cosas, algunos viejos dicen que es palabra Pampanga.

BISÁ. pp. Virtud de alguna yerba.

BISANHAN. pc. Costumbre. Vide *bihasa.*

BISCO. Una especie de planta.

BISIL. pp. Deleitarse.

BISÓ. pc. Yerro, falta, ó desliz.

BISPERAS. pc. Vísperas que dicen rezadas. *Nag vivisperas ang mañga Padre.* 2. act. Los Padres están diciendo vísperas.

BISTI. pc. Ayudar, á vestir al Sacerdote, para celebrar. *Nagpapabisti ang sacristan sa Pare.* 5. act. El sacristan ayuda á vestir al Padre.

BITAÑGAN. pp. Paradero, donde descansan ó paran los viageros, ó caminantes.

BITBITAN. pp. Asa ó asidero de compuerta &c.

BITIN. pc. Culebra pintada que se cuelga en las ramas de los árboles.

BITIU, l. BITAO. pc. Soltar, *bitauan mo.* Suéltalo. *Bitiuan mo aco.* Suéltame. *Bitiuan mo iyan.* Suelta eso.

BITIUAN. pc. Vide *botao.*

BITO. pp. Mejora que uno lleva en particion de la herencia. Vide *pabito.*

BITOGO. Especie de palma.

BIYABIT. pp. Levantar alguna cosa con presteza. *Houag mong biyabitin ang bata sa camay.* 1. P. No levantes al niño por el brazo.

BOALAO. pc. Cerniduras del afrecho. Vide su sinónomo *Inagagan*, de *Agaq.*

BOBOAN. pc. El asta de la flecha.

BOBOT. pc. La fruta tierna que comienza á secarse antes de madurar.

BOCAR. pp. Salirle á uno al encuentro gente que no sabia ni pensaba ó, en *m. An*, serlo, *nabucaran aco sa raan* &c.

BOCAY. pp. Una especie de arroz de Tubigan.

BOCDIN. pc. Apartar. Vide *bocor.*

BODLONG. pc. Varal de dos ó mas brazas de largo, *Mag.* Traerle, *In.* Lo berido con el rejon de él, no hácia abajo sino derecho.

BOGSI. pc. Caracol mediano con que bruñen la ropa &c.

BOHÓ, l. BOÓ. pp. Una especie de caña.

BOISIT. pp. Desgraciado, desafortunado, es contrario de *Uisit.*

BOLID. pc. Rodar cayendo. Vide *bulir.*

BOLIOS. pp. Estirar las ropas para prensar. Vide *batac.*

BOLOCAT. pc. Dispertar despues de haber dormido mucho, solo usan de esta raiz para reñir el Padre al hijo, ó el amo al criado, por que no despierta á tiempo. *Tanghali na ay hanga ñgayo,i, di capa nag bobolocat*, es ya medio dia, y aun no has dispertado.

BOLOHAN. pc. Arroz asi llamado.

BOLON. Una especie de planta.

BOLOSAQUIT. pp. Afanar con el trabajo. Vide *Namomolosaquit.*

BOLSOT. pc. Meterse el pie entre las cañas del suelo de casa.

BOMBONAN. pp. La mollera de la cabeza.

BOÑGA-BOÑGA. Una especie de planta.

BOÑGANA. pc. Arroz que ya tiene fruto. Luego le llaman, *Malagatas.* pc. Idest. Que esta granado, pero en leche; Luego, *Cacanin na.* Que ya se puede comer. Y cuando ya está maduro dicen, *hinog nang totoo.* Y si pasa de maduro dicen. *Lotlot na ang palay.*

BOÑGANG-TOLOG, l. PANGARAP. pp. Vision que uno tiene entre sueños. *Sabihin mo sa amin ang boñgang tolog mo.* Cuéntanos la vision de tu sueño.

BOÑGANGAAN. pc. Hombre hablador, charlatan. Baladron, ó chocarrero.

BONGCOS. pc. Envolver como dinero en el paño. Vide *tongcos.*

BONGLIU. Un género de árbol.

BONLAG. pc. Lo mismo que, *bonlac.* Vide.

BONTOT USA. Un género de arbolito.

BOO BOO. pp. Raya listoneada de telas ó sinamayes.

BOOL. pc. Caja redonda de dos piezas que traen de China, las pequeñas pueden servir de Hostiarios.

BOÓ PANG CATAUAN. pc. Doncella *boó pang catauan.* Cuerpo aun entero. *Babaying boo pang catauan.* Muger doncella l. Virgen.

BOSAN. pp. Derramar agua ó cosa de licor. Vide *bohos.*

BOSOG. pp. Arco, para escarmenar el algodon.

BOSONG. pp. Castigo venido á alguno sin saber de quien, como enfermedad, desgracia, por haber sido atrevido á su Padre ó Madre, *nabosong* él, que fué, asi castigado *in. m. b.* desvergonzarse con los Padres ó hermanos mayores.

BOTANG-GUBAT. Arbolito asi llamado.

BOTAO. pc. Soltar, parar la obra. Vide *butao.*

BOTO. Una especie de arbolito.

BOTOLAN. Un género de arbolito.

BOTONG BOTONG. Un árbol de buena madera.

BOTONG MALATA. pc. Ternilla ó hueso blando. *Ñgoyin mo iyang botong malata.* Roe esa ternilla.

BOT-ONG MANOC. Un género de árbol.

BOYOCBOYOB. Una especie de planta.

BUBUISIR. pp. Cosa que de nada sirve y gasta mucho como caballo &c. que se gasta mucho en mantenerle, y no es de provecho. Sirve tambien para el hombre holgazan y floxo, que come, y gasta mucho, y no trabaja. Su contrario *Uisir*.

BUCANBINHI. pc. Anguila, asi llamada.

BUCDIN. pc. Lo mismo que *bocdin*. Vide *bocor*.

BUENAVISTA. pp. Un género de arbolito.

BUGHAN. pc. Poner cataplasma.

BUGHAO. pc. Color que tira á amarillo, no perfecto.

BUGNOT. pc. Picon, enojadizo, y que no aguanta bromas.

BUGTONG. pc. Un género de bejuco. Vide *Ogtong*, que es el que se usa.

BUHAG. pp. Un ave de rapiña mayor y mas feroz que el gavilan ó milano.

BUHAG. pp. Castrar colmenas. Vide *Bohag pohag*.

BUHAT. pp. Bordar algo con seda, ó hilo. Metáf. de este, que es levantar, por que levanta lo bordado mas que la tela. *Maalam cang mag buhat nang panyo?* 2. act. Sabes bordar paño? *binohatang comot*. Adj. manta ó sábana bordada.

BUIQUIQUIT. Una especie de enredadera.

BULAGAO. pc. Ojos blancos de hombre ó cualquier animal, á los caballos llaman zarco.

BULALAS. pc. Significa manifestar, ó echar fuera de si lo que tenia dentro: usan de esta raiz para estas tres cosas. *Inabulalas na niya ang caniyang galit:* manifiesta ya el enojo, que tenía concebido. *Baquin mo ibinubulalas ang manga ari co*; porque desprecias, ó arrojas, mi hacienda? *Ibolalas mo ang voces mo*.

BULALAR. Desperdiciar, tambien echar el resto.

BULAN TUBIG. pp. Color que tira anaranjado, no se usa.

BULAON. Un género de árbol.

BULAY. pp. Recordar, ó traer á la memoria.

BULAY. pc. Especie de pesa.

BULAY-LAUA. Una especie de planta.

BULI. pp. El que por comer con demasía se ahita de tal suerte que cae malo. *Binubulibuli itong bata, at ualang ibang saquit:* no tiene mas enfermedad sino ahito. Curanle, metiendo en el agua hasta el pescuezo, y estando alli gran rato, sin menear.

BULIUS. pp. Bruñir. Vide *bolios*.

BUNAC. pp. A granel, grano ó líquido.

BUQUINGAN. Una especie de planta.

BUSAQUIT. pc. Afanar con el trabajo. Vide *bolosaquit*, que es el que se usa mas.

BUSILAC. Un género de arbolito.

BUSONG. pp. Ingrato, *Mabusong sa bato huag sa magulang*. De esta frase usan con frecuencia cuando teniendo que nombrar á sus Padres ó Abuelos especialmente, cuando son difuntos, anteponiendola al nombre de sus mayores en señal de respeto: por tanto significa á mi parecer, que no se atribuya á falta de respeto el nombrarlos; y de ser lo estrellase antes en una piedra. Tambien significa esta palabra, desgracia ó mala ventura que á uno sucede por haber faltado al respeto debido á sus Padres, ó á cosas Sagradas.

BUTAOIN. pp. Caudal para tratar, y contratar; *magcano ang dala mong butaoin sa pag cacalacal?* Cuanto llevas de caudal para tu negociacion. *Mag*, emplearle, *pohonan*. Vide.

BUTICBUTIC. pp. Gallina blanca y negra, tambien la llaman. *batican*.

BUTIHIN. pp. Galan, á poder de galas.

BUTINGA. Una de planta.

BUTINGTING. pc. Impertinente, ó cosa superflua.

BUTLIG. pc. Verruga, ó grano que sale en el cuerpo.

BUTLIGBUTLIG. pc. Granos nacidos en cualquier parte del cuerpo, que tienen aguasa. *Taguihauat*.

BUYÓ. pc. Inducir. Vide *Dahio*.

BUYOBOY. pp. Andar muchos juntos de tropel encontrandose unos con otros al paso, *manga* cuadra á los peces, ú otros animales, cuando van juntos de tropel, Vide *lisao*, que es el que se usa.

DE LA LETRA C.

CA. pc. Antepuesto á los nombres propios, indica ser hermano ó hermana mayor del que habla. V. g. *Ca Juan, ca Antonio*. En Batangas se estiende algunas veces de los Tios. Mi hermano mayor Juan.

CA. Uno. v. g. *Caracot*. Un puñado. *Carangcal*. Un palmo. *Capotol*. Un pedazo. Y doblando la partícula. *Ca*. Como *Cacapotol*. Dice absolutamente uno solo.

CA. Una. *Capatac*. Una gota. *Cadalhan*. Una carga.

CA. Cuando menos pensé, ó no juzgaba. &c. v. g. *Caalamalam co,i, dumating siya*. Cuando menos pensé, llegó. *Caquitaquita co,i, patay na*. Cuando menos pensé, ya estaba muerto.

CA. Cosa, antepuesta á las raices observando lo que dice el arte, dice cosa v. g. *Caibigibig*. Cosa querida, *Cahabaghabag*. Cosa lastimosa.

CA. En. Antepuesta á las raices, dice: en haciendo, ó en viniendo, &c. v. g. *Cauicauica,i, nag camali*. En comenzando, ó asi que comenzó á hablar, erró. *Casapitsapit co doon, ay pinacain aco*. En aportando, ó luego que aporté allá, me dió de comer, *Capanaopanao co dito ay naquita co*. En apartando, ó luego que me aparte de aqui, le vi. *Capag panao co*.

CA. De un. Con esta partícula puesta á las raices, se dice el tamaño. &c. *Camuc-ha ca niya*, De un rostro sois. *Capara ca ni Juan*. De un tamaño sois, tu y Juan. *Caalacbay co si Pedro*. Pedro es de un mismo tiempo que yo. *Magcatutubo cami*. de una misma edad.

CA. Muy. Superlativo duplicando toda la raiz, si es de dos sílabas y posponiendo *an*, ó *han*. *Camahalmahalan ito*. Es muy precioso esto. *Casarapsarapan*. Muy sabroso. *Cahalayhalayan*. Muy feo. *Cabutibutihan*. Cosa muy hermosa.

CA. Compañero: junta esta partícula con raices simples, dice ser compañero en lo que significa. *Casaguing*. Compañero en comer platano *Cainum* compañero en la bebida &c.

CA. Ahora mismo. En este punto. Esta partícula puesta á las raices duplicadas segun el arte, dice que en este punto se acabó la cosa. *Cadarating corin*. En este punto, ú ahora llegué. *Cahihiga co rin*. En este punto me acosté, ó acabo de acostarme.

CA. Partícula para formar abstractos. Estos se hacen de los concretos substantivos anteponiendo. *Ca* á la raiz, y posponiendo, *an*, l. *han*. v. g. *Galing*. Bueno. *Cagalingan*. Bondad. *Samà*. malo. *Casam-an* Maldad. *Bait*. Entendimiento. *Cabaitán*. Sabiduría *Carunongan*.

CAACBAY. pc. Compañero que vá con el alapar: *Caacbay cong lumacad si Antonio*, Antonio es mi compañero en el paseo &c.

CAAGAO, l. CAPANGAGAO. pc. Competidor en tomar algo por fuerza. *Caágao co siya*. El es mi competidor y metáfora. *Magcaagao suso*. Hermanos de leche.

CAAGOLO. pp. Amigo, amancebado, él, ó ella. *Caagolo mo itong babaye?* Es tu amiga esta muger? *Ilan ang caagolo mo?* Cuantos amigos tienes?

CAALAMAN. pp. Benignidad de corazon de *alam*. *Masaquit ang caalaman niya*, mucha es su benignidad.

CAALAM ALAM, l. CAMAALAM. pp. Puede ser, ó acaso sea asi.

CAAMONG. pp. Compañero en compra, ó casa.

CAANACAN. pp. Tribu, parentela, pariente.

CAASALAN. pc. Ceremonias, en hacer algo bueno, ó malo, *Ang dapat sundin ay ang caasalan nang Santa Iglesia*. Lo que es justo seguir son las ceremonias de la Iglesia.

CAAUA. pp. Una especie de arroz de los montes.

CABABAAN, l. CABABAANG LOOB. pp. Humildad. Vide *babá*.

CABAG. pp. Ventosidad del vientre.

CABAGSICAN. pp. Virtud, Potencia, poder que alguno tiene. *Dili masabi ang cabagsican nang Dios*. Es indecible el poder de Dios. *Uala acong cabagsican sa gayon*. No tengo yo poder para eso.

CABAGSICAN. pp. Carácter, ó imperio que tiene y muestra el que manda, abst. de *bagsic*. *Cong uala cang cabagsican dili ca susundin*. Sino tienes imperio ó muestras carácter en el mandar, no serás obedecido.

CABAGAYAN. pc. Propiedad de la cosa de *bagay*. *Ano caya ang cabagayan ni Ica?* Que propiedad tiene Icá?

CABAITAN. pp. Cordura, prudencia, y tambien agudeza.

CABAL. Árbol así llamado.

CABAL. pc. Encantado, que no puede ser herido. *Vm*. Encantar á otro. *In*. Serlo; *mangangabal*, encantador. Se pone este término por qué, el que hay en el cuerpo no esplica que el objeto del encanto es que sea invulnerable.

CABALANTAY. pc. Colindero.

CABALLAB. pc. Alforja. Vide *sopot*.

CABANALAN. pc. Virtud ó justicia. Vide *banal*.

CABANGHAN. pc. Medianía. Vide *Cabonasan*.

CABATITI, l. CABATETE. pp. Una especie de arbolito.

CABAYCABAY. Un género de arbolito.

CABCAB. pc. Rana grande.

CABAYO. pp. Caballo.

CABIBI. pp. Almeja.

CABIHASA. pc. Amigo de buena ó mala costumbre. *Iniuan mona ang cabihasa mo?* Ya dejaste tu amigo l. amiga.

CABIL. pp. Arrugas que hace la carne del que esta muy gordo. *Nagcacabil ca nang pag taba*. 9 act. Arrugas haces de puro gordo. *Macabil na catao-an*. Adj. hombre, ó animal que tiene arrugas de gordo.

CABILOGAN. pp. Corrillo de gente en pié ó sentados, *Nagcacabilogan sila*. 2 act. están en corrillo. *Ay at cayo,i, nagcacabilogan magha-pong ualang gaua dito?* Porque estais todo el dia ociosos?

CABIT-CABAG. pc. Una especie de planta.

CABOG. Un género de arbolitos.

CABOGBOG. pc. Un árbol de buena madera.

CABOHOS OTANG. pp. Otros dicen *cabohos dugò*, Significa la descendencia por linea recta. Quieren decir que los descendientes deben á sus ascendientes el ser, ó la sangre. Aplicando para cualquier parentesco, y aun para la amistad, estrecha. *Manga Judio pala ang cabohos otang mo;* Tu desciendes de judios.

CABOLOSAN. pp. Camino real. Abst. de Bolos; que es salirse algo, porque el camino real sale, y llega de un pueblo á otro. *Ito ay cabolasang daan*. Este es camino real. Tambien dicen *bolos*. pp. *Daan*. Camino real. En Batangas se llama *cabolosan*, los caminos anchos, que conducen á los Barrios.

CABONOSAN. pp. Medianía. Lo mismo que *cabanghan*.

CABONDOCBONDOCAN. pp. l. *Catoctócan*. l. *Cataloctocan*. pc. Coronilla, ó cumbre del monte. Abst. de *toctoc*. *Doon sa catoctocan nang bondoc na yaon may tubig caya?* Allá en la coronilla de aquel monte, hay acaso agua?

CABOOANG-CATAUAN. pc. Virginidad de hombre ó muger *Mahal ang cabooang catauan*. Preciosa es la virginidad.

CABOYOCAN. pp. Ensenada pequeña en la mar.

CABYAO. pc. Instrumento con que muelen la cañadulce para sacarla el zumo. *Vm*. Obrar con él.

CABYAO. pc. La accion de moler, y beneficiar cañadulce.

CABYAUAN. pp. Lo mismo que *Cabyao*.

CACALASAN. pc. Necesario para el servicio de casa &c. Es invariable. *Cacalasan sa bahay ang palacol at paet* Es necesario en una casa el escoplo y la hacha.

CACANIN. pc. Manjares, ó comidillas.

CADAYOHAN. Una especie de planta.

CAGAB-Í. pc. Anoche. *Cagab-i dungmating si Ama*. Anoche llegó mi Padre.

CAGAGAO-ANAN. pc Ó *cagagao-an*; sale de *gaua;* cualquier oficio ó empleo, *Anong cagagao-an mo*. Que empleo, *anong cagagaoanan mo*, que oficio ó empleo tienes. Se entiende, mas bien por fechoría.

CAGALITAN. pp. Ira. Vide *galit*.

CAGAYAT. pp. Rebanada, como de pan. *Cahi-*

lis, de melon ó cosa semejante. *Cahiua*, rebanada de pescado ó carne. Vide *gayat*, *hilis*, *hiua*.

CAHAB-AN. pc. Viga de casa en que se asientan las soleras. *Mag*, ponerla. Ahora, ó en Batangas á lo menos, se llama *Tahilan*, y la viga en que asientan los quilos es la que se llama *cahab-an*.

CAHALAYAN. pp. Deshonestidad. Vide *halay*.

CAHALIMBAUA. pp. Semejanza, que tiene una cosa con otra. *May cahalimbaua din iyan*. Semejanza tiene eso.

CAHAMBING. pc. Palabra equivalente á otra, *Ya,i, cahambing nang uicà co*. Eso es equivalente, ó semejante á lo que yo dije.

CAHAPON NANG GAB-Í pp. Ante noche. Ahora se dice *cahapon sa gabi*.

CAHARIAN. pp. Reyno.

CAHIBAYBAYAN. pp. Circunvecinos, limítrofes, pueblos, que están cerca unos á otros. *Magcahibaybayan yaring tatlong bayan*. Son limítrofes estos tres pueblos.

CAHIG. pp. Atizar el fuego, para que no se apague. *Quinacahig co ang apuy*. 1. P. Estoy atizando el fuego. *Cahiguin mo ang apuy nang mag ningas*. Atiza el fuego para que arda. *Ualang pangahig at ang camay mo ang iquinacahig mo?* No hay atizador que con la mano atizas?

CAHOLOGAN. pc. Significacion, ó esplicacion.

CAYCAY. pc. Una especie de planta.

CAILAN MAN. pc. Cuando quieras, ó en cualquier ocasion.

CAILANGAN. pp. Cosa necesaria.

CAINALAM. pc. Consorte ó compañero de otro en alguna obra. *Cainalam pala ni cuan nang pag nanacao niya*. *Caalam*. Significa lo mismo.

CALABASANG BILOG. Una planta.

CALABÍT. pc. Señas que hacen á uno tocándole, ó tirándole de la ropa, *aco,i, quinacalabit niya*. Me está dando señas.

CALACA. pc. Techo de cañas partides á estilo de tejas, para formar canales. Tambien hay un pueblo de este nombre.

CALACALANTONGAN. pp. l. *Canlang canlangan*. Tamboril. Esto es, tambor pequeño. *Togtoguin mo iyang calacalantongan*. Toca este tamboril.

CALACHUCHI. Un arbolito.

CALAG. pc. Desnudar, desabotonar, descomponer, desconcertar, desencadenar. *Vm, in*, lo que *an*, de á dó *Mag*, desatarse asi mismo. *Magcalag ca nang damit*, quitate el vestido, ó desnudate. Quadra al absolver de pecados, por ser como desatar. *Vm, in, an*. *Nacalag na aco sa casalanan*. Ya fuí absuelto de los pecados. *Nangangalag*. Destorcerse lo torcido. *Nacacalag* l. *nangangalag ang loob;* tener el corazon como descompuesto, ó inhábil para tratar cualquiera cosa.

CALAY. Un género de árbol.

CALAIRIT. pp. El ruido que hacen los goznes de la puerta, cuando se cierra, y abre.

CALAMANTAO. pc. Un árbol de buena madera.

CALAMBIBIT. pc. Una especie de planta.

CALAMANCE. pc. Lo mismo que el siguiente con la diferencia que en Manila se llama *Calamance*, y en Batangas *Calamundi* l. *Calamunding*.

CALAMUNDING l. CALAMUNDI. pc. Cajel pequeñito. Otros le llaman agridulce.

CALANG. pp. Pagar justos por pecadores. *Aco, ang nacacalang sa casalanan mo*. 8 act. Yo pago por tu culpa. Esto es acaso, é involuntariamente. Pero *napacacalang*. Es de propósito. *Napacalang ang ating Panginoong Jesucristo, sa manga casalanan natin*. 7. P. Pagó nuestro Sr. Jesucristo, siendo como es justo y Santísimo, por nuestros pecados. Debe ser metáf.

CALANGCANG. pp. Trompa de caña que le echan al perro. No se usa. Vide *hasohaso*.

CALANSAC. pc. Heredero, hijo adoptivo prohijado. *Calansac aco*. Soy uno de los herederos.

CALAPINAY. pp. Un género de árbol.

CALANTONG. pc. Ruido, como de uno que habla mucho, y todo lo quiere meter á voces. *Vm*.

CALASAHAN. pp. Sensualidad, ó lascivia: de *lasa*. *Malubhà ang calasahan mo*. Mucha es tu sensualidad.

CALASUSI. Árbol asi llamado.

CALATANG l. CALTANG. pc. Una especie de pescado conocido.

CALATIO. pp. El cuartillo, ó sea cinco cuartos.

CALAUACAO l. CALOG. pp. Mecerse lo que llevan en vasija, que no vá llena. *Cacalacalauacao*. l. *Cacalogcalog iyang gusi*. Vase meciendo ese tibor.

CALAUAT. pp. Muchas cosas sin órden, unas atravesadas, otras cruzadas, como ramas, ó raices. *Nagcacacalacalauat yaring manga ogat*. 9 act. Estan muchas cosas asi. Esplica mas claro que lo que está en el cuerpo del vocabulario.

CALAY. pc. Perezoso, negligente, lerdo.

CALBANG. pc. Un género de caña.

CALCAG. pc. Arrancar del suelo, ó de bajo del agua. *Nagcacalcag sila nang bato*. 2. act. l. *Quinacalcag nila ang manga bato* 1. P. andan arrancando piedras. *Calcaguin mo yaring bato, malalim man*. Arranca esta piedra, aunque está profunda.

CALI. pc. Irse acabando. *Mag cacali na* 2. act. *cacaliin co* 1. P. acabarélo.

CALIBO. pp. Arroz de altura.

CALIBOGAN. pp. Lujuria. Vide *libog*.

CALIBUGAN. pp. Lo mismo que el antecedente.

CALICOT. pp. Ensanchar el agugero que estaba hecho, *Calicotin mona ang butas nang di mag potoc*. Ensancha ese agujero para que no reviente. Itt. Hurgar el agujero con palo.

CALICOT. pp. Raspar con algun instrumento, lo que está dentro de alguna vasija, donde no puede entrar la mano. *Calicotin mo ang apog sa pangapulan*. Raspa la cal dentro del calero. It. Un cañuto en que los viejos machacan el buyo.

CALIGQUIG. pp. Perlesia. *Nangangaligquig*, el que la padece: suelen aplicarlo á cualquiera otro temblor del cuerpo.

CALIHISAN LOOB. Ignorancia.

CALIMATYO. pc. Medio helado como plátano que está en partes maduro, y en partes empedernido. *Calimatyo yaring saguing*. Este plátano está medio helado.

CALING. pp. Cerrarse, *caling ang sihang*, cerrada ó apretada la quijada.

CALINISAN. pp. Sinceridad de corazon; de *linis*. *Calinisan aya nang loob mo!* Ó que sinceridad tienes.

CALIRAORAO. Una especie de planta.

CALIT. pp. Rechinamiento, como de suelo ó tarima de cañas. *Vm, huag mong pacalitin*, no lo hágas rechinar. *Alatiit* se usa. Vide &c.

CALIUETE. pp. Zurdo.

CALMOT. pc. Una especie de rastro para desterronar, y limpiar de yervas la sementera. En Manila se llama *paragos*.

CALOCATINGAN. pc. Un género de árbol.

CALOG. pc. Bazucarse la vasija, por no estar llena. *Congmacalog ang laman* 1. act. *at ang culang*. Se vá bazucando, porque le falta, no está llena. Pero confreqüencia; *huag mong caloguin*. No la bazuques.

CALOGDAN. pc. Alegria, gusto, recreacion. Vide *logor*.

CALOMALA. Un género de árbol.

CALOMBIBIT. pc. Especie de zarza.

CALUBAYAN NANG LOOB. pc. Mansedumbre.

CAMAGSA. Una especie de planta.

CAMALBAL. pp. Grillo.

CAMALONGAY. pc. Árbol asi llamado.

CAMAMANGHAN. pc. *Mag*. Maravillarse ó espantarse de lo que se vé ú oye. *Ipinagcacamamanghá*, de qué. *Gauang ipagcacamamanghan*, obra maravillosa.

CAMANA. pp. Coheredero.

CAMANGI. Una especie de planta.

CAMANGUIANIS. Un género de árbol.

CAMANSALAY. pp. Una frutilla comestible á manera de ubas. Vide *calamansalay*.

CAMARÍA. Una especie de planta.

CA MARIANG SONGSONG. pc. Un género de planta.

CAMATIS. Una planta y su fruto tomates.

CAMAY. pp. Aficion, ó costumbre adquirida en el uso de algo, hecho. *Nacacamayan co itong gauang mag anlouagui*. Tengo aficion en esta obra de carpinteros *Nacacamayang cong igaua itong guloc*. Estoy hecho atrabajar con el cuchillo.

CAMI NI. pc. Los dos, nombrando á su compañero, y excluyendo á otros.

CAMIGANG. Una especie de planta.

CAMIT. pc. Araño del gato, arañar.

CAMIT. pc. Entender, y percibir. *Quinacamtan mo caya ang uica co?* 1. P. Entiendes acaso lo que digo?

CAMIT. pc. Retener algo en la memoria. *Quinacamtan corin sa alaala*.

CAMITCABAG. pc. Una especie de planta.

CAMO NI I. CAYO NI pc. Tú, y *Camo ni Pablo*. Tú y Pablo. *Cayo ni Juan*, tú y Juan.

CAMOOAMOTIHAN. Un género de planta.

CAMOCHILES. Árbol asi llamado.

CAMONGSI. Uu género de árbol.

CAMOTING CAHOY. Un género de arbolito.

CAMOT PUSA. pp. Dar priesa en lo que hace: metáf. de la rascadura del gato. *Cundi ca mag camot pusa*. 2. act. *Mababalam ca*. Sino te dás priesa tardarás.

CAMPON. pc. Brillar, campar obra ó hechura.

CAMTAN. pc. Conseguir, alcanzar. Vide *camit*.

CANAUANAUA. pp. tener á la mano. Sinonómo *dali*. *Di canauanauang maquita ang pilac*, no se halla tan pronto la plata.

CANDARO I. CANDADO. Cerradura.

CANDIRIT. pc. Saltar en un pie.

CANDOY. pc. Calabazas lo mismo que el condol.

CANELA. pp. Un género de arbolito.

CANGCONG DAPO. Una espcie de planta.

CANIGOAN. pp. Acudidero, lugar donde acuden muchos, es abstracto y metáf. de *nigo*, que es acertar el tiro: y el que vá muchas veces á una parte acierta allá. *Ang canigoan mong dati ay ang pinag iinumang bahay*. Tu ordinario acudidero es la casa donde se bebe.

CANINGAG. Un género de árbol.

CANITA. pc. Mio y tuyo I. *Ta*, pp. *Canita yaring palay*. Este arroz es mio y tuyo. *Ang damit ta*. El vestido tuyo y mio.

CANLOG. pc. Batuquear el agua haciendo ruido en la vasija con fuerza para limpiarla, y de aqui, cuando la embarcacion pequeña es agitada de las olas, dicen tambien *quinanlog nang alon ang bangca*.

CANSING. pc. Tranca de las ventanas.

CANSING. pc. Corchete ó broche de oro que ponian en sus ropillas, no se usa.

CANTOTAY. pp. Un género de arbustito.

CAÑAPISTOLA. Un árbol asi llamado.

CAPACAN-AN. pc. Provecho. Vide *cana*.

CAPAG. pc. Bracear y forcejar con píes y manos el que se vá ahogando. *Cacapagcapag ang nalolonod*. Freq. Todo es bracear el que se vá ahogando.

CAPAG. pc. Alear el ave. *Cacapagcapag pa ang ibon* 1. act. Está aleando el pájaro.

CAPAGCA I. TAMBAY. pc. Desde. *Capagca niyong*. Desde entonces &c.

CAPAL. pc. Torta. *Capal na tinapay*. Torta de pan. *Capal na pagquit*. Torta de cera; parece que ya no se usa.

CAPAL. pc. Pellas, hacerlas de cera todo &c. *Cumapal ca niyang pagquit* 1. act. Has pellas de esa cera. *Quinacapal oona* 1. P. Ya las estoy haciendo. *Ipinacapal sa aquin*. 7. P. ff. Me mandan que le haga pellas.

CAPALAGAYAN. pc. Sosiego natural que no se menea con facilidad el que lo tiene. *Iyang capalagayan mo ang icagagalit co sa iyo*. Abs. de *palagay*. Ese sosiego que tienes, será causa de enojarme contra ti.

CAPALALOAN. pc. Sobervia, vanidad. Vide *palalo*.

CAPANAGHILIAN. pc. Envidia. Vide *hili*.

CAPANAOGAN. pp. Lo que se dá á la novia para comprar los vestidos necesarios para la boda.

CAPANGLAUAN. pp. Tristeza, ó soledad. Vide *Panglao*.

CAPANGYARIHAN. pp. Poder que uno tiene para

algo. *Bamac lamang ang capangyarihan mo.* Abs. de *Pangyari*. Poco es tu poder. *Daquila rin ang capangyarihan niring tauo*. Grande es el poder de este hombre.
CAPATID. pc. Cofrades del cordon. &c. *Ang manḡa capatid sa cordon*. Los cofrades del cordon, *ano,t, dica maquicapatid sa rosario?* 6. act. Porque no te haces cofrade del Rosario?
CAPAYAPASAN. pp. Lugar donde dá el sol y viento de hito en hito. *Capayapasang lupa ang aming bayan*. Nuestro pueblo es bañado siempre de sol y viento; porque no hay cosa que lo estorbe. Abs. de *payapas*.
CAPONA. pp. Una especie de juego, de interes.
CAPOTOL. Cualquier hermano. Itt. Un pedazo. Sale de *potol*, cortar.
CAPUA TAUO. pc. próximo.
CARÁ. pc. Inquieto. Vide *gaslao*.
CARACHCUHA. Un genero de árbol.
CARAMOTAN, l. CARAMUTAN. pp. Avaricia. Vide *damot*.
CARAMPATAN, l. CATAMPATAN. pp. Justo, razonable.
CARANIUAN. Usado, *Caraniuang uica*. Palabra usada: *Caraniuang damtin*. Vestido muy usado, ó de moda.
CARARA. pp. Contrario, competidor. Sinónomo. *Catalo*.
CARARATNAN. pp. Por venir. Vide *dating*.
CARATIHAN. pc. Costumbre, obstinacion.
CARAYAGAN. pc. La cara ó derecho de la ropa. *Isa loob mo ang carayagan con tiniticlop mo ang damit*.
CARIG. pc. Ruido de las pisadas del caballo, ú otro animal.
CARIQUITAN. pp. Lozanía, vizaria. Vide *diquit*.
CARIUARAÁN. pp. Proligidad, cachaza, importunidad.
CARLIS, l. CADLIS. pc. Raya. *Vm*. Rayar.
CARLO, l. CADLO. pc. Tomar aguà, ó sacarla de alguna vasija en el hueco de la mono, como hacen los fiscales cuando dan agua bendita al P. *Vm*. el que le saca. *In*, el agua. *an*, para quien.
CAROROCAU. pp. Petate que sirve de asiento, ó estrado, ora en barca, ora en otra parte. *Mag*. asentarse en él, ó usar de él. *An*.
CARRETA. pp. Vease *Paragos*, su Sinónomo. Con la diferencia, que en Manila se usa *carreta*, y en Batangas *Paragos*.
CAROT. pc. Una especie de ave.
CARUCANSOLI. Una Especie de planta.
CARYOT, l. CADYOT. pc. Gelar de golpe dando tiron grande. *Caya narapa ang A. P. J. C. ay quinadyot nḡ. mḡa Judios ang pag hila nang lubid*.
CASACSACAN. pp. Vide *Camasahan*, y este es el que se usa.
CASAI. Un genero de árbol.
CASALAAN. pc. Falta. distinguese de *casalanan*, pecado, en que es falta de cosas físicas. *Si cuan ay may casalaan sa muc-ha*. Esto es, le falta algo en la cara, ya por cuchillada, ó defecto natural.
CASAMA. pp. Compañero.
CASAO. pp. Bazucarse, andar por agua, enredando, ó vadeando algun rio bajo, que no llega el agua, sino á la rodilla, si mas arriba de la cintura, es *lonoy*. *Vm*. Itt. batuquear el agua, en la vasija, cuando tiene mucha, ya sea con mano, ya sea con pie.
CASAYSAYAN, l. CASALAYSAYAN. pp. Declaracion, esplicacion, ó significacion. Tambien, utilidad, provecho.
CASI, Ó CASIN. pc. Semejante ó igual á uno *Nagcacasing licsi catang dalaua*. Somos de una misma velocidad.
CASIA. pc. Justo, suficiente, bastar, caver.
CASINTAHAN. pp. Caro, amado, y querido. Abst. de *sinta*. *Casintahan co siya*. Es mi caro, y querido.
CASIPAGAN. pp. Diligencia, cuidado. Vide *sipag*.
CASIYA. pc. Vide *casia*.
CASIYAHAN. pp. Suficiente, ó suficiencia.
CASIYAHAN. pp. Medianía. Vide *siya*.
CASIYANAN, l. CAYAHAN. pc. Plato ordinario, ó mediano. *Lima yaring casianan*. Cinco son estos platos medianos.
CASIANAN. l. CASIAHAN. pp. Razonable, proporcionado.
CASLAG. pc. l. Aslang. Vide *cambong*.
CASLAG. pc. Enrramada, encañada.
CASOBONG. pc. Una especie de arroz, que se dá en los altos, ordinario y desabrido.
CASTILA. pp. Español.
CASTIO. Un género de planta.
CATA, l. QUITA. pc. Tú y yo, nosotros dos.
CATA. Ó QUITA. pc. Lo mismo que *abata*. Vamos los dos.
CATABAY. pp. Contemporizar, contemplar. Tambien calcular, y cotejar las medidas.
CATACATACA. pc. Una planta admirable, por que de la orilla de las hojas caidas en tierra retoñan varios tallos.
CATACATACA. pc. Vide *caguilaguilalas*, admirable, prodigioso.
CATALAMITAM. pp. Competidor.
CATALAMPACAN, l. CATALOCTOCAN. pp. Cumbre del monte. Abst. de *talampac, y taloctoc*. *Sa cataloctocan nang bondoc*. En la cumbre del monte.
CATALANḠASAN. pc. Severidad de aspecto: de *talanḡas*. *Dili masabi ang catalanḡasan niya*. Es indecible la severidad que tiene: que parece tiene consigo todo el poder y fuerzas del mundo.
CATAMARAN. pp. Pereza. Vide *Tamad*.
CATAMPATAN. pp. Justicia, razon, justo, razonable. Vide *tampat*.
CATANÁ. pp. Espada de Japon. *Mag*. Traerla.
CATANDANG ASO. Una especie de planta.
CATANG. pc. Cangrejillos pequeños. Lo mismo que *talanca*.
CATAO-AN. pc. Cuerpo cualquiera: *Catao-an tauo*. Cuerpo humano, *Catao-ang hayop*. Cuerpo de bestia. *quinacatao-an*, lo hecho ó tenido por cuerpo. *Mag catao-an tauo*. hacerse, ó tomar cuerpo humano.
CATAPUSAN. pc. Fin, término, último.
CATAUOHAN. pp. Naturaleza, humana. *Ang sangcatauohan*. Todos los hombres.
CATCAT. pc. De, traves salir muchos para atajar á uno. Es metáf. de estender la red. *Ay at*

cong macalcal cayo dito sa amin l. *hungmahalang?* 1. act. porque salis aqui á nosotros, de traves?

CALICOT. pp. Hurgar con punzon, cuchillo, ó cosa tal, en tabla, ó piedra, como quien barrena. *Vm.* Vide *calicot* que es el que se usa.

CATIMON. pp. Melon muy pequeño. Á los nuestros llaman *milon.*

CATIQUIS. Un género de árbol.

CATONGAC. pp. Una especie de arroz, que se dá en los altos.

CATONGAL. pc. Una especie de planta.

CATOTORAN, l. CAHOLOGAN. pc. Significacion, de *holog. May cahologan din ang uica co.* Significacion tiene lo que digo.

CATOUIRAN. pp. Razon que alguno tiene. *Danğan may catouiran aco.* &c. Sino fuera porque yo tengo razon. *May catouiran ca nğa.* Es cierto que tienes razon. *Anong quinacatouiran mo?* Que razon dás, tienes ó alegas.

CATUIT. Un género de arbolito.

CATURAY. Un árbol asi llamado.

CAUALCAUAL. pp. Indeciso, perplejo. Lo mismo que *caual.*

CAUALI. pp. Carajay, sarten.

CAUAS. pp. Concluir la deuda, ya sea física, ya moral, acabando de pagar cuanto debia. No se puede usar esta raiz, para pagar, ó satisfacer el superior al inferior: si al contrario. *Ang mğa caloloua sa Purğatorio hindi mahahağo doon hangan di mag cauas sa Dios nğ boong utang nang canilang mğa casalanan.*

CAUASA. pp. *Cauasang tauo*, persona bien proveida, y abundante de todo, *cauasáan*, la tal abundancia. *Ualang cauacauasa si cuan.* No tiene igual fulano en la abundancia: de una cosa insufrible dicen. *Di cauasang dalita, di cauasa ang hirap co*, insufrible es mi trabajo, *di cauasa ang sala mo.* &c.

CAUASA. pp. No es razon.

CAUAY. Una especie de arbolito.

CAUAYANG BOO. pp. Vide *Boho.*

CAUICAAN. pc. Frase ó modo de hablar. *Pauaring cauicaan ang ipinanğunğusap nila.* Todas son frases, las que hablan.

CAUOC. pc. Meter la mano algo profundamente en taza ó pila. *Vm.* l. *An.* Sinon. *Caocao.*

CAUOT. pp. Dar crédito, hacer ó no caso de alguna cosa.

CAUOT. pp. Especie de cuchara hecha de la cáscara dura del coco.

CAYA. pp. Buscar como en rio caymanes, ó en monte á alguno que está escondido.

CAYA pp. Pesca: supone por lo pescado, *Hindi co pinag sila ang caya niya*, no comi su pesca, que de ordinario es por estar enojado con él. *May caya ca caya diyan*, por ventura tienes ahí alguna pesca, has cojido alguno?

CAYAMOAN. pp. Gula. *Huag cang mag cayamoan. Comain cana,i, ihig mo pa.*

CAYAMOAN. pp. codicia. Vide *yamò.*

CAYANGA. Un género de arbolito.

CAYAOYAO. pc. Árbol asi llamado.

CAYÀS. pp. *Ubusin ang cayas*, gastar en grande, echar la casa por la ventana, como se suele decir en castellano.

CAYO NI. pc. Tú y. *Cayo ni Juan.* Tú y Juan.

CAYOR. pp. Adelgazar el hilo pasandolo apretadamente entre las uñas. *Vm, in.*

CAYOYO. pp. Barriga grande. Es palabra, pesada. *Singcag na ang cayoyo mo. Caen ca nang cain*, estás ya lleno. Vide *bonğanğa, boliga.*

CAYPALA. pp. Puede ser que.

CAYUTANA. pp. Un género de árbol.

CHACHACHACHAHAN. Un género de planta.

CINTASINTASAN. pp. Una especie de planta.

CO. Genetivo de posesion. *Damit co*, mi vestido; *bahay co*, mi casa.

COAGO. pp. Lechura.

COBACOB. pp. Cerco muy apretado por todas partes. *Nacocobacob;* lo que asi esta cercado. *Pinagcocobacob* cercado asi. *Vm. Mag.* Cercar asi. Cuadra al cerco de enemigos. *Cobcob* se usa.

COBACOB. pp. Castigo que daban los naturales antiguamente, al soberbio, y embustero, que engañaba con palabras fingidas. Salia todo el pueblo; iban á su casa, llevando cada uno un garrote; unos rodeaban la casa, y otros subian á ella; y á palos le hacian saltar del batalan abajo, y le corrian hasta fuera del pueblo, en señal de que le echaban de él. Luego volvian á la casa, y la echaban por tierra, y todo cuanto habia en ella lo destruyan. *Quinobacob si cuan.* 1. P. Á fulano le dieron el castigo referido.

COBAG. Una especie de planta.

COCOC. pc. El cacarear de la gallina cuando teme algun mal, ó cuando llama á sus hijuelos *Vm.* Ellos *an.*

COCONG-MANOC. Una especie de planta.

COCOT. pc. Descáscarar arroz ú otro grano con las uñas: *Nanğonğocot ang manğa bata nang palay.* 3. act. Los niños descáscaran arroz.

COGCOG. pp. Atronar á otro llegándosele al oido y diciéndole *cog:* y aunque sea con otra voz como sea en aquel modo, es *cogcog. Vm, an.* Y de aqui cuando muchos se juntan contra otro dandole voces riñendo, dicen *pinagcocogcogan nila:* me han atronado aqui todos juntos. No le usan.

COHIT. pp. Acercar algo, atrayéndolo hacia si como con garabato. *Cohitin mo nang pangohit.* 1. P. acercalo á tí tirando de él con el instrumento, que es el *pangohit.*

COHIT. pp. Soliviar algo sucio, ó levantarlo con algun palo. *Cahitin mo iyan nang tongcor.* Solivia eso con el báculo.

COLANI. pp. Seca, de granos, diviesos, ó incordios.

COLASIM. pc. Acedo, medio ágrio.

COLOBOT. Un género de árbol.

COLOCANTING. Una especie de planta.

COMAG. pp. Una especie de arroz de *Tubigan.* Hay dos clases, uno es menudo, y blanco, y otro mas grueso, y negro el rabillo.

COMARE pp. Comadre.

COMBARCOMBARAN. Una especie de planta.

COMIMPOL. Un género de árbol.

COMISAP. pc. Cerrar mucho los ojos.

COMOS. pp. Verse uno arropado con alguna manta que lo dá de aquí y de alli, y no la despide:

Aquella inquietud de darle, *cocomos-comos*. Inquietud que tiene el pescado cogido en la red, dando saltillos; *cocomesco-mos ang isda.* Aquel dar de aqui y alli, el que se ve picado de abejas procurando ahuyentarlas. *Cocomos-comos.*

COMPARE. pp. Compadre.

COMPIL. pc. Confirmar. *Nag cocompil.* 2. act. l. *Cangmocompil* 1. act. *Ang Sr. Obispo.* El Sr. Obispo está confirmando.

COMPISAL. pc. Confesar.

CONANÁN. pc. Ahora se entiende no de cualquier apuesta, sino cuando se queda el ganancioso con el instrumento ú objeto de la apuesta v. g. Se apuesta sobre dos caballos cual es mas ligero, el que pierde debe quedarse con el ganancioso, y lo mismo de dos gallos si se pelean, bajo esta condicion.

CONAN. pp. Abortar. Vide *coha.*

COPCOP. Un género de árbol.

COPCOP. pc. Socorrer, amparar á otro. *Quinocopcop aco niya.* El me socorre.

CORARAP. pp. Para exajerar la suma pobreza de una casa que subiendo á ella no hay de que poder echar mano. *Ualang macurarap.* No hubo de que echar mano.

CORO. pp. Pensar ó meditar.

CORYAPI. pp. Violon.

COTAB. pp. Muesca en cualquier palo sea en medio, sea en la orilla; *An,* en donde se hace. *Vm.* El que; *mangongotab,* frec. Si la muesca es muy pequeña, la llaman *tanda,* y no *cotab.* Vide *Tangab.*

COTAP. Vide *Capal.*

COTOCOTO, l. COTON TUBIG. Araña, ó piojos del agua que andan sobre ella. *Houag cang omiguib doon sa may cotocoto.* No vayas por agua donde hay arañas.

COYA, l. CUYA. pp. El hermano primogénito con respecto á los menores.

COYAR. pc. Cosa floja, no tirante. *Macoyad,* lerdo. Vide *tamad.*

COYINAP. pp. Vide *oyinap.* Multitud de animales, *comocoyinap na mag anac,* grande parentela.

COYOM. pc. Apretar el puño, sea con algo dentro, ó sin ello.

CUACUACUHAN. Un género de árbol.

CUBA. pp. Corcobado.

CUBAO. pc. Asi llaman al carabao, cuando tiene hechados los cuernos á la espalda; si arqueados, castellano, si al lado *bisacbat.*

CUBATILI. Un arbusto.

CUBLI, l. CUBLE. pc. Guarecerse.

CUTSAY. pp. Una especie de planta.

CUCOT. Descascarar el grano con los dientes.

CUINTAS. pc. l. *Cuentas.* Rosario. *Mag cuintas ca,* ponte rosario.

CULANI. pp. Seca que sale en las íngles cuando el pie está con tumor, ó llaga y en los sobacos, cuando la mano está entomecida, ó llagada.

CULANTRILLO. pp. Una especie de planta.

CULASI. Un género de árbol.

CULAY. pp. Calidad ó color.

CUMPAS. pc. Látigo.

CUNAN. pp. Lo mismo que *conan.*

CUNDAHAN. pp. Sino fuera. l. Porque, *condahan ang P. J. C. ang sumacop sa atin Tayong lahat ay napacasama rin.* Sino fuera por que nuestro Sr. J. C. pagó por nosotros; todos fuéramos perdidos. *Cundahan aco, ay nahulog ca.* Sino fuera por mi tu cayeras, ó hubieras caido.

CUNDAY. pc. El movimiento airoso de las manos cuando bailan.

CUNSÀNAN, l. CUN SANA. pp. Como si dijésemos. *Alac con sanan sa alac.* Vino como si dijésemos. *Matigas sa bato, con sana sa bato.* Duro como piedra.

CUNTIL CUNTIL, l. CUNTIL. pc. Campanilla ó gallillo de la boca. *Hindi macapangusap at ang ualang cuntil. Cuntil cuntil.* Llaman á las puntillas, ó adornos que poner en las estremidades de los jarros, tablas. &c. Sinón. *cuntil butil.*

CUPANG. pp. Especie de pesa de los plateros.

CUPI. pc. Cosa sin sustancia, ó sin vigor. *Manga cupi na itong manga bunga.* Ya no tienen meollo estas frutas. *Cocopicopi ang pag lalacad mo, ó ang pag gaua mo.* Lo usan muchos para esplicar que no tiene fuerzas para andar ó que sus obras no valen un cacao. Vide *coyompis,* sinón. Para la primera significacion.

CUSI. pc. Muger casera y laboriosa.

CUTAP. pc. Grosor. Vide *Capal.*

CUTINGCUTINGAN. Un género de planta.

CUYACOY. pp. Movimiento de los pies pendientes, ó no, para alivio del cuerpo. Vide *pangiuacyo.*

CUYANAP. Vide *Capal.*

CUYOG. pp. Andar algunos juntos de camarada. *Mag. Pinag cucuyogan,* en que. *Cacuyog,* cualquiera de los camaradas. *Magcacuyog* dos que andan como camaradas. *Nag cucuyog nang pag gaua nang balang na,* los que de compañía y camarada hacen algo. *Laguyo.* Se usa vide.

DE LA LETRA D.

DABOG. pp. Dar golpe con los pies enojado, mostrar mala cara. Vide *tarac.*

DAGADAY. pp. Poco á poco, y continuado.

DAGASA. pc. Atropellar, corriendo á caballo ó á pie.

DAG-IM. pc. Oscurana que comienza.

DAGMAY. Una especie de planta.

DAGOC. pp. Golpe con el puño cerrado, ora en los pechos ora en otra parte. *Vm. An, pag dagoc.* El golpe, apuñetear, *Mag,* apuñetearse, *nadaragocan.* Cuadra al dar puñalada. *Dinagocan niya ang caniyang dibdib nang iua nang sundang.* Dióse una puñalada en el pecho.

DAGSÁ. pc. Llegar de golpe mucha mercancía ó fruta al mercado por cuyo motivo se abarata.

DAGUI. pp. Una especie de arroz de altos.

DAGUILDIL. pc. Empujar de cualquiera manera. Vide *dail-il.*

DAGUINDING. pc. El ruido del trueno, ó el mismo trueno.

DAGUIRAGUI. pp. l. *Balanan.* Cestillo ralo. *Tigar.* Vide *boslo.*

DAGUISDIS. pc. Aguacero fuerte. *dungmadaguisdis ang olan.*

DAGUIT. pp. Rapto de la muger, sea para casarse con ella, sea para gozarla solamente.

DAHIL. pp. Causa: lo mismo que *dahilan.*

DAHIL. pp. Además de la significacion que tiene en su lugar, puede añadirse, dado á una cosa, ó muy acostumbrado.

DAHIO. pp. Ser inducido, inducir.

DAIG. pc. Superar una cosa á otra, en hermosura, fuerza. &c. &c.

DAIGDIG. pc. Vide *sangdaigdig*, todo el universo: lo mismo que *daigdigan.*

DAIGDIGAN. pp. *Sangdaigdigan*, todo el mundo.

DAING. pc. Ruego, rogar. Vide *Daying.*

DAIRI. pp. Llover, á cantaros. Vide *dayiri.*

DAIS. pc. Llegarse unos á otros para reñir. *Vm. Dinaysan co siya.*

DALANĜIAN. Un género de árbol.

DALAUIN. pp. Visitar. Vide *dalao.*

DALASA. pp. Arremeter.

DALDAL. pc. Reñir, ó porfiar á gritos.

DALHAG. pc. Arrojar piedra &c. Cuesta abajo. *Idalhag mo iyang bato.* 1. P. Hecha á rodar esa piedra.

DALI, l. DALE. pp. Tírale, animar á otro. Induciéndole á reñir.

DALINSIL. pc. Ladeado, y algun tanto cuesta arriba.

DALIPAY, l. DALIP. pp. Cortar en ruedas muy delgadas algo como naranja. &c. *Vm. Mag. In.*

DALO. pc. Juntarse mucha gente por acudir á algun suceso. Sinón. *Guibic.*

DALODALO. pp. Hormigas con alas, críanse en los huecos de los árboles y de noche acuden á la luz donde se abrasan como la mariposa. Ahora se llama *gamogamo.*

DALONOT. Un género de árbol.

DALRAL, l. DALDAL. pc. Empujar á alguno, hasta dar con él en la pared &c. *Ay at aco,i, idinaldal mo?* 1. P. Por qué me empujaste? *Nagdaraldal ca.* 2. act.

DALUPAN. Una especie de planta.

DAMA. pp. Damas, *nagdarama cami.* 2. act. Estamos jugando á las damas.

DAMAHAN. pp. Tablero para jugar á las damas.

DAMIL. pc. El vocabulario, dice que esta raiz significa suave; pero creo que no hay suave en tagalo; lo que he averiguado es que significa asco ó cosa que provoca á vómito. *Nag darama ça nang dagang patay, dili ca nararamil* estás manoseando raton muerto, y no tienes asco.

DAMO. pc. Basura, ó barreduras.

DAMUT. pp. Avaricia, mezquindad. Vide *damot.*

DANAS. pp. Esperiencia, esperimentar.

DANĜAS, l. DANGA. pp. Andar apresurado. *Darangasdangas*; llevando carga, *danĝanas. Ualang dangang cumain*, destemplado que no tiene término en el comer. *Ualang dangang magcasala.* Disoluto *ualang dangang mag bigay;* pródigo. *Ualang dangang humampas* no tiene tiento en azotar.

DANGALAN. Árbol asi llamado.

DANĜAL. pc. Afortunado en todo. *Nadaranĝal ca sa lahat.* 8. P. De todos eres alabado, por tu fortuna. *Madanĝal canĝa.* Adj. Ciertamente eres afortunado.

DANGCAL. pp. Andar como la sanguijuela, que se alarga y encoge. *Dungmadangcal ang limatic sa muc-ha mo.* 1. Act. La sanguijuela vá andando por tu rostro; y de aqui, un género de gusano, que llaman *Mandarangcal.*

DANGLIN ASO. Un arbolito.

DANGUIT. pc. Arrebatar.

DANIHIN. Un género de árbol.

DANTAY. pc. Poner la pierna sobre alguna cosa *Idinadantay ang paa sa unan*, tiene puesta la pierna sobre la almohada.

DAPA. pc. Una especie de pescado.

DAPA. pp. Asentar alguna cosa larga en el suelo. Es metáf. De este, que es echarse á la larga tendido. *Idapa mo iyan sa lupa.* 1. P. Asienta eso en tierra á la larga. *Sinong nag dapa nito?* 2. act. Quién asentó esto?

DAPAT, l. MARAPATAN. pp. Coger infraganti al delincuente sin buscarle, *na dapatan nang asaua* &c. *Nadapat*, merece, dignarse.

DAPAT. pp. Deber, conveniente.

DAPIT. pp. Se usa tambien en la traslacion de Stas. imágenes ó conduccion de cadáveres, tambien se usa como adv. Que significa hácia. V. g. *dapit umaga, dapit hapon.* &c.

DAPLIS. pc. Vide. *Dinglas.*

DAPO SA CAHOY. Un género de arbusto.

DAPÓ SA PAJO. Una especie de arbusto.

DAPYO. pc. Empañar. *Vm. Ma.* Estarlo, *Han*, lo que.

DARAL, l. DATAL. pc. Baratijas de la casa, ponerlas por órden. *Idatal mo itong manĝa gusi.* 1. P. Pon con órden estos tibores. *Jesus at sa dami iyang datal.* Jesus y que cantidad de baratijas.

DARIAS. Una especie de planta.

DARIPAY. Una planta.

DARO, l. DADO. pp. Dados con que juegan.

DASDAS, l. GASGAS. pc. Señal que se hace en las maderas, cuando los arrastran por piedras. *Dasdas nang bato.* Señal que hizo la piedra.

DASIC. pc. Estar apretados en una parte. *Nadarasic caming lub-hà dito sa bahay.* 8. act. Superlat. Estamos muy apretados en esta casa. Y de aqui. *Madasic na bogsoc.* Cesto espeso. *Madasic na pananim*, adj. Sembrados que están muy espesos.

DASON. pc. Bailar ó patear moliendo algo con los pies. Metáf. De *dason*, que es bailar dando patadas. *Dasonin mo iyan.* 1. P. Patea eso.

DASON. pc. Allegarse ó apretarse la gente recogiéndose á alguna parte. *Mag.* Ir todos á una apretándose, ora estén en pie, ora sentados para dar lugar, ó como para oir mejor el sermon. *Nagcararason*, estar asi apretados.

DATAL. pc. Llegar.
DATING. Permanecer, perseverar. Vide *dati.*
DAUAG. Una especie de planta.
DAYA. pp. Pensar, paréceme. *Ang daya co,i, bacal, ay bato pala,* pensé que era hierro y no es sino piedra.
DAYAMA. pp. Familiaridad, intimidad.
DAYANG. Un género de planta.
DAYCOT. pc. Hurtar cosas de poco valor.
DIBABAO. pc. Lejos. *Dito,i, di babao ang Roma,* está Roma lejos de aqui y metáf. *Di babao ang Langit sa manga macasalanan.* Está el Cielo muy lejos para los pecadores.
DICHE. pc. La hermana segunda, se llama asi por sus hermanos menores, lo mismo que *dite.* Es de origen chínico.
DICLIM. pc. Turbio, ó lluvioso el dia. *Nadiriclim ang bayan, nag diriclim ang ,panahon.*
DICO. pp. El hermano segundo con respecto á los menores, asi como es *diche,* siendo hembra.
DICYÁ. pc. Aguas muertas ó malas que se crian en costas de mar; son algo negras, y asi á la sangre mala, llaman *dicyà mandin.* Vide *salabay.*
DIGDIGAN. pp. Huso. *Nahaan ang digdigan?* Donde está el huso?
DIGHAL. pc. Arqueadas del que vómita. *Nag.* &c. es propio para animales, para hombre. Vide *dual,* y *dugua.*
DIGHAL, l. **DILHAY.** pc. Regoldar.
DI HAMAC. pp. Mucho, en gran manera.
DIIN. pc. Apretar con la mano hácia abajo; lo mismo que *diim. Mag.* Lo que, *Y.* Con que con diferentes respectos. *An.* Lo que, *Nag diriin sa loob nang saquit,* l. *Nang galit.* &c. Disimular la enfermedad, ó el enojo, como apretando en el corazon, *ipinagdiriin,* lo que se disimula. *Mariing uica,* apretadas ó encarecidas palabras.
DILA. pc. Todo ó todos. Vide *dilang.*
DILA. pp. Lengüeta, ó badajo de la campana.
DILA. pp. Fiel de la balanza, ó lengüeta.
DILANG BACA. Un arbolito.
DILANG BUTIQUÍ. Una yerba.
DILANG USA. Una especie de planta.
DILHAY. pc. Regüeldo. *Vm.* Regoldar. *Mag.* Si mucho.
DILI. pp. Espíritus vitales. *Naual-an dili aco nang lumintic.* Faltáronme los espíritus vitales cuando cayó el rayo.
DILIDILI. pp. Pensar ó meditar algo. *Mag. Pinag dirilidili.* Lo que se vuelve en el pecho pensándolo; *di co marilirili,* no puedo dar en ello; como *di co maalaala.*
DILIUARIU. pp. Una yerba alta como arbolillo muy espinoso, su frutilla es como pimienta, de color amarillo.
DILOS. pp. Labar llagas, postilla, lepra, ó cosa tal echando agua encima y pasando la mano ligeramente para ella. *Mag,* si asi mismo; *Vm, sia,* otro, *An.* Lo que. Vide *langgas,* que es el que se usa.
DI MAHALITA. pc. Insufrible, cosa ó persona. *Di maralitang saquit.* Enfermedad insufrible: ó muy trabajosa.
DIMARIM. pp. Vide *suclam,* que es revolverse el estómago. Este significa, ascó ó astío de lo que se vé.
DI MASIMUYAN. pp. Delicado que todo le bace daño. *Tauong di masimoyang hangin.* Adj. Hombre delicado que aun el viento manso y suave le ofende.
DIMOHANAN. pc. Ahorrar lo mismo que, *dimohan,* l. *Arimohanan.*
DINCALIN. Un género de árbol.
DINGDING. pc. Tabique de cualquiera materia. *Dingding na ladrillo.* Tabique de ladrillo.
DINGA SALAMAT. pp. Ojalá agradeciendo algo. *Di nga salamat con ica,i, padoon.* Ojalá tu vayas allá.
DINLAS. Un género de árbol.
DINUGUAN. Una especie de plátanos.
DIPA. pc. Cruz; ponerse en Cruz. *Dumipa ca* 1. act. Ponte en Cruz, *idipa mo.* 1. P.
DIQUIT. pc. Pegar fuego. Levantar falso testimonio. Hermosura. Vide *dicquit.*
DISIN. pc. Adv. habia de ser. Vide *sana,* y su significacion. *Cangina pa disin ang pag dating niyang isdâ ngayo,i, nacacain na aco,* antes de haber llegado &c. *Cong guinamot disin niya hindi namatay.* &c.
DISO. pp. La cuñada por el hermano segundo: así la llaman los menores hermanos de su marido. Es de origen chínico.
DIUANG. pp. Victoria de algo que se consigue; *Mag. Ipag. Pag-an,* de quien. Alegria, gozo, y regocijo, de los que han sido victoriosos.
DIUANG. pp. Celebrar. *Ipinagdiriuang ngayon ang isang daquilang fiesta.*
DIUASA, l. **RIUASA.** pc. De regular pasar, medianía.
DITE. pp. Vide *diche.*
DOCOT. pp. Sacar, metiendo la mano. Vide *doccot.*
DOCOTDRCOT. Una especie de planta.
DOGTO. pc. Baras, ó *baguing* del grosor de un dedo, que tocada su fruta causa comezon.
DOGTONGDOGTONG. pp. Varios pedazos de cualquier cosa unidos uno á otro.
DOHAPANG. pp. Inclinado el medio cuerpo hácia adelante.
DOHOL. pp. Proponer á alguno, para algun oficio. *Mag dohol cayo nang magcacapitan.* 2. act. Proponed al que quereis que sea Gobernador. *Si Pablo ang idinodohol co.* 1. P. Á Pablo propongo yo. *Idinohol man aco,i, dili aco inihalal. Houag mo acong doholan nang di magaling.* No me propongas cosa que no sea buena.
DOLDOL. pc. Refregar ó limpiar con pincel suave cualquièra suciedad. *Doldolin mo ang nanà niyang sugat.* Limpia la materia de esa llaga.
DOLDOL. pc. Dar ó herir con la punta del palo ó el dedo, *dinoldol aco sa mata.*
DOLIT, l. **DOLING.** pp. Oscurecerse la vista, ó turbarse, como por escribir ó leer mucho, ó mirar con atencion á alguna claridad; *pinanonood mo nang pinanonood ang arao, at di narorolit ang mata mo?*
DOLO. pp. Ahechar apartando los buenos granos, de los malos. Es metáf. de *dolo* que es hacer un Barangay de por sí, apartándose de otros.

GUINAPASAN. pp. l. *Inalitan*. pp. Rastrojo que queda despues de segar el trigo ó arroz. *Diyan sa guinapasan*. Ahí en el rastrojo.
GUINULAY. pp. color azul.
GUIPIT. pc. Faltarle tiempo á uno, estar apurado. *Naguiguipit aco sa panahon:* Me falta tiempo. Itt. Apretado, ó situacion violenta.
GUISGUIS. pc. Rozarse, ó deslizarse la ropa.
GUISGUIS. pc. Hebra ó lo que se quita ó se saca de la vaca cocida, cecina. *Vm*. Sacarla. *In*. Ser sacada. *Caguisguis*, una. Para esta significacion usan de la raiz, *monlay*, *camonlay*, una hebra.
GUISIAN. Un género de madera.
GUISING. pp. Despertarse. Vide *gising*.
GUISO. pp. Un árbol asi llamado.
GUISON. pp. Un género de arbolito.
GUISONG DILAO. Un género de árbol.
GUITAO. pp. Aparecer. Vide *sipot*. Este *guitao*, es solo para aparecer hombres. &c. *Sipot*, es tambien para insensibles.
GUITGUIT. pc. La señal que deja el cordel que ha estado amarrado á cualquiera parte del cuerpo ya del hombre, ya de animal. *Naguiguitguit*. El rozarse del mismo cordel.
GUITING. pp. Consumado en cualquiera materia. En una palabra, héroe.
GUITING. pc. Trozo de madera. *Ilang guiting ang dala ninyo?* Cuántos trozos traeis?
GUITLAY. pc. Andaria, yerba medicinal.
GUIAGUIS. pc. Bullicio ó tropel de gente que acude al alboroto.
GULANG GULANG. pp. Cadalso.
GULAT. pp. Espanto, espantar. Vide *guitla*.
GULILATIN, l. MAGULILATIN. pc. Orgulloso que de nada ó poco se espanta, y hace espavientos. *Magulilatin cang tauo*. Hombre orgulloso eres. Frec. de *gulilat*, espantarse.
GUSAR. pp. Cumplir con la obligacion.
GUYA. pp. Carabao pequeño.
GUYABAS. pp. Árbol.
GUYOMOS. pp. Arrebujar.

DE LA LETRA H.

HABAS. Una especie de planta.
HABHAB. pc. El comer del puerco, ó del perro metiendo el hocico en la comida. *Vm*, en lo que.
HABILIN. pp. Depósito, depositar.
HABOL ANG HININGA, l. HABOLHABOL. pp. Respiracion apresurada.
HACAT. pp. Trasegar, palay ú otros granos. *Hacatin ninyo iyang palay at iroon ninyo sa isang tambobong*.
HAGAP. pp. Cortesia lo mismo que *aniani*.
HAGAR. pp. Vide *gogol*, que es lo mismo. Itt. Gastar tiempo.
HAGO. pp. Aderezar, escarmenar con el cuchillo. Vide *hagot*, desgranar.
HAGORILIS. Arbusto asi llamado.
HAGPOS. pc. Manosear, acariciando gallo, ú otro animal.
HAGUIP. pc. Coger alguna cosa que anda en el agua. Vide *saguip*.
HALABAS, l. HALIBAS. pp. Tajos y reveses que se dan con espada. &c. *Sino yaong humahalibas?* Quién es aquel que tira tajos, y reveses? *Hinahalibas aco niya*. Tiromé un tajo.
HALABUC. pc. Airarse. Metáf. de este, que es polvo, por que el que se aira parece echa polvo de si. *Humahalabuc ang poot niya sa loob*.
HALAGA. pp. Tasar cualquiera cosa apreciándola. *Halagahan mo yari*. Tasa esto. *Hindi aco maalam humalaga nang sa ibang ari*. No sé tasar la hacienda de otros. *Pahalagahan mo sa marunong*. Pide á algun docto, que lo tase. En los tingues, dicen *halgahan mo*. Tásalo.
HALAGAP. pp. Coger con cucharon la espuma y suciedad del caldo hirviento de la comida, ú otra cosa.
HALANG. pp. Remplazo, sustituto, remplazar. &c. Vide *palit*.
HALANG. pc. Temer de alguno huyendo el cuerpo, por evitar el peligro. *Ay at humahalang cang maquipag baca?* Por que tienes temor de ir á pelear? *Sinong di hahalang cong maquita niya ang manga saquit sa infierno?* Quién no temerá si vé los tormentos del infierno? Vide *halanghalang*.
HALGA. pc. Apreciar, avaluar; Sinón. de *halaga*.
HALIBYONG. pc. Pedir prestado por poco tiempo en confianza de que otro le tiene ofrecido aquello mismo prestado. V. g. Pide Juan al Padre un peso, y por haberse perdido la llave, dice que no se le pueda dar de pronto pero que vuelva luego y se le dará; en este suposicion pasa Juan á pedir el peso á Pedro y dice: *Aco,i, pahalibyongan mo nang piso mamaya,i, bibiguian aco nang Padre ay isasaoli co sa iyo*. Lo mismo es cuando el que pide prestado, por si tiene lo que pide, y por algun accidente no puede hacer uso. Es mas usado, *halig*.
HALINGHING. pc. Relincho del caballo.
HALIPAS. pc. Vide *holipas*, *olipas*.
HALON. Arbusto asi llamado.
HALON. Una especie de enredadera.
HAMAC, l. SUAY. pp. Desobedecer. *Ay at nag papahamac ca sa manga utos nang Panginoong Dios*. 2. act. l. *Ipahahamac*. 1. P. Por que desobedeces los mandamientos de Dios.
HAMANGAN. pp. Adv. Pues que. *Hamangang binasag mo ay bayaran*. Pues que, lo quebraste págalo.
HAMORAON. Un género de árbol.
HAMPAS. pc. Medir terreno, ó madera, con vara ó cordel.
HAMPAS TIGBALANG. Una especie de planta.
HAMPIL. pc. Apartar alguna cosa que embaraza, para dejar camino ó lugar desocupado. *Vm*, *an*. Ó arrimar á un lado. *Himpil* se usa.

HAMPILAY. pp. Id. que *hampil*.
HAMPON. pp. Id. que *sampon*. Juntamente.
HANA. pp. Sospecha que se tiene de algo, imaginando será asi. *Anong hana mo sa bagay na iyan?* qué sospechas ó imaginas de eso? Sospechar, parecer. Sinón. *haca, hanahana.*
HANAL. pc. Constituir, constitucion. Vide *halal.*
HANARION. Árbol asi llamado.
HANDA. pc. Callejera muger que no para y se vá, contoneando, y convidando á todos.
HANDAC. pc. Muger desenvuelta, y desahogada.
HANDUCA. pp. Para encarecer algo en bien ó en mal, dicen, *di*, l. *Hindi*, l. *Dili mahanduca, dili co mahanduca; di mahanducang turan, sabihin.* No se puede esplicar, ó es indecible. *Di mahanduca ang alam nang Dios. Ang catampalasanan nang tauo.*
HANGA NANG, l. HANGAN NANG. pc. desde que. *Hanga nang dumating ca*, desde que llegaste.
HANGA, l. HANGAN. pc. De aqui adelante. *Hanga na ñgayón ay icao na ang bahala.* De aqui adelante tu tendrás cuidado.
HAÑGAD. pc. Desear, ó pretender algo con vehemencia.
HANGAN. pc. Mientras que. Adv. *Hangan casama co siya,i, magaling ang gaua.* Mientras que fué mi compañero, obro bien.
HANGAN DI. pc. Hasta que no. Adv. *Hangan di mo masundoan houag cang mag sauli.* Hasta que no lo halles no vuelvas. Tambien mientras que.
HANGBING. pp. Semejanza, equivalencia. Vide *hambing.*
HAÑGIG. pp. Sospecha, ó juicio, que uno hace de lo que oye hablar. *Ang hañgig co,i, icao ang papadoroonin.* La sospecha que tengo es, que á ti te han de embiar. *Nahañgigan co, sa nadiñgig co.* Sospécholo, por lo que oí.
HANGOR. Un género de planta.
HAÑGOS. pp. Aceleradamente, y de priesa, ora en hablar, en andar, ó en obrar; *hahañgoshañgos na tauo.* Persona acelerada en sus cosas. *Houag mo acong hañgoshañgosan.* No me mates con tus priesas. Suele usarse tambien. pc.
HANGOT. Una especie de planta.
HANIP. pp. Una especie de piojo, casi insensible, que molesta á los caballos, y gallos.
HANOPOL. Un género de arbolito.
HAOT, l. HAUOT. pp. Pescadillo seco.
HAPITON. Árbol asi llamado.
HAPLAS. pc. La accion de untar la parte dolorida.
HAPO. pp. Fatiga por cansancio, ó enfermedad.
HAPONAN. pc. Establo de bestias.
HAPONAN. pc. Gallinero donde duermen las gallinas. *Igaua mo ang manoc nang hapunan.* Haz un gallinero donde duerman las gallinas. Y tambien el lugar ó árbol en que se recoge cualquier género de animales, se dice *haponan.*
HARANGAN. pc. Una especie de planta.
HARAYA. pp. Engañarse. *Ang haraya co,i, Angel, ay diablo pala.* Pensé era Angel y era demonio.
HARIÑGA. pc. Aventurar. Quiera Dios.
HARIÑGA, l. HARIÑGARING. pc. Bueno que no sucedió. Adv. *Hariñgat di nahulog*; bueno que no cayó.
HASTA. pc. Asta de lanza.
HATOL. pp. Juicio temerario. *Hinatulan co ang capoua co tauo.* 1. P. Hice juicio temerario de mi próximo.
HAUOT, l. HAOT. pp. Pescadillo seco.
HAY. pp. Suspiros que dá el cansado, ó afligido. *Hay sa aba co.* Hay de mí, y que cansado estoy. *Hay ca nang hay.* Todo eres suspiros.
HAYA. pp. Manojo de espigas.
HAYAAN. pp. Dejar lo mismo que *pabayaan.*
HAYANG. pc. Pues que. Vide *hamang. Hamang macasalanan ca,i, sucat cang parusahan.* Digno eres de castigo, pues eres pecador.
HAYAP. p. Amolar, poniendo muy igual, y sutil el filo de todo el cuchillo. *In.* Lo que. *Vm.* El que.
HAYAQUIS. Vide *yaquis.* Estallar.
HAYHAY. pc. Suspirar el afligido. *Ay at ang humahayhay ca?* Por qué suspiras? *Anong inihayhay mo?* Por qué causa suspiras? *Quinahahayhayan co si Ina.* Suspiro por mi Madre.
HAYIAN. pc. Ahí teneis, ahí está: apuntándolo con el dedo, ó señalándolo.
HAYOP. pp. Amanzar, ó cuidar animales. *Hinahayop co itong osa.* 1. P. Estoy amansando este venado.
HIBLA. pc. Me parece corrupcion del término castellano hebra, pues significa lo mismo.
HICAP. pp. Andar de aqui para allí. Vide *libot.*
HICAP. pp. Caminar poco á poco como un enfermo débil.
HICBI. pc. Sollozar. Vide *hibic.*
HICHO. pc. Buyo, ya compuesto, esto es untado con cal doblado y metida en medio la bonga que asegura el rollo ó doblez.
HICPA. pc. Echarse el arroz, por estar muy granado. Vide *hapay.*
HIDHID. pc. Rascar la mano ó cuerpo en la pared. Vide *iyais.*
HIDHID, l. HIRHIR. pc. Comer sin mas condumio que sal.
HIGATANG. pp. Medir el arroz por su trabajo; volver uno contra otro, traer rencor por haberle negado algo. Vide *gatang.*
HIGCAT. pc. Parar. Vide *tahan.*
HIGOTBALATO. Una especie de planta.
HIGUIS MANOC. Planta asi llamada.
HIHIP. pp. Soplador, soplar. Vide *Hiyip.*
HILABUT. pp. Irritar. *Nacahihilabut ca sa aquin.* 4. act. Tú me irritas.
HILAHOD. Arrastrar, tapis, saya ó cualquiera cosa. *Nang*, otros vocabularios dicen significa refregarse á la pared como hace el puerco; para esto usan aqui de la raiz, *quiacos.*
HILAM. pp. Escozor de ojos por haberles tocado alguna cosa que lo causa. *Nahihilam aco*, l. *Ang mata co.*
HILAD. pc. Estar echado, repantigado, y descompuesto. *Hihiladhilad ang tauong yari.* Para esto usan *di hilig.* Vide *hihiladhilad*, hacer una cosa estrecha al principio y prosiguiendo la ancha, *pahilad ang mandala.* Silar, y a *hilar* significa asta último.

HILAO. pc. Granos de arroz mal molido, que vá entre el limpio. *Mahilao iyang bigas.* Muchos granos sucios tiene ese arroz.
HILAT. pp. Pronunciando esta palabra, y abriendo al mismo tiempo con el dedo el ojo, significa. Lo mereces, eso conseguiste.
HILIS. pp. Esprimir la postema ó llaga. *Hinilisan mo yata ang pigsa.* 1. P. Pienso que esprimiste el divieso. *Hilisin mo ang nana.* Esprime la materia.
HILOLONGBO. pc. Abejon. Vide *hilongbo, inlolombo.*
HIMACAS. pc. Vide *bacas*, señal, huella.
HIMAMAO. Un género de árbol.
HIMASOC. pp. entremeterse.
HIMAY. pc. Quitar el pellejo, la cáscara y hablando de verduras, limpiarlas quitando las hojas maduras, las dañadas, escojiendo las útiles y poniéndolas en disposicion de cocerse.
HIMAYMAY. pc. Vide *humaymay.* Desfallecimiento por cansancio. Vide *dayocdoc*, que es por hambre.
HIMBABAO. Un género de árbol.
HIMILING. pp. Vide *piling.*
HIMOD. pp. *Vm.* Refregar con morisqueta, ó pan, ó cosa tal lo que quedó pegado en el plato, ó sarten como miel, manteca, aceite, ó cosa tal, *an.* El plato.
HIMPAC HIMPACAN. pp. Los hijares: ya del hombre, ya del animal. Itt. Desigualdad de tabla ó de pared, *himpac-himpac itong tabla.* &c.
HIMPAPAYID. pc. Nube. Vide *impapayid.*
HIMPIL. pc. Descansar el caminante.
HIMPIL. Vide *Hampil.*
HINAGAP. pp. La opinion que se tiene alguna cosa.
HINALÁ. pp. Barrunto, sospecha. *Mag.* Barruntar sospechar, *pinaghihinalaan*, de quien, *Ipinaghihinala*, lo barruntado.
HINALINHAN. pp. Antecesor á quien otro sucede. *Sino ang hinalinhán mo?* Síncop. de *halili.* Quien fué tu antecesor?
HINAS. pp. Untar algo dando color muy poco. *An*, lo que &c.
HINDURUGÓ. Un género de árbol.
HINGA. pc. l. *Hingalay.* pc. Descansar, *nag papahinga*, l. *hingalay aco.* 5. act. Estoy descansando. *Dili cami pinapagpahinga nang aming Panginoon.* 7. P. y 5, no permitió nuestro amo que descansásemos.
HINGONGOTO. Un género de árbol.
HINGUIONG CALABAO. pp. Arbusto asi llamado.
HINIRANGAN. pp. Sale de *hirang*, escoger, significa el desecho de alguna cosa por haber escogido lo mejor.
HINLALAYON. pc. Una enfermedad cutanea, á manera de herpes en los manos.
HINOCO. pc. Cortarse las uñas. Lo mismo que *hingoco.*
HINOTOL. pp. Certificarse bien antes de dar la sentencia. Sale de *totol.*
HINOTOL. pc. Recorrer en la memoria lo que ha de informar. *Maghinotol ca nang uiuicain mo.* Recorre lo que has de decir, l. *Hinotolin mo.* Id. *nacapag hinotol na aco nang itototol.* Ya he recorrido lo que tengo de informar.
HINQUIN. pc. Tiburon chiquito de que hacen el tollo.
HINTIPALO. Una especie de planta rarísima.
HINTOTOOR. Un género de árbol.
HIRO. pp. Marca. Vide *Tanda.*
HIUACHIUACAN. pp. Los hijares.
HIUALAY. pp. Destetar.
HIUAIR. pp. Torcerse *Hiuair*, pc. Derrengado. Vide *hiuir.*
HIYANG. pp. Asi llaman al remedio experimentado que, luego que se pone dá la salud, y al médico que luego que viene cura al enfermo. *Cahiyang co si Pedro mangagamot; cahiyang co ang lagundi tui acong masactan nang olo.* En un vocabulario antiguo leí llamarse *hiyang*, la muger de buen talle y disposicion, pero por aqui no lo entienden. Mejor, simpatía.
HOBAD. pc. en el dia se entiende solo por desnudarse la camisa.
HOBLI. pc. Dar á uno alguna cosa cobrando la mitad del precio, y usan de ella tambien. V. g. Compré un caballo por diez pesos, y porque Juan no tiene caballo le digo que me dé cinco, y nos servirá á los dos. *Nag*, el que. *Nag hublian cami ni Pedro nang isang caballo.* Hoy la usan para comprar á cuenta de la deuda que tiene el vendedor.
HOBLI, l. SUCLE. pc. La paga que dá un heredero á los demás coherederos por lo que les toca de la heredad, ó casa, ú otra cosa indivisible.
HOBO. pc. Hoy significa desnudarse de medio cuerpo abajo.
HOBO,T, HOBAD. pc. Desnudez completa.
HODYATAN. pp. Concierto, ó convenio que hacen de concurrir á algun sitio, y al que no cumple suelen ponerle alguna pena. *Ang hodyatan ta capag togtog nang Visperas, naroon na quita sa tulay. Nag hohodyatan* se llaman los que hicieron los conciertos, cita, contraseña. Vide *tipan tiap.*
HOGAS BIGAS. pc. Lavaduras de arroz.
HOGHOG. pc. Vaciar lo que está en la vasija. *Hoghogan mo ang laman niyang bitoca.* Vacía la inmundicia de estas tripas. *Nahohoghogan ang manga bitoca co.* Tengo vacías las tripas.
HOGHOG. pc. Sacudir, bajando, y subiendo alguna cosa, ya sea metiéndola en el agua, para limpiarla, ya para vaciar lo que está dentro como se hace con el costal. *Mag. Y*, lo que. Itt. Batuquear, ó zangolotear al que vá en hamaca. *Houag cayong tumacbo at mahohoghog ang may saquit.* Puede decirse del que desperdició la hacienda. *Nag hoghog nang boong ari.*
HOGOT. pp. Bajar la marea. Y. Metáf. de este que es aflojar lo tirante. *Humgmohugot na ang tubig.* 1. act. Ya vá bajando la marea. *Nag hohogot na ang dagat.* 2. act. Se vá retirando la mar.
HOIT. Meter algun espeque para levantar algo. *Houitin mo ang tarima. Vm*, el que.
HOLA. pp. Interpretar, interpretacion. *Anong hola mo sa bagay na ito?* Qué interpretacion dás á esto? *Manhola.* pp. Frec. Intérprete ó adivino.

HOLAY. pp. Flaqueza y descaecimiento del cuerpo que se anda cayendo de hambre ó trabajo. *Ma.*

HOLIPAS. pp. Cortar al soslayo, como cuando cortan el bojo de un golpe, ó corte de la pluma. *Vm.* Olipas se usa.

HOLOG. pp. Contribucion espontanea entre parientes, por tener uno que sostener algun convite. Itt. En la provincia de Batangas significa arrendar. Y en la provincia de Manila, significa introducir, y asi los que surten de piedra, cal, arena, y otros materiales para un edificio que se fabrica, dicen *nag hoholog.*

HOLO. pp. Deducir.

HOLOGUI. pp. Arrojalo, echalo. Vide *holog.*

HONÁ. pc. Fragil, endeble. Vide *dopoc.*

HONAT. Acostumbrarse al trabajo. *In.* El acostumbrado.

HONDAN. pc. Parar brevemente el que anda, por haber visto ó recelado alguna cosa. Vide *Handac*, ó *hinto.*

HOÑGOT. pp. Balanzas del peso. *Hoñgot nang talaro.* Balanza del peso. *Hungotin mo yaring bao.* 1. P. *At hoñgotan mo yaring talaro.* Has balanza de este casco de coco y ponlo á este peso.

HONOSDILI. pp. Reflecsionar.

HOPIT. Lo que de suyo, ó de antes estaba mellado.

HOSO. pc. Colarse, resbalarse lo atado por mal apretado, quedándose la atadura como antes. *Ma.*

HOTHOT. Planta.

HOYAD. pp. El andar de las preñadas. Vide *oyad.*

HUAMPIT. pc. Árbol.

HUBLAS. pc. Dejar en cueros á uno, por haberle reñido. Vide *hugbas.* Itt. Quitarle todo lo que tiene.

HULIGANGA. pc. Arbol.

HUUIT. pc. Apretar con prensa ó torno. *Hungmuhuit sila nang liñga.* 1. act. Están prensando para sacar aceite de ajonjolí. *Huuitin iyang liñga.* 1. P. Prensa ese ajonjolí.

DE LA LETRA I.

I. Madre, en algunos pueblos dicen: *I Juan.* Madre de Juan. *I Pedro.* Madre de Pedro. *I Maria.* Madre de María.

IADIA. pc. Pasiva de *adiya*, defender.

IAGYAG. Vide *payagyag.* pc. Viento fuerte.

IBAIBAN. Planta.

IBAYO. pp. Otra banda, ó parte de rio, *sa ibayo*, de la otra parte ó banda. *Pasa ibayo*, ir á la otra parte, ó banda. *Aco,i, itatauid mo sa ibayo.* pasame á la otra parte. *Dini sa ibayo*, do la otra parte. *Caibayo.* Lo que está de una parte en contra de lo que está á la otra parte opuesta. *Mag caibayo*, dos cosas que están en frente.

ICO. pc. Repeticion de cualquiera suplica. *Cahapo,i, hinihiñgi mo, at ñgayo,i, iniycomo.*

IGQUIS. pc. Atar. Vide *bigquis.*

IGTING. pc. Atar fuertemente.

IGUAL. pp. El andar de la culebra haciéndo eses y de aqui dicen al que anda contoneándose. *Iigual-igual cang parang ajas.* Siempre se repite la raiz.

IGUI. pp. Perfeccionar, pulimentar.

IGUING. pp. Zumbido, ruido. Vide *ogong.*

IHIÑGA. Planta.

IIT. pc. Mofar, dar mate. Itt. Apodo.

ILAN. pc. Parece, debe ser, *ilang*, por que, *cailañgan*, es necesidad, menoscabo, desproveimiento. Otras veces parece significar peticion ó instancia.

ILAN. pc. Disminüirse, ó rebajarse el número, por salir ó quitarse los demás.

ILANG. pc. Necesitado, embarazado, desproveido.

ILAY. pp. Mareo; marearse. Vide *hilo, lio.*

ILING. pc. Agraviar á otro no tratándole como merece. *Nag iiling ca din sa aquin.* 2. act. Me agravias. *Dili quita pinag iiling.* 2. P. No te agravio.

ILIT. pp. Ejecutar, impedir, á alguno la confesion. *Aco,i, iniilitan nang compision.* 1. P. Impediéronme la confesion.

ILO. pc. Menear. *Di mailo.* Cosa que no se puede menear. *Di macailo;* no poder moverse, ó menearte como probando al levantarse, *mag iloilo ca. na.* Ea muévete ó menéate.

ILOHAN. pc. Molino para caña dulce.

IMA. pc. Madre, nombre chinico que usan los mestizos.

IMBAO. pc. Andar el camino dando recodo ó haciendo rodeo.

IMBAY. pc. Cierto braceo que se enseña á los caballos, para comodidad del ginete.

IMBOLOG. pc. Arrojar algo por el aire. *Nag papaimbolog ang mañga bata nang bato.* 5. act. Los muchachos arrojan piedras al aire. *Ay at ipinaimbolog mo iyan.* 7. P. Porqué arrojas por alto.

IMBOT. pc. Tener la mira ó atencion en alguna conveniencia que halla en aquello que hace que por otra parte tiene algo de mal. *Nag iimbot siya nang yaman caya nag aasaua cay Mariang di magandang babaye, ang yaong mayaman siya.* Tiene la mira en la riqueza y asi se casa con María, no por hermosa sino porque es rica.

IMIS. pp. Guardar. Vide *lihim.*

IMON IMON. pp. Hervor de la sangre, que aparece sobre el cutis con pintitas de color ya cárdeno, ya de fuego.

IMPAPAUID. pc. Nube del cielo.

IMPO. pc. Abuela: ó la hermana de la abuela, ó del abuelo, y por estension todas las viejas se llaman. *Impo.*

IMPOC. pc. *Maimpoc.* Compuesto, modesto. *Im.* Ser cuidadoso, económico.

IMPOC. pc. Quedar, restar, permanecer.
IN. Hácer. Con esta partícula junta á los genitivos primeros de los pronombres se hacen verbos que dicen ser algo mio, tuyo. &c. Haciéndose de ello, ó apropiándoselo, v. g. *Aquin. Inaaquin co.* Hágolo mio. *Inaquin co.* Hicélo. *Auquinin co* Harélo. *Iniiyo mo ang di iyo.* Haces tuyo lo que no lo és. *Iyohin mo.* Haz lo tuyo. *Caniya.* De él. *Quinaniya niya.* Hizolo suyo. *Quinacanita.* De ambos. *Iniinyo.* De vosotros.
IN. Destruir. Esta partícula puesta despues de la primera letra en los verbos que comienzan en consonante, y antepuesta á los que comienzan con vocal, dice destruir, v. g. *Daga.* Raton, *dinadaga. ang tinapay.* 1. P. El pan es destruido de los ratones. *Langam.* Hormigas, *linalamgam.* &c. *Inoouac ang saguing.* Los plantanos son destruidos de los cuervos. &c.
IN. Dale, pospuesta á las raices, dice que le dén lo significado con ellas: como. *Paloin mo.* Dale de palos. *Pacanin mo siya.* Dale de comer
INAANAC. pc. Ahijado.
INAANAC. pc. Hijo, ó prohijado, l. Adoptivo.
INAANORAN. pp. Madre de rio, por donde corre, ó corrió. *Indi dito. ang dating inaanoran nang tubig.* No es aquí por donde solia ir la madre del rio.
INAGAGAN, l. INIGUIGAN. pc. Cerneduras, lo que queda de la harina, que no pasa por el cedazo. *Ipacain sa babuy ang inagagan.* Dá de comer al puerco las cerneduras. Sinónomo *boalao.*
INALITAN. pp. Rastrojo, que queda despues de segar el trigo, ó arroz. *Dian sa inalitan.* Ahí en el rastrojo.
INDÁ. pc. Tia.
INDÁ POON. Abuela.
INDAYONAN. pp. Cuna.
INĜAT, l. INĜING. pp. Pedir que le lleven. *Ungmiingat ca sa Capitan na ipag sama ca.* 1. act. Pide al Capitan que te lleve consigo. *Inĝatin mo si Pedrong sumama sa iyo.* 1. P. Pide á Pedro que vaya consigo.
INĜAT SA' CAHALAYAN. pp. Casto.
INGCONG. pc. El hermano del abuelo, ó de la abuela, y se entiende á todos los viejos.
INGGUIT. pc. Miserable: que no quiere dar á nadie. Sinónomo *damot,*
INĜIT. pc. Silvo de culebra ó raton. *Ungmiinĝit ang ajas.* La culebra silva. Y. Metáf. *Ingmiinĝit ang bata.* El muchacho gime, ó llora, en voz baja, porque no le dan lo que pide.
INĜO. pc. quedar burlado, por haber faltado el otro al concierto, ó por otra causa. Vide *buyò.*
INGUIT. pc. Envidia ó enojo y rencor.
INIGUIN. Arbolito.
INIINA. pc. Madrina.
INOYABAN. Arbol asi llamado.
INQUIL. pc. Apartar ó dividir algunas cosas que están juntas con espeque ó cosa semejante. Algunas veces lo usan para apartar á algun hombre rempujándole con el codo. *Aco,i, iniinquil niya, inquilin mo iyang batong mararaite sa pader nang isang cahoy. Vm.* &c.
INSI. pc. Montar en pelo al caballo.
INSIC. pc. Chino.
INSO. pc. La cuñada, por el hermano primogénito; pero en otros lugares este término lo usa el menor para sus cuñadas. Es de origen chinico.
IRI IRI. pc. Pujar: como el muy gordo cuando sube escaleras.
IRIT. pp. El ruido que hacen los gozne de la puerta cuando se abre ó cierra.
IROC. Planta asi llamada.
IROG. pp. Pacificar.
IROG. pp. Querido, amar, enamoriscar.
ISA. pp. Guardar, antepuesta esta partícula á los verbos, pasivos, dice guardar la cosa en el lugar que se nombra. *Isatapayan mo iyan.* Guarda eso en la tinaja. *Isa caban.* En el arca. *Isa silid.* En la celda ó aposento.
ISAMAN. pc. Nadie, esto es, ni uno solo; y siempre lleva consigo la partícula. *Uala,* antepuesta, ó pospuesta. V. g. *Uala isamang tauo.* No hay nadie. *Isamay uala acong naquita.* No he visto á nadie. *Huag masoc dito isaman.* No entre aqui nadie.
ISCAD, l. PALTOC. pc. El acto de dispararse ó enderezarse con violencia una cosa arqueada; porque se soltó la una punta de donde estaba sugeta. Sinónomo *igcas.*
ISIO ISIO. Arbolito asi llamado.
ISSIO. Arbolito asi llamado.
ITIBAN. pp. Una especie de enredadera medicinal, muy eficaz para las heridas.
ITIT. pc. Chupar como el niño la teta. *Namatay ang bata at di naca itit nang soso.*
ITMONG OUAC. Arbusto asi llamado.
IUAL. pc. Contrahecho de cuerpo, mal tallado. *Iual cang lalaqui.* adj. Eres varon contrahecho.
IUAS. pp. Esconderse para que no le vea alguno. *Huag cang umiuas dian at naquita na cata.* No te escondas alli que ya té he visto. En el dia se usa mas en el sentido de evitar el golpe que viene encima, ó un peligro iminente.
IYAN. pc. Ese, esa, eso, de ese.
IYOC. pc. Piar el pollo ó gallina. *Vm.*

DE LA LETRA L.

LABAG. pc. Atropellar, despreciar, quebrantar.
LABAY. pp. Flemático, y dejativo. *Tauong malabay.*
LABAYO. pp. Cañamo, corteza de un arbol llamado asi de que hacen cordeles.
LABI l. LABING. pc. Esta partícula que se halla en el cuerpo del vocabulario con la esplicacion de que antiguamente se usaba desde diez hasta doscientos: ya no es usual sino

hasta diez y nueve: pues desde veinte se usa. *Dalauang poo, dalauang poo,t, isa.* Veinte uno, y asi sucesivamente siguiendo los numerales hasta veinte nueve; el treinta és. *Tatlong poo,* y desde aqui vuelven á contar los numerales como: *Tatlong poo,t, isa, tatlong poo,t, dalaua,* hasta cuarenta.

LABIAN. pc. Una especie de pez, de agua dulce. llamase asi por tener grandes lábios.

LABIG. pp. Rebosar, ó estar la sementera muy cargada de yerba.

LABID LABID. pc. Un género de gusano, comestible, que cria en madera.

LABNIT. pp. La cáscara de la caña ya quitada que sirve de bejuco para atar. Itt. Quitar las puntas de las yerbas como por diversion, cuando alguno va andando. *Vm,* usan para esto *lacmit.*

LABO. pp. Mezcla y entretenimiento de vivientes unos con otros cuando están confusos y alborotados sin quietud alguna, duplicando la raiz. *Magca labolabo,* estar mucho asi. *Ipagca labolabo,* la causa, *maqui,* entrar nuevo. Sinónomos. *Saligaosao, halo.*

LABOC. pp. Estenderse ó menearse la cabellera ó plumage como por ser herido de viento. *Vm,* y mejor, *lalaboclaboc, ilinalaboclaboc.* La causa, *pagaypay,* es el que se usa.

LABON. pp. Cocer pescado en agua y sal, para despues secarlo al sol, para que no se corrompa. *Mag,* cocerlo. *Y.* l. *In,* lo que. *paglabonan,* en que. Vide *pacsiu, pan͠gat.* Itt. Toda vez que se cuece alguna cosa en agua pura se dice: *Labon.*

LACAS. pc. Convalecer el enfermo. *Lungmalacas na.* 1. act. Ya vá convaleciendo.

LACATAN. pc. Una especie de plátanos.

LACDAO. pp. Paso. Itt. pasar dejando á otro, ú otros entre medio.

LACHA. pc. Damasco colorado. *Magcano ang lacha n͠gayon.* Á como vale ahora el damasco colorado.

LACO. pp. Ofrecer su mercadería, ó cualquiera otra cosa de venta.

LACTANG. Un arbolito.

LAGA. pp. Cocer algo en agua sola; y tambien cocer la misma agua ora para lavatorio, ora para otra cosa.

LAGALAY. pp. Estenderse mucho las ramas del árbol, ó las plumas del ave. Vide *lagaylay.*

LAGAY. pc. Aspecto, semblante, apariencia.

LAGAYRAY. pc. Un género de planta.

LAGNA. pc. Una enradadera.

LAGO. pp. Entero, ó en una pieza; se entiende á lo largo.

LAGOCLOC. pc. Borbolletas, ó el ruido que hace el agua en la garganta cuando se bebe. *Nalagocloc ang tubig sa lalamunan.* 8. act. Hace borbolletas el agua en la garganta.

LAGOM. pp. Abarcar. Vide *lacom.*

LAGOS. pc. Penetrar. Itt. Pasar de largo.

LAGTAS. pp. Cortar, ó quebrar, sin esperar, á desatar, ni apartar. *In.* Lo que, y de aqui ir corriendo, y rompiendo por matorrales. *Mag, an.* Por donde. Tambien abrir el camino.

LAGUAY. Una especie de planta.

LAGUISLIS. pc. Una planta.

LAGUISLIS. pc. Lluvia grande con viento, ó sin el. *Vm. Baguisbis,* es cuando hace tambien gran viento.

LAGUIT. pp. Motas que andan sobre el agua.

LAGUNDING GAPANG. Un género de yerba.

LAGYO. pc. Nombre que uno toma de otro; ó por mejor decir, tener un mismo nombre dos ó mas sugetos; lo que en castellano se llama *tocayo.*

LAHAD. pp. Manifestar las cosas guardadas. Itt. Abrir la palma de la mano.

LAHI. pc. Darle para bien, á los nuevos casados; que plantaron casa, y pasaron á vivir en ella. *Lahiin,* el recien casado, lo que, *lomahi.*

LAHI. pp. Tribu, linage, ó procedencia de uno. Vide. *Angcan.*

LAHO. pp. La nube muy negra.

LAIN, l. **LAING.** pp. Yerba ó ramilla seca. Itt. Las ojas del gabi, de que hacen ensalada.

LALA. pc. Agravar, ó adelantar el mal, ú otra cosa.

LALANG. pc. Crear, sacar de la nada. Itt. Engañar, embaucar.

LALIB. pc. Raizes anchas, de que hacen bateas. Sinónomo. *Banil.*

LALOS. pc. Leer, sin deletrear.

LALOS. pc Vide *halbus,* y *labus.*

LAMANBAYAN. pp. Los bienes mundanos. *Lamancati.* Todo género de carne. Vide *laman.*

LAMBAYONG. pp. Un género de planta.

LAMBING. pc. Mimos de niños, ó mugeres.

LAMBIS. pc. Hacer gesto sacando el lábio. *Baquin ca lalambis lambis. An.*

LAMBIT. pc. Colgar algo que este pendiente. V. g. Colgarse de los brazos, y levantarse del suelo. *Mag. Ocyabit.* Vide.

LAMBOY. pc. Vide *laboy.* Dar lo que ya no se quiere, ni es menester. *Mag.*

LAMITA. pp. Redoma de loza.

LAMLAM. pp. Cosa floja ó corta como la luz muy pequeña, ó amortigüada del candil por poco aceite; y se aplica al hombre flojo. *Tauong malamlam.* Flojo, medroso. &c.

LAMOC. pc. Mosquito.

LAMOCOT. pp. La carnosidad de la nangca que envuelve la pepita, y es lo que se come.

LAMOCOT. pc. Blando como pepita de santor, de un hombre impedido y sin fuerzas dicen: *Para cang lamocot.* Sinónomo. *Lompo.*

LAMOG. pc. Cosa molida á palos, ó fruta muy manoseada.

LAMORAY. pc. Pedacitos pequeños, como de oro, plata, &c.

LAMOTLAMOTAN. Una especie de planta.

LAMOTAC. pc. Manchar con tinta, lodo ó cosa semejante. *Anong pag sulat mo nalamutacan ang boong papel.*

LAMOTAC. pc. Manosear cosa sucia medio líquida, como lodo. &c.

LAMPARAHAN. Arbusto asi llamado.

LAMPAT. pc. Sonido grande de algun golpe. Vide *lagapac.*

LAMUDIO. Un género de planta.

LAMUYO. Un género de arroz.

LANAC. pc. Abrasarse la boca, ya con agua caliente, ya con pimiento, ó cal. &c. *Na.*

LANDANG. pc. Calenturilla.

LANDAS. pc. Quitar las galas. *Mag. Maca: han.* Camino limpio, vereda. Vide *langdas.*

LANGAN. pc. Enseñar al perro á cazar. *Maglalangan aco sa manğa asong bago.* 2. act. Iré á enseñar los perros nuevos á cazar.

LANĞAT. pp. Hacer muescas ó señales en cañas ó palos. *An.* En que. *Nag.* &c.

LANGCA. pc. Una especie de fruta. Vide *nangca.*

LANGCOUAS. pc. Una raiz á manera de gengibre. Vide *luya.*

LANGUAY. pp. l. *Lanuang.* Necio, descuidado. Vide *banday. Pahamac, ualang ingat.*

LANGPAS. pc. Apuesta, especie de prenda que se lleva al que faltó al concierto, ó palabra; tambien es no dar premio al que no cumplió lo que prometió.

LANSA. pc. Hedor de pescado fresco, ó carne de caiman, ó la especial asquerosidad de algunos pezes. Lo mismo que *langsa.*

LANSAC. pc. Conformarse, y acomodarse à la costumbre de otro. *Maquilansac ca sa magandang asal ni Pedro.* Itt. Familiarizarse, franquearse.

LANSONE. pp. Un género de árbol.

LANSONES, l. LINSONES. pp. Un género de fruta, como razimos de ubas grandes, es agridulce.

LANTANA. Arbusto asi llamado.

LANTAC. pp. Encaje como de una tabla en otra. *Mag, an.*

LAO. pc. Podrido.

LAO. pp. Un Árbol grande.

LAOC. pc. Mezclar, ó acompañar unas cosas con otras. *Mag, in.* Lo que. *An,* á lo que, es pampango.

LAOG. pp. Lagunilla, ó cenagal. Vide *labac, laua.*

LAOLAO. pc. Una especie de pescadillo. En Batangas, se llama *Manance.*

LAOLAO. pc. Manosear, ó meter la mano en el caldo de la comida, ó en el agua potable.

LAON. pp. Sementera que ya no se siembra, que ya tiene mucha yerba. *Ma:*

LAOY. pp. Andar vendiendo por las calles cualquier género pregonándolo. *Nag lalaoy.* El que vende asi. *Anong laoy niyong babaye?* Que pregona aquella muger?

LAPAC. pp. Destroncar, desgajar. *Lapacan ninyo iyang lucban.* 1. P. Destroncad ese naranjo.

LAPAC. pc. Descoyuntar. *Sinong nacalapac nang camay mo?* 1 act. Quien descoyuntó tu brazo? *Lapac na catauan.* Cuerpo descoyuntado.

LAPAG. pc. Bajar ó poner abajo algo que estaba en alto.

LAPAS. pc. Tiempo de Resureccion ó semana Santa, y en otras partes los dias de Carnaval.

LAPASTANĞAN. pp. Propasarse en cuanto al respeto que se debe á los superiores.

LAPLAP, l. TACLIP. pc. Herirse un poco. *Nalalaplap aco.* 3. act. Hérime.

LAQUIP. pp. Unir á otro arrimarse mucho. *Lungmalaquip ang duag sa licod nang malapang.* El cobarde se escuda del valiente. *Mag laquip ca niyang dalauang papang linso.* Une estas piernas de lienzo.

LARIS. pp. Asquerosidad, asqueroso.

LAROAN. Una planta.

LASAY. pp. Hender á lo largo por medio tabla ó madero largo, no cuadra para cosas cortas ni para cañas. *Vm, in.* Si es hendido acaso. *Lasi.* Usan para esto. *Pag lasayan cata nang palo.*

LASCOTA. pp. Escota, de la embarcacion.

LASAO, l. LASUA. pc. Hablar cosas torpes.

LASTOG. pc. Mentiroso.

LATHALA. pp. Esplicar, declarar, y tambien divulgar, propalar.

LATI. pp. Crecer cualquiera planta.

LATI. pp. Pantano, tierra cenagosa.

LAUIG. pc. El que concurre á otro pueblo á cosechar, se llama asi.

LAUING. pp. Colgar. Vide. *Lauit,* con sus juegos.

LAY-AN. pc. Alejarse, apartarse, derivado de *layo.*

LAYING. pp. Estar enfermizo. *Nalalaying siya, tauong malalayinğin.* Itt. Secarse las ojas sinón. *Ganğo.*

LETENG. pp. Mecatillo con que cosen los zapatos.

LETUNDAN. pc. Un plátano, venido de la India.

LIALAN. pp. Una especie de paloma montes, con algunas plumas verdes.

LIBANG. pc. Distraccion; y en cierto sentido ocupacion.

LIBING. pc. Entierro, enterrar.

LIBSANG. pc. Fátuo, ó medio loco. *Na. Libsang na tauo si cuan.*

LIBUG. pp. lujuria. Vide *libog.*

LICAT. pc. Interrumpir algo, no haciéndolo con continuacion. *Vm.*

LICDI. pc. Desviarse un poco el que está andando, por ceder el paso, ó por buscar buen piso.

LICDIN. pc. Lo mismo que *libdin,* l. *lipdin, liparin,* derivado de *lipar,* volar.

LIC-HA. pc. Inventar, y tambien el remozarse la feniz.

LICOT. pc. Travieso, retozon, raterillo. *Ma.*

LICTANG. pc. Arbusto asi llamado.

LICUAD. pc. Sagacidad como de uno que á todo dá salidas sin dejarse vencer aunque vea que no lleva razon. El que halla escusas para no obedecer.

LIGAMGAM. pc. Cuidados. Vide *balisa, ligalig.*

LIGPIG. pp. Terco en la cólera. *Ma. An, pinamamaligpingan aco nang Padre.* Itt. el temblor ó sacudimiento del cuerpo de caballo. *Namaligpig.* &c.

LIGTAS. pc. Libertarse, ó librar.

LIGUIS. pc. Moler, no en molino; sino repasando con algun instrumento.

LIING. pc. Cabecear negando lo que le piden. *Lingmiing siya.* 1. act. l. *liliing liing* Frec. Dice cabeceando, que no quiere.

LILITAN. pp. La muesca en que ponen lienzo, enroscado para adornar algo.

LIMANG PUO. pp. Cincuenta.

LIMANG SUGAT. Un género de planta.

LIMETA. pp. Garrafa ó botella.

LIMI. pp. Atender, reflexionar.

LIMIT. pp. Continuacion de actos, frecuencia de ellos.

LIMLIM. pc. Ecclipse.
LIMONCITOS. pp. Arbolito asi llamado.
LINAS. pp. Tiras de bejucos ó de hojas de palma &c.
LINDAG. pc. Vide *quisap*, pestañar.
LINDONG. pp. Usar de lo ageno teniéndolo propio. v. g. Tengo vestido, y me visto el de otro, tengo arroz, y como el ageno. *Huag cang lungmindong nang cabayo co.*
LING-GUING. pp. Vide *inin*. Reposamiento de comida despues de cocida para que se cueza bien.
LINGI. pc. Un género de yerba.
LINGNGIN. pc. Ansiar, afligirse.
LINGIN. pp. Dar vado á las ocupaciones ó pensamientos, ó desembarazarse, *Hangan di aco macapag lingin nitong maraming gaua, ay hindi aco macaparoon sa Maynila, mag lingin ca nang loob mo doon sa maraming alaala, nang mahimanman ca.*
LINGO. Dia de Domingo. *Isang arao nang lingo*, un dia de Domingo. *Isang lingo*, una semana.
LINOGAO. pp. Atole, ó morisqueta cocida con mucha agua, sin dejar verterse el caldo, y asi se queda aguado.
LINGQUIS. pc. Enroscarse. *Luminguis dao ang ajas sa catauan mo:* dicen que la culebra se enroscó á tu cuerpo.
LINSIL. pc. Desviado, desviarse. Vide *lingsil*. La culpa y el pecado se llaman tambien. *Gauang linsil.*
LINSONG. pp. Responder, despropósitos. v. g. Pido dinero y responde que no tiene palay. *Nag*, el que. *pinag*: á quien.
LINTANG BAGUING. pc. Arbusto asi llamado.
LINTI. pc. Azotar, azotes.
LIPAD. pc. Volar, lo mismo que, *lipar*.
LIPANG CASTILA. pc. Planta asi llamada.
LIPI. pp. Generacion, descendencia, linage. Vide *palipe.*
LIPONG. pc. Desvergonzado. Sinón. *Posong*. Usase rara vez.
LIQUIA. pc. Agua muerta del mar.
LIQUID. pp. Quitar, la escalera de la casa. *Mag. Iliniliquid*. Está quitada la escalera. *Liquid na ang arao*. Cuando ya pasó el sol &c.
LIQUIS. Rodear.
LIQUIT. pc. Cerrado; hablando de bosques quiere decir, espeso, impenetrable.
LIRING. pc. La segunda casilla del corral. La 1.ª se llama, *caloangan*. y la 3.ª *pabahay*.
LIRIT. pp. Llover á cántaros.
LISAO. pp. Vide *buyoboy*.
LISBIS. pc. Vertiente. Vide *balisbis*.
LISLIS. pc. Desollarse, cayendo ó metiéndose el pie en algun hoyo. *Nasilat aco sa sahig ay nalislis ang balat nang aquing paa.*
LISO. pc. Andar muchos juntos de tropel. Sinón. *Buyaboy.*
LISON. pc. Vide. *Lisong*.
LISONG. pc. El andar como del que está borracho. *Lilisong lisong si cuan*, el que anda asi. *Lipá*, se usa.
LITO. pc. Distraerse estando haciendo ó diciendo algo.
LIUALIO. pc. Acto de aquietarse, v. g. El enojado, el turbado, el que está con sobresalto, ó el que viene cansado y jadeando, ó el triste que se procura alegrar, ó desenfadar. *Mag, in, ang loob.*
LIYAP. pc. Inquietud de ojos mirando á todas partes, ya por locura, ya por enfermedad, ó por enfado. *Huag cang lumiyap liyap nang mata mo na parang olol.*
LIYOT. pp. Rodear en los caminos.
LOAT. pc. Tardanza, demora. Vide *laon*.
LOAY LOAY. pp. Vide *dahan*, despacio.
LOBA. pp. Un género de pescado.
LOBALOB. Una especie de árbol.
LOBIO. Planta asi llamada.
LOCAT. pp Cortar algo como muésca. *Locatan mo ang panucatan*. Haz muésca. &c. De aqui traen esta raiz á significar, sisar á la medida. *Huag mong locatan ang salop. Locatlocat ang muc-ha*. Dicen del viroleuto ó del que tiene hoyos en la cara.
LOCAT. pc. Peca del rostro, como los hoyuelos que dejan las viruelas grandes. *Malocat ang muc-ha. mo*. Muchas pecas tiene tu rostro.
LOCAT. pc. Sarna gruesa y que va comiendo para dentro la carne. *Linolocat ang paa co.* Tengo sarna de esta en la pierna.
LOCOT. pp. Cocerse la miel. *Longmolocot ang polot*. 1. act. La miel se va cociendo, y en los tingües dicen: *Nalolocot ang polot*. 8. act. Idem.
LOCOT. pp. *Malocot*, llaman á la ropa suave y delgada.
LOCSO. pc. Amainar la vela. Metáfora.
LOCTO LOCTO. pp. Cosa continuada ni llevada á cabo, hecha, ó dicha. *Loctolocto ang pag gaua, ang pag basa*. &c. *In*, lo hecho, ó dicho asi.
LOCTON. pc. Un árbol grande.
LODLOD. pc. Canal hecha en tierra por el agua, por la avenida cuando llueve.
LOGAMI. pp. Estar de asiento. Tambien estar bechado por gran pesar, sentimiento, ó por herida.
LOGSO. pc. Caerse algo todo junto, como el suelo de la casa, el batalan.
LOHAYA. pp. Amor grande y escesivo á alguna cosa, por lo que muchas veces vá á comprarla.
LOHO. pp. Preparar algun animal como cabrito. *Lohoin mo iyang buic*. 1. P. Prepara ese lechonillo. *Hindi ca maalam mag loho?* 2. act. No sabes preparar así. Lo mismo es. *Oglo*. pp.
LOHOD. pp. Empobrecer. *Ma*. Vide *duc-ha*.
LOLA. Tener vahidos de cabeza.
LOLOG. pp. Yesca que se saca de algunas palmás.
LOLOG. pp. Goma de árboles. *Mitaca nang lolog*. Busca goma.
LOLONG. pp. Adelantarse uno á hacer ó decir algo, sin esperar á otro, acometer el primero.
LOLOY. Árbol asi llamado.
LOMOOB. pp. Media braza de largo, anteponiéndole. *Sang. Sanglomoob ang haba nito*. Media braza tiene esto de largo, 1. *Calahating dipa.*
LOMPOT. pc. Ropa, como gasa. *Ualang lompot ngayon sa parian*. No hay ahora de esta ropa en el parian.
LOMPUT. pp. Manta de Visayas.
LONAO. pc. Raleza de cosa líquida. *Vm, in*. Sinónomo. *Labnao*

LONOC. pc. Tragar cualquiera cosa, sea líquida sea sólida.
LONGGAYE. pp. Lavarte la cabeza metiendo los cabellos en el agua, y la cara hácia arriba cuando se bañan. *Mag. Um.*
LONYA. pc. Amancebarse. Vide *tuniya.*
LOOM. pp. Echarse á perder algo por taparlo. *Loloomin mo ang palay na ipupunla.*
LOPAGUE. pc. Asentarse alguna persona en el suelo, sin poner nada debajo. *Mag.*
LOBIT. pp. La bellota del buyo cuando está para madurar. Itt. Tardo. *Malorit cang gumaua.* Tardo eres en obrar. &c. Á cualquier cosa blanda, llaman *malorit.*
LOSLOS. pc. Hernia, quebradura.
LOSOC. pc. Meterse al agua, al pozo, canastro. &c. Siempre hácia abajo. Vide *losong.*
LOSONG. pp. Bajar, sea al rio, sea á cualquier otro punto bajo. Sinónomo *losoc.*
LOTAS. pc. Concertarse.
LUBUS. pc. Puro, perfecto, entero.
LUCAB. pc. Hacer buecos. *Lucaban mo ang tabla.* Ahonda, ó has hueco en la tabla.
LUGUIT. pc. Dar lugar, para que otro salga primero á las parejas, dicen los muchachos en los juegos. *Magluguit enaquin.*
LUGUI, l. LOGUI. pp. Perder en el comercio, vendiendo menos de lo que se compró.
LUMAMPAO. Una especie de caña.
LUMBANG. Un árbol asi llamado.
LUNBO. pc. Vaso hecho de coco.
LUNAC. pc. Lo mismo que *tabà*, usáse sola este para la gordura del hombre, *linoc*, creo que es la raiz. *Lumilinoc nang tabà*, dicen: aquí esta alguno muy gordo, sea hombre, ó angel.
LUNAS. Planta asi llamada.
LUPA. pp. Tino, ó tiento en andar por montes, y espesuras, sin perderse. *Mag. Marunong mag lupa si cuan. Nalulupaan cona yaon, natatandaan.* Yo tengo sabido.
LUPING. pc. Estar algo gastado y blando con el uso. *Naluluping ñga.* 8. act. Ya está gastado este sombrero, y por eso se le caen las alas.
LUPIT. pc. Cruel, duro de condicion, enojadizo.
LUYOSIN. Arbolito asi llamado.

DE LA LETRA M.

MA. Poder ó no poder, partícula pasiva del verbo potencial. *Macacain mo caya ito?* Podrás comer esto? *Maisosobo co din.* Podrélo meter en la boca. *Madarala mo yaon?* Puedes llevar aquello?
MA. Preciarse de cualquiera cosa. Con esta partícula. *Ma.* Antepuesta la partícula. *Nag*, se hacen muchos adjetivos. Los cuales conjugados por la segunda especie, dicen preciarse de lo que sigfica la raiz. *Galing. Magaling.* Adj. Bueno. *Nagmamagaling ca.* Preciaste de bueno, l. *Nagmamaigui.* Idem. *Nagmamabait.* Preciaste de entendido. *Nagma-malacas siya.* Préciase de fuerte ó valiente.
MA, l. MI. Tenerlo por bueno, ó malo, sea lo que fuere. *Minamasama co iyan.* Tengo eso por malo. *Huag magalingin ang hindi magaling.* No tengas por bueno lo que no lo és. Y así todos los adjetivos, que comienzan con *Ma.*
MA. Pescador, antepuesta esta partícula al instrumento con que se pesca, mudadas las letras, como dice el arte, en la tercera especie, se dice el pescador, de *pocot.* Chinchorro. *Mamomocot.* Pescador, de *biuas.* Anzuelo. *Mamiminas.* Pescador, de *patao. Mamamatao,* de *Ilao.* Luz. *Mañgingilao.* Pescador, que pesca con luz, de *Binguit. Mamiming-uit:* de *pangti. Mamaugti:* de *bobo. Mamomobo:* de *taga. Mananaga.* Y así de otros con el mismo acento de sus verbos.
MA. Á cada uno, este *Ma,* antepuesto á las raices, mudando las letras. *P. B,* en *M,* y las de *S. T. D.* en *N.* y las vocales, y la *C.* en *G.* gangosa, hacen número señalado, como de *calatio. Mañgalatio.* Que es á cada uno un cuartillo. Y en compra dice vale á cuartillo cada cosa de lo que se vende. *Cahati,* dos reales. *Mañgahati.* Pesos. *Mamiso.* Á peso cada uno. *Binting,* dos reales. *Maminting.* Á dos reales. *Salop.* Ganta. *Manalop.* Á ganta. *Daan.* Ciento. *Manaan,* á ciento. Esto es solo número y monedas, y no en verbos.
MA. Medio bueno, ó razonable. Antepuesto este *Ma,* á las raices y doblandolas como dice el arte, esplica el ser una cosa medio buena. V. g. *Magaling galing yari.* Medio bueno es esto. *Mataas taas.* Medio alto. &c.
MA. Lugar, antepuesta esta á las raices, dice lugar donde hay lo que significan. *Mapalay:* lugar donde hay arroz con abundancia. &c.
MA. Junta á abstractos, los hace adjetivos. V. g. *Dunong.* Sabiduría. *Marunong.* Sabio. *Galing.* Bondad. *Magaling.* Bueno. Itt. Juntada á nombres sustantivos hace un nombre con ellos como adjetivos que quiere decir, abundante en aquello que el tal sustantivo significa, v. g. *Si Pedro ay maguinto.* Pedro es hombre de mucho oro.
MA. Estas partículas. *Ma, na.* Segun los tiempos dicen perfeccion consumacion de la obra en todos géneros de pasiva. V. g. *Cungmacain na ito.* Cuando ya sea comido esto. *Cun maisulat mo na.* Cuando ya lo hayas acabado de escribir.
MA. Partícula de temor, y recelo en pasiva. Vide *Maca.*
MAALAM NA LOOB. pp. Manso que da nada se inquieta. *Aco,i, maalam at mababang loob,* (*ani Jesus na Pañginoon natin.*) Soy manso y humilde de corazon.
MAALOSITHÁ. pc. Curioso; de *alosithá,* certificarse.

MAAMO. pp. Manso, cualquiera animal: y Metáf. *Maamong loob.* Corazon sosegado, y apacible.

MAANG. pp. Estrañar, admirar. Hay quien le dá la significacion de locura.

MAANO. pc. Como está. *Maano ca?* Como estás? *Maano ang Ama mo?* Como está tú Padre?

MAANONG. pc. Ojalá, alomenos, siquiera.

MAAPDING. pc. Corto.

MAATBING. pc. Corto.

MAAUAIN. pc. Caritativo, compasivo, misericordioso, piadoso.

MABABANG LOOB. pp. Humilde.

MABAYANG LOOB. pp. Hombre manso, de medidas razones, y apacible.

MABUTINTING. pc. l. *Maorirá.* pp. Impertinente en pedir. *Mabutingting cang tauo.* Eres hombre impertinente.

MACA. pp. Juntada á raices que dicen cualidades, ó pasiones, ó cosa tal, significa causar aquello que la raiz á quien se allega significa, v. g. *macagaling.* Causa bien.

MACA. pc. Con esta partícula se dice la perfeccion del plusquamperfecto.

MACA. pc. Palabra de resguardo, temor, recelo; ó acaso significa no sea que. Tambien acertadamente mas que, *Maca mahulog ca,* no sea que te caigas, haciendo pausa en él. *Maca,* y en pasiva en el *ma,* y en este sentido pasivo tiene verbal *pagca.* pausal.

MACA, l. MAQUI. pc. Número de veces que una cosa se hace, ó sucede. *Macailan na?* Cuantas veces ván ya? *Macailan mong maquita?* Cuantas veces le viste? *Macailang comain ca?* Cuantas veces comiste? *Maquitatlo.* Tres veces.

MACA. pp. Poder ó no hacer algo. *Hindi aco macalacar.* No puedo caminar. Esta es la partícula activa del verbo potencial. *Macapadoroon ca caya?* Podrás acaso ir allá? *Maca dica macaparoon.* No sea que no puedas ir allá.

MACADAAN. pp. Cien veces. *Papatain quitang maca daan.* Cien veces te mataré. Ahora se usa mas, duplicando la primera sílaba, v. g. *Macadadaan, macalilibo.*

MACAILAN. pp. Cuantas veces se hizo algo. *Macailan cang na padoon?* Cuantas veces fuiste allá? *Macailan cang nalango?* Cuantas veces te emborrachaste. Tambien suelen decir, *nacailan,* l. *Naguilan.* Segun diferentes pueblos, y provincias.

MACALAUA. pc. De aqui á dos dias. *Macalaua mayayari.* De aqui á dos dias se acabará. *Macatlo.* De aqui á tres dias. *Macapat.* De aqui á cuatro. &c.

MACALALAUANG. Un género de planta.

MACALOLOUALHATI. pp. Glorificador. Frec. de *Lualhati. Ang Paginoong Dios, ay macalolouălhati.* Dios nuestro Señor es glorificador.

MACAPIL. Arbolito asi llamado.

MACASALANAN. pp. Pecador, y tambien la confesion general. El mismo rezo. *Mag.*

MACAN. Arroz de tubigan, bueno, y oloroso, uno es blanco y otro colorado. Vino la semilla de *Macan.*

MACAPILAY. pc. Arroz de tubigan, pesado y colorado.

MACA SACALI. pp. No sea que: Vide *baca.* pc.

MACMAC. pc. Esparcir yerba, ó juncia por tierra, este con agua ó no la tierra. *Macmacan,* la tierra donde se esparce.

MACMAC. pc. Poner alguna cosa debajo del palay para no humedecerse este; regularmente se hace del afrecho del mismo.

MACOROL. pc. obtuso, romo.

MACONAN. pp. Abortar. Vide *coha.*

MAGUPAD. pp. Pesado, lerdo. En Batangas se dice: *macuyad.*

MACUSI. pp. Casera cuidadosa.

MACUYAD. pp. Lo mismo que *macupad.*

MADAHA. pp. Mezquino, apocado en sus cosas; que por no dar, no recibe. *Madaha cang tauo.* Eres un apocado, y mezquino.

MADONDON. Una especie de árbol.

MADRE CACAO, l. MARICACAO. Un árbol asi llamado.

MAG. Esta partícula compone la segunda act. asi llamada. Itt. De nota recíprocacion, ú obra, que se hace entre dos, v. g. *Mag auay.* Reñir dos, Tambien juntada á nombre relativo significa su correlativo, v. g. *Mag Ama.* Padre é hijo. *Mag Pangnoon.* El amo y criado. Conjugados por *mag,* estos relativos, dice tener correlativo, v. g. *Mag bianan,* tener suegro, *mahirap ang mag anac.* Trabajosa cosa es tener, ó criar hijos. Itt. Hace nombres frecuentativos, v. g. *Magbabaca.* Ejercitado en guerra, y que se ha hallado muchas veces en ella.

MAG-AALAGA. pc. Sobrestante, cabo que cuida la gente que se ocupa en algo. *Sino ang magaalaga ninyo?* frec. Quien es vuestro cabo?

MAG AARAG. pc. Veedor, ó sobrestante de alguna obra, de *arag.* Que es cuidar.

MAGANIT, l. MABACSIC. pc. Rigoroso, cruel. *Maganit na tauo.* Hombre cruel.

MAGANYAQUIN. pp. Codicioso, que todo lo desea, de *ganyac.*

MAGAO. pc. Ruido ó vocería del que grita habla ó canta. *Nag cacamagao si Pedro.* Vide *paos.*

MAGCA. pc. Esta composicion junta á las raices denota que lo que significa la raiz, antes no lo tenia y ahora ha venido de nuevo la tal abundaucia. V. g. *Magcapalay,* tener de nuevo abundancia de arroz. *magca salapi.*

MAGCAGULANG. pc. Para siempre, exagerando algo. V. g. *Magcagulang may di matalapus.* Durará para siempre.

MAGDALITA CA, l. MAGLOUALHATI CA. pc. Ten por bien, rogando. *Magdalita ca,t, parini ca mona.* Ten por bien el venir aqui. Esto es sufre este trabajo, ó tomate esta molestia.

MAGMAMANOC. pc. Agorero en pájaros, culebras, ratones. &c. *Icao yata ang magmamanoc dito?* Tú creo eres el agorero de aqui?

MAGPAPAMISA. pp. Monacillo que ayuda á misa. *Ualang mag pamisa sa aquin.* No hay monacillo ó acólito que me ayude á misa.

MAGTATANGAL. pc. Brujo: dicen que vuela, y come carne humana; pero cuando levanta el vuelo no lleva mas que el medio cuerpo; y por eso se llama asi, porque és, metáf. *tangal,* que es desencajar, y el tal desenc la mitad del cuerpo, y ese lleva conmigo; dejándose en casa el otro medio. *Magtatangal ca baga?* Eres brujo

MAGUIN. pc. Será cierto algo: dudando, v. g. *Maguiguin totoo caya iyan?* Será cierto eso, por ventura. *Saan di maguiguin totoo n͠ga*. Claro está que será cierto. *Naguing totoo n͠ga*. Cierto salio.

MAHAL. pc. Grave; la persona. *Mahal na tauo si Nono*. Mi abuelo era hombre grave. *Ay at naquiquimahal ca sa amin?* 6. act. Porque te metes á hacer de grave con nosotros? *Nagmamahal ay alipin*.

MAHAL. pc. Tenerse en mucho. *Nagmamahal siya*. Tiénese por muy caballero. *Anong ipinagmamahal mo sa amin?* Porque causa te ensalzas tanto? *Hindi ca minamahal nang iba*. No te tienen en tanto, los demas. *Mahalay na iyang pag mamahal mo*. Mal parece tanta vanidad fingida.

MAHALA. pp. Cuidado, cuidar, de algo. Vide *bahala*.

MAHAN. pc. Compañia en algun trato. Vide *sama*.

MAHALIMBAUAIN. pc. Compasivo.

MAISIPAISI. Un género de árbol.

MALAANONAN. Árbol asi llamado.

MALAAPI. Una especie de árbol.

MALAASIS. Un género de madera.

MALABAGUIO. Un Árbol asi llamado.

MALABATOAN. Un árbol asi llamado.

MALABAYABAS. Un género de árbol.

MALABOCBOC. Un género de árbol de buena madera.

MALABON͠GA. Un árbol muy grande de que hacen embarcacion.

MALACAGUIOS. Planta asi llamada.

MALAGOSO. Una especie de planta.

MALAGUIHAY. pc. Cosa medio seca, ó enjuta, y medio verde. *Mag*. Irse parando tal. *Papagmalaguihayin*, la persona á quien se manda que lo pare tal, es mas lato que *malaynalas*.

MALAHINABOYAN. pp. Cosa que no es muy nueva, ni muy vieja; ó de media vida.

MALAIT. pp. Hombre de infames costumbres. Vide *lait*.

MALAISIS. Un género de arbusto.

MALAITMO. Un árbol asi llamado.

MALAIYAO. Un árbol grande.

MALALA. pc. Incurable, enfermedad. *Malalang saguit*. Enfermedad larga é incurable. *Malalang sugat*. Llaga incurable.

MALALACAYA. pc. Pescador. *Uala pa ang malalacaya*. Aun no ha venido el pescador. Frec. de *palacaya*. *Nagmamalalacaya ca*. 2. act. Pescador te vas haciendo

MALAMAYANA. Una planta.

MALAPACPAC. BALAUAY. Planta asi llamada.

MALAPAJO. Un género de árbol.

MALAPAPAYA. Árbol asi llamado.

MALAPATOPAT. Un género de madera.

MALAPOTOCAN-BAGAUAC. Una especie de arbolito.

MALAPUTAT. pp. Madera fuerte y buena para llaves; llamada asi por la similitud que tiene la hoja de este árbol con el otro llamado *Putat*.

MALAQUI. pc. Grande.

MALABOHAT. pp. Un tibor de Borney que cabe seis gastas.

MABABORON. Un Arbolillo muy blando y blanco el tronco.

MALASAGA. Un genero de arbusto.

MALASAMPAGA. Arbolito asi llamado.

MALASIAD. pc. *Baguin*. ó varas que trepa y se enreda en los arboles, del grosor de un dedo, sirve para cuerda del arco.

MALASUGUI. pp. Pescado de la mar de Mauban; es muy precioso.

MALATAC. pc. Restallido que se hace con la lengua en el paladar como quien arca, ó al modo que hace cuando se admira de algo, *namamalatac Ipinamamalatac*. La causa ó el instrumento, que es la lengua. *Papamalatáquin*. La persona.

MALATI. pp. Sale de *lati*, es cieno ó tierra lodosa; y en algunas partes cuando algun cañaveral esta muy lleno de cañas dicen: *Malati yaong ponong cauayan*. Vide *lati*.

MALATIBIG. Un arbolito.

MALATINTA. Arbolito asi llamado.

MALATONDOC. pc. Cuerno de carabao, cuando pequeño y agudo.

MALATUMBAGA. Una especie de madera.

MALAY. pp. Noticia que se tiene de algo. *May namalayan ca nito?* 8. P. Tienes alguna noticia de esto? *Uala acong malay sa gayon*. No tengo noticia de tal cosa. *Malay may uala acong malay*. Id. I. *Uala acong quinamamalayan*. 8. P. No tengo noticia de nada.

MALAYANTOC. Arbolito asi llamado.

MALAYNALAS. pp. Cosa medio seca, ó enjuta, y medio verde, solo sirve para cañas. Vide *malaguihay*, que es mas general.

MALICMATA. pp. Desaparecerse. *Nagmamalicmata siya sa harap co*. 2. act. Desaparéciose delante de mí.

MALICMATA. pp. Disimular, disfrazarse, finjir.

MALIGAY. pp. Un armazon. Alto que se pone en las procesiones de Domingo de Ramos, y suben á él algunos tiples á cantar el Hosana.

MALIMIT. pp. Tupido, continuacion, ó frecuencia de actos.

MALINGAYO Una yerba, que hecha debajo una raiz que dicen emborracha.

MALINGMING. Criar mucha barba en los carrillos. *Nagmalingmin͠gin*. El que, *malingmin͠gin*, barbado. Vide *baang* que es el que se usa.

MALIO. Mudanza deterioro, desdecimiento del ser antiguo. *Mag*, desdecir, mudarse. *Ipinagmamalio*. En que desdice. *Pinagmamaliuang tingnan*. El que muda, ó desdice: *papagmaliuin*, *mapagmalio*.

MALIPOTO. pc. Una especie de pescado, se cria en la laguna, de *bombon*.

MALISBIS. pc. Vertiente, verter. Vide *balisbis*.

MALMA. pc. Mortal, sea herida, ó enfermedad, generalmente se usa para la herida; y para la enfermedad. *Malubhà*.

MALONGAIN· Un género de árbol.

MALONGAY. Un género de árbol.

MALOLOGDIN. pc. Alegre. Itt. Amante, cariñoso.

MALOTAR. pc. Dejativo. *Malotar cang tauo*. Hombre dejativo eres.

MALOTO. pp. Morisqueta que llevan para comer en el camino. *Comain tayo nang maloto.* comamos morisqueta. *Mag maloto ca sa padoroonan mo.* 2. act. Lleva morisqueta á donde vás; aunque sea otra comida se dice lo mismo.
MALOTO. pp. Color fino. *Malotong suga.* Grana fina, por buen color.
MALUBHA. pc. Grave enfermedad. Agravarse. *Mag.*
MALUCO. Árbol asi llamado.
MALULOCBAN. Arbolito.
MAMAC. Pajuelas, ó aristas embueltas con el arroz.
MAMANGA. pc. Corsario por la mar, frecuet. de *bangga*, combatir en la màr. *Mamanggang matapang.* Valiente, corsario.
MAMAMAYAD. pp. Comprador de esclavos, y no de otras cosas.
MAMAY. pp. Abuelo.
MAMIMIPI. pp. Ollero, alfarero.
MAMINSAN MINSAN. pc. De cuando en cuando, alguna vez hacer algo. *Paririto cang maminsan minsan.* Vendrás algunas veces.
MAMITIC. Planta asi llamada.
MAMOLIS. Planta.
MAMUHAG. pp. Un ave de rapiña, mayor y feroz que el gavilan, ó milano.
MAN. Adverbio, significa ni, aunque; siempre se pospone á la voz con quien vá, v. g. *Ito man, yaon man.* Aunque esto, aunque aquello, sea esto ó aquello, atase algunas veces con la *t, d, ,t, at,* y otros con la *y, at, ay* y entonces pierde la *n,* v. g. *Ito ma,t, yaon man.*
MAN. Pescador. pc. Con esta partícula sin mutacion de letras se hacen otros frecuentativos, que son pescadores, del nombre, del instrumento. *Mandarala.* Pescador de atarraya. *Manlalambat,* de red.
MANÁ. pc. Á cada uno antepuesto al número, v. g. *Manaicapat.* Á cada uno, un real. *Manaicaualo.* Á medio real. *Manahil.* Á cada uno un tahil de oro. *Maninga,* á medio tahil. *Mangalatio.* Un cuartillo el jornal.
MANA. pp. Este adverbio es para esplicar cosa patente, y que se dá á ver y conocer; y aun es lo mismo que nuestro catatelo ahí ved, mirad, y lo mismo que el, Eu ó ecce. Latinos: aunque con distinta gramática el de aca, sin régimen de casos; y añadiéndosele, otra *á*, al fin admirativa. v. g. *Mana á,* para decir eccehomo, no es propio decir. *Mana ang tauo,* sino, *manaa, ito nga ang tauo.* Ni sirve como algunos dicen: *ano.* Mira, vocativo, por que el *Manaa,* no es mas que demostrativo de lo patente que se dá *á,* ver. Ligado con *t,* significa mira que; ó catad que, *manamanut ito na hindi co naquiquita*; adivinanza, que el viento. *Manangat.* l. *Mana nganit uala pa;* ved y reved, pues que aun falta. Ligado con *y,* es usual en algunas partes, y suele ser demostrativo de enojo v. g. *Ang uica co sa iyo manay hindi aco natatacot.* Ligado con *n,* es relativo alusivo y muy consecutivo; v. g. *Mana yaoy naparito siya, ay,* &c.
MANACAYA. pc. Ea pues. Vide *monacaya.*
MANAMCE. pc. Una especie de pescado que en Batangas se llama así; pero en Manila se llama *laolao,* y cuando pequeño, *halobaybay.*
MANALIG. pp. Confiar, esperar. Vide *panalig.*
MANDACAQUI. pp. Un arbolillo, no muy alto, de hojas mas largas que anchas, cuyas raices son medicinales para las heridas. *Pandacaqui,* se llama.
MANGA. pc. Árbol frutal, la reina de las frutas, en este pais.
MAN-GATSAPOY. pc. Árbol de buena madera.
MANGAHAS. pc. Atreverse, atrevido. Vide *pangahas.*
MANGANGACAR. pp. Cazador de pájaros.
MANGANGATAG. pp. Muñidor.
MANGANGAYAO. pp. Salteador.
MANGHA. pc. Disparate, como cuando están hablando dos, y trata uno de una cosa, y el otro responde aludiendo á otra cosa; disparatado es. *Di magca mamangha, silay di magcatoto, na papagcamanghain.* Vide *talibadbad.*
MANGIPOD. pp. Género de palma.
MANGLAUATLAUAT. pp. Cosa de muy pocos granos, ó partes, muy apartadas, unas de otras. v. g. El arroz sembrado de muy pocas espigas, ó la manada de animales, á dó son pocos, y muy apartados unos de otros, ó el pueblo de pocas casas, y apartadas unas de otras, como por haberse consumido, ó ido la gente: dice mas este que, *talagtad. Mang lauatlauat ang bahay.* l. *Tanim.*
MANGOTNGOT. pc. Un género de árbol menor de braza de alto, y muy copudo, de hojas pequeñas, que aunque hieden son muy medicinales para dolores internos. Solo nace donde hay agua salada. Sinónomo. *Malangotngot.*
MANGQUIT. pc. Una especie de yerba.
MANGUIT. Arbolito asi llamado.
MANGYARI. pp. Ya se vé, se supone, claro está: como en tono de admiracion.
MANHAHAPIT. pp. Aceitero, que saca aceite, con prensa. *Icao ang manhahapit?* Eres tu el aceitero?
MANHOHOLI. pp. Piloto.
MANICLOHOD. pp. Arrodillarse ante &c.
MANIMANIHAN. Una especie de planta.
MANIUALA. pp. Creer, confiar. Vide *paniuala.*
MANOCTOC. pc. Un pajarillo pintado, que por los golpes, que anda dando con el pico en cualquier palo, ó caña, lo llaman así.
MANOLOC. pc. Lo mismo que, *manono,* derivado de *soloc.*
MANONO. pp. Vivir en casa de otro con el dueño. Vide *sonó.*
MANONOCTOC. pc. Mochuelo, ave. *Hanilo ca nang manonoctoc.* Arma lazo al mochuelo.
MANONOLONG. pp. Jornalero que ayuda á cojer arroz, por su jornal. *Inopahan cona ang manga manonolong.* Ya pagué á los jornaleros.
MANONONG-OL. pc. Verdugo, degollador.
MANOSO. pp. Faja con que atan á los recien nacidos, sujetándoles con ella ambas manos: lo cual dura hasta tres meses.
MANQUÍL. pp. Un género de árbol.
MANTALA. pc. Arbolito asi llamado.
MANUNGAL. pp. Una especie de árbol medicinal.

MANYARI, l. MANGYARI. pp Poder hacer sin inconveniente.

MAPAGPAHINIRAP. pp. Fisgon, ó burlador. Que á todos hace burla. *Mapagpahinirap cang tauo.* Frecuent. de *pahinirap.* Eres hombre fisgon.

MAPATPAT. pc. Hombre alto y delgado. Metáf. de *patpat.*

MAQUI. pp. Veces. Vide *maca.*

MAQUI. pc. Entremeterse: esta partícula activa de la sexta especie, junta con raices, dice entremeterse á hacer lo significado por ellas; *Maquitua sa nanĝa totoua.* 6. act. Infinit. Entremeterse con los que se alegran. *Maquitanĝis sa tumatanĝis.* Entremeterse á llorar con los que lloran.

MARAHIL. pp. Puede ser. *Marahil dumating.* puede ser que llegue. *Marahil bucas.* Puede ser que mañana. *Marahil ganoon.* Puede que sea así.

MARANĜAL. pc. Dichoso, venturoso, de *danĝal.*

MARAYAPA. Una especie de planta.

MARUNDUNG. pc. Continuamente, adverbio. *Marundung cang mag agolò.* Continuamente estás amancebado.

MARUTI. pp. Descomedido, deslenguado.

MASAGAL. pp. Lerdo, pesado. Vide *mabagal.*

MASALI. pc. Afable de corazon y voluntad. *Masaling loob,* hombre afable.

MASAQUIT. pp. Grande, en gran manera. *Masaquit ang pagal co.* Grande es mi cansancio, ó grande es el cansancio que tengo. *Masaquit ang saquit nang olo co.* Grande es el dolor de cabeza, ó duele mucho mi cabeza. *Masaquit ang sinta co sa Dios.* Amo á Dios en gran manera. Me acuerdo en gran manera ó me acuerdo mucho. *Masaquit ang pag aalaala co.*

MASAUO. pp. Corrupta, inmunda.

MASELAN, l. MASEYLAN. pp. Delicado, melindroso.

MASOLONG. pp. Deseoso, comedor. Vicioso segun la raiz compuesta á que se junta. *Masolong mag nacao.* Vicioso en hurtar. *Masolong mag agolo.* Vicioso con mugeres ó al contrario. *Masolong cumain.* Vicioso en comer. &c.

MATABSING. pc. Agua salobre ó medio salada como la hay en los pozos junto al mar. En algunos pueblos de Batangas se llama *Baloga.*

MATANĜAL. pc. Un pez, de poco menos de vara de largo, y de escamas coloradas.

MATANG ARAO. Árbol asi llamado.

MATANG ULANG. pc. Un género de árbol.

MATAVIA. pp. Un género de plátanos.

MATAY. pc. Por mas que.

MATAYMAN. pc. Adverbio: significa aunque, ó mas que, ó por mas que, de mucha eficacia, y aseveracion dando razon de algo, ó escusándose, v. g. *Matayman acoy nacaibig. parito, ay dico macayanan.* Por mas que quiera venir, ó quisiera venir, no tuve fuerzas &c.

MATO. pp. Tristeza, afliccion. Vide *lumbay.*

MATONG. pp. Canastro.

MAYAMAYA. pp. Un género de pescado de escamas coloradas lo ordinario es de un geme de largo, y siendo grande llega á tener dos palmos.

MAYANA. pp. Un especie de planta.

MAYAPA. pc. Cualquiera comida ó fruta desabrida á la boca, ora prevenga el dasabrimiento de la misma comida, ora del gusto estragado del enfermo.

MAYAPIS. pp. Un árbol grande.

MAYATMAYA. pc. Adverbio; significa, cada rato. v. g. *Mayatmaya tauaguin aco.* Cada rato soy llamado.

MAYCAPAL. pc. Criador. Vide *capal.*

MAYCATHA. pc. Autor de libro, ó de otra cualquiera cosa. Sale de *catha,* que es traza, que uno echa de sola su cabeza. *Ang may catha nitong libro ay marunong.* El autor de este libro era docto. *Sinong may catha nito.* Quien fué el autor de esto.

MAYOCMOC. pc. Teson, cuidado, y diligencia en lo que hace. *Nagcacapamayocmoc nag pag gaua.* No se aparta un instante de la obra; y tambien para el floxo, y descuidado que deja lo que le encomiendan y se pone á jugar ó parlar; si es uno dicen: *Nagmamayocmoc ca lamang.* y si dos, ó mas. *Nagmamayocmocan.* Sinónomo. *Yongyong.*

MELONG OUAC. pc. Un género de planta.

METUA. pc. Una especie de juego de interes.

MIING. pc. Silencio del que no quiere hablar por algun enojo, ó pesadumbre que tiene. *Mag,* estar asi. *Ipag,* la causa; *pagmiinĝan,* aquel contra quien.

MILING. pc. Dar vueltas. Vide *biling.*

MILIPIT. pp. Retorcer, enredar. Vide *pilipit.*

MILON DAGA. pc. Planta asi llamada.

MINSAN. pc. Otra vez, aunque, este dice una vez, usan de él para decir; *Minsan mo pang sabihin.* Cuéntalo otra vez. *Minsan co pang naquita.* Otra vez le volví á ver. *Minsanin mo pang salitin.* 1. P. Cuéntalo otra vez.

MINONĜA. Arbolito.

MINTOHO. pc. Obedecer. Vide *pintoho.*

MOAL. pp. Boca llena de cualquiera cosa. *Momoalmoal.* El que así tiene la boca.

MOLANG DILIM. pc. El primer dia de menguante de Luna. *Mag mumulang dilim na;* presto menguará.

MOLAT. pp. Ser una cosa propia de uno, v. g. *Aquing momolatmolat, at quinoha mo.* Siendo propio mio por que lo tomas. Es lo mismo. *Aquing tunay na tunay.* Itt. Patente y evidente

MOLAYING. pc. Mejorar, mejora que dá el Padre ó Madre á algun hijo. *Yari ay pamolaying sa aquin ni Ama.* Esta es la mejora que me dió mi Padre.

MOLOPOLO. Una planta.

MOLUGOSO. Un género de planta.

MONA. pp. Primero, primeramente, por ahora, de antemano, v. g. sea esto primero. *Ito na mona.* Ven acá primero. *Parito ca mona.*

MONĜAL. Vide *moal. Nagmomongnĝal.* Tener la boca llena.

MONGOMONGOHAN. pp. Un género de planta.

MONÓ. pc. Llenar. Vide *ponó.*

MONTON. pc. Vide *tonton.*

MORADO. pp. Un arbolito.

MOTMOT. pc. Vide *notnot.* Escarmenar.

MOTYA. pc. Piedrecilla de estima como la bezal y, otras así, que se crian en los cocos, limones, ú cosas semejantes. *Mag,* adquirirla de nuevo dicen que se encuentra tambien en la cabeza de algunas aves.

MOTAUI. pp. Partirse.

MUC-HA. pc. Asimilarse, parecerse, conocer á uno por el rostro. *Minomuc-ha, cun siya.* Conózcole por el rostro. *Pag muc-hain mo sila.* Conócelos, cotejando el rostro de uno, con el de otro.

MULA. pc. Desde. *Mula ngayon.* Desde ahora. *Mula cahapon.* Desde ayer.

MUNA. pp. Primero. *Maghintay ca muna.* Espera primero.

MUTAO. pc. Soltar. Vide *butao.*

DE LA LETRA N.

NA. Esta partícula significa, estar. v. g. *Naroon,* Allí está. *Narian,* ahí está; pero cuando se junta á raices, que de suyo no dicen lugar como los adverbios dichos ha menester, que se le junte el *sa.*

NA. Adverbio; siempre se pospone, y significa ya. v. g. *Naparoon na.* Ya se fué. *Ito na,* ya esta aqui.

NA. Algunas veces es relativo y significa lo mismo que nuestro que, español. v. g. *Yaong tauo na nag nacao.* Aquel hombre que hurtó.

NA. Atadura, ó ligazon de la palabra que acaba en consonante con la que se le sigue, v. g. *Ang asal na masama.* Y si se sigue despues de palabra que acaba en vocal entonces mas parece el que, relativo que ligazon, v. g. En esta preposision. *Meyroon caya sa inyo na sucat maaua sa caniya.*

NA. Adverbio. Ya.

NACA. pc Ya. Antepuesta, esta *naca,* á la raiz simple ó compuesta; y despues la partícula. *Na.* Hace préterito pluscuamperfecto. Activo. *Nacacain na aco.* Ya yo habia comido. *Nacapagpualis na aco sa canila.* Ya yo les habia mandado que se fueran. *Nacatulog na aco.* Ya yo habia dormido.

NAG. pc. Ficcion. Con esta partícula, activa de la segunda especie, se hacen las ficciones en la forma que enseña el arte. *Nagbabanalbanalan siya.* Muestra ficcion. Dando á entender que es justo. *Nagsasaquitsaquitan.* Fíngese enfermo. Y mejor por el verbal pasivo. *Ya,i, pagbabanalbanalan mo lamang, pagsasaquit saquitan.* Esa es ficcion de santidad, ó enfermedad.

NAGAL. pc. Sincop. de *nagtagal.* Vide *tagal.* Teson, constancia.

NAGCA. pc. Tener lo que antes no tenia. *Caylan ca magcaca-bait.* Cuando has de tener entendimiento. *Nagca bouaya yaring ilog.* Ya tiene caiman este rio. *Dili isaman aco nagcacapalar.* No tengo fortuna.

NAHOT. Perfeccionar la obra ya hecha que no estaba aun perfecta. v. g. Una banca que estaba aun basta, perfeccionándola, ó limpiándola, se dice que es, *nianahot na gaua,* es propio para obras hechas en palo que admiten mas ó menos perfeccion: tambien significa algunas veces lo mismo que *simot.* v. g. *Ninahot ang palay. Sinimot, mag,* perfeccionar, *in.* Lo perfeccionado.

NAIS. pp. Deseo, pretension de conseguir alguna cosa.

NAITO. pc. Helo aqui. *Naito ang hinahanap mo.* Helo aqui, ó aqui está lo que buscas.

NAMNAM. pc. Relamerse en lo que comió. *Nungmanamnam;* aquello que le queda en la boca, que le dá aquel gusto. *In.* El manjar comido de que le quedó el gusto. *Y;* la boca. *Manamnam,* cosa sabrosa.

NANA. pc. Flechar, sincop. de *pumana.* Vide *pana.*

NANAOG. pp. Bajar. Vide *panaog.*

NANAY. pc. Madre. Término de cariño con que llaman los hijos á su Madre, en Manila, y Estramuros.

NANAY. pp. Abuela.

NANG. Adverbio de tiempo préterito, y significa, cuando. v. g. *Nang dumating siya.* Cuando llegó.

NANG. Adverbio. Significa, por que, ó para que; dando razon de algo. *Hinampas nang di mamihasa.* Fué azotado para que no se acostumbre; cuando se antepone á los monósilabos, pierde la *N,* y la *G.* ó la *G* y la *N.* la traspasa al monósilabo siguiente. v. g. *Nacang guminhaua; namong macamtan.* Para que descanses ó la adquieras.

NANG. Preposicion de genetivo en nombres apelativos. v. g. *Nang Hari,* del Rey. Itt. Preposicion de acusativo. v. g *Si Pedro,i, gumaua nang bahay.* Pedro hizo casa.

NANG. Antes que. Adverbio demostrativo de tiempo. *Nang uala pang malaymalay si Abrahan, aco 'nga,i, yari na.* Antequam Abraham fieret ego sum. *Nang dica hampasin, gauin mo.* Hazlo antes que te azoten.

NANG. Y, conjuncion. *Cami nang Padre.* Yo, y el Padre.

NANG. Porque, ó para que. *Nang maalaman mo.* Porque lo sepas. *Cunin mo ito,t, nang gauin mo yari.* Toma esto, porque hagas esto.

NANG. Con. Partícula de instrumento. *Tacpan mo iyan nang banig.* Tapa eso con petate. *Sapnan mo nang dahon iyang baquid.* Aforra ese cesto con hojas. *Hampasin mo nang lubid.* Azótalo con cordel.

NAPA. pp. Caer. Está partícula es para decir que uno cayó de esta, ó de aquella manera, anteponiéndola á la raiz. v. g. *Napahiga.* Cayó de espaldas. *Naparapa.* Cayó de bruces. *Napataguilid.* Cayó de lado.

NAQUI. pc. Pedir alguna cosa. *Aco,i, naquiquiinom sa iyo.* 6. act. Pídote que me dés de beber. *Maquitabaco ca.* Pide que te dén tabaco.

NASAHOL. pp. Adverbio. Como si. *Aco,i, hinampas niya nasahol ang aco,i, alipin.* Me azotó como yo si fuera esclavo. Itt. Como el que, l. peor que. *Ang catauan niya,i, nasahol ang hinampas.* Tenía su cuerpo peor que azotado.

NATAY. pc. Matador. Pret. del verbo, *patay. Yari ang natay sa anac mo.* Este es el matador de tu hijo, l. *Nacamatay.* l. Que le ha muerto, del verbo. *Matay.*

NATILI. pp. Continuar, permanecer, durar, perseverar. Vide *panatili.*

NATO. Una especie de árbol.

NAYAON. pc. Ya. Adverbio. Ya cae, ya se levanta, ya lo hecha por alto, ya lo arroja contra el suelo. *Nayaong mapahiga, nayaong mag bañgon. Nayaong ipinasasalo; nayaong inilalagpac.*

NAYNAY. pc. Alisar el oro, estregando con almagre. *Mag naynay ca nitong guinto.* 2. act. Alisa este oro. l. *Naynayin mo itong guinto.*

NG̃A. Adverbio. Siempre se pospone al nombre ó verbo sobre que cae, y significa. Ser tal cual es lo significado por el antecedente; y equivale al, así es, ó tal es, de nuestro romance; y equivalentemente significa lo que el pronombre de mostrativo mismo alusivo, y relativo á lo inmediato antes del; y tambien en el dicho, *ng̃a,* significa de verdad, deberás, ó realmente. v. g. Preguntan si es Pedro aquel, si lo es responde, *oo ng̃a;* así es, en verdad. Vide *ng̃ani.*

NG̃A. pc. Sum, es; fui, v. g. *Icao ng̃a ang noha.* Tu fuiste el que lo tomaste. *Aco ng̃a ang naito.* Yo soy el que estoy, aqui.

NG̃ALAP. pp. Vide *calap.* Madera cortada.

NG̃ALI. pc. Cansancio.

NG̃ALIGQUING. pc. Temblar el cuerpo de frio estrínseco; á distincion de *pang̃iqui,* que es temblar de frio de calentura. *Ma,* padecer de tal frio. l. *Pang̃ang̃aligquig. Papang̃aligquiguin,* la persona. Dice este algo mas, que *guinao.*

NG̃ALOG. pc. Blandear, como las rodillas del viejo.

NG̃ALONYA pc. Amancebarse. Vide *lunya.*

NG̃ANI. pp. Adverbio, significa cierto. l. Ciertamente. l. De verdad; algunas veces es sinónomo de *ng̃a,* é indiferentemente se usan en el mismo sentido, pero siempre el *ngani,* es mas grave, y elegante, y apropósito para dar razon de algo.

NG̃ASOL. pp. Priesa en el andar, ó hablar; *Ng̃ang̃asolng̃asol;* andar así. *Y.* la causa; no es muy usado. Sinónomo, *ng̃apa, gahol.*

NG̃ASOL. pp. Gestos, que uno hace cuando se quema la boca con la comida. *Ay at ng̃ang̃asolng̃asol ca?* Porque haces gestos.

NG̃AYNG̃AY. pc. Roer el perro ó gato; algun hueso. *Ng̃umang̃ayng̃ay nang boto yaring aso,* l. *Ng̃inang̃ayng̃ayan ang boto.* El perro está royendo un hueso. *Y.* Metáf. *Ng̃inang̃ayng̃ay ninyo ang puri nang iba.* Quitais la honra á vuetro proximo, royéndole como el perro al hueso.

NG̃IBIT. pp. Hacer pucheros. Vide *ng̃ibi.*

NG̃IBIT. pp. Gesto. Visage.

NG̃ILANG̃ILA. pc. Cortedad del que no se atreve á ponerse delante de otro por tenerle gran respeto, mezclado con algun temor. *Ma.* acortarse. *Ica.* la causa. *Pang̃ilang̃ilahan,* á quien. Sinón. *Alangalang.*

NG̃IMI. pc. Acortarse.

NG̃ITO. Los colmillos. Itt. El mudar de los dientes del perro. *Mag,* mudarlos. *Pinang̃ing̃itoan.* La persona á quien, ó el lugar donde salieron los nuevos dientes. *Magca,* adquirirlos de nuevo.

NG̃IUI. pc. Boquituerto, de boca torcida. *Ng̃iuing bibig.* adj. boca tuerta.

NIGO. pp. Fortuna, ventura.

NINO. pp. De quien, cuyo, ó cuya. *Cang̃ino* l. *Cang̃ino ca alipin?* De quien eres esclavo? *Cang̃ino itong salapi?* Cuyo este dinero? *Cang̃ino itong bahay?* Cuya esta casa?

NINYO. pc. Vuestro. Genet. de *cayo. Inyo caya yaring damit?* Es acaso, vuestro este vestido?

NIOGNIOGAN. Arbusto asi llamado.

NION, l. NOON. Genet. del pronombre, *yaon,* y de *yaon,* que significa: aquel, aquella, ó aquello.

NIPIS. pp. Una especie de tela parecida á la piña, sin rayas.

NIQUIT. pc. Pegarse. Vide *dicquit.*

NIRING. pc. De este Vide *niri.*

NISNIS. pc. Refregar la cara, á otro en el suelo &c. Y tambien refregar la cara del niño en las barbas de su Padre. *Inisnis mo ang ng̃oso niyang pusa sa caniyang tae.* Refrega el bocico de ese gato, en su suciedad. *Ininisnis niya ang muc-ha co sa lupa.* Refregome la cara contra el suelo.

NITA. pp. Ver mirar, encontrar. *Quita.* Vide.

NIYAN. pc. De ese.

NIYONG l. NOONG. pc. Lo mismo que *nion,* l. *Noon.*

NOLAR. pp. Asemejar. Vide *tolar.*

NOLONG. pp. Ayudar recibiendo estipendio, *Na.*

NOOD. pp. Mirar. Lo mismo que *noor.*

NUTAO. pc. Soltar alguna cosa, dejar la obra. Vide *butao.*

DE LA LETRA O.

O. Toma. *Narini,* ó. Aqui está, tomalo. *O, cunin mo.* Toma sacalo.

OBAT. pp. Palo de china.

OBAT. Una especie de planta.

OBAYA. pp. Discreto, que no se enoja de poco, y á cada cosa sabe dar su lugar, *Mapagpaobayang tauo,* l. *Mapaobaya.* Hombre discreto; solo se usa de la raiz, *Timtiman,* esta significa disimular, esperando á mejor ocasion. *Mag.*

OBISPO. Un género de platanos.

OBOD. pp. La médula, ó la parte interior, y blanda de las plantas, arboles, y especialmente de las palmas.

OCDO. pc. Corto en ciencia, ú otra cosa.
OGOC. pc. Ruido de puerco.
OGPOY. pc. Un género de bejuco, de que hacen mecates, y cuerdas de arcos. *Caogpoyan*, el lugar donde se crian muchos; es *baguing*, y del grosor de un dedo.
OHOD. pp. Orugas, gusano.
OHOR. pp. Estiercol de mosca, que en las heridas se hace gusano.
OLANG. Planta asi llamada.
OLAP. pp. Niebla, ó neblina; *Magca*, haberla, *pinagoolapan*. Lo que es cubierto de ella. *Pinagcacaolapan*, el lugar donde está asentada la neblina.
OLAPOT. pc. Andrajos.
OLANMAG. Un arbolito.
OLI. pc. Concertar los huesos. Metáfora de *oli*, volver. *Nabali ang camay co ay yoli mo*. Quebróseme la mano, conciertala.
OLIUAS. pc. Vide *liuas*. Desviarse. *Ligtas*.
OLO. pp. Principal en cualquier cosa, presidir.
OLOG. pc. Añadir racion á la comida, cuando hay algun huesped. Y tómase la metáfora de menear la medida del arroz, cuando está llena, para que quepa mas. *Ologan mo ang canin, at may tauo*. Añade comida, que hay huesped.
OLOHAN. pc. La parte arriba de donde viene la corriente del rio; y hablando del que esta acostado, la cabecera.
OLONAN. pc. La cabecera de la cama.
OLON-IUA. pp. Pomo de espada, ó puñal. *Oloniua*. Pomo de puñal. *Olon calis*. Pomo de espada.
OMAL OMAL. pc. Alborotar hablando. *Huag mo acong omalomalang paquiosapan*, l. *Pag omalomalang paquiosapan*. 1. Pas. No me hables alborotando.
OMANG. pp. Atravesar el instrumento por el cuerpo; dejándolo dentro. *Iniomang co ang gayang sa catauan niya*. 1. Pasiva. Atravesele el cuerpo con la lanza. *Naoomang pa sa bangcay' ang palasong nacamatay sa caniya*. 8. act. Aun está metido en el cuerpo muerto la saeta, que le quitó la vida. Metáfora. *Yomang mo ang sandata sa caloban*. Mete el arma en la beyna.
OMID. pc. Hombre de muy poco hablar que raras veces habla; *Ma*. Ser asi. *Ang iquinaomid*, la causa, *papaguin omirin*, l. *Pinapaguing omid*. El que fué hecho tal con encanto ó brujería: y algunas veces se aplica este al que de vergüenza apenas habla.
OMPOG. pc. Vide *Ontog, ongcol, pongcol*. Tropezar por haber oscuridad; y esto aunque sea la banca cuando se navega de noche.
ONAHAN. pc. Delantera.
ONAY. pp. Enseñar lo que ha de hacer, haciéndolo primero, el que enseña. *Condi ca maonayan nang pag gaua mo hindi ca matoto*.
ONDOC. pc. Mecerse, como el que vá en la boca, cuando hay olas, que se menea de abajo á alto, no de los lados; y el que anda á caballo de paso, *Vm*, y si *m*. *Mag*. Con advertencia que en *mag*. Reduplica tres veces la primera letra de la raiz es presente y futuro. *Pinaoondoc*. El que asi anda. Sinónomo. *Ocdoc, ocbo*.
ONGA. pc. Bramar el carabao llamando á su madre ó su madre, llamándole. *Magdamag ongmonga ang calabao*.
ONGOL. pc. Deshojar del todo un árbol. *Vm*, y si *m*, *mag ongol*. *In*, lo que y si *m*, *pag ongolin*. *Y*, conque l. *Manga*, él, ó los arboles deshojados, ó que tienen quitadas las ramas. Vide *quitil*.
ONTI. pc. Una especie de planta.
ONTOL. pc. Acertar, ó llegar á donde se tira. *Naontol na sa tanda*. Dicen cuando la bola llegó á la piedra, ó raya.
ONTON. pc. Bolsa del dinero.
OOD. pc. Gusano.
OOP. pc. Tapar la boca con la mano. *Huag cang umoop nang bibig*. No tapes la boca. *Ay at inooop mo ang bibig mo*. Porque te tapas la boca.
OPA. pp. Renta de tierra ó sementera arrendada. *Ibigay mo sa aquin ang opa sa buquir na iniiui mo*. Dame la renta de la sementera que tienes arrendada.
OPAN. pp. Si acaso, por sí. *Opang macaquita*. Si acaso encuentra, ó por si encuentra.
OPLI. pp. Alisar con hojas asperas. *Inooplian pa namin ang latoc*. 1.ª P. Aun estamos, alisando la mesa.
OPOAN. pp. Banco, asiento, de cualquiera materia.
ORACION. pc. Una especie de planta.
ORIA, l. URIA. pp. Corrupcion del término castellano, orilla.
ORIAN. pc. Piedra de toque.
ORONG. pp. Entrar. *Omorong po ang maguinoo*. 1.ª act. Entre vuesa merced. *Paorongin mo si mama*. 7. P. Dile á mi tio que entre.
ORONG. pp. Servir á la mesa trayendo los platos. *Mag orong cayo nang canin*. Servid la comida. *Yorong na ninyo ang manga canin*. Servir la comida, ofreciéndola á la mesa.
OSBONG. pc. Retoño, tallo.
OSIG. pp. Averiguar á fondo una cosa. Itt. Perseguir, andar á los alcances, á alguno.
OSOG. pp. Pintar mal la tierra al nuevo en ella, cayendo enfermo de frios, y calenturas. *Quinaosogan*. El lugar donde enfermó y de donde provino la enfermedad. Sinónomo. *Pamauo*. Itt. Supersticion, ó hechizo de los Zambales, que en sudando ellos, al que esta presente le dá un gran dolor de barriga. *Naoosog*, á quien le dió. *Ongmosog*, l. *Nacaosog*. El que hechizó para la primera significacion. Usan solo de *pamauo*.
OTAY. pc. Poco á poco. v. g. *Naootay otay itong masira*. Poco á poco se vá destruyendo esto. *Inootay otay mong ibigay ang ari mo*. Poco á poco vás dando tu hacienda.
OTNGAL. pc. El cuerpo de la planta de buyo. *Caotngalan*. Muchedumbre.
OTO. pc. Medio loco, atontado.
OTOSAN. pc. Sierbo.

DE LA LETRA P.

PA. Partícula que junta á las raices que admiten instrumento: hace el tal instrumento, v. g. de *palo*, azotar, *pamalo*. &c. Vide *pan*.

PA. De facere-facere (ff.) Que es lo que en español decimos mandar, dejar ó permitir que se haga lo que la raiz significa; y se hace en activa con *mag*, ó *nag*. reduplicando, ó no el dicho. *Pa*; segun los tiempos: admite las tres pasivas; solo quiero advertir aqui una cosa muy curiosa y de importancia para hablar bien, y con perfeccion la lengua, en lo que toca al ff. y es cuando se ha de poner un *pag*, despues del *pa*: para lo cual se ha de notar mucho, y con gran cuidado la activa que admite el simple y si solo admite la del *Vm*, puédesele poner ó no el ff. *Pag*, despues del *pa*; aunque lo ordinario es mas elegancia el ponerlo; y lo mismo digo aunque admita los dos, de *Vm*, y de *mag*. Con tal que no sea en un mismo significado, como se dan algunas raices, en las cuales no añade cosa, ni dice mas, el *mag*, que el *Vm*. Aunque por no saberse cuando, ó cuando no, se nota en todos. Empero si la raiz tiene distinto significado, y formalidad con *mag*; que con *Vm*. Entonces en la de ff. que corresponde, al *Vm*. No se podrá, y en la otra sí. Y si el solo. *Mag*, varia al simple haciéndolo que pronuncie breve, ó corridillo, segun diversos significados, entonces en el ff. del uno y el otro se pondrá *pag*, y solo se variará el significado por lo breve, ó corridillo como se varió el simple. v. g. *Pilas*, *p. in. m.* que se reduce al *Vm*. Dice rasgar, y si muchas personas las que rasgan, ó una sola, y si muchas cosas las rasgadas, se dice: *mag pilas*, de acento corridillo, y si dos ó una sola rasga alguna cosa partiéndola entre los dos, se dice *magpilas quita*, de acento breve.

PA. Antepuesta á la raiz, y conjugado por *mag*. Segun se dijo del *pa*, de ff. dice dar lo que la raiz significa, esto se entiende si la raiz simple de suyo no significa dar, que entonces el *magpa*. Antepuesto será palabra preceptiva. v. g. Por que *limos*, significa dar limosna y se le antepone. *Mag*, *pa*. Dirá manda dar limosna.

PA. Conjugado por *mag*. Con algunas raices, no dice transicion alguna en otra persona, ni en otra cosa, ni dice mandamiento á otro, sino solo dice hacer de voluntad, aquello que la raiz significa, ó recibirlo en sí; de manera que antes es como paciente que causante; v. g. *Olan*, *arao*, *hangin*, *gayon*. *Magpaolan*, recibir voluntariamente la lluvia. *Magpaarao*, sufrir el calor del sol.

PA. Anteponiéndole *na* con algunas raices significa el modo, ó postura de algun cuerpo, si de lado, ó boca abajo, ó boca arriba. v. g. *Naparapa*. Cayó de ojos. *Napasobong*. Lo mismo. *Napahiga*, quedó boca arriba; *Napataguilid*, de lado &c.

PA. Conjugado en activa por *mag*. Y en pasiva por alguna de las tres, aunque lo ordinario es por la, de *in*. No dice mandar ni permitir, sino hacer ó causar lo que la raiz significa y esta composicion, ó modo, solamente ha lugar en los verbos neutros, que es muy comun y ordinaria en ellos. Vease en *lamig*, *tacot*, *tayo*, *quidlat*, y otros.

PAA. pp. Pata, ó pie, como quiera, ora de persona, ora de animal, ó de banco; *Mag*, poner pie á banco, silla &c. *Paahan*, á lo que se pone. ff. *Papaahan*, la cosa á que se manda poner pie, *papagpaahin*, á quien se manda que lo ponga.

PAAHAN. pc. Rio abajo; ó la parte hácia donde están los pies del que esta acostado.

PAAMBALIUIS. Planta asi llamada.

PAANO. pc. Adverbio. Como es eso? de que suerte, de que manera, como Vide *ano*.

PABALAT. pc. Una especie de cartapacio que usan los muchachos en la escuela para guardar los libros de su uso, la plana. &c. Tambien cualquier pedazo de papel con que se envuelve un libro para que no se manche la pasta. Para la 1.ª significacion. Vide *sapi*.

PACA. pc. Esta partícula dá fuerza y realza la raiz á quien se junta. v. g. *Magtaas*. Es levantar algo. *Magpacataas*; mas subido. Sinónomo. *pa*. 1.º Cuando el *paca*, conjugado por *mag*. No se le pone acusativo de transicion es mas usual entre los naturales el significar subidamente lo que uno hace de voluntad y con eficacia, aunque se quede en el mismo sujeto de quien se habla, v. g. *Napapacabuti si Pedro*; se hermosea; *Nagpapacamahal*. Que se trata como de precio y estima. *Nagpacamatay ang A. P. J. C.* Que de su voluntad, y muy de verás. En otra significacion usan tambien de esta partícula, *paca*, que es para decir que una cosa se reputa por otra, y suple por ella, ó entra en su lugar: aunque no sea tal en rigor, y verdad, v. g. Debe uno á otro un puerco, no tiene puerco que pagarle, dale alguna cosa que lo valga, y dice: *pinaca baboy cona itong pilac*. No tiene alguno pluma con que escribir, y hace algun instrumentillo, de cualquiera cosa, y dice: *pinacapanulat cona yaon*.

PACACANAN. pc. Pesebrera

PACANA. pc. Usase algunas veces como por idea, traza, ó invencion, v. g. *Itong alta ay pacana nang Padre*. Este altar fué hecho ó ideado por el Padre *Si Pedro maronong magpacana nang icatotoua nang tauo*. Pedro idea, y hace cosas que causan gozo, se distingue del *lalang*, que este se quede en especulativo, el *pacaná*.

Es práctico. Itt. Valer ó ser de provecho ó no serlo. *Ualang pacana*. *Ualang quinapapacanan*; *mag paca*, *ó may quinapapacanan*. Es de provecho para servir.

PACAÑÁ. pc. Disposicion, determinacion.

PACAY. pp. Fin. *Anong pacay mo dito*? A qué vienes, ó á qué fin veniste?

PACLI. pc. Variar.

PACPAC BALANG. Un arbolito.

PACPAC LAÑGAO. Una especie de planta.

PACPAC LAUIN. Planta asi llamada.

PACSA. pc. Vide *pacay*, que significa lo mismo, y sus composiciones. *Mag*. *In*, lo que. *Ipag*. La causa ff. *Papagpacsain*. Nombre. *Mapagpacsa*. Itt. lo mismo que *tiquis*.

pACUMBABA. pc. Humillarse, diciendo palabras humildes. *Nagpapacumbaba si Antonio nang pag uiuica*. 2. act. Abatese Antonio, en el modo de hablar. *Magpacumbaba ca sa harap nang Padre palalo cang tauo*: humillate delante del Padre, hombre sobervio.

PACUPIS. Planta asi llamada.

PADLAC. pc. Lo mismo que *paldac*, que es mejor.

PAG. Esta partícula significa y denota la accion de lo que el verbo dice como en español, el escribir, el comer, el rezar &c. *Pag sulat*, *pag cain*,

PAGBA. pc. Remojar una cosa despues de bien quemada. Se aplica generalmente á la cal, para que se desmorone, y al hierro que se bate.

PAGCA. pc. Esta partícula, nunca significa accion ni cosa como accion, que eso significa con el *pag*: y si tal vez lo parece en las cosas que suceden, no pretendidas; v. g. *Pagcasira*, *pagcamatäy*. Cuando significa acaso; pues se entiende sin faltar el ser, y substancia, ó modo de ser de cualquier cosa; aunque sea accidente aquel su ser; v. g. *Pagcatauo*. El ser de hombre; *pagcacaloloua*. El ser del alma.

PAGCA. pc. Luego que, en cuanto, forma, manera. *Pagcaholog ay namatay* Luego que cayó murió. *Sa pagca Dios*. En cuanto Dios. *Sapagcatauo,i, maguinoo ca*. En cuanto hombre eres principal. *Masama ang pagca gaua nitong bangca*. Esta hecha de mala forma esta banca. *Magaling ang pagcabuhay nang banal*. De buena manera, ó buena forma vive el virtuoso.

PAGHAHAUAC NANG LOOB. pp. Paciencia. Vide *hauac*.

PAGIINGAT. pp. Vigilancia. Vide *iñgat*.

PAG-ITAN. pp. Mediar, interceder.

PAGUING. pc. Conversion de una cosa en otra. *p*, en *m*. Convertirse en el rigor de su significado dice convertirse una cosa en otra, sin que quede la sustancia de lo que era antes, v. g. *Naguing suca ang alac*. Cuando el vino totalmente se convierte en vinagre. Y de Cristo se dice que en las bodas de Cana de Galilea. *Pinapaguing alac niya ang tubig*. Por que no quedó de agua.

PAHAÁN. pc. Lo que está hácia los pies de la cama, opuesto á la cabecera, que es *olonan*, *p*, en *m*. Por poner los pies hácia alguna parte. *Magpahaan*. Acostarse dos, de suerte que caigan pies con pies. Vide *paahan*.

PAHAC. pc. Sincop. de *pahamac*. Hacer algo á poco mas ó menos. Itt. Desgraciarse, perderse.

PAHAMAC. pp. Dejar perder algo. *Nagpapahamac ca nang ari mo*. 2. act. Dejas perder tu hacienda. I. *Ipinahahamac mo*. 1. P. Idem.

PAHAMAC. pp. Despreciar, tener algo en poco. *Nagpapahamac siya sa aquin*. Me tiene en poco. *Huag mong pahamacan ang Ama mo*. No tengas en poco á tu Padre.

PAHAMAC. pp. Imponer, imputar á otro lo que no hizo. *Nagpapahamac ca sa aquin nang dico gaua*. 2. act. Imputasme lo que no he hecho. *Sa iyo ipinahahamac yaong gauang yaon*. 1. P. A ti te imputan aquella obra.

PAHAT. pc. Mocoso, niño inexperto, visoño.

PAHIMACAS. pc. Despedida, ó tambien la prenda que deja el que se despide.

PAHIÑGÁ. pc. Descansar; *Pahiñgahan*. Descanso.

PAHIYAS. pc. Adornar.

PAHOLOGAN. pc. Contribucion espontanea entre parientes, y amigos. Vide *holog*.

PAIPAI AMO. Una especie de planta.

PAILACBONG. pc. Echar, arrojar hacia arriba alguna cosa, como flecha, ó piedra, y de aqui se aplica al sobervio, presumido, ó loco que echa palabras al viento. *Mag*, arrojar asi. *Y*, lo que. Sinónomos. *Pailanlang*, y *paimbolog*.

PAILANLANG. pc. Lo mismo que *pailacbong*. *Mag*, y ff. *Papagpailanlangin*.

PAIMBOLOG. pc. Significa lo mismo que *pailacbong*. *Mag*. *Y*, lo que. *An*. Á que se tira.

PAIN. Cebo, reclamo.

PAIS. pp. Asar en el rescoldo.

PALÁ. pc. Esta palabra junta á algunas raices dice vicio, y defecto, v. g. *Palainom*. Bebedor. *Palausap*. Pleitista, ó hablador. *Palaagolo*. Lujurioso; y se conjugan por *mag*. Y significa tener aquel vicio, ó defecto. Itt. Junta á nombres de lugar en que se pone, ó se arma algo significa el tal lugar, ó la tal armazon, v. g. *Palacarañgan*, el lugar en que se arma, ó asienta el toldo de la banca. *Palapandayan*, el lugar donde se asientan las herramientas del *panday*. *Palaasnan*, I. *Palaasinan*. Salinas, *Palababahan*. El antepecho como de ventana.

PALAC. p. Las heces, ó asientos como del vino, vinagre. ó miel. &c. *Magca*. Tener heces es pampango, el tagalo es *lacdip*. Vidi *tining*, *latac*.

PALACA. pc. Lagarto, ó lagartija de las grandes; que de ordinario habita en tierra aunque algunas veces sube á las casas: en algunas partes, á la rana, llaman *Palaca*; pero á la verdad no es, sino *togac*. *Capalacaan*, I. *Mapalaca*. Lugar de muchos.

PALACPAC. pc. Un instrumento que ponen en la sementera que estirado con un cordel da golpe en dos cañas; para espantar los animales, que la destruyen. *Mag*, dar dichas golpes: *Palacpaguin*. Lo asi tocado, I. *Palacpacan*. Tambien *palacpac*. Llaman á la matraca.

PALAGAY. pc. Sosegarse el que está colérico, ó afligido. *Magpalagay ca nang loob mo*. Sosiégate. *Hangan dimo ipalagay ang loob mo dili cata totogotan*. Hasta que sosiegas tu interior, no te he de dejar. *Napapalagay na ang may saquit.* Ya esta sosegado el enfermo.

PALAGAY. pc. Depositar como los que juegan. *Magpalagay ca mona nang salapi.* 2. act. Deposita primero dinero. *Ipalagay mo ang sambalilo mo.* 1.ª P. Deposita tu sombrero. *Magcanong ipinalagay mo?* Cuanto depositaste? *Napalagay na.* Ya está depositado.

PALAMAN. pc. Maleficiar, como hacen las brujas, poniendo en el cuerpo humano alguna cosa, ó medicina, que le atormente; *Mag.* Maleficiar. *Pinalalamnan.* La parte del cuerpo, ó persona, que es atormentada. *Ipinalalaman.* La cosa con que. Nombre. *Mapagpalaman.* Vide *bongsol.*

PALAMBANG. pc. Entremeterse á alguna cosa, sin respeto, ni cortesía; como hablar donde no es preguntado. Y de aqui, el que tiene algo, que pedir al superior, usa de este vocablo, por cortesía, como decir; atrévome á esto por el amor que me tienes. *Mag.* Entremeterse, ó atreverse. *Ipag.* La causa. *Pinagpapalambangan.* La persona á quien se atrevió ó con quien se entremetió. Itt. Andar uno por parte pública descompuesto el vestido, ó como suele estar en casa. *Mag.* Sinónomo. *Pusilambang.* ff. *Papagpalambangin.* Á quien se manda. Abstracto. *Capalambangan.* Sinónomo. *Panglauas.* Itt. Atrevido.

PALANGGA. pc. Vide su sinónomo. *Palacao.* Palabra afrentosa.

PALATAC. pc. Un arquillo, que hacen los muchachos, de caña, cuya flecha entra por un agujero, que tiene en medio del arco, y no se despide del arco, sino que allí dá un estallido. *Mag. Ipa,* lo que, ó con que. *Ipag.* por quien. ff. *Papagpalataquin.* Los muchachos: y de aqui los estallidos, ó castañetazos, que dan con la lengua llaman *palatac.*

PALAUIT. pc. Cosa que cuelga, como las borlas ú otra cualquiera cosa que se pone para hermosura. *Mag,* poner, ó traer. *Palauitan.* El lugar á dó, *Y,* lo que Vide *lauit.*

PALAY. pp. Pesa de los plateros.

PALAYAN. pp. El lugar del arroz, esto es, la sementera en que se cosecha.

PAÑGANG. pp. La tierra, labrantia, que se deja descansar, sin labrarla por algunos años, para que sea fértil.

PALINDAN. Un género de palma.

PALING. pc. Cosa inclinada ó tuerta, ó desigual, que sale de la regla, v. g. en la cantería cuando alguna piedra sale á fuera, y no va igual con las demas; y lo mismo en los barigues de la casa ú otra cualquiera cosa.

PALING. pp. Apartar la vista de algun objeto. Volver la cara á una parte.

PALING. pp. Dar trancos pasos largos. *Anong ipinapalingpaling mo.* 1. P. Por que causa vás dando pasos largos, l. *Iquina.*

PALIMPING. pc. Las hojas pequeñas y cortas de la palma, *buli,* que por ser tales no sirven. Itt. Los pedacillos, y estremidades de las hojas grandes de dicha palma, que por angostos, y desiguales, no sirven para tejidos.

PALIO, l. PALIYO. pc. Palillos de contar; es término corrompido del palillo.

PALIPI. pp. Raza notablemente aventajada de animales especialmente de gallos de pelea.

PALIRONG. pc. Choza, cobacha. Vide *Balongbalong*

PALITIC. pc. El palo, ó caña que clavan en tierra para apretar, ó aprensar la cerca, que hacen de cañas, tendidas á lo largo; *Mag.* Ponerlo ó clavarlo *.an.* La cerca á que, y l. *In.* La caña, ó palo que. ff. *Papagpalitiquin,* la persona, *pagpalitican,* la cerca; *Ipa,* la caña, ó palo. Sinónomo. *Pamoypoy.* Vide *sipit.*

PALIUAS. pc. Torcer de propósito el camino. *Magpaliuas ca, at may mangangagao sa raan.*

PALOGUIT. pp. Dar lugar para que otro pase. Es de muchachos en sus juegos. *Mag. An.* Itt. La ventaja, que se dá á otro en la carera.

PALO MARÍA. Un árbol.

PALONCANLANG. pc. Una limetilla negra, y de pescuezo largo. Vide *toytoy.*

PALONGPONG. pc. Sembrados, desmedrados por el mal tiempo. *Palongpong na pananim.* Sembrados desmedrados. Y metáfora. *Tauong namamalongpong.* Hombre enfermizo.

PALOPALO. pp. Una especie de pez corto, y negro.

PALOTPOT. pc. Revolver á la mano algun paño, ú otra cosa, así. *Palotpolan mo ang camay, ó ang dolo nang calis,* &c. Vide *polopot.*

PALPAL. pc. Taparse algun antiguo camino, ó rio, por haberse juntado algunos palos, cañas, zacate, ó tierra que impiden el curso.

PALSAHINHIN. pc. Un árbol asi llamado.

PALTOC. pc. l. *Iscad.* pc. El acto de enderezarse, ó dispararse una cosa arqueada, por que se soltó la una punta, de donde estaba sujeta.

PALUAL, ILUAL, ILABAS. pc. Vide *loual, labas.*

PAMACPAC. pc. Alas de la Iglesia; ó casa. *Mag,* hacerlas, *an,* á lo que. *Y,* con que. Itt. Una varilla, ó bejuco con que tunden el algodon antes de hilarlo. *Mamacpac.* Tundir. Vide *pacpac, sibi, sulambi.*

PAMAGAT. pc. Apodo, mote. Vide *binyag*

PAMALOCTOT. pc. Arrear las cabalgaduras. *Namamaloctot si mama.* 1.ª activa. Mi tio vá arreando, dando, castañeteadas, con la lengua. *Pinamamaloctotan ang cabayo.*

PAMANHIC. pc. Suplicar, ó pedir una cosa con instancia.

PAMANTONGAN. pp. Estar sentado en la punta de cosa alta de á dó se puede caer; *p. in. m.* Sentarse, *an,* á dó. *Y,* la causa, ó su cuerpo, que es asentado. Sinónomo. *Tumpac, palampacan.* Vide *palaylay. Tungqui.*

PAMASPAS. pc. Las alas del corral en que pescan. *Mag,* ponerlas. *Pamaspasan,* el corral á que, *Y,* lo que, ff. *Papagpamaspasin.* La persona. Sinónomo. *Pamacpac.*

PAMINTA. pc. Pimienta. Es corrupcion, del castellano.

PAMONTOCANLAUI. pc. El pollo macho, cuando grandecillo. *Mag,* irse haciendo tal.

PAMULACLAQUIN. Un arbolito.

PANAGANO. pp. Orar á Dios dando gracias, y ofreciéndole lo que el hombre tiene, y pidiéndole nuevas mercedes, *p. in. m.* l. *Mag. Y,* lo que, ofrece, ó pide. *An.* á quien. Dice mas este, que *panalangin,* y que *paaua.*

PANAGARAO. pp. Siembra en tiempo de secas.

PANAGAS. pp. Bajada de la marea, cuando es con fuerza, y mucha corriente. *p.* en *m.* bajar, ó menguar. *Papanagasin mo na ang pag cati.* Aguardemos que pase la furia de la menguante del agua *Ipanagas*, la causa.

PANAGHOY. pp. Quejarse de cualquier mal.

PANAGOSILAO. pp. Poner algo entre la luz, y los ojos, para no ser deslumbrado, v. g. La mano que se pone sobre los ojos cuando se mira hácia el sol, ú otro cualquier instrumento, como el que ponen los que pescan de noche con luz, se llama *panagosilao*.

PANAGUISI. pp. Cuando están muy reñidos dos competidores, de suerte que no se puede formar juicio, quien vencerá.

PANALI. pp. Espeluzarse los cabellos de miedo. *Nananali ang manga bohoc co nang tacot.* Los cabellos se me espeluzan de miedo.

PANANANGPALATAYA. pp. Fé, creencia.

PANAHOD. pp. Instrumento con que se recibe. Vide *sahor*.

PANAO. pp. Asunto, negocio. *Aco,i, may panao cay Fulano.* Tengo, &c.

PANAOHIN. pp. Huesped, sale de *tauo*.

PANASA. pc. No es palabra tagala; sino que de tajar, la han corrompido, diciendo *tasa*, y añadiendo la partícula *pan*, de instrumento, queda *panasa*, quitada la *t*, y quiere decir, navaja de cortar plumas.

PAN-AUANG. pc. Lanza de hoja ancha y larga. Vide *Pangamuang*, su sinónomo.

PANAY. pc. Todos y cada uno sucesivamente y por órden. Itt. Continuamente.

PANAY. pp. Un género de arroz, que se dá en los altos. Ordinario. Vino la semilla de *panay*.

PANAPAT. p. Regocijo, y alegria.

PANDAPANDA. pc. Un género de árbol.

PANDONG. pc. Cosa que se pone sobre la cabeza, teniéndola con la mano para defensa del agua, ó del sol, como hojas de arboles (no pañuelo que ese es *tocbong*, ni *payong*.) *Mag.* Taparse así, y si muchos. *Mangag pandongin.* La hoja ó cosa semejante. *Pandungan*, la parte del cuerpo que es tapada, ó el que es tapado de otro; tambien se aplica á otras cosas y asi dicen; *pandongan ang canin.* ff. *Papagpandongin*, la persona. *Ipapandong*, lo que.

PANGAHAS. pc. Blasonar de valiente. *Nangangahas siya.* El está blasonando. *Ipinangangahas niya ang di caniya.* Blasona con lo que no es suyo.

PANGALANGAN. Un arbolito.

PANGALISAG. pc. Erizarse los cabellos.

PANGAMAN. pc. El hijo habido en primeras nupcias que lleva el viudo, ó la viuda en su segundo matrimonio, con respecto á su muger, y Vice-versa. Hijastro. *Anac na pangaman.* Padrasto. *Amang pangaman.* Madrastra. *Inang pangaman*, antiguamente. *Pangoman.*

PANGANIB. pp. Recelo, temor, peligro de enemigos, ó de otro mal, *p.* en *m.* recelarse, ó temer. *Magpanganib*, l. *Magca.* Haber de nuevo, recelo, temor, ó peligro. *An*, de que, ó de quien. *Y*, la causa, como si tiene culpa. Abstracto. *Capanganiban*, *pinag papanganiban*, el lugar, ó camino donde temen. ff. La persona. Vide *Pangamba*.

PANGAP. pc. Aparentar, jactarse, preciarse. Sinónomo. *Bansag*.

PANGCAL. pc. Las raices del árbol llamado *bacauan*, que están fuera de la tierra, *Capangcalan.* muchedumbre de ellas.

PANGCAL. pc. Perezoso en sumo grado. Vide *tamad*.

PANGIMAYO. pp. Salir olor ó hedor de la vestidura, ó cuerpo de alguno, segun las cosas en que anda revuelto. *Nangingimayo ang bahò nang langis.* El olor del aceite sale. *Nangingimayo ang pauis mo.* El hedor de tu sudor sale.

PANGIQUI. pc. Calentura, cotidiana, ó terciana que entra con frio.

PANGIQUIG. pp. Vide *balibol*.

PANGIT. pp. Feo ó negro.

PANGLOOT. pc. Bejucos partidos en tiras pequeñas.

PANGOLAG. pp. Mudar plumas las aves, y hojas los arboles. *Nan-nangongo.* &c. *Pangolangan.* El ave ó las canas.

PANGOLOGUI. pp. Sobra ó añadidura como, v. g. El que debiendo veinte y cinco gantas de arroz, al pagar lleva treinta, por que no le falte; las cinco que van de más, ya se consuman allí, ya se las vuelva á casa, se llaman; *Pangologui*.

PANGONGOSAP. pp. l. *Pananaysay.* pp. Habla, pronunciacion.

PANGONYAPIT. pp. Estrivar sobre alguna cosa, como uno que no puede andar, ó el que se trastornó en el agua, y cogiendo alguna cosa que no se va afondo, estriva en ella. *p. in, m.* aquel, ó aquello en que se estrivá. *An*, distínguese de *tayongcod*, y *partin.* Vide.

PANHALOBAYBAY. pc. La red, ó ataraya con que pescan el pececillo llamado, *halobaybay*.

PANHAU. pc. Cualquiera cosa. *Nanhau namatay ang lahat cong manga camag-anac.* 1.ª act. Consumiéronse todos mis parientes. *Nanhau nalis ang lahat nang alipin.* Todos los esclavos se consumieron por haberse ido.

PANHI. pc. Composicion que forma algunos verbos. *p*, en *m*, y si duplica el *hi*, v. g. *Nanhihimatay.* Desmayarse. *Nanhihimutla.* El que está descolorido.

PANIBUGHÓ. pc. Celos. *Panibughuin.* Celoso, celosa.

PANICLOHOR. pc. Sentarse sobre los talones el que está hincado de rodillas. *Hindi ca maniclohor.* No te sabes sentar así.

PANIG. pp. Añadir, ó aumentar.

PANILI. pp. Sincop. de *panatili*. Continuar, perseverar, durar.

PANIT. pp. Desollar.

PANOBIG. pc. Orinar, *nan*, es mas cortés que *ihi*.

PANOLAR. pp. Compuesto de *pan*, y *tolar*, asemejar, igualar.

PANOLOS. pp. Hacer algo de espacio y conperseverancia. *Ma.*

PANOTO. pp. Buscar la punta, ú otra cosa Vide *tonton*..

PANUO. Un árbol asi llamado.

PAOMANHIN. pp. Pacifico, sufrido.

PAOPAUAN. pp. Un género de pájos algo mayores que los ordinarios.

PAPALONGIN. pp. Valenton sale de *palong*, por la circunstancia de haberse observado que el gallo que tiene grande cresta, es valiente.

PAPAUIRIN. pp. *O papayirin*. Nube cualquiera *Papauiring maitim*. *Papauiring maputi*.

PAQUI. pc. Esta composicion junta á las raices, hace compañia, y como entremeterse á hacer con otros lo que la raiz significa. *p. in, m.* y duplica el *qui*, v. g. *Naquiquilaro*, l. *Pag.* Entremeterse con los demas á jugar. *Ipaqui*, lo que es entremetido ó juntado; *paqui*, con *an*, l. *han*, á lo que. Tambien significa pedir aquellas cosas de poco valor que son capaces del *ca*, correlativo de los que llaman. *Tauagan*, y se declinan como nombres propios. *Sicatubig*, *sicasampaga*. &c. *Naquiquitubig*, *naquisampaga*.

PAQUIALAM. pc. Entremeterse. Itt. Arreglar algun desorden, atender algun negocio.

PAQUIALAM. pc. Avisar haciendo saber á otro lo que intenta. *Naquiquialam aco sa iyo nito*, l. *Ipinaquiquialam co sa iyo*. avísote de esto.

PAQUIAO. pc. Comprar toda la mercancia, ó tienda; y en cuanto al trabajo, trabajar á destajo, y no á jornal.

PAQUILING. pp. Un arbolillo no muy alto cuyas hojas ponen debajo del arroz al cocerlo porque queda la morisqueta muy olorosa; y por ser áspera sirve para refregar suelos, mesas, &c.

PAQUINABANG. pp. Provecho. Vide *pacquinabang*.

PARAGOS. pp. Una especie de carreta sin ruedas, que toca en tierra por medio de dos piezas curvas, como punto de apoyo, en Manila se llama *carreta*.

PARAM. pp. Abolir, desvanecer.

PARAMTAN. pc. Dar de vestir. Vide *damit*.

PARE. pp. Compadre. Sinónomo. *Compare*.

PARI. pp. El Clérigo sea secular sea regular. Currupcion del término Padre.

PARONGLOT, l. PARONGLIT. pc. Lo que se añade despues de concluida la peticion ó cualquier oracion, v. g. Digo que no tengo que prestar y luego añado; vuelve luego; este vuelve luego, es *paronglot*; pido perdon, y despues digo, y sino quieres vete al cuerno: esto último es *paronglit*.

PARPALA. pc. Guarnicion, ó flecos.

PARUSA. pp. Pena que se pone, ó dá por alguna culpa. *Anong parusa sa iyo nang hocom?* Que pena te puso el Alcalde? *Daquilang parusa iyan sa aquin*. Grande pena es esa para mí, no teniendo á mí parecer culpa.

PARUSA. pp. Penitencia.

PASA. pp. Faja de niños.

PASABLAY. pc. Afrentar á otro, como que no habla con él. Es metáfora de *sablay*. que es golpe á soslayo, y el que dice una cosa á uno, para que la entienda otro, tira la palabra como asoslayo. *Ano,t, icao ay nag pasablay?* porque afrentaste hablando por ironía? *Huag mo acong pasablayan*. No me afrentes.

PASAC. pc. Fiel como el de las tijeras. *Pasac nang gunting*. Fiel de las tijeras.

PASAL. pp. Meter alguna cosa apretada, sea ropa en petaca sea cuña, &c. *Mag*.

PASANGPALATAYA. pc. Hipócrita que quiere hacer creer á otro lo que no és. *Nagpapasangpalalaya ca sa aquin, nang di totoo*. Intentas hacerme creer lo que no es verdad. *Huag mo iyang ipasampalataya sa aquin*. No quieras que yo crea eso. *Magpasangpalataya*.

PASARLAC. pc. Matraca que hacen de cañas, para espantajo de sementera.

PASCO. pc. Pascua, cualquiera del año. *Pasco nang tatlong Hari*. Pascua de los tres Reyes. *Pasco sa pan̄gan̄ganac sa ating Pan̄ginoong Jesucristo*. Pascua de Natividad. *Saan ca nag pasco?* Donde tuviste la pascua.

PASDÁ. pc. Lo mismo que *parogo*.

PASIGAYON. pc. Cesar de hacer alguna obra. Itt. Disimular del todo, ó hacerse del que ni sabe ni tiene. *Mag*. *Pinagpapasigayonan*. La obra dejada ó disimulada. Sinónomo. *Pasigomayon*.

PASINGTABI. pp. Mostrar respeto despidiéndose. Vide *sangtabi*.

PASITI. pp. Una especie de pimientos de frutas pequeñas, pero muy picantes.

PASIUAY. pp. Sale de *siuay*, que es huir del trabajo apartándose de los compañeros; significa, apartarse del camino, ó de alguna obra. *Huag cayong mag pasivaysivay sa raan, ò sa pag gaua*. Sinónomo. *Magpalibanliban*.

PASOLO, l. PASOLOT. pp. Una especie de arma hecha de caña á manera de estrellitas con puas que esparcidas en tierra se clavan en los pies del transeunte.

PASONG, l. PASUNG. pp. Vide *tacalanan*.

PASONOR. pc. Mandar hacer á alguno. *Sinong nag papasonor sa iyo nito?* Quien te mandó hacer esto? *Pinagpapasundan*. La gente.

PASUNOD. pc. Presidir, dando ejemplo. *Sinong punong nagpapasunod sa capisanang yaon?* Quien es el Gefe que preside en aquella junta? *Magpasonod ca nang magaling sa iyong man̄ga capatid*. Muestra buen ejemplo á tus hermanos. *Huag cang magpasunod nang masama can̄gino man*. No muestres mal ejemplo á nadie.

PASUNOD. pc. *O bigay caya*. Dote. *Sinong ipinagbibigay caya ninyo?* Por quien dais el dote.

PASUNOD. pc. Inspirar.

PATANI. pp. Matar clandestinamente res robada.

PATANING DAGAT. Planta asi llamada.

PATATANGNAN. pc. Tajon.

PATAY. pc. El tejido que hacen de petate, ó sombrero de palmas. *Mag*, *an*. Sirve este para la red que llaman *dala*. Se diferencia de *togda*, que sirve para ensancharla.

PAT-IG. pc. Advertir, advertencia.

PATIN̄GA. pp. Prenda que dá el comprador para la seguridad del trato.

PATIQUI. pc. Manceba, usado en Batangas.

PATIUACAL. pc. Desesperarse, ó suicidarse.

PATNOGOT. pp. Conducir, guiar, dirigir.

PATPATAN. pp. Cañuela que ponen las tejedoras en el urdimbre.

PATOPAT. pp. Dijes como pajarillo, flores, &c.

Magpalovat cayo sa fiesta. Haced dues para la fiesta, hacense de hojas de palmas.

PATIBO. Un genero de palma.

PATUPAT. pp. Un pedazo de hoja de plátanos doblado á manera de embudo de suerte que en una punta se puede meter un pedazo de tabaco, y en la otra se fuma.

PAUIR. pp. Llevar el viento. Vide *pauir*.

PAYAPA. pp. Mesura, modestia. Vide *amam, tahimic.*

PAYI. pp. Privar, á alguno del oficio que tiene. *Pinayi aco sa pagcacapitan.* Priváronme del oficio de Capitan. *Payi mo ang ota mo.* Privarásle del oficio. *Sinong nag payi sa canya.* l. *Sinong nayi.* Quien te privó?

PAYI. pp. Anular cualquier mandato para que no se haga. *Pinayi cona ang otang mo sa aquin.* Ya anulé tu deuda. *Pinaying sulat*, escritura anulada.

PAYINDAHILAN. pc. Dispensar, borrar la causa, ó impedimento. *Nagpayinng dahilan sa amin ang Padre Provincial.* El Padre Provincial nos dispensó, l. *Pinayinan cami. Hindi cayo macapayingdahilan sa aquin.* No podeis dispensarme.

PENOY. pp. El huevo de pato ya con pollo; pero sin vello aun; al contrario de *balat*, cuyo pollo ya está con él.

PIAC. pp. El grito del gallo, pollo, ó gallina cuando se lastiman.

PIAL, l. PEAL. pc. El cordel ó mecate hecho de nuero.

PIANGCA. pc. Una especie de silla de madera con ganchos, de que usan para cargar bultos. Se usa en Batangas.

PICA. pc. Es palabra castilla, que oyendo ellos de Españoles: estoy picado con Fulano, han tagalizado la palabra picar, y la usan así. *quinapipicahan co siya.* estoy enfadado de él. Id. *Aco,i, napipica sa caniya.*

PIGAPIT. pp. Constreñir, obligar, forzar, compeler. Vide *pilit*.

PIG-IT. pc. Fortaleza de corazon en la prosecucion de lo comenzado.

PIG-IT. pc. Gastar con consideracion y prudencia. *Maalam cang nag pig-it nang yari.* Sabes gastar la hacienda. *Magcano ang pinipig it mo sa maghapon?* Cuanto gastas en un dia.

PIGUIL. pp. Tirar el cordel, para que no se escape el caballo. *Vm, in. Piguilmmo ang loob mo.* Dicen tambien, no te dejes llevar de tus apetitos.

PIGUIL. pp. Lo mismo que hauac. Tener, y piit, detener la salida de cosa animada, ó inanimada.

PILA. pp. Una especie de piedra blanda delgada, por el estilo de pizarra.

PILANG. pc. Un bolo grande de hoja ancha, acaso es abreviacion, ó adulteracion de *campilan*.

PILAPIL. pp. Amontonar en la orilla de la sementera la yerba, que rozan. *Nagpipilapil ang gumagamas.* El que anda rozando amontona en la orilla. *Ipilapil mo siya.* Amontónala en la orilla.

PILIG. pc. Forcejar el que está asido, para escaparse. *Pipiligpilig ca man diti ca macacaalis.* Aunque mas forcejes, no te has de poder escapar.

PILISAN. pc. Cerradura.

PINAGPALACHAN. pc. Donde uno se crió hasta crecer. Vide *laqui*.

PINCAPINCAHAN. pp. Un árbol así llamado.

PINDAN. pc. Tapar, cubrir. Sinonom. de *pinid*.

PIÑGI. pc. Hueca del huso de hilar algodon ó es mas que un hilo amarrado a la punta del huso y en el pasan el algodon. *Pinji nang sorian.* Hueca de huso.

PINGOC. pc. Niño, tontuelo, de poco juicio.

PIÑGOL. pc. El remate de la oreja donde se ponen los zarcillos, tenga agujero, ó no.

PINGOL BATO. Una especie de planta.

PINGQUIL. pc. Sacar fuego con eslabon.

PINGQUIT. pc. De ojos pequeños.

PINOLOT. Una especie de arroz de *tubigan*, bueno.

PINTASAN. pp. Bellaco, que á todo remeda como haciendo burla. *Pintasan cang tubao.* Adj. Eres gran bellaco. *ninintasan quita.* Te tengo por bellaco. Itt. Cualquiera cosa defectuosa y de poca aceptacion se dice. *Pintasan.*

PINTONG. pc. Repuesto, ó conservar el grano ú otra cosa para otro año. Vide *tinoni*.

PIRA. pc. Una especie de gavilan grande, y blanco, en la Laguna.

PIRING. pc. Vendar los ojos.

PISANAN. pp. Juramento. *Pinanan aco con di co pupatain.* Muerto me caiga de repente sino le mataré.

PISI. pp. Cordelillo pequeño y largo, que usan para los voladores, y otras cosas.

PIS-ONG. Un género de madera.

PITHAYA. pp. Apetecer, gustar. Vide *pita*.

PITIC. pc. Papirote. *p. m. m.* Darlos, freq. *Mamitic., pictin*, á quien. Vide *Pagpipitic.* Y, con que. Itt. Chispear el fuego, *mamitic*, y si *m. Nagpipitic, napiticam*, á quien saltó tope la chispa. Vide *pilantic litic.* Itt. Echar el hilo, como hacen los aserradores.

PIYOC. pc. Tener el viento contrario, y de aquí cuando sale mal un trato, ó cosa semejante, dicen: *Pinipiyoc nang capalaran.*

POAS. Un género de árbol.

POCPOC. pc. Lo mismo que *pacpac*. Dar golpes.

POCSA. pc. Lo mismo que *pucsá*. Consumirse, morir todos.

POCTOPOCTO. pc. Dividir, como hombres en tropas de tres en tres, ó cuatro en cuatro.

POLAPOL. pp. Lo mismo que *pulapul, lahid*, ó mejor, *capul*. ensuciar, manchar.

POLHIN. pc. Pedir cosillas, menudencias. Sinonim. de *polo*.

POLIN. pp. Substituir otro al vencido; sea peleas de gallos, sea de hombres y tambien substituir al que se cansó en algun oficio. *Polinan mo nang ibang sasabungin. Polinan quita sa pag gaod, yayang pagal cana.*

POLÓ. pc. Bosque pequeño.

POLOS. pc. Puro y sin mezcla de color, v. g. *Itim na polos.* Negro del todo. *Polos na pula.* colorado del todo. *Mag.* Usar, ó traer solo un color, *lobos*, se usa mas.

POLPOL. l. PULPUL. pc. Romo, obtuso, despuntar cada aguda. Vide *porpor*.

PONGGOC. pc. Así llaman á cualquier animal, que no tiene cola, *p. in. m.* Cortarla de propósito, y si m. *Nagpapongoc, pongoran*, á la

que y si *m. Pagpopongocan.* Tambien lo aplican al cortar de las melenas. Vide *padpad pongos tocong.*
PONTON. pc. Buscar la punta del cordel enredado, ú otra cosa. Vide *tonton.*
PONONG CATAUAN. pc. Verenda hominis, l. mulieris, es término honesto.
PONTOC, ó PANTOC. pc. Que es el que se usa, poner alguna cosa, en alto, ó ponerse así alguno. *Sino yaong tauong ponmapantoc diyan sa bobongan: huag mong ipantoc iyang frasco sa lamesa.*
POPOL SEÑORA. Una especie de planta.
POSIQUIT. pp. Muy obscuro sin dar lugar avislumbrar objeto alguno.
POTAL. pc. El pico de alguna cuenta.
POTAT, l. PUTAT. pp. La legumbre, ó fruta que sin composicion se come con otros manjares.
POTPOT. pc. Envolver la punta de la espada, con trapo, cuero, cordel, &c. Para no herir. *An,* la espada, &c.
POUANG. pc. Abertura, ó portillo de cercado, ú otra cosa, *mag,* haberlo, *ma,* l. *Poangan,* á lo que sinónomo. *Siuang.*
POYOD. pc. Moño.
POYPOY. pc. Sin cesar. Vide *humpay.*
PUCLAY. pc. Desgajarse la rama, cayendo, y de aquí caer uno de su estado de la gracia, &c.
PUGNAT. pc. Despegamiento, &c. Vide *pocnat,* y su significacion.
PULAO. pp. Desvelado estar así alguno, por no poder dormir. *Napupulao aco nang tacot sa magnanacao.* Estoy desvelado por temor del ladron.
PULAD. pc. Disparar.
PULIN. pc. Rodete de madera ó piedra que sirve para colocar cualquier pieza pesada y arrastrar con facilidad. Vide *paralis.*
PURI. pp. Celebrar. Sinónomo *Bunyi.*
PUSTA. pc. Lo mismo que el siguiente.
PUSTAHAN. pp. Apuesta. *Tayo,i, mag pustahang magpareja nang cabayo.* Vamos á correr caballos con apuesta.
PUTAY. pp. Ahora se limita la significacion de este término á la bellota para el buyo, siendo tierna solamente; y no como antiguamente que se estendia á toda bellota aunque sea madura.

DE LA LETRA Q.

QUIAPO. pp. Asadura á semejanza de una yerba llamada así. *Ihao mo ang quiapo nang babuy.* Asa la asadura del puerco.
QUIBIT. pc. Desigual en el corte. *Nagcacaquibitquibit ang pag gunting mo,* l. *Quibit quibit.* Desigual va lo que cortas.
QUILING. pc. Crin, ó crines.
QUILITES. pp. Bledos. Sinónomo *Halom.*
QUIMATIAG. pc. Oir, atender, escuchar, derivado de *batiyag,* y *matyag.*
QUINABABATAYAN. pp. Fundamento
QUIMAO. pc. Torpe en el obrar. Sinónomo. *Quiua.*
QUINASASALIGAN. pp. Cimiento.
QUINASAYCASAY. Un género de árbol.
QUINASTILA. pp. Arroz muy bueno de *tubigan. Malagquit.*
QUINAUAYAN. Especie de plátano.
QUIÑIG. pc. Oir. Vide *quinig.*
QUINIDQUID, ó SULO. pc. Tea, hacha, ó antorcha, compuesta de cañas desmenuzadas. Vide *sigsig.*
QUINIQUITA. pc. Engañarse la vista. *Nagcaquiniquitaán aco.* Engáñome en la vista.
QUINSIQUINSI. pc. El eje de las ruedas.
QUINYIG. Oir. *Maquinig ca, paquingan ninyo.* Vide *dingig.*
QUINTONG. pc. Cerner la harina con máquina.
QUINTONGAN. pp. El instrumento para cerner.
QUIQUIG. pp. Vide *pangiquig.*
QUIRAP. pc. Vide *curap.*
QUIRI. pc. Muger libiana. Sinónomo. *Talandi.*
QUIRIMPOT. pc. Lo mismo que *quiri.*
QUIRISTIANO. pp. Cristiano.
QUIROY. Una especie de planta.
QUISA. pc. Agonizar. Propiamente es comenzar, á hervir lo que se cuece; y de aquí metafóricamente dicen. *Quisaquisa.* Agonizar. *Quiquisaquisa yari.* Que ya está agonizando.
QUISIG. pc. Vide *pulicat,* calambre.
QUITA, l. CATA. pc. De mí. Este tiene fuerza de genetivo, respecto del que habla, y de nominativo, respecto de la persona que padece. *Hahampasin quita.* Serás azotado de mí. *Guiguisingin cata.* Serás despertado de mí. *Sasamahan cata.* Serás, &c.
QUITA, l. CATA. pc. Vamos yo y tú. *Quita,i, magsimba.* Vamos á Misa.
QUITA. pp. Aparecerse Dios, Angel, ú otra cosa. *Napaquita ang Dios cay Moyses.* Aparecióse Dios á Moises. *May napaquita sa caniyang isang Angel.* Aparecióse le un Angel.
QUITIL. pc. Se dice tambien del cortar el hilo de la vida, morir, ó matar.
QUIUAL. pp. Rugir las tripas. Metáfora de la culebra, que se menea. *Cumiquiual ang bituca co.* Las tripas me rugen. *Quiquiualquiual.* Frecuentativo.

DE LA LETRA S.

PUMA. pp. Un genero de arbol.

SA. Preposicion de dativo, acusativo y ablativo, de la cual se usa cuando nombramos alguna cosa, que es lugar ó como lugar, ora sea hombre, ora cualquiera otra cosa, v. g. *Ilapit mo itoon sa taong yaon*, l. *Doon sa [illegible] mo yaon*, acerca esto á ese hombre, ó á esa pared.

SA. La misma preposicion hecha verbo, significa estar en algun lugar, con advertencia que cuando se conjuga por *Um*. por si solo lo significa: pero cuando se le antepone esta partícula *na*. ésta es la que significa estar, y el *sa*, en donde. Vide *na*. La diferencia que hay entre el *sa*, conjugado por *Um*. Y anteponiéndole *na*, es que cuando solo antepone el *na*, significa estar en alguna parte como quiera; pero cuando se conjuga por *Um*. Dice estar como de asiento, v. g. *Na sa bahay si Pedro*. Dice estar en casa Pedro, ora sea de asiento, ora de paso: empero el, *Sumasabahay*. Dice vivir allí de asiento. Cuando se conjuga por *mag*, dice poner algo en aquel lugar, v. g. *Mag sa arao ca nang*, &c. Y dicen que aunque este modo no es muy usado, y así por el, *Mag sa arao*. Entienden el cometer alguna deshonestidad de dia por lo cual se dicen mejor estas oraciones en activa por el verbo, *palagay*, v. g. *Sinong nag palagay nang [illegible] sa arao: sa hangin*.

SA. De otro modo sirve esta partícula pero duplicado el *sa*, y si la raiz á que se junta es lugar como casa, calle, iglesia, &c. Significa estar en aquel lugar, v. g. *Sasabahay*, *sasadaquid*, *sasasimbahan*, está en casa, &c. Empero si la tal raiz á que se junta, significa accion, ó modo de estar así en aquella, ó en aquel modo, v. g. *Satitingin*, está mirando sin quitar los ojos. *Sa tatayo*, esta hecho un bobo, sin hacer nada. *Sa haharap*, está presente.

SA. Hace comparacion de esto á aquello que en español se dice, mas que aquel, ora poniendo *lalo*, que significa mas, ora sin él. *Marunong ito sa lahat*. Tambien dice lo mismo que entre, v. g. *Sa lahat na tauo ualang capara si couan*. Entre todos los hombres no tiene igual fulano.

SA. Sirve para encarecer algo, ora para alabarlo, ora para afearlo ó como quiera para ponderarlo se junta á abstractos duplicando la primera sílaba de la raiz. *Sa gagaling aya nito*, *sadadami bapa nang manga dauong*. Ó que bueno es esto, ó que de navios hay. Ora con el *Pagca dami aya nang tauo, pagca laquilaqui nang haliguing yaon*.

SA. Conjugado por *mag* y junta á raices que significan perfeccion natural y posponiendo á la tal raiz la partícula *an* significa andar dos ó mas como á porfía, y apuesta sobre cual se adelanta en aquella perfeccion, v. g. *Nagsasasamayan ca*. [illegible] sobre cual es [illegible]. *Nagsasasamahan*, sobre cual tiene mas [illegible]. *Nagsasasaban*, Sobre cual tiene mas [illegible]. *Nagsasasapasan*. Sobre cual es mas dichoso.

SA. Adverbio de tiempo pretérito, añade sobre los otros dos, que son *nang* y *nagong* una puntualidad, de que su sucediendo aquello á que se junta se sucedió luego la cosa, de manera que parece lo que en español un, v. g. *Sa siyang [illegible]*, &c. un partícipio, ó luego que se partió: y así viene muy bien con este muchas veces el adverbio que dice luego sucedió esto ó lo otro, v. g. *Sa siyang [illegible]*, *ay capag [illegible]*. l. *Capagcuan*, *[illegible]*. Luego, y decir lo que sucedió.

SA. l. SANA. Adverbio verbal que interpuesta en la oracion significa habia de ser lo que no. y tambien desideratuvamente si hubiera ó hubiese v. g. *Naparoon sa aco*, yo habia de haber ido. *Con naparoon sana si Pedro*, hubiera ó hubiese ido. Sinónomos *Sana*, *disin*.

SA. po. Palabra con que espantan á las gallinas ó pollos, &c. Sinónomo y mas usado *su*. po.

SAAD. pp. Defender votando. *Hang nang saad ang anac co, hampasin comon*. No defiendas á mi hijo aunque yo lo azote.

SAAMIN. Dativo y acusativo del pronombre *cami*, que significa nosotros, incluyendo á aquellos con quienes habla.

SAAN. po. Claro está que no, v. g. *Hahampasin ca, saan aco hahampasin*. Tu azotarán, claro está que no me han de azotar. *Paroroon ca, saan aco paroroon ay sala ni Ama*. Has de ir allá, claro está que no, porque lo veda mi Padre.

SAANDI. po. Donde no. III. Lo mismo que el antecedente.

SABAT. po. Travesaño, ó especie de cuña para asegurar que no se separen dos cosas unidas.

SABAT SABAT. pp. Adamascado como cosa de seda ó papel. *Sinabatsabat na damit*. adjetivo, ropa adamascada.

SABATSABAT. pp. Damasco. *Sabatsabat ang damit niya*. De damasco es su vestido.

SABILA. po. Un género de planta.

SABITAN. po. Espetera ó garabato. *Nadoon sa sabitan*, en la espetera está.

SABITAN. po. Paño en que cuelgan los niños al hombro para llevarlos á pasear: *Tinuuan ang sabitan*.

SABIYA. Planta así llamada.

SABO. pp. Muchedumbre de mayas, de camarones ó de otros pezes que se juntan á su hora acostumbrada á comer, v. g. Las mayas por la mañana y tarde, y los camarones y pezesillos cuando comienza á crecer ó menguar el agua. A otra hora aunque se juntan no se llama *sabo*; sino *cauan*. *Vm*, juntarse, y tambien *magsisabo*, *magpasabo*, ir á las dichas horas acostumbradas á espantar mayas ó á pescar; *mañgagpasabo*, l. *Magsipagpasabo*, *pasabohin* espantar las mayas, ó pezes cogidos á dichas horas. *Pinagpapasabohan*, el lugar á dó espantan, ó pescan. *Sinasabohan*, el lugar á dó se juntan dichas manadas.

SABON. pc. Jabon. *Mili ca nang sabon*. Compra jabon. *Magsabon*, hacerlo, y labar con él. *Ano ang sinasabon mo*. Que labas con el jabon. *Sasabonan mo ang damit*, enjabonarás la ropa.

SABSAB. pc. Pacer los animales. *Sungmasabsab ang cabayo*. Está paciendo el caballo. *Sinabsab ang palay mo*. Pacieron tu arroz. *Pasabsabin mo iyang cabayo*. deja pacer á ese caballo.

SABSAB. pc. Engullir, ó comer, cuando es inmediatamente con la boca, sin servirse para ello de las manos ni otro instrumento, v. g. El comer del puerco ó perro. *Vm*, comer asi. *Nagsasabsab*. Y si mucho. *magsi*. *Sabsabin*, lo así comido. Y si mucho. *Pinagsasabsab*: *sabsabin*, á quien se manda comer así. *Ipa*, lo que. Sinónomo *lablab*. Vide *sagapac*. Itt. El morder del perro, caiman ú otros animales que muerden de golpe y atropelladamente. *Manabsab*, morder así. *Sinabsab*, el que fué así mordido. Nombre. *Mapanabsab*, sinónimos en este segundo significado. *Cosab*, *y sagpang*, para pescado solamente.

SABSABAN. pp. Prado *Malapad na sabsaban*, ancho prado.

SABSABIN. pp. Pasto que pacen los animales. *May sabsabin dian sa harapan*, hay pasto enfrente de la casa. *Nasonog ang sabsabin*, quemóse el pasto, ó la yerba.

SABUAT. pc. Conchabar, encargar el secreto. Vide *saubat*.

SABUCAY. pc. Aventar, sacudir ó apalear el trigo, tierra, ó cosa semejante, echando hácia arriba con las palmas de la mano, ú otro instrumento.

SACANITA. pc. Á nosotros dos, dativo acusativo, y hablativo de la 1.ª y 2.ª persona de singular unidas.

SACANIYA. pc. Dativo acusativo y hablativo de la 3.ª persona de singular.

SACBOT. pc. Levantar algo con la mano abierta. *Sacbutin iyang salapi*. *Vm*.

SACDAL. pc. Confiar, valerse ó ampararse de otro, el que tiene algun negocio, pleito ó peticion que hacer. *Vm*, l. *Magsacdálan*, l. *Pagsucdalan*. Aquel de quien se vale, favorece, ó ampara, y mejor. *Ipag*, el negocio que, *pag*, cuando todos, ff. *Papagsacdalin*, la persona. *Ipapag* el negocio; nombre, *mapagsacdal*. Su propio significado es arrimarse, ó recostarse en pared &c.

SACLAY. pc. El yugo de madera que ponen á los carabaos, toros, &c. *Mag*, poner *an* lo mismo.

SACLIT. pc. Librar, ó trasladar el deudar la deuda en algun pariente del acreedor que debe al dicho deudor la misma, ó alguna otra cantidad: parece un modo de embarazar, ó de tener al acreedor con la deuda de su pariente, para que no le cobre á él lo que debe. *Vm*, l. *Mag*. Librar, ó por mejor decir embarazar así. *Saclitin*, l. *Pag saclitan*, el acreedor á quien. *Mag saclitan*. Embarazarse asi los dos, acreedor y deudor. *Pinagsaclitanan*, las dos deudas. *Vm*. La del pariente del acreedor y la del deudor con que le enreda ó embaraza.

SACLIT. pc. El cordel, ó bejuco con que cargan, dispuesto para tal objeto.

SACNONG. pc. Tarea, un tanto determinado que se ha de trabajar. Itt. Trabajar ó ayudar á otro gratis, y sin salario ya por amistad ó parentesco, ya porque otro dia le ayuden.

SACONÁ. pc. Novedad, desgracia, desventura ó malogramiento de alguna obra. *Nasucuna*, *napacasamá*, lo que se malogró, &c. *Caiacunaan*, suelen decir. *May sacuna pa ang loob mo*. Tienes rencor aun.

SACONG. pp. Estar recargado ó constreñido, de muchas obras. *Nasasacong aco nang gaua*, *y nadaramihan*, l. *Nadaraisan nang gaua*. *Ica*, la causa. Sinónomo *dais*.

SACSA. pc. Llegar de repente é impensadamente cosa que no esperaba.

SACSA. pc. Fuerza ó rigor de algo, sinónomo *Sagsag*.

SADIYA, l. SADYA. pc. Prevenir, aparejar, y buscar: fin, negocio, intento. Lo mismo que *sariya*, l. *Sarhiya*.

SADIYA, l. SADYA. pc. Superlativo, muy.

SAGACAN. pc. Rodillo del *salacot*.

SAGA. pp. Especie de pesa.

SAGAL, l. BAGAL. pp. Pesadez, tardanza. *Masagal*, l. *Mabagal*. Lerdo, pesado.

SAGANCAN. pc. Todos los hijos de un solo parto de un animal cuando son muchos. *Sagancan nang isang inahin itong lahat nang sisiu*.

SAGASA. pp. Romper, meterse, atropellando, intrépidamente en medio de los amigos. *Sumagasa siya sa manga caauay*. Rompió ó se metió entre los enemigos.

SAGASA. pp. Tropezar. *Aco,i*, *sinagasa niya*, me tropezó él. *Nasagasaan nang isang cabayong tumatacbo*. Fué tropezado por un caballo que corria.

SAGI, l. SAGUI. pp. Atropellar, atravesar.

SAGMIT. pc. Un género de planta.

SAGNIT. pc. Planta asi llamada.

SAGONSON. pp. Llamar á uno que se espera con mucha premura, y antes que llegue el primer mandatario, se le manda otro: mejor ir en busca del embiado que tarda.

SAGUI. pp. Pasar rompiendo, ó abriendo camino. Vide *sagi*.

SAGUIL. pc. Embarazo, estorbo.

SAGUILALA. Un arbolito.

SAGUING LIGAO. Un género de plátanos.

SAGUING MACHING. Una especie de plátanos.

SAHANG. pp. Olor bueno, ó malo que segun su género es eficaz y perfecto, *Masahang na alac*. El vino fuerte que tiene penetrante olor. *Masahang na pagca bahó*. Hedor penetrante, *Vm*. Irse parando tal, ó perfeccionado en su género. *Y*, la causa: dice menos este que *sidhi*, *sangsang*, se usa.

SAICAPAT NA PILAC. Un real de plata. *Saicapat na bahagui*. Cuarta parte.

SAICAUALO. pc. Medio real, ù octava parte de un *salapi*. Vide.

SALABAT. pp. Interrumpir, ó atajar. *Huag cang sumalabat sa pinag oosapan namin.* No metas cucharada interrumpiendo lo que hablamos. *Cami sinasalabat mo.* Nos interrumpes.

SALABAT. pp. Atravesar, ó pasar alguno por camino no usado, como echando por atajo para llegar mas presto, ó pasando por miedo de los que están hablando. *Vm*, y si *m. Magsalabat, in.* Sinónomo *bagtas, ligtas.* Vide *sabat.*

SALABAT. pp. Atajar á uno en el camino, ó salir al encuentro.

SALÁCAB. pc. Decir mentira para sacar la verdad. Sinónomo *salambao. Asoc.*

SALACSAC. pc. Atestar, ó embutir con palo, pison, ú otro instrumento tal. *Vm*, sinónimo *sacsac.*

SALAGO. Arbolito asi llamado.

SALAGSALAG. Planta asi llamada.

SALAGUBANG. pp. Abejarruco. Vide *ouang.*

SALAMBAO. pc. Engaño en el juego de gallos.

SALAMBAO, l. SALACAB. pc. Decir mentira para sacar la verdad. Sinónomo. *Asoc.* pp.

SALANG̃AT. pp. Abrir la punta de algun palo, ó caña, y con una cuña dejarle como horquilla. *Salang̃atan mo ang tiquin*, &c. *Mag*, sirve para alcanzar fruta metiendo la horquilla, &c. *Salang̃atan mo ang bung̃a.* Alcanza aquella fruta.

SALANGSALANG. Vide *salung sangpa.*

SALANGSANG. pc. Traspasar, quebrantar los preceptos de Dios, ó mandatos del hombre. *Ay sinalangsang mo ang utos nang Dios.* Porque quebrantaste el precepto de Dios. *Sumalangsang aco sa utos ni Ama.* Quebrante el mandato de mi Padre. *Huag mong salangsang̃in ang mang̃a utos nang Dios.* No quebrantes los preceptos de Dios.

SALAP. El barato que se usa dar cuando ofrecen el dote, ó venden alguna sementera, ó esclavo, ú otra cualquiera cosa.

SALAPAO. Arbusto asi llamado.

SALAPI. pc. Medio peso, ó cuatro reales.

SALAPONG. Planta asi llamada.

SALAQUI. Una especie de árbol.

SALAQUING PULA. Árbol asi llamado.

SALARIN. pc. Pecador.

SALAT. Planta asi llamada.

SALAU, l. SALAO. pc. *Tinajon.* Que tienen algunos á la puerta, con agua para lavarse los pies. Es como media tinaja; de boca muy ancha.

SALAUAHAN. pp. Indeciso, variable, inconstante.

SALAUAL, l. SAL-UAL. pc. Calzones.

SALI. pc. Afable afabilidad.

SALICSIC. pc. Saltar hácia arriba. Vide sinónomo. *salacbo.* y sus propias composiciones. Discutir ó añadir mucho sobre una cosa.

SALIGSIG. pc. El arroz que cuando lo cuecen se mete entre las hojas que ponen en el fondo de la olla. *Vm.* Y mejor, *manaligsig.* Tambien se aplica al agua que pasa por debajo de alguna cosa tapada, penetrándola por los lados. *Vm*, l. *Manaligsig, panaligsig, panaligsiguin natin itong tubig.* Hagamos que rompa ó pase esta agua por debajo tambien se aplica á lo que está entre cuero y carne.

SALIMPOCOT. Planta asi llamada.

SALISOD. pp. Escarbar la tierra con la punta del pie.

SALISOD. pp. Tejilla ó cosa ancha arrojada al agua, limpiar la boca del niño luego que nace con unos algodones revueltos en el dedo indice, y untados en aceite de ajonjolí. *Vm, in.* El niño á quien. *Y*, el dedo con que ff. *Pasalisolin*, la persona, *ipa*, el niño. Tambien se aplica al traer la lengua dentro de la boca como quien se relame, ó el dedo, para sacar espina, ó cosa que está pegada al paladar. Vide *suguigui, sangod.*

SAL-IT SAL-IT. pc. Diversidad, diferencia, naciones de diferentes gentes.

SALIU. pc. Clamorear tocando á difunto. *Sungmasaliu ang sacristan.* Clámorea tocando la campana á difunto. *Nagsasaliu sa namatay.* Doblan por difuntos. *Nagdodobla.*

SALIU. pc. Teñir ó tocar dos ó mas instrumentos distintos en compañía y á compas. *Vm*, l. *Maqui.* Tocar de nuevo algun instrumento estándose tocando otro como acompañándole. *Mag.* Tocar dos, ó mas en compañía y á compas. Lo mismo cantar en compañía, sean hombres ó pajaros.

SALIU. pc. Cantar alternando.

SALIUA. pp. Desigual. *Nagca saliua iyang mang̃a cahoy.* Esos palos están desiguales.

SALONSON. pc. Hacer, ó doblar el buyo, despues de hechada la cal. Lo mismo que *salongsong.*

SALOSOG. pp. Ir por algo, ó salir al encuentro.

SAMATANITO. pp. Una yedra que trepa y se enreda, muy parecida en todo al de las hojas del buyo.

SAMBASAMBA. pc. Un animalillo especie de langosta mas largo.

SAMBALILO. pp. Sombrero.

SAMBAT. pc. Encuentro de dos caminos ó rios, uniéndose desde alli.

SAMBOG. pc. Acumulacion de cosas diferentes mezcladas unas con otras.

SAMBONG GALA. Un género de planta.

SAMCO, l. SANGCO. pc. Asi llaman al tercer hermano los menores, siendo mestizos.

SAMINACA. Jugar el juego que en España llaman segundo bellaco. &c.

SAMOC. pp. Estrangeros. Sinónomo *samot.*

SAMPAC. pc. Árbol asi llamado.

SAMPAC SAMPACA. Un género de árbol.

SAMPAL. pc. Bofetada, abofetear.

SAMPANG. pc. Especie de árbol.

SAMSAM. pc. Decomisar.

SAMSE, l. SAMCE. pc. La hermana tercera en el órden de nacimiento, se llama así por sus menores.

SANAY. pp. Ejercitarse, acostumbrarse á hacer alguna cosa.

SANDALI. pp. l. *Sang daliri.* Pulgada, ó el ancho de un dedo, midiendo algo. *Sangdali ang cucunin mo dian* l. *Ang lapad nang isang dali ó daliri.* Quitarásle una pulgada, y para muchas sin él. *Sang, dalauang dali*, l. *Tallong daliri.* Dos ó tres pulgadas. Pero siempre es necesario nombrarlo ancho, &c.

SANDALITAN. Árbol asi llamado.

SANDOC SANDOC. Un género de arbolito.

SANG. Esta partícula hace compañía ya uno como comunidad de muchas cosas, y lo ordinario se le pone *an*. Á la palabra á quien se junta v. g. *Sang libutang bayan*. Todo el mundo. *Sang bahayan*. Toda la casa, y de una cosa. *Sang pabuisan*. Toda la encomienda. Tambien se aplica á nombre de pueblos y significa el pueblo y la gente. *Sang Maynila*. Toda Manila del mismo modo á lugares donde se junta alguna gente. *Sang Simbahan*. Toda la que de una Iglesia. *Sang dauong*, *sang bangca*, &c. Y tambien á vasijas. *Sang onglit*, *sang palayoc*. esto, no es lo material de ella sino su contenido. Tambien sirve para hacer unidad de números perfectos, á que se ordenan otros, *sangpuo*. Un diez, *sang daan*. Un ciento, *sang libo*. Un mil &c.

SANG. Un, una, v. g. *Sang arao*, un dia. *Sang tumuró*. Un geme. *Sang buan*. Un mes. *Sang taon*. Un año.

SANG ANACAN. pp. l. *Sang anacan*, pc. Ventregada, lechigada de perros &c. Que nacen de un parto. *Sang anacang baboy*. Ventregada de puercos.

SANG ANCAN. pp. Lechigada.

SANGDOC SANGDOCAN. pp. Hueso que tenemos sobre la boca del estómago. *Nabali ang sandocsandocan*. Quebróse el tal hueso.

SANG̃AY. pc. Tocayo de un mismo nombre.

SANGBAT. Atajar camino yendo por senda, para llegar mas presto. *Vm. Sambatin*. El lugar á dó van ó que pretenden conseguir. *Y*, la causa. *Sangbatan*. La senda por dó pasaron. *Mag*, ca. Dos caminos que están encrucijados ó atravesados uno, en otro, y si mas. *Nag casasangbat sangbat*. *Pinagsasangbatan*, *pinagsasalubongan*. El lugar á dó se dividen caminos diversos, ff. *Pasangbatin*. La persona á quien se manda que camine por senda, *ipa*. Aquello por que van, ó que pretenden conseguir. Sinónimos. *Sabat*, *salabat*. Vide *saclao*, contrario, *lictic*. Tambien se aplica al atajar gente, Vide *harang*.

SANGCA. pc. Zanja ó arroyo por donde vierte el agua de la sementera.

SANGCALAN. pp. Tajon sobre que pican, ó cortan algo, *mag*. Cortar ó picar algo sobre el *in*, El tajon. Sinónimo. *Patung̃anan*, de *patung̃in*. Y de aqui por lo que tiene de estar debajo, y parecer el tajon, se aplica al escusarse uno con otro, como echandole la carga. *Vm*, *in*. Aquel con quien se escusa. *Y*, la causa, ff. *Ipa*. aquel con quien se manda que se escuse. Nombre, *mapag*. Sinónimo. *dahilan*.

SANGCALAN. pp. Tajon, de este término se saca una metáfora, y es fingir una riña de palabras contra uno, para que teme otro. *Sinangcalan aco,t, inauayat nang malacot si caca*. Á mí me riñeron para que temiera mi hermano (vease *paring̃ig* ó *pasaring*.)

SANG-GALAYA. pc. Persona alegre, que siempre anda riendo y mostrando alegria en su rostro. Vide sus composiciones en su sinónimo. *Talaghay salacata*.

SANGHAYA. pc. Dignidad, honra, fama. Vide *dang̃al*.

SANG-HIL. pc. Atrevido, temerario, ó bravo. *Masanghil na tauo*, l. *hayop*. Hombre ó animal así, Abstracto, *casanghilan*. Sinónimo *dahas*.

SANG̃IT. pc. Usasalo para esto. *Masang̃it na loob*. Hombre muy colerico. *Masang̃it na arao*. Calor muy grande. Tambien la conjugan por *Vm*. Que es irse poniendo tal y por *ma*, que es, estar así.

SANGLAY. pc. El sangley, ó chino. *Casanglayang*. Lugar de muchos.

SAN PABLO. pp. Arroz de altura, menudo y oloroso. *Sinampablo*, se llama.

SAN PEDRO. pp. Arroz de altura oloroso, y muy pequeños los granos.

SANTA ANA. pp. Un género de planta.

SANTA MARÍA. pp. Planta asi llamada.

SANTAN. pc. Una especie de planta.

SANTE. Arroz de altos, y *tubigan*, es bueno.

SAOBAT. pc. Conchabar, encargar el secreto.

SAOLO. pp. Aprender de memoria la leccion, ó alguna otra cosa.

SAOY. p. Regajo, ó arroyo no muy hondo, que cuando llueve se llena de agua. *Mageu*, haberla de nuevo. Sinónimo *batis*, *salog*. Vide *saog*.

SAPACAT. pc. Conchavar, encargar el secreto. Vide *saobat*.

SAPAGCA. pc. Por cuanto; adverbio. *Sa pagca dumating sa camay co*. Por cuanto llegó á mi mano. Itt. Porque dando razon.

SAPANG. pc. Sibucao, arbolito.

SAPI. pp. Especie de cartapacio.

SAPINSAPIN. Planta asi llamada.

SAPIN BACOD. pp. Contra cerca doblada. Metáfora de *sapin*. *Nagsapin bacod aco sa buquid co nang di pasucan nang baboy*. Hagélo á mi sementera contra cerca para que no entren los puercos.

SAPNIT. pc. Una especie de planta.

SAPOL. pc. Decir sin dejar nada. Metáfora de desarraigar. *Sapolin mong sabihin ang lahat mong sala*. Di todos tus pecados.

SAPOL, l. **SAPUL.** pc. De antemano, desde un principio.

SAPOLONGAN. pc. Árbol asi llamado.

SAQUIM. pc. Avaricia, avariento.

SARASA. Un arbolito.

SARAT. Un pajarillo pequeño asi llamado; es ave de rapiña.

SARAY. pp. Panal de avejas.

SARISARI. pp. Diversidad de cosas, ó de gentes.

SARIYA. pc. Fin, intento, prevenir, preparar aparejar.

SARIYA. pc. Buscar.

SARO. pp. Corrupcion del término castellano jarro.

SAROM. pc Asada, cavar.

SAUAN. pp. Susto del niño cuando le echan por lo alto, y tambien del viejo.

SAUANG. pp Espacio, ó distancia, que dejan los arbustos, que están en el agua.

SAUANG. Boca de camino ó rio descumbrado, y claro sin arboles, que prosigue así; *Casauang̃an*. Vide *pouang*.

SAUI. pc. Desgraciado, desafortunado, ó desviado, en cuanto á la fortuna desagradar, desobedecer, oponer.

SAYAP. pc. Cumplimiento, perfecto y completo. Vide *ganap*.

SAYOR. pc. Lo mismo que *sayap*.

SIABO. pp. El cuñado por el hermano mayor, con respecto al menor.

SIBADSIBAD. pp. La golondrina. Sinón. *Campapalis*, *lañgaylañgayan*.

SIBOG. pc. Arbusto asi llamado.

SIBOL. pc. Las mieses que comienzan á brotar, como el palay, &c.

SIBUYAS. pp. Cebollas. Vide *lasona*.

SICA. El zacatillo que anda sobre el agua de la sementera que ya está limpia: en Pasig dicen: *sumica ca nang lupa*, id. *Humucay ca*. Vide *panhucay*, llaman *panica*.

SICAPAT. pp. Un real; en Batangas se dice: *saicapat*.

SICO. pp. Una especie de fruta, y el árbol que la dá.

SICOLO. pp. Medio real. Sinón. *Saicaualo*.

SICUAT. pc. Soliviar.

SIGANG DAGAT. Planta asi llamada.

SIGRAS. pc. Cidras.

SIIT. pc. Las espinas de la caña. *Casiitan*, l. *Masiit*. Lugar de muchas. *An*. El lugar. *Tinic*. Vide.

SILAMBANG. pc. Nada, insignificante. Sinónimo *uala*, *hamaclamang*.

SILANĞOY. pc. Nadar. Vide *lañgoy*.

SILI. pp. Toda clase de pimientos grandes y pequeños.

SILID. pc. Lo mismo que *silir*, con todo sus juegos. Vide.

SILIPAO. Un arbusto.

SILISILIHAN. pp. Una especie de planta.

SILONG. Escoger en el palay algunas espigas, que ya se pueden comer, *Silonğin mo ang palay*, en tiempo de hambre se oye esta voz.

SIMA. pp. La lengüeta de flecha ó lanza, á modo de fisga. *Mag*, hacerla, *an*, aquello en que y mejor *ipag*, la lima con que ff. *Papagsimain*, la persona, *pasimaan*, aquello á que *ipa*. El hierro de que. *Ipag*. El instrumento con que.

SINAMPAGA. pp. Florecillas de oro de figura llamada *sinampaga*. *Mag*. Traerlas. Tambien se aplica á las pintadas ó hechas de seda ú otra materia.

SINANGLAL. pc. Guisado, que hacen de carne mal frita. *¿May sinanglal dito?* ¿Aqui hay guisado? *¿Masarap ang sinanglal?* ¿Sabroso está el guisado? Sale de *sanglal*, y *sanglay*.

SINANGQUI. pc. Un arroz de alto oloroso, la espiga se parece al anis de china.

SINGA. pc. Reñir marido, y muger, y los amigos; pero sin odio. *Nag sisinga silang mag asaua*, Marido y muger riñen. *Nagca singa cami*. Acaso reñimos, ó nos enfadamos. *¿Anong ipinagca singa ninyo?* ¿Que fué la causa del enfado.

SINGCABAN. pp. Un armazon compuesto de dos pedazos de caña de cuatro varas de largo, cruzados en medio arqueados, y adornados, en la parte de arriba de listones, colgaduras, estampitas y otros adornos, presentando la forma de un palio convecxo, destinado para obsequiar á los superiores recibiéndolos debajo de él.

SINIPIT. pc. Un palo que tiene hierro en la punta, ancha para hacer hoyes. Sinónomo. *Tactac*. No sale de *sipit*, sino es raiz por sí.

SINIPITE. pp. Ancla, es mas usado que *sinipit*.

SINTAC. pc. Dolor de pecho, punzada.

SINTONES, l. SINTORES. pp. Arbolito asi llamado.

SINUMBILANG. Arroz de alto bueno. Vide *sambilang*.

SIPA. pp. Una especie de bola hecha de bejuco con que juegan los muchachos haciéndola volar con la punta del pie.

SIPOL. pp. Silvo, silvar, chiflar.

SIRA. pp. Difamar, destruyendo la fama de otro. *Sumisira ca sa aquin*, l. *Nagsisira ca sa puri co*. Tú me difamas, l. *Nacasisira ca sa pag sira nang puri sa iba, dili mo isa man ipagcacapuri sa harap nang iba*. Difamando al prójimo nunca tendrás honor delante de otros.

SIRIUELAS. Árbol asi llamado, y su fruto.

SISI. pp. Queja con enojo contra alguno.

SISIUA. pp. Ama de leche.

SIUAL. pp. Apartarse del camino de própósito. *Sungmisiual ca yata*. Creo te vas apartando del camino. *Pinasiual aco*, ff. Me mandaron apartar. *Siual na loob*. Adj. El que no dice con los demas por contrario en obrar.

SIUALAT. pp. Esparcir, desperdiciar. Vide *ualat*.

SIYA. pp. Silla de montar, silla, asiento.

SIYA. pc. Asentir interiormente. *Mag pasiya sa loob*. Lo asentido, y *pinasiya*.

SIYAB. pp. Lo mismo que *sayab*.

SIYA NĞA. pc. El mismo, así es, ello es, sin falta lo que ví ó dije, &c. *Siañga ang naquita co*, ó *uinica co*, *s. e. f*. Ello es lo que ví ó dije.

SIYASIP. pp. Inquirir. Vide *siasat*.

SOAL. pc. Empujar algun madero con espeque, como cuando arrastran madera. Freq. *In*, lo que. *Y*, con que. *Panual*. El espeque. Itt. El hozar del puerco, levantando la tierra.

SOBOC. pp. Sorprender.

SOCLI. pc. La sobra que se devuelve en monedas menudas, á uno que pagó en moneda mayor, v. g. Cuando paga un duro debiendo dar solamente cuatro reales, los cuatro reales que se devuelven se llama *socle*.

SOCSOC. pc. Tapar.

SOHOT. pp. Acto de sugetarse á otro, á quien resistía.

SOLÁ. pp. Carbunco.

SOLANG. pp. Añadir, ó entremeter entre cosas ralas otras. *Solanğan mo iyang manğa soleras*. *Nagsosolang*.

SOLINAO. Un género de arbolito.

SOLPAC. pp. Añadir.

SOLSOL. pc. Apagar candela, ó tizon dando de punta en la pared. *Vm*. Tambien pegar fuego, ó encender. Itt. Incitar á reñir.

SOMAG. pc. Vide *somac*.

SONDALO. pp. Corrupcion del término castellano. Soldado.

SONDÓ. pc. Ir en busca de otro. Vide *song*

SONGAO. pp. Asomarse á dar vista á alguna cosa, *Somongao ca rian sa bintana: capag nasongauan ang dagat, ay homipa ang hangin*, algunos usan tambien. *songal.*
SOOB CABAYO. Una especie de planta.
SOOT CAMAY. pc. Enlazamiento de los dedos unos con otros, juntando la mano como hace el que está afligido. *Mag soot camay*, enlazarlos. *Ipag*, la causa. *Magsoot camay cayo*, enlazaros los dedos cogiendo las manos, ff. *Papagsooting camay*. Lá persona, ó las dos personas. Ad. invicem.
SOPIL. pp. Tenaz, y cabezudo. *Di pasopil*, y *di patalo*. No se deja vencer y lo mismo *di magpasopil.*
SORLONGSORLONGAN. pc. Coyunturas.
SOROSORO. pp. Un arbolillo de hojas anchas y largas, que tiene mucha leche, con que curan, bubas, lepra. Iit. Lengua de perros.
SUAG. pp. Una especie de enfermedad que regularmente padecen las mugeres del estómago.
SUAL. pc. Soliviar. Usar de espeque. *Vm*, el espeque.
SUBA. pp. Estafa. estafar.
SUBO. pp. Medicina que dicen dá valor. *Nag*, *an*. Darla, á perros y á hombres.
SUBOC. pp. Estatura de persona. *Ang suboc nang Ama mo,i, ga-alin*, l. *Gaano*? Como era la estatura de tu Padre?
SUBSUBAN. pp. Especie de planta.
SUDSUD. pc. Punta del arado. Vide *sursur*.
SUGOSUGOAN. pp. Alcahuete que vá, y viene con recados. *May sugosugoan cayo*. Teneis alcahuete.
SUGOSUGOAN. pp. Tercero.
SUGUI. pp. Puntal.
SUGUID, l. SUGUIR. pc. Averiguar á fondo una cosa.
SULAT. pp. Libro, ó cualquier papel escrito.
SULIAC, l. SOLIAC. pc. Cosa chocante la vista, y que ofende.
SULIAC DAGA. pc. Arbolito asi llamado.
SULIPA. Un género de arbolito.
SULIT. pp. Ensayarse en comedia, ú otra cosa.
SULSUL. pc. Espetar, v. g. La aguja en la ropa.
SUNGAL. pc. Arar entre surco y surco, despues de nacido el *palay*. con algunas hojas, para matar las yerbas que brotan, y tambien para cobijar la siembra.
SUNGAY ANUANG. Especie de plátano.
SUNCAD. pc. Coger en mentira á otro. *An*, el cogido, *naca*, el que coge en mentira, y de aqui pienso que al cotejar de las medidas llaman tambien, *sungcad;* (aunque yo no he oido hablar sino *suboc*,) porque con el cotejo escogido en mentira, ó falta el que la tiene. Iit. Algunos viejos usan de esta raiz para trocar plata por oro. *Mag sungcad nang pilac*, cambiar.
SUQUE, l. SUQUI. pp. El comprador, y vendedor que se compran y se venden frecuentemente sus mercancías, se llaman mútuamente. *Suque*. Parece ser de órigen chinico este término. Lo que en España se llama parroquiano.
SUQUI. pp. Puntalesque ponen cruzados, como aspas de bajo dè las casas. *Naquiquibo, at ualang manga suqui yaring bahay*. Esta casa se menea, porque no tiene puntales.
SUQUI. pp. Apuntalar.
SUQUIB. pc. Meter la mano entre la ropa. *Isuquib mo ang camay sa damit nang magcainit.* Metete la mano entre la ropa para que se caliente.
SUSI. pp. Llave.
SUSONG CALABAO. Género de arbolito.

DE LA LETRA T.

TAÁD. pp. La punta de la caña dulce que se siembra.
TABLA. pc. Empate, empatar. Pienso que es la palabra castellana tablas. pues lo usan pára lo mismo que es cuando ninguno vence en la riña, ó en los gallos dicen *nagtabla*. (No usan otra conjugacion,) y lo mismo en otro cualquier juego que es hacerlo tablas. Iit. Usan de esta composicion. *Cailan ca tatablan nang aral;* pero advierte que la raiz no es *tabla*, sino *talab*, y esta composicion es sincop. De dicha raiz. Vide en su lugar.
TABOY. pc. Encomendar á otro un negocio.
TABSAC. pc. Cosa gruesa que no parte bien el agua, hace ruido, y salpica al entrar en ella, como el *saguan*, ó *salacab*. que tienen gruesa la punta; *matabsac*, cosa asi. *Talabog*, otros dicen tambien. *Tabsoc.*
TACA. Una manera de ángulo que hacen de *palpat*, para acarrear el *bolobod*. *Mag*, ponerlo en dicho instrumento, y acarrearlo.
TACALANAN. pp. Especie de trato muy usado entre los indios, que consiste en dar los comerciantes plata adelantada á los cosecheros con la obligacion de pagar en frutos al tiempo de la cosecha al precio infimo, ó menos, por razon del adelanto hecho. En Batangas se usa, *pasong*: en Manila y Bulacan. *Tacalanan*. Es de origen Pampango.
TACBA. pc. l. *Tampipe*. pp. Un género de pateca de tejida de bejucos, ó de otra materia.
TACDAHAN. pp. Apuesta, ó concierto, que hacen los Padres de los que se han de casar, cuando temen, ó se recelan, que alguno de ellos falte al concierto, depositando cada uno de ellos alguna parte de dinero por igual para que el que retrocediere pierda la suya en favor del otro. *Mag*, Hacer dicho concierto. *Ipag*, la causa, ff. *Papagtacdahanin*, á quien se manda que lo haga.
TACLANG ANAC. pc. Especie de árbol.
TACLIP. pc. Herirse un poco. *Natachip aco*. Herime.
TACPONG DALAGA. Árbol asi llamado.

TACTAC. pc. Concertar con otro fijando el dia del viage.
TACUIL. pc. Rechazar, no admitir, negar, ú ocultar una cosa.
TADHANA, l. TAGHANA. pc. Lo mismo que *pacana*.
TACURANGAN. pc. Un arbolito.
TADIANG ANUANG. pc. Una especie de árbol.
TAGABILI. pc. Planta asi llamada.
TAGACAON. pc. Alcahuete, que lleva y trae, de *caon*, que es ir por algo. *Tagacaon ca?*
TAGACTAGAC. pc. Correr, ó huir como del enemigo, no sabiendo donde meterse de puro miedo. *Tomatagactac, nag papatagac.* Hacer correr como el enemigo al vencido. *Patagactagaquin*, ser ahuyentado ó hecho correr.
TAGAISA. Un género de arroz de *tubigan*, colorada la cáscara. Sinónomos. *Binarit, maningbo, nagcasili.*
TAGAITAY. pc. Paso asentado. *Tongmatagaytay ang paso nang cabayo.* Asi lo usan aunque con impropiedad, que *tagaytay*, significa cosa seguida.
TAGAL. pc. Duracion en cualquier cosa.
TAGALHI. pc. Especie de planta.
TAGANAS. pc. Puro, sin mezcla.
TAGBALANG. pp. Arbustito asi llamado.
TAGHAP. pc. Tantear, sospechar.
TAGHILAO. pc. Un género de árbol.
TAGHIUALAS. Un género de arbusto.
TAGAPI. Árbol apenas conocido.
TAGHOY. pc. Suspirar el que padece algun trabajo ó enfermedad. *Managhoy.* Suspirar asi con quejidos. *Pinanaghoyan nang Ina ang caniyang sangol na namatay.*
TAGLAY. pc. *Nagtataglay aco nang masamang pag iisip.* Tengo pensamientos malos.
TAGLOCOT. Género de árbol.
TAGODTOD. pc. Caminar derecho por el camino sin apartarse. *Vm.*
TAGOMANGANAC. pc. Estar ya en dias de parir la preñada.
TAGORI. pc. Promesas, agasajos, ó entretenimiento de los Padres ú otras personas, con los niños, diciéndoles, ó prometiéndoles algunas cosas como que tendrán ó le darán este, ú otro oficio, y le casarán con esta, ó la otra persona, como por holgarse y entretenerse con ellos; y si despues acaso sucede verdad el dicho entretenimiento, dicen *naguing totoo ang tagori nang Padre sa iyo. Mag*, decir, ó entretenerse del modo dicho. *Pagtagorian*, el niño á quien. *Ipagtagori*, el niño, ó las promesas y palabras con que, sinónomos. *otal, tagoya.* Se añade este término por tener mejor esplicacion.
TAGPOUING. Un pajarillo muy pequeño, y de hermosos colores, pico largo, y colorado.
TAGUIAMO. pp. Lenitivos.
TAGUIPAN. Un género de palma.
TAHI NAG. Estar triste. Vide las composiciones de *dalamhati.*
TAHILAN. pp. Piedra con que pesan el oro. Pesa esta diez reales de plata. *Batong tahilan.* La tal piedra.
TAIMTIM. pc. Penetrar, introducir, sembrar. Vide *tanim. Taimtim sa puso*, en lo íntimo del corazon.
TAINGA. pc. Oidos.
TALA. pp. Especie de amenaza. *Macacatala ca*, lo has de pagar.
TALA. pp. Dar por bien hecho el mal que le sucedió á uno. *Nacatala ca*, lo mereces.
TALA. pp. *Nagtala ang manoc.* Asi dicen cuando de noche se alborotan las gallinas por entrar alguno donde están.
TALAGHAY. pc. Levantar el rostro, ó tenerlo recto.
TALAILO. Planta asi llamada.
TALANAS. Espcie de árbol.
TALANG. pp. Una especie de árbol frutal, y su fruta. Vide *mabolo.*
TALANGCAS. pc. Gallardia. Sinónomo de *cariquitan.*
TALANGTALANG. Un árbol asi llamado.
TALAOLA. Un género de bejuco.
TALAROC. pp. Alto empinado. Vide *taloroc.*
TALAS. pp. Hundirse alguna cosa como poste, por podrirse, ó estar blanda la tierra. *Vm.* Irse hundiendo, y no es necesario se hunda todo, basta que se baje, un poco.
TALAYTALAY. Esforzarse el enfermo.
TALBOG. pc. Reprobar, como cuando á uno le dan calabazas, en el exsamen.
TALI. pc. Estar quieto.
TALIBAD. pp. Yerro, equivocacion, ó engaño como por no entender bien lo que se dijo, ó como, una nueva buena, ó mala, que cunde mucho; en desengañándose dicen *nagcatalibad lamang ang balita*, l. *Sabi*, y *pagca*, la causa. Itt. Desconvenir, ó desconcordar dos en el nombre, ó en lo material de la cosa, por equivocacion, conviniendo y conformando en lo formal y esencial de ella, v. g. Dos que litigan sobre el nombre, solamente, de una cosa, conformando en lo esencial de ella. *Magca*, equivocarse, ó desconvenir. Vide *manghá, mali.* Antiguamente era la raiz. *Talibadbad.*
TALIBONG. pc. Chafarote.
TALIC. pc. El movimiento airoso de la mano cuando bailan. Vide *cunday.*
TALICUAS. pc. Levantarse ó volverse lo de dentro afuera, como el techado de nipas, l. *Cayan*, de la banca, cuando está remangada, viéndose el aforro. *Vm.* Levantar, ó arremangar, algo, *maca*, levantar algo, el viento. *Talicuasin*, ser levantado, y si *m. Pagtatalicuasin. Y*, la mano con que, *ma.* Estar algo, levantado, ó vuelto. *Ica*, la causa, ff. *Patalicuasin*, la persona.
TALICURAN. Planta asi llamada.
TALIMA, l. CAUOT. pp. Crédito á lo que otro dice. *Tumatalima aco sa uica mo.* Doy crédito á lo que dices, l. *nangangauot.*
TALIMA. pp. Atender.
TALIMA. pp. Obedecer, obediencia.
TALIMPAC. pc. Manta de Ilocos que tiene labores.
TALINGDIQUING Término pampango, es un arroz de *tubigan, malagquit.* Sinónomo *taguilid.*
TALINGHARAP. Especie de planta.
TALINONG, l. TALILONG. pp. Hacerse uno ca-

paz, ó entendido con el tiempo, y ejercicio de actos. *Matalinong.* Adjetivo. Hombre de buena memoria. *Dili aco macatalinong niyan.* No puedo penetrar eso, ni hacerme capaz de ello.

TALIP. pp. Mondar, descascarar. Vide *talop, talap.*

TALOAS. pc. l. pp. Adelantarse, para llevar el premio, ó para que no le toque el daño; *Nanghihinaloas siya,t, nang gantihin.* Adelantarse él, para que le premien. *Nagsisipag taloas din, silang nag lumba; ñgunit isa rin lamang ang nanghinaloas.*

TALOBASIN. Un arbolillo cuyas hojas, son anchas, con tres picos como puntas, mas larga la del medio, y crian un pelillo, á modo de polvo.

TALOSAN. Un género de arbolito.

TALOSOC. pp. Meterse en el lodo la pierna, ó clavar en el el *tiquin.*

TALOTO. pp. Un género de árbol.

TAMAHILAN. Planta asi llamada.

TAMAR. pc. Flojo, negligente. Lo mismo que *tamad.*

TAMAULI. pp. Desdecir.

TAMAUYAN. pp. Árbol asi llamado.

TAMBALAGUISAY. Una especie de arbolito.

TAMBALISA. Un arbolito.

TAMBO. Especie de caña.

TAMO. Especie de planta.

TAMO. pc. Se dice por burla como mofándose porque no acertó.

TAMO. pc. Miralo, ecce.

TAMOCAUSI. Especie de planta.

TAMOHILAN. Planta asi llamada.

TAMPAL. pc. Palmada, darla.

TAMPILAO. Torcido, voz nueva.

TAUA. pc. Divertirse, broma.

TANAG. pc. Un árbol, su tronco blanco por dentro, y muy liviano; de hojas anchas, es veneno para el puerco la frutilla, ó el atarlo con la cáscara. Sinónomo *tanac.*

TANDA. pc. Tener presente, atender á lo que dicen. *Hindi ca macatanda nang inioolos sa iyo.* No puedes atender á lo que te mandan? *Mag tanda ca dito?* Atiende aquí á lo que se hace, l. *Tandaan mo ito.*

TANDA. pc. Estar atento á lo que se le dice. *Pacatandaan ninyo at aco,i, may sasabihin.* Estad atentos, que tengo que contaros.

TANGA. pc. Abobado, embelesado, tonto, mentecato. *Tatanğátanğá.* Estar, ó andar así. *Mag tanğatanğahan.* Fingirse tal. Sinónomos. *Manğa, maang, tonğag, mangmang, timang, hanğal, manğal.*

TANGAL. Árbol asi llamado.

TANĞAN, l. HAUAC. pp. Entregarse á la voluntad agena.

TANGCAP. pc. Desembarazamiento, de alguna cosa embarazada ú ofuscada.

TANGCAS. pc. Manojo de buyo, ó de hojas de arboles puestas unas sobre otras bien compuestas, ó el manojo que hacen de pedazos de cañas muy delgaditos y de braza de largo para encender como acha. *Vm,* y mejor, *mag,* hacerlo y si *m. Nagtatatangcastangcas. Tangcasin,* ser hecho, y si *m. Pag tatangcasin.* Vide *copil,* regularmente consta de veinte y cinco hojas de buyo cada un *tangcas.*

TANGCO. pc. Dame, alcánzame.

TANGCO. pc. Encontron. *Tumangco ca sa aquin,* l. *Tinangco mo aco.* Encontron me diste. *Natangco co.* Acaso le dí encontron.

TANĞI. pp. Elegir, escoger, predestinar.

TANĞI. pp. Especie de arroz bueno.

TANGGUILIS. pp. Desobedecer, y esto volviendo las espaldas cuando le mandan algo, *Huag mo acong tangguilisan cong aayao cang gumaua, ay magsabi ca.* &c.

TANGLAD. Una especie de planta.

TANĞOS. pp. Gastarse, cosa gastada por, roce.

TANĞUA. pc. El fin, cabo, punta, estremidad, ó canto de algo alto de á dó se puede caer á bajo, v. g. El corredor. *Vm,* ponerse en la punta ó estremidad; y si muy á la estremidad. *Napatatanğua tanğua; ma.* Estar algo alli. *Mag,* poner algo, y mejor, ser puesta alguna cosa alli, *natatanğuahan,* la estremidad á dó esta algo ff. *Papatanğuahin,* á quien se manda, que ponga algo alli, y *pa,* lo que, y si *m. ipagpapa.* Sinónomo *tabi, piling.* Vide *dolay, tongqui.*

TANICALA. pc. Cadena de hierro. Vide *talicala.*

TANIG. pp. Cocer dos puntas de ropa. Vide su sinónomo. *tagni.*

TANIM. pc. Introducir.

TANING. pp. Plazo.

TANGQUEL. pc. El techo de la casa puesto en los postes, antes de poner el tabique.

TANGTANG. pc. Tirar de la cuerda, como para hacer sonar la campana, ó para llamar la atencion.

TANTAN. pc. Parar: no tiene mas uso, que de esta suerte. *Di magpatantan.* No deja parar.

TANTO MANDIN. pc. Ciertamente afirmando algo. *Tanto manding naquita co.* Ciertamente lo ví.

TAON. pc. Amancebamiento pecando los dos en casa agena que si es, en alguna de los dos no se puede decir, *taon,* sino *calunya,* &c. *Pinagtataonan,* la casa, donde se juntan, *nagtataon.* Juntarse en casa agena.

TAPATAN. pp. Atajo, por donde se abrevia el camino.

TAPIASIN. Especie de planta.

TAPOLANGA. Un género de arbolito.

TAQUIPAN. Una especie de palma.

TAQUIP ASIN. Arbolito asi llamado.

TARAMBOLO. pp. Una frutilla, que seca al viento, en pedazos sirve su humo para matar á los gusanos que se crian en las muelas, enderezando dicho humo por un cañuto al abujero del diente ó muela dolorida.

TARAMHAMPAN Planta asi llamada.

TARATARA. Un género de árbol, muy grande.

TAROCANGA. Arbolito asi llamado.

TARONDON. pc. Es un ribazo largo, que al mismo tiempo sirve de vereda. Vide *pilapil.*

TAROS. pc. Tino. *Ualang taros.* Sin tino, ni prudencia.

TARYOC. Hurgar las cuevas que hay en los rios. *Tumaryoc ca diyan sa butas.* Hurga en ese agujero, l. *Taryocan mo.*

TAOTAY. Acto de dar, ó recibir, comprar ó vender algo poco á poco y por partes en término pampango. *Otay.* Vide.

TATA, l. TATANG. pp. Asi llaman al Padre. Itt. Dar principio á alguna junta. *Mag tata-tayo nang ating gagauin*, demos principio á nuestro trabajo.

TATANGNAN. pc. Asidero, síncope de *tanğan*. *Tanğanan mo sa dating tatangnan*. Asirlo por el asidero.

TATAP. pp. Visitar.

TATLONG PALAD. Un género de arbolito.

TAYA. pc. En el juego de monte, ú otro por el estilo, es poner el dinero de apuesta en la carta que quiere, ó en el punto que le gusta.

TAYANG. pp. Un tubo de caña que se pone en la cuerda del perro, á fin de que no pueda este morderla.

TAYOM. pp. Acardenalarse, no se usa como nombre.

TERNATE. Especie de plátano.

TIBA. Curar vasijas para cuando se les heche algun licor.

TIBABA. Escalones: es término pampango. Vide su sinónomo. *Tiab*.

TIBAO. pp. Convite que se hace en el tercero ó noveno dia de la muerte de uno; en que se reunen los parientes y amigos del difunto á rezar por él. Sinónomo. *Uacas na arao*.

TIBAS. Menguar la calentura. *Vm*. Tambien se aplica al menguar de cualquier trabajo interior. Vide *hibas*.

TICAM. Guerra, batalla. *Mag*, *in*. sinónomo, *baca*, *digma*.

TICAP, l. TICAB. pc. Respiracion tenue del moribundo. No tiene mas uso que *bahaggya na naticap*. Apenas respira ó boquea.

TICMA. pc. Concierto para alguna obra buena ó mala. *Mag*. Concertarse dos, y si mas, *magtiticma*. *Maqui*. Entrar á la parte, cooperar ó ser complice. *Pagtimaan*, la obra para que se conciertan, ó la persona que trata de maleficiar. *Paquitimaán*, la persona á que se habla ó que es inquietada para que coópere, y *paqui*, la causa ó la obra para que uno incitó á otro, ó la persona que es intentada, maleficiar, para lo cual habló á otro. Vide las de mas composiciones en sus sinónomos. *Samaya*, *sapacat*, *tipan*.

TICMÁ. pc. Intentar, fingir, trazar, inventar. Vide *bantá*.

TICTIC. pc. Espia; se llama asi por motivo de que el pájaro *tictic*, (dicen) avisa cuando pasa el *asuang*.

TICTICO. pp. El macho de la codorniz, indígena.

TICUAS. pc. Levantar en alto la una punta de cosa larga estando la otra presa ó tenida con la mano. *Vm*, levantar la punta de algo, que está en el suelo tendido, ora levantándolo con la mano con la otra punta, ora pisando, ó cargando la una punta para que se levante por alto, y si *m*. *Magtiticuastiauasin*, ser levantado así. Sinónomo, *tuad*.

TIDAOSOS. pc. Deslizarse.

TIGANG. pp. Cosa muy tostada, ó seca, secar, tostar.

TIGASAN. Un género de árbol.

TIGHABA. pc. l. *Bilog-itlog*. Ovalado.

TIGHABANG BUTAS. Adj. agujero ovalado. *Tighabain mo*. Hazlo ovalado.

TIGMATA. pc. Una enfermedad de los ojos.

TIIS. Colar cosa espesa como hacen con la cal de buyo que le echan agua y la cuelan para que salga pura. *Vm*, *in*.

TILABSIC. pc. Salpicar. Vide *tilamsic*, con sus juegos.

TILTIL. pc. Hacer cualquiera cosa sin brio como jugando, ó de mala gana. *Cun tiltilin mo ang pag gaua mo huag mo nang gauin*. *Vm*.

TIMAUA. pp. Librarse de algun peligro ó calamidad.

TIMBOG. pc. Elaborar el añil.

TIMÓ. pp. Penetrar, herir, ó meter cualquiera punta aguda. *Hindi tominó iyang bolos mo*, *at mapurol*. No penetra, ó no hiere esta tu fisga, por estar roma.

TIMPANG. pc. El estevado, ó que tiene las piernas apartadas por las rodillas y juntos los pies. Vide *sacang*.

TIMSIM. pc. Planta asi llamada.

TINALONG. Especie de plátanos.

TINAO. pc. Aclarar, ó asentarse el agua, ó licor.

TINATINAÁN. Arbolito asi llamado.

TINGATINGA. Un género de arbolito.

TINGCA. pc. Buche de las aves.

TINGCAB. pp. Descerrajar, abrir por fuerza.

TINĞI. pc. Nombrar, señalar, distinguir. *Tinğiin mo ang nacamura sa iyo at huag mo caming lahatin*. Nombra ó señala al que afrentó, y no riñas con todos nosotros. *Dapat mong tinğiin ang manğa mahal na tauo*. Debes distinguir á los nobles. *Ualang tinitinği*. No distingue á nadie.

TINGLAO. pc. Alumbrar, luz. Vide *tanglao*.

TINOMA. pp. Un género de arroz de altura, muy pequeños los granos como piojes.

TINUMBAGA. Especie de plátanos.

TINUMBAGA. pp. Arroz de altura bueno con cáscara de color de *tumbaga*.

TINTATINTAHAN. Género de arbolito.

TIPAS. pp. Saltar de alto abajo á fin de separarse ú escaparse de los que le persiguen.

TIPAS. pp. Escurrirse, ó escaparse hallándose acosado.

TIGHIMAN. Especie de planta.

TIPI. pp. Labrar cosas de barro. *Tomitipi nang lupa*. Está labrando tierra. *Maca di mo tipiing magaling*. No sea que no labres bien, ó amases.

TIQUITIQUI. pp. Especie de salvado del arroz. Vide *darac*.

TIRAPA. pc. Humillarse, pidiendo misericordia.

TIUALI. pc. Desigual en el peso: voz nueva.

LIYOOY. pp. De este se usa para la túnica de nuestro Señor Jesucristo.

TOAY. pp. l. *Tuay*. Recompensar, recompensarse. Vide *cobli*. Tambien equilibrar.

TOAY. pc. Mayor, ó mayoral entre los que van á alguna funcion. *Icao ang tumuay sa canila*. Gobiérnalos tu.

TOBAL. pp. Echar algodon en aceite para teñirlo despues. *Magtobal ca niyang sinulid*, l. *Tobalin*; echa en remojo ese algodon.

TOCONG. pp. Gallo sin cola, ó la tiene inclinada hácia abajo.

TOCOP. Poner la mano encima de alguna cosa, cubriéndola.
TOCSAYAN. Un género de camarones grandes de agua dulce. *Toclasan*, se usa.
TOCTOC CALO. Arbolito asi llamado.
TODLA. pc. Apuntar *Vm*, *in*, apunta bien y le darás. Vide *togla*.
TODLING. pc. Surco.
TOGA. pp. Acertar; tino en lo que se hace.
TOI. Un género de árbol.
TOLAR. pp. Imitar en costumbres.
TOLONGBALETE. Unas varas que cuelgan del árbol balete, que bajan hasta prender en la tierra: cuando pequeñas sirven para atar.
TOLOYAN. pp. Posada, alojamiento.
TONAO. pc. Conjuncion de la luna. *Tunao na buan*. Conjuncion de la luna. *Cailan matotonao*, pp. *ang buan?* Cuando es la conjuncion de la luna.
TONAY. pp. Seguro, cierto, verdadero.
TONGCOD OBISPO. Arbusto asi llamado.
TONGAS. pp. Resistir á la voluntad de otro.
TONGO. Especie de planta.
TONOD. pp. La hoja tierna de plátanos, y palmas que aun no está abierta.
TON-OG. pc. Rocio relente.
TONTON. pc. Encontrar, seguir buscando persona ó animal que se pierde, por alguna señal. *Tuntunin mo ang bacas, cung saán napatuñgo ang calabao*. Sigue buscando el carabao por las huellas. *Tuntunin mo ang nagnacao sa patac nang caniyang dugó*. Busca el ladron por las gotas de su sangre. *Natonton co na*, ya lo encontré
TOQUIAN. Género de árbol.
TOSTON. Especie de planta.
TOTONGALIN. pc. Atender como aceptando.
TOTOO. pp. Creer. *Tinototoo co iyang uica mo*. Creo lo que dices; tengolo por verdad.
TOUAL. Arbusto asi llamado.
TOYÁ. pc. Mofar, mofa.
TUBLI. pc. Un género de arbusto.
TUCOY. pc. Diestro, entendido, listo, acertado.
TUI. Árbol asi llamado.
TUGA. pp. Lo mismo que *toga*, acertar.
TUGUIS. pp. Obedecer de mala gana, y asi no dice tanto como *soay*. *Vm*.
TUGUIS. pp. Forcejar el animal por escaparse, arrastrando al que tiene la rienda.
TUGUIS. pp. Perseguir, andar á los alcances.
TULIBAS. Arbolito asi llamado.
TULISAN. pc. Malhechor, salteador. De *tulis*, agudo.
TULOG. Helarse, congelarse el aceite, manteca &c.
TUMAHIBA. Una especie de planta.
TUMAL. pp. Escasa venta. *Ma*. Vide *hina*.
TUMALIM. pc. Un bejuco grande, y bueno para embejucar catres y sillas.
TUMAPAT. Fingirse santo y bueno, &c. *Mag*. Vide *tapat*.
TUMBALIC. pc. Al reves.
TUMBONG ASONG HAPAY. Un género de arbolito.
TUNGALI. pp. Ocuparse en sola una obra ú oficio, un sugeto, ó muchos. *Tungmutungali ca lamang sa pagsasaing*. Te ocupaste solamente en cocinar. *Ang pag sulat ang tinutungali co*. Ocupome en escribir. *Ang tungali nang demonio ay ang manucso sa tauo*. La ocupacion del demonio es tentar al hombre. Sinónomo *tongcol*.
TUNGALI. pc. Competencia, ó riña entre dos; *nagtungaling magtalo*. *Magsugal*, ó *mag auay*.
TURING. pp. El precio exagerado que piden los vendedores ó tenderos, por sus mercancías.
TURO Ó NORÓ. pp. Enseñar. Vide *toro*.
TUYÁ. pc. Hacer burla, lisonjear irónicamente, Vease *palibhasa*, *in*. El burlado.

DE LA LETRA U.

UACYA. pc. Siempre se dice *palavacya*. Vide *paronglit*, exepto que esta raiz expresa palabras de sentimiento. *Ang palavacya niya sa aquin, siyang ipinagiinit nang loob co*.
UALANG HANGA. pc. Perdurable, sin fin.
UALANG LIUAG. pp. Fácil de hacer, ó decir. *Ualang liuag gauin ó uicain*. Es fácil de hacer ó de decir.
UALANG SALA. pp. Inculpable, inocente, sin falta.
UALANG SAQUIT. pc. Sano, esto es que no tiene enfermedad. *Catauang ualang saquit*. Cuerpo sano. *Uala acong saquit*. Sano estoy. *Malacas siya,t, ang ualang saquit*. Tiene fuerzas, por que está sano.
UALANG TURING. pp. Ingrato.
UALAUAD. pp. Ausentarse á partes remotas, sin saber donde; si es por mar, añaden *dagat*. sino, ponen la raiz sola conjugada por *na*; *laon nang naualauad si Pedro; saan maquiquita*.
UANI. pc. Palabra dificultosa de dar su propia significacion; sacalo de estos ejemplos. *Sa lahat nang mañga bata ay si Pedro lamang ang cauani co*. Entre todos los criados no hay quien me obedezca sino Pedro; *uala acong mapaquiuanhan*. Idem, *ualang somosonod sa aquin*, algunas veces dicen: *Iuaniuani mo iyang libro*, que parece significa alcanzar, pues significa lo mismo que, *Iabot abot mo iyang libro*, alcanza un poco este libro. Vide *songdo*.
UASAY NA GOGO. Beguing ó vara gruesa, que trepa y se enreda en arboles; sirven de gogo, ó jabon para labarse la cabeza. Sinónomo *bayogo*.
UAUALI. Señales, que se dan para saber, ó acertar con alguna cosa que está lejos y decir de tal paraje ó junto á tal parte está, ó vive; *mag*, dar señas, *pag ualihan*, á quien, *ipag*. Aquello de que. Itt. Estar ya en dias de parir la preñada. *Mag*, para la 4.ª se usa, *himaton, maliumaliu*, para la 2.ª Vide *ualiuali*.

UBI. pc. Una raiz comestible, algo semejante al *gabi*.

UICA. pp. Pensar. *Uica co,i, malayo pa ay naito na tayo*. Pensaba estaba lejos; y ya estamos acá. *Uica co,i, magcacasiya,i, culang pala*. Pensé ó pensaba bastaría; y falta.

UICA. pp. Razon que se dice. *Maiguing uica iyan*. Buena razon es esa.

UICAUICA. pp. Lisonjear. *Naguiuicauica ca,i, anong banta mo?* Mucho lisonjeas que intento es el tuyo? *Pinaguiuicauicaan mo*.

UIGUIG. pc. Rociar, ó regar, interponiendo la mano al caer del agua para que no vaya con mucha fuerza, *mag*. Sinónomo. *Ualag*. Vide *uilig*.

UISIR. Ser de provecho una cosa, sin mucho gasto. Su contrario. *Bubuisir*.

UISIT. pp. Afortunado, ó tambien de buen aguero. Parece ser orígen chinico. Su contrario. *Boisit*.

UNSIAMI. pp. Raquitico, *in*, de salud quebrantada.

DE LA LETRA Y.

YABO. pc. Blando, ó fácil de desmoronarse cualquiera cosa de comida, como camotes &c. Y la tierra cuando no está, ni hecha lodo, ni muy seca, que con facilidad se desmorona. *Mayabong gabi*. Sinónomo *labo*.

YABYAB. pc. La segunda molienda del palay en el pilon; la primera llaman *lopac*, la segunda, *yabyab*, la tercera *digas*, y estando ya totalmente limpio, *bigas*. *Itong palay ay yabyab lamang digasan mo*. *Vm*, *an*. En Batangas se dice. *Yabyaban*, y es la primera molienda, y la segunda *lupac*.

YACAL. Un género de árbol.

YACYAC. pc. Propasar, no tener respeto miramiento, ni consideracion. Itt. Meterse en la espesura. *Yacya*. Vide.

YALOG. Ofrecer, pagar anclage. Vide *handog*.

YAMOT. pc. Llevar á mal, enojarse de fastidio, aborrecer, enfadar.

YAMOTMOT. pp. Basura.

YANĞIT. Cocimiento de arroz blanco con poca agua, en algun tiesto, ó casco de cosa quebrada, *mag*, cocer. Y lo que, *ipag*, para quien, ó la cuchara con que. Significa lo mismo que *yamot* Vide.

YANĞOT. Empobrecer, bajar de su estado.

YAPAO. pc. Echarse uno encima de otro.

YAROS. pp. Paso apresurado, andar ó salir muy de prisa.

YAQUIS. Dar palo ó golpe con bejuco, espada, cordel, ó cosa que se blandee, y rodee el cuerpo, es mas usada, *hayaquis y halobid*, *in*, *nag*. *Um*.

YASÁNG, MAYASANG. Cosa muy seca ya sea al fuego ya sea al sol, ó viento. *Vm*, irse poniendo tal, *toyin mo ito nang houag yomasang*.

YAUI. pp. Llave.

YERI. pc. Este, esta, esto. Lo mismo que *yari*.

YI. Dicha esta palabra, con alguna fuerza, y apresuradamente es interjeccion del que tiene asco de algo, ó se enfada de oir lo que no gusta.

YIAG. Alteracion, del miembro viril provenido de algun pensamiento, ó afecto lividinoso á distincion de *otog*, que es natural que proviene como el calor de la cama, *manĝiag*. l. *Ma*. Alterarse, *quimaiyagan*, por quien.

YICYIC. pc. Palabra con que llaman al lechoncillo, ó puerquecillo pequeño. Sinónomo. *Yican*.

YLAY. pp. Marearse. Vide *hilo*, *lio*. *Lolà*.

YNGUIO. Baguing ó varas delgadas que sirven para atar. *Mag*.

YOCAYOC. pp. Cabizbajo. *Mag*.

YOPI. Confusion, y revolvimiento de los vestidos de una caja, unos con otros, cuando están revueltos, y trabucados. Vide las composiciones en su sinónomo. *Yois*. Itt. *Yopi*, lo mismo que *hopit*, lo que de suyo ó de antes estaba mellado.

SINCOPAS DE LA LENGUA TAGALA.

A.

AB-AN, AB-IN. De la raiz *aba*. Dar mate, lamentarse.
AGDAN, AGDIN. De *agad*. Acudir á punto.
ALAGDAN, ALAGDIN. De *alagad*. Discipulo.
ALIPNAN, ALIPNIN. De *alipin*. Esclavo.
ALIPONGHAN, ALIPONGHIN. De *aliponḡa*. Escocer.
ANHAN, ANHIN. De *ano*. Que cosa?
AP-AN, AP-IN. De *apa*. Tentar buscando.
APDAN, APDIN. De *apid*. Fornicar.
APTAN, APTIN. De *atip*. Techar.
ASDAN, ASDIN. De *asod*. Ayudar á pilar arroz.
ASNAN, ASNIN. De *asin*. Sal, salar.
ASAO-IN. De *asaua*. Esposo. l. Esposa.
AYUAN, IUAN. De *ayao*. No querer, dejar.

B.

BABAL-AN, BABAL-IN. De la raiz, *balá*. Decir.
BAB-AN. De *babá*. Bajo, humilde.
BAB-HIN. De *baba*. Cargar acuestas.
BAG-AN, BAG-IN. De *bagà*. Hinchazon.
BALAGHAN. De *balaga*. Espantarse,
BALISANHAN, BALISANHIN. De *balisa*. Desasosiego.
BANGGAN, BANGGUIN. De *banig*. Petate.
BAS-AN, BAS-IN. De *basà*. Mojar.
BASANHIN. De *basahan*. Trapo.
BAT-HAN, l. BATHIN. De *bata*. Sufrir.
BAY-AN, BAYIN. De *bayo*. Pilar, ó moler arroz.
BIC-IN. De *bica*. Partir de alto á bajo.
BIGYAN. De *bigay*. Dar.
BILHAN, BILHIN. De *bili*. Comprar.
BINLAN. De *bilin*. Encomendar.
BISAN, BISIN. De *bihis*, Mudar de ropa.
BISANHAN, BISANHIN. De *bihasa*. Acostumbrar.
BOB-AN. De *bobò*. Derramar.
BOCDAN, BOCDIN. De *bocod*. Singularizar.
BOC-IN. De *boca*. Abrir.
BON-IN. De *bonò*. Luchar.
BUSAN De *bohos*. Derramar.
BOCSAN. De *bucas*. Abrir.
BUGHAN. De *buga*. Rociar con la boca.

C.

CABIL-AN, CABIL-IN. De la raiz, *cabilá*. Lado, parte.
CATHAN, CACATHAN. De *cati*. Comezon del cuerpo.
CAIL-AN. De *cailá*. Encubrir.
CAG-TAN, CAG-TIN. De *cagat*. Morder.
CALIU-AN, CALIU-IN. De *caliua*. Siniestra, (mano.)
CALGAN, CALGUIN. De *calag*. Desatar.
CAMTAN. De *camit*. Conseguir.
CAN-AN, CAN-IN. De *cain*. Comer.
CAPACAN-AN. Provecho. Sale de *caná*. Poner algo bien, ó en su lugar.
CAP-AN, CAP-IN. De *capà*. Tentar buscando.
CAPTAN, CAPTIN. De *capit*. Asir con el brazo.
CONAN, CONIN. De *coha*. Tomar.
COTDAN, COTDIN. De *corot*. Pellizcar.

D.

DACPIN. De la raiz, *daquip*. Cautivar, detener.
DAL-AN. De *dali*. Dar priesa.
DAL-AN, DAL-IN. De *dalà*. Escarmentar.
DAMTAN, DAMTIN. De *damit*. Vestir.
DALHAN, DALHIN. De *dala*. Llevar.
DAMHAN, DAMHIN. De *dama*. Tocar.
DANAN, DANIN. De *daan*. Camino.
DAPHAN, l. DAP-AN. De *dapá*. Echarse de bruces.
DATNAN, DATNIN. De *dating*. Llegar.
DICTAN, DICTIN. De *diquit*. Pegarse.
DIHAN, DINHAN. Alcánzame de *dini*. Aqui.
DINGGAN, DINGUIN. De *dinḡig*. Oir.
DIPHAN, DIPHIN. De *dipa*. Abrir los brazos.
DUG-AN, DUG-IN. De *dugò*. Sangre.

G.

GAMPAN. De la raiz, *ganap*. Cumplir.
GAMPIN, CAGAMPAN, l. No *gampanan*, de *ganap*.
GAO-AN, GAO-IN. De *gaua*. Obrar, hacer.
GUIB-AN, GUIBIN. De *guiba*. Demoler, derribar.
GUICBAN. De *guibic*. Acudir.
GUICNAN. De *guiiquin*. Rodete para asentar la olla.
GUINICAN. Paja sale de *guiic*. Trillar.
GUINOHAN, GUINOO. Noble.
GUISNḠAN, l. GUISNAN. De *guising*. Despertar.
GURAN. De *gauad*. Dar.

H.

HAG-CAN, HAG-QUIN. De la raiz, *halic*. Besar, oscular.
HALAT-AN, HALAT-IN. De *halata*. Barruntar.
HABINLAN. De *habilin*. Depositar.
HALINHAN, HALINHIN, HALINLAN. De *halili*. Substituir.
HATDAN, De *hatid*. Llevar, ó acompañar.

HAPNAN. De *hapin.* Sedal, cinta.
HACSAN, HASCAN. De *hasic.* Sembrar grano.
HIRMAN, HIRMIN. De *hiram.* Prestar.
HIG-AN. De *higa.* Acostarse.
HIGTAN, HIGTIN. De *higuit.* Tirar, halar.
HIYAN, HIYIN. De *hiyá.* Vergüenza.
HICTIN. De *hiquit.* Tejar, red, ó medias.
HINANACTAN. De *hinanaquit.* Quejarse.
HIMG̃-AN, HING̃-IN. De *hing̃i.* Pedir.
HINTIN. De *hintay.* Aguardar.
HIPAN. De *hihip.* Soplar.
HINGOT-AN, HING̃OT-IN. De *hing̃olo.* Espulgar.
HOCSAN, HOCSIN. De *hocas.* Desatar, desañudar.

I.

IBHAN, IBHIN. De la raiz, *iba.* Mudar, trocar.
IGBAN, IGBIN. De *iguib.* Ir por agua.
IGHAN. De *iga.* Seco, enjuto.
IHAN. De *ihi.* Orinar.
IPHAN, IPHIN. De *ipá.* Afrecho, arroz vano.
IBSAN, IBSIN. De *ibis.* Descargar, apearse.

L.

LIGDAN, LIGDIN. De la raiz, *lirip.* Meter.
LINGDAN. De *ling̃id.* Encubrir.
LAB-AN. De *labi.* Dejar, sobrado.
LAC-HAN, LAC-HIN. De *laqui.* Grande, crecer.
LACSAN. De *lacas.* Fuerza.
LAMNAN. De *laman.* Lo interior, carne.
LAT-AN, LAT-IN. De *latá.* Ablandar.
LAY-AN. De *layò.* Lejos.
LIMBAN. De *linib.* Cerrar, tapar.
LIMHAN. De *lima.* Cinco.
LISAN. De *lihis.* Dejarlo, desviarse.
LAGYAN, LAGYIN. De *lagay.* Dejar.
LOGDAN, LOGDIN. De *logod.* Regocijo.
LOGNHAN. De *lonó.* Mudar el pellejo, como la culebra.
LOD-AN. De *lorà.* Escupir.
LOU-AN. De *loua.* Echar algo de la boca.
LIS-AN, LIS-IN. De *lisà.* Liendre.

M.

MAM-IN. El buyo, de la raiz, *mama.* Comer buyo, ó mascar.
MAMAY-IN MO IYAN. Dejalo para luego. Sale de *mamayà.*
MAL-AN, MAL-IN. De *mali.* Errar.
MANGHAN. De *mang̃a.* Abobado, indeciso, perflejo.
MASDAN. De *masid.* Notar, observar.
MUL-AN. De *mulà.* Principio.

N.

NG̃ANHAN, NG̃ANHIN. De la raiz, *ng̃ang̃a.* Abrir la boca.
NIPSAN. De *nipis.* Adelgazar.
NG̃UY-IN. De *ng̃uyà.* Mascar.

O.

OL-AN, OL-IN. De la raiz, *oli.* Volver.
OP-AN, OP-IN. De *opò.* Sentarse.
OPSIN. De *opos.* Acabar.

P.

PACAN-AN. Provecho de la raiz, *canà,* poner algo bien en su lugar.
PAGCATLOIN. De *tatlo.* Tres.
PALAGYAN. De *palagay.* Sosiego, asentar.
PALAMNAN. De *palaman.* Asentar, escribir.
PAL-TAN, PALTIN. De *palit.* Trocar.
PAMULHAN. De *puli.* Parecido á sus Padres.
PANAGUIMPAN. De *panaguinip.* Sueño.
PANG̃ANLAN. De *pang̃alan.* Nombre.
PANG̃ATHIN. De *pang̃uli.* Lepra.
PANONTAN. De *patnogot.* Precursor: me parece que sale de *panoto,* derivado de *toto.* Acertar.
PANG̃INLAN. De *pang̃ilin.* Guardar fiesta.
PAQUINGAN. De *paquinyig.* Oir.
PATDAN, PATDIN. De *patid.* Cortar, quebrar.
PATOYIN. De *patoyo.* Secar, enjugar.
PIG-AN, PIG-IN. De *pigà.* Esprimir.
PINDAN. De *pinid.* Cerrar.
PINGHAM, PINGHIN. De *ping̃i.* Pañuelo.
PIS-AN, PIS-IN. De *pisa.* Quebrantar, aplastar.
PISLIN. De *pisil.* Apretar con la mano.
PUC-LAN, PUC-LIN. De *pucol.* Tirar, arrojar.
PULHAN, PULHIN. De *polo.* Pedir menudencias.
PUSDAN, PUSDIN. De *posod.* Moño.
PUN-AN, PUN-IN. De *pono.* Llenar.
PUG-AN, PUG-IN. De *pugni.* Comenzar á tejer.
PAUSAN, PUSAN. De *pauis.* Sudor.
PUTLAN. PUTLIN. De *putol.* Cortar.
PUT-AN, PUT-IN. De *puti,* Blanquear.

Q.

QUITBAN, QUITBIN, QUIBTAN, QUIBTIN. De la raiz. *Quibit.* Morder algo.
QUILANLIN. De *quilala.* Conocer.
QUITLAN, QUITLIN. De *quitil.* Cortar con los dedos. Cojer hojas de árbol.

S.

SACYAN. De la raiz, *sacay.* Embarcarse ó montar á caballo.
SACTAN, SACTIN. De *saquit.* Atormentar.
SALIT-AN, SALIT-IN. De *salita.* Historia ó conversacion familiar.
SAMAY-AN, SAMAY-IN. De *samaya.* Incitar á ser complice.

SAM-AN, SAM-IN. De *sama*. Maldad.
SANGHAN, SANGHIN. De *sanğa*. Ramo, l. Rama.
SANLAN. De *sala*. Faltar, errar.
SAPHAN. De *sapa*. Las heses de buyo.
SAPNAN. De *sapin*. Aforrar.
SAOL-AN, SAOL-IN. De *saoli*. Volver.
SICPAN. De *siquip*. Estrechar.
SIG-AN. De *siga*. Pegar fuego la paja ó basura.
SIGDIN. De *siguid*. Morderlas hormigas.
SIYHIN.. De *siya*. Bastar, ser suficiente.
SIM-AN, SIM-IN De *simá*. Pescar.
SILHAN, SILHIN. De *sili*. Aechar.
SIL-AN, SIL-IN. De *sila*. Comer carne.
SINGHAN. De *sinğa*. Sonar los mocos.
SIP-AN. De *sipa*. Abstinencia de comida.
SIDLAN. De *silid*. Meter.
SUBHAN. De *sobo*. Apagar fuego con agua.
SUNDIN. De *sonod*. Seguir.
SUDLAN. De *sulid*. Hilar.

T.

TAB-AN. De la raiz, *taba*. Gordura,
TABLAN. De *talab*. Penetrar.
TAC-HAN. De *taca*. Admiracion, espanto.
TACPAN. De *taquip*. Tapar.
TAG-IN. De *taga*. Cortar dando golpes.
TALICDAN. De *talicod*. Volver las espaldas.
TALINGDAN. De *talinğid*. Esconderse.
TAMNAN. De *tanim*. Sembrar.
TANGNAN. De *tanğan*. Asir, agarrar con la mano.
TAPHAN. De *tahip*. Aechar, limpiar arroz.
TAY-AN. De *tayo*. Estar derecho, en pie.
TIB-AN, TIB-IN. De *tiba*. Cortar el pie del plátano.
TIBHIN. De *tibi*. Estar estriñido.
TICMAN. De *tiquim*. Probar, esperimentar.
TICSIN. De *tiquis*. Adrede, de propósito.
TIGBIN. De *tiguib*. Gran carga de Nao.
TIGDIN. De *tinğid*. Determinarse.
TINĞAL-IN. De *tinğala*. Mirar á lo alto.
TING-IN. De *tinği*. Comprar, ó vender.
TINGNAN. De *tinğin*. Mirar, ver.
TIPDAN, TIPDIN. De *tipid*. Ahorrar.
TID-AN. De *tira*. Sobrar.
TISDAN. De *tiris*. Matar piojo en la uña.
TUB-AN, TUB-IN. De *tuba*. Licor de palma.
TUBSAN. TUBSIN. De *tubos*. Rescatar, redimir.
TURAN. De *turing*. Decir.
TUC-AN, TUC-IN. De *tuca*. Picar.
TUNGHAN. De *tonğo*. Mirar abajo.
TOTOHANAN, l. TOTOO. Verdadero.
TUY-AN, TOY-IN. De *tuyò*. Seco.

U.

UAL-AN, UAL-IN. De la raiz, *uala*. No haber, no tener.
UANHAN. De *Uani*. Pedir suplicando.

VOCABULARIO
HISPANO-TAGALOG.

A. B. C.	Tagalog.
Baybayn.	pp.

A.

A, artículo de nombres propios. *Cay.*
A, artículo de nombres apelativos. *Sa.*
Acada uno. *Tumbas.* pc. *Tig, tiga.* pc. *Ma, mana.* pc.
Ami. *Sa aquin.*
A nosotros, nosotras. *Sa atin.*
A nosotros escluyendo á algunos. *Sa amin.*
Ati. *Sa iyo.*
A vosotros. *Sa inyo.*

A antes de B.

Abajar algo que está en alto. *Panaog.* pp. *Baba.* pc. *Lapag.* pc.
Abajar tapando algo. *Goop.* pp.
Abajar valle. *Libis.* pc.
Abajarse la cola del gallo. *Lonĝoc.* pc.
Abajarse la tierra. *Hipac.* pc.
Abajo. *Sa ibabá.* pc. *Sa mababa.* pp.
Abalanzarse. *Losob.* pp.
Abalanzarse, ó arrojarse al peligro. *Sugba, ó sugbó.* pc.
Abalorio. **Manic.** pp.
Abandonar, abandono. *Pabaya.* pp. *Aiuan* pc. *Iwan.* pp.
Abanico. *Payongpong.* pc. *Paypay.* pc.
Abaratar la mercadería. *Losong.* pp. *Mora.* pp. **Dagha.** pc.
Abarcar. *Acom.* pp. *Alacom.* pc. *Alacop.* pp. *Angcom.* pc. *Campan.* pc. *Hacom.* pp. *Lacom.* pp. *Lagom.* pp. *Saclao.* pc.
Abarcar con la mano. *Hauac.* pp. l. *Sacmál.* pc.
Abarcar con un puño. *Calacom.* pp.
Abarcar algo al pecho. *Comcom.* pc.
Abarcar todo lo que tiene delante. *Halabos.* pc.
Abarcar con los brazos. *Yacap.* pp.
Abarcar, como barigue. *Yapos.* pc.
Abarcar brazo ó pierna. *Sacmal.* pc.
Abarcar in genere. *Sacom.* pp.
Abarcar de una vez mucho. *Langcol.* pc.
Abarcarlo todo tomándolo para sí. *Saquim.* pc.
Abastecer, abasto. *Sadiya, handa.* pp. **Banlac.** pc.
Abatir. *Ayop.* pp. *Oroy.* pp.
Abatirse. *Longĝo, panĝayopapa.* pp. *Talumpati.* pp. *Hapay.* pc. *Pacumbaba.* pc.
Abeja. *Layuan.* pp. *Balibag.* pp. *Baguibang.* pc.
Abejas pequeñas que no pican *Locot.* pp.
Abejas pequeñas. *Camomo.* pp.
Abejas que hacen buena miel. *Liguan.* pc. *Pocyotan.* pp.
Abejaruco. *Salagobang.* pp. *Cocang.* pp.
Abejaruco que come las palmas y tiene cuernos. *Oang.* pp.
Abejitas que hacen buena miel. *Anoma.* pc.
Abejon. **Boboyoc.** pp. *Bubuyog.* pp. **Hilongbo.** pc. **Imboboyog.** pp.
Abejon grande. *Amboboyog.* pp. **Hinlolombo.** pc.
Abejones que hacen sus casillas en las paredes. *Bubuyog.* pp. **Boboyoc.** pp.
Abertura, rendija. *Siuang.* pp. *Pouang.* pp.
Ab æterno. *Capagcaraca na.* pp.
Abismo. *Calalimlaliman. Lalim.* pp.
Abispa. *Potacti.* pc.
Abjurar. *Pagtalicod sa maling.* Religion.
Ablandar. *Lambót.* pc. *Lata.* pc.
Ablandar cosa dura. *Lagal.* pc.
Ablandar. *Lanot.* pp.
Ablandarse. *Lambot.* pc. *Lata.* pc.
Ablandarse hojas de plátanos, tabaco, &c. *Yumi.* pp.
Ablandarse la tierra. *Lonao.* pp.
Ablandarse con el uso, como el cuero. *Lotar.* pp.
Ablandarse lo que antes era duro. *Yumi.* pp.
Ablandarse la postema. *Yopit.* pc.
Ablandarse postema ó fruta. *Yuni.* pc.
Ablandar con la mano. *Pisil.* pc.
Abobado. *Tiguil.* pc. *Maang.* pp. *Tanĝa.* pc. *Hanĝal.* pc. *Tanhoc.* pc.
Abochornado de calor. *Banas.* pp.
Abochornar. *Halay.* pp. *Hiya.* pc.
Abofetear. *Tampal.* pc. *Sampal.* pc.
Abogado. *Pintacasi.* pp.
Abolengo de parentela. *Canonoan,* de *nono.* pp. *Cainapohan.* pc. De *apo.*
Abolir. *Param.* pp. *Paui, lipol.* pp.
Abollar. *Hupil.* pp. *Yupi.* pp. *Lopoc.* pc.
Abominable. *Lupit.* pc. *Suclam.* pc. *Duca.* pc.
Abonar ó alabar. *Bunyi.* pc. *Puri.*
Aborrascarse. *Sigua.* pc. *Onos.* pc.
Abortar. *Coha.* pp. *Agas.* pp.
Aborrecer alguna persona. *Halayi.* pp.
Aborrecer. *Samà.* pc. *Yamot, poot.* pp. *Galit, tampo.* pc. *Lupit.* pc.
Aborrecer la comida. *Sombal.* pc.
Abrazar. *Yacap, capit.* pp.
Abrazar con un brazo debajo. de sobaco. *Quipquip.* pc. ó *quipquipin.* pc.
Abrazar de lado cruzando los brazos poniéndolos cada uno en los brazos del otro, *Subaybay.* pc.
Abrazar por la cintura. *Yapos.* pc.

Abrazar apretando. *Linquis.* pc.
Abrasarse en llamas. *Topoc.* pp.
Abrasarse la boca con agua ó pimienta. **Lanac.** pc.
Abreviar. *Biglâ.* pc. *Dagli.* *Dalidali.* pp.
Abrigar la gallina á sus pollos. *Copcop.* pc.
Abrigarse á la sombra. *Canlong.* pc.
Abrigarse del viento. *Limbon.* pc. *Cubli.* pc.
Abrigarse ó arroparse en la cama. *Mag cumot.* pp. *Mag balot.* pc.
Abrir. *Agtas.* pc.
Abrir con fuerza. *Añgat.* pc.
Abrir camino. *Bagtas.* pc. *Balatas.* pc. *Hauan.* pp. *Agtas.* pc.
Abrir las piernas. *Bicaca.* pp. *Bisaclat.* pc. *Sinaclang.* pc.
Abrir los ojos, ó lo que está arrugado. *Hilat.* pp.
Abrir el pescado para secarlo. *Bilar.* pc.
Abrir, como arca, &c. *Bocâ.* pc.
Abrir lo tapado. *Bucas.* pc.
Abrir, como las alas el ave. *Cambang.* pc. *Cayangcang.* pc.
Abrir, como abanico ó compás. *Dalañgat.* pc.
Abrir los ojos. *Dilat.* pp. *Mulat.* pp. *Muli.* pp.
Abrir, por desencajar. *Lingcag.* pc.
Abrir para sacar espina. *Lili.* pp. *Hochoc.* pc.
Abrir algo de encaje. *Incat.* pc.
Abrir con violencia. *Icang.* pc.
Abrir el animal para sacar las tripas. *Oca.* pp. *Houac.* pc. *Bosbos.* pc.
Abrir la boca. *Ñgañga.* pc.
Abrir con lanceta hinchazon, divieso. *Suit.* pc.
Abrir ostiones con cuchillo. *Sucab.* pc.
Abrir agugero. *Tihang.* pc.
Abrir ensanchando. *Uanguang.* pc.
Abrir, como piernas, boca ó cepo. *Uiang.* pc.
Abrir portillo para pasar. *Uilang.* pc.
Abrir algo como anillo, ó zarcillo por las junturas. **Añgat.** pc. *Tagtag.* pc.
Abrir como palo ó caña. **Acba.** pc.
Abrir la boca agonizando. *Ticap.* pc. *Ticab.* pc.
Abrir la palma de la mano. **Lahad.** pp.
Abrir la punta de algun palo. *Salañgat.* pp.
Abrir las piernas para montar á caballo. *Saclang.* pc.
Abrir libro. *Buclat.* pc.
Abrir molduras. *Duquit.* pp.
Abrir petate ropa. &c. *Buclat, ladlad.* pc. *Latag.* pp.
Abrir por fuerza. *Tingcab.* pp.
Abrirse el cesto. **Biclát.** pc. *Biclád.* pc.
Abrirse el grano que se tuesta. *Busa.* pc.
Abrirse las junturas de las tapias. *Ticang.* pc.
Abrirse, como la flor ó llaga. *Musangsang.* pc. *Bucangcang.* pc. *Bucarcar.* pc.
Abrirse la postema. *Bosouang.* pc.
Abrirse la llaga por partes encontradas. *Lahang.* pp.
Abrojal. *Tinican.* pc. **Orayan.** pp.
Abrojos. *Tinic.* pc. **Oray.** pp.
Abrumado por muchos negocios. **Hicahos.** pc. *Ligalig*
Absit. *Ilayo nang Dios. Huag ding itulot nang Dios.*
Absolver *Basbas.* pc. *Calag.* pc.
Abstenerse de lo vedado. *Pañgilin.* pp.
Abstinencia que hacian en la muerte de algun pariente *Sipá.* pc.
Abstinencia. *Balata.* pp. *Couasa.* pp.
Abotagado. *Banas.* pc. *Tabang.* pc. *Gambol.* pc. *Pamaga.* pc. *Pamantal.* pc.
Abuela. *Bayi.* pp. *Indó.* pc. *Apó.* pp. *Nonó.* pp.
Abuela. **Inda poon.** pp. **Nanay.** pp. **Impo.** pc.
Abuelo. **Amba-poon.** pc. **Nonó.** pp. **Apo.** pp. **Ambá.** pc. **Mamay.** pp **Ama.** pc.
Abultado. *Bagal.* pp. *Malamboc.* pc.
Abultar. *Cambong.* pc. *Tamboc.* pc.
Abundancia. *Sauâ.* pp. *Casauaan.* pp. *Sauuar.* pc. *Sauag.* pc. *Lamac.* pc. *Casaganaan.*
Abundancia repentina del bien ó mal. *Mislâ.* pc.
Abundar de alguna cosa. *Manghao.* pc. *Sagana.* pp. *Asac.* pp.
Abundar en todo lo necesario. *Pacayan.* pp.
Abundante. *Banlac.* pc.
Aburrido de su mala suerte. *Patiuacal.* pc.
Abusar. *Mamihasa.* pp.
Abusar. *Masamang pag gamit, ó gamitin sa masama.*

A antes de C.

Aca. *Dito.* pp. *Dini.* pp.
Acabalar. **Acpan.** pc.
Acabar. *Simot.* pc. *Lotas.* pc.
Acabar. *Agar.* pc. *Daos.* pc.
Acabar la obra. *Saquia.* pp. *Yari.* pp.
Acabar del principio hasta el fin algo. *Alosos.* pc.
Acabar lo que da cuidado. *Diuasa.* pp. *Guiuasa.* pc.
Acabar de una vez todo. *Hagorhor.* pc.
Acabar de hacer de todo punto. *Toloy.* pc.
Acabar de cortar. *Otas.* pc.
Acabar de beber la taza. *Pahit.* pc.
Acabar, consumiendo. *Agad.* pc. *Said.* pc. *Alos.* pp.
Acabar la generacion. *Lipol.* pp.
Acabarse, destruirse. **Lalad,** ó **lalar.** pp.
Acabarse del todo. *Obos.* pp. *Lobos.* pc. *Hilabos.* pc.
Acabarse algo. *Tapos.* pp. *Ibos.* pp. *Sanà.* pp. *Otas.* pc.
Acabarse. *Abar.* pp.
Acabarse aquello de donde van sacando algo. *Timor.* pp.
Acabado. *Ubus.* pc.
Acabamiento, como de tiempo. *Tapos.* pp.
Á cada uno. *Tumbas.* pc. *Ma, mana.* pc.
Acaecer. *Mangyari.* pp. *Pangyayari.* pp.
Acalenturado. *Alibog.* pp. *Anat.* pp. *Hiñgao.* pc. *hindang.* pp. *Sinat.* pp. *Lagnat.* pc.
Acallar al niño. *Alò.* pp. *Amó.* pp.
Acamar mieses. *Halayhay.* pc.
Acanalar agua. *Bangbang.* pc.
Acanalar madera. *Lucar.* pp. *Hucay.* pp.
Acantilado. *Taric.* pc. **Duminding.** pc.
Acardenalarse. *Latay.* pp. **Hinayom.** pp.
Acariciar. *Apo.* pp. *Irog.* pp. *Amo.* pp.
Acáro, ó arador de la sarna. *Cagao.* pp.
Acarrear. *Agsam.* pc. *Hacot.* pp. *Acsam.* pc.
Acartonarse. *Yayat.* pc. *Malagod.* pp. *Nihang.* pp. *Patpatin.* pp. *Balingquinitan.* pp.
Acaso. *Caalamalam.* pp. *Sacali.* pp.
Acaso. *Lamang.* pp. *Caya.* pc. *Camaalam.* pp.

Acatamiento, reverencia. *Galang*. pp.
Acatar. *Mangayopapa*. pp.
Acaudalar. *Pag titipon nang pilac, pag titipid, ó pag aarimohanan.*
Acaudillar. *Mag punò sa hocbo.*
Acceder. *Payag*. pp. *Ayon*. pp.
Accidente. *Biglang suquit*, **tama**. pp.
Accion. *Gaua*. pc.
Accion de moler y beneficiar caña dulce. **Cabyao.** pc. *Ilo*. pc. *Alilis*. pp.
Accion de untar la parte dolorida. **Haplas.** pc.
Acechador. *Batyao*. pc. *Nag babacay*. pp.
Acechar *Bacay*. pp. *Soboc*. pp. *Silip*. pp. *Liao*. pc.
Acederas. *Cocoyoli*. pp.
Acedo. *Colasim*. pc. **Olasim.** pc.
Acedo, ágrio. *Colasiman*. pp. *Maasim*. pp. *Panis*. pc.
Aceite de coco. *Banglis*. pc. *Langis*. pc.
Aceite de ajonjolí. *Lana*. pp.
Aceite de ajonjolí preparado. *Tingalong*. pp.
Aceite. *Hilamun*. pc.
Aceitero. *Manhahapil*. pp.
Aceituna de la tierra. *Alagatli*. pc.
Aceleracion en hacer algo. *Sandopica*. pp.
Acelerado. *Gahasa*. pp.
Acelerar. *Caroy*. pp. *Dali*. pc.
Acelerarse en el camino. *Dalos*. pp.
Aceleradamente y de priesa. **Hañgos.** pp.
Acendrado. *Vaya*. pc. *Tonay*. pp. *Lubos*. pc. *Tanac*. pp. *Dalisay*. pp.
Acento breve. **Banayar.** pp.
Acepillar. *Pagcatam*. pc.
Aceptar. *Tangap*. pc.
Aceptar personas. *Tangi.*
Acequia. *Bangbang*. pc.
Acerca de, ó sobre tal cosa. *Hinguil sa*. pc. *Bagay sa*. pp. *Tungcol sa*. pc.
Acercar algo trayéndolo hácia si con garabato. *Cohit*. pp.
Acercarse. *Layon*. pp. *Datig*. pp. *Lapit*. pp.
Acercarse de un barrio á otro ó pueblo. *Sangnayon*. pp.
Acercarse para no errar el tiro. *Totoc*. pc.
Acercarse la gente. **Colomot.** pp.
Acero. *Patalim*. pc.
Acero batido. *Binalon*. pp.
Acertado. **Tucoy.** pc. *Talinong*. pp.
Acertar. **Tuga.** pp. *Tumpac*. pc.
Acertar tirando. *Igò*. pp. *Bigò*. pc.
Acertar el tiro pasando un agujero de banda á banda. *Suplit*. pc.
Acertar á lo que se tira. *Nigo*. pp. *Tama*. pp.
Acertar de medio á medio con alguna arma. *Tauo*. pp.
Acertar adivinando. *Pati*. pp.
Acertar en lo que dice ó hace. *Toto*. pp.
Acertar. *Tinguir*. pp. *Tumpac*. pp.
Acezar. *Hinga*. pp.
Acezar mucho resollando. *Hingal*. pp.
Acezar con las narices. *Hingasing*. pp.
Achara de cualquier fruta. **Dalóc.** pc.
Achaque. *Dahilan*. pc.
Achacoso. *Masasactin*. pc.
Achaques, escusas. *Siuat*. pp.
Achicador. *Limasan*. pp.
Achicar la agua de la embarcacion. *Limas*. pc.
Achicar algo. *Onti*. pc. *Paontiin*. pc.
Achaque, ó enfermedad. *Saquit*. pc.
Achotes de caña para alumbrar. **Sigsig.** pc.
Aclamar. *Bunyi*. pp. *Diuang*. pp.
Aclarar el orizonte. *Liuayuay*. pc.
Aclarar, ó esplicar. *Saysay*. pc. *Salaysay.*
Aclarar el agua ó licor. *Tinao*. pc.
Aclarar pleito ó negocio. *Linay*. pp.
Acogotar animal. *Talaoc*. pc.
Aclararse lo turbio. *Tinao*. pc. *Tining*. pp.
Aclimatarse. *Hiyang*. pp.
Acodar. *Ipaniin sa sico ang olo, pasangang baon sa lupa.*
Acoger, acogerse. *Salilong*. pp. *Silong*. pp.
Acogerse. *Higno*. pc. *Hinacdal*. pc.
Acometer á cortar cabezas. **Ayao.** pc.
Acometer como las tentaciones. *Sompong*. pc. **Saguimsim, salamisim,** *salaguimsim*. pc.
Acometer muchos á uno. *Ambol*. pc.
Acometer de improviso. *Bongsor*. pc. *Sacsac*. pc.
Acometer. *Dalohong*. pp. *Dayo*. pp. *Balonac*. pp. *Salang*. pc. *Lompong*. pc.
Acometer con osadía. *Samal*. pp.
Acometer el animal que tiene astas. *Sibasib*. pp.
Acometer el pez grande al pequeño espantándolo. *Sibo*. pp.
Acometer echando las garras. *Songab*. pc.
Acometer al contrario. *Lamas*. pp. *Solong*. pc.
Acometer la enfermedad. *Sical*. pp.
Acometimiento del enfurecido. *Pangisig*. pp.
Acomodarse con otros á dormir, comer, &c. *Salansan*. pc.
Acomodarse dos en trage ó vestido, costumbre. *Bagay*. pp.
Acomodarse á la costumbre de otro. **Lansac.** pc.
Acompañar al que corre. **Alagad.** pp.
Acompañar instrumentos musicos. **Saliu.** pp.
Acompañar unas cosas con otras. **Laoc.** pc.
Acompañar un rato á alguno. **Agdon.** pc.
Acompañar. *Aboloy*. pp. *Among*. pp. *Sama*. pp. *Abay*. pp.
Acompañar para mostrar el camino. *Himaton*. pc.
Acompañar á otro en juntar los manojos de arroz. *Tambag*. pc.
Acompañar despidiendo al que se va. *Patnogot*. pp.
Acompañar en el camino. *Iling*. pp.
Acongojar. *Douahagui*. pp.
Aconsejarse con otro. *Parirala*. pp. *Sangoni.*
Acontecer *Pangyayari, mangyari*. pp.
Acopiar. *Tipon*. pp. *Ipon*. pp.
Acordarse. *Alaala*. pp. *Olohati*. pp.
Acordarse con deleite. *Gonamgonam*. pp.
Acordarse del amigo. *Guiliu*. pp.
Acorde. *Caayon*. pp. *Caparis*. pp.
Acornar. *Souag*. pc.
Acorralar. *Culong*. pc. *Bacurin*. pp.
Acortar. *Icli*. pc. ó *igsi*. pc.
Acortar el cordel. *Catbing*. pc.
Acortarse. *Ngimi*. pc. *Omid*. pc.
Acosado. *Taloar*. pp.
Acosar los perros á otro. *Colongo*. pc.
Acosar persiguiendo. *Habol*. pp. **Tuguis.** pp. **Osig.** pp.
Acostarse al lado de otro. *Abay*. pc. *Agapay*. pp.
Acostarse boca abajo. *Taob*. pc. *Dapá*. pc.

Acostarse boca arriba. *Tihayà.*
Acostarse cuadrúpedos. *Logmoc.* pc.
Acostarse dos pies con pies. *Pahan.* pc.
Acostarse. *Higa.* pc.
Acostarse sin cubierta ni estera. *Hilangtar.* pc.
Acostumbrado. *Damag.* pp.
Acostumbrarse. *Anayar.* pp. *Mihasa.* pp.
Acostumbrarse. *Bihasà.* pp.
Acostumbrarse á hacer alguna cosa. *Sanay.* pp.
Acostumbrarse al trabajo. **Bintay.** pc. **Honat.** pp.
Acotar. *Bito.* pp.
Acuñar, haciendo con el escoplo por donde entre la cuña. *Tanat.* pp.
Acreditar. *Bunyi.* pc.
Acreditar. *Patunay.* pp. *Patotoo.* pp.
Acreedor, *Pinagcacautangan.* pp. *May pautang.* pp.
Acribar. *Igaig.* pp. *Bithain.* pc.
Acriminar. *Paratang.* pp.
Acrisolar el oro. *Sañgag.* pc.
Actitud, postura. *Calagayan.* pp. *Pagcatayó.* pc. *Pagcalagay.* pc.
Actividad de cualquier veneno. *Bisá.* pp.
Activo, diligente. *Masipag.* pp.
Activo, veneno ó medicina. *Mabisa.*
Acto de aquietarse el enojado. **Linalio.** pc. *Hupa ang galit.*
Acto de enderezarse con violencia una cosa arqueada. **Iscad.** pc. *Paltoc.*
Acto de dar. **Taotay.** pp.
Acto de sujetarse. **Sohot.** pp. *Soco.* pp.
Acto deshonesto. **Agolo.** pp.
Acto carnal. *Biro.* pp. *Gamit.* pp. *Talbag.* pc.
Acto voluntario. *Cosa.* pp.
Acto impúdico hominis cum muliere *Yot.* pc.
Actualmente. *Ñgayondin,* l. *sa horas na ito.*
Acuchillar peleando. *Pamooc.* pp. *Iua.* pp.
Acudidero, lugar donde acuden muchos. **Canigoan.** pp. **Caboyocan.**
Acudir. *Dalo.* pc. *Guibic.* pc.
Acudir las aves. *Sabo.* pp.
Acudir á su vez. *Iral.* pp. *Alap.* pc.
Acudir á alguno en sus necesidades. *Layao.* pp.
Acudir la parentela á algo. *Galac.* pp.
Acuerdo. *Pinagcaisahan.* pc. *Sanguni.* pp.
Acullá, allá. *Doon.* pc.
Acumulacion de cosas diferentes mezcladas unas con otras. **Sambog.** pc.
Acumular. *Paratang.* pp. *Tipon.* pp. **Timbon.** pc.
Acunar al niño. **Imboy.** pc. *Ogoy.* pc. **Imbayog.** pp.
Acuoso. *Matubig.* pp.
Acurrucarse. *Mañgolongcot.* pc.
Acusacion, acusar. *Habla.* pc. *Sombong.* pc.
Acusar á otro delante del mayor. *Babala.* pc.
Acusar falsamente. *Paratang.* pp.

A antes de D.

Adagio. *Cauicaan.* pc.
Adalid. *Patnogot.* pp. *Panogot.* pp. *Cúnolo.* pc.
Adamado. *Binabayi.* pp. **Babayinin.** pp.
Adamascado. **Sabatsabat.** pp.
Adarga, *Longqui.* pc. *Calasag.* pp.
Adargarse ó reparar el golpe con el escudo ó rodela. *Sanga.*
Adecuar. *Bagay.* pp. *Dapat.* pp.
Adefesio. *Sinsay.* pc. *Malayo sa pinag oosapan.*
Adehala. *Patong.* pp. *Dagdad.* pc. **Pahiling.** pc. *Patauad.* pp.
Adelantado, atrevido. *Pañgahas.* pc.
Adelantar. *Pala.* pp. *Pauna.* pp.
Adelantar el mal ú otra cosa. *Lalà.* pc.
Adelantar el precio para que no se lo compre otro. *Agap.* pp.
Adelantarse. *Ona.* pp. *Agag.* pp. *Mona.* pp.
Adelantarse en lo que hace. *Lalo.* pp.
Adelantarse en el camino. *Lalo.* pp.
Adelantarse á hacer ó á decir algo. **Lolong.** pp.
Adelantarse para llevar el premio. **Taloas.** pc.
Adelante, ó siga vd. *Tuloy.* qc. *Patoloy.* pp.
Adelante. *Sa hinaharap.* pp. *Sa huli.* pc. *Sa panahong haharapin,* ó *darating.*
Adentro. *Loob.* pp. *Pasoc.* pp.
Adelgazar el algodon para ventosa,. *Pirat.* pp.
Adelgazar. *Nipis.* pc. *Monti.* pc. *Paontiin.* pc.
Adelgazar el hilo. *Cayor.* pp.
Adelgazar la punta de alguna cosa. **Hayap.**
Adelgazar, como masa. *Liquis.* pc.
Adelgazar la voz. *Titis.* pc, *Tin-is.* pc.
Aderezar aceite de ajonjolí. *Bulat.* pp.
Aderezar herramienta. *Alob.* pp.
Aderezar. *Hagot.* pp. *Igui.* pp. *Dalomat.* pp.
Aderezar lo desaliñado. *Yaman.* pp.
Aderezar, aparejar de comer. *Hantal.* pc.
Aderezar la banca. *Samaco.* pp.
Aderezar embarcacion. *Samno.* pp.
Adherirse. *Campi.* pc. **Ayó.** pc.
Adiestrar. *Acay.* pp. *Turuan.* pp *Sanain.* pp.
Adiestrar al niño que aun no sabe andar. *Papo.* pc.
Adinerado. *Mapilac.* pp. *Mayaman.* pp. *Guinhaua.* pp.
Adivinar la ventura por las rayas de la mano. *Palar.* pp.
Adivinar. *Baco.* pc. *Hola.* pp. *Toring.* pp.
Adivinar por lo que ven en el cielo. *Palapañgita.* pp.
Adivinanza. *Bogtong.* pc. *Patooran.* pp.
Adivino. *Sirhi.* pc. *Manghoholà.* pp.
Adjudicar. **Amboy.** pc. *Sulit.* pp.
Adjunto. *Calaquip.* pp. *Calangcap.* pc. *Casama.* pp.
Administrar. *Mañgasiua.* pp. *Mamahala.* pp. *Magmacaalam.* pp.
Admirable. *Catacataca.* pc. *Caguilaguilalas.* pc.
Admiracion, admirarse. *Tili.* pc. *Taca.* pc. *Guilalas.* pc.
Admiracion. *Añga.* pc. *Ariya.* pp. *Arisó.* pp. **Hañga.** pp. *Aya-a.* pp.
Admirado ó espantado. *Gulomihanan.*
Admirarse. *Maang.* pp. **Ay: sayor.** pc. *Manghan.* pc.
Admirarse. *Bañga.* pp.
Admirarse mucho. *Tacha.* pc. *Taca.* pc.
Admitir. *Tangap.* pc.
Adobo de venado con vinagre, *Panalam.* pc.
A dónde, de dónde, por dónde. *Saan.* pc.
A donde quiera, ó por donde quiera. *Saan man.*
Adoptar. *Anac.* pc.
Adoptivo. **Calansac.** pc. *Inaanac.* pc.
Adorable. *Dapat sambahin.*
Adorar. **Amba.** pc. *Samba.* pc.
Adormecerse el brazo. *Ñgimi.* pp. *Manhid.* pc.

Adormecerse manos ó pies. **himanda.** pc. **ñgalo.** pp.
Adormecerse el cuerpo ó alguna parte de él. **pañgimi.** pc.
Adornar. *Gayac.* pc. *Pahiyas.* pp. *Pamuti.* pp.
Adornar lo adornado. **panianió.** pc.
Adornarse para mal. *Gator.* pp.
Adornarse para alguna fiesta. **dayan.** pc.
Adorno, adornar. *Buti.* pc. *Pamuti.* pp. *Hiyas.*
Adorno con variedad. **palomatlomat.** pp.
Adorno en las pantorrillas. **bitic.** pc.
Adquirir hacienda. **aquibat.** pp.
Adquirir. **alacbat.** pc. *Pagcacaroon.* pc.
Adrede. *Pacsa.* pc. *Tiquis.* pc. *Sadiya.* pc.
Advenedizo *Dapo.* pp. *Bantò.* pc. *Tauong ibang bayan.*
Advenimiento. *Pag dating.*
Adversario. *Catalo.* pp. *Caauay.* pp. *Calaban.* pp.
Adversidad. *Cahirapan.* pp. *Casamang palad.*
Advertencia, advertir. **pat-ig.** pc.
Advertencia, registro. *Tanda.* pc.
Advertido. **matalinong.** pp.
Advertir. *Masir.* pc. **tocop.** pc. *Bilin.* pp.
Advertir lo que ha de hacer. *Onaua.* pp.
Adulador, **mananamó.**
Adular. *Hibo.* pp. *Samo.* pc.
Adular. **coping.** pp. *Pupuri.* pc. *Mapuri.* pc.
Adulterar. *Mañgalunyà sa may asaua.*
Adulto. *Tauong sucat magca bait.*
Adunar. **langcay.** pc. **salagoma.** pp.
Adunarse para algo. **salamuha.** pp.

A antes de E.

Aechar apartando los buenos granos de los malos. **dolo.** pp.
Aechar arroz. *Sili.* pc. *Tahip.* pc.
Aechar harina. **tingting.** pc. **quintong.** pc.
A el, á ella. *Sa caniya.* pc.
A ellos. *Sa canila.* pc.

A antes de F.

Afabilidad. **sali.** pc.
Afable. *Banayad.* pp. **banig.** pp. *Lubay.* pp.
Afable de corazon y voluntad. **masali.** pc. *Malubay na loob.*
Afamado. *Bantog.* pc.
Afan. **pois.** pp. *Ligalig.* pp.
Afanar con el trabajo. **bolosaquit.** pp.
Afanarse. **canot.** pp. *Magsumaquit.* pp. *Magsipag.* pp. **lacanot.** pp.
Afanarse en prevenir algo. **parauis.** pp.
Afear. *Halay.* pp. *Pintas.* pc.
Afeccion. Vide. Aficion.
Afectador. *Mapagpa-ilalim.* pc. *Pacunuari.* pc. *Paimbabao.* pc. *Paquitang tauo.* pp.
Afectar ó hacer impresion. **ing-le.** *Magbigay balisa.* pp. *Mag bigay sacunà.* pc. *Mag bigay ligalig, bahala.* &c.
Afecto. *Sinta.* pc. *Irog.* pp.
Afeitar. *Ahit.* pp.
Afeitarse la muger con albayalde. **popol.** pp.
Afeites. **barac.** pc.
Afeminado. Vide Adamado.
Afeminarse. *Mahina ung loob, maduag.*
Afianzar. *Pag tibayin.* pp.
Aficion. **dongsol.** pc. *Liyag.* pp. **donghol.** pc.
Aficion metida en lo interior. *Uili.* pp. *Sinta.* pc.
Aficion, aficionarse. *Guiliu.* pc.
Aficion á algun arte. **camay.** pp. **gamay.** pp. *Uili.* pp.
Afiladera. *Tag-isan, batong hasa-an.*
Afilado de rostro, flaco. **tagpis.**
Afilar cuchillo. *Tag-is.* pc. **laguit.** pp. *Hasa.*
Afilar cuchillo para hacer tuba. **tais.** pc.
Afirmar. *Putunay.* pp. *Pulotoo.* pp.
Afirmar por cierto lo que no lo es. **tibani.** pc.
Afirmar sobre algo. **toon.** pp.
Afirmar con báculo para saltar ó tenerse. **talaon.** pp.
Afliccion. *Pighati.* pc. **gulimhin.** pc.
Afliccion. **mato.** pp. *Dalamhati.* pp.
Afliccion, ó lástima por lo perdido. *Hinayang.* pp.
Afligido, afligirse. **lunos.**
Afligido, triste. *Malumbain.* pp.
Afligirse. **lingñgin.** pc.
Aflojar. **dauas.** pp. *Hina.* pp. **hogot.** pp.
Aflojar. *Ontos.* pc. **togot.** pp. **coyab.** pc. **touac.** pp. *Tahan.* pc.
Aflojar lo apretado. **tobac.** pp.
Aflojar lo tirante hácia el medio. **lubiac.** pc.
Aflojar lo tirante **nonot.** pc. *Lobay.* pc.
Aflojar la calentura. **guisao.** pc. *Hibas.* pc.
Aflojar como la pretina para que venga bien el calzon. **tagostos.** pc.
Aflojarse lo tirante. **tobiar.** pc.
Aflojar la atadura. **lagpus.** pc.
Aflojar el viento la lluvia. *Humpay.* pc.
Aflojar la atadura ó vestido. *Luag.* pc.
Aflojar lo tirante. **hogot.** pc.
Aflojarse el pellejo del tambor. **tobat.** pc.
Afluencia. Vide abundancia.
Afortunado. **salamatin.** pc. *Mapalad.* pp. **dañgal.** pc.
Afortunado. **uisit.** pp. *Guinagaling.* pc. *Mapapalarin.* pc. *Gagalingin.* pp
Aforro. *Panapin.* pc. *Pabalat.* pc.
Aforro, aforrar. *Sapin.* pp.
Afrecho. *Darac.* pc. *Ipa.* pc.
Afrenta que se hace al flojo ó negligente. **mayocmoc.** pc.
Afrentar. **aslac.** pc. *Mora.* pp. **pusa.** pc.
Afrentar á otro. **pasablay.** pc.
Afrentar con voces. **auag.** pp.
Afrentar de palabras. **palauacya.** pc.
Afrentar con malas palabras. **himasan.** pp.
Afrentar á la muger nombrándola las part s verendas. **himoua.** pp.
Afrentar en público. **dayaray.** pc.
Afrentar á alguno con sus defectos. **panhalayi.** pp.
Afrentar á otro á voces desde su casa. **tilaylay.** pc.
Afrontarse los dos bandos contrarios. **tampil.** pc.
Afuera. *Sa labas.* pc.

Agacharse entre la yerba. *Logmoc.* pc.
Agacharse casi sentándose. **yocyoc.** pc.
Agacharse para entrar por puerta baja. **yoquib.** pc. *Yoco.* pc. *Tonğo.* pc.
Agacharse acechando. *Soboc.* pp.
Agacharse. *Socot.* pp. *Yoco.* pc. *Tonğo.* pc.
Agalla. **diris.** pp.
Agallas del pescado. *Hasang.* pp.
Agarrar. **daquit.** pp. *Capit.* pp.
Agarrar. *Cauit.* pp.
Agarrar, arremeter. *Sunggab.* pc.
Agarrarse. *Panğapit.* pp.
Agarrarse para no caer. *Capit.* pp.
Agarrotar. *Higpitin ang basta sa pihit nang garote.*
Agasajar. *Paquitang loob.* pp.
Agazapar. *Songgab.* pc. *Daquip.* pc.
Agazaparse. *Magtago.* pp. *Manğubli.* pc.
Agatas andar. *Gapang.* pp.
Agenciar. *Magsaquit.* pp *Maghanapbuhay.* pp.
Agengibre. *Luya.* pp.
Agengibre silvestre. **luyan usiu.** pp.
Ageno. *Ari nang iba.* pc. *Gaua nang iba.*
Agilidad. *Licsi.* pc. *Bilis.* pc. *Tulin.*
Agitar árbol. *Yugyog.* pc.
Aguijon de abeja. **sondol.** pc. **asir.** pc *Tibo.* pc.
Agonia. *Pughihinğalo.* pc.
Agonizar el que está ahogando en el agua. **loñgo.** pc. *Sinğap.* pc.
Agonizar por falta de respiracion. *Sinğap.* pc.
Agonizar. *Ilinğalo,* **abahan.** pc. **guisa.** pc.
Agorar. *Pamahiin.* pp. *Pug-aanito.* pp. *Abucion.* pc.
Agorero. *Mamamahiin,* l. *Mapagpamahiin.* pp.
Agorero en pájaros. *Magmamanoc.* pc.
Agorgojarse. *Bucbuquin.* pc.
Agostarse *Toyot.* pp. *Magcatoyot.* pp.
Agotar, achicar. *Limas.* pc.
Agotar algo sin dejar rastro. *Pispis.* pc.
Agotar la bebida. **lavos.** pc. **gahi.** pc.
Agotar. *Titi.* pp.
Agotar la vasija sin resollar. **payia.** pc.
Agotarse la fuente. **tagas.** pp.
Agoviado. **daconot.** pp.
Agraciar. *Bigyan.* pc. *Pagcalooban.* pp.
Agradar. *Pag bibigay loob, gusto.* &c.
Agradecer. *Pasalamat.* pp. *Ganting loob.* pp.
Agrandarse la rotura. *Lalà.* pp.
Agrandar. *Laqui.* pc.
Agranel. **balosbos.** pc. **bunac.** pp.
Agravar. *Mag dagdag nang bigat.* pp.
Agravar el mal. *Lala.* pc. *Lubhà.* pc.
Agravio que uno recibe por no ser bien tratado. **ilin.** pc. *Iling.* pc.
Agraviar á otro tomándole algo. **lapas.** pc.
Agraviar. *Api.* pc. *Imbi.* pc.
Agregar. *Ipon.* pp. *Tipon.* pp.
Agresor. *Humahandolong.* pp.
Agréste. *Tagabuquid, bolobondoquin.* pp.
Agriarse. *Panis.* pp. *Colasim.* pc
Agrio. *Asim.* pc. *Maasim.* pp.
Agrupar. *Tipon.* pd. *Magcaipon.* pp.
Agua. *Tubig.* pp.
Agua medio corrumpida. **bansio.** pc.
Agua muerta, ó aguas muertas del mar. **liquia.** pp. *Dicyà.* pc.

Agua que dejan las avenidas en las barrancas. **baciao.** pc.
Agua rebalsada. **baciao.** pc.
Agua tibia. **malahinhin.** pc. *Mulahininğa.* pc. *Malacoco.* pp.
Agua hedionda. **malais.** pp.
Aguas vivas. **pabungcal batang.** pp.
Agua juntada en gran cantidad. *Auac.* pc.
Agua enturbiada con un género de fruta con que matan los pescados. **pilao.** pp.
Agua que pasa á la sementera por canal. *Patubig.* pp.
Agua que se echa en la alquitara para templar el calor. **tabag.** pp.
Agua dulce. *Tub-ang.* pc.
Agua salobre. *Tabsing.* pp. **baluga.** pp.
Aguas malas. **dia.** pc.
Aguas muertas. **laboclaboc.** pc.
Aguar el vino ó la tuba. **tapar.** pp. **banloág.** pp.
Aguamanil. *Panhihinauan.* pp. *Hinauan.* pp.
Aguas muertas. **salabay.** pp.
Agua que se escurre de la tierra cuando es pisada. **salamisim.** pp.
Agua salada pasada por arena para hacer sal. *Tasie.* pp. **togno.** pc.
Aguacero. *Ulan.* pc.
Aguacero recio. **daisdis.** pc. *Daguisdis.* pc.
Aguaceros menudos. **dapdapin.** pp.
Aguada. *Tanğar.* pp.
Aguanoso. *Tubigan.* pc. *Matubig.* pp.
Aguantar. *Bata.* pc. *Tiis.* pc. *Atim.* pc.
Aguante en el trabajo. *Tagal.* pc.
Aguardar. *Putnobay.* pp. *Hintay.* pc. *Intay.* pc.
Aguardar al huésped. **dating.** pc. *Abang.* pc. *Antabay.* pc.
Aguardar la caza detras de la red. **taliba.** pp.
Aguardar para pedir algo. *Abang.* pc.
Aguardiente. *Alaç ardiente.* pp.
Aguas mayores. *Manalicod.* pc. *Manabi.* pc. *Tumae.* pc.
Aguas menores. *Umihi.* pp. *Manubig.* pc.
Aguaza, *Sago.* pp. *Lahoy.* pp.
Agudeza. *Cabaitan.* pp.
Agudeza de cualquier cosa. *Talas.* pp. *Talim.* pc.
Agudó. **suñgit.** pp.
Agudo **taloroc.** pp.
Agudo, aguzar. *Tilos.* pp. *Tulis.* pp.
Agudo, perspicaz. **matalos.** pc.
Agudo, ó filo cortante. *Matalim.* pc. *Matalas.* pp.
Aguero. *Pamahiin.* pc. *Panğitain.* pp.
Aguerrido. *Bayani.* pp. *Mandirigma.* pc.
Aguijon. *Tibo.* pp.
Aguijon de abeja ó abispa. **asir.** pp.
Aguila. **banoy.** pp.
Aguileña cara: *Ma ayos, mahauas na muc-hà.*
Agujerar con lesna ó aguja. *Tusoc.* pp.
Agujerar no en tabla. **bosbos.** pc.
Agujerar, con el dedo. *Doquit.* pp. *Docquit.*
Agugerar el dedo para sacar sangre cuajada, con una aguja envuelta toda en hilo. **palatac.** pc.
Agujerar nariz, orejas. *Tosoc.* pp.
Agujerar de parte á parte. **labos.** pp.
Agujero para coser la banca. *Balibol.* pp.
Agujero de caña ó tabla. **busbus.** pc.
Agujero in genere. *Bulas.* pp.
Agujero que no penetra. **lihib.** pp.

Agujero en donde ensartan algo. **tolos.** pp.
Agujero en vaso ó loza. **tagubaná.** pp.
Agujero en vasija. **gaang.** pp.
Agujero en las tablas ó cañas del suelo de la casa. *Silat.* pc.
Agujero por donde se puede acechar. *Silipan.* pc.
Agujeros muy pequeñitos de la vasija. **putic.** pc.
Agujerito que hace el raton. **oot.** pc.
Aguja en que está devanado el hilo para ir tejiendo con él. *Sicuan.* pc.
Aguja de marear. *Paraluman.* pp.
Aguja de coser. *Carayom.* pp.
Agujerito del coco. *Matang bauo.* pp.
Aguzado. **damios.** pc.
Aguzar. **datdat.** pc. **tapas.** pp. **dayat.** pp. **talas.** pp. **ayos.** pp.
Aguzar, ó afilar. *Hasa.* pp. *Talas.* pp. *Patalasin.* pp. *Patalimin.* pc.

A antes de H.

Ah! *Aba co.* pp. *Sa abà co.* pp.
Ah, quejándose en señal de dolor ó disgusto. *A.*
Aherrumbrarse. *Calàuangin.* pp.
Ahí. *Dian.* pp.
Ahí está *Hayian.* pc. *Narian.* pc. *Ayan.* pc.
Ahí teneis. *Hayian.* pc. *Ayan.* pc. *Narian.* pc.
Ahijado. *Inaanac.* pc. *Anac sa binyag, sa cumpel.*
Ahilo. *Hilo.* pp. *Lio.* pp.
Ahincar, ahinco. *Mag pilit.* pp. *Mag saquit.* pp.
Ahitarse. *Hilab.* pp. **bulibuli.** pp.
Ahito de haber comido de mas. *Hilab.* pp. **buli.** pp. **bulibuli.** pp.
Ahogar algo en manteca. **tonis** pp.
Ahogar. **baliñgañga.** pp. *Bigti.* pc.
Ahogar uno á otro apretándole la garganta. *Bigti.* pc. *Sacal.* pc.
Ahogarse en el agua. *Lonor.* pp.
Ahogarse con comida, bebida, humo, &c. *Samir.* pc.
Ahogarse por no poder resollar. *Inis.* pc.
Ahondar. *Lalim.* pp.
Ahora. *Ngayon.* pp. *Ca.*
Ahora mismo. *Ngayon din.* pc.
Ahorcarse. *Bicti.* pc. *Bitay.* pp. *Bigti.* pc.
Ahorcas. **binalabo.** pp.
Ahorrar. *Tipir.* pc. **harimohan.** pc. **dimohan.** pc. **arimohan.** pp. **aremota.** pc.
Ahorrar. *Adhica.* pc. *Arimohanan.* pc. *Dimohanan.* pc. **yarimohan.** pc. *Tipid.* pc.
Ahorrativo. **siniqui.** pc.
Ahorca de tres hilos de oro. **calambigas.** pc.
Ahuecar. *Guangan.* pp. *Guang.*
Ahullar los perros. *Ongal.* pp. *Hulhol.* pc.
Ahumar poniendo al humo. *Tapa.* pc.
Ahumar carne ó pescado que no se sala. **tayobay.** pp.
Ahuyentar. *Bugauin.* pp. De *bugao, aboy.* pc.

A antes de I.

Airarse. **halabac.** pc. *Galit.* pp. **salimoot.** pp.
Aire. *Hangin.* pp.
Aire en el andar. *Gaut.* pp.
Aire galerno. **agoy-oy.** pc.
Aire ó ambiente. *Hingahan.* pp.
Aire suave. **agay-ay.** pp. *Palaypalay.* pc.
Aislado. *Napapag-isa, nag iisa.* pc.
Aislado ó detenido por el mal tiempo. *Bingbing.* pc.

A antes de J.

Ajar algo. *Yocos.* pp.
Ajar algo entre las manos. *Coyomos.* pp. *Comos.* pp. Ajar algo, como ropa. **icos.** pp.
Ajonjolí. *Linga.* pp.
Ajos *Bauang.* pp.
Ajuar de cocina. **lalanghotan.** pp. **cacamañgan.** pp.
Ajuar de casa. **daral.** pc. *Laman bahay.* pp. *Casangcapan.* pp. *Cacamangan.* pp.
Ajuar del pobre. *Ariarian.* pp.
Ajustado. *Higpit.* pc. **banglay.** pc. **sucat.** pp. *Lapat* pp.
Ajustar mal las tablas. *Auang.* pc.
Ajustar una cosa á otra. **ocol.** pp.
Ajustar con el entendimiento, como el sastre que tantea. *Ocol.* pp.
Ajustar cosas. **dasic.** pc.
Ajustar bien en alguna madera la muesca. *Sangap.* pc.
Ajustar á la razon. *Tapat.* pc.
Ajustar encajando. *Lapat.* pp.
Ajustar, como vestido. **talobanat.** pp.
Ajustar. **capo.** pc. **siya.** pp.
Ajustar bien el madero en la muésca. **lañga.** pc.
Ajustar como encaje de cruz de los palos. *Abab.* pc.
Ajustar dos tablas ó maderas. **babac.** pp.
Ajustar una cosa apretándola. *Higpit* pc.
Ajustarse á la razon. *Tapat.* pc.

A antes de L.

Al, á la, á lo. *Sa.*
Al instante, luego, al punto. *Agad.* pc. *Alipalà.* pp. *Tambing.* pp. *Pagdaca.* pp. *Capagcaraca.* pp. *Capagcuan.* pc. **cun.** pc. *Cagyat.*
Alapar. *Alacbay,* l. *Agbay.* pp. *Agapay.* pp.
A la otra parte. *Sa ibayo.* pp. *Sa ibayiu.* pp.
Ala de la ave. *Pacpac.* pc.
Ala del tejado. **palantican.** pp. **lantican.** pp.
Alabar. **halac.** pc. **bansag.** pc. **hañga.** pp.
Alabar, alabanza. *Puri.* pp. *Bunyi.* pc.
Alabearse, ó torcerse. **quibang.** pp. **quibal.** pp. *Quiual.* pp.
Alacran *Atangatang.* pp. *Alagdan.*
Alhajas ó menesteres. *Sangcap.* pp.
A la larga. *Ayon.* pp. *Paayon.* pc.
Aladar del cabello. **pispisan.** pp. **pilipisan.** pp. **palispisan.** pp.
Alafia. *Biyaya.* pp. *Patauad.* pp. *Aua.* pp.
Alambique. *Alacan.* pc.
Alambre. *Cauad.* pp.
Alamparse. *Pita.* pp. *Mag pita.* pp.

Alamud. **cansing.** pc.
Alancear. *Sibatin.* pc. *Olosin nang sibat.*
Alar, alero. *Balisbisan.* pp.
Alaracas ó voces de victoria. *Hiyao.* pc. *Diuang.* pp. *Uagui.* pc.
Alarde. **parañgia.** pc. *Parangalan.*
Alargar. *Dagtongan.* pc. *Pahabain.* pp.
Alarido. *Hagulhol.* pc. *Taghoy.* pc.
Alarido de perros. **cabang.** pp.
Alargar el golpe. *Sangga.* pc.
Alargar el brazo para coger algo. **gauang.** pc.
Alargar algo estirándolo. *Lavig.* pp.
Alambre que atan al anzuelo. **dauay.** pp.
A la par, á una. **halap.** pc.
Alarma. *Paguibic.* pc. *Pudalo.* pc. Itt. *Golo.* pc.
Alas de la iglesia. **pamacpac.** pc.
Alas del corral en que pescan *Pamaspas.* pc.
Alastrarse, tenderse coserse contra la tierra las aves y animales para no ser descubiertos. *Subsub.* pc. *Mag dapa sa lupa.*
Alba. *Liuayuay.* pc.
Alba, alborear. *Aliuayuay.* pc. *Bucang liuanag, bucang liuayuay.* pc.
Albahaca. **sañgit.** pc. *Solasi.* pp.
Albahaca silvestre. *Locoloco.* pp.
Albañal. *Bangbang, na inaagusan nang mañga dumi, at pinag hugasan, pusali.* pp.
Albañil. *Panday bato, ó mang gagaua nang bahay na bato.*
Albarda. **piangca.** pc. **püste.** pc.
Albayalde. **popol.** pp.
Albendera. *Handa.* pc. *Balihanda.* pc.
Albergar. *Magpatuloy.* pc.
Albergue. *Tuluyan ó pahiñgahan.*
Alborada. Vide, alba.
Alborear. *Aga.* pp. Itt. Vide. Alba.
Alborotarse las gallinas. **tala.** pp.
Alboroto del pueblo por alguna novedad. **lingal.** pc.
Alboroto. **baguibig.** pp. *Ligalig.* pp. *Golo.* pc.
Alborotarse el mar sin viento. **aloyo.** pc.
Alborotarse. **bulas.** pp.
Alborotar con el mal egemplo. **calig.** pp.
Alborozo. **gali.** pc.
Albricias. *Regalo sa caibigan dahil sa mabuting balita, tandang naquiquituà sa caniya.*
Alcaide. *Agucil bilango.*
Alcalde mayor. *Hocom.* pc.
Alcanzame. *Tangco.* pc. *Aguin na.* pp. *Aquina, abuti.* pc. **dinhan.** pc.
Alcanzar. *Camtan.* pc. *Macamtan.* pc. *Dating.* pc. *Abot.* pp. *Camit.* pc.
Alcanzar al caminante, ó al que corre. *Abut.* pp.
Alcanzar con horquilla. *Sungquit.* pc.
Alcanzar cualquiera cosa con la punta del varal. **balayan.** pc.
Alcanzar dando algo á otro. *Abut.* pc.
Alcanzar á todos. *Laganap.* pp.
Alcanzar un tanto cuanto. **tiliabot.** pc.
Alcanzar en el camino á otro que salió antes. **sansam.** pc. *Abot.* pp.
Alcanzar algo alargando el brazo. *Doruang.* pc.
Alcanzar con palo lo que no se puede con la mano. **dauat.** pp.
Alcancía **baloñgan.** pp.
Alcatraz, ave. *Pagala.* pp.
Alcahuetear. **halot.** pp.
Alcahuete. **cagon.** pp. **titatita.** pp.
Alcahuete, tercero. **solohan.** pc.
Alcahuete que vá ó viene con recados. *Sugosugoan.* pp.
Alcahuete que lleva y trae *Tagacaon.* pc.
Alcacer para caballos. *Cumpay.* pc.
Alcoba. *Silid na tulugan.* pc.
Alcoholar las cejas. **taña.** pc. *Antana.* pp.
Alcon, ave de rapiña. **ticui.** pc.
Alcoran. *Ang inaaring santong sulat nang mañga turco, ó librong quinapapalamnan nang manga ley at caútosan ni Mahoma.*
Aldaba. **cansing.** pc.
Aldabada, aldabazo, aldabear. *Pag tugtog sa pinto.*
Aldea. *Nayon.* pp. *Monting bayan.*
Alear el ave. *Magacpac.* pc. *Capag.* pc. *Pagacpac.* pc. *Pagaspas.* pc.
Aleve *Opasalà.* pp. *Tampalasan.* pp.
Alegar razones ó derecho. *Totol.* pp.
Alegar dos sus razones. **topa.** pc.
Alegrarse mucho. **dola.** pp. *Galac.* pc.
Alegre. *Malologdin.* pc. *Masaya.* pc.
Alegría, **aya.** pp. *Logor.* pc. **gari.** pp. *Sigla.* pc. *Calogdan.* pc. **panapat,** *tuá.*
Alegria, gozo. *Ligaya.* pp. *Touà.* pp.
Alegria que se recibe del bien ageno ó propio. *Salamat.* pp.
Alegría del bien. **salam.** pc.
Alegría interior ó esterior. *Saya.* pc.
Alejar, alejarse. *Layò, ilag.* pp.
Alentado. *Matapang.* pp. *Bayani.* pp.
Alentar, respirar. *Hiñga.* pc.
Alentar, animar. *Patapangin.* pp.
Alero, ala del tejado. *Balisbisan.* pp.
Alero ó tapangco que cubre la escalera. *Sibi.* pp.
Alerta. *Pag iingat.* pp.
Aletas del pescado. **calapay.** pc. *Palicpic.* pc.
Aletear ó batir las aves las alas. Vide alear.
Alfange, cuchillon. *Tabac.* pc. *Campilan.* pp.
Alfar. **tipian.** pc.
Alfarero. **mamimipi.** pp. **maninipi.** pc.
Alfiler. *Aspile.* pc.
Alforja ó bolsa grande en que meten la ropa. **poyo.** pp.
Alforja ó talega. *Supot.* pp. **cabalias.** pc.
Alforza. **pico.** pc. **cupit.** pp.
Algazara. **licquiau.** pc. *Hiyauan.* pp. *Sigauan.* pp.
Algarabía de los que hablan mucho. **sisao.** pp.
Algarrobas silvestre. **soysoy.** pc.
Algo. **balangmana.** pc. *Balang na.* pc. *Anoman.* pc.
Algo grande, como baqigue, arca, ganta. **hañgat.** pc.
Algo mas arriba de donde se juntan los lábios. *Sisi.* pc.
Algodon desmadejado. **biting.** pc.
Algodon. *Bulac.* pp.
Algodon hilado. *Sinolid.* pp.
Alguacil. *Bilango.* pc.
Alguna cosa. *Balang na.* pp. *Anoman.* pc.
Alguna vez. *Minsan.* pc.
Algunas veces. *Maminsanminsan.* pc.
Algun dia. *Balang arao.* pp.
Algunos. *Ilan.* pc.
Algunos pocos. *Ilan.* pc. *Bihira.* pp. *Cacaonti.* pp.

Alhaja. *Hiyas*. pp.
Alhamel. *Cargahan, ó hayop na cargahan.*
Alzar la escalera. **dahit.** pc. **bauig.** pp.
Alzar las faldas. *Litis*. pc.
Alzar cosa pesada **biong.** pc.
Alzar del suelo. *Buhat*. pp.
Alzar las faldas en la cintura. *Salocbit*. pc.
Alzar en alto algo. *Taas*. pp.
Alzar la mesa despues de comer. **solot.** pc.
Alzar las manos en alto como el afligido. *Soot camay*. pc.
Alzarse el petate. **banlilis.** pc.
Alzarse con lo que no le toca. **lagoplop.** pc. **am-am.** pc.
Alzaprima. **talompana.** pp. **pamana.** pp.
Al rededor. *Palibot*. pp.
Aliado. **casagpi.** pc. *Cacampi*. pc.
Aliarse. **tag-op.** pc.
Aliarse dos para algo. **laop, sagop.** pc.
Alias. *Sa ibang paraan*. pp. *Sa isang pangalan*. pp. *Ang pamagat*. pc.
Alicates, **sagam.** pp. *Sipit*. pp.
Aliciente. *Panghicayat*. pp. **panghalina.** pp. *Palobay loob*. pp.
Alidona. *Bato sa loob nang tian nang langaylangayan.*.
Aliento. *Hininga* pc. *Hinga*. pc. *Humaymay*. pc.
Aligerar. *Pa-gaanin*. pc. *Bauasan nang big-at.*
Alijar. **cauas.** pp.
Alijar el navio en tormenta. *Tapon lolan*. pp.
Alijarar. *Ipamahagui ang manga lupang di magagaua, nang maararong paua.*
Alillas del pez. **palaypay.** pc. *Palicpic*. pc.
Alimentar. *Pacanin*. pp. *Bigyan nang icabubuhay*.
Alimento. *Pagcain*. pp. *Iquinabubuhay*. pp.
Alindar. *Tandaan ang hanganan nang manga* **linang,** *ó lupang araruhin.*
Alinear. *Ihanay, ó ilagay na sunodsunod, at matouid.*
Aliñar. *Yamán*. pp. *Aniyo* l. *Anyò*. pc. **sanling.** pc.
Aliño, aliñar. **nacya.** pc. **uañgoy.** pp.
Alisar alguna caña. **yasyas.** pc. *Cayas*. pp.
Alisar. **tayo.** pp. *Linis*. pp.
Alisar raspando. *Isis*. pc.
Alisar con ojas asperas. **opli.** pp.
Alisar el oro **naynay.** pc.
Alistar. *Itanda*. pc. *Isulat sa tanduan.*
Alisarse. **bahol.** pc.
Aliviarse desnudándose por calor. **holang.** pp.
Aliviarse el fatigado. **himanman.** pp.
Aliviarse. el enfermo. *Guinhaua*. pc. *Gominhaua ang may saquit.*
Alivio. **olilip.** pp. **gali-a** pc.
Alivio, aliviar. *Guinhaua*. pp.
Aljaba. **calaycay.** pc. **talañga.** pp.
Aljaba de caña. **saloñgan.** pc. **basian.** pc.
Aljibe. *Tiponan, ò pinagtitiponan nang tubig sa olan.*
Aljofaina. *Panhinauan*. pp.
Aljofar, ó abalorio. **manic.** pp.
Alma racional. *Caloloua*. pp.
Almagre. *Sapo*. pc. **badha.** pc.
Almacen. *Bahay ó camalig na pinag tataguan nang sarisari.*
Almacenar. *Itingal*. pc. **ipintong.** pc. *O ilagay sa almacen.*
Almácigo **ayná.** pc. *Ponla*. pc.

Almejas grandes. *Locan*. pc. **gambala.** pc. *Paros*. pp.
Almejas largas. **tambolog.** pp. *Tichan*. pc.
Almejas con que cortaban el arroz. **ani.** pp.
Almeja. **balibir.** pc. **balibit.** pc. *Solib*. pc. *Cabibi*. pp. *Tahong*. pc.
Almendras silvestres. **pisa.** pp.
Almibar. *Arnibal.*
Almidonar. *Mag amirol*. pc.
Almendras pequeñas. **baslar.** pc.
Almidonar el algodon para tejerlo. *Pangas*. pc.
Almires. *Losonglosongan*. pc. *Losong na munti.*
Al mismo punto. *Capagcaraca*. pp. *Capagdaca*. pp. *Capagcouan*. pc.
Almizcle. **castoli.** pp. **diris.** pp.
Almohada. *Onan*. pp.
Almohadilla en la muñeca para disparar la flecha. **baroc.** pc.
Almoneda. *Pag bibili sa cahayagan nang manga pagaari na catulong, ó caalam ang Justicia.*
Almorranas. **quilmos.** pc. **balair.** pp.
Almuerzo, almorzar. **pamahao.** pp. *Amosal*. pc.
Alocado **hibang.** pc. *Tungac*. pc. **handagao.**
Alocucion. *Pananaysay na di malauig nang puno sa caniyang sacop.*
Alojamiento. *Toloyan*. pp.
Alojar. *Mag patoloy*. pc.
Alojarse. *Manuluyan*. pp.
Alo menos. *Maanong*. pc. *Alalaong*. pp. *Man lamang*. pp.
Al punto. *Alipalà* pp. Vide al instante.
Alquilador. *Mag papaupa nang caniyang ari ó casangcapan.*
Alquitara. *Toong*. pp. *Alacan*. pc.
Alquilar. **abang.** pp. *Opa*. pp.
Alrededor. *Sapalibot*. pp.
Al revez. **tumbalic.** pc, *Touaric*. pc. *Balictad*, l. *Baligtad*. pc. **talibar.**
Altamente. *Maiman*. pp. *Lubos*. pc. **disapala.** pp.
Altanería. *Capalaloan*. pc. *Cataasang loob.*
Altar. **dambana.** pc.
Alta mar. **valá.** pp. **tiuala.** pp. *Laot*. pp.
Alteracion partis verendæ. **catoc.** pc.
Alterarse. *Bacla*. pc. **guilophi.** pc. **golophi.** pc.
Alterarse de algo. *Guilalas*. pc. **ing-le.** pc.
Altercar. *Magtalo*. pp. **mag taltal.** pc.
Alternar. *Pag bagobagohin*. pp. *Mag halili*. pc. *Maghalinhinan*. pp.
Alternar con otro ó ir á medias. **ang sang** l. **agsa,** *hati, halili.* **otang.**
Alteza. *Cataasan*. pp. *Caluchan*. pc. *Galang, at pag bati sa manga dugong Hari.*
Altibajos. **lobang.** pp. *Lobaclobac*. pc. *Borolborol*. pc.
Altivez. Vide altanería.
Altivo. *Posong*. pc. *Palalo*. pp. U. Soberbio.
Alto. **lampao.** pc. **alipapao.** pc. **taloroc.** pp. **ayang.** pp. *Taas*. pp.
Alto de popa y proa. **bantoc.** pc.
Alto como cerro que remata en punta. **pontoc,** ó **pantoc.**
Alto, empinado. **talaroc.** pp. **tabyong.** pc.
Alto donde están amontonadas algunas cosas. **bagaobao.** pc.
Alto, ó hacer alto. *Tiguil*. pp. *Hantong*. pc.
Alto de cuerpo. **tinay.** pc. *Haguay*. pc.

Altura de cruz, alma **layog.** pp. *Tayog.*
Alucinar, alucinarse. *Pag ulapan.* pp. *Pag dimlan.* pc. *Pag labuan nang bait.*
Aludir. *Catogon.* pc.
Alumbrar. **banyao.** pp. **anglao.** pc. **balao.** pp. **banglao.** pc. U. el siguiente.
Alumbrar, lo que está algo lejos. *Tanglao.* pc. *Tinglao.* pc. *ilao.* pp.
Alumbre. *Tauas.* pp. **binghuan.** pc.
Alustrar. *Paquintabin.* pc.
Aluvion. *Baha.* pc. **banlic.** pc.
Alveario. *Butas nang tainĝa.*
Alveolo. *Butas na quinatatamnan nang nĝipin.*
Alzar los ojos ó cabeza. *Tunghay.* pc.

A antes de LL.

Allá, alli. *Doon.* pp.
Allanar. *Pataguin.* pp. *Pantayin.* pc.
Allegado. *Malapit.* pp. item *camaganac.* pp. *Caratiy.* pp. *Cacampi.* pc.
Allegadó. **caapir.** pc.
Allegar algo de la medida. **toon.** pp.
Allegar ó inclinar á otra parte. **hinguil.** pc.
Allegar una cosa á otra. *Dais.* pp. *Lapit.* pp.
Allegarse. *Dolog.* pc. *Lapit.* pp.
Allegarse la gente. **dason.** pc.
Allende. *Daco roon, bucod pa, bucod pa mandin.*
Alli. *Diyan.* pc.

A antes de M.

Ama. *Panĝinoon, ó* **poon,** *babaye.* pp.
Ama de leche. *Sisiua.* pp.
Ama que cria á los niños. *Aya.* pc.
Amable. *Caibigibig.* pp.
Amado, querido ó querida. *Iniibig.* pp. *Casintahan.* pp. *Casi.* pp.
Amaestrar. *Magturo.* pp. *Magsanay.* pp.
Amagar con el brazo. **ayang.** pc. *Haya.* pp. **quiya.** pp U. el siguiente.
Amagar de reves, como quien echa la atarraya. **yamba.** pc. **amba.** pc.
Amagar para herir. **yaang.** pp.
Amalgamar. **lahoc.** pc. *Paghaloin.* pp.
Amamantar. *Magpasuso.* pp. *Pasusuhin.* pp.
Amancebado. **caagolo.** pp. *Caluniya.* pc.
Amancebado. **catalapac.** pc.
Amancebamiento citandose en casa agena. *Taon.* pc.
Amancebarse. *Nĝalonya.* pc. **agolo.** pp.
Amancebarse. **bihasa.** pp. *Luniya.* pc.
Amancebarse. *Lunia.* pc. **lumbaba.** pc.
Amanecer. *Omaga.* pp. *Bucang liuanag.*
Amansar. *Amac.* pp. *Amo.* pp. **soysoy.** pc.
Amansar. **amoqui.** pc.
Amansar los animales. *Hayop.* pp *Maghayop.* pp.
Amansarse. **hiloc.** pc.
Amantar. *Comotan.* pp. *Colobonĝan.* pc.
Amante. *Malologdin.* pc. *Sinta.* pp. *Casi.* pp. Vide amar.
Amanuense. *Manunulat.* pp. *Magsusulat.* pc. *Sumusulat.* pc.

A antes de M.

Amar. *Ibig.* pp. *irog.* pp. *Sinta.* pp. *Guilio.* pp. *Liyag.* pp. **layac.** pp.
Amar con vehemencia. **palasinta.** pc.
Amargo. *Pait.* pp. *Mapait.* pc.
Amargoso, especie de pepinos amargos y muy estomacales, balsamina. *Ampalaya.* pc. *Apaliya.* pc. *Apalaya.* pc.
Amarillento. *Naninilao.* pc.
Amarillez del rostro por hinchado. **pamanas.** pc.
Amarillo. **mamar.** pc.
Amarillo, amarillez, azafran. *Dilao.* pc. *Marilao.* pc.
Amarillo por enfermo. **bonglo.** pc.
Amarra. *Tali.* pp. *Panali.* pp.
Amarradura del techo. **banglot.** pc.
Amarrar. **balanting.** pc. **banting.** pc. *Tali.* pp. *Gapos.* pp.
Amarrar por el cabo. *Cabit.* pc.
Amarrar al poste á alguno. *Yacap.* pp. *Yapus.* pc.
Amarrar al perro con cadena de bejuco. **pañgonay.** pp.
Amarrar dos ó mas bancas unas con otras. **mag bangquilas.** pp. *Cabit.* pc. **tinglo.** pc.
Amartillar. **casa.** pc.
A mas no poder. **laban tolot.** pc. *Nang ualang daan, nang di macatangui, nang di manyari.*
Amasar tortillas. **tapay.** pc.
Amasar estendiendo, como pan. **tipi.** pp.
Amasar en las manos. **camal.** pc.
Amasar pelles. **camil.** pc.
Amasar algo, como quien hace figura. **payi.** pp.
Amasar. *Lamas.* pp. **lapisa.** pp.
Amainar. **locso.** pc. *Lobay.* pc.
Amainar el toldo del navío. **locas.** pp.
Amainar la vela. **touac.** pp. **lobag.** pp. **logso.** pc.
Amañarse á algo. *Gaui.* pc. **camay.** pp. **gamay.** pp.
Ambicion. *Pag hahanĝad nang caranĝalan.* pp. *Cataasan.* pp. *cabantogan.* pp. *O cayamanan.*
Ambidextro. *Capoua canan, ó tauong ang caliua,i, para ring canan.*
Ambiente. *Hinĝahan.* pp. *Hanĝing na calilibot sa catauan.*
Ambiguedad. *Alinlanĝan.* pp. *Alanĝan.* pc. *Ualang casigurohan.*
Ambito. *Paliguid.* pp. *Palibot.* pp.
Ambos, ó entrambos. *Capoua.* pp.
Ambos á dos. *Capoua.* pp.
Amedrentar. *Tacotin.* pp.
Amen. *Siya naua.* pc.
Amenaza. **tala.** pp. *Tanĝa.* pp.
Amenaza **ganggang.** pc. *Bala.* pp. *tanĝa.* pp.
Amenazar. **cayangcayang.** pp. **daual.** pp. **bala.** pp.
Amenidad. *Cariquitan nang parang, ó halaman.* **cayabuñgan.** pp. *Sagana sa manĝa bulaclac, at mariquit na panĝunĝusap.*
Amenudo. *Madalas.* pc. **marondon.** pc. *Malimit.* pp.
Amiga, ó amigo intimo. *Casi.* pp.
Amiga in malam partem. *Caluniya.* pp. **patiqui.** pc. **pañgapol.** pp.
Amigo. *Catoto.* pp. **calagoma.** pp. **calagoyo.** pp. *Caibigan.* pp. *Casendo.* pc. **casuyo.** pp.

Amigo de su parecer. **balauis.** pc.
Amigo intimo. **bauas.** pp. **tahi sa balat.** pc.
Amigo de un querer. **capanitolot.** pp.
Amigo de corazon, que no encubre nada. **sao-bat.** pc. *Catoto.* pp. *Casuyo.* pp. **catiuala.** pp.
Amigo de su voluntad. **pasiyang. loob.** pp.
Amigo. **tiyap.** pc. **lagoyo.** pp. **lagoma.** pp.
Amigo para lo bueno ó lo malo. **calogoran.** pp.
Amigo in malam partem. **caagolo** pp. **casa-maya.** pc.
Amigo de buena ó mala costumbre. *Cabihasa.* pc.
Amigo parcial. **caayo.** pp. *Cacampi.* pc.
Amilanar. *Madouag.* pp. *Manghina ang loob.*
Amnistia. *Patauad, ó paglimot nang Hari, nang caniyang, galit sa isang bayan, ó sa maraming tauo.*
Amistad entre dos. **saop.** pc. **sagop. tagop.** pc. **sacbat.** pc.
Amistad estrecha. **hiualan.** pp.
Amistad de muchachos **agoyor.** pc.
Amo. *Pan͠ginoon.* pp. *Poon.* pp.
Amohinado. **bagot.** pc. **n͠gopiño.** pp. **mohi.** pc.
Amohinarse. **mañgopiño.** pp. **mamohi.** pc.
Amojonar. *Lag-yan nang moson, ó tanda ang han-ganan nang man͠ga lupa.*
Amoladora. *Hasaan.* pc. **golindaan.** pp.
Amolar con fuerza gastando el hierro. **bagnus.** pc.
Amolar las herramientas. **sanay.** pp. *Hasa.* pp. **golinda.** pc.
Amoldar. *Holmahin.* pc.
Amonestar para casar. *Tauag.* pp.
Amontarse. **mamundoc.** pc. *Manahan sa bundoc.*
Amontonar. **ipon.** pp. *Tipon.* pp. **pilpil.** pc. **longso.** pc. *Bongton.* pc. *Bonton.* pc. *Balom-bong.* pc.
Amontonar basura. **absam.** pc. **acsam.** pc. **agsam.** pc.
Amontonar en la orilla de la sementera. *Pilapil.* pp.
Amontones. *Timbon-timbon.* pc.
Amor grande á alguna cosa. **uacli.** pc. **uiqui.**
Amor grande, y excesivo. **lohaya.** pp.
Amor sin ficcion. **bitas.** pp.
Amorrar. *Ton͠go.* pc.
Amortajar. *Sapotan.* pp.
Amortiguar. Vide amontecer.
Amotinarse. **panhihimagsic.** pc. **tallcor.** pc. *Magcagulo ang bayan, ó caharian.* pp. *Mag alsa.* pc. *Magsilaban sa puno.*
Amotinarse contra otro. **locob.** pp.
Amortecerse *Himatay.* pc.
Amortecerse. *Patay.* pc.
Amover. *Bunutan nang baras, alisan nang ca-tungculan.*
Amugerado. **babaynin.** pc. *Binabayi.* pc.
Amparar, ampararse. *Campi.* pc.
Amparar á los de malas costumbres. **ñgag-quit.** pc.
Amparar. *Candili.* pc. **cayap.** pp. **yopyop.** pc.
Amparar. *Tangol.* pc. **ipol.** pc. *Sangalang.* pc.
Amparar á alguno. *Saclolo.* pp. *Copcop.* pc *Am-pon.* pc.
Amparo, amparar. *Tangcacal.* pp. **ayo.** pp.
Amparar á otro. **hiñgapit.** pc. **sipi.** pp.
Ampararse. **hipno.** pc.
Ampararse de otro. **sacdal.** pc. **sandal.** pc.
Ampliar. *Palac-hin.* pc. *Pucalain.* pp.
Ampo de la nieve. *Busilac.* pp. *Caputiputian.* pp.
Ampolla. *Pintog.* pc. *Lintog.* pc. *Bintog.* pc.
Ampolla que causa el fuego. **lotoy.** pp.
Ampollas en el cuerpo. **goham.** pc *Lintog.* pc.
Ampollas en la boca. *Aguihap.* pp. *Lasó.* pp.
Amputar. *Putlin ang casangcapan nang catao-an.*
Amueblar. *Gayacan ang bahay, laguian nang ca-sangcapan ang bahay.*
Amuleto. *Gamot na* **tagalhi.** pc. *Bolong, ó bugang gamot na nalaluban sa Dios.*
Amurgar. *Suag.* pc. *Sic-uit.* pc. *Sic-uat.* pc.
Amusgar. *Cuping.* *Luping.* pc.

A antes de N.

Anacoreta. *Ermitaño.* pp. *Banal na tumatahan sa ilang.*
Anade. *Itic.* pp.
Anade ó pato pequeño. **baliuis.** pp.
Analogia. *Hiuatig.* pc. *Uan͠gis.* pc. *Uangqui.* pc.
Analogo. V. Analogia.
Anaranjado. *Culay suha ó lucban, madilaodilao.*
Anatema. *Paglalucuil, ò paglatapon sa Simbahan sa tauong souail na humahamac nang caniyang cautusan.*
Anatomía. *Pugbabahagui, ó paghihiuang nang isang bangcay nang maquilala ang casangcapan nang catauan, nang tamaan nang pag gamot.*
Ancho como el mar. *Lauac.* pp.
Ancho. *Lapar.* pp. *Louang.* pp.
Anchovetas. **taghilao.** pc.
Anchura del mar. **dauac.** pc.
Ancla á su modo. *Sinipit.* pp. *Sinipete.*
Anclaje. *Pag doong.* pp.
Anclaje. *Opa, ó bayad sa pag doong.*
Ancora, ancla. **sauo.** pp.
Ancora de dos dientes. **pasañgit.** pp.
Anciano. *Matanda.* pc.
Andamios. *Palapala.* pp.
Andamios de la escalera. **inanhagdan.** pc.
Andar. *Lacad.* pp. *Lumacad.* pp.
Andar á pie *Lacad.* pc. *Maglacad.* pc.
Andar á caballo. *Sacay.* pc. *Magsacay.* pc.
Andar acalenturado. **alibob.** pp.
Andar á porfias. **sa.**
Andar báldio. *Gala.* pp. *Layas.* pc.
Andar la rueda del carro. *Guiling.* pp. *Gomu-long.* pp.
Andar de las preñadas. **hoyad.** pp. *Oyad.* pp. *Ooyadoyad.* pp.
Andar á los alcances. *Osig.* pp. **tuguis.** pp. *Habol.* pp. *Hagad.* pp.
Andar muchos juntos de tropel encontrándose unos con otros. **buyoboy.** pp. **liso.** pc.
Andar muy de camarada. **cuyog.** pp.
Andar muy de prisa por haberse enojado. **ya-ros.** pp.
Andar por agua ó enredando, ó vadeando. **casao.** pp. *Tampisao.* pp.
Andar vendiendo á pregon. **laoy.** pp
Andar á la rebatiña. *Agau.* pp. **pañgagao.** pp.
Andar á oscuras tentando. **apá.** pc.
Andar agoviado. **baconot.** pp.
Andar orillado. **balibar.** pp.

Andar desatinado buscando algo. **baling.** pp.
Andar desatinado. **baña.** pc.
Andar de pueblo en pueblo vendiendo. **banyaga.** pp. **baliuas.** pp.
Andar por piedras. **bato.** pc.
Andar apriesa. **botbot.** pc. **dañgas,** l. **dañga.** pp.
Andar cogiendo nidos. **dolay.** pp.
Andar á gatas. *Gapang.* pp.
Andar bambaleándose. *Guibang.* pp. **hagobay.** pc.
Andar flojamente. *Golapay.* pp.
Andar del hombre corpulento. **goong.** pp.
Andar desparrancado. *Incang.* pc. **quiuang.** pp.
Andar al rededor buscando algo. *Halihao.* pp.
Andar á tientas buscando algo. *Hapokap.* pp. *Apohap.* pp.
Andar sobre aguado. **hayac.** pp.
Andar encorbado, ó con poca honestidad. **hilar.** pp.
Andar triste por ir solo. **gimanglao.** pc.
Andar por la orilla. **himiling.** pp.
Andar mal ceñido. **hogboguin.** pp.
Andar de aquí para allí en el pueblo. **iray-iray.** pc. **hicap.** pp.
Andar como derrengado. **isuar.** pc.
Andar de paso corto el caballo. **labaylabay.** pp.
Andar acelerado. **camás.** pc.
Andar á oscuras hurtando. **capá.** pc.
Andar á tientas. *Capcap.* pc.
Andar buscando lo que ha perdido, preguntandolo á cuantas encuentra. *Tonton.* pc. **suguid.** pc.
Andar encorbado. **couot.** pp.
Andar cayéndose y levantándose. **copi.** pc.
Andar como por andarivel. **cutyabi.** pp.
Andar como el borracho. **dampang.** pc. **lison.** pc.
Andar como sanguijuela. **dangcat.** pc. **dangcal.** pc.
Andar zangoloteándose. **yagpa.** pc.
Andar corcoveando. **yocam.** pp.
Andar bizarro. **quiaquia.** pp.
Andar con rostro espantoso. **muyañgit.** pp.
Andar meneándose el agua. **malong.**, pp.
Andar muy inclinado. **oco.** pp.
Andar flojo, como que se cae. **ogday.** pc.
Andar bambaleando por desangrado. **ogay.** pp.
Andar de pueblo en pueblo. **ñgibangbayan.** pp.
Andar en celos los gatos. *Ñgandi.* pc.
Andar dando vueltas. *Olic.* pp.
Andar con las manos sobre la cabeza. *Olo.* pp.
Andar como á gatas por flaqueza. **orap.** pp.
Andar espetado. **oriong.** pc.
Andar de camaradas. **lagoyo.** pp.
Andar de acá para allá. **laoy.** pp.
Andar alborotando por alguna queja ó sentimiento. **lingatong.** pp.
Andar desatinado. **liñgag.** pp.
Andar de acá para allá sin hacer nada. **liñgap.** pp. **aliabo.** pp. **paalia-aliabo.** pp.
Andar triste y enlutado. **locoloc.** pp.
Andar por puertas. **lopot.** pc.
Andar en busca de juegos convenientes. **songdo.** pc.
Andar á lo atolondrado. *Suling.* pp.
Andar en paños menores. **tabayag.** pc.
Andar de prisa entre matorrales. **tagcbas.** pp.
Andar de prisa como la ardilla. **taguibas.** pp.
Andar por algun rio de cabo á rabo buscando algo. **salosog.** pc. **solsog.** pc. **sosog.** pp. **solosog.** pp.
Andar á horas escusadas, ó con tiempo malo. **sayi.** pp. *Sagui.* pp.
Andar con los pies abiertos. **quiang.** pc.
Andar culebreando. *Quiual.* pp. **ig-ual.** pc.
Andar inclinado el cuerpo como el viejo. **sogabang** pp.
Andar con la cabeza de un lado. *Quiling.* pc.
Andar muy estirado á lo fanfarron. **paligpig.** pc.
Andar repartiendo algo. **pañgayao.** pp. *pamahagui.* pp.
Andar con zuecos. **parocca.** pc.
Andar por algun camino apartando el zacate mojado. **sagnay.** pc.
Andar rodeando. **salaosao.** pc.
Andar por cenagal. *Tapisao.* pc.
Andar en puntillas. *Tiar.* pp. **tiay.** pc.
Andar en esperanza de la muger para casarse con ella, hecho ya el contrato. **tindig.** pc.
Andaria yerva medicinal. **guitlay.** pc.
Andarse bobeando. **liyot.** pp.
Andarse á la flor del berro. **lalag.** pp. *Lagalag.* pc.
Andarse desmacelado meneando los brazos por chiqueo. **lambiong.** pp
Andarse cayendo como borracho. **dohong.** pp.
Andarse sin recelo teniendo por qué. **hayaohao.** pc.
Andarse escondiendo. *Aliguir.* pp.
Andas de muchas lazadas. **baloagui.** pp.
Andas para los muertos. **handolan.** pp. *Calanda.* pc.
Andas en que llevan muerto ó enfermo. **sangcayan.** pp.
Anda vé. *Hayo.* pp. **hamo.** pp.
Andariego. **aligaga.** pp.
Andrajos. **olapot.** pc. *Gulanit.* pc. **halapot.** pp.
Anecdota. *Balitang hindi hayag.*
Anegadizo. *Lupang* **nagogotos.** pp. *O inaapao nang tubig.*
Anegar. **lanip.** pp. **sanap.** pp. *Apao.* pp. **gotos.** pp. **lobog.** pc.
Anegarse *Apuo* pp. *Gonao.* pp. **gono.** pc.
Anegarse. **gotos.** La embarcacion. *Guiua.* pp. *Lobog.* pc.
Aneurisma. *Sibol.* pc. *Bocol.* pp.
Anfibio. *Hayop na nabubuhay sa tubig at sa cati.*
Anfion, opio. *Apian.* pc
Angarillas. **aragarag.** pp.
Angel costodio. *Angel na taga tanod.* pp. *Catotobo.* pp.
Angosto. **alauas.** pc.
Angosto. *Siquip.* pc. *Quitid.* pp. *Quipot.* pp.
Angosto, como calle, puerta. *Quipot.* pp.
Anguillas grandes. *Pabucang binhi.* pc.
Anguillas pequeñas. *Igat.* pp.
Anguila. *Palos.* pc. *Bucan binhi.* pc.
Anguila braba. **payanñgitan.** pp.
Angustia por la dificultad de lo que hace. **parais.** pp. *Pighati.* pc.
Angustia, tristeza. *Hapis.* pp. *Hinagpis.* pc. *Cahapisan.* pp.

Anhelar. *Nasá*. pp. *Pita*. pp. **agham**. pc.
Anhelo. U. Anhelar.
Anidar. *Mag-pugad*. pp.
Anillo de hiero ó bejuco. *Buclod*. pc.
Anillo para el dedo. **simpac**. pc. *Singsing*. pc.
Anillo de bejuco que ponen á los carabaos y vacas en las narices para sujetarlos. *Taquicao*. pc.
Anillo con piedra. **astacona**. pp.
Anillo. **biniyoas**. pp. **guiponguiponan**. pp. **hinagonoy**. pp.
Anillo del bolo. **bitling**. pc. *Sacla*. pc.
Anillo del dedo pulgar. **pamopot**. pc.
Anillos muy raidos. **tinagá**. pc.
Anillo que ponen en el cuchillo. *Sacla*. pc.
Ánima. *Caloloua*. pc. *Caloloua sa Purgatorio*.
Animacion. *Pag pasoc nang caloloua sa catauan, pag silid nang caloloua*.
Animal. *Hayop*. pp
Animal que ya puede ser madre. *Inahin*. pc.
Animal verde como la langosta. *Tipaclong*. pc.
Animal que destruye los arroces. *Atangya*. pc.
Animal pintado. **balañgan**. pc.
Animal manchado. **balit**. pc.
Animalejo de alas plateadas. **totob**. pc.
Animales pequeños. **colisap**. pp.
Animal que pica y da comezon. *Toñgao*. pc.
Animal que le empiezan á salir los cuernos. *Pamocolan*. pp.
Animal fiero. *Halimao*. pp.
Animal sin cola. *Pongoc*. pc. **pongui**. pc.
Animalazo. *Malaquing hayop. Tauong labis nang pagca mangmang*.
Animalillo especie de langosta. *Sambasamba*. pc.
Animar. **añgin**. pp. **agyot**. pc. l. pc. **caygay**. pp. *Uari*. pp. Itt. Vide animacion.
Animar á otro. **caguip**. pp.
Animar para algo presto. *Sigla*. pc.
Animar á levantar cosa pesada. **sambohat**. pp.
Animar al amortecido de pasmo. **linaliu**. pp.
Animar para hacer algo, **soysoy**. pp. **sigsa**. pc.
Animarse. *Aliu*. pc. *Mabuhay ang loob*.
Animo, animarse. *Tapang*. pp. *Loob*. pp. *Dahas*. pc. *Sigla*. pc.
Animosidad. *Tapang*. pp. *Dahas*. pc. *Capanğahasan*.
Animoso. *Bayani*. pp. *Tahas*. pc. *Masigla*. pc.
Aniñarse. *Mag-batabataan*. pc. *Mag asal bata*.
Aniquilarse. *Mag pacababa*. pp. *Manğayopapa*. pp.
Anís de la tierra. **damoro**. pp.
Anís de China. *Sanqui*. pc.
Anito principal. **bathalá**. pp.
Ano. *Butas nang puit*.
Anoche. **manto**. pc. *Cagabi*.
Anochecer *Silim*. pp. *Gomab-i*. pc.
Anona. *Pag-cain*. pp. *Iquinabubuhay*. pp.
Anona. *Tipon nang manğa pagcain*.
Anonadarse U. Aniquilarse.
Ansia, congoja. **lingñgin**. pc. **lingñgig**. pc. **aguimat**. pp. **bayais**. pc.
Ansia, deseo. *Hanğad*. pc. *Pita*. pp.
Ansia, basca. **dogua**. pc. *Dual*. pp.
Antagonista. U. Competidor.
Antaño. *Sa taong natalicdan*. pc. *Sa taong nacaraan*.
Antartico. *Timogan*. pp.

Ante. *Ona*. pp.
Anteantaño. *Sa icatlong taong na talicdan*.
Anteanteanoche. *Camacatlo sa gabi*.
Anteanteayer. *Camacatlo*. pc.
Anteayer. *Camacal-ua*. pc. *Camacalaua*. pc.
Antecama. *Latag sa harap nang hihigan*. pc.
Antecedente. *Nanğonğona*. pp. *Punğonahin*. pc.
Antecesor. *Hinalinhan*. pp. *Naona*. pc. *Nanğonğona*. pp.
Antecoger. *Papanğonahin ang daquip, sondan ang daquip, putihin ang bunğang cahoy na murà pa*.
Antediluviano. *Sa daco roon, nang gonao. Nang dipa nagcaragonao*.
Anteiglesia. *Harapan nang Simbahan*.
Antelacion. *Caunahan*. pc. *Pagcauna*. pc.
Antemano, de antemano. *Pagcaraca na*. pp. *Sapul*. pc. *Sa mula,t. sapul*. pc.
Antenoche. *Cahapon sa gabi*. pp.
Antepagar. *Paona ang bayad*.
Antepasado tiempo. *Nacaraan*. pp *Natalicdan*. pc.
Antepasado, ascendiente. *Canonoan*. pp. *Pinang galinğan*. pp. *Pinagbuhatan nang pagcatauo*.
Antepecho. *Babahan*. pp.
Antepecho de la ventana. **panangcalauan**. pp.
Anteojos. **pañgita**. pp. *Salamin*. pc.
Antepenúltimo. *Panğatlo sahuli*. pc.
Anterior. *Nanğonğona*. pp. *Naoona*. pc.
Antes. *Bago*. pp.
Antes bien. *Bagcos*. pp.
Antes que. *Nang*.
Antevíspera. *Dalauang arao bago mag pista*.
Antecipar. *Paona*. pc. *Agap*. pp.
Anticuado. *Lipas*. pc.
Anticuar. *Lipas*. pp. *Lumipas*. pp.
Antídoto. *Lunas*. pp. *Mabisang gamot*. pp.
Antigualla. *Manğabagay, balita, gaui, at ogali sa ona, ó sa caroroondoonan*.
Antiguamente. *Saona*. pp. *Nang ona*. pp. *Sa daco roon*. pc.
Antiguo. *Lagui*. pp. *Laon*. pp. *Lauon*. pp.
Antipapa. *Ang umaagao sa catungculang pagca Papa. Cabasanğal, ó caagao nang Papa*.
Antipara. *Taquip*. pc. **panagosilao**. pp.
Antipatía. **liuas**. pc. **hiuay**. pc. **salisi**. pc. **saliua**. pc.
Antípoda. *Tauong patiuaric saatin, ó tumatahan sa liguid nang lupang ating oatapat*.
Antojadizo. *somponğin*. pp. *salauahang loob, pabagobago. Mapag pita*. pp.
Antojo, antojar. *Ibig*. pp.
Antojos de muger preñada. *Lihi*. pc.
Antorcha. *Tanglao*. pc. *Tinglao*. pc. *Pananglao*. pc.
Antorcha compuesta de caña desmenuzada. **quiniidquid, ó sulo**. pc. **sigsig**. pc.
Antropófago. *Ang cumacain nang capoua tauo*.
Antruejo. **lapas**. pc. **bulingbuling**. pp.
Anualmente. *Taon taon*. pc. *Touing taon*. pc.
Anzuelo grande. **baguan**. pc.
Anzuelo. **cauil**. pc. **quiuil**. pc. **taga**. pc.
Anzuelo pequeño. *Binuit*. pc. **biuas**. pp.
Anzuelo para caimanes. **quiua**. pp. **tiua**. pp.
Anzuelo para coger pescadillos. **pamitin**. pp.
Anublarse el cielo. **doroot**. pp.
Anublarse el sol. *Colimlim*. pc. **limlim**. pc.
Anudar. *Bohol*. pc. *Dogtong*. pc.
Anuente. *Mapagbigay loob*.

Anular. *Ual-ing halaga. Ual-ing casaysayan.*
Anular cualquier mandado. **payi.** pp.
Anunciacion. *Pagbati*, pc.
Anunciar. *Mag bigay nang unang balita.*
Anunciar. *Manghula.* pp.
Anuo, anual. U Anualmente.
Anverso. *Muc-ha*, ó **carayagan** *nung mañga pilac at medalla.*

A antes de Ñ.

Añadidura. **pañgologui.** pp.
Añadidura á la casa principal. *sibi.* pp. *solambi.* pc.
Añadir. *solpac.* pc. **acpan.** pc. *Panig.* pp.
Añadir. *Olol.* pp. **lambis.** pc. **lalo.** pp. *Dagdag.* pc. **dogan.** pp. *Don-an.* pc. *Pon-an.* pc.
Añadir á lo que se pesa. **lalo.** pp.
Añadir lo corto á lo largo. *Dogtong.* pc. *Dogsong.* pc.
Añadir á lo que se mide. **hagan.** pp.
Añadir para ensanchar lo estrecho. **sognó.** pc.
Añadir caña corta, metiendo una en otra. **solpa.** pc. *Salpac.* pc. **solopa.** pp. **salopa.** pp.
Añadir un cordel con otro como ingiriendo los cavos. **somac.** pp. **somag.** pp. *Cama.* pc.
Añadir agrandando el cesto para que quepa mas. *Salopil.* pp.
Añadir á algun cesto. **talictic.** pc.
Añadidura. **talictic.** pc.
Añadidura á lo que está lleno, para que quepa mas. **timbao.** pc.
Añadidura. *Dogsong.* pc.
Añadir á la menor parte para igualarlo. **tambahi.** pp.
Añadir á un hierro otro para engrosarlo. **tambal.** pc.
Añadir el tercer hilo á dos ya torcidos. **toló.** pp.
Añadir algo á otra cosa. **tabag.** pp. *olol.* pp.
Añadir algo mas á la medida. **parondon.** pc. **palatol.** pp. *pataan.* pp. **patagana.** pp.
Añadir como el agua puesta al fuego de la olla. **tuyong.** pp.
Añadir algo al vestido. **ognay.** pc.
Añadir á lo ancho. *Hogpong.* pc.
Añadir el peso lo que falta. **hulog.** pp.
Añadir cosas unas á otras. *Aquip.* pp.
Añadir entre cosas ralas. **solang.** pp. *sorsoc.* pc.
Añagaza. *Pañgati.* pc.
Añascar. *Magtipong ontionti, nang momonting bagay, at momonting halaga.*
Añejo. *Lauon.* pp. *Laon.* pc.
Añicos. **munday.** pc. **monlay.** pc. *Pirapiraso.* pc. *Capicapiraso.* pc.
Añil. **tayom.** pp. *Tina.* pp.
Año. *Taon.* pc.
Año pasado. *Taong na talicdan.* pc. *Taong na caraan.* pp.
Año venidero. *Taong haharapin.* pc. *Taong darating.* pc.
Añudar. *Bohol.* pc. *Magbuhol.* pc.

A antes de O.

Ahora. *Ngay-on.* pc.

Aojar. **bati.** pp.
Ahorrar. **siniqui.** pc.

A antes de P.

Apacentar. **sabsab.** pc. *Mag pastol.* pc. *Mag pacain nang hayop sa parang.*
Apacible. **banig.** pp. *Tahimic.* pp. *Banayad.* pp. *Mababang loob.* pp. *Maamong loob.* pp.
Apacible á la vista. *Caigaigaya.* pp. De *igaya.*
Apaciguar. *Payapain.* pp. *Patahimiquin.* pp. *Pag casondoin.* pc.
Apadrinar. *Mag anac sa binyag.* pc. *Sa cumpel.* pc. *Sa casal.* pc.
Apadrinar. *Tangcacal.* pc. *Ampon.* pc. *Tangquilic.* pc. V. amparar.
Apagar el fuego con agua. *Subo.* pc.
Apagar el fuego ó candela. *Patay.* pc. **paling.** pp. **solsol.** pc. **silsil.** pc.
Apagarse la candela ó tizon. **guipos.** pp. **guipospos.** pc.
Apagarse la brasa con la ceniza. *Pugnao.* pc.
Apalabrár. *Tipan.* pc. *Tiap.* pc.
Apalancar. *Sual.* pc. *Songcal.* pc.
Apalear. *Palo.* pp. *Hampas.* pc. **bontal.** pc.
Apalear como á perro que ladra. **hilabo.** pc.
Apalear el trigo. **sabucay.** pc.
Apandillar. *Pag titiap, ó pag sasagopan sa pag daraya, ó pananampalusan sa capoua tauo.*
Apantanar. **malanip.** pp. *Maapao nang tubig.* pp.
Apañar. *Cupit.* pp. *Hauac.* pp.
Apañuscar. *Coyomos.* pp. *Goyomos.* pp.
Aparador. *Parador.* pc. *Tagoan nang damit.* pc.
Aparador donde ponen los cántaros. **pamingalan.** pp.
Aparar con las manos. *Salo.* pc.
Aparar lo que cae de alto. *Sambot.* pc. *Sahor.* pp. *Salo.* pc.
Aparato. *Gayac.* pc. *Handa.* pc.
Aparear, igualar. **pacli.** pc. **pali.** pp. *Paris.* pp. *Langcap.* pc. *Agapay.* pp.
Aparecer de improviso, y volver á desaparecer. **ultao.** pc. *Olpot.* pc.
Aparecer algo. *Sipot.* pc. *Guitao.* pp. *Litao.* pc.
Aparecerse. *Quita.* pp. *Litao.* pc. *Paquita.* pp. *Olpot.* pc.
Aparejar. *Laan.* pp. *Saria.* pc *Sadia.* pc. *Lantang.* pc. *Gayac.* pc. *Handa.* pc. *Sadiya.* pc. *Sadya.* pc. **hantal.** pc.
Aparejar premio ó pena. **lala.** pc.
Aparejar lo necesario para fiesta, jornada, &c. **galgal.** pc. **galal.** pc.
Aparejos. **alacos.** pp. *Sangcap.* pc. *casangcapan.* pc.
Aparentar. *Paconoua.* pc. *Paconuari.* pc.
Apariencia. *Lagay.* pc. *Hichura.* pp. **pagpapangap.** pc.
Apartadijo. *Caonting na bobocod. Polotong.* pc. *Munting bonton.* V. Apartadizo.
Apartadizo. *Pitac.* pp. *Silid.* pc.
Apartado. **taliuacao.** pp.
Apartado, remoto, lejos. **dipalac.** pc. *Malayo.* pp.
Apartar. *Bocor.* pc. *Auat.* pp. *Tañgi.* pp. *Bocdin.* pc. **hampil.** pc.

Apartar de sí la hacienda empleándola. **ligalig.** pp.
Apartar una cosa de otra. **dacot.** pp.
Apartar á los casados por alguna causa. **salac.** pp.
Apartar á los que riñen. *Payapa.* pp.
Apartar con la mano algo. **socay.** pc.
Apartar los ojos para no ver lo que no gusta. **liñgat.** pc. *Paling.* pp.
Apartar poniendo las cosas divididas. *Tañgi.* pp.
Apartar la popa ó proa de la embarcacion para que no tope, ó para que se adereze. *Cabig.* pp.
Apartar cosas juntas metiendo palo ó espeque. **inquil.** pc. **dauit.** pp.
Apartar con las manos, como el zacate para andar ó el cabello para trenzar. *Uahi.* pp.
Apartar la olla del fuego. *Ahon.* pp.
Apartar ó echar de sí. **buyog.** pc. *Uacsi.* pc.
Apartarse del camino. **pasiuay.** pp. **sluay.** pp. **taliuacas.** pc. **dalingsil.** pc. *Sinsay.* pc. *Liuas.* pc.
Apartarse la carne del hueso. **hoghog.** pc.
Apartarse la tabla de los corbatones. **bigang.** pc.
Apartarse de sus compañeros, ó pleitos. *Ilag.* pp.
Apartarse de la compañía de otros. *Tiualag.* pc. *Hiualay.* pc.
Apartarse los casados. **uala.** pc.
Apartarse los casados ó amancebados. *Ualay.* pp. *Salac.* pp.
Apartarse del camino derecho. *Liuay.* pp.
Apartarse. *Lihis.* pp. *Alis.* pc. *Lay-an.* pc. De *layò.* pc.
Apartarse á un lado. **limac.** pc.
Apartarse del camino para que otro pase. **licdi.** pc. *Liuas.* pc. **liyo.** pp. **liyis.** pp. *Lihis.* pp. **linsar.** pp. *Sinsay.* pc.
Apartarse unos de otros. **tanggui.** pc.
Apartarse la cáscara de la fruta. *Ilalocabcab.* pc.
Apasionarse. *Uili.* *Guilio na labis sa capoua, ó sa anomang bagay.*
Apasionarse. **cabig.** pp. **ayo.** pp.
Apaciguar á los que riñen con palabras de respeto. **valavala.** pp. *Payo.* pp.
Apaciguar. **hinanao.** pp. **hinanao.** pc.
Apatusco del arado. **pinpin.** pc.
Apatusco algo como de navío. **pacacas.** pp.
Apatusco. **alacos.** pp.
Apachurrado. **tapiñgi.** pc.
Apelar de la sentencia. **picsi.** pc. *Apelo.* pp. *Totol.* pc.
Apearse de la hamaca ó caballo. *Longsar.* pc. *Lonsad.* pc. **ibis.** pc. *Baba.* pc.
Apedrear. *Pocol.* pc. *Bato.* pc. *Haguis.* pp.
Apego. *Uili.* pp. *Niquit.* pc.
Apelmazar. *Sinsin.* pc. *Igting.* pc.
Apellido. *Bansag.* pc. *Icalauang pañgalan.*
Apenas. *Bihira.* pp. *Bolinia.* pc. *Bahagya.* pc. **ara.** pp. **datha.** pc. *Bahagya na.* pp.
Apendice. *Dagdag sa libro.*
Apeñuscar con la mano. **compol.** pc. *Comos.* pp.
Apeñuscarse gente ó animales. **laguinlin.** pc.
Apeñuscarse la gente huyendo de quien la persigue. **lagonlon.** pc.
Apeo. *Hanganan nang mañga lupa.*
Apercibimiento. *Tañga.* pp.
Apercibir. *Laan.* pp.
Apercibir gentes para fagina. **ingat.** pc.
Apercibir algo para algo. **songco.** pc.
Apercibirse, aparejarse. *Gayac.* pc.
Apercibirse para reñir, ó para sufrir. *Talad.* pc.
Aperos. **pañgauay.** pp. *Pagauay.* pp. *Casangcapan.* pp.
Apesadumbrarse. *Mahapis.* pp. *Magdalamhati.* pp.
Apesgar. *Tindi.* pc. *Dag-an.* pc.
Apestar. *Magcamatay.* pp. *Magcasalot.* pp. *Nacababaho.* pp.
Apetecer. *Ibig.* pp. *Pita.* pp. **pithaya.** pp.
Apetecer algo, como cosa de comida. **taang.** pc.
Apetecer porquerías. **ñgibi.** pp.
Apetecible. *Capitapita.* pp.
Apiadar. *Mahabag.* pc. *Maaua.* pp.
Apilar. *Bonton.* pc. **balombon.** pc. *Timbon.* pc.
Apiñado. *Siquip.* *Matulis.* pc. *ó tabas piña.*
Apisonar. *Mag sinsin nang lupa, bayohin.* pc. De *bayo.* pc. *Paigtiñgin.* pc.
Aplacar. **soysoy.** pc. **tapi.** pc. *Hina.* pp.
Aplacar á los reñidos. **himogay.** pp.
Aplacar al enojado tomándole las manos. **salambay.** pc.
Aplacar con algo á otro. **yiamo.** pp.
Aplacar al enojado dándole algo. **sohot.** pp.
Aplacarse la llama del fuego. *Hopà* pc.
Aplacarse muy poco á poco la llama. **hopac.** pp.
Aplacarse el viento. **hanoy.** pp. *Hinahon.* pp.
Aplacarse el enojado. **lobay.** pc. **lumay.** pc.
Aplanar. V. Allanar.
Aplanchado. **tapayac.** pc.
Aplastado chato. **talapya.** pc **lapia.** pc. **tapil.** pc. **tandipil.** pc.
Aplastar. **pilpil.** pc. *Pisa.* pc.
Aplastar como quien amasa. *Pipis.* pc.
Aplaudir. *Purihin.* pp. *Ipag diuang.* pp.
Aplauso. V. Aplaudir.
Aplayar, salir el rio de madre. *Umapao sa pangpang. ang baha, ang tubig.*
Aplazar. *Tipan.* pc.
Aplicar. *Ilagay.* pc. *Ilapat.* pp.
Aplicar algo para ver si es bastante. **socol.** pp.
Aplicar algo á otra parte. *Hinguil.* pc.
Aplicar cosas calientes. *Darang.* pc.
Aplicarse. *Mag saquit.* pp. *Mag sumaquit.* pp. *Mag sipag.* pp.
Aplomar, nivelar. *Pantain.* pc. *Hulugan nang plomada nang maquilala con pantay.*
Aplomarse, derribarse algo. *Goho.* pp. *Guiba.* pc. *Lagpac.* pc.
Apocado **dagha.** pc. **madaha.** pp.
Apocar, apocarse. *Loma.* pp. *Onti.* pc. *Bauas.* pp.
Á poco mas ó menos. *Hamac.* pp.
Apodo. *Bansag.* pc. *Bin-yag.* pc. **cantiao.** pc. *Pamagat.* pc. *Palayao.* pp. **iit.** pc.
Apolillarse. *Tañga.* pp.
Apoplegia. *Himatay.* pc.
Apópletico. *Hinihimatay.* pc. *Himatayin.* pp.
Aporfia. *Agao.* pp. **lumba.** pc. *Pañgagao.* pp.
Aporrear. V. Apuñetear.
Aportar á alguna parte. **sagpit.** pc. *Sapit.* pp. *Datal.* pc.
Aportar el navío. *Doong.* pp.
Apoderarse de algo, como el veneno del cuerpo. *Tamac.* pc.
Apolillarse la ropa. **batoñgo.** pp.
Aporcar amontonando la tierra. **solaong.** pp **bayobo.** pp. **solang.** pp.

Aporreado. **mogmog.** pc.
Aporrear á alguno siguiéndole. **balos.** pc.
Aportillar *Bumutas nang pader ó moog.*
Aposentar. *Magpatuloy.* pc. *Patoloin ang ibang bayan.*
Aposentillo para trastos. **caling.** pc.
Aposentillo que añaden á la casa. **sombi.** pc.
Aposento. **pitac.** pp. **linoob.** pp. *Silir.* pc.
Apostar. *Pustahan.* pp. *Magpusta.* pc.
Apostar. **patnao.** pc. **taccá.** pc.
Apostar á cual baila mas. **toló.** pc.
Apostar dos á tirar al blanco con flecha. **tigpó.** pc.
Apostar á quien acaba mas presto. **lumbá.** pc.
Apostar á saltar. **bariang.** pc.
Apostar á estar debajo del agua. **salam.** pc.
Apostasia. *Pag talicod sa ating Panĝinoon Jesucristo.*
Apostema. *Pigsá.* pc. *Bagà.* pc.
Apostemarse. *Nacnac.* pc. *Oc-oc.* pc.
Apostol. **sugo.** pp. *Alagad ni Jesucristo.*
Apoyar. *Tangquilic.* pp.
Apoyar. **salig.** pp. **batay.** pp.
Apoyo. *Suhay.* pp. *Alalay.* pp.
Apreciable. *Mahalaga.* pc.
Apreciar. *Mahalin.* pc. De *mahal.* pc.
Apreciar. *Halga.* pc. *Halaga.* pc.
Aprehender. *Huli.* pp. *Capit.* pp. *Daquip.* pc.
Aprehension, falso concepto. *Guiniguini.* pc.
Aprehensivo. *Maguiniguinihin.* pc. *Matatacutin.* pc. *Mahinagapin.* pc.
Aprehensor. *Mandaraquip.* pp.
Apremiar, compeler. *Pilit.* pp.
Aprender. **himanman.** pc. *Sayor.* pp. **manman.** pc.
Aprender. *Aral.* pp. **mouang.** pp.
Aprender de memoria. *Saolo.* pp.
Aprender imitando. *Golo.* pc.
Aprendiz. *Aralan.* pc.
Aprensar. **huuit.** pc. *Hapit.* pp. *Ipit.* pp. *Impit.* pc.
Aprensar para adelgazar. **galopilpil.** pc.
Apresar *Songab.* pc. *Huli.* pp.
Aprestar. V. Aparejar.
Apresto de cosas de comer. *Baon.* pp.
Apresurado en el obrar. **tuliñgag.** pc.
Apresuradó. **galos.** pp. **gamagama.** pp. *Gahasa.* pp. *Bigla.* pc. *Salanggapang.* pp.
Apresurar. *Dali.* pc. *Bigla.* pc. *Tulin.* pp.
Apresurarse. **dahoyhoy.** pc.
Apresurarse el que camina. **lagos.** pc. *Daganas.* pp.
Apresurarse en lo que hace. **himao.** pp.
Apretadera. *Panghigpit.* pc.
Apretado. **daguisic.** pp. **dailas.** pp.
Apretado. **quimquim.** pc. **ampal.** pc.
Apretado por estrecho. *Siquip.* pc. *Guipit.* pc. *Piit.* pc.
Apretado, apretar. *Impis.* pc. *Sinsin.* pc. *Ipit.* pp. *Impit.* pc.
Apretar lo que se ata. *Hicpit.* pc. *Higpit.* pc. **hagpit.** pc. **icpic.** pc.
Apretar algo al pecho. **comcom.** pc. *Copcop.* pc.
Apretar amarrando el suelo de la casa ú otra cosa entre dos cañas. **alipit.** pp. *Pangcol.* pc. **lipit.** pp.
Apretar el puño. **coyom.** pc.
Apretar como entre palos ó gentes. **impit.** pc.
Apretar con los dedos retorciendo. **pirlis.** pc. *Pilot.* pc.
Apretar con la mano. *Pisil.* pc.
Apretar como en prensa. *Ipit.* pp. *Hapit.* pp.
Apretar como mordiendo, *Iting.* pp. *Tiin.* pc.
Apretar hácia abajo con la mano. *Diyn.* pc. **diim.** pc.
Apretar dos cosas inmediatamente. **diys.** pp.
Apretar, arreciar. *Higpit.* pc. *Lacas.* pc.
Apretado, apeñuscado. **daguisic.** pc. *Sicsic.* pc.
Apretado como vestido. **talobanat.** pp. *Banat.* pc. *Pitis.* pc. *Higpit.* pc. *Siquip.* pc.
Apretador. **tobatob.** pc.
Apretar el entretejido. **salsal.** pc.
Apretar algo con la mano para sacarle. **pig-is.** pc.
Apretar la garganta. *Siyl.* pc. *Sacal.* pc.
Apretar con algo. **quiit.** pc.
Apretar entre las manos. **quima.** pc.
Apretar con el puño. *Quimis.* pc.
Apretar enrollando. **pitis.** pp.
Apretar las cosas que se echan en alguna casa. *Sinsin.* pc.
Apretar para que quepa mas. *Paicpic.* pc.
Apretar. **pandat.** pp. *Sacsac.* pc. **linsic.** pc. **pahicpic.** pc. **ancop.** pc. **igpit.** pc. **higpic.** pc. **palpal.** pc.
Apretar la cabeza. **ang dalag. balocol.** pp.
Apretar las muelas. **tiil.** pp. *Tiin.* l. *Tiim.* pc.
Apretada como amarradura. **quitquit.** pc.
Apretarse la gente una con otra. *Sicsic.* pc. **dail-il.** pc **dason.** pc.
Aprieto apuro. *Panĝanib.* pp. *Panĝamba.* pc. V. Apretar.
Aprisa. *Marali.* pc. *Bigla.* pc.
Apriscar. *Isilong.* pp. *Ligpitin ang manĝa hayop.*
Aprisco. *Silonĝan nang manĝa hayop, haponan.* pc.
Aprisionar. *Piitin.* pp. *Ibilanggo.* pc.
Aprobar. *Magal-nĝin.* pc. *Magalinĝin.* pc. De *galing.* pc.
Aprontar. *Handang agad.* pc. *Agap.* pp.
Aprovechar. *Paquinabang.* pp.
Aprovechar. V. Ahorrar.
Aprovecharse de algo. **tamo.** pc.
Apropiarse algo. **candili.** pp.
Apropiar para si. **angca.** pc. *Angquin.* pc.
Apropiarse lo ageno. **ari.** pp. *Am-am.* pc.
Apropiarse. *Sarili.* pp.
Aprovecharse de la ocasion. **bolos.** pp. *Samantala.* pp. **gonagona.** pc.
Aproximar. *Lapit.* pp. *Dais.* pc.
Aptitud. *Carapatan.* pc.
Apto. *Nararapat.* pp. *Nacocol.* pp. *Nababagay.* pp. De *dapat, ocol,* y *bagay.*
Apuesta. *Pustahan.* pp. *Pusta.* pc.
Apuesta. **cunanan.** pc. **tagda.** pc.
Apuesta en que pasa el dominio del gananciosoa la materia, ó instrumento de la apuesta. *Conanan.* pc.
Apuesta, ó concierto que hacen los Padres de los que se han de casar cuando temen, ó se recelan. **tacdahan.** pp.
Apuesta que se lleva al que faltó en el concierto, ó en palabara. **langpas.** pc.

Apuntado. *Matulis*. pp. *Matilos*. pp. De *tulis*, y *tilos*.
Apuntalar. *Suqui*. pp. *Suhay*. pp. *Tocod*. pp. **sondong**. pc. **talocor**. pp. **toclang**. pc.
Apuntar con el dedo. *Toro*. pp.
Apuntar solo lo que ha de hablar. **tambis**. pc.
Apuntar al soslayo. **tambis**. pc.
Apuntar. *Sipat*. pp. *Turla*. pc. *Punta*. pc.
Apuntar de alto á bajo. **toñgo**. pc.
Apuntar al blanco. **inouir**. pp.
Apuntalar la vela. **songdong**. pc.
Apuñear. V. Apuñetear.
Apuñetear. *Dagoc*. pp. *Babag*. pc. *Panontoc*. pc. **panapoc**. pc. *Sontocan*. pp. De *sapoc*. pc. y *Sontoc*. pc.
Apurar. *Linisin*. pp. *Dalisayin*. pp. De *lines* y *Dalisay*.
Apurar, agotar. *Said*. pc. *Obos*. pp.
Apurar, averiguar á fondo. *Suguid*. pc.
Apurar á otro, **dogol**. pp. **saquit**. pp.
Apuro. *Casalatan*. pc. *Capiitan*. pc. De *piit*. y *salat*. V. Aprieto.

A antes de Q.

A qué? *Anot*. pc. **ay-at**. pc.
Aquejar. *Mag bigay dalamhati*, *magpasaquit*. pp. *Magpahirap*. pp.
Aquel, aquella, aquello. *Yaon*. pc. *Yoon*. pc. *Iyon*. pc.
Aquello. *Yian*. pp. *Yaan*. pc.
Aquerenciarse. *Uili*. pp.
Aqui, mas que *dito dini*. pp.
Aqui. *Dito*. pp.
Aqui esta. *Narito*. pc. *Naito*. pc.
Aquiescencia. *Payag*. pp.
Aquietar. *Tahimic*. pp.
Aquietarse. *Hinahon*. pp. *Hupa*. pc. *Tahimic*. pp.
Aquilater. *Uri*. pp.
Aquilon. *Hilaga*. pc.

A antes de R.

Ara. **batong lapis**.
Arado. *Sodsod*. pc. *Araro*. pp.
Árador. *Magsasaca*. pc. *Mag bubuquid*. pc. *Magaararo*. pc. De *saca*, y *buquid*.
Arador gusanillo. *Cagao*. pp.
Arancel. *Opa*, *bayad*, ó *halagang taning at tadhana nang mañga puno*.
Arandela. **sahod lanay**. pp. *Sahod titis*. pp.
Araña ó su tela. **laualaua**. pp. *Anglalaua*. pp.
Araña grande. **gambagamba**. pc.
Araña pequeña. **otitap**. pp.
Araña. **lalaua**. pp. *Gagamba*. pc. **cotocoto**. pc.
Araño del gato, arañar. *Camit*. pc. *Camot*. pp.
Araños, ó rascadura. *Galos*. pp
Araños, ó rasguños del zacate. **halas**. pp.
Araños de la cara. **colamos**. pp.
Arañar. *Camot*. pp. *Golamos*. pc.
Arar. *Saca*. pp. *Araro*. pp. *Buquid*. pp.
Arar entre surco y surco. **suñgal**. pc.

Arbitrar. *Magisip*. pp. **magmunacala**. pp.
Arbitrariamente. *Cusa*. pp. *Bucal sa loob*.
Arbitrio. *Casangcapan na ipinagyayari nang loob sa pagpili nang balang ibig*.
Arbitrio. *Pilac nang bayan, na sinisiñgil sa mañga tindahan, ó sa iba pang bagay, na naaabot nang caniyang capangyarihan*.
Arbitro. *Hocom na palagay nang mañga nag tatalo, nang husayin at hatulan ang canilang mañga tutol*.
Arbitro. *Ang macagagaua nang anoman sa caniyang sarili, at di nagcacailañgan nang sa ibang tulong*.
Arbol. *Cahoy*. pp.
Arbol para hacer mecates. **balibago**. pp.
Arbol poblado de hojas y ramas. **sinangcolong**. pp. *Mayabong*. pp.
Arbol conocido con este nombre. *Banaba*. pc.
Arbol de que se hace carbon. **apiapi**. pp.
Arbol bueno para banca. **batocalin**. pp.
Arbol duro. **bicol**. pp.
Arbol cargado de fruta. *Hitic*. pp. **pingil**. pc. **motoc**. pc. **milit**. pc. **busacsac**. pc.
Arbol con cuyas hojas tiñen de negro, y dá piñones comestibles. *Talisay*. pp.
Arbol asi llamado. **tindalo**. pc.
Arbol de cualquier embarcacion. **panglalayan**. pp.
Arbol nombrado. *Calongpang*. pc.
Arbol nombrado. *Calompit*. pc. *Calompang*. pc.
Arbol sin nudo. **lolos**. pp.
Arbolado. *Cahoyan*. pp. De *cahoy*. pp.
Arbolar. *Mag bañgon nang albor*.
Arbolario. *Tauong golong bait*, *sirasira anh isip*, *hipà*. pc.
Arboleda. V. Arbolado.
Arbolillo cuyas hojas emborrachan el dalag. *Tuban*. *dalag*. pp.
Arbolista. *Ang nañgañglaga sa pagtatanim nang cahoy*.
Arboreo. *Ang naoocol sa cahoy*, *ó nacacauañgis*.
Arbusto. *Monting cahoy*.
Arca. *Caban*. pc.
Arcabuz. *Astingal*. pc.
Arcadas. **aroua**. pc. **douac**. pc.
Arcadas para vomitar. **dogua**. pc. *Dual*. pp.
Arcaduz del pilapil. **paralanan**. pp.
Arcangel. *Lagyong malualhati na nang guiguitna sa manga Angeles*, *at principados*.
Arcano. *Lihim*. pp.
Archipielago. *Dagat na may manga capoloan*.
Archivar. *Pag-iingat*. pp. *Pagtatago nang mañga papel at sulat na mahalaga*.
Archivo. *Tagoan nang manga papel at mahalagang casulatan*.
Arco de bejuco. **yiquis**. pc.
Arco de flechas. *Bosog*. pp.
Arco del cielo. *Bahaghari*. pp. *Balañgao*. pc.
Arco iris. **bahagsuhay**. pp.
Arco de caña. *Balantoc*. pc.
Arco para escarmenar espoojar el algodon *Bosog*. pp.
Arder. *Niñgas*. pp. *Liab*. pp. *Alab*. pp. *Liñgas*. pp.
Arder bien el fuego. **calatan**. pp.
Arder algo con llamas difíciles de apagar. **posoc**. pp.
Ardid. **banta**. pc. *Lalang*. pc. *Ardel*. pc.

Ardiente. V. Arder.
Ardor. *Init* pp. *Malaguing init.* pp.
Arduo. *Mahirap gauin.* pc. *Maliuag.* pp.
Area. *Lugar na quinatatayoan nangisang bahay, ó edificio.*
Arena. *Buhanĝin, bohanĝin.* pp.
Arenga. *Png pupuri sa cahayagan.*
Arenilla. *Marguha.* pp. *ó Bohanĝing malilit na pang buhos sa sulat.*
Arenisco. *Mabohanĝin.* pp.
Arestin. *Saquit nang manga cabayo.*
Arfar. *Guiuang guiuang.* pp. **lantao.** pc.
Argadillo. *Olacan.* pc. **palalatohat.** pc.
Argamasa. *Bohanĝin apog at tubig na pinaghalohalo.*
Argolla de jugar alas bolas. **baras.** pp.
Argolla de oro de dos hilos. **pinilipit.** pp.
Arguir. **linsog.** pc. **ergo.** pp. *Talo.* pp.
Aridez. *Tuyot.* pp. *Catoyoan nang lupa.*
Arillos. **panaiñga.** pp. *Hicao.* pp.
Arisco. *Masuuĝit.* pp. *Mailap.* pc.
Arista. *Sonĝot.* pc. **mamac.**
Arma hecha de caña á manera de estrellitas. **pasolo.** l. **pasolot.** pp.
Armada. *Hocbo. sa dagat.*
Armadijo. *Silo.* pp. **panyapac.** pc. *Bilag*, pp. **bantay.** pc.
Armar el arco. **dolong.** pp.
Armar lazos. *Omang.* pp.
Armarse. **baloti.** pp.
Armatoste. *Casang capang masama ang pagca gaua na di pinaquiquinabanĝan, cundi bagcus nacatilang.* **baatic.** pp.
Armazon alto que se pone en las procesiones de domingo de ramos. **maligay.** pc. **maligoy.** pc. *Cobol.* pp.
Armazon compuesto de los pedazos de caña. **sincaban.** pp.
Armazon del toldo de la banca. *Palacarañĝan.* pc.
Armazon de cañas á modo de mesa. **sangcayao.** pp.
Armazon sobre que se tiende el carang. *Palacaranĝan.* pp.
Armazon de pescar. **cabanata.** pp. **banatan.** pc.
Armazon de la tela para tejer. **tandayan.** pp.
Armeria. *Bahay ó camalig na pinag-iinĝatan nang sarisaring sandata.*
Armero. *Mag bububo, ó manggagaua nang sandata.*
Armero. **salang.** pp.
Armas defensivas. **sapyao.** pc. *Baluti.* pp. *Oslamaya.* pp.
Armas de respeto. **panimbos.** pc.
Armas ofensivas ó defensivas. *Sandata.* pp.
Armigero. *Matouaing manandata.*
Armonia. *Cariquitan nang togtog, pag cacaayonayon nang togtog; ó música.*
Armonioso. *Matinis na música, matinig.* pp.
Arnero. *Bilao.* pp.
Aro hecho de bejuco. **anglo.** pc.
Aromático. *Mabanĝo.* pc.
Arpa. *Alpa.* pc.
Arpar. *Linas.* pp. **gotlay.** pc. *Gotay.* pc.
Arpeo. *Bacul na panĝalauit sa dauong nang cauay.*
Arpon. *Salapang.* pc. **panamit.** pp. **pamoga.** pp.
Arqueadas del que vomita. *Dighal.* pc.
Arqueado. **talocarit.** pc. *Balantoc.* pc.
Arquear. *Balantoc.* pc. *Hotoc.* pp. *Loyoc.* pp. *Hobog.* pp.
Arquear el cuerpo. *Hindot.* pc.
Arquillo de caña que hacen los muchachos. **palatac.** pc.
Arquitecto. *Maestrong maronong gumaua nang manĝa Simbahan at bahay na bato.*
Arrabal. *Tabihan.* pc. *Tabing bayan.* It. *Bayan, ó nayon salabas nang cuta at moog nang Ciudad.*
Arrabalero. *Tagalabas nang Ciudad.*
Artejo. *Boco.* pc. *Casocasoan.* pc.
Arracada. *Souang.* pp. *Hicao.* pp.
Arracadas de niñas. *Qinalao.* pp.
Arracadas. *Binoboc.* pc.
Arcadas de plomo. *Binantoc.* pc.
Arracimarse. *Magboigboig.* pp.
Arraez. *Puno sa sasaquian, ó sa dauong.*
Arraigar. *Mag ugat.* pc. It. *Magtibay.* pp. *Manibay.* pp.
Arralar ó apartar. *Dalang.* pp.
Arramblarse. *Mabanlican nang buhanĝin.*
Arrancar. *Camcam.* pc. *Bonlot.* pc. *Bonot.* pp. *Hogot.* pp.
Arrancar las plumas de la cola del gallo. *Pogo.* pp.
Arrancar de raiz. *Bouag.* pc.
Arrancar cogon con raiz. *Ganot.* pp.
Arrancar yerba. *Gabot.* pp. **gamo.** pc.
Arrancar pluta, clavo, espina. **ibot.** pp.
Arrancar los cabellos. *Sabonot.* pp. *Labnot.* pc.
Arrancar del suelo, ó de bajo del agua. **calcag.** pc.
Arrancarse algo por la fuerza del viento. *Boual.* pc. *Tumba.* pc. *Hapay.* pp.
Arrapiezo, arrapo. *Golanit.* pc. **lauinguing,** *ó lauing lauing nang damit na golanit.*
Arrasar. *Patag.* pp. It. **lalar.** pp.
Arrastramiento con el pie hácia delante. *Salisod.* pp.
Arrastrar. **lagayac.** pp. *Ipor.* pp. **daganas.** pp.
Arrastrar el sayo. **lambong.** pc.
Arrastrar la ropa. *Sangayar.* pc. *Hilahod.* pp. *Sayar.* pp.
Arrastrar á uno como asiéndole de los cabellos. **sayar.** pp. **gayar.** pp. **bilisbis.** pc. *Caladcad.* pc.
Arrastrar algo. **aligor.** pp. *Caladcad.* pc.
Arrastrar faldas largas. *Sayar.* pp. *Sangayar.* pp.
Arrastrar por el suelo las nalgas. *ipod, ó Alipod.* pc.
Arrastrarse como el niño que no puede andar, *Osad.* pp.
Arrear la gente. **calig.** pp.
Arrear. *Taboy.* pc. *Aboy.* pc.
Arrear á los perros. **balatac.** pc.
Arrear animales. **yaoy.** pc.
Areear la vela. **tagostos.** pc.
Arrear castañeteando con la lengua. *Panĝalatac.* pc. *Panalatac.* pc. *Pamalatac.* pc.
Arrear las cabalgaduras. **pamalocioc.** pc. *Pamalatac.* pc.
Arrebañar lo que hay en el plato con cuchara. **locar.** pp.
Arrebatado. *Gahasa.* pp. *Mabilis.* pc. *Bigla.* pc.
Arrebatar la corriente la embarcacion. **bagasbas.** pc.
Arrebatar al vuelo. **hinañgay.** pc. *Daguit.* pp.

Arrebatar defendiendo á otros. *Agao*. pp.
Arrebatar. *Agao*. pp. *Hobnit*. pc. **hambot**. pc. **camcam**. pc. **among**. pp. *Dangguit*. pp.
Arrebatar aceleradamente como el milano. *Simbar*. pc.
Arrebatamiento acelerado del caiman *Sibar*. pp.
Arrebatar algo con toda la mano. *Sacmal*. pc.
Arrebatiña. *Pañgagao*. pp.
Arreboles de la mañana ó tarde. **tampal**. pp. **talang**. pp. **pula**. pc.
Arreboles del cielo. **balañgolan**. pp.
Arrebollarse. **tidalosdos**. pc. *Tiholog*. pc. *Patiholog*. pc.
Arrebujar. **goyomos**. pp. *Coyomos*. pp.
Arrebujar entre las manos. **comos**. pp. *Colomos*. pc. *Gosot*. pc.
Arreciar el viento. *Bilis*. pc. **dilis**. pc.
Arreciar. **pandosan**. pp. *Lacas*. pc. **hagpit**. pc.
Arreciar la lluvia. *Dagasá*. pc.
Arrecife. **bancota**. pp.
Arredrar. *Tucot*. pp. It. *Hiualay*. pp. *Ag-uat*. pc.
Arregazar. V. Regazo.
Arreglado ó razonable. *Carampatan*. pp. *Catampatan*. pp.
Arreglar. *Itoto*. pp. *Itumpac*. pc. *Palontonin sa panoto, ó panipat*.
Arreglar algun desorden. *Paquialam*. pc. *Husay*. pp. *Puquial-man*. pc.
Arremangar, arremangarse. *Salucbit*. pc. *Sucbit*. pc. **bayaquis**. pc. *Lilis*. pc.
Arremangar el manto. **talongcas**. pc.
Arremeter con furia. **dalomog**. pp. *Songgab*. pc.
Arremeter. **dalosong**, pp. **dalasa**. pp. **osig**. pp. *Handolong*. pp. *Losob*. pp. *Sagasa*. pp.
Arremeterse. **agao**. pp.
Arrendar. *Holog*. pp. *Bouis*. pc.
Arrendar tierras ú hortalizas. **lui**. pp. **banli**. pc. *Bouis*. pc.
Arreo. *Gayac*. pc. *Pamoti*. pp.
Arrepentirse. *Sisi*. pc.
Arrestar. *Bilanggo*. pc. *Piit*. pp.
Arrestarse. *Pañgahas*. pc.
Arrezafe. *Sucalang, matinic, masucal*. pp.
Arribar por temporal. **baguingbing**. pc. *Padpad*. pc.
Arribar á alguna parte. *Sapit*. pp.
Arriba. *Taas*. pp.
Arriesgado. *Pañgahas*. pc. *Malacas na loob*.
Arriesgar, arriesgarse. *Sapalad*. pp. *Sapalaran*. pc.
Arrimar á un lado. **hampil**. pc. *Himpil*. pc.
Arrimar mucho. *Laquip*. pp.
Arrimar la mano á la mejilla. *Lumbaba*. pc.
Arrimar un árbol á algun palo. **halibayo**. pp.
Arrimar blandamente el viento ó corriente algo á la orilla. **pairpir**. pc.
Arrimar algo con la mano á otro. *Taboy*. pc.
Arrimar, arrimarse. *Sandal*. *Lapit*. pp.
Arrimar la escalera, ó casa semejante. *Sandig*. pc.
Arrimar á la pared lo que estaba en medio. **limbay**. pc.
Arrimar la carga á algo para descansar. **sangcayao**. pp.
Arrimarse á algo. **ayopinpin**. pc.
Arrimarse el niño que gatea á la madre, asiéndola para levantarse. **olapang**. pp.
Arrimarse. *Sacdal*. pc.
Arrimarse el niño á la madre. **tongqui**. pc.
Arrimarse al enfermo ayudándole andar. **agbay**. pc.
Arrimo, amparo. *Sacdalan*. pp.
Arrinconar. *Itabi*. pc. *Isoloc*. pp.
Arrinconar á otro donde no puede escaparse. *Socol*. pc. *Piit*. pp.
Arriscado. V. Arriesgado.
Arrobamiento. *Maual-an nang loob ó isip sa cataimtiman nang pananalañgin*.
Arrobarse. V. Arrobamiento.
Arrodelarse. *Mañgalasag*. pp. *Manangga*. pc. *De calasag* y *Sangga*.
Arrodillarse. *Ticlohor*. pc. *Paniclohor*. pc. *Lohor*. pc.
Arrogancia. *Pañgahas*. pc.
Arrogante. *Palalo*. pp.
Arrogar, arrogarse, *Pag-angca, ó pag-anquin nany di caniya lalo na cung catungculan ó capangyarihan*.
Arrojálo. *Hologui*. pp.
Arrojar de arriba abajo. *Bulusoc*. pp.
Arrojar por la boca. *Loua*. pc. *Lua*. pc. *Buga*. pc.
Arrojar palo sin levantar los brazos sobre los hombros. **baliuas**. pp.
Arrojar de lado. **tambiling**. pp.
Arrojar las olas. *Tampol*. pc.
Arrojar alguna cosa ligera con enojo. **tampolang**. pp.
Arrojar algo para que se atolle. **tanlac**. pc.
Arrojar algo. *Tapon*. pp. **dalahay**. pp.
Arrojar. *Holog*. pp. **dalamba**. pc.
Arrojar. **damba**. pc. *Lagpac*. pc. *Bagsac*. pc. *Sadluc*, pc.
Arrojar el viento la embarcacion. **dangpil**. pc. *Dagsa*. pc. *Padpad*. pc.
Arrojar por el suelo. **lagmac**. pc.
Arrojar algo en el agua. **goua**. pc.
Arrojar algo de golpe. *Bonto*. pc.
Arrojar la lanza al contrario. *Borlong*. pc.
Arrojar del hombro la carga. **bugtac**. pc.
Arrojar hácia arriba. **balibas**. pp. **imbolog**. pc. **pailacbong**. *Talang*. pp.
Arrojar como piedra ó con piedra. *Pocol*. pc. *Haguis*. pp. **dalhag**. pc.
Arrojar palo ó caña. *Balibang*. pp.
Arrojar algo ladeado. **halirio**. pc.
Arrojado. **bigsac**. pc.
Arrojarse de alto á bajo **tilarosdos**. pc.
Arrojarse de golpe en el suelo. *Tilagpac*. pc.
Arrojarse de alto á bajo. **tilalosdos**. pc. *Tibulid*. pc.
Arrojarse en tierra el ave. **tilapac**. pc.
Arrojarse al agua. **sagpac**. pc. *Tambog*. pc. *Tobog*. pc.
Arrojarse á algun peligro. **salangsang**. pc. *Sugba*. pc. *Sugbo*. pc.
Arrojarse el ave de rapiña tocando, sin coger la presa. **sayar**. pp.
Arrollar, arrollado. *Lulon*. pc. **pitis**. pc. **bilo**. pp.
Arromar. V. Despuntar.
Arroparse para sudar. *Colob*. pp. *Colobong*. pc.
Arrostrar. *Tiis*. pc. *Dalita*. pc. *Atim*. pc.
Arroyo, arroyuelo. *Batis*. pp. *Saloysoy*. pc.
Arroyo por donde vierte el agua de la sementera. **sangca**. pc.

Arroyuelo que se seca. **ilat.** pp.
Arroz algo verde sacado al fuego. **avo.** pp.
Arroz verde. **doman.** pp.
Arroz de muy pocas espigas. **manlauatlauat.** pp.
Arros pegajoso. *Malagquit* pc.
Arroz sucio medio prodrido, ó enrojecido por haber estado hacinado ó mojado. **calahan.** pp. **gariñgan.** pp.
Arroz temprano. *Pauna*. pc. *Paaga*. pp.
Arroz en leche. *Malagatas*. pc.
Arroz tardío. *Pahuli*. pc.
Arroz otras muchas especies. **quinayabongbong.** pc. **quimamalig.** pp. **bonong bagyo.** pc. *Pirorolong*. pp. **nagpunit.** pp. **dinulong.** pc. **dinamiana.** pp. **tañgi.** pp. **quinugon.** pp. **pinorac.** pp. **dit-an.** pc. **inalañgilan.** pp. **mita.** pp. **pinagocpoc.** pc. **lagpac.** pc. **compol.** pc. **quinanda.** pc. **quinarayom.** pp. **bolohan.** pc. **calibo.** pp. **casobong.** pc. *Macan*. pc. **macapilay.** pc. **quinastila.** pp. **sinangqui.** pc. **sinumbilang.** pp. **quinolantro.** pc. **binulagsac.** pc. **inabaca.** pc. **mondie.** pc. **sinampaybacod.** pc. **nagtunco.** pc. **tinuma.** pp. **quiriquiri.** pc. *Tinalahib*. pp. **binatad.** pc. **inaggel.** pc. **nagcaya, taguisa.** pp. **talindiquin.** pp. **tinumbaga.** pp. **san pablo.** pp. **sinampablo.** pc. **san pedro.** pp. **binambang.** pc. **bontot cabayo.**
Arroz caldoso, ó cosido con mucha agua. *Atole*. pp. *Linogao*. pp.
Arroz medio molido. *Baghag*. pc.
Arroz que comienza á brotar. **baslas.** pp.
Arroz limpio sin cáscara. *Bigas*. pc.
Arroz tostado **binolaclac.** pc. **inolas.** pp. *Sañgag*. pc.
Arroz de grano con vello. **sanlangol.** pc.
Arroz largo de poco, cuerpo. **tinagbo.** pc.
Arroz en cáscara cuando está sin ipá. *Timmias*. pp.
Arroz sin cáscara no blanqueado. *Pinaua*. pp.
Arroz con cáscara. *Palay*. pp. **quinalas.** pp.
Arroz cocido, ó morisqueta. *Sinaing*. pp. *Canin*. pp.
Arroz de pocas espigas. **talagtag.** pc.
Arroz pasmado. **colocatican.** pc.
Arroz medio pilado. *Habhab*. pc. **pinaua.** pp. **lupac.** pp.
Arroz limpio. *Loba*. pp. *Dig-as*. pc.
Arroz temprano. **carato.** pp.
Arroz vano. *Ipá*. pc. *Toliapis*. pp.
Arroz que dá á los cuatro meses. **macapat.** pp. *Dumali*. pc.
Arroz quemado. **agom.** pp.
Arroz comido de ratones. **oar.** pp.
Arroz seco en la espiga antes de tocarlo. **tocol.** pc.
Arroz negro por mojado. **balañgauan.** pc.
Arroz mal granado, y desmedrado. **popong,** pc.
Arroz que ha empezado á espigar. **tacdauan.** pc.
Arroz para brotar ya. **boticas.**
Arroz que se revienta. **bato.** pc.
Arroz verde tostado y majado. **pipig.** pp. *Pilipig*. pp. *Pinipig*. pp.
Arroz verza. **bolobor.** pp. *Ponla*. pc.
Arrozal. *Palayan*. pp.
Arrozería. *Bigasan*. pp.
Arrugas que hace la carne del que está muy gordo. **cabil.** pp.
Arrugas. *Colon*. pc. *Conot*. pc. *Colontoy*. pc.
Arrullar al niño. *Holona*. pp. **hilina.** pp. **hela.** pp.
Arruinar. *Sira*. pp. *Ualat*. pp. *Guiba*. pc.
Arrullar al niño en los brazos. *Ilig*. pc.
Arrugado. **polotpot.** pc. *Palotpot*. pc.
Arrugarse. **cayompis.** pc. *Cuyumpis*. pc.
Arrugar las sienes. *Conot*. pp.
Arte. *Catiponan nang mañga otos at panoto*. It. U. Astucia.
Artejos ó coyunturas. *Casocasoan*. pc. *Boco*. pc.
Artería, maña. *Lalang*. pc.
Artería. *Ogat, ó anoran at tacbohan nang dugo.*
Artero. *Mapaglalang*. pc. *Tuso*. pp.
Artesa. *Batiya*, l. *Batia*. pp. *Pinagmamasahan nang tinapay.*
Articulacion. *Pagcacasama at pagcacadogtong nang casocasoan.*
Artículo. **pangcat.** *ó bahagui nang libro ò casulatan.*
Artífice. *Mangagaua*. pc.
Artificial. *Ang guinagaua nang dunong at bait nang tauo.*
Artificio *Lalang*. pc. It. *Cayariang ocol sa otos nang arte.*
Artillería. *Catipunan nang mañga cañon, baril at iba pang casangcapan sa pag babaca.*
Artista. V. Artífice.
Arzobispado. *Capangyariha,t, dañgal nang Arzobispo at ang lupa niyang nasasacupan.*
Arzon. *Cahoy sa huli at harap nang siya nang cabayo.*

A antes de S.

As de la baraja. *Alas*. pc.
Asa de tibor. **catabay.** pp.
Asa de cántaro, &c. *Tayñga*. pp.
Asa. *Bilbitan*. pp.
Asador de hierro ó palo para asar carne ó pescado. **asalan.** pp. *Duruan*. pp. **tindagan.** pp.
Asadura. **quiapo.** pp. *Laman sa loob catulad nang quiapo.*
Asaetear. *Pagpana*. pp.
Asalariar. *Opa*. pp.
Asaltar. *Salacay*. pp. *Loob*. pp.
Asamblea. *Polong*. pp. *Catiponan*. pp. *Capisanan*. pp.
Asar en las llamas. *Salab*. pp.
Asar camotes tocando las brasas. **bañgi.** pc.
Asar algo en asador. **talibobo.** pc.
Asar algo metiéndolo en ceniza. **loom.** pp.
Asar camarones en tiesto. **hilabos.** pc.
Asar el pescado antes de cocerlo. *Ihao*. pp. **lablab.** pc.
Asar en rescoldo. **nagnag.** pc. **pais.** pp. **loon.** pp.
Asas de los fuelles con que hacen viento. **pacopaco.** pp.
Ascender. *Aquiat*. pc. *Panhic*. pc.
Ascendiente. *Magulang*. pp. *Canonoan*. pp. *Pinangalingan*. pp.
Ascension. V. Ascender.
Ascenso. *Pagcataas, pagcasulong nang catungculan.*

Asco. *Diri*. pp. *Suclam*. pc. **dimarim**. pp. *Domal*. pp. **douay**. pp. **damil**. pp.
Asco de cosa sucia. *Lupit*: pc.
Asco por la aprension que le ha de hacer mal la comida. **naminami**. pp.
Ascua. *Baga*. pp.
Aseado. **saya**. pp. *Susi*. pp.
Asechanza. *Soboc*. pp. *Bacay*. pp. *Abang sa pananampalasan*.
Asegurar. *Patunay*. pp. *Patotoo*. pp. *Pagtitibay*. pp.
Asenso. V. Asentir.
Asentaderas del hombre ó animal *Pig-i*. pc.
Asentaderas de la vasija. *Pouit*. pc.
Asentadillas. *Himbabayi*. pc.
Asentado. **tagaitay**. pp. *Lapat*. pp. *Tahimic*. pp.
Asentador. *Naglalapat nang bato*.
Asentamiento de persona en el suelo. *Lopagui*. pc.
Asentir. *Payag*. pp. *Maquiayon sa pagiisip at acala nang iba*. *Magcaisa*. pc.
Asentir interiormente. *Siya*. pc. *Magpasiya*. pc.
Asentista. *Ang may* **banli**, ó *may holog nang sabong*.
Aseo en traje ó vestido. **maniya**. pc.
Aseo á personas. **vayc**. pp.
Aseo. **uani**. pc. **uali**. pc. **uacya**. pp.
Asequible. *Macacamtan*. pc. *Matatamo*. pc.
Asercion. *Patunay*. pp. *Patotoo*. pp.
Aserradero. *Lagurian*. pp. *Lugar na pinag lalagarian*.
Aserradizo. *Lagariin*. pc. *Malalagari*. pc.
Aserrador. *Manlalagari*. pp. *Maglalagari*. pc.
Aserrar. *Lagari*. pp.
Aserrar cuadrado. **babac**. pp.
Asegurar la atadura. **paquipquip**. pp.
Asemejar. *Para*. pp. *Paris*. pp.
Asemejarse á algo la criatura porque vió algo la madre al concebirla. **paniling**. pp. **niling**. pp.
Asemejarse dos. *Tolar*. pp. **nolar**. pp. **panolar**. pp.
Asemejarse á otro. **moli**. pc. **halilagyo**. pp. **lagyó**. pc.
Asentar unas cosas con otras. **balatay**. pp. *Lapat*. pp.
Asentar unas cosas sobre otras. **batay**. pp. *Patong*. pp.
Asentar el pie en la tierra. **tacar**. pp.
Asentar la columna sobre la base. **tacar**. pp.
Asentar algo en el suelo. **datay**. pp.
Asentarse el ave en el árbol. *Dapò*. pp.
Asentar como las tierras en la pauta. **yoclo**. pc.
Asentar en la punta de alguna cosa alta. **tumpac**. pc.
Asentar el codo poniendo la mano debajo de la barba. *Pañgalimbaba*. pp.
Asentar bien algo **taya**. pc.
Asentar algo como la olla en las trebedes *Salang*. pp.
Asentar el pie en vacío. **lingsar**. pc.
Asentar. *Licmo*. pc. **ontol**. pc.
Asentarse cruzadas las piernas. **silá**. pp. *Tansila*. pp.
Asentarse lo que está revuelto. *Tining*. pp. *Tinoo*. pc.
Asentarse juntos. *Dayti*. pp.
Asentarse algo en el suelo igual. *Lapag*. pc.
Asentarse. *Licmo*. pc. *Opo*. pc. **lining**. pp. **locloc**. pc.
Asentarse en tierra ó lodo. *Logmoc*. pc.
Aserrin, ó aserraduras. **cosot**. pc. *Pinag lagarian*. pp. **piyaos**. pp.
Asertivamente. V. Asercion.
Aserto. V. Asegurar.
Asesar. *Magcabait*. pc. *Mag pacabait*. pc.
Asesinar. **liñgo**. pp. *Patay*. pc.
Asesinato. **pagliliñgo**. pc. *Pag patay*. pc.
Asesino. **magliliñgo**. pp.
Asesor. *Manghahatol*. pp.
Asesorarse. *Moha sanguni*. pp. *Hatol*. pp. *Tanong*. pc.
Aseverar. V. Asegurar.
Asfixiado, asfixiarse. *Hilong iquinamamatay*. pp.
Asi. *Ganiyan*. pc. *Gay-on*. pc. *Ganito*. pc. *Gaito*. pc.
Asi. *Gayon*. pc.
Asi és. *Gayon ñga*. pc. *Oo ñga*, *siya ñga*.
Asi sea. *Siya naua*. pc. *Maanong*. pc. *Diñga salamat*. pp. *Diñga bahag-ya*. pp.
Asidero. *Alalayan*. pc. l. *Bitbitan*. pp. **hohotan**. pp. *Taiñga*. pc. *Tatangnan*. pc.
Asiduo. *Parati*. pp. **marondon**. pc. *Madalas*. pc. *Malimit*. pp.
Asiento. *Babahan* pp.
Asiento de cualquiera materia. *Opoan*. pp. **loclocan**. pp. *Licmoan*. pc.
Asiento de vinagre ó tuba. **lacdip**. pc.
Asiento de la banca. **bitlag**. pc.
Asiento desigual. **boli**. pp.
Asiento en la banca. **palabababan**. pp.
Asiento en la embarcacion entre el piloto, y el señor de la banca. **tomoay**. pc.
Asiento que ponen en las bancas ó en sus casas hecho de cañas. *Papag*. pp.
Asiento de los que reman. **dambaan**. pp. **ñgibi**. pp.
Asi es, ahora me acuerdo. **too**. pp.
Asi es. *Casi*. pc.
Asidero de tinajas, sarten, &c. *Pacao*. pp.
Asidero. *Hauacan*. pc. **galauir**. pc.
Asientos ó heces *Latac*. pp. **palac**. pp.
Asignar. *Talaga*. pc. *Tadhana*. pc.
Asilo. *Sacdalan*. pp. *Ampunan*. pp.
Asimiento de la red en algo debajo del agua. **gaid**. pp.
Asimilarse. *Muc-ha*. pc. *Uañgis*. pp. *Tulad*. pp. **puli**. pp.
Asimismo. *Gayondin*. pc. *Naman*. pc.
Asimplado. *Hañgal*. pc. *Tanga*. pc. **oto**. pc.
Asir con la mano cerrada. *Quimquim*. pp. *Quimis*. pc.
Asir dos fuertes á un flaco por los brazos. **ambay**. pc.
Asir á uno por los cabezones. **mingming**. pc.
Asir sin poder salir. *Tiñga*. pp.
Asir de los cabellos. *Sabonot*. pp.
Asir algo para que no se escape. **sacom**. pp. *Piguil*. pp. *Taban*. pp.
Asir á alguno con la mano. *Tañgan*. pp. *Tabon*. pp.
Asir. *Pañgapit*. pp. *Capit*. pp. **siya**. pc. *Ñgangapit*. pp.
Asir el niño con sus piernas. *Quilic*. pp.

Asir el que cae de alto quedando colgado. **sañgit.** pc. *Sabit* pp. **sagor.** pp.
Asir en la tierra la ancla. **taga.** pc.
Asir, asirse. *Hauac.* pp. **hotan.** pp. **cuyapit.** pp.
Asir del lazo, ó con él. **labag.** pp.
Asirse de un palo para dar vueltas. **balicsoa.** pc.
Asirse de algo para no caer, ó para pasar á otra parte. **ñgoyabin.** pc. *Ngonyapit.* pp.
Asirse algo á los pies. *Polopot.* pp. *Sabid.* pc.
Asirse en los agujeros de la red. *Timo.* pp.
Asirse la red debajo del agua. **gair.** pp.
Asirse para no caer. **sañgat.** pp.
Asirse lo que vá arrastrando. *Subir.* pc.
Asistencia. *Pagharap.* pc.
Asistir. *Harap.* pc. It. *Alaga.* pp. *Alila.* pp.
Asma al comenzar. **habul.** pc.
Asma. *Hicà.* pp.
Asmático. *Hicain.* pp.
Asociar. *Magsama, nang catulong sa catungculan, ò sa anomang gagauin.*
Asolar con guerra. *Digma.* pc. *Gubat.* pc.
Asolear ó secar al sol. *Bilad.* pc.
Asomar el agua cuando cavan algun pozo. *Himig.* pp.
Asomar por parte estrecha. **alongong.** pc.
Asomar el medio cuerpo por la ventana. **soac.** pp. **souac.** pc.
Asomarse. *Donghal.* pc. *Dongao.* pp. *Sungao.* pp.
Asomarse las lágrimas. *Guilid.* l. *Guilir.* pp. *Ngilid.* pp.
Asomarse á menudo. **handal.** pc.
Asomarse algo. *Sipot.* pc.
Asombro. **balaghan.** pc.
Asombro, asombrarse. *Bacla.* pc. *Golomihan.* pp. *Gulat.* p.
Asombro ó asombrarse. *Tili.* pc. *Guitla.* pc.
Asomado del viento. **balating.** pp.
Asonada. *Golo.* pc. *Catiponan nang manga tauong nanghihimagsic.*
Asonar. *Pagcacaayon nang tinĝig.*
Aspa. *Labayan.* pp. **galumpang.** pc. **salalac.** pp.
Aspa de caña. **labaylabay.** pp.
Aspa de dos palos que se pone sobre el tejado. **saclang.** pc.
Aspar. *Labay.* pp.
Aspecto. *Lagay.* pc. *Hichura.* pp. *Muc-hà.* pp.
Aspereza. **agas-as.** pp. **salat.** pc. *Galas.* pc. **caslang.** pc.
Aspereza de madera. **gatol.** pp. **gotol.** pp.
Aspero como sayal. **guilic.** pp.
Aspereza de camino. **licuar.** pc. **baco.** pp.
Aspero de condicion. **salimoot.** pp. **maganit.** pc. *Mabanĝis.* pc. *Masunĝit.* pc.
Aspero al gusto. *Saclap.* pc. **sagapsap.** pc. **ascad.** pc. **cahat.** pp.
Asperges. *Uisic.* pc.
Aspercion. V. Asperges.
Aspid. *Isang bagay na ajas.*
Aspirar. *Hanĝad.* pc. *Nasa.* pp. It. **hiñga.** pp.
Asquerocidad. **laris.** pp. *Carumihan.* pc.
Asquerocidad especial de algunos peces. *Lansa.* pc.
Asqueroso. **dimarim.** pp. *Dumi.* pc. **dumal.** pp.
Asta de la flecha. **boboan.** pc.
Asta de lanza. *Hasta.* pc. *Tangcay.* pc. **lañgañgan.** pc. **lang-gañgan.** pp.
Asta de animal. *Sonĝay.* p.
Asta de bandera. **lagda.** pc. **landa.** pc.
Astil. V. Asta.
Astil de la lanza ó remo. **tagdan.** pc.
Astilla. *Tatal.* pp.
Astillas que estorvan al tirar la madera. **tingbas.** pc.
Astillejos, ó las marías. **balatic.** pp.
Astío de la comida ordinaria. **ñgibi.** pp. *Saua.* pp. *Suya.* pp.
Astío de algo que ya cansa. *Saua.* pp.
Astio asi de cosas, como de personas que naturalmente enfadan. **solocasoc.** pp. *Sonoc.* pc.
Astio ó enfado. *Inip.* pc. *Yamot.* pc.
Astrología. *Carunungan ocol sa manga bituin.*
Astucia. *Lalang.* pc. *Catusohan.* pp. *Cohilà.* pc.
Asunto, negocio *Panao.* pp. *Pacsa.* pc. *Sad-ya.* pc.
Asunto. *Osap.* pp. *pinag oosapan.* pp. *Bagay na pinag oosapan.* pp.
Asustar. *Guicla.* pc. *Tacot.* pp. *Tili.* pc.
Acertar en herir en la parte principal. **palana.** pc.

A antes de T.

Atabal. **timpi.** pc. *Guimbal.* pc. **calatong.** pp.
Atabal cerrado por un lado. **pamonoan.** pp.
Atacar, ó envestir. *Handolong.* pp. *Salacay.* pp.
Atacar, ó apretar el taco. *Sacsac.* pc.
Atadero. *Panali.* pp. *Pamigquis.* pc. *Pamabat.* pc. De *bigquis* y **babat.**
Atadero de lo que siegan. **panangcas.** pc.
Atado de quince bejucos. **baoy.** pp.
Atado de bejuco. **cagor.** pp. *Socong.* pp.
Atado. *Tinalian.* pp. *Bigquis.* pc.
Atado, hombre sin provecho. **doñgo.** pc.
Atado de algo. **catay.** pp.
Atado de palay en espiga. **pongpong.** pc.
Atadura del remo. **coliling.** pc.
Ataduras del *Carang* para tenerlo tieso. **olat-olat.** pp.
Ataduras de la carga, que ván por los hombros. **pangalima.** pp.
Atadura. *Tali.* pp. **baas.** pc. **balacquil.** pc.
Atadura en falso. **balacas.** pc. **balcas.** pc.
Atadura de bejuco curiosa. **baló.** pp.
Atadura del quilo. **bañgoñgot.** pp.
Ataduras de la banca. **bitic.** pc.
Atajar. **abat.** pc. **halang.** pp.
Atajar el camino. *Agtas.* pc. *Balagtas.* pc. *Sangbat.* pc. *Sambat.* pc. *Acras.* pc. *Bagtang.* pc. *Bagtas.* pc.
Atajar camino por agua. *Batas.* pp.
Atajar. *Saplar.* pc.
Atajar á alguno. *Tahan.* pc. *Harang.* pp. *Sabal.* pc. *Salabat.* pp.
Atajar para salir al camino. **lagtas.** pc. **guitis.** pc.
Atajar por estero ó rio. **ligtas.** pc.
Atajar el agua para que vaya á otra parte. **sabal.** pp.
Atajar á otro en el camino. *Harang.* pp.
Atajar, como rio para pescar. **tiric.** pp.
Atajo al rededor de la tierra para que no salga lo que está en ella. **paimpin.** pp.
Atajo de camino. **balactas.** pc. *Sangbay.* pc. **balagtas.** pc.

Atalaya. *Bantay.* pc. *Bantayan.* pp.
Atalayar. *Bantay.* pc.
Atambor. *Guimbal.* pc.
Atambor. **calatong.** pp.
Atambor grande. **canlang.** pc.
Ataque. V. Atacar.
Atar. **binlo.** pp. **igquis.** pc. **cacot.** pp. *Bigquis.* pc. *Tali.* pp.
Atar las manos atras. pc. *Baliti.* pp. **baclid.** pc. *Gaput.* pp.
Atar, tapando. **gacot.** pp.
Atar entre dos cañas. *Pungcol.* pc. **alipit.** pp.
Atar para coser la nipa. **tauotauo.** pp.
Atar la primera vez la caña dulce que está en su tronco. **sapola.** pp.
Atar flojamente. **talabing.** pp. **balaquid.** pc.
Atar la boca de la bolsa. ó cesto plegándola. **pogong.** pp.
Atar el animal en algun poste. *Pugal.* pp.
Atar algo de presto para volverlo á atar. **pañgaita.** pc.
Atar varas unas con otras en las cercas. *Dalin.* pp.
Atar por el pescuezo. *Tobong.* pp.
Atar fuertemente. **igquis.** pc. *Igting.* pc.
Atar, como cosiendo. **gamal.** pp.
Atar algo al poste. *Gapos.* pp.
Atar las cañas del suelo á la casa. *Guilaguir.* pp. *Dalin.* pp. *Daling.* pc.
Atar mal. **habit.** pc. **yapos.** pc. **yaquis.** pc.
Atar al perro con bejuco y caña. *Hasohasò.* pc.
Atar para arrancar. **bacquis.** pc.
Atar palos en sus techos. **balas.** pp.
Atarantado. *Tulig.* pc. **tuliñgag.** pc. *Gahasa.* pp.
Atarear. *Tacdahan nang gagauin.*
Atarearse. *Magsaquit.* pp. *Magsipag.* pp. *Magsicap.* pc.
Atarraya grande. **panamao.** pp.
Atarraya para coger dalag. *Pandalag.* pc.
Ataraya. *Dala.* pp.
Atarraya para de noche. **paningar.** pc.
Atarugar. *Pasac.* pp.
Atasajar. *Hiua.* pp. *Hilis.* pp.
Atascadero. **bulaho.** pc. **bulaos.** pp. **tamac.** pc.
Atascar. V. Atascadero.
Ataud. *Cabaong.* pp.
Ataviar. *Gayac.* pc. *Pamuti.* pp.
Atavio. V. Ataviar.
Atediar. *Yamot.* pc. *Inip.* pc. **solocasoc.** pp.
Ateista. *Tauong aayao maniuala na may roong Dios.*
Atemorizarse. *Tacot.* pc.
Atemorizar. **ganggang.** pc.
Atemperar. *Husay.* pp. *Banayar.* pp. *Himan.* pp. *Hinayhinay.* pp.
Atender. *Limi.* pp. *Quimatiag.* pc.
Atender. *Batyag.* pc.
Atender á la obra. **himan.** pp.
Atender á lo que se dice. *Tanto.* pc.
Atender á agüeros. **manoc.** pc.
Atender algun negocio. *Paquialam.* pc. **pañgasiua.** pp.
Atender. *Talima.* pp. *Calinga.* pp.
Atender á lo que dicen. *Tanda.* pc.
Atentar á oscuras. **hamiham.** pp. *Capcap.* pc. *Capa.* pc. *Apohap.* pp.
Atentar ú probar con el dedo. **doro.** pp. *Daorao.* pc.
Atentar como á la llaga. *Hipó.* pp.
Atento, ó cuidadoso. *Masigasig.* pp. *Maingat.* pp.
Atenuar. *Bauasan.* pp. *Paontiin.* pc.
Aterrarse. *Matacot na labis.* pp.
Atesorar. *Magtipid.* pc. *Magtipon nang pilac.* *Magpayaman.* pp.
Atestacion. *Pasacsi.* pc. *Patunay nang mañga sacsi.*
Atestar. **pandat.** pc. *Sicsic.* pc. *Sacsac.* pc.
Atiesar. *Patigasin.* pc. *Patibayin.* pc.
Atinar. *Tama.* pp. *Toto.* pp.
Atinar lo que antes no atinaba. *Sondo.* pc. *Toto.* pp. *Tumpac.* pc.
Atiplar. *Tinig.* pp. *Tin-is.* pc.
Atisbar. *Masid.* pc. *Paquiramdam.* pc.
Atizar el bachote de la brea. *Silsil.* pc.
Atizar el candil componiendo la mecha. *Sisi.* pc. *Cahig.* pp.
Atizar fuego. *Dobdob.* pc. **alac.** pp. *Gatong.* pp.
Atocinar. *Guilitan ang baboy at asnan.*
Atolondrado. V. Atarantado.
Atollarse. **balabo.** pp. **tunlac.** pc. **tapsong.** pc. **lablab.** pc. **tanlac.** pc.
Atolladero. **lablab.** pc. **bulaho.** pc.
Atomo. *Cauntiuntian.* pp.
Atonito. *Golomihanan.* pp. *Guitla.* pc. *Taca.* pc. *Guicla.* pc.
Atontado. **moling.** pp. **molilat.** pp. **hamag.** pp. **mongal.** pp. *Oto.* pc. *Tongac.* pc.
Atontado. **atobili.** pc. **pañgat.** pp.
Atontar, aturdir, otolondrar. *Tulig.* pc. *Guicla.* pc.
Atorarse. V. Atollarse.
Atorarse con algun bocado. *Tilhac.* pc.
Atormentar. *Saquit.* pp. *Hirap.* pp.
Atortolar. V. Atontar.
Atosigar. *Lasonin.* pp. De *lason.*
Atrabancar. **hamban.** pc. *Gauang bigla, na masama ang yari.*
Atracadero. *Sadsaran.* pp. De *sadsad.*
Atracar. *Sadsad.* pc.
Atraer con palabras ó regalos. **orali.** pp. *Lamoyot.* pp. *Hibo.* pp. *Irog.* pp.
Atraer al descaminado. **arog.** pc.
Atraer para sí. **tañgi.** pc.
Atraer algo. *Cabig.* pp. *Ganyac.* pc.
Atragantarse. *Hirin.* pp. *Samid.* pc.
Atrancar. **cansing.** pc. **doit.** pp. **caling.** pp. **torlang.** pp.
Atrapar. *Songgaban, dacpin ang tumatacbo.*
Atrás, ponerse atrás. *Huli.* pc.
Atrasar. *Ayao.* pc. *Iuan sa huli.* It. *Ipahuli.* pc. *Ipalaonlaon ang gaua.*
Atravesaños. *Balaquilam.* pp. **bicohan.** pp.
Atravesaños del suelo de la casa. **balagbag.** pc.
Atravesaños que ponen en las bancas para fortalecerlas. **sangcalan.** pp.
Atravesar. *Sagi.* l. *Sagui.* pp.
Atravesar. *Balagbag.* pc. *Halang.* pc. *Hambalang.* pp.
Atravesar ó pasar alguno por camino no usado. **salabat.** pp. *Balagtas.* pc.
Atravesar el instrumento por el cuerpo quedándose dentro. **omang.** pp. **habilin.** pp.
Atravesar sin respeto. **aliasar.** pp.

Atravesar mercadería. **ayac.** pc. *Ancat.* pc. **añgca.** pc.
Atravesar algun palo. **balouat.** pp.
Atravesar por olas ó viento. **banlag.** pc.
Atravesar algo en la garganta. **bol-on.** pc. **balariir.** pc. *Hirin.* pp.
Atravesar arma de parte á parte. **limpas.** pc. *Lampas.* pc. *Taos.* pc. *Tagos.* pc. *Lag-os.* pc. **laos.** pc. **balos.** pp.
Atravesar algo para que no pasen. *Halalang.* pp. *Harlang.* pc. *Halang.* pp.
Atravesar el cuerpo con lanza. **bolos.** pp.
Atravesar por rio ó mar. *Tauir.* pc.
Atravesar por camino no usado. **talas.** pp.
Atravesar por la mar. **talactac.** pc.
Atravesarse algo en las tripas. **bulalo.** pc.
Atravesarse en alguna parte. **liuas.** pc.
Atravesarse. **pahalang.** pp. **balaot.** pc.
Atravesarse el navío por la corriente. **balasbas.** pc. **bagasbas.** pc.
Atravesarse espina en la garganta. *Bicquig.* pc.
Atravesado. *Hambalang.* pp. **lathala.** pp.
Atravesado por señal en el camino ó rio. *Palimpin.* pc.
Atreverse. **ataata.** pp. **ñgaya.** pc. *Mangahas.* pc. *Pañgahas.* pc.
Atrevido. *Lapastañgan.* pp. **palanghac.** pc. **babat.** pc. **paslang.** pc. **soauail.** pc. **sanghil.** pc. **labag.** pc. *Pañgahas.* pc.
Atrevido, que dice cuanto le viene á la boca. **panglauas.** pc.
Atrevimiento. *Pañgahas.* pc. *Capañgahasan.* pp.
Atribuir. **panihala.** pp. **taboy.** pc.
Atribuir todos algo á otro. **ycquian.** pc.
Atribularse. *Hapis.* pp. *Lumbay.* pp. *Dalamhati* pp.
Atributos. *Ang manga sacdal at sincad na cagalingang na oocol sa Dios, para nang caniyang dunong, aua, capangyarihan.*
Atricion. *Pagsisi nang casalanang sa tacot sa infierno.* &c.
Atril. *Lalaguian nang libro cong binabasa.*
Atrincherar. *Cubcubin, ó bacuran nang cuta, at moog.*
Atrincherarse. *Mañgobli sa loob nang cuta.*
Atrocidad. *Cabañgisan.* pc.
Atronado ó atronar. *Hilo.* pp.
Atronado. **doliñgas.** pc.
Atronar. Vide aturdir.
Atronar á otro llegándosele al oido. **cogcog.** pp.
Atronar con voces. **bigao.** pc. **liñgao.** pc.
Atropellar. **labag.** pc. **yapao.** pc. *Sagasa.* pp. *Yapac.* pc. **yacyac.** pp.
Atropellar. *Sagi.* l. *Sagui.* pp.
Atropellar lo que hace. **dagasdas.** pc.
Atropellar corriendo á caballo ó apie. **dagasa.** pc. *Sagasa.* pp.
Atropellarse. **balombon.** pc. **balotbot.** pc. **lacas.** pc.
Atroz. *Mabañgis.* pc. *Mabacsic.* pc. It. *Labis nang sama. Daquila.* pp.
Atufado. **taliñgosñgos.** pc.
Atufar. *Galit.* pp. *Poot.* pp. **salimoot.** pp.
Atufárse de lo que no gusta. **mihit.** pp.
Atun. **bangculis.** pc. **lumulocso.** pc. **alañgolang.** pp.
Aturdido. *Tulig.* pc. **tuling.** pp. *Tuliñgag.* pc.
Aturdir. **malingming.** pc. **tumpaling.** pp.
Aturdir á otro con golpes. **malingmiñgan.** pc. **taictic.** pc. **tumpaling.** pp.
Aturdir con voces. Vide atronar con voces.
Aturdirse con algun golpe. **tilap.** pp.
Atusar. **padparin,** *pantain nang gunting ang buhoc, padpad, pantayit lañgisan, at paquinisin ang buhoc.*

A antes de V y U.

Avadarse. *Pugtagas.* pp. *Pagcati nang tubig sa ilog.*
Avalorar. V. Avaluar.
Avaluar. *Halaga.* pc. *Halga.* pc.
Avance. *Handolong.* pp. **dalosong.** pp. **dalomong.** pp. *Losob.* pp.
Avanzada. *Mañga sondalo na pinaoona sa calachang hocbo, nang mapag masdan ang caauay, at huag silang masoboc.*
Avanzar. *Omona.* pp. It. V. Avance.
Avariento. *Maramot.* pp.
Avaricia. *Damot.* pp. *Saquim.* pc. **camcam.** pc. **comcom.** pc.
Ave en que agoraban. **tigmamanoc.** pc.
Avecilla nocturna. **tigcalo.** pc.
Ave acorrucada. **gocgoc.** pc.
Aves ó pescados que se dán para comer. **pasilá.** pc.
Aves sin plumas. **tocang.** pc.
Ave que empieza á volar, menos el pato. **manotob.** pc.
Ave nocturna. **lapira.** pp.
Ave sin cola. **poncoc.** pc. *Pongoc.* pc.
Ave de rapiña. *Ibong manimimbad.* pc.
Avejentado. *Matandain.* pp. *Bata na muchang matanda.*
Ave María. *Oracion.* pc. *Ang ibinati ni San Gabriel. sa mahal na Virgen, na dinadasal natin sa hapon.*
Ave de rapiña mayor y mas feros que el gabilan. **buhag.** pp.
Ave de rapiña ó milano. *Lauin.* pp. *Limbas.* pc.
Ave ó pájaro. *Ibon.* pp. *Manoc.* pc.
Avecindarse en un pueblo el que es de otro. **salisi.** pc.
Avecindarse. *Bayan.* pp.
Avenencia. *Pagcacasondo.* pp. *Pagcacayari.* pp.
Avenida grande. *Lanip.* pp.
Avenida. *Bahâ.* pc.
Avenirse dos ó mas. **sogot.** pc. **songdo.** pc.
Aventurar. *Palar.* pp. *Sapalar.* pp.
Aventador. *Huncoy.* pc.
Aventar. **sabucay.** pc. *Pahañgin.* pp.
Áventurar. **hariñga.** pc. *Sapalaran.* pc.
Aventurero. *Pagalagala.* pp.
Avergonzarse. **hiñgotyá.** pc. **tucang.** pc. **quimi.** pp. *Cutya.* pc. *Hiya.* p.
Avergonzar á otro hablando mal de él. **pañganyaya.** pp.
Avergonzarse de sus cosas. **hiñgotyá.** pp.
Avería. *Capahamacan.* pc. *Sacona.* pc. *Ligalig.* pp.
Averiguar á fondo una cosa. *Suguid.* l. **suguir.** pc. l. **osig.** pp.

Averiguar vidas agenas. **baliga.** pp.
Averiguar preguntando. *Tanong*. pc.
Averiguar. **alosiosio.** pc. *Osisa*. pp. **alo-sithá.** pc. *Siyasat*. pp.
Averiguar el orígen ó descendencia. **toto.** pp.
Averno. *Infierno*. pp.
Avio. *Handa*. pc. *Gayac*. pc. *Baon*. pp.
Avilantez. *Capangahasan*. pp.
Avisar á alguno de alguna cosa. *Salita*. pc.
Avisar. **pucao.** pp. **abas.** pc. **alam.** pc. **saar.** pp. *Sabi*. pp.
Avisar con presteza y con secreto á quien importa. **linghaug.** pc.
Avisarse unos á otros. **balicotcot.** pc.
Avispa. *Potacti*. pc.
Avispero. *Bahay putacti*.
Avistar. *Pagtanao*. pc.
Audacia. V. Atrevimiento.
Audaz. V. Atrevido.
Audiencia. *Hocoman*. pp. *Hatulan*. pc. *Paghohocoman*. pc.
Auditorio. *Catiponan nang naquiquinig, ó nananainga*.
Augusto. *Cagalang galang*. pp. *Cadangal dangalan*. pp. It. *Pangalang itinatauag sa emperador*.
Aula. *Clase*. pp. *Escuelahan*. pc.
Aullar como los perros de noche. **longlong.** pc. **oñgal.** pp. **ouang.** pc. *Hagolhol*. pc.
Aumentar. *Lalo*. pp. *Dagdag*. pc. *Panig*. pp.
Aumentarse el número de los animales. **lapal.** pp. **capal.** pc.
Aumento. V. Aumentar.
Aun. *Pa*. pc.
Aun por eso. *Caya nga*. pp.
Aun por eso, mas subido *Caya ngani*. pp.
Aun no. *Di pa*. pp. *Indi*. pc. *Dili pa*. pp. *Hindi pa*. pp.
Aunarse. *Salamoha*. pp. **oman oman.** pp. **sapacat.** pc. *Toon*. pp. *Tipon*. pc. It. *Pisan*. pp. *Sama*. pp. *Magcaisa*. pc.
Aunque. *Matayman*. pc. *Bagaman*. pc. *Man*. *Cahi,t*, pp.
Aunque le pese. *Aayao caman*. pc. *Umayao caman*. pc.
Aunque no. *Di man*. pp.
Aunque. *Socdan*. pc. **bista.** pc. **bicsá.** pc. **bigsa.** pc. *Cahimat*. pp. **cahinila.** pc. **cahinyaman.** pp.
Aunque, redarguyendo. *cahit*. pp.
Aun por eso. **bacquit.** pp.
Aura popular. *Pagpuri, pag-galang, pagtingin nang bayan, ó nang marami*.
Aureola. *Tanging ganti nang P. Dios sa maluualhati, na pina capamuti*.
Aurora. V. Alba.
Ausencia. V. Ausentarse.
Ausentarse. *Uala*. pc. *Alis*. pc. *Panao*. pp.
Auspicio. *Ampon*. pc. *Tolong*. pp.
Ausentarse á partes remotas. **ualauad.** pp. **galauad.** pp.
Austeridad. *Pagpapahirap sa catao-an*.
Autor de libro ó de otra cosa. *May catha*. pc. *Cumacatha*. pp. *May gaua*. pc.
Autoridad. *Capangyarihan*. pp. *Dangal*. pc.
Autorizar. *Bigyan nang capangyarihan, ó pahintolot*. It. *Patotoo*. pp. *Patunay*. pp. *Patibay*. pp.
Auxiliar. *Umaboloy*. pp. *Tumulong*. pp. *Sumaclolo*. pp. De *aboloy, tolong* y *saclolo*.
Auyentar perros. **oray.** pc.
Auyentarse. **bucar.** pp. *Layas*. pp.

A antes de I é Y.

Ay que le acertó. *Ay tinamaan*. pc.
Ay de tí! *Aba mo ngani*. pc. *Aba mo*. pp. *Sa aba mo*. pp.
Ay! enfadándose de la burla que le hiciéron. **aria.** pc.
Ay! **pala.** pc.
Ay! de mi. *Aba co*. pp. *Sa abà co*. pp
Ay! como cuando tropieza ó se espinan. **ari.** pc.
Ayer. *Cahapon*. pp.
Ayer tarde. **manto.** pc. *Cahapon uang hapon*.
Aire suave. *Agay ay*. pc. *Simoy*. pp. *Palay palay*. pc.
Aire galerno. **agoyoy.** pc.
Ayer noche. *Cagab-i*. pc.
Ayre que uno muestra en sus acciones. *Gaui*. pc.
Aislado por mal tiempo. *Bingbing*. pc.
Ayuda. *Tolong* pp. *Saclolo*. pp.
Ayudar, á descargar á otro. *Ibis*. pc.
Ayudar á cargar. *Atang*. pp.
Ayudar á otro. *Tolong*. pp. *Saclolo*. pp.
Ayudar á coger arroz. **nolong.** pp. **panolong.** pp.
Ayudar á otro de gracia en la sementera. **pintacasi.** pp. **saenong.** pc.
Ayudar á otro correspondiendo por haber sido de él ayudado. **soyo.** pp. *Ganti*. pc.
Ayudar el aprendiz al oficial. **saló.** pc.
Ayudarse unos á otros á sacar el pescado de la red para echarlo en la embarcacion. *Tolong*. pp.
Ayudar á moler arroz. **caslong.** pc.
Ayudante de herrero ó platero. **casaló.** pc.
Ayudar. **along.** pp. **ancquin.** pc. **acsiú.** pc. **ambol.** pc.
Ayudar á cargar. *Atang*. pp.
Ayudar á pilar. *Asor*. pc.
Ayunar. *Mag culucion*. pp. **mag sipa.** pc.
Ayuntamiento, concilio ó junta. *Polong*. pp.

A antes de Z.

Azada. *Panhocay*. pp. *Asarol*. pc.
Azada, azadon. **sarol.** pc. *Asarol*. pc.
Azadon á su modo con que caban. **agsap.** pc.
Azadon redondo. **baliyong.** pc.
Azafran de la tierra. *Casubhá*. pp. *Dilao*. pc.
Azahar. **poras.** pc.
Azar. *Biglang saconà*. pc.
Azimo. *Tinapay na ualang levadura, tinapay na ualang hilab*.
Azorarse los perros. **balocag.** pp.
Azorar al perro. *Oyo*. pc. **yaoy.** pp.
Azorarse cualquier animal. **pañgolag.** pp.

Azotar. *Hampas.* pc *Palo* pp. **bontal.** pc. **linti.** pc. *Lalog.* pp.
Azotar con ortigas. *Lipa.* pp.
Azotea de caña. *Batalan.* pc.
Azúcar. *Asucal.* pp.
Azulejo. *Lariong bobog na sarisari ang culay.*
Azuzar á los perros. **oyoy.** pc. *Hiya.* pp. **halo.** pp.
Azuela. *Daras.* pc. *Pandaras.* pp.
Azufre. **asupre.** pc.
Azul claro. **guinolay.** pp *Boghao.* pc. **bocbao.** pc.

B antes de A.

Babas ó saliva. *Lauay.* pp. **sali.** pp.
Babaza cuando desuellan algo. *Lamar.* pp.
Babieca. V. Atontado.
Bacia. **panastan.** pc. *Panghinauan.* pp.
Báculo. *Tongcor.* pc.
Badajo de la campana. *Dila.* pp. *Bayag nang campana.*
Badana. *Balat na luto.*
Bagaso. **yamas.** pc. *Sapal.* pp.
Bagre, pescado. **arahan.** pp.
Bagre, pescado secado al humo, **darang.** pc.
Bahia. **looc.** pp.
Baho. *Singao.* pc.
Baho tomado. **sahab.** pp. *Sangab.* pp.
Bajo de cuerpo. **malipoto. liponday.** pc.
Bajos, ó bancos de arena. *Ponglor.* pc.
Baiben, mecerse ó bambolearse. **quiban** ó *guiuang.* pp.
Bailar dos ó mas aun tiempo. **saliu.** pc. **libad.** pc.
Bailar la muger braceando. **pamaui.** pp.
Bailar como el trompo. *Icquit.* pp.
Baile, bailar. *Sayao.* pc. **talic.** pc. **indac.** pc.
Baile de los negrillos y zambales **amba.** pc.
Baina. *Calaban.* pp.
Baina de fréjoles ya sacados. *Pinacnatan.* pc. *Balat.* pc.
Bajaque. *Bahag.* pc.
Baja. *Baba.* pc.
Bajada de cordel ó cuesta. **loslos.** pc.
Bajada de la marea cuando es con fuerza. **panagas.** pp.
Bajar. *Baba.* pc. *Ibaba.* pc.
Bajar de su estado. *Yangot.* pp.
Bajar algo que está en alto. *Baba.* pc. *Lapag.* pc.
Bajar la cabeza para leer ó ver lo que está en el suelo. *Tungo.* pc.
Bajar del monte al pueblo. **togpa.** pc.
Bajar por escalera. *Panaog.* pp.
Bajar la escalera que estaba arriba. **tacar.** pp.
Bajar marea ó licor en vasija. **iti.** pc.
Baja mar. **hibas.** pc. *Cati.* pp. **liquit.** pp. *Hogot.* pp.
Bajar de rio ó cuesta. *Lusus.* pc.
Bajar la cabeza el viejo por decrépito. *Oco.* pp. *Gopo.* pp.
Bajar. *Losong.* pp. **ontoa.** pc.
Bajar el que está en alto. *Libis.* pc.
Bajel. *Sasaquian.* pc. *Daong.* pc.
Bajeza ó hecho vil. *Gauang timaua.* pp.

B antes de A.

Bajo. *Mababa.* pp.
Bala. **pongло.** pc.
Balances de la embarcacion. **guiang,** ó *Guiuang.* pc. **lantao.** pc.
Balanza. *Talaro.* pp. *Timbangan.* pp.
Balanzas del peso. *Hongot.* pp.
Balbucear ó tartamudear. pc. *Otal.* **amil.** pc.
Balcon. **patangua.** pc. *Sibi.* pp. **tambooan.** pp. *Dongauan.* pc.
Baldar. *Sala.* pc.
Balde con que sacan agua. *Timba.* pc.
Baldio. *Lupang hindi guinagaua.*
Baldosa. *Lariyong parisucat.*
Balon. *Bastang malaqui nang manga cayo.*
Balsa. **lamo.** pp. **lamlam.** pc.
Balsa. **banquilas.** pp. **toong.** pc.
Balsamina. *Ampalaya* pc. *Apalaya.* pc.
Baluarte. *Buntayan.* pp. *Cuta.* pp.
Balleston para cazar. **balais.** pc **paraig.** pc.
Balleston para coger animales. *Pasolo.* pp.
Balleston. *Balatic.* pc.
Ballena. **tandayac.** pp. *Dambohala.* pp. **tandayag.** pp.
Bambalearse. *Paling.* pp. **panoyong.** pp. *Ogoy.* pc.
Bambalearse como la caña. **octayao.** pp.
Bambalear cosa delgada en el aire. **limpay.** pc.
Bambalearse lo colgado. **lalauing.** pc.
Bambalearse como el borracho. *Solay.* pc. *Soray.* pp. *Soling.* pp.
Bambalearse el que está colgado. *Lambitin.* pp.
Bambalearse el árbol. **hayohay.** pp.
Bambalearse. **solanoy.** pp. **andoy.** pc.
Bambalearse. **quibang.** pp. **sambiya.** pp.
Banasta. *Bacol.* pp. *Malong.* pp. *Baquid.* pp.
Banca celosa. *Boay.* pp.
Banca con cates. **quimot.** pc.
Banca grande. **copit.** pc. **baroto.** pp.
Banca embarazada. **salauay.** pc.
Banca embarazada por mal cargada. **balaso.** pc.
Banca pequeña. **bilog.** pc.
Banca de boca grande. **limpit.** pc.
Banda que se trae debajo del brazo. **salabat.** pp.
Banda. **quibat.** pp. **aquibat.** pp. **baliar.** pp.
Banda á modo de tahalí *Sacbat.* pc.
Banda, ó hácia *Daco.* pp.
Banda ú otra parte de rio. *Ibayo.* pp.
Bandada. *Cuban nang ibon.*
Bandera. *Bandila.* pp.
Bandera de petates colgada de una vara larga. **pamanay.** pp.
Bandera que se pone por señal de ser su sementera. **uatauat.** pp.
Bandera para espantar pájaros. **banquiao.** pc.
Banderilla para ojear algo. **balian.** pc.
Banderilla que ponen en las bancas. **palauis.** pp.
Banderilla. **pandipandi.** pp. **balaye.** pp.
Banderillas. **quinalquinsi.** pc. **alabar.** pc.
Bando. *Tauag.* pp.
Bandolero. *Tulisan.* pc. *Sailic.* pc.
Bandullo. *Laman sa loob.*
Banquete. *Piguing.* pc. *Anyaya.* pp.
Bañadero. *Paligoan.* pc. **hambohan.** pp.
Bañarse. **pambo.** pc. *Paligo.* pp. **hambo.** pc. *Ligo.* pp.
Bañar el niño recien nacido. **saman.** pp.

Bañar la boca con la saliba. **talibatab.** pp.
Bañarse la muger la primera vez que le vino la regla. **obas.** pc.
Baños que se hacen en los pies y manos. **baynos.** pc.
Banquilla como boya sobre el agua. **lanonab.** pp.
Barandilla de navío. *Babahan.* pp.
Barangay. *Balan͠gay.* pp.
Barar la embarcacion. **dahic.** pc.
Barar en tierra. *Sarsar.* pc.
Baras con que afirman la nipa ó cogon, ó sauali en sus casas. *Anac anac.* pp.
Baratijas de casa. *Darad.* pp. *Datal.* pc.
Barato. *Mora.* pp.
Barato que dá el que sale ganancioso. *Balato.* pp. **salap.** pp.
Barato que se usa cuando ofrecen el dote. **salap.** pp.
Barandas. **gabay.** pc.
Baro para almohadas. *Lolog.* pp.
Barba. **gumi.** pp. *Baba.* pp. *Balbas.* pc.
Barba, pelos que nacen en la cara. **baang.** pp. *Balbas.* pc. **yañgot.** pc.
Bárbaro. *Mabañgis.* pc. *Mabagsic.* pc.
Barbas de gallo. *Lambilambi.* pc.
Barbas espesas. **yañgot.** pc.
Barbon. *Bañgit.* pp.
Barbacoa de pescado y carne. *Tapa.* pc.
Barbacoa de pescado. **gapac.** pc.
Barbero. *Mang aahit.* pp. *Mang gugupit.* pp.
Barbilampiño. *Tauong ualang balbas,* ó **gumi.**
Barboquejo. *Salombaba.* pc.
Barbullar hablando. *Omal omal.* pc.
Barlovento. **abong.** pp.
Barniz. **aliamas.** pc.
Barnizar. *Hibo.* pp.
Barra. *Uaua.* pp.
Barra pequeña. **pindan.** pc.
Barra de rio. *Sabang.* pc.
Barraca. *Dampa.* pc. *Tindahang munti.*
Barranca. **talampas.** pc. *Lodlod.* pc. *Ilat.* pp. **talabis.** pc. **tang-ib.**
Barrancas pequeñas. **liboc.** pc.
Barranca áspera. *Bañgin.* pc.
Barranca. **galili.** pc. *Sanog.* pc.
Barranquilla. *Solong.* pc.
Barrena, barrenar. *Licop.* pp. *Balibol.* pp. *Posod.* pc.
Barrenar. **licar.** pp.
Barrendero, barredor. *Mag uaualis.* pp.
Barrer de polvos la mesa. *Palis.* pc.
Barrer. *Ualis.* pc.
Barrer el viento recio los árboles y plantas. **ualisuis.** pc.
Barrer cosas pequeñas. **ualisuis.** pc.
Barrer con trapo y agua. *Ponas.* pp.
Barreñon. **limpic.** pc. *Paso.* pc. *Labañgan.* pc. **lalañgian.** pc. **dambañgan.** pp.
Barreta de hierro. *Tanac.* pc. **ligcal.** pc.
Barretas de hierro. **landoc.** pc.
Barriga grande. **cayoyo.** pp.
Barrio. *Dulohan.* pc. *Nayon.* pp. **pooc.** pp.
Barriga hácia adelante. **quimior.** pc.
Barriga de la pantorrilla. **biyc.** pp.
Barriga. *Tiyan.* pc. *Pos-on.* pc.
Barriga abultada. **boyon.** pp. **buyanian.** pc.
Barrizal. *Putican.* pp.
Barro. *Putic.* pp. *Losac.* pp.
Barro quebrado. **boong.** pp.
Barullo. *Cagolohan.* pp. *Holohilo.* pp. *Iñgay.* pp.
Barruntar. *Sapantaha.* pp. *Hinala.* pp. *Halata.* pc. *Acala* pp. *Banta.* pc.
Basca. *Doal.* pc. **dog-ua.** pc. *Alibadbad.* pc.
Basta, bastantemente. *Sucat.* pp. *Caiguihan.* pp.
Basta ya. *Siya.* pp. *Siya na.* pc.
Bastar. *Casia.* pc. *Husto.* pc.
Bastardo. *Anac sa lupa. Anac sa ligao. Anac sa quinaligauan.*
Bastidor. *Bascagan.* pp.
Basto. **ganal.** pp. *Gaspang.* pc.
Baston. *Tongcod.* pc.
Basura. **yamotmot.** pc. **bagotbot.** pc. *Dumi.* pc. *Damo.* pc. *Yaquit.* pc.
Basura como mondadura de bejuco. **tayamutam.** pp.
Bastoncillo del tacto de la tela. **pamogan.** pp.
Bata, vestidura talar. **quimon.** pc.
Batalan donde se recogen las gallinas. **banlag.** pc.
Batalla. **ticam.** pc. *Baca.* pp. *Digmu.* pc. *Gubat.* pp. *Lamas.* pp.
Batea barreña. *Batiya,* l. *Batia.*
Batería. *Cota.* pp. *Moog.* pp.
Batiente. *Guililan.* pp.
Batir ó revolver cosa líquida. *Canao.* pc. *Calaocao.* pc. *Halo.* pp.
Batir el ave las alas. **pagaypay.** pc.
Batir las olas en la playa. **pisá.** pc.
Batir. **talag.** pp.
Batir huevos. **canao.** pc.
Batir los pies de enojo. **busac.** pc.
Batir las manos. **camba.** pc.
Batir cosa líquida. **cambog.** pc.
Batir oro, plata, ó cobre. **batbat.** pc. **lantay.** pc.
Batuquear. *Hoghog.* pc.
Batuquear cosa líquida. **batuqui.** pc.
Batuquearse el agua en la vasija. **linsong.** pc. *Canlog.* pc.
Baul. *Caban.* pc.
Bautizar. *Biniyag.* pc. *Binyag.* pc.
Bausan. **lañga.** pc. *Tauotauohan.* pp.
Bausan. **tanghol.** pc. *Tanghod.* pc. *Tañga.* pc.
Bazo de hombre ó animal. **limpa.** pc. *Lapay.* pc. **pali.** pc.
Bazucarse. *Casao.* pp.
Bazucarse la vasija. *Canlog.* pc.

B antes de E.

Besar á niño. **omá.** pp.
Besar in genere. *Halic.* pc.
Beata. *Babayc may loob sa Dios.*
Beaterio. *Bahay nang mañga babayeng nag babanal.*
Beatificar. *Pag popahayag nang Santo Papa, na lumulaulhati sa Lañgit at ma aari nang pintacasinin ang isang banal nanamatay.*
Beatitud. *Caluallhatian.* pp. It. *Galang at bati na itinatauag natin sa Santo Papa.*
Beato. *Mapalad.* pp. *Malualhati.* pp. *Santos.* pp.
Bebedero. *Maiinom.* pc. *Inoman.* pp.
Bebedizo. *Inomin.* pc.
Beber atragos. *Lag-oc.* pc.

Beber vino. *Baric.* pp.
Beber en la misma vasija. **ong ong.** pc.
Beber sin hacer pausa. **patictic.** pc.
Beber deleitándose. **sang-ap.** pc.
Beber con cañuto. **solobasib.** pp.
Beber con cañutillo. **hiphip.** pc. *Hithit.* pc. **ipip.** pc.
Beber vino á taza llena. **calos.** pp.
Beber in genere. *Inom.* pc.
Beber á pechos **lang-ap.** pc.
Beber de bruces. *Tongá* pc.
Beber sacando la lengua *Laclac.* pc.
Beber cuando se acaba la red, ó á la presa del cazador. **pahimis.** pc.
Beber á la par. **atobang.** pc.
Bebida. V. Bebedizo.
Bebida en que echan morisqueta quemada. **tinolong.** pc.
Beca. **saguisag,** *ó tanda nang manga colegial.*
Becerro de baca ó caraballa. *Goya.* pp. **boló.** pc.
Becerro, de yegua ó baca. *Bisiro.* pp.
Befa. *Oroy.* pp. **oyam.** pc. *Libac.* pc.
Befar. V. Befa.
Befo. *Labian.* pp. *Macapal ang labi.*
Bejuco con que cargan. **saclit.** pc.
Bejuco grande para embejucar catre y silla. *Tumalim.* pc.
Bejuco fuerte. **alac.** pp. *Talula.* pp.
Bejuco in genere. *Yantoc.* pc. *Ouay.* pc. **apis.** pc.
Bejuco machacado por la punta con que limpian los canutos en que echan la tuba. **loyoc.** pc.
Bejuco grande y grueso. *Palasan.* pp.
Bejuco que se compone de dos pedazos unidos. **tambal.** pp.
Bejuco con corteza. **obacan.** pp.
Bejuco delgado. **tomala.** pp.
Bejuco ó caña podrida. *Gato.* pp.
Bejuco grande. *Goyoran.* pp.
Bejucos partidos en tiras pequeñas. *Pangloot.* pc.
Bejuquillo. *Tanicalang muting guinto na palamuti,t, pang gayac.*
Beldad. *Diquit.* pp. *Buti.* pp. *Ganda.* pc. *Dilag.* pc.
Belfo. *Laylay na labi, ticuas na labi, labing baligtad.*
Belicoso. **mang dirigma.** pc. *Mang babaca.* pp.
Bellaco. *Tampalasan.* pp. *Bohong.* pp. *Posong.* pp.
Belleza. V. Beldad.
Bello, bella. *Maganda.* pc. *Mariquit.* pc. *Marilag.* pc.
Bellota. **hayopac.** pp.
Bellota tierna para el buyo. **putay.** pp. **lorit.** pp.
Bendecir. *Basbas.* pc.
Bendicion que echaban los viejos. **pamibi.** pp. **pamihi.** pp.
Bendicion. *Basbas.* pc.
Bendito. V. Beato.
Beneficencia. *Cabanalang pag gaua nang magaling sa capoua. Pag papala.* pp.
Beneficiar. *Pala.* pp. *Caloob.* pp. *Biyaya.* pp.
Beneficiar cañadulce. *Cab-yao.* pc. **alilis.** pp. **ilo.** pc.
Beneficio, benéfico. V. Beneficiar.
Benémerito. *Nararapat.* pp. *Naoocol.* pp.
Benévolo. *May mabuting calooban, ó pag ibig sa capoua.*

Benignidad de corazon. *Caalaman.* pp.
Benigno. *Mahabaguin.* pp. *Maauain.* pc. *Maamong loob.* pp.
Benjamin. *Bonso.* pc.
Beodo. *Lasing.* pc. *Lango.* pc.
Berengenas. *Talong.* pc.
Berdugado. **balicaocao.** pc.
Bermejear. *Mamola.* pc.
Bermejo. **bulao.** pc. *Bulagao.* pc. *Pula.* pc. *Pulang maningas.*
Berrido. *Ongal.* pp. *Onga.* pc.
Berrin. *Magagalitin.* pc. *Masunguit.* pc.
Berrienche. *Galit.* pp.
Berza. *Pechay.* pc.
Besamanos. *Pagcacatipon nang manga mahal sa pag halic nang camay sa Hari.*
Bestia. *Hayop.* pp.
Besucar. *Pupog nang halic.*
Betun. *Capul.* pp. *Galagala.* pp.
Bezote. *Taguicao.* pp. *Hicao na isinasabit sa labi nang tagalog.*
Bezudo. V. Befo.

B antes de I.

Biblia. *Santong sulat.*
Biblióteca. *Lalaguian nang maraming libro.*
Bibliótecario. *Mag aalaga nang manga libro.* pc.
Bicenal. *Dalauangpong taon.*
Bicho. *Munting hayop.* pp.
Bichos que se crian de bajo de las tinajas ó cántaros. *Babuy babuyan.* pp.
Bien dispuesto. *Hauas.* pc. *Langhal.* pc. *Talangcas.* pc. *Mabuting pihit.* pp. *Mabuting tindig.* pc.
Bien puede. *Sucat.* pp.
Bien inclinado. *Mauilihin sa cagalingan.* pp. *Hilig sa magaling.* pc.
Bien, bondad. *Igui.* pp *Galing.* pc. *Buti.* pp.
Bienal. *Dalauang taon.* pc.
Bienaventuranza. *Caloualhatian.* pp.
Bienaventurado, ó glorioso. *Maluualhati.* pp.
Bienes mundanos. *Lamang bayan.* pp.
Bienes que se dán al esclavo para que los goce. **molain.** pp.
Bienestar. **al-uan.** *guinhaua.*
Bienhechor. *Nagpapala.* pp. *Nagbibiyaya.* pp.
Bienquisto. *Mahal nang lahat, pinupuri nang lahat.*
Bienvenida. *Pasalamat sa pag dating.*
Bigamia. *Icalauang pag aasaua.*
Bigote. *Misay.* pc. **himisay.**
Bigueta. *Guilic.* pp.
Billon *Dalauang* **gatus.** pc. *Dalauang* **añgao añgao.** pp.
Bimestre. *Dalauang buan.*
Biografia. *Salita nang manga buhay nang isat isang tauo, ó nang iisang tauo.*
Biombo. *Bayobo.* pp.
Bipede. *Tigalauang paa.* pp. *Dalaua ang paa.* pp.
Birrete. **tubatob.** pp. **tocador.** pc.
Bisabuelo. *Nono.* pp. *Nonong tohod.* pp.
Bisturi. *Pangadlit.* pc.
Bitominoso. V. Betun.
Bizarria. *Quias* pc. *Ganda.* pc. *Tapang.* pp. *Sigla.* pc.

Bizma. *Tapai*. pp. *Panapal*. pp.
Biznieto. *Apo sa tuhod*. pp.

B antes de L.

Blanco. *Puti*. pc. *Maputi*. pc.
Blanco, escopo. *Tod-laan*. pp. **tuglaan**. pp. **tig-po**. pc.
Blancura grande. **busac**. pp. *Busilac*. pp.
Blanquear. *Paputiin*. pc. **hiboan**, ó *pahiran nang puti*.
Blanquear el arroz. **dig-as**. pc.
Blanda ó fácil de desmoronarse cualquiera cosa de comida como camotes. **yabo**. pc. *Lobo*. pc.
Blandear como las rodillas del viejo. *Ngalog*. pp.
Blandearse el enfermo de flaqueza. **camping**. pc.
Blandear. **cauig**. pc. **auis**. pc. *Habyog*. pc. **pilig**. pc. *Abyog*. pc.
Blandearse el suelo cuando lo pisan. **yonoc**. pc. **yabag**. pc.
Blandearse algo. **yopit**. pc. **bantag**. pc. **ahualhaual**. pc.
Blandearse el suelo de la casa. **yapag**. pc.
Blandearse, como la viga. *Hobog*. pp.
Blandearse el cesto que no está lleno. *Hongcag*. pc.
Blandearse la vela. **tambacolon**. pp.
Blandearse algo con el viento. **holay**. pp.
Blandearse la vara. **honá**. pc.
Blandearse, ó menearse. *Ogoy*. pc. *Oga*. pp.
Blandir. *Paiquit*. pp. *Painog*. pp. *Uasuas* pc. *Uasiuas*. pp.
Blando como pepita de santol. **lahor**. pc.
Blando, pegajoso. **linay**. pc. *Lagquit*. pc.
Blando, como masa ó morisqueta mojada. **lasotsot**. pc.
Blando. **loña**. pc.
Blando como cogollo. *Lambot*. pc. **labo**. pc. **langor**. pc. *Lambor*. pc.
Blandura, ablandarse. *Lambot*. pc. *Lata*. pc.
Blandura, como de seda ú hoja. **lamlam**. pc. **yumi**. pp.
Blandura. **damil**. pc.
Blandura en pedir, hablar, &c. **locoy**. pc.
Blandura. *Damirà*. pp. *Latá*. pc. *Lamira*. pp.
Blanquecino. *Maputiputi*. pc. *Namumuti*. pc.
Blanquísimo. *Busilac*, l. *Busilag*. pp. *Caputiputian*. pp.
Blanquizco. V. Blanquecino.
Blasfemar. V. Blasfemia.
Blasfemia. *Uicang pag lait sa Dios, ó sa manga Santos*.
Blasonar. **parañgia**. pc. *Parangalan*. pp. *Yabang*. pp. *Hambog*. pc.
Blasonar de baliente. *Pangahas*. pc.
Bloquear. *Cobcob*. pc. *Bacod*. pp. **ticop**. pp. *Talicop*. pp.
Bledos. **bayangbayang**. pc. **oray**. pp.
Bledos ó quilites. **halong**. pp. **halom**. pp.

B antes de O.

Boa culebra. *Saua*. pc.
Boato. *Paquitang tauo*. pp. *Paimbabao*. pc.
Bobada, bobarron. V. Bobo.
Bobeda. *Langitlangit*. pp.
Bobo. **hangac**. pc. **halhal**. pc. *Hangal*. pc.
Boca de animal u hombre. *Bibig*. pc.
Boca. **buñga**. pc. *Bungangà*. pp.
Boca grande. *Bungangà*. pp.
Boca de caña cortada. **buñgar**. pp.
Boca abajo. *Taob*. pc. **ticlaob**. pc. **tinoob**. pp. *Dapa*. pc.
Boca de dientes grandes. *Osngal*. pc.
Boca arriba. *Tihaya*. pp.
Boca del estómago. *Sicmora*. pp.
Boca de rio. *Uaua*. pp.
Boca de camino. **sabang**. pc. **sambat**. pc.
Boca llena. *Moal*. pp.
Boca torcida. *Ngiui*. pc. *Ngibit*. pp.
Boceditos que se toman con vino. *Pulutan*. pp.
Bocado grande. *Sacol*. pc. *Samoal*. pp.
Bocado. *Sobo*. pp.
Bocado que se dá á alguno. **lotab**. pp.
Bocamanga. *Laylayan nang mangas*.
Bocanada. *Sanglag-oc*. pc. *Isang lag-oc*. pc. *Isang higop*. pp. *Calag-oc*. pc. *Cahigop*. pp.
Bochorno. *Alinsangan*. pp. **alis-is**. pc. **banas**. pc. *Init*. pp. **sañgit**. pc. *Onos*. pp. **alasoas**. pp.
Bocina de cuerno. *Tamboli*. pp.
Boda. **baysan**. pc. **baysanan**. pp. *Balai*. pp. *Balayi*. pp.
Bodega. *Silong na bacod nang bato*. It. *Tagoan nang bagaybagay*.
Bofes. *Bagá*. pp.
Bofetada. *Tampal*. pc. *Sampal*. pc. **sampilong**. pc.
Bofetoncitos, ó palmaditas á alguno. *Picpic*. pc. *Tapic*. pc. **tampi**. pc.
Bogar, remar. *Saguan*. pc. *Gaod*. pp.
Bogar arrimando la pala hácia sí. **hogna**. pc.
Bogar con saguan el que gobierna banca. **ambol**. pp.
Bogavante. *Abante*. pp. *Nangongona sa mang gagaod*.
Boboles, estrella arturos. **macapanis**. pp.
Bojar. *Socatin ang palibot nang* **polo**. pp.
Bola de vejuco. *Sipa*. pp.
Bolero. *Mayabang*. pp. *Sinongaling*. pp. *Isang bagay na sayao*. *Mananayao*. pp.
Bolina. *Golo*. pc. *Ingay*. pp. *Taltal*. pc.
Bolina navegar asi. **biloc**. pp.
Bolo grande de oja ancha. **pilang**. pc.
Bolsa **bulsiya**. pp. *Sopot*. pp. **poyo**. pc. **onton**. pc. **talo**. pp. **alapot**. pp. **olapot**. pp *Locbotan*. pp.
Bolsa pequeña. **taló**. pc.
Bolsa para dinero. **locbotan**. pp.
Bolsilla larga y estrecha. **sosot**. pc.
Bolsa como atarraya ó chinchorro. **longdo**. pc.
Bolsilla de la araña. **dalic**. pc.
Bolsico de la punta del ceñidor. **pamoco**. pc.
Bolo agudo. **loualo**. pc.
Bolo delgado. **palathao**. pc.
Bolo. *Itac*. pc.
Bollar. *Hiro ó tanda nang manga damit*.
Bomba. **cabyao**. pc. *Limasan*. pp. *Panglimas*. pc.
Bombazo. *Putoc, ó tunog nang bomba*.
Bombo. **guimbal**. pc.

Bonachon. V. Afable.
Bonancible. *Panahong magaling sa pag lalayag.*
Bonanza. *Linao.* pp. V. Bonancible.
Bonazo. *Tauong payapa, banayad, mahinhin.*
Bondadoso, bondaso. V. Bonazo.
Bonito. *Maganda.* pc. *Mariquit.* pc.
Bonote para calafetear. **palibol.** pp.
Bondad ó bien. *Galing.* pc. *Tino.* pc. *Igui.* pp. **boray.** pc.
Bonzo. *Nag babanal, ó nagpapacahirap na insic; goyon din sa ibang lupang di binyagan.*
Boñiga. *Tae nang baca.* pp.
Boqueada. *Ticab.* pc. *Ticap.* pc.
Boquear el moribundo. **atayatay.** pp. *Ticab.* pc. *Ticap.* pc.
Boqueron. *Malaquing butas.*
Boquete. *Maquipot na daan.* pp.
Boquiabierto. *Hangal.* pc. *Tunganga.* pp.
Boquituerto. *Bungi.* pc. *Ngiui.* pc. *Ngibit.* pp.
Borbollones del agua que cae de alto. **ilalambo.** pc.
Borbollar. **oloboc.** pc. *Bolboc.* pc. **bolaboc.** pc. **bobor.** pp. *Silacbo.* pc. **ilandang.** pc. **boloboc.** pc.
Borbolletas. **lagocloc.** pc.
Borbollon, borboton. V. Borbollar.
Bordar algo con seda ó hilo. **buhat.** pp. **solam.** pp.
Bordar el petate ó estera. **soot.** pp.
Borde. *Labi.* pp. *Tabi.* pc. *Pangpang.* pc. *Piling.* pp.
Bordear. **balibar.** pc.
Bordo. *Labi.* pp.
Bordo de navío. *Gasá.* pc.
Bordo de navío podrido. **gabac.** pc.
Bordo de cualquiera cosa. *Piling.* pp.
Bordo de la banca. **pinquit.** pc. *Gasa.* pc.
Bordon. *Toncor.* pc.
Borcelana. **hauong.** pc.
Borlas. **balogot.** pp. **calapay.** pc. **lambo.** pc. **baloñgot.** pc.
Bornear. *Lico.* pc. **quilo.** pc. *Quiling.* pp.
Borona. *Daua.* pp.
Borra. *Tupang babaeng edad sang taon.*
Borracho. *Lango.* pc. *Lasing.* pc. **aslac.** pc.
Borrador. *Onang sulat na babagohin pa, at huhusain.*
Borrajear. **guri.** pc.
Borrar. *Payi.* pp. *Paui.* pp.
Borrar la causa, ó impedimento **payin dahilan.** pc.
Borrasca. *Bag-yo.* pc. *Onos.* pc.
Borrego. *Tupang uala pang dalauang taon.*
Borron. **lamas.** pp. *Patac nang tinta.*
Borujon. **biloc.** pp.
Bosque. *Gubat.* pp.
Bosque pequeño. **polo.** pc.
Bosquejo. **lagda.** pc. **banhay.** pc.
Bostezar. *Hicab.* pp. *Higab.* pp.
Botijuela en que echan aceite. **capsá.** pc.
Botadero de embarcaciones. **bongsoran.** pp.
Botánica. *Carunungan na cocol sa pag quilala nang damo.*
Botar. *Tapon.* pp. *Uacsi.* pc.
Botarate. *Tauong ualang bait, golo ang bait.*
Bote. *Sacsac nang sibat.* pc. It. **tupac.** pc. **sosoan.** pp.
Botella. **prongo.** pc. *Bote.* pp.
Botica. *Tindahan nang gamot*
Boto. **macorol.** pc. *Maporol.* pc. *Polpol.* pc. *Pangal.* pp. *Pangod.* pc.
Boton de planta. *Osbong.* pc. *Talbos.* pc.
Boton de fruta ó flor. *Boco.* pp.
Boya, boyar. *Timbolan.* pp. *Lotang.* pp.
Boya. **palañgoy.** pc. *Langoyan.* pp.
Boya como la del ancla. *Patao.* pp.
Boyada. *Cauan nang toro.* pp.
Boyar el navío con la carga. *Batao.* pp.
Boyante. **laoy.** pp. **catang.** pp. *Batao.* pc. *Lotang.* pc.
Bozo. **misay.** pp.

B antes de R.

Bracman. *Pari ó filosopong maronong nang manga tagalog sa una.*
Braga, braguero. *Bahag.* pc. *Tapi.* pc.
Bragas. *Salaual.* pc. *Sal-ual* pc. **salauilis.** pp.
Bragazas. V. Bragas.
Bragueta. *Litas.* pp.
Brama. *Panahong naninibugho ang manga osa, at ibang simarong hayop.*
Brandal. *Hagdan nang pag aquiat sa dauong.*
Brasero. *Calan.* pc. **dupaan.** pp.
Brasil. *Sapang.* pc. *Sibucao.* pc.
Braba cosa! **antanal** pp. *Anong diquit!* pc. *Anong inam!* pp.
Bravatas. *Palangas.* pc. *Yabang.* pp. *Hambog.* pc. **tacap.** pc.
Bravera. *Butas na hingahan nang horno.*
Bravio. *Mailap.* pc. **lampong.** pc. **laog.** pc.
Bravo. *Dahas.* pc. *Bangis.* pc. *Tapang.* pp. *Bayani.* pp. **sanghil.** pc.
Bravo, riguroso. *Mabangis.* pc. *Mabagsic.* pc. *Malupit.* pc.
Bramar los animales. **ouang.** pc. *Ongal.* pp. *Onga.* pc. **nian.** pp.
Bramido del caiman. **guiguis.** pp.
Braserito. **yiaban.** pp.
Braza justa. *Sincar.* pc.
Brasa. *Baga.* pp.
Braza, medir con ella. *Dipa.* pc.
Brazado. *Sang yapus.* pc. *Isang yapus.* pc.
Brazalete. **galang.** pc.
Brazo. *Camay.* pc.
Brazo, pierna, dedo, &c. pasmado. *Patay.* pc.
Brazo pequeño de rio. *Sipi.* pp.
Brazo tuerto. *Sincol.* pc.
Brazos de la cruz. *Paripa.* pc.
Brazos del pescador. **bantayan.** pp.
Bracear. **capag.** pc. *Cauay.* pc. *Imbay.* pc. **capay.** pc. *Campay.* pc. *Galauad.* pc. *Gulauad.* pc. **hibay.** pp. **galagar.** pp. **galauang.** pp.
Bracear el que camina. *Imbay.* pc.
Bracear con remos ó manos. *Capay.* pc.
Bracear cuando bailan. **maui.** pp. **talic.** pc. *Conday.* pp.
Braceo que se enseña á los caballos. *Imboy.* pc. *Labay.* pp.
Brea blanca. **pilauay.** pp.
Brea. **calmac.** pc. *Sahing.* pp.

Brecha. *Butas nang cuta gaua nang cabaca, ó caauay*. pp.
Bregar. *Bono*. pc. **soong**. pp. *Babag*. pc. *Auay*. pp.
Breña. **sirang lupa.** pp. *Lupang* **togortarin,** *batohan at masucal*.
Breva. *Pamago nang higuera*. pp. *Unang bunga nang higuera*.
Breve. *Maicli*. pc. *Maduli*. pc. *Bigla*. pc.
Breve asento. **baya.** pp.
Breviario. *Librong dasalan nang manga Pare*.
Briba. V. Bribon.
Bribon. *Tamad*. pc. **pangcal.** pc. **calay.** pc. *Tampalasan*. pp. *Posong*. pc.
Brida. *Renda nang cabayo. Hapin nang preno*.
Brillar. *Ningning*. pc. *Quintab*. pc. **quilab.** pc. *Quinang*. pc. *Quidlap*. pc. *Dilag*. pc. **baliquit.** pp. **campon.** pc.
Brincar con el cuerpo. **ocdo.** pc. *Locso*. pc. **ondoc.**
Brindar. *Aloc*. pc. *Yacag*. pp. *Anyaya*. pp. *Alay*. pp. *Tagay*. pp. *Abatayo*. pp. *Aba yari po*. pc.
Brindar de dos en dos tazas. *Dalaua*. pc.
Brindis. **pag baric,** *pag inom na patungcol sa cagalingan nang isat isa*.
Brio. *Tapang*. pp. *Tigas*. pc. *Lacas*. pc.
Brioso. *Salangapang*. pc. V. Brio.
Brisa, viento. *Amihan*. pp.
Brizna. *Caontiontiang piraso*. pp.
Brocal del pozo. **colouong.** pc. **laloran.** pp.
Broche, ó corchete. *Cauit*. pp.
Broche de oro. **cansing.** pc.
Brodista. *Pulobe*. pp.
Broma. *Taua*. pp. *Aglahi*. pp. *Birò*. pp. *Galao*. pc.
Broma que destruye la madera. *Bocboc*. pc. **onos.** pp.
Broma del navío. **lotos.** pc.
Bromear. V. Embromar.
Bromista. *Palabirò*. pc. *Magalao*. pc. *Mapagaglahi*. pc.
Bronce. *Tanso*. pc. *Tangso*. pc.
Bronco. *Masamang pagca gaua, magaspang*. pc.
Broquel. *Pananga*. pc. *Calasag*. pp.
Broquel á su modo. **palisay.** pc.
Broquelazo. *Dagoc nang calasag*. pp.
Brotar la semilla. *Guiti*. pc. *Sibol*. pc. *Tubo*. pp.
Brotar, como sarna. *Busangsang*. pc.
Brotar mucha sarna, viruelas, &c. en el cuerpo. **pusac.** pc.
Brotar la espiga. *Basag*. pp. *Supao*. pp.
Brotar sarpullido. **bisangsang.** pc.
Brotar bien el sembrado. **yari.** pp.
Brotar. *Osbong*. pc. *Litao*. pc. *Sipot*. pc.
Brotar agua en el pozo ó fuente. **sibol.** pc. *Bocal*. pc. *Balong*. pp.
Brotar la enfermedad, como cuando salen las viruelas, sarna, &c. **sapao.** pp.
Brotar el pimpollo, las barbas, tetas. &c. *Sibol*. pc.
Brotar la pasion ó enfermedad. **siging.** pc.
Brotar el pimpollo erguido. **talancag.** pc.
Broza. *Damo*. pc.
Broza del ajonjolí esprimido. **coliat.** pc. *Pulayat*. pc.
Bruces, ó de bruces. *Taob*. pc. *Dapa*. pc.
Bruja que dice el vulgo que vuela de noche, **osuang.** pc.
Brujo. **alasip.** pp. *Hocloban*. pp. **icqui.** pp. **asbang.** pc. **mangagauay.** pp. *As-uang*. pc. **silagan.** pp. *Mangcucùlam*. pp.
Brujo que vuela dexando medio cuerpo. **magtatangal.** pc. **mananangal.** pc.
Brujula. **paraloman.** pp.
Bruma. *Olap sa dagat*. pp.
Brumo. *Calinislinisang pagquit*.
Bruñir. *Buli*. pp. **bulios.**
Bruñir oro. **bair.** pp.
Brusco. V. Bronco.
Bruto, ó animal. *Hayop*. pp.

B antes de U.

Bubas grandes y asquerosas. **yaquit.** pp.
Bubas. *Cati*. pc. **tabucao.** pc. **bucaocao.** pc.
Bubas que uno padece por deshonestidad. **biga.** pp.
Bubático, bubon. V. Bubas.
Buche, su interior. **aela.** pc.
Buche del arnizcle. **bayag.** pc. **cabayag.** pc.
Buche. **binobong.** pc. **doñgos.** pp. *Buhay canin*. pp.
Buche de la gallina. **biyic.** pc.
Buche de ave. **tinca.** pc. **tali.** pc. **doñgos.** pp.
Bucólica. *Pagcain*. pp.
Buen gusto al paladar. *Sarap*. pc. *Masarap*. pc. *Malasa*. pp.
Buenaventura. **himalad.** pp. *Capalaran*. pp. **nigo.** pp.
Bueno. V. Bien.
Bueno es eso. *Capala pa*. pp.
Buey. *Bacang capon at panghila*.
Bufalo, ó animal que se le parece. *Calabao*. pc. **damolag.** pp. **anuang.** pc.
Bufar el carabao. **puguic.** pc.
Bufar el gato erizándose. **siñgasing.** pp.
Bufar. **tamsic.** pc. **osñga.** pc. *Hagoc*. pp. **buga.** pc. **bulas.** pp.
Bufidos del gato. **ñgasing.** pp.
Bufido de animal. **haguibis.** pp.
Bufeta de cuerno. **bolobolo.** pp.
Bufete. **hapag.** pc. *O lamesang natatalaga sa pag sulat at pag aaral*.
Bufido del enojado. *Bulas*. pp. *Singhal*. pc.
Bufon. **pusong.** pp. *Lacayo*. pp.
Bufonada. *Patotaua*. pc. *Uicang catatauanan*. pc.
Buharda. **linib.** pp. *O bintana sa ibabuo nang bubungan*.
Buho, ave. *Paos*. pc.
Buitron. *Isang bagay na panagap*.
Bula. *Sulat na galing sa Santo Papa na quinalalamnan nang caniyang caloob, hatol ò pacana*.
Bulario. *Capisanan nang manga bula*.
Buleto. *Maicling bula*. pp.
Bulla. **saligaosao.** pc. *Ingay*. pp. *Lingal*. pc. *Alingaongao*. pc.
Bullaje. *Pagcacatipon*. pp. *Pagcacahalobilo nang maraming tauo*.
Bullicio. **aliñgasñgas.** pc. V. Bulla.
Bullicio ó tropel de gente que acude al alboroto. **guiaguis.** pc.
Bullicioso. **gulao.** pc. *Guslao*. pc. *Guluo*. pc. *Gato*. pc.

Bullir el pescado en el agua. **ligboc.** pc.
Bullir como piojo en la cabeza. *Calam.* pc.
Bullir el agua. **canyao.** pc. *Colo.* pc. *Bulac.* pc.
Bullir algo en la cabeza como piojos. **ligamgam.** pc.
Bulto en el vientre. **bicquil.** pp.
Bulto de ropa. *Cambong.* pc.
Buque. *Dauong.* pc. *Sasacquian.* pc.
Burdo. V. Bronco.
Bureo. *Libang.* pc. *Larò.* pc. *Alio.* pc.
Burla como mofándose. *Tuyà.* pc. **tamo.** pc.
Burla que hacen de lo que ven. *A.*
Burlador, burlon. **mapagpahinirap.** pp. *Palabiro.* pc. *Mapagbiro.* pc. *Magalao.* pc. *Mapagaglahi.* pc.
Burlar. *Libac.* pc. **balongot.** pc.
Burla. *Birò.* pp. *Galao.* pc. *Aglahi.* pp.
Burlarse de otro. **oryoc.** pc.
Burlarse como el gracioso. *Biro.* pp.
Burlarse espantándo. **himalo.** pp.
Burlado. *Buyo.* pc.
Buscar. **sariya.** pc. *Adhica.* pc. *Arimohanan.* pc.
Buscar caymanes en rio. **caya.** pp.
Buscar la punta ú otra cosa. **panoto.** pp.
Buscar la punta del cordel. **ponton.** pc. **tonton.** pc.
Buscar vidas agenas. **baliga.** pp.
Buscar mirando. *Quita.* pp.
Buscar alguna obra para comer. **quimot.** pc.
Buscar al que está lejos. **toos.** pp.
Buscar. **alitauo.** pp. *Hanap.* pp.
Buscar camino para arrastrar madera ó cojer á alguno. **bagat.** pp.
Buscar algo que está debajo. **balotbot.** pc.
Buscar algo perdido. **batyao.** pp.
Buscar con el rastro. **bogaboc.** pc.
Buscar pleitos. **buncal.** pp.
Buscar sustento. **calangtain.** pp.
Buscar de aquí por allí. *Doli.* pp.
Buscar algo en el agua con palo. *Doroc.* pp. *Iroc.* pp. *Loroc.* pp.
Buscar con cuidado. **halaohao.** pc. *Salicsic.* pc. *Halihao.* pp.
Buscar la vida con ganancia. *Hanap.* pp.
Buscar algo con garfio. **hauay.** pp.
Buscar con ansia. **hinap.** pc.
Buscar tierra para sementera. **lauac.** pp.
Buscar con quien consolarse **hinao.** pp.
Buscar tentando á oscuras. **licap.** pp. *Hapohap.* pp. *Apohap.* pp.
Buscar algo con mucha prisa. **ñgapa.** pp.
Buscar lo que perdió **sipo.** pp.
Buscar hacienda. **sirha.** pc.
Buscar ocasion para vengarse. **pañgaco.** pc.
Buscar al enemigo para matarlo. **pañgayao.** pp.
Buscar por todos los rincones. **licsic.** pc.
Buscar achaques para no pagar. **pasiuarsiuar.** pp. **pasiuatsiuat.** pp.
Busto. *Calahating catauang ualang camay nang larauan.*
Buyo de monte. **saog.** pc. **balig.** pp. *Litlit.* pc.
Buyo mascado. *Sapà.* pc.
Buyo con sus ingredientes. **mam-in.** pc.
Buyo cumpuesto. *Inapugan.* pp.
Bucear algo zambulléndose. **lirip.** pc. *Sisid.* pp.
Buz. **socot.** pp. *Halic na pag galang.* pp.
Buzo. **mapaglirip.** pc. **manlilirip.** pc. *Maninisid.* pp.
Buzon. *Butas na pinaghuhulugan nang sulat sa correo.*

C antes de A.

Cabador. *Manhuhucay.* pp.
Cabal. *Siya.* pc. *Caiguihan.* pp. *Cainaman.* pp. *Cahustuhan.* pp. *Alas.* pc.
Cabalgar. *Sacay.* pc.
Cabalgadura. *Cargahan.* pp. *Sasaquian.* pc.
Cabalgata. *Cabayohan.* pc. *Catipunan nang mañga sacay.* pc.
Caballas pescado. *Hasahasa.* pp.
Caballería. V. Cabalgadura.
Caballería. *Hocbong sacay.* pc. *Mañga sondalong sacay.* pc.
Caballeriza. *Haponan nang cabayo.* pp.
Caballero, ó ginete. *Tauong sacay.* pc.
Caballete de tejado. **paloco.** pp. *Pulopo.* pp.
Caballo. *Cabayo.* pp.
Cabaña ó choza. **dalondong.** pc. *Dampa.* pc. **salong.** pc. *Cubo.* pp. **barongbarong.** pp.
Cabecear. **yocayoc.** pp. *Tuca.* pc. *Antoc.* pc. **tucatoc.** pp. **tungca.** pc.
Cabecear concediendo. *Tañgo.* pc.
Cabecear negando. **liing.** pc. *Iling.* pc.
Cabecera como el altar respecto de la Iglesia. **duyo.** pp.
Cabecera de la cama. **olon.** pc. *Olonan.* pc. *Olohan.* pc.
Cabecilla. *Puno nang mañga tulisan.* pc. *Pañgolo, ó punong nañgañgasiua sa anomang gaua.*
Cabellera. *Buhocan.* pc. *Malagong buhoc.* pc. *Mahabang buhoc para nang sa babaye.*
Caber. *Husto.* pc. *Casia.* pc.
Cabestro. *Mortigon.* pc. **cabristo.** pc. **haquima.** pc.
Cabeza. *Olo.* pp.
Cabeza grande. *Olohan.* pc.
Cabeza tuerta. *Paling.* pc.
Cabeza puntiaguda. **talandipil.** pc.
Cabeza de trompo. **tangac.** pc.
Cabeza de linage. *Pono.* pp.
Cabezal. *Munting onan.* pp.
Cabezo. *Taloctoc nang bondoc.* pc.
Cabezorro, ó cabezudo. *Olohan.* pc. *Malaquing olo.* pp.
Cabecera el navío con las olas. **tangol.** pc. **lantao.** pc.
Cabello. *Bohoc.* pc.
Cabello encrespado. *Colot.* pc.
Cabello muy tieso. **bular.** pp.
Cabello algo crespo. **ical.** pp.
Cabellos espesos. **yañgot.** pc.
Cabellos caidos. *Logay.* pc.
Cabildo ó consejo. *Polong.* pp.
Cabizbajo. **subasob.** pc. **banliling.** pc. **yocayoc.** pp. **tucatoc.** pp. *Tongo* pc.
Cable. *Malaquing lubid na tali nang sinipete.* pp. **lauig.** pc.
Cabo. *Dolo.* pp. *Tabi.* pc. *Uacas.* pc. *Hungan.* pc. *Catapusan.* pc.

Cabo, ó extremo de alguna cosa alta. **tañgua.** pc.
Cabo del remo, ó del farol. **tagdan.** pc.
Cabo de cuchillo. **icog.** pp. *Polohan.* pp. **binaclañgan.** pc.
Cabo de candela, tabaco. &c. *Opus.* pc.
Cabo de hacha. **landá.** pc. *Paldá.* pc.
Cabo de la hacha de hierro. **palará.** pc.
Cabo de calle ó pueblo. **tanguas.** pc.
Cabo que cuida de la obra. *Mag aalaga.* pc.
Cabotaje. *Pag layag ò pamomohonan at pangañgalacal sa malapit.*
Cabra. *Cambing.* pc.
Cabrería. *Cauan.* pp. *O cauanan nang cambing.* pc.
Cabreriza. *Dampa nang pastol ó mag aalaga nang cambing.*
Cabrillas ó las siete estrellas. **mapolon.** pp. *Apolon.* pp.
Cabriola. **yocbo.** pc. *Lucso nang sumasayao.* pp.
Cabrita, cabrito. *Bisirong cambing.* pp.
Cabron. **lambayan.** pp.
Caca de niños. **tati.** pp.
Cacao. *Cohoy na ang bot-o ay guinagauang sicolate.*
Cacarear la clueca. *Colocotoc.* pc.
Cacarear la gallina. **cocog.** pc. *Potac.* pc. **cotac.** pc. *Cucac.* pp. **cococ.** pc.
Cacauate. *Mani.* pc.
Cacerola. *Tatcho.* pc.
Cacique. *Hari nang mañga tagalog. Poon ó puno sa isang hocoman ó bayan.*
Caco. *Magnanacao na singcud.* pc. *Tusong magnanacao.* pp.
Cacharro. *Pasò.* pc.
Cachas. *Polohan nang labasa.* pp.
Cachaza. **biglay.** pc. **bayat.** pp. **cariuaraan.** pp.
Cachete. *Sontoc.* pc. lt. *Pisñgi.* pc.
Cachican. *Pono sa linang.* pc.
Cachigordete. **matipuno.** pc. **matibunac.** pp.
Cachillada, lechegada. *Isang pisa.* pc. *Minsang pañganac.* pc.
Cachiporra. *Tongcod na may olo.* pp.
Cachivache. *Bibiñga.* pp. **lila.** pp. *O lumang casangcapang na tatabi sa soloc.*
Cacho. *Capiraso.* pp. *Capiyañgot.* pc. *Catiting.* pc.
Cachonda. *Asong babaing nag lalandi.* pc. *Nañgañgandi.* pc.
Cachorrillo. *Bilot* pc. *Tuta.* pp. **pasaque.** pc.
Cachupin. *Castilang na mamayan sa America, ò sacatagalogan.*
Cada. *Baua,t,* pp. *Toui.* pp. *Tig,* pc. *Tumbas.* pc. *Balang.* pp.
Cada rato. *Maya,t, maya.* pc.
Cada, y cuando. *Toui.* pp.
Cadalso. *Bitayan,* l. *Bibitayan.* pc. *Gulang gulang.* pp.
Cadañera. *Pal-anac.* pp. *Babayeng taontao,i, nangañgañganac.* pc.
Cadáver. *Bangcay.* pc.
Cadena de oro delgada. **calibir.** pp.
Cadena de una vuelta. **nogtoñgan.** pp.
Cadena de oro labrado. **pamicti.** pc.
Cadena de oro grande. **camagui.** pp.
Cadena de hierro. *Tanicala.* pc. *Talicala.* pc.
Cadenilla de oro muy fino tirado. **talicala.** pc. **sinoyoc.** pp.

Cadente. *Maboay.* pp. *Malopit malagpac.* pc. *O mahapay.* pp.
Caderas. *Balacang.* pc. **singli.** pc.
Cadete. *Sondalong guinoo na hindi na daruan sa cabo at sargento nang pag taas.*
Cadi. *Hocom nang mañga turco at moro.*
Caducar. *Ulian.* pp. *Huli.* pp. lt. *Lipas.* pp. *Sira.* pp.
Caduco. *Gopo.* pp. *Gusgus.* pc. *Gogopogopo.* pp. *Magosgos.* pc.
Caer. *Holog.* pp. *Laglag.* pc. *Bagsac.* pc. *Hapay.* pp. *Sadlac.* pc.
Caer algo assentado. **sagàng.** pc.
Caer de golpe. *Lagpac.* pc. **dalapac.** pc.
Caer del estado. **bonto.** pc.
Caer uno de dos que luchan. **bogta.** pc.
Caer de espaldas levantando los pies en alto. **tinanguang.** pc.
Caer el rocio de los árboles por menearlos. **tagtag.** pc.
Caer de hocicos. *Sobasob.* pp. *Sobong.* pp. *Soñgab.* pc. *Sogaoc.* pp. *Sugabang.* pp. **dohapang.** pp. *Soñgasong.* pp. *Soñgabang.* pp.
Caer los que luchan. **babuy.** pc.
Caer y levantar. **ainas.** pp. **atay-atay.** pc.
Caer en medio de palos ó piedras levantadas. **silang.** pc.
Caer hácia atras por irsele el pie. **liay.** pc.
Caer la flor del talahib, ó fruta del árbol. **yagyag.** pc.
Caer de lugar poco alto. **lonto.** pc.
Caer el coco ó fruta por podrida. **looy.** pp.
Caerse las hojas ó fruta madura. *Lagas.* pp.
Caer las hojas del árbol. **laguilang.** pp.
Caerse algo todo junto como el suelo de la casa. *Bogso.* pc. *Logso.* pc.
Caerse la suciedad en las secretas. *Lagsac.* pp.
Caerse amodorrado. *Bulagta.* pc.
Caerse de borracho. **bugtá.** pc.
Caerse de puro flaco ó flojo. **panlin.** pp.
Caerse la fruta quedándose detenida en alguna rama. **sayag.** pc.
Caerse uno por algun accidente, **bulagta.** pc.
Caerse de flaco. **caing.** pc.
Caerse la fruta por pesada. **yagas.** pp.
Caerse la flor de los árboles. **yacyac.** pc.
Caerse algo de la mano. **tagac.** pp.
Caerse á pedazos el cuerpo colgado y podrido. **tangal.** pc.
Caerse yeso ó cal de la pared. **ñgalocabcab.** pc.
Caerse de repente como por mal viento. **logamoc.** pp.
Caerse el cabello ó las ojas del árbol. **logo.** pp. *Logon.* pp.
Caerse un árbol sobre otro **sanglag.** pc.
Caerse la casa por estar podridas las ataduras. **lubsac.** pc.
Cafe. *Isang bagay na cahoy, at ang caniyang bunga.*
Cafetal. *Capihan.* c.
Cafetera. *Loloan nang cape, at ang mañga casangcapan sa pag inom nang cape.*
Cafila. *Catipunan nang maraming tauo, hayop ó iba pang bagay.*
Cafre. *Tauong bocal ó tubo sa baybayin nang Africa.*

Cagachin. *Lamoc na malilit, ó momonti.* pc.
Cagafierro. *Caluuang.* pp. *Tueng bacul.* pp.
Cagalera. *Ilaguin.* pc.
Cagar. *Tae.* pp. *Panabe.* pc. *Manabe.* pc. *Manabihan.* pc. *Manalicod.* pc. *Panalicod.* pc.
Cagar las aves. *Ipot.* pp.
Cagarruta. *Tae ó dumi nang tupa ó cambing.*
Caida de la casa. *Bibi.* pp. **bilic.** pp.
Caido de ánimo. **lopipay.** pp.
Caiman ó cocodrilo. *Buaya.* pp.
Caja. *Caban.* pc.
Caja labrada. **sandacati.** pp.
Caja de madera de una pieza. **bañgoñgola.** pp.
Caja de guerra. *Guimbal.* pc.
Cajel. *Dalandan.* pc.
Cajel pequeñito. **calamance.** pc. **calamundi**, l. **calamunding.** pc.
Cajista. *Tauong nañgañgasiua sa pag sasama,t, pag hahanay nang mañga letra sa imprenta ó limbagan.*
Cajoncillos. **solongsoloñgan.** pp.
Cajuela para guardar hilo. **lohan.** pp.
Cajuela de buyo. **panañgahan.** pp. **patupat.** pp. **palaman-an.** pc. *Languay.* pc.
Cajuela ó cañuto de coco en que echan padecitos de oro ó plata **payopoyo.** pc.
Cal. *Apog.* pp. **pirali.** pc.
Cala. *Capiraso, ó capiañgot na milon, ó anomang buñgang cahoy, na titicman.*
Calabacera. *Puno, catao-an, ó baguin nang calabaza.*
Calabacino. *Opong hinog at toyo na pinaglalagyan nang sarisaring bagay dito: at sa España,i, alac ang inilalaman.*
Calabaza blanca. *Opo.*, pp. *Condol.* pc. **tibyayong.** pp. **tabayag.** pp.
Calabaza buena para dulce. **sicoy.** pc. *Condol.* pc. **malinga.**
Calabazada. *Ontog.* pc. *Ompog ng̃ olo.*
Calabazate. *Paloboq.* pc. *Calabazang minatamis.*
Calabobos. *Tigatic*, l. *Ticatic.* pc.
Calabozaje. *Calug-pañgao.* pc.
Calabozo. *Bilanguan.* pp. *Piitan.* pp.
Calada. *Lipad na mabilis nang ibong maninimbad.*
Calafate. *Maninicsic.* pc.
Calafatear alguna abertura. *Sorot.* pp. *Sulogsog.* pp. *Sicsic.* pc.
Calamar. *Puguita.* pp. *Pusit.* pc. *Bucsat.* pc.
Calambre *Pulicat.* pp. **ñgimi.** pp. *Manghir.* pc. **quisig.** pc. **ñgimay.** pp. *Pañgalo.* pp.
Calamidad. *Hirap.* pp. *Dalita.* pc. *Sacunà.* pc.
Calamocano. **malainibay.** pp.
Calandrajo. *Gulanit.* pc. *Lauing.* pc.
Calaña. *Hourran.* pp. *Uliran.* pc. lt. *Ogali.* pp. *Gaui.* pc.
Calar. *Tigmac.* pc. *Tibnac.* pc. *Ticmac.* pc. *Tiim.* pp. *Tiyim.* pp. *Silip.* pc. *Pigta.* pc. **baysac.** pc.
Calavera *Boñgo.* pc.
Calaberada. *Cuol-olan.* pc. *Cahonghañgan.* pc.
Calcañar. *Sacong.* pp.
Calcular, calculo. *Bulac.* pp. **catabay.** pp.
Calzar herramienta. **binsal.** pc. **bing-al.** pc.
Calzadilla para caminar. *Pilapil.* pp.
Calzada. *Carsada.* pp. *Daang hayag nang lahat.*
Calzado. *Ang lahat nang bagay na isinosoot sa paa, para nang sapin, sinelas, bac-ya, paragatus.* &c.
Calzo. *Calañg.* pp.
Calzon. *Salaual.* pc. *Sal-ual.* pc. **salaulia.** pp.
Calzones cerrados. **paquipot.** pp.
Calzones anchos. **sabog.** pc.
Caldear. *Baga.* pc.
Caldero. *Lutuan nang laoya.* pp. V. *Caua.* pp. *Taliasi.* pp.
Caldo. *Sabao.* pc.
Caldo de salmuera. *Patis.* pc. **quechap.** pp.
Caldoso. *Masabao.* pc. *Malabnao.* pc.
Calefaccion. V. Calentar.
Calendario. *Munting librong quinasasaysayan nang pag sicat, pag bilog at pagcatunao nang buan, 'at mañga Santo at Santang may capistahan sa arao arao.*
Calentar. V. caliente.
Calentar la comida fria. *Sañgag.* pc.
Calentar hojas al fuego. **laob.** pp. **laib.** pp.
Calentar el sol. **atac.** pp.
Calentar algo por breve tiempo. **layob.** pp.
Calentarse al fuego. **nalang.** pc. *Darang.* pc. *Dandang.* pc. **panalang.** pc.
Calentura. *Lagnat.* pc.
Calentura cotidiana, ó terciana. *Pañgiqui.* pp.
Calentura de gran ardor interior. *Alibog.* pc.
Calenturilla. *Landang.* pc. *Sinat* pp.
Calera. *Apugan.* pc. *Lutoan nang apog.*
Calero. *Pañgapolan.* pp.
Caletre. *Catalinoñgan.* pp. *Bait.* pc. *Isip.* pp.
Calibre. *Capal nang bala.* pp.
Calidad. *Ca.* pc. *Pagca.* pc. *Culay.* pp.
Caliente. *Init.* pp.
Califa. *Cahalili.* pp. lt. *Hari ó punong bayan nang mañga turco, at arabe.*
Calificar. *Magal-ñgin, ò masam-in ang anomang bagay.*
Calilla. *Sabong pinatulis, na may casamang asin at lañgis na isinosoot sa pouit nang may saquit, nang madaling mapanalicod, ó mapadumi.*
Calina. *Siñgao na masinsin at macapal na anaqui olop na napapaitaas con panahong tag-init.*
Caliz. *Copang guinto ó pilac na guinagamit nang Pare sa cagalang galang na sacrificio nang Misa ó pag aalay sa Dios.*
Calizo. *Lupang maapog.* pp.
Calma. **palihis daan.** pp. **alis-is.** pc. **alisouas.** pp. **tampay.** pc. *Tining.* pp.
Calmar. *Payapa.* pp. *Tahimic.* pp.
Calmar el viento. **taroc.** pc. **tampay.** pc.
Calofriarse, calofrio. *Pañgiqui.* pp.
Calor. **alis-is.** pc. *Init.* pp. **banas.** pc.
Calor grande. **alasouas.** pp. **tagbisi.** pp.
Calumnia, calumniar. *Bintang.* pc. *Paratang.* pp. *Pariquit.* pc.
Calva en la coronilla. **togtog.** pc.
Calva perfecta. **togtoguin.** pp.
Calva. *Opao.* pp.
Calvario. *Bondoc na pinag pacuan sa Cruz sa ating Pañginoong Jesucristo.*
Calvatrueno. *Opauing labis, na uala isamang bohoc.*
Calvo. *Opauin.* pp.
Callacallando, calladas, calladamente. *Lihim.* pp. *Tahimic.* pp. *Ualang ingay.* pp.
Callado. *Tinip.* pc. **matimpi.** pc. *Mahinhin.* pc. *Malihim.* pp. *Ualang imic.* pc. *Ualang sabisabi.* pc. *Matining.* pp.

Callandico, calladito. *Maruhun*. pp. *Bolong*. pc. *Anas*. pc.
Callar. **sacman**. pc. **balatac**. pc.
Callar por enfado. **mithi**. pc.
Callar cuando le riñen. **guiing**. pp.
Calle pública. **caralandalanan**. pp. *Cabolosan*. pp.
Calle. *Lansangan* pp. *Daan*. pp. *Carsada*. pp.
Callejear. *Libot*. pp. *Gala*. pp. *Pasial*. pc.
Callejear medio desnudo. **lantor**. pc.
Callejon. *Maquipot na daan sa pag ilan nang dalauang pader, ó bondoc*.
Callejuela. *Maquipot na daan sumasalagbat sa malalaquing lansangan*
Callos. *Lipac*. pc. It. *Labot*. pc. **goto**. pp.
Cama. *Hihigan*. pc. *Hiligan*. pc.
Cama de pieza de batir. **cariná**. pp.
Cama de la parida, y de la puerca partoriente. *Rimon*. pc. *Dimon*. pc.
Camada. *Manga anac na isang pisà nang Conejo lobo, at iba pang hayop*. It. *Barcada ó catipunan nang manga tulisan at* **tirong**.
Camal. **cabristo**. pc. **haquima**. pc. *Mortigon*. pc.
Camaleon. **añgañga**. pp. **uniañgo**. pp. **huniañgo**. pp.
Camandula. *Cuintas na maicli*.
Camandulero. *Nagbabanal-banalan*. pp.
Cámara. *Cabahayan*. pp. *Loob nang bahay*. pp.
Camarada. **lagoma**. pc. *Calagoyo*. pp. **calagoma**. pp.
Camaranchon. **paga**. pp. **loteng**. pp.
Cámaras muy liquidas. **tilasoc**. pc. *Bololos*. pc.
Cámaras. *Palicor*. pc. *Tiaguin*. pc.
Camarera. **bandahaling** *babayi*. pp.
Camarin. *Camalig*. pp. **toclong**. pc.
Camaron como langostas. *Olang*. pc.
Camaron negro. **talongtong**. pc.
Camarones pequeños. *Hipon*. pp.
Camarones que se crian en la orilla del agua. **tampal**. pc.
Camarones de agua dulce. **togyasan**. pp. **tocsayan**. pp.
Camaroncillos secos. *Hibi*. pp.
Camaroncillos. *Alamang*. pc.
Camarin para guardar navios. **bantilan**. pp.
Camastro. *Hihigan nang makirap*. pp.
Camastron. *Tuso*. pp.
Cambiar. *Palit*. pc. *Halang*. pp.
Cambiar la pela. **piac**. pc.
Caminar de poco á poco como un enfermo debil. **lácap**. pp.
Caminar derecho por el camino sin apartarse. *Tagudtud*. pc.
Caminar por si solo. **tahan**. pp.
Caminar á saltos por alguna llaga **diyang**. pc.
Caminar por camino derecho. **talonton**. pc.
Caminar por senda larga y cuesta **haclay**. pc.
Caminar en un pie. **hacíya**. pc.
Caminar por rio de cabo á cabo **oooog**. pp.
Caminar rompiendo por mucha gente **landas**. pc.
Caminar y correr con presteza **dalácay**. pc.
Caminar cayendo y levantando. **dapang**. pc.
Caminar con rodeos. **lipas**. pp. **lacbao**. pc. *Lactic*. pc.
Caminar despacio. **ilod**. pp.

Caminar agoviado con el peso. **tali**. pc.
Caminar á pie. *Lacar*. pp.
Caminar á pie, como camino largo. *Lacbay*. pc.
Camino. *Daan*. pp. *Lansangan* pp.
Camino desigual que todos son altos y bajos. **baco**. pc. *Tayortorin*. pp.
Camino que abre el agua. **balosbos**. pc.
Camino hecho á puro andar. **damlas**. pc. *Langdas*. pc. *Landas* pc.
Camino ó rastro que hacen los animales. **onog**. pc.
Camino estrecho y angosto. **pig-io**. pc.
Camino de altos y bajos. **bacqui**. pc.
Camino lleno de hoyos **bagtol**. pc.
Camino cercado de árboles y ramas **polac**. pp.
Camino real. **bolos**. pp.
Camino de altibajos. *Bacolbacol*. pc.
Camisa. *Barò* pp.
Camisa de culebra ú otro reptil. *Pinaglunuhan*. I. *Pinaghunusan*.
Camorra. *Babag*. pc. *Away*. pp.
Camorrista. *Pal-away*. pp. *Pal-babag* pp.
Camotes. *Camoti*. pp.
Camotes silvestres. *Baguing*. pp.
Camotes grandes. **tarac**. pc.
Camotes partidos puestos al sol. **baog**. pp.
Campamento. *Lupang na* **lilipanaan** *ó nacucutatan nang hocbong na hunantong*.
Campana **bagting**. pc.
Campana de China. **mongmoñgan**. pp.
Campana de Sangley. **agong**. pp.
Campanilla del gaznate. **gulil**. pp. *Guntil*. pc.
Campanita. *Nanginģibuhan* pp. *Namomocod*. pc. *Namomoglong*. pp.
Campanudo. **macambong**. pc. *Macambung*. pc.
Campaña. *Parang*. pp. **tahao**. pp. It. *Paybubuca*. pp.
Campar. V. Campanta.
Campear. *Pag labas nang manga sondalo sa parang nang masiasat cung may caaway*. V. Campaña.
Campear alguna cosa mas de lo que es. **langhal**. pc.
Campeon. *Bayani*. pp.
Campero. *Lantad*. pc. *Tampac*. pc.
Campiña. *Malauac na capatagang ararohin*.
Campo. V. Campaña.
Campo grande para hacer sementera. **lalauagan**. pp.
Campo para hacer. **balot**. pc.
Canal. **salolo**. pp.
Canal donde ponen sus nasas. **bobohan**. pp.
Canal que tiene en medio la espada ó daga **sasay**. pp.
Canal por donde corre el agua. **tagoling**. pp.
Canal de agua *Alulod*. pc *Pangsol*. pc.
Canal encima del lomo. **dalac**. pc.
Canal algo honda. **ang gan**. pc.
Canal hecha en tierra por la avenida. **lodlod**. pc.
Canalla. *Tampa*. pp *Bausac* pp. *Tampang sumusunang gaw*
Canana. *Sisidlan nang cartucho nabibiggus sa bap-anang*
Canas. *Uban*. pp
Canasta de madera **balaňgola**. pp.
Canasta de bejuco para guardar algo **saloead**. pc.
Canasta **calabogsoc**. pp.

Canastillo para frutas. **quinaba.** pc.
Canastillo, canastrillo. *Bacol.* pp. **tacuyan.** pp. **balanan.** pc. *Sosolotan.* pc.
Canasto, canastro. **balaong.** pp. **amatong.** pp. *Matong.* pc.
Cancelar, *Pauiin at paualang casaysayan ang capangyarihan, ó casangcapan nila.*
Cancelaria, Canceleria. *Isang hoceman ó tribunal sa Roma na pinananaogan nang manĝa biyaya,t, caloob nang Santo Papa.*
Candado. *Susi.* pp.
Candela que no alumbra bien. *Ponĝay.* pp.
Candelaria. *Pista nang pag hahain sa templo nang mahal na Virgen nang anac niyang Dios na sangol na cong sa atin nĝayon ay pag cacandila, ó pag sisimba nang nanĝanac.*
Candelería. *Tindahan nang candila.*
Candelero. **sasañgan.** pp.
Candidato. *Ang nag hahanĝad nang danĝal ó catungcolang mataas.*
Candido. *Puti.* pc. It. *Tapat na loob ualang pag lilihim.*
Candiel. *Isang bagay na cacanin.* pc.
Candil de barro. *Tinghoy.* pc.
Candil ó lámpara. **sombohan.** pp. **sombo.** pc. **paritaan.** pc.
Candil con aceite y mecha. **lasigui.** pc.
Candonga. *Hibo.* pp. *Uicauica.* pp.
Candor. V. Candido.
Canela. **malacaliñgag.** pp. **cayomanis.** pp.
Cangear. V. Cambiar.
Cangrejo. *Alimanĝo.* pp. **ayama.** pc.
Cangrejo pintado. *Alimasag.* pp.
Cangrejos pequeños. **catang.** pc. **talangca.** pc.
Canícula, **tagbaysi.** pp. **bisi.** pp. **baysi.** pp. **tagbisi.** pp. *Tag-init.* pp.
Canijo. *Masasactin.* pc. *Maramdamin.* pp. *Mahina.*
Canilla del brazo. **cabias.** pp.
Canillas del brazo ó pierna. *Bias.* pp.
Canilla de la lanzadera del tejedor **sinicquan.** pc. *Sicuan.* pc.
Canínez. *Labis na catacauan.*
Cano, Canoso. *Obanin.* pp. *Maoban.* pp.
Canoa. *Bangcang bilog.*
Canon. *Pacana ó pasia nang Santa Iglesia ocol sa sinasampalatayanan at magaling na ugali.*
Canonico. *Nasasang ayon sa pasia nang cagalanggalang na Canónes.*
Canónigo. *Pare na ang catongcolan ay mag dasal sa coro nang Catedral.*
Canonista. *Ang mpronong at nag-aral nang catouirang na oocol sa simbahan.*
Canonizable. *Tauong singcad nang cabanalan.*
Canonizar. *Pag papahayag nang Santo Papa na cabilang na nang manĝa Santos, ang isang banal ó alipin nang Dios.*
Canoro. *Mariquit na huni.* pp. *Matinig.* pp.
Cansancio. *Pagal.* pc. **panas.** pc. *Pugod.* pp. *Nĝimay.* pp. *Nĝalo.* pp. *Nĝalay, hapò.* pp.
Cansancio por estar mucho tiempo de pie. *Mitig.* pp.
Cansancio grande. **pacang.** pc.
Cansancio de haber corrido mucho. **sagarsar.** pc.
Cansancio de alguna parte del cuerpo, como brazo. *Nĝimay.* pp.
Cansancio de camino. **tical.** pc.
Cansancio de mucho trabajo. **banas.** pc.
Cansar. V. Cansancio.
Cáncer. **bicat.** pp. *Cancaro.* pc.
Cancion. V. canto.
Canciones á m nera de historia en sus embarcaciones. **pamatbat.** pc.
Cantaleta, *Inĝay nang hiyauan, at tonog nang manĝa casangcapag tinologtog sa pag cantiao, at pag iit sa isang tauo.*
Cantar. *Auit.* pp.
Cantar la victoria. *Tagumpay.* pc. *Uagui.* pp.
Cantar llorando al difunto. **sambit.** pc. *Panambitan.* pp. *Pananĝis.* pp.
Cantar para que duerma el niño. **hilina.** pp. *Bolona.* pp. **oyayi.** pp.
Cantar el pájaro. *Huni.* pp.
Cantar los que reman. **daguiray.** pp.
Cantar dando ahullidos. **tangloyan.** pp.
Cantar el rorro niño. *Oyayi.* pp.
Cantar esta palabra bogando. **soliranin.** pp.
Cantar victoria llevando despojos. **dalao.** pc.
Cantar con reverencia. **diuang.** pc.
Cantar suavemente. **caguingquing.** pc.
Cantar alternando. *Saliu.* pc.
Cantar dos aun tiempo á compas *Saliu.* pc.
Cantarida. *Tapal na nacacalintog.*
Cantarin. *Pal-auit.* pp. *Mag aauit.* pc. *Pandanguero.* pp.
Cántaro **bañga.** pc. *Galong.* pp.
Cántaro chato. *Galong.* pp. **calalang.** pp.
Cántaro grande. *Calumba.* pc.
Cántaro de caña gruesa. **bongbong.** pc.
Cantarillo **galoñgan.** pp. **inoli.** pp.
Cantarillo sin asa. *Babang-an.* pc.
Cantazo. *Pocol.* pc. *Bato.* pc. *Haguis nang bato.*
Cantera. *Tibagan.* pp. *Tipacan.* pp. *Batohan.* pp.
Cantería. *Arte, ó carunungang na oocol sa pag tapias pag tibag at pag duquit nang bato na gamit sa edificio ó simbahan at bahay na bato.*
Cantidad. *Sariling gaui nang catao-an, ocol sa caniyang sucat, at bilang.* It. *Sa gana.* pp. *Dami.* pp.
Cantidad de palay que de una vez cabe en el pilon. *Casong.* pp.
Cantimplora. *Paraan ò maquinang pang hanĝo nang tubig.* It. *Isang bagay na sisidlan nang tubig, ó alac.*
Canto. *Bato.* pc.
Canto. *Auit.* pp. **tayotay.** pp. *Dalit.* pc.
Canto lúgubre. **ombay.** pp. **sambitan.** pp.
Canto de grave y diferente tono. **indolanin.** pp.
Canto antiguo, cantar. **talindao.** pc.
Canto desordenado. **balatong.** pc.
Canto cuando arrastran algun palo. **tambahila.** pc.
Canto de gallo. *Talaoc.* pp. **cocaoc.** pp. **cocooc.** pp.
Canto en sus borracheras. **hililrao.** pp.
Canto de banca, ó de la madre al hijo. **hinli.** pc.
Canto de un pájaro llamado ápira. *Tiotio.* pc.
Canto garganteando la voz. *Omiguing.* pp.
Canto de la lagartija. **halotictic.** pc.
Canto de los que reman. **indoyanin.** pp.
Canto en casamientos y borracheras. **dioma.** pp.

Canto estremo de alguna cosa alta donde se puede caer. **tañgua.** pc.
Cantor. *Cantores.* pp. *Ganturis.* pp.
Caña de muy gruesa pared, y de poco hueco. **bayoguin.** pp.
Caña de pescar. **banyogan.** pp. *Biguasan, baliuasnan* pc. **bauay.** pp. **bauig.** pp.
Caña larga y delgada. *Tiquin.* pc.
Caña gruesa in genere. *Cauayan.* pp.
Caña sin espina. **tayouanac.** pc. *Tayuanac.* pc.
Caña dulce. *Tubo.* pc. **tiboos.** pp.
Caña tronchada por la punta. **tonglan.** pc.
Caña que se seca en el tronco. *Lauó.* pc.
Caña doblada en tres partes con que limpian los caminos. **talangcao.** pc.
Caña larga partida para coger fruta. **sayangat.** pp.
Caña bendida para sacar tierra del hoyo. **salangsalang.** pp.
Caña en que llevan agua para el camino. **baloñgan.** pp.
Caña para sacar fuego. **bañganan.** pp. **poyosan.** pp. **pauasan.** pp.
Caña con liga para coger pájaros. **balaic.** pp.
Caña que se ata á la una punta del cordel, y la otra al cuerpo del hombre ó animal. *Putao.* pp.
Caña delgada. *Anos.* pp.
Caña ó raja de caña. *Palpat.* pc.
Caña para cortar zacate con ella. **soual.** pp.
Caña partida. **balotactac.** pc.
Caña de largos cañutos. **ayiong.** pp.
Caña con garabato para alcanzar algo. *Songquit.* pc.
Caña con que tejen red. **agpang.** pc.
Caña ó palo clavada en tierra. **soual.** pc.
Caña de box larga. **parouas.** pc.
Caña á modo de balde. **taboc.** pc.
Caña fistola. *Balayong.* pp.
Caña delgada y larga para empujar la embarcacion. *Tiquin.* pc.
Caña con que se estira el lazo. **bauigan.** pc.
Caña de anzuelo. **bayñgan.** pp.
Caña que clavan para espantar pájaros. **tigday.** pc.
Cañada. *Paguitan nang dalauang bondoc, ó tagodtor.* pp. *Suoy.* pp.
Cañal. *Palapad, ó baclad na munting pang ilog.*
Cáñamo silvestre. **anabo.** pc.
Cáñamo. *Abaca.* pc. **labayo.** pp.
Cañas delgadas y recias. *Tangbo.* pc.
Cañas de que se hacen cercas. **tamlac.** pc.
Cañas fornidas y fuertes. *Pisig.* pp.
Cañas partidas para atar con ellas. *Lapat.* pc.
Cañas delgadas. **boó.** pp. *Boho.* pp.
Cañas con que urden la tela. **anac tictic.** pc.
Cañas viejas **lauolauo.** pp.
Cañas dulces coloradas. **sinandoyong.** pc.
Cañas en triángulo levantadas en alto. **sayapong.** pp.
Cañas que sobresalen en el suelo de la casa. **tacdao.** pc.
Cañas largas para las baratijas. *Palatpat.* pc.
Cañas que sirven de quilla al sarambao. *Palonas.* pp.
Cañas partidas que sirven de marco al dindin. **pamalila.** pp. *Tomali.* pp.
Cañas verdes. **ñgolag.** pp.
Cañas blandas. **haligauit.** pc.
Cañas que ponen á los paraos en cuadros. *Pacauay.* pc.
Cañas grandes sin espinas. **quiling cauayan.** pp.
Cañas partidas hechas alfiler. **danglay.** pc.
Cañas atravesadas en las cercas. **bila.** pp.
Cañas de que hacen cervatana. **osiu.** pp.
Cañas partidas en que ponen brea para luminarias. **salam.** pp.
Cañas tejidas á modo de petate. *Sasag.* pc.
Cañas partidas con que aprietan la paja del techo. **pamancol.** pc.
Cañas partidas en que ponen los enfermos. **bantayao.** pc.
Cañas que sirven de alas á la embarcacion. *Catig.* pp. *Pacauay.* pc
Cañaveral. *Cauayanan.* pc.
Cañazo. *Hampas nang cauayan.*
Cañitas delgadas. **tibiog.** pc.
Cañizal, cañizar. Vide, cañaveral.
Cañizo. *Sauali.* pp.
Cañon. *Casangcapang bacal ó tanso na anaqui cauayang may goang sa loob gamit sa maraming bagay, lalo na sa baril, ó papotoc.*
Caño. *Alolod.* pc. **paboloang.** pc. **calbang.** pc.
Caño de agua que cae de alto. *Pungsol.* pc.
Cañones del encuentro de la ala del ave. *Biguis.* pc.
Cañoncillos tiernos que nacen el ave. **polar.** pc.
Cañuela del telar. **lilitan.** pc.
Cañuela de que cuelga el hilo de la tela. **gogoyonan.** pc.
Cañuela con que tienen tirante lo que se teje. **siquig.** pc.
Cañuela que ponen en el hilo para tejer. **anac hilig.** pp.
Cañuela que ponen las tejedoras en el urdimbre. **patpatan.** pp.
Cañuela con que los viejos ablandan el hoyo. **anac gomolong.** pp.
Cañuelas que ponen dentro de las embarcaciones. *Asar.* pp.
Cañuelas con que ensartan el pauir. **pañgoran.** pp.
Cañutillos con que beben. **halosan.** pp.
Cañutillos de oro. **pinolo.** pc.
Cañuto. *Bias.* pp.
Cañuto para la cal de buyo. **panagtagan.** pc. **tatagan.** pc.
Cañuto para guardar vino ó vinagre, **tayona.** pc.
Cañuto con su tapadera. **salocoban.** pp.
Cañuto en que echan la tuba. **tiguisan.** pc.
Cañuto que ponen para guardar la tuba. **tuquil.** pp.
Cañuto para sacar agua. **hacat.** pp.
Cañutos con anzuelos colgados que se ponen en el rio ó mar para pescar. **patao.** pp.
Cañutos que sirven de boya al cordel de pescar. **tomboc.** pc.
Cañutos en el estiercol para que no se hunda. **tamboc.** pc.
Caos. *Ang pag caca halohalo nang lahat nang bagay nang bagong calalalang nang Dios, na dipa pinag bobocod bocod.*
Capa. *Balabal.* pp.

Capacho en que echan el coco. **andalan.** pc.
Capacidad. *Loang.* pp. *Laqui.* pc. It. *Talas nang pag iisip.* pp.
Capar. **bating.** pp.
Capacete con orejas. **tancoloc.** pp.
Capataz. *Nanğanğasiua at nag popono sa pag gaua.*
Capaz. Vide, capacidad.
Capcioso. *Magduraya.* pp. *Bulos.* pp.
Capelo. *Sambalilong pula nang manğa Cardenales.*
Capilla. *Damit na iquinocobong sa ulo nang manğa Paring Religioso.* It. *Pitac ó silid sa loob nang bahay na parang simbahan pinag mimisaha,t, pinag darasulan. Munting simbahang carogtong at na sasaloob nang malaqui na may sariling altar at tanğing pintacasi.*
Capillo. *Damit na maputing iquinocobong sa ulo nang batang binibinyagan.*
Capirote de hojas de nipa para cubrirse de la cabeza á la cintura. **tacoco.** pc.
Capitacion. *Pagbabahagui nang buis, at ambagan sa manğa dolohan.*
Capital. *Pahonan.* pp.
Capitalista. *Mamomohonan.* pc.
Capitalista acaudalado. *Mayaman.*
Capitan. **basal.** pc.
Capitulacion. *Cayari.* pp. *Usap.* pp.
Capitular. V. Capitulacion. It. *Ang tauong na ó ocol sa isang catiponan nang manğa Pari ó hindi Pari at may botos siya doon.*
Capitulo. *Pugcacatipon nang manğa Pareng Religioso sa pag hahalal nang manğa catungcolan at iba pa.*
Capitulo de libro. **cabanata.** pp.
Caporal. **malabacan.** pp. *Pono.* pp. *Namamahala.* pp.
Capote. V. Capa.
Capricornio. *Isa sa manğa signos sa Lanğit.*
Capricho. *Songpong.* pc. *Acalang mali, at uala sa lugar.*
Captar. **ganyac.** *Hicayat.* pp. *Maibig at mamahal nang capoua dahil sa alam manğusap, at dunong maquibagay.*
Captura. *Pagdaquip sa may casalanan ó sa pautanğin.* pc.
Capullo. *Boco.* pp.
Capullo en que está metida la bonga del buyo. **talolo.** pc. **tacopis.** pp. **talocapis.** pp.
Capuzar V. Chapuzar.
Caquino. *Halachac.* pc.
Cara torcida. **pihing.** pc.
Cara ó rostro. *Muc-hà.* pc.
Cara pecosa. **gatol.** pc.
Caraballa. **cabayiynan.** pp.
Carabao macho. **laquian.** pp. **damolag.** pp. **anuang.** pp.
Carabao grande. **calaquian.** pp.
Carabao que tiene los cuernos caidos á las espaldas. **cubao.** pc.
Carabao pequeño *Goya.* pp. **bolo.** pc.
Carabina. *Sandatang paputoc na catulad nang escopeta.*
Caracol. **layacao.** pc.
Caracol grande. *Biyoco.* pc. **taclobo.** pp.
Caracol marino grande. **lagan.** pc.
Caracol retorcido. **pilipit.** pc.
Caracol reluciente. **pihá.** pp.
Caracol mediano con que bruñen la ropa. **bogsi.** pc. **paca.** pc.
Caracolillo. *Sosó* pc. **caligay.** pp.
Caracolillos conocidos con este nombre. *Sigay.* pp.
Carácter, *Tandang iquinabubucod at iquinaiiba sa capua.* It. *Danğal.* pc. *Alang alang.* pp.
Carajay. *Cauali.* pp.
Caramba. ¡*Aba!* pc. *Ina co!* pc.
Carambano. *Tipac ó* **tigcal** *nang bobog ó tubig na namomoó.*
Caramel. *Isang bagay na tamban.* pc.
Caramelo. *Isang bagay na matam-is.* pc.
Caramente. *Mahal.* pc. *Mahalaga.* pc.
Carramillo. *Isang bagay na togtoguin.*
Carantoña. *Bubayeng matanda at panğit ay nag susuot nang mariquit at nag papa ibig.*
Caraña. *Isang bagay na dagtà.*
Carapacho. *Talocab.* pp. *Ó balat nang. manğa alimanğo, talanca, pagong, &c.*
Caravana. *Barcada.* pp. *Capisanan nang manğa tauong mag lalucad.*
Carbon. *Oling.* pp.
Carbon de un palo asi llamado. *Visac.* pp.
Carbunco, carbunclo, carbúnculo. *Sula.* pp.
Carcaj. *Culoban nang manğa palasó.* pc.
Carcajada. **halichic.** pc. *Halachac.* pc.
Carcajada con voz atiplada. **galiac.** pc.
Carcamal. *Pamagat na itinatauag sa matatanda.*
Carcañal. *Sacong.* pp.
Carcel. *Bilango-an.* pp.
Carcelaje. *Calag punğao.*
Carcoma. *Onos.* pp. *Bocboc.* pc. *Lutos.* pp.
Cardenal. *Matataas na Pareng casangoni nang Santo Papa*
Cardenal del golpe, palo, ó azote. *Pasá* pc. **hinola.** pp. *Latay.* pp. *Pantal.* pc. *Pamantal.* pc. **balatay.** pp.
Cardenal del cuerpo. *Limahir.* pp.
Cardillos de los caminos. **paminquit.** pc.
Cardillos como amores secos. **mangquit.** pc.
Cardillos que se pegan á la ropa. **pamingquit.** pc.
Cardinal. *Pono.* pp. *Quinababatayan.* pp.
Cardo. *Damong catulad nang oray at nang deliuario.*
Carear. *Pag harapin.* pc.
Carena. *Pag tatagpi at pag huhusay nang manğa lumang sasacyan.*
Carencia de algo. *Salat.* pc. *Ualá.* pc. **ay-ac.** pc.
Careo. V. Carear.
Carestía. V. Carencia.
Careta. *Muc-há muchaan.* pp. *Papel na guinauang muc-há.*
Carey. *Cala.* pp. *Balat ò talocab nang pauican.*
Caricia. *Alindog.* pc.
Cariño. *Palayao.* pp. *Pag ibig.* pp. *Guiliu.* pp.
Cagel. **dalandan.** pc.
Carga. *Salobilbit.* pc. *Taglay.* pc. *Talobilbit.* pc.
Carga. *Dala.* pc. *Pas-an.* pc.
Carga ó trabajo. **surá.** pp.
Carga de navio. *Lolan.* pp.
Carga mal puesta. **alauas.** pp. **aual.** pp. **balansang.** pc.
Cargado de sarna, viruelas, &c. *Busacsac.* pc.
Cargado de proa. **bogsoc.** pc.
Cargado de fruta. **binğil.** pc. **busacsac.** pc. *Hitic.* pp.

Cargado de diversas cosas. *Banĝibang*. pp.
Cargado. *Tiguib*. pc.
Cargar. *Tindi*. pc. *Dag-an*. pc.
Cargar muchas cosas. **bañgobang**. pp.
Cargar al deudor. **bintang**. pp.
Cargar algo. *Bitin*. pp.
Cargar descargando á otro. **hiñgibis**. pc.
Cargar de oprobios. *Paratang*. pp.
Cargar debajo del brazo. *Quilic*. pp.
Cargar algo en el hombro en la punta de un palo. **salongquit**. pc.
Cargar algo sobre la cabeza. *Sonong*. pp.
Cargar con palanca. **yayong**. pp.
Cargar entre dos, como al niño que se resiste. **angouat**. pp.
Cargar al niño. **bacongbacong**. pp.
Cargar entre dos. *Osong*. pp. *Touang*. pc. **angong**. pc. **angot**. pc.
Cargar acuestas. *Baba*. pc.
Cargar el navío. *Lolan*. pp.
Cargar mas á una parte que á otra. **higuit**. pc.
Cargar ó llevar algo entre dos ó mas personas. *Touang*. pc. *Osong*. pp.
Cargo. V. Cargar.
Cargo obligacion. *Catungcolan*. pp. **atas**. pp.
Cariacontecido. *Muc-hang mapanglao*. pc. *Nalumbay*. pp.
Cariaguileño. *Muc hag mahauas*. pc.
Cariancho. **lampisaca**. pp. *Muc-hang malapad ó talampac*. pc.
Caribe. *Mabanĝis*. pc. *Malupit*. pc.
Caricatura. *Larauang catauatauang tulad sa isang tauo, datapua,t, pinasama ang hechura.*
Caridad. *Pug ibig sa Dios at sa capua tauo.*
Carifruncido. *Conot na muc há*. pc.
Carigordo. *Matabang muc-há*. pc.
Carilargo. *Mahauas na muc-há*. pc.
Carilucio. *Maquintab na muc hà*. pc.
Carilla. V. Careta.
Carilleno. V. Carigordo.
Carinegro. *Cayomangui*. pc. *Cayamangui*. pc.
Cariñoso. *Malologdin*. pc. *Mapag paquitang loob.*
Cariraido. *Ualang hia*. pc. *Ualang pitagan*. pp.
Carisma. *Biyayang masagana nang*. P. D.
Caritativo. *Maauain*. pc.
Carmenar. *Notnot*. pc. *Nitnit*. pc. **pag bosog**. pp.
Carmesi. *Pulang maninĝas*. pc. *Pulang matingad*. pc.
Carnada. *Lamang ipinapain*. pp.
Carnal. *Libog*. pp.
Carnaval. V. Carnestolendas.
Carnaza. *Dacong loob nang balat na na cacapit sa laman.*
Carne. *Laman*. pc.
Carne que sobresale. **doñgos**. pp.
Carne ó pescado podrido. **lantong**. pc.
Carne ó pescado muy blando por no estar de sazon. **liroy**. pc.
Carne ó pescado compuesto con vinagre. **paralañgag**. pc.
Carne de candole que sirve de cola *Apla* pc.
Carne ó pescado en vinagre. *Quilao*. pc.
Carne de pescado sin espina. **palar**. pc.
Carne ó pescado quemado. **tobor**. pp.
Carne, entre pierna y diente del animal. **colani**. pp.
Carne fresca. **diua**. pp. *Sariua*.
Carne ó pescado en vinagre. *Quilao*. pc. *Quilauin*. pc.
Carnero. *Topa*. pp. *Cambing*. pc
Carnestolendas. **bolingboling**. pp. **lapas**. pc.
Carnicería sitio público donde se vende la carne. *Patayan*. pp. *Tindahan nang lamang cati.*
Carnicería, destrozo y mortandad. *Pocsa*. pc. *Pugcacamatay*. pp.
Carnívoro. *Comacuin nang lamang cating hilao para nang uso, lauin*. &c.
Carnicero ó matador. *Magpapatay*. pp. *Mamamatay*. pc.
Carnosidad, de la nanca que envuelve la pepita. *Lamocot*. pp.
Carnoso. **bagal**. pp.
Carnudo. **dapilag**. pp.
Carnuza. *Caramihan nang olam na nacacasaua.*
Caro. *Mahal*. pc. *Casintahan*. pp.
Carpeta. *Panlatag ò panaquip sa ibabao nang lamesa.*
Carpeta, especie de cartapacio para escribir sobre él. *Panapin sa pag sulat.*
Carpintero. *Anlouagui*. pp. *Aluagui*. pp.
Carraca. *Isang bagay na sasacyan.*
Carraca, matraca. **palacpac**. pc.
Carraco. *Magosgos*. pc.
Carraspera. *Malat*. pc.
Cartas. **calatas**. pc. *Sulat*. pp.
Carrera. *Tacbo*. pc.
Carreta. **pagolong**. pp. **canga**. pp.
Carretas sin ruedas. **paragos**. pp.
Carretera. *Daang maluang*. pp. *Lansanĝan*. pp.
Carretoncillo sobre que rueda madera. **batlag**. pc.
Carril *Bacas nang golong*. pc.
Carrillo lleno de comida. *Biqui*. pp.
Carrillo, ó mejilla. *Pisnĝi*. pc.
Carrillos. **tambicbic**. pc. *Pisnĝi*. pc.
Carrizo. *Talahib*. pp. **paga**. pp.
Carro. **canga**. pp
Cartapacio. **pabalat**. pc. **sapi**. pp. **cabertón**. pc.
Cartel. *Sulat na idinidiquit sa lugar na hayag.*
Cartera. *Taguan nang sulat.*
Carton. *Manĝa papel na pinag capit capit nang cola nang manigas.*
Casa. *Bahay*. pp.
Casa grande. **gusali**. pp.
Casa de mucha gente. **dalam**. pp.
Casa sin quilos. **banyaga**. pp.
Casa llena. **sicat**. pp.
Casa mal compuesta. **basaysay**. pc.
Casa sin aderezo. **lisding**. pc.
Casa pequeña de prestado. **conal**. pp.
Casa hecha de prestado. **tacbolong**. pp.
Casa mediana. **lagay**. pp.
Casada, casado. *May asaua*. pp.
Casadera. (Muchacha.) *Dalagang ganap*. pc. **parhaná**. pc. **pasia**. pc.
Casadero. *Binatà*. pp. *Bagong tauong parhana*. pc. **pasia**. pc. *Ganap*. pc. **sagad**. pc.
Casas del pueblo. **binobong**. pc.
Casados desiguales. en linage. **capalang**. pp.
Casar. *Casal*. pc. *Asaua*. pp.
Cascabel. **baymbiy**. pp. **pacasing**. pc.
Cascada. *Talon*. pc. *Binobolosan nang tubig.*

Cascado, estar. **unciami.** pp. *Masasactin.*
Cascado bendidura. *Lamat.* pp. *Lahang.* pp.
Cascajo. **gasang.** pc.
Cascar. *Basag.* pp.
Cascar el grano con los dientes. *Cucot.* pc.
Cáscara. *Balat.* pc. *Opac.* pp. **pala.** pp.
Cáscara del coco. *Bonot.* pc.
Cáscara de palo con que se sahuman. **palina.** pp.
Cáscara de un árbol parecida á la canela en hechura y olor. **samiling.** pp.
Cáscara de coco sin carne. *Bao.* pp.
Cáscara ó corteza en que está envuelta la bonga. *Tulopac.* pp. **tacupis.** pp. **talucapis.** pp.
Cáscara del arbol de coco **punot.** pp.
Cáscara de coco como plato. **taptapan.** pp. **sisap.** pp.
Cáscara de la caña. **labnit.** pp.
Cáscara de arroz. *Ipa.* pc.
Cascaron. *Balat nang pinag pisan nang sisiu.*
Cascarron. **maligasgas.** pc. *Magaspang.* pc. *Magalus.* pc.
Cascarudo. *Macapal ang balat.*
Casco, de la caveza. *Bongo.* pc. *Bao nang olo.* pp.
Casco, pedazo de vasija quebrada. *Bibinḡa.* pp. **lila.** pp.
Casco del coco con que extraen agua de la vasija. *Tabo.* pp. *Lombo.* pc. *Longbo.* pc.
Casera, muger cuidadosa, **macusi.** pp.
Casería, caserio. *Capoocan nang bahay.* pp.
Casi. *Halos.* pp. *Munti nang.* pp.
Casita de sementera sin dindin. *Dampa.* pc.
Caso. *Bagay.* pp. *Nangyari.* pp.
Casorio. *Mag asaua,t, sucat.* pp. *Pacasal nang ualang isip isip. Mag asaua sa di cabagay.*
Caspa. *Balacobac.* pp. **balayobay.** pp.
Caspa como flema salada. **lotab.** pp.
Caspital *Abal* pc.
Casta. **bagay.** p.
Castañas. **talacatac.** pp.
Castañetear con la lengua, *Balatac.* pc. *Panḡalatac.* pc.
Castidad. *Inḡat sa cahalayan.* pp. *Calinisan.* pp.
Castigar al ingrato. **bosong.** pp.
Castigar por delito atroz. **boaya.** pp.
Castigo cayendo en desgracia de otro. *Pohonan.* pp.
Castigo. *Dusa* pp. *Parusa.* pp. *Pasaquit.* pp.
Castigo, del cielo por haber sido atrevido á sus Padres. **bosong.** pp.
Castigo, que daban los naturales antiguamente, al soberbio, y embustero. **cobacob.** pp.
Castillo. *Moog.* pp. *Cuta.* pp.
Castizo. *Daza.* pp. *Palipi.* pp. *Mabuting ancan.*
Castor. *Isang bagay na hayop.*
Castrar. V. Capar.
Castrar, colmenas. **muhag.** pp. *Buhag.* pp. **puhag.** pp.
Casual. *Cataon.* pc. *Nagcataon.* pc.
Casucha. **barong barong.** pp. **balong balong.** pp.
Casulla. *Damit na panḡibabao sa lahat nang Pareng nag mimisa.*
Cataplasma. *Tapal.* pp.
Catar. *Tiquim.* pc. *Lasap.* pc.
Catarata ó nube en el ojo. *Bilig* pc. **poguita.** pp. *Piluc nang mata.* pc.
Catarro. *Sip-on.* pc. *Obo.* pc.
Catatelo. **mana.** pc.
Cataviento ó veleta **pabiling,** l. *Guiring-pula.* pc. **patubiling.** pc.
Catecismo. *Dasalan at tocsohan.* pp. *Librong quinasusulatan nang dasal.*
Catecumeno. *Tauong nag aaral nang dasal, sa pag nanasang mag binyag.*
Cátedra. *Isang bagay na anaqui pulpito na ino opan nang Maestro cong nag totoro.*
Catedrático. *Maestrong nag totoro nang anomang caronongan.*
Catequismo. *Pag totoro,t, pag aral nang na oocol sa sinasampalatayanan at sa P. D.*
Catequista, catequizar. V. Catequismo.
Caterva. *Capal at dami nang tauo ó bagay na napipisang ualang cahusayan sa lugar.*
Catolicismo. *Caliponan at capisanan nang boong sang ca Cristianohan.*
Catorce *Labin apat* pp. *Labing apat.* pp.
Catorceno. *Icalabing apat.* pp.
Cauce. *Anoran ó Bambang na inaagusan nang tubig.*
Caucion. *Pag iiḡat.*
Caudal. *Pilac.* pp. *Yaman.*
Caudaloso, rio. *Malaquing ilog.* pp.
Caudillo. *Pono sa hocbo.* pc.
Causa. *Dahilan.* pc.
Causar enfado. **canis.** pp.
Causar efecto la medicina. **tapo.** pp.
Caustico. *Mabagsic na tapal nanacalinlintog,* ó **nacagogoham.**
Cautela. *Banta.* pc. *Pag iinḡat.* pp.
Cautivar. *Bihag.* pp.
Cautivo, *Bihag.* pp.
Cauto. cauteloso. *Mainḡat.* pp.
Cavar. **cali.** pp. *Calcal.* pc. *Docal.* pc. *Hocay.* pp. *Sarol.*
Cavar para sembrar camotes. **baliuasnan.** pc.
Cavar sacando algo. **locay.** pp.
Cavar un poco. *Dalotdot.* pc. *Dotdot.* pc.
Cavar algo de la tierra. **dogcal.** pc.
Cavar con las uñas. *Colcol.* pc.
Caverna. *Guang na malaqui sa bato ó sa ilalim nang lupa.*
Cavidad. *Guang.* pp. **longaang.** pp.
Cabilar. *Mulay.* pp. *isip.* pp.
Cabiloso. *Palausap.* pc. *Pal usap.* pc. *Mangogolo.* pc.
Cayado. *Toncod nang manḡa pastol, ó tanod.*
Cazador de pájaros. **mañgañgacar.** pp.
Cazador de venados con red, *Mag babaling.* pp.
Cazar. *Panḡaso.* pp. **acar.** pc.
Cazar ave, con otra ave. *Panḡati.* pc.
Cazar con perros. **tiac.** pc. *Aso.* pp.
Cazcarria. *Polic na naniquit at na tuyo sa damit.*
Cazo de acero. *Caua.* pp. *Taliasi.* pp.
Cazo pequeño de acero. *Cauali.* pp.
Cazon. *Biling.* pc. **hinquin.** pc.
Cazoncillo. **balanacan.** pp.
Cazuela. *Caualing lupa.* pp.

C antes de E.

Cea ó cia. *Bot-o nang balacang.*
Cebar animales para comerlos. **yiboc.** pp.

Cebar puercos. **baog.** pp.
Cebar fuego. **alañgay.** pp.
Cebo, para cazar ó pescar. *Pain.* pp.
Cebolla. **lasona.** pc. *Sibuyas.* pp.
Cecina de carne, prensada y seca al sol. **locmá.** pc. *Locba.* pc. *Tapa.* pp. *Pindang.* pc.
Cedazo. **agagan.** pp. *Bithay.* pc.
Cedacito nuevo. **hohot.** pc.
Ceder su derecho. **halogamit.** pp. *Paraya.* pc. *Palamang.* pc.
Cedro. *Isang bagay na cahoy.*
Cedula. *Capirasong papel naguinagamit sa pag cocompisal at pinag ca quilanlan nang maronong nang dasal.*
Cefiro, viento suave. *Palay-palay.* pc. *Hanĝing malumanay.*
Cegar. *Bulay* pp.
Cegar de ambos ojos. *Pisac.* pc.
Cegar barras ó rios. **tambañgan.** pp.
Cegar el rio echándole tierra. *Puing.* pc.
Cegar hoyos, zanjas, &c *Tabon.* pp.
Cegar un poco para dar á alguno de pronto. **tagpas.** pc.
Cegato. *Maicli ang tinĝin.* pc. *Silag.* pp.
Ceguedad de entendimiento. **alipat.** pp.
Ceja. *Quilay.* pp.
Cejar. *Orong.* pp. *Odlot.* pc.
Cejijunto, cejudo. *Mayabong na quilay, daiting quilay.* pp.
Celada. **tapoc.** pp.
Celaje. *Culay na naniquit sa tabi nang alapaap na parating nag iiba.* pc.
Celar. *Pag iingat, at tanĝing panĝanĝalaga na masunud ang manĝa cautuson.*
Celda. *Silid.* pc.
Celebrar. *Puri.* pp. *Diuang.* pp.
Celebrar la fiesta. *Nĝilin.* pp. *Panĝilin.* pp.
Celebrar el parto y nacimiento. **papoc.** pc.
Celebrar honras ó exequias del difunto. *Vacas,* pc. *Tibao.* pp.
Célebre. *Bulatlat.* pc. *Bantog.* pc.
Celemin. *Isang bagay na tacalan nang manĝa butil.*
Celeridad. *Bilis.* pc. *Licsi.* pc. *Tulin.* pp.
Celibe. *Binata.* pp. *Bagong tauo.* pp.
Cerebro. **caymotan.** pp.
Celo con envidia. *Nĝimbolo.* pp.
Celos. *Nĝibugho.* pc. **guimbolo.** pp.
Celos. *Panibugho* pc.
Celosa, (embarcacion.) *Mabuay na bangca.* pc.
Celosia. *Silohia.* pp.
Celsitud. *Cataasan.* pp. *Calac-han.* pc. *Camahalan.* pp. *Caranĝalan.* pp.
Cementerio. *Libinĝan.* pp. *Baunan.* pp.
Cena. *Haponan.* pp.
Cenaculo. *Salas ó silid na hinaponan nang A. P. J. nang lalanĝin ang camahalmahalang sacramento.*
Cenador. *Balaybay.* pp.
Cenegal. *Lablab.* pc. **borac.** pp. *Putican.* pp. **laog.** pp.
Cenceño. *Palpatin.* pp. *Balanquinitan.* pp. *Balinquinitan.* pp.
Cenefa. *Guhit na inilagay sa itaas nang manĝa tabing, baldoquin, hihig-an.* &c.
Ceniciento. *Abohin.* pc. *Gabocquin.* pc.
Cenit. *Cataluctucan nang Lanĝit natatapat sa ating olo.*
Ceniza. **agao.** pp. *Abo.* pc. **gaboc.** pc.
Cenizoso. *Colay abo ó na tatabonan nang abo.*
Censatario. *Tauong bumabayad nang abala, ó bois.*
Censo. **abala.** pp. *Palubo.* pp. *Bouis.* pp.
Censura, crítica. *Pintas.* pc. *Pula.* pp.
Centella. *Alipato.* pp. *Pitic.* pc.
Centellear. *Quirlap.* pc.
Centellear los ojos del borracho. **lilap.** pp.
Centellear los ojos. **antitilao.** pp.
Centelladas. **ñgalocting.** pc.
Centena. *San daan.* pp.
Centenario. *Sandaang taon.* pc.
Centeno. *Isang bagay na pananim.* pc.
Centésimo. *Icasang daan.* pp.
Centinela. *Bantay.* pc. *Tanod.* pp. **paslang.** pc.
Centro. *Guitna.* pc. *Calaguitnaan.* pp. *Caibuturan.* pp. *Calalimlaliman.*
Centurion. *Pono nang sandaang sondalo sa Roma.*
Ceñir. *Bigquis.* pc.
Ceñidor. *Pamigquis.* pp. *Babat.* pc.
Ceño con enojo. **mañgal.** pc.
Ceño de mala cara. *Mongot.* pp.
Ceño. **cocooc.** pp. **moot.** pp.
Ceñudo. **doroot.** pp.
Cepa, ó tronco del arbol. *Tood.* pc.
Cepillo, para madera. *Catam.* pc.
Cepo de prision. *Punĝao.* pc.
Cera. *Pagqiut.* pc.
Cerbatana. *Sompit.* pc.
Cerciorar. *Patunay.* pp. *Patotoo.* pp.
Cerco muy apretado. **cobacob.** pp.
Cerda de caballo. *Bohoc nang cabayo.* pp.
Cerda de puerco. *Balocag.* pc. **tuchang.** pc.
Cerdo. *Baboy.* pp.
Ceremonias. *Caasalan.* pc.
Cereria, cerero. V. Cera.
Cerezas. *Duhat.* pp. **lomboy.** pc.
Cerilla del oido. *Totoli.* pc. **tuli.** pc. **antotoli** pc. *Loga.* pp.
Cervatillo. **tambolocolan.** pp. *Bocol.* pp. **sorip.** pp.
Cervatillo, algo grande. *Macabig-at.* pc.
Cerca está. **babao.** pc. *Malapit.* pp.
Cerca de poca firmeza. **talictic.** pc.
Cerca de sementera ó casa. **lavot.** pc. *Bacod.* pp.
Cercas mal hechas. **balangbang.** pc. **balatbat.** pc.
Cercar. *Cobcob.* pc. **ticop.** pp. *Talictic.* pc. *Bacor.* pp.
Cercar entre algunos la parte de otros. **licop.** pp.
Cercar con corral algun rio. **tiric.** pp.
Cercar como el enemigo. *Ticop.* pp. *Cobcob.* pc. *Talicop.* pp.
Cercar los hombres á alguno en medio para cogerlo. **salacop.** pc. *Talicop.* pp.
Cercar á la larga con palos sin hincarlos. **halambat.** pc.
Cercenar emparejando. **alas.** pp. **palas.** pp. **padpad.** pc. *Ponĝos.* pp.
Ceremonias de tristeza por el difunto. *Yonĝo.* pc.
Cerner. **agag.** pc. **igig.** pc. *Bithay.* pc.
Cernedillo. *Ambon.* pc. *Abo abo.* pp.
Cerner la harina con máquina. **quintong.** pc.
Cernidura, del afrecho. **boalao.** pp.

Cerrado, tupido. **liquit.** pc. *Masinsin.* pc.
Cerradura. **pilisan.** pc. *Candaro.* pp.
Cerrar, cerrado. *Sara.* pc. *Taquip.* pc.
Cerrar, y abrir el ano despues de excretar. *Quimpot.* pc.
Cerrarse, la herida, ó llaga. *Hilom.* pp.
Cerrarse, y sanar la herida. *Bahao.* pp.
Cerrarse, la quijada. *Caling.* pp.
Cerrazon. *Dilim.* pc. *Dag-im.* pc.
Cerril, esquivo. *Mailap.* pc. **bulaod.** pc.
Cerro de puerco. *Balucag.* pp.
Certeza. *Catunayan.* pp. *Catotohanan.* pp. *Pagcaquilalang totoo.* pc.
Certificacion. *Pagcatotoo.* pc. *Casangcapang nag papaquila nang catunayan.*
Certificar. V. Cerciorar.
Certificarse. **songhi.** pc. **sorhi.** pc. **olositha.** pc. **balac.** pp. **sayor.** pc. **aliposta.** pp. **alositha.** pc. *Talastas.* pc. **talilong.** pp. **talinong.** pp. **tandis.** pc. *Osisa.* pp. *Siasat.* pp.
Certificarse enteràndose bien. *Tanto.* pc.
Certificarse, bien antes de dar la sentencia. **hinotol.** pp.
Cervato. V. Cervatillo.
Cerveza. *Isang bagay na alac.*
Cerviguillo. **pasong.** pc.
Cerviz. *Baloc.* pp.
Cerquillo de la niñeta. **inlaan.** pp.
Cervigon. **quiing.** pc.
Cerrar los ojos. *Piquit.* pp.
Cerrar el puño. **coyongcom.** pc. *Quimquim.* pc.
Cerrar como puerta ó ventana. **pinir.** pc.
Cerrar como ventana. **linib.** pc.
Cerrar el agugero de la oreja. **piing.** pc.
Cerrar herida honda. **piing.** pc.
Cerrar la boca teniendo buyo mascado entre los dientes para teñirlos. **imim.** pc.
Cerrar cartas. **biit.** pp.
Cerrar la boca. *Icom.* pp. *Ticom.* pp.
Cerrar la boca apretando los làbios. **omon.** pp.
Cerrar el agugero del techo con algo. **hulip.** pp.
Cerrar con candado. *Susi.* pp.
Cerràrsele los ojos al que despierta. **idya.** pc.
Cerro. *Bondoc.* pc. **tagortor.** pc. **borol.** pc.
Cerrojo. **consi.** pc.
Cesar. *Tahan.* pc. **timic.** pp. **himlay.** pp. *Hompay.* pc. **ibot.** pp. *Tiguil.* pp.
Cesar alguna obra. *Pasigayon.* pc. *Tahan.* pc.
Cesar el ruido de los que hablán á un tiempó. *Mayao.* pp.
Cesar el viento. **tiguil.** pc. *Liting.* pc.
Cesar en lo que antes hacia. **ticam.** pc.
Cesar de llorar. **saoc.** pp.
Cesar de llorar ó gritar. **savat.** pp. **saot.** pp.
Cesar la obra. *Tayong.* pp.
Cesped de tierra. **limpac.** pc.
Cesped. **boliga.** pp.
Céspedes. *Dantay.* pc.
Cesta. **balanan.** pp. *Buslo* pc.
Cestillo, ralo. **daguiragui.** pp.
Cestillo pequeño. **tayocan.** pp. **tacuyan.** pp.
Cestillo para pescado. **balolang.** pc.
Cestillo de juncia. **balocot.** pp.
Cesto. **abobot.** pc. **alabo.** pp. **bacay.** pc. **lilir.** pp. *Bacquir.* pp. *Batolang.* pc. **bayong.** pc. **tohog.** pp. **galalang.** pp.
Cesto, con tapadera. **galolan.** pp.
Cesto, de cañas. *Bacol.* pp.
Cesto grande. **bogasoc.** pc. **bogsoc.** pc. **boclot.** pc.
Cesto de diez á catorce cavanes. **pirpir.** pc. *Bolaong.* pp.
Cesto pequeño. **pangnan.** pc.
Cesto con tapadera. **galavan.** pp.
Cesto grande para guardar arroz. **ticlis.** pc.
Cesto en que guardan instrumentos de cocina. **calaycay.** pc.
Cesto para el pescado. **balanan.** pp.
Cesto de bejuco. **balaong.** pp.
Cesto para guardar pescado. **balolang.** pp.
Cesto angosto y largo. **alat.** pc.
Cesto con que pescan. **bangcatan.** pc.
Cesto hondo y angosto. **lupao.** pp.
Cesto en que echan arroz. **pinton.** pc.
Cesto para gallinas. **bangcat.** pc.
Cesto ralo. *Boslo.* pc.
Cesto para grano. **boboligan.** pp.
Cesto de palma. **becot.** pc.
Cesto para medir arroz. **cabay.** pc.
Cesto grande. **caba.** pc.
Cetaceos. *Isdang malalaqui sa dagat.*

C antes de I.

Ciar. **sibig.** pp. *Orong.* pp.
Cibera de cañas dulces. **inaman.** pp.
Cibera de coco despues de esprimido. *Sapal.* pp.
Cicateria. *Damot.* pp.
Cicatriz. **ahor.** pp. *Pilat* pp. *Piclat.* pc. **bacat.** pc.
Cicatrizar. *Bahao.* pp.
Cidras. *Sigras.* pc.
Ciego. *Bulag.* pc.
Ciego á quien le falta la niñeta de los ojos. **matang pilaquin.** pc.
Cielo. *Langit.* pp. **lañgitlañguitan.** pp.
Cielo de muchos arcos. **balañgauan.** pc.
Cien veces. *Macadaan.* pp. *Macasangdaan.* pp.
Ciencia. *Alam.* pp. *Dunong.* pp.
Ciencia de algo. **malac.** pc.
Cieno. **loar.** pp. **balaho.** pp.
Cieno debajo de las casas. **pulasi.** pp.
Cien mil. *Yota.* pp.
Cien millones. **bahala.** pp.
Cien pies. *Alopihan.* pp *Olahipan.* pp.
Ciento. *Daan.* pp.
Ciento pies *Antipalo.* pp.
Cierne, en cierne. *Maagap.* pp. *Dipa capanahonan.*
Ciertamente *Tanto* pc. **pacono.** pc. *Pala.* pp. *Tanto mandin.* pc.
Cierto. *Tanto.* pc. *Tunay.* pp. *Totoo.* pp.
Cierva. *Libay.* pp.
Ciervo á quien le empiezan á salir nuevos cuernos despues de mudados los antiguos. **pamongolan.** pp.
Ciervo. **pañgorolan.** pp. *Osa.* pc.

Ciervo de cuerno con ramas. **panañgahan.** pc. *Suñgayan.* pp.
Cigarra. *Culiglig.* pc. **cagaycay.** pc. **culilis.** pp.
Cigarrera, cigarrero. *Mangagaua nang tabaco.* pp.
Cigarro. *Tabacong yari.* pp.
Cigueña. *Isang bagay na ibon, catulad nang tipol.*
Cilicio. *Casangcapang matinic, damit na magalas na guinagamit sa una sa pag pepenitencia.*
Cilicio. *Linalang cauad na ibinibigquis sa catauan, sa pag papahirap.*
Cima del monte. *Toctoc.* pc. *Togatog.* pp. *Taloctoc.* pc.
Cimarron. **bulaog.** pc.
Cimbalillo. *Campanang munti.* pc.
Cimentar. **salig.** pp. **batay.** pp.
Cimiento ó fundamento. *Baon,* I. *pagcabaon.* pc. **quinasasaligan.** pp. **quinababatayan.** pp. **tacaran.**
Cinamomo. *Isang cahoy na bañgo ang bulaclac.*
Cincel. *Casangcapang gamit sa bato.*
Cincha. *Sa tiyan.* pc. *Pamigquis sa tiyan nang cabayo.*
Cincho como faja. **pamabat.** pc. *Pamigquis.* pc.
Chincho ancho de oro. **ombit.** pc.
Cinco. *Lima.* pc.
Cinco cuartos. *Aliu.* pp.
Cincuenta. *Limang poo.* pp. *Limang pu.* pp.
Cingulo. *Tali ó sintas na ibinibigquis nang Paring mag mimisa sa ibabao nang alba.*
Cinta. **agcay.** pc.
Cinta del tabique. **totop.** pc. *Guililan.* pp.
Cinta de caña ó bejuco para fortalecer la boca del cesto. **lipit.** pp.
Cinto, ó ceñidor. **onton.** pc. *Pamigquis.* pc.
Cintura. *Bay-auang.* pc.
Circuito. *Palibut.* pp. *Paliguid.* pp.
Circulacion. *Pagcacalilipat.* pp. *Pagcacatauidtauid.* pc. *Pagcacabagobago sa ibat ibang camay.*
Circular. V. Circulacion.
Circular. *Sulat na quinatatalaan nang otos nang Pono at padala sa lahat niyang sacop.*
Circulo. *Isang guhit na pabilog at naiquit hangan sa mag sumpong ang dalauang dolo.*
Circulo del salacab. **baguay.** pc.
Circuncidar á otro. **sonat.** pc. *Tuli.* pp.
Circuncidado. **catan.** pc. **boslog.** pc.
Circuncision. **sonat.** pc.
Circunferencia. V. Circulo.
Circuspeccion. *Bait.* pc. *Tining.* pp.
Circunstantes. *Mañga caharap.* pc.
Circunvalar. V. Cercar.
Circunvecino. *Nayon.* pp. **cahibaybayan.** pp.
Circunstancia. *Bagay.* pp. *Cabagayan.* pc.
Cirineo. *Catulong.* pp.
Cirro. *Sibol ó bocal na matigas, at hindi palagui ang saquit.*
Ciscar. *Dumi.* pc.
Cisco del carbon molido. *Gaboc.* pc.
Cisma. *Pagcacahiualay at di pagcacasondo nang mañga tauo, sa isang capisanan ó pag sasamahan.*
Cismático. *Tauong humihiualay sa caniyang Pono.*
Cisne, garza blanca. *Tagac.* pc.
Cisterna. **talaga.** pp. **bontot.** pc. *Balon.* pc.
Cisura. *Carlit.* pc.
Cita. *Hodyatan.* pp. *Tiap.* pc. *Tipan.* pc.
Citara, instrumento músico. *Isang bagay na tugtuguin.* **cudyapi.** pp.
Citerior. *Daco rito.*
Ciudad. *Bayang may tañging camahalan lobis sa iba.*
Ciudadela. *Moog.* pp.
Civil. *Taga ciudad ó bayan. Ang na oocol sa ciudad ó sa mañga tumatahan.*
Civilizacion. *Pagcasulong nang mañga bayan at mañga tauo sa cariquitan nang ogali paquiquiharap at pañgoñgosap.*

C antes de H.

Cha. *Sa.* pc. *Dahong nang gagaling sa Songsong na iniinum ang tubig na pinag lotoan.*
Chabacano. *Magaspang.* pc. *Masamang yari.* pp.
Chacon. *Toco.* pc.
Chacota. *Pag bibiro.* pc. *Iñgay nang biroan, at halachacan.*
Chaleco. *Isang bagay na damit na ualang mangas. Sopitin.* pc.
Chalupa. *Isang bagay na sasacyan na mahaba.*
Chambergo. *Sambalilong mabilog al ualang tolis.*
Chamorra. *Cutipio.* pc. *Olong ahit.* pc.
Chamuscar. **siclot.** pc. **salap.** pp. **halaba.** pp. **lagat.** pp. *Salab.* pp.
Chamuscado. **halabhalaban.** pp.
Chamuscadura. **galab.** pp.
Chamusquina de pelo, pluma, cuerno, &c. **anglos.** pc. **champan, sampan.** pc.
Champurar. **salar.** pc. *Sal-it.* pc.
Champurro. **saltsalt.** pp. *Sal-it.* pc.
Chancaca. *Pacascas.* pc.
Chancear. *Biro.* pp. *Aglahi sa uica.*
Chanchillería. *Isang mataas na hocoman.*
Chancletas. *Saping itinupi ang sacong at guinagamit na parang sinelas.*
Chanclos, ó zuecos. **pantúcos.** pp. *Bacyà.* pc.
Chanza. *Uicang biro at catauataua.* pc.
Chapalear, en cosa sucia *Lamotac.* pc.
Chaparron de agua. *Onos.* pc.
Chapas de bronce que servian de moneda. **pitis.** pp.
Chapatal. V. Cenagal.
Chapitel. *Toctoc nang latorre.*
Chapodar. **talas.** pc. **toad.** pp.
Chapucero. V. Chabacano.
Chapuzar. *Ilubog na patiuaric sa tubig ang isang tauo.*
Chaqueta. *Isang bagay na damit na cauangqui nang chaleco, datapua,t, may mangas.*
Charca. *Isang bagay na panahod tubig.*
Charco. **loco.** pc. **danao.** pp. **lagaclac.** pc. **sanao.** pp. **laua.** pp. **labac.** pc. **sinap.** pp.
Charco grande de agua. **salog.** pp.
Charco sucio. **lamas.** pc.
Charco de agua de lluvia. **liptong.** pc.
Charco de agua en lo bajo que se seca. **lorlor.** pc.
Charla. *Salita.* pc. *Osap.* pp. *Polong na ualang casaysayan.*
Charlatan. **dona.** pp. **buñgañga.** pp. **oslac.** pc. *Matabil.* pc. *Buñgañgaan.* pc. **maduti.** pc.
Charol. *Panhibo* **aliamas,** *na totoong maquintab.*

Charquillo de lluvia. **sanao.** pp.
Chasco. *Biro.* pp. *Aglahi.* pp.
Chasco, suceso contrario á lo que se esperaba. **iñgo.** pc.
Chasquido. *Haguing.* pp. *Haguinit.* pc. *Hagonot.* pc.
Chato. **tapayac.** pc. **tapia.** pc. **talampac.** pc. **lapia.** pc. **sapat.** pc. **talapia.** pc.
Chato de cabeza. **tandapil.** pc. **tapil.** pc.
Chato por medio, y costanero. **talapiya.** pc.
Chato como plato. *Landay.* pc.
Chibato. *Bisirong cambing na culangculang pang sang taon.*
Chibo. V. Chibato.
Chicada. *Cauan nang tupang may mañga saquit.*
Chico. **munti.** pc.
Chicharra. *Coliglig.* pc. **cagaycay.** pc.
Chicharrero. *Lugar na mainit.* pp. **mabanas.** pc.
Chicharro. *Isang bagay na isda.*
Chicharron. **popor.** pp. *Sacharon.* pc. **popol.** pp.
Chiflar. *Sipol.* pp. *Sotsot.* pc.
Chiflar con hojas de plátanos. **casondirit.** pc.
Chillar la lagartija. **sasac.** pp.
Chillar. **tata.** pc. *Irit.* pp.
Chillido de raton. **tata.** pc.
Chimenea. *Asohan.* pc.
China. *Batong maliit ó buhañgin.*
Chinanta que hace diez cates. **sinantanan.** pp.
Chinchon en la frente ú otra parte. **pongcó.** pc.
Chichones. *Bocol.* pp. **boco.** pc.
Chinarro. *Buhañging malaquilaqui.*
Chinche. *Sorot.* pp.
Chinchorro. **tacsay.** pc. *Pocot.* pp. **bitana.** pp.
Chinchorro para los rios. *Quitir.* pc.
Chinela. *Sinelas.* pp.
Chino. *Sanglay*, l. *Insic.* pc.
Chiquear contoneándose. *Quinday.* pc.
Chiquear. **tumpic.** pc.
Chiquearse pidiendo importuné. **lambi.** pc.
Chiqueos de muger. **landit.** pc.
Chiquero **olbó.** pc. **banlat.** pc. *Colongan nang baboy.* pp.
Chiquirritico. *Muntic.* pc.
Chiquitillo. **bangcolong.** pc.
Chiton. **ma.** pc *Huag cang maingay.* pp.
Chiribitil. *Soloc.* p. **paga.** pp. **loting.** pp.
Chirimia. *Isang bagay na tugtuguin.*
Chirriar. **irit.** pp. **calairit.** pp. *Saguitsit.* pc. **calit.** pc. *Alatiit.* pp.
Chisguete. *Tagay.* pp.
Chisguete de agua que sale con fuerza. **taliris.** pp. **tilaroc.** pp. *Tilandoy.* pc. **talaroy.** pp. **talandoy.** pc.
Chismear. **deol.** pp. **dohol.** pp. **baligá.** pp. *Salisalita.* pc. *Hatid dumapit.* pp.
Chisme. *Sombong.* pc.
Chisme para incitar á alguno. *Opat.* pc.
Chismoso. **hatir.** pc.
Chispa. *Alipato.* pp. *Pitic.* pc. *Pisic.* pc. *Pilantic.* pc.
Chispear el fuego. *Pitio.* pc. *Pilansic.* pc. *Tilansic.* pc.
Chistar. **tuliñgao.** pc.
Chiste. *Patataua.* pc.
Chistera. **balolang.** pp. *Caya.* pp. **balanan.** pp.
Cho, intergeccion para hacer parar al caballo. *Ho.* pp.
Cho, interjeccion para hacer parar al carabao. **loua.** pc. **lua.** pc.
Chocante á la vista. **suliac.** l. **suliyac.** pc.
Chocar. *Ompog.* pc. *Sompong.* pc. *Bongo.* pc.
Chocarreria. *Patatauang magaspang.* pc.
Chochear. **huli.** pp. *Ulian.* pp.
Chocho. *Magosgos.* pc. *Hibang.* pc. *Ulian.* pp.
Choco. *Poguita.* pp. *Posit.* pc.
Chocolate. *Sicolati.* pp.
Chocolatera. *Batidor.* pc. *Batirol.* pc.
Chofeta. *Bagahan.* pc. *Lalagyan nang baga.*
Cholla. *Bao nang olo.* pp. *Bongo.* pc.
Cholla. **talinong.** pp. *Talas nang isip.* pp.
Choque. V. Chocar.
Choquezuela de la rodilla. **buquitbuquit.** pp. **bolato.** pp.
Chorrear sangraza ó podre de la llaga. *Lahoy.* pp.
Chorizo. *Bitocang ponó nang lamangcating tinadtad.*
Chorlito. *Isang bagay na ibon.* pc.
Chorro con fuerza. *Taliris.* pp. *Tilaroc.* pp. **lagaclac.** pc.
Chorro. **talaroy.** pp. *Talandoy.* pc.
Choto. *Cambing na sumososo.* pp.
Chova. *Isang bagay na ouac.* pc.
Choza en la sementera. *Dangpa.* pc.
Choza en el monte. **sauong.** pc.
Choza. **amac.** pp. **bacocol.** pc. **camalig.** pp. **balongbalong.** pc. *Barongbarong.* pp. **dalongdong.** pc. **banlat.** pc. *Calambacor.* pc. **salong.** pc. **palirong.** pc. *Dampa.* pc.
Choza para una noche. **landay.** pc.
Choza para abrigarse de noche. **cohala.** pp.
Chozno. *Apo sa sacong.* pp.
Chubasco. *Onos.* pc.
Chucheria. *Munting bagay na ualang casaysayan, datapua,t, mariquit.*
Chueca. Vide, choquezuela.
Chufleta. *Birò uicang masaquit.*
Chulear. Vide. burlar.
Chuleta. *Limpac na carne ó lamancating inihao ó pinirito.*
Chunga, estar de chunga. *Masaya.* pc. *Maaliu.* pc.
Chupa. *Isang bagay na damit.* It. *Gatang.* pp.
Chupado. *Payat.* pc. *Ngalirang.* pp. *Nihang.* pp. *Malagod.* pp.
Chupar. **ñgimon.** pp. *Inom.* pc. It. *Sopsop.* pc. *Hithit.* pc. *Sipsip.* pc.
Chupar con paja. **hacap.** pp.
Chupar zumo de azúcar. **imon.** pp.
Chupar, como el tabaco. **ibib.** pc. **ipip.** pc. *Op-op.* pc. *Hithit.* pc.
Chupar, como azúcar. **ñgimon.** pp.
Chupar con la boca ó cañuto. **hacab.** pp.
Chupar, como azúcar, ó el dedo. **ñgoliñgol.** pc.
Chupar la abeja el zumo de las flores. **ñgorgá.** pc.
Chupar el niño las manos. *Otot.* pp.
Chupar caña dulce. *Pang-ot.* pc.
Chupar hácia dentro. **opop.** pc.
Chupar la criatura la leche de la madre. **oror.** pc.
Chupar recio. *Sagotsot.* pc.
Chupar como el huevo ó tabaco. **sipsip.** pc. **sitsit.** pc.
Chupar como fistola. *Itib.* pp.
Chuparse el dedo ó cosa semejante. *Otot.* pc.

Chupete, ser de chupete. *Mariquit.* pc. *Mainam.* pc.
Chusco. *Masaya.* pc. *Mariquit mag papataua.* pc.
Chuzma. *Catiponan nang manĝa bilangong gomugaod sa galera.*
Chuzo. *Cahoy na may matulis na patalim, ó bacal sa dolo.*

C antes de L.

Clamar, pedir favor. *Daing.* pc. *Taghoy.* pc. *Iyac.* pc.
Clamar, gritar. *Sigao.* pc. *Hiyao.* pc.
Clamor de victoria. *Hiyao.* pc. *Uagui.* pp.
Clamor. *Yac.* pc.
Clamorear. **taloñga.** pp. **saliu.** pc.
Clandestinamente. *Lihim.* pp. *Ualang sacsi.* pc. *Ualang naquiquita.* pp.
Clara de huevo. *Puti nang itlog.*
Claraboya. **linib** *ó bintana sa itaas nang manĝa Simbahan ó edificio.*
Claridad. *Liuanag.* pp. **sinavale.** pp. *Banaag.* pp. *Linao.* pp. *Pahayag.* pp. *Aliualas.* pp. **alinagnag.** pc. *Sinag.* pp. **ticas.** pp.
Clarin. *Isang bagay na tugtuguin.*
Claro está que no. *Saan.* pc.
Claro está. *Capala pa.* pp. *Ay ano.* pc. *Mangyari.* pp.
Claro. *Linaó.* pp. **balasina.** pp. *Banaag.* pp.
Clase. *Cahusayan ó bilang nang manĝa tauong magcaayon ó magcapara.*
Claudicar. *Hincod.* pc. **tilay.** pc. *Pilay.* pp.
Clavar estacas ó palos. *Tiric.* pp. **tictic.** pc. *Tolos.* pp.
Clavar los ojos mirando de hito en hito. **tarac.** pp. *Titig.* pp.
Clavar los ojos mostrando enojo. *Lisic.* pp.
Clavar la flecha para que sirva de blanco. **tigpo.** pp.
Clavar. *Paco.* pp.
Clavar mal. **quilong.** pc. *Quilog.* pc.
Clavarse. *Tinĝa.* pp.
Clavarse alguna parte del cuerpo con espina ó clavo. **tionay.** pp.
Clavarse espina ó diente. **bagtac.** pc.
Clavarse con alguna espina. **salobsob.** pc.
Clavarse alguna espina en el pie ó en la mano. *Salogsog.* pc. *Bisool.* pp. *Subyang.* pc.
Clavel. *Sampaga.* pp.
Clavera. *Botas ó astaca na pinagboboan nang manĝa paco.*
Clavero. *Catiualang nag hahauac nang susi ó yaui.*
Clavetear. *Pamotihan nang manĝa pacong guinto,t, pilac.* &c. *Ang manĝa cavan, pinto,* &c.
Clavija. *Capirasong bacal ó cahoy na anaqui paco.*
Clavijero. *Capirasong cahoy, na matibay mahaba at maquitid na pinag lalagyan nang manĝa clavijas.*
Clavo del pie. **bosuang.** pc.
Clavo en que se pone el timon. **calicol.** pc.
Clavo. *Paco.* pp.
Clavo que nace en la planta del pie. **pañgolos.** pp.
Clavo en el pie. **busulang.** pc.
Clausura. **bucot.** pp. **garong.** pc.
Clemencia. *Aua.* pp. *Habag.* pc.
Clerecia. *Catiponan nang manĝa Pare.*
Clérigo sea secular, sea regular. *Pari.* pp.
Clerizonte. *Ang nag sosoot nang abito ay di naman Pare, ó uala pang órden.*
Clica de la muger. *Tilin.* pp. **tigao.** pp.
Clientela. *Ampon.* pc. *Tangquilic.* pp. *Candili.* pp.
Cloaca. *Alolod nang maruruming tubig sa bayan.*
Cloquear. *Colocotoc.* pc.
Clueca gallina. *Halimhim, limlim.* pp.
Clueco. *Magosgos.* pc. *Gogopogopo.* pp.

C antes de O.

Coaccion. *Pilit.* pp. *Dahas.* pc. *Gahasa.* pp. *Gahis.* pc.
Coacervar. *Tipon.* pp. *Timbon.* pc. **balombon.** pc.
Coadyuvar. *Tulong.* pp. *Aboloy.* pp.
Cobarde, acobardarse. *Duag.* pp. **dusong.** pp. **bayoguin.** pp. **tucang.** pp.
Cobardía. **batoc.** pp.
Cobertera. *Taquip.* pc. *Tongtong.* pc.
Cobija. **inouac.** pc. *Inauac.* pc. *Cobong.* pc.
Cobrar deuda. *Sinĝil.* pc.
Cobre. *Tangso.* pc. *Tanso.* pc.
Cocal. *Niyogan.* pp.
Cocear. **tayrac.** pc. **tirac.** pp. *Taryac.* pc. *Sicar.* pp. **tiriyao.** pc. **tindac.** pc.
Cocer. *Loto.* pp.
Cocer, arroz con maiz, camote. &c. *Quisa.* pp.
Cocer, algo en agua sola. pc. *Laga.* pp. **labon.** pp. **halbos.** pc.
Cocer, agua sola. *Laga.* pp. **bulac.** pc. *Colo.* pc.
Cocer el pescado entero. **tambong.** pc.
Cocer cogollos de camotes. **halbos.** pc.
Cocer la comida. **ipos.** pp.
Cocer algo en trévedes. *Sig-ang.* pc.
Cocer pescado ó carne con el bao de agua caliente. **colob.** pp.
Cocer camote. **labon.** pp. *Laga.* pp.
Cocer el pescado. **lagat.** pp.
Cocer barro para ollas. *Pagbá.* pc.
Cocer morisqueta en caña. **bonyog.** pc.
Cocer algo con sola agua. **amblay.** pc.
Cocer arroz. *Saing.* pp.
Cochambre. *Maromi.* pc. *Mabaho.* pp.
Cochina, cochino. *Baboy.* pp.
Cochinería. *Domi.* pc.
Cocimiento de arroz blanco con poca agua. **yañgit.** pc.
Cocimiento de morisqueta. **am.** pp. **canhe.** pp.
Cocimiento de leche de coco con sal. **linagangata.** pc.
Cocinera de los principales. **pánanac.** pc.
Coco tierno. *Boco.* pp.
Coco caido. **bognoy.** pc.
Coco grande en que beben. **lombo.** pc.
Coco que se come con cáscara y todo. **pangosin.** pc.
Coco hecho jarro. *Panabó.* pc.
Coco como taza. **panabyaban.** pc.
Coco tierno. **cacaloyin.** pp.

Coco pequeño que se come con cáscara y todo. **tabal.** pp.
Coco. *Niog.* pc.
Coco que sirve de jarro. **hoñgot.** pc.
Cocodrillo. *Boaya.* pp.
Cocos pequeños de cáscara dulce y blanda. **tapyasin.** pp.
Cocos dulces que se comen con su cáscara. **tamysan.** pp.
Codazo, codear. *Sico.* pc. *Siquil.* pp. **tanquil.** pc.
Códice. *Librong sulat camay na quina tatalaan nang manĝa casulatan sa una.* .
Codiciar algo. **yamó.** pp. *Imbot.* pc.
Codicioso. *Mayamo.* pc. **magauyaquin.** pp.
Código. *Catipunan nang manĝa cautusan at pacana nang Hari.*
Codo. *Sico.* pp.
Codorniz de la tierra. *Pogo.* pp.
Coercion. *Piguil.* pp. *Payapa.* pp. *Sauay.* pc.
Coetaneo. *Capanahon* pc. **cabalalao.** pp. *Cababata.* pp.
Cofin. *Baquid, ó batolang na hacutan nang manĝa bunĝang cahoy, ó iba pang bagay.*
Cofradia. *Catipona,t, pag sasamahan nang manĝa nag loloob sa Dios.*
Cofrade. *Capatid.* pp.
Cofre. *Isang bagay na cabang malocong ang taquip, at nababalot nang balat.*
Coger. *Huli.* pp. *Duquip.* pc. *Sungab.* pc.
Coger frutas. *Puti.* pp. **himoñga.** pp.
Coger flores. **popol,** l. *Puti.* pp. *Quitil.* pc.
Coger en mentira á otro. **sumgcad.** pc.
Coger algo de prisa. **gamgam.** pc.
Coger cosa que anda en las aguas. *Haguip.* pc. *Saguip.* pc.
Coger con cucharones las espumas. **halagap.** pp. *Sagap.* pp.
Coger infraganti. *Dapat,* l. *Marapatin.* pp. **bucad.** pc. **pandao.** pc. *Suboc.* pp.
Coger lo que abarca el puño. **alacom.** pc.
Coger con la punta de los dedos. *Dampot.* pc. **ompit.** pc.
Coger despojo. *Huli.* pp.
Coger la basura. *Limot.* pc. *Simot.* pc.
Coger en delito. *Piscal.* pc.
Coger del suelo lo que se cae. *Polot.* pp. *Dampot.* pc. *Limot.* pc.
Coger el arroz. *Ani.* pp.
Coger algo el animal con la boca. *Sacpang.* pc. *Sagpang.*
Coger langosta ó pajarillos con una red. *Sacyor.*
Coger en la mano pescadillos del agua ó con ropa. *Sagap.* pp.
Coger en la mano. *Lamcom.* pp. *Dacot.* pc.
Coger el vuelo como el milano. *Simbar.* pc.
Cogollo ó retoño. *Súlol.* pp. **talabos.** pp. *Talbos.* pc. *Osbong.* pc. *Obor.* pp.
Cognomento. *Pamagat.* pc. *Binyag.* pc.
Cogollo que quedó en el árbol como renuevo. **palongpong.** pc.
Cogollo que brota en la cepa. **ogbos.** pc.
Cogollos de cañas. *Labong.* pc.
Cogollos de caña dulce. *Supang.* pp.
Cogote. **palipot.** pc. *Caymotan.* pp. **pañgavol.** pc.
Cohabitar. *Pisan.* pp. *Sama.* pp.
Cohechar. **sosop.** pc. *Sohol.* pp. **hibo.** pp.
Coheredero. *Camana.* pp. *Cabahagui sa mana.*
Coherente. *Caayon.* pp. *Cabagay.* pp. *Caocol.* pp.
Cohete. *Coitis.* pp.
Cohibir. *Bawal.* pp. *Piguil.* pp. *Sauay.* pc.
Coime. *Cuyume.* pp. *Tauong nagpapasugal sa caniyang bahay ò suan man, at nagpapaolang nang pilac na patuboan sa manĝa sogarol.*
Coincidir. *Cataon.* pc. *Caayon.* pp.
Coito. *Apid,* l. *Dating.* pc.
Coito de animales. **gaban.** pc. **haban.** pc.
Cojear. *Pilay.* pp. *Tica.* pc. *Tiar.* pc. *Tical.* pc. *Ticor.* pc. *Hingcod.* pc
Cojear con un pie. **icor.** pc. **tilay.** pc.
Cojear un poco. **ingco.** pc.
Cojin. *Onan.* pp.
Cojo. *Pilay.* pc. **incay.** pc.
Col. *Isang bagay na gulay.*
Cola larga del gallo ó de aves. **laui.** pc.
Cola ó rabo de animal. *Buntol.* pc.
Cola del tapiz. **bincoñgan.** pp. **bontolan.** pp. **hogotan.** pp.
Colacion. *Pag cain sa gabi nang taong nag aayunar.*
Colacion, cotejo. **manhad.** pc. *Soboc.* pp. *Balac.* pp. **soncad.** pc.
Coladera ó colador. *Salaan.* pc. **panala.** pp.
Colar. *Sala.* pp.
Colar cosa espesa como hacen con la cal de buyo. **tiis.** pp. *Tiguis.* pp.
Colarse, ó escurrirse lo atado por mal apretado. **hoso.** pc. *Los-oc.* pc. *Hagpus.* pc.
Colateral. *Taguiliran.* pp. *Sataguiliran.* pp.
Colear. *Payipoy.* pp. *Paipoy.* pp.
Coleccion. *Capisanan nang maraming bagay na mag cacaparis.*
Colectivamente. *Pisan.* pp. *Tipon.* pp.
Cólega. *Casama sacolegio sa Simbahan.* &c.
Colegio. *Capisanan nang manĝa tauong tumatahan sa isang bahay nanatatalaga sa pag tuturo at pag aaral nang carunungan.* &c.
Cólera. *Nĝalit.* pp. *Galit.* pp. **sañgit.** pc. **galitguitan.** pp.
Cólera, humor. **garilao.** pc. *Yacag.* pc.
Colérico. *Balauis.* pc.
Coleta. **gombac.** pc.
Colgar. *Lauit.* pc. *Lauing.* pc. *Auig.* pc. *Laolao.* pc. **bayubay.** pp. *Laylay.* pc. **gantong.** pc. *Loyloy.* pc. *Landong.* pc. **landoy.** pc.
Colgar, cosa de ropa en el palo para espantajo de sementeras. **pandipandi.** pc.
Colgar. *Sabit.* pp. **lambit.** pc. *Sampay.* pc.
Colgarse, de las manos con el cuerpo en el aire. **sambitin.** pp. *Lambitin.* pp.
Colgarse ó colgar algo con cordel en el aire. *Bitin.* pp.
Cólica, cólico. *Isang bagay na saquit.*
Colicuar. *Tunao.* pp.
Coliflor. *Isang bagay na gulay.*
Coligarse. **omanoman.** pp
Colina. *Borol.* pc. *Tagortor.* pc.
Colindero, confinante. *Cabalantay.* pc. *Caratig.* pp. *Canognog.* pp.
Colicion. *Gasgas.* pc.
Colmado, **ombong.** pc.

Colmar, la medida. *Paolo*. pp.
Colmena. *Saray*. pp. *Tahanan ó bahay nang mang̃a poquiòtan.*
Colmillo. *Pang̃il*. pp. **ñgito.** pc.
Colocacion. *Calalagyan*. pc. *Pagcalagay*. pp.
Colodrillo. *Caimotan*. pp.
Colonia. *Capisanan nang mang̃a tauong ipinadadala sa ibang lupa nang macapamayan doon, at ang lugar namang pinamamayanan ay tinatauag ding̃ Colonia.*
Coloquio. *Salitaan*. pp. *Potong*. pp. *Osap*. pp.
Color. *Culay*. pp.
Color, que tira á amarillo. **bulhao.** pc.
Color, que tira anaranjado. *Bulantubig*. pp.
Color, azul. **guinulay.** pp. *Bughuo*. pc.
Color fino. **maloto.** pp.
Color verde. **halong tiyan.** pc.
Color bermejo ó rojo. *Bulagao*. pc. *Pula*. pc.
Color triqueño. *Cayumangui*. pc. *Cayamangui*. pp.
Color amortiguado. *Pusyao*. pc.
Color que dá el buyo. *Sali*. pp.
Colorado. *Pula*. pc.
Colorar, colorir. *Hibo*. pp.
Colorear. *Dahilan*. pc.
Coloso. *Lic-ha ó larauang totoong malaqui.*
Columbrar. *Aninao*. pp. **bughao.** pc. *Alitagtag*. pc.
Columna ó poste. *Haligui*. pp.
Columpiarse. *Ticuas*. pc. *Ogoy*. pc. **andoy.** pc. *Tayon*. pp. *Touas*. pc.
Colla. *Sapyao nang liig*. pp. It. *Siva*. pc.
Collado. *Borol*. pc. *Tagortor*. pc. *Taloctoc*. pc.
Collar *Pamoti nang liig*. pp.
Collar de oro de hilo tirado. **binatac.** pp.
Comadre. *Comare*. pp.
Comadre ó comadrona. *Hilot*. pp. *Salag*. pp.
Comadron. *Salag*. pp.
Comandante. *Pono nang mang̃a sondalo.*
Comarca. *Nayon*. pp. **pooc.** pp.
Combar. *Hotoc*. pp. *Hobog*. pp.
Combarcano. *Casacay*. pc.
Combatir. **banga.** pc. *Babag*. pc. *Baca*. pp. *Lamas*. pp.
Combustible. *Masonoguin*. pc.
Combustion. *Pagcasunog*. pp.
Comedero. *Cacan-an*. pc.
Comedero de puercos. **labañgan.** pc.
Comedero de aves. *Totoc-án*. pc.
Comedido. *Mahinhin*. pc. *Magalang*. pp. *Mapagpitagan*. pp. *Matining*. pp.
Comedia. *Palabas na mang̃a buhay sa una.*
Comedio. *Guitna*. pc. *Calaguitnaan*. pp.
Comedor. *Palacain*. pc. *Matacao*. pp. *Palang̃oyà*. pc. **masulong.** pp.
Comentar. *Salaysay*. pc. *Ipahayag ó bigyang cahulogan, at ipaaninao ang isang libro ó casulatan.*
Comenzar. *Ona*. pp. *Pamulá*. pc. *Pasimulà*. pc.
Comenzar, á llorar con gestos. *Hibi*. pc. *Hibic*. pc.
Comenzar cualquera cosa. *Pamono*. pp.
Comenzar á moverse lo que se cuece. **qiti.** pc.
Comenzar á salir la espiga del arroz. *Sapao*. pp.
Comenzar á hervir lo que se cuece. *Guisa*. pc. *Quiti*. pc.
Comer. *Cain*. pp.
Comer juntos en un plato. *Salo*. pp.
Comer metiendo la boca en la comida como el puerco, perro, &c. *Habhab*. pc. *Sabsab*. pc.
Comer sin mas condumio que sal. **hidhid,** l. **hirhir.** pc.
Comer carne ó pescado sin pan ni morisqueta. *Papac*. pc.
Comer carne ó fruta en vinagre. *Quilao*. pc.
Comer carne ó pescado. **silá.** pc.
Comerciante. *Mang̃ang̃alacal*. pc. *Mamomohonan*. pc.
Comercio. *Calacal*. pp.
Cometa. *Bulalacao*. pp.
Cometa. *Bitoing may* **sumbol.** pp.
Cometer. *Catauanin*. pp. *Pagcatiuala*. pp. *Ipaniuala*. pp.
Cometer culpas, yerros. &c. *Magcasala*. pp. *Magcamali*. pp.
Comezon. *Cati*. pc.
Comezon grande por sarpullido ú cosa semejante. **guilas.** pp. **guisa.** pc.
Comezon con gana de rascarse. *Cati*. pc.
Comida. *Canin*. pp. *Pag cain*. pp.
Comida desabrida. **mayapa.** pc. *Matabang*. pc.
Comidillo de arroz malagquit envuelta en hojas. *Suman*. pp.
Comidillas. *Cacanin*. pc.
Comidillas, como calamay. **alay.** pp.
Comienzo ó principio. *Molà*. pc.
Comilon. *Matacao*. pp. *Palacain*. pc.
Comicionar. V. Cometer.
Comistrajo. **halòhalong** *cacanin*. pp.
Comitiva. *Abay*. pp. *Mang̃a tauong casama nang isang maguinoo sa pag lacad.*
Comitre. *Tauong namamahala sa galera sa pag paparusa sa mang̃a bilango at mangagaod.*
Como. *Ganga*. pc. *Baquit*. pp. *Nasahol*. pp. *Paano*. pc. *Para*. pp. *Capara*. pp.
Como es eso. *Paano*. pc.
Como eso. *Ganian*. pc.
Como si dijésemos. *Cunsanan*, l. *Con sana*. pp.
Como quiera. *Paano man*. pc. *Sa anomang paraan*. pp.
Como que. *Gaano*. pc.
Como aquel. *Gayaon*. pp. *Gayon*. pc.
Como si yo fuera. *Ding̃a quinabahaguiyà*. pc.
Como si dijéremos. *Alalaong*. pp.
Comoda. *Isang bagay na talaguan nang damit at iba pang bagay.*
Comodatario. *Manghihiram*. pp.
Comodidad. **al-uan.** pc. *Guinhaua*. pp.
Compacto. *Maigting*. pc. *Masinsin*. pc.
Compadecerse. V. Compasion.
Compadre. *Pare*. pp. *Compare*. pp.
Compañero *Ca*. *Calaguyó*. pp.
Compañero de respeto. *Abay*. pp.
Compañero que ayuda á otro. *Caual*. pp.
Compañero, que vá con el á la par. *Caabay*. pc. *Caagapay*. pp.
Compañero en compra ó casa. **caamong.** pp.
Compañeria en algun trato. **mahan.** pc. *Casama*. pc.
Compañon ó testiculo. *Bayag*. pc. *Iclog*. pc. *Itlog*. pc.
Comparacion. *Halimbaua*. pp. **hulilip.** pp. *Tulad*. pp. *Paris*. pp.
Comparecer. *Harap*. pc.

Compartir. *Bahagui.* pp
Compas. *Isang bagay na panucat.* pp.
Compasion. *Abà.* pc. *Hambal.* pc. *Auà.* pp. **panghihinayang.** pc. *Habag.* pc.
Compasivo. *Maauain.* pc. *Mahabaguin.* pp. *Mahalimbauain.* pc.
Compatriota. *Cababayan.* pp.
Compeler. *Pigapit.* pp. *Pilit.* pp. *Piguipit.* pp.
Competencia muy reñida. **pamaguisi.** pp.
Competidor. **carara.** pp. *Caagao.* l. *Capañgagao.* pc. **cabacañgal.** pp. *Catalamitam.* pp.
Competir, competencia. *Basañgal.* pp. *Pañgagao.* pp.
Compendio. *Sipi.* pc. *Maicling salita ó casulatan.*
Compensar. *Ganti.* pc. *Bayad.* pp.
Competente. *Dapat.* pp. *Naoocol.*
Compilar. *Tiponin sa isang libro ang ibat ibang bagay, na balita, at casulatan.*
Compinche. *Caibigan.* pp. *Casundo.* pp. *Calagoyo.* pp.
Complacer á otro. *Bigay tuà.* pp. **paonlac.** pc.
Complejo, ó junta de varios. *Balañgay.* pc.
Complemento. *Cahustohan.* pp. *Capoponan.* pc.
Completar. *Tapus.* pp. *Lutas.* pc.
Completas. *Calapusang dasal nang mañga Pare, sa maghapon.*
Complicacion. *Pagcaca sumpong.* pc. *Pagcaca sama, pagcaca halo halo, at pagca soot soot nang iba,t, ibang bagay.*
Complice. *Casapacat.* pc. *Casabuat.* pc. *Caalam.* pc.
Componer libros. *Cat-há.* pc.
Componer versos. *Tulà.* pc. *Cat-hà.* pc.
Componer, ó aderezar. *Yaman.* pp. *Husay.* pp. *Anyó.* pc.
Comporta. V. Canasta.
Comportar llevar á cuestas con otro alguna cosa. *Usong.* pp. *Touang.* pp.
Comportar. V. sufrir.
Compostura. *Cayarian.* pp. pp. *Pagcagaua.* pc.
Compostura, aseo. *Caayusan.* pp.
Compra y venta de regatones. *Baliuas.* pp.
Comprador. *Mamimili.* pc.
Comprador de esclavos. **mamamayad.** pp.
Comprador y vendedor que se compran y se venden frecuentemente. **suque,** l. **suqui.** pp.
Comprar. *Bili.* pc. **bandala.** pp. **gataan.** pp.
Comprar por junto ó toda la mercancía. *Paquiao.* pc. **pintac.** pc.
Comprar adelantando el dinero. *Tampa.* pc.
Comprar y vender á precio señalado. **tanggal.** pc.
Comprar frutos de sementera. **aapin.** pc. **apin.**
Comprar entre muchos una cosa *Amot.* pp.
Comprar al fiado. *Ancat,* pc.
Comprender. *Saclao.* pc. *Campan.* pc.
Comprender. *Batir.* pc. *Punsing.* pc. *Isip.* pp. **malasmas.** pc. **malanman.** pc. **malaymay.** pc.
Comprender lo que se dice. *Uatas.* pp.
Comprimir. *Hapit.* pp. *Dag-an.* pc. *Impit.* pc.
Comprobar, cotejar. **aliu.** pp. *Soboc.* pp. **suncad.** pc.
Comprometer ó esponer á uno al peligro. *Sugba.* pc. *Sugbo.* pc.
Compuerta. *Isag bagay na taquip.* pc.
Compulsa. *Salin.* pp.

Compuncion. *Pag sisisi* pp. *Samà nang loob, sa nagauang sala.*
Computar. *Balac.* pp. *Acala.* pp.
Comulgar. *Paquinabang.* pp.
Comun de muchos. *Calahatan.* pc. *Sa lahat.* pc. **calamaan.** pp. *Casamahan.* pc. *Borla.* pc. *Lagasap.* pp. *Lagap.* pc.
Comunicar. *Bigay.* pc. *Damay.* pp.
Comunicar, descubrir. *Pahayag.* pp. *Sabi.* pp.
Comunicar, conversar. *Panayam.* pc.
Comunidad, ó congregacion. *Capisanan ó catipunan.*
Con (instrumento.) *Nang.* pc.
Con. *Sa.* pp. *Cay.* pc.
Conato. *Pag pipilit.* pp. *Pag susumaquit.* pp.
Concavidad. **hombac.** pc. *Locong.* pc.
Concavo. **lorang.** pp. *Malocong.* pc.
Concavo, hondo. *Malucong.* pc.
Concebir, formar idea. *Taos.* pc. *Malasmas.* pc.
Concejo. *Polong.* pp. *Sang usapan.* pp.
Conceptuar. *Haca.* pp. *Acala.* pp.
Concernir. *Ucol.* pp.
Concertar los testigos. **garol.** pc.
Concertar, ó conciliar á los que están discordes. *Payo.* pp. *Casondo.* pc.
Concertar los huesos. *Oli* pc.
Concha. *Capis.* pc. **calahan.** pp.
Concha grande. **quima.** pp.
Concha muy delgada. **tabolog.** pp.
Concha de tortuga, carey. *Cala.* pp.
Conchabar. *Sabuat.* pc. **saobat.** pc. *Sapacat.* pc. *Salamoha.* pp.
Conchudo. *Hayup na balot nang capis, calisquis ó talucab.*
Conchudo, astuto. *Tuso.* pp. *Mataas ang olo.*
Conciencia *Pagca quilala nang magaling na dapat sundin, at masamang sucat pañgilagan.*
Conciencia delicada, ó timorata. *Tacot sa Dios.*
Conchas relucientes. **tabulog.** pp.
Concluir negocio. **lapas.** pc. *Tapus.* pp.
Concluir. *Daos.* pp. **ualas.** pp.
Concluir pleito ó negocio. *Lotas.* pc. *Yari.* pp.
Concluir pleito por concierto. **lupit.** pp.
Concluir algun negocio. **talos.** pc. **ticma.** pc.
Concluir la deuda. **canas.** pp.
Concluir ó fenecer un negocio. *Lutas.* pc. *Tapus.* pp. *Otas.* pc. *Yari.* pp.
Concofrade. V. Cofrade.
Concólega. *Casama sa colegio.*
Concordancia. V. Concierto.
Concordar. V. Conciliar.
Concordar. **sauato.** pc.
Concordar los pleiteantes. **payio.** pp.
Concordar los discordes. **parirala.** pp.
Concordato. *Pinag casundoan nang Papa at nang Hari.*
Concretar. V. Concertar.
Conculcar. *Olit-olitin.* pp.
Concuñado. V. Concuño.
Concupiscencia. *Capitahang masama.* pc. *Masamang nasa.* pp.
Concurrencia. *Catipunan nang mañga tauo.*
Concurrir á alguna fiesta. *Dalò.* pc.
Concurrir á otro pueblo á cosechar. **lauig.** pc.
Concurso. V. Concurrencia.
Concurso de muchos. **timpalac.** pp.

Concurso grande de gente, como ejército. **tilap.** pp.
Concurrir los de una banda ó nacion á alguna cosa. **onay.** pc.
Concurrir muchos hombres ó animales. **inang palar.** pp.
Concurrir á hacer daño. **dalomos.** pp.
Concebir. *Lihi.* pc.
Conceder. *Payag.* pp. *Tolot.* pp. **ayo.** pp. **ayoc.** pc. *Pahintolot.* pp. *Pao-o.* pp. *Caloob.* pp.
Conceder con la cabeza. *Taño.* pc.
Conceder el niño levantando y bajando la cabeza. **tañgiro.** pp.
Concertar. *Ticya.* pc. *Tacdaan.* pp. *Husay.* pp.
Concertar regateando. *Toño.* pp. *Tauad.* pp.
Concertar voluntades. **salooban.** pp.
Concertar á destajo. *Pacyao.* pc.
Concertar alguna diferencia. **paralo.** pc.
Concertarse dos. *Tipan.* pc.
Cancertarse. **abala.** pp. **salamoha.** pp. **sauato.** pc. *Ayon.* pp.
Concertarse las voluntades. **toto.** pp.
Concertarse dos cediendo algo. **calañgit.** pp.
Concertarse muchos en lo que entre sí reparten. **talopacpac.** pc.
Concertarse unos con otros. **mayao.** pp.
Concertarse los reñidos. **sobog.** pp. *Sondo.* pc. *Casondo.* pc.
Concierto fijo y permanente. **patas.** pc.
Concierto. **tacdaan.** pp. *Tipanan.* pp.
Concierto entre dos. **lansac.** pc. **tigan.** pc. **pitayá.** pp.
Concierto de retribucion. **tañga.** pp.
Concierto de algo. **sagosay.** pp.
Concierto que hacen los jugadores de cocos ó gallos. **sapiac.** pp.
Concierto de voluntades. *Uañis.* pp.
Concierto de dia. **bohol.** pc. **tactac.** pc.
Concierto de hacer algo con señal de tiro ó cosa semejante. **hogyat.** pc. *Hod-yat.* pc.
Concierto que hacen los Padres de los que se han de casar cuando temen ó se recelan. *Tacdahan.* pp.
Concierto para alguna obra buena ó mala. **ticma.** pc.
Concierto ó convenio de concurrir á algun sitio. *Hodyatan.* pp. *Tiyap, tiap.* pc.
Conciliar. *Payo.* pp. *Casondo.* pc.
Concilio. *Polong.* pp.
Conciso. *Maicling sabi.* pp. *Maicling saysay.* pc.
Concitar. *Aglahi.* pp. *Oloc.* pp. **alac.** pc.
Conciudadano. *Cababayan.* pp.
Conclave. *Capulonñan nang mañga cardenales, sa pag halal nang Papa.*
Concubina. **pañgapol.** pp. *Calunyà.* pc. **patiqui.** pc.
Concuño. *Bilas.* pc.
Concusion. *Pagpag.* pc. *Paspas.* pc.
Conde. *Tauong may carañgalan, na gayon ang tauag.*
Condecorar. *Bigyan nang carañgalan.*
Condenado. *Napacasama.* pc. *Hinatulan.* pp.
Condenar al reo. *Hatol.* pp.
Condenarse. *Samà.* pc. *Pacasama.* pc.
Condensar. *Laput.* pp.
Condescendencia. *Payag.* pp. *Ayon.* pp. *Bigay loob.* pp.
Condicion. *Asal.* pp. *Lagay.* pc.
Condigno. *Marapat.* pp.
Condimentar. *In-in.* pc. *Lutong magaling.*
Condiscípulo. *Caaral.* pp. *Casama sa pag aaral.* pp.
Condolerse. V. Compadecerse.
Condonar. *Ipatauad ang utang ó parusa.*
Conducente. *Na oocol.* pp. *Nararapat.* pp.
Conducir. *Dala.* pc. *Hatid.* pc.
Conducir, guiar. *Patnugut.* pp. *Patnubay.* pp.
Conducta, porte. *Asal.* pp. *Ogali.* pp. *Gaui.* pc.
Conducto. *Alolod.* pc.
Condumio, ó lo que se come con morisqueta. *Olam.* pp.
Condumio. *Calamnan.* pc.
Conexion. *Cauit.* pp. *Cabit.* pc. *Bagay.* pp.
Confabular. *Usap.* pp. *Salitaan.* pp.
Confeccion de olores. **monay.** pp.
Confederarse. **oman-oman.** pp.
Conferenciar. V. Confabular.
Confesar. *Compisal.* pc.
Confesar el delito. *Sigao.* pc.
Confesion general. *Macasalanan.* pp. *O mag macasalanan.*
Confesonario. *Pacompisalan.* pp. *Pinag papacompisalan.*
Confianza. *Tiuala.* pp. **salig.** pp. *Pasiuala.* pp.
Confiar en otro. *Hinalig.* pp.
Confiar. *Panalig.* pp. *Asa.* pp. **panibahala.** pp. *Tiuala.* pp. **sacdal.** pc.
Confiar que será asi. **halap.** pc.
Confiar en otro. **bitin.** pp.
Confidente. *Gauar.* pp. *Cagauaran nang uica, capahayagan.* pp.
Confinante. *Canayon.* pc. **nayon.** pp. *Capooc.* pp. *Cahangan.* pc.
Confirmar. *Pagpapatibay nang catunayan.* pp.
Confirmar el obispo. *Compil.* pc.
Confirmarse en su propósito. *Tiis.* pc. *Tibay.* pp.
Confiscar. **ilit.** pp.
Confitar. *Baluting arnibal napaiga ang buñgang cahoy.*
Confitería. *Tindahan nang sarisaring matamis.*
Conflicto. **panaguisi.** pp.
Confluencia. **sabang.** pc.
Conformar. *Ayon.* pp.
Conformar una cosa con otra. *Bagay.* pp.
Conformarse. **oliran.** pc. **datal.** pp.
Conformarse dos en algo. **songdo.** pc.
Conformarse, con la voluntad de otro. **lansac.** pc.
Confortar. *Pasigla.* pc. *Palacas.* pc. *Patapang.* pp.
Confricar. *Hilod.* pp. *Coscos.* pc.
Confrontar. *Harap.* pc. *Tapat.* pc.
Confrontar, cotejar. *Suboc.* pp. **manghar.** pc.
Confusion, y revolvimiento de los vestidos de una caja, unos con otros. **yopi.** pc.
Confusion de voces sin órden. *Mayao.* pp.
Confundir muchas cosas. *Lahoc.* pc.
Confundir á otro. *Lait.* pp.
Confuso, sin órden. **damorac.** pc. *Golo.* pc.
Confutar. *Talo.* pp. *Taltal.* pc.
Confrontar los genios. *Hiyang.* pp.
Congelarse el aceite. *Tolog.* pp. *Boo.* pp.
Congeniar. *Casundo.* pc.
Conglutinar. *Diquit.* pc. *Digquit.* pc.
Congoja. **aguinit.** pp. **bayais.** pc. *Balisa.* pp.
Congoja con lágrimas. *Hapis.* pp.

Congojarse. **dauis.** pp.
Congojoso y apurado. *Mabalisahin.* pc.
Congraciar. *Suyo.* pp. **sohot.** pp.
Congratular. *Maquilugod.* pp. *Maquituà.* pp.
Congregar. *Tipon.* pp. *Pisan.* pp.
Congruente. *Bagay.* pp. *Ocol.* pp.
Conjetura. *Hinala.* pp. *Sapantaha.* pp.
Conjuez. *Cahucom.* pc. *Catulong humatol.* pp.
Conjuncion de la luna.' *Tonao.* pp.
Conjuracion. *Pag sasang usapang nang pag laban sa Pono. Pag cacalipon nang lihim sa pag laban sa Pono.*
Conjuros. **mantala.** pc.
Conejo. **boot.** pp.
Conmemoracion. *Pag aala-ala.* pp.
Conmensal. *Casalung cumain.*
Conmenzuracion. *Casucat.* pc. *Singsucat.*
Conmigo. *Sa aquin.* pp.
Conminar. *Bala.* pp. *Tan̄ga.* pp.
Conmiseracion *Habag.* pc. *Aua.* pp. *Hambal.* pc.
Conmistion. *Halo.* pp. *Lahoc.* pc.
Conmocion. *Balisa nang loob.* pp.
Conmocion, tumulto. *Ligalig.* pp. *Golo.* pc. *Samà.* pc.
Conmutar. *Palit.* pc.
Connatural. *Catotobo.* pp. *Gaui.* pp.
Connaturalizarse. *Bihasa.* pp.
Connivencia. *Pabaya.* pp. *Paubaya.* pp.
Connumerar. *Paquibilang.* pp.
Conocer. **agham.** pc. *Quilala.* pp.
Conocer á alguno. **malac.** pc.
Conocer carnalmente. **gamit.** pp.
Conocer el natural de otro. **diyama.** pp. *Dayama.* pp.
Conocer á uno por el rostro. *Muc-hà.* pc.
Conocer por parientes. **datig.** pp.
Conocer los interiores. *Alam.* pc. **doga.** pp.
Con que se limpian las secretas. *Panyuang.* pp.
Consagrar. *Bolong.* pc.
Consecuencia, resultado. *Bun̄ga.* pp. *Paquinabang.* pp. *Sin̄gao.* pc.
Consecutivo. *Casapol.* pc. *Casunod na casapol.* pc.
Conseguir. *Camit.* pc. *Camtan.* pc. *Tamo.* pc.
Conseguir algun gusto. **panghao.** pc.
Conseguir con arte lo que pretende. **libaua.** pp.
Conseja. **cacana.** pc. *Salita.* pc.
Consejo. *Hatol.* pp. **pati.** pp.
Consentir. pc. *Payag.* pp. *Pahintolot.* pp.
Conserva. *Calamay.* pc.
Conserva de arroz. *Calamay hati.* pp.
Conserva de coco y miel. *Buc-hayó.* pp.
Conseguir. *Italaga.* pc. *Tocol.* pp.
Conservar. *In̄gat.* pp. *Alaga.* pp. *Tan̄gan.* pp.
Conservar el grano ú otra cosa para otro año. *Pintong.* pc. *Tinggal.* pc.
Conservar algo fresco. *Sariuá.* pp.
Considerar. *Isip.* pp. **osisa.** pp. *Mulimuli.* pp. *Bulay.* pp.
Considerar algo despacio. *Mulay.* pc.
Considerar algo en lo interior. *Nilay.* pp.
Considerar lo que ha de decir. *Onauá.* pp.
Consigo. *Sa oania.* pc. *Sa oanila.* pc.
Consiliario. *Tanun̄gin.* pp.
Consistencia. *Tagal.* pc. *Tibay.* pp.
Consistir **salig.** pp. **batay.** pp.
Consistorio. *Polong.* pp. *Pag pupulong nang Emperador at nang caniyang casanguni.*
Consolar. *Aliu.* pc.
Consolidar. *Patibayin.* pp.
Consonancia. *Pag caca ayon ayon nang man̄ga tinig.*
Consorcio. *Pag sasama.* pp. *Pag sasamahan.* pp.
Consorte. *Caruway.* pp. *Casama.* pp. *Caimalam.* pc.
Consorte. *Asaua.* pp.
Conspiracion. V. conjuracion.
Constancia. *Tyis.* pp. *Tiaga.* pc. *Nagal.* pc.
Constante y firme en propósito ó palabra. **pati.** pp. *Di mabilin̄gan.* pp.
Constantemente. *Palagui.* pp. *Parati.* pp. *Tunay.* pp. *Di mag cacabula.* pp.
Constar. *Hayag.* pc. *Tunay.* pp.
Constelacion. *Catipunan nang man̄ga bituin hindi pabago bago.*
Consternar. *Balisa.* pp.
Constipar. *Sip-on.* pc.
Constitucion escencia. *Pagca.* pc.
Constituir. *Halal.* pc. **hanal.** pp.
Constreñir. *Pilit.* pp. *Pigapit.* pp. *Piguipit.* pp.
Construir. *Gaua.* pc. *Yari.* pp.
Construpar. *Pilit.* pp. *Gahis.* pc. *Gaga.* pc.
Consuegros. **baysan.** pc. **balai.** pp. **balayi.** pc.
Consuelo. **gali.** pc. *Aliu.* pc.
Consuetudinario. *Namihasa.* pp.
Consultar. *Sangusi.* pp. *Sang osapan.* pp. *Tanong.* pc.
Consultor. *Tanun̄gin.* pp. *Tanun̄gan.* pp.
Consumado. *Puntas.* pc. *Sidhi.* pc. *Paham.* pc. **atop.** pp. **oop.** pp. **guiting.** pp. *Sacdal.* pc.
Consumado en algo. **talos.** pc.
Consumado en el entendimiento. &c. *Puspus.* pc.
Consumar. *Tapus.* pp. *Yari.* pp.
Consumido. *Nihang.* pp. *Malagod.* pp. *Totoong payat.* pc. **yantas.** pc.
Consumir. *Ubos.* pp.
Consumir la hacienda. **otor.** pp.
Consumir del todo una cosa. **halos.** pp.
Consumir algo el fuego. *Pugnao.* pc.
Consumirse algo. **guipuspus.** pc. **sanà.** pp. **bagat.** pc. *Pocsa.* pc. **panhao.** pc. *Lalos.* pc.
Consumirse candela, hacienda, vida. **panaguipuspus.** pc. **panapus.** pp. **panaguipos.** pp. *Opus.* pc.
Consumirse algo poco á poco. **guitis.** pp.
Consumirse de amor ó pena. *Lonos.* pp.
Consumirse en breve. **hitir.** pp.
Consumirse algun monton. **ticlas.** pc. **toclas.** pc. *Taclas.* pc.
Consumirse el pescado en el rio. *Gono.* pc.
Consumirse de flaco ó enfermo. **yantas.** pc.
Consuncion. V. consumir.
Consustancial. **casing hambo.** pc.
Contacto. *Diit.* pc. *Pag caca diit.* pc.
Contado entre gentes. *Cabilang.* pp.
Contador. *Man bibilang.* pp. *Mag cucuenta.* pp. **man qolat.** pp.
Contagiar. **lalin.** pp. *Haua.* pp.
Contaminar. *Tumaos ang dumi sa alin mang catauan.*
Contaminar. V. contagiar.

Contar. **olat.** pp. *Bilang.* pp.
Contar ó referir algo. *Salita.* pc. *Baybay.* pc. **badya.** pc.
Contar algo á otro. *Bala.* pp. *Badya.* pc.
Contar algun cuento desde el principio. **pamoiboi.** pc.
Contemplar mirar atentamente. *Masid.* pc. *Malas.* pp.
Contemplar orar. *Bulaybulay.* pp. *Nilaynilay.* pp.
Contemplar, condescender. *Payag.* pp. *Ayon.* pp. **catabay.** pp.
Contemporaneo. *Capanahon.* pc. *Casabay.* pc. *Casing edad, cababata.* pp. **cabalalao.** pp.
Contemporizar. *Ayon.* pp. *Payag.* pp. **catabay.** pp.
Contender. *Laban.* pp. *Babag.* pc.
Contender disputando. *Talo.* pp. *Taltal.* pc.
Contener. *Palaman.* pc. *Saclao.* pc.
Contentar, ó agradar. *Bigay lugod.* pc. *Bigay touà.* pc.
Contento. *Toua.* pp. **igaya.** pp. *Ligaya.* pp. **ola-ola.** pc.
Contestacion. *Casagutan.* pp. *Tugon.* pc.
Contextura. *Cayarian.* pp. *Pag caca ugnay ugnay nang manga casancapan nang isang boo.*
Contienda. **dará.** pp. *Talo.* pp *Taltal.* pc.
Contigo. *Sa iyo.* pc.
Contiguo. *Caratig.* pp. *Capanig.* pp. *Calapit.* pc.
Continuacion de actos. *Limit.* pp. *Dalas.* pc.
Continuacion de lo que se dice por noticia, como tradicion cierta. *Sasal.* pc.
Continuar. *Dalas.* pc. *Patoloy.* pp. **danay.** pp. **danla.** pc. **ognay.** pc. **dongdong.** pc. **ticatic.** pc. **cadalan dalanan.** pp. *Panatili.* pp. *Lagui.* pp.
Continuo. **dahil.** pp. *Parati.* pp. **marondon.** pc. *Panay.* pc.
Contera. **halotactac.** pc.
Contestar. *Ayon.* pp.
Con todo eso. *Bago.* pp. *Gayon man.* pc.
Contonearse. *Quiaquia.* pp. **quiay.** pp. **quinton.** pc. **guilang.** pp. **hagay.** pp. **guibong.** pp. **hibay.** pp. **quitar.** pc. **cantot.** pc. **quindi.** pc. **iqui.** pc. **icqui.** pp. **caniyang.** pp. **liya.** pp. **guinday.** pc. *Guiri.* pp. **quirling.** pc. *Gara.* pp. **lindi.** pc. **gigay.** pp. *Guiray.* pp. **guilong.** pp. **guindar.** pc. **guimbol.** pc.
Contonearse, ó cantonearse con meneos lascivos. **quiling.** pc.
Contonear el gallo. **saray.** pp. *Guiri.* pp.
Contonear cuando baila. **guilong.** pp.
Contonearse el ave á vista de la hembra. **carao.** pp.
Contorno. *Calapit.* pc. *Palibut.* pp.
Contra. *Laban.* pp.
Contrabando. *Calacal na baual.* pp.
Contraccion. *Orong.* pp.
Contra cerca doblada. *Sapin bacod.* pp.
Contracosta. *Ibayo* pp. *Ibayiu.* pp.
Contradanza. *Sayao na maraming mag cacalibad, ó magcacasalio.*
Contradecir. *Soay.* pp. *Laban.* pp. *Ayao.* pp.
Contraer matrimonio. *Pacasal.* pc. *Mag asaua.* pp.
Contrahacer, imitar. *Tulad.* pp. *Uangis.* pp.
Contrahecho. *Pingcao.* pp. **iuáng.** pc. *Piang.* pc. *Isuar.* pc. **iual.** pp.
Contrayerba para ponzoña. *Lunas.* pp.
Contrapeso del navío. *Catig.* pp. *Pacauay.* pc.
Contrarrestar. *Laban.* pp. *Sumang.* pc. *Salangsang.* pc.
Contrariar. **balañgibang.** pp.
Contrariedad de colores. *Balaqui.* pp.
Contrarazon. **alang alang.** pp. *Lihis.* pc. *Linsil.* pc. *Uala sa matouid.*
Contrario. *Carara.* pp. *Calaban.* pp. *Catalo.* pp. **cabalañgibang.** pp.
Contraseña. *Hodyatan.* pp. **timaan.** pp. *Tandaan.* pp. **saguisag.** pp.
Contrastar. V. Contrarestar.
Contraste. *Catungculan sa pagquilala nang mañga salaping gastahin.*
Contraste, oposicion. **singhal.** pc. *Laban.* pp. *Talo.* pp.
Contratar. **atang.** pp. *Calacal.* pp. *Baliuas.* pp.
Contratar en cosas gruesas. **dagang.** pp.
Contratar lejos. **baladya.** pc.
Contratiempo. *Sacunà.* pc. *Ligamgam.* pc. *Saliua.* pc.
Contrato. *Cayari.* pp. *Usap.* pp. *Pinag usapan.* pp.
Contra veneno. *Lonas.* pp.
Contravenir. *Suay.* pp.
Contraviento. *Sungsong.* pc. *Sumang.* pc.
Contribucion, espontánea entre los parientes. &c. **holog,** l. **pahologan.** pc.
Contribuir. **butauan.** pp. *Ambag.* pc. **amot.** pp. **ambay.** pc. **burlay.** pc. **bontohan.** pp.
Contricion. *Pag sisising hindi tacot sa infierno, cundi sinta lamang sa Dios.*
Contrincante. **cabalañgibang.** pp. **cabasañgal.** pp. *Capañgagao.* pc.
Contristar. *Hapis.* pp. *Pighati.* pc.
Controversia. *Talo.* pp. *Taltal.* pc. *Ergo.* pp.
Contumacia. *Catigasan nang loob.* pp. *Paminibay sa camalian.*
Contumelia. *Lait.* pp.
Contundir. *Bulbog.* pc. *Bugbug.* pc.
Conturbar. *Golo.* pc. *Ligalig.* pp.
Convalecer. **bolig.** pp. **aliuay.** pc. **acas.** pp.
Convalecer el enfermo. **ticaya.** pc. *Lacas.* pc.
Convaleciente. **aynat.** pc.
Convecino. *Cahangan.* pc. *Capit bahay.* pp.
Convencer. *Bilig.* pp. *Badling.* pc. *Pihitin ang isang mag bago nang pag iisip sa calinauan ò caliuanagan nang mañga màtouid.*
Convencer á uno, de lo que hizo. *Suat.* pc.
Convencer cogiendo en mentira. **dogá.** pp.
Convencion. *Cayari.* pp. *Pinag casundoan.* pc.
Conveniencia, utilidad. *Paquinabang.* pp.
Conveniente. *Dapat.* pp. *Ocol.* pp.
Convenir. *Ayon.* pp. *Magca isang loob.* pp.
Convenirse. *Salamohá.* pp.
Convento. *Tahanan nang mañga pareng religioso ó mañga mongha.*
Conversacion. *Panayam.* pc. **ompoc.** pc. *Lipon.* pc.
Conversar. **ampoc.** pc. *Polong.* pp. *Salita.* pc.
Conversion de una cosa en otra. *Paguing.* pc.
Conversion de la razon al bien. *Balic loob.* pp.
Converso, convertido. *Tauong nag balic loob.* pp.

Convexo *Locong*. pc.
Convicto. **daig**. pc. *Natunayan*. pp.
Convidar. *Yacag*. pp. *Yaya*. pp. *Aloc*. pc. *Cañgay*. pp. **panig**. pp. *Aniaya*. pp. *Aquil*. pp. *Piguing*. pc. **atig**. pc.
Convidarse la muger. *Balihanda*. pp.
Convite que se hace en el tercero ó noveno dia de la muerte de uno. **tibao**. pp. **uacas na arao**. pp. *Pag sisiyam*. pc.
Convite por haber levantado casa nueva. **basan balagbag**. pc.
Convocar. *Tauag*. pp.
Convocar á todos á alguna obra. **sayor**. pp.
Convocatoria. *Sulat na pantauag*. pp.
Convoy, convoya. pp. *Tauo ó mañga tauong sumasama sa pañgañgalaga ò pag iingat nang ano mang bagay na di nadadala sa ibang lugar*.
Convulsion. *Souag*. pp. *Suba*. pp.
Conyuges. *Mag asaua*. pp.
Cooperar. **sapacat**. pc. *Tolong*. pp. *Abolay*. pp.
Coordinar. *Husay*. pp. *Talatag*. pc.
Copa. *Bobog na inuman*.
Copado como árbol. *Yabong*. pp. **yabongbong**. pc. **logay**. pc.
Copete en la cabeza. **tamboloc**. pp. *Camarote*. pp.
Copetudo. *Palalo*. pp. *Maparañgalan*. pp.
Copia, abundancia. *Sagana*. pp.
Copia, traslado. *Salin*. pp.
Copilar. *Tipon*. pp. *Pisan*. pp. **oui**. pp.
Copo de algodon. **binoyo**. pp.
Cópula carnalis situ abominabili. **balatic**. pp.
Cópula. **dating**. pc. *Apid*. pc.
Copla. *Dalit*. pc. *Auit*. pp.
Coracha. *Supot na balat*. pc.
Coramvobis. *Mabuting pañgañgatauan*. pc. **hinucod**. pp.
Corascora. *Isang bagay na sasacyan*.
Coraza. *Sapyao*. pc.
Corazon. *Poso*, l. *Puso*. pp.
Corazon de la madera. **lasgas**. pp. *Gasgas*. pc. *Bosal*. pp. *Bosil*. pp. *Tigas*. pc. **abovor**. pp. *Abod*. pp. *Obod*. pp.
Corazon inconstante. **balaylo**. pp.
Corazon de pugahan. **bagsang**. pc.
Corazon afligido. **pigit**. pc.
Corazon del plátano. *Posó*. pp.
Corazon del madero. **lasgas**. pc. *Tigas*. pc.
Corazonada. *Tugtog nang loob*. pp.
Corage. **moot**. pp. *Poot*. pp. *Galit*. pp.
Coraje grande. **polañgitan**. pp. *Guiguil*. pp.
Coral negro, *Sagay lalaqui*. pp. *Boñgang bato*. pc.
Corva de la pierna. **lilicnan**. pc.
Corva del muslo junto á las nalgas. **lilipnan**. pc.
Corvas. *Alac-alacan*. pc.
Corbata. *Pamigquis sa liig*. pp.
Corbatones de la banca que sirven de asiento. **sancal**. pc.
Corbatones que sirven de banco en que reman. **sancal**. pc. **gagarin**. pc.
Corbeta. *Isang bagay na sasacyan*.
Corbina. *Apahap*. pp.
Corcova. *Malaquing bucol sa licod ó sa dibdib nang mañga tauong buctot*.
Corcovado. *Hocong*. pc. **bacot**. pc. *Boctot*. pc. **pangcoc**. pc. **conot**. pc, *Ouba*. pp. *Bocot*. pc.
Corcobado por tener la cabeza metida en los hombros. **quiyng**. pc.
Corcovear. *Damba*. pc.
Corcovo, ó salto. *Locso*. pc.
Corchete de oro. **canaing**. pc. *Cauit*. pp.
Corchete ó alguacil. *Mandaraquip*. pp.
Corcho. *Balat nang isang cahoy*.
Corcho. *Taquip nang* **prongo**. pc.
Cordage, járcia. *Mañga lubid nang sasacyan*.
Cordal. *Bag-ang*. pc.
Cordel. *Lubir*. pp. *Tali*. pp.
Cordel enroscado. **balicao**. pp. *Licao*. pp.
Cordel con que miden sus sementeras. **calat**. pc.
Cordel en que se ponen las pesas de la atarraya. *Lauayan*. pc.
Cordel atascado por no poder correr. **pararac**. pp.
Cordel largo de que penden muchos anzuelos. *Quitan*. pc. *Quitang*. pc.
Cordel hecho de cuero. **pial**. pc. **peal**. pc.
Cordel con que cargan. *Saclit*. pc.
Cordelazo. *Halubid*. pc. *Hampas nang lubid*. pp.
Cordelería. *Lobiran*. pc.
Cordeles con que llevan algo con palanca. *Batolang*. pc.
Cordeles en que se forma la red. **lobayan**. pc.
Cordelillo pequeño y largo. *Pisi*. pp.
Cordelillo de tejer flecos. **gantala**. pc.
Cordero. *Tupang may santaon*.
Cordial. *Mairoguin*. pc. *Maibiguin*. pc.
Cordial. *Isang bagay na gamot na inumin*.
Cordilleras del monte. **galorgor**. pc. *Golor*. pc.
Cordon con que se ata. *Panali*. pp.
Cordura, prudencia, entendimiento. *Cabaitan*. pp.
Corifeo. *Pinonó*. pp. *Ponó*. pp.
Corista. *Religiosong di pa nag mimisa*.
Corma *Pañgao*. pc.
Cornada. *Souag*. pc. *Sic-uit*. pc.
Cornear. *Souag*. pc.
Cornerina. **cauiguin**. pp.
Corneta. **tamboyoc**. pp.
Corneta de cuerno. *Tambuli*. pp.
Cornudo. *Suñgayan*. pp.
Coro. *Catiponan nang mañga tauong nag auuit ó nag dadasal*.
Coro. *Lugar na pinag titipunan nang mañga Pari sa pag dadasal*.
Corona. *Potong*. pp.
Corona tonsura. *Satsat*. pc.
Corona de oro. **basongbasong**. pc.
Corona que se ponia la catolona. **souagui**. pp.
Coronel. *Isang pono nang mañga sondalo*.
Coronilla de la fruta. *Tampoc*. pc.
Coronilla de la cabeza. *Tocloc*. pc.
Coroza. **taryoc**. pc.
Corporacion. *Capisanan*. pp. *Pag sasamahan nang mañga tauo*.
Corporeo. *May catauan*. pc.
Corpus. *Pista nang cagalang galang na Santísimo Sacramento*.
Corsario por mar. **lanlang**. pc. **lintaanin**. pp. **moso**. pp. **mamamanga**. pc.
Corral *Bacod*. pp.
Corral para pescar. *Baclád*. pc.
Cortaplumas. **panilos**. pc. *Panasa*. pc.
Cortadillo. *Isang bagay na vaso, ó inuman*.

Cortado. V. Ajustado.
Cortafrio. *Isang bagay na casangcapan nang mañga panday.*
Cortaduras. **guipas.** pc.
Cortadura ó pedacitos de ropa. **sithá.** pc.
Cortar cosa tierna. **apas.** pp.
Cortar muchos árboles ó ramas. **apay.** pc.
Cortar pezon de palmas. **arar.** pc.
Cortar los nudos. **boco.** pc.
Cortar la punta del coco. **booc.** pc.
Cortar aserrando. **guilguil.** pc.
Cortar en trozos. *Guiling.* pc.
Cortar en postas señalándolo no mas. *Guilit.* pc. **calingcaling.** pp.
Cortar con tijeras de platero. *Gupit.* pc.
Cortar con las uñas. **gotol.** pp.
Cortar desigual. **habang.** pc.
Cortar zacate á barrisco. **halabas.** pp.
Cortar al soslayo. **hilap.** pp. *Olipas.* pc. **tañga.** pp. *Talibas.* pc. **dalic.** pc.
Cortar hilachas. **himatir.** pc.
Cortar troncos. **himono.** pp.
Cortar palos, cogon, &c. **himotol.** pp.
Cortar en pequeñas partes. **hiuá.** pp. **gayat.** pp.
Cortar caña dulce en ruedecitas. *Irir.* pc.
Cortar árboles grandes. **pocan.** pp.
Cortar orejas, nariz, &c, no manos, ni pies. *Poñgos.* pp. *Pingas.* pc.
Cortar la punta de algun gran madero. **potal.** pc.
Cortar in genere. *Potol.* pp.
Cortar el madero para formar de el banca. **paopao.** pc.
Cortar cercenando. *Parpar.* pc *Palas.* pp. *Gadgad.* pc.
Cortar de raiz. *Sagár.* pc. **locat.** pp. **sipol.** pc *Sapol.* pc.
Cortar cañas muy delgadas á la larga. **sagsag.** pc.
Cortar piedra. *Bato.* pc. **batiag.** pc. *Tibag.* pc.
Cortar zacate de la sementera. **salagsag.** pp.
Cortar al redópelo. **salungan.** pc. *Salunĝat.* pc.
Cortar zacate con la punta del cuchillo. **salorsor.** pc.
Cortar cordel, hilo, &c. *Patir.* pc. *Lagot.* pc.
Cortar yerba arrancándola á repelones. **sangali.** pc.
Cortar por la estremidad. **oñgos.** pp.
Cortar con los dientes, como hilo. **ñgata.** pc.
Cortar con alfanje. **taba.** pp. *Tabac.* pc.
Cortar ramas para desembarazar el camino. *Tabas.* pc. **tigbas.** pc.
Cortar, como hacha de alto á bajo. *Tagà.* pc.
Cortar los cogollos de ortaliza para que se sequen. **otor.** pp.
Cortar zacate con cuchillo. **palabor.** pc.
Cortar cogollos de arbolillos, arroz, cogon. **palorpor.** pc.
Cortar el gabi en la raiz, y las puntas de arriba para volverlo á sembrar. **sila.** pc.
Cortar por debajo de los brazos de parte á parte **sindo.** pc.
Cortar con punta de cuchillo á la larga. **tuguis.** pp
Cortar á lo largo. *Pirpir.* pc.
Cortar palos ó cañas en trozos. *Pirpir.* pc.
Cortar en partes iguales, como caña dulce. **pinlir.** pc.
Cortar zacate hácia la punta, ó en medio. *Tagpas.* pc.
Cortar las puntas del almácigo. *Tagpas.* pc.
Cortar de un golpe. **talampas.** pc. **tipas.** pp. *Tagpas.* pc.
Cortar ropa con tijera, como sastre. **talas.** pc. *Tabas.* pp.
Cortar el zacate que está debajo del agua para coger el pescado. *Talas.* pc.
Cortar árbol ó caña por la mitad. **tambao.** pc.
Cortar el árbol de plátano para coger el racimo. *Tiba.* pc.
Cortar metal. **tatac.** pc.
Cortar árboles para coger la leche. **tigar.** pc.
Cortar de un golpe cosa blanda. **tigbag.** pc.
Cortar algo en partes menudas, como bongas. *Tilar.* pc.
Cortar yerba entre el arroz. **cohit.** pp.
Cortar el pelo á su usanza. **corong.** pc. *Gupit.* pc.
Cortar como media luna. *Cotab.* pp.
Cortar con la uña la espiga. **cotlo.** pc. *Quitil.* pc.
Cortar ramillas al árbol. **lungas.** pc. **sipo.** pc. **salay.** pp.
Cortar metiendo el cuchillo por debajo. **ligtas.** pc.
Cortar la cabeza. **pamoyoc.** pp. *Pogot.* pp.
Cortar con la mano flor ó fruta. *Puti.* pp. *Quitil.* pc.
Cortar el árbol por el pie. **popo.** pp.
Cortarse de vergüenza. **imi.** pc.
Cortarse las uñas. *Hinĝoco.* pc. *Hinoco.* pc.
Corte agudo. *Talim.* pc.
Corteza. *Balat.* pc.
Corteza del plátano. *Lapnis.* pc.
Corteza de árbol. *Opac.* pp. **balachac.** pc.
Corteza de la bonga. **talouac.** pp.
Corteza del coco junto al palmito. **tistis.** pc.
Corteza con que se cura el vino. **tangal.** pc.
Corteza de árbol para teñir redes. *Dampol.* pc.
Corteza con que tiñen de negro. **sapat.** pc.
Corteza de madera. *Banacal.* pp.
Cortedad. **ñguila.** pc. *Capos.* pc.
Cortedad del que no se atreve á ponerse delante de otro. **ñgila ñgila.** pc.
Cortejar. *Aboloy.* pp. *Abay.* pp.
Cortejar, galantear. *Ligao.* pp. *Panininta.* pc.
Cortes. V. Atento.
Cortesía. *Alangalang.* pp. **doti.** pp. *Nĝaninĝani.* pc. *Aniani.* pc. **sagap.** pp. **hagap.** pp.
Cortina. *Tabil.* pp. *Taquip.* pc. *Tabing.* pp.
Corto de vista. **silag.** pp.
Corto de razones. **atbang.** pp.
Corto en hablar. **biso.** pc. *Omid.* pc.
Corto sin proporcion. **lipog.** pp.
Corto. **dosong.** pp. *Donĝo.* pc. *Omid.* pp.
Corto de cuello. *Siguic.* pc. *Sig-ic.* pc.
Corto á cortar. *Icli.* pc. *Capus.* pc. *Icsi.* pc. *Igsi.* pc. **otdo.** pc.
Coruscante. *Marilag.* pc. V. Brillante.
Corvo. *Habyog.* pc. *Balantoc.* pc.
Corzo. *Osa.* pc.
Cosa. *Ca, ma, an,* partículas. *Ayaa.* pc. *Bapaa.* pc. Partículas de admiracion.

Corral. *Bacod*. pp.
Corral, para pescar. *Baclad*. pc.
Corral para puercos. *Olbo*. pc.
Corral para pescar. **loblob.** pc. **bonohan.** pp. *Baclar*. pc.
Corral segundo. *Pan̄galaua*. pc.
Corral para coger ratones. **tambag.** pp.
Corral que hacen á las orillas del rio. *Panloob*. pc.
Corral en el rio para coger pescado. *Pinir*. pc.
Corral de bestias. *Hayopan*. pp.
Corralillo para pescar. **banlat.** pc.
Corralillo con que pescan en la sementera. **siir.** pp.
Correa. *Sintas*. pc. *Linas na mahaba nang balat*.
Correccion. *Sisi*. pp. *Pag sisi*. pp. *Pag sauay*. pc.
Corredizo. *Talibugso*. pc. **talibutyo.** pc. *Hogotan*. pp.
Corregir, enmendar. *Itumpac ang mali*. pc.
Corregir reprender. *Sisi*. pp. *Sauay*. pc.
Correncia. *Ilaguin*. pc. V. Camaras.
Correnton. *Parini,t, parom*. pc. **paalia aliabo.** pp.
Correo ó messagero. *Sugo*. pp. *Mandadala nang sulat*. pp.
Correoso. *Ligat*. pp. **gayot.** pp. *Lagquit*. pc. *Conat*. pp.
Correr. *Tacbo*. pc.
Correr el chorro. *Talandoy*. pc.
Correr el sudor hilo á hilo. *Titis*. pp.
Correr á saltos. *Tacbo, t, locso*. pc.
Correr en pos de otro. *Hagar*. pp. *Habol*. pp.
Correr las lágrimas por la cara. **baguisbis.** pc. *Balisbis*. pc.
Correr el agua con velocidad. **dalouac.** pc.
Correr como viejo que se va cayendo. **gopang.** pp.
Correr el agua por su corriente. *Anor*. pp. *Agos*. pp.
Correr el agua mansamente. **dagoyroy.** pp.
Correr como del enemigo. **tagac tagac.** pc.
Correr, tras de alguno con ira. **gona.** pc.
Correr la sangre ó materia. *Sago*. pp. **patalaytay.** pc.
Correr la cortina. *Hila*. pp. **agol-ol.** pc. **talaytay.** pc.
Correr lo líquido, como agua ó sangre. *Daloy*. pp. *Anod*. pp. **daloyroy.** pc. *Agos*. pp. **silig.** pc.
Correria. *Pananampalasan nang hocbong cauuay, na sinisira ang pananim at nananamsam nang man̄ga pag aari*.
Correrse de algo. **hinagap.** pp. *Hiya*. pc.
Correrse de lo que se dice á otro. **hiñgoha.** pp. **hiñgauor.** pp.
Correspondencia. **tanga.** pp. *Catogon*. pc. *Catanao*. pc.
Correspondiente. **capitolon.** pp. *Cascol*. pp.
Corresponder. *Ganti*. pc.
Corrida. *Tacbo*. pc.
Corrido avergonzado. *Nahiyà*. pc. *Napa hiyà*. pc.
Corriente, raudal. *Agos*. pp. *Caagusan*. pp.
Corriente de agua, como caño. **daloy.** pp.
Corriente de avenida. **agay-ay.** pc. *Bahà*. pc. **agosdos.** pp.
Corrillo de gente. **olopong.** pp. *Cabilogan*. pp.

Corrimiento, cierta enfermedad. *Tavol*. pc. *Taul*. pc.
Corro. V. Corrillo.
Corroboracion. *Palacas*. pc. *Patapang*. pp.
Corroer. *Ñgat ñgat*. pc. *Ñgay ñgay*. pc.
Corrompersé el pescado. *Sira*. pp. *Halpoc*. pc. *Bilasa*. pp. *Boloc*. pc.
Corromperse cualquier licor. **langtot.** pc. **bansiu.** pc.
Corrupcion, corruptela. V. Corromperse.
Corrupta. **masauo.** pp.
Corruptela. *Masamang gaua at ugali na guinagaui laban sa cautusan*.
Corso. *Hocbo sa dagat*.
Cosa mal cocida. **balana.** pc.
Cosa concava que encima del agua no vá al fondo. **saliasir.** pc.
Cosa por acabar. **abolog.** pp. **abol.** pp.
Cosa espuesta á todos. **sabang.** pp.
Cosa desigual. **alit.** pc.
Cosa corta, como cadena al cuello. **atbing.** pc.
Cosa de poco mas ó menos. **palambang.** pc.
Cosa guardada de la noche antes para almorzar. *Bahao*. pc.
Cosa determinada. **tocong.** pp.
Cosa estimada y guardada que no se usa. **palañgan.** pp.
Cosa diputada para algo. *Talaga*. pc. **tañga.** pc. **panaan.** pp.
Cosa como ortaliza que no crece. **palocpoc.** pc.
Cosa corta. *Capos*. pc.
Cosa poca. **casil.** pc.
Cosa despreciable. **colatyao.** pc. *Ualang casaysayan*. pp.
Cosa con que se cubre el caballete. *Palopo*. pp.
Cosa que cuadra y viene justa, como nacida. **layac.** pp.
Cosa perfecta en su línea. *Sirhi*. pc.
Cosa de tierra. *Cati*. pp.
Cosa que nace de todo corazon. **soual.** pc.
Cosa comun á todos. **lagap.** pc. *Laganap*. pp.
Cosa estraordinaria. *Tabiñgi*. pc.
Cosa hecha en vinagre. **daloc.** pc.
Cosa muy sangrienta. **dogal.** pc.
Cosa seguida á otra inmediatamente. *Nognog*. pc.
Cosa pública, *Hayag*. pc.
Cosa aceda. *Panis*. pp. *Alomanis*. pc.
Cosa tuerta. **saloagcauit.** pc. **paliag.** pc. **baleagcauit.** pc. *Quilo*. pc.
Cosa corta que no llega á los otros sus semejantes. **pandacan.** pp. *Pandac*. pc.
Cosa aguda clavada en otra. **tiol.** pc.
Cosa vedada por via de culto. **panguilin.** pp. *Pañgilin*. pp.
Cosa llana. **panay.** pc. *Patag*. pp.
Cosa que se dá en la mesa. *Dolot*. pp.
Cosa floja. **calau.** pc.
Cosa fiada. **pabala.** pp.
Cosa tiesa y derecha sin menearse. **tagtag.** pp. *Tatag*. pc. *Matatag*. pc.
Cosa gruesa ó tosca. *Gaspang*. pc.
Cosa gruesa que no parte bien el agua. **tabiac.** pc.
Cosa floja y corta como la luz pequeña. *Lamlam*. pc.
Cosa gastada. *Tuñgos*. pc.

Cosa llevada de la corriente en tiempo de la avenida. *Goua*. pp.
Cosa mal redonda, ó mal pareja. **duyog.** pc.
Cosa muy seca y dura. *Tigang* pp. l. **yasang.** pc.
Cosa ó lugar en que se hace ó ejercita alguna cosa. *An*.
Cosa molida de palos. *Lamog*. pc. *Bogbog*. pc.
Cosa que se pone sobre la caveza para la defensa del agua. *Pandong*. pc. *Cobong*. pc. *Talocbong*. pc.
Cosa que de nada sirve y gasta mucho. **bubuisir.** pp.
Cosa que no se puede menear. *Ilo*. pc.
Cosa no continuada ni llevada acabo. **locto locto.** pc.
Cosa medio seca. *Malaguihay*. pp. *Laguihay*. pp.
Cosa sin sustancia ó sin vigor. **cupi.** pc.
Cosa supersticiosa con que creen librarse de los peligros y armas ofensivas. *Anting anting*. pc. *Dupil*. pp. *Aguimat*. pp. *Galing*. pc.
Cosa desmedrada. **aniyang.** pc. **aniang aniang.** pc.
Cosa salada. *Boro*. pp.
Cosa pasada. *Lipas*. pc.
Cosa fresca. *Sariuà*. pp.
Cosa ordinaria. **halosin.** pc. *Hamac*. pp.
Cosa hecha apresuradamente. **dagayray.** pc. **daguiray.** pc.
Coscorron. *Ontog*. pc. *Sontoc*. pc. *Toctoc*. pc.
Cosecha. *Camasahan*. pp. *Panahon*. pc. *Ani*. pp. *Tag áni*. pp.
Cosechar. *Ani*. pp. *Pati*. pp.
Coser la banca. **bitic.** pc.
Coser hojas de palmas. **pauir.** pp.
Coser añadiendo á una cosa otra. **sacnib.** pc.
Coser dos puntas de la ropa. *Tagni*. pc. *Tanig*. pp.
Coser. *Tahi*. pc. *Totos*. pc. **salogsog.** pc.
Cosicosa. *Bogtong*. pc.
Cosmogonia. *Carunungang na oocol sa pag quilala nang lagay at pagca yari nitong mundo.*
Cosmografia. *Pagca salaysay nang calagayan nitong mundo.*
Cosquillas en sobaco. *Quiliquili*. pc. *Quilitè*. pc. *Quiliquiti*. pc.
Cosquilla. **calamgam.** pc. *Galamgam*. pc. **hambolitiqui.** pc. *Guilaugau*. pc. **buliquiti.** pc. **hinquiliti.** pc.
Costa. *Dalampasig*. pp. *Dalampasigan*. pp. *Baybay*. pc. *Baybain*. pp. *Pampang*. pc.
Costado. *Taguiliran*. pp.
Costal. **baloyot.** pc. *Bayong*. pc. **alapotan.** pp.
Costal de petate. **paraca.** pp.
Costalada. *Lagpac nang pagca dulas.*
Costanero. *Dahilig*. pp. *Dalisdis*. pc. **dalingsil,** pc. **galili.** pp.
Costar. *Halaga*. pc. *Pagca bili*. pc.
Coste. V. Costar.
Costear. *Gugol*. pp. It. *Bayboy*. pc. *Tabi*. pc. *Lumayag na nanabi.*
Costera. V. Costado.
Costillar. *Catiponan nang manga tadyang.*
Costillas. *Taryang*. pc. *Tadyang*. pc.
Costilludo. *Tauong malacas, malapad ang licod, at masampad ang balicat.*
Costo. *Halaga*. pc. *Gogol*. pp.
Costoso. *Mahal*. pc. *Mahalaga*. pc.
Costra de la llaga. *Langib*. pc.
Costreñir. *Pilit*. pp.
Costumbre. **danio.** pp. *Anio*. pp. l. pc. *Asal*. pp. *Caratihan*. pc. *Bihasa*. pp. *Ogali*. pp. *Gaui*. pc. l. pp. *Lagay*. pc.
Costumbre de la muger la primera vez. **cana.** pp.
Costumbre de la muger. **oui.** pp.
Costura. *Tahi*. pp. **taip.** pp.
Costuron. *Tahing magaspang.*
Cota. *Cotamaya*. pp. *Damit na bacal na isinosoot nang manga mang dirigma.*
Cotejar medidas. **aalio.** pp. *Soboc*. pp. *Ocol*. pp. *Sungcar*. pc. **manghad.** pc.
Cotejar. **ocol.** pp.
Cotejar el bien ó mal con el ageno. **himara.** pp.
Coto. *Lupang ipinag babaual pag pastoran*. It. *Taning na halaga ó pusta na di malampasan.*
Cotonia. *Damit na puting binabaro.*
Cotorra. *Isang bagay na ibon*. It. *Babaing matabil at masalitá.*
Covacha. *Munting cueva ó longá.*
Coy. *Doyang damit, ò mantalona na hinihigan nang Marinero.*
Coyuntura de manos ó pies. *Boco*. pc. *Casocasoan*. pc. **sodlong sodlongan.** pp.
Coyuntura, ocasion, oportunidad. *Calaon*. pc. *Panahon*. pc. *Mabuting panahon*. pc.
Coz. *Sicar*. pp. **tindac.** pc. **tirac.** pp. **tiriyao.** pc. *Taryac*. pc. *Tadyac*. pc.

C antes de R.

Craneo. *Bungo*. pc. *Bao nang ulo.*
Crápula. *Pag lalango*. pc. *Pag lalasing*. pc.
Crasamente. *Totoong camangmangan.*
Crascitar. *Huni nang ouac.*
Craso. *Macapal*. pc. *Mataba*. pc. *Masinsin*. pc.
Crater. *Bibig ó butas nang manga bulcan.*
Cratícula. *Bintanang munti na pinag susuboan sa manga Monja con naquiquinabang.*
Crea. *Isang bagay na damit.*
Creacion. *Pag lalang*. pc. *Pag cuha sa uala nang P. Dios nang manga bogay.*
Crear. V. Creacion.
Crecedero. *Ang ma aaring lumaqui, ò sumibol.*
Crecer los cañutos de cañadulce. **laas.** pc.
Crecer ó arreciar el viento. **siguing.** pc. *Sasal*. pc.
Crecer el arroz cuando cuecen. *Hilab*. pp.
Crecer mucho el palay y no granar. **tabal.** pp.
Crecer el muchacho en buena disposicion. **talobó.** pp.
Crecer hirviendo, como la morisqueta. **labag.** pp.
Crecer. **acac.** pc. *Laqui*. pc. *Dami*. pp.
Crecer el agua. *Apau*. pp. **alisuag.** pc.
Crecer lo que hierve. **tabol.** pp.
Crecer plantas ó animales. *Tubo*. pp. **olar.** pp. *Naonao*. pc. **lanubo.** pp. *Lagó*. pc. **lamba.** pc. *Sibol*. pc. **lati.** pp.
Crecer la ganancia. **laba.** pc.
Crecer el lodo. **lapinao.** pp.
Crecer la enfermedad. *Lubhà*. pc.

Crecer el agua por avenida. **sapo.** pc.
Crecer el agua hasta el canto del rio. **sicar.** pc.
Crecer lo que se presta. *Higuit.* pc.
Creces. *Pag dami.* pp. *Pag solong.* pp. *Dagdag.* pc.
Creciente. V. Crecer.
Creciente ó menguante. **calabit.** pc.
Creciente del mar. **taib.** pp. **alaal.** pp. **alañgaan.** pp. **taog.** pp.
Creciente, crecer el agua. **souag.** pc.
Crecimiento de luna. **palaba.** pc.
Credencia. *Munting lamesa sa piling nang Altar na pinag lalaguian nang manĝa gamit sa pag mimisa.*
Credencial. *Nag papatunay.* pp. *Catibayan.* pp. *Nag papa totoo.* pp.
Crédito. *Puri.* pp. *Cabantogan.* pp.
Crédito. **canot.** pp. **talima.** pp. **paotang.** pp.
Credo. *Sumasampalataya.* pp.
Crédulo confiado. *Mapag paniuala.* pp. *Mapaniualain.* pc.
Credero. *Dapat paniualaan.* pp.
Creedor. V. Crédulo.
Creer. *Maniualà.* pp. *Manampalataya.* pp.
Creible. V. Creedero.
Cremor. *Isang bagay na gamot.*
Crencha en medio de la cabeza. **sañgi.** pc.
Creo que es asi. *Yata.* pp. *Tila.* pp. *Anaqui.* pp.
Crepúsculo matutino. *Bucanliuayuay.* pc.
Crepuscolo vespertino. *Taquip silim.* pp.
Cresa. *Isang bagay na uud, ó ohod.*
Crespo el pelo. *Colot.* pc. **ical.** pc.
Cresta de ave. *Palong.* pp.
Creyente. V. Creer.
Cria de carabao. **bolo.** pc. *Guyá.* pp.
Cria primeriza de yegua, vaca, carabao, &c. **salag.** pc.
Criada, criado. *Alagad.* pc. *Alila.* pp. *Lingcod.* pc.
Criadillas de tierra. **limalima.** pp.
Criado. *Alagar* pc. *Alila.* pp. *Lingcod.* pc.
Criador. *May capal.* pc. *May gaua.* pc. *May lalang.* pc.
Crianza. *Galang.* pp. *Dunong maquiharap.* pc.
Criar. V. Creacion.
Criar mucha barba en los carrillos. **malingming.** pc.
Criar como ayo ó ama. **intay.** pc.
Criar aves. **irog.** pc.
Criar, como hijo. *Candili.* pp.
Criar á medias. *Iui.* pp.
Criar al hijo de otro. *Iui.* pp.
Criar. **acay.** pp. *Alila.* pp.
Criar peces en estanque. **pabiyay.** pp.
Criatura. *Ang lahat na bagay na linalang nang Dios.*
Criatura de teta. *Pasusuhin.* pc.
Criba. *Bithay.* pc. **agagan.** pp.
Cribar. V. Criba.
Crimen. *Casalanan.* pp. *Gauang lico.* pc. *Gauang mali.* pc. *Gauang linsil.* pc.
Criminal. *Mac sasalanan.* pp. *Salarin.* pc.
Criminoso. V. Criminal.
Crin. *Quiling.* pc. *Bohoc sa liig nang cabayo.*
Criollo. *Castilang tubo sa America.*
Crisis. *Malaquing pag babago nang saquit maharap man sa pag galing, ó sa pag lubhà.*
Crisma. *Santong lana na may halong bálsamo, at guinagamit sa pag bibinyag at pag cocompil; datapua,t, hindi sa may saquit.*
Crismera. *Lalaguian nang crisma o nang Santong lana.*
Crisol. **laganan.** pc. *Lila.* pp. *Sanĝagan.* pp. **yañgahan.** pp. **tinao.** pc.
Crisólito. *Isang bagay na diamante, ó batong mahalaga.*
Cristal. *Bobog.* pp. *Salamin.* pc.
Cristalino. *Malinao.*
Cristiandad. *Cacristianohan.* pp. *Sang cacristianohan.* pp.
Cristiano. *Binyagan.* pp. *Quiristiano.* pp. *Campon ni Jesucristo.*
Cristo. *Ang anac nang Dios na nag catauan tauo.*
Criterio. *Bait.* pc. *Pag iisip.* pp.
Crítica, criticar. *Bolong.* pc. *Pintas.* pc. *Pula.* pp. It. *Pag quilala nang manĝa bagay, sang ayon sa manĝa reglas ó panipat nang arte.*
Criticon. *Pintasin.* pp. *Mamumulà.* pp.
Crónica. *Casulatan ó salita na natotogon sa pag caca sonod sonod nang panahon.*
Cronista. *Ang may gaua, ò ang sumusulat nang Crónica.*
Crucero. *Ang paripa nang simbahan.*
Crucifero. *Ang mag dadala nang Cruz.*
Crucificado. *Si Jesucristong na papacco sa Cruz.*
Crucifijo. *Ang larauan ni Cristong panĝinoong na papaco sa Cruz.*
Crudo. *Hilao.* pc.
Cruel. *Maganit,* l. *Mabagsic.* pc. *Ganid.* pp.
Cruel. *Banĝis.* pc. *Lilo.* pp. **lupanit.** pp.
Cruel en la guerra. **pusantapang.** pp.
Crujir. **ñgaluctíng.** pc.
Crujir la madera ó puerta. **alatiit.** pp. **calatiit.** pp. *Irit.* pp. *Calairit.* pp.
Crujir rechinar la comida entre los dientes. **ñgalitñgit.** pc. *Nĝalotnĝot.* pc.
Crujir los dientes causando dentera. **ñgayasñgas.** pc.
Crujir los dientes de frio. **pangalocting.** pc.
Crujir las tripas. *Cotob.* pc.
Crujir los huesos del que vá cargado. **lagonot.** pc.
Crujimiento de algo cuando cae. *Laganas.* pp.
Cruz. *Dipa.* pc. *Curuz.* pc.
Cruzada. *Pag cacatipon at pag lacad nang hocbong laban sa manĝa di binyagan.*
Cruzar por las olas. **banlag.** pc.
Cruzar palos unos sobre otros. **balangtay.** pc.
Cruzar los brazos al pecho. *Haloquipquip.* pc. *Panĝaloquipquip.* pp.
Cruzar las manos cuando beben. **salabay.** pp. **saliuay. salouay.** pp.
Cruzarse los mandatos. **lason.** pc. *Dasondason.* pc.
Crucero del cielo. **pasil.** pp.
Crucificar. *Paripa.* pc. *Ipaco sa Cruz.*

C antes de U.

Cuadernillo. *Calendario nang manĝa pare.* It. *Catiponan nang limang banig na papel.*
Cuaderno. *Catiponan nang manĝa papel na ticlop at tinahing anaqui libro.*

Cuadra. *Yaring tahanan ó talian nang cabayo.*
Cuadrado. **tapil.** pp. *Parisucat.* pp. *Palisucat.* pc.
Cuadragenario. *May apat na puong taon.*
Cuadragesimal. *Na oocol sa cuaresma.*
Cuadragésimo. *Ica-apat na puo.*
Cuadrante. *Ica-apat na bahagui nang mabilog.*
Cuadrar madera. **tapil.** pp.
Cuadrar una cosa á otra. **ocol.** pp.
Cuadrienal, cuadrienio. *Apat na taon.*
Cuadril. *Balisacang.* pc. *Balacang.* pc.
Cuadrilla. *Ang catiponan nang manĝa tauong may ninanasa.*
Cuadrillero. *Tauong natatalaga sa pag daquip nang tolisan, ó mag nanacao.* It. *Cabo nang mandaraquip sa nasabing masasamang tauo.*
Cuadrimestre. *Apat na buan.*
Cuadriple. *Apat na suson, apat na pinag isa.*
Cuadro. V. Cuadrado.
Cuadrupedo. *Hayop na apat na paa.*
Cuajada. *Gatas na pina pamoó.*
Cuajar, coagular. *Mamoó.* pp. *Maboó ang gatas ó dugó.*
Cuajaron. *Ang umaagos na namoó.*
Cuajarse la sangre estraida. *Quintay.* pc.
Cuajarse la sangre. **apil.** pc.
Cuajo. *Sinoso.* pp. *Labot.* pc.
Cual. *Alin.* pc. *Sino.* pp.
Cualquiera. *Sinoman.* pp. *Balang.* pp. *Baua.* pp. *Bauat.* pp. *Alinn man.* pc.
Cualquiera cosa. *Balang na.* pp. *Ano man.* pc.
Cuando. *Caylan.* pc. *Cun.* pc *Nang, niyon, noon, cahi.* pp. *Ca.*
Cuantas veces. *Macailan.* pp.
Cuantioso. *Malaqui.* pc. *Marami.* pp.
Cuanto. *Ilan.* pc. *Magcano.* pp. **mañgano. ñgano.** pp.
Cuarenta. *Apat na pouo.* pp.
Cuarentena. *Apat na puong arao, buan, ó taon.*
Cuaresma. *Ang panahong na uuna sa Pasco nang pagca buhay na ipinag utos nang Santa iglesia manĝilin at mag* **sipa** *sa pag cain nang lamang cati at mag colacion naman.*
Cuaresma alta. *Cuaresmang mataas ang pasoc.*
Cuaresma baja. *Mababa o maaga ang pasoc nang cuaresma.*
Cuarta parte de una ganta. **gahinan.** pp.
Cuarta parte de un cuartil o. **alimaymay.** pc.
Cuarta parte. *Icapat.* pp. *Icapat na bahagui.* pp.
Cuartana. *Lagnat na sumusumpong tuing ica-apat na arao. Panĝiqui.* pp.
Cuartanario. *Ang tauong linalagnat tuing ica-apat na arao. Panĝiquihin.* pc.
Cuartear. *Bitac ó* **lahang** *nang pader ó ibang bagay.*
Cuartel. *Tahanan nang manĝa sondalo.*
Cuarteron. V. Cuarta parte.
Cuartilla. *Ica apat na bahagui nang arroba.* It. *Ica-apat na bahagui nang isang banig na papel.*
Cuartillo. *Alio.* pp.
Cuarto. *Ica-apat.* pp.
Cuarto, aposento. *Silid.* pc.
Cuarto delantero del animal, **alima.** *Pomaona.* pp.
Cuarto trasero. *Pamaholi.* pc.
Cuarto de ave. **lapi.** pp.
Cuatrero. *Mag nanacao nang hayop.*
Cuatriduano. *Apat na arao.*
Cuatrinca. *Catiponan nang apat catauo, ó apat na bagay.*
Cuatro. *Apat.* pp.
Cuatro reales. *Salapi.* pc. *Isang salapi.* pc.
Cuatrocientos. *Apat na daan.*
Cubierta para cubrir la carga. **samil.** pp.
Cubierta de la mazorca del maiz. **tacupis.** pp. *Opac.* pp.
Cubierta que ampara, del sol, agua, &c. *Pandong.* pc.
Cubierta al lado de la embarcacion. *Panambil.* pc.
Cubil. *Logmocan nang manĝa hayop.*
Cubrir. **tonob.** pc. **aclap.** pc. *taqnip.* pc. *Pindan.* pc. *Pinir.* pp.
Cubrir algo con hojas. **pampan.** pc.
Cubrir la embarcacion de popa á proa. **totob.** pc.
Cubrir algo con tierra. *Tobon.* pp.
Cubrir la cabeza con algo. **tocbong.** pc. **acbag.** pc. *Cobong.* pc. *Talocbong.* pc. *Pandong.* pc. *Pindong.* pc. *Colobong.* pc.
Cubrir algo, como con tabla, hojas. &c. *Talop.* pp. *Talob.* pp.
Cubrir la casa de nipa. **lauot.** pp. *Atip.* pc.
Cubrir los animales, árboles, &c. á la hortaliza. **tagnong.** pc.
Cubrir el fuego con ceniza. *Daig.* pp.
Cubrir ó hacer sombra á los ojos con las manos. **panagusilao.** pp.
Cubrir el tejado con pajas. **atip.** pc. *Bobong.* pc.
Cubrirse la tierra de agua por grande creciente. **sinap.** pp.
Cubrirse la tierra con nube. **colap.** pp.
Cubrirse los sembrados con el agua. **sipoc.** pc.
Cubrirse el Cielo de nubes. **lyin.** pp.
Cubrirse. **apao.** pp.
Cuca. *Munting ood.*
Cucaña. *Mataas at matouid na haliguing pinahiran nang sabon ó sebo, sa itaas ay may cacanin ó pilac na ipinag cacaloob sa maca aaquiat.*
Cucañero. *Ang tauong maalam mag tamo nang anomang bagay sa cacaonting pagal, ó cun minsa,i, sa pagod nang iba.*
Cucar. *Biro.* pp. *Oroy.* pp. **oyam.** pc.
Cucaracha. **ipas.** pp. *Ipis.* pp. **bangcocang.** pp.
Cuclillas. *Tingcayad.* pc.
Cuclillo. *Isang bagay na ibon.* It. *Lalaquing pinag lililo nang asaua.*
Cuco. *Isang bagay na ohod na naguiguing* **aliparo,** *ó paroparo.*
Cuculla. *Isang bagay na damit sa una na quinoculobong sa olo.*
Cucurucho. *Papel na binilot. ò nilolon, na pinag lalaguian nang pilac, matamis ó ibang bagay.*
Cuchara pequeña. **soro.** pp.
Cuchara para comer de hojas de palma. **siloc.** pp.
Cuchara de cañas entretejidas. **sagap.** pp.
Cuchara para sacar pescado. *Saloc.* pp.
Cuchara de cocina. *Sandoc.* pc. **cauot.** pp.
Cucharada. *Casandoc.* pc. *Isang sandoc.* pc.
Cuchichear. *Bolong na may nacaquiquita.*
Cuchilla. V. Cuchillo.
Cuchillada. **tuguis.** pc. *Tabac.* pc. *Hiua.* pp. *Taga.* pc.

Cuchillada grande abriendo de arriba á bajo algun viviente. **salasa.** pp. **sapac.** pp.
Cuchillada por medio del cuerpo. **sampâl.** pc.
Cuchillo. *Goloc.* pp. *Sondang.* pc. *Itac.* pc.
Cuchillo corvo. **bonong.** pp.
Cuchillo sin punta, **puñgi.** pc.
Cuchillo pequeño para limpiar bejuco. **pisao.** pc. **hiuas.** pc.
Cuchillo con que señalan lo cortado. **panata.** pp.
Cuchillo para cortar bonga. **panalip.** pp.
Cuchillo pequeño de cabo largo. **tiar.** pc.
Cuchillo largo con que cultivan las palmas. *Carit.* pp.
Cuchillo con que rozan zacate. *Colauit.* pc.
Cuchillo que corta mano. **caros.** pc.
Cuchillo con que cortan bonga. **carot.** pp.
Cuchillo con que afeitan. **calumpagui.** pp.
Cuchillo para el buyo. *Campit.* pc.
Cuchillo embotado. **ganal.** pp. *Pañgal.* pp.
Cuchillo romo. **palang.** pc.
Cuchillo de cabo largo para labrar bejuco. **sisip.** pp.
Cuellicorto. *Sig-ic.* pc.
Cuellilargo. *Mahaba ang liig.*
Cuello. *Liig.* pp.
Cuenca del ojo. **loñgab.** pp. **loñgag.** pp.
Cuenta. **olat.** pp. *Bilang.* pp.
Cuentas de oro. **tinigbi.** pc.
Cuentista. *Nag hahatid dumapit.*
Cuento ó millon. *Sampong yuta.* pp. **añgaoañgao.** pp. **gatus.** pc.
Cuento de viejas. **cacanacana.** pc.
Cuento. *Salita.* pc. **cacana.** pc.
Cuerda. *Hapin.* pc. *Lubid.* pp. *Pisi.* pp. **dilis.** pc.
Cuerda de arco muy tirante. **bantoc.** pc.
Cuerda del arco. **dilis.** pc.
Cuerda de la red. **hayhay.** pc.
Cuerda que atan al taguicao de la vaca ó carabao. *Pamitic.* pp.
Cuerda con que atàn los cabos del yugo del carabao. *Punliig.* pc.
Cuerdas desiguales por mal torcidas. **limatic.** pc.
Cuerdo. *May bait.* pc. *Mabait.* pc.
Cuerna. *Suñgay na guinagauang* **souolan,** *ó vasong inomun.*
Cuerno pequeño de carabao. **malatondoc.** pc.
Cuerno. *Suñgay.* pp.
Cuerno partido donde meten el bolo. **panaclayan.** pp.
Cuernos caidos. **cubao.** pc.
Cuero. *Balat.* pc. *Catad.* pp.
Cuero ya curado. **sapi.** pp.
Cuero de tambor. **sapar.** pp.
Cuero crudo. **panit.** pp.
Cuerpo. *Catao-an.* pc.
Cuerpo del árbol de las ojas de buyo. **otñgal.** pc.
Cuerpo delicado. **locot.** pp.
Cuerpo encorvado. **onot.** pp.
Cuerpo grande y sin juicio. **pancal.** pc.
Cuervo. *Ouac.* pc:
Cuesco, ó pedo. *Otot.* pc.
Cuesta arriba. *Ahonin.* pc. *Salonĝahin.* pc.
Cuesta inclinada. *Dahilig.* pp. **dalinsil.** pc. **dalisdis.** pc.
Cuesta abajo. **dalhac.** pc. *Losonĝin.* pc.
Cuesta alta. **bañging.** pc.
Cuesta derecha **anglas.** pc.
Cuestezuela. **sanag.** pc.
Cuestion. *Tulo.* pp. *Tultul.* pc. *Usap.* pc. *Usapin.* pc.
Cuestionar. *Mag saysay nang canicaniyang matuid.*
Cueva. *Longa.* pc. **loñgib.** pp. *Yonĝib.* pp. **loñgab.** pp.
Cueva de animales. *Logmocan.* pp.
Cuellituerto. **sigig.** pc.
Cuidado. *Sipag.* pp. *Casipagan.* pp. **adhica.** pc.
Cuidado. **mayocmoc.** pc.
Cuidado, atencion. **agap.** pp. *Calinĝa* pp. *Alaga.* pp.
Cuidado, solicitud. *Ligalig.* pp. **atop.** pc. *Ligamgam.* pc.
Cuidadoso. *Maimpoc.* pc. **macusi.** pp.
Cuidar. *Alila.* pp. *Calinĝa.* pp. *Bahala.* pp. *Calauinĝi.* pp. **amac.** pp.
Cuidar de la obra. **arag.** pp.
Cuita. *Dalamhati.* pp. *Hirap.* pp. *Hapis.* pp. *Pighati.* pc.
Cuitado. **maimot.** pp. *Maramot.* pp. **maraicot.** pc.
Culantrillo de pozo. **lomotlomotan.** pp. **saysaycanalohan.** pp.
Culata. *Poit nang baril, escopeta ó pistola.*
Culcusido. *Masamang tahi.*
Culebra. *Ahas.* pp. **banias.** pc.
Culebra verde. *Talbos tubo.* pc. *Dahong palay.* pc.
Culebra pintada. **potong aeta.** pp.
Culebra ponzoñosa. *Olopong.* **hinyayañgo.** pp.
Culebra asi llamada. **bibiraguin.** pp. It. *Saua.* pc.
Culebra grande. **alimoranin.** pp.
Culebra de dos cabezas. **balbag.** pc. *Balibat.* pc. *Balabag.* pc.
Culebra de agua. **taquig.** pc. **balucubac. calabucab.** pc. *Dohol.* pc.
Culebra voladora. **galacgac.** pc. **hinyayañgo.** pp. **unlañgo.** pp. **añgañga.** pp.
Culebra que se cuelga. de los árboles. *Bitin.* pc.
Culebrear. *Quiual.* pp *Quiuas.* pp.
Culo. *Puit.* pc. *Pouit.* pp.
Culo, nalgas. *Pig-i.* pc.
Culpa. *Sala.* pp. *Linsil.* pc. *Casalanan.* pp.
Culpado. *May sala.* pp. *Salarin.* pc.
Culpar. *Paratanĝan.* pp.
Cultivar, cultivo. *Araro.* pp. *Mag araro.* pp. *Magbuquid.* pp. *Magsaca.* pp.
Cultivar palmas en tierra agena. **panahon.** pc.
Cultivar palmas de coco. **tonga.** pc. *Carit.* pp. *Tuba.* pc.
Cultivar palmas por la tarde. *Hapon.* pp.
Culto. *Samba.* pc. V. Adorar.
Cumbre del monte. **catalampacan.** pp. *Cabondoc bondocan.* pp. l. *Catoctocan.* l. *Cataloctocan.* pc.
Cumbre de sierra ó collado. *Taloctoc.* pc. *Toctoc.* pc.
Cumbre ó coronilla de algun monte pelado. **tagaytay.** pc.
Cumpleaños. *Arao na caganapan nang tuon, capanĝanacan sa isang tauo.*

Cumplimentar. *Mag bigay loob, mag bigay galang*. V. Cumplir.
Cumplimiento perfecto. **sayap.** pc.
Cumplir con la obligacion. **gusar.** pp.
Cumplir. *Daos*. pp. *Ganap*. pc.
Cumplir su voluntad en todo. *Panibolos*. pp.
Cumplir lo que es mas de su obligacion. **laos.** pp.
Cumplir algo. **tanga.** pp.
Cumplir su palabra. **tapat.** pc.
Cumplir promesa ó palabra. *Topar*. pc.
Cumplir con eficacia lo que le mandan. **siguing.** pc.
Cumplirse la maldicion. **tapó.** pp.
Cumplimiento de toda una cosa. *Puspus*. pc.
Cumplimiento cabal de la voluntad de uno. *Panolos*. pp.
Cumplimiento. *Ganap*. pc.
Cumulador. *Ang nag titipon nang sarisari.*
Cumulo. *Bonton*. pc. *Capisanan, ó catiponan nang maraming bagay*
Cuna. **ancam.** pc. **indayunan.** pp. **doyan.** pp.
Cuna de niños. **anduyan.** pc. **aloyan.** pp.
Cuna de bejuco colgada. **tayonan.** pp.
Cundir. *Lanay*. pp. *Danac*. pp. *Calat*. pc. **lagap.** pc. *Laganap*. pp.
Cundir el agua. **sapao.** pp. **sinip.** pp. **sanip.** pp. **sanao.** pp. **sanap.** pp. *Apao*. pp.
Cundir el fuego. **labilab.** pp.
Cundir por todas partes, como el agua. **sanap.** pp. **lagta.** pc. **lanip.** pp.
Cuña. **ibac.** pp. *Calang*. pp. **tasoc.** pp. *Tanat*. pp.
Cuña para hender. **pamari.** pp. **panlasi.** pp. **paningcal.** pc.
Cuña ajustada. **pasang.** pp. *Pasac*. pp.
Cuña ó tarugo de palo. **solpá.** pc. *Pasac*.
Cuña para fortificar la muesca. **sisap.** pp. **sisip.** pp. **dahaca.** pp.
Cuñada ó cuñado. *Hipag*. pp. *Bayao*. pc.
Cuña para asegurar dos cosas unidas. *Sabat*. pc.
Cuñada por el hermano segundo. **diso.** pp.
Cuñada por el hermano primogénito. **inso.** pc.
Cuñado por la hermana mayor. **siajo.** pp.
Cuñado entre varones. *Bayao*. pc.
Cuñete. *Barilis na munti.*
Cuño. **panala**. pc.
Cupo. *Ambagang na uucol ó na totoca sa isat isa.*
Curador. *Mangangalaga*. pc *Mangangasiuà*. pp.
Curar vasijas para cuando se les hecha algun licor. **tiba** pc.
Curar con ensalmos. **taual.** pp.
Curar con yerba picadura de culebra. **taual.** pp.
Curar las llagas en la boca. **lasog.** pc.
Curar el barro cociéndolo en agua. **tayá.** pc.
Curar ó curarse. *Gamot*. pc.
Cureña. *Carrotong pinag hihilahan nang manga cañon.*
Curia. *Tribunal na pinag hahatulan nang manga bagay sa pare ó sa Simbahan.*
Curioso. **taloguigui.** pp. **maalosithâ.** pc.
Cuidado. *Sipag*. pp. *Agap*. pp. *Bahalà*. pp. **balihanda.** pp.
Cuidadoso. **aguimat.** pp.
Cuidar. *Alaga*. pp. *Atilà*. pp. **cama.** pc. **apuñya.** pc. *Bahala*. pp. *Calinga*. pp.
Cuidar bien. **panibahala.** pp.
Cuidar cosas animadas. *Alaga*. pp.
Cuidar, como de la criatura ó animales. **iboc.** pc.
Cuidar de lo que está á su cargo. **tilalay.** pp.
Cuidar de alguno con amor. **ingqui.** pc.
Cuidar de algo. **calariya.** pc.
Cuidar de otro. *Calauingi*. pp. **amac.** pp.
Cursado. *Bihasa*. pp. *Sanay*. pc.
Cursar. *Pumasoc sa clase at mag aral nang carunungan.*
Curtir. *Mag luto nang manga balat na guinagauang sapin.*
Custodia, custodiar. *Alaga*. pp. *Tanod*. pp. *Bantay*. pc.
Cutis. *Balat nang tauo.*
Cuyo. *Canino*. pp. *Cangino*. pp. *Nino*. pp.

D antes de A.

Dable. *Ma aari*. pp. *Mangyayari*. pp.
Daca. *Daco rito*. pp. *Sadaco rito*. pp.
Daca, da aca, dame aca, ó echa aca. **dihan.** pp. **dinhan.** pc. *Abuti*. pc. *Yabot mo*. pc. *Tangco*. pc.
Dádiva. *Bigay*. pc. *Biyaya*. pp. *Caloob*. pp. *Gauar*. pp. **dauol.** pc. *Handog*. pc.
Dádiva del novio á la novia. **talas.** pp.
Dádiva del padre á la hija cuando se casa. **obar.** pp.
Dádiva de los padres á los hijos cuando se casan. *Pasonor*. pc.
Dádiva del novio al suegro, ó la crianza de la novia. **himoyat.** pp.
Dádiva que se envian los concuñados. **dalaban.** pp.
Dado á una cosa. **dahil.** pp. *Bihasa*. pp.
Dado caso que. *Bagaman*. pc. *Ipagpalagay*. pc.
Daga. **iua.** pp. *Sondang*. pc.
Dados. **sagam.** pp. **salam.** pc. **daro.** pp.
Dalagota, grande afrenta. **dagsoc.** pc.
Dalaga vieja. **ganay.** pp.
Dalag pequeño. **bocling.** pc.
Dale que dale. *Ulit ulit*. pp. *Maulit*. pp. *Hindi masauay*. pc. *Hindi masauata*. pc.
Dama. *Babaeng mahal at maguinoo*. It. *Babaeng sinisinta,t, iniirog nang isang lalaqui*. It. *Dangal na ipinag cacaloob sa manga babaeng guinoo na umaabay at nag lilingcod sa manga Reyna, Princesa ó Infanta.*
Damasco. **lac-ha.** pc. **sabat sabat.** pp.
Dame. **aco.** pc. *Tangco*. pc. *Aqui na*. pc. *Ibigay mo sa aquin.*
Dameria, **tumpic.** pc. **selan.** pp.
Damisela. *Dalagang maganda at masaya.*
Damnificar. *Manganyayâ*. pp. *Manampalasan*. pp. V. Dañar.
Danza. *Sayao*. pc.
Dañar el veneno. *Talab*. pc. *Tablan*. pc.
Dañar á otro. *Anyayà*. pp. *Panganyayà*. pp. *Tampalasan*. pp. **ngaya.** pc. *Pahamac*. pp.
Daño. *Casiraan*. pp. *Capanganyayaan*. pp. *Capahamacan*. pc.
Dañar con la vista. **gaya.** pp.
Dañarse la fruta. **lagsac.** pc. *Looy* pp.
Dañarse algo. **lantac.** pc.
Dar á entender que se alegra del mal de otro. **pahinirap.** pp.
Dar el pésame ó compadecerse. **hiñgabá.** pc.

Dar, que sentir con palabras. **tampias.** pp. **pasaring.** pp. *Paringig.* pc.
Dar la comida en el galillo. *Sumid.* pc.
Dar á la vela. **bognos.** pc. *Layag.* pp.
Dar *Pa*, particula. Este vestido me dieron. *Paramit ito sa aquin.*
Dar por nulo. **calas.** pc.
Dar á otro con lo que tiene, ó con su mismo cuerpo. **dang-gal.** pc. *Bongó.* pc.
Dar de golpe las olas sobre la embarcacion, llenándola de agua. **alos.** pp.
Dar licencia. *Pahintolot.* pp. *Tolot.* pp.
Dar golpe ó palo con cosa que se blandee. *Yaquis.* pc. *Hagquis.* pc.
Dar ó tomar fiado. *Otang.* pp. *Ancat.* pc.
Dar primicias. *Pamogo.* pp.
Dar á beber vino por taza. *Tagay.* pp.
Dar á otro la parte que le toca. **taboy.** pc.
Dar cuenta, esplicacion, ó leccion. *Sulit.* pp.
Dar con la punta del palo ó el dedo. **doldol.** pc.
Dar golpes. *Pocpoc.* pc.
Dar la mano al enfermo para andar. **agbay.** pc. **acbay.** pc. *Acay.* pp.
Dar lo que ya no se quiere. **lamboy.** pc.
Dar mate. **yit.** pc. **tocso.** pc. *Cantiao.* pc.
Dar pena. **alictia.** pp.
Dar priesa en lo que hace. *Camot pusa.* pp.
Dar por bien hecho el mal que le sucedió á uno. **talá.** pp
Dar palo. *Yaquis.* pc.
Dar trancos. **paling.** pp.
Dar uno alguna cosa cobrando la mitad del precio. **hobil.** pc.
Dar vado á las ocupaciones ó pensamientos. **liñgin.** pp.
Dar vueltas de caveza. *Arinquin.* pc.
Dar á cada uno lo que le toca. **toñgor.** pc.
Dar á ganancia. *Tubò.* pp. **palaba.** pp.
Dar á la costa. **dagsa.** pc. *Baybay.* pc. **baguimbing.** pc. **baguingbing.** pc. *Padpad.* pc.
Dar arcadas para vomitar. *Doual.* pp. **dogua.** pc.
Dar algo de su parte. **damoy.** pp.
Dar algo de mala gana. **tambisi.** pp.
Dar algo de punta, como el pie en piedra. **songgol.** pc.
Dar al traspie. **taco.** pc. *Tisod.* pp. *Tuquid.* pp. *Taluquid.* pc.
Dar á otro algo para que se calle. **paconat.** pp.
Dar algo en prenda. *Sanlà.* pc.
Dar algo por el trabajo. **himauis.** pp. *Opa.* pp.
Dar algo uno con otro. **pinting.** pc. *Pintig.* pc.
Dar cabezadas. **tosing.** pp.
Dar cabezadas de sueño. *Tocatoc.* pp. *Antoc.* pc. *Tocà.* pc.
Dar cada uno un tanto. **borbor.** pc.
Darse á malos entretenimientos. **lagondá.** pc.
Dar á escondidas. **alamis.** pc.
Dar con el dedo á otro burlando. **quiri.** pc.
Dar de calabazadas á otro asiéndole de las greñas. **yobcob.** pc.
Dar tormento para que confiese. **pitipit.** pp. *Ipit.* pp.
Dar voces. **dara.** pc. *Hiao.* pc. *Sigao.* pc.
Dar cuerda aflojando. *Tostos.* pc. *Tagostos.* pc.
Dar estirones, como de cabellos. **uasiuas.** pp.
Dar fondo hincando la estaca. *Tolos.* pp.
Dar vueltas con el cordel, ó por él. **tonton.** pc.
Dar de mano. **apas.** pc. *Uacsi.* pc. *Iuan.* pp. *Pabaya.* pp. *Tac-uil.* pc.
Dar el navío en piedra. **potar.** pp.
Dar vueltas el perro. **quiyacor.** pp.
Dar vueltas en la cama. **bular.** pp. *Biling.* pc. *Miling.* pc.
Dar. *Bigaycaya.* pp. **amboy.** pc. **bayog.** pc. **dauol.** pc. *Gauar.* pp. **pandapati.** pp. *Bigay.* pc. *Caloob.* pp.
Dar latidos el corazon. **cabag.** pp. *Cabog.* pc. *Tiboc.* pc.
Dar de codo. *Calabit* pc. *Sico.* pc. **siquil.** pp. **ticuil.** pc.
Dar una piedra contra otra. **calitas.** pc.
Dar patadas en el suelo. **carag.** pp.
Dar dentelladas de frio. **catab.** pc.
Dar ocasion de enojo con palabras. **cohi.** pp.
Dar vueltas en parte estrecha. **cotob.** pc.
Dar de dos en dos. *Dalaua.* pc.
Dar de prisa. *Dalidali.* pc. **salasal.** pc.
Dar señales para acertar con alguna cosa que está lejos **valivali.** pp.
Dar quejas al Juez. **dalom.** pc. *Sombong.*
Dar palmadas una mano con otra. *Daop.* pc.
Dar patadas, pisar firme. **dasag.** pp.
Dar con un dedo por el rostro. **dongguil.** pc.
Dar cerrado el puño. **donggol.** pc.
Dar con la proa en algo. **donggo.** pc.
Dar importunado. **douarol.** pc.
Dar con los dedos arañando. **gamlang.** pc.
Dar disgusto. **gobil.** pc.
Dar graciosamente. **goray.** pc.
Dar sin tiento. **haguibas.** pp.
Dar algo para engañar á otro. **hamohamo.** pp.
Dar gracias. **haohao.** pc. *Salamat.* pp.
Dar humo á las narices. **hasap.** pp.
Dar de comer las aves á sus hijos. **amogamog.** pp. **anduca.** pc.
Dar humazo. **abong.** pp.
Dar golpe la rama. **absic.** pc.
Dar flete. **abon.** pp.
Dar parte. *Alam.* pc.
Dar vueltas, como el trompo. **alinognog.** pc. *Inog.* pp. *Icot.* pp. *Iquit.* pp.
Dar satisfaccion, **aló.** pp. *Hinauad.* pp.
Dar de comer al enfermo. *Aloc.* pc.
Dar de palos á troche y moche. **balangbang.** pc. *Hambalos.* pp.
Dar vuelta al revés. *Balictar.* pc.
Dar golpes el que está acostado y se vuelve del otro lado. *Balicuas.* pc. *Baliquas.* pc.
Dar vuelta á un trozo. **balimbi.** pc.
Dar vuelta poniendo la cabeza en tierra. *Balintoar.* pc.
Dar con algo de un lado. **basiuas.** pp.
Dar codazos *Icdil.* pc. **tacuil.** pc. **isil.** pc.
Dar muchos sentidos á algo. *Hiuaga* pp.
Dar barrigadas hácia adelante. **hintor.** pc.
Dar gusto á otro. **hinoyo.** pp. *Bigay loob.*
Dar como cintarazo. *Lapar.* pc.
Dar con un tiro á dos sucesivamente. **lantonglantong.** pc.
Dar vuelta rodeando como con cordel. *Libir.* pp.
Dar vueltas. **liborlibor.** pp. *Libot.* pp.

Dar golpe en la barba para que se muerda la lengua. **sicdo.** pc. *Tangcab.* pc.
Dar de codo á otro. *Siquil.* pp.
Dar cornadas el toro. *Soag.* pc.
Dar en rostro. *Soat.* pc. *Sombat.* pc. **baoy.** pp.
Dar con la mano en la boca á otro ó con palo. **soñgilñgil.** pc.
Dar golpe de lado. *Tabig.* pp.
Dar golpe en el agua lo que cae de alto. **tabsoc.** pc.
Dar golpe hacia abajo con lanza, palo, pie, &c. **tacar.** pp.
Dar patadas. *Tacar.* pp. **carag.** pp.
Dar zancadilla en la corva. **saclang.** pc.
Dar con el hocico, como el puerco. **tacuil.** pc.
Dar prisa de casa en casa llamando para el trabajo. **tagui.** pp.
Dar esperanza de algo. **tagori.** pc.
Dar golpecitos para que caiga algo de las manos. **tagtag.** pc.
Dar vueltas al rededor. **tambiling.** pp.
Dar dinero en señal de compra. *Tampa.* pc. *Patiñga.* pp.
Dar palabra. **tañga.** pp. *Pañgacó.* pp.
Dar cuenta de lo gastado. **tangcá.** pp. *Sulit.* pp.
Dar manotadas. **tangcol.** pc.
Dar vaivenes con el cuerpo. **tañgo.** pc.
Dar golpes con los pies enojado. *Taryac.* pc. *Dabog.* pp.
Dar fin á alguna obra. *Tapus.* pc.
Dar consigo en tierra. *Timboang.* pp.
Dar rata por cantidad. *Tiñgi.* pc.
Dar con punta de aguja. *Todloc.* pc.
Dar una ojeada. *Liñgap.* pp.
Dar con fuerza, como un bofeton. **miya.** pp.
Dar la delantera. **mongar.** pc. *Paloquit.* pp.
Dar castañetas con la lengua. *Malatac.* pc.
Dar bocados. *Ocab.* pp. **hocab.** pp.
Dar vuelta, como culebra. **ocay.** pc.
Dar voces en el campo para que se junten los compañeros. **oliyao.** pc.
Dar prestado. *Otang.* pp.
Dar poco á poco una cosa en muchas veces. **oto.** pc.
Dar buenas palabras, como letrados, ó procuradores. **oyo.** pp.
Dar racion á las aves. **palabol.** pp.
Dar vuelcos. *Palag.* pc.
Dar patadas pisando algo. **paldac.** pc.
Dar vuelta al palo que se labra en cuadro. **palipis.** pp.
Dar forma á alguna cosa repartiéndola en sus divisiones. **pamitag.** pp.
Dar palmadas cuando beben con regocijo. **panapat.** pc.
Dar fé. *Paniuala.* pp.
Dar parte de lo que se coje en pesca. **pasdá.** pc.
Dar como lanzada con palo, ó caña. *Sacsac.* pc.
Dar con todo el cuerpo contra algo. **sagarsar.** pc.
Dar gracias ó plácemes, enhorabuena. *Salamat.* pp.
Dar el golpe al soslayo. **salasal.** pc. **salap.** pc. **sablay.** pc.
Dar principio. *Pasimulà.* pc. *Mulà.* pc. **tata.** pp.
Dar en parte donde se muera. **patiac.** pc.
Dar en el punto. **patiac.** pc. **tiac.** pp.
Dar menos de lo que le mandan. **patli.** pc.
Dar lugar, plazo, ó camino. *Patnobay.* pp.
Dar puñetes en la boca. *Sampilong.* pc.
Dar crédito. *Sungpalataya.* pp. **cauot.** pp.
Dar prestado sobre prenda. *Sanlà.* pc.
Dar lustre al oro. **sanling.** pc.
Dar color al oro. *Sapò.* pc.
Dar la mano al que va á caer. **sapó.** pc.
Dar de golpe con algo en el suelo. **sarlac.** pc.
Dar culadas el que está sentado por enojo ó tristeza. **sarlao.** pc. **yantac.** pc.
Dardo con punta de hierro. **tandos.** pc.
Dardo. *Tonod.* pp. **sumbiling.** pc. *Paná.* pp.
Dardo que sirve de lanza. **sulugui.** pp. **suligui.** pc.
Dares y tomares. *Sogotan, at pag tatolo nang dalaua ó ilang catauo.*
Darle á otro jugando con el empeine del pie en la pantorrilla. *Patid.* pp.
Darle á uno algun mal de repente. **sablang.** pc.
Darse á ver á otro para bien ó mal. **panharahara.** pc.
Darse prisa. **himali.** pc. **hauot.** pc. *Dali.* pc.
Darse encontron con otro. *Sag-oy.* pc.
Darse unas cosas con otras. *Pingcquil.* pc.
Darse un poco de prisa. *Dali.* pp.
Data. *Tandà nang bilang nang arao, buan at taon, na iquinayari ó ipinag firma nang ano mang calatas ó casulatan.*
Datar. V. Data.
Dataria. *Hocoman sa Roma na pinananaugan nang mañga bagay na hayag.*
Datil. *Isang bagay na buñgang cahoy.*
Dato. *Catunayan.* pp. *Catibayan.* pp. *Pinag cacaquilanlan.* pc.

D antes de E.

De. l. Del. preposicion de genetivo. *Ni.* pp. *Nang.* pp. *Cay.* pp.
De aqui. *Halaga.* pc. De aqui á un mes, *halagang isang buan, mañga san buan.*
De aqui adelante. *Hanga,* l. *Hangan.* pc. *Mulà ñgayon.* pc. *Buhat ñgayon.* pc.
De aqui á dos dias. *Macalaua.* pc.
De aqui á tres dias. *Macatlo.* pc.
De aqui á cuatro dias. *Maca apat.* pp.
De aquel, de aquella, de aquello. *Nion,* l. *Noon.* pc.
De ante mano. *Sapol,* l. *Sapul.* pc. *Sa mulat sapul.* pc. **mona.** pp. *Pag caraca na.* pc.
De cuando en cuando. *Maminsanminsan.* pc. *Madalangdalang.* pp.
De este. *Niri,* l. *Niring.* pc. *Nito.* pc.
De mi. *Quita,* l. *Cata.* pc. l. *Aquin.*
De ojos pequeños. *Pingquit.* pc.
De que manera. *Paano.* V. *Ano.*
De que cantid-d. *Gaano.* pc.
De que grandor. *Gaano.* pc.
De que suerte. *Paano.* pc.
De quien. *Nino.* pp. *Canino.* pp.
De salud quebrantada. **unsiami.** pp.

De buena traza. *Hinocod.* pp. *Mabuting pihit.* pp. *Mabuting tindig.* pc.
De lado. *Taguilir.* pp.
De mala condicion. *Saligotgot.* pc.
De mucho valor. *Mahal.* pc. *Mahalaga.* pc.
De que tamaño. *Gaalin.* pc. *Gaano.* pc.
De propósito. *Sarhia.* pc. *Sadia.* pc. *Tiquis.* pc.
De repente. *Caguinsaguinsa.* pc. V. De improviso.
De ese de esa de eso. *Niyan.* pc.
De esta, de aquella parte. *Dapit dito*, l. *Doon.*
De un. *Ca, camuc-hà ca niya*, de un rostro sois.
De un. *Sing, casing.* pc. *Sing taas cayo ni Juan*, de una estatura sois tu y Juan. *Casing tanda ca ni Antonio*, de una edad sois tu y Antonio.
De una sola parte. *Cabila.* pc. *Sa cabila.* pc.
De ambas partes. *Sa magcabila.* pc.
De todos lados, ó por todos lados. *Sa magcabicabila.* pc.
De suerte qué, de modo que. *Ano pa,t*, pc.
De Pedro. *Ni Pedro.*
De Pedro y sus compañeros. *Nina Pedro.*
De aqui á un rato. *Pamayamaya.* pc. *Mamaya.* pc. *Mayamaya.* pc.
De balde *Lamang.* pp. *Cusa.* pp. *Uulang bayad.* pp.
Debajo. *Ilalim.* pp. *Sa ilalim.* pp.
Debajo de casa. *Silong.* pp.
Deber. *Otang.* pp. *Dapat.* pp.
Débil. **dolodolo.** pc. *Mahina.* pp. *Maropoc.* pp.
Debilidad del cuerpo por enfermedad ó vejez. *Agoy.* pp. *Aui.* pp.
Debilitado. **capui.** pp. **mogoc.** pc.
Debilitado ó desmayado de hambre, ó sed. **pasal.** pp. *Dayocdoc.* pc.
Debelitar. *Manghina.* pp. *Maualan nang lucas.*
Débito. *Utang.* pp. *Cautangan.* pc.
Decadencia. *Pag udlot.* pc. *Panghihina nang pag cabuhay, ó nang ano pa mang bagay.*
Decaer, decaimiento. V. Decadencia.
Decálogo. *Ang sampong otos nang Dios.*
De camino. *Tolay.* pc.
Decano. *Ang pinucamatanda saan mang capisanan ó catiponan.*
Decantar. *Ipahayag.* pp. *Purihin.* pp.
Decena. *Ang catiponan nang sampo.*
Decencia. *Cahusayan.* pp. *Calinisan.* pp. *Ayos na naoocol ó na bubagay sa cangino man.*
Decenio. *Sa loob nang sampong taon, halagang sampong taon.*
Deceno. *Icapolò.* pc. *Icasampó.* pc.
Decente. *Malinis.* pc. *Mahusay.* pp.
Dechado. *Mucha.* pc. **miya.** pp. *Larauan.* pp. *Houaran.* pp. *Oliran.* pc.
Decidir, determinar, resolver. *Pasiya.* pc. *Mag pahayag nang catotohanan.*
Decimo. V. Deceno.
Decir. *Bala.* pc. *Sabi.* pp. *Uica.* pp. **babala.** pc.
Decir algo para sacar lo que pretende. **bacqui.** pp.
Decir una nueva por otra. **balitactac.** pc. **balitactacan.** pp.
Decir de veras. *Totoo.* pp.
Decir lo que no vió. *Toor.* pp.
Decir algo por su órden, como el que predica. *Tonton.* pc.
Decir algo sin consideracion. **hamat.** pp.
Decir las verdades. **ñgalandacan** pp. *Talampac.* pc.
Decir palabras picantes. *Tampias.* pp.
Decir la buena ventura por las rayas de la mano. **himalar.** pp.
Decir algo con reposo. **pacamayao.** pp.
Decir palabras suaves para alegrar á otro. **paconat.** pp.
Decir enigmas ó proverbios. **pahibat.** pc.
Decir algo á Dios, y á ventura. **pamalangmalang.** pp. **panagano.** pp.
Decir algo á uno para que lo entienda otro. *Paratang.* pp **pasari.** pp. *Paringig.* pc. *Pasaring.* pc. **pasablay.** pc.
Decir muchas palabras ó afrentas. **sari.** pp. **adia.** pc. **ipol.** pc.
Decir mentira, para sacar la verdad. **asoc.** pp. **salambao,** l. **salacab.** pc.
Decir sin dejar nada. **sapol.** pc.
Decir, ó determinar quien. *Turan.* pp. *Turing.* pp.
Decir su sentir sin rodeos. *Tocoy.* pc. *Tapat tapat.* pc.
Declaracion, esplicacion. *Casaysayan*, l. **casalaysayan.** pc. *Calinayan.* pp.
Declarar. *Saysay* pc. *Turing.* pp. *Salaysay.* pc. *Pahayag.* pp. *Lathala.* pp.
Declarar su nombre. *Bansag.* pc.
Declinacion. V. Decadencia.
Declinar. *Quiling.* pp.
Declinar el sol despues de medio dia. *Limpas.* pc.
Declive. *Dahilig.* pp. **dalisdis.** pc. V. Cuesta.
Decomisar. *Samsam.* pc.
Decoracion. *Diquit.* pc. *Dilag.* pc. *Cahusayan.* pp.
Decorar. *Cabisa.* pp. *Saulo.* pp.
Decoro. *Puri at galang na naoocol ó nararapat sa may capangyarihan.*
Décima parte de un loang medida de tierra. **balingbaling.** pp.
Décima sesta parte de un tael de oro. **amas.** pc.
Decrépito. **magusgos.** pc. **gugupogupo.** pp. *Ulian.* pp.
Decretar. *Mag pahayag at mag otos nang ano mang bagay na na oocol sa catouiran ó cagalingan.*
De él ó de ella. *Caniya.* pc.
De ellos, ó de ellas. *Canila.* pc.
Dedicar. **panagano.** pp. *Alay.* pp.
Dedignar, desdeñar. *Mag macahià.* pc.
Dedo anular. *Soot singsing.* pp. **palasinsing.** pc. *Daliri* pp.
Dedo indice. *Hintotoró* pp.
Dedo in genere. *Daliri.* pp. *Galamay.* pc.
Dedo, medida del dedo. *Dali.* pp.
Dedo pulgar. *Hinlalaqui.* pc.
Dedo meñique. *Calingquingan.* pp.
Dedos de manos ó pies. *Galamay.* pc.
Dedos del medio. **hilalato.** pp. **tangcanal.** pp. **tanggong.** pc. **tangol.** pc. *Dato.* pp.
Deducir. **holó.** pp.
Defeccion. **panghihimagsic.** pc.
Defecto. *Camal-an.* pc. l. *Camalian.* De *mali, caculangan.* pc.
Defectuoso. *Pintasan.* pp.
Defender. **sahat.** pp. *Sangalang.* pc. *Aria.* pc.

Tangol. pc. *Ampon.* pc. *Tanquilic.* pp. *Ayo.* pp.
Defender vedando. **saad.** pp.
Defenderse. **pañgila.** pp.
Defensa. *Tangcacal.* pp.
Defensa contra el viento, sol y lluvia. **ilihan.** pc.
Deferencia. *Pag campi, pag ayon sa pag iisip nang iba, dahil sa alang alang at pag bibigay loob sa caniya.*
Deferir V. Deferencia.
Definir. V. Declarar.
Deformacion. *Pag sira at pag bago nang hichura ó calagayan.*
Deformar. V. Deformacion.
Deforme. *Pañgit.* pc. *Masamang hichura.* pc.
Defraudar. **gagá.** pc. **lupig.** pp. *Hindi pag babayad ó pag opu nang dapat.*
Defuera. *Sa labas.* pc. *Sa ibabao.* pp.
Degenerar. *Pag odlot, pag urong nang cagalingan. Pag iiba, at hindi pagcabagay sa binhi ó punong pinang galiñgan.*
Degollador. **mamomong-ol.** pc. *Mamomogot.* pp.
Degollar. **poyoc.** pp. **digal.** pc. **tong-ol.** pc. **sumbali.** pp.
Degollar quitando la cabeza. *Pogot.* pp.
Degradar. *Alisan ang isang tauo nang catungculan, catausan, caranğalan at puri.*
Dehesa. *Parang.* pp.
Deicida. *Pumatay sa Dios.*
Deicidio. *Casalanang pag patay sa Dios para nang guinaua nang manğa Judio sa ating P. Jesucristo, Dios at tauo namang totoo.*
Deidad. *Pagca Dios.* pc. *Ca Diosan.* pc.
De improviso. *Caalam-alam.* pp. *Caguinsaguinsa.* pc. **ualan bahala.** pp. *Caringat dingat.* pp.
Dejar. **saot.** pp. *Tahan.* pc. *Ayau.* pc. *Ayuan.* pc. *Lisan.* pp. *Iuan.* pp. *Ubayá.* pp. *Pabayà.* pp.
Dejar en cueros á uno por haberle reñido **hublas.** pc.
Dejar la obra. *Mulao.* pc. *Bulao.* pc.
Dejar perder algo. *Puhamac.* pp.
Dejar una cosa y pasar á otra. **liho.** pp. *Lactao.* pc. **loctó.** pc. **logdo.** pc. **libsang.** pc. *Lacdao.* pc. **licta.** pc.
Dejar, quedarse. *Lagac.* pp. *Habilin.* pp. *Tira.* pc.
Dejar descansar tomando otro el trabajo. **himagal.** pc.
Dejar pasar. *Daan.* pp. *Paraanin.* pp.
Dejar de comer por alguna causa. **catho.** pc.
Dejar en la boca lo que uno masca. **timayoc.** pc.
Dejar algo de sobra. *Tirà.* pc.
Dejar claros en lo que se hace. **halothalot.** pp.
Dejar una cosa por hacer otra. **himaling.** pp.
Dejar señal. *Himacas.* pc. *Pahimacas.* pc. *Tanda.* pc.
Dejar número pequeño para pasar á otro. **lacta.** pp.
Dejar alguna cosa por señal. *Lagac.* pp. *Pahimacas.* pc.
Dejar la piel y la carne. **lagas.** pc.
Dejar caer algo. *Laglag.* pc. *Holog.* pp. *Sadlac.* pc.
Dejar caer de golpe. *Bogso.* pc. *Bagsac.* pc.
Dejar la gallina á sus pollos. *Ualay.* pp.
Dejar que otro haga lo que quisiere. **patola.** pp.
Dejar el luto. **locas.** pp. *Magbaba nang lucsa.* pc.
Dejar vacía la casa saliendo todos. **louang.** pp.
Dejar un camino por otro. **ligtas.** pc.
Dejar la mujer sueltos los cabellos. **palosay.** pp. *Logay.* pc.
Dejar á otro desamparado. *Panao.* pp. *Ayao.* pc.
Dejarse corregir. *Sapà.* pp.
Dejarse llevar de la corriente. *Alolos.* pp.
Dejar enjugar la ropa mojada. **paig.** pp.
Dejarse ir resvalando. **tirolas.** pc.
Dejarse las olas en la playa. **sagpac.** pc.
Dejarse llevar de su apetito. **pahinohor.** pp.
Dejativo. **labay.** pp. l. **malotar.** pc. *Paobayá.* pp. *Pabayá.* pc.
Dejo. *Catapusan nang anomang bagay. Quinahinatnan.* pc. *Nasapit.* pp. *Quinasapitan.* pp.
Dejugar. *Cunin ang galás. Pigain.* pc.
Del, de la. Preposicion de genetivo de nombres apelativos. *Nang.* pc.
Delacion. *Sumbong.* pc. *Habla.* pc.
Delante. *Ona.* pp. *Harap.* pc.
Delantera. *Harapan.* pc. *Onahan.* pc.
Delatar. V. Delacion.
Delectacion. V. Deleite.
Delegado. *Tauong binigyan nang capangyarihan nang isang puno nang humalili at humalang sa caniya.*
Delegante. *Ang punong nag bigay nang capangyarihan ó napa hahalang.*
Delegar. *Pag caculoob at pag bibigay capangyarihan sa isang taong pina hahalili at pinahahalang nang puno sa caniyang lugar.*
Deleitar. V. Deleite.
Deleitarse, delectacion morosa. **bisil.** pp.
Deleitarse acordándose de algo. *Lasap.* pc.
Deleite en comer y beber. *Tamasa.* pp.
Deleite. *Lasa.* pp. *Inam.* pp. *Sarap.* pc.
Deletrear. *Mag baybay.* pc. *Mag letrea.* pc.
Deleznable. *Madulas.* pc.
Delfin. *Isang bagay na isdang malaqui.* It. *Anac na pañganay nang Hari sa Francia, nana tatalagang hahalili sa Corona.*
Delgadez. *Impis.* pc. *Nipis.* pc. *Canipisan.* pc.
Delgadez de cintura. *Pitis.* pp.
Delgado. *Manipis.* pc. *Mapatpat.* pc. *Patpatin.* pp. *Balingquinitan.* pp.
Deliberacion. *Pag oonaua.* pp. *Pag didilidili.* pp. *Pag iisip isip.* pp.
Delicadez. *Cahinaan.* pp. *Caualan nang lacas.*
Delicadeza. *Sarap.* pc. *Tum-is.* pc.
Delicado. **maselan.** pp. **maseylan.** pc.
Delicado. **sotlam.** pc. *Damdam.* pc. It. *Mahina.* pp. *Maramdamin.* pp.
Delicado quebradizo. *Babasaguin.* pc.
Delicado que todo le hace daño. *Di masimoyan.* pp. *Masasactin.* pc.
Delicado por animo. **lumi.** pp. *Lambing.* pc.
Delicia. *Ligaya.* pp. *Tuá.* pp. *Aliu.* pc. V. Deleite.
Delincuente. *May casalanan.* pp. *Nagcasala.* pc. *Salarin.* pc.
Delinquir. *Sumuay o pag suay sa mañga cautosan.*
Deliquio. **guitas.** pc. *Hilo.* pp. **lopaypay.** pc. *Lio.* pp.
Delirar. **hamag** pc.
Delirar el enfermo. *Hibang.* pc. *Mangmang.* pc. *Balatong.* pc.

Delito. *Casalanan*. pp. *Sala*. pp. V. Culpa.
Demanda. **parali**. pp.
Demandar en juicio. **paramdam**. pc. *Habla*. pc.
De mala gana. **labántolot**. pc.
Demarcar. *Talictican, tandaan ang hanganan nang mañga lupá*.
Demasiado. *Labis*. pc. *Lobha*. pc. **taotao**. pc.
Demente. *Olol*. pc. *Hunghang*. pc.
Demí. *Aquin*. pp. *Co*. pc.
Demision. *Pag sucó*. pp. *Pag papacumbabá*. pc.
Demoler. *Guibá*. pc. *Uasac*. pc.
Demonio. *Dimonío*. pp. *Sitan*. pp.
Demora, demorar. *Loat*. pc. *Laon*. pp. *Tagal*. pc. *Lauon*. pp.
Demostrar. *Patunay*. pp. *Paliuanag*. pp. lt. *Pahayag*. pp. *Paquilala*. pp.
Demudar. *Mag iba*. pc. *Mag bago*. pp.
Demudarse. *Potlà*. pc. *Mamotlá*. pc.
Denegar. *Pag tangui*. pc. *Hindi pag cacaloob*. pp.
Denegrido, acardenalado. *Pasá*. pc. *Nañgiñgitim*. pc. *Hinayom*. pp.
Denigrar. *Sirang puri*. pp. *Opasalà*. pp.
De ninguna manera. *Isaman* pc. *Ualang daan*.
De ningun modo. **di man naua**. pc.
Denodado. *Masigla*. pc. *Puñgahas*. pc.
Denominacion. *Bunsag*. pc. *Tauag*. pp.
Denominar. V. Denominacion.
De nosotros. *Atin*, l. *Natin*. pp.
De nosotros, escluyendo la persona con quien habla. *Amin*, l. *Namin*. pp.
De nosotros, comprendiendo solo la persona con quien habla. *Canita*. pc. **ata**. pp. **nata**. pp.
De nosotros. *Ta*, pospuesto. *Hampasin ta*. Sea azotado de nosotros. Azotémosle.
Denostar. *Lait*. pp. *Alipustà*. pc.
Denotar. *Ituró*. pp. *Ipahayag*. pp. *Saysain*. pc.
Denso. *Masinsin*. pc. *Malimit*. pp.
Dentadura. *Ñgipin*. pp. *Ipin*. pp. *Capisanan nang ipin*.
Dentellada. **gona**. pp. *Ñgalit*. pp. *Guiguil*. pp.
Dentelladas de frio. *Pañgaligquig*. pc. *Caligquig*. pc. **pañgalocting**. pc.
Dentera. *Ñgilo*. pc. **pañgilo**. pc. **yañgasñgas**. pc.
Dentista. *Mang gagamot, mang lilinis at mang huhusay nang ipin*.
Dentro á dentro. *Loob*. pp. *Saloob*. pp.
Dentudo. *Ñgipinan*. pc.
Denuedo. *Tapang*. pc. *Sigla*. pc. *Dahas*. pc.
Denuesto. *Lait*. pp. *Tuñgayao*. pp.
Denunciar. *Habla*. pc. *Sombong*. pc.
Denunciacion. *Parali*. pp. V. Denunciar.
Deogracias. *Tauo pó*. pp.
Deparar. *Ihandog*. pc. *Yalay*. pp.
De parte á parte. *Lag-os*. pc. *Tag-os*. pc. *Mag cabilà*. pc.
Departir. *Mag usap*. pp. *Mag salità*. pc. *Mag polong*. pp.
Dependencia. *Pag salilong*. pp. **pag ampo**. pc. *Pag quilala nang capangyarihang malaas sa caniya*.
Dependiente. *Caual*. pp. *Alogad*. pc.
Deplorable. *Cahabaghabag*. pc. *Cahambalhambal*. pc.
Deplorar. *Mahabag*. pc. *Maaua*. pp.
Deponer. *Iuan*. pp. *Itacuil*. pc. *Iualay*. pp. It. *Bunutan nang baras alsan ò alisan nang catungculan at carañgalan*.
Deportar. *Itapon ang may casalanan sa isang puló*.
Deporte. *Pag lilibang*. pc. *Pag sasaya*. pc.
Deposicion. *Pag sasaysay at pag sasabi nang may casalanan, ò sacsi sa harap nang Hocom*.
Depositar como los que juegan. *Palagay*. pc.
Depositar, depósito. *Habilin*. pp. *Lagac*. pp. *Tagó*. pp.
Depositar un tanto igual cada uno. **tapa**. pp.
Depravacion. *Casiraan*. pc. *Cagulohan*. pc. *Casamaan*. pc.
Depravado. *Masamang asal, punó nang vicio at casam-an*.
Depravar. V. Depravacion.
Deprecacion. *Daing*. pc. *Dalañgin*. pp. *Panalañgin*. pp.
Deprecar. V. Deprecacion.
Deprimir. *Ayop*. pp. *Duahagui*. pp. *Siphayó*. pp.
De prisa. *Dali*. pc. *Marali*. pc. *Biglá*. pc.
De propósito. *Tiquis*. pc. *Sarhiya*. pc. *Pacay*. pp.
Depunta. *Tiric*. pp. l. pc.
Depurar. *Linis*. pp. *Linisin*. pp.
De que manera. *Paano*. pc. *Gauno*. pc.
De que tamaño. *Gaalin*. pc.
De raiz. *Sopol*. pc.
Derecha. *Canan*. pp.
Derecho. **tandayac**. pc. **salap**. pp. *Touir*. pc. *Matoid*. pp. *Matouid*. pp.
Derecho ó faz de la ropa. *Carayagan*. pc. *Muc-hà*. pc.
Derechos. **halon**. pp. *Handog*. pc. *Alay*. pp. *Hain*. pp. *Bayad*. pp. *Opa*. pp. **salap**. pp.
Derechura. **talonton**. pc.
Derechura de casas, postes, mojones. **banos**. pp.
Derivar. *Mag buhat*. pp. *Mangaling*. pp. *Mag mulá*. pc.
Derogacion, derogar. *Pag paui, at pag alis nang isang ugali ó cautosang lumalacad*.
Derrabar. *Pungui-in*. pc. *Pungoquin*. pc. de *pungui* y *pungoc* *Putlan ó bunotan nang bontot ang isang hayop*.
Derraigar. *Bunutin pati ugat*.
Derrama. **tapong**. pc. *Ambag*. pc. **bandala**. pp. **ilac**. pp.
Derramar granos. **balosbos**. pc. *Bodbod*. pc. *Bolobor*. pp.
Derramar el arroz cuando lo pilan. **sigua**. pc.
Derramar de golpe. *Boluac*. pc. **boguac**.
Derramar licor. *Bohos*. pp.
Derramar, como regando. *Bohos*. pp.
Derramar. *Bobo*. pc.
Derramar mucha agua. **bisac**. pp.
Derramar ó rebosar. *Liguac*. pc.
Derramar vaciando de golpe cosa que no sea agua. *Huho* pc.
Derramarse algun líquido ó cosa de grano. *Bolos*. pc. *Namumulos ang bigas*. Derramarse el arroz.
Derramarse ó reverterse por sobrar. *Labis*. pp. *Auas*. pc.
Derramarse. *Labis*. pp.
Derramarse por varias partes. **uacauac**. pp.
Derramarse el licor porque se trastornó el vaso. **salauac**. pc. **lingang**. pc. *Lingac*. pc. *Liguac*. pc.

Derramarse de golpe el licor. *Balostac.* pc. *Saluac.* pc.
Derrame. V. Derramar.
Derredor. *Palibot.* pp.
Derrengado. **quiyay.** pp. **iuang.** pp. **iuarang** pc. **isuar.** pc. **guilong.** pp.
De repente. *Caracaraca.* pc. V. De improviso.
Derretir. **lasao.** pp. *Tunao.* pp. *Lusao.* pp.
Derretir gordura al fuego. **tognas.** pc. **tignas.** pc.
Derretirse, como azúcar, sal, &c. *Holas.* pp. *Tolas.* pp. **tognas.** pc.
Derretirse. **lonao.** pp.
Derretirse como sal en el agua. **lasao.** pp.
Derribar. *Holog.* pp. *Lagpac.* pc. **hapac.** pp. *Hapay.* pp. **dalapac.** pc. *Guibà.* pc.
Derribar algo en la tierra. **touar.** pc.
Derribar, caerse. **pong-ol.** pc. **popo.** pc.
Derribarse el edificio. **bolouag.** pc.
Derribarse. *Guiba.* pc.
Derribarse las piedras. *Tibag.* pc.
Derrocar. *Hapay.* pp. It. *Itapon mulà sa isang borol.*
Derrochar. *Acsaya.* pc. *Sirà.* pp.
Derrota. *Ang pinupunta ó tinotontong lacad nang mañga mag lalayag.*
Derrubiar, derrubio. *Agnas.* pc.
Derrumbadero. *Bañgin.* pc. **labing.** pc.
Derrumbar. *Ihulog.* pp. *Itulac sa bañgin.*
Desbarrancar. *Hañgo-in, bunotin sa putic ò tamac ang nababaon.*
Desabastecer. *Paual-an.* pc. *Huag padalhan nang macacain ang isang tauo ò bayan.*
Desabollar. **tanat.** pp. **talag.** pp.
Desabotonar. *Tagtaguin ang bitones, calog.* pc.
Desabrido, como la comida. *Tab-ang.* pc.
Desabrido. *Pacla.* pc. **gaspar.** pc. **sagapsap.** pc.
Desabrochar. *Tagtaguin.* pc. V. Desabotonar.
Desacatar, desacato. *Salansang.* pc. *Maualang galang.* pp. *Mag lapastañgan.* pp.
Desacertar. *Sala.* pc. *Mali.* pc.
Desacobardar. *Patapangin.* pp. *Buhain ang loob.*
Desacomodado. *Tauong ualá at salat nang cailañgang na oocol sa caniyang calagayan.*
Desacompañar. *Humiualay.* pp. *Lumayò.* pc. *Umilag sa paquiquisama.*
Desaconsejado. *Ualamg toto.* pp. *Ualang togà.* pp. *Ualang uastò.* pc. *Sumpuñgin.* pp.
Desaconsejar. *Halulan ang isang tauo nang nalalaban sa caniyang panucala, pa-alalahanan ang isang tauo na huag ipatoloy ang caniyang ina-acalà.*
Desacordar. *Sirain ang pag cacaayon nang mañga tugtuguin.*
Desacordarse. *Malimotan.* pp.
Desacorde. *Singhal.* pc. *Hindi cauastò.* pc.
Desacorralar. *Hañgoin, ó ilabas ang hayop sa bacod.*
Desacostumbrado. *Sinsay sa ugali, na i-iba sa calacaran.*
Desacostumbrar. *Alsin ó alisin ang carathan, pauiin ang quinabisanhan.*
Desacotar. *Alisin ang coto, ó baual na huag lalampas sa toning na pag tayà, pag pusta, ó halaga.* It. *Humiualay sa pinag usapan, ó di gumanap no-on.*
Desacreditar. **paabas.** pp. *Sirang puri.* pp. *Siphayó.* pp. *Pulà* pp. *Pintas.* pc.
Desacuerdo. *Pag cacalaban, at di pag cacaayon nang mañga panucalà.*
Desaderezar. *Golohin.* pc. *Sirain ang cahusayan.*
Desadeudar. *Ipag bayad nang utang.*
Desadormecer. *Pucauin.* pp. *Guisiñgin.* pp. De *guising y pucao.*
Desadornar. *Alsan ó alisan nang pamoti, hubdan ó hubaran nang gayac.*
Desadvertido. *Ualang malay hindi namamasdan.*
Desafecto. *Nalalaban.* pp. It. *Ualang loob.* pp. *Ualang pag ibig.* pp.
Desaferrar. *Boclasin ó bonotin ang sinipete, nang macalayag.*
Desafiar á reñir. *Hamon.* pp. *Dayo.* pp. **limbagan.** pp. **acquip.** pc. **lampi.** pc. **labag.** pc. **lahi.** pc.
Desafiarse á reñir dos pueblos. *Hamoc.* pp.
Desafío. **labagan.** pc.
Desaforado. *Posong.* pc.
Desaforar. *Mamusang.* pc. *Mag lapastañgan.* pp.
Desafortunado. *Culang palad.* pp. *Salang palad. Boisit.* pp. *Bigó* pc.
Desagarrar. *Bitiuan.* pp. De *butao.* pc.
Desagradable. *Naca i-inip.* pc. *Nacayayamot.* pc.
Desagradar. *Hindi maibigan.* pp.
Desagradecer. *Hindi comilala nang utang na loob, hindi gumanti nang cautañgan.*
Desagradecido. *Palamara.* pp. *Posong.* pc. *Bosong.* pp. *Lilo.* pp.
Desagraviar. *Mang hinauad.* pp. *Humiñgi nang tauad.* pp. **oyanan** *ó bayaran ang capañganyayaan ó catampalasanang na gaua sa capoà.*
Desagregar. *Hiualay.* pp. *Bucod.* pc.
Desaguadero. *Paagosan.* pc. *Paanoran.* pc. *Pansol.* pc. *Tambac.* pc. *Bambang.* pc.
Desaguar, desaguazar. *Limasin.* pc. *Saloquin ang tubig.*
Desahijar. *Iualay, ó ihiualay ang mañgabulò ó bisiro nang baca.*
Desahitarse. *Gamotin ang* **bulibuli.** *ó hilab.*
Desahogado. *Hauan.* pp. *Aliualas.* pp. It. *Ualang galang.* pp. *Lapastañgan.* pp. *Ualang hià.* pc.
Desahuciar. *Tanguihang lobos ang isang tauo alisan nang pag asa sa pag tatamo nang minanasa.* It. *Mauala ang pananalig nang may saquit sa pag cabuhay at lulicdan na siya nang mañga médico.*
Desahumado. *Lipas.* pc.
Desahumar. *Paspasin ang osoc ó* **aso.**
Desairar. *Halain.* pp. *Paualang halaga.*
Desaislarse. *Maquihalo.* pp. *Maquihalobilo.* pp. *Maquisalamohà.* pp.
Desajustar. *Pag ibahin.* pc. *Huag pag parisin.*
Desalabar. *Polá.* pp. *Pintas.* pc.
Desalar. *Alsan ó alisan nang pucpac, bonotan nang baguis.*
Desalentar. *Inis.* pc. *Hapó.* pp. *Hindi maca hiñga.*
Desaliento. *Pang hihina nang loob, pagca duag.*
Desaliñado. **bongcacoc.** pc. **samlang.** pc. *Ualang susi.* pp. *Ualang ayos.* pp. *Ualang pagui.* pp. **salauolá.** pp.
Desalivar. *Lumurá.* pc. *Mag lauay.* pc.

Desalmado. *Tampalasan*. pp. *Ualang tacot sa Dios*, *ualang caloloua*, *ualang* **quitaptap**. pc.
Desalojar. *Palayasin*. pp. *Paalisin sa tinatahanang bahay ó lugar*. It. *Malis na cusa sa bahay na tuluyan ó tahanan*.
Desalterar. *Patahimiquin*. pp. *Payapain*. pp.
Desalumbrado. *Pinag didiliman*. pp. *Ualang uastó*. pc.
Desamar. *Tumalicod sa pag iibigan*, *limutin ang casintahan*.
Desamarrar. *Calagan*. pc. *Calasan*. pc. *Tastasan*. pc.
Desamistarse. *Mag cagalit*. pc. *Magca sirà ang mag caibigan*. V. **Desamar**.
Desamor. *Cabigatan nang loob*. It. *Galit*. pp. *Poot*. pp. *Ualang loob*. pp. *Ualang pag ibig*. pp.
Desamorar. V. **Desamar**.
Desamortar. *Piliting tumonghay at maqui pag usap ang tauong na catungo at ualang imic*.
Desamotinarse. *Lisanin ang panghihimacsic at pag aalsa*, *sumuco at comilala sa may capangyarihan*.
Desamparar algo. **taluas**. pc. *Alis*. pc. **bayá**. pp.
Desamparar con enojo. *Tampo*. pc.
Desahogar, dilatar el corazon. **sangalaya**. pc. *Mag alio*. pc. *Libangin ang hapis*.
Desancorar. V. **Desaferrar**.
Desandar. *Umurong*. pp. *Mag balic*. pc. *Mag saoli*. pc.
Desangrar, desangrarse, **palas**. pp. *Umagos ang dugó*.
Desanidar. *Iuan nang manga ibon*, *ang canilang pugad*.
Desanimar. *Tacotin*. pp. *Pahinain ang loob*. pp.
Desanudar. *Calag*. pc. *Calas*. pc. *Bognos*. pc.
Desañudar. V. **Desanudar**.
Desapacible. *Nacasasamà nang loob*. pp. *Macagagalit*. pp. *Macalulupit*. pc.
Desaparear. *Pag hiualain ang dalauang mag caparis*.
Desaparecer, desaparecerse. *Taguibulag*. pp. **bosoc**. pp. **lañgi**. pc. **liban**. pc. *Malicmatá*. pp.
Desaparecerse sin ser sentido. **maiyn**. pc.
Desaparejar. *Auasan*. pc. **De auas**.
Desapasionadamente. *Ualang pag quiling*. pp. *Boong catouiran at catampatan*.
Desapasionar. *Pacnitin sa puso ang pag cahulog nang loob sa isang tauo*, *ó sa anomang bagay*.
Desapegarse. V. **Desapasionar**.
Desapego. *Pag papaualang halaga*, *at pag aring ualagn casay sayan sa manga bagay sa mundo*.
Desapercibido. *Dili handa*. pc. *Hindi gayac*. pc. *Culang sa gamit*. pp.
Desapestar. *Gamotin ang manga tauong na pepeste ó nag caca matay*.
Desapiadado. *Ualang auá*. pp. *Malupit*. pc. *Mabangis*. pc.
Desaplicacion. *Catamaran sa pag aaral*, *ó sa anomang yaua*.
Desapoderado. *Gahasà*. pp. *Ualang tuos*. pp. *Di maca pagpiguil*.
Desapoderar. *Agao*. pp. *Samsam*. pc.
Desapolillar. *Pag pagan ang damit ó anomang casancapan*, *alsan ó alisan nang* **tañga** *ó polilla*.
Desaposentar. *Pa-alsin ó itaboy ang manonolayan*.
Desapoyar. *Alsan nang quinasasandalan*, *sirain ang* **quinababatayan**.
Desapreciar. *Ari-ing ualang halaga*, *hindi mahalin*.
Desaprender. *Malimotan*. pp.
Desapretar. *Lubayan*. pc. *Loagan*. pc.
Desaprisionar. **alpasan**. pc. *Paual-an*. pc. *Paalisin sa bilangoan*.
Desaprobar. *Tanguihan*. pc. **pataiboguin**. pc. *Ihulog ang nag susulit*.
Desapropio. *Pag cacalo-ob*. pp. *Pag tangui sa pag aari at pag tatacuil nang aring sarili na parang hindi na caniya*.
Desaprovechar. *Acsayahin*. pc.
Desapuntalar. *Alisan nang manga tucod*.
Desarbolar. *Sirain at ihapay ang manga arbol nang sasaquian*.
Desavenar. *Alisan nang bohangin*.
Desarmar. *Tangal*. pc. *Tangsó*. pc. *Calas*. pc.
Desarrigar. *Sapol*. pc. *Bunotin sampong ugat*.
Desarrapado. *Nang gugolanit*. pp. *Namamasahan*. pp. **nangliilimahir**. pp.
Desarrebozar. *Alisin ang pagca* **putos**, *ó pag ca balot*.
Desarrebujar. *Buclatin ang nababalot*. pp. *Husain ang gulo*.
Desarreglado. *Nag* **tatamasa**. pp. *Nag papasasá sa pag cain at pag inom*.
Desarreglar. *Gulohin*. pc. *Sirain ang cahusayan*.
Desarrimar algo. **liñga**. pc. *Layó*. pc. *Ilag*. pp.
Desarrollar. *Buclat*. pc. *Latag*. pp. *Calas*. pc. *Buca*. pc.
Desarrugar. *Onat*. pp. *Banat*. pp. **binlit**. pc. **bintar**. pc.
Desasado. **punggui puñgi** *ó bali ang bitbitan*.
Desaseado. *Ualang gayac*. pc. *Ualang cahusayan*. pp.
Desasir. *Bulao*. pc. **bitio**. pc.
Desasosegado, travieso. **alisuag**. pc. **quiquiyó**. pp. **magagá**. pp. *Magaslao*. pc. *Magalao*. pc. *Malicot*. pc.
Desasosiego. **birhani**. pp. *Bagabag*. pp. *Balisa*. pp.
Desasosiego, inquietud del enfermo. *Balisa*. pp. **balais**. pc.
Desasosiego, desasosegarse. **guyaysap**. pp. *Tigagal*. pp. **alimbayao**. pp.
Desastrado. *Saliuang palad*. pp. *Sauing capalaran*. pp.
Desatar. **quilag**. pc. *Calas*. pc. *Tastas*. pc. *Calag*. pc.
Desatar nudo. **bugcus**. pc.
Desatar ó destapar los cestos de arroz. **hoyag**. pc. *Bucas*. pc.
Desatarse la atadura. **hosó**. pc.
Desatascar. *Macahunot sa putic*.
Desataviar. *Mag alis nang hias*, *ó gayac*.
Desate de vientre. *Ilaguin*. pc.
Desatender. *Pabayá*. pp.
Desatento. **lauog**. pc. *Pabayá*. pp.
Desatesorar. *Gugolin*. *ang tinipon*.
Desatiento. *Cagulohan nang bait*. pp. *Ualang toto*. pp.

Desatinado, tonto. **buhalhal.** pc. *Buhaghag.* pc. **tuling.** pp. *Tulig.* pc. *Tulingag.* pc.

Desatinado, por haber perdido el camino. **yabag.** pp. *Suling.* pp.

Desatinar. *Buyog.* pc. *Songab.* pp.

Desatinar á otro. *Baling.* pp.

Desatolondrar. *Pag saol-ang loob.*

Desatollar. V. Desatascar.

Desatontarse. V. Desatolondrar.

Desatraer. *Tolac.* pp *Layó.* pc.

Desatrancar. *Alisin ang tranca, bonotin ang* **cansing.**

Desaturdir. V. Desatontarse.

Desautorizar. *Alsan nang capangyarihan.*

Desavecindarse. *Lumipat nang pamamayan.*

Desavenir, desavenirse. *Magcaalit.* pc. *Mag casirá.* pc. *Hindi magcasundó.* pc.

Desavenirse en algun trato. *Ualá* pc.

Desavenidos. **patlang.** pc.

Desayudar. **balacsilà.** pp.

Desayunarse. *Cumain nang anoman sa umaga.*

Desayuno. *Amosal.* pc. *Unang pagcain sa umaga.*

Desazon. *Tab-ang.* pc. *Ualang lasa.* pp. It. *Samá nang loob.* pp. *Dalamhatí.* pp.

Desazonar. *Alsan nang lasa ang pag cain.* It. *Galitin.* pp. *Pasamain ang loob.*

Desbaratado, vicioso. *Sumira nang pag aari.*

Desbaratar, deshacer. *Lansag.* pc *Sirá.* pp.

Desbarbar. *Ahit.* pp.

Desbarrigar. *Busbusin ang tian.*

Desbarro. **bisó.** pc. *Malí.* pc. **hira.** pc.

Desbastar. **hayos.** pp. *Tapias.* pc. **buguas.** pc.

Desbocado. *Masamang* **boñgañga.** pp. *Masamang bibig.* pc.

Desbocarse. *Mag tacbo ang cabayo at di papiguil sa preno. Mag pacatigas ang bibig ó ñguso nang cabayo, na di maquinig sa preno.*

Desbrabar. *Lumubay ó humupa ang galit.*

Desbrevarse. *Lumipas ang alac.*

Desbrozar. *Linisin.* pp. *Alisin ang damo.*

Desbulla. *Taiñga, ó camunting lamang na titira sa balat nang talaba cun macuha na ang boong laman.*

Descabal. *Capos.* pc. *Alauñgan.* pc.

Descabalgar. *Lonsad.* pc. *Bumabà sa cabayo, ó sa anomang hayop na sinasaquian.*

Descabellado. *Lihis sa catouiran, ualang cahusayan.*

Descabezado. V. Descabellado.

Descabezar ó degollar. *Pogot.* pp. *Potolin ang olo.*

Descabritar. *Iualay sa pag suso, ang bisirong cambing.*

Descabullirse. V. Escabullirse.

Descaderar. *Masactan, ó masugatan ang balacang.*

Descaecer. **omodlot,** *ó manghina ang pagca buhay, carangalan, capangyarihan ó calacasan nang catauan.*

Descaecido de hambre. *Hayo.* pp. **malaga.** pc. **daloroc.** pc. *Dayocdoc.* pc.

Descaecerse. **hinayo.** pp.

Descaecimiento por vejez. **locoy.** pc. **logui.** pp.

Descaecimiento del cuerpo. **holay.** pp. *Logami.* pp.

Descalabrar. *Bañgas.* pp. *Masugatan nang munti ang ulo.*

Descalabro. **luñgi.** pc. *Samang palad.* pp. *Saliuang palad.* pp. *Pagca pahamac.* pp. *Pagca pañganyayá.* pp.

Descalcez. *Cahubaran nang paa, pagca ualang sapin, sinelas ó medias.*

Descalzar, descalzo. V. descalcez.

Descamar el pescado pequeño. **sacsa.** pc.

Descaminar. *Iligao.* pc. *Ilihis sa daan.*

Descamisado. **nasayad.** pp. *Totoong mahirap.* pp. **pulubing tañguay.** pc.

Descampado. *Hauan.* pp. *Ualang sucul.* pp.

Descansar. *Hiñga,* l. *Hiñgalay.* pc. *Pahiñga.* pc. *Guinhaua.* pp. *Lumaymay.* pc. *Tiuasay.* pc. *Togot.* pp.

Descansadero. **bitañgan.** pp. **bitangan.** pc.

Descansar del camino. **hingatas.** pc.

Descansar de lo que hace. **hipihip.** pp. *Hinto.* pc.

Descansar un rato. **hampilay.** pp.

Descanso. **alouan.** pc. *Guinhaua.* pp. *Himbing.* pc. *Tiuasay.* pc. **tantan.** pc. *Loualhati.* pp. **al-uan.** pc.

Descanso de la escalera. **bantilan.** pp. **talorang.** pp. **pantao.** pc. **saray.** pp.

Descanso de la casa. **libis.** pc.

Descanso de la entrada. *Batalan.* pc.

Descantillar a go. **piñgi.** pc. *Piñgas.* pp.

Descañonar. *Bunotin ang cologo, ó pacpac nang ibon.*

Descarado. *Posong.* pc. *Ualang galang mañgusap, ualang hià.*

Descargar las nubes la lluvia. *Bogso.* pc.

Descargar á otro la carga. *Ibis.* pc. **auas.** pc.

Descargarse de la carga. **bitang.** pc. *Auas.* pc.

Descarnar el coco. **locar.** pp. *Codcod.* pc. *Cayod.* pp.

Descarnar. *Himay.* pc. **hilaman.** pc. **hiñgalas.** pc.

Descarriar. *Sinsay.* pc. *Ligao.* pc.

Descartar. *Tacuil.* pc. *Tapon.* pp.

Descasamiento. *Pag hihiualay ó pag papahayag nang mañga puno na ualang casaysayan ang pag cacasal ó pag aasaua.*

Descascar. V. Descascarar.

Descascarar cañas ó cocos. **lopas.** pp. **tapas.** pp.

Descascarar. *Talop.* pp. **obac.** pp. **talip.** pp. *Opac.* pp.

Descastado. *Ualang loob, ualang pag ibig sa camaganac.*

Descaudalado. *Nag hirap.* pp.

Desclavar. *Tangal.* pc. *Tangsó.* pc. *Taglog.* pc.

Descendencia. **tongtong mulá.** pc. **pañgalin.** pp. *Punggaling* pp. *Angcan.* pp. *Lahi.* pp. *Dasa.* pp. *Dasahan.* pp. *Lipé.* pp.

Descendencia, descender. *Gulang.* pp. *Buhat.* pp. *Galing.* pp.

Descendencia, por línea recta. **cabohos otang.** pp.

Descender de uno muchos. **lalar.** pp.

Descendiente. *Inapo.* pc. *Cainapohan.* pc.

Descendiente de esclavo. **calola.** pp.

Descepar. *Humocay ó mag hucay nang tood.*

Descerrajar. **tingcag.** pc. **bingcag.** pc. *Tingcab.* pc. *Lingcog.* pc.

Descifrar. *Saysay.* pc.

Descoagular. *Tunao.* pp.

Descocado. *Pañgahas,* **talialos.** pp.

Desdecir. **ala.** pp. **popas.** pp.

Descojer. **biclar.** pc. *Calas.* pc. *Bucadcad.* pc. *Buclat.* pc.
Descolar. **pungoquin.** pc. **pungui-in.** pc. *Putlan nang bontot ang hayop.*
Descolgar. *Hogos.* pp. **loslos.** pc.
Descolmar. *Calosin.* pp. de *calos.*
Descolmillar. *Bunotin, ó bali-in ang pangil.*
Descolorar. *Cupas.* pp. **pupas.** pp. *Potlá.* pc. *Pusiao.* pc.
Descolorido. **mogoc.** pc. *Potlà.* pc. *Popás.* pc. *Pusiao.* pc. **himotlá.** pc.
Descolorido por hambre. **hilocá.** pc.
Descolorido ya por miedo ya por enfermedad. **barac.** pc. **namamarac.** pc.
Descollar. **lampao.** pc. *Apao.* pp. *Lampas.* pc.
Descombrar. *Hauan.* pp. V. Descumbrar.
Descomedido. *Tampalasan.* pp. **labusao, bais.** pp. **bohong.** pc. *Talipandas.* pc. **maduti.** pp. **supil.** pp.
Descomedimiento en hablar. **talialos.** pp.
Descomedirse. *Maualang galang.* pp. *Maualang pacundangan.* pp.
Descomer. *Tae.* pp. *Punalicod.* pc. *Punabihan.* pc.
Descompadrar. *Mag casirá.* pc. *Magca sigalot ang mag caibigan.*
Descomponer. *Calog.* pc. *Golo.* pc. *Sirá.* pp.
Descomulgado. *Tampalasan.* pp. *Masamang tauo.* pc.
Descomunal. *Napacalaqui.* pc. *Labis. Nang laqui.* pc.
Desconcertado. **paliuac.** pc.
Desconcertar. **uingqui.** pc. *Calag.* pc.
Desconcertarse el hueso. **banal.** pp. l. *Sala.* pc. *Pilay.* pp. *Lisià.* pc.
Desconcertarse. **baiyais.** pc.
Desconcierto en el canto **balangquinitan.** pp.
Desconcierto de alguna parte del cuerpo. **songlo.** pc.
Desconcordarse en algo. **talibarbar.** pc. **talibad.** pp.
Desconfiar. **lopaypay.** pc. *Bayà.* pp. *Ualang pag asa.* pp.
Desconformar. *Di magca ayon.* pp. *Di magca isang loob.* pp.
Desconformidad. *Pag cacaiba.* pc. *Di pagcacaparis.* pp.
Desconocer algo. *Iba.* pc. *Malimotan ang hitchura.*
Desconocido, ingrato. *Palamara.* pp. *Ualang turing.* pp.
Desconsentir. *Di mayag.* pp. *Hindi pumayag.* pp.
Desconsuelo. *Hubag.* pc. *Lumbay.* pc. *Hapis.* pp. *Pighati.* pc. *Caual-ang alio.*
Descontar. *Auas.* pc. *Bauas.* pp. *Babá.* pc.
Descontentar. *Pasam-in ang loob.*
Descontinuar. *Ponitin, putolin, pag hiualain ang anomang boó ó nagcacapisan.*
Desconvenir. **talibad.** pc. *Di magcaparis.* It. V. Desconformar.
Descorazonar. *Tacutin.* pp. *Sirain ang loob.* pp. It. *Hangoin ò cunin ang pusó.*
Descorderar. *Iualay sa pag suso ang manga bisirong tupa.*
Descornar. *Pungalan.* pc. *O alsan nang sungay.*
Descorrer. *Paanorin.* pp. *Paagosin.* pp. De anod y agos.
Descorrer las cortinas. *Bucsan, ó haui-in ang tabing.*
Descortés. **sopil.** pp. **palambang.** pc. **salangpar.** pc.
Descortezar. **lapnit.** pc. *Opac.* pp. *Bacbac.* pc. **sapsap.** pc. *Talop.* pp. **lupas.** pp.
Descortezarse de suyo la corteza. *Ngalocabcab.* pc.
Descoser. *Bictas.* pc. *Bigtas* pc. *Tastas.* pc. *Laslas.* pc. **batas.** pp. *Bagtas.* pc.
Descostillar. *Sactan at hampasin ang isang tauo sa manga tadiyang.*
Descostrar. *Himay.* pc.
Descoyuntar. *Lapac.* pp. l. pc. *Lisiá.* pc.
Descoyuntarse. **casó.** pc.
Descrecer. *Bauas.* pp. *Unti.* pc.
Descrédito. *Pagcasirá, ó pag babauas nang puri at dangal.*
Descreer. *Pag talicod sa pananampalataya, ó di paniniualá.*
Descrestar. *Pongos.* pp. *Putlin ang palong.*
Describir. *Saysay.* pc. *Salaysay.* pc. It. **lagdá.** pc. **banhay.** pc.
Descuajar. *Tunao.* pp.
Descuartizar. *Lapà.* pp. *Lapac.* pp. *Hiuog.* pc. *Hati.* pp.
Descubierto. *Tampac.* pc. *Bucas.* pc.
Descubrir. *Hayag.* pp. *Taniag.* pc. **tocas.** pc. *Pahayag.* pp. **botbot.** pc. *Boclat.* pc. **bolocat.** pc. **loual.** pc. *Sigao.* pc.
Descubrir lo que lleva para que le compren. **tayag.** pp. *Tanyag.* pc.
Descubrir lo que estaba solapado. **pasñgao.** pc.
Descubrir secretos. *Latlat.* pc. **botbot.** pc. **bongcal.** pc.
Descubrir lo guardado. **halighig.** pc.
Descubrir tesoro. **bog-oy.** pc.
Descubrirse. *Litao.* pc.
Descubrir, como en el herido las tripas. *Pisil.* pc.
Descubrirse la fruta. **boslog.** pc.
Descubrirse algo. *Sipol.* pc.
Descubrimiento. *Pahayag.* pp. It. *Torlas.* pc.
Descuello. *Lampao.* pc. *Labis nang taas sa capouá.*
Descuerno. *Pag halay.* pp. *Pag ayop.* pp.
Descumbrado. **hayhay.** pc.
Descumbrar. *Hauan.* pp. **tacsac.** pc.
Descumbrar rozando yerba ó zacate. **talas.** pc. **tabtab.** pc.
Descuidado. **panauang.** pc. **talanuang.** pc. **sambit.** pc. **canuang.** pc. **lanouang.** pc. **patang.** pc. **palambang.** pc.
Descuido momentaneo. **tiñgay.** pc. *Lingat.* pc.
Descuidar de algo. *Ualang bahala.* pp.
Descuidarse. **picta.** pc. *Paobayà.* pp. **panibahagay.** pc. *Pabayà.* pp.
Descuidar. **panauang.** pc. *Bayà* pp.
Descuidarse. *Lingat.* pc. *Tingay.* pc. **tiualá.** pp. **matiualá.** pp.
Descuido. *Limot.* pp. It. **cotalay.** pp.
Descular. *Sirain ang puit nang anomang casangcapang gamit.*
Desde que. **sa yaong.** pc. *Mangaling.* pp. *Hanga na.* pc. *Mula na.* pp.
Desde un principio. *Sapol,* l. *Sapul. Sa mulat sapul.* pc. *Pagcaraca na.* pc. *Capagcaraca na.* pp.
Desdecir. **ala.** pp. *Malio.* pp. *Cupas.* pp.

Desdecirse, retractarse. **tamaoli.** pp. *Balic*, 1. **iba.** pc.
Desden. *Ilap.* pc. It. *Pag alangan, pag papaualang halaga.*
Desdentado. **loñgas.** pc. *Tipo.* pp. *Bungi.* pc. **buñgal.** pc.
Desdentado del todo. **ñgobñgob.** pc.
Desdeñar. *Ilog.* pp. *Layò.* pc.
Desdeñarse. *Mag macahiyà.* pc.
Desdevanar. *Calàs.* pc.
Desdichado. *Salang palad.* pp. *Culang palad.* pp. *Saliuang palad,* pp. *Sauing capalaran.* pp.
Desdoblar. **biclar.** pc. *Banat.* pp. *Latag.* pp. *Buclat.* pc.
Desdonado. *Uulang taros.* pc. *Ualang uastó.* pc. *Ualang toos.* pp.
Desdonar. *Baui.* pp.
Desdoro. *Casiraang puri.* pp. *Halay.* pp.
Desear tener algo, ó imitar. **igaya.** pp.
Desear algo con conato. **hambo.** pp.
Desear jugar con otro. **ganyac.** pc.
Desear, deseo. **abong.** pp. *Nasà.* pp. *Pita.* pp. *Hañgad.* pc.
Desear con vehemencia. **calahay.** pc. *Hañgad.* pc.
Desear comer carne ó pescado. *Sabic.* pc.
Desecar. *Toyò.* pc. *Puloy-in.* pc.
Desecativo. *Panoyò.* pc. *Pantoyò.* pc.
Desechar. **abas.** pc. *Uacsi.* pc. *Tacuil.* pc.
Desechar á otro con aspereza y poca estima. **alig.** pp. *Tampo.* pc.
Desecho de alguna cosa. *Hiniranĝan.* pp. *Panapon.* pc. **lias.** pp. **milma.** pc. *Pinilian.* pp.
Desembarazamiento. **tangcap.** pc. *Aliualas.* pp.
Desembarazar la banca. **auac.** pp.
Desembarazar. *Hauan.* pp. *Ligpit.* pc.
Desembarazarse. **liñgin.** pp.
Desembarcar. *Ahon.* pp.
Desembarcadero. *Doonĝan.* pp.
Desembargar. *Isauli ang manĝa inembargo, ó sinamsam.* It. V. Desembarazar.
Desembarque. V. Desembarcar.
Desembarrar. *Alsan ó alisan nang putic.*
Desembebecerse. *Pag sao-lan loob.* pp. *Macaalam tauo.* pp.
Desembocadero. *Uaud.* pp. **bitas.** pc.
Desembolsar. *Palual.* pc. *Ilual.* pc. *Ilabas.* pc. **butauin.** pp.
Desemboscarse. *Paloual, ó lumabas sa gubat.*
Desembravecer. *Mansohin.* pc. *Pa-amoin.* pp.
Desembrollar. *Husay.* pp.
Desenvuelta (muger). *Dalahirà.* pp.
Desemejante. *Iba.* pc. *Di catulad.* pp.
Desempalagar. *Alisin ang suyà.*
Desempeñar. *Alsan ó alisan nang lampin ang sangol.*
Desemparentado. *Ulilang lubos.* pc. *Ulilang pospos.* pc.
Desempeñar. *Tubos.* pc. *Tub-sin.* pc.
Desempeorarse. *Lumacas.* pc. *Manibay.* pp.
Desemperezar, desemperezarse. *Inat.* pp. *Mag sipag.* pp.
Desempolvar, desempolvorar. *Pagpaguin ang gaboc ó alicaboc.*
Desanastar. *Alisan nang polohan ó tangcay ang anomang sandata.*

Desencadenar. *Calag.* pc. It. *Hiualay.* pp.
Desembolver lo envuelto. **lahar.** pp.
Desenvoltura. **haya.** pp.
Desempacho. **haya.** pp.
Desenmarañar. **guisguis.** pc. *Saysay.* pc. *Husay.* pp. **haios.** pp. **sisal.** pp.
Desencajado. **biclar.** pc.
Desencajar. *Tangcal.* pc. **taltal.** pc. **auat.** pp. **viyag.** pc. **dilat.** pc. *Tangsó.* pc.
Desencajar rompiendo. **lingcat.** pc. *Lincag.* pc.
Desencajar el clavo de la lanza. **ganá.** pc.
Desencajar con violencia. *Tingcog.* pc.
Desencajarse alguna cosa de su lugar. **pogto.** pc.
Desencajarse. *Tangsó.* pc.
Desencajarse dos ó mas tablas. **liuas.** pc. *Cauang.* pp.
Desencajarse el escalon. **litang.** pc.
Desencaje. *Siuang.* pp. **cauang.** pp.
Desencajonar. *Hanĝoin sa cajon.*
Desencalear. *Loag.* pp. *Lobay.* pc.
Desencallar. *Bonsod.* pc.
Desencaminar. *Ligao.* pc. *Sinsay.* pc.
Desencarcelar. *Alpas.* pc. *Hanĝoin sa bilangoan.*
Desencarecer, desencarecerse. *Mamora.* pp. *Bumabà ang halaga.* pc.
Desencerrar. *Bucsan.* pc. *Hanĝoin sa pagca culong.*
Desenclavar. V. Desclavar.
Desenclavijar. *Alsan nang clavijas ang biguela, alpa &c.*
Desencoger. *Latag.* pp. *Banat.* pp. *Unat.* pp. *Buclat.* pc.
Desencolar. *Pocnat.* pc. *Pacnit.* pc. *Bacbac.* pc.
Desencolerizarse. *Payapà.* pp. *Tahimic.* pp. *Paui-in ang galit.*
Desencontrarse. *Saliuà.* pc. *Hiuas.* pc.
Desencordar. *Alsan nang hapin ó cuerdas ang anomang toglotguin.*
Desencordelar. *Calagan.* pc. *Alsan nang tali.*
Desencorvar. *Toirin.* pp. *Unatin ang* **quiló** *ó baloctot.*
Desenfadar. V. Desencolerizarse.
Desenfado en el hablar. **taras.** pc.
Desenfado. **olayao.** pp. *Libang.* pc. *Alio.* pc.
Desenfrenar. *Alisan nang preno.*
Desenfrenarse. *Magomon sa vicio.* It. *Magalit na lubhà at hindi macapagpiguil.*
Desenganchar. *Tagtag.* pc. *Calag.* pc. V. Desencajar.
Desengañar. *Ipaquilala ang camalian.* pc. *Paalalahanan.* pp. *Pag sabihan nang tapat.* pc.
Desengaño. *Pagca quilala nang catuiran, ó catunayan.*
Desengrudar. V. Despegar.
Desenhornar. *Mag hanĝo sa horno.*
Desenjaezar. *Auasan nang siya.*
Desenlazar. **sisay.** pp.
Desentutar. *Mag babá nang lucsà.*
Desenmarañar. *Husay.* pp.
Desenmohecer. *Linisin ang amag.*
Desenojar. *Payapain.* pp. *Palubay-in, ó palubaguin ang galit.*
Desenredar. V. Desenmarañar.
Desensañar. V. Desencolerizarse.
Desensillar. V. Desenjaezar.
Desensoberbecerse. *Pacumbabá.* pc.

Desentablar. *Taglaguin ó alisin ang manĝa tabla.* It. *Talicuas.* pc.
Desentenderse. *Magpa uala uala.* pp. It. *Hindi ó huag maquialam.*
Desenterrar. *Bongcal.* pc. **botbot.** pc. *Hanĝo.* pp. *Hucay.* pp.
Desentonar. **bañgao.** pp. **bigao.** pc.
Desentrañar. *Bosbos.* pc.
Desenvainar. *Labsò* pc. **lapsó.** pc. *Bonot.* pp. *Honos.* pp.
Desenvolver. *Buca.* pc. *Buclat.* pc.
Desenvuelta. *Dalahirà.* pp. **balihandá.** pc.
Deseo. **adhicá.** pc. *Pita.* pp. *Nais.* pp. V. Desear.
Deseo, amoroso de ver á quien ama. **guilio.** pp.
Deseoso. **masolong.** pp. **maganyaquin.** pp. *Mapitahin.* pc. *Mapag nasà.* pp.
Desercion. *Pag layas.* pp. *Pag-tatanan nang sondalo.*
Desertar, desertor. V. Desercion.
Deservicio. *Pag cacasala sa dapat pag lingcoran.*
Desesperar, desesperarse. *Patiuacal.* pc. *Tiuacal.* pc. **patiuacuac.** pc. **patiuaguag.** pc.
Desestimar. *Ualing halaga.* pc. *Paualang halaga.* pc.
Desfallecer. *Manghinà.* pp. *Manlambot.* pc. *Manlatá.* pc.
Desfallecimiento por cansancio. **himaymay.** pp.
Desfigurar. *Pasam-in ó pasamain ang hichura.*
Desfiladero. *Maquipot na daan.*
Desfilar. *Panipisin sa dati ang hocbong lumalacad.*
Desflemar. *Iborà, ó iduhac ang caloghalà, canaghalà, ó* **calinhagá.**
Desflorar. *Lanta.* pc.
Desflorar á la doncella. *Coha.* pp.
Desfrutar ó coger frutas. *Pitas.* pc. *Puti.* pp. *Quitil.* pc.
Desgajar. **lapí.** pp.
Desgajar rama. *Gapi.* pc. **siñgi.** pc. **lapac.** pp. *Gapac.* pp. **bang-al.** pc. **lagpi.** pc. **sapi.** pp. **sañg-al.** pc.
Desgajar con los dedos los renuevos de algun árbol. *Sipi.* pc.
Desgajar fruta del racimo. **piling.** pc.
Desgajar, desmochar, como árbol. *Sapac.* pp.
Desgajarse. **palapag.** pc.
Desgajarse. **puclay.** pc.
Desgalgadero. *Mataric.* pc. **duminding.** pc. **masandig.** pc.
Desgalgar. *Bulid.* pc.
Desgana. *Tab-ang sa pagcain.*
Desgañitarse. *Pulahao.* pp. **palacat.** pp. *Hiao.* pc. *Sigao* pc.
Desgargantarse. *Mamaos.* pp. *Mamalat sa casisigao.*
Desgarrar. *Guisi.* pp. **bihay.** pp. **tilas.** pp. *Pilas.* pp.
Desgarrar algo. **hiclas.** pc.
Desgaruarse. *Bigtas.* pc.
Desgarrarse la oreja. *Binĝot.* pp. *Pinĝot.* pc.
Desgastar. *Gasgas.* pc.
Desgobernar. *Sirain, golohin ang cabuhayan.*
Desgorrarse. *Pogay.* pp. *Mag pugay.* pp.
Desgracia. *Saconà.* pc. *Ligalig.* pp. *Casam-ang palad.* pp.
Desgracia que á uno sucede por haber faltado al respeto debido á sus padres ó á cosas sagradas. **busong.** pp.
Desgraciado. *Ualang sayá.* pc. *Ualang lugod.* pc. *Ualang tuá.* pp. *Ualang ligaya.* pp.
Desgraciado. *Salang palar.* pp. **bigó.** pc. *Bouisit.* pp. It. V. Desdichado.
Desgraciarse. **pahac.** pc. *Mapahamac.* pp. *Mapanĝanyayà.* pp.
Desgranar. *Himay.* pc.
Desgranar la espiga. **caloa.** pp. *Hogot.* pp.
Desgranar fruta meneando el árbol. **lognas.** pc.
Desgranar con las uñas. **cotcot.** pc.
Desgranar espiga con caña. *Quisquis.* pc.
Desgranar con los dedos. **piro.** pp. **pilit.** pp. *Pirol.* pp.
Desgranarse. **lognas.** pc. *Logas.* pc.
Desgranarse el arroz por muy seco. **lotlot.** pc.
Desgranarse el paláy. **yongto.** pc.
Desgreñar. *Logay.* pc. *Golo.* pc.
Desguarnir. *Hubdan nang hias ó pamuti.*
Desguazar. *Tapias.* pc.
Desguindar, desguindarse. *Hogos.* pp.
Deshabitar. *Iuan ang tahanan.* pp.
Deshabituar. *Alisin ang ogali ó quinabisanhan.*
Deshacer ó destruir pueblos &c. Y revalidar la confesion nula. *Bagbag.* pc.
Deshacer lo hecho. *Calas.* pc. *Baui-uasac.* pp.
Deshacer rompiendo, como petate, papel, &c. **uilas.** pp.
Deshacer, como la sal en el agua. *Pugnao.* pc. **holas.** pp. *Tolas.* pp. **tognao.** pc.
Deshacer la cosa para volverla á hacer. **logno.** pp.
Deshacer el concierto. *Talinacas.* pc. **himanai.** pp.
Deshacer el telar. **hocasin.** pc.
Deshacer el techo de la casa. **lalas.** pc.
Deshacer, **laslas.** pc. *Sirà.* pp. *Durog.* pp. **lasac.** pc.
Deshacerse. **lanas.** pp. *Lansag.* pc.
Deshacerse algun todo poco á poco, como pilon de azúcar. **limac.** pc.
Deshacerse en menudas partes. **lagaang.** pc.
Deshacerse por cocido. *Labog.* pp.
Desharrapado. *Nang gugulanit.* pp. **nang lilimabid.** pp.
Deshaberar. **notnot.** pc. *Hogol.* pp.
Deshechizar. *Gamutin ang culam, ó gauay.*
Deshecho. **lalag.** pc.
Deshelar. *Tunao.* pp.
Desheredar. *Huag ó hindi papagmanahin.*
Desherrar. *Alsan nang tanicalà.* It. *Alsan nang bacal ang paa nang manĝa cabayo.*
Desherrumbrar. *Linisin, alisan nang calauang.*
Deshilachar. **lamot.** pp. **notnot.** pc. *Nisnis.* pc.
Deshilacharse el vestido. **molmol.** pc. *Lamoymoy.* pc.
Deshilar. V. Deshilachar.
Deshincar. *Bonot.* pp.
Deshincharse. *Copis.* pp. **hipá.** pc. *Hopá.* pc. **compis.** pc.
Deshincharse la barriga. **hipac.** pc.
Deshojado. **logos.** pc.
Deshojar. **logos.** pc. **lastas.** pc. *Quitil.* pc.
Deshojar rama ó penca. **lalas.** pc.
Deshojar los árboles. *Lagas.* pp. **oñgol.** pp.
Deshojar á palos. **habat.** pc.
Deshollinar. *Linisin ang asohan.*
Deshonestidad. *Halay.* pp. *Cahalayan.* pp.
Deshonesto. *Libog.* pp.

Deshonor. *Camurahan*. pp. *Casiraan nang puri*.
Deshonra. *Siphayó*. pp. V. Deshonor.
Deshonrar. *Mora*. pp.
Deshora. *Masamang oras*. pp. *Ualà sa oras*. pp. *Alangan sa oras*. pp.
Deshuesar. *Alsan nang but-ó*.
Deshumedecer. *Paloyoin*. pc.
Desiderable. *Dapat nasain*. pp.
Desidia. *Catamaran*. pp.
Desidioso. *Tamad*. pc. **pangcal**. pc. **calay**. pc.
Desierto. *Ilang*. pc. **tahao**. pp.
Designar. *Italaga*. pc. **itacdá**. pc. *Itorò*. pp.
Designio. *Nasá*. pp. *Hangad*. pc. *Nais*. pp. *Bantà*. pc. *Panucalà*. pp. *Acalà*. pp.
Desigualdad. **dool**. pp.
Desigualdad en el número. *Gansal*. pc.
Desigualdad de dos cosas. *Pag cacaiba*. pc. *Singhal*. pc.
Desigual. **ongsor**. pc. **gatol**. pc. **piluac**. pc. **pilhing**. pc. **lalit**. pc. *Toualì*. pc. **baco**. pc. *Quibit*. pc. **tañgab**. pp.
Desigual, como voz, &c. **tulhac**. pc.
Desigual lo hilado. **guinting**. pc.
Desimaginar. *Paui-in sa alaala*.
Desimpresionar. V. Desengañar.
Desinflamar. V. desinch r.
Desinterés. *Pag papaualang halaga sa pilac, ualang pag ibig, ualang pag nanasà sa pilac*.
Desistir. *Itiguil, iorong ang anomag pacanà ó bantang napasimolan*.
Desistir del pleito perdiendolo por su voluntad. *Sahol*. pp. *Parayà*. pc.
Desjarretar. *Potlan nang hitá*.
Desjugar. *Cunan nang gatàs*. pc. *Pigain*. pc.
Desleal. *Lilo*. pp. *Hindi tapat*. pc.
Desleir. **dimog**. pp. *Dorog*. pp. **guimog**. pp.
Deslenguado. *Bibigan*. pc. **solopanacá**. pc. **solopicá**. pc. **maduti**. pp. *Matalas*. pp. **matañgas**. pp.
Deslenguar. *Putlan nang dilà*.
Desliar. *Calag*. pc. *Calás*. pc.
Desligar V. Desatar.
Deslindar. *Laguian nang moson, patoto, ó hanganan ang manga lupá provincia ó bayan*.
Desliz. *Dapilos*. pp. *Dulas*. pc. It. **bisó**. pc. *Salà*. pc.
Deslizar. V. Desliz.
Deslizarse. *Polangos*. pc. **osos**. pc. *Lagpos*. pc. **hampilos**. pp. **dinglas**. pp. *Daos-os*. pc. *Hagpos*. pc.
Deslizarse el cordel. **tagostos**. pc.
Deslizarse de donde está. **linsar**. pc.
Deslizarse los pies. *Dopilas*. pp. **dalosdos**. pc. **tidaosos**. pc.
Deslizarse el ñudo. **hagonhon**. pc.
Deslucir. *Alisin ang quintab ó ningning nang anomang bagay*. It. *Sirain ang puri*.
Deslustrarse. **ilam**. pp.
Deslustrarse el color. **popas**. pp. *Pusiao*. pc.
Deslustrarse el oro en agua salada. **ilang**. pc.
Deslumbrarse por fuego ó sol. *Silao*. pp.
Deslumbrarse por flaqueza. **toliotolic**. pc.
Deslumbrarse. **silo**. pp. **solo**. pc.
Deslumbramiento de ojos. **ampilao**. pp.
Desmadejado. **biglay**. pc.
Desmadejar. *Manlambot*. pc. *Manghinà*. pp. *Manlatà*. pc.
Desmacelarse como el borracho. **lotoy**. pc.
Desmacelamiento de flojo. **lugayac**. pp.
Desman. V. Desgracia.
Desmandar. *Bauiin ang utos*.
Desmandarse. *Maualang galang*. pp. *Mag lapastangan*. pp.
Desmantelado. *Buhay ó palaciong ualang gayac*.
Desmantelar. *Iualat, iguibá ang manga cutà at mopg nang isang Ciudad*.
Desmañado. *Tauong culang sa paraan*.
Desmaridar. *Pag hiualayin ang mag asaua*.
Desmarrido. V. Desfallecido.
Desmayado de hambre. **haná**. pc. *Dayocdoc*. pc.
Desmayarse. **liñgar**. pp. *Hilo*. pp. **guitas**. pc.
Desmayarse de ánimo. **lopaypay**. pc.
Desmayarse por desangrado. **palas**. pp.
Desmayarse de cansado. *Hapó*. pp.
Desmayo. **guitas**. pc.
Desmazalado. *Buhaghag*. pc. *Tamad*. pc. *Nanglalatá*. pc.
Desmedirse. V. Desmandarse.
Desmedrado entre los compañeros. **lias**. pp. **milma**. pc. *Panapon*. pc.
Desmedrado ó flaco. *Payat*. pc. *Balangquinitan*. pp.
Desmedrado. **aniyag**. pc. **gundit**. pc. **ayingaying**. pp. **salopinit**. pc. **salopanit**. pc. **condat**. pc. **palotpot**. pc.
Desmedrado por trabajar. **piyait**. pp.
Desmelar. **buhag**. pp. **puhag**. pp.
Desmelenar. *Lugay*. pc. **losay**. pp. **longsay**. pc. *Laylay* pc.
Desmembrar dividir. *Potolpotol*. pp. **hiuag**. pc.
Desmemoriado. *Limot*. pc. *Malilimotin*. pc.
Desmemoriarse. *Limot*. pp.
Desmentir, lo mal asentado. *Linsad*. pc. **dalingsil**. pc.
Desmintir probando no ser verdad lo que dice. *Soat*. pc. **arua**. pc. **sodsod**. pc.
Desmenuzar. *Li-it*. pp. *Monglay*. pc. **damog**. pc. **omog**. pc. **mulay**. pc. *Dorog*. pp. *Lamog*. pc.
Desmenuzar ojas ó papel. **guintay**. pc. **gotay**. pc. *Gotgot*. pc.
Desmeollar. *Alisin, ó cunin ang utac*.
Desmerecer. *Di marapat*. pp. *Mapacaraual*. pp.
Desmesurado. *Lobis sa ogali, ò lampas sa ogali*.
Desmigajar. *Dorog*. pp. *Losay*. pc.
Desmochar algo. **piñgi**. pc.
Desmochar árboles grandes. **polac**. pp. **sampal**. pc. **layag**. pc. **sang-al**. pc.
Desmochar las puntas de los árboles **palongpong**. pc. *Gapi*. pp. *Sapac*. pp. **talas**. pc.
Desmocharse la mano por alguna llaga. **oñgol**. pp.
Desmogar. **ponggal**. pc. *Mon-gal*. pc.
Desmontar. *Hapay*. pp. *Hauan*. pp. *Tagpas*. pc. *Tabas*. pc.
Desmontar matorrales. **balaba**. pp.
Desmontar para hacer tierra de labor la inculta. **tabá**. pp.
Desmontar para sembrar. *Caingin*. pp. **lanac**. pp.
Desmoñar. V. Desmelenar.
Desmoralizado. *Nagugumon sa vicio*.
Desmoronar. **acal**. pp. *Dorog*. pp.
Desmoronar algo, como terrones. **moyag**. pc.

Desmoronarse. **acab.** pp. **baclas.** pc. **tipas.** pc.
Desmoronarse cosa de barro. **piclat.** pc.
Desmoronarse la tierra. *Tibag.* pc. *Agnas.* pc.
Desmoronarse la orilla del rio. **gamit.** pc.
Desnarigado. *Bungi.* pc. *Ualang ilong.* pc.
Desnevar. *Tunao.* pp.
Desnivel. *Hindi pantay.* pc.
Desnudarse quedando solo en camisa y calzones, y andar asi. *Longsay.* pc.
Desnudarse de la cintura á bajo. *Hubó.* pc.
Desnudarse de la cintura arriba. *Hobad.* pc.
Desnudarse de toda la ropa. *Hobó.* pp.
Desnudarse el vestido. *Hobar.* pc.
Desnudarse la camisa. **hocas.** pc.
Desnudado del todo. **lasog.** pp. **hoblas.** pc.
Desnudo. **calot.** pc.
Desobedecer. *Soay.* pp. *Hamac.* pp.
Desobedecer volviendo las espaldas. **tangquilis.** pp.
Desobediente. **basouas.** pc. *Masuayin.* pc. **alisagá.** pc. **alisacsac.** pc. *Suail.* pc. l. *Sonail.* pp.
Desocupacion. *Ualang gauà.* pc. *Pahinga.* pc.
Desocupado. *Ualang gauà.* pc. *Ualang abala.* pp. *Ualang ligalig* pp.
Desocupar. *Ligpit.* pc. *Hauan.* pp.
Desocuparse. **liágin.** pp.
Desojar. **puñgi.** pp. *Bali.* pp.
Desolacion. *Pighati.* pc. *Lumbay.* pc. *Dalamhati.* pp.
Desolar. *Sirà.* pp. *Guibà.* pc. *Ualat.* pp.
Desollado. *Lapnos.* pc. **palot.** pp. *Panit.* pp.
Desollado por haberse quemado. **liiop.** pp. **latob.** pp. *Pacnos.* pc.
Desollar. **anit.** pp. **laplap.** pc. **nisnis.** pc.
Desollarse. **baclas.** pc. **labnot.** pc. **laclip.** pc. **bagtal.** pc. *Pacnos.* pc. **lislis.** pc.
Desollarse el pellejo. **labos.** pp. **lala.** pc.
Desollarse por rascadura ó quemadura. **lacmos.** pc. *Lapnos.* pc.
Desollarse el cuerpo. **lalas.** pc. **laslas.** pc. **halit.** pp.
Desorden. *Gulo.* pc. *Ualang cahusayan.* pp.
Desordenar. *Gulohin.* pc. *Sirain ang cahusayan.*
Desorejado. *Pongos.* pp. *Pingas.* pc.
Desorganizar. V. Desordenar.
Desosar. *Himay.* pc.
Desobadero del pescado. **payabat.** pp. *Itlogan.* pp. *Bonbon.* pc.
Desovar. *Itlog.* pc. *Mangitlog.* pc.
Desovillar. *Calás.* pc.
Despacio. **dahan.** pp. *Dahandahan.* pp. **loayloay.** pp.
Despacio en obra ó palabra. *Hinay.* pp. *Banayad.* pp. *Himan.* pp.
Despacio, poco á poco. *Inot.* pc. *Inot inot.* pc. **himanman.** pc. *Lumanay.* pp.
Despachar. *Lotas.* pc. **lapas.** pc. *Daos.* pp.
Despachurrar. *Pisà.* pc. *Lusay.* pc.
Despaldillar. *Baliin ang paypay.* pc.
Desparramados *Ualàc.* pc. *Bolagsac.* pc. *Calat.* pc.
Desparramado. **piyang.** pc. **iuang.** pp. *Bisaclat.* pc.
Despabilar. *Totog.* pp.
Despabiladera. *Panotog.* pp. *Panitis.* pp. *Pang alis nang titis.*

Despartir. *Auat.* pp. *Hiualay.* pp.
Despavorir. *Guitla.* pc. *Guilalàs.* pc.
Despearse. **tical.** pc.
Despechar. *Mag bigay hapis, macasamà nang loob, macagalit, macapag bigay galit.*
Despecho. *Samà nang loob.* pp. *Galit.* pp. *Poot.* pp.
Despechugar. *Cunin ang pitcho.* pc. *Alisan nang pitcho.* pc.
Despedazar. *Monglay.* pc. *Lapnit.* pc. *Dalasaa.* pp. *Lapa.* pp.
Despedazar, como el caiman al hombre. **lasá.** pc. **lasay.** pc. l. **guitay.** pc. **sapac.** pp. **gauac.** pc. **guiuac.** pc.
Despedazar algo el pez grande dentro del agua. **sayab.** pc. **siab.** pc.
Despedida. *Pahimacas.* pc. *Paalaman.* pp.
Despedir á alguno sin oirle. **balongcaling.** pp.
Despedir el viento de la barriga hinchada. **hongcag.** pc.
Despedirse. **alam.** pc. *Pualam.* pp. *Pasintabi.* pp. **tarahanggalang.** pp.
Despedirse dos amigablemente. *Bali.* pp.
Despedirse con cortesía. *Pasangtabi.* pp.
Despedregar. *Alisan nang bato.*
Despegar algo. **lacba.** pc **lacnit.** pc. **lapnit.** *Pocnat.* pc. **bagnit.** pc. *Bacbac.* pc. **pañgalocabcab.** pc.
Despegar hojas de plátanos. **binlat.** pc.
Despegar corteza ú hojas de plátanos. **biclat.** pc.
Despegar, como la cera en la tabla. **sursur.** pc.
Despegar con los dedos. **locmat.** pc.
Despegar, como oblea. **locnap.** pc.
Despegarse de la pared. **calocabcab.** pc.
Despego. V. Desamor.
Despeinar. V. Desgreñar.
Despejado, claro. *Aliualas.* pp.
Despejado entendido. *Matalinong.* pp.
Despejar. *Hauan.* pp. *Linis.* pp. *Ligpit.* pc.
Despeluzarse. *Malucag.* pp. *Balucag.* pp. *Ngalisag.* pp.
Despellejar. **ticlap.** pc. **balicascas.** pc.
Despellejarse. *Harhar.* pc.
Despenar. *Alio.* pc. *Libang.* pc.
Despendedor. V. Desperdiciador.
Despensa. *Pamingalan.* pp. *Tagoan nang manga pag cain.*
Despeñadero. **talangcas.** pc. **ampas.** pc. **balisong.** pp.
Despeñar, despeñarse. *Bulid.* pc. *Balibulid.* pc. **tidalosdos.** pc. *Tiholog.* pc.
Despepitarse. *Sigao.* pc. *Hiao.* pc. **palacat.** pp.
Desperdiciador. *Alibughà.* pc.
Desperdiciar. **hambalos.** pp. **salanolà.** pp. **yaga.** pp. **bulalos.** pc. **bulalar.** pp. **hoghog.** pc. *Ualat.* pp. **bulalas.** pc. **labhasá.** pc. **sinalat.** pp. **buhaha** pc. **acsaya.** pp. **agsaya.** pc. *Sambulat.* pp.
Desperdiciar la hacienda. **sabog.** pp.
Desperdiciar la fruta, ó los mismos árboles. **bacsa.** pc.
Desperdigar. V. Desunir.
Desperezarse. **inat.** pp.
Desperezos del que viene la calentura. **lamdang.** pc.
Despernancarse. **bucangcang.** pc.

Despernado. *Pagal.* pc. **paga.** pp. **tical.** pc.
Despernar. *Lapac.* pp.
Despertar. **alimpuñgat.** pp. *Guising.* pp. *Pucao.* pp.
Despertar medio dormido. *Puñgas.* pc. *Alimpuñgat.* pp.
Despezonar. *Alisan nang tampoc.*
Despicar. *Ilaganti.* pc.
Despiojar ó espulgar. *Hiñgoto.* pp.
Desplegar. *Bucadcad,* l. *Biclad.* pc. *Buclat.* pc.
Desplomar. *Gohó.* pp.
Despoblado. *Ilang.* pc. *Ualang bahay.* pp. *Inalisan.* pc.
Despoblar, como la peste ó guerra. **olog.** pp.
Despoblarse la gente por guerra. **boag.** pp.
Despojar al enemigo. *Samsam.* pc. *Agao.* pp. *Dahas.* pc.
Desportillar, **pila.** pc. **bila.** pc. *Biñgas.* pp. l. pc. **piñgal.** pp. *Piñgas.* pp.
Desposado. *Napapanñgao.* pp. *O may posas ang camay.*
Desposados *Bagong quinasal.* pc.
Desposar, casar. *Casal.* pc.
Desposeer de algo. *Butao.* pc.
Despota. *Ponong di tomolontong sa catuiran.*
Despreciable. **ilambang.** pc. *Hamac.* pp. *Mora.* pp. *Ualang casaysayan.* pp.
Despreciado, vil. *Bulisic.* pc. l. pp. lt. *Alimora.* pp.
Despreciar. *Siphayó.* pp. *Alipustá.* pc. *Pulá.* pp. *Pintas.* pc. *Labag.* pc. *Puhamac.* pp.
Desprender. *Taglag.* pc. *Calag.* pc.
Desprendimiento. *Pag papaualang halaga.* pc. *Ualang pag iimbot.* pc.
Despreocupar, despreocuparse. *Linao.* pp. *Malinauan.* pp. *Maquilala ang camalian.*
Desprevenido. *Dili handa.* pc. *Hindi gayac.* pc.
Desproporcion. V. Desigualdad.
Despropósitos. **taguibang.** pc. *Uica ó gauang malì.*
Desproveer. *Paual-an nang cailañgan.*
Desproveido, desprovisto. *Ilang.* pc. *Salat.* pc.
Despues. *Mamayá mayá.* pc. *Mayámayá.* pc.
Despues. *Sacà.* pc. **manto.** pc. **bahol.** pc. *Bago* pp. *Mamaya.* pc. **camanto.** pc.
Despues de mucho tiempo. **manacanaca.** pp.
Despues que. *Capogca.* pc. **tambay.** pc. *Hangan.* pc.
Despuntar. **ong-got.** pc.
Despuntar, punta. **doñgot.** pp. **pung-ol.** pc.
Despuntar lo agudo. **sipo.** pc. *Porpor.* pc. *Polpol.* pc.
Desplumar. *Himolmol.* pc. **bolbol.** pc.
Descuartizar. *Lapà.* pp. **hiuag.** pc.
Desquejar. *Pusañga.* pc.
Desquiciar. *Bunotin sa tintero ó pagca tanim ang pinto.*
Desquijarar, como hizo Sanson con el leon. *Sapac.* pp. **uiang.** pp. **sihang.** pc.
Desquitar en el juego. *Baui.* pp.
Desquitarse. **patali.** pp. **banlis.** pc. **oyan.** pp.
Destajo del trabajo y no á jornal. *Paquiao.* pc. **lansac.** pp.
Destapado. **lañgab.** pp.
Destapar. **tocas.** pc. **bolocat.** pc. *Bocas.* pc. *Buclat.* pc.
Destapar algo para que evapore. **hoyag.** pc.
Destaparlo que cubierto con paño, &c. **locas.** pc.
Destaparse. **balocas.** pp.
Destechar. **laslas.** pp
Destejar. *Alisan nang bubong.* pc.
Destemplarse la herramienta. **loló.** pp. *Pañgal.* pp. *Tomal.* pp.
Desterrado. **bayan.** pp.
Desterrar. *Panao.* pp. *Alis.* pc. *Tapon.* pp.
Desterronar. *Buhaghag.* pc. **muyag.** pc. **muyagyag.** pc.
Destetar. *Auat.* pc. **labot.** pp. *Botao.* pc.
Destetar al niño. **opat.** pp. *Ualay.* pp.
Destejar. *Calas.* pc. **barbar.** pc. *Tastas.* pc.
Destejar, como cesto, petate, &c. **bingcas.** pc.
Destilar. **toong.** pp. *Toló.* pp. **titis.** pp. *Titi.* pp.
Destilar el licor. **balagbag.** pc.
Destinar. *Talaga.* pc. *Ocol.* pp.
Destituir. *Alisan.* pc. *Ual-an.* pc.
Destorcer el hilo. **buyagyay.** pc.
Destoserse. *Tichim.* pc. **tighim.** pc.
Destrabar. *Alisin ang sabat.*
Destreza. *Dunong.* pp. *Alam.* pp.
Destripar cuadrúpedos. **hochoc.** pc.
Destripar aves. **batibot.** pp.
Destripar el pescado. **hinain.** pp.
Destrizar. *Dorog.* pp. *Monglay.* pc.
Destrocar. *Saolian.* pp.
Destron, lazarillo. *Mang aacay.* pp. *Patnogot.* pp.
Destrueque. V. Destrocar.
Destroncar. **lapac.** pp. *Sapol.* pc.
Destrozar algun árbol. **sapol.** pc.
Destrozar. **guiyan.** pp. *Sirà.* pp. *Ualat.* pp.
Destrozar la hortaliza. **guiam.** pc.
Destrozo de tormenta, dar á la costa. *Bagbag.* pc. *Padpad.* pc.
Destruccion de frutas ó sembrados. **anas.** pp.
Destructor. *Mapag sirá.* pc. *Maninirá.* pp. *Mapanirà.* pp.
Destruir. *In.* Esta particula, puesta despues de la primera letra en los verbos que comienzan en consonante, y antepuesta á los que comienzan con vocal, dice destruir. v. g. *Daga.* Raton. *Dinadaga ang tinapay.* El pan és destruido de los ratones. *Langam.* Hormiga. *Linalañgam,* &c. *Inoouac ang saguing.* Los platamos son destruidos de los cuervos. &c.
Destruir. **payapas.** pp. **pilapis.** pp. **uagay.** pc. *Sirà* pp. *Guibá.* pc. *Uasac.* pc. *Ualat.* pp.
Destruir algo. **lasac.** pc.
Destruir los senbrados pisándolos. **siasat.** pc.
Destruir la generacion. *Lipol.* pp.
Destruir fruta cojiéndola sin sazon. **bacsa.** pc.
Destruir los sembrados. **yasyas.** pc. **siyasac.** pp. **yasac.** pc.
Destruir sacudiendo. *Piyapis.* pp.
Destruir las plantas cum gladiis, fustibus. &c. *Halabas.* pp.
Destruir ó destruirse la casa. *Logsò.* pc.
Destruir y arrancar calabazas, &c. *Lislis.* pc.
Destruirse parentela ó pueblo. **laglag.** pc. **lalag.** pc.
Destruirse un pueblo por irse á otro la gente. **lalar.** pc.
Destruirse todo, como casas, gente del pueblo, sembrados, &c. **palispis.** pc.

Destruido. **lalá**. pc.
Desudar. *Mag pahid nang pauis*. pp. *Pahirin ang pauis*. pp.
Desunir. *Hiualay* pp. **cauang**. pp. **aguat**. pc. *Auang*. pc.
Desusar, desuso. *Lipas*. pp. l. pc.
Desvaido. *Mahaguay*. pc. V. Cenceño.
Desvalido. *Ualang nag cacandili*. pp. *Ulilang pusacal*. pc. *Ulilang lubos*. pc.
Desvan. **loteng**. pp. **paga**. pp.
Desvanecer. *Paul*. pp. *Param*. pp.
Desvanecerse la cabeza. **liñgas**. pp. *Liyo*. pp. **liping**. pp. *Hilo*. pp.
Desvanecerse, como el enfermo ó el embarazado. **lipá**. pp.
Desvanecerse por borracho, &c. **pouat**. pp.
Desvanecerse la cabeza con el buyo. *Ibay*. pp.
Desvanecido, como mareado. **liyá**. pp.
Desvanecimiento de cabeza. **salangliping**. pp
Desvanecimiento. **pouat**. pp.
Desvaporizadero. *Singauan* pp. *Hingahan*. pp.
Desvarar. *Dulas*. pc. *Dapilos* pp.
Desvariar el enfermo. **balatong**. pc. *Mangmang*. pc.
Desvariar el que está muy al cabo. **libonlibon**. pc. **libolibo**. pp. *Linlang*. pc.
Desvariar. **auil**. pp. *Hibang*. pc.
Desvario del enfermo. **ñgiñgi**. pp.
Desvedado. *Hindi baual*. pp. *Puhintolot*. pp.
Desvelado. **pulao**. pp. *Puyat*. pp.
Desvelarse. *Puyat*. pp.
Desvelarse trabajando, ó andando. *Lamay*. pp.
Desvencijar. V. Desunir.
Desvendar. *Alisan nang* **piring**. pc. *O taquip nang mata*. pc.
Desventura ó malogramiento de alguna obra. *Saconá*. pc. *Casam-ang palad*. pp.
Desventurado. *Salang palar*. pp. V. Desdichado.
Desvergonzado. *Bohong*. pc. **bohanghang**. pp. *Souail*. pc. **paslang**. pc. **lipong**. pc. *Ualang hiyá*. pc.
Desvergonzarse. **himosong**. pc.
Desviar. *Auat*. pc. V. Apartar.
Desviar dos cosas, como casas. **baiog**. pc.
Desviarse. *Lihis*. pc. **oliuas**. pc. **ligtas**. pc.
Desviarse á un lado. **liñga**. pc.
Desviarse algo de suyo, como los harigues. **lingsil**. pc.
Desviarse del camino. **lisiia**. pc.
Desviarse uno de otro. *Liuas*. pc.
Desviarse un poco. **licdi**. pc. *Sinsay*. pc.
Desvirgar ó desflorar á la doncella. *Coha*. pp.
Desvirtuar. *Lipas*. pp. *Alisin ang bisà*. pp.
Desvivirse. *Sumiata nang labis*.
Desumar. *Pigá*. pc. *Cunin ang galás*.
Detallar. *Saysay*. pc. *Salaysay*. pc.
Detencion en hacer algo. **uiluil**. pc. *Bulam*. pp. *Laon*. pp. **liuil**. pc.
Detener. **saplar**. pc. **dalat**. pp. *Piguil*. pp.
Detener el golpe. *Sangga*. pc.
Detener á alguno. *Socol*. pc. **hamat**. pc. *Harang*. pp.
Detener, como á la bola. **soga**. pc.
Detener á alguno para que no se escape. *Taban*. pp. *Piguil*. pp.
Detener alguna cosa que sea con ímpetu. *Taban*. pp.
Detener la banca con los remos. **sibig**. pp.
Detener la embarcacion con los remos. **hamal**. pp.
Detener á alguno convidándole. **hamil**. pp.
Detener la mercadería para venderla mas cara. **daha**. pp. *Tingal*. pc. **pintong**. pc.
Detener en rehenes. **saguip**. pc. *Piit*. pp.
Detener la salida de cosa animada ó inanimada. *Piit*. pp.
Detener el resuello. **ampat**. pc.
Detener. **balaybay**. pc. *Balam*. pp. **ananan**. pp.
Detener con las manos. *Alalay*. pp.
Detenerse. *Tahan*. pc. **otog**. pc. *Balam*. pp. *Laon*. pp. **sang-od**. pc. *Togmoc*. pc.
Detenerse la embarcacion por mal tiempo ó por falta de agua. **bagat**. pc. *Bingbing*. pc.
Deteriorar, deteriorarse. *Samà*. pc. *Odlot*. pc.
Determinacion. *Pacanà*. pc. **pasiya**. pc.
Determinar, fijar. *Taning*. pp. *Tadhaná*. pp. *Tacdà*. pc.
Determinar dia. *Tacda*. pc. **dati**. pp. **yio**. pp. *Taning*. pp.
Detestable. *Casoclamsoclam*. pc. *Calupit lupit*. pc. *Masamang ogali*. pp.
Detraccion. **paronglit**. pc. *Siphayó*. pp.
Detraccion con malas palabras. **paabas**. pc.
Detraccion, decir. **timpal**. pc.
Detraccion ó murmuracion. *Opasala*. pp. *Sirang puri*. pp.
Detractor. *Maninirang puri*. pp. *Mapag opasalà*. pp.
Detras. *Sa licod*. pc.
Detraves. **hiuas**. pc. V. Soslayo.
Detraves, salir muchos detraves, para atajar á uno. *Calcat*. pc.
Detraves. **catcat**. pc.
De treinta años arriba. **halobata**. pc. *Talobatá*. pc.
Detrimento. *Sirá*. pp. *Pangangayd*. pp.
Deuda. *Otang*. pp.
Deuda, que pasa del padre al hijo, ó del deudor al fiador. **hitang**. pc.
Deudor. *Nag cacautang*. pp. *May utang*. pp.
De un nombre. *Calagio*. pc. **casañgay**. pc. *Lagio*. pc.
De un solo color. *Polos*. pc. **payac**. pc.
De una edad. *Calolobó*. pc. *Cababatà*. pp. **cabalalao**. pp.
Devanadera. *Olacan*. pc. *Pulopolan*. pc. **polonan**. pp. **quiliquiran**. pc. **birbiran**. pp. **quidquiran**. pp.
Devanador. **galoñgan**. pc. *Mangungulac*. pc.
Devanar. **quiliquir**. pp. *Birbir*. pc. **balirbir**. pc. **polon**. pp. **cambal**. pc. *Olac*. pc. *Polopol*. pp. **aiquir**. pp. *Quidquid*. pc.
Devastar. V. Destruir.
De veras. *Totoo*. pp. *Totoong totoo*. pp. *Tunay*. pp.
De verdad. **din**. pc. *Mandin*. pc. *Ngani*. pp. *Nga*. pc.
Devocion. **panagano**. pp. *Uili sa magaling*. pc.
Devocionario. *Librong quinasusulatan nang sari-saring dasal*.
Devolver. *Saoli*. pp.
Devorar. *Lamon*. pc. **loa-oc**. pc. **lolon**. pc.
Devoto. *Mauilihin sa dasal*. pc. *Masipag sa cabanalan*. pp.

D antes de I.

Di, segunda persona de imp. *Sabi*. pp. *Uicain mo*. pp. *Sabihin mo*. pp.
Dia. *Arao*. pp. **bayan.** pc.
Dia de fiesta. *Pangilin*. pp.
Dia de domingo. *Linggo*. pc. **dingo.** pc.
Dia lluvioso. **diclim.** pc. *Maolan*. pc.
Dia nubloso. **malimlim.** pc. *Colimlim*. pc. **limlim.** pc. *Maculimlim*. pc.
Dia del nacimiento. *Iquinapaguing*. pc. *Icapaguing*. pc.
Dia en que. *Ica*. pc. *Arao na icatatapus nang mundo*, dia en que se acabará el mundo.
Diablla. *Ala*. pc. *Hindi ganiyan*. pc.
Diablo. **sitan.** pp.
Diacono. *Pareng icalaua, ó casunod nang sacerdote ang caniyang órden*.
Diadema. *Sinag*. pp.
Diáfaro. *Nanganganinag*. pp. *Naquiquita ang na sa cabilá, para nang salamin sa halimbaud*
Dialogo. *Salitaan nang dalaua ó ilang catauong holikaliling nangungusap, na itinititic sa casulatan*.
Diamantino. *Ualang casintibay*. pp. *Ualang casintigas*. pc. *Catapusan nang tigas*. pc. *Sacdal nang tigas* pc.
Diario. *Pung arao arao*. pp. It. *Opa sa arao arao sa manga sondulo, sa maga mag papaopa*.
Diarrea. *Ilaguin*. pc. *Pag iilaguin*. pc.
Dias pasados. *Camacailan*. pc.
Dibujo. *Lagda*. pc. **liloc.** pp. *Tinotolaran*. pp. *Guhit*. pc.
Diccion. *Uicà*. pp. *Sabi*. pp. *Pangungusap*. pp.
Diccionario. *Librong parang tandaan na quinasusulatan nang lahat na uicà, sabi at pangungusap nang isa ó dalauang nacion na na hahanay at sunodsunod ang pagca titic sang ayon sa baybayin, ó A. B. C. D. &c.*
Dicen ó dicese. *Dao*. pc. **cono.** pc. *Di omano*. pc.
Dicen que. *Dao*. pc. *Ang sabi*. pp. *Di omano*. pc.
Diciembre. *Pangalan nang buang catapusan nang taon*.
Dictamen. *Pasiya*. pc.
Dictar. *Uicaing isa isa ang bagay na isusulat, uang maisulat na unti unti*.
Dicterio. **pasaring.** pp. **lait.** pp. *Masaquit na uicá*.
Dicha. *Palar*. pp. **ontong.** pc. *Ocol*. pp.
Dicharacho. *Uicang ualang casaysayan*.
Dicho hermoso. **icquit** *na sabi*. pp.
Dicho, decir. *Sabi*. pp. *Uicà*. pp.
Dichoso. **salamatin.** pc. *Mapalad*, pp. *Marangal*. pc.
Diente. *Ngipin*. pp. *Ipin*. pp.
Dientes del tridente. **liuas.** pp.
Diez tancas ó manojitos de buyo. *Balot*. pp.
Diestra. *Cinan*. pp.
Diestro. **tucoy.** pc. *Matalinong*. pp.
Dieta. *Palacad na dapat sundin at gauin nang may saquit*. It. *Opa arao arao sa isang comisionado ó sogó nang isang ponò*.
Diez. **polo.** pc. **pouo.** pp. **pu.** pp. *Sampu*. pc.
Diez palillos de tabaco. **camay.** pc.
Diez mil. *Lacsa*. pc.
Diezmos. **honos.** pc. *Sa icapú*. pc.
Diestro en la mar. **domagat.** pp.
Difamar. *Sirá*. pp. *Sirang puri*. pp.
Diferencia. **bibihira.** pp. **bihira.** pp. **saitsait.** pp. *Sal-it sal-it*. pc.
Diferencia, ó diferentes cosas. **bagay.** pp.
Diferencia de sentidos. **hiuagá.** pp.
Diferenciar. **balaqui.** pp. *Iba*. pc.
Diferente. *Iba*. pc. V. Desemejante.
Diferentes cosas. *Sorisari*. pp. *Bagaybagay*. pp. **balabalaqui.** pc. *Saglit saglit*. pc. *Sal-it Sal-it*. pc.
Diferir. **pasiban.** pp. *Lauon*. pp. **sibansiban.** pp. *Liban*. pc.
Diferir de un dia para otro. **panibucas.** pp. *Pabucas*. pp. **pabucasbucas.** pp.
Dificil. *Maliuag*. pp. *Mahirap*. pp.
Dificultad. *Liuag*. pp. **liquoar.** pc. **nauang.** pp. **parauis.** pp.
Difidencia. *Pag lililo*. pp. *Di catapatan*. pc.
Difundir. *Calat*. pp. *Sabog*. pp.
Difunto ó cadáver. *Bangcay*. pc. *Patay*., pc.
Difunto amortajado. *Borol*. pp.
Difuso. *Malapad* pp. *Malouang*. pp. *Calat*. pc.
Digerir. **honhon.** pc. *Tonao*. pp.
Dignacion. *Bigay loob*. pp.
Dignarse. *Dalità*. pp. *Paguindapatin*. pp.
Dignidad. **hanag.** pc. *Dangal*. pc. **atas.** pp. **sanghayá.** pc.
Digno. *Dapat*. pp. **tampat.** pc. *Naoocol*. pp.
Digo algo. *Hanaa*, pc. *Ha*. pc.
Dijes. **tumpic.** pc. **tompic.** pc. *Botingting*. pc.
Dijes como pajarillos. Flores. &c. **patopat.** pp.
Dijo que sí. *Oo rao*. pc.
Dijo que no. *Hindi rao*. pc.
Dilacion. **liualiuá.** pp. V. Diferir.
Dilapidador. V. Desperdiciador.
Dilapidar V. Desperdiciar.
Dilatar. *Pulaparin*. pp. *Palouangin*. pp. *Pahabain*. pp.
Dilatar el plazo. *Habà*. pp. **ligonligon.** pp.
Dilatar. **sibansiban.** pp. **pasiban.** pp. *Balam arao*. *Louon*. pp. *Hintay*. pc.
Dilatar alguna cosa. *Pamayamaya*. pc.
Dilatar para otro tiempo. *Liban*. pp.
Dileccion. *Pag ibig*. pp. *Pag mamahal*. pc.
Diligencia. *Sipag*. pp. **adhica.** pc. **mayocmoc.** pp.
Diligenciar. *Gauin ang nararapat*.
Diligente. **salangapang.** pp. **masipag.** pp. *Masigla*. pc. *Masicap*. pc. *Maogap*. pp.
Dilucidar. *Pahayag*. pp. *Paliuanag*. pp.
Diluir. *Tonao*. pp. V. Desleir.
Diluvio. *Gunao*. pp. **lanip.** pp.
Dimanar *Buhat*. pp. *Galing*. pp. *Mulà*. pc.
Dimension. *Sucat*. pp.
Dimidiar. *Hati*. pp. *Biac*. pc.
Diminucion. *Bauas*. pp. *Culang*. pp.
Diminutivo. *Pangculang*. pp. *Pangbauas*. pp.
Diminutivos. *An*. I. *Han*. Pospuestos á las raices dobladas. *Ibon-ibonan*, pajarillo pintado, ó de madera. *Tauotauohan*. Hombrecillo.
Diminuto. **pintasan.** pp.

Dimision. *Pag ayáo sa catungculan*. pp. *At pag sasaoli noon sa punò*.
Dimitir. V. Dimision.
Dinastía. *Pag cacasunodsunod, at pagcaca salinsalin nang mangá Hari at Emperador na iisang lahi ó ancan*.
Dineral. *Maraming pilac*. pp.
Dinero. *Salapi*. pc. *Pilac*. pp.
Diócesano. *Obispo, ó Arzobispo*.
Diocesis. *Lupá ó bayang na sasacupan at pinag poponoan nang isang Obispo ó Arzobispo*.
Dios. **bathalá.** pp.
Diputar. *Italaga ó ihalal ang isang tauo sa anomang gauá ó catongcolan*.
Directamente. *Patoloy*. pp. *Matuid*. pp. *Ualang palicolicó*.
Dirigir. *Toró*. pp. It. *Putnogot*. pp. *Patnobay*. pp. **tumpa.** pc.
Dirigirse. *Punta*. pc. *Tongo*. pp. *Yaon*. pp. *Tambad*. pc.
Dirimir. *Sirá*. pp. *Ualing halaga*. pc.
Discernir. *Quilala*. pp. *Tangi*. pp. *Bocod*. pc.
Diseñar, diseño. V. Dibujo.
Diseño. *Banhay*. pp.
Diseño en madera. **bauol.** pp.
Disipar. *Paut*. pp. *Calat*. pp. *Sabog*. pp. It. **bolalos.** pc. *Acsaya*. pc.
Disciplina. *Toró*. pp. *Aral*. pp. It. *Panghampas*. pc.
Discípulo. *Alagar*. pp. *Inaaralan*. pp. *Tinuturoan*. pp.
Díscolo. *Magalao*. pc. *Mang gogolo*. pp.
Discordes. *Di magcatoto*. pp. *Di magcasondó*. pc. *Di magca ayon*. pp. **hiuas.** pc.
Discreto. **obayá.** pp. **timtim.** pc. *Hinhin*. pc. *Paham*. pc.
Discreto en el hablar. **pataan.** pp. *Pantas*. pc.
Discrecion para granjear algo. **sicap.** pp.
Disculpar. *Touid*. pp. *Tolol*. pp. *Hinauad*. pp.
Disculparse con rodeos. **baliuar.** pp.
Disculparse, echar la culpa á otro. *Bangon*. pp.
Discurrir. *Ilacá*. pp. *Isip*. pp. *Panimdim*. pc.
Discurso. **pangholó.** pp. **pang limi.** pp. *Talas nang isip*. pp. It. *Mahabang pagsasaysay*. pc.
Discutir. *Pag limihin*. pp. De *limi*.
Diseminar. *Tanim*. pc. *Hasic*. pc. *Sahog*. pp.
Discencion. *Talo*. pp. *Taltal*. pc. It. V. Discordia, ó discordes.
Disenso. *Tangui*. pc. *Di pag ayon*. pp.
Disentería. *Isang bagay na saquit*.
Disentimiento, ó disentir. V. Disenso.
Disertar. V. Disputar.
Disfamar. *Sirá*. pp. *Sirang puri*. pp.
Disfavor. *Pag halay*. pp. *Pag papaualang halaga*. pc.
Disforme. *Pangit*. pp.
Disfraz. *Balat cayó*. pc.
Disfrazarse. *Balatcayo*. pc. **malicmatá.** pp.
Disfrutar. *Camit*. pc. *Tamo*. pc.
Disgregar. V. Desunir.
Disgustado. *Inip*. pc. *Yamot*. pc.
Disgusto. *Galit*. pp. *Samà nang loob*. pp.
Disimil. V. Diferente.
Disimular dando largas. **siuay.** pp.
Disimular que no vé. *Ualà*. pc.
Disimular. *Paobayà*. pp. *Paomanhin*. pc.
Disimular haciéndose del que no sabe. **pasigumay-on.** pc. **pasigayon.** pc. *Manga*. pc. **pangap.** pc.
Disimularse. **malicmatá.** pp. *Balat cayó*. pc.
Dislocar. *Linsad*. pc. *Maalis sa lugar*. pc.
Disminuir. *Bauas*. pp. *Unti*. pc. *Colang*. pc.
Disminuir el fuego. **añgay.** pc. **alañgay.** pp.
Disminuirse la calentura. *Hibas*. pc.
Disminuirse la avenida, viento. &c. *Ontos*. pc.
Disminuirse la enfermedad. **lihing.** pc.
Disminuido. **solot.** pc.
Disolver. *Calag*. pc. *Calas*. pc.
Disonancia. *Masamang tunog*. pc. *Tinig na ualá sa cumpas*.
Disparar flecha. **bicas.** pc. *Bigcas*. pc. **pulad.** pp.
Disparar, como flecha. *Igcas*. pc. **paltoc.** pc. It. *Baril*. pc.
Disparate. *Balagbag*. pc. *Halang*. pc. *Uicà ó gauang ualà sa lugar*.
Disparidad. *Caibhan*. pc.
Dispendio. *Malaquing gogol, ó pag cacagogol*. pp.
Dispensar. **payindahilan.** pc. It. *Pahintolot*. pp.
Dispersar. *Calat*. pp. *Sabog*. pp.
Displicencia. *Hindi ibig*. pp. *Ualang gusto*. pc.
Disponer. *Talaga*. pc. *Pacanà*. pc. *Husay*. pp.
Disponer el cuerpo á algo. **sayómoc.** pp.
Disposicion. *Pacanà*. pc.
Disposicion buena del cuerpo. **longtar.** pc. **hinocod.** pp.
Disposicion buena, fuerte. **halimora.** pc.
Dispuesto á lo que viniere. *Talaga*. pc. *Handà*. pc. *Gayac*. pc.
Dispuesto, gallardo. *Mahauas*. pc. **hinocod.** pp.
Disputa. *Talo*. pp.
Disputar. *Talo*. pp. *Taltal*. pc. **dara.** pp.
Distancia ó espacio. *Pag-itan*. pp. **ag-uat.** pc. *Layò*. pc.
Distante. **taliuacao.** pp. *Malayo*. pp. *Palac*. pc.
Distinguir. *Tingi*. pc. *Bocod*. pc. It. *Quilala*. pp.
Distintivo **saguisag.** pp. *Tandà*. pc.
Distinto. *Iba*. pc.
Distraccion. *Libang*. pc. *Aliu*. pc.
Distraccion de la imaginacion. *Linlang*. pc. *Lito*. pc.
Distraer á uno de lo que hace. **aligaga.** pp.
Distraerse ó divertirse. *Balatong*. pc.
Distraido. *Nagogomon sa vicio*.
Distraimiento. **alimbayao.** pp.
Distribuir. *Bigay*. pc. *Bahagui*. pp.
Distrito. *Lupang nasasacupan*.
Disturbio. *Golo*. pc. *Ligalig*. pp.
Disuadir. **badling.** pc. *Bilig*. pp.
Diuturno. *Malaon*. pp. *Mahabang panahon*.
Divagar. *Galá*. pp. V. Vagar.
Diversion. V. Distraccion.
Diversidad. V. Disparidad.
Diversidad de cosas ó de gentes *Sarisari*. pp. *Sal-it sal-it*. pc.
Diversidad de cosas juntas ó mezcladas. **sari.** pp. *Sarisari*. pp. *Bagaybagay*. pp. *Saglit saglit*. pc.
Divertido. *Mauilihin*. pc. It. *Maaliu*. pc. *Masaya*. pc.
Divertir el pleito. **opat.** pp.
Divertirse en el camino. **sambit.** pc.

Divertirse en la cuenta. **liton.** pp. *Lito.* pc. *Linlang.* pc.
Divertir á otro parlando. *Osap.* pp.
Divertirse en la plática. **liñgó.** pc.
Divertirse estando haciendo ó diciendo algo. *Linglang.* pc.
Divertirse de lo que hace. *Ligaó.* pc.
Divertirse el padre ó la madre con su chico. **ongaga.** pc.
Divertirse. *Alinglanğan.* pp. *Maang.* pp. *Tanğa.* pc.
Divertirse en lo que dice. **balatong.** pc.
Dividir. **uagay.** pc. **tangqui.** pp.
Dividir con la mano. **uahi.** pp.
Dividir la hacienda del que murió sin heredero. **balayi.** pp.
Dividir una cosa de otra, como la fruta del rácimo. *Pitas.* pc.
Dividir la yerba cuando se mete por el zacatal. **lacmay.** pc.
Dividir un barangay de cuatro en cuatro. **calan.** pc.
Dividir algo con la mano. **socay.** pc.
Dividir entre sí los señalados. **tagui.** pp.
Dividir, como el vestido á pedazos. **tañgi.** pp.
Dividir en menudas partes. **ganta.** pc.
Dividir ó partir alguna cosa. *Hait.* pp. *Biac.* pc.
Dividir ó apartar con espeque algunas cosas que están juntas. **ingquil.** pc.
Dividir en tropas. **poctopocto.** pc.
Dividirse el rio en brazos. **sambal.** pc. *Sabang.* pc.
Divieso. *Pigsa.* pc. *Baga.* pc.
Divinidad. *Pagca Dios.* pc. *Cadiosan.* pc.
Division. *Pitac.* pp.
Division, tropa, escuadra. **polañgan.** pp. **tampil.** pc. *Hocbo.* pp.
Division de un camino en muchos, de un árbol en muchas ramas. **saliangang.** pp.
Division larga de espumillas y otras suciedades del mar. **silig.** pc.
Divisa. **saguisag.** pp.
Divisar algo. **sirlap.** pc. It. *Aninao.* pp. *Alitagtag.* pc. *Alinagnag.* pc. It. *Tan-ao.* pc. *Bagtao.* pc.
Divorcio. *Pag hihiualay nang mag asaua.*
Divulgar, I. Propalar. *Latlat.* pc. *Hayag.* pc. *Bantog.* pc. **bandual.** pp. *Siualat.* pp.

D antes de O.

Dó. *Saan.* pc. **doon.** pc.
Do quiera. *Saan man.* pc.
Doblado. **pisigan.** pp. It. **paimbabao.** pc.
Doblado ó arqueado. **solo.** pc.
Doblar. **cal-ua.** pc. *Ibayo.* pp. *Puibayo.* pp.
Doblar el cuerpo hácia atrás. *Liar.* pc.
Doblar como la mano hácia á fuera. *Lantic.* pc.
Doblar el manto. **talongcas.** pc.
Doblar como ropa. *Ticlop.* pc.
Doblar el buyo con cal. **salongsong.** pc.
Doblar el metal para echar el acero. **locot.** pp.
Doblar una cosa sobre otra. *Sanib* pp.
Doblar el manto sobre la cabeza. *Topi.* pc. *Lopi.*
Doblar cosa ancha, larga, como clavo ó biombo. **pico.** pc.
Doblar punta de clavo. *Balicoco.* pc. **piing.** pp.
Doblar punta navegando. **baloqui.** pc.
Doblar el cuerpo. *Baloctot.* pc. **baliarar.** pc.
Doblar un poco el petate. **lilis.** pc.
Doblar la orilla del paño, hojas del papel, &c. *Lupi.* pc.
Doblar punta de algo. **copi.** pc. **maloqui.** pp.
Doblar hilo. **lambal.** pc. *Tambal.* pc.
Doblarse el cutis de puro gordo. **liis.** pp. **linoc.** pc.
Doblarse el filo. **timpal.** pc.
Doble del principal. *Ibayo.* pp. **ibayiú.** pp.
Dobleces ó pliegues. **lacquip.** pp. *Cotón.* pc. *Conot.* pc. *Ticlop.* I. *Ticlop ticlop.* pc.
Doblegar. **ayoc.** pc. **ab-yog.** pc. **hab-yog.** pc.
Doblegar cosa delgada. **hoyoc.** pp. *Hotoc.* pp. *Baloctot.* pc.
Doblegar con fuerza. **liñgig.** pc.
Doblegar cosa ancha. *Tupi.* pc.
Doblegarse algo por muy cargado. *Hotoc.* pp. *Hitic.* pp.
Doblegarse la rama. **langsi.** pc.
Doblez. *Laquip.* pp. *Soson.* pc. *Lambal.* pc.
Doblegar la rama, ó el cuerpo. **yocos.** pp. **yocó.** pc.
Doce. *Labindalaua.* pc.
Docena. *Capisanan nang* **labindalaua.**
Docil. *Masunorin.* pp. *Malomanay.* pp.
Docto. *Pantas.* pc. *Paham.* pc. *Bihasa.* pp. *Marunong.* pp.
Doctor. *Matalinong.* pp. It. V. Docto.
Doctrina. *Aral.* pp. *Hatol.* pp. *Toró.* pp.
Documento. *Catibayan.* pp. *Casulatan.* pp. It. V. Doctrina.
Dogal. *Tali.* pp.
Dolencia. *Saquit.* pc.
Dolerse, arrepentirse. *Sisi.* pp.
Doliente. *Nag mamasaquit.* pp.
Dolo. *Dayà* pp. *Purayà.* pp.
Dolor interno. *Antac.* pc.
Dolor de huesos **cali.** pc.
Dolor de manos. **camay.** pc.
Dolor de vientre. *Quiral.* pp. *Osog.* pp. *Apad.* pp.
Dolor de ojos. **pilac.** pp. **bisil.** pp. **cuiñgo.** pc.
Dolor que siente la madre cuando no han salido las parias. **youan.** pc.
Dolor de pies por estar mucho tiempo parado. *Mitig.* pp. *Nğalay.* pp *Nğalo.* pp.
Dolor de huesos procedido de golpe. **ñgali.** pc.
Dolor de huesos por cansancio. *Nğalo.* pp.
Dolor de muelas. *Panicsic.* pc.
Dolor de huesos del gálico. **pañgaliñgali.** pp. **pamiol.** pp.
Dolor. *Saquit.* pc.
Dolorido. *Namumanglao.* pp. *Nahahapis.* pp.
Doloroso. *Cahapishapis.* pp. *Cahambalhambal.* pc.
Doloso. *Magdarayà.* pp.
Domar. *Amó.* pp. *Manso.* pc.
Domesticar. V. Domar.
Doméstico. *Casambahay.* pc. *Casunó.* pp.
Domiciliado. *Namamayan.* pp.
Domicilio. *Pamamayan.* pp.
Dominacion. *Pag pupuno.* pp. *Pangyayari sa isang hocoman ó caharian.*
Dómine. *Maestro sa gramática, nag totoro nang gramática.*

Domingo. *Linggo*. pc. **dinggo**. pc.
Dominguillo. *Tauotauohan*. pp.
Dominios. V. Domingo.
Dominio. *Capangyarihan*. pp. *Carangalan*. pp.
Don, ofrenda ó dádiva *Biyayà*. pp. *Bigay*. pc. *Caloob*. pp.
Don, como Don Juan. **lacan**. pc. **gat**. pc.
Donacion. *Caloob*. pp. *Bigay*. pc.
Donaire hermosura. *Diquit*. pc. *Cariquitan*. pp.
Donaire que uno muestra en sus acciones. **gaui**. pp.
Donatario. *Biniguian*, ó *ang tumangap*. pc.
Doña. **dayan**. pc. l. *Dayang*. pc.
Doncella. *Dalaga*. pp. *Boô pang calaouan*. pp.
Doncella encerrada. **quinali**. pc.
Donde. *Saan*. pc.
Donde quiera. *Saan man*. pc.
Donde se cuido hasta crecer. *Pinagpalac han*. pc.
Donde hacen aceite. **gayanggayang**. pc.
Donde está. *Nahan*. pp. *Nasaan*. pc.
Donde dá de lleno el sol. **balisao**. pp.
Dorado. *Guinintoan*. pc. It. *Colay guintô*.
Dorado, pez. **talang talang**. pp.
Dorador. *Mang hikibô*. pp.
Dorar. *Hibô*. pp. *Guintô*. pc.
Dormidero. *Pangpatulog*. pp.
Dormilon. *Matologuin*. pc. *Maidlipin*. pp. *Tolog*. pc. *Antoquin*. pp.
Dormir sin cuidado, y profundamente. *Himbing*. pc.
Dormir dos en un petate. **dani**. pc.
Dormir al sereno. **patablao**. pc.
Dormir junto sobre una almohada. *Boig*. pp.
Dormir sin abrigo. **tabayag**. pc. **lisding**.
Dormir dos debajo de una manta. *Socob*. pp.
Dormir. *Tolog*. pp. *Gopiling*. pp.
Dormitar. *Gopiling*. pp. *Irlip*. pc. *Himlay*. pp.
Dormitar dando cabezadas. **sompilao**. pp. **tocatoc**. pp. *Antoc*. pc.
Dormitivo. V. Dormidero.
Dorso. *Licod*. pc.
Dos. *Dalaua*. pc. *Daloua*. pc. *Dal-ua*. pc.
Dos veces. *Macalaua*. pp. *Macaal-ua*. pc. *Maquialaua*. pc.
Dos tantos mas. **macalacsa**. pp. *Dalaua pa*. pc.
Dos reales. *Cahati*. pp.
Dos maderos punta con punta. *Sorlong*. pc.
Dos palos con que tañen. *Calotong*. pc.
Dos dias. *Camacal-ua*. pc. **macal-ua**. pc.
Dos presos en una cadena. *Patao*. pp. *Cauing*. pc. *Cabit*. pc.
Dosis. *Isang inom*, ó *isang cain nang gamot*.
Dote. *Bigay caya*. pp. *Pasonod*. pc. *Bilang*. pp.
Dosel en que arriman las imágenes. *Sinalan*. pc. *Baldoquin*. pc.
Dragon. *Isang bagay na hayop*.
Droga. *Sarisaring gamot*.
Driza. *Banting*. pc. *Bognos*. pc.

D antes de U.

Dubio. *Bagay na pag iisipin*, ó *pag lilinauin*.
Ductor. *Patnobay*. pc. *Patnogot*. pp.
Ducho. *Bihasa*. pp. *Talos*. pc.
Duda. *Quila*. pc.
Duda interior. *Dili*. pp. *Dilidili*. pp.
Dudar. *Alangalang*. pp. *Uari*. pp. *Calabocob*. *Orong solong*. pc. *Ang-ang*. pc. *Alangan*. pc. *Salauahan*. pp.
Dudoso. *Alingaling*. pp. *Alinglangan*. pp.
Duelo. *Babay na sarilinan* ó *isa isahan*.
Duende. *Patianac*. pp. *Tianac*. pp. *Tumanor*. pp. *Tigbalang*. pp. *Bibit*. pp.
Dueña ó dueño. *May ari*. pp. *Punginoon*. pp. *Poon*. pp.
Dulce. *Tamis*. pc. *Matam-is*. pc.
Dulcísimo. *Catamistamisan*. pp.
Dulcinoso. *Matinig* pp.
Dulzura de voz. *Ligoy*. pp.
Duo. **saliú**. pc.
Duodecimo. *Ica labindalaua*. pc.
Duplicar. *Olit*. pp. *Oli*. pc. It. *Suson*. pc.
Duplo. *Cal-ua*. pc.
Duque. *Isang bagay na carangalan*.
Duracion en cualquiera cosa. *Tagal*. pc. *Laon*, l. *Lauon*. pp.
Durar. *Panatili*. pp. *Lano*. pp. *Lauon*. pp. *Dati*. pp.
Durar hay. *Yaon*. pc.
Durar algo mucho tiempo. *Lauon*. pp.
Durazno. *Santol*. pc.
Durísimo. *Tatacan bislig*. pc. *Catigastigasan*. pp.
Duro. *Caing*. pc. *Ganit*. pc.
Duro, empedernido. *Patimalmal*. pc. *Tigas*. pc.
Duro de condicion. *Balacquiol*. pp. *Malupil*. pc.
Duro ó mezquino. **madaha**. pp.

E antes de A.

Ea. **yia**. pp. *Aba yari*. pc. **tala**. pp. *Aba*. pc.
Ea que está aquí. **bayto na**. pc. *Narito na*. *Naito*. pc.
Ea pues. **manacayà**. pp. *Monacaya* pp.
Ea los dos. *Aba ca*. pc. *Aba ta*. pc.
Ea todos vamos. *Aba tayo*. pp.
Ea vamos los dos. *Aba quita*, l. *Aba ta*. pc.
Ea vamonos. *Abatayo na*.

E antes de C.

Ebano. *Loyong*. pp.
Ebrio. *Lasing*. pc. *Lango*. pc.
Ebullicion. *Colò*. pc. *Bolac*. pc.
Ecce. *Manaò*. pc. *Tingni*. pc.
Echacantos. *Hamac na tauo, ualang casaysayan*.
Echa cuervos. **titatita**. pp. **cagon**. pp. **solohan**. pc. **correpepe**. pc. It. *Sinongaling*. pp. *Bulaan*. pp.
Echadero. *Hihig-an*. pc. *Tulogan*. pc.
Echalo. *Hulogui*. pp. *Iholog mo*. pp.
Echalo acá. **dihan**. pp.
Echar suertes. *Honos*. pp. *Tali*. pp. *Bonto*. pc.
Echar paños sobre la cabeza. **lumpot**. pc.
Echar lo que tiene en la boca. *Louà*. pc.
Echar agua en el afrecho para que lo coman los puercos. *Saglao*. pc.

Echar ó echarse de bruces. *Locob*. pp. *Dolap*. pp. *Dapá*. pc. *Tirapá*. pc.

Echar el hilo en aceite para teñirlo. **tobab.** pp. **tobal.** pp.

Echar el ojo para hurtar. **haling.** pc.

Echar la tuba en tinajas. *Tinao*. pc.

Echarse, como el perezoso. **yopyop.** pp.

Echarse la gallina sobre los huevos. **locop.** pp. *Limlim*. pc. *Halimhim*. pc. **yopyop.** pc.

Echar á otro de su lugar. **ali.** pp. **daguil.** pp.

Echar la atarraya. **biling.** pc.

Echar de golpe. *Bolosoc*. pp.

Echar el navío al agua. *Bonsod*. pc.

Echar la cuenta. **catay.** pp.

Echar por alguna parte. *Daco*. pp.

Echar algo metiéndolo en la tierra. **douit.** pp.

Echar mano. *Gamit*. pp.

Echar las cosas á lo que le parece. **halá.** pp.

Echar por allí. **hamac.** pp.

Echar de sí mal olor. **hañglor.** pc. *Bahò*. pp.

Echarse descompuestamente. **hilatá.** pp.

Echarse boca arriba tendiendo las manos. **palondayac.** pc.

Echar agua con la mano á otro. *Saboy*. pp. **siboy.** pc. **simboyo.** pc.

Echar algo á rodar. **pasimbolo.** pc.

Echar todos la culpa á alguno. **patiquia.** pc.

Echar demas porque no falte. *Putaan*. pp.

Echar hácia arriba alguna cosa que está en granel. **sudo.** pc.

Echar el arroz en el pilon para quitar la cáscara y blanquearle. **sigang.** pp.

Echarse agua unos á otros cuando se bañan. **simboyo.** pc. **soá.** pc. **soac.** pp.

Echar uno el brazo á otro. *Sobaybay*. pc.

Echar alguna cosa en el fuego. *Sogba*. pc.

Echar los brazos por encima de los hombros de otro yendo como uncido. **sumbabay.** pc.

Echar algo en buena ó mala parte. *Taboy*. pc. *Holog*. pp. *Hinguil*. pc.

Echar retos riñendo. *Tacap*. pc. *Mura*. pp.

Echar piernas. **talar.** pc.

Echar una cosa de su lugar. **tambil.** pc.

Echarse en el suelo. **tambiling.** pp.

Echar algo al agua. **tambog.** pc.

Echar á perder algo labrándolo con hacha ó bolo. **tapolao.** pp.

Echar la tuba en un cañuto largo. *Tiguis*. pp.

Echar un brazo ó pierna sobre algo. *Quipquip*. pp. *Dantay*. pc.

Echar mas. **bauas.** pp. *Dagdag*. pc.

Echar claridad, como el sol. **manag.** pp. *Banaag*. pp.

Echar leña al fuego. *Gatong*. pp.

Echar paño al hombro. *Alampay*. pc. **salampay.** pc.

Echar al niño en la cuna. *Indayon*. pp.

Echar, atribuir. *Taboy*. pc.

Echar vino en la copa ó taza. *Tiguis*. pp. *Tagay*. pp.

Echar ó desechar. *Uacsi*. pc. *Tapon*. pp. *Alis*. pc.

Echar de arriba á bajo. *Holog*. pp.

Echar la vela para navegar. **bognos.** pc.

Echar en remojo. **batar.** pp. *Babar*. pp.

Echar agua al fuego. *Subo*. pc. *Subhan*. pc.

Echar demás. *Putaan*. pp.

Echar el agua de golpe. **bolouac.** pc. *Boluac*. pc.

Echar hácia arriba los granos. **sicdo.** pc.

Echar fuera de sí lo que tenia dentro del corazon. **bulalas.** pc.

Echar la casa por la ventana. **cayas.** pp. **ubusin ang cayas.**

Echar hácia arriba alguna cosa. **pailacbong.** pc. **pailambo.** pc. *Puimbolog*. pc. **talang.** pp.

Echar las manos abiertas á las de otro por juego. **golamos.** pp.

Echar el hilo como hacen los serradores. &c. *Pitic*. pc.

Echar agua fria en la caliente. *Bantò*. pc.

Echar, ó arrojar. *Tapun*, l. *Tapon*. pp. *Uacsi*. pc.

Echar la culpa á otro. *Taboy*. pc. *Hinguil*. pc. *Sisi*. pp.

Echar llamaradas el candil cuando se muere. **andap.** pc. *Curap*. pc.

Echarle á otro en cara el mal que hizo. **talampac.** pc. *Suat*. pp. *Sumbat*. pc.

Echarse boca arriba. *Tihayà*. pp. l. pc. *Higà*. pc.

Echarse ó tumbarse los sembrados. *Hapay*. pp. **dayapa.** pc.

Echarse á perder algo por taparlo. **loom.** pp.

Echarse el arroz por estar muy granado **hicpa.** pc.

Echazon. *Tapon lulan*. pp.

Eclesiástico. *Na oocol sa Simbahan*.

Eclipsar, eclipse. *Mag colimlim*. pc. *Mag dilim*. pc.

Eclipse de luna. *Lahó*. pp.

Eco. **alatouat.** pp. *Alingao-ngao*. pc. **alitouat.** pp. **antibanañgao.** pc. **cogcog.** pc. *Haguing*. pp.

Eco de la voz. **cauag.** pc. *Tinig*. pp. *Tingig*. pp.

Eco, como de campana que se vá acabando. **aloningning.** pc.

Eco de voz que se oye sin saber de donde. **oliyao.** pp. **pañgalatuat.** pp.

Economía. *Tipid*. pc. *Impoc*. pc. **sicap.** pc.

Económico. **aguimat.** pp. *Matipid*. pc. **maimpoc.** pc. *Maarimohanan*. pc.

Económo. *Halang sa Cura*, ó *cahalili niya*. It. *Mangangasiuà ò manining̃il nang mang̃a ari nang Simbahan*.

Ecuánimidad. *Calibayan nang loob*, *pagca ualang balisa*.

E antes de D.

Edad. *Dalang taon*. pc. *Taon dala*. pc.

Edad juvenil. **quilao.** pp. *Cabinataan*. pp. *Cabagontauohan*. pp.

Edicion. *Pag limbag*. pc. *Pag talà*. pc.

Edicto. *Cautosang hayag*. pc. It. *Tandaan nang cautosan*, *ó sulat nang cautusan na ipinariquit sa mang̃a lugar na hayag*.

Edificar. *Gauà*. pc. It. *Mag pasonod*. pc. *Mag paquita nang mabuting halimbauà*.

Editor. *Mang limbag*. pc.

Educar. *Toroan*. pp. *Aralan*. pp.

Efectivamente. *Siya ng̃a*. pc. *Gayon ng̃a*. pc.

Efectivo. *Tunay*. pp.

E antes de D.

Efecto. *Bunga*. pp. It. *Nangyari*. pp.
Efectuar. *Ganapin*. pc. *Gao-in*. pc. De *gauà*.
Efervescencia. *Silacbo*. pc. *Silacbo nang dugô*. pc.
Eficacia. *Bisà*. pp. *Cabagsican*. pp.
Eficaz. *Mabisà*. pp. *Masidhi*. pc.
Eficiente. *Gumagauà*. pc. *May gauà*. pc.
Efigie. *Larauan*. pp.
Efímero. *Mamaghapon ang tagal*.

E antes de F.

Efugio. *Ilag*. pp. **ictar**. pc.
Efugios para no dar lo que le piden. **taqui**. pp.
Efundir. V. Derramar.

E antes de G.

Ege en que anda la rueda. **gargaran**. pp. **quinsequinse**.
Egecutar sin embarazo. **couis**. pp.
Egecutar lo mandado. **saquit**. pp. *Tupad*. pc. *Ganap*. pc.
Egida. *Calasag*. pp. **sapyao**. pc.
Egoismo. *Capalaluan*. pp. *Labis nang pag ibig sa caniyang cataouan*.

E antes de L.

Ejecucion. *Pag gauà*. pc. *Pag ganap*. pc.
Ejecutar. *Gauà*. pc. *Ganap*. pc. It. *Ilit*. pp.
Ejecutivo. *Biglaan*. pp. *Di maipag lagay lagay*. pc.
Ejecutor. *Gumagauà*. pc. *Gumaganap*. pc.
Ejemplar. *Houaran*. pp. **oliran**. pc.
Ejemplificar. *Mag lagay ó mag salita nang manga halimbauà*.
Ejemplo. *Pasonod*. It. *Halintulad*. pp. *Halimbauà*. pp. It. V. Ejemplar.
Ejercer. *Gauin, ó ganapin ang manga gauang na oocol sa caniyang catungculan, carunungan*. &c.
Ejercicio. *Gauà*. pc. *Pag gauà*. pc. *Catungcolan*. pp. It. *Pag papasial, ó pag babatac nang ogat*.
Ejercitado. *Sanay*. pp. *Bihasa*. pp.
Ejercitar. V. Ejercer.
Ejercitarse. *Sanay*. pp.
Ejército. *Hocbo*. pp.
El como se llama. *Cuan*. pc. *Couan*. pp.
El es, ella es, asi es. *Siya nga*. pc.
El mismo. *Siya rin*. pc. *Siya nga*. pc. *Siya rin nga*. pc.
El, la. *Ang*. pc. *Ica*. pc. *Icapat*, el cuarto. *Icalima*, el quinto.
El, ella, ello. *Siya*. pp.
Elacion. V. Altivez.
Elasticidad. *Habyog*. pc. *Urung sulong*. pp. *O gaui nang manga bagay na mag saoli sa dating lagay capag binaloctot, ó inunat*.
Eleccion. *Pag hahalal*. pc. *Pag pili*. pp.

E antes de L.

Electo. *Halal*. pc.
Elefante. *Gadia*. pc. *Gariyà*. pp.
Elegancia. *Cagandahan*. pp. *Cariquitan*. pp.
Elegancia. **liñgos**. pp.
Elegir. *Halal*. pc. *Palagay*. pc. *Pili*. pp.
Elevacion. *Cataasan*. pp.
Elevacion, ó altura de un árbol ú otra cosa. **layog**, l. **tayog**. pp. *Taas*. pp.
Elevar. *Taas*. pc.
Elevar á alguno, engrandecerlo. *Sambohat*. pp. *Tanyag*. pc. *Bigyang dangal*. pc.
Elocuente. **matatas**. pc. *Matalas*. pp. *Mariquit mangusap*. pp.
Elogiar. *Puri*. pp. V. Alabar.
Elucidacion. *Saysay*. pc. *Salaysay*. pc.
Eludir. *Ilag*. pp.
Ellos. *Sila*. pc.

E antes de M.

Emanar. *Mag buhat*. pp. *Mangaling*. pp. *Mag mulà*. pc.
Embajador. *Sugô*. pp. *Quinatauan*. pc.
Embaldosar. *Mag lateg nang baldosa*.
Embanastar. *Mag silid sa balaong*.
Embarazada. *Bontis*. pc.
Embarazo, embarazar. *Sucal*. pp. **abala**. pp. *Ligalig*. pp. **saguil**. pc. **balacsila**. pp.
Embarazado con muchas cosas que están colgadas. **saguay**. pc.
Embarazado con carga pesada. **bangcoas**. pp.
Embarazado con carga de diversos géneros. **sangcot**. pc.
Embarazado. **quiua**. pc.
Embarazar. **dacol**. pc.
Embarazar al acreedor con otra deuda. **saclit**. pc.
Embarazar al que trabaja. **doot**. pp. **ilang**. pc. *Libang*. pc.
Embarazarse los dos. **saclit**. pc.
Embarazarse con la carga. **salauay**. pc.
Embarazarse. **alauas**. pc.
Embarazamiento de algo. *Siquip*. pc.
Embadurnarse por de fuera la vasija. **pamolapol**. pp.
Embarazo, ó preñez. *Buntis*. pc. *Cabuntisan*. pc.
Embarazos. **hauil**. pp.
Embarcarse. *Sacay*. pc. *Tugpa*. pc. *Lolan*. pp.
Embarcarse para ir á embarcacion grande que está en alta mar. **tàngor**. pc.
Embarcarse con otro. *Hinacay*. pc.
Embarcacion baja de bordos. **nibnib**. pc.
Embarcacion porrona. **sagabal**. pc.
Embarcacion pequeña de vela. *Parao*. pc.
Embarcacion que por ligera abre con fuerza la agua por la proa. *Sogalsal*. pc.
Embarcacion de bordos bajos. **balatas**. pc.
Embarcacion metida de popa. **lio**. pc.
Embarcacion in genere. *Sasacyan*. pc. *Bangcà*. pc.
Embarcacion atada con bejucos. **tapac**. pc.
Embarcacion pequeña que llevan con la grande. **tondaan**. pp.
Embarcacion pequeña. *Londay*. pc.
Embarcadero. *Doongan*. pp.

Embarcion nombrada. *Panga*. pc.
Embargar. *Ilit*. pp. *Samsam*. pc.
Embargar prenda sacada por fuerza. *Ilit*. pp.
Embarnizar. *Hibó*. pp.
Embarrar. *Capul*. pp.
Embate. **handolong**. pp.
Embaucar. *Opat*. pc. **lalang**. pc. *Dayà*. pp. *Lamoyot*. pp. **amoyot**. pp.
Embejucar. **balaat**. pp.
Embejucar vasijas. **calauas**. pc.
Embelesado. *Tiguil*. pp. *Na uaual-ang loob*. pp. *Tanga*. pc.
Emberrenchinarse. *Ihit*. pp.
Emberrincharse. *Magalit*. pp.
Embestida. V. Embate.
Embestir. *Banggà*. pc. *Songgab*. pc.
Embetunar. *Galagala*. pp.
Emblandecer. *Palambotin*. pc.
Emblanquecer. *Paputiin*. pc.
Emblema. *Tandá*. pc. **saguisag**. pp. *Saguisap*. pp.
Embobado. **dacol**. pc.
Embobar, embobarse. *Tanga*. pc.
Embobarse. **mañgal**. pp.
Embocar *Isubó*. pp.
Embodegar. *Itagó sa bodega, ó silong na bato.*
Embolismar. *Mag hatid dumapit*. pp. *Mag hatid homapit*. pp.
Embolismo. *Cagulohan*. pp
Embolsar. *Isilid sa* **onton** *ó bulsa.*
Embornal. *Agusan*. pc. *Aorán*. pc.
Emborrachar al pescado en el agua. **tuba**. pp. **tubli**. pc.
Emborracharse. *Lasing*. pc. *Lango*. pc.
Embotellar. *Isilid sa* **prongo** *ang alac*. &c.
Emboscada. **tapó**. pp. *Abang*. pc. *Bacay*. pp.
Emboscada. *Hocbong nag babacay.*
Embotar la punta de algo. **simpó**. pc.
Embotar. **sipó**. pc. **sipol**. pp.
Embotar lo agudo. *Porol*. pc.
Embotarse el filo del cuchillo. **miloc**. pc. *Piloc*. pc.
Embotarse el filo de la herramienta. **tomal**. pp.
Embotarse el cuchillo. **haguis**. pp.
Embotarse la herramienta. **talab**. pc.
Embozado. *Balot*. pp. *Nababalot*. pp. **potos**. pc.
Embozo. V. Disfraz.
Embravecer. *Bangis*. pc. *Poot*. pc.
Embrear. **lipa**. pp. *Pahiran nang sahing.*
Embriagar. **lañgo**. pc. *Lasing*. pc.
Embrion. *Ano mang bagay na ualá pang cahusayan.*
Embrollar. *Gulohin*. pc. *Gumauà nang gulo.*
Embromar. *Biró*. pp. *Aglahi*. pp. *Galao*. pc.
Embuchar. *Lumamon nang mainam.*
Embudo. *Balisongsong*. pc.
Embudo ó caño. *Pansól*. pc.
Embullir. **yabyab**. pc.
Embuste. *Casinongalingan*. pp.
Embustero. *Sinongaling*. pp. *Bulaan*. pp. **solopicá**. pc.
Embutido. **labor**. pp. **ligos**. pp.
Embutir. *Sicsic*. pc. **sandat**. pc. **linsic**. pc. **palpal**. pc. *Sacsac*. pc. *Salacsac*. pc. **pandac**. pc. **payicpic**. pc.
Embutir agujero **batibot**. pp.
Embutir, como en las escribanías. **pusal**. pc.

Emigracion. *Pag alis nang tauo sa caniyang bayan.*
Eminencia. *Cataasan nang lupa ó borol.*
Eminente. *Lampao*. pc. *Mataas*. pp.
Emisario. *Otosan*. pc. **sugó**. pp.
Empacar. *Isilid sa cahon.*
Empabonado. **linang**. pc.
Empacharse. *Hindi matunauan nang pag cain.*
Empacho. **ñgila**. pc. *Hiya*. pc. It *Sucal nang sicmorà.*
Empadronarse, **bohol**. pp.
Empalagado. **oñga**. pp.
Empalagarse con leche de cocos. *Sogor*. pc.
Empalagarse. **sonoc**. pc. *Suyá*. pp. **añgin**. pp. **niig**. pp. **nyim**. pp.
Empalagarse uno de mucho comer. *Naic*. pp.
Empalar. *Solá*. pp. *Tohog*. pp.
Empalmar. *Dugtong*. pc. *Dugsong*. pc. **somag**. pp. **cama**. pc.
Empantanar. *Sanap*. pp. **lanip**. pp. *Apao*. pp.
Empañar. *Lampinan*. pc. *Balutin nang lampin*. pc.
Empañar. **dapio**. pc. **dampio**. pc.
Empapar. **baysac**. pc. **diym**. pc. **sotsot**. pc. **panaimtim**. pc.
Empaparse la sal en la carne. **tasic**. pp.
Empaparse en algun licor. **timic**. pc.
Empaparse la tierra, y hundirse. **hachac**. pc.
Empaparse la ropa en agua ó en otro licor. *Tigmac*. pc. *Tibnac*. pc. **silip**. pc. **tiim**. pp. *Pigta*. pc. **tiym**. pc.
Empapelar. *Balutin nang papel.*
Empaquetar. V. Empacar.
Emparedar. *Colongin sa loob nang pader.*
Emparejar. **parpar**. pp. *Palas*. pp. It *Paris*. pp.
Emparrado. *Balog*. pp.
Empedernir, empedernirse. *Manigas*. pc.
Empedrar. *Mag latag nang bato.*
Empelar *Sibulan nang balahibo.*
Empellar. *Itulac*. pp.
Empellon del viento. **lintag**. pc.
Empeñar *Sanlà*. pc.
Empeño. *Pag pupumilit*. pp. *Pag susumaquit*. pp. It. V. Empeñar.
Empeorar *Lubhà*. pc. *Samà*. pc.
Empeorar en salud ó costumbres, **lait**. pp.
Emperezar, emperezarse. *Matamad*. pc.
Empero. *Ngoni*. pp. *Datapoua*. pc. **subali**. pp. *Datapoat*. pc.
Empeine del pie. *Bubong nang paa* pp.
Empeine del vientre. *Poson*. pc. **poc-lo**. pc.
Empeine, enfermedad. *Buni*. pp.
Empeine asqueroso. **buning banac**. pc.
Empezar. *Mulà*. pc. *Pamulà*. pc. *Pasimulà*. pc. *Pasimonà*. pp.
Empezar á andar el niño **ampang**. pc.
Empezar algo de repente. **bana**. pc.
Empezar y no acabar. **salauá** pc.
Empezar la amistad. **hinaonao**. pc.
Empedrar. *Bato*. pc.
Empicar. V. Ahorcar.
Empinado. *Taric*. pc. **talaroc**, **tibong**. pp. **taybong**. pc. **tab-yong**. pc. **taloroc**. pp.
Empinar. **tali**. pp. *Bangon*. pp. *Tayó*. pc. *Tindig*. pc.
Empinarse la culebra. **tongac**. pc.

Empinarse para que no le cubre el agua **lindig.** pc. **tingcad.** pc. **ticda.** pc. *Tiud.* pc.
Empinarse para ver algo. **louac.** pc. **ticad.** pc. *Tiad.* pc.
Emplastar. *Mog tapal.* pp.
Emplasto. *Tapal.* pp.
Emplástrico. *Malagquit.* pc. *Maconat.* pp. *Maligat.* pp.
Empleado. *May catungculan.* pp.
Empleo. *Cagagauan.* pc. *Catongcolan.* pp. *Pag hahanap.* pp. *Hanap buhay.* pp.
Emplomar. *Bulotin nang ting-gà.* pc.
Empobrecer. **yangot.** pc. *Hirap.* pp.
Empollar huevos. *Halimhim.* pp. *Pisà.* pc. *Limlim.* pc.
Emporio. *Cabuyocan.* pp.
Emprender. V. Empezar.
Empreñar. *Anac.* pc. *Buntis.* pc. *Sirà.* pp.
Empresa. **panicala.** pp. *Monacalà* pp.
Emprestito. *Hiram.* pc. *Utang.* pp. *Hulig.* pp. *Sandalt.* pp.
Empujar. **acral.** pc. **dailyl.** pc. *Tulac.* pp. *Solong.* pp.
Empujar por detrás á otro **ondol.** pc.
Empujar á otro con el hombro arrimando. *Acdul.* pc. *Angquil.* pc.
Empujar de cualquiera manera. **daguildil.** pc.
Empujar á alguno hasta dar con el en la pared. &c. **dalral,** l. **daldal.** pc.
Empujar con espeque algun madero. *Soal.* pc.
Empujar con el codo. *Siquil.* pp.
Empujar la que pare ó el que obra. *Dag-is.* pc.
Empulgar. *Binit.* pp. **dilis.** pp.
Empuñadura. *Pulohan.* pp.
Empuñar **bolong.** pp. **balong.** pp. *Quimis.* pc. *Quimquim.* pc. *Hauac.* pp.
Empuñar la daga. **laman.** pc.
Empuñar la espada. **tocop.** pp.
Empuyarse. **anlic.** pc. **soyac.** pc. **salobsob.** pc. *Salogsog.* pc. **pasolo.** pp. *Sub-yang.* pc. **bisool.** pp.
Emulacion. *Hili.* pp. **ganyac.** pc.
Emular ó competir con otro. **amban.** pc. **angbang** pc. It. *Gagid.* pc. *Gaya.* pp. *Tulad.* pp.
Emulo. *Cuauay.* pp. V. Competidor.

E antes de N.

En. *Ca,* l. *Sa, doon.* pc. *Capagca.* pc.
En algun tiempo. *Cailan man.* pc. *Balang arao.* pp.
En cuanto. *Pagca.* pc. *Sa pagca.* pc.
En este punto. *Ca.* En este punto llegué *Cadarating corin.*
En brazos. *Calong.* pp. *Candong.* pc.
En, v. g. en haciendo, en viniendo. *Capag.* pc.
Enarcar el arco ó rama por mucha fruta. **loyoc.** pp. *Hitic.* pp. *Hobog.* pp. *Hotoc.* pp.
Enagenar. *Bigay.* pc.
Enaguas. *Laguas.* pp.
Enaguazar. **sanas.** pp.
Enalbardar. *Mag sia.* pp.
Enamoradizo. *Mairoguin.* pc.
Enamorar *Sinta.* pc. *Irog.* pp.
Enano. *Pandac.* pc. *Pandacan.* pp. **malipotó.** pc.

Enardecer. *Alab.* pp. *Siclab.* pc.
Enastar. *Polohanan.* pp. *Laguian nang pulohan.* pp.
Enastar alguna cosa poniéndola en la punta de algo como la cabeza de malhechor. **salangsalang.** pp.
Encabalgar. V. Cabalgar.
Encabellecerse. *Sibolan nang bohoc.* pc.
Encabestrar, poner el cabestro á los animales. V. Cabestro.
Encabezamiento. *Tundaan ó padron sa pag buis.* It. *Pamonó sa manğa hain,* l. *hayin ó anomang sulat na guinagauá* &c.
Encabritarse. *Damba.* pc. **sulay.** pp.
Encadenar. *Cauing.* pc. *Patao.* pp. *Talicalà.* pc.
Encajar. **acpang.** pc. **agpang.** pc. **socsoc.** pc. **agcam.** pc. *Lapat.* pp. **babac.** pc. **lantac.** pc. **sagpang.** pc.
Encajar un palo con otro por las puntas. **oma.** pp.
Encajar una cosa con otra. **cagat.** pc.
Encajar la una mano con otra poniéndola sobre la cabeza. **ñgolo.** pp.
Encajar asiéndose las manos. *Soot camay.* pc. **saloay.** pp.
Encajar bien. **caña.** pc.
Encaje. **acang.** pp. **cocó.** pp. **bacam.** pc.
Encaje como media luna. **ab-ab.** pc.
Encajes de la camisa. **gayas.** pp.
Encalabozar. V. Encarcelar.
Encalar. **hiboan** *ó pahiran nang apog.*
Encalmado ó acolorado. **alisoas.** pp. **alasouas.** pp. **banas.** pc. *Alinsanğan.* pp. **alis-ia.** pc.
Encalvecer. *Opao.* pp.
Encallar el navío en el lodo ó arena. **tictic.** pc.
Encallecer. *Lipac.* pc.
Encamarse. *Higà.* pc.
Encambronar. *Bacurin nang tinic ang isang lupa ó looban.*
Encaminar al descaminado. *Toró.* pp. **arog.** pc.
Encaminarse á alguna parte. *Tonğo.* pp.
Encampanado. *Tabas campana.* pp. *Huguis campana.* pp. *Huad sa campana.* pp.
Encanalar. *Bangbang.* pc.
Encanarse. *Ihit.* pp.
Encandecerse. *Mag baga.* pp. *Baga.* pc.
Encandilarse, deslumbrado. *Silao.* pp. **solo.** pc.
Encanecer, encanecerse. *Oban.* pp.
Encantado que no puede ser herido. *Cabal.* pc.
Encancerarse. *Nacnac.* pc. **oc-oc.** pc. *Goham.* pc.
Encanto, encantar. **hoclob.** pc.
Encantusar. *Hibó.* pp. *Dayá.* pp.
Encañado, encañada. *Sala.* pc. *Caslag.* pc. It. *Alolod.* pc. *Saloló.* pp. *Pangsol.* pc.
Encapotar. *Balabal.* pc.
Encapricharse. *Mag matigas.* pc. *Hindi maibadling.* pc. *Hindi* **mabiligan.** pc.
Encarar. *Pag harapin.* pc.
Encarcelar. *Bilango.* pc. *Piit.* pp. *Colong.* pc.
Encarecer. *Puri.* pp.
Encarecerse algo. *Mahal.* pc.
Encargado. *Catiualá.* pp.
Encargar el secreto *Saobat.* pc. l. *Sapacat.* pc. l. *Sabuat.* pc. **tag-op.** pc. **sag-op.** pc.
Encargar algun recado. **pitolon.** pc. *Bilin.* pp.

Encargar algo con otro. *Tiwala*. pp. *Bilin*. pp.
Encarnacion. *Cagalang galung, at mataas na misterio na pog cacatauan tauo nang Verbong daquilâ.*
Encarnado. *Suga*. pp. *Pula*. pc.
Encarnado claro. **bulac bayno.** pp.
Encarnecer. *Tumabâ*. pc. *Mag laman*. pc.
Encarnizar, encarnizarse. *Mag pasaùà ó mag pasasà ang aso ó ibu pang hayop sa pag cain nang lamang cati*. It. *Mag ningas, mag alab ang galit.*
Encarrujado. **comocomo.** pp.
Encarrujado, como rodos. **sicosico.** pp.
Encarrujarse. **palotpot.** pc. *Colot*. pc.
Encartar. **hiramay.** pp. **hamit.** pp.
Encasquetar. *Suclob*. pc. *Soclob ang sambalilo.*
Encastillar. *Colà*. pp. *Moog*. pp.
Encabarse. *Mag soot sa longgà.*
Encella. *Holmahan nang queso.*
Encenagarse. *Loblob*. pc. *Lobalob sa putic*. It. *Gumon sa vicio.*
Encender hierro en la fragua. *Labol*. pc. *Baga*. pc.
Encender, como el polvorin de arcabuz. *Soso*. pp.
Encender. **atig.** pc. *Soso*. pp. *Solsol*. pc.
Encender el tabaco con otro. **atobang.** pp.
Encender fuego. *Diquit*. pc. *Puningas*. pp.
Encendido por calor. **alipagpag.** pc.
Encepar. *Pangao*. pc.
Encerar. *Pagquit*. pc.
Encerrar algo donde no respire. **oom.** pp.
Encerrar. *Taquip*. pc. *Colong*. pc.
Encerrar á alguno, donde no le dé el sol. **boboot.** pp.
Encerrarse las dalagas para cierto abuso. **panatig.** pc.
Encerrona. *Colong*. pc. *Capisanan*. pp.
Encía. **ñgirñgir.** pp. **guilaguir.** pp.
Enciclopedia. *Catiponan ó capisanan nang lahat na carunongan.*
Encima de lo bajo. *Itaas*. pp.
Encima de una cosa. *Ibabao*. pp.
Encima, poner encima. *Putong*. pp. *Paibabao*. pp.
Enclaustrado. *Nasasa loob nang convento ó Monasterio.*
Enclavar estaca. **tarac.** pp.
Enclavar, *Tiric*. pp. *Tolos*. pp. *Pacò*. pp.
Enclavar los ojos mirando de hito en hito. *Titig*. pp.
Enclavijar las manos. *Bali*. pp. *Soot camay*. pc.
Enclenque. **onsiami.** pp. *Aui aui*. pp.
Enclocar. *Limlim*. pc. *Halimhim*. pc.
Encobar. V. Enclocar.
Encobrado. *Lahucan nang tansò*. pc. *May halongtansó*. pc.
Encoger. *Coyumpis*. pc. **colontoy.** pc.
Encogerse el menor al mayor. **socot.** pp. **ampo.** pc. **ampo ampó.** pc.
Encojar. *Pilay*. pp.
Encojer nervio ó ropa. *Pangorong*. pp. *Orong*. pp.
Encojer los hombros. **calongcot.** pc. **colongcot.** pc.
Encojer las alas de miedo. **cosop.** pc.
Encojer las puntas del paño. **coyom.** pp.
Encojerse de medio **condot.** pc.
Encojerse los nervios **bitig.** pp.
Encojerse algo, como vela. **langcas.** pc. **lingcal.** pc.
Encojerse la caña verde. **ñgoyompis.** pc.
Encojerse el miembro genital de mucho frio. **ñgorlo.** pc.
Encojerse pierna, dedo, quedando gafo. **paying.** pp.
Encojerse la tabla por darla el sol *Quibal*. pp.
Encojerse el miembro viril. **quimsol.** pc.
Encojerse la ropa muy lavada. *Pangolot*. pc. *Colot*. pc.
Encojerse el cuerpo de frio. *Ngaligquig*. pc.
Encojido. **dosong.** pp. *Omid*. pc.
Encojimiento de nervios que parese le hincan puas. *Pamitig*. pc.
Encojimiento. **dahatdahat.** pp.
Encolar. *Diquit* pc. *Dig-quit*. pc.
Encolerizarse. **bucan.** pp. *Galit*. pp. *Poot*. pp.
Encomandar de palabra. *Tagobilin*. pp. *Bilin*. pp. **saar.** pp. *Tadhanà*. pc.
Encomendar suplicando. **pitolon.** pc.
Encomendar ó encargar alguna cosa. *Habilin*. pp. *Tagobilin*. pp. *Bilin*. pp.
Encomendero. **sogó.** pp. *Utusan*. pc.
Encomio. *Puri*. pp. *Bunyi*. pc.
Enconarse. *Nacnac*. pc. *Oc-oc*. pc. *Goham*. pc.
Encono. *Tanim*. pc. *Poot*. pp. *Bigat nang loob.*
Enconoso. V. Nocivo.
Encontradamente. *Salosalobong*. pp. **toon toon.** pp. **sodlong sodlong.** pc. *Hogpong*. pc. *Sogpong*. pc.
Encontrado. **laban.** pp. *Singhal*. pc. *Magcatapat*. pc. *Catapat*. pp.
Encontrar, salir al encuentro. *Salobong*. pp.
Encontrar, seguir buscando. *Tonton*. pc. *Nita*. pp.
Encontrarse casualmente. **taon.** pc. **cataon.** pc.
Encontrarse dos en un lugar. **sapong.** pc. *Sompong*. pc. *Quita*. pp.
Encontrarse unos con otros. **limbol.** pc.
Encontrarse de concierto en alguna parte *Tagbo*. pc. *Tagpò* pc. *Tiap*. pc. **tag-op.** pc. *Taon*. pc.
Encuentro. *Saoli*. pc. It. V. Encontron.
Encontrar acaso con alguno. **sagano.** pc.
Encuentro de caminos ó rios. *Sabang*. pp. **sambal.** pc. **sambat.** pc. **sangbat.** pc.
Encontron. *Sagupà*. pp. *Sagasà*. pp. *Bonggo*. pc. *Banggà*. pc. *Sompong*. pc. *Ompog*. pc. It. **tangcó.** pc. *Siquil*. pp. *Ingquil*. pc.
Encontron de dos con la cabeza. **salompong.** pc. *Ontog*. pc.
Enconarse la herida por mojarla. **silong.** pc.
Encopetado. *Palalo*. pp. *Mataas na loob*. pc.
Encorajar. *Patapangin*. pp. *Palacasin ang loob*. pc.
Encorajarse. V Encolerizarse.
Encorar. **sapar.** pp. *Balutin* **nang catad.** pp.
Encordonar. *Laguian nang hogotan*. pp.
Encorecer. *Bahao*. pp. V. Cicatrizar.
Encortinar. *Mag tabing*. pp.
Encorvado. *Baloctot*. pc. *Licô*. pc.
Encorvarse el cuerpo. **hoctot.** pc. **guisol.** pc. **ocor.** pp. **oco.** pc. *Yocò*. pc.
Encorvar el cuerpo por la carga. **parasimi.** pc.
Encorvarse hácia adelante poniendo las manos en la barriga. **isuar.** pc.
Encorvarse el cuerpo por tener un pie corto. **hondo.** pc.

Encostradura. **tutong**. pc.
Encovar, encovarse. *Mag soot ó sumoot sa lunga.*
Encrasar. *Lapot.* pp.
Encrespar. *Colotin ang bohoc.* pc.
Encresparse, erizarse. *Pamalucag.* pp. *Pangalisag.* pp. *Balucag.* pp. *Ngalisag.* pp.
Encrestado. *Palaló.* pp. V. Encopetado.
Encrucijada. *Pinag curusan.* pc.
Encruelecer, encruelecerse. *Bangis.* pc. *Bagsic.* pc.
Encuadernar. *Sapin.* pc. *Balatan ang libro.*
Encubierta. *Dayá.* pp. **liñgir.** pc.
Encubridor *Mapag* **liñgid.** pc. *Mapag cailá.* pc. lt. **mag poponpon.** pc. *Mag cacanlong.* pc.
Encubrir. *Ling-ir.* pc. **taliñgir.** pc. *Caylá.* pc. *Lihim.* pp. *Tagó.* pp.
Encubrir con artificio lo ganado. **pasiualang-bahala.** pp.
Encubrir secreto publicado. **nyis.** pp.
Encubrir ó disimular ser quien és. **pasiuay.** pp. **liñgid.** pp. *Lihim.* pp.
Encuitarse. *Hapis.* pp. *Pighati.* pc.
Encumbrado. **alipaopao.** pc.
Encumbrar. *Taas.* pp.
Encumbrarse. **imbolog.** pc. **paimbolog.** pc.
Encurtir. **quilao.** pc.
Encharcarse. *Sanao.* pp.
Endeble. *Mahoná.* pc. *Maropoc.* pc. *Honá.* pc. *Dopoc,* l. *Ropoc.* pc.
Endechas. *Panambitan.* pp. *Panangis.* pp. *Panaghoy.* pc.
Endenantes. *Cangina.* pp. *Canina.* pp.
Endentecer. *Tobó.* pp. *Sibol ang ngipin.*
Enderezar, enderezarse. *Onat.* pp. *Touid.* pp.
Enderezar estendiendo á lo largo lo que no está derecho. **pahinohos.** pc.
Enderezar lo tuerto. *Touir.* pp.
Enderezar las costumbres. *Tuuir.* pp.
Enderezar madera ó caña labrándola. **toyag.** pp.
Enderezar con cordel ó vara. **tagda.** pc.
Enderezar su camino hácia alguna parte. *Tongo* pp.
Enderezar tirando. **hinuir.** pp.
Enderezar lo inclinado. *Tola.* pp.
Endiablado. *Totoong pangit.* pp. *Casuclamsuclam.* pc.
Endurecer como el barro al sol. *Tigas.* pc. *Tumigas.* pc. *Patigasin.* pc.
Endurecerse, endurecer como el sol al barro. *Tigas.* pc.
Endurecerse como piedra. *Bato.* pc.
Enemigo. *Gauay.* pp. *Catalo.* pp.
Enemistad, causa de la mejoría del prógimo. **silib.** pc.
Enemistad. *Auay.* pp.
Energía. *Lacas na mag utos, ó dahas sa pag ootos.*
Energumeno. *Sinasaquian nang demonio.*
Enero. *Pangalan nang buan nangunguna sa pasoc nang taon.*
Enervar. *Hiná.* pp. *Lambot.* pc. *Latá.* pc.
Enfadado de esperar. **tayoctoc.** pc.
Enfado de oir lo que no gusta. **muhí.** pc. *Ngopiño.*
Enfado por muchos negocios. *Hilahil.* pp.
Enfado con envidia. **ingolot.** pp.
Enfado ó astío. *Inip.* pc. *Sauá.* pp.
Enfado, enfadarse. *Yamot.* pc. **guiyaguis.** pc. *Hinampo.* pc. **taligoegos** pc. **ayamot.** pc. **agsic.** pc. *Tampo.* pc. *Bagot.* pc.
Enfado por importunado. *Hinauà.* pp.
Enfadar. **alictiá.** pp. **guiguis.** pp. **aliñgañga.** pc. **pagmato.** pp.
Enfadarse de algo. **toyocyoc.** pc.
Enfadarse con el que pide con otro. **ampiyas.** pp.
Enfardar. **mag basta.** pc.
Enfermar, enfermedad. *Saquit.* pc. *Damdam.* pc.
Enfermar por comer arroz nuevo. *Dayami.* pp.
Enfermar de niños. **ali.** pc.
Enfermedad que causa comezon y cursos. **ansyo.** pp.
Enfermedad de hinchazon ó tabardillo. **tacol.** pp.
Enfermedad de cursos. **tolas.** pp.
Enfermedad larga, ordinaria. **hiraiz.** pp.
Enfermedad larga. *Hirap.* pp. *Datay.* pp.
Enfermedad arraigada. *Salot.* pp.
Enfermedad de los pies. **colanding.** pc.
Enfermedad del bazo. *Cayaua.* pp.
Enfermedad que pone pálido y pesado al hombre. **marmar.** pc. **mamad.** pc.
Enfermedad de los niños en la lengua. **saman saman.** pc. *Dapulac.* pp. *Aguihap.* pp. **lasó.** pp.
Enfermedad de los ojos. **tigmata.** pc. *Culitio.* pp. **guliti.** pp.
Enfermedad mortal. **malmá.** pc. *Lubhá.* pc.
Enfermedad que regularmente padecen las mugeres en el estómago. **suag.** pp. **subá.** pp.
Enfermizo que casi no puede andar. **yoping.** pc. *Atayatay.* pp. *Masasactin.* pc.
Enfervorizarse el loco. **galas.** pp.
Enfilar. **talortor.** pc. **halayhay.** pc. **hanay.** pp.
Enflaquecer. **tagpis.** pc. *Yayat.* pp. *Payat.* pp. *Hina.* pp. *Yantas.* pc.
Enflaquecerse. **yayac.** pp. **limay.** pc.
Enflaquecerse con la enfermedad ó trabajos **tigpis.** pc.
Enflechado. **binit.** pp.
Enfrente. *Tapat.* pc. *Catapat.* pc. *Ibayo.* pp. **ibayio.** pp.
Enfrente de otro como en procesion. **tola.** pc.
Enfriar agua caliente con fria. **banlioc.** pp.
Enfriarse la comida ó bebida. *Lamig.* pc.
Enfurecer, enfurecerse. *Galit.* pp. *Poot.* pp.
Engaitar. *Amó.* pp. *Amo amó.* pp. *Hibó.* pp.
Engalanarse. *Catao an.* pc. *Buti.* pp. *Gayac.* pc. *Pamuti.* pp.
Enganchar. *Cabit.* pp. *Cauit.* pp.
Engañador, falaz. *Magdarayá.* pp.
Engañar. *Hiló.* pp. **limang.** pp. **linsong.** pc. **limbong.** pc. lt. **combala.** pc. *Alga.* pc. *Bacla.* pc. *Balino.* pc.
Engañar tomando lo que es de otro. **limo.** pp.
Engañar á otro con obra ó palabra. **tamangmang.** pc.
Engañar con palabras dobladas. **tibari.** pc.
Engañar en el trato. **daaig.** pp. *Balidyá.* pc.
Engañar á otro. **duyac.** pp. *Dayà.* pp. *Hibó.* pp. *Buyo.* pc. *Lalang.* pc.
Engañar con lisonja. **samó.** pp.
Engañarse. **harayá.** pp. l. **talibad.** pp. **talibadbad.** pc.

Engañarse en el oir. *Magcadiringgan*. pc. *Mag cariringgan*. pc.
Engañarse en pensar uno por otro. **balo.** pp.
Engañarse cayendo en algun hoyo, pensando no haberlo. **oyot.** pc.
Engañarse con la vista. *Pañgas*. pc. *Maliu*. pp.
Engañarse pensando lo que no és. *Moli*. pp.
Engaño con palabras para cosa mala. *Loyo*. pp. *Hibo*. pp.
Engaño, engañar. **talicba.** pc. *Talimoang*. pp. *Dayá*. pp.
Engaño, engañarse. **tambang.** pc.
Engaño del peso de la balanza. **caná.** pp.
Engaño de palabras. **bangquiqui.** pc.
Engaño en el juego de gallos. *Salambao*. pc. **palugsó.** pc.
Engarabatar. *Calauit*. pp.
Engarzar. **cauing.** pc. *Cabit*. pc.
Engastar como piedra en anillo. *Tampoc*. pc.
Engastar. *Calopcop*. pc. *Tampoc*. pc. *Angcop*. pc.
Engatar. V. Engañar.
Engatusar. V. Halagar.
Engendrar. *Anac*. pc. *Mag-anac*. pc. *Lihi*. pc.
Engolfar, engolfarse. *Laot*. pp. *Palaot*. pp.
Engolosinar, engolosinarse. *Ibig*. pp. *Pita*. pp. *Uili*. pp.
Engordar. **talbag.** pc. *Tabá*. pc.
Engorro. **balacsilá.** pp. **ilang.** pc.
Engrandecer. **talbag.** pc. *Laqui*. pc.
En gran manera. *Di ualas*. pp. *Di sapalá* pp. *Masaquit*. pc. *Lubhá*. pc.
Engreirse. *Palaló*. pp. *Palanhas*. pc. *Palañgas*. pc. **colasim.** pc. **talañgas.** pc. *Taas*. pp.
Engastar alguna cosa. **salam.** pp.
Engroser. *Capal*. pc. *Laqui*. pc. **talbag.** pc. It. *Dagday*. pc.
Engrosarse la suciedad de ropa ó cuerpo. **pail.** pp.
Engrudo. *Pandiquit*. pc. *Atole*. pp.
Engullir. *Sabsab*. pc. **yabyab.** pc. *Lamon*. pp. *Hachac*. pc.
Enhastiar. *sauá*. pp. *Suyá*. pp.
Enhebrar. *Tohog*. pp. *Mag logay nang hibla sa carayom*.
Enhervolar. *Leguian nang dità ó lason*.
Enhestar. *Tindig*. pc. *Bañgon*. pp.
Enhilar. V. Enhebrar.
Enhilar. **lambal.** pc.
Enigma. **hibat.** pc. *Talinhagá*. pp.
Enjabonar algodon para teñirlo. **togas.** pc.
Enhora buena. *Di ñga bahaguiá*. pc. *Di ñga salamat*. pp. *Di iquinabahaguiá*. pc. *Di siyang salamat*. pp.
Enjaguar. *Anglao*. pc. I. *Banlao*. pc.
Enjambre. *Batao*. pp.
Enjambre de abejas. **buyog.** pp. **caboyocan.** pp. *Caban*. pp. *Cauan*. pp.
Enjaular. *Colong*. pc. *Bilango*. pc.
Enjuagarse la boca. *Momog*. pp.
Enjuagar ropa. *Banlao*. pc. **anglao.** pc. **haohao.** pc.
Enjuagarse refregando los dientes. **hiso.** pc.
Enjuagar algo. **mala.** pc.
Enjugar algo. **haohao.** pc.
Enjugar el arroz cuando está húmedo. **olas.** pp.
Enjugar la ropa. *Uas-uas*. pc. *Toyò*. pc.
Enjuiciar. *Habla*. pc.
Enjundia. *Tabá*. pc. **linoap.** pp. **linoac.** pp. **linoab.** pp.
Enjuto, enjugar. **iga.** pc. *Toyò*. pc. **tigam.** pp. *Tigang*. pp.
Enlabiar por pedir algo. *Batla*. pc.
Enlabiar. **tibani.** pc. **amoyor.** pp. *Orali*. pp. *Hibo*. pp. *Hicayat*. pp. **himo.** pc. *Himoc*. pp. *Lamoyot*. pp. *Samó*. pc. *Locob*. pc.
Enlace. *Cabit*. pc. *Cauing*. pc. It. *Casal*. pc.
Enlaciar, enlaciarse. *Malanta*. pc. **matoyó.** pc. *Malaying*. pp.
Enladrillar. *Hiuas*. pc.
Enlazamiento de los dedos unos con otros. *Soot camay*. pc.
Enlazar. *Bohol*. pc. *Tali*. pp. *Siló*. pp. It. V. Enlace.
Enligarse. **mapatda.** pc. *Mahuli sa patda ó sa dagtá*.
Enlodar. *Losac*. pp.
Enloquecer. *Balio*. pp. *Hunghang*. pc. *Masirá ang olo*. pp.
Enlucir. *Linis*. pp. *Quinis*. pp.
En lugar de. *Pinaca*. pc. *Bilang*. pp.
Enlustrecer. *Quintab*. pc.
Enlutar. *Lucsá*. pc. *Mag lucsá*. pc. It. *Dilim*. pc.
Enllentecer. V. Ablandar.
Enmagrecer. *Payat*. pp. **yayat.** pp.
Enmarañar, enredado. *Golo*. pc. *Gotgot*. pc. *Bilot*. pp.
Enmaridar. *Casal*. pc. *Mag asaua*. pp.
Enmarillecerse. *Mamotlà*. pc. *Manilao*. pc.
Enmendar. *Touid*. pp. *Tumpac*. pc. *Panibago*. pp.
Enmohecerse. *Amaguin*. pp. *Mapunò nang amag*. pp.
Enmudecer, mudo. *Pipi*. pp.
Ennegrecerse. *Itim*. pc.
Ennoblecer, honrar. *Mahal*. pc. *Tanyag*. pc. *Bunyi*. pc. *Puri*. pp.
Enojadizo atufado. *Mapootin*. pc. *Magalitin*. pc. **licpic.** pc. *Bognot*. pc. *Bighani*. pp. *Saligotgot*. pc.
Enojado. *Balangquinitan*. pp.
Enojo, enojarse. **toñgo.** pp. *Hinampo*. pc. *Poot*. pp. *Tampo*. pc. **bosa.** pp.
Enojo, impetuoso. *Galitguit*. pc.
Enojo. *Galit*. pp. *Tanim*. pc. **balouat.** pc. *Inguit*. pc. *Bañgit*. pc. *Muhi*. pc. *Yamot*. pc.
Enojo, contra otro. **sosot.** pp.
Enojo esplicado con palabras y meneos. *Tabog*. pp. *Bulas*. pp.
Enojarse estando quejoso de otro. **higuit.** pc.
Enojarse con otro uno. **yit.** pc.
Enojarse apretando los dientes. *Ñgalit*. pp.
Enorme. *Malaqui*. pc. *Daquilá*. pp.
En pie. *Tindig*. pc. *Tayò*. pc. *Tulay*. pp.
Enramada. *Canlong*. pp. **casiag.** pc. *Balag*. pc.
Enramada para defensa del sol. *Habong*. pc.
Enranciarse. *Anta*. pc. *Umanta*. pc.
Enredar como el muchacho. *Galao*. pc. *Licot*. pc.
Enredar, como lo que cuelga. **sangor.** pc.
Enredar el viento las ramas del árbol. **pita.** pc. **piyo.** pc.
Enredarse en algo el cordel que arrastra algun animal. **sipoy.** pp. *Polopot*. pp.
Enredarse el mecate de la flecha. *Olansag*. pp.

Enredadera. **timbangtimbañgan.** pp. *Baguing.* pp. **biasbias.** pp. **biasbiasan.** pp.
Enredarse en algun mecate estendido. **saclit.** pc. *Milipit.* pp.
Enredarse el pie en cordel. *Balaquir.* pc. *Talabid.* pc.
Enredarse el hilo. **gologot.** pc.
Enredarse los pies. *Talabid.* pc.
Enrejado. *Sala.* pc. **salapir.** pp.
Enrejado de hierro. *Salang bacal.* pp.
Enrejadillo largo en los corrales para coger pescado. **painpin.** pc.
Enriquecer riqueza. *Yàman.* pp. *Cayamanan.* pp.
Enristrar. *Talad.* pc.
Enristrar lo que se ha de meter en agujero. **toma.** pp. **quiliquir.** pc. **pagao.** pp.
Enrobustecer. *Tibay.* pp. *Tapang.* pp. *Lacas.* pc.
Enrollar, como devanar. *Bidbid.* pc. V. Enroscar.
Enronquecer, ronquera. *Pamaos.* pp. *Paos.* pc. **pamangao.** pp. *Pamalat.* pc. **pagao.** pp. **magao.** pp. *Malat.* pc.
Enroscar lo animado, ó inanimado. *Polopot.* pp.
Enroscar cordel. **balitbit.** pc. *Licao.* pp. *Bilibid.* pp. **balicacao.** pc.
Enroscar. *Ayiquir.* pp. **balocay.** pp. **lincal.** pc.
Enroscarse como culebra. *Linquis.* pc.
Enroscarse. *Bilibir.* pp. *Birbir.* pc. **quiliquir.** pp. *Pilipit.* pp.
Ensalada. *Quilao.* pc. *Quinilao.* pc. **daloc.** pc.
Ensayarse. *Bihasa.* pp. *Sanay.* pp. **sulit.** pp.
Ensayarse para acertar el tiro. **basó.** pp.
Ensalmar. *Hilot.* pp.
Ensalmos. **mantala.** pc. *Bolong.* pc.
Ensalzar. *Palá.* pp. V. Ennoblecer.
Ensalzar á otro. *Mahal.* pc. *Palá.* pp. *Tanyag.* pc.
Ensalzar alabando. *Taas.* pp.
Ensanchar el grano con alfiler ó espina. **uanguang.** pc.
Ensanchar lo largo. *Lapar.* pp.
Ensanchar. **aclab.** pc. *Louang.* pc. **talag.** pp. **togda.** pc. *Loag.* pc.
Ensanchar las hojas de los árboles. **onlar.** pc.
Ensanchar por un lado la zanja **hibanghibang.** pp.
Ensancharse la llaga. **tambao.** pc.
Ensancharse, lo encojido ó plegado. **sincag.** pc.
Ensanchar el vientre. **oyar.** pp.
Ensancharse la banca cuando la abren de boca. **silar.** pp.
Ensanchar, como piernas, boca. **uiang.** pc. *Bisaclat.* pc.
Ensanchar agujero. *Calicol.* pp. *Calicot.* pp.
Ensañar, ensañarse. V. Enfurecer.
Ensartar carne en asador. **tondoc.** pc. *Tohog.* pp. *Doró.* pp.
Ensartar. **bulang.** pp. *Tohog.* pp. *Tondo.* pc.
Ensartar pedazos de carne seca. **balol.** pp.
Ensartar pescadillos en cañas. **tindag.** pc.
Ensartar hojas de nipa. *Tohog.* pp. *Samil.* pp.
Ensenada. **sogor.** pp. *Looc.* pp. *Loñgos.* pp.
Ensenada pequeña. **boyoc.** pp. *Cabeyocan.* pp.
Enseñar á los animales. **bangar.** pc.
Enseñar. *Aral.* pp. *Toró.* pp. **noró.** pp. **aroc.** pp.
Enseñar á cazar el perro. **langang.** pc.
Enseñar uno por uno lo que ha de hacer. *Onay.* pp.
Enseres. *Casangcapan.* pp. **cacamañgan.** pp.
Ensillar el caballo. *Siya.* pp. *Siyahan mo ang cabayo.* Ensilla el caballo.
Ensoberbecer *Palaló.* pp. *Palanghas.* pc.
Ensordecer. *Biñgi.* pc. **biñgao.** pp.
Ensortijarse cordel ó hilo. **ñgalot.** pc. *Palotpot.* pc. *Pili.* pc. *Pañgolot.* pc. *Pikit.* pp.
Ensuciar. *Dumi.* pc. It. **polapol.** pp.
Ensuciarse así. **guimon.** pp.
Ensuciarse, como el agua. **labog.** pc.
Entallecer. *Osbong.* pc. *Talbos.* pc. *Supling.* pc.
En tanto. *Samantala.* pp. *Hanggan.* pc. **gonagona.** pc.
Ente. *Bagay.* pp.
Enteco. V. Enfermizo.
Entena. *Bahoan.* pp.
Entenado. **pamangquin** pc. **pañgaman.** pc. **pañgoman.** pc.
Entender. *Batir.* pc. **camit.** pc. **silir.** pc. **macmac.** pc. **taman.** pc. *Pansing.* pc. *Pantas.* pc. *Talastas.* pc. **mangmang.** pc. **mouang.** pp. *Tantò.* pc. *Malasmas.* pp. *Malay.* pp. **uauà.** pp. *Uatas.* pp.
Entendido. *Taas.* pc. It. **tocoy.** pc. *Talinong.* pp.
Entendimiento. *Bait.* pc. *Isip.* pp. *Pag-iisip.* pp.
Enteramente. *Lubos.* pc. *Tibobos.* pp. *Mistulá.* pp.
Enterar, atender, certificar. *Tantó.* pc. It. *Saysay.* pc.
Enterarse bien con la vista. *Malas.* pp. *Masid.* pc. **malasmas.** pc.
Enterarse. *Talastas.* pc. **olosithá.** pc. **alosithá.** pc. *Siasat.* pp. *Osisa.* pp. *Onaua.* pp. **tatap.** pp. **antilo.** pp.
Enternecer. enternecerse. *Lambot.* pc. *Latá.* pc. It. *Panlolomó.* pc. *Habag.* pc. *Lomo.* pc.
Entero. *Boo.* pp.
Entero, como caballo, toro. *Bahayaguin.* pc.
Enterrar el tizon en la ceniza para conservar el fuego. **dopong.** pp.
Enterrar. **pasal.** pc. *Baon.* pc. *Libing.* pp. It. *Subsub.* pc.
Enterrarse el pie en algun hoyo. **loho.** pp.
Enterrarse de repente, como el enemigo. **lomog.** pc.
Enterrarse la punta de algun madero que se vá estirando. **sogar.** pp.
Entibiar. **baua.** pp. **malacoco.** pp.
Entibiar, agua caliente con fria. *Bantò.* pc. **bantao.** pc.
Entiendes. *Ha.* pc. *Hana.* pc. *Hani.* pc.
Entierro. *Libing.* pc. *Baon.* pc.
Entiznar. *Duñgis.* pp. It. *Sirang puri.* pp.
Entona. **bahoan.** pp.
Entonado. **mihing.** pc.
Entonces. *Doon.* pc. *Nang panahong yaon.* *Nion.* pc. I. *Noon.* pc.
Entornar. *Iquipot.* pp. *Isara nang munti.* pp.
Entrada. *Pasocan.* pc. *Daan.* pp. *Pinto.* pc.
Entradas de la casa. *Guilir.* pp.
Entrambos. *Capua.* pc. *Capoua.* pc.
Entrampar. *Patibong.* pc. It. *Mang golo.* pc. *Mañgutang na hindi mababayaran.*

Entrañarse algo en el corazon. **quitquit.** pc.
Entrañas. *Loob.* pp.
Entraparse. **taib.** pp.
Entrar el agua en la embarcacion por fuerza de las olas. **alos.** pp.
Entrar en el puesto ó empleo de otro. *Halili.* pp. *Halang.* pp.
Entrar por fuerza por parte estrecha, ó agujero pequeño. *Guiit.* pp. **guiat.** pp. **pasang.** pp. *Sagui.* pp.
Entrar debajo de catre, silla *Solid.* pc.
Entrar agua en la herida. **solop.** pp.
Entrar el pescado en la red. **soong.** pc.
Entrar, como en agujero. *Soot.* pp.
Entrar en lugar de lo que cayó ó faltó. **puli.** pp.
Entrar por agujero de cerca. *Losot.* pc.
Entrar en el aposento. *Silir.* pc.
Entrar adentro. *Pasoc.* pc. *Loob.* pc. *Orong.* pp.
Entrar agua en el navío. **saloc.** pc. **lohab.** pc.
Entrar en lo interior. *Casi.* pp.
Entre dos luces por la mañana. **liuayuay.** pc. *Bucang liuayuay.* pc.
Entre dos luces por la tarde. **silim.** *Taquipsilim.* pp.
Entreabrir. *Ibucas nang munti.* pc. *Pasiuaǹgin.* pp.
Entrecejo. *Pag itan nang quilay.* pp.
Entredicho. *Baual.* pp.
Entresacar, sacar gente para alguna obra. **tagui.** pp.
Entre piernas. **tumpiac.** pc. *Pundio.* pp.
Entretejer. **pangcatpang.** pc.
Entreverar. **sait.** pp.
Entretejido. *Salapir.* pc.
Entresacar. **lotho.** pc. *Hirang.* pp. *Gotgot.* pc. **libsang.** pc.
Entrenzar. *Salapid.* pc.
Entreoir. **alimaymay.** pc. *Aliǹgayǹgay.* pc. **hañgig.** pp. **hanig.** pc. **ñgayñgay.** pc. *Oliǹgig.* pp.
Entrepunzar. *Tiboc.* pc. **quirot.** pc.
Entretanto que. *Hangan.* pc. *Samantala.* pc. It. *Sacali.* pp.
Entretejer. *Balaqui.* pp. *Saglitsaglit.* pc.
Entretenido. *Masaya.* pc.
Entretenimiento de vivientes unos con otros. **labo.** pp. **labolabo.** pp.
Entretenimiento de los Padres ú otras personas con los niños. *Taguri.* pc.
Entretenimiento, entretenerse. *Olayao.* pp.
Entresacar las espigas. **halao.** pc.
Entresacar el arroz molido del no molido meneandolo en el bilao. *Sintac.* pc. **sili.** pc. *Sisig.* pc.
Entresacar yerba de la hortaliza. **hilamon.** pc.
Entresacar una cosa metida entre otra. **honos.** pp. *Hogot.* pp.
Entretener el tiempo. *Ligao.* pp. *Purayà.* pp.
Entretener una cosa en otra. **salic.** pp.
Entregar el dote al padre de la desposada. **hain.** pp.
Entregar con traicion. *Cánolo.* pc.
Entregar su negocio á otro. *Catao-an.* pp.
Entregarse todo á lo que apetece la voluntad. **pahinohor.** pc.

Estregarse el animal en alguna parte. **hicahos.** pp.
Entregarse á voluntad agena. *Pahintolot.* pp.
Entregar. *Bigay.* pc. *Sulit.* pp.
Entregarse á la voluntad agena. *Taǹgan,* l. *Hauac.* pp.
Entrelazar. *Soot soot.* pp. *Saglitsaglit.* pc.
Entremedias. *Pag itan.* pp.
Entremeter. **saliat.** pc. **sait.** pp. *Sicsic.* pc. *Siǹgit.* pp.
Entremeter entre cosas ralas. *Solang.* pp.
Entremeterse á hablar con atrevimiento. *Pasilambang.* pc. **palambang.** pc.
Entremeterse. *Gumalao.* pc. *Himasoc.* pp. **maqui.** pc. **somac.** pp. *Guiit.* pp.
Entremeterse en cosas de alegria con otros. **lagoma.** pp. *Salamohà.* pp. *Lagoyó.* pp. **lagoyom.** pp.
Entremeterse sin ser llamado. **alicbobo.** pp. *Paquialam.* pc. **hicahos.**
Entreverado. **balabalaqui.** pc. *Saglitsaglit.* pc. *Sal-it sal-it.* pc.
Entrever. **alitagtag.** pc. *Silag.* pc.
Entrevista. **taon.** pc. *Quita.* pp. *Paquita.* pp. *Sompong.* pc.
Entristecer, entristecerse. *Lumbay.* pc. *Lungcot.* pc. *Panglao.* pc.
Entumecerse los pies. **bañgir.** pc. **pañgalo.** pp. *Paǹgauit.* pp.
Entumecerse alguna parte del cuerpo, como que hormiguea. *Pamanhir.* pc. *Nǧimay.* pp.
Entumecerse los nervios. **panhir.** pp. **mahid.** pc.
Entumecerse parte del cuerpo por haber estado atado. **patá.** pc.
Enturbiar **labnog.** pc. **labog.** pp. *Labó.* pp.
Enturbiar la agua meneandola. **casao.** pp.
Enturbiarse, como la vista. **hilaman.** pc.
Enturbiarse. *Labo.* pp.
Enturbiarse el agua con avenida. **lonab.** pc.
Enumerar. *Bilang.* pp. *Salaysay.* pc.
Enunciar. *Pahayag.* pp. *Saysay.* pc.
En un instante, luego, al punto. *Tambing.* pc. *Caguiat.* pc.
En un instante. *Ginǧa.* pp. *Sa isang quisap.* pc.
En vano. **lambang.** pc. *Acsaya.* pc. *Hamac.* pp. *Sayang.* pp.
En balde. **lihing.** pp.
Envalentonar. *Tapang.* pp. *Sigla.* pc.
Envainar la espada. *Salong.* pp.
Envanecer. *Palaló.* pp. *Mag palaló.* pp.
Envarar. V. Entumecer.
Envasar. *Liuat.* pp.
Envenenar. *Lasonin.* pp.
Enviado. **sugó.** pp. *Inotosan.* pp.
Enviar. *Dala.* pc. **caon.** pc. *Hatir.* pc.
Enviar. **guimbolo.** pp. *Hili.* pp. **yacyac.** pc. *Ngimbolo.* pc.
Envidia que se hace ó dá á otro. *Panǧuimbolo.* pp.
Envidia que le causa el prógimo **solip.** pp.
Envidia con enojo. **silot.** pp. *Sosot.* pp. *Inguit* pc.
Envidiar. *Panaghili.* pp.
Evidioso. **solibang loob.** pc.
Envejecer. *Gulang.* pp.

Envejecerse. *Tandò*. pc. **gosgos**. pc. *Lumà*. pp. *Laon*. pc.
Envejecerse por deslustrado. **bacias**. pc.
Envés de la mano. **camaoo**. pp. *Bobong nang camay*. pc.
Envés de lo de atras. *Licor*. pc.
Envilecer. *Ayop*. pp.
Enviudar. *Bao*. pp. **balo**. pp.
Envolver la punta de la espada. *Potpot*. pc.
Envoltorio atado. **bog-ong**. pc. *Balutan*. pp.
Envolver. *Balot*. pp. *Bilot*. pp. **bogong**. pc. **potos**. pc.
Envolver, como dinero en el paño. *Tongcos*. pc. *Bongcos*. pc.

E antes de Q.

Epacta. *Calendario nang manĝa Pare.*
Epifania. *Pista nang tatlong hari.*
Epilogar. *Sipi*. pc.
Epistola. *Sulat*. pp. **calatas**. pc.
Epoca. *Panahon*. pc.
Epulon *Matacao*. pp. *Nagtatamasa*. pc. *Nag papasauà*. pp. *Nagpapasasà*. pp.
Equidad. *Catuiran*. pp. *Catapatan*. pc.
Equidistante. *Sinlayo*. pp. *Mag ca sinlayo*. pp.
Equilibrio. *Timbang*. pc. *Mag catimbang*. pc. *Sinbig-at*. pc.
Equipaje. *Casangcapang dala sa pag*lacad*.
Equiparar. *Paris*., pp. *Tulad*. pp. **aliu**. pp.
Equipolencia. V. Equivalencia.
Equitacion. *Pag sacay*. pc.
Equivalencia. *Hambing*. pc. *Uangqui*. pc.
Equivalencia de palabras. *Uanĝis*. pp.
Equivocarse en alguna cosa. *Ito*. pc.
Equivocarse dando una cosa por otra. *Lito*. pc.
Equivocarse. **bying**. pc. **balibar**. pp. *Talabir*. pc. **talibad**. pp. **talibarbar**. pc. *Mali*. pc. **balatong**. pc. **buyo**. pc. **balahac**. pp.

E antes de R.

Era. V. Epoca.
Era donde trillan el arroz. *Gui-ican*. pc.
Eradicar. *Bunot pati ogat*.
Eral. *Bisiro*. pp.
Erario. *Bumobuis*. pp. It. *Tiponan nang pilac*.
Ereccion. *Tindig*. pc. *Tayó*. pc.
Erial. **cal-anan**. pp. **calaanan**. pp.
Erigir. *Gauâ*. pc. *Pagauà*. pc.
Erizarse los pelos, pluma de animales, cabellos de hombres, &c. *Pamalucag*. pp.
Erizarse los plumas al gallo de temor. **olag**. pp.
Erizarse los cabellos. **panaguisag**. pp.
Erizarse los cabellos, como al jacalí. **ñgalisag**. pp.
Erizarse el cabello, plumas, &c. **saguisag**. pp.
Erizarse el cabello. *Balocag*. pp. **dalañgat**. pc.
Ermita. **toclong**. pc. *Bisita*. pp.
Erogar. *Bahagui*. pp. *Pamigay*. pc.
Errar el tiro. **bigo**. pc. *Sala*. pp.
Errar á lo que es tira ó busca. **irias**. pp.
Errar el camino. *Sinsay*. pp. *Ligao*. pc. *Lihis*. pc.

Errar. **buyo**. pc. **uiguig**. pp. *Mali*. pc. *Talabir*. pc.
Errar, ó errarse en dar mas ó menos por haberse divertido en algo. **lingol**. pc.
Errar en poner algo. *Linsar*. pc.
Errar en la cuenta ó en lo que recita. **locto**. pc. *Lilo*. pc. *Linlang*. pc. **imang**. pc. *Limang*. pc.
Errarse poniendo una cosa por otra. **halibyong**. pc.
Errata. *Mali sa pag sulat*.
Error. *Mali*. pc. *Salá*. pc.
Erubescencia. *Hiyà*. pc. *Cutyà*. pc.
Eructar. *Dighal*. pc. **dilhay**. pc. **dinhal**. pc.
Erudicion. *Carunonĝan*. pp. *Donong*. pp.
Erudito. **paham**. pc. *Pantas*. pc. *Bihasa*. pp. *Marunong*. pp.
Erupcion, de los volcanes. *Buga*. pc. *Silacbo*. pc. *Sinĝao*. pc.

E antes de S.

Es posible. ¿*Diyatà*. pp.?
Esbirro. *Bilanggo*. pc. *Aguasil*. pc.
Escabechar el pescado. *Pacsio*. pc.
Escabeche *Bagoong*. pp. *Pacsió*. pc.
Escabel. *Tontonĝan*. pp.
Escabroso. *Banĝinbangin*. pc. **tagortorin**. pp. **maburol**. pc.
Escabullirse del que lo tenia asido. **tampauac**. pp. *Polangos*. pc. **bolas-oc**. pc.
Escabullirse. **aligor**. pp. *Tanan*. pp. *Alis*. pc.
Escalofrios. **talagnao**. pc.
Escalofrios. **talacnao**. pc. **landang**. pc. *Panĝiqui*. pp.
Escalar. *Salacay*. pp. *Hagdanan*. pc.
Escaldar el arroz. **himathimat**. pp.
Escaldar. *Banli*. pc.
Escaldarse. *Pasó*. pp.
Escalera larga y angosta. **tañgatañga**. pc.
Escalera. *Hagdan*. pc. *Hagdanan*. pp.
Escalera de tres cañas. **dalarayan**. pp.
Escalon. *Baytang*. pc. **antas**. pc.
Escalones en la palma de cocos para subir. **tambac**. pc. **tiab**. pp.
Escama. *Calisquis*. pp.
Escamondar. *Talas*. pc.
Escampar. *Tila*. pp.
Escampar algo la lluvia. **holao**. pp.
Escanciador. **mananagay**. pp.
Escanciar. *Tagay*. pp.
Escandalizar con el mal ejemplo. *Bagabag*. pp. *Mag bigay pag cacasala*. pp.
Escándalo. *Masamang halimbauà*. pp. *Masamang pag papasunod*. pp.
Escandallar. *Taroc*. pc. *Aroc*. pc.
Escandecer, escandecerse. *Mag cainit*. pp. *Magalit*. pp.
Escaparse de tempestad el pájaro. **pota**. pp.
Escaparse haciendo agujero en la cerca ó casa. *Sagui*. pp. *Tahac*. pp.
Escaparse en los enemigos. **lagpos**. pc.
Escaparse. *Ualà*. pc. *Tanan*. pp. *Polas*. pc. *Piglas*. pc. **tacas**. pp. **bilocas**. pp. **lampos**. pp.

Escaparse de la prision. **buhi.** pc.
Escaparse de cadena ó cepo. **balucas.** pp.
Escaperse siendo acosado. **tipas.** pp.
Escapulario. *Calmen.* pc. *Carmen.* pc.
Escarabajo. *Oang.* pp. *Salogobang.* pp.
Escarceos de la mar. **linsoc.** pc.
Escarceo. **goso.** pc.
Escarda. *Dolos.* pc. **tactac.** pc.
Escardar. **gamas.** pp. **gusad.** pp. **himamat.** pp.
Escarmenar. *Notnot.* pp. *Motmot.* pc.
Escarmenar con cuchillo. **hagot.** pp.
Escarmenar lana. *Himotmot* pc.
Escarmentar. **hiralá.** pc. *Hinacot.* pp. **hiñgohá.** pp. *Dalà* pc. *Cohang hulimbaua.* pp.
Escarpa. *Dahilig.* pp. *Dalisdis.* pc.
Escarnio, escarnecer. **oyam.** pc. *Libac.* pc. **oyog.** l. **oyoc.** pc. *Toyà.* pc. **tiyao.** pc. **oyan.** pc. **oroy.** pp.
Escarba oidos. *Pañgiquig.* pp. *Panhinoli.* pc.
Escarbar el oido. *Quiquig.* pp. *Cuhig.* pp.
Escarbar la tierra con la punta del pie. *Salisod.* pp.
Escarbar la gallina. *Cahig.* pp. *Caycay.* pc.
Escarbar. **colcol.** pc. **coycoy.** pc.
Escarbar con las manos. *Colcol.* pc.
Escarbar como el gato. *Caycay.* pc.
Escarbador de oreja. *Pañgiquig.* pp.
Escasear. *Damot.* pp. lt. *Arimohanan.* pc. *Tipir.* pc.
Escasez de venta. **tomal.** pp.
Escaso mezquino. *Maramot.* pp. lt. *Salat.* pc. **capós.** pc.
Escatimar. V. Escasear.
Escatimar. **ipir.** pc.
Escabechar el pescado. *Pacsiu.* pc.
Escena. *Comediahan.* pp.
Esclarecer. *Liuayuay.* pc. *Bocangliuayuay.* pc. *Bucang liuanag.* pp.
Esclarecido. *Bantog.* pc. *Mabunyi.* pc.
Esclavo. *Alipin.* pp. **soseng.** **dapog.** pc. *Bulisic.* pp.
Esclavo de otro esclavo. **bulislis.** pc. **boliang.** pp.
Esclavo nacido en casa. **guintouo.** pp.
Esclavo, compañero en servir. **sabouat.** pp.
Esclavo que se trata como libre. **maharlica.** pc.
Esclavo que reconoce la libertad, y la obligacion de trabajar sin paga la sementera de su amo. **pamoat.** pp.
Esclusa. *Salá.* pp.
Escoba. *Ualis.* pc. **lauis.** pc. *Pamispis.* pc.
Escoba. *Ualis.* pc. **solongsolong.** pc.
Escoba hecha de las venas de la palma. *Tingting.* pc.
Escobilla con que peinan el algodon hilado después de almidonado. **silsil.** pc. **sisil.** pc.
Escocer. *Silam.* pp. **hilam.** pp. *Hapdi.* pc.
Escoger entre lo bueno y malo. *Pili.* pp. *Tañgi.* pp.
Escoger. *Bocor.* pc. *Hirang.* pp.
Escoger lo mas ligero. **langcag.** pc.
Escoger en el palay algunas espigas. **silong.** pc.
Escolar, escolástico. *Nag aaral.* pp.
Escolimado. *Masatsactin.* pc. *Unsiami* pp.
Escoltar. *Bantay.* pc. *Alagà.* pp.
Escozor. *Hapdi.* pc.

Escozor del sudor. **hima.** pp.
Escozor de ojos. **pilau.** pp. *Silam.* pp. **hilam.** pp.
Esconder algo como entre el zacate estopa que sacan de los árboles. **yobyob.** pc. **sobsob.** pp.
Esconder. **liñgir.** pc.
Esconder algo para que no lo hallen. *Lihim.* pp.
Esconder, esconderse. *Tago.* pp. **taliñgir.** pp.
Esconder algo por temor del peligro. **tapoc.** pp.
Esconder algo mezclándolo en otras cosas. *Uaglit.* pp.
Esconderse en el zacatal. **pañgimot.** pp.
Esconderse de vergüenza. **ipir.** pc.
Esconderse detrás de algo. **liyn.** pp.
Esconderse alguno detrás de alguna cosa. *Siñgit.* pp.
Esconderse de la justicia. **liñgit.** pp.
Esconderse. **saliñgit.** pc.
Esconderse para no trabajar. **alicot.** pp.
Esconderse del trabajo. **langcosip.** pc. **ansicot.** pc. **asicot.** pc.
Esconderse para que no le vea alguno. *Iuas.* pp. *Ligpit.* pc.
Escondite. *Tayoan.* pp. *Suloc.* pp.
Escondrijo. **tacot.** pp. lt. V. Escondite.
Escopeta ó fusil. *Baril.* pc. **astingal.** pc.
Escoplo. *Pait.* pp. *Locob.* pc.
Escoria. *Tain bacal.* pp.
Escoria del bolo. *Tainylac.* pp.
Escoriar. *Panit.* pc. **lapnos.** pc. **hodhod.** pc. **hadhad.** pc. *Pacnit.* pc.
Escorpion. **otdo.** pc. **atangatang.** pp. **alagdan.** pc. **hinanaclang.** pc.
Escota. **bilobilo.** pc. **panindi.** pc.
Escotar. *Bauas.* pp. *Tabas.* pp.
Escota de la vela. **culiyao.** pc. **coliyao.** pp. **lascutá.** pp.
Escribiente. *Magsusulat.* pc. *Manunulat.* pp.
Escritura, escribir. *Titic.* pp. *Sulat.* pp.
Escrito. *Palaman.* pc.
Escrupulo. *Tacot.* pp. *Alaala.* pp. *Balisa.* pp.
Escrutinio. *Orisà.* pp. *Siasat.* pp.
Escuadra. *Hocbo sa dagat.* pp.
Escuadron. *Pololong.* pc. *Hocbo.* pp.
Escuchar. *Matyag.* pc. *Manaiñga.* pc. *Paquinig.* pp.
Escuchar acechando. *Silip.* pp.
Escudarse. *Sangga.* pc.
Escudilla. *Higopan.* pc. **tagayan.** pc. **soliyao.** pc.
Escudilla hecha de caña para el vino. **sagacan.** pc.
Escudilla grande. *Mancoc.* pc.
Escudo. *Tandá.* pc. **saguisag.** pp. lt. *Calasag.* pp. **sapiao.** pc.
Escudriñar. **balicotcot.** pc. **siyasib.** pp. **bungcal.** pc. **baloquitquit.** pc. **suguid.** pc. *Siyasat.* pp. *Orisa.* pp. **balotbot.** pc.
Escuerzo. **labilabi.** pc. **cabcab.** pc. *Palacà.* pp.
Esculpir. **liloc.** pp. *Talà.* pc.
Escupidera, escupidor. *Lolor-an.* pc. *Loraan.* pp.
Escupir. *Lorá.* pc. **bora.** pc.
Escurrir. **bonlac.** pc. *Titi.* pp.
Escurrirse lo atado. **habso.** pc. *Pulanggos.* pc. **habong.** pc. **bognos.** pc. **huso.** pp. **bulas-oc.** pc.

Escurrirse de la mano algo. *Hagpos*. pc.
Escusa. *Dahilan*. pc.
Escusas que uno hace para escaparse de lo que le pide. **taqui**. pp.
Escusas ó achaques para no pagar. **siua**. pp.
Escusarse uno con otro. *Sancalan*. pp.
Escusarse con mentiras. **balintona**. pp.
Escusarse mintiendo. **licuar**. pc.
Es muy cierto. *Totoong totoo* pp.
Es verdad. *Totoó nga*. pc. *Tunay*. pp.
Esforzarse el enfermo. *Talaytalay*. pp.
Esencia. *Pagca*. pc.
Esencia divina. *Pagca Dios*. pc.
Ese, esa, eso. *Iyan*. pc. *Yaan*. pc.
Esforzar á otro con el ejemplo. **parirala**. pp.
Esforzarse. **acas**. pp. *Magpilit*. pp. *Lacas*. pc. **gauan loob**. pc. *Hinapang*. pp.
Esforzarse contra otro. **atim**. pc.
Esforzarse en hacer algo. **locanot**. pc.
Esforzarse el enfermo ó vergonzoso. **inata**. pc.
Esforzarse á hacer algo con eficacia. *Suquit*. pp.
Esforzarse buscando algo. **sicling**. pc.
Esforzado. **quisig**. pc. **maquisig**. pc. *Bayani*. pp.
Esfuerzo. *Tapang*. pp.
Esgrimir. **caliz**. pp. *Panagá*. pc. *Pang-iuá*. pp.
Esguazar. **batis**. pp. *Tauid*. pc.
Esguince. *Ilag*. pp. *Tiplag*. pc.
Eslabon. **pamating**. pc. *Pamingqui*. pc. **balol**. pp.
Eslabon para sacar fuego. **pamanting**. pc. **binalon**. pp. *Pingquian*. pp.
Eslabonar. **ognay**. pc.
Eslabones. *Cauing*. pc. *Cauit*. pp.
Esmerarse. *Mag sumaquit*. pp. *Mag pumilit*. pp.
Esmero. V. Esmerarse.
Esmoladera. *Hasaan*. pc. **sanayan**. pc.
Eso. *Iyan*. pc.
Eso consiguiente. *Hilat*. pp. *Hirat*. pp. **nacatalá ca**. pp. *Iyan ang napalá mo*.
Eso sí. **antana**. pp. *Alintana*. pp.
Eso es otra cosa. **lainlain**. pp.
Esofago. *Lalamunan*. pp. **lalaogan**. pp.
Esos, esas. *Iyang manga*. pc.
Esotro. *Yaong iba*. pc. *Iyong iba*. pc.
Espaciarse. *Ligao*. pp. *Galá* pp. *Pasial*. pc. *Libot*. pp.
Espacio de aqui al cielo. **bayan**. pp.
Espacio. **halagan**. pc. R. *Pag-itan*. pp. *Puang*. pc. *Pouang*. pp.
Espacio que dejan los arbustos en el agua. **sauang**. pp.
Espacioso. *Luang*. pp. *Aluadas*. pp.
Espacioso en lo que hace. **limbit**. pc.
Espada. **caliz**. pp.
Espada de japon. **catana**. pc.
Espadachin. *Palbabag*. pp. *Pal-auay*. pp. *Palauuay* pp.
Espadaña. **tiquis**. pp. **tiquisan**. pp.
Espaldarazo. *Lapad*. pc.
Espaldas. *Licor*. pc. l. *Licod*. pc.
Espaldilla del brazo. *Paypay*. pc.
Espaldilla ó cuarto delantero del animal. **ayip**. pp. **ayipip**. pp.
Espantable. *Caguicla guicla*. pc. **catilitili**. pc.
Espantadizo. *Guitlahin*. pp. *Maguitlahin*. pp. *Maguiclahin*. pp.
Espantajo. **alayay**. pc. **balian**. pc. **ay-ay**. pc. *Panacot*. pc. l. pp. **pangguitla**. pc. **pamaoy**. pp. *Pamugao* pp.
Espantajo de caña en la sementera. **uasiuas**. pp. *Palacpac*. pc.
Espantajo de cañas bojeos. **uatiuat**. pp.
Espantajo de caña. *Batingaú*. pp.
Espantajo de sementera. **palipar**. pc. **pamalong**. pp. **hayti**. pp. **paloso**. pc.
Espantajo para poner miedo. *Panacot*. pp.
Espantar con golpes. *Hampasan*. pp.
Espantar á los niños. **baló**. pc.
Espantar perros. **haynga**. pc.
Espantar puercos. **biyo**. pp. **ua**. pc.
Espantar aves. *Bobo*. pc. **uayuay**. pc.
Espantar animales de la sementera. **labyao**. pp.
Espantar cuervos. **bolá**. pp.
Espantar gallinas. *So*. pc.
Espantar animales. **uaua**. pc. **hayo**. pc.
Espantar el puerco, caiman, &c. **yioua**. pp.
Espantar. *Tacot*. pp. *Sindac*. pc. **tibog**. pp. *Ya*. pc. *Bogao*. pp **binisa**. pc. **bilao**. pc. *Bacla*. pc. *Hay*. pc. **acar**. pp. **gacla**. pc.
Espantarse de cosa que se oye de lejos. **tili**. pc.
Espantarse, espanto. *Guicla*. pc. *Dauà*. pp. **mamanghan**. pc. **banlogo**. pc. *Golomihan*. pp.
Espanto. **babalag**. pp. **cabahangan**. pc. **balhag**. pc. *Gulat*. pp. *Sindac*. pc. *Gulantang*. pc.
Espanto de alguna cosa por grande ó por hermosa. *Taca*. pc.
Espanto, espantarse. *Guilalas*. pc.
Español *Castila*. pp.
Españolado. *Huguis castila*. pp.
Esparramarse. **dambolat**. pp.
Esparcir el almácigo. **botbot**. pc. *Bodbod*. pc.
Esparcir como el cabello. **bugaygay**. pc.
Esparcir los cabellos. **losay**. pp. *Logay*. pc.
Esparcir yerba. **quilib**. pc. **macmac**. pc.
Esparcir. **lina**. pc. *Bulagsac*. pc. **uagay**. pc. **hambahan**. pp. **bulat**. pp. **ualat**. pc. **hamham**. pc. **uasacuasac**. pc. **hamoham**. pp. **labsac**. pc. **lamac**. pc. *Calat*. pp. **siualat**. pp.
Esparcir semilla ó ropa para que se seque. **hayang**. pc.
Esparcir por el aire como grano. *Sambolat*. pp.
Esparcirse los que estaban congregados. *Sambolat*. pp.
Esparcirse los que estaban juntos. **hilag**. pc.
Esparcirse las partes de un compuesto que se deshace. *Uasac*. pc.
Esparcirse la gente. *Sabog*. pp.
Esparcirse la pesca que está reunida. **guilas**. pp.
Esparratracado. *Bisaclat*. pc. *Bicaoá*. pc. **icang**. pp. *Incang*. pc.
Especial. *Tangi*. pp. *Bucod*. pc.
Especias para el guisado. **pamitpit**. pc.
Especie. *Bagay*. pp. **sari**. pp.
Especie de lagartijas. **bancalang**. pc. **himbubuli**. pp. *Bubuli*. pp.
Especificar relatando por menudo lo que ha pasado. *Noynoy*. pc. *Salaysay*. pc.
Especioso. *Mariquit*. pc. *Mainam*. pp.

Espectáculo. *Laro*. pc. *Catouaan*. pp.
Espectador. *Manonood*. pc. *Nanonood*. pp. *Tumitingin*. pp.
Espectro. *Larauan*. pp. *Guiniguini*. pc. *Quiniquita*. pc.
Especular. *Osisà*. pp. **bulay**. pp.
Espejo de acero. *Lasa*. pp.
Espejo. *Salamin* pc. *Bobog*. pp.
Espeluzar, espeluzarse los cabellos. **nali**. pp. *Ngalisag*. pp. *Pangalisag*. pp.
Espeluzarse los cabellos de miedo. **panali**. pp.
Espeluzarse los cabellos ó plumas. *Ngolag*. pp.
Espeluzarse de miedo. *Quilabot*. pp.
Espeluzarse de temor ó frio. **baloquisquis**. pc.
Espeluzarse el cuello. **locag**. pp.
Espeque. *Soual*. pc. *Sungcal*. pc.
Esperanza. **cayam**. pp. *Panalig*. pp. *Pananalig*. pp.
Esperar. *Antay*. pc. *Hintal*. pc. *Hintay*. pc. *Antabay*. pp. **tagan**. pp. It. *Asa*. pp. *Panalig*. pp.
Esperar al contrario. **landac**. pc.
Esperar á alguno. **hampang**. pc.
Esperar con confianza. **tanghor**. pc.
Esperezarse. **himarmar**. pc. *Inat*. pp. **himamad**. pc.
Esperma. **putiputi**. pc. **tibortibor**. pc.
Espesar. *Lapot*. pp.
Espeso licor. *Lapot*. pp.
Espeso, espesura, espesar. *Limit*. pp.
Espesura **baloit**. pp. **yañgoong**. pp. **yamongmong**. pc. *Sucal*. pp. *Sucalan*. pp.
Espesura de zacate. **tomoc**. pp.
Espesura como matorrales. *Siyt*. pp.
Espetar. *Doro*. pp. *Tohog*. pp. **tindag**. pc.
Espetera. *Sabitan*. pc.
Espía. *Tictic*. pc. **nanao**. pc. **batiao**. pc.
Espía. **liyam**. pc. **banao**. pc.
Espiar, acechar. *Suboc*. pp. *Bacay*. pp. *Abang*. pc.
Espiga in genere. *Ohay*. pp. It. **pasac**. pp.
Espiga con muchas ramas. **salay**. pc.
Espiga desgranada. **hinagoran**. pp.
Espigar. *Himalay*. pp. **hapao**. pc.
Espigar el arroz. *Apao*. pp. *Sapao*. pp.
Espina que se clava en los pies. *Sobyang*. pc.
Espina del lomo del pescado. *Palicpic*. pc.
Espina que tiene raya, ó el candole venenoso. *Tibò*. pp.
Espina. *Tinic*. pc. It. *Pasolo*. pp. **tiomay**. pp.
Espina atravesada en el corazon. *Saconà*. pc.
Espina atravesada en el pie. **gatir**. pp. **bisool**. pp. *Subyang*. pc.
Espina atravesada en el gaznate. **biquig**. pc.
Espinas que tiene el pez á los lados, como alas. **palaypay**. pc.
Espinazo. *Gologor*. pc. **agau**. pp. **tayoctog**. pc.
Espinazo del pescado **bagtao**. pc.
Espinazo de animal. **balogbog**. pc.
Espinarse. *Salobsob*. pc.
Espinilla. *Lolor*. pc.
Espirar. *Patay*. pc. *Mamatay*. pc. *Patir ang hiningà*. pc.
Espíritu. **diuá**. pp. **lagyó**. pc.
Espíritus malos. **aitan**. pp.
Espíritus vitales. *Dili*. pp.
Esplendidez. *Saganà*. pp. *Labusao*. pc.

Espolon del gallo. *Tahir*. pc.
Espolon del navio, morrion ó coraza. **tocatoca**. pc.
Esponjado. *Halaghag*. pc.
Esponjoso. *Buhaghag*, l. **muyág**. pc.
Esponsales. *Cayari*. pp. *Tipan sa pag aasaua*. pp.
Espontaneo. *Cusà*. pp. *Bucal sa loob*. pp.
Esposas. *Pangao*. pc.
Esposo, esposa. *Asaua*. pp.
Esprimir, como limon. *Pigà*. pc.
Esprimir la ropa mojada. *Pogos*. pp.
Esprimir limon. **linas**. pc.
Espuerta. *Batolang*. pc. *Baquid*. pp. *Coripot*. pp.
Espuerta para basura. **paghahacutan**. pc.
Espulgar. *Hingoto*. pp. **unay**. pp. **hinoma**. pp.
Espulgarse asimismo con una mano. **himicsic**. pc.
Espuma. **bulá**. pc.
Espuma, espumar la miel de caña. *Subo*. pc.
Espumar la olla. **saguilap**. pp. **sagap**. pp. *Salauir*. pp.
Espumarajos. *Bulá*. pc.
Espurio. *Anac salupà*. pp.
Esputo. *Lauay*. pp. *Lorà*. pc.
Esqueje. *Pasanga*. pc.
Esquero. **salacoban**. pp. **sacloban**. pp.
Esquilar. *Gupit*. pc.
Esquina de la casa. *Punoloc*. pp. *Soloc*. pp.
Esquivez. *Pangilap*. pp. *Ilap*. pc.
Está en. *Na sa*. pp.
Está aqui, está ahí, está alla. *Narito*. pp. *Narian*. pc. *Naroon*. pc.
Estable. *Lagui*. pp. *Matibay*. pp. *Matagal*. pc. *Dati*. pp.
Establecer. *Pucanà*. pc.
Establo de vestias. *Haponan*. pc.
Está bueno. *Siya*. pp.
Estaca. *Panulir*. pp. *Buyo*. pp. *Talictic*. pc.
Estaca clavada en agua ó rio. *Tarac*. pp.
Estaca hincada. *Tolos*. pc.
Estaca en que atan la red para cazar animales. **tugday**. pc.
Estaca de la cerca. **poyopoy**. pp. **pamopoy**. pp. *Orang*. pp. **tirac**. pc. **tiric**. pp.
Estaca puntiaguda con que hacen hoyos. **basol**. pp. **balinay**. pp.
Estada. *Tiguil*. pp. *Tahan*. pc.
Estado. *Lagay*. pc.
Estafa. *Subà*. pp. *Tecas*. pp. **bolos**. pp.
Estallar. *Potoc*. pc. *Tagopac*. pc. *Lagotoc*. pc. *Lagapac*. pc.
Estallar con la lengua. *Pamalatac*. pc. *Pangalatac*. pc.
Estallar la honda. **yaquis**. pc.
Estallido, como cuando frien en manteca. **saguisit**. pp. *Saguitsit*. pc. *Siril*. pp.
Estallido. *Potoc*. pp. *Tonog*. pc. *Tagupac*. pp.
Estallido de arcabuz. **lagopac**. pp.
Estallido de caña ó hueso cuando se quiebra. **lotoc**. pc.
Estampa. *Larauan*. pp.
Estampar. *Limbag*. pc. **talá**. pc. *Titic*. pp.
Estampar en el corazon. *Palaman sa loob*. pp. *Talá*. pc.
Estampido. V. Estallido.
Estancar algo. *Titi*. pp.

Estancar la sangre. **opat.** pp.
Estancar la sangre ó licor que corre. *Ampat.* pc.
Estancarse la sangre. *Tagas.* pp. **tanpong.** pc.
Estancia. *Silid.* pc. *Tahanan.* pp.
Estandarte. **tonggol.** pp. **pindol.** pp.
Estangurria ó mal de orina. *Balisaosao.* pc.
Estanque. *Talaga.* pp.
Estantío. *Tiguil.* pp. *Binbing.* pc. *Hantong.* pc.
Estañar soldar. *Hinang.* pp.
Estaño. *Tingang poti.* pc. **tingaputi.** pp.
Estar. *Na.* pp. *Sa.* pc.
Estar en la mira de algo. **ambalao.** pp.
Estar enfermizo. **laying.** pp.
Estar apurados ó en apuros. *Guipit.* pc.
Estar recargado ó constreñido de muchas obras que todas instan. **sacong.** pp. **susop.** pc.
Estar quieto. *Tali.* pc. *Tahan.* pc.
Estar con gran solicitud hasta saber algo. **alip-ip.** pc. *Alap-ap.* pc.
Estar como dicen en la punta de una lanza esperando alguna pena. **donggot.** pc.
Estar ó andar de puntillas. *Tiad.* pc.
Estar en meses mayores. *Cagampan.* pc. **tagomañganac.** pc.
Estar puntas las cosas de un género **payac.** pp. l. pc. *Polos.* pc.
Estar algo guardado. **sig-ing.** pc.
Estar con trabajo en un lugar estrecho. **bayais.** pc.
Estar detenido. **dool.** pp.
Estar empapada la ropa. **pitá.** pc. *Pigtà.* pc. **baysac.** pc. *Basà.*
Estar dañado. **hangol.** pc.
Estar colgado como lámpara. **hauay.** pp.
Estar como una estaca. **hinolos.** pc.
Estar al soslayo, como escalera. **hiuis.** pc.
Estar cargado mas á popa que á proa. **ignar.** pp.
Estar por sí en el aire, como globo. **itaoytao.** pp.
Estar muchos juntos. **cabiyá.** pc.
Estar inclinadas las ramas. **lagaylay.** pc.
Estar divertido. *Libang.* pc.
Estar encojido de miedo. *Colongcot.* pc.
Estar una cosa levantada y empinada. **patali.** pp.
Estar al resistero del sol, viento. **sasá.** pp.
Estar muy cuidadoso sobre algo. **sasá.** pp.
Estar indeciso. *Orong solong.* pc. *Atinlañgan.* pp. *Alañgan.* pc.
Estar muy ocupado, ó muy embarazado. **oual.** pp.
Estar violento como encerrado. **socol.** pc.
Estar mal puesto algo en la punta del palo. **tongqui.** pc.
Estar en dias de parir. **walinali.** pp.
Estar dividida una cosa en muchas partes. *Uttac.* pc.
Estar parado sin hacer nada con la mano en la cintura. **yaang.** pp.
Estar el cielo anublado. **doot.** pp.
Estar ahí. *Yaon.* pc.
Estar desmedrado. **payat.** pc.
Estar empapado en agua. **putá.** pc.
Estar violento y como impedido. *Piyt.* pp.
Estar afligido de alguna necesidad. *Piyt.* pp.
Estar de tenido por falta de viento. **pipil.** pp. *Bingbing.* pc.
Estar muy cansado de puro trabajar. **poyapog.** pc. *Pagal.* pc. *Pagod.* pp.
Estar la gente ó animales en corrillos. **poyoc.** pc.
Estar ronco. *Pamalat.* pc.
Estar divididos por trechos. *Pololong.* pc.
Estar pronto para algo. *Talar.* pc. *Parati.* pp. *Handà.* pc.
Estar de bajo del poder de otro. *Socop.* pp.
Estar de bajo de sombra. **tarlong.** pc.
Estar en biesto y derecho. *Tayo.* pc.
Estar remeshado algo puntiagudo. *Sacsac.* pp.
Estar boquiabierto. *Tuñgañga.* pp.
Estar el dia pardo. *Limlim.* pc.
Estar á la muerte. *Lobhà.* pc.
Estar pendiente. *Alañgalang.* pp.
Estar apretado. **ampal.** pc. **daslo** pc. *Siquip.* pc.
Estar con los ojos abiertos. *Molagà.* pp.
Estar en los huesos. **ñgariang.** pc.
Estar cansado. *Ngalay.* pp.
Estar muy metida en el agua la proa ó popa de la banca. **olos.** pc.
Estar en corrillo ó conversacion con otros. *Ompoc.* pc. *Lompoc.* pc. *Lipon.* pc. *Catipon.* pp.
Estar á la obediencia. **pasagsasop sakol.** pp.
Estar en pie. *Tindig.* pc. *Tayo.* pc. **tulay.** pp.
Estar repantigado. **holalay.** pc. **hilad.** pp.
Estar en sazon la fruta. **lunac.** pc.
Estar agoviado de algo, como mal olor, &c. **himilit.** pp.
Estar sentado ó parado sin hacer nada. **obot.** pc.
Estar en los huesos. *Ngadirang.* pp.
Estar triste. *Pañgayombaba.* pc. *Longcot.* pc. *Panglao.* pc.
Estarse mucho tiempo con la cabeza baja aguardando. **mayocmoc.** pc.
Estarse sentado sin hacer nada. **otiguil.** pc.
Estarse parado mano sobre mano. **tayob.** pc.
Estarse manos sobre manos. **pasigayon.** pc.
Estarse en vela toda la noche cuidando al enfermo. **polao.** pp. *Puyat.* pp.
Estarse con la cabeza en el suelo y los pies en alto. *Touaric.* pc. *Balintuad.* pc.
Estátua. **lic-há.** pc. *Larauan.* pp.
Estatura de persona. **suboc.** pp. *Sucat.* pp. *Taas.* pp.
Estatuto. *Caotosan.* pc.
Este, esta, esto. *Yari.* pc. *Ito.* pc. *Iri.* pc.
Estender el metal, **talipospos.** pc.
Estender con las manos, como masa. **tapi.** pc.
Estender la pierna. **himolos.** pc. *Hindolos.* pc.
Estender el cuello para mirar algo. **tonhac.** pc. **tañga.** pc.
Estender la mano quien tapa, **toop.** pp. *Tocop.* pc.
Estender algo desplegándole. **walual.** pc.
Estender estirando. **yatyat.** pc. *Onat.* pp.
Estender las piernas sentado. *Hindolos.* pc.
Estender por el suelo. *Lagmac.* pc. **lamac.** pc.
Estender la mano para alcanzar algo. **doolay.** pc. *Docuang.* pc. lt. *Gauar.* pp.
Estender el brazo hácia el suelo. *Dohuang.* pc.
Estender el cuello. **dughao.** pc.
Estender ropa descogiéndola. *Ladlad.* pc.
Estender el brazo, como quien hila. **laya.** pp.

Estender manos ó piernas. *Caang*. pp.
Estender. *Calat*. pp. **lina**. pc. *Banat*. pp. *Ladlad*. pc.
Estender, como tripa, hilo, &c. **canaynayan**. pc.
Estender las manos como las alas la ave. **candang**. pc.
Estender lo encogido. *Carcar*. pc.
Estender la red. *Catcat*. pc.
Estender una cosa sobre otra, como petate. *Sanib*. pp.
Estender la vela de la embarcacion para que coja viento. **sampac**. pc.
Estender madeja de algodon con los dedos golpeándola. **sintac**. pc.
Estender el instrumento de pescar en agua. *Taan*. pp.
Estender la semilla del arroz mojada, tapándola para que se caliente y crezca. **olay**. pc.
Estender, como cama ó tierra estendida. *Latag*. pp.
Estender alguna cosa inmunda. **laporit**.
Estender la cabellera ó plumage. **laboc**. pp.
Estender la ropa ó arroz mojado. *Halayhay*. pc. *Yangyang*. pc. **hayang**. pp.
Estenderse las ramas del árbol ó las plumas del ave. **lagalay**. pp. *Lagaylay*. pc.
Estenderse las raices. *Calauat*. pp.
Estenderse mucho una cosa. *Lipanà*. pp.
Estenderse. *Laganap*. pp.
Estenderse aceite ú otro licor. *Lanit*. pp.
Estenderse, como mancha. **lapal**. pp.
Estenderse algun licor con fuerza cubriéndolo. **lapao**. pp.
Estendido. **nayop**. pp.
Estera. **balin**. pc. *Bangcoang*. pc. *Banig*. pc.
Estéril. *Baog*. pp. *Pipi*. pp.
Esterilidad en la muger. **pipi**. pp. *Baog*. pp.
Estercolar la tierra. *Patabà*. pc.
Esterillo. **alor**. pp. **salog**. pp.
Esterioridad. *Imbabao*. pc.
Estero. *Sapa*. pp. **batasan**. pp.
Estero corto. **bitas**. pp.
Esterquilinio. **agsaman**. pp. *Taponan*. pc.
Esteva. *Oguit*. pp.
Estevado de piernas. **biclang**. pc. **quimpang**. pc. **timpang**. pc. *Sacang*. pc.
Estiercol. **tacál**. pc. *Tai*. pp. *Dumi*. pc. *Ipot*. pp.
Estiercol de mosca que en las heridas se hace gusano. *Ohor*. pp. **tilis**. pp. *Uod*. pp.
Estilo. *Palacad*. pp. *Gaui*. pp. *Paraan*. pp.
Es verdad. *Oo nĝa*. pc. *Gayon nĝa*. pc.
Estimar, estimacion. *Halaga*. pc. *Mahal*. pc. *Ibig*. pp. *Pulayao*. pp. **palañgan**. pp.
Estimular. *Pasipag*. pp. *Pusolong*. pp.
Estimular, azuzar ó irritar. **oyo**. pc. *Buyo*. pc.
Estio. *Tag-init*. pp. *Tag-arao*. pp.
Estipendio. *Opa*. pp. *Bayad*. pp.
Estipulacion. *Osap*. pp. *Cayari*. pp.
Estirar. *Hila*. pp. *Batac*. pp. *Higuit*. pc. **hibat**. pp. *Banat*. pp.
Estirar la cuerda. **balanting**. pc. *Bagting*. pc.
Estirar fuertemente lo atado. **hicquit**. pc. *Higpit*. pc. *Higuit*. pc.
Estirar algo desarrugándolo. **tanat**. pp.

Estirar torciendo, como las cuerdas de la bihuela. **taguingting**. pc.
Estirar estendiendo. *Banat*. pp.
Estirar la cuerda del arco. **bantac**. pc. *Binit*. pp.
Estirar. **banting**. pc. *Hila*. pp. *Batac*. pp.
Estirar metal. *Batac*. pp.
Estirar, como mecha de candil. **batac**. pp. *Cahig*. pp.
Estirar la ropa. **bitad**. pp.
Estirar el arco. **yobat**. pp.
Estirar lo que está encogido. *Onat*. pp.
Estirado, como pellejo. **quinit**. pp.
Estítico. **alibutor**. pp.
Estitiquez. **titibi**. pc. *Tibi*. pc.
Esto. **ari**. pc. V. Este.
Esto es. *Alalaong*. pc. *Sa macatuid*. pp.
Esto es solo para mi. *Ito,i, ganang aquin*. pp.
Estocada. *Tasac*. pp. *Olos*. pp. *Iua*. pp. *Sacsac*. pc. **salasa**. pp.
Estólido, necio. *Mangmang*. pc. *Hunghang*. pc. **hipá**. pc.
Estomaguero. *Pasa*. pp.
Estoy por. *Nĝalinĝali*. pp. *Halos*. pp.
Estómago. **sisicmora**. pp. *Sicmorà*. pp. *Casmorà*. pp.
Estopa negra. **gonot**. pp. *Yonot*. pp.
Estopa para las embarcaciones. **baloc**. pp. *Banot*. pc.
Estoraque. *Camanyan*. pc.
Estornudar. *Bahin*. pp.
Estorbar. **auanta**. pc.
Estorbar el golpe. *Sangga*. pc.
Estorbar á otro. *Sauatà*. pc. *Sansalà*. pp.
Estorbar, embarazar. *Ligamgam*. pc.
Estorbar á otro. *Gambalà*. pp.
Estorbo, estorbar. **tigagal**. pp. **alingling**. pc. *Tigatig*. pp. *Libang*. pc. *Abala*. pp. **abalabal**. pp. *Ligalig*. pp. **balacsila**. pc. *Ilang*. pc.
Estos, estas. *Itong manĝa*. pc. *Yaring manĝa*. pc.
Estrafalario. *Catauataua*. pc. *Uala sa lugar*. pc. *Ualang cahusayan*. pp.
Estragar. *Sirà*. pp.
Estrambótico. V. Estrafalario.
Estrangero. **banyaga**. pp. **dapo**. pp. *Taga ibang bayan*. pp. *Iba*. pc. *Dayo*. pp. **samot**. pp. **samoc**. pp. **dagsa**. pc. *Ibang bayan*. pp.
Estratagema. *Lalang*. pc. *Parayà*. pp. *Dayà sa paquiquibaca*. pp.
Estraviarse navegando por recio viento ó corriente. *Parpar*. pc.
Estraviarse el agua de su antigua corriente. **paliuas**. pp.
Estrechez. *Caquiputan*. pp. *Casiquipan*. pc.
Estrecho, por apretado. *Siquip*. pc. *Quipot*. pp.
Estrecho con muchas vueltas. **viling**. pp.
Estrecho. *Quitir*. pp.
Estrechura del lugar. **sicpit**. pc.
Estrechura del lugar, como camino. **simpit**. pc. *Quipot*. pp. **pig it**. pc. *Piit*. pc.
Estrechura del corazon. *Siquip*. pc.
Estregar. *Coscos*. pc. *Hilod*. pp. *Cosot*. pc.
Estregar algo con los pies. *Yarac*. pc. *Yorac*. pp.
Estregarse el rostro. **hilapo**. pp.

Estregarse contra alguna parte. **yahor.** pc.
Estregarse las piernas con el zumo de este árbol ó corteza. **pouas.** pp.
Estrella de Venus que se vé puesto el sol. **tanglao daga.** pc.
Estrellas llamadas marineras. **balala.** pp.
Estrellas llamadas tres Marias. **balatic.** pp.
Estrellas que llaman cabrillas ó pleadas. **polonpolon.** pp. *Mapolon.* pp.
Estrellas del crucero. **camaliyng.** pc.
Estrellas. *Bitoin.* pp. *Talà.* pp.
Estrellarse las olas. **hampil.** pc. *Tampol.* pc.
Estremecerse de susto. *Tigtig.* pc.
Estremecerse la tierra por trueno ó artillería. *Taigtig.* pc.
Estremecerse. *Quilabot.* pp. V. Temblar.
Estremidades del tejado. **payrap.** pp.
Estrenar. *Bago.* pp.
Estrenar vestido, arroz nuevo, &c. *Pamago.* pp.
Estreñido. V. Estítico.
Estrépito. *Ogong.* pp. *Iñgay.* pp. **lingal.** pc.
Estricto. *Mahigpit.* pc. *Masiquip.* pc.
Estrivar. *Tibay.* pp.
Estrivar manos y pies para levantarse. *Tiyn.* pp.
Estrivar en algo para no caer. **tili.** pc.
Estrivar en báculo. **tayongcor.** pc. *Tongcod.* pc.
Estrivar sobre algo. *Toon.* pp.
Estrivar con la mano. *Paniyn.* pc.
Estrivar en otro. **salig.** pp.
Estrivar hácia delante con la planta del pie. **sacar.** pp. *Sicad.* pp.
Estrivillo que cantan bogando. **ligpasin.** pp.
Estrivillo con que responden al canto en la boda ó en la banca. **pamogsó.** pc.
Estropajo. *Pañgoscos.* pc. *Pamonas.* pp. *Basahan.* pp.
Estropajo mojado. **panhogas.** pp.
Estropajo seco. **panhodhod.** pc.
Estropear. *Salà.* pc.
Estruendo. *Iñgay.* pp. *Ogong.* pp. *Tonog.* pc.
Estrujar. *Pigá.* pc.
Estrujar como amasando. *Lamas.* pp.
Estrujar con los carcañales algo. **piyc.** pp.
Estrujar las tripas. **disdis.** pc.
Estrujar la postema. *Hilis.* pp.
Estudiar. *Aral.* pp.
Estupendo. *Caguilaguilalas.* pc. *Caguiclaguicla.* pc. *Caguitlaguitla.* pc.
Estupido. *Hañgal.* pc.. *Mangmang.* pc.
Estuprar *Pilit.* pc. *Gahis.* pc. **gagá.** pc.
Eterno. *Mag parating man suan.* pc. *Ualang hangan.* pc. *Ualang catapusan.* pc. It. *Parating buhay.* pc.
Etico. **sigam.** pc. *Natotoyo.* pc.

E antes de V.

Evapo. **coliat.** pc.
Evacuar el vientre. *Tae.* pp. *Panalicod.* pc. *Panabe.* pc. *Ilaguin.* pc.
Evacuar el negocio. *Tapos.* pp. *Utas.* pc.
Evadir. **iluay.** pp. *Ilag.* pp. *Ligtas.* pc.
Evangelio. *Casulatang quinasasaysayan nang caguilaguilalas at cagalang galang na buhay nang aling P. J. Cristo.*
Evangelizar. *Pañgaral.* pp.
Evaporar. *Siñgao.* pc.
Evaporarse. **alañgoang.** pp. *Siñgao.* pc.
Evento. *Nangyari.* pp.
Evidencia. *Catunayang maliuanag.* pp.
Evidenciar. *Ipalinao.* pp. *Ipaliuanag.* pp.
Evitar. V. Evadir.

E antes de X.

Exacto. *Ganap.* pc. *Lobos.* pc.
Exagerar. **palagua.** pp. **baslay.** pc. *Pahañga.* pp. *Hañga.* pp. **halac.** pc. **palangha.** pc.
Exagerar una suma pobreza. **corarap.** pp. **di mag quitangquitain.** pp.
Exaltar. *Bunyi.* pc. *Tanyag.* pc. *Palà.* pp.
Examinar preguntando. **tocso.** pp.
Examinar la conciencia. **balotbot.** pc. *Alaala nang casalanan.* pp.
Examinar de uno en uno la verdad. **talipuspus.** pp.
Examinarse. *Solit.* pp.
Exasperar. **mangiha.** pc. *Lupit.* pc.
Exceder. *Laló.* pp. **lampao.** pc. *Higuit.* pc.
Exceder en comida ó bebida. *Sasa.* pp.
Exceder en el juicio. **daugca.** pc.
Excelente. *Paham.* pp.
Excelso. *Cataastaasan.* pp.
Exceptuar. *Alintana.* pp.
Excepto. *Pasubali.* pp. *Tañgi.* pp. *Bocod.* pc. **antana.** pp.
Exceptuarse del trabajo. *Pasubali.* pp.
Exceptuar algunos sacando otros. **pocas.** pc.
Exceso. *Labis.* pp. *Higuit.* pc. *Laló.* pp.
Excitar. **pucao.** pp. *Buyo.* pc. V. Estimular.
Exclamar. *Bulalas.* pc. *Sigao.* pc.
Excluir. V. Exceptuar.
Excrementar. V. Evacuar el vientre.
Excremento. *Taye.* pp. *Tae.* pp. *Dumi.* pc.
Excusa. *Dahilan.* pc.
Execrable. *Casuclamsuclam.* pc. *Calupitlupit.* pc.
Execrar. *Sumpá.* pc. *Suclam.* pc *Lupit.* pc.
Exentar. V. Exceptuar.
Exequias, **ondas.** pc. *Onras.* pc.
Exhalacion que pasa con ligereza. **bulalacao.** pp. *Taing bituin.* pp. **sulong mañgayao.** pc.
Exhalacion de mal olor. *Aliñgasao.* pp.
Exhalar. *Siñgao.* pc.
Exhausto. *Said.* pc. *Obos.* pp. *Sagad.* pc.
Exhibir. *Paquita.* pp. *Harap.* pc.
Exhortacion, exhortar. *Pañgaral.* pp. *Pañgusap.* pp.
Exhumar. *Hucay.* pp. *Hañgo.* pp.
Exigir. *Siñgil.* pc.
Exiguo. *Monti.* pc. *Caunti.* pc.
Eximio. *Banlog.* pc.
Eximir. V. Exceptuar.
Exito. *Nangyari.* pp. *Nasapit.* pp.
Exonerar. *Auas.* pc. *Ibis.* pc.
Exorbitante. *Labis.* pp. *Lampas.* pc.
Exorcismo. V. Conjuro.
Exordio, *Pamulà.* pc, *Pasimulà.* pc.

Exotico. V. Estranjero.
Expectacion. *Hintay*. pc. *Pay hihintay*. pc.
Expectorar. *Dahac*. pp.
Expedito. **tocoy**. pc.
Expeler. *Tapon*. pp. *Uacsi*. pc.
Expender, expensas. *Gogol*. pp.
Experiencia. **danas**. pp. *Tiquim*. pc. *Batid*. pc. *Masid*. pc. It. *Hasá*. pp.
Experimentado. *Bihasa*. pp **diama**. pp.
Experimentar. *Masir*. pc. *Tiquim*. pc. **atitao**. pp. *Taho*. pc.
Experto. V. Experimentado.
Expiar. *Linis*. pp. *Ganap nang parusa*. pp.
Explanar. V. Explicar.
Explayar. *Loang*. pp. *Latag*. pp. *Calat*. pp.
Explayarse, espaciarse. *Libang*. pc. *Pasial*. pc.
Explicar. *Saysay*. pc. *Salaysay*. pc. **tingcalá**. pc.
Explícito. *Hayag*. pc. *Maliuanag*. pp.
Explorar algo. **nanao**. pc.
Explorar la tierra. **lañgao**. pc.
Explorar enemigos. **sayat**. pp.
Explorar al enemigo. **sahang**. pc.
Explosion. *Potoc*. pc. *Tonog*. pc.
Exponer algo. *Turing*. pp. *Saysay*. pc. *Pahayag*. pp.
Exposito. *Polot*. pp. *Tapon*. pp.
Expresar. *Saysay*. pc. *Sabi*. pp.
Expresion. *Uicá*. pp. *Pañguñgusap*. pp.
Expreso. V. Explicito.
Exprimir como limon. *Pigá*. pc.
Exprimir las tripas. **diidis**. pc.
Exprimir la ropa mojada. *Pogos*. pp.
Expútar. V. Expeler.
Expulgar. *Linis*. pp.
Extático. *Nauaualang loob*. pc.
Extender. V. Estender.
Extension de gente ó animales. **apar**. pp.
Extenuar. *Hinà*. pp. *Latà*. pc *Lambot*. pc.
Exterior. *Labas*. pc. *Ibabao*. pp.
Exterminar. *Tapon*. pp. It. *Lipol*. pp. *Otas*. pc.
Externo. *Labas*. pc.
Extinguir. *Paui*. pp. *Lipol*. pp. *Otas*. pc.
Extirpar. V. Extinguir.
Extracto. *Cahulogan*. pc.
Extraer. *Hañgo*. pp. *Ouha*. pp.
Extrañar. *Taca*. pc. *Hañgá*. pp.
Extrañarse. *Ilap*. pc. *Pañgilap*. pc. It. *Ilag*. pp. *Pañgilag*. pp.
Extraño. *Iba*. pc.
Extravagante. V. Estrafalario.
Extraviar. *Ligao*. pc. *Sinsay*. pc.
Extremado. *Singcad*. pc. *Socdol*. pc. **diama**. pp.
Extremauncion. *Santong lana*. pp.
Extremidad, extremo de alguna cosa alta donde se puede caer. **tañgua**. pc.
Extremidad de calle, pueblo, &c. *Uacas*. pc. *Tabi*. pc.
Extremo, extremidad. *Biñgit*. pp. *Dolo*. pp. *Tabi*. pc. **tañgua**. pc.
Extrinseco. V. Exterior.
Exuberar. **asac**. pp. **yasac**. pp. **sasá**. pp. *Sagana*. pp.
Exultacion. *Saya*. pc.

F antes de A.

Fabricar. *Gauá*. pc. It. *Pacaná*. pc.
Fabricar casas sobre harigues nacidos. **onay**. pp.
Fábula. *Talinhagá*. pp. *Cat-há*. pc.
Faccion. *Catipanan nang mañga nang hihimagsic ó nag aalsa*.
Faccioso. *Manggogolò*. pc.
Fácil en hacer algo. **taguilasic**. p.
Fácil. *Marali*. pc. *Ualang liuag*. pp. *Magaan*. pc.
Fácil de mudar su parecer. *Mabalinoin*. pc. *Mabalinohin*. pc.
Fácil, de enojarse. **galitguitan**. pp. *Magagalitin*. pc.
Fácil, de desmoronarse. **yabo**. pc. *Labo*. pc.
Fácil, en conceder. *Mapayaguin*. pc. *Matang gapin*. pp. De *payag*, y *Tan-gap*.
Facilitar. *Husay*. pp. *Hauan*. pp.
Facineroso. *Suitic*. pp. V. Malhechor.
Factible. *Mangyayari*. pp. *Maa-ari*. pp. *Magagauà*. pc.
Factor. *Isang bagay na catungcolan*.
Facultad. *Capangyarihan*. pp. *Cabagsican*. pp. It. *Carunoñgan*. pp.
Facundia. *Cariquitang mañgusap*. pp.
Fachada. *Muc-há*. pc. *Harap nang Simbahan ó alin mang edificio*.
Faena. **palocang gauá**. pc. *Gauang ipinag mamadali*. pc.
Faja para cargar. **pañgalima**. pp.
Faja ó ceñidor interior. *Pamigquis*. pc. *Bigquis*. pc. **babat**. pc. **pamabat**. pc. It. *Bahag*. pc.
Falacia. *Dayá*. pp. *Carayaan*. pc.
Falaz. *Sinuñgaling*. pp. *Mag darayá*. pp.
Falca. *Pasac*. pp.
Falca de nipa para banca. **hapila**. pp.
Falda de monte. **liñgay**. pc. *Libis*. pc. *Labàc*. pc.
Falda de ropa. *Palauit*. pc.
Falda ó regazo. *Sinapupunan*. pp.
Falencia. V. Falacia.
Falible. *Mag cacabulá*. pp. *Mag mamalio*. pp. *Masisinoñgaliñgan*. pp. *Mabubulo-an*. pp.
Falordia. V. Fábula.
Falsario. *Magdaraya*. pp.
Falsedad. **banibani**. pc.
Falso, peso ó romana. **may cana**. pp.
Falso. **gamos**. pc. It. *Liló*. pp.
Falso, como mal amarrado. **haplas**. pc.
Falso testimonio. *Gauang uica*. pp. *Paratang*. pp. *Bintang*. pc. **diquit**. *Puriquit*. pc.
Falta. *Culang*. pp. *Biso*. pc. *Casalanan*. pc. *Camal-an*. pc. *Camalian*. pc. *Ualà*. pc.
Falta de tiempo. **sosop**. pc. *Guipit*. pc.
Faltar. *Ualà*. pc. *Liban*. pp. *Licat*. pc. *Balda*. pc.
Faltar, como á misa. **lihis**. pp. *Liban*. pp.
Faltar á algo. **houat**. pc.
Faltar tiempo. **gotoy**. pc. **sosop**. pc. *Guipit*. pc. *Piit*. pc. **dorot**. pc.
Faltar á su obligacion. **patang**. pp. *Sala*. pp. *Lisia*. pc. *Sinsay*. pc. *Lihis*. pc.
Faltar á su hora. **lintal**. pc.

Faltar in genere. *Sala*. pp.
Faltar al concierto. **uali**. pp.
Faltar algo á la madeja de algodon. **gana-gana**. pc.
Falto de memoria. *Mangmang*. pp. *Capus*. pc. *Culang*. pp.
Falto de consejo. **horos**. pc.
Falto, palo ó madera. **capalang**. pp.
Falto, escaso, necesitar. *Salat*. pc. *Ualá*. pc. *Piit*. pc.
Faltriquera. **bolsiya**. pp. *Onton*. pc.
Falúa *Isang bagay na sasaquian*.
Fallar. *Acsaya*. pc. **mag sala**. pp. *Di magcatotoo*. pp. V. Faltar.
Fallar dejando de concurrir á donde tiene obligacion ó costumbre. *Balda*. pc. *Liban*. pp. *Sala*. pp.
Fallecer. *Patay*. pc. *Matay*. pc.
Fallecimiento. *Camatayan*. pp.
Fallo, sentencia difinitiva. *Catapusang hatol*. pp.
Fama. *Balita*. pp. It. *Dangal*. pc. *Sanghayá*. pc. *Bunyi*. pc. *Puri*. pp. *Bantog*. pc.
Familia. *Alilà*. pp. It. *Manga anac, at iba pang na sa ilalim nang capangyarihan*.
Familia, ó linage. *Gulang*. pp. *Anac*. pp. *Angcan*. pc. *Lahi*. pp.
Familiaridad. **dayama**. pp.
Familiarizarse. **lansac**. pc.
Fámula, fámulo. *Alilá*. pp.
Fanal. *Parola*. pp.
Fanfarron. *Yabang*. pp. *Mayabang*. pc. *Humbog*. pc. **palanhas**. pc. *Mapag paragalan*. pp.
Fanfarronada. **laguá**. pc. *Cayabangan*. pp.
Fangal. *Putican*. pp.
Fantasía. **panguiniguini**. pc.
Fantasma. **guiniguini**. pc. *Quiniquita*. pc.
Fantasma de monte. *Tigbalang*. pp.
Fantasma. **bibit**. pp. *Multo*. pc.
Fantasmon. V. Soberbio.
Fanega. *Toong*. pc. Con que miden arroz, &c. *Cavan*. pc.
Faramalla. *Dayá*. pp. It. *Tecas*. pc. **bolos**. pp.
Fardaje. V. Equipaje.
Fardo. *Bastá*. pc.
Farfanton. *Bongangaan*. pc. V. Fanfarron.
Fariseo. *Nag babanal banalan, sicsic nang casam-an*.
Farolero. *Mangangalaga at mag sisindi nang parol, ò mang gagaua nang parol*. It. *Mapaquialamin*. pp.
Fárrago. *Capisanan nang manga bagay na ualang casaysayan*.
Farsa. *Comedia*. pp.
Fas, ó por nefas. *Sa higpit at luag*. pc. *Amo,i, pilit*.
Fascinar. V. Engañar.
Fastidiar, fastidio. *Sauá*. pp. It. *Yamot*. pc.
Fatal. *Masamang palad*. pp. V. Desdichado.
Fatiga. **tanlay**. pc. *Pagal*. pc. *Pagod*. pp. **bolos**. pp. *Hapò*. pp.
Fatiga del que carga. **daguiya**. pp.
Fatiga por enfermedad. *Hapo*. pp. *Balisa*. pp.
Fatiga de hambre, sed, cansancio ó pesadumbres. **pinsalá**. pp.
Fatigado, afligido. *Lúnos*. pp.
Fatigado. **talonar**. pc. *Pagal*. pc. *Pagod*. pc. *Bagabag*. pp.
Fatuo. *Ol-ol*. pc. *Honghang*. pc. *Bang-ao*. pc. **libsang**. pc.
Fauces. *Lalamunan*. pp. **lalaogan**. pp.
Fausto. *Mapalad*. pp.
Fávila. **titis**. pp.
Favor. *Ayò*. pp. It. *Caloob*. pp. *Otang na loob*. *Ampon*. pc.
Favorecer. *Ayó*. pp. *Sangayon*. pp. *Sangalang*. pp. *Ad-ya*. pc. *Angquin*. pc.
Favorito. *Tanging minamahal*. pc. *Pinacamamahal*. pc.
Faz ó derecho de la ropa. *Carayagan*. pc. *Muchà*. pc.

F antes de E.

Fé. *Pananangpalataya*. pp.
Fea. *Mahalay*. pp. *Pangit*. pp. *Masamà*. pc.
Febo. *Arao*. pp.
Febrero. *Pangalan nang isang buan*.
Fecundidad. *Madaling dumami*. pp. *Pal-anac*. pp.
Fechoría. *Masamang gaua*. pc.
Fecunda, ó no estéril. *Pal-anac*. pp.
Fecundo, fértil. *Saganà*. pp.
Federacion. V. Confederacion.
Felicidad. *Capalaran*. pc.
Felicitar. *Pasalamat*. pp. *Maquitua*. pp.
Feligreses. *Manga taong natasacop nang isang Cura*.
Feliz. *Mapalad*. pp. V. Afortunado.
Felonía. *Calilohan*. pc.
Femenino. *Naoocol sa babae*.
Fenecer. *Patay*. pc.
Fenecer ó concluir. *Lútas*. pc. *Tapús*. pp. *Obos*. pp.
Fenómeno. *Nababago*. pp. *Catacataca*. pc.
Feo. *Lupit*. pc. *Pangit*. pp. **gatol**. pc. **daual**. pp. *Dumal*. pp.
Feracidad, feraz. *Saganá*. pp. *Mabunga*. pp.
Feretro. *Calanda*. pc. *Cabaong*. pp.
Feria. *Arao, bucod ang Sábado at Lingo*. It. *Tiangui*. pp. **baraca**. pp. *Arao nang tiangui*. pp. *Arao nang* **baraca**. pp.
Fermentacion. *Pag babago*. pp. It. *Pag hilab*. pp.
Fermento. *Pang hilab*. pp. *Pang pahilab*. pp.
Feroz *Mabangis*. pc. *Mabagsic*. pc.
Ferrar. *Balbalin nang bacal*.
Ferrería. *Pandayan*. pp.
Ferretear. *Mag hero*. pp.
Fértil. *Lagó*. pc. *Malagó*. pc. **yayarian**. pp. **mayari**. pp. V. Feraz.
Fervor. *Init*. pp. It. *Caningasan nang loob*.
Festejar. *Soyó*. pp. *Punoyó*. pp. *Lingcod*. pc. It. *Dangal*. pc.
Festin. *Anyaya*. pp. *Piguing*. pc.
Festinacion. *Bilis*. pc. *Licsi*. pc. *Talin*. pp.
Festividad. V. Fiesta.
Festivo. *Masaya*. pc.
Fetidez. *Bahó*. pp. *Cabahoan*. pp.
Feto. *Anac nana sa tian pa*.

F antes de I.

Fiador. *Mang-aaco*. pp. *Umaco*. pp. *Manaaco*. pp.
Fiambre. **bahao**. pp. *Caning lamig*. pc.

Fianza que tira á promesa. **aco**. pp. *Pangacó.*
Fiar. *Tubò.* pp. *Patubo.* pp. *Acó.* pp.
Fiada. *Ancat.* pc.
Ficcion de palabras. **banquiui**. pc. **banquiqni**. pc.
Ficcion fingirse. *Nag*, partícula. *Nag babanalbanalan*, fíngese justo. *Nag sasaquit saquitan.* fíngese enfermo.
Ficticio. *Cat-há.* pc. *Casinongalingan.* pp. *Cabulaanan.* pp.
Ficha. **quichi.** l. *Pitsa.* pc. **payá.** pp.
Fidedigno. *Dapat paniualaan.* pp.
Fidelidad. *Catapatan.* pc.
Fideos. **lacsa.** pc. *Bihon.* pp.
Fiebre. *Lagnat.* pc.
Fiel. *Tapat.* pc. *Tapat na loob, sucat paniualaan.* pp. It. *Binyagan.* pp.
Fiel cómo el de las tijeras. *Pasac.* pp.
Fiel de la balanza. *Dila.* pp.
Fiel ó balanza. *Timbangan.* pp.
Fiera. *Mabangis.* pc. *Ganid.* pp. *Mailap.* pc.
Fierro. *Bacal.* pp.
Fieros, bravatas. *Tacop.* pc. *Yabang.* pp.
Fiesta. *Pista.* pc.
Fiesta de guardar. *Pistang pangilin.* pp.
Figon. *Carihan.* pp.
Figonero. *Magcacari.* pc.
Figura. *Lagay.* pc. *Anyò.* pc. *Hichura.* pp.
Figurar. **banhay.** pc. **lagdá.** pc.
Figurarse. *Uari.* pp.
Fijar. *Tiric.* pp. *Tolos.* pp. *Paco.* pp. *Tinga.* pp.
Fila. *Talortor.* pc. *Halayhay.* pc.
Filandria, gusano. **olay.** pp.
Filantropía. *Pag ibig sa capua tauo.*
Fileno. **maselan.** pp. *Malayao.* pp.
Filigrana. *Dauaraua.* pp.
Filipino. *Tubó, ó bucal dito sa ating capuloan.*
Filo de cuchillo, navaja, &c. *Talim.* pc. *Talas.* pp.
Filtrar. *Taos.* pc. **sinip.** pp. **silip.** pc.
Filtro amatorio. **tiguioli.** pp. **aarat.** pc. *Gayoma.* pp.
Figuras que ponen en las proas de la embarcacion. **naga.** pp.
Fimbria. *Laylayan.* pp. *Ladlaran.* pp.
Fin. *Sadyà.* l. *Sadiyà.* pc. *Pacay.* pp. *Pacsá.* pc.
Fin *Cauacásan.* pp. *Uacas.* pc. *Catapusan.* pc. *Hanggan.* pc. *Hanganan.* pp. It. *Dolo.* pp.
Fin de algo. **gargar.** pc.
Fin de algun bosque. **tampus.** pc.
Fin. *Tapus.* pp.
Fin de alguna obra. *Tongo.* pp.
Finado, difunto. *Namatay.* pc. *Nasirà.* pp.
Finalizar. *Tapos.* pp. *Lutas.* pc. *Otas.* pc.
Finca. *Lupa ó bahay na sarili, ó paopahan.*
Fineza. **cali.** pp. *Cagandahan nang loob.* It. *Uagas.* pc. *Dalisay.* pp.
Fingido hipócrita. *Mapag paimbabao.* pc.
Fingir una riña. *Sangcalan.* pp.
Fingir cosas á la vista. *Malicmatá.* pp. **taquibulag.** pp.
Finjir hacer algo. *Balá.* pc.
Finjir. *Balintona.* pp. **balabalà.** pc. **pangap.** pc. **balobalo.** pc. *Imbabao.* pc. **banbani.** pc. **ticmá.** pc. *Bantà.* pc. **baribari.** pp. **cata.** pp. *Catacataca.* pp. *Cathá catha.* pc.
Finjir que no sabe. *Yyriyri.* pp. *Conouari* pp.
Finjir razones para embaucar á otro. *Pamitpit.* pc.
Finjir cansancio sin trabajar. **panamlang.** pc.
Finjirse otro de lo que es. *Balintona.* pp. *Malicmatá.* pp.
Finjirse sordo. **patobingi.** pc.
Finjirse enojado. *Tahitahi.* pp.
Fingirse Santo y bueno. **tumapat.** pc.
Finiquito. *Catapusan nang cuenta ó utang.*
Finítimo. **cabalantay.** pc. *Canognog.* pc. *Caratig.* pp.
Finito. *Natatapos.* pp. *May catapusan.* pc.
Fino ó fina color. **maloto.** pc.
Fino. **halos.** pp. *Dalisay.* pp. *Lubos.* pc. *Mistola.* pp. **galbo.** pc. **tanac.** pp. *Tibobos.* pp. It. *Manipis.* pc.
Firmamento. *Langit.* pp.
Firmeza. *Tiis.* pc. *Tatag.* pc. *Tibay.* pp. *Catibayan.* pp.
Firmeza, constancia. *Catiyagaan.* pc. *Catamanan.* pc.
Fiscal. *Piscal.* pc.
Fisga. **pamaca.** pp. **bolos.** pp.
Fisga y fisgar. **tansag.** pc.
Fisga de pescar. *Salapang.* pc.
Fisgar zahiriendo. **hinirap.** pp.
Fisgon. **mapag pahinirap.** pp.
Fisonomía. *Tabas nang muc-hà.* pc.
Fístola en el carrillo. *Tagobaná* pp.
Fístola para chupar la bebida. *Halasan.* pc.

F antes de L.

Flaco de cuerpo. **yangag.** pc. *Payat.* pc. *Yayat.* pc. *Manipis ang cataoan.*
Flaco en el andar. *Lopaypay.* pc.
Flaco. **mogoc.** pc. **bigal.** pc. *Balangquinitan.* pp. **aying.** pc. **nihang.** pc. **coyompis.** pc. *Tugpis.* pc. *Cupis.* pc.
Flaco muy flaco. **alirang.** pp.
Flagelacion. *Pag hampas.* pc.
Flagrante *Ningning.* pc. *Dilag.* pc.
Flamante. *Bago.* pp.
Flaqueza de cuerpo. *Yayat.* pc. **bolay.** pp.
Flaqueza. **amping.** pp. **paquiang.** pc.
Flaqueza notable, ó enfermedad. *Logami.* pp.
Flaqueza grande. **ogor.** *Pangalirang.* pp.
Flato. *Hungin sa loob nang catauan.* It. **osog.** pp. **cabag.** pp.
Flauta. **pasioc.** pp. **bangsi** pc. **tipano.** pc. *Pipano.* pc.
Flauta de aeta. **boloboryong.** pc.
Flecha con caña aguda la punta. **salpong.** pc.
Flecha con garfio. **bolot.** pc.
Flecha. **tonor.** pp. *Palaso.* pc. *Panà.* pp. **balac.** pp.
Flecha ó jara, que arrojada, por falta de plumas ó tuerta, vá meneándose como pluma en el aire. *Saliparpar.* pc.
Flecha con dos garfios. *Dumpil.* pc.
Flechar. **naná.** pc. **binit.** pp. *Paná.* pp.
Flecos. **ycat.** pp. **lambó.** pc. *Laylayan.* pp. **parpala.** pc.

Flema, flojo en hacer algo. *Bilbil*. pc.
Flemas. **yacap**. pc. *Calinhaga*. pc. *Calaghalà*. pc. *Canaghala*. pc.
Flemático. *Banayad*. pp. *Labay*. pp. *Himan*. pp. **maymay**. pc.
Flete. *Opa sa daong ó sasaquian*.
Flexible. *Malambot*. pc. *Sunodsunoran*. pp.
Flojedad. *Tamad*. pc. **auin**. pc.
Flojo. **poclay**. pc. *Hina*. pp. **toclay**. pc. **alopacayá**. pp *Tamad*. pc. **anyaya**. pp. *Batogan*. pp. *cuyad*. pp. **bagol**. pc. *Halaghag*. pc. **cantog**. pc. **calao**. pc. **calay**. pc. **capay**. pc.
Flojo como papada ó tetas. **laboy**. pp.
Flojo por no apretado. *Lobay*. pc.
Flojo, que no hace mas que sentarse sin mirar en donde. *Lopagui*. pp.
Flojo en trabajar. *Maymay*. pp. **tayoc**. pc.
Flojo, no tirante. *Lubay*. pc. *Calubayan*. pc.
Flojo, vino ó vinagre. *Matab-ang* pc.
Flor como el jazmin. *Sampaga*. pp.
Flor olorosa. **bolitic**. pp.
Flor in genere. *Bulaclac*. pp.
Flor colorada, ancha y delgada. **quindayohan**. pp.
Flor del pandan ó sobotan. **purac**. pc.
Florido. *Mabulaclac*. pc. *Bulaclacan*. pc.
Flotar. *Lutang*. pp.
Fluctuar. **abyog**. pc.
Fluir. *Agos*. pp.
Flujo de sangre. *Agas*. pp.
Flujo de sangre por las narices. *Balinğoynğoy*. pp.

F antes de O.

Fofo. *Buhaghag*. pc. **maramil**. pc. *Halaghag*. pc. **lancal**. pc.
Fofo del madero. *Banacal*. pp.
Fogata. *Ninğas nang apoy*.
Fogon. *Dapog*. pc. *Abohan*. pc. *Dapogan*. pc. *Calan*. pc. **loobloopan**. pp.
Fogonazo. *Siclab*. pc.
Fogosidad. *Bilis*. pc. *Licsi*. pc. *Sigla*. pc.
Follaje. *Yabong*. pp.
Fomentar. *Solong*. pp. *Dagdog*. pc.
Fonda. *Carihang castila*.
Fondeadero. *Doonğan*. pp. **dalampasigan**. pp.
Fondear. *Doong*. pp. *Mag hulog nang sinipete*.
Fondista. *Mag cacaring castila*.
Fondo de embarcacion. *Lunas*. pp.
Fondo, profundidad. *Calaliman*. pp. *Lalim*. pp.
Fondo del precipicio. **ampas**. pc.
Forajido. *Tolisang pusacal*. pc.
Forastero. **salayo**. pc. *Ibang bayan*. pp.
Fornido. **matipono**. pp. **pisigan**. pp. *Malacas*. pc.
Forcejar para levantar algo pasado. **higahis**. pp.
Forcejar. **dauis**. pp. **capag**. pc. **dagandan**. pc.
Fornicar. **agolo**. pp. *Apid sa di asaua*. *Gamit*. pp.
Forcejar el preso para escaparse. *Piglas*. pc.
Forcejar para escaparse. **dagos**. pp. *Tuguis*. pp. *Piglas*. pc. **pilig**. pc.

Forjar. *Cat-hà*. pc. It. *Banhay*. pc.
Forma. *Pagca*. pc.
Formacion. *Cayarian*. pp.
Formar. *Gauâ*. pc. *Yari*. pp.
Formidable. *Cataco-tacot*. pp. *Caquilaquilabot*. pp. *Catacataca*. pc.
Formidoloso. *Doog*. pp. *Matacutin*. pc. **dosong**. pp.
Formon. *Pait na malaqui*.
Foro. *Hocoman*. pp.
Forraje. **oompay**. pc. *Damo*. pc. It. *Sarisaring bagay na ualang casaysayan*.
Forro, forrar *Sapin*. pc. *Panapin*. pc. *Sosón*. pc. It. *Balat*. pc. *Balot*. pp.
Fortachon. V. Fornido.
Fortaleza. pp. *Calacasan*. pp.
Fortaleza de corazon en la prosecucion de lo comenzado. **pig-it**. pc.
Fortaleza de licor. **pahang**. pc.
Fortaleza de vino. **sahang**. pc. *Tapang*. pc.
Fortaleza de mal olor. **sañgit**. pc.
Fortaleza. *Tibay*. pc. *Catibayan*. pp. *Catapanğan*. pp.
Fortalecer afirmar. *Tibay*. pp.
Fortificar. V. Fortalecer.
Fortuito. *Cataon*. pc.
Fortuna. **calmá**. pc. *Capalaran*. pp. *Nigó*. pp. **daolat**. pp. *Galing*. pc. *Galas*. pp.
Forzar á la muger. **ompang**. pc. *Gaga*. pc. *Gahis*. pc.
Forzar. **pocos**. pc. **gamos**. pp. *Pilit*. pp. *Dahas*. pc. *Piguipit*. pp.
Forzosamente. *Sapilitan*. pc.
Forzudo. *Malacas*. pc. *Pisigan*. pp.
Foso. *Hucay*. pp. **bangbang**. pc.
Fotula cucaracha. *Ipis*. pp. **dalipos**. pc.

F antes de R.

Fracasar. *Basag*. pp. *Monglay*. pc. It. *Bagbag*. pc.
Fracaso. *Lagpac*. pc. *Lagapac*. pc. It. *Pagcapahamac*. pp. *Bagay na cahapishapis*. pp.
Fracturar. *Bali*. pp. *Pilay*. pp.
Fragata. *Daong*. pc. *Isang bagay na sasaquian*.
Fragil. *Mahona*. pc. *Dopoc*. l. *Maropoc* pc.
Fragmento. *Monglay*. pc. **molay**. pc. *Piraso*. pp. **gotay**. pc.
Fragor. *Ogong*. pp. *Dagondong*. pc.
Fragoso. *Banğin banğin*. pc. *Banğin*. pc.
Fragancia. V. Fragrancia.
Fragrancia. *Samyo*. pc. *Sansang*. pc. l. *Sangsang*. **alimoson**. pp. *Banğo*. pc. **halimonmon**. pc. **alimongmong**. pc. **ñgimayo**. pc. *Halimuyac*. pp.
Fragua. **labolan**. pc. *Pandayan*. pp.
Francamente. *Tapat na loob, ualang pag lilihim*.
Franco. **labucao**. pp. It. **lansac**. pc.
Franjas. **lambó**. pc. *Lauinguing*. pc. *Palauit*. pc.
Franquear. *Bigay*. pc. *Caloob*. pp.
Franquearse. **lansac**. pc. **dayama**. pp.
Frases. *Cauicaan*. pc.
Fraterno. *Na oocol sa magcacapatid*.
Fratricida. *Taong pumatay sa capatid*.
Fratricidio. *Pag patay sa capatid*.

Frande. *Carayaan*. pc. *Dayá*. pp.
Fraudulento, engañador. *Mag darayá*. pp. **bolos**. pp.
Frecuencia. *Limit*. pp. *Dulas*. pc. **dongsol**. pc. **dundung**. pc.
Frecuencia de acudir en alguna parte **dongsol**. pc.
Frecuentar. V. Frecuencia.
Fregar. *Coscos*. pc. *Punas*. pp. **as is**. pc. *Isis*. pc. **horhor**. pc. It. *Hogas*. pp.
Freir hojuelas. **sanday**. pc.
Freir algo en manteca. **sanglay**. pc. **sanglal**. pc.
Frenesí. *Caololang mabanḡis na may halong lagnat*.
Frenillo. *Bagting*. pc. *Bagting nang dilá*.
Freno. *Casangcapang bacal na isinusobo sa cabayo*.
Frente de nariz. *Cabalian*. pp.
Frente grande. *Noohan*. pp.
Frente. *Noo*. pp.
Fresco. *Malamig*. pc.
Fresco, como pescado ó carne. *Sariuà*. pp.
Frescor, frescura ó frialdad. *Calamigan*. pc.
Fresquito. *Monting Lamig*. pc.
Freza. *Domi nang manḡa hayop*.
Fréjoles. **paayap**. pp. *Setao*. pp. **balatong**. pp. **utao**. pp.
Fréjoles grandes. **bulay**. pc. *Patani*. pp.
Fréjoles colorados. **cabal**. pp.
Fréjoles en vaina. **laguibay**. pc. **quibal**. pp.
Fréjoles colorados con que pesan el oro. *Saga*. pp.
Fréjoles con que hacian sus cuentas. **patol**. pp.
Fréjoles pequeños. **tapilao**. pc. **caguios**. pc. **carios**. pc.
Frialdad. *Lamig*. pc. *Guinao*. pc.
Frialdad de comida ó bebida. *Lamig*. pc.
Fricando. *Manḡa lutò at pag caing guisa, nang franses*.
Friega. *Coscos*. pc. *Punas nang catauan*. pc.
Friera. *Aliponḡa sa sacong*.
Frio de calentura. *Nḡiqui*. pc. *Panḡiqui*. pp.
Frio. *Cologhoy*. pc. *Nḡologhoy*. pc. *Guinao*. pc. *Lamig*. pc.
Frio de haberse mojado. **punao**. pp.
Friolento. *Maguinauin*. pp.
Friolera. *Monting bagay*. pp. *Ualang cabolohan*. pc.
Frívolo. V. Friolera.
Frondoso. *Mayabong*. pp. *Madahon*. pp. *Malagó*. pc.
Frontal. *Gayac sa harap nang altar*.
Frontera. *Hanganan, moson, ó patoto nang caharian*.
Frontera del tejado de la casa. **sampar**. pc. *Samparan*. pp.
Frontero. *Tapat*. pc. *Catapat*. pc.
Frontis, frontispicio. *Muc-há*. pc. *Harap, nang Simhahan ó anomang edeficio*.
Frontudo. *Matamboc ang noo*.
Frotar. *Hilod*. pp. *Hilot*. pp. *Hagod*. pp. *Coscos*. pc.
Fructífero. *Bomonboḡa*. pp. *Namomonḡa*. pp. *Nabonḡa*. pp.
Fructificar. *Bonḡa*. pp. *Pag bonḡa*. pp.
Fructuoso. *Mabonḡa*. pp. *Mapaquinabang*. pp.
Frugalidad *Casiahan sa pag cain at sa iba pang bagay*.
Fruicion. *Touá*. pp. *Ligaya*. pp.
Fruncir. *Copit*. pp. *Coton*. pc. **conot**. pc.
Frusleria. V. Friolera.
Frustrar. *Maacsaya*. pc. *Masayang*. pp.
Fruta. *Bonḡang cahoy*. pp. **auoy**. pp. **auoy-auoy**. pp.
Fruta llamada santor. *Santol*. pc.
Fruta de sarten. **sinanday**. pc. *Marhuyà*. pp. **combo**. pc.
Fruta olorosa llamada. *Tampoy*. pc.
Fruta silvestre como higos. **tibig**. pc.
Fruta á modo de mostaza. **tunas**. pc.
Fruta madura á la vista, verde al sabor. **yapsao**. pc.
Fruta llamada. *Pinya*. pp.
Fruta sin carne por muy tupida. **piti**. pc. *Pipi*. pc.
Fruta ya formada sin carne ni jugo, como no sea plátanos ó fruta de palmas. **pisot**. pc.
Fruta de buyo. **poro**. pc.
Fruta desabrida. **acsab**. pc.
Fruta con la pepita por afuera. *Balobad*. pp.
Fruta de que se saca aceite. **banocalag**. pc.
Fruta medio mondada. **balocbalocan**. pc.
Fruta que se pudre de madura. **calolot**. pc.
Fruta cerca de madurar. **hilag**. pc. *Magulang*. pp.
Fruta muy madura. **lomon**. pc. **lognoy**. pc. **bagnoy**. pc.
Fruta caida. *Looy*. pc.
Fruta que se vá madurando. *Manobalang*. pc.
Fruta verde. *Murà*. pp. *Hilao*. pc.
Fruta llamada. **nangca**. pc.
Frutilla que llaman lágrimas de Moises. **tigbi**. pc.
Fruta pasada. **lanas**. pc.
Fruta medio colorada. **calimbahin**. pc.
Fruta de la palma, cabo negro. **iroc**. pc.
Fruta muy alta. **golang golang**. pp.
Fruta que sin composicion se come en la comida. *Potat*, l. *Putat*. pp.
Fruta que comienza á secarse antes de madurar. *Bobot*. pc.
Fruta muy manoseada. *Lamog* pc.
Frutal. V. Fructífero.
Frutilla comestible á manera de ubas. **camansalay**. pp.
Frutilla que seca al viento sirve para matar gusano. *Taramboló*. pp.
Frutilla que nace de bajo de la tierra *Mant*. pc.
Frutilla silvestre medicinal. **amoyong**. pc.

F antes de U.

Fucar. *Sacdal nang yaman*.
Fuego. *Apuy*. pc.
Fuego que comienza á echar llamas. *Latang*. pp. *Daig*. pp.
Fuego que sale á la boca. **guisao**. pc.
Fuelles. *Bobolosan*. pp.
Fuente ó manantial. *Bucál*. pc. *Balong*. pp.
Fuera de eso. *Liban*. pc.

Fuera ó puesto adentro. *Loual.* pc. *Labas.* pc.

Fuerza de cosecha, temporal de sembrar, coger. *Camasahan.* pp. *Casalucuyan.* pp.

Fuerza. **isig.** pp. *Lacas.* pc. *Tapang.* pp.

Fuerza ó rigor de tiempo. **salocoy.** pp.

Fuerza, á la fuerza, ó por fuerza. *Capilitan.* pp. *Sapilitan.* pc.

Fuerza del viento. **daguisdis.** pc. *Onos.* pc.

Fuerza de olor bueno ó malo. **alimongmong.** pc. *Sangsang* pc.

Fuerza, rigor. **saosá.** pc. **salocoy.** pp. *Sasal.* pc.

Fuerte. **bisá.** pc. *Tibay.* pp. **igcas.** pc. **balisacsac.** pc.

Fuerte y bueno. **liguiligui.** pc.

Fuero. *Capangyarihan.* pp. It. V. Privilegio.

Fuerte, muralla. **cotá.** pp. **moog.** pp.

Fuerte ó valiente. *Matapang.* pp. *Bayani.* p.

Fuerte ó forzudo. *Malacas.* pc.

Fuga. *Pag layas.* pp. *Pag tanan.* pp.

Fugacidad. *Biglà.* pc. *Madaling lumipas, madaling mapaui.*

Fugitivo. **ligao.** pc. *Layas.* pp.

Fugitivo, vago. *Layás.* pp. *Ligao.* pc. *Tanan.* pp.

Fulano. *Cuan.* pc. *Couan.* pc. *Si cuan.* pc.

Fulgor. *Ningning.* pc. *Sinag.* pp. *Banaag.* pp.

Fuliginoso. **nañgiñgitim.** pc. *Marunğis.* pp.

Fulminar. *Lintic.* pc. *Lomintic.* pc.

Fulminar, sentencia. *Hatol.* pp. *Parusa.* pp.

Fullería. *Dayà sa sugal, ó sa pagsusugal.*

Fumar. *Manabaco.* pp. *Manigarrillo.* pp.

Fumigar. *Soop, soob.* pp.

Fumoso. **maaso.** pc. **maosoc.** pp.

Funda, bolsa ó bolsillo. *Sopot.* pp. It. **calauas.** pc.

Fundacion. *Pag gauà.* pc. *Pug papamulà.* pc.

Fundamento, ó cimiento. *Baón.* pc. *Pagca baón.* pc. **quinababatayan.** pp. *Quinatatayuan.* pc. **quinasasaligan.** pp. *Mulanbouat.* pp. *Mulang buhat.* pp.

Fundar. *Gauà.* pc. *Cathà.* pc. *Pamulà.* pc.

Fundir metales. *Bobò.* pp.

Fundillo. *Tumpiac.* pc. *Pundiyo.* pp.

Fundir el oro en carbon. **ilic.** pc.

Funebre. *Mapanglao.* pc. *Cahambalhambal.* pc.

Funesto. *Mapanglao.* pc. *Masamang palad.* pp. *Cahapishapis.* pp.

Furia. **galitguitan.** pp. *Galit.* pp. *Poot.* pp.

Furia de viento. **balaguiyt.** pp.

Furia del borracho. *Sugapá.* pp.

Furioso. *Balió.* pp. *Ol ol.* pc.

Furor. V. Furia.

Fusil ó escopeta. *Baril.* pc.

G antes de A.

Gaban. *Balabal na may camay, ó mangas.*

Gabazo. *Sapal nang tubo.* pc. *Pinanğosan.* pc.

Gabela. *Buis.* pc. *Bouis.* pc.

Gaceta. *Papel na pina lalabas sa arao arao at quinasasaysayan nang nangyayari.*

Gacho. **hocong.** pc.

Gafo. **pingcoc.** pc. **singcol.** pc. *Pingcao.* pc. **pingcog.** pc.

Gafo de mano. *Quimao.* pp. *Cauit.* pc. *Singcao.* pc.

Gajes. *Opa.* pp. *Bayad.* pp. *Pag hahanap.* pp. *Hanap buhay.* pp.

Gajo de alguna cosa. **calapa.** pc.

Gajo, &c. **calapang.** pc. It. **sañga.** pc.

Gajo de naranja. *Lihá.* pp.

Gajo de cualquiera fruta. *Piling.* pc.

Gajo del racimo de la bonga. *Balaba* pp.

Gala. *Pamuti.* pp. *Gayac.* pc. *Hiyas.* pp.

Gala que dá el que sale ganancioso. *Balato.* pp.

Galan. *Maganda.* pc. **hinocod.** pp. *Ticas.* pp. *Mabuting ticas.* pp.

Galan á poder de galas. *Butihin.* pp.

Galatear *Giri.* pp. *Guiri.* pp. It. *Suyó.* pp.

Galantear contoneándose. *Guiri.* pp.

Galanteo. *Irog.* pp. *Suyò.* pp. *Ligao.* pp. *Pañganğasaua.* pp. *Palasinta.* pp.

Galápago. *Pag-ong.* pc. **pagongpoog.** pc.

Galardon ó recompensa. *Ganti.* pc. *Opa.* pp. *Bihis.* pp.

Galas de oro en las muñecas. **calumbigas.** pc. **galang.** pc.

Galbana. *Catamaran.* pp. *Cacalayan.* pc. *Tamlay.* pc.

Galbanero. *Tamad.* pc. **calay.** pc. **pangcal.** pc.

Galbanoso. V. Galbanero.

Galeno. V. Galerno.

Galera. **galila.** pp.

Galerno. *Palaypalay.* pc. **dayaray.** pp.

Galfaro. **paallaallabo.** pp. *Pagayongayon.* pc. *Taong ualang gauá.* pc.

Galga, galgo. *Asong sacdal tulin.*

Galon. *Totop.* pc. *Panotop.* pc.

Galopar, galope, **lumbac.** pc. *Sabay paa.* pp.

Galopin *Tampalasan.* pp. *Ualang hià.* pc.

Gallardía. **talangcas.** pc. *Cagandahan.* pc. *Ticas.* pp.

Gallardo. V. Galan.

Gallillo. **tilao.** pp. *Cuntil.* pc. *Cuntilcuntil.* pc.

Gallina ponidora. **maniñgalang pugar.** pc.

Gallina. *Manoc.* pc. *Inahin.* pc.

Gallina blanca y negra. **butic butic.** pp. *Batican.* pc.

Gallinaza. *Ipot.* pp.

Gallinero. *Haponan.* pc.

Gallina de cutis negro. *Olicbá.* pc.

Gallinero en alto. **tabagan.** pc.

Gallinero portátil. *Tangcal.* pc.

Gallito, sobresaliente. *Namomogtong.* pc. **sindalan.** pp. *Nanğinğibabao.* pp.

Gallo con espolon yá largo. *Sasabonğin.* pp.

Gallo de color de azucena. **bacoñgin.** pp.

Gallo de varios colores. *Bancas.* pc.

Gallo ó gallina con barbas. **baucan.** pc.

Gallo viejo. **gulañgin.** pp.

Gallo ó gallina de monte. *Labuyò.* pp.

Gallo blanco ó colorado. *Lasac.* pp.

Gallo con espolon. **pamantocan laui.** pc.

Gallo de plumas diversas. **pañgatigan.** pp.

Gallo con espolon. **sanglal.** pc.

Gallo á quien no le sale espolon. *Tahiyoyo.* pp.

Gana. *Ibig.* pp. *Nasá.* pp. *Loob.* pp.

Ganadería. *Bacahan.* pp.

Ganado. *Cauan.* pp. **caban.** pp.

Ganancia. **oui.** pc. *Paquinabang.* pp. *Panalonan.* pp. *Tobo.* pp.

Ganapan. *Mamamas-an.* pp. *Manononong.* pp.
Ganar tomando por fuerza. *Agao.* pp.
Ganar mucho con poco. **tubong linugao.** pc.
Ganar. **ancqui.** pc.
Gancho. *Salañgat.* pp. *Simà.* pp. *Calauit.* pp.
Ganga. V. Ganar mucho con poco.
Gangoso. *Garil.* pc. **hamal.** pc. *Humal.* pc.
Ganta ó medio celemin. *Salop.* pc.
Gañan. *Taga buquid.* pp. *Mag papaopa sa pag sasaca.*
Garabato. **garol.** pp. *Calauit.* pp. *Pañgalauit.* pp. **sinooban.** pp. **gayang.** pp. *Sabitan.* pc. *Cauit.* pp. *Salauit.* pp.
Garabato para coger algo de alto. *Panungquit.* pc. *Sungquit.* pc.
Garante. *Nañgañgacò.* pp.
Garantía. *Catibayan.* pp.
Garbo. *Gagandahan.* pp. **guilas.** pp.
Garbullo. *Labolabo.* pp.
Garfa. *Cocong.* *matulis nang mañga hayop na manununggab.*
Garfada. **gabot.** pp. *Camot.* pp. **gulamos.** pc. **camit.** pc.
Garfio. *Pañgalauit.* pp. *Salauit.* pp.
Garfios para coger pescado. **cais.** pc.
Gargantear. *Aguing-ing.* pc. *Caligquig.* pc. **iguing.** pp.
Gargajear. *Dahác.* pc. *Tighim.* pc. *Tichim.* pc.
Gargajo grueso. *Caloghalà.* pc. *Canaghalà.* pc. *Dahac* pp.
Garganta. *Lyig.* pp. *Lalamonan.* pp. **lalaogan.** pp.
Gargantilla. **binaysoc.** pc. *Pamigti.* pc. *Pamicti.* pc.
Gargantilla de oro con perlas. **sinooban.** pp.
Gargantilla de oro. **toloytoloy.** pp. *Galit.* pc.
Gargara. **calagcag.** pc.
Gargüero. V. Garganta.
Garduño. **alamiran.** pp. l. **alamir.** pc. It. *Tecas ó mag nanacao na tuso.*
Garita. *Bantayan.* pp.
Garito. *Sugalan.* pp.
Garlito. *Galao.* pp.
Garlito para pescar. **tain.** pc. **bangcat.** pc. *Bobo.* pp. *Pang loob.* pc.
Garra. *Paa nang ibon, ó pamaunahan nang hayop, na may matalas ó matulis na coco.*
Garrafa. **candi.** pc. **limeta.** pc.
Garrafal. *Camaliang sacdal.* pc.
Garrapata de carabao. **cato.** pc.
Garrapato. **guri.** pc.
Garido. V. Galan.
Garron. *Tahid.* pc.
Garrote ó porra. *Pamalò.* pp. *Tongcod.* pc.
Garrulo. *Matabil.* pc. *Bunğanğaan.* pc.
Garza prieta. **camaboy.** pp.
Garza parda. **dangcañgauo.** pp.
Garza blanca. *Tagac.* pc.
Gasto en comer. **bayarhipa.** pc.
Gastado y blando con el uso. **luping.** pc.
Gastado por el roce. *Gasgas.* pc.
Gastador liberal. **labusao.** pc.
Gastar con prudencia. **pit-ig.** pc.
Gastar en grande. *Cayas.* pp. **ubusin** *ang cayas.*
Gastar tiempo. *Hagar.* pp.
Gastar. *Gogol.* pp.
Gastar la hacienda del todo. **lopot.** pp.
Gastar con moderacion. *Igpit.* pc. *Tipid.* pc.
Gastarse. *Tañgos.* pp. *Gasgas.* pc.
Gastarse la herramienta. **taes.** pp.
Gastarse la ropa haciéndose hilachas. *Nisnis.* pc.
Gastarse el hierro con el uso ó con fuego. **tanas.** pp.
Gatear ó andar á gatas. *Gapang.* pp. *Usad.* pp.
Gatear por el árbol ó poste arriba. **daplas.** pc.
Gatito pequeño. *Coting.* pc.
Gato montes. **alamir.** pc. **lampong.** pc.
Gato de algalia. **mosang.** pc.
Gato in genere. *Pusà.* pc.
Gavilan grande. *Buhag.* pp.
Gavilan. *Lauin.* pp. **culipay.** pp.
Gavilan grande y blanco. **pira.** pp.
Gazapera. *Long-ga nang conejong munti.*
Gazmoño hipócrita. *Mapag balintona.* pp.
Gaznate, la nuez. *Golonggolonğan.* pp.
Gaznate. *Lalamonan.* pp. **lalaogan.** pp.
Gazuza. **limpas.** pc. **pasal.** pp. *Lipas.* pc. *Gutom na singcad.*

G antes de E.

Gefe. *Pono.* pp. **dató.** pc.
Gelar de golpe. **caryot.** l. *Cadyot.* pc.
Geme. *Tomorò.* pp.
Gemelo. *Cambal.* pc.
Gemido. *Daing.* pc. *Pag iyác.* pc. *Hinagpis.* pc.
Gemir ó sollozar. *Hibic.* pc. *Halinghing.* pc.
Genealogía. V. Generacion.
Generacion. *Lipi.* pp. *Lahi.* pp.
General. *Pono sa hocbo.* pp.
Género. *Bagay.* pp. **sari.** pp.
Género de palma. **anibong.** pp.
Género de madera. **anobing.** pc. **anobling.** pc. **anobiyng.** pc. **anonang.** pp. **balayang.** pp.
Generoso. *Mapag bigay.* pc. *Mapamigay.* pc. *Mapag biyayà.* pp. *Magandang loob.* pp.
Genetivo del pronombre yo. *Aquin.* pp.
Genetivo del pronombre nosotros. *Namin.* pp.
Genetivo del pronombre demostrativo este. **niri.** pc.
Genetivo del pronombre demostrativo el. *Niya.*
Gengibre, especia. *Luya.* pp.
Gengibre silvestre. **langcúas.** pc.
Genio. *Gaui.* pp.
Género de varias maderas y arboles. **anibiyong.** pp. **aniy.** pc. **anilao.** pp. **anobing.** pc. **anobling.** pc. **anobiyng.** pc. **anonang.** pp. *Antipolo.* pp. **bocauan.** pp. **anyatan.** pp. **arauay.** pp. **aroas.** pp. *Asanà.* pp. **asnac.** pc. **antilma.** pc. **babuyan.** pp. **bagauac.** pp. **bago.** pc. **balachac.** pc. **baytos.** pp.
Gente de pintados. **bisaya.** pc.
Gente. *Tauo.* pp.
Gente apeñuscada. **pinait.** pp.
Gentil. *Di binyagan.* pp. It. V. Galan.
Gentileza ó bizarria. *Cariquitan.* pp. *Cagandahan.* pp. *Buti.* pp. *Dilag.* pc.

Gentio. *Macapal na tauo* pp. **goyod.** pp.
Gentualla. *Timauá.* pp.
Genuflexion. *Pag lohod.* pc. *Lohod.* pc.
Gerigonza. **caui.** pc.
Geringa. *Sompit.* pc.
Germen. *Binhi.* pc. *Mulá.* pc.
Germinar. *Sibol.* pc. *Osbong.* pc. **guiti.** pc.
Gestos de las mugeres cuando no gustan de algo. **casmor.** pp. **lambi.** pc.
Gestos abriendo los ojos con los dedos. *Bilat mata.* pc.
Gestos. **ñgasol.** pp. **ismid.** pc. **iñgos.** pp.
Gestos con la boca. *Ñgiut.* pc. *Ñgibit.* pp.
Gestos de la muger con la boca. **quismos.** pp.
Geta, trompa, hocico. *Ñgosó.* pp.

G antes de L.

Gibado. **buctot.** pc. *Cubá.* pp.
Gicamas, fruta á modo de nabos. *Singcamas.* pc.
Gigante. *Taong sacdal nang laqui.*
Gigote. *Tadtad.* pc. *Tinadtad.* pc.
Ginete. *Sacay.* pc. *Taong Sacay.* pc.
Girandula. **bebeleng.** pp.
Girar. *Pihit.* pp. **icot.** pp. *Iquit.* pp.
Glandula. *Culani.* pp.
Gloria. *Loualhati* pp. It. *Puri.* pp. *Cabantugan.* pp.
Gloriarse. *Bansag.* pc. **pamansa.** pc.
Glorificador. *Macaloloalhati.* pp.
Glorioso. *Maloualhati.* pp. *Malualhati.* pp.
Glosa. *Paliuanag.* pp. *Cahulogan.* pc. *Casaysayan.* pp.
Glosar. **dolohaca.** pp.
Gloton. *Matacao.* pp. *Palacain.* pp.
Glotonería. *Sibà.* pc. *Tacao.* pp.
Glosar lo que uno dice. **dalohaca.** pp.
Glutinoso. *Malagquit.* pc. *Macunat.* pp.
Gobernar. *Pañgasiuà.* pp. *Pamahalà.* pp. *Mag ponó.* pp. *Mag alaga.* pp.

G antes de O.

Gobernar con rigor. **himagsic.** pc.
Gobernar el navío ó pueblo. **tuay.** pc. **oguit.** pp. **huli.** pc.
Goce. *Camit.* pc. *Tamo.* pc.
Gofo. **mangmang.** pc. *Ualang muang.* pp.
Gola. *Lalamunan.* pp. **lalaogan.** pp.
Golfo. *Laot.* pp. **uala.** pp.
Golondrina. **lañgaylañgayan.** pp. **palayangyañgan.** pp. **layanglayañgan.** pp. **cam papalis.** pc.
Golosina. **simor.** pp. *Cacanin.* pc.
Goloso. **caminacá.** pc. **manlilimir.** pc. *Tacao.* pp. *Palacain.* pc. *Masibà.* pp. **saclau.** pc.
Goloso, asi llaman las mugeres por cariño á los niños. **tará.** pp.
Golpe en vaso vacío. **cabag.**
Golpe en hueco. **cabog.** pc.
Golpe de plato ó armas. **calansag.** pc.
Golpe, &c. *Calansing.* pc. **taba.** pp. *Dagoc.* pp. *Calabog.* pc.
Golpe. *Catog.* pc. *Paló.* pp. *Pocpoc, tagoctoc.* pc. *Pocol.* pc.
Golpe al soslayo. **sopnit.** pc. **danglay.** pp. *Tabig.* pp.
Golpe de barba. *Sombi.* pc.
Golpe de hacha para probar antes de partir la leña. **talao.** pp.
Golpe pequeño con la palma de la mano. *Tampi.* pc.
Golpe que suena en cosa blanda. **pagongpong.** pc.
Golpe en cosa sonora. **panting.** pc.
Golpe con bejuco. **yaquis.** pc. **hagquis.** pc.
Golpe con el puño cerrado. *Dagoc.* pp. *Sontoc.* pc.
Golpe de bajo de la barba para que muerda la lengua. **sacdo.** pc. **tangcab.** pc.
Golpes de campana, tambor, &c. **bacal.** pc. **basal.** pc.
Golpear con el martillo. **balatoa.** pp.
Golpear. **bontal.** pc.
Golpear cosa dura para que se rage. **omacmac.** pc.
Golpear recio y contenuado. **palangpang.** pc.
Golpear al algodon para limpiarlo. *Pagpag.* pc.
Golpear en la cabeza de otro. **pacsing.** pc.
Golpear sacudiendo algo. *Paspas.* pc. *Pacpac.* pc.
Golpear, como hierro. **talag.** pp.
Golpear dando mano con mano. **talampi.** pp.
Golpear con la punta de la lanza. **linugao.** pc.
Golpear con el dedo ó con algo los dos estremos apretados soltando uno. *Piluntic.* pc.
Golpear para ajustar. *Taltal.* pc.
Golpear en el agua con algo. *Tambog.* pc.
Golpear entre dos manos la madeja de algodon. *Tampoc.* pc.
Golpear con algun palo la madera para desencajarla. **tocol.** pc.
Golpear, como el hueso para que salga el tuetano. **toctoc.** pc. *Tactac.* pc.
Golpear el agua para que acuda el pez. **tibiong.** pc.
Golpear con la punta de lanza ó báculo. *Tumboc.* pc.
Golpear para aplastar. *Pilpil.* pc.
Golpearse unas vasijas con otras. **pingquil,** l. **pongcol.** pc. *Ontog.* pc.
Golpes de matraca. *Palacpac.* pc.
Goma olorosa. **tigalo.** pp.
Goma de los camotes. **quilabot.** pp.
Goma de árboles. **palacat.** pc. **lolog.** pp. It. **lacha.** pc. *Dagtà.* pc.
Gonces. *Cauitcauit.* pc.
Gordo. **libonlibon.** pp. *Matabà.* pc. *Matamboc.* pc.
Gordo y fornido. **lipocpoc.** pc.
Gordura. *Tabà.* pc. **cambol.** pc. *Linab.* pc. **linoac.** pp. **linoab.** pp. **linoap.** pp.
Gordura de cangrejo. *Aligui.* pc.
Gordura exesiva. **lunac.** pp.
Gordiflon. *Mataba.* pc. **malunac.** pp.
Gorgear. **lalay.** pc. **bololong.** pc. **lauig.** pp.
Gorgojo. **bagongbong.** pc. *Onos.* pp. *Bocboc.* pc. **yocbong.** pc.

Gorgoritear. V. Gorgear.
Gorgoritos. **bololong**. pc.
Gorgoreta. **candi**. pc. *Bañgá*. pc. *Galong*. pp.
Gorguz. **sumbiling**. pc.
Gorra. *Sambalilo*. pp.
Gorrin. *Biic*. pc. *Buic*. pc. **bulao**. pc.
Gorro. V. Gorra.
Gorrion. *Maya*. pp.
Gorrion algo sordo. *Puquing*. pc.
Gota, enfermedad. *Pio*. pp. *Baling tamad*. pc.
Gota de licor caido en el suelo. **tayac**. pp.
Gota de cosa líquida. *Patac*. pc.
Gotear de hilo en hilo. *Tagaytay*. pc.
Gotear. **talaytay**. pc. **bagacbac**. pc. *Bajuisbis*. pc.
Gotear. **tayac**. pc. **tilis**. pp. *Toló*. pp. *Tagactac*.
Gotear la candela ó brea. **lanay**. pp.
Gotera. **calapay**. pc. **tasac**. pc. *Toló*. pp. **tacsac**. pc.
Gotoso. **piohin**. pp. **may baling tamad**. pc.
Gozar. *Camit*. pc. *Tamo*. pc.
Goznes. *Cauit cauit*. pc.
Gozo. *Igaya*. pp. *Ligaya*. pp. *Logod*. pp. *Tuá*. pp.

G antes de R.

Graber. *Duquit*. pp. **lagdá**. pc. *Tala*. pc.
Gracejo. *Patatauá*. pc.
Gracia. *Biyayá* pp. It. *Cariquitan*. pp. *Buti*. pp.
Gracias, agradeciendo. *Salamat*. pp. *Pasalamat*. pp.
Gracias á que. **nanghao**. pc. *Salamat*. pp.
Gracioso de comedia. *Pusong*. pp. **bubo**. pp.
Gradas de escaleras. *Baytang*. pp.
Gradilla. *Holmahan nang lario*.
Gradual. *Onti onti*. pc. *Baibaitang*. pp.
Graduar. *Balac*. pp.
Grajo ó cuervo. *Ouác*. pp. *Uac*. pc.
Grama. **compitio**. **pp**. **camot usa**. pc. *Cauatcauat*. pc. *Cauad cauaran*. pp. **golong tapas**. pc. **golong lapas**. pc. **carit**. pp. *Barit*. pp. **banig usa**. pc.
Gran. *Lubhà*. pc. V. Grande.
Grana ó ropa encarnada. **suga**. pp. *Pula*. pc.
Granar. *Mag laman*. pc. *Mag butil*. pp.
Grande, en gran manera. *Masaquit*. pp. *Disapalà*. pp.
Grande y fuerte. **tabebos**. pp.
Grande y lleno, como el pastel. *Tamboc*. pc.
Grande. *Daquilá*. pp. *Malaqui*. pc.
Granear. *Hasic*. pc. *Sabog*. pp.
Granel á granel. **bunac**. pp. **balosbos**. pc.
Granero de sauali. **bali**. pp. **banglin**. pc.
Granero. **talongtong**. pp. **baysa**. pp. *Taclab*. pc. *Tambobong*. pp. **amatong**. pp. *Camalig*. pp.
Granillo de arroz pilado. *Binlir*. pc. *Pinlir*. pc.
Granillo que nace entre las pestañas de los ojos. *Culitis*. pp.
Granillos ó coronillas del arroz. **matamata**. pc.
Granitos ó pólvos que se crian en el arroz. **comac**. pp.
Granitos que dan comezon. **catil**. pc.
Granitos en el rostro. *Taguihauat*. pp. **samasam**. pp.
Granillos de arroz que quedan desbechos. **pinlir**. pp.
Granillo que sale en la boca de los niños á modo de fuego, **tola**. pp.
Granitos que salen en el cuerpo, y se quitan con el calor. *Quilabot*. pp.
Granizo. *Boboy*. pp. *Olan nang bobog*. pp.
Granjear. *Tobó*. pp. *Paquinabang*. pp. It. *Macasondò*. pc. *Mamahal*. pc.
Grano. *Butil*. pp.
Grano que rebienta por tostado. *Busa*. pc.
Granos como garbanzos. **batar**. pp.
Grano como sarna. *Aguihap*. pp.
Grano con cáscara que se encuentra en el arroz limpio ó cocido. *Hilao*. pc.
Grano como haba que sale en el cuerpo. **ligatá**. pp. l. pc.
Granujo. *Sibol*. pc. *Bucol*. pp.
Granzas ó pajuelas del arroz. **sipi**. pc.
Granzas ó brozas mezcladas en el arroz. *Yamot*. pc. *Yamot mot*. pc.
Grasa. *Linab*. pc. *Tabà*. pc.
Gratificacion que de costumbre seda al médico la primera vez que visita al enfermo. *Biling, panaog*. pp.
Gratificacion. *Bayad*. pp. *Opa*. pp. *Ganti*. pc.
Gratificar. *Bihis*. pp. V. Gratificacion.
Gratis. *Ualang bayad*. pp. *Ualang opa*. pp. *Patauad*. pp.
Gratitud. *Pag quilala, pag papahalaga nang otang na loob, pasalamat*.
Grato. *Catouatouà*. pc. *Caibigibig*. pp.
Gratuitamente. V. Gratis.
Gratular. *Pasalamat*. pp. It. *Maquituà*. pc. *Maquiramay sa tuà*. pp.
Gravar. *Pahirap*. pp.
Grave. *Mabig-at*. pc. *Matindi*. pc.
Grave. **mihim**. pc. *Cagalanggalang*. pp. *Mahal*. pc.
Grave negocio. *Malaquing bagay*. pp.
Grave enfermedad. *Malubhang saquit*. pc.
Gravitar. *Big-at*. pc. *Tindi*. pc.
Graznar la gallina. **acac**. pc. **talhac**. pc.
Graznido de cuervo. **acac**. pp.
Graznido in genere. **acag**. pp. *Huni*. pp.
Graznido de gallinas. *Hagac*. pc.
Gremio. **sinapoponan**. pp. *Candoñgan*. pp. It. *Lahi*. pp.
Greña. *Logay*. pc.
Grey. *Cauan*. pp. **caban**. pp.
Grietas. **pamitac**. pc.
Grietas en pies ó manos. **tañgi**. pc. **cagos**. pp.
Grietas en los pies. **bañganbañgan**. pp.
Grietas de pies ó manos. **lobor**. pp. *Potac*. pc.
Grietas. **litac**. pc. *Bitac*. pc.
Grietas en pies y manos á modo de lepra. **cagos**. pp.
Grillete, grillos. **camalbal**. pc. *Damal*, l. *Ramal*. pc. *Pañgao*. pc.
Grillo. **sohong**. pc. **cagaycay**. pc. *Culiglig*. pc.
Grillos. *Pañgao*. pc. V. Grillete.
Grima. *Soclam*. pc.

Gritar. **ñgañgac.** pp. *Siggao.* pc. *Hiyao.* pc.
Gritar el gallo ó gallina cuando los cogen. **ogoc.** pp. *Piyac.* pp.
Gritar recio. **pangaac.** pp. **pañgaang.** pp. *Palahao.* pp. **palacat.** pp.
Gritar en los montes. **laao.** pp.
Gritar para que le oigan. **paglaos.** pp.
Gritar á los ladrones. **guya.** pc.
Gritar el venado. **tiam.** pc. **nian.** pp. **tili.** pc.
Gritar. **buñgao.** pp.
Gritar al que es herido. *Iguic.* pc.
Gritar de lejos. *Alingaongao.* pc.
Gritos. **alac.** pc. **calarat.** pp. *Iñgay.* pp. *Ngauà.* pc. *Yac.* pc. **lagondac.** pc.
Gropos ó cendales. **toca.** pp.
Grosero. **magaspang.** pc. It. *Ualang galang.* pp.
Grosor. *Capal.* pc. **cutap.** pc.
Grueso, como ropa. **bagnas.** pc. *Magaspang.* pc.
Grueso de lo que se disminuye. **alimosor.** pc.
Grueso como de tabla, libro, &c. *Capal.* pc.
Grueso. *Laqui.* pc. *Capal.* pc. *Tamboc.* pc.
Grulla como avestruz. *Tipol.* pp.
Gruñir el puerco. **gocgoc.** pc. *Ogoc.* pc. **lagocloc.** pc.
Gruñir el perro. *Angil.* pp. *Ingil.* pp. **alolong.** pp. **cangcang.** pc.
Gruñir. **angot.** pc. *Ongol.* pp. *Guiguil.* pp. *Tabog.* pp. **guilgiul.** pc.
Gruñir el niño llorando. *Ingit.* pc.
Gruñir los lechoncillos. **gulcguic.** pc.
Grupo. *Timbon.* pc. *Bonton.* pc. **balonbon.** pc.
Grosura. *Linab.* pc. *Tabà.* pc.
Gruñir, hablando entre dientes. *Bolong.* pc.
Gruñir llorando. *Ngoyngoy.* pc. *Tangoyngoy.* pc.
Grupa. *Angcasan.* pp.
Grupada. *Sigua.* pc. *Onos.* pc.
Gruta. *Yongib.* pp. *Longgà.* pc.

G antes de U.

Guachapear. *Tampisao.* pc.
Guadaña. *Calauit.* pp. **lilic.** pp. *Colauit.* pp.
Guantada. *Tampal.* pc. *Sampal.* pc.
Guapo. *Masigla.* pc. *Bayani.* pp. It. V. Galan.
Guardar. *Isa.* pc. Guarda eso en la tinaja. *Isa tapayan mo iyan.*
Guardar. **datna.** pc. *Tagó.* pp. *Ingat.* pp. *Simpan.* pc. *Impoc.* pc. *Ligpit.* pc. *Imis.* pp.
Guardar mercadería para venderla mas cara. **pig-it.** pc.
Guardar la ropa colgada. **gantong.** pc.
Guardar algo para que se sazone. **imbac.** pc.
Guardar al que se quiere huir. **hamat.** pc.
Guardar domingo ó vig. *Ngilin.* pp.
Guardar domingo, fiesta y ayunos. *Pangilin.* pp.
Guardar para otro año para que no falte. **parasan.** pp.
Guarda infante. **salocambang.** pc.
Guardar algo en señal. *Bacas.* pc.
Guarda. *Bantay.* pc. *Tanod.* pp. *Nag á alaga.* pp.
Guardar rencor. **cacaot.** pc. *Tanim.* pc. *Sucal nang loob.*
Guardar ó cuidar. *Calinga.* pp.
Guardar alguna comida. **bahao.** pp.
Guardar la caza. *Talibà.* pp.
Guardarse. *Pangilog.* pc.
Guardas de candado ó puertas. **galao.** pp. **hasang.** pp.
Guardia. V. Guarda.
Guardoso. **siniqui.** pc.
Guarecerse. *Cubli.* pc. *Canlong.* pp.
Guarnecer. *Calopcop.* pc.
Guarnicion. **parpala.** pc. V. Flecos.
Guarra, guarro. *Baboy.* pp. **pag-él.** pc.
Guaya. *Tangis.* pp. *Panaghoy.* pc.
Guayaba. *Bayabas.* pp.
Gubernar. V. Gobernar.
Gubia. *Locob.* pc.
Guerra. **ticam.** pc. *Digmá.* pc. **gubat.** pp. *Baca.* pp. *Lamas.* pp. *Pamooc.* pp. *Laban.* pp.
Guia de los peces ó langostas cuando andan en compañía. **sorsor.** pc. **patoro.**
Guiar. *Patnogot.* pp. *Toró.* pp.
Guiar yendo adelante. *Ona.* pp. *Pangona.* pp.
Guiar á otros. *Pasonor.* pc.
Guija, guijo. *Bohangin.* pp.
Guinchar. *Sondot.* pc. *Olos.* pp. **tondó.** pc.
Guiñar las pestañas. *Corap.* pc. *Quisap.* pc. *Quindat.* pc. *Pingquit.* pc.
Guirnalda ó corona de flores. *Potong.* pp.
Guisado de yerba con sola agua y sal. *Bulanglang.* pc.
Guisar. *Lotó.* pp. *In-in.* pc. *Saing.* pp.
Guisado en manteca, ó con sangre. **sanglal.** pc.
Guisar raices. **calangcaug.** pc.
Guisar el pescado. **lampaham.** pp.
Guisar de comer. **alila.** pp.
Guisar arroz. *Logao.* pp. *Saing.* pp.
Guitarra á su modo. **coryapi.** pp.
Gula. *Cayamoan.* pp. *Tacao.* pp. *Yamó.* pp.
Gumia. *Sondang.* pc.
Gusano. **bair.** pp. **acsip.** pc.
Gusano in genere. *Oor.* pp. *Ohod.* pp.
Gusano con pelos. **basil.** pp.
Gusano peludo. **tilas.** pp.
Gusano largo y grueso como un dedo. **tartar.** pp.
Gusano comestible. **labidlabid.** pc. **cooc.** pc. *Tambiloc.* pp.
Gusano de mal olor, que roe y destruye al arroz cuando está en berza. **atangya.** pc.
Gusanos que se crian en las maderas podridas en el agua. **tambiloc.** pp.
Gusarapo. **oloolo.** pc. *Quitiquiti.* pc.
Gustar algo. **timos.** pp. *Tiquim.* pc. *Timtim.* pc.
Gustar licor sin tragarlo. *Timtim.* pc.
Gustar sin tragar. *Tiping.* pc.
Gustar. *Pita.* pp. **pithayá.** pp.
Gusto, gustar. *Namnam.* pc. *Lasap.* pc.
Gusto con codicia. *Ligaya.* pp.
Gusto. *Inam.* pp. *Linamnam.* pc. *Lasa.* pp. *Ibig.* pp. **lator.** pp.
Gusto interior. *Ligaya.* pp. *Logod.* pc.

Haba, habas. *Patani.* pp.
Habas. **bulay patani.** pp.
Habas silvestre. **bauobo.** pp.
Haber. *Mag caroon.* pc. *May roon.* pc.
Haber á las manos. *Sompong.* pc. *Quita.* pp.
Habia de ser. *Disin.* pc. *Sana.* pp. *Disin sana.* pp.
Hábil. **taloguigui.** pp. *Tatas.* pc. *Pantas.* pc. **tucoy.** pc. *Talas.* pp. *Bait.* pc.
Habil y discreto para buscar la vida. *Masicap.* pc. *Masicay.* pc. *Sipag.* pp.
Habilidad para grangear algo. **sicap.** pp.
Habilitar. *Sadià.* pc. *Handà.* pc. *Gayac.* pc.
Habitable. *Matatahanan.* pc.
Habitacion. *Tahanan.* pp. *Silid.* pc.
Habitacion de animales. **logmocan.** pc.
Habitar. *Tahan.* pc. *Bahay.* pp.
Hábito. *Damit.* pc. *Pananamit* pc. It. *Bihasa.* pp. **quinabisanhan.** pc. *Pinamisanhan.* pc.
Habituado en vicios. *Gomon.* pp. *Domog.* pp.
Habituarse. *Panatili.* pp. *Mamihasa.* pp.
Habla. *Pangongosap.* pp. *Uicà* pp.
Habla mansa cuanto se puede oir. *Imic.* pc.
Hablador. **laris.** pp. *Bungangaan.* pc. **tubig.** pc. *Palauicà.* pp. *Orirà.* pc. **malabigá.** pp. **uicauica.** pc. *Bibigan.* pc.
Hablar. *Osap.* pp. *Mangusap.* pp. *Pangusap.* pp. *Uicà.* pp. *Badya.* pc. **balá.** pp. **babalá.** pc.
Hablar interrumpiendo. *Abat.* pp. *Abad.* pc. *Sabad.* pc.
Hablar á escondidas. **alamis.** pc. **mocmoc.** pc.
Hablar metiéndolo á voces. **ligasao.** pc.
Hablar quedito. *Anas.* pc.
Hablar acelerado. **asic.** pc.
Hablar no á propósito. **balagbag.** pc. **limang.** pc.
Hablar mal la lengua. **balasbas.** pc.
Hablar por boca de otro. **bibig.** pc.
Hablar alborotando. **casab.** pc.
Hablar con puntillos. **condit.** pc.
Hablar mucho y bien. **duri.** pp.
Hablar con dificultad. **galargar.** pc.
Hablar libremente. **gasac.** pc.
Hablar confusamente. **gorogoro.** pc.
Hablar resollando mucho. **hiñgas.** pp.
Hablar muy oscuro. **homhom.** pc.
Hablar manso. *Imic.* pc.
Hablar acelerado el que viene aprisa. **iñgal.** pc.
Hablar con voz atiplada. **larac.** pp. **taguinic.** pc. *Tin-is.* pc.
Hablar con palabras blandas para persuadir. *Lomanay.* pp.
Hablar sin pies ni cabeza. **manactac.** pc.
Hablar con la boca llena. *Moal.* pp.
Hablar como en secreto muy amenudo. **mocmoc.** pc.
Hablar entre dientes rezungando. **galgal.** pc. *Ongol.* pp.
Hablar al oido. *Olong.* pc. *Bolong.* pc.
Hablar sin que se le entienda por no abrir la boca. **omal.** pc.
Hablar muy en secreto al oido. *Ongot.* pc.
Hablar consigo sin pies ni cabeza. **osaposap.** pc.
Hablar palabras feas sin vergüenza. **palangapang.** pc.
Hablar ironice. **panicalá.** pp. **mansong.** pc. **palibhasá.** pp. *Tuyà.* pc.
Hablar ironice picando á otro. **paricala.** pp.
Hablar por cifras. **paronglit.** pc.
Hablar mal á otro por hacerle mal. **sosot.** pp. **sudsur.** pc.
Hablar sin rodeos. **tampalac.** pc. *Talampac* pc.
Hablar palabras superfluas que enfadan. **tamactac** pc.
Hablar mucho destruyendo la honra agena. **taritari.** pp.
Hablar algo. **yico.** pp.
Hablar por rodeos para que lo entienda otro. **taquitaqui.** pp.
Hablar por rodeos. **bacqui.** pc. **uiguig.** pc. **tambis.** pc.
Hablar recio. *Talac.* pc. **busag.** pp. *Bulas.* pp.
Hablar á quien se busca llegando á tiempo. *Sapol.* pc.
Hablar mucho. *Ngaua ngauà.* pc. *Ngaua.* pc. **balasigá.** pp. **bota.** pc. **dara.** pc. **palagua.** pc. *Tabil.* pc. **balitactac.** pc.
Hablar torciendo la boca *Ngauil.* pc.
Hablar el niño sin tropiezo. *Tatas.* pc.
Hablar como sangleyes metiéndolo á voces. *Mayao.* pp.
Hablar disparates riñendo ó exasperando. *Manghà.* pc *Talac.* pc. *Tacap.* pc.
Hablar, equivocos. *Hambing.* pc. *Talinhagà.* pp.
Hablar cosas torpes. **lasoá.** pc.
Hablar entre dientes. *Bolong.* pc. *Homa.* pc. *Angal.* pp. **alomom.** pc. *Ongot.* pc. *Ongol.* pp.
Hablar sin parar. *Sauit.* pc. *Ualang sauit cun mangusap.*
Hablará yo mañana. *Alalaong.* pp.
Hacendoso. **talognigui.** pp.
Hacer in genere. *Gaua.* pp.
Hacer algo por lo que debe. **acda.** pc.
Hacer juicio. *Acala.* pp.
Hacer caso. **anomana.** pp. *Alomana.* pp. **cauot.** pp.
Hacer á hurtadillas. **alimis.** pc. **alimot.** pc.
Hacer partes algo. *Atas.* pp.
Hacer caso de lo que se dice. *Amen.* pp.
Hacer señas. **balap.** pc.
Hacer hoyos para sembrar. **balauang.** pp.
Hacer bodas de desposorio. *Balaye.* pp.
Hacer divisiones. **banata.** pp. *Puncat.* pc.
Hacer algo de piedra. *Bato.* pc.
Hacer que crezca el número. *Bilang.* pp.
Hacer algo para que lo estrene otro. **buñgar.** pp.
Hacer cuenta discurriendo. *Bulay.* pp.
Hacer compás con los pies. **cacqui.** pp.
Hacer á dos manos. *Camay.* pc.
Hacer cuenta sobre el gasto. **catá.** pp.
Hacer esclavo á una parentela. **cobacob.** pp.
Hacer muchos á una. *Coyog.* pp.
Hacer algo sin atencion. **dayday.** pp.
Hacer hoyos para sembrar. **dayacdac.** pc.
Hacer que no quiere. **dayoray.** pp.
Hacer algo como un rayo. **dilap.** pp.
Hacer algo brevemente. *Domali* pc.
Hacer añicos. *Lansag.* pc. *Monglay.* pc. It. **gutay.** pc.
Hacer, como cosquillas. **guyam.** pp.
Hacer polvo. *Halaboc.* pc.
Hacer algo en los de una hilera. **halorhor.** pp.

Hacer algo al desgaire. **hamil**, pc.
Hacer el buz á otro. **hamo**. pc. **socot**. pp.
Hacer dos cosas una. **hamit**. pp.
Hacer algo someramente. *Hapao*. pc.
Hacer noche las aves. *Hapon*. pp.
Hacer con mucho cuidado algo. *Himas*. pp.
Hacer noche. **hiniñga**. pc. **dani**. pc.
Hacer su voluntad. **hinohor**. pp.
Hacer centine'a. **hiti**. pp. *Bantay*. pc.
Hacer despacio. *Inayar*. pp. **amay**. pp. **osana**. pc. **mayic**. pp. **nayi**. pp.
Hacer gesto cuando no gusta de lo que dicen. **ysmir**. pc.
Hacerse cimarron el manso. **labuyao**. pp.
Hacer algo de noche. *Lamay*. pp.
Hacer hilachas lo tejido. **lambo**. pc.
Hacer charco la sangre. **lanag**. pc.
Hacer encaje al palo. **lañgap**. pp.
Hacer algo muy apriesa. **licandi**. pc.
Hacer traicion. *Lilo*. pc. **lamá**. pp.
Hacer algo en secreto. **limis**. pp.
Hacer vino para beber. **lino**. pc.
Hacer despacio para que salga bien. *Lomanay*. pp. *Himan*. pp. **himas**. pp.
Hacer algo voluntariamente. *Loob*. pp.
Hacer algo con flema. **lotanhi**. pc.
Hacer esclavo al libre *Lopig*. pp.
Hacer del cuerpo. **maguilir**. pp.
Hacer algo con gravedad. **miya**. pp.
Hacer hácia sí. **nahot**. pc.
Hacer algo con reposo. **niyc**, pp. *Niig*. pp. *Uili*. pp. *Nolos*. pc. **bini**. pp.
Hacer hilas **nitnit**. pc. **naenas**. pc. *Notnot*. pc.
Hacer pucheros los niños. **guiui**. pc. **guiuo**. pc. **ñgisbo**. pc. *Ñgibit*. pp.
Hacerse atras de lo prometido. *Ñguling*. pp. **sombal**. pc. *Taliuacas*. pc.
Hacer gestos con la boca. **gumi**. pp.
Hacer lo mas preciso. *Ona*. pp.
Hacer cargo. **otang**. pp. *Sisi*. pp.
Hacer algo al soslayo. **pacondit**. pc.
Hacerse de rogar fingiendo no querer lo que quiere. *Paconouari*. pp.
Hacer algo á poco mas ó menos. *Pahamac*. pp.
Hacer algo sin parar. **paloc**. pc. *Dascol*. pc.
Hacer del cuerpo. *Punao*. pp.
Hacer traicion al casado. *Pañgalaua*. pc.
Hacer daño á otro hablando mal en su ausencia. *Pañgányaya*. pp. *Sirang puri*. pp.
Hacer algo cada dia. **panibucas**. pp.
Hacer superficialmente. **palarapdap**. pp.
Hacer algo presto. **saclit**. pc.
Hace. de propósito mal las cosas. **salasala**. pp.
Hacer trenzas. **salapir**. pp. l. pc.
Hacer algo á poco mas ó menos. **pasipara**. pc. **pahac**. pc. *Pahamac*. pp.
Hacer fuerza por dejar alguna mala inclinacion. **pata**. pc.
Hacer algo como á hurtadillas. **sambicat**. pp.
Hacer amigos bebiéndose mútuamente la sangre. **sandugo**. pc.
Hacer algo todos á una. *Sapol*. pc.
Hacer algo á Dios y á ventura. **sibalang**. pc.
Hacer algo premeditándolo bien. *Lomanay*. pp.
Hacer que uno se siente en medio. **silac**. pc.
Hacerse pariente no siéndolo. **sipi**. pp.
Hacer echar en la olla varias raices y ojas fáciles de cocer. **sognó**. pc.
Hacer algo tuerto, como escribir, coser, &c. **soñgilsoñgil**. pc.
Hacer zancadilla para vencer al contrario. *Sungcal*. pc.
Hacerse invisible. **taguibulag**. pp.
Hacer baza con el naipe. **taguin**. pc.
Hacer algo por sí. **tahas**. pp.
Hacer pinitos el niño. **talar**. pc.
Hacer computo señalando ó disputando algo. *Tanca*. pc.
Hacer algo sin parar, pero despacio. **ticatic**. pc.
Hacer algo por la tarde, como merendar. **tighapon**. pc.
Hacer pinitos el niño. **tila**. pp.
Hacer pie en lo hondo. **tingcar**. pc.
Hacer algo sin rodeos. *Tocoy*. pc.
Hacer sonar las mejillas como chacon. **tocoya**. pp.
Hacer reverencia la muger con la rodilla. **yocbo**. pc.
Hacer algo de golpe. **yonto**. pc.
Hacer algo á pedazos. **poctopocto**. pc.
Hacer cosquillas. *Quiliti*. pc. *Quiti*. pc.
Hacer señas con las cejas. *Quindat*. pc.
Hacer pellas de la morisqueta. **quipil**. pp.
Hacer. *In*. *Inaaquin co*. Hagolo mio.
Hacer fuerza ó violencia á una muger. *Gahis*. pc. *Gaga*. pc. *Pilit*. pp.
Hacer algo aunque poco. **gamlang**. pp. l. pc.
Hacer gesto sacando el lábio. *Lambis*. pc.
Hacer muescas ó señales en cañas ó palos. **lañgat**. pp.
Hacer huecos. *Lucab*. pc.
Hacer ó doblar el buyo. **salongsong**, l. **salonsong**.
Hacer cualquiera cosa sin brio jugando. **tiltil**. pc.
Hacer mencion. *Baguit*. pp. *Sambitlà*. pc. *Sambit*. pc.
Hacer alguna cosa de nuevo. *Bago*. pp.
Hacer alguna cosa como jugando o cosas superfluas. *Bulingling*. pc.
Hacer algo con mucha prisa. *Dagasdas*. pc.
Hacer algo con interrupciones. **lantang**. pc. **poctopocto**. pc.
Hacer algo poco á poco. **inoynoy**. pp. *Icoy icoy*. pp. *Hinay*. pp. *Inot inot*. pc. *Otay otay*. pc.
Hacer de nuevas. *Conouari*. pp. *Conouà*. pc. **balábala**. pc. *Balobalò*. pc.
Hacer testamento. *Bilin*. pp.
Hacer ruido andando de prisa. *Dagasdas*. pc. *Haguibis*. pc.
Hacer mucho ruido el que ronca ó tose. *Hagochoc*. pc. *Halac*. pc.
Hacer ostentacion. *Malimali*. pp. *Parañgalan*. pp.
Hacer jornada rio á bajo. *Louas*. pc.
Hacer compania á otro. **aliboyboy**. pc.
Hacer rebanadas ó tajadas. **limpal**. pc. *Gayat*. pp.
Hacer sal. *Tasic*. pp.
Hacer voluntariamente. *Cusà*. pp.
Hacer con flexedad ó poca gana. **balahigui**. pp. *Onat*. pp. **toytoy**. pc. **quimi**. pp.

Hacer algo de priesa. **camos.** pp. **couis.** pp. **gamac.** pp. **habot.** pp. *Dasdas.* pc. *Dascol.* pc. *Gahol.* pc. *Gahasá.* pp.
Hacer al reves. **tibani.** pp. **tibari.** pp.
Hacer perend-ngues, arcos ó enrramadas. *Caloscos.* pc. *Coloscos.* pc.
Hacerse el ignorante ó aparentar ignorancia. *Mañgamanĝahan.* pp.
Hacerse capaz ó entendido. *Talinong*, l. **tali-long.** pp.
Hacerse sordo. *Malaguing.* pc. l. pp. *Binĝibinĝihan.* pp. *Paquigpaquinĝan.* pp. *Nag talainĝang paquing.*
Hacha de cortar. *Palacol.* pp.
Háchas de cañas para alumbrar. **sigsig.** pc.
Hachas de cañas ó varas secas. *Solo.* pc.
Hácia. *Daco.* pp. *Dapit.* pp. **nayaon.** pc.
Hacia los pies de la cama. *Paahan.* pc., *Pahaan.* pp.
Hacienda. *Art.* pp.
Hacienda comun. *Casamahan.* pc. l. pp. **calamaan.** pp.
Hacienda con que se mantiene un casado en su casa **pamahay.** pp.
Hacina. **sipoc.** pp. *Mandala.* pc. **talompoc.** pc.
Hadear. *Hacab.* pp.
Halagar. **yaro.** pp. *Amó* pp. **aró.** pp. *Hibó.* pp. *Amoqui.* pc. *Alindog.* pc.
Halar, *Hila* pp *Batac.* pp. *Higuit.* pc.
Hálito. *Hininĝa.* pc.
Hallarse alguna cosa perdida. *Polot.* pp.
Hallar acaso lo que no se busca. **salang.** pc.
Hallar lo que no se busca. **talá.** pp.
Hallar algo. **toto.** pp. *Polot* pp. *Toclas.* pc.
Hallar lo que buscaba. *Taos.* pc. *Sompong.* pc. *Quita.* pp.
Hallar ó penetrar el verdadero sentido de la palabra. *Lirip.* pp.
Hamaca. **indayon.** pp. *Duyan.* pp. *Duyanan.* pp.
Hambre. *Golom.* pp. **hoyong.** pc.
Hambre grande. **oplac.** pc. **limpas.** pc. **pasal.** pp.
Hambre ó sed del mucho trabajo. **panas.** pc.
Haragan. *Alisaga.* pc. **lantotay.** pc. **pangcal.** pc. *Tamad* pc. **manghor.** pc. **calay.** pp. **aligaga.** pp.
Harapo. *Gulanit.* pc. *Basahan.* pp. *Lauing.* pc.
Harigues entre dos esquinas de la casa. **panoyong.** pp.
Harina que saca de pugahan de que se hace pan. *Yoro.* pp.
Harina. **binocboc.** pp.
Harina de arroz. *Galapong.* pc. *Galpong.* pc.
Harnero ó criva. *Bilaó.* pp. *Bilhay.* pc. **ag-agan.** pp.
Hartarse. *Busog.* pp. *Buyá.* pp. *Sauá.* pp.
Hartura. *Sauá.* pp.
Hasta de lanza. **langang.** pp. *Tacdan.* pc.
Hasta de lanza labrada con plomo. *Tiningaan.* pp.
Hasta. *Hangan.* pc.
Hasta ahora. *Mag pangayon.* pc. *Mag pahangan ngayon.*
Hasta que no. *Hangandi.* pc.
Hastío. *Solocasoc.* pp. *Sonoc.* pc. *Dimarim.* pp. *Inip.* pc.
Hay mas que. *Lalo.* pp.
Hay. *May roon.* pc.
Haz ó derecho de la tela ó paño. *Carayajan.* pc. *Muchá.* pc.
Haza. **linang.** pc.
Haz de la ropa **liang.** pp.
Haz de leña. **cababat.** pc. *Bigquis.* pc.
Haz de paño. **dayag.** pc. *Muc-há.* pc.

H antes de E.

Hé lo aqui. *Naito.* pc. *Tingni.* pc. *Narito.* pc.
Hebdomada. *Linggo.* pc. *Sanglingo* pc. *Dingo.* pc.
Hebra. *Ligas.* pc. *Hibla.* pc. **calubiran.** pc.
Heces de vinagre. **colaba.** pp.
Heces de aceite. **laro.** pc. **opasala.** pp.
Heces in genere. *Latac.* pc. lt. **banlic.** pc.
Hechicera. **managuisama.** pc. **mang cuculam.** pp. **balitoc.** pc. **mang gagauay.** pp **hoclogan.** pp.
Hechizar la bruja. **culam.** pp. **isalat.** pp.
Hechizo ó hechizar. **gauay.** pp. **hoclog.** pc. **hoclob.** pc.
Hechizar. **bonsol.** pc. **caual.** pc. **palaman.** pc.
Hechizo. **batin tauo.** pp.
Hechizo de amores. **goló.** pc. *Gayoma.* pp.
Hechizo que mata de repente. **hicap.** pp.
Hechizo para enamorados. **lomay.** pp.
Hechizo para que aborrezca á otro y ame á él. **taguisama.** pc.
Hechizo de yerbas. **taguiyamo.** pp.
Hecho. *Gauá* pc. *Yari.* pp.
Hecho ó acostumbrado á trabajar con algun instrumento. *Gaui.* pp. *Camay.* pp. *Gamay.* pp. It. *Alma.* pc. *Acmá.* pc.
Hechura, traza, modo. *Pagcagaua.* pc. *Cayarian.* pc.
Hedentina ó mal olor. *Baho.* pp.
Heder. *Bahó.* pp. *Anĝis* pp.
Hender la madera con cuñas. **pari.** pc.
Hediondez de agua corrompida. *Langso* pc.
Hedor de carne ó pescado. *Angó.* pc. *Bahó* pp.
Hedor de cosa podrida. *Boloc.* pc.
Hedor de pescado fresco. *Langsa.* pc.
Hedor de agua retenida. *Langlot.* pc.
Hedor de cieno. **lanim.** pc.
Hedor de escremento. **lanis.** pc. **laris.** pp.
Hedor de orines ó de ropa mojada en ellos. **panglot.** pc. **palot.** pp. *Panghi.* pc.
Hedor de estiercol humano. *Anĝis.* pc. **hangyor.** pc. **bañgi.** pp.
Hedor de la boca del borracho. **ganhay.** pc. *Alinĝasao.* pp. **asñgao** pc.
Hedor de comida quemada. **anos.** pc. *Anĝi.* pc.
Hedor de pluma uñas pelo. &c., cuando se queman. **anglos.** pc.
Hedor de agua corrumpida. *Bantot.* pc. **bansio.** pc. *Antot.* pc. **langor.** pc.
Hedor á sobaquina, ó de los sobacos. *Anghit.* pc.
Helar cosa pesada. **hagot.** pc.

Halar embarcacion ú otra cosa tirandola con guia. **ouay.** pp.
Helarse ó cuajarse. *Tulog*. pp. **boo.** pp.
Hembra. *Babae*. pc.
Hembra del timon. **calicol.** pc.
Hemorragía. *Balingoyngoy*. pc.
Henchir sin dejar vacío. **niya.** pc. *Ponó*. pc.
Hender. *Baac*. pc. *Biac*. pc. **tihang.** pc. *Bacbac*. pc.
Hender sutilmente. **balasina.** pp.
Hender cosa larga. **balisasa.** pp.
Hender el metal. **guitang.** pc.
Hender palo ó madera. **lasi.** pp.
Henderse. **litac.** pc.
Hender el soslayo. **balapag.** pc.
Hender madera. *Sipac*. pc. *Sibac*. pc.
Hender algo con cuña. **sincal.** pp.
Hender por medio. **sasa.** pp.
Hender cañas. *Lapal*. pc. *Sasag*. pc.
Henderse cosa de barro. **tibtib.** pc.
Hender madera. **saac.** pc. **ac-ac.** pc.
Hendidura de oro. **alatat.** pp.
Hendedura. *Bagbag*. pp. *Bitac*. pc. **balahasi.** pp.
Hendidura sutil. **balisaná.** pp.
Hendidura en metal. **guitang.** pc.
Hendidura pequeña. *Lamat*. pp. *Liat*. pp.
Hendidura en el plato. **hiñga.** pc.
Hendidura de vasija, penetrada. *Latay* pp.
Hendidura en alguna vasija. *Tagobanó*. pp.
Hendidura en barro. **tibtib.** pp.
Hendidura de cosa mal ajustada. *Siuang*. pp.
Herbazal. *Damohan*. pc.
Herencia. **bobot.** pp. *Mana*. pp.
Herencia de sus viejos. *Sa mulà*. pc.
Heredar de los padres las costumbres. **puli** pc.
Heredar. *Mana*. pp. **lalañgan.** pp.
Heredad. *Buquir*. pp.
Heredero, prohijado. *Mag mamana*. pp. **calansac**. pc.
Herida originada de haberse rascado. *Baclas*. pc. **baclis**. pc. *Harhar*. pc.
Herida pequeña. *Corlit*. pc.
Herida profunda y mortal. *Sampac*. pc. **malmá.** pc.
Herida en la tripa. **sapait.** pc.
Herida al soslayo. **sapnit.** pp. **saplit.** pc.
Herida del cuerno de carabao. **sicuat.** pc. **sicuit.** pc.
Herida, ó herir. *Sugat*. pp. *Hiuá*. pp.
Herida muy penetrante. **lahang.** pp.
Herir á otro á traicion. **laoy.** pp.
Herir metiéndo el cuchillo. *Sumbali*. pp. *Solá*. pp. *Sondol*. pc. *Saca*. pp. *Sacsac*. pc.
Herir de punta. *Tiric*. pp. *Timo*. pp.
Herirse un poco. *Laplap*. pc. **taclip.** pc.
Herirse con el cordel asido en la mano. **lapas.**-pc.
Herir con pies y manos, como el que padece mal de corazon. *Quisay*. pc.
Herir con heridas grandes no penetrantes. **danal.** pp.
Herirse. **quisor.** pc.
Hermafrodita. *Binabae*. pp.
Hermana segunda. *Dite*. pp. *Diche*. pc.
Hermana de la abuela. *Impo*. pc.
Hermana tercera en el nacimiento. *Samse*. pc.
Hermano ó hermana. *Capotol*. pp. *Capatid*. pc.
Hermano segundo. *Dico*. pp.
Hermano primogénito. *Capatid na pañganay*. pp. *Coya*. pp. *Cacà*. pc. *Cà*. pp.
Hermano del abuelo ó de la abuela. *Ingcong*. pc.
Hermano mayor. *Cacà* pc. *Cà*. pp. Espresando el nombre de dicho hermano en la última acepcion.
Hermano ó hijos de dos viudos. **caanac tilic.** pc. **pañgaman**. pc. **capatid na pañgaman.** pc.
Hermano ó hermana de leche. *Caagao suso*. pp. *Capatid sa gatas*. pp.
Hermano tercero. *Sangco*. pc. *Samco*. pc.
Hermano ó hermana últimos. *Bonso*. pc.
Hermano mayor de en medio fuera del primogénito. **sundin.** pc.
Hermano de padre y madre. **carogtong bitoca.** pp.
Hermano de en medio. **colovong.** pp.
Hermoso. *Diquit*. pc. **inso.** pp. *Galing*. pc.
Hermanos mellizos. *Cambal*. pc.
Hermosura. *Buti*. pp. *Ganda*. pc.
Hernía. *Loslos*. pc.
Heroé. **guiting**. pp. *Bantog*. pc. It. **siquip**. pc.
Hervir. *Bulac*.. pc. *Coló*. pc. *Sulac*. pc.
Hervir mal la morisqueta. **catá.** pc.
Hervir el agua á borbollones. **halaboc.** pc.
Hervir á borbollones. **oyo.** pc. *Bolboc*. pc.
Hervir la morisqueta. *Solac*. pc.
Hervir la morisqueta poco á poco. **quilao.** pp.
Hervir la olla. **bucal.** pc.
Hervir algo en la olla. *Subo*. pc.
Herramienta. **pagauay.** pp. It. *Casangcapan sa pag aanlouagui ò sa pag papanday*.
Herramienta embotada. **corol.** pc. *Porol*. pc.
Herramienta sin filo. *Pañgal*. pp.
Herrar marcar. **quintal.** pc. *Tandá*. pc. *Hiro*. pp. *Talà*. pc.
Herrería. *Pandayan*. pp.
Herrero. *Panday*. pc.
Herrumbre. *Calauang*. pp.
Herventar. *Pacoloan*. pc. **pabolacan**. pc.
Hervor de sangre que aparece sobre el cutis. **imonimon**. pp. *Tagulabay*. pc.
Hez ó cibera. *Sapal*. pc.

H antes de I.

Hidalgo. *Guinoo*. pp. *Mahal*. pc.
Hidropesía. **bondoy.** pc. **bontoy.** pc. *Bilbil*. pc.
Hidropico. **calamayo**. pp.
Hiedra. *Baguing*. pp. It. *Galamayamo*. pc. **camagsa**. pc. **hagnaya**. pp.
Hiel. *Apdo*. pc.
Hielo. *Bobog*. pp. *Tubig na namomoò na anaqui bobog*.
Hierro. *Bacal*. pp.
Hierro del arado. **balongbong.** pc.
Hierro de saeta, ó jara. **taquir.** pc.
Hierro encendido. **labol.** pc.

Hierro de la flecha á manera de punzon. **posor.** pc.
Hígado. *Atay.* pc.
Higo silvestre. **tibig.** pc.
Higos. **sisiyo.** pp. It. **pagatpat.** pc.
Higuera. *Tañgantañgan.* pp.
Hijada. **apar.** pp. *Sintac.* pc. *Apad.* pp.
Hijares. **hobachobacan.** pc. **hipichipican.** pp. **hiuachiuacan.** pc.
Hijastro. *Anac na* **pañgaman.** pc. *Pamangquin.* pc.
Hijo unigénito. *Bogtong.* pc.
Hijo prohijado. **calansac.** pc. *Ina anac.* pc.
Hijo legítimo. *Anac na totoó.* pp. *Anac sa sacramento.* pp.
Hijo, ó hermano mas jóven de todos. *Bonso.* pc.
Hijo ilegítimo. *Anac sa lupá.* pp. *Anac sa ligao.* pp. *Anac sa pagcadaluga.* pp.
Hijo ó hija. *Anac.* pc.
Hijos de dos viudos. **caanactilic.** pp.
Hilado, lo hilado. *Sinuliran.* pp. *Sinolid.* pp.
Hijo primero. *Puñganay.* pp. *Ñganay.* pp.
Hilacha. **ballngaic.** pp.
Hilachas que cuelgan. *Lamoymoy.* pc. **molmol.** pc.
Hilandera. *Manunulid.* pp.
Hilar. **sulir.** pp. *Sulid.* pp.
Hilas. *Notnot.* pc. **nitnit.** pc. **nisnis.** pc.
Hilas para postemas. **patic.** pp.
Hilban. *Tohog.* pp.
Hilbanar. **salisol.** pp. **damit.** pp. **laguat.** pc. **tohog.** pp. *Totos.* pp.
Hilera, ponerse en ella. **dayray.** pc.
Hileras torcidas. **banlong.** pc.
Hilera. *Datig.* pp. **alay-ay.** pc. *Talortor.* pc. **talonton.** pc. *Talata.* pp.
Hilo de tres hebras. **calatao.** pc.
Hilo de alambre. *Cauar.* pp.
Hilo de oro. **daliamas.** pc.
Hilo para tejer. **goyon.** pc.
Hilo podrido. **palapatir.** pc.
Hilo de araña. **tongor.** pc.
Hilo de acarreto. *Pisi.* pp.
Hilo de algodon. *Sinulid.* pp. It. *Hibla.* pc.
Himeneo. *Casal.* pc. *Balayi.* pp. **baisaman.** pp.
Himno. *Dalit.* pc.
Hincapie. *Sicad.* pp. *Tadiac.* pc.
Hincar clavos. *Pacó.* pp.
Hincar algo á golpes. *Bagsac.* pc. **baysoc.** pc.
Hincar algo. *Sacsac.* pc.
Hincar mitiendo, como aguja, espina. *Sicsic.* pp.
Hincar algo entiera. **tictic.** pc. *Tolos.* pp.
Hincarse con algo. *Tiñga.* pp. I. pc.
Hincar algo. *Tiric.* pp.
Hincar cosa larga, como el bordon. **torloc.** pc.
Hincar la aguja. **tondó.** pc. *Doró.* pp. *Tosoc.* pp.
Hincar el pie. **yagban.** pc.
Hincarse de rodillas. *Lohod.* pc.
Hincha. *Tanim.* pc. *Poot.* pp.
Hinchado. **calamayo.** pp. **manas.** pc. **cambog.** pp.
Hinchado de barriga. *Angcac.* pc. *Cabag.* pp. *Hilab.* pp.
Hinchado de rodillas. *Tibac.* pp.
Hinchazon de tripas. **cabal.** pp.

Hinchazon. **calamayo.** pp. *Pamagá.* pc.
Hincharse los ojos ó párpados. **pocto.** pc.
Hinchar, como el pan. *Hilab.* pp.
Hincharse la uña con materia. *Tayñga.* pp.
Hincharse. *Pamagá.* pc.
Hinchazon de ojos de la gallina. *Buliglig.* pc.
Hinchazon de averbenado. **lopoy.** pc.
Hinchazon, como la cara del que se levanta de dormir. **pamantal.** pc.
Hinchazon de la teta cuando empieza á crecer. *Pamoclan.* pc.
Hinchazon de ojos por desvelo ó por llorar. *Pamocto.* pc.
Hinchazon de pantorrillas, **tibac.** pp.
Hingote. *Lombo.* pc. **hoñgot.** pp. *Tabó.* pp.
Hinojo, yerba. **haras.** pp.
Hipar. *Hiñgal.* pp. *Huñgal.* pp. **hagac.** pc. *Hapó.* pp. It. V. Hipo.
Hiperdulia. *Pag samba na naocol sa mahal na Virgen.*
Hipo de muerte. *Hindic.* pc.
Hipo del que llora. **lohog.** pp. *Hibic.* pc. **hicbi.** pc.
Hipo in genere. *Sinoc.* pc.
Hipo, hipar. **sigoc.** pc.
Hipo de la gallina ó persona. **tilhac.** pc.
Hipocondría. *Calumbayan.* pp. *Punglao na nag mumulá sa saquit.*
Hipocresía. **patomapat.** pc. *Balintuna.* pp. *Banalbanalan.* pp.
Hipócrita. *Pasampalataya.* pc. *Paimbabao.* pc. *Banalbanalan.* pp.
Hipóteca. *Sanglá.* pc.
Hirviente V. Hervir.
Hisopo. *Panuisic.* pc.
Histérico. **suag.** pp. *Subá.* pp.
Historia. *Salita.* pc.
Historieta. *Monting salitang ualang casaysayan.*
Hito, mirar de hito en hito. *Titig.* pp

H antes de O.

Hocicada. *Songcal.* pc. **ongbang.** pc. *Ombang.*
Hocico. *Ñgoso.* pp.
Hocico de caiman. **aboñgal.** pp.
Hocico de pescado. **baloñgos.** pp.
Hocico. *Ñgosó.* pp. *Oñgos.* pc.
Hocico de animal **ñgosñgos.** pp.
Hocico que hace el que sorbe los mocos, ó el toro cuando huele á la vaca. *Siñgasing.* pp.
Hocico. **soñgar.** pc.
Hocico de camaron. *Soñgot.* pc.
Hogaño. *Ñgayong taong ito.* pc. *Sa taong ito.* pc.
Hogar. *Abohan.* pc. It. *Tahanan nang tao.* pp. *Pamamahay.* pp.
Hoguera. *Sigá.* pc.
Hoja tierna de plátanos y palmas que á un no está abierta. *Tonod.* pp.
Hoja áspera, **golotong.** pc.
Hojarascas. **cayacas.** pp. **layac.** pc.
Hojas in genere. *Dahon.* pc. I. pp.
Hojas de buyo. *Icmo.* pc. **samat.** pc. **mam-en.** pc.
Hojas de cachumba. **lagó.** pp.

Hojas que sirven de tabaco. **lain.** pp.
Hojas inclinadas. **lalay**. pc. *Laylay*. pc.
Hojas marchitas. **landag.** pc.
Hojas de palma. *Palaspas*. pc. **atab**. pc.
Hojas con que sazonan la morisqueta. **paquiling.** pp. **tagbuc**. pc.
Hojas secas de plátano. **laing.** pc.
Hojas de que hacen esteras. *Pandan*. pc. **sabutan.** pc.
Hojas iguales y con orden. **sagonson.** pc.
Hojas secas de coco. *Salab*. pp.
Hojas tejidas. **salirangrang.** pc. **samat.** pc.
Hojas como de alcachofas. **tica.** pp.
Hojas del buli. **topi.** pp.
Hojas plegadas de gabi. **popos**. pp.
Hojas pequeñas y cortas de la palma buli. **palimping.** pc.
Hojoso. *Mayabong*. pc. *Marahon*. pp.
Hojuelas. **quiping.** pp.
Hola. *Aba*. pc. *Ohoy*. pc. *Oy*. l. *Ay*. pp. *Hoy*. pp.
Holgarse con otro en alguna fiesta. **lahi.** pp.
Holgarse del mal ageno y dándolo á entender con palabras. **pahinirap.** pp.
Holgarse del mal ageno. **tarla.** pc.
Holgarse del mal ageno. **hinirap**. pp.
Holgazan. **tigagal.** pp. *Tamad*. pc. **pangcal.** pc. **anyayá.** pp. **langayac.** pp.
Holocausto. *Hain*. pp. *Handog*. pc.
Hollar. *Pahamac*. pp. V. Pisar.
Hollar sembrados **yasac.** pp. **yapar.** pp. **yarac**. pp.
Hollejo. *Buloc*. pp. *Balat*. pc.
Hollin que se cria en la chimenea. *Aguiit*. pp.
Hombre. *Tauo*. pp. *Tao*. pp. *Lalaqui*. pp.
Hombre sin palabra. *Balaquiot*. pp.
Hombre sin reposo. **balisacsacan.** pc.
Hombre en trage de muger. **bayoguin.** pp.
Hombre que no respeta á nadie. **hamañgan.** pc.
Hombre que no tiene tras que parar. **salag-oy.** pc.
Hombre de mala condicion *Saligotgot*. pc.
Hombre de pocas palabras. **omil.** pp. *Omid*. pc.
Hombre terco. **salahilo.** pp.
Hombre cruel, de mala condicion. **salopinit.** pc. *Saligotgot*. pc. **sañgit.** pc.
Hombre cruel en la guerra. **pusang tapang.** pp.
Hombre ó muger de veinte á veinte y cinco años. **patubo.** pp.
Hombre de dos caras. **salopanac**. pp.
Hombre de hombros cortos. **silic.** pc.
Hombre muy grande. **tayarac.** pc.
Hombre de teson. *Tiyagá*. pc. *Taman*. pc.
Hombre de infames costumbres. **malait.** pp.
Hombre alto y delgado. *Mapatpat*. pc. *Patpatin*. pp.
Hombre asimplado, corto. **duñgo**. pc. **dusong**. pp.
Hombre honrado. **touan.** pp.
Hombre amugerado. *Binabaye*. pp.
Hombre bajo de cuerpo y redondo. **malipoto.** pc.
Hombre de mala boca. **salupacana**, pp. l. *Salopanaca*, pc. **solopanaca.** pp.
Hombre de poco aseo. **samlang**. pc. **salaola.** pp. **cotipau.** pc.
Hombro. *Balicat*. pp.
Homenaje. *Sonó* pp. *Galang*. pp. *Alangalang*. pp.
Homicida. *Nacamatay*. pc.
Homicidio. *Pag patay sa capua tauo*. pp.
Homilia. *Aral* pp. *Pañgaral*. pp.
Honda. **pamaca.** pp. **lambanog.** pp.
Hondo. **sauang**. pp. *Lalim*. pp. **colatcolat.** pp.
Hondo como plato. *Malocong* pc.
Hondura, hoyo. *Humbac*. pc. *Lubac*. pc.
Hondura como de riachuelo entre peñas. **salipit.** pp.
Hondura de agua. **tangip.** pc.
Honesto. **matimtim**. pc. *Timtiman*. pp.
Hongos. **bayañgot.** pc. *Cabuti*. pc.
Hongos blancos. **mamarang.** pp.
Hongos silvestres. **pandong ajas.** pp.
Hongos comestibles. **sicrot.** pc.
Honor. V. Honra.
Honra. *Galang*. pp. **onlac** pc. **paonlac**. pc. *Pitagan*. pp. *Puri*. pp. **sanghayá.** pc.
Honra por los difuntos. *Gohol*. pp.
Honrado. **touan.** pc. *Mabait*. pc.
Honrado, dichoso, afamado. *Marangal* pc.
Hopear. **paipoy**. pp. **payopoy**. pp.
Hora del dia ó noche. *Oras*. pp.
Horadar. **lahog**. pp. *Butas*. pp.
Horca. *Bibitayan*. pc.
Horizontal. *Pahiga*. pc. *Hapay*. pc.
Horma. **larauan.** pp. *Holmahan*. pp.
Hormigas blancas. **absic.** pp.
Hormigas. **goyam.** pp. **cutitap.** pp. *Cuitib*. pp.
Hormigas grandes que pican. *Hantic*. pc.
Hormigas zancudas. **lamgam.** pc.
Hormigas que comen madera. *Anay*. pp.
Hormigas con alas. **dalodalo.** pp. *Gamogamo*. pc.
Hormiguear. *Ngimay*. pp. It. **cuyab.** pc. **calam.** pc. **coto.** pc.
Horno de cal. *Apogan*. pc.
Horquilla. **coracorá.** pp. **panondogan.** pp. **talocor.** pp. **taiscor.** pp.
Horquilla, horqueta. *Panungquit*. pc. *Sungquit*. pc.
Horra. *Machora*. pp. *Baog*. pp. *Pipi*. pp.
Horrendo, horrible. *Caguiclaguicla*. pc. *Caquilaqilabot*. pp. *Calacotlacot*. pp.
Horreo. *Tambobong*. pp. **taclab.** pc. **banglin.** pc.
Horro. *Timaua*. pp.
Horror. *Hilacbot*. pc. *Lonos*. pp.
Horroroso. V. Horrendo.
Hortaliza. *Halaman*. pp. *Gulay*. pp. *Gulayin*. pc.
Hospedaje *Panoloyan*. pp.
Hospedar. *Sonó*. pp. **soloc.** pc. *Tolog*. pc.
Hospedarse en casa de otro para que le ampare. **panahon**. pp.
Hospedarse, **toloy.** pp. **tahan**. pc.
Hospederia, hospicio. *Toloyan*. pp.
Hostigar. *Lupitin*. pc. *Galitin*. pp. De *lupit*. y *Galit*.
Hostil. *Canuay*. pp.
Hostilizar. *Anyayain*. pp. *Tampalasanin*. pp. De *anyaya*. y *Tampalasan*. pp.
Hoy. *Ngayon*. pc.

Hoya. **lambac.** pc. *Lubac.* pc. V. Hoyo.
Hoyo. **balaon.** pp. **loho.** pc. *Bal-on.* pc. *Hocay.* pc. **baliuay.** pp. **bambang.** pc. **lomban.** pc. **lobó.** pc.
Hoyo pequeño. **log-ang.** pc.
Hoyo en la cara. **biloy.** pp. **loboc.** pc.
Hoyo para biccar algo, como barigue. **lolo.** pp.
Hoyo de carabao. **bilaong.** pc. **bulaho.** pc. *Tobog.* pc. **balaho.** pc.
Hoz pequeña con que siegan el arroz. **yatab.** pp. *Lilic.* pp. **lingcao.** pc.
Hozar el puerco. **obá.** pp. *Ombang.* pc. *Sungcal.* pc. **solasor.** pp. *Sumbang.* pc.

H antes de U.

Hueca del huso. **piñgi.** pc.
Hueco de la puerta. *Pinto.* pc.
Hueco de ventana. **loñgauan.** pc. *Doroñgauan.* pp. *Doñgauan.* pc.
Hueco que queda cuando quitan algo. **lobri.** pc.
Hueco. **liñgao.** pc. **colouong.** pc. **guang.** pp.
Hueco como cueva. **longanggang.** pc.
Hueco de árbol. **loang.** pp.
Hueco de petate por estar algo debajo de él. **cuyab.** pp.
Huelga. *Pahiñga.* pc.
Huelgo. *Hiniñga.* pc.
Huella. *Bacas.* pc. **himacas.** pc. **taryac.** pc.
Huellas del carabao **pinac.** pc.
Huérfano. *Olila.* pc.
Huero huevo. *Bogoc.* pc.
Huerta. *Halamanan.* pp. **panaani.** pp. *Looban.* pp. **panaanan.** pp.
Huerta donde se ha sembrado, huerta de buyo. **tambacan.** pp.
Huerto. V. Huerta.
Hueso. *Bot ò.* pc.
Hueso junto al gaznate. *Balagat.* pp.
Huesa de muertos. *Libing.* pc. *Libiñgan.* pp.
Hueso que tenemos sobre la boca del estómago. **sandoc sandocan.** pp.
Huesped ó convidado. *Tauo.* pp. *Panaohin.* pp.
Hueste. *Hocbo.* pp.
Huevos recien desovados. **tamyoc.** pp.
Huevo. *Itlog.* pp.
Huevo huero. *Bogoc.* pc.
Huevo del pato ya con pollo sin plumas. **penoy.** pp. **pemoy.** pp.
Huevo de pato que tiene pollo con plumas. **balot.**
Huirse á los montes los amancebados. *Tacbo.* pc.
Huirse con la presa, ó con lo que coge. **taban.** pc.
Huirse de miedo. *Tacas.* pp. *Tacbo.* pc.
Huirse. *Tanan.* pp. **uala.** pc. *Layas.* pp.
Huir del peligro. *Pañgilag.* pp. *Ilog.* pp.
Huir como del enemigo. **tagac tagac.** pp.
Huir el cuerpo al trabajo. **ligon.** pp. **siuay.** pp. **pasiuay.** pp. **ligonligon.** pp. **liualiua.** pp.
Humanidad ó naturaleza humana. *Pagca tauo.* pp. *Catauhan.* pp.

Humareda. **tambooc.** pp. *Umaso.* pp. **doop.** pp.
Humear. V. Humo.
Humedad. **dimic.** pp. *Lamig.* pp. **salamisim.** pp. **halomigmig.** pc. **hamil.** pp. **saimsim.** pp.
Humedecerse. **dimic.** pp. **tilam.** pp. **yumi.** pp. **yoni.** pp. **hami.** pp. **halomigmig.** pc. *Hamig.* pp.
Humero. *Asohan.* pc.
Humildad. *Cababaang loob.* pp. *Capacumbabaan.* pc.
Humillarse. *Babá.* pc. *Pañgayopapá.* pp. **hampoc.** pc. **lango.** pc. *Loñgoy.* pp. *Pucombabá.* pp. *Pacubabá.* pp. *Lohog.* pp. *Tirapá.* pc. *Patirapá.* pc.
Humillarse á alguna persona grave. *Ñgayopapa.* pp.
Humillarse cediendo al cargo. **quari.** pp.
Humo que se deshace. **osoc.** pp.
Humo grande. **tambo.** pc.
Humo que se levanta sin llama. **tampooc.** pp.
Humo antes de la llama. **toob.** pp.
Humo. **alipuyo.** pc. **alimpuyoc.** pp. **asó.** pc.
Humorada. *Sompong.* pc.
Hundirse la tierra ó edificio. *Gohó.* pp. **hachac.** pp.
Hundirse, zambullirse, anegarse. *Lubog.* pc.
Hundirse alguna cosa. **talas.** pp. **osoc.** pp.
Hundirse el pie. **bosoc.** pp. **bolsot.** pc.
Hundirse en el lodo. **bolosoc.** pp.
Hundirse de repente debajo de la tierra. *Lotos.* pp.
Hundir el pie en la tierra. **losoc.** pc. *Losot.* pc.
Hundirse algo al apretarlo con el dedo. **yomi.** pc.
Hurtar. **apá.** pc. **gamgam.** pc. *Nacao.* pp. **balanya.** pc.
Hurtar ó reubuir el cuerpo para evitar el golpe. *Ilag.* pp.
Hurtar cosas de poco valor. *Gumit.* pp. **icot.** pc. **daycot.** pc. **ligamgam.** pp. **colao.** pc. *Omit.* pc.
Hurtar el cuerpo en la carrera. **baliadad.** pc.
Hurtar el cuerpo á otro. **coliuas.** pc.
Hurtar cosas de comer. **linao.** pp.
Hurtar el cuerpo á algo. **lito.** pp.
Hurtar in genere. *Nacao.* pp.
Hurtar el cuerpo á quien le quiere hablar. **sobli.** pp.
Huracán. *Baguio.* pc. *Bag-yó.* pc.
Huracan. *Bohaui.* pp. *Baguio.* pc.
Hurgar. *Calicao.* pp. **caticot.** pp. *Calicot.* pp.
Hurgar con el dedo. *Dotdot.* pc.
Hurgar escudriñando. **dolarit.** pc.
Hurgar punzando con algo. **sirol.** pc.
Hurgar con palo, ó con la mano. *Solot.* pc. **olos.** pp.
Hurgar con palo ó dedo no derechamente, sino inclinando un tanto. *Sondol.* pc.
Hurgar los ojos. *Sorot.* pp. **tisap.** pp. **duquit.** pp.
Huso. **sorlan.** pc. **digdigan.** pp. **pilihan.** pc.
Hurgar en la cueva de los rios para sacar

que haya dentro, ó ver su hondura. **taryar.** pp. **taryoc.** pc.
Humada. *Bosog na sudlan.* pc. *Busog na* **digdigan.** pp.
Humear. **tanghod**. pc. *Amoy.* pc.

I antes de D.

Ida. *Alis.* pc. *Yaon.* pp *Paroon.* pc.
Ida y venida. *Caon.* pc. It. *Yao,t, dito.* pp.
Idea *Pucanà.* pc. *Paraan.* pp. *Isip.* pp. *Corò.* pp. *Lalang.* pc. *Bantà.* pc.
Idea, traza. **uasto.** pc. *Pucanà.* pc.
Idear. *Cal-hà.* pc. *Lic-hà.* pc.
Idem. *Naman.* pc. *Gugon din.* pc.
Identico. *Calulad.* pp. *Caparis.* pp.
Idioma. *Uicà.* pp.
Idiota. *Mangmang.* pc. *Ualang muang.* pp.
Idolatra. *Palnanito*, l. *Mapaganito.* pp.
Idolatria. *Pag aanito.* pp.
Idolo. *Anito.* pp. **bathala.** pp.
Idoneo. *Dapat.* pp.

I antes de G.

Iglesia. *Simbahan.* pp. **manaiguir**. pp. **lupar.** pc.
Ignominia. *Cut-yà.* pc. *Halay.* pp.
Ignorante. *Mangmang.* pc. *Hindi maalam.* pp.
Igual. *Casi, ó casing.* pc. *Capara.* pp. *Caparis.* pp. *Catulad.* pp.
Igual en estatura. *Capantay.* pc.
Igualdad en cualquiera cosa que se echa en cesto ó vasija. **pintong.** pc.
Igualar. *Para.* pp. *Pantay.* pc. It. **pacli.** pc.
Igualar. **cabig.** pp. **acsip.** pc. **acquip.** pc. *Balòt.* pc.
Igualdad. *Ayon.* pp. **sing.** pp.
Igualar cortando. **alas.** pp. **palas.** pp. *Pudpad.* pc.
Iguales. **toñgor.** pc.
Igualmente. *Capoua.* pc. *Parapara.* pp.
Iguana. *Bayaybag.* pp. *Bayauac.* pp.
Ijada. V. Hijares.
Ilacion. *Holó.* pp. *Coró.* pp
Ilegal. *Licò.* pc. *Lihis.* pc. *Sinsay.* pc.
Ilegible. *Hindi mabasa.* pp. *Di mabasa.* pp.
Ilegítimo, hijo. *Anac sa ligao.* pp. *Anac sa lupá.* pp. It. V. Ilegal.
Ileso. *Ualang sirà.* pp. *Ualang saquit.* pc. *Ualang damdam.* pc.
Ilicito. *Mali.* pc. *Sinsay.* pc. *Uala sa catuiran.* pp. *Hindi matouid.* pp.
Ilimitado. *Ualang hanggañan.* pp. *Ualang tabihan.* pc.
Iluminar. *Ilao.* pp. *Tanglao.* pc. **tinglao.** pc.
Ilusion. *Maling acalà.* pp.
Ilustrar. *Linao.* pp. *Liuanag.* pp.
Ilustre. *Banlog.* pc. **mabunye.** pc. *Marañgal.* pc.

I antes de M.

Imaginar, discurrir, pensar. *Hacá.* pp. *Acalà.* pp. *Panimdim.* pc. It. *Uari.* pp.

Iman. *Bato balani.* pp.
Imbecil. *Duag.* pc. **dosong.** pp. *Mahinang loob.* pp.
Imágen. **dilao.** pp. **lambana.** pc. *Larauan.* pp.
Imaginacion. **aca.** pp. **aha.** pp. **haraya.** pp.
Imaginacion. **dili.** pp. **gonamgonam.** pp.
Imbuir á otra en algo para retirarla de otro. *Orali.* pp.
Imitar. **gagar.** pc. *Houar.* pp. **olir.** pc. *Tolar.* pp. **lapit.** pc. *Para.* pp. *Gaya.* pp. **gagad.** pc. **laya.** pp. **layaga.** pp. *Halimbauà.* pp.
Imitar dichos y hechos. **bebot.** pp.
Imitar alguna nacion. **sa.** pc. Reduplicando. *Nag sasa castila ang tagalog nang pananamit.* el indio imita al español en vestir.
Imitar en costumbres. *Ogali.* pp.
Immundum membri. *Copal.* pp.
Inmutable. **icquil.** pp. *Bilig* pp.
Impaciencia. *Cagalitan.* pp. *Yamot.* pc.
Imparcial. *Ualang quiniquilingan.* pp. *Ualang quinacabing.* pp.
Impartir. **bahagui.** pp.
Impacible. *Di nag daramdam.* pp. *Ualang dalità.* pc.
Impavido. *Ualang tacot.* pp. *Ualang guicla.* pc. *Boo ang loob.* pp.
Impedido. **lompo.** pc. *Lampa.* pc.
Impedimento. **tigagal.** pp. **balacsilá.** pp. *Dahilan.* pc.
Impedir la banca el viento ó la corriente. **bagacbay.** pc.
Impedir lo que uno hace. **opicsa.** pc.
Impedir á alguno lo que quiere hacer. **salagsay.** pc.
Impedir los intentos de otro. *Sauatá.* pc. *Sansalá.* pp.
Impedir el habla por humazo. **tagulhomhom.** pc.
Impedir el otro **toglo.** pc.
Impedir. *Harlang.* pc. **balacsilaá.** pp. *Antala.* pp.
Impedir, vedar. *Sauay.* pc. *Sansalà.* pp.
Impedir, atajar. *Harang.* pp.
Impedir á alguno en la confesion. **ilit.** pp.
Impedirse el cordel en el monton. **togdo.** pc.
Impeler. *Tolac.* pp. **bodlong.** pc. It. *Boyó.* pc.
Impenetrable. **liguit.** pc. *Di masoot.* pp. *Di mataos.* pc.
Impenitencia. *Di pagsisising tiquis.* pc. *Tigas nang loob.* pc.
Imperceptible. *Di maramdaman.* pc.
Imperfecta cosa. **bauol**. pp. **mañgan.** pc.
Imperfecto ser alguno en las obras. *Gansal.* pc. *Gangsal.* pc. *Alañgan.* pc. **potal.**
Imperio. *Cabagsican.* pp. *Capangyarihan.* pp. It. *Caharian.* pp.
Impertérrito. V. Impavido.
Impertinencia. *Dulingling.* pc. **taloguigui.** pp.
Impertinente. **lugult.** pp. **bala ogui.** pp.
Impertinente en pedir. **loñgig.** pp. **loualoy.** pc. **ing-ing.** pc. *Mabotingting.* pc. **maorira.** pp.
Impetrar. *Tamo.* pc. *Camit.* pc.
Impetú. **daganas.** pp. *Bogsó.* pc.

Impio. *Tampalasan*. pp. **banday**. pc.
Implícito. *Saclao*. pc.
Implorar. *Daing*. pc. *Lohog*. pp.
Impoluto. *Malinis*. pp.
Imponderable. *Di masayod*. pp. *Di masaysay*. pc. *Capos ang dila*. pp.
Imponer, imputar á otro lo que no hizo. **pahamac**. pp. *Paratang*. pp. *Bintang*. pc.
Imponer. **anar**. pc.
Imponer á alguno en algo poco á poco. **inayar**. pp.
Importante. *Mahalaga*. pc. *May casaysayan*. pp. *Malaquing bagay*. pp.
Importar. *Cailangan*. pp.
Importe. *Halaga*. pc.
Importuno. **antal**. pc. **diuará**. pp. **mariuará**. pp. **orirá**. pc. *Nacayayamot*. pc. *Maulit* pp.
Importunar. **alocaloc**. pp. **ing-ing**. pc. **diuará**. pc. **yamot**. pc.
Imposible. *Di mañgyari*. pp. *Ualang daan*. pp. *Ualang pagcaari*. pp.
Imposicion. *Buis*. pc. **bouis**. pp.
Impostura. *Dayá*. pp. It. *Paratang*. pp.
Impotencia. *Cahinaan*. pp.
Impracticable. *Di magagauá*. pp. V. Imposible. It. *Mahirap na daan*. pp.
Imprecacion. *Sompá*. pc. *Toñgayao*. pp.
Imprenta. *Limbagan*. pp.
Impresion. *Bacas*. pc. *Tandá*. pc.
Impresionar. *Talá*. pc. *Tanim sa pusó*. pp.
Imprevisto. *Caquinsaguinsa*. pp. *Ualang malay malay*. pp. *Di inaacalá*. pp.
Imprimir. *Limbag*. pc.
Imprimir en el corazon ó en papel. *Palaman*. pc.
Imprimir en el corazon algo. *Talima*. pp.
Imprimir algo en otra cosa, para que tome su figura como las carátulas. **tacá**. pp.
Imprimir en el corazon. *Talá* pc.
Imprimir, acuñar, sellar. *Talá*. pc. *Ti-in*. pp. *Quintal*. pc.
Improbo. *Tacsil*. pc. *Palamara*. pp.
Improbo, trabajo improbo. *Mahirap na gaua*. pc. *Mabig-at na gaua*. pc.
Improperar, improperio. *Soat*. pp. *Sombat*. pc. **baoy**. pp.
Impropio. *Dili dapat*. pp. *Hindi bagay*. pp.
Improviso. *Biglá*. pc. *Agad*. pc. *Caguinsaguinsa*. pc.
Imprudente. *Ualang cabaitan*. pp.
Impudencia. *Caualanghiaan*. pc.
Impugnar. **sumang**. pc. *Salansang*. pc. *Puing*. pp. *Pouing*. pp.
Impulsar. *Tulac*. pp. *Solong*. pp.
Impuro. *Marumi*. pc.
Imputar algo á otro sin fundamento. *Hamac*. pp. *Pahamac*. pp. *Paratang*. pp. *Bintang*. pc.

I antes de N.

Inaccion. *Tiguil*. pp. *Ualang gauá*. pc. *Catamaran*. pp.
Inaccesible. *Di malapitan*. pp.
Inadvertido. *Ualang malay*. pp.
Inagotable. *Di masaid*. pc.
Inalterable. *Ualang pagbabago*. pp. *Ualang pag mamalio*. pp.
Inanicion. *Cahinaan*. pp. *Pang lalatà*. pc.
Inapetencia. *Tab-ang*. pc.
Inapetente. *Tinatabangan*. pc.
Inauguracion. *Pamahi-in*. pp. It. *Pagca tanyag*. pc. *Pagca bunyi*. pc.
Inhábil. **dahat**. pp. *Tongac*. pc.
Inhábil **toñgag**. pc. *Tongac*. pc.
Inhabitable. *Di matahanan*. pc.
Inhumano. *Mabañgis*. pc. *Mabagsic*. pc.
Incansable. *Matagal*. pc. *Ualang pagal*. pc. *Ualang sauá*. pp.
Incapaz. *Capos*. pc. *Ualang casaysayan*. pp.
Incauto. *Ualang pag iiñgat*. pp.
Incendiar. *Soso*. pp. *Solsol*. pc.
Incendiario. *Manononog*. pp.
Incendio. *Sonog*. pp.
Incensar. *Soob*. pp. *Soop*. pp.
Incentivo. *Pañgacay*. pp. *Nacaaacay*. pp.
Incesable, incesante. *Ualang tahan*. pc. *Ualang pahiñga*. pc.
Incidencia. *Cataon*. pc.
Incienso. *Camangyan*. pc. **samala**. pc.
Incierto. *Ualang catunayan*. pp. *Ualang casiguruhan*. pc. *Cabulaanan*. pp.
Incision. **cadlit**. pc. *Tabar*. pc.
Incitar. **abyoga**. pc. *Aglahi*. pp. *Bongcahi*. pp. *Oloc*. pp. *Mongcahi*. pp.
Incitar á reñir con palabras. **aloctia**. pp. *Alictia*. pp. *Hamon*. pp. *Hamong*. pp.
Incitar para que se cumpla su gusto. **alocaloc**. pp.
Incitar á reñir. **andirá**. pc. **arog**. pp.
Incitar á enojo. *Atig*. pc. *Antig*. pc.
Incitar á cosas torpes. *Iri*. pc.
Incitar á mal. *Lahi*. pp. I. pc. *Boyó*. pc.
Incitar á reñir. **onioc**. pc. **oyog**. pc. *Solsol*. pc.
Incitar á probar las fuerzas. *Paligsa*. pc.
Incitar haciéndose cabeza. **piutos**. pp. *Pamongcahi*. pp.
Incitar á otro. **oloy**. pc. *Orali*. pp. *Odyoc*. pc.
Incitar al mal. **bangquit**. pc.
Inclinacion. *Ogali*. pp. *Gaui*. pp. *Hinguil*. pc.
Inclinado. **liñgay**. pp. *Hilig*. pp.
Inclinado, encorbado. *Ocod*. pp. *Ocor*. **pp ocot**. pp. *Yocod*. pc.
Inclinado el medio cuerpo hácia adelante. **dohapang**. pp.
Inclinar. *Paling*. pp. *Hinguil*. pc. *Gauì*. pc.
Inclinar la cabeza hácia abajo. **sig-ic**. pc. *Toñgo*. pc.
Inclinar el cuerpo como quien muestra el trasero. *Touar*. pc.
Inclinar la cabeza haciéndo reverencia. *Yocò*. pc.
Inclinar la rama para coger la fruta **yocos**. pp. *Hotoc*. pp. **lambay**. pc.
Inclinar la cabeza. **yoñgayong**. pp. **yoñgo**. pc. *Toñgo*. pc.
Inclinar la cabeza para descansar. **longayi**. pp.
Inclinarse al peso de la carga. **dagonot**. pp. **daonot**. pp.
Inclinarse la rama. **doclay**. pc. **yocmi**. pc.
Inclinarse como recostándose. **salig**. pp.

In·linarse alguna cosa, como árbol. **tanglar**. pc.
Inclinarse, palo, árbol, casa. **sonday**. pc.
Inclinarse. **golgol**. pc *Hilig*. pp. *Quiling*. pp.
Inclito. V. Ilustre.
Incluir. *Sama*. pp. *Sacop*. pp.
Incognito *Lonos*. pp. *Di naquiquilala*. pp.
Incola. *Tumatahan*. pc. *Namamayan* pp.
Incombustible *Di masunog* pp. *Di canin nang apoy*. pc.
Incomodar, incomodarse. *Magalit*. pp. *Ligalig*. pp. *Mag bigay ligalig*. pp.
Incomparable. *Ualang cahalilip*. pp.
Incompleto. *Culang*. pp.
Incomprensible. **di macampan**. pc. *Di maabot nang buit nang tauo*. pp. *Di macampanan*. pc. *Di malingcalá*. pc. *Di malirip*. pp.
Incomprensible. *Tingcalá*. pc. **poypoy**. pc.
Inconcuso. *Tunay*. pp. *Totoo*. pp. *Di mogcacabulá*. pp.
Inconstante. *Salauahan*. pp. **balailo**. pp. *Mabulinoin*. pc. **alingaling**. pp.
Inconsutil. *Ualang tahi*. pc. *Hindi tinahi*. pc.
Incontestable. *Di mapuing*. pc.
Incontinencia. *Cahalayan*. pp. V. Lujuria.
Incontinenti. *Guisa*. pc. *Caguiat*. pc. *Caguinsaguinsa*. pc.
Incontrastable. **sibaysibay**. pc. **sibog**. pc.
Inconveniente. *Hindi dapat*. pp. It. *Sangga*. pc. *Balacsilá*. pp. *Ilang*. pc.
Incordio. *Colani*. pp.
Incorporar. *Sama*. pp. *Pisan*. pp. *Lahoc*. pc.
Incorporarse. **bahog**. pc. **sahog**. pc. It. *Banñgon*. pp.
Incorregible. **sopi**. pp. *Suail*. pc. *Masuayin*. pc.
Increpacion, increpar. *Mura*. pp. *Tacap*. pc.
Inculcar. *Ulit ulit*. pp.
Inculpable. *Ualang sala*. pp.
Incumbencia. *Catungculan*. pp.
Incurable. *Malulà* pc. *Malubhà*. pc.
Incuria. *Capabayaan*. pc. *Capuobayaan*. De *bayá*. pp.
Indagar. *Osisá*. pp. **siasat**. pp. **suguid**. pc. *Tonton*. pc.
Indecente. *Mahalay*. pp. **suliac**. pc. It. **salaulá**. pp. **samlang**. pc.
Indeciso. *Alinlangan*. pp. *Alangan*. pc. **atubiling**. pc. **caual**. pp. *Salauahan*. pp. *Orong solong*. pp. *Dilidili*. pp.
Indecoroso. V. Indecente.
Indeleble. *Di mapapaui*. pp.
Indeliberado. *Di napag isip*. pp.
Indemne. *Ualang sirá*. pp
Indemnizar. **oyan**. pp. *Bayad*. pp.
Indeterminado *Orong solong*. pp. *Salauahan*. pp.
Indicar. **pat ig**. pc. **pahiuatig**. pp. *Batiao*. pc.
Indice, dedo indice. *Hintoturò*. pp.
Indicios. **agam**. pp **agamagam**. pp. *Pinagcacaquilalan*. pp. *Pinag cacaquilalan*. pp.
Indígena *Tubò*. pp. *Bucal*. pc. *Tubò sa lupang pinag uusapan*.
Indigente. *Pili* pp. **ilang**. pc. *Duc-hà*. pp.
Indigesto. *Di matunao* pp.
Indignar, indignarse. *Magalit*. pp. *Mapoot*. pp.
Indigno. **daual**. pc. *Marumal*. pp. *Dili dapat*. pp.
Indio. *Tagalog*. pp.

Indirecta. *Patabitabi*. pc. **pahiuatig**. pc. It. **pasaring**. pp. **pasablay**. pc. *Paringig*. pc.
Indisolubie. *Di macalas*. pc. *Di macalag*. pc.
Indispensable. *Sapilitan*. pc.
Indisponer. *Papagcasirain*. pc.
Indisposicion. *Tamlay*. pc. **anat**. pp. **aynat**. pp. **damdam**. pc **sanat**. pc.
Indisposicion del medio acalenturado. **saynat**. pp. **hiñgao**. pc. *Sinat*. pp.
Indistintamente. *Ualang pili* pp.
Indistinto. *Siya rin*. pc. *Isa rin*. pc.
Indocil. *Matigas ang olo*. pp.
Indole. *Gaui* pc *Hinguil*. pc. *Hilig*. pp.
Indolente. *Tamad*. pc. **pangcal**. pc.
Indomesticable. *Di mapaamó*. pp.
Inducir. *Buyó*. pc. *Dahiò*. pp. *Rahiò*. pp. V. Incitar.
Inducir, embaucar. *Opat*. pc. *Solsol*. pc.
Inducir, incitar, atraer. **orali**. pp. **umoorali**. pp.
Indulgencia. *Cauas*. pp. *Tauad*. pp. *Patauad*. pp.
Indultar. *Patauad*. pp.
Indulto. V. Indultar.
Industria. *Lalang*. pp.
In æternum. *Magparating*. pc.
Inedia. **pasal**. pp. **limpas**. pc.
Inefable. *Di masayod*. pp. *Di masaysay*. pc. *Capos ang dilá*. pp.
Inepto. **maraual**. pc.
Inercia *Catamaran*. pp.
Inescrutable. *Di malirip*. pp.
Inesperado. *Di inaantay*. pc. *Di inaasahan*. pp.
Inestimable. *Di mahalagahan*. pc.
Inevitable. *Di mailagan*. pp. *Di maligtasan*. pc.
Inexacto. *Sinongaling*. pp. *Di totoo*. pp.
Inexhausto. *Di maubos*. pp. *Di masaid*. pc. **di matacias**. pc.
Inexorable. *Di mapamanhic*. pc. *Di mausap*. pp. *Di mapaquiosapan*. pp. *Di madaingan* pc.
Inexperto. **pahat**. pc. *Ualang* **muang**. pp. *Ualang* **muslac**. pc.
Inexplicable. *Di masaysay*. pc. **di masayod**. pp.
Inextinguible. *Di mautas*. pc. *Di mapaui*. pp.
Infalible. *Di macapagdadaya,t, di mapagdarayaan*. It. *Di magcacabulà*. pp. *Ualang pug* **mamalió**. pp.
Infamar con mentira. **lagadya**. pc.
Infamar á alguno. **naruar**. pc. *Sirang puri*. pp. *Opasalà*. pp. *Dustá*. pc. *Mura*. pp.
Infame. *Ualang puri*. pp.
Infancia. *Casanggolan*. pc. *Pagca sangol*. pc.
Infanta, infante. *Sangol*. pc. *Batà*. pp.
Infanteria. *Hucbong lacad*. pc.
Infanticidio. *Pag patay sa sangol*. pc.
Infatigable. *Ualang payal*. pc. *Ualang capaguran*. pp.
Infausto. *Saliuang palad*. pp. **luñgi**. pc.
Infectar. *Haua*. pp. **lalim**. pp.
Infecundo. *Baog*. pp.
Infeliz. *Masamang palad*. pp. V. Desdichado.
Inferir. **holó**. pp. *Coró*. pp. **hañgó**. pp.
Infestar V. Infectar.
Inficionar. V. Infectar.
Infiel, ó gentil. *Di binyagan*. pp.

Infimo. *Cababahaan.* pp.
Infinidad, muchedumbre. *Caramihan.* pp.
Infinito. *Ualang catapusan.* pc. *Ualang hangan.* pc.
Inflamar, inflamarse. *Ningas.* pp. *Alab.* pp. It. *Pamngà* pc.
Inflexible. **di maibadling.** pc. *Di maibaling.* pp.
Influjo. *Tolong* pp. *Lucas.* pc.
Informar. *Osisà.* pp. *Siasat.* pp It. *Saysay.* pc.
Informar delante del juez. **baguit.** pp.
Informar algo de raiz. **toos.** pp.
Informar algo de palabra. *Totol.* pp.
Informar relatando. *Totol.* pp.
Infortunio. *Dalità.* pc. *Hirap.* pp. *Saconà.* pc.
Infraccion. *Pag suay.* pp. *Casuayan.* pp.
Infraganti, coger infraganti. *Marapatan* pp. *Malapatan.* pp
Infringir. V. Infraccion.
Infundirse, revestirse, entrar como el espíritu de Dios, ó del diablo. *Casi.* pp. *Cumasi.* pp.
Ingeniar. *Cat-hà.* pc. *Lic-hà.* pc. *Lalang.* pc.
Ingenio. *Tapat.* pc.
Ingerirse. *Paquinlum.* pc.
Ingles. *Singit.* pp.
Ingrato. **talanuang.** pc. **lanuang.** pc. **bosong.** pp. *Lilo.* pp. **ualang turing.** pp. **panauang.** pc. *Pulamara.* pp. **palaman.** pc.
Ingenio. *Bait.* pc. *Isip* pp.
Ingerir. **lalopá.** pc. **solopá.** pc. *Singit.* pp. *Sicsic.* pc. *Langcay.* pc. *Somag.* pp. *Tugdá.* pc.
Inicuo. *Tampalasan.* pp. *Tacsil.* pc. **banday.** pc.
Inimitable. *Di matularan.* pp. *Di mahuaran.* pc. It. *Tingcalà.* pc.
Iniquidad. *Casalanang daquilà.* pp. *Catampalasanan.* pp.
Injuria. *Lait.* pp. *Api.* pc.
Injuriar con palabras. **paquiau.** pc. **himoná.** pp.
Injusto. *Di tapat.* pc. *Uala sa catuiran.* pp. *Linsil.* pc. *Licò.* pc. *Lihis.* pc.
Inmaculado. *Ualang dungis.* pp. *Ualang mansa.* pc.
Inmarcesible. *Di nalalanta.* pc. *Di nacupas.* pp.
Inmediatamente, al instante. *Cugyát.* pc. *Agad-agad.* pc. *Caalam alam.* pp. *Caracaraca.* pp. *Pagdaca.* pp. *Capagcaraca.* pp.
Inmediato. *Malapit.* pp. *Caratig.* pp. *Capanig.* pp.
Inmensurable. *Di masucat.* pp.
Inmersion. *Lobog.* pc. *Pag lolobog sa tubig.*
Inminente. *Susapit dili.* pp. **nayayambá.** pc. *Nahahagà.* pp.
Inmoble. *Di maquibò.* pc. **di maugá.** pp. *Di maugoy.* pc.
Inmodesto **maisog.** pp.
Inmortal. *Di namamatay.* pc. *Ualang pagca matay.* pc.
Inmortalizar. *Tagal.* pc. *Laon.* pp. *Lauon.* pp.
Inmunda. **masauo.** pc. *Marumi.* pc.
Inmundicia. *Dumi.* pc.
Inmune. *Ligtas.* pc. *Bocod.* pc.
Inmutable. *Di mabiligan.* pp. *Da bilig.* pc. *Di mabago* pp.
Innato. *Casapul.* pc.
Innecessario. *Di cailangan.* pp.
Innoble. *Timaua.* pp. *Hamac.* pp.
Innovar. *Bago.* pp. *Iba.* pc.
Innumerable. *Di mabilang* pp.
Inobediente. *Suail.* pc. *Masuayin.* pc.
Inocente. *Ualang sala.* pp.
Inocular. *Tanim.* pc. *Cadlit.* pc.
Inopinado. *Ualang malay.* pp. *Di inaasahan.* pp.
Inquietar. **tilog.** pc. *Tigatig.* pc. *Ligalig.* pp.
Inquietar á otro. **arirá.** pc. **orirá.** pc.
Inquieto. **alisuag.** pc. **cara.** pc. **ilosilos.** pp. **aiyo.** pp. **magaso.** pc. **macaras.** pc. **bagabag.** pc. *Dolingas.* pc *Gaslao.* pc. **golaylay.** pp. **golilay.** pp. **quiquio.** pp. **hira.** pc. It. *Bacla.* pc.
Inquietud. **gaya.** pc **alimbayao.** pp. **lingal.** pp. *Ligalig.* pp. **gislot.** pc. **birhani.** pp. **gamagama.** pp.
Inquietud de cuerpo, pies ó manos. **golilat.** pc.
Inquietud por travieso. **ligaso.** pc. **gaso.** pc. *Gulao.* pc.
Inquietud de ojos del enojado. **lisao.** pp. **liyap.** *Lisic.* pp.
Inquietud grande. **saligasao.** pc.
Inquietud del puerco al embestir. *Sibasib.* pp.
Inquietud del puerco comiendo. **solobasib.** pp.
Inquietud interior. **tigagal.** pp. **balisa.** pp. **sucal.** pp.
Inquietud por la gravedad de la enfermedad. **balasi.** pc. **balais.** pc. *Balisa.* pp. **iuas.** pp.
Inquinar. V. Manchar.
Inquirir. **balayag.** pc. *Osisá.* pp. **siyasat.** pp. **sigasig.** pp. **baloquitquit.** pc. **olosithá.** pc. **olopista.** pc.
Inquirir algun negocio. *Osap.* pp.
Inquirir buscando lo que falta. **tatap.** pp. *Tonton.* pc.
Inquirir por lo que no acuden á su obligacion. **sipó.** pp.
Inquirir la verdad. **sogsog.** pc. *Suguid.* pc.
Inquirir de secreto. *Sanhi.* pc.
Insaciable. *Di mabosog.* pc. *Masibà.* pp. *Sacdal tacao.* pp.
Insalubre. *Macapag cacasaquit.* pc.
Insanable. *Di magamot.* pc. *Malubhà.* pc.
Insania. V. Locura.
Inscribir. *Talà.* pc. *Quintal.* pc.
Insensato. *Mangmang.* pc. *Ualang pag iisip.* pp. *Tonggac.* pc.
Insensible. *Ualang damdam.* pc. *Ualang caramdaman.* pp.
Inseparable. *Di mapaghiualay.* pc. *Di magcahiualay.* pc.
Insepulto. *Di mabaon.* pc. *Di nababaon.* pc.
Insertar. *Laquip.* pp.
Inservible. *Di magamit.* pp. *Ualang cahusayan.* pp.
Insigne. *Bantog.* pc. *Bulitá.* pp. V. Ilustre.
Insignia. *Tandà* pc. *Suguisag* pp.
Insignificante. *Hamac.* pp. *Ualang casaysayan.* pp. *Silumbang* pc. *Pasilambang.* pc.
Insinuar. **pat-ig.** pc. *Hiuatig.* pp. *Pahiuatig.* pp.
Insipido. *Matab-ang.* pc. *Ualang lasa.* pp.
Insistir. *Pilit.* pp. *Tiagà.* pc.
Insistir con teson en decir ó hacer algo. **imoc.** pp.

Insolente. *Pangahas.* pc. *Lapastangan.* pp. *Ualang hiyà.* pc.
Insolito. *Di ogali.* pp. *Di caraniuan.* pp.
Insolvente. *Di macabayad.* pp. *Ualang maibayad,* pp.
Insomne. *Puyat.* pp. *Ualang tulog.* pp.
Insondable. *Di malaroc.* pc. *Di maaroc.* pc.
Insoportable. *Di matiis.* pc.
Inspeccionar. *Osisà.* pp. *Siasat.* pp. It. *Pangasiuà.* pp. *Pangalagà.* pp.
Instalar. *Halal.* pc.
Instable. **lingac.** pc. *Mabuay.* pp. l. pc.
Instante. *Sandali.* pc. *Quisap.* pc. *Quisap mata.* pc.
Instar. *Daing.* pc. *Ulit ulit.* pp. *Pilit.* pp.
Inspirar. *Pucao.* pp. *Casi.* pp. It. *Pasonod.* pc.
Instaurar. *Ipabago.* pp.
Instigar. *Oloc.* pp. V. Incitar.
Instilar. *Tolò.* pp. *Patac.* pc.
Instituir. *Lalang.* pc. *Cat-hà.* pc.
Institucion. *Pamulà.* pc. *Pasimulà.* pc.
Instruir. *Torò.* pp. *Aral.* pp.
Instrumento. *Pan,* l. *Pa.* Antepuestas estas particulas á las raices que admiten instrumento hacen el tal instrumento, v. g. De *hampas* y *paló,* que significan azote se forman. *Pan hampas. Pamaló,* que significan. Zurriago, ó látigo.
Instrumento con que se dá forma á alguna cosa. *Pamitac.* pp.
Instrumento de bejuco para portar las tinajas de agua ú otro líquido. *Angulò.* pc. *Saclit.*
Instrumento para medir líquidos en la vasija. *Tarol.* pp.
Instrumento para cerner la harina. *Quintongan.* pp.
Instrumento con que muelen las cañadulces. **cabyao.** pc. **cabyauan.** pp.
Instrumento para tejer. **anachilig.** pp. **atip.** pp.
Instrumento para mantener el harigue que mantiene el tejado. **anapoli.** pp.
Instrumento para pescar. **balitang.** pp.
Instrumento para llevar olla caliente y no quemarse. **balian.** pc.
Instrumento de platero. **balogohan.** pc.
Instrumento para coger dalag. **bocatot.** pc.
Instrumento con que deshacen los terrones. **cacar.** pp.
Instrumento de caza. **caya.** pp.
Instrumento para apartar la paja del arroz. *Hongcoy.* pc.
Instrumento de hierro para cortar arroz. *Lilic.* pp. **lingcao.** pc.
Instrumento para pescar. *Palacaya.* pp.
Instrumento para cazar puercos. *Pamaboy.* pp.
Instrumento con que se bate el algodon. **pamacpac.** pc.
Instrumento para pescar lisas. **pamanac.** pp.
Instrumento para ojear animales. *Pamugao.* pp.
Instrumento para agujerar. *Pamotas.* pp.
Instrumento para raer medida de granos. **pamogay.** pp. *Pangalos.* pp.
Instrumento como cuchara. *Pangarlo.* pc.
Instrumento para espantar. *Panguicla.* pc.
Instrumentos para hurgar en agujeros. **pagolos.** pp. *Pang olos.* pp. *Panolot.* pc.
Instrumentos para tocar. *Panegtog.* pc.
Instrumento para medir. *Panacat.* pp.
Instrumento del aurifersrio. **paot.** pc.
Instrumento con que se pesca en la sementera. *Salacab.* pc.
Instrumento con que se hace algo. *Sangcap.* pc. *Casangcapan.* pp. *Gamit.* pp.
Instrumento de cañas para pescar. **suliang.** pc.
Instrumento con que pescan en las sementeras. **talisoy.** pc. **talisoc.** pc.
Insubordinacion. *Pag suay.* pc. *Pag labag.* pc.
Insubordinado. *Suail.* pc. *Na labag.* pc.
Insuficiente. *Alangan.* pc. *Capus.* pc.
Insufrible. *Di maralità.* pc.
Insulso. *Matab-ang.* pc. *Ualang lasa.* pp.
Insultar. *Lait.* pp.
Insurreccion. *Pang hihimacsic.* pc. *Pag aalsa.* pc.
Intacto. *Di nahipò.* pp. V. Entero.
Inteligencia. *Isip.* pp. *Pag iisip.* pp. It. *Cabulogan.* pc.
Inteligente. *Paham.* pc. *Pantas.* pc.
Intencion. *Tica.* pp. *Nasá.* pp.
Intencion, ó actividad. *Lacas.* pc. *Dahas.* pc.
Intentar casamiento sin verlo la muger. **buyo.** pc.
Intentar hacer algo. **quilaquila.** pc. **ticma.** pc.
Intento. *Acolà.* pp. **aha.** pp. *Bantá.* pc.
Intento que uno tiene. *Tengo.* pp. *Sadhiyá.* pc. *Sad-yá.* pc. *Layon.* pp. *Pacsá.* pc. *Pacay.* pp.
Intercalar. *Salit.* pc. *Sag-lit.* pc.
Interceder. **calda.** pc.
Intercesor. *Pintacasi.* pp.
Interceder por el culpado. *Calara.* pc.
Interdecir. *Baual.* pp.
Interés. **anquit.** pc. *Imbot.* pc. *Hangad.* pc. It. *Opa.* pp.
Interesado. *Nag mamasaquit.* pp. It. *Mapag imbot.* pc. *Mapagpaopa.* pc.
Interesante. *Malaquing bagay.* pp. *Mahalaga.* pc.
Interin. *Hanggan.* pc. *Boong.* pp.
Interino. *Halang.* pp. *Halili.* pp.
Interior. **aybutor.** pp. *Loob.* pp. *Ibutor.* pp.
Interior ó centro. *Caybuturan.* pp. *Ibutor.* pp.
Interior del corazon. *Longdò.* pc.
Interior del bache. **asla.** pc.
Interlocucion. *Polong.* pp. *Salitaan.* pp.
Interlocutor. *Capolong.* pp. *Casalità.* pc.
Interlunio. *Tunao nang buan.* pp.
Intermedio. *Pag-itan.* pp. *Guitnà.* pc.
Intermedio entre dedo y dedo. **siha.** pp. *Ngingi.* pp.
Interminable. *Ualang catapusan.* pc. *Ualang hanggana.* pp.
Intermision. *Tahan.* pc. *Pahinga.* pc.
Intermitencia. *Hibas.* pc.
Internar, internarse. *Pasoc.* pp. *Taos.* pc. *Solong.* pp.
Interno. V. Interior.
Interpelar. *Daing.* pc. *Lohog.* pp. *Paampon.* pc.
Interpolar. **salar.** pc. *Sal-it.* pc.
Interponer. *Pacalara.* pc. *Paampon.* pc. It. V. Interpolar.
Interpretar. **dalubasa.** pp. *Saysay.* pc.
Interpretar, interpretacion. *Holà.* pp. *Dolohacò.* pp. *Paliuanag.* pp.
Interrogacion. V. Pregunta.

Interrogacion. *Pamamang*. pc. *Mangtanong* pc.
Interrumpir á persona. *Sauatai*. pp. *Sabat*. pc. *Abat*. pc. **limo**. pp.
Interrumpir la plática. *Balabong*. pc.
Interrumpir la obra. **halat**. pc. [illegible] pc. *Bra*[illegible] pc.
Interrumpir la obra sin causa. *Limpat*. pc.
Interrumpir la orden de alguna cosa. **sompat** pc.
Interrumpir. **banta**. pc. It. *Tolan*. *Ngual*. pp.
Interrumpir á los que hablan. **salibat**. pc.
Intersticio. V. Intérvalo.
Intérvalo. **halat**. pp. *Pag-itan*. pp. *Aguat nang panahon*. pc.
Intervenir. *Paquisalam*. pc. *Mag usisa*. pp.
Intestino. *Laman sa loob*. pp.
Intimar. *Mag pahayag*. pp.
Intimidad. *Casundong loob*. pp.
Intimidar. *Tacutin*. pp.
Intolerable. *Di matiis*. pc. *Di madalità*. pc.
Intransitable. *Di maraanan*. pp.
Intratable. *Guhasà*. pp.
Intrépido. *Bayani*. pp. *Ualang tacot*. pp. *Ualang guicla*. pc.
Intriga. *Lalang*. pc.
Intrincado. *Maliuag*. pp.
Intrinseco. V. Interior.
Introducir. *Pasoc*. pp. *Soot*. pp. It. *Taimtim*. pc. *Tanim*. pc.
Intruso. *Manlulupig*. pp. *Mangangagao*. pp.
Intumescencia. *Pamamogà*. pc.
Inundacion. *Lanip*. pp. *Apao*. pp. *Gunao*. pp.
Inusitado. *Lipas*. pp. *Hindi ogali*. pp. *Uala sa ogali*. pp.
Inutil. **pacan**. pc. **lupacayá**. pc. *Ualang casaysayan*. pp. *Ualang quinapapacanan*. pc.
Inutilizar. *Sirà*. pp. *Anyayà*. pp.
Invadir. *Hundolong*. pp. *Salacay*. pp. *Baca*. pp.
Invariable. *Ualang pag babago*. pp. *Hindi mababago*. pp.
Invasion. V. Invadir.
Invectiva. *Mura*. pp. *Lait*. pp.
Invencion. *Pacanà*. pc. *Adhicà*. pc.
Inventar. *Lic-hà*. pc. *Cat-hà*. pc. *Panucalà*. pp. *Ticmò*. pc.
Inventar razones para hacer su voluntad. *Suuail*. pc.
Inventar. *Banta*. pc.
Invencible. **sahó**. pc. *Di matalo*. pp. *Di maraig*. pc.
Invencion. *Arhica*. pc. **gaga**. pp. *Lalang*. pc. *Banti* pc.
Inventariar. *Isulat*. pp. *Itanda sa sulat ang mañga pag aari*.
Invernar. *Linglang*. pc. *Antala*. pp.
Inverosimil. *Malayo sa calunayan*. pp. *Malayong mangyari totoo*. pp.
Inverso. *Paleuarir*. pc. *Palmarir*. pc.
Investigar. *Usisa*. pp. **suguid**. pc.
Invicto. V. Invencible.
Invierno. *Tag-ulan*. pc. *Tag-guinao*. pc.
Invitar. *Anyaya*. pp. *Catangha*. pp.
Invocar. *Bui* pp. *Tauag* [illegible]. pp.
Involucro. [illegible] *Di maquita*. pp. It. *Taguimang* pp. *Mahiuaga*. pp.
Inviar. V. Enviar.

[illegible] pc. [illegible] pp. [illegible] pc.
[illegible] pc. *Na-mano* pc. [illegible]
pp.
[illegible] *Maraba*. pc. *Di masusunod* pp.

I antes de R.

Ir á Manila. *Louas*. pc.
Ir á la otra parte. *Daya*. pp. *Tauid*. pc.
Ir á cortar cabezas. *Ayao*. pc. *Pamugaot*. pc. *Pogot* pp.
Ir derecho á favor de la corriente. *Anod*. pp.
Ir dos juntos. *Abay*. pc. *Sama*. pp.
Ir estando alerta para que no caiga el que peligra. *Agao-agao*. pp. *Alagad*. pp. *Alalay*. pp.
Ir tras el enemigo sin dejar parar. **alig**. pp.
Ir ó dirigirse á alguna parte. *Tungo*. pp. *Tuoi*. pp. *Paroon*. pc.
Ir hombro á hombro, mano á mano. *Abay*. pc.
Ir á la par. *Agbay*. pc. *Agapay*. pp. *Alagbay*. pc.
Ir por atajo. **acras**. pc.
Ir por algo con solemnidad. *Dapit*. pp.
Ir á fiestas ó gallos. *Dayo*. pp.
Ir para que le conviden á la boda. **hiñguñgay**. pp.
Ir por agua. *Iguib*. pc. *Salop*. pp.
Ir con tiento para no hacer ruido. **imin**. pc.
Ir rio abajo. *Louas*. pc.
Ir poco á poco en lo que hace. **louay**. pp.
Ir de prisa á alguna parte. **palgas**. pc.
Ir delante enseñando el camino. *Pangona*. pp.
Ir en hombros de otro á caballo. *Pasan*[?]*g* pc.
Ir la muger á caballo como el hombre. **sallañgan**. pp.
Ir en busca del enviado que tarda. *Malongaong*. pc. *Salosop*. pp. *Salosor*. pp.
Ir á la parte con otro. **samaya**. pc.
Ir hombro á hombro. **sibay**. pp.
Ir dos abrazados del pescuezo. **sobaybay**. pc.
Ir á la iglesia á oir misa. *Nimba*. pc.
Ir en seguimiento de otros que fueron enviados. **songco**. pc. *Alinsunod*. pp.
Ir en busca de otro. *Hanàp*. pc.
Ir á la mano. **toco**. pc.
Ir al embarcadero ó rio. *Tugpa*. pc.
Ir al corte. **tugpa**. pc.
Ir y venir de acá para allá. *Yaot, ito*. pp. *Yaot, dito*. pp.
Ir al lugar señalado á donde se junten las partes para algun trato. **tagon**. pc.
Ir inclinado con la carga. **payguit**. pc.
Ira. *Galit*. pp. *Poot*. pp. *Ñitñit* pp.
Iracundo. *Magagalitin*. pc. *Kaligaligalin*. pp.
Iris, arco iris. *Balanghan* pc. *Bahaghari*. pp.
Ironía. *Palibhasa* pp. **inom**. pp. **parenglit**. pc. **laimlaim**. pp.
Irracional. *Ualang isip*. pp. *Ualang pag iisip*. pp. *Ualang bait*. pc. *Hayop* pp.
Irradiar. *Sinag*. pp. *Banaag*. pp. *Sinal*. pp.
Irrazonable. *Uala sa catuiran*.
Irreconciliable. *Di mapagcasundo*. pc. *Ualang pag cacasundo*. pc.
Irrecuperable. *Di mabaoui*. pp.

Irrefragable. *Di mapming*. pc. *Di malanguihan*. pc.
Irremediable. *Ualang daang mahusay*. pp. *Ualang daang mapag husag*. pp.
Irremisible. *Ualang capatauaran*. pc.
Irreprensible. *Masunorin*. pp. *Ualang maipintas*. pc.
Irresoluto. *Alanğan*. pc. *Alinlanğan*. pp. *Orong solong*. pp.
Irreverencia. *Pagca ualang galang*. pp.
Irrevocable. *Di mabago*. pp.
Irrisible. *Catauataua*. pc.
Irrision. V. Burla.
Irrision que se hace á uno por haberle sucedido un percance inesperado. A. *Gilat*. pp. *Handa cá*. pc.
Irritable. *Magagalitin*. pc.
Irritar. *Hilabut*. pp. *Poot*. pp. *Galit*. pp. *Lupit*. pc.
Irritar, azuzar el perro. *Oyó*. pc.
Irse á ver mundo. *Sinğit*. pp.
Irse acabando. **cali**. pc. *Obos*. pp.
Irse acabando alguna obra. **guitis**. pp. *Otas*. pc. *Tapos*. pp.
Irse contra la corriente. *Subá*. pp.
Irse por varias partes. *Uacauac*. pp.
Irse secando. **ayingaying**. pc.
Irse del pueblo. **alig**. pp.
Irse cayendo el enfermo. **catoy**. pp.
Irse tras aquello que tiene costumbre. **gagami**. pc.
Irse pasando de sazon alguna fruta. **lotac**. pp.
Irse sin que lo vean. **lonos**. pc.
Irse á fondo. *Lobog*. pc.
Irse el tiro por alto **ilacbo**. pc.
Irse de miedo. **icap**. pp.
Irse secando la llaga. **pamala**. pc. *Bahao*. pp.
Irse in genere. *Panao*. pp.
Irse desesperado y aburrido de su mala suerte. *Patiuacal*. pc.
Irse lejos. *Tambar*. pc.
Irse lejos, como aburrido. *Tiuacal*. pc.
Irse el que navega. *Tolac*. pp.
Irse. *Yaon*. pp. *Paroon*. pc. *Panao*. pp. *Alis*. pc.
Irse los que hacen alguna cosa muy prolongada, como juego, conversacion, &c. **pota**. pp.
Irritar al niño. **iri**. pc.

I antes de S.

Isla ó lengua de tierra. *Poló*. pp.
Izquierda ó mano siniestra. *Caliuà*. pp.

J antes de A.

Jabalí. **pag-il**. pc. *Baboy damo*. pc. *Cimarong baboy*. pp.
Jabalina. **malaon**. pc. **malaong**. pc.
Jabato. **bolouisan**. pc. **bulao**. pc.
Jabon. *Sabon*. pc.
Jabon de la tierra. *Gogó*. pp.
Jaca. *Cabayong monti*. pc.

Jactancia. *Bansag*. pc. **liñgas**. pp. *Paranğalan*. pp. *Caparanğalanan*. pc.
Jactarse. **paliñgas**. pp. *Pamangsa*. pc. *Pangay*. pc. **palañgas**. pc. *Pamansag*. pc.
Jadear de alegría. **hagas**. pp.
Jadear de cansado. **hicang**. pc. *Hinğal*. pp.
Jadear. **taghoy**. pc. *Sinğasing*. pc. *Hinğasing*. pp.
Jaez. *Gayac nang cabayo*. pp.
Jamas. *Cailan man*. pc.
Jarana. *Inğay*. pp. *Hiauan*. pp.
Jardin. *Halamanan*. pp. *Looban*. pp. *Laguerta*. pp.
Jareta. **hugotan**. pp.
Jaripo. *Mariquit*. pc. *Mainam*.. pp.
Jarro. *Saro*. pp.
Jaula ó encierro de cualquier animal. *Culonğan*. pc. *Tangcal*. pc.
Jaula de puercos. **talarac**. pp. *Olbó*. pc. *Colonğan*.
Jazmin. *Sampaga*. pp. *Campopot*. pp.
Jerapellina, ó andrajos *Gulanit*. pc. *Basahan*. pp.
Jesucristo. *Bogtong na anac nang Dios na nagcatauan tauo*.
Jibia. **bangcotá**. pp. **bacsat**. pc. **bagsat**. pc. **panos**. pc. **posit**. pc. **puguitá**. pp.

J antes de O.

Jocosidad. *Catatauanan*. pc. *Patataua*. pc.
Jornada. *Maghapong lacarin*. pp. It. *Hocbo*. pc. *Digmá*. pc.
Jornal. *Opa*. pp.
Jornalero. *Opahan*. pc. *Mag papaopa*. pc.
Jornalero que ayuda á coger arroz. *Manonolong*. pp. *Tumotolong*. pp.
Jornalero que no come sine trabaja. **agarcaia**. pp. **caycay tocá**. pc.
Jorobado. *Boctot*. pc. *Cubá*. pp. V. Corcobado.
Joven. *Binatà*. pp. *Bagong tauo*. pp. It. *Dalaga*. pp.
Jovial. *Masaya*. pc. *Maalio*. pc. *Maamè*. pp.
Joyas in genere. *Hiyas*. pc.
Joya de adorno. **gamay**. pc.
Joyas. **galañgan**. pp. *Galang*. pc.
Joya. **bactol**. pc. **pamigti**. pc.

J antes de U.

Jubilo. *Tuá*. pp. *Alió*. pc. *Sayá*. pc.
Juego que en España llaman segundo bellaco. **saminaca**. pp.
Juego varias especies. *Sintac*. pc. *Panyà*. pc. *Capona*. pp. *Pangguinggui*. pc. **tepo**. pp. **metua**. pp.
Juego de pares ó nones. **buclatan**. pp. **pacao**. pc. **paquiao**. pc.
Juego de esconder la piedra. **hilimbar**. pc.
Juego en el baño. **horoc**. pc.
Juego. *Larò*. pc. *Sugal*. pc. It. *Olayao*. pp.
Juego de manos. *Malicmata*. pp.
Juego de muchachos. **salibongbong**. pp. **sambongbong**. pp.

Juego con almejas. **salongquit.** pc.
Juego de damas. **satol.** pc.
Juego de niños cogiéndose unos á otros. **siling-siling.** pc.
Juego de muchachos. **tubigan.** pc.
Juego de los niños. **quirquir.** pc.
Juego de niñas. **coro.** pc.
Juez. *Hocom.* pc.
Jugador. *Palasugál.* pc. *Sugarol.* pc.
Jugar con los pies meneando. *Pangúyacoy.* pp. *Cuyacoy.* pp.
Jugar, juego de gallos. *Sabong.* pp. It. *Topada.* pp. **sapiac.** pc.
Jugar apostando azotarse con los dos dedos primeros. **bantil.** pc.
Jugar con tiestos dándolos con el pie. **bingcay.** pc.
Jugar á quien tira mas largo. **hibot.** pc.
Jugar con el niño en los brazos. **hindiriqui.** pc.
Jugar con cocos partidos. **imbos.** pc.
Jugar in genere. *Laró.* pc. *Sugal.* pc. It. *Botingting.* pc.
Jugar á matar atando la navaja en el pie. **papisan.** pp.
Jugar con palillos. **sagam.** pc. **sacam.** pc.
Jugar dando un trompo contra otro **pasil.** pp.
Jugar con medios cocos. **pasitiay.** pc.
Jugar al tejo. **pata.** pp. **tibalri.** pc.
Jugar con piedrecitas ó sigueyes. *Siclot.* pc.
Jugar las muchachas con piedrecitas. *Sintac.* pc.
Jugar en el agua. **handi.** pc.
Jugar de manos. *Taguibulag.* pp.
Jugar al trompo. **taquin.** pc.
Jugar á encojar los gallos. **papilay.** pp.
Jugar las bolas con paleta. **quisquisan.** pp.
Jugo. *Gatás.* pp. *Bisá.* pp. **yabo.** pc.
Juguete de niños. *Ayamen.* pp. *Laroan.* pp. *Galauan.* pp.
Juguete. **catoua.** pp. *Galao.* pc.
Juguetón. **taloguigui.** pc. *Magalao.* pc. *Malicot.* pc.
Juicio temerario. *Hatol.* pp. *Opasalà.* pp.
Julio. *Pangalan nang buan icapito sa lacad nang taon.*
Julo ó guia del ganado. **patoro.** pp.
Juncia que esparcen en las iglesias los dias festivos. *Balangot.* pc.
Juncia ó zacate. **potoc.** pp. **tiquió.** pp.
Juncos. **tacbac.** pc.
Junio. *Icaanim na buan sa lacad nang taon.*
Juntar cosas punta con punta. *Sodlong.* pc. *Sugpong.* pc. **hogpong.** pc.
Junta ó corrillos. **cogoncagon.** pp. *Polong.* pp.
Junta carnal. *Apir.* pc. *Siping.* pp.
Junta de varios. *Balangay.* pp.
Junta ó circunvecindad. **sagayon.** pp. **salapong.** pp.
Junta de gente. **sangpanauang.** pc.
Junta como de consejo. *Polong.* pp.
Juntamente. *Toloy.* pc. *Sabay.* pc. *Sampen.* pc. *Pati.* pc. **hampon.** pc.
Juntar. *Agapay.* pc. **alison.** pp. **catnig.** pc. **impon.** pc. *Ipon.* pp. *Tipon.* pp. *Pisan.* pp. *Aquip.* pp.
Juntar á una cosa á otra para ajustarla. **tamtam.** pc.
Juntar palos quemados en la sementera. **yabat.** pp.
Juntar una cosa con otra. **dailas.** pp.
Juntar tierra al pie del árbol. **gaboc.** pp.
Juntar los lábios. **lampi.** pc.
Juntar una cosa con otra. **langcap.** pc.
Juntar para tratar algo. **atip.** pc.
Juntar y juntarse. *Siping.* pp. *Abay.* pc.
Juntar de repente las palmas de la mano en señal de dolor ó espanto. *Daop.* pp. *Daop.* pc.
Juntarse mucha gente por acudir á algun suceso. *Dalo.* pc. *Guibic.* pc.
Juntarse dos en una almohada. *Bouig.* pp.
Juntarse mucha gente en alguna parte. **timpalac.** pp. I. pc.
Juntarse para tratar algo. **atba.** pc. *Lipon.* pc.
Juntarse muchos. **boyboy.** pp. *Polong.* pp.
Juntarse las abejas. **hoyoc.** pp. **boyoc.** pp.
Juntarse los pescados. **caticot.** pp.
Juntarse la gente para algo. **dacdac.** pc.
Juntarse uno para seguir á muchos. **daguison.** pp. **dasig.** pp.
Juntarse. *Datig.* pp. *Tipon.* pp. *Daiti.* pp.
Juntarse muchos para ver algo. **gagang.** pc.
Juntarse con quien no gusta del Padre. **iquil-iquil.** pc.
Juntarse mucha gente como niebla espesa. **ipaip.** pc.
Juntarse una cosa con otra. **lagom.** pp.
Juntarse el varon con dos hermanas ó primas. **lagom.** pp.
Juntarse con otros. *Lahoc.* pc.
Juntarse mucha gente. *Lipon.* pc.
Juntarse uno á otro con la cabeza. **olon.** pc.
Juntarse, como rios, caminos. &c. **salopong.** pp.
Juntarse las cosas de un género. **payac.** pc.
Juntarse dos rios para hacer uno. **sambal.** pc.
Juntarse el enjambre. **polopot.** pp.
Juntarse muchos á tocar tambor. **timpi.** pc.
Junto, cerca. *Malapit.* pp.
Juntos, moler, batir, remar juntos. *Asor.* pc.
Juntura que se hace en el madero. **babac.** pp. **cotab.** pp.
Jurador, maldiciente. *Mapanumpá.* pc. *Manunumpá.* pc.
Juramento. *Sumpá.* pc. *Panumpá.* pc.
Juramentos execratorios. *Matay.* pc. *Madoroy.* pp. *Pisanan.* pp.
Jurar. *Panumpá.* pc. *Sumpá.* pc. **samba.** pc.
Justicia ó virtud. *Cabanalan.* pp.
Justicia conforme á la razon. *Catapatán.* pc. *Catouiran.* pp.
Justificar. *Mapatotohanan.* pp. *Mapaliuanag.* pp.
Justo. *Banal.* pc. It. *Dapat.* pp. *Tapat.* pc. *Tampat.* pc. *Carampatan.* pp. *Catampatan.* pp. It. *Siya.* pp. *Casia.* pc. *Sucat.* pp.
Juicio. **baculi.** pc. *Bait.* pc. It. *Mangmang.* pc.
Juventud. *Cabataan.* pp. *Cabinataan.* pp. *Quinabogong taohan.* pp.
Juzgado. *Hocoman.* pp.
Juzgar, juicio. *Hocóm.* pc. *Hatól.* pp.

La, artículo de nombres apelativos. *Ang.*
Labia. *Matamis mangusap.* pp.
Labio. *Labi.* pp. *Ngosó.* pp. *Ongos.* pc.
Labio grande. *Labian.* pc.
Labios colorados con el buyo. **lumpi.** pc.
Labio de arriba. *Ongos.* pc.
Labios del miembro viril. **tangtang.** pc.
Labio partido. **tongqui.** pc. **songi.** pc. **buñgi.** pc. *Bingot.* pc.
Labor. **bigsac.** pc. *Gauá.* pc.
Labor de aguja. **solam.** pp.
Labor en costura. **hilispisan.** pp.
Labor que comienza grueso y acaba delgado. **languit.** pc.
Labores de petates ó tegidos. **sabat.** pp.
Labores en las cañas. **sincaban.** pp.
Laboriosidad. *Sipag.* pp. *Caspagan.* pp. *Sicap.* pc.
Labrador. *Mag sasaca.* pc. *Mag bubuquid.* pc. *Mag aararo.* pc.
Labrantio. *Ararohin.* pc. *Buquid.* pp.
Labranza de montes para sementeras. *Caingin.* pp.
Labrar en bejuco. **ayubo.** pc.
Labrar tierra de regadio. **baliuay.** pp.
Labrar sementera por las orillas. **dagayapas.** pc.
Labrar popa ó proa de la banca. **paling.** pc. **saping.** pc.
Labrar quadrado. **lapis.** pp.
Labrar sementera. *Saca.* pp. *Araro.* pp. *Buquid.* pp.
Labrar madera desbastándola. **tangcal.** pc.
Labrar barro. **pipi.** pp. **tipí.** pp.
Labrar con cincel. **tocol.** pc.
Labriego. *Taong buquid.* pp. *Bolobondoquin.* pp.
Lacerar. *Damot.* pp.
Lacio. **gahi.** pp. *Lanta.* pc. *Laying.* pp.
Lacra. *Casalaan.* pc.
Lacrimar. V. Llorar.
Lactancia. *Pag suso.* pp. *Panahong pasusohin ang batà.*
Ladeada y algun tanto cuesta arriba. **dalinsil.** pc.
Ladear. *Gaui.* pc. *Hinguil.* pc. It. *Balicuat.* pc.
Ladearse algo por mal asentado. **taguibang.** pc.
Ladearse como el juez. **hiñgapi.** pp.
Ladearse algo. **igual.** pc.
Ladear algo por la punta. **uaic.** pc.
Ladear de una parte á otra. **uais.** pp.
Ladear la cabeza. *Baling.* pp. *Linga.* pc. *Lingay.* pp.
Ladear algo mucho. **pihol.** pp.
Ladear algo. *Quiling.* pp. *Taguilid.* pp. *Hilig.* pp.
Ladeado. **diing.** pc. **quibang.** pc. **sonday.** pc. **sora.** pp. **pihol.** pp.
Ladeado como mesa ó casa. **piing.** pp.
Ladera. *Libis.* pc. *Dahilig.* pp.
Lado. *Taguiliran.* pp *Tabi.* pc.
Ladrar. *Tahol.* pc. *Hothol.* pc. **cahong.** pc. *Alolong.* pp. *Cangcung.* pc. **doñgol.** pc. *Taquin.* pc.
Ladrar el perro al venado. **batoc.** pc.
Ladrido. *Alolong.* pp. *Tahol.* pc. *Taquin.* pc.
Ladron. *Magnanacao.* pp.
Ladron, ratero. *Tecas.* pp.

Lagaña. *Motá.* pp. **otitap.** pp.
Lagaña gruesa. *Dirà.* pp.
Lagar de vino. *Alacan.* pc. *Hapilan nang ubas.* pp.
Lagartija grande. **boboyog.** pc.
Lagartija ordinaria. *Botiqui.* pc.
Lagartijas grandes. **timba.** pc. *Tocó.* pc.
Lagarto. **balobir.** pp. **bangcalang.** pc. **tiboli.** pp. *Bubuli.* pc. **timbalac.** pc. **timbabalac.** pc.
Lagarto, iguana *Bayauac.* pp. **bayagbag.** pc.
Lagarto parecido al cámaleon. **añgañga.** pp.
Lago. *Lauà.* pp. *Dagatan.* pp.
Laguna. *Lauà.* pp. *Dagat na munti.* pp. *Dagatan.* pp.
Lagunajo. *Lauà.* pp.
Lagunilla. **laog.** pp. *Dagatan.* pp. *Dagatdagat.* pp.
Lágrimas. *Lohà.* pc. *Togactac.* pc.
Lagrimales. *Daloyan lohà.* pp.
Lama. **himolarin.** pc. *Lomot.* pp.
Lama que se cria en piedras ó madera. *Lomot.* pp. **lamat.** pp.
Lamentable. *Cahambalhambal.* pc. *Cahapishapis.* pp.
Lamentar. *Tangis.* pp. *Panaghoy.* pc.
Lamer. **dimol.** pp. *Himod* pp.
Lamerse los labios ó dedos. *Himor.* pp.
Lámina. **lantay.** pc. *Batbat.* pc.
Lampacear. *Ponas.* pp.
Lámpara que no alumbra bien. *Pongay* pp.
Lamparones. **bicat.** pp. *Biqui.* pp. **bayiqui.** pp.
Lampiño. *Ualang balbas.* pc. *Malinis ang muc-hà.* pc.
Lana. *Balahibo nang tupa.* pp.
Lana que se saca de un palo silvestre. **baloc.** pp.
Lance. *Abang.* pp. It. *Panganib.* pp.
Lance. *Tapon.* pp. It. *Cadcad.* pc.
Lancear. **lahir.** pp. *Sibat.* pc.
Lanceta. *Pangarlit.* pc. *Panasa.* pc. **panaguis.** pp.
Lanceta con que degollaban el gallo segun ley de Mahoma. **panogis.** pp.
Langosta. **balang.** pp. It **dayupay.** pp.
Langosta antes que vuelve. *Locton.* pc.
Langostas marinas. **sopongalat.** pp.
Langoston. *Paclong.* pc. *Tipaclong.* pc. **sambasamba.** pc.
Languidez. *Cahinaan.* pp. *Latà.* pc.
Lanza con lengüeta. *Calauit* pc. I. pp.
Lanza con que pescan tortugas. **hauil.** pc.
Lanza como fisga. **panamit.** pp.
Lanza para coger carabao. **pañganuang.** pc.
Lanza. *Sibat.* pc. **gayang.** pc. **tilapó.** pp. *Sinampacan.* pc. **taliposo.** pc. **tandos.** pc. **halotactac.** pc.
Lanza con punta de hierro. **landos.** pc.
Lanza grande. *Tolag.* pc. **pañganuang.** pc.
Lanza de ocho lengüetas. *Pinog ualohan.* pc.
Lanza reluciente. *Quintub.* pc.
Lanza con lengüeta como fisga, que atan con un cordel á la asta. *Pamoga.* pp.
Lanzada. *Tasac.* pp.
Lanzadera de tejedor. *Bolos.* pp. I. pc. *Sicuanan.* pp.

Lapo. *Lapad.* pc. *Hampas.* pc.
Lardear. *Lahir.* pc. l. pp. *Pahid.* pp.
Largar. **bognos.** pc. *Tostos.* pc. It. *Botao.* pc. *Bitao.* pc.
Largar bandera. *Ladlad.* pc. *Uagayuay.* pc.
Largar la vela. *Bognos.* pc.
Largarse. *Tolac.* pp. *Alis.* pc. **motaui.** pp.
Largo, como cordel. **labar.** pc.
Largo mas que ancho. *Talonghabá.* pc. *Talinghabá.* pc.
Largo de cuerpo. **yañgao.** pc. *Mahauas.* pc.
Largo. **uayuay.** pc. *Labay.* pp. *Habá.* pp. *Lauig.* pp. **lambá.** pc.
Largo de zancas. **tacdang.** pc.
Lascivia. **gayot.** pc. **calasahan.** pc. *Libog.* pp.
Lástima. *Auá.* pp.
Lástima ó lastimarse. *Habag.* pc. *Hambal.* pc. *Hinayang.* pp. *Sayang.* pp.
Lástima de cosa que se pierde, ó se malbarata. *Sayang.* pp.
Lastimarse acaso la boca. **songal.** pc.
Lastimarse. *Saquit.* pc. *Masactan.* pc.
Lastimero. *Cahapishapis.* pp. *Calonoslonos.* pp.
Lastimoso. V. Lastimero.
Lastre. **talac bahalá.** pp.
Latamente. *Lauig.* pp. *Malauig.* pp.
Lateral. *Sa taguiliran.* pp. *Taguiliran.* pp.
Latidos in genere. **quitig.** pc. *Tiboc.* pc.
Latidos de lo que se abre y cierra como el tracero de la gallina. *Quimpot.* pc.
Latidos de pulso. **quimot.** pp. *Quibot.* pc. **litic.** pc. *Tiboc.* pc.
Latigazo. *Hampas.* pc.
Latigo. *Cumpas.* pc. *Pang hampas.* pc.
Latir. V. Latidos.
Latitud. *Lapad.* pp. *Calaparan.* pp.
Lato. *Calat.* pp. *Malapad.* pp. V. Latamente.
Laton. *Tansò.* pc.
Latria. *Pag samba sa Dios.* pc.
Laudable. *Dapat purihin.* pp.
Laurea. *Potong.* pp.
Lauro. *Puri.* pp. *Dañgal.* pc. It. *Uugui.* pc.
Lavaduras de arroz. *Hogas bigas.* pc. *Sabao sinaing.* pp.
Lavandera. **magpipipi.** pc. *Mag lalaba.* pc.
Lavar llagas, postilla, lepra. &c. **dilos.** pc. *Langgas.* pc.
Lavar arroz en cáscara. **canab.** pp.
Lavarse mal. **guihalguihal.** pc.
Lavarse la cara. *Hilamos.* pp.
Lavarse manos ó pies. *Hinao.* pc.
Lavarse la boca. *Momog.* pp. *Guigui.* pp. **hisó.** pp.
Lavarse la cabeza metiéndo los cabellos en el agua. **longgaye.** pp.
Lavar lo que no fuere ropa. *Hogas.* pp.
Lavar algo metiéndolo en el agua. **inog-og.** pc.
Lavar arroz metiéndolo en el cesto para que nade la paja. **onab.** pp.
Lavar la ropa. **pipi.** pp.
Lavar con lejía. **tyis.** pp.
Lavativa *Sompit.* pc.
Lazada. *Talibogsó.* pc. *Taguilapsó.* pc. *Sigalot.* pc. **saguilot.** pc.
Lazada de los cabellos. *Poyor.* pc. *Posod.* pc.
Lazarillo. *Man aacay.* pp. *Mang aacay.* pp.

Lazo. *Siló.* pp.
Lazo para coger pájaros. *Bitag.* pp. **latay.** pp. *Sagar.* pc. **bantay.** pc.
Lazo para coger puercos. **taguin.** pp.

L antes de E.

Leal. *Tapat.* pc. *Di nag lililo.* pp. *Ualang calilohan.* pc. *Tapat na loob.* pp.
Leccion. *Sulit.* pp. It. *Tacdang pag aaralan.* pp.
Lechada. *Bohos.* pp. *Pang bohos.* pp.
Leche de coco con sal. **bolos tagac.** pp.
Leche de árbol, ó fruta. *Dagtá.* pc.
Leche de coco esprimida. *Gatá.* pc.
Leche in genere. *Gatas.* pp.
Leche que rebosa el niño. **loñgar.** pc.
Leche de frutas pegajosas. **lorit.** pp.
Lechigada de puercos perros. &c. **sanganacan.** pp. **sangancan.** pc. *Isang pisà.* pc.
Lecho. *Hihig-an.* pc. *Hiligan.* pc.
Lechon. *Byic.* pp. *Buyic.* pp. *Buic.* pc. **bouic.** pc. **bolaó.** pc.
Lechon bermejo. **bolias.** pc.
Lechoncillo. **colig.** pc.
Lechuza. *Couago.* pp.
Leer. *Basa.* pp.
Leer sin deletrear. *Lalos.* pc.
Legado. **sogó.** pp. It. *Mana sa hindi camaganac.* pp.
Legal. *Matuid.* pp. It. *Masipag sa catungculan.* pp.
Legalizar. *Pag tibain ang isang casulatan.*
Legatario. *Ang nagmana sa iba.*
Legible. *Mababasa.* pp.
Legislador. *Ang nag ootos* pp. *Ang nagpapacanà nang caotosan.* pc.
Legítima. *Ang dapat manahin.*
Legitimamente. *Ayon sa matuid.* pc.
Legitimar. *Paliuanaguin ang catunayan.* pp.
Legítimo hijo. *Anac sa Sacramento.* pp.
Lego. *Oldog.* pc. It. *Tauong ualang pinag aralan.*
Legumbre. *Gulayin.* pc. *Gulay.* pp.
Legumbre que sin composicion se come en la comida. *Potat,* l. *Putat.* pp.
Lejanía. *Layó.* pp. *Calayoan.* pp.
Lejía de la colada. **sali.** pc.
Lejía. **tilis.** pp.
Lejos. **palac.** pc. *Layò.* pp. *Di palac.* pc. **babao.** pc. **di babao.** pc.
Lejos como un tiro de arma. **touay.** pc.
Lelo. *Olol.* pc. *Mangmang.* pc.
Lendrera. *Suyod.* pp.
Lengua de perros. *Sorosoro.* pp.
Lengua tosca. **bacqui.** pc.
Lengua, lamer. *Dilá.* pp.
Lengua de palo donde se encaja la lengua del arado. **palonas.** pp.
Lenguado pez. *Dapá.* pc.
Lenguage. *Uicà.* pp. *Pañgoñgosap.* pp.
Lengueraz. *Oslac.* pc.
Lenguaz. *Matabil.* pc.
Lengüeta de flecha ó anzuelo. *Simà.* pp. *Salait.* pp.
Lengüeta de balanza ó de instrumentos músicos. *Dilá.* pp.

Lenidad. **yomi.** pp. *Lambot.* pc.
Lenitivos. **taguiamo.** pp. It. *Pang lambot.* pc. *Pang alio.* pc.
Lentamente. *Oali oali.* pp. *Inot inot.* pp.
Lente. *Salamin.* pc. *Panĝila.* pp.
Leña para el fuego. *Gatong.* pp. *Cahoy.* pp. *Panggalong.* pp.
Leña seca ó podrida. **taguipos.** pc. *Gatò.* pc.
Leon. **yalimao.** pp. *Halimao.* pp.
Leonado. **tinalaban.** pp. I. pc.
Lepra mala. **bucaocau.** pc.
Lepra. **pañgati.** pc. *Cati.* pc. **borog.** pp. **hilá.** pp.
Lerdo. *Maragal.* pp. *Macuyad.* pp. *Macupad.* pp. *Mabagal.* pp. **calay.** pc. **patang.** pc.
Lesion. *Saquit.* pc *Sugat.* pp.
Lesna. *Balibol.* pp. **pusod.** pc.
Leste. *Amihan.* pp.
Letra. *Sulat.* pp.
Letrado. *Marunong.* pp. *Pantas.* pc.
Leva. *Pag tulac.* pp.
Levadizo. *Bohatin.* pp. *Buhatbuhat.* pp.
Levantamiento sedicion. *Panhihimacsic.* pc.
Levantar el palo ú otra cosa por la una punta. *Ticuas.* pc.
Levantar algo y llevarlo. **sacbot.** pc.
Levantar alguna cosa con presteza. **biyabit.** pp.
Levantar metiéndo palanca de bajo. *Soal.* pc. *Huit.* pc.
Levantar llamas el fuego. **alicbobo.** pp.
Levantar el brazo ó amagar. *Hanyâ.* pp. *Yambà.* pc. *Ambá.* pc.
Levantar cosa pesada. **hiuat.** pp. *Bintay.* pc.
Levantar el rostro. *Tonghay.* pc. *Tonhay.* pc. **talaghay.** pc. It. *Tiñgalà.* pc.
Levantar la escalera. **dahit.** pp.
Levantar el pelo caido á los ojos. *Sabucay.* pc.
Levantar algo con dos dedos. *Dampot.* pc.
Levantar algo en las palmas de la mano. *Sapola.* pp.
Levantar á otro el rostro con las manos. *Suñgañgà.* pp.
Levantar el agua el que rema. **alimbocau.** pp.
Levantar algo con la mano. **ambiyang.** pp.
Levantar algo suspendiéndolo. **bintao.** pc.
Levantar la caña del anzuelo. **biuas.** pp.
Levantar testimonio. *Buhat.* pp. *Bintang.* pc. **diquit.** pc. **hilaganya.** pc. *Pariquit.* pc. *Paratang.* pp.
Levantar llama el fuego. **lagiab.** pp.
Levantar á uno para arrojarlo de golpe en tierra. **pasacay.** pc.
Levantar algo con la punta de palo ó caña. *Sunquit.* pc.
Levantar á alguno para arrojarle de golpe. **sambouang.** pp.
Levantar el pie el perro para orinar. **taolang.** pc.
Levantar de golpe el anzuelo. **tagtag.** pc. *Biguas.* pc.
Levantar. **tali.** pp. *Bañgon.* pp. *Buhat.* pp. **talihin.** pc. *Taas.* pc. I. pp.
Levantar algo para buscar debajo alguna cosa teniendo la tapadera con la mano. **talocas.** pc. *Ticuas.* pc. *Talicuas.* pc.
Levantar las olas á la embarcacion. **talog.** pc.
Levantar algo con alzaprima. **talompana.** pp.
Levantar el rostro alargando el pescuezo. **tinghar.** pc.
Levantar la cabeza. **tonhac.** pc. *Tonghay.* pc.
Levantar algo de la punta á lo largo. *Taas.* pc. *Ticuas.* pc. *Biguas.* pc.
Levantar con alzaprima. **sondong.** pc.
Levantar con las palmas de las manos algo que está colgado, ó en el suelo. *Sapula.* pp.
Levantarse despavorido, ó levantar asi algo pesado del suelo. **taliuacas.** pc.
Levantarse asustado el que duerme. *Balicuas.* pc.
Levantarse de esclavo á mayores. **balouat.** pp.
Levantarse. *Bañgon.* pp. *Tindig.* pc. *Buhat.* pp.
Levantarse el pecho del que agoniza. *Hicab.* pc.
Levantarse el estómago. **hipi.** pc.
Levantarse con lo ageno. **aclap.** pc.
Levantando, como el ombligo. **boual.** pp.
Levantarse el que esta sentado. *Tindig.* pc.
Levantarse las olas. *Simpoc.* pc. **linsoc.** pc. *Tampoc.* pc.
Levantarse la ciudad ó provincia contra su rey. *Bagsic.* pc. *Himacsic.* pc.
Levantarse uno con todo llevándolo. *Boó.* pp. *Binoó mo palang quinoha.* Te levantas con todo.
Levante. *Silañgan.* pp. It. *Amihan.* pp.
Levantisco. *Taga Silañgan.* pp.
Levar. V. Levantar.
Leve. *Magaan.* pc. It. *Munti ang casaysayan.* pp. *Hamac.* pp.
Levita. *Lahi ni Levi, ó angcan ni Levi na nag lilingcod sa simbahan nang Jerusalem nang una.*
Levitico. *Isa sa mañga librong sinulat ni Moises, ritual nang mañga Judio.*
Ley. *Otos.* pp. *Caotosan.* pc.
Leyenda. *Basahin.* pc. *Babasahin.* pc.

L antes de I.

Liar el cuerpo del difunto. **balacas.** pc.
Liar cosa quebrada. **balangcat.** pc.
Liar ropa. **bantal.** pc.
Liar. *Bigquis.* pc. **babat.** pc. *Tali.* pp.
Liberal. **alam.** pp. *Mapamigay.* pc. *Labosao.* pc. *Magandang loob.* pp.
Liberalidad. *Cagandahan nang loob.* pp. **calabusauan.** pc.
Libertad. **camaharlicaan.** pc. De **mahaglicá.** pc. It. *Sariling calooban.* pp.
Libertad en el hablar. *Talipandas.* pc.
Libertar. *Timauâ.* pp. **mahadlicá.** pc.
Libertar. *Ligtas.* pc.
Libertino. *Talipandas.* pc.
Lividinoso. V. Lujurioso.
Libra de veinte y dos onzas. *Cati.* pp.
Librar. *Agau.* pp. *Ligtas.* pc.
Librar á alguno del peligro. *Sambot.* pc.
Librar ó pasar el deudor la deuda en algun pariente del acreedor. *Saclit.* pc.
Librarse de algun mal. **tauas.** pc. *Timauâ.* pp. **pocas.** pc.
Libre. **mahadlica.** pc. *Natimauâ.* pp.
Libro. *Sulat.* pp. *Casulatan.* pp.
Licencia. *Paalam.* pp. *Tolot.* pp. *Pahintolol.* pp.

Licencioso. V. Livertino.
Licitar. *Pataas*. pp. *Sulong*. pp. *Palong nang halaga*. pp. *Dagdag nang halaga*. pp.
Licito. *Matuid*. pc. *Tapat*. pc.
Licor que destila el coco. *Tubá*. pc.
Licor de la palma de cocos. **tinam-is**. pc.
Licuar, ó liquidar. *Tunao*. pp.
Lisas. **aguas**. pp. *Banac*. pp. **malabanac**. pp.
Lisas del mar. **balanac**. pp.
Lisas que ya desovaron. **moui**. pp.
Lisas medianas. **tandipil**. pc.
Lisas con huevos. **putlian**. pp. *Itlogan*. pp.
Lid, lidiar. *Babag*. pc. *Auay*. pp.
Liendre. *Lisá*. pc. **copi**. pc.
Liendres muertas pegadas al cuello. **coyopi**. pc.
Lienzo mal tejido. **daandaan**. pc.
Liga. *Panali*. pp. *Tali*. pp. **bitic**. pc.
Liga. *Patda*. pc. *Dagtà*. pc.
Ligar. V. Atar.
Lijero. **salicsi**. pc.
Ligereza, ligero. *Tulin*. pp.
Lijereza. *Licsi*. pc. *Bilis*. pc. It. *Gaan*. pc.
Lijereza de la banca. **sablay**. pc. *Sagalsal*. pc.
Lima, limar. *Quiquil*. pp.
Limar los dientes. *Alal*. pc. **suguigui**. pp.
Limadura. *Quiniquilan*. pp. *Pinagquiquilan*. pp.
Limaduras de oro. **puyiu**. pp.
Limeta para vino. **toytoy**. pp.
Limitar. *Hangganan*. pc. *Laguian nang hangganan ó patuto*. It. *Bauasan*. pp. *Paontiin*. pp.
Limite. *Hangganan*. pp. *Patoto*. pp. *Moson*. pc.
Limitrofe. *Caratig*. pp. *Capanig*. pp. *Canognog*. pc. *Calapit*. pc. **cahibaybayan**. pp.
Limon. *Dayap*. pp.
Limones grandes. **tibuli**. pc.
Limosna. *Limos*. pc.
Limpiar dientes. *Sipan*. pp. *Hisó*. pp.
Limpiar el algodon. *Pipis*. pc.
Limpiar bejucos ó mondarlos. *Cayas*. pp.
Limpiar las verduras poniéndolas en disposicion de cocerse. *Himay*. pc.
Limpiar el cuerpo despues del baño. **disdis**. pc.
Limpiar la sementera para sembrar. **palispis**. pc.
Limpiar la olla con trapo y agua. *Punas*. pp.
Limpiar alguna cosa con mano, trapo, ó escoba. *Pispis*. pc. *Palis*. pc. *Palispis*. pc.
Limpiar alguna caña. *Yasias*. pc.
Limpiar al niño recien nacido con algodones untados de aceite. *Salisol*. pp. *Salisod*. pp.
Limpiar las hojas de caña dulce. **opas**. pp.
Limpiar boca y pecho del niño sin agua. **mismis**. pc.
Limpiar la sementera de yerbas. **limoc**. pc.
Limpiar llaga ó herida. *Langas*. pc.
Limpiar refregando. **horhor**. pc. *Hilod*. pp. *Coscos*. pc.
Limpiar la sementera de montones de yerbas. **himotong**. pc.
Limpiar lagañas. *Himotá*. pp.
Limpiar la red. **himoñga**. pp.
Limpiar el niño. **basá**. pc.
Limpiarse el trasero arrastrando. **daylos**. pp.
Limpiarse despues del proveido. **ilos**. pp. *Iuang*. pp.
Limpio, limpiar. *Pino*. pp. *Linis*. pp. *Pahir*. pp. *Hauan*. pp. **pagui**. pp. **susi**. pc.

Linaje. *Anac*. pp. *Camag-anacan*. pp. *Angcan*. pc. *Lahi*. pp. **gusang**. pp. *Casamahan*. pp. *Hinlog*. pc.
Linaje sobresaliente. *Lipi*. pp. *Palipi*. pp.
Linde de palos ó estacas por no tener pilapil. **panolir**. pp.
Linde para los términos de la sementera. *Pilapil*. pp. *Patoto*. pp. **batang**. pp.
Lindero. **alas**. pp. **batang**. pp. *Hanga*. pc. **pasac**. pp. **latauan**. pp.
Lindeza. *Ganda*. pc. *Diquit*. pc. *Buti*. pp.
Lindo. V. Lindeza.
Linea. *Guhit*. pp.
Lio. *Balotan*. pp.
Liquidar. *Tonao*. pp.
Lisiado. **bacuit**. pc. **pihol**. pp. **basisi**. pc.
Lisiado de los dedos. **bocuit**. pc.
Lisiado de pies ó manos. **quimpay**. pc.
Lisiar. *Salá*. pc. *Sactan*. pc.
Liso. **lanang**. pc. *Quinis*. pp. **naynay**. pc. **uuayuay**. pc. **limang**. pc.
Lisongear. **samo**. pp. *Amó*. pp. **aró**. pp. *Uicauicà*. pp. *Hibò*. pp. **yaró**. pp. **loyo**. pp.
Lisongero. *Opasalà*. pp.
Lista de los contados. *Bilangan*. pc.
Lista. **linas**. pp. It. *Guhit*. pp.
Listas. **bolauis**. pp.
Listar la ropa tejiendo. **tañgi**. pc.
Listo. *Malicsi*. pc. *Masipag*. pp. *Tocoy*. pc.
Literato. *Marunong*. pp. *Paham*. pc.
Litigar. *Osap*. pc. *Mag osap*. pc. It. *Talo*. pp. *Taltal*. pc.
Litoral. **baybayin**. pp. *Dalampasigan*. pp. **pasig**. pp.
Liviano. *Gaan*. pc.
Lizas. *Banac*. pp.
Lizas de la mar cuando grandes. *Aguas*. pp.
Lizas pequeñas. *Talilong*. pp. **aligasin**. pc. *Capac*. pp.

L antes de O.

Lo interior lo que esta dentro. *Laman*. pc.
Lo que se echa abajo del brazo como banda. **acquibat**. pp.
Lo que basta. **ganang**. pc.
Lo que cuelga hácia á bajo. *Laylay*. pc. *Lauit*. pc.
Lo duro en cualquier raiz. **agalagal**. pc.
Lo que se pone abajo de otra cosa para sostenerla. *Salalay*. pp.
Lo que dá el Padre á los hijos. **obat**. pp. *Pasonor*. pc.
Lo grueso del palo que se disminuye poco á poco hasta la punta como candela ó árbol del navio. **alimosor**. pc. **taguirolo**. pc.
Lo grueso de los pólvos. *Gaspang*. pc.
Lo mas elevado de árbol. *Duclay*. pc. *Tayog*. pp.
Lo mismo que. *Ganga*. pc. *Ga*. pc. Lo mismo que carabao. *Ganga calabao*. pc.
Lo que de suyo ó de antes estaba mellado. *Yopi*. pp.
Lo que se dá á la novia para comprar los vestidos necesarios para la boda. *Capanaogan*. pc.

Lo último de la barriga inmediato ad partem verendam. **poclo.** pc.
Loable. *Capuripuri.* pp. *Dapat purihin.* pp.
Lobanillo. **biguel.** pp. *Bocol.* pp.
Lobanillo. **bucling.** pc.
Lobanillo agudo que tiene la gallina encima de la cola. **panlalanahan.** pc.
Lobanillo que nace debajo de la quijada. *Biquí.* pp. *Bagiquí.* pp.
Lobrego. *Alimoom.* pp. *Madilim.* pc. *Mapanglao.* pp.
Locacion. *Holog.* pp. *Bouis.* pc.
Loco. *Baliu.* pp. *Honghong.* pc. **bang-ao.** pc. **lancas.** pc. *Bañgao.* pc. *Olol.* pc.
Locuaz. *Matabil.* pc.
Locura. *Caololan.* pc. V. Loco.
Lodazal. *Putic.* pp. **lablab.** pc. **tonlac.** pc. **balahò.** pp.
Lodo aguado. **labon.** pc.
Lodo. **louar.** pp. *Putic.* pp. *Losac.* pp.
Lodo en los caminos. **himolarin.** pc.
Lograr. *Camit.* pc. *Tamo.* pc.
Lograr la buena ocasion. *Samantala.* pp.
Logro **ganda.** pc. *Tobó.* pp. *Paquinabang.* pp. **labá.** pc.
Logro, dar á logro. *Patobó.* pp. **palabá.** pc.
Loma. *Golod.* pp. *Tugortor.* pc. *Borol.* pc.
Lombriz que se cria en el cuerpo. *Olay.* pp. *Oliabid.* pp.
Lombriz que se cria en las tripas. **tiua.** pp. *Oliabid.* pp.
Lombriz. *Bulati.* pp.
Lomo de la daga. **aboor.** pp. **abouor.** pp. **boor.** pp.
Lomo. *Balogbog.* pc. *Gologod.* pc. *Licod.* pc. *Batoc.* pc. **tayortor.** pc. **tinlac.** pc.
Lomo de espada ó puñal. **bolor.** pp.
Lomo de pescado. *Palicpic.* pc.
Lomo que hacen los árboles. *Banil.* pp.
Longanimidad. *Catiisan.* pc. *Catibayan nang loob sa pa i tiiis.*
Longevo. *Matandá.* pc. *Magusgus.* pc.
Longitud. *Habà.* pp. *Cahabaan.* pp.
Loro blanco. **quilaquil.** pp. *Calañgay.* pp.
Los dias pasados. *Camacailan.* pc.
Los dos nombrando á su compañero. *Cami, ni.* pc.
Los dos hablando uno con otro. *Quita.* pc. *Cata,* pc. *Ta.* pc.
Losa. *Lapis.* pp.
Loza. **lalanghotan.** pp. *Pamantiñgin.* pp. *Papantiñgin.* pp.
Lozania. *Cariquitan.* pp. It. *Lagó.* pc.
Lozano. **salosog.** pc. *Masaya.* pc.

L antes de U.

Lucero del alba. *Talá.* pp.
Lucero de la noche. **ilao daga.** pp.
Luchar. *Bonó.* pc. **soong.** pp.
Luchar con la mano dando ventaja. **tangquilis.** pp.
Lucio. *Maquinis.* pp.
Lucro. *Paquinabang.* pp. *Tubó.* pp.
Luego sacando consecuencia. *Diyalá.* pp. *Cong gayon.* pc.
Luego que. *Pagca.* Luego que llegué. *Pagcarating co.* pc.
Lugar. (*Ma.*) Antepuesta á las raices, dice lugar donde hay abundancia de lo que significan dichas raices *Mapalay,* lugar donde abunda de arroz. *Maisdà,* lugar abundante de pescado.
Lugar ó cosa en que se ejercita alguna accion. *An,* de *sugal,* que significa jugar. *Sugalan.* Lugar de juego.
Lugar donde dá el sol y viento de hito en hito. *Lantar.* pc. *Tampac.* pc. **capayapasan.** pp.
Lujo. *Capalaloan sa pananamit ò sa iba pang bagay. Labis na pag mamariquit.*
Lujuria. *Calibogan.* pp. *Cahalayan.* pp.
Lujuriosa. *Hitad.* pc. *Talandi.* pc. *Quiri.* pc.
Lujurioso. *Malibog.* pp.
Lumbral, umbral. *Tayoan.* pp.
Lumbre. *Apoy.* pc.
Luna. *Buan.* pp. *Bouan.* pp. **manilong.** pp.
Lunes. *Icalauang arao sa lacad nang Linggo, ò arao na casunod nang Linggo.*
Luz muy pequeña y amortiguada. *Lamlam.* pp. I. pc. *Puñgay.* pp. *Andap.* pc. *Corap.* pc.
Ludir. **dahilas.** pp. **itaic.** pp.
Ludir una cosa con otra. **yais.** pp.
Ludirse por estar apretado. **daylas.** pp.
Luego. **bahol.** pc. *Bago.* pp. *Sacá.* pc. *Mamayá.* pc.
Luego que. **cayañganit.** pp. **cayañgat.** pp.
Luego, al punto. *Tambing.* pc. *Alipalá.* pp. *Cagyat.* pc. V. Al punto.
Lucido. *Dilag.* pp.
Luciernaga. *Alitaptap.* pc.
Lucir lo dorado. **guilap.** pp. **quilab.** pc.
Lucir mal la candela. **añgay.** pp. *Puñgay.* pp.
Lucir. **daguilap.** pc. *Ningning.* pc. *Quintab.* pc. It. *Niñgas.* pp. *Alab.* pp.
Lugar oscuro. *Alimoom.* pp.
Lugar de la centinela. *Bantayan.* pp.
Lugar-Teniente. *Cahalili.* pp.
Lugar frecuentado. **caronsolan.** pp.
Lugar donde suele estar de asiento *Lopalop.* pp.
Lugar sombrio para sestear. **palondagan.** pc.
Lugar donde tomaban juramento á su modo. **pasambahan.** pp.
Lugar deleitoso. **samiria.** pc.
Lugar donde paran los Aetas á comer el venado que cogieron. **sanà.** pp.
Lugar principal de la iglesia ó casa. **tooc.** pp. *Doyó.* pp.
Lugar descumbrado. *Tahao.* pp. *Lantar.* pc.
Lugar para guardar el bolo ó machete. **tacyaran.** pp. **tacdañgan.** pp.
Lugar donde daban sentencia á sus pleitos. **tambagan.** pp.
Lugar donde se estrellan las olas. *Tampolan.* pp.
Lugar embarazado como matorral. **pusiquit.** pc. **liquit.** pc.
Lugar bajo. *Libis.* pc.
Lunar negro. *Bahir.* pp.
Lunar. *Balat.* pp. *Tandá.* pc. **talihalat.** pp. **taling.** pp. **paqui.** pc. I. pp. *Nunal.* pc.
Lunático. *Olol.* pc. *Boboanin.* pp.

Lustre de ropa. **borac.** pp.
Lustre de oro. **dalag.** pp. *Sapo.* pc.
Lustre de oro ó ropa. **quimis.** pp. **himas.** pp. *Dilag.* pc.
Lustre. **ligos.** pp. *Quintab.* pc. *Quilab.* pc. *Ningning.* pc.
Luna nueva. *Bagong buan.* pp. *Tumao.* pp.
Luna llena. *Cabilogan.* pp. *Caliuanagan.* pp.
Luna creciente. *Nag boboò.* pc. *Nog bibilog.* pc.
Luna menguante. *Nag tutunao.* pc. *Nag dudurog.* pc.
Lustre de vestido. **liñgas.** pp. *Quintab.* pc. **sarang.** pc.
Lustre de ropa ú oro. **linac.** pc.
Lustre como cosa bruñida. *Quinis.* pp.
Lustre que se dá á algo. **pabalat.** pp.
Lustroso. **quilab.** pp.
Luto. **loco.** pp. *Locsò.* pc.
Luz. *Tanglao.* pc *Tinglao.* pc. *Ilao.* pp.
Luz ó claridad. *Liuanag.* pp.

Ll antes de A.

Llaga incurable. *Malalang sugat.* pp.
Llaga in genere. *Sugat.* pp.
Llaga en la boca por calentura. **guisao.** pc.
Llagado. *Sugatin.* pc. *Masugat.* pp.
Llagas interiores. *Goham.* pc. *Ococ.* pc.
Llagas de niños en la boca. *Lasò.* pp. *Dapolac.* pp.
Llagas difíciles de curar. **tabaghac.** pc.
Llama. *Niñgas.* pp. *Alab.* pp. *Liñgas.* pp. *Silacbo.* pc.
Llama con grande ruido. **dagabdab.** pc. **dagobdob.** pc.
Llamar. **cat.** pc. *Tauag.* pp. *Dagas.* pc. *Dag-as.* pc. **caon.** pc. *Acquil.* pp. *Sondó.* pc.
Llamar á uno que se espera con mucha premura. **sagonson.** pc.
Llamar para que le compren sus mercaderías. *Doro.* pp. *Lacó.* pp.
Llamar tocando la puerta. *Catog.* pc. *Togtog.* pc. *Calantog.* pc.
Llamar á los perros. **baltac.** pc.
Llamar el cazador ó compañero. **bollaó.** pc.
Llamar con señas *Cauay.* pc. *Payapay.* pp. *Paypay.* pc. *Capay.* pc.
Llamar á las gallinas. *Coroc.* pc. *Corroquiù.* pc.
Llamar el viento en calma. **corrupsan.** pp.
Llamar á las gallinas. **corosa.** pc.
Llamar convidando á comer. **hangquit.** pc.
Llamar aprisa. **hilabot.** pp.
Llamar á alguno, como cuando decimos ola. **houay.** pp.
Llamar de lejos al perro cuando cazan. **mangloy.** pc. **pangloy.** pc. **tangloy.** pc.
Llamar como quien dice jay. **oghi.** pc.
Llamar al que está muy lejos. **ouay.** pc.
Llamar á los hombres. *Oy.* pc.
Llamar al amigo. *Oya.* pc.
Llamar á alguno sin nombrarlo. **pamansag.** pc.
Llamar á voces en el monte. **saua.** pp.
Llamar ceceando *Sitsit.* pc. *Sotsot.* pc.
Llamar dando voces al que está lejos. **tilálay.** pp.
Llamar con la mano. *Cayuay.* pc. *Payapay.* pp. *Capay.* pc. *Cauay.* pc.
Llamar al padre ó á la madre con el nombre de él. *Ama.* pc. *Ina.* pc.
Llamar convidando. *Yacag.* pp.
Llamar al puerco. **yican.** pp. *Hecan.* pp. **bitsa.** pp.
Llamar el cazador á su compañero. **bolyao.** pp.
Llamarada del candil. **adap.** pc. *Andap.* pc.
Llamarada. *Dagabdab.* pc. **dalac.** pc. *Alab.* pp. **dagalay.** pc *Lagablab.* pc **galac.** pc.
Llamarada grande. *Laab.* pp. **lagab.** pc. *Liab.* pp. *Liyab.* pp.
Llamarada de petate. *Niñgas cogon.* pp.
Llamarada que sube muy alto. **olob.** pp.
Llamarada grande como humo **olop.** pp.
Llamarse. *Ñgalan.* pp. *Pañgalan.* pp.
Llanada. *Capantayan.* pp. *Capatagan.* pp.
Llaneza. **salangpar.** pc.
Llano como tierra. **latac.** pc.
Llano. *Pantay.* pc. *Patag.* pp. **tapia.** pc.
Llanto. *Tañgis.* pp. *Iyac.* pc.
Llanto grande entre dientes. *Ñgoyngoy.* pc.
Llanto grande. *Hagolhol.* pc. *Añgal.* pp.
Llanto despacio. **longlong.** pc.
Llanura con pequeña yerba. *Palis.* pc.
Llave. *Solot.* pc. *Yaui.* pp. *Susi.* pp.
Llave del dindin. *Guililan* pp.
Llave de casa ó iglesia. *Sicang.* pp. **bosolan.** pp. **bongsolan.** pp.

Ll antes de E.

Llegar. *Datal.* pc. *Dating.* pc. *Sapit.* pp. *Tambad* pc.
Llegar al oido á hablar. **olong.** pc. *Bolong.* pc.
Llegar de golpe mucha mercancía. *Dagsà.* pc. *Sacsá.* pc.
Llegar el niño á la madre gateando. **olagbang.** pc.
Llegar á la hora señalada. *Dating.* pc.
Llegar el tiro al blanco. *Hayon.* pp. **ontol.** pc. *Abot.* pc.
Llegar antes de tiempo. **lucab.** pc.
Llegar junto á otro asentarse ó dormir. *Siping.* pp. *Abay.* pc.
Llegar á otro sin cortesía á sentarse junto á él. **salangpar.** pc.
Llegar al término *Sacdal.* pc. *Sagad.* pc.
Llegar al enfermo el frio ó la calentura. **sacay** pp.
Llegar el agua á la casa cuando hay avenida. **sisip.** pc.
Llegar al puerto sin árbol ni vela. **amoyor.** pp.
Llegar poco á poco. *Hinating* pc.
Llegarse. *Dais.* pc. *Dolog.* pc. *Lapit.* pp. *Daiti.* pp.
Llegarse unos á otros para reñir. *Dais.* pc.
Llegarse uno á escuchar lo que están hablando. **hipic.** pp.
Llena luna. *Cabilogan.* pp.
Llenar. *Pond.* pc. *Monó.* pc.
Llenar su barangay. **bulir.** pc.

Llenar hasta derramar. **bulir.** pc.
Llenar la barriga de comida. *Sandat.* pc.
Llenar la boca de comida. **tamoal.** pp. *Samoal.* pp. *Mual.* pp.
Llenarse de agua la tierra. *Lipos.* pc.
Llenarse de lepra, calor. **potos.** pc.
Lleno, medrado. **liis.** pc. *Lipos.* pc.
Llevar algo arrastrando. *Daganas.* pp.
Llevar á mal enojarse. *Yamot.* pc. *Lupit.* pc.
Llevar á alguno entre dos con los brazos. **ang-gong.** pc. *Pangco.* pc.
Llevar la corriente lo que coge por delante. **an-dal.** l. **acdal.** pc. *Anod.* pp.
Llevar al niño con un paño que cuelgan en el hombro. *Sacbibi.* pp. *Sabi.* pp.
Llevar al niño sobre la cintura. *Saclang.* pc. *Qui-lic.* pp. **saui.** pp.
Llevar y traer chismes. *Hatid dumapit.* pp.
Llevar algo colgado de un palo. *Salungquit.* pc. *Salongcauit.* pp. It. **balayan.** pc.
Llevar en la palma de la mano. *Sapola.* pp. *Sapo.* pc.
Llevar algo tendido sobre los brazos. *Pangco.* pc.
Llevar en las espaldas. *Baba.* pc. **bactot.** pc.
Llevar el rio lo que está en la orilla. *Agnas.* pc. **api.** pp. *Acat.* pp.
Llevar el rio. **agnos.** pp.
Llevar uno entre dos. **ambiyang.** pp.
Llevar algo con trabajo. **auas.** pp. **alauas.** pp. **dauis.** pp.
Llevar mal puesta la carga. **auis.** pp.
Llevar á otro en banca. **baba.** pp. *Sacay.* pc.
Llevar el viento la embarcacion. **baguisbis.** pc.
Llevar cargando palo en las manos. **balintoang.** pc.
Llevar algo colgado de la mano. *Bitbit.* pc. **bing-bing** pc.
Llevar algo en la falda. *Candong.* pc.
Llevar algo á alguna parte. **caon.** pc.
Llevar la corriente. **carcar.** pc. **api.** pp. *Anod.* pp.
Llevar algo escondido en los brazos. **cayong-cong.** pc.
Llevar que comer al necesitado. **dais.** pc.
Llevar in genere. *Dala.* pc. *Taglay.* pc.
Llevar tras sí. **damag.** pp.
Llevar el viento, como al papel. *Pauid.* pp. **galbo.** pc. **yacbo.** pc. *Lipad.* pc. *Payid.* pp. **pa-lambo.** pc.
Llevar algo entre dos en un palo. **halintouang.** pc. *Tuang.* pc. *Touang.* pc. *Osong.* pp.
Llevar algo en algunas veces por no poder en una. **halirlong.** pc.
Llevar al convidado. *Hatir.* pc.
Llevar adelante alguna obra. **imaim.** pp.
Llevar algo al pie atado, como cordel. **lauin-lauin.** pp.
Llevar á barrisco como la peste. **lirlir.** pc.
Llevar á remolque. **ondá.** pc.
Llevar madera al hombro. **ondá.** pc.
Llevar algo á parte incierta. **pahat.** pp.
Llevar en confianza. **parala.** pc.
Llevar carga al hombro. *Pas-an.* pc.
Llevar en brazos. **saclolo.** pp.
Llevar algo en la cintura, como bolo, machete. **sasiar.** pp.
Llevar acuestas algo con palanca. **saliuay.** pp. **salouay.** pp. **acsiu.** pc.
Llevar en la mano cesto ó vasija. **sapo.** pc.
Llevar al niño antes de bautizarse para lavarle con agua tibia. **sutmodilao.** pc.
Llevar algo sobre la cabeza sin tenerlo con las manos. **talan.** pc.
Llevar algo colgado de la boca, como el perro la carne. *Tañgay.* pc.
Llevar algo lejos. **tangbar.** pc.
Llevar algo con teson á la ejecucion. *Tigas.* pc.
Llevar el principal alguna muger embarcada con-sigo. **tiyaong.** pp.
Llevar algo á otra parte. **toto.** pp.
Llevar los pies apresurados al andar. **yacar.** pc.
Llevar algo al puerto con fuerza **gair.** pp.
Llevar interés. **pigit.** pc. *Imbot.* pc.
Llevarle á uno lo que necesita. *Hatdan.* pc. *Dal-han.* pc.
Llevarlo á roso y belloso. **alos.** pp.
Llevarlo por un rasero. **lalis.** pc.
Llevarse la avenida algo. *Acat* pp.
Llevarse algo el viento. **alialbo.** pc.
Llevarse la embarcacion la corriente. *Anod.* pp. **lalad.** pp.
Llevarse sobre la cabeza. *Sonong.* pp.

Ll antes de O.

Llorar. **balagut.** pc. *Lohog.* pp. *Lohà.* pp. *Iyac.* pc.
Llorar gritando. **ambouang.** pc. **orao.** pc.
Llorar muy quedo. **ñgotñgot.** pc. *Ñgoyñgoy.* pc.
Llorar el recien nacido. *Ohá.* pc.
Llorar el niño. *Oñgal.* pc. *Ouang.* pc.
Llorar á los muertos. *Panambitan.* pp. *Panañgis.* pp. **sambat.** pc.
Llorar in genere. *Tañgis.* pp. *Iyac.* pc.
Llorar sin cesar. **tihor.** pp.
Llover á cantaros. **lirit.** pp. **dairi.** pp. *Bo-hos.* pp.
Llover de repente. *Bogsó.* pc.
Llover recio y continuado. *Dayiri.* pp. *Lirit.* pp.
Llover gotas gordas. **landac.** pc.
Llovizna. *Aboabo.* pp. *Ambon.* pc. *Ihing lang-gam.* pc.
Llovizna que se entra por la casa. *Angui.* pc. **ampiyas.** pp.
Lluvia in genere. *Olan.* pc.
Lluvia mediana que dura. **antotay.** pc.
Lluvia menuda. **laualaua.** pp.
Lluvia de gotas gordas. *Olan banac.* pp. **lan-rac.** pc.
Lluvia pequeña. *Olan guinoo.* pp. **lauañgan.** pp.
Lluvia mansa y prolija. *Ticatic.* pc. *Tigatic.* pc.
Lluvia grande con viento. *Baguisbis.* pc. *Onos.* pc. *Dagasá.* pc. *Daguisdis.* pc. *Laguislis.* pc.
Lluvioso. **diclim.** pc. *Signa.* pc.

M antes de A.

Mabear. *Bayo.* pc. It. *Bogbog.* pc.
Macerar. **bolbog.** pc. *Lambot.* pc.
Maceta de barro. **sinala.** pp. **dalaman.** pp.

Maceta. **dalandalan.** pp. **palanan.** pp.
Macilento. **copar.** pp. *Payat* pc. *Yayat*. pc. *Namomotlá*. pc. *Bogoc*. pc.
Macizo. *Pisig*. pp. *Tigas*. pc *Igting*. pc. **quitquit.** pc. *Sicsic*. pc. *Higpit*. pc.
Macuca. V. Macupa.
Macula. *Dungis*. pp.
Macupa. **yambo.** pc. **dambo.** pc.
Machaca, machacon. **mariuará.** pp.
Machacar. *Bolobog*. pc. *Dorog*. pp. *Bolbog*. pc. *Pitpit*. pc. *Dicdic*. pc.
Machacar algo para hacerlo como hisopo. *Silsil*. pc.
Machete. **bair.** pc. *Itac*. pc. *Goloc*. pp. **pilang.** pc.
Macho. *Lalaqui*. pc.
Macho de la codorniz ó perdiz indígena. **tictico.** pp.
Machon. *Haliguing batong na sasandig sa manga Simbahan ó anomang edificio at nag sisilbing suhay at nag papatibay*.
Machorra. **comil.** pp. **pipi.** pp. **lumaon.** pc. *Baog*. pp.
Machucar. V. Machacar.
Madama. *Babayeng guinoó*. pp. **dayang.** pc.
Madeja incompleta. **gamagama.** pc.
Madeja de diez y seis hilos *Cacabig*. pp.
Madeja de cuatro hilos. *Caugat*. pc.
Madeja de seda ó algodon. *Labay* pp.
Madeja de algodon de á braza. **saliro.** pc.
Madeja de cuatro. **bansana.** pc.
Madeja de algodon hilado de noventa y seis hebras. *Tohol*. pp.
Madera. *Calap*. pp. **ngalap.** pp. *Cahoy*. pp.
Madera colorada. *Balayong* pp.
Madera que se cruza al caer. **balhag.** pc.
Madera amarilla. **bangcal**. pc.
Madera que boya. **batang.** pp.
Madera que cargan las vigas de la casa. **bongcalo.** pp.
Madera chapeada por mal labrada. *Baril*. pc.
Madera del Brasil. *Sapang*. pc. *bibucao*. pc.
Madero. *Cahoy*. pp. *Calap*. pp.
Madrasta. *Aii*. pp. **inang pangaman.** pc. *Daga*. pp.
Madre. **bayi.** pp. **indá.** pc. *Ina*. pc. *Inang*. pc. *Ima*. pc.
Madre de la muger. *Babay batá* pp. *Babay tauo*. pp.
Madre de rio *Inaanoran*. pp. *Inaagosan*. pp.
Madriguera. *Lungga* ó *tayuan nang manga bayop*. ó nang masasamang tauo **higgáan.** pp.
Madrina *Inaan* pc. *Inang binyag*. pc *Inang compil*. pc.
Madroño. *[illegible]* pp
Madrugada. *Bucang liuayuay* pc. *Bucang liuanag*. pp. *Madaling araw* pp.
Madrugar. *Bumangong maaga*. pp. *Gumising na maaga* pp *Aga* pp *Puspa*. pp.
Madurar la fruta *Lamo* pc.
Madurar la fruta en el árbol **lamac** pp.
Madurarse la fruta *Louat* pc *Loyong*. pc.
Madurez. *Camagan* pp V. *Calintan* pp.
Maduro. *maduramo* *[illegible]* pc. *[illegible]* pc
Maestra. *maestra*. *Ang tumuro*. pc. *[illegible]* pp.
Maestro. *Caramtagan* pp. *Tulunong* pp *[illegible]*. pc.

Magistrado. *Punong bayan*. pp. *Matatas na karonon*. pc.
Magnate. *Maginoo*. pp. *Mahal na tauo* pp.
Magnánimo *Matibay na loob*. pp. *Bayani* pp.
Magnificar. *Puri*. pp *Tanyag*. pc *Puhi* pp.
Magnifico. **labusao.** pc. *Magandang loob*. pp.
Magnitud. *Calacihan*. pc. *Laqui*. pc.
Magno. V. Grande.
Magullar. *Bolbog*. pc. **colbog.** pc. *Bugbog*. pc.
Majadería. *Ugali ó gauang mali*. pc.
Majar. *Dicdic*. pc. *Pitpit*. pc *Pipis* pc.
Majestad. *Caguinoohan*. pp. *Camahalan*. pp. *Cabanalan*. pp.
Mal. *Samá*. pc. *Casamaan*. pc. It. *Saquit*. pc.
Mal ceñido. *Buhaghag*. pc. *Bunghag*. pc.
Mal acondicionado. **aligotgot.** pc.
Mal trasquilado. *Alonalon*. pc.
Mal asado. *Salabsaban* pp.
Mal de corason. *Nauan*. pp. *Himatay*. pc.
Mal de orina. **pamoc-on.** pc. *Balisausan* pc.
Mal de ojos. **sunip.** pp. **tigmata.** pc. *Buligligi*. pc.
Mal puesto. **bañgil**. pp.
Mal añadido. **bosloguin.** pp.
Mal acondicionado. *Gahasá*. pp. **monyaguit.** pp. *Masungit*. pc.
Mal como el de san Lázaro. **picat.** pp.
Mal de brazo. *Quisig*. pc.
Mal encarjado. *Cauang*. pp.
Mal asentado. **catong.** pc.
Mala muger. **handalapac.** pc. **balibandá.** pc.
Malabar **pogot**. pc. *Malim*. pp.
Malaventurado. *Masamang palad*. pp. V. Desdichado.
Malbaratado. *Mura*. pp. *Ipag mura*. pp. *Ipag bili nang mura*. pp.
Malbaratar el tiempo, ocasion, &a. *Mayamy*. pp. *Acsaya*. pc.
Malcriado *Pinalayao* pp. *Masamang ural*. pp. *Masamang pagca turó*. pp.
Malde ir. *Dusta* pc. *Lait* pp. *Tungayao* pp.
Maldecir, maldicion. *Sumpá* pc. **paborol.** pp. **borol.** pp.
Maldiciendo. el punto moverse **tampus.** pc
Maldito. *Tampalasan* pp *Tarsil* pc. *Masamang asal* pp *Masamang loob* pp.
Malear. *Turó* pp *Aayaya*. pp
Malecon *Tambac*. pc
Maledicencia *Sirang puri* pp V. Murmuracion
Maleficiar. **loslos.** pp **palanan** pc
Malefico *Masamang loob* pp *Tauo* pc. *Pag tatauan* pc
Males *Buisit*. pp *Casaualan* pp
Malgastar *Acsaya* pp *Tapon* pp *Alibugha* pc
Malhechor **[illegible].** pp *Tulisan* pc. **tirong.** pc *Sucab* pp *Manag babanag* pp *Mang loloob* pp
Malicia *Hinala* pp *Mabang* pc.
Malicioso *Mapag hinala* pp *Mapag iisip* pc *Paraanalagan* pp
Malo. *Samá* pc *Masama* pc. V. *Masam* pp.
Malparir ó abortar *[illegible]* pc.
Malograr *Acsaya* pp *Sayang* pp
Malogrado. *Sayang* pp *[illegible]* pp
Malograrse el árbol ó planta *[illegible]* pp
Malparir *Agas* pp *Cunó* pp. *Cunó* pp.

Malquistar. *Pag casirain.* pc. *Buyó.* pc.
Malsin. **batyao.** pc.
Maltratar. *Anyayà.* pp. *Tampalasanin.* pp.
Malvas. *Colotcolotan.* pp. **uaual.** pc. *Colotan.* pp.
Malvas silvestres. **palis.** pc. **palispalisin.** pp.
Malversar. V. Malgastar.
Mamar. *Soso.* pp. *Ot-ot.* pc.
Mamon. *Pasusuhin.* pc.
Mampara. *Bayobo.* pp. *Taquip sa pinto.* pc.
Manada. **anacan.** pc. **panauan.** pp. *Caban.* pp. *Cauan.* pp.
Manantial. *Bucal.* pc. *Balong.* pp. *Batis.* pp. **bobon.** pc.
Manar la sangre sin esprimirla. **saloy.** pp.
Manar agua. *Balong.* pp. V. Manantial.
Manceba. **pañgapol.** pp. **patiqui.** pc. *Calunyà.* pc. *Caagolo.* pp.
Mancebo. *Binatà.* pp. *Bagontauo.* pp.
Manco. *Potol.* pc. **gamao.** pc. **comang.** pp.
Manco de la mano. *Quimao.* pc. *Pingcol.* pc. *Singcol.* pc.
Mancomun, de mancomun. *Tulongtulong.* pp. *Pinagcacaisahan.* pc.
Mancomunar. *Pag tolonĝan.* pp. *Pag pisanan.* pp.
Mancornar. **tingló.** pc. *Pagcabitin.* pc. *Pagcauinĝin.* pc. De *cabit* y *cauing.*
Mancha. **lamos.** pc. *Dunĝis.* pp. **sauó.** pp.
Mancha de la luna. **sangmucti.** pc.
Mancha que recibe la ropa de la color que tiene. *Hinap.* pp.
Mancha en el cuerpo. *Hilam.* pp.
Manchar. **polapol.** pp. **capul.** pp.
Manchas blancas en la cara. **touatoua.** pp. *An-an.* pc.
Manchitas que se hacen en la ropa por humedad. *Tagolamin.* pc. *Amag.* pp.
Manda. *Bilin.* pp. *Mana sa di camag-anac.*
Mandado. V. Mandamiento.
Mandamiento. *Otos.* pp. *Atas.* pp.
Mandamientos atropellados. *Dasos.* pc.
Mandar. *Atas.* pp. *Otos.* pp. *Pasonod.* pc. **sugó.** pp.
Mandar con brio ó eficacia. *Siguing.* pc.
Mandar con ira. **añgit.** pp.
Mandar con fuerza. *Dagaldal.* pc.
Mandar sin cesar *Dason.* pc.
Mandar con autoridad. *Otos.* pp.
Mandar en obras y repartimientos, y trabajar con ellos. **parala.** pp.
Mandar con imperio, como señor. **pasimona.** pp.
Mandas graciosas del testador. *Pahir luhà.* pp.
Mandatario. *Otosan.* pc. *Sugoin.* pc.
Mandibúla. *Sihang.* pc. *Panĝa.* pc.
Mandil. **balindang.** pc. *Tapi.* pc.
Mando. *Capagyarihan.* pp. *Catungculan.* pp.
Mandon. *Nag paparanĝalan nang capangyarihan.* pp. *Nag ootos nang labis sa catungculan.* pp. *Taga pag sugò* pp
Manejar. *Gamit.* pp. *Macapangyarí.* pp. *Mag macaalam.* pp.
Manera. *Pagca.* pc. *Paraan.* pp.
Manga. *Camay nang baro.* pc. *Manggas.* pc. It. *Isang bagay na bunĝang cahoy.* pp.
Manglar. *Lati.* pp.
Mango. *Polohan.* pp. *Tatangnan.* pc. *Tagdan.* pc.
Mangonear. *Maquialam sa hindi niya catungculan.* pp.
Manía. *Calocohan.* pp. *Caololan.* pc.
Maniatar. *Gapos.* pp. *Talian ang camay.* pc.
Manifestar. *Hayag.* pp. *Saysay.* pc. *Pahayag.* pp.
Manifestar lo que tiene uno en el corazon. **pasñgao.** pp.
Manifestar ira. *Bulalas.* pc.
Manifestar las cosas guardadas. *Lahad.* pp.
Manifestarse quien és. *Bansag.* pc. *Paquilala.* pp.
Manifiesto. **bulat.** pp. *Bulatlat.* pc.
Manilla in genere. *Galang.* pc.
Manilla de oro. **balogo.** pc. **binalangcat.** pc.
Manilla de marfil. **bocalá.** pp. **calambigi.** pc. *Galang.* pc.
Manilla de piedra azul y verde. **casá.** pp.
Manilla de oro de tres esquinas. **tinic buli.** pp.
Maniobrar. *Gauà.* pc.
Maniroto. *Labusao.* pc. *Mapamigay.* pc. *Alibughà.* pc.
Manjar. *Canin.* pp. *Pagcain.* pp.
Mano. *Camay.* pc.
Mano á mano. *Tongali.* pc.
Mano derecha. *Canan.* pp.
Mano izquierda. *Caliuà.* pc.
Mano abierta para medir algo. *Damac.* pc. It. *Dapal.* pp.
Mano de pilon ó mortero. *Halo.* pp. *Pandicdic.* pc.
Manojillo de cinco hojas de buyo. *Capit.* pp.
Manojo. *Bigquis.* pc. It. *Camal.* pc. *Quimis.* pc.
Manojo de diez tangcas de buyo, ó de dos cientos y cincuenta hojas. *Balot.* pp. *Sang balot.* pp.
Manojo de espigas cuantas caben en una mano. *Quimpal.* pc. *Ponpong.* pc. *Capongpong.* pc.
Manojo de veinte cinco hojas de buyo. &c. *Tangcas.* pc.
Manojo de espigas. *Hayà.* pp.
Manojo de zacate encima del caballete. **pamayauac.** pp. **pabayauac.** pp.
Manojo de bejucos. *Socong.* pp.
Manojo, cuanto cabe en la mano. *Tangcas.* pc. *Caquimis.* pc.
Manosear. **calaraua.** pc. **camil.** pc. *Himil.* pc. *Lamas.* pp. **camal.** pc. *Hipó.* pp.
Manosear el caldo de la comida ó el agua potable. **laolao.** pc.
Manosear acariciando. *Hagpos.* pc.
Manosear blandamente. *Botingting.* pc.
Manotada, *Tampal.* pc. It. *Sampal.* pc.
Manotada floja. *Tampi.* pc. *Tapic.* pc.
Mansedumbre. *Caalaman.* pc. *Calubayan nang loob.* pc. *Amó.* pp.
Mansion de los que caminan. **halon.** pp.
Manso. **banig.** pp. *Malubay na loob.* *Maamong loob.* pp.
Manso. *Maalam na loob.* pp.
Manso. *Mabuyong loob.* pp.
Manso cualquier animal. *Maamó.* pp.
Manta de Visaya, *Lamput.* pp.
Manta con que se arrebujan. *Balabal.* pp.
Manta de Ilocos. *Balindang.* pc. It. *Talinpac.* pc.
Manta rala. **bauihan.** pc.
Manta de algodon de Borney. **calicam.** pp.

Marta de Borney. **cayompata.** pc. **talampocan.** pp.
Manta con que se cubren. *Comot.* pp.
Manta negra de China. **ising.** pp.
Manta echada al hombro. *Salampay.* pc.
Manta de dos colores. **marapon.** pc.
Manta á modo de faldellin con que se cubre el varon. *Tapi.* pc. *Balindang.* pc.
Manteca. *Tabà.* pc.
Mantener. *Pacanin.* pp. *Bigyan nang icabubuhay.* pp. It. *Alalay.* pp.
Mantenimiento. *Iquinabubuhay.* pp. V. Manjar.
Mantilla. *Lambong.* pc. V. Manto.
Manto. *Inauac* pc. **inoac.** pc.
Manto. *Colobong.* pc. *Cobong.* pc. *Lambong.* pc.
Manto de muger. *Cumbang.* pc. *Anit.* pp.
Manumitir. *Timauà.* pp.
Manutencion. V. Mantenimiento.
Manzana del coco. *Tombong.* pc.
Maña. *Lalang.* pc. *Paraan.* pp. It. *Bihasa.* pc. *Bicas.* pc.
Mañana. *Bucas.* pc. *Omaga.* pp. **buas.** pc.
Mañero. *Tuso.* pp. *Mataas na olo.* pp.
Mañoso. V. Mañero.
Maquila. *Opa sa guilingan.* pp.
Maquinacion. *Dayà.* pp. *Lalang.* pc.
Maquinar. V. Maquinacion.
Mar. *Dagat.* pp.
Mar alta. *Laot.* pp.
Maraña. *Sucal* pp. *Masucal.* pp. *Magulo.* pc.
Maravedí. *Marabilis.* pc *Beles.* pp.
Maravilla. *Catacataca.* pc. *Cahimahimalá.* pc.
Maravillarse. *Mamaghan.* pc. *Taca.* pc.
Marca, marcar. *Talá.* pc. *Quintal.* pc. *Hiro.* pp. *Tactac.* pc
Marcador. *Panactac.* pc. *Panillo.* pc.
Marco de caña en el dindin. *Tumali.* pp.
Marcha, marchar. *Lacad.* pp. *Lacbay.* pc. *Alis.* pc. *Tolac.* pp.
Marchitar, marchitarse. V. Marchito.
Marchito. **gahi.** pp. *Lanta.* pc. *Gango.* pp. *Laying.* pp. **lahi.** pp.
Marea. **alagouac.** pp.
Marea grande. **pisan.** pc. **pabongcal batang.** pp. *Taog.* pp. *Laqui.* pc.
Marea no muy grande. **oyo.** pc.
Marea alta ó baja con fuerza. **panagas.** pp.
Marea que baja. **hibas.** pc. *Cati.* pp.
Marea alta. *Laqui.* **taog.** pp.
Marear á la bolina. *Biloc.* pp.
Marearse. *Lolà.* pp. *Lio.* *Hilo.* pp.
Marejada. *Alon.* pp. *Daloyong.* pp.
Mareo. V. Marearse.
Marfil. *Garing.* pp.
Márgen. *Tabi.* pc.
María. *Calamistiamusang panĝalan nang Ina nang Dios.*
Maricon. **doaang.** pp. *Duag.* pp.
Maridable. *Pag pipisan.* pp. *Pag sasama at pagcacaisa nang loob nang mag asaua.*
Maridaje. *Casal.* pc. *Mag asaua.* pp.
Marido. *Asaua.* pp.
Marimacho. *Lalaqui.* pp. *Lalaquinin.* pp.
Marimanta. *Panacot.* pc.
Marimorena. *Babag.* pc. *Auay.* pp.
Marina. *Baybayin.* pp. *Baybay dagat.* pp.
Marinero. **iitao.** pp.
Mariposa. *Tulubi.* pc. *Hintotobi.* pc. *Paroparo.* pc. *Aliparo.* pc. **calibangbang.** pc. **gamogamo.** pc.
Marisco sus varias especies. *Talaba.* pc. *Tahong.* pc. *Tichan.* pc. *Sulib.* pc. *Paros.* pp. *Cabyat.* pc. *Halaan.* pp. *Camot pusà.* pp. *Susò.* pc *Lucan.* pc. *Pehe.* pp. *Talangcà.* pc. **catang.** pc.
Marisma. *Sapà.* pp.
Marmoleño. *Haliguing batong munti.*
Maroma. *Lubid.* pp.
Marrano. *Babuy.* pp.
Marrar. *Mali* pc. *Sala.* pc.
Marras. *Sa una* pp. *Nang una.* pp. *Sa daco roon.* pc. *Nang unang daco.* pp.
Marrullería. *Hibò.* pp. *Dayà* pp.
Martavana con barniz. **lumbat.** pc.
Martes. *Arao na icatlo sa lucad nang linggo.*
Martillada, martillar *Palò.* pp. *Pocpoc.* pc.
Martillar. **balasbas.** pc. *Pocpoc.* pc.
Martillo. **binalatac.** pc. **satoc.** pc. *Pamocpoc.* pc.
Martillo pequeño. **panahot.** pc.
Martirio. *Camatayan, hirap ó pasaquit na tiniis dahil cay Cristo*
Martirizar. *Pahirap* pp. *Pasaquit.* pp.
Marzo. *Panĝalan nang buang icatlo sa lucad nang taon*
Mas. *Pa.* Popuesta. *Si Pedro,i, marunong pa sa cay Juan.* Pedro es mas sabio que Juan It. *Lalò* pp *Higuit.* pc.
Mas que. *Bucdan.* pc. *Cahimat.* pp. It. *Gayon man.* pc.
Mas, antes. *Bagcos.* pc.
Mas que. *Matay man.* pc.
Mas vale. *Mahanĝa.* pp. *Mahanĝay.* pp. *Magaling pa.* pc.
Masa. *Linamas* pp. **guinilong.** pp. *Hamig.* pp. It. *Antala* pp.
Mascar *Nĝoya.* pc. *Nĝatà.* pc. **yañgoñgo.** pp.
Mascar con disimulo. **alomom.** pc.
Mascar la comida para el niño. *Nĝonĝo.* pp.
Mascar caña dulce. *Pang os.* pc.
Mascar el puerco. *Sapac.* pc. *Sacap.* pc.
Mascar como el buyo. *Nĝanĝà* pp.
Masculino. *Lalaqui.* pp. *Na ocol sa lalaqui.* pp.
Masculiar. **sauit.** pc. *Otal.* pc. *Ono.* pc. *Donĝó* pc
Masticar. V. Mascar.
Mástil, trinquete. **poliyagan.** pp.
Matadero. *Patayan.* pp. *Pag papatayan.* pc.
Matador. *Nalay.* pc. *Pumatay.* pc. *Naramatay.* pc. It. *Mag lilinĝó.* pp.
Matalon. *Culyahan.* pp. *Badage.* pp.
Matalotaje. *Baon.* pp.
Matar. *Quitil.* pc *Quinitil ang hininĝa,* lo mataron It. *Patay.* pc.
Matar clandestinamente animales robados. **pataui.** pp.
Matar piojos en la misma cabeza. *Tímay.* pp. **tarlic.** pc.
Matar sin causa. **bucan.** pp.
Matar piojos entre las uñas. *Teris.* pc.
Matar á traicion. **liñgó.** pp.
Matar dia. *Palay araw.* pp.
Matasanos. *Manggagamot na mag papalay nang tauo,*

Matasiete. *Matapang*. pp. *Bantog*. pc.
Materia en las orejas. *Lugi*. pp.
Materia ó podre. *Nana*. pp. *Sagá*. pc.
Maternidad. *Pagca Ina*. pc.
Matiz. *Balic*. pp.
Maton. *Pal-busag*. pp. V. Matasiete.
Matorral espeso. **paiepic.** pc. *Lipat*. pc.
Matorral. *Bacal*. pc. *Bacalan*. pp.
Matraca. **pacanlog.** pc. *Paiapac*. pc. **pagopac.** pc.
Matraca para espantar pájaros. **palangho.** pc.
Matraca de cañas. *Patacac*. pc.
Matricida. *Nagcamatay sa Ina*. pc.
Matricidio. *Catacsesang pag patay sa Ina*.
Matrimonio. *Pag aasaua*. pp. *Casal*. pc.
Matriz. *Bahay bata*. pp. *Bahay taua*. pp.
Matrona. *Babaying guinoo*. pp. *Mahal na babayi*. pp.
Maula. *Hacar*. pp. *Ualang catamtaman*. pp. It. *Dayá*. pp. *Parayá*. pp.
Maullar el gato. *Ingao*. pc.
Maullido de gato. *Ngiyao*. pc.
Mausoleo. *Libingang pinaranguat*. pc.
Maxima. *Uicang mahalaga*. pc. It. *Aral na dapat sundin*. pc.
Maximo. *Lalo na*. pp. *Ualá na*. pp.
Maximo. *Socdol*. pc. *Songcad*. pc. *Tabihan*. pc.
Mayar. V. Maullar.
Mayo. *Panĝalan nang huling icalima sa sucat nang taono*.
Mayor. *Ponó*. pp. *Pang-olo*. pp.
Mayor. ó mayoral entre los que van á alguna funcion. **toay.** pc.
Mayoral. *Ponó*. pp.
Mayordomo. **bandahali.** pp.
Mayoria. *Calaloan*. pp. *Cahiglan*. pp. *Cahiguitan*. pc.
Mayormente. *Lalo na*. pp.
Maza. *Palan*. pp. *Galang*. pc.
Maza que echan al cuello del perro. *Hasohasó*. pp. **tayang.** pp.
Mazo. *Panĝasor*. pp. *Halo*. pp. *Pambayo*. pc.
Mazo con que sacan piedras. *Panibog*. pc.
Mazo pequeño con que golpean la ropa lavándola. *Palopalo*. pp. *Pamogbog*. pc.
Mazorca de maiz. *Pusó*. pp.

M antes de E.

Me. *Aco*. pc. *Sa aquin*. pp. Me dieron. *Binigyan aco*. Me embiaron. *Padala sa aquin*.
Meadero. *Ihan*. pc. *Panubigan*. pc.
Mear. *Ihi*. pc. *Panubig*. pc.
Mecate. *Lubid*. pp.
Mecate de tres hilos. **sibal.** pc.
Mecate con que aprietan el molino para sacar aceite de ajonjolí. **palantic.** pc.
Mecate con que aseguran la banca ó balsa. **pandalat.** pp.
Mecate con que se asegura la casa. *Bagting*. pc.
Mecer. *Ugog*. pc. **tayom.** pp.
Mecer al niño en la cama ó en los brazos. **tabion.** pc. **taybong.** pc.
Mecer la criatura en la hamaca. **imboy.** pc.
Mecer [illegible] **andoy.** pc. [illegible]
Mecer el arbol para coger la fruta. *Ligoy*. pc.
Mecer el niño. **gouing.** pp.
Mecerse. **guila.** pc. *Quiling*. pp.
Mecerse la banca. **guin.** pp.
Mecerse el agua ladeando la vasija. *Liuag*. pc. *Cauacaua*. pp. *Caog*. pc. *Cauog*. pc.
Mecerse el navío con las olas. *Lingar*. pc.
Mecerse el cuerpo del que vá embarcado [illegible] cabeza. **taũgo.** pc.
Mecerse de una parte á otra. **unis.** pc.
Mecerse el que anda ó el que nada. *Guiui*. pc.
Mecha. **lambal.** pc.
Mecha de lámpara. *Timtim*. pc.
Mecha de arcabuz. *Pisi*. pp.
Mecha de lampara. *Langui*. pp. *Timsim*. pc. **timsim.** pc.
Mecha ó cuerda de arcabuz. *Pisi*. pp.
Media naranja. **lañgitlañgit.** pp.
Media libra. **soco.** pp.
Media ancho. **bielaanac.** pc. *Hatingsiya*.
Media ganta. *Caguitna*. pc. **pitis.** pp. *Caguitnaan*. pp.
Media de alguna cosa. *Guitna*. pc.
Media braza de largo. *Lomooh*. pp.
Medianamente borracho. *Malainibay*. pp.
Medianero. *Pintacasi*. pp. *Taga pamanhic*. pc.
Mediania. *Duasa*. I. *Buasa*. pc. *Cabanghan*. pc. *Catiyahan*. pp. *Dampol*. pc.
Medianta. **dampat.** pp.
Mediano. *Ojaling laqui*. pc.
Mediano en edad, ni viejo, ni mozo. **talobatà.** pc. **balobatà.** pc.
Mediar. *Pag-itan*. pp. *Pamanhic*. pc.
Medias cañas con que urden la tela. **anac tictic.** pc.
Medias ollas. **yongahan.** pp.
Medicina. *Gamot*. pc. **capis.** pp.
Medicina de paños calientes. *Dampi*. pc.
Medicina para embrabecer á los perros. **higar.** pp. **buntiac.** pc.
Medicina que dicen dá valor. *Subó*. pp. **buntiac.** pc.
Médico. *Manggagamot*. pp.
Médico que cura luego, no por su ciencia sino por natural simpatía. *Hiyang*. pp. *Cahiyang*. pp.
Medida de veinticinco gantas. *Caban*. pc.
Medida de cuatro dedos. *Dapal*. pp. *Sandapal*. pp.
Medida de una braza. *Pandipa*. pc.
Medida de estatura humana. **asta.** pc.
Medida para lo grueso de madera. **yiquis.** pp.
Medida de siete gantas. **pitohan.** pc.
Medida de tierra de cien brazas de largo, y ciento de ancho. **quiñon.** pc.
Medida de tierra. **balitang.** pp.
Medida de aceite de ajonjolí. **boñgol.** pc.
Medida pequeña de ajonjolí. **sibol.** pp.
Medida para lo alto, profundo ó largo, medir asi. *Sucat*. pp. *Panucat*. pp.
Medida chica de arroz. *Gatang*. pp. **gahinan.** pp.
Medida raida. **pinagayan.** pp.
Medida de granos y líquidos. *Tacalan*. pc. *Panacal*. pp. *Pantacal*. pp.

Medio peso. *Salapi*. pc. *Isang salapi*. pc.
Medio real. *Sicolo*, *saicaualo*, l. *Saicualo*. pc.
Medio agrio. *Colasiman*. pc. *Colasim*. pc.
Medio helado como plátano que está en partes maduro y en partes empedernido. **calimatyo**. pc.
Medio loco. **libsang**. pc. **otó**. pc.
Medio madura. **malorit**. pp.
Medio dia. *Tanghali*. pp. *Tanghaling tapat*. pc.
Medio toston. *Cahati*. pp.
Medio acalenturado. **anat**. pp. **sinat**. pp. **hiñgao**. pc.
Medio dormido. *Alimpoñgat*. pp.
Medio viejo. **hinaboyan**. pp.
Medio coco en que beben. **longbó**. pc.
Medio borracho. **malaynibay**. pp. **balasing**. pp.
Medio caido como rama. **ñgabi**. pc.
Medio entre dedos y piernas. **ñgiñgi**. pp.
Medio entre dos cosas. *Pag-itan*. pp.
Medio coco para sacar agua. **pamao**. pp.
Medio cocido. **bangcalasan**. pc. **bascalanan**. pp.
Medio crudo. *Salabsaban*. pp.
Medio seco. **bantilao**. pc. **bilahi**. pp.
Medio maduro. **biglao**. pp. *Manubalang*. pc.
Medio, mitad. *Hati*. pp. *Guitná*. pc.
Medio podrido. *Bilasà*. pp.
Medio coco. **boñgoy**. pp.
Medio de veinte gantas. **toong**. pp.
Medio tahil de oro, que son cinco reales de plata. *Tiñgà*. pp.
Medio sordo. **solitan**. pc. **liñgain**. pp.
Medir la tinaja metiendo algun palo. *Tarol*. pp.
Medir con la mano estendida. **tipa**. pc. *Damac*. pc.
Medir con medio cavan. **toong**. pp.
Medir tierra con palo de una braza. **papas**. pc. *Hampas*. pc.
Medir de alto á bajo, ó de bajo á alto. **socol**. pp.
Medir el arroz. **higatang**. pp.
Medir grano, licor. **tacal**. pp.
Medir con los dedos. *Dali*. pp.
Medir cosas largas y redondas. **balalao**. pp.
Medir una medida con otra cotejandolas. *Sungcad*. pc. *Suboc*. pp. **alio**. pp.
Medir la tinaja. *Tarol*. pp.
Medir ó ajustar una cosa á otra. **ocol**. pp.
Meditacion. *Bulay*. pp. *Bulay bulay*. pp. *Dilidili*. pp. **bulicbulic**. pp. *Nilay*. pp. *Nilaynilay*. pp.
Meditar mucho. **dimandiman**. pp. **taquitaqui**. pp.
Meditar. **talaro**. pp. *Bulay*. pp. *Limi*. pp. *Corò*. pp. *Dilidili*. pp.
Medra. *Sulong*. pp. *Dagdag*. pc. *Lagó*. pc.
Medrar las plantas. *Lagó*. pc.
Medrar árboles ó plantas. **langbá**. pc.
Medriñaque. *Sinamay*. pc. *Socob*. pc. **tayod**. pc. It. *Pacambang*. pc.
Medros. V. Medra.
Medroso. **canais**. pp. **canauay**. pp. **dosong**. pp. *Duag*. pp. *Malatacutin*. pc. *Mahinang loob*. pp
Médula. *Laman*. pc. *Olac*. pp. It. *Obod*. pp. **abod**. pp.
Mejilla. **pilipisan**. pp.
Mejillas. *Pisñgi*. pc.
Mejor. *Lalong magaling*. pc. *Lalong maigui*. pp. *Mabuti pa*. pc. *Magaling pa*. pc.
Mejor fuera. *Mahañga*. pp. *Magaling pa*. pc.
Mejora, mejoramiento. V. Medra.
Mejora que se saca de algo. **pala**. pp.
Mejorar la salud, restablecerse. *Galing*. pc. *Guinhaua*. pp. **talaghay**. pc.
Mejorar algo las plantas, hortalizas, &c. **pulipuli**. pc.
Mejorar en herencia ó reparticion. *Lamang*. pc. **malaying**. pp. **molaying**. pp. *Sarili*. pp. **bitó**. pp. **pabitó**. pp.
Mejorar. **pala**. pp. **luha**. pp.
Melancolía. *Pighati*. pc. *Sindac*. pc.
Melcocha. *Bagcat*. pc.
Melcocha sutida de punto. **panay**. pc. *Balicotcha*. pc.
Melindre de no tocar algo por asco. **ñgiri**. pp.
Melena. *Bohoc*. pc. It. **camarote**. pp.
Meleno. *Tagabuquid*. pp. *Bolobonduquin*. pp.
Melifluo. *May pulot*. pc. It. *Malomanay*. pp.
Melindres. **tumpic**. pc. *Lambing*. pc.
Melindroso. *Omir*. pp. l. pc.
Melindroso en el comer y vestir. *Pihican*. pp. *Maselan*. pp. **amil**. pc.
Melodia. *Tinig*. pp. *Tining*. pp.
Melon muy pequeño. **catimon**. pp.
Mella. **liat**. pp. *Lamat*. pp. *Lahang*. pp.
Mella como de plato, ó escudilla. *Piñgas*. pp. *Biñgas*. pp. l. pc.
Mella en el árbol para que se seque. *Guitguit*. pc.
Mella en herramienta **pacang**. pp. *Biñgao*. pc.
Mellado. *Biñgot*. pp. l. pc. *Piñgot*. pc.
Mellar cosas de metal. *Yopi*. pc.
Mellizo. *Cambal*. pc.
Membrudo. *Pisigan*. pc.
Membrum virile. *Otin*. pp. *Lalaqui*, *pandayti*. pc.
Membrum virile puerorum. **cosingsing**. pc.
Memo. *Mangmang*. pc. *Hañgal*. pc. **otó**. pc. It. *Mañgamañgahan*. pp.
Memorable. *Dapat alalahanin*. pp.
Memoria. **agam**. pp. *Alaala*. pc. **golingling**. pc. **angang**. pc. *Gunamgunam*. pp.
Memoria amorosa. *Guilio*. pp.
Menaje. *Casangcapan*. pp. **cacamañgan**. pp.
Mencion, mencionar. *Baguit*. pp. *Sambitlà*. pc. *Bangguit*. pc.
Mendicante, mendigante. V. Mendigo.
Mendigar. *Auà*. pp. *Palimos*. pc. **tanglo**. pc.
Mendigo. *Mag papalimos*. pc. *Polobi*. pp. *Salantá*. pc.
Mendoso. *Mali*. pc. *Salà*. pc. *Sinoñgaling*. pp.
Menear. *Quibò*. pc. *Ibò*. pc. *Galao*. pc. *Ogoy*. pc. *Ogá*. pp. **olog**. pc. **yogá**. pp. *Og-og*. pc.
Menear la cabeza negando. *Iling*. pc.
Menear el árbol ó sus ramas. *Loglog*. pc.
Menear lo que está colgado. **cantoy**. pc.
Menear con pereza y de mala gana. **birhani**. l. *Bighani*. pp.
Menear la ropa en el agua. **aoao**. pc. *Haohao*. pc.
Menear la medida para que quepa mas. *Olog*. pc. *Ilig*. pc.

Menear la cola del perro. *Pamaypoy*. pp.
Menear la caña de pescar. **taotao.** pc.
Menear el fuego que se trae en la mano de noche. **bitbit.** pc.
Menear á la muger flaca para que queda parir. **yagyag.** pc.
Menear el cuerpo sacudiéndose cuando le pican. **imic.** pc. *Pilig*. pc.
Menear á otro cogiéndole de los brazos. **yiobig.** pp.
Menear la cabeza mostrando enojo. *Pilig*. pc.
Menear todo el cuerpo como los niños cuando lloran. **piring.** pc.
Menear el cuerpo como cuando las mugeres se chiquean. **pirol**. pc.
Menear el que está sentado pies y manos. **quimot.** pc.
Menear el niño la cabeza dando patadas. **quirong.** pp.
Menear cosa pesada. **icol.** pp.
Menear algo con espeque. **icuat.** pc.
Menear al que duerme para que despierte. *Ilig*. pc.
Menear la atadura para ver si está fuerte. **isó.** pc.
Menear el brazo como quien tira la honda. *Limbas*. pc.
Menear el pie refregando con él, ó quitando alguna cosa que está en el suelo. *Solasor*. pp.
Menear la vasija para que quepa mas en ella. *Taclac*. pc.
Menear la cabeza, como el que amenaza. **taling.** pp.
Menear para que quepa mas. *Taltal*. pp.
Menear lo clavado para arrancarlo. **tatal.** pc.
Menear ropa poco á poco. **bogay.** pp.
Menear algo con la mano, sumitur pro efusione seminis. **catoy.** pc.
Menear la boca al pescado. *Catabà*. pp.
Menear al niño entre los brazos. **colonggo.** pc.
Menear las alas volando. **dangca.** pc.
Menear lo hincado. **guila.** pc.
Menear el cuerpo sin encorvarlo. **quisoquiso.** pc.
Menear mucho el cuerpo. **haro.** pc.
Menear algo á un lado ó á otro. *Lingatong*. pp.
Menear los pies y piernas estando hablando. **pañgiaquiu.** pp.
Menearse los dientes ó lo mal encajado. *Ogá*. pc. l. pp.
Menearse alguna cosa por estar debajo alguna sabandija. **ogcal.** pc.
Menearse lo mal encajado. **oñgi.** pp.
Menearse cosas lijeras con el viento. **pagaypay.** pc.
Menearse en el agua lo que está en ella haciendo ruido. **pasao.** pc.
Menearse lo que está en alto. **tauil.** pp.
Menearse el pez dentro del agua que parece que con el sol relumbra. *Ticap*. pp.
Menearse la casa cuando andan por ella. *Tinag*. pp.
Menearse con el viento la fruta ó cabello. *Uagay*. pp.
Menearse la casa en redondo. **pihol.** pp.
Menearse algo. *Quislot*. pc. *Quilos*. pp.
Menearse cosa blanda, como la gordura ó manjar blanco. *Quinoy*. pc. **quinal.** pc.
Menearse la casa. **agoy.** pp.
Menearse el hombre cuando anda. **loay.** pp.
Menearse la casa. **amboyog.** pp.
Menearse, como punta de caña. **anioc.** pp.
Menearse algo por el andar. **taynig.** pp.
Menearse el pez dentro del agua. **quitap.** pc.
Menearse los gusanos. **quiam.** pc.
Menearse, como piojos en la cabeza. **quiyao.** pc.
Menearse el que tiene vergüenza en el hablar. **quiaquio.** pp.
Menearse el pescado en el agua. **posag.** pp.
Menearse lo colgado. **auiuis.** pp.
Menearse. **ayog.** pc. **ayoc.** pc. **liay.** pp. **oñgoy.** pc. **togoy.** pc. V. Menear.
Menearse como la rama. **bangoy.** pc.
Menearse el que está sentado. **ilos.** pp.
Menearse mucho caminando. **candos.** pc.
Menearse cosa mal clavada. *Cansot*. pc.
Menearse como la culebra. **cosol.** pc.
Menearse lo mal puesto. **guiboy.** pp.
Menearse como el pescado. *Guisa*. pc.
Menearse la criatura en el vientre de su madre. *Hilab*. pp.
Menearse, ó mecerse algo. **lindo.** pc.
Menearse las ramas, hojas ó plumage con el viento. **louay.** pp.
Menearse de un lado á otro. **uasing.** pp.
Menearse el licor cuando hierve. **iboy.** pp.
Menearse como culebra. **igual.** pc.
Menearse con el viento el vestido. **lamping.** pc.
Menearse el licor en la vasija. **sipoc.** pc.
Menearse el piso. *Yanig*. pc.
Menearse la cabellera ó plumage. **laboc.** pp.
Meneos, que hace el gusano sin apartarse del lugar donde está. **ocay.** pp.
Meneos afectados. **anyos.** pc.
Meneos lascivos, menearse. *Guinday*. pc.
Meneos lascivos. *Guiray*. pp. *Quinding*. pc.
Meneos del que camina. **taraytaray.** pp.
Meneos del que esta sentado y tiene llagas. **iual.** pp.
Menester, *Cailañgan*. pp.
Menesteroso. *Salat*. pc. *Maralità*. pc. *Mahirap*. pp.
Mengano. *Coan*. pc. *Si cuan*. pc.
Menguado. *Solot*. pc.
Menguante, luna. *Nag tutunao*. pc. *Nag dudurog*. pc.
Menguante pequeña. *Alañgaang*. pp.
Menguante del mar. *Cati*. pp.
Menguar. *Bauas*. pp. *Baclas*. pc. **paagas.** pp. *Auas*. pc. *Colang*. pp.
Menguar la avenida del rio. *Hila*. pp.
Menguar en el precio. **oua.** pc.
Menguar el agua del rio. **ouas.** pp. *Cati*. pp.
Menguar la corriente. *Tayas*. pp. *Agas*. pp.
Menguarse de calentura. *Hibas*. pc.
Menguarse el agua del charco. **caticat.** pp.
Menique. *Calingquiñgan*. pp.
Menor. *Munti*. pc. *Lalong munti*. pc.
Menos. *Culang*. pp. It. *Bucod*. pc. *Liban na*. pc.
Menos que. *Pasubali*. pp. *Alintana*. pp.
Menoscabarse. *Lomà*. pp.

Menoscabarse en la mercadería. *Ñ̃ologui.* pp. *Mora.* pp.
Menoscabo en lo que administra ó trata. *Pañ̃ologui.* pp.
Menoscabo, menoscabar. *Bauas.* pp. *Sirá.* pp.
Menoscabo en la hacienda y riquezas. *Orong.* pp. *Hinâ.* pp. *Odlot.* pc.
Menospreciador. *Pintasin.* pp. *Pistain.* pp. *Mamimintas.* pc. *Mamolâ.* pp.
Menospreciar. *Pista.* pc. *Hamac.* pp. *Pintas.* pc.
Menospreciar. **hamo.** pp. **hamoy.** pp.
Mensaje. *Pasabi.* pp. *Pabilin.* pp. *Bilin.* pp.
Mensajero. *Sogò.* pp. *Inotosan.* pp. *Otosan.* pc.
Menstruo. **panahon.** pc. *Saquit nang tian.* pc. **oui.** pp.
Mensualmente. *Buan buan.* pp. *Tuing buan.* pp.
Mentado. *Bantog,* pp. *Balità.* pp. V. Famoso.
Mentar. **gabi.** pc. **gambi.** pc. *Baguit.* pp *Sambitlá.* pc.
Mente. *Isip.* pp. *Pag iisip.* pp. *Bait.* pc.
Mentecato. **timang.** pc. *Mañ̃a.* pc. *Oslac.* pc. *Ol-ol.* pc.
Mentidero. **balaybay.** pc.
Mentidero de las casas de los principales. **palapag.** pp.
Mentir. *Bulaan.* pp. *Sinoñ̃aling.* pp.
Mentir dando escusas. *Licuad.* pc.
Mentiras ó yerros que escribió el mal escribiente. *Camalian.* pc. *Mali.* pc.
Mentiras en la lectura. *Caligauan.* pc.
Mentiroso. **bulili.** pc. **bulaslas.** pc. **bulastig.** pc. **lastog.** pc. *Solopicà.* pc. *Sinoñ̃aling.* pp. **solopanacà.** pp. **solopacana.** pc. *Bulaan.* pp.
Menudear. *Limit.* pp. *Dalas.* pc. **dungdung.** pc.
Menudo. *Lyit.* pp. *Monti.* pc.
Menudos. *Labot.* pc.
Meñique. *Calingquiñ̃an.* pp.
Meollo. V. Medula.
Meollo del árbol. **abod.** l. **abor.** pp. *Obod.* pp.
Meon. *Mayhiin.* pc. *Palaihi.* pc.
Mequetrefe. *Paquialamin.* pc. *Mapaquialam.* pc.
Meramente. *Lubos.* pc. *Taganas.* pc.
Merar. *Bantó.* pc.
Mercader. *Mañ̃añ̃alacal.* pc. *Mag* **babaliuas.** pp. *Mag lalacó.* pp. **mag daragang.** pc. **banyagá.** pp.
Mercado. *parian.* pc. **talipapá.** pc. *Baraca.* pp. *Baracahan.* pc. *Tianggui.* pc. *Tindahan.* pp. **sugatan.** pc.
Mercadería. **tolhoc.** pc. *Calacal.* pp. **baliuas.** pp. *Laco.* pc. **dagañ̃an.** pp.
Mercadura. **baliuas.** pp. V. Mercadería.
Merced. *Biyaya.* pp. *Bigay.* pc. *Caloob.* pp.
Mercería. **baliuas.** pp.
Merdellon. **salaolá.** pp. **samlang.** pc. *Marumi.* pp.
Merdoso. V. Merdellon.
Merece. *Dapat.* pp. *Sucat.* pp. *Tapat.* pc. **tampat.** pc.
Merecedor. *Nararapat.* pp. *Naoocol.* pp.
Merecido. *Parusa.* pp. *Dusa.* pp.
Merecimiento. V. Mérito.
Merendar. **pamahao.** pp. *Minandal.* pc.
Merediano. *Tang haling tapat.* pc.
Mérito. *Carapatan.* pc.
Mermar. *Colang.* pp. *Bauas.* pp.
Mero. **bayac.** pc. *Taganas.* pc.
Mes. *Bouan.* pp. *Buan.* pp. **manilong.** pp.
Mesa. **hapag.** pc.
Mesa baja en que comen. **dolang.** pp. **latoc.** pp.
Mesar los cabellos. **sabong-ol.** pc. *Sabunot.* pp.
Mesias. **sugó.** pp. *Sinogó.* pp. *Na oocl sa ating P. J. Cristo na sinogó nang Dios Ama sa pag sacop sa atin.*
Mesillo. *Abot tobo.* pp. *Inabot tobo.* pp.
Meson. *Tuloyan.* pp.
Mestizo. **baloga.** pp.
Mesura. *Hinhin.* pc. *Bini.* pp. *Payapâ.* pp.
Mesurado. *Mahinhin.* pc. *Mabini.* pp.
Metáfora. *Talinhagâ.* pp.
Metal propio de la tierra. *Tumbaga.* pp.
Metalbatido. *Lantay.* pc. *Batbat.* pc.
Metamorfosis. *Pag babago.* pp. *Pag iiba.* pc.
Meter. (Sa.) Antepuesta á las raices con la pasiva de *I.* v. g. *Isatapayan mo iyan,* mete eso en la tinaja. *Isacaban mo,* metelo en el arca.
Meter. *Palpal.* pc. *Soot.* pp. *Siñ̃it.* pp. *Silid.* pc.
Meter rencillas. **oyo.** pc.
Meter palo ó caña hurgando con él. *Olos.* pp. *Solot.* pc.
Meter algo en ceniza para que se ase. *Subsub.* pc. **lalob.** pp. **yobyob.** pc.
Meter bocado. *Sobó.* pp.
Meter el dedo ó palillo en los ojos. *Sorot.* pp.
Meter en cuenta. *Bilang.* pp.
Meter la mano en el agua para probarla. *Daodao.* pc. *Daorao.* pc. *Saosao.* pc.
Meter el cuchillo de abajo arriba. **docol.** pp.
Meter á otro en pleito. **gauir.** pp.
Meter en cuenta una cosa en otra. **lamyong.** pc.
Meter el animal la cabeza en la vasija para comer ó beber. **lañ̃a.** pc.
Meter la fruta en alguna parte para que se madure. *Loom.* pp.
Meter la mano en agua caliente para provar su inocencia. **tigui.** pp.
Meter el perro el hocico. **tinhap.** pc.
Meter algo en el seno. **salobsob.** pc.
Meter algo en la cintura, como puñal. *Salocsoc.* pc. *Socsoc.* pc.
Meter el difunto en cañizo como ataud. **pasal.** pp.
Meter á otros grandes bocados. **bañ̃al.** pp.
Meter algo debajo de la cinta. **lalog.** pp.
Meter algo de nuevo al tejido para añadirlo. **patay.** pc.
Meter la espada ó el puñal hasta el puño. *Sampac.* pc.
Meter algo en la cintura ó pretina. *Socbit.* pc. *Salocbit.* pc.
Meter algo con fuerza en parte estrecha. **sogasog.** pp.
Meter algo de propósito en parte estrecha. **sogsog.** pc.
Meter el cuchillo en la garganta, como á los puercos. *Sulà.* pp.
Meter los dedos en los ojos haciendo el ecoe. *Soliap.* pc.

Meter algo en cesto ó agugero. *Solot.* pc.
Meter el cuchillo en la garganta. **sumbali.** pp.
Meter á otro á su compañía. *Langcap.* pc.
Meter entre muchos. **guyit.** pp.
Meter de bajo. *Pailalim.* pp.
Meter la mano en la vasija. *Caocao.* pc. *Calaocao.* pc.
Meter dedo ó mano en vasija ó agujero para sacar algo. *Docot.* pp.
Meter ó entrar. *Pasoc.* pp.
Meter la mano algo profundamente en taza ó pila. **canoc.** pp.
Meter la palanca ó el espeque para levantar algo ó apartarlo. **hoit.** pc. **dolauit.** pp. *Sual.* pc. *Sungcal.* pc.
Meter la mano en el caldo. **laolao.** pc.
Meter alguna cosa apretada sea ropa en petaca sea cuña, &c. *Pasal.* pp. *Pasac.* pp.
Meter cualquiera punta aguda. *Timó.* pp. *Tinĝa.* pp.
Meterse como piojo en costura entre gente ó por agujero. **guiit.** pp. **ñgiñgi.** pp.
Meterse debajo de casa ó árbol. *Silong.* pp.
Meterse como la comida entre dientes, ó clavarse algo como banderilla. *Tinĝa.* pp. l. pc.
Meterse dos debajo de una manta. **sucob.** pp.
Meterse al agua, pozo, &c. *Losoc.* pc.
Meterse en el lodo. *Lublob.* pc. **lubalob.** pc. **taloroc.** pp.
Meterse algo entre cuero y carne. *Salipsip.* pc.
Meterse el pie por entre las cañas del suelo. *Losot.* pc.
Meterse en dolor. *Picpic.* pp.
Meterse por espesuras dejando el buen camino. **yacyac.** pc.
Meterse la mano entre la ropa para calentarse. **soquip.** pc. **soquib.** pc.
Meterse en algun hueco con violencia. **sobol.** pp.
Meterse debajo de algo agachándose. **socab.** pc. **sulib.** pc.
Meterse intrépido entre los enemigos. *Sonĝabang.* pp. *Sagasá.* pp. *Sugba.* pc. *Lusob.* pp.
Meterse donde no lo llaman. **aliasar.** pp.
Meterse el agua por el tejado con el viento. **ampias.** pp. *Angui.* pc.
Meterse en lugar estrecho. *Salinĝit.* pc.
Meterse algo entre cuero y carne. *Salipsip.* pc.
Metodo. *Paraan.* pp. *Palacad.* pp. *Husay.* pp.
Metro. *Tulà.* pc. *Cat-hà.* pc.
Mezcla. *Sahog.* pc. *Lahoc.* pc. *Haló.* pp.
Mezcla de agua y miel ó azúcar y agengibre, cuyo cocimiento beben cuando tienen tos. **salabat.** pc.
Mezcla de plata donde forjan el oro. *Piral.* pc.
Mezcla de varios colores. **buticbutic.** pc.
Mezcla de plata y oro. **sombat.** pc.
Mezcla de diferentes quilates de oro. **salac.** pp.
Mezcla de diferentes metales **sobong.** pp.
Mezcla de naciones, metales, &c. **balahac.** pp.
Mezcla de vivientes por diversion, entretenimiento, ó riña, &c. *Labo.* pp. *Labolabo.* pp.
Mezclado. **balogá.** pp. *Balabalaqui.* pc.
Mezclar. *Haló.* pp. *Sahog.* pc. **gamao.** pc. **banao.** pc. *Lahoc.* pc. **ambola.** pc. **bahog.** pc. *Laoc.* pc. **sait.** pc. It. *Bantó.* pc.
Mezclar pescado con yerbas echándolas á cocer. **saglao.** pc.
Mezclar con el arroz otros granos. **quisa.** pp.
Mezclar palabras. **sobong.** pp.
Mezclar hierro con acero. **balon.** pp.
Mezclar un metal con otro. **holog.** pp.
Mezclar sin órden. **samot.** pp.
Mezclarse y desmoronarse algo. **gaogao.** pc.
Mezclarse. **somac.** pp. *Hambola.* pp.
Mezclarse con otro sin ser llamado. **sopoy.** pp.
Mezclarse dos linages desiguales. **quisa.** pp.
Mezquindad. *Cait.* pc. **igot.** pp. *Damot* pp. **daycot.** pc. **imot.** pp.
Mezquino. *Maramot.* pp. **maraycot.** pc. **madahá.** pp. It. *Dochá.* pc. *Maralità.* pc. *Mahirap.* pp.
Mezquita. *Simbahan nang manĝa moros.* pp.

M antes de I.

Miaja. V. Migaja.
Micho, micha. *Pispis pispis.* pp. *Pospos pospos.* pp.
Miedo. **laguim.** pc. *Tacot.* pc. *Panglao.* pc. *Hilacbot.* pc. *Quilabot.* pp.
Miedo reverencial. *Ani ani.* pc. *Alang alang.* pp.
Miel in genere. *Polot.* pc.
Miel recocida. *Bangcat.* pc. **balas.** pc.
Miel que queda pegada en el perol hácia los lábios. **muyañgit.** pp.
Miel. por cocer. *Alilis.* pp. **puyao.** pp.
Miembro. *Sangcap nang catauan.* pc. *Casangcapan nang catauan.*
Mientras. **gonagona.** pc. *Hangan.* pc. *Sacali.* pp.
Mientras que. *Toui.* pc. *Samantala.* pp.
Mientras que no. *Hangan di.* pc.
Miércoles. *Arao na icapat sa lacad nang linggo.*
Mies. *Ohay.* pp.
Mieses que comienzan á brotar. *Sibolan.* pc.
Mieses desmedradas. **condat.** pc.
Miga. *Laman nang tinapay.* pp. *Loob nang tinapay.* pp.
Migaja. *Momo.* pp. **mismis.** pc.
Migajas. *Simi.* pp. *Pispis.* pc.
Migajuelas entre los dientes. **ñgima.** pp.
Migajuelas que se pegan fuera de la boca. **macmac.** pc.
Migas del pais. **palatoc.** pc. *Guinataan.* pc.
Migas de harina de arroz cocida con leche de coco y miel. **palarosdos.** pc.
Mijo. *Daua.* pp. **bugaga.** pp.
Mil. *Libo.* pp.
Milagro. *Himalà.* pc. *Cababalaghan.* pc.
Milano, ave de rapiña. **sicap.** pc. *Lauin.* pp. **buhag.** pp. *Limbas.* pc.
Milenario. *Sang libong taon.* pc.
Milesimo. *Icasanlibo.* pp.
Militar. *Bondulo.* pp.
Millar. *Libo.* pp. *Sanlibo.* pp.
Millon. **gatos.** pc. **añgao añgao.** pp.
Millonario. *Totoong mayaman.* pp. *Singcad nang yaman.* pp.
Mimar. *Alindog.* pc. *Palayao.* pp.
Mimbres con que se teje el baclar. **diliman.** pc.

Mimo. *Pasong*. pp. It. *Lambing*. pc. *Lambis*. pc. *Alinday*. pc.
Mina de oro. **pacayan.** pp.
Minar. *Dulang*. pc. *Bucay*. pp.
Minimo. *Casmili sa lahat*. pp.
Ministerio. *Catungculan* pp.
Ministril. *Tiniente*. pc. *Agusil*. pc.
Ministro. *Alagad*. pc.
Minorar. *Bauas*. pp. *Culang*. pp.
Minorar la calentura. *Hibas*. pc.
Minucioso. **mariuará.** pp.
Minuta. *Tandaan*. pp.
Mio. *Aquin*. pp. *Co*.
Mio y tuyo. *Canita*. pc. *Ata*. pp. *Ta*. pc.
Mira. *Mano*. pc. *Tingni*. pc. *Tingnan mo*. pc.
Mira que uno tiene en algo. *Tongo*. pp.
Mirador, atalaya. *Batyauan*. pp. *Tanauan*. pp.
Mirador de cañas. **lañgolañgo.** pc.
Miralo *Tamo*. pc. *Tingnan mo*. pc.
Miralo tú. *Bantay* pc.
Mirar. **alagbay.** pc. *Tiñgin*. pc. **timtim.** pc. *Nita*. pp. *Quita*. pp.
Mirar notando. *Aninao*. pp.
Mirar torciendo la cabeza. *Baliling*. pc.
Mirar de lado. **ilam.** pc.
Mirar con enojo. *Irap*. pp. *Ilop*. pp. *Lisic*. pp.
Mirar con el rabo del ojo. **Iying.** pp.
Mirar al desgaire, como remedando á algun ciego. **lilang.** pp.
Mirar á una y otra parte el afligido por oir ruido. **lingul.** pc. **liñgiñgig.** pc.
Mirar hácia atras. *Lingon licor*. pc.
Mirar de acá para allá como atronado. **lilap.** pp. *Liñgos*. pp. *Liyap*. pp. **lisao.** pp.
Mirar algo bien para enterarse. **moli.** pp.
Mirar con ceño. **mosing.** pp.
Mirar lo que dá contento. *Noor*. pc.
Mirar en espejo, ó en cosa semejante. *Pañganino*. pc.
Mirar como comedia. *Panoor*. pp.
Mirar de lado brevemente con gravedad. *Silay*. pp. *Liñgap*. pp.
Mirar con ojos airados. **soli.** pc.
Mirar al desgaire, como el enojado. *Soliling*. pc.
Mirar al soslayo. *Soliap*. pc. **lingling.** pc.
Mirar como escuchando. *Sumic*. pp.
Mirar de lejos. *Tanao*. pc. **bagtas.** pc.
Mirar de lejos contemplando su hermosura y grandeza. *Tanghal*. pc. *Panood*. pc.
Mirar embelesado. **tanghor.** pc.
Mirar de hito en hito. *Titig*. pp.
Mirar hácia abajo. *Toñgo*. pp.
Mirar de mal ojo. **doyap.** pp.
Mirar hácia arriba. *Tiñgalà*. pp. l. pc. **tiñgar.** pp.
Mirar con frecuencia. **dongsol.** pc.
Mirar con atencion volviendo los ojos ó la cara. *Liñgon*. pc. Su contrario. *Liñgat*. pc.
Mirar la atadura si está fuerte. **iso.** pc.
Mirar como el ladron cuando quiere hurtar algo. *Aliquid*. pc. *Aliquir*. pc.
Mirarse al espejo. *Anino*. pp. *Pañganino*. pp.
Miramiento. **dangá.** pp. l. pc. **patomangá.** pc.
Miron. *Manonood*. pc. *Nanonood*. pp.
Misacantano. *Bagong misa*. pp.

Misantropo. *Masiag sa capoua tauo*. *na ilag sa tauo*.
Miscelanea. *Halo halo*. pp. *Sagkit sagkit* pc. *Halubilaqui*. pc. *Samotsamot*. pp. *Lahoclahoc*. pp.
Miserable. *Marumot*. pp. *Mapag cuot*. pc. **maraycot.** pc.
Miserable. **baog.** pp. **ingquit.** pc. *Songit* pc. **sapalà.** pp. *Abà*. pc. l. *Abam tao*. pp. V. Desdichado.
Miserere. *Pag hahampas*. pc. It. *Pag suca nang dumi*.
Miseria. *Dimot*. pp. V. Mezquindad.
Miseria *Hirap*. pp. *Dalità* pc. *Saquit* pp. It. *Salat* pc. *Luoy*. pc. *Caraotauan*. pc.
Misericordia. *Aua*. pp. *Caauaan*. pc. *Caalumana*. pp.
Misero. *Masimbahin* pp.
Misero. *Cuaua aua*. pp. *Cahabaghabag*. pc. *Cahambalhambal* pc. V. Miserable.
Mision. *Pudala* pc. *Sugo* pp. It. *Pag lalacbay*. pc. *Pañgañgaral nang manga Pareng banal sa bayanbayan o madlang Caharian*.
Misivo. *Sulat*. pp. **calatas.** pc.
Mismo. *Din*, l. *rin*. pc. *Ñga*. pc. Yo mismo. *Aco rin* pc. Si, mismo. *Oo ñga*. pc.
Mismo, el mismo. *Siya*. pc. *Siya ñga*. pc. *Siyang tunay*. pp. *Siya rin*. pc.
Mistela de coco. **tinam-is.** pc. *Arobo*. pc.
Misterio. *Talinhaga*. pp. **hiuagà.** pp.
Misto. *Halò*. pp. *Lahoc*. pc.
Mitad in genere. *Calahati*. pp. *Hati*. pp. **ibutor.** pp.
Mitad como de camino. *Calaguitnà*. pp. *Calaguitnaan*. pp. *Calaghatian*. pc.
Mitigar. *Lubay*. pc. *Loag*. pc. *Hupa*. pc. *Bava*. pp. *Lumanay*. pp. *Hind*. pp.
Mix. *Pispis pispis*. pp. *Pospos pospos*. pp.

M antes de O.

Mocedad. *Cabataan*. pp. *Cabinataan*. pp.
Mocero. *Malibog*. pp. *Palbabaye*. pc. **man-angulo.** pp.
Moceton. *Malusog*. pc. *Malunac*. pp.
Mocito. *Nag bibinatà*. pc. *Nag babagong tauo*. pp.
Moco de candela. *Totog*. pp. *Titis*. pp.
Moco de candil. **osang.** pp.
Mocos. *Uhog*. pp.
Mocos secos. *Colañgot*. pp.
Mocoso. *Ohoguin*. pp. It. *Pahat*. pc. *Mosmos*. pc.
Mocho. **pongal.** pc.
Mochuelo ave. *Manonoctoc*. pc. *Couago*. pp. *Canogtog*. pc.
Moda. *Nababagong ogali sa pananamit, iral*. pp.
Modales. *Gaui*. pp. *Ogali*. pp.
Modelo. *Larauan*. pp. *Houaran*. pc. *Oliran*. pc.
Moderacion. *Hinhin*. pc. *Cahinhinan*. pc.
Moderar. *Piguil*. pp. *Hauac nang loob*. pp. *Ihusay nang ogali*. pp.
Moderno. *Bago*. pp.
Modesto. *Bini*. pp. *Timtim*. pc. *Banayar*. pp. *Hinhin*. pp. *Payapa*. pp.
Modificar. *Bago*. pp.
Modo. *Pagcalagay*. pc. It. *Galang*. pp.

Modo de llamar el cazador á sus compañeros. *Buliyao*. pc.
Modorra. **banayad**. pp. *Hilim*. pp. It. *Himbing*. pc.
Modorro. **bangac**. pc.
Mofar. **hicó**. pp. **yit**. pc. **manamana**. pc. **oyog**. pp. **tiyao**. pc. *Libac*. pc. *Biró*. pp. *Lorà*. pc. **orayo**. pp. **oayoc**. pc. **oray**. pc. *Oroy*. pc. l. *Oyam*. pc.
Mogote. *Polong munti*. pc. *Bondocbondocan*. pp. *Borol*. pc.
Mohina. **mato**. pp. **bagot**. pc.
Mohino. **taliñgosñgos**. pc.
Moho de ropa ó paño. *Amag*. pp.
Moho que se cria en cañas ó madera que reluse de noche. **alimagmag**. pc.
Mojar *Basà*. pc.
Mojar pluma en tintero. **doldol**. pc. *Saosao*. pc.
Mojar en salsa. **tiltil**. pc. **hirhir**. pc. *Saosao*. pc.
Mojarse mucho. **baysao**. pc.
Mojarse ó mojar un poco. **halomingming**. pp.
Mojicon. **sumbi**. pc. *Dongol*. pc. *Sontoc sa muc-hà*.
Mojon. *Hanga*. pc. *Moson*. pc.
Mola. *Cayauá*. pp.
Molar. *Pang liguis*. pc.
Molde. **astaca**. pp. *Boboan*. pc.
Molde donde imprimen los libros. *Limbagan*. pp.
Moldura. **liñgit**. pc.
Moldura en tablas. **silap**. pp.
Moldura en tablas. *Lungcar*. pc. **langyat**. pc.
Mole. *Malambot*. pc. *Malatá*. pc. It. *Malaqui*. pc. *Macatauan*. pc.
Moler. *Bogbog*. pc. *Bolbog*. pc. *Liit*. pp. *Omog*. pp.
Moler arroz la primera vez. **lopac**. pp. **dicdic**. pc. **yopac**. pp.
Moler como especias. **yabyab**. pc.
Moler cañas dulces. *Alilis*. pp. *Ilo*. pc. *Cabyao*. pc.
Moler como pimienta. *Dócdoc*. pc. *Dicdic*.
Moler los huesos apaleándolos. *Pocpoc*. pc.
Moler ó pilar arroz. *Bayo*. pc.
Moler trigo ó arroz. &c. hasta hacerlo harina. *Galapong*. pc. *Galpong*. pc.
Moler poca cosa. *Dicdic*. pc. **docdoc**. pc.
Moler en molino. *Guiling*. pp.
Molestar. **pasiban**. pp. *Ligalig*. pp. *Golo*. pc. **alliñgañga**. pp. It. *Douahagui*. pp. **pasiban**. pp.
Molicie. *Lambot*. pc. *Latá*. pc. It. *Cahalayan sa sarili*. pp.
Molino. *Guilingan*. pp.
Molino de azúcar. *Ilohan*. pc. *Alilisan*. pp. *Cabiyauan*. pp. *Cabyauan*. pp.
Molondro ó molondron. *Tamad*. pc. **pancal**. pc. It. *Mangmang*. pc.
Molleja. *Balonbalonan*. pp.
Mollera. *Bonbonan*. pp.
Mollina. *Ambon*. pc.
Mollisnar. V. Mollina.
Momentaneo. *Quisap mata*. pc. *Saglit*. pc. *Dagli*. pc. *Biglà*. pc. *Agad*. pc.
Momento. *May casaysayan*. pp. *Mahalaga*. pc. *Malaquing bagay*. pp. It. V. Momentaneo.
Mommio. *Payat*. pc. *Yayat*. pc. **pacang**. pc.
Mona. **colao**. pc. **amo**. pc.
Monarca. *Hari*. pp.
Monarquia. *Caharian*. pp.
Mondadientes. *Sipan*. pp. It. *Hiningà*. pc. *Panghiningà*. pc.
Mondar. **talap**. pc. **lapnit**. pc. **taclip**. pc. **talog**. pp. **taloh**. pp. *Talop*. pp.
Mondar cocos. *Tapas*. pp.
Mondar cañas dulces. **harhar**. pc. **supsup**. pc. *Laplap*. pc.
Mondar bejucos. *Cayas*. pp. *Yasayas*. pc.
Mondar quitando el ollejo. **halibhib**. pc.
Mondar frutas. *Talop*. pp. *Talip*. pp.
Moneda. **lamoy**. pc.
Moneda in genere. *Salapi*. pc. *Pilac*. pp.
Moneda menuda. **lamoc**. pc. *Baria*. pp. *Molay*. pc.
Mongos. **balatong**. pp.
Mono viejo. **baqui**. pc. **batocan**. pc.
Mono grande. **baculao**. pp. **ogao**. pc. **manamid**. pp.
Mono. **balinsoso, baycan**. pc. **alinas**. pp.
Montaña. *Bondoc*. pc. *Cabondocan*. pp.
Montar en pelo al caballo. **ampilo**. pp. **insi**. pc.
Montar como á caballo. *Sacay*. pc.
Montaraz. **bognot**. pc. *Bolobondoquin*. pp. **langday**. pp. **bangyan**. pc. *Mangyan*. pc.
Monte. *Bondoc*. pc.
Monte pelado. **tugatug**. pp.
Monte áspero. **bauang**. pc.
Montecillo de cogon. **sinlin**. pc.
Montecillo de algo. *Tompoc*. pc.
Montero. *Mangangaso*. pc. **maniniac**. pc.
Montés. **lampong**. pc. **laog**. pc. V. Montaraz.
Montesino. V. Montés.
Monton. *Bunton*. pc. *Timbon*. pc. *Tompoc*. pc.
Monton de yerbas que hacen las puercas para parir. *Dimon*. pc.
Monton de zacate. **abolog**. pp. **ponsac**. pc. **linlin**. pc.
Monton de tierra donde andan las hormigas. *Pongso*. pc. **pusyo**. pc.
Monton de leña. **banauang**. pp. **pisiu**. pc. **pasal**. pp. *Talacsan*. pc.
Monton de arros antes de trillarlo. *Talompoc*. pc. **lompoc**. pc. **mandalá**. pc. **sipoc**. pp.
Monton pequeño de arroz, ó manojo de espiga. **sipoc**. pp.
Montoncillo de algo. *Tompoc*. pc. **longsolongsohan**. pp.
Moño de las mugeres. **posor**. pp. l. pc. **poyod**. pc.
Moquete. V. Mojicon.
Moquita. *Ohog*. pp.
Mora. *Laon*. pp. *Liuag*. pp. *Lauon*. pp.
Morada. *Pamamahay*. pp. *Tahanan*. pp.
Morado color. **haban obi**. pp.
Moralidad. *Pangaral*. pp. *Aral*. pp. *Ogaling magaling*.
Morar. *Dayun*. pp. *Tahan*. pc. *Bahay*. pp.
Morcilla. **binalotac**. pp.
Morcilla con hojas. **balotay**. pp.
Morcon. *Binobong*. pp.
Mordacidad, acrimonía de algunas frutas. **ascad**. pp. **cahat**. pp.
Mordaza. *Panipit*. pp. *Sipit*. pp.

Morder. *Cagat* pc. *Hocab.* pp *Ocab.* pp. **lotab.** pp.
Morder el pez cosa que está sobre aguada. **sumat.** pc.
Morder de lado. *Singhal.* pc.
Morder el puerco. *Cabcab.* pc.
Morder con los dientes delanteros. *Quibit.* pc.
Morder el caiman. **cosab.** pp. *Sagpang.* pc. *Sirmat.* pc. **sayab.** pc.
Morder el tiburon **halab.** pp.
Morder con fuerza cosa dura. *Colit.* pp.
Morder como el pez al cebo. *Quibit.* pc. **quitib.** pc.
Morder algo, como rábanos. **ñgasñgas.** pc.
Mordedura de puerco ó perro. **gona.** pp.
Mordisco. *Ocab.* pp.
Moreno. *Cayomangui.* pc. *Cayamangui.* pc.
Moribundo. **naticap.** pc. **naticab.** pc.
Morigerar. *Piguil.* pc. *Hauac nang budhí.*
Morir. *Patay.* pc.
Morirse. **hilabos.** pc. *Matay.* pc. It. **panaguipos.** pp.
Morirse de repente. *Pisan.* pp. *Pisanan.* pp.
Morirse mucha gente. *Pucsá.* pc.
Morirse los animales. **tinao.** pc.
Morirse los peces. *Gonó.* pc.
Morisqueta. *Canin.* pp. *Sinaing.* pp. *Malutó.* pp.
Morisqueta seca al sol. **balantogui.** pp.
Morisqueta dura. **bascalanan.** pc. *Ligat.* pp. **tagasyang.** pc. **batohan.** pc.
Morisqueta quemada pegada á la olla. *Colit.* pp. *Totong.* pc.
Morisqueta de arroz mal molido. **sinili.** pc.
Morisqueta quemada. **soot.** pp.
Morisqueta enfriada en la misma olla. *Tanghal.* pc.
Morisqueta muy blanda. *Lathí.* pc. *Latá.* pc.
Moron. **borol.** pc. **tagortor.** pc.
Morondo. *Cotipio.* pp. *Buco.* pp.
Moroso. *Macuyad.* pp. *Marupad.* pp.
Morra. *Tocloc.* pc.
Morrada. *Colós.* pc. *Tocloc.* pc.
Mortal. *Namamatay.* pc. *May camatayan.* pp. It. *Macamamatay.*
Morrion **binobong.** pc.
Mortaja. *Sapot.* pp.
Mortandad. *Salot.* pp.
Mortecino. *Himatay.* pc.
Mortero. *Losong.* pc.
Mosca. *Lañgao.* pp.
Mosca de animales. **bayañgao.** pc.
Moscardones que pican. **baiñgao.** pc. **bangyao.** pc. **banhao** pc. It. *Amboboyog.* pp.
Moscon ó moscardon. *Bañgao.* pp. *Bañgiao.* pc.
Mosqueado. *Palacpalac.* pc. *Batic.* pp.
Mosquete. *Baril.* pc.
Mosquitero. *Colambó.* pc.
Mosquito. *Lamoc* pc. *Namoc.* pc.
Mosquito muy pequeño. *Nicnic.* pc.
Mosquitos de vino ó vinagre. *Gamogamo.* pc.
Mostacho. **misay.** pp.
Mosto ó licor de palma. *Tubá.* pc.
Mostrar algo señalándolo con el dedo. *Toró.* pp.
Mostrar la mercadería, para que la compren. *Doro.* pp. *Lacó.* pp.
Mostrar valentía. *Paguilas.* pp. *Paquitang guilas.* pp.
Mostrar mala cara. *Dabog* pp. **tabog.** pp. **tañgiros.** pp.
Mostrar respeto. *Pasangtabi* pp. **sangtabi.** pp.
Mostrar respeto cuando pasa delante de alguno, diciendo esta palabra. *Tabi.* pp.
Mostrar el oro con el fuego lo que es **licas.** pc.
Mostrar bocico. **saligoso.** pc. *Tañgos.* pp. **taliñgosñgos.** pc.
Mostrar estima de otro. **yiyo.** pc.
Mostrarse. *Tanyag.* pc. *Paquita.* pp. *Harap.* pc.
Mostrarse con rostro airado. **lipocpoc.** pc.
Mostrarse en el agua. *Yaquit.* pc.
Mostrarse los dientes. *Guisi.* pp.
Mota en los ojos. *Poing.* pp.
Motas que están en el agua. *Yagnit.* pc. **laguit.** pp.
Mote. *Binyag.* pc. *Palayao.* pp. *Iit.* pc. *Pamagat.* pc.
Motejar. *Pulá.* pp. *Palibhasá.* pp. *Tuyá.* pc. **baoy.** pp.
Motilar. *Gupit.* pc. *Ahit.* pp.
Motilon. *Oldog.* pc.
Motin. *Ponghihimagsic.* pc. **loñgon.** pc. *Pag laban sa punó.* pp. *Golo.* pc.
Motivo. *Dahilan.* pc. *Sanhi.* pc.
Moton. **tangcalag.** pc. *Caló.* pc.
Mover. *Quibó* pc. **ibó.** pc. *Quilos.* pp. *Quislot.* pc. It. *Agas.* pp. *Coha* pp.
Mover el pájaro la cola. *Balingbaling.* pp.
Moverse. **lupay.** pp. **togos.** pc. **cali.** pc.
Moverse la teta de la muger cuando camina. **landoy.** pc. **ling.** pc.
Moverse mal de pesado. *Guia.* pp.
Moverse de su asiento. **baolbaol.** pc.
Moverse el corazon. **tanig.** pc.
Moverse con dificultad por estar enfermo ó viejo. *Gulapay,* pp.
Movimiento ayroso de las manos cuando bailan. *Conday.* pc. **talic.** pc.
Movimiento de los pies pendientes ó no para alivio del cuerpo. *Cuyacoy.* pp. *Pañguyacoy.* pp. *Panguiaquio.* pp.
Movimiento del que boga. *Damba.* pc.
Movimiento del que está sentado. *Iuas.* pp.
Movimiento de algo que lleva el agua. **lagarlar.** pc.
Moza casadera. *Dalaga.* pp. It. *Alilá.* pp.
Mozallon. *Binatang pisigan.* pp.
Mozo. *Bagong tauo.* pp. *Binatà.* pp. It. *Alilá.* pp.
Mozo de mediana edad. **talobata.** pp.

M antes de U.

Mu. *Tulog.* pp. *Antoc.* pc. *Turá.* pc. It. *Oñgal.* pp.
Muchachada. *Gauang batá.* pp. *Cabataan.* pp. *Gauang mali.* pc.
Muchacho ó muchacha. *Batá.* pp.
Muchas cosas sin órden. **calauat.** pp. *Madalas.* pc. **marundong.** pc.
Muchedumbre de gente. **tinaoy.** pp. *Timpalac.* pc. **colomot** pp. **colynap.** pp. **coyao.** pc.
Muchedumbre de una especie. *Pusac.* pc.

Mucho. *Dami*. pp. *Capal*. pc. *Madlá*. pc.
Mucho há. *Laon na*. pp. *Balam na*. pp.
Mucho, en gran manera. *Di hamac*. pp. *Di sapalà*. pp.
Muda. *Bihisan*. pp. It. V. Mudar.
Mudable. **alingaling**. pp. *Balaquiot*. pp. *Salacsac*. pc.
Mudanzas de bailes. **salapir**. pc.
Mudar el harigue. *Osoc*. pp.
Mudar de propósito. **balino**. pc.
Mudar temple para convalecer. **linibang**. pc.
Mudar vestido. *Bihis*. pp. **bisin**. pp. *Ganti*. pc.
Mudar astas el venado. **bong-ol**. pc. **mong-ol**. pc. **pungal**. pc.
Mudar pellejo el que se escaldó. *Lapnos*. pc.
Mudar de parecer. **tamaoli**. pp.
Mudar de intento. **patombalic**. pc.
Mudar nombre. *Ola*. pp.
Mudar de costumbres. *Iba*. pc. *Bago*. pp.
Mudar linde de la sementera. *Alí*. pp.
Mudar la culebra ú otro animal el pellejo. *Lono*. pc.
Mudar ó trasplantar árbol ó planta. **obó**. pp.
Mudar corteza el árbol. *Bacbac*. pc.
Mudar las uñas por algun achaque. **looy**. pp.
Mudar plumas las aves. *Logon*. pp. *Ngolag*. pc. l. pp. *Pangolag*. pp. l. pc.
Mudar dientes. **ñgito**. pp. *Bungi*. pp.
Mudarse de una parte á otra. **lipot**. pc. *Ola*. pp. *Lipat*. pp.
Mudarse vestidos. **guimay**. pp. **alinalin**. pc.
Mudarse de su lugar. **ison**. pp. *Isod*. pp.
Mudarse de una casa á otra. *Lipat*. pp.
Mudarse de zafio á cortesano. **tompic**. pc.
Mudarse dos de asiento. **alisuag**. pc.
Mudarse uno. **diloma**. pp.
Mudo. *Pipi*. pp. l. pc.
Mueble. *Casangcapan*. pp. **cacamañgan**. pp.
Mueca. *Ngibit*. pp.
Muela. *Bag-ang*. pc.
Muelle. *Malatá*. pc.
Muérame yo. *Patay*. pc.
Muerte. *Camatayan*. pp. *Pagcamatay*. pc. *Halimola*. pc.
Muerte de hambre, cansancio. **pinsalá**. pc.
Muerte repentina. *Pisan*. pp.
Muerto. *Patay*. pc. *Bangcay*. pc. *Namatay*. pc. **halimola**. pc.
Muestra. *Lagdà*. pc.
Muesca. **aab**. pc. **acab**. pp. *Cotab*. pp. **ab-ab**. pc. **lañgiat**. pc. **tañgab**. pp. **locad**. pp. **hibhib**. pc.
Muesca ó encaje en tabla. *Bacam*. pc.
Muesca como labor. **guitliguitli**. pc. **cot**. pp.
Muesca de la flecha para asentar en la cuerda. *Sabac*. pp.
Muescas en el coco para subir por él. **tiab**. pc. **hiphip**. pc. **ticma**. pc. *Gatlá*. pc. **pal-am**. pc. **palam**. pp.
Muescas de canales. **liñgi**. pc. **lingit**. pc.
Muescas en rajadura. **dahaca**. pc. **ticma**. pc. **gatlá**. pc.
Muescas que se hacen en el harigue para poner sobre él la viga. *Sabac*. pp.
Muger. *Babaye*. pp.
Muger estéril. *Baog*. pp. **pipi**. pp.
Muger á quien se le fué el marido. **bolandal**. pc.
Muger preñada. *Dalang tauo*. pc. *Buntis*. pc.
Muger estimada. **lipto**. pc.
Muger desenvuelta. *Dalahirà*. pp. *Handac*. pc.
Muger á quien falta la regla. **layag**. pc.
Muger lasciva. **queyó**. pc.
Muger cercana al parto. *Tagumangánac*. pc. *Cagampan*. pc. Sale de *ganap*.
Muger casera. *Macusi*. pp. *Masusi*. pp.
Muger grave y principal. *Binibini*. pp.
Muger libre. *Talandi*. pc. *Quiri*. pc.
Muger comun. **borlaanan**. pp.
Mugerota. **babaysot**. pp.
Mugido. *Ungal*. pp.
Mugre. *Libag*. pp. *Dumi*. pc.
Muharra. *Sibat*. pc.
Muladar. **agsaman**. pp. *Tapunan*. pc. *Tabihan*. pc.
Mulato. *Balugá*. pp. It. *Cayamangui*. pc.
Muleta. *Tungcod*. pc.
Muletilla, expresion familiar. *Bucang bibig*. pc. *Sauicain*. pc.
Multiplicar. *Dami*. pc. *Dagdag*. pc.
Multitud. *Dami*. pp. *Capal*. pc.
Multitud de hombres ó animales. **oyinap**. pp. **coyinap**. pp. *Goyod*. pp.
Mullir. *Bayorbor*. pc. *Buhaghag*. pc. *Buyagyag*. pc.
Mundo. *Sangdaigdigun*. pp. *Sanglibutan*. pc. *Sangsinocob*. pp. *Sansinocoban*. pp. *Santinacpan*. pc.
Munífico. *Labusao*. pc. *Magandang loob*. pp.
Muñeca de la mano. *Galang-galangan*. pc.
Muñeco de trapos. *Batabataan*. pp. *Tatao*. pc. *Touo tauohan*. pc.
Muñidor. **dambong**. pc. *Manananag*. pp. *Mangangatag*. pp. **malahacan**. pp.
Muñir. **tagui**. pp. **lasac**. pp.
Muñir gente. *Baybay*. pc. *Tauag*. pp. *Yayà*. pp. *Yacag*. pp.
Muralla. *Cotà*. pp.
Muralla vieja. **couali**. pc.
Murciélago grande. **bayacan**. pc. **baculao**. pp.
Murciélago pequeño. *Cabag*. pc. **cacabag**. pc. **calabiang**. pc. **colagnit**. pc.
Murciélago grande. *Paniqui*. pp.
Murmullo de rio. *Hagonghong*. pc. *Ogong*. pp.
Murmullo de gente. *Lingaongao*. pc. *Alingaongao*. pc. **saligaosao**. pc. It. **lingal**. pc. *Ingay*. pp.
Murmuracion. *Sirang puri*. pp.
Murmurar. *Bolong*. pc. *Ongol*. pp.
Murmurar. *Opasalà*. pp. *Bocanbibig*. pc.
Murmurar del ausente. **ambiuan**. pp.
Muria. *Panglao*. pc. *Bigat nang olo*.
Muró. *Cutà*. pp.
Musgo retoxo del caballo. *Tuad*. pc.
Musitar. *Bolong*. pc. *Ongol*. pp.
Muslo. *Hitá*. pc.
Mustio. *Namumoki*. pc. *Namamanglao*. pc.
Mustio. **balanquinitan**. pp. **tagil**. pp.
Mustio por haberse mojado. **lancot**. pc.
Mutabilidad. *Cabalinoan*. pc. *Bulino*. pp.
Mutacion. *Pag babago*. pp. *Pag iiba*. pc.
Mutilar. *Putulin ang casangcapan nang catauan*.

Mútua herencia en dos distintas sementeras. **paspas.** pc.
Muy distinta. **dina.** pp. *Ibang iba.* pc.
Muy, superlativo. *Totoo.* pp. *Ca.* pc. *Caibig ibig.* pp. Muy amable.

N antes de A.

Nácar. **biñga.** pc. *Capis.* pc.
Nacer. *Panĝanac.* pc.
Nacer de pies. *Sohi.* pc.
Nacer el sol, luna, &c. *Silang.* pp. *Sicat.* pp. *Mitac.* pc. *Potoc.* pc. *Bitac.* pc.
Nacer plantas ó animales. *Tubó.* pp.
Nacimiento. *Panĝanĝanac.* pc.
Nacimiento del rio. *Holó.* pp.
Nacion llamada. *Sambali.* pp.
Nacion Tagala. *Tagalog.* pp.
Naciones de diferentes gentes. *Salit salit.* pc. *Saglit saglit.* pc. *Ibat iba.* pc.
Nada. *Hamac.* pp. **casaloguin.** pp. It. **baló.** pp.
Nada. **silambang.** pc. *Ualà.* pc.
Nadadero. **lañgoyan.** pp.
Nadar in genere. *Lanĝoy.* pc. *Silanĝoy.*
Nadar boca arriba. *Balanĝay.* pc. **panoto.** pc.
Nadar con el pie levantándo el pecho. **ondiri.** pc.
Nadar dando con los pies. **talbog.** pc.
Nadar debajo del agua. *Sisid.* pp.
Nadie. *Isa man.* pc. *Sino man.* pc. *Ualà.* pc.
Naipe. **nipis.** pp.
Nalga. **yigyi.** pc. *Pigí.* pc. *Tabugui.* pc.
Nanca con vello. **tibabal.** pp.
Nanca que no crece. **babagan.** pp.
Naranjas grandes **soua.** pp. *Suhá.* pc. *Lucban.* pc.
Naranjas silvestres. *Cuboyao.* pp.
Naranjado. *Bulan tubig.* pp.
Naranjita. *Dalanhita.* pp. **sintores.** pp.
Nardo. *Sibuyas.* pp. **sang.** pc. **lasoná.** pc.
Narigueta. *Nisnis.* pc.
Nariz. *Ilong.* pc.
Nariz chata. **lapiyar.** pc. *Sapat.* pc. **talapia.** pp. *Pipi.* pc.
Nariz aguda. *Matanĝos.* pp.
Narracion. *Salitá.* pc. *Saysay.* pc.
Nasa para coger pescaditos. **parpar.** pc.
Nasa para pescar. *Bobò.* pp. *Sagap.* pp.
Nasa de cañas. **yañgio.** pc. *Laylay.* pc.
Nata de leche ó caldo. *Capa.* pp. *Lanab.* pc. *Linab.* pc.
Natalicio. *Capanĝanacan.* pp.
Natatorio. *Lanĝoyan.* pp. *Paligoan.* pc.
Natividad. V. Nacimiento.
Natividad. *Pasco nang panĝanĝanac.* pc. It. *Pista nang panĝanĝanac sa mahal na Virgen.*
Natura humana. *Catauan.* pc. *Catauohan.* pp.
Natura mulieris diformis. *Bouà.* pp.
Natura mulieris. *Laman sa hati.* pp.
Natura hominis. *Quinalalaquinan.* pp.
Natura puellæ. *Quiqui.* pp.
Natura mulieris. *Quinababainan.* pp. *Poqui.* pp.
Natural. *Taga.* pc. Natural de Bulacan. *Taga Bulacan.* pc.
Naturaleza. **hambo.** pc.
Naufragar. *Bagbag.* pc. *Guiua.* pp. *Lobog.* pc.
Nausea. *Alibadbad.* pc. It. *Soclam.* pc. **dimarim.** pp.
Nauseabundo. *Casuclamsuclam.* pc. It. *Marurumihin.* pp. *Masusuclamin.* pp.
Navaja. *Panĝahit.* pp. *Labasa.* pp.
Navaja de gallo. *Tari.* pp.
Nave. V. Navegar.
Navegar con vela. *Layag.* pc.
Navegar á la bolina. **biloc.** pc.
Navegar por estero. **batas.** pp.
Navegar solo en una banca. **horong.** pp.
Navegar contra viento, corriente. *Salongsong.* pc. *Salangsang.* pc. *Subá.* pp.
Navegar tierra á tierra. *Panĝolobaybay.* pc. *Baybay.* pc.
Navegar con viento en contra. *Panagal.* pc. *Sogor.* pp. *Somang.* pp. *Songsong.* pp. *Sagonsong.* pc.
Navegar por medio. *Louang.* pp.
Navegar por la orilla. *Baybay.* pc.
Navidad. V. Natividad.
Navío. *Dauong.* pc. *Sasaquian.* pc. *Bangcá.* pc.
Navío pequeño. **biray.** pc. **biroc.** pc.
Navío que boga. *Catang.* pp.
Navío de doce hasta diez y seis hombres. *Balanĝay.* pp. *Balanĝayan.* pc.
Navío de chinos. *Sampan.* pc. *Champan.* pc.

N antes de E.

Neblina espesa. *Olap.* pp. *Olop.* pp.
Neblina. *Alapaap.* pp.
Necedad. *Banday.* pc. **tuba.** pp. *Caololan.* pc.
Necesario. *Cailanĝan.* pp. *Cacalasan.* pc. *Casangcapan.* pp.
Necesidad. *Caual-an* pc. *Casalatan.* pc. It. *Cailanĝan.* pp.
Necesitado. *Salat.* pc. *Ilang.* pc. *Abá.* pc.
Necio, y sirve para necedad. **banlay.** pc. *Banĝao.* pc. **bouang.** pp. **bohalhal.** pc. *Hunghang.* pc. **halhal.** pc. *Magmag.* pc. *Mangmang.* pc. *Tacsil.* pc. **tubag.** pp
Nefando. *Casoclamsoclam.* pc. *Cahalayhalay.* pp. *Di carapatdapat.* pc.
Nefario. *Casamasamaang tauo.* pp. *Di carapatdapat macahalobilo.* pp.
Negador. *Mapag cailá.* pc. *Matanguihin.* pp.
Negar. *Tatouà.* pc. *Cailà.* pc. *Linĝir.* pc. *Tanqui.* pc. *Tacuil.* pc.
Negar con el movimiento de la cabeza. *Iling.* pc.
Negligencia. **cotalay.** pp. *Catamaran.* pp. *Capabayaan.* pc.
Negligente. *Tamar.* pc. *Tamad.* pc. **pangcal.** pc. **calay.** pc.
Negociante. *Manĝanĝalacal.* pc. *Mamomohonan.* pc.
Negociar. **consiua.** pp. *Nĝasiuà.* pp. *Mamohonan.* pp. *Manĝalacal.* pp.
Negocio. *Sadhia.* pc. *Pacay.* pp. *Panao.* pp. *Sadiyá.* pc.
Negrilla. *Comay.* pp.
Negrillo del monte. **manguian.** pc. **agta.** pc *Ayta.* pc. *Ita.* pp.

Negrillo de Casasay. **bayaba**. pp.
Negro esclavo. *Pugot*. pc.
Negro. *Itim*. pc.
Néofito. *Bagong binyagan*. pp. *Bago sa ano pamang gauà*. pc.
Nervio in genere. *Litir*. pp. *Ogat*. pc.
Nervio grande de hombre ó animal. **gatil.** pp.
Nervio de carabao. **cabas**. pp.
Nervudo. **latilan.** pc. *Litiran*. pc.
Nesga. **tugda.** pc. *Sudhia*. pc. *Sudyà*. pc.
Neto. *Lubos*. pc. *Taganas*. pc. *Polos*. pc. *Dalisay*. pp. **payac.** pc. *Ualang halò*. pc.
Neutral. *Alañgan*. pc. *Alinlañgan*. pp. V. Indeciso.

N antes de I.

Ni *Man*. *aco man*, *icao man*. Ni yo ni tú.
Ni por imaginacion. *Dimanauà*. pc.
Ni uno solo. *Isa man*. pc. *Iisa man*. pc.
Nicho. *Guang*. pp.
Nido de pájaros. *Pugar*. pp.
Nido de pájaros ó ratones. **sali.** pp.
Nido de gusanos, hormigas. **sumansuman.** pc.
Niebla. *Olap*. pp. *Olop*. pp.
Niebla de los panes. **apaya.** pp.
Nieto. *Apo*. pc.
Nimio. *Labis*. pp. *Masiado*. pp.
Ningun, ninguno. V. Nadie.
Niña. **indong.** pc.
Niñeta de los ojos. **alicmata** pc. **balintatao.** pc. **busilig.** pp. **inlá.** pc.
Niño. *Bata*. pp. **bira.** pp.
Niño inesperto. *Pahat*. pc. *Mosmos*. pc.
Niño, tontuelo. **pingoc.** pc.
Niño de teta. *Sangol*. pc. **pingcóc.** pc.
Niño flaco por faltar leche á la madre. *Inatas*. pp.
Niño que se muere ó en el vientre, ó por nacer antes de tiempo. **luñgar.** pc.
Niño ó rapaz. *Mosmos*. pc.
Nipa tejida que se pone en las bancas. **dalopi.** pp.
Nipa para techo. *Pauir*. pp.
Nivel. **patitis.** pc. **toltol.** pc.
Nivel con que miden lo hondo de la banca. **talaroc.** pp.

N antes de O.

No. *Di*. pp.
No, vedando. *Houag*. pc. **douag.** pp. *Dahan*. pp.
No, negando algo. *Hindi*. pc. *Dili*. pc.
No, primero soy yo. **dahat** *aco*. pc. *Aco muna*. pc.
No hay. *Ualá* pc *Alá* pc.
No acertar el ave casera á volver á casa. **lañga.** pc.
No acertar en lo que pretende. **auiaui.** pp.
No ajustar por corto ó largo. **calang.** pp.
No consumirlo todo por algun respeto. **taan.** pp.
No dejar piedra por mover por conseguir algo. **sambantoor.** pp.

No encontrarse dos que se buscan. *Liuas*. pc *Salisi*. pp. *Hiuas*. pc.
No es cosa. **saguimoymoy.** pc.
No está aqui. *Ualá*. pc.
No hacer algo por estar ya enfadado de hacerlo. **ondat.** pc.
No hace caso disimulando. *Paomanhin*. pc.
No hallarse algo donde se guardó. **linggal.** pc.
No hacer caso. *Malaguing*. pc.
No hacer la cosa de veras. **salorapa.** pp.
No mudarse de voluntad. **sa sinta.** pp.
No mirar como debe las cosas. *Tondaan*. pp.
No poder herir. **lauit.** pp.
No querer hacer algo por enfadado. **ondat.** pc.
No querer. *Ayao*. pc. **atao.** pc.
No quiero de rústico enfadado. **lansot**. pc.
No solo no es eso, pero ni. *Di manaua*. pc.
No tener gusto ó sabor. *Sagapsap*. pc.
No tengo. *Ualá*. pc.
No tiene resistencia. **micmic.** pc.
No admitir. *Tacuil*. pc.
No importa. *Socdang*. pc. *Anhin*. pc. *Anomang masapit*. pp. It. *Hindi bale*. pp. *Hindi cailañgan*. pp.
No mas. *Siyana*. pc. It. *Lamang*. pp.
No obstante. *Baga man*. pc. *Gayon man*. pc. *Cahima,t*, pc.
No vale nada. *Ualang casaysayan*. pp. *Ualang cabulohan*. pc. *Ualang* **carañgayan.** pc. It. **paruli.** pp.
No acertar con lo que quiere decir. *Ono*. pc. *Oono ono ang taong ito*.
No és sufrible. *Handucá*. pc. *Cauasà*. pp.
No estar acostumbrado *Bigó*. pc. **docó.** pc. *Alisuag*. pc. *Quimao*. pc. *Hindi bihasa*. pp.
No cesar. **limbay.** pc. *Togot*. pp. Ambos con la negativa. *Dili na* **lilimbay** *ang camay niya*. No cesan sus manos de trabajar, I. *Ualang* **limbay,** *ualang tugot gumauà*.
No sé. *Ayauan*. pc. *Auan*. pc. *Hindi co naaalaman*.. pp.
No sé me da nada. *Anhin co*. pc. *Anong masaquit sa aquin*. pp.
No sea que. *Macá*. pc. *Bacá*. pc.
No te lo decía. *¿Aba?* pc. *¿Di uica cona sa iyo? ¿Anong uica co?*
No tener noticia de una cosa. **macmac.** pc. *Malay*. pp. Con la negacion. *Uala acong* **macmac.** pc.
No tener donde estenderse. **alauas.** pc.
No tener respeto. **yacyac.** pc. *Lapastañgan*. pp.
No tener luz ó noticia cierta de algun caso. **guitaptap.** pc. Siempre con la negativa. *Dili co* **naguiguitaptapan,** *ang catotohanan niyan*.
No tengo luz de la verdad de eso.
No pronunciar claro. **alimon.** pc.
Noble. *Maguinoo*. pp. *Mahal*. pc.
Noche. *Gab-i*. pc.
Noche, toda la noche. *Damag*. pc. *Mag damag*.
Nocion. *Pugcaquilala*. pp.
Nocivo. *Nacalalampalasan*. pp. *Nacasisirà*. pp. *Naca aanyayá*. pp. *Nacasasamà*. pc.
Nodo. *Sibol*. pc. *Bocol*. pp.
Nodriza. *Sisiua*. pp. *Yaya*. pp. *Nag papasuso*. pp.
Nolicion. *Ayao*. pc. *Pag ayao*. pc.

Nombradía. *Cabantogan*. pp. *Cabalitaan*. pc. *Bunyi*. pp. *Puri*. pp.
Nombrar. *Tauag*. pp. *Sabi*. pp. *Baguit*. pp. *Olit*. pp. It. *Tingi*. pc. *Banguit*. pc.
Nombrar. *Ngalan*. pp. *Pangalan*. pp.
Nombrar á alguno á menudo. **sabit**. pc. *Sambit*. pc. *Sambitlá*. pc.
Nombrar algo dificil de decir. *Toor*. pp.
Nombre. *Pangalan*. pp. *Bansag*. pc.
Nombre que uno toma de otro. **laguió**. pc. **sañgay**. pc.
Nombre ó mote con que se destinguen ó se conocen. *Pamagat*. pc. *Bansag*. pc. *Binyag*. pc. **iit**. pc.
Nombre con que llaman al hermano mayor. *Cacá*. pc.
Nomina. *Tandaan nang mangá pangalan*.
Non, impar. *Gansal*. pc.
Nonada. *Hamac*. pp. V. No vale nada.
Nonagenario. *Taong may siam napuong taong edad*.
Nonagésimo. *Icasiam na puo*.
Nonato. *Hindi ipinanganac*. pc. *Binosbos sa taguiliran*. pp.
Nones. **lansal**. pc. *Gansal*. pc.
Nono. *Icasiam* pc.
Norabuena. *Salamat*. pp. *Pasalamat*. pp.
Nordeste. *Sabalas*. pc. **sablas**. pc.
Norte. *Hilagá*. pp. 1l. pc.
Norte, viento. *Hilagá*. pp.
Nos. *Aco*. pc. l. *Cami*. pc.
Nosotros dos. *Cata*. l. *Quita*. pc.
Nosotros, escluyendo aquellos con quienes habla. *Cami*. pc.
Nosotros, incluyendo. *Tayo*. pp.
Nota. *Tandá*. pc. *Hiro*. pp. *Taetac*. pc.
Notable. *Malaquing bagay*. pp. *Dapat pag masdan*. pc.
Notar. **iha**. pc. *Masir*. pc. *Tandá*. pc.
Notar á otro quien es. *Ino*. pc.
Notario. *Escribano nang mangá Pare, ó sa mangá bagay sa Simbahan*.
Noticia. *Balitá*. pp. **baligtá**. pc. **lactao**. pc. **malac**. pc. **ualoy**. pc. *Malay*. pp. *Dao*. pc.
Noticia falsa. **tibarbar**. pc.
Notificar. **badiyá**. pc. *Pahayag*. pp. *Balá*. pc.
Notificar órden ó mandato. *Balas*. pp. *Pahayag*. pp.
Notorio. *Bahog*. pc. *Hayag*. pc.
Novar. *Pagtibayin*. pp.
Novato. *Bago*. pp. *Bagohan*. pp.
Novecientos. *Siam na daan*. pp.
Novedad. *Bago*. pp. *Cabagohan*. pp.
Novedad. *Saconá*. pc. *Ligamgam*. pc. *Balisa*. pp.
Novel. *Pakat*. pc. V. Novato.
Novela. **cacaná**. pc. *Salitá*. pc.
Novena. *Siam na arao na ipinagdarasal*. pc. *Pag sisiam*. pc.
Novenario. V. Novena.
Noveno. *Icasiam*. pc.
Noventa. *Siam na puó*. pp.
Novia ó novio. **cabayisan**. pp. *Casintahan*. pp. l. *Casi*. pp. *Mag aasaua*. pp. *Icacasal*. pc.
Novicio. V. Novato.
Noviembre. *Buang icalabing isa sa lacad nang taon*.
Novilunio. *Bagong buan*. pp. *Tunao*. pp.
Novilla. *Dumalagang baca*. pp.
Novillo. *Bagong tauo*. pp.
Novios. *Nag papangasauahan*. pp. *Mag pinangasaua*. pc. *Mag casintahan*. pp.

N antes de U.

Nubarron. *Dilim*. pc. **dag-im**. pc. *Bogsó*. pc.
Nube. *Papauirin*. pp. *Papayirin*. pp. *Impapauid*. pc. *Himpapayid*. pc.
Nube. *Alapaap*. pp. **bicha**. pc.
Nube delante del sol ó luna. **bigha**. pc.
Nube de los ojos. *Bilig*. pc. *Pilar*. pp. *Culabá*. pp. *Calabá* pp.
Nube baja. **dalomoy**. pc.
Nube de agua. **goot**. pp.
Nube ligera. **impapayao**. pc. *Papaiyr*. pc.
Nube del cielo. *Papauyirin*. pc. *Papauirin*. pp. *Impapauid*. pc. *Himpapauid* pc.
Nube no muy densa. *Pangunorin*. pp.
Nube. *Olap*. pp.
Nube en los ojos. **mothalá**. pp.
Nubecillas esparcidas. *Balat buaya*. pp.
Nublado. **impayr**. pc. **moot**. pp. **alamaan**. pp.
Nublado. **doof**. pp. **tagolait**. pp. *Dilim*. pc. **dag im**. pc.
Nubloso. V. Nublado.
Nuca. *Batoc*. pp.
Nudillo. *Boco nang daliri*. pp.
Nudo. **boncolan**. pp.
Nudo in genere. *Bohol*. pc.
Nudo de ropa. **calatis**. pc.
Nudo corredizo. *Bohol*. pc.
Nudo en lo muy torcido. **colontoy**. pc.
Nudo de cordel. **hiyahis**. pp.
Nudo de tabla ó árbol. **salopinit**. pp.
Nudo en falso. *Sigalot*. pc. **saguilot**. pc. *Talibugsó*. pc. *Taguilabsó*. pc.
Nudo en el ceñidor con algo. **taló**. pc.
Nud, ciego. **piying**. pc.
Nudo de madera, caña ó bejuco. *Buco*. pc.
Nudoso. *Salimoot* pp. *Bocohan*. pc.
Nuestro, escluyendo la persona con quien habla. *Amin*. pp.
Nuestro, comprendiendo la persona con quien habla. *Atin* pp.
Nuestro, refiriéndose solo á los dos que hablan ó conversan. *Ata*. pp. *Canita*. pc.
Nuestro, de nosotros, genetivo de los pronombres. *Amin, atin, y Ata*. *Namin*. pp. *Natin*. pp. *Nata*. pp.
Nuera. **maniyan**. pc. *Manugang*. pp.
Nueva. *Balitá*. pp. It. **balabad**. pc.
Nueve. *Siyam*. pc.
Nuevo. *Bago*. pc.
Nuez del gaznate. *Lalagocan*. pp. *Tagocan*. pp. **batagocan**. pp. *Golong golongang*. pc.
Nuez moscada. *Bilocao*. pp.
Nugatorio. *Magdarayà*. pp.
Nulo. *Ualang casaysayan*. pp. *Ualang cabolohan*. pc.
Numen. *Anito*. pp. It. *Talinong*. pp. *Talas nang isip*. pp.

Numerar. *Bilang.* pp. *Ólat.* pp.
Numeroso. *Marami.* pp. *Macapal.* pc.
Numo. *Pilac.* pp. *Salapì.* pc.
Nunca. *Indi.* pc. *Isa man.* pc. *Cailan man.* pc.
Nuncio. *Sugó.* pp.
Nupcias. *Casal.* pc. **baisanan.** pp. *Balai.* pp.
Nutriz. *Sisiua.* pp.

O antes de B.

O. *Ayaa.* pp.
O, conjuncion. *Cun.* pp. *Pedro ó Juan, si Pedro con si Juan.*
Obcecacion. *Bulag.* pc. *Cabulagan.* pc. *Pag didilim.* pc. *Pinag diliman.* pc.
Obduracion. *Pag mamatigas.* pc. *Catigasan nang loob.* pp.
Obedecer. **bisirha.** pc. l. pp. *Mintohò.* pc. **sirha.** pc. l. pp. *Sonod.* pc. *Pintohò.* pc. *Paquinig.* pc. *Talima.* pp. *Tupad.* pc. *Uani.* pc.
Obedecer de mala gana. *Tuguis.* pp. *Labantolot.* pp.
Obedecer á quien le habla. **balaging.** pc.
Obedecer al que le llama. **palhing.** pc.
Obedecer lo que mandan. **pangsol.** pc.
Obedecer poniendo cuidado en lo que se le manda. *Panalima.* pp. *Talima.* pp.
Obedecer á lo que le aconsejan. **pamangsol.** pc.
Obediencia. *Casunoran.* pp. *Capintohoan.* pc. *Talima.* pp.
Obediente. *Masunorin.* pp.
Obeso. **matibunac.** pp. *Mabunac.* pp. *Matabà.* pc.
Obice. **sagoil.** pc. l. **sagu-uil.** pc. *Hadlang.* pc. *Sangga.* pc.
Objecion. *Totol.* pp. *Matuid.* pp.
Objetar. *Salansang.* V. Objecion.
Objeto. *Bagay.* pp. It. *Sadià.* pc. *Pacay.* pp.
Objeto señalado. *Tocoy.* pp. l. pc.
Oblacion. *Handog.* pc. *Hain.* pp. l. *Hayin.* pp. *Alay.* pp.
Oblicuo. *Hiuas.* pc. **balindis.** pc.
Obligacion. *Tongcol.* pc. *Catungculan.* pp.
Obligacion ó reconocimiento. *Otang na loob.* pp.
Obligado por esclavo. **balañgay.** pc.
Obligar. *Pilit.* pp. *Piguipit.* pp. **pigapit.** pp.
Obligar de veras. **tamay.** pc.
Obligarse al doble por no pagar luego. **limbouong.** pp.
Oblongo. *Tighabà.* pc. *Talinghabà.* pc.
Obra. *Gauà.* pc. *Yari.* pp.
Obra comenzada. *Banhay.* pc.
Obra de comunidad. *Atag.* pp. *Palang.* pp.
Obra comun. **bayani.** pp.
Obra mal hecha. **bulanglang.** pc. **halbot.** pp.
Obra á poco mas ó menos. **halipao.** pp.
Obra por acabar. **hamban.** pc.
Obra despreciable. **harogari.** pc.
Obra imperfecta. **balhag.** pc.
Obra de oficial á poco mas ó menos. *Calacal.* pc.
Obrador. *May gauà.* pp. *Gumauà.* pc. It. *O Ginagauaan.* pc.
Obrar poco á poco. *Gapang sosó.* pc.
Obrar scelerado. **gahol.** pp. *Gahasà.* pp.
Obrar matando el dia. **lambità.** pc. **gabang.** pp.
Obras muertas. *Sulambi.* pc.
Obras muertas de la casa. **sungqui.** pc.
Obrero. *Gumagauà.* pc. It. *Mag papaopa.* pc.
Obrillas imperfectas. **sangcot.** pc.
Obrizo. *Dalisay.* pp.
Obscenidad. V. Lujuria.
Obscuro en estremo, ó muy obscuro. *Posiquit.* pp. *Ngilngit.* pc. *Di magquilang surutin.* pp.
Obsequiante. *Nanonoyó.* pp.
Obsequiar, obsequio. *Suyó.* pp. *Lingcod.* pc. *Talima.* pp.
Obsequioso. *Malincorin.* pp. *Nanonoyó.* pp.
Observador. *Mapag masid.* pc. *Mapag malas.* pp.
Observancia. *Galang.* pp. It. *Casunoran sa mañga caotosan.*
Observante. *Masunorin.* pp. *Maganapin.* pp.
Observar. *Masid.* pc. *Malas.* pp. It. *Ganap.* pc. *Sunod.* pc. *Tupad.* pc.
Observar ritos y costumbres de sus viejos. *Sa mulà.* pc.
Obseso. *Pinasucan nang* **sitan** *ó Demonio.* pc. *Binabab-an nang Demonio.* pc. *Sinasaquian nang Demonio.*
Obstáculo. *Sagoil.* pc. l. *Saguuil.* pc. *Sanga.* pc. **balacsilà.** pp. *Hadlang.* pc.
Obstáculo, escusa. *Dahilan.* pc.
Obstar. *Gambalà.* pp. *Abala.* pp. V. Obstáculo.
Obstinacion. *Pag mamatigas.* pc. *Paninigas.* pc. *Paninibay sa camalian.* pc.
Obstinacion. *Caratihan.* pc.
Obstruir, obstruirse. *Mag tara.* pc. *Malacpan.* pc.
Obtener. *Camit.* pc. *Tamo.* pc.
Obtuso. *Salsal.* pc. *Polpol.* pc. *Podpod.* pc.
Obviar. *Ilag.* pp. *Layó.* pc.
Obvio. *Maliuanag.* pp. *Lantad.* pc.

O antes de C.

Ocasion. *Dahilan.* pc.
Ocasion. *Panahon.* pc. *Cataon.* pc.
Ocasionar. *Dahilan.* pp. *Mulà.* pc. It. *Buyo.* pc. *Bighani* pp.
Ocasionar la pérdida de otro. *Cohilà.* pc.
Ocaso. *Lobog.* pc. *Socsoc.* pc. *Lonod.* pp.
Occidente. *Calonoran.* pp. *Canloran.* pp.
Occiso. *Napatay.* pc. *Pinatay.* pc.
Ociar. *Pahiñga.* pc. *Libang.* pc.
Ocioso. **lapac.** pc. *Gambalà.* pp. *Ualang gauà.* pc.
Octágono. V. Ochavado.
Octava parte de un real. *Cending.* pc.
Octavo. *Icaualo.* pc.
Octogenario. *Taong may ualong puong taong edad.* pc.
Octogentísimo. *Icaualong daan.* pp.
Octogésimo. *Icaualong puo.* pc.
Octubre. *Pañgalan nang buang icasampo sa lacad nang taon.*
Ocultar. *Cailà.* pc. *Lingir.* pc. *Tago.* pp. *Lihim.* pp.
Ocupacion. *Abala.* pp. **isi.** pc. *Ligalig.* pp. **libing.** pc. *Gaua.* pc. *Libang* pc.
Ocupado. **cahor.** pc. *May guinagauà.* pc.

O antes de C.

Ocupar. *Abala*. pp. **abalabal**. pp. *Antala*. pp.
Ocupar á alguno por impedirle. **pauisá**. pc.
Ocuparse uno en su obra sola. *Calacal*. pc.
Ocuparse en sola una obra ú oficio. **tungali**. pp.
Ocurrencia. *Pag quiquita*. pp. *Pag tatumá*. pp. *Cataon*. pc. It. *Sumpong*. pc. *Salaguimsim*. pc.
Ocurrir. *Salobong*. pp. *Mog paunang sumalubong*. pp. It. *Mangyari*. pp. *Pangyari*. pp.
Ocurrirse á la memoria cosas impertinentes. *Salibat*. pc.
Ochavado. *Binalingbing*. pp. *Balingbing*. pc. *Balingbingin*. pc.
Ochavo. *Baria*, l. *Bariya*. pp.
Ochenta. *Ualong puo*. pc.
Ochenton. *Taong may ualong puong taon*. pc.
Ocho. *Ualo*. pc.
Ochocientos. *Ualong daan*. pp.

O antes de D.

Oda. *Tulá*. pc. *Cat-há*. pc.
Odio. *Tanim*. pc. *Galit*. pp.
Odio por la mejoría de otro. **lilib**. pp. **sosot**. pp.
Odioso. *Mapag tanim*. pc. It. *Calupitlupit*. pc.
Odorífero. *Mabanĝo*. pc. *Masansang*. pc.
Oeste. *Habagat*. pp. It. *Canloran*. pp. *Calonoran*. pp.

O antes de F.

Ofender. *Anyayá*. pp. *Tampalasan*. pp.
Ofender á Dios, ó al hombre pecando. *Sala*. pp.
Ofenderse de lo que vé que no le dá gusto. *Guiguil*. pp.
Ofensa. *Casalanan*. pp. *Sala*. pp. It. *Panĝanĝanyayá*. pp. *Pananampalasan*. pp.
Ofensivo. *Naca gagalit*. pp. *Naca sasaquit*. pc.
Ofensor. *Nanĝanĝanyayá*. pp. *Nananampalasan*. pp.
Oferta. *Pamago*. pp. It. *Panĝacó*. pp. *Alay*. pp.
Oficial. *Panday*. pc. It. *Mangagauá*. pc.
Oficio. *Lagay*. pc. *Catongculan*. pp. *Cagagao-anan*. pp. *Pag hahanap*. pp. It. *Halal*. pc. *Danĝal*. pc.
Ofrecer. *Handog* pc. *Alay*. pp. *Hayin*. pp. *Hain*. pp. *Dolot*. pp. **hatag**. pp.
Ofrecer su mercadería. *Lacó*. pp.
Ofrecer á Dios. *Hain*. pp.
Ofrecer para que le manden. *Hanĝar*. pc.
Ofrecer primicias. *Pamago*. pp.
Ofrecer, como alguna obra. *Panagano*. pp.
Ofrecer al huesped de beber. **sosohó**. pp.
Ofrecerse algo de paso al pensamiento. *Saguila*. pp. **salamisim**. pp. *Gunitá*. pc. *Salaguimsim*. pc. *Sompong*. pc. *Pamimdim*. pc.
Ofrecimiento en contra de lo que uno piensa. *Honos dili*. pp.
Ofrenda. *Biyayá*. pp. V. Ofrecer.
Ofrenda al Anito. **boñgoy**. pp.
Oftalmia. **sunip**. pp. *Dirá*. pp. *Lirain*. pp.
Ofuscar. *Dilim*. pc. **uating uating**. pc. *Silao*. pp. *Duling*. pp.

O antes de H.

Oh. Interjeccion de deseo. *Nauà!* pc. O. Asi yo lo viera! *Maquita co nauà!* pc.
Oh! Interjeccion para exclamar, admirar, encarecer. **bapa** *a!* pc. *Aya a!* pc. **bapá**. pc.

O antes de I.

Oidas, de oidas. *Sa dinĝig*. pc. *Balità*. pp.
Oido. *Olinĝig*. pp. *Pandinĝig*. pc.
Oidos. *Tainĝa*. pc.
Oiga aquí. *Palà*. pc.
Oir. *Batyag*. pc. *Paquinig*. pc. *Quimatiag*. pc. *Hanĝig*. pp. *Quiñig*. pc. *Dinĝig*. pc. *Quinig*. pc. *Panay nĝa*. pc. *Manay nĝa*. pc.
Oir ó hacer caso de lo que se dice. *Amin*. pc. l. pp.
Oir misa. *Simba*. pc.

O antes de J.

Ojalá, *Hari nĝà*. pp. *Alalaong*. pp. *Hari nanĝá*. pc. *Di nĝa salamat*. pp. *Di nĝa bahaguià*. pc. *Maanong*. pc. *Nauà*. pc. *Siya nauà*. pc. *Uari*. pp.
Ojeada. *Suliap*. pc. *Linĝap*. pp. *Silay*. pp.
Ojear. *Tinĝin*. pc. **titig**. pp. *Masid*. pc.
Ojear. **tibog**. pp. *Bobo*. pc. **sibog**. pc. *Aboy*. pc. *Taboy*. pc. *Bugao*. pp. **labuyao**. pc.
Ojear para hurtar algo. **daoy**. pc.
Ojear animales, aves. **siboc**. pp.
Ojear moscas. **uasiuas**. pp.
Ojear la caza. **tocoy**. pp. *Biliao*. pc.
Ojear mayas. *Yaya*. pc. *Uayuay*. pc.
Ojera. *Mocló*. pc. **mogá**. pp. *Nĝalomata*. pc.
Ojeras de no dormir. **mongló**. pc.
Ojeras de enfermo. **panlooc**. pp. **loat**. pc.
Ojeriza. **amis**. pp. **mais**. pp. **iring**. pc. *Tampo*. pc. *Hiuanaquit*. pc.
Ojete. V. Ano.
Ojizaino. *Lisic*. pp. *Nanglilisic*. pp.
Ojizarco. *Bulagao*. pc. V. Ojos zarcos.
Ojo. *Mata*. pc. **busilig**. pp. **boñgá**. pp.
Ojos quebrados. *Pisac*. pc.
Ojos soñolentos. *Punĝay*. pp.
Ojos hundidos. **lañgal**. pp. **looc**. pp.
Ojos zarcos *Matang pusá*. pp. *Bulagao*. pc.
Ojos hinchados. *Mocto*. pc.
Ojos como del que se está muriendo. *Ponĝay*. pp.

O antes de L.

Ola. *Ay! Aba*. pc. *Oya*. pp.
Ola, como quien llama. **touan**. pc. *Ohoy*. pp.
Olas del mar. *Alon*. pp. *Daloyon*. pp.
Olas bobas. **dalahit**. pp. *Golong*. pp.
Olas pequeñas. **malatamban**. pc. **tambantamban**. pc. **tagbic**. pc.
Oleo. *Santong lana*. pp.
Oler. *Amoy*. pc. **soñga**. pc.

Oler [illegible] **[illegible]**. pp.
Oler [illegible] **[illegible]**. pe. [illegible] pe.
Oleros [illegible] **[illegible]**. pe.
Olfatear [illegible] pe. V. Oler.
Olfato. [illegible] pe. [illegible] pe.
[illegible] [illegible]
[illegible] [illegible] pp.
Olfatear. V. Olfatear.
Olor [illegible] pe.
Olor de [illegible] [illegible] pe. [illegible] pp. [illegible] pp.
Olor de [illegible] [illegible] pe.
Olor de [illegible] **[illegible]** pe. [illegible] pe.
Olor [illegible] **[illegible]**. pp. **[illegible]**. pe. [illegible] pe. [illegible] pe.
Olor [illegible] **[illegible]**. pe. [illegible] pe. **[illegible]**. pe. [illegible] pp. [illegible] pp.
Olor de [illegible] [illegible] pe. **[illegible]**. pp.
Olor de [illegible] **gambao**. pe. [illegible] pp.
Olor de [illegible] [illegible] pe. [illegible] pe. **[illegible]**. pe. [illegible] pe.
Olor [illegible] [illegible] pe.
Olor [illegible] [illegible] pe.
Olor de [illegible] **[illegible]**. pe.
Olor [illegible] **dapyo**. pe.
Olor de [illegible] **hanglay** pe.
Olor de [illegible] **[illegible]**. pp.
Olor de [illegible] **[illegible]**. pe. [illegible] pe. **[illegible]**. pe.
Olor [illegible] **[illegible]**. pe.
Olvidadizo. [illegible] pe. [illegible] pe. [illegible] pe. **[illegible]**. pe. **[illegible]**. pe. [illegible] pp.
Olvidar. [illegible] pp.
Olvidarse de lo que trata. [illegible] pe.
Olvido. [illegible] pp. [illegible] pp.
Olla en general. [illegible] pe. [illegible] pe.
Olla pequeña. [illegible] pe.
Olla de grande boca. [illegible] pe.
Olla grande. **[illegible]** pp. [illegible] pe. [illegible] pe.
Olla de [illegible]. **bohoy**. pe.
Olla mediana. [illegible] pe. [illegible] pe.
Ollejo. [illegible] pp.
Ollero. [illegible] pe. **[illegible]**. pp.
Olmo. **[illegible]**. pe. **[illegible]**. pp.
Olota. [illegible] pe.

O antes de M.

Ombligo. [illegible] pp.
Ombligo grande. [illegible] pe.
Ombligo de campana [illegible] **[illegible]**. pp.
Ombligo de rodela **[illegible]**. pp.
Ombliguero. [illegible] pp. [illegible] pe.
Ombro. [illegible] pp.
Ombro [illegible] **[illegible]**. pe.
[illegible] [illegible] pe.
[illegible] [illegible] pe. [illegible] pe.
[illegible] [illegible] pp. [illegible] pp. [illegible] pp.
[illegible] [illegible] [illegible]
[illegible] [illegible] [illegible] pe. [illegible]
[illegible] [illegible] pe.
[illegible] pe.

O antes de N.

Onza [illegible] pe.
[illegible] [illegible] pe.
Onda. [illegible] pp. V. Ola.
Ondear el agua. **[illegible]**. pp. **[illegible]**. pe.
Ondearse [illegible] [illegible] pe.
[illegible] [illegible] pp. [illegible] pp.
Onza. [illegible] pp.

O antes de P.

Opaca. **cayag**. pp. **cayap**. pe.
Opinion. [illegible] pe.
Oportuna. [illegible] pe.
Oprimir. [illegible] pp. [illegible] pp.
Opinion. [illegible] pe. [illegible] pe.
Opinion entre alguna mas. [illegible] pp.
[illegible] [illegible] pe.
[illegible] [illegible] pe.
Oportunidad [illegible] [illegible] pe.
Opresion. **[illegible]**. pe. [illegible] pp. It. *Tapat* [illegible] pe.
Opresor. [illegible] pp. [illegible] pe. *Capinğagao*. pe.
Opresion de corazon. [illegible] *loob*. pp. [illegible] pe.
Oprimir. [illegible] pe. [illegible] pe. *Pahirap*. pp. [illegible] pp.
Oprobio. [illegible] pp. [illegible] pe. *Siphayó*. pp.
Optar. [illegible] pe. [illegible] pe. *Tamo*. pe. It. [illegible] pe.
Opuesto. [illegible] pp.
Opuesto. [illegible] pp. [illegible] pp.
Opugnar. [illegible] pp. [illegible] pp. *Salacay*. pp.
Opulencia. [illegible] pp. [illegible] pp.
Opulento. [illegible] pe.

O antes de R.

Ora. [illegible] pe. [illegible]. (Posposicion [illegible] Ora [illegible] ora [illegible]. *Maguing* [illegible] pe. [illegible]. Ora digas, ora [illegible] [illegible].
Oracional. [illegible] pe.
Oracion. [illegible] *P.* [illegible] It. *Tanunğan*. pe. *Tanunğan*. pp. It. [illegible] pp.
Orar, orando. [illegible] pp. *Dalanğin*. pp. [illegible] pe. [illegible] pp.
Orate. [illegible] pe. [illegible] pe. *Bang-ao*. pe.
Orbe. [illegible] pe. [illegible] pp. It. V. [illegible]
Orbicular. [illegible] pe. [illegible] pp.
Orden. [illegible] pe. [illegible] pe. **talortor** [illegible]
Orden o concierto de agua. **[illegible]**. pe. **[illegible]**. pp. [illegible] pe. [illegible] pp. **[illegible]** pe. [illegible] pe.
Ordenar [illegible] **[illegible]**. pe. [illegible] pp. [illegible]
Ordeñar. [illegible] pe. [illegible] pp.
Ordinario. [illegible] pe. [illegible] pp.
Orear algo. **hoyong**. pp. **hayang**. pp. [illegible] pe. [illegible] pe.
Oregano. **[illegible]**. pe.
Oreja en general. **[illegible]**. pp.
Oreja [illegible] **[illegible]** pe. [illegible] pe.

Oreja sin agujerar. **bisó**. pc. **pongol.** pc.
Oreja desgarrada. **lambing.** pc. *Lauing.* pc.
Oreja del arado. **palintá.** pp.
Orejas grandes y caidas. *Loping.* pc.
Orejear. *Pilig.* pc.
Orfandad. *Pagca olila.* pp.
Organero. *Mangagauà ó mang huhusay nang órgano.*
Organista. *Manonogtog nang órgano.* pc.
Organizar. *Husay.* pp. V. Orden.
Orgullo. *Capalaloan.* pc.
Oriente. *Silanĝan.* pp.
Orificio. *Butas.* pp. It. V. Ano.
Orígen. *Tontong mulà.* pc. *Mulà.* pc. *Pinag buhatan.* pp. **pañgalin.** pp. **toong.** pp. *Galing.* pp. *Buhat.* pp.
Original. *Sinalinan.* pp.
Originar. V. Origen.
Orilla. **bibay.** pp. *Binĝit.* pp. *Guilir.* pp. **uria.** pp. *Tabi.* pc. *Uacas.* pc.
Orilla de monte ó camino. **piying.** pp. *Piling.* pp.
Orilla de rio ó mar. **lambay.** pc. *Piling.* pp. *Pangpang.* pc. *Dalampasigan.* pp. *Dalampasig.* pp. *Baybay.* pc.
Orilla de vestido que vá colgando. *Laylayan.* pp.
Orilla baja del rio. **palanas.** pp.
Orilla del pueblo. *Tabihan.* pc. *Tabi.* pc.
Orilla del agua. *Pinĝas.* pc.
Orin de hierro. *Calauang.* pp.
Orinar. *Ihi.* pp. *Panobig.* pc.
Orines. *Ihi.* pp.
Orla. *Laylayan.* pp. It. *Uría.* pp.
Ornamento. *Gayac.* pc. *Pamuti.* pp. *Palamuti.* pp.
Ornato. Idem.
Oro. *Guintó.* pc.
Oro hilado sobre algodon. **balang amas.** pc.
Oro falso. *Balat.* pc. *Binalatan.* pc.
Oro natural. **balitoc.** pc.
Oro de ocho quilates. **bislig.** pc.
Oro de veinte quilates. **hilapo.** pc. **uasay.** pc. **panangbó.** pc.
Oro de diez y ocho quilates. *Orin boo.* pp.
Oro para dorar. **haliyamas.** pp.
Oro para prueba. *Oliran.* pc.
Oro muy bajo. **maralag.** pp. *Huling guintó.* pc. *Malubay.* pc.
Oro deslustrado. **saoin.** pp.
Oro fino ó subido. *Dàlisay.* pp. *Uagas.* pc.
Oro de veintidos quilates. **guinogolan.** pp.
Oro de diez y ocho quilates á bajo. **panica.** pc. l. pp.
Oro de catorce quilates. **linguiñgin.** pp. **panicang batá.** pp.
Oro bajísimo con mezcla de plata y cobre. **hotoc.** pp.
Oro en pólvo. *Uagas.* pc.
Oro tirado. *Binatac.* pp.
Oro batido. *Lantay.* pc. *Batbat.* pc.
Orondo. *Malucong.* pc.
Oropel. **alujamas.** pp. **aliyamas.** pc.
Oropel de China. *Palará* pc. l. pp.
Oropendola. *Coliauan.* pp.
Orozuz silvestre. **sagamanin.** pc.
Ortigas. *Lipá.* pc.

Ortodoxo. *Binyagang sumasampalataya.*
Oruga que come los arroces *Olalo.* pp.
Orza. *Gusi.* pp.
Orzuelo. *Politio.* pp. *Gulit.* pp.

O antes de S.

Osadía. *Panĝahas.* pc.
Osado. **palanghac.** pc.
Oscilar. *Ogoy.* pc. *Indayog* pp. **indayon.** pp. **undayon.** pp.
Osculo. *Halic.* pc.
Osculo de madre á hijo. **omaom.** pp.
Oscurana que comienza. **dag-im.** pc.
Oscurecerse la vista por haberla fixado en la claridad ó por otra cosa. **dolit**, l. *Doling.* pp.
Oscurecerse el dia. **malitá.** pc. *Dilim.* pc.
Oscuridad de tiempo. **guimoat.** pp.
Oscuridad grande. *Nĝitnĝit.* pc. *Dilim.* pc. **posiquit.** pp.
Oscurísimo. *Nĝitnĝit.* pc. *Posiquit.* pp. *Di mang quitang surutin.* pp.
Oscuro. **ñgapñgap.** pp. *Dilim.* pc.
Ostension. *Pahayag.* pp. *Paquita.* pp.
Ostentacion. *Patanyag.* pc. *Palanghal.* pc. It. *Paranĝalan.* pp. **parangya.** pc.
Ostentacion en vestirse. **dayao.** pp.
Ostentar algo mostrándolo. *Paranĝalan.* pp. It. V. Ostentacion.
Ostentarse guapo. **quirias.** pc.
Ostiario. *Isang órden nang manĝa Pare.*
Ostra. *Talaba.* pc. V. Ostrones.
Ostra delgada y ancha. *Balay.* pc. l. pp.
Ostrones ú ostiones. *Talaba.* pc. **calamquipay.** pp. **calantipay.** pp. It. **calantipas.** pp. *Capis.* pc.
Ostrones pequeños que se pegan al madero. *Taliptip.* pc. *Polirpolir.* pp.
Otear. *Tan-ao.* pc.
Otero. **tagortor.** pc. **borol.** pc. **togatog.** pp.
Otoño. *Tag-olan.* pc.
Otorgar. *Payag.* pp. *Tangap.* pc.
Otorgar con la cabeza. *Tanĝó.* pc.
Otra banda. *Ibayo.* pp. *Ibayiu.* pp.
Otra parte. *Ibayo.* pp. *Ibaiyo.* pp.
Otra vez. *Olt.* pc. *Olit.* pp.
Otra vez. *Minsan pa.* pc. Otra vez lo vi. *Minsang copang naquita.*
Otro *Iba.* pc.
Otra dia. *Balang arao.* pp. **lambang** *arao.* pp. *Ibang arao.* pp.
Ovado. **taling** *habà.* pc.
Ovado. V. Ovalado.
Ovalado. *Tighaba.* pc. l. *Bilog itlog. Taling haba.* pc. *Palahaba.* pc.
Ovas. **digman.** pc. *Lamat.* pp.
Oveja *Tupang babae.* pp. It. *Mabait.* pc. *Tauong nag babalic loob sa Dios.*
Ovil. *Bacuran.* pp.
Ovillas que se crian en los árboles. *Lomot.* pp.
Ovillo. **ayiquir.** pp. *Inayiquir.* pp.
Ovillo. *Inaiquid.* pp. *Quinirquid.* pc. *Bilo.* pp. **pinolon.** pp.
Oyente. *Nanatiag.* pc. *Naquiquinig.* pc. *Nananainĝa.* pc.

P antes de A.

Pabellon. *Cobongcobong.* pp. **limbon.** pc. *Colambó.* pc.
Pábilo. **lambal.** pc.
Pábulo. *Iquinabubuhay.* pp. *Pagcain.* pp.
Pábulo del fogon ú horno. *Pangatong.* pp. *Gatong* pp.
Pacato. *Tahimic.* pp. *Payapà.* pp.
Pacer el animal. *Sabsab.* pc.
Paces que uno hace entre los discordes. *Payo.* pp. *Casondo.* pc. *Husay.* pp.
Paciencia. *Bata.* pc. *Pag hahauac* pp. l. *Tiis.* pc.
Pacificar. *Payo.* pp. *Casondó.* pc. *Husay.* pp.
Pacífico. **bighani.** pp. *Payapà.* pp. *Banayad.* pp. **birhani.** pp. *Paomanhin.* pc. *Palagay na loob.*
Pacotilla *Daladalahan.* pp.
Pactar, pacto. *Cayari.* pp. *Osap.* pp. *Tipan.* pp.
Pachon. *Macuyad.* pp. *Masugal.* pp. *Mabagal.* pp. *Macupad.* pp.
Pachorra. *Cuyad.* pp. *Sagal.* pp. *Bagal.* pp.
Padecer. *Dalità.* pc. *Saquit.* pp. *Hirap.* pp.
Padrastro. *Mamà.* pp. *Amain.* pc. **pañgaman.** pc.
Padrastro de uñas. *Tayñga.* pp. *Tuñgà.* pc.
Padrastro de los dos. **dayorayo.** pp.
Padre. **a, an.** *Amang.* pc. *Amu.* pc. **pan.** pc. *Tata*, l. *Tatang.* pp. **bapá.** pp. It. *Paré.* pp.
Padre á los hijos. **locop.** pc.
Padre adoptivo. *Inaama.* pp.
Padres. *Magulang* pp.
Padrino. *Inaama.* pc.
Padron donde se apunta la gente. **pamanda.** pc. *Tandaan.* pp.
Paga. *Opa.* pc. **salap.** pp. It. *Bayad.* pp.
Paga que se dá de contado entre los que compran y venden. **hobli.** pc.
Paga al que guarda algo. **himatay.** pp.
Paga en poca cantidad. **tatap.** pp.
Paga por el trabajo. *Himagal.* pc.
Paga de carcelaje. *Calagpañgao.* pc.
Paga al alcahuete ó testigo. *Sohol.* pp.
Pagar la parte que tiene con alguno para quedarse él con lo demas. **songsong.** pc.
Pagar entero algo á quien tenia antes algun derecho. *Socli.* pc.
Pagar adelantado. *Tampa.* pc. It. *Patiñga.* pp.
Pagar terrazgo. *Buwis.* pc.
Pagar anclage. *Handog.* pc. **yalog.** pc.
Pagar deuda *Bayar.* pp. **liuan.** pp.
Pagar con proporcion. **opangbulac.** pp.
Pagar por otro el tributo. *Ara.* pc.
Pagar por entero, ó concluir de pagar. *Cauas.* pp. **lapas.** pc.
Pagar justos por pecadores. *Calang.* pp. *Hadlang.* pc. **datang.** pp.
Pagarse de la razon. *Panjig.* pp.
Pago. *Nayon.* pp. **pooc.** pp. It. V. Paga.
Pais. *Lupá.* pp. *Bayan.* pp.
Paisano. *Cababayan.* pp.
Paja. *Guini-ican.* pp. *Dayami.* pp.
Paja de que hacen escoba en algunas partes. **batar.** pc.
Paja ó cáscara de algodon. **pala.** pp
Paja que ponen sobre la caida del techo para que no entre la llovizna. **pamalipay.** pp.
Paja que queda despues de trillado el arroz. **yaot.** pp.
Paja para cubrir sus casas. *Cogon.* pp. It. *Sasa.* pp. *Pauid.* pp.
Pajarilla del animal. *Olilat.* pp. *Orilat.* pp.
Pajarilla de hombre ó animal. **limpa.** pc.
Pajarillo muy pequeño. **posiquit.** pp. *Posit.* pc. *Pipit.* pc.
Pájaro con pico azul, cresta colorada. **atbag.** pc.
Pájaro nocturno. **apira.** pp.
Pájaro que grita mucho. **bagalatac.** pp.
Pájaro supersticioso. **balantiquis.** pp.
Pájaro en que agoraban. **balatiti.** pp.
Pájaro verde de pico amarillo. **tayobac.** pc.
Pájaro de pies largos, y pico amarillo. *Tica.* pp.
Pájaro sin cola. *Tocong.* pp. *Ponggoc.* pc.
Pájaro como pato. **soliasir.** pp.
Pájaro que pone huevos que con uno se satisface un hombre. *Tabon.* pc.
Pájaro á modo de lechuza. **tigbabacao.** pc.
Pájaro in genere. *Ibon.* pp.
Pájaro, otras especies suyas. *Bacao.* pc. *Pugó.* pp. *Ticling.* pc. *Limbas.* pc. *Canauay.* pp. **acbab.** pc. *Coling.* pc. &c. &c.
Paje. *Alilà.* pp.
Pajizo, color. *Dilao na murà.*
Pajo, fruta. *Pahò.* pp.
Pajo pequeño. **quibang.** pp.
Pajuelas. **mamac.** pp. It. **yañgit.** pc. *Yaguit.* pc.
Pajuelas de arroz. *Sipi.* pp.
Pala para coger tierra ó trasegar. *Panaloc.* pp.
Pala. *Saguan.* pc. V. Remo.
Palabra. *Uicà.* pp. *Sabi.* pp.
Palabra única. *Cataga.* pc.
Palabra con que llaman al lechoncillo. **yicyic.** pc.
Palabra con que animan á otro á arremeter ó hacer algo. *Dali*, l. *Dale.* pp.
Palabra con que animan á los perros para arremeter. *Hale.* pp. *Hiya.* pp. **atao.** pc. **atao-atao.** pc.
Palabra de cariño á los muchachos. **bira.** pp. *Itoy.* pc. **agui.** pp. Siendo varon, y siendo hembra. *Ining.* pc. **aga.** pp.
Palabra ociosa. **palambang.** pc.
Palabra con que espantan á las gallinas. *Su.* pc. l. **sa.** pc.
Palabra con que llaman las gallinas á los pollos. *Corroquiá.* pc. *Curruc.* pc.
Palabra con que llaman á los puercos. **hecan.** pp. **bit-sa.** pc.
Palabra de cariño con que se llaman entre si los iguales corresponde al ola español. **ohoy.** pc. *Oya.* pp.
Palabra con que se despide para irse. *Pasintabi.* pp.
Palabra picante y afrentosa. **palañgas.** pp. **paslan.** pc. *Pasaquit.* pp. **palacao.** pp.
Palabra sentida. **tampias.** pp.
Palabra de exageracion. *Uala.* pc.
Palabra de mofa haciendo ascos y escupiendo. *Pica.* pp.

Palabra con que llamaban á las Catalonas en su antigüedad. **tarotaro.** pc.
Palabra con que animan á levantar ó jelar algo. **tambohat.** pp.
Palabra de cariño de la madre á su chico. **palañgiy.** pp.
Palabra impertinente. **balaoqui.** pp. *Balaogui.* pp.
Palabra de admiracion. *Bapa.* pc. *Aba.* pc.
Palabra que corresponde al Jesus que decimos cuando nos sucede alguna cosa. **souá.** pc.
Palabra de cariño. **angoy.** pc. **aró.** pc. **angon.** pc.
Palabra de admiracion. *Ari.* pc. **ayac.** pc.
Palabra afrentosa, sumitur pro parte verenda utriusque sexus. **talpac.** pc.
Palabra con que espantan el gato. **pinda.** pc.
Palabra para espantar gatos. **sicá.** pc.
Palabra de placer. **taga alaala.** pp.
Palabra preñada que se dice para que la sienta quien la oye. *Paramdam.* pc.
Palabra preñada. **saconá.** pc. **may.** pc.
Palabra que dicen los muchachos en el juego de la gallina ciega. **tiquiyua.** pp.
Palabra que denota respeto y reverencia. *Pó.* pc.
Palabrada. *Lait.* pp. *Alipustá.* pc. It. *Bocang bibig.* pc.
Palabras de cumplimiento. **pahinabar.** pp.
Palabras al viento. **paylambong.** pc.
Palabras ociosas. *Bucang bibig.* pc. *Hamac.* pp.
Palabras superfluas que enfadan. **tanactac.** pc.
Palabras deshonestas, dichas burlas. **pañgaso.** pp.
Palabras de cumplimiento. **hibar.** pp.
Palabras indecentes y afrentosas. *Tuñgayao.* pp.
Paladar. **asñgal.** pc. *Ngalañgala.* pc.
Paladear el niño mamando. **olaor.** pp.
Paladear, paladearse. *Lasap.* pc.
Paladin. *Bayani.* pp.
Palanca. **acsiuan.** pp *Pinga.* pc. *Pas-anan.* pp. It. *Panual.* pc. *Pamingcal.* pc.
Palangana. *Panastan.* pc. *Panhinauan.* pp.
Paleta con que untan de cal el buyo. *Pañguhil.* pp. *Pañgahig.* pp.
Paliar. *Lihim.* pp. *Liñgid.* pc.
Palidez. *Put-la.* pc. *Caput-laán.* pc.
Palido. *Namamarac.* pc. *Namomot là.* pc. **bonglo.** pc. *Pot-lá.* pc.
Palillo. **tuc-hé.** pc. *Panhinicsic.* pc. **panghiniñga.** pc. It. *Tinting.* pc.
Palillos de contar. **isipan.** pc. *Paliyo.* pc. **panolat.** pp. **calacal.** pp. **garong.** pc.
Palinodia. **tamaoli.** pp.
Palio. *Lañgitlañgit.* pp.
Palma, otros géneros de palmas. *Luyong.* pp. *Bañgá.* pp. *Niyog.* pc. *Buñga.* pp. *Buli.* pc. *Tical.* pp. **anibong.** pp.
Palma de la mano. *Palad.* pp.
Palma donde sacan los cables negros. **pugahan.** pp. It. **cauong.** pp.
Palma silvestre. **pogahan.** pp. *Anahao.* pp. **tual.** pp.
Palma que dá muy poca tuba. **pasang.** pc.
Palma de donde sacan el cable negro. **tamping.** pc.
Palma de la nipa. *Sasa.* pc.
Palma seca que ponen á los lados. de la banca. **lipilipi.** pp.
Palma pequeña y desmedrada. **palipog.** pc.
Palmada. *Tampal.* pc. It. *Sampal.* pc. *Sampilong.* pp
Palmaditas dadas con cariño. **tapi.** pp. **paguicpic.** pc. *Tampi.* pc. *Picpic.* pc. *Tapic.* pc.
Palmar. *Maliuanag.* pp. *Hayog.* pc. It. *Niogan.* pp. *Bunġahan.* pp. &a.
Palmario. V. Palmar.
Palmear. *Daop.* pc.
Palmito. *Obor.* pp.
Palmo. *Dangcal.* pc.
Palmotear. V. Palmear.
Palo. *Cahoy.* pp.
Palo de la embarcacion donde cuelgan alguna cosa. *Batañgan.* pp. I. pc.
Palo, porrazo ó coscorron. *Pocpoc.* pc.
Palo ó caña que clavan en tierra para apretar ó prensar la cerca. **palitic.** pc.
Palo que tiene hierro en la punta. **sinipit.** pc.
Palo atravesado en que aseguran el remo. **pandasan.** pc.
Palo donde estienden la madeja de seda ó algodon para tejer. **palatohat.** pc.
Palos sobre que ponen el papag á la embarcacion. **palantayang.** pp.
Palo de China. *Obat.* pc.
Palo de banca donde cuelgan algo. *Batañgan.* pc.
Palo para coger caimanes. **baliarar.** pc.
Palo delgado sin punta, con que escarban la tierra. **tapil.** pp.
Palo santo de Filipinas. **taquilis.** pp.
Palo que ponen para levantar la vela. **sondong.** pc.
Palo con hierro en la punta con que cavan. *Tactaé.* pc.
Palo aromático. **tanoong.** pp.
Palo con unos dientes en la punta para tejer. **papan.** pp.
Palo que se pone para destilar el vino. **pasang.** pp.
Palo atravesado en la banca para armar en él el asiento. **pasicar.** pp.
Palo lleno de nudos. **salimoot.** pp. *Bocohan.* pc.
Palo que sirve á las ruedas del carro. *Quinsiquinsi.* pc.
Palo como horquilla para afirmar el catig de la banca. **timtim.** pp.
Palo de China oloroso. **tingalam.** pc.
Palo romo. **tipongol.** pc.
Palo que ajusta el pescuezo de los carabaos para que trabajen. *Singcao.* pc.
Palo viejo á quien le salen unos espolones. *Tahiran.* pc.
Palo que atraviesan debajo del caballete. **talangcao.** pp.
Palo sobre que asientan la tejera. *Anaman.* pc.
Palo puntiagudo. *Bacal.* pc. **baliuay.** pp. *Basol.* pp.
Paloma. *Palapati.* pp. *Calapati.* pp. *Lupati.* pp. *Patipati.* pp.
Paloma del monte. *Batobato.* pc.
Paloma del monte con manchas coloradas en el pecho. **ponay.** pp. **lauatan.** pp.

Paloma montes doble ó triple mayor que el batobato. *Balor*. pp. l. **baler.**
Paloma montes con algunas plumas verdes. **lialan.** pp.
Palomar. **palapatihan.** pc. *Bahay lapati*. pp.
Palomera. *Tampac*. pc. *Lantad*. pc.
Palomino. **pispis.** pc. *Inacay nang lapati*. pp.
Palos que ponen en los dos cabos de la red para coger venado. **tambang.** pc.
Palos que se ponen debajo de las maderas que arrastran. *Paralis*. pp. **puling.** pc.
Palos inclinados de la quilla. **tumpang.** pc
Palos atados con un cordel con que trillan. **tioca.** pp.
Palos atravesados. **biclang.** pc.
Palos parados en que se encajan los atravesaños. *Tumali*. pp.
Palos cubiertos de tierra. **bayorbor.** pc.
Palpablemente. *Maliuanag*. pp. *Malinao*. pp.
Palpar. **cama.** pc. *Dama*. pc. **yamá.** pp. *Lamas*. pp. **yama.** pc. *Hipó*. pp.
Palpar con las manos. **camicam.** pp.
Palpar á oscuras buscando algo. **halagap.** pp. *Apá*. pc.
Palpar á oscuras. **hicap.** pp. *Capcap*. pc.
Palpar aprisa. **gama.** pc.
Palpitar. *Tiboc*. pc. *Cotob*. pc.
Pampano pescado. **duhay.** pp. l. pc. It. *Quitong*. pp.
Pamplina. *Ualang cabulohan*. pc. *Ualang casaysayan*. pp.
Pan. *Tinapay*. pp.
Pan de hierro. **babac.** pp.
Pan de jabon. **tipi.** pp. **pipi.** pp.
Panadizo. **hiñgoñgoto.** pp. *Tuñga*. pc.
Panal de avejas. *Bahay pocyotan*. pp. l. **saray.** pp. It. **panilan.** pp.
Pandear. *Hotoc*. pp. *Habyog*. pc.
Paniaguado. *Pacaín*. pp. It. *Cacampi*. pc.
Panico. *Labis na tacot*. pp.
Pantalon. *Salaual*. pc. *Salual*. pc.
Pantalla. **panagosilao.** pp.
Pantano. *Lati*. pp. **lablab.** pc. **labon.** pc. **cominoy.** pc.
Pantanoso. **malabon.** pp.
Pantorrilla. *Binti*. pc. **butit.** pp. **butic.** pp.
Panza de animal. *Labot*. pc. **doñgos.** pp.
Panza ó buche del hombre y animal. *Bahay canin*. pp. It. *Sícmurá*. pp.
Panzudo. **boyonin.** pp. **oryoñgin.** pp. *Botiti*. pp.
Pañal. *Lampin*. pc.
Paño por la cabeza. **birang.** pp.
Paño que pone para su necesidad los que estan ya postrados en la cama. **tilam.** pp.
Paño con que las mugeres atan la cabeza. **piñgi.** pc.
Paño negro que se ponen por luto. **taong.** pp. *Lucsà*. pc.
Paño labrado con aguja. **sulam.** pp.
Paño que se pone en la cabeza para librarse del sol, lluvia, &c. **tacolbong.** pc.
Paño con que cubrian los difuntos. **lalab.** pp.
Paños con que se atan las mugeres la cabeza. **panaclit.** pc.
Paños menores. *Panapin*. pc.
Paño de manos. *Pamahir*. pp.
Paño con que cubren sus partes. *Tapi*. pc. *Bahag*. pc.
Paño en que cuelgan los niños al hombro. *Sabitan*. pc. **sacbibihan.** pc.
Pañoso. *Nang gugulanit*. pp.
Pañuelo. *Panió*. pc. *Paniyó*. pc.
Papa. *Cataas taasang Pontifice sa Roma, catiuala at cahalili nang A. P. J. Cristo sa lupa*. It. *Labnao*. pc. It. *Linogao*. pp.
Papá. *Tatang*. pp. *Tata*. pp. *Amang*. pc. *Ama*. pc. *Tatay*. pc.
Papada. **cabil.** pp.
Papada de puerco. **tilalacal.** pp.
Papada de buey. **lamlam.** pp. *Lambi*. pp.
Papagayo del pais. *Culasisi*. pp. **bobotoc.** pp. It. **caguit.** pp.
Papagayo blanco. *Calañgay*. pp. **quilaquil.** pp.
Papandujo. *Lunot*. pc. **bugnoy.** pc.
Papas de arroz que daban á los niños. *Palpal*. pc.
Papel. **calatas.** pc. l. pp.
Papel escrito. *Sulat*. pp. **calatas.** pc.
Papeles, palillos con que sortean. *Honosan*. pp.
Papera. *Bicqui*. pp. **bayqui.** pp.
Papirotes. **pacbong.** pc.
Papirote. *Pitic*. pc.
Papo. **tingca.** pc.
Par. *Caparis*. pp. *Catuang*. pc.
Para, dativo de nombres propios. *(Cay.)* Esto és para Juan. *Itoy cay Juan*.
Para, dativo de los nombres apelativos. *Sa*. Esto és para los padres. *Ito,i, sa mañga Pare*.
Para que. *Ano*. pc. *Aanhin*. pc. **anhin.** pc.
Para que quiero aquellos! **anhin** *co yaon!*
Para vosotros. *Sa inyo*. pc.
Para los dos. *Sa canita*. pc. *Sa atang dalaua*. pc.
Para siempre. **gulang.** pp. *Mag parating man saan*. pc. *Mag pasaualang hangan*. pc. **mag ca gulang.** pp.
Para que. *Nang*. Para que puedas comer. *Nang macacain ca*.
Para mí, por mí. *Sa aquin*. pp.
Para nosotros, por nosotros. *Sa atin*. pp.
Para quien? *Canino?* pp.
Para bien. *Pasalamat*. pp
Parabola. *Talinhagá*. pp.
Parada. *Holon*. pp.
Paradas entre lo que se hace. *Hintó*. pc. *Hantong*. pc. *Antala*. pp.
Paradero. *Hanggan*. pc. *Quinahinatnan*. pc. *Quinasapitan*. pp. *Nasapit*. pp. *Napagsapit*. pp.
Paradero donde van todos á parar. *Opoan*. pp. **bitañgan.** pp. *Tahanan*. pp. **taual.** pc. **halonan.** pc. *Hantongan*. pp.
Paradigma. *Houaran*. pp. *Oliran*. pc.
Paradillas en el camino. *Hinto*. pc.
Paradislero. **taliba.** pp.
Paraguas. *Payong*. pp.
Paraiso celestial. *Caguinhauahan*. pp. *Calualhatian*. pp. *Lañgit*. pp.
Paraiso terrenal. *Cariquit diquitang halamanang pinag laguian cay Adan nang P. Dios*.
Paraje. *Lagay*. pc. It. V. Lugar.
Paramento. *Pamuti*. pp. *Gayac*. pc. It. *Tabing*. pp.
Paramo. **tahao.** pp. *Parang*. pp.

Parangon. *Tulad*. pp. *Paris*. pp.
Parangonar. **manghad**. pc. **alio**. pp. V. Parangon.
Paraninfo. *Mabuting pañgitain*. pp. It. *Ama sa casal*. pc.
Parapetarse. *Mañgobli*. pc.
Parar. *Tahan*. pc. *Higcat*. pc. *Tiguil*. pp. *Togot*. pp. *Humpay*. pc. It. *Tantan*. pc.
Parar los que caminan. **halon**. pp. *Pahiñga*. pc. *Hantong*. pc.
Parar algun tanto. **hipahip**. pp. **hiphip**. pp.
Parar la obra. *Hantong*. pc. *Hotao*. pc. *Tayong*. pp.
Parar repantigado. **oligul**. pc.
Parar los que reman. **alitao**. pp.
Parar brevemente el que anda. *Handac*. pc. **hondac**. pc.
Parar la pantorrilla para que dén en ella. *Tain*. pp.
Parar un poco los que navegan. **tañgin**. pc.
Parar como trompo ó pantorrilla para que dén en ella. *Taya*. pc.
Parar como trompo ó pantorrilla. **taing**. pp.
Parar en el trabajo. **tayog**. pc.
Pararse para oir algo. **hipic**. pc.
Parche. *Tapal*. pp.
Parca. *Camatayan*. pp.
Parcial. *Cabig*. pp. I. *Campi*. pc. *Cabig, at ayoan*. pp. *Caayó*. pp. *Campon*. pc. *Caual*. pp. It. *Caibigan*. pp.
Parcialidad. *Dolohan*. pp. *Campon*. pc. V. Parcial.
Parco *Matipid*. pc. *Maimpoc*. pc.
Pardo. *Abohin*. pc. **gaboquin**.
Parear cosas desiguales. **himboc**. pc. *Pacli*. pc. **himboyog**. pp.
Parece. *Anaqui*. pp. *Uari*. pp. *Yatá* pp. *Casi*. pp. *Tila*. pp. *Mandin*. pc. *Diuà*. pp.
Paréceme. *Yatá*. pp. **ahá**. pp.
Parecer. *Hatol*. pp. **hana**. pp. It. *Parali*. pp.
Parecer sobre algo. **talacay**. pp. *Pasiya*. pc.
Parecerse el hijo á la madre. *Goya*. pp.
Parecerse uno á otro como en costumbre. **saya**. pp.
Parecerse en algo á otro. *Uañgis*. pp. *Hambing*. pc.
Parecerse la criatura á lo que vió la madre, al concebirla. **paniling**. pp. *Muc hà*. pc. **niling**. pp. *Lihi*. pc.
Pared. *Dingding*. pc. *Pader*. pc.
Parejas. **lumbá**. pc. It. *Agapay*. pp.
Parejo. *Pantay*. pc. *Para*. pp. *Capara*. pp. *Caparis*. pp.
Parentela. *Anac*. pp. *Ancan*. pc. *Lahi*. pp. **gusang**. pp.
Parentesco de afinidad. *Balayi*. pp. *Balai*. pc.
Pares de la muger. *Inonan*. pp.
Pares ó nones. **tocol**. pc. **pacyao**. pc.
Paridad. *Pag paparis*. pp. *Pag tutulad*. pp.
Paridera. *Pal-anac*. pp. *Palaanac*. pc.
Parida. *Nañganac*. pc.
Pariente in génere. *Hinlog*. pc. *Cadugó*. pc. V. Parentela.
Parientes de un linage. **bohotang**. pp.
Parientes de un tronco. *Camaganac*. pp.
Parir. *Anac*. pc.
Parir in genere. *Pañganac*. pc.
Parir ó puros hijos ó puras hijas. **coyog**. pp.
Parlador. V. Parlero.
Parlamentar. *Polong*. pp. *Salitá*. pc.
Parlanchin. **buñgañgaan**. pc.
Parlar. *Tabil*. pc. *Talas*. pp.
Parlero. *Matabil*. pc. *Bibigan*. pc.
Parpadear. *Corap*. pc. *Quisap*. pc.
Párpado. *Bobong*. pc. *Bobong nang mata*.
Parrado. *Masalayâ*. pp.
Parral. *Balag*. pp.
Parrar. **salayá**. pp. It. **labig**. pp.
Parras silvestres. **bica**. pp.
Parricida. *Taong pumatay sa magulang*.
Parrillas. *Ihauan*. pc. **dandañgan**. pp.
Parroquiano. **suqui**. pp.
Pars verenda mulieris. **oric**. pc. *Puqui*. pp. **tigao**. pp.
Pars verenda puellæ. **puquingquing**. pc.
Parsimonia. *Impoc*. pc. *Tipid*. pc.
Parte de casa ó pesca que se dá á los vecinos ó amigos. **pasdá**. pc. **pahat**. pp.
Parte que le cabe á uno en la obra comunal. *Tongcol*. pc.
Parte apasionada. *Cabig*. pp. *Campi*. pc. *Campon*. pc.
Parte arriba de donde viene la corriente. *Olohan*. pc. **holó**. pp.
Parte que le cabe á uno en la sementera. **saclong**. pp.
Parte que le toca á alguno en la reparticion de algo. **totoc**. pp.
Parte baja del pueblo. *Ibaba*. pc.
Parte que le cabe de la reparticion de algo. *Toñgo*. pp. *Cabahagui*. pp. *Honos* pc. **ganeng**. pc.
Parte del dote que dá el varon. **bohol**. pc.
Parte inferior de la oreja. *Capiñgolan*. pp.
Parte que vuelve el compañero para que estén iguales. **buhi**. pc.
Parte superior del pueblo. *Ilaya*. pp.
Parte remota como el golfo respecto de la orilla. **tiuala**. pp.
Partir en pedazos raiz comestible. *Paá*. pc.
Partera. *Hilot*. pp.
Partes de que se compone un todo. *Sangcap*. pc. *Casangcapan*. pp.
Partero. *Salag*. pp.
Particion. *Pag babahagui*. pp.
Participante. **casamayá**. pc. *Caramay*. pp. *Casapacat*. pc. *Caalam*. pc.
Participar de algo. **gorolit**. pc.
Participar. **dayaquit**. pp. *Sapacat*. pc.
Participar del trabajo. *Damay*. pp. *Ali*. pp.
Participar de la culpa de otro. *Hicayat*. pp.
Participar del mal de otro. *Haua*. pp. *Lalin*. pp.
Participar ó tener parte. *Dampulay*. pp.
Partícula ó pedacito. *Catiting*. pc. *Caririt*. pc. *Capiañgot*. pc.
Partícula para nombres propios. *Cay*. pc.
Partícula de plural de nombres propios. *Sina*. pc.
Partícula de plural. *Mañga*. pc.
Partícula que se añade en tiempo pasado. **camuc-há**. pp.
Partícula que se antipone para hacer nombres de compañía. **camag**. pc.
Partícula que compone los tiempos y vientos. *Tag*. pc.

Partícula que junta con nombres de pueblo significa ser vecino de él. *Taga*. pc.
Partícula de nominativo. *Ang*. pc.
Partícula de semejanza. **bali**. pc.
Particularmente. *Bocod*. pc.
Partidiario. V. Parcial.
Partidor. *Namamahagui*. pp. *Mamamahagui*. pc.
Partir en partes desiguales. *Api*. pc.
Partir el caballo el zacate haciendo camino. *Ualu*. pp.
Partir herencia. *Ualas*. pp.
Partir terrones. *Tipac*. pc.
Partir en pedazos. *Lapang*. pc.
Partir algo señalándolo antes. *Tala*. pp.
Partir de algun lugar. **butauin**. pp.
Partir cosas no muy grandes. **bica**. pc.
Partir algun viviente de arriba abajo. *Sagsag*. pc.
Partir por medio. *Hati*. pp. **sasá**. pp. *Biac*. pc.
Partir algo, como pan con la mano. *Pisang*. pp.
Partir trozos metiéndolos cuñas. **sonac**. pc.
Partir ó repartir. *Bahagui*. pp.
Partir con el cuchillo. *Hilis*. pp. *Gayat*. pp. *Hiuá*. pp.
Partir leña hendiendo. *Sibac*. pc. *Biac*. pc.
Partir cañas. *Danglay*. pc.
Partir pan ó fruta. **Pisang**. pp.
Partir la tierra los herederos. **Atas**. pc.
Partirse. **Motaui**. pp. *Butao*. pc. *Tulac*. pp.
Partirse. *Yaon*. pp. *Panao*. pp. *Alis*. pc.
Partirse el que navega. *Talac*. pp.
Partirse de alguna parte. *Buhat*. pp.
Partirse con mercaderías para otra parte. **licas**. pc.
Parrilla. *Salá* pc.
Parto. *Pañgañganac*. pc.
Parvulo. *Sangol*. pc. *Batá*. pp.
Pasadero. *Mararaanan*. pp. *Mararanan*. pp. It. *Matitiis*. pc. It. *Ogalí*. pp.
Pasadizo. **dalaydayan**. pp.
Pasado. *Lipas*. pc.
Pasado el medio dia. *Limpas*. pc. *Lingpas*. pc.
Pasaje. *Pag lipat*. pp. *Lipat*. pp. It. *Buis*. pc. *Helog*. pp.
Pasajero. *Lumilipas*. pp. It. V. viagero.
Pasamano. *Alalayan*. pc. *Baybayan*. pp.
Pasamanos con garfios. *Cauit dala*. pp.
Pasamanos de la escalera. *Lalayan*. pp. *Baybayan*. pp. *Goyabin*. pp.
Pasando mañana. *Macalaua*. pc. *Macal-ua*. pc.
Pasar. *Lalo*. pp. *Lampas*. pc.
Pasar adelante el que anda ó corre. *Loguit*. pp.
Pasar para tomar algo. *Daan*. pp.
Pasar pidiendo algo. *Daan*. pp.
Pasar galanteando. *Daan*. pp.
Pasar de mano en mano. *Camay*. pc.
Pasar sin parar nada. **higauir**. pc.
Pasar la mano como sobando. *Hilagpos*. pc.
Pasar por agua la ropa. **hogay**. pp.
Pasar el tiro por encima del blanco. *Ilambong*. pc.
Pasar de una cosa á otra. **ligal**. pc.
Pasar de una muger á otra. *Limbang*. pc.
Pasar sin tiempo algo. *Lipas*. pc.
Pasar el vino, fruta, polvo, &c *Lipas*. pc.
Pasar el rio á la garganta. *Lonoy*. pp.
Pasar de viger, como el tabaco. **opas**. pp.
Pasar de largo. **palalos**. pp. *Lampas*. pc. **lolos**. pp. *Lag-os*. pc.
Pasar la flecha al soslayo. **sablao**. pc.
Pasar sin detenerla. *Saguila*. pp.
Pasar de la vista de otro algo lejos. **saliguay** pc.
Pasar de una parte á otra. *Paloc*. pp. *Limbang*. pc.
Pasar por palo ó caña como por puente. **tuley**. pc. *Tulay*. pc. *Taytay*. pp. I. pc.
Pasar á otra cosa saltando, **tambao**. pc.
Pasar por lugar estrecho. *Siñgit*. pp.
Pasar por entre medio de cosa alta. *Silang*. pc.
Pasar por puente. *Tulay*. pc. *Talaytay*. pc.
Pasar por vuelta de estero. **uail**. pp.
Pasar la gotera por agujero. **tolo**. pp.
Pasar de lo justo. **langoc**. pc.
Pasar por alto el tiro. **lampao**. pc.
Pasar el rio por algun palo ó bejuco puesto en él. *Lathala*. pc.
Pasar el un tiro al otro. **imo**. pp.
Pasar de presto. *Lalos*. pp.
Pasar el palay de un cesto á otro. **balain**. pp. *Salin*. pp.
Pasar de paso. **haguir**. pp. **hanpigaya**. pp. **hanpy**. pc. *Singsay*. pc.
Pasar rozándose en la pared. *Saguila*. pp.
Pasar algo de mano en mano. *Abot*. pc.
Pasar persona ó tiro por entre medias de algo. *Silang*. pc. *Losot*. pc.
Pasar ó atravesar rio, calle. &c. *Tauid*. pc.
Pasar algo por la llama. *Salab*. pp. *Salabsab*. pc.
Pasar algo á la memoria brevemente. *Anggam*. pp. I. pc.
Pasar dejando otros de entre medio. *Lacdao*. pp.
Pasar rompiendo ó abriendo camino. *Sagui*. pp.
Pasar ó atravesar alguna cosa, de parte á parte. *Taos*. pc. *Lampas*. pc.
Pasarlo bien, conveniencias. *Guinhaua*. pp.
Pasarse de un bando á otro. **sangoyo**. pc.
Pasarse de un barrio á otro. *Sangnayon*. pp.
Pasarse el color. *Copas*. pc. **popas**. pp.
Pasarse de un pueblo á otro. *Olog*. pp.
Pasarse el vino ó polvo, &c. *Lipas*. pc. *Opas*. pp.
Pasarse el tiempo señalado. *Liban*. pp.
Pasarse el tiempo de algo. *Lipas*. pp.
Pasatiempo. *Libang*. pc. *Alio*. pc. *Olayao*. pp.
Pascua. *Pasço*. pc.
Pase. *Pahintolot*. pp.
Paseadero. *Pasialan*. pp.
Pasear. *Ligao*. pp. *Pasial*. pc. *Galá*. pp. *Libot*. pp.
Pasearse poco á poco. **sagay**. pp.
Pasearse de una á otra parte. **dayandayan**. pp.
Pasearse cruzando por alguna calle. **soble**. pc.
Pasearse dos hombro á hombro. *Sibay*. pp. *Subaybay*. pc.
Pasero. *Magyayano*. pc.
Pasibilidad. *Pagca moramdamin*. pp.
Pasilargo. *Mag [papaso*. pc. *Mamamaso*. pc.
Pasion. *Hirap*. pp. *Saquit*. pp.
Pasion. **borqui**. pc. *Budhi*. pc.
Pasion vehemente de tristeza, apetito, alegria. *Guitas*. pc.
Pasito. *Marahan*. pp. *Dahandahan*. pp.
Pasitrote. *Yagyag*. pc.

Pasmarse ó admirarse. *Muang*. pp. *Manĝa*. pc. *Tili*. pc.
Paso. *Macbang*. pc. *Lacdao*. pc. **hacdao.** pc. *Yagban*. pc.
Paso estrecho entre dos montes. **siplang**. pc.
Paso grande. **landang.** pc. *Lacdang*. pc.
Paso apresurado del enojado. *Yaras*. pp.
Paso seguido y asentado. *Tagaytay*. pc.
Paso como de caballo. *Imbay*. pc.
Pasta. pp. *Tipi* pp. *Tinipi*. pp.
Pastilla de morisqueta con que hacian una bebida. *Lagay* pp.
Pastilla de morisqueta. *Tapat*. pc.
Pasto de animales. *Sabsabin*. pp.
Pastor. *Tanor*. pp.
Pata. *Paa*. pp.
Pata de animal. **Solo.** pc.
Patada. **taryang**. pc. *Tad-yac*. pc. *Sicad*. pp. **caniyag**. pc.
Patada recia. **carig**. pp.
Patada en el suelo. *Darag*. pp. **tacad.** pc.
Patalear. **carag.** pc.
Patarata. *Munting bagay*. pp. *Ualang casaysayan*. pp.
Patear. *Sicad*. pp. *Yarac*. pp. **Yasac.** pc. V. Patada.
Patear moliendo algo con los pies. **Dason**. pc.
Patear, como el que tiene mal de corazon. *Sicar*. pp.
Patear como el niño. *Tarang*. pc. **parac.** pc.
Patente. *Tampac*. pc. **tinghao.** pc.
Patente. *Hayag*. pc. *Tanyag*. pc. It. *Maliuanag*. pp.
Pateta. *Pilay*. pc. *Tilay*. pc. *Hincod*. pc.
Patiabierto. *Sacang*. pc.
Patíbulo. *Bibitayan*. pc.
Patio. *Harapan*. pc.
Patistebado. *Timpang*. pc.
Patituerto. *Pincao*. pc.
Pato. *Bibi*. pp.
Pato pequeño. **baliuis**. pp. It. **soliasir.** pp.
Pato real, no manso. **papan.** pp.
Pato doméstico. *Itic*. pp.
Patraña. *Cat hang cabulaanan*. pp. *Balitang casinonĝalinĝan*. pp.
Patria. *Bayan*. pp. *Lupang tinubuan*. pp.
Patrimonio. *Mana*. pp.
Patriotismo. *Pag ibig sa caniyang bayan*. pp.
Patrocinar. *Tangol*. pc. *Tangcacal*. pp. *Ampon*. pc.
Patron del navío. **anacora.** pp.
Patrulla. *Abanse*. pc. *Bantay na lomilibot sa gab-i*
Paulatinamente. *Onti onti*. pc.
Pausa. *Hintó*. pc. *Hanlong*. pc.
Pausado. *Mabagal*. pp. *Masagal*. pp.
Pavés. **lonqui.** pc.
Pavesa. **anabo.** pp. **aliyabo.** pp. *Abo*. pc. **titis.** pp. *Totog*. pp.
Pávido. *Duag*. pp. *Matatacutin*. pc.
Pavipollo. *Inacay nang Pabo*.
Paver. *Gulilat*. pc. *Tacot*. pp.
Payo. *Taga buquid*. pp. *Bolobondoquin*. pp.
Paz. **banacaya.** pp. *Banayad*. pp. *Payapa*. pp. *Payo*. pp.

P antes de E.

Pe á pa, de pe á pa. *Lubos*. pc, *Lubos na lubos*. pc. *Mulang puno hangang dulo*.
Peeje. *Bois*. pc.
Peana, peaña. *Tuntunĝan* pp.
Pebre. *Suasauan*. pc. **hirhiran.** pp.
Peca del rostro que dejan las viruelas. *Locat*. pc.
Pecado. *Casalanan*. pp.
Pecado, pecar. *Sala*. pp.
Pecador. *Salarin*. pc. *Macasalanan*. pp.
Pecas. *An-an*. pc.
Peccatum nefandum. *Socob*. pp. *Sohsob*. pc.
Pecinal. *Sanao*. pp. *Putican*. pp. It. *Dogatan*. pp.
Pecoso. *Gatolgatol*. pc. *Locat locat*. pc. It. *Ananin*. pp.
Peculiar. *Sarili*. pp.
Peculio. *Pasarili*. pp. *Sarili*. pp *Molaying*. pp.
Pechar. *Buis*. pc. *Mag bayad nang buis*.
Pecho. *Soso*. pp. *Dibdib*. pc.
Pechos cargados de leche. *Mingcal*. pc.
Pechuga. *Pitcho*. pc.
Pechuguera. *Obo*. pc. It. *Pamaos*. pp. **Magao.** pp.
Pedacillo de metal. **tactacta.** pp. **tatactatac.** pc.
Pedacillos y estremidades de las hojas grandes de la palma buli. *Palimping*. pc.
Pedacitos de oro que ponen entre cuentas del rosario. *Badbad*. pc.
Pedacitos de oro, plata. &c. *Lamoray*. pc.
Pedacitos de ropa. **sitha.** pc.
Pedáneo. *Capitan*. pp. *Basal*. pc.
Pedazo, *Capotol*. pp. *Capiraso*. pp.
Pedazo de tierra algo alta. *Bacouod*. pp. *Bacood*. pp.
Pedazo de papel con que se envuelve un libro. *Pabalat*. pc.
Pedazo de hoja de plátanos doblado á manera de embudo. &c. *Patopat*. pp.
Pedazo grande de carne ó pescado. *Hiclab*. pc. *Limpac*. pc.
Pedazo ó raja. **guintay.** pc.
Pedazo de caña hendida. *Patpat*. pc.
Pedazos de raices para sembrar. **guitha**. pc.
Pedazos de carne seca ensartada. **pangao.** pc.
Pedazos de cosa dura. *Tipac*. pc.
Pedernal, *Bato*. pc. It. *Pinquian*. pp.
Pedestal. *Tuntunĝan*. pp.
Pediooj. *Candirit*. pc.
Pedigüeño. *Manghihinĝi*. pp. *Maola*. pp.
Pediluvios. *Bainos*. pc.
Pedir. **añgoy**. pc. *Aua*. pc.
Pedir socorro á voces. **guia**. pp. *Padalo*. pc.
Pedir cuenta de algo. *Hanap*. pp.
Pedir prestado. *Hiram*. pc. *Dali*. pp. *Olang*. pp. *Sanduli*. pp. **halig.** pp.
Pedir un tanto de casa en casa. *Ilac*. pp.
Pedir in genere. *Hinĝi*. pc.
Pedir, como el niño ó enfermo. *Hinguil*. pc.
Pedir el pecho para observarlo. **hinoso.** pp.
Pedir cosillas, menudencias. *Poló*. pc.
Pedir algo con ahinco. **lohayá.** pc.
Pedir la deuda ó lo prestado. *Singil*. pc.

Pedir que le ayuden en algo. *Pintacasi*. pp.
Pedir con instancia como los pobres. *Daying*. pc. *Daing*. pc.
Pedir limosna. *Palimos*. pc.
Pedir á otro de lo que tiene. *Pagquibauas*. pp. *Paquibauas*. pp.
Pedir licencia. *Yari*. pc. *Alam*. pp. *Paalam*. pp. **Tarahan**. pp. **Tarahangalang**. pp. *Mohon*. pc.
Pedir alguna cosa *Naqui*. pc. *Paqui*. pc. *Maqui*. pc.
Pedir prestado por poco tiempo. **halibyong**. pc. *Halig*. pp.
Pedir una cosa con instancia. *Pamanhic*. pc.
Pedir algo mas de lo concertado. **guli**. pc.
Pedir de gracia. *Dalan̄in*. pp.
Pedir algun regalo al que tiene boda. **tarahan**. pp.
Pedir perdon. *Tauar*. pp.
Pedir cohecho. *Sohol*. pp.
Pedir llorando como el niño regalon. *Olà*. pp.
Pedir cosas menudas. **osigua**. pc. *Poló*. pc.
Pedir que haga por él alguna cosa. **paquiuami**. pp.
Pedir importune. **inging**. pc.
Pedir con instancia la muger al marido. **lambit**. pc.
Pedo. *Otot*. pc.
Pedorrero. *Ototin*. pp. *Palaotot*. pc. *Pal-otot*. pc.
Pedrada. *Pocol*. pc. *Bato*. pc. *Haguis*. pp.
Pedregal. *Mabato*. pc.
Pedregoso. *Batohan*. pc.
Pedrera. *Tipacan*. pp. *Batohan*. pp. *Tibagan*. pp.
Peer. *Otot*. pc.
Peerse. **Lagompit**. pc.
Pega. *Paniniquit*. pc. *Paniquit*. pc. It. *Daya*. pp.
Pegada una cosa con otra. **mayog**. pp.
Pegadizo. *Malagquit*. pc.
Pegado como barro en vasija. **laguit**. pp.
Pegajoso. *Lagquit*. pc.
Pegar. *Lagquit*. pc. *Digquit*. pc. *Lahir*. pp. *Diquit*. pc. *Niquit*. pc.
Pegar ó unir un lienzo con otro cosiéndolo. *Laquip*. pp. *Dogtong*. pc. *Panig*. pc.
Pegar betun, ó con betun. *Capol*. pp.
Pegar fuego al que está cerca. **dilaquit**. pc.
Pegar bien la piedra en argamasa. *Hacab*. pp.
Pegar, como enfermedad ó costumbre. *Lalin*. pp. *Haua*. pp.
Pegar fuego á los rastrojos ó basura recogida. *Siga*. pc.
Pegar fuego á monte sábana ú otra cosa. *Silab*. pc. *Sonog*. pp.
Pegarse el mal. *Gaya* pp. *Lanit*. pp.
Pegarse la enfermedad. *Haua*. pp. *Lalin*. pp.
Pegarse el fuego de una y otra parte. *Lanit*. pp. *Latang*. pp.
Pegársele á alguno como sanguijuelas. *Hilahir*. pp.
Pegata. *Birò*. pp. *Aglahi*. It. *Daya*. pp.
Pegujal. V. Peculio.
Pegujar de tierra. **molasing**. pp. *Molaying*. pp.
Peinar. *Soclay*. pc. *Soyod*. pp.
Peine tupido. *Soyor*. pp.
Peine ralo. *Suclay*. pc.
Peje. *Isdà*. pc.
Pelado. *Logon*. pc. *Bagot*. pc.
Pelafustan. **Tamayad**. pc. *Pagayongayon*. pc. *Ualang gauâ*. pc. *Pangcal*. pc. *Balogan*. pp.
Pelagatos. V. Pelafustan.
Pelamesa. *Sabunutan*. pp.
Pelar ave. *Himolmol*. pc.
Pelarse la cabeza. **loñgon**. pp. *Logon*. pp. **logo**. pp.
Pelarruecas. *Manunulid*. pp.
Peldaño. *Baitang*. pc.
Pelea de gallos. *Sabong*. pp.
Pelear. *Baca*. pp. *Pamooc*. pp. *Banggá*. pc. *Digmá*. pc. *Hamoc*. pp. *Laban*. pp. *Babag*. pc. *Auay*. pp.
Pelear con la muerte. **quisaquisa**. pc.
Pelear desde lejos. **alao**. pc.
Pelear hasta ensangrentar las armas. *Parogo*. pc.
Pelechar. *Balahibo*. pp. *Mag balahibo*. pp. *Guinhaua*. pp.
Peleona. *Babag*. pc. *Auay*. pp.
Pelgar. *Timauâ*. pp. *Polistas*. pc.
Peliagudo. *Mahirap*. pp. *Mapan̄ganib*. pp.
Peligrar. *N̄ganib*. pp. *Pan̄ganib*. pp. *Pan̄gamba*. pc.
Pelmazo. *Masinsin*. pc. *Maricsic*. pc.
Pelo ó cabello. *Bohoc*. pc.
Pelo de barba. **baang**. pp. **boñgot**. pp. *Balbas*. pc.
Pelo de ave ó animal. *Balahibo*. pp.
Pelon. *Opao*. pp. *Opauin*. pp. It. *Cotipio*. pp.
Pelonería. *Salat*. pc. *Duc-há*. pc.
Pelota. *Ponglo*. pc.
Pelotear. *Pasalo*. pc. **Talang**. pp.
Pelotear tirando uno á otro. **talang**. pp.
Pelotear con algo, como naranjas. *Lirio*. pc.
Pelotear echando por alto, como la naranja para ver quien la coge. *Pasalo*. pc.
Pelotera. *Babag*. pc.
Peloton. *Caban*. pp. *Pulotong*. pc.
Pelusa. *Bulo*. pp.
Pella de algo. **camil**. pc. *Capal*. pc. **Quipil**. pc.
Pella de puerco. **linouac**. pp. **linoap**. pp.
Pellas envueltas en hojas. **campil**. pc.
Pellejo. *Balat*. pc.
Pellejo del pescuezo del toro como piltrafa. **laping**. pc.
Pellejo sin curtir. *Catar*. pp.
Pellejo de cangrejo. **bololong**. pc. *Talucap*. pp.
Pellizcar. *Piral*. pp.
Pellizco. **pindal**. pc.
Pellizco con dos dedos. **pindol**. pc.
Pellizco con los dedos, torciendo la carne. *Pindot*. pc. *Pirot*. pp.
Pellizco in genere. *Corot*. pc.
Pena que paga el que cojen en acto impúdico. **lauan**. pp.
Pena para culpas. **silot**. pp.
Pena á los que faltan al trato. **gamgam**. pp.
Pena al que faltó á la obra de comunidad. **hamia**. pc. **sacantan**. pc.
Pena del talion. *Balantogui*. pp.
Pena por culpa. *Dusa*. pp. *Parusa*. pp.
Pena por su merecido. *Pohonan*. pp.
Pena que se ponen dos mútuamente sino cumplen su palabra. *Hogyatan*. pp.

Pena que uno dá á otro con sus cosas. *Alic-liyá*. pp.
Penacho. **taryoc**. pp.
Penacho de caballos que dejaban por promesas. *Patira*. pc.
Penacho que hecha ó se vé en la estrella ó cometa. **sombol**. pc.
Penalidad. *Saquit*. pp. *Dalamhati*. pp.
Penar. V. Pena.
Penar en dinero. **sacatan**. pc. **sacantan**. pc.
Penca. *Balaybay*. pc.
Penca de gabi, plátanos, &c. *Balabá*. pp. *Laing*. pp. *Lain*. pp.
Penca de hoja de plátanos ó palmal. *Palapá*. pp.
Pendejo. *Duag*. pc. **Dosong**. pp.
Pendencia. *Babag*. pc. *Auay*. pp.
Pender. *Bitin*. pp.
Pendiente. *Taric*. pc. *Dahilig*. pp.
Pendientes como borlas. **higay pamitin**. pp.
Pendil. *Cobong*. pc. *Lambong*. pc. *Inouac*. pc.
Pendon. *Bandila*. pp.
Peneque. *Lasing*. pc. *Lan̄go*. pc.
Penetrado de agua ó calor. *Talamac*. pc. **timac**. pc.
Penetrante. *Matalim*. pc. *Matalas*. pp.
Penetrar. *Lagos*. pc. *Taimtim*. pc. *Timo*. pp. *Taos*. pc. *Talab*. pc.
Penetrar. *Malasmas*. pc. *Lirip*. pp.
Penetrar como agua. *Panaimtim*. pc. *Soot*. pp.
Penetrar como la herida. *Talab*. pc.
Penetrar lo líquido, como en vizcocho. **salop**. pp.
Penetrar hasta lo interior el veneno. **tumalamá**. pc.
Penetrarse la porquería en la ropa. **taib**. pc.
Penitencia. **digala**. pp.
Penitencia, penitenciar. *Dusa*. pp. *Parusa*. pp.
Penoso. *Mahirap*. pp.
Pensaba que. *Uari*. pp. *Uaribaga*. pc.
Pensado, de pensado. *Tiquis*. pc. *Sadiá*. pc. *Sad-yá*. pc.
Pensamiento. *Panimdim*. pc.
Pensamiento, pensar. **taquitaqui**. pp.
Pensamiento que no dura mucho. *Saguingsim*. pc. *Gunitá*. pc. *Sompong*. pc.
Pensar. **siming**. pp. *Isip*. pp. *Panimdim*. pc. **anacala**. pp. *Alaala*. pp. *Angang*. pc. **andam**. pc. *Corá*. pp. *Dilidili*. pp. **angpa**. pc. *Hará*. pp.
Pensar. *Dayá*. pp. *Haraya*. pp. *Uicá*. pp.
Pensar con cuidado. **guilimhim**. pc. *Mahang*. pc. *Bulay*. pp. *Gonamgonam*. pp. *Dilidili*. pp. **limi**. pp. *Nilay*. pp.
Pensar si será ó no será. *Pansing*. pc.
Pensativo. **togloy**. pc. *Maalalahanin*. pc. *Mapanimdimin*. pp.
Pensil. *Nabibitin*. pp. It. *Màsayang halamanan*. pp.
Pentecostes. *Pasco nang Dios Espiritu Santo*.
Penúltimo. *Pan̄gal-ua, sa dulo. Icalaua sa dulo, ó sa huli*.
Penuria. *Salat*. pc.
Peña. *Bato*. pc.
Peña cortada. **talampas**. pc.
Peñasco. *Borol*. pc.
Peon. *Mag papaopa*. pc. It. *Lacad*. pc.

Peonza. *Pasil*. pp.
Peor. *Lalong masamâ*. *Masama pa*. pc.
Peor que. *Nasahol*. pp.
Pepinillo que llaman de San Gregorio. *Taboboc*. pp. **tabogoc**. pp.
Pepino. **pocotpocot**. pc. *Catimon*. pp.
Pepita. *Bot-o*. pc.
Pepita que dá á la gallina. **tigac**. pc. **tilhac**. pc. **talhac**. pc.
Pepita de la gallina. **tola**. pp.
Pequeñito. **mayahin**. pc. *Caonti ontian*. pp.
Percibir. *Malasmas*. pc. *Talastas*, pc. **hato**. pp. *Batid*. pc. *Mouang*. pp. *Camit*. pc.
Pequeño de cuerpo, pero derecho. **lipoto**. pc.
Pequeño. *Onti*. pc. *Monti*. pc. *Monsing*. pc. *Montic*. pc. **balibalian**. pp.
Percatar. *In̄gat*. pp. It. V. Pensar.
Percibir. *Alon̄gayn̄gay*. pc. *Taman*. pc. It. *Tangap*. pp. *Sahod*. pp.
Percudirse la ropa. **taib**. pp.
Percusion. *Pocpoc*. pc. *Ompog*. pc.
Percusor. *Ang nacasaquit*. pc.
Percha. *Sampayan*, pp.
Perder en el juego. *Talo*. pp.
Perder en el comercio. *Lugui*, l. *Pan̄gologui*. pc.
Perder algo por haberse mezclado con otras cosas. *Uaglit*. pc.
Perder algo. *Ualá*. pc.
Perder la fuerza, como la medicina. *Toro*. pc. *Lipas*. pp.
Perder el color de miedo. **liñgar**. pp. *Potlá*. pc. *Motlà*. pc.
Perder la fuerza ó sabor la fruta. *Lipas* pc.
Perder el principal del trato. *Pan̄gologui*. pp.
Perder el color la ropa. **gimpas**. pc.
Perder el color poco á poco. **himomoti**. pc.
Perder las fuerzas. *Balo*. pp.
Perder la fuerza ó sabor. *Baug*. pp.
Perderse. *Pahac*. pc. *Pahamac*. pp.
Perderse en el camino. **ligao**. pc.
Perderse el zumo. *Locot*. pp.
Perderse el color. *Malis*. pp. *Copas*. pp. *Posiyao*. pc.
Perdicion. *Casiraan*. pc. *Capahamacan*. pc.
Perdido, incorregible. *Lobido*. pp. *Gomon*. pp.
Perdiz. *Pogó*. pp.
Perdiz macho. **ticticó**. pp.
Perdon. *Tauad*. pp.
Perdona, perdonar. *Patauar*. pp.
Perdonar. *Tauar*. pp. *Ualà*. pc.
Perdonar, como Dios los pecados. *Ualà*. pc.
Perdulario, *Acsaya*. pc. *Alibughâ*. pc.
Perdurable. *Ualang hanga*. pc. V. Eterno.
Perecear. *Laon*, l. *Lauong*. pp. V. Dilatar.
Perecedero. *Natatapos*. pp.
Perecer. *Palay*. pp. It. *Tapos*. pp. *Otas*. pc.
Peregrinar. *Pan̄gibangbayan*. pp. *Bayan*. pp. *Lacbay*. pc.
Peregrino. *Iba*. pc. *Ibang bayan*. pp. *Maglalacad*. pc. *Taga ibang bayan*. pp.
Perendengue. *Hicao*. pp.
Perene, perenne. *Palagui*. pp. *Parati*. pp.
Perentorio. *Natatapos*. pp.
Pereza. **dumay**. pc. *Tamad*. pp. l. pc. *Calamaran*. pp. **auing**. pp. *Tamlay*. pc.
Perezoso. *Tarang*. pc. *Tamad*. pc. *Pangcal*. pc.

tigagal. pp. **lopacaya**. pp. **calay**. pc. *Anyayá*. pp. *Alisaga*. pc. *Alisagsag*. pc.
Perezoso en sumo grado. *Pangcal*. pc.
Perfeccionar. *Sirhà*. pc. *Igui*. pp. *Pag iguihin*. pp.
Perfeccionar la herramienta. *Balasbas*. pc.
Perfeccionar cualquiera obra. **napnap**. pc. *Yari*. pp. *Ganap*. pc.
Perfecto. *Tunay*. pc. *Balos*. pp. **bolos**. pp.
Perfecto en alguna cosa. *Sacdal*. pc. *Singcad*. pc. *Ganap*. pc. *Lobos*. pc. *Sidhi*. pc. *Masidhi*. pc. *Talos*. pc.
Perfido. *Lilo*. pp. *Sucab*. pc. *Dili tapat*. pc.
Perfilarse. *Lingon*. pc. *Lingos*. pp.
Perfumar. *Soob*. pp. *Soop*. pp.
Perfumarse. *Hagohog*. pp.
Perfunctoriamente. *Daan*. pp. *Saguila*. pp.
Pergeñar. *Husay*. pp.
Pergeño. *Talinong*. pp. *Talas*. pp. *Tocoy*. pc.
Pericia. *Dunong*. pp. *Alam*. pp.
Periferia. *Palibot*. pp.
Perillan. *Tampalasan*. pp. *Tacsil*. pc.
Perito. *Marunong*. pp. *Bihasa*. pp. *Pantas*. pc. *Paham*. pc.
Perjudicar. *Tampalasan*. pp.
Perjurar. *Manumpa nang casinongalingan*.
Perlesia. *Caligquig*. pp.
Permanecer. *Natili*. pp. *Panatili*. pp.
Permanecer. *Dati*. pp. *Logui*. pp. *Palogui*. pp.
Permanecer algo en el corazon que jamás se olvida. **tapo**. pp.
Permision. *Tolot*. pp.
Permiso. *Pahintolot*. pp.
Permitir. *Pabaya*. pc. *Payag*. pp. *Pahintolot*. pp. *Tolot*. pp. *Caloob*. pp.
Permutar algo. **touay**. pp. *Palit*. pc.
Pernicioso. *Nacasisirà*. pp. *Nacaaanyayà*. pp.
Pernil. *Hità*. pp.
Pernoctar. *Puyat*. pp. *Lamay*. pp.
Pero. *Datapouà*. pp. *Dapoua*. pc. *Nguni*. pp.
Perol. *Ta-cho*. pc.
Perol pequeño. *Talayasi*. pp. *Cauali*. pp.
Perol de barro. *Pasó*. pp. l. pc.
Peroracion, perorar. *Dalangin*. pp. *Panalangin*. pp.
Perpendicular. *Tiric*. pc. *Patindig*. pc.
Perpetrar. *Gauà nang masamâ*. pc.
Perpetuar. **ayrati**. pp. *Parati*. pp.
Perpétuo. *Palagui*. pp. V. Perenne.
Perplejo. *Alaguiag*. pp. *Alinlangan*. pp. **calabcaban**. pp. *Caualcaual*. pp. *Mabili*, l. *Mabiling*. pc. *Salauahan*. pp. V. Indeciso.
Perrengue. *Saligotgot*. pp. *Mogogalitin*. pc.
Perrezno ó cachorro. *Bilot*. pc. **tuta**. pp.
Perrico, perrillo, perrito. Idem.
Perrillo de falda. *Tota*. pp.
Perro. *Aso*. pp. **ayam**. pp. **banagan**. pc.
Perro blanco y prieto. **bacaran**. pp.
Perro cazador. **ganir**. pp.
Perro. cazador que deja de serlo. **toñgar**. pp.
Perseguir. *Osig*. pp. *Habul*. pp. *Hagad*. pp. *Tuguis*. pp. It. **lavilavi**. pc. It. *Siphayó*. pp. *Douahagui*. pp.
Perseverancia. **louat**. pc.
Perseverancia en lo que se hace. *Panatili*. pp. *Panibolos*. pp. *Panolos*. pp. *Parati*. pp.
Perseverar. *Panatili*. pp. **panili**. pp. *Lagui*. pp. *Natili*. pp. *Tiaga*. pc. *Tagal*. pc. *Parati*. pp. *Dati*. pp.
Perseverar con teson. *Taman*. pc.
Persignarse. *Mag antandà*. pc. *Mag Cruz*. pc. *Pag yaring tandâ*. pc.
Persistir. *Tiagá*. pc. *Taman*. pc.
Persona alegre. **sang galayá**. pc. *Masaya*. pc.
Persona bien proveida. *Cauasa*. pp.
Persona desaliñada y puerca. *Salauolá*. pp. **samlang**. pc.
Persona humana. *Tauo*. pp.
Persona libre. **tagalasic**. pc.
Persona libre que fue esclavo. *Timauá*. pp.
Persona libre que siempre rie. **salacata**. pc.
Persona ó animal que estorva á otro jugando. **salimoymoy**. pc.
Persona inquieta. **abil**. pc. *Avil avil*. pp.
Personaje. *Maguinoo*. pp. *Mahal*. pc. *Mataas na tauo*. pp.
Personero. *Catiualâ*. pp.
Perspicacia. *Talas nang mata*.
Perspicuo. *Màliuanag*. pp. *Nangangninag*. pp. *Maningning*. pc.
Persuadir. *Orali*. pp. *Opat*. pp. *Oloc*. pp.
Persuadir con blanduras. *Arogá*. pc.
Persuadir falsamente. **bani**. pc.
Persuadir halagüeñamente. *Amo amó*. pp.
Persuadirse á lo contrario de lo que sucede. **himati**. pp.
Pertenecer, pertenencia. *Tongcol*. pc.
Pertenecer una cosa á otro, como el hábito al Religioso. *Ocol*. pp. *Ganan*, l. *Ganang*. pc.
Pertenencia. *Iral*. pp.
Pertinaz. *Matigas ang Olo*. *Matigas ang loob*.
Pertrechar, pertrecharse. *Handá*. pc. *Gayac*. pc.
Perturbar. *Golo*. pc. *Tilog*. pc. *Gambalá*. pp.
Perturbar al sosegado. *Bigay bahala*. pp. *Cambala*. pp.
Perverso. *Masamá*. pc. *Tampalasan*. pp.
Pervertir. *Hicayat sa masama*. It. V. Perturbar.
Pervigilio. *Puyat*. pp.
Pesa. *Batong timbangan*.
Pesa de veinte y dos onzas. **Catihan**. pp.
Pesa de cinco reales de plata. **paniñgaan**. pp. **tiñgaan**. pp.
Pesa de diez reales de plata. *Tahilan*. pp.
Pesa de dos reales de plata. *Sapaha*. pp.
Pesa de un grano de maiz. *Amas*. pc.
Pesa, otros varios géneros de pesas. *Cupang*. pp. *Palay*. pp. *Sagá*. pp. *Bulay*. pc. *Bahay*. pc.
Pesa del nivel. *Calambató*. pp.
Pesa de romana. *Batong sinantanan*. pp.
Pesadilla. *Bangongot*. pp. **oom**. pc. **oop**. pp. **opop**. pc. *Tigpao*. pc.
Pesado. *Big-at*. pc. *Masagal*. pp. *Mauupad*. pp. *Matindi*. pc. *Bagol*. pc. *Mabagal*. pp. *Macuyad*. pp.
Pesado por gordo. *Coyar*. pp.
Pesado que no se puede levantar. **tangoyá**. pc.
Pesadumbre. **dahamba**. pc. **tihil**. pp. *Lumbay*. pc. *Dalamhati*. pp. **mato**. pp. *Hapis*. pp. **tiguil**. pc.

Pesadumbre de que se haga algo en su presencia. **moha.** pp.
Pésame. *Hinĝabá.* pc.
Pesar. *Big-at.* pc. It. *Hinagpis.* pc. *Pag sisisi.* pp.
Pesar en la mano á bulto. *Taya.* pc.
Pesar segunda vez para certificarse. *Balac.* pp.
Pesaroso. *Nagsisisi.* pp. *Namamanglao.* pc. *Nahahapis.* pp.
Pesca. *Huli.* pp. *Caya.* pp.
Pescadillo otros varios géneros. *Baculi.* pc. *Dilis.* pp. *Dolong.* pc.
Pescadillo seco. *Haot,* l. *Havot.* pp.
Pescadillo conocido. *Laolao.* pc.
Pescadillo espinoso. **asobi.** pc.
Pescadillo como zapezape. **piñgolpiñgol.** pc.
Pescadillo de sementera. *Colocaoc.* pc.
Pescadillo llamado. *Bacoco.* pp.
Pescadillos pequeños. *Yim.* pp.
Pescadillos como hauihaui. *Tolisan.* pc.
Pescadillos de la Laguna. **ayoñgin.** pc.
Pescado blanco. *Asohos.* pp.
Pescado en salmuera. *Bagoong.* pp.
Pescado aguja. *Batalay.* pp. It. **sosoui.** pc. **silio.** pc.
Pescado muerto sobre el agua. *Bongag.* pc.
Pescado medio podrido. *Bongon.* pc.
Pescado sobre-aguado. *Gamo.* pc.
Pescado in genere. *Isdâ.* pc.
Pescado de color encarnado. **tañgal.** pp.
Pescado de este nombre. *Quitang.* pp.
Pescado ó carne medio podrido. *Tambolocan.* pp. *Bilasâ.* pp. **halpoc.** pc.
Pescado del rio muy sabroso llamado. *Tapas.* pc.
Pescado asi llamado. **tanguingui.** pp.
Pescado barrigudo y venenoso. *Botiti.* pp.
Pescado otras especies. *Talang talang.* pp. *Talaquitoc.* pp. *Dalag.* pc. *Malasugui.* pp. *Pantat.* pc. *Biyâ.* pp. *Mamali.* pp.
Pescado á manera de lisas. *Gagapang.* pc.
Pescado de escamas coloradas y de un geme de largo ordinariamente. *Maya maya.* pp.
Pescador. *Malalacaya.* pc. *Mamamalacaya.* pc. *Mañgiñgisdâ,* *Mang daragat.* pc.
Pescador. *(Ma.)* *(Man)* Véanse sus esplicaciones en el suplemento de la parte tagala.
Pescar. **ñgilay.** pp. *Palacaya.* **posao.** pp.
Pescar con caña grande. *Pangalay.* pp.
Pescar de noche con redecilla á modo de cuchara. *Tigpao.* pc.
Pescar con varitas de escoba, *Ualisuis.* pc.
Pescar con anzuelo grande y cordel. **paiyouay.** pp.
Pescar con anzuelo en alta mar. *Sagar.* pp. *Sagat.* pp.
Pescar con anzuelo pequeño. **biuas.** pp.
Pescar con fisga. **bacsay.** pp.
Pescar con luz. *Ilao.* pp. *Nĝilao.* pp.
Pescar in genere. *Lacaya.* pp. *Mañgisdâ.* pc.
Pescar con muchas bancas para coger en medio los peces. *Taquip.* pc.
Pescar con el salacab. *Simâ.* pc.
Pescar en rios ó playas con caña. *Siic.* pp.
Pescar mar adentro con anzuelo dejándolo atado en dos palos con la banca. *Taclir.* pc.
Pescar con anzuelo. *Tanda.* pc. *Lambang.* pc. *Tilay.* pp. *Mamiñguit.* pc.
Pescar varias maneras de pescar. *Patao.* pp. *Lambat.* pc. *Salat.* pp. *Salambao.* pc. *Tain.* pp.
Pescozada, pescozon. *Tampal sa liig.*
Pescuezo. *Batoc.* pp. *Liig.* pp.
Pescuezo ó cuello corto. *Sic-ic.* pc.
Pesebre. *Pacacanan.* pc. *Cacanan.* pc.
Pesebrera. V. Pesebre.
Peseta. *Cahati.* pp.
Pesga. *Batobato.* pp. *Pabato.* pc.
Pesimo. *Casamasamaan.* pp. *Sacdal nang samâ.*
Peso. *Timbang,* l. *Bigat.* pc.
Peso igual sin engaño. *Manapat.* pc.
Peso de balanzas. *Talaro.* pc. *Timbanĝan.* pp.
Peso falso. *Maycana.* pp.
Peso de cuatro maices de oro. **sapahá.** pp.
Peso de diez reales de oro. *Tahil.* pp.
Peso no justo. **capalang.** pp.
Peso de brazos largos. **ganting.** pc.
Peso de diez maices de oro. **tigambala.** pc. *paroni.*
Peso, pesar. *Timbang.* pc.
Peso de tres cuartillos. **tigangbala.** pc.
Peso que no está igual. *Lapay.* pc.
Peso sin engaño. *Manapat.* pc.
Peso del oro. *Balat.* pc.
Peso de cinco onzas. **banal.** pp.
Pesquisa. *Pag oosisâ.* pp.
Pesquisar. *Suguid.* pc. *Siyasat.* pp. *Osisâ.* pp.
Pestaña. *Balbol.* pp.
Pestañas. *Pilicmata.* pc.
Pestañear. *Quisap.* pc. *Corap.* pc. *Quirap.* pc. *Andap.* pc. *Lingdag.* pc.
Peste. *Salot.* pp. *Pagcacamatay.* pp.
Peste de pescado. *Gono.* pp. l. pc.
Peste de animal. *Taping.* pp.
Peste de animales. *Tinao.* pc.
Pestifero. *Mabahô.* pp. *Masamang amoy.* pc.
Pestillo. *Galao.* pp. *Causing.* pc. *Caling.* pp.
Pestorejo *Caimotan.* pp.
Pesuña de animal. *Sòlicap.* pp.
Pesuña **Coco.** pc.
Petaquilla para buyo ó tabaco. *Socloban.* pp. *Salacoban.* pp. *Saclóban.* pp.
Petardista. *Tecas.* pp. *Bolos.* pp.
Petate. *Banig.* pc.
Petate rico que sirve de asiento ó estrado. *Carorocan.* pp.
Petate viejo. *Galotgalot.* pc.
Petate viejo y roto. *Golot.* pc.
Petate ó estera de varios colores ó labores. *Sinabatan.* pp.
Petate asi llamado. *Bancoang.* pp.
Petate ó tabla con que se aforra el tambobo. *Salopil.* pp.
Peticion. *Hinĝi.* pc. *Dalanĝin.* pp. *Daing.* pc.
Petimetre. *Mapag mariquit.* pc. *Magater.* pp.
Peto pp. *Baluti.* pp. *Calay.* pc.
Petrificar. *Manigas.* pc. *Maguing bato.* pc.
Petulante. *Panĝahas.* pc. *Ualang galang.* pp. *Ualang hiâ.* pc.
Pez. *Isdâ.* pc. It. *Sahing.* pp.
Pez de poco menos de una vara de largo y de escamas coloradas. *Malanĝal.* pc.

Pez llamado dorado. *Lali.* pp.
Pez espada. *Tag-an.* pc.
Pez mulier. *Divong.* pp.
Pezolada. *Lambo.* pc.
Pezon de la fruta. *Tampoc.* pc.
Pezon del pecho. *Otong.* pc.
Pezon de la atarraya. *Posor.* pp.
Pezon de que está asida la fruta. *Tangcay.* pc.
Pezon de coco. *Taquiray.* pp.
Pezuña. V. Pesuña.

P antes de I.

Piacha tarde piacha. *Nahuli.* pc.
Piada. *Siyap.* pp. *Iyoc.* pc.
Piadoso. *Maauain.* pc. *Mahabaguin.* pp.
Pian piano. *Dahandahan.* pp. *Onti onti.* pc.
Piar el pollo chico. *Siyap.* pc.
Piar la gallina. *Sioc.* pc.
Piar los pollos en pos de la madre. *Colitao.* pp.
Piara. *Cauan nang baboy.* pp.
Pica. *Sibat.* pc. *Mohara.* pp. *Bosool.* pp.
Picado de viruelas. *Gatolgatol.* pc.
Picadura. *Doro.* pp.
Picante. *Maasoad.* pc. It. *Maanghang.* pc. *Mahanghang.* pc.
Picante como pimiento. *Hanghang.* pc.
Picaño. *Tamad.* pc. V. Pícaro.
Picar. *Ascad.* pc. *Hanghang.* pc. *Halang.* pp. *Pahang.* pp.
Picar ó calentar mucho el sol. *Atac.* pp. *Sañgit.* pp.
Picar el ave ó la culebra. *Tucá.* pc.
Picar el pato debajo del agua. *Solasor.* pp.
Picar como el mosquito. *Siguir.* pc.
Picar á otro con algun dicho. *Parirala.* pp. *Pasaring.* pp. *Pariñgig.* pp.
Picar con el anzuelo. *Davi.* pp.
Picar con lanceta. *Torlis.* pp.
Picar como aguja. *Toroc.* pc.
Picar morcillas. *Toroc.* pc.
Picar con aguja. *Tondo.* pp. *Doró.* pp. It. *Tohog.* pp.
Picar las morcillas. *Toldoc.* pc.
Picar el gallo á su contrario. *Popog.* pp.
Picar el pez en el anzuelo. *Quibit.* pc. *Davi.* pp.
Picar con puntero. *Sori.* pp.
Picar carne ó pescado. *Tartar.* pc.
Picar de aquí allí la gallina. *Hinoca.* pc.
Picar una abeja. *Boctoc.* pc.
Picarse tomando para sí lo que se dice á otro. *Panhiñgoha.* pp.
Pícaro. *Colabir.* pp. *Tacsil.* pc. *Tampalasan.* pp.
Picazo. *Sondot.* pc. *Sondol.* pc. It. *Tucá.* pc.
Pichones de pájaros. *Inacay.* pc.
Pico de ave. *Songar.* pc.
Pico, picar. *Tocà.* pc.
Pico de alguna cuenta. *Putal.* pc. I. *Butal.* pc.
Picon. *Bugnot.* pc. *Maggalitin.* pp.
Picoso. *Bulotoñgin.* pc. *Gatolgatol.* pc.
Picotazo. *Tucá.* pc. *Pag tucá.* pc.
Picotear. *Toctoc.* pc. *Tucá.* pc. *Puyoc.* pp.

Picuda pescado. *Asogon.* pp.
Pidientero, ó mendigo. *Mag papalimos.* pp. *Polobí.* pp. *Salantà.* pc.
Pié. *Paá.* pp.
Pie de plátano que queda despues de cortado. *Sapò.* pc. *Sacua.* pc. *Sahá.* pp.
Pié de árbol. *Ponó.* pp.
Piedad. *Aud.* pp. *Caauaan.* pc. *Habag.* pc. It. *Galang.* pp.
Piedra. *Bató.* pc.
Piedra de sepulcro. *Basa.* pp.
Piedrà mármol. *Dapi.* pc.
Piedra iman. *Panhinañgay.* pc. *Batobalañi.* pp.
Piedra con que alisan algo. *Pamiha.* pc.
Piedra alumbre. *Tauas.* pp. *Tingal.* pc. *Binyhuan.* pc.
Piedra para sacar fuego. *Pantiñgan.* pp. *Pingguian.* pc.
Piedra engastada en anillo. *Tampoc.* pc.
Piedra en que se afila. *Tag-isan.* pp. *Sanayam.* pc.
Piedra azufre. *Sanyauá.* pp. *Malilang.* pp.
Piedra preciosa. *Sangauali.* pc. *Solá.* pp. *Mutiá.* pc.
Piedra pomez. *Buğá.* pp.
Piedra para amolar. *Camanga.* pc. *Hasaan.* pc.
Piedra del huso. *Batong sorlan.* pc.
Piedra ancha y delgada. *Batong dalig.* pc.
Piedra de plomo que ponen á la atarraya, red. &c. *Pabato.* *Batong dala.* pp.
Piedra blanda. *Pila.* pp.
Piedra ó plomada que ponen los pescadores cerca del anzuelo. *Batobalo.* pc. *Pabato.* pc.
Piedra de la fragua. *Lilong.* pp.
Piedra de China que sirve de rejalgar. *Obalicos.* pp.
Piedra con que pesan el oro. *Tahilan.* pp.
Piedra de toque. *Orian.* pc.
Piedras de la caña box. *Bulaso.* pp.
Piedras en que asientan la olla al fuego, y sirve de trevedes. *Tongcó.* pc.
Piedrecillas á modo de cornerinas. *Pamaynan.* pc.
Piedrecillas de rio. *Gasang.* pc.
Piedrecillas que se crian en los cocos, limones ó cosas semejantes y tambien se encuentra en la cabeza de algunas aves y se tienen por preciosas. *Mutià.* pc. *Mot-yá.* pc.
Piel. *Balat.* pc. *Catad.* pp.
Piélago. *Laot.* pp.
Pierna. *Paa.* pp. *Oyon.* pp.
Pierna de sábana ó manta. *Papa.* pp.
Piernas arqueadas. *Bingcang.* pc.
Pigmeo. *Monting tauo.* pp.
Pigro. *Tamad.* pc. *Calay.* pc. *Pangcal.* pc.
Pila bautismal. *Binyagan.* pp.
Pilar. *Haliguing bato.* pc.
Pilar limpiando el arroz por última vez. *Dig-is.* pc. *Cascas.* pc.
Pies de animal. *Calis.* pc. *Paa.* pp.
Pilar como arroz, trigo, &c. *Bayo.* pc.
Pilar aprisa. *Daguitdit.* pc.
Pilar alguna cosa levantada la mano del pilon. *Saca.* pp.
Pieza. *Baril.* pc.
Pilon. *Babay-an.* pc. *Bayohan.* pp.
Pilon de arroz. *Losong.* pc.

Pieza de hierro con las puntas dobladas hácia abajo. *Casingay*. po.
Pieza de ropa. *Bolos*. po.
Pilongo. *Payat*. po. *Yayat*. po. *Palpatin*. pp.
Piloso. *Balahibohin*. po. *Mabalahibo*. pp.
Pilotear. *Malim*. pp.
Piloto. *Malin*. pp. *Mang-huhuli*. pp. *Mang-ooguit*. pp.
Pillador. *Mang-haharang*. pp. *Mang-aagao*. pp.
Pillar. *Agao*. pp. *Nacao*. pp. It. *Daquip*. po. *Huli*. pp.
Pillo. *Tampalasan*. pp. *Ualang pinag aralan*. pp. *Ualang galang*. pp.
Pimienta. *Lará*. pp. *Paminta*. pp.
Pimienta larga. *Porong anito*. pp.
Pimiento. *Sili*. pp.
Pimpollo. *Osbong*. po. *Talbos*. po.
Pincerna. *Mananagay*. pp.
Pinchar. *Olos*. pp. *Tondó*. po. *Sondot*. po.
Pinche. *Tanod cusina*. pp.
Pingajo. *Lauing*. po.
Pingüe. *Matabá*. po. It. *Saganá*. pp.
Pino. *Mataric*. po. *Mataloroc*. pp.
Pinta. *Dungis*. pp. *Batic*. pp. *Butic*. pp.
Pinta de manta prendida en la cintura. *Bayaquis*. po.
Pintado. *Batic*. pp. *Batican*. po.
Pintado como Bisaya. *Lipong*. po.
Pintado de muchos colores. *Balangbalang*. pp.
Pintar. *Hibó*. pp. *Pahid*. pp. *Guhit*. pp.
Pintiparado. *Catulad*. pp. *Camuc-há*. po. *Cauangis*. pp.
Pintiparar. *Tulad*. pp. *Paris*. pp.
Pintura *Larauan*. pp.
Pinturas del cuerpo. *Batic*. pp. *Gulis*. pp.
Piñones. *Pili*. pp.
Pio. *Banal*. po. *May loob sa Dios*, *madasalin*. pp.
Piojillos. *Coyomar*. po.
Piojo de ropa. *Tima*. pp. *Toma*. pp.
Piojo de perro. *Apsing*. po.
Piojo de gallina. *Hanip*. pp.
Piojo de cabeza. *Coto*. pp.
Piojoso. *Macuto*. pp. *Cutuhin*. po. *Tumahin*. po.
Pipar ó fumar. *Op-op*. po. *Hit-hit*. po.
Pique. *Hinanaquit*. po. *Tampo*. po.
Pirata. *Manghaharang sa dagat*. pp. *Tulisan sa dagat*. pp.
Pisada. *Tapac*. pp. *Bacas*. po.
Pisada recia. *Casag*. pp.
Pisar *Dapac*. po. *Yapac*. pp.
Pisar recio en cosa blanda. *Yabag*. pp.
Pisar sembrados. *Yorac*. pp. *Yarac*. pp.
Pisar alguna suciedad ó lodazal. *Tacnap*. po.
Pisar sembrado ó yerba. *Holip*. pp.
Pisar el lodo. *Lapisac*. pp.
Pisar mucha gente la yerba. *Palarac*. po.
Pisar hollando. *Yoyó*. pp.
Pisaverde. *Mogator*. pp. *Mapag mariquit*. po.
Piso. *Sahig*. po.
Pison. *Pang bayo*. po. *Panacsac*. po.
Pisotear. *Yorac*. pp. *Yasac*. po.
Pista. *Bacas nang hayop*. pp.
Pitanza. *Pamamahagui*. po. It. *Bayad*. pp. *Opa*. pp.
Pitaña. *Mutà*. pp.
Pitarra. V. Pitaña.
Pito, Pitar. *Pasouit*. pp. *Panotsot*, po. *Sotsot*. po.
Pito de palmas. *Pisoyoc*. pp.
Piton. *Sungay na bagong sumisibol*.
Pituita. *Calaghalà*. po. *Canaghalà*. po.
Pizca. *Cauntiuntian*. pp. *Caliitliitan*. pp. *Caririt*. po.
Pizcar, pizco. *Corot*. po. *Piral*. pp.
Pizpereta. *Babayeng matalinong*.

P antes de L.

Pláceme. *Pasalamat*. pp. *Nanhao*. po.
Placentero. *Masaya*. po. *Maligaya*. pp. *Masanghaya*. po.
Placer. *Touá*. po. *Alio*. po. *Saya*. po. *Ligaya*. pp.
Plácido. *Tahimic*. pp. *Payapà*. pp.
Plaga. *Sacuná*. po. *Parusa*. pp. *Hampas nang Dios*.
Plan. *Sipi*. po. It. *Pacaná*. po. *Panucalá*. pp.
Plana. *Muc-há*. po.
Planada. *Capatagan*. pp.
Plancha. *Binatbat*. po.
Planchear. *Batbat*. po.
Plano. *Patag*. pp. It. *Banhay*. po.
Planta. *Halaman*. pp. *Tanim*. po. *Pananim*. po.
Planta nacida. *Pantong*. po.
Planta del pie. *Talapacan*. pp. *Talampacan*. pp.
Planta como azucena. *Bacong*. pp.
Plántano. V. Plátano.
Plantar. *Tanim*. pp. It. *Tindig*. po. *Bangon*. pp. *Tulay*. pp.
Plantar en sementeras de regadío. *Tanim*. po.
Platanar. *Bilaos*. pp.
Plantario. *Punlaan*. pp.
Plantear. *Balac*. pp.
Plantel. *Pananim*. po.
Plantista. *Mayabang*. pp.
Plañido. *Tangis*. pp. *Panambitan*. pp.
Plasmador. *May capal*. po. *Cumapal*. po.
Plasmar. *Capal*. po. *Quipil*. po. *Gauá*. po. *Tipi*. pp.
Plata. *Pilac*. pp. *Salapi*. po.
Plátanal, platanar. *Saguingan*. pp.
Plátano. *Saguing*. pp.
Plátano asi llamado. *Tampohin*. pp. *Tondoc*. po.
Platero. *Panday pilac*.
Plática. *Polong*. pp. *Salitaan*. pp. *Lipon*. po.
Platitos que se ponen en los convites de los mortuorios. *Lamac*. pp.
Plato. *Pingan*. po.
Plato grande. *Balangolan*. pp. *Dinolang*. pp. *Balangolam*. pp. *Talambo*. po.
Plato desportillado. *Bingas*. po.
Plato blanco. *Binolacan*. pp.
Plato de hojas de palmas tejidas. *Binamal*. po.
Plato ordinario ó mediano. *Humangar*. po. *Panangahan*. pp. *Casiyahan*, l. *Cayahan*. po. *Homangad*. po.
Plausible. *Caayaaya*. pp. *Capuripuri*. pp. *Dapat purihin*. pp.
Playa. *Dalampasig*. pp. *Aplaya*. pp. *Tabing dagat*.
Playel del rio. *Pasig*. pp.

Plaza ó patio de casa. *Harapan*. pc.
Plaza donde compran y venden. *Parian*. pc. *Tiangue*. pc. *Baraca*. pp. *Talipapá* pc.
Plazo. *Hanganan*. pp.
Plazo de tiempo. *Loguit*. pp. *Tacda*. pc. *Taning*. pp.
Pleamar. *Taog*. pp. *Laqui*. pc.
Plebeyo. *Polistas*. pc. *Timauà*. pp. *Mahad-licá*. pc.
Plegaria. *Doblas*. pc. *Ondas*. pc.
Plegar. *Conot*. pc. *Coton*. pc.
Plegar algo. *Pico*. pc.
Pleitista. *Palaosap*. pc.
Pleito. *Osap*. pp. *Osapin*. pc.
Plenamar. V. Pleamar.
Plenario. *Ponó*. pc. *Ponong ponó*. pc. *Boó*. pp. *Sincad*. pc.
Plenilunio. *Cabilogan*. pp.
Plenipotenciario. *Quinatauan nang Hari*. pp.
Plenitud. *Capunuan*. pc. *Sincad*. pc.
Pleyadas, ó pleyades. *Mapolon*. pp.
Pliego de papel. *Banig*. pc.
Pliegues. *Laquip*. pp. *Coton*. pc.
Plomada. *Patitis*. pc. *Toltol*. pc.
Plomo *Tayoctoc*. pc.
Plomo negro y malo. *Hitam*. pp.
Plomo de la tarraya. *Batong dala*. pp.
Plomo duro. *Tingang puti*. pp.
Plomo blando. *Tingang itim*. pp.
Plomo in genere. *Tingá*. pc. *Tinggá*. pc.
Pluma. *Pacpac*. pc. *Balahibo*. pp. It. *Panulat*. pp. *Pansulat*. pp.
Pluma negra, y blanca en el cañon. *Cologo*. pc.
Plumaje. *Taryoc*. pc. *Soguisog*. pp. *Balangot*. pc. *Bangibang*. pp.
Plumaje de oro. *Basongbasong*. pp.
Plumaje del navío. *Oloolo*. pc.
Plumas de la flecha. *Guios*. pc. *Polar*. pc.
Plumas del pescuezo del gallo. *Poloc*. pc.
Plumas de la cola del gallo. *Laui*. pc.
Plumas grandes del ave en el ala. *Bagüis*. pc.
Plumas de ave muy estendidas. *Lagalay*. pp.
Plumas tiernas del ave con sangre en el cañon. *Cologo*. pc.
Plumista. *Manunulat*. pp.
Pluralidad. *Caramihan*. pp. *Dami*. pp. It. (*Manga*) con esta partícula se hace el número plural. V. G. *Manga baca;* las bacas, ó pluralidad de bacas.
Plus ultra (ser él non) *Namomogtong*. pc. *Naningingibabao*. pp. *Sindalan*. pp. *Guiting*. pp. *Ualang capantay*. pc.

P antes de O.

Poblacion. *Bayan*. pp. *Bahayan*. pc. *Mabahay*. pp.
Poblado. *Mabahay*. pp. *Capoocan*. pp. *Pooc*. pp.
Pobre. *Sulunil*. pc. *Pulubi*. pp. *Abocanin*. pp. *Maralità*. pc.
Pobre de mí. *Ay, bayi aco*. pp.
Pobre, empobrecerse. *Doc-há*. pc. *Salat*. pc.
Pobrero. *Mag lilimos*. pc.
Pobrete, *Saliuang palad, sauing capalaran*. pp. It. *Maporol*. pp. *Mahinang isip*. pc.
Pobrismo. *Cauan nang pulubi*. pp.
Pocas veces. *Misanduua*. pp. *Bihira*. pp. *Madalang*. pp.
Pocilga de puercos. *Banlat*. pc. *Olbo*. pc. *Colongan*. pc.
Poco poquito. *Monti*. pc. *Monsing*. pc. *Onsic*. pc. *Onti*. pc. *Onyang*. pc. *Montic*. pc.
Poco ó algo hinchado. *Mantal*. pc.
Poco á poco y continuado. *Dagayday*. pp. *Dagayray*. pc.
Poco respeto á los mayores. *Salao*. pp.
Poco peso y mucho bulto. *Longcag*. pc. *Honcag*. pc.
Poco á poco. *Dahan*. pc. *Dahandahan*. pp. *Icoy*. pp. *Ayoayo*. pp. *Onti onti*. pc. *Hinay hinay*. pp. *Otay*. pc. *Otay otay*. pc. *Icoy icoy*. pp. *Inot inot*. pc. *Banayad*. pp. *Louay*. pp. *Louay louay*. pp.
Pocho. *Namomotlà*. pc. *Potlain*. pp.
Podar. **layañgan**. pc. *Capon*. pc.
Podar ramas secas. **himoco**. pc.
Podar árboles. **touar**. pp.
Poder con algo. *Caya*. pp.
Poder sustentar á alguno como él. **locob**. pp.
Poder hacer ó hacerse. *Mangyari*. pp. *Maaari*. pp.
Poder hacer algo licité. *Pangyari*. pp.
Poder ó no poder. *Ma*, partícula. Podré castigarte. *Mahahampas co icao*.
Poder, fuerza, ó rigor. *Bagsic*. pc. *Cabagsican*. pp.
Poder, autoridad. *Capangyarihan*. pp.
Poder ó ser una cosa á propósito. *Sucat*. pp.
Poder ó no hacer algo. *Maca*. pp. l. pc. No puedo caminar. *Hindi aco macalacad*.
Poderdante. *Nag catiuala*. pp.
Poderhabiente. *Quinatauan*. pc. *Sogò*. pp.
Poderoso. **bolohani**. pp. *Macapangyarihan*. pp. *Macapangyayari*. pp.
Podre. *Lahoy*. pp. *Nanà*. pp. *Sagó*. pp.
Podredumbre. *Carorogan*. pc. *Cabulucan*. pc. V. Podre.
Podrida caña ó seca en el pono. *Lauo*. pp. *Lao*. pc.
Podrido. *Halpoc*. pp. *Boloc*. pc. *Dorog*. pc. *Tambolocan*. pp.
Podrido por estar guardado. *Loom*. pp.
Podrido como palo ó caña. **lopoc**. pc. *Lapoc*. pc.
Podrido ó podrirse. **golot**. pc. **locta**. pc. **gambol**. pc.
Podrirse. *Dorog*. pp. **absing**. pc.
Podrirse la fruta ó ropa por vieja. *Lubsac*. pc.
Podrirse el harigue por el pie. *Guspó*. pp.
Podrirse la ropa por estar mucho tiempo al agua. **naynay**. pc.
Podrirse la ropa. **nini**. pp. *Galó*. pc.
Podrirse la caña del arroz. **pasic**. pp.
Podrirse la madera. **tayotó**. pc. **laas**. pp. *Dopoc*. pc.
Podrirse por alguna gotera. **tacsac**. pc.
Podrirse algo por darle de continuo el agua. **tagbuo**. pc.
Podrirse las maderas por la punta. **pogpog**. pc.
Podrirse la fruta. **boog**. pp. **lasac**. pc. *Lonot*. pc.
Podrirse cordel ó atadura. **logtá**. pc.

Podrirse la madera. *Tayotó.* pc. *Laas.* pp. *Dopoc.* pc. *Gatò.* pc. *Lapoc.* pc.
Poema. *Tulà.* pc. *Cat-hâ.* pc. *Lagda.* pc.
Poeta. *Manunula.* pc. *Mañgatñgat-hà.* pc. *Macat-hà.* pc. *May cat-hà.* pc.
Poetizar. V. Poema.
Polea. **tangcalag.** pp.
Polea para subir vigas. *Caló.* pc.
Polico. *Binlalaqui.* pc.
Poligama. *Babaeng maraming asaua.*
Poligamo. *Lalaquing maraming asaua.*
Polilla de plantas. *Tañgà.* pp. *Olalo.* pc. *Atañgia.* pc.
Polilla de ropas. *Tañgá.* pp.
Polin. *Paralis.* pp.
Político. *Magalang.* pp. It. *Marunong mamahala, at mag husay nang bayan.*
Polizon. *Tauong pagay-on gay-on.* pc. *Paalla-allabo.* pp. *Logalag.* pc.
Poltron. *Tamad.* pc. *Batugan.* pp. *Pangcal.* pc.
Polnto. *Marumi.* pc. *Marungis.* pp.
Polvareda. *Alicaboc.* pc. *Galboc.* pc. *Alicabo.* pc.
Polvo. **aboc.** pc. *Alicaboc.* pc. *Alicabo.* pc. *Alaboc.* pc. **abo.** pc. **gaboc.** pc. *Halaboc.* pc. *Alicabo.* pc.
Polvo del arroz. *Guilic.* pp.
Polvo de palo podrido. *Gaboc.* pc. **laboc.** pc. *Galaboc.* pc.
Polvo de la ropa, criarlo. **gaboc.** pc.
Pólvora. **malilang.** pp. **obat.** pp.
Polvorear. *Borbor.* pc. *Sabog.* pp. *Sambulat.* pp.
Polvos que echan en el vino. *Tapa.* pp.
Polla. *Dumalaga.* pp.
Pollada. *Sisiuan.* pp.
Pollastro. *Tandang.* pc.
Pollito. *Binatá.* pp. *Dalaga.* pp.
Pollo macho cuando comienza á ser galluello. **pamontocanlaui.** pc.
Pollo de la paloma, y de otra ave. **pispis.** pc. *Inacay.* pc.
Pollo in genere. *Sisiu.* pp.
Pollo ya medio gallo. *Tandang.* pc.
Pollutio propriis manibus. **biliglig.** pc. **boliglig.** pc. **liglig.** pc. **tintil.** pc. *Botinting.* pc. *Labas* pc.
Pomo de espada. **tangac.** pc. **olon iuá.** pp.
Pompa. *Caparañgalanan.* pc.
Pomponearse el que vá andando. *Gará.* pp.
Poncho. *Banayad.* pp. It. *Tamad.* pc.
Ponderar. *Limi.* pp. *Bulay.* pp. It. *Puri.* pp.
Poner. *Lagay.* pc. *Palagay.* pc.
Poner unas cañas como banderillas en sus fiestas. **alabat.** pc.
Poner huevos la gallina. *Itlog.*
Poner en la punta de palo ó caña alguna cosa. **balay.** pc. l. pp.
Poner ó preparar aparejos como prontales. &c. *Caná.* pc.
Poner una cosa sobre otra ó unas sobre otras. *Salalay.* pp. *Patong.* pp. **Tumpang.** pc. *Babao.* pp. *Soson.* pc. *Sapao.* pp. It. *Salansan.* pc.
Poner las cosas en órden. **palipi.** pp. *Salansan.* pc. **panicala.** pp. *Talatag.* pp. *Husay.* pp. It. *Hanay.* pp. *Talay.* pp.
Poner los pies sobre algo. *Tongtong.* pc. *Tontong.* pc. *Yapac.* pp. *Tapac.* pp.
Poner punto en la escritura. *Toldoc.* pc. *Todloc.* pc. *Tildi.* pc.
Poner en frente una de otra. *Tola.* pc. *Tapat.* pc.
Poner arrimando á la pared, lo que ocupa, ó estorba. **lambay.** pc. *Sandal.* pc. *Sandig.* pc.
Poner cataplasma. *Bughan.* pc. *Buga.* pc. *Tapal.* pp.
Poner á bajo algo que está en alto. *Lapag.* pc. *Baba.* pc.
Poner alguna cosa debajo del palay para no humedecerse este. **macmac** pc.
Poner alguna cosa en alto. **dayag.** pp. *Taas.* pc. *Sangpa.* pc. *Sampa.* pc. It. *Pontoc.* l. *Pantoc.* pc.
Poner el dinero de apuesta en la carta que quiere, &c. *Tayá.* pc.
Poner la mano encima de alguna cosa cubriéndolo con ella. *Tocop.* pp.
Poner algo al viento para que se oree. *Sabang.* pp.
Poner algo al sol. *Bilad.* pc.
Poner la carga que uno lleva á cuestas arrimada á algo para descansar, sin quitarse la de encima. *Sangcayao.* pp.
Poner el difunto en medio de la casa despues de amortajado. *Borol.* pp.
Poner palos. &c. unos sobre otros, cruzados como cayeron. **balatay.** pp.
Poner palos punta con punta, encontrados. *Salompong.* pc. *Soypong.* pc. *Hogpong.* pc.
Poner las manos juntas y levantadas. *Samba.* pc.
Poner en parte algo alta. **banlag.** pc.
Poner algo en la oreja como pluma tabaco. &c. **somping.** pc. *Singit.* pp.
Poner cualquiera cosa derecha para tirarla. *Tayá.* pc.
Poner algo en punta de la lanza ó baral para que sea visto de todos. **bayobay.** pp.
Poner cosa de peso sobre algo. *Dag-an.* pc. *Tindi.* pc.
Poner acero al hierro. **bingsal.** pc. **bisal.** pc.
Poner en el arco la flecha. *Binit.* pp.
Poner escalera. *Bonsor.* pc. *Sandig.* pc.
Poner la aficion en uno mas que en otro. **inas.** pp.
Poner teson en algun negocio. **labosaquit.** pp. *Malasaquit.* pp. *Mag sumaquit.* pp.
Poner el brazo sobre otra persona. **sacbay.** pp.
Poner algo boca abajo. **sacob.** pp. *Taob.* pc.
Poner debajo de otra cosa para sostenerla. *Salalay.* pp.
Poner una cosa sobre otra, como olla sobre trévedes. *Salang.* pp.
Poner en órden las cosas que no están. *Salansan.* pc.
Poner la escalera de lado. **licquar.** pc. **lindo.** pc.
Poner cualquiera cosa sobre algo para cortarla. **patañgin.** pc. **tañgin.** pc. *Sangcalan.* pp.
Poner boca arriba. *Patihayá.* pc. *Tihayá.* pp.
Poner algo en pie. *Patindig.* pc. *Bañgon.* pp. *Tindig.* pc.

Poner cuidado en la guarda de algo. *Mata*. pc. *Ingat*. pp.
Poner al aire ropa mojada. *Halayhay*. pc. *Yangyang*. pc.
Poner la mano sobre los ojos del deslumbrado. **Gusilao.** pp.
Poner la barba sobre la palma de la mano. *Ngalombabá*. pp. *Halombabá*. pp.
Poner el arcabuz sobre la horquilla apuntando. *Pasang*. pc.
Poner un gallo á vista de otro para que pelee. *Olot*. pc. *Aro*. pp. **andor.** pc.
Poner huevos dos gallinas en un nido. **sabor.** pc.
Poner el puñal á los pechos amenazando. **onay.** pp. *Toon*. pp. *Pasang*. pp.
Poner estacas de una y otra parte, como valladar de sementera. **pañgan.** pc.
Poner leña madera al fuego para cebarlo. **opong.** pc. *Gatong* pp. **doop.** pp.
Poner las manos sobre la cabeza. **pañgolo.** pp.
Poner paz entre los reñidos. **paroli.** pp. *Payo*. pp. *Payapà*. pp.
Poner en órden libros, papeles, &c. **oyon.** pp.
Poner una cosa encima de otra para taparla. *Saclob*. pc. *Tontong*. pc.
Poner carga sobre los ombros. **salang.** pp. *Atang*. pp.
Poner las viguetas de la casa. **palagya.** pc.
Poner el arroz sobre cañizos despues de mojado para que heche raiz. **palan.** pc.
Poner algo á modo de arco delante de sí. **balinognog.** pp.
Poner derecho algo. **banos.** pp.
Poner en camarin, la embarcacion. **mantil.** pc.
Poner en bastidor. **bascag.** pc.
Poner fuerza en llamar, gritar, &c. **paliit.** pc. *Sigao*. pc. *Palacat*. pp. *Hiyao*. pc.
Poner algo al fuego. *Ayob*. pp.
Poner la mano sobre los ojos para mirar al sol. **panagosilao.** pp.
Poner la pantorrilla para que den en ella. **talar**. pc.
Poner algo en órden ó hilera. *Talatag*. pc.
Poner maderas á la casa. **tangquil.** pc.
Poner cada cosa por sí. **taquin.** pc.
Poner en concierto cosas materiales. **saysay.** pc.
Poner una cosa debajo de otra. **socob.** pp.
Poner conato en lo que dice ó hace. **quinlahor.** pc.
Poner la mano abierta en cualquiera parte del cuerpo, excepta parte verenda. *Totop*. pc.
Poner espinas en algo. *Subyang*. pc.
Poner espeque para soliviar alguna cosa *Sungcal*. pc. *Sual*. pc.
Poner anzuelo entre dos palos dentro de rio ó mar. **taan.** pp.
Poner algo sobre ceniza, &c. **piic.** pp.
Poner tablitas ó cañuelas al dislocado. **taguiic.** pp.
Poner algo á una banda por contrapeso. *Timbang*. pc.
Poner los ojos en blanco. **tiric.** pp.
Poner puntal. *Tocor*. pp.
Poner la mano en la cintura ó frente. *Tocop*. pp.
Poner en verso la prosa. *Tolà*. pc.
Poner semillas sobre cañizos. *Dapog*. pp.
Poner pie ó pierna sobre muslo ó pierna de otro. *Dangtay*. pc.
Poner al soslayo. *Hiuas*. pc.
Poner una cosa en lugar de la que se perdió. *Halip*. pp.
Poner el difunto en las andas. **hondol.** pc.
Poner en lugar de cualquiera hortaliza ó árbol otro. **hilip.** pp. *Holip*. pp.
Poner algo á la larga. **hinohos.** pc.
Poner hácia alguna parte. **pahan.** pc.
Ponerse en lugar de otro. **halio.** pp.
Ponerse para que le vean. **hará.** pp.
Ponerse colorado. **himola.** pc.
Ponerse en cruz. *Paripa*. pc. *Dipa*. pc.
Ponerse enfrente. *Tapat*. pc.
Ponerse yerto por miedo de la culebra. **quisliig.** pc.
Ponerse tieso. *Tigas*. pc.
Ponerse en puntillas. **tigdá.** pc. *Tiad*. pc.
Ponerse el sol. **sibsib.** pc. *Socsoc*. pc. *Lobog*. pc. *Lonod*. pp.
Ponerse dos enfrente. *Tola*. pc. *Tapat*. pc.
Ponerse en cuatro pies. *Touar*. pc. *Gapang*. pp.
Ponerse al resistero del sol, lluvia, &c. *Somang*. pc. *Sangab*. pp.
Ponerse dos al igual para remar. **piñgi.** pc.
Ponerse de lado. *Taguilir*. pp.
Ponerse boca arriba con la cabeza caida atrás. **logayi.** pp.
Ponerse en puntillas para alcanzar algo. **oero.** pc.
Ponerse el niño entre las piernas. **saclao.** pc.
Ponerse á la ventana con los brazos caidos. **patilalay.** pc.
Ponerse á la sombra. *Salilong*. pp. *Canlong*.
Ponerse al sol ó al aire para que le dé de llano. *Sungab*. pp. It. *Sabang*. pp.
Ponerse hermoso. *Buti*. pp.
Ponerse uno de la otra parte. *Cabilà*. pc.
Ponerse negro lo blanco. **calim.** pp.
Ponerse en pie. *Buhat*. pp. *Tindig*. pc.
Ponerse al sol. *Bilar*. pc.
Ponerse al sol. *Paarao*. pc. *Painit*. pc.
Ponerse al fresco, ó frio. *Palamig*. pc.
Ponerse de espaldas. *Talicor*. pc.
Ponerse pies con cabeza. *Suhi*. pc.
Ponerse algo duro. **bislig.** pc.
Poniente. **canloran.** pp. *Calonoran*. pp. It. *Habagat*. pp.
Ponzoña. *Lason*. pp. *Camandag*. pc. **gabol.** pp. **gapol.** pp.
Ponzoña que mata comiéndola. **gabon**. pp.
Popa del navío. *Huli*. pc.
Popar. *Alipustá*. pc. It. *Loyao*. pp. *Palayao*. pp.
Populacho. *Timaua*. pp. *Polistas*. pc.
Populoso. *Matauo*. pp. *Maraming tao*. pp.
Poquedad. *Onti*. pc. It. *Caduagan*. pp. *Caomiran*. pc.
Poquillo. V. Poquito.
Poquito. **moñgi.** pp. **ara.** pp. *Onti*. pc. **monghi.** pc. **oyac.** pp. *Monti*. pc. **mimic.** pc. **micmic.** pc.
Por dicha. *Uari*. pp. **opan.** pp. *Cayà*. pc. V. Por ventura.

Por menudo, dicen. *Ontionti.* pc. *Otóotó.* pc.
Por demás, es. *Sayang.* pp. *Hamac.* pp.
Por ventura. *Nang̃a.* pc. *Opan lamang.* pp. *Vá.* pc. *Diatá.* pc. **bapa.** pc. *Uari.* pp. **opan.** pp. **apan.** pp. *Baga.* pc. (*Ba.*) pc. *Diuá.* pp.
Por sí, ó por no por si acaso. *Sacali.* pp. *Hari ng̃a.* pp. *Hari nang̃a.* pc. *Pasumala.* pc. *Sapalaran.* pc. **opan.** pp.
Por si propio, ó por si mismo. *Sasarili niya.* pc.
Por donde quiera. *Saan man.* pc.
Por á hora. *Mona.* pp.
Por el mismo caso que és, *Caya ng̃a.* pp. *Bauat.* pp. *Mayapa,t,* pp.
Por tanto. *Caya ng̃a yatá.* pp. *Cayá.* pc. *Caya ng̃a naman.* pc. *Caya yatá.* pp. *Canyá.* pc. *Hayá.* pp.
Por respeto amor ó reverencia. *Pacundang̃an.* pp. *Alang alang.* pp.
Por su trabajo. **higatang.** pc.
Por respeto. *Pasubali.* pp.
Por donde corren los mocos. **daloyan ohog.** pp.
Por eso. *Caya ng̃á.* pp. *Cayà.* pc. *Canyà.* pc.
Por mas que. *Cahimun.* pc. *Magcano man.* pc. *Malay man.* pc. *Magpaca.* pc.
Por poco. *Halos.* pp. *Monti nang.* pc. **tait.** pc. *Ng̃aling̃ali.* pp. **buso.** pc. **bitcho.** pc. **birho.** pc. **birso.** pc. **bitso.** pc. *Caonti nang.* pc. *Monti nang.* pc.
Por cuanto. *Palibhasá.* pp. *Sa pagca,t,* pc.
Porcelana grande. **caocauan.** pc. **cocauan.** pp.
Porcion. **ganang.** pc. *Cabahaqui.* pp.
Porche. V. Pórtico.
Pordiosero. *Polobi.* pp. *Mag papalimos.* pc.
Porfia, porfiar. *Talo.* pp. **laris.** pp. **pacná.** pc. *Soay.* pp. *Olit.* pp. *Taltal.* pc. **agao.** pp. **dara.** pp. *Daldal.* pc. **pali.** pp.
Porfiar sobre algo. **abay.** pc.
Porfiar como quien vence á otro. **pacli.** pc.
Porque. *Sa pagcá.* pc. *Nang.* pc. *Baquin.* pp. *Diano.* pc. *Uari.* pp. *Baquit.* pp. *At.* pc. *Anhin.* pc. *At ano.* pc. *Ang.* pc. *At ang.* pc. *Ay at.* pc. *Palibhasà.* pp.
Porque no. *Ano,t, di.* pc. *Ay at di.* pc.
Porque dice que. *Di anhin dao.* pc.
Porquería. *Libag.* pc. It. **galamar.** pc.
Porquería de la tripa del animal. **labos.** pp.
Porqueriza. **olbo.** pc. *Colong̃an. nang baboy.* pp.
Porra. *Calotad.* pp. It. *Tongcod.* pc.
Porrazo. *Bogbog.* pc. *Pocpoc.* pc. *Hampas.* pc. *Bontal.* pc.
Porrazo que dán unas cosas con otras. **Bongcol.** pc. **ongcol.** pc. *Ontog.* pc. *Bonggó.* pc.
Porrazo que suena. **pagocpoc.** pc.
Porrear ó dar mate. *Tocso.* pc. *Iit.* pc. *Sora.* pp.
Porrillo á porrillo. *Saganá.* pp. *Pasauá.* pp.
Porron. *Macuyad.* pp. *Macupad.* pp.
Portada. *Harap.* pc. *Muc-há.* pc.
Portador. *Mag dadala.* pp. *May dala.* pc.
Portal. *Silong.* pp. *Sibi.* pp.
Portante. *Hang̃ei.* pp. **yaros.** pp.
Portar. *Dala.* pc. *Taglay.* pc.
Portarse. *Palacad.* pp. *Ogali.* pp.
Portatil. *Madadala.* pc. *Ma ipag lilipat lipat.* pp.
Portazgo. **bigay ahon.** pp. *Opa.* pp.
Porte. *Opa.* pp. *Bayad.* pp. It. *Palacad.* pp. *Ogali.* pp. *Gaui.* pp.
Portear. *Dala.* pp.
Portento. *Caguilaguilalas.* pc. *Catacataca.* pc. *Himalá.* pc.
Portería. *Pasocan.* pc. *Pintoan.* pp.
Portero. *Bantay pintò.* pc. *Tanod pinto.* pc.
Pórtico. **siui.** pp. *Sibi.* pp.
Portillo de cercado. *Pouang.* pc. *Siuang.* pp.
Porvenir. *Cararatnan.* pp.
Porvida. *Sumpa co.* pc. *Sacsi co ang Dios.* pc. *Narian ang Dios at tumulung̃o.*
Pos en pos. *Sa licod.* pc. *Sa huli.* pc. *Casonod.* pc. Vino en pos de mí. *Dumating na casuuod co.*
Posada. *Toloyan.* pp.
Posar. *Panoloyan.* pp. *Toloy.* pc. It. *Pahing̃a.* pc.
Posar el ave. *Dapó.* pp.
Poseedor. *May ari.* pp. *Nag aari.* pp. *Nag tatang̃an.* pp. *Nag hahauac.* pp.
Poseer. *May,* l. *Mey.* pc. *Camit.* pc. *Ari.* pp. *Tang̃an.* pp. *Hauac.* pp.
Poseso. *Pinapasucan nang Demonio.* pp. *May Demonio ó* **sitan** *sa catao-uan.* It. V. Poseer.
Posibilidad. *Pagca buhay.* pp. *Yaman.* pp. *Pag aari.* pp. It. *Caya.* pp.
Posible. *Mangyayari.* pp. *Maaari.* pp. It. Posibilidad.
Posicion. *Lagay.* pc. *Pagca lagay.* pc. *Tayó.* pc.
Positivo. *Tunay.* pp. *Totoo.* pp.
Posma. *Tamad.* pc. **pangcal.** pc.
Poso, hez. *Latac.* pp. *Tining.* pp. *Lacdip.* pc.
Posponer. *Ihuli.* pc. *Ipahuli.* pc.
Poste. *Haligui.* pp.
Poste sobre que asientan el cayan. *Talabsoc.* pc.
Poste del dindin. *Tumali.* pp.
Poste nacido. **paynas.** pp.
Poste que sustenta la casa. **panigas.** pc.
Postema. *Bagà.* pc. *Pigsa.* pc.
Postema en la ingle. *Colani.* pp.
Postemilla. *Pigsang dagá.* pc.
Postergar. *Huli.* pc. *Pahuli.* pc. It. *Liuag.* pp. *Lauon.* pp.
Posteridad. *Inapo.* pc. *Caapoapohan.* pp.
Posterior. *Nahuhuli.* pc. *Sumusonod.* pc. *Casonod.* pc.
Postigo. *Pintong lihim.*
Postila, ó nota en la márgen de los libros. *Bilin.* pp. *Paliuanag.* pp.
Postilla. *Lang̃ib.* pc.
Postizo. *Uangqui.* pc. *Huad.* pc.
Postrarse. *Dapà.* pc. *Pang̃ayopapá.* pp. *Lohod.* pc.
Postrarse de hinojos. *Sobsob.* pc. *Subsub.* pc.
Postre. *Himagas.* pp.
Postremo. *Huli.* pc.
Postura. *Lagay.* pc. *Pagca lagay.* pc. V. Posicion.
Postura. (*Pa.*) Ante puesta esta partícula á algunas raices significa el modo ó postura de algun cuerpo. v. g. *Pataguilid,* de lado. *Patihayá.* Boca arriba. *Pataob.* Boca abajo.
Postura de dos cosas opuestas, como pies con cabeza. **sohi.** pc. *Salisi.* pc.

Potable. *Maiinom.* pc. *Naiinom.* pc. *Iniinom.* pc. *Inomin.* pc.
Potajes. *Polotan.* pp.
Potencia, poder. **tirá.** pp. *Cabagsican.* pp. *Capangyarihan.* pp. *Bagsic* pc.
Potentado. *Macapangyarihan.* pp.
Potestad. *Capangyarihan.* pp. V. Poder.
Potra. *Loslos.* pc.
Potroso. **babayaguin.** pc. *Loslosin.* pp. *Linoloslosan.* pc.
Poza. **tubog.** pc.
Poza grande que hacen los rios. **layon.** pc.
Pozal. *Timbá.* pc.
Pozas hondas de los rios. **libtong.** pc.
Pozo. **bobon.** pc. *Bal-on.* pc. **coloom.** pp. **talagá.** pp.

P antes de R.

Práctica. *Pag gaua.* pc. *Pag ganap.* pc. It. *Pagca bihasa.* pp. *Cabisanhan.* pc.
Practicable. *Magagauá.* pc. *Mangyayari:* pp.
Practicante. *Manggagamot.* pp.
Practicar. V. Práctica.
Práctico, practicon. *Bihasa.* pp. *Tocoy.* pc. *Sanay.* pc.
Prado. *Sabsaban.* pp. **quibquiban.** pp.
Preámbulo. *Pamulà.* pc. It. *Tagobilin.* pp. *Tadhanâ.* pp.
Preboste. *Ponó.* pp.
Precaucion. *Ingat.* pp. *Pag iingat.* pp.
Precavido. *Maingat.* pp. *Maalagá.* pp.
Precedente. *Nangunguna.* pp. *Naoona.* pc.
Preceder. *Ona.* pp. *Pangona.* pp.
Precepto. *Otos.* pp. *Caotosan.* pc.
Preceptor. *Nag totoró.* pp. *Umaaral.* pp.
Preciado. *Mahalaga.* pp. V. Precioso.
Preciarse. *Pangap.* pc. *Bansag.* pc.
Preciarse de cualquiera cosa. *(Ma).* Véase la parte tagala.
Preciarse de algo. **liñgas.** pp.
Precio. *Bili.* pc. *Cabilihan.* pp. *Pagcabili.* pc. *Halaga.* pc.
Precio inexacto que pide el vendedor antes de regatear el comprador. *Turing.* pp.
Precio moderado. **amat.** pp.
Precio, apreciar. *Halaga.* pc. *Halga.* pc.
Precioso. *Mahal.* pc. *Mahalaga.* pc.
Precipicio. **labing.** pc. *Bangin.* pc. **ampas.** pc. **balisong.** pp.
Precipitado. *Gahasá.* pp. *Gahol.* pc.
Precipitar. *Sugba.* pc. *Bulid.* pc. *Tulac.* pp.
Precipitarse. *Dalohong.* pp. *Gahasá.* pp. *Biglà.* pc. *Gahol.* pc.
Precipitoso. *Nabibingit.* pp. *Nacabingit.* pp.
Precisar. *Pilit.* pp. *Piguipit.* pp.
Preciso. *Cailangan.* pp. *Sapilitan.* pc. *Ualang daan di.* pc. Es preciso que vayas. *Ualang daan di ca paroon.* pc.
Prelado. *Bantog.* pc. *Mabonyi.* pc. *Marangal.* pc.
Precoz. *Maaga.* pp. *Maagap.* pp. *Paona.* pc.
Precursor. *Nangunguna.* pp.
Predecesor. *Hinalinhan.* pc. *Naona.* pc.
Predecir. *Hulá.* pp.

Predestinado. *Hinirang.* pp. *Tinangi.* pp.
Predestinar. *Tangi.* pp. *Pili.* pp. *Hirang.* pp.
Predicar. *Aral.* pp. *Pangaral.* pp.
Prediccion. *Hulá.* pp.
Predilecto. *Pinacamamahal.* pc.
Predominar. *Pangyari.* pp. *Caya.* pp.
Predominio. *Capangyarihan.* pp. *Lacas.* pc.
Preeminente. *Mataas.* pp. *Ponó.* pp. *Marangal.* pc.
Preexcelso. *Cadangal dangalan.* pp.
Prefacion, prólogo. *Tagobilin.* pp. *Tadhanâ.* pc.
Preferencia. *Caunahan.* pc. *Calamangan.* pc. *Cahiguitan.* pp.
Preferir. *Ona.* pp. *Laló.* pp. *Mahalin pa.* pc.
Prefinir. *Tacda.* pc. *Taning.* pp. *Tadhanâ.* pc.
Pregonar. *Tauag.* pp.
Pregonar mercaderías. *Doro.* pp. *Lacó.* pp. It. **laoy.** pp.
Pregonero. *Mag tatauag.* pc.
Pregunta, preguntar. *Tanong.* pc.
Preguntar. **balayag.** pc.
Preguntar examinando como á los muchachos la doctrina. *Tanong.* pc. *Sulit.* pp. **tocso.** pc.
Preguntar tentando. **sonlong.** pc.
Preguntoa. *Matanungin.* pp.
Preinserto. *Nalalaquip sa onahan.*
Prelada. *Ponó nang manga mongha.* pp.
Prelado *Ponó nang manga Pare.* pp.
Preliminar. *Tagobilin.* pp. V. Prefacion.
Preludio. *Pag handâ.* pc. *Pag gayac.* pc. *Pamulá.* pc. *Pasimulá.* pc.
Prematuro. *Maaga.* pp. *Maagap.* pp.
Premeditar. *Limi.* pp. *Bulay.* pp.
Premio. *Ganti.* pc. *Bihis.* pp. *Palà.* pp. *Opa.* pp. *Paquinabang.* pp.
Premiso. *Pinaona.* pp.
Premura. *Capiitan.* pc. *Pag mamadali.* pc. *Madalian.* pp. **palocan.** pc.
Prenda. *Sanlâ.* pc.
Prenda prestada para dote. **garai.** pp.
Prenda para memoria. *Himacas.* pc. *Pahimacas.* pc.
Prenda que deja el que se quiere casar. *Patinga.* pp.
Prenda ó dinero adelantado queda el comprador para la seguridad del trato. *Patinga.* pp.
Prendar V. Prenda.
Prender. **hila.** pp. *Daquip.* pc. *Huli.* pp.
Prender como el alfiler. **toroc.** pc.
Prender con aguja. **tohó.** pc.
Prender la hortaliza. *Naonao.* pc.
Prender mal el arroz por mal sembrado. **panica.** pc.
Prender por justicia. *Bilanggó.* pc.
Prendido. *Gayac.* pc. *Pamoti.* pp.
Prensa. *Hapitan.* pc. **houitan.** pp. **agpisan.** pp.
Prensado. *Maquinis.* pp.
Prensar. *Dag-an.* pc. *Panhigpit.* pc. **pahicpic.** pc. **agpis.** pc.
Prensar entre dos palos. *Hapit.* pp.
Prensar caña dulce. *Alilis.* pc. **ilo** pc. **cab-yao.** pc.
Preñada. *Buntis.* pc.
Preocupacion. *Ulap.* pp. *Dilim nang isip.*
Preocupado. *Pinag didiliman.* pc. *Pinag uulapan.* pp.

Preordinacion. *Pasiya at pacana nang P. Dios sa mañga bagay na mangyayari sa panahon.*
Preparar. *Sadya.* pc. *Handa.* pc. *Gayac.* pc.
Preparar lo necesario para el oficio. *Dohol.* pp.
Preparar algun animal como cabrito. *Loho.* pp.
Prepararse á alguna cosa grave. *Hatal.* pc.
Preponderar *Higuit nang big-at.* pc. *Lalo nang big-at.* It. *Daig.* pc. *Naig.* pc.
Preponer V. Preferir.
Preposicion de nominativo para nombres propios. *Si.* pc. *Sina.* pc.
Preposicion de nominativo para nombres apelativos. *Ang.* pc. *Ang mañga.* pc.
Preposicion de genetivo para nombres apelativos. *Nang.* pc. *Nang mañga.* pc. Del Rey. *Nang Hari.* De los Reyes. *Nang mañga Hari.*
Preposicion de genetivo para nombres propios. *Ni.* pc. *Nina.* pc. De Pedro. *Ni Pedro.* De Pedro y sus compañeros. *Nina Pedro.*
Prepotencia. *Labis nang capangyarihan.* pp.
Prepucio. **busisi, busing, busingsing.** pc.
Prerogativa. *Pagca bocod.* pc. *Pagca tañgi.* pp.
Presa. *Huli.* pp. *Daquip.* pc. It. *Agao.* pp. *Samsam.* pc.
Presa del rio. *Sala.* pp.
Presa del rio poco firme. **salac.** pp.
Presa de gato ó perro. **sangal.** pc.
Presa de las navajas del gallo. **garol.** pp.
Presagiar. *Hulá.* pp.
Presagio. *Pañgitain.* pp. *Pamahiin.* pc.
Presas del cangrejo. *Sipit.* pp.
Presas de candado. **hasang.** pp.
Presas de oro muy fino. **sayog.** pp.
Presbítero. *Pareng may misa.* pp. *Pareng de misa.* pp. *May capangyarihang may misa.*
Prescindir. *Hiualay.* pc. It. *Pabayâ.* pp. *Lisan.* pp.
Prescribir. *Tadhaná.* pc. It. *Pacaná.* pc. *Pasiya.* pc.
Presea. *Hias.* pc. *Hiyas.* pp.
Presencia. *Harap.* pc.
Presentar, presentarse. *Harap.* pc. *Paquita.* pp.
Presente. *Harap.* pc. *Caharap.* pc. It. *Biyayá.* pp. *Handog.* pc. **dolot.** pp.
Presente que envia á su muger el que está en algun convite. **tambag.** pc.
Presentarse de su voluntad. **sopoy.** pp.
Presentimiento. *Cotob.* pc. *Quiniquita.* pc.
Preservar. *Iñgat.* pp. *Ad-ya.* pc.
Presidente. *Ponó.* pp. *Olo.* pp. *Pañgolo.* pp.
Presidiario. *Bilangó.* pc.
Presidir. V. Presidente.
Presidir dando ejemplo. *Pasunod.* pc.
Presion. *Pigá.* pc. *Ipit.* pp. *Pagpigà.* pc. *Pag ipit.* pp.
Preso. *Bilanggó.* pc.
Prestamente. *Madali.* pc. *Biglá.* pc.
Préstamo. *Otang.* pp. *Hiram.* pc. *Halig.* pp.
Prestar. *Tubo.* pp. *Otang.* pp. *Sandali.* pp. *Hiram.* pc. *Halig.* pp. **abala.** pp.
Prestar por otro. **paará.** pp.
Prestar dinero á ganancia. **butauin.** pp.
Prestar ó pedir prestado por poco tiempo en confianza de que otro le tiene ofrecido aquello mismo. **halibyong.** pc. *Halig.* pp.
Presteza. *Bigla.* pc. *Bilis.* pc. *Dali.* pc. *Licsi.* pc. *Saglit.* pc. **hagol.** pp. *Dalas.* pc. *Hañgos.* pp. **handotdot.** pc. *Cadalian.* pc.
Prestigio. *Lacas.* pc. *Guilas.* pp. *Alang alang at pag tingin nang bayan ó nang caramihan.* It. *Dayá.* pp. *Malicmatá.* pp.
Presto. **pali.** pc *Salangapan.* pp. *Sandali.* pc. *Dali.* pc. **palipali.** pc. *Dagli.* pc. *Madali.* pc. *Dali na.* pc. **saquirot.** pc. **sinancalan.** pp. V. Aprisa.
Presumido. *Palaló.* pp. **paliñgas.** pp. **palanghá.** pc. **alañgas** pp.
Presumir. **lisla.** pc. *Hinalá.* pp. **taghap.** pc.
Presuntuoso. V. Presunto.
Presuponer. *Palagay.* pc. *Ipagpalagay.* pc.
Presuroso. *Madali.* pc. *Biglà.* pc. *Mabilis.* pc.
Pretal. *Sa dibdib.* pc.
Pretender. *Hañgad.* pc. *Nasà.* pp. *Ibig.* pp. *Nais.* pp.
Pretendiente. *Nai-ibig.* pp. *Nañgiñgibig.* pp. *Nag hahañgand.* pc.
Préterito. *Lipas.* pc. l. pp. *Nacaraan.* pp. *Natalicdan.* pc. *Panahong na calampas.* pc.
Pretestar, pretesto. *Dahilan.* pc. *Sangcalan.* pp.
Pretina. **pamabat.** pc.
Pretina de oro. **ombic.** pc.
Pretor. *Hocom nang mañga Romano.*
Prevalecer. *Daig.* pc. *Naig.* pc. It. *Lamang.* pc. *Higuit.* pc. **sari.** pp.
Prevaricar. *Sala.* pp. *Magcasala.* pp. *Mag culang sa catungculan.* pp.
Prevencion. *Agap.* pp. *Handà.* pc.
Prevencion de cosas de comer. *Baon.* pp.
Prevenir. *Handa.* pc. *Panagano.* pp. *Paona.* pp. **songal.** pp. *Sadiá.* pc. *Sadhiya.* pc.
Prevenir algo temprano. *Paaga.* pp.
Prevenir alguno de algun secreto. *Tarhaná.* pc.
Prevenir algo por si fuera necesario. *Laan.* pp.
Prevenir el juez al reo. *Osap.* pp.
Prever. *Qiniquita.* pc. It. *Hinalá.* pp. *Nañgoñgona.* pp. *Naoona.* pc.
Prez. *Bonyi.* pc. *Puri.* pp. *Cabantogan.* pp.
Priesa. *Balisa.* pp. *Dali.* pc. **daglí.** pc. **camas.** pc. **camascamas.** pp. **paloc.** pc.
Priesa en andar ó hablar. **ñgasol.** pp.
Prieto. *Maitim* pc. *Itim.* pc. It. *Cayomangui.* pc. *Cayamangui.* pc.
Primacia. *Caonahan.* pc. *Calamañgan.* pc.
Primario. *Ponó.* pp. *Nañgoñgona.* pp.
Primavera. *Tag-arao.* pp.
Primer. V. Primero.
Primer dia de menguante de luna. **molangdilim.** pc.
Primer hijo que se muere á la madre. **alay.** pp.
Primeramente. *Mona.* pp. It. *Caunaunahan.* pp.
Primeras hojas del tabaco, col, lechugas, &c. que arrastran por el suelo. **sagiat.** pc.
Primeriza de parto. *Nğanay.* pp.
Primero. *Ona.* pp. *Naoona.* pc. *Nañgoñgona.* pc. **balhó.** pc. It. *Mona.*
Primeros aguaceros. **molan danao.** pp.
Primicias. *Bago.* pp. *Pamago.* pp.
Primo. *Pinsan.* pc.
Primogénito. **anay.** pp. *Pañganay.* pp.
Primor. *Talinong.* pp. *Talas.* pp. *Donong.* p. It. *Diquit* pc. *Cariguitan nang yari.* pp.

Primoroso. *Mariquit*. pc. *Mainam*. pp. It. *Paham*. pc. *Bihasa*. pp.

Principal. *Maguinoo*. pp. *Datô*. pp. *Mahal*. pc. *Guinoo*. pp. It. *Ponô*. pp.

Principal que se paga doblado en el empréstito. *Ibayo*. pp.

Principal con que se emplea. *Pohonan*. pp. *Butauan*. pp. **botauin**. pp.

Principal que se pone al trato de compañia. **cohan tahanan**. pp. *Pohonan*. pp.

Principal ánito ó Dios, á quien atribuyen la creacion de todo. **bathalá**. pp. **badhalá**. pp.

Principal en cualquier cosa. *Olo*. pp. *Pan̄golo*. pp. *Ponô*. pp.

Principalia, principalidad. *Caguinoohan*. pp.

Principalmente. *Lalong lalo na*. pp. *Caonaonahan*. pp. *Mona*. pp.

Príncipe. *Anac na pan̄anay nang Hari na mag mamana nang Corona*.

Principiar, dar principio. *Mula*. pc. *Pasimulá*. pc. *Pasimoná*. pp. *Pamulá*. pc.

Principio. *Mulá*. pc. *Ona*. pp. **tontong mula**. pc.

Principio de donde sale algo. *Ponô*. pp. *Ponong mulá*. pc.

Principio ó fundamento. **mulan bouat**. pp. **mulang buhat**. pp.

Pringue. *Tabá*. pc.

Prioridad. *Caonahan*. pc. *Pag caona*. pc.

Prioste. **bandahali** *ó Mayordomo sa Cofradía*.

Prisa. *Biglá*. pc. *Dalí*. pc. *Bilis*. pc. *Cadalian*. pc. *Pagmamadalí*. pc.

Prision. *Bilanggoan*. pp. *Pan̄gao* pc. *Piitan*. pc. It. *Pagbibilangô*. pp. I. pc. *Pag piit*. pp.

Privadamente. *Sarilinan*. pp. *Lihiman*. pp.

Privado. *Capahayagan*. pp. *Calihiman*. pp.

Privar. *Alis*. pc. *Samsam*. pc. *Cuha*. pp.

Privar á alguno del oficio ó dignidad. **payi**. pp. *Bonot*. pp. *Bonot nang baras*. pp. *Lampas*. pc.

Privilegio. *Tan̄gi at bocod na caloob nang may capangyarihan*.

Proa del navío y de cualquiera embarcacion. *Doong*. pp.

Probar. *Balac*. pp. **aro**. pp. **timos**. pp. **atoato**. pp. *Tiquim*. pc. **ligsa**. pc. *Balac*. pp. *Ato*., pp.

Probar la carga si es pesada. **bintay**. pc.

Probar las fuerzas. **aro**. pp.

Probar el gallo. **andot**. pc.

Probar ventura. *Opan lamang*. pp. *Sapalaran*. pc. **nigo**. pp. **pasumalá**. pc. *Hari ngâ*. pc.

Probar si podrá vencer. **ligsa**. pc.

Probar la tierra. **pamauo**. pp.

Probar las fuerzas con las manos. **soong**. pp.

Probar el barro cociéndolo con agua, ó echando en él para ver si está bien hecho. **tayba**. pc.

Probar tanteando el peso ó medida. *Taya*. pp.

Probar si es bastante. **asta**. pp.

Probar si puede algo. **baso**. pp. **basobaso**. pp.

Probar poco. *Simsim*. pc. *Timtim*. pc.

Probar las fuerzas de otro. **songco**. pc.

Probar las fuerzas con otro. **paligsa**. pc. *Tiquim*. pc. *Soboc*. pp.

Probable. *Malapit sa catotohanan*. pp. *Malapit magca totoo*. pp.

Probidad. *Bait*. pc. *Galing*. pc. *Cagalin̄gan*. pp. *Cabaitan*. pp.

Problema. *Caisipan*. pc. *Palaisipan*. pp. **patooran**. pp.

Procaz. *Pan̄gahas*. pc. *Ualang hiá*. pc.

Procedencia de uno. *Lahi* pp. *Pinag buhatan*. pp. *Pinanggalin̄gan*. pp.

Precedente. *Nag buhat*. pp. *Nang galing*. pp. *Nag mulá*. pc.

Proceder. *Galing*. pc. *Mulâ*. pc. *Supling*. pc. *Bun̄ga*. pp.

Proceder. *Ogali*. pp. *Palacad*. pc. It. V. Originarse.

Procer. *Maguinoo*. pp. *Guinoo*. pc. *Mahal*. pc. *Mataas*. pp.

Procesion. *Libot*, *pag lilibot sa man̄ga Santo*.

Proclama, proclamar. *Tauag*. pp. *Pag tatauag*. pp.

Proclive. *Hilig*. pp. *Hinguil*. pc.

Procurador. *Pintacasi*. pp.

Procurador de pleitos. **maghahalalang**. pc. *Manhahalang*. pp.

Procurar. *Pilit*. pp. *Saquit*. pp.

Procurar no entrar en número. **laa**. pp.

Procurar vencer. **balis**. pp.

Prodigalidad. **labhasá**. pc.

Prodigio. *Himalà*. pc. *Catacataca*. pc. *Caguilaguilalas*. pc.

Pródigo. *Salanolâ*. pp. *Acsaya*. pc. *Alibughà*. pc. **labusao**. pp.

Producir, engendrar. *Anac*. pc. *Pan̄ganac*. pc. It. *Lihi*. pc.

Producir, dar fruto. *Bon̄ga*. pp.

Producto, *Paquinabang*. pp. *Tubô*. pp.

Proejar. *Subâ*. pp. *Salon̄ga*. pp. It. *Sonsong*. pc.

Proemio. *Tagobilin*. pp. *Tadhaná*. pc.

Proeza. *Catapan̄gan*. pp. *Pagca bayani*. pp.

Profanar. *Pag lapastan̄gan ó pag gamit sa dili dapat nang man̄ga bagay na naoocol sa P. Dios*.

Profano. *Bagay na di naoocol sa Dios, ó sa Simbahan*. It. *Tauong na uiuili sa mundo*.

Proferir. *Uicá*. pp. *Pan̄gosap*. pp. *Sabi*. pp.

Profesion. *Pag hahanap*. pp. *Hanap buhay*. pp.

Profeta. **siac**. pc. *Manghuhulá*. pp.

Profetizar. *Hulâ*. pp.

Profugo. *Layas*. pp. *Nag tatagô*. pp.

Profundizar. *Lalim*. pp. *Palalim*. pc. *Palalimin*. pp.

Profundo. *Lalim*. pp. *Malalim*. pp. **baliuag**. pc. **sauang**. pp.

Profusion. *Labis na pag cacagugol*. pp.

Profuso. *Saganâ*. pp. *Labusao*. pp.

Progenie. *Angcan*. pc. *Gusang*. pp. *Lahi*. pp. *Lipi*. pp.

Progresar. *Sulong*. pp. It. *Tubô*. pp. *Sibol*. pc.

Prohibir. *Salâ*. pp. **tanda**. pc. *Sangsalâ*. pp **ahat**. pp. *Sauay*. pc. *Baual*. pp. **cabat**. pc. **angsol**. pc.

Prohibir con pena. *Tan̄gâ*. pp.

Prohijado. **calansac**. pp. *Inaanac*. pc.

Prohijar. *Anac*. pc. *Ariing anac*. pc.

Prójimo. *Capoua tauo*. pp.

Prolacion. *Pan̄gon̄gosap*. pp.

Prole. *Anac*. pc. It. *Bunḡa*. pp. *Supling*. pc.
Proletario. *Mahirap*. pp. *Ualan pag aari*. pp. *Duc-hà*. pc.
Prolijo. **diuará**. pc. *Mariuará*. pp. *Orirà*. pc.
Prólogo. *Tagobilin*. pp. *Tadhanà*. pc.
Prolongar. *Habà*. pp. *Tagal*. pc.
Promediar. *Hati*. pp. *Hatiin*. pp.
Promesa, prometer. **sahot**. pc. **tagori**. pc. **balatá**. pp. **tandang**. pc. *Panḡacó*. pp. *Tangcà*. pc. *Panata*. pp. **tañgá**. pp.
Prometer. *Panata*. pp. *Panḡacó*. pp. V. Promesa.
Prometer, y no cumplir. **tañgong** *ilic*. pc. l. pp. *Nḡoling*. pp. *Panḡoling*. pp.
Prometer como en señal. *Taloga*. pc.
Prometer algo para conseguir algo. **panahot**. pc.
Promiscuar. *Haló*. pp. *Lahoc*. pc.
Promocion. *Pagcataas nang catongcolan*.
Promontorio. **tagortor**. pc. **borol**. pc.
Promotor. *Nag uusig*. pp *Nag mamasaquit*. pp.
Promulgar, promulgacion. *Pahayag*. pp. *Tauag*. pp.
Prono. *Hilig*. pp. *Hinguil*. pc.
Pronóstico, pronosticar. *Hulá*. pp. *Turing*. pp.
Pronto. *Malicsi*. pc. *Licsi*. pc. *Mabilis*. pc. *Madali*. pc.
Pronunciacion. *Panḡunḡusap*. pp. *Uicá*. pp.
Pronunciar recio las sílabas. **miná**. pp.
Pronunciar mal. **alimim**. pc.
Propagacion. *Pag dami*. pp. *Pag capal*. pc.
Propalar. *Pahayag*. pp. *Latlat*. pc. *Lathalá*. pp. *Bandual*. pp.
Propasar. *Lampas*. pc. *Laló*. pp.
Propasar. **yacyac**. pc. *Lapastanḡan*. pp.
Propasarse. *Lapastanḡan*. pp.
Propension, propenso. *Hilig*. pp. *Hinguil*. pc.
Propicio. *Mauain*. pc. *Mahabaguin*. pp.
Propiedad. *Pag aari*. pp. *Cayamanan*. pp.
Propiedad inclinacion natural de la cosa. *Cabagayan*. pp. *Hinguil*. pc. *Gaui*. pp.
Propietario. *Mayaman*. pp. *May ari*. pp.
Propina. *Opa*. pp. **paquimquim**. pc.
Propio. *Sarili*. pp.
Proponer. *Palagay*. pc. **dohol**. pp.
Proponer, propósito. *Tica*. pp.
Proporcion. **tupar**. pc. *Bagay*. pp. *Ayon*. pp. *Ayos*. pp.
Proporcionado. *Casiyanan*, l. *Casiyahan*. pp. *Caiguihan*. pp. *Cainaman*. pp. *Cabagay*. pp.
Proporcionar. *Dahop*. pp.
Propósito. *Bantá*. pc. *Nasá*. pp.
Propósito. *Tocoy*. pp. *Ahà* pp. *Isip*. pp. **aca**. pp.
Propósito, de propósito. *Tiquis*. pc. *Sadyà*. pc.
Propósito proponer, *Tica*. pp. *Pag titica*. pp.
Propuesta. *Pahayag*. pp. *Bantang ipinahayag*. It. **dohol**. pc. *Pulagay*. pc.
Propugnáculo. *Cutá*. pp. V. Fortaleza.
Prorata. *Cabahagui*. pp.
Proratear. *Bahagui*. pp.
Prórroga, prorogacion. *Patuloy*. pp. *Pag,tagal hangang sa taning na panahon*.
Prorumpir. **bulalas**. pc. *Sigao*. pc. *Hiao*. pc.
Prosapia. *Lahi*. pp. *Angcan*. pc.
Prosecucion. *Tuloy*. pc. *Patoloy*. pp.
Proseguir lo que otro comenzó. **tugdá**. pc.
Proseguir hasta el fin. *Toloy*. pp. **lalos**. pp.
Proseguir continuado. **hirati**. pp.
Prosélito. *Cacampi*. pc. **caayó**. pp.
Prosperar. *Yaman*. pp. *Sulong nang pag yaman*. pp. It. *Sibol*. pc. *Tubó*. pp.
Prosperidad. *Capalaran*. pp. *Galing na capalaran*.
Prospero. *Mapalad*. pp. *Pinapalad*. pp. V. Afortunado.
Proteccion. *Ampon*. pc. *Tangquilic*. pp.
Proteger. *Ampon*. pc. *Tangol*. pc. **tangquilic**. pp.
Protesta. *Pasubali*. pp. It. *Panḡacong matibay*. pp.
Protestar. *Pahayag*. pp. It. *Patunay*. pp. *Panḡacong matibay*.
Protomártir. *Unang mártir*. pp.
Protomédico. *Unang médico*. pp. *Punó nang manḡa médico*. pp.
Protótipo. *Huaran*. pc. *Pinag hahanḡoan*. pp. *Sinasulinan*. pp. *Tinotolaran*. pp.
Provecho. **pacaná**. pc. *Paquinabang*. pp. **taros**. pc. *Cabolohan*. pc. **ualoy**. pp. *Hitá*. pc. **paruli**. pp. *Capacan-an*. pc. *Tamo*. pc. *Palá*. pp. *Casaysayan*. pp. **dangay**. pp. **casalaysayan**. pp. **patot**. pc.
Proveer. *Sad-ya*. pc. *Handá*. pc.
Proveer los oficios. *Halal*. pc.
Proveerse. *Licor*. pc. *Panabi*. pc. *Tae*. pp.
Proveido de lo necesario. **banlac**. pc. *Sad-ya*. pc. *Mapag sangcap*. pc. *Mapag handà*. pc.
Provenir. *Mulá* pc. *Galing*. pp. *Buhat*. pp.
Proverbio. **hibat**. pc. *Cauicaan*. pc.
Providencia. *Alagá*. pp. *Alilá*. pp. *Calauinḡi*. pp. *Pamahalá*. pp. It. *Laganap*. pp.
Providenciar. *Pacanà*. pc.
Provido. *Maalagá*. pp. *Mainḡat*. pp. *Maagap*. pp.
Provincia ó distrito. *Hocoman*. pp.
Provision *Handá*. pc. *Talaga*. pc. *Laan*. pp.
Provision para el viaje. *Baon*. pp.
Provisto. **banlac**. pc. *Sad-yá* pc. V. Proveido.
Provocar. **abioga**. pc. *Mongcahi*. pp. **lahi**. pc. *Aglahi*. pp. *Hamon*. pp. **hamit**. pc. **ameca**. pc. *Todyo*. pc. *Tocso*. pc. *Oloc*. pc. **arioga**. pp. *Cohilá*. pc. *Od-yoc*. pc.
Provocar á lo malo ó á lo bueno. **olaga**. pc.
Provocar el gallo á acometer. *Guiri*. pp.
Provocar echando en cara los defectos. **paitac**. pc.
Próximo. *Malapit*. pp. *Calapit*. pc.
Proyectar. *Pacanà*. pc.
Prudencia. **taros**. pc. *Cabaitan*. pp. *Bait*. pc. *Isip*. pp.
Prudente. **masiasip**. pp. *Meybait*. pc. *Mabait*. pc. **sigasig**. pp.
Prueba. **pag ato**. pp. *Pag tiquim*. pc. **ato**. pp. It. *Patunay*. pp. *Paliuanag*. pp.
Prúrito. **cati**. pc. *Hapdi*. pc. It. *Nais*. pp. **pithayá**. pp.

P antes de U.

Pua. **suyac**. pp. *Subyang*. pc. **bisool**. pp. **pasolo**. pp. **tinghas**. pc. *Tinic*. pc.
Pua de caña muy aguda. **soryang**. pc.

Puas ó palillos delgaditos. *Siclat*. pc.
Pubertad. *Cabagontaohan*. pp. *Cadalagahan*. pp. *Pagca bagong tauo*. pp. *Pagca dalaga*. pp.
Publicar, publicacion. *Hayag*. pp. *Pahayag*. pp. *Tauag*. pp.
Publicar el secreto. *Sigao*. pc.
Publicar faltas agenas **ualauar**. pp. **patilalay**. pc. **ualual**. pc. **tilalay**. pp. *Latlat*. pp.
Público. **bahog**. pc. *Hayag*. pc.
Puche de arroz. **atole**. pp. *Linugao*. pp.
Puchero. *Anglit*. pc.
Pucheros del niño cuando quire llorar. **ñgimal**. pp. **ñgilua**. pc. **hibi**. pc. **hibic**. pc.
Puches. *Labnao*. pc.
Púdico. *Mahinhin*. pc. *Maingat sa cahalayan*. pp.
Pudiente. *Mayaman*. pp. *Macapangyarihan*. pp. *Mapilac*. pp.
Pudor. *Hinhin*. pc. *Cahinhinan*. pc.
Pudrir pudrirse. *Boloc*. pc. *Dorog*. pp. **boog**. pp. **yanas**. pp.
Pudrirse la ropa, madera. &c. *Dopoc*. pc. *Lapoc*. pc. **gapoc**. pc.
Pudrirse el harigue por el pie, á raiz de tierra. **guipó**. pp.
Pueblo. *Bayan*. pp.
Pueblo cercano á otro. *Canayon*. pp. *Caratig*. pp. *Capitbayan*. pp.
Puede ser. *Caalam alam*, l. *Camaalam*. pp.
Puede ser que. *Caypalá*. pp. **cayapalá**. pp.
Puente. *Tulay*. pc.
Puente en las caracoas para pelear. **boloran**. pc.
Puerca que no pare. **limauon**. pc.
Puerca parida. *Anacan*. pc.
Puerca montes. **malaón**. pc.
Puerco. *Babuy*. pp.
Puerco castrado. **basig**. pp.
Puerco de monte cuando le empiezan á salir los colmillos. **ñgisi**. pp.
Puerco que le comienzan á salir los colmillos. **pañgisi**. pp.
Puerco montes. *Baboy damo*, *simarong baboy*. pp.
Puerco de largos colmillos. **pag-il**. pc.
Puerco, desaliñado. *Salaolá*. pp. **samlang**. pc.
Puericia. *Cabataan*. pp.
Puerquecillo. **colig**. pc. **bulao**. pc. **buic**. pc. **biic**. pp.
Puerquecillo del monte. **bulauisan**. pp.
Puerta. *Pintó*. pc. **pinid**. pp.
Puerta continuamente descubierta. **lañgab**. pp.
Puerto. *Lalauigan*. pp. *Doongan*. pc. *Pondohan*. pp. *Sadsaran*. pp.
Puerto de mar. *Lalauigan*. pp.
Pues no, claro está. *Capala pa*. pp. *Mangyari*. pp.
Pues por que no. **ay at di**. pc. *Ano,t, di*. pc.
Pues qué hay? *Abá*. pc. *Ano*. pc.
Pues que, quejándose. **yayaua**. pc.
Pues, y bien, *Ay abá*. pc.
Pues qué? *Ay ano? Ano baga*.
Pues como? *Bacquin*. pp. *Baquin*. pp. *Baquit*. pp.
Pues que. *Yayang*. pp. *Yayamang*. pc. *Yamang*. pp. **haman**. pp. *Ano*. pc. **hayang**. pp. **hamañgan**. pp. **hayamang**. pp.
Puesto. *Lagay*. pc. *Pagca lagay*. pc.
Puesto que. **haman**. pp. *Yamang*. pp. *Yayamang*. pp.

Pugilato. **panapoc**. pc. *Panonloc*. pc. *Sontocan*. pp.
Pugna. *Babag*. pc. *Auay*. pp. *Laban*. pp.
Pujamiento ó abundancia de sangre que brota en el cuerpo; echando unas como habas. *Tagulabay*. pc. **imon imon**. pp.
Pujar con la carga ó como el gordo que sube escalera. *Iri*. pc. *Iri iri*. pc.
Pujo, pujar. *Dag-is*. pc.
Pujos. *Darag-is*. pc.
Pulcro. **magator**. pp. *Mapag mariquit*. pc. *Butihin*. pp.
Pulgada. *Sandali* pp. *Sangdaliri*. pp.
Pulgar. *Hinlalaqui*. pc.
Pulgas. *Cotong aso*. pp. **abyoga**. pc. **timac**. pp.
Pulgas de perros y gatos. **abeing**. pc.
Pulido. **saya**. pp.
Palimentar. *Buli*. pp. *Quinis*. pp. *Igui*. pp.
Pulmon. **tapí**. pc. *Bagá*. pp.
Pulpa. *Laman*. pc.
Pulpo. *Poguita*. pp. *Posit*. pc. **bacsat**. pc. **pauua**. pc. **coguitá**. pp. **bangcotá**. pp. **bagsat**. pc.
Pulsar, pulso. *Tiboc*. pp. *Quibot*. pc.
Pulseras de vidrio. **palamata**. pp.
Pulso. **sanhi**. pc.
Pulso, salto del corazon. **cabacaba**. pc. *Cotob*. pc.
Pulular. *Osbong*. pc. *Supling*. pc. *Sibol*. pc.
Pundonor. *Puri*. pp.
Punible. *Dapat parusahan*. pp.
Punta. *Tulis*. pp *Dolo*. pp. *Tilos*. pp. **timos**. pp.
Punta de manta, ó cola de tapiz. **hogotan**. pp. *Palauit* pc.
Punta de tapiz. **boholan**. pp.
Punta del miembro. **bolili**. pp.
Punta de la ropa alzada. **comos**. pc.
Punta de algo, como bolo. **otñgal**. pc.
Punta de tierra entre dos rios. **imos**. pp.
Punta del pezon de coco. *Tampong*. pc.
Punta de caña dulce que se siembra. **tibtib**. pc. *Taad*. pp.
Punta del arado: *Sursur*. pc.
Punta gruesa ó chata. **talopara**. pc.
Punta de alguna cosa. **tangua**. pc.
Punta de isla ó ensenada. *Tanguay*. pc. *Longós*.
Punta roma. **tayad**. pp. It. *Polpol*. pc. *Podpod*. pc.
Punta de las alas. *Baguis*. pc.
Punta de palo que sale fuera de la obra, como las cabezas de las llaves; y tambien el extremo de alguna cosa alta del que se puede caer. **tañgua**. pc. It. *Bingit*. pp.
Punta con punta. **sompong**. pc. *Sodlong*. pc.
Punta como de cuchillo. *Donguit*. pc. **dunlit**. pc.
Punta con cabeza, ó pies con cabeza. *Sohi*. pc. *Salisi*. pc.
Punta ó extremo de nariz, hocico, ó cualquier árbol. *Ongos*. pc. *Donggot*. pc.
Punta ó extremo de árbol cuando es alto. *Dolay*. pp. *Doclay*. pc.
Punta de cualquiera hoja del árbol. *Dongot*. pp. **ongot**. pc.
Punta de tierra. *Longos*. pp. *Tang-uay*. pc.
Punta muy aguda de cosa delgada; como de aguja ó las que tienen los camaroncillos. *Songot*. pc.

Puntada. *Tondó*. pc. *Doró*. pp. *Todloc*. pc.
Puntal *Tocor*. pp. *Talocor*. pp. *Sohay*. pp. **bayabag**. pp.
Puntal de carreta. **gatanggatang**. pp.
Puntal á modo de aspa. **soqui**. pp. **sugui**. pp.
Puntal para asegurar el techo. **pasicar**. pp.
Puntal que sostiene la casa. **salon batalan**. pc.
Puntal para tener abierta la ventana. **torlan**. pc.
Puntal para tener abierta la ventana. **todlang**. pc. *Tocod*. pp.
Puntapie. *Sicad*. pp. *Tisod* pp. *Tadyac*. pc.
Puntas de las nalgas. *Tabugui*. pp.
Puntas enfrentes una de otra. **tauig**. pc.
Puntero. *Panoro*. pp. It. *Pusod*. pc.
Puntero con que igualan los hilos de la tela que ván tejiendo. **sori**. pp.
Puntiagudo. **balinguay**, pc **talondos**. pc. **matayad**. pp. **tañgos**. pp. **datdat**. pc. **tayad**. pp. **damios**. pc. *Matilos*. pp. **talimondos**. pc. **talimosor**. pc. **imos**. pp. *Matulis*. pp. **hayap**. pp.
Puntillazo. **yarac**. pp. *Tisod*. pp. **tingsor**. pc. **lisor**. pc. V. Puntapié.
Punto en escritura. *Torloc*. pc. *tuldoc*. pc.
Puntual. *Masipag*. pp. *Maganapin*. pp. *Maagap*. pp.
Puntuoso, puntoso, ó nimiamente delicado en puntos de etiqueta. **golobhi**. pc.
Punzada. *Doró*. pp. *Tondó*. pc. *Sondot*. pc. It. **sintac**. pc.
Punzar. *Olos*. pp. *Sondot*. pc. *Sacsac*. pc.
Punzarse. **solobsob**. pc.
Punzon de caña tostada. **panondol**. pc.
Punzon. **pandoró**. pp.
Punzon con que hacen agujero para meter el hilo. **pañgona**. pp.
Puñada. *Dagoc*. pp. *Sontoc*. pc. **sapoc**. pc. **songcol**. pc. **songgo**. pc.
Puñadas. *Babag*. pp.
Puñado. *Dacot*. pc. *Quimis*. pc. *Caracot*. pc. *Caquimis*. pc.
Puñado de algo. *Coró*. pp.
Puñado grande de comida. *sacol*. pc. *Dacol*. pp.
Puñal. *Iuá*. pp. *Sundang*. pc.
Puñal con figura en el puño. **sambiga**. pp.
Puñal antiguo. **bogos**. pc.
Puñal de cierta hechura. **balarao**. pc.
Puñal con puño de oro. **balong iua**. pp.
Puñalada. *Tasac*. pp. *Iuá*. pp.
Puñetazo. V. Puñada.
Puñete. **bontoc**. pc. *Sontoc*. pc. V. Puñada.
Puñete cerrado. **dañgal**. pc.
Puño. *Quimquim*. pc.
Puño de espada, daga. &c. **pacao**. pp. *Polohan*. pp.
Puño de oro. **balonguia**. pp.
Pupa ó postilla. *Lañgib*. pc.
Pupila. *Balintatao*. pc.
Pureza. *Calinisan*. pp. *Linis*. pp.
Purgar. *Linis*. pp.
Purificacion. *Pag lilinis*. pp. It. *Pista nang pag cacandilà nang mahal na Vírgen*.
Purificar. *Linis*. pp.
Purificar el oro. *Sañgag*. pc.
Puro. *Malinis*. pp. It. *Mistolá*. pp. *Tibobos*. pp. *Lubos*. pc. **pusacal**. pc.
Puro y perfecto de una cosa. *Sacdal*. pc. *Sincad*. pc.
Puro y sin mezcla. *Polos*. pc. *Taganas*. pc. *Tunay*. pp. *Dalisay*. pp. *Uagas*. pc. **payac**. pp.
Puro, sin mezcla. *Tahas*. pc.
Púrpura. *Damit na pula*. pc.
Purulento. *Nag nananà*. pp. *May nanà*. pp.
Pus. *Nanà*. pp.
Pusilanime. **dusong**. pc. *Duag*. pc. *Mahinang loob*. pp.
Puta. *Hitar*. pc. *talandi*. pc. **balihandà**. pc. *Dalahirà*. pp.
Putativo. *Tinuturan*. pp. *Inaari*. pp.
Putañero. *Palaagolo*. pp. *Mañgaagolo*. pp. *Mañgañgaloniyà*. pc.
Putrefaccion. *Pagca boloc*. pc.
Pudrido. *Boloc*. pc.

Q antes de U.

Qué. *Ano*. pc.
Que se me da á mi. *Anhin*. pc.
Que se yo, *Ayauan*. pc. *Auan*. pc.
Que tenemos con eso. *Ano*. pc.
Qué tanto. *Magcano*. pp. *Gaano*. pc. **gaalin**. pc.
Qué importa. *Di anhin*. pc.
Qué, porque. *Mayapa*. pp.
Que mas hiciera. *Doon pa*. pc.
Que mucho. *Palibhasà*. pp.
Que inconveniente hay. *Maugyari*. pp. *Ano,t, di maa ari*. pp.
Qué mas. *Ano pa*. pc.
Que se me da á mí. *Anhin*. pc. *Anhin co*. pc. *Anong masaquit sa aquin*.
Qué, relativo. *Na*. pc.
Quebrada. **talabis**. pc. *Labac*. pp. **lambac**. pc. **looc**. pp.
Quebradas de montes. *Bañgin*. pc.
Quebradizo como vidrio. *Lotong*. pc. *Babasaguin*. pc.
Quebradura. *Loslos*. pc.
Quebrantar los preceptos ó mandatos. *Laban*. pp. *Salangsang*. pc. *Suay*. pp.
Quebrantar. *Basag*. pp. *Omog*. pp. It. *Bolbog*. pc.
Quebrantar la promesa. *Calas*. pc.
Quebranto del cuerpo por haber forcejado en algo. **latihio**. pp.
Quebrar algo. *Sirá*. pc. l. pp. *Basag*. pp. *Lansag*. pc.
Quebrar lo tierno, como hortalizas. **lañgi**. pc.
Quebrar con los dientes. *Ñgalot*. pc.
Quebrar cosa de metal. *Paca*. pp. *Bigtal*. pc.
Quebrar las maretas en la embarcacion. **tampol**. pc.
Quebrar doblando. *Bali*. pp. *Bacli*. pc.
Quebrar algo entre las manos como huevo. **caba**. pc. **cama**. pc.
Quebrar bejucos. *Himatir*. pc.
Quebrar el pescuezo. *Potol*. pp.
Quebrar una cosa contra otra. *Pocol*. pc.
Quebrar loza. **pisang**. pp *Basag*. pp.
Quebrar como nuez ó huevo. *Pisá*. pc.

Quebrar in genere. *Basag*. pp.
Quebrar con enojo cuanto coje en las manos. *Busa*. pp.
Quebrarse sin dividirse cosa de palo ó hueso. &c. **soglo**. pc. **songlo**. pc.
Quebrarse lo que cae de alto como huevo. **lapisac**. pp.
Quebrarse las olas despidiendo el agua hácia arriba. **simpoc**. pc.
Quebrarse algo por mucho peso en la punta. **bing-al**. pc.
Quebrarse hilo ó cordel. **pitas**. pc. **bitas**. pc. **bogto**. pc. *Poctò*. pc. *Patid*. pc.
Queda. *Patining*. pp.
Quedar aturdido del golpe. **tilap**. pp.
Quedar burlado. **iñgo**. pc. *Buyo*. pc.
Quedar alguno en alguna parte. *Lagac*. pp.
Quedar destruido. **labo**. pp.
Quedar en huesos y pellejo. *Himoto,t, balat*. pc. *Boto,t, balat*. pc.
Quedarse. *Habilin*. pp. *Lagac*. pp. *Tira*. pc.
Quedarse pegado algo entre los dientes. *Tiñga*. pc.
Quedarse algo por olvido en la cuenta. **ligtá**. pc. **lictá**. pc. **lagtá**. pc. **lipta**. pc.
Quedarse yéndose los otros. *Tira*. pc.
Quedarse algo en agua ó tierra. **sanglar**. pc.
Quedarse la sangre en el cuerpo de la parida. **pagbilogan**. pp.
Quedarse embobado, mirando algo. **tanghor**. pc. *Tuñgañga*. pp.
Quedo, hablar. *Dahan*. pp. *Anas*. pc. It. *Bolong*. pc.
Queja. *Habla*. pc. *Sombong*. pc.
Queja, quejarse. *Daing*. pc. *Taghoy*. pc. *Aying*. pp. *Ay*. pc.
Quejarse como hipando el que vá cargado. **iguic**. pc.
Quejarse, pidiendo consejo. *Parali*. pp.
Quejarse con la voz. **yoti**. pc.
Quejarse de los amigos. *Hinanaquit*. pc.
Quejarse como el enfermo. **haloyhoy**. pc. *Halinghing*. pc.
Quejarse el doliente gritando. *Sigao*. pc.
Quejido *Aroy*. pc. *Aray*. pc. *Ay*. pc.
Quejido. V. Queja.
Quemadura leve. **tilay**. pp.
Quemar. *Sonog*. pp. It. *Pasò*. pp. It. *Silab*. pc.
Quemar basura. *Sigà*. pc.
Quemar el oro. **alim**. pp.
Quemar campos. **lalob**. pp.
Quemar los palos del caingin. **doloc**. pc.
Quemar palo podrido sin hacer braza. **panagipus**. pc.
Quemarse. **ayipo**. pp.
Quemarse cabello ó cosa semejante. **silor**. pp.
Quemarse con fuego ó agua caliente *Pasó*. pp.
Quemarse lo que se cuece. **alipuyo**. pc. **alimpuyo**. pc. It. **tobor**. pp.
Querella. *Parali*. pp. *Habla*. pp.
Querer. *Ibig*. pp. *Loob*. pp. **luyao**. pp.
Quererse dos ó mas. **sogot**. pc.
Querido. *Irog*. pp. *Casintahan*. pp. It. *Bonsó*. pc. *Angoy*. pc.
Quicial. *Tayoan*. pp. *Tatayan*. pc.
Quicio. *Tayoan*. pc. **icog**. pp.
Quiebra. *Butas*. pp. *Castraan*.

Quien. *Sino* pp. *Alin*. pc.
Quien lo dice. *Anino*. pp. *Sinong may sabi*.
Quien duda que. **capalapa,i, di**. pc.
Quiera Dios. *Hariñga*. pc.
Quietarse, aquietarse el que está colérico. *Hinahon*. pp.
Quieto. **bayao**. pp.
Quietud. *Tahimic*. pp. *Tiuasay*. pc.
Quijada. **ñgalis**. pp. *Sihang*. pp. *Pañga* pc.
Quijal ó quijar. *Bag-ang*. pc.
Quijarudo. *Pañgahan*. pc.
Quilla del navio. **lonas**. pp.
Quimera. *Babag*. pc. *Auay*. pc. It. *Taltal*. pc.
Quince. *Labinlima*. pc.
Quincuagésimo. *Icalimang puó*. pc.
Quindenio. *Labing limang taon*. pc.
Quingentésimo. *Icalimang daan*. pp.
Quinientos. *Limang daan*. pc.
Quinquenio. *Limang taon*. pc.
Quinchonazo. **sondol**. pc. *Tod-loc*. pc.
Quintar ó diezmar. *Honos*. pc.
Quinto. *Icalima*. pc.
Quintuplo. *Pag lima*. pc.
Quisicosa. *Patuturan*. pc. *Bogtong*. pc.
Quitar. *Alis*. pc. *Param*. pp. *Paui*. pp.
Quitar del sol lo que está puesto á secar. **pinao**. pp.
Quitar la cáscara al algodon. *Potpot*. pc.
Quitar la punta á algo. **poñgol**. pc.
Quitar el sombrero. *Pugay*. pp. *Lugay*. pp.
Quitar la cáscara. **balicascas**. pc. **balicoscos**. pc. *Talop* pp.
Quitar lo superfluo. *Bauas* pp.
Quitar lo dado. *Baui* pp.
Quitar la cabeza á otro. **booc**. pc.
Quitar algo de la superficie. *Cacas*. pc.
Quitar nata de la leche, ó gordura del caldo. **capao**. pp.
Quitar raices al gabi. **higamit**. pc.
Quitar hojas secas de la planta. **hilaing**. pp.
Quitar la carne pegada al cuero. *Himanglit*. pp.
Quitar la cerilla de la oreja. *Hinonoli*. pc.
Quitar, como con escoplo. **ibib**. pc.
Quitar del arroz sembrado para el almácigo. **isi**. pp.
Quitar carne de la corteza. **lalip**. pp.
Quitar la escalera poniéndola á un lado. **liquir**. pp.
Quitar costra á la llaga. **locnap**. pc.
Quitar cáscara á la caña dulce. **lopay**. pp. **lopas**. pp.
Quitar alguna parte pequeña de algo. **oclit**. pc.
Quitar la espina al pescado. **palar**. pc.
Quitar del colmo. **paupau** pc.
Quitar el techo de la casa. **papas**. pc.
Quitar algo con la uña como cuando quiere quitar con ella la cara. **salosol**. pp.
Quitar lo establecido. *Parang*. pp. *Param*. pp. *Paui*. pp.
Quitar los cogollos de la raiz. **siñgi**. pc.
Quitar la punta á algo. *Tapas*. pp.
Quitar lo que sirvió á la mesa. *Orong*. pp. *Ligpit*. pc.
Quitar del fuego lo que están cociendo, ó al contrario. *Aual*. pp.

Quitar la superficie ó lo que está encima. *Hapao.* pc.
Quitar á otro el lugar. *Ali.* pp.
Quitar las tripas al pescado y lo superfluo á las verduras. *Himay.* pc.
Quitar la escalera por que nadie suba. **dahic.** pc.
Quitar la muger el bello. *Anglas.* pp.
Quitar el pellejo, la cáscara, &c. *Panit.* pp. *Talop.* pp. It. *Himay.* pc.
Quitar la carga de otro. *Auas.* pc. *Ibis.* pc.
Quitar las puntas de las yerbas. *Labnit.* pp.
Quitar la tela que está encima de algo. *Banlos.* pc. *Pacnos.* pc. *Losoc.* pc.
Quitar por fuerza. *Duhas.* pc. *Agao.* pp. *Gahis.* pc. *Lupig* pp.
Quitarle á uno todo lo que tiene. **hublas.** pc.
Quitar la mancha de la ropa. *Pogos.* pp.
Quitarse la hinchazon. **compis.** pc.
Quitarse las barbas con almejas. **higomi.** pp.
Quitarse el enojo. *Himay.* pp.
Quitarse las canas. **hiñgoban.** pp.
Quitarse galas, y andar sin ellas. **palandos.** pc. **landos.** pc.
Quitasol. *Payong.* pp.
Quitasol hecho de tres cañas. *Tayacar.* pc.
Quizás. **opan.** pc. *Apan.* pc. *Hari nḡa.* pp. *Camaalam.* pp.

R antes de A.

Rabadilla. *Coyocot.* pc. *Tulator.* pc.
Rabadilla de ave. *Tugatog.* pc. **puil.** pp.
Rabadilla de pescado. *Pyicpic.* pc.
Rabadilla de animales. *Tabugui.* pp.
Rábalo, pescado. *Agoot.* pp.
Rábano. *Labanos.* pc.
Rabear. *Paipoy.* pp. *Payipoy.* pp.
Rabia. *Caololan.* pc. *Cahunghanḡan.* pc. It. *Poot.* pp. *Galit.* pp.
Rabiar. *Nḡilnḡil.* pc.
Rabiarcon gestos. *Guiguil.* pp.
Rabo. *Bonlot.* pp.
Rabioso. *Hunghang.* pc. *Ol-ol.* V. Rabia.
Rabon. *Pongoc.* pc. *Pongui.* pc. It. *Tocong.* pp.
Raboso. *Lamoymoy.* pc.
Racimo de fruta. *Bouig.* pp.
Racimo de coco ó bonga. *Bagaybay.* pc. *Balaybay* pc.
Raciocinar. *Isip.* pp. *Coró.* pp.
Racion que se dá á cada uno. **palabol.** pp. **pahat.** pp.
Racion de vino para uno. *Tagay.* pp.
Rada. **looc.** pp.
Radiar. *Sinag.* pp *Sicat.* pp.
Radicar. *Ogat.* pc. *Mag ugat.* pc. It. *Manibay.* pp. *Mag tibay.* pp.
Raeduras. **yamoyam.** pp. *Yamoan.* pp.
Raer. *Namas.* pc. *Gasgas.* pc. **tipay.** pp. *Pugay.* pp. *Calos.* pp. *Palis.* pp.
Raer tierra. *Cahig.* pp.
Rafaga. *Onos.* pc. *Bohaui.* pp.
Raices pequeñas del árbol, aquellas como barbas. *Yamot.* pp.
Raices del árbol llamado bacauan. **pangoal.** pc.
Raices anchas de que hacen bateas. **lalib.** pc. **banil.** pp.
Raido. *Nasnas.* pc. *Golanit.* pp.
Raigon. **sipong.** pp. **banil.**
Raigon de los árboles. *Toor.* pp.
Raiz del bayno. **agalagal.** pp.
Raiz que sacan en la Laguna para comer en tiempo de necesidad. **tocaal.** pc.
Raiz de una yerba. **apulid.** pp. **pogos.** pp.
Raiz á manera de agengibre. **langcuas.** pc.
Raiz de postema ó diviesos *Mata.* pc.
Raiz con que se tiñe. **agosip.** pp. **talab.** pc.
Raiz muy blanda. **lasoy.** pc.
Raiz in genere. *Ogat.* pc.
Raiz con que se afeitan. *Tamo.* pc.
Raiz como camote. **togoy.** pp.
Raiz como juncia. *Pogos.* pp.
Raiz que se come. **quibquib.** pc. **quiruy.** pc.
Rajar. **salac.** pp. *Sibac.* pc. **aac.** pp. **laas.** pp. *Biac.* pc.
Ralo. **barihan.** pp. *Losao* pp. *Lonao.* pp. *Dalang.* pp. **lasao.** pp. *Labnao.* pc.
Ralo, como atole. **lanao.** pc.
Ralo, como tejido. **langat.** pc.
Rallador como cuchara. **panloob.** pp.
Rallar. *Ilair.* pp.
Rallar coco. *Cayor.* pp. *Corcor.* pc.
Rama de árbol. *Sanḡa.* pc.
Rama caida. **colaylay.** pc.
Rama inclinada. **hoclay.** pc.
Rama que se cae sin quebrarse. **lagul.** pc.
Rama colgada sobre el agua. **lambay.** pc.
Rama seca. **lañgi.** pc.
Rama del racimo del plátano. *Sapar.* pp.
Rama del árbol. *Salo.* pc.
Rama atravesada en el rio. *Yabat.* pp.
Rama seca. **lauo.** pp.
Ramas hácia abajo. *Longay.* pc.
Rambla. **lodlod.** pc.
Ramera. **balihantod.** pc. **balihandi.** pc. *Balihanda.* pc. **antol.** pc. *Salagubang.* pc. *Lantot.* pc.
Ramificacion. *Pag cacasanḡa.* pc.
Ramillas secas que se hallan de bajo de los árboles. **yabat.** pp. *Yaguit.* pc.
Ramillete de diferentes flores. **calañgi.** pp.
Ramo. V. Rama.
Ramonear. **talas.** pc.
Ramoso. *Sanḡahan.* pc. *Masanḡa.* pc.
Rampa. **pagapag.** pp. *Dahilig.* pp.
Rampollo. *Pasanḡa.* pc.
Rana. *Palacá.* pc. *Cocac.* pp. **togac.** pc.
Rana grande. **cabcab.** pc. **cabacab.** pp.
Ranacuajo. *Limpoyoc.* pp. **pooc, halonan.** pc. **aigpo.** pc. *Olo olo.* pc.
Rancherias. **limpoyoc.** pc. **halonan.** pc. **aigpó.** pc. **higpoan.** pc.
Rancio. *Ala.* pc. *Anta.* pc.
Randa, labor. **gahang.** pc.
Rapar. *Ahit.* pp.
Rapar alguna parte de la cabeza. *Satsat.* pc.
Rapaz. *Colamos.* pp. **coyacos.** pp. **paslit.** pc. **pahat.** pp. **paboñgon.** pp. **paquiar.** pc. *Pasogo.* pc. *Palacao.* pp.

Rapidez. *Bilis*. pc. *Tulin*. pp.
Rápido. *Malicsi*. pc. *Mábilis*. pc.
Rapiña. *Agao*. pp. *Dahas*. pc. **hobnit.** pc.
Rapista ó barbero. *Mang aahit*. pp.
Rapto de la muger sea para casarse con ella sea para gozarla solamente. *Daguit*. pp. *Agao*. pp.
Raquítico. **onsiyami.** pp.
Raras veces. **misandoua.** pc. *Bihirà*. pp.
Rarificar. *Buhaghag*. pc.
Raro. *Madalang*. pp. *Buhaghag*. pc. It. *Bihira*. pp. *Mañgisañgisa*. pc.
Rasar la medida. **pugay.** pp. *Calos*. pp.
Rascadura. *Galos*. pp.
Rascar. *Camot*. pp. **cagos.** pp. **cagoscagos.** pp.
Rascar la mano ó cuerpo en la pared. **hidhid.** pc. *Coscos*. pc. **cuyacos.** pc.
Rascarse contra la pared. **quiacos.** pp.
Rascarse la gala. **cahor,** pc.
Rascazon. *Cati*. pc.
Rasero. *Pañgalos*. pp. **pamugay.** pp.
Rasgar. **ahor.** pp. **cágosgos.** pc. **bilay.** pp. *Guisi*. pp. **guiac.** pc. **laslas.** pc. **galamos.** pc. *Tilas*. pp. *Pilas*. pp. **cacas.** pp. *Punit*. pp. **bihay.** pp. **lahay.** pc. *Uasac*. pc. *Ualat*. pp.
Rasgar partiendo de alto á bajo. **guiuac.** pc. **gauac.** pc.
Rasgar la oreja. *Biñgot*. pc.
Rasgar quitando algo. *Calis*. pc.
Rasgar en pedacitos. **ditdit.** pc.
Rasgar como hojas. **guihay.** pp. **guilay.** pp.
Rasgar hojas de gabi. **papa.** pp.
Rasgar las orejas. *Bulay*. pp.
Rasgar yerba repelándola. *Lagot*. pc.
Rasgar de alto á bajo. **tistis.** pc.
Rasgo. *Gudlis*. pc. *Guri*. pc.
Rasguñar. **guiamos.** pc. *Camot*. pp. **camit.** pc.
Rasguño. *Duplis*. pc. **ahor.** pp. *Corlit*. pc. **galosgos.** pc. *Galos*. pp.
Rasguño de zacate. *Halas*. pp.
Raso. *Patag*. pp. *Malinis*. pp.
Raspa de pescado. *Tinic*. pc.
Raspa ó arista. **soñgot.** pc.
Raspar. *Calos*. pp. *Pugay*. pp. *Sursur*. pc. *Cayod*. pp. *Calis*. pc.
Raspar cañas para arcos. *Caloscos*. pc.
Raspar con pellejo de raya. *Pagui*. pp.
Raspar el cuerpo quitándolo el pelo. *Quisquis*. pc. *Calis*. pc.
Raspar limpiando algo. *Is-is*. pc.
Raspar con algun instrumento lo que está dentro de alguna vasija donde no pueden entrar la mano. **calicot.** pp.
Rastrallar. *Haguinit*. pc.
Rastrear lo profundo. *Guitao*. pp.
Rastro. **apyos,** *bacas*. pc.
Rastro de mal rozado. **ayamot.** pp.
Rastro que queda en el agua de embarcacion ó pescado. **inabay.** pp.
Rastro para desterronar, y limpiar de yerbas la sementera. **calmot.** pc. *Paragos*. pp.
Rastro con que juntan ó limpian la vasura. **calarcar.** pc. *Caláycay*. pc.
Rastrojo. *Dayami*. pp. *Dayamihan*. pp. *Inalitan*. pp.
Rasurar. *Ahit*. pp. **higumi.** pp.
Ratero. *Gumagapang*. pc. It. *Tecas*. pp. *Mañguñgumit*. pc. **long-it.** pc.
Ratificar. *Tibay*. pp. *Pag tibain*. pp.
Ratihabicion. *Pag aring magaling*.
Rato. *Saglit*. pc.
Rato há. *Canina pa*.
Raton. *Dagà*. pc.
Raton que huele á amizcle. *Pasimondot*. pc. *Bubuit*. pc.
Ratoncillo. *Bulilit*. pp.
Ratonera. *Patibong*. pc.
Ratonera de cañas. *Pasipit*. pc.
Raudal. *Dalongsol*. pc. *Agos na mabilis*.
Raya, pescado. *Pagui*. pp. *paol*. pc.
Raya de la mano. *Bahi*. pp. **bita.** pc. **corlas.** pc. **barha.** pc. *Lihá*. pp.
Raya, rayar. *Barlis*. pc. **gulis.** pp. *Guhit*. pp. *Gudlis*. pc.
Raya en cuchillo. *Colagia*. pc.
Raya, rayas. *Liha*. pp.
Raya listoneada de telas ó sinamayes. *Booboo*. pp.
Raya de tinta. **barhi.** pc.
Rayado. **gobitan.** pc.
Rayano. **cabalantay.** pc. *Capanig*. pp. *Cahangan*. pc. **canognog.** pc.
Rayar. **carlis.** l. *Cadlis*. pc.
Rayar el alba. *Bucang liuayuay*. pc. *Bucang liuanag*. pp.
Rayar como el carpintero. **dorol.** pp. *Sipat*. pp.
Rayas. *Limbon limbon*. pc.
Rayas de la romana. **mapolon.** pp.
Rayas de diferentes colores en piedras ó ropa. *Colay*. pp. *Guhit*. pp.
Rayo. *Lintic*. pc. *Ihin quirlat*. pc. *Quilat*. pc.
Rayo del sol ó estrella. **anag-ag.** pp.
Rayos de diadema. *Banaag*. pp. *Sinag*. pp.
Rayos del sol, estrellas, &c. *Lamoymoy*. pc. *Sinag*. pp. *Banaag*. pp. **ligos.** pp. **anag-ag.** pp.
Rayos del sol, estrellas. *Lamoymoy*. pc. *Sinag*. pp. *Banaag*. pp.
Raza. *Angcan*. pc. *Lahi*. pp.
Raza notablemente aventajada. *Palipi*. pp.
Razon. *Uicá*. pp. It. *Catouiran*. pp.
Razon impertinente. **lalipaniya.** pp.
Razonable. *Matuid*. pp. *Tamà sa catouiran*, *carampatan*. l. *Catampatan*. It. *Casiyanan*. l. *Casiyahan*. pp.
Razonamiento. *Pag sasaysay*. pc.
Razonar persuadiendo. *Sangunt*. pp.

R antes de E.

Rescio. *Liua*. pp. **liñgin.** pc. **tarang.** pc.
Real. *Nang Hari*. pp. *Palacio real*, *palacio nang Hari*. pp.
Real, moneda. *Sicapat*. pp. *Saycapat*. pp.
Realce. **ligos.** pp. It. *Ningning*. pc. *Dilag*. pc.
Realizar. *Matunayan*. pp. *Matuloy*. pc. *Magcatotoo*. pp.
Realmente. *Totoo*. pp. *Tunay*. pp. *Din*. pc.
Realzar. *Tanyag*. pc.

Reanimar. *Palacasin.* pc. *Biguian nang lacas.* pc. It. *Patapagin.* pp. *Buhain ang loob.* pp.
Rearar. **sog-oc.** pc. **haló.** pp.
Rebajar. *Auas.* pc. *Babà.* pc. *Bauas.* pp.
Rebajarse el número ó quitarse los demás. *Ilan.* pc. *Mag ilan.* pc.
Rebalsar. *Salá.* pp. *Piguilin ang tubig.* pp.
Rebanada como de pan. *Cagayat.* pp. *Cahiuá.* pp. *Cahilis.* pp.
Rebanar. *Hilis.* pp. *Gayat.* pp. *Hiuà.* pp.
Rebanar al soslayo. **guilib.** pp.
Rebanar gabes, camotes, bongga. &c. *Tilad.* pc.
Rebañar. **said.** pc. It. **locar.** pp.
Rebaño. *Caban.* pp. *Cauan.* pp.
Rebasar. *Lampas.* pc.
Rebate. *Babag.* pc. *Auay.* pp.
Rebatiña. *Agao.* pp. *Pangagao.* pp.
Rebatir. *Soong.* pp. *Salansang.* pc. **sogpó.** pc.
Rebatir como pelota. *Orlot.* pc. *Sicad.* pp. **pañgimodlot.** pc.
Rebato. *Handolong.* pp. *Losob.* pp.
Rebelar. **burhi.** pc.
Rebelarse, *Himagsic.* pc. *Talicor.* pc.
Rebelde. *Suail.* pc.
Rebisabuelo. **mamay sa talampacan.** pp.
Rebisñeto. **apo sa talampacan.** pp.
Rebosar. *Auas.* pp. *Labis.* pp. **baloyboy.** pc.
Rebosar lo que hierve con el calor. **lucua.** pc.
Rebosar cosa líquida. **sanao, sanao.** pp.
Rebosar lo que está hirviendo. *Siboy.* pp. *Oguà.* pp. *Lagua.* pc.
Rebosar el vino. **sabay.** pc.
Rebosar ó estar la sementera muy cargada de yerbas. **labig.** pp.
Rebotar. *Odlot.* pc. *Sicad.* pp.
Rebullir. **cuyab.** pc. *Quilos.* pp.
Rebullirse. **ilo.** pp.
Rebusca de pesca. *Himotor.* pp.
Rebuscar. **salimot.** pp. **balibot.** pp. **gotgot.** pc. *Limot.* pc. *Simot.* pc. *Himalay.* pp.
Rebuscar fruta. **himogtong.** pc.
Rebuscar la fruta que quedó en el árbol. **himoti.** pp.
Recado. *Sangcap.* pc. *Casangcapan.* pp.
Recado. *Bilin.* pp. *Pabilin.* pp. *Pasabi.* pp.
Recaer. *Binat.* pp.
Recaer el enfermo por haber caminado mucho. **bintay.** pc. *Bantag.* pc.
Recaida del enfermo. **baynat.** pc.
Recalcar. *Palpal.* pc. **pilpil.** pc. *Sicsic.* pc. **pandat.** pc.
Recalcitrar. *Orong.* pp. *Od-lot.* pc.
Recalentar. *Init.* pp.
Recámara. **linoob.** pp. *Silid.* pc.
Recapacitar. *Isip.* pp. *Bulay.* pp. *Dilidili.* pp. **ang-ang.** pc.
Recargar. *Dagdagan nang bigat.* pc. *Dagdagan nanghirap, ó parusa.*
Recatado. *Maiñgat.* pp. It. *Mahinhin.* pc.
Recatar. *Liñgid.* pp. *Lihim.* pp.
Recatarse. *Iñgat.* pp. *Ilag.* pp.
Recato. *Ñganib.* pp. It. *Hinhin.* pc.
Recaudacion. *Paniñgil.* pc.
Recaudar. *Siñgil.* pc. It. *Tagó.* pp. *Iñgat.* pp. *Ligpit.* pp.
Recelar. *Iñgat.* pp.
Recelarse. *Pañgilag.* pp. **pañginlap.** pc.
Recelarse de lo que ha dicho. **canogon.** pp.
Recelarse temiendo. **ñgamba.** pc.
Recelarse los animales de entrar por parte peligrosa. **palong.** pp.
Recelo. *Pañgamba.* pp. *Tacot.* pp. **camba.** pc. **ñganib.** pp. *Ala-ala.* pc.
Recelo de verguenza. *Guipit.* pp. *Omid.* pc. *Aniani.* pc.
Recepcion. *Tangap.* pc.
Receptáculo. *Sisidlan.* pc. *Taguan.* pc.
Receptar ó encubrir dilincuentes ó cosas robadas. **poupon.** pc. *Copcop.* pc. *Cobcob.* pc.
Receso. *Hiualay.* pc. *Layó.* pc.
Recibir. *Tangap.* pc. *Taotay.*
Recibir algun sahumerio abriendo boca y narices. **lang-ap.** pc.
Recibir provecho. *Paquinabang.* pp.
Recibir á otro saliendo al encuentro. *Salobong.* pp.
Recibir al que viene por mar. **bagat.** pc.
Recibir al convidado con una taza de vino obligándole á beber. **susuhu.** pp.
Recibir dádiva que no sabe. **casi.** pp.
Recibir prenda del que viene vencedor. **talas.** pp.
Recibir sueldo ó salario. *Sahod.* pp.
Recibir aparando. *Salo.* pc. *Sambot.* pc. *Sahod.* pp.
Recien. V. Reciente.
Reciente. *Bago.* pp. *Cayayari pa.* pc. *Bagong yari.* pp. *Bagong nangyari.* pp.
Recientemente. *Di pa nalalaon.* pp. *Camacailan. lamang.* pp.
Recinchar. *Bigquis.* pc. *Pamigquis.* pc.
Recinto. *Loob.* pp.
Recio. *Tibay.* pp. *Lacas.* pc. **latihi.** pp.
Recitar. *Saysay.* pc. *Salaysay.* pc.
Reclamacion. *Pag totol.* pp.
Reclamo. *Cati.* pc. *Pañgati.* pc. *Pain.* pp. It. *Badya.* pc.
Reclinar. *Hilig.* pp. *Quiling.* pp.
Reclinatorio. *Hiligan.* pc.
Recluir. *Sara.* pc. *Piit.* pp.
Recluta. *Halili.* pp. It. *Dagdag.* pc.
Recobrar. **oyan.** pp. **balis.** pp. *Baui.* pp.
Recocer. *Lotoing panibago.* pp. *Pacalotoin.* pp. It. *Ñgalit.* pp. **guipospos.** pc.
Recocho. *Napacalotó.* pp.
Recodo. *Licó.* pc.
Recodo del rio. **tabyo.** pp.
Recoger las puntas del paño. **colom.** pp.
Recoger ropa tendida. **daguison.** pp.
Recoger sobras del otro. **himolos.** pp.
Recoger los cabellos enmarañados. **icom.** pp.
Recoger todo. *Lacom.* pp.
Recoger la cama, ó muchos petates. **locot.** pp. *Lolon.* pc.
Recoger la muger la saya entre las piernas porque no se la vean. **sapola.** pp.
Recoger todo sin dejar nada. *Simot.* pc.
Recoger la gallina los pollos. **socob.** pp. *Yopyop.* pc.
Recoger el arroz que espuesto al sol para molerlo. **taguiom.** pc.
Recoger retazos. **hinabas.** pp.

Recoger las cosas de la casa. Ligpit. pc.
Recoger algo esparcido sin perder nada. Pispis. pc.
Recoger las faldas de la ropa. bayaquis. pc.
Recoleccion. Catipunan. pp. Tipon. pp. Pisan. pp.
Recomendable. Dapat mahalin. pp.
Recomendar. Bilin. pp. Ipag bilin. pp. It. Puri. pp. Pamanhic pc.
Recompensar. oyan. pp. tuay. pp.
Recompensar Bihis. pp. Bayar. pp. Ganti. pc.
Reconcentrar. Poot pp. Pasoc. pp.
Reconcentrarse. Timó. pp. Taos. pc.
Reconciliarse el enemistado. Bati. pp. Oasondo. pc.
Recondito. Tagó. pp. Lihim pp.
Reconocer Siyasat. pp. Osisá. pp. Quilala. pp.
Reconocer ó explorar la tierra. lanao. pc. nanao. pc.
Reconocido. Cumiquilala nang otang na loob. pp.
Reconocimiento al amo ó al Rey. Panginoon. pc.
Reconquistar. Baui. pp.
Recontento. Na gagalac. pc. Totoong na tutuà. pc.
Recopilar. oui. pc. Sipi. pc. Tipon. pp. Ipon. pp.
Recordar. Bulay. pp. Alaala. pp.
Recrearse. Logor. pc.
Recorrer. Osisà. pp. Talastas. pp. Malas. pp.
Recorrer una cosa ó mejor un lugar. Baybay. pc.
Recorrer lazos, nasas. pandao. pc.
Recortar. Padpad. pc. Palas. pp.
Recorvar. Hotoc. pp. Hab-yog. pc.
Recostarse. Hilig. pp.
Recostarse hácia atrás. Hiyar. pp.
Recostarse el cuerpo sobre el marco de la ventana. panangcalao. pc.
Recostarse la madre para dar de mamar al hijo. Quiling. pp.
Recostarse el arroz ó zacate. dayapa. pc.
Recostarse la yerba con la lluvia. dayopapa. pc.
Recoveco. Soot soot. pp. Palicolico. pc.
Recreacion. Logod. pc. Calogdan. pc. Alio. pc. Libang. pc.
Recrecer. Dagdag. pc. Solong. pc. Dami. pp.
Recreo. V. Recreacion.
Rectificar. Tuid. pc. Husay. pp. Tuyag. pp.
Recto. Matuid. pp.
Recua. caban. pp. Cauan. pp.
Recuento. Panibagong pag bilang. pp.
Recuerdo. Alala. pp. Pagca alala. pp.
Recuesto. Dahilig. pp.
Recular. Sicad. pp. Orong. pp. Odlot. pp.
Recuperable. Mababaui. pp.
Recuperar. Baui. pp.
Recurrir. Dalo. pc. Salilong. pp. It. Balic. pc. Saoli. pp. Canlong. pc.
Recurrir á la memoria lo que há de informar. hinotol. pc.
Recurso. Hayin. pp. Totol. pp.
Recusar. Tangui pc. Tacuil. pc.
Rechazar. Tulac. pp. Tacuil. pc.
Rechiflar. Ayop. pp. Oroy. pp.
Rechinar. pañgalatiit. pp. calangcag. pc. alatiy. pc. alatiit. pp. alitiit. pp. galagar. pc. Lagapac. pc. calairit. pp.
Rechinar los dientes. lañgasñgas. pc.

Rechinar la comida entre los dientes. ñgalitñgit. pc. ñgalasñgas. pc. Langotngot. pc.
Rechoncho. Matuba,i, pandac. pc.
Red para pescar entre dos. Quitid. pc.
Red para pescar. bicatot. pc. bangoat. pc.
Red para cazar en el monte. Bating. pc.
Red para pescar camarones. pañgolang. pc.
Red como chinchorro. bitana. pp.
Red de pescar. Lambat. pc Pocot. pp.
Red de cañas para matar mayas. panaclit. pc.
Red larga. Pangti. pc.
Red pequeña entre dos palos. sacag. pc. simá. pc
Red grande que se arma sobre balsa de cañas. Salambao. pc.
Red pequeña para pescar. sapiyao. pc. salap. pp.
Red menuda. sugapa. pp.
Redaño del puerco linoab. pp. linoap. pp. linoac. pp.
Redar. Catcat. pc. Cadcad. pc. Holog. pp.
Redargüir Sumbat. pc. It. Salansang. pc. sumang pc.
Redecilla. tulagá. pp.
Redecilla para coger cangrejos. biatol. pc.
Redecilla para coger aves. corag. pp.
Redecilla para pescar camarones. simá. pc.
Redecilla á modo de cuchara con que pescan de noche. tigpao. pc. sigpao. pc.
Rededor al rededor. Sa piling. pp. Sa palibot. pp.
Redentor. Mananacop. pp. Manunubos. pc.
Redero. Mag babating. pc. Mamomucot. pc. Manginginsdà. pc. Mamamalacaya. pc.
Redil. Bacod. pp. Bacoran. pp.
Redimir tomando por otro su pena. Sacop. pp. Tubos pc.
Redito. Sinasahod. pp. Bois. pc.
Redoblado. matiponó. pc. l. pp. Pisigan. pp.
Redoblar. Balicocò. pc. Baloctot. pc. It. Olit. pp.
Redoblar la punta del anzuelo aloc. pc.
Redoma de loza. limeta. pp.
Redomado. Toso. pp. Maingat. pp.
Redondear. Bilog. pp. lugui. pp.
Redondear la ropa como saya. &c. y el cerquillo de los Religiosos cortándole lo superfluo. Alas. pp.
Redondez. Cabilogan. pp.
Redondez del mundo. hilir. pp. Daigdig. pc.
Redondo. Mabilog. pp. liñgin. pc.
Redondo de puro gordo. mogol. pp.
Redondo, redondear. galo. pp.
Redopelo. Salongat. pc. Pasalongat. pc. It. Sirá.
Redro. Sa licod. pc. Sa huli. pc.
Redrojuelo. puril pc. l. pp.
Reducir. oui. pc. It. Pasocó. pp.
Reducirse á poco una cosa. sañgag. pp.
Reducirse con razones. opir. pp.
Reducirse á poco. monghi. pc.
Redundancia. Casaganaan. pc. Calabisan. pc.
Redundar. Auas. pp. Labis. pp. Apao. pp.
Reduplicar. Calua. pc. It. Olit. pp.
Reembolsar. Singil. pc.
Reemplazar. Halang. pp. Halili. pp.
Reencuentro. Sompong. pc. Ompog. pc. Bongò. pc. It. Banggà. pc.

Refaccion. V. Refeccion.
Refeccion. *Pag cain*. pp.
Refectorio. *Cacanan*. pc. *Lugar na cacanan*. pc.
Referencia. *Salitá*. pc. **cacaná** pc. It. *Togon*. pc. *Tan-ao*. pc.
Referente. *Nag sasalitá*. pc. It. *Catogon*. pc. *Catan-ao*. pc.
Referir. *Salitá*. pc. **babalá** pp. **balá**. pp.
Referirse. *Togon*. pc. *Tan-ao*. pc. *Catogon*. pc. *Catan-ao*. pc.
Refinado. *Namomogtong*. pc. *Nanĝinĝibabao*. pp. It. *Tuso*. pp. *Tampalasan*. pp.
Refinar. **diga**. pp. l. **dig-á**. pc. *Linis*. pp. *Dalisay*. pp. *Uagas*. pc.
Reflexionar. *Limi*. pp. *Honos dili*. pp.
Refluir. *Orong*. pp. *Cati*. pp.
Reflejo. *Cati*. pp. *Pag cati*. pp.
Reforma. *Tumpac*. pc. *Husay*. pp.
Reformarse. *Mag balic loob, mag bago nang asal*. pp.
Reforzar. *Pacapalin*. pc. *Patibayin*. pp. De capal y tibay.
Reforzar ó asegurar la atadura de cualquiera cosa. **paquipquip**. pc.
Refran. *Cauicaan*. pc.
Refregar. *Pahir*. pp. **dilos**. pp. *Coscos*. pc.
Refregar, como quien desgrana. **coso**. pc.
Refregar algo como ropa. *Cosot*. pc.
Refregar la cabeza con algo. **gusgus**. pc.
Refregar el perro con el colmillo de un animal para que rabie. **salimao**. pp.
Refregar un palo con otro. **poyais**. pp.
Refregar algo entre las manos como ajándolo. **poyo**. pc.
Refregar rasgando. **hilahor**. pp. **hicahos**. pp.
Refregar la cara del niño en las barbas de su padre. **nisnis**. pc.
Refregar con pincel suave. **doldol**. pc.
Refregar la cara á otro en el suelo. **misnis**. pc. **hasá**. pp.
Refregarse. **ahor**. pp. **piyapit**. pp. **poyapit**. pp.
Refregarse en pared, harigue, &c. **coyacor**. pp. *Coyacos*. pc. **quiacos**. pp.
Refregarse el rostro despues de dormir. **coyo**. pp.
Refregarse los dientes. **soguigui**. pp.
Refregarse el que se baña. *Hilor*. pp.
Refregarse con la mano ó el pie limpiándose blandamente. *Saliser*. pp.
Refregarse el gato á las piernas ó ropa del amo. **higor**. pp.
Refrenar. refrenarse. *Piguil*. pp. *Hauac nan loob*. pp.
Refrescar. *Lamig*. pc.
Refriega. *Pamooc*. pp. *Babag*. pc.
Refrigerio. *Himbing*. pc. It. *Caonting pag cain pang buhay nang lacas, guinhaua*. pp. *Alio*, pc.
Refrigerio de comer y beber. **canali**. pp.
Refugiar, refugio. *Canlong*. pc. *Salilong*. pc. *Cubli*. pc. *Sacdal*. pc.
Refulgencia. *Sinag*. pp. *Banaag*. pp.
Refunfuñar. **iring**. pp. *Oñgol*. pp. **pamalaga**. pc. **iñgos, ongal**. pp. **aolis**. pc.
Refutar. **sumang**. pc. *Salangsang*. pc.
Regadio. *Tubigan*. pp.
Regajo. *San-og*. pc. *Saoy*. pp. It. *Sanao*. pp. *Saloysoy*. pc.
Regalada comida. *Masarap*. pc. *Malasa*. pp.
Regalar. **apo**. pp. *Irog*. pp. **amac**. pp.
Regalar el cuerpo. *Layao*. pp. **lunac**. pp.
Regalar mucho su cuerpo. **ola**. pp.
Regalar con palabras. *Palayao*. pp.
Regalar al que trae regalo. **himagal**. pc.
Regalarse. *Paguinhaua*. pc. *Paal-uan*. pc.
Regalo. *Alindog*. pp. It. *Handog*. pc. *Dulot*. pp.
Regalo. *Palayao*. pp. **anqui**. pc.
Regalo en comer y beber, regalarse. **tamasa**. pp.
Regalo que hace el padre al hijo. **impoc**. pc.
Regalon. *Lambing*. pc. **tompic**. pc. It. V. Regalarse.
Regalon, goloso. **samaynaca**. pp. **mapagtamasa**. pc.
Regañar. *Bulas*. pp. It. *Taboy*. pp. *Dabog*. pp.
Regañar. *Inĝil*. pp. *Guiguil*. pp.
Regañon. *Sonĝit*. pp. *Singhal*. pc.
Regar. *Dilig*. pc. **siboy**. pp.
Regar á charcos. **tagactac**. pc.
Regar interponiendo la mano. *Uiguig*. pc. *Lauiguig*. pc.
Regatear. *Tauar*. pp. **piguit**. pc. **cocos**. pc. **coli**. pp. **hinauar**. pp. *Tonĝo* pp.
Regatear en la venta. **colit**. pc.
Regatear comprando. **osil**. pp.
Regaton. *Baliuas*. pp. *Mapag baliuas*. pc. *Mag babaliuas*. pc.
Regazo. **sinapoponan**. pp. *Candonĝan*. pp.
Regencia. *Pag poponó*. pp. *Pamamahalá*. pp.
Regicida. *Pumatay sa Hari, Nacamatay nang Hari*.
Regimen. *Palacad*. pp.
Region. *Caharian*. pc. *Lupá*. pp.
Regir. *Panĝasiuá*. pp. *Pamahalá*. pp.
Registrar. **balicotcot**. pc. *Salicsic*. pc. *Suguid*. pc. *Bongcal*. pc. **baloquitquit**. pc.
Registro. *Tandá*. pc. It. V. Registrar.
Regla de las mugeres. *Ogali*. pp. *Canya*. pc. *Oui*. pp. *Panahon*. pc. *Saquit nang tian*. pc.
Regla para maderas. **panipat**. pp. **panoto**. pp. **calat**. pc.
Regodearse. *Lasap*. pc. *Sarap*. pc.
Regoldar. *Dic-hal* pc. *Dighal*. l. *Dighay*. pc. **dilhay**. pc. **dogal**. pp.
Regordete. *Pandac*. pc.
Regostarse. *Uili*. pp. *Hinguil*. pc.
Regraciar. *Pasalamat*. pp.
Regresar. *Balic*. pc. *Saoli*. pp.
Regüeldo. V. Regoldar.
Regular. *Caiguihan*. pp. *Cainaman*. pp. It. *Catalasan*. pp. *Caraniuan*. pp.
Regular pasar ó de mediana posibilidad. *Dinasa*. l. *riuasa*. pc. *Nacaririuasá*. pc. *Nacacaya*. pp.
Regularmente. *Ang cadalasan*. pc. *Ang caraniuan*. pp.
Rehabilitar. *Saoli*. pp.
Rehacer. *Panibagong gauin, ó yariin*.
Rehacio. *Suail*. pc. *Matigas ang olo*.
Rehecho. **pisigan**. pp. **matipono**. pc. l. pp. **lipoto**. pc.
Rehen. *Sanglang mahal na tauo*.

Reherir. *Sanga*. pc. *Pananga*. pc.
Rehuir el cuerpo de miedo. **ipil**. pp. *Ilag*. pp. **liay**. pc.
Rehumedecer. **tibnac**. pc. *Tigmac*. pc.
Rehusar. *Tangui*. pc. *Ayao*. pc.
Reimprimir. *Limbaguing oli*. pc. *Moling limbaguin*. pc.
Reina. *Asaua nang Hari*. pp. *Haring babae*. pp.
Reincidir. *Mag casalang moli*, *Mahulog sa dating pag cacasala*.
Reino. *Caharian*. pp.
Reino de China. *Songsong*. pc.
Reir recio. **lagaac**. pc. *Halachac*. pc.
Reintegrar, reintegrarse. **oyan**. pp. *Bayad*. pp. *Saoli*. pp. *Baui*. pp.
Reir. *Taua*. pp. It. *Ngisi*. pp. *Omis*. pp. *Ngiti*. pc.
Reirse demasiado. **hicqui** pc.
Reirse á grandes carcajadas. **lagapac**. pc. *Halachac*. pc.
Reirse con voz delgada. **galiag**. pc.
Reiterar. *Olit*. pp. *Moli*. pc. *Oli*. pc.
Reivindicar. *Baui*. pp.
Reja del arado. *Lipiâ*. pc.
Rejalgar. **baticos**. pp.
Rejas de barandillas. **dalangdalang**. pp.
Rejas de yerro. *Salang bacal*. pp.
Rejas de la ventana ó corredor. **carali**. pc.
Rejir el cuerpo por entre las cañas del suelo de la casa *Silat*. pc.
Rejuvenecer. *Mag saoli sa bata*. pp. *Mag caraon nang lacas at licsi na para nang bata*.
Relacion. *Togon*. pc. *Tan-ao*. pc. *Pag cacatogon*. pc. *Pag cacatan-ao*. pc.
Relacionar. *Salita*. pc. *Saysay*. pc.
Relajar. *Lubay*. pc. *Loag*. pp. *Lambot*. pc.
Relamerse. **salisol**. pp. **salimol**. pp. *Himod*. pp.
Relamerse con el buyo para poner los lábios colorados. **lumpi**. pc.
Relamerse en lo que comió. *Namnam*. pc.
Relámpago, relampaguear. *Quirlat*. pc. **quilat**. pc.
Relampaguear los ojos. **aloningning**. pc.
Relatar. *Saysay*. pc. *Salita*. pc. It. *Totol*. pp.
Relativo. *Catogon*. pc. *Catan-ao*. pc.
Relente. **ton-og**. pc. *Hamog*. pc.
Relentecer. *Lambot*. pc. *Latá*. pc.
Relevar. *Halili*. pp.
Relicario. *Agnos*. pc.
Relieve. **liloc**. pp.
Relinchar, relincho. *Halinghing*. pc.
Relincho del caballo. *Halinghing*. pc.
Reliquia. *Tira*. pc. *Labis*. pp.
Reloj. *Orasan*. pc.
Reluchar. V. Luchar.
Reluciente. **dabdab**. pc. **sinao**. pp.
Relucir. **alimangmang**. pc. *Ningning*. pc. **quinas** pp. **alimagmag**. pc. *Quisang*. pc. *Quintab*. pc. **quilaquila**. pc. **quitab**. pc. **quilap**. pc. *Quinis*. pp.
Relucir algo, como el aceite sobre el agua. *Quintab*. pc.
Relumbrar. **quilaquila**. pc. V. Relucir.
Relumbrar. de noche el agua del mar. **paningar**. pc.

R antes de E.

Rellanar. *Patag*. pp. *Pantay*. pc.
Rellanarse. **hitar**. pp. *Hilatâ*. pp.
Relleno. **bulitictic**. pc. **butictic**. pc. **palpal**. pc. *Hitor*. pp.
Remachar. **palatac**. pc. *Salsal*. pc. **totop**. pc.
Remachar clavo ú otra cosa. **paltac**. pc.
Remachar clavo. **topi**. pc.
Remachar la punta de algo. **sipol**. pp.
Remachar punta machacándola. **sisi**. pp. *Silsil*. pc.
Remanecer, ó aparecer de nuevo. *Litao*. pc. *Sipot*. pc. **olpot**. pc. It. *Tira*. pc. *Lagac*. pp.
Remanente. *Tira*. pc. *Labis*. pp.
Remangar los calzones. *Lilis*. pc. **bayaquis**. pc.
Remangarse. *Lilis*. pc. *Talicuas*. pc. *Salocbit*. pc. **talocas**. pp.
Remanso. de agua. **danao**. pp. **sanao**. pp. **basiao**. pc.
Remar, remo. *Saguan*. pc. *Gaod*. pp.
Remar recio. **balaguiit**. pp.
Remar con fuerza. **bulang saguan**. pp.
Rematar concluir. *Lutas*. pc. *Tapos*. pp. *Otas*. pc. *Lapas*. pc.
Remate, extremo. *Dolo*. pp. *Catapusan*. pc.
Remate de cayan ó cesto. **balolang**. pp.
Remate de navío. **doholdohol**. pp.
Remecer alguna cosa, como cuando lavan la vasija con agua. *Loglog*. pc. **olog**. pc.
Remedar. **cagagar**. pc. **barya**. pc. **gagad**. pc. **batha**. pc.
Remedar con escarnio. **oyog**. pc.
Remedar al que habla. **onor**. pc. **bari**. pc. *Badia*. pc.
Remediar algun daño. *Apulâ*. pp.
Remediar alguna necesidad. **sapola**. pp.
Remediar la falta que se advierte en alguna obra. **sirha**. pc.
Remedio. *Gamot*. pc. It. *Galing*. pc.
Remedio experimentado que cura luego. *Hiyang*. pp.
Remendar embarcacion. **apola**. pp.
Remendar la red. *Hayoma*. pp.
Remendar mal el vestido. **salogsog** pc.
Remendar techos ó casas de caña. *Holip*. pp.
Remendon. *Manamagpi*. pc. *Manghahayuma*. pp.
Remera. *Baguis*. pc.
Remesa. *Padala*. pc.
Remesar. *Sabunot*. pp.
Remeter. *Soot*. pp. *Pasoc*. pp.
Remiendo, remendar. *Tagpi*. pc. *totos*. pc.
Reminiscencia. *Alaala*. pp. *Gunamgunam*. pp.
Remirado. *Maingat*. pp.
Remirar. *Masid*. pc. *Malas*. pp.
Remision, remitir. *Tauar*. pp. *palauad*. pp
Remiso. *Malubay*. pc. *Makinâ*. pp.
Remitir á la llama del fuego. **hobac**. pc.
Remo de galera. **gayong**. pp.
Remo pequeño á modo de pala. *Saguan*. pc.
Remojadero. *Babaran*. pc.
Remojar. **holom**. pp. *Babar*. pp. **batar**. pp. **logom**. pp. **mamad**. pp.
Remojar algodon para teñirlo de azul. **sapat**. pc.

Remojar una cosa despues de bien quemada. **pagba.** pc.
Remolcar. *Hila.* pp. *Ondá.* pc.
Remolino de agua, cabellos, &c. *Ipoypo.* pp.
Remolino de viento. *Pohaui.* pp. **poyo.** pc. *Ipoipo.* pp.
Remolino de cabellos ó agua. **palipor.** pp.
Remolino de agua. *Olioli.* pp. **alimpoyo.** pc.
Remolino de cabellos. *Poyo.* pc.
Remolon. *Tamad.* pc. **pangcal.** pc.
Remolque **ondá.** pc. V. Remolcar.
Remontar. *Bulas.* pp. *Guicla.* pc.
Remontarse. **himantoc.** pc. **pantoc.** pc. **pontoc.** pc.
Remontarse. *Tagó.* pp. *Layas.* pp. *Ilag.* pp.
Remontarse las aves. **imbolog.** pc. l. pp. **ambolog.** pp.
Remoque. **pasaring.** pp. *Paringig.* pc. *Masaquit. na uicà. Tari.* pp
Remorder la conciencia. *Cotob.* pc. **gatic.** pc.
Remordimiento. **gatic.** pc. *Cotob.* pc.
Remozarse la feniz. *Lic-hà.* pc.
Remoto. *Malayo.* pp. *Di palac.* pc.
Remover. *Lipat.* pp. *Bago.* pp. It. *Alis.* pc. *Layó.* pc. It. *Bonotan nang baras.* pp. *Alisan nang catungculan.*
Remover pleitos viejos **siguing.** pc.
Rempujar. *Tolac.* pp. **andal.** pc.
Rempujar con el codo para entrar. **siyl.** pc.
Rempujar á otro con el codo, ó como el toro con el cuerno. *Tanquil.* pc.
Rempujar la banca. **talocor.** pp.
Rempujar hácia adelante. *Solong.* pc.
Rempujar á otro asiendo por el pescuezo. *Sorlong.* pc.
Rempujar á uno de su asiento. **ampit.** pc.
Rempujar con el hombro. **angquil.** pc. *Ingquil.* pc.
Rempujar á otro con el codo. **singquil.** pc. *Ingquil.* pc. *Sico.* pc.
Remudar, remudarse. *Halili.* pp. *Halang.* pp. *Palit.* pc.
Remudarse en el canto. **sambot.** pc.
Remunerar. **tocol.** pc. *Ganti.* pc. *Bihis.* pp. *Opa.* pp.
Remusgar. *Hinalà.* pp. *Sapantahà.* pp.
Remusgo. *Simoy.* pp.
Renacuajo. **olo olo.** pc. It. *Quitiquiti.* pc.
Rencilloso. *Bagot.* pc. *Saligotgot.* pc. *Palaauay.* pp.
Renco. **hiuair.** pp. **hiuir.** pc. *Hincod.* pc.
Rencor. *Inguit.* pc. *Tanim.* pc. *Sucab.* pc. **suquib.** pc.
Rendicion. *Pag sucó.* pp.
Rendija. *Pouang.* pc. *Siuang.* pp.
Rendir. *Sopil.* pp. *Daig.* pc. *Talo.* pp. *Pasocó.* pp.
Rendirse. *Socò.* pp.
Renegado. *Tumalicod sa atin P. J. Cristo.* It. *Palatungayao.* pc. *Palasumpá.* pc. *Palasumpain.* pp.
Renegador. V. Renegado.
Renglon. **tagontom.** pc. *Talonton.* pc. *Talortor.* pc.
Rengo. V. Renco.
Reniego. *Sompá.* pc. V. Blasfemia.
Renitencia. *Pag laban.* pp. *Pag suay.* pc. *Salansang.* pc.
Renitente. *Suail.* pc. *Nasuay.* pp.
Renombrado. *Bantog.* pc. *Mabunyi.* pc.
Renovar. *Bago.* pp. *Bagohin.* pp. *Panibago.* pp.
Renovar y armar pleitos. *Bangon.* pp.
Renovar color. **balana.** pp.
Renovar herramienta. **balasbas.** pc. **alob.** pp.
Renovar enojo, pleito. **salang.** pc.
Renovar la sementera labrándola. **salapsap.** pc.
Renovar cosas pasadas. **pulicat.** pp.
Renovar el color cuando no sale bueno. **sapat.** pc.
Renovero. *Mag papatubo.* pp. *Nag papaopa nang pilac.* pp.
Renuevo. **ogbos.** pc. *Talbos.* pc. *Osbong.* pc.
Renuevo de la caña dulce. **polpol.** pc.
Renuevo en el tronco ó pie del árbol. *Supling.* pc. *Supang.* pp. *Soui.* pp.
Renuevo sin la caña dulce. **tacar.** pp.
Renuevo del buyo que se siembra. **taloc.** pp.
Renuevo, pimpollo ó cogollo. *Solol.* pp.
Renunciar. *Pabayà.* pp. *Tangui.* pc. *Talicor.* pc.
Renta de tierra ó sementera. *Opa.* pp. *Buis.* pc. *Paquinabang.* pp.
Reñido. *Casirá.* pc. *Caalit.* pc.
Reñir. *Auay.* pp. **añgao.** pp. *Babag.* pp. *Palauay.* pp.
Reñir. **gasá.** pp. *Bulas.* pp.
Reñir dando en rostro. *Sisi.* pp. *Suat.* pp.
Reñir vedando algo. *Sauay.* pc.
Reñir con voz alta. **borang.** pp. **gasá.** pp.
Reñir los gatos. **candi** pc.
Reñir á uno para que otro lo entienda. **datang.** pp. *Sangcalan.* pp.
Reñir con intencion de matar al contrario. **mooc.** pc. *Hamoc.* pp. *Pamooc.* pp.
Reñir culpando al que no tiene culpa. **manghá.** pc.
Reñir diciendo las pascuas. **taloganti.** pc.
Reñir por otro, tomar por suya la demanda. *Tangcacal.* pp.
Reñir de palabras. **silap.** pp. **tatoá.** pc.
Reñir perros ó puercos, &c. *Bangay.* pp.
Reñir por estar equivocados, ó mal informados. **balahac.** pp.
Reñir marido y muger. **singga.** pc.
Reñir á gritos. **daldal.** pc. **añgit.** pp. **dara.** pp.
Reo. *May casalanan.* pp. *Salarin.* pc.
Reojo (mirar de) *Soliap.* pc. It. *Ilap.* pp. *Irap.* pp.
Repantigado. **bular.** pp.
Repantigarse. **hitar.** pc. *Hilatá.* pp.
Reparador, reparar. **himati.** pp.
Reparar. **tocó.** pc. **songal.** pp. *Masid.* pc. *Malas.* pp.
Reparar golpe de arma. *Salo.* pc. *Sangga.* pc. *Sahod.* pp.
Reparar en algo. *Bati.* pp.
Reparar el que habla por falta de resuello. **higdo.** pc.
Reparo. **pamonga.** pp.
Reparticion, repartir. **sooy.** pp.
Repartir alguna tierra. **sasá.** pc.
Repartir. **balac.** pp. **baqui.** pp.
Repartir la comida en platos. **lamac.** pc.
Repartir con igualdad. **lansac.** pc. **amot.** pp. **laop.** pp. **tombahi.** pp.

Repartir, como los herederos la herencia. **uacsi.** pc. *Bahagui.* pp.
Repartir bienes del difunto. **uahil.** pc. *Bahagui.* pp. **ualas.** pp.
Repartir algo poniendo las cosas divididas. *Tañgi.* pp.
Repartir lo que han de trabajar. *Tongcol.* pc.
Repasar, repaso. *Sanay.* pp. *Usad.* pc. *Usal.* pc.
Repasata. *Sisi.* pp. *Mura.* pp.
Repechar. *Salunğa.* pp. *Ahon.* pp.
Repecho. *Mataric.* pc. **matalaroc.** pp
Repelada. *Quilao.* pc. *Quinilao.* pc.
Repelar. *Padpad.* pc. *Palas.* pp.
Repelar. **colamot.** pp. *Sabonot.* pp. **lanot.** pc. **bonlot.** pc.
Repeler. *Tapon.* pp. *Tacuil.* pc. It. *Salansang.* pc.
Repelon. V. Repelar.
Repente. **biglá.** pc. V. De repente.
Repentino. *Agad.* pc. *Bigla.* pc. *Paltic.* pc.
Repeor. *Lalong masama.* pc.
Repercutir. *Odlot.* pc. *Orong.* pp. It. **dayandang.** pc.
Reparticion de cualquiera suplica. *Ico.* pc.
Repetir ó volver á hacer. *Oli.* pc. *Olit.* pp.
Repetir sus cosas en todas las ocasiones. **abil.** pc.
Repetir la cosa cada dia. *Panibucas.* pp.
Repetir mucho una cosa. **ambin.** pc. *Dalas.* pc. *Olit-olit.* pp. **ambing.** pc. **ambil.** pc.
Repetir algo para enterarse. **golita.** pp. *Suguir.* pc. *Gonitá.* pc.
Repetir la enfermedad. **singá.** pc. *Libat.* pc.
Repetir lo que ya dijo. *Oli.* pc. **onang.** pc. *Olit.* pp.
Repilar el arroz blanqueándolo. *Cascas.* pc. **dig-as.** pc. It. **lisay.** pp.
Repinarse. **paimbolog.** pc. *Pailanlang.* pc.
Repizcar. *Corot.* pc. *Piral.* pp.
Repleto. **pomonini.** pp. **butistis.** pc. *Bosog na bosog.* pc. **monicnic.** pc. **motictic.** pc. *Sandat.* pc. **pandat.** pc. **botictic.** pc. **busicsic.** pc. **pancat.** pc.
Repleto de haber comido mucho. **santad.** pp. *Sandat.* pc.
Replica. *Totol.* pp. *Sagot.* pc. It. *Tangui.* pc.
Replicar. *Olit.* pp. It. V. Replica.
Reponer. *Saoli.* pp. It. *Oyan.* pp.
Reponer la hortaliza. **locan.** pp.
Reportado. *Mahinahon.* pp. *Banayad.* pp.
Reportar, reportarse. *Hinahon.* pp. *Piguil.* pp. *Honos dili.* pp.
Reportarse. *Hinahon.* pp.
Reposado. *Lagay.* pc.
Reposado. *Tahimic.* pp. *Payapà.* pp. *Mahinhin.* pc. *Matining.* pp. *Mabini.* pp. *Timtiman.* pp.
Reposar. *Pahinğa.* pc. It. *Hinglay.* pc. *Pahinğalay.* pc.
Reposar la comida. **linguing.** pp. *In-in.* pc.
Reposo. *Banayar.* pp. **lamitmit.** pc. *Tining.* pp. *Bini.* pp. It. V. Reposar.
Representacion ó figura. **talinhagá.** pp.
Representar. *Saysay.* pc. *Salaysay.* pc. It. *Gunita.* pc. *Alaala.* pp.
Reprender. **ñgotñgot.** pc. *Sisi.* pp. **salagsag.** pc. *Sala.* pc. *Sauay.* pc.
Reprender con voz alta. **gasá.** pp. *Bulas.* pp. *Busog.* pp.
Reprimir, reprimirse. *Hinahon.* pp. *Piguil.* pp. *Honos dili.* pp.
Reprobar. *Talicor.* pp.
Reprobar como cuando á uno le dan calabazas. **talbog.** pc. *Holog.* pp.
Reprobar algo. *Sala.* pp. *Tacuil.* pc. *Pintas.* pc.
Reprochar, reproche. *Soat.* pp. *Sumbat.* pc. **baoy.** pp. It. *Taboy.* pc. *Aboy.* pc.
Reproducir. **policat.** pp. *Salang.* pc.
Repromision. *Panibagong pangacó.* pp.
Reprueba. *Panibagong tiquim.* pc.
Reptil. *Gumagapang.* pc. *Homihilahod.* pp.
Repudio. *Pag tatacuil sa asaua.* pp.
Repudrir. *Mapacabuloc.* pc.
Repudrirse. **guipospos.** pc. **panaguipospos.** pp. It. *Dalamhati.* pp.
Repuesto. **pintong.** pc. *Tinggal.* pc.
Repugnar. **laris.** pp. *Laban.* pp. *Salansang.* pc.
Repulgo, repulgar. *Lilib.* pp. *Lilip.* pp.
Repulgos de jarros bajos. **corotcorot.** pc.
Repulido. *Nagagayac.* pc. *Mainam ang gayac.* pc.
Repulsa. *Tangui.* pc. *Tacuil.* pc. It. *Hiyà.* pc. *Halay.* pp.
Repunta. **loñgos.** pp. **tanguay.** pc.
Reputar. *Mahal.* pc.
Requebrador. *Manininta.* pc. *Manğinğibig.* pp. *Manğanğasaua.* pc.
Requebrar el galan á la dama. *Pamoti.* pp. *Irog.* pp. *Sinta.* pc.
Requemado. *Culay sunog.* pp. *Nanğinğitim.* pc.
Requerir. **saad.** pp. *Batas.* pc.
Requisito. *Gailanğan.* pp.
Resabio. *Masamang lasa.* pp. It. **pañgimayo.** pp. *Masamang ogali.* pp.
Resalado. *Masaya.* pc. *Mapatataua.* pc. *Mapagpataua.* pc.
Resarcir. *Bayad.* pp. *Oyan.* pp.
Resbaladero. *Madulas.* pc. *Dulasan.* pp. *Cadulasan.* pc. *Malandas.* pc.
Resbaladizo, resbalar. *Dolas.* pc.
Resbalar. **coblas.** pc. *Dupilas.* pp. **dapilas.** pp. **dagosdos.** pc. **dalongsol.** pc. **dinglas.** pc. **pinglas.** pc. **hampilos.** pp. **dahio.** pc.
Resbalar un poco. *Dapilos.* pp.
Resbalar el pie. **pinglas.** pc.
Resbalarse cuesta á bajo. **dalosdos.** pc. *Daos-os.* pc. **dalayday.** pc.
Resbalarse lo atado por mal apretado. **hoso.** pc. *Bognos.* pc.
Resbaloso por muy cursado. *Landas.* pc. **mahar.** pc.
Rescatar al esclavo dándole libertad. **mahadlicá.** pc. *Timauà.* pp.
Rescate, rescatar. *Tubos.* pc. It. *Baui.* pp.
Rescindir. *Taliuacas.* pc. *Talicod.* pc. *Culi.* pp.
Rescribir. *Sagot.* pc. *Ganti.* pc.
Resecar. **tigang.** pp. *Tuyong magaling.* pc.
Resellar. *Tactacang oli.* pc.
Resentimiento. *Hinanaquit.* pc. *Tampo.* pc.
Resentirse. *Damdam.* pc. *Hina.* pp.
Reseñar. *Tandà.* pc. *Tandaan.* pc.
Reservar. *Ingat.* pp. *Tago.* pp. It. *Lihim.* pp. *Lingid.* pp.

Resguardar. *Tangol*. pc. It. *Tibay*. pp.
Resguardarse. *Iñgat*. pp. *Ilag*. pp. *Cubli*. pc.
Residencia. *Pag tahan*. pc. *Pamamayan*. pp.
Residenciar. *Sulit*. pp. *Siasat*. pp.
Residente. *Tumatahan*. pc. *Namamayan*. pp.
Residuo. *Tira*. pc. *Labis*. pp. *Labi*. pc.
Resignado. *Sañgayon*. pp.
Resignarse. **sohot**. pp. *Socot*. pp. *Ayon*. pp. *Socó*. pp. *Panalig*. pp. It. *Tañgan*. pp.
Resina. **calamac**. pc. *Sahing*. pc. **calmac**. pc. *Dagtà*. pc. **patda**. pc.
Resistero del sol, lluvia, &c. **tambil**. pc.
Resistero de viento, sol, agua. *Tampac*. pc.
Resistero del sol y agua, &c. **tablauan**. pp.
Resistero de viento, sol, &c. **tampil**. pc.
Resistir. *Salangsang*. pc. **cayon**. pp. **gahis**. pc. *Laban*. pp. **laris**. pp. *Soay*. pp.
Resistir. *Tangui*. pc. *Sangga*. pc. *Litid*. pp.
Resistir á la voluntad de otro. **tongas**. pp.
Resol. **dayandang**. pc.
Resolucion. *Pasiya*. pc. It. *Tapang*. pp.
Resolutivo. *Pantunao*. pp.
Resolver. *Pasiya*. pc. *Pacaná*. pc.
Resollar. *Hiñga*. pc.
Resonancia. *Lauig*. pp. **lalay**. pc.
Resonar. **pañgalatoat**. pp.
Resoplar. *Siñga*. pc. **singasing**. pp.
Resorte del viento. *Salinoc*. pc. **orlot**. pc.
Resorte como de pelota. **pañgimorlot**. pc.
Respaldar. *Sandal*. pc.
Respaldo. *Licod nang sulat, bilin sa licod nang sulat*. It. *Sandalan*. pp.
Respectivo. *Naoocol*. pp.
Respetable. *Cagalanggalang*. pp.
Respetar. *Galang*. pp. **sagap**. pp. *Pitagan*. pp.
Respetar á otro siguiendo su parecer. **parol**. pc.
Respetar con palabras comedidas. **tampa**. pc.
Respetar dejando decir ó hacer algo á otro. **taan**.
Respeto. **aniani**. pc. *Alangalang*. pp. *Pitagan*. pp.
Respeto que tiene á alguno, por cuya causa no molesta á otro. *Pasila*. pp.
Respetoso, respetuoso. *Magalang*. pp.
Respice. *Matamlay na sagot*. pc. It. *Mora*. pp. *Masaquit na uicà*. pp.
Respigar. *Himalay*. pp.
Respigon. **tuñga**. pc. *Panaiñga*. pp.
Respingar. *Paligpig*. pc. It. **labantolot**. pc.
Respiracion tenue del moribundo. *Ticap*. l. *Ticab*. pc. *Hicab*. pc.
Respiracion apresurada. *Hiñgal*. pc. *Habol ang hiniñga*. l. *habol habol*. pp.
Respiradero. *Hiñgahan*. pp. It. *Butas*. pp.
Respirar respiracion. *Hiñga*. pc. *Hiniñga*. pc. *Pag hiñga*. pc.
Respirar con fuerza. **taghoy**. pc.
Respirar el agonizante. **tiboc**. pc.
Resplandecer. *Dilag*. pc. **quilab**. pc. *Ningning*. pc. *Sinag*. pp. *Banaag*. pp. *Quidlap*. pc.
Resplandeciente. **quinab**. pc. *Quintab*. pc.
Resplandor, resplandecer. **liuan**. pp. *Aloningning, ningning*. pc.
Resplandor que se pone á los santos. *Sinag*. pp.
Resplandor del agua salada cuando la mueven de noche. **tingar**. pc.

Responder. *Abar*. pc. *Sagot*. pc. *Togon*. pc.
Responder al que le riñe. **sobong**. pp.
Responder. despropócitos. **linsong**. pp.
Respondon. *Masagutin*. pp. *Matutulin*. pc. *Panagot*. pc. *Mapanagot*. pc.
Represar algo. *Saplar*. pc.
Resquebrajado. *Bahir*. pc.
Resquebrajamiento de la tierra por mucho calor. **malicascas**. pc. It. *Bitac*. pc.
Resquebrajar. *Lahang*. pp. *Lamat*. pp. **liat**. pp.
Resquebrajarse. **litac**. pc. *Potoc*. pc.
Resquebrajarse la tierra que antes estaba mojada. **balicascas**. pc.
Resquicio. *Siñgit*. pp. *Siuang*. pp. *Silipan*. pc.
Restablecer. *Saoli sa dati*. pp.
Restablecerse. *Galing*. pc. *Lacas*. pc. *Gumaling*. pc. *Lumacas*. pc.
Restallar con la lengua, &c. en el paladar. **malatac**. pc. *Pamalatac*. pc. *Palatac*. pc.
Restante. *Natira*. pc. *Lumabis*. pp. *Nalabi*. pc.
Restante que sobra despues de haber igualado las partes, con lo que se repartió. **calamaan**. pp.
Restañarse la sangre. *Titi*. pp. *Ampat*. pc.
Restar, resto. *Tira*. pc. *Labis*. pp. *Labi*. pc.
Restaurar. **óyan**. pp. It. *Baut*. pp.
Restello grande. *Aghoy*. pc.
Restituir. *Saoli*. pp.
Restringir. *Bauas*. pp. *Onti*. pc. *Culang*. pp.
Resucitar. *Buhay*. pp. *Bohaying Oli*. pc. *Bohaying panibago*. pp.
Resudor. *Himig nang pauis*. pp.
Resuello. **achoy**. pc. *Hiniñga*. pc.
Resuello que queda despues de llorar el muchacho. **ñgisbi**. pc. *Hicbi*. pc.
Resuello con dificultad. **hicap**. pc. *Hindic*. pc. **higahas**. pp.
Resulta, resultado. *Buñga*. pp. *Naguing buñga*. pp. *Nangyari*. pp. *Nasapit*. pp.
Resultado. *Naguing dulo*. pp. *Narating*. pc. V. Resulta.
Resúmen, resumir. *Sipi*. pc.
Resúmen (en) resúmen. *Sa madaling sabi, sa madaling uicá, sa catagang uicà*.
Resureccion. *Pag cabuhay na mag oli*.
Resurtir. *Od-lot*. pc.
Retador. *Nag hahamon*. pc. **nag lalahi**. pc.
Retal. *Pinag tabasan*. pp. **gutagot**. pp. *Gutay*. pp.
Retar, reto. *Hamon*. pp. **lahi**. pc. It. *Tacap*. pc. *Sumbat*. pc. *Mura*. pp.
Retardar. *Liuag*. pp. *Laon*. pp. *Balam*. pp.
Retazar. **gotlay**. pc. *Gotay*. pc.
Retazo. *Pinag tabasan*. pp. *Pinalasan*. pp. *Gutay*. pc. **gutagot**. pp.
Retejar, retejo. *Socsoc*. pc. **holip**. pp.
Reten. **pintong**. pc. *Laan*. pp.
Retener. *Piguil*. pp. *Tagó*. pp. *Iñgat*. pp.
Retener algo en la memoria. *Tamo*. pc. *Camit*. pc.
Retener algo en la memoria. *Tandá*. pc. *Tandaan*. pp. *Camit*. pc.
Retener lo que sabe ú oye. **malanman**. pc.
Retener la enfermedad. **salamisim**. pc.
Retentar. **libat**. pc. *Sompong*. pc.
Retintin. *Haguing*. pp.
Retirado, apartado. *Nahihiualay*. pc.

Retirar, retirarse. *Ligpit*. pc. *Tagó*. pp. *Ilag*. pp. It. *Oui*. pp. *Balic*. pc.
Retocar. retoque. *Igui*. pp. *Husay*. pp.
Retoñar. *Supling*. pc. **supang**. pp.
Retoñecer. *Bihag*. pp. It. V. Retoñar.
Retoño. **subul**. pp. *Osbong*. pc. *Sibol*. pc. *Talbos*. pc.
Retoño en el canto. **pali**. pp.
Retorcer algo enroscándolo. **pangilim**. pc. *Bilibid*. pp.
Retorcer alguna cosa, como hilo. *Pihit*. pp. *Pilipit*. pp. **palitpit, pang-it**. pc. *Palolpot*. pc.
Retorcer seda ó algodon. *Pili*. pc.
Retorcer lo atado con palo ú otra cosa. **pitipit**. pp.
Retornar. *Opa*. pp. *Bayad*. pp. *Oyan*. pp. It. *Orong*. pp. *Balic*. pc.
Retorno. *Balic*. pc. *Saoli*. pp. *Panumbalic*. pp. *Oui*. pp. *Bihis*. pp. *Ganti*. pc.
Retortijar. *Colot*. pc. *Palotpot*. pc.
Retortijones de tripas. **bosod**. pc.
Retozar. *Laró*. pc. *Galao*. pc. *Gaslao*. pc.
Retozon. *Magaslao*. pc. *Magalao*. pc.
Retractacion. *Baui*. pp. *Tamaoli*. pp. *Culi*. pp. *Balic*. pc.
Retractar, retractarse. *Taliuacas*. pc. V. Retractacion.
Retractarse. *Culi*. pp. *Taliuacas*. pc.
Retraer. *Paoronĝin*. pp. *Paalalahanan*. pp. *Sauay*. pc.
Retrasar. *Lauon*. pp. *Piguil*. pp. *Hantong*. pc.
Retratar. **lagdá**. pc. *Guhit*. pp.
Retrato. *Larauan*. pp. It. *Calarauan*. pp.
Retrete. **pitac**. pp. It. *Sulambi*. pc.
Retribuir. **patno**. pc. *Ganti*. pc. *Bihis*. pp. *Taloganti*. pc.
Retroceder. *Orong*. pp. *Balic*. pc.
Retrogradar. V. Retroceder.
Retrueque en el canto. **sampañgan**. pp.
Retozar. **lasa**. pp. *Olayao*. pp.
Retumbar. **pañgalatouat**. pp. **talaotao**. pc. *Aligaynĝay*. pc. **pañganlauacao**. pp. **cagangcang**. pc. **pañgalonignig**. pc.
Retumbar, como tambor. **calabocob**. pp.
Reunion. *Capisanan*. pc.
Reunir. *Tipon*. pp. *Ipon*. pp. *Pisan*. pp.
Revalidar. *Tibay*. pp. *Pagtibayin*. pp.
Reveses con la espada. **halabas**. pp.
Revejido. **puril**. pc. **pansot**. pc. **bansot**. pc. **sipagac**. pc.
Revelar. *Hayag*. pp.
Revender. **baliuas**. pp.
Revenido. **mamis**. pc.
Revenirse ó encojerse la ropa. *Orong*. pp.
Revenirse la caña. *Coyompis*. pc.
Reventar. *Potoc*. pc.
Reventar granos en las cañas ó con las uñas. *Tiris*. pc. **gotli**. pp.
Reventar cualquiera cosa saliendo lo que está dentro. *Poslit*. pc. *Otli*. pc.
Reventar las olas en la playa. **tampoc**. pc. *Tampol*. pc.
Reventar la postema. *Pisá*. pc.
Reventar algo por muy lleno. **borlit**. pc.
Reventar como huevo entre las palmas de la mano. **bosoc**. pc.
Reventarse de lleno. **mundis**. pc.
Reverberar. **dayandang**. pc. **dayangdang**. pc.
Reverdecer algo, como árbol. *Sarıuá*. pp. *Manariuá*. pp.
Reverencia. *Galang*. pp. *Alang alang*. pp.
Reverencia que se hace inclinando un poco el cuerpo. *Yocor*. pc. *Yocó*. pc.
Reverencia de muger encojiéndo un poco las rodillas. **yon oc**. pc.
Reverencia, ó miedo reverencial. **ñgilañgila**. pp. **aniani**. pc.
Reverencia de las mugeres con meneos. **inlog**. pc.
Reverencia de muger. **yon-oc**. pc.
Reverenciar. V. Reverencia.
Revercion. *Sauli*. pp. *Balic*. pc.
Reverso. *Licod*. pc. *Cabaligtaran*. pc. *Loob*. pp.
Reverter. *Auas*. pp. *Labis*. pp.
Reves. V. Reverso.
Reves dado con la mano. *Saliuà*. pc. *Tabig*. pp. *Aldaves*. pc.
Revesar. *Suca*. pp.
Revestirse. *Mag suot*. pp. *Mag damit*. pp.
Revestirse de algun espíritu ó recibir cualidad estraña. *Casi*. pp.
Revestirse del demonio. **batog**. pp.
Revisar. *Siasat*. pp. *Malas*. pp. *Osisá*. pp.
Revista de pleitos. **talipospos**. pc.
Revivir. *Buhay*. pp. *Mabuhay na mag oli*. It. *Pag saolan nang loob*. pp.
Revivir la planta. **bolig**. pp.
Revocable. *Mababago*. pp.
Revocar. *Bago*. pp. *Baui*. pp.
Revocar la sentencia ó el testamento. *Bago*. pp.
Revolcadero. *Lobloban*. pp.
Revolcarse en algo. **tobong**. pc.
Revolcarse el borracho ó enfermo en el suelo. **uasang**. pp. **baling**. pp.
Revolcarse en el incienso. **louar**. pp.
Revolcarse el cuerpo en el lodo. *Lobalob*. pp. *Loblob*. pc. *Gomon*. pp. **liblib**. pc.
Revolotear. **nalag**. pc.
Revoltoso. *Manggogolo*. pc. *Palaosap*. pc.
Revolucion de estómago. **hilar**. pp.
Revolucionario. *Mang hihimagsic*. pp. *Man oopat*. pp. *Mangogolo*. pp.
Revolver. **birbir**. pc. *Lahoc*. pc. **gamao**. pc. It. *Haló*. pp. *Buclat*. pc. *Biling*. pc. *Balicuat*. pc.
Revolver confundiendo unas cosas con otras. **yois**. pp.
Revolver trastos. **yama**. pc.
Revolver el cabello hácia atras. **sahocay**. pc. *Sabucay*. pc.
Revolver lo de arriba abajo. **salangcay, halongcay**, pc. **halongcat**. pc. **halucay**. pp. **haluat**. pc. **bucalcal**. pc.
Revolver pleitos. *Bongcal*. pp. *Ongcat*. pc.
Revolver á dos con chismes. **oroc**. pp.
Revolver lo mezclado. **lansac**. pc.
Revolver algo para embarazarse. **salipot**. pp.
Revolver con chismes. *Buyo*. pc.
Revolver licores. **calaocao**. pc.
Revolver algo con los dedos. **gaogao**. pc.
Revolver sin órden. **gomoc**. pp.

Revolver el poste en el hoyo. *Biling*. pc. **pilis**. pc.
Revolver algo al cuerpo como la vestidura. **linguis**. pc. *Polopot*. pp. *Balot*. pc.
Revolver buscando algo. **bungcal**. pc. **balotbot**. pc. **bucalcal**. pc. *Halocay*. pp. *Haloghog*. pc.
Revolver una cosa. **halimbucay**. pp.
Revolver sacando algo. *Halicuat*. pc.
Revolver buscando algo. **haindouang**. pc.
Revolver mezclándo. *Haló*. pp.
Revolver sobre el contrario. **hamoc**. pp.
Revolver lo de abajo arriba, como con cuchara. **locay**. pp. **socay**. pc.
Revolver el estómago. **duca**. **alibarbar**. pc. *Diri*. pp.
Revolverse el pescado en el agua. *Posag*. pp. *Palag*. pp.
Revolverse las tripas. **alimbucay**. pc.
Revolverse el estómago. *Suclam*. pc. **libarbar**. pc. **alogalog**. pp. **halimbucay**. pp.
Revolverse el licor con otra cosa, como agua con cal y arena. **haming**. pp.
Revolverse, el enfermo dando vuelcos y golpes afligido. *Posag*. pp. *Palag*. pc.
Revuelta. *Golo*. pc.
Rey. *Hari*. pp. *Pan̄ginoon*. pc.
Reyerta. *Talo*. pp. *Taltal*. pc.
Reyno. *Caharian*. pp.
Rezagar, rezagarse. *Huli*. pc. *Agao*. pc. *Iuan*. pp.
Rezar. **pañgadyi**. pc. *Panalan̄gin*. pp. *Dasal*. pc.
Rezelar, rezelo. *Tacot*. pp. *Alaala*. pp. *Hinalá*. pp.
Rezongar. *On̄gol*. pp.
Rezumarse. *Tiym*. pp. *Paniym*. pp.
Rezumarse la vasija nueva. **taguimti**. pc.
Rezumarse la vasija. **tala**. pp. **niym**. pp.

R antes de I.

Ria. *Uauá*. pp. It. **batis**. pp. **salosoy**. pp.
Riachuelo de poca agua. **batis**. pp. **bitas**. pc.
Riada. *Bahà*. pc. **lanip**. pp. **taog**. pp. *Laqui*. pc.
Ribazo. **tagortor**. pc. **borol**. pc.
Ribazo largo que sirve de vereda. **tarondon**. pc.
Ribera. *Baybay*. pc. *Pangpang*. pc. *Tabing ilog*. pp. *Tabing dagat*. pp. *Baybain*. pp. **dalampasig**. pp.
Ribete del tabique. *Totop*. pc.
Ribete ó cinta del tabique ó de la ropa. *Totop*. pp.
Rico, riqueza. *Yaman*. pp. *Cayamanan*. pp.
Ricacho, ri azo. *Sacdal yaman*. pp.
Rico. *Mayaman*. pp. *Guinhaua*. pp. *Mapilac*. pp. *Cauaá*. pp. *Saganá*. pp. *Sauà*. pp.
Ridiculo. *Catauataua*. pc. *Nacatataua*. pc.
Riego. *Dilig*. pc. *Pag didilig*. pc.
Rienda. *Tali nang preno*. pp.
Riesgo. *Pan̄ganib*. pp. *Pan̄gamba*. pc.
Rifa, con tienda ó riña. *Talo*. pp. *Taltal*. pc. It. *Auay*. pp. *Babag*. pc.
Rifa, sorteo de alguna alhaja. *Bonotan*. pc.
Rigor de algo. **sacsá**. pc. *Dagsà*. pc.
Rigor de tiempo. *Salocoy*. pp. *Sasal*. pc.
Rigoroso. *Ban̄gis*. pc. *Maban̄gis*. pc. *Maganit*. l. *Mabagsic*. pc.
Rija. **dirá**. pp. **sunip**. pp. It. *Babag*. pc.
Rijo. *Otog*. pp. *Libog*. pp.
Rimar inquirir. *Siasat*. pp. *Osisá*. pp. *Suguid*. pc.
Rimbombar. *Ogong*. pp. V. Retumbar.
Rimero. *Bonton*. pc. *Salansan*. pc.
Rincon de la o sa. *Panoloc*. pp.
Rincon ó esquina. *Soloc*. pp.
Rinconada, ó lugar sin salida. *Socol*. pc. *Soloc*. pp.
Ringlera. *Talortor*. pc. **talay**. pc. *Hanay*. pp.
Riña. **ango**. pc. *Auay*. pp. *Babag*. pc. **dará**. pp.
Riña de animales. *Ban̄gay*. pp.
Riña, ó rencilla de palabras. *Singga*. pc. *Talac*. pc. It. **gasá**. pp.
Riñon de animal. *Bato*. pc.
Rio. *Ilog*. pp. **bangbang**. pc.
Rio á bajo. **paahan**. pc.
Rio descumbrado. **sauang**. pp.
Ripio. *Labis*. pp. *Tira*. pc.
Riqueza. *Cayamanan*. pp. *Caguinhauahan*. pp. *Yaman*. pp.
Risa sin vergüenza inquietándolo todo. **ñgislao**. pc.
Risa encubierta por rubor. *Ngiti*. pc. *Omis*. pp.
Risa, reir. *Touá*. pp. *Taua*. pp.
Risada. *Halac-hac*. pc. *Tauang malacas*.
Risadas grandes. **dagasa**. pc. *Halac-hac*. pp.
Risco. **talangpas**. pc.
Riscoso. *Batohan*. pc. *Mabato*. pc.
Risotada. V. Risada.
Risueño. *Masaya*. pc. *Matatauanin*. pc.
Rito. *Asal*. pp. *Caogalian*. pc.
Rito supersticioso. *Pamahiyn*. pp.
Ritos antiguos. **solinao**. pp.
Rivalizar. **balañgibang**. pp. **basañgal**. pp.
Rizar, rizo. *Colot*. pc. *Palotpot*. pc.
Rizo. **banting**. pc.

R antes de O.

Ro. *Holona*. pp. **hilina**. pp. **hele**. pp. *Hela*. pp.
Robador. *Magnanacao*. pp. *Man̄gan̄gagao*. pp. *Manlulupig*. pp. *Mananamsam*. pc. *Manhaharang*. pp. *Manloloob*. pp.
Robar. *Lopig*. pp. *Agao*. pp. *Harang*. pp. *Samsam*. pc. It. *Loob*. pp. *Gubat*. pp.
Robin herumbre. *Calauang*. pp.
Roblar. **balicoco**. pc. *Salsal*. pc. *Baloctot*. pc.
Roblizo. *Malacas*. pc. *Matigas*. pc. *Matibay*. pp.
Robar con tiranía. **tiyaong**. pc.
Roborar. *Tibay*. pp. *Patibayin*. pp. *Bigyan lacas*. pc.
Roborativo. *Palacas*. pc. *Pang lacas*. pc. *Nagbibigay lacas*. pc.
Robusto. **igcal**. pc. *Malacas*. pc. It. *Matibay*. pp.

Roca. *Bato*. pc. It. **talampas**. pc.
Rocalla piedrecillas menudas. *Bohanğin*. pp.
Roce. *Goscos*. pc. **yais**. pp. *Quisquis*. pc. It. *Salamuhà*. pp. *Halobilo*. pp.
Rociador. *Pang uisic*. pc.
Rociar. **ambol**. pc.
Rociar con la boca. *Bugâ*. pc.
Rociar como con hisopo. *Uisic*. pc.
Rociar con algun licor. **ualag**. pc. *Uilig*. pc. **uiguig**. pc.
Rociar interponiendo la mano. *Uiguig*. pc. *Uilig*. pc.
Rocin. **badaje**. pp. *Cargahan*. pp.
Rocío. *Hamog*. pc. **ton-og**. pc.
Rocío de la mañana. **taib**. pp.
Rodada. *Bacas nang golong*. pc. *Daan nang golong*.
Rodaja de hierro del cabo del cuchillo. **salot**. pp. **saclá**. pc.
Rodaja que solian poner en la parte vergonzosa. **topac**. pc.
Rodar. *Bulir*. pc. **bonlag**. pc. *Golong*. pp.
Rodar de alto á bajo. **bonlac**. pc.
Rodear cordel para saber el grosor. **liquis**. pp.
Rodear. *Ticop*. pp. *Polopot*. pp. *Cobcob*. pc. *Gaygay*. pc.
Rodear el camino. **taliuacas**. pc. *Liclic*. pc. **imbao**. pc. *Libot*. pp. *Liguid*. pp. *Libid*. pp.
Rodear hilo ó cordel. *Bilibid*. pp. *Balibid*. pp. *Palopot*. pp.
Rodear algun madero para saber su grosor. **liquis**. pp. **yiquis**. pp.
Rodear en los caminos. **siyot**. l. *Libot*. pc.
Rodela. *Calasag*. pp. **sapiao**. pc. *Panangga*. pc.
Rodete. *Diquin*. pc. *Guiquin*. pc. It. *Sonanğan*. pp.
Rodete de madera que sirve para colocar cualquiera pieza pesada y arrastrar con facilidad. **pulin**. pc. *Parales*. pp.
Rodilla. *Tahor*. pp.
Rodillo de cordeles para llevar la olla caliente. **sagacan**. pc.
Rodillo para arrastrar algo. **paral**. pp. *Parales*. pp. **pulin**. pc. **calauang**. pp.
Rodillo en que se pone algun vaso. *Diquin*. pc.
Rodillo sobre que asientan las ollas. *Guiquin*. pc.
Rodillo del salacot. *Sagacan*. pc.
Roer. **himang-it**. pc. **pang-it**. pc. **ñgasñgas**. pc. **latlat**. pc. *Nğatá*. pc. *Nğatnğat*. pc. *Nğaynğay*. pc. **ñgabñgab**. pc. **ñgibñgib**. pc. **yat-yat**. pc.
Roer cosa correosa. **hata**. pc.
Roer la carne del coco. **quibquib**. pc.
Rogar. *Calara*. pc. *Lamoyot*. pc.
Rogar. *Daing*. pc. *Hiling*. pc. *Dalanğin*. pc.
Rogar á otro que venga en lo que el quiere. *Amoamó*. pc. *Himoc*. pp. *Hicayat*. pp.
Rojizo. *Namomola* pc. *Mapolapola*. pc.
Rojo. *Pula*. pc. *Mapula*. pc.
Rojo de pelo. *Bulao*. pc. **bulhao**. pc.
Rol. *Tandaan*. pp. *Sulat na tandaan*. pp.
Rollo. **cololon**. pc. **polon**. pp.
Rollizo. **limonmon**. pc. **alimonmon**. pc.
Romadizo. **sipon**. pc. *Sip-on*. pc.
Romana. **sinantanan**. pp. *Timbanğan*. pp.
Romance. *Uicang castila*. pp.
Romancear. *Isalin sa uicang castilá*. pp.
Romería. *Pag sisimba sa ibang bayan*. pp. *Pag lalacbay at pag dalao sa ibang Santo, larauan ó sa Simbahan*.
Romo. *Podpod*. l. *Polpol*. pc. **macorol**. pc. *Maporol*. pc. **palang**. pc.
Romo. **talampac**. pc. *Sapat*. pc. **sampad**. pc.
Romper lo que está solapado. **pasñgao**. pc.
Romper por zacate que está inclinado. **sugla**. pc.
Romper al animal la red. **gotos**. pp.
Romper por espesura. **talá**. pp.
Romper por peligroso. **sacsac**. pc. *Sagasá*. pp. *Sugba*. pc.
Romper el agua con el cuerpo. **sagnay**. pp.
Romper tierra. **bagbag**. pc. **tibag**. pc.
Romper por medio de la gente. **balaguiit**. pp. *Sagui*. pp.
Romper corriendo entre la gente. **laganas**. pp.
Romper tirando. **ligtas**. pp. *Pigtas*. pc. *Pigtal*. pc.
Romper por los zacatales **ligtong**. pp.
Romper por donde no hay camino. **ligtas**. pc.
Romper algo, como tinaja llena de algo. **bolouang**. pc.
Romper de alto á bajo. **uislac**. pc.
Romper haciendo pedazos. **uislac**. pc.
Romper por zacatal. **yagpa**. pc.
Romper caminando por medio de sembrados. **yapao**. pc. **yasac**. pc. *Tahac*. pp.
Romper, como cuero, carne, ropa. **gauac**. pc. *Punit*. pc.
Romper la corriente por debajo de cerca. **lalar**. pc.
Romper por camino nuevo. *Tahac*. pc. *Talas*. pp.
Romper ó quebrar maderas barros, vidrios lozas, &c. *Basag*. pp.
Romper ó quebrar caña, leña ó cosa larga. *Bali*. pp. *Bacli*. pc.
Romperse el cordel por estar podrido. **lugta**. pc. **luctá**. pc.
Romperse la punta, ó extremo. *Punği*. pc.
Romperse el costal faltriquera, &c. *Bosbos*. pc. *Butas*. pp.
Romperse el cordel tirando de golpe. *Lagot*. pc. *Patid*. pc. **pogto**. pc.
Romperse hilo ó cordel. **bigtas**. pc.
Romperse la ropa. **batas**. pp. **bitas**. pp.
Roncar. **hagac-hac**. pc. *Hagac*, **hinlic**. pc.
Roncar el que duerme. *Hilic*. pc. *Hilig*. pc.
Roncear. *Paliuagliuag*. pp. *Palaon laon*. pp. It. **tuguis**. pp. **labantolot**. pp.
Roncear. **ligon**. pp. **siban siban**. pp.
Roncear, como mal pagador. **libar**. pp.
Roncero. **aligagá**. pc. **licuad**. pc.
Ronchas. *Ligatá*. pp.
Ronchas en el cuerpo como habas. **tagulabay**. pc. **imonimon**. pp.
Ronco. **camagao**. pp. *Paos*. pc. *Malat*. pc.
Rondar. **labiao**. pc. *Libot*. pp.
Rondar la calle á alguna muger. *Ligao*. pp.
Rondin. **manlalabiao**. pc. **maglalabiao**. pc.
Ronquera. *Malat*. pc. *Pamaos*. pp. **magao**. pp.
Ronquera de haber gritado mucho. **payaos**. pc.

Bronquera permanente ó por mucho tiempo. **payaos.** pc.
Ronquido. V. Roncar.
Ronquido. **angal.** pp.
Ronzal. *Panali.* pp. *Tali sa hayop.* pp.
Ronzar. *Ñgalotngot.* pc. *Langotngot.* pc.
Roña. *Cati.* pc. *Bubas.* pp.
Roña. *Dungis.* pp. *Amos.* pp.
Roñoso. **samlang.** pc. **salaolá.** pp. *Marungis.* pp. *Dungisan.* pp. It. *Maramot.* pp. **maraycot.** pp.
Ropa. *Damit.* pc. *Pananamit.* pc.
Ropa como gasa. **lompot.** pc.
Ropa basta. *Gaspang.* pc. *Magaspang.* pc. *Malalaqui.* pc.
Ropa que se ponen las mugeres sobre la saya. *Tapis.* pp. It. **talapi.** pc. **tapindó.** pc.
Ropa tejida como sabali. **sinauali.** pp.
Ropa de visayas. **pinayosan.** pp.
Ropa negra perdiendo el color. **paldas.** pc.
Ropa descosida echada por el suelo. **lamyac.** pc.
Ropa que viene ancha ó larga á alguno. **pansoc.** pc.
Ropa gastada por la orilla. **ilic.** pc.
Ropa que por usada se vá rompiendo. **mahinaboyan.** pp.
Ropa de algodon. **cayo.** pp.
Ropa andrajosa. **golotgolot.** pc. **basanglot.** pc.
Ropa rota, vieja. **galot.** pc. *Golanit.* pc.
Ropa talar que no llega al suelo. **tacdan.** pc.
Ropa hecha pedazos. **lotay.** pp.
Ropa listada. **tañgi.** pp.
Ropa de seda pura. **lalogui.** pc.
Ropaje. *Damit.* pc. *Pananamit.* pc.
Rorro. *Sangol.* pc. *Batá.* pp.
Rosa. **candá.** pc. *Bulaclac.* pc.
Rosario. *Cuintas.* pc. l. *Cuentas.*
Rosca para sentar vasijas, ollas. &c. *Diquin.* pc. *Guiquin.* pc.
Rosca de bejuco cordel. &c. **balocay.** pp. *Licao.* pp.
Roso. *Pula.* pc. *Mapula.* pc.
Roso, á roso y velloso. *Ualang pili.* pp. *Ualang pasintabi.* pp. *Ualang patumangá.* pc.
Rostrillo. *Sinag.* pp.
Rostrituerto. **talilis.** pp. **muhí.** pc. *Mongot.* pp.
Rostro. *Muc-hà.* pc.
Rostro ó pico. *Tucà.* pc.
Rostro afilado. **tagpis.** pc. *Cupis.* pc.
Rota. *Pananambulat nang hocbo.* pp.
Rotacion. *Biling.* pc. *Pag biling.* pc. *Pag pihit.* pp. It. *Golong.* pp.
Roto. **larot.** pc. *punit.* pc.
Roto por muchas partes. **gaygay.** pc.
Rotura de ropa. **tasac.** pp. *Uindang.* pc.
Rotura grande, romperse. *Uasac.* pc. *Uacuac.* pc.
Rotura que comienza á manifestar la ropa. *Gahi.* pp. *Guisi.* pp.
Rozar, gastándose. *Gasgas.* pc.
Rozar. **gamas.** pp. **gosar.** pp. **tasac.** pc. **gahit.** pp.
Rozar mal. **galamos.** pc. **gamos.** pp.
Rozar á trechos. **tagactac.** pc.

Rozar yerba que empieza á salir. **balisuis.** pc.
Rozar sementera. *Bilar.* pc.
Rozar zacatales despuntándolos. **ongot.** pc.
Rozar en el zacate. **salag-oy.** pc.
Rozar sábanas para hacer sementeras. **tabtab.** pc.
Rozar el zacate que nace en pilapiles y sementeras. **tabas.** pc.
Rozar carrizales despues de quemados. **panting.** pc.
Rozar yerba. **gasac.** pc. **alap.** pp. **gahi.** pp. **tabtab.** pc.
Rozar el zacate del caiñgin. **goso.** pc.
Rozar alguna que otra que se quedo entre los sembrados. *Hilamon.* pc. **toy-oc.** pc.
Rozarse. **at-at.** pc. **as-as.** pc. **iyais.** pc. **guisguis.** pc.
Roznar. *Langotngot.* pc. *Ñgalotngot.* pp.

R antes de U.

Rua, calle. *Daan.* pp. *Lansangan.* pp.
Ruante. *Nag papasial.* pc. *Nag lilibot.* pc.
Rubio. *Bulagao.* pc. **bulhao.** pc.
Rubor. *Hiya.* pc. *Cahihiyan.* pc.
Rudo. *Mapurol.* pc. *Mahinang isip.* pp. It. *Magaspang.* pc.
Rueca. **sondot.** pp. **potosan.** pp. *Sudlan.* pc.
Rueda. *Pugolong.* pp. *Golong.* pc. It. *Paralis.* pp. **parolang.** pp.
Rueda del que anda por el zacate. **catas.** pc.
Rueda de vientre. **caslog.** pc.
Rueda para hilar. **gantala.** pc. **biliñgan.** pp.
Rueda de metal cuando lo baten. **gasá.** pc.
Rueda de noria ó molino. *Guilingan.* pc.
Ruego. *Daing.* pc. *Amó.* pp.
Rufo. V. Rubio.
Rugido, rugir. *Ongal.* pp.
Rugoso. *Conot.* pc. *Colontoy.* pc. *Cobot.* pc.
Ruido. **alagouac.** pc. *Ogong.* pp. **calascas.** pc. *Ingay.* pp. *Iguing.* pp. *Lingao.* pp. **tun-got.** pc.
Rujir la barriga. **alagouac.** pp. **alagooc.** pp.
Rujir las tripas. **oga.** pc. **colog.** pc. *Ogoc.* pp.
Rujir las tripas por mucha agua. **quisao.** pp.
Ruido de puerco. *Ogoc.* pc.
Ruido del que grita. *Magao.* pp.
Ruido que hacen los goznes de la puerta. *Irit.* pp. *Calairit.* pp.
Ruido como uno que habla mucho. **calantong.** pc.
Ruido de las pisadas del caballo. **carig.** pc.
Ruido del trueno. *Daguinding.* pc.
Ruido de lo que cae de golpe. *Calantog.* pc.
Ruido de sillas. **calogcog.** pc.
Ruido de muchos pollos que ván en pos de la madre. **colitao.** pp. **colisao.** pp.
Ruido de ratones en las nipas. **cotos.** pc. *Colos.* pc. *Coloscos.* pc.
Ruido de abejas. *Alingao-ngao.* pp. l. pc.
Ruido de la manteca al freir. *Saguitsit.* pc. *Sagotsot.* pc. *Sirit.* pp.
Ruido como de ventosa cuando la arrancan. *Hagotac.* pc.

Ruido de cosa que se rompe sea ropa ó palo. *Laguitlit.* pc.
Ruido que causa el golpe de plato ó armas. *Calansag.* pc. *Calansing.* pc. *Taguinting.* pc.
Ruido que hace uno dando vueltas en parte estrecha. *Cotob.* pc.
Ruido que hacen los peces mordiéndo algo en el agua. **sibar.** pp.
Ruido de animal pequeño. **agas.** pc. **agas-as.** pc.
Ruido del que cae. *Bag-oc.* pc.
Ruido del que anda por agua. **cabao.** pp.
Ruido de arena pisada. **cagascas.** pc.
Ruido de espada ó hierro cuando lo aliman. **caguisquis.** pc.
Ruido de agua en vasija angosta. **talá.** pc.
Ruido como de arroz que cae. **calantis.** pc. *Calatis.* pc.
Ruido como de dineros ó llaves en faltiqueras. **calas.** pc. *Calansing.* pc. **casing.** pc.
Ruido de huevos á modo de cascajo. **gasang.** pc.
Ruido del pecho de asmático. **sagahas.** pp. **agahat.** pp. **agahas.** pp. **talhac.** pc.
Ruido de agua que cae de lo alto. **hagalhal.** pc. **sagacsac.** pc. **tapsac.** pc.
Ruido de viento suave. **hagayhay.** pc.
Ruido del que ronca ó tose. **hagoc-hoc.** pc.
Ruido del que vómita. **hayohac.** pp.
Ruido del que boga ó camina. **habotac.** pc.
Ruido del mar alborotado. **ogac.** pp.
Ruido como de resaca, ó aguacero recio, mucha gente que pasa, zumbido de las obejas. *Ogong.* pp. **hagonghong.** pc.
Ruido de corriente ó aguacero. **ongong.** pc.
Ruido que hace el ave con sus alas. *Pagacpac.* pc.
Ruido como de azote, ó de que pila. **pagalpal.** pc.
Ruido de las olas cuando se estrellan. **paguispis.** pc.
Ruido con caña quebrada. *Pagopac.* pc.
Ruido como murmullo. **pangaao.** pc.
Ruido de risa grande. **sagaac.** pp.
Ruido de leña ó caña verde cuando la parten. **sagaac.** pp.
Ruido que hace la madera blanda cuando la abren á lo largo. **sagouac.** pp.
Ruido que hacen los peces mordiendo lo que está sobre el agua. *Sagpang.* pc.
Ruido semejante á lo que se menea con el viento. **calobcob.** pc.
Ruido de escabar con uña. **calotcot.** pc.
Ruido del que camina recio. **carag.** pp.
Ruido del que trastorna algo. **caslag.** pc.
Ruido de hojas secas. **cayaicas.** pp.
Ruido de muchos animales juntos. **culiangcang.** pp.
Ruido de cualquier animal. *Colos.* pc.
Ruido de tripas, ó de lo que se cuece. **coto.** pc.
Ruido de ratones en las nipas. **cotos.** pc.
Ruido del agua. **dagaluac.** pc. *Sagal-uac.* pc.
Ruido del que anda aprisa. *Daganas.* pp.
Ruido de los que pelean. **dagarag.** pp.
Ruido como de aguacero. **daguingding.** pc. **dayisdis.** pc. *Daguisdis.* pc.
Ruido del mar. *Dagongdong.* pc.
Ruido del puñete. *Dagooc.* pp.
Ruido de vizcocho entre los dientes. **ñgalobñgob.** pc. *Lanğotnğot.* pc.
Ruido de la boca cuando come cosa como pepita. **ñgayabyab.** pc.
Ruido que hace entre los dientes alguna arenilla. **ñgayatñgat.** pc.
Ruido del pie cuando lo sacan de lodo. **hotac.** pc. *Hagotac.* pc.
Ruido del que corre por espusura. *Laganas.* pp.
Ruido del agua que corre por peñas. **lagasgas.** pc. *Lagoslos.* pc. *Lagaslas.* pc.
Ruido del navío cuando lo baran. **lagaslas.** pc.
Ruido grande del árbol que cae. **laguiguis.** pc.
Ruido de la bebida al tragarla. *Lag-oc.* pc. *Logocloc.* pc.
Ruido de mocos grandes cuando los serben. **lagoctoc.** pc.
Ruido de animales que destrozan sementeras. **lagomoc.** pc.
Ruido grande que cae de alto. **lagonlong.** pc.
Ruido del pescado cuando saltan jugando. *Lagosao.* pc.
Ruido que hace la cadena. **lagusao.** pp. *Calansing.* pc.
Ruido de agua que cae de los árboles. *Lagoslos.* pc.
Ruido de orina. **lagosgos.** pc.
Ruido de ropa cuando se rompe. **lahithit.** pc. **taguistis.** pc.
Ruido que hace la boca cuando se masca algo. **sapac.** pc.
Ruido que hace en el gaznate. *Lag-oc.* pc. *Tag-oc.* pc.
Ruido del palo en la cabeza. **tagotoc.** pc. *Tagoctoc.* pc.
Ruido del golpe dado en tierra. *Tagopac.* pp. l. pc.
Ruido de ola que revienta en peña. **tagoot.** pc.
Ruido que se oye al pilar el arroz. **tagongtong.** pc.
Ruido del que anda y golpea, ó menea algo. **tayanig.** pc.
Ruido de pisadas. **yabag.** pc. **dagoldol.** pc.
Ruin. **bayais.** pc. **dayoot.** pc. *Maramot.* pp. **bayoguin.** pp. *Masamang asal.* pp. *Masamang casta.* pc.
Ruin, de salud quebrantada. **unsiami.** pp.
Ruina. *Gohó.* pp. *Guibà.* pc. *Sirá.* pp.
Rumbo. *Tonğo.* pp. *Lacad.* pp. It. **parangya.** pc. *Caparanğalanan.* pc.
Rumboso. *Mapag paranğalan.* pp. *Maguilas.* pp.
Rumia. *Nğuyá.* pc. It. *Limi.* pp. *Dilidili.* pp.
Rumiar sin abrir la boca. **ñgima.** pc.
Rumor. *Balitá.* pp. **bolong.** pc. *Sabi.* pp.
Rumor de mucha gente. **lingal.** pc. *Inğay.* pp.
Rururu. **bolong.** pc. *Balitá.* pp. **boloñgan.** pp. *Sabi.* pp.
Rústico. *Bolobandoquin.* pp. *Tagabuquid.* pp.
Ruta. *Tonğo.* pp. V. Rumbe.
Rutilar. *Ningning.* pp. *Dilag.* pc. *Banaag.* pp. *Sinag.* pp.
Rutina. *Ogali.* pp. *Palacad.* pp. *Quinabihasnan.* pc.

S antes de A.

Sábado. *Arao na icapito at catapusan nang boong san linggo.*
Sábalo, pescado. *Bangos.* pc. It. *Bouan bouan.* pp.
Sábana. *Comot.* pp.
Sábana. *Parang.* pp.
Sabandija. *Gumagapang.* pc.
Sabañones. *Alipunga.* pc.
Sabedor. *Naca aalam.* pp. *Nacatatalastas.* pc.
Saber. *Dunung.* pp. *Alam.* pp. It. *Toto.* pp. *Batid.* pc. **tahó.** pc.
Saber algo el que aprende. **matamata.** pc. **moslac.** pc.
Sabiduría. *Carunungan.* pp.
Sabio. **siyac.** pc. *Pantas.* pc. **paham.** pc. *Bihasa.* pp. *Marunong.*
Sabiondo. *Nag mamarunong.* pc. *Nag dudunong dunungan.* pp.
Sabor. *Inam.* pp. *Linamnam.* pc. *Namnam.* pc. **lator.** pc. *Lasa.* pp. *Lasap.* pc. *Sarap.* pc. **isam.** pp.
Sabor de fruta verde. *Saclap.* pc.
Sabor áspero. *Pacla.* pc.
Saborear. *Palasahan.* pp. *Pasarapin.* pc. *Bigyan nang lasa.*
Saborearse. *Lasapin.* pc. *Namnam.* pc. *Lasahin.* pp. De *lasap* y *lasa.*
Saborearse acordándose de algo. *Lasap.* pc.
Saborearse mascando con algun ruido. **tacam.** pc.
Sabroso. *Sarap.* pc. **itor.** pp. **iatam.** pc.
Sabroso. **hitod.** pp. *Masarap.* pc. *Malasa.* pp.
Saca de gente para obra comun ó guerra. **tugpa.** pc. **bayani.** pp.
Sacar. *Hangó.* pp. *Cuha.* pp.
Sacar algo de un monton. **hapao.** pc.
Sacar el ancla. **hiuat.** pp.
Sacar, como anillo del dedo. *Hogot.* pp. **hoso.** pc.
Sacar prenda. **losong.** pp.
Sacar dientes á alguno. **loñgas.** pp.
Sacar el marisco de su concha. **hindo.** pc.
Sacar hilas. **himosmos.** pc. *Hogot.* pp.
Sacar de la red. **himotas.** pp.
Sacar de comer. *Hain.* pp.
Sacar el puñal. **labnos.** pc.
Sacar fuego con pedernal. **panting.** pc. *Pingqui.* pc. **pingquil.** pc.
Sacar fuego con palo ó caña. **paouas.** pp. **poyos.** pc.
Sacar algo de bajo del agua. **saguilap.** pp.
Sacar tierra con una caña hendida. **salacsac.** pc.
Sacar gargajo de la boca. **salauay.** pp.
Sacar principal sin ganancia. **patali.** pp. *Sulit.* pp. *Sulit puhunan.* pp.
Sacar punta *Talas.* pp. **timos.** pp. **tilos.** pp. **tulis.** pp.
Sacar cosa posa de licor. **tarloc.** pc.
Sacar la cabeza del agua el pez. **tongay.** pc.
Sacar las pepitas del algodon por prensa. **pipis.** pc.
Sacar algo con vaso. **carló.** pc.
Sacar la carne del coco cuando está blanda. **caloy.** pp.
Sacar metal de las minas. *Dolang.* pc.
Sacar del fuego la olla. *Ahon.* pp. **añgay.** pc.
Sacar algo de la cueva. **daua.** pc.
Sacar la lengua de otro por fuerza ó sacársela, ó sacarla. **diladila.** pc.
Sacar de lo hondo. **aliuat.** pc.
Sacar algo del hoyo. **dolauit.** pp.
Sacar hocico. **iñgos.** pp. **baliñgosñgos.** pc.
Sacar algun provecho. **hinamo.** pc.
Sacar de agujero algo como palitos, ó con el dedo. *Doquit.* pp. *Calicol.* pc. *Docot.* pp. *Calicot.* pp.
Sacar alguna cosa del fondo del agua con algun palo. **salauay.** pp.
Sacar algo de bajo del agua. **haguilap.** pp.
Sacar fuera. *Loual.* pc. *Labas.* pc.
Sacar agua del pozo. *Saloc.* pp. *Timbà.* pc.
Sacar copia. *Houar.* pp. *Salin.* pp.
Sacar los dientes. *Tipó.* pp.
Sacar espina ó cosa tal con la punta del cuchillo. **souit.** pp. *Sungquit.* pc.
Sacar las tripas á los animales. **hocá.** pp. **hicá.** pp.
Sacar brasas del fuego. *Cahig.* pp.
Sacar las tripas á la gallina. **batibot.** pp.
Sacar el algodon de la mazorca. **binos.** pp.
Sacar metiendo la mano. *Docot.* pp.
Sacar de la nada. *Lalang.* pc.
Sacarle ó quitarle á uno todo lo que tiene. **hublas.** pc.
Sacar la gallina los pollos. *Pisá.* pc.
Sacerdote. *Pari.* pp. *Cahalili nang Dios.* pc. *Ama nang calulua.* pc.
Sacerdote de sus anitos. **alagar.** pp.
Sacerdotiza de sus ídolos **catolonan.**
Saciar. *Bosog.* pc. It. *Sandat.* pc.
Saco ó robo. *Samsam.* pc. *Agao.* pp.
Sacramentar. *Sangcapán.* pc.
Sacramento. *Gamot sa caluloua.* pc.
Sacratísimo. *Cagalanggalang.* pp.
Sacrificar, sacrificio. *Handog.* pc. *Alay.* pp.
Sacrilegio. *Calapastanganan sa manga bagay na na oocol sa Dios.*
Sacrílego. *Tauong lapastangan sa Dios ó sa manga na oocol sa Dios.*
Sacrosanto. *Cagalanggalang.* pp.
Sacudida, sacudimiento. *Pilig.* pc. *Paligpig.* pp.
Sacudimiento del cuerpo del caballo. **ligpig.** pc. *Paligpig.* pc.
Sacudir. **andulan.** pp. *Uaguag.* pc. *Pagpag.* pc.
Sacudir el animal el pólvo. **saliguing.** pc. **sigig.** pc.
Sacudir, como el que tremola bandera. **uiguig.** pc. **baliuas.** pp. *Uagay-uay.* pc.
Sacudir con vara algo. *Piapis.* pp. **pilapis.** pp.
Sacudir el ave ó perro agua ó polvo. *Paligpig.* pc.
Sacudir algo, como ropa. *Pagpag.* pc. **pacpac.** pc. *Paspas.* pc.
Sacudir de reves. *Uasiuas.* pp.
Sacudir algo de un lado á otro. **uilig.** pc. **uiluil.** pc.
Sacudir con algo. **biray.** pc.
Sacudir las aves las plumas mojadas. **payag-**

pag. pc. **pipilipisan.** pp. *Pilig.* pp. *Palig-pig.* pc.
Sacudir el trigo. **sabucay.** pc.
Sacudir metiendo y sacando del agua alguna cosa para limpiarla. **hoghog.** pc.
Sachar ó escardar. **gusad.** pp. **gamas.** pp.
Sacho. *Dulos.* pc.
Saeta. *Panà.* pp. *Palasó.* pc. *Tonod.* pp.
Saga. *Mangcuculam.* pp. It. *Mang huhulang babaye.* pp.
Sagacidad. **licuad.** pc. *Catusuhan.* pp. *Talas nang isip.* pp.
Sagaz. *Matalinong.* pp. *Matalas.* pp.
Sagrado. *Na oocol sa P. Dios.*
Sagú de Borneo. **ambulog.** pc. **ambulong.** pp.
Sahumar. **aryap.** pc. **pasaclab.** pc. *Saclab.* pc. **yang.** pc. **daig.** pp.
Sahumarse con brasero poniéndolo entre las piernas. **obahob.** pp.
Sahumerio. **astañgi.** pc. **copalis.** pc.
Sahumerio para sudar. **loop.** pp. *Soop.* pp. *Soob.* pp.
Sahumerio con incienso. **samala.** pp.
Saja. V. Sajadura.
Sajador. *Mangangadlit.* pc. *Mananabar.* pc.
Sajadura. *Carlit.* pc. *Tabar.* pc.
Sajar. **cárlis.** pc. *Cadlit.* pc.
Sajar con fuerza. **dauil.** pp.
Sajar alguna parte del cuerpo. *Tabar.* pc. *Carlit.* pc.
Sajar á lo largo. **tari.** pp.
Sal. *Asin.* pc.
Sala. *Cabahayan.* pp.
Sala de justicia. *Hocoman.* pp.
Salado. *Alat.* pp. **borali.** pp. *Maalat.* pp. **balao-balao.** pp.
Salar. *Asin.* pc. *As-nan.* pc.
Salar pescado. **panas.** pc. **gamyo.** pc. **canas.** pc. *Boro.* pp. *Bagoong.*
Salario. *Opa.* pc.
Salcochar. *Halbos.* pc. **halabos.** pc. *Taghilao.* pc.
Salcochar medio cocido ó medio frito. **bancalasan.** pc. **bascalanan.** pc.
Saldo, ó finiquito. *Catapusang cuenta.* pc.
Salero con tapadera. **solopo.** pp.
Salero sin tapadera. *Souic.* pp. **pihala.** pp.
Saleroso. *Masaya.* pc. *Mariquit na mag salitá.* pc.
Salida. *Pag labas.* pc. *Pag alis.* pc. It. *Daan.* pp. *Labasan.* pp.
Salida al camino. *Abat.* pp.
Salina. *Asinan.* pp. **irasan.** pp.
Salir. *Labas.* pc. It. *Alis.* pc. *Yaon.* pp.
Salir. *Litao.* pc. *Sipot.* pc.
Salir el escalon de su lugar. **litang.** pc.
Salir de hilera. **lolong.** pp.
Salir de algun lugar cuando parte del pueblo. **panatolac.** pp.
Salir á la defensa de otro. *Tindig.* pp.
Salir de algo ó alguna parte. *Galing.* pp.
Salir á la demanda. **talar.** pc.
Salir de un peligro á otro. **niñgauas.** pp.
Salir algo mas largo de lo que suele. **lamyac.** pc.
Salir fuera lo que estaba escondido, como animales. **lañgal.** pp.
Salir á recibir al que viene cansado para aliviarle. **patno.** pc.
Salir el golpe al soslayo. **salopinit.** pc.
Salir al encuentro. **sagana.** pp. *Salobong.* pp.
Salir bien la labor. **batas.** pc.
Salir al camino. *Abat.* pp. *Harang.* pp.
Salir á recibir á alguno para enseñarle el camino. **salongsong.** pp.
Salir á matar á otro. **aptas.** pc.
Salir á dar priesa á alguno. **salongsong.** pc.
Salir con impetú, como agua represada. *Bolouac.* pc.
Salir derechas las ramas. **salaya.** pp.
Salir por atajo. **bolos.** pc.
Salir fuera. *Labas.* pc. *Loual.* pc. *Paloual.* pc.
Salir fuera de la fianza. **ñgalima.** pp.
Salir por fiador. **calang bahala.** pp.
Salir olor bueno ó malo de alguna parte. **halimonmon.** pc. *Samyo.* pc.
Salir á salvo el que se anega. **tacar.** pp.
Salir bien la labor ó bordadura. **tatas.** pc.
Salir ó rebosar lo que cuecen por la boca de la vasija. **lag-ua.** pc. **log-uá.** pc. **og-ua.** pc.
Salir el sol ú otro astro. *Silang.* pp. *Sicat.* pp. It. *Potoc.* pc. *Bitac.* pc.
Salir rio á bajo para alguna parte. *Louas.* pc.
Salir acompañando á otro. *Patnobay.* pp. *Patnogot.* pp.
Salir la embarcacion. *Tulac.* pp.
Salir al encuentro á uno que se espera con premura. *Salosod.* pp. *Salonsod.* pc.
Salir al encuentro á uno que está andando para decirle algo. *Salabat.* pp.
Salir olor ó hedor de la vestidura ó cuerpo de alguno. **pañgimayo.** pp.
Salir muchos para atajar á uno. **catcat.** pc. *Harang.* pp.
Salir muy de prisa enojado. *Yaros.* pp.
Salir primero. *Ona.* pp. **luguit.** pp.
Salir muchos á porfia **balotbot.** pc.
Salirle á uno gente que no sabía, ni pensaba. **bocar.** pp.
Salirse del camino. *Sinsay.* pp. *Liuas.* pp. *Lihis.* pc. **liclic.** pc.
Salirse el licor de la vasija. *Toló.* pp.
Salirse de repente, como las tripas de la barriga. *Roslit.* pc.
Saliva. *Lauay.* pp. *Lorà.* pc.
Saliva colorada de los que mascan buyo. **sali.** pp.
Salmo. *Auit na pag pupuri sa P. Dios.*
Salmodia. *Catiponan nang isang daa,t, limampong Salmong quinathà ni David.*
Salmuera. **sisig.** pp. **togno.** pp. *Patis.* pc.
Salobre. **tabsing.** pc. **matabsing.** pc. **balugá.** pp.
Salema. **bálicongcong.** pp. **balaquia.** pc.
Salpicar. **tahasac.** pc. **talabo.** pc. **tabsic.** pc. **talamsic.** pc. **talauisic.** pp. *Tilamsic.* pc. **ambol.** pc. *Tilabsic.* pc. **tamsic.** pc.
Salpicar el agua que cae de alto. **tapsac.** pc.
Salpicar el agua. **bolandit.** pc.
Salpicar el agua hácia un lado. *Randang.* pc.

Salpicar el agua hácia arriba. *Boloboc*. pc. *Bolboc*. pc.
Salpicar el lodo cuando lo pisan. **bolandit**. pc. *Polandit*. pc.
Salpresar. **tama**. pp. *Boro*. pp.
Salpresar para el dia siguiente. **himol**. pp.
Salpresar con poca sal. **burali**. pp.
Salpreso. *Boro*. pp. *Bagoong*. pp. **balbacua**. pp.
Salpreso con sal y morisqueta. **pacasam**. pp. It. **balaobalao**. pp.
Salpullido. **abang abang**. pp. *Bon̄gang arao*. pp.
Salsa. *Saosauan*. pp. **hidhiran**. pp.
Salsa verde de la panza del venado. **linabos**. pp.
Salsereta. **pihala**. pp. **souic**. pp.
Salsereta para cal de buyos. *Pan̄gapolan*. pp.
Saltar. **ilambang**. pc.
Saltar in genere. *Locso*. pc.
Saltar el agua represada. **bulas**. pc.
Saltar el caiman. **bulas**. pp.
Saltar de lo alto. **talosong**. pp. **tilosong**. pp. *Losong*. pp. *Talon*. pp. *Tipas*. pp.
Saltar, como astillas. *Ilandang*. pc. *Talsic*. pc.
Saltar hácia arriba, como el agua que hierve. **salagbo**. pc. *Silacbo*. pc. *Sigalbo*. pc.
Saltar en un pie. **hinlalay**. pc. *Hindaray*. pc. **dambo**. pc. *Taquindi*. pc. **candirit**. pc.
Saltar la caza afuera de la red. **subli**. pc.
Saltar en tierra los animales acuátiles. **osar**. pp.
Saltar de contento. **casa**. pc.
Saltar como el trompo. **cara**. pc.
Saltar á pie puntillas. **bucsiya**. pc. **lombay**. pc. **tagumba**. pc.
Saltar de una parte á otra. **patoo**. pp.
Saltar de una cosa pequeña á otra. **lacta**. pc.
Saltar como el caballo. **talandang**. pc. *Damba*. pc.
Saltar de un número grande á otro. **lagtao**. pc.
Saltar hácia arriba. **salicbobo**. pp. **salicsic**. pc. **yocbo**. pc.
Saltar, como chispas. **tilandang**. pc.
Saltar el cuchillo de la mano por haber dado al soslayo. *Tabsao*. pc.
Saltar, como el arroz al pilarlo. **tibo**. pp.
Saltar de un bordo á otro. **tapouá**. pc.
Saltar como astilla. *Ilandang*. pc. **tilandang**. pc. *Talsic*. pc. **tabsao**. pc.
Saltar el agua por haber algo de bajo. **alimbucay**. pp.
Saltar el pescado en el agua. **cabo**. pc.
Saltarin, saltarina, saltatriz. *Mananayao*. pp. *Magsasayao*. pp.
Salteador. **mañgayao**. pc. *Manghaharang*. pp. **magliliñgo**. pp. *Tulisan*. pc. *Man̄gan̄gagao*. pp.
Saltear. **abat**. pp.
Saltear por los caminos. **liñgo**. pp. **pañgayao**. pc. **mañgayao**. pc. *Harang*. pp.
Saltear, no llevar seguido. **lactao**. pc. *Lacdao*. pc.
Saltillos que dá el que tiene alguna llaga en parte que le obliga á darlos cuando anda. **siyang**. pc. *Ticod*. pc.
Saltillos de la ropa cuando bailan. **candot**. pc.
Salto. *Locso*. pc. V. Saltar.
Salto del que tropieza. **damba**. pc.

Saltos de corazon. *Cabacaba*. pc. *Sicdo*. pc. *Cotóc*. pc.
Saltos del que vá á caballo. *Carig*. pc.
Salud. *Galing*. pc. It. *Guinhaua*. pp.
Saludable. *Nacaguiguinhaua*. pp. *Nacagagaling*. pc. *Caguinhaguinhaua*. pp.
Saludador á su modo. **tauac**. pc.
Saludar. *Bati*. pp. *Aba*. pc.
Saludar dando la bien venida. *Salamat*. pp.
Saludar con esta palabra. **hila**. pp.
Saludar al que estornuda. **sogui**. pp.
Salutacion. *Bati*. pp. *Pag bati*. pp.
Salvacion. *Pagcapacagaling*. pc. *Pag cacamit nang cagalin̄gan*. It. *Pagcapalan̄git*. pc. *Pagcapaiualhati*. pp.
Salvadera. **pamorbor**. pc. **borboran**. pc.
Salvado. *Darac*. pc.
Salvador. *Manunubos*. pc. *Mananacop*. pp. *Manliligtas*. pc.
Salvaje. *Tauo sa damo*. pc. *Tubó sa damo, bolobondoquin*. pp.
Salvar. *Ligtas*. pc. *Timauà*. pp. *Saguip*. pc. It. *Tubos*. pc. *Sacop*. pp.
Salvarse. *Mapalan̄git*. pc. *Lomoalhati*. pp. *Mag tamo nang caloualhatian*.
Salvarse de algun peligro. **pocas**. pp.
Salvia. *Sambong*. pc.
Salvoconducto. *Pahintolot*. pp.
Sanar. *Galing*. pc.
Sanar la herida. *Bahao*. pp.
Sancaca. **pacascas**. pc.
Sancionar. *Pag tibayin ang cautusan*.
Sancochar. **hablos**, **halbos**. pc. **halabos**. pc.
Sandalia. **paragatos**. pp. **palagatos**. pp. **panyapac**. pc. **pangyapac**. pc.
Sándalo. **aapalit**. pp.
Sándalo blanco. **balitong**. pp.
Sandia. *Pacquan*. pc. *Paquan*. pc.
Sandio ó tonto. **mangmang**. pc. *Ualang muang*. pp.
Sanedrin. *Cataastaasang hocoman nang man̄ga Judios*.
Sangley. **sanglay**. pc. *Insic*. pc.
Sangrar, sangria. **tudlis**. pc. *Cadlit*. pc.
Sangrar á su modo. *Tandoc*. pc.
Sangraza de golpe entre cuero y carne. *Patá*. pc.
Sangraza de heridas, carne ó pescado. *Sago*. pp. *Lahoy*. pp.
Sangraza hedionda. **toloc**. pc. It. *Logá*. pp.
Sangre. *Dugó*. pc.
Sangre derramada entre cuero y carne. **alonalon**. pc.
Sangriento. *Lumalahoy*. pp. It. *Maban̄gis*. pc. *Mabagsic*. pc.
Sanguijuela. *Linta*. pc.
Sanguijuela del monte. **limatic**. pp.
Sanguinario. *Mabañgis*. pc. V. Cruel.
Sanguineo. *Madugó*. pc. It. *Culay dugó*.
Sanguis. *Camahalmahalang dugó nang A. P. J. Cristo*.
Sano. *Galing*. pc. *Magaling*. pc. *Ualang saquit*. pc.
Santiamen. *Quisap mata*. pc. V. instante.
Santidad. *Cabanalan*. pp. *Casantosan*. pp. It. *Don̄gal at pag tauag sa Sto. Papa*.

Santificar. *Casihan nang gracia.* pp. *Hulugan nang gracia.* pp. *Banal.* pc.
Santificar las fiestas. *Pangilin.* pp. *Mangilin.* pp.
Santiguada. *Pag aantandá.* pc.
Santiguar. *Ang tandá* pc. *Mag ang tandá.* pc. *Mag curuz.* pc. **mag yaring tandá.** pc.
Santo. *Banal.* pc.
Santon. *Banal na manga Turcos.* It. *Nagbababanalbanalan.* pp.
Santuario. *Bisita.* pp. **toclong.** pc.
Saña. *Poot.* pp. *Galit.* pp.
Sañudo. *Magagalitin.* pc. *Nagagalit.* pp.
Sapo. *Cocac.* pp. *Palacà.* pc.
Sapos que nacen en las primeras lluvias. *Palacang langit.* pc.
Saquear al enemigo. *Samsam.* pc. *Agao.* pp.
Saqueador. *Manloloob.* pp.
Sarampion. *Ticdas.* pc. **tiplas.** pc. **tipdas.** pc. It. *Tocó.* pc.
Sarao. *Sayauan.* pp. *Catauan nang manga mahal.* pc.
Sarcasmo. *Masaquit na biró, masaquit na uicà,* **tari.** pp.
Sardina. *Halobaybay.* pp. **hauolhauol.** pp. *Tamban.* pc.
Sarna. *Galis.* pc.
Sarna perruna. *Galis na* **timac.** pc. **timac.** pc.
Sarna pequeña. **banil.** pp.
Sarna gruesa, y que vá comiendo para dentro la carne, **locat.** pc.
Sarna menudita y espesa, pica mas que las otras. **dosdos.** pc. It. *Galis aso.*
Sarnas grandes. *Mamasó.* pp.
Sarnoso. *Galisin.* pp.
Sarpullido. *Bongang arao,* **abangabang.** pc. **boñgag tibatib.** pp.
Sarracina. *Babagan.* pc. **labolabo.** pp. *Magolong auay.*
Sarta. *Doró.* pp. *Tohog.* pp. **tindag.** pc. **balañgat.** pp. **balagat.** pp.
Sarten ó cazo. *Cauali.* pp.
Sastre. *Mananahi.* pp. It. *Mananabas.* pp.
Satanas. **sitan.** pp. *Dimonio.* pc.
Satelite. *Agusil.* pc. It. *Alagad.* pc.
Satira, dicho picante. **tari.** pp. **pasaring.** pp. *Masaquit na uicà, paringig.* pc.
Satírico. *Matalas.* pp. **matañgas.** pp.
Sátiro. *Tigbalang.* pp.
Satisfaccion. V. Satisfacer.
Satisfaccion, dar satisfaccion. *Hinauad.* pp. *Panhinauad.* pp.
Satisfaccion (tomar.) *Ganti.* pc. *Higanti,* pc.
Satisfacer. *Bayad.* pp. It. **cauas.** pp. It. *Sacop.* pp.
Satisfecho. *Bosog.* pc.
Sauco. *Alagao.* pc.
Sayo. *Baro.* pp. It. *Damit.* pc.
Sazonar el nami. **bagnis.** pc.
Sazonar lo que se cuece ó asa. *Liquing.* pc.
Sazonar la comida. **inin.** pc. *In-in.* pc.

S antes de E.

Se supone. *Mangyari.* pp. *Saan di.* pc.

Se dice que suena. **cono.** pc. *Rao.* pc. *Dao.* pc. **cono rao.** pc. *Di umano.* pc. *Ang sabihan.* pp. *Ang balitaan.*
Sea á hora. *Maguing ngayon man.* pc. *Masque ngayon.* pc. *Ngayon nangà.* pc.
Sea en hora buena. *Di siang salamat.* pp. *Dinga salamat.* pp. **siya.** pp. *Dingá bahaguiyà.* pc.
Seas bien venido. *Salamat sa magandang pag dating mo, mabuti at dumating ca, salamat at dumating ca.*
Sebo. *Taba.* pc.
Seca. **toyot.** pp.
Seca de granos diviesos, ó incordios. *Colani.* pp.
Seca de tierra. **cagang.** pp.
Secadero. *Bilaran.* pp.
Secano. **dalatan.** pp. *Cataasan.* pp.
Secar. **balat.** pp.
Secar al viento. **baloto.** pp. *Yangyang.* pc.
Secar algo al sol. *Bilar.* pc.
Secar al sol arroz, trigo, &c. **pamala.** pc.
Secar carne ó pescado al sol. **tigang.** pc.
Secar hojas al sol. **tayamtam.** pc.
Secar al fuego. *Tapa.* pc. *Darang.* pc.
Secarse cosa hueca. **ñgolop.** pc.
Secarse los sembrados. **ayng.** pc.
Secarse hoja ó flor. *Lanta.* pc.
Secarse las puntas de lo que está en almácigo. **totog.** pp.
Secarse de mucho sol. *Toyot.* pp.
Secarse el arroz en una olla al fuego para poderlo moler ó pilar. *Olas.* pp. *Sangag.* pc.
Secarse mucho alguna cosa de manera que se pueda moler. *Lotong.* pc.
Secarse las plantas por estar anegadas del agua que el sol calienta mucho. **logo.** pp.
Secarse demasiado el arroz en la espiga por lo cual se desgrana al segarse. **lotoc.** pp. **lotlot.** pc.
Secarse las ojas. **laying.** pp. It. **lotoc.** pc.
Secarse los sembrados. *Tuyot.* pp.
Secas. **pinalagar.** pp.
Seco, secarse. *Tuyò.* pc. It. *Iga.* pc. **paingang.** pc.
Seco al sol ó al fuego. **tigam.** pp.
Seco, sequísimo. **yañgos.** pc. **gañgo.** pc. I. pp. **tigang.** pp.
Seco no del todo. **langcay.** pc. *Malaguihay.* pp.
Seco de sed. **paga.** pp.
Secreta. *Panabihanan.* pp. *Dumihan.* pp.
Secretar, hablar en secreto. *Bolongan.* pp. *Lihiman.* pp.
Secreto. *Lihim.* pp. It. **alimis.** pc. **imis.** pc.
Secreto, encargar el secreto. *Saad.* pp. **sag-op.** pc.
Secuaz. *Campon.* pc. *Alagad.* pc.
Secuestrar, secuestro. *Habilin.* pp. It. V. Embargar.
Secundario. *Icalaua.* pc. *Pangalaua.* pc.
Secundina. **banban.** pc.
Secundina el que está el niño en el vientre de su madre *Calong.* pp.
Sed. *Ohao.* pp
Sed grande. **pagahan.** pp. **paga.** pp.
Seda. floja. *Sutla.* pc.
Seda cruda. *Husi.* pp.
Sedal. *Hapin.* pc.

Sede. *Siya.* pp. *Loclocan.* pp. *Opoan.* pp. *Oop-an.* pc.
Sedero. *Mag susulâ.* pc.
Sedicion. *Golo.* pc. *Himagsic.* pc. *Panghihimagsic.* pc.
Sedicioso. *Mangogolo.* pp. *Mang oopat.* pp. **mang oorali.** pp.
Seducir. **orali.** pp. *Opat.* pp. *Buyo.* pc. *Oloc.* pp.
Segadera. *Lilic.* pp.
Segador. *Manggagapas.* pp.
Segar. **alit.** pp. *Gapas.* pp. It. *Ani.* pp.
Segregar. *Hiualay.* pp. *Bocod.* pc.
Seguido. *Patoloy.* pp. *Sunodsunod.* pc. **danay.** pc. *Ualang tahan.* pc.
Seguir. **alagar.** pp *Osig.* pp. *Sonod.* pc. *Alinsonod.* pp. *Sama.* pp.
Seguir en pos de otro obedeciéndole. *Sonor.* pc.
Seguir el rastro para no errar el camino. **sosog.** pc.
Seguir á uno aporreándole. **baos.** pc.
Seguir buscando á otro. **toto.** pp.
Seguir su voluntad. **bolos.** pp. *Panibolos.* pp.
Seguir un camino. *Panoto.* pp. *Panonton.* pc.
Seguir á otro con la vista á ver donde vá. *Alagad.* pc.
Seguir buscando. *Tonton.* pc.
Seguir el perro por el olfato la caza, al amo, carne, &c. **soñgar.** pp. *Amoy.* pc. *Sanghod.* pc.
Seguir el perro la caza ladrando. **batoc.** pc.
Seguirse unas cosas á otras sin interrupcion. **danay.** pc. *Panay.* pc.
Segun. *Ayon.* pp. *Para.* pp. *Sañgayon.* pp. It. *Bagay.* pp.
Segun eso. *Diyatâ.* pp. *Cong gayon.* pc.
Segunda molienda del palay. **yabyab.** pc. It. **lopac.** pc.
Segundar. *Sonod.* pc. *Tulad.* pp.
Segundo. *Icalaua.* pc. *Pañgalaua.* pc.
Segur. *Palacol.* pc. It. **put-hao.** pc.
Seguro sin riesgo. *Tiuasay.* pc. *Panatag.* pp. *Ualang pañganib.* pp.
Seguro, cierto. *Tunay.* pp. *Totoo.* pp.
Seis. *Anim.* pp.
Seiscientos. *Anim na daan.* pp.
Seis mil. *Anim na libo.* pp.
Selecto. *Pili.* pp. *Hirang.* pp. *Pinili.* pp. *Hinirang.* pp.
Selva. *Gubat.* pp. It. **polo.** pc.
Sello. *Panalâ.* pc. *Panactac.* pc. *Tandà.* pc.
Sello, sellar. *Talà.* pc. *Tactac.* pc. **quintal.** pc.
Semana. *Linggo.* pc. **dinggo.** pc.
Semanal. *Linggohan.* pp. **dinggohan.** pp.
Semanalmente. *Lingo lingo.* pc. *Tuing linggo.* pc. *Pag caca sang linggo.* pc.
Semblante. *Muc-hà.* pc. *Pagca muc-hà.* pc. It. *Lagay.* pc.
Sembrado. *Buquirin.* pc. *Lupang binubuquid.* pp.
Sembrados. *Pananim.* pc.
Sembrados. desmedrados. **palongpong.** pc. **palongpoñgin.** pp.
Sembrar. *Hasic.* pc. It. *Tanim.* pc. It. *Taimtim.* pc.
Sembrar tupido para trasplantar. **iná.** pc.
Sembrar ubi. **lobang.** pp.
Sembrar sin órden. **palatac.** pc.
Sembrar, como trigo. *Sabog.* pp.
Sembrar gabi, ubi, togui **sirac.** pp.
Sembrar haciendo hoyo. **souat.** pc. **bacal.** pc.
Sembrar arroz en tierra que estaba anegada. **pasonod.** pc.
Sembrar cañas dulces. **taar.** pp.
Sembrar en tierra firme para trasplantarlo despues. **tanlag.** pc.
Sembrar para trasplantar. **palacdac.** pc. *Punlá.* pc. **dasi.** pc.
Sembrar pepitas. **dalau.** pc.
Sembrar árboles *Halaman.* pp.
Semejante. **holilip.** pp. **caholilip.** pp. *Catulad.* pp. *Caparis.* pp. *Camuc hà.* pc. *Cauañgis.* pp. It. *Sing.* pc. *Casing.* pc.
Semejantes en hermosura. *Sing ganda.* pc. *Casing ganda.* pc.
Semejanza. *Hambing.* pc. It. *Ga.* pc.
Semejanza de nombres. **sanghir.** pc.
Semejanza no total. *Uañgis.* pp. *Uangqui.* pc.
Semejanza de una cosa con otra. *Cahalimbauà.* pp. *Catulad.* pp.
Semen. **lamor.** pc.
Semen naturæ. **tubor.** pc. **putiputi.** pp.
Sementar los peces ó langostas. *Itlog.* pc.
Sementera. *Buquir.* pp. **linang.** pc. *Palayan.* pp.
Sementera dejada. **bocso.** pc.
Sementera heredada. **bitang.** pc.
Sementera que hacen en tiempo de secas. **panalagar.** pp. *Palagad, panagarao.* pp.
Sementera de gabes. **lanangan.** pp.
Sementera grande y ancha. **larang.** pp.
Sementera sin descanso. **lanangan.** pp.
Sementera con linderos. **libho.** pc.
Sementera que ya no se siembra. *Laon.* pp.
Semestre. *Anim na bouan.* pc. *Calahating taon.* pc.
Semilla. **batag.** pp.
Semilla in genere. *Binhi.* pc.
Semilla nacida por haberse caido acaso. **tacatac.** pp.
Semilla de calabaza. **biri.** pp.
Semillero. *Punlà.* pc. *Punlaan.* pp.
Seminario. *Escuelahan.* pc. It. V. Semillero.
Seminarista. *Nag aaral.* pp.
Sempiterno. *Ualang hangan.* pc. *Ualang catapusan.* pc. *Magpacailan man.* pc. V. Eterno.
Senador. *Ponong bayan.* pp.
Sencillo. *Manipis.* pc. *Ualang suson.* pc. It. *Taong tapat na loob.*
Sencillo, moneda menuda. **mulay.** pc. It. **bariya.** pc.
Senda. *Gatas.* pc. *Landas.* pc.
Senda de animales. *Bolaos.* pc. It. *Onog.* pc. *Bagnos.* pc.
Senda angosta. **agtas.** pc.
Sendero. V. Senda.
Seno. *Candoñgan.* pp. **sinapoponan.** pp.
Sensacion. *Caramdaman.* pp. *Damdam.* pc. *Pagcaramdam.* pc.
Sensato. *Mabait.* pc. *May bait.* pc.
Sensibilidad. *Pagca maramdamin.* pp.
Sensual. *Mapag lasa.* pp. *Mapag tamasa.* pp. *Malibog.* pc.

Sensualidad. **yag.** pp.
Sensualidad, sabor. *Lasa.* pp.
Sentadillas, á sentadillas. **hinbabayi.** pc.
Sentado. **locloc.** pc. **licmo.** pc. *Opó.* pc. V. Sensato.
Sentar en cuclillas. **nincayar.** pc. *Tingcayar.* pc.
Sentarse cruzando los pies. **nansilá.** pp. *Tansilâ.* pp.
Sentarse sobre las piernas. **ninpoho.** pc.
Sentarse sobre la tierra. *Ongcoy.* pc.
Sentarse in genere. *Opó.* pc. **licmó.** pc. **locloc.** pc.
Sentarse cruzando los pies, bajas y llanas la rodillas. **palasiui.** pp. *Tansilâ.* pp. *Panansila.* pp.
Sentarse encima de los carcañales. **palatimpo.** pc.
Sentarse sobre cosa alta y angosta. **paionpacam.** pp.
Sentarse colgándole los pies. *Palaylay.* pc. **patilaylay.** pc. *Laylay.* pc.
Sentarse en el suelo. *Logmoc.* pc. *Lopagui.* pp. **lopasay.** pc.
Sentarse en parte alta. **pamantoñgan.** pp.
Sentarse el ave. *Dapó.* pp.
Sentarse tendidas las piernas, ambas juntas. *Hindolos.* pc.
Sentarse de golpe á caso ó de propósito. **tilocloc.** pc.
Sentarse cruzando los pies abiertas las rodillas. **panalisa.** pp.
Sentarse la muger sobre los carcañales. **timpoho.** pc.
Sentarse algo para que no se caiga. *Sahor.* pp.
Sentarse en las faldas ó regazo, como niños. **sapopo.** pp. *Calong.* pp. *Pacalong.* pp.
Sentarse con las rodillas en el suelo, los pies en las asentaderas. **panimpoho.** pc.
Sentarse en la pura tierra. **logamoc.** pp.
Sentencia, parecer, sentenciar. **tacay.** pc. **talacay.** pp. *Pasiya.* pc. *Hacâ.* pp.
Sentencia, sentenciar. *Hatol.* pp. *Hocom.* pc.
Sentido. **magmag.** pc. *Damdam.* pc. *Malay.* pp.
Sentido ó significacion. *Cahulugan.* pc. *Casaysayan.* pp.
Sentido, significacion espiritual y mística. **hiuaga.** pp.
Sentido por ser puntoso ó delicado. **golohhi.** pc.
Sentimiento. **toñgo.** pp. *Pighati.* pc. *Tampo.* pc. **guitos.** pc. *Hinanaquit.* pc.
Sentimiento grande. *Hilacbot.* pc.
Sentimiento que recibe otro junto á él. **ñgasing.** pc.
Sentir, sentimiento. *Damdam.* pc.
Sentir trabajo ó cansancio. *Inda.* pc.
Sentir sordera. *Bing̃i.* pc.
Sentir movimiento de algo, como de cólera. **subol.** pp.
Sentir refrigerio en lo interior, como del fresco, **taguimtim.** pc.
Sentirse de que le riñan ó enseñen. **tombahi.** pp.
Sentirse brazo ó pierna por la coyuntura. **pita.** pc.

S antes de E.

Señal. **balatoc.** pp. *Tandà.* pc. *Bacas.* pc. *Lagdá.* pc. It. **uatauat.** pp.
Señal de golpe ó azote. **lahab.** pp. *Latay.* pp.
Señal de dote. *Habilin.* pp. *Lagac.* pp.
Señal primera para ajustar el casamiento. **taling bohol.** pp.
Señal con golpe en el árbol. **tabsac.** pc.
Señal de la rascadura. *Galos.* pp.
Señal que se hace en las maderas cuando les arrastran por piedras. **dasdas.** l. *Gasgas.* pc.
Señal que deja el cordel *Guitg̃uit.* pc.
Señal que se dá ó se dice para animar á los que quieren luchar. **balap.** pc.
Señal que deja el palo en el golpeado. **balatay.** pc. *Latay.* pp.
Señal que queda del golpe. **batil.** pc. *Pasâ.* pc.
Señal de la llaga. *Pilat.* pp. *Piclat.* pc.
Señal ó prenda que deja el que se despide para no volver ó para irse lejos. *Himacas.* pc. *Pahimacas.* pc.
Señal de la herida. *Bacat.* pp. *Bacatbacat.* pc.
Señal de linde. *Tolos.* pp. **talictic.** pc. *Moson.* pc.
Señal ó anuncio triste. **himalá.** pp. **balá.** pp. **hiuagá.** pp.
Señal que pone en la sementera para decir que es suya. **sañgab.** pp.
Señalar. *Ting̃t.* pc.
Señalar. *Tandà.* pc. **agat-at.** pc.
Señalar su tarea. *Tongcol.* pc.
Señalar apuntando. *Toró.* pp.
Señalar con algun tizon encendido meneándolo para que le sigan. **balouar.** pp.
Señalar término. *Hàngan.* pc.
Señalar el camino para no errarlo. **hilar.** pp.
Señalar lo que ha de cortar. **itait.** pp.
Señalar dia. *Tacda.* pc.
Señalar lindes. **talictic.** pc. *Paloto.* pp.
Señalar peñas. **cana.** pc.
Señales de los azotes. *Latay.* pp.
Señales que ponen para enderezar algun palo tuerto. **toto.** pc.
Señales que se dan para saber ó acertar con alguna cosa. **uauali.** pp.
Señales de chinantas ó romana. **polonpolon.** pp.
Señas que hacen hablándose. **coryatan.** pp.
Señas que hacen á uno tocándole ó tirándole de la ropa. *Calabit.* pc. *Calbit.* pc.
Señero. *Nag iisa.* pc. V. Solo.
Señor. *Poon.* pp. *Pang̃inoog.* pp. **abon.** pp. *Maguinoo.* pp. It. *Pó.* pp. **popó.** pc. **pocó.** pc.
Señoria. *Camahalan.* pp. Su señoria. *Ang camahalan mo.* pp.
Señorico. *Anac mahal.* pp. *Anac guinoo.* pp.
Señorío. *Capangyarihan.* pp. *Cabagsican.* pp. It. *Lupang na sasacupan.* pp.
Señuelo. *Pang̃ati.* pc.
Separar. *Hiualay.* pc. l. pp. *Ualay.* pp. *Tang̃i.* pp. *Bucod.* pc.
Separar del plato comun la vianda que le toca. *Tang̃i.* pc.
Separarse dos. *Hiualay.* pc.
Separarse de la compañía de otros. *Tiualag.* pc.
Septeno. *Ica pito.* pc.
Septentrion. **ilaya.** pp. **hilagá.** pc.

Septiembre. *Pangalan nang buang icasiam sa lacad nang taon.*
Septimo. *Icapito.* pc.
Septuagésimo. *Ica pitong pó.* pc.
Septuplicar. *Pag pitohin.* pc. *Uliting maquipito, ó macapito.*
Septuplo. *Macapito.* pc. *Maquipito.* pc. *Pitong taquip.* pp. *Pitong suson.* pc.
Sepultar. *Libing.* pc. *Baon.* pc.
Sepultura. *Baon.* pc. *Baonan.* pp. *Libingan.* pp.
Sequedad. **iga.** pc. *Tuyó.* pc. *Catoy an.* pc. *Ca tuyoan.* pc. It. **tuyot.** pp.
Sequia. **tuyot.** pp. V. S quedad.
Sequísimo. **yasang.** pc. **yañgos.** pc. *Tuyong tuyó.* pc.
Sequito. *Abay.* pp. *Manga abay.* pp.
Ser. *Paguing.* pc. *Maguing.* pc. ¡*Maguing pantas ca nauà!.* ¡Ojala seas docto.!
Ser, esencia. *Pag ca.* pc. El ser ó esencia de Juan. *Ang pagca tauo ni Juan.*
Ser de provecho ó no. *Pacana.* pc. **carañgayan.** pc.
Ser de provecho una cosa. **uisir.** pc.
Ser tal. *Ngà.* pc. *Ngani.* pp. *Siya ngà.* pc. *Oo ngà.* pc. *Gayon ngà.* pc. *Tunay.* pp. Vease la parte tagala.
Ser una cosa propia de uno. **molat.** pp. It. *Ari.* pp. *Sarili.* pp.
Ser impelido. **bighani.** l. *Bic-hani.* pp. *Buyó.* pc.
Ser llevada la embarcacion del viento, con violencia. **baguisbis.** pc. **baguinbing.** pc. *Padpad.* pc.
Ser ingrato. **pasiualan loob.** pp. *Ualang turing.* pp.
Ser dicho algo. *Turan.* pp.
Ser cómplice. **samaya.** pc.
Ser llevado del viento hácia arriba. **sicabo.** pp. *Sigalbo.* pc.
Ser acometido de muchos. **lagoblob.** pc.
Ser bastante una cosa para otra. **daco.** pp.
Ser dejado. *Ayuan.* pc.
Ser derribado de temblor ó viento. **pongit.** pc.
Sera cierto. *Maguin.* pc.
Serenar el tiempo lluvioso. *Aliualas.* pp. *Linao.* pp. *Liuanag.* pp.
Serenar ó escampar. *Tilà.* pp. **tanang.** pc.
Serenarse. *Tining.* pp. *Payapà.* pp.
Serenata. *Tugtugan.* pp.
Serenidad. *Capayapaan.* pc. *Catiuasayan nang loob.*
Serenidad despues del baguio ó huracan. **hignao.** pc. *Calinauan.* pp.
Sereno. *Hamog.* pc. **ton-og.** pc. It. **homog.** pp.
Sereno. *Maliuanag.* pp. *Malinao.* pp.
Seriamente. *Tunay.* l. *Tutuhanan.* pp.
Serie sucesiva. **patong.** pp. *Sonodsonod.* pc. *Pagcaca sonodsonod.* pc.
Serio. *Ualang imic.* pc. *Di magaslao.* pc. *Mahusay.* pp. It. *Tunay.* pp. *Totoo.* pp.
Sermon. *Pangaral.* pp. *Aral.* pp.
Seroja **layac.** pc It. *Yaguit.* pc.
Serpentear. **quiual.** pp. **igual.** pc.
Serpiente. *Ahas.* pp.
Serpiente de dos cabezas. **balabag.** pc. **balibat.** pc.
Serradizo. *Malalagari.* pp.
Serrador. *Mag lalagari.* pc.
Serranía. *Cabunducan.* pp. *Bundocbundoc.* pc.
Serrano. *Taga bundoc.* pc. *Bolobondoquin.* pp.
Serrin. *Cusot.* pp. *Pinag lagarian.* pp.
Servible. *Magagamit.* pp.
Servicial. *Mapag lingcod.* pc. *Mapanoyó.* pp. *Masonorin.* pp. V Obediente.
Servicio. *Pag lilingcod.* pc. It. *Suyó.* pp. *Pag suyó.* pp.
Servido. *Nagamit.* pp. *Nagamit na.* pc.
Servidor. *Lingcod.* pc. *Alilà.* pp.
Servidumbre. *Pagca alipin.* pp. It. V. Servicio.
Servil. *Nang alipin.* pp. *Nang alilà.* pp. It. *Mura.* pp. *Timauà.* pp.
Servir. **alalay.** pp.
Servir al gusto de otro. *Panoyó.* pp.
Servir, como criado, discípulo, &c. *Lingcor.* pc.
Servir el esclavo á su señor cuando vive aparte. **ñgino.** pp.
Servir con esperanza de premio. *Suyó.* pp.
Servir á la mesa trayendo los platos. *Hain.* pp. It. *Orong.* pp.
Servir la comida á la mesa. *Dolot.* pp.
Sesenta. *Anim na pó.* pc.
Sesenton, na. *Tauong may anim na pong taon.*
Sesgar *Hiuas.* pc. *Balindis* pc.
Sesgo. *Pahiuas.* pc. *Pabalindis.* pc.
Sesion. *Polong.* pp.
Sesma. *Ica anim na bahagui.* pp.
Seso. *Otac.* pp. It. *Bait.* pc. *Cabaitan.* pp.
Sestear. *Pahinga.* pc.
Sesudo. *Mabait.* pc. *May bait.* pc. *Lagay na loob.* pp.
Seta. *Cabuti.* pc.
Setecientos. *Pitong daan.* pp.
Setenario. *Pitong arao.* pp.
Setenio. *Pitong taon.* pc.
Setenta. *Pitong pó.* pc. *Pitong puo* pp.
Setenton. *Taong may pitong pong taon.*
Setentrior. V. Septentrion.
Setiembre. V. Septiembre
Setuagenario. V. Setenton.
Setuagésimo. *Ica pitong pó.* pc.
Severidad del aspecto. **catalañgasan.** pc.
Severo. *Mabangis.* pc. *Mabagsic.* pc.
Sevicia. *Bangis.* pc. *Bagsic.* pc. *Cabangisan.* pc. *Cabagsican.* pp.
Sexagenario. *Taong may anim na pong taon.*
Sexagésimo. *Ica anim na puo.* pc. *Icanim na pù.* pc.
Sexenio. *Anim na taon.* pc.
Sexta parte. *Anim.* pp. *Icanim na bahagui.*
Sexto. *Anim.* pp. *Icanim.* pp. *Icaanim.* pp.
Sextuplicar. *Uliting maquianim.* pp. *Pag animin.* pp.

S antes de I.

Sí. *Cun.* pc.
Si acaso. *Sagano.* pc. *Sacali.* pp. *Hari ngà.* pc. *Opan.* pp.
Sí señor. *Oo pó.* pc. **oo pocó.** pc.
Sí, condescendiendo. *Oo.* pp.

Si es que. *Nauá*. pc.
Si, con la cabeza. *Tangó*. pc.
Si; afirmando. *Oo*. pp. *Tunay*. pp. *Totòo*. pp.
Sibila. *Mang huhulang babae*. pp.
Sibucao. *Sapang*. pc.
Siega. *Gapas*. pp. *Ani*. pp. It. *Tag-gapas*. pc. *Tag-ani*. pc.
Siembra. *Tanim*. pc. *Hasic*. pc. It. *Tag hasic*. pc. *Tag tanim*. pc.
Siembra ó sembrado en tiempo de secas. *Panag-arao*. pp.
Siempre. *Ualang togot*. pp. *Ualang humpay*. pc. *Ualang* **lumpat**. pc. *Mayatmayà*. pc. It. *Cailan man*. pc. *Magpacailan man*. pc.
Siempre. *Toui*. pp. *Parati*. pp.
Siempreviva. *Macabuhay*. pp. It. **catacataca**. pc.
Sien. V. Sienes.
Siendo. *Palibhasá*. pp.
Sienes. *Pilipisan*. pp. **quimotquimotan**. pc. **quibotquibotan**. pc. *Pilipisanan*. pp.
Sierpe. *Ahas*. pp. It. **manyayañgó**. pp.
Sierpe que vuela. **balag**. pc. **layan**. pc. **la-yag-an**. pc. **lalayan**. pc.
Sierra. *Lagari*. pp. It. *Bendoc*. pp. *Cabondo-cán*. pp.
Siervo. *Otosan*. pc. *Sugoin*. pc. *Alilà*. pp. *Batà*. pc. *Lingcod*. pc. It. *Alipin*. pp. *Bulisic*. pp.
Sieso. *Tombong*. pc.
Siesta. *Tanghali*. pp. It. *Pahiñga sa tanghali*. pp.
Siete. *Pito*. pp.
Siete cabrillas, estrellas. **mapolon**. pp.
Sigilar. *Lihim*. pp. *Lingid*. pp. It. *Tactac*. pc. *Quintal*. pc. *Talà*. pc.
Sigilo. *Panactac*. pp. *Panandà*. pc. It. V. Sigilar.
Siglo. *Sandaan taon*. pp.
Signáculo. *Tandà*. pc.
Signar. *Tactac*. pc. *Quintal*. pc. *Talà*. pc.
Signarse. *Mag tandà*. pc. *Mag ang tandà*. pc. **magyaring tandá**. pc.
Signatura. V. Signáculo.
Significacion. *Casaysayan*. pp. **casalaysayan**. pp. I. *Cahologan*. pc. *Catotoran*. pc.
Significado. V. Significacion.
Significar. *Ipahiuatig*. pp. *Ipaquilala*. pp. *Ipa-hayag*. pp.
Signo. *Tandà*. pc. *Pinag cacaquilanlan*. pc. *Pinag cacaquilalanan*. pp
Siguiente. *Casonod*. pc. *Sumosonod*. pc.
Sigueyes que no estan lisos. **pachang**. pc.
Silbar. *Panipol*. pp. V. Silbo.
Silvar con boca ó pito. **panaghoy**. pc.
Silbido con que llaman. **nipol**. pp.
Silbido de culebra. *Irit*. pc. *Ingit*. pc.
Silbido de serpiente. **sirip**. pp. **sisit**. pc.
Silbido, silbar. **pasioc**. pp.
Silbo. **sipol**. pp. *Sotsot*. pc.
Silenciario. V. Silencioso.
Silencio. **ninim**. pp. **timic**. pp. *Tahimic*. pp. **tining**. pp.
Silencio del que no quiere hablar por algun enojo. **miling**. pc.
Silencioso. **tinip**. pc. *Ualang imic*. pc.
Silvestre persona. *Bolobondoquin*. pp. *Taga bu-quid*. pp.
Silvestre planta ó árbol. **ligao**. pc.
Silla de madera con ganchos. **piangca**. pc. It. **puste**. pc.
Silla, asiento. *Siya*. pp. **loclocan**. pp.
Silla de montura. *Siya*. pp.
Sillar. **tablia**. pp. **tabliya**. pp. *Bato*. pp.
Sima. *Malalim na cueva*. pp.
Simbolizar. *Uangqui*. pc. *Hambing*. pc.
Simbolo. *Tandà*. pc. **saguisag**. pp.
Simboló de los apóstoles. *Sumampalataya*. pp. *Ang sumasampalataya*. pp.
Simetría. *Pag caca ayon ayon*. pp.
Simiente. **putiputi**. pp. *Binhí*. pc.
Simil. *Cauangqui*. pc. *Cauangis*. pp. *Halimbauá*. pp. *Halintulad*. pp.
Similitud. *Uangis*. pp.
Simonía. *Pag bibili nang manga biyayá ó bagay na na oocol sa calolua*.
Simpatía. *Hiyang*. pp.
Simple. **payac**. pc. *Polos*. pc. *Taganas*. pc. *Dali-say*. pp. *Ualang haló*. pp. V. Sin mezcla.
Simple, mentecato. **maang**. pp. **mangmang**. pc. **mañga**. pc. **hañgal**. pc.
Simpleza. **camangmañgan**. pc. **cahañgalan**. pc.
Simplicidad. Idem.
Simplonazo. *Totoong* **mangmang**. pc. *Sacdal nang pagca* **mangmang**. pc.
Simulacion. *Paconuari*. pc. **balobaló**. pc. *Conouà*. pc.
Simulacro. *Larauan*. pp.
Simulador. *Ma pag paconuari*. pc.
Simular. **balabalá**. pc. V. Simulacion.
Simultaneo. *Casabay*. pc.
Sin. *Ualà*. pc.
Sin mas ni mas. *Lamang*. pp. *Ualang ano ano*. pc.
Sin duda. *Mandin*. pc. *Din*. pc. *Ngà*. pc.
Sin vergüenza. **bicalot**. pp. *Ualang hiyà*. pc.
Sin provecho. *Cabolohan*. pc. *Ualang cabolohan*. pc. **nahat**. pp. *Ualang casaysayan*. pp.
Sin parar. **hanhan**. pc. V. Sin cesar.
Sin demora. **potal**. pc.
Sin tacha. *Ualang ano ano*. pc. *Ualang pintas*. pc.
Sin cesar. **poypoy**. pc. *Ualang humpay*. pc. *Ua-lang* **hoyang**. pp. *Ualang tahan*. pc. *Ualang to-got*. pp.
Sin duda. *Ualang bahalà*. pp.
Sin diligencia. *Lamang*. pp.
Sin pensar. *Caguiat*. pc. *Ca alam alam*. pp. *Caguinsaguinsa*. pc. *Ualang bahalà*. pp.
Sin tino. *Ualang taros*. pc.
Sin fin. *Ualang hanga*. pc. *Ualang hangan*. pc. *Ualang catapusan*. pc. *Mag pa cailan man*. pc. *Mag pa saan man*. pc. *Magpa sa ualang hangan*.
Sin mezcla. *Taganas*. pc. **payac**. pc. *Polos*. pc. *Ualang haló*. pp. *Ualang lahoc* pc.
Sinagoga. *Catiponan nang manga Judio*. *Simbahan nang manga Judio*.
Sinapismo. *Parapit*. pp.
Sincel para labrador. **panocol**. pc.
Sincerar. *Hinauad*. pp.
Sinceridad de corazon. *Calinisan*. pp.
Sincero. *Tapat*. pc. *Tapat na loob*. pc.
Síncope. *Himatay*. pc.

Sindicar. *Sombong*. pc. *Habla*. pc. It. *Pintas*. pc. *Pulà*. pp. **pistá**. pc.
Sinfonia. *Saho*. pc.
Singular. *Boglong*. pc. *Isa*. pc. It. **namolos sa matang bao, nanilat sa matang bao.**
Singularizar V. Singularmente.
Singularmente. *Boçor*. pc. *Tan̄gi*. pp.
Siniestra. *Caliuà*. pc.
Si no. *Cun di*. pc. *Di*. pc.
Si no fuera que. **dahan**. pp. **cun dahan**. pp. *Cundan̄gan*. pp.
Si no fuere. **hari ñga**. pc. *Dan̄gan*. pp. *Cundan̄gan*. pp.
Sino es que. *Liban*. pc.
Si no es que. *Subali*. pp.
Sino fuere. *Subali*, pp. *Pasubali*. pp.
Sino por que. **cundahan**. pp.
Sino fuera. *Dan̄gan nang*. pp. *Cun di sana*. pp.
Sin razon. *Licó*. pc. *Lihis*. pc. *Mali*. pc. *Uala sa matouid*. pc.
Sin sabor. *Pighati*. pc. *Dalamhati* pp. *Samà nang loob*. pc.
Sintaxis. *Hanay nang pan̄gun̄gusap*. pp.
Siquiera. *Maanong*. pc. *Alalaong*. pp.
Sirga. **onda**. pc.
Sirvienta, sirviente. *Alilà*. pp *Olosan*. V. Siervo.
Sisa. V. Sisar.
Sisar. **gamgam**. pp. *Omit*. pc. **hilaglag**. pc. *Anam*. pc. **hilabi**. pc. **icot**. pc. **am-am**. pc. **hilaui**. pc. **gamit**. pp. *Tubó*. pp. *Hinobó*. pp.
Sisar las medidas. **locat**. pp.
Sison. *Mapag omit*. pc. *Mapag tubó*. pp.
Sitial. **carorocan**. pp.
Sitiar. *Cobcob*. pc. *Bacod*. pp. *Ticop*. pp.
Sitio. *Lupà*. pp. It. V. Sitiar.
Sitio muy cerrado, sin respiradero. **alimoom**. pp.
Situacion. *Pag calagay*. pc. *Ca lalagyan*. pc.
Situacion violenta. *Guipit*. pc. *Piit*. pc.
Situado. *Na lalagay*. pc. *Na doroon*. pc.
Situar. *Lagay*. pc. *Doon*. pc. *Ilagay*. pc. *Idoon*. pc.
Si vas. **bauat paroon**. pp.

S antes de O.

So. *Sailalim*. pp. It. *Sa dahilan*. pp.
Soasado. **lañgin**. pp. **taghilao**. pc.
Soba, sobar. *Hagod*. pp. *Hilot*. pp. It. *Hampas*. pc.
Sobaco. *Quiliquili*. pc. *Caliquili*. pp.
Sobajar. **lipis**. pp. *Lamas*. pp.
Sobajar el valiente al flaco. **atig**. pc. *Socó*. pp.
Sobaquina. **añgit**. pc. *Anghit*, pc.
Sobar. *Lamas*. pp. *Hagor*. pp. *Hilot*. pp.
Sobar las manos al niño abriéndoselas. **sauan**. pp.
Sobarbada. **al al**. pc. It. *Mura*. pp.
Sobarcar. **quilic**. pp.
Soberano. *Cataas taasan*. pp. *Daquilà*. pp.
Soberbia. *Capalaloan*. pc. *Caposon̄gan*. pc.
Soberbio. *Palaló*. pp. **siguing**. pc. *Posong*. pc.
Soberbio en andar. **angas**. pp.
Sobon ó sobonazo. *Tamad*. pc. **pangcal**. pc.
Sobornar. **hiphip**. pc. *Sohol*. pp. **sopsop**. pc.
Sobra. *Labi*. pc. *Tira*. pc. **taotao**. pc. It. **lama**. pp.
Sobra de lo que fué gastando. **maloma**. pp.
Sobra que queda en la vasija. *Tira*. pc.
Sobra que se guarda, ó sedestina para otra ocasion ó para que no falte. *Taan*. pp. *Pataan*. pp. *Palagana*. pp.
Sobra que uno lleva de mas cuando vá á pagar para que no le falte. *Pan̄gulugui*. pp. *Palabis*. pp.
Sobra que se devuelve. *Saoli*. pc. *Socli*. pc.
Sobra de lo que se reparte. **calamaan**. pp. *Lama*. pp.
Sobrar ó sobra. **laa**. pp. **sauig**. pp. **bindong**, *labis*. pp. *Higuit*. pc.
Sobras el oro cuando lo labran. **labilan**. pp.
Sobras de alguna obra. **polonpolon**. pp. **polos**. pp.
Sobras ó bagazo de lo que se exprimió. *Obas*. pc. l. pp. **yamas**. pc. *Sapal*. pp.
Sobre. *Ibabao*. pp. *Sa ibabao*. pp. It. *Bagay*. pp.
Sobra que se halla en alguna cosa que es menester. **sauig**. pp.
Sobre apuesta. **licsa**. pc. **palicsa**, l. **paligsa**. pc.
Sobreabundante. **asac**. pp. l. pc.
Sobreagudo. *Litao*. pc. **salisid**. pp. *Lutang*. pp.
Sobrealzar. *Taas*. pp. *Buhat*. pp.
Sobrecarga. **cauil**. pp. **bagaybay**. pc. *Patong*. pp.
Sobrecargado. *Tiguib*. pc.
Sobrecargar. **licor**. pc. **talicot**. pc.
Sobrecargar algo apretando con los pies, como el verdugo al ahorcado. *Yotyot*. pc.
Sobrecoger. *Suboc*. pp. *Huli*. pp. *Rapat ó marapatan*. pp.
Sobrecomida, ó postre. *Himagas*. pp.
Sobredicho. *Nasabi na*. pc. *Naolit na*. pp. *Nabaguit na*. pc.
Sobrefaz. V. Sobrehaz.
Sobrehaz. *Ibabao*. pp. *Paimbabao*. pc. *Moc-hà*. pc. It. *Taquip*. pc.
Sobrehaz de oro. **palamat**. pc.
Sobrehaz de voluntad. **pamalat**. pc.
Sobrehaz de la morisqueta. **hapao**. pc.
Sobrehaz que se pone sobre algo para disimularlo. **bayorbor**. pc.
Sobremanera. *Di sapalà*. pp.
Sobrenadar. *Lutang*. pp. **lañgoy**. pc.
Sobrenombre. **pañgalan**. pp. *Bansag*. pc. It. *Binyag*. pc. *Pamagat*. pc. **iit**. pp. **palayao**. pp. *Tauag*. pp.
Sobrentender, sobre entender. *Holó*. pp. *Curó*. pp.
Sobrepaga. *Dagdag*. pc.
Sobrepujar. **taotao**. pc. **lampao**. pc. *Laló*. pp. *Higuit*. pc. **labao**. pp. *Lampas*. pc. **calabacao**. pp. **bahoc**. pc.
Sobrepujar, como ojos que sobresaltan. **oslo**. pc. *Oslt*. pc.
Sobrepujar la avenida cubriendo toda la tierra. **sapao**. pp. *Apao*. pp. **lanip**. pp.
Sobrepujar á la medida cosa no líquida. **bagaobao**. pc.

Sobresaliente. *Pangolo*. pp. *Paulo*. pp. **namomogtong**. pc. *Naungingibabao*. pp.
Sobresalir. **taotao**. pc. **licas**. pc. It. *Pangibabao*. pp. **pamogtong**. pc.
Sobresalir como la rosa. **sobiac**. pc. **sabiyac**. pp.
Sobresaltarse. **tanlac**. pc. *Hilacbot*. pc. *Gulantang*. pc. **catar**. pc. *Guicla*. pc. *Guilalas*. pc.
Sobresaltarse de temor. **cabalcabal**. pp.
Sobresalto. **golobhi**. l. **golorhi**. pc. V. Sobresaltarse.
Sobreseer. *Orong*. pp. *Tiguil*. pp. *Potol*. pp.
Sobreseguro. *Panatag*. pp. *Ualang panganib*. pp.
Sobrestante. *Mag aalagà*. pc. l. *Mag aarao*. pc. *Namamahalà*. pp. *Catiualà*. pp.
Sobrestante. **arag**. pc.
Sobresueldo. *Dagdag*. pc. *Patong*. pp.
Sobrevenida. *Biglang pag dating*. pc. *Biglang pag datal*. pc.
Sobrevenir. *Casonod nangyari*. It. V. Sobrevenida.
Sobrevivir. *Matirang buhay*. pc.
Sobriedad. *Casucatan*. pc. *Casiahan*. pc.
Sobrino. *Pamangquin*. pp.
Socabarse. **calicar**. pp. **ocà**. pc.
Socabon. **tañgip**. pc.
Socaliña, socaliñar. *Hibó* pp. *Dayà*. pp. *Uicauicà* pp.
Socarrena hueco. *Guang*. pp.
Socarrina. **anglos**. pc. V. Chamusquina.
Socarron. *Tuso*. pp. *Mapang pailalim*. pc.
Sociedad. *Casamahan*. pc. *Pag sasama*. pp. *Sama*. pp.
Socio. *Casama*. pp. It. *Casámà*. pc.
Socorrer. *Ampon*. pc. *Copcop*. pc. *Palà*. pp.
Socorro ó socorrer. *Guibic*. pc. *Saclolo*. pp.
Sodomia. *Paquiqui apid nang lalaqui sa capua lalaqui, ó babae sa capua babae*.
Soez. **timauà**. pp. *Hamac na tauo*. pp. It. V. Desvergonzado.
Sofaldar. *Lilis*. pc. **bayaquis**. pc.
Soflama. *Atay atay*. pp. It. **dayandang**. pc.
Sofrenada, sofrenar. **al-al**. pc. *Tangcab*. pc.
Soga. *Lobid*. pp. *Tali*. pp.
Soguero. *Mag lulubid* pc.
Sojuzgar. *Socó*. pp. *Pasocó*. pp.
Sol. *Arao*. pp.
Solamente. *Bocor*. pc. *Lamang*. pp.
Solana. *Pa arauan*. pc. *Pinag papa arauan*. pc.
Solano viento. *Amihan*. pp.
Solapado. *Paimbabao*. pc. *Di tapat na loob*.
Solaparse la llaga penetrando lo interior. **oc-oc**. pc.
Solar, sitio de casa. *Pag babahayan*. pp. *Bahayan*. pc.
Solaz, solazar. *Alio*. pc. *Tuá*. pc. *Libang*. pc.
Solazo. **pipitic**. pc. *Init na* **pipitic**. *Arao na sacdal nang init*.
Solazoso deleitable. *Caalio alio*. pc. *Gaaya aya*. pp.
Soldada. *Opa* pp. **babà**. pc.
Soldado. *Sondalo*. pp.
Soldador. *Manhihinang*. pp.
Soldar. *Hinang*. pp. **bitang**. pp.
Soldarse la herida. *Hilom*. pp.
Solear. *Bilad*. pc. V. Asolear.
Soledad. *Capanglauan*. pp. *Pagca pag iisa*. pc.
Soledad. **layo**. pp. **tagui**. pp. *Pag iisa*. pc.
Soledad, desierto. *Ilang*. pc. **tahao**. pp.
Solemne. *Hayag*. pc. *Masaya*. pc.
Solemnidad. **galac**. pc. *Saya*. pc.
Soleras. **bacar**. pp. **bodloy**. pc. It. *Cahab an*. pc.
Solicitud. *Sipag*. pc. *Adhicà*. pc.
Solicitar al bien ó al mal. *Osap*. pp. *Paquiusap*.
Solícito. *Masipag*. pp. *Mabisa*. pp. *Maingat*. pp. *Alip-ip* pc.
Solicitud. *Ligalig*. pp. **guiaguis**. pp.
Solicitud, solicitar. *Osisà*. pp. *Osap*. pp.
Solidar. *Tibay*. pp. *Tigas*. pc. *Patibayin*. pp. *Patigasin*. pc.
Solido. *Maigting*. pc. *Masinsin*. pc.
Solio, trono. *Carorocan*. pp.
Solitaria, lombriz. **olay**. pp. *Bulati sa tian*.
Solitario, Ave. **mananayom**. pp.
Solitario. **taguipanglao**. pc. **toco**. pc. *Nag iisa*. pc. *Na sa ilang*. pc.
Soliviar con espeque. *Soual*. pp. **sicuat**. pc. **dalauit**.
Soliviar algo pesado. **houit**. pc.
Soliviar algo sucio levantándolo con algun palo. *Cohit*. pp.
Soliviar algo suspendiéndolo con la mano, para ver con la pesa. **taya**. pp. l. pc.
Soliviarse. *Ángat*. pc.
Solo. *Iisa*. pc. It. *Nag iisa*. pc.
Solo. *Nag iisa*. pc. *Ualang casama*. pp.
Soltar. *Calag*. pc.
Soltar la palabra. *Calas*. pc. *Bigcas* pc.
Soltar lazo. **igcas**. pc.
Soltar de represa. **bulat**. pp.
Soltar lo que tiene vivo en la mano, ó atado, ó encerrado. **alpas**. pc.
Soltar la escota. **buhi**. pc. *Butao*. pc. *Bitio*. pc. *Bitao*. pc.
Soltar el preso, ó el que está atado. *Ualà*. pc. **alpas**. pc.
Soltar la palabra. *Calas*. pc.
Soltar alguna cosa. **nutao**. pc. l. *Mutao*. pc.
Soltarse. *Hogot*. pp.
Soltarse ó desasirse algo sea viviente, ó no. *Polanggos*. pc.
Soltarse los cabellos. *Lugay*. pc.
Soltarse lo que estaba amarrado. **lagpos**. pc. *Calas*. pc. **labsoc**. pc.
Soltera, *Matandang dalaga*.
Soltero. *Matandang binatà*. pp. *Bagontaong matandà*. pc.
Solver. *Calas*. pc. *Calag*. pc. It. *Sagot*.
Sollozar. *Hibic*. pc.
Sollozar con narices y garganta. **sig-ot**. pc. *Singhot*. pc.
Sollozar el niño. *Himbic*. pc. *Hibi*. pc. **hicbi**. pc
Somanta. *Palò*. pp. *Hampas*. pc. **linti**. pc.
Sombra de la luna. **colalaing**. pc.
Sombra. *Anino*. pp. **lirong**. pc.
Sombra del árbol. *Silong*. pp. *Lilom*. pp. *Lilim*. pp. *Canlong*. pc.

Sombra de la tierra con que se abriga alguno empsrándose con ella. **lindong**. pc.
Sombrajo. *Habong*. pp. **halon**. pp. **palirong**. pc.
Sombrero. **salo**. pp. *Sambalilo*. pp. **copia**. pc.
Sombrero de nipa. **torong**. pc. *Tacocong*. pp.
Sombrero de paja. *Salacot*. pc. *Salocot*. pc.
Sombrero grande y ancho. **tamsoloc**. pc.
Sombrero de paja ó palma. *Sauing*. pc.
Sombrio. *Malilim*. pp. *Malilom*. pp.
Somero. *Babao* pp. **hambao**. pp.
Someter. *Pailalim*. pp. It. *Pasocó*. pp.
Somnolencia. *Antoc*. pc. *Tucá*. pc.
Sompesar. *Taya* pc.
Son. *Tinig*. pp. *Tugtug*. pc.
Sonado. *Bantog*. pc. *Balità*. pp.
Sonador. *Matunog*. pc. *Nag tutunog*. pc. It. *Siñgahan*. pp. *Panyong siñgahan*. pp.
Sonreirse. *Omis*. pp. *Ñgiti* pc.
Sonajas. *Pucalog*. pc. *Calog*. pc.
Sonar. *Tonog*. pc. It. *Tagopac*. pc.
Sonar el resuello. **bagsic**. pc.
Sonar la voz en bajo. **hagong**. pp. **hag-ong**. pc. *Hagong*. pp.
Sonar en hueco como cascabel. *Calog*. pc. *Calatog*. pc. *Catog*. pc. *Cabog*. pc.
Sonar los fuelles. *Bolos*. pp.
Sonar la moneda. *Calansing*. pc. **calan**. pc.
Sonar los platos. **calansang**. pc.
Sonar lo que se masca. *Ñgayasñgas*. pc. *Yañgasñgas*. pc.
Sonar el agua dentro del coco. **cumalog**. pc.
Sonar los mocos. *Siñga*. pc.
Sonar grueso. **labon**. pc. **lagong**. pp.
Sonar la voz, la campana. **caguingquing**. pc. *Taguinting*. pc.
Sonar la campana. **quiyag**. pc.
Sonda. *Pan aroc*. pc.
Sondar. **ayroc**. pc. *Aroc*. pc. **dogà**. pp. **tayroc**. pc *Taroc* pp.
Sondar el agua. *Taroc*. pc.
Sonido como cascabel. *Calog*. pc.
Sonido de la campana. **aliyauo**. pp.
Sonido de voz ó campana. **aliñgasao**. pc.
Sonido de la boca cuando uno come. *Ñgasab*. pc. *Sacap*. pc.
Sonido, sonar. *Tonog*. pc.
Sonido grande de algun golpe. *Lagapac*. pc. *Tagopac*. pc. *Calabog*. pc. *Cabog*. pc.
Sonido como de disciplina cuando azotan. *Laguitic*. pc. *Taguictic*. pc. *Latic*. pc.
Sonido de la lengua. **tamsic**. pc. *Taltac*. pc.
Sonido de la cosa que se rompe. *Laguitlit*. pc.
Sonido como el del raspar coco. **cagorgor**. pc.
Sonido del que rasga. **cagosgos**. pc.
Sonido sobre madera. **calopcop**. pc.
Sonido como de cascabel. *Cansing*. pc. *Calansing*. pc.
Sonido de metal ó loza. **cati**. pc.
Sonido que causa dentera. *Lañgasñgas*. pc.
Sonido de cosa hueca. **cagongcong**. pc. *Ogong*. pp.
Sonido de tripas. *Ogoc*. pc. **lagocloc**. pc.
Sonido de las espadas, ó pecho cuando reciben golpe. *Dagoc*. pc. *Calabog*. pc.
Sonido de golpe en cosa mojada. **sagapac**. pc.

Sonido de la voz que ladra lejos. **taguing**. pc. *Tahol*. pc. **holhol**. pc.
Sonoro. *Matinig*. pp. It. *Matinis*. pc.
Sonrisa. *Ñgiti*. pc. V. Sonreirse.
Sonrojo. *Hiyà*. pp. *Hiyà*. pc. *Cutiyá*. pc.
Sonsacar. *Orali*. pp. *Opat*. pp. It. *Salambao*. pc. *Salacab*. pc. *Asoc*. pp.
Soñar. *Panoguinip*. pp. *Bonñgang tolog*. pp. *Arap*. pp. *Pañgarap*. pp. *Panoguimpan*. pc. *Hinip*. pc. *Ñginib*. pp.
Soñar lo que antes se habia pensado. *Onanar*. pp.
Soñolencia. *Antoc*. pc. *Tucá*. pc.
Sopalancar. **huit**. pc. *Sual*. pc.
Sopapo. *Sumbi*. pc. *Sontoc*. pc.
Sopear, hollar. *Yapac*. pp. *Yorac*. pp.
Sopeton. *Dagoc*. pp. *Sontoc*. pc.
Sopeton de sopeton. *Biglà*. pc. *Caguiat*. pc. *Caguinsaguinsa*. pc.
Soplado. *Mogator*. pp. *Bulihin*. pp. *Mapag mariquit*. pc.
Soplador. *Pan hihip*. pc. *Hihip*. pc.
Soplamocos. *Sampilong*. pp. I. pc. *Sampal*. pc.
Soplar. *Hihip*. pc. I. pp. *Hiyip*. pc.
Soplar con fuerza el viento. *Daguisdis*. pc.
Soplar con las narices el arromadizado. *Sicamor*, pp.
Soplar recio el viento. *Yonto*. pc.
Soplar fuego con eficacia. *Sañgo*. pc.
Soplar el viento con pausa. *Bonto*. pc.
Soplar con fuelles *Bolos*. pp.
Soplar diversidad de vientos. *Bolanñgit*. pc.
Soplon. *Mapagsumbong*. pc. *Masumbonñgin*. pp.
Sopor. *Tolog*. pp. *Himlay*. pc.
Soporifero. *Panpatulog*. pp.
Soportar. *Atim* pc. *Bata*. pc.
Sor. *Capatid*. pc. *Tawag ó pag tawag sa mañga mongja*.
Sorber. *Haguirhir*. pp.
Sorber, como yema de huevos ó mocos. *Hothot*. pc.
Sorber recio. *Saguitsot*. pc. *Sagutsot*. pp.
Sorber hácia dentro. *Hachac*. pc.
Sorber poco á poco. *Hagothot*. pc.
Sorber, como caldo. *Higop*. pp.
Sorberse los mocos, pólvos, &c. *Singhot*. pc.
Sordera. *Cabingihan*. pc. *Pagcabingi*. pc.
Sordido. *Marumi*. pc. **samlang**. pc.
Sordina, á la sordina. *Lihim*. pp. *Walang ingay*. pp. *Maingat*. pp.
Sordo. *Bingi*. pc.
Sordo fingido. *Bingibingihan*. pc. **nag tatalñgang paquing**.
Sorna. **cuyad**. pp. *Cupad*. pp. *Bagal*. pp. **sagal**. pp.
Soror. *Capatid*. V. Sor.
Sorprender, sorpresa. *Soboc*. pc. *Rapat*. pp. *Marapatan*. pp.
Sortear. *Bunot*. pp. *Toli*. pp. *Honos*. pp.
Sorteo. *Bunutan*. pc. *Palaran*. pc. *Sapalaran*. pc. V. Sortear.
Sortija de bejuco que meten por las narices á los animales. **tagulcao**. pp. It. **sonang**. pp.
Sortija de hierro. **saclá**. pc. *Baclad*. pc.
Sortija de bejuco y hierro. *Baclor*. pc.
Sortija para correr la ventana. *Botor*. pp.
Sortijas. *Singsing*. pc.

Sosegado. *Lagay*. pc. *Palagay*. pc. *Payapá*. pp. *Timtiman*. pp. *Tiuasay*. pc. *Banayad*. pp.
Sosegar. *Payapá*. pp. *Tahimic*. pp.
Sosegarse el viento. *Tiguil*. pp. *Tahan*. pc. *Lubay*. pc.
Sosegarse, sosiego. *Tintin*. pc. *Tining*. pp. *Timic*. pp.
Sosegarse el inquieto. *Lagay*. pc. *Tali*. pc. *Palagay*. pc.
Sosegarse el que tuvo algun sobresalto. *Lindayac*. pp.
Sosegarse el viento despues del bagyo. *Linay*. pc.
Sosiego. *Baya*. pp. *Lagay*. pc. *Lamicmic*. pc. *Banayad*. pp. *Tantan*. pc. *Locoy*. pc. *Himay*. pp. *Payapá*. pp. *Tahimic*. pc. *Tiuasay*. pc. *Himic*. pp. *Bini*. pp. *Himaymay*. pp. *Lumicmic*. pc. *Hanhan*. pc.
Sosiego personal. *Hinhin*. pc.
Sosiego. natural. *Capalagayan*. pc.
Soslayo. *Hiuas*. pc. **balindis**. pc.
Soslayo herir al soslayo. *Daplis*. pc. **sablay**. pc. **diplas**. pc. **dinglas**. pc.
Soso. *Matab-ang*. pc. *Ualang lasa*. pp.
Sospecha. *Sagap*. pp. *Hinagap*. pp. *Sapantahà*. pp. *Hinalá*. pp. *Ahá*. pp.
Sospecha que há de ser asi. *Pilaha*. pp.
Soy. *Ait*. pp.
Sospechar. *Hanahana*. pc. *Hang̃ig*. pp. *Halatà*. pc. *Hagap*. pp. *Panihalá*. pp. *Sagap*. pp. *Hacá*. pp. *Balang̃ayo*. pp. *Taghap*. pc. *Hinalà*. pp. *Agam*. pp. *Hama*. pp.
Sospechar ó sospecha. *Hagap*. pp.
Sospechoso. *Bintang̃an*. pp. *Palabintang̃an*. pp.
Sospesar, alzar un poco. *Ang̃at*. pc. *Buhat*. pp.
Sosten, sostener. *Alalay*. pp. *Antabay*. pp. It. *Sapopo*. pp.
Sotanear, dar una sotana. *Paló*. pp. *Hampas*. pc. It. *Mora*. pp.
Soterrar. *Baon*. pp. It. *Tagó*. pp.

S antes de U.

Su. *Caniya*. pc. *Nia*. pc.
Su casa. *Caniang bahay*, ó *bahay nia*.
Suave *Malambot*. pc. *Malatá*. pc. **malamlam**. pc.
Suave, manso. *Malumay*. pp. *Palagay*. pc. V. Sosegado.
Suavidad. **damil**. pc. *Latá*. pc. *Lambot*. pc. It. *Inam*. pp.
Suavizar. *Latá*. pc. *Lambot*. pc.
Suavizar con palabras. *Gata*. pc.
Subarrendar. *Holog*. pp.
Subdelegado. *Catiualà nang pinag catiualaan*.
Súbdito. *Sacop*. pc. *Nasasacupan*. pp. *Pinag poponoan*. pp. *Campon*. pp. V. Vasallo. It. *Casoyó*. pp.
Subida. *Pag ac yat*. pp. It. *Acyatan*. pp. *Panhican*. pp. *Salong̃ahan*. pc. *Subaan*. pc.
Subidas y bajadas muy agrias. *Labing*. pp.
Subidero. *Panhican*. pp.
Subido. *Dalisay*. pp.
Subido en su ser. **busabos**. pc. **pusacal**. pc. *Tibobos*. pp.
Subido en ciencia, &c. *Busabos*. pp.
Subir. *Acquiat*. pc. *Aclat*. pc.
Subir. *Oyro*. pc. *Mac-yat*. pc. *Ayro*. pc. *Ac-yat*. pc.
Subir cuestas. *Ahon*. pp.
Subir cuestas. *Salong̃a*. pp.
Subir cuestas agrias. *Sacay*. pp.
Subir arriba lo que se echa á lo hondo del agua. *Olpot*. pc.
Subir á la casa por algo de importancia. *Pamanhic*. pc.
Subir á la casa por escalera. *Panhic*. pc.
Subir á caballo sin poner los pies en el estribo. *Salapao*. pp. *Alapao*. pp.
Subir la flecha por encima por la cabeza. *Salapao*. pp.
Subir rio arriba. *Subá*. pp. It. *Holó*. pp.
Subir como espuma de la olla. *Subo*. pc.
Subir cuestas ó rio con trabajo. *Dayhac*. pc.
Subir la sangre al cútis. *Solop*. pp.
Subir la sangre hácia el corazon. *Subá*. pp.
Subir cuesta. *Imbao*. pc.
Subir sierra alta, camino áspero. *Salacay*. pp.
Subir trepando. *Acquiat*. pc. **daplas**. pc.
Subir á una mesa ó cosa semejante. *Sampa*. pc.
Subir á casa. **adio**. pc. *Panhic*. pc.
Subir ó montar. *Sacay*. pc.
Subitamente. *Caalam alam*. pp. *Cagumsa gumsa*. pc. *Caguiat*. pc. *Agad*. pc. *Agad agad*. pc.
Súbito. *Bigla*. pc. V. Subitamente.
Sublevacion **panhihimagsic**. pc.
Sublevar. **himagsic**. pc. *Golo*. pc.
Sublimar. *Palá*. pc. *Tanyag*. pc.
Sublime. *Mataas*. pp. **matayog**. pp.
Sublimidad. *Calac-han*. pc. *Camahalan*. pp. *Carang̃alan*. pp. *Pagca tanyag*. pc.
Subordinacion. *Socó*. pp. *Pag socó*. pp.
Subrepcion. *Lihim*. pp. *Ling̃id*. pp.
Subrogar. *Halang*. pp.
Subsanar. *Hinauad*. pp. It. *Husay*. pp.
Subsidio. *Saclolo*. pp. *Tolong*. pp. *Aboloy*. pp.
Subsiguiente. *Casapol*. pc. *Casonod na casapol*. pc.
Subsistencia. *Panatili*. pp. *Palagui*. pp. It. *Pag cabuhay*. pp. *Iquinabubuhay*. pp.
Subsistir. *Buhay*. pp. *Tagal*. pc. *Lagui*. pp.
Substituir otro al vencido. **polin**. pp.
Subterraneo. *Ilalim nang lupá*. pp. *Sa ilalim nang lupá*. pp.
Subvencion, subvenir. *Ampon*. pc. *Saclolo*. pp.
Subvertir. *Ualat*. pp. *Guibá*. pc. *Uasac*. pc.
Subyugar. *Pasocó*. pp. *Daig*. pc.
Suceder. *Alt*. pp.
Suceder, acontecer. *Pangyari*. pp. *Mangyari*. pp.
Sucesion. *Pag halili*. pp. *Paghahalili*. pp. *Pag cacasonod sonod*. pc. It. *Anac*. pp. *Ancan*. pc. *Inapó*. pc.
Sucesion en los golpes. *Asor*. pc.
Sucesivo. *Casunod*. pc.
Suceso. *Nangyari*. pp. It. *Narating*. pc.
Suceso. *Salità*. pc.
Sucesor. *Cahalili*. pp.
Sucesor, suceder. *Halili*. pp.
Suciedad. *Libag*. pc. *Galamar*. pc. *Catim*. pc. *Diri*. pc.
Suciedad que se queda entre los dientes. *Ting̃a*. pc.

Suciedad del cuerpo ó ropa, &c. Guitatá. pp. Diri. pc.
Suciedad de la casa. Damos. pp.
Suciedad del cuerno. Datá. pp.
Suciedad in genere. Dumi. pc.
Suciedad del cuerpo, como sudor. Guitatá. pp.
Suciedad de gallina ó ave. Ipot. pc.
Suciedad de la cara. Amos. pp. l. pc. Amol. pp. Damos. pp. Unḡis. pc. Dunḡis. pp. Musing. pp.
Suciedad de la parida. Anac. pc.
Suciedad pegada con algo. Lator. pc.
Suciedad de las moscas en la carne. Tilis. pp.
Suciedad de las moscas que se convierte en gusanillos. Tiyis. pp.
Sucio. Sauo. pp. Marumi. pc. Lamas. pc. Gam-an. pp. Amo. pc. Camon. pp.
Sucio, asqueroso. Salua. pc. Samlang. pc. Salaolá. pp.
Sucio de sudor. Cator. pp.
Suco, ó jugo. Gatas. pc. Gatà. pc. Bisá. pp.
Suculento. Magatà. pc. Magatas. pc.
Sucumbir. Talo. pp. It. Saco. pp. Socot. pp.
Sud. **timogan.** pp.
Sudadero. Panhimauis. pp. Pamahid pauis. pp. It. Sapin. pc.
Sudoeste. **salatan.** pp.
Sudor, sudar, Pauis. pp.
Sudor tomado. Sahabo. pp. Sahab. pp.
Sudor que se toma poniéndose de frente en el brasero. Sanḡab. pp.
Sudorífero, sudorífico. Papauis. pp. Panpapauis. pp.
Sudueste. V. Sudoeste.
Suegro ó suegra. Bianan. pc.
Suela de cuero que se pone en el pie. Panyapac. pc. Talampacan. pp.
Suelda, consuelda. Pira. pc.
Sueldo. Opa. pp. Sahod. pp. It. **babá.** pc.
Suelo. Lupá. pp. It. Sahig. pc.
Suelo de cañas. Sahig. pc.
Suelo sucio de casa. Landac. pc.
Suelto. Ligao. pp. **alpas.** pc. Paligao. pp.
Sueño. Tolog. pp. Pag tolog. pp. It. Antoc. pc. Tucá. pc.
Sueño. Panaguinpan. pc. V. Soñar.
Sueño con pesadilla. **baliñgotñgot.** pp. Banḡonḡot. pp. **oom.** pc.
Suerte. Cataon. pp. It. Capalaran. pp. **ontong.** pc.
Suertes. Tali. pp. V. Sorteo.
Suficiente. Casiyahan. pp. l. Casiya. pc. Casiyanan. pp. Sucat. pp. Caiguihan. pp.
Suficientes. Ayac. pp.
Sufocar. Inis. pp.
Sufragáneo. Nasasacupan. pp. Na lolocoban. pp. It. Obispong may quiniquilalang Arzobispo.
Sufragar, sufragio. Tolong. pp. Abuloy. pp. Saclolo. pp.
Sufragio. Butos. pp. It. Patongcol. pc. Alaala sa manḡa calulua sa Purgatorio.
Sufrido. Matang balang. pp. Paomanhin. pc.
Sufrimiento. Cauasà. pp.
Sufrimiento, sufrir. Handucà. pp.
Sufrir. Bata. pc. Tiis. pc. Atim. pc. Dalità. pc. Dalomat. pp.
Sufrir con firmeza. Niys. pc.
Sufrir lo trabajoso. Iro. pp.
Sufumigacion. Colob. pp. Saclab. pc.
Sufucion. Bilig. pc. **pilac.** pp. It. Colabá. pp. Calabá. pp.
Sugerir sugestion. Paalaala. pp. It. Buyó. pc. Bic-hani. pp.
Sugestion. Tocso. pc. Panonocso. pc. Ali. pp.
Sugeto. Tauo. pp.
Suicido. Pag papacamatay. pc. Pag bibigti. pc. Pag papatiuacal. pc.
Sujetarse. Sucó. pp. Ampo. pc.
Sujetarse á agena voluntad. Taguisuyó. pp.
Sujetarse al dominio de otro. Suyó. pp. Panagusuyó. pp.
Sujeto á agena voluntad. Talasuyó. pp.
Sultan. Emperador nang manḡa Turco.
Suma. Caboooan. pp. Boo. pp.
Sumar. Boó. pp. It. **sipi.** pc.
Sumario. **sipi.** pc.
Sumergir. Lobog. pc.
Sumidad. Dolo. pp. Catapusan. pc. Hangan. pc.
Suministrar. Bigay. pc. Handà. pc. Sadyá. pc. Ampon. pc. Palá. pp.
Sumirse. Lubog. pc.
Sumirse del todo. Opus. pc.
Sumirse como llaga ó postema cuando la tocan. Lopoc. pc.
Sumirse en algun atolladero. Tabsong. pc. Tamac. pc.
Sumirse en cosa blanda. Gohó. pp.
Sumirse como vientre. Himpac. pp.
Sumirse la tierra. **gotos.** pp.
Sumiso. Soco. pp. Socot. pp. **sohot.** pp.
Sumo. Cataastaasan. pp. Cataloctocan. pp. It. Socdol. pc. Singcad. pc.
Suntuoso. Mahal. pc. Mahalaga. pc.
Superable. Mararaig. pc. Matatalo. pp.
Superabundancia. Asac. pp. Casaganaan. pc.
Superabundar. **asac.** pp. Auas. pc. l. pp.
Superar. Daig. pc. Talo. pp.
Superchería. Dayá. pp.
Supereminencia. Danḡal. pc. Cataasan. pp.
Superficial. Paimbabao. pc. Ualang cabulohan. pc.
Superficie. Ibabao. pp.
Superfluo. Lubhà. pp. Laló. pp. Labis. pp. Hindi cailanḡan. pp.
Superior. Pono. pp. It. Lalong mataas. pp.
Superior que gobierna. Pono. pp.
Superioridad. Cataasan. pp. It. Capangyarihan. pp.
Superlativo. Sacdal. pc. Singcad. pc. Di sapalà. pp. Lubhà. pc.
Supersticion. Tagalsi. pc. Tagalhi. pc. Manuc. pc. Panḡatahoan. pp. Pamahiin. pp.
Supersticion en que creen que teniéndolo serán invulnerables. Aguimat. pp. Anting anting. pc. **dupil.** pp. Galing. pc.
Supervacaneo. V. Superfluo.
Supino. Tihayá. pc.
Suplemento. Dogdag. pc. Caragdagan. pp. Capopon-an. pc. Cahustohan. pp.
Suplente. Halang. pp. Humahalang. pp. Cahalang. pp. Cahaliti. pp.
Suplicar. Pamanhic. pc. Paquiosap. pp.
Suplicar con encarecimiento. Hiling. pc. Daing. pc. Amó. pp.

Suplicio. *Dusa*. pp. *Parusa*. pp.

Suplir. **hali**. pp. *Halili*. pp. *Halang*. pp. It. *Dagdag*. pc.

Suplir faltas. *Pangalaua*. pc.

Suplir algo dando al pobre. **hilom**. pp.

Suponer, suposicion. *Palagay*. pc. *Ipag palagay*. pc. It. *Lacas*. pc. *Álang alang at pag tingin ngng capoua touo*.

Soportar. V. Sufrir.

Supremo. *Cataastaasan*. pp.

Suprimir. *Paui*. pp. *Alio*. pc. *Lingid*. pp. *Lihim*. pp. *Lisan*. pp.

Supuesto. **hamang**. pp. *Yayamang*. pp. **yamang**. pp.

Suparar. *Singao*. pc.

Sur. **timog**. pp. It. **timogan**. pp. *Ibabà*. pc.

Surco. *Tudling*. pc.

Surgidero *Doongan*. pp. *Pondohan*. pp. *Sadsaran*. pp. **lalauigan**. pp.

Surgir. *Doong*. pp.

Surtir. *Sadyà*. pc. It. *Pasoc*. pp. *Holog*. pp.

Surtir efecto la medicina. *Talab*. pc.

Sus, plural del pronombre posesivo de la tercera persona. *Canila*. pc. *Nila*. pc.

Sus camisas. *Canilang baró ó baró nila*.

Suscitar. *Ongcat*. pc.

Susodicho. *Naboguit*. pp. *Na sabi na*. pc. *Na olit na*. pc.

Suspender. *Bitin*. pp. *Bitbit*. pc. It. *Tayon*. pp. *Tiguil*. pp. *Piguil*. pp. *Tahan*. pc. *Bayá*. pp.

Suspenso. *Alangan*. pc. *Alinlangan*. pp.

Suspicaz. *Palabintangin*. pp. *Mapag hinalá*. pp.

Suspirar. *Panaghoy*. pc. *Toghoy*. pc. *Daing*. pc. *Aying aying* pp. *Longoy*. pp.

Suspirar el afligido. **hayhay**. pc. *Bontong hininga*. pc.

Suspirar del que padece algun trabajo. *Taghoy*. pc. *Daying*. pc. **aying**. pp.

Sustancia. *Laman*. pc.

Sustentar. *Candili*. pp. *Iui*. pp. *Alilà*. pp.

Sustentar al que se vá á caer. *Albay*. pc. *Alalay*. pp.

Sustento. *Pag cain*. pp. *Canin*. pp. *Iquinabubuhay*. pp.

Sustituir sustituto. *Halang*. pp. V. Suplir.

Susto. *Guitla*. pc. *Gulat*. pp. *Gulantang*. pc.

Susto del niño cuando lo echan por lo alto, y tambien del viejo. *Sauan*. pp.

Sustraer. *Hiualay*. pp. *Tangi*. pp. *Bocod*. pc.

Susurracion. *Sirang puri*. pp.

Susurrar. *Bolong*. pc.

Susurro. *Ouong*. pp.

Suvertir. *Sirá*. pp. *Guibá*. pc.

Suyo. *Canya*. pc. *Niya*. pc. V. Su.

T antes de A.

Tabalada. *Lagpac*. pc. *Lagpac*. pc. It. V. Tabanazo.

Tabanazo. *Tampal*. pc. *Sampal*. pc.

Tabarco. *Tindahan*. pp. *Tinda*. pc.

Tábano. **bangiao**. pc. *Bangao*. pp.

Tabaola. **linggal**. pc. *Ingay*. pp. *Di magcamayao*. pp.

Tabardillo. *Tauol*. pp. *Taul*. pc. *Taong*. pc.

Taberna. *Tindahan nang alac*. pp.

Taberna donde venden vino. **tambuli**. pp.

Tabido podrido. *Boloc*. pc.

Tabique. *Dinding*. pc.

Tabla. **dalig**. pc. It. **lapis**. pp.

Tabla agujerada. **hogotan**. pc.

Tabla ajustada en la proa de la embarcacion para andar sobre ella. **salongsong**. pc.

Tabla que se pone para tapar puerta, camino ó rio. **pinpin**. pc.

Tabla con que tejer. **balila**. pp.

Tabla de navio. **dahit**. pp.

Tablero. *Damahan*. pp.

Tablitas en que ponen la carga en la banca. **asar**. pp.

Tabuco. *Silid na munti*. pc.

Tacada. *Tomboc*. pc. *Pag tomboc*. pc.

Tacaño. *Tuso*. pp. *Matnas ang ulo*. pp. It. *Maramot*. pp. **maraycot**. pc.

Tacazo. V. Tacada.

Tacitamento. *Lihim*. pp. *Ualang ingay*. pp.

Tácito. V. Taciturno.

Taciturno. *Ualang imic*. pc. It. *Mapanglao*. pc. *Namamanglao*. pc.

Taco, tarugo. *Pasac*. pp.

Taco de villar. *Panomboc*. pc.

Taconear, taconeo. *Tagoctoc*. pc.

Táctica. *Carunungang mag talatag nang hocbo*.

Tacto. *Damdam*. pc. *Caramdaman*. pp. *Pang damdam*. pc. It. *Hipó*. pp. **dama**. pc.

Tactus impudicus. mulieris. **rotdot**. pc.

Tacha. *Ano ano*. pc. It. **paronglit**. pc.

Tacha, tachar. **sayop**. pp. It. **paronglit**. pc.

Tachador. **bacuit**. pc. *Pintasin*. pp.

Tachar. *Pintas*. pc. *Sala*. pc. *Polà*. pp. *Pistà*. pc.

Tahali. **sacbat**. pc. **salacbat**. pc.

Tahona. *Guilingan*. pp.

Tahur. **sugarol**. pc. *Sugador*. pc. *Mag sasabong*. pc.

Taimado. *Tampalasan*. pp. *Tuso*. pp.

Tajada delgada. *Gayat*. pp. *Hilis*. pp.

Tajadas, hacerlas. **guitay**. pc. *Guitlay*. pc.

Tajadas gruesas de carne ó pescado. *Limpac*. pc. *Lapang*. pc.

Tajap omas. *Panasa*. pc.

Tajo. *Tagá*. pc. *Iuá*. pp.

Tajon. *Tatangnan*. pc. *Tadtaran*. pp. *Sangcalan*. pp. **patangnan**. pc. **patatangnan**. pp. *Tatag-an*. pc.

Tajos reveses. **halabas**. I. *Halibas*. pp. *Uasuas*. pp.

Tal és. *Ngà, siya ngà*. pc. *Gayon ngà*. pc.

Tala. *Tabas*. pc.

Taladrar. *Butas*. pp.

Taladro. *Pusod*. pc. *Pamutas*. pp. *Pang butas*. pp.

Tálamo. *Apiran*. pc.

Tálamo de navio. **patañgan**. pp.

Talento. *Paraan*. pp It. *Huguis*. pp. *Ticas*. pp. *Tindig*. pc. *Pihit*. pp.

Talante estar de buen talante. *Masaya*. pc. *Magaling ang loob*. pp. Estar de mal talante, *Mapanglao*. pc. *Masamà ang loob*. pp.

Talantoso. *Masaya*. pc. *Maalio*. pc.

Talar. **harhar**. pc.

Talar, ropa talar. **quimon**. pc.

Talar los campos. **gasac**. pc. **yasac**. pc. It. **sigá**. pc. **silab**. pc.
Talega, talego. **alapotan**. pp. *Sopot*. pp. **caballas**. pc. *Saco*. pp.
Talega tejida de hojas de buri. *Bayong*. pp. *Bay-ong*. pc.
Talento. *Isip*. pp. *Bait*. pc. *Pag iisip*. pp. It. *Salapi*. pc. *Pilac*. pp.
Talentoso. *Matalas*. pp. *Matalas ang olo*. pp. *Matalinong*. pp. *Matalinong isip*. pp.
Talion. *Parusang na babagay sa casalanan.*
Taliter qualiter. **narit**. pp.
Talon. *Sacong*. pp.
Talla. *Sucat*. pp. *Taas*. pp. It. *Buis*. pc. It. **liloc**. pp.
Tallado bien tallado. **hinocod**. pp. *Mabuting ticas*. pp. *Mabuting pihit*. pp. *Maiguing tindig*. pp. Mal tallado. **cayong**. pc. *Masamang biguas*. pc. *Pangit*. pp. *Masamang huguis*. pp.
Talle. *Huguis*. pp. *Biguas*. pc. *Pihit*. pc. *Tindig*. pc.
Talle. *Aniyò*. pp. l. pc. *Bicas*. pc. *Ticas*. pp.
Talle bueno ó malo. *Pangangatauan*. pc.
Talle de la persona. *Lagay*. pc.
Talle bueno. *Quias*. pp. *Quiyas*. pp. *Ticas*. pp.
Tallo. *Osbong*. pp. *Talbos*. pc.
Tamales. **patopat**. pp.
Tamaño. *Laqui*. pc. *Malaqui*. It. *Ganito*. pc. *Gaito*. pc.
Tamarindo. *Sampaloc*. pp.
Tambalear, tambalearse, tambaleo. *Busy*. pp. *Suling*. pp.
Tambien. *Naman*. pc.
Tambor. **calatong**. pp. **guimbal**. pc. **canlang**. pc.
Tambor de palo ó caña larga. **patong**. pc.
Tamboril. **canlang canlañgan**. pp. **calatong**. pp. **calacalatoñgan**. pp.
Tampoco. *Yaon man*. pc. *Yaon pa man*. pc. *Ni yaon man*. pc. *Ni yaon pa man*. pc.
Tan. *(Sing.)* Partícula de igualdad. *Casing*. pc. *Mag casing*. pc. *Para*. pp. *Sing puti ca ni Juan*. Eres tan blanco como Juan.
Tan solamente. *Lamang* pp.
Tan haina. *Nauà*. pc.
Tanda. *Tongcol*. pc. *Gaut*. pc.
Tangible. *Mahihipò*. pp.
Tantear. **taghap**. pc.
Tantear. *Acalà*. pp. **anacala**. pp. **asoc**. pp. *Yamá*. pc. *Balac*. pp. **acan**. pp. **asta**. pc.
Tantear ó probar á alguno. **ato ato**. pp. *Tiquim*. pc. **ato**. pp.
Tanto determinado que se ha de trabajar. **sacnong**. pc.
Tanto como esto. *Gayon*. pc. *Ganito*. pc. *Gaito*. pc.
Tañer en compañía. **salio**. pc.
Tañer instrumento de viento. *Hihip*. pc.
Tañer, tocar. *Togtog*. pc.
Tapa. *Taquip*. pc. *Panaquip*. pc.
Tapa de la puerta. **locob**. pc.
Tapadera. **galolan**. pp.
Tapadera de la olla. *Soclob*. pc. *Tontong*. pc.
Tapadera de carga tejida de hojas de nipa. **samil**. pp.
Tapadera de cosa blanda, como hoja ó trapo. **talob**. pp.
Tapadera que tiene la bonga ó el coco. **talotab**. pp.
Tapadera in genere. *Taquip*. pc.
Tapadera, tapar. *Tongtong*. pp. *Taquip*. pc.
Tapaluz. **palirong**. pp. *Taquip*. pp.
Tapanco que cubre la escalera. **sibi**. pp.
Tapar. **gacot**. pc. **pinir**. pc. **pindan**. pc.
Tapar. **abia**. pc. l. *Saclob*. pc.
Tapar con la mano cualquiera parte del cuerpo. *Totop*. pc.
Tapar como agujero, &c. **sumpal**, *sicsic*. pc. **palpal**. pc.
Tapar la fruta con algo para que se madure. **lo om**. pp.
Tapar alguna cosa de prestado. **pinpin**. pc.
Tapar con la mano los agujeros de la planta *Totop*. pc.
Tapar con cosa concava como plato, &. *Taclob*. pc. *Toclob*. pc. *Soclob*. pc.
Tapar las goteras con algo. *Socsoc*. pc. **holip**. pp.
Tapar los ojos con las palmas de las manos. **ompa**. pc.
Tapar agujero. **bayar**. pp.
Tapar una cosa con otra. *Taclob*. pc. *Saclob*. pc.
Tapar la costura de la banca con cañitas. **salogsog**. pc.
Tapar una cosa con otra encajando. *Soclob*. pp.
Tapar la boca con la mano. **oom**. pc. **oop**. pc. **om-om**. pc.
Tapar algo con cosa blanda. **talob**. pp. **goop**. pp.
Tapar la boca con la punta de los dedos. **popot**. pc.
Tapar lo que lleva la embarcacion. **culamat**. pc.
Tapar los ojos para espantar al niño. **compa**. pc.
Tapar, como puerta ó ventana. **pinir**. pc.
Taparse el rostro hasta la frente. **loco**. pp.
Taparse el agua con algo. **paminir**. pc.
Taparse la cabeza, como con la cobija. *Taloc-bong*. pc. *Cobong*. pc.
Taparse con manta. *Taquip*. pc.
Taparse las partes naturales. *Tocop*. pc.
Taparse la vergüenza. **copo**. pc.
Tapiz labrado con oro. **hilis calamay**. pp.
Tapiz colorado con estrellas de oro. **nag bi toin**. pp.
Tapiz de cabos colorados **may dolo**. pp.
Tapon. *Sicsic*. pc. *Taquip*. pc.
Taquigrafía. *Paraan nang pag sulat, na casingtulin nang pangungusap.*
Tarambana. *Tunggac*. pc. **otó**. pc.
Taraquito, pequeño pescado. **pipicat**. pp.
Tarascar. *Cagat*. pc. **ocab**. pp.
Tarabilla. *Tasoc*. pp. *Talasoc*. pp. **cansing**. pc. It. *Tauong matabil at madulas mangusap.*
Tarazon de carne. *Limac*. pc. *Lapang*. pc
Tardanza. *Balam*. pp. **sagal**. l. *Bagal*. pp. **loat**. pc. V. Tardar.
Tardar, tardarse. *Lauig*. pp. *Lauon*. pp. *Liuag*. pp. **bagat**. pc. **louat**. pc. *Balam*. pp
Tarde. *Hapon*. pp. It. **liquid, limpas**. pc. **lingpas**. pc.
Tarde llegar tarde. *Huli*. pc.
Tardias frutas. **sapao**. pp.

Tardío. **tighabol**. pc.
Tardo, tardon. **lorit**. pp. *Macupad*. pp. **macuyad**. pp.
Tarea. *Taning*. pp. **sacnong**. pc. *Tongcol*. pc. *Catongcolan*. pp.
Tarifa. *Tandaan ó quinasasaysayan nang halaga nang manğa bugay na ipinagbibili*. It. *Taning na halaga*.
Tarima. *Papag*. pp.
Tarro. *Pasó*. pc.
Tartamudear. **ono**. pc. *Ono ono*. pc. *Otal*. pc. **amil**. pc.
Tartamudear por borracho. **hami**. pc.
Tartamudo. **amil amil**. pc. *Garil*. pc. **sauit**. pc. *Otal*. pc. **oono ono**. pc.
Tarugo. *Pasac*. pp. *Tasac*. pp. *Talasoc*. pp. *Tasoc*. pp. **solpá**. pc.
Tarugo de palo. **boto**. pp.
Tasa, tasar. *Halaga*. pc. *Halga*. pc. *Taning na halaga*.
Tasajo. *Pindang*. pc. **balot**. pp. *Tapa*. pp. **locbá**. pc.
Tasar á buen ojo. **tiua**. pp. **tiba**. pp.
Tatarabuelo. *Nunó sa talampacan*.
Tataranieto. *Apo sa talampacan*.
Taumaturgo. *Mapag himalà*. pc. *Ma pag milagro*. pc.
Taza con vino. **baric**. pp.
Taza para beber. *Tagayan*. pc. *Inuman*. pp.
Tazon. **mangcoc**. pc. **hauong**. pc.

T antes de E.

Té. *Cha*. pc.
Techar. **atip** *ó bobong*. pc.
Techar sin doblar el cogon. **horos**. pc. Y doblándolo. *Balt*. pp.
Techo de la casa puesto en los postes sin tabique. **tangquel**. pc.
Techo empinado. **taybong**. pc. *Tabyong*. pc. **taloroc**. pp.
Techo con corriente. **dayapa**. pc.
Techo delgado por falta de cogon. **palaraprap**. pc.
Techo hecho de medias cañas. **pinata**. pp. **calacá**. pc.
Techo de casa. *Bobong*. pc. *Bobonğan*. pc.
Techo sin paja. *Balangcas*. pc.
Techo bajo y de poca corriente. **papa**. pc.
Techos de cañas partidas. **calaca**. pc.
Techumbre. V. Techo.
Tedeum. *Pasalamat sa Dios, auit na pasalamat sa Dios*.
Tedio. *Yamot*. pc. *Muhi*. pc.
Tedioso. *Mayamutin*. pp. *Mayayamutin*. pp. It. *Nacayayamot*. pc. *Nacai-iyamot*. pc. *Nacamumuhi*. pc.
Teja. *Tisá*. pp.
Tejado. *Bobonğan*. pc. *Bobong*. pc. V. Techo.
Tejer. *Habi*. pp.
Tejer la red. *Hicquit*. pc.
Tejer como estera. **lala**. pp.
Tejer ralo. **langat**. pp.
Tejer trenzas. **latañga**. pc. *Lantagá*. pp.

Tejer hojas de palma. **salidandang**. pc.
Tejido de cañas que se pone en el fondo de las ollas. *Asag*. pp.
Tejido que hacen de petate. **patay**. pc.
Tejido desigual. **tabac**. pc.
Tejido de diferentes colores. **halang**. pc.
Tejido de cañas llamado. *Sauali*. pc.
Tejido de diferentes colores, tejer asi. **uanla**. pc.
Tejilla ó cosa ancha arrojada al agua. *Salisod*. pp.
Tejo. **pincay**. pc.
Tejo de oro. **payac**. pc.
Tejo, tejoleta, tejuela. **lila**. pp. *Bibinğa*. pp. It. *Binobong guinto*.
Tela de la palma de cocos. **tistis**. pc.
Tela que á un está en el telar, y tambien lo que de una vez se pone en el telar. **habin**. pc.
Tela de varios colores. **balatong**. pc. It. **sinauali**. pp.
Tela en que nace en vuelto el niño. **bamban**. pc.
Tela parecida á la piña sin rayas. *Nipis*. pp.
Tela de huevos ó fruta. *Baloc*. pp.
Tela de caña ó corazon. **bambaqui**. pp.
Telar. *Habihan*. pc.
Telaraña. *Bahay laua laua*. pp. *Bahay gagamba*. pc.
Telaraña. *Anlalaua*. pp. **laua laua**. pp.
Telescopio. *Paninğin, totoong malayo ang abot*. pp.
Telilla con que nace la criatura. *Bangbaqui*. pp. *Bamban*. pc.
Telon. *Tabing nang comediahan*. pp.
Tema, y teson que se tiene en algo. *Tagal*. pc. **louat**. pc.
Tema ó asunto de un discurso. *Bugay na sasaysayin ó pag lilinauin*. pp.
Temático y perseverante. *Mataman*. pc. *Matiagà*. pc.
Temblar en presencia de otro por reverencia. **socot**. pp.
Temblar el cuerpo de frio. *Nğaligquig*. pc. *Panğaligquig*. pc. *Caligquig*. pc. **galoygoy**. pc. *Calongcot*. pc.
Temblar la carne del hombre gordo. **canoy**. pc. *Quinoy*. pc. *Linoc*. pc.
Temblar de frio ó enojo. **galoggog**. pc.
Temblar la gordura. **liboy**. pp.
Temblar, temblor. *Lindol*. pc. *Panğinig*. pc.
Temblar de enojo. *Nğinig*. pc.
Temblar todo el cuerpo cuando se reviste la catalona del diablo. **ola**. pp.
Temblar de miedo. *Panğilabot*. pc. **catal**. pc. **pangatal**. pc.
Temblar el cuerpo por picado de culebra. **quilig**. pc.
Temblar de miedo ó frio. *Quinig*. pc.
Temblar de algo. **catal**. pc. **ñgatal**. pc.
Temblarse la casa cuando andan por ella. *Tinag*. pp. **casag**. pp.
Temblon. *Matatacutin*. pc. *Duag*. pc.
Temblor del cuerpo. **ligpig**. pc.
Temblor del cuerpo por frio ó enfermedad. *Panğiqui*. pp.
Temer. **aling-ing**. pc. *Hinacot*. pp. *Tacot*. pp. *Alap-ap*. pc.
Temer por soledad. *Panglao*. pc.
Temer huyendo el cuerpo. **halang**. pc.

Tenerario. *Pangahas*. pc. **sanghil**. pc. **talaos**. pp.
Teneridad. *Capangahasan*. pp.
Temeroso. *Nacatatacot*. pp. *Sucat catacotan*. pp. It. *Duag*. pp. *Matatacutin*. pc.
Temible. *Catacot tacot*. pp. *Nacatatacot*. pp.
Temor. *Nganib*. pp. **gamba**. pc. **ganggang**. pc. **balhag**. pc. *Pangamba*. pp.
Temor del que está en alto. **laguim**. pc.
Temor con espanto. *Álap-ap*. pp.
Temor ó recelo. **hagap**. pp. **sagap**. pp. *Alap-ap*. pc.
Temor, cortedad, ó cobardía. **batoc**. pp.
Temer ó miedo. *Tacot*. pp. *Catacutan*. pc. It. *Panganib*. pp.
Temoso. *Matigas ang ulo*. pp. *Di maibadling*. pc.
Tempestivo. *Mabuting panahon, mabuting cataon ó pag cacataon*.
Tempestad. *Bagyo*. pc. It. *Onos*. pc.
Tempestuoso. *Ma onos*. pc. *Masigua*. pc.
Templanza. **dampat**. pc *Sucat*. pp. *Casucatan*. pc. *Casiyahan*. pp.
Templar. *Baua*. pp. *Bauas* pp.
Templar herramientas en agua. *Subo*. pc.
Templar la cólera. *Piguil*. pp. *Hauac*. pp. *Hauac nang loob*. pp.
Templar un licor caliente con el frio. **banloag**. pc. *Bantó*. pc.
Templar la agua caliente con fria. *Bantó*. pc. It. **tabag**. pp.
Templar el vino fuerte. *Bantó*. pc.
Templar el hierro al fuego. **lalo**. pp. **alob**. pp.
Templo. *Simbahan*. pp.
Templo provisional. **toclong**. pc.
Temporada. *Caunting panahon*. pc.
Temporal. *Natatapos*. pp. *May catapusan*. pc.
Temporal. **mosim**. pp. **panahon**. pc.
Temporal recio como colla. *Sigua*. pc.
Temporalmente. *Di malaon*. pp. *Sa caunting panahon*. pc.
Tempranal. *Pauna*. pc. *Paaga*. pc.
Tempranamente. *Agap*. pp. *Paagap*. pp.
Temprano. *Maaga*. pp. It. *Umaga*. pp.
Temprano, ir ó hacer algo temprano. *Aga*. pp. *Paaga*. pp.
Ten con ten. *Ingat*. pp. *Pag iingat*. pp.
Ten por bien. *Mag dalita ca*. pc. *Mag lualhati ca*. pp.
Tenaz. *Sopil*. pp. *Matigas ang olo, di maibadling*. pc. *Di pasupil*. pp.
Tenazas. *Panipit*. pp. *Sipit*. pp. **bigting**. pc. It. **dampot**. pc.
Tenazas ó cosa semejante. *Pansipit*. pp.
Tenazas de hierro. **quimquim**. pc.
Telilla de la caña. **bambaque**. pp.
Tenazillas del platero. **quiim**. pc. *Tiani*. pp.
Tendedero. *Bilaran*. pp.
Tender ropa ó arroz al sol. *Bilad*. pc.
Tender la ropa en cordel ó vara. *Sampay*. pc.
Tender la ropa al aire. *Yangyang*. pc. *Hayang*. pp.
Tender, como cabello. **laylay**. pc.
Tender la red el pescador. **tapon**. pp. *Cadcad*. pc.
Tenderse, por el suelo. **lagmac**. pc.
Tenderse á lo largo boca arriba. *Hindosay*. pc. *Handosay*. pc. **hinohos**. pc.
Tenebroso. *Madilim*. pc. **posiquit**. pp. It. **alimoom**. pp.
Tener. *Camit*. pc.
Tener una cosa por otra. **bulat**. pp. *Acalá*. pp.
Tener á la que pare. *Salag*. pp.
Tener asco de algo. **micmic**. pp. *Diri*. pp. *Suclam*. pc.
Tener en poco á los demás **lista**. pp.
Tener teson en algo. **longati**. pc. *Tiagà*. pp.
Tener. *May*, l. *Mey*. pc.
Tener vergüenza de hablar. **omi**. pc. *Omid*. pc.
Tener luz de algo. **guitap**. pc.
Tener en poco á otro, como cuando el grande empuja al chico. **paiopa**. pc. **pahamac**. pp. *Hamac*. pp.
Tener algo en la boca par poderlo tragar. **pang-al**. pc. *Tangay*. pc.
Tener vómitos y cámaras. **sablang**. pc.
Tener buen suceso. **panontan**. pc.
Tener respeto á otro dejándole hablar. **paobaya**. pp.
Tener respeto. **sacbali**. pp.
Tener al que vá á caer. **sacbot**. pc. *Alalay*. pp.
Tener algo con la mano ó con los remos. **soual**. pp.
Tener alguno. *Hauac*. pp.
Tener vergüenza. *Dalang hiyá*. pc. *Cut-yà*. pc.
Tener odio. *Dalang poot*. pc. *Tanim*. pc.
Tener apariencia de algo. **datapouat**. pc.
Tener por bien. *Dalitá*. pc. **loualhati**. pp.
Tener hacienda. *Doon*. pc.
Tener muy en la memoria. **gambil**. pc.
Tener rencor. *Socab*. pc.
Tener algo de memoria. **talima**. pp. *Sa olo*. pp.
Tener algo con la mano. *Tangan*. pp. *Taban*. pp.
Tener ojos. **buliga**. pp.
Tener por verdadero. **cana**. pc.
Tener por suyo. **amin**. pp.
Tener á otro por flaco. *Cay i*. pp.
Tener á otro con la mano por la boca ó barba para levantarle. *Songangà*. pp.
Tener cuidado de muchas cosas. **ana**. pp.
Tener hacienda propia. *Ari*. pc.
Tener algo por tal. *Ari*. pp.
Tener cámaras. *Ilaguin*. pc.
Tener tirria. **bagtol**. pc.
Tener á otro para que no caiga. *Alalay*. pp. *Antabay*. pp.
Tener cuidado de algo. *Alilà*. pp. *Alagà*. pp.
Tener cuidado de otros amparándolos. **cayup**. pp. *Gupcup*. pc. *Ampon*. pc. *Candili*. pp. **tangquilic**. pp.
Tener indispuesto el cuerpo, por causa del mal olor y tambien por mucha hambre. **hayo**. pp. l. pc.
Tener la mano en la mejilla como pensativo. *Pangayumbabà*. pp. *Halumbabà*. pp. *Pangalumbabà*. pp.
Tener algo para alguna cosa ú ocasion. *Talaga*. pc.

Tener fuertemente. *Piguil*. pp. *Taban*. pp.
Tener tal olor. **ango**. pc.
Tener en ojo con alguno. **balubat**. pc.
Tener necesidad de algo. **bañgol**. pp. *Caila ñgan*. pp. *Salat*. pc.
Tener copula. **dating**. pc. *Cuha*. pp. *Apid*. pc. **gamit**. pp.
Tener menos en lo que administra. *Pañgolugui*. pp. *Lugui*. pp.
Tener la mira ó atencion en alguna conveniencia. *Imbot*. pc. *Hañgad*. pc.
Tener con abundancia. *Ma*, l. *mi*. *Mapalay si Pedro*. Tiene mucho palay Pedro.
Tener á la mano. *Ca nauanaud*. pp.
Tener dos instrumentos distintos en compañia y á compas uno con otro. **sallu**. pp.
Tener el viento contrario. **piyoc**. pc. **sonsong**. pc. *Pasonsong*. pc.
Tener la boca llena. **moñgal**. pp. *Moal*. pp.
Tener lo por bueno ó malo. *Ma*, l. *mi*. *Minamagaling co*. Tengolo por bueno.
Tener lo que antes lo tenia. *Mag ca*. pc. *Nag ca*. pc.
Tener recto el rostro y no cabizbajo. **talaghay**. pc. *Tonghay*. pc.
Tener presente. *Tandâ*. pc.
Tener tirante la cuerda. *Bagting*. pc. **binit**. pp. *Banat*. pp.
Tener pensamientos malos. *Taglay*. pc.
Tenerse ó asirse. *Houat*. pc. **hohot**. pc. *Capit*. pp.
Tenerse en pie sin bambolear. **talopaya**. pp. *Tatag*. pc.
Tenerse en mucho. *Mahal*. pc. Tiénese por mucho. *Nag mamahal siya*.
Tentacion, tentar. *Tecso*. pp.
Tentar para hallar algo. **apa**. pp. **capcap**. pc. *Apuhap*. pp.
Tentar como el ciego. *Hapohap*. pp. *Apohap*. pp.
Tentar algun negocio brevememente. **sanhi**. pc.
Tentar tocando. **yama**. pp.
Tentar probando á otro. **suba**. pp.
Tentar el vado. **hingasa**. pp.
Tentar algo con el dedo. *Tiyn*. pp.
Tentativa. *Tiquim*. pc. **ato**. pp.
Tentemozo. *Tocod*. pp.
Tenúe. *Mahinà*. pp.
Teñir. **bagna**. pc.
Teñir hojas de bori para hacer petate. **uanla**. pc.
Teñir de negro. *Tinâ*. pp. It. **tayum**. pp.
Teñir el vino con arroz ó miel. **sonog**. pp.
Teñir con cachumba. **calas**. pp.
Teñir el vino. **asar**. pp.
Teñir de colorado fino. **suga**. pp. **lac-há**. pc.
Teñir de azul. **tayom**. pc. l. pp. It. **bughao**. pc.
Teñir de colorado claro. **bangcoro**. pp.
Teñir colorado obscuro. **talab**. pc. Lo teñido. **tinalaban**. pc.
Teñir las redes de pescar; concierta cáscara, para fortificarlas. *Dampol*. pc.
Teología. *Carunuñgang na cocol sa pag quilala sa Dios*.
Teoría, teórica. *Pagca quilala nang mañga bagay sa pag isip lamang*.
Tercer. *Icatlo*. pc. V. Tercero.
Tercer hermano. **sangco**. pc.
Tercero. *Icatlo*. pc. *Pañgatlo*. pc.
Tercero. *Sugó*, *sugoan*. pp. *Otosan*. pc.
Tercia. *Sa icatlo*. pc. *Pañgatlo*. pc. *Icatlong bahagui*. pc.
Terciar. *Balindis*. pc. *Hiuas*. pc.
Terciar, hacer tercio. *Catlo*. pc.
Terciar con traicion. *Canolo*. pc.
Tercio. V. Tercia.
Terco. **ligpig**. pc. *Matigas ang olo*, *di mabiligan*. pp. *Di mahatulan*. pp.
Terete. *Matabâ*. pc. **pisigan**. pp.
Tergiversar. **licuad**. pc. **palicuadlicuad**. pc.
Terminacion. *Dolo*. pp. *Catapusan*. pc.
Terminar. *Tapos*. pc. *Olas*. pc. *Lutas*. pc.
Término. *Hanga*. pc. **habangan**. pc.
Término. *Catapusan*. pc. *Hanganan*. pp. *Hangan*. pc.
Término de sementeras de diez brazas en cuadro. **louang**. pp.
Término vocablo. *Uicâ*. pp. *Pañguñgusap*. pp.
Término usado de los cantores de la corte. **balacquia**. pc.
Ternero. **bolo**. pc. *Bisirong baca*. pp.
Terneza. *Murà*. pp. **lambor**. pp. *Camuraan*. pp. It. *Lambot*. pc. It. *Irog*. pp.
Ternilla. *Bot-ong malatá*. pc.
Ternilla. **lamocot**. pp.
Ternilla de la nariz. **tocor ilong**. pp.
Ternura. *Latâ*. pc. *Lambot*. pc.
Ternura de corazon. *Lomo*. pc.
Terquedad. V. Terco.
Terraplen. **tomana**. pp.
Terraplenar. *Tambac*. pc. *Tabon*. pp.
Terrazgo. *Linang*. pc. *Buquid*. pp. It. *Bouis*. pc. *Opa sa lupá*. pp.
Terremoto. *Lindol*. pc.
Terrible. *Caquilaquilabot*. pp. *Caguitla guitla*. pc. *Catacot tacot*. pp. It. *Mabañgis*. pc. *Masamang loob*.
Terrífico. V. Terrible.
Territorio. *Lupang na lalaganapan*, ó *nasasacupan nang isang ciudad* ó *bayan*.
Terron. *Tigcal*. pc. **boligâ**. pp.
Terroncillo. **boual**. pp
Terror. *Tacot*. pp. *Guitla*. pc. *Hilacbot*. pc.
Terroso. *Malupâ*. pp. *Lupain*. pp.
Terso. *Maquinis*. pp. *Malinis*. pp. *Maquintab*. pp. *Maningning*. pc.
Tertulia. *Capisanan*. pp. *Catiponan*. pp. *Polong*. pp. *Lipon*. pc.
Teson. **mayocmoc**. pc. *Nagal*. pc.
Teson. *Tiagà*. pc. **lopaiá**, **tiis**. pc. **gambang**. pc. *Saquit*. pp. **longati**. pc.
Teson en algo. *Tagal*. pc. **paloc**. pc.
Teson en lo que hace sin enfadarse. **panagal pagal**. pc.
Teson en alguna obra. **yoyong**. pp.
Tesoro. **bog-oy**. pc. *Pilac* ó *cayamanang na tatago*.
Testa. *Olo*. pp.
Testamento. V. Testar.
Testar. *Bilin*. pp. *Tagubilin*. pp. It. *Payi*. pp.
Testarudo. V. Terco.
Testera. *Muc hà*. pc. *Harap*. pc.
Testificar, testificacion. *Pasacsi*. pc. *Patunay*. pp. *Patotoo*. pp.

Testigo. *Sacsi*. pc. *Nagpapatotoo*. pp.
Testimonial. *Nag papatunay*. pp. *Nag papatotoo*. pp. It. *Gatibayan*. pp.
Testimoniar. *Pasacsi*. pc. V Testificar.
Testimonio. *Patunay*. pp. *Patotoo*. pp.
Testimonio falso. *Pariquit*. pc. *Binlang*. pc. *Paratang*. pp. **tambal**. pc.
Testuz. *Noo nang hayop*.
Tesura. *Tigas*. pc. *Catigasan*. pc.
Teta. *Suso*. pp.
Teta indurecida con mucha leche. *Sangcal*. pc.
Tetano. *Balintamad*. pc.
Tetas nones ó designales. **lañgin**. pc.
Tetas largas. **bolandong**. pc.
Tetera. **tacuri**. pc. **tecuan**. pp. Son términos chinicos.
Tetrico. *Mapanglao*. pc. *Ualang imic*. pc.
Textura. *Hanay*. pp.
Tez de cuerpo ó rostro. **dalapdap**. pc. *Paimbabao*. pc. It. **himas**. pp.
Tezado, atezado. *Maitim*. pc. *Sacdal itim*. pc.

T antes de I.

Tí, de tí, para tí, por tí. *Iyo*. pp. *Sa iyo*. pp. *Mo*. pc. El libro fué leido por tí. *Binasa mo ang libro*.
Tia. *Ali*. pp. **indá**. pc. **daga**. pp. It. **bayi**. pp.
Tiara. *Putong nang Santo Papa*.
Tibio. *Malacoco*. pp. **coco**. pp. *Malahiningña*. pc.
Tibor. **sinamong**. pc. **tacal**. pp. *Gusí*. pp. **tampayac**. pp.
Tibor chato. **dayopapac**. pc.
Tibor negro. **balat dohat**. pp.
Tibor pequeño. **bobocsit**. pc.
Tibor de boca angosta. **quimpot**. pc.
Tiborcillo de China para vino. **topac**. pc.
Tiborcillo pequeño. **sosoan**. pp. *Gusigusian*. pp.
Tiburon. *Pating*. pc.
Tiburon chiquito. **hinquing**. pc.
Tiempo **bayan**. pp. **banua**. pp. *Arao*. pp. En los antiguos tiempos. *Nang unang arao*.
Tiempo malo ó bueno. **mosim**. pp.
Tiempo en que se hace algo. **panag arao**. pp.
Tiempo de limpiar la sementera. *Panag olan*. pp. I. pc. *Tagolan*. pc.
Tiempo in genere. *Panahon*. pc.
Tiempo de algo. **nasa**. pp. *Tag*. pc. **camasahan**. pp. *Salocoy*. pp. *Casogsogan*. pp. *Casacsaan*. pp.
Tiempo de secas. *Tagarao*. pp.
Tienda. *Tindahan*. pp.
Tiento. *Hipó*. pp. *Pag hipó*. pp. It. *Pag iingat*. pp.
Tierno. *Malambot*. pc. *Malatá*. pc. It. *Bago*. pp. It. *Bata pa* pp.
Tierno de corazon. *Mahabaguin*. pp. *Mapanglomo*. pc.
Tierno como cogollo. *Lambor*. pc. *Murá*. pp.
Tierra. *Lupá*. pp.
Tierra de altibajos. **lobac**. pc.
Tierra baja que de lejos no se vé. **liyn**. pp.
Tierra baja al fin de la cuesta. **loom**. pp.
Tierra húmeda, blanda y fofa. **tayabotab**. pp.
Tierra desigual. **pisong**. pc. **pisongpisong**. pc. *Bangínbangín*. pc.
Tierra baja y aguanosa. **pitac**. pc.
Tierra de que hacen jarros. **pila**. pp.
Tierra que no se anega. **tahic**. pp.
Tierra arenisca. **alaboab**. pp. **gayas**. pc.
Tierra emprestada por ganancia. **bandi**. pc.
Tierra de pajonales. **basal**. pp.
Tierra alta de labor. *Dalatan*. pp. *Cataasan*. pp.
Tierra de regadío. **olohan**. pp. *Tubigan*. pp.
Tierra aguanosa. **damsac**. pc.
Tierra estéril. **hotan**. pp. *Payat*. pc.
Tierra dejada. **calaanan**. pp. **cal-anan**. pp.
Tierra baja que por tal siempre está húmeda. **timac**. pc. **tamac**. pc.
Tierra con grietas. **bacangbacang**. pp.
Tierra alta. **bacoor**. pp **minañgon**. pp.
Tierra traida de avenida. *Banlic*. pc.
Tierra baja y no llana. **lambac**. pc. **lonas**. pp.
Tierra llana. *Patag*. pp. *Pantay*. pc.
Tierra labrantía que se deja descansar. **paligang**. pc.
Tierra de labor. *Buquid*. pp. *Linang*. pc.
Tierra respecto de lo que está en el agua. *Cati*. pp.
Tierra muy tupida. *Pag hipit*. pc. *Payicpic*. pc.
Tierra cercada de dos rios. *Salongquipot*. pc.
Tieso. *Matigas*. pc. *Matibay*. pp. It. *Banat*. pc. *Bagting*. pc.
Tieso. **tandayac**. pp. **igcal**. pp.
Tieso sin menearse. *Tatag*. pc.
Tiesto de vaso quebrado. **yañga**. pp.
Tiestos pequeños. *Bibinga*. pc. **lila**. pp.
Tifon. *Ipoipo*. pp. *Ipouipo*. pp.
Tijera para cascar y cortar bongas. *Colocate*. pp.
Tijera de cañas para enarbolar harigues. **salalac**. pp.
Tijera de techo. **pagbo** pc. *Quilo*. pp. **panigas**. pc. **pasicar**. pp.
Tijeras. *Gonting*. pc. *Pung gopit*. pc.
Tijeras de espabilar. *Panotog*. pp.
Tildar. *Payi*. pp. *Guhit*. pp.
Tildar. *Toldoc*. pc. *Todloc*. pc.
Tilde. *Tuldoc*. pc. *Tudloc*. pc.
Timbal. *Calatong*. pp.
Timbre. *Saguisag*. pp. *Tandá*. pc.
Timido. *Duag*. pp. *Dusong*. pp. *Matatacutin*. pc.
Timon. **oguit**. pc.
Timorato. *Banal*. pc. *May tacot sa Dios*, *may loob sa Dios*.
Tina. *Caang*. pc.
Tina en que tiñen con el añil. **tayoman**. pp.
Tinada. *Talacsan*. pc. *Bonton nang cahoy*.
Tinaja. *Tapayan*. pp.
Tinaja grande. **abran**. pc.
Tinaja de boca grande. **angang**. pc.
Tinaja de China, Borney, labrada. **tarya**. pc.
Tinaja de vino que ponen en medio para sus borracheras. **sibolan**. pp.
Tinaja de boca muy ancha. **caang**. pp. **angang**. pc.
Tinajon. *Salan*. pc.
Tinajuela pequeña y lustrosa. **malabib**. pp.
Tinieblas *Dilim*. pc. *Posiquit*. pp.
Tino. *Taros*. pc.

Tino en lo que se hace. *Toga*. pp.
Tino ó destreza en andar por los montes. *Lupà*. pp.
Tinta prieta. **dingsol**. pc.
Tinte. *Pag tinà*. pp. *Pag catinà*. pp. It. *Colay*. pp.
Tintorería. *Tinaan*. pc.
Tintorero. *Manininà*. pp. *Mananayom*. pp.
Tintura. V. Tinte.
Tiñoso. *Dusdusin*. pp. It. *Maramot*. pp.
Tio. *Amain*. pc. **ambá**. p.
Tio menor que el padre ó madre. **mamá**. pp.
Tio ó tia. *Caca*. pc.
Tio, cualquier viejo que no es pariente. *Bapa*. pp. *Mama*. pp.
Tiple. *Tin-is*. pc. *Taguinting*. pc. *Tiñgig*. pp.
Tipo. *Oliran*. pc. *Houaran*. pp.
Tipografía. *Limbagan*. pp. V. Imprenta.
Tira. *Linas*. pp. *Gutlay*. pc. *Mong lay*. pc. *Gutay*. pc.
Tira de papel. **gotlay**. pc.
Tirabuzon. *Pambucas nang prongo*. pc.
Tiracuello. *Sacbat*. pc.
Tírale. *Dali*. pp. *Onatan mo*. pp. *Lantacan mo*. pc.
Tiranía, tiranizar. *Bagsic*. pc. *Bañgis*. pc. *Dahas*. pc.
Tiranizar lo ageno. *Gaga*. pc. *Lupig*. pp. *Gahis*. pc. *Agao*. pp. *Ali*. pp.
Tirano. *Marahas*. pc. *Mabagsic*. pc.
Tirante. *Bagting*. pc. *Banat*. pp. *Binit*. pp. *Tanat*. pp.
Tirar. *Turlà*. pc.
Tirar. *Hila*. pp. *Batac*. pp. *Onat*. pp.
Tirar ó arrojar. *Pocol*. pc. *Tapon*. pp.
Tirar ó apretar. *Higpti*. pc.
Tirar cuerda de flecha. *Binit*. pp.
Tirar de golpe el cordel. *Cadyot*. pc.
Tirar de cordel para resistir ó contener al que se escapa. *Piguil*. pp.
Tirar con lanza. *Baca*. pp. It. *Pamutauan*. pp. *Tulag*. pc. *Todlà*. pc.
Tirar á ver cual llega mas lejos. *Lumpat*. pc.
Tirar de la cuerda. *Tantang*. pc.
Tirar con algo. *Haguis*. pp.
Tirar con cosa larga. *Halibas*. pp. **balibat**. pc. **balibang**. pp.
Tirar con algo á muchos. *Hambalos*. pp
Tirar hácia sí algo. *Higuit*. pc.
Tirár á la costa ó puerto. **hinagpit**. pc.
Tirar con fuerza la respiracion. **hiphip**. pc.
Tirar, como de cortina. **hocos**. pp.
Tirar del cordel de la lámpara. *Hogos*. pp.
Tirar con piedra. *Haguis*. p. **dolít**. pp. *Pocol*. pc. *Bato*. pc.
Tirar algo á lo alto. **payang**. pc.
Tirar por entre el agugero alguna arma ofensiva. **silat**. pc.
Tirar piedra hácia abajo. **imbayog**. pc.
Tirar con honda. **lambanog**. pc.
Tirar, como el cutis. **labnit**. pc.
Tirar metal para hacerlo alambre. **nahat**. pc.
Tirar de alguna cosa que está colgada en navío ó balsa. **onda**. pc.
Tirar algo con enojo. **balidia**. pc.
Tirar con algo por la punta. **balibabat**. pp.
Tirar madera. **balbac**. pc. *Balbag*. pc. *Balabag*. pc.
Tirar con palo ó caña por la punta. *Balibat*. pp. **balbat**. pc.
Tirar al soslayo. **balibat**. pp.
Tirar anzuelo. *Biguas*. pc.
Tirar a'go. **bondol**. pc.
Tirar hácia sí. **cagiot**. pc. *Cad-yot*. pc.
Tirar, dé donde diere. **alao**. pc.
Tirar a'go cogiéndolo de la punta. *Balabag*. pc.
Tirar con fisga. **tugia**. pc. **tugda**. pc. *Todlà*. pc.
Tirar al monton. **tahac**. pc.
Tirar al soslayo. **sobuit**. pc.
Tirar de algo poco á poco. **labnot**. pc.
Tirar con cuerdas haciéndolas deslizar. *Hilagpos*. pc.
Tiritar de frio. **cologting**. pc. *Caligquig*. pc.
Tiro. *Potoc*. pc. It. V. Tirar.
Tiron. *Bago*. pp. *Bagohan*. pp. It. *Baltac*. pc.
Tirria. *Tanim*. pc. *Poot*. pp.
Tísico. *Natotoyó*. pc.
Tisis. *Pagca toyo nang catauan*.
Titubear. *Doñgó*. pc. *Ang ang*. pc.
Título. *Dañgal*. pc. *Bunyi*. pp.
Tiznar. *Oling*. pp. **boling**. pp. **buling**. pc.
Tizne en la cara. *Doñgis*. pp. **amol**. pp. **amos**. pp.
Tizon. **daygan**. pp. **aguipo**. pc. *Dupong*. pp. **ayipo**. pp.
Tizon grande. **dapolau**. pp.
Tizon que no quiere arder. **lonos**. pp.

T antes de O.

To, interj. con que se llama al perro. *Tiú tiú*. pc.
Toalla. *Pamahiran*. pc.
Tobillo. *Bocongbocong*. pp.
Tobillo del pie. **bolaló**. pp. *Bool*. pp.
Toca. *Cobong*. pc.
Tocado. *Pamuti nang bohoc*.
Tocador. *Talocbong*. pc. It. *Salamin at iba pang casangcapan sa pag gagayac nang babae*.
Tocamiento. *Hipò*. pp. *Damá*. pc. *Salang*. pc. V. Tocar.
Tocamiento en cosa delicada. *Bog-oy*. pc.
Tocamiento mansamente con la mano. *Diit*. pp.
Tocamientos de la muger. **ipa**. pc. **apa**. pc.
Tocamiento impúdico de la muger. **doquit**. pp.
Tocar. **yama**. pp. *Hipó*. pp.
Tocar con la punta de los dedos el pezon del pecho. **otong**. pc.
Tocar á rebato. **parorong**. pc.
Tocar cierto instrumento. **togang**. pc.
Tocar delicadamente. *Tiltil*. pc. *Butinting*. pc.
Tocar muy á la ligera. **taghió**. pc. *Tangcò*. pc. **hipic**. pp.
Tocar á la ligera. *Tangquil*. pc. *Sag-oy*. pc. *Salang*. pc.
Tocar el oro para saber sus quilates. *Ori*. pp.
Tocar algo de priesa con la mano. **sagoy**. pc.
Tocar atambor **salvi**. pc.
Tocar levemente. **gombil**. pc.

Tocar jugando. **gotingting.** pc. *Botinting.* pc.
Tocar con la mano al desden. **gomil.** pc.
Tocar atabales. **dalogdoc.** pc.
Tocar con la mano. *Dama.* pc.
Tocar levemente alguna parte del cuerpo. **dantic.** pc.
Tocar tambor. **gandang.** pc.
Tocar con los labios. **doñgil.** pp.
Tocar algo manoseándolo. *Botingting.* pc.
Tocar, como cuerda. *Calabit.* pc. *Calbit.* pc.
Tocar dos ó mas instrumentos en compañía y acompas uno con otro. *Saliu.* pc.
Tocar ó pertenecer. *Ocol.* pp. *Tongcol.* pc. *Naoocol.* pp. *Ganan.* l. *Ganang.* pc.
Tocar suavemente como sobondo. *Irlis.* pc. *Pisil.* pc. *Hilot.* pp.
Tocar con cualquiera parte del cuerpo. *Tangcó.* pc.
Tocar campana ó cualquier instrumento. *Togtog.* pc.
Tocayo. **sañgay.** pc. *Calaguió.* pc. *Lag-yò.* pc. **casañgay.** pc.
Tocino. *Tabà.* pc.
Tocon. *Tocod.* pp. It. *Tuod.* pc.
Tocho, necio. *Hangal.* pc. *Mangmang.* pc.
Toda la noche. *Damag.* pc. *Magdamag.* pc.
Todas las veces. *Toui.* pp.
Todavía. *Gayon man.* pc. *Baga man.* pc. It. *Pa.*
Todo. **buyac.** pp. It. *Obos.* pc.
Todo, ó todos. *Lahat.* pc. *Pauà.* pp. *Dilan.* pc. *Dilà.* pc.
Todo, ó todos generalmente. *Pisan.* pp. *Baua.* pp.
Todo el dia. *Gabi.* pc. *Hangan sa gabi.* pc.
Todo, comprarlo todo. *Paquiao.* pc. *Pinlac.* pc. *Pac-yao.* pc.
Todo bueno. *Magagaling.* pc.
Todo el dia. *Maghapon.* pp.
Todo poderoso. *Macapangyayari sa lahat.*
Todos los que van en la banca. *Sacay.* pc.
Todos igualmente. *Parapara.* pp.
Todos los que pertenecen á un Rey ó reino para confederarse con otro. **parait.** pp.
Todos todos. *Tanan.* pc. *Diladilà.* pc.
Todos los hijos. *Coyob.* pp.
Todos los hijos de un animal cuando son muchos. *Sangancan.* pc.
Todos y cada uno. *Panay.* pc. It. *Ayad.* pc.
Toldo. *Panambil.* pc. *Tambil.* pc.
Toldo de hamaca. *Duyanan.* pp.
Toldo de embarcacion. *Carang.* pp.
Tolerable. *Ma titiis.* pc. *Ma babata.* pc.
Tolerancia, tolerar. *Tiis.* pc. *Bata.* pc. *Atim.* pc.
Tolerante. *Mapag tiis.* pc. *Mapag bata.* pc. It. *Pabayà.* pp.
Tolete de banca. **loloboñgan.** pp.
Tolondron. **omboc.** pc.
Tolondron de la rodela. **tamboco.** pp.
Tolondron, desatinado. *Ualang uastó.* pc. *Magaso.* pc. It. *Bocol.* pp.
Tolondrones. *Bocol.* pp.
Tolondrones de harina. **bolas.** pc.
Tollo. *Pating.* pc.
Tollo pequeño. **hiyo.** pc. **hinquin.** pc.
Toma. *O, á.* pp. It. *Coha.* pp. *Abot.* pc. *Abotin mo.* pc.
Toma. *Pag cuha.* pp. *Pag tangap.* pc. V. Tomar.
Tomar. **gamgam.** pc. **hignoy.** pc.
Tomar algo con los dedos. **guitil.** pp.
Tomar algo del cesto. **doon.** pc.
Tomar á destajo alguna obra. **pinlac.** pc.
Tomar uno la causa de muchos. **laquilaqui.** pp.
Tomar su parte. **ayao.** pp.
Tomar dinero con condicion de pagar la mitad de la ganancia. **tahan.** pc. **lamitahan.**
Tomar en brazos. *Pangco.* pc.
Tomar ó dar fiado. **pantao.** pc. **bala.** pp.
Tomar fiado. **pantao.** pc. **bala.** pp. *Angcat.* pc.
Tomar á su cuenta la crianza de otro. **saguip.** pc.
Tomar para sí lo que otro dice. **sahor.** pp.
Tomar muchas cosas á cargo, y no hacer ninguna. **salana.** pp.
Tomar algo con vasija ó con las manos. *Saloc.* pp.
Tomar algo con la mano vuelta hácia arriba. *Saloc.* pp.
Tomar algo por fuerza de la mano de otro. *Labnot.* pc. *Habnit.* pc.
Tomar entrada para quedar de asiento. **himasoc.** pp.
Tomar algo de la orilla. **himiling.** pp.
Tomar algo delante del dueño. **halihao.** pp.
Tomar la parte que cabe de la casa. **gonas.** pp.
Tomar humo por medicina. *Langap.* pc.
Tomar sin tiento ni medida. **langcay.** pc.
Tomar puerto. *Lauig.* pc. *Doong.* pp.
Tomar otro camino. **ligtas.** pc.
Tomar la delantera en el camino. **lolo.** pp.
Tomar aliento. **naghoy.** pc.
Tomar cuenta á otro. **olopista.** pc. *Sulit.* pp.
Tomar la medida de algo. **ocol.** pp.
Tomar para sí su parte. **ganan.** pc.
Tomar para llevar ó traer. *Coha.* pp.
Tomar costura, molienda, &c. *Coha.* pp.
Tomar egemplo. *Coha.* pp.
Tomar sudor. *Golob.* pp. **sahab.** pp.
Tomar agua ó sacarla de alguna vasija en el hueco de la mano. *Carló.* l. *Cadló.* pc.
Tomar para sí que se dice á otro. **gñuot.** pp. *Himoha.* pp. *Hinoha.* pp. *Hinagap.* pp. **sagap.** pp.
Tomar á escondidas. **bosoc.** pp.
Tomar algo para el comun. **buhat.** pp.
Tomar su tarea. *Tongcol.* pc.
Tomar poco á poco cosas pocas. **higamit.** pp. *Omit.* pc.
Tomar algo de la parte de otro. *Gamit.* pp. *Gamil.* pc.
Tomar algo por fuerza. *Salao.* pc. *Dahas.* pc. *Camcam.* pc. *Agao.* pp. It. *Gaga.* pc. *Ali.* pp. *Lupig.* pp.
Tomar todo lo que hubiere sin dejar nada. *Boó.* pp. *Binoó mong quinuha.* Lo tomaste todo.
Tomar algo á su cargo. *Sacop.* pp. *Acó.* pp.
Tomar camino por tierra ó mar á buen ojo el que se perdió guiándose por el sol, ú otra señal. *Bagat.* pc.

Tomar ánimo. *Tapang*. pp. *Hinapang*. pp.

Tomar los puntos de las medias. *Pottc*. pc.

Tomar cuerpo humano. *Catauan*. pc.

Tomar algo con las puntas de los dedos. *Dampot*. pc. *Limot*. pc.

Tomar venganza. *Higanti*. pc. *Ganti*. pc.

Tomar prestado. *Hiram*. pc. *Otang*. pp.

Tomar con atrevimiento lo ageno. *Labog*. pc. *Lapastanḡan*. pp. *Panḡahas*. pc.

Tomate. *Gamatis*. pp.

Tomo. *Capal*. pc. *Laqui*. pc. It. *Bahagui nang libro*.

Tonar. V. Tronar.

Tonillo en el hablar. *Gambilâ*. pp.

Tonina. **lampasot**. pc.

Tono. *Tunog*. pc.

Tono tejido. **tacat**. pc.

Tonsura, tonsurar. *Gopit*. pc.

Tonto. **oñga**. pc. **busal**. pc. **buhalhal**. pc. *Haling*. pc. *Mangmang*. pc. **tomag**. pp. **bouang**. pc. **alimangmang**. pc. *Hanḡal*. pc. *Banḡao*. pc. **lañga**. pc. **timang**. pc. *Bang-ao*. pc. **bangac**. pc. **halhal**. pc. *Tongac*. pc. *Manḡa*. pc. **mañgal**. pp. **toñgag**. pc. *Osló*. pc. *Limang*. pc. *Tacsil*. pc. *Oslac*. pc. **libsang**. pc. **oblac**. pc. **tobag**. pp. *Tanga*. pc. **galing**. pp.

Topar. *Sompong*. pc. *Bongò* pc. *Sagupà*. pp.

Topar con las cabezas. **songco**. pc. *Ontog*.

Topar una cosa que es llevada en la mano con otra. **taquil**. pp.

Topar en algo con el pie por el empeine. *Taquir*. pp.

Topar en lo que buscaba. **tapus**. pc.

Topar ligeramente una cosa en otra. *Salang* pc.

Topar un palo con otro. *Bonggó*. pc.

Topar con todo el cuerpo. **daldal**. pc.

Topar en algo. **oncol**. pc.

Topar el cazador con la caza. **salang**. pc.

Topar con la cabeza en lo alto. *Socó*. pc.

Topar ó detenerse en algun estorbo lo que arrastran, ó lo que cae de alto. *Sang-od*. pc. *Sag-or*. pc.

Topar en algo el que pasa. *Darlas*. pp. *Sagui*. pp. *Saguid*. pp.

Topar en la red; la caza ó pescado. *Soong*. pp.

Toparse uno con muchas cosas. *Sana*. pp.

Toparse algunas cosas. *Taon*. pc.

Toparse, como dos cántaros. **pongcol**. pc. *Bonggò*. pc. *Ontog*. pc.

Tope. V. Topeton.

Topetar. *Sagasá*. pp. It. *Panuag*. pc.

Topeton. *Antig*. pc. *Ontog*. pc. **ongcol**. pc. **ingquil**. pc. V. Encontron.

Topo, animalejo. *Vilig*. pc.

Toque. *Sag-oy*. pc. *Hipo*. pp. It. *Tugtog*. pc.

Toquilla que se pone en la cabeza. **piring**. pc. *Cobong*. pc.

Tora. *Buis nang manḡa Judio*. *Papotoc*. pc.

Torbellino de viento. *Ipoypo*. pc. **ypoyipo**. pc.

Torcaz paloma. *Baler*. pp. *Balor*. pp.

Torcer. *Pilipit*. pp. *Pili*. pc. **bisol**. pc. **palipit**. pp.

Torcer rio ó mar haciendo como media luna. **libyoc**. pc.

Torcer al rededor. **pilis**. pp.

Torcer el rostro. **banlilis**. pc.

Torcer los dedos. **bauit**. pp.

Torcer el filo del cuchillo. *Piloc*. pc. *Piyoc*. pc.

Torcer bejuco para hacer cuerda. **piyo**. pp.

Torcer el pie. *Tapiloc*. pc. *Bali*. pp.

Torcer mucho un hilo. *Panḡil*. pc. *Pang-il*. pc.

Torcer la boca cuando habla. *Nḡauil*. pp.

Torcer algo. *Lubir*. pp. *Pili*. pc.

Torcer el cordel. **ontay**. pc.

Torcer el cuerpo, hácia atras. *Baliar-ar*. pc.

Torcer de propósito el camino. *Paliuas*. pc. *Sinsay*. pc. *Liuas*. pc.

Torcer con los dedos, hilo, algodon. *Piro*. pp.

Torcer punta de clavo, espada. *Balico*. pc. *Balicocò*. pc. *Baloquiqui*. pc.

Torcer un poco la cabeza. *Linḡos*. pp. *Linḡon*. pc.

Torcer mucho la cabeza. *Baliling*. pc. *Linḡon*. pc.

Torcer hilo, juntando dos, ó tres. *Lambal*. pc.

Torcer el pescuezo á otro. *Potot*. pp. *Pocto*. pc. It. *Sig-ic*. pc.

Torcerse el pie, por haberse metido en parte estrecha como entre dos palos. *Doit*. pp.

Torcerse el pie andando. *Tampiloc*. pc. *Tapioc*. pc.

Torcerse, como punta de clavo. **hiuir**. pp.

Torcerse la tabla. **hibang**. pc. **quibal**. pp.

Torcido. *Singcol*. pc. *Singcao*. pc. *Tumpaling*. pc. *Paling*. pc. *Licò*. pc.

Torcido. *Quiuit quiuit*. pc. **lincao**. pc. **habing**. pc. *Quilo*. pc. **balongcauit**. pc. **tampilao**. pc.

Torcido en la punta. **balongquit**. pc.

Torcido como S. **taloganti**. pc.

Torcido, como bejuco, tabla. **pintal**. pc.

Torcido, como madera. **guibang**. pp.

Torcido, como tabla. **hibing**. pc.

Torcijon. *Anayo*. pp. *Saquit nang bitoca sa manḡa hayop*.

Tordo. *Colacling*. pc.

Torete. *Bacang bagong tauo*. pp.

Tormenta. *Bagyo*. pc. *Onos*. pc.

Tormento. *Saquit*. pp. *Pasaquit*. pp. *Pahirap*. pp.

Torna, tornar. *Balic*. pc. *Sauli*. pp.

Tornasol. *Dayandang*. pc.

Tornatil. *Linalic*. pp.

Tornaviaje. V. Torna.

Torneado. **tangtang**. pc.

Torneador, tornero. *Man lalalic*. pp. *Mag lalalic*. pp.

Tornear barandillas. **carali**. pp.

Tornear, como barandillas. **lalic**. pp.

Torniscon. *Saliuâ*. pc. *Aldabes*. pc.

Torniscon sin alcanzar la mano al rostro. **linti**. pc.

Torno. **lilican**. pc. **lalican**. pc.

Torno para quitar las pepitas al algodon. **anác pipis**. pc.

Torno para hilar. *Guliran*. pc. l. **susuliran**. pc. **biliñgan**. pp.

Torongil. *Balanoy*. pp.

Toronja. *Pison*. pc.

Toroso. *Malacas*. pc. *Matibay*. pp.

Torpe. **binsa**. pc. **docco**. pc. *Langpa*. pc. *Tongac*. pc. It. *Malibog*. pp. *Mahalay*. pp.

Torpe de manos. **tongal**. pc.
Torpe por enfermo. *Lampa*. pc.
Torpe que no acierta. **doñgo**. pc. **bisó**. pp.
Torpe en el obrar. **quiua**. pc. **quimao**. pc.
Torpeza. **ligmit**. pc. **licmic**. pc. **cuyad**. pp. *Cupad*. pp. It. *Halay*. pp.
Torre. *Moog*. pp.
Torrecilla como altar. **cobol**. pc.
Torrente. *Agos*. pp. *Batis*. pp. It. *Bahá*. pc.
Tortero. *Baton sorlan*. pc.
Tortilla. **pais**. pp.
Tortilla de harina de arroz con leche de coco. **salocalac**. pc.
Tortilla ó torta. *Pinais*. pp.
Tortilla de harina de arroz, unas veces con plátanos otras veces sin ellos. *Marhuyá*. pp. It. **tiping**. pp. **pañang**. pc.
Tortillitas de harina de arroz. **pinalotac**. pc.
Tórtola. *Batobato*. pc. It. *Punay*. pp. **lauatan**. pp.
Tortuga. **pabiyo**. pp. **calahan**. pp.
Tortuga grande de la mar. *Pauican*. pp.
Tortuga de tierra. **tocmol**. pc.
Tortuga pequeña. **pahas**. pc. **labilabi**. pc.
Tortuoso. *Palicolicò*. pc. *Pasootsoot*. pp.
Tortura. *Parusa*. pp. *Pasaquit*. pp. It. *Calicoan*. pc. *Cabaloctotan*. pc.
Torzal. *Pinili*. pc.
Tos fuerte. **achoy**. pc.
Tos recia. *Obo*. pc.
Tosco. *Bagal*. pp. It. *Bolobondoquin*. pp.
Tosco como red. **gaual**. pp.
Tosco, desaliñado. *Ualang* **ualoy**. pp. *Ualang* **uacya**. pp.
Tosegoso, tesigoso. *Obohin*. pp. *Pal-obo*. pc.
Toser. *Obo*. pc.
Tocer recio. **tachoc**. pc.
Toser no muy recio. *Tighim*. pc.
Tosigo. *Lason*. pp.
Tostada. *Gayat*, *ó hilis na tinapay*. pp. It. *Dayá*. pp.
Tostado. **paygang**. pc.
Tostado, tostar. **tostos**. pc. *Sañgag*. pc.
Tostar. *Pais*. pp. It. *Sañgag*. pc. It. *Tapa*. pc. *Darang* pp.
Tostar en tiesto. **yañga**. pp.
Tostar granos, como maiz &c. *Sañgag*. pc.
Tostar el arroz cuando está húmedo. **olas**. pp.
Tostar bien carne ó pescado para conservarlo. **pangang**. pc.
Tostar arroz verde. **tanac**. pc.
Tostar arroz. *Busa*. pc.
Tostar camarones. *Halbos*. pp.
Toston. **batñgin**. pp. *Salapi*. pc.
Toston de la morisqueta que se pega en la olla. *Totong*. pc.
Total. *Lahat*. pc. *Calahatan*. pc. It. *Cabooan*. pp.
Totalidad. *Cabooan*. pp. *Capisanan*. pp.
Totalmente. *Lobos*. pc.
Tozudo. *Di maaralan*. pp. *Di mahatulan*. pp. *Matigas ang ulo*. pp.
Tozuelo. **pasong**. pc. *Batoc na macapal*. pc.

T antes de R.

Traba. *Pañgabit*. pc. *Pang cabit*. pc.
Trabacuenta. *Mali sa cuenta*.
Trabadero. **manicá**. pp.
Trabajado. **talotouat**. pp. *Pagod*. pc. *Pagal*. pc.
Trabajador. *Bisá*. pp. *Mabisá*. pp. *Masipag*. pp. *Masigla*. pc.
Trabajar con fuerza y diligencia. **sicar**. pp.
Trabajar de manos. *Quimot*. pc. *Licot*. pc.
Trabajar con conato. **palabosaquit**. pp. **bolosaquit**. pp.
Trabajar con flojedad. **salang baculi**. pc.
Trabajar sin fruto. **bacbac tahong**. pc.
Trabajar el esclavo para sí. **tagolali**. pp.
Trabajar por cumplimiento. *Gauang atag*. pc.
Trabajar el esclavo el dia que le toca á su amo. **losong**. pp.
Trabajar con teson. *Poyais*. pp. *Saquit*. pp. **busaquit**. pp.
Trabajar segun sus fuerzas. **inatá**. pc. l. pp.
Trabajar muy poco. **gamlang**. pc.
Trabajar en obra comun. **atag**. pp. *Bayani*. pp. **bayanin**. pp. **polong**. pp.
Trabajar gratis ó ayudar á otro. **sacnong**. pc. *Tolong*. pp. *Aboloy*. pp.
Trabajar á destajo. *Paquiao*. pc. **lansac**. pc.
Trabajo. *Saquit*. pp. *Hirap*. pp. *Bagabag*. pp. *Dalitá*. pc.
Trabajo, trabajar. *Gauà*. pc.
Trabajo grande. **panagal**. pc.
Trabajo de perezoso. **otog**. pc.
Trabar amistad. **toto**. pp. *Catoto*. pp.
Trabarse. *Cauing*. pp. *Cabit*. pc.
Trabarse, ó encajar palo ó caña en cosa redonda. **sañgat**. pc.
Trabarse la lengua. *Garil*. pc.
Trabe. *Sicang*. pp.
Trabucar. **bucalcal**. pc. **bungcal**. pc.
Trabucar buscando. **bucalcal**. pc.
Tradicion. **alamat**. pc.
Traduccion. *Pag sasalin sa ibang uicá*.
Traducir. *Salin*. pp. *O isalin ang isang sulat sa ibang uicá*.
Traer. **caon**. pc. *Dalá*. pc. It. *Hatid*. pc.
Traer algo colgado en la mano. *Taglay*. pc.
Traer en la mano el rosario. *Taglay*. pc.
Traer banda atravesada. **sabat**. pc. *Sacbat*. pc.
Traer colgado el niño al hombro. **sabi**. pp.
Traer algo al que está impedido. **hapit**. pc.
Traer algo al cuello. **bagsa**. pc. **bacsa**. pc.
Traer paño al hombro. *Alampay*. pc. **salampay**. pc.
Traer en brazos. *Calong*. pp. It. *Pangco*. pc.
Traer el niño en la cadera **sacbibi**. pp. *Quilic*. pp. **saui**. pp.
Traer la mano por el cuerpo acariciando. **himan**. pp. *Himas*. pp. *Hagpos*. pc.
Traer algo sobre la oreja, como flor. **somping**. pc.
Traer la mano blandamente por el cuerpo. **higor**. pp.
Traer luto. **bauo**. pp. *Lucsá*. pc.
Traer algo á la memoria brevemente. **anggam**. pp.
Traer algo á la memoria. *Molí*. pp. *Molimoli*. pp. *Bulay*. pp.
Traer rencor por habe le negado algo. **higatang**. pc.

Traer lo llevado. *Dapit*. pp.

Traer algo el que buelve de alguna parte. *Oui*. pp.

Traer la mano por encima, de dolor para divertirlo ó aliviarlo. **dilos**. pp.

Traer ó llevar alguna prenda del amado enseñal del amor. **himacas**. pc.

Traer el bocado en la boca. **pang-al**. pc.

Traer la barriga al aire **hitor**. pp. *Hiyad*. pp. *Oyad*. pp.

Traer con solemnidad. *Dapit*. pp.

Traer hácia si algo. *Cabig*. pp.

Trafagador, trafagon. **mag babaliuas**. pc. *Mangangalacal*. pc.

Tráfago. *Ligalig*. pp. *Abala*. pp. It. V. Tráfico.

Traficante. *Mangangalacal*. pc. **mag babaliuas**. pc. *Mamomohonan*. pc.

Traficar, tráfico. *Calacal*. pp. **baliuas**. pp.

Tragadero. *Lalamonan*. pp. **lalaogan**. pp. *Golong golongan*. pp.

Tragador. *Matacao*. pp.

Traga hombres. **mayabang**. pp. *Mapag matapang*. pc. *Nag mamatapang*. pc.

Tragaldabas. *Sacdal tacao*, *totoong matacao*. pp.

Tragamallas, tragaoton. V. Tragon.

Tragar. **lonlon**. pc. **alonalon**. pc. *Lolon*. pc.

Tragar hueso de fruta sin mascarlo. *Lon-oc*. pc.

Tragar cosa líquida. *Log-oc*. pc.

Tragar de golpe, ó de prisa. **lang-ap**. pc.

Trago. *Log oc*. pc.

Trago, tragar. *Lamon*. pp. **lonlon**. pc. *Lon-oc*. pc.

Tragon. **samania**. pc. *Matacao*. pp. *Mapag tamasa*. pc. **samaynaca**. pc. **masibá**. pp.

Traicion. **burhi**. pc. *Sucab*. pc. *Lilo*. pp.

Traicion como la de Judas. *Cánolo* pc. **paliuas**. pp. **capaliuasan**. pp.

Traida. *Pag dadala*. pc. *Dala*. pc. V. Traer.

Traido. **malahinabuyan**. pp. *Gamit*. pc. *Gasgas*. pc.

Traidor. *Lilo*. pp. *Sucab*. pc. *Tampalasan*. pp.

Trailla. *Tali nang aso*. pp. It. *Isang bagay na pamatag nang lupa*.

Traje. *Pananamit*. pc.

Trajear. *Gayac*. pc. *Bihis* pp.

Trajin. *Gauá*. pc. *Gagaonin*. pc. It. V. Trajino.

Trajinante. *Mang hahacot*. pp. *Mag hahacot nang tinda*. pc.

Trajinar. *Hacot*. pp. *Dala*. pc. It. *Galá*. pp. *Pasial*. pc.

Trajino. *Hacot*. pp. *Pag hacot*. pp. *Pag hahacot*. pc.

Tralla, soga. *Tali*. pp. *Lubid*. pp.

Trama de la tela. *Hilig*. pc.

Tramar. *Handà*. pc. *Pacanà*. pc.

Trámite. *Lipat*. pp. *Pag lipat*. pp *Lacad*. pp.

Tramo. *Capiraso*. pp. *Bahagui*. pp. **pangcat**. pc.

Tramontana. **hilaga**. pc. **hilagaan**. pc.

Tramontano. *Cabila nang bundoc*. pc.

Tramontar. **libad**. pc. *Tauid nang bundoc*. pc.

Tramoya. *Malicmatá*. pp. It. *Dayá*. pp.

Trampa. *Patibong* pc It *Dayá* pp.

Trampa ó lazo para coger algo. **latay**. pp. *Panyapac*. pc.

Trampa de la puerta. **caling**. pp. **cansing**. pc. *Tasoc*. pp. *Talasoc*. pp.

Trampa ó balleston para animales. **balatic**. pp. **mabalatic**. pp.

Trampa ó lazo para coger puercos. **taguin**. pc.

Trampa para pájaros. **bangcolong**. pc. **colocob**. pc.

Trampa para ratones. **pansipit**. pc.

Trampa para coger algo. *Siló*. pp.

Trampa para pájaros. *Bitag*. pp. **bantay**. pc.

Trampa para coger puerco ó venado. **palocso**. pc. **palogsó**. pc.

Trampear. **bolos**. pp. *Tecas*. pp.

Trampear la vista. *Taguibulag*. pp.

Trampista, tramposo. *Marayá*. pp. *Mag darayá*. pp. It. **bolos**. pp. *Tecas*. pp.

Tranca de las ventanas ó puerta. *Tasoc*. pp. *Talasoc*. pp. **cansing**. pc. **caling**. pp. **pangaling**. pp.

Tranca. **lacdang**. pc.

Trance. *Panganib*. pp. *Pangamba*. pc.

Tranchete. **hiuas**. pc.

Tranco. **lacdang**. pc. **yacban**. pc. **yangcao**. pc.

Tranco para pasar algo. *Yayang*. pc.

Trangquilar. V. Trangquilizar.

Trangquilidad. *Capayapaan*. pc. *Catahimican*. pp. *Catiuasayan*. pc.

Trangquilizar. *Tahimic*. pp. *Tiuasay*. pc. *Payapá*. pp.

Tranquilo. Idem.

Transaccion. *Casondo*. pc. *Putol ang usapin*.

Trascender. **halimbuyac**. pc. **halimotmot**. pc. **asoñga**. pp. *Halimuyac*. pp.

Trascender el olor. **halahoc**. pc.

Transeunte. *Dumaraan*. pc. I. pp. *Naraan*. pp. *Nag daraan*. pp. It. *Lumilipas*. pp. *Natatapos*. pp.

Transformarse. *Bulatcayo*. pc. V. Trasfigurarse.

Transido. **dayocdoc**. pc. **pasal**. pp. **limpas**. pc. *Nalipasan nang gutom*. pp. **nalimpasan**. pc. *Nadarayocdoc*. pc. **napapasal**. pp. It. *Maramot*. pp. **maraicot**. pc.

Transigir. V. Transaccion.

Transitar. *Daan*. pp. *Dumaan*. pp. *Mag daan*. pp.

Transito. *Pag daan*. pp. *Pag daraan*. pp. It. *Daan*. pp. *Dinaraanan*. pp. *Daranan*. pc.

Transitorio. *Lumilipas*. pp. *Natatapos*. pp.

Tranzar. *Potol*. pp. *Bali*. pp. *Bacli*. pc.

Trapacear. *Dayá*. pp. *Tecas*. pp. **bolos**. pp.

Trapacero, trapacista. *Mag darayà*. pp. V. Trapacear.

Trapajoso. *Pónit*. pc. *Golanit*. pc. *Ponit ponit*. pc.

Trapalear. *Ngauá*. pc. **tabil**. pc.

Trapalon. **matabil**. pc.

Trapaza, trapazar. V. Trapacear.

Trapiche. **ilohan**. pc. **cabiauan**. pp. **alilisan**. pp.

Trapisonda. *Babag*. pc. *Ingay*. pp.

Trapo. *Basahan*. pp. **alapot**. pp. **halapot**. pp. **halapos**. pp.

Trapos viejos. *Golanit*. pc.

Traque. *Potoc nang cuitis*. It. *Saguitsit*. pc. *Ogong*. pp.

Traquear. *Ogong*. pp. *Tonog*. pc. *Saguitsit*. pc.

Traqueo. V. Traque.

Tráquido. *Potoc*. pc. *Tonóg*. pc.

Tras. *Sa licod*. pc. *Sa huli*. pc. *Sa hulihan*. pc. *Sa licoran*. pp.

Trascendencia, trascendental. *Calat.* pp. *Laganap.* pp.
Trascender. *Lipat.* pp. *Bago.* pp. It. *Aquiat.* pc. It. V. Trascendencia.
Tracendido. *Matalas.* pp. **matalinong.** pp.
Trascordarse. *Limot.* pp.
Trascribir. *Salin.* pp.
Trascurso. *Tacbo nang panahon.* pc. *Lacad nang panahon.*
Trasegar de un vaso á otro. **alig.** pp.
Trasegar. *Lipat.* pp. *Bago.* pp.
Trasegar granos. **hacat.** pp. *Salin.* pp.
Trasegar licores. *Salin.* pp. *Tiguis.* pp. **liuat.** pp.
Trasera. *Licod.* pc. *Licoran.* pc.
Trasero, Idem. It. *Puit.* pc.
Trasferir. *Lipat.* pp. It. *Lauon.* pp. *Paibang arao.*
Trasfigurarse. *Balat cayo.* pc. *Iba.* pc. *Mag iba.* pc. *Mag ibang hitsura.*
Trasfixion. *Tag-os.* pc. *Lag-os.* pc.
Trasfuga. *Nag tanan.* pp.
Trasfundir, trasfusion. **liuat.** pp. *Tiguis.* pp. It. *Lipat lipat.* pp.
Trasgo. *Tianac.* pc. *Patianc.* pp.
Trasgo ó duende. *Tigbalang.* pp. *Multo.* pc.
Trasgresion. *Casuayan.* pc. *Sala.* pp.
Trasgresor. *Nag casala.* pp. *Sumuay.* pp.
Trasiego. *Pag lilipat.* pp. *Pag sasalin.* pp. V. Trasegar.
Trasijado. **pasal.** pp. *Dayocdoc.* pc. **pañgalirang.** pp. **himpac.** pc. *Hopiac ang tian.* pc.
Trasijado de sed. **pagahan.** pp.
Trasijamiento. *Pangalirang.* pp.
Traslacion. V. Trasladar.
Traslacion de Santas imágenes. *Dapit.* pp.
Trasladar. *Salin.* pp. It. *Lipat.* pp. *Bago.* pp.
Trasladar de un libro en otro. **hipno.** pc.
Traslado. *Salin.* pp. It. *Huad.* pc. *Tulad.* pp.
Traslucido. *Maliuanag.* pp. *Nanganganinag.* pp.
Traslucirse. *Alinagnag.* pc. *Aninag.* pp. *Anyag.* pc.
Traslucirse. *Aninag.* pp. *Panganinag.* pp. *Taos.* pc.
Traslucirse como por celosía. *Silip.* pp.
Traslucirse por resquicio. **sig-it.** pc.
Traslumbrarse. *Silao.* pp. *Sulo.* pc.
Trasluz. *Aninag.* pp. V. Traslucirse.
Trasmallo. *Panti.* pc. *Pangti.* pc.
Tras mañana ó pasado mañana. *Macalaua.* pp. *Macal-ua.* pc.
Trasmarino. *Ibayo nang dagat.* pp. *Cabila nang dagat.*
Trasmigracion. *Pag lipat nang pamamayan.*
Trasmision, trasmitir. *Caloob.* pp. *Bigay.* pc.
Trasnochar. *Puyat.* pp. *Lamay.* pp.
Trasnocharse. *Puyat.* pp.
Trasoir. *Mag cariringan.* pc.
Trasojado. *Nang lalatá.* pc. *Matamlay.* pc. *Mahiná.* pp. *Ngangalomata.* pc.
Trasoñar. *Guniguni.* pc. *Guiniguini.* pc. *Quiniquita.* pc.
Traspapelarse. *Uaglit.* pc. **liguin.** pc.
Trasparentarse. V. Traslucirse.
Trasparentarse. **bolos.** pc.
Trasparente. **inac.** pp.
Trasparente. *Nanganganinag.* pp. *Nanganganinao.* pp. *Na aaninao.* pp. *Nasisilip.* pp. *Nangangalitagtag.* pc.
Traspasado de frio. **sinip.** pc.
Traspassamiento. *Casuayan.* pc. V. Trasgresion.
Traspasamiento como de frio ó agua. *Silip.* pc.
Traspasar de una vasija en otra. *Salin.* pp.
Traspasar el licor de una vasija en otra. *Tiguis.* pp.
Traspasar la deuda á otro. **bitang.** pc.
Traspasar de parte á parte. *Tagpus.* pc.
Traspasar el precepto. **salangsang.** pc. *Suay.* pc.
Traspasar de parte á parte. *Tagpos.* pc. *Taos.* pc. *Lag os.* pc. *Tag-os.* pc.
Traspaso. *Bigay.* pc. *Caloob.* pp.
Traspie. **colauit.** pp. **patid.** pp. It. *Dapilos.* pp. *Dulas.* pc. **taquid.** pp.
Traspies que dá el borracho. *Lipá.* pp. **lisong.** pp. **tipiao.** pc.
Traspillarse, enflaquecerse demasiado. *Ngalirang.* pp. **malagod.** pp. **nihang.** pc.
Traspiracion, traspirar. *Singao.* pc.
Trasplantar. *Salin.* pp. *Acat.* pp.
Trasplantar los sembrados. *Talo.* pc. **taloc.** pp.
Trasplantar el almácigo. **bitang.** pc.
Trasplantar el arroz. **dangdang.** pp. **dorol.** pp.
Trasplantar los sembrados como no sea arroz. **obo.** pp.
Trasponer. *Lipat.* pp. *Bago.* pp. It. V. Trasplantar.
Trasponerse de la otra banda el que estando en cumbre empezó á bajar. **lobac.** pe.
Trasportacion, trasporte. V. Trasportar.
Trasportar. *Dala.* pc. *Hacot.* pp.
Trasportarse. *Tilí.* pc. *Matilihan.* pc. *Maual ang loob.*
Trasquilador. *Mang gugupit.* pp.
Trasquilar. *Gupit.* pc. *Gapas.* pp.
Trasquilar. **galot.** pc. *Satsat.* pc. *Ahit.* pp.
Trasquilimocho, trasquilado á raiz. *Cutipio.* pp. **boco.** pp.
Trastazo. *Ompog.* pc. *Banggá.* pc.
Trastejar, trastejo. *Socsoc.* pc. **holip.** pp.
Trastejar el techo de nipa. **saman.** pp.
Trastera, desvan. **loting.** pp. **paga.** pp.
Trastería. *Caramihang casangcapan.* pp. *Capisan ó catiponan nang maraming casangcapan.*
Trasterminar. *Lampas.* pc. *Laló.* pp.
Trastes de guitarra **bidyá.** pc.
Trastesado, tieso. *Nanigas.* pc. *Nanuid.* pc.
Trastienda. *Loob nang tindahan:* pp.
Trasto de banca. **daraotan.** pp.
Trastornado de cabeza. **baliling.** pc. **pihing.** pc.
Trastornar algo el viento. **pihol.** pp. **piyoc.** pc. **pihic.** pc.
Trastornar derramando. **lig ang.** pc.
Trastornarse algo. **bouang.** pc.
Trastornarse la embarcacion. *Guiua.* pp. **guinla.** pc. **guila.** pc.
Trastornó la embarcacion. **talicuas.** pc.
Trastos. **alacos.** pp. *Casangcapan.* pp. **cacamañgan.** pp. **lalanghotan.** pp.
Trastos descompuestos. **balangsang.** pc.
Trastrocar letras ó palabras. **tigbohol.** pp.

Trastrocarse las palabras ó letras de las dicciones. **taquitaqui**. pp.
Trasudar, trasudor. **himig**. pp. *Pauis*. pp.
Trasuntar, trasunto. *Salin*. pp. It. *Sipi*. pc.
Trasustanciacion, trasustanciar. *Paguing*. pp. It. *Paguiguing catao-an. at dugo nang ating P. Jesucristo nang tinapay at alac.*
Trasvenarse. *Sago*. pp. *Lahoy*. pp.
Trasverso. *Licó*. pc. *Quilo*. pc. *Hiuas*. pc.
Trasverter. *Auas*. pp. *Labis*. pp.
Trasverter una cosa en otra. *Liuat*. pp.
Trasverterse el licor. **liñgag**. pc. *Lig-uac*. pc.
Tratado. *Cayari*. pp. *Pinag casondoan*. pc. *Pinag cayarian*. pp. *Tipan*. pc. It. *Casulatan*. pp.
Tratamiento. *Tauag*. pp. *Pag tauag na magalang*. pp.
Tratante. *Mangangalacal*. pc. *Mag* **babalinas**. pc. *Mamomohonan*. pc. **banyagá**. pp.
Tratar con doblez. **socab**. pc.
Tratar algun negocio en secreto. **tarhana**. pc. **iris**. pc.
Tratar y contratar en cosas de valor. **calacal**. pp. *Tongo*. pp.
Tratar á otro con palabras pesadas. **duca**. pp.
Tratar sobre falso. **balidya**. pc.
Tratar algun negocio brevemente. **sanhi**. pc.
Tratar algun negocio entre dos, ó mas. **sangopan**. pp. *Sabi*. pc. *Osap*. pp.
Tratar mal de palabra. **balandaya**. pp.
Trato. *Osap*. pp.
Trato de compañia. *Sama*. pc. *Casama*. pc. **tapa**. pp. **lamitahan**. pp.
Traves. *Hilig*. pp. *Quiling*. pp.
Travesaño. *Sicang*. pp. It. **sangcal**. pc. *Sabat*. pc.
Travesaño del suelo de la casa. **balagbag**. pc. It. *Patolo*. pp.
Travesear. *Galao*. pc. *Gaslao*. pc. *Licot*. pc.
Travesera. **gaga**. pc.
Travieso. **calabacan**. pp. **talipsao**. pc. **quilas**. pc. *Gaso*. pc. **liso**. pc. *Magaga*. pp. *Magalao*. pc. **taloquiqui**. pp. *Malicot*. pc. *Magaslao*. pc. **doliñgas**. pc.
Traza. *Lalang*. pc. *Adhicá*. pc. *Hacà*. pp. *Bantà*. pc. **cagaca**. pp. It. *Aniyo*. pp. *Quias*. pp. **banhay**. pc. *Ticas*. pp.
Trazar. **bocó**. pp.
Trazar cualquiera cosa. **uagui**. pp.
Travesia. *Aguat*. pc. *Layó*. pc.
Trebedes. *Tongcó*. pc. *Calan*. pc.
Trebejo, instrumento, utensilio. *Casangcapan*. pp. *Gamit*. pp.
Trece. *Labintatlo*. pc. *Labingtatlo*. pc.
Treceno. *Icalabingtatlo*. pc.
Trecésimo. *Icatatlong pó*. pc.
Trescientos. *Tatlong daan*. pp.
Trecho. *Aguat*. pc. *Pag-itan*. pp. **ahot**. pc.
Trecho que hay desde lo tejido hasta lo no tejido. **tacat**. pc.
Trechos. *Uatac uatac*. pc. *Atac atac*. pp.
Trefe. *Magaan*. pc. *Buhaghag*. pc.
Treguas. **patas**. pc.
Treinta. *Tatlong pú*. pc. *Tatlumpú*. pc.
Treintañal. *May tatlong pung taon*. pc.
Treintena. *Icatatlong pung bahagui*.
Tremebundo. *Caguitla guitla*. pc. *Catacotacot*. pp.
Tremedal. **tamac**. pc. **cuminoy**. pc.
Tremendo. *Caquilaquilabot*. pp. V. Tremebundo.
Trementina. **lonay**. pp.
Tremolar. *Uagayuay*. pc. *Uayuay*. pc. **uaquiuac**. pp.
Tremolina. *Onos*. pc. *Sigua*. pc. It. *Siguuan*. pp. *Biyauan*. pp.
Trémulo, tremulento. *Nangingimig*. pc. *Nangangatal*. pc.
Tren. *Gayac*. pc. *Handá*. pc. It. *Dangal*. pc.
Trencillas del vestido. **hilahan**. pc.
Treno. *Tangis*. pp. *Panangis*. pp. *Taghoy*. pc. *Panaghoy*. pc.
Trenza, trenzar. **salapid**. pc. It. **lantagá**. pp. *Tirintas*. pc. *Tinintas*. pc.
Trepado. *Malacas*. pc. **pisigan**. pp.
Trepar. **oyro**. pc. *Daplas*. pc.
Trepar forcejando con las manos. *Ocyabit*. pc. **quyapit**. pp. *Ngonyapit*. pp.
Trepar, como yedra. **calatcat**. pc.
Trepidacion. *Pangingimig*. pc. *Pangimig*. pc. *Ugoy*. pc.
Trépido. V. Trémulo.
Tres. *Tatlo*. pc. **itlo**. pc.
Tres doble. *Catló*. pc.
Treta. *Dayá*. pp. *Lalang*. pc.
Trisca. *Lunas*. pp.
Triangular. *Tatlong suloc*. pp.
Triángulo. Idem.
Tribu. *Lahi*. pp. *Angcan*. pc. **gusang**. pp. *Caannacan*. pp.
Tribulacion. *Pighati*. pc. *Dalamhati*. pp.
Tribunal. **hocoman**. pp. *Hatolan*. pc.
Tributante. *Bomobuis*. pc. l. pp. It. *Cadolohan*. pp. *Cabalangay*. pp.
Tributar. *Bois*. pc. *Bouis*. pp.
Tributario. *May bois*. pc. *Bumobuis*. pc.
Tributo. *Buis*. pc.
Tributo anual. **handog**. pc.
Tricenal. *Tatlong pung taon*.
Tricentécimo. *Icatatlong daan*.
Tricolor. *May tatlogg culay*. pp. *Tatlo ang culay*. pp.
Tricorne. *May tatlong* [*sungay*. pp. *Tatlo ang sungay*.
Tridente. *Salapang*. pc.
Triduo. *Tatlong arao*. pp.
Trienal. *Tatlong taon*. pc. *May tatlong taon*. pc. *Tatlong taon ang tagal*.
Trienio. *Tatlong taon*. pc.
Triforme. *Tatlong muc-ha*. pc. *Tatlong hichura*. pp.
Trigésima segunda parte de un tahel. **balabato**. pc.
Trigésimo. *Icatlong pú*. pc.
Trigueño. *Cayumangui*. pc. *Cayamangui*. pc.
Trilingue. *May tatlong dilá*. pp. *Tatlo ang dilá*. pp.
Trilla. *Guiic*. pp. It. *Tag-guiic*. pp.
Trillar. *Guiic*. pp. *Hampas*. pc.
Trillar poco arroz **yioso**. pc. **yosó**. pc.
Trimestre. *Tatlong buan*.
Trincar. **hiuag**. pc. *Monglay*. pc. It. *Tali*. pp. *Gapos*. pc.
Trinchar. *Hiuá* pp. **hiuag**. pc.
Trinchera. *Cublihan*. pp. *Pinangongoblihan*. pc.

Trineo. **paragos**. pp. **cangga**. pc. *Careta*. pp.
Trinidad. *Catatlohan*. pc. *Pagca tatlo*. pc. lt. *Ang cagalanggalang na tatlong persona.*
Trino. *Cat-lô*. pc. *Tatlong laquip*. pp. *Tatlong bagay*. pp.
Tripa. *Bitoca*. pp.
Tripa donde está el agrio de venado ó vaca. **bahay asim**. pp.
Tripa grande. **binobong**. pc. l. pp. **isao**. pp.
Tripartir. *Cat-loin*. pc. *Pag tatlohin*. pc.
Tripas gruesas del animal. **pait**. pp.
Triple, triplicar. *Catló*. pc.
Triplice. Idem.
Triplo. Idem.
Tripon. **boyonin**. pp. *Botitihin*. pc. *Botiti*. pp.
Tris. *Taguinting*. pc.
Tris, en un. *Biglá*. pc. *Agad*. pc. *Caguiat*. pc.
Trisa, sábalo. *Banĝos*. pc.
Triscar de fuego. *Caligquig*. pc.
Triste. **togloy**. pc. *Mapanglao*. pc.
Tristeza, funeral. **loco**. pp.
Tristeza grande. *Himagpis*. pc.
Tristeza por soledad. **layiu**. pc. *Panglao*. pc. *Himanglao*. pc.
Tristeza. *Dalamhati*. pp. *Hapis*. pp. **mato**. pp. *Hinagpis*. pc. *Lumbay*. pc. *Longcot*. pc. **laguim**. pp. *Pighati*. pc. *Sindac*. pc.
Tristeza ó afliccion de ver á otro padecer. *Hambal*. pc. *Habag*. pc.
Tristras, trastras. *Olit olit, na nacayayamot.*
Triturar. *Dorog*. pp. *Galpong*. pc.
Triunfador. *Mananalo*. pc. *Nag uagui*. pc. l. pp. *Nag tagumpay*. pc.
Triunfante. *Nag diriuang*. pp. V. Triunfador.
Triunfar, triunfo. *Uagui*. pp. l. pc. *Diuang*. pp. *Tagumpay*. pc.
Trivial. *Palag*. pp. *Pantay*. pc. **paldas**. pc. **paldac**. pc. lt. *Cadalasan*. pc. *Caraniuan*. pp.
Trivio. *Daang tatlong sanĝa.*
Triza. *Capianĝot*. pc. *Capinĝot*. pp. **caririt**. pc. *Capiraso*. pp.
Trocar asientos. **baliu**. pp.
Trocar por amistad. **alibay**. pp.
Trocar algo. *Palit*. pc.
Trocar moneda grande por menuda. **himalit**. pp.
Trocar los oficios. *Salin*. pp.
Trocar dinero. **hobli**. pc. *Socli*. pc.
Trocar dos cosas mudándolas del sitio de la una, al de la otra. **alig**. pp. *Halili*. pp.
Trocarse uno por otro. **haliu**. pc.
Trocha, vereda. *Landas*. pc.
Trofeo. *Tandâ nĝ pananalo.*
Troj, troje. **banglin**. pc. *Banĝan*. pc. **taclob**. pc. **tambobong**. pp.
Trompa. **soñgar**. pc. **colaing**. pc.
Trompa de cañas. **colao**. pc.
Trompa que toca entre dientes. **colalaing**. pc.
Trompa de elefante. **bulalay**. pp. *Nĝosó*. pp.
Trompa de caña que le echan al perro. **calangcang**. pc. **tayang**. pp. **hasohasó**. pc. *Tubong*. pp.
Trompada. *Bonggó*. pc. *Banggá*. pc. **salpoc**. pc. *Ompog*. pc. lt. *Bogbog*. pc. lt. *Sontocan*. pp. *Panontoc*. pc.
Trompeta. *Pacacac*. pp. *Patotot*. pp. **tambuyoc**. pp. *Tambuli*. pp.
Trompo. **balac**. pc. **paicot**. pp. *Paiquit*. pp. **painog**. pp. **pasil**. pp.
Trozado, tronar. *Colog*. pc. **daguinding**. pc.
Troncar, *Pugot*. pp. *Putulin ang alin mang casangcapan nang catauan.*
Tronchado. **bonglo**. pc.
Tronchar. **gampong**. pc. **gapong**. pc. **pola**. pp. **pong-ol**. pc. **ploc**. pc. *Bali*. pc.
Tronchar el pescuezo. **pocto**. pc. *Potol*. pp.
Tronchar algo. **oglo**. pc.
Tronchar de repente árboles, &c. **oclò**. pc.
Tronco. *Puno*. pp. **balat**. pc.
Tronco del plátano. *Sahà*. pp. **alilas**. pc. *Halias*. pc.
Tronco del racimo. *Pinilinĝan*. pc. **linayañgan**. pc.
Tronco de plátano despues de cortada la fruta. *Tinibaò*. pc.
Tronco de caña muy fuerte. *Batibot*. pp. **pisigan**. pp.
Tronera. *Butas nang cotà*. pp.
Tronitoso. **malagonlong**. pc. **maragundong**. pc. *Maogong*. pp.
Trono. **carurucan**. pp.
Trozar. *Bacli*. pc. *Bali*. pp.
Tropa. **polotong**. pc. lt. **polañgan**. pp. *Hocbo* pc.
Tropel. **goyor**. pp. lt. **gulya**. pc. **gulyaguia**. pp.
Tropelía. *Golo*. pc. lt. *Pag-api*. pc. *Pasaquit*. pp.
Tropezar lo que uno lleva, con otra cosa. **pangquil**. pc. **pingquil**. pc.
Tropezar. **bayaquir**. pc. *Tisod*. pp. *Taquid*. pp. *Lisod*. pp.
Tropezar. *Sagasà*. pp. lt. *Bonggó*. pc. *Ompog*. pc. *Ontog*. pc. **ongcol**. pc. **pongcol**. pc.
Tropezar la embarcacion con algo debajo del agua. **gaong**. pc.
Tropezar con la punta del pie. **ticor**. pp.
Tropiezo, tropezon. V. Tropezar.
Troquel. *Truhel*. pc. *Panactac*. pc.
Trotar. **yagyag**. pc. **sagsag**. pc.
Trotar el caballo. **loglog**. pc.
Troton, **yagyaguin**. pp. **sagsaguin**. pp.
Trovador. *Manunulá*. pc. *Pandanguero*. pp.
Trovar. *Tulà*. pc. *Cat-há*. pc.
Trox. **tambobong**. pp **haysa**. pc. **olobo**. pp. **talolong**. pp. **amatong**. pp. V. Troj.
Trox de arroz. **banglir**. pc.
Trozo de pescado. *Guilit*. pc.
Trozo de palo. **guiting**. pc. **guiling**. pc.
Truculento. *Mabanĝis* pc. **ganid**. pp.
Trueno. *Colog*. pc. **daguinding**. pc.
Trueno pequeño. **daigdig**. pc.
Trueque. *Palit*. pc.
Trufa. *Casinonĝalinĝan*. pp. *Cat-hà*. pc. **cacaná**. pc. *Salitá*. pc.
Truhan. *Mapagpatataua*. pc. *Mapag siste*. pc. *Mapag biró*. pc.
Truhanear. *Biró*. pp. *Patataua*. pc. *Galao*. pc.
Trujamanear, intérpretar. **dolohacá**. pp.
Trulla, bulla. *Inĝay*. pp. **lingal**. pc. *Gulo*. pc.

Truncadamente. **poctó poctó**. pc. *Potolpotol*. pc.
Truncar. *Bauas*. pp. *Culang*. pp. It. V. Troncar.

T antes de U.

Tú. *Icâo*. pp. *Quita*. pc. *Mo*. pp. l *Ca*. pc. *Iyo*. pp.
Tú eres. **quiñga**. pp. *Icao ngâ*. pc.
Tú dioes. *Aniyo*. pp. *Aniyó mo*, **animo**. pc.
Tú, y. *Cayo ni*. l. **camo ni**. pc.
Tú ó yo. *Cata*. l. *Quita*. pc.
Tú de mí. *Cata*. pc.
Tuáutem. **sindalan**. pp. *Pinipintohó*. pc. It. *Totoong cailagan*. pp.
Tuberosidad. *Bocol*. pp. *Sibol*. pc. *Panagá*. pc.
Tubo de caña que se pone en la cuerda del perro. **tayang**. pp. **hasohasó**. pc. **calangcang**. pc.
Tuerto. **pilaguin**. pp. *Bulag ang isang mata*, **piliuac**. pc.
Tuerto, palo. **quilo**. pc. *Paling*. pc.
Tuerto, como palo. *Lico*. pc.
Tuerto, como palo, ó cosa semejante. **singcao**. pc.
Tuerto, como palo ó brazo. **pinsol**. pc.
Tuerto, ó visco. *Duling*. pc.
Tuerto ó torcido. **quibit**. pc.
Tuétano. *Otac*. pp.
Tufarada. *Sangsang*. pc. *Casangsangan*. pc.
Tufo. *Singao*. pc. It. V. Tufarada.
Tufo de la nipa ó tuba. **gambao**. pc. **pahang**. pp.
Tugui. **abucot**. pc. **bularin**. pp.
Tugui amargo. **abogong**. pp.
Tugui malo que no se ablanda. **banlogan**. pp.
Tugurio. **dampá**. pc. *Cubo*. pp.
Tuicion. *Pag tatanggol*. pc. *Sanggalang*. pc. **tangcacal**. pp.
Tuitivo. *Pintacasi*. pp. **nag tatangquilic**. pp. *Nag tatanggol*. pc.
Tullido. **lampisacá**. pp. *Lompo*. pc.
Tullimiento. *Calumpuhan*. pc. *Pagca lumpo*. pc.
Tullir. *Ipot*. pp.
Tullirse. *Lumpo*. pc. *Malumpo*. pc.
Tumba. **pag oonrasan**. pc.
Tumbar. *Hapay*. pp. *Lagpac*. pc.
Tumbarse. *Higá*. pc.
Tumbo. *Golong*. pp.
Túmido, hinchado. *Namamagá*. pc.
Tumor. *Bocol*. pp. *Pamagá*. pc.
Tumor en la serviz. **buclao**. pc.
Túmulo. *Baonan*. pp. *Libing*. pc.
Tumulto. *Golo*. pc. **himagsic**. pc. It. **timpalac**. pc.
Tumultuar, tumultuarse. V. Tumulto.
Tunante. **lagalag**. pc. *Layas*. pc. *Palayaslayas*. pc. **paaliaaliabó**. pp.
Tunda. *Paló*. pp. *Hampas*. pc. **buntal**. pc.
Tundir. **padpad**. pc. It. V. Tunda.
Tundir. **mamacpac**. pc. **pacpac**. pc.
Túnica de nuestro Señor Jesucristo. **tiyooy**. pp.
Tuno. V. Tunante.
Tupe. **camarote**. pp.
Tupido. *Malimit*. pp. *Masinsin*. pc. It. **payicpic**. pc.
Tupido, tupirse. **lanic**. pc. It. *Payicpic*. pc.
Tupir. **linsic**. pc.
Tupir lo que se teje de caña ó bejuco. **salsal**. pc.
Tupir el tejido de cañas ó seda. *Sinsin*. pc.
Turba. **timpalac**. pc. **goyod**. pp. It. *Calahatan*. pc.
Turbado. **docó**. pc. *Dongo*. pc. *Quimí*. pc. *Omid*. pc.
Turbado, aturdido. *Tulig*. pc. *Hangal*. pc.
Turbar. **linsong**. pc. *Gambala*. pp. *Tigatig*. pp.
Turbarse. **sacman**. pc. *Ligalig*. pp. *Golo*. pc.
Turbarse la vista por haberla fijado en la claridad ó por otra causa. **dolit**. l. **doling**. pp. **solo**. pc. *Dilim*. pc.
Turbarse la vista por mucha hambre, ó enojo. **uatinguating**. pc. *Dilim*. pc.
Turbio *Labó*. pp. **labnong**. pc. **sauo**. pp.
Turbio el tiempo. **dic-him**. pc. *Colimlim*. pc. *Dilim*. pc.
Turbion de agua, viento. *Onos*. pc.
Turbonada. V. Turbion.
Turbulencia. *Gulo*. pc. *Ligalig*. pp. V. Turbar.
Turbulento. V. Turbio.
Turmas. *Bayag*. pc.
Turnar, turno. *Halili*. pp. *Halinhinan*. pp.
Turnio. *Doling*. pc.
Turrar. *Ihao*. pp. **baügi**. pc.
Turron. **buc-hayó**. pp.
Tus. **tió tió tió**. pc.
Turumbones. **bolarin**. pp. **bagolbog**. pc.
Tutela. *Alilá*. pp. *Iui*. pp. *Pag iiui*. pp. It. *Ampon*. pc. **tanquilic**. pp.
Tutor, tutora, tutriz. *May iui*. pp. *Nag iiui*. pp.
Tuyo. **yiyo**. l. *Mo*. pc. *Iyo*. pp.

U antes de B.

Ubérrimo. *Casaga-saganaan*. pp. *Totoong saganá*. pp.
Ubre. *Soso*. pc. *Soso ng manga hayop*.
Ubrera. *Dapulac*. pp.
Ueste. *Canloran*. pp. *Calonoran*. pp.
Ufanarse. *Mag palaló*. pp. *Mag mataas*. pp.
Ufano. *Palaló*. pp.

U antes de L.

Ulcera. *Sugat*. pp. *Sibol*. pc.
Ulceroso. *Sugatin*. pc.
Ulterior. *Daco roon*. pc.
Ultimamente. *Catapustapusan*. pp.
Ultimo. *Huli*. pc. *Catapusan*. pc.
Ultrajar, ultraje. *Lait*. pp. *Alipustà*. pc. *Mura*. pp.
Ultramar. *Cabilá nang dagat*. *Ibayo*. pp. **ibayiú**. pp.
Ultramontano. *Cabilá nang bundoc*. pc. *Daco roon nang bundoc*. pc.
Umbral. *Tayuan*. pp. l. pc.

Un poco de algo. *Monti*. pc. *Caonti*. pc.
Un real. *Sicapat*. pp. *Saicapat*. pp.
Un, una. *Isa*. pc. *Sang*. pc. *San*. pc. *Santaon*. Un año. *Sang lingo*. Una semana. *Sang tomoró*. pp. Un jeme.
Un, una. *Ca*. Un pedazo. *Capiraso, capotol*.
Un abrir y cerrar los ojos. *Abot quisap*. pp. *Quisap mata*. pc.
Un cuento. **añgaoañgao**. pp. **gatus**. pc.
Una por una. **alipalà**. pp. *Isa isa*. pc.
Una vez. *Minsan*. pp.
Una palabra. *Catagà*. pc.
Una manera de ángulo. **taca**. pc.
Una parte sola. *Cabilá*. pc.
Una sola vez. *Miminsan*. pc. *Misan lamang*.
Unánime. *Sang ayon*. pp. *Nag cacaisang loob*.
Uncion. *Pag pahid*. pp. V. Untar.
Undécimo. *Icalabing isa*. pc.
Undoso. *Maalon*. pp.
Ungir. **hibó**. pp. *Pahid*. pp.
Ungüento. *Gamot*. pc.
Unible. *Mapag sasama*. pp. *Mapag lalaquip*. pp.
Unica, único. **casalay**. pc. *Bogtong*. pc. *Ca isa isa*. pc. *Cabot-o*. pc. *Iisa*. pc. *Iisa isa*. pc.
Unicamente. *Lamang*. pp.
Unico. *Bogtong*. pc. *Iisa*. pc. *Caisa isa*. pc. **cabot-o**. pc.
Unidad. *Caisahan*. pc. *Pagca isa*. pc.
Unificar. *Boó*. pp. *Isahin*. pc. *Pag isahin*. pc.
Uniformar. *Ayon*. pp. *Sang ayon*. pp. *Bagay*. pp.
Uniforme. *Pananamit*. pc.
Uniformidad de voluntades. **calauili**. pp.
Unigénito. *Bogtong*. pc.
Union. *Pagcacasama*. pp. *Pagcacaisa*. pc.
Unir. *Agapay*. pc. It. *Sama*. pp. *Langcap*. pc.
Unir un vestido con otro. **candit**. pc. *Tagní*. pc. *Tanig*. pp.
Unir y continuar alguna cosa. **unay**. pc.
Unir los cabos. **ognay**. pc. *Sogpong*. pc. *Hogpong*. pc. *Cama*. pc. *Somag*. pp.
Unirse mucho para defender á otro. **goyor**. pp.
Unisono. *Sing tinig*. pp. *Casing tinig*. pp.
Universal. *Laganap*. pp. *Lahat*. pc.
Universidad. *Calahatan*. pc.
Universo. *Daigdig*. pc. *Daigdigan*. pp. *Sangdaigdig*. pc. *Sang tinacpan*. pc. *Sang calibotan*. pc.
Uno por dos, como dar ó vender una ganta de sal por dos de arroz. **talindouá**. pc.
Uno á cada uno. *Tumbas*. pc. *Tiguisa*. pp. *Tigisa*. pc.
Uno como cuatro. **bulay**. pp.
Uno solo. *Cabot-ò*. pc.
Uno ó una. *Isa*. pc.
Uno á uno, como en la danza ó juego. **sungali**. pp.
Uno enfrente de otro. **tongali**. pp.
Untador. **manhihibó**. pp.
Untar. *Hibó*. pp. **lihir**. pc. *Pahir*. pp. **lahid**. pp.
Untar al enfermo. **lipa**. pp.
Untar algo en alguna parte. **panhinahar**. pp.
Untar con aceite. **himó**. pp.
Untar la cabeza con aceite de ajonjolí. **pilit**. pc.
Untar con aceite de ajonjolí. *Lana*. pp.
Untar algo dando muy poco color. **hinas**. pp. **pahinas**. pp.
Untarse las piernas con tabaco, ó aceite, para que no le piquen las sanguijuelas. **poas**. pp.
Unto. *Tabá*. pc.
Untuoso. *Malagquit*. pc. *Naniniquit*. pc.
Untura. *Panghibó*. pp. It. V. Uncion.

U antes de Ñ.

Uña in genere. *Coco*. pc.
Uñero. **hiñgoto**. pc. **tola**. pp. *Tuñga*. pc. *Tayñga*. pc.
Uñarada. *Galos nang coco*.
Uñate. *Tiris*. pc.

U antes de R.

Uracan. *Bagio*. pc. *Baguio*. pc.
Urbanidad. *Galang*. pp.
Urbano. *Magalang*. pp. *Marunong maquiharap*.
Urdidera. **hanayan**. pc.
Urdir la tela. *Hanay*. pp.
Urgencia. *Pag mamadali*. pc. *Cadalian*. pc. It. *Sapilitan*. pc. *Cailañgan*. pp.
Urgir. *Madali*. pc. *Biglà*. pc. It. *Pilit*. pp. *Piguipit*. pp.
Ursa mayor. *Daongdaoñgan*. pc.

U antes de S.

Usada calle ó casa donde acuden muy de ordinario. **cadalandalanan**. pp. *Cabuyucan*. pp.
Usado. *Gamit*. pc. *Nagamit*. pp. *Gasgas*. pc. It. *Caraniuan*. pp. *Cadalasan*. pc. *Calacaran*. pc.
Usar, uso. *Gamit*. pp.
Usar de lo ageno teniendo lo propio. **lindong**. pc.
Usar cosa agena con frecuencia. **ará**. pp.
Usar de algo para mejorar partido contra otro. **lonbo**. pc.
Uso. *Asal*. pp.
Uso, usanza. *Ogali*. pp. *Iral*. pp.
Usted. **itao**. pc. *Icao*. pc. *Cayo*. pc. *Ang camahalan mo*.
Usual. *Caugalian*. pp. *Caraniuan*. pp. It. *Mabait*. pc. *Malubay na loob*.
Usura. **palabá**. pp. *Patobó*. pp. *Paquinabang*. pp. **ganda**. pc.
Usurero. *Mapag patubó*. pc. *Mag papatubó*. pc.
Usurpador. *Manlulupig*. pp. *Mañgañgagao*. pp.
Usurpar. *Ali*. pp. *Lupig*. pp. *Agao*. pp. **angca**. pc. *Gaga*. pc.
Utensilios. **cacamañgan**. pp. *Gamit*. pp. *Casangcapan*. pp.
Utero. *Bahay batà*. pp. *Bahay tao*. pp.
Ut-supra. *Para nang na sa itaas*. pp. *Para nang na sabi na*.
Utilidad. *Tamo*. pc. *Paquinabang*. pp. **pacana**. pc. *Casaysayan*. pp. **casalaysayan**. pp.
Utilidad. de poca nota. **hinahon**. pp.

Vacacion, vacaciones. *Libang*. pc. *Pahinĝa*. pc. *Tahan*. pc. *Ualang gauà*. pc.
Vacada. *Bacahan*. pp.
Vaciar liquidos. *Bobó*. pc. *Bohos*. pp. *Salin*. pp.
Vaciar granos. *Hohó*. pc. *Salin*. pp.
Vaciar lo que está en la vasija. **hoghog**. pc.
Vacilar. *Alangalang*. pp. *Alanĝan*. pc.
Vacilar con inquietud de pensamiento. *Salauahan*. pp. *Alinlanĝan*. pp.
Vacinica. **panastan**. pc.
Vacio. *Pouang*. pp. *Puang*. pc. *Ualang laman*. pc.
Vacio el estómago de comida. **hocag**. pc. *Hongcag*. pc. **longcag**. pc.
Vacunar. *Tanim*. pc. *Cadlit*. pc.
Vade, cartapacio. **pabalat**. pc. **sapi**. pp. **caberton**. pc.
Vadear. **aiog**. pp. **batis**. pp. *Tauid*. pc.
Vado *Tauiran*. pp.
Vagabundo. **lagalag**. pc. *Ligalig*. pc. **paallaallabo**. pp. V. Vagamundo.
Vagamundo. *Galang tauo*. pc. *Galà*. pc. **lagalag**. pc. **yabag**. pc. *Ligalig*. pc. *Layas*. pc. **ligao**. pc. **bugao**. pc. *Laboy*. pp. **abil abil**. pp.
Vagar. *Galà*. pp. *Lagalag*. pc.
Vagido. *Ohá*. pc.
Vago. **abil abil**. pp. **paallaallabo**. pp. *Palayaslayas*. pp. *Pagalàgalà*. pp. *Hampas lupà*. pp. V. Vagamundo.
Vaguear. *Layas*. pp. V. Vagar.
Vaharina. *Sinĝao*. pc. **olop**. pp.
Vahido. **liyo**. pp. *Hilo*. pp. *Lulà*. pp. **liping**. pp.
Vahido de cabeza. **salangliping**. pp.
Vaho. *Sinĝao*. pc.
Vaho de casa lobrega. *Alimoom*. pp.
Vaina. *Caloban*. pp.
Vaina de legumbres. *Balat*. pc.
Vaivenes de la embarcacion por vacía. **lantao**. pc. *Antoc*. pc.
Vajilla. *Manĝa babasaguin*. pc.
Valde grande. *Toong*. pp.
Vale. *Paalam*. pp. *Pasintabi*. pp. *Inĝatan ca nang P. Dios*. *Dios ang sa iy-o,i, lumogac*.
Valedor. *Pintacasi*. pp. *Nag aampon*. pc. *Nag tatangol*. pc.
Valentía. **isig**. pc. *Tapang*. pp. *Catapanĝan*. pp.
Valenton. **mayabang**. pp. **nag papangap**. pc. *Nag mamatapang*. pc.
Valer. *Halaga*. pc. *Halga*. pc. **holop**. pc.
Valerosísimo. **bayaning tipi**. pp.
Valeroso. *Bayani*. pp. *Matapang*. pp. **papaloñgin**. pp.
Valerse de otro. *Sacdal*. pc. *Pintacasi*. pp.
Valetudinario. *Masasactin*. pc. **unsiami**. pp.
Valía. *Camahalan*. pp. *Halaga*. pc.
Valiente. *Bayani*. pp. V. Valeroso.
Valor. V. Valentía.
Valor, valorar. *Halaga*. pc. *Halga*. pc.
Valuar. V. Valorar.
Valladar con que cercan el agua. **batang**. pp.
Valladar para viento, agua ó sol. **pimpin**. pc.
Vallado falso de piedra. **limpi**. pc.
Valle. **lambac**. pp. **labac**. pc. *Libis*. pc. It. *Pooc*. pp.

Vamos los dos. *Cata ó quita*. pc.
Vamos yo y tu. *Quita*. l. *Cata*. pc.
Vana observancia en que creen ser invulnerable, &c. **dupil**. pp. V. *Anting anting*. pc.
Vana ostentacion. **paraquilab**. pp. **paranyag**. pc.
Vanagloria. **balong logor**. pp. *Paranĝalan*. pp. **parayao**. pp.
Vanidad. *Cahalaghagan*. pc. *Caual-ang casaysayan*. pp. It. *Capalaloan*. pc.
Vanidad. *Danĝal*. pc. It. *Paranĝalan*. pp. *Tanghal*. pc. It. **balobalo**. pp. **halaghag**. pc. **dayao**. pp. **liñgas**. pp.
Vano. *Palalò*. pp. It. V. Vanidad.
Vano • arroz. *Toliapis*. pp. **gondic**. pc. *Ipa*. pp.
Vapor. *Sinĝao*. pc.
Vapor de la tierra. **osoc**. pc.
Vapor que se levanta. **tampoc**. pp.
Vapor que sale de tierra. *Alimoom*. pp.
Vapulacion, vapular. *Palò*. pp. *Hampas*. pc.
Vara y media. **lomoob**. pp. **sanglomoob**.
Vara de justicia, &c. *Baras*. pp.
Vara en que atan las varas del suelo. **guilaguiran**. pp.
Vara larga de caña aguzada que sirve de lanza. **suligui**. pp.
Vara de medir. **sumasa**. pp. *Panucat*. pp.
Vara y cuarta. **sumipat**. pp.
Varal. *Tiquin*. pc.
Varal de dos ó mas brazas de largo. **bodlong**. pc.
Varar. *Bonsod*. pc. It. *Sadsad*. pc. *Sayad*. pp. **dahic**. pp.
Varas delgadas que sirven para atar. **ynquio**. pc.
Varas ó estacas. *Orang*. pp.
Varas con que afirman algo. **anacanac**. pp.
Varas para tundir. **anacpacpac**. pc.
Varas con que arma el toldo del navío. **palosi**. pp.
Varas para apretar el cogon del caballete. **pamitpit**. pp.
Varas del techo á que atan la nipa *Salauag*. pp.
Varear. *Paspas*. pc. *Palapas*. pp.
Variable. *Salauahan*. pp. **lingatong**. pc. **aling aling**. pp. *Pabago bago*. pp.
Variar. **pali**. pp. **pacli**. pc. *Bago*. pp.
Variedad, juntas. *Balaqui*. pp.
Variedad de colores en el vestido. **bahir**. pp.
Variedad de cosas. *Balaqui*. pp. *Balabalaqui*. pc.
Varilla con que azotan ó tunden el algodon antes de hilarlo. **pamacpac**. pc.
Varillas ó venas de las hojas de palma. *Tinting*. pc.
Vario. *Iba*. pc. *Hindi caparis*. It. V. Variable.
Varrio. *Dolohan*. pc.
Varon. *Lalaqui*. pp.
Varon amugerado. **babay-nin**. pc.
Varonil. *Bayani*. pp. *Matapang*. pp. V. Valeroso.
Vasallo. *Caual*. pp. *Sacop*. pc. *Campi*. pc. *Campon*. pc. *Alagad*. pc.
Vasar. *Pamingalan*. pp.
Vasera. V. Vasar.
Vasija amodo de botija para vino, aceite, &c. **tuy-tuy**. pc.
Vasija, casa ó cualquiera cosa en que meten algo. *Sisidlan*. pc.

Vasija descabezada. **popong**. pc.
Vasija de boca ancha. *Palabigasan*. pc.
Vasija de buyo. *Langouay*. pc. **palamam-an**. pc.
Vasija destapada. **tangap**. pp.
Vasija para labar los pies los que entran en casa. **salaó**. pc.
Vasija en que se reunen las labaduras de carne pescado y sobras de comida para el puerco. **bahogan**. pc.
Vasito de caña donde beben vino. **singalong**. pp.
Vaso. **pali**. pc.
Vaso con que sacan agua hecho de coco. *Tabò*. pp. **lombo**. pc. **longbo**. pc.
Vaso para poner vino. **souolan**. pc. **bogalong**. pp.
Vaso puntiagudo. **palaac**. pp.
Vástago. *Supling*. pc. **supang**. pp. *Sui*. pp. *Soui*. pp.
Vasto. *Malaqui*. pc. *Malauac*. pp. *Maluang*. pp.
Vate. *Manghuhulà*. pp. It. *Mangangat-há*. pc. **siac**. pc.
Vaticinar. vaticinio. *Hulà*. pp.
Vaya Señor. *Aba tayo pó*. pp.

V antes de E.

Ve, anda. *Hayo*. pp. *Paroon*. pc. **pa**. pc. *Pasa*. pc. Ve al rio. *Pailog ca, pasailog ca*.
Vea. *Mana*. pc.
Veces, numerando. *Maca*. l. *Maqui*. pc. Cuantas veces comiste. *Macailang cumaing ca*. Tres veces. *Maquiatlo*. l. *Macaitlo*. pc.
Vecino. *Namamayan*. pp. *Tumatahan*. pc. *Mamamayan*. pc. It. *Malapit*. pp. *Calapit*. pc. It. *Capitbahay*. pp. **cahangan**. pc. **caapirbahay**. pp.
Vedar. *Tangà*. pp. *Sala*. pp. *Sansalà*. pp. **ahat**. pp. **ansol**. pc. *Baual*. pp. **sahat**. pp. *Sauay*. pc.
Vedar defendiendo. **gaga**. pc.
Vedar el que no diga lo que oyo ó vió. *Saar*. pp. **sag-op**. pc.
Veedor. **mag aarag**. pc.
Vehemencia. *Bilis*. pc. *Dahas*. pc.
Vehículo. *Hacutan*. pc. *Dadal-han*. pc. V. Carreta.
Veintavo. *Icadalauang pung bahagui*.
Veinte. *Dalauang pú*. pc. *Daluampú*. pc.
Veintena. V. Veintavo.
Veintenario. *May dalauang pung taon*. pc. *Dalauang pung taon ang Edad*.
Veinticinco. *Dalauang pu,t, lima*. pc.
Veinticuatro. *Dalauang pu,t, apat*.
Veintidos. *Dalauang pu,t, dalaua*. pc.
Veintinueve. *Dalauang pu,t, siam*. pc.
Veintiocho *Dalauang pu,t, ualo*. pc.
Veintiseis. *Dalauang pu,t, anim*.
Veintisiete. *Daluang pu,t, pito*. pc.
Veintitres. *Dalauang pu,t, tatlo*. pc.
Ventiuno, veintiuno. *Dalauang pu,t, isa*.
Véislo aqui. **baito**. pc. *Naito*. pc. *Tingni*. pc.
Vejacion, vejar. *Douahagui*. pp. *Pahirap*. pp. *Pasaquit*. pp.
Vejarron. **magusgus**. pc. **gugupó gupó**. pp.
Vejestorio. *Lumà*. pp.
Vejez. *Tandá*. pc. *Catandaan*. pc. *Gulang*. pp. *Cagulangan*. pp.
Vejez de ropa ú otra cosa. *Lomá*. pp.
Vejiga. *Pantog*. pc.
Vejiga que dicen tienen las preñadas. *Panobiguin*. pc.
Vela de embarcacion. *Layag*. pp.
Velar. *Lamay*. pp. *Puyat*. pp. **dañga**. pp.
Velero. *Sasaquiang matulin*.
Veleta. **patobiling**. pc. *Pabiling*. pc. **guiri**. pc. **tolacbaha**. pp.
Velo. *Tabing*. pp. **tabil**. pp. *Taquip*. pc. It. *Cobong*. pc. *Talucbung*. pc. *Lambong*. pc.
Velocidad. *Bilis*. pc. *Tulin*. pp. *Licsi*. pc. *Calicsihan*. pc. &c.
Velocidad de ave que vuela. **saguimpot**. pc.
Velocidad de cosa que pasa como volando. **saquirlat**. pc.
Veloz. *Mabilis*. pc. *Matulin*. pp.
Vello. *Bolbol*. pc. *Balahibo*. pp.
Vello de arroz. **tinagbao**. pc.
Vello de cañas ó frutas. *Bolo*. pp.
Vellota. **luyos**. pp.
Vellota para el buyo. *Bunga*. pp.
Ven. **hali**. pp. *Halica*. pp. *Paritoca*. pc. *Parinica*. pc.
Ven acá. **ati**. pc. *Hali*. pc. *Halica*. pp. *Parito ca*. pc. **halili**. pc. *Parini ca*. pc.
Ven ahora, pues mañana no puede ser. **osor**. pc.
Vena. *Ogat*. pc.
Vena de las hojas de palma llamada buri. *Tingting*. pc.
Venablo. **sumbiling**. pc. **hauid**. pc.
Venada ó cierva. **libay**. pp.
Venadillo, venado pequeño. **surit**. pp. **sorip**. pp.
Venado recien nacido. **bolobolo**. pp.
Venado que se le han caido los cuernos. **mool**. pp.
Venado de cuernos de un geme. **toró**. pc.
Venado á quien comienzan á salir los cuernos. **tambolan**. pc.
Venado in genere. *Usa*. pc.
Venados que mudan los cuernos. **mamong-ol**. pc.
Venal. *Ipinag bibili*. pc. *Na bibili*. pc. It. *Nag papasuhol*. pp. *Nasusuhulan*. pp.
Vencedor. *Mananalo*. pc. *Mapag uagui*. pc.
Vencejo. *Layang layang*. pp. *Langaylangayan*. pp.
Vencer. *Daig*. pc. *Uagui*. pc. *Tagumpay*. pc. *Pananalo*. pp.
Vencer en el juego. *Talo*. pp.
Vencer á otro en habilidad. **banlong**. pc.
Vencible. **sahó**. pc.
Vencido. *Talonan*. pp. *Talo*. pp. *Tinalo*. pp.
Vencimiento. *Panalo*. pp.
Venda, vendar. **babat**. pc. *Bigquis*. pc.
Vendabal. *Habagat*. pp.
Vendar los ojos. **piring**. pc. **babat**. pc.
Vendeja. **tiangui**. pc. **talipapá**. pc. **baracahan**. pc.
Vender. *Bili*. pc.
Vender y comprar por menudo. *Tingi*. pc. *Otay*. pc.

Vender la cosa comprada por el mismo precio. **oli.** pp.
Vender á buen ojo. **laco.** pp.
Vender en el mercado. **sugat.** pc.
Vender sembrados. **apin.** pp.
Vender fruta buena á la vista. **hilaco.** pc.
Vender uno por uno. **tongal.** pc.
Vender á menos precio. **sahol.** pc.
Vender esclavos. **bayad.** pp.
Vender y comprar sembrados. **apin.** pp. **aapin.** pp.
Vender en gracia de otro sin ganancia. *Bahagui.* pp. *Amot.* pp.
Venecia, vidrio. **baysoc.** pc.
Venecia con que sacan agua. **tauig.** pp.
Veneno. *Lason.* pp. *Camandag.* pc. **aboab.** pp. *Ditá.* pp.
Venerable. *Cagalang galang.* pp.
Venerar. *Galang.* pp. *Alang alang.* pp.
Venero, ó fuente. *Bucal.* pc. *Balong.* pp.
Venga lo que viniere. *Socdang.* pc. *Anomang masapit.* pp.
Vengador. *Mapanghiganti.* pc.
Venganza, vengarse. *Higanti.* pc.
Vengar injuria. *Ganti.* pc.
Vengarse. **bithi.** pc.
Vengativo. *Matanimin.* pp. It. V. Vengador.
Venía. *Patauad.* pp. *Capatauaran.* pc. It. *Pahintolot.* pp. *Pasintabí.* pp.
Venial. *Magaan.* pc. *Montí.* pc.
Venida. *Dating.* pc. *Pag dating.* pc. It. *Pag parito.* pp. *Pag parini.* pp.
Venidero. *Sasapit.* pp. *Darating.* pc. *Haharapin.* pc. *Sa huli.* pc.
Venir. *Dating* pc. *Sapit.* pp. It. *Parito.* pp. *Parini.* pp.
Venir de alguna parte. *Galing.* pp. *Pangaling.* pp. *Mulá.* pc. *Buhat.* pp.
Venir ó volver. *Oui.* pp. *Balic.* pc. *Sault.* pp. *Panumbalic.* pp.
Venir del monte ó de la sementera al pueblo. **tugpa.** pc. *Oui.* pp.
Venir á un punto. **tauong.** pc. *Taon.* pc.
Venir á sazon. *Taon.* pp.
Venir justo, como el dinero para la deuda, hilo para costura. **ocop.** pp.
Venir algo estando él en su casa. **panhic.** pc.
Venir la regla á la muger. **abot tobo.** pp.
Venírsele á la boca lo que quisiere decir. **osoc.** pp.
Venir la regla la primera vez á la muger. **dating.** pc.
Venir temprano. *Aga.* pp.
Venir resollando como que le falta respiracion. *Hañgos.* pp.
Venta. *Pag bibili.* pc.
Venta barata por voluntad del dueño de la hacienda *Sahol.* pp.
Ventaja. *Laló.* pp. *Calaloan.* pp. *Lamang.* pc. *Hiquit.* pc.
Ventaja que se dá á otro en la carrera. *Paloguit.* pp.
Ventana. *Dorongauan.* pp. *Duñgauan.* pc. **limib.** pc. *Suñgauan.* pc.
Ventana de las narices. **casbang.** pc.
Ventenear. *Suñgao.* pp. *Duñgao.* pp.

Ventar. **sugpó.** pc.
Ventarron. *Onos.* pc.
Ventear *Hañgin.* pp. *Hihip.* pc. It. *Sanghod.* pc. *Amoy.* pc.
Ventorrero. *Tampac.* pc. *Lantar.* pc.
Ventosa. **acab.** pp. **bacam.** pp.
Ventosa de caña ó cuerno. *Tandoc.* pc.
Ventoso. *Mahañgin.* pp.
Ventosidad del vientre. **cabag.** pp. *Osog.* pp.
Ventregada. **sang anacan.** pp. *Isang pisá.* pc. *Minsang pisá.* pc.
Ventrudo. *Botitihin.* pc. **boyonin.** pp.
Ventura. **daolat.** pp. *Capalaran.* pp. *Palar.* pp. *Nigó.* pp.
Venturo. V. Venidero.
Venturoso. *Mapalad.* pp. *Mapapalarin.* pc. It. *Marañgal.* pc.
Venturoso. **salamatin.** pp. V. Afortunado.
Venusto. *Maganda.* pc. *Butihin.* pc.
Verdejos. *Banao.* pc.
Ver. *Quita.* pp. *Nita* pp. It. *Tiñgin.*
Ver alguna por encima. **siglap.** pc.
Ver algo el que no es del todo ciego. **silag.** pc.
Ver de paso. **sirlap.** pc. *Soliap.* pc.
Verano. *Tagarao.* pp. **tagbisi.** pp.
Veraz. *Totoo.* pp. *Tapat.* pc. *Tauong di nag sisinoñgaling.*
Verbi gracia. *Halimbauá.* pp.
Verbo. *Dios anac.* pc. *Icalauang persona nang Santisima Trinidad.*
Verbum impudicum, quo nomeratur pars verenda mulieris. **talapac.** pc.
Verdad. *Totoo.* pp *Tunay.* pp. *Catotohanan.* pp. *Catunayan.* pp.
Verdad és. *Oo ñgá.* pc. *Oo ñgani.* pp. *Siya ñgá.* pc. *Tunay ñgá.*
Verdaderamente. *Mandin.* pc. *Tantó.* pc. *Tantó mandin.* pc. *Ñgani.* pp.
Verdadero. *Mistolá.* pp. *Lubos.* pc. *Tunay.* pp. *Tibobos.* pp. *Totoo.* pp. **pusacal.** pc.
Verde, color. **halontiyang.** pc.
Verde, no marchito. *Sariuá.* pp.
Verde, fruta. *Hilao.* pc. **manibalang.** pc. It. *Murá.* pp.
Verdecer, reverdecer. *Sariuá.* pp. *Manariuá.* pp.
Ver de lejos el fuego en la mar. **balabar.** pc.
Verdin. *Lomot.* pp. It. *Taing tansó.*
Verdolagas. *Colasiman.* pp. *Olasiman.* pp.
Verdolagas pequeñas. **sayoan.** pp.
Verdor. *Casariuaan.* pp.
Verdoyo. *Lomot.* pp.
Verdugo. **manonong-ol.** pc. **mamomong-ol.** pc. *Mamumugot.* pp. *Mangbibitay.* pp.
Verdura. **auoy.** pp. *Gulay.* pp.
Vereda. **agtas.** pc. *Landas.* pc. It. *Bulaos.* pp. **onog.** pp.
Veredilla. **bulaos.** pp.
Verenda hominis. l. mulieris. *Ponong calauan.*
Verga. **bahoan.** pc.
Verga de la segunda cruz de la vela. **liboin.** pc.
Vergajo de animal. **bosol.** pc. **bongsol.** pc.
Vergonzosamente. *Cahiyáhiyá.* pc.
Vergonzoso. *Umir.* pp. *Mahihiin.* pp. It. *Masilauin.* pc.
Vergüenza. **ñgila.** pc.

Vergüenza respetuosa. *Cotyá*. pc.
Vergüenza, vergonzar. *Hiyá*. pc.
Verídico. V. Veraz.
Verificarse. *Matunayan*. pp. *Magcatotoo*. pp. *Matuloy*. pc. *Mangyari*. pp.
Verraco. *Bologan*. pp. **pag-il**. pc.
Verinda. *Nag lalandí*. pc. *Nanğanğandí*. pc.
Verruga. *Butlig*. pc. *Cologo*. pc. **butig**. pc.
Verruga en los ojos. **guliti**. pp.
Verruga grande. *Cologo*. pc.
Versado. *Bihasa*. pp. *Paham*. pc. **dalubasa**. pp. *Pantas*. pc.
Versátil. *Napipihit*. pp. *Madaling pihitin*. pp. It. *Pabagobago*. pp. *Ualang isang uicà*. pp.
Verse obligado. *Bighani*. l. *Bic-hani*. pp.
Verse dos de paso. **saguila**. pp.
Verse desde lejos. **hayao**. pp. *Tan-ao*. pc.
Verse lo que está en la vasija. **liggang**. pc.
Versificar. *Cat-há*. pc. *Tulà*. pc.
Versista. *Manğanğat-hà*. pc. *Manunulà*. pc.
Verso. **tayotay**. pp. It. *Baril*. pc.
Vertedero. *Posali*. pp. *Pusalian*. pc.
Verter. *Malisbis*. pc. *Toló*. pp. **baguisbis**. pp.
Verter. *Bohos*. pp. *Bobó*. pc. It. *Auas*. pp.
Verterse la vasija por rebosada. *Liguac*. pc.
Vertible. *Naquiquibó*. pc. V. Versátil.
Vertical. *Tiric*. pc. *Tayó*. pc. *Tindig*. pc.
Vertiente. *Malisbis*. pc. **lisbis**. pc.
Vertientes del tejado. *Balisbis*. pc. *Balisbisan*. pp.
Vertiginoso. **maliyohin**. pc. *Mahilohin*. pc.
Ves. *Aba*. pc. *Naquita mo na*.
Véspero. *Talà sa hapon*. pp. **tanglao dagá**. pc.
Vespertillo. *Cabag*. pc. **bayacan**. pp.
Vespertino. *Hapon*. pp. *Sa hapon*. pp.
Vestido. *Damit*. pc. *Pananamit*. pc.
Vestido largo. **lambong**. pc.
Vestido en general. **saplot**. pp.
Vestido angosto. **cosop**. pc. *Siquip*. pc.
Vestido andrajoso. *Golanit*. pc.
Vestidura vieja. *Basahan*. pp.
Vestimenta, vestimento. V. Vestido.
Vestir, vestirse. *Damit*. pc. *Soot*. pp. *Bihis*. pp.
Vestir largo. **laolao**. pc.
Vestirse de colorado. *Pula*. pc.
Vestirse arrebojado y al desgaire. **lonsay**. pc.
Vestuario. **capanaugan**. pc.
Veta. **lihá**. pp. **guisoc**. pp.
Veterano. *Bihasa*. pp.
Vez ó tanda que le cabe á cada uno. **gaui**. pp. *Iral*. pp.

V antes de I.

Via. *Daan*. pp. It. *Paraan*. pp.
Viador. *Buhay*. pc. *Nabubuhay*. pp.
Viajador, viajante. V. Viajero.
Viajar, viaje. *Lacbay*. pc. *Lacad*. pp.
Viajero. *Maglalacad*. pc. *Maglalacbay*. pc.
Vianda. *Pagcain*. pp. *Ulam*. pp.
Viandante. V. Viajero.
Viático. *Baon*. pp. *Bauon*. pp.
Vibrar. **pilig**. pc.
Vicaría. **talangcas**. pc.
Vicario. *Cahalili*. pp. *Caical-ua*. pc.
Vicedios. *Caical-ua nang Dios*. pc. *Cahalili nğ Dios*.
Vicegerente. *Cahalili*. pp. **cahalang**. pp. *Halili*. pp. **halang**. pp.
Vice versa. *Touaric*. pc. **tiuaric**. pc. *Tumbalic*. pc
Viciar. *Sirà*. pp. *Samá*. pc.
Viciarse las plantas. **tabac**. pp. **tabal**. pp.
Vicio. *Casiraan*. pc. *Casamaan*. pc. *Casam-an*. pc. *Samá*. pc. *Sirá*. pp.
Vicio de hablar mal y censurar á los otros. **pañgauarhi**. pc.
Vicioso. **masolong**. pp.
Vicioso. *Pala*. pc. *Taga*. pc. Antepuestas estas partículas á las raices dicen tener vicio en lo que significan la raiz. *Palainum*. Vicioso en beber. *Palanğoyá*. l. *Palacain*. Comilon. *Palaagolo*. Amancebado. *Tagatolog*. Dormilon, &c.
Victoria. *Talo*. pp. *Uagui*. pc. *Pananalo*. pp. *Diuang*. pp. *Tagumpay*. pc.
Vida. *Buhay*. pp.
Vida mia. **bayi**. pp.
Vidrio. *Bobog*. pp.
Vieja cuentista. **candos**. pc.
Viejo. *Matandà*. pc. It. *Lomà*. pp.
Viejo chocho. **gusgus**. pc. **gopó**. pp. *Ulian*. pp. **gogopógopó**. pp. **magusgus**. pc.
Viejo, añejo. *Lauon*. pc. *Laon*. pc.
Viento. **sugpo**. pc.
Viento nordeste. **balas**. pc. **sabalas**. pc.
Viento inconstante. **balibali**. pp.
Viento in genere. *Hanğin*. pp.
Viento suave. *Banayar*. pp. **agaas**. pc. *Palaypalay*. pc.
Viento grande y recio. **payagpag**. pc.
Viento fuerte. **balaguiyt**. pp. *Mabilis*. pc.
Viento galerno. *Simoy*. pc. **dayaray**. pp.
Viento recio interpolado. **buyobunto**. pc.
Viento norueste. **balaclauot**. pp. **balaclaot**. pc.
Viento huracan. *Buhaui*. pp.
Viento sudeste. **salatan**. pp.
Vientre. **cayoyo**. pc. *Tian*. pc.
Vientre muy grueso. **cayoyoan**. pp.
Vientre hinchado. *Angcac*. pc. **cabag**. pp.
Viga. **bahan**. pc. **bolosan**. pp. **bosolan**. pp. **bonsolan**. pp. *Sicang*. pp.
Viga de casa en que se asientan las soleras, ó quilos. *Cahab-an*. pc. It. **tahilan**. pp.
Viga que ponen en sus casas por medio, donde remata el suelo de un lado y otro. *Patoto*. pp.
Viga en donde asienta el baras del techo. **lambang**. pc.
Viga del suelo de la casa. **patoaran**. pp.
Viga en que asientan las soleras. **tahilan**. pp. It. **patucuran**. pp.
Viga que sirve sin partirla con la sierra. **puga**. pc.
Viga del caballete. **olong bobong**. pc.
Vigente. *Nairal*. pp. *Lumalacad*. pp. *Casalucuyan*. pp.
Vigésimo. *Icadalauang pú*. pc.
Vigia. *Tan-auan*. pp. *Bantayan*. pp.
Vigiar. *Tan-ao*. pc. *Bantay*. pc.

Vigilancia. *Pag tingat.* pp. V. Vigilar.
Vigilar. *Ingat.* pp. *Alagá.* pp.
Viguetas. **calaingin.** pp.
Vigueta en que se juntan las cañas del suelo. *Patoto.* pp.
Vigilia. *Guising.* pc. l. pp. It. *Puyat.* pp. *Lamay.* pp.
Vigor. *Dahas.* pc. *Lacas.* pc. *Bagsic.* pc.
Vigor de tiempo, como vendimia. *Casalocayan.* pp. *Casacsaan.* pp.
Vil. *Bulisic.* pc. **timauá.** pp. *Hamac.* pp. **bulisicsic.** pc.
Vileza. *Caayopan.* pp.
Vilipendiar, vilipendio. *Alipustá.* pc. *Ayop.* pp. *Api.* pc.
Vilordo. *Tamad.* pc. *Macuyad.* pp.
Villa. *Bayan* pp. It. *Nayon.* pp.
Villaje. **pooc.** pp. *Nayon.* pp.
Villano. *Bolobondoquin.* pp. *Tagabuguid.* pp. It. **timauá.** pp. *Polistas.* pc. It. *Hamac.* pp. *Tampalasan.* pp.
Vinagre. *Sucà.* pp.
Vinagre muy fuerte. **lala.** pp.
Vincular, vinculo. *Tali.* pp. It. *Tibay.* pp.
Vindicar. *Ganti.* pc. *Higanti.* pc.
Vinolento. *Mapag lango.* pc. *Mapag lasing.* pc. *Malalangohin.* pp.
Vino *Alac.* pp.
Vino de miel y agua. **tiog.** pp.
Vino que llaman bilang. **pinacati.** pp.
Vino de caña dulce. **quilang.** pp.
Vino de arroz cocido. **pangasi.** pp.
Vino sin mezcla. **capala.** pp.
Violaceo. V. Violado.
Violado. **bulac cangcong.** pc.
Violar. *Gahis.* pc. **gaga.** pc. *Coha.* pp. It. *Sirà.* pp.
Violencia. *Bilis.* pc. *Bugsó.* pc. It. *Dahas.* pc. *Pilit.* pp.
Violentar. *Dahas.* pc. *Pilit.* pp.
Violon. **coryapi.** pp.
Virar. *Pihit.* pp.
Virginidad de hombre ó muger. *Cabooang catauan.* pc.
Virolento. *Bolotongin.* pc.
Virtud. *Cabanalan.* pp.
Virtud. *Cabagsican.* pp. *Bagsic.* pc.
Virtud de alguna yerba. *Bisà.* pp.
Virtuoso. *Banal.* pc.
Virtud ó fortaleza, como de vino. *Sangsang.* pc.
Viruta. *Pinagcataman.* pc.
Viruelas. *Bolotong.* pp.
Viruelas negras y mortales. *Tibatib.* pp.
Viruelas tupidas, muchas y negras. **tustus.** pc.
Visage. *Ngibit.* pp. *Ngiut.* pc.
Viscoso. *Malagquit.* pc. *Naniniquit.* pc.
Visible. *Naquiquita.* pp. It. *Hayag.* pc.
Vision. *Pagcaquita.* pp.
Vision que uno tiene entre sueños. *Bongantolog.* pp. *Pangarap.* pp. *Panaguinip.* pp. *Panaguimpan.* pc.
Vision que Dios envia por modo de revelacion. *Paquita.* pp. *Pahayag.* pp.
Visionario. **maguiniguinihin.** pc. **maquiniquitahin.**
Visitacion. V. Visita.
Visitar nasas ó lazos. **butuá.** pp. **pandao.** pc.
Visitar los nietos. **hiñgapo.** pc.
Visitar, visita. *Dalao.* pp. **tatap.** pp.
Visitar á la recien parida. **dalo.** pc.
Vislumbrar, vislumbre. *Alitagtag.* pc. *Alinagnag.* pc. It. *Sepantahà.* pp. *Hinalà.* pp.
Vislumbre. *Malay.* pp.
Visoño, ó mejor bisoño. **pahat.** pc. *Mosmos.* pc. *Baguhan.* pp. *Bago.* pp.
Vispera. *Dispiras.* pc. *Bispiras.* pc. It. *Arao na naoona sa capiestahan.*
Vista. *Tingin.* pc. *Paningin.* pc.
Vistoso. *Galing.* pc. *Mariquit.* pc.
Vitalicio. *Boong buhay.* pp. *Casintagal nang buhay.*
Vitando. *Dapat pangilagan.* pp.
Vitualla. *Pag cain.* pp. *Baon ng hocbo.*
Vituperar. *Pintas.* pc. *Polà.* pp. It. *Mora.* pp.
Vituperio. *Sumbat.* pc. *Suat.* pc. *Alipustá.* pc.
Viudo ó viuda. **balo.** pp. **bauo.** pp. *Bao.* pp.
Viva. *Mabuhay.* pp. It. *Masayang hiyauan.*
Vivar. *Dimon.* pc.
Vivar no en tierra, sino en rio, para coger pesca. *Bonbon.* pc.
Vivaracho. *Mabilis.* pc. *Malicsi.* pc.
Víveres *Pag cain.* pp. *Iquinabubuhay.* pp.
Vivienda. *Tahanan.* pp. *Bahay.* pp.
Vivir las plantas. *Nao nao.* pc.
Vivir al pueblo. *Bayan.* pp.
Vivir en alguna casa. *Pamáhay.* pp.
Vivir en casa agena. *Sonó.* pp. *Toloy.* pc.
Vivir con otro en el rincon de su casa. *Soloc.* pp. l. pc.
Vivir luxurioso. **viga.** pp.
Vivir en casa por acabar. **abolog.** pp.
Vivo. *Buhay.* pc. *Nabubuhay.* pp. **bihag.** pc.
Vizco. **quilit.** pc. *Doling.* pc.

V antes de O.

Vocablo. *Uicà.* pp. *Sabi.* pp. *Pangungusap.* pp.
Vocabulario. V. Diccionario.
Vocacion. *Casi.* pp. *Togtog.* pc. *Tauag nang Dios.*
Vocalmente. *Sa uicà.* pp. *Sa pangungusap.* pp.
Vocear. *Hiyao.* pc. *Sigao.* pc. It. **lathalá.** pp. *Pahayag.* pp. **siualat.** pp.
Vocear de alegría ó temor. **calahay.** pc.
Vocería. *Hiyauan.* pp. *Sigauan.* pp. **liñgao.** pc.
Voces. *Iyac.* pc. *Ingay.* pp.
Voces con ruido. *Ingay.* pp. **lingal.** pc. It. *Ngauá.* pc.
Voces del que padece fuerza. *Sigao.* pc. *Palacat.* pp.
Vocinglería. V. Vocería.
Vocinglería de muchos que están riñendo. **asic.** pp.
Vocinglero. **bulahao.** pc. It. *Matabil.* pc. *Bongangaan.* pc.
Volador. **lauinlauin** pp.
Volante. *Lumilipad.* pp. l. pc. It. V. Vago.
Volar como el pólvo. *Aticabo.* pc.
Volar braceando como el milano. **limbay.** pc. *Salimbay.* pc.
Volar el ave. *Lipar.* pc. **lip-din.** pc. **liodin.** pc.

Volatil. *Lumilipad.* pp. l. pc.
Volcar. *Guiua.* pp. *Taob.* pc.
Voltear. *Balic.* pc.
Voltear poniendo la cabeza en tierra. **balitauar.** pp. *Aringuin.* pc. *Tumbalic.* pc.
Voltear al rededor. *Biling.* pc.
Voltear con el cuerpo. **pasimbalo**. pc.
Voltear los ojos. **tiric**. pp.
Voltear al niño ya atras, ya adelante. **bairir.** pp.
Voltear algo poniéndolo de pies si está de cabeza, vel vice versa. **toandic**. pc.
Voluble. *Mapipihit.* pp. It. *Pabagobago.* pp.
Voluntad. **burhi.** pc. *Loob.* pp. *Dili.* pp.
Voluntariamente. *Cusá.* pp. *Bucal sa loob.*
Voluntario. Idem.
Voluptuoso. *Mahalay.* pp. *Malibog.* pp.
Volver de arriba abajo ó lo dentro á fuera. *Balictar.* pc.
Volver la cara á un lado. *Paling.* pp.
Volver á decir lo que esta dicho ó encargar lo que ya esta encargado. **oyambit.** pc.
Volver en sí, el que estuvo sin sentido. *Himasmas.* pc. **hiuasuas.** pc. *Mataehan.*
Volver la cabeza, á una y á otra parte; aplicando el oido. **liñgig.** pc.
Volver la hoja del libro. **aclat.** pc. *Buclat.* pc.
Volver sobre sí. *Alaala.* pp.
Volver atras la corriente. **alimsoag.** pp.
Volver la espalda con enojo. **balilis.** pc.
Volver atras. *Orong.* pp. *Odlot.*
Volver á juntarse los casados apartados. **oui.** pp.
Volver á hacer algo de nuevo. *Panibago.* pp.
Volver á nacer la yerba. **gabon**. pp.
Volver en sí de parasismo. **guimasmas.** pc. **guiuasuas.** pc. *Himasmas.* pc.
Volver las espaldas rezongando. **tañgilis.** pp. **tangquilis.** pp. **talilis.** pc.
Volver la mano los que juegan por quitar contiendas. **salá.** pc.
Volver la enfermedad á tiempos. *Libat.* pc. *Sanhi·* pc.
Volver la cara. *Liñgon.* pc. *Liñgos.* pp.
Volver á pilar arroz. **lisay.** pc.
Volver las espaldas al enemigo. *Talicor.* pc. **talilis.** pc.
Volver sobre sí abriendo los ojos. *Mulat.* pp.
Volver á hacer lo que antes estaba haciendo. **onglac.** pc.
Volver el cuerpo ó cara de repente. **hambilong.** pp.
Volver el rostro. **ilap.** pp.
Volver á alguna parte. **hiñgoli.** pc.
Volver al lugar de donde salió. *Oui.* pp. *Saoli.* pp. *Balic.* pc. **liborlibor.** pp. **patumbalic.** pc. *Panumbalic.* pp. *Polas.* pc.
Volver los ojos de una parte á otra. *Liñgap.* pp.
Volver lo hurtado. *Saoli.* pp.
Volver de lado por no gustar lo que oye. *Tabog.* pp.
Volver atras de lo prometido. **pañgoling.** pp. *Taliuacas.* pc.
Volver á hacer. *Oli.* pc.
Volverse á donde salió. *Saoli.* pp.
Volverse el pecador á Dios, añadiendo. *Loob.* pp. *Saoli.* pp. *Balic.* pc.
Volverse lo de atras adelante con el viento, como la saya. *Talicuas.* pc.
Vomitar. **alibucay**. pc.
Vomitar, vómito. *Suca.* pc.
Vomitar el niño la leche que mamó. **loñgar.** pp.
Vomitivo, vomitorio. *Pasuca.* pp. *Pang pasuca.* pp.
Voraz. **palangula.** pc. *Palañgoyá.* pc. *Matacao.* pp.
Vos. V. Vosotros.
Vosotros. *Cayo.* pc. **camo.** pc.
Votar. V. Voto.
Voto. *Pañgaco.* pp. *Panata.* pp. **tandang.** pc. **sahot.** pc.
Voz. *Tiñgig.* pp.
Voz clara y sonora. **taos.** pp. *Tinig.* pp. *Tin-is,* **taguinting.** pc.
Voz con que llaman al perro. **tiro.** pp. **tió tió.** pc.
Voz confusa. **asica.** pp. *Aliñgao ñgao.* pc. **asacsac.** pp.
Voz ronca. **calahay.** pc. *Paos.* pc. **magao.** pp.
Voz sonora con retintin. **galatoat.** pp.
Voz gruesa. **hagonghong**. pp. *Ogong.* pp. **agong.** pp. *Hagong.* pp.
Voz gruesa, ronca. **lanog.** pp.
Voz grande. *Aliñgao ñgao.* pc.
Voz baja. **labig.** pp.
Voz ó sonido de campana. **aliyauo.** pp. *Tonog.* pc.
Voz que retumba su sonido, ó de la campana que se vá acabando. **alonignig.** pc.
Voz sonora. **talictic.** pc. *Tin-is.* pc. *Matinig.* pp.

V antes de U.

Vuelco. *Golong.* pp.
Vuelcos de pescado ú otro animal. *Pusag.* pp. *Pasag.* pc. *Palag.* pc.
Vuelcos del moribundo. *Quisay.* pc.
Vuelcos del enfermo. **guiang.** pc. *Baling.* pp.
Vuelo. V. Volar.
Vuelo de ave ir volando. **alimpapayao.** pc.
Vuelta. *Balic.* pc. V. Volver.
Vuelta alrededor. *Biling.* pc. *Pihit.* pp.
Vuelta á una, ú otra parte. *Baling.* pp.
Vuelta en redondo. *Tombalic.* pc. l. *Tumbalic.* pc.
Vueltá del cuchillo. *Licor.* pc.
Vuelta de cadena, cordel, &c. *Licao.* pp. *Sabid.* pc.
Vuelta hincando la cabeza, y levantando los pies, *Tumbalic.* pc. *Balintuar.* pc. *Aringquin.* pc.
Vueltas rodeando; como en procesion. *Libot.* pp.
Vueltas de acá para allá; como el atontado. *Olic olic.* pp.
Vueltas del caiman, cuando ha cogido presa que vá á parte segura. **inas.** pp.
Vueltas del que ronda galanteando á su dama. **salimbay.** pc.
Vueltas del rio. *Olioli.* pp.
Vuestro. *Inyo.* pc. *Ninyo.* pc.
Vulgacho. V. Vulgo.

V antes de U.

Vulgar. *Caraniuan*. pp. l. pc. *Caramihan*. pp.
Vulgo. **timauá**. pp. *Polistas*. pc.
Vulpino. *Tuso*. pp. *Mataas ang olo*. pp. *Mag darayá*. pp.
Vulva. *Bahay batá*. pp. *Bahay tauo*. pp.

Y antes de A.

Y, Conjuncion copulativa. *Sampon*. pc. **hampon**. pc. *At, it. Ni, nang. Cami ni pedro.* Yo y Pedro. *Cami nang Paré*. Yo y el Padre.
Ya. *Naca*. pc. Ya habiais comido cuando llegué. *Nacacain na cayo nang aco,i, dumating*.
Ya. *Na*. Ya lo recibí. *Tinangap co na*.
Ya: Adverb. *Nayaon*. pc. *Naroon*. pc. *Con minsan*. pc. Ya se acuesta, ya se levanta. *Nayaong mahigá. Nayaong mag bangon*, &c.
Ya se vé. *Capalá pa*. pp. *Mangyari*. pp.
Ya que. **yayauá**. pc. *Yamang*. pp. *Nauá*. pc. *Yayamang*. pp. **haman**. pp. **hayamang**. pp. *Samantala*. pc. *Yayang*. pp.
Yacente. *Nacahigá*. pc *Sa cahigá*. pc.
Yacer. *Higá*. pc. *Handusay*. pc. It. *Lagay*. pc.
Yacura, quiebra. *Casiraan*. pc. *Gapanğanyayaan*. pc. *Sirá*. pp. *Panğanyayá*. pp.

Y antes de E.

Yedra. *Baguing*. pp. *Baguin*. pp.
Yegua. *Cabayong babaye*. pp.
Yeguada. *Caban nang manğa cabayo, cabayong babaye*.
Yema del huevo. **boroc**. pp. *Pula*. pc.
Yerba. *Damo*. pc. It. *Barit*. pp.
Yerba de que se hace jalea. *Gulaman*. pp.
Yerba que nace en la sementera. **gumi**. pp.
Yerba como pelillo. **lobyo**. pc.
Yerba que sirve de vinagre. **sibog**. pc.
Yerba olorosa. **talá**. pp.
Yerba olorosa de muchas hojas. **tanglar**. pp.
Yerba cuyas hojas sirven para los ojos. **taquip cohol**. pc. **taquisosó**. pp.
Yerba con que emborrachan el pescado. **tibalao**. pp.
Yerba cuya fruta sirve para rosario. **ticasticas**. pp.
Yerba medicinal para heridas. **tohogdalag**. pc.
Yerba asi llamada. *Quiapo*. pp.
Yerba con que emborrachan al pescado. **balasing**. pp.
Yerba de santa María. **tinizas**. pp.
Yerba cuya raiz en el vino hace furioso al que lo bebe. *Talampunay*. pp.
Yerba sus varias especies. **libato**. pp. **bacong**. pp. **samangay**. pp. *Camantigui*. pp. **bolang**. pc. **laguitlit**. pc. *Culitculit*. pc. **cabling**. pc. **baling-uay**. pc. **alipayo**. pp. *Cangcong*. pc. &c. &c.
Yerba ó ramilla seca. **lain**. l. *Laing*. pp.
Yerba como maiz. **aguiñgay**. pp.
Yerbas para comer. *Gulay*. pp.
Yermo. *Ilang*. pc. **tahao**. pp.

Y antes de E.

Yerno. *Manugang*. pp.
Yerro. *Malí*. pc. *Bisó*. pc. **talibad**. pp.
Yerro de cuenta. *Sala*. pc. *Lito*. pc. *Linlang*. pc.
Yerto, como el difunto. *Nğauit*. pp.
Yerto de coraje. *Quislig*. pc.
Yesca que se saca de algunas palmas. **combad**. pc. **lolog**. pp.

Y antes de O.

Yo. *Aco*. pc.
Yo y tú. *Quita*. pc. *Cata*. pc.
Yo y. *Cami ni*. pc. *Cami nang*. pc. Yo y Juan. *Cami ni Juan*. Yo y el Padre. *Cami nğ paré*.

Y antes de U.

Yugo á su modo. **saclay**. pc. **singcao**. pc. **pauor**. pp. **paod**. pp.
Yunque. **palihan** pc.
Yusion, mandato. *Sogó*. pp. *Olos*. pp.

Z antes de A.

Za. **asian**. pc.
Zaborda, zabordar. *Bara*. pc. *Sadsad*. pc.
Zabucar. *Haló*. pp. *Halucay*. pp. **sucay**. pc.
Zabullida, zabullidura. V. Zabullir.
Zabullir, zabullirse. *Lobog*. pc. *Sisid*. pp.
Zacapela, riña. *Auay*. pp. *Babag*. pc. It. *Taló*. pp. *Taltal*. pc.
Zacate podrido hecho lodo. **tomoc**. pp.
Zacate como agujas. **tobachi**. pc.
Zacate con que adornan las iglesias. **ticquitiquian**. pp.
Zacate de que hacen petates. **ticqiu**. pp.
Zacate que corta. **taguilar**. pp.
Zacatillo que anda sobre el agua de la sementera. **sica**. pp.
Zacatin. **parian**. pc. *Tindahan nang damit*.
Zapada, zafar. *Gayac*. pc. *Pamuti*. pp. It. *Hauan*. pp. *Ligpit*. pc.
Zafarse. **bilocas**. pp. *Ilag*. pp. **licdi**. pc. *Ligtas*. pc.
Zaferia. *Nayon*. pp. **pooc**. pp.
Zafio. *Bolobondoquin*. pp. *Mangmang*. pc.
Zafo. *Hauan*. pp. It. *Ligtas*. pc.
Zaga. *Huli*. pc. *Licoran*. pc. *Licod*. pc.
Zagal. *Bagong tauo*. pp. *Binatá*. pp.
Zagala. *Dalagá*. pp.
Zaguan de la casa. *Silong*. pp.
Zaguero. *Nahuhuli*. pc. *Na sa sahuli*. pc.
Zahareño. *Mailap*. pc. *Di mapaamó*. pp.
Zaherir. *Booc*. pp. *Soat*. pp. *Suat*. pp. *Sumbat*. pc. *Baoy*. pp. It. *Pulá*. pp. *Pintas*. pc. **pistá**. pc.
Zahondar. *Losot*. pc. *Lotos*. pp.
Zahumar. *Soob*. pp. *Soop*. pp. **adyop**. pc.
Zahumar alguna cosa. *Colob*. pp. *Saclab*. pc. *Soop*. pp. **soob**. pp.
Zahumarse. **higohob**. pp.

Zahumarse todo el cuerpo. **hobahob**. pp.
Zahumarse la muger parida. *Saclab* pc.
Zahurda. **banlat**. pc. **olbó**. pc. *Colonĝan nang baboy*.
Zahurda para puercos. **yiobuyob**. pc. **olbó**. pc.
Zalagarda. *Bacay*. pp. *Soboc*. pp.
Zalamero. *Mapag hibó*. pp. *Mapag mapuri*. pc.
Zalema. *Yocò*. pc. *Galang*. pp.
Zamacuco. *Mangmang*. pc. *Hanĝal*. pc.
Zamanca. *Hampas*. pc. *Paló*. pp. **bontal**. pc.
Zamarrear. **uiluil**. pc. It. *Uas uas*. pc. *Daganas*. pp.
Zambo. *Sacang*. pc.
Zambo de piernas. **paquir**. pc.
Zambombo. V. Zamacuco.
Zambucar, zambuco. *Salinĝit*. pc. It. *Cubli*. pc. *Tagó*. pp.
Zambullirse. *Lubog*. pc. *Sisid*. pp.
Zambullirse brevemente. *Sogbo*. pc.
Zambullirse en el agua. **tosoc**. pc. *Lobog*. pc.
Zampar. V. Zambucar. It. *Lamon*. pp.
Zampatortas. *Sacdal tacao*.
Zampuzar, zampuzo. **sugbo**. pc. *Lubog*. pc. *Loblob*. pc.
Zanca. **calis**. pc. *Paa*. pp.
Zancadilla. **colahit**. pp. *Patid*. pp. It. *Dayá*. pp. *Lalang* pp.
Zancajo. *Sacong*. pp.
Zancas largas. **dancao**. pc.
Zancos. **quicquio**. pc.
Zancos de caña. *Tayacar*. pc. **sayopang**. pp. **layopang**. pp. **cantacad**. pc. **candangcong**. pc.
Zancudo. **tayangcar**. pc.
Zangolotear al que llevan en hamaca. *Hoghog*. pc.
Zanganear. *Lagalag*. pc. V. Vaguear.
Zángano. *Potacti*. pc. It. *Tamad*. pc. **pangcal**. pc. **batugan**. pp.
Zanja. *Tambac* pc. *Bangbang*. pc.
Zanjar. *Tapos*. pp. *Lutas*. pc. *Putol ang usapin*. It. V. Zanja.
Zaparrazo. *Lagapac*. pc.
Zapatos. **paroca**. pp. *Sapin*. pc.
Zape. *Sapí*. pc.
Zaquizami. **loteng**. pp. **paga**. pp.
Zar. *Harí sa Moscobia, Harí sa Rusia*.
Zaragüelles *Salaual*. pc. *Sal-ual*. pc. **salauilis**. pp.
Zaranda. *Bithay*. pc. **ag-agan**. pp. **bistay**. pc.
Zarandador. *Mag bibithay*. pp. *Mamimithay*. pc.
Zarandar, zarandear. **ag ag**. pc. V. Zaranda.
Zarcillos. **bitaybitay**. pp *Hicao*. pp.
Zarina *Emperatriz sa Moscobia*.
Zarpar. **sarsar**. pc. **bonto**. pc. **daldal**. pc. It. **hluat**. pp. *Tagtag*. pc. **baclas**. pc.
Zarpazo. *Lagapac*. pc. *Galabog*. pc.
Zarramplin. *Tongac*. pc. *Mangmang*. pc.
Zarrapastron. *Nang lilimahid*. pp. **tumataib**. pp. **nahulas**. pp.
Zarrapastroso. *Nang gugulanit*. pp. V. Zarrapastron.
Zarza. **camot cabag**. pc.
Zarzagan, cierzo. **hilagá**. pc. *Hanĝing sacdal guinao*.
Zarzamora. **sapinit**. pp.
Zarzaparrilla. *Sipit olang*. pc.
Zarzo. **papa**. pp.
Zascandil. *Tecas*. pp. *Manunubá*. pp.
Zas. *Haguinit* pc. *Lagatic*. pc.

Z antes de E.

Zebo de migajas de morisqueta. **cosisag**. pp.
Zedacito nuevo. **bacoco**. pp.
Zeder de su derecho. **hinohor**. pp. *Palamang*. pc.
Zelar. *Nibughó*. pc. *Panibughó*. pc.
Zelo. *Pag iingat* pp. *Pag aalagang labis*. pp. It. *Pag mamasaquit sa puri nang Dios, pag iingat sa puri nang Dios, at cagalingang nang capouá tauo*.
Zeloso. *Panibughuin*. pp. *Panĝibughuin*. pp.
Zenagal. *Lamas*. pp.
Zenar. *Hapon*. pp.
Zeño. *Soĝot*. pc. *Solonĝot*. pc. *Monĝot*. pp.

Z antes de I.

Zizas. V. Zas.
Zizaña. *Pang sirá*. pp. *Damong nacasisirá*. pp. It. *Sigal-ot*. pc. *Hindi pag cacasondo*. pp. *Di pag caca isang loob*. pp.
Zizanar. *Hatid dumapit*.
Zizañero. *Mapag hatid dumapit*.

Z antes de O.

Zoco. *Caliuelé*. pp. It. *Caliuá*. pc.
Zoilo. *Mamimintas*. pc. *Pintasin*. pp. *Mamumulá*. pp.
Zolocho. *Tulig*. pc. *Tulinĝag*. pc. *Mangmang*. pc.
Zollipar, zollipo, ó sollozo. *Hibic*. pc. *Hibí*. pc.
Zonzo. *Matab-ang*. pc. *Ualang lasa*. pp. It. *Mangmang*. pc.
Zopenco. *Hanĝal*. pc. **otó**. pc. **hipá**. pc.
Zoquete. *Panĝit*. pp. It. *Maporol*. pc.
Zorita. *Batobato*. pc. It **baler**. pp. *Balor*. pp.
Zorra. **alamid**. pc. **alamiran**. pp.
Zorra, muger mala. *Talandí*. pc. *Hitad*. pc.
Zorrastron. V. Zorro.
Zorro. *Tuso*. pp. *Mag darayá*. pp. *Mataas na olo*. pp. *Mapag lalang*. pc.
Zote. *Maporol*. pc. *Mangmang*. pc.
Zozobra. *Sindac*. pc. *Dalamhati*. pp.
Zozobrar la embarcacion. **bouang**. pp. **guilá**. pp.

Z antes de U.

Zuecos. **pantocos**. pp. *Bac-yá*. pc.
Zuiza. *Babag*. pc. *Auay*. pp. **panagá**. pc. *Panĝiuá*. pp.
Zumbar, zumbido. *Ogong*. pp. *Haguing*. pp. *Haguinit*. pc. *Laguinit*. pp.
Zumbar el resuello. **haguic**. pc.

Zumbido como de vela. **haguinghing**. pc.
Zumbido de viento, de algun palo duro al cortarlo. **taguingting**. pc.
Zumbido de golpe. *Baguing*. pp.
Zumbido de algo. *Higuing*. pp.
Zumo. *Calás*. pc. *Gatas*. pc. *Bisá*. pp. **yago**. pc. **limi**. pc.
Zumo de fruta. *Galás*. pc.
Zumo, como de limon. **sago**. pc.
Zumo de lo que se esprime. **salig**. pp.
Zumo de caña dulce. **payno**. pp.
Zurdo. *Caliuete*. pp. It. *Caliuá*. pc.
Zuro. V. Zorita.
Zurra, zurrar. *Paló*. pp. **Hataf**. pc. *Hampas*. pc. **bontal**. pc.
Zurriaga, zurriago. *Panhampas*. pc *Panalö* pp *Suplina*. pp.
Zurriagar. V. Zurrar,
Zurriagazo. *Halabid*. pc. *Yaquis*. pc. **hayaquis**. pc. *Haqquis*. pc. *Haplit*. pc.
Zurriar. V. Zumbar.
Zurribanda. *Babag*. pc. *Auay*. pp. It. V. Zurra.
Zurriburri. **timausá**. pp. *Polistas*. pc.
Zurrir. V. Zumbar.
Zutano. *Cosam*. pp. *Cuan*. pc. *Si cuan*. pc.
Zuzo. **thó thó thö**. pc. It. *Hali*. pp. *Hiya* pc.

FIN.

NOTA.—Con el fin de que no se confundan los principiantes en el idioma tagalog al ver varias raizes ó términos tagalos para cada palabra castellana, sin saber cual deben usar, se há creido util poner esta nota aclaratoria para advertirles que los términos que están con letra bastardilla son de uso general y regularmente los entienden todos, pero los que ván con letra distinta ó son anticuados, ó se usan solo en algunos pueblos ó provincias del tagalismo.

Tambien creo necesario advertir aqui que en esta reimpresion se han añadido algunas raizes que no están en la parte tagalo castellana: asi, como tambien algunos términos ya compuestos.

CPSIA information can be obtained at www.ICGtesting.com
Printed in the USA
LVOW03s1633040215

425708LV00008B/408/P

9 781295 522194